Sommario

Inhaltsverzeichnis

DISTANCES *Quelques précisions :*

Au texte de chaque localité vous trouverez la distance des villes environnantes et celle de Paris. Lorsque ces villes sont celles du tableau ci-contre, leur nom est précédé d'un losange noir ♦ .
Les distances intervilles de ce tableau complètent ainsi celles données au texte de chaque localité.

La distance d'une localité à une autre n'est pas toujours répétée en sens inverse : voyez au texte de l'une ou de l'autre. Utilisez aussi les distances portées en bordure des plans.

Les distances sont comptées à partir du centre-ville et par la route la plus pratique, c'est-à-dire celle qui offre les meilleures conditions de roulage, mais qui n'est pas nécessairement la plus courte.

DISTANCES *Commentary*

The text on each town includes its distance from its immediate neighbours and from Paris. Those cited opposite are preceded by a lozenge ♦ in the text.

The kilometrage in the table completes that given under individual town headings for calculating total distances.

A town's distance from another is not necessarily repeated in the text under both town names, you may have to look, therefore, under one or the other to find it. Note also that some distances appear in the margins of the town plans.
Distances are calculated from centres and along the best roads from a motoring point of view - not necessarily the shortest.

DISTANZE *Qualche chiarimento :*

Nel testo di ciascuna località troverete la distanza dalle città viciniori e da Parigi. Quando queste città sono quelle della tabella a lato, il loro nome è preceduto da una losanga ♦ .

Le distanze fra le città di questa tabella completano quelle indicate nel testo di ciascuna località.
La distanza da una località ad un'altra non è sempre ripetuta in senso inverso : vedete al testo dell'una o dell'altra. Utilizzate anche le distanze riportate a margine delle piante.

Le distanze sono calcolate a partire dal centro delle città e seguendo la strada più pratica, ossia quella che offre le migliori condizioni di viaggio ma che non è necessariamente la più breve.

ENTFERNUNGEN *Einige Erklärungen :*

In jedem Ortstext finden Sie Entfernungen zu größeren Städten in der Umgebung und nach Paris. Wenn diese Städte auf der nebenstehenden Tabelle aufgeführt sind, sind sie durch eine Raute ♦ gekennzeichnet. Die Kilometerangaben dieser Tabelle ergänzen somit die Angaben des Ortstextes.

Da die Entfernung von einer Stadt zu einer anderen nicht immer unter beiden Städten zugleich aufgeführt ist, sehen Sie bitte unter beiden entsprechenden Ortstexten nach. Eine weitere Hilfe sind die am Rande der Stadtpläne erwähnten Kilometerangaben.

Die Entfernungen gelten ab Stadtmitte unter Berücksichtigung der günstigsten (nicht immer kürzesten) Strecke.

DISTANCES ENTRE PRINCIPALES VILLES

DISTANCES BETWEEN MAJOR TOWNS

DISTANZE TRA LE PRINCIPALI CITTÀ

ENTFERNUNGEN ZWISCHEN DEN GRÖSSEREN STÄDTEN

Exemple — Example — Esempio — Beispiel

Marseille - Strasbourg

803 km

Distances en kilomètres entre les villes suivantes (tableau triangulaire) :
Amiens, Bâle, Bayonne, Besançon, Bordeaux, Brest, Caen, Calais, Cherbourg, Clermont-Ferrand, Dijon, Genève, Grenoble, Le Havre, Lille, Limoges, Lyon, Le Mans, Marseille, Metz, Montpellier, Mulhouse, Nancy, Nantes, Nice, Orléans, Paris, Perpignan, Reims, Rennes, Rouen, Saint-Étienne, Strasbourg, Toulon, Toulouse, Tours.

Tableau des distances (lecture : chaque ligne donne les distances de la ville concernée vers les villes précédentes) :

- Bâle : 660
- Bayonne : 918 1038
- Besançon : 556 159 885
- Bordeaux : 728 848 184 698
- Brest : 612 1121 815 971 625
- Caen : 240 795 771 645 581 372
- Calais : 156 782 1067 705 877 710 337
- Cherbourg : 360 915 835 765 645 645 120 457
- Clermont-Ferrand : 536 501 553 351 339 779 625 685 288
- Dijon : 459 252 825 102 682 625 548 608 390 745
- Genève : 693 260 943 177 759 802 842 668 286 685 288
- Grenoble : 713 417 816 291 655 1128 862 922 589 902 228 200
- Le Havre : 180 759 843 609 653 482 108 862 286 668 350 112 157
- Lille : 115 671 989 499 843 691 181 573 283 453 436 208 607 296
- Limoges : 542 649 410 499 256 758 577 414 691 1001 209 891 877 717 233
- Lyon : 609 405 817 256 578 430 402 1024 671 151 498 271 484 758 818 208
- Le Mans : 349 728 620 578 430 151 256 402 383 481 508 441 314 977 662 630 389
- Marseille : 924 721 682 571 653 1339 1013 1073 1133 484 568 430 688 538 252 428 977 946
- Metz : 359 275 1095 260 905 919 568 892 882 361 491 314 297 960 532 369 315 526 742
- Montpellier : 907 704 523 554 493 1131 996 1056 1116 361 491 229 424 297 426 382 664 719 253 56
- Mulhouse : 607 35 1016 136 825 1098 772 728 892 442 295 201 229 295 426 736 617 298 253 691 818
- Nancy : 401 218 1022 202 832 961 610 534 730 489 370 574 736 426 423 626 382 691 708 56 680 664
- Nantes : 523 840 519 691 329 296 283 672 316 453 594 730 594 304 393 304 594 176 995 708 835 44 1154
- Nice : 1080 646 842 727 813 1495 1169 1229 1289 640 664 489 730 393 594 626 820 188 915 323 441 742 864
- Orléans : 265 542 649 499 545 271 414 393 307 295 529 549 304 336 265 471 511 444 330 152 680 743 299 916 909
- Paris : 148 560 773 411 583 597 241 297 361 390 313 548 567 205 219 396 446 203 778 311 537 519 299 916 909 119
- Perpignan : 1055 852 438 702 457 1095 1141 1204 1115 461 639 572 445 1108 1126 517 446 900 890 761 377 519 471 891 238 371 139
- Reims : 170 490 907 317 717 731 380 291 500 487 283 483 575 344 213 530 471 337 188 152 829 830 230 942 253 296 348 906
- Rennes : 494 872 626 723 436 244 176 415 209 514 625 860 575 286 565 378 504 286 775 670 942 849 511 461 141 238 230 482
- Rouen : 116 694 811 544 622 498 124 213 244 213 380 447 701 88 227 504 596 195 912 786 895 942 942 452 253 231 139 461 188 371
- Saint-Étienne : 668 440 315 519 891 757 877 877 757 335 405 137 229 637 845 119 88 730 441 503 671 441 490 419 1068 1043 371 461 348 175
- Strasbourg : 515 145 1252 242 1062 1076 725 637 845 568 375 689 926 502 544 335 526 725 820 64 769 758 725 452 238 231 139 461 296 238 139
- Toulon : 985 781 747 632 717 1400 1134 1194 1238 526 502 376 919 244 545 505 731 162 162 820 228 820 839 820 153 376 820 162 348 827 709 204 578
- Toulouse : 855 940 283 790 253 1001 911 911 911 691 731 488 653 682 881 392 330 589 240 978 927 978 927 578 578 702 843 273 623 972 376 843 595 234
- Tours : 380 654 538 504 484 529 353 301 407 542 536 305 451 220 484 451 220 82 757 631 484 631 195 913 112 234 368 235 547 655 368 112 631 234 614

1

M   A   N

ATTENTION: En France, modifications en cours dans la
numérotation des routes nationales.

ATTENTION: The numbering of French national or
N roads is subject to modification.

ATTENZIONE: Modifiche in corso nella numerazione
delle strade statali francesi.

ACHTUNG: Die Numerierung der Hauptverkehrs-
straßen in Frankreich wird zur Zeit geändert.

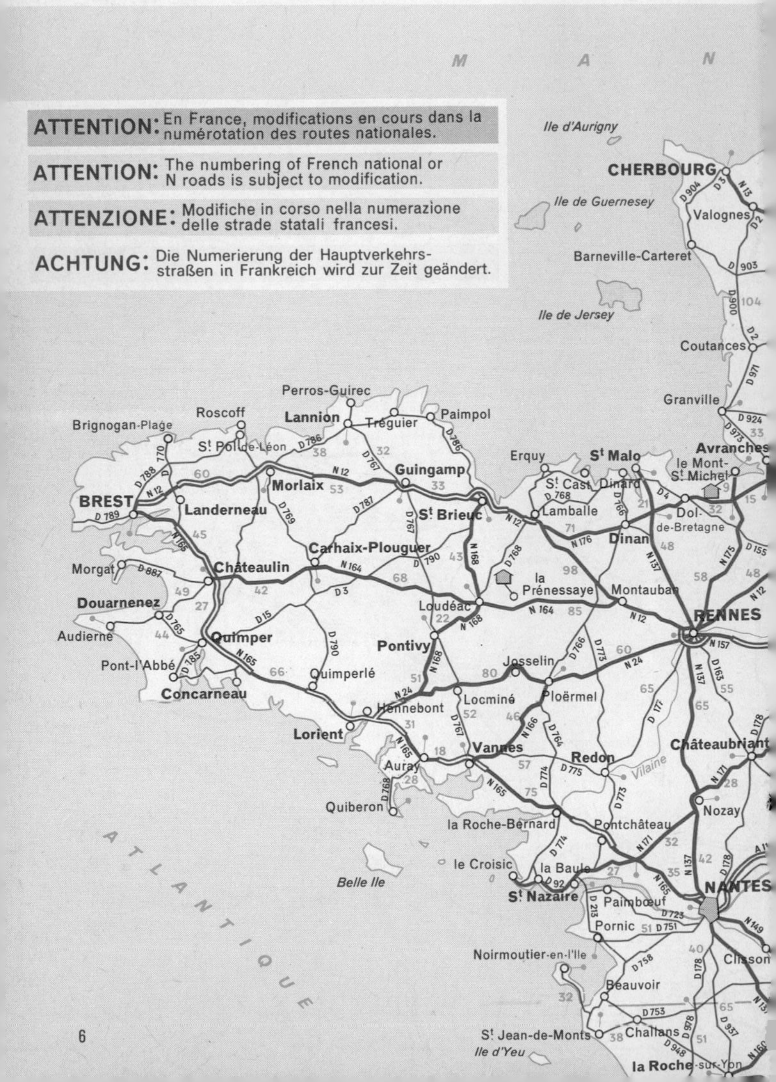

Ile d'Aurigny

CHERBOURG

Ile de Guernesey
Valognes

Barneville-Carteret

Ile de Jersey

Coutances

Granville

Perros-Guirec
Roscoff   Lannion   Tréguier   Paimpol
Brignogan-Plage   Avranches
          St Pol-de-Léon   Guingamp   Erquy   St Malo   le Mont-
          60   St Cast Dinard   St-Michel
BREST   Morlaix   53   Lamballe
          Landerneau   St Brieuc   Dol-
          45   Carhaix-Plouguer   de-Bretagne
Morgat   Châteaulin   la   Dinan
Douarnenez   42   N 164   Loudéac Prénessaye Montauban
          49   27   RENNES
Audierne 44   Quimper   Pontivy
          Pont-l'Abbé   Quimperlé   Josselin
Concarneau   Locminé   Ploërmel   Châteaubriant
          Lorient   Hennebont
                         Vannes   Redon
                    Auray   Nozay
          Quiberon   la Roche-Bernard Pontchâteau
                    le Croisic la Baule   NANTES
                         St Nazaire Paimbœuf
Belle Ile   Pornic   Clisson
          Noirmoutier-en-l'Ile
                         Beauvoir
                    St Jean-de-Monts Challans   la Roche-sur-Yon
                    Ile d'Yeu

ATLANTIQUE

6

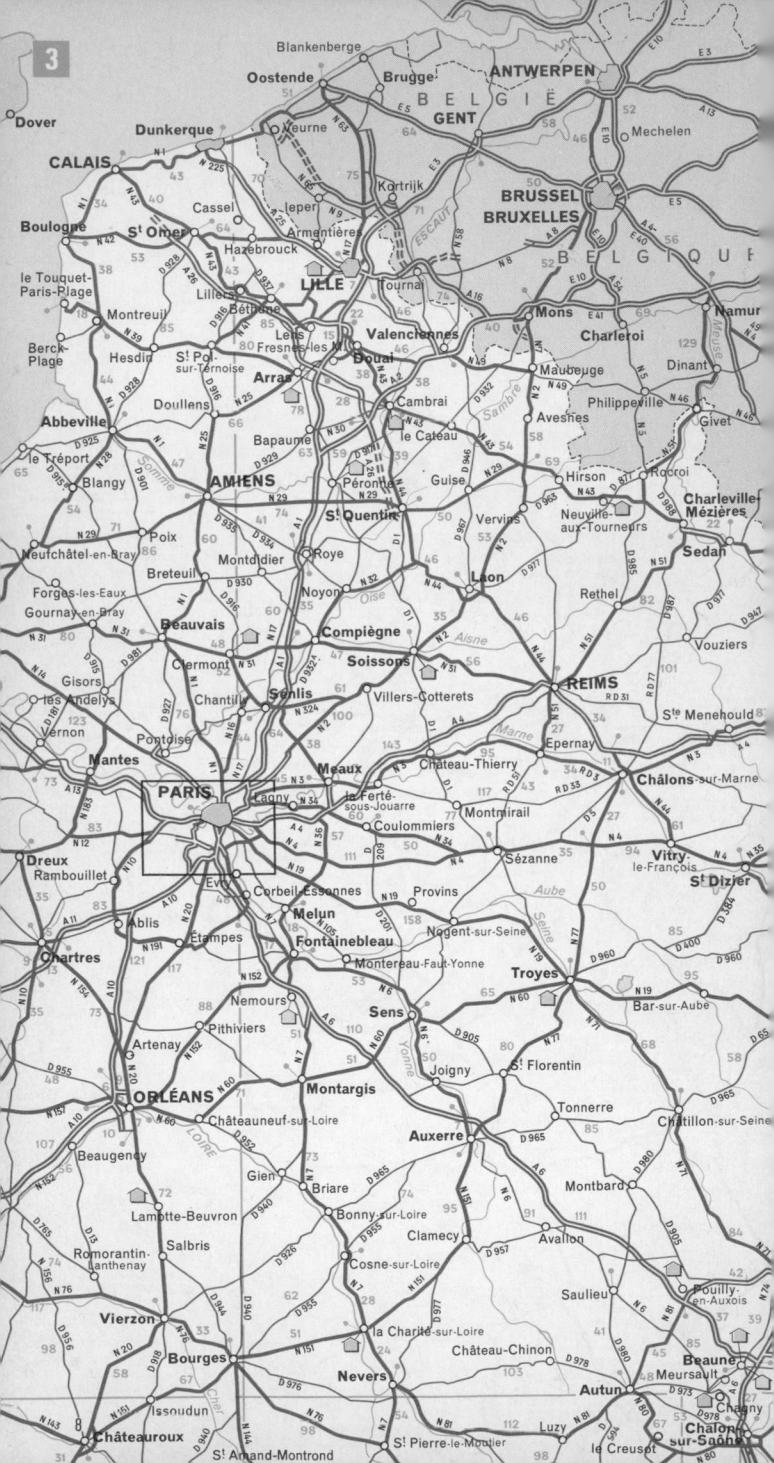

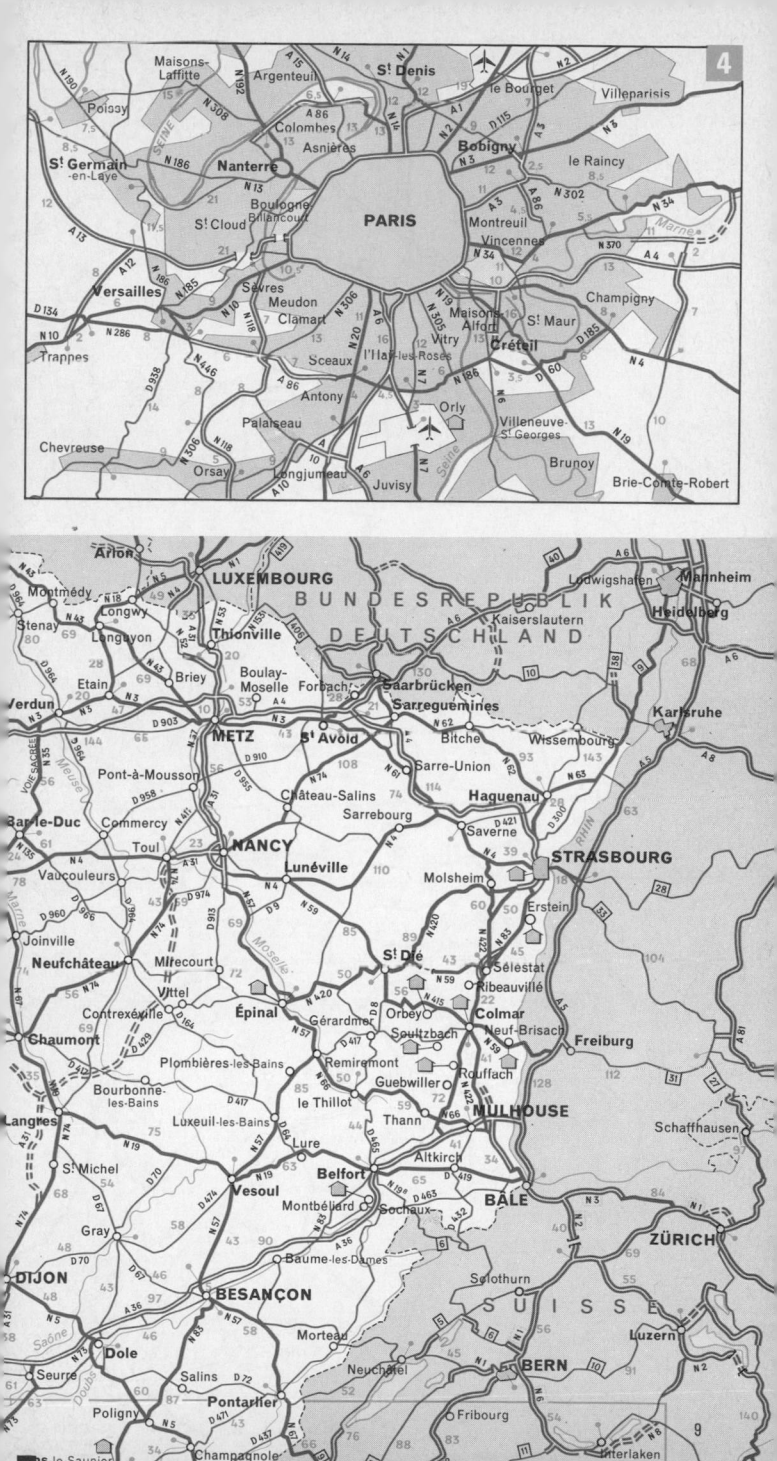

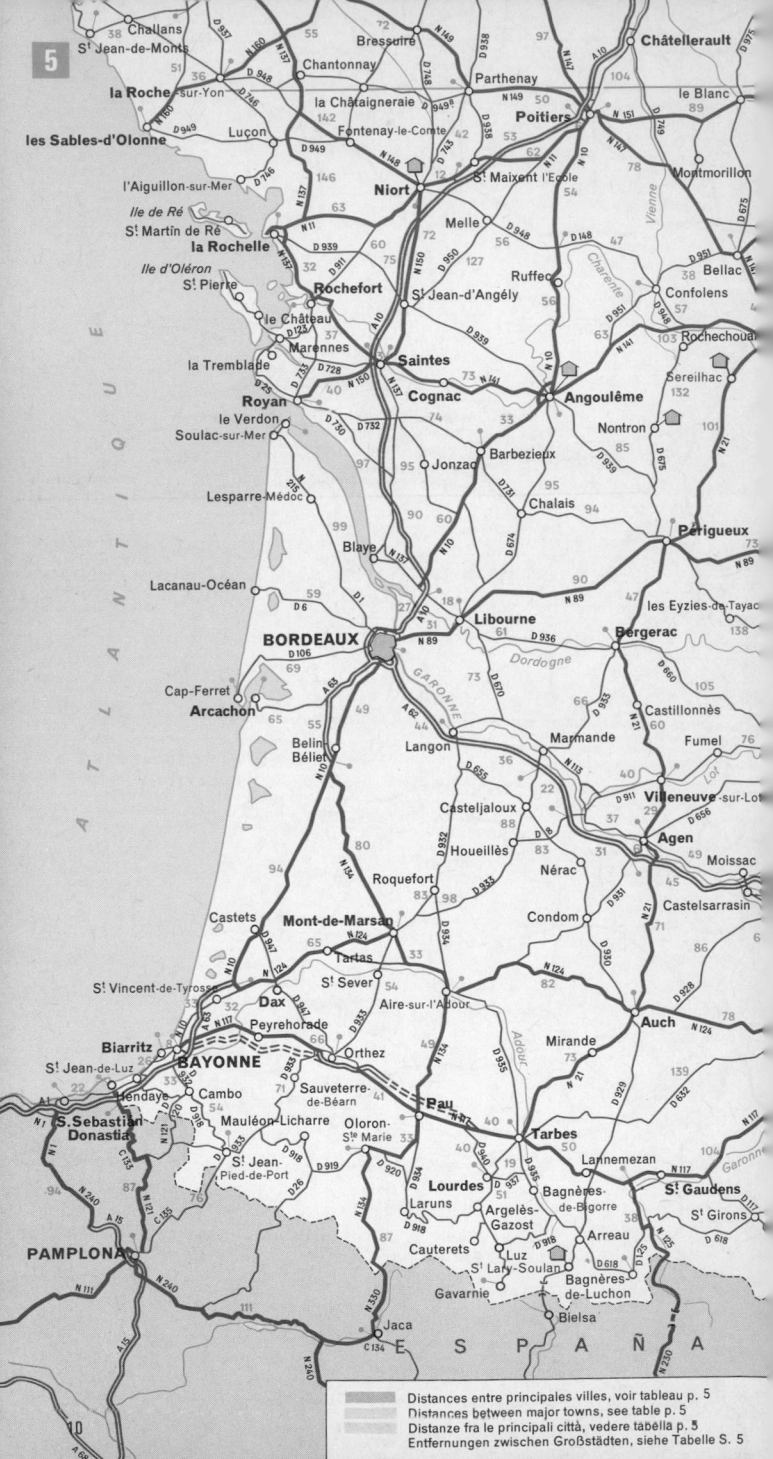

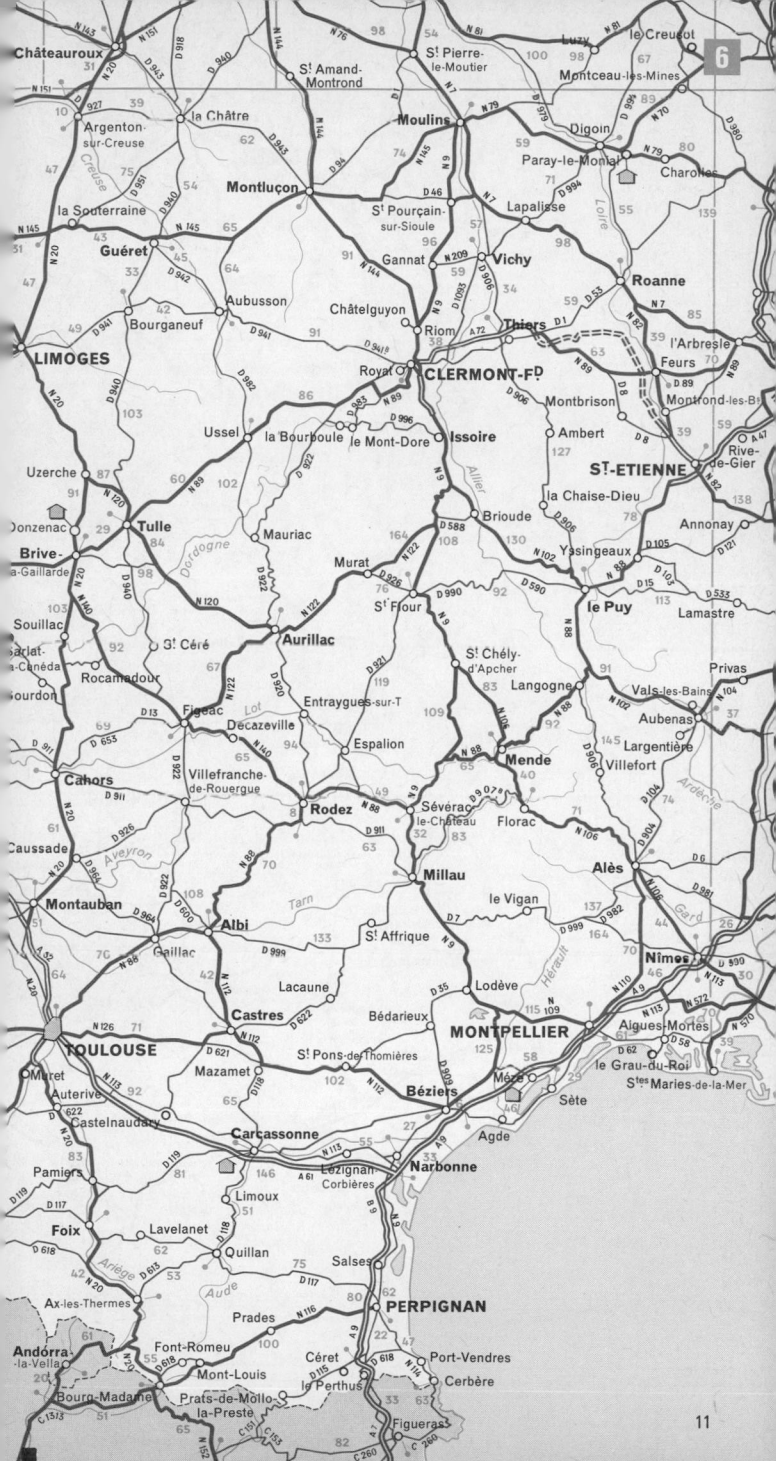

découvrez le guide...

et sachez l'utiliser pour en tirer le meilleur profit. Le Guide Michelin n'est pas seulement une liste de bonnes tables ou d'hôtels, c'est aussi une multitude d'informations pour faciliter vos voyages.

La clé du Guide

Elle vous est donnée par les pages explicatives ci-après.
Sachez qu'un même symbole, qu'un même caractère, en rouge ou en noir, en maigre ou en gras, n'a pas tout à fait la même signification.

La sélection des hôtels et des restaurants

Ce Guide n'est pas un répertoire complet des ressources hôtelières, il en présente seulement une sélection volontairement limitée. Cette sélection est établie après visites et enquêtes effectuées régulièrement sur place. C'est lors de ces visites que les avis et observations de nos lecteurs sont examinés.

Les plans de ville

Ils indiquent avec précision les rues piétonnes et commerçantes, les voies de traversée ou de contournement de l'agglomération, la localisation : des hôtels (sur de grandes artères ou à l'écart), de la poste, de l'office de tourisme, des grands monuments, des principaux sites, etc.

Pour votre véhicule

Le texte de chaque localité comporte une liste de représentants des grandes marques automobiles avec leur adresse et leur numéro d'appel téléphonique. En route, vous pouvez ainsi faire entretenir ou dépanner votre voiture, si nécessaire.

 Sur tous ces points et aussi sur beaucoup d'autres, nous souhaitons vivement connaître votre avis. N'hésitez pas à nous écrire, nous vous répondrons.

Merci d'avance.

Services de Tourisme Michelin

46, avenue de Breteuil, 75341 PARIS CEDEX 07

Bibendum vous souhaite d'agréables voyages.

Le choix
d'un hôtel,
d'un restaurant

Notre classement est établi à l'usage de l'automobiliste de passage. Dans chaque catégorie les établissements sont cités par ordre de préférence.

CLASSE ET CONFORT

🏨🏨🏨	Grand luxe et tradition	XXXXX
🏨🏨	Grand confort	XXXX
🏨🏨	Très confortable	XXX
🏨	De bon confort	XX
🏚	Assez confortable	
🏛	Simple mais convenable	X

M   Dans sa catégorie, hôtel d'équipement moderne
sans rest   L'hôtel n'a pas de restaurant
avec ch   Le restaurant possède des chambres

INSTALLATION

Les 🏨🏨🏨, 🏨🏨 et 🏨🏨 possèdent tout le confort et assurent en général le change. Ces détails ne sont pas rappelés au texte de ces hôtels.

Dans les autres catégories, nous indiquons les éléments de confort existants, mais certaines chambres peuvent ne pas en être pourvues.

Ces hôtels disposent généralement de douches ou de salles de bains communes.

30 ch	Nombre de chambres (voir p. 18 : Le dîner à l'hôtel)
🛗 🌀	Ascenseur - Air conditionné
📺	Télévision dans la chambre
🛁wc 🛁	Salle de bains et wc privés, Salle de bains privée sans wc
🚿wc 🚿	Douche et wc privés, Douche privée sans wc
☎	Téléphone dans la chambre relié par standard
☎	Téléphone dans la chambre, direct avec l'extérieur (cadran)
sans ▥	L'établissement ne possède pas le chauffage central
🍴	Repas servis au jardin ou en terrasse
🦽	Chambres accessibles aux handicapés physiques
🏊 🏊	Piscine : de plein air ou couverte
🏖 🌳	Plage aménagée - Jardin de repos
🎾	Tennis à l'hôtel
🚗	Garage gratuit (une nuit) pour les porteurs du Guide 1983
🚗	Garage payant
Ⓟ	Parc à voitures, réservé à la clientèle de l'établissement
🏛 25 à 150	L'hôtel reçoit les séminaires : capacité des salles
🐕̸	Accès interdit aux chiens : dans tout l'établissement
🐕̸ rest	au restaurant seulement
🐕̸ ch	dans les chambres seulement
mai-oct.	Période d'ouverture, communiquée par l'hôtelier
sais.	Ouverture probable en saison mais dates non précisées

Les établissements ouverts toute l'année sont ceux pour lesquels aucune mention n'est indiquée

14

Le choix
d'un hôtel,
d'un restaurant

L'AGRÉMENT

Le séjour dans certains hôtels se révèle parfois particulièrement agréable ou reposant.

Cela peut tenir d'une part au caractère de l'édifice, au décor original, au site, à l'accueil et aux services qui sont proposés, d'autre part à la tranquillité des lieux.

De tels établissements se distinguent dans le guide par les symboles rouges indiqués ci-dessous.

Hôtels agréables	🏨 à 🏠
Restaurants agréables	XXXXX à ✗
Élément particulièrement agréable	« Parc fleuri »
Hôtel très tranquille, ou isolé et tranquille	🦢
Hôtel tranquille	🦢
Vue exceptionnelle	⇐ mer
Vue intéressante ou étendue	⇐

Consultez les cartes p. 46 à 53, elles faciliteront vos recherches.

Nous ne prétendons pas avoir signalé tous les hôtels agréables, ni tous ceux qui sont très tranquilles ou isolés.

Nos enquêtes continuent. Vous pouvez les faciliter en nous faisant connaître vos observations et vos découvertes.

Le choix
d'un hôtel,
d'un restaurant

LA TABLE

Les étoiles : voir les cartes p. 54 à 61.

En France, de nombreux hôtels et restaurants offrent de bons repas et de bons vins.

Certains établissements méritent toutefois d'être signalés à votre attention pour la qualité de leur cuisine. C'est le but des étoiles de bonne table.

Nous indiquons pour ces établissements trois spécialités culinaires et des vins locaux. Essayez-les, à la fois pour votre satisfaction et pour encourager le chef dans son effort.

❀
530

Une très bonne table dans sa catégorie.

L'étoile marque une bonne étape sur votre itinéraire.
Mais ne comparez pas l'étoile d'un établissement de luxe à prix élevés avec celle d'une petite maison où à prix raisonnables, on sert également une cuisine de qualité.

❀❀
87

Table excellente, mérite un détour.

Menus et vins de choix, ... Attendez-vous à une dépense en rapport.

❀❀❀
18

Une des meilleures tables, vaut le voyage.

Tables merveilleuses, grands vins, service impeccable, cadre soigné, ...
Prix en conséquence.

Les repas soignés à prix modérés

Tout en appréciant les bonnes tables à étoiles, vous souhaitez parfois trouver sur votre itinéraire, des restaurants plus simples à prix modérés. Nous avons pensé qu'il vous intéresserait de connaître des maisons qui proposent, pour un rapport qualité-prix particulièrement favorable un repas soigné, souvent de type régional.

Consultez les cartes p. 64 à 70 et

ouvrez votre guide au nom de la localité choisie. La maison que vous cherchez se signale à votre attention par la lettre **R** en rouge, ex. : **R** 55.

Les bons vins : voir p. 62 et 63.

Le choix
d'un hôtel,
d'un restaurant

LES PRIX

Entrez à l'hôtel votre guide à la main, vous montrerez ainsi qu'il vous conduit là en confiance.

Le nom d'un hôtel ou d'un restaurant est imprimé en gros caractères, lorsque l'hôtelier nous a donné tous ses prix et s'est engagé à les appliquer aux touristes de passage porteurs de notre ouvrage. Ces prix établis en septembre 1982 ne peuvent être modifiés que si le coût de la vie subit des variations importantes. Ils doivent en tout cas être considérés comme des prix de base.

Prévenez-nous de toute majoration paraissant injustifiée. Si aucun prix n'est indiqué, demandez les conditions.

Repas

Établissement proposant un menu simple à **moins de** 50 F.	☀
Établissement pratiquant le service compris ou prix nets	SC
Prix fixe minimum 50 et maximum 95	**R** 50/95
Prix fixe minimum 40 non servi les dimanches et jours de fête	40/75
Repas soigné à **prix modérés**	**R** 55
Boisson comprise	bc
Vin de table en carafe à prix modéré	♨
Repas à la carte – Le premier prix correspond à un repas normal comprenant : hors-d'œuvre, plat garni et dessert	**R** carte 90 à 125
Le 2e prix concerne un repas plus complet (avec spécialité) comprenant : deux plats, fromage et dessert	
sauf indication spéciale bc, *la boisson est facturée en supplément aux prix fixes et à la carte*	
Prix du petit déjeuner du matin servi dans la chambre	⌣ 18
Prix du petit déjeuner du matin non servi dans la chambre	☕ 16
Chambres – Prix minimum 80 pour une chambre d'une personne et prix maximum 180 pour la plus belle chambre occupée par deux personnes	**ch** 80/180
Le prix du petit déjeuner est inclus dans le prix de la chambre	**ch** ⌣
Pension – Prix minimum et maximum de la pension complète par personne et par jour, en saison (voir détails p. 18)	**P** 160/260
Garage gratuit (une nuit) pour les porteurs du Guide 1983	🚗
Garage payant	🚗
Change des monnaies étrangères (pour les clients de l'hôtel)	🚗
Cartes de crédit : principales cartes acceptées par l'établissement : American Express - Diners Club - Eurocard (Mastercard) - Visa.	AE ⑩ E VISA

17

Les prix

QUELQUES PRÉCISIONS UTILES

Petit déjeuner

Quelques établissements ne servent pas le petit déjeuner en chambre, le signe tasse en noir ☕ marque cette restriction.
Le prix du petit déjeuner est parfois inclus dans le prix de la chambre mais cette formule ne peut pas être imposée.

Le dîner à l'hôtel

Selon la réglementation, tout hôtelier est tenu de vous loger sans que vous ayez obligation de dîner chez lui. Toutefois les hôteliers soucieux de maintenir leur restaurant, apprécieront que vous dîniez chez eux chaque fois que possible.

La pension

Nous n'indiquons que des prix de haute saison, en pension complète (deux repas, chambre, petit déjeuner). Il s'agit de prix par jour et par personne, ils sont donnés à titre indicatif et il est indispensable de s'entendre par avance avec l'hôtelier pour conclure un arrangement définitif.
Il est presque toujours possible d'obtenir sur demande des conditions de demi-pension.
Hors saison, c'est-à-dire avant le 1er juillet, après la mi-septembre et en dehors des périodes de fêtes, des tarifs spéciaux sont pratiqués, réclamez-les lors de votre réservation.
Dans les stations de sports d'hiver, les prix pratiqués en été sont généralement moins élevés qu'en saison d'hiver.
Nota : Une personne seule occupant une chambre de deux personnes, se voit parfois appliquer une majoration.

La mention "SC"

(service compris). Cette mention indique que l'établissement pratique le service compris (ou prix nets) pour tous ses prix. Aucune majoration pour le Service ne doit figurer sur votre note. Les taxes sont toujours incluses dans les prix.

Les arrhes

Certains hôteliers demandent parfois le versement d'arrhes. Il s'agit d'un dépôt-garantie qui engage l'hôtelier comme le client. Bien faire préciser les dispositions de cette garantie.
Sauf arrangement spécial, leur montant correspond généralement à trois nuitées (chambre sans pension) ou à quatre journées en pension complète. Demandez à l'hôtelier de vous fournir dans sa lettre d'accord toutes précisions utiles sur la réservation et les conditions de séjour.

Pour visiter une ville et ses environs

LES CURIOSITÉS

Intérêt

Vaut le voyage	***
Mérite un détour	**
Intéressante	*

Situation

Curiosités à voir dans la ville	Voir
Excursions aux environs de la ville	Env.
La curiosité est située : au Nord, au Sud, à l'Est, à l'Ouest	N, S, E, O
On s'y rend par la sortie ② ou ④ repérée par le même signe sur le plan du Guide et sur la carte	②, ④
Distance en kilomètres	2 km
Temps de marche à pied, aller et retour (h : heures, mn : minutes)	h, mn

Les musées sont généralement fermés le mardi.

LES VILLES

Préfecture	Ⓟ
Sous-préfecture	⟨SP⟩
Numéro de code postal de la localité (les deux premiers chiffres correspondent au numéro du département)	**63300**
Numéro de la Carte Michelin et numéro du pli	🞓🞓 ⑤
Voir le Guide Vert Michelin **Jura**	G. Jura
Population totale	1 057 h.
Altitude de la localité	alt. 175
Station thermale	Stat. therm.
Sports d'hiver	Sports d'hiver
Altitude de la station et altitude maximum atteinte par les remontées mécaniques	1 200/1 900
Nombre de téléphériques ou télécabines	2 ⛷
Nombre de remonte-pentes et télésièges	14 ⛷
Ski de fond	⛷
Numéro de code et nom du bureau distributeur du courrier	✉ 57130 Ars
Indicatif téléphonique de zone	☎ 28
Lettres repérant un emplacement sur le plan	BX **B**
Panorama, point de vue	☀ ⩽
Golf et nombre de trous	⛳₉
Aéroport	✈
Localité desservie par train-auto. Renseignements au numéro de téléphone indiqué	🚗
Transports maritimes	⛴
Transports maritimes pour passagers seulement	⛵
Information touristique	🄱
Automobile Club	A.C.
Touring Club de France	T.C.F.

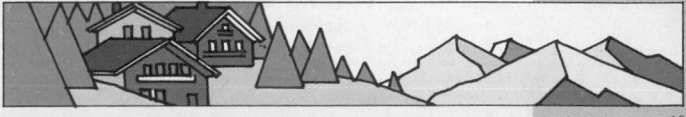

19

LES PLANS

Voirie

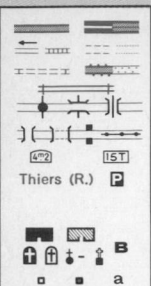

Rue de traversée ou de contournement – à chaussées séparées
Rue à sens unique – en escalier – en construction – en projet
Rue interdite, impraticable ou à circulation réglementée – bordée d'arbres
Rue piétonne
Passage de la rue : à niveau, au-dessus, au-dessous de la voie ferrée
Passage sous voûte – Tunnel – Porte – Tramway ou trolleybus
Passage bas (inf. à 4,30 m) – Pont à charge limitée (inf. à 16 t)
Rue commerçante – Parc de stationnement public

Curiosités - Hôtels - Garages

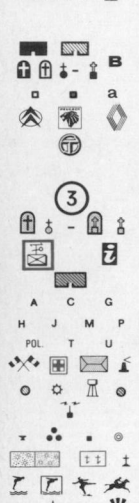

Monument intéressant et entrée principale
Église ou chapelle catholique – Église protestante } Lettre les repérant sur le plan
Hôtel, restaurant – Lettre les repérant sur le plan
Garage : Citroën, Peugeot, Renault (Alpine)
   Talbot (Service Chrysler-Simca, Matra, Sunbeam)

Signes divers

Repère commun aux plans et aux cartes Michelin détaillées

Église ou chapelle catholique – Église protestante

Poste restante, télégraphe, téléphone – Information touristique
Édifices publics repérés par des lettres :
Chambre d'Agriculture – Chambre de Commerce – Gendarmerie
Hôtel de ville – Palais de justice – Musée – Préfecture, sous-préfecture
Police (dans les grandes villes commissariat central) – Théâtre – Université
Caserne – Hôpital – Marché couvert – Phare
Tour – Usine – Château-d'eau – Gazomètre
Tour ou pylône de télécommunications
Table d'orientation – Ruines – Monument, statue – Fontaine
Jardin public, privé – Cimetière – Calvaire
Piscine de plein air, couverte – Patinoire – Hippodrome
Gare routière – Aéroport – Vue – Panorama
Embarcadère : Transport de passagers et voitures, de passagers seulement
Gare – Station de métro – Golf – Stade

Pour votre voiture - Pour vos pneus

Garagistes réparateurs, fournisseurs de pneus Michelin

RENAULT — Concessionnaire (ou succursale) de la marque Renault.
PEUGEOT — Agent de la marque Peugeot.
Gar. de la Côte — Garagiste qui ne représente pas de marque de voiture.
⊕ — Spécialistes du pneu.
Établissements généralement fermés samedi ou parfois lundi.

Dépannage

N — La nuit – Cette lettre désigne des garagistes qui assurent, la nuit, les réparations courantes.

Le dimanche – Il existe dans toutes les régions un service de dépannage le dimanche.

Ce service est soit local, soit départemental. La Police, la Gendarmerie peuvent en général indiquer, selon le cas, le garagiste de service le plus proche ou le numéro téléphonique d'appel du groupement départemental d'assistance routière.

Dans nos agences, nous nous faisons un plaisir de donner à nos clients tous conseils pour la meilleure utilisation de leurs pneus.

discover the guide...

To make the most of the guide know how to use it. The Michelin Guide offers in addition to the selection of hotels and restaurants a wide range of information to help you on your travels.

The key to the guide

...is the explanatory chapters which follow.
Remember that the same symbol and character whether in red or black or in bold or light type, have different meanings.

The selection of hotels and restaurants

This book is not an exhaustive list of all hotels but a selection which has been limited on purpose. The final choice is based on regular on the spot enquiries and visits. These visits are the occasion for examining attentively the comments and opinions of our readers.

Town plans

These indicate with precision pedestrian and shopping streets ; major through routes in built up areas ; exact location of hotels whether they be on main or side streets ; post offices ; tourist information centres ; the principal historic buildings and other tourist sights.

For your car

Each entry includes a list of agents for the main car manufacturers with their addresses and telephone numbers. Therefore even while travelling you can have your car serviced or repaired.

 Your views or comments concerning the above subjects or any others, are always welcome. Your letter will be answered.
Thank you in advance.

Services de Tourisme Michelin

46, av. de Breteuil, F-75341 PARIS CEDEX 07

Bibendum wishes you a pleasant journey.

Choosing
your hotel
or restaurant

We have classified the hotels and restaurants with the travelling motorist in mind. In each category they have been listed in order of preference.

CLASS, STANDARD OF COMFORT

🏰	Luxury in the traditional style	XXXXX
🏨	Top class comfort	XXXX
🏨	Very comfortable	XXX
🏠	Good average	XX
🏠	Quite comfortable	
🏠	Modest comfort	X

M   In its class, hotel with modern amenities

sans rest .   The hotel has no restaurant

avec ch   The restaurant has bedrooms

HOTEL FACILITIES

Hotels in categories 🏰, 🏨, 🏨 usually have every comfort details are not repeated under each hotel.

In other categories, we indicate the facilities available, however. they may not be found in each room; these hotels generally have a bathroom or a shower for general use.

30 ch	Number of rooms (see page 26 : Dinner at the hotel)
🛗	Lift (elevator)
🖷	Air conditioning
TV	Television in room
🛁wc 🛁	Private bathroom with toilet, Private bathroom without toilet
🚿wc 🚿	Private shower with toilet, Private shower without toilet
☎	Telephone in room : outside calls connected by the operator
☎	Telephone in room : direct dialling for outside calls
sans 🔥	Without central heating
🍽	Meals served in garden or on terrace
🚶	Bedrooms accessible to the physically handicapped
🏊 🏊	Outdoor or indoor swimming pool
🏖 🌳	Beach with bathing facilities - Garden
⚲	Hotel tennis court (s)
🚗	Free garage (one night) for those having the 1983 Guide
🚗	Charge made for garage
Ⓟ	Car park for customers only
🏛 25 à 150	Hotel available for business conferences; minimum and maximum capacity of conference and other halls
🐕	Dogs are not allowed : in any part of the hotel
🐕 rest	in the restaurant
🐕 ch	in the bedrooms
mai-oct.	Dates when open, as indicated by the hotelier
sais.	Probably open for the season – precise dates not available

Where no date or season is shown, the establishment is open all year round.

Choosing
your hotel
or restaurant

AMENITY

Your stay in certain hotels will be sometimes particularly agreeable
or restful.

There can be several reasons for this: the character of the actual
building, its situation and the quietness of its setting, the above
average quality and style of its decor and the welcome and
services which are offered.

Such establishments are distinguished in the guide by the red
symbols shown below.

Pleasant hotels	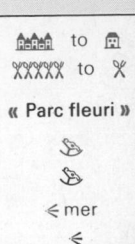
Pleasant restaurants	
Particularly attractive feature	
Very quiet or quiet secluded hotel	
Quiet hotel	
Exceptional view	
Interesting or extensive view	

By consulting the maps on pp. 46 to 53 you will find it easier
to locate them.

We do not claim to have indicated all the pleasant, very quiet or
quiet, secluded hotels which exist.

Our enquiries continue.   You can help us by letting us know
your opinions and discoveries.

23

Choosing
your hotel
or restaurant

CUISINE

The Stars : refer to maps on pp. 54 to 61.

In France, a large number of hotels and restaurants offer good food and fine wines.

Certain establishments merit being brought to your particular attention for the quality of their cooking.   That is the aim of the stars for good food.

For these establishments we show 3 speciality dishes and some of the local wines. Try them, both for your own pleasure and to encourage the chef in his work.

❀
530

Very good cooking in its class

The star indicates a good place to stop on your journey. But beware of comparing the star given to a " de luxe " establishment with accordingly high prices, with that of a simpler one, where for a lesser sum one can still eat food of quality.

❀❀
87

Excellent cooking, worth a detour

Menus and wines of first class quality, ... do not expect such meals to be cheap.

❀❀❀
18

Exceptional cuisine, worth a special journey

Superb food, fine wines, faultless service, elegant surroundings...   One will pay accordingly !

Good food at moderate prices

Apart from those establishments with stars we have felt that you might be interested in knowing of other establishments which offer good value for money with a high standard of cooking, often of regional dishes.

Refer to the maps on pp. 64-70, and turn to the appropriate pages in the text.   The establishments in this category are shown with the letter **R** in red, e.g. R 55.

Fine Wines : see pp. 62-63.

Choosing
your hotel
or restaurant

PRICES

Your recommendation is self-evident if you always walk into a hotel, Guide in hand.

Hotels and restaurants whose names are printed in bold type have disclosed all their prices and undertaken to abide by them if the traveller is in possession of this year's guide.   Valid for September 1982 the rates shown may be revised, if the cost of living changes to any great extent. In any event they should be regarded as basic charges.   If you think you have been overcharged, let us know. Where no rates are shown it is best to enquire about terms in advance.

Meals

Establishment serving a plain menu **for less than** 50 F	→
Establishment where service is included or prices quoted are net	SC
Set meals – Lowest 50 and highest 95 prices for set meals	**R** 50/95
The cheapest set meal 40 is not served on Sundays or holidays	40/75
Good meals **at moderate prices**	**R** 55
Drink included	bc
Table wine available by the carafe at a moderate price	🍶
"A la carte" meals – The first figure is for a plain meal and includes hors-d'œuvre, main dish of the day with vegetables and dessert	**R** carte 90 à 125
The second figure is for a fuller meal (with "spécialité") and includes 2 main courses, cheese, dessert	
Except where specifically stated bc, *drinks are payable in addition to the fixed and "à la carte" prices*	
Price of continental breakfast served in the bedroom	☕ 18
Price of continental breakfast served in the dining room	☕ 16
Rooms – Lowest price 80 for a comfortable single and highest price 180 for the best double room	**ch** 80/180
Breakfast is included in the price of the room	**ch** ☕
Full-Board – Lowest and highest prices per person, per day in the season (see page 26)	P 160/260
Free **garage** (one night) for those having the 1983 Guide	🚗
Charge made for garage	🚗
Foreign exchange facilities (for hotel residents only)	💱
Credit Cards : Principal credit cards accepted by Establishments : American Express - Diners Club - Eurocard (Mastercard). - Visa (Barclaycard).	AE ⓓ E VISA

Prices

**A FEW
USEFUL
DETAILS**

Breakfast

Some establishments will not serve breakfast in the room
The black symbol for breakfast ☕ indicates this restriction.

The price of breakfast is sometimes included in the room
charge.   But the customer is not obliged to take breakfast or
be charged for it.

Dinner at the hotel

Hoteliers are obliged by law to offer accommodation without
demanding that you dine in their restaurant. However,
as they are naturally interested that their restaurant should
be supported, they will appreciate your dining there whenever
possible.

Full Board

We indicate only high season prices for full board, which
comprises bedroom, breakfast and two meals.   These rates are
per day and per person and are intended for guidance only.
It is essential to agree terms with the hotelier before making
a firm reservation.

It is nearly always possible to obtain half board terms on request.

Out of season, that is to say before the 1st July, after mid-
September and excluding other holiday periods, special rates
usually operate.   Ask for details when you make your reservation.

In winter sports resorts rates charged in summer are generally
lower than in winter.

N.B. - Rooms are charged on a unit basis; a single person
occupying a double room may therefore pay an increased
board charge.

The letters " SC "

(service compris) indicate an establishment where service is
included or the prices quoted are net. No service charge should
be added to your bill.   Taxes are always included in prices.

Deposits

Certain hoteliers require the payment of a deposit.   This consti-
tutes a mutual guarantee of good faith.

Apart from any special arrangement the amount is generally
approximately the charge for 3 nights in the case of bed and
breakfast or 4 days in the case of full board.

Ask the hotelier to provide you, in his letter of confirmation,
with all terms and conditions applicable to your reservation.

Seeing
a town
and its surroundings

SIGHTS

Star-rating

Worth a journey	***
Worth a detour	**
Interesting	*

Finding the sights

To be seen in the town	**Voir**
In the neighbourhood of the town	**Env.**
The sight is situated to the North (N), South (S), East (E), West (O) of the town	N, S, E, O
Sign on town plan and on the Michelin road map indicating the road leading to a place of interest	②, ④
Distance in kilometres	2 km
Time to go there and back on foot (h : hours, mn : minutes)	h, mn

Museums and art galleries are generally closed on Tuesdays.

TOWNS

Prefecture	Ⓟ
Sub-prefecture	⟨SP⟩
Local postal number (the first two numbers represent the department number)	**63300**
Number of the appropriate sheet and section of the Michelin road map	🔢 80 ⑤
See the Michelin Green Guide **Jura**	G. Jura
Population	1 057 h.
Altitude (in metres)	alt. 175
Spa	Stat. therm.
Winter sports	Sports d'hiver
Altitude (in metres) of resort and highest point reached by lifts	1 200/1 900
Number of cable cars	2 ⛷
Number of ski and chair-lifts	14 ⛷
Cross country skiing	⛷
Postal number and name of the post office serving the town	✉ 57130 Ars
Trunk dialling code	☎ 28
Letters giving the location of a place on the town plan	BX **B**
Panoramic view. Viewpoint	☀ ≤
Golf course and number of holes	⛳9
Airport	✈
Places with a motorail connection. Further information from phone no. listed	🚗
Shipping	⛴
Passenger transport only	⛵
Tourist Information Centre	🅱
Automobile Club	A.C.
Touring Club de France	T.C.F.

27

TOWN PLANS

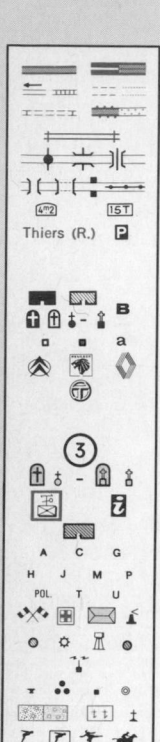

Roads

Through route or by-pass – Dual carriageway
One-way street – Stepped street – Street under construction, planned
No entry, unsuitable for traffic or subject to restrictions – Tree lined street
Pedestrian street
Railway crossing: level crossing, road crossing rail, rail crossing road
Street passing under arch – Tunnel – Gateway – Tram or trolleybus route
Low headroom (14 ft. max.) – Bridge with load limit (under 16 t)
Shopping street – Public car park

Sights - Hotels - Garages

Place of interest and its main entrance
Catholic church or chapel – Protestant church } Reference letter on the town plan
Hotel, restaurant – Reference letter on the town plan
Garage : Citroën, Peugeot, Renault (Alpine)
          Talbot (Chrysler-Simca, Matra, Sunbeam)

Various signs

Reference number common to town plans on large scale Michelin maps

Catholic church or chapel – Protestant church

Poste restante, telegraph, telephone – Tourist Information Centre
Public buildings located by letters:
Chamber of Agriculture – Chamber of Commerce – Gendarmerie
Town Hall – Law Courts – Museum – Prefecture or sub-prefecture
Police (in large towns police headquarters) – Theatre – University
Barracks – Hospital – Covered market – Lighthouse
Tower – Factory – Water tower – Gasometer
Telecommunications tower or mast
Viewing table – Ruins – Monument, statue – Fountain
Public garden, private garden – Cemetery – Cross
Outdoor or indoor swimming pool – Skating rink – Racecourse
Coach station – Airport – View – Panorama
Landing stage: Passenger and car transport – Passengers only
Station – Underground station – Golf course – Stadium

For your car and your tyres

Car dealers and repairers
Michelin tyre suppliers

RENAULT
PEUGEOT
Gar. de la Côte

Renault main agent.
Peugeot dealer.
General repair garage.
Tyre specialist.

These workshops are usually closed on Saturdays and occasionally on Mondays.

Breakdown service

N

At night – Symbol indicating garage offering night breakdown service.

On Sunday – Each town has a breakdown service available on Sunday. In any event, the Gendarmerie, Police, etc., will usually be able to give the address of the garage on duty.

The Staff at our Depots will be pleased to give advice on the best way to look after your tyres.

scoprite la guida...

e sappiatela utilizzare per trarre il miglior vantaggio. La Guida Michelin è un elenco dei migliori alberghi e ristoranti, naturalmente. Ma anche una serie di utili informazioni per i Vostri viaggi!

La «chiave»

Leggete le pagine che seguono e comprenderete!
Sapete che uno stesso simbolo o una stessa parola in rosso o in nero, in carattere magro o grasso, non ha lo stesso significato?

La selezione degli alberghi e ristoranti

Attenzione! La guida non elenca tutte le risorse alberghiere. E' il risultato di una selezione, volontariamente limitata, stabilita in seguito a visite ed inchieste effettuate sul posto. E, durante queste visite, amici lettori, vengono tenute in evidenza le Vs. critiche ed i Vs. apprezzamenti!

Le piante di città

Indicano con precisione: strade pedonali e commerciali, il modo migliore per attraversare od aggirare il centro, l'esatta ubicazione degli alberghi e ristoranti citati, della posta centrale, dell'ufficio informazioni turistiche, dei monumenti più importanti e poi altre e altre ancora utili informazioni per Voi!

Per la Vs. automobile

Indirizzo e telefono delle principali marche automobilistiche vengono segnalati nel testo di ogni località. Così, in caso di necessità, saprete dove trovare il «medico» per la Vs. vettura.

 Su tutti questi punti e su altri ancora, gradiremmo conoscere il Vs. parere. Scriveteci e non mancheremo di risponderVi!

Services de Tourisme Michelin
46, av. de Breteuil, F-75341 PARIS CEDEX 07

Grazie e buon viaggio.

La scelta
di un albergo,
di un ristorante

La nostra classificazione è stabilita ad uso dell'automobilista di passaggio. In ogni categoria, gli esercizi vengono citati in ordine di preferenza.

CLASSE E CONFORT

ᨆᨆᨆᨆᨆ	Gran lusso e tradizione	𝖷𝖷𝖷𝖷𝖷
ᨆᨆᨆᨆ	Gran confort	𝖷𝖷𝖷𝖷
ᨆᨆᨆ	Molto confortevole	𝖷𝖷𝖷
ᨆᨆ	Di buon confort	𝖷𝖷
ᨆ	Abbastanza confortevole	
🏨	Semplice, ma conveniente	𝖷

M   Nella sua categoria, albergo con attrezzatura moderna

sans rest   L'albergo non ha ristorante

avec ch   Il ristorante dispone di camere

INSTALLAZIONI

I ᨆᨆᨆᨆ, ᨆᨆᨆ, ᨆᨆ offrono ogni confort, per questi alberghi non specifichiamo quindi il dettaglio delle installazioni.

Nelle altre categorie indichiamo gli elementi di confort esistenti ; alcune camere possono talvolta esserne sprovviste.
Questi alberghi dispongono tuttavia di docce e bagni comuni.

30 ch	Numero di camere (vedere p. 34 : La cena in albergo)
🛗	Ascensore
▣ 📺	Aria condizionata - Televisione in camera
🛁wc 🛁	Bagno e wc privati, bagno privato senza wc
🚿wc 🚿	Doccia e wc privati, doccia privata senza wc
🕾	Telefono in camera collegato con il centralino
☎	Telefono in camera comunicante direttamente con l'esterno
sans ▥	Senza riscaldamento centrale
🍽	Pasti serviti in giardino o in terrazza.
ゟ	Camere d'agevole accesso per i minorati fisici
⚊ ⚊	Piscina : all'aperto, coperta
🏖 🌳	Spiaggia attrezzata - Giardino
✗	Tennis appartenente all'albergo
🚗	Garage gratuito (una notte) per chi presenta la guida 1983
🚗	Garage a pagamento
℗	Parcheggio per auto riservato alla clientela dell'albergo
🏛 25 à 150	L'albergo ospita seminari : capienza minima e massima delle sale
✗	E' vietato l'accesso ai cani : ovunque
✗ rest	soltanto al ristorante
✗ ch	soltanto nelle camere
mai-oct.	Periodo di apertura comunicato dall'Albergatore
sais.	Possibile apertura in stagione, ma periodo non precisato.
	Gli esercizi senza tali indicazioni sono aperti tutto l'anno.

La scelta di un albergo, di un ristorante

AMENITÀ

Il soggiorno in alcuni alberghi si rivela talvolta particolarmente ameno o riposante.

Ciò può dipendere sia dalle caratteristiche dell'edificio, dalle decorazioni non comuni, dalla sua posizione, dall'accoglienza e dai servizi offerti, sia dalla tranquillità dei luoghi.

Questi esercizi sono così contraddistinti :

Alberghi ameni	🏨 a 🏠
Ristoranti ameni	XXXXX a X
Un particolare ameno	« Parc fleuri »
Albergo molto tranquillo o isolato e tranquillo	ॐ
Albergo tranquillo	ॐ
Vista eccezionale	⇐ mer
Vista interessante o estesa	⇐

Consultate le carte da p. 46 a p. 53 : sarete facilitati nelle vostre ricerche.

Non abbiamo la pretesa di aver segnalato tutti gli alberghi ameni, nè tutti quelli molto tranquilli o isolati e tranquilli.

Le nostre ricerche continuano. Le potrete agevolare facendoci conoscere le vostre osservazioni e le vostre scoperte.

La scelta
di un albergo,
di un ristorante

LA TAVOLA

Le Stelle – Vedere le carte da p. 54 a p. 61.

In Francia numerosi alberghi e ristoranti offrono buoni pasti e buoni vini.

Tuttavia alcuni esercizi meritano di essere segnalati alla Vostra attenzione per la qualità della loro cucina : è questo lo scopo delle " stelle di ottima tavola ".

Per questi esercizi indichiamo tre specialità culinarie e vini locali. Provateli, tanto per vostra soddisfazione quanto per incoraggiare l'abilità del cuoco.

❀
530

Un'ottima tavola nella sua categoria.

La stella indica una tappa sul Vostro itinerario. Non mettete però a confronto la stella di un esercizio di lusso, dai prezzi elevati, con quella di un piccolo esercizio dove, a prezzi ragionevoli, viene offerta una cucina di qualità.

❀❀
87

Tavola eccellente : merita una deviazione.

Menu e vini scelti... AspettateVi una spesa in proporzione.

❀❀❀
18

Una delle migliori tavole : vale il viaggio.

Tavole meravigliose, grandi vini, servizio impeccabile, ambientazione accurata, ...
Prezzi conformi.

Pasti accurati a prezzi contenuti

Oltre alle ottime tavole contrassegnate con stelle, abbiamo pensato potesse interessarVi conoscere degli esercizi che, per un rapporto qualità-prezzo particolarmente favorevole offrono un pasto curato spesso a carattere tipicamente regionale.

Consultate le carte da p. 64 a p. 70

e aprite la Vostra guida in corrispondenza della località prescelta. L'esercizio che cercate richiamerà la Vostra attenzione grazie alla lettera **R** evidenziata in rosso. Es. R 55

 I buoni vini : vedere p. 62/63.

La scelta di un albergo, di un ristorante

I PREZZI

Entrate nell'albergo con la Guida alla mano, dimostrando in tal modo la fiducia in chi Vi ha indirizzato.

Gli alberghi e ristoranti figurano in carattere grassetto quando gli albergatori ci hanno comunicato tutti i loro prezzi e si sono impegnati ad applicarli ai turisti di passaggio in possesso della nostra pubblicazione. Questi prezzi, redatti nel settembre 1982, possono venire modificati qualora il costo della vita subisca notevoli variazioni. Devono comunque essere considerati come prezzi base.

Segnalateci qualsiasi maggiorazione che Vi sembri ingiustificata. Quando i prezzi non sono indicati, Vi consigliamo di chiedere preventivamente le condizioni.

Pasti

Esercizio che presenta un menu semplice per meno di 50 Г	
Esercizio che pratica il servizio compreso o prezzi netti	SC
Prezzo fisso minimo 50 e massimo 95	R 50/95
Prezzo fisso minimo 40, non applicato la domenica e nei giorni festivi	40/75
Pasto accurato a **prezzi contenuti**	R 55
Bevanda compresa	bc
Vino da tavola in caraffa a prezzo modico	⚱
Alla carta – Il primo prezzo corrisponde ad un pasto semplice comprendente : antipasto, piatto con contorno, dessert	R carte 90 à 125
Il secondo prezzo corrisponde ad un pasto più completo (con specialità) comprendente : due piatti, formaggio e dessert.	
Salvo speciale indicazione bc, *le bevande non sono comprese nei prezzi, sia fissi che alla carta.*	
Prezzo della prima colazione servita in camera	⊊ 18
Prezzo della prima colazione non servita in camera	☕ 16
Camere – Prezzo minimo 80 per una camera singola e prezzo massimo 180 per la camera più bella per due persone	ch 80/180
Il prezzo della prima colazione è compreso nel prezzo della camera	ch ⊊
Pensione – Prezzo minimo e massimo della pensione completa per persona e per giorno, in alta stagione (vedere dettagli a p. 34)	P 160/260
Garage gratuito (una notte) per i possessori della Guida 1983	🚗
Garage a pagamento	🚗
Cambio di valute straniere (per i clienti dell'albergo)	💱
Carte di credito : principali carte di credito accettate da un albergo o ristorante : American Express - Diners Club - Eurocard (Mastercard) - Visa (BankAmericard).	AE ⓓ E VISA

I prezzi

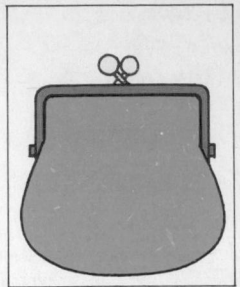

QUALCHE
CHIARIMENTO
UTILE

Prima colazione

Alcuni esercizi non servono la prima colazione in camera :
in tal caso il simbolo della tazzina viene stampato in nero ☕.
Il prezzo della prima colazione alle volte è incluso nel prezzo
della camera, ma questa formula non può essere imposta.

La cena in albergo

Secondo la regolamentazione, gli albergatori sono tenuti ad
alloggiarvi senza che siate obbligati a pranzare presso l'albergo.
Tuttavia, preoccupati di tenere il loro ristorante, apprezzeranno
che voi pranziate presso di loro ogni qualvolta vi è possibile.

La pensione

Indichiamo soltanto i prezzi di pensione completa (camera, prima
colazione e due pasti), per giorno e per persona, praticati in alta
stagione. Poichè tali prezzi vengono dati a titolo indicativo è
indispensabile prendere accordi preventivamente con l'albergatore per stabilire le condizioni definitive.
E' quasi sempre possibile su richiesta, ottenere condizioni di
mezza-pensione.
In bassa stagione, da metà settembre a fine giugno con l'esclu-
sione dei periodi festivi, vengono praticati prezzi speciali :
richiedeteli al momento della prenotazione.

Nelle stazioni di sport invernali i prezzi praticati in estate sono
generalmente meno elevati che durante la stagione invernale.

Nota : per le persone sole che occupano una camera doppia
il prezzo indicato può essere suscettibile di maggiorazione.

La menzione « SC »

sta ad indicare che, per tutti i suoi prezzi, l'esercizio pratica il
" servizio compreso " (o prezzi netti). Nessuna maggiorazione
per il servizio dovrà quindi figurare sul conto. Le tasse sono
sempre comprese nei prezzi da noi indicati.

Le caparre

Alle volte alcuni albergatori chiedono il versamento di una
caparra. E' un deposito-garanzia che impegna tanto l'albergatore che il cliente. Salvo accordi speciali, l'importo corrisponde
al prezzo di tre notti (camera senza pensione) o di quattro
giornate di pensione completa. Chiedete all'albergatore di
fornirVi, nella sua lettera di conferma, ogni dettaglio sulla
prenotazione e sulle condizioni di soggiorno, nonchè di pre-
cisarVi le norme riguardanti la reciproca garanzia di tale caparra.

Per visitare
una città
ed i suoi dintorni

LE « CURIOSITÀ »

Grado d'interesse

Vale il viaggio	★★★
Merita una deviazione	★★
Interessante	★

Situazione

Curiosità da vedere nella città	Voir
Escursioni nei dintorni della città	Env.
La curiosità è situata : a Nord, a Sud, a Est, a Ovest	N. S. E. O
Ci si va dall'uscita ② o ④ indicata con lo stesso segno sulla pianta della guida e sulla carta stradale	②. ④
Distanza chilometrica	2 km
Tempo per percorsi a piedi, andata e ritorno h : ore, mn : minuti)	h. mn

I musei sono generalmente chiusi il martedì.

LE CITTÀ

Prefettura	Ⓟ
Sottoprefettura	⊲SP⊳
Codice di avviamento postale (le prime due cifre corrispondono al numero del dipartimento)	63300
Numero della carta Michelin e numero della piega	80 ⑤
Vedere la guida Verde Michelin **Jura**	G. Jura
Popolazione residente	1 057 h.
Altitudine	alt. 175
Stazione termale	Stat. therm.
Sport invernali	Sports d'hiver
Altitudine della località e altitudine massima raggiungibile dalle risalite meccaniche	1 200/1 900
Numero di funivie o cabinovie	2 ⛷
Numero di sciovie o seggiovie	14 ⛷
Sci di Fondo	⛷
Numero di codice e sede dell'Ufficio postale	⊠ 57130 Ars
Prefisso telefonico interurbano	✆ 28
Lettere indicanti l'ubicazione sulla pianta	BX **B**
Panorama, punto di vista	❋ ≤
Golf e numero di buche	🏌9
Aeroporto	✈
Località con servizio auto su treno — Informarsi al numero di telefono indicato	🚗
Trasporti marittimi	⛴
Trasporti marittimi per soli passeggeri	⛵
Ufficio informazioni turistiche	🛈
Automobile Club	A.C.
Touring Club di Francia	T.C.F.

LE PIANTE

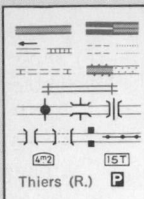

Viabilità

Via di attraversamento o di circonvallazione – a doppia carreggiata
Via a senso unico – a scalinata – in costruzione – in progetto
Via vietata, impraticabile o a circolazione regolamentata – Via alberata
Via pedonale
La via passa : a livello, al disopra, al disotto della ferrovia
Sottopassaggio – Galleria – Porta – Tranvia o filovia
Sottopassaggio (altezza inferiore a m 4,30) – Ponte a portata limitata (inf. a 16 t)
Via commerciale – Parcheggio pubblico

Curiosità - Alberghi - Garage

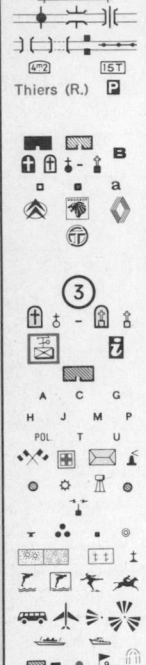

Monumento interessante ed entrata principale } Lettera di riferimento
Chiesa o cappella cattolica – Chiesa protestante } sulla pianta
Albergo, Ristorante – Lettera di riferimento sulla pianta
Garage : Citroën, Peugeot, Renault (Alpine)
           Talbot (Servizio Chrysler-Simca, Matra, Sunbeam)

Simboli vari

Simbolo di riferimento comune alle piante ed alle carte Michelin particolareggiate
Chiesa o cappella cattolica – Chiesa protestante
Fermo posta, telegrafo, telefono – Ufficio informazioni turistiche
Edifici pubblici indicati con lettere :
Camera di Agricoltura – Camera di Commercio – Gendarmeria
Municipio – Palazzo di giustizia – Museo – Prefettura, sottoprefettura
Polizia (Questura, nelle grandi città) – Teatro – Università
Caserma – Ospedale – Mercato coperto – Faro
Torre – Fabbrica – Torre idrica – Gasometro
Torre, pilone per telecomunicazione
Tavola d'orientamento – Ruderi – Monumento, statua – Fontana
Giardino pubblico, privato – Cimitero – Calvario
Piscina : all'aperto, coperta – Pista di pattinaggio – Ippodromo
Autostazione – Aeroporto – Vista – Panorama
Imbarcadero : Trasporto passeggeri ed autovetture, passeggeri trasporto
Stazione – Stazione della Metropolitana – Golf – Stadio

Per la vostra automobile - Per i vostri pneumatici

Garagisti riparatori, rivenditori di pneumatici Michelin

RENAULT
PEUGEOT
Gar. de la Côte

Concessionario (o Succursale) della Renault.
Agente della marca Peugeot.
Garagista non rappresentante di marche vettura.
Specialista in pneumatici.
Questi esercizi sono generalmente chiusi il sabato o talvolta il lunedì.

Servizio riparazioni d'emergenza

N

Notturno – Questa lettera indica garagisti che assicurano durante la notte il servizio di normali riparazioni.

Domenicale – Esiste anche di domenica un servizio di riparazione. La polizia e la « gendarmerie » sono generalmente in grado di precisare l'officina in servizio più vicina o il numero telefonico del gruppo dipartimentale di assistenza stradale.
Le nostre Succursali sono in grado di dare ai nostri clienti tutti consigli relativi per la migliore utilizzazione dei pneumatici.

Der Michelin-Führer...

Er ist nicht nur ein Verzeichnis guter Restaurants und Hotels, sondern gibt zusätzlich eine Fülle nützlicher Tips für die Reise.
Nutzen Sie die zahlreichen Informationen, die er bietet.

Zum Gebrauch dieses Führers

Die Erläuterungen stehen auf den folgenden Seiten.
Beachten Sie dabei, daß das gleiche Zeichen rot oder schwarz, fett oder dünn gedruckt verschiedene Bedeutungen hat.

Zur Auswahl der Hotels und Restaurants

Der Rote Michelin-Führer ist kein vollständiges Verzeichnis aller Hotels und Restaurants. Er bringt nur eine bewußt getroffene, begrenzte Auswahl. Diese basiert auf regelmäßigen Überprüfungen durch unsere Inspektoren an Ort und Stelle. Bei der Beurteilung werden auch die zahlreichen Hinweise unserer Leser berücksichtigt.

Zu den Stadtplänen

Sie informieren über Fußgänger- und Geschäftsstraßen, Durchgangs- oder Umgehungsstraßen, Lage von Hotels und Restaurants (an Haupt- verkehrsstraßen oder in ruhiger Gegend), wo sich die Post, das Ver- kehrsamt, die wichtigsten öffentlichen Gebäude und Sehenswürdig- keiten u. dgl. befinden.

Hinweise für den Autofahrer

In jedem Ortstext sind Adresse und Telefonnummer der Vertragshändler der großen Automobilfirmen angegeben. So können Sie Ihren Wagen im Bedarfsfall unterwegs warten oder reparieren lassen.

Ihre Meinung zu den Angaben des Führers, Ihre Kritik, Ihre Verbesserungsvorschläge interessieren uns sehr. Zögern Sie daher nicht, uns diese mitzuteilen... wir antworten bestimmt.

Services de Tourisme Michelin
46, av. de Breteuil, F-75341 PARIS CEDEX 07

Vielen Dank im voraus und angenehme Reise!

Wahl
eines Hotels,
eines Restaurants

Unsere Auswahl ist für Durchreisende gedacht. In jeder Kategorie drückt die Reihenfolge der Betriebe eine weitere Rangordnung aus.

KLASSENEINTEILUNG UND KOMFORT

🏰	Großer Luxus, Tradition	XXXXX
🏰	Großer Komfort	XXXX
🏨	Sehr komfortabel	XXX
🏠	Mit gutem Komfort	XX
🏠	Mit ausreichendem Komfort	
☂	Bürgerlich	X

M   Hotel mit für seine Kategorie moderner Einrichtung

sans rest   Hotel ohne Restaurant

avec ch   Restaurant vermietet auch Zimmer

EINRICHTUNG

Für die 🏰, 🏰 und 🏨 geben wir keine Einzelheiten über die Einrichtung an, da diese Hotels jeden Komfort besitzen.

In den Häusern der übrigen Kategorien nennen wir die vorhandenen Einrichtungen. Diese können in einigen Zimmern fehlen, doch verfügen die Hotels im allgemeinen über ein Etagenbad oder eine Etagendusche.

30 ch	Anzahl der Zimmer (siehe S. 42 : Abendessen im Hotel)
🛗	Fahrstuhl
🖥	Klimaanlage
TV	Fernsehen im Zimmer
🛁wc 🛁	Privatbad mit wc, Privatbad ohne wc
🚿wc 🚿	Privatdusche mit wc, Privatdusche ohne wc
☎	Zimmertelefon mit Außenverbindung über Telefonzentrale
☎	Zimmertelefon mit direkter Außenverbindung
sans 🏭	Ohne Zentralheizung
🌲	Garten-, Terrassenrestaurant
♿	Für Körperbehinderte leicht zugängliche Zimmer
🏊 🏊	Freibad, Hallenbad
🏖 🚤	Strandbad - Liegewiese
✂	Tennis
🚗	Garage kostenlos (nur für eine Nacht) für die Besitzer des Michelin-Führers 1983
🚗	Garage wird berechnet
Ⓟ	Parkplatz reserviert für Gäste des Hauses
🏛 25 à 150	Hotel geeignet für Tagungen : Mindest- und Höchstkapazität der Konferenzräume
🐕	Das Mitführen von Hunden ist untersagt : im ganzen Haus
🐕 rest	nur im Restaurant
🐕 ch	nur im Hotelzimmer
mai-oct.	Öffnungszeit, vom Hotelier mitgeteilt
sais.	Öffnungszeit während der Saisonmonate

Die Häuser, für die wir keine Schließungszeiten angeben, sind ganzjährig geöffnet.

Wahl
eines Hotels,
eines Restaurants

ANNEHMLICHKEITEN

In manchen Hotels ist der Aufenthalt wegen der schönen, ruhigen Lage, der nicht alltäglichen Einrichtung und Atmosphäre und des gebotenen Services besonders angenehm und erholsam.

Solche Häuser und ihre besonderen Annehmlichkeiten sind im Führer durch folgende rote Symbole gekennzeichnet.

Angenehme Hotels	🏰 ... 🏠
Angenehme Restaurants	XXXXX ... X
Besondere Annehmlichkeit	« Parc fleuri »
Sehr ruhiges oder abgelegenes und ruhiges Hotel	🐦
Ruhiges Hotel	🐦
Reizvolle Aussicht	⩽ mer
Interessante oder weite Sicht	⩽

Die Karten auf den Seiten 46 bis 53 geben Ihnen einen Überblick über die Orte, in denen sich mindestens ein angenehmes, sehr ruhiges Haus befindet.

Wir wissen, daß diese Auswahl noch nicht vollständig ist. Wir sind aber laufend bemüht, weitere solche Häuser für Sie zu entdecken; dabei sind uns Ihre Erfahrungen und Hinweise eine wertvolle Hilfe.

Wahl
eines Hotels,
eines Restaurants

DIE KÜCHE

Die Sterne : Siehe Karten S. 54 bis 61.

Zahlreiche Hotels und Restaurants in Frankreich bieten gute Mahlzeiten und gute Weine an.

Aufgrund der Qualität ihrer Küche verdienen einige jedoch Ihre besondere Beachtung. Auf diese Häuser hinzuweisen, ist das Ziel der « Sterne für gute Küche ».

Bei den mit « Stern » ausgezeichneten Betrieben nennen wir drei kulinarische Spezialitäten und regionale Weine, die Sie probieren sollten.

❀
530

Eine sehr gute Küche : verdient Ihre besondere Beachtung.

Der Stern macht Sie auf ein gutes Restaurant aufmerksam. Vergleichen Sie aber bitte nicht den Stern eines sehr teuren Luxusrestaurants mit dem Stern eines kleineren oder mittleren Hauses, wo man Ihnen zu einem annehmbaren Preis eine ebenfalls vorzügliche Mahlzeit reicht.

❀❀
87

Eine hervorragende Küche : verdient einen Umweg.

Ausgesuchte Menus und Weine... angemessene Preise.

❀❀❀
18

Eine der besten Küchen : eine Reise wert.

Ausgezeichnete Mahlzeiten, edle Weine, tadellose Bedienung, gepflegte Atmosphäre... dementsprechende Preise.

Sorgfältig zubereitete, preiswerte Mahlzeiten

Wir glauben, daß es für Sie interessant ist, außer den Stern-Restaurants auch solche Häuser zu kennen, die ein besonders preisgünstiges, gutes, vorzugsweise landesübliches Essen bieten.

Orte mit solchen Häusern finden Sie auf den Karten S. 64 bis 70. Im Text sind die betreffenden Häuser durch den roten Buchstaben **R** gekennzeichnet, z.B. : R 55

Gute Weine : Siehe S. 62/63

Wahl
eines Hotels,
eines Restaurants

DIE PREISE

Halten Sie beim Betreten des Hotels den Führer in der Hand,
Sie zeigen damit, daß Sie aufgrund dieser Empfehlung gekom-
men sind.

Die Namen der Hotels und Restaurants, die alle ihre Preise
genannt haben, sind fett gedruckt. Gleichzeitig haben sich diese
Häuser verpflichtet, diese Preise den Benutzern des Michelin-
Führers zu berechnen. Die Preise sind Ende September 1982
angegeben worden und können nach amtlicher Genehmigung
Veränderungen unterliegen, wenn die Lebenshaltungskosten
steigen sollten. Sie können auf jeden Fall als Richtpreise dienen.
Verständigen Sie uns von jeder Preiserhöhung, die unbegründet
erscheint. Wenn kein Preis angegeben ist, raten wir Ihnen, sich
beim Hotelier danach zu erkundigen.

Mahlzeiten

Restaurant, das ein einfaches **Menu unter** 50 F anbietet	✦
Bedienung inbegriffen	SC
Feste Menupreise – Mindestpreis 50 F, Höchstpreis 95 F	R 50/95
Mindestpreis 40 F für ein Menu, das an Sonn- und Feiertagen nicht angeboten wird	40/75
Sorgfältig zubereitete, **preiswerte** Mahlzeiten	R 55
Getränke inbegriffen	bc
Preiswerter Tischwein in Karaffen	🛆
Mahlzeiten '' à la carte '' – Der erste Preis entspricht einer einfachen Mahlzeit und umfaßt Vorspeise, Tagesgericht mit Beilage, Nachtisch. Der zweite Preis entspricht einer reichli- cheren Mahlzeit (mit Spezialgericht) bestehend aus : zwei Hauptgangen, Käse, Nachtisch	R carte 90 à 125
Wenn bc *nicht vermerkt ist, sind die Getränke in den Preisen nicht inbegriffen*	
Frühstückspreis (im Zimmer serviert)	� 18
Preis des Frühstücks, im Frühstücksraum serviert	☕ 16
Zimmer – Mindestpreis 80 F für ein Einzelzimmer und Höchst- preis 180 F für das schönste Doppelzimmer für zwei Personen	ch 80/180
Übernachtung mit Frühstück	ch �
Pension – Mindestpreis und Höchstpreis für Vollpension pro Person und Tag während der Hauptsaison (s. S. 42)	P 160/260
Garage kostenlos (für eine Nacht) für die Besitzer des Michelin-Führers 1983	🚗
Garage wird berechnet	🚗
Geldwechselmöglichkeit (nur für die Hotelgäste)	🚗
Kreditkarten : von den Hotels und Restaurants angenommene Kreditkarten : American Express - Diners Club - Eurocard (Mastercard) - Visa (BankAmericard).	AE ⓪ E VISA

Preise

EINIGE NÜTZLICHE HINWEISE

Frühstück

In einigen Hotels wird das Frühstück nicht im Zimmer serviert : das schwarze Zeichen ☛ weist auf diese Einschränkung hin. Der Frühstückspreis ist meistens nicht im Zimmerpreis inbegriffen. Die Einnahme des Frühstücks sollte jedoch nicht aufgedrängt werden.

Abendessen im Hotel

Nach der Regelung muß der Hotelier Sie beherbergen, ohne daß Sie gezwungen wären, das Abendessen im Hotel einzunehmen. Dennoch wird jeder Hotelbesitzer es zu schätzen wissen, wenn Sie so oft wie möglich in seinem Restaurant speisen.

Pension

Wir geben nur die Vollpensionspreise (Zimmer, Frühstück, 2 Mahlzeiten) in der Hochsaison an. Die Preise gelten pro Person und Tag und sind als Richtpreise anzusehen. Wir raten Ihnen dringend, sich vor Antritt der Reise mit dem Hotelier über den Endpreis zu verständigen. Halbpension wird von den meisten Häusern angeboten - Preise auf Anfrage.

In der Vor- und Nachsaison, d.h. vor dem 1. Juli und ab Mitte September (ausgenommen Feiertagswochen) werden häufig günstige Sonderpreise oder -arrangements angeboten. Fragen Sie bei der Zimmerbestellung danach.

In den Wintersportorten sind die Preise im Sommer meistens niedriger als im Winter.

Anmerkung : Für Personen, die ein Doppelzimmer allein belegen, werden die angegebenen Preise manchmal erhöht.

Das Zeichen « SC »

(Bedienung inbegriffen) bezieht sich auf alle angegebenen Preise des Hotels oder des Restaurants und bedeutet, daß kein Aufschlag für Bedienung bei der Abrechnung erhoben werden darf. Die im Führer angegebenen Preise verstehen sich inklusiv Mehrwertsteuer.

Anzahlung

Hoteliers verlangen manchmal eine Anzahlung. Diese ist als Garantie sowohl für den Hotelier als auch für den Gast anzusehen. Sofern keine besonderen Vereinbarungen getroffen werden, entspricht die Anzahlung gewöhnlich dem Preis von drei Übernachtungen (Zimmer ohne Pension) oder von vier Tagen bei Vollpension. Bitten Sie den Hotelier, daß er Ihnen in seinem Bestätigungsschreiben alle seine Bedingungen mitteilt.

Besichtigung einer Stadt
und ihrer Umgebung

SEHENSWÜRDIGKEITEN

Eine Reise wert	★★★
Verdient einen Umweg	★★
Sehenswert	★

Lage

Sehenswürdigkeiten in der Stadt	Voir
In der Umgebung der Stadt	Env.
Die Sehenswürdigkeit liegt im Norden (N), Süden (S), Osten (E), Westen (O) der Stadt	N. S. E. O
Zu erreichen über Ausfallstraße ②, ④, die auf dem Stadtplan und auf der Karte durch das gleiche Zeichen gekennzeichnet ist	②. ④
Entfernung in Kilometern	2 km
Zeitangabe : zu Fuß hin und zurück (h : Stunden, mn : Minuten)	h, mn

Museen sind im allgemeinen dienstags geschlossen.

STÄDTE

Präfektur	ℙ
Unterpräfektur	⟨SP⟩
Zuständige Postleitzahl (die zwei ersten Zahlen sind ebenfalls Nummer des Departements)	63300
Nummer der Michelin-Karte und Nummer der Faltseite	80 ⑤
Siehe Grünen Michelin Reiseführer Jura	G. Jura
Einwohnerzahl	1 057 h.
Höhe	alt. 175
Thermalbad	Stat. therm.
Wintersport	Sports d'hiver
Höhe des Wintersportortes und Maximal-Höhe, die mit Kabinenbahn oder Lift erreicht werden kann	1 200/1 900
Anzahl der Kabinenbahnen	2 ⛷
Anzahl der Schlepp- und Sessellifts	14 ⛷
Langlaufloipen	⛷
Postleitzahl und Name des Verteilerpostamtes	✉ 57130 Ars
Ortsnetzkennzahl	☎ 28
Markierung auf dem Stadtplan	BX B
Rundblick, Aussichtspunkt	☀ ≤
Golfplatz und Lochzahl	⌐9
Flughafen	✈
Ladestelle für Autoreisezüge - Nähere Auskunft unter der angegebenen Telefonnummer	🚗
Personen- und Autofähre	⛴
Personenfähre	⛵
Informationsstelle	🅸
Automobil Club	A.C.
Französischer Touring Club	T.C.F.

STADTPLÄNE

Straßen

Durchfahrts- oder Umgehungsstraße – Straße mit getrennten Fahrbahnen
Einbahnstraße – Treppenstraße – Straße im Bau, geplant
Straße für Kfz gesperrt, nicht befahrbar oder mit Verkehrsbeschränkungen – Allee
Fußgängerzone
Bahnübergang : schienengleich, Überführung, Unterführung
Passage – Tunnel – Tor – Straßenbahn oder O-Bus
Unterführung (Höhe bis 4,30 m) – Brücke mit beschränkter Belastung (unter 16 t)
Einkaufsstraße – Öffentlicher Parkplatz, Parkhaus

Sehenswürdigkeiten - Hotels - Reparaturwerkstätten

Sehenswertes Gebäude mit Haupteingang
Katholische Kirche oder Kapelle – Evangelische Kirche } Referenzbuchstabe auf dem Plan
Hotel, Restaurant – Referenzbuchstabe auf dem Plan
Reparaturwerkstätten : Citroën, Peugeot, Renault (Alpine)
 Talbot (Reparaturdienst für Chrysler-Simca, Matra, Sunbeam)

Sonstige Zeichen

Straßenkennzeichnung (identisch auf Michelin-Stadtplänen und -Abschnittskarten)
Katholische Kirche oder Kapelle – Evangelische Kirche
Postlagernde Sendungen, Telegraph, Telefon – Informationsstelle
Öffentliche Gebäude, durch Buchstaben gekennzeichnet :
Landwirtschaftskammer – Handelskammer – Gendarmerie
Rathaus – Gerichtsgebäude – Museum – Präfektur, Unterpräfektur
Polizei (in größeren Städten Polizeipräsidium) – Theater – Universität
Kaserne – Krankenhaus – Markthalle – Leuchtturm
Turm – Fabrik – Wasserturm – Gasbehälter
Funk-, Fernsehturm
Orientierungstafel – Ruine – Denkmal, Statue – Brunnen
Öffentlicher Park, privater Park – Friedhof – Bildstock
Freibad –Hallenbad – Eisbahn – Pferderennbahn
Autobusbahnhof – Flughafen – Aussicht – Rundblick
Anlegestelle : Personen - und Autofähre – Personenfähre
Bahnhof– U - Bahnhof – Golf – Stadion

Für Ihren Wagen, für Ihre Reifen

Reparaturwerkstätten, Lieferanten von Michelin-Reifen

RENAULT — Renault-Zweigstelle (oder Niederlassung)
PEUGEOT — Peugeot-Vertragswerkstatt
Gar. de la Côte — Unabhängige Reparaturwerkstatt
— Reifenhändler

Im allgemeinen sind diese Werkstätten am Samstag und
eventuell am Montag geschlossen

Reparaturdienst

Nachts – Dieser Buchstabe weist auf Autoreparaturwerk-
stätten hin, die auch nachts Reparaturen ausführen.

Sonntags – An Sonntagen ist in jeder französischen Stadt
eine Reparaturwerkstatt geöffnet. Notfalls können die Gendarmerie, die Polizei usw. die entsprechende Werkstatt angeben.

In unseren Depots geben wir unseren Kunden gerne Auskunft
über alle Reifenfragen.

Les CARTES des pages suivantes vous permettent de repérer :

Les hôtels agréables, isolés,
très tranquilles 🏨 .... 🐾 p. 46 à 53
Les bonnes tables à étoile ✿ p. 54 à 61
Les repas soignés à prix modérés R p. 64 à 70

Pour vous rendre avec précision au lieu choisi, ayez la carte Michelin à 1/200 000. Toutes les localités citées dans ce guide y sont soulignées de rouge.

The MAPS on the following pages will help you to find :

Pleasant, secluded,
very quiet hotels 🏨 .... 🐾 pp. 46 to 53
Establishments with Stars ✿ pp. 54 to 61
Good food at moderate prices R pp. 64 to 70

In order to pinpoint exactly the locality you have chosen, use the Michelin map scale 1/200 000. All towns having at least one establishment included in the Guide are underlined in red on these maps.

Le CARTE GEOGRAFICHE riportate nelle pagine seguenti Vi permettono di reperire :

Gli hotel ameni, isolati,
molto tranquilli 🏨 .... 🐾 p. 46 a 53
Le ottime tavole con stelle ✿ p. 54 a 61
I pasti accurati a prezzi contenuti R p. 64 a 70

Per raggiungere con più facilità i luoghi scelti, utilizzate la carta Michelin scala 1/200 000. Tutte le località citate in questa guida vi sono sottolineate in rosso.

Auf den KARTEN der folgenden Seiten finden Sie Orte mit mindestens :

einem angenehmen, abgelegenen,
besonders ruhigen Hotel 🏨 .... 🐾 S. 46 bis 53
einem Stern-Restaurant, ✿ S. 54 bis 61
einem Lokal, in dem man gut
und preiswert essen kann R S. 64 bis 70

Um schnell und ohne Schwierigkeiten an den ausgewählten Ort zu gelangen, empfehlen wir Ihnen die Michelin-Straßenkarten im Maßstab 1:200 000. Auf diesen Karten sind alle im Führer erwähnten Orte rot unterstrichen.

L'AGRÉMENT AMENITÀ		le texte text il testo Ortstext	la carte map la carta Karte
AMENITY **ANNEHMLICHKEIT**			
		🛋	◇
		🏘 .... 🏠	◈
		🏘 ... 🏠 + 🛋	◆

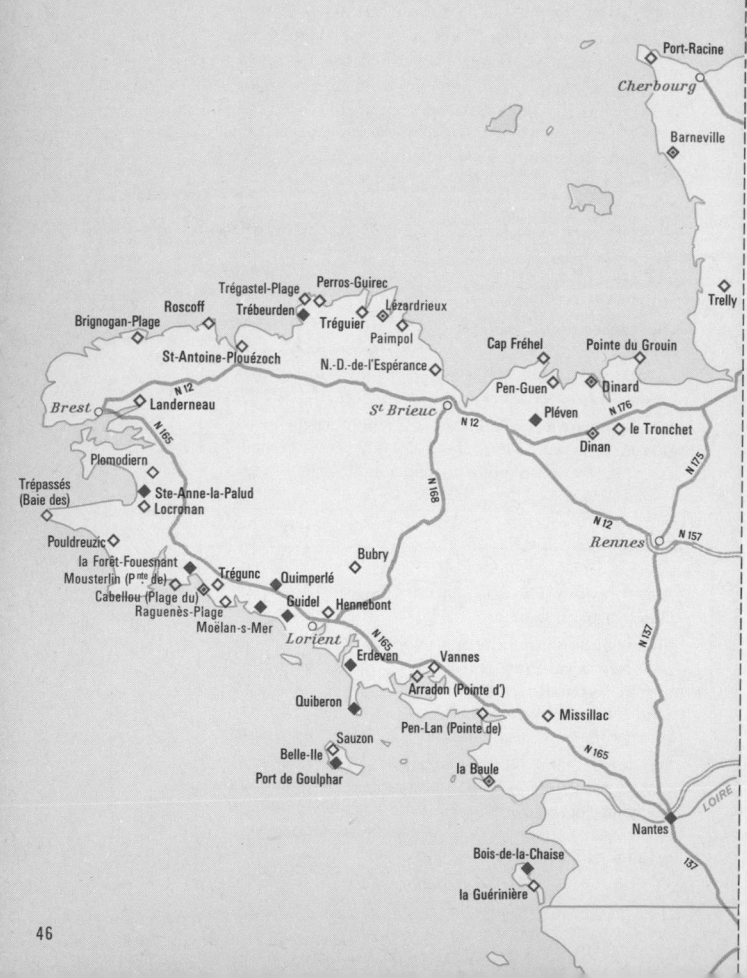

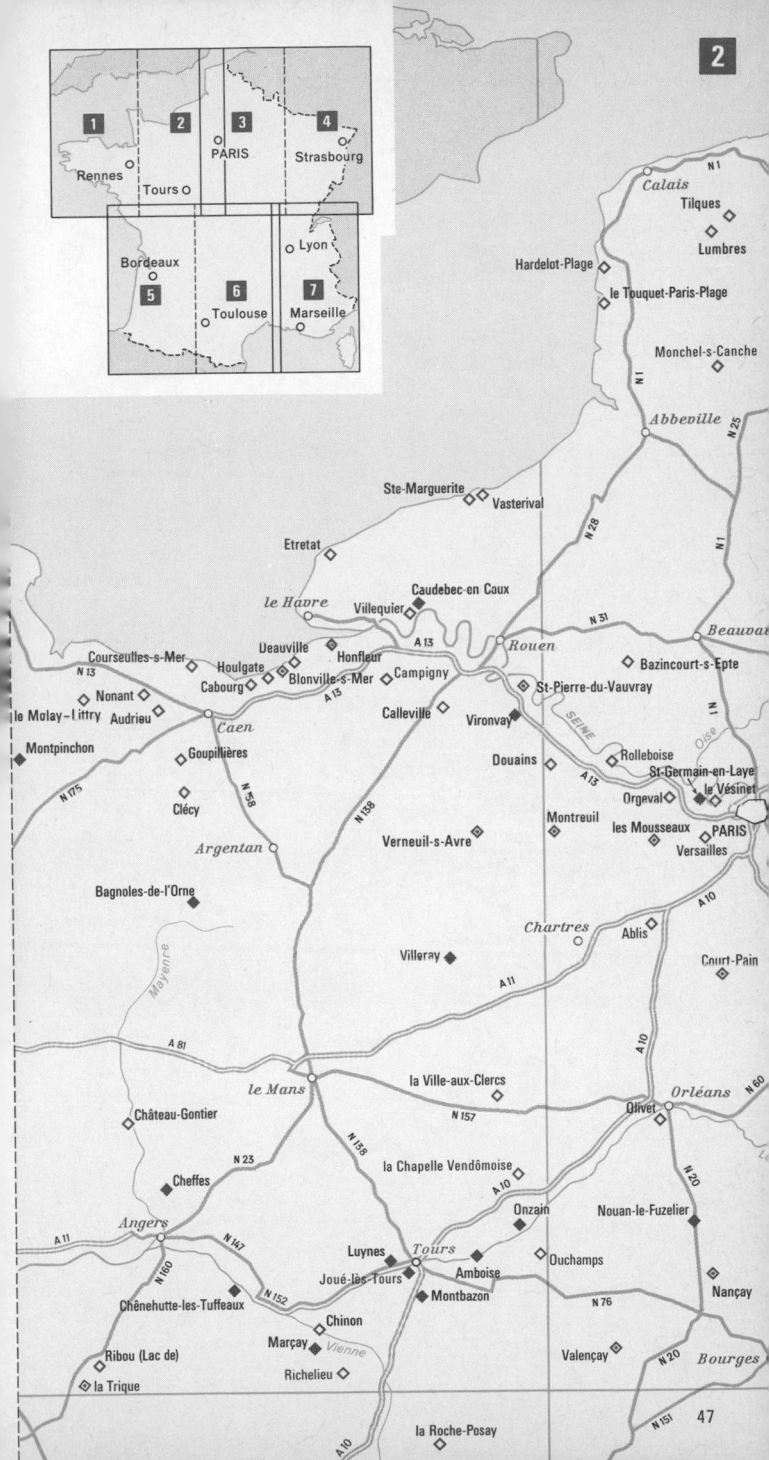

2

Rennes ○
Tours ○
PARIS
Strasbourg
1 2 3 4
Bordeaux ○
Lyon ○
Toulouse ○
Marseille ○
5 6 7

Calais
Tilques ◇
Lumbres ◇
N 1
Hardelot-Plage ◇
le Touquet-Paris-Plage ◇
Monchel-s-Canche ◇
N 1
Abbeville ○
N 25
N 28
N 1
Ste-Marguerite ◇
Vasterival ◇
Etretat ◇
le Havre
Caudebec-en-Caux ◆
Villequier ◆
N 31
Beauvais
Rouen ○
A 13
Bazincourt-s-Epte ◇
Honfleur ◇
Deauville ◇
Campigny ◇
St-Pierre-du-Vauvray ◇
Courseulles-s-Mer ◇
Houlgate ◇
Blonville-s-Mer ◇
Cabourg ◇
N 13
Nonant ◇
Audrieu ◇
le Molay–Littry ◇
Calleville ◇
Vironvay ◇
SEINE
Oise
N 1
Rolleboise ◇
St-Germain-en-Laye ◇
Douains ◇
le Vésinet ◇
Caen ○
Goupillières ◇
Montpinchon ◆
A 13
Orgeval ◇
Montreuil ◇
les Mousseaux ◇
PARIS
N 175
N 158
N 158
Clécy ◇
Argentan
Versailles
Verneuil-s-Avre ◇
Mayenne
Bagnoles-de-l'Orne ◆
A 10
Chartres
Ablis ◇
Court-Pain ◇
Villeray ◆
A 11
A 81
A 10
N 60
le Mans ○
la Ville-aux-Clercs ◇
Orléans
Château-Gontier ◇
Olivet ◇
N 157
la Chapelle Vendômoise ◇
A 10
N 20
Cheffes ◆
N 23
N 158
Onzain ◇
Nouan-le-Fuzelier ◇
Angers ○
N 147
Luynes ◆
Tours ○
A 11
N 160
Joué-lès-Tours ◆
Ouchamps ◇
Nançay ◇
N 152
Amboise ◆
Chênehutte-les-Tuffeaux ◆
Montbazon ◆
N 76
Chinon ◇
Marçay ◆
Vienne
Valençay ◇
Bourges
Ribou (Lac de) ◇
N 20
la Trique ◇
Richelieu ◇
N 151
la Roche-Posay ◇
A 10
47

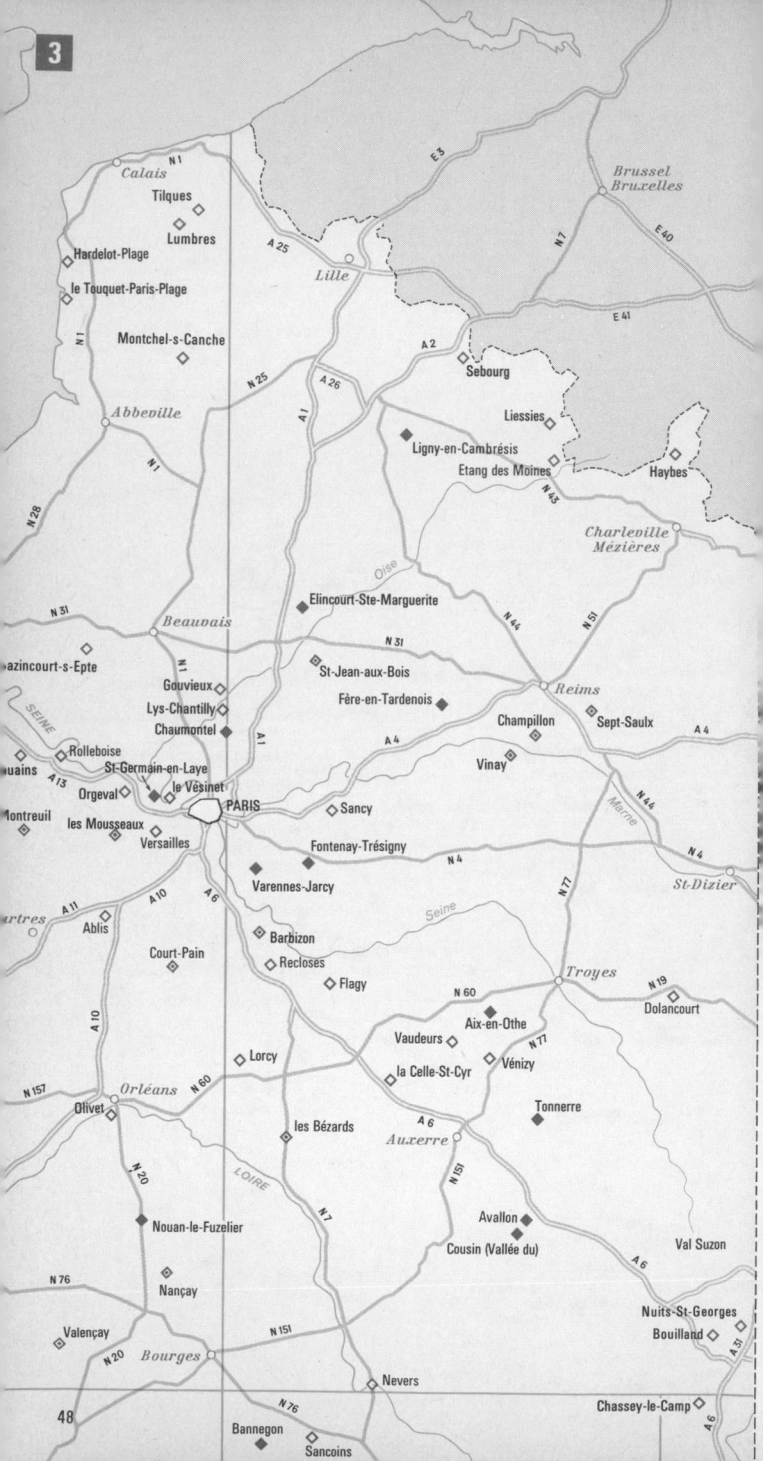

Calais

N 1

Tilques

Lumbres

Hardelot-Plage

le Touquet-Paris-Plage

N 1

Montchel-s-Canche

A 25

Lille

Abbeville

N 25

A 26

A 1

A 2

Sebourg

Brussel
Bruxelles

E 3

N 7

E 40

E 41

Liessies

Ligny-en-Cambrésis

Etang des Moines

N 43

Haybes

Charleville
Mézières

N 28

N 1

Oise

Elincourt-Ste-Marguerite

N 51

N 31

Beauvais

N 44

azincourt-s-Epte

N 1

Gouvieux

Lys-Chantilly

Chaumontel

A 1

St-Jean-aux-Bois

Fère-en-Tardenois

N 31

Reims

Champillon

Sept-Saulx

A 4

SEINE

Rolleboise

uains

A 13

St-Germain-en-Laye

le Vésinet

Orgeval

A 4

Vinay

N 44

Marne

Montreuil

les Mousseaux

PARIS

Sancy

Versailles

Fontenay-Trésigny

N 4

N 4

St-Dizier

A 11

A 10

A 6

Varennes-Jarcy

N 77

rtres

Ablis

Barbizon

Seine

Court-Pain

Recloses

Flagy

Troyes

N 19

Dolancourt

A 10

N 60

Vaudeurs

Aix-en-Othe

N 77

Vénizy

N 157

Orléans

Lorcy

la Celle-St-Cyr

A 6

Olivet

les Bézards

Auxerre

Tonnerre

N 20

LOIRE

N 151

N 7

Avallon

Cousin (Vallée du)

Val Suzon

N 76

Nançay

A 6

Valençay

N 20

Bourges

N 151

Nuits-St-Georges

Bouilland

A 31

Nouan-le-Fuzelier

Nevers

N 76

Chassey-le-Camp

A 6

48

Bannegon

Sancoins

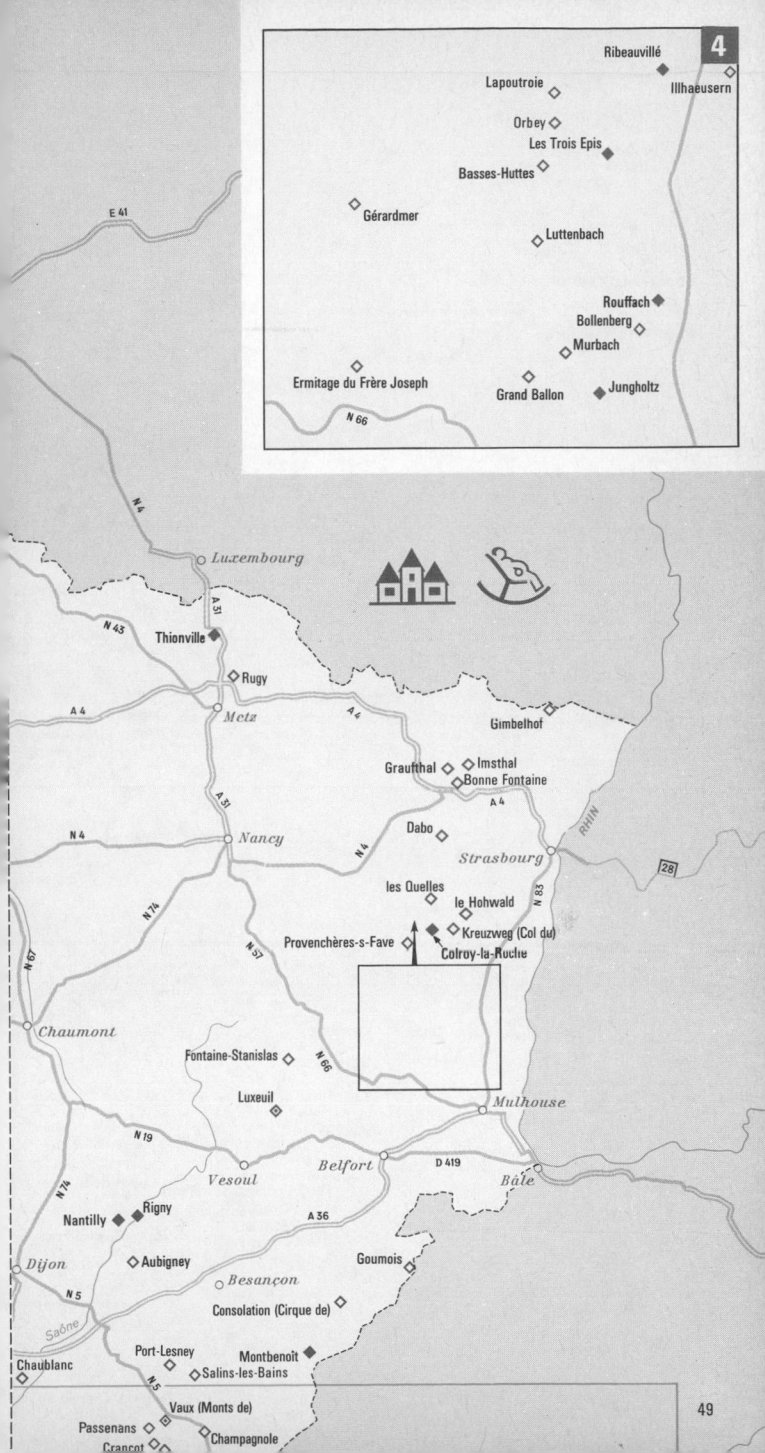

4

Ribeauvillé
Illhaeusern
Lapoutroie
Orbey
Les Trois Epis
Basses-Huttes
Gérardmer
Luttenbach
Rouffach
Bollenberg
Murbach
Ermitage du Frère Joseph
Grand Ballon
Jungholtz

Luxembourg

Thionville
Rugy
Metz
Gimbelhof
Grauthal
Imsthal
Bonne Fontaine
Dabo
Nancy
Strasbourg
RHIN
28
les Quelles
le Hohwald
Provenchères-s-Fave
Kreuzweg (Col du)
Colroy-la-Roche
Chaumont
Fontaine-Stanislas
Luxeuil
Mulhouse
Vesoul
Belfort
D 419
Bâle
Nantilly
Rigny
A 36
Aubigney
Goumois
Dijon
Besançon
Consolation (Cirque de)
Chaublanc
Port-Lesney
Montbenoît
Salins-les-Bains
Vaux (Monts de)
Passenans
Champagnole
Crancot

49

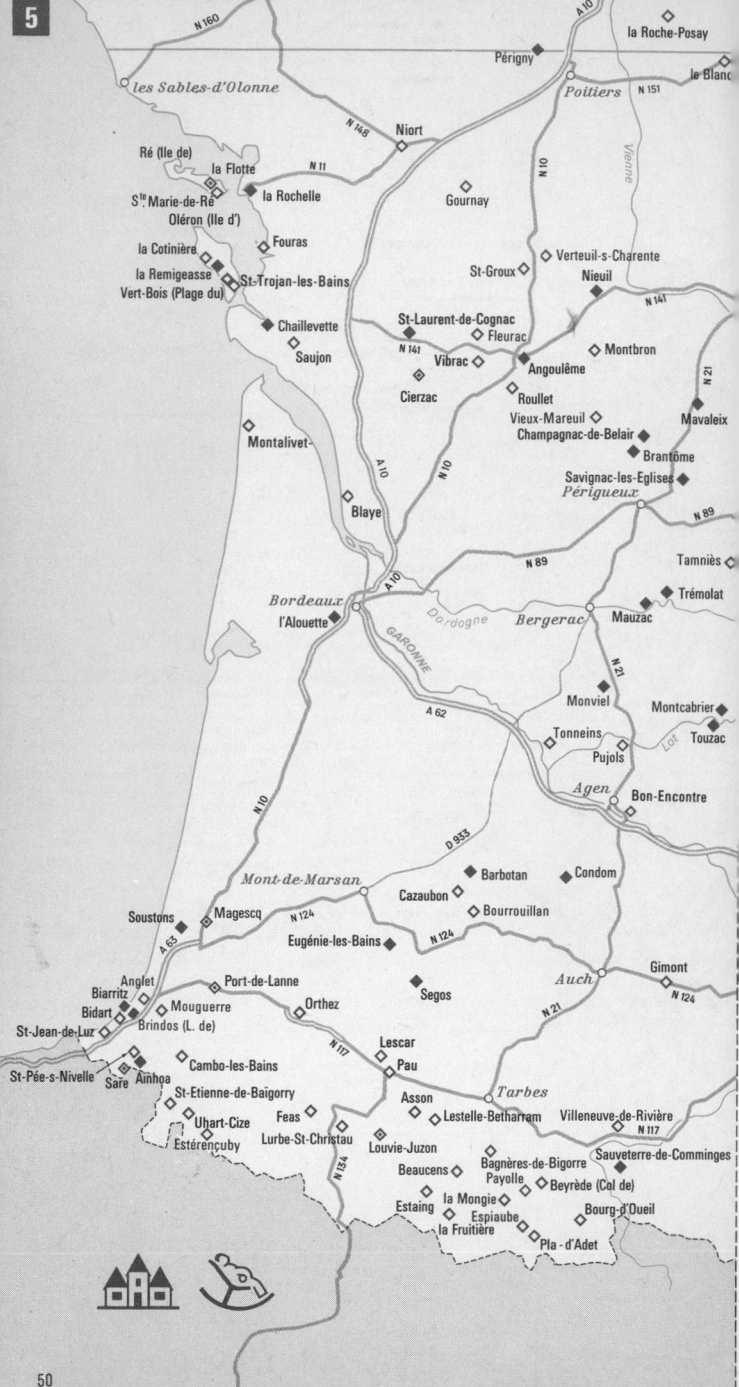

5

la Roche-Posay
A 10
N 160
Périgny
Poitiers
le Blanc
les Sables-d'Olonne
N 151
N 148
Niort
Vienne
N 11
Ré (Ile de)
la Flotte
Gournay
Ste Marie-de-Ré
la Rochelle
Oléron (Ile d')
N 10
Fouras
Verteuil-s-Charente
la Cotinière
St-Groux
Nieuil
la Remigeasse
St-Trojan-les-Bains
Vert-Bois (Plage du)
N 141
St-Laurent-de-Cognac
Chaillevette
Fleurac
Montbron
N 141
Saujon
Vibrac
Angoulême
N 21
Cierzac
Roullet
Vieux-Mareuil
Mavaleix
Champagnac-de-Belair
Montalivet-
Brantôme
N 10
A 10
Savignac-les-Eglises
Périgueux
Blaye
N 89
N 89
Tamniès
Trémolat
Bordeaux
Dordogne
Bergerac
Mauzac
l'Alouette
GARONNE
N 21
Monviel
Montcabrier
A 62
Tonneins
Touzac
Pujols
Lot
Agen
Bon-Encontre
D 933
Mont-de-Marsan
Barbotan
Condom
Cazaubon
Soustons
Magescq
Bourrouillan
N 124
A 63
N 10
Eugénie-les-Bains
N 124
Gimont
Anglet
Port-de-Lanne
Auch
Biarritz
Orthez
Segos
N 124
Bidart
Mouguerre
N 21
St-Jean-de-Luz
Brindos (L. de)
Lescar
St-Pée-s-Nivelle
Cambo-les-Bains
Pau
Tarbes
Sare
Aïnhoa
St-Etienne-de-Baïgorry
Asson
Villeneuve-de-Rivière
Uhart-Cize
Feas
Lestelle-Betharram
N 117
Estérençuby
Lurbe-St-Christau
Louvie-Juzon
Sauveterre-de-Comminges
N 134
Beaucens
Bagnères-de-Bigorre
Payolle
Beyrède (Col de)
Estaing
la Mongie
Bourg-d'Oueil
Espiaube
la Fruitière
Pla - d'Adet

50

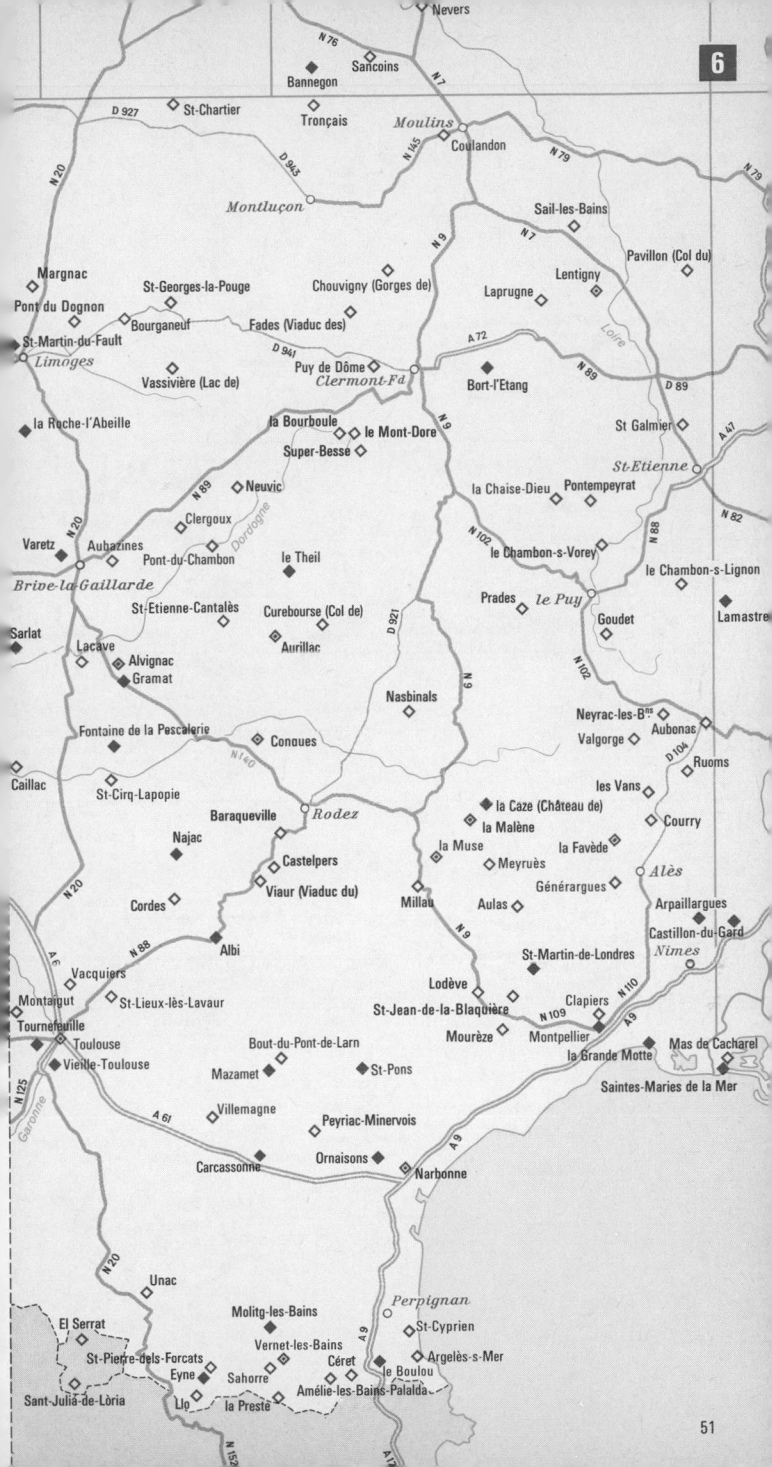

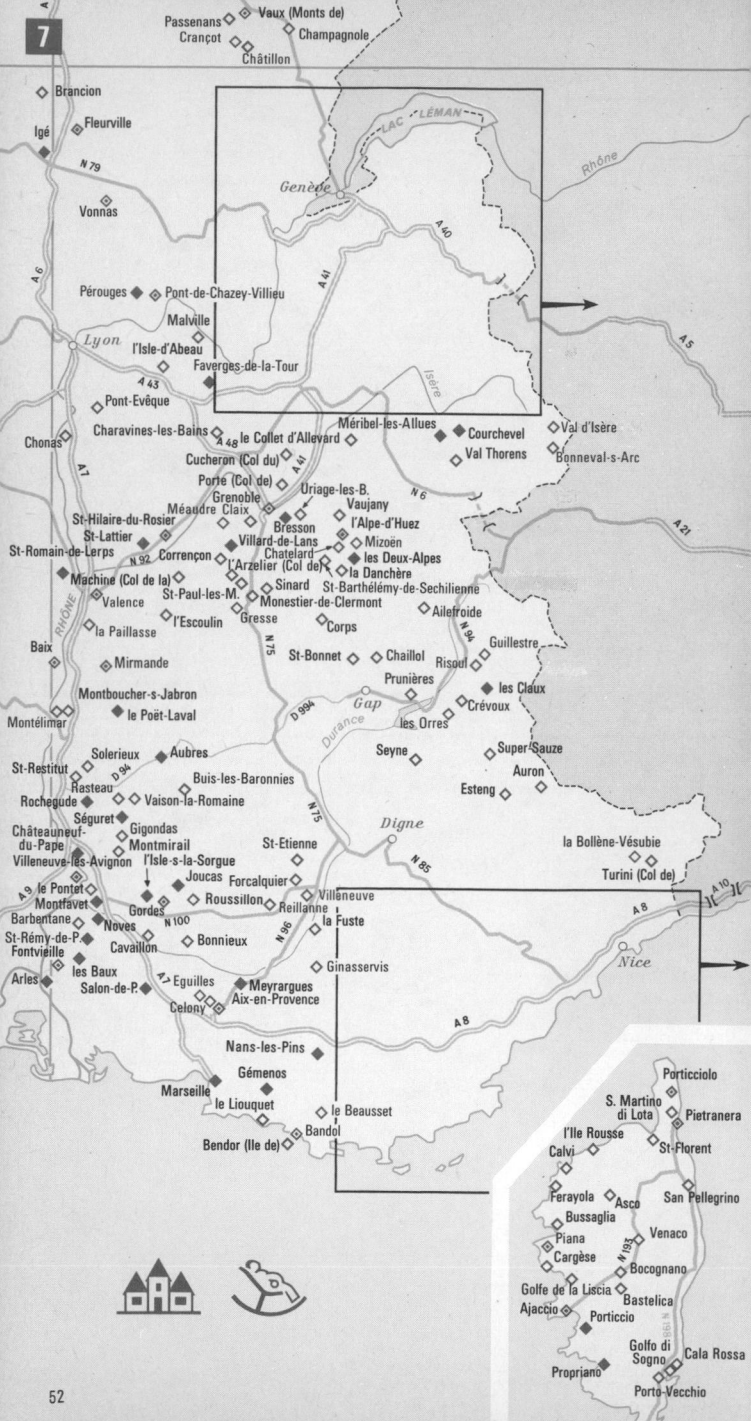

7

Passenans
Veux (Monts de)
Crançot
Champagnole
Châtillon

Brancion

Fleurville

Igé

N 79

Vonnas

Pérouges ◆ Pont-de-Chazey-Villieu

Malville

l'Isle-d'Abeau

Lyon

Faverges-de-la-Tour

A 43

Pont-Évêque

Chonas

Charavines-les-Bains
A 48 le Collet d'Allevard
Méribel-les-Allues
Courchevel
Val d'Isère

Cucheron (Col du)
Val Thorens
Bonneval-s-Arc

Porte (Col de)
Grenoble

Uriage-les-B.
Vaujany

St-Hilaire-du-Rosier
Méaudre Claix
l'Alpe-d'Huez

St-Lattier
Bresson
Mizoën

St-Romain-de-Lerps
Correncon
Villard-de-Lans
les Deux-Alpes

N 92
l'Arzelier (Col de)
Chatelard
la Danchère

Machine (Col de la)
St-Paul-les-M.
Sinard
St-Barthélémy-de-Sechilienne

Valence
l'Esculin
Monestier-de-Clermont
Ailefroide

la Paillasse
Gresse
Corps
Guillestre

Baix
St-Bonnet
Chaillol
Risoul

Mirmande
Prunières
les Claux

Montboucher-s-Jabron
Gap
Crévoux

Montélimar
le Poët-Laval
les Orres

Solerieux
Aubres
Seyne
Super-Sauze

St-Restitut
Buis-les-Baronnies
Auron

Rasteau
Vaison-la-Romaine
Esteng

Rochegude
Séguret

Châteauneuf-du-Pape
Gigondas
St-Etienne
Digne

Villeneuve-lès-Avignon
Montmirail
la Bollène-Vésubie

le Pontet
l'Isle-s-la-Sorgue
Forcalquier
Turini (Col de)

Montfavet
Joucas
Villeneuve

Barbentane
Gordes
Roussillon
la Fuste
Nice

St-Rémy-de-P.
Noves
N 100
Bonnieux

Fontvieille
Cavaillon

Arles
les Baux
Eguilles
Ginasservis

Salon-de-P.
Celony
Meyrargues
Aix-en-Provence

Nans-les-Pins

Gémenos

Marseille
le Liouquet
le Beausset

Bendor (Ile de)
Bandol

Porticciolo

S. Martino di Lota
Pietranera

l'Ile Rousse
St-Florent

Calvi

Ferayola
Asco
San Pellegrino

Bussaglia

Piana
Venaco

Cargèse
Bocognano

Golfe de la Liscia
Bastelica

Ajaccio
Porticcio

Golfo di Sogno
Cala Rossa

Propriano
Porto-Vecchio

52

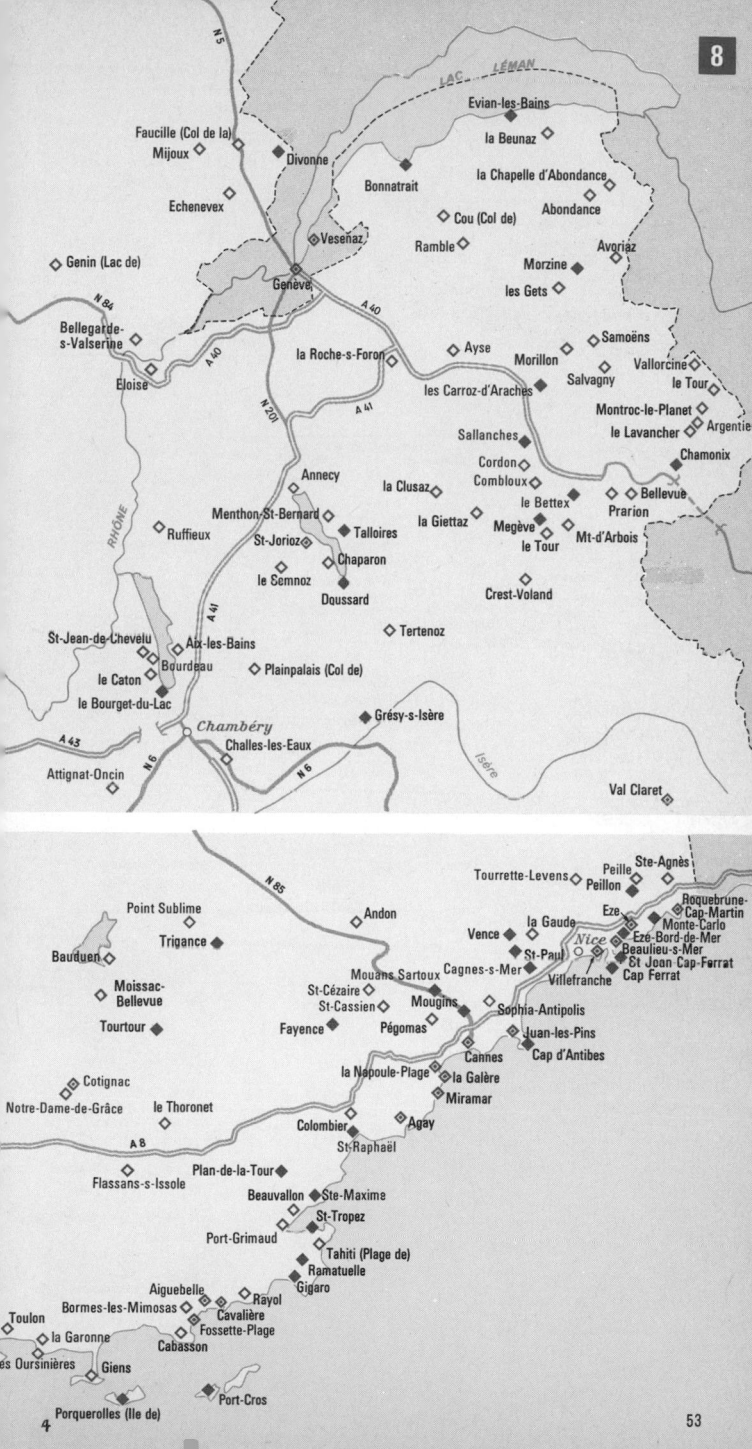

1

LES ÉTOILES	LE STELLE	Texte et carte Text and map Testo e carta Ortstext und Karte
LES STARS	DIE STERNE	
		✿
		✿ ✿
		✿ ✿ ✿

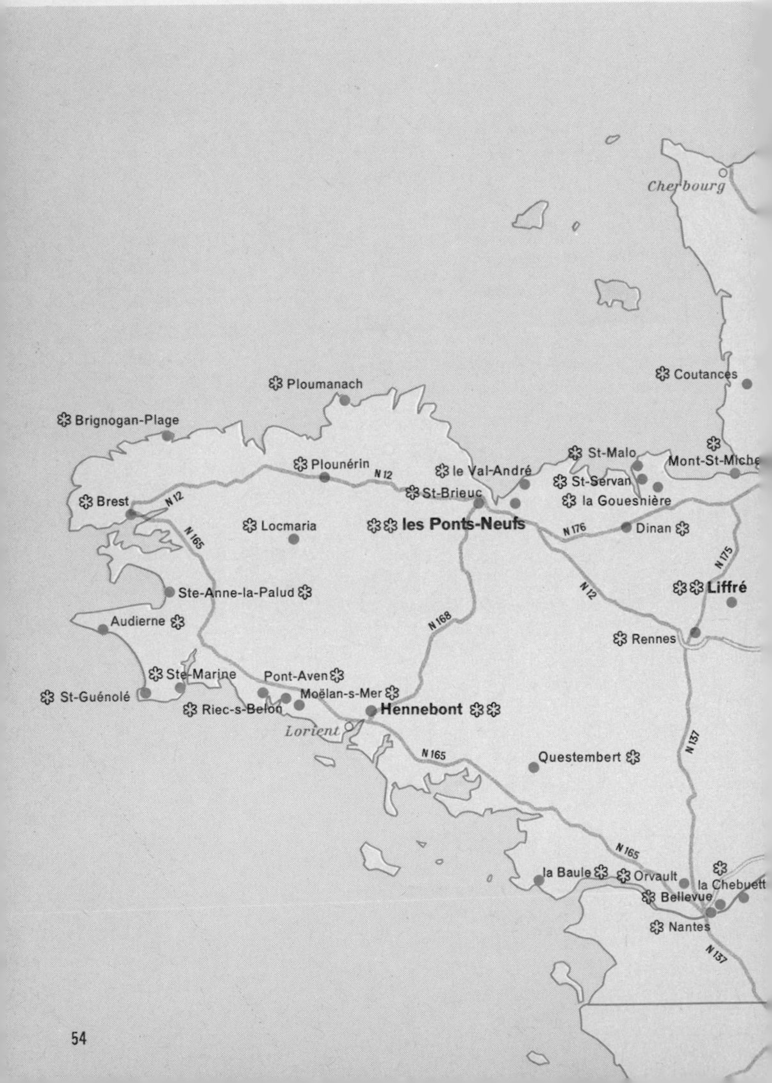

Cherbourg

✿ Coutances

✿ Ploumanach

✿ Brignogan-Plage

✿ Plounérin   N 12   ✿ le Val-André   ✿ St-Malo   Mont-St-Michel
                                          ✿ St-Servan   ✿
✿ Brest   N 12   ✿ St-Brieuc   ✿ la Gouesnière
       N 165
              ✿ Locmaria   ✿✿ les Ponts-Neufs   N 176   ✿ Dinan ✿
                                                              N 175
       Ste-Anne-la-Palud ✿   ✿✿ Liffré
Audierne ●   N 168
                                              ✿ Rennes
✿ Ste-Marine   Pont-Aven ✿
✿ St-Guénolé   Moëlan-s-Mer ✿
              ✿ Riec-s-Belon   Hennebont ✿✿
                    Lorient   N 165   Questembert ✿
                                                         N 137
                              N 165
                    la Baule ✿ ✿ Orvault   ✿
                              ✿ Bellevue   la Chebuett
                                   ✿ Nantes
                                        N 137

54

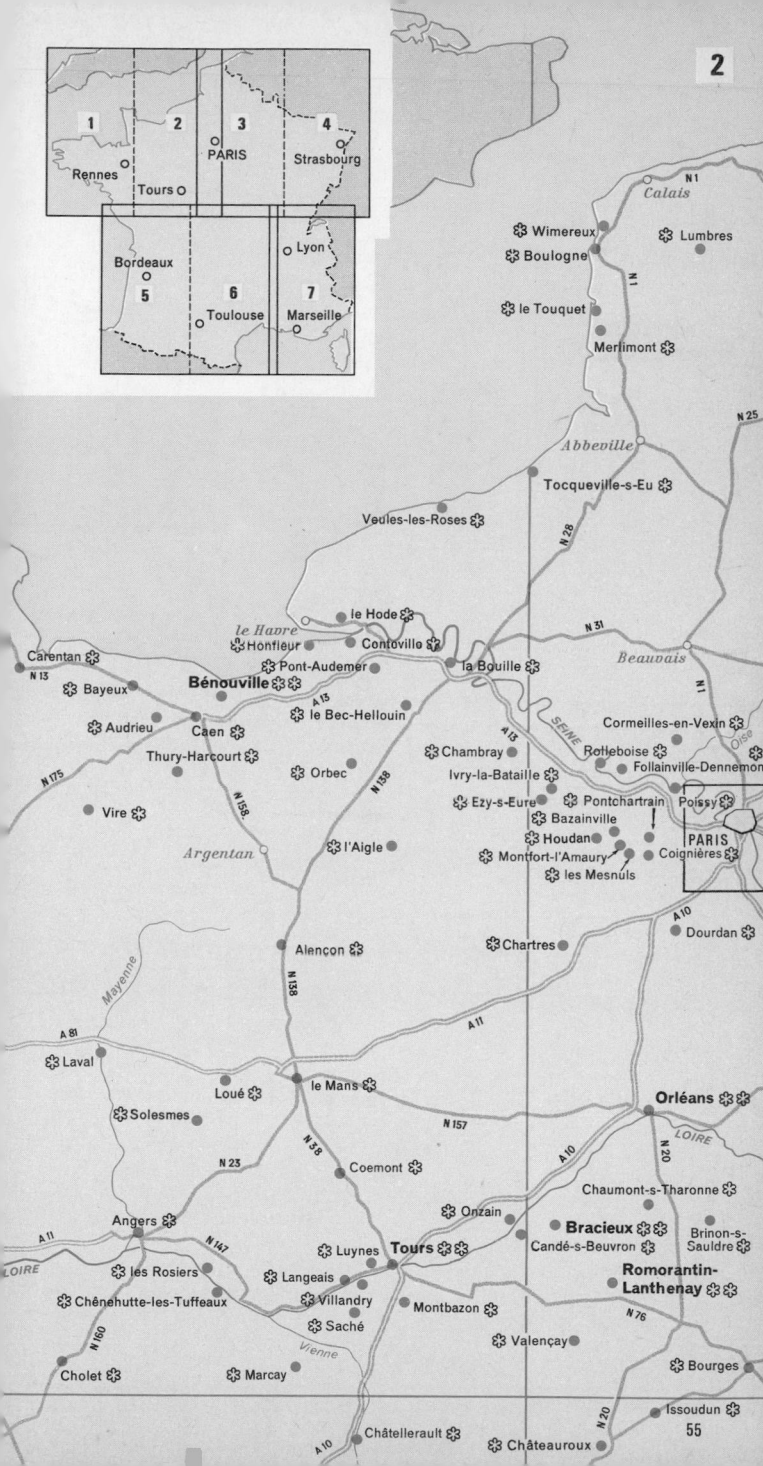

2

N 1
Calais

✿ Wimereux
✿ Boulogne
✿ Lumbres

✿ le Touquet

N 1

Merlimont ✿

N 25

Abbeville

Tocqueville-s-Eu ✿

Veules-les-Roses ✿

N 28

N 31

Beauvais

le Hode ✿
le Havre
✿ Honfleur
Contoville ✿
Pont-Audemer ✿
la Bouille ✿

N 1
Oise

✿ Carentan
N 13
✿ Bayeux
Bénouville ✿✿
A 13
✿ le Bec-Hellouin
Cormeilles-en-Vexin ✿
Rolleboise ✿
SEINE
Follainville-Dennemont ✿

✿ Audrieu
Caen
A 13
✿ Chambray

Thury-Harcourt ✿
✿ Orbec
N 138
Ivry-la-Bataille ✿
Pontchartrain ✿
Poissy ✿✿

✿ Vire
N 158
✿ Ezy-s-Eure
✿ Bazainville
PARIS
Argentan
✿ l'Aigle
✿ Houdan
Montfort-l'Amaury ✿
Coignières ✿✿
✿ les Mesnuls

N 175

Mayenne
Alençon ✿
N 138
✿ Chartres
A 10
Dourdan ✿

A 11

A 81
✿ Laval
Loué ✿
le Mans ✿
N 157
Orléans ✿✿✿
LOIRE

✿ Solesmes
N 20

N 38
Chaumont-s-Tharonne ✿
A 10

N 23
Coemont ✿
✿ Onzain
Bracieux ✿✿✿
Brinon-s-Sauldre ✿

A 11
Angers ✿✿
N 147
✿ Luynes
Tours ✿✿✿
Candé-s-Beuvron ✿
Romorantin-Lanthenay ✿✿

LOIRE
✿ les Rosiers
Langeais ✿

✿ Chênehutte-les-Tuffeaux
✿ Villandry
✿ Saché
✿ Montbazon
N 76

N 160
Vienne
✿ Valençay

Cholet ✿
✿ Marcay
✿ Bourges

N 20
Issoudun ✿

A 10
Châtellerault ✿
✿ Châteauroux
55

3

Téteghem ❀ ❀

Calais

Wimereux ❀
St-Omer ❀ ❀
Boulogne ❀
❀ Lumbres
le Touquet ❀
Prémesques ❀
Roubaix ❀
❀ Lille
Merlimont ❀
❀ Valenciennes
❀ Arras
Abbeville
❀ Dourlers
❀ Avesnes
Sars-Poteries ❀
❀ St-Quentin
❀ Vervins
Auvillers-les-Forges ❀ ❀ ❀
❀ Ham
Charleville-Mézières
Neuville-St-Amand ❀
❀ Sedan
❀ Roye
Oise
Rethel ❀
Berry-au-Bac ❀
❀ Châlons-s-Vesle
Cormeilles-en-Vexin
REIMS ❀ ❀ ❀
Oise
Fère-en-Tardenois ❀ ❀
Rolleboise ❀
Sept-Saulx ❀
Follainville-Dennemont ❀
Champillon ❀
y-la-Bataille ❀
❀ Pontchartrain
Poissy ❀ ❀
❀ l'Epine
❀ Bazainville
❀ Houdan
la Ferté-s/s-Jouarre ❀ ❀
Montfort-l'Amaury ❀
Coignières ❀
PARIS
les Mesnuls ❀
St-Dizier
Dourdan ❀
Melun ❀
Chartres ❀
Barbizon ❀
❀ Milly-la-Forêt
Troyes ❀
Bar-s-Aube ❀
Montargis ❀
Orléans ❀ ❀
Joigny ❀ ❀
les Bézards ❀ ❀
❀ Auxerre
Chaumont-s-Tharonne ❀
Vaux ❀
Chevannes
Bracieux ❀ ❀
Brinon-s-Sauldre
❀ ❀ Avallon
Romorantin-Lanthenay ❀
❀ Velars-s-Ouche
❀ St-Père
❀ ❀ Saulieu
Pouilly-s-Loire ❀
❀ Gevrey-Chambertin
❀ Nuits-St-Georges
Valençay ❀
❀ Beaune
Bourges ❀
❀ ❀ ❀ CHAGNY
56
Issoudun ❀
Magny-Cours ❀ ❀
❀ Mercurey
Châteauroux ❀
❀ Chalon-s-Saône

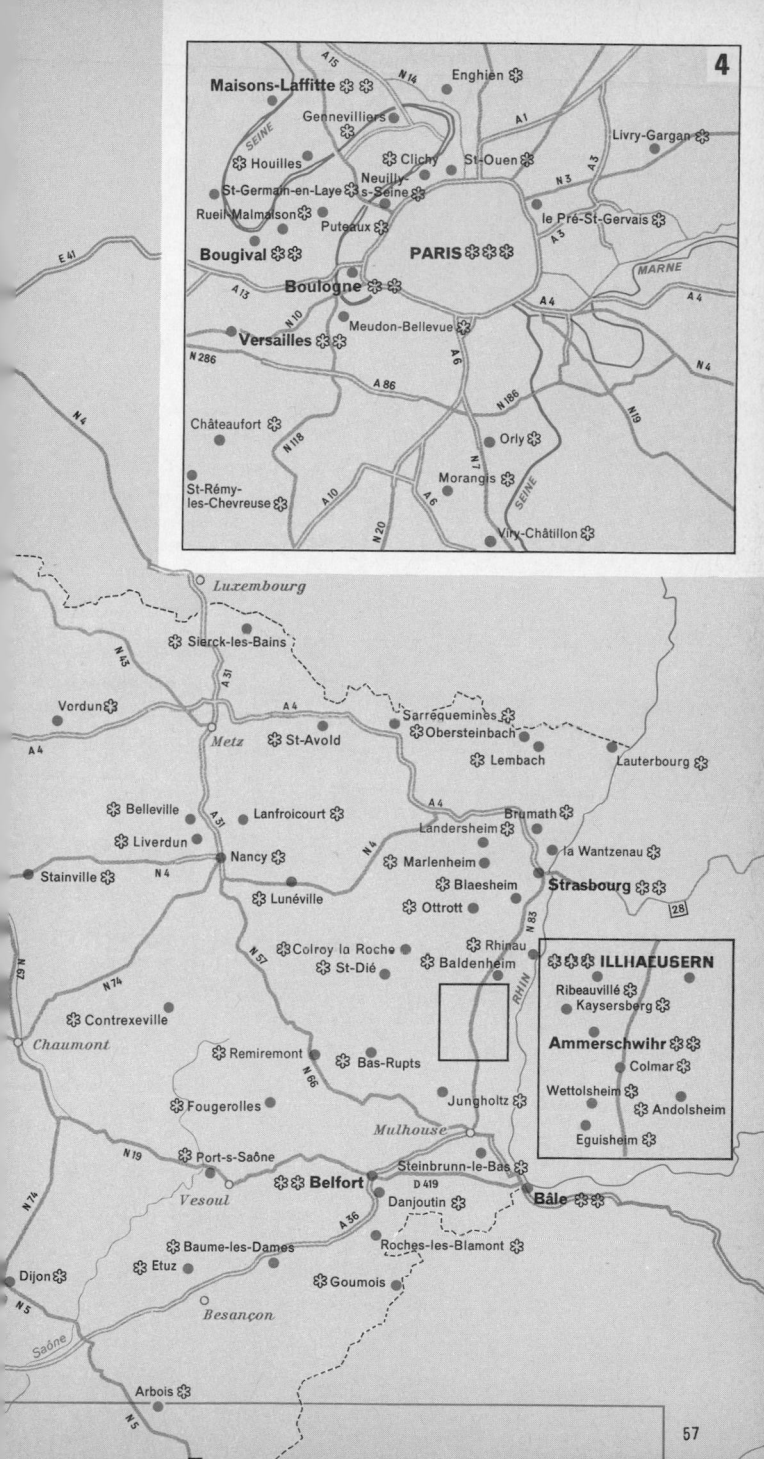

4

Maisons-Laffitte ❄❄   Enghien ❄
Genevilliers
Houilles   ❄ Clichy   St-Ouen ❄   Livry-Gargan ❄
St-Germain-en-Laye Neuilly-s-Seine
Rueil-Malmaison   Puteaux ❄   le Pré-St-Gervais ❄
Bougival ❄❄   PARIS ❄❄❄
Boulogne ❄❄
Meudon-Bellevue ❄
Versailles ❄❄

Châteaufort

St-Rémy-les-Chevreuse ❄❄   Orly ❄
                          Morangis ❄
                                 Viry-Châtillon ❄

Luxembourg

❄ Sierck-les-Bains

Verdun ❄
            Metz   ❄ St-Avold   Sarreguemines ❄
                                    ❄ Obersteinbach
                                         ❄ Lembach   Lauterbourg ❄
❄ Belleville   Lanfroicourt ❄   Brumath ❄
❄ Liverdun   Landersheim ❄
Stainville ●   Nancy ❄   Marlenheim ❄   ● la Wantzenau ❄
                  ❄ Lunéville   ❄ Blaesheim   Strasbourg ❄❄
                                 ❄ Ottrott ●   28
                  ❄ Colroy la Roche ●   Rhinau ❄
                     ❄ St-Dié   Baldenheim ●   ❄❄❄ ILLHAEUSERN ●
❄ Contrexeville   Ribeauvillé ❄ ●
Chaumont   Kaysersberg ❄❄
                  ❄ Remiremont   Ammerschwihr ❄❄
                     ❄ Bas-Rupts   ❄ Colmar ❄
❄ Fougerolles   Jungholtz ❄   Wettolsheim ●
                              Mulhouse   ❄ Andolsheim
            ❄ Port-s-Saône   Eguisheim ❄
N 19   ❄❄ Belfort   Steinbrunn-le-Bas ●
   Vesoul   D 419   Bâle ❄❄
                               Danjoutin ❄
❄ Baume-les-Dames   ❄ Etuz   Roches-les-Blamont ❄
Dijon ❄   ❄ Goumois
            Besançon

Arbois ❄

57

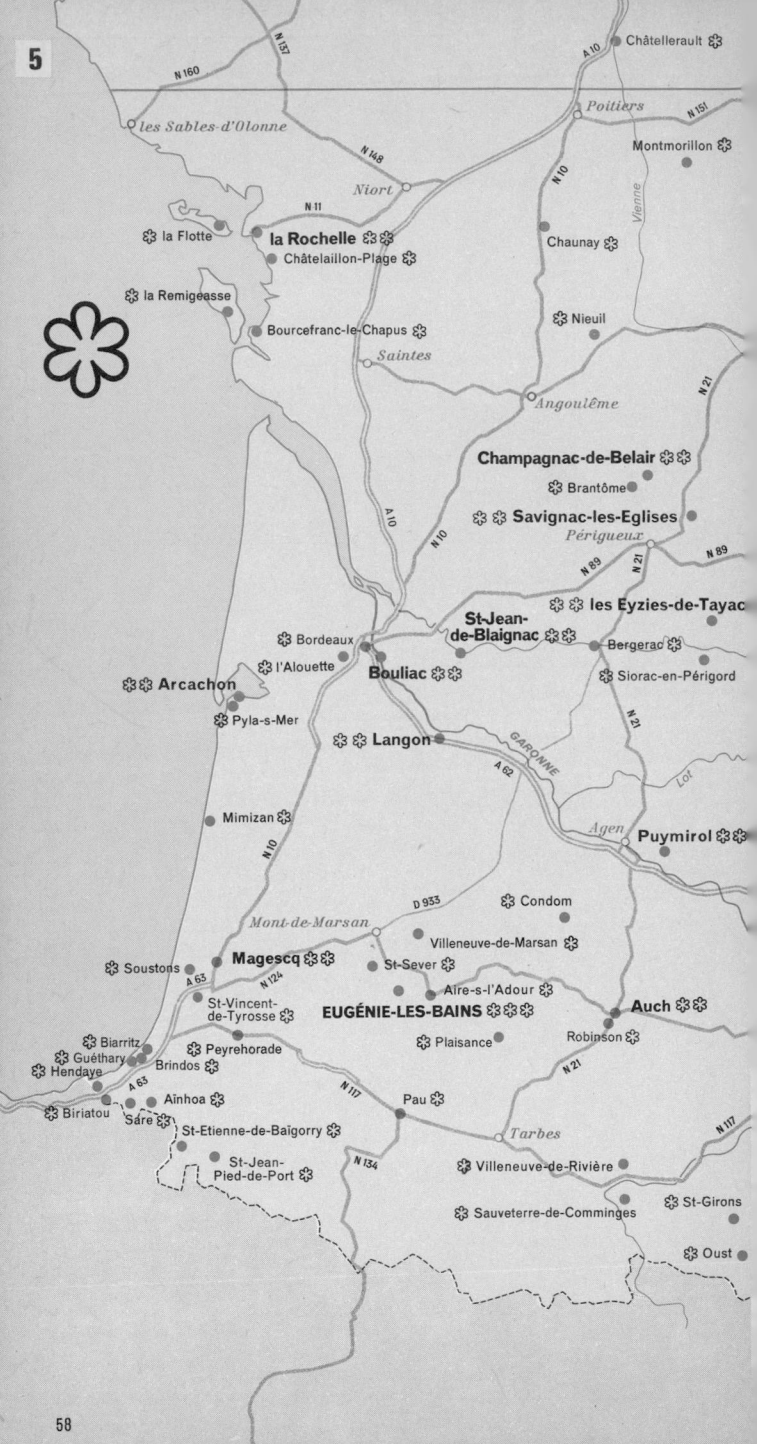

Châtellerault ✿

N 160

N 157

les Sables-d'Olonne

A 10

Poitiers

N 151

N 148

Montmorillon ✿

Niort

✿ la Flotte

N 11

Chaunay ✿

N 10

Vienne

la Rochelle ✿ ✿

Châtelaillon-Plage ✿

✿ la Remigeasse

✿ Nieuil

Bourcefranc-le-Chapus ✿

Saintes

Angoulême

N 21

Champagnac-de-Belair ✿ ✿

✿ Brantôme

✿ ✿ Savignac-les-Eglises

A 10

Périgueux

N 10

N 89

N 21

N 89

✿ ✿ les Eyzies-de-Tayac

St-Jean-
de-Blaignac ✿ ✿

✿ Bordeaux

Bergerac ✿

✿ l'Alouette

Bouliac ✿ ✿

✿ Siorac-en-Périgord

✿ ✿ Arcachon

Pyla-s-Mer ✿

GARONNE

N 21

Langon ✿

A 62

Lot

Mimizan ✿

Agen

Puymirol ✿ ✿

N 10

D 933

✿ Condom

Mont-de-Marsan

Villeneuve-de-Marsan ✿

✿ Soustons

A 63

Magescq ✿ ✿

St-Sever ✿

N 124

St-Vincent-
de-Tyrosse

Aire-s-l'Adour ✿

Auch ✿ ✿

EUGÉNIE-LES-BAINS ✿ ✿ ✿

✿ Biarritz

✿ Peyrehorade

Robinson ✿

N 21

Guéthary
✿ Hendaye

Brindos

✿ Plaisance

A 63

✿ Biriatou

Aïnhoa ✿

N 117

Pau ✿

Sare

St-Etienne-de-Baïgorry ✿

Tarbes

N 117

St-Jean-
Pied-de-Port ✿

N 134

✿ Villeneuve-de-Rivière

✿ St-Girons

Sauveterre-de-Comminges ✿

✿ Oust

58

Issoudun ✿

Châteauroux ✿ ✿

Magny-Cours ✿ ✿

N 7   LOIRE

D 927

Bourbon-l'Archambault ✿

Bourbon-Lancy ✿ ✿

Digoin ✿ ✿

N 79

Charolles ✿

Moulins ✿ ✿

D 943   N 145

N 79

Montluçon ✿   St-Pourçain-s-Sioule ✿

N 7

Chauffailles ✿

N 9

Vichy ✿

✿ Quincié

ROANNE ✿ ✿ ✿

St-Martin-du-Fault ✿

D 941

✿ l'Hôpital-s-Rhins

Limoges

✿ Chamalières   A 72   Clermont-Fᵈ

N 89

la Roche-l'Abeille ✿

✿ ✿ Montrond-les-Bains

✿ Besse-en-Chandesse   Sarpoil ✿   ✿ St-Étienne

N 89   Dordogne   N 9

Objat ✿   ✿ St-Didier-en-Velay   N 82

Varetz ✿ ✿   N 102

Brive-la-Gaillarde   ✿ Tence

✿ le Lloran   ✿ Prades   le Puy

Lostanges ✿ ✿   N 9   Lamastre ✿

Loire

Sousceyrac ✿

Latronquière ✿   D 921   Aumont-Aubrac ✿   N 102

Lot   N 9

Laguiole ✿   D 104

N 140

Rodez   la Caze ✿

Montpezat-de-Quercy ✿   ✿ Salles-Curan   Alès

N 20   Connaux ✿

Cordes ✿   Millau ✿

✿ Marssac   N 9

N 88   N 110   A 9

Réalmont ✿   ✿ Garons

A 61

Blagnac ✿   ✿ Montpellier

Toulouse ✿ ✿   N 109

Vigoulet ✿

Garonne

✿ ✿ Béziers

A 61

✿ Narbonne   A 9

N 20

A 9

Molitg-les-Bains ✿   Perpignan

N 20

A 7

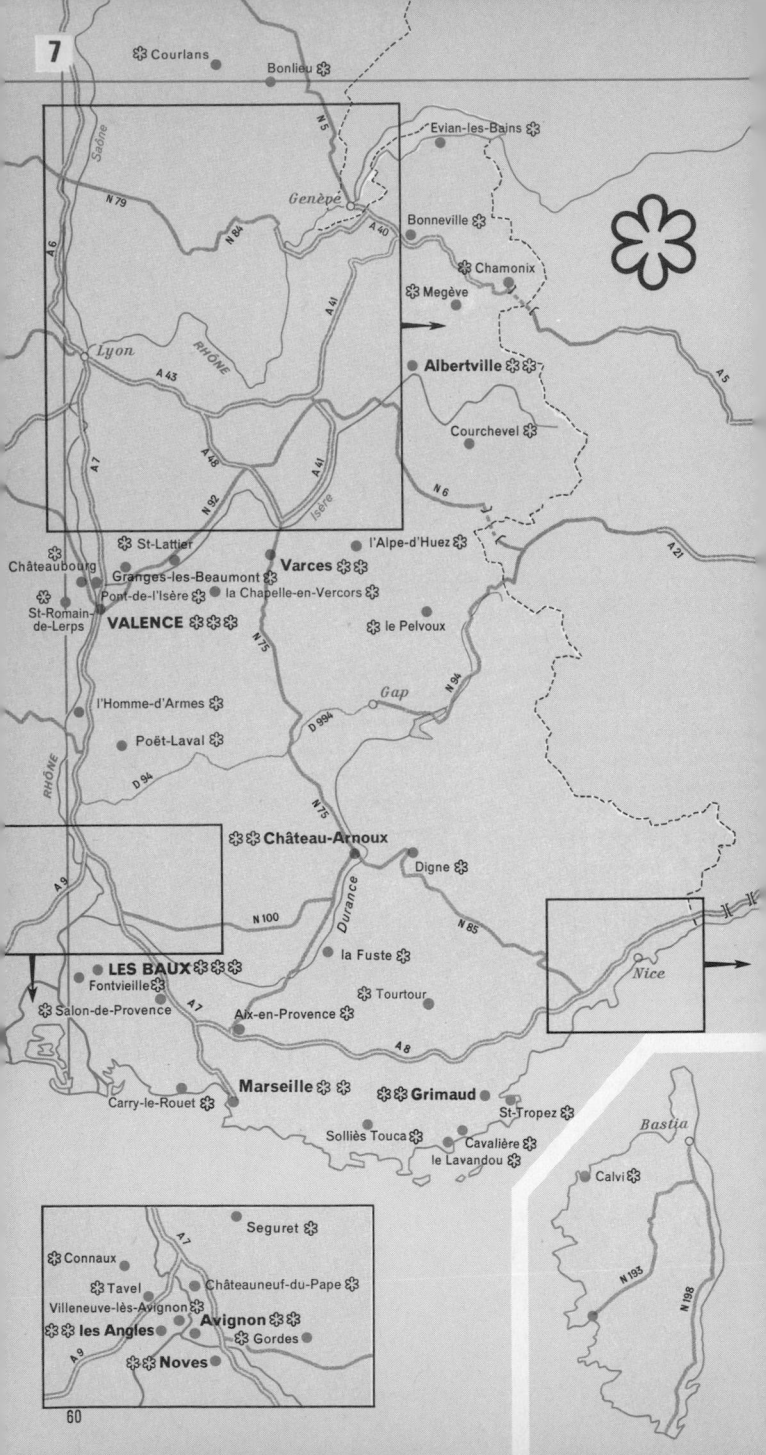

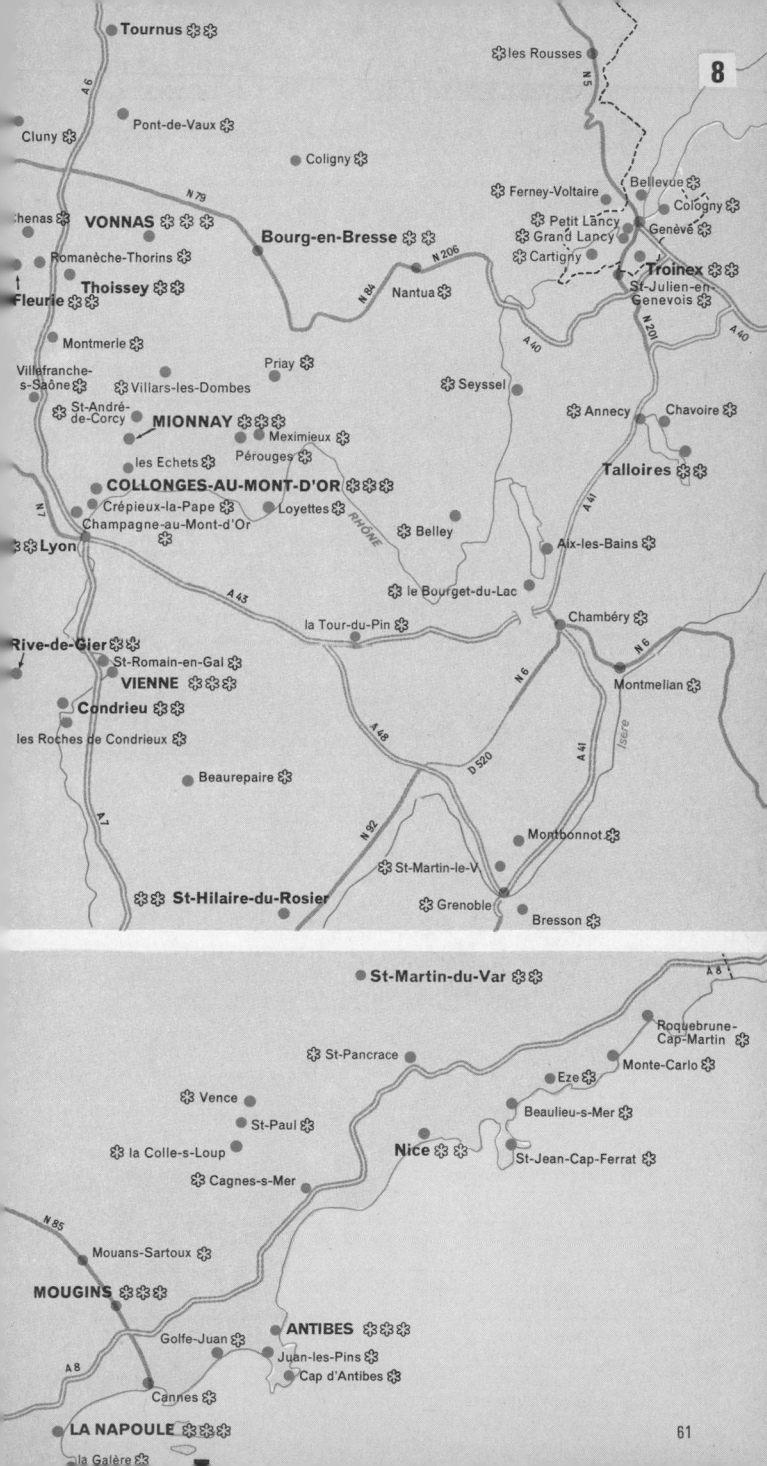

Tournus ❄ ❄
les Rousses ❄ ❄
Cluny ❄
Pont-de-Vaux ❄
Coligny ❄
Ferney-Voltaire ❄ ❄
Bellevue ❄
Cologny ❄
N 79
❄henas ❄ ❄
VONNAS ❄ ❄ ❄
Petit Lancy ❄
Grand Lancy ❄
Genève ❄ ❄
Bourg-en-Bresse ❄ ❄
Romanèche-Thorins ❄ ❄
N 206
Cartigny ❄
Troinex ❄ ❄
Thoissey ❄ ❄
N 84
Nantua ❄
St-Julien-en-
Genevois ❄ ❄
Fleurie ❄ ❄
Montmerle ❄
A 40
N 201
A 40
Villefranche-
s-Saône ❄
Priay ❄
Villars-les-Dombes ❄
Seyssel ❄
St-André-
de-Corcy ❄
Annecy ❄
Chavoire ❄ ❄
MIONNAY ❄ ❄ ❄
Meximieux ❄
A 41
les Echets ❄ ❄
Pérouges ❄
Talloires ❄ ❄
COLLONGES-AU-MONT-D'OR ❄ ❄ ❄
Loyettes ❄
RHÔNE
N 7
Crépieux-la-Pape ❄
Champagne-au-Mont-d'Or ❄
Belley ❄
❄ ❄ Lyon
Aix-les-Bains ❄ ❄
A 43
le Bourget-du-Lac ❄
Chambéry ❄
Rive-de-Gier ❄ ❄
la Tour-du-Pin ❄
N 6
N 6
St-Romain-en-Gal ❄ ❄
VIENNE ❄ ❄ ❄
Montmelian ❄
Condrieu ❄ ❄
N 6
A 41
Isère
les Roches de Condrieu ❄
A 48
D 520
A 7
Beaurepaire ❄
N 92
Montbonnot ❄
St-Martin-le-V ❄
St-Hilaire-du-Rosier ❄ ❄
Grenoble ❄
Bresson ❄

St-Martin-du-Var ❄ ❄
A 8
Roquebrune-
Cap-Martin ❄
St-Pancrace ❄
Eze ❄ ❄
Monte-Carlo ❄
Vence ❄
St-Paul ❄
Beaulieu-s-Mer ❄
la Colle-s-Loup ❄
Nice ❄ ❄
St-Jean-Cap-Ferrat ❄
Cagnes-s-Mer ❄
N 85
Mouans-Sartoux ❄
MOUGINS ❄ ❄ ❄
ANTIBES ❄ ❄ ❄
Golfe-Juan ❄
Juan-les-Pins ❄
A 8
Cap d'Antibes ❄
Cannes ❄
LA NAPOULE ❄ ❄ ❄
la Galère ❄

LES VINS et LES METS

Un mets préparé avec une sauce au vin s'accommode, si possible, du même vin.

Vins et fromages d'une même région s'associent souvent avec succès.

Voici quelques suggestions de vins selon les mets :

FOOD and WINE

Dishes prepared with a wine sauce are best accompanied by the same kind of wine.

Wines and cheeses from the same region usually go very well together.

Here are a few hints on selecting the right wine with the right dish :

Vins blancs secs		1	Muscadet, Pouilly-s-L., Sancerre, Vouvray sec
		2	Graves secs
Dry white wines		3	Chablis, Meursault, Pouilly-Fuissé, Viré
Vini bianchi secchi		4	Brut ou sec
		5	St-Péray, Hermitage
Herber Weißwein		6	Sylvaner, Riesling, Pinot

Vins rouges légers		1	Bourgueil, Chinon
		2	Graves, Médoc
Light red wines		3	Côte de Beaune, Mercurey, Beaujolais,...
Vini rossi leggeri		4	Brut ou sec (blanc)
		5	Tavel (rosé), Côtes de Provence
Leichter Rotwein		6	Pinot noir, Riesling (blanc)

Vins rouges corsés		1	
		2	Pomerol, St-Émilion
Full bodied red wines		3	Chambertin, Côte-de-Nuits, Pommard,...
Vini rossi robusti		4	Brut (blanc)
		5	Châteauneuf-du-Pape, Cornas, Côte-Rôtie
Kräftiger Rotwein		6	Gewurztraminer (blanc pour fromages)

Vins de dessert		1	Anjou
		2	Sauternes, Monbazillac
Sweet wines			Rivesaltes
Vini da dessert		4	Demi-sec
		5	Beaumes-de-V.,
Süßer Wein		6	Muscat, Gewürztraminer (vins secs)

En dehors des grands crus, il existe en maintes régions de France des vins locaux qui, bus sur place, vous réserveront d'heureuses surprises.

In addition to the fine wines there are many French wines, best drunk in their region of origin and which you will find extremely pleasant.

Les meilleures années — The best vintages

Alsace		1978	79	82								
Bordeaux	blancs (white) (bianchi) (weiße)	1955	61	62	67	70	71	75	78	79	81	82
	rouges (claret) (rossi) (rote)	1955 82	61	62	66	67	70	71	75	76	78	79 81
Bourgogne Burgundy Burgunder	blancs (white) (bianchi) (weiße)	1971	74	75 et 77 (Chablis) 78		79	81	82				
	rouges (red) (rossi) (rote)	1961	66	69	71	72	76	78	79	81	82	

I VINI e le VIVANDE

Un piatto preparato con una salsa al vino si accorda, se possibile, con lo stesso vino.

Vini e formaggi di una stessa regione si associano molte volte con successo.

Qui accanto qualche suggerimento sul consumo dei vini :

WELCHER WEIN ZU WELCHER SPEISE

Wenn die Sauce eines Gerichts mit Wein zubereitet ist, so wählt man nach Möglichkeit diesen als Tischwein. Weine und Käse aus der gleichen Region harmonieren oft geschmacklich besonders gut. Nebenstehend Vorschläge zur Wahl der Weine.

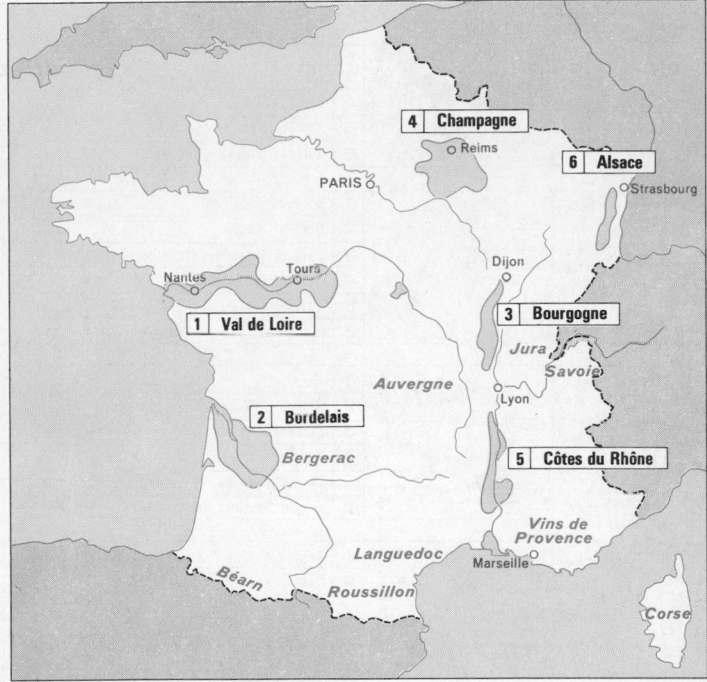

Al di fuori dei grandi vini, esistono in molte regioni francesi dei vini locali che, bevuti sul posto, Vi riserveranno piacevoli sorprese.

Neben den Spitzengewächsen gibt es in manchen französischen Regionen Landweine, die Sie am Anbauort trinken sollten. Sie werden angenehm überrascht sein.

Le migliori annate		Die besten Jahrgänge											
Champagne		1969	70	71	73	75	76						
Côtes-du-Rhône		1967	69	70	71	72	76	78	79	80	82		
Vins de la Loire	Muscadet	1980	81	82									
	Anjou - Touraine	1955	59	69	71	75	76	78	81	82			
	Pouilly - Sancerre	1978	79	81	82								

1

REPAS SOIGNÉS A PRIX MODÉRÉS

GOOD FOOD AT MODERATE PRICES

PASTI ACCURATI A PREZZI CONTENUTI

**SORGFÄLTIG ZUBEREITETE,
PREISWERTE MAHLZEITEN**

R 55

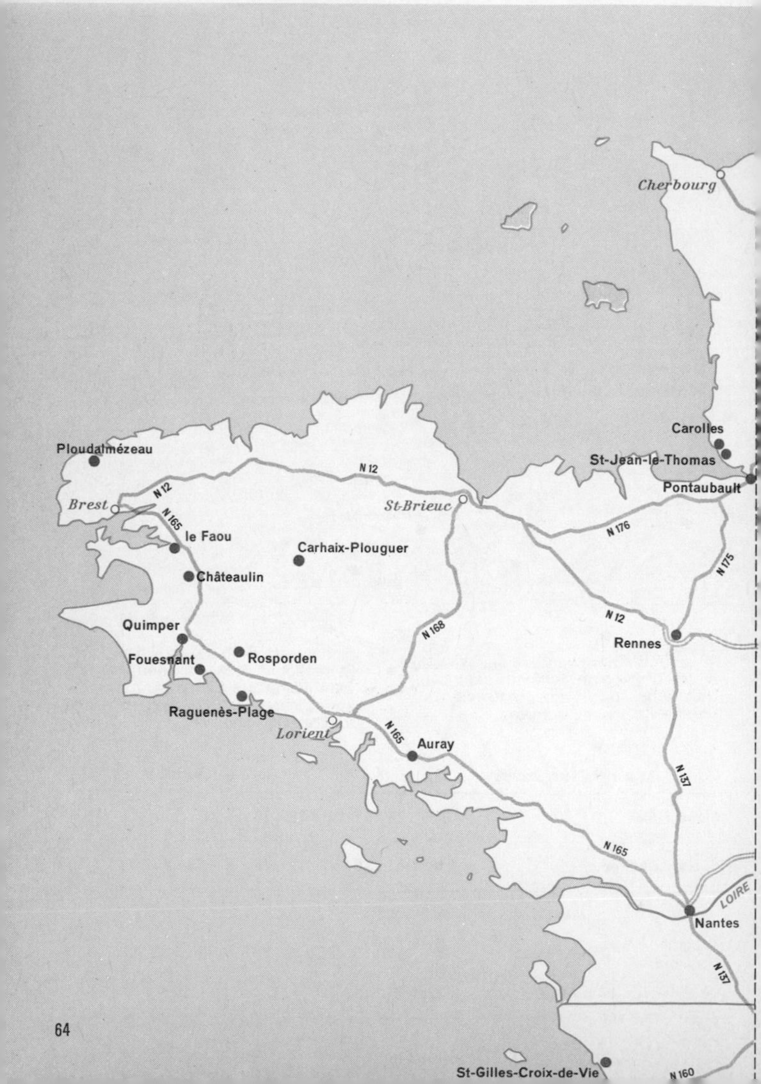

Cherbourg

Carolles

St-Jean-le-Thomas

Pontaubault

Ploudalmézeau

N 12

N 12

Brest

St-Brieuc

N 165

N 176

le Faou

N 175

Carhaix-Plouguer

Châteaulin

Quimper

N 168

N 12

Rosporden

Rennes

Fouesnant

Raguenès-Plage

N 165

Lorient

Auray

N 157

N 165

LOIRE

Nantes

N 157

St-Gilles-Croix-de-Vie

N 160

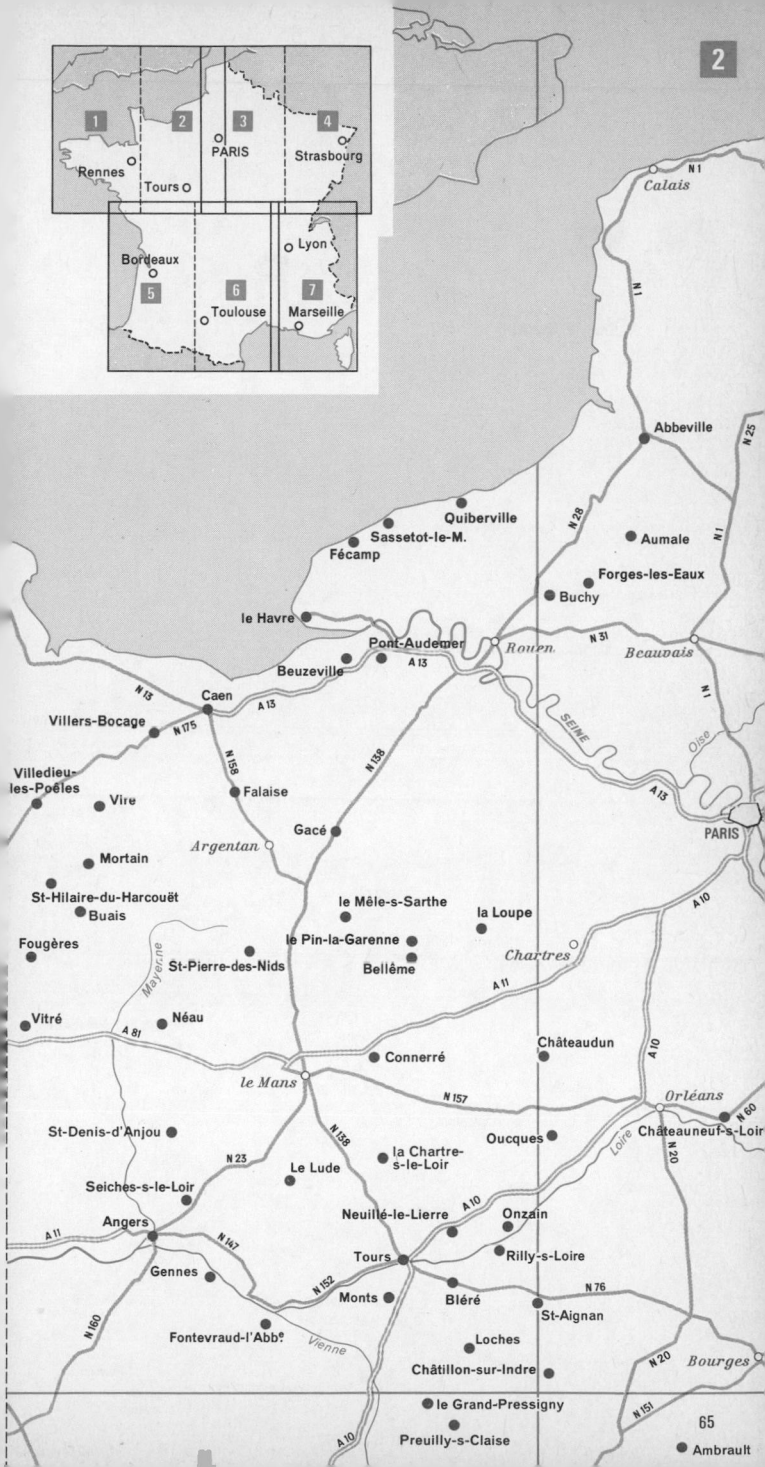

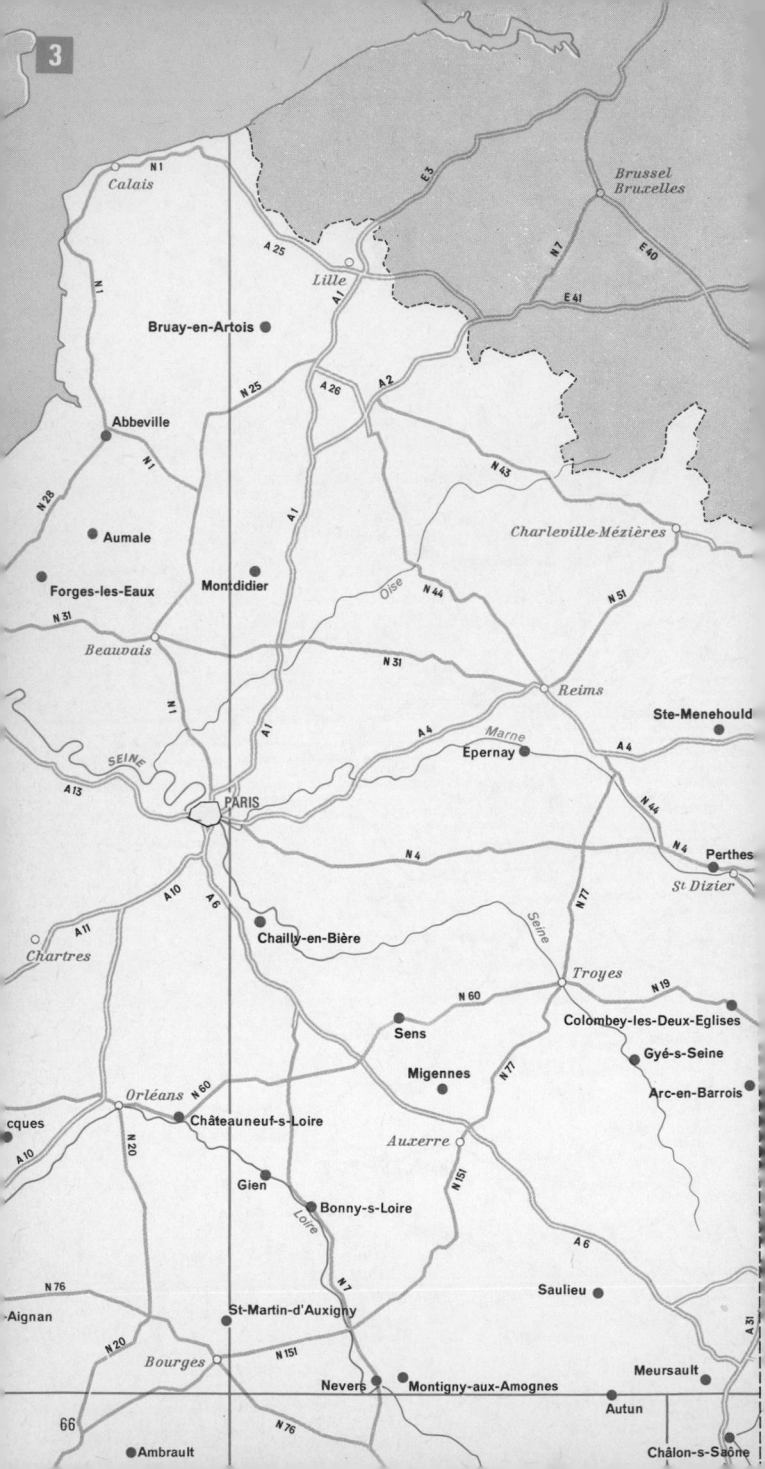

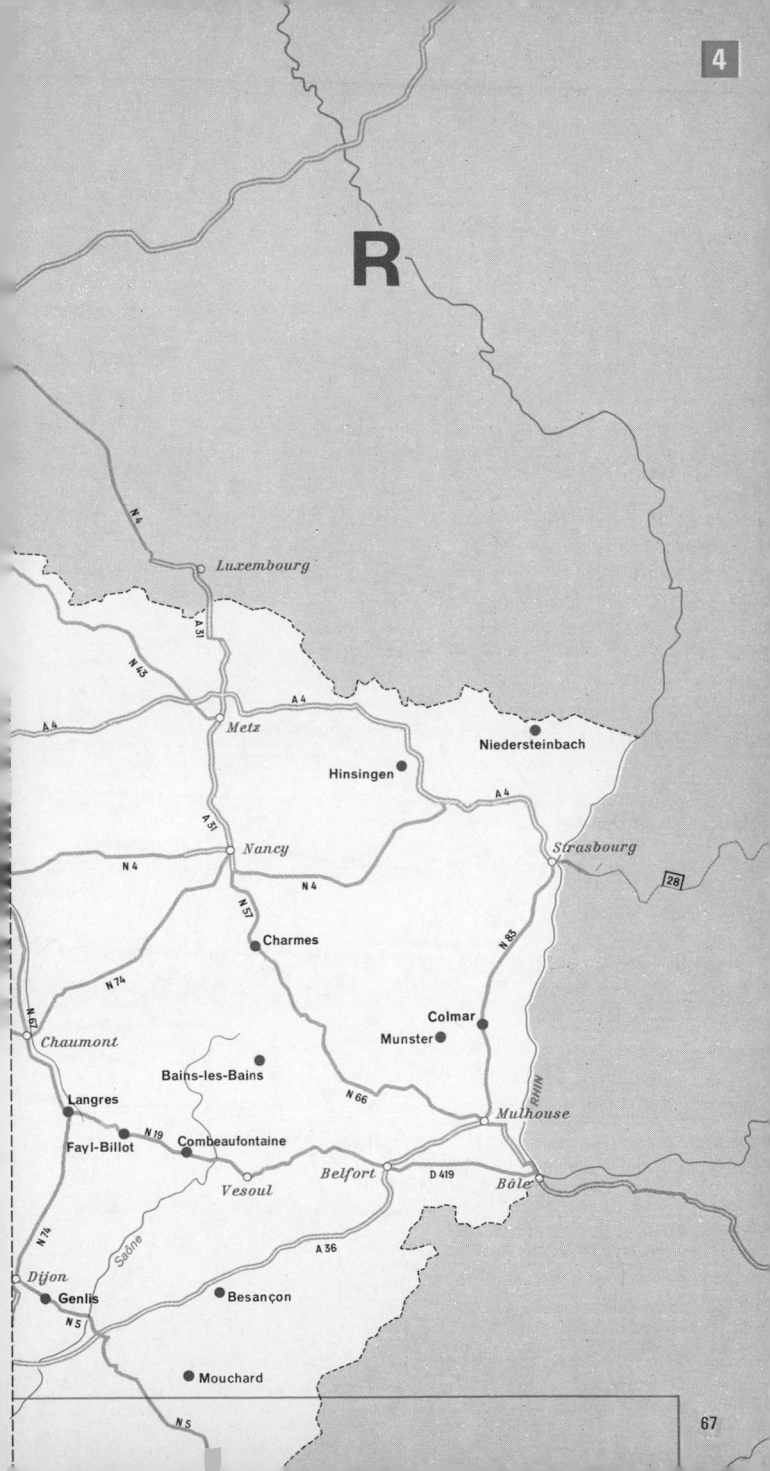

R

N 4

Luxembourg

A 31

N 43

A 4

A 4

Metz

Niedersteinbach

Hinsingen

A 4

A 31

Nancy

Strasbourg

28

N 4

N 4

N 57

Charmes

N 74

N 83

Colmar

Munster

Chaumont

Bains-les-Bains

N 66

N 67

Langres

N 19

Combeaufontaine

Mulhouse

Fayl-Billot

Belfort

D 419

Bâle

Vesoul

RHIN

N 74

Saône

A 36

Dijon

Genlis

Besançon

N 5

Mouchard

N 5

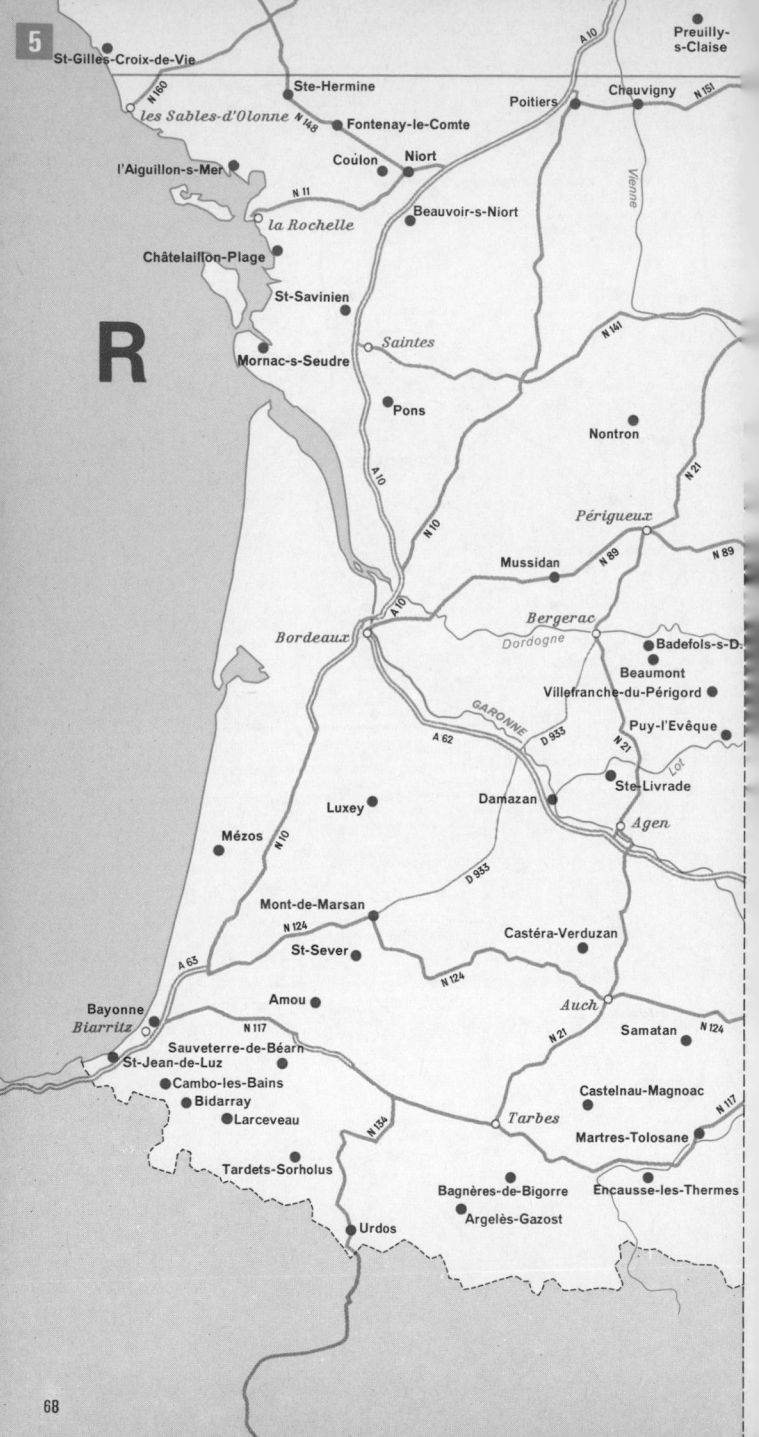

5

St-Gilles-Croix-de-Vie

Preuilly-s-Claise

les Sables-d'Olonne

Ste-Hermine

Fontenay-le-Comte

Poitiers

Chauvigny

Coulon

Niort

l'Aiguillon-s-Mer

Beauvoir-s-Niort

la Rochelle

Châtelaillon-Plage

St-Savinien

Saintes

R

Mornac-s-Seudre

Pons

Nontron

Périgueux

Mussidan

Bergerac

Dordogne

Badefols-s-D.

Beaumont

Villefranche-du-Périgord

Bordeaux

GARONNE

Puy-l'Evêque

Lot

Ste-Livrade

Luxey

Damazan

Ste-Livrade

Agen

Mézos

Mont-de-Marsan

Castéra-Verduzan

St-Sever

Amou

Auch

Bayonne

Biarritz

Sauveterre-de-Béarn

Samatan

St-Jean-de-Luz

Cambo-les-Bains

Castelnau-Magnoac

Bidarray

Larceveau

Tarbes

Martres-Tolosane

Tardets-Sorholus

Bagnères-de-Bigorre

Encausse-les-Thermes

Argelès-Gazost

Urdos

Ambrault

la Châtre

D 927

Bélâbre

N 20

Crozant

Dun-le-Palestel

Bourganeuf

Pont-du-Dognon

Limoges

Tarnac

St-Yrieix-la-Perche

N 89

Tulle

Dordogne

Mauriac

Aubazines

Salers

Brive-la-Gaillarde

Argentat

Souillac

Collonges-
la-Rouge

Vic-s-Cère

Thiézac

Lacave

le Teulet

Pailherols

Sarlat

Alvignac

Calès

Gramat

Gourdon

Calvinet

Montsalvy

Catus

Conques

St-Cirq-Lapopie

St-Chély-d'Aubrac

N 140

St-Geniez-d'Olt

Lot

Villefranche-de-Rouergue

Rodez

N 88

Najac

Pont-de-Salars

Sévérac-le-Château

Brousse-le-Château

N 88

St-Sernin-s-Rance

N 20

A 61

Lacaune

Toulouse

A 61

Castres

N 117

St-Félix-Lauragais

Garonne

Auterive

N 20

Carcassonne

A 61

Mirepoix

Quillan

Cucugnan

Belcaire

A 9

Perpignan

Olette

Saillagouse

A 7

N 152

Moulins

D 943

N 145

N 73

Dompierre-
s-Besbre

N 79

Gueugnon

Paray-le-Monial

la Croix-Blanche

Montluçon

Néris-les-Bains

Marcigny

Fuissé

N 9

Lapalisse

N 7

Blaceret

Châtelguyon

Theizé

Pontaumur

D 941

Pont-
de-Dore

Noirétable

Pontgibaud

A 72

Laqueuille

Clermont-Ferrand

N 89

D 89

Loire

le Mont-Dore

Job

Montbrison

N 82

Champs-sur-Tarentaine

la Chaise-Dieu

St-Etienne

A 47

Brioude

Lapte

N 88

St-Flour

N 9

N 102

le Puy

Neuvéglise

les Ollières-sur-Eyrieux

D 921

St-Chély-d'Apcher

Antraigues

Mende

N 102

Vals-les-
Bains

Bagnols-les-Bains

D 104

Villefort

Vallon-Pont-d'Arc

Millau

les Vans

Alès

St-Jean-du-Bruel

N 9

N 110

Taras

A 9

Arles

Clermont-l'Hérault

N 109

Montpellier

Pézenas

Stes-Maries-de-la-Mer

N 76

69

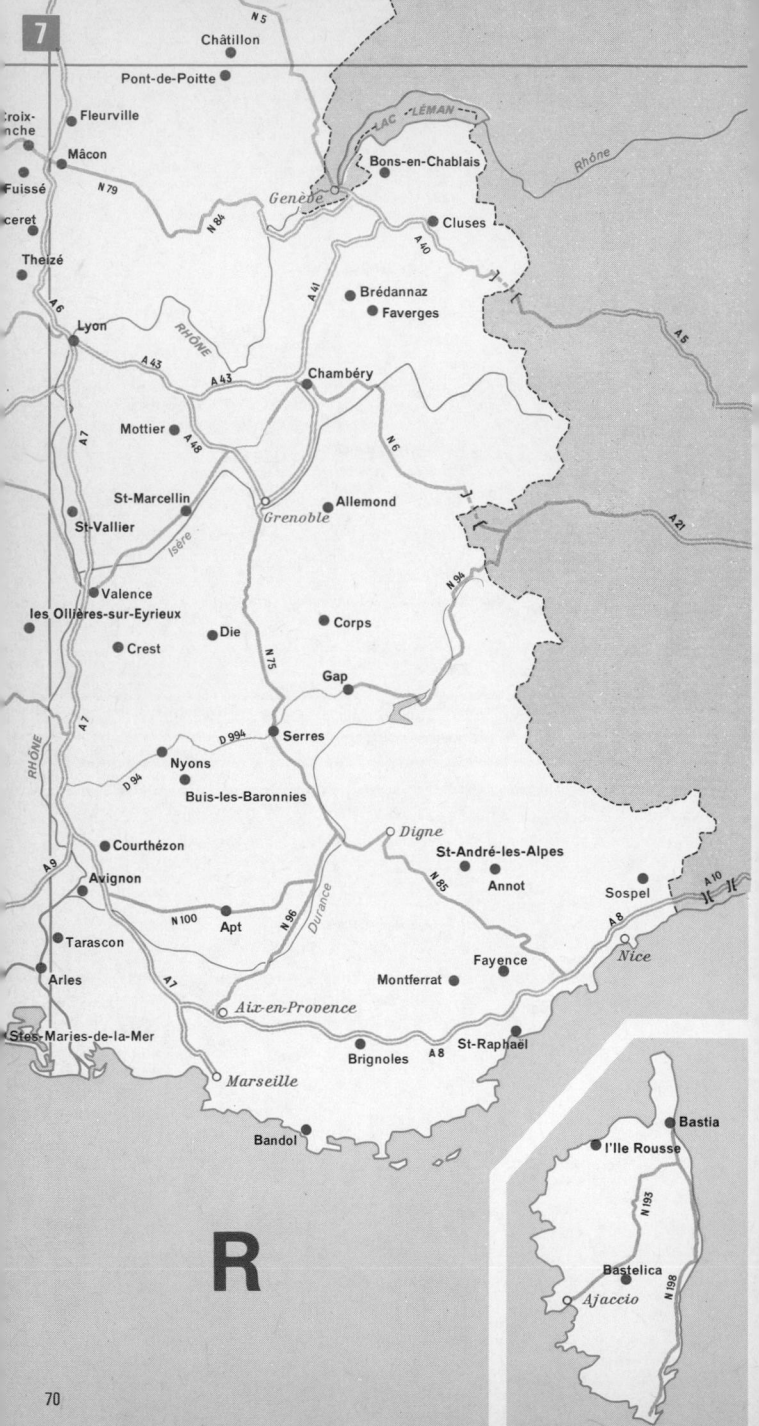

LOCALITÉS
par ordre alphabétique

PLACES
in alphabetical order

LOCALITÀ
in ordine alfabetico

Alphabetisches
ORTSVERZEICHNIS

ABBEVILLE ⟨SP⟩ 80100 Somme 🗿② ⑥⑦ G. Nord de la France – 26 581 h. – ✿ 22.

Voir Château de Bagatelle★ CZ – Façade★ de l'église St-Vulfran BY E – Musée Boucher de Perthes ★ BY M.

Env. St-Riquier : intérieur★★ de l'église★ 9 km par ② – Vallée de la Somme★ par ⑤.

🚩 Syndicat d'Initiative 26 pl. Libération (fermé dim. et lundi) ☏ 24.27.92 – A.C. 85 r. Saint-Gilles ☏ 24.30.69.

Paris 163 ④ – ◆Amiens 45 ③ – Arras 76 ② – Beauvais 87 ④ – Béthune 83 ② – Boulogne-sur-Mer 80 ① – Dieppe 64 ⑥ – ◆Le Havre 163 ⑤ – ◆Rouen 99 ⑤ – St-Omer 86 ①.

Plan page suivante

🏨 **France,** 19 pl. Pilori ☏ 24.00.42 – 📶 📺 🛏wc 🛁wc ☎ & 🚗 – 🏴 35. ⏰ 🅾 E
VISA. 🍴 rest   BY **a**
SC : **R** (fermé 15 déc. au 15 janv.) 55 bc/110 🍷 – ⊑ 15 – **77 ch** 55/158.

🏨 **Chalet,** 2 av. Gare ☏ 24.21.57 – 🛁wc 🅿. ⏰   AZ **r**
fermé 15 déc. au 15 janv. le dim. et tous les midis hors sais. sauf fêtes – SC : **R**
35/50 🍷 – 🍺 12 – **12 ch** 60/100.

✗✗ **Au Châteaubriant,** 1 pl. Hôtel de Ville ☏ 24.08.23 – E **VISA**   BY **z**
fermé 1er au 20 oct., 12 fév. au 1er mars et lundi – SC : **R** 115 bc/48.

✗✗ **L'Escale en Picardie,** 15 r. Teinturiers ☏ 24.21.51, Poissons et coquillages – ⏰
🅾 E **VISA**. 🍴   BXY **s**
fermé août, dim. soir et lundi – SC : **R** (fêtes déj. seul.) 54/78.

✗✗ **Aub. de la Corne,** 32 chaussée du Bois ☏ 24.06.34 – ⏰ E **VISA**   BY **e**
fermé 7 au 28 juin, dim. soir et lundi (sauf fêtes) – SC : **R** 62/150.

✗ **Condé** avec ch, 14 pl. Libération ☏ 24.06.33 – 🍴 ch   BY **u**
fermé août et dim. sauf fêtes – SC : **R** 42/75 🍷 – 🍺 10,50 – **8 ch** 51/75.

à Épagnette par ④ : 3 km – ⊠ 80580 Pont-Rémy :

✗✗ **La Picardière,** ☏ 24.15.28 – 🅿. ⏰ 🅾 E **VISA**
fermé 5 au 21 avril, mardi soir et merc. – SC : **R** 41/100.

CITROEN Gar. République, 214 bd République
☏ 24.30.80 🄽
FIAT, LANCIA-AUTOBIANCHI Picardie-
Autom., Zone Ind., av. R.-Schumann ☏ 24.47.63
FORD Abbeville-Autom., 29 Chaussée Hoc-
quet ☏ 24.08.54
MERCEDES-BENZ, V.A.G. Gar. Hochede, 30 r.
Pados ☏ 24.23.62
PEUGEOT Les Gds Gar. de l'Avenir, 8 bd Ré-
publique ☏ 24.77.55

RENAULT Palais Autom., Zone Ind., rte Doul-
lens par ② ☏ 24.29.80
TALBOT Gar. St-Gilles, Zone Ind., 2 av.
R.-Schuman par D 153 CX ☏ 24.24.46
V.A.G. S.A.D.R.A., 53 av. R.-Schuman, Zone
Ind. ☏ 24.34.81

🛞 Abbeville Pneus, 214 bd de la République ☏
24.20.42
Lagrange-Pneus, 76 rte Doullens ☏ 24.14.72

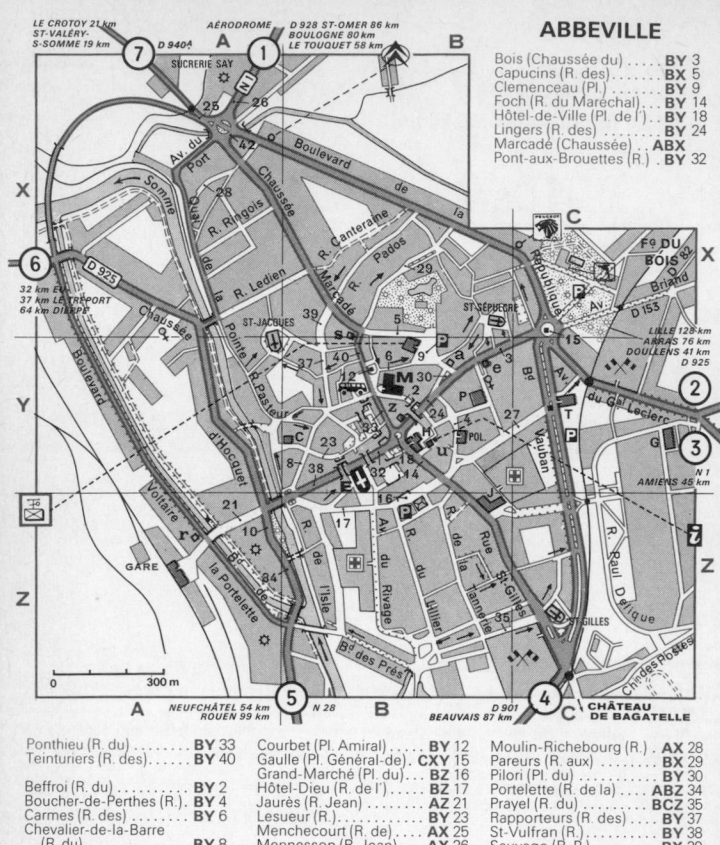

ABBEVILLE

Bois (Chaussée du) . . . . . **BY** 3
Capucins (R. des) . . . . . . **BX** 5
Clemenceau (Pl.) . . . . . . **BY** 9
Foch (R. du Maréchal) . . . **BY** 14
Hôtel-de-Ville (Pl. de l') . **BY** 18
Lingers (R. des) . . . . **BY** 24
Marcadé (Chaussée) . . **ABX**
Pont-aux-Brouettes (R.) . **BY** 32

Ponthieu (R. du) . . . . **BY** 33	Courbet (Pl. Amiral) . . . . . **BY** 12	Moulin-Richebourg (R.) . . **AX** 28
Teinturiers (R. des) . . . . . **BY** 40	Gaulle (Pl. Général-de) . **CXY** 15	Pareurs (R. aux) . . . . **BX** 29
	Grand-Marché (Pl. du) . . **BZ** 16	Pilori (Pl. du) . . . . **BY** 30
Beffroi (R. du) . . . . **BY** 2	Hôtel-Dieu (R. de l') . . . . **BZ** 17	Portelette (R. de la) . . . . **ABZ** 34
Boucher-de-Perthes (R.) . **BY** 4	Jaurès (R. Jean) . . . . **AZ** 21	Prayel (R. du) . . . . **BCZ** 35
Carmes (R. des) . . . . **BY** 6	Lesueur (R.) . . . . **BZ** 23	Rapporteurs (R. des) . . . . **BY** 37
Chevalier-de-la-Barre	Menchecourt (R. de) . . . **AX** 25	St-Vulfran (R.) . . . . **BY** 38
(R. du) . . . . **BY** 8	Mennesson (R. Jean) . . . **AX** 26	Sauvage (R. P.) . . . . **BX** 39
Cordeliers (R. des) . . . . . **AZ** 10	Millevoye (R.) . . . . **BCY** 27	Verdun (Pl. de) . . . . **AX** 42

Si vous cherchez un hôtel tranquille,
ne consultez pas uniquement les cartes p. 46 à 53,
mais regardez également dans le texte
les établissements indiqués avec le signe ⍕

L'ABER-WRAC'H 29 Finistère 58 ④ G. Bretagne – alt. 53 – ☒ 29214 Lannilis – ✿ 98.
Paris 599 – ◆Brest 28 – Landerneau 35 – Landivisiau 44 – Morlaix 68 – Quimper 96.

🏠 **Belle Vue,** ℡ 04.90.01, ≼ – ⌑wc 🏢 ℗. ⌿⌓ª. ⌘ rest
   Pâques-sept. – SC : **R** 75/120 – ☲ 18 – **40 ch** 80/180 – P 195/235.

ABLIS 78660 Yvelines 60 ⑨. 196 ⑩ – 1 182 h. alt. 178 – ✿ 3.
Paris 63 – Chartres 31 – Étampes 30 – Mantes 64 – ◆Orléans 76 – Rambouillet 14 – Versailles 45.

✕ **Croix Blanche,** ℡ 484.00.31 – 🅰🅴 ⓞ 𝚅𝙸𝚂𝙰
◆ *fermé 22 déc. au 5 janv., 24 janv. au 4 mars, mardi soir et merc. sauf juil. et août* –
   SC : **R** 50/120.

à L'Ouest : 6 km par D 168 – ☒ 28700 Auneau :

🏰 **Château d'Esclimont** ⍕, ℡ (37) 34.15.15, Télex 780560, ≼, « parc », ⊿, ⍋ –
   🔁 📺 ☎ ℗ – 🔬 60. 🅰🅴 ⓞ 𝚅𝙸𝚂𝙰
   R 135/220 – ☲ 29 – **36 ch** 300/800, 4 appartements – P 440/680.

à Craches NO : 7 km par N 10 et D 101 – ☒ 78660 Ablis :

🏠 **Les Quatre Saisons** ⍕, 15 r. Libération ℡ 484.40.00, ⌿ – 🏢 ⓞ 𝚅𝙸𝚂𝙰
   fermé jeudi midi et merc. – SC : **R** carte 85 à 125 – ☲ 14 – **7 ch** 100/140.

ABONDANCE 74360 H.-Savoie 🔟 ⑱ G. Alpes − 1 303 h. alt. 930 − Sports d'hiver : 1 000/2 000 m
⚡1 ≰13 − ⚙ 50.

Voir Fresques★ du cloître.

🛈 Office de Tourisme à la Mairie (fermé sam. et dim. hors sais.) ☎ 73.02.90.

Paris 607 − Annecy 102 − Évian-les-Bains 28 − Morzine 39 − Thonon-les-Bains 28.

    🏨 **Bel Air** Ⓜ ♨, à Richebourg NE : 3 km ☎ 73.01.71, ≤ − 🛏wc 🛁wc ☎ ℗. 🖼🍴
        ♨
        fermé 20 avril au 21 mai, 15 sept. au 15 nov. et merc. − SC : **R** 55/95 − �吕 14 − **23 ch**
        80/122 − P 143/165.

    🏠 **Les Touristes,** ☎ 73.02.15, �̄ − 🛏wc 🛁 ☎ 🚗 ℗. 🖼🍴. ♨
        15 juin-15 sept. et 20 déc.-Pâques − SC : **R** 65/95 − ⊑ 15 − **28 ch** 90/190 − P
        135/210.

CITROEN Trincaz, à Richebourg ☎ 73.03.16   RENAULT Gar. des Alpes, ☎ 73.01.41 🅽

ABRESCHWILLER 57560 Moselle 🔢 ⑧ − 1 381 h. alt. 290 − ⚙ 8.

Paris 464 − Lunéville 56 − ◆Metz 102 − Sarrebourg 16 − Saverne 32 − ◆Strasbourg 71.

    🏠 **Cigognes,** ☎ 703.70.09, �̄ − 🛏wc 🛁wc ☎ ℗. 🖼🍴 🇮
    ➔   SC : **R** 44/120 ⅄ − ⊑ 16 − **29 ch** 90/150 − P 190/220.

ABREST 03 Allier 🔢 ⑤ − rattaché à Vichy.

Les ABRETS 38490 Isère 🔢 ⑭ − 2 437 h. alt. 399 − ⚙ 76.

Paris 534 − Aix-les-B. 41 − Belley 33 − Chambéry 35 − ◆Grenoble 51 − La Tour-du-Pin 12 − Voiron 22.

    🏠 **Host. Abrésienne,** rte Grenoble ☎ 32.04.28 − 🛁 🚗 ℗
    ➔   *fermé 19 sept. au 9 oct. et mardi* − SC : **R** 40/90 ⅄ − 🍴 13 − **22 ch** 50/85 − P
        130/150.

    ✗ **Belle Étoile** avec ch, ⚡ 32.04.97 − 🛏wc 🛁wc ☎ 🚗. 🖼🍴 **E**. ♨ ch
    ➔   SC : **R** *(fermé lundi)* 50/95 ⅄ − ⊑ 14 − **15 ch** 55/143 − P 105/160.

CITROEN Gar. Central, ☎ 32.04.31   PEUGEOT-TALBOT Gar. Moderne, ☎ 32.04.13
PEUGEOT, TALBOT Bosse-Platière, ☎ 32.06.77   RENAULT Gar. Gadou, ☎ 32.01.55

ACQUIGNY 27 Eure 🔢 ⑰ − rattaché à Louviers.

ADÉ 65 H.-Pyr. 🔢 ⑧ − rattaché à Lourdes.

Les ADRETS-DE-L'ESTÉREL 83 Var 🔢 ⑧, 🔢 ㉝ − 585 h. − ✉ 83600 Fréjus − ⚙ 94.

Env. Mt Vinaigro ※ ★★★ S : 8 km puis 30 mn, G. Côte d'Azur.

Paris 889 − Cannes 28 − Draguignan 45 − Grasse 37 − Mandelieu 17 − St-Raphaël 21.

    ✗ **Le Logis des Manons** avec ch, ☎ 97.90.95, ≤ − 🛁wc ℗
    ➔   *en fév. (rest. seul.) et 1er mars-30 sept.* − SC : **R** 40/63 − 🍴 15 − **6 ch** (Pens. seul.) −
        P 290 (pour 2 pers.)

AGAY 83 Var 🔢 ⑧, 🔢 ㉞㉟ G. Côte d'Azur − alt. 5 à 200 − ✉ 83700 St-Raphaël − ⚙ 94.

🛈 Office de Tourisme bd Mer N 98 (fermé sam. hors sais. et dim.) ☎ 44.02.14.

Paris 886 − Cannes 31 − Draguignan 43 − ◆Nice 63 − St-Raphaël 9.

    🏰 **Sol e Mar** Ⓜ, au Dramont SO : 2 km ☎ 95.25.60, ≤ Ile d'Or et cap du Dramont, ⌇,
        🏖 − 🗐 ℗
        début avril-15 oct. − SC : **R** 86/121 − ⊑ 21 − **47 ch** 237/310 − P 282/330.

    🏨 **France-Soleil** sans rest, ☎ 44.01.93, ≤, 🏖, �̄ − 🛏wc ☎ ℗. 🖼🍴 📼 ♨
        Pâques-oct. − SC : ⊑ 17 − **16 ch** 220/275.

    🏠 **Beau Site,** à Camp Long SO : 1 km par N 98 ☎ 44.00.45 − 🛏wc 🛁wc ☎ ℗.
        🖼🍴. ♨ rest
        1er mars-30 sept. − SC : **R** (1/2 pens. seul.) − ⊑ 15 − **25 ch** − 1/2 p 140/180.

    ✗ **Aub. de la Rade,** bd Bord de Mer ☎ 44.00.37, ≤
        Pâques-fin sept. − SC : **R** 55/75.

AGDE 34300 Hérault 🔢 ⑮⑯ G. Causses − 12 923 h. − ⚙ 67.

Voir Ancienne cathédrale St-Étienne★ E.

🛈 Syndicat d'Initiative r. Louis Bages (fermé sam. hors sais. et dim. sauf matin en saison) ☎
94.29.68.

Paris 815 ④ − Béziers 22 ③ − Lodève 60 ④ − Millau 121 ④ − ◆Montpellier 58 ① − Sète 23 ②.

Plan page suivante

    🏩 **Bon Repos** sans rest, 15 r. Rabelais **(e)** ☎ 94.16.26 − 🛁wc. ♨
        fermé nov. − SC : 🍴 13 − **14 ch** 61/120.

    ✗✗ **Aub. de la Grange,** 29 bis quai Cdt-Reveille **(s)** ☎ 94.20.66 − ℗
        fermé janv., fév. et mardi sauf juil.-août − SC : **R** 65/98.

AGDE

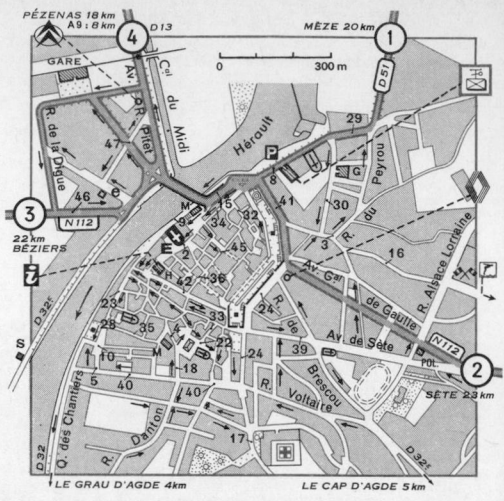

à *La Tamarissière* SO : 4 km par D 32E – ⊠ **34300** Agde :

🏛 **La Tamarissière,** ☏ 94.20.87, ☎ – 🔟 ⌷wc ⌷wc ☎ ⓟ, 🚗 AE ⓞ E VISA ⋙
15 mars-15 déc. – SC : **R** (fermé dim. soir et lundi du 15 mars au 15 juin et du 15
sept. au 15 déc.) 80 (sauf vend. soir et sam.)/160 – ⌷ 18,50 – **25 ch** 110/250.

au *Cap d'Agde* SE : 5 km par D 32E – ⊠ **34300** Agde :

🏛 **Matago** 🅜, r. Trésor Royal ☏ 26.00.05, Télex 480979, ≤, ⌷, ⌷ – ⌷ cuisinette
🔟 ⓟ – ⌷ 50. AE ⓞ E. ⋙ rest
fermé janv. et fév. – SC : **R** carte 110 à 170 – ⌷ 25 – **90 ch** 200/300, 8 appartements
230/370.

🏛 **St-Clair** 🅜 sans rest, ☏ 94.36.44, Télex 480464, ⌷ – ⌷ ▤ 🔟 ☎ 🚗 ⓟ – ⌷
30 à 100. VISA
fermé déc. et janv. – SC : ⌷ 20 – **82 ch** 215/250.

🏛 **Les Pins** 🅜 sans rest, Mont-St-Martin ☏ 26.00.11, Télex 480942, ⌷ – 🔟 ⌷wc
☎ ⌷ ⓟ – ⌷ 25. 🚗 AE ⓞ
fermé déc. et janv. – SC : ⌷ 17 – **40 ch** 230/250.

🏛 **Gde Conque** ⌷ sans rest, ☏ 94.71.01, ≤ le large – ⌷ ⌷wc ⌷ ☎ ⓟ, 🚗 VISA
1er avril-31 oct. – SC : ⌷ 19 – **32 ch** 150/210.

XX **Le Boucanier,** Tour de la Vigie ☏ 94.73.76
26 mars-30 sept. et fermé lundi sauf le soir en juil.-août – SC : **R** 80.

XX **Le Pétoulet,** ☏ 26.00.70, ☎ – ▤
5 fév.-5 nov. – **R** 59/120.

AGEN ⓟ **47000** L.-et-G. **79** ⑮ G. Périgord – 35 839 h. alt. 48 – ❸ 53.

Voir Musée★ : Vénus du Mas★★ AYZ M.

✈ d'Agen-la Garenne : T.A.T. ☏ 96.21.77 par ⑤ : 3 km.

🅱 Office de Tourisme ☏ 47.36.09 (fermé dim.) et A.C. ☏ 47.34.88 bd Carnot.

Paris 735 ⑤ – Albi 145 ③ – Auch 71 ④ – ✦Bayonne 225 ⑤ – ✦Bordeaux 139 ⑤ – Brive-la-Gaillarde
173 ① – Pau 156 ⑤ – Périgueux 136 ① – Tarbes 144 ④ – ✦Toulouse 114 ③.

Plan page ci-contre

🏛 **Résidence Jacobins** ⌷ sans rest, 1 ter pl. Jacobins ☏ 47.03.31, « Décorée
avec recherche, meubles anciens » – ⌷wc ⌷wc ☎ ⌷ ⓟ, 🚗   AZ **f**
SC : ⌷ 20 – **15 ch** 100/230.

🏛 **Atlantic H.** 🅜 sans rest, 133 av. J.-Jaurès par ③ ☏ 96.16.56 – ⌷ ⌷wc ⌷wc ☎
🚗 ⓟ. E VISA. ⋙
fermé août – SC : ⌷ 16 – **30 ch** 110/153.

🏛 **Bordeaux** sans rest, 8 pl. Jasmin ☏ 47.25.66 – ⌷wc ⌷wc ☎. ⋙   AY **u**
fermé 9 au 24 juil. et 24 déc. au 15 janv. – SC : ⌷ 15 – **23 ch** 79/180.

AGEN

Président-Carnot (Bd)... **BYZ**
République (Bd de la). **ABY**

Barbusse (Av. H.)........ **BY** 2
Cornières (R.)............ **AY** 3
Desmoulins (R. C.)..... **BY** 4
Dolet (R. E.)............. **AZ** 5
Durand (Pl. J.-B.)....... **AY** 6

Esquirol (Pl.)............ **AZ** 7
Fallières (Pl. A.)......... **AZ** 8
Garonne (R.)............ **AY** 9
Héros-de-la-Résistance
(R. des)............... **BY** 10
Jacobins (🚇)........... **AZ**
Lattre de Tassigny
(R. Maréchal de) ... **AZ** 20
Leclerc
(Av. du Maréchal) ... **AZ** 21
Lomet (R.)............... **AZ**

Montesquieu (R.) ..... **AYZ** 23
Rabelais (Pl.)........... **BY** 24
Richard-Cœur-de-Lion
(R.)................... **AZ** 26
Sacré-Cœur (🚇)....... **BZ**
St-Caprais (🚇)......... **AY**
St-Hilaire (🚇)......... **AY**
Washington (Cours)... **BZ** 28
9ᵉ-de Ligne (Cours du) **AZ** 29
14-Juillet (Cours du) .. **BY** 30
14-Juillet (Pl. du)...... **BY** 32

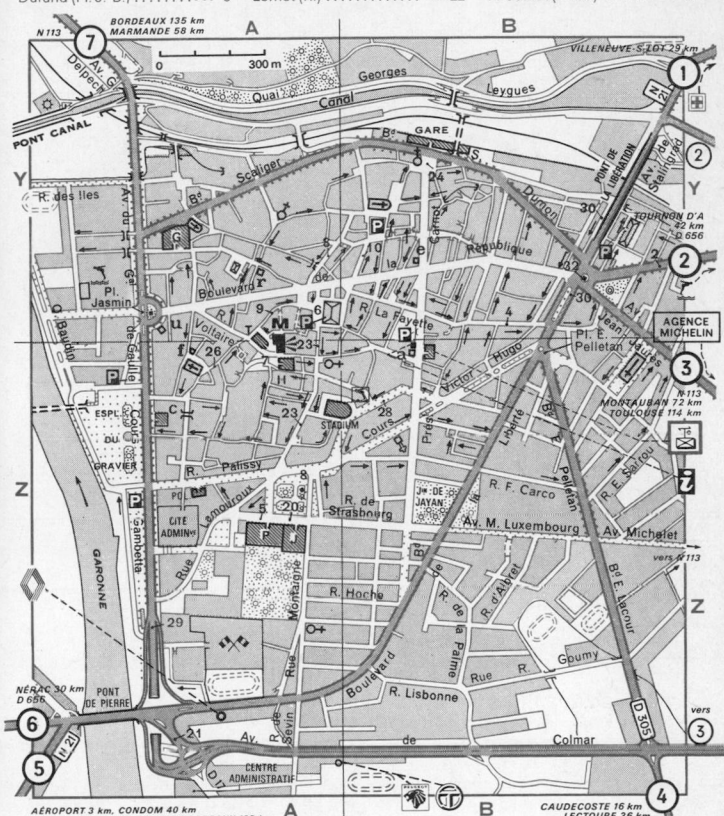

AÉROPORT 3 km, CONDOM 40 km
A 62 : CASTELJALOUX 55 km, BORDEAUX 139 km

🏠 **Régina** sans rest, 139 bd Carnot ☎ 47.07.97 – 🛗 📺wc 🚿wc ☎ ⇦   BY **e**
   32 ch.

🏠 **Ibis** 🅜, bd Carnot ☎ 47.31.23, Télex 541331 – 🛗 📺 📺wc 🚿wc – 🏛 50. 📶 *VISA*
   SC : **R** *(fermé dim.)* carte environ 65 🍷 – 🍽 18 – **39 ch** 138/171.   BZ **a**

🏠 **Quercy**, 10 r. Gde-Horloge ☎ 66.35.49 – 📺 🚿wc 📶 *VISA* ⌗ ch   AY **r**
   fermé 8 au 22 août – SC : **R** *(fermé dim.)* 55/95 🍷 – 🍽 15 – **12 ch** 88/150 – P
   190/250.

   à Galimas par ① : 11 km – 🖂 47340 Laroque Timbaut :

🏠 **La Sauvagère** 🅜, ☎ 95.60.39, ✍ – 🚿wc 🚿wc ☎ 🅿. 📶 *AE* ⓘ E *VISA*
   fermé 24 déc. au 2 janv. – SC : **R** *(fermé lundi midi)* 50/100 – 🍽 18 – **12 ch** 125/200.

   à Bon-Encontre par ③ : 5 km – 🖂 47240 Bon-Encontre :

🏠 **Château St-Marcel** 🅢, ☎ 96.61.30, ≤, parc, 🍴 – 🅿 – 🏛 30. *AE* ⓘ *VISA*
   SC : **R** *(fermé dim. soir et lundi)* 85 bc/110 – 🍽 23 – **12 ch** 180/250 – P 260/335.

🏠 **Sxandra** 🅜 sans rest, N 113 ☎ 96.37.02 – 📺 🚿wc ☎ 🅿 – 🏛 30. E *VISA*
   SC : 🍽 17 – **38 ch** 130/190.

🏠 **Parc** 🅜 sans rest, r. République ☎ 96.17.75 – 🚿wc 🚿wc ☎ 🅿
   SC : 🍽 14 – **10 ch** 100/155.

à *Cassou* par ③ et D 269 : 11 km – ⊠ 47240 Bon Encontre :

XX **La Table de Cœur,** ℡ 96.10.73 – ℗. ⓪
fermé 1er fév. au 15 mars et lundi – SC : **R** 95/155.

à l'*Aéroport* par ⑤ : 3 km – ⊠ 47000 Agen :

XX **Aéroport,** ℡ 96.38.95, ≤, 🍴 – ▤ ℗. 🆎 **E**
➡ *fermé août, dim. soir et sam.* – SC : **R** 49/160.

par ⑦ rte de Marmande :

XXX **Host. La Rigalette** ⑤ avec ch, 2 km sur D 302 ℡ 47.37.44, ≤, 🍴, « Parc fleuri »
– 🛏wc 🏠 🐾 ℗ – 🚗 30. 🆎 ⓪
fermé 20 au 31 déc., lundi et du 1er avril au 31 oct. et sam. du 1er nov. au 31 mars – SC :
R 60 bc/185 – ☲ 10 – **9 ch** 50/80.

XX **La Corne d'Or** Ⓜ avec ch, 1,5 km N 113 ⊠ 47450 Colayrac ℡ 47.02.76, ≤ –
🛏 rest 🛏wc 🕿 ℗ – 🚗 40. 🍴🚗🍴 🆎 🚗🍴
fermé 15 juil. au 15 août et dim. soir – SC : **R** 65/180 ⑂ – ☲ 15 – **14 ch** 120/170.

MICHELIN, Agence régionale, 4 r. Denis Papin, Z.I. Jean Malèze à Bon Encontre par ③
℡ 96.28.47

AUSTIN, JAGUAR, MORRIS, ROVER, TRIUMPH Tastets, 182 bd Liberté ℡ 47.10.63
FORD France-Auto, 33 av. Gén.-de-Gaulle ℡ 47.32.07
OPEL Palissy Garage, impasse Caserne Valence, le Gravier ℡ 66.59.83
PEUGEOT, TALBOT Palais de l'Automobile, rue Boillot par ② ℡ 47.12.21 🅽
PEUGEOT-TALBOT Midi Auto-Services, 436 av. de Colmar ℡ 96.48.25

RENAULT S.A.V.R.A., 84 av. J.-Jaurès par ③
℡ 66.81.75
RENAULT SERVAUTO, 14 bd Liberté ℡ 47.20.84

Ⓖ Estibal, 47 cours 14-Juillet ℡ 47.34.18
Lacan, 95 av. Michelet ℡ 96.24.00

Périphérie et environs

ALFA-ROMEO Escande, Cambès, rte d'Auch à Boé ℡ 96.44.44
BMW, Gar. Chollet, rte de Toulouse à Boé ℡ 96.29.55
CITROEN S.A.G.G., bd Ed.-Lacour prolongé, Boé par ④ ℡ 96.47.03 🅽
DATSUN S.A.G.A.I., rte Toulouse, Boé ℡ 96.15.46
FIAT Pradat-Auto, bd Ed.-Lacour prolongé, Boé ℡ 96.43.78
LADA, SKODA Gar. de France, Zone Ind. J.-Malèze, Bon Encontre ℡ 96.16.78 🅽

MERCEDES-BENZ Gar. T.V.I, , rte Toulouse, Bon Encontre ℡ 96.22.25
V.A.G. SAGAUTO, N 21, Foulayronnes ℡ 95.82.00

Ⓖ Dalomis, N 113 à Las Pradines ℡ 96.39.83
Pneu-Service, Zone Ind. J.-Malèze, Bon Encontre ℡ 96.38.13
Solapneu, rte Layrac, Boé ℡ 96.46.43

AGOS 65 H.-Pyr. 🎱 ⑰⑱ – rattaché à Argelès-Gazost.

AGUESSAC 12520 Aveyron 🎱 ⑭ – 714 h. alt. 372 – ✪ 65.

Paris 621 – Florac 76 – Millau 7 – Rodez 66 – Sévérac-le-Château 25.

🏠 **Le Rascalat,** NO : 2 km N 9 ℡ 60.80.43, 🌴 – 🏠 ℗. 🍴🚗 **VISA**
1er avril-31 déc. – SC : **R** *(fermé lundi du 1er avril au 15 juin et du 15 sept. au 15 déc.)*
55/90 ⑂ – 🍴 16 – **22 ch** 68/95.

🏠 **Ballon Rond,** ℡ 60.80.18, 🌴 – 🛏 ℗. 🍴🚗
➡ *1er mars-30 sept. et fermé lundi du 1er mars au 1er juin* – SC : **R** 47/90 ⑂ – ☲ 16 –
20 ch 75/90 – P 150/160.

L'AIGLE 61300 Orne 🎱 ⑤ **G. Normandie** – 10 209 h. alt. 209 – ✪ 33.

🎫 Syndicat d'Initiative pl. F. de Beina (15 juin-15 sept. et fermé lundi) ℡ 24.12.40.

Paris 140 ③ – Alençon 59 ⑤ – Chartres 79 ③ – Dreux 58 ③ – Évreux 55 ② – Lisieux 56 ①.

Plan page ci-contre

🏨 ✿ **Dauphin** (Bernard), pl. Halle ℡ 24.43.12, Télex 170979, « Belle décoration inté-
rieure » – 📺 – 🚗 30 à 50. 🆎 ⓪ **E** **VISA**   **B a**
SC : **R** 77/164 – ☲ 19 – **24 ch** 125/280 – P 285/375
Spéc. Langouste au Porto, Filets de sole normande, Rognons de veau à la moutarde.

par ③ : 3,5 km – ⊠ 61300 L'Aigle :

XX **Aub. St-Michel,** ℡ 24.20.12 – ℗
➡ *fermé en fév. et jeudi* – SC : **R** 50/90.

à *Chandai* par ③ : 8,5 km – ⊠ 61300 L'Aigle :

XX **Aub. du Trou Normand,** N 26 ℡ 24.08.54 – **E** **VISA**
fermé janv., mardi soir et merc. – SC : **R** 70/140.

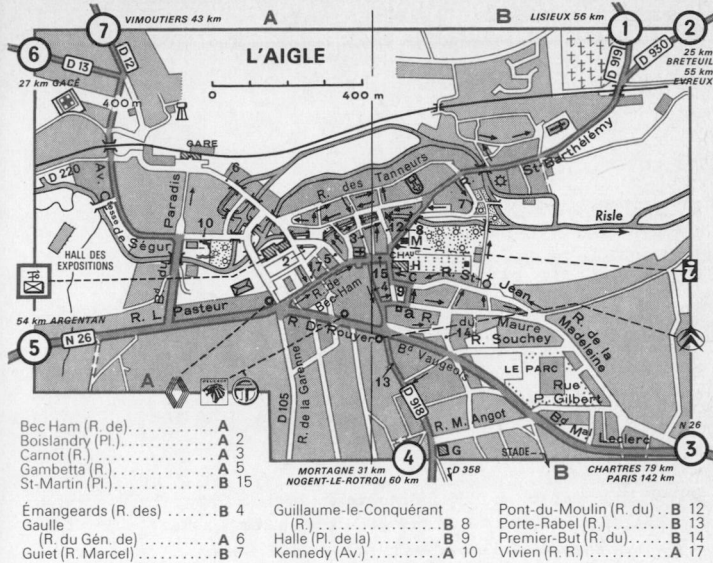

L'AIGLE

Bec Ham (R. de)	A
Boislandry (Pl.)	A
Carnot (R.)	A 3
Gambetta (R.)	A 5
St-Martin (Pl.)	B 15

Émangeards (R. des)	B 4	Guillaume-le-Conquérant
Gaulle		(R.)	B 8
(R. du Gén. de)	A 6	Halle (Pl. de la)	B 9
Guiet (R. Marcel)	B 7	Kennedy (Av.)	A 10

Pont-du-Moulin (R. du)	B 12
Porte-Rabel (R.)	B 13
Premier-But (R. du)	B 14
Vivien (R. R.)	A 17

ALFA-ROMEO-V.A.G. Poirier, rte de Paris à St-Michel-Tubœuf ℡ 24.02.43
CITROEN Escalmel, 1 r. Dr-Rouyer ℡ 24.24.66 Ⓝ ℡ 24.51.50
FIAT-LANCIA-AUTOBIANCHI Bongiovanni, rte de Paris, St-Sulpice-sur-Risle ℡ 24.06.87 Ⓝ ℡ 24.14.34
PEUGEOT-TALBOT Lesueur, rte de Paris par ③ ℡ 24.14.66

PEUGEOT-TALBOT Dufay, 12 r. Dr-Rouyer ℡ 24.12.32
RENAULT Pavard, rte de Paris par ③ ℡ 24.18.99
RENAULT Gar. Dano, 4 r. L.-Pasteur ℡ 24.00.34
Dehail, à Chandai ℡ 24.16.43

⊕ Lallemand-Pneus, Anglures ℡ 24.48.24

AIGOUAL (Mont) 30 Gard 🎯🎯 ⑯ G. Causses – alt. 1 567.

Voir Observatoire ※***.

Accès par le col de la Séreyrède ≤*.

AIGUEBELETTE (Lac d') * 73 Savoie 🎯🎯 ⑮ G. Alpes – ⚙ 79.

Voir Site* de la Combe.

🅱 Syndicat d'Initiative pl. Gare à Lépin-le-Lac (1er juil.-31 août et fermé dim.) ℡ 36.00.02.

D'Aiguebelette-le-Lac : Paris 553 – Belley 36 – Chambéry 21 – ◆Grenoble 59 – Voiron 42.

à la Combe – ⊠ 73610 Lépin-le-Lac :

✗ **de la Combe « chez Michelon »** ⑤ avec ch, ℡ 70.59.52, ≤, 🏠 – ⊟ 🏠wc Ⓟ.
→ 🍴🍴 VISA
fermé 23 oct. au 20 nov., 24 déc. au 2 janv., lundi soir et mardi sauf de juin à sept. –
SC : **R** 50/140 – 🍽 13 – **10 ch** 80/150 – P 130/170.

à Lépin-le-Lac – 168 h. – ⊠ 73610 Lépin-le-Lac :

🏛 **Clos Savoyard** ⑤, ℡ 36.00.15, ≤, 🌿 – Ⓟ. 🍴🍴 ⚘ rest
1er juin-10 sept. – SC : **R** 63/150 – 🍽 18 – **18 ch** 80/95 – P 110/120.

à Novalaise-Lac – 735 h. alt. 427 – ⊠ 73470 Novalaise :

🏛 **Novalaise-Plage** ⑤, ℡ 36.02.19, ≤, 🏠, ⚓ – ⊟wc 🏠 ⊛ Ⓟ. ⚘
→ Pâques-sept. et fermé mardi – SC : **R** 48/96 – 🍽 18 – **16 ch** 85/170 – P 145/220.

à St-Alban-de-Montbel – 216 h. alt. 440 – ⊠ 73610 Lépin-le-Lac :

🏛 **St-Alban-Plage** ⑤ sans rest., NE : 1,5 km D 921 ℡ 36.02.05, ≤, ⚓, 🌿 –
⊟wc 🏠wc ⊛ Ⓟ – 🅰 30. ⚘
mai-oct. – SC : 🍽 16 – **16 ch** 110/230.

à Attignat-Oncin S : 7 km par D 39 – ⊠ 73610 Lépin-le-Lac

✗✗ **Mont-Grêle** ⑤ avec ch, ℡ 36.64.01, ≤, 🌿 – ⊟wc ⊛ ⟵ Ⓟ. ⚘
1er mars-30 nov. et fermé mardi – SC : **R** 65/180 – 🍽 15 – **11 ch** 90/190 – P 130/180.

77

AIGUEBELLE 73220 Savoie **74** ⑰ – 1 065 h. alt. 323 – ✪ 79.

Paris 598 – Albertville 26 – Allevard 31 – Chambéry 37 – St-Jean-de-Maurienne 34.

🏛 **Poste,** ⴆ 36.20.05 – 🛏wc ☞ ℗
➡ *fermé 20 déc. au 1ᵉʳ fév. et sam.* – SC : **R** 40/70 – ⊠ 12 – **21 ch** 65/130 – P 110/130.

🏛 **Soleil,** ⴆ 36.20.29, ☞ – 🛏 🚗 ℗. 🍽
➡ *fermé 15 oct. au 15 déc., dim. soir et lundi* – SC : **R** 45/120 – 🍴 11 – **17 ch** 50/110.

CITROEN Pitton, ⴆ 36.20.16   RENAULT Batistella, ⴆ 36.31.31 🄽 ⴆ 36.35.91
PEUGEOT-TALBOT Villard, ⴆ 36.20.56

AIGUEBELLE 83 Var **84** ⑰ G. Côte d'Azur – ✉ 83980 Le Lavandou – ✪ 94.

Paris 885 – Hyères 28 – Le Lavandou 5,5 – St-Tropez 34 – Ste-Maxime 38 – ◆Toulon 46.

🏨 **Roches Fleuries,** ⴆ 71.05.07, « Agréables terrasses en bordure de mer, ⤳ » ≤
– ☎ ℗. 🄰🄴 ⓞ 𝒱𝐼𝒮𝐀. ℀ rest
20 mai-20 sept. – SC : **R** 125/160 – **48 ch** ⊠ 350/680 – P 435/545.

🏦 **Résidence Soleil** Ⓜ sans rest, ⴆ 05.84.18, ≤ – 🛁wc 🛏wc ☞ ℗. ⓞ 🄴 𝒱𝐼𝒮𝐀
mars-oct. – **24 ch** ⊠ 275/300.

🏦 **Gd Pavois,** ⴆ 05.81.38, ≤ – 🛁wc 🛏wc ☞ ℗. 🍽 ⓞ 🄴 𝒱𝐼𝒮𝐀. ℀ rest
15 mars-15 oct. – SC : **R** 65/75 – **29 ch** ⊠ 200/250 – P 280/320.

🏦 **Plage,** ⴆ 05.80.74, ≤, ☞ – 🛁wc 🛏wc ☞
25 mars-24 sept. – SC : **R** 62 – ⊠ 15 – **52 ch** 157/249 – P 265/380.

🏦 **Beau Soleil,** ⴆ 05.84.55 – 🛏wc ☞ ℗. ℀ rest
1ᵉʳ mars-31 oct. – **18 ch.**

AIGUEPERSE 63260 P.-de-D. **73** ④ G. Auvergne – 2 698 h. alt. 355 – ✪ 73.

Paris 359 – ◆Clermont-Ferrand 31 – Gannat 9 – Montluçon 74 – Riom 16 – Thiers 44 – Vichy 28.

🏛 **Host. Blondeau,** ⴆ 63.61.78 – 🛁wc 🛏 🚗 ℗. 🄴. ℀ ch
fermé 1ᵉʳ nov. au 15 déc. – **21 ch.**

🏛 **Marché,** ⴆ 97.61.96 – 🍽 🄴 𝒱𝐼𝒮𝐀. ℀ rest
➡ *fermé 1ᵉʳ au 28 oct.* – SC : **R** 35/90 – 🍴 10,50 – **15 ch** 50/65 – P 105/125.

AIGUES-MORTES 30220 Gard **83** ⑧ G. Provence (plan) – 4 536 h. – ✪ 66.

Voir Remparts★★ et tour de Constance★★ : ※★★ – Tour Carbonnière ※★ NE : 3,5 km.

🄵 Office de Tourisme pl. St-Louis (1ᵉʳ avril-30 sept. et fermé lundi) ⴆ 51.95.00 et à la Mairie (15 nov.-31 mars, fermé sam. et dim.) ⴆ 51.83.10.

Paris 749 – Arles 47 – ◆Montpellier 29 – Nîmes 41 – Sète 63.

🏨 **Host. Remparts** ⊗, pl. Armes ⴆ 51.82.77, 🍽, « Demeure ancienne aménagée » – ☎. 🄰🄴 ⓞ 𝒱𝐼𝒮𝐀
fermé 7 nov. au 8 déc. et 3 au 18 janv. – SC : **R** *(fermé merc. sauf fériés, juil., août et sept.)* 79/104 – **19 ch** ⊠ 235/365 – P 285/305.

🏦 **St-Louis** ⊗, r. Amiral-Courbet ⴆ 51.02.68, 🍽 – 🛁wc 🛏wc ☞. 🍽
fermé janv. et fév. – SC : **R** *(fermé merc. sauf juil.-août)* 75/130 – ⊠ 18 – **23 ch** 175/205 – P 250/280.

✕✕ **Arcades,** 23 bd Gambetta ⴆ 51.81.13, 🍽
fermé janv. et lundi sauf le soir en juil.-août – SC : **R** 70/120.

✕✕ **Camargue,** r. République ⴆ 51.86.88, 🍽, ambiance typiquement locale le soir
– ⓞ
fermé 4 janv. au 6 fév. et lundi – SC : **R** 100/150.

CITROEN Gar. Gare, ⴆ 51.04.52   RENAULT Gar. Guyon-autom., ⴆ 51.81.10
PEUGEOT Gar. du Golfe, ⴆ 51.96.55

AIGUILLON 47190 L.-et-G. **79** ⑭ – 4 066 h. alt. 35 – ✪ 53.

Paris 704 – Agen 30 – Houeillès 31 – Marmande 28 – Nérac 26 – Villeneuve-sur-Lot 33.

🏦 **Les Cygnes,** rte Villeneuve ⴆ 79.60.02, ≤, 🍽, « Parc » – 🛁wc 🛏wc ☎ ℗.
➡ 🍽 ℀ rest
fermé 30 avril au 8 mai, 22 déc. au 17 janv. et sam. sauf juil. et août – SC : **R** 50/110
– ⊠ 14 – **17 ch** 105/160 – P 155/180.

L'AIGUILLON-SUR-MER 85460 Vendée **71** ⑪ G. Côte de l'Atlantique – 2 117 h. – ✪ 51.

Paris 455 – Luçon 21 – La Rochelle 50 – La Roche-sur-Yon 53 – La Tranche-sur-Mer 11.

🏦 **Port,** ⴆ 56.40.08, ⤳, ℀ – 🛁wc 🛏 ☞ ℗. 🍽 🄴 𝒱𝐼𝒮𝐀
➡ *fin mars-fin sept.* – SC : **R** 45/100 – ⊠ 15 – **33 ch** 85/172 – P 150/190.

    à la Faute-sur-Mer O : 0,5 km – ✉ 85460 Aiguillon-sur-Mer.
    🄵 Office de Tourisme Rond Point fleuri (1ᵉʳ juil-31 août) ⴆ 56.45.19.

🏦 **Les Chouans** Ⓜ sans rest., ⴆ 56.45.56 – 🛁wc 🛏wc ☞. 𝒱𝐼𝒮𝐀
fermé nov. et lundi – SC : ⊠ 14 – **22 ch** 125/185.

AIGUINES 83 Var 🔢 ⑥ G. Côte d'Azur – 132 h. alt. 823 – ✉ **83630** Aups – 🅯 94.

Voir Cirque de Vaumale ≤★★ E : 4 km – Col d'Illoire ≤★ E : 2 km.

Paris 809 – Castellane 57 – Digne 65 – Draguignan 59 – Manosque 67 – Moustiers-Ste-Marie 17.

    ✗ **Altitude 823** avec ch, ☏ 70.21.09, ≤ – **E**
       1er avril-15 oct. – SC : **R** 50/120 – ☲ 15 – **11 ch** 60/90 – P 160/180.

AIGURANDE 36140 Indre 🔢 ⑱ – 2 288 h. alt. 425 – 🅯 54.

Paris 316 – Argenton-sur-C. 33 – Châteauroux 48 – La Châtre 26 – Guéret 35 – La Souterraine 40.

    🏠 **Berry,** ☏ 30.30.38, 🍴 – 🛏wc 🔲 🅿
       fermé oct. – SC : **R** 60/150 🖢 – ☲ 20 – **10 ch** 70/150 – P 180/210.

    ✗ **Relais de la Marche,** ☏ 30.31.58 – 🔲, 🍽 **E** 𝖵𝖨𝖲𝖠
       fermé nov. – SC : **R** 50/150 – ☲ 13 – **7 ch** 57/67.

FORD **LANCIA, AUTOBIANCHI** Guillebaud,   **Yvernault** ☏ 30.30.59
☏ 30.31.12 **N**
PEUGEOT-TALBOT Buvat, ☏ 30.33.15 **N**   🅮 Tisseron, ☏ 30.30.54
RENAULT Gar. Dumontet, ☏ 30.30.30

AILEFROIDE 05 H.-Alpes 🔢 ⑰ – rattaché à Pelvoux (Commune de).

AIME 73210 Savoie 🔢 ⑱ G. Alpes – 1 675 h. alt. 690 – 🅯 79.

Voir Ancienne basilique St-Martin★.

Paris 646 – Albertville 38 – Bourg-St-Maurice 13 – Chambéry 85 – Moutiers 11.

    🏠 **Le Cormet** **M** sans rest, N 90 ☏ 55.71.14 – 🛏wc ☎
       fermé 1er au 15 juin – SC : ☲ 15 – **14 ch** 120/140.

CITROEN Gar. Vagneur, ☏ 55.70.36

AINCILLE 64 Pyr.-Atl. 🔢 ③ – rattaché à St-Jean-Pied-de-Port.

AINHOA 64 Pyr.-Atl. 🔢 ② G. Pyrénées – 543 h. alt. 124 – ✉ **64250** Cambo-les-Bains – 🅯 59.

Voir Rue principale★.

Paris 798 – ◆Bayonne 26 – Cambo-les-Bains 11 – Pau 124 – St-Jean-de-Luz 23.

    🏨 🅯 **Argi-Eder** (Dottax) **M** ◡, ☏ 29.91.04, Télex 570067, ≤, « Jardin », ⤬, ⚹ – 🔳
       📺 ☎ 🅿 – 🏊 35. 🖽 ⓞ **E** 𝖵𝖨𝖲𝖠. ⚹ ch
       27 mars-15 nov. et fermé dim. soir et merc. hors sais. – SC : **R** (dim. prévenir)
       100/225 – ☲ 22 – **30 ch** 240/330, 6 appartements 320/360 – P 335/360
       Spéc. Truite Aïnhoarra, Magret de canard au porto, Sorbet de framboises. **Vins** Jurançon, Irouléguy.

    🏨 🅯 **Ithurria** (Isabal), ☏ 29.92.11, « Maison basque du 17e s., jardin » – 🔳 rest 🅿 –
       🏊 25. 🖽 ⓞ 𝖵𝖨𝖲𝖠. ⚹ ch
       fermé 21 nov. au 23 déc., 2 au 22 janv., mardi soir et merc. sauf vacances scolaires
       – SC : **R** (dim. prévenir) 90/160 – ☲ 18 – **28 ch** 165/200 – P 200/250
       Spéc. Foie gras des Landes, Darne de louvine grillée au beurre blanc, Confit de canard. **Vins**
       Jurançon, Madiran.

    🏠 **Oppoca,** ☏ 29.90.72, ≤, 🍽, 🍴 – 🛏wc 🔲wc 🅯 🅿. 🍽 𝖵𝖨𝖲𝖠. ⚹ ch
       fermé 15 janv. au 15 fév. et mardi hors sais. – SC : **R** 55/125 – ☲ 15 – **12 ch** 150 – P
       180.

    🏠 **Ohantzea,** ☏ 29.90.50, ≤, 🍽, « Maison basque du 17e s. », 🍴 – 🛏wc 🅮 🚗
       fermé 15 nov. au 20 déc., janv. et lundi – SC : **R** 55/140 – ☲ 13 – **10 ch** 93/155 – P
       150/175.

    à Dancharia S : 3 km – ✉ **64250** Cambo-les-Bains :

    🏚 **Ur Hegian,** ☏ 29.91.16, 🍴 – 🔲 🅿. ⚹ rest
    ◆ *fermé nov. et merc. de déc. à Pâques* – SC : **R** 50/100 – ☲ 15 – **22 ch** 80/120 – P
       130/150.

AIRAINES 80270 Somme 🔢 ⑦ G. Nord de la France – 2 303 h. alt. 49 – 🅯 22.

Paris 142 – Abbeville 21 – ◆Amiens 28 – Beauvais 66 – Le Tréport 47.

    ✗ **Pont d'Hure,** à Allery O : 5 km sur D 936 ☏ 26.02.10, ≤ – 🅿 – 🏊 35
    ◆ *fermé 1er au 15 janv., mardi et le soir sauf sam.* – SC : **R** 50/150.

PEUGEOT-TALBOT Lambre, ☏ 26.00.29   RENAULT Gar. Mille, ☏ 26.00.71 **N**

AIRE 62120 P.-de-C. 🔢 ⑭ G. Nord de la France – 9 657 h. alt. 22 – 🅯 21.

Voir Bailliage★ B – Collégiale St-Pierre★ E.

🅱 Syndicat d'Initiative à la Mairie (avril-oct., fermé sam. et dim. après-midi) ☏ 39.07.22.

Paris 236 ② – Arras 56 ② – Béthune 25 ② – Boulogne 60 ③ – ◆Lille 57 ① – Montreuil 55 ③.

AIRE

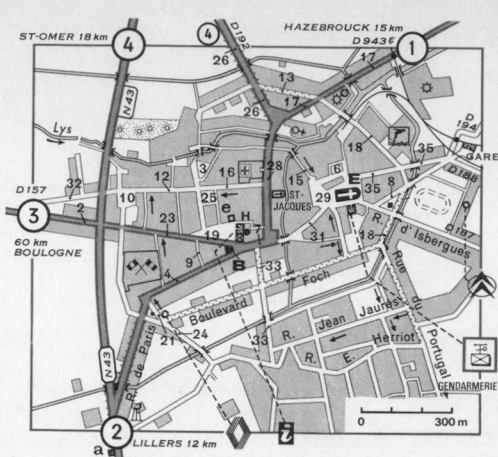

🏨 **Europ H.** sans rest, 14 Gde-Place (e) 🅟 39.04.32 – 🏠 🅿. ☎🖨 E 𝒱𝒾𝒮𝒜
SC : 🛏 12 – **16 ch** 50/70.

🏻🏻🏻 **Host. Trois Mousquetaires** 🏡 avec ch, Château de la Redoute (a) 🅟 39.01.11,
« Parc » – 📺 🛏wc ☎ 🅿 – 🔬 30
8 ch.

BMW Cornuel, 3 pl. du Castel 🅟 39.06.65
CITROEN Warmé, 11 r. Lyderic 🅟 39.00.31
RENAULT Gar. Delgery, 5 pl. Jéhan d'Aire 🅟
39.02.98 N

TALBOT Peuvrel, 79 rte St-Omer, St-Martin
par ④ 🅟 39.00.76

🛞 Auto-Pneu, 1 r. Alsace-Lorraine 🅟 39.07.08

AIRES 34 Hérault 🚳 ④ – rattaché à Lamalou-les-Bains.

AIRE-SUR-L'ADOUR 40800 Landes 🚳
①② **G. Pyrénées** – 6 917 h. alt. 80 – ✪ 58.

Voir Sarcophage de Ste-Quitterie★
dans l'église Ste-Quitterie B.

🅱 Office de Tourisme pl. de-Gaulle (1er mai-
30 oct.) 🅟 76.64.70.

Paris 736 ⑤ – Auch 82 ② – Condom 67 ② –
Dax 76 ⑤ – Mont-de-Marsan 31 ⑤ – Orthez
59 ⑤ – Pau 49 ③ – Tarbes 69 ②.

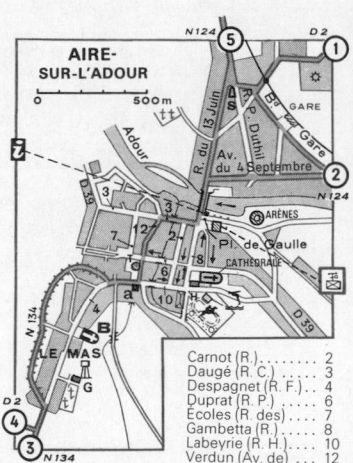

🏨 **Dupouy**, 22 r. 13-juin (s) 🅟 76.
→ 71.76, ☆ – 🏠 ☎ 🅿 – 🔬 25.
𝒱𝒾𝒮𝒜
fermé lundi – SC : **R** 40/150 🍷 –
🖙 15 – **14 ch** 65/125 – P 110/150.

🏻🏻 **Commerce** avec ch, 3 r. Labey-
→ rie (a) 🅟 76.60.06, ☆ – 🛏wc
🏠 ☎ – 🔬 60. ☎🖨. 🛁 ch
*fermé janv., hôtel dim. et rest.
lundi* – SC : **R** 50/120 🍷 – 🖙 12
– **22 ch** 58/115 – P 130/160.

à Segos (32 Gers) par ③, N 134
rte Pau et D 260 : 9 km – ⊠ 32400
Riscle – ✪ 62

🏛 ✿ **Domaine du Bassibé** (Capelle) 🏡, 🅟 09.46.71, ≤, parc,
🍷, 🛋, – 📺 ☎ 🅿 – 🔬 40. 🅰🅴 ① 𝒱𝒾𝒮𝒜. 🛁 rest
1er avril-2 nov., fermé dim. soir et lundi midi hors sais. – **R** 100/160 – 🖙 35 – **6 ch**
330/400, 3 appartements 500 – P 400/500
Spéc. Soupe en croûte aux cèpes, Vinaigrette de sole aux poireaux, Aiguillettes de canard au
Tursan. **Vins** Côtes de St-Mont, Pacherenc.

FORD Gar. Daudon-Sadra, 52 av. du 4-Sep-
tembre 🅟 76.60.64
MERCEDES, V.A.G. Perron, rte de Pau 🅟 76.
61.62

PEUGEOT, TALBOT Labarthe, Zone Ind. Cap
de la Coste, N 124 par ⑤ 🅟 76.71.95
RENAULT S.A.E.M.A., rte Bordeaux par ⑤ 🅟
76.60.01

AIRVAULT 79600 Deux-Sèvres 🔟🔟 ② G. Côte de l'Atlantique − 2 477 h. alt. 126 − 🔞 49.

Voir Porche★ de l'église St-Pierre.

Paris 350 − Bressuire 28 − Châtellerault 55 − Niort 64 − Parthenay 24 − Poitiers 51 − Thouars 22.

🏠 **Aub. du Vieux Relais,** ✆ 64.70.31, 🌳 − ⌂wc 🚿wc 🅿
→ fermé 1er au 16 oct., en fév. et lundi − SC : **R** 45/160 🍷 − 🍴 16 − **12 ch** 60/140 − P
120/160.

CITROEN Poumaliou, ✆ 64.70.20 🅽   RENAULT Gar. du Cygne, ✆ 64.70.15 🅽

AISEY-SUR-SEINE 21 Côte-d'Or 🔟🔟 ⑧ − 150 h. alt. 256 − ✉ 21400 Châtillon-sur-Seine −
🔞 80.

Paris 253 − Châtillon-sur-Seine 16 − ◆Dijon 68 − Montbard 28.

🏠 **Roy** 🦢, ✆ 93.21.63, 🌳 − ⌂wc 🚿 🐕 🅿 − 🏊 40. 🚗🚗
→ fermé 1er déc. au 3 janv. et mardi − SC : **R** 36/125 − 🛏 13 − **10 ch** 64/120 − P
160/180.

AIX (Ile d') ★ 17123 Char.-Mar. 🔟🔟 ⑬ G. Côte de l'Atlantique − 210 h. − 🔞 46.

Accès par transports maritimes :

🚢 depuis la **Pointe de la Fumée** (2,5 km NO de Fouras). En 1982 : de juin à sept.,
service toutes les 1/2 heures, hors saison, 4 services quotidiens. Traversée 20 mn − 27 F
(AR) - ✆ 42.61.48 (La Rochelle).

🚢 depuis **La Rochelle**. En 1982 : de juin à sept., 4 services quotidiens - Traversée 1 h
15 mn − 48 F (AR) - ✆ 42.61.48 (La Rochelle).

🚢 depuis **Boyardville** (Ile d'Oléron). En 1982 : du 15 juin au 15 sept., 7 services quoti-
diens- Traversée 30 mn − 31 F (AR) - ✆ 42.61.48 (La Rochelle).

AIX-EN-OTHE 10160 Aube 🔟🔟 ⑮ − 2 325 h. alt. 132 − 🔞 25.

Voir Jubé★ dans l'Église de Villemaur-sur-Vanne N : 4,5 km, G. Nord de la France.

Paris 155 − Nogent-sur-Seine 39 − St-Florentin 33 − Sens 39 − Troyes 31.

🏠 **Aub. Scierie** 🦢, à la Vove S : 1,5 km ✆ 46.71.26, ≼, « Parc et rivière », 🏊 −
⌂wc 🚿wc 🐕 🅿. 🆎 ⓞ 𝘝𝘐𝘚𝘈
1er avril-1er déc. et fermé lundi soir et mardi du 1er oct. au 1er déc. − SC : **R** 120/160 −
🛏 25 − **10 ch** 170 − P 210/220.

PEUGEOT, TALBOT Gar. Léon, ✆ 46.70.44   RENAULT Gar. Central, ✆ 46.70.13 🅽

AIX-EN-PROVENCE ◁◇ 13100 B.-du-R. 🔟🔟 ③, 🔟🔟 ⑬ G. Provence − 114 014 h. alt. 177 −
Stat. therm. − Casino AY − 🔞 42.

Voir Cours Mirabeau★★ BY − Le Vieil Aix★★ BXY : Cathédrale St-Sauveur (Triptyque du
Buisson Ardent★★, baptistère★ et vantaux★ du portail BX R), − Musée des Tapisseries★
BX M1, Cloître St-Sauveur★ BX N, Cour★ de l'Hôtel de Ville BY H − Fontaine des
Quatre-Dauphins★ BY S − Eglise St-Jean de Malte : Nef★ CY V − Musée Granet★ CY
M3 − Vierge★ et triptyque de l'Annonciation★ dans l'église Ste-Marie-Madeleine CY Y
− Fondation Vasarely★ AV M.

🏌 d'Aix-Marseille ✆ 24.20.41 par ④ et D 9 : 8,5 km.

🛈 Office de Tourisme, pl. Gén.-de-Gaulle (fermé dim. hors sais.) ✆ 26.02.93, Télex 430466.

Paris 753 ③ − Avignon 75 ⑦   ◆Marseille 31 ④ − ◆Nice 176 ⑦ − Nîmes 105 ⑤ − ◆Toulon 81 ⑦.

Plans page suivante

🏨🏨 **Roy René,** 14 bd Roi-René ✆ 26.03.01, Télex 410888, 🏊 − 🛗 📺 ⟵ 🅿 − 🏊
350. 🆎 ⓞ 🅴 𝘝𝘐𝘚𝘈   BZ **r**
SC : **R** 165 🍷 − 🛏 35 − **65 ch** 250/500 − P 435/500.

🏨🏨 **Paul Cézanne** Ⓜ sans rest, 40 av. Victor-Hugo ✆ 26.34.73, « Bel aménagement
intérieur » − 🛗 🛗 ☎ 🆎   BZ **h**
SC : 🛏 32 − **42 ch** 280/500.

🏨🏨 **P.L.M. ''Le Pigonnet''** Ⓜ 🦢, av. Pigonnet ✉ 13090 ✆ 59.02.90, Télex 410629,
🏊, 🌳 − 🛗 📺 🐕 🅿 − 🏊 80. 🆎 ⓞ 🅴 𝘝𝘐𝘚𝘈   AV **t**
SC : **R** (fermé dim. soir du 1er nov. au 31 mars) 125/160 − **48 ch** 🛏 260/460 − P
410/490.

🏨🏨 **Gd H. Nègre Coste** sans rest, 33 cours Mirabeau ✆ 27.74.22 − 🛗 ⟵ 🆎 ⓞ 🅴
𝘝𝘐𝘚𝘈   BY **m**
SC : 🛏 24 − **36 ch** 180/300.

🏨🏨 **Thermes Sextius,** 55 cours Sextius ✆ 26.01.18, « Parc », 🏊, 🏊 − 🛗 📺 🍴 🅿 −
🏊 30. 🆎 ⓞ 🅴 𝘝𝘐𝘚𝘈. 🍽 rest   AX **s**
SC : **R** 105/110 − 🛏 29 − **63 ch** 134/310 − P 270/532.

🏨 **St-Christophe** sans rest, 2 av. Victor-Hugo ✆ 26.01.24 − 🛗 ⌂wc 🚿wc 🐕 ⟵
🚗🚗. 🍽   BY **a**
fermé janv. − SC : 🛏 17 − **54 ch** 105/175.

🏨 **Résidence Rotonde** Ⓜ sans rest, 15 av. Belges ✆ 26.29.88 − 🛗 ⌂wc 🚿wc 🐕
🅿. 🚗🚗 🆎 ⓞ 🅴 𝘝𝘐𝘚𝘈   AZ **u**
fermé 20 déc. au 10 janv. − SC : 🛏 17 − **42 ch** 125/215.

AIX-
EN-PROVENCE

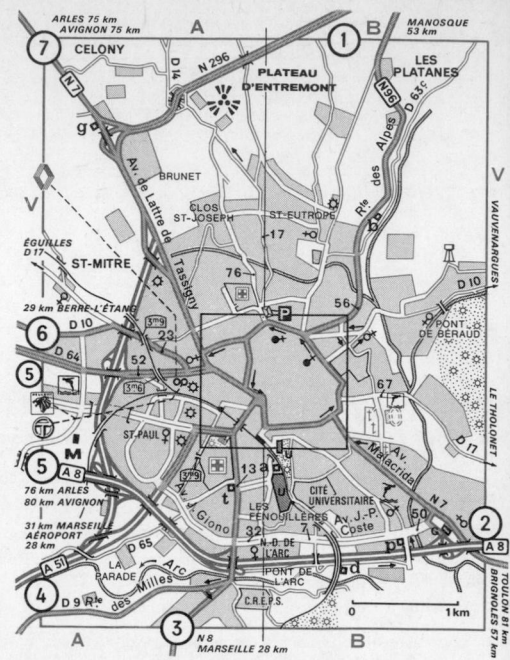

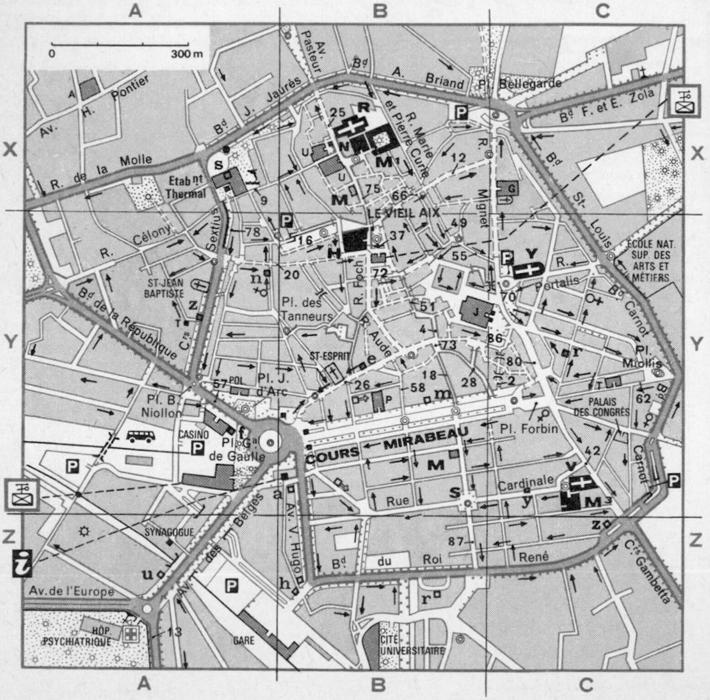

Caravelle sans rest, 29 bd Roi-René ☎ 62.53.05 – |‡| ⇔wc ⋒wc ☎. AE ⓓ E VISA
SC : ☕ 16 – **30 ch** 120/170. CZ **z**

Le Moulin [M] sans rest, 1 av. Schumann (près nouvelles facultés) ✉ 13090 ☎ 59.41.68 – |‡| cuisinette ⇔wc ⋒wc ☎ Ⓟ. VISA BV **a**
fermé 15 déc. au 6 janv. – SC : ☕ 17 – **32 ch** 112/176.

Moderne sans rest, 34 av. Victor-Hugo ☎ 26.05.16 – |‡| ⇔wc ⋒wc ☎. AE ⓓ VISA. ✻ BZ **h**
fermé 3 fév. au 6 mars – SC : ☕ 16 – **22 ch** 122/190.

Cardinal sans rest, 24 r. Cardinale ☎ 38.32.30 – |‡| ⇔wc ⋒wc ☎ CY **y**
SC : ☕ 14,50 – **18 ch** 105/162.

XXXX ✿ **Charvet,** 9 r. Lacépède ☎ 38.43.82 – AE ⓓ VISA CY **r**
fermé 7 au 23 août dim. soir et lundi – SC : **R** (nombre de couverts limité - prévenir) 140
Spéc. Mousse de chapon au coulis de poivrons doux, Raviolis de homard à la crème de bisque, Steak de lotte à la tomate fraîche. **Vins** Vignelaure, Château Lacoste.

XXX **Vendôme,** 2 bis av. Napoléon Bonaparte ☎ 26.01.00, ☂, « Terrasse ombragée » – Ⓟ. AE ⓓ E VISA AY **f**
SC : **R** 160/230.

XXX ✿ **Caves Henri IV,** 32 r. Espariat ☎ 27.86.39 – ▤. ✻ BY **e**
fermé 12 juin au 4 juil., 22 fév. au 7 mars, lundi midi (lundi midi et soir en août) et dim. – SC : **R** 100, dîner et dim. à la carte
Spéc. La mosaïque de légumes, Mignon de veau à la fondue d'échalotes, Pâtisseries.

XX **Abbaye des Cordeliers,** 21 r. Lieutaud ☎ 27.29.47, ☂ – AE ⓓ E VISA BY **n**
fermé 15 sept. au 15 oct., lundi soir du 15 oct. au 1er mai et mardi – **R** (nombre de couverts limité-prévenir) 70 ₰.

XX **Le Clam's,** 22 cours Sextius ☎ 27.64.78, produits de la mer AY **z**
fermé mi-juil. à fin août et merc. – **R** 120, dîner à la carte.

au Nord

Le Prieuré ⛰ sans rest, par ① : 3 km rte Sisteron ☎ 21.05.23, ← – ⇔wc ⋒ ☎ Ⓟ. ✻ BV **b**
SC : ☕ 15 – **30 ch** 80/175.

au Sud-Est 3 km ou par sortie d'autoroute Aix-Est :

Novotel Aix Est [M], Résidence Beaumanoir ☎ 27.47.50, Télex 400244, ⛱ – |‡| ▤ TV ☎ ♿ Ⓟ – 🎤 200. AE ⓓ VISA BV **p**
R snack carte environ 85 – ☕ 27 – **102 ch** 214/267.

Novotel Aix Sud [M], ☎ 27.90.49, Télex 420517, ⛱ – |‡| ▤ TV ☎ ♿ Ⓟ – 🎤 200. AE ⓓ VISA BV **d**
R snack carte environ 85 – ☕ 27 – **80 ch** 222/264.

à Celony 3 km sur N 7 – ✉ **13090** Aix-en-Provence :

Mas d'Entremont [M] ⛰, ☎ 23.45.32, ←, « Demeure provençale avec terrasses dans un parc, ⛱ » – TV ☎ Ⓟ – 🎤 80 AV **g**
15 mars-1er nov. – SC : **R** *(fermé dim. soir et lundi midi sauf fériés)* 105 – ☕ 25 – **9 ch** 250, 7 bungalows 310.

à Éguilles par D 17 AV : 11 km – 3 986 h. – ✉ **13510** Éguilles :

Aub. du Belvédère ⛰, ☎ 92.52.92, ←, ☂, « Jardin en terrasse », ⛱ – ⇔wc ⋒wc ☎ Ⓟ – 🎤 60. ⓓ E VISA
SC : **R** 78/150 (sauf fêtes) – ☕ 20 – **21 ch** 160/255, 9 appartements 255 – P 250/343.

Voir aussi ressources hotelières de ***Beaurecueil*** par ② et D 58 : 10 km, de ***Roquefavour*** par ⑤ et D 64 : 12 km, de ***Châteauneuf-le-Rouge*** par ② N 7 : 13 km et de ***Meyrargues*** par ① : 16 km.

ALFA-ROMEO SOCODIA, av. du Club Hippique, D 65 ☎ 59.01.32
BMW Gar. Continental, 8 av. De-Lattre-de-Tassigny ☎ 23.24.33
FORD NOVO, Zéda-la Pioline, les Milles ☎ 20.17.17 et 39 bd A.-Briand ☎ 23.16.20
MERCEDES MASA, 40 r. Irma Moreau ☎ 27.43.10
PEUGEOT-TALBOT Galice Auto, 7 rte Galice ☎ 27.75.99
PEUGEOT-TALBOT Gds Gar. de Provence, Zéda-La Pioline, rte des Milles AV ☎ 20.01.45
RENAULT Verdun-Aix, 5 rte Galice ☎ 27.98.05
TOYOTA, VOLVO Gar. Briand, N 7, La Calade, Puyricard ☎ 23.36.88
V.A.G. Gar. Ste-Eutrope, Zéda-la Pioline, les Milles ☎ 20.14.08

Ⓟ Cambi-Pneus, 9 r. Signoret ☎ 23.06.77
Josserand-Pneus, rte Alpes ☎ 21.17.55
Omnica, 19 av. H.-Pontier ☎ 23.52.73
Pyrame, 66 cours Gambetta ☎ 62.49.16 et r. André Ampère, Zone Ind. les Milles
Rome, 13 bd J.-Jaurès ☎ 23.16.54
Roques, 31 cours Gambetta ☎ 62.42.81
Station Pneumatic, 31 bd A.-Briand ☎ 23.32.28
Verret, 7 cours Gambetta ☎ 62.42.68

AIXE-SUR-VIENNE 87700 H.-Vienne 72 ⑰ G. Périgord – 5 950 h. alt. 230 – ✪ 55.

Paris 406 – Angoulême 96 – •Limoges 13 – Nontron 56 – Périgueux 88 – St-Junien 29 – Uzerche 65.

XX **Aub. des Deux Ponts,** av. Gare ☎ 70.10.22 – VISA. ✻
fermé 15 août au 6 sept., vacances de fév., dim. soir et lundi – SC : **R** 50/150 ₰.

PEUGEOT, TALBOT Ribet, ☎ 70.21.62
RENAULT Gauduffe, ☎ 70.20.59
RENAULT Colapinto, ☎ 70.20.44

AIX-LES-BAINS

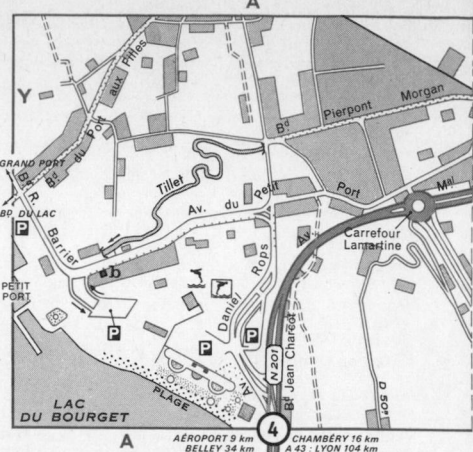

AIX-LES-BAINS 73100 Savoie **74** ⑮ G. Alpes – 22 293 h. alt. 260 – Stat. therm. : Aix-les-Bains (1er janv.-31 déc.) et Marlioz (avril-oct.) – Casinos Palais de Savoie BYZ, Nouveau Casino BY – ✪ 79.

Voir Boulevard du Lac★ AY – Escalier★ de l'Hôtel de Ville CYZ H – Musée du Docteur Faure★ CY **M1**.

Env. Le tour du lac du Bourget★★ 51 km par ④, en bateau★ : 4 h – Abbaye de Hautecombe★★ (Chant Grégorien), en bateau : 2 h – Renseignements sur excursions en bateau : Cie Aixoise de Navigation, Grand Port ☎ 35.05.19 – ≤★★ sur lac du Bourget, à la Chambotte par ① : 14 km.

🛪 ☏ 61.23.35 par ③ : 3 km.

🚤 de Chambéry-Aix-les-Bains : T.A.T. ☏ 61.46.00, au Bourget-du-Lac par ④ : 8 km.

🛈 Office de Tourisme (fermé sam. après-midi et dim. hors sais.) et Accueil de France (Informations et réservations d'hôtels, pas plus de 5 jours à l'avance) pl. M.-Mollard ☏ 35.05.92, Télex 980015 et à la Gare (15 mai-30 sept. et fermé dim.) ☏ 35.65.31 – ROBOTEL (entre l'Office et les Thermes) : appareil automatique suppléant l'Office aux heures de fermeture.

Paris 567 ④ – Annecy 34 ① – Bourg-en-Bresse 109 ④ – Chambéry 16 ④ – ♦Lyon 104 ④.

🏨 **Cloche,** 9 bd Wilson ☏ 35.01.06 – 📶 . 🅰🅴 . 🏵 rest BY **b**
25 avril-1er oct. – SC : R 65/70 – 🛏 **54 ch** 180/260 – P 155/270.

🏨 **Iles Britanniques** 📎, pl. Établissement Thermal ☏ 61.03.77, ≤, « Jardins fleuris » – 📶 ⇌ 🅿. 🏵 rest CY **s**
1er mai-7 oct. – SC : R 84/112 – **88 ch** 🛏 127/336 – P 200/336.

🏨 **International Rivollier,** 18 av. Ch.-de-Gaulle ☏ 35.21.00 – 📶 ▤ rest ☎. 🅰🅴 ◑ 🖥 🆅🅸🆂🅰. 🏵 rest BZ **e**
SC : R 80/155 – 🛏 20 – **62 ch** 125/260 – P 180/265.

🏨 **Bristol,** 6 r. Casino ☏ 35.08.14, 🌳 – 📶 🅿. 🅰🅴 🆅🅸🆂🅰. 🏵 rest CY **b**
20 avril-20 oct. – SC : R 70/90 – **121 ch** 🛏 165/260 – P 195/265.

🏨 **Le Manoir** 📎, 37 r. Georges-1er ☏ 61.44.00, Télex 980793, 🌳 – 📶 📺 🛁wc 📶wc ⇌ 🅿. 🔼 80. 📠 ◑ 🖥 🆅🅸🆂🅰. 🏵 rest CZ **w**
fermé 24 déc. au 31 janv. – SC : R 85/135 – 🛏 20 – **72 ch** 135/275 – P 170/310.

🏨 **Vendôme** Ⓜ, 12 av. Marlioz ☏ 61.23.16 – 📶 🛁wc 📶wc ☎ 🅿. 📠 ◑ CZ **a**
fin janv.-fin oct. – SC : R 70/180 – 🛏 20 – **32 ch** 160/270 – P 180/250.

🏨 **La Régence** Ⓜ, 33 bd Wilson ☏ 35.02.26 – 📶 🛁wc 📶wc ☎ ⇌ 🅿. E. 🏵 BZ **e**
fermé déc. – SC : R (fermé lundi) 60/100 🍸 – 🛏 20 – **32 ch** 135/180 – P 200/240.

🏨 **Métropole** sans rest, 23 r. Casino ☏ 35.17.53 – 📶 🛁wc 📠. 🏵 CY **x**
15 mars-1er nov. – SC : **80 ch** 🛏 97/190.

🏨 **Établt Thermal,** r. Davat ☏ 35.20.00, Télex 980940, 🌳 – 📶 🛁wc 📶wc ☎ ⇌ 🅿. 📠 🅰🅴 🆅🅸🆂🅰. 🏵 rest CY **y**
SC : R 62/115 – 🛏 22 – **70 ch** 165/300 – P 200/330.

🏨 **Revotel** sans rest, 40 r. Genève ☏ 35.03.37 – 📶 📺 🛁wc 📶wc 📠. 🏵 CY **v**
fermé 15 déc. au 15 janv. – SC : 🛏 14,50 – **16 ch** 120/140.

🏨 **Parc,** 28 r. Chambéry ☏ 61.29.11 – 📶 🛁wc 📠 ⇌ 📠. 🏵 rest CZ **n**
avril-25 oct. – SC : R 55/75 – 🛏 17 – **50 ch** 95/215 – P 175/220.

🏨 **Paix,** 11 r. Lamartine ☏ 35.02.10, 🌳 – 📶 📶wc 🅿. 📠. 🏵 rest CY **d**
15 mars-10 nov. – SC : R 60 – 🛏 15 – **70 ch** 83/180 – P 162/200.

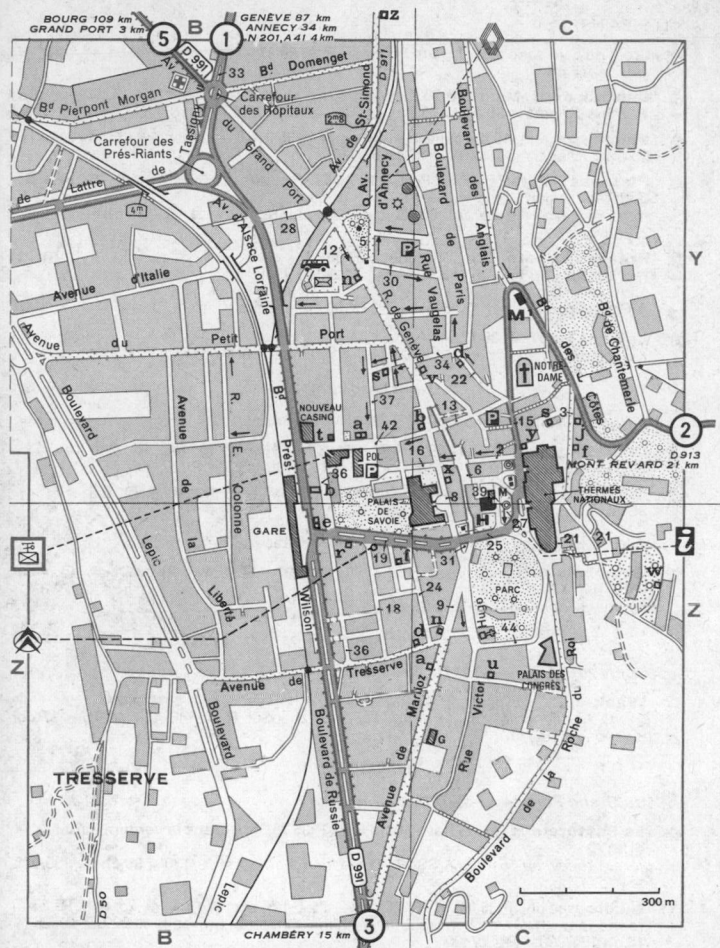

🏨 **Beaulieu**, 29 av. Ch.-de-Gaulle ℡ 35.01.02, ☞ – ⅍📶wc 🛏wc 🅿 ⌬ 🖿 rest
15 mars-15 nov. – SC : **R** 60/160 – ⌷ 18 – **31 ch** 105/180 – P 190/250.
BZ **r**

🏨 **Eglantiers**, 20 bd Bertholet ℡ 61.43.21, 🌣 – ⅍📶wc 🛏wc ☎ 🅿 – ⌬ 30. 🖿
VISA 🖿 rest
CY **f**
fermé janv. et fév. – SC : **R** *(fermé merc.)* 55/150 – ⌷ 20 – **23 ch** 100/150 – P
175/225.

🏨 **Azur** sans rest, 18 av. Victoria ℡ 35.00.96, ☞ – 🛏wc 🅿 🖿 AE **VISA**
BY **a**
fermé 1er déc. au 6 fév. – SC : ⌷ 15,50 – **16 ch** 120/160.

🏨 **Soleil Couchant**, 130 av. St-Simond ℡ 35.05.83, 🌣, ☞ – 📶wc 🛏wc 🅿 🅿
🖿 🖿 rest
BY **z**
3 mai-15 oct. – SC : **R** 55/140 – ⌷ 17 – **31 ch** 85/170 – P 160/210.

🏨 **Dauphinois**, 14 av. Tresserve ℡ 61.22.56, 🌣, ☞ – ⅍📶wc 🅿 🅿 🖿 **VISA**. 🖿
1er mars-30 nov. – SC : **R** 65/140 ⅃ – ⌷ 17,50 – **84 ch** 120/190 – P 160/210. CZ **d**

🏨 **Cécil H.** sans rest, 20 av. Victoria ℡ 35.04.12 – ⅍ 📺📶wc 🛏wc 🅿 🖿 BY **a**
SC : ⌷ 15 – **21 ch** 88/150.

🏨 **Gallia-Beauséjour**, 24 bd Berthollet ℡ 61.21.09, ☞ – ⅍📶wc 🛏wc 🅿 🖿
CY **j**
15 avril-5 nov. – SC : **R** *(fermé dim.)* 68 – ⌷ 16,50 – **44 ch** 65/175 – P 163/225.

🏨 **Nice-Savoie** 🌣 sans rest, 11 r. Isaline ℡ 61.04.00, ☞ – ⅍ cuisinette 📶wc 🅿
🚗
CZ **u**
15 fév.-15 nov. – SC : ⌷ 15 – **21 ch** 105/158.

5

85

🏨 **Croix du Sud** sans rest, 3 r. Dr-Duvernay ☏ 35.05.87 — 🛏wc 🅿   BZ **f**
sais. — **15 ch**.

🏨 **Central**, 6 r. H.-Murger ☏ 35.21.19 — 🅿. ❄ ch   BY **s**
— *1er mars-30 nov.* — SC : **R** 34/60 🍷 — ☒ 12 — **20 ch** 60/85 — P 110/125.

🏨 **Palma** sans rest, 19 bis square A.-Boucher ☏ 35.01.10 — 🛎 🅿. 🚗 **E**   BY **n**
25 avril-25 oct. — SC : ☒ 14 — **16 ch** 68/116.

XX **Platanes** 🏡 avec ch, Petit Port ☏ 61.40.54, 🌳, 🍽 — 🛏wc 🛁wc 🅿 🅿. 🚗 **AE**
E *VISA*   AY **b**
mars-oct. et fermé mardi — SC : **R** (dim. prévenir) 56/155 — ☒ 16 — **19 ch** 82/194 — P 222/250.

XX **Brasserie Poste,** 32 av. Victoria ☏ 35.00.65 — ❄   BY **t**
— *fermé 2 nov. au 10 déc. et lundi* — SC : **R** 50/100 🍷.

à Gresy-sur-Aix par ① : 5 km — ☒ **73100** Aix-les-Bains :

XX **Le Pont Neuf,** ☏ 35.12.04 — 🅿
fermé 16 août au 10 sept. 11 au 27 fév. et sam. — SC : **R** 55/100 🍷.

par la sortie ② :

à Pugny-Chatenod 4,5 km — ☒ **73100** Aix-Les-Bains :

🏨 **Clairefontaine,** ☏ 61.47.09, ≼, 🌳, 🍽, ☞ — 🛏wc 🅿 *VISA*. ❄ rest
26 mars-16 oct. — SC : **R** 60/120 — ☒ 17 — **19 ch** 125/165 — P 162/205.

🏨 **Campanile** 🏡, ☏ 61.30.66, Télex 980090, 🌳, 🍽 — 🛏wc 🅿 🅟 ᯤ *VISA*
SC : **R** 55 bc/80 bc — ☒ 20 — **39 ch** 173.

à Viviers-du-Lac : 4 km — ☒ **73420** Viviers-du-Lac :

🏨 **Chambaix H.** Ⓜ sans rest, ☏ 61.31.11, ☞, ❄ — |🛗| 🛏wc 🛁wc ☏ 🚗 🅿 🚗
AE **E** *VISA*
1er fév.-31 oct. — SC : ☒ 16 — **29 ch** 120/170.

par la sortie ④ :

sur N 201 : 5 km — ☒ **73420** Viviers-du-Lac :

XX **Week-end** 🏡 avec ch, ☏ 63.40.22, ≼, 🌳 — ▤ rest 🛏wc 🛁 ☏. 🚗
fermé 15 déc. à fin janv. et merc. d'oct. à mai — SC : **R** 55/140 🍷 — ☒ 16 — **17 ch** 80/140 — P 150/170.

par la sortie ⑤ :

au Grand Port 3 km — ☒ **73100** Aix-les-Bains :

🏨 **La Pastorale** Ⓜ 🏡, 221 av. Grand Port ☏ 35.25.36, « Dans la verdure, jardin » —
|🛗| ☏ 🅿
fermé 15 fév. au 15 mars — SC : **R** (fermé lundi hors sais.) 58/130 — **30 ch** ☒ 185/225
— P 225/255.

XXX ✿ **Lille** avec ch, ☏ 35.04.22, ≼, 🌳, ☞ — |🛗| 📺 🛏wc ☏ 🅿 — 🏊 25. 🚗 **AE** ①
fermé janv. et fév. — **R** (fermé merc.) (dim. et fêtes - prévenir) 90/220 — ☒ 25 —
18 ch 185/200 — P 280/300
Spéc. Omble au Champagne, Volaille "Mère Lille", Soufflé aux framboises (juin-sept.). Vins Roussette, Chignin.

XXX **Davat** 🏡 avec ch, à 100 m Grand Port ☏ 35.09.63, « Cadre de verdure, jardin
fleuri » — 🛏wc 🛁 ☏ 🅿 🚗
2 fév.-2 nov. et fermé mardi — SC : **R** (fermé mardi) (dim. prévenir) 65/150 — ☒ 20 —
20 ch 170/225 — P 215/255.

à Brison-les-Oliviers : 9 km D 991 — ☒ **73100** Aix-les-Bains :

XX **Bocquin,** ☏ 63.21.81 — 🅿
Pâques-1er nov. et fermé mardi — SC : **R** 72/105.

Voir aussi ressources hôtelières et curiosités de *Mont-Revard.*

par ② et D 913 : 21 km. *Albens par* ① *: 11 km, St-Félix* par ① et N 201 : 14 km.

BMW Gar. du Parc, bd F.-Roosevelt ☏ 35.22.60
CITROEN Gar. Domenge, r. A.-Garrod ☏ 35.07.89
DATSUN Gar. St-Christophe, 31 bd Lepic ☏ 61.29.45
FORD Seigle, 41 av. Marlioz ☏ 61.09.55 🅽
LANCIA-AUTOBIANCHI Coudurier-Curioz, 104 av. de Marlioz ☏ 35.39.82
PEUGEOT-TALBOT Gar. du Golf, D 991 à Drumettaz par ③ ☏ 61.12.88

RENAULT Celta, ZAC à Grésy sur Aix par D 911 BY ☏ 35.44.77
RENAULT Perrel, 11 sq. A.-Boucher ☏ 35.01.66
V.A.G. S.A.S., Z.A.C. à Grésy sur Aix ☏ 35.47.18
VOLVO De Alessandri, 44 r. Vaugelas ☏ 35.14.12

🅖 Bollon-Pneu, 11 av. de Marlioz ☏ 61.45.35
Tout le pneu, 1 r. de France ☏ 35.10.79

AJACCIO P 2A Corse-du-Sud 90 ⑰ – voir à Corse.

ALBAN 81250 Tarn 80 ⑫ **G. Causses** – 1 110 h. alt. 614 – ✪ 63.
Paris 735 – Albi 29 – Castres 54 – Lacaune 39 – Réalmont 32 – Rodez 85 – St-Affrique 53.

Puech, ☎ 55.80.47 – wc fl wc ☎. VISA. ch
1er avril-1er nov. – SC : **R** *(fermé lundi)* 40/110 – ☕ 10 – **15 ch** 50/110.

Bon Accueil, ☎ 55.81.03, – wc fl wc ☎. VISA. ch
fermé fév. et lundi sauf juil. et août – SC : **R** 55/130 – ☕ 16,50 – **15 ch** 80/120 – P 140.

RENAULT Saunal, 6 r. de Ladrech ☎ 55.82.32

ALBENS 73410 Savoie 74 ⑮ – 1 633 h. alt. 353 – ✪ 79.
Paris 578 – Aix-les-Bains 11 – Annecy 22 – Bellegarde-sur-Valserine 44 – Chambéry 27 – Rumilly 9.

Auberge Fleurie avec ch, ☎ 63.00.18 – fl wc P. VISA
fermé 1er au 31 oct., 20 au 28 fév. et mardi sauf août – SC : **R** 45/150 – ☕ 18 – **8 ch** 80/127 – P 230/265 (pour 2 pers.).

CITROEN Gar. Gare, ☎ 63.00.22

PEUGEOT-TALBOT Gar. du Centre, ☎ 63.00.83 N

La tranquillité de l'hôtel est l'affaire de tous et donc de vous aussi.

ALBERTVILLE SP 73200 Savoie 74 ⑰ **G. Alpes** – 17 534 h. alt. 345 – ✪ 79.
Voir à Conflans : Bourg★, Porte de Savoie ≤★ B.
Env. Route du fort du Mont ≤★★ E : 11 km.
Syndicat d'Initiative pl. Gare (fermé matin et sam. hors sais.) ☎ 32.04.22.
Paris 610 ③ – Annecy 45 ① – Chambéry 49 ③ – Chamonix 67 ① – ♦Grenoble 86 ③.

ALBERTVILLE

République (R. de la) 26

Aborut (R. de l') 2
Adoubes (Pont des) 3
Allobroges (Quai des) 5
Chasseurs Alpins (Av. des) 6
Chautemps (R. F.) 7
Docteur-Mathias (R. du) 9
Dubois (R. Commandant) 12
Gambetta (R.) 13
Hôtel-de-Ville (Cours de l') 14
Hugues (Montée A.) 16
Mirantin (Pont du) 17
Moulin (Av. J.) 18
Mugnier (R. J.) 19
Pargoud (R.) 20
Pérouse (R. G.) 21
Pierre du Roy (Chemin de la) 23
Porraz (R. Jacques) 24
St-Jean-Baptiste (⊞) 28
St-Sigismond (⊞) 29
Tarentaise (Av. de) 32
Victor-Hugo (Av.) 34
8 Mai 1945 (Av. du) 35

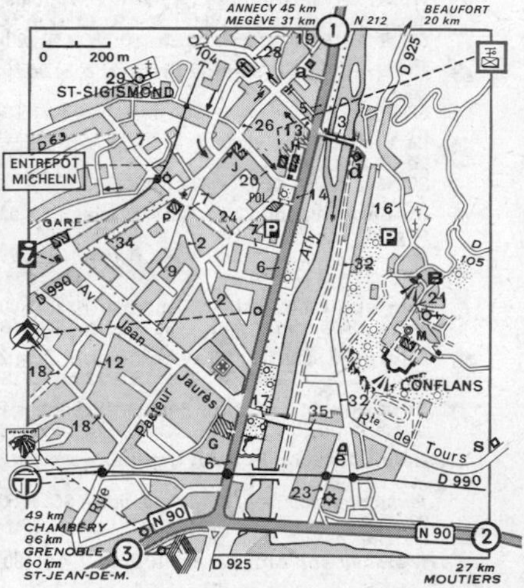

Million, 8 pl. Liberté **(a)** ☎ 32.25.15, , – ☎. AE ① VISA.
fermé 24 avril au 10 mai, 3 au 12 juil. et 25 sept. au 10 oct. – SC : **R** *(fermé lundi sauf le soir du 14 juil. au 1er sept. et dim. soir)* 95/270 et carte – ☕ 28 – **29 ch** 105/230
Spéc. Rouelles de poulet à la vinaigrette de foie gras, Aile de raie à l'estragon, Millefeuille. Vins Chignin, Gamay.

La Berjann M, 33 rte Tours **(s)** ☎ 32.47.88, ≤, , **« Belle décoration intérieure »**, – wc fl wc ☎ P. ch
SC : **R** *(fermé dim. soir en hiver)* 50/110 – ☕ 17 – **11 ch** 105/160 – P 165/195.

Costaroche, 1 chemin Pierre-du-Roy **(e)** ☎ 32.02.02, – wc fl wc ☎ P.
fermé dim. soir et lundi midi hors sais. – SC : **R** 61/107 – ☕ 18 – **20 ch** 107/142 – P 183/242.

XXX **Alain Rayé** (Chez Uginet), Pont des Adoubes **(d)** ☎ 32.00.50, ≤, – P. AE ① VISA
fermé 23 juin au 6 juil., 12 au 30 nov. et mardi – SC : **R** 82/200.

MICHELIN, Entrepôt, 24 r. F.-Chautemps ☎ 32.10.96

BMW Portier, rte de Moutiers ☎ 32.23.32 🆕
CITROEN Gar. Pierre du Roy, 9 rte de Grignon, pt. Albertin par D 925 ☎ 32.47.37 🆕
CITROEN Gar. Hôte, 48 av. Chasseurs-Alpins ☎ 32.00.94 🆕
FIAT, LANCIA-AUTOBIANCHI S.A.V.A., rte de Moutiers ☎ 32.06.82
FORD Tarentaise-Auto, 1 rte de Grignon, carr. Pierre du Roy ☎ 32.52.73
OPEL Gar. Gare, 25 av. Victor-Hugo ☎ 32.02.28
PEUGEOT-TALBOT Arly-Auto, r. Pasteur ☎ 32.23.75

RENAULT S.A.G.A.M., N 90 ☎ 32.45.70
TALBOT Olagnon-Automobiles, par ③ ☎ 32.08.05
V.A.G. Gar. des Quatre Vallées, 32 av. J.-Jaurès ☎ 32.31.97
Gar. des Alpes, 5 av. Gén.-de-Gaulle ☎ 32.23.09

🅿 Piot-Pneu, Zone Ind. du Chiriac, r. A.-Croizat ☎ 32.56.15
Tessaro-Pneus, Zone Ind. du Chiriac, 156 r. L.-Armand ☎ 32.04.60

ALBI 🅿 81000 Tarn 🎱🎱 ⑩ G. Causses — 49 456 h. alt. 174 — ✪ 63.

Voir Cathédrale★★★ AY — Palais de la Berbie★ : collections Toulouse-Lautrec★★ du musée★ AXY **M** — Pont du 22-Août ⩻★ BX.

Env. Église St-Michel de Lescure★ 5,5 km par ①.

Autodrome 2 km par ⑤.

🚂 Le Séquestre : T.A.T. ☎ 54.45.28 par ⑤.

🛈 Office de Tourisme et A.C. 19 pl. Ste-Cécile (fermé dim. sauf juil. et août) ☎ 54.22.30.

Paris 707 ⑤ — Béziers 144 ④ — ♦Clermont-Ferrand 301 ① — ♦St-Étienne 336 ① — ♦Toulouse 76 ⑤.

Plan page ci-contre

🏨 **La Réserve** Ⓜ ⤸, rte Cordes par ⑥ : 3 km ☎ 60.79.79, Télex 520850, ⩻, 🌼, « Dans un parc au bord du Tarn », 🏊, 🎾 ● — 🏌 80. 🅰🅴 ⓞ 🆅🅸🆂🅰 🌼 rest
1ᵉʳ mars-30 nov. — SC : **R** 75/190 — ⯑ 32 — **20 ch** 240/460.

🏨 **Host. St-Antoine** Ⓜ ⤸, 17 r. St-Antoine ☎ 54.04.04, Télex 520850, « Jardin, meubles anciens » — 🛗 📺 ☎ ⬅ 🄿 — 🏌 50. 🅰🅴 ⓞ 🅴 🆅🅸🆂🅰   BY **d**
SC : **R** 70/180 — ⯑ 25 — **56 ch** 180/380 — P 280/395.

🏨 **Chiffre** Ⓜ, 50 r. Séré-de-Rivières ☎ 54.04.60 — 🛗 🍽 rest 📺 🄿 — 🏌 400. 🅰🅴 ⓞ 🆅🅸🆂🅰   BY **b**
SC : **R** *(fermé dim. du 1ᵉʳ oct. à Pâques)* 60/150 — ⯑ 19 — **39 ch** 140/250 — P 280/320.

🏨 **Le Vigan,** 16 pl. Vigan ☎ 54.01.23 — 🛗 📺 🛁wc 🚿wc ☎ ⬅ — 🏌 40 à 200. 🍽 🅰🅴 ⓞ 🅴 🆅🅸🆂🅰   BY **n**
SC : **R** 48/160 — ⯑ 17 — **37 ch** 120/235.

🏨 **Moderne Pujol,** 22 av. Col. Teyssier ☎ 54.02.92 — 🍽 rest 📺 🛁wc 🚿wc ☎ ⬅ — 🏌 60. 🅰🅴 🆅🅸🆂🅰 🌼 ch   BY **s**
fermé 20 juin au 20 juil. — SC : **R** *(fermé vend. soir et sam.)* 65/140 — ⯑ 14 — **21 ch** 100/150 — P 170/220.

🏨 **Cantepau** sans rest, 9 r. Cantepau ☎ 60.75.80 — 🛗 🛁wc 🚿wc ☎ 🄿 🍽   BX **a**
fermé 22 déc. au 31 janv. — SC : ⯑ 13 — **34 ch** 85/150.

🏨 **George V** sans rest, 29 av. Mar.-Joffre ☎ 54.24.16 — 🚿wc ⬅   AZ **e**
fermé 29 janv. au 13 fév. — ⯑ 13 — **12 ch** 75/130.

🏨 **Parking** sans rest, 31 pl. Fernand-Pelloutier ☎ 54.09.07 — 🛁 🍽 . 🌼   BY **h**
fermé 1ᵉʳ au 15 sept. — SC : ⯑ 12 — **15 ch** 75.

✗✗ **Relais Gascon et Aub. Landaise** avec ch, 1 r. Balzac ☎ 54.26.51 — 📺 🚿wc ⬅. 🍽   BY **e**
fermé dim. soir (sauf hôtel) et lundi — SC : **R** 50/180 — ⯑ 15,50 — **15 ch** 110/145 — P 226/250.

Marssac-sur-Tarn par ⑤ : 10 km — ✉ 81150 Marssac-sur-Tarn :

✗✗✗ ✿ **Francis Cardaillac,** ☎ 55.41.90, ⩻, parc, 🏊 — 🍽 🄿. 🅰🅴 ⓞ
fermé 25 sept. au 11 oct., 8 au 24 janv., dim. soir et lundi — SC : **R** 100/180
Spéc. Flan de brochet, Aile de canard confite, Desserts. **Vins** Gaillac, Côtes du Tarn.

MICHELIN, Agence, bd Mar.-Lannes par ① ☎ 60.78.04

ALFA-ROMEO Mauriés, 101 av. Gambetta ☎ 54.06.75
AUTOBIANCHI, FIAT, LANCIA, MERCEDES S.A.T.A., rte de Castres
AUSTIN, MORRIS, ROVER, TRIUMPH Brison, rte Castres, Ranteil ☎ 54.49.10
BMW Gar. Auriol, 14 av. Gambetta ☎ 54.06.51
CITROEN Gar. Marlaud, rte Rodez, Lescure par ① ☎ 60.70.84
DATSUN A.C.A., 174 av. De-Lattre-de-Tassigny ☎ 60.35.00
FORD Albi-Auto., 22 av. A.-Thomas ☎ 60.79.03
LADA, SKODA, VOLVO Gar. Grimal, 128 av. A.-Thomas ☎ 60.72.05

PEUGEOT-TALBOT Samad, 43 av. De-Gaulle ☎ 54.21.89
RENAULT Ets Puech, 179 av. Gambetta par ④ ☎ 54.68.00
V.A.G. Courant, rte de Castres, Ranteil ☎ 54.36.44

🅿 Bellet Pneus, rte Castres ☎ 54.23.47
Escoffier-Pneus, 101 av. F.-Verdier ☎ 54.04.99
Jau, 27 bd Lude ☎ 54.12.26
Pneu Service, 10 av. De-Gaulle ☎ 54.06.80 et 51 av. A.-Thomas ☎ 60.71.98

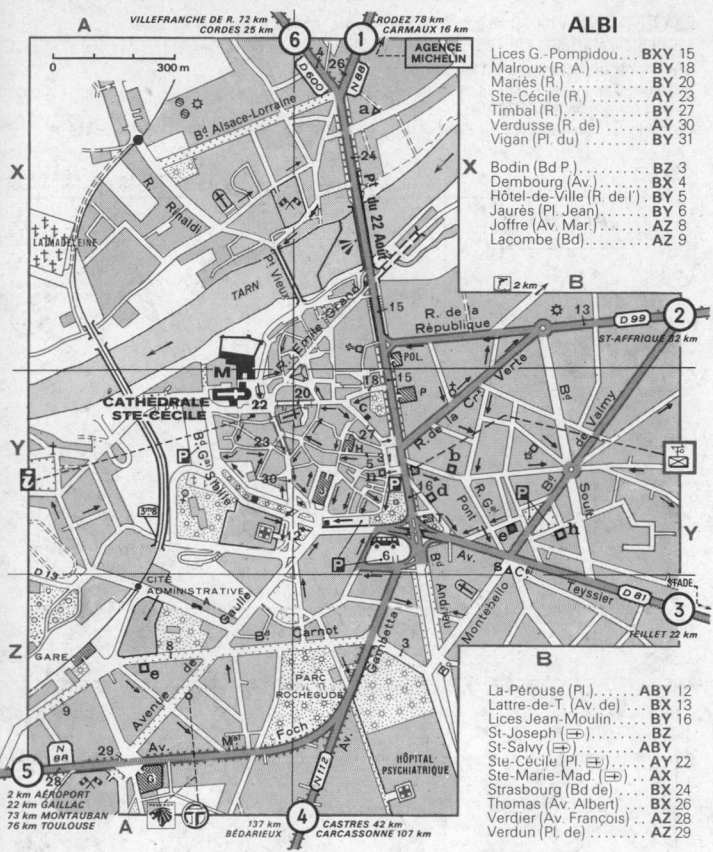

ALBI

Lices G.-Pompidou...	**BXY** 15
Malroux (R. A.) ...	**BY** 18
Mariès (R.) ...	**BY** 20
Ste-Cécile (R.) ...	**AY** 23
Timbal (R.) ...	**BY** 27
Verdusse (R. de) ...	**AY** 30
Vigan (Pl. du) ...	**BY** 31
Bodin (Bd P.) ...	**BZ** 3
Dembourg (Av.) ...	**BX** 4
Hôtel-de-Ville (R. de l') ...	**BY** 5
Jaurès (Pl. Jean) ...	**BY** 6
Joffre (Av. Mar.) ...	**AZ** 8
Lacombe (Bd) ...	**AZ** 9

La-Pérouse (Pl.) ...	**ABY** 12
Lattre-de-T. (Av. de) ...	**BX** 13
Lices Jean-Moulin ...	**BY** 16
St-Joseph (⊕) ...	**BZ**
St-Salvy (⊕) ...	**ABY**
Ste-Cécile (Pl. ⊕) ...	**AY** 22
Ste-Marie-Mad. (⊕) ...	**AX**
Strasbourg (Bd de) ...	**BX** 24
Thomas (Av. Albert) ...	**BX** 26
Verdier (Av. François) ...	**AZ** 28
Verdun (Pl. de) ...	**AZ** 29

🐾 *Les pastilles numérotées des plans de ville ①, ②, ③*
sont répétées sur les cartes Michelin à 1/200 000.
Elles facilitent ainsi le passage entre les cartes et les guides Michelin.

ALBIEZ-LE-JEUNE 73 Savoie **77** ⑦ – 81 h. alt. 1 350 – ⊠ 73300 St-Jean-de-Maurienne –
❸ 79.

Paris 648 – Chambéry 87 – St-Jean-de-Maurienne 16 – St-Michel-de-Maurienne 26.

   ✗ **L'Escale** ⌂ avec ch, 🕿 64.20.00, ≼ – 🍴 ⌖ rest
      fermé 15 oct. au 15 nov. et merc. – SC : **R** 70/160 – ⌸ 20 – **12 ch** 120 – P 100/160.

ALBIEZ-LE-VIEUX 73 Savoie **77** ⑦ – 298 h. alt. 1 522 – ⊠ 73300 St-Jean-de-Maurienne –
❸ 79.

Voir Col du Mollard ≼⋆ S : 3 km, G. Alpes .

Paris 648 – Chambéry 87 – St-Jean-de-Maurienne 16 – St-Sorlin-d'Arves 15.

   🏠 **La Rua** ⌂, 🕿 56.71.99, ≼ – 🚻wc 🍴wc 🕿 🅿. ⌖ rest
      fermé 1ᵉʳ au 15 mai et nov. – SC : **R** 45/100 – ⌸ 15 – **22 ch** 90/150 – P 150/198.

ALBIGNY 74 H.-Savoie **74** ⑥ – rattaché à Annecy.

ALBIGNY-SUR-SAÔNE 69810 Rhône **74** ① – 2 672 h. alt. 185 – ❸ 7.

Voir Musée de l'Électricité⋆ dans la maison d'Ampère O : 4,5 km, G. Vallée du Rhône.

Paris 452 – Bourg-en-Bresse 52 – ◆Lyon 18 – Meximieux 35 – Villefranche-sur-Saône 19.

   ✗✗ **des Îles**, sur D 51 ⊠ 69250 Neuville-sur-Saône 🕿 891.30.88 – 🅿
      fermé fév., lundi soir et mardi – SC : **R** 80/120, dîner à la carte ⌾.

ALENÇON P 61000 Orne 60 ③ G. Normandie – 34 666 h. alt. 135 – ✿ 33.

Voir Église N.-Dame★ BY E : porche★★ – Musée de peinture★ AY H.

Env. Forêt de Perseigne★ 9 km par ③.

🛈 Office de Tourisme 60 Grande-Rue (fermé dim. et lundi matin hors saison) 🕾 26.11.36 – A.C.O. 2 cours Clemenceau 🕾 26.51.75.

Paris 191 ② – Chartres 116 ③ – Évreux 118 ② – Laval 91 ⑤ – ♦Le Mans 49 ④ – ♦Rouen 146 ①.

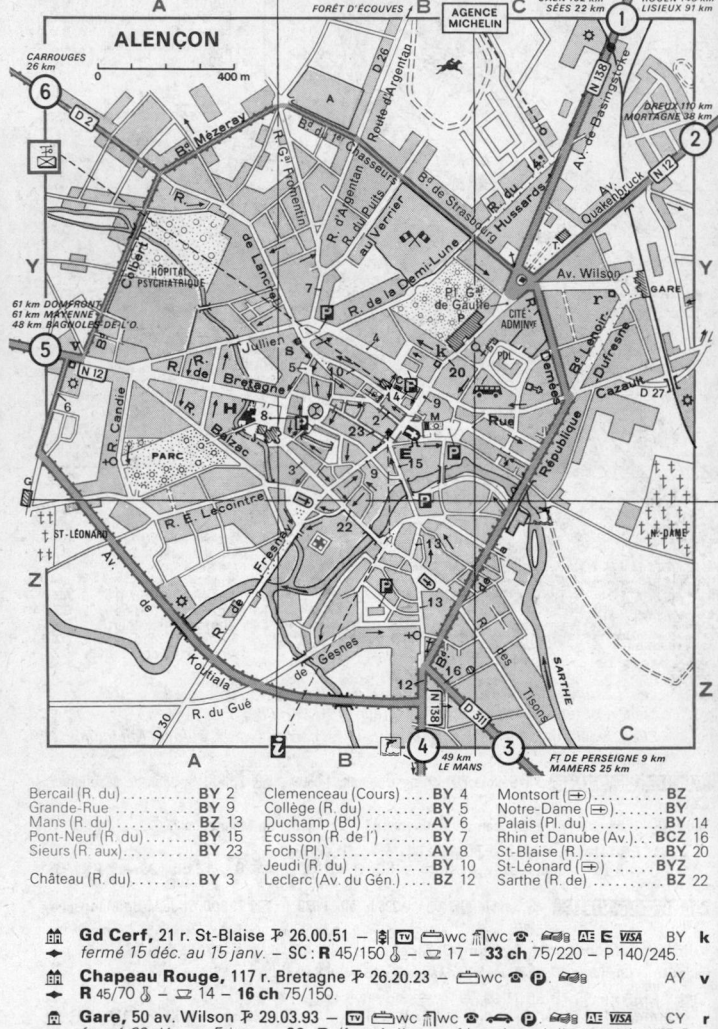

Bercail (R. du) . . . . **BY** 2	Clemenceau (Cours) . . . . **BY** 4	Montsort (🚶) . . . . **BZ**
Grande-Rue . . . . **BY** 9	Collège (R. du) . . . . **BY** 5	Notre-Dame (🚶) . . . . **BY**
Mans (R. du) . . . . **BZ** 13	Duchamp (Bd) . . . . **AY** 6	Palais (Pl. du) . . . . **BY** 14
Pont-Neuf (R. du) . . . . . . **BY** 15	Écusson (R. de l') . . . . . . **BY** 7	Rhin et Danube (Av.) . . . **BCZ** 16
Sieurs (R. aux) . . . . **BY** 23	Foch (Pl.) . . . . **AY** 8	St-Blaise (R.) . . . . **BY** 20
	Jeudi (R. du) . . . . **BY** 10	St-Léonard (🚶) . . . . **BYZ**
Château (R. du) . . . . **BY** 3	Leclerc (Av. du Gén.) . . . **BZ** 12	Sarthe (R. de) . . . . **BZ** 22

🏨 **Gd Cerf,** 21 r. St-Blaise 🕾 26.00.51 – 📺 🛁wc 🛊wc 🕾. 🚗 AE E VISA   BY **k**
→ fermé 15 déc. au 15 janv. – SC : **R** 45/150 🍷 – 🖙 17 – **33 ch** 75/220 – P 140/245.

🏨 **Chapeau Rouge,** 117 r. Bretagne 🕾 26.20.23 – 🛁wc 🕾 🅿. 🚗   AY **v**
→ **R** 45/70 🍷 – 🖙 14 – **16 ch** 75/150.

🏠 **Gare,** 50 av. Wilson 🕾 29.03.93 – 📺 🛁wc 🛊wc 🕾 ← 🅿. 🚗 AE VISA   CY **r**
→ fermé 20 déc. au 5 janv. – SC : **R** (fermé dim. sauf le soir en juil. et août) 38/55 🍷 – 🖙 15 – **22 ch** 90/190.

XXX ✿ **Petit Vatel** (Lerat), 72 pl. Cdt-Desmeulles 🕾 26.23.78 – AE E VISA   BY **s**
fermé 15 au 31 août, 11 au 28 fév. et merc. – SC : **R** 94/130
Spéc. Moules gratinées aux épinards, Saint-Pierre aux concombres, Glaces et sorbets.

au Londeau par ② – ⊠ **61000** Alençon :

🏠 **Campanile,** rte Paris 🕾 29.53.85, Télex 171908 – 🛁wc 🐾 🅿. VISA
SC : **R** 55 bc/80 bc – 🍴 20 – **35 ch** 161.

par ④ : 4 km – ⊠ 72610 St-Paterne :

🏠 **Host. du Château de Maleffre,** ⊠ 72610 Saint-Paterne ☏ 31.82.78, ≤, parc –
⊟ 🛏 🅿 🖻 *VISA* ✍ rest
fermé vacances de Noël – SC : **R** *(fermé vend., sam. et dim.)* (dîner seul.) 100 bc –
🍽 15 – **13 ch** 65/200.

Voir aussi ressources hôtelières de *St-Denis-sur-Sarthon* par ⑤ : 12 km.

MICHELIN, Agence, 20-22 r. Ampère CY ☏ 29.13.26

AUSTIN, MORRIS, ROVER, TRIUMPH Gar.
de Bretagne, 141 r. de Bretagne ☏ 26.08.27
CITROEN Roques, N 138 rte du Mans par ④
☏ 26.50.50 🅽
FIAT Gar. Leprince, 50 r. Julien ☏ 26.04.98
FIAT, LANCIA-AUTOBIANCHI Kosellek, 45 av.
de Quakenbruck ☏ 29.40.67
FORD Legrand-Autos, 132 av. de Quakenbruck par ① ☏ 29.45.61
PEUGEOT, TALBOT Gds Gar. de l'Orne, 111
av. de Basingstoke par ① ☏ 29.22.22 🅽 ☏ 29.
22.86 et rte du Mans à Arconnay par ④ ☏
26.11.25

RENAULT SODIAC, N 12, rte de Paris à Cerisé
par ② ☏ 29.20.22
RENAULT Chantepie, 37 r. Marchant-Saillant
par R. Cazault CY ☏ 29.21.60
TOYOTA Baroche, 93 r. Rhin et Danube ☏
29.60.86
V.A.G. Gar. Marcade, 141 bd de la République
☏ 29.60.55
VOLVO Gar. Guérin, 21 r. Demées, ☏ 29.06.15

🛞 Alençon-Pneus, 71 av. de Basingstoke ☏
29.16.22

ALÈS ◁◼▷ 30100 Gard 🎱 ⑰⑱ G. Causses – 45 787 h. alt. 140 – ⊛ 66.

🇮 Office de Tourisme (fermé sam. et dim.) avec A.C. (☏ 52.51.69) 3 r. Michelet (Chambre de
Commerce) ☏ 52.21.15, Télex 490855 et pl. G.-Péri (Pâques-1er nov. et fermé dim.) ☏ 52.80.04.
Paris 709 ② – Albi 230 ④ – Avignon 71 ③ – ♦Montpellier 70 ④ – Nîmes 44 ③ – Valence 146 ②.

ALÈS

Avéjan (R. d')	**B**
Docteur-Serres (R.)	**B**
Edgar-Quinet (R.)	**D**
Louis-Blanc (Bd)	**B**
St-Vincent (R.)	**B** 15
Taisson (R.)	**B** 19

Albert-1er (R.)	**A** 2
Audibert (R. Cdt)	**A** 3
Barbusse (Pl. Henri)	**B** 4
Canal (R. du)	**B** 5
Gaulle (Av. Gén. de)	**B** 7
Hôtel-de-Ville (Pl. de l')	**A** 8
Leclerc (Pl. Gén.)	**B** 9
Martyrs-de-la-Résistance	
(Pl.)	**B** 10

Michelet (R.)	**B** 12
Péri (Pl. Gabriel)	**B** 13
Rollin (R.)	**A** 14
Sémard (Pl. Pierre)	**B** 16
Soleil	
(R. du Faubourg-du)	**B** 17
Stalingrad (Av. de)	**B** 18
Talabot (Bd)	**B** 20
Vauban (Bd)	**A** 22

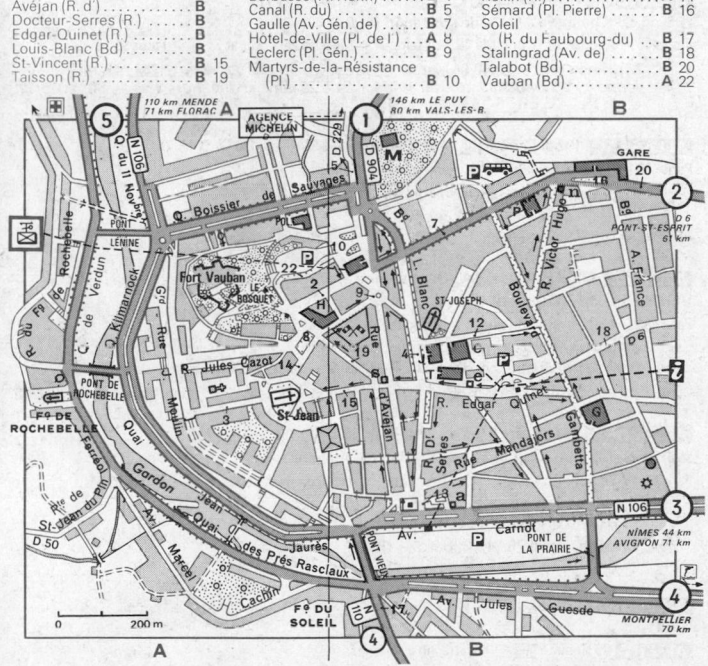

🏨 **Mercure** Ⓜ, r. E.-Quinet ☏ 52.27.07, Télex 480830 – 🛗 🍴 📺 ☎ 🅿 – 🔏 30 à 100.
🅰🅴 ⓞ 🖻 *VISA*
R carte environ 90 – ⊑ 25 – **75 ch** 202/236.
B e

🏨 **Gd Hôtel,** 17 bis pl. G.-Péri ☏ 52.19.01 – 🛗 ⊟wc 🛏wc ☎ 🕭 & 🚗 – 🔏 50. 🖂
SC : **R** *(fermé 20 déc. au 20 janv. et dim. hors sais.)* 55 – ⊑ 17 – **42 ch** 90/230.
B a

91

ALÈS

🏛 **L'Écusson** Ⓜ sans rest, par ③ : 3 km sur N 106 ⌧ 30560 St-Hilaire-de-Brethmas 𝄃 30.10.52, ⏤ – 🛗wc 🕿 Ⓟ
SC : ⏤ 15 – **20 ch** 80/180.

🏠 **Orly** sans rest, 10 r. Avéjan 𝄃 52.43.27 – 🕼 ▭ ➰wc 🛗wc 🕿 Ⓟ ➿ ① E 𝗩𝗜𝗦𝗔
🞧
fermé 1er au 15 janv. – SC : ⏤ 14,50 – **44 ch** 117/145.
B s

🞯🞯 **Parc** avec ch, 174 rte Nîmes par ③ : 2 km 𝄃 30.62.33, ⚒ – 🛗wc Ⓟ ➿ E 𝗩𝗜𝗦𝗔
🞧 ch
SC : **R** 55/100 – ⏤ 15 – **5 ch** 130/160 – P 240 bc.

🞯 **Le Riche,** 42 pl. Sémard 𝄃 86.00.33
SC : **R** 68/100 🍷.
B n

MICHELIN, Agence, 4 r. du Canal (au Nord par D 229) 𝄃 30.06.22

ALFA-ROMEO Gar. Grégori, 3 r. J.-Louche 𝄃 30.80.34
BMW-FIAT Cévennes-Autom., rte d'Aubenas à St Martin de Valgalgues 𝄃 30.22.46 N 𝄃 86.54.59
CITROEN Alès-Auto, 78 rte de Bagnols par ② 𝄃 86.42.40
DATSUN-LADA SKODA-VOLVO Gar. Chauvet, 92 bis rte Alsace 𝄃 30.13.80
FORD Morel, 15 av. Gibertine 𝄃 86.44.73
LANCIA-AUTOBIANCHI Gar. Juveau, 2 bd L.-Blanc 𝄃 52.39.31
PEUGEOT-TALBOT Guiraud, 1165 rte d'Uzès par ③ 𝄃 86.41.87

OPEL-GM Gar. SOGIR, rte de Nîmes à St-Hilaire de Brethmas 𝄃 86.22.97
RENAULT Auto-Christol, Rte de Montpellier à St. Christol les Alès par N 110 B 𝄃 52.86.44
RENAULT Sud-Auto, rte de Nîmes par ③ 𝄃 86.49.64
V.A.G. Provence-Auto, Km 3, rte de Nîmes à St-Hilaire de Brethmas 𝄃 30.81.23

◍ Beltran, 6 r. J.-Louche 𝄃 30.07.58
Escoffier-Pneus, 8 pl. Barbusse 𝄃 52.38.72 et Zone Ind. de Bruèges 𝄃 55.68.41
Pneus-Rouveyran, av. Marcel Cachin 𝄃 52.51.83

▬▬ **ALFORTVILLE** 94 Val-de-Marne 𝟼𝟷 ①, 𝟷𝟎𝟷 ㉘ – voir à Paris, Proche banlieue.

▬▬ **ALLANCHE** 15160 Cantal 𝟽𝟼 ③④ – 1 551 h. alt. 985 – 🅒 71.
🛈 Syndicat d'Initiative à la Mairie (juil.-août) 𝄃 20.41.59.
Paris 486 – Aurillac 74 – Brioude 48 – Issoire 64 – Massiac 26 – Murat 23 – St-Flour 36.

🏠 **Modern'H.,** 𝄃 20.40.06, ⚒ – 🛗wc 🕿 🚗 Ⓟ ➿ E 𝗩𝗜𝗦𝗔 🞧 rest
↦ *fermé 11 au 24 oct., 3 nov. au 1er déc., 3 au 25 janv. et dim. hors sais.* – SC : **R** 45/115 – ⏤ 18 – **35 ch** 76/153 – P 140/190.

▬▬ **ALLASSAC** 19240 Corrèze 𝟽𝟻 ⑧ G. Périgord – 3 594 h. alt. 170 – 🅒 55.
Paris 480 – Brive-la-Gaillarde 16 – ♦Limoges 84 – Tulle 34.

🏠 **Midi,** av. Victor-Hugo 𝄃 84.90.35 – 🛗wc
↦ SC : **R** 45/70 – ⏤ 15 – **10 ch** 80/120 – P 120/140.

PEUGEOT-TALBOT Bouillaguet, 𝄃 84.90.22   RENAULT Vignal, 𝄃 84.91.22

▬▬ **ALLÈGRE** 43270 H.-Loire 𝟽𝟼 ⑥ G. Auvergne – 1 631 h. alt. 1 021 – 🅒 71.
Voir Ruines du château 🞸🞸★.
Paris 484 – Ambert 48 – Brioude 40 – Langeac 34 – Le Puy 28.

🏠 **Voyageurs,** 𝄃 00.70.12 – 🛗 Ⓟ
↦ *fermé 15 déc. au 15 mars* – SC : **R** 36/46 🍷 – ☕ 10 – **24 ch** 60/80 – P 103/120.

CITROEN Gar. P.-Allès, 𝄃 00.70.50   PEUGEOT-TALBOT Gar. Marrel, 𝄃 00.70.62 N

▬▬ **ALLEMOND** 38114 Isère 𝟽𝟽 ⑥ – 1 040 h. alt. 820 – 🅒 76.
Voir Traverse d'Allemond 🞸🞸★★ O : 4 km, G. Alpes.
Paris 611 – Le Bourg-d'Oisans 11 – ♦Grenoble 45 – St-Jean-de-Maurienne 54 – Vizille 29.

🏠 **Giniès** 🞧, 𝄃 80.70.03, ≼, ⚒ – 🛗 🕿 Ⓟ. 🞧
SC : **R** *(2 mai-8 sept.)* 55/110 🍷 – ⏤ 18 – **19 ch** 80 – P 140/160.
🏨 **Tilleuls,** 𝄃 80.70.24, ≼, parc – Ⓟ. 🞧
↦ *Pâques-1er oct.* – SC : **R** 45/80 🍷 – ⏤ 17 – **21 ch** 50/90 – P 130/160.

▬▬ **ALLÉRIOT** 71 S.-et-L. 𝟼𝟿 ⑩, 𝟽𝟶 ② – rattaché à Chalon-sur-Saône.

▬▬ **ALLERY** 80 Somme 𝟻𝟸 ⑦ – rattaché à Airaines.

▬▬ **ALLEVARD** 38580 Isère 𝟽𝟺 ⑯, 𝟽𝟽 ⑥ G. Alpes – 2 577 h. alt. 475 – Stat. therm. (mai-sept.) – 🅒 76.
Voir Route du Collet★★ par ② – O : Route de Brame-Farine★.
🛈 Office de Tourisme pl. Résistance (fermé dim. et fêtes après-midi) 𝄃 45.10.11.
Paris 596 ① – Albertville 47 ① – Chambéry 35 ① – ♦Grenoble 38 ③ – St-Jean-de-Maurienne 65 ①.

ALLEVARD

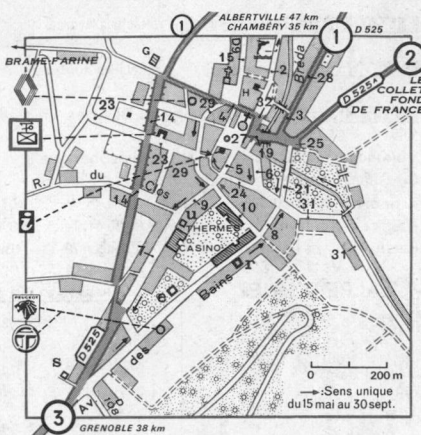

🏨 **Ermitage** ⚜, **(e)** ☎ 97.51.41, ≤, parc, ✕ – 🛗 🖻wc ☎ 🅿. 🚗🖻. ✕ rest
16 mai-25 sept. – SC : **R** 70/75 – **50 ch** ☲ 79/220 – P 175/255.

🏨 **Les Pervenches** ⚜, **(s)** ☎ 97.50.73, ≤, parc, ✕ – 🖻wc 🖻wc 🅿 ♿ 🅿. ✕ rest
14 mai-20 sept. – SC : **R** 65/90 – **34 ch** ☲ 98/185 – P 168/220.

🏨 **Parc** ⚜ sans rest, **(u)** ☎ 97.54.22, ≤ parc, ✕ – 🛗 🖻wc ☎ 🅿. 🚗🖻
16 mai-25 sept. – SC : **50 ch** ☲ 77/200.

🏨 **Continental, (r)** ☎ 97.50.07, 🚗 – 🛗 🖻wc ☎ 🚘 🅿. ✕ rest
15 mai-20 sept. vacances scolaires – SC : **R** 50 – ☲ 13 – **40 ch** 75/190 – P 130/190.

à Pinsot S : 7 km par D 525 A – 🖂 38580 Allevard :

🏨 **Belle Étoile** ⚜, ☎ 97.53.62, ≤, 🚗, ✕ – 🖻wc 🅿. VISA. ✕ rest
17 mai-25 sept. et 20 déc.-18 avril – SC : **R** 60/91 – ☲ 14 – **35 ch** 63/142 – P 142/210.

au Collet d'Allevard par ② : 10 km – alt. 1 450 – Sports d'hiver : 1 450/2 100 m ⛷12 – 🖂 38580 Allevard.

🛈 Office de Tourisme (15 déc.-15 avril) ☎ 45.01.88.

🏨 **Plein Ciel** ⚜, ☎ 97.52.30, ≤ massif de Chartreuse – 🖻wc 🖻wc ☎ 🅿. VISA
15 juin-15 sept. et 1er déc.-30 avril – SC : **R** 60/120 🍴 – ☲ 14 – **20 ch** 121/152 – P 190/250.

PEUGEOT-TALBOT Gar. Tissot, ☎ 97.50.62   RENAULT Gar. Central, ☎ 97.51.26

ALLIGNY-EN-MORVAN 58 Nièvre 🔢 ⑰ – 734 h. alt. 454 – 🖂 58230 Montsauche – ✆ 86.
Paris 263 – Autun 32 – Château-Chinon 34 – Clamecy 79 – Nevers 100 – Saulieu 11.

✕ **Aub. du Morvan** avec ch, ☎ 76.13.90 – 🖻. ✕ ch
fermé 15 nov. au 15 déc. et janv. – **R** *(fermé jeudi et le soir en hiver)* 46/145 – ☲ 15 – **5 ch** 75/125 – P 125

ALLONZIER-LA-CAILLE 74 H.-Savoie 🔢 ⑥ – 510 h. alt. 643 – 🖂 74350 Cruseilles – ✆ 50.
Voir Ponts de la Caille ★ N : 1,5 km, G. Alpes.
Paris 555 – Annecy 13 – Bellegarde-sur-Valserine 49 – Bonneville 31 – ♦Genève 30.

🏨 **Manoir** ⚜, ☎ 46.81.82, ≤, 🚗 – 📺 🖻wc 🖻wc ☎ 🚗 🅿 – 🏕 40. 🚗🖻 E VISA
fermé 1er nov. au 20 déc. et lundi hors sais. – SC : **R** 65/150 – ☲ 18 – **18 ch** 100/170 – P 180/200.

ALLOS 04260 Alpes-de-H.-P. 🔢 ⑧ G. Alpes – 564 h. alt. 1 425 – Sports d'hiver à La Foux :
1 800/2 600 m ⛷3 ⛷15 et au Seignus – ✆ 92.
Env. ❅★★ du col d'Allos NO : 15 km.
🛈 Syndicat d'Initiative à la Mairie ☎ 83.02.81.
Paris 824 – Barcelonnette 36 – Colmars 8 – Digne 79.

au Seignus O : 2 km par D 26 – alt. 1 500 – Sports d'hiver : 1 400/2 450 m ⛷11 – 🖂 04260 Allos :

🏨 **Altitude 1500** ⚜, ☎ 83.01.07, ≤ – 🖻 🖻 🅿. ✕ ch
1er juin-30 août et 15 déc.-30 avril – SC : **R** *(nombre de couverts limité - prévenir)* 50/55 – ☲ 12,50 – **16 ch** (pens. seul.) – P 115/135.

ALMANARRE 83 Var 84 ⑮⑯ – rattaché à Hyères.

L'ALOUETTE 33 Gironde 71 ⑨ – rattaché à Bordeaux.

L'ALPE D'HUEZ 38750 Isère 77 ⑥ G. Alpes – alt. 1 860 – Sports d'hiver : 1 860/3 350 m 💰 5
💰 46, 🎿 – ❸ 76.
Voir Pic du Lac Blanc ❄️ *** NE par téléphérique B.
Env. Lac Besson* N : 5,5 km.
Altiport ✈ **80.41.60, SE : 1,5 km.**
🛈 Office de Tourisme Place Paganon ✆ 80.35.41, Télex 320892.
Paris 627 ① – Le Bourg-d'Oisans 14 ① – Briançon 79 ① – ♦Grenoble 62 ①.

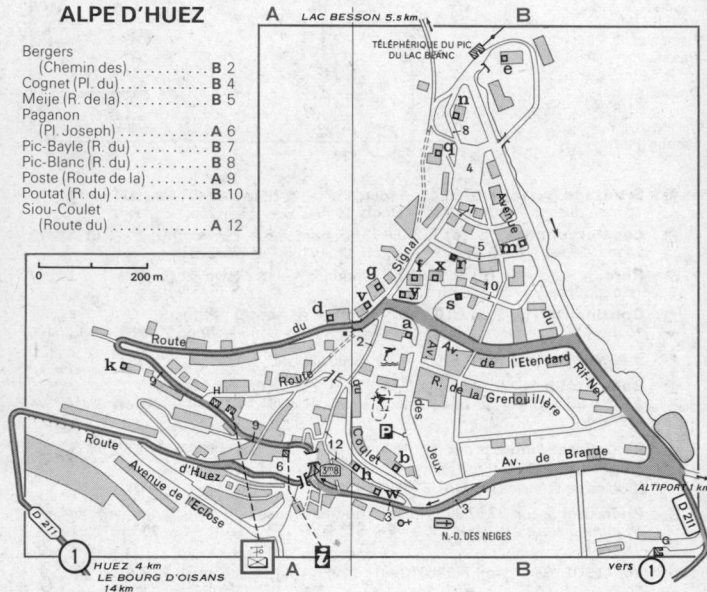

ALPE D'HUEZ

Bergers
(Chemin des) . . . . B 2
Cognet (Pl. du) . . . . B 4
Meije (R. de la) . . . . B 5
Paganon
(Pl. Joseph) . . . . A 6
Pic-Bayle (R. du) . . . . B 7
Pic-Blanc (R. du) . . . . B 8
Poste (Route de la) . . . . A 9
Poutat (R. du) . . . . B 10
Siou-Coulet
(Route du) . . . . A 12

🏨🏨 **Ours Blanc** M 🍽, ✆ 80.31.11, ≤ massif de l'Oisans, 🍴 – 🚗 Ⓟ. 🅰🅴 ⓞ VISA
%% rest   B **b**
Noël-Pâques – SC : **R** 120/160 – **37 ch** (pens. seul.), 5 appartements – P 380/450.

🏨🏨 **Petit Prince** 🍽, ✆ 80.33.51, ≤ massif de l'Oisans, 🍴 – 🛗 ☎ Ⓟ – 🛎 25. 🅰🅴
ⓞ %% rest   A **k**
Noël-Pâques – SC : **R** 95/120 – ⏛ 25 – **40 ch** 230/380 – P 240/420.

🏨🏨 **Vallée Blanche**, ✆ 80.30.51, ≤ massif de l'Oisans – 🛗 cuisinette 📺 ☎ Ⓟ – 🛎
40. ⓞ VISA. %% rest   B **h**
1er juil.-août et 15 déc.-30 avril – SC : **R** 90/135 – ⏛ 20 – **42 ch** 145/410 – P
260/410.

🏨🏨 **Les Gdes Rousses,** ✆ 80.33.11, ≤ massif de l'Oisans, 🏊, %% – 🛗 📺 ☎ 🚗 Ⓟ
– 🛎 30. VISA   A **d**
25 juin-6 sept. et 15 déc.-1er Mai – SC : **R** 100 – ⏛ 20 – **45 ch** 330 – P 330/370.

🏨🏨 ❀ **Au Chamois d'Or** (Seigle) 🍽, ✆ 80.31.32, ≤ pistes et montagnes, 🍴 – 🛗 Ⓟ
%%   B **e**
15 déc.-25 avril – SC : **R** 75/110 – ⏛ 22 – **40 ch** 170/270 – P 242/380
Spéc. Gratin de queues d'écrevisses, Huîtres chaudes aux épinards, Gratin et parfait glacé de
framboises. **Vins** Crépy.

🏨🏨 **Le Chaix** M, ✆ 80.30.22, ≤ massif de l'Oisans – 🛗 ☎ Ⓟ. %% rest   B **m**
10 déc.-25 avril – SC : **R** 80 – ⏛ 20 – **27 ch** 200/300 – P 196/285.

🏨🏨 **Hermitage,** ✆ 80.35.43, ≤ – 🛗 ☎ Ⓟ – 🛎 35. %% rest   B **f**
➡ *juil.-août et 10 déc.-Pâques* – SC : **R** 50/120 – ⏛ 25 – **34 ch** 200/280 – P 220/360.

🏨🏨 **Le Dôme** M, ✆ 80.32.11, ≤ massif de l'Oisans, 🍴 – 🛗 📺 ☎ 🚗 Ⓟ. 🅰🅴 ⓞ 🄴
VISA %% rest   B **q**
9 juil.-28 août et 16 déc.-25 avril – SC : **R** 80/130 – ⏛ 25 – **18 ch** 260/320 – P
290/360.

🏨 **Le Christina** ⏸, 🕿 80.33.32, ≤ massif de l'Oisans, ℀ – 🛗 ⛢wc ♨wc ☜ ☜   B **n**
début déc.-fin avril – **27 ch**.

🏨 **Belle Aurore**, 🕿 80.33.17, ≤ – 🛗 ⛢wc ♨ ☜. ☜⬛. ℀ rest   B **g**
20 déc.-20 avril – SC : **R** 105/130 – ☲ 240/370 – P 275/350.

🏨 **La Dauphinoise**, 🕿 80.32.61, ≤ – 🛗 ⛢wc ♨wc ☜ ☜. ☜⬛. ℀ rest   B **x**
20 déc.-20 avril – SC : **R** 78/85 – ☲ 15,50 – **27 ch** 111/211 – P 240/269.

🏠 **Les Bruyères**, 🕿 80.32.74, ≤ – ⛢wc ♨wc ☜ ☜. ☜⬛. ℀ rest   B **y**
1er juil.-31 août et Noël-Pâques – SC : **R** 62/78 – ☲ 21 – **20 ch** 185/250.

🏠 **Alp'Azur** sans rest, 🕿 80.34.02, ≤ – ⛢wc ♨wc ☜. ☜⬛   B **v**
fermé juin – SC : ☲ 20 – **20 ch** 135/210.

🏠 **Le Chamois**, 🕿 80.31.19, ≤ – ⛢wc ♨wc ☜. ☜⬛   B **w**
1er juil.-25 août et 20 déc.-1er mai – SC : **R** 70 – ☲ 20 – **14 ch** 150/200 – P 240/255.

%% **L'Outa** avec ch, 🕿 80.34.56, ≤, ☀ – ⛢wc ♨wc ☜. 🅰🅴 ⓞ 🅴 𝖵𝖨𝖲𝖠   B **s**
10 juil.-25 août et 1er déc.-5 mai – SC : **R** 65/80 – ☲ 22 – **11 ch** 160 – P 235/285.

%% **La Cordée**, 🕿 80.35.39   B **r**
↠ *1er juil.-10 sept. et 1er nov.-1er mai* – SC : **R** 42/52, dîner à la carte.

à Huez par ① : 4 km par D 211 – alt. 1 495 – ⊠ 38750 Alpe d'Huez :

🏔 **Gai Vallon**, 🕿 80.30.52, ≤ – ♨ ☜. ℀
1er juil.-30 août et 1er déc.-Pâques – SC : **R** 60/65 🍷 – ☲ 15 – **12 ch** 95/120 – P 130/150.

Garage du Pic-Blanc, av. des Jeux 🕿 80.32.20

▰▰▰ **ALTKIRCH** ◈ **68130** H.-Rhin 🄶🄶 ⑨ G. Vosges – 6 283 h. alt. 312 – ☻ 89.
Paris 529 – ◆Bâle 31 – Belfort 35 – Montbéliard 52 – ◆Mulhouse 20 – Thann 28.

à Wittersdorf E : 3 km par D 419 – ⊠ 68130 Altkirch :

🏠 **Kuentz-Bix** [M], 🕿 40.95.01 – ⛢wc ♨wc ☜ ☜. ☜⬛ 🅴 𝖵𝖨𝖲𝖠. ℀ ch
↠ **R** *(fermé fév. et lundi)* 35/130 🍷 – ☲ 13 – **18 ch** 100/120.

sur D 419 O : 3,5 km – ⊠ 68130 Altkirch :

🏠 **Aub. Sundgovienne**, 🕿 40.97.18, ☀ – 🛗 ⛢wc ♨wc ☜ ☜. ☜⬛ 🅰🅴 ⓞ 𝖵𝖨𝖲𝖠.
↠ ℀ ch
fermé Noël au 1er fév., mardi midi et lundi – SC : **R** 44/82 🍷 – ☲ 13 – **31 ch** 53/130 – P 132/175.

à Hirtzbach S : 4 km – ⊠ 68118 Hirtzbach :

%% **Ottié-Baur** avec ch, à la bifurcation de D 432 et D 17 🕿 40.93.22, ☀ – ⛢wc
↠ ♨wc ☜ ☜ ☜. 🅰🅴 ⓞ. ℀ ch
fermé 5 oct. au 5 nov., lundi soir et mardi – **R** 40/120 🍷 – ☲ 12 – **13 ch** 45/110 – P 130/160.

PEUGEOT, TALBOT Maute gar. du Centre, 21   RENAULT Gar. Fritsch, 29 r. du 3-Zouaves 🕿
r. de l'Ill 🕿 40.01.15   40.01.07

▰▰▰ **ALVIGNAC** 46 Lot 🗓🗓 ⑲ G. Périgord – 525 h. alt. 390 – Stat. therm. (1er mai-30 sept.) –
⊠ **46500** Gramat – ☻ 65.
Paris 544 – Brive-la-Gaillarde 52 – Cahors 64 – Figeac 43 – Gourdon 41 – Rocamadour 9 – Tulle 78.

🏨 **Palladium** ⏸, 🕿 33.60.23, ≤, ☃, ⤢, ☀ – ⛢wc ♨wc ☜ ☜. ☜⬛ 🅰🅴. ℀
1er mai-30 sept. – SC : **R** 60/130 – ☲ 18 – **27 ch** 160/220 – P 220/245.

🏠 **Nouvel H.**, 🕿 33.60.30, ☃ – ⛢wc ♨wc ☜. ☜⬛
↠ *15 mars-15 nov. et fermé sam. hors sais.* – SC : **R** 42/130 🍷 – ☲ 12,50 – **13 ch** 58/115 – P 115/150.

🏠 **Château**, 🕿 33.60.14, ☃, ☀ – ⛢ ♨ ☜ ☜. ℀ rest
↠ *1er mai-1er oct.* – SC : **R** 40/120 – ☲ 11 – **30 ch** 50/140 – P 110/160.

%% **Aub. Madeleine**, 🕿 33.61.47, ☃
↠ *Pâques-fin sept.* – SC : **R** 40/80.

▰▰▰ **AMBÉRIEU-EN-BUGEY** 01500 Ain 🗓🗓 ③ – 10 026 h. alt. 250 – ☻ 74.
Voir SE : Cluse de l'Albarine★, G. Jura.
🖪 Syndicat d'Initiative, r. A.-Bérard (fermé mardi, jeudi, vend. le matin et lundi) 🕿 38.18.17.
Paris 457 – Belley 45 – Bourg-en-Bresse 30 – ◆Lyon 46 – Nantua 44 – La Tour-du-Pin 53.

🏨 **Savoie** sans rest, N : 2 km sur rte Bourg-en-Bresse 🕿 38.06.90 – 🛗 📺 ⛢wc
☜ ☜ – 🍴 60. ☜⬛ 🅰🅴 ⓞ 🅴 𝖵𝖨𝖲𝖠
fermé 24 déc. au 31 janv. – SC : ☲ 21 – **45 ch** 170/195.

CITROEN Gar. de la Gare, 85 av. R.-Salengro   RENAULT Arpin-Gonnet, 25 r. A.-Bérard 🕿
🕿 38.00.15   38.00.60
PEUGEOT-TALBOT Gar. Pussier, 193 r.
A.-Bérard 🕿 38.20.36

AMBERT ‹SP› **63600** P.-de-D. **73** ⑯ **G. Auvergne** – 8 059 h. alt. 537 – ☎ 73.

Voir Église St-Jean★ E.

🛈 Syndicat d'Initiative 4 pl. Hôtel de Ville (fermé sam. et dim.) ☏ 82.01.55, Télex 990643 et pl. G.-Courtial (1er juil.-31 août) ☏ 82.14.15.

Paris 436 ① – Brioude 73 ③ – ◆Clermont-Fd 78 ④ – Montbrison 46 ② – Le Puy 74 ③ – Thiers 54 ①.

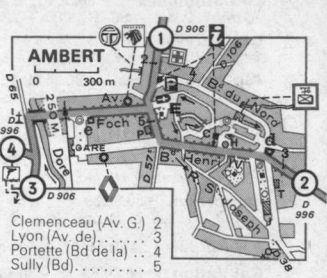

- 🏨 **Livradois,** 1 pl. Livradois **(d)** ☏ 82. 10.01 – 🛏wc 🛆 ☎ 🚗 AE ◑ E **VISA**
  fermé 17 oct. au 8 nov., 5 au 20 janv. dim. soir de nov. à Pâques et lundi – SC : **R** 75/150 – 🖵 15 – **14 ch** 52/165.

- 🏨 **Chaumière,** 41 av. Mar.-Foch **(e)** ☏ 82.14.94 – 🛏wc 🛆wc ☎ 🅿 🚗 AE E **VISA**
  fermé 7 mars au 2 avril et 5 au 17 sept. – SC : **R** *(fermé sam. et dim. soir)* 45/120 🖵 – 🖵 13 – **15 ch** 50/140 – P 110/160.

CITROEN Rigaud, rte de Clermont par ① ☏ 82. 01.57
FORD Colomb, Rte de Clermont ☏ 82.01.28
PEUGEOT-TALBOT Mavel, 22 av. Mar.-Foch ☏ 82.00.50 N ☏ 82.06.31
RENAULT Chanoine, 33 av. 11-novembre ☏ 82.08.56

◉ Arcis-Pneus, 34 av. de la Dore ☏ 82.02.69

Clemenceau (Av. G.) 2
Lyon (Av. de) 3
Portette (Bd de la) 4
Sully (Bd) 5

AMBOISE **37400** I.-et-L. **64** ⑯ **G. Châteaux de la Loire** – 11 116 h. alt. 57 – ☎ 47.

Voir Château★★ B – Clos-Lucé★ B **M1.**

🛈 Office de Tourisme quai Gén.-de-Gaulle ☏ 57.09.28.

Paris 221 ① – Blois 35 ① – Loches 34 ④ – ◆Tours 25 ⑤ – Vierzon 91 ③.

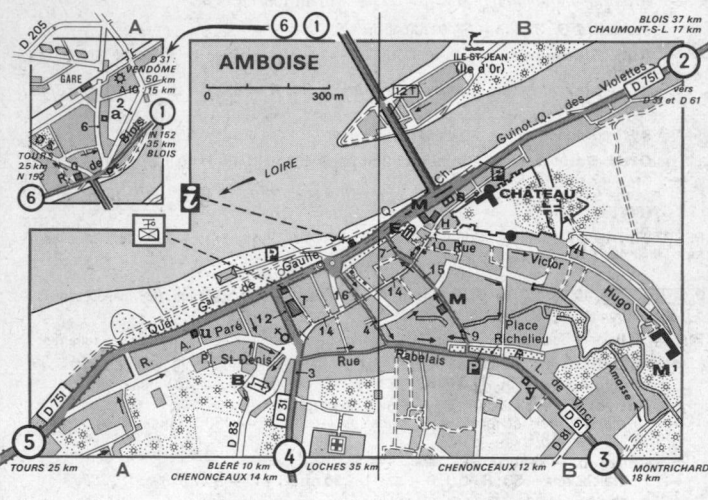

Leclerc (Pl.) .... **B** 10
Nationale (R.) .... **AB** 14
Victor-Hugo (R.) .... **B**

Anatole-France (Bd) ..... **A** 2

Bretonneau (R.) .... **A** 3
Chaptal (R.) .... **A** 4
Ferry (R. J.) .... **A** 6
J.-J.-Rousseau (R.) .... **B** 7
Joyeuse (R.) .... **B** 9

Martyrs-de-la-R. (Av.) .... **A** 12
Orange (R. d') .... **B** 15
St-Denis (⊖) .... **A** B
St-Florentin (⊖) .... **B** E
Voltaire (R.) .... **A** 16

- 🏨 **Novotel** Ⓜ ⅏, S : 2 km par rte de Chenonceaux ☏ 57.42.07, Télex 751.203, ≼, 🚿, ⛁, 🚗, ⚒ – 🛗 ⊡ ☎ & 🅿 – 🔬 180. AE ◑ E **VISA** **R** snack carte environ 85 – 🖵 26 – **82 ch** 215/255.

- 🏨 **Belle Vue,** 12 quai Ch.-Guinot ☏ 57.02.26 – 🛗 🛏wc 🛆wc 🕾. 🚗 **VISA**. ⚒ ch *fermé 15 nov. au 15 déc., janv. et dim. soir hors sais. –* SC : **R** voir rest Monseigneur – 🖵 16 – **30 ch** 96/170. B **s**

- 🏨 **Chanteloup** sans rest, rte de Bléré par ④ : 1,5 km ☏ 57.10.90 – 🛗 🛏wc 🛆wc ☎ 🅿. 🚗. ⚒ *1er avril-20 août et 12 sept.-15 déc. –* SC : 🖵 20 – **25 ch** 170/250.

🏠 **Lion d'Or,** 17 quai Ch.-Guinot ☎ 57.00.23 — 🍴wc 🛁wc 🚗 🚙 🚙   B **s**
   1er mars-2 nov. — SC : **R** 95/150 — 🍽 17 — **22 ch** 90/170.

🏠 **Parc,** 8 r. L.-de-Vinci ☎ 57.06.93, �ு , 🐾 — 🍴wc 🛁wc 🚗 **P** 🚙 E VISA 🛎   B **y**
   1er mars-3 nov. — SC : **R** (dîner seul.) 80 — 🍽 20 — **17 ch** 110/240.

🏠 **La Brèche,** 26 r. J.-Ferry ☎ 57.00.79, �ு , 🐾 — 🍴wc 🛁wc 🚙 VISA 🛎 rest
➤ *fermé 10 déc. au 10 janv. et dim. d'oct. à Pâques* — SC : **R** 44/70 🍷 — 🍽 14 — **15 ch**   A **a**
   50/145 — P 150/170.

🍴🍴 **Auberge du Mail** avec ch, 32 quai Gén.-de-Gaulle ☎ 57.60.39 — 🍴wc 🚗 **P**.
   🚙 VISA 🛎 ch   A **u**
   fermé 1er janv. au 1er fév., mardi soir et merc. midi — SC : **R** 70/140 — 🍲 16,50 —
   20 ch 50/165 — P 190/285.

🍴🍴 **Monseigneur,** 12 quai Ch. Guinot ☎ 57.07.60 — AE ① VISA   B **s**
   fermé 15 nov. au 15 déc., janv., dim. soir et lundi midi — SC : **R** 68/98.

  au Nord-Est — ✉ 37400 Amboise :

🏠 **Château de Pray** 🌲 , par ② : 2,5 km ☎ 57.23.67, ≤, �ு , « Terrasse dominant la
   vallée, parc » — 🍴wc 🚗 🚙 🚙 AE ① E VISA
   fermé 31 déc. au 10 fév. — SC : **R** 105/132 — 🍽 25 — **16 ch** 198/270 — P 340/352.

🍴🍴 **La Bonne Étape,** par ② : 2 km ☎ 57.08.09, 🐾 — **P.** AE E VISA
   fermé vacances de Noël, fév. et mardi — SC : **R** 70/98.

  à Négron par ⑥ : 3 km — ✉ 37400 Amboise :

🏠 **Petit Lussault** sans rest, N 152 ☎ 57.30.30, 🐾 — 🍴wc 🛁wc **P.** 🛎
   15 mars-31 oct. — SC : 🍽 15 — **20 ch** 100/150.

FIAT, LANCIA-AUTOBIANCHI, V.A.G. Gar. du
Relais des Châteaux, rte Chenonceaux ☎ 57.
07.64
FORD Gar. A.-France, bd A.-France ☎ 57.11.30
OPEL, TOYOTA Gar. Moderne Sport, 12 r. de
Blois ☎ 57.11.32

PEUGEOT-TALBOT C.G.F., 108 r. St-Denis par
D 83 ☎ 57.42.82
RENAULT S.A.V.E.A., rte de Bléré par ④ ☎
57.06.54

AMBONNAY 51 Marne 🔠🔠 ⑰ — 817 h. alt. 102 — ✉ 51150 Tours-sur-Marne — ❇ 26.
Paris 161 — Châlons-sur-Marne 22 — Épernay 21 — ◆Reims 26 — Vouziers 66.

🏠 **Aub. St-Vincent,** r. St-Vincent ☎ 59.01.98 — 🍴 🛁 🚗 🛎 ch
➤ *fermé 24 janv. au 24 fév., dim. soir et lundi* — SC : **R** 55/115 — 🍽 12 — **10 ch** 80/103
   — P 170.

AMBRAULT 36 Indre 🔠🔠 ⑨ — 614 h. alt. 180 — ✉ 36120 Ardentes — ❇ 54.
Paris 285 — Châteauroux 24 — La Châtre 24 — Issoudun 20 — St-Amand-Montrond 46.

🍴🍴 **Commerce** avec ch, ☎ 49.01.07, 🐾 — 🍴wc 🛁 **P** — 🛏 40. 🛎
➤ *fermé 22 au 29 mars, 25 sept. au 20 oct., 2 au 9 janv., dim. et fêtes le soir et lundi* —
   SC : **R** (dim. prévenir) 50/90 — 🍽 14 — **10 ch** 65/90.

AMBRIÈRES-LE-GRAND 53300 Mayenne 🔠🔠 ⑳ — 2 057 h. alt. 115 — ❇ 43.
Paris 252 — Alençon 60 — Domfront 23 — Fougères 46 — Laval 42 — St-Hilaire-du-Harcouët 49.

🏠 **Gué de Gênes,** rte Lassay ☎ 04.95.44 — 🍴wc 🛁 🚗 **P.** VISA
➤ *fermé 1er au 15 oct., 1er au 15 fév. et merc.* — SC : **R** 42/85 🍷 — 🍽 12 — **10 ch** 60/100.

CITROEN Gar. Duchesne, ☎ 04.95.57   RENAULT Gar. Anne, ☎ 04.91.04

AMÉLIE-LES-BAINS-PALALDA 66110 Pyr.-Or. 🔠🔠 ⑱⑲ G. Pyrénées — 4 037 h. alt. 230 —
Stat. therm. — Casino — ❇ 68 — **Voir Vallée du Mondony★ S** : voir plan.

🛈 Office de Tourisme, pl. République (fermé sam. après-midi et dim.) ☎ 39.01.98, Télex 500711.
Paris 944 ② — Céret 8 ② — ◆Perpignan 38 ② — Prats-de-Mollo-la-Preste 23 ③ — Quillan 105 ②.

Plan page suivante

🏠 **Gd H. Reine-Amélie** M, bd Petite-Provence (t) ☎ 39.04.38, ≤ — 📶 ☎ 🚗 **P.**
   AE ①
   SC : **R** 85/150 — 🍽 18 — **66 ch** 200/230 — P 196/260.

🏠 **Gd H. Thermes** 🌲 , pl. Mar.-Joffre (n) ☎ 39.01.00, ≤, 🐾 — 📶 ☎ 🚗 **P.**
   🛎 rest
   fermé 24 déc. au 8 janv. — SC : **R** 80/100 — 🍽 19 — **82 ch** 125/292 — P 220/302.

🏠 **Le Catalogne** 🌲 , Route Vieux Pont (s) ☎ 39.02.26, ≤, 🐾 — 📶 🚙 AE ① VISA
   🛎 rest
   fermé déc. — SC : **R** 82/112 — 🍽 23 — **38 ch** 180 — P 220/300.

🏠 **Palmarium H.** M, av. Vallespir (u) ☎ 39.19.38 — 📶 🍽 rest 🍴wc 🛁wc ☎ 👤 🚗
   P. 🚙
   fermé 5 déc. au 15 janv. — SC : **R** 58/105 — 🍽 15 — **56 ch** 120/180 — P 165/200.

🏠 **Martinet** 🌲 , r. Hermabessière (d) ☎ 39.00.64, ≤ — 📶 🍴wc 🛁wc 🚗 🚙
   🛎 rest
   fermé 15 déc. au 1er fév. — SC : **R** 50/70 — 🍽 20 — **28 ch** 140/150 — P 160/180.

AMÉLIE-LES-BAINS
PALALDA

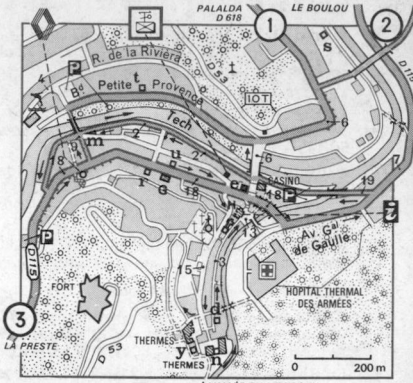

Une voiture bien équipée
possède à son bord
des **cartes Michelin** à jour.

🏠 **Gorges** ⑤, pl. Arago **(y)** ℱ 39.29.02 – ▯❙ ➾wc ⅏wc ☎. 📼 ⑤ ❀ rest
fermé 20 déc. au 15 fév. – SC : **R** 65/120 – 😐 14 – **36 ch** 65/120 – P 140/170.

🏠 **Castel Émeraude** ⑤, par rte de la Corniche - ouest du plan ℱ 39.02.83, ≤, ⌖
– ▯❙ ➾wc ⅏wc ⑫ 📼 📼 *VISA* ❀ ch
fermé déc. et janv. – SC : **R** 65/180 – 😐 15 – **31 ch** 145/180 – P 195/230.

🏠 **Host. Toque Blanche,** av. Vallespir **(r)** ℱ 39.00.57 – ▯❙ ➾wc ⅏wc ⑫. 📼.
⬦ ❀ rest
fermé 15 déc. au 20 janv. – SC : **R** 44/100 – 😐 12 – **43 ch** 78/112 – P 118/139.

🏠 **Ensoleillade et Rive** sans rest, 70 r. J. Coste **(m)** ℱ 39.06.20, ⌖ – ▯❙ cuisinette
⅏wc ⑫ ℗
fermé 30 nov. au 1ᵉʳ fév. – SC : 😐 14 – **20 ch** 125/170.

🏠 **Central,** av. Vallespir **(e)** ℱ 39.05.49 – ▯❙ ⅏wc ⑫ 🚗 *VISA*
⬦ *fermé 19 déc. au 31 janv.* – SC : **R** 50/70 – 😐 12 – **21 ch** 62/120 – P 115/135.

RENAULT Gar. du Vallespir, ℱ 39.05.05

▮ **L'AMÉLIE-SUR-MER** 33 Gironde 🔢 ⑯ – rattaché à Soulac-sur-Mer.

▮ **AMIENS** ℗ 80000 Somme 🔢 ⑥ G. Nord de la France – 135 992 h. alt. 27 – ✪ 22.

Voir Cathédrale✶✶✶ CY – Hortillonnages✶ AU – Hôtel de Berny✶ CY M2 – Musée de
Picardie✶✶ BZ M1.

🏌 ℱ 91.02.04 par ② : 7 km.

🚗 ℱ 91.77.77.

🇧 Office de Tourisme r. J.-Catelas (fermé dim. sauf 15 juin au 15 sept.) ℱ 91.79.28 - A.C. 15 r.
Marc-Sangnier ℱ 91.64.73 -

Paris 148 ③ – ✦Lille 115 ② – ✦Reims 170 ③ – ✦Rouen 116 ⑤ – St-Quentin 74 ③.

Plans pages suivantes

🏩 **Univers** sans rest, 2 r. Noyon ℱ 91.52.51 – ▯❙ 📺 ☎ ⅙ – 🔼 60. 📼 ⓪ ⓔ *VISA*
SC : 😐 20 – **41 ch** 180/220.   CZ **a**

🏠 **Nord-Sud,** 11 r. Gresset ℱ 91.59.03 – ➾wc ☎ – 🔼 30. 📼 ⓪ *VISA*   BY **u**
SC : **R** *(fermé dim. soir)* 70/110 ⅄ – 😐 15 – **26 ch** 84/160.

🏠 **Carlton-Belfort,** 42 r. Noyon ℱ 92.26.44 – ▯❙ 📺 ➾wc ⅏wc ⑫. 📼 📼 ⓪ ⓔ
VISA. ❀   CZ **d**
SC : **R** *(fermé dim. en juil. et août)* 87/150 – 😐 22 – **40 ch** 120/230 – P 300/410.

🏠 **Normandie** sans rest, 1 bis r. Lamartine ℱ 91.74.99 – ➾wc ⅏wc ☎ 🚗. 📼
SC : 😐 14 – **26 ch** 64/150.   CY **f**

🏠 **Ibis,** 4 r. Mar.-De-Lattre-de-Tassigny ℱ 92.57.33, Télex 140 765 – ▯❙ 📺 ➾wc ⑫
– 🔼 25. 📼 ⓔ *VISA*   BY **e**
SC : **R** snack carte environ 65 ⅄ – 🍽 18 – **94 ch** 165/182.

🏠 **Paix** sans rest, 8 r. République ℱ 91.39.21 – ⅏wc ⑫ ℗ 📼. ❀   BY **r**
fermé 15 déc. au 15 janv., dim. et fêtes – SC : 😐 12,50 – **26 ch** 66/115.

🏠 **Le Rallye,** 24 r. Otages ℱ 91.76.03 – ➾wc ⅏wc ⑫. 📼 ⓔ *VISA*   CZ **s**
fermé dim. – SC : **R** 52 (sauf fêtes)/100 ⅄ – 😐 14 – **20 ch** 65/145 – P 180/325.

✕✕ **Bois de Boulogne,** 505 Chaussée J.-Ferry ℱ 46.19.73 – ℗. 📼 ⓔ *VISA*   AV **k**
fermé 16 août au 5 sept., 1ᵉʳ au 15 mars, jeudi soir et vend. – SC : **R** 65/105.

✕✕ **Joséphine,** 20 r. Sire-Firmin-Leroux ℱ 91.47.38   CY **h**
fermé août, dim. soir et lundi – **R** 70/98.

XX **Mermoz** avec ch, 7 r. J.-Mermoz ☎ 91.50.63 – wc ☎. AE VISA — CY **b**
fermé juil., vacances de Noël et de fév. et dim. soir – SC : **R** 90/140 – ☕ 13 – **8 ch** 60/100.

à Dury par ④ : 5 km – ✉ **80480** Saleux :

XX **Bonne Auberge,** rte Nationale ☎ 95.03.33 – E VISA
fermé dim. soir et lundi sauf août et fériés – SC : **R** 68/152.

XX **L'Aubergade,** 78 rte Nationale ☎ 95.00.09
fermé août, 25 au 31 déc., sam. et dim. – SC : **R** 58/120.

à Dreuil-lès-Amiens O : 5 km par N 235 – ✉ **80730** Dreuil-lès-Amiens :

XX **Le Cottage,** ☎ 43.15.85 – E VISA
fermé 16 au 31 août, dim. soir et lundi – SC : **R** 52/120 ♁.

à Longueau par ③ : 6 km – 5 606 h. – ✉ **80330** Longueau :

XX **La Potinière,** ☎ 46.22.83 – E VISA
fermé 15 août au 15 sept., vacances de fév., dim. soir, jeudi soir et lundi – SC : **R** 60/120.

par ③ : 6,5 km – ✉ **80440** Boves :

Novotel M, ☎ 46.22.22, Télex 140731, – rest TV ☎ & P – 25 à 300. AE ⓓ VISA
R snack carte environ 85 – ☕ 29 – **92 ch** 244/335.

tourner →

AMIENS

Abbé-de-l'Épée (R.) .... **AU** 2
Allende (Av. Salvador) .. **AU** 4
Australie (R. d') .... **AU** 6
Beauvillé (Bd de) .... **AU** 10
Blanc (Av. Louis) .... **AU** 15
Boutillerie (R. de) .... **AV** 17
Cayeux (R. Octave) ..... **AU** 18
Châteaudun (Bd de) .... **AV** 21
Clemenceau (Carrefour G.) .... **AU** 25
Cottenchy (R. de) .... **AV** 28
Dupontreue (R. L.) ...... **AU** 37
Dury (Bd de) .... **AV** 38
Faubourg-de-Hem (R. du) .... **AU** 40
Fédérés (Bd des) .... **AV** 42
Foch (Pl. du Maréchal) . **AV** 47
Foy (Av. du Général) ... **AV** 48
Gourdain (R. R.) .... **AV** 58
Gutenberg (R.) .... **AU** 61
Labarre (R.) .... **AU** 71
Laurent (R. J.-M.) ...... **AV** 77
Lecointe (R. Lucien) ... **AU** 78
Lescouvé (R.) .... **AV** 81
Matifas (R. Georges) ... **AU** 89
Onfray (R. Roger) .... **AU** 92
Pont-Noyelles (Bd de) . **AV** 99
Prom. de la Hotoie ..... **AU** 104
St-Honoré (R.) .... **AV** 110
Strasbourg (Bd de) .... **AV** 116
Thuillier-Delambre (R.) .... **AU** 118

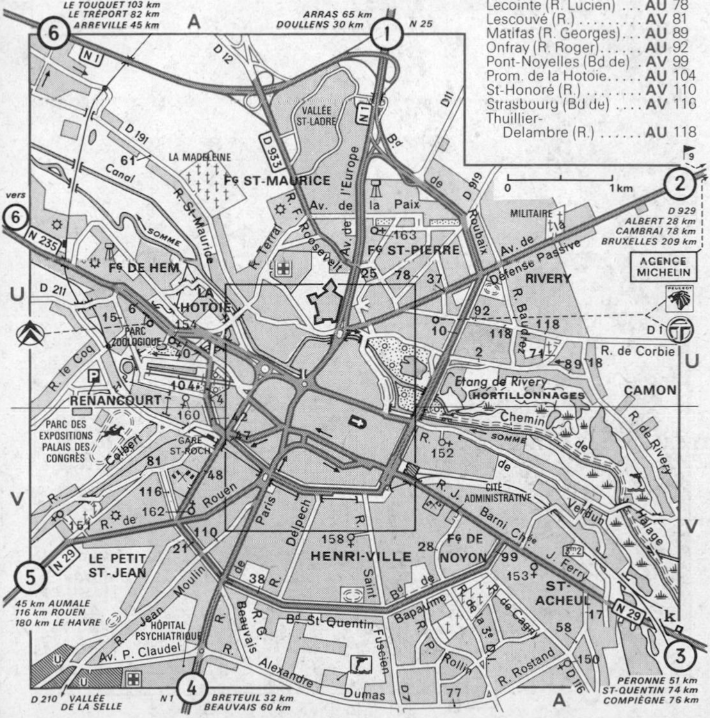

LE TOUQUET 103 km
LE TRÉPORT 82 km
ABBEVILLE 45 km
ARRAS 65 km
DOULLENS 30 km
N 25
VALLÉE ST-LADRE
LA MADELEINE
Fg ST-MAURICE
Fg ST-PIERRE
Fg DE HEM
LA HOTOIE
PARC ZOOLOGIQUE
RENANCOURT
PARC DES EXPOSITIONS PALAIS DES CONGRÈS
GARE ST-ROCH
LE PETIT ST-JEAN
HENRI-VILLE
Fg DE NOYON
ST-ACHEUL
RIVERY
CAMON
MILITAIRE
Etang de Rivery
HORTILLONNAGES
CITÉ ADMINISTRATIVE
HÔPITAL PSYCHIATRIQUE
AGENCE MICHELIN
D 929
ALBERT 28 km
CAMBRAI 78 km
BRUXELLES 209 km
45 km AUMALE
116 km ROUEN
180 km LE HAVRE
BRETEUIL 32 km
BEAUVAIS 60 km
PERONNE 51 km
ST-QUENTIN 74 km
COMPIÈGNE 76 km
D 210
VALLÉE DE LA SELLE
N 1

AMIENS

MICHELIN, Agence régionale, 212 av. de la Défense-Passive, D 929 à Rivery par ② ℡ 92.47.28

ALFA-ROMEO, DATSUN Péchon, 87 av. Défense-Passive ℡ 91.44.08
AUSTIN, JAGUAR, ROVER, TRIUMPH Fiszel Autom., 33 av. Europe ℡ 43.58.15
BMW La Veillère, 12 r. de la Résistance ℡ 91.80.26
CITROEN Gds Gar. de Picardie, 3 bd Belfort CZ ℡ 91.57.45 N
CITROEN Fournier, r. d'Australie AU ℡ 43.01.16
FIAT Auto Picardie, 7 bd Beauville ℡ 91.37.34
FORD Éts Leroux, 92 r. Gaulthier-de-Rumilly ℡ 95.37.20
LANCIA-AUTOBIANCHI, OPEL, GM-US Renel, N 16, Dury-lès-Amiens ℡ 95.42.42
MERCEDES-BENZ Gar. de l'Europe, 85 bd Alsace-Lorraine ℡ 91.28.63
PEUGEOT-TALBOT Ste Ind. Auto Nord, 35 N 1 Dury-lès-Amiens par ④ ℡ 95.08.37

PEUGEOT-TALBOT Le Nôtre-Autom., 126 r. Valentin-Haüy AU ℡ 92.18.34
RENAULT Gueudet Auto, 19 r. Otages CZ ℡ 92.09.41
RENAULT SARVA, 7 rte de Paris ℡ 95.17.60
RENAULT Gar. Citadelle, 3 chaussée St-Pierre CX ℡ 43.70.87
TOYOTA Gar. Pruvost, 23 av. Défense-Passive ℡ 44.86.20
V.A.G. Éts Cresson, rte de St-Quentin, Longueau ℡ 46.12.91
VOLVO Gar. Picard, 35 ter r. J.-Lefèvre ℡ 95.66.26
Gar. Sueur, 1 r. Fg-Hem ℡ 43.14.44

Ⓟ Fischbach Pneu, 40 bd Port-d'Amont ℡ 91.66.50
Picardie-Pneus, 126 r. Gaulthier-de-Rumilly ℡ 95.33.89

AMILLY 45 Loiret 65 ② – rattaché à Montargis.

AMMERSCHWIHR 68770 H.-Rhin 62 ⑱ ⑲ G. Vosges – 1 547 h. alt. 230 – ✪ 89.
Voir Nécropole nationale à Sigolsheim ✳ ⋆ du terre-plein central N : 2 km puis 15 mn.
Paris 508 – Colmar 7 – Gérardmer 55 – St-Dié 49 – Sélestat 25.

🏠 **Arbre Vert,** ℡ 47.12.23 ⊟wc ⋔wc ☎ 🚗 ☟ ch
→ fermé 26 nov. au 10 déc., 15 fév. au 25 mars et mardi – SC : **R** 50/180 ⅃ – ⊇ 13,50 – **14 ch** 53/140.

🏠 **Trois Merles,** ℡ 78.24.35 – ⋔wc Ⓟ. ☟ ch
15 mars-15 nov. et fermé dim. soir et lundi – **12 ch.**

XXX ✿✿ **Aux Armes de France** (Gaertner) avec ch, ℡ 47.10.12 – ⊟wc ☎. 🚗 ☟ AE
⬤ E VISA. ☟ ch
fermé janv., merc. soir du 1er oct. au 30 juin et jeudi – **R** (prévenir) 140/195 et carte – ⊇ 20 – **8 ch** 150/210
Spéc. Foie gras frais, Filets de sole aux nouilles, Filet de chevreuil poivrade (juin-fin déc.). Vins Riesling, Edelzwicker.

AMOU 40330 Landes 78 ⑦ – 1 455 h. alt. 41 – ✪ 58.
🛈 Syndicat d'Initiative à la Mairie (fermé sam. après-midi et dim.) ℡ 89.00.22.
Paris 737 – Aire-sur-l'Adour 52 – Dax 31 – Hagetmau 18 – Mont-de-Marsan 47 – Orthez 14 – Pau 49.

🏠 **Voyageurs,** ℡ 89.02.31 – ⊟wc ⋔ Ⓟ – ☟ 50
→ fermé fév. – SC : **R** (fermé sam. de déc. à mai) 40/100 ⅃ – ⊇ 10 – **14 ch** 55/130 – P 95/120.

🏠 **Commerce,** ℡ 80.02.28 ⊟wc ⋔ ☎ Ⓟ – ☟ 40 VISA
→ fermé nov. et lundi en hiver – **R** 45/100 – ⊇ 14 – **20 ch** 80/120 – P 120/140.

RENAULT Gar. Basque, ℡ 89.00.40

AMPHION-LES-BAINS 74 H.-Savoie 70 ⑰ G. Alpes – alt. 375 – ⊠ 74500 Évian – ✪ 50.
🛈 Syndicat d'Initiative La Rive (15 juin-15 sept., fermé sam. après-midi et dim.) ℡ 72.00.63.
Paris 585 – Annecy 80 – Évian-les-Bains 3,5 – ♦Genève 39 – Thonon-les-Bains 5,5.

🏛 **Plage** ☟, ℡ 72.00.06, ≤, parc, ⊾, 🐎, ☟ – ⊟wc ⋔wc ☎ Ⓟ – ☟ 30. 🚗
21 mai-25 sept. – SC : **R** 62/90 – ⊇ 17 – **38 ch** 90/170 – P 150/220.

🏛 **Parc et Beauséjour,** ℡ 75.14.52, ≤, parc, 🐎, ☟ – ⒤ ⊟wc ⋔ 🚗 ㅎ 🚘 Ⓟ
→ – ☟ 30 à 100. ⬤ E
fermé 17 oct. au 10 déc. et lundi de déc. à fin mars – SC : **R** 50/90 – ⊇ 18 – **50 ch** 70/170 – P 150/195.

🏛 **Princes,** ℡ 75.02.94, ≤, parc – ⒤ ⊟wc ⋔wc ☎ Ⓟ. VISA
20 mai-15 sept. – SC : **R** 55/90 – ⊇ 15 – **34 ch** 150/210 – P 150/210.

🏠 **Tilleul,** ℡ 72.00.39, ☞ – ⒤ ⊟wc ⋔wc ☎ Ⓟ. 🚗 VISA. ☟ rest
→ fermé janv. – SC : **R** (fermé lundi hors sais.) 50/120 – ⊇ 15 – **28 ch** 80/200 – P 120/170.

🏠 **Chablais** ☟, à Publier S : 1 km ⊠ 74500 Évian ℡ 75.28.06, ≤, ☞, ☞ – ⊟wc
→ ⋔wc 🚗. ☟ rest
fermé 2 au 10 avril, 15 au 30 oct. et dim. d'oct. à mai – SC : **R** 45/85 – ⊇ 12 – **22 ch** 64/135 – P 106/150.

XX **Le Relais** avec ch, ℡ 72.00.21, ≤, ☞ – ⊟wc. 🚗 AE ⬤ VISA
→ fermé déc., janv. et lundi sauf juil. et août – SC : **R** 61/88 – ⊇ 14 – **5 ch** 70/115 – P 130/160.

ANCENIS ◁SP▷ 44150 Loire-Atl. 🔠 ⑱ **G. Châteaux de la Loire** – 7 304 h. alt. 13 – ⚙ 40.

🖪 Office de Tourisme pl. Pont (fermé lundi et dim.) ☏ 83.07.44.

Paris 342 ① – Angers 53 ① – Châteaubriant 47 ① – Cholet 47 ③ – Laval 94 ① – ◆Nantes 42 ① – Niort 161 ③ – La Rochelle 163 ③ – La Roche-sur-Yon 88 ③ – Vannes 146 ①.

ANCENIS

Anjou (R. d') . . . . **BZ** 3
Clemenceau (R. G.) . . . . **BYZ**
Pont (R. du) . . . . **BZ** 13

Alsace-Lorraine (Pl.) . . . . **BZ** 2
Basse (Grande-Rue) . . . . **BZ** 4
Briand (R. Aristide) . . . . . **BZ** 5
Charost (R.) . . . . **AZ** 6
Château (R. du) . . . . **BZ** 7
Châteaubriant (R. de) . . . **BY** 8
Huchon (Bd) . . . . **AZ** 10
Leclerc (R. du Général) . . **AZ** 12
République (Pl. de la) . . . . **AZ** 14
Tonneliers (R. des) . . . . . **AZ** 15
64ᵉ-R.I. (R. du) . . . . **ABZ** 18

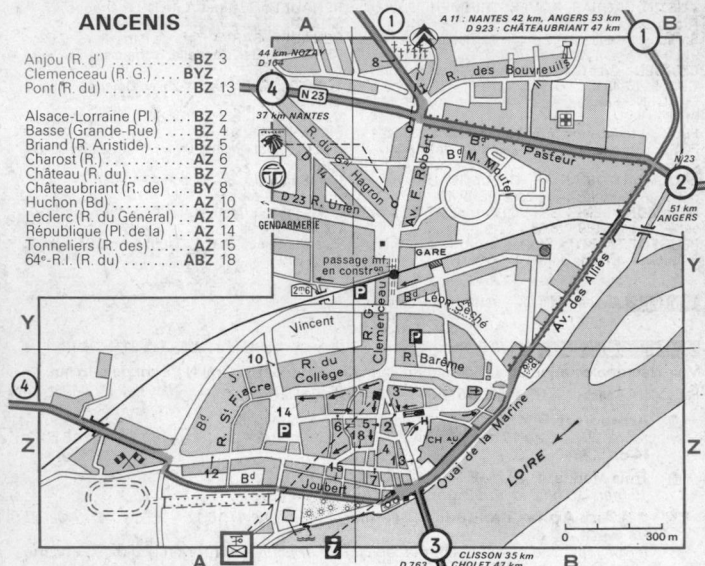

🏨 **Val de Loire** Ⓜ, Le Jarier d'Ancenis par ② : 2 km ☏ 96.00.03, Télex 711592 – ⏤🛏wc ☎ 🅿 – ⚿ 80. ⇔🚗 🄴 𝘝𝘐𝘚𝘈
   SC : **R** *(fermé sam. du 1er oct. au 31 mai)* 47/113 🍷 – ⚏ 14 – **30 ch** 123/138 – P 163/213.

XX **Aub. Bel Air,** rte d'Angers par ② : 1 km ☏ 83.02.87 – 🅿 𝘝𝘐𝘚𝘈 🛇
◆   *fermé août, dim. soir et lundi* – SC : **R** 90/180.

CITROEN Gar. Moderne, 339 av. F.-Robert ☏ 83.28.06
PEUGEOT-TALBOT Ancenis-Autos, 145 av. F.-Robert ☏ 96.21.11
RENAULT Gar. Leroux, Zone Ind. rte Châteaubriant BY ☏ 83.23.20

⊕ Clinique du Pneu, 151 r. de Barème ☏ 83.27.73

Les ANCIZES-COMPS 63770 P.-de-D. 🔢 ③ **G. Auvergne** – 1 983 h. alt. 710 – ⚙ 73.

🖪 Office de Tourisme à la Mairie (fermé sam. après-midi et dim.) ☏ 86.80.14.

Paris 397 – Aubusson 61 – ◆Clermont-Ferrand 50 – Montluçon 70 – Vichy 67 – Ussel 78.

🏠 Vieille Ferme, ☏ 86.81.25, 🐎 – ⏤🛏wc ☎ 🅿
   fermé sam. du 1er nov. au 1er avril – **14 ch**.

PEUGEOT-TALBOT Brousse, ☏ 86.80.37

ANCY-LE-FRANC 89160 Yonne 🔢 ⑦ **G. Bourgogne** – 1 236 h. alt. 193 – ⚙ 86.

Voir Château★★.

Paris 218 – Auxerre 54 – Châtillon-sur-Seine 38 – Montbard 27 – Tonnerre 19.

PEUGEOT-TALBOT Gar. Piat, ☏ 75.12.21   RENAULT Mignard, ☏ 75.15.29

ANDARD 49 M.-et-L. 🔢 ⑪ – 1 716 h. alt. 24 – ✉ 49800 Trelazé – ⚙ 41.

Paris 287 – Angers 14 – Baugé 26 – La Flèche 46 – Saumur 41 – Seiches-sur-le-Loir 18.

XX **Le Dauphin,** ☏ 80.41.59 – ▤ 🅿
◆   *fermé août, dim. soir, lundi soir et mardi* – SC : **R** 32/78.

ANDELNANS 90 Ter.-de-Belf. 🔢 ⑧ – rattaché à Belfort.

Voir Forêt de la Joux★★ : sapin Président★ E : 4 km, G. Jura.

Paris 420 – Arbois 19 – Champagnole 16 – Lons-le-Saunier 50 – Pontarlier 38 – Salins-les-Bains 14.

 ☎   **Bourgeois,** ℱ 51.43.77 – 🛁wc 🚗 ⋠
 ↔   *fermé nov.* – SC : **R** 35/65 – 🍽 11 – **15 ch** 45/110 – P 100/135.

Les ANDELYS ◁◇▷ 27700 Eure **55** ⑰, **196** ① G. Normandie – 8 293 h. alt. 23 – **✪** 32.

Voir Ruines du Château Gaillard★★ ABZ – Église N.-Dame★ CX **B.**

🛈 Office de Tourisme r. Philippe-Auguste (1er juil.-15 sept. après-midi seul. sauf juil.-août) ℱ 54.41.93.

Paris 92 ③ – Beauvais 63 ③ – Évreux 36 ④ – Gisors 31 ③ – Mantes-la-Jolie 52 ④ – ◆Rouen 39 ①.

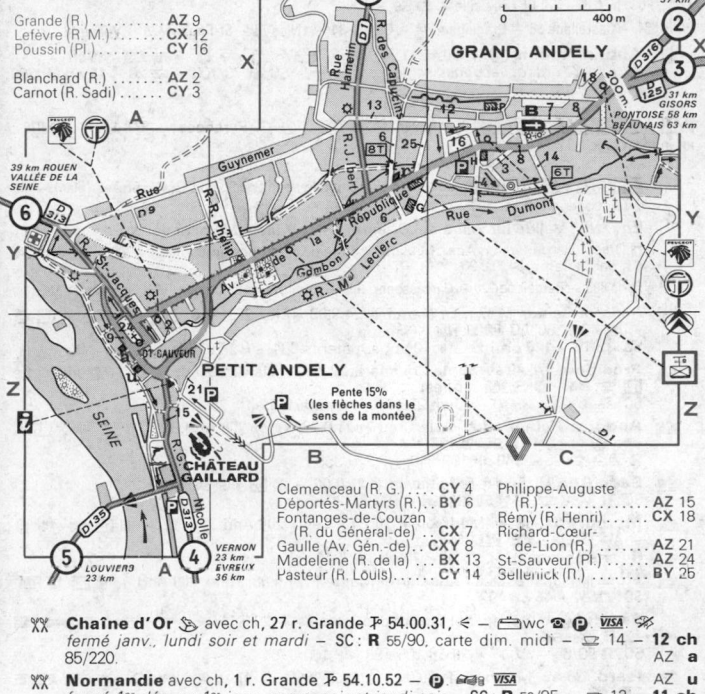

LES ANDELYS

Grande (R.) . . . . **AZ** 9
Lefévre (R. M.) . . . . **CX** 12
Poussin (Pl.) . . . . **CY** 16

Blanchard (R.) . . . . **AZ** 2
Carnot (R. Sadi) . . . . . **CY** 3

Clemenceau (R. G.) . . . . **CY** 4
Déportés-Martyrs (R.) . . **BY** 6
Fontanges-de-Couzan
 (R. du Général-de) . . **CX** 7
Gaulle (Av. Gén.-de) . . **CXY** 8
Madeleine (R. de la) . . . **BX** 13
Pasteur (R. Louis). . . . . **CY** 14

Philippe-Auguste
 (R.) . . . . **AZ** 15
Rémy (R. Henri) . . . . . . **CX** 18
Richard-Cœur-
 de-Lion (R.) . . . . **AZ** 21
St-Sauveur (Pl.) . . . . . . **AZ** 24
Sellenick (R.) . . . . **BY** 25

 ✗✗ **Chaîne d'Or** ⤳ avec ch, 27 r. Grande ℱ 54.00.31, ⋠ – 🛁wc ☎ 🅿 𝚅𝙸𝚂𝙰 ⋠
 ↔   *fermé janv., lundi soir et mardi* – SC : **R** 55/90, carte dim. midi – 🍽 14 – **12 ch**
      85/220.   AZ **a**

 ✗✗ **Normandie** avec ch, 1 r. Grande ℱ 54.10.52 – 🅿 🗄 𝚅𝙸𝚂𝙰   AZ **u**
 ↔   *fermé 1er déc. au 1er janv., merc. soir et jeudi soir* – SC : **R** 50/95 – 🍽 13 – **11 ch**
      60/100 – P 150.

 ✗   **Paris,** 10 av. République ℱ 54.00.33, 🎄 – 🅿 𝚅𝙸𝚂𝙰   BY **r**
 ↔   *fermé fév., dim. soir et merc.* – SC : **R** 39/70.

CITROEN SEAC, 30 av. Gén. de Gaulle ℱ 54.
04.40
PEUGEOT, TALBOT Giroux, 75 av. République
ℱ 54.21.49 **N**
PEUGEOT-TALBOT Gouedard, 27 r. Rémy ℱ
54.11.36

RENAULT Boclet, 47 av. République ℱ 54.
11.35
V.A.G Vexin Autom., Zone Ind. rte de Rouen
ℱ 54.14.35

ANDERNOS-LES-BAINS 33510 Gironde **78** ① G. Côte de l'Atlantique – 5 687 h. – Casino
 – **✪** 56.

🛈 Office de Tourisme 33 av. Gén.-de Gaulle (fermé dim. après-midi et lundi hors sais.) ℱ 82.02.95.

Paris 627 – Arcachon 40 – ◆Bayonne 172 – ◆Bordeaux 46 – Dax 137 – Mont-de-Marsan 118.

 🏠 **Aub. Le Coulin,** 3 av. d'Arès ℱ 82.04.35, ⋤ – 🛁 🅿 🗄 𝚅𝙸𝚂𝙰 ⋠
 ↔   *fermé 20 déc. au 1er fév. et lundi en hiver* – SC : **R** 45/150 – 🍽 10 – **11 ch** 75/96 – P
      120/140.

CITROEN Millot, ℱ 82.13.06   RENAULT Gar. Beaudoin, ℱ 82.00.88

ANDLAU 67 B.-Rhin 🆚 ⑨ Ⓖ. Vosges – 1 919 h. alt. 246 – ✉ **67140** Barr – ✿ 88.

Voir Église★ : porche★★.

Paris 526 – Erstein 23 – Le Hohwald 8 – Molsheim 22 – Sélestat 18 – ♦Strasbourg 39.

🏨 **Kastelberg** Ⓜ 🐾, ⅌ 08.97.83 – 🛏wc ⓯wc 🅿 – 🏄 30. 🍴
SC : **R** voir rest Au Canon – 🍽 17 – **31 ch** 80/190 – P 210/260.

XX **Boeuf Rouge,** ⅌ 08.96.26 – 🛏wc 🅿. 🍴 ch
fermé 29 déc. au 27 janv., merc. soir et jeudi – SC : **R** carte 115 à 170.

XX **Au Canon** avec ch, ⅌ 08.95.08 – 🛏wc 🅿. 🍴 ch
fermé 27 juin au 5 juil., 14 au 22 nov., 1ᵉʳ au 22 fév., lundi soir de nov. à avril et mardi
– SC : **R** carte 100 à 160 🍴 – 🍽 17 – **10 ch** 70/130 – P 190/235.

RENAULT Wantz, ⅌ 08.93.31 🅝

ANDOLSHEIM 68 H.-Rhin 🆚 ⑱ – rattaché à Colmar.

ANDON 06 Alpes-Mar. 🆚 ⑧, 🆚 ㉓ – 444 h. alt. 1 182 – Sports d'hiver : station de l'Audibergue
1 182/1 600 m ≤6 – ✉ **06750** Caille – ✿ 93.

Paris 834 – Castellane 36 – Draguignan 74 – Grasse 34 – ♦Nice 73 – St-Raphaël 76 – Vence 46.

🏨 **Aub. d'Andon** 🐾, ⅌ 60.45.11, ≤, 🐎 – 🛏wc ⓯ 🚗 🅿, 🖨 💳 🍴 ch
1ᵉʳ juin-31 oct. et vacances scolaires d'hiver – SC : **R** 70/100 – 🍽 20 – **15 ch** 80/260
– P 190/230.

ANDORRE (Principauté d') ★★ 🆚 ⑭⑮, 🆚 ⑥⑦ Ⓖ. Pyrénées – 37 825 h. – ✿ 078 :
interurbain avec la France.

Andorre-la-Vieille (Andorra La Vella) capitale de la Principauté Ⓖ. Pyrénées (plan) – alt.
1 029.

Env. NE : Vallée du Valira del Orient★ – N : Vallée du Valira del Nord★.

🄰 Office de Tourisme r. Anna M.-Jaher (fermé dim. et fêtes après-midi) ⅌ 20.2.14 – A.C.A.
4 r. Babot Camp ⅌ 20.8.90.

Paris 895 – Barcelona 220 – Carcassonne 165 – Foix 103 – ♦Perpignan 166 – ♦Toulouse 186.

🏩 **Andorra Center** Ⓜ, 7 r. Dr Nequi ⅌ 24.9.99, Télex 203 And, 🏊, – 🛗 🖥 rest 📺 🅿
– 🏄 40 à 180. 🖭 ⓞ 🇪 💳. 🍴 rest
SC : 🍽 18 – **140 ch** 169/214, 10 appartements 384 – P 229/291.

🏨 **Président** Ⓜ, 40 av. Santa Coloma ⅌ 22.9.22, Télex 233 And, ≤, 🏊 – 🛗 cuisinette
🚗 ☎ 🚗. ⓞ 🇪 💳 🍴 rest
SC : **R** 75 – 🍽 22,50 – **88 ch** 225/250, 14 appartements 250/310.

🏨 **Andorra Palace,** Prat de la Creu ⅌ 21.0.72, Télex 208 And, ≤, 🏊, 🍴 – 🛗 📺 ♿
🚗 🅿 – 🏄 100. 🖭 ⓞ 💳
R 80 – 🍽 25 – **140 ch** 180/340 – P 225/355.

🏨 **Eden Roc** Ⓜ, av. Dr-F.-Mitjavila ⅌ 21.0.00 – 🛗 📺 🖭 ⓞ 🇪 💳
R 84 – 🍽 19 – **55 ch** 296 – P 288/320.

🏨 **Mercure** Ⓜ, 58 av. Méritxell ⅌ 20.7.73, Télex 208 And, 🏊, 🍴 – 🛗 📺 ☎ 🚗 🅿
– 🏄 35. 🖭 ⓞ 🇪 💳. 🍴 rest
R carte environ 90 – 🍽 25 – **70 ch** 182/244.

🏨 **Flora** Ⓜ sans rest, 23 Antic Carrer Major ⅌ 21.5.08, Télex 209 And – 🛗 📺. 🇪 💳
SC : 🍽 24 – **45 ch** 192.

🏨 **Sasplusgas** 🐾, av. del Co Princep Iglesias ⅌ 20.3.11, ≤ – 🛗 🛏wc 🚗 🚗. 🖭
ⓞ 🇪 💳. 🍴
SC : **R** 50/65 – 🍽 17 – **26 ch** 105/185 – P 160/175.

🏨 **Isard,** 36 av. Méritxell ⅌ 20.0.92 – 🛗 📺 🛏wc ⓯wc 🚗 🚗 🅿. 🖨 🖭 ⓞ 🇪
💳. 🍴 rest
SC : **R** 60 – 🍽 18 – **55 ch** 115/195 – P 207/220.

🏨 **Florida** sans rest, 11 r. Llacuna ⅌ 20.1.05 – 🛗 🛏wc ⓯wc 🚗. 🖨 ⓞ 🇪 💳
SC : **37 ch** 80/120.

🏨 **Cassany,** 28 av. Méritxell ⅌ 20.6.36 – 🛗 🛏wc ⓯wc 🚗. 🖨 💳 🍴 rest
SC : **R** *(fermé mardi)* 50/75 – **50 ch** 95/140 – P 135/165.

🏨 **Consul,** 5 pl. Rebes ⅌ 20.1.72 – 🛗 🛏wc ⓯wc 🚗. 🖨 🇪 💳
fermé 10 janv. au 10 fév. – **R** *(fermé lundi sauf Pâques, été et Noël)* 50/75 – **56 ch**
🍽 87/125 – P 150/180.

XX **Moli Dels Fanals,** Prada Casadet ⅌ 21.3.81 – 🅿. ⓞ 🇪 💳
fermé 25 juin au 15 juil. et lundi – **R** 48/94.

ALFA-ROMEO, PORSCHE 90 av. Meritxell ⅌
20.6.26
AUTOBIANCHI-LANCIA 107 av. Santa Coloma
⅌ 20.3.83
DATSUN-LADA-ROVER-SKODA 12 Virgen del
Pilar ⅌ 20.1.44
FERRARI 51-53 av. Tarragona ⅌ 24.8.30
FORD Autos-Servei, 3, av. Princep Benlloch
⅌ 20.7.58

OPEL-G.M. 50 av. Santa Coloma ⅌ 20.4.23
PEUGEOT Gar. International, av. Tarragona ⅌
21.4.92
TALBOT Automobiles Pyrénées, av. Dr.
F.-Mitjovila ⅌ 20.1.19
TOYOTA av. Salou ⅌ 22.3.71
V.A.G. 100 av. Méritxell ⅌ 21.3.74

Arinsal — alt. 1 445 — Sports d'hiver : 1 150/2 550 m ⚡14 — ⊠ La Massana.
Andorre-la-Vieille 9.

🏨 **Solana** Ⓜ, ℡ 35.1.27, ≼, ✕ — ≜ ⊟wc ⬛wc ® ⟷ ⟶ ⓪ E 𝘝𝘐𝘚𝘈 ✕ rest
➡ *fermé 15 oct. au 20 nov.* — SC : **R** 40/75 — ⊊ 18 — **40 ch** 60/120 — P 100/130.

🏨 **Poblado,** ℡ 35.1.22, ≼ — ⊟wc ⬛wc ® ⟷ ⓟ ⟶ 𝘝𝘐𝘚𝘈 ✕
➡ *fermé oct.* — SC : **R** 45/65 — ⬛ 14 — **40 ch** 80/120 — P 100/130.

🏨 **Residencia Janet** ⑊ sans rest, à Erts S : 1,5 km ℡ 35.0.88, ≼ — ⊟wc ⬛wc ✕
SC : ⊊ 9 — **20 ch** 45/95.

Canillo — alt. 1 531 — ⊠ Canillo.
Voir Crucifixion★ dans l'église de Sant Joan de Caselles NE : 1 km.
Andorre-la-Vieille 11.

🏨 **Pélissé** Ⓜ, rte Pas de la Case : 1 km ℡ 51.2.05, ≼ — ≜ ⊟wc ® ⓟ
37 ch.

Encamp — alt. 1 313.
Voir Les Bons : site★ N : 1 km.
Andorre-la-Vieille 6.

🏨 **Univers,** ℡ 31.0.05 — ≜ ⊟wc ⬛wc ® ⓟ E 𝘝𝘐𝘚𝘈 ✕
➡ *fermé 1er nov. au 1er déc.* — SC : **R** 50 — ⬛ 10 — **41 ch** 50/100 — P 114/125.

Les Escaldes — alt. 1 105 — ⊠ Andorre-la-Vieille.
Andorre-la-Vieille 1.

🏨 **Delfos** Ⓜ ⑊, av. del Fener ℡ 24.6.42, Télex 242 And — ≜ ▤ rest �📺 ⟷ — ⚗
100 à 200. ⓪ E 𝘝𝘐𝘚𝘈 ✕ rest
SC : **R** 63 — ⊊ 21 — **200 ch** 112/187 — P 178.

🏨 **Roc Blanc,** (centre thermal), 5 pl. dels Co-Princeps ℡ 21.4.86, Télex 224 And, ⤬,
🄺 — ≜ 📺 ⟷ — ⚗ 120. 🄰🄴 ⓪ E 𝘝𝘐𝘚𝘈 ✕ rest
R 70/110 — snack l'**Entrecôte R** 60 — ⊊ 25 — **96 ch** 155/260 — P 230/290.

🏨 **Comtes d'Urgell,** 29 av. de les Escoles à Engordany ℡ 20.6.21, Télex 226 And —
≜ ⊟wc ⬛wc ® ⟷ 🄰🄴 ⓪ E 𝘝𝘐𝘚𝘈 ✕
SC : **R** 56 — ⊊ 18 — **200 ch** 94/150 — P 153.

🏨 **Espel** Ⓜ, 1 pl. Creu Blanca à Engordany ℡ 20.9.44 — ≜ ⊟wc ® ⟷ ⓟ ✕
➡ *fermé nov.* — SC : **R** 35 bc/50 bc — ⊊ 12 — **102 ch** 75/115 — P 108/120.

🏨 **La Grandalla,** 14 av. Carlemany ℡ 21.1.25 — ≜ ⊟wc ⬛wc ®
40 ch.

🏨 **Hostal Andorra,** 34 av. Carlemany ℡ 20.8.31 — ≜ ⊟wc ⬛wc ®. ✕
➡ *fermé 8 janv. au 10 fév.* — SC : **R** 45/70 — ⬛ 12 — **35 ch** 120/160 — P 110/140.

AUSTIN-MORRIS-CITROEN Garage Central. JAGUAR-TRIUMPH 34 av. Carlemany ℡ 20.5.01
34 bis av. Carlemany ℡ 21.4.87

La Massana — alt. 1 241 — ⊠ La Massana.
Andorre-la-Vieille 5.

🏨 **Rutllan** Ⓜ, ℡ 35.0.00, ≼, ⤬, ⌖, ✕ — ≜ ⊟wc ® ⟷ ⓟ ⟶ 🄰🄴 ⓪ 𝘝𝘐𝘚𝘈
➡ ✕ rest
SC : **R** 45/60 — ⊊ 18 — **70 ch** 160 — P 140/170.

✕✕ **La Borda de l'Avi,** rte Arinsal ℡ 35.1.54 — ⓟ 🄰🄴 E 𝘝𝘐𝘚𝘈
SC : **R** carte 80 à 150.

Ordino — alt. 1 304.
Andorre-la-Vieille 7.

🏨 **Coma** Ⓜ ⑊, ℡ 35.1.16, ≼, ⤬, ⌖, ✕ — ≜ ⟷ ⓟ E 𝘝𝘐𝘚𝘈 ✕
fermé oct. à mi-déc. — SC : **R** 57 — **48 ch** ⊊ 150/207 — P 185.

Pas-de-la-Case — alt. 2 091 — Sports d'hiver : 2 050/2 580 m ⚡8.
Voir Port d'Envalira ❄★★ O : 4 km.
Andorre-la-Vieille 30.

🏨 **Sporting** Ⓜ, ℡ 55.4.55, Télex 255 And, ≼ — ≜ ☎ ⟷ 🄰🄴 ⓪ 𝘝𝘐𝘚𝘈
mi-juil.-mi oct. et fin déc.-fin avril — SC : **R** carte environ 90 — **76 ch** ⊊ 254/389, 5
appartements 622.

🏨 **dels Isards,** ℡ 55.1.55, ≼ — ⊟wc ⬛wc ® ⟶ 🄰🄴 ⓪ E 𝘝𝘐𝘚𝘈 ✕ rest
➡ SC : **R** 45/55 — ⊊ 15 — **35 ch** 100/160 — P 180/220.

105

ANDORRE (Principauté d')

■ Santa-Coloma ■ – alt. 970 – ⊠ Andorre-la-Vieille.
Andorre-la-Vieille 3.

🏨 **Cerqueda** 🌭, ☎ 20.2.35, ≤, 🔏, 🎠 – 🖭 ➦wc ☏ 🅿, 📶 ⓞ E 🆅🆂🅰. 🎇 rest
➥ fermé 10 janv. au 10 mars – SC : **R** 48/54 – ☷ 15 – **75 ch** 80/145 – P 145/157.

🏨 **La Roureda** 🌭, ☎ 20.6.81, ≤, 🔏, 🎠 – 🛗 ☏ 🅿 📶. 🎇
➥ 1er juin-30 sept. – SC : **R** 40 bc – ☷ 12 – **36 ch** 120 – P 125.

ALFA-ROMEO 72 av. de Enclar ☎ 21.6.32   RENAULT Renault Servei. route Général ☎
20.6.72

■ Sant-Julia-de-Loria ■ – alt. 909.
Andorre-la-Vieille 7.

🏨 **Sant Eloi** Ⓜ, ☎ 41.1.00, Télex 239 And – 🛗 📺 ☏ ➦ – 🛌 100. ⓞ E 🆅🆂🅰.
🎇 rest
SC : **R** 54 – ☷ 14 – **88 ch** 147/234 – P 194.

🏨 **Pol** Ⓜ, ☎ 41.1.22, Télex 272, 🎠 – 🛗 📺 ➦wc ☏ 🅿, 📶 E 🆅🆂🅰. 🎇
15 mars-31 oct. et 20 déc.-8 janv. – SC : **R** 53/63 – ☷ 14 – **70 ch** 125/169 – P
150/181.

🏨 **Barcelona**, N : 1 km ☎ 41.1.77 – ➦wc 🛗wc ☏ 🅿, 📶 E 🆅🆂🅰. 🎇 rest
➥ fermé 10 janv. à Pâques – SC : **R** 45/55 – **50 ch** ☷ 90/160 – P 130/150.

🏨 **Coma Bella** 🌭, SE : 7 km par VO ☎ 41.2.20, ≤, « dans la forêt de la Rabassa »,
➥ alt. 1 300, parc – 🛗wc 🅿, 📶 🆅🆂🅰
fermé 15 nov. au 20 déc. et 8 au 30 janv. – SC : **R** 42 ♨ – ☷ 9 – **28 ch** 102/133 – P
105/125.

BMW Prat de la Tresa ☎ 41.9.64   VOLVO 59 av. Virgen de Canolich ☎ 41.1.43

■ El Serrat ■ – alt. 1 539 – ⊠ Ordino.
Andorre-la-Vieille 16.

🏨 **Del Serrat** 🌭, ☎ 35.2.96, ≤ – 🛗wc ➦ 🅿, 📶. 🎇
➥ fermé 10 janv. au 5 fév. – SC : **R** 47 – ☷ 15 – **20 ch** 85/117 – P 144.

■ Soldeu ■ – alt. 1 826 – Sports d'hiver : 1 800/2 460 m ✠12 – ⊠ Soldeu.
Andorre-la-Vieille 19.

🏨 **Del Tarter** Ⓜ, O : 3 km ☎ 51.1.65, ≤ – 🛗 ➦wc 🛗wc ➦ 🅿, 📶 ⓞ E 🆅🆂🅰. 🎇
fermé nov. – SC : **R** 59 – ☷ 14 – **35 ch** 82/125 – P 175/185.

XX **La Borda Del Rector**, NO : 1 km ☎ 51.0.30 – 🅿. 🆀🅴 🆅🆂🅰
SC : **R** carte 75 à 140.

■■ **ANDRÉZIEUX-BOUTHÉON** 42160 Loire 🖊🖊 ⑱ – 8 678 h. alt. 378 – ✪ 77.
Voir St-Rambert-sur-Loire : église★, bronzes★ du musée S : 4,5 km.
Env. Lac de Grangent★★ S : 9 km, G. Vallée du Rhône.
Paris 458 – ◆Lyon 76 – Montbrison 19 – Roanne 66 – ◆St-Étienne 17.

🏨 **Novotel** Ⓜ 🌭, Z.I. Centre-Vie ☎ 36.55.63, Télex 900722, 🔏 – 🛗 ▤ 📺 ☏ ♿ 🅿
– 🛌 25 à 200. 🆀🅴 ⓞ 🆅🆂🅰
R snack, carte environ 85 – ☷ 24 – **98 ch** 198/233.

Sud 9 km par D 12 et D 108 – ⊠ 42170 St-Just-St-Rambert :

X **Chalet Ecureuil**, ☎ 52.30.55, ≤ – 🅿. 🎇
➥ fermé 1er nov. au 15 déc., mardi soir et merc. – SC : **R** 42/100.

CITROEN Berthet. 23 av. de St-Étienne ☎ 55.   RENAULT G.A.M.M.A. 2 r. Lamartine ☎ 55.
02.74   03.05

■■ **ANDUZE** 30140 Gard 🖊🖊 ⑰ G. Causses – 2 725 h. alt. 131 – ✪ 66.
🖪 Syndicat d'Initiative plan de Brie (15 juin-15 sept. et fermé dim. après-midi) ☎ 61.98.17.
Paris 722 – Alès 13 – Florac 67 – Lodève 86 – ◆Montpellier 67 – Nîmes 47 – Le Vigan 52.

à Générargues : NO 5,5 km par D 129 et D 50 – ⊠ 30140 Anduze :

🏨 **Trois Barbus** 🌭, ☎ 61.72.12, ≤, 🔏 – 🅿 – 🛌 40. 🎇 rest
15 mars-31 oct. – SC : **R** (fermé lundi) 100/150 – ☷ 20 – **36 ch** 140/220 – P
280/350.

à Mialet NO : 10 km par D 50 – ⊠ 30140 Anduze.

Voir Le Mas Soubeyran : musée du Désert★ (souvenirs protestants 17e-18e s.) S :
3 km.

Env. Grotte de Trabuc★ : les Cent mille soldats★★ (concrétions) E : 6 km.

🏔 **Grottes de Trabuc** 🌭, sur D 50 ☎ 85.32.81, ≤ – 🛗wc 🅿
➥ 23 mars-27 sept. et fermé mardi – SC : **R** 50/75 – 🍽 12 – **8 ch** 75/130 – P 125/145.

ANET 28260 E.-et-L. 55 ⑰, 196 ⑬ G. Environs de Paris – 2 185 h. alt. 71 – ✪ 37.

Voir Château★.

Paris 80 – Chartres 51 – Dreux 16 – Évreux 37 – Mantes-la-Jolie 28 – Versailles 59.

XX **Aub. de la Rose** avec ch, ☎ 41.90.64 – ⋔ ☎. ✂
fermé 25 juil. au 15 août, 16 fév. au 2 mars, dim. soir et lundi – SC : **R** 56/115 – ☕ 15 – **9 ch** 62/84 – P 156.

XX **Manoir d'Anet,** ☎ 41.91.05
fermé en oct., 15 janv. au 15 fév., mardi soir et merc. – SC : **R** 75 bc/110.

à Ézy-sur-Eure (27 Eure) NO : 2 km – ✉ **27530** Ézy – ✪ 37 (E.-et-L.).

XXX ✿ **Maître Corbeau,** rte Ivry ☎ 64.73.29, ⛆ – **P**. AE ① VISA
fermé 4 janv. au 2 fév., mardi soir et merc. – SC : **R** (dim. et fêtes - prévenir) 140 /160, carte le dim.
Spéc. Panaché de légumes et champignons sauvages (juil. à déc.), Brochettes de langoustines et sole à l'estragon, Fruits chauds au coulis de framboises.

CITROEN Bonnin, ☎ 41.90.51
PEUGEOT Lepert, ☎ 41.91.02
RENAULT Ezy Auto, à Ezy-sur-Eure (27 Eure) ☎ 64.74.33

ANGERS **P** 49000 M.-et-L. 63 ⑳ G. Châteaux de la Loire – 142 966 h. alt. 47 – ✪ 41.

Voir Château★★★ AYZ : tenture de l'Apocalypse★★★, tenture de la Passion★ – Cathédrale★★ BY : Trésor★ – Arcades romanes★★ de la Préfecture BZ **P** – Église St-Serge★ CY **E** : choeur★★ – Anc. hôpital St-Jean★ ABX : tapisseries du Chant du Monde★★ – Maison d'Adam★ BYZ **K** – Logis Barrault★ BZ **B** – Hôtel Pincé★ BY **M2**.

⛳ de St-Jean-des-Mauvrets ☎ 91.92.15 par ④ : 8 km.

ℹ Office de Tourisme (fermé dim. hors sais.) et Accueil de France (Informations et réservations d'hôtels, pas plus de 5 jours à l'avance) pl. Kennedy ☎ 88.69.93 et pl. Gare St-Laud (fermé dim.) ☎ 87.72.50, Télex 720930 – A.C.O. 21 bd Foch ☎ 88.40.22.

Paris 289 ① – ♦Caen 216 ⑥ – Cholet 61 ④ – Laval 73 ⑥ – ♦Le Mans 88 ① – ♦Nantes 89 ⑤ – ♦Orléans 210 ① – Poitiers 133 ④ – ♦Rennes 126 ⑤ – Saumur 52 ② – ♦Tours 106 ①.

Plans pages suivantes

Concorde M, 18 bd Foch ☎ 87.37.20, Télex 720923 – |♦| ▤ rest TV ☎ ♿ – 🏛 25 à 200. AE ① E VISA — BZ **u**
SC : **R** (brasserie) 65 bc – ☕ 25 – **75 ch** 260/325.

Anjou et rest. Salamandre, 1 bd Mar.-Foch ☎ 88.24.82, Télex 720521 – |♦| TV ☎ 🚗 – 🏛 25 à 140. AE ① E VISA. ✂ rest — CZ **h**
SC : **R** *(fermé dim.)* 70/95 – ☕ 19 – **51 ch** 145/250 – P 246/334.

France et rest. Plantagenets, 8 pl. Gare ☎ 88.49.42, Télex 720895 – |♦| ▤ rest TV 🛁wc ⋔wc ☎ – 🏛 60. 🚗 AE ① E VISA — BZ **t**
SC : **R** *(fermé vacances de Noël, dim. midi, et sam.)* 62 🍷 – ☕ 20 – **64 ch** 150/220 – P 249/308.

Progrès M sans rest, 26 r. D.-Papin ☎ 88.10.14, Télex 720982 – |♦| TV 🛁wc ⋔wc ☎. 🚗 AE ① E VISA — AZ **x**
SC : ☕ 18 – **41 ch** 180/210.

Champagne M sans rest, 34 r. Denis Papin ☎ 88.78.06 – |♦| TV 🛁wc ⋔wc ☎. 🚗 AE ① VISA — AZ **x**
fermé 23 déc. au 3 janv. – SC : ☕ 16 – **30 ch** 110/175.

St Julien M sans rest, 9 pl. Ralliement ☎ 88.41.62 – |♦| 🛁wc ⋔wc ☎. AE VISA
SC : ☕ 13 – **34 ch** 95/145. — BY **e**

Europe M sans rest, 3 r. Châteaugontier ☎ 88.67.45 – TV 🛁wc ⋔wc ☎ **P**. VISA
SC : ☕ 15 – **29 ch** 94/148. — BZ **a**

Univers sans rest, 16 r. Gare ☎ 88.43.58 – |♦| 🛁wc ⋔wc ☎ – 🏛 40. 🚗 AE ① E VISA — BZ **m**
SC : ☕ 13 – **45 ch** 69/155.

Iéna sans rest, 27 r. Marceau ☎ 87.52.40 – |♦| TV 🛁wc ⋔wc ☎. 🚗 — AZ **n**
SC : ☕ 15 – **25 ch** 70/160.

Royal sans rest, 8 bis pl. Visitation ☎ 88.30.25 – |♦| 🛁wc ⋔wc ☎. VISA. ✂
SC : ☕ 14 – **40 ch** 60/127. — BZ **k**

Croix de Guerre sans rest, 23 r. Châteaugontier ☎ 88.66.59 – 🛁wc ⋔wc ☎ 🚗 **P** – 🏛 25. 🚗 AE ① VISA — BZ **s**
SC : ☕ 17,50 – **28 ch** 80/165.

Mail 🐕 sans rest, 8 r. Ursules ☎ 88.56.22 – 🛁wc ⋔wc ☎ ♿ **P**. VISA — CY **b**
fermé vacances de fév. – SC : ☕ 14 – **20 ch** 90/160.

Boule d'Or, 27 bd Carnot ☎ 43.76.56 – 🛁wc ⋔wc ☎ **P** — CY **e**
SC : **R** *(fermé vend. soir)* 45/125 🍷 – ☕ 13 – **28 ch** 80/145.

Jeanne de Laval sans rest, 34 bd Roi-René ☎ 88.51.95 – 🛁wc ⋔wc ☎ – 🏛 30 à 120. ✂ — BZ **f**
fermé 1er au 30 août – SC : ☕ 12 – **17 ch** 63/148.

St-Jacques, 83 r. St-Jacques ☎ 48.51.05 – 🛁wc ⋔wc ☎ **P** — CV **r**
fermé 15 août au 10 sept. – SC : **R** *(fermé dim.)* 39/130 🍷 – ☕ 15 – **19 ch** 75/170.

Roi René sans rest, 16 r. Marceau ☎ 88.88.62 – |♦| 🛁wc ⋔wc ☎. ✂ — AZ **p**
fermé 1er au 14 août – SC : ☕ 16 – **25 ch** 80/150.

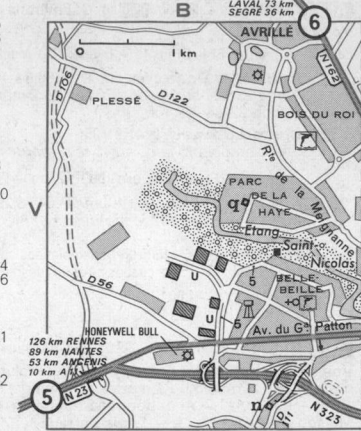

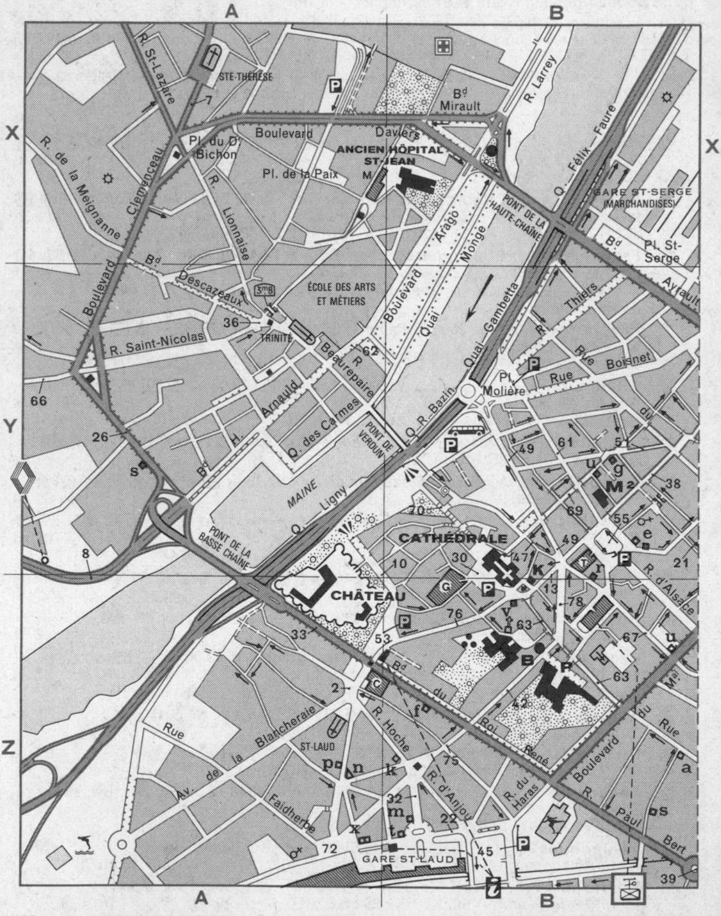

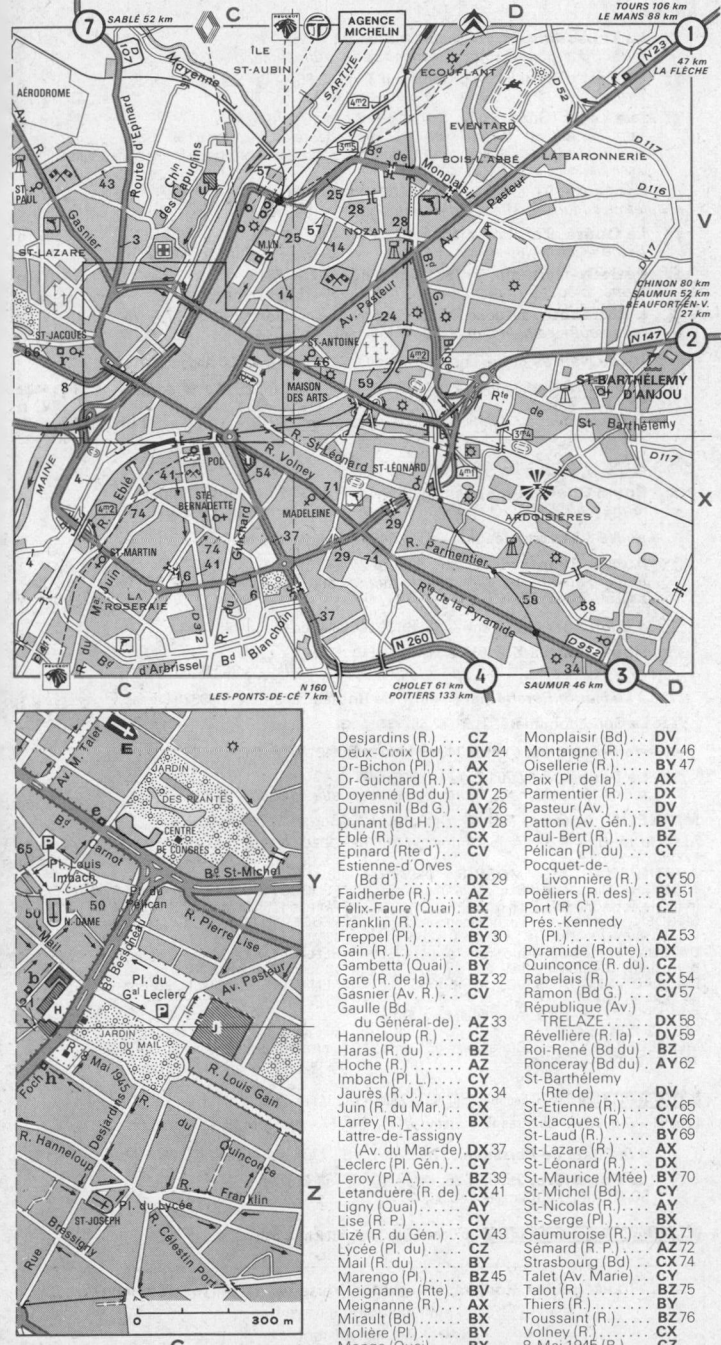

ANGERS

XX **Le Toussaint,** 7 r. Toussaint ☎ 87.46.20 – ⁪ⱽ⁬ⁱˢᵃ. ⚘
 fermé 13 août au 6 sept., vacances de fév., dim. et lundi – SC : **R** 65/150.   BZ **v**

XX **Le Vert d'Eau,** 9 bd G.-Dumesnil ☎ 48.52.86 – ⓟ ⱽⁱˢᵃ
 fermé 15 au 29 août, dim. soir et lundi – SC : **R** 70/140.   AY **s**

XX ✿ **Le Logis** (Guinet), 17 r. St-Laud ☎ 87.44.15 – Ⓔ ⱽⁱˢᵃ   BY **u**
 fermé 23 juil. au 23 août, sam. soir, dim. et fêtes – SC : **R** 80/135
 Spéc. Pâté de Saint-Pierre, Lotte au vinaigre de framboises, Cassolette de langoustines. **Vins** Saumur
 blanc, Savennières.

XX . **Entr'acte,** 9 r. L.-de-Romain ☎ 87.71.82 – ⱽⁱˢᵃ   BY **r**
 fermé 14 juil. au 31 août, dim. soir et sam. – SC : **R** 65.

XX **Le Quéré,** 9 pl. Ralliement ☎ 87.64.94 – ᴬᴱ ⓞ ⱽⁱˢᵃ   BY **e**
 fermé 1ᵉʳ au 14 juil., vacances de fév., vend. soir et sam. – SC : **R** 82/130.

XX **Petit St-Germain,** 3 r. St-Laud ☎ 87.52.67 – ⱽⁱˢᵃ   BY **g**
 fermé 15 août au 7 sept., dim. et lundi – SC : **R** 63/95.

X **L'Entrecôte,** av. Joxé (M.I.N.) par av. Besnardière ☎ 43.71.77 – ⓟ   CV **z**
↔ *fermé août, sam. et dim.* – SC : **R** (déj. seul.) 50/75 🍴

 rte de Nantes sortie Lac de Maine O : 2 km – ✉ 49000 Angers :

🏨 **Lac de Maine** Ⓜ ⚘, ☎ 48.02.12 – ⧈ ⊟ rest 📺 ⊟wc ☎ ⅋ ⓟ – 🅿 300. ☎⊟
 ᴬᴱ ⓞ Ⓔ ⱽⁱˢᵃ   BV **n**
 fermé 24 déc. au 3 janv. – SC : **R** (fermé dim.) 70 🍴 – ⌓ 22 – **79 ch** 175/220 – P
 259.

 au NO : 4 km – ✉ 49240 Avrillé :

X **Royal Champagne,** parc de la Haye ☎ 48.34.36, « Jardin fleuri »   BV **q**
↔ *fermé 3 au 22 janv., 17 août au 6 sept., mardi soir et merc.* – SC : **R** 45/90.

 au NE : 5 km rte de Paris – ✉ 49480 St-Sylvain-d'Anjou :

XXX **Aub. d'Éventard** avec ch, ☎ 43.74.25 – ⊟wc ⊟wc ☎ ⓟ ☎⊟ ᴬᴱ ⓞ ⱽⁱˢᵃ ⚘
 fermé 5 au 30 sept., dim. sauf le midi de sept. à juin et lundi – SC : **R** 100 bc/200 –
 ⌓ 15 – **10 ch** 77/120.   DV **f**

 à Erigné par ④ : 12 km – ✉ 49130 Les Ponts de Cé :

XX **Host. Château,** ☎ 91.12.31, ⌇ – ⓟ ᴬᴱ ⱽⁱˢᵃ
 fermé juil., 9 au 16 fév., dim. et fêtes le soir et merc. – SC : **R** 75/155.

 à La Haute Perche par ④ et rte de Brissac : 9 km – ✉ 49320 Brissac :

XXX La Gentilhommière, ☎ 91.12.65, ⌇ – ⓟ.

 rte Brissac par ④ et D 748 : 11 km – ✉ 49130 Les Ponts de Cé :

XXX **Le Pacha,** ☎ 57.70.02, ≼ – ▤ ⓟ ᴬᴱ ⓞ
 fermé 13 au 20 mars, 1ᵉʳ au 15 août, dim. soir et lundi – **R** 135/230.

MICHELIN, Agence, 18 bd G.-Ramon, Z.I. St-Serge CV ☎ 43.65.52

ALFA-ROMEO, V.A.G. Anjou-Autom., 4 av. Pasteur ☎ 87.69.57
AUSTIN, JAGUAR, MORRIS, ROVER, TRIUMPH Gar. Rallye-Service, 4 bis r. St-Maurille ☎ 88.03.39 🆖 ☎ 66.82.66
CITROEN Succursale, 3 r. Vaucanson, Zone Ind. St-Serge CV ☎ 43.16.24 🆖 ☎ 66.82.66
DATSUN France-Sce-Auto, rte d'Angers, St-Barthélemy-d'Anjou ☎ 43.55.38
FIAT-LADA-SKODA S.A.D.R.A., 14 bd G.-Birgé ☎ 34.95.21
FORD Gar. Clénet, 4 r. Albéric-Dubois ☎ 88.84.32 🆖 ☎ 34.53.46
MERCEDES-BENZ Gar. Bretagne, 4 bd Carnot ☎ 88.51.51 🆖 ☎ 66.82.66

OPEL-GM-US Gar. du Gd Angers, Landrau, N 23, rte de Paris, St-Sylvain-d'Anjou ☎ 69.58.33 🆖
PEUGEOT-TALBOT S.I.A.A., 9 quai F.-Faure, Zone Ind. St-Serge CV ☎ 43.23.55
PEUGEOT Messié, 21 pl. Lafayette CX ☎ 88.42.20
RENAULT G.A.M.A., 17 quai F.-Faure CV ☎ 43.15.31 🆖 ☎ 34.53.46
RENAULT Succursale, bd Bon-Pasteur AY ☎ 48.35.34

⦿ Cailleau, 9 r. Thiers ☎ 88.73.20
Doizé-Pneu, 4 av. Besnardière ☎ 43.67.49
Rodier-Pneu, 374 av. Pasteur ☎ 43.95.14

ANGERVILLE 91670 Essonne 🄶🄾 ⑲ – 2 605 h. alt. 141 – ✿ 6.
Paris 71 – Ablis 29 – Chartres 45 – Étampes 18 – Évry 57 – ♦Orléans 49 – Pithiviers 26.

 à la Poste de Boisseaux (28 E.-et-L.) S : 7 km sur N 20 – ✉ 28310 Janville – ✿ 38

XXX **La Panetière,** ☎ 39.58.26, ⌇ – ⓟ ᴬᴱ ⓞ Ⓔ ⱽⁱˢᵃ
 SC : **R** (déj. seul.) carte 140 à 200.

ANGLARDS-DE-SALERS 15 Cantal 🄷🄶 ② – rattaché à Salers.

 Les **guides Rouges,** les **guides Verts** et les **cartes Michelin**
 sont complémentaires.
 Utilisez les ensemble.

Les ANGLES 30 Gard 🎱 ⑪ – 5 935 h. alt. 66 – ⊠ **30400** Villeneuve-lès-Avignon – 🌣 90.

Paris 692 – Alès 67 – Avignon 4 – Nîmes 39 – Remoulins 18.

🏛 **Le Petit Manoir** Ⓜ ⊗, chemin de la Pinède ☎ 25.03.36, 🏤, 🛣, 🚗 – 🖵 ᗒwc
↔ ᗊwc ☎ 🄿 🚗 , 🛇 rest
　SC : **R** *(fermé lundi hors sais.)* 45/100 – 🖵 14 – **40 ch** 110/170 – P 330/380.

XXX ❀❀ **Ermitage-Meissonnier** avec ch, à Bellevue sur D 900 rte Nîmes ⊠ 30400
Villeneuve-lès-Avignon ☎ 25.41.68, 🏤, « jardin fleuri » – 🄿 🚗 🄐 ⓪
fermé en mars – SC : **R** *(fermé dim. soir de nov. à mars et lundi sauf fêtes)* 150/250
et carte
Spéc. Loup gourmande en habits verts, Bisquebouille d'Avignon, Chateaubriand en croûte. **Vins**
Crozes-Hermitage, Châteauneuf-du-Pape.

Host. Ermitage Ⓜ, ☎ 25.41.02 – 🖵 ᗒwc ᗊwc ☎ 🄿 🚗
fermé janv. et fév. – SC : 🖵 35 – **16 ch** 180/250 – P 400/500.

XX **Aub. Dou Terraie,** rte Nîmes ☎ 25.49.26 – 🄿 🄐 ⓪ 🄔 ᐧᐧ
fermé 25 juil. au 13 août, 3 au 10 janv., mardi soir et merc. – SC : **R** 80/140 ⅃.

à la Fontaine du Buis rte Nîmes : 4 km – ⊠ 30650 Rochefort-du-Gard :

🏛 **Mas de Valiguière** ⊗ sans rest, ☎ 31.73.04 – 🖵 ᗒwc ᗊwc ☎ 🄿 🚗 ᐧᐧ
fermé en nov. et jeudi hors sais. – SC : 🖵 15 – **10 ch** 110/140.

à la Bégude de Saze par rte Nîmes : 6 km – ⊠ 30650 Rochefort-du-Gard :

XX **La Gélinotte** ⊗ avec ch., ☎ 31.72.13, ≤, 🏤, 🛣, 🚗 – ᗒwc 🄿 🚗
fermé fin-oct. à début déc., dim. soir hors sais. (sauf hôtel) et lundi sauf fériés –
SC : **R** 70 ⅃ – 🖵 18 – **5 ch** 150/170.

Les ANGLES 66 Pyr.-Or. 🎱 ⑯ – 551 h. alt. 1 600 – Sports d'hiver : 1 600/2 400 m ↗2 ↗16 ⅊ –
⊠ **66210** Mont-Louis – 🌣 68.

🄳 Office de Tourisme Résidence "La Matté" *(fermé sam. après-midi et dim. hors sais.)* ☎ 04.42.21.

Paris 1 004 – Mont-Louis 13 – ✦Perpignan 92 – Quillan 59.

🏛 **Le Llaret** ⊗, ☎ 04.42.02, ≤ – ᗒwc ᗊwc 🄿 🄐 🄔 🄔 🄔
début juin-début oct. et début déc.-fin avril – SC : **R** 64 – 🖵 12,50 – **28 ch** 80/132
– P 156/195.

XX **La Ramballade,** ☎ 04.43.48, « Cadre rustique » – 🄐
1er juil.-30 sept. et 15 déc.-30 avril – SC : **R** carte 65 à 125.

ANGLET 64600 Pyr.-Atl. 🎱 ⑱ G. Pyrénées – 29 291 h. alt. 28 – 🌣 59.

🏌₁₈ de Chiberta ☎ 63.83.20, N : 5 km.

🛬 de Biarritz-Parme : Air France ☎ 24.29.06, SO : 2 km.

🄳 Office de Tourisme 1 av. Chambre-d'Amour *(fermé sam. après-midi et dim. hors sais.)* ☎
03.77.01.

Paris 775 – ✦Bayonne 3 – Biarritz 4 – Cambo-les-Bains 19 – Pau 110 – St-Jean-de-Luz 19.

Plan : voir Biarritz-Anglet-Bayonne

🏨 **Chiberta et du Golf** Ⓜ ⊗, 104 bd Plages - AX ☎ 63.88.30, Télex 550637, ≤, 🏤,
« en lisière du Golf », 🛣, 🚗 – 🛗 🗏 rest 🖵 ☎ ᑫ 🄿 – 🔬 80. 🄐 ⓪ 🄔 🄙
🛇 rest
　SC : **R** 75/85 – **75 ch** 🖵 225/400, 5 appartements 565 – P 335/420.

🏠 **Fine** sans rest, par rte la Barre ☎ 63.00.09 – ᗊ 🚗 . 🛇　　　　　　BX **b**
　SC : 🖵 12 – **11 ch** 70/90.

XX **Relais de Parme,** à l'aéroport SO : 2 km ☎ 24.29.10 – 🄐 ⓪ 🄙　　　BX
fermé sam. hors sais. – **R** carte 125 à 195.

au lac de Brindos SO : 3,5 km par N 10 – XXXX ❀ avec ch, voir à Biarritz.

FIAT Gd Gar. du Palais, bd du B.A.B. ☎ 63.　　RENAULT Gar. Aylies Fres. 54 av. Espagne ☎
89.85　　　　　　　　　　　　　　　　　　　　03.98.13
FORD Auto-Durruty, Zone Ind. des Pontots,
bd du B.A.B. ☎ 63.09.68

ANGON 74 H.-Savoie 🎱 ⑥ – rattaché à Talloires.

ANGOULÊME 🄿 16000 Charente 🎱 ⑬⑭ G. Côte de l'Atlantique – 50 500 h. alt. 72 – 🌣 45.

Voir Site★ – Promenade des Remparts ≤★★ YZ – Cathédrale★ : façade★★ Y F.

🏌₉ de l'Hirondelle ☎ 61.16.94, S : 2 km - X.

🄳 Office de Tourisme à l'Hôtel de Ville *(fermé dim. sauf matin en juil. et août)* ☎ 95.16.84, Télex
791605 - A.C. 10 r. Prudent ☎ 95.16.14.

Paris 446 ① – Agen 198 ③ – ✦Bordeaux 116 ⑤ – Châteauroux 208 ② – ✦Limoges 103 ② – Niort 112
① – Périgueux 85 ③ – Poitiers 110 ① – La Rochelle 128 ⑦ – Royan 108 ⑥.

ANGOULÊME

Louvel (Pl. F.) .... Y 31
Marengo (R.) ...... YZ 33
Monlogis (R.) .... X 34
Paris (R. de) .... Y
Périgueux (R. de) .... Z 38
Postes (R. des) ...... Y 39
St-Martial (R.) .... Z 45
Saintes (R. de) ...... X 48

Aguesseau (Rampe) . Y 2
Barthou (R. L.) .... Y 3
Bouillaud (Pl.) .... Z 5
Briand (Bd A.) .... Y 6
Bury (Bd de) .... X 7
Chabasse (Bd) ...... X 8
Champs-de-Mars (Pl.) Y 9
Churchill (Bd W.) .... Z 10
Cloche-Verte (R.) .... Y 12
Denis-Papin (R.) ..... Y 16
Desaix (Bd) .... Z 20
Fne-du-Lizier (R.) .... Y 23
Fougerat (R.) .... Y 24
Gambetta (Av.) .... Y 25
Gaulle (R. Gén.-de) .. Y 26
Halles (Pl. des) ...... Y 27
Juin (Av. Mar.) ...... X 28
La Rochefoucauld (R.) .... Y 29
Lattre-de-T. (Av. de) . X 30
Montbron (Route) ... X 35
Pasteur (Bd) .... Y 37
République (Bd) ..... X 40
St-André (R.) .... Y 42
St-Antoine (R.) ...... X 44
St-Roch (R.) .... Y 47
Tour-Garnier (R.) .... X 52
8-Mai-1945 (Bd du) .. X 53

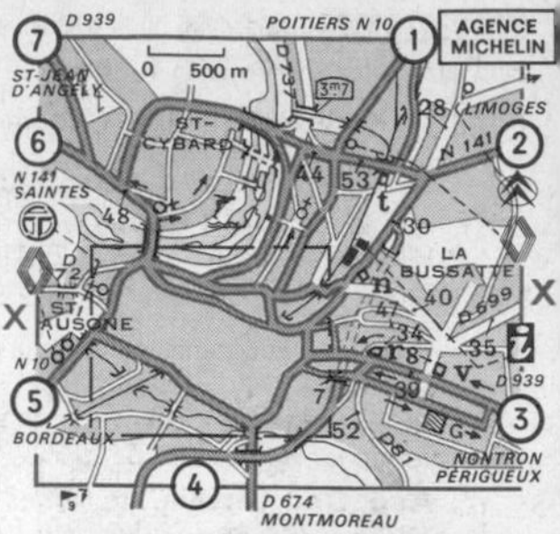

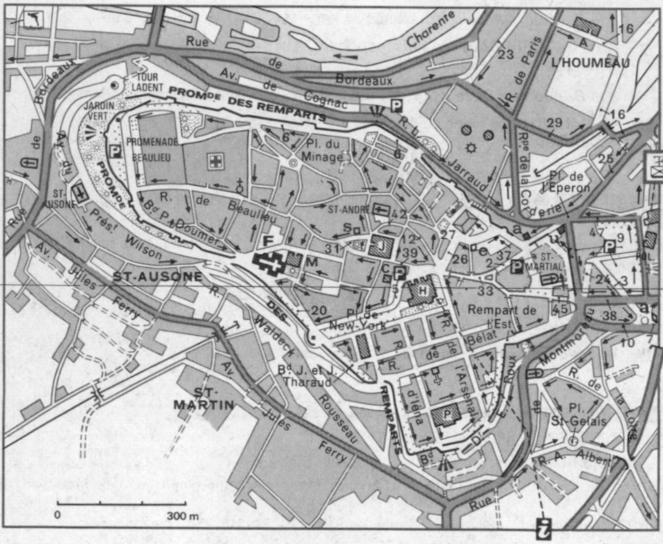

🏨 **Host. du Moulin du Maine Brun** Ⓜ, par traversée de ville et sortie ⑥ rte Cognac : 10 km, ✉ 16290 Hiersac ☎ 96.92.62, Télex 790197, ≤, « Élégante installation avec beau mobilier, parc, 🏊 » – 📺 ☎ 🅿 – 30 à 300. AE ⓓ VISA
fermé 15 nov. au 15 janv., dim. soir et lundi du 16 janv. au 31 mars – SC : **R** carte 140 à 190 – ☕ 28 – **20 ch** 300/390.

🏨 **Gd H. France,** 1 pl. Halles ☎ 95.47.95, – |♦| 🚗 🅿 – 60. AE ⓓ E VISA. rest
Y e
SC : **R** *(fermé 20 déc. au 10 janv. et sam. hors sais.)* 75/95 – **61 ch** ☕ 95/290 – P 210/275.

🏨 **Novotel** Ⓜ, par ① : 6 km sur N 10 près échangeur Nord, ✉ 16430 Champniers ☎ 68.53.22, Télex 790153, 🏊, – |♦| 📺 ☎ ♿ 🅿 – 150. AE ⓓ VISA
R snack carte environ 85 – ☕ 27 – **100 ch** 228/253.

🏨 **Trois Piliers** sans rest, 3 bd Bury ☎ 92.42.11 – |♦| wc ☎ 🚗 – 60.
SC : ☕ 16,50 – **50 ch** 121/160.
Z a

🏨 **Épi d'Or** sans rest, 66 bd René-Chabasse ☎ 95.67.64 – |♦| wc wc ☎ 🅿. AE ⓓ E VISA
X v
SC : ☕ 15,50 – **32 ch** 106/160.

🏨 **Palais** sans rest, 4 pl. Fr.-Louvel ☎ 92.54.11 – wc wc ☎ 🚗. AE ⓓ E VISA
SC : ☕ 16 – **53 ch** 97/159.
Y s

🏨 **Les Valois** sans rest, 32 r. Pisany ☎ 68.22.40 – wc ☎ – 25
X t
fermé août et dim. – SC : ☕ 14 – **18 ch** 85/138.

🏨 Coq d'Or sans rest, 98 r. Périgueux ☎ 95.02.45 – wc wc ☎.
X r
27 ch.

🏨 **H. Terminus,** pl. Gare ☎ 92.39.00 – |♦| wc ☎.
X n
SC : **R** voir rest Terminus – ☕ 15 – **38 ch** 80/150.

XXX **La Chamade**, 13 rampe d'Aguesseau ☏ 38.41.33 – 𝔸𝔼 ⓪ 𝔼 𝓥𝓘𝓢𝓐   Y a
fermé 1ᵉʳ au 15 août, en nov., en fév. et dim. – SC : **R** carte 120 à 180.

X **Rest. Terminus**, pl. Gare ☏ 95.27.13   X n
fermé oct., vend. soir et sam. – SC : **R** 42/100.

X **Le Palma**, 4 rampe d'Aguesseau ☏ 95.22.89   Y u
fermé 19 déc. au 9 janv. et dim. – SC : **R** 30/80 ⅃.

Par la sortie ① :

route de Poitiers : 7 km – ⊠ 16430 Champniers :

🏨 **Motel PM 16** Ⓜ, ☏ 68.03.22, Télex 790345, 🚗 – ⓣⱽ 🛏wc 🚿wc 🕾 Ⓟ – 🏊 50.
🚗🛏 𝔸𝔼 ⓪ 𝔼 𝓥𝓘𝓢𝓐
fermé dim. soir de nov. à mars – SC : **R** voir rest. Feu de Bois – ⊡ 17 – **41 ch**
142/220.

XX **Le Feu de Bois**, ☏ 68.69.96 – 🍴 Ⓟ
fermé en janv., lundi sauf juil.-août et fériés – SC : **R** 47/142 ⅃.

Par la sortie ③ :

à Soyaux : 4 km – 12 748 h. – ⊠ 16800 Soyaux :

X **La Cigogne**, ☏ 95.16.74, 🌳, « Terrasse sur campagne » – Ⓟ. 🌿
fermé déc., en fév., dim. soir et lundi – SC : **R** 68/100.

à Maison Neuve D 939, D 4 et D 25 : 17 km – ⊠ 16410 Dignac :

XX **Orée des Bois** Ⓜ ⅃ avec ch, ☏ 60.72.61, 🌳, 🚗 – ⓣⱽ 🛏wc 🚿wc 🕾 ⅃ Ⓟ
fermé 12 au 30 nov. et lundi hors sais. – SC : **R** 80/110 – ⊡ 16 – **11 ch** 80/140 – P
160/290.

Par la sortie ⑤ :

à Nersac N 10 et D 699 : 10 km – ⊠ 16440 Roullet-St-Estèphe :

XX **Aub. Pont de la Meure**, rte Hiersac ☏ 97.60.48 – 𝓥𝓘𝓢𝓐
fermé août, vend. soir et sam – SC : **R** 65/100.

à Roullet : 14 km – ⊠ 16440 Roullet :

XXX **Vieille Étable** Ⓜ ⅃ avec ch, rte Mouthiers ☏ 66.31.75, parc, 🌳 – 🛏wc 🚿wc
🕾 Ⓟ – 🏊 60. 𝔸𝔼 ⓪ 𝔼 𝓥𝓘𝓢𝓐. 🌿 rest
fermé 14 fév. au 15 mars et dim. soir du 15 sept. au 31 mai – SC : **R** 50/105 – ⊡ 16
– **11 ch** 130 – P 215/250.

MICHELIN, Agence régionale, r. Salvador-Allende, Zone Ind. n°3, Isle d'Espagnac, par
av. Mar. Juin X ☏ 68.09.66

ALFA-ROMEO Frayssinhes, 57 r. Broquisse ☏
61.24.28
BMW, LANCIA-AUTOBIANCHI Gar. Chenel,
52 r. Bordeaux ☏ 92.08.50
RENAULT Succursale, 11 rte Paris X ☏ 68.
90.66 et 412 rte Bordeaux X ☏ 95.13.73
TALBOT Gar. Berland, 444 rte Bordeaux X ☏
95.28.75
V.A.G. Gar. Magne, 313 r. Périgueux ☏ 95.
05.33

V.A.G. Gar. D.A.E. rte Périgueux, Soyaux ☏
92.88.91
VOLVO Gar. Bris, 340 rte de Bordeaux ☏ 95.
12.31

🏍 Barrouilhet, L'Houmeau ☏ 92.06.04
Barrouilhet-Carrefour, 145 rte Bordeaux ☏ 95.
91.40
Rogeon-Pneus, Zone Ind. de Rabion ☏ 92.96.22
Ets de Ruffray, 8 bd République ☏ 95.05.01

Périphérie et environs

CITROEN SOCHAC, Zone Ind., Gond-Pon-
touvre par av. Mar.-Juin X ☏ 68.90.77 Ⓝ
CITROEN SAMA, Zone d'Emploi, Puymoyen
par ④ ☏ 92.60.86
FORD Gar. Richeboeuf, Zone Ind. n° 3, La
Madeleine ☏ 68.70.55
MERCEDES-BENZ SAFI-16, Zone Ind., n°3,
Gond-Pontouvre ☏ 68.00.11

OPEL Angoulême-Nord-Auto, rte de Paris à
Champniers ☏ 68.74.33
PEUGEOT Perga, Zone Ind. à l'Isle-d'Espa-
gnac par ② ☏ 68.78.33
PEUGEOT, TALBOT Prud'homme, Zone d'Em-
ploi, Puymoyen ④ ☏ 61.25.19

ANIANE 34 Hérault 🎱🎱 ⑥ – rattaché à Gignac.

ANNEBAULT 14 Calvados 🎱🎱 ⑦ – 253 h. – ⊠ 14430 Dozulé – 🟤 31.
Paris 207 – Cabourg 15 – ♦Caen 35 – Pont-L'Évêque 12.

XX **Auberge Le Cardinal** avec ch, ☏ 64.81.96 – 🚿 Ⓟ. 🚗🛏 𝔸𝔼 ⓪ 𝔼 𝓥𝓘𝓢𝓐
fermé 20 nov. au 28 déc., mardi soir et merc. – **R** 85 – ⊡ 14 – **8 ch** 100/120.

Aimer la nature,

c'est respecter la pureté des sources, la propreté des rivières,

des forêts, des montagnes...

c'est laisser les emplacements nets de toute trace de passage.

ANNECY Ⓟ 74000 H.-Savoie 🔟 ⑥ G. Alpes – 54 954 h. alt. 448 – ✿ 50.

Voir Avenue d'Albigny★★ CXY – Le Vieil Annecy★ : Descente de Croix★ dans l'église St-Maurice BY **B**, – Pont sur le Thiou ≼★ BY **N** – Jardin public★ CY – Forêt du Crêt du Maure★ : ≼★★ 3 km par ④.

Env. Tour du lac★★★ 39 km (ou en bateau 1 h 30) – Gorges du Fier★★ et collections★ du château de Montrottier : 11 km par ⑦.

🛦 du lac d'Annecy 🅟 60.12.89 par ② : 10 km.

✈ d'Annecy-Meythet : T.A.T. 🅟 57.53.42 par ⑦ et D 14 : 4 km.

🛈 Office de Tourisme clos Bonlieu 1 r. Jean-Jaurès (fermé dim. après-midi) 🅟 45.00.33 - A.C. 15 r. Préfecture 🅟 45.09.12.

Paris 549 ⑦ – Aix-les-Bains 34 ⑥ – ✦Genève 57 ① – ✦Lyon 137 ⑥ – ✦St-Étienne 188 ⑥.

Plans page ci-contre

🏨 **Trésoms et Forêt** ⤴, 3 bd Corniche 🅟 51.43.84, « Situation dominant le lac et ≼ montagnes », 🌿 – 🛗 ☎ 🕭 🅟 – 🏊 150. 🖭 ⓞ. ⚸ rest   CV **a**
fermé déc. et janv. – SC : **R** 168/188 – � 32 – **40 ch** 327/416, 3 appartements 615 – P 389/473.

🏨 **Carlton** Ⓜ sans rest, 5 r. Glières 🅟 45.47.75 – 🛗 📺 ☎. 🖭 ⓞ 𝘝𝘐𝘚𝘈   AY **g**
SC : � 19 – **50 ch** 150/205.

🏨 **Splendid H.** sans rest, 4 quai E.-Chappuis 🅟 45.20.00 – 🛗 ☎. 🏊 30. 𝘝𝘐𝘚𝘈   BY **s**
SC : � 19 – **50 ch** 150/220.

🏨 **Faisan Doré**, 34 av. Albigny 🅟 23.02.46 – 🛗 ⇲wc 🏚wc ☎. 🚗   CV **x**
SC : **R** *(fermé nov., déc., 1er au 16 janv. et dim. hors sais.)* 65/120 – � 20 – **41 ch** 80/250 – P 175/250.

🏨 **Crystal H.** Ⓜ sans rest, 20 r. L.-Chaumontel 🅟 57.33.90 – 🛗 📺 ⇲wc 🏚wc ☎
🅟. 🚗 𝘝𝘐𝘚𝘈   AX **e**
SC : � 15.50 – **22 ch** 145/163.

🏨 **Réserve**, 21 av. Albigny 🅟 23.50.24, ≼, « jardin » – ⇲wc 🏚 ☎ 🅟. 🚗 🖭 ⓞ **E** 𝘝𝘐𝘚𝘈   CV **v**
fermé 23 déc. au 15 janv. – SC : **R** 65/100 ⅃ – � 15 – **12 ch** 120/175 – P 200/220.

🏨 **Semnoz** sans rest, 1 fg Balmettes 🅟 45.04.12 – ⇲wc 🏚wc 🚗. 🖭 **E** 𝘝𝘐𝘚𝘈. ⚸   AY **b**
fermé 20 déc. au 10 janv., sam. et dim. en hiver – SC : � 18 – **24 ch** 150/200.

🏨 **Ibis**, r. Gare 🅟 45.43.21, Télex 385585 – 🛗 ⇲wc 🏊 40. 🚗 𝘝𝘐𝘚𝘈   AY **a**
SC : **R** carte environ 65 ⅃ – ⊟ 18 – **83 ch** 162/187.

🏨 **H. de Savoie** sans rest, 1 pl. St-François 🅟 45.15.45 – ⇲wc 🏚wc 🚗. 🚗   BY **z**
SC : ⊟ 17 – **20 ch** 90/160.

🏨 **Parmelan**, 41 av. Romains 🅟 57.14.89, 🌿 – 🏚wc 🚗 🅟. 🚗 ⚸   BU **d**
➤ *1er avril-1er oct.* – SC : **R** (dîner seul.) 50/75 – ⊟ 16.50 – **30 ch** 85/170.

🏨 **Parc** sans rest, 43 chemin des Fins, vers le parc des sports 🅟 57.02.98, 🌿 –
⇲wc 🏚wc 🚗 🅟. ⚸   BU **r**
fermé 22 au 30 mai et 1er déc. au 4 janv. – SC : ⊟ 14 – **24 ch** 66/122.

🏨 **Paris** sans rest, 15 bd J.-Replat 🅟 57.35.98 – ⇲ 🏚 🚗. ⚸   AX **y**
fermé 1er au 15 nov. – SC : ⊟ 14 – **12 ch** 75/138.

🏨 **Coin Fleuri** sans rest, 3 r. Filaterie 🅟 45.27.30 – ⇲wc 🏚wc 🚗   BY **t**
fermé 23 déc. au 3 janv. – SC : ⊟ 16.50 – **14 ch** 70/140.

🏨 **d'Aléry** sans rest, 5 av. Aléry 🅟 45.24.75 – ⇲wc 🏚 🚗. 🚗 **E** 𝘝𝘐𝘚𝘈   AY **k**
SC : ⊟ 15 – **18 ch** 90/170.

🍴🍴🍴 **Salino**, 13 r. J.-Mermoz à Annecy-le-Vieux par av. France et rte Thônes 🅟 23.07.90   CU **v**
fermé dim. soir et merc. – SC : **R** (du 22 juin au 16 juil. et du 9 au 16 fév. déj. seul.) 100/180.

🍴🍴 ✿ **Auberge de Savoie** (Collon), 1 pl. St-François 🅟 45.03.05 – ▤. 🖭 ⓞ   BY **z**
fermé mi-juin à mi-juil., mardi soir d'oct. à fin mai et merc. – SC : **R** 100/190, dîner à la carte
Spéc. Terrine chaude de brochet, Aiguillettes de canard aux coings, Nougat glacé au Grand Marnier.
Vins Roussette de Seyssel, Crépy.

🍴🍴 **Aub. Pré Carré**, impasse Pré Carré 10 r. Vaugelas 🅟 51.17.65 – 🖭 **E**. ⚸   BY **f**
fermé 9 au 18 juil., 1er au 15 janv., lundi midi et dim. – SC : **R** 75/150.

🍴🍴 **Amandier**, 6 av. Mandallaz 🅟 51.74.50 – 🖭 ⓞ 𝘝𝘐𝘚𝘈   BV **k**
fermé 25 juil. au 16 août et lundi – SC : **R** 60/100.

🍴🍴 **Aub. du Lyonnais**, 9 r. République 🅟 51.26.10 – 🖭   BY **d**
fermé déc. à mi-janv. et merc. – SC : **R** 65/96 ⅃.

🍴 **Garcin**, (1er étage), 11 r. Pâquier 🅟 45.20.94 – 🖭 **E** 𝘝𝘐𝘚𝘈   BY **s**
➤ *fermé 15 juin au 8 juil., en fév. et merc.* – SC : **R** 50/120 ⅃.

🍴 **Fer à Cheval**, 21 r. Sommeiller 🅟 45.13.35   BY **e**
fermé sept. et lundi – SC : **R** 52/82 ⅃.

à Albigny par ② : 1,5 km – alt. 448 – ✉ 74000 Annecy :

🏨 **Muses**, 🅟 23.29.26 – 🏚 ☎ 🅟. ⚸ rest
➤ *fermé 15 déc. au 20 janv.* – SC : **R** *(fermé dim. soir et lundi midi du 15 sept. à fin mai)* 46/106 – ⊟ 17 – **30 ch** 64/102 – P 141/161.

114

ANNECY

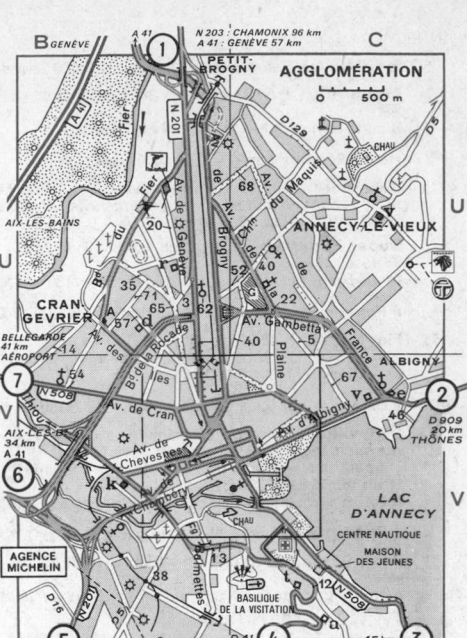

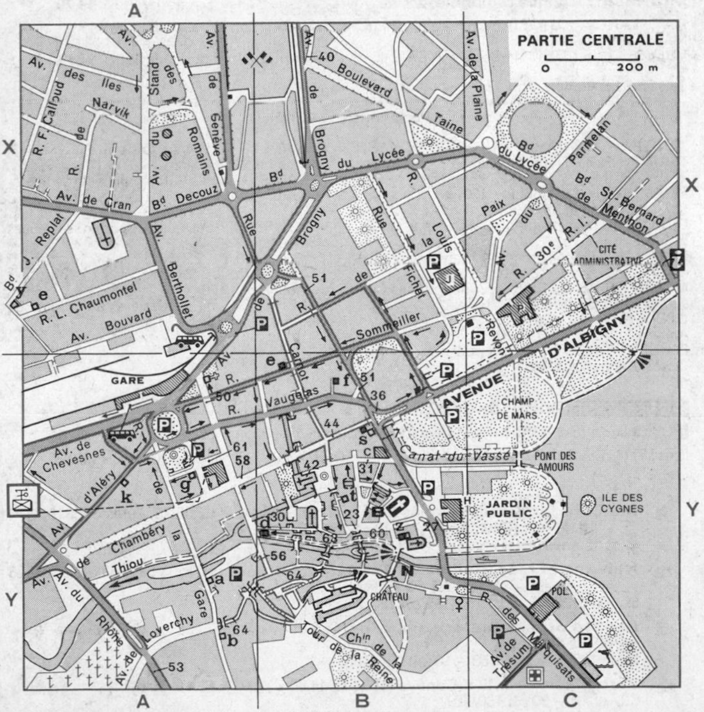

rte d'Aix-les-Bains par ⑤ : 3 km – ⊠ **74600** Seynod :

🏨 **Mercure** Ⓜ, ℡ 51.03.47, Télex 385303, ⊠ – ▤ rest �📺 ☎ ⅊ 🅿 – 🍴 80. ⌷ ⓪ Ⅎ
𝓥𝓘𝓢𝓐
R carte environ 90 – ⊆ 25 – **69 ch** 219/267.

rte du Semnoz par ④ – ⊠ **74000** Annecy :

✕✕ **Belvédère** ⚘ avec ch, 2 km ℡ 45.04.90, ≤ Annecy et lac – ⌂ ☞ 🅿, 𝓥𝓘𝓢𝓐. ⅊
hôtel : 15 mai-début oct. ; rest. : fermé avril, 23 oct. au 18 nov., dim. soir et lundi –
SC : **R** 110/200 – ⊆ 14 – **10 ch** 90/105 – P 190/210.   CV t

✕ **Super Panorama** ⚘ avec ch, 3,5 km ℡ 45.34.86, ≤ lac et montagne, ⌖ – 🅿.
⅊ rest
fermé 5 janv. au 15 fév. et mardi – SC : **R** 70/130 – ⊆ 20 – **5 ch** 120 – P 150/170.

à Pont de Brogny par ① : 4 km rte Genève – ⊠ **74370** Pringy :

✕✕ **Fier** avec ch, ℡ 46.11.10, ⌖ – ⌂ 🅿. ☞⅊
fermé 25 oct. au 27 nov., mardi soir et merc. sauf juil. et août – SC : **R** 90/170 – ⊆
17 – **10 ch** 73/150 – P 130/155.

à Chavoire par ② : 4,5 km – alt. 480 – ⊠ **74290** Veyrier-du-Lac :

✕✕✕ ✿ **Pavillon Ermitage** (Tuccinardi) avec ch, ℡ 60.11.09, « Jardin fleuri et belle
vue sur le lac » – ⌂wc ☞ ⌸, ☞⅊ ⌷
mars-fin oct. – SC : **R** (nombre de couverts limité - prévenir) 110/230 – ⊆ 20 –
11 ch 165/210 – P 220/320.
Spéc. Omble chevalier, Soufflé de brochet, Poularde de Bresse. **Vins** Crépy, Seyssel.

à St-Martin-Bellevue N : 11 km par ①, N 203, D 14 – ⊠ **74370** Pringy :

🏨 **Beau Séjour** ⚘, à la gare : 1 km ℡ 60.30.32, ≤ – ⌷ ⌂wc ⌂ ☞ 🅿 – 🍴 40.
☞⅊ . ⅊ rest
fermé 15 déc. au 15 mars, dim. soir et lundi midi sauf de juil. à sept. – SC : **R** 58/130
– ⊆ 19 – **35 ch** 110/195 – P 185/220.

Voir aussi ressources hôtelières des localités citées autour du Lac 🔢 ⑥ ⑯.

MICHELIN, Agence régionale, Z.I. de Vovray, 5 r. de Sansy, Seynod V ℡ 51.59.70

FIAT, LANCIA-AUTOBIANCHI   Gar. Pont-
Neuf, 1 av. Pont-Neuf ℡ 51.40.30
VOLVO Cochet, 59 av. de Genève ℡ 57.02.45

Bruyère, 18 ch. des Fins ℡ 57.16.68
Dupanloup, 119 av. Genève ℡ 57.03.81
Frasson, 2 bis av. du Stade ℡ 57.16.88

⓪ Blanc, 3 r. Rumilly ℡ 51.13.02

Périphérie et environs

AUSTIN, JAGUAR, MORRIS, ROVER,
TRIUMPH Gar. Ducros, 72 av. d'aix, Seynod
℡ 45.42.65
BMW Aravis Automobile, 100 av. d'Aix les
Bains à Seynod ℡ 45.32.36
CITROEN Dieu, rte d'Aix, Seynod par ⑤ ℡
51.54.15
FORD Delachenal, av. d'Aix, Seynod ℡ 51.
41.36
MERCEDES-BENZ SEVI 74, Zone Ind. des Cé-
sardes, D 16, Seynod ℡ 51.59.83
OPEL Gar. du Parmelan, av. Petit-Port,
Annecy-le-Vieux ℡ 23.12.85
PEUGEOT-TALBOT Gar. Central, 28 av. des
Carrés, Annecy-le-Vieux ℡ 23.23.13

RENAULT Savoie-Automobile, av d'Aix,
Seynod par ⑤ ℡ 45.82.13
RENAULT Savoie Automobile, sortie Autoroute Annecy Nord à Metz-Tessy par ① ℡ 57.
31.14
V.A.G. SAT, Z.I. des Césardes, rte des Creuses
à Seynod ℡ 22.22.20

⓪ Auto Diffusion Service, 4 r. Zanaroli à
Seynod ℡ 51.49.76
Piot-Pneu, 6 r. de la Césière, Zone Ind. de
Vovray à Seynod ℡ 51.72.85

ANNEMASSE 74100 H.-Savoie 🔢 ⑥ **G. Alpes** – 23 655 h. alt. 433 – ✿ 50.

🛈 Office de Tourisme r. de la Gare (fermé sam. après-midi et dim.) ℡ 92.53.03.

Paris 550 ⑦ – Annecy 51 ① – Bonneville 22 ① – ♦Genève 8 ⑥ – St-Julien-en-Genevois 15 ⑥.

Plan page ci-contre

🏨 **Mercure** Ⓜ ⚘, r. des jardins (e) ⊠ 74240 Gaillard ℡ 92.05.25, Télex 385815, ⌖,
⊠ – ⌷ ▤ rest 📺 ☎ ⅊ 🅿 – 🍴 25 à 150. ⌷ ⓪ Ⅎ 𝓥𝓘𝓢𝓐
R carte environ 90 – ⊆ 25 – **78 ch** 187/253.

🏨 **Helvetia et rest. Guillaume Tell** Ⓜ, 4 rte Genève **(x)** ℡ 38.59.80, Télex 385925
– ⌷ 📺 ☎ 🅿 – 🍴 100. ⌷ ⓪ Ⅎ 𝓥𝓘𝓢𝓐
SC : **R** 60/200 ⚭ – ⊆ 15 – **65 ch** 180/220.

🏨 **Genève et rest La Cerisaie** Ⓜ, rte de Genève ℡ 38.70.66 – ⌷ 📺 ☎ ⌸ 🅿 –
🍴 60. ⌷ ⓪ Ⅎ 𝓥𝓘𝓢𝓐
R 60/180 ⚭ – ⊆ 14,50 – **97 ch** 155/190.

🏨 **Parc** Ⓜ sans rest, 19 r. Genève **(t)** ℡ 38.44.60 – ⌷ 📺 ⌷ ⓪ Ⅎ 𝓥𝓘𝓢𝓐
SC : ⊆ 16 – **30 ch** 150/207.

ANNEMASSE

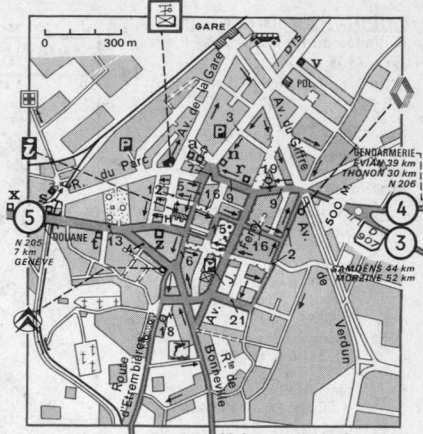

Voir cartouche ci-contre

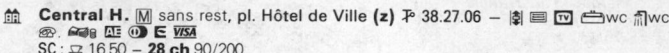

🏨 **Central H.** Ⓜ sans rest, pl. Hôtel de Ville **(z)** ☎ 38.27.06 – |φ| 🔲 📺 ⌷wc 🛁wc
🕿 🖼 ㊈ ㉿ Ε 𝘝𝘐𝘚𝘈
SC : ⌷ 16,50 – **28 ch** 90/200.

🏨 **Hague** sans rest, 42 r. Genève **(s)** ☎ 38.47.14 – |φ| 🔲 📺 ⌷wc 🕿 Ⓟ 🖼
Ε 𝘝𝘐𝘚𝘈
fermé 27 déc. au 6 janv. – SC : ⌷ 16 – **21 ch** 115/175.

🏨 **National** Ⓜ sans rest, pl. J.-Deffaugt **(n)** ☎ 92.06.44 – |φ| ⌷wc 🛁wc ☎ Ⓟ 🖼
㊈ ㉿ 𝘝𝘐𝘚𝘈
SC : ⌷ 16 – **45 ch** 130/160.

🏨 **Pax H.** sans rest, 22 av. Gare **(a)** ☎ 38.25.46 – |φ| ⌷wc 🛁wc ☎ 🚗 Ⓟ 🖼
SC : ⌷ 18 – **44 ch** 97/156.

🏨 **Eden** sans rest, 11 r. Faucigny **(r)** ☎ 92.21.57 – ⌷wc 🛁wc 🕿 🚗 🖼
SC : ⌷ 18 – **14 ch** 125/184.

XXX **Le Château,** à Gaillard 47 r. Vignes ☎ 38.65.38, 🍴 – Ⓟ ㊈ ㉿ Ε 𝘝𝘐𝘚𝘈
SC : **R** 100/200.

XXX **Entre Nous,** 2 r. Zone à Ambilly **(s)** ☎ 38.35.85, 🍴 – Ⓟ ㊈ ㉿ 𝘝𝘐𝘚𝘈
fermé 15 août au 7 sept., 15 au 31 janv., dim. soir et lundi – **R** 75/200.

X **Savoie** avec ch, 52 r. Chablais **(v)** ☎ 37.05.06, 🍴 – Ⓟ
↣ *fermé sept.* – SC : **R** *(fermé dim. soir et sam.)* 50/95 🍷 – 🍽 14 – **32 ch** 75/120 – P
170/218.

à la douane de Moellesulaz par ⑤ : 2 km – ✉ 74240 Gaillard :

X **Chez Mado,** ☎ 38.09.58 – Ⓟ
↣ *fermé fin juin à fin juil. et merc.* – SC : **R** 40/100.

au Pas de l'Échelle par ⑦ : 4 km – ✉ 74100 Annemasse :

🏠 **Tilleuls** sans rest, N 206 ☎ 37.61.79 – 🛁 Ⓟ 🖼
fermé août et dim. – SC : 🍽 14 – **12 ch** 70/100.

🏡 **Pittet,** rte téléphérique ☎ 37.61.42, 🍴, 🌳 – 🚗 Ⓟ 🖼 ㊈ 🚫 ch
fermé 15 sept. au 10 oct. et sam. hors sais. – SC : **R** 52/65 🍷 – 🍽 15 – **14 ch** 70/90
– P 130/150.

à la Bergue par ③ : 5,5 km – alt. 547 – ✉ 74380 Bonne :

XX **La Pergola,** ☎ 39.30.27, 🌳 – Ⓟ
fermé juil. et jeudi – **R** 50/170.

AUSTIN, MORRIS, TRIUMPH Gar. Maurice,
13 r. du Faucigny ☎ 92.21.96
BMW, DATSUN Borgel, r. de Montréal, Zone
Ind., Ville-la-Grand ☎ 37.07.60
CITROEN SADAL, rte de Taninges à Vetraz-
Monthoux par ⑤ ☎ 37.42.45
CITROEN Gar. de Savoie, 4 r. Étrembières ☎
92.11.75
FIAT, LANCIA-AUTOBIANCHI Gar. du Cha-
blais, Zone Ind. Mont-Blanc, r. de la Résistance
☎ 37.30.37
FORD Gar. de la rte blanche, 90 rte de Bonne-
ville ☎ 37.10.54
OPEL Gar. Bel, 28 r. de la République à Ville-
la-Grand ☎ 92.10.48

PEUGEOT-TALBOT Fort Autom., 57 rte de
Thonon par ④ ☎ 37.70.22
RENAULT Ets Berra, 1 r. A.-Briand ☎ 37.25.30
RENAULT S.A.D.I.A., Pont d'Étrembières ☎
92.05.11
TOYOTA Degenève, 63 rte Genève à Gaillard
☎ 38.09.55
V.A.G. Gar. International, r. de la Résistance,
Zone Ind. ☎ 37.13.43
Gar. Dumas, 10 r. A.-Ligué ☎ 92.53.06

⦿ Auto-Diffusion-Sce., Zone Ind., r. de la
Résistance ☎ 37.64.69
Blanc, 3 av. du Giffre ☎ 37.78.04
Piot-Pneu, 75 rte des Vallées ☎ 37.27.11

ANNONAY 07100 Ardèche 🔢 ①

G. Vallée du Rhône — 21 530 h. alt.
357 — ❀ 75.

🅱 Office de Tourisme 3 r. Sadi-Carnot
(fermé lundi matin et dim.) ☏
33.24.51.

Paris 534 ① — ◆Grenoble 103 ① —
◆St-Étienne 43 ④ — Tournon 35 ① —
Valence 53 ① — Vienne 43 ① — Ys-
singeaux 58 ③ .

🏨 **Midi** sans rest, 17 pl. Cordeliers (n) ☏ 33.23.77 —
📶 ➰wc ☎ ⇎ 🅿🅖 🅰🅴
🆔 🅴
*fermé 20 déc. au 20 janv. et
dim. en hiver — SC : ⌐ 15
— 40 ch 60/150.*

🏨 **Gare** sans rest, 31 av.
M.-Seguin (e) ☏ 33.29.11
— 🛏
*fermé fév. et dim. en hiver
— SC : ☙ 18 — 13 ch 80/150.*

🍴🍴 **Château**, 2 montée du
Château (a) ☏ 32.19.78 —
🅰🅴 🆅🅸🆂🅰
*fermé 15 au 31 mars, 1er au
15 sept. et merc. — SC : R
75/130.*

🍴🍴 **Le Bilboquet**, 2 pl. Cor-
◆ deliers (s) ☏ 33.30.20 —
🅰🅴 🆔 🅴 🆅🅸🆂🅰
*fermé 30 mai au 7 juin, 24
déc. au 3 janv., dim. soir et
lundi — SC : R 50/150.*

🍴🍴 **Célerien**, face gare (e) ☏
33.46.97
*fermé dim. soir et lundi —
SC : R 65/130.*

à Davezieux par ① : 4,5 km sur D 82 — ⊠ **07100** Annonay ;

🏨 **Don Quichotte et Siesta** Ⓜ ⚲, rte Valence ☏ 33.11.99, ⩽, 🏘, ⌣ — 📶 🗐 rest
◆ 📶wc 📶wc ☎ 🅿 — 🛪 50 à 80. 🅰🅴 🅰🅴 🆅🅸🆂🅰
SC : R 50/180 — ⌐ 14 — 56 ch 100/210 — P 185/195.

ALFA-ROMEO Gar. Tartavel, Davezieux ☏ 33.
26.07
CITROEN Gar. Pyramide, 17 av. M.-Seguin ☏
33.31.91
CITROEN Gar. du Vivarais, Zone Ind. La Lom-
bardière, Davezieux par ① ☏ 33.26.32 🅽 ☏ 33.
42.27
FIAT Gar. Dhennin, 47 bd République ☏ 33.
24.43
FORD Caule, rte de Lyon, Davezieux ☏ 33.
22.98

PEUGEOT-TALBOT Desruol, N 82, St-Clair par
① ☏ 33.10.98
RENAULT Grosjean, rte de Lyon, Davezieux
par ① ☏ 33.20.21
V.A.G. Siterre, 33 bd République ☏ 33.42.10

🛢 Eyraud, 45 bd de la République ☏ 33.42.19
Valla, 47 r. G.-Duclos ☏ 33.27.49

CONSTRUCTEUR : Renault Véhicules Industriels, Rte de Roanne ☏ 33.11.11

ANNOT 04240 Alpes-de-H.-P. 🔢 ⑱. 🔢 ⑫ G. Côte d'Azur — 885 h. alt. 700 — ❀ 92.

Voir Vieille ville★ — Clue de Rouaine★ S : 4 km.

Paris 815 — Castellane 32 — Digne 70 — Manosque 111.

🏨 **Gd H. Grac,** ☏ 83.20.02, 🏘, 🛋 — 📶wc 📶wc ⇎ 🅿 🅰🅴 🕸 rest
◆ 30 mars-25 oct. — SC : R 50/100 — ⌐ 12,50 — 30 ch 58/115 — P 125/150.

🏨 **Avenue,** ☏ 83.22.07 — 📶wc. 🅰🅴 🕸 rest
◆ 24 mars-15 nov. — SC : R 45/67 — ⌐ 11 — 16 ch 44/92 — P 105/140.

aux Scaffarels SE : 2 km — alt. 700 — ⊠ **04240** Annot :

🏨 **Honnoraty,** ☏ 83.22.03 — 📶wc ⇎ 🅿 🕸 rest
◆ 1er mars-15 déc. — SC : R 48/68 — ⌐ 12 — 12 ch 65/100 — P 118/148.

RENAULT Gar. Pellegrin, ☏ 83.23.46 🅽 ☏ 83.22.59

ANOST 71550 S.-et-L. 🔢 ⑦ G. Bourgogne — 867 h. alt. 550 — ❀ 85.

Voir 🔆★ de Notre-Dame de l'Aillant : 2 km par D 2 puis 30 mn.

Paris 294 — Autun 24 — Château-Chinon 20 — Mâcon 136 — Montsauche 17.

🍴 **La Galvache,** ☏ 82.70.88 — 🆔 🆅🅸🆂🅰
◆ *fermé 10 au 28 déc. et merc. sauf juil.-août — SC : R 35/110 🜊.*

ANSE 69480 Rhône **74** ① – 3 116 h alt. 176 – ✿ 74.

Paris 442 – L'Arbresle 19 – Bourg-en-Bresse 56 – ◆Lyon 26 – Mâcon 47 – Villefranche-sur-Saône 6.

 🏨 **St-Romain** Ⓜ 🐾, rte Graves 🕿 68.05.89, 👝 – 📺 ⌴wc 🕿 🅿 – 🛁 40. 🍴 ⒜
 ➜ ⓪ 🆅🅸🆂🅰
 SC : **R** *(fermé dim. soir du 30 nov. au 30 mars)* 48/120 – 👝 15 – **22 ch** 120/160 – P 210/220.

RENAULT Blanc. 🕿 67.01.71

ANTHÉOR 83 Var **84** ⑧. **195** ㉞ ⓖ G. Côte d'Azur – ✉ 83700 St-Raphaël – ✿ 94.

Paris 890 – Cannes 27 – Draguignan 47 – ◆Nice 59 – St-Raphaël 13.

 🏠 **Réserve d'Anthéor,** N 98 🕿 44.80.05, ≤, 🍴 – ⌴wc 🅿 🍴⒜
 fév.-oct. – SC : **R** 70/115 – 👝 15 – **13 ch** 126/185 – P 205/230.

 🏠 **Flots Bleus,** 🕿 44.80.21, ≤ – ⌴wc 🔊 🅿 🅿
 10 fév.-15 oct. – SC : **R** *(fermé lundi sauf juil.-août)* 65/85 – 👝 15 – **19 ch** 80/147 – P 200/240.

ANTIBES 06600 Alpes-Mar. **84** ⑨. **195** ㉟⑭ ⓖ G. Côte d'Azur – 56 309 h. – Casino ''la Siesta'' sur D 41 – ✿ 93.

Voir Vieille ville★ X – Av. Amiral-de-Grasse ≤★ – Château Grimaldi (Déposition de Croix★, Musée Picasso★) X B – Marineland★ 4 km par N 7.

🏌 de Biot 🕿 65.08.48, NO : 4 Km.

🛈 Office de Tourisme 12 pl. Gén-de-Gaulle *(fermé sam. après-midi hors sais. et dim.)* 🕿 33.95.64. Télex 470915.

Paris 916 ② – Aix-en-Provence 158 ② – Cannes 11 ③ – ◆Nice 23 ①.

Plans page suivante

 🏨 **Royal et Rest. Le Dauphin,** bd Gén.-Leclerc 🕿 34.03.09, ≤, 🍴, 🍴 – 🛗 🅰🅴
 ⓪. 🐾 rest   X q
 fermé 31 oct. au 20 déc. – SC : **R** *(fermé merc. hors saison)* 90/98 – 👝 25 – **43 ch** 140/315 – P 255/335.

 🏨 **Josse,** 8 bd James Wyllie 🕿 61.47.24, ≤, 🍴 – 🔳 ch 📺 ⌴wc 🕿 👝, 🍴 🆅🅸🆂🅰
 fermé 1er nov. au 1er mars – SC : **R** *(fermé merc. du 1er avril au 30 juin)* 70/75 🍷 –
 20 – **29 ch** 200/250 – P 275.   Z f

 🏠 **Mas Djoliba** 🐾, 29 av. Provence 🕿 34.02.48, 🍴, « Jardin » – ⌴wc 🔊wc 🕿
 🅿 🍴⒜ 🅰🅴 ⓪. 🐾 rest   Y h
 SC : **R** *(dîner seul.)* 95 – 👝 20 – **14 ch** 150/260.

 🟎🟎🟎 **Les Vieux Murs,** av. Amiral-de-Grasse 🕿 34.06.73, ≤ – 🅰🅴   X b
 fermé 12 nov. au 20 déc. et merc. – SC : **R** carte 165 à 220.

 🟎🟎🟎 **L'Écurie Royale,** 33 r. Vauban 🕿 34.76.20 – 🔳 🅰🅴 ⓪ 🅴 🆅🅸🆂🅰   X t
 fermé 15 déc. au 15 janv., dim. soir, mardi midi du 30.sept. au 1er juin et lundi – SC :
 R *(du 1er juin au 30 sept. dîner seul.)* 110/170.

 🟎🟎 **La Marguerite,** 11 r. Sadi Carnot 🕿 34.08.27 – 🔳   X s
 fermé mai, dim. soir et lundi – SC : **R** 110/180.

 🟎🟎 **Aub. Provençale** avec ch, pl. Nationale 🕿 34.13.24, 🍴 – 📺 ⌴wc 🅿 🅰🅴 ⓪ 🅴
 🆅🅸🆂🅰   X k
 fermé 24 oct. au 15 nov. – SC : **R** *(fermé mardi midi en été, dim. soir en hiver et lundi)* 60/150 – **4 ch** 👝 140/300.

 🟎🟎 **Du Bastion,** 1 av. Gén.-Maizière 🕿 34.13.88, 🍴 – 🅰🅴 ⓪ 🆅🅸🆂🅰   X p
 fermé janv. et mardi d'oct. à Pâques – SC : **R** 85/140.

 🟎🟎 **L'Oasis,** 35 bd Prés.-Wilson 🕿 34.02.35, 🍴 – 🅿   X m
 fermé 15 mars au 15 avril, nov. et merc. – SC : **R** *(hors sais. déj. seul.)* 78/110.

 🟎🟎 **Le Caméo** avec ch, pl. Nationale 🕿 34.24.17, 🍴 – 🔳 rest ⌴wc 🔊 🅿. 🍴⒜ – **10 ch**
 fermé 5 janv. au 5 fév. – SC : **R** *(fermé mardi hors sais.)* 73/95 – 👝 15   X e
 140/168.

 🟎🟎 Le Venise, 28 r. Vauban 🕿 34.18.82 – 🔳 ⓪ 🆅🅸🆂🅰   X w
 fermé 1er janv. au 20 fév. et merc. – **R** *(en été dîner seul., en hiver déj. seul.)*.

 🟎🟎 **La Calèche,** 25 r. Vauban 🕿 34.40.44, cuisine nord-africaine – 🆅🅸🆂🅰   X a
 fermé lundi – **R** carte environ 80.

 🟎 **L'Oursin,** 16 r. République 🕿 34.13.46, Dégustation produits de la mer – 🔳
 fermé août, mardi soir et merc. – **R** carte 60 à 90 🍷.   X z

 sur N 7 N : 4 km, quartier de la Brague – ✉ 06600 Antibes :

 🏨 **Tananarive** sans rest, rte de Nice 🕿 33.30.00, Télex 470851, 🏊, 🎾 – 🛗 🔳 📺 🕿
 👝 🅿 – 🛁 150 à 300 🅰🅴 ⓪ 🅴 🆅🅸🆂🅰
 SC : 👝 27 – **50 ch** 170/310.

 🏠 **Mercator** sans rest, rte Biot 🕿 33.50.75, 👝 – cuisinette ⌴wc 🕿 🅿. 🍴⒜ ⓪
 🆅🅸🆂🅰
 fermé 15 nov. au 15 déc. – SC : 👝 15 – **18 ch** 195/225.

ANTIBES

XXXXX ✿✿✿ **La Bonne Auberge** (Rostang), ☎ 33.36.65, Télex 470989, 🏠, « Agréable salle à manger provençale et terrasse fleurie » – ℗ AE ⓪
fermé 15 nov. au 15 déc., en mars et lundi – **R** 240/330 et carte
Spéc. Terrine de lotte, St-Pierre à la barigoule d'artichauts, Noisettes d'agneau en crépinette. Vins Côteaux d'Aix, Bellet.

à Sophia Antipolis NO : 9 km par D 35 et D 103 – ⊠ 06560 Valbonne :

🏨 **Novotel** Ⓜ ⌘, ☎ 33.38.00, Télex 970914, 🏠, 🏊, 🌳, ✕ – ▯ ▤ TV ☎ ♿ ℗ – 🏛 200. AE ⓪ VISA
R snack carte environ 85 – ⊑ 29 – **97 ch** 272/340.

CITROEN Gar. Riviera, Bretelle Autoroute par ② ☎ 33.04.90
OPEL Gar. Dugommier, 16 bd Dugommier ☎ 33.92.24
PEUGEOT-TALBOT Cheringou, angle bd Foch et N7 ☎ 34.04.22

RENAULT Charreau-Auto, Bretelle Autoroute par ② ☎ 33.29.00 Ⓝ
V.A.G. Sport-Auto-Route, Sortie Autoroute, Péage d'Antibes ☎ 33.28.59

ANTIBES

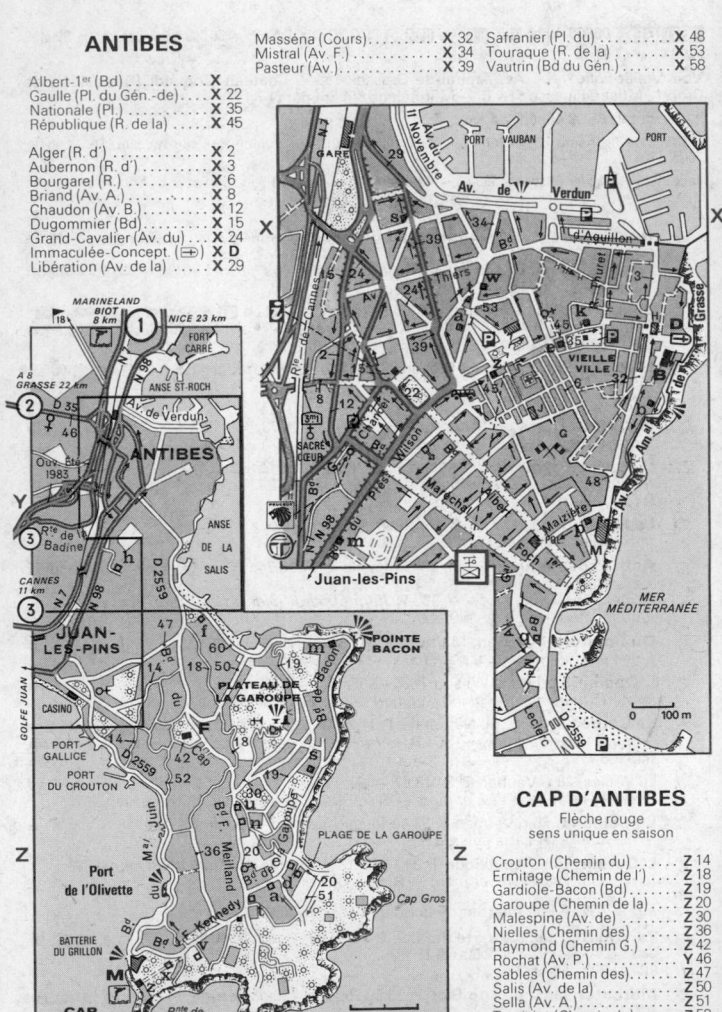

CAP D'ANTIBES
Flèche rouge
sens unique en saison

Cap d'Antibes – ✉ 06600 Antibes.

Voir Le tour du Cap** YZ – Plateau de la Garoupe ☀** Z – Jardin Thuret★ Z F – ≼★ Pointe Bacon Z – ≼★ de la plate-forme du bastion (musée naval) Z

🏨 **du Cap d'Antibes** ⟡, bd Kennedy ☎ 61.39.01, Télex 470763, ≼ littoral et le large, « Gd parc fleuri face à la mer », ⤮, 🐾, ⚘ – ⎸ ▤ ☎ 㐂 ⇔ – 🏊 140. 🐾
Z x
Pâques-mi-oct. – **R** voir Pavillon Eden Roc – ⌸ 45 – **100 ch** 630/1 130, 10 appartements.

🏨 **Résidence du Cap** ⟡, 161 bd Kennedy ☎ 61.09.44, Télex 470892, ≼, 🪴, « Parc fleuri et patio », ⤮, ⚘ – ⎸ ▤ ch ☎ 㐂 – 🏊 30. ☒. 🐾
Z v
1ᵉʳ avril-20 oct. – **R** 180 – **38 ch** ⌸ 400/800, 4 appartements.

🏨 **Motel Axa** ⟡ sans rest, bd de la Garoupe ☎ 61.36.51, ⤮, ⚘ – cuisinette ◻wc ⚙ 🅿
Z a
SC : ⌸ 25 – **20 ch** 330.

🏨 **Levant** Ⓜ ⟡ sans rest, à la Garoupe ☎ 61.41.33, ≼ – ◻wc ⚙ 🅿. 🏵. 🐾
15 mars-30 oct. – SC : ⌸ 17 – **27 ch** 260/320.
Z e

🏨 **Résidence Beau Site**, 141 bd Kennedy ☎ 61.53.43, 🪴, ⚘ – ◻wc 🎇wc ⚙ 🅿
hôtel : 1ᵉʳ avril-30 sept., rest : 9 mai-20 sept – SC : **R** 95/115 – ⌸ 16 – **26 ch** 230 – P 240/260.
Z t

🏨 **La Gardiole** ⟡, chemin La Garoupe ☎ 61.35.03, 🪴, ⚘ – ◻wc 🎇wc ☎. 🏵 ☒ ⓞ Ⅽ 𝘝𝘐𝘚𝘈
Z n
1ᵉʳ fév.-3 nov. – SC : **R** 90/120 – ⌸ 18 – **20 ch** 130/250 – P 250/290.

🏨 **Garoupe**, 81 bd F.-Meilland ☎ 61.54.97, 🪴, ⚘ – ◻wc 🎇wc ⚙ 🅿. 🐾
1ᵉʳ avril-31 oct. – SC : **R** 60/90 – ⌸ 14 – **25 ch** 100/260 – P 225/270.
Z u

🏨 **Miramar** Ⓜ ⟡ sans rest, chemin Plage ☎ 61.52.58 – 🎇wc ⚙ 🏵
Z d
20 mars-nov. – SC : ⌸ 18 – **12 ch** 240.

🏵🏵🏵🏵 ❀ **Pavillon Eden Roc**, bd Kennedy ☎ 61.39.01, ≼ littoral et les îles, 🪴, « Isolé sur un roc, en bordure de mer, ⤮ » – ⚙. 🐾
Z z
Pâques-mi-oct. – **R** carte 190 à 290.

🏵🏵🏵🏵 ❀ **Bacon**, bd Bacon ☎ 61.50.02, ≼ baie des Anges et les Alpes, 🪴 – 🅿. ⓞ. 🐾
fermé 15 nov. au 31 janv., dim. soir et lundi – **R** 150/230, dîner à la carte
Z m
Spéc. Bouillabaisse, Salade de poissons au citron (fév. à oct.), Consommé de rougets aux petits légumes (fév. à nov.). **Vins** La Londe les Maures, Cassis.

🏵🏵🏵 **Le Cabestan**, bd Garoupe ☎ 61.77.70, ≼, 🪴 – 🅿. ☒ ⓞ Ⅽ 𝘝𝘐𝘚𝘈
Z s
fermé fév., lundi soir sauf juil.-août et mardi – SC : **R** 165.

Voir aussi ressources hôtelières de *Juan-les-Pins*

ANTICHAN 65 H.-Pyr. 🗺 ⑳ – 41 h. alt. 632 – ✉ 65370 Loures-Barousse – ✪ 62.
Paris 819 – Bagnères-de-Luchon 30 – Lannemezan 30 – Montréjeau 14 – St-Gaudens 22 – Tarbes 65.

🏠 **Host. Ourse** ⟡, au Pont de l'Ourse ☎ 99.25.02, ≼, ⚘ – 🅿. 🐾 rest
↞ *Pâques-31 août, vacances scolaires et fermé vend. hors sais.* – SC : **R** 40/100 – ⌸ 14 – **10 ch** 52/120 – P 110/120.

ANTICHAN-DE-FRONTIGNES 31 H.-Gar. 🗺 ① – 71 h. alt. 580 – ✉ 31510 Barbazan – ✪ 61.
Paris 817 – Bagnères-de-L. 25 – Lannemezan 34 – St-Girons 60 ◆Toulouse 110.

🏠 **La Palombière** ⟡, carrefour D 9 et D 618 ☎ 79.67.01, ≼, ⚘ – ◻ 🎇 🅿
↞ *Pâques-fin oct. et fermé merc. hors sais.* – SC : **R** 45/90 – ⚬ 14 – **11 ch** 75/102 – P 145/160.

ANTRAIGUES 07530 Ardèche 🗺 ⑲ G. Vallée du Rhône – 502 h. alt. 471 – ✪ 75.
Paris 644 – Aubenas 14 – Lamastre 58 – Langogne 66 – Privas 42 – Le Puy 79.

🏵🏵 **Lo Podello**, près église ☎ 38.71.48, Meubles et bibelots anciens
fermé juin, oct. et jeudi du 1ᵉʳ nov. au 31 mai – SC : **R** 45/180.

🏵 **La Remise**, au pont de l'Huile ☎ 38.70.74, Authentique cadre rustique – 🅿
fermé nov. et vend. sauf juil.-août – **R** 55/80 🍷.

AOSTE 38 Isère 🗺 ⑭ – 1 328 h. alt. 225 – ✉ 38490 Les Abrets – ✪ 76.
Paris 532 – Belley 26 – Chambéry 33 – ◆Grenoble 54 – ◆Lyon 60.

à la Gare de l'Est NE : 2 km sur N 516 – ✉ 38490 Les Abrets :

🏨 **Bellet**, N 516 ☎ 31.60.04, 🪴, « jardin fleuri » – ◻wc 🎇 ⚙ ⇔ 🅿. 🏵 𝘝𝘐𝘚𝘈 🐾 ch
fermé janv., dim. soir et lundi – SC : **R** 80/170 – ⌸ 18 – **20 ch** 90/160 – P 160/180.

🏵🏵 **Vieille Maison** avec ch, rte St-Didier ☎ 31.60.15, 🪴, ⚘, ⚘ – ◻wc ⚙ 🅿. 🏵
fermé 20 août au 20 sept., 20 déc. au 2 janv., dim. soir et merc. – SC : **R** 52/160 🍷 – ⌸ 14 – **12 ch** 80/160 – P 155/195.

RENAULT Fatiguet, à St Genix sur Guiers (Savoie) ☎ 31.62.07

RENAULT Ponson, à St Genix sur Guiers (Savoie) ☎ 31.63.35

Paris 165 – Auxerre 9,5 – Joigny 17 – St-Florentin 30.

  XXX   **Relais St-Fiacre,** ☎ 53.21.80, ♨ – 🅿 ⑩ *VISA*
      fermé 1ᵉʳ janv. au 6 fév., dim. soir et lundi – SC : **R** 90 bc/200 bc.

  XX   **Aub. Les Rouliers,** ☎ 53.20.09 – 🅿
      fermé 29 juin au 13 juil., 28 sept. au 12 oct., 2 au 16 mars, mardi soir et merc. – SC :
      R 50/105.

RENAULT Gar. Lacour, ☎ 53.22.43

APT ◁◉▷ 84400 Vaucluse 🖾 ⑭ G. Provence – 11 612 h. alt. 221 – ✪ 90.

Env. Mourre Nègre ❄︎★★★ SE : 17 km par D 48 puis 15 mn.

🛈 Office de Tourisme av. Ph. de Girard (fermé dim. hors sais.) ☎ 74.03.18.

Paris 732 ③ – Aix-en-P. 55 ② – Avignon 52 ③ – Carpentras 48 ③ – Cavaillon 31 ③ – Digne 91 ①.

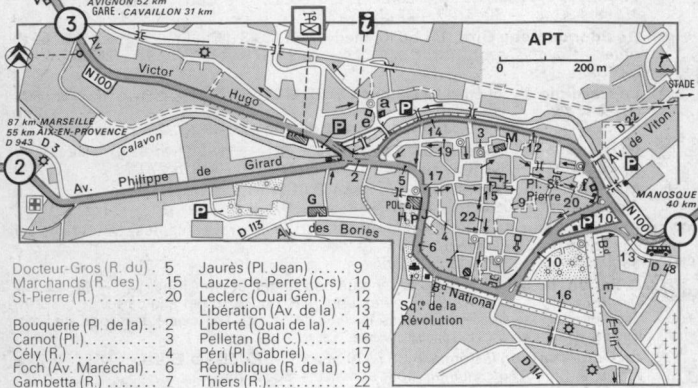

Docteur-Gros (R. du) .	5	Jaurès (Pl. Jean) 9
Marchands (R. des) . .	15	Lauze-de-Perret (Crs) . 10
St-Pierre (R.)	20	Leclerc (Quai Gén.) . . 12
		Libération (Av. de la) . 13
Bouquerie (Pl. de la) .	2	Liberté (Quai de la) . . . 14
Carnot (Pl.)	3	Pelletan (Bd C.) 16
Cély (R.)	4	Péri (Pl. Gabriel) 17
Foch (Av. Maréchal) .	6	République (R. de la) . 19
Gambetta (R.)	7	Thiers (R.) 22

  🏨   **Le Ventoux,** 67 av. V.-Hugo (v) ☎ 74.07.58 – 🛗 📺 🖾wc 🛁wc ☎. 🖙 ⅍ ⑩ ⋿
      VISA
      fermé 23 déc. au 1ᵉʳ mars – SC : **R** *(fermé lundi sauf le soir en juil. et août)* 55/120 ⅍
      – ♎ 18 – **13 ch** 99/170 – P 178/213.

  🏨   **Aptois H.** sans rest, 6 cours Lauze-de-Perret (f) ☎ 74.02.02 – 🛗 🖾wc ☎. ⅍
      fermé 15 fév. au 15 mars – SC : ♎ 15 – **26 ch** 70/120.

  🏨   **Ste Anne** sans rest, 28 pl. Balet (e) ☎ 74.00.80 – 🖾wc 🛁wc ☎
      ♎ 15 – **8 ch** 95/150.

  XX   **Luberon** avec ch, 17 quai Léon-Sagy (a) ☎ 74.12.50, � – 📺 🖾wc ☎. 🖙 *VISA*
      fermé 6 déc. au 10 janv., lundi sauf le soir en juil.-août et dim. soir hors sais. –
      SC : **R** 55/79 – ♎ 18 – **9 ch** 90/170.

      par ③ N 100 : 7 km – ⊠ **84400** Apt :

  X   **La Grasille,** ☎ 74.25.40, � – 🍽 🅿. ⑩
      fermé de fin nov. à fin déc., mardi soir et merc. du 15 sept. au 1ᵉʳ juil. – SC : **R** Grill
      60/90 ⅍.

      à St-Martin-de-Castillon par ① rte de Vions : 10 km – ⊠ **84640** St-Martin-de-Cas-
      tillon :

  XX   **La Source,** ☎ 75.21.58, 🌝her – 🅿
      fermé janv., dim. soir et lundi – SC : **R** carte 90 à 140.

CITROEN Aymard, 53 av. Victor-Hugo ☎ 74.
04.39
FORD Germain, 56 av. Victor-Hugo ☎ 74.10.17
PEUGEOT-TALBOT Splendid Gar., Quartier
Lançon, N 100, rte Avignon par ③ ☎ 74.02.11
RENAULT D.A.V., quartier Lançon, N 100 par
③ ☎ 74.18.41

🛠 Apta-Pneus, quartier Lançon, N 100 ☎ 74
07.78
Pneus-Sce, 64 av. Victor-Hugo ☎ 74.31.04

Voir ⩽★★.

Paris 588 – Albertville 32 – Annecy 39 – Bonneville 34 – La Clusaz 7,5 – Megève 21.

  X   **Rhododendrons,** ☎ 02.41.50, ⩽
      15 mai-20 sept. – SC : **R** 44/80.

ARBOIS 39600 Jura **70** ④ G. DIJON 85 km / DOLE 35 km / BESANÇON 49 km / SALINS 14 km / GARE

Jura – 4 232 h. alt. 291 – ✪ 84.

Voir Maison paternelle de Pasteur* E – Reculée des Planches** et grottes des Planches* 4,5 km par ②.

Env. Cirque du Fer à Cheval** 7 km par ③ puis 15 mn.

🛈 Office de Tourisme à l'Hôtel de Ville (1er mai-30 sept., fermé dim. après-midi et lundi matin) ☏ 66.07.45.

Paris 401 ⑤ – ♦Besançon 49 ① – Dole 35 ⑤ – Lons-le-Saunier 38 ④ – Salins-les-Bains 14 ①.

Plans pages suivantes

ARBOIS

Grande-Rue	9
Hôtel-de-Ville (R. de l')	20
Liberté (Pl. de la)	22
Delort (R.)	4
Ermitage (R. de l')	6
Faramand (R. de)	7
Leclerc (Av. du Gén.)	21
Pasteur (Av.)	23

🏨 **Messageries** sans rest., promenade Pasteur **(z)** ☏ 66.15.45 – ➰wc ⏽wc ☎ ➿ – 🅰 40. 🆎 VISA
1er mars-30 nov. – SC : ⚏ 19 – **26 ch** 80/165.

XX ✿ **de Paris** (Jeunet) avec ch, r. de l'Hôtel de Ville **(r)** ☏ 66.05.67, ➿ – ➰wc ⏽wc ☎ ➿ 🆎 AE ① E
15 mars-15 nov. et fermé mardi sauf vacances scolaires – SC : **R** 70/220 – ⚏ 19 – **18 ch** 75/175
Spéc. Soufflé de brochet à la bisque d'écrevisses, Poularde au vin jaune et morilles, Gigot de lapereau à l'estragon. Vins Arbois, Pupillin.

CITROEN Gar. des Sports, ☏ 66.13.63
PEUGEOT-TALBOT Ganeval, ☏ 66.02.78

RENAULT Dupré, par D 246 ☏ 66.05.70

ARBONNE 64 Pyr.-Atl. **78** ⑪ ⑱ – rattaché à Biarritz.

L'ARBRESLE 69210 Rhône **73** ⑨ G. Vallée du Rhône – 4 247 h. alt. 231 – ✪ 74.

Voir Couvent d'Éveux* SE : 2 km.

Paris 457 – Feurs 43 – ♦Lyon 25 – Montbrison 57 – Roanne 61.

XX **Le Vieux Four,** NO : 6 km par N 7 ☏ 01.02.67, ≤, ➿ – ℗ AE E VISA
➥ fermé 7 au 31 janv. et jeudi – SC : **R** 43/105 🍴.

CITROEN Gar. Gabriel Péri, ☏ 01.00.04
PEUGEOT, TALBOT Barberet et Roux, ☏ 01. 03.36

PEUGEOT-TALBOT Gar. Ville, ☏ 01.00.09
RENAULT Gar. du Stade, ☏ 01.45.34

ARCACHON 33120 Gironde **78** ② ⑫ G. Côte de l'Atlantique – 14 341 h. – Casino – ✪ 56.

Voir Boulevard de la Mer* AX.

🅿 ☏ 22.44.00 par ② : 4 km.

🛈 Office de Tourisme Quinconces de la Gare (fermé sam. après-midi et dim. hors sais.) ☏ 83.01.69, Télex 570503.

Paris 653 ① – Agen 193 ① – Auch 243 ① – ♦Bayonne 181 ① – Biarritz 184 ① – ♦Bordeaux 64 ① – Dax 144 ① – Mont-de-Marsan 126 ① – Pau 206 ① – Royan 200 ① – Villeneuve-sur-Lot 196 ①.

Plans pages suivantes

🏨🏨 **Arc Hôtel** M ⬧, 89 bd Plage ☏ 83.06.85, ≤, ⬛ – 🛗 TV ☎ ℗ AE ① VISA ⬧
SC : **R** voir rest Le Mareyeur – ⚏ 30 – **30 ch** 160/498. DY **b**

🏨🏨 **Point France** M sans rest, 1 r. Grenier ☏ 83.46.74 – 🛗 TV ☎ ➿ AE ① E VISA
fermé fév. et janv. – SC : **34 ch** ⚏ 250/340. DY **q**

🏨🏨 **Gd H. Richelieu** M sans rest, 185 bd Plage ☏ 83.16.50, ≤ – 🛗 ℗
15 mars-3 nov. – SC : **40 ch** ⚏ 170/350, 3 appartements 350. CY **n**

🏨🏨 **Atlantic** M sans rest, 14 av. République ☏ 83.84.50 – 🛗 TV ☎ & ℗ AE VISA
SC : ⚏ 20 – **52 ch** 220/310, 3 appartements 460. EZ **x**

🏨 **Les Ormes** M ⬧, 1 r. Hovy ☏ 83.09.27, ≤, ❦, ➿, ➿ – 🛗 TV ➰wc ⏽wc ☎ ℗ –
🅰 50. 🆎 VISA
SC : **R** 70/160 – ⚏ 27 – **24 ch** 270/335 – P 300/330. EY **d**

🏨 **Le Nautic** M sans rest, 20 bd Plage ☏ 83.01.48 – 🛗 TV ➰wc ⏽wc ☎ ℗ 🆎
AE ① VISA
SC : ⚏ 20 – **36 ch** 180/200. EZ **y**

🏨 **Les Vagues** ♌, 9 bd Océan 📞 83.03.75, ≤ – 📱 ❰wc 📞 🅿. 🅿🅿🅾 🅺🅾 ⓐ *VISA*
✳ rest   BY **b**
15 mars-31 oct. – SC : **R** (dîner seul.) 102 – ⊔ 21 – **21 ch** 183/313.

🏨 **Mimosas** 🅭 sans rest, 77 bis av. République 📞 83.45.86 – ❰wc 🅾wc 📞 🅿
SC : ⊔ 16.50 – **21 ch** 155/200.   DZ **f**

🏨 **Le Novel** 🅭 sans rest, 24 av. Gén.-de-Gaulle 📞 83.40.11 – 📱 ❰wc 🅾wc 🅿.
🅿🅿🅾 ⓐ – SC : ⊔ 14 – **20 ch** 180/220.   DZ **g**

🏨 **Roc Hôtel et Moderne,** 200 bd Plage 📞 83.07.43 – 📱 ❰wc 🅾 🅿
15 avril-1er oct. – SC : **R** 59/100 – ⊔ 19.50 – **54 ch** 180/320.   DY **e**

🏨 **Marinette** ♌ sans rest, 15 allées J.-M. de Hérédia 📞 83.06.67, 🏊 – ❰wc 🅾wc
🅿 🅿   CZ **k**
31 mars-15 oct. – SC : ⊔ 15 – **24 ch** 140/230.

🏨 **Plage,** 10 av. N.-Deganne 📞 83.06.23, 🍴 – ❰ 🅾wc 🅿. 🅿🅿🅾 *VISA*   DY **s**
SC : **R** *(1er avril-30 oct. et fermé vend.)* 45/80 🍷 – ⊔ 16 – **24 ch** 100/172 – P 148/190.

🍴🍴 ✿✿ **Mareyeur** (Perre), 89 bd Plage 📞 83.35.45, ≤ – ■ 🅿. ⓐ ⓔ *VISA*. ✳   DY **a**
24 mars-fin sept. et fermé dim. soir (sauf juil. et août) et lundi sauf fêtes – SC : **R**
(nombre de couverts limité - prévenir) carte 185 à 245.

🍴 **Chez Boron,** 15 r. Prof.-Jolyet 📞 83.29.96, Produits de la mer – ⓐ ⓔ 🅺 *VISA*   DY **v**
fermé 15 nov. au 15 déc. et merc. hors saison – SC : **R** carte 105 à 135.

🍴 **Bayonne** avec ch, 9 cours Lamarque 📞 83.33.82 – 🅾wc 📞   CY **u**
hôtel : 1er avril-30 sept. ; rest. : 1er mai-30 sept. – SC : **R** 55/80 – ⊔ 15 – **18 ch**
98/170 – P 155/180.

ARCACHON LE MOULLEAU PYLA-SUR-MER

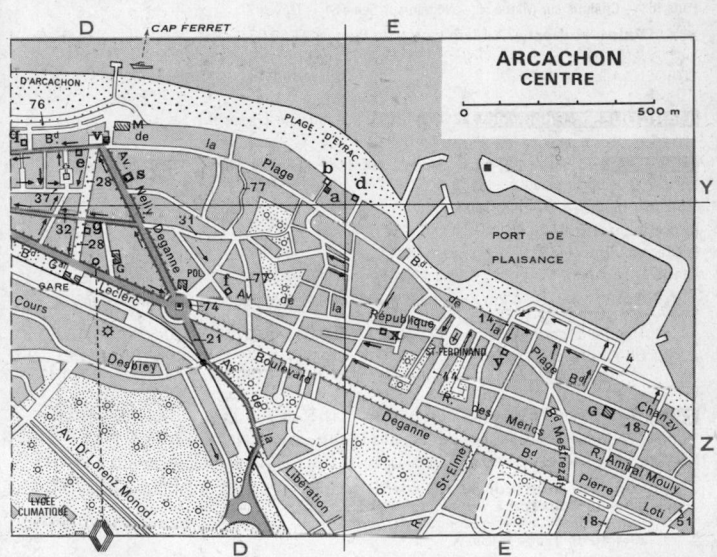

ARCACHON CENTRE

0   500 m

aux Abatilles SO : 2 km – Stat. therm. – ⊠ 33120 Arcachon :

🏨 **Parc** Ⓜ sans rest, 5 av. Parc ☎ 83.10.58 – ▥ 📺 🅿 – 🔬 80. ◊◊◊   ABX **s**
   1er mai-1er oct. – SC : ☷ 21 – **30 ch** 240/275.

au Moulleau SO : 5 km – ⊠ 33120 Arcachon :

🏠 **Les Buissonnets** ☜, 12 r. L. Garros ☎ 22.00.83, 🏡, 🎋 – 🛏wc 🛏wc 🅿. ◊◊◊
   fermé 15 au 30 oct. – SC : **R** 60/100 – 🍽 15 – **8 ch** 135/160 – P 180/200.

CITROEN Dagut, N 650, rte Bordeaux ☎ 83.
06.01 🅽 ☎ 83.46.86
FORD Intégral Station, 59 cours Lamarque ☎
83.40.96
MERCEDES-BENZ, **V.A.G.** Dupin, 61 bd Mes-
trezat ☎ 83.13.28

PEUGEOT, TALBOT Gleizes, 36 bd Côte-d'Argent ☎ 83.06.43
RENAULT Sté Arc-Auto, 31 bd Gén.-Leclerc
☎ 66.44.50 🅽 ☎ 22.41.10

ARCANGUES 64 Pyr.-Atl. 🗃 ⑱ – rattaché à Biarritz.

ARC-EN-BARROIS 52210 H.-Marne 🗃 ② G. Bourgogne – 1 033 h. alt. 270 – ✿ 25.
Paris 265 – Bar-sur-Aube 48 – Châtillon-sur-Seine 42 – Chaumont 24 – Langres 30.

🏨 **Parc**, ☎ 02.53.07 – 🛏wc 🛏wc 🅿 – 🔬 80. 🚗🚗
   fermé 10 fév. au 20 mars et lundi hors sais. – SC : **R** 35/85 🍷 – ☷ 13 – **19 ch** 54/125
   – P 115/145.

ARCENS 07 Ardèche 👿 ⑱ – 511 h. alt. 610 – ⊠ **07310** St-Martin-de-Valamas – 🛱 75.

Paris 620 – Le Cheylard 16 – Privas 64 – St-Agrève 22.

  🏠 **de l'Eysse,** ↗ 30.43.85 » – ➪wc 🖓wc ☎ ⓟ 𝘝𝘐𝘚𝘈
  ➡ *fermé janv., dim. soir et lundi sauf de juin à sept.* – SC : **R** 38/90 – ⌑ 12 – **14 ch** 65/140 – P 150.

  🏫 **Chalet des Cévennes** ⊛, ↗ 30.41.90, ≤, 🦌 – ➪wc 🖓 🚗 ⓟ 🍴. 🕷 ch
  ➡ *fermé 1ᵉʳ au 20 oct.* – SC : **R** 40/100 🍷 – ⌑ 10 – **18 ch** 60/90 – P 120/150.

ARC-ET-SENANS 25610 Doubs 👿 ④ G. Jura – 1 231 h. alt. 236 – 🛱 81.

Voir Saline Royale★.

Paris 404 – ◆Besançon 37 – Dole 38 – Lons-le-Saunier 55 – Poligny 28 – Salins-les-Bains 17.

  🏠 **Le Relais,** ↗ 86.40.60 – 🖓. 𝘝𝘐𝘚𝘈 🕷
  ➡ *fermé 27 juin au 2 juil., 25 oct. au 21 nov., dim. soir et lundi* – SC : **R** 38/110 🍷 – 🍵 12 – **11 ch** 58/79.

RENAULT Gar. des Salines, ↗ 86.40.77 🅽 ↗ 86.43.62

ARCIS-SUR-AUBE 10700 Aube 👿 ⑦ G. Nord de la France – 3 439 h. alt. 92 – 🛱 25.

Paris 163 – Châlons-sur-Marne 50 – Nogent-sur-Seine 54 – Troyes 27.

  ✗ **Saint-Hubert,** 2 r. Marine près du Pont ↗ 37.86.93 – 𝘝𝘐𝘚𝘈
  ➡ *fermé 2 au 26 août, 24 au 31 déc., 12 au 17 fév. et sam. sauf juil.* – SC : **R** 39/76 🍷.

CITROEN Allais, ↗ 37.84.82   PEUGEOT-TALBOT Gar. Leroy, ↗ 37.84.52

L'ARCOUEST (Pointe de) 22 C.-du-N. 👿 ② – rattaché à Paimpol.

Les ARCS 73 Savoie 👿 ⑱ G. Alpes – alt. 1 600 – Sports d'hiver : 1 600/3 200 m ⬙ 2 ⬙ 49 – ⊠ **73700** Bourg-St-Maurice – 🛱 79.

Voir Arc 1800 ❄ ★★ – Arc 1600 ≤★.

🖫 de Chantel ↗ 07.26.00, NO : 5 km.

🛈 Office de Tourisme ↗ 07.41.88, Télex 980404.

Paris 674 – Bourg-St-Maurice 12 – Chambéry 113 – Val-d'Isère 43.

  🏨 **Golf** Ⓜ ⊛, S : 4 km - alt. 1 800 - ↗ 07.25.17, Télex 980404, ≤ montagnes, 🍴, 🛋,
      🕷 – 🛗 ☎ ⓟ – 🚸 300. 🕷
      15 juin-12 sept. et 15 déc.-12 avril – SC : **R** 74 🍷 – **280 ch** ⌑ 250/300 – P 402/453.

  🏨 **La Cachette** Ⓜ ⊛, ↗ 07.25.25, Télex 980016, ≤, 🍴 – 🛗 – 🚸 300. 🕷 rest
      26 juin-11 sept. et 17 déc.-22 avril – SC : **R** 67/77 – **150 ch** ⌑ 180/660 – P 220/420.

Les ARCS 83460 Var 👿 ⑦ G. Côte d'Azur – 3 431 h. alt. 74 – 🛱 94.

Voir Polyptique★ dans l'église – Chapelle Ste-Roseline★ NE : 4 km.

Paris 854 – Brignoles 41 – Cannes 61 – Draguignan 10 – St-Raphaël 29 – Ste-Maxime 32.

  ✗✗ **Logis du Guetteur** ⊛ avec ch, NE par D 57 ↗ 73.30.82, « Pittoresque installation
  ➡ dans un vieux fort » – 🖓wc ⓟ. 🍴 𝘈𝘌 ⓞ 🅴
      fermé 15 nov. au 15 déc. – SC : **R** *(fermé vend. hors saison sauf fêtes)* 50/185 – ⌑
      20 – **10 ch** 120 – P 185.

CITROEN Gar. Audibert ↗ 73.31.41   RENAULT Gar. des 4 chemins ↗ 47.40.43 🅽

ARCY-SUR-CURE 89 Yonne 👿 ⑤ G. Bourgogne – 509 h. alt. 133 – ⊠ **89270** Vermenton – 🛱 86.

Paris 216 – Auxerre 31 – Avallon 19 – Vézelay 20.

  ✗ **Grottes** avec ch, N 6 ↗ 40.91.47 – ➪ 🖓 ⓟ. 🕷 rest
  ➡ *fermé 10 au 30 janv. et merc. du 1ᵉʳ nov. au 1ᵉʳ avril* – SC : **R** 41/80 – ⌑ 15 – **7 ch** 70/110 – P 140/150.

RENAULT Gar. Tessier, ↗ 40.90.42

L'ARDÈCHE (Gorges de) ★★★ 07 Ardèche 👿 ⑨ G. Vallée du Rhône.

Ressources hôtelières : Voir *à Bidon* et *Vallon Pont d'Arc*.

ARDENTES 36120 Indre 👿 ⑨ G. Périgord – 2 794 h. alt. 163 – 🛱 54.

Paris 279 – Argenton 38 – Châteauroux 14 – La Châtre 22 – Issoudun 33 – St-Amand-Montrond 57.

  🏠 **Chêne Vert,** D 943 ↗ 36.22.40 – ➪. 🅴
      fermé août – SC : **R** *(fermé sam. soir et dim. sauf fériés)* 70/120 – ⌑ 16 – **11 ch** 70/100.

  ✗ **Gare,** ↗ 36.20.24 – ⓟ
      fermé 10 au 31 janv., 17 au 31 juil., dim. soir et lundi – SC : **R** 55/110.

MERCEDES-BENZ Gar. Marteau, ↗ 36.22.95

ARDRES 62610 P.-de-C. **51** ② G. **Nord de la France** – 3 165 h. alt. 11 – ☼ 21.

Paris 280 – Arras 100 – Boulogne-sur-Mer 37 – ♦Calais 17 – Dunkerque 41 – ♦Lille 87 – St-Omer 23.

🏨 **Gd H. Clément** ⤢, pl. Mar.-Leclerc 🕾 35.40.66, 🎪 – 🛏wc �🛁wc ☎ 🚗 🅿 – 🛗 50. 🖼 **E** ꟾꟾꟾꟾ. 🎇 ch
fermé 15 janv. au 15 fév., lundi et mardi midi d'oct. à mars – SC : **R** 120/230 🖢 – ☲ 18 – **18 ch** 120/190 – P 280/420.

XX **Le Relais** avec ch, 🕾 35.42.00, 🎪 – 🛏wc ⏶wc ☎ 🅿 🖼 ꟾꟾꟾꟾ. 🎇 ch
fermé 1er janv. au 8 fév., vend. et sam. midi de nov. à fév. – SC : **R** 53/150 – ☲ 15 – **11 ch** 110/190 – P 200/240.

XX **La Bonne Auberge** avec ch, à Brèmes O : 1,5 km sur D 231 🕾 35.41.09, 🎪 – ⏶
◆ 🅿 🖼 **E** ꟾꟾꟾꟾ.
fermé 12 sept. au 3 oct., dim. soir et lundi hors sais. – SC : **R** 50/110 – 🍽 12.50 – **8 ch** 69/87 – P 135/170.

CITROEN Gar. Carpentier, 🕾 35.42.16

ARÊCHES 73 Savoie **74** ⑰⑱ G. **Alpes** – alt. 1 055 – Sports d'hiver : 1 200/2 150 m ⵎ9 – ⊠ **73270** Beaufort – ☼ 79.

Paris 636 – Albertville 26 – Beaufort 5,5 – Chambéry 77.

🏚 **Christiania** ⤢, 🕾 31.22.14, ≤, 🎪 – 🛏wc ⏶wc ☎
◆ *15 juin-31 oct. et 15 déc.-Pâques* – SC : **R** 50/70 – ☲ 20 – **21 ch** 90/120 – P 140/180.

ARFEUILLES 03640 Allier **73** ⑥ – 1 004 h. alt. 424 – ☼ 70.

Paris 359 – Lapalisse 15 – Moulins 65 – Roanne 38 – Thiers 59 – Vichy 41.

🏛 **Nord,** 🕾 55.50.22, 🎪 – 🅿
◆ *fermé 12 nov. au 1er déc.* – SC : **R** 40/90 – ☲ 15 – **10 ch** 55/140 – P 120/170.

Modern'Garage, 🕾 99.19.68 **N** 🕾 55.51.88

ARGEIN 09 Ariège **86** ② – 211 h. alt. 560 – ⊠ **09800** Castillon-en-Couserans – ☼ 61.

Paris 816 – Foix 60 – St-Girons 16.

🏛 **Host. la Terrasse,** 🕾 96.70.11, 🎪 – 🛏wc ⏶wc ☎
mars-oct. – SC : **R** 55/120 🖢 – ☲ 12 – **10 ch** 70/120

ARGELÈS-GAZOST ⟨SP⟩
65400 H.-Pyr. **85** ⑰ G. **Pyrénées** –
3 678 h. alt. 463 – Stat. therm. (1er juin-
30 sept.) – ☼ 62.

Voir Route du Hautacam★ à l'Est
par D 100 ɣ

🛈 Office de Tourisme pl. de la République (fermé dim.) 🕾 97.00.25.

Paris 838 ① – Lourdes 13 ① – Tarbes
33 ①.

🏨 **Miramont,** r Pasteur 🕾
97.01.26, « jardin fleuri »
– 🛏wc ⏶wc ☎ 🅿 🖼
🎇   Z n
fermé 25 oct. au 20 déc. –
SC : **R** *(fermé lundi du 15
janv. au 1er mai sauf vacances scolaires)* (nombre de
couverts limité - prévenir)
46/110 – ☲ 13.50 – **29 ch**
105/160 – P 125/165.

🏨 **Les Cimes** ⤢, 1 pl. Ou-
◆ rout 🕾 97.00.10, 🎪 – 🚲
🛏wc ⏶wc 🅿 🖼
🎇 rest   Z a
fermé 1er nov. au 28 déc. –
SC : **R** 40/95 – ☲ 13 –
27 ch 98/137 – P 136/156.

🏨 **Bernède,** r. Mar.-Foch 🕾
97.06.64, Télex 531040, 🎪
– 🚲 🛏wc ⏶wc ☎ 🅿
E ꟾꟾꟾꟾ. 🎇 rest   Y s
fermé 15 oct. au 20 déc. –
SC : **R** *(fermé lundi du 15 janv.
au 1er mai)* 55/130 – ☲ 15
– **41 ch** 95/165 – P
135/160.

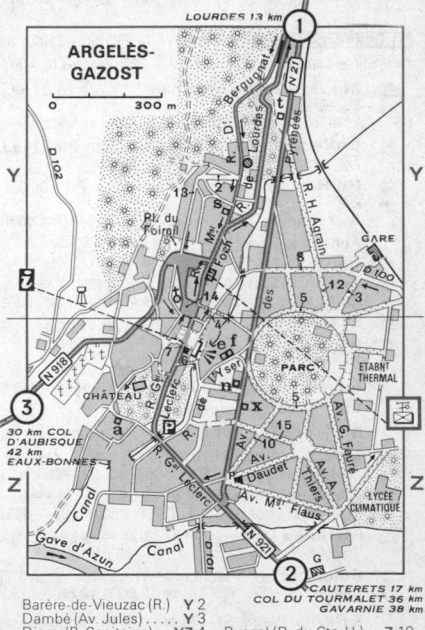

LOURDES 13 km

ARGELÈS-GAZOST

CAUTERETS 17 km
COL DU TOURMALET 36 km
GAVARNIE 38 km

Barère-de-Vieuzac (R.) . . . . . Y 2
Dambé (Av. Jules) . . . . . Y 3
Digoy (R. Capitaine) . . **YZ** 4   Russel (R. du Cte-H.) . . **Z** 10
Hébrard (Av. Adrien) . . **YZ** 5   Sassère (R. Hector) . . . **Y** 12
La Terrasse . . . . **Z** 6   Sorbé-Bualé (R.) . . . . . **Y** 13
Mairie (Pl. de la) . . . . . . **Z** 7   Victoire (Pl. de la) . . . . **Y** 14
Marne (Av. de la) . . . . . . **Y** 8   Victor-Hugo (Av.) . . . . . **Z** 15

127

🏠 **Mon Cottage** ≫, r. Yser ☏ 97.07.92, ☞ – 🛎 🚻wc 🕾 🅿. ☞   **Z e**
↝ fermé 10 oct. au 26 déc. – SC : **R** 45/70 – ☲ 12 – **16 ch** 80/120 – P 130/140.

🏠 **Printania, N** 21 ☏ 97.06.57, ☞ – 🚻wc 🕾 🅿. 🛏, ☞ rest   **Y t**
↝ SC : **R** 35 bc/60 – ☲ 10 – **20 ch** 51/104 – P 100/121.

🏠 **Gabizos, N** 21 ☏ 97.01.36, ☞ – 🚻wc 🕾wc 🅿. ☞ rest   **Z x**
↝ Pâques, 20 mai-10 oct. et vacances de fév. – SC : **R** 37/60 – ☲ 12 – **25 ch** 50/110 –
P 122/147.

🏠 **Primerose,** r. Yser ☏ 97.06.72 – 🚻wc 🕾wc 🕾 🅿. ☞ rest   **Z f**
↝ 1er juin-30 sept. – SC : **R** 50/106 – ☲ 15 – **22 ch** 83/129 – P 140/169.

🏠 **Bon Repos,** rte du Stade ☏ 97.01.49, ☞ – 🚻wc 🅿. ☞ rest
↝ Pâques, fin mai-début oct., vacances de Noël et de fév. – SC : **R** 40/70 – ☲ 12 –
20 ch 62/134 – P 112/134.

🏠 **Val du Bergons,** par ① : 3 km ☏ 97.08.76, ← – 🕾wc 🕾 🅿
↝ mai-sept., déc.-mars et fermé lundi – SC : **R** carte 50 à 85 – ☲ 10 – **15 ch** 67/105 –
P 108/135.

🍴 **Brasero** (grill), rte Lourdes par ① ☏ 97.05.12 – 🅿
↝ 15 mai-10 oct. et week-ends seul. en nov. et déc. – SC : **R** 40.

à St-Savin S : 3 km par D 101 - Z – alt. 580 – ✉ **65400** Argelès-Gazost.
Voir Site★ de la Chapelle de Piétat S : 1 km.

🏠 **Panoramic** ≫, ☏ 97.08.22, ≤ vallée, 🍴, ☞ – 🚻wc 🕾wc **VISA**, ☞ rest
↝ 1er avril-10 oct. – SC : **R** 55/100 – ☲ 14 – **22 ch** 70/140 – P 125/160.

🏠 **Viscos** ≫, ☏ 97.02.28 – 🚻wc 🕾wc 🕾 🅿. **AE ①**
↝ 1er avril-15 oct., 26 déc.-4 janv., en fév., mars et du 15 oct. au 30 nov. ouvert
week-ends seulement – SC : **R** 78/135 – ☲ 13 – **16 ch** 130 – P 143/159.

à Agos par ① : 5 km – ✉ **65400** Argelès-Gazost :

🏠 **Chez Pierre d'Agos,** ☏ 97.05.07, ☞ – 🚻wc 🕾 🕾 🅿
↝ fermé 2 janv. au 5 fév. – SC : **R** 36/84 – ☲ 12 – **36 ch** 69/120 – P 108/139.

à Beaucens SE : 5 km par D 100 - Y - et D 13 – Stat. therm. (10 mai-10 oct.) – ✉ **65400**
Argelès-Gazost :

🏠 **Thermal** ≫, ☏ 97.04.21, ☜, « Parc » – 🚻wc 🕾wc 🕾 🚗 🅿. ☞
↝ 10 mai-10 oct. – SC : **R** 50/100 – ☲ 15 – **28 ch** 85/170 – P 130/170.

ARGELÈS-SUR-MER 66700 Pyr.-Or. 🎱🎲 ㉑ – 5 100 h. alt. 15 – Casino à Argelès-Plage – ✪ 68.
Paris 930 – Céret 26 – ◆Perpignan 21 – Port-Vendres 10 – Prades 58.

🏨 **Mouettes** [M], rte Collioure : 3 km ☏ 81.21.69, ≤, 🍴, ☜, ※ – 🚻wc 🕾 🅿. 🛏
AE ① VISA
↝ 1er avril-31 oct. – SC : **R** (dîner seul.) 65/80 ♨ – ☲ 16 – **24 ch** 170/270.

🏨 **Golfe** sans rest, rte Collioure : 3 km ☏ 81.14.73, ← – 🚻wc 🕾wc 🕾 🅿
↝ Pâques-15 oct. – SC : ☲ 15 – **30 ch** 170.

🏨 **Gd H. Commerce,** rte Nationale ☏ 81.00.33 – 🛎 🚻wc 🕾wc 🕾 🅿. 🛏 **AE ①**
↝ **VISA**
↝ fermé janv. – SC : **R** 43/107 ♨ – ☲ 14,50 – **40 ch** 74/150 – P 144/181.
Annexe le Parc [M] ≫, ☏ 81.05.52, ☜, ☞
↝ 1er juin-30 sept. – ☲ 15 – **23 ch** 157/174 – P 193/205.

🏠 **Soubirana,** rte Nationale ☏ 81.01.44 – 🚻wc 🕾wc
↝ fermé 1er nov. au 20 déc. – **R** 40/70 ♨ – ☲ 20 – **20 ch** 55/100 – P 130/160.

🏠 **Le Cottage** ≫, r. A.-Rimbaud ☏ 81.07.33 – 🕾wc 🕾 🅿. ☞ rest
↝ hôtel : 1er mars-30 nov. ; rest. : 1er avril-15 oct. – SC : **R** 44/81 ♨ – ☲ 15,50 – **14 ch**
74/151 – P 273/352 (pour 2 pers.).

à Argelès-Plage E : 2,5 km G. Pyrénées – ✉ **66700** Argelès-sur-Mer.
Voir SE : Côte Vermeille★★.
🆔 Office de Tourisme pl. Arènes (fermé dim. hors sais.) ☏ 81.15.85. Télex 500911.

🏨 **Lido,** bd Mer ☏ 81.10.32, ≤, ☜, ☞ – 🛎 🕿 🅿 – 🏊 25. ☞ rest
↝ 20 mai-2 oct. – SC : **R** 85/105 – ☲ 20 – **65 ch** 210/260 – P 240/300.

🏨 **Plage des Pins** [M], ☏ 81.09.05, ← – 🛎 🚻wc 🕾 🅿. 🛏 ☞
↝ 21 mai-25 sept. – SC : **R** 75/95 – ☲ 17,50 – **49 ch** 230/268 – P 250/270.

🏨 **Marbella** sans rest, ☏ 81.12.24 – 🛎 🚻wc 🕾wc 🕾
↝ 15 juin-15 sept. – SC : ☲ 12 – **38 ch** 122/165.

♤ **Solarium,** av. Vallespir ☏ 81.10.74 – 🚻wc 🕾wc 🕾. 🛏 ☞
↝ mai-sept. – SC : **R** 57 – ☲ 13,50 – **18 ch** 65/180 – P 180.

à Racou-Plage SE : 3 km – ✉ **66700** Argelès-sur-Mer :

🏠 **Val Marie,** ☏ 81.11.27, ☞ – 🚻wc 🕾wc, sans 🕸
↝ 1er mai-31 oct. – SC : **R** Grill 32 ♨ – ☲ 13 – **28 ch** 70/150.

RENAULT Cadmas, ☏ 81.12.29

ARGENTAN 🚗 **61200** Orne 🅖🅸 ②③ G. Normandie – 17 411 h. alt. 160 – ✪ 33.

Voir Église St-Germain★ F.

🛈 Office de Tourisme pl. Marché (fermé sam. aprés-midi, dim. et lundi matin) 🕾 67.12.48.

Paris 194 ② – Alençon 45 ③ – ◆Caen 57 ⑥ – Chartres 133 ② – Dreux 112 ② – Évreux 117 ② – Flers 45 ④ – Laval 104 ④ – Lisieux 58 ① – ◆Rouen 127 ②.

ARGENTAN

Briand (R. Aristide)	4
Henri-IV (Pl.)	16

Beigle (R. du)	2
Boschet (R. P.)	3
Carnot (Bd)	5
Chaussée (R. de la)	9
Collège (R. du)	10
Forêt-Normande (Av. de la)	12
Gaulle (Bd Général-de)	13
Griffon (R. du)	14
Leclerc (Pl. Général)	18
Neuve (R.)	19
Panthou (R. E.)	22
Paty (R. du)	24
Poterie (R. de la)	25
République (R. de la)	26
St-Germain (R. et ⊞)	27
St-Martin (R. et ⊞)	28
Victor-Hugo (Bd)	29
Vieilles-Halles (R. des)	31
Vimal-du-Bouchet (Pl.)	32
2e-D.-B. (Av. de la)	33
104e-d'Infanterie (R. du)	36

*Pour bien lire
les plans de villes,
voir signes et abréviations p. 20*

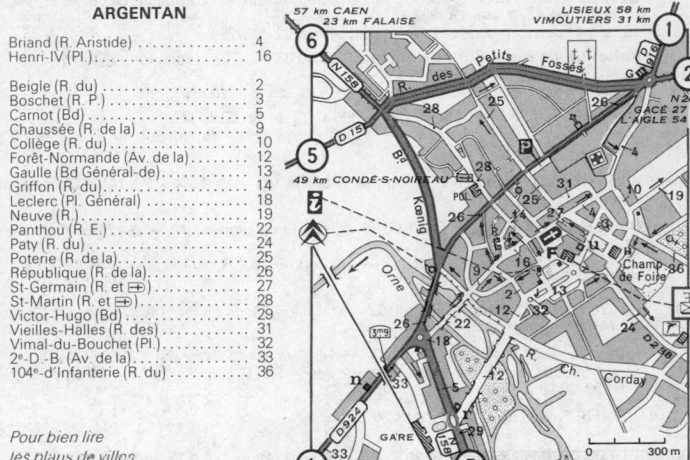

🏠 **France,** 8 bd Carnot **(r)** 🕾 67.03.65, 🍴 – 🛁wc 🎵 🍽 🅿. 🚗🔧 🅴 𝕍𝕀𝕊𝔸. 🛁 ch
– *fermé 15 fév. au 14 mars, 1er au 10 sept. et dim. soir* – SC : **R** 42/85 ▯ – 🖵 12,50 –
12 ch 55/155 – P 140/240.

🏠 **Donjon,** 3 r. Hôtel de Ville **(u)** 🕾 67.03.76 – 🛁wc 🚗 🚗🔧. 🛁 ch
– *fermé 15 sept. au 15 oct., dim. soir et lundi midi* – SC : **R** 38/74 ▯ – 🖵 13 – **18 ch**
51/120 – P 140/180.

🍴🍴 **Renaissance** avec ch, 20 av. 2e-D.-B. **(n)** 🕾 67.16.11 – 🛁wc 🎵wc 🍽 🅿 – 🏛
25. 🚗🔧 🅰🅴 𝕍𝕀𝕊𝔸
– *fermé dim. sauf fériés* – SC : **R** 100/170 – **la Marmite** 45/66 ▯ – 🖵 16 – **15 ch**
77/180 – P 183/270.

à *Fontenai-sur-Orne* par ④ : 4,5 km – ✉ **61200** Argentan :

🏨 **Faisan Doré,** 🕾 67.18.11, 🍴 – 📺 🛁wc 🎵 🍽 🅿 – 🏛 100. 🚗🔧 🅴 𝕍𝕀𝕊𝔸
– *fermé 1er au 20 août et dim. soir* – SC : **R** 50/85 ▯ – 🖵 17 – **20 ch** 85/145.

CITROEN Brunet, 21 r. République 🕾 67.14.66
FORD Ghislain, 59 r. République 🕾 67.02.66
RENAULT SVDVA, Bd Victor Hugo par ③ 🕾 67.09.87

Gar. Lalande, rte de Paris à Urou 🕾 67.12.00 🅽
🛞 Marsat-Argentan-Pneus, 30 av. de la 2e D.B. 🕾 67.26.79

ARGENTAT **19400** Corrèze 🅷🅵 ⑩ G. Périgord – 3 735 h. alt. 188 – ✪ 55.

Voir Site★.

🛈 Office de Tourisme av. Pasteur (fermé dim. hors sais.) 🕾 28.10.91.

Paris 513 – Aurillac 54 – Brive-la-Gaillarde 44 – Mauriac 51 – St-Céré 42 – Tulle 30.

🏨 **Gilbert,** r. Vachal 🕾 28.01.62, 🍴 – 🛗 🛁wc 🎵wc 🍽 🅿. 🚗🔧 𝕍𝕀𝕊𝔸
– *fermé 20 déc. au 1er fév.* – SC : **R** *(fermé sam. sauf juil. et août)* 50/120 – 🖵 15 –
30 ch 65/180 – P 130/170.

🏠 **Fouillade,** pl. Gambetta 🕾 28.10.17, 🍴 – 🛁wc 🎵wc
– *fermé 2 au 30 nov. et lundi du 15 oct. au 15 mai sauf fêtes* – SC : **R** 42/70 – 🖵 12,50
– **30 ch** 65/120 – P 120/150.

CITROEN Frizon, 🕾 28.10.79
RENAULT Gar. Gambetta, 🕾 28.00.58

🛞 Corrèze-Pneus, 🕾 28.14.31

ARGENTEUIL 🚗 **95** Val-d'Oise �55 ⑳, 🅘🅾🅘 ⑭ – voir à Paris, Proche banlieue.

Die Michelin-Karten sind stets auf dem aktuellsten Stand,
sie informieren genauestens über Streckenverlauf und Straßenzustand.

129

ARGENTIÈRE 74 H.-Savoie **74** ⑨ G. Alpes – alt. 1 253 – Sports d'hiver : 1 200/3 300 m ⨯ 3 ⨯ 3 –
⊠ 74400 Chamonix-Mont-Blanc – ⚙ 50.

Voir SE : Aiguille des Grands Montets ⩻ ** par téléphérique – Trélechamp ⩻ ** N :
2,5 km.

Paris 632 – Annecy 104 – Chamonix 8 – Vallorcine 7,5.

🏨 **Grands Montets** Ⓜ ⌂ sans rest, au téléphérique de Lognan ⍔ 54.06.66, ⩽, 🐎
– 🛗 📺 🚿wc ☎ 🚗 🅿 *VISA*
18 juin-17 sept. et 17 déc.-1ᵉʳ mai – SC : **40 ch** ⊆ 193/274.

🏨 **Bellevue et rest. Bois de Rose,** ⍔ 54.00.03, ⩽, ⌇ – cuisinette 📺 🚿wc 🅿
◆ 20 juin-15 sept. et 15 déc.-15 mai – **R** 40/80 – ⊆ 15 – **20 ch** 75/190.

XX **Dahu** avec ch, ⍔ 54.01.55, ⩽, 🌳 – 🚿wc 🛗 🅿 🆎 E *VISA*
◆ 15 juin-15 oct. et 10 déc.-15 mai – SC : **R** (fermé merc. du 15 sept. au 15 oct.) 40/80
– ⊆ 16 – **22 ch** 70/160.

   à Montroc-Le Planet NE : 2 km par N 506 et VO – alt. 1 384 – ⊠ 74400 Chamonix-
   Mont-Blanc :

🏨 **Becs Rouges** Ⓜ ⌂, ⍔ 54.01.00, ⩽ vallée et montagnes, 🐎 – 🛗 🚿wc 🛗wc 🅿
🅿 🚗 🆎 ⓪ *VISA*
15 déc.-30 avril (sans rest.) et 15 juin-15 sept. – SC : **R** 80/100 ⅄ – ⊆ 20 – **24 ch**
99/240 – P 200/285.

   au Tour NE : 3 km par N 506 et VO – alt. 1 450 – Sports d'hiver : 1 460/2 150 m ⨯ 2 ⨯ 3 –
   ⊠ 74400 Chamonix-Mont-Blanc :

🏨 **Igloo** ⌂, ⍔ 54.00.41, ⩽, 🌳, 🐎 – 🚿wc 🛗wc 🅿 🚗 ⛾ *VISA* ⛾ rest
◆ fermé 15 sept. au 15 déc. et mardi hors sais. – SC : **R** 55/80 – ⊆ 15 – **24 ch** 62/210
– P 153/204.

PEUGEOT-TALBOT Gar. des Drus, ⍔ 54.04.30

L'ARGENTIÈRE-LA-BESSÉE 05120 H.-Alpes **77** ⑱ G. Alpes – 2 462 h. alt. 976 – ⚙ 92.

Voir Belvédère du Pelvoux ⩻ * N : 2 km.

Paris 728 – Barcelonnette 69 – Briançon 15 – Gap 72 – Guillestre 20.

🏨 **Industrie** sans rest, pl. République ⍔ 23.10.05, 🐎 – 🚿 🚗 🚗 🚗
fermé 15 sept. au 15 oct. – SC : ⊆ 14 – **17 ch** 55/80.

CITROEN Gar. Mt-Pelvoux, ⍔ 23.10.29

ARGENTON-L'ÉGLISE 79290 Deux-Sèvres **68** ① – 1 203 h. alt. 58 – ⚙ 49.

Paris 332 – Angers 60 – Bressuire 36 – Cholet 54 – Niort 89 – Thouars 8,5.

XX **Host. du Moulin** ⌂ avec ch, O : 1 km sur D 61 ⍔ 67.02.53, ⩽, parc, ⛾ – 🚿wc
🛗wc 🅿 – ⬜ 45. E *VISA* ⛾ ch
fermé 24 janv. au 28 fév., 1ᵉʳ au 7 oct. et lundi – SC : **R** 60 bc/170 – ⊆ 10 – **9 ch**
65/78 – P 120/140.

ARGENTON-SUR-CREUSE 36200 Indre **68** ⑰⑱ G. Périgord – 6 763 h. alt. 108 – ⚙ 54.

Voir Vieux pont ⩻ * K – ⩻ * de la terrasse de la chapelle N.-D.-des-Bancs E – Vallée
de la Creuse* SE par D 48 – Église* de St-Marcel 2 km par ③.

🗓 Office de Tourisme Hotel de Scévolle (fermé dim. et lundi) ⍔ 24.05.30.

Paris 302 ① – Châteauroux 31 ① – Guéret 67 ③ – ♦Limoges 94 ④ – Montluçon 101 ② – Poitiers 99
⑤ – ♦Tours 125 ⑤.

Plan page ci-contre

🏨 **Manoir de Boisvillers** ⌂ sans rest, 11 r. Moulin-de-Bord **(e)** ⍔ 24.13.88, ⩽, 🐎
– 🚿wc 🛗wc 🚗 🅿
fermé 21 déc. au 2 janv. – SC : ⊆ 14,50 – **15 ch** 78/160.

🏨 **Cheval Noir,** 27 r. Auclert-Descottes **(n)** ⍔ 24.00.06 – 🚿wc 🛗wc 🚗 🅿 🚗
fermé janv. – SC : **R** 55/120 ⅄ – ⊆ 14 – **34 ch** 90/155.

🏨 **Central H.,** 2 av. Rollinat **(b)** ⍔ 24.10.17 – 🚿wc 🛗 🚗 🅿 ⟨ 🅿 🆎 ⓪
30 ch.

🏨 **France,** 8 r. J.-J.-Rousseau **(a)** ⍔ 24.03.31 – 🚿wc 🛗wc 🚗 🅿 E *VISA*
◆ fermé 15 nov. au 15 déc. et sam. sauf hôtel hors sais. – SC : **R** 45/85 ⅄ – ⊆ 13 –
26 ch 71/136.

X **Chez Maître Jean,** 67 av. Rollinat **(u)** ⍔ 24.02.09 – 🅿
◆ fermé 15 au 30 oct., 1ᵉʳ au 15 fév. et merc. – SC : **R** 44/85 ⅄.

   à St-Marcel par ① : 2 km – ⊠ 36200 Argenton-sur-Creuse

🏨 **Le Prieuré,** ⍔ 24.05.19, ⩽, 🐎 – 🚿wc 🛗wc 🅿 🚗
◆ fermé fév. et lundi – SC : **R** 40/100 ⅄ – ⊆ 13 – **12 ch** 60/130 – P 120/160.

à *Tendu* par ① : 8 km –
✉ 36200   Argenton-sur-
Creuse :

XX **Moulin des Eaux Vives,**
↤ E : 4 km par D 30 rte Mos-
nay ✉ 36200 Argenton-
sur-Creuse ☏ 24.12.25, �།
– **E** *VISA*
fermé lundi. et jeudi sauf
juil.-août – **R** (dim. prévenir) 45/97.

CITROEN, LANCIA-AUTOBIANCHI
Gar. Besson, N 20 à Tendu par ① ☏
24.12.26
PEUGEOT-TALBOT Chavegrand, rte
de Limoges par ④ ☏ 24.04.32 **N**
RENAULT Berthiol, rte de Limoges
☏ 24.06.24

@ Gebhard-Pneu, rte de Limoges, N
20 ☏ 24.13.08

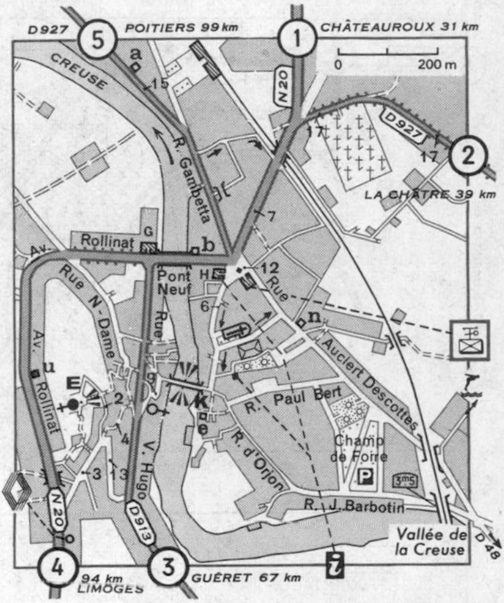

ARGENT-SUR-SAULDRE
18410 Cher 🔢🔢 ⑪ **G. Châteaux de
la Loire** – 2 737 h. alt. 171 – ✪ 48.

🅱 Syndicat d'Initiative à la Mairie
(fermé sam. et dim.) ☏ 73.60.12.

Paris 174 – Bourges 56 – Cosne-sur-
Loire 46 – Gien 20 – ◆Orléans 59 –
Salbris 42 – Vierzon 53.

XX **Relais de la Poste** avec
↤ ch, ☏ 73.60.25 – ⇔wc 🎇
🕾 ⇐, 🚗🚅 **E** *VISA*
fermé fév. et lundi sauf juil.
et août – SC : **R** 55/95 🦪 –
� 14 – **10 ch** 60/150 – P 130/170.

XX **Relais du Cor d'Argent** avec ch, ☏ 73.63.49, 🌩, 🍽 – ⇔ 🎇 ⓟ
↤ *fermé fév. et merc. sauf juil.-août* – SC : **R** 55/100 🦪 – ⊿ 15 – **10 ch** 60/120 – P
150/180.

PEUGEOT Dabert, ☏ 73.63.06   RENAULT Carlot, ☏ 73.61.83

ARINSAL Principauté d'Andorre 🔢🔢 ⑭. 🔢🔢 ⑥ – voir à Andorre.

ARINTHOD 39240 Jura 🔢🔢 ⑭ **G. Jura** – 1 119 h. alt. 445 – ✪ 84.

Voir Église★ de St-Hymétière S : 4 km.

Paris 445 – Bourg-en-Bresse 50 – Lons-le-Saunier 37 – Nantua 37 – St-Amour 35.

🏠 **Tour,** ☏ 48.00.05 – ⇔wc 🎇 🕾 ⇐. ⅍ ch
↤ SC : **R** 35/75 🦪 – ⊿ 9,50 – **14 ch** 53/117 – P 110/130.

ARLEMPDES 43 H.-Loire 🔢🔢 ⑰ **G. Vallée du Rhône** – 220 h alt. 840 – ✉ 43490 Costaros –
✪ 71 – **Voir** ⇐★★ du château.

Paris 544 – Aubenas 76 – Langogne 28 – Le Puy 28.

🏠 **Manoir** 🦪, ☏ 57.17.14, ⇐ – 🎇 ⅍ ch
↤ SC : **R** 45/90 – ⊿ 12 – **16 ch** 60/95 – P 110/125.

ARLES 🔘 13200 B.-du-R. 🔢🔢 ⑩ **G. Provence** – 50 345 h. alt. 9 – ✪ 90.

Voir Arènes★★ YZ – Théâtre antique★★ Z – Cloître St-Trophime★★ et église★ Z :
portail★★ – les Alyscamps★ X – Palais Constantin★ Y F – Musées : Art chrétien★★ et
galerie souterraine★ Z M1, Arlaten★Z M3, Art paien★ Z M2, Réattu★ Y M4 – Ruines de
l'abbaye de Montmajour ★ 5 km.

🅱 Office de Tourisme Esplanade des Lices (fermé dim. hors saison) ☏ 96.29.35, Télex 440096 - A.C.
12 r. Liberté ☏ 96.40.28.

Paris 729 ① – Aix-en-Provence 76 ② – Avignon 37 ① – Béziers 136 ⑤ – Cavaillon 44 ① – ◆Marseille
91 ② – ◆Montpellier 73 ⑤ – Nîmes 30 ⑥ – Salon-de-Provence 41 ② – Sète 103 ⑤.

Plans page suivante

🏰🏰 **Jules César et Rest. Lou Marquès,** bd Lices ☏ 93.43.20, Télex 400239, 🌩,
« Ancien couvent avec son cloître, jardins intérieurs », 🍽 – 📺 ☎ ⇐ – 🔼
50 à 100. 🖭 ⓔ **E** *VISA*   Z k
fermé début nov. au 22 déc. – **R** *(fermé mardi du début janv. au 15 mars)* carte 120
à 180 – ⊿ 30 – **55 ch** 220/550.

🏰🏰 **D'Arlatan** 🦪 sans rest, 26 r. Sauvage (près pl. Forum) ☏ 93.56.66, « Demeure du
15e s., beau mobilier, patio et jardin » – ⇐ 🖭 ⓔ   Y f
SC : ⊿ 25 – **46 ch** 150/325.

ARGENTON-
SUR-CREUSE

Chap. N.-D. (R. de la) 2
Châteauneuf (R.) 3
Coursière (R. de la) 4

Grande (Rue) 6
Ledru-Rollin (R.) 7
Raspail (R.) 9
République (Pl. de la) ... 12
Rochers-St-Jean (R.) ... 13
Rousseau (R. Jean-J.) .. 15
Sand (R. George) 17

131

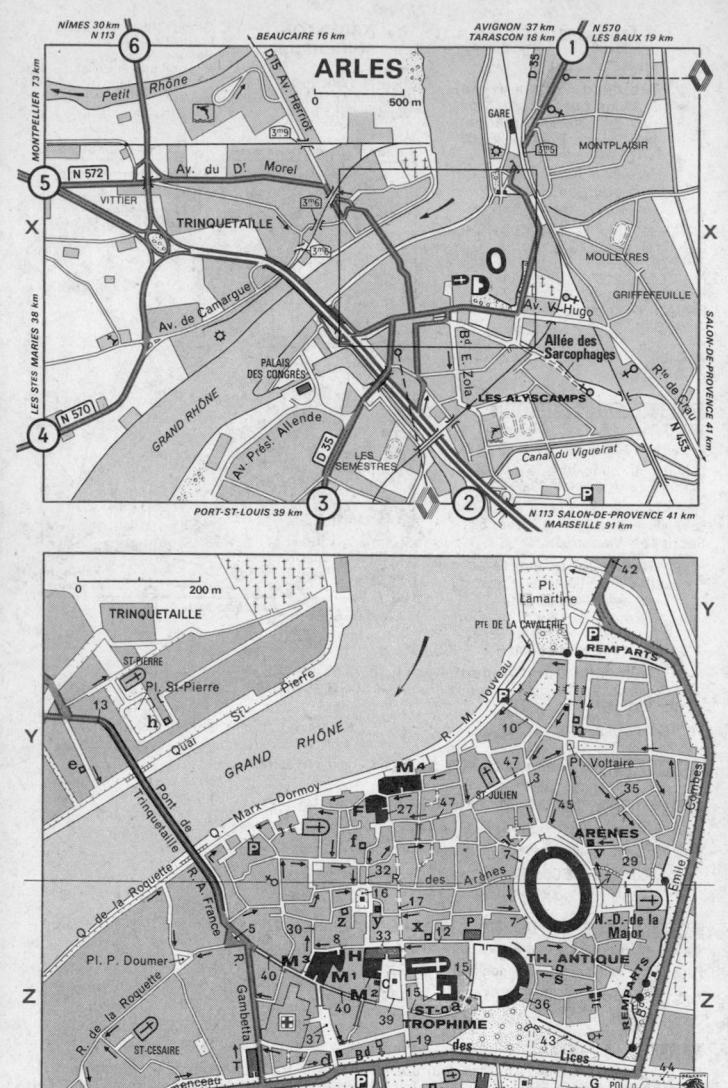

ARLES

🏛 **Forum** sans rest, 10 pl. Forum ☏ 93.48.95, ⊒ – 🛗 🗄 wc ♨ 🕾. 🚗🔒. ⚓ Z **z**
1er fév.-30 oct. – SC : 🗕 18 – **45 ch** 90/250.

🏛 **Select** 🅼 sans rest, 35 bd G.-Clemenceau ☏ 96.08.31 – 🛗 🔲 🗄 wc ♨ 🕾 🚗.
ﾷ ⅕ 🕦 🗲 𝘝𝘐𝘚𝘈. ⚓ Z **u**
SC : 🗕 15 – **24 ch** 155/290.

🏛 **Mireille** 🅼, 2 pl. St-Pierre ☏ 93.70.74, Télex 440308, 🍴, ⊒ – 🔲 🗄 wc ♨ wc 🕾.
– ⅕ 🕦 🗲 𝘝𝘐𝘚𝘈. ⚓ rest Y **h**
1er mars-30 nov. – SC : **R** (déj. sur commande) 70/150 – 🗕 20 – **35 ch** 220/290.

🏛 **St-Trophime** sans rest, 16 r. Calade ☏ 96.88.38 – 🛗 🗄 wc ♨ wc 🕾. 🚗🔒 Z **x**
1er mars-15 nov. – SC : 🗕 14 – **22 ch** 103/165.

🏛 **Mirador** sans rest, 3 r. Voltaire ☏ 96.28.05 – 🗄 wc ♨ wc 🕾. 🚗🔒 Y **n**
fermé 5 janv. au 15 mars – SC : 🗕 13 – **15 ch** 99/143.

🏛 **Calendal** sans rest, 22 pl. Pomme ☏ 96.11.89, « Jardin ombragé » – 🗄 wc ♨ wc
🕾. 🚗🔒 𝘝𝘐𝘚𝘈. ⚓ Z **s**
fermé 15 déc. au 15 fév. – SC : 🛢 14,50 – **25 ch** 110/190.

🏠 **Lou Gardianoun,** 15 r. Noguier ☏ 93.66.28 – 🗄 wc ♨ wc 🕾 🚗. 🚗🔒 𝘝𝘐𝘚𝘈. ⚓
🗲 SC : **R** 50/100 🖑 – 🗕 18 – **20 ch** 110/170. Y **e**

🏠 **Le Cloître** sans rest, 18 r. Cloître ☏ 96.29.50 – 🗄 wc ♨ wc 🕾. 🚗🔒 Z **a**
15 mars-15 nov. – SC : 🛢 14 – **33 ch** 120/170.

🏠 **La Roseraie** 🏡 sans rest, à Pont-de-Crau E : 2 km par N 453 - X ☏ 96.06.58, 🌿
– ♨ wc 🕾 ⅙ 🅿. ⚓ Y **b**
15 mars-15 oct. – SC : 🗕 14,50 – **11 ch** 135/175.

🏠 **Constantin** sans rest, 59 bd Craponne ☏ 96.04.05 – 🛗 🗄 wc ♨ wc 🕾. 🚗🔒 Z **k**
2 mars-31 oct. – SC : 🗕 14,50 – **15 ch** 83/153.

🍴🍴 **Vaccarès,** pl. Forum (1er étage) ☏ 96.06.17, 🍴 Z **y**
fermé 20 au 30 juin, 20 déc. au 20 janv., dim. soir et lundi – SC : **R** 135/160.

🍴 **L'Union,** 14 r. Rotonde ☏ 96.05.20, 🍴 Z **d**
fermé 15 déc. au 15 fév. et lundi sauf de juin à sept. – SC : **R** 55 bc/98.

🍴 **Host. des Arènes,** 62 r. Refuge ☏ 96.13.05, 🍴 – 🕦 𝘝𝘐𝘚𝘈 Y **v**
↔ *fermé 5 janv. au 15 fév., 15 au 25 juin, mardi soir hors sais. et merc* – SC : **R** 43/66
🖑.

au Nord : 4,5 km par D 35 et VO - X – ✉ **13200** Arles :

🍴🍴🍴 **Mas de la Chapelle** 🅼 🏡 avec ch, ☏ 96.73.43, ≼, 🍴, « Ancienne Chapelle du
16e s., parc », ⊒, ⊒, ⚓ – 🗄 wc 🕾 🚗 🅿 – 🛦 35. 𝘝𝘐𝘚𝘈
fermé fév. et dim. soir en hiver – SC : **R** 120/200 – 🗕 22 – **7 ch** 200/300 – P
310/400.

à l'Est : 7,5 km par N 453 et chemin privé - X – ✉ **13200** Arles :

🏛 **Aub. la Fenière** 🅼 🏡, ☏ 98.45.34, ≼, 🌿 – 🔲 ch 🗄 wc ♨ wc 🕾 ⅙ 🚗 🅿 –
🛦 25. 🚗🔒 🕦 🗲 𝘝𝘐𝘚𝘈. ⚓ rest
SC : **R** *(fermé 1er nov. au 20 déc. et sam. midi)* (dîner seul. du 1er mai au 1er nov.)
97/137 – 🗕 25 – **24 ch** 167/375.

Voir aussi ressources hôtelières de *Fontvieille* par ① 9,5 km

BMW Gar. de la Verrerie, 10 av. Dr.-Morel,
Trinquetaille ☏ 06.19.69
CITROEN Trébon Autos, 35 av. de la Libération
par ① ☏ 96.42.83
PEUGEOT-TALBOT Roux, 3 av. Victor-Hugo
☏ 93.98.59
RENAULT Arles Autom. Services, 84 av. Sta-
lingrad ☏ 96.82.82
RENAULT Lacoste, 27 av. Sadi-Carnot ☏ 96.
37.76

TOYOTA Gar. Provem, av. Gaspard Monge,
Zone Ind. Sud ☏ 93.53.55
V.A.G. Gar. de l'Avenir, 5 av. de la Libération
☏ 96.98.10

🅖 Ayme-Pneus, 22 bd Victor-Hugo ☏ 96.02.57
et Zone Ind. Nord ☏ 93.56.95
Gay-Pneus, av. Pont-Crau, N.113 ☏ 93.60.13
Vulcania, 8 bd Victor-Hugo ☏ 96.02.03

ARLES-SUR-TECH 66150 Pyr.-Or. 🎱🎱 ⑱ G. Pyrénées – 2 945 h. alt. 270 – ✆ 68.

🅷 Syndicat d'Initiative Gare routière (fermé dim.) ☏ 39.11.99.

Paris 948 – Amélie-les-Bains-Palalda 4 – ◆Perpignan 42 – Prats-de-Mollo-la-Preste 19.

🏠 **Glycines,** r. Joc-de-Pilota ☏ 39.10.09, 🍴, 🌿 – 🗄 wc ♨ 🕾 🅿
fermé 1er au 20 déc. et 2 au 31 janv. – SC : **R** *(fermé lundi)* 60/120 – 🗕 14 – **34 ch**
65/150 – P 140/184.

ARMBOUTS-CAPPEL 59 Nord 🎱🎱 ③ – rattaché à Dunkerque.

ARMENTIÈRES 59280 Nord 🎱🎱 ⑮ G. Nord de la France – 27 473 h. alt. 19 – ✆ 20 A.C. 26 pl.
St-Vaast ☏ 77.10.12.

Paris 237 ③ – Dunkerque 59 ⑥ – Kortrijk 36 ② – Lens 41 ③ – ◆Lille 19 ③ – St-Omer 50 ⑥.

Plan page suivante

🏠 **Albert** sans rest, 28 r. Robert Schuman ☏ 77.31.02 – 🗄 wc ♨ wc 🕾. 🚗🔒. ⚓ Z **a**
fermé août et dim. – SC : 🛢 16 – **19 ch** 70/145.

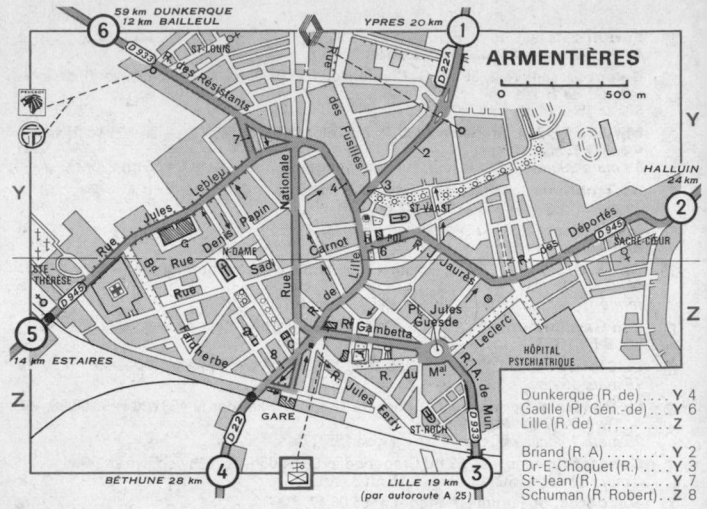

ARMENTIÈRES

Dunkerque (R. de) . . . . Y 4
Gaulle (Pl. Gén.-de) . . . Y 6
Lille (R. de) . . . . Z

Briand (R. A.) . . . . Y 2
Dr-E-Choquet (R.) . . . . Y 3
St-Jean (R.) . . . . Y 7
Schuman (R. Robert) . . Z 8

DATSUN Gar. Duretz, 1 r. J.-Ferry ℡ 77.09.52
FORD Gar. du Rond-Point, 399 rte Nationale à La Chapelle ℡ 77.08.40
PEUGEOT-TALBOT Gar. des Flandres, 29 av. P.-Brossolette, Zone Ind. ℡ 77.04.16
RENAULT Gar. de la Lys, 1797 r. d'Armentières, Nieppe par ⑥ ℡ 77.20.13 N
RENAULT Duflos, 34 bis r. Nungesser ℡ 77.24.14

V.A.G. Gar. Delabie, 37 r. J.-Ferry ℡ 77.09.57

⦿ Crépy-Pneus, 5 r. Mar.-Foch ℡ 77.10.88
Hennette, rte Nationale à Ennetières-Wez-Macquart ℡ 35.85.28
Martin, 100 r. Nationale ℡ 77.00.29

ARMOY 74 H.-Savoie 70 ⑰ – rattaché à Thonon-les-Bains.

ARNAC-LA-POSTE 87 H.-Vienne 72 ⑧ – 1 172 h. alt. 300 – ⊠ 87160 St-Sulpice-les-Feuilles – ✿ 55.

Paris 343 – Bellac 39 – Châteauroux 72 – Guéret 45 – ◆Limoges 55 – La Souterraine 11.

🏠 **Moderne** ⦿, ℡ 76.80.44, ☞ – 🛏 🅿
→ SC : **R** 39/60 🍴 – 🖵 10 – **7 ch** 45/125 – P 100/120.

ARNAC-POMPADOUR 19230 Corrèze 75 ⑧ G. Périgord – 1 448 h. alt. 421 – ✿ 55.
🔁 Syndicat d'Initiative à la Mairie (fermé sam. après- midi et dim.) ℡ 73.30.43.
Paris 455 – Brive-la-Gaillarde 52 – ◆Limoges 59 – Périgueux 68 – St-Yrieix 24 – Uzerche 25.

🏛 **Aub. de la Marquise** ⦿, à la gare ℡ 73.33.98 – 📺 🚿wc 🛁wc ☏ 🅿 AE VISA
⦿ ch
15 juin-30 sept. – SC : **R** 70/180 – 🖵 18 – **10 ch** 130/150 – P 160/180.

🏠 **Hippodrome,** ℡ 73.35.03 – 🛏 🅿 ⦿
→ fermé sam. du 15 nov. au 1ᵉʳ mai sauf hôtel en avril – **R** 45/65 🍴 – ☞ 15 – **10 ch** 70 – P 95/100.

CITROEN Nouaille, à Pompadour ℡ 73.30.18
PEUGEOT Coulaud, 17 Av. du Midi ℡ 73.37.42
RENAULT Debernard, à Pompadour ℡ 73.30.57

TALBOT Peychieras, 71 av. du Midi à Pompadour ℡ 73.92.15

ARNAGE 72 Sarthe 64 ③ – rattaché au Mans.

ARNAY-LE-DUC 21230 Côte-d'Or 65 ⑱ G. Bourgogne – 2 473 h. alt. 374 – ✿ 80.
Paris 289 – Autun 28 – Beaune 34 – Chagny 40 – ◆Dijon 57 – Montbard 71 – Saulieu 28.

🏠 **Poste** sans rest, ℡ 90.00.76 – 🚿wc 🛁wc ☏ 🚗 🚗🚗 ⦿
fin juin-fin sept. – SC : 🖵 12 – **14 ch** 88/135.

XXX **Chez Camille,** ℡ 90.01.38 – AE ① E VISA
fermé 15 au 31 janv., dim. soir et merc. – **R** 90 bc/110 bc.

X **Terminus,** N 6 ℡ 90.00.33 – 🅿
→ fermé 6 janv. au 6 fév. et merc. – SC : **R** 45/130 – 🖵 12 – **12 ch** 54/75.

CITROEN Binet, à St-Prix ℡ 90.10.07 N
PEUGEOT, TALBOT Gar. de L'Arquebuse, ℡ 90.05.16 N

PEUGEOT-TALBOT Gar. Lucotte, à St-Prix ℡ 90.10.44 N
RENAULT Gar. Contant, ℡ 90.07.09

ARPAILLARGUES 30 Gard 80 ⑲ – rattaché à Uzès.

ARQUES-LA-BATAILLE 76880 S.-Mar. 52 ④ G. Normandie – 2 676 h. alt. 14 – ✿ 35.
Voir Ruines du château★.

Paris 199 – Dieppe 7 – Neufchâtel-en-Bray 28 – ◆ Rouen 60.

　　🎇🎇 **Host. Manoir d'Archelles,** sur D 1 ☎ 85.50.16 – 🅿 ⒶⒺ ⅏
　　◆　fermé 26 sept. au 10 oct., dim. soir en hiver et lundi – SC : **R** 50/140.

CITROËN Féron, ☎ 85.50.41

ARRADON 56 Morbihan 63 ③ – rattaché à Vannes.

ARRAS 🅿 62000 P.-de-C. 53 ② G. Nord de la France – 50 386 h. alt. 72 – ✿ 21.
Voir Grand'Place★★ CY et Place des Héros★★ CY 16 – ≼★ du beffroi CY **H** – Ancienne abbaye St-Vaast★ : musée★ BY **M**.

🛈 Office de Tourisme 7 pl. Mar. Foch ☎ 51.26.95 - A.C. 11 bis r. Gambetta ☎ 21.53.91.

Paris 178 ② – ◆Amiens 65 ④ – ◆Caen 299 ④ – ◆Calais 117 ① – Charleville-Mézières 159 ② – Douai 26 ① – ◆Le Havre 245 ④ – ◆Lille 52 ① – ◆Rouen 175 ④ – St-Quentin 75 ② – Troyes 294 ②.

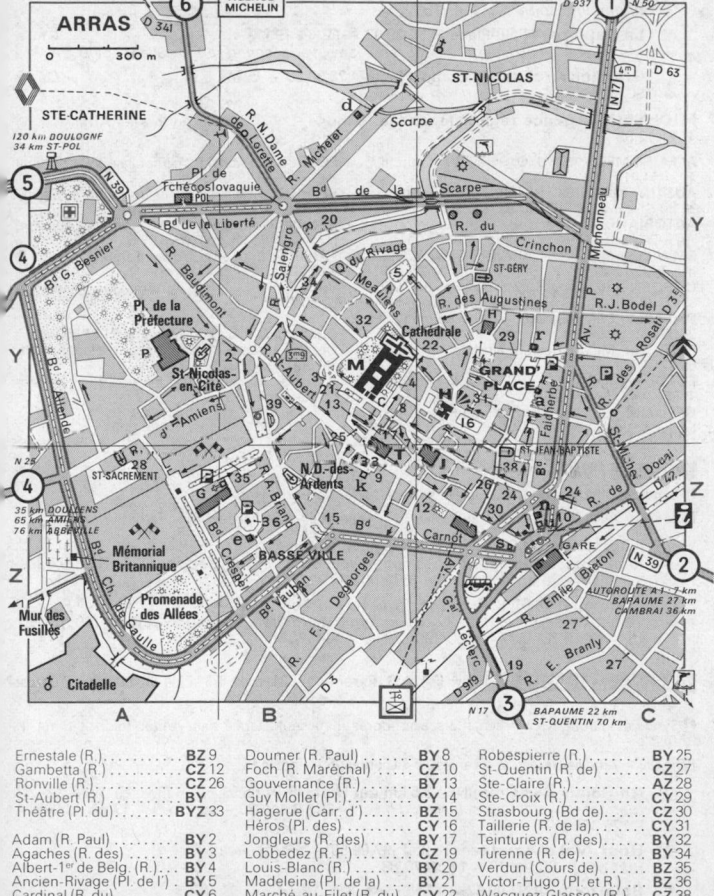

🏨 **Univers** ⚘, 3 pl. Croix-Rouge ☏ 21.34.01 – ♿ ⟵⟶ **℗** – 🏛 25 à 200. ℡ **E**.
%% rest   BZ **k**
SC : **R** 55/125 – ⊡ 22 – **37 ch** 120/240 – P 270/340.

🏨 **Moderne** sans rest, 1 bd Faidherbe ☏ 23.39.57 – ⫯ ⌂wc ☎. ▱ᵇ ℡ ⓞ *VISA*
fermé 24 au 31 déc. – SC : ⊡ 16 – **43 ch** 140/195.   CZ **u**

🏨 **Astoria,** 12 pl. Foch ☏ 21.08.14, Télex 160768 – ⌂wc ⌂wc ⚖. ▱ᵇ ℡ ⓞ **E**
VISA %%   CZ **s**
fermé 24 déc. au 10 janv. – SC : **R** *(fermé dim. soir et lundi)* 79/100 ⅋ – ⊡ 18 –
31 ch 112/200.

XXX ✿ **Ambassadeur** (Buffet Gare), ☏ 23.29.80 – ℡ ⓞ **E** *VISA*. %%   CZ
fermé dim. soir – **R** 75/125 ⅋
Spéc. Ecrevisses au poivre vert (sauf mars à juin), Ris de veau ''Médard'', Caneton aux raisins secs.

XXX **Le Régent** avec ch, r. A.-France à St Nicolas-les-Arras ⊠ 62223 St-Laurent-Blangy
☏ 21.51.09, ⚘ – ⌂wc ⌂wc ⚖ **℗** ▱ᵇ   BY **d**
fermé dim. et lundi sauf fériés – SC : **R** 60/235 – ⊡ 18 – **11 ch** 90/200.

XX **Chanzy** avec ch, 8 r. Chanzy ☏ 21.02.02 – ⌂wc ⌂ ☎ – 🏛 25. ▱ᵇ ℡ ⓞ **E** *VISA*
SC : **R** 65/125 – ⊡ 20 – **19 ch** 80/180, 4 appartements 200.   CZ **n**

XX **Victor Hugo,** 11 pl. Victor Hugo ☏ 23.34.96, produits de la mer – ℡ ⓞ **E** *VISA*
fermé août, dim. soir et lundi – **R** 143 bc/57.   BZ **e**

XX **L'Auberge,** à Beaurains par ③ : 3 km ⊠ 62000 Arras ☏ 21.59.30 – **℗** ℡ ⓞ **E**
VISA
fermé dim. soir – SC : **R** 65/150 ⅋

XX **La Rapière,** 44 Gd'Place ☏ 55.09.92 – ℡ ⓞ **E** *VISA*   CY **a**
→ *fermé 14 août au 6 sept., 24 déc. au 2 janv., vend. soir et dim.* – SC : **R** 45/70 ⅋

X **Grandes Arcades,** 8 Grand' Place ☏ 23.30.89 – **E** *VISA*   CY **r**
→ SC : **R** 42/95 ⅋

MICHELIN, Agence régionale, rte de Béthune, D 63, Ste-Catherine-lès-Arras par ⑥
☏ 21.12.08

ALFA-ROMEO ARAUTO, 95 av. W.-Churchill
☏ 21.54.41
AUSTIN, MORRIS, TRIUMPH Gar. Leclercq,
38 bd Strasbourg ☏ 21.62.33
AUTOBIANCHI Specq, 21 r. du Saumon ☏
73.59.20
BMW Centre Autom. Artésien, 84 av. Lobbe-
dez ☏ 21.12.20
CITROEN SO. CA. AR., 2 r. des Rosati ☏ 55.
39.10
DATSUN Gar. Kennedy, 22 av. Kennedy ☏
21.65.79
FIAT Gar. Michonneau, 6 av. Michonneau ☏
55.37.51
FORD Liévinoise Autom., 16 av. Michonneau
☏ 55.42.42
OPEL-GM Gar. Méral av. d'Immercourt à St-
Laurent-Blangy ☏ 73.18.24

PEUGEOT, TALBOT Gaffet, av. W.-Churchill
par ⑤ ☏ 23.28.45
RENAULT Balavoine, rte de Cambrai par ②
☏ 73.59.59
RENAULT Gds Gar. de l'Artois, 40 voie
N.-Dame-de-Lorette ☏ 23.02.56
TALBOT Cyr-Leroy, 75 rte Cambrai par ② ☏
73.26.26
V.A.G. Stan Liberski Autom., 25 r. Pasteur ☏
55.30.75

🖉 Chamart, 245 av. Kennedy ☏ 21.31.95
Delit-Pneus, av. Michonneau prolongée, St-
Nicolas ☏ 55.38.25
Pneus et Services DK, 7 r. Croix-de-Grès, Ste-
Catherine ☏ 21.26.29

ARREAU 65240 H.-Pyr. 🖥 ⑲ – 913 h. alt. 704 – ✿ 62.

🇮 Syndicat d'Initiative pl. Monument aux Morts (fermé lundi) ☏ 98.63.15.

Paris 895 – Auch 90 – Bagnères-de-Luchon 32 – Lourdes 60 – St-Gaudens 54 – Tarbes 57.

🏨 **Angleterre,** ☏ 98.63.30 – ⌂wc ⌂wc ☎ **℗**. %%
→ *fermé Pâques à Pentecôte, 15 oct. à Noël et merc. hors saison* – SC : **R** 38/97 ⅋ –
⊡ 11,50 – **20 ch** 125/140 – P 160/190.

🏨 **France,** ☏ 98.61.12 – ⌂wc ⌂wc. ▱ᵇ %% ch
→ *1er juin-30 sept., 20 déc.-30 avril et fermé mardi hors saison* – SC : **R** 50/100 ⅋ – ⊡
13 – **17 ch** 70/160 – P 150/190.

ARRENS-MARSOUS 65 H.-Pyr. 🖥 ⑰ G. Pyrénées – 843 h. alt. 878 – ⊠ 65400 Argelès-Gazost
– ✿ 62.

🇮 Syndicat d'Initiative r. Tech (hors sais. après-midi seul., fermé sam. après-midi et dim.) ☏
97.02.63.

Paris 850 – Argelès-Gazost 12 – Laruns 36 – Lourdes 25 – Tarbes 45.

🏨 **Au Relais des Cols,** NE : 3,5 km par N 618 ☏ 97.05.53, ← – ⌂wc **℗**. ▱ᵇ. %%
→ *mai-oct. et vacances scolaires d'hiver* – SC : **R** 50/120 – 🍴 12,50 – **17 ch** 70/115 –
P 125/150.

🏨 **Host. Val d'Azun** sans rest, ☏ 97.00.55 – ⌂ ⌂. ▱ᵇ
juin-oct. – SC : 🍴 12 – **14 ch** 70/89.

🏨 **Balaïtous,** ☏ 97.00.52 – ⌂ ⌂ ⟵⟶ %%
→ *fermé nov.* – SC : **R** 55/80 – 🍴 15 – **18 ch** 65/95 – P 120/130.

ARROMANCHES-LES-BAINS 14117 Calvados **54** ⑮ G. Normandie – 355 h. alt. 15 – 🕲 31.

Voir Musée du débarquement.

🛈 Syndicat d'Initiative pl. du Musée (1ᵉʳ juin-30 sept. et fermé vend. en juin) ⌾ 22.36.45.

Paris 275 – Bayeux 10 – ♦Caen 29 – St-Lô 45.

- 🏨 **Marine,** ⌾ 22.34.19, ≤ – ⇌wc 🛏wc ☎ **🅿**. 🖾
  1ᵉʳ mars-15 nov. – SC : **R** 52/85 – ⌷ 15 – **21 ch** 100/170.

ARS-EN-RÉ 17 Char.-Mar. **71** ⑫ – voir à Ré (île de).

ARSONVAL 10 Aube **61** ⑱ – rattaché à Bar-sur-Aube.

ARS-SUR-FORMANS 01 Ain **74** ① G. Vallée du Rhône – 788 h. alt. 250 – ✉ 01480 Jassans-Riottier – 🕲 74.

Paris 441 – Bourg-en-Bresse 41 – ♦Lyon 36 – Mâcon 46 – Villefranche-sur-Saône 9.

- 🏨 **Régina,** ⌾ 00.73.67 – ⇌wc 🛏wc ☎ **🅿**. 🖾. ⚓ ch
  ➜ *mars-nov.* – SC : **R** (fermé merc. en mars, oct. et nov.) 42/100 – ⌷ 13 – **31 ch** 50/120 – P 120/180.
- 🏨 **Gd H. Basilique,** ⌾ 00.73.76, �ில் – ⇌wc 🛏wc ☎ **🅿**. 🖾
  ➜ *1ᵉʳ avril-15 oct.* – SC : **R** 38/68 🍷 – ⌷ 15 – **60 ch** 60/140 – P 130/190.

ARS-SUR-MOSELLE 57 Moselle **57** ⑬ – rattaché à Metz.

ARTEMARE 01 Ain **74** ④ – 810 h. alt. 258 – ✉ 01510 Virieu-le-Grand – 🕲 79.

Voir Cascade de Cerveyrieu⋆ NO : 3 km, G. Jura.

Paris 502 – Aix-les-Bains 34 – Belley 17 – Bourg-en-Bresse 75 – ♦Genève 71 – Nantua 47.

- 🏨 **Jacquier,** ⌾ 87.30.24 – 🛏 🚗 **🅿**. ⚓
  ➜ *fermé en oct., en janv. et vend. sauf juil. et août* – SC : **R** 38/100 🍷 – ⌷ 12 – **14 ch** 55/100 – P 105/145.

  à Luthézieu NO : 8 km par D 31 et D 8 – ✉ 01260 Champagne :

- 🏨 **Vieux Tilleul** ⚓, ⌾ 87.64.51, ≤, 🌺 – 🛏 ☎ **🅿**. 🖾
  ➜ *fermé 3 janv. au 10 fév. et merc. sauf en été* – SC : **R** 45/180 🍷 – ⌷ 14 – **11 ch** 86/98
  – P 120/138.

CITROEN Mochon, ⌾ 87.30.14 **N**   RENAULT Boléa, ⌾ 87.30.43
PEUGEOT-TALBOT Gar. Pochet, ⌾ 87.32.67 **N**

ARTIGUELOUVE 64 Pyr.-Atl. **85** ⑥ – 868 h. alt. 156 – ✉ 64230 Lescar – 🕲 59.

Paris 795 – ♦Bayonne 104 – Orthez 38 – Pau 10.

- ✕✕ **Chez Mariette,** ⌾ 32.45.08 – **🅿**. 🆎 **VISA**
  fermé août, 1ᵉʳ au 8 fév., dim. soir et merc. – SC : **R** 61/100.
- ✕✕ **Aub. Semmarty,** sur D 146 ⌾ 32.38.12, 🌺
  ➜ *fermé juil., dim. soir et lundi* – SC : **R** 50/100 🍷

ARTIX 64170 Pyr.-Atl. **85** ⑧ – 3 161 h. alt. 108 – 🕲 59.

Paris 789 – Mourenx-Ville-Nouvelle 7 – Oloron-Ste-Marie 31 – Orthez 21 – Pau 20.

- 🏨 **Navarre** sans rest, av. République ⌾ 60.25.57, 🌺 – ⇌wc 🛏 ☎ **🅿** – 🏷 80
  SC : ⌷ 11 – **22 ch** 80/150.

ARTZENHEIM 68 H.-Rhin **62** ⑱ – 485 h. alt. 182 – ✉ 68320 Muntzenheim – 🕲 89.

Paris 528 – Colmar 16 – ♦Mulhouse 50 – Sélestat 20 – ♦Strasbourg 67.

- ✕✕ **Aub. d'Artzenheim** ⚓ avec ch, ⌾ 71.60.51, « Joli décor d'auberge, jardin » –
  ⇌wc 🛏wc ☎ **🅿**. 🖾 🆎 **⓪**. ⚓ ch
  fermé 15 fév. au 15 mars – SC : **R** (fermé lundi soir et mardi) 70/160 🍷 – 🍽 14 –
  10 ch 75/140 – P 120/165.

ARVERT 17530 Char.-Mar. **71** ⑭ – 2 380 h. alt. 23 – 🕲 46.

Paris 513 – Marennes 13 – Rochefort 35 – La Rochelle 67 – Royan 21 – Saintes 45.

- 🏨 **Villa Fantaisie** ⚓, ⌾ 36.40.09, ≤, parc – ⇌wc 🛏wc ☎ **🅿**. ⚓ rest
  fermé janv., fév., dim. soir et lundi hors sais. – SC : **R** 80/180 – ⌷ 20 – **23 ch**
  120/210 – P 240/270.

ARVIEU 12 Aveyron **80** ②③ – 1 093 h. alt. 710 – ✉ 12120 Cassagnes-Begonhès – 🕲 65.

Paris 642 – Albi 66 – Millau 60 – Rodez 33 – St-Affrique 60 – Sévérac-le-Château 57.

- ☎ **Bon Accueil,** ⌾ 46.72.13 – ⚓ ch
  ➜ *fermé du 1ᵉʳ au 30 oct.* – SC : **R** 38/60 – 🍽 12 – **15 ch** 60/70 – P 85/100.

ARVIEUX 05 H.-Alpes 🗺 ⑱ G. Alpes – 324 h. alt. 1 544 – Sports d'hiver : 1 600/2 100 m ≰6 ♨ –
✉ 05350 Château-Ville-Vieille – ✪ 92.
Paris 737 – Briançon 32 – Gap 81 – Guillestre 21 – Col d'Izoard 11.

🏠 **La Borne Ensoleillée** ⟨S⟩, à la Chalp N : 2 km ☏ 45.72.89, ≼ – 🛏wc 🔥 🐝 🚗
◆ 🅿
20 juin-5 sept. et 20 déc.-20 avril – SC : **R** 50/70 – ⊊ 18 – **15 ch** 120/180 – P
170/195.

ARVILLARD 73 Savoie 🗺 ⑯ – 802 h. alt. 480 – ✉ 73110 La Rochette – ✪ 79.
Paris 595 – Albertville 41 – Allevard 8 – Chambéry 34 – St-Jean-de-Maurienne 59.

🏠 **Les Iris** ⟨S⟩, ☏ 25.51.29, ≼, 🛋, 🐎 – 🛏wc 🔥wc 🐝 🅿 VISA
◆ *fermé 15 nov. au 1ᵉʳ déc.* – SC : **R** 39/80 ⅃ – ⊊ 10 – **27 ch** 42/116 – P 111/157.

ARZ (Ile d') 56840 Morbihan 🗺 ⑬ G. Bretagne – 332 h. – ✪ 97.
Accès par transports maritimes.

🚢 depuis **Vannes**. En 1982 : de Pâques à sept. 2 à 5 services quotidiens - Traversée
30 mn – 21 F (AR) - Renseignements : Vedettes Vertes ☏ 63.79.99.

🚢 depuis **Conleau**. En 1982 : du 15 juin au 15 sept. 13 services quotidiens, hors saison
9 services quotidiens - Traversée 15 mn – 12 F (AR) – Renseignements : ☏ 66.92.57.

🏠 **L'Escale** ⟨S⟩, au débarcadère ☏ 26.30.13, ≼ – 🔥. 🍴▫. 🍽 ch
◆ *27 mars-25 sept.* – SC : **R** 43/81 – ⊊ 16 – **11 ch** 69/112 – P 138/159.

L'ARZELIER (Col de) 38 Isère 🗺 ④ – rattaché à Château-Bernard.

ASCAIN 64310 Pyr.-Atl. 🗺 ② G. Pyrénées – 1 876 h. alt. 30 – ✪ 59.
🅱 Syndicat d'Initiative à la Mairie ☏ 54.00.84.
Paris 800 – Cambo-les-Bains 26 – Hendaye 21 – Pau 135 – St-Jean-de-Luz 7.

🏨 **La Hacienda** Ⓜ, NO : 2 km sur rte St-Jean-de-Luz ☏ 54.02.47, ≼, parc, 🛋, 🏊 –
🅿 – 🏄 40. AE VISA 🍽 rest
hôtel : fermé 15 janv. au 5 mars ; rest. : fermé 1ᵉʳ janv. au 20 mars et mardi – SC : **R**
90/160 – ⊊ 23 – **26 ch** 200/310 – P 300/355.

🏨 **Rhûne,** (Annexe : ⟨S⟩, 🏊, parc - 15 ch 🛏wc ☎), ☏ 54.00.04, ≼, 🐎 – 🛏wc
🔥wc 🐝 🅿. 🍴▫. 🍽 rest
1ᵉʳ fév.-1ᵉʳ nov. – SC : **R** 60/95 – ⊊ 20 – **27 ch** 160/220 – P 160/220.

🏨 **Basque,** ☏ 54.00.12, 🏠, 🐎 – 🛏wc 🐝 🅿 🍴▫ 🍽 rest
15 mai-30 sept. – SC : **R** (dîner seul.) 70 – ⊊ 19 – **37 ch** 140/220.

🏨 **Etchola,** ☏ 54.00.08, 🏠 – 🛏wc 🔥 🐝 🚗. 🍴▫ AE
1ᵉʳ juin-1ᵉʳ oct. – SC : **R** *(fermé mardi midi)* 65/130 – ⊊ 20 – **21 ch** 135/240.

🏠 **Trinquet-Larralde,** ☏ 54.00.10, 🏠, 🐎 – 🛏wc 🔥wc 🐝. 🍴▫. 🍽
fermé 22 nov. au 3 janv. – SC : **R** *(fermé lundi du 3 janv. à mai)* 60/120 – ⊊ 18 –
23 ch 130/170 – P 170/190.

✕✕ **Pont** avec ch, N : 1 km sur D 918 ☏ 54.00.40, 🏠, 🐎 – 🛏wc 🐝 🍴▫. 🍽 rest
◆ *1ᵉʳ juin-1ᵉʳ oct.* – SC : **R** 65/90 – ⊊ 25 – **26 ch** 280 – P 192/258.

au col de St-Ignace SE : 3,5 km – ✉ 64310 Ascain :

✕ **Les Trois Fontaines,** ☏ 54.20.80, 🏠 – 🅿
◆ *fermé vacances de fév. et merc. sauf du 1ᵉʳ juin au 15 sept.* – SC : **R** 40/70.

ASCARAT 64 Pyr.-Atl. 🗺 ③ – rattaché à St-Jean-Pied-de-Port.

ASNIÈRES-SUR-SEINE 92 Hauts-de-Seine 🗺 ⑳, 🗺 ⑮ – voir à Paris, Proche banlieue.

ASPIN (Col d') 65 H.-Pyr. 🗺 ⑲ G. Pyrénées – alt. 1 489.
Voir ❄❄❄.
Paris 851 – Arreau 13 – Bagnères-de-Bigorre 25.

ASSEVILLERS (Aire d') 80 Somme 🗺 ⑫ – voir à Péronne.

ASSON 64 Pyr.-Atl. 🗺 ⑦ G. Pyrénées – 1 680 h. alt. 330 – ✉ 64800 Nay – ✪ 59.
Paris 809 – Lourdes 23 – Pau 24.

✕✕ **Le Castillou** ⟨S⟩ avec ch, SO : 3 km sur D 335 ☏ 61.33.97, parc – 🔥wc 🚗 🅿
◆ **4 ch.**

ASSY (Plateau d') 74480 H.-Savoie 🗺 ⑧ G. Alpes – alt. 1 000 – ✪ 50.
Voir Église★ : décoration★★ – Pavillon de Charousse ❄★★ O : 2,5 km puis 30 mn – Lac
Vert★ NE : 5 km.
Env. Plaine-Joux ≼★★ NE : 5,5 km.
🅱 Office de Tourisme (fermé dim. hors saison) ☏ 58.80.52.
Paris 609 – Annecy 80 – Bonneville 41 – Chamonix 32 – Megève 25 – Sallanches 12.

🏨 **Bel Alp** ⌂, à Bay SO : 3 km par D 43 ⊠ 74190 Le Fayet ☏ 58.82.02, ≤ massif du
Mt-Blanc, 🐎 – ⌷wc 🅼wc ☎ 🅿. ⚶
fermé 1er oct. au 16 nov. – SC : **R** (pens. seul.) – ☲ 17 – **16 ch** 130/145 – P 160/170.

🏠 **Tourisme** sans rest., ☏ 58.80.54, ≤, 🐎 – ⌷wc 🅼wc 🅿
fermé oct. et merc. hors sais. – SC : ☲ 14 – **15 ch** 50/130.

🏠 **Chamois d'Or**, à Bay SO : 4 km par D 43 ⊠ 74190 Le Fayet ☏ 58.82.48, ≤ massif
du Mt-Blanc, 🐎 – ⌷ 🅼wc ☎ 🅿. 🖼. ⚶ rest
fermé lundi hors sais. – SC : **R** 60/90 – ☲ 12 – **16 ch** 85/120 – P 126/152.

PEUGEOT-TALBOT Gar. Legon, à Passy ☏ 78.   RENAULT Gar. du Plateau. ☏ 58.80.63
33.74 🅽

ASTAFFORT 47220 L.-et-G. 🔢 ⑮ – 1 968 h. alt. 59 – ✪ 53.
Paris 743 – Agen 17 – Auch 54 – Condom 31.

☏ **Commerce,** N 21 ☏ 67.10.27
→ *fermé 15 déc. au 15 janv.* – SC : **R** *(fermé sam. du 15 nov. au 15 mars)* 40/140 ⚱ – ☕
13 – **10 ch** 62/85 – P 120/150.

ATTIGNAT 01 Ain 🔢 ②③ – 1 677 h. alt. 223 – ⊠ 01340 Montrevel-en-Bresse – ✪ 74.
Paris 408 – Bourg-en-Bresse 11 – Lons-le-Saunier 65 – Louhans 44 – Mâcon 37 – Tournus 43.

XX **Relais Bressan,** D 975 ☏ 30.92.24 – 🅿
→ *fermé 30 mai au 22 juin, 5 au 16 janv., lundi soir et mardi* – SC : **R** 42/65.

RENAULT Gar. des Prés, ☏ 30.92.28

ATTIGNAT-ONCIN 73 Savoie 🔢 ⑮ – rattaché à Aiguebelette (Lac d').

AUBAGNE 13400 B.-du-R. 🔢 ⑬⑭ G. Provence – 33 601 h. alt. 102 – ✪ 42.
Voir Musée de la Légion Étrangère★.
Paris 794 – Aix-en-Provence 36 – Cannes 145 – Draguignan 105 – ♦Marseille 17 – ♦Toulon 48.

à St-Pierre N : 5 km N 96 – ⊠ 13400 Aubagne :

XX **La Source** avec ch, ☏ 82.11.01, parc – ⌷wc 🅼wc ☎ 🅿. 🖼
fermé vacances de nov. et de fév. – **R** *(fermé dim. soir et lundi)* carte 145 à 210 –
☲ 15 – **10 ch** 90/180 – P 260/305.

Voir aussi ressources hôtelières de *Gémenos* E : 5,5 km

CITROEN Parascandola, C.D. 2, Camp Major
☏ 03.47.14
CITROEN Provence Autom., Quart. des Aubes
☏ 82.10.85
FORD Gar. Gargalian, 31 av. des Goums ☏
03.04.99
PEUGEOT-TALBOT Gar. Richelme, rte La Ciotat ☏ 82.13.10

RENAULT S.A.D.A.R., Zone Ind. St-Mitre ☏
03.60.50
TALBOT Gar. Aveline, Zone Ind. des Paluds
☏ 82.23.56 🅽 ☏ 70.02.93

Ⓦ Chivalier, Zone Ind. St-Mitre ☏ 03.29.33
Electric-Auto, 7 av. des Goums ☏ 03.12.86
Omnica, N 8, Quartier des Fyols ☏ 82.16.02

AUBAZINES 19 Corrèze 🔢 ⑨ G. Périgord – 644 h. alt. 345 – ⊠ 19190 Beynat – ✪ 55.
Voir Église★ : tombeau de St-Étienne★★ – Puy de Pauliac ≤★ NE : 3,5 km puis 15 mn.
🏌 du Coiroux ☏ 27.24.69, E : 4 km.
Paris 506 – Aurillac 86 – Brive-la-Gaillarde 14 – St-Céré 53 – Tulle 19.

🏠 **de la Tour,** ☏ 25.71.17 – ⌷wc ☎. 𝘝𝘐𝘚𝘈. ⚶ ch
→ *fermé janv. et vend. du 1er oct. au 31 janv.* – SC : **R** (dim. prévenir) 50/110 ⚱ – ☲ 12
– **20 ch** 100/120 – P 140 bc/160 bc.

🏠 **St-Étienne,** ☏ 25.71.01 – ⌷wc 🅼wc 🅿 – 🕸 40. 🖼
→ *1er mars-20 nov.* – SC : **R** 45/55 ⚱ – ☲ 12 – **32 ch** 55/130 – P 120/170.

☏ **Saut de la Bergère** ⌂, E : 2 km par D 48 ☏ 25.74.09 – 🅿. 🖼. ⚶ rest
→ *fermé janv. et merc. du 1er oct. au 30 avril* – SC : **R** 40/63 – ☲ 12 – **10 ch** 60/85 – P
130/140.

AUBENAS 07200 Ardèche 🔢 ⑲ G. Vallée du Rhône – 13 707 h. alt. 300 – ✪ 75.
Voir Site★.
🛈 Office de Tourisme pl. Airette (fermé lundi) ☏ 35.24.87.
Paris 633 ② – Alès 74 ④ – Mende 112 ④ – Montélimar 43 ③ – Privas 30 ② – Le Puy 91 ①.

Plan page suivante

🏨 **La Pinède** ⌂, NO : 1,5 km par D 235 ☏ 35.25.88, ≤ vallée, parc, ⚶ – ⌷wc
→ 🅼wc ☎ 🅿 🖼 𝘝𝘐𝘚𝘈. ⚶
fermé 15 déc. au 15 janv. – SC : **R** *(fermé lundi)* 48/105 – ☲ 14 – **32 ch** 155/185 – P
165/215.

🏨 **Le Cévenol** sans rest, 77 bd Gambetta **(r)** ☏ 35.00.10 – 🛗 ⌷wc 🅼wc ☎ 🅿.
🖼. ⚶
SC : ☲ 16 – **45 ch** 90/190.

139

AUBENAS

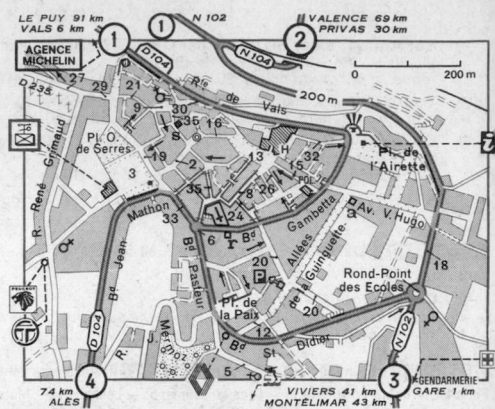

🏠 **L'Orangerie** sans rest., 7 allées de la Guinguette **(a)** ☏ 35.30.42 – 🛏wc 🏠 ☎
 🅿 ❀
 SC : 🗝 15,50 – **16 ch** 140/210.

🏠 **Le Dôme** sans rest, 37 rte de Vals par ① ☏ 35.18.51 – 🏠 🅿 ❀
 SC : 🗝 10,50 – **10 ch** 62/80.

✗ **Le Fournil**, 34 r. 4-Septembre **(s)** ☏ 35.58.68 – ❀
 fermé 3 janv. au 3 mars, mardi et merc. hors sais. et du 1er juil. au 30 sept. merc.
 midi seul. – SC : **R** 68/135.

 à St-Etienne-de-Fontbellon par ④ : 3 km – ⊠ 07200 Aubenas :

✗✗ **Le Directoire**, rte Alès 1 km ☏ 35.13.90 – 🅿 ⓞ
 fermé 15 fév. au 1er mars et lundi – SC : **R** 65/200.

MICHELIN, Agence, 61 rte de Vals par ① ☏ 35.29.44.

ALFA-ROMEO, AUSTIN, MORRIS, ROVER, TRIUMPH Nave, 7 bd St-Didier ☏ 35.26.76
CITROEN Gar. Bonnet, rte de Montélimar par ③ ☏ 35.05.77 🄽
FIAT Gounon, 22 bd St-Didier ☏ 35.08.21
PEUGEOT, TALBOT Gd Gar., r. Dr.-Pargoire ☏ 35.67.55 🄽

RENAULT Chanéac, 4 bd St-Didier ☏ 35.70.88
VOLVO Coudène, 28 rte de Vals ☏ 35.22.05

⛟ Maison du Pneu, 36 rte de Vals ☏ 35.20.53
R.I.P.A., rte de Vals ☏ 35.40.66

AUBIGNEY 70 H.-Saône 🞘🞘 ⑬ ⑭ – rattaché à Gray.

AUBIGNY-SUR-NÈRE 18700 Cher 🞘🞘 ⑪
G. Châteaux de la Loire – 5 545 h. alt. 168 –
❀ 48.

Voir Maison du Bailli⋆ B.

🈯 Syndicat d'Initiative à la Mairie (fermé dim.)
☏ 58.00.09.

Paris 181 – ① – Bourges 46 ③ – Cosne 41 ② –
Gien 30 ① – ✦Orléans 75 ⑥ – Salbris 32 ⑤ –
Vierzon 43 ④.

AUBIGNY-S-NÈRE

🏠 **La Chaumière**, 1 pl. Paul-Lasnier
 (a) ☏ 58.04.01 – 🛏wc 🏠wc 📶
 📶📶 AE ⓞ E VISA
 fermé 5 janv. au 5 fév. et lundi du 3
 oct. à Pâques – SC : **R** 56/150 ⅜ –
 🗝 15 – **16 ch** 55/150.

 à Ste Montaine O : 9 km par D 13
 🞘🞘 ⑳ – ⊠ 18700 Aubigny-sur-Nère :

🏠 **Le Cheval Blanc** ⟩, ☏ 58.06.92 – 🏠wc 🅿 ❀ ch
✦ fermé 28 août au 20 sept., 24 déc. au 2 janv., dim. soir et lundi midi hors sais. – SC :
 R 45/95 ⅜ – 🗝 13 – **18 ch** 78/150 – P 140/180.

CITROEN Guérard, par ③ ☏ 58.00.64
CITROEN Vercingétorix-Autos, ☏ 58.00.43
PEUGEOT-TALBOT Bouchet, par ③ ☏ 58.05.30 🄽

RENAULT Petat, ☏ 58.00.26 🄽

AUBRAC 12 Aveyron 🗗🗗 ⑭ G. Auvergne – alt. 1 300 – ⊠ 12470 St-Chély-d'Aubrac – ✪ 65.
Paris 557 – Mende 67 – Rodez 59 – St-Flour 67.

  🏠 **Moderne** ⑤, 🖀 44.28.42, 🚗 – ➡️wc 🏛wc ☜ 🅿. ⑤
  ➡ *Pâques, 12 mai-4 oct. et vacances scolaires de fév.* – SC : **R** 40/90 – ⊊ 15 – **27 ch**
    75/150 – P 155/180.

AUBRES 26 Drôme 🗗🗗 ③ – rattaché à Nyons.

AUBREVILLE 55 Meuse 🗗🗗 ⑳ – 355 h. alt. 186 – ⊠ 55120 Clermont-en-Argonne – ✪ 29.
Paris 240 – Bar-le-Duc 54 – Dun-sur-Meuse 35 – Ste-Menehould 20 – Verdun 27.

  ☎ **Commerce**, 🖀 87.40.35 – 🚗 🅿. ⑤ rest
  ➡ *fermé 1er au 15 oct.* – SC : **R** 48/65 ⅛ – ⊊ 12 – **10 ch** 55/75 – P 110.

AUBRIVES 08 Ardennes 🗗🗗 ⑧⑨ – 1 104 h. alt. 106 – ⊠ 08320 Vireux-Molhain – ✪ 24.
Paris 269 – Charleville-Mézières 49 – Fumay 17 – Givet 7 – Rocroi 35.

  ✗✗ **Debette** avec ch, 🖀 55.64.72, ⑤ – ➡️wc 🏛 ⅚. 🅿
  ➡ *fermé 20 déc. au 10 janv.* – SC : **R** 40/100 ⅛ – ⊊ 15 – **21 ch** 70/120 – P 160.

PEUGEOT-TALBOT Gar. Pochet, 🖀 87.32.67 🅽

AUBUSSON ◁🆂🅿▷ 23200 Creuse 🗗🗗 ① G. Périgord – 6 824 h. alt. 430 – ✪ 55.
Voir Exposition tapis et tapisseries★ à l'Hôtel de Ville H.
🎫 Syndicat d'Initiative r. Vieille *(Pâques-15 nov.)* 🖀 66.32.12.
Paris 382 ① – ✦Clermont-Ferrand 93 ④ – Guéret 42 ⑥ – ✦Limoges 88 ⑤ – Montluçon 63 ① – Tulle
108 ④ – Ussel 59 ④.

AUBUSSON

Chapitre (R. du)	2
Chateaufavier (R.)	3
Dayras (Pl. M.)	4
Déportés (R. des)	5
Espagne (Pl. Général)	6
Fusilloc (R. dos)	7
Iles (Quai des)	9
Lissiers (R. des)	10
Lurçat (Pl. J.)	12
Marché (Pl. du)	13
Republique (Av.)	16
St-Jean (R.)	18
Sandeau (R. J.)	19
Vaveix (R.)	22

  🏠🏠 **France**, 6 r. Déportés **(s)** 🖀 66.10.22 – 📺 ➡️wc 🏛wc ☎ 🚗 🆎 ① E 𝑉𝐼𝑆𝐴
  ➡ *fermé dim. soir et lundi midi du 1er oct. à Pâques* – SC : **R** 35/150 ⅛ – ⊊ 15 – **25 ch**
    45/210 – P 230.

    à la Seiglière par ④ : 3 km – ⊠ 23200 Aubusson :

  🏠🏠 **Seiglière** 🅼, 🖀 66.37.22, Télex 590073 – 🔌 ➡️wc ☜ 🅿 – 🔏 60. 🚗⑤ 🆎 ① E
    ⑤ rest
    fermé janv. – SC : **R** *(fermé lundi)* 70/120 -**Grill** *(fermé mardi)* **R** carte environ 55 ⅛ –
    ⊊ 12 – **42 ch** 120/140.

    à Moutier-Rozeille par ④ : 5,5 km sur D 982 – ⊠ 23200 Aubusson :

  ✗ **Petit Vatel** avec ch, 🖀 66.13.15 – ➡️wc ☜ 🅿. ⑤
  ➡ *fermé sam. hors sais.* – SC : **R** 40/120 – ⊊ 14 – **12 ch** 45/150 – P 125/165.

    à Fourneaux par ⑥ : 11 km – ⊠ 23220 Aubusson :

  🏠🏠 **Tuilerie** 🅼, 🖀 66.24.92, 🔲 – ➡️wc ☜ 🅿 – 🔏 30. 🚗⑤ 🆎 ① E 𝑉𝐼𝑆𝐴
  ➡ *1er avril-31 oct.* – SC : **R** *(fermé lundi midi hors sais.)* 50/130 ⅛ – ⊊ 18 – **24 ch**
    180/210.

RENAULT Gar. Aubussonnais, rte de Clermont par ③ 🖀 66.14.54 🅽 🖀 66.38.38
PEUGEOT-TALBOT Hirlemann, à Moutier-Rozeille par ④ 🖀 66.29.33 🅽 🖀 66.34.90

TALBOT Barraud, Pont d'Alleyrat par ⑥ 🖀
66.19.91

⓪ Loulergue, 14 bis rte Clermont 🖀 66.10.50

AUBUSSON D'AUVERGNE 63 P.-de-D. 🗗🗗 ⑯ – 221 h. alt. 418 – ⊠ 63120 Courpière – ✪ 73.
Paris 406 – Ambert 39 – ✦ Clermont-Ferrand 59 – Thiers 24.

  ✗ **Au Bon Coin**, 🖀 53.07.82 – ⑤
  ➡ *fermé 15 sept. au 1er oct. et lundi d'oct. au 31 mai* – SC : **R** 45/120 ⅛.

AUCH 🅿 32000 Gers 👍 ⑤ G. Pyrénées – 25 070 h. alt. 136 – ✪ 62.

Voir Cathédrale ★ : stalles ★★★, vitraux ★★ AZ.

🅰 Office de Tourisme (fermé dim. et lundi sauf après-midi en saison) et A.C. pl. Cathédrale
📞 05.22.89.

Paris 797 ① – Agen 71 ① – ♦Bayonne 204 ⑤ – ♦Bordeaux 189 ⑤ – Lourdes 92 ④ – Montauban 86
② – Mont-de-Marsan 104 ⑤ – Pau 104 ④ – St-Gaudens 76 ④ – Tarbes 73 ④ – ♦Toulouse 78 ②.

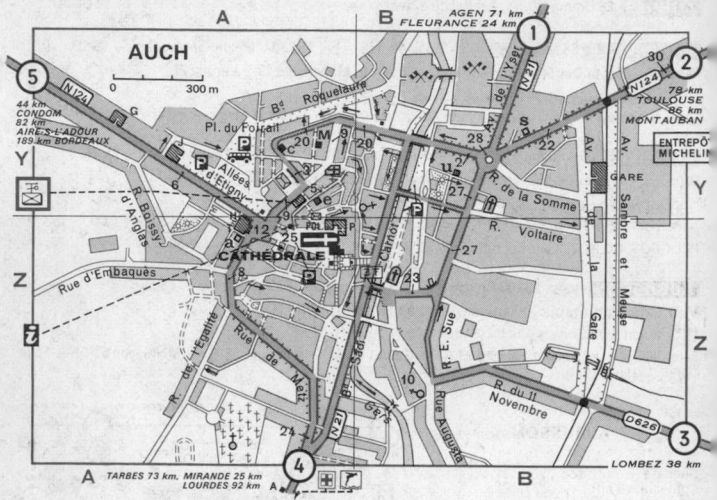

Alsace (Av. d')	**BY** 2	Irénée-David (R.)	**BZ** 10	Rouget-de-Lisle (R.)	**BZ** 27
Dessolles (R.)	**AY** 5	Libération (Pl. de la)	**AZ** 12	St-Orens (➡)	**AY**
Gambetta (R.)	**AYZ** 9	Lorraine (R. de la)	**ABY** 20	St-Paul (➡)	**BY**
		Marne (Av. de la)	**BY** 22	St-Pierre (➡)	**BZ**
David (Pl.)	**AY** 3	Pasteur (R.)	**BZ** 23	Ste-Marie (➡)	**AZ**
Dr-Samalens (R.)	**AY** 6	Pyrénées (Av. des)	**AZ** 24	Verdun (Pl. de)	**BY** 28
Étigny (R. d')	**AZ** 8	République (R. de la)	**AZ** 25	1re-Armée-Française (Av.)	**BY** 30

🏨 ✿✿ **France** (Daguin), pl. Libération 📞 05.00.44, Télex 520474, « Belle décoration
intérieure » – 🛎 📺 ☎ – 🔥 30. 🅰🅴 ① 🅴 𝓥𝓘𝓢𝓐   AZ **a**
SC : **R** *(fermé janv., dim. soir et lundi hors sais.)* (dim. prévenir) 125/300 et carte, rest
Le **Neuvième R** carte environ 80 – ☷ 33 – **30 ch** 187/533 – P 394/476
Spéc. Grandes soupes, Foies gras, Desserts au chocolat. Vins Colombard, Madiran.

🏨 **Relais de Gascogne**, 5 av. Marne 📞 05.26.81 – 🛁wc 🚿 ☎ ⇔ 🅿 🅴 𝓥𝓘𝓢𝓐
fermé 20 déc. au 10 janv. – SC : **R** 60/145 🍷 – ☷ 18 – **29 ch** 72/220 – P 180/310.
                                                                                                              BY **s**

✗✗ **Claude Laffitte**, 38 r. Dessolles 📞 05.04.18 – 🅰🅴 ① 🅴 𝓥𝓘𝓢𝓐   AY **e**
fermé du 1er au 15 juin, dim. soir et lundi du 1er oct. au 30 juin – **R** 65/250.

✗✗ **La Fayette**, 11 bis r. La Fayette 📞 05.31.39 – ①   BY **u**
♦ fermé dim. soir et lundi – SC : **R** 50/126.

à Robinson par ④ : 2 km – ⊠ 32000 Auch :

🏨 **Robinson** sans rest, rte Tarbes 📞 05.02.83 – 🛁wc 🚿wc ☎ 🅿 🅴
SC : ☷ 15 – **26 ch** 100/150.

✗✗✗ ✿ **Toulousy**, 📞 05.22.79, 🍽 – 🅿 🅰🅴 ① 🅴 𝓥𝓘𝓢𝓐
fermé 14 au 26 nov., fév., dim. soir et lundi – **R** 120/200
Spéc. Gâteau de foies blonds au caramel de Porto, Magret de canard au Madiran, Chariot de
pâtisseries. Vins Vic Bilh, Côtes de St-Mont.

MICHELIN, Entrepôt, Z.I. Est, chemin d'Engachies par ② 📞 63.13.19

ALFA-ROMEO, FIAT Beaulieu-Auto-Sce, rte
Tarbes 📞 05.57.45
FORD Lamazouère, 14 pl. anc.-Foirail 📞 05.
63.07
PEUGEOT, TALBOT Téchené, rte Toulouse par
② 📞 63.15.44
RENAULT S.A.D.A.G., rte Toulouse par ② 📞
63.11.33

V.A.G. Gd Gar. Auscitain, 50 av. de la Marne
📞 63.01.77

🛞 Rivière, 193 r. Victor-Hugo 📞 05.64.21
Solapneu, 85 av. Grande Armée 📞 63.14.41

Ne voyagez pas aujourd'hui avec une carte d'hier.

AUDIERNE 29113 Finistère 🗗🗗 ③ G. Bretagne – 3 679 h. – ✪ 98.

Voir Site★ – Chapelle de St-Tugen★ O : 4,5 km.

🛈 Office de Tourisme pl. Liberté (hors saison : matin seul. et fermé dim.) 🕿 70.12.20.

Paris 591 – Douarnenez 22 – Pointe du Raz 15 – Pont-l'Abbé 32 – Quimper 35.

  🏨 ❀ **Le Goyen** (Bosser) **M**, sur le port 🕿 70.08.88, ≤ – 🛗 **TV** ⌁wc 🗊wc ☜ **P**.
    🚗☲, 🛶 rest
    fin mars-début nov. et fermé lundi hors sais. sauf fériés – **R** 105/240 – ☲ 25 –
    29 ch 180/200, 5 appartements 350
    Spéc. St-Pierre au beurre de tomate et basilic, Homard sauté aux girolles (saison), Milllefeuille tiède
    aux fraises.

  🏨 **Cornouaille** sans rest, face au port 🕿 70.09.13, ≤ – ⌁wc 🗊wc ☜ 🚗 🛶
    1er juil.-fin sept. – SC : ☲ 17 – **20 ch** 97/212.

  🏠 **Plage**, à la plage S : 1,5 km 🕿 70.01.07, ≤ – ⌁wc 🗊wc ☜ **P** 🚗☲ 🛶 rest
    fin mars-début nov. – **R** *(fermé lundi hors saison)* 50/140 – ☲ 16 – **30 ch** 80/180 –
    P 165/230.

  ❌❌ **Roi Gradlon** avec ch, sur la plage 🕿 70.04.51, ≤ – ⌁wc 🗊wc 🚗☲
    1er mars-30 nov. et fermé merc. hors sais. – SC : **R** 57/155 – ☲ 20 – **13 ch** 120/140
    – P 185/195.

PEUGEOT Bonis J., 🕿 70.07.57

AUDINCOURT 25400 Doubs 🗗🗗 ⑧⑱ G. Jura – 18 725 h. alt. 322 – ✪ 81.

Voir Église du Sacré-Coeur★ B.

Paris 481 – ◆Bâle 66 – Baume-les-D. 45 – Belfort 21 – ◆Besançon 79 – Montbéliard 6 – Morteau 70.

Voir plan de Montbéliard agglomération

  à Taillecourt N : 1,5 km rte de Sochaux – ✉ **25400** Audincourt :

  ❌❌ **Aub. La Gogoline,** 🕿 94.54.82 – **P** **AE** ⓪ **VISA**   CY **k**
    fermé vac. de fév., 1er au 20 sept., sam. midi, dim. soir et lundi midi – SC : **R** 90/160.

  ❌❌ **Cigogne d'Alsace,** 🕿 94.54.49 – **P**   CY **a**
  ◆ *fermé août, dim. soir et lundi* – SC : **R** 47/93 ⅋.

V.A.G. Nass, Zone Ind. des Arbletiers 🕿 35.   ⊛ Kautzmann, Zone Ind. des Arbletiers, r. de
59.68   Belfort 🕿 35.56.32
                                             Pneus et Services D.K 33 r. Audincourt, Exin-
                                             court 🕿 94.51.36

AUDRESSELLES 62 P.-de-C. 🗗🗗 ① – 481 h. alt. 10 – ✉ **62164** Ambleteuse – ✪ 21.

Paris 313 – Boulogne-sur-Mer 13 – ◆Calais 29 – St-Omer 59.

  🏠 **Nouvel H. et rest. Champenois,** 🕿 32.60.72 – 🗊wc ☜ **P** **E** **VISA** 🛶
  ◆ *15 mars-15 nov. et fermé merc. sauf juil., août* – SC : **R** 42/110 ⅋ – 🍲 15 – **12 ch**
    110/180.

AUDRIEU 14 Calvados 🗗🗗 ⑪ – rattaché à Caen.

AUDUN-LE-TICHE 57390 Moselle 🗗🗗 ③ – 6 831 h. alt. 317 – ✪ 8.

Paris 328 – Longwy 23 – Luxembourg 23 – ◆Metz 57 – Thionville 28 – Verdun 62.

  🏠 **Poste,** 59 r. Mar.-Foch 🕿 283.10.40 – ⌁ 🗊wc ☜ 🚗 **P** – 🏸 40. 🚗☲ **AE** ⓪
    VISA
    fermé 7 au 19 mars – SC : **R** 55/100 ⅋ – ☲ 12 – **15 ch** 60/160 – P 150/180.

CITROEN Doll, 610 r. S. Allende 🕿 283.23.96   RENAULT Rea, r. du Moulin 🕿 283.21.72 **N** 🕿
PEUGEOT-TALBOT Blasi, 467 r. Clemenceau   289.19.94
🕿 283.21.63 **N**
PEUGEOT, TALBOT Dal-Zot, 44 r. Leclerc 🕿
283.12.31

AUGIGNAC 24 Dordogne 🗗🗗 ⑮ – rattaché à Nontron.

AULAS 30 Gard 🗗🗗 ⑯ – rattaché au Vigan.

AULNAY 17 Char.-Mar. 🗗🗗 ② G. Côte de l'Atlantique – 1 556 h. alt. 89.

Voir Église St-Pierre★★.

Paris 420 – Poitiers 83 – St-Jean-d'Angély 18.

AULNAY-SOUS-BOIS 93 Seine-St-Denis 🗗🗗 ⑪, **101** ⑰ – voir à Paris, Proche banlieue.

AULT 80460 Somme 🗗🗗 ⑤ G. Nord de la France – 2 192 h. alt. 21 – ✪ 22.

Paris 171 – Abbeville 30 – ◆Amiens 75 – Blangy-sur-Bresle 27 – Dieppe 38 – Le Tréport 11.

  🏠 **Malvina,** à Onival ✉ 80460 Ault 🕿 25.40.43 – ⌁wc 🗊 🛶 🚗☲
  ◆ *fermé oct. et 15 au 31 janv.* – SC : **R** *(fermé vend. soir hors vac. scolaires)* 42/46 ⅋ –
    ☲ 12 – **28 ch** 44/110 – P 105/150.

CITROEN Gar. Grandsert, 🕿 25.40.14 **N**

AULUS-LES-BAINS 09 Ariège 🎲🎲 ③④ **G. Pyrénées** – 182 h. alt. 762 – ✉ **09140** Seix – 🕿 61.

🚩 Syndicat d'Initiative à la Mairie (fermé sam. après-midi et dim.) ☏ 66.93.55 et allées Thermes (15 juin-30 sept.)

Paris 833 – Foix 77 – Oust 16 – St-Girons 33.

    🏠 **Beauséjour,** ☏ 66.93.00, ≤, 🐜, – 🛏wc 🛏wc **P**. 🛇 rest
       juil.-août – SC : **R** 80 – ☑ 14 – **30 ch** 100/170 – P 140/210.

    🏡 **France,** ☏ 66.93.15, ≤, 🐜 – **P**. 🛇 rest
    ◄ *fermé 10 oct. au 20 déc.* – SC : **R** 45/70 – ☑ 8 – **22 ch** 42/60 – P 105/110.

AUMALE 76390 S.-Mar. 🎲🎲 ⑯ **G. Normandie** – 3 023 h. alt. 131 – 🕿 35.

Paris 124 ② – ♦Amiens 45 ② – Beauvais 48 ③ – Dieppe 62 ⑤ – Gournay-en-Bray 38 ③ – ♦Rouen 71 ⑤.

AUMALE

<table>
<tr><td>Marchés (Pl. des)</td><td>. . . . .</td><td>16</td></tr>
<tr><td>Abbaye-d'Auchy (R. de l')</td><td>. . . . . . .</td><td>2</td></tr>
<tr><td>Bailliage (R. du)</td><td>. . . . .</td><td>3</td></tr>
<tr><td>Birmandreis (R. de)</td><td>. . . . .</td><td>5</td></tr>
<tr><td>Centrale (R.)</td><td>. . . . .</td><td>6</td></tr>
<tr><td>Foch (Av. Maréchal)</td><td>. . . . .</td><td>7</td></tr>
<tr><td>Fontaines (Bd des)</td><td>. . . . .</td><td>8</td></tr>
<tr><td>Gare (Av. de la)</td><td>. . . . .</td><td>9</td></tr>
<tr><td>Gare (R. de la)</td><td>. . . . .</td><td>10</td></tr>
<tr><td>Hamel (R. du)</td><td>. . . . .</td><td>12</td></tr>
<tr><td>Libération (Pl. de la)</td><td>. . . . .</td><td>13</td></tr>
<tr><td>Louis-Philippe (R.)</td><td>. . . . .</td><td>14</td></tr>
<tr><td>Nationale (R.)</td><td>. . . . .</td><td>18</td></tr>
<tr><td>Normandie (R. de)</td><td>. . . . .</td><td>19</td></tr>
<tr><td>Picardie (R. de)</td><td>. . . . .</td><td>22</td></tr>
<tr><td>St-Lazare (R.)</td><td>. . . . .</td><td>24</td></tr>
<tr><td>St-Pierre (R.)</td><td>. . . . .</td><td>25</td></tr>
<tr><td>Tanneurs (R. des)</td><td>. . . . .</td><td>27</td></tr>
</table>

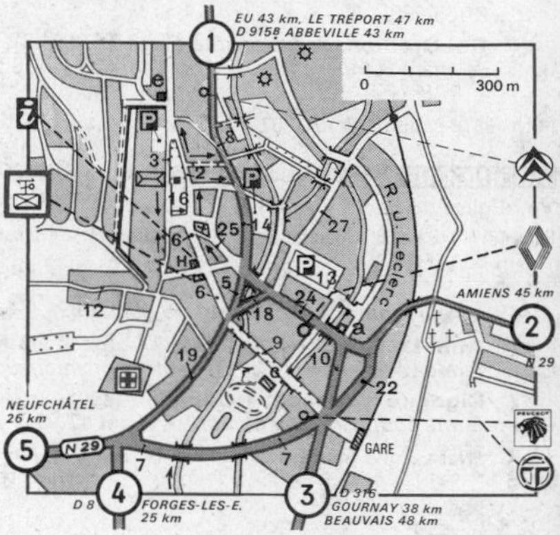

EU 43 km, LE TRÉPORT 47 km
D 915 ABBEVILLE 43 km

0   300 m

R. J. Leclerc

AMIENS 45 km

D 929

NEUFCHÂTEL
26 km

GARE

D 8   FORGES-LES-E.
       25 km

D 316
GOURNAY 38 km
BEAUVAIS 48 km

    🏠 **Dauphin,** r. St-Lazare **(a)** ☏ 93.41.92 – 🛏wc 🛏wc **P**. 🖥 *VISA*
    ◄ *fermé 1er au 20 juil., 23 déc. au 10 janv., dim. soir et lundi* – SC : **R** 45/95 – ☑ 14 –
       11 ch 60/110.

    XX **Mouton gras,** 2 r. de Verdun **(e)** ☏ 93.41.32, « Maison normande fin 17e s. bel
       intérieur » – **P**. 🅰🅴 ⓘ *VISA*. 🛇
       fermé 16 août au 12 sept., lundi soir et mardi – SC : **R** 80.

    à Sénarpont-Gare par ① : 14 km – ✉ **76340** Blangy-sur-Bresle :

    X **Gare,** ☏ 93.55.30 – **P**. 🅰🅴 ⓘ 🅴 *VISA*
       fermé 27 juin au 10 juil., 25 déc. au 10 janv., dim. soir et lundi – SC : **R** 57/84 🍶

CITROEN Legrand, ☏ 93.42.04
PEUGEOT-TALBOT Gar. Fertun, ☏ 93.41.21

RENAULT Ducrocq, ☏ 93.41.17
   Gar. Le Dain, ☏ 93.42.68 🅽

AUMONT-AUBRAC 48130 Lozère 🎲🎲 ⑮ – 1 034 h. alt. 1 043 – 🕿 66.

Paris 535 – Espalion 58 – Marvejols 23 – Mende 42 – Le Puy 91 – St-Chély-d'Apcher 10.

    🏨 **Chez Camillou** Ⓜ, N 9 ☏ 42.80.22 – 🗼 🛏wc 🐜 **P** – 🚗 80. 🖥 *VISA*
    ◄ *fermé 15 nov. au 15 déc.* – SC : **R** 45/110 – ☑ 18 – **41 ch** 140/160 – P 160/200.

    🏨 **Gd H. Gare** (Prouheze), ☏ 42.80.07, 🐜 – 📺 🛏wc 🛏wc 🐜 **P** – 🚗 35. 🖥
    ◄ 🅰🅴 ⓘ 🅴 *VISA*
       fermé janv., dim. soir et lundi sauf vacances scolaires – SC : **R** 50/200 – ☑ 20 –
       33 ch 150/270 – P 200/250
       Spéc. Cassolette d'escargots aux cèpes, Escalopes de truite aux mousserons, Rognons de veau aux
       truffes.

Gar. Benoit, ☏ 42.80.17

AUNAY-SUR-ODON 14260 Calvados 🎲🎲 ⑮ **G. Normandie** – 2 922 h. alt. 188 – 🕿 31.
Voir Village★.

Paris 269 – ♦Caen 29 – Falaise 40 – Flers 36 – St-Lô 39 – Vire 32.

    XX **St-Michel** avec ch, r. Caen ☏ 77.63.16 – **P**. 🛇 ch
    ◄ *fermé vacances de nov., dim. soir et lundi sauf du 1er juil. au 1er sept.* – SC : **R**
       39/110 🍶 – ☑ 12,50 – **7 ch** 63 – P 157.

CITROEN Liébard, ☏ 77.62.10
PEUGEOT Gar. de l'Odon, ☏ 77.62.88

RENAULT Aunay-Gar., ☏ 77.63.48

AUPS 83630 Var 🗟🗟 ⑥ G. Côte d'Azur – 1 504 h. alt. 505 – ✪ 94.

Paris 854 – Aix-en-Provence 93 – Castellane 72 – Digne 84 – Draguignan 29 – Manosque 60.

🏠 **Auberge de la Tour** ⟨⟩, ℡ 70.00.30 – ⌂wc ⁎⃞wc ☎ ♿
SC : **R** 47/125 – ⌴ 16 – **24 ch** 108/152 – P 175/186.

à Moissac-Bellevue NO : 7 km par D 9 – ⊠ 83630 Aups :

🏠 **Le Calalou** Ⓜ ⟨⟩, ℡ 70.03.16, ≤, 🍽, 🏊, 🐎, 🕱 – ⌂wc ⁎⃞wc ☎ ⓟ. **E**
15 mars-15 déc. et fermé lundi hors sais. – SC : **R** 80/105 – ⌴ 27 – **39 ch** 165/210 –
P 260/300.

RENAULT Gar. Louis, ℡ 70.00.54

AURAY 56400 Morbihan 🗟🗟 ② G. Bretagne – 10 398 h. alt. 36 – ✪ 97.

Voir Quartier St-Goustan★ – Promenade du Loch ⇐★ – Stalles★ de la chapelle du
Père-Éternel E – Retable★ de l'église St-Gildas B – Ste-Avoye : Jubé★ de l'église 4 km
par ②.

🐆 de St-Laurent-Ploërmel ℡ 24.31.72, par ④ : 11 km.

🚗 ℡ 24.02.02.

🅱 Office de Tourisme pl. République (fermé sam. après-midi hors sais. et dim. sauf matin en
saison) ℡ 24.09.75.

Paris 474 ② – Lorient 36 ⑤ – Pontivy 48 ① – Quimper 97 ⑤ – Vannes 18 ②.

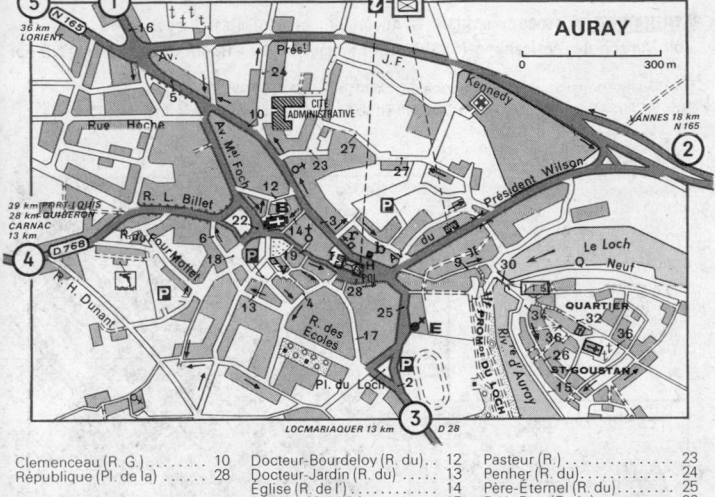

AURAY

Clemenceau (R. G.) 10	Docteur-Bourdeloy (R. du) .. 12	Pasteur (R.) 23
République (Pl. de la) 28	Docteur-Jardin (R. du) 13	Penher (R. du) 24
	Église (R. de l') 14	Père-Éternel (R. du) 25
Abbé-Martin (R.) 2	Franklin (Quai B.) 15	Petit-Port (R. du) 26
Barré (R. J.-M.) 3	Gaulle (Av. du Gén.-de) 16	Peupliers (R. des) 27
Belzic (R. du) 4	Jeu-de-Paume (R. du) 17	St-Goustan (Pont de) 30
Briand (R. Aristide) 5	Joffre (Pl. du Maréchal) 18	St-René (R.) 32
Castel Ludovic) 6	Lait (R. du) 19	St-Sauveur (Pl.) 34
Château (R. du) 9	Notre-Dame (Pl.) 22	St-Sauveur (R.) 36

🏠 **Mairie**, 24 pl. Mairie **(r)** ℡ 24.04.65 – ⌂wc ⁎⃞wc ☎. 🕱 ch
fermé fin sept. à début nov., sam. soir et dim. hors saison – SC : **R** 45/99 – ⌴ 15 –
21 ch 77/165.

🏠 **Cadoudal et Aub. La Plaine**, pl. N.-Dame **(v)** ℡ 24.14.65 – ⁎⃞
SC : **R** *(fermé du 15 au 30 nov., du 1ᵉʳ au 15 mars et mardi)* 40/100 🍷 – ⌴ 15 – **13 ch**
70/140.

🕮 **Moderne** avec ch, 20 pl. République **(b)** ℡ 24.04.72
hôtel fermé nov., sam. et dim. en hiver – SC : **R** *(avril-fin oct. et d'avril à juin fermé
sam., de juil. à oct. fermé lundi)* 41/78 – 🍷 13,50 – **10 ch** 58/78 – P 145/155.

à Baden par ② et D 101 : 9 km – ⊠ 56870 Baden :

🏠 **Le Gavrinis** Ⓜ, à Toul-Broche E : 2 km ℡ 57.00.82, 🐎 – ⌂wc ⁎⃞wc ☎ ⓟ – 🕮
30. **E** 𝗩𝗜𝗦𝗔 🕱
fermé 15 nov. au 14 janv., dim. soir et lundi hors sais. – SC : **R** 50/150 – ⌴ 17 –
22 ch 60/190.

145

AURAY

CITROEN Olliveaud, rte de Ste-Anne-d'Auray, Kerfontaine par ② ☎ 24.01.71 Ⓝ ☎ 24.94.34
PEUGEOT-TALBOT Bel-Air-Autom., rte Lorient, Le Bel Air par ⑤ ☎ 24.05.14 Ⓝ ☎ 24.94.34
RENAULT S.C.A.D.A., Rte de Ste Anne d'Auray par ② ☎ 24.05.94

V.A.G. Kermorvant, rte de Quiberon, Zone Ind. ☎ 24.11.73

🏍 Auray-Pneus, r. de la Paix ☎ 56.50.55

AUREC-SUR-LOIRE 43110 H.-Loire 🟨🟨 ⑧ – 4 295 h. alt. 432 – ✆ 77 (Loire).
🛈 Office de Tourisme 17 r. du Monument (1er juil.-15 sept. et fermé dim. après-midi) ☎ 35.42.65.
Paris 542 – Firminy 11 – Montbrison 42 – Le Puy 60 – ◆St-Étienne 21 – Yssingeaux 33.

   XX **Watelet** avec ch, à la gare ☎ 35.40.07, 🛋 – 🛏wc 🕭. ⚡ ch
       fermé 15 janv. au 1er mars, dim. soir (sauf hôtel) et lundi – SC : **R** 65/135 👍 – 🖵 15
       – 7 ch 75/120.

       à Semène NE : 3 km par D 46 – ✉ 43110 Aurec-sur-Loire :

   🏠 **Coste**, ☎ 35.40.15, 🛋 – 🅿 – 🏛 30
   ➜ fermé août, dim. soir et lundi – SC : **R** 35/102 👍 – ☎ 12 – **8 ch** 55 – P 106.

PEUGEOT-TALBOT Verot, ☎ 35.41.03 Ⓝ   RENAULT Parrat, ☎ 35.40.01

AUREL 84 Vaucluse 🟨🟨 ⑭ – rattaché à Sault.

  ☛ *Les localités citées dans le guide Michelin sont soulignées de rouge sur les cartes Michelin à 1/200 000.*

AURILLAC 🅿 15000 Cantal 🟨🟨 ⑫ G. Auvergne – 33 355 h. alt. 631 – ✆ 71.
Voir Maison des Volcans★★ (Château St-Étienne) CX **D** – Route des Crêtes★★ NE par D 35, CX.
🛈 Office de Tourisme pl. Square (fermé dim. sauf juil., août) ☎ 48.46.58.
Paris 546 ② – Brive-la-G. 98 ④ – ◆Clermont-Fd 160 ② – Montauban 167 ③ – Montluçon 224 ④.

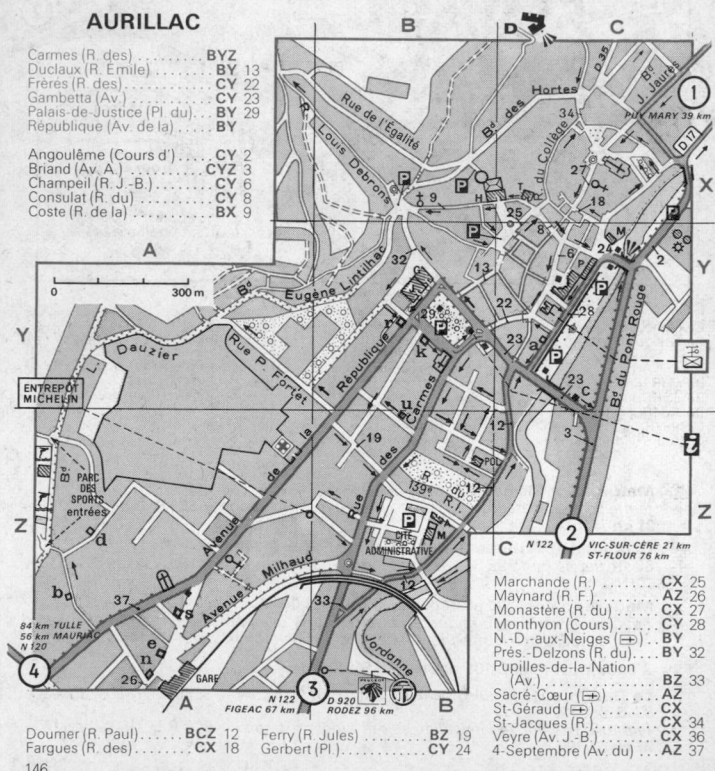

AURILLAC

Carmes (R. des) .... **BYZ**
Duclaux (R. Émile) .... **BY** 13
Frères (R. des) .... **CY** 22
Gambetta (Av.) .... **CY** 23
Palais-de-Justice (Pl. du) .. **BY** 29
République (Av. de la) ..... **BY**

Angoulême (Cours d') ..... **CY** 2
Briand (Av. A.) .... **CYZ** 3
Champeil (R. J.-B.) .... **CY** 6
Consulat (R. du) .... **CY** 8
Coste (R. de la) .... **BX** 9

Marchande (R.) .... **CX** 25
Maynard (R. F.) .... **AZ** 26
Monastère (R. du) .... **CX** 27
Monthyon (Cours) .... **CY** 28
N.-D.-aux-Neiges (🚶) .... **BY**
Prés.-Delzons (R. du) ..... **BY** 32
Pupilles-de-la-Nation (Av.) .... **BZ** 33
Sacré-Cœur (🚶) .... **AZ**
St-Géraud (🚶) .... **CX**
St-Jacques (R.) .... **CX** 34
Veyre (Av. J.-B.) .... **CX** 36
4-Septembre (Av. du) ..... **AZ** 37

Doumer (R. Paul) .... **BCZ** 12
Fargues (R. des) .... **CX** 18
Ferry (R. Jules) .... **BZ** 19
Gerbert (Pl.) .... **CY** 24

146

La Thomasse M sans rest, r. Dr.-Mallet ℡ 48.26.47, – ☎ ♿ P. AE ⓞ VISA — AZ d
SC : ☕ 22 – **21 ch** 180/190.

Gd. H. St-Pierre, Prom. du Gravier ℡ 48.00.24, Télex 393160 – |♦| . AE ⓞ VISA — CY a
fermé oct. – SC : **R** 70/160 – ☕ 20 – **30 ch** 120/240 – P 200/285.

La Ferraudie M sans rest, 15 r. Bel Air ℡ 48.72.42 – |♦| TV wc ☎ P. E VISA. — AZ b
SC : ☕ 18 – **22 ch** 150/200.

Bordeaux sans rest, 2 av. République ℡ 48.01.84, Télex 990316, – |♦| TV wc wc ☎ – 25 à 40. AE ⓞ E VISA — BY r
fermé 20 déc. au 20 janv. – SC : ☕ 19 – **37 ch** 130/210.

Relax H. M, 113 av. Gén.-Leclerc par ③ ℡ 63.60.00, – |♦| wc wc ☎ P. E VISA. rest
SC : **R** *(fermé dim.)* 45/70 – ☕ 20 – **27 ch** 135/190 – P 200/210.

Renaissance, pl. Square ℡ 48.09.80 – |♦| wc ☎. VISA. ch — BY k
fermé 25 déc. au 20 janv. – SC : **R** *(fermé lundi)* 55 – ☕ 20 – **25 ch** 100/180 – P 200/240.

Voyageurs, 4 pl. P.-Sémard ℡ 48.01.44 – |♦| wc wc ☎. E VISA — AZ n
fermé nov. – SC : **R** *(fermé dim.)* 65/110 – ☕ 16,50 – **30 ch** 110/185.

Univers, 2 pl. P.-Sémard ℡ 48.24.57, – |♦| wc . — AZ e
SC : **R** 65/85 – ☕ 20 – **45 ch** 140/180.

Terminus sans rest, 8 r. Gare ℡ 48.01.17 – wc wc . VISA — AZ s
SC : ☕ 16 – **22 ch** 70/180.

XX **Reine Margot,** 19 r. G.-de-Veyre ℡ 48.26.46 – VISA — BYZ u
fermé lundi sauf août – **R** 52/180.

Les Quatre Chemins par ④ : 3,5 km – alt. 632 – ✉ **15000** Aurillac :

XX **La Crémaillère,** rte Tulle ℡ 48.10.70 – P. VISA.
fermé dim. – SC : **R** 53/125 .

MICHELIN, Entrepôt, 21 r. d'Estaing ABZ ℡ 48.32.23

ALFA-ROMEO, VOLVO Tachet, 24 av. Cdt-H.-Monraisse ℡ 63.76.15
BMW Couderc et Teissèdre, 9 r. A. Pinard ℡ 48.22.23 N ℡ 63.55.56
CITROEN Donnadieu, bd du Vialenc, Zone Ind. de Lescudilier par r. F.-Maynard AZ ℡ 63.53.80
DATSUN Coste, 12 r. F.-Meynard ℡ 48.26.48
FIAT Gar. Moderne Ladaux, 29 r. P.-Doumer ℡ 48.37.86
FORD Gar. Dalbouze, Bd du Vialenc ℡ 64.13.80
LADA, OPEL Vidal, 47 av. Pupilles-de-la-Nation ℡ 48.01.51
MERCEDES-VAG Automobile Sce, av. G. Pompidou ℡ 63.41.83
PEUGEOT-TALBOT Socauto, av. G.-Pompidou, Zone Ind.-de Sistrières par ③ ℡ 63.66.00
PEUGEOT-TALBOT Gar. du Centre, 46 av. Pupilles-de-la-Nation ℡ 48.08.84
PEUGEOT Gar. Fargeaudoux à Jussac par ④ ℡ 46.60.55 N ℡ 46.64.45
RENAULT Malroux, 100 av. Ch.-de-Gaulle par r. F.-Maynard AZ ℡ 63.76.22
RENAULT Gar. Moderne, 9 av. des Raux à Jussac par ③ ℡ 46.65.23 N ℡ 46.64.13

Cantal-Pneu, 8 r. Gutenberg, Zone Ind. de Lescudillier ℡ 63.57.30
Collange, 30 r. P.-Doumer ℡ 48.09.01
Estager-Pneu, rte Conthe ℡ 63.40.60
Ladoux-France-Pneus, 1 bd Verdun ℡ 48.17.01
Laval, av. Gén.-Leclerc ℡ 63.61.42
Maisonobe, 14 pl. du Square ℡ 48.03.03

AURIOL 13390 B.-du-R. 84 ⑭ – 4 615 h. alt. 192 – 42.

Paris 789 – Aix-en-Provence 27 – Brignoles 38 – ♦Marseille 28 – ♦Toulon 56.

Commerce , ℡ 04.70.25 – P.
fermé fév. et merc. sauf juil. et août – SC : **R** 35/80 – ☕ 10 – **11 ch** 70/90 – P 100.

AURON 06 Alpes-Mar. 81 ⑨, 195 ④ G. Côte d'Azur – alt. 1 608 – Sports d'hiver : 1 600/2 450 m 2 23 – ✉ **06660** St-Étienne-de-Tinée – 93.

Voir Décor peint★ de la chapelle St-Érige – SO : Las Donnas ≤★★ par téléphérique.
Office de Tourisme Immeuble la Ruade ℡ 23.02.66, Télex 470300.
Paris 802 – Barcelonnette 65 – Cannes 117 – ♦Nice 98 – St-Étienne-de-Tinée 7.

Pilon , ℡ 23.00.15, ≤, patinoire, (été) – |♦| P. AE ⓞ VISA. rest
1er juil.-31 août et 20 déc.-20 avril – SC : **R** grill (hiver : dîner seul. ; été : déjeuner seul.) carte environ 125 – **30 ch** ☕ 180/390.

Savoie, ℡ 23.02.51, ≤, – |♦| – 60. rest
18 juin-11 sept. et 17 déc.-18 avril – SC : **R** 85/130 – ☕ 18,50 – **22 ch** 210/250 – P 270/345.

Las Donnas , ℡ 23.00.03, ≤ – wc . ch
20 déc.-15 avril – SC : **R** 75 – ☕ 15 – **49 ch** 120/205 – P 150/250.

AUROUX 48 Lozère 76 ⑯ – 506 h. alt. 1 000 – ✉ **48600** Grandrieu – 66.

Paris 563 – Langogne 15 – Mende 50 – Le Puy 54.

France, D 988 ℡ 69.05.02, ≤ –
fermé 15 déc. au 15 janv. – SC : **R** 40/70 – ☕ 10 – **23 ch** 48/80 – P 98/120.

AUSSOIS 73 Savoie ⑦⑦ ⑧ **G. Alpes** – 331 h. alt. 1 489 – Sports d'hiver : 1 500/2 750 m ⚡9 –
✉ 73500 Modane – ⚙ 79.

Voir Site★ – Monolithe de Sardières★ NE : 3 km.

🛈 Syndicat d'Initiative (fermé sam. après-midi et dim. hors sais.) ☎ 05.09.53.

Paris 669 – Chambéry 108 – Lanslebourg-Mont-Cenis 16 – Modane 7 – St-Jean-de-Maurienne 38.

  🏠 **Le Choucas** ⚤, ☎ 05.02.77, ← – ⇔wc ⇔ 🅿. ⚙
  ➡ *1er juin-30 sept. et 15 déc.-30 avril* – SC : **R** 50/60 – 🍽 15 – **28 ch** 100/120 –
    P 165/170.

  🏠 **Soleil,** ☎ 05.02.42 – ⇔wc ᾔwc ☎ 🅿. ⚤ rest
  ➡ *10 juin-15 oct. et 10 déc.-15 mai* – SC : **R** 43/55 ♨ – ⚏ 13,50 – **23 ch** 70/120 –
    P 150/160.

AUTERIVE 31190 H.-Gar. ⑧⑨ ⑧ – 5 187 h. alt. 186 – ⚙ 61.

Paris 742 – Carcassonne 87 – Castres 82 – Muret 20 – St-Gaudens 74 – ◆Toulouse 33.

  🏠 **Pyrénées, rte** Espagne ☎ 50.61.43 – ᾔ ⇔ **E**
  ➡ *fermé nov. et lundi de janv. à juin* – SC : **R** 40/120 – ⚏ 14 – **17 ch** 55/84 – P
    120 bc/140 bc.

AUTOROUTES Consultez l'**Atlas Michelin des autoroutes de France,**.

Motels sur autoroute, voir à : Beaune, Mâcon, Nemours, Péronne, Salon-de-Provence.

AUTRANS 38880 Isère ⑦⑦ ④ – 1 588 h. alt. 1 050 – Sports d'hiver : 1 050/1 610 m ⚡12, 🎿 – ⚙ 76.

🛈 Syndicat d'Initiative pl. Mairie (fermé dim. hors saison) ☎ 95.30.70, Télex 980718.

Paris 589 – ◆Grenoble 36 – Romans-sur-Isère 58 – St-Marcellin 45 – Villard-de-Lans 15.

  🏠 **La Buffe,** ☎ 95.33.26, ← – ⇔wc ᾔwc ☎ 🅿. **E** 𝖵𝖨𝖲𝖠. ⚤ rest
    25 mai-6 sept., 1er déc.-20 avril et fermé mardi soir et merc. du 25 mai au 1er juil. et
    du 1er au 20 déc. – SC : **R** 60/120 – ⚏ 15 – 18 ch 150/170 – P 220/260.

  🏠 **Poste,** ☎ 95.31.03, 🍴, 🛋 – ⇔wc ᾔ ☎. **E** 𝖵𝖨𝖲𝖠. ⚤ rest
  ➡ *fermé 25 avril au 10 mai et 15 oct. au 15 déc.* – SC : **R** 45/140 – ⚏ 17 – **30 ch** 95/140
    – P 160/190.

  🏠 **Ma Chaumière,** ☎ 95.30.12 – ⇔wc ☎. **E**. ⚤ ch
    15 juin-20 sept. et 1er déc.-10 mai – SC : **R** 52/80 – ⚏ 15 – **20 ch** 85/138 – P
    160/185.

  🏠 **Feu de Bois,** ☎ 95.33.32, ←, 🛋 – 🅿. ⚤
    1er juil.-30 sept. et 20 déc.-30 mai – SC : **R** 60/80 ♨ – ⚏ 15 – **16 ch** 90 – P 160.

  à Méaudre S : 5,5 km – ✉ 38112 Méaudre –

  🏠 **Prairie** ⚤, ☎ 95.22.55, ←, 🛋 – ⇔wc ☎ ⇔ 🅿
  ➡ SC : **R** 45/90 ♨ – ⚏ 16,50 – **23 ch** 120/130 – P 153/180.

PEUGEOT Gouy et Velay. ☎ 95.30.04 Ⓝ

AUTREVILLE 88 Vosges ⑥② ④ – 132 h. alt. 308 – ✉ 88300 Neufchâteau – ⚙ 8.

Paris 313 – ◆Nancy 44 – Neufchâteau 20 – Toul 23.

  ✕ **L'Auberge Fleurie,** ☎ 326.04.35 – ⚤
  ➡ *fermé du 16 au 31 août et lundi* – SC : **R** 37/88 ♨

AUTRY-LE-CHÂTEL 45 Loiret ⑥⑤ ② – 835 h. alt. 195 – ✉ 45500 Gien – ⚙ 38.

Paris 163 – Bonny-sur-Loire 23 – Bourges 71 – Gien 11 – ◆Orléans 75.

  ✕✕ **Commerce** avec ch, ☎ 67.36.14 – ⇔ 𝖵𝖨𝖲𝖠
  ➡ *fermé 17 au 31 juil., 12 au 26 fév. et dim. sauf fêtes* – SC : **R** 50/90 – ⚏ 10 – **10 ch**
    60/90 – P 120.

AUTUN ⟨SP⟩ 71400 S.-et-L. ⑥⑨ ⑦ **G. Bourgogne** – 17 574 h. alt. 306 – ⚙ 85.

Voir Cathédrale★★ : tympan★★★ BZ – Porte St-André★ BY **E** – Grilles★ du lycée
Bonaparte AZ **B** – Manuscrits★ (bibliothèque de l'Hôtel de ville) BZ **H** – Musée Rolin★ :
statuaire romane★★, Nativité★★ du Maître de Moulins et vierge★★ BZ **M1. Env.** Château
de Sully★★ 15 km par ③ – Croix de la Libération ≤★ SO : 6 km par D 120 BZ

🛈 Office de Tourisme avec A.C. 3 av. Ch. de Gaulle (fermé sam. après-midi et dim. hors saison) ☎
52.20.34.

Paris 293 ① – Auxerre 128 ① – Avallon 80 ① – Chalon-sur-Saône 53 ④ – ◆Dijon 85 ② – ◆Lyon 179
④ – Mâcon 112 ④ – Moulins 98 ⑤ – Nevers 103 ⑥ – Roanne 121 ⑤ – Vichy 138 ⑤.

Plan page ci-contre

  🏨 **Ursulines** Ⓜ ⚤, 14 r. Rivault ☎ 52.68.00, Télex 801958, ←, 🛋 – 📶 📺 ☎ 🅿
    – 🅐 200. ⓞ 𝖵𝖨𝖲𝖠. ⚤ rest
                               AZ **e**
    fermé 22 déc. au 10 janv. – SC : **R** *(fermé merc.)* 80/185 – ⚏ 24 – **34 ch** 175/215, 5
    appartements 350.

  🏨 **St-Louis,** 6 r. Arbalète ☎ 52.21.03, 🍴 – 📺 ⇔wc ᾔwc ☎ 🅿. 🍽 ⒶⒺ ⓞ **E** 𝖵𝖨𝖲𝖠
  ➡ *fermé 15 déc. à début fév., dim. soir et lundi du 7 nov. au 27 mars* – SC : **R** 50/125 –
    ⚏ 20 – **52 ch** 80/250.
                                    BZ **v**

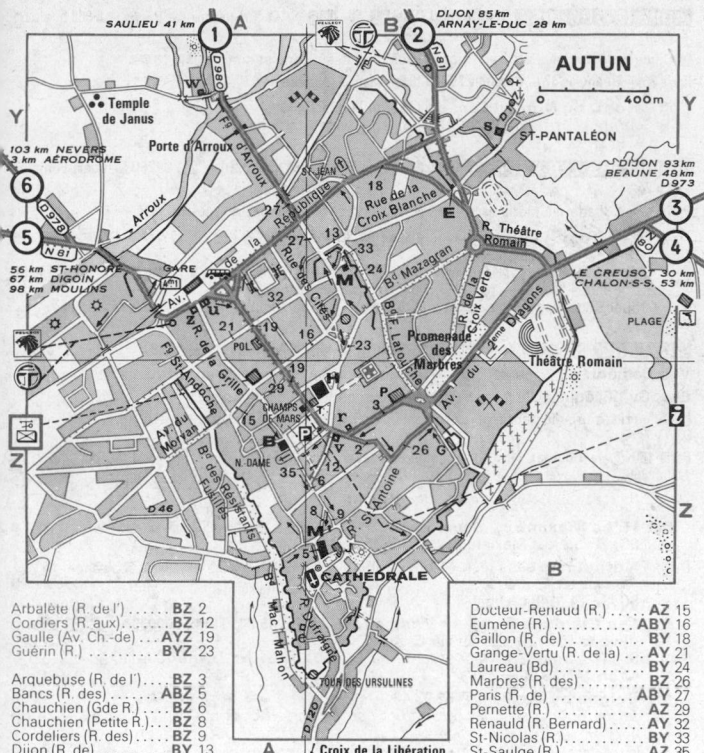

Arbalète (R. de l') ...... **BZ** 2	Docteur-Renaud (R.) ..... **AZ** 15
Cordiers (R. aux) .... **BZ** 12	Eumène (R.) .... **ABY** 16
Gaulle (Av. Ch.-de) ..... **AYZ** 19	Gaillon (R. de) .... **BY** 18
Guérin (R.) .... **BYZ** 23	Grange-Vertu (R. de la) ... **AY** 21
	Laureau (Bd) .... **BY** 24
Arquebuse (R. de l') .... **BZ** 3	Marbres (R. des) .... **BZ** 26
Bancs (R. des) .... **ABZ** 5	Paris (R. de) .... **ABY** 27
Chauchien (Gde R.) ..... **BZ** 6	Pernette (R.) .... **AZ** 29
Chauchien (Petite R.) ... **BZ** 8	Renaud (R. Bernard) ..... **AZ** 32
Cordeliers (R. des) ..... **BZ** 9	St-Nicolas (R.) .... **AY** 33
Dijon (R. de) .... **BY** 13	St-Saulge (R.) .... **AZ** 35

A / Croix de la Libération

🏨 **Moderne et Tête Noire**, 3 r. Arquebuse ℡ 52.25.39 – 🛏wc 🚿wc 🕾 ⟺ 𝗩𝗜𝗦𝗔
↪ *fermé mars et sam. (sauf hôtel en saison)* – SC : **R** 48/85 🍴 – ⟂ 13 – **20 ch** 70/160.
         BZ **r**

🏨 **Arcades** sans rest, 22 av. République ℡ 52.30.03 – 🛏wc 🚿wc 🕾. 🆒   AY **u**
15 mars-15 nov. – SC : ⟂ 15 – **40 ch** 60/180.

🏨 **France** sans rest, 18 av. République ℡ 52.14.00 – 🛏wc 🚿 🆒   AY **z**
SC : ⟂ 12 – **23 ch** 52/120.

🏨 **Commerce Touring H.**, 20 av. République ℡ 52.17.90 – 🛏 🚿 🅿 **E**   AY **u**
↪ *fermé oct.* – SC : **R** *(fermé lundi)* 38/70 🍴 – ⟂ 11 – **23 ch** 58/85.

XXX **Host. Vieux Moulin** 🌲 avec ch, porte Arroux D 980 ℡ 52.10.90, 🌹, « Joli
jardin au bord de l'eau » – 🛏wc 🚿wc 🕾 ⟺ 🅿 🆒 🅰🅴 ⓪ 𝗩𝗜𝗦𝗔   AY **w**
↪ *fermé 20 déc. au 1er mars, dim. soir et lundi hors sais.* – SC : **R** 95/150 – ⟂ 16 –
18 ch 75/180.

X **Chalet Bleu**, à St-Pantaléon par Porte St-André ⌧ 71400 Autun ℡ 52.25.16
↪ *fermé 7 juin au 7 juil., dim. soir et mardi* – SC : **R** 40/100 🍴.   BY **s**

par ⑥ : 3 km – ⌧ **71400** Autun :

XX **Clef des Champs**, face aérodrome ℡ 52.12.30, 🌱 – 🅿
fermé 1er au 10 oct., 8 au 15 janv., lundi hors sais. et dim. soir – SC : **R** *(nombre de
couverts limité-prévenir)* 70/125.

ALFA-ROMEO, MERCEDES Delplanque, Zone
Ind., rte d'Arnay RN 494 ℡ 52.20.02
BMW, LANCIA-AUTOBIANCHI Bosset, 28 r.
B.-Renault ℡ 52.30.21
CITROEN Auto-Gar. Lemaître, 56 rte d'Arnay,
Zone Ind. par ② ℡ 52.15.32 **N**
PEUGEOT, TALBOT Chardigny et Petit, Zone
Ind., rte d'Arnay à St-Pantaléon ℡ 52.13.10
PEUGEOT, TALBOT Blondeau, 8 av. Répu-
blique ℡ 52.31.84

RENAULT Autun-Automobile, rte de Moulins
N 81 par ⑤ ℡ 52.02.74

🛞 Agostini, carr. de la Légion ℡ 52.29.38
Gouillardon-Gaudry, rte Étang-s-Arroux, La
Verrerie ℡ 52.16.62
Tout pour le pneu, bd de l'Industrie ℡ 52.20.79

7

AUVERS-SUR-OISE 95430 Val-d'Oise 🗺 ⑳, 🗺🗺🗺 ⑥ G. Environs de Paris – 5 808 h. alt. 71 – ❸ 3.

🛈 Office de Tourisme Parc Van Gogh (fermé matin sauf sam. et dim.) ☎ 036.10.06.

Paris 36 – Beauvais 47 – Chantilly 29 – L'Isle-Adam 7 – Pontoise 6,5 – Taverny 6.

XX **Host. du Nord,** r. Gén.-de-Gaulle ☎ 036.70.74
→ fermé août et lundi – SC : **R** (déj. seul.) 42 carte le dim..

AUVILLERS-LES-FORGES 08 Ardennes 🗺🗺 ⑰ – 784 h. alt. 210 – ⊠ 08260 Maubert-Fontaine – ❸ 24.

Paris 228 – Charleville-Mézières 31 – Hirson 24 – Laon 69 – Rethel 56 – Rocroi 14.

XXX ✤✤ **Host. Lenoir** 🍸 avec ch, ☎ 54.30.11, 🍴 – 劇 ⇌wc ⃟wc ☎ 🅿. 🚗🛆 🗚🗚 ⓞ
E
fermé 2 janv. au 17 fév. et vend. – **R** (nombre de couverts limité - prévenir) 135/190 et carte – ⊑ 16 – **18 ch** 92/190, 3 appartements 260
Spéc. Mousse de grives au foie gras, Noisettes d'agneau aux morilles, Pâtisseries et sorbets.

AUXERRE 🅿 89000 Yonne 🗺🗺 ⑤ G. Bourgogne – 39 481 h. alt. 127 – ❸ 86.

Voir Cathédrale★★ : trésor★ BY – Ancienne abbaye St-Germain★ BY E.

Env. Gy-l'Évêque : Christ aux Orties★ de la chapelle 9,5 km par ③.

🛈 Office de Tourisme (fermé dim. hors sais.) 2 quai République ☎ 52.06.19 - A.C. 1 pl. St Etienne ☎ 92.11.74.

Paris 168 ⑥ – Bourges 145 ④ – Chalon-sur-Saône 175 ② – Chaumont 141 ② – ◆Dijon 148 ② – ◆Lyon 298 ② – Nevers 112 ③ – ◆Orléans 150 ⑥ – Sens 57 ⑥ – Troyes 81 ①.

Plans page ci-contre

🏨 **H. Le Maxime** Ⓜ, 2 quai Marine ☎ 52.14.19 – 劇 ⇌ 🗚🗚 ⓞ E 𝘝𝘐𝘚𝘈 �へ   BY e
SC : **R** voir rest Maxime – ⊑ 20 – **25 ch** 181/284.

🏨 **Normandie** sans rest, 41 bd Vauban ☎ 52.57.80 – ⇌wc ⃟wc ☎ 🚗 – 🛆 30.   🚗🛆 🗚🗚 ⓞ E 𝘝𝘐𝘚𝘈 �へ   AY b
SC : ⊑ 14 – **48 ch** 95/145.

🏨 **Les Clairions** Ⓜ 🍸, av. Worms par ⑥ ☎ 46.85.64, Télex 800039 – 劇 📺 ⇌wc ⃟wc ☎ 🅿 – 🛆 100. 🗚🗚 ⓞ E 𝘝𝘐𝘚𝘈
SC : **R** (fermé sam. midi et lundi du 1er mars au 31 oct.) carte 70 à 110 🍷 – ⊑ 20 – **42 ch** 140/180 – P 260.

🏠 **Seignelay,** 2 r. Pont ☎ 52.03.48 – ⇌wc ⃟ 🚗 – 🛆 70. 🚗🛆   BZ n
fermé 6 janv. au 6 fév. et lundi d'oct. à juin – SC : **R** 55/110 🍷 – ⊑ 13 – **24 ch** 65/170.

🏠 **Cygne** sans rest, 14 r. 24-Août ☎ 52.26.51 – 📺 ⇌wc ⃟wc ☎ 🚗 𝘝𝘐𝘚𝘈   AZ r
SC : ⊑ 15 – **24 ch** 107/190.

🏠 **Commerce,** 5 r. R.-Schaefer ☎ 52.03.16 – ⃟wc 🚗 🚗🛆 ⓞ 𝘝𝘐𝘚𝘈   AZ s
fermé 1er au 15 déc., hôtel le dim. hors sais. et rest. le lundi – SC : **R** 55/135 🍷 – ⊑ 13 – **20 ch** 68/148.

🏠 **Pont Paul Bert,** 4 av. Gambetta ☎ 46.90.26 – ⇌wc ⃟ 🚗 – 🛆 25. 🚗🛆 𝘝𝘐𝘚𝘈 �へ ch   BZ a
fermé sam. midi et dim. – **R** 60/100 🍷 – ⊑ 17 – **17 ch** 70/135.

XX **Rest. Maxime,** 5 quai Marine ☎ 52.04.41 – 🗚🗚 ⓞ E 𝘝𝘐𝘚𝘈   BY e
fermé 6 au 21 janv. et sam. – SC : **R** 90/145.

XX ✤ **Jardin Gourmand** (Boussereau), 56 bd Vauban ☎ 51.53.52, �terrasse – ⓞ 𝘝𝘐𝘚𝘈
fermé 2 au 16 mai, 1er au 15 sept., vacances de fév., mardi soir et merc. sauf juil. et août – SC : **R** 85/175   AY d
Spéc. Terrine de canard, Saumon aux herbes, Salade de pigeon aux choux.

XX **La Marmite,** 34 r. Pont ☎ 51.08.83 – 𝘝𝘐𝘚𝘈   BZ f
fermé 22 au 29 mai, 1er au 15 août, 6 au 20 fév., sam. soir, dim. et fériés – SC : **R** 60/135 🍷.

X **La Grilladerie,** 45 bis bd Vauban ☎ 46.95.70 – 🍽 🗚🗚 𝘝𝘐𝘚𝘈   AY r
fermé 1er au 15 juin, 1er au 15 nov., lundi midi et dim. – SC : **R** carte 75 à 110 🍷.

à Vaux SE : 6 km par D 163 – ⊠ 89290 Champs-sur-Yonne :

XX ✤ **La Petite Auberge** (Barnabet), ☎ 53.80.08, ≤ – 🅿 ✗へ
fermé 1er au 15 juil., 8 au 29 fév., dim. soir, lundi et fériés – SC : **R** 90/180
Spéc. Feuilleté de légumes, Pigeonneau rôti aux gousses d'ail, Gâteau fondant au chocolat.

à l'Aérodrome : 7 km par ⑥ et D 31 – ⊠ 89000 Auxerre :

🏨 **Les Bruyères** Ⓜ 🍸, ☎ 53.07.22 – 📺 ⇌wc ☎ 🅿 – 🛆 150. 🗚🗚 ⓞ E 𝘝𝘐𝘚𝘈
1er mars-31 oct. – SC : **R** (fermé dim. soir et vend.) 68/95 🍷 – ⊑ 20 – **36 ch** 140/215 – P 260.

à Champs-sur-Yonne par ② et N 6 : 11 km – ⊠ 89290 Champs-sur-Yonne :

XX **Les Rosiers,** ☎ 53.31.11, 🌳terrasse – 🅿
fermé 15 déc. au 15 janv., merc. et le soir mardi et dim. – SC : **R** 55/80.

150

AUXERRE

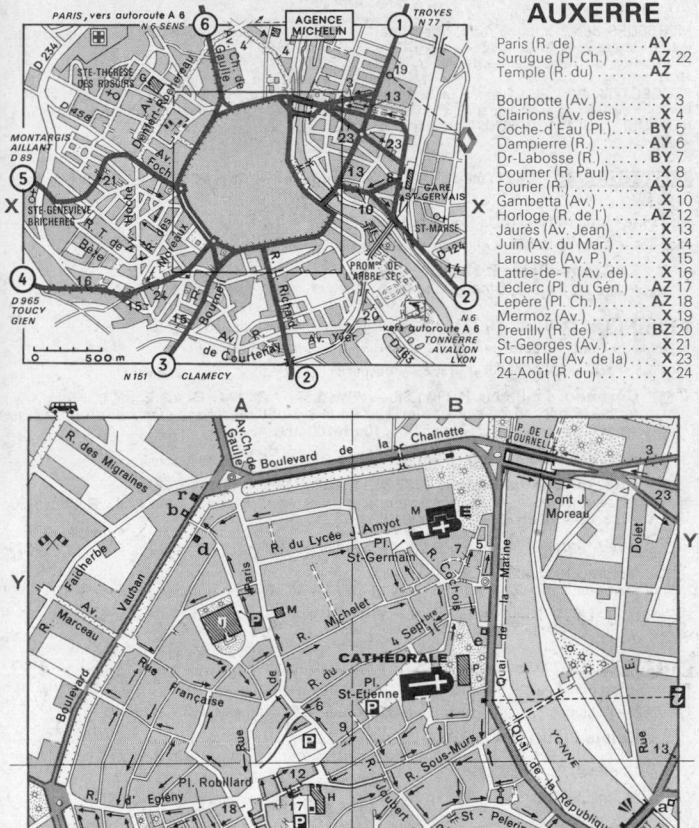

à *Chevannes* par ③ et D1 : 8 km – ⊠ 89240 Pourrain :

XX ⊛ **La Chamaille** (Siri), ℡ 41.24.80, 🐟 – 🅿 🗚 ⑩ 𝘝𝘐𝘚𝘈
fermé 1ᵉʳ au 15 sept., Noël, 7 au 28 fév., mardi soir, dim. soir et merc. – SC : **R**
(nombre de couverts limité - prévenir) 90
Spéc. Mousse de canard aux navets, Filet de boeuf au jus de truffes, Noisettes d'agneau au basilic.

tourner →

AUXERRE

MERCEDES-BENZ Europe-Auto, 11 av. Charles-de-Gaulle ☏ 46.90.23
OPEL Gar. du Temple, 8 rte de Vallan ☏ 51.19.11
PEUGEOT-TALBOT Gd Gar. de la Route de Paris, 31 av. Gén.-de-Gaulle par ⑥ ☏ 46.96.50
RENAULT SODIVA, 2 av. J.-Mermoz ☏ 52.75.45

V.A.G. Jeannin, 40-47 av. Charles-de-Gaulle ☏ 46.95.86

🛞 Castillon, 7 av. Marceau ☏ 52.09.22
Pneu-Centre, rte de Troyes ☏ 52.58.94
S.O.V.I.C, 14 allée Frères Lumière ☏ 46.93.57

AUXEY-DURESSES 21 Côte-d'Or ⑥⑨ ⑨ G. Bourgogne – 329 h. alt. 260 – ⊠ 21190 Meursault – ✪ 80.

Voir Site★ du château de la Rochepot SO : 5 km.

Paris 324 – Arnay-le-Duc 30 – Autun 40 – Beaune 8 – Chagny 12.

    ※※ **La Crémaillère,** ☏ 21.22.60 – ⓟ. ⚸
    fermé 1er fév. au 10 mars, lundi soir sauf juil.-août et mardi – SC : **R** 70/120 ⚖.

AUXONNE 21130 Côte-d'Or ⑥⑥ ⑬ G. Bourgogne – 6 943 h. alt. 188 – ✪ 80.

🖪 Office de Tourisme Porte de Comté (fermé dim. et lundi) ☏ 36.34.46.

Paris 345 – ♦Dijon 32 – Dole 16 – Gray 36 – Vesoul 80.

    🏨 **Corbeau,** 1 r. Berbis ☏ 38.11.88 – ⌂wc 🗄 ☏ ⓟ ⛽ 🈺 ⒶⒺ ⓞⓓ E 𝘝𝘐𝘚𝘈
    fermé 18 déc. au 24 janv. et dim. soir en hiver – SC : **R** (fermé dim. soir du 1er oct. au
    1er avril et lundi) 52/115 – � 14 – **10 ch** 100/150.

    à Villers-les-Pots NO : 5 km par N 5 et D 976 – ⊠ 21130 Auxonne :

    🏨 **Aub. du Cheval Rouge,** ☏ 37.34.11, 🐎 – ⌂wc 🗄 ☏ ⓟ 🈺
➡   fermé janv. et le vend. : hôtel de nov. à mars, rest. de sept. à juin – SC : **R** 48 bc/100
    – � 12 – **10 ch** 85/115 – P 138/150.

    aux Maillys S : 8 km par D 20 – ⊠ 21890 les Maillys :

    ※ **Virion,** ☏ 37.42.52 – E 𝘝𝘐𝘚𝘈
    fermé fév., dim. soir d'oct. à mars et lundi – SC : **R** 60 bc/130 bc.

PEUGEOT, TALBOT Bourg, rte de Dijon ☏ 36.   RENAULT Cône, rte de Dole ☏ 36.32.20
35.53

AUZANCES 23700 Creuse ⑦⑧ ② – 1 715 h. alt. 552 – ✪ 55.

🖪 Syndicat d'Initiative 22 r. Paul-Doumer (juin-oct. et fermé dim.) ☏ 67.00.17.

Paris 362 – Aubusson 31 – ♦Clermont-Ferrand 69 – Guéret 62 – Montluçon 42 – Ussel 71.

    ☎ **Relais Fleuri,** ☏ 67.00.46 – 🗄. ⚸
➡   fermé 18 sept. au 24 oct., dim. hors sais., lundi en sais. – SC : **R** 46/90 ⚖ – 🍽 14 –
    16 ch 58/78 – P 105/125.

CITROEN Gar. St-Christophe, ☏ 67.00.25 🇳 ☏   RENAULT Grange, ☏ 67.01.24 🇳
67.07.99

AUZOUVILLE-SUR-SAÂNE 76 Seine-Mar. ⑤② ⑭ – 136 h. alt. 73 – ⊠ 76730 Bacqueville-en-Caux – ✪ 35.

Paris 183 – Dieppe 28 – Fontaine-Le-Dun 14 – ♦Rouen 44 – Yvetot 25.

    ※※※ **Aub. Orée du Bois,** ☏ 83.23.71, 🐎 – ⓟ E
    fermé 3 au 27 janv., merc. soir et jeudi – SC : **R** 115/150.

AVALLON ◁🅂▷ 89200 Yonne ⑥⑤ ⑯ G. Bourgogne – 9 255 h. alt. 254 – ✪ 86.

Voir Site★ – Portails★ de l'église St-Lazare AZ **B** – Vallée du Cousin★ par D 427 AZ.

🖪 Office de Tourisme 24 pl. Vauban (1er avril-30 sept., fermé lundi hors sais. et dim.) ☏ 34.14.19 et
r. Bocquillot (1er juil.-30 sept. et fermé lundi) ☏ 34.06.12.

Paris 225 ③ – Auxerre 51 ⑥ – Beaune 107 ③ – Chaumont 137 ② – Nevers 107 ⑤ – Troyes 103 ①.

Plan page ci-contre

    🏨 ✪✪ **Hostellerie de la Poste** 🌿, 13 pl. Vauban ☏ 34.06.12, 🌤, 🐎 – ☎ 🚗
    ⒶⒺ ⓞⓓ 𝘝𝘐𝘚𝘈   AZ **k**
    fermé déc. à début janv. – **R** carte 200 à 260 – ⊑ 30 – **24 ch** 225/450, 6 appartements
    600
    Spéc. Amusettes de l'hostellerie, Filet de sandre marinière, Râble de lapin à la graine de moutarde.
    Vins Chablis.

    🏨 **Moulin des Ruats** 🌿 dans la vallée du Cousin par ⑤ et D 427 : 4,5 km ☏
    34.07.14, ≤, 🌤, « Frais jardin au bord de l'eau » – ⓟ ⒶⒺ ⓞⓓ E 𝘝𝘐𝘚𝘈
    1er mars-30 oct. – **R** 136 – ⊑ 26 – **20 ch** 110/220.

    🏨 **Moulin des Templiers** 🌿 sans rest, dans la vallée du Cousin par ⑤ : 4 km ☏
    34.10.80, ≤, « Jardin au bord de l'eau » – 🗄wc 🈺 ⓟ
    15 mars-2 nov. – SC : ⊑ 17 – **14 ch** 105/180.

    🏨 **Vauban** sans rest, 53 r. Paris ☏ 34.36.99, parc – 🛗 📺 ⌂wc ☎ 🅰 ⓟ 🈺
    fermé 15 au 30 nov. – SC : ⊑ 18 – **26 ch** 180/240.   AY **m**

152

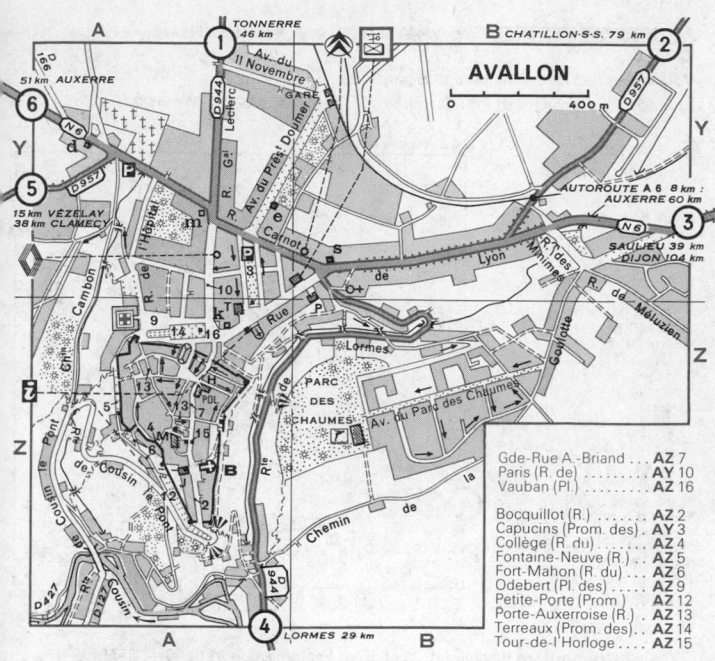

Gde-Rue A.-Briand	AZ 7
Paris (R. de)	AY 10
Vauban (Pl.)	AZ 16

Bocquillot (R.)	AZ 2
Capucins (Prom. des)	AY 3
Collège (R. du)	AZ 4
Fontaine-Neuve (R.)	AZ 5
Fort-Mahon (R. du)	AZ 6
Odebert (Pl. des)	AZ 9
Petite-Porte (Prom)	AZ 12
Porte-Auxerroise (R.)	AZ 13
Terreaux (Prom. des)	AZ 14
Tour-de-l'Horloge	AZ 15

XXX ✿ **Morvan** (Breton), 7 rte Paris ☎ 34.18.20, 斧, parc – **P** 🖭 ① 🗉 🚾 AY d
fermé fév., jeudi sauf fériés et le soir hors sais. sauf sam. – SC : **R** 98/138
Spéc. Le Rougeot (filet canard sauvage fumé), Timbale d'escargots au Chablis et noisettes, Suprême de canard sauvage poivrade aux nouilles fraîches (août-janv). Vins Chablis, St-Bris.

XX **Les Capucins** avec ch, 6 av. P.-Doumer ☎ 34.06.52, 斧 – **P** 🖭 🚾 AY e
fermé 20 déc. au 31 janv., dim. soir du 1er oct. au 31 mars et merc. – SC : **R** 68/135 ♨
– ⛿ 13 – **12 ch** 55/90.

X **Cheval Blanc,** 55 r. Lyon ☎ 34.12.05 – **P** 🚾 BY s
◆ *fermé 13 au 25 mars, 12 nov. au 15 déc. et lundi sauf fêtes* – SC : **R** 35/90 ♨

par ③ : 5 km N 6 – ⊠ 89200 Avallon :

🏨 **Relais Fleuri** [M] ⏚, ☎ 34.02.85, Télex 800084, 斧 – 📺 ☎ ⚸ **P** – 🏄 40. 🚾
SC : **R** 74 – ⛿ 20 – **48 ch** 160/210.

à Pontaubert par ⑤ : 5 km – ⊠ 89200 Avallon :

XX **Les Fleurs** avec ch, ☎ 34.13.81, 斧 – ➙wc ♒wc ☎ **P**
◆ *fermé en oct., en fév. et merc.* – SC : **R** 50/110 – ⛿ 15 – **9 ch** 60/130 – P 120/160.

CITROEN Ets Michot, 10 r. Carnot ☎ 34.01.23
RENAULT Gueneau, 30 r. Paris ☎ 34.19.27

🔘 Comptoir du Pneu, 8 r. des Prés ☎ 34.16.19
Ets Laurent, 10 rte Paris ☎ 34.04.77

AVEN ARMAND ★★★ 48 Lozère 🛯 ⑤ G. Causses.

LES AVENIÈRES 38630 Isère 🛡 ⑭ – 3 042 h. alt. 281 – ✿ 74.
Paris 504 – Belley 24 – Chambéry 40 – ◆Grenoble 65 – ◆Lyon 76 – La Tour du Pin 17.

🏠 **Bourjaillat,** ☎ 88.60.87, 斧 – 📺 ➙wc ♒wc ☎ **P** 🖭 🗉 🚾
◆ *fermé janv. et vend. soir sauf juil.-août* – SC : **R** 30/100 ♨ – ⛿ 15 – **10 ch** 120 – P 120.

CITROEN Gar. du Champ de Mars, ☎ 88.64.55

AVENTIGNAN 65 H.-Pyr. 🛥 ⑳ – rattaché à Montréjeau.

Routes enneigées
Pour tous renseignements pratiques, consultez
les cartes Michelin **« Grandes Routes »** 🟦 🟦, 🟦 🟦, 🟦 🟦 ou 🟦 🟦.

Voir Vallée de l'Helpe Majeure★★ E par D 133.

Paris 205 ③ – Charleroi 52 ① – St-Quentin 66 ③ – Valenciennes 49 ⑤ – Vervins 33 ③.

AVESNES-
SUR-HELPE

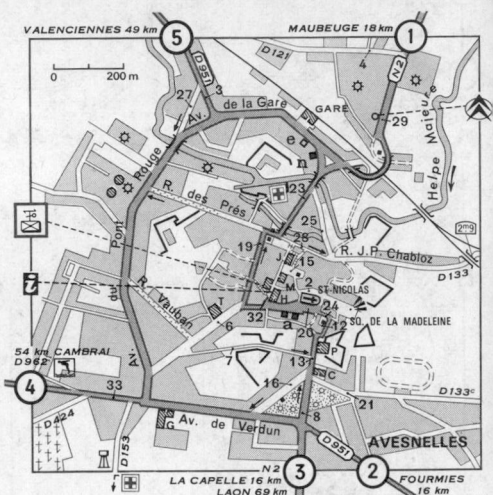

XXX ❀ **Crémaillère** (Lelaurain), 26 pl. Gén.-Leclerc (a) ℡ 61.02.30 – AE E VISA
   fermé 1ᵉʳ au 15 juil., 5 au 25 janv., lundi soir et mardi – SC : **R** 75/140 &
   Spéc. Biscuit de brochet au coulis de homard, Jambonneau de pintade forestière, Balthazar au
   chocolat et Grand-Marnier.

XX **Carillon,** 12 pl. Gén.-Leclerc (a) ℡ 61.17.80 – AE ⑩ E VISA
➡   *fermé 19 au 31 déc. et lundi* – SC : **R** 38/160 &.

XX **Terminus** avec ch, 15 av. Gare (e) ℡ 61.17.79 – ➟wc ⑧ ❷ – ▵ 80. ⊡ VISA
➡   *fermé dim. soir et vend.* – SC : **R** 45/150 & – ➭ 17 – **20 ch** 70/150.

XX **La Grignotière,** 5 av. Gare (n) ℡ 61.10.70 – ⑩ VISA
➡   *fermé 27 juin au 12 juil., 19 déc. au 2 janv., mardi soir et lundi* – SC : **R** 40/145 &.

Voir aussi ressources hôtelières de *Dourlers* par ① : 6,5 km

CITROEN Deshayes frères et Courtois, 15 av.
Stroh ℡ 61.00.08
FIAT Avesnoise Autom, 63 av. du 84ᵉ R.I. ℡
61.01.75

PEUGEOT-TALBOT Ets Depret, 39 rte de
Sains, Avesnelles par ② ℡ 61.15.70
RENAULT Gar. Moderne, rte de Maubeuge
par ① ℡ 61.09.73

AVIGNON P 84000 Vaucluse 81 ⑪⑫, 93 ㉕ **G. Provence** – 93 024 h. alt. 23 – ❄ 90.

Voir Palais des Papes★★★ BVX – Petit Palais★★ BV **M1** – Rocher des Doms ⩽★★ BV –
Pont St-Bénézet★★ AV – Remparts★ ADVZ – Vieux hôtels★ (rue Roi-René) BCY –
Coupole★ de la cathédrale BV **E** – façade★ de l'hôtel des Monnaies BV **N** – Vantaux★
de l'église St-Pierre BX **D** – Retable★ et fresques★ de l'église St-Didier BY **B** – Musées : Calvet★ AY **M2**, Lapidaire★ ABY **M3**, Louis Vouland (collection★ de faiences et
porcelaines) AX **M4**.

🚗 ℡ 86.35.39.

🅱 Office de Tourisme (fermé dim. hors sais.) et Accueil de France (Informations et réservations
d'hôtels, pas plus de 5 jours à l'avance), 41 cours Jean-Jaurès ℡ 82.65.11, Télex 432877 – A.C. 2 r.
République ℡ 86.28.71 – T.C.F. Parc municipal de Camping-Caravaning du Pont St-Bénézet ℡
82.19.83.

Paris 689 ② – Aix-en-Pr. 75 ④ – Arles 37 ⑤ – ♦Marseille 100 ④ – Nîmes 43 ⑥ – Valence 125 ②.

Plans pages suivantes

🏨 **Europe et rest. Vieille Fontaine,** 12 pl. Crillon ℡ 82.66.92, Télex 431965, « Belle
  demeure du 16ᵉ s. » – ▤ ☎ – ▵ 25 à 200. AE ⑩   AX **d**
  SC : **R** *(fermé dim.)* (dîner seul.) 100 – ➭ 30 – **59 ch** 250/450, 6 appartements 450.

🏨 **Sofitel Pont d'Avignon** M ⌖, Quartier Balance ℡ 85.91.23, Télex 431215, 🏡 –
  ▤ ⑩ 🚗 – ▵ 80 à 200   AV **r**
  83 ch.

🏨🏨 **Mercure** Ⓜ, rte de Marseille ℡ 88.91.10, Télex 431994, 🍽, ⌧, – ▮ ▤ 📺 ☎ ♿
🅿 – 🏧 25 à 300. 🆎 ⓞ Ⓔ 𝘝𝘐𝘚𝘈
U m
R carte environ 90 – 🍽 25 – **104 ch** 221/281.

🏨🏨 **Cité des Papes** Ⓜ sans rest, 1 r. J.-Vilar ℡ 86.22.45, Télex 432734 – ▮ ▤ 📺 ☎.
🆎 𝘝𝘐𝘚𝘈
BX b
fermé 18 déc. au 25 janv. – SC : 🍽 21 – **63 ch** 210/245.

🏨🏨 **Novotel** Ⓜ, rte de Marseille ℡ 87.62.36, Télex 432878, 🍽, ⌧, 🌳 – ▤ ch 📺 ☎
♿ 🅿 – 🏧 25 à 200. 🆎 ⓞ 𝘝𝘐𝘚𝘈
U n
R snack carte environ 85 – 🍽 27 – **79 ch** 227/260.

🏨 **Bristol-Terminus** sans rest, 44 cours J.-Jaurès ℡ 82.21.21, Télex 432730 – ▮
🚿wc ㎡wc ☎ 🚗 – 🏧 30. 🍽🍽 🆎 ⓞ Ⓔ
AZ m
1er mars-31 oct. – SC : 🍽 18 – **85 ch** 90/230.

🏨 **Midi** sans rest, 53 r. République ℡ 82.15.56, Télex 431074 – ▮ 📺 🚿wc ㎡wc ☎.
🍽🍽 🆎 ⓞ
AY g
fermé 10 déc. au 20 janv. – SC : **54 ch** 🍽 95/220.

🏨 **Régina** sans rest, 6 r. République ℡ 86.49.45 – ▮ ▮🚿wc ㎡wc 🚗. 🍽🍽 𝘝𝘐𝘚𝘈
SC : 🍽 18 – **39 ch** 160/185.
AX f

🏨 **Angleterre** sans rest, 29 bd Raspail ℡ 86.34.31 – ▮ 🚿wc ㎡wc ☎ 🅿. 🎿
fermé 24 déc. au 3 janv. – SC : 🍽 13 – **34 ch** 100/185.
AYZ a

🏠 **St-George** sans rest, rte de Marseille ℡ 88.54.34 – ㎡ 🚗 🅿. 🍽🍽
SC : 🍽 13 – **21 ch** 89/101.
U k

XXX ❀❀ **Hiely**, 5 r. République, entresol ℡ 86.17.07 – ▤
ABX n
fermé 12 juin au 6 juil., 19 déc. au 4 janv., lundi sauf été et mardi – SC : **R** (nombre
de couverts limité - prévenir) 160/180
Spéc. Gateau de légumes aux écrevisses, Petite marmite du pêcheur, Tourte de cailles au foie gras.
Vins Tavel, Châteauneuf-du-Pape.

XXX **Le Vernet**, 58 r. J.-Vernet ℡ 86.64.53, 🍽, « Jardin » – 🆎 ⓞ 𝘝𝘐𝘚𝘈
AY e
fermé 1er nov. au 26 déc., sam. midi et dim. de sept. à avril – SC : **R** 80/160.

XXX ❀ **Brunel**, 46 r. Balance ℡ 85.24.83 – ▤. 🎿
AV e
fermé 1er au 23 août, 20 fév. au 8 mars, dim. et lundi – SC : **R** 135/150, dîner à la
carte
Spéc. Huîtres chaudes au curry, Poissons, Desserts. **Vins** Côtes du Rhône.

XX **St Didier**, 41 r. Saraillerie ℡ 86.16.50
BY a
fermé 3 au 23 mai, 23 août au 6 sept., dim. soir (sauf juil.) et lundi – SC : **R** 75/110.

XX **Les Mayenques**, 41 bis rte Lyon ℡ 82.45.98 – 🅿 🆎 Ⓔ 𝘝𝘐𝘚𝘈
U s
fermé mardi soir et merc. sauf été – SC : **R** 85 (sauf fêtes)/150.

XX **Auberge de France**, 28 pl. Horloge ℡ 82.58.86 – 𝘝𝘐𝘚𝘈
BX b
fermé 13 juin au 1er juil., 4 au 20 janv., merc. soir et jeudi – SC : **R** 95.

XX **La Fourchette**, 7 r. Racine ℡ 82.56.01
AX k
fermé 15 au 30 juin, 10 au 20 oct., 10 au 25 janv., dim. et lundi – SC : **R** (nombre de
couverts limité - prévenir) 70.

XX **Au Pied de Bœuf**, 49 rte Marseille ℡ 82.16.52 – 🆎 ⓞ 𝘝𝘐𝘚𝘈
U r
fermé dim. – **R** 58/100.

X **Trois Clefs**, 26 r. Trois Faucons ℡ 86.51.53 – 𝘝𝘐𝘚𝘈
BY f
fermé merc. – SC : **R** 75/105.

X **La Férigoulo**, 30 r. J.-Vernet ℡ 82.10.28 – ▤ 🆎 Ⓔ 🎿
AX h
fermé 10 au 30 juin, 16 au 30 nov. et dim. sauf juil.-août – SC : **R** 70/110.

au Pontet NE : 5 km par N 7 – 10 532 h. – ✉ 84130 Le Pontet :

🏨 **Host. de Cassagne** Ⓜ 🌳, rte de Védene par D 62 - U - ℡ 31.04.18, Télex
432997, 🍽, « Beau jardin, ⌧ » – 📺 🚿wc ㎡wc ☎ 🅿. 🍽🍽 🆎 ⓞ Ⓔ 𝘝𝘐𝘚𝘈. 🎿 rest
SC : **R** 120/160 – 🍽 24 – **14 ch** 190/380 – P 380/450.

🏨 **Christina** Ⓜ sans rest, 34 av. G.-Goutarel ℡ 31.13.62 – ▮ ▤ 🚿wc ㎡wc 🚗 🅿.
🎿
U d
1er avril-30 sept. – SC : 🍽 13,50 – **46 ch** 135/175.

à Montfavet E : 5,5 km par av. Avignon - U – ✉ 84140 Montfavet :

🏨🏨 **Les Frênes** Ⓜ 🌳, av. Vertes-Rives ℡ 31.17.93, Télex 431164, 🍽, « Mobilier
ancien, parc, ⌧ » – ▮ ▤ ch 📺 ☎ ♿ 🅿 – 🏧 35. 🆎 ⓞ 𝘝𝘐𝘚𝘈 🎿 rest
1er mars-1er nov. – SC : **R** carte 180 à 250 – 🍽 36 – **15 ch** 255/570, 3 appartements.

X **Ferme St-Pierre**, av. Avignon ℡ 87.12.86 – 🅿 𝘝𝘐𝘚𝘈
U a
fermé 1er au 23 août, 25 déc. au 3 janv., dim. et lundi – SC : **R** 67 🎿.

à l'Échangeur A 7 Avignon Nord : 7 km par ② – ✉ 84700 Sorgues :

🏨🏨 **Sofitel** Ⓜ 🌳, ℡ 31.16.43, Télex 432869, 🍽, ⌧, 🌳, 🎿 – ▮ ▤ 📺 ☎ ♿ 🅿 – 🏧
40 à 200. 🆎 ⓞ Ⓔ 𝘝𝘐𝘚𝘈
rest. **Le Majoral R** carte 100 à 135 – 🍽 33 – **98 ch** 290/405.

tourner →

à *Morières-les-Avignon* par ③ : 9 km – ⊠ 84310 Morières-les-Avignon :

🏨 **Le Paradou,** av. L.-Blum ℡ 22.35.85, 🍴, 🔟, 🛏, ⚒ – 📺 🛏wc 🛁wc ☎ 🅿 –
🔥 25, 🚗 E 𝗩𝗜𝗦𝗔 ⚒ rest
SC : **R** *(fermé dim.)* 65/100 – ☱ 19 – **29 ch** 140/185 – P 220/280.

Voir aussi ressources hôtelières de *Villeneuve-les-Avignon* U : 2 km, *Les Angles*
par ⑥ : 4 km, *Barbentane* par ⑤ et D 35 : 11 km, *Nôves par* ④ : *13 km.*

MICHELIN, Agence régionale, 109 av. de Montfavet U ℡ 88.11.10

ALFA-ROMEO Sud-Autom., 30 bd St-Roch ℡ 86.28.33

AUSTIN, JAGUAR, MORRIS, ROVER, TRIUMPH Auto-Service, 4 bd Limbert ℡ 86.39.58

BMW Gd Gar. Parking, 77 av. de Marseille ℡ 88.55.94

CITROEN Gd Gar. de Vaucluse, Route de Marseille, N 7 par ④ ℡ 87.05.45

DATSUN Gar. Danse, Zone Ind. de Courtine, r. Petit Mas ℡ 86.48.37

FIAT, LANCIA, AUTOBIANCHI Gar. Royal, 46 bd St-Roch ℡ 82.44.15

FORD Gar. Scandolera, N 7, 1 bis rte Morières ℡ 82.16.76

MERCEDES-BENZ Autom. Avignonnaise, Centre Commercial Cap Sud, rte de Marseille ℡ 88.01.35

OPEL S.A.R.V.I.A., 124 av. de Marseille ℡ 88.50.47

PEUGEOT-TALBOT Vaucluse-Auto, 35 av. Fontcouverte, Zone Ind. ℡ 88.07.61 et 68 rte d'Avignon au Pontet ℡ 31.03.73

PEUGEOT-TALBOT Gar. de l'Abbaye 4 et 6 av. Reine Jeanne ℡ 82.15.51

RENAULT A.S.A., rte de Marseille, N 7 ℡ 87.08.51

RENAULT Autom. des Remparts, 14 bd St-Michel ℡ 85.34.55

V.A.G. E.G.S.A., Centre Commercial Cap Sud ℡ 87.63.22 et N 7, Zone Portuaire au Pontet ℡ 32.20.33

Gar. Michel, 7 bis quai St-Lazare ℡ 82.47.10

🛞 Ayme-Pneus, 32 bd St-Michel ℡ 82.71.38 et av. de l'étang, Zone Ind. ℡ 87.65.37
Dibon-Pneus, 1 rte de Marseille ℡ 86.31.65 et Le Pigeonnier, N 7 au Pontet ℡ 31.14.13
Maison du Pneu, 27 bd Limbert ℡ 86.00.80
Page-Pneus, 37 ter bd Sixte-Isnard ℡ 82.06.85
Perrot-Pneus, 110 rte Tarascon ℡ 82.03.70
Pla, 103 bd 1-D.-B. ℡ 88.58.00
Vailles-Pneus, 2 bd St-Jean ℡ 86.59.96

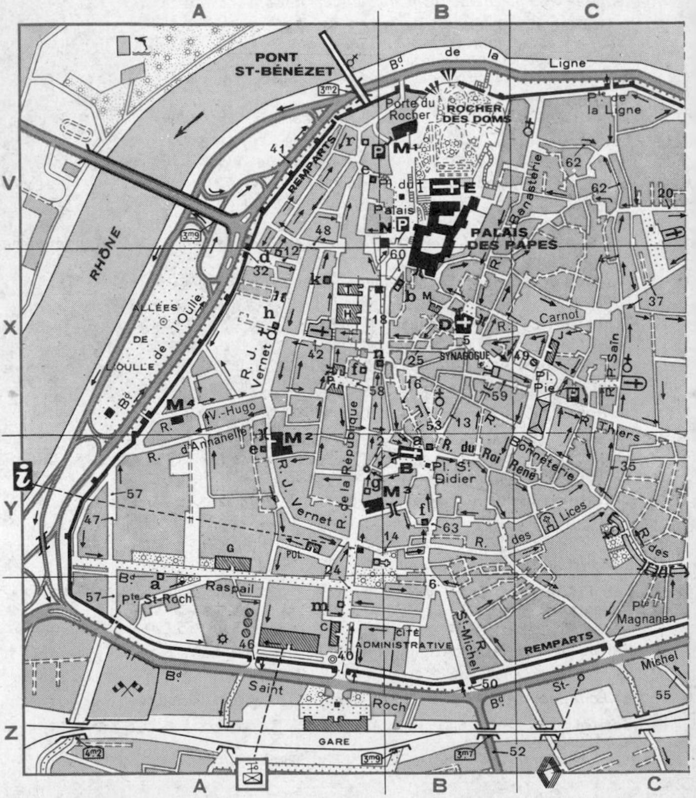

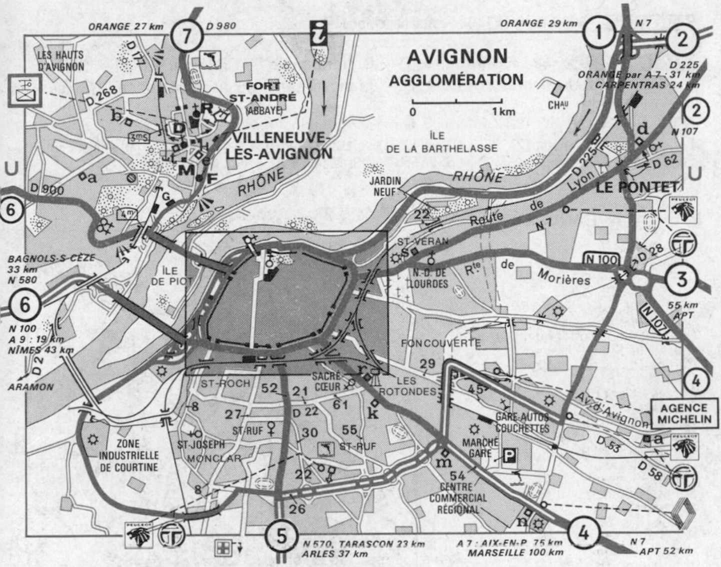

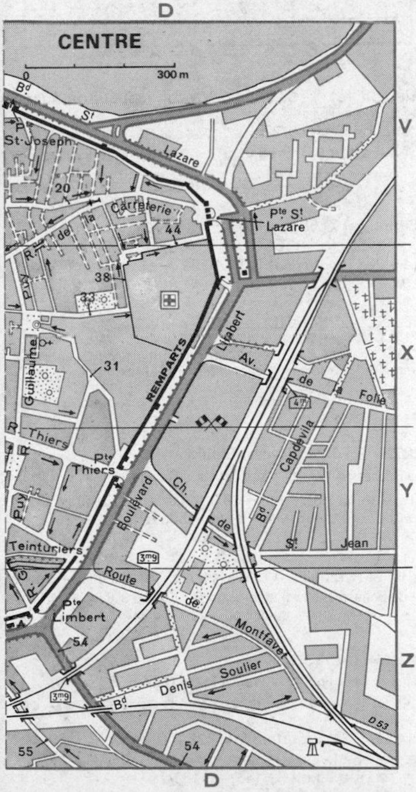

AVIGNON
AGGLOMÉRATION

0   1 km

ORANGE 27 km   D 980   ORANGE 29 km   N 7

ORANGE par A 7 : 31 km
CARPENTRAS 24 km   D 225

LES HAUTS
D'AVIGNON   D 17

FORT
ST-ANDRÉ (ABBAYE)

VILLENEUVE
LÈS-AVIGNON

ÎLE
DE LA BARTHELASSE

CHÂU

N 107

D 62

Lyon

LE PONTET

D 28

N 100

BAGNOLS-S-CÈZE
33 km
N 580

ÎLE
DE PIOT

JARDIN
NEUF

RHÔNE

ST-VÉRAN

N.-D. DE
LOURDES

Route   de   Morières

N 7

N 100 : 19 km
A 9 : 19 km
NÎMES 43 km

D 300

55 km
APT

ARAMON

FONCOUVERTE

AGENCE
MICHELIN

ZONE
INDUSTRIELLE
DE COURTINE

ST-ROCH   52   21
27   D 22   61
ST-JOSEPH   30
MONCLAR   ST-RUF

SACRÉ
CŒUR

LES
ROTONDES

29

45

GARE-AUTOS
COUCHETTES

MARCHÉ
GARE

D 53

D 58

54
CENTRE
COMMERCIAL
RÉGIONAL

Avⁿᵉ Avignon

N 570, TARASCON 23 km
ARLES 37 km

A 7 : AIX-EN-P 75 km
MARSEILLE 100 km

APT 52 km
N 7

CENTRE

0   300 m

St-Joseph

Lazare

Pte St-
Lazare

Carreterie

REMPARTS

Av. de la Folie

Guillaume

Thiers

Pte
Thiers

Boulevard

Teinturiers

Pte
Limbert

54

Route

Capdevila

St- Jean

Montfavet

Soulier

Denis

55

D 53

157

AVORIAZ 74 H.-Savoie 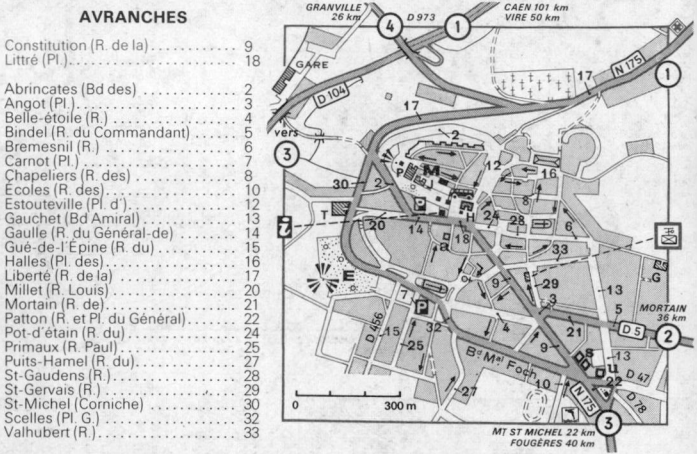⑧ – rattaché à Morzine.

AVRANCHES ⏍ **50300** Manche 🗗🗗 ⑧ **G. Normandie** – 11 319 h. alt. 10 à 103 – ✪ 33.

Voir Jardin des Plantes★ : ※★★ E – Manuscrits★★ du Mont-St-Michel (musée de l'Avranchin) M.

🛈 Office de Tourisme r. Gén.-de-Gaulle (fermé sam. et dim. hors sais.) ☎ 58.00.22.

Paris 343 ① – Alençon 127 ③ – ◆Caen 101 ① – ◆Cherbourg 134 ① – Dinan 67 ③ – Flers 70 ① – Fougères 40 ③ – ◆Rennes 75 ③ – St-Lô 56 ① – St-Malo 65 ③ – Vire 50 ①.

AVRANCHES

🏨 **Croix d'Or** ⌖, 83 r. Constitution **(s)** ☎ 58.04.88, « Décor rustique normand, jardin » – ➪wc 🎐wc ⊸ ❷ 🚗🚗 ￼￼ ￼ rest
   fermé janv. – SC : **R** 65/180 – ⌷ 20 – **30 ch** 65/220.

🏨 **Auberge St-Michel**, 7 pl. Gén.-Patton **(u)** ☎ 58.01.91, 🚗 – ➪wc 🎐wc ⊸ ❷ E ￼￼￼
   fermé nov., déc., dim. soir et lundi midi hors sais. – SC : **R** 55/100 – ⌷ 15 – **24 ch** 72/150 – P 170/210.

🏠 **Patton** sans rest, 1 pl. Gén.-Patton **(s)** ☎ 58.16.51 – ➪wc ⊛ ❷ ￼
   SC : ⌷ 13,50 – **26 ch** 85/127.

🏠 **Central** ⌖ sans rest, 2 r. Jardin des Plantes **(a)** ☎ 58.16.59 – ➪wc ⊛. ￼￼￼ ￼
   fermé 15 au 30 oct., vacances de fév. et sam. soir du 1ᵉʳ nov. au 1ᵉʳ avril – SC : ⌷ 13 – **10 ch** 55/140.

CITROEN Mazet-Avranches, bd Luxembourg, Val-St-Père par ③ ☎ 58.23.15 **N** ☎ 58.01.84
FIAT Mauviel, 1 r. Valhubert ☎ 58.01.74 **N**
OPEL Verdier, Z.I. à St-Martin-des-Champs ☎ 58.12.41
PEUGEOT-TALBOT Pavie, D 911, Marcey-les-Grèves par ④ ☎ 58.04.22

RENAULT Poulain, r. Cdt-Bindel par ② ☎ 58.09.00
V.A.G. Avranches-Autom., rte St-Quentin, St-Martin-des-Champs ☎ 58.14.96

🔧 Relais Pneu, 17 bd du Luxembourg ☎ 58.04.24

AVRILLÉ 85 Vendée 🗗🗗 ⑬ – 912 h. alt. 20 – ⌖ **85440** Talmont-St-Hilaire – ✪ 51.

Paris 439 – Luçon 25 – La Rochelle 76 – La Roche-sur-Yon 26 – Les Sables-d'Olonne 24.

🍴🍴 **Relais de la Dinanderie**, 10 av. de La Rochelle ☎ 33.32.15 – ➪ ① ￼￼
➪ *fermé en mars, en oct., dim. soir et lundi sauf juil. et août* – SC : **R** 45/210.

RENAULT Gar. Bérieau, ☎ 33.32.08

AX-LES-THERMES 09110 Ariège 🗗🗗 ⑮ **G. Pyrénées** – 1 592 h. alt. 720 – Stat. therm. – Sports d'hiver au Saquet ※★ par route du plateau de Bonascre (8 km) et télécabine : 1 400 /2 300 m – 🎿1 🎿14 🎿 – Casino – ✪ 61.

Voir Vallée d'Orlu★ au SE.

🛈 Office de Tourisme 2 av. Delcassé ☎ 64.20.64, Télex 530806.

Paris 834 – Andorre-la-Vieille 61 – Carcassonne 104 – Foix 42 – Prades 112 – Quillan 53.

🏨 **Royal Thermal** Ⓜ, ☎ 64.22.51 – 🛗 ➪wc ⊛ ❷ – 🔼 100. 🚗🚗 ￼ ① E ￼￼.
   ￼ rest
   SC : **R** 78/135 – ⌷ 22 – **57 ch** 145/245, 11 appartements 433 – P 190/208.

🏨 **Roy René** Ⓜ, ☎ 64.22.28 – 🛗 ➪wc 🎐wc ⊛ ❷. 🚗🚗 E. ￼ rest
➪ *1ᵉʳ fév.-20 oct.* – SC : **R** 50/130 – ⌷ 15 – **30 ch** 89/140 – P 160/210.

🏨 **Le Teich** 🦢, ☏ 64.22.99, parc – 🔁 ⌂wc 📺 🅿. 🕮 ⓞ 𝘝𝘐𝘚𝘈. 🍴 rest
SC : **R** 55/75 – ⌂ 18 – **52 ch** 90/200 – P 173/198.

🏨 **Terminus**, ☏ 64.20.55 – ⌂wc 🎐wc 📺 🅿. 🕮 E 𝘝𝘐𝘚𝘈. 🍴 rest
fermé oct., dim. soir et lundi sauf vacances scolaires – SC : **R** 55/75 🍴 – ⌂ 15 –
28 ch 100/150 – P 155/180.

🏠 **Chalet** 🦢, ☏ 64.24.31 – ⌂wc ☎. 🍴
⌐ SC : **R** 40/90 – **10 ch** ☏ 110/170.

au Castelet NO : 4 km – alt. 660 – ⌧ 09110 Ax-les-Thermes :

🏨 **Le Castelet** 🦢, ☏ 64.24.52, ≤, 🍴, 🐎 – ⌂wc 🎐wc 📺 🚗 🅿. 🚋. 🍴 rest
⌐ *fermé 1er nov. au 20 déc., mardi soir et merc.* – SC : **R** 41/162 – ⌂ 14 – **28 ch**
96/181 – P 141/174.

à Unac NO : 9 km par N 20 et D 2 – ⌧ 09250 Luzenac :

❌❌ **L'Oustal** 🦢 avec ch, ☏ 64.48.44, ≤, « Auberge rustique », 🐎 – 🚋
fermé janv., mardi et merc. (sauf rest. du 30 juin au 15 sept.) – **R** 90/135 – ⌂ 13 –
8 ch 65/115.

Garage Chague, ☏ 64.21.66

AYGUADE-CEINTURON 83 Var 🞈🞈 ⑯ – rattaché à Hyères.

AYSE 74 H.-Savoie 🞈🞈 ⑦ – rattaché à Bonneville.

AYTRÉ 17 Char.-Mar. 🞈🞈 ⑫ – rattaché à la Rochelle.

AZAY-LE-RIDEAU 37190 I.-et-L. 🞈🞈 ⑭ G. **Châteaux de la Loire** (plan) – 2 749 h. alt. 44 –
🟢 47.
Voir Château★★★ (spectacle son et lumière★★) – Façade★ de l'église St-Symphorien.
🛈 Syndicat d'Initiative 26 r. Gambetta (15 mars-15 sept., fermé dim. et fêtes) ☏ 43.34.40 et à la
Mairie (fermé sam. après-midi et dim.) ☏ 43.32.11.
Paris 262 – Châtellerault 60 Chinon 21 – Loches 54 – Saumur 46 – ◆Tours 28.

🏨 **Gd Monarque**, ☏ 43.30.08, 🍴, 🐎 – ⌂wc 🎐 📺 🅿 🚋 🕮 E 𝘝𝘐𝘚𝘈
SC : **R** *(1er mars-15 nov.)* 85/115 🍴 – ⌂ 21 – **30 ch** 75/240 – P 235/395.

🏠 **Biencourt** sans rest, 7 r. Balzac ☏ 43.38.44 – ⌂wc 📺
⌐ *1er avril-1er nov. et fermé mardi hors saison* – SC : ⌂ 15 – **8 ch** 98/160.

🏠 **Balzac**, r. A.-Riché ☏ 43.32.08 – 🎐 🅿. 🍴 ch
⌐ *Pâques-15 sept.* – SC : **R** *(fermé vend. soir, sam. et dim.)* 40/72 🍴 – ⌂ 14 – **11 ch**
110/160.

❌ **Le Muscadin**, 10 r. A.-Riché ☏ 43.23.96, 🍴 – 🕮 ⓞ E 𝘝𝘐𝘚𝘈
fermé 15 au 30 nov., 15 au 31 janv. et mardi (sauf du 15 mai au 15 sept.) – SC : **R**
55/140.

à Saché SE : 6,5 km par D 17 – ⌧ 37190 Azay-le-Rideau :

❌❌ 🟢 **Aub. du XIIe siècle** (Niqueux), ☏ 26.86.58, « Cadre médiéval », 🐎 – 🕮 ⓞ
𝘝𝘐𝘚𝘈
fermé fév., mardi et merc. – SC : **R** carte 130 à 175
Spéc. Hure de saumon, Ragoût de coquillages au cerfeuil, Gibier (saison). **Vins** Saché, Gamay.

CITROËN Gar. Central, ☏ 43.30.26   RENAULT Relais des Loges, N 761, La Loge
                                          ☏ 43.36.89 🝙 ☏ 96.70.24

AZÉ 71 S.-et-L. 🞈🞈 ⑪ G. **Bourgogne** – 553 h. alt. 249 – ⌧ 71260 Lugny – 🟢 85.
Paris 391 – Cluny 12 – ◆Lyon 90 – Mâcon 19 – Tournus 25.

❌ **A la Fortune du Pot**, ☏ 33.31.37
fermé 19 déc. au 20 janv. et jeudi – SC : **R** 65/72.

Le BABORY 43 H.-Loire 🞈🞈 ④ – rattaché à Blesle.

BACCARAT 54120 M.-et-M. 🞈🞈 ⑦ G. **Vosges** – 5 606 h. alt. 274 – 🟢 8.
🛈 Syndicat d'Initiative Résidence du Centre (1er juil.-31 août et fermé lundi) ☏ 372.13.37.
Paris 434 – Épinal 41 – Lunéville 25 – ◆Nancy 60 – St-Dié 25 – Sarrebourg 42.

🏠 **Renaissance**, r. Cristalleries ☏ 372.11.31 – 🎐 🚋 🕮 ⓞ E 𝘝𝘐𝘚𝘈
⌐ *fermé 15 janv. au 15 fév. et sam.* – SC : **R** 40/100 🍴 – ⌂ 14 – **19 ch** 55/85 – P
130/150.

BADEFOLS-SUR-DORDOGNE 24 Dordogne 🞈🞈 ⑮⑯ G. **Périgord** – 143 h. alt. 50 – ⌧ 24150
Lalinde – 🟢 53.
Env. Cloître★★ et église★ de Cadouin SE : 7,5 km.
Paris 549 – Bergerac 27 – Périgueux 63 – Sarlat-la-Canéda 47.

🏠 **Lou Cantou** 🦢, ☏ 61.50.36 – ⌂wc 🎐 ☎ 🅿
⌐ *27 mars-20 sept.* – SC : **R** 43 bc/102 bc – ⌂ 10 – **12 ch** 82/120 – P 124/198.

BAGNÈRES-DE-BIGORRE ⟨SP⟩ 65200 H.-Pyr. 85 ⑱ G. Pyrénées – 10 573 h. alt. 556 – Stat. therm. (7 mai-20 oct.) – Casino AZ – ✪ 62.

Voir Parc thermal de Salut★ par D 153 AZ – Grotte de Médous★★ par ② : 2,5 km – Vallée de Lesponne★ 4,5 km par ②.

🛈 Office de Tourisme pl. Lafayette (fermé dim. sauf matin en saison) ☏ 95.01.62.

Paris 826 ③ – Lourdes 22 ③ – St-Gaudens 57 ① – Tarbes 21 ③.

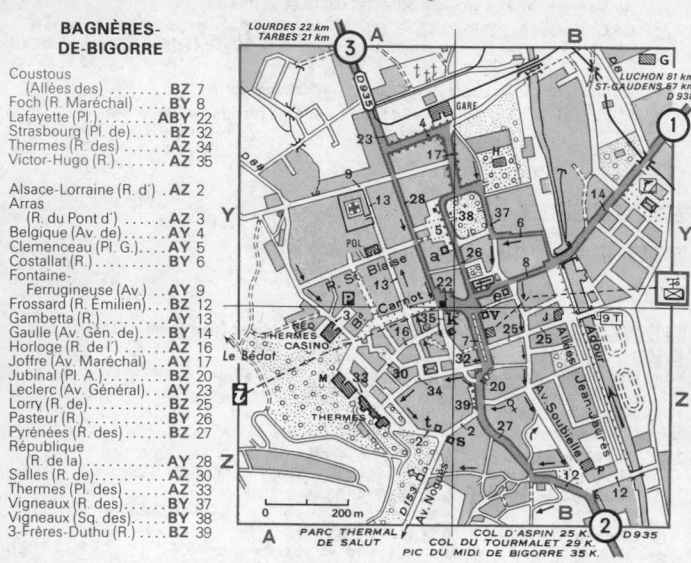

🏛 **La Résidence** ⬙, Parc Thermal de Salut ☏ 95.03.97, ≤, ⊒, 🐎 – ➡wc ⋔wc ☎ ℗ ⬚
par av. P.-Noguès AZ
1er avril-15 oct., vacances de fév. et de Pâques – SC : **R** 62/82 – ⵥ 15,50 – **41 ch** 180 – P 195/222.

🏛 **Trianon** ⬙, pl. Thermes ☏ 95.09.34, parc – ➡wc ⋔wc ☎ ॐ ℗ ⬚ 📶. ⬚ rest
→ *1er mai-25 oct.* – SC : **R** 50/95 – ⵥ 15 – **31 ch** 68/175 – P 175/210.   ABZ **s**

🏛 **Host. d'Asté**, par ② : 4 km ☏ 95.20.27, ≤, 🐎, ⬚ – ➡wc ⋔wc ☎ ℗ – ⵘ 50. ⟨VISA⟩ ⬚
fermé 20 avril au 20 mai et 2 nov. au 10 déc. – SC : **R** (fermé merc. sauf vacances scolaires) 35/75 – **23 ch.**

🏠 **Gd H. Angleterre** sans rest, pl. La-Fayette ☏ 95.22.24 – 🛗 ➡wc ⋔wc ☎ 📶
fermé 24 avril au 15 mai – SC : ⵥ 12 – **35 ch** 60/120.   BZ **v**

🏠 **Lutétia** sans rest., 13 pl. G.-Clemenceau ☏ 95.00.45 – 🛗 ➡wc ⋔wc 📶. ⬚
1er juin-1er oct. – SC : ⵥ 13,50 – **27 ch** 60/160.   AY **a**

🏠 **St-Vincent**, 31 r. Mar.-Foch ☏ 95.01.66 – ➡wc ⋔wc 📶. ⬚
→ *fermé oct. et lundi sauf l'hôtel en sais.* – SC : **R** 35/70 ⅄ – ⵥ 10,50 – **22 ch** 64/116 – P 130/159.   BY **e**

🏠 **Glycines** sans rest, 12 pl. Thermes ☏ 95.28.11 – ➡wc ⋔wc 📶
Pâques, mai-15 oct., Noël et vacances de fév. – SC : ⵥ 14,50 – **21 ch** 72/138.   AZ **t**

✕✕ **Le Bigourdan**, 14 r. V.-Hugo ☏ 95.20.20   ABZ **K**
→ *fermé 1er au 30 nov., 10 au 20 janv. et merc.* – SC : **R** 43/150 ⅄.

FIAT, LANCIA-AUTOBIANCHI Gar. Garcia, 1 r.   PEUGEOT, TALBOT Laloubère, rte Tarbes par
J.-Meynier ☏ 95.26.03   ③ ☏ 95.26.84 ⬚
FORD Gar. Pomiers, av. Gén.-Leclerc ☏ 95.
21.65

BAGNOLES-DE-L'ORNE 61140 Orne 🔟 ① G. Normandie – 651 h. alt. 194 – Stat. therm. (28 avril-30 sept.) – Casino BX – 🛓 33.

Voir Site★ – Lac★ BX – Parc★ BCY.

🕳 d'Andaine ⏚ 37.09.14 par ③ : 3 km.

🅱 Office de Tourisme pl. Gare (1er mars-30 sept.) ⏚ 37.05.84.

Paris 233 ① – Alençon 48 ② – Argentan 39 ① – Domfront 19 ③ – Falaise 45 ① – Flers 27 ④.

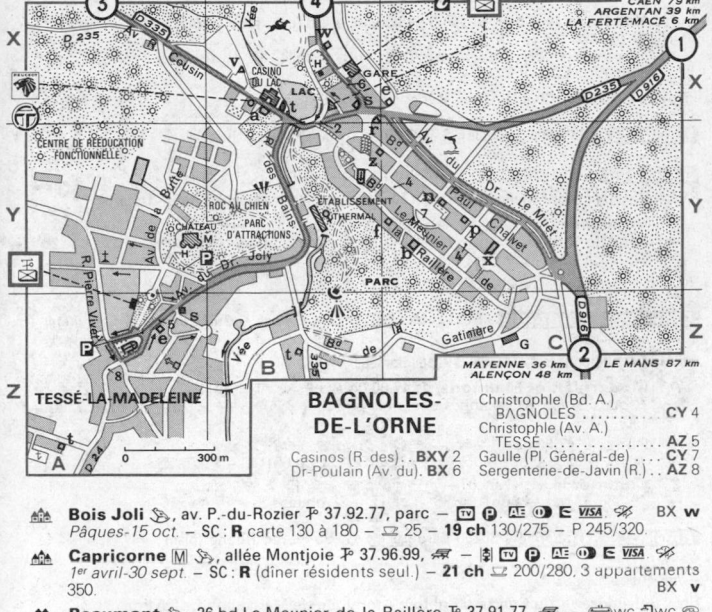

BAGNOLES-DE-L'ORNE

Casinos (R. des).. **BXY** 2	
Dr-Poulain (Av. du). **BX** 6	

Christrophle (Bd. A.) | |
BAGNOLES .... **CY** 4
Christrophle (Av. A.) | |
TESSE .... **AZ** 5
Gaulle (Pl. Général-de) .... **CY** 7
Sergenterie-de-Javin (R.).. **AZ** 8

TESSÉ-LA-MADELEINE

0   300 m

🏩 **Bois Joli** 🍴, av. P.-du-Rozier ⏚ 37.92.77, parc – 📺 🅿 🖭 ⓪ 🄴 💳 🛇 BX **w**
Pâques-15 oct. – SC : **R** carte 130 à 180 – 🖵 25 – **19 ch** 130/275 – P 245/320.

🏩 **Capricorne** Ⓜ 🍴, allée Montjoie ⏚ 37.96.99, 🍽 – 📳 📺 🅿 🖭 ⓪ 🄴 💳 🛇
1er avril-30 sept. – SC : **R** (dîner résidents seul.) – **21 ch** 🖵 200/280, 3 appartements
350. BX **v**

🏨 **Beaumont** 🍴, 26 bd Le Meunier-de-la-Raillère ⏚ 37.91.77, 🍽 – 🛏wc 🛁wc 📶
🅿 – 🏇 25. 🛇 BCY **f**
26 avril-30 sept. – SC : **R** 75/125 🍷 – 🖵 18 – **40 ch** 100/235 – P 200/280.

🏨 **Lutetia-Reine Astrid** 🍴, bd Paul Chalvet ⏚ 37.94.77, 🍽 – 🛏wc 🛁wc 📶 🅿
🖭 ⓪ 💳 🛇 rest CY **n**
Pâques-début oct. – SC : **R** 82/215 – 🖵 18 – **33 ch** 127/200 – P 220/290.

🏨 **Gayot**, pl. République ⏚ 37.90.22 – 📳 🛏wc 🛁wc 🅿 🖭 🄴 🛇 rest CX **o**
1er avril-1er oct. – SC : **R** 65/120 – 🖵 18 – **18 ch** 130/180 – P 250/290.

🏨 **Le Gd Veneur**, pl. République ⏚ 37.19.77 – 📳 🛏wc 📶 🅿 – 🏇 30 BXY **r**
25 avril-30 sept. – SC : **R** 63/76 – 🖵 15 – **23 ch** 108/198 – P 176/220.

🏨 **Ermitage** 🍴 sans rest, 24 bd P.-Chalvet ⏚ 37.96.22, 🍽 – 🛏wc 🛁wc 🕿 🕭 🚗
🅿 CY **p**
25 avril-4 oct. – SC : 🖵 14 – **39 ch** 108/156.

🏨 **Camélias** 🍴, av. Chât.-de-Couterne ⏚ 37.93.11, 🍽 – 🛏wc 🛁wc 📶 🛇 rest
5 mai-30 sept. – SC : **R** 65/68 – 🖵 18 – **35 ch** 150/180 – P 135/185. BZ **t**

🏨 **Terrasse** sans rest, pl. République ⏚ 37.92.39 – 🛏wc 🕿 🅿 🄴 💳 🛇 BX **s**
SC : 🖵 14 – **25 ch** 60/150.

🏨 **Nancy**, av. R.-Cousin ⏚ 37.97.00, 🍽 – 🛏wc 📶 🚗 🅿 🛇 BX **a**
27 avril-30 sept. – SC : **R** 45/66 – 🖵 13 – **47 ch** 58/106 – P 135/175.

🏨 **Capucines** 🍴, bd Le Meunier-de-la-Raillère ⏚ 37.06.77, ⬉, 🍽 – 🛁 📶 🅿 🛇 CY **b**
➔ *Pâques-1er oct.* – SC : **R** 40/80 – 🖵 17 – **18 ch** 70/150 – P 155/200.

🏨 **Grillon** 🍴, bd P.-Chalvet ⏚ 37.16.77, 🍽 – 🛁 📶 🛇 CY **x**
➔ *28 avril-30 sept.* – SC : **R** 60/75 – 🖵 18 – **20 ch** 78/120 – P 156/187.

🏨 **Christol et du Dante** 🍴, bd P.-Chalvet ⏚ 37.03.99, 🍽 – 🛇 BY **z**
➔ *26 avril-30 sept.* – SC : **R** 48/64 – 🖵 14 – **26 ch** 61/105 – P 130/160.

🍴🍴 **Café de Paris**, av. R.-Cousin ⏚ 37.08.22, ⬉, Cuisine italienne – 🖭 ⓪ 🄴 💳 🛇 BX **t**
1er avril-5 oct. et fermé lundi sauf fériés – SC : **R** 85/140.

tourner ➞

BAGNOLES-DE-L'ORNE

à Tessé-la-Madeleine – ✉ 61140 Bagnoles-de-l'Orne :

🏨 **Nouvel H.,** av. A.-Christophle ☎ 37.11.11, 🛏 – 🛗 🚾 ♨️🚾 ☎. ✽ rest
Pâques-mi oct. – SC : **R** 60/90 – ☐ 15 – **30 ch** 120/186 – P 200/240.   AZ **e**

🏨 **de Tessé** 🏖, av. de la Baillée ☎ 37.12.22, ≤, 🛏 – ♨️🚾 ☎ 🔲. ✽ rest
➡ *27 avril-25 sept.* – SC : **R** 50 – ☐ 12 – **64 ch** 36/153 – P 100/194.   AZ **t**

✗✗ **Celtic** avec ch, av. A.-Christophle ☎ 37.92.11, 🛏 – 🚾 ♨️🚾 🔲. 🄰🄴 E 𝘝𝘐𝘚𝘈. ✽
fermé déc. – SC : **R** 55/135 ⅄ – ☐ 14 – **29 ch** 60/215 – P 170/320.   AZ **s**

par ① : 5 km par D 916 et D 387 – ✉ 61410 Couterne :

🏨 **Vallée de la Cour** 🏖, ☎ 37.08.90, ≤, « En forêt face au lac », 🛏 – 🚾 ♨️🚾
☎ 🄿. ✽
1er mars-31 oct. et fermé mardi en été – SC : **R** 55/200, dîner à la carte – ☐ 15 –
9 ch 120/200 – P 200.

PEUGEOT-TALBOT Constant, 8 av. R.-Cousin ☎ 37.16.40

BAGNOLET 93 Seine-St-Denis 🗺🗺 ⑪. 🗺🗺 ⑱ – voir à Paris, Proche banlieue.

BAGNOLS 63810 P.-de-D. 🗺🗺 ⑫ – 919 h. alt. 850 – ✪ 73.

Paris 455 – ♦Clermont-Ferrand 68 – Condat 30 – Mauriac 49 – Le Mont-Dore 25 – Ussel 64.

🏨 **Voyageurs,** ☎ 22.20.12 – 🚾 ♨️ 🄿
➡ *Pâques, 1er mai-20 sept., Noël et 10 fév.-10 mars* – SC : **R** 42/85 ⅄ – ☐ 11 – **20 ch**
60/125 – P 98/125.

CITROEN Gar. Moulie, ☎ 22.20.59 🄽 ☎ 22.22.73

BAGNOLS-LES-BAINS 48190 Lozère 🗺🗺 ⑥ G. Causses – 216 h. alt. 913 – Stat. therm. (15
avril-15 oct.) – ✪ 66.

Paris 594 – Langogne 53 – Mende 21 – Villefort 38.

🏨 **Modern'H. et Malmont,** ☎ 47.60.04 – 🚾 ♨️ ☎ 🄿. E
➡ *Pâques-3 nov. et vacances scolaires* – SC : **R** 36/90 ⅄ – ☐ 15 – **28 ch** 85/170 – P
140/180.

🏨 **Pont,** ☎ 47.60.03, ♨️, 🛏 – 🚾 ♨️🚾 ☎. 📷🛏. ✽ rest
➡ *1er fév.-4 oct.* – SC : **R** 45/70 ⅄ – ☐ 15 – **32 ch** 60/140 – P 120/200.

🏨 **Commerce,** ☎ 47.60.07 – 🚾 ♨️🚾 ☎ 🛏 🄿. E. ✽ rest
➡ *1er fév.-31 oct.* – SC : **R** 48/75 – ☐ 17 – **28 ch** 65/125 – P 145/210.

BAGNOLS-SUR-CÈZE 30200 Gard 🗺🗺 ⑩ G. Vallée du Rhône (plan) – 17 772 h. alt. 51 –
✪ 66.

Voir Musée★.

Env. Belvédère★★ du Centre d'Énergie Atomique de Marcoule SE : 9,5 km.

🄱 Office de Tourisme esplanade Mont-Cotton (fermé sam. et dim. hors saison) ☎ 89.54.61.

Paris 659 – Alès 50 – Avignon 33 – Nîmes 48 – Orange 29 – Pont-St-Esprit 11.

🏯 **Château de Coulorgues** 🏖, rte Avignon ☎ 89.52.78, « Maison bourgeoise
dans un parc », ♨️, ✽ – 📺 🄿 – 🛝 50. 🄰🄴 🄾 𝘝𝘐𝘚𝘈
fermé fév. – SC : **R** *(fermé mardi sauf d'avril à sept.)* 70/120 ⅄ – ☐ 20 – **23 ch**
220/270 – P 390/510.

✗✗ **Florence,** 16 pl. Bertin-Boissin ☎ 89.58.24, Spécialités italiennes – 𝘝𝘐𝘚𝘈
fermé oct., 1er au 9 mai, dim. soir et lundi – SC : **R** 55/77 ⅄.

à Connaux S : 8,5 km sur N 86 – ✉ 30330 Connaux :

✗✗ ✪ **Maître Itier,** ☎ 82.00.24 – 🔲 🄿. ✽
fermé 15 au 30 juin, 31 janv. au 16 fév., dim. soir et lundi – SC : **R** (dîner prévenir)
75/195
Spéc. Baudroie à la provençale, Fricassée de ris et rognons de veau, Mousse chocolat banane au
Cointreau. **Vins** Bagnols, Châteauneuf du Pape.

CITROEN Jeolas, rte d'Avignon ☎ 89.60.43
FIAT Électro-Diesel, rte Nîmes ☎ 89.61.20
OPEL Electronic-Auto, 731 rte d'Avignon ☎
89.56.07
PEUGEOT-TALBOT Pailhon, rte Nîmes ☎ 89.
54.95

RENAULT Gar. Stolard, 282 av. Alphonse
Daudet ☎ 89.56.36
V.A.G. Gar. Paulus, 37 av. Nîmes ☎ 89.60.30

🛞 Bellard, 55 rte Nîmes ☎ 89.52.11
Piot-Pneu, 39 av. du Pont ☎ 89.54.19

BAILLEUL 59270 Nord **⑤** ⑤ G. Nord de la France – 13 483 h. alt. 44 – ❀ 28.

Voir ❀ ★ du beffroi.

Paris 248 – Armentières 12 – Béthune 30 – Dunkerque 44 – Ieper 19 – Lille 30 – St-Omer 36.

XX   **Pomme d'Or** avec ch, 27 r. Ypres ☏ 43.11.01 – ⌁wc – 🏄 40. 🚗 ⓘ ⒠ 🆅🅸🆂🅰.
     ❀ ch
     fermé août – SC : **R** *(fermé lundi soir et mardi soir)* 70/120 ⚓ – ⌂ 12 – **4 ch** 90/140.

     au Mont-Noir N : 7 km par D 10 et D 318 – ✉ **59270** Bailleul :

X   **Mont-Noir** 🌲 avec ch, ☏ 42.51.33, ≤ campagne belge, ☂ – ⌁ ☎ 🅿 – 🏄 40.
◆   🚗 ⒠ 🆅🅸🆂🅰
     fermé fin janv. à début mars et vend. – SC : **R** 45/120 ⚓ – ⌂ 10 – **7 ch** 58/120 – P
     120/150.

BAIN-DE-BRETAGNE 35470 I.-et-V. **⑥⑧** ⑥⑦ – 5 063 h. alt. 103 – ❀ 99.

Paris 353 – Châteaubriant 29 – ◆Nantes 75 – Ploërmel 61 – Redon 44 – ◆Rennes 32 – Vitré 50.

🏠   **des Quatre Vents**, rte Rennes ☏ 43.71.49 – ⌁⌁wc ☎ 🅿 ⒠
◆   *fermé en fév., dim. soir et lundi en hiver* – SC : **R** 38/180 – ⌂ 16 – **20 ch** 78/150 – P
     140/160.

🏚   **Croix Verte**, pl. Henri-IV ☏ 43.71.55 – ⌁ ❀ ch
◆   *fermé 3 au 19 sept., 24 déc. au 2 janv., sam. soir, dim. et fêtes* – SC : **R** 40/48 ⚓ – ⌂
     10 – **10 ch** 55/91 – P 118/145.

BAINS-LES-BAINS 88240 Vosges **⑥②** ⑮ G. Vosges – 1 757 h. alt. 308 – Stat. therm. (début
mai-fin sept.) – ❀ 29.

Office de Tourisme pl. Bain-Romain (avril-oct. et fermé dim. après-midi) ☏ 36.31.75.

Paris 372 ④ – Épinal 30 ① – Luxeuil-les-Bains 29 ② – ◆Nancy 101 ① – Neufchâteau 71 ④ – Vesoul
50 ② – Vittel 42 ④.

BAINS-LES-BAINS

Hôtel-de-Ville (R. de l')	6
Chavanne	
(Av. du Lieutenant-Colonel)	2
Demazure (Av.)	3
Docteur-Bailly (Av. du)	4
Docteur-Mathieu (Av. du)	5
Leclerc	
(R. du Général)	7
Poirot (R. Marie)	10
Verdun (R. de)	12
2e-D.-B. (Pl. de la)	14

*Les plans de villes
sont orientés le Nord
en haut.*

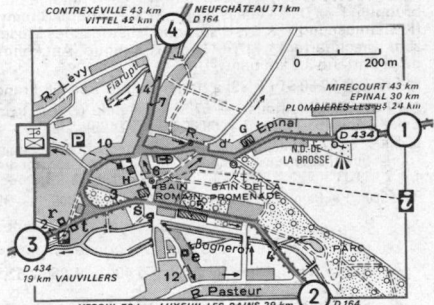

🏛   **Poste, (e)** ☏ 36.31.01 – ⌁wc ⌁wc ☎. ❀
◆   *fermé sam. et dim. du 1er oct. au 27 mars* – SC : **R** 46/89 ⚓ – ⌂ 15 – **30 ch** 82/135 –
     P 130/195.

🏛   **Promenade, (r)** ☏ 36.30.06, ☂ – ⌁wc ☎ 🅿. ❀
◆   *mars-nov. et fermé lundi en oct., mars et avril* – SC : **R** 48/130 ⚓ – ⌂ 13 – **33 ch**
     100/140 – P 150/185.

🏠   **Les Ombrées** 🌲, 13 r. Million au Sud par r. Verdun ☏ 36.31.85, ☂ – 📺 ⌁wc
     ⌁wc ☎ 🅿. ⒠
     25 avril-30 sept. – SC : **R** 58/65 – ⌂ 16 – **20 ch** 78/138 – P 147/200.

🏠   **Nouvel H., (t)** ☏ 36.32.40, ☂ – ⌁wc ⌁ ☎ 🚗 🅿 🚗
◆   *20 avril-15 oct.* – SC : **R** 45/105 ⚓ – ⌂ 13 – **30 ch** 55/128 – P 139/200.

🏚   **Sources, (s)** ☏ 36.30.23 – 🅿
◆   *1er mai-fin sept.* – SC : **R** 42/65 ⚓ – 🍵 14 – **40 ch** 50/80 – P 120/150.

BAIX 07 Ardèche **⑦⑦** ⑪ – 845 h. alt. 86 – ✉ 07210 Chomerac – ❀ 75.

Paris 595 – Crest 28 – Montélimar 20 – Privas 20 – Valence 32.

🏰   **La Cardinale et sa Résidence** 🌲, ☏ 62.85.88, ≤, 🍽, « Ancienne demeure
     seigneuriale » – 📺 🅿 – 🏄 30. ⒜⒠ ⓘ ⒠ 🆅🅸🆂🅰 ❀ rest
     fermé 1er janv. au 1er mars et jeudi hors sais. – SC : **R** 130/190 – **5 ch** ⌂ 450.

     La Résidence 🌲, à 2 km, parc, 🏊 – ⌁wc ⚒ 🅿. ⒜⒠ ⓘ ⒠ 🆅🅸🆂🅰 ❀ rest
     fermé 1er janv. au 1er mars et jeudi hors sais. – SC : **R** 130/190 – **5 ch** ⌂ 530,
     5 appartements 700.

BALARUC-LES-BAINS 34540 Hérault 🎱🎱 ⑯ G. Causses – 4 065 h. alt. 4 – Stat. therm. (14 fév.-10 déc.) – ✿ 67.

🅱 Office de Tourisme av. Thermes (fermé sam. hors saison et dim.) ☏ 48.50.07.

Paris 786 – Agde 32 – Béziers 48 – Frontignan 8 – Lodève 66 – ◆Montpellier 29 – Sète 7.

🏨 **Ponant** Ⓜ ⑤ sans rest., ☏ 48.50.05 – 🛎 cuisinette 🛁wc 🛋wc 🖭 ← 🅿 – 🚗 25. 🛳 🔄 ⑩ 𝓥𝓘𝓢𝓐
   1er mai-16 oct. – SC : ⌷ 20 – **42 ch** 175/215.

🏨 **Gd Hôtel** sans rest, av. Port ☏ 48.50.26 – 🛎 🛁wc 🖭. 🛳
   15 mars-1er déc. – SC : ⌷ 14 – **12 ch** 120/140.

🏠 **Pins** ⑤ sans rest, ☏ 48.50.15, 🌿 – 🛋wc 🖭 ✆ 🅿
   15 mars-6 déc. – SC : ⌷ 17 – **20 ch** 72/108.

✕✕ **Martinez,** ☏ 48.50.22, 🛋 – 🍴
   fermé 1er fév. au 16 mars, dim. soir et lundi du 1er déc. au 1er avril – SC : **R** 63/170.

BALBIGNY 42510 Loire 🎱🎱 ⑱ – 2 314 h. alt. 334 – ✿ 77.

Voir Gorges de la Loire★ NO : 3 km, G. Vallée du Rhône.

Paris 422 – L'Arbresle 52 – Roanne 30 – ◆St-Étienne 47 – Thiers 62 – Villefranche-sur-Saône 63.

✕✕ **Europe** avec ch, ☏ 28.13.42 – 🛁wc 🖭 ←
   1er mai-31 oct. et fermé merc. – SC : **R** 51/160 🍷 – ⌷ 17 – **7 ch** 50/140 – P 156.

✕✕ **Paix,** ☏ 28.11.49
◆   *fermé vacances de fév. et sam. d'oct. au 15 juin* – SC : **R** 50/120.

Villard, ☏ 28.10.20

BALDENHEIM 67 B.-Rhin 🎱🎱 ⑲ – rattaché à Sélestat.

BÂLE (BASEL) 4000 Suisse 🎱🎱 ⑩, 🎱🎱 ④ G. Suisse – 238 447 h. alt. 273 – ✿ Bâle et les environs : de France 19-41-61, de Suisse 061.

Voir Cathédrale (Münster)★★ : ≤★ CY B – Jardin zoologique (Zoologischer Garten)★★★ ABZ – Port (Hafen)🌫★, Exposition★ T – Fontaine du Marché aux poissons (Fischmarktbrunnen)★ BX D – Vieilles rues★ BXY – Oberer Rheinweg ≤★ CX – Musées : Beaux-Arts (Kunstmuseum)★★★ CY, Historique (Historisches Museum)★ BY M1 – Kirschgarten (Haus zum Kirschgarten)★ BCY M2 , d'Art antique (Antikenmuseum)★ CY M3 – 🌫★ de la tour de la Batterie 3,5 km par ⑤ U.

🅕 privé ☏ 68.50.91 (☏ 89) à Hagenthal-le-Bas (68-France) SO : 10 km.

✈ de Bâle-Mulhouse ☏ 57.31.11 à Bâle (Suisse) par la Zollfreie Strasse 8 km T et à Saint-Louis (68-France) ☏ 69.00.00 (✿☏ 89).

🅱 Office de Tourisme, Blumenrain 2 (fermé sam. après-midi et dim.) ☏ 25.38.11, Télex 63318 et Tourist Information, Elisabethenpassage 15 (fermé sam. et dim.) ☏ 22.36.84 – A.C. Suisse, Birsigstr. 4 ☏ 23.39.33 – T.C.S., Petrihof, Steinentorstr. 13 ☏ 23.19.55.

Paris 560 ⑦ – Bern 96 ④ – Freiburg 71 ⑩ – ◆Lyon 405 ⑦ – ◆Mulhouse 35 ⑧ – ◆Strasbourg 145 ⑩.

Plans pages suivantes

Les prix sont donnés en francs suisses

🏰 **Trois Rois,** Blumenrain 8, ✉ 4001, ☏ 25.52.52, Télex 62937, ≤, 🛋 – 🛎 📺 📺
   – 🚗 80. 🔄 ⑩ 𝓔 𝓥𝓘𝓢𝓐   BX **a**
   SC : **Rôtisserie des Rois R** 46/96 🍷 - rest **Rhy-Deck R** carte environ 45 🍷 – **82 ch** ⌷ 120/240, 4 appartements 370.

🏰 **Hilton** Ⓜ ⑤, Aeschengraben 31, ✉ 4002, ☏ 22.66.22, Télex 62055, 🔲 – 🛎 🖃
   📺 ← 🚗 – 🚗 50 à 300. 🔄 ⑩ 𝓔 𝓥𝓘𝓢𝓐 🍴 rest   CZ **d**
   SC : **R** carte 55 à 75 🍷 – ⌷ 9,50 – **217 ch** 105/210, 10 appartements.

🏰 **Hôtel International** Ⓜ ⑤, Steinentorstrasse 25, ✉ 4001, ☏ 22.18.70, Télex 62370, 🔲 – 🛎 📺 ← 🚗 – 🚗 25 à 250. 🔄 ⑩ 𝓔 𝓥𝓘𝓢𝓐 🍴 rest   BY **b**
   SC : **Steinenpick R** carte 25 à 60🍷 – **Rôt. Charolaise R** 29/69 🍷 – **210 ch** ⌷ 150/210. 5 appartements.

🏰 **H. Basel** Ⓜ ⑤, Münzgasse 12, ✉ 4051, ☏ 25.24.23, Télex 64199, « Élégant aménagement intérieur » – 🛎 🖃 📺 🖭 🔄 ⑩ 𝓔 𝓥𝓘𝓢𝓐   BY **x**
   SC : **R** carte 30 à 60 – **72 ch** ⌷ 82/160.

🏰 **Euler,** Centralbahnplatz 14, ✉ 4051, ☏ 23.45.00, Télex 62215 – 🛎 🖃 📺 🖭 ← – 🚗 40 à 120. 🔄 ⑩ 𝓔 𝓥𝓘𝓢𝓐   BZ **a**
   SC : **R** carte 55 à 80 🍷 – **57 ch** ⌷ 98/245, 9 appartements 245/315.

🏰 **Europe** Ⓜ, Clarastrasse 43, ✉ 4058, ☏ 26.80.80, Télex 64103 – 🛎 🖃 📺 🖭 ← – 🚗 180. 🔄 ⑩ 𝓔 𝓥𝓘𝓢𝓐 🍴 rest   CX **k**
   SC : **Les Quatre Saisons** *(fermé dim.)* **R** carte 45 à 85 🍷 – **170 ch** ⌷ 88/166.

🏰 **Schweizerhof,** Centralbahnplatz 1, ✉ 4002, ☏ 22.28.33, Télex 62373 – 🛎 🖃 📺 🖭 🅿 – 🚗 30 à 90. 🔄 ⑩ 𝓔 𝓥𝓘𝓢𝓐 🍴 rest   BZ **n**
   SC : **R** carte environ 50 🍷 – **75 ch** ⌷ 90/180.

🏰 **Victoria** Ⓜ, Centralbahnplatz 3, ✉ 4002, ☏ 22.55.66, Télex 62362 – 🛎 🖃 rest 📺 – 🚗 25. 🔄 ⑩ 𝓔 𝓥𝓘𝓢𝓐   BZ **n**
   SC : **R** carte environ 45 🍷 – **115 ch** ⌷ 55/150.

🏰 **Métropol** Ⓜ sans rest, Elisabethenanlage 5 ✉ 4051 ☏ 22.77.21, Télex 62268 – 🛎 📺 🖭 ← 🚗 120. 🔄 ⑩ 𝓔 𝓥𝓘𝓢𝓐 – SC : **46 ch** ⌷ 75/118   BZ **a**

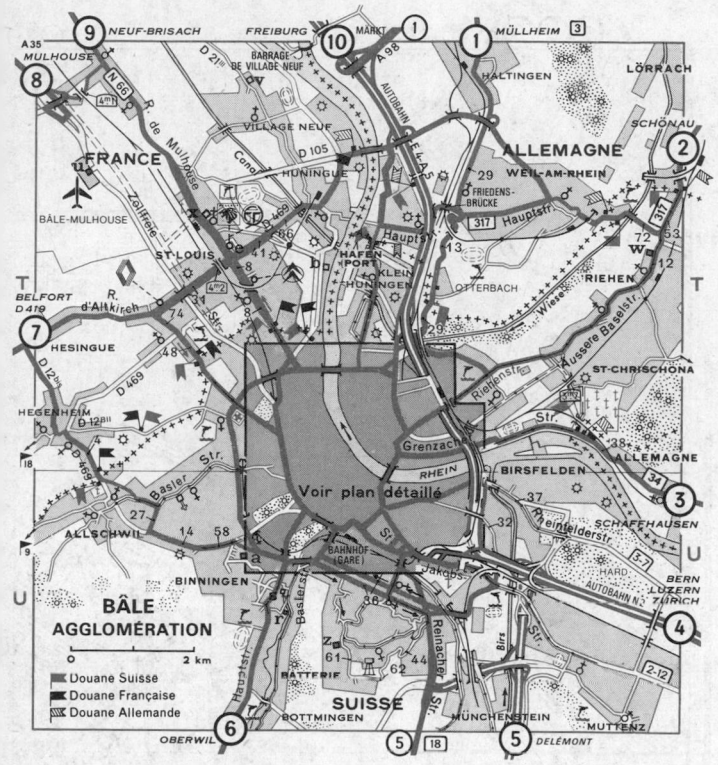

RÉPERTOIRE DES RUES DU PLAN DE BÂLE

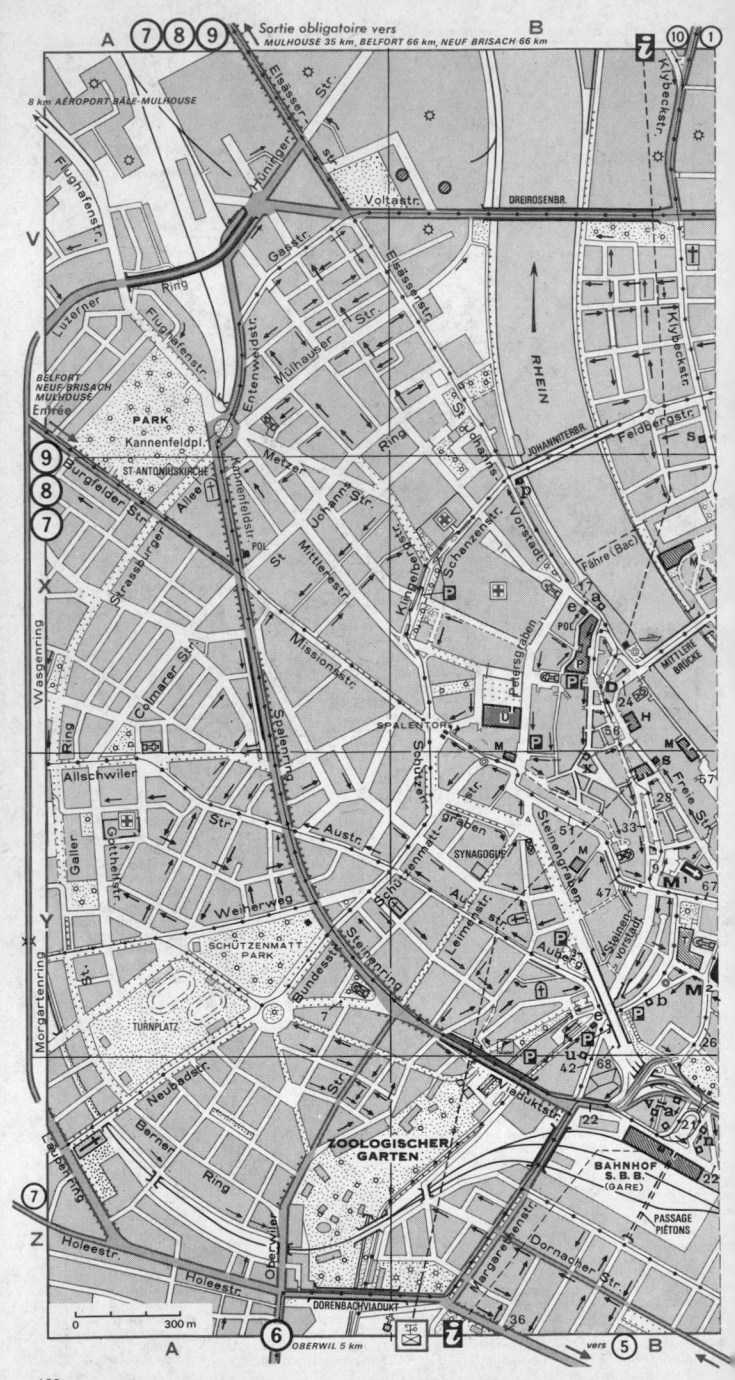

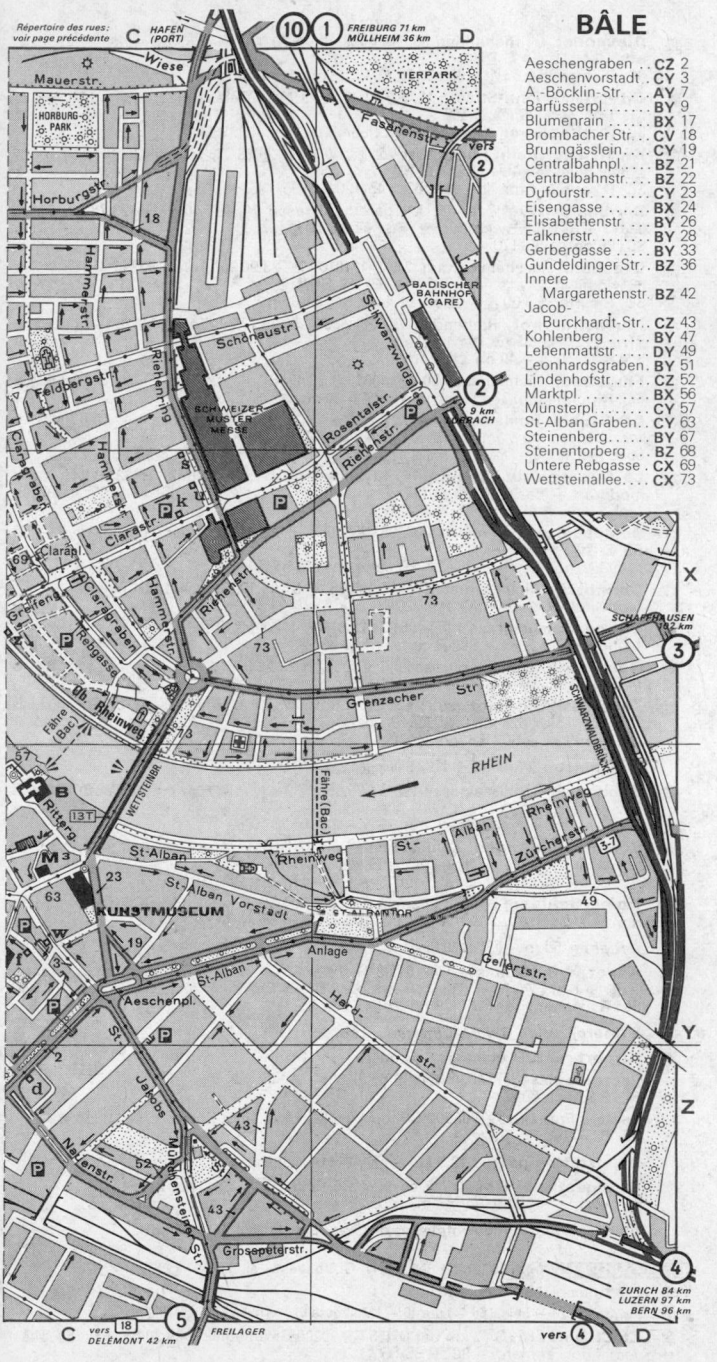

BÂLE

🏨 **Alexander** Ⓜ, Riehenring 85, ⊠ 4058, ℱ 26.70.00, Télex 63325 − |🛗| 🔟 🛁wc ☎
〜, 🅿⌷ 🆎 ⓸ 🇪 𝘝𝘐𝘚𝘈 − **62 ch** ⋤ 70/170, 3 appartements.
SC : **R** carte 35 à 55 ⅃ − **62 ch** ⋤ 70/170, 3 appartements. CX **s**

🏨 **City,** Henric Petri-Strasse 12, ⊠ 4010, ℱ 23.78.11, Télex 62427 − |🛗| ▤ 🛁wc
🛁wc ☞. 〜 🆎 ⓸ 🇪 𝘝𝘐𝘚𝘈 CY **f**
SC : **R** carte environ 40 ⅃ − **85 ch** ⋤ 55/150.

🏨 **Krafft am Rhein,** Rheingasse 12, ⊠ 4058, ℱ 26.88.77, Télex 64360, ≤, 🏛 − |🛗|
🛁wc 🛁wc ☞. 〜 🆎 ⓸ 🇪 𝘝𝘐𝘚𝘈 CX **z**
SC : **R** carte 45 − **52 ch** ⋤ 45/120 − P 85/125.

🏨 **Bernina** sans rest, Innere Margarethenstrasse 14, ⊠ 4051, ℱ 23.73.00, Télex
63813 − |🛗| 🔟 🛁wc 🛁wc ☞. 〜 🆎 ⓸ 🇪 𝘝𝘐𝘚𝘈 BYZ **u**
SC : **36 ch** ⋤ 55/170.

🏨 **Drachen,** Aeschenvorstadt 24, ⊠ 4010, ℱ 23.90.90, Télex 62346 − |🛗| ▤ ch
🛁wc 🛁wc ☞ 〜 − 🕍 40. 〜 🆎 ⓸ 🇪 𝘝𝘐𝘚𝘈 CY **w**
SC : **R** carte 35 à 60 ⅃ − **42 ch** ⋤ 44/126 − P 68/94.

🏠 **Muenchnerhof,** Riehenring 75, ⊠ 4058, ℱ 26.77.80, Télex 64476 − |🛗| 🛁wc
🛁wc ☞. 〜 🆎 ⓸ 𝘝𝘐𝘚𝘈 CX **u**
SC : **R** 10/50 ⅃ − **40 ch** ⋤ 35/160.

🏠 **Flügelrad,** Küchengasse 20, ⊠ 4051, ℱ 23.42.41 − 🛁wc. 〜 BZ **v**
SC : **R** (fermé dim.) carte environ 30 ⅃ − **30 ch** ☛ 38/120.

XXXX 🕸🕸 **Stucki,** Bruderholzallee 42, ⊠ 4059, ℱ 35.82.22, « Terrasse » − 𝘝𝘐𝘚𝘈 U **z**
fermé 18 juil. au 8 août, dim. et lundi − SC : **R** 80/130
Spéc. Filet de rouget mariné, Escalope de foie de canard, Soufflé au coulis de fruits.

XX **La Marmite du Beaujolais,** Klybeckstrasse 15, ⊠ 4057, ℱ 33.03.54, Cadre
moderne − ▤ 🅿. 🆎 ⓸ 🇪 𝘝𝘐𝘚𝘈 BV **s**
fermé dim. et fêtes − SC : **R** 25/50 ⅃.

XX **Schlüsselzunft,** Freiestrasse 25, ⊠ 4051, ℱ 25.20.46, Maison corporative − 🆎
⓸ 🇪 𝘝𝘐𝘚𝘈 BY **s**
fermé 15 juil. au 15 août − SC : **R** carte environ 55 ⅃.

XX **Donati,** St-Johannsvorstadt 48, ⊠ 4056, ℱ 57.09.19, Spécialités italiennes BX **p**
fermé juil. et lundi − SC : **R** 22/26 ⅃.

XX **Carma,** Spiegelgasse 1 ⊠ 4051 ℱ 25.87.47 − ▤ 🆎 ⓸ 🇪 𝘝𝘐𝘚𝘈 BX **e**
fermé dim. et fêtes − SC : **R** carte environ 50 ⅃.

XX **Heuwaage,** Binningerstrasse 5, ⊠ 4051, ℱ 23.12.63 BY **y**
fermé 15 juil. au 5 août et sam. − SC : **R** carte environ 45 ⅃.

X **Taverne l'Escargot** (sous-sol Gare SBB), Centralbahnstrasse 10, ⊠ 4002, ℱ
22.53.33, Télex 62538 − ▤. 🆎 ⓸ 𝘝𝘐𝘚𝘈 BZ
fermé en juil. − SC : **R** 17/29 ⅃.

à Binningen 2 km − ⊠ **4102** Binningen :

🏠 **Schlüssel,** Schlüsselgasse 1 ℱ 47.25.65, 🏛, 🌳 − |🛗| 🛁wc 🛁wc ☞ 🅿 〜 🆎
🇪 U **s**
SC : **R** (fermé dim.) carte environ 35 ⅃ − **28 ch** ⋤ 40/80.

XXX **Schloss Binningen,** Schlossgasse 5 ℱ 47.20.55, 🏛, « Gentilhommière du 16e
s., bel intérieur, jardin » − 🅿 ▤ 🆎 🇪 𝘝𝘐𝘚𝘈 U **r**
fermé juil., vacances de fév., dim. soir et lundi − SC : **R** 45/100.

XXX **Holee-Schloss,** Hasenrainstrasse 59 ℱ 47.24.30, ≤ − ▤ 🆎 ⓸ 🇪 𝘝𝘐𝘚𝘈 U **a**
fermé 1er au 20 sept. et merc. − SC : **R** carte 55 à 85.

à Riehen 5 km − ⊠ **4125** Riehen :

🏨 **Ascot** Ⓜ, Baselstrasse 67 ℱ 67.39.51, Télex 62424, « Bel aménagement intérieur »
− |🛗| ▤ rest 🔟 🛁wc 🛁wc ☎ 〜 〜 🆎 ⓸ 🇪 𝘝𝘐𝘚𝘈 🍽 rest T **w**
SC : **R** carte environ 50 − **23 ch** ⋤ 84/200.

à l'Aéroport de Bâle-Mulhouse : 8 km :

XX **Airport rest,** 5e étage de l'aérogare, ≤ − ▤ T **u**
Secteur Suisse, ⊠ 4030 Bâle ℱ 57.32.32 − ▤. 🆎 ⓸
SC : **R** 27 bc/46 bc.

Secteur Français, ⊠ 68300 St-Louis ℱ (89) 67.77.48 St-Louis − ▤. 🆎 ⓸ 𝘝𝘐𝘚𝘈
SC : **R** 37/130 FF ⅃.

à Hofstetten par ⑥ : 12,5 km − ⊠ **4114** Hofstetten :

X **Landgasthof ''Rössli''** avec ch, ℱ 75.10.47, 🏛 − 🅿. 〜 🆎 ⓸
fermé janv. − SC : **R** (fermé merc.) carte environ 45 ⅃ − ☛ 5 − **7 ch** 20/40.

Voir aussi ressources hôtelières de *St-Louis* (France) NO : 5 km

---

BALLON D'ALSACE 90 Ter.-de-Belf. 🆖🆖 ⑧ G. Vosges − alt. 1 250 − ✿ 84.
Voir ❄****** du col 0,5 km puis 30 mn.
Paris 529 − Belfort 28 − Épinal 66 − Lure 46 − ♦Mulhouse 51 − Thann 42 − Le Thillot 16.

X **La Chaumière,** S : 2 km par D 465 ⊠ 90200 Giromagny ℱ 29.30.08, ≤ − 🅿 𝘝𝘐𝘚𝘈
fermé nov. et mardi − SC : **R** 35/55 ⅃.

BALLON DE GUEBWILLER 68 H.-Rhin 🖲🖳 ⑱ – voir à Grand Ballon.

La BALME-DE-SILLINGY 74330 H.-Savoie 🖳🖳 ⑥ – 1 787 h. alt. 487 – 🍀 50.
Paris 538 – Annecy 10 – Bellegarde-sur-Valserine 31 – Belley 59 – Frangy 15 – ♦Genève 45.

   🏨 **Les Rochers,** N 508 ⬆ 68.70.07, ≤, 🏖 – 🛏wc 🗑wc ☎ 🅿 – 🔬 50. 🍴🗗 AE E.
       🛇
       fermé nov., dim. soir et lundi – SC : **R** 55/160 – 🖵 18 – **25 ch** 95/160 – P 160/190.

       Annexe La Chrissandière ⑤,, ≤, « Jardin fleuri, 🏊 » – 🛏wc ☎ 🅿. 🛇
       juin-sept. et fermé jeudi – SC : **R** voir H. des Rochers – 🖵 18 – **10 ch** 170/180 – P
       200.

BANDOL 83150 Var 🖲🖳 ⑭ G. Côte d'Azur – 6 863 h. – Casino – 🍀 94.
Voir Allées Jean-Moulin★.
🛈 Office de Tourisme Allées Vivien (fermé dim. d'oct. à mai) ⬆ 29.41.35, Télex 400383.
Paris 826 ① – Aix-en-Provence 68 ② – ♦Marseille 51 ② – ♦Toulon 17 ②.

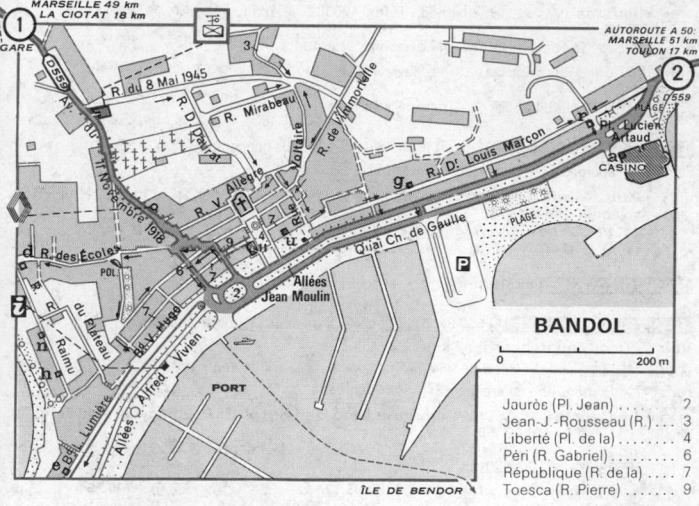

Jauròs (Pl. Jean) 2
Jean-J.-Rousseau (R.) . . . 3
Liberté (Pl. de la) 4
Péri (R. Gabriel) 6
République (R. de la) 7
Toesca (R. Pierre) 9

BANDOL
0   200 m

   🏰 **Ile Rousse** M ⑤, bd L.-Lumière **(e)** ⬆ 29.46.86, Télex 400372, ≤, 🏊, 🐎 – 🛗
       🍴 📺 🚗 – 🔬 20 à 100. AE ⓪ E VISA
       SC : **Les Oliviers R** 130 - **La Goélette** à la plage *(1er juil.-31 août)* **R** (déj. seul.) 60 🅱
       🛇 – 🖵 30 – **53 ch** 420/760.

   🏨 **Les Pieds dans l'Eau** M, rte de Sanary par ② ⬆ 74.05.82, Télex 400366, ≤,
       « Sur la plage » – 🛏wc ☎ 🅿 – 🔬 60. 🍴🗗 AE ⓪ VISA
       15 fév.-15 nov. – SC : **R** carte 100 à 160 – 🖵 20 – **45 ch** 212/253.

   🏨 **Le Provençal,** r. Écoles **(d)** ⬆ 29.52.11, Télex 400308 – 🛏wc 🗑wc 🚗 🍴🗗 AE
       ⓪ E VISA. 🛇
       1er fév.-31 oct. – SC : **R** 105 – 🖵 17 – **22 ch** 200 – P 265/275.

   🏨 **Baie** M sans rest, 62 r. Dr L.-Marçon **(r)** ⬆ 29.40.82 – 📺 🛏wc 🚗. 🍴🗗
       fermé 25 déc. au 1er fév. – SC : 🖵 16,50 – **14 ch** 165.

   🏨 **Golf H.** ⑤ sans rest, sur plage Rènecros par bd L.-Lumière ⬆ 29.45.83, ≤, 🐎
       – 🛏wc 🗑wc 🚗 🅿. 🍴🗗
       Pâques-mi oct. – SC : 🖵 17 – **19 ch** 173/340.

   🏨 **Ker Mocotte** ⑤, r. Raimu **(n)** ⬆ 29.46.53, ≤, « Terrasses surplombant la mer »
       🐎 – 📺 🛏wc 🗑wc ☎ – 🔬 40. 🛇 ch
       1er fév.-31 oct. – SC : **R** 82 🅱 – 🖵 20 – 18 ch 180/240 – P 242/270.

   🏨 **Les Galets** sans rest, par ② : 0,5 km ⬆ 29.43.46 – 🛏wc 🗑 🚗 🅿. 🍴🗗 🛇
       1er avril-30 oct. – SC : 🖵 13 – **22 ch** 60/153.

   🏠 **La Brunière** ⑤, av. Château par bd L.-Lumière ⬆ 29.52.08, ≤, « Jardin ombragé
       surplombant la baie » – 🛏wc 🗑 🚗 🅿
       SC : **R** *(mai-sept.)* 55/75 – **17 ch** (pens. seul.) – P 200/260.

   🏠 **Coin d'Azur** ⑤, r. Raimu **(h)** ⬆ 29.40.93, ≤, 🍴 – 🗑wc 🅿. 🛇
       mi mars-oct. – SC : **R** (pour résidents seul.) – 🖵 12 – **21 ch** 71/119 – P 138/162.

169

BANDOL

XXX **Réserve** avec ch, rte de Sanary par ② ↗ 29.42.71, ≼ – ⏢wc ⏢wc ⊕ ℗. ⓪
VISA. ⫸ ch
*fermé 1er déc. au 17 janv., 24 mai au 2 juin, dim. soir (sauf hôtel) et lundi sauf le soir
en juil.-août* – SC : **R** (nombre de couverts limité - prévenir) 90 – **16 ch** ⌿ 108/272
– P 220/300.

XXX **Aub. du Port,** 9 allées J.-Moulin (u) ↗ 29.42.63 – 匯 ⓪ **VISA**
fermé 15 au 31 janv., dim. soir et lundi sauf vac. scolaires – SC : **R** carte 155 à 220.

XX **Le Lotus,** pl. L.-Artaud (a) ↗ 29.49.03, ≼, Cuisine française et chinoise – ℗
fermé merc. – **R** 72.

X **Grotte Provençale,** 21 r. Dr-L.-Marçon (g) ↗ 29.41.52 – ▤. **VISA**
fermé mardi soir et merc. sauf juil.-août – SC : **R** 55/65.

dans l'Ile de Bendor* – ✉ 83150 Bandol.

Accès par vedette 7 mn - En 1982 : voyageurs 10 F (AR) - ↗ 29.44.34 (Bandol).

🏨 **Le Delos** ⮑ (annexe : 🏨 Le Palais - 36 ch) ↗ 29.42.33, Télex 400383, ≼ baie
de Bandol, ⏝, ⚓, ⫸ – 🏐 – 🛏 250. 匯 ⓪ € **VISA**. ⫸
1er avril-14 déc. – SC : **R** 70/150 – **55 ch** ⌿ 224/420.

🏨 Soukana M ⮑, ↗ 29.46.83, Télex 400383, ≼ baie, ⏝, ⚓, ⫸ – 🏐 ▤ – 🛏
25 à 50
sais. – **R** voir Le Delos – **47 ch**, 3 appartements.

RENAULT Gar. Pieraccini, 6 av. du 11-Novembre ↗ 29.40.24

BANGOR 56 Morbihan 🔢 ⑩ – rattaché à Belle-Ile.

BANNEGON 18 Cher 🔢 ② – 351 h. alt. 180 – ✉ 18210 Charenton-du-Cher – ✪ 48.
Paris 269 – Bourges 42 – St-Amand-Montrond 24 – Sancoins 18.

XX **Aub. Moulin de Chaméron** ⮑ avec ch, SE : 3 km par D 76 et VO ↗ 60.75.80,
« Moulin du 18e s. », ⏝, ⚓ – ⏢wc ⏢ ⊕ ✚ ℗. 🔳 **VISA**. ⫸ rest
15 mars-2 nov. et fermé jeudi sauf du 1er juin au 15 sept. – SC : **R** 85/195 ⅄ –
18.50 – **10 ch** 120/195.

BANNONCOURT 55 Meuse 🔢 ⑪ – rattaché à St-Mihiel.

BANYULS-SUR-MER 66650 Pyr.-Or. 🔢 ⑳ G. Pyrénées – 4 294 h. – ✪ 68.
Voir ⫸** du cap Réderis E : 2 km.
🅱 Office de Tourisme à l'Hôtel de Ville (fermé sam. hors saison et dim.) ↗ 88.31.58.
Paris 947 – Cerbère 10 – ✦Perpignan 37 – Port-Vendres 6.

🏨 **Le Catalan** M ⮑, rte Cerbère ↗ 88.02.80, Télex 500557, ≼ Banyuls et la côte, ⏝,
⫸ – 🏐 ☎ ℗. 匯 ⓪
hôtel : 1er avril-15 oct., rest : 1er juin-30 sept. – SC : **R** 120/250 – ⌿ 20 – **36 ch**
260/350 – P 220/320.

🏨 **Les Elmes,** plage des Elmes ↗ 88.03.12, ≼ – ▤ ch ⏢wc ⊕ ℗. 🔳. ⫸
20 mars-15 oct. – SC : **R** 55/160 – ⌿ 22 – **21 ch** 170/230 – P 200/250.

🏨 **Cap Doune** sans rest, pl. Reig ↗ 88.30.56 – ⏢wc ⊕. sans 🍴. ⫸
1er juin-fin sept. – SC : ⌿ 15.50 – **12 ch** 60/110.

XX **Le Sardinal,** pl. Reig ↗ 88.31.14, 🌳 – 匯 € **VISA**
fermé 15 au 31 oct., janv., dim. soir et lundi hors sais. – SC : **R** 58/110.

X **La Pergola** avec ch, av. Fontaulé ↗ 88.02.10 – ⏢wc ⊕
25 mars-11 nov. – SC : **R** 52/100 – ⌿ 18 – **17 ch** 120/200 – P 200/250.

BAPAUME 62450 P.-de-C. 🔢 ⑫ – 4 207 h. alt. 121 – ✪ 21.
Paris 155 – ✦Amiens 47 – Arras 27 – Cambrai 29 – Douai 42 – Doullens 49 – St-Quentin 48.

🏨 **Paix,** av. A.-Guidet ↗ 07.11.03 – ⏢wc ⟺ ℗. 🔳 **VISA**. ⫸ ch
← *fermé au 15 août et 20 déc. au 3 janv.* – SC : **R** *(fermé sam.)* 48/85 ⅄ – ⌿ 12 –
16 ch 140/150 – P 160/180.

CITROEN Zuliani-Roose, 42 fg d'Arras ↗ 58.   PEUGEOT Greselle-Desvignes, ↗ 07.14.13
90.22

BAPEAUME 76 S.-Mar. 🔢 ⑥ – rattaché à Rouen.

La BARAQUE 63 P.-de-D. 🔢 ⑭ – rattaché à Clermont-Ferrand.

BARAQUEVILLE 12160 Aveyron 🔢 ② – 1 955 h. alt. 791 – ✪ 65.
Paris 628 – Albi 59 – Millau 74 – Rodez 19 – Villefranche-de-Rouergue 43.

🏨 **Segala Plein Ciel** M ⮑, rte Albi ↗ 69.03.45, ≼, ⏝, ⫸ – 🏐 ⏢wc ⏢ ⊕ ℗ –
🛏 30 à 200. **VISA**. ⫸ ch
fermé janv., vend. soir, dim. soir et lundi – SC : **R** 60/140 – ⌿ 15 – **43 ch** 100/170 –
P 200/220.

🏠 **Agriculture,** ☎ 69.00.06 – 🍴 🔳
↪ *fermé vend. soir et sam. midi hors sais.* – SC : **R** 37/110 🍷 – 🛏 10 – **10 ch** 50/55 –
P 115/120.

PEUGEOT-TALBOT Sacrispeyre, ☎ 69.00.43 🅽

BARBAZAN 31510 Hte-Garonne 🎱🎵 ① – 406 h. alt. 450 – ⊗ 61.
Paris 812 – Bagnères-de-Luchon 31 – Lannemezan 24 – St-Gaudens 13 – Tarbes 59 – ◆Toulouse 103.

🏠 **Host. de l'Aristou** ♨, rte Sauveterre ☎ 88.30.67 – 📺 🍴wc ☎ 🅿 – 🏛 50.
🍽 🆎 ① 🅔 𝕍𝕀𝕊𝔸 ❄ rest
fermé dim. soir et lundi midi hors sais. – SC : **R** 75/150 – 🛏 21 – **7 ch** 125/250 – P
285/410.

La BARBEN 13 B.-du-R. 🎱🎵 ② – rattaché à Salon-de-Provence.

BARBENTANE 13570 B.-du-R. 🎱🎵 ⑩ G. Provence – 2 864 h. alt. 52 – ⊗ 90.
Voir Décoration intérieure★ du château – Abbaye St-Michel-de-Frigolet : boiseries★
de la chapelle N.-D.-du-Bon-Remède S : 5 km.
🅸 Syndicat d'Initiative à la Mairie(fermé sam. et dim.) ☎ 95.50.39.
Paris 698 – Avignon 9,5 – Arles 33 – ◆Marseille 105 – Nîmes 40 – Tarascon 15.

🏠 **Castel Mouisson** Ⓜ ♨, quartier Castel-Mouisson ☎ 95.51.17, 🏊, 🎾, ⚙ –
🍴wc ☎ 🕭 🅿 🍽 ❄
15 mars-15 oct. – **R** (snack le soir pour résidents sauf juil. et août) – 🛏 15 – **17 ch**
150/160.

🏠 **St-Jean,** ☎ 95.50.44 – 🍽 rest 🔳 🛏, ❄ ch
↪ *fermé 2 janv. au 28 fév. et merc.* – SC : **R** 42/82 🍷 – 🍵 12 – **12 ch** 71/92 – P
150/185.

BARBERAZ 73 Savoie 🎵🎵 ⑮ – rattaché à Chambéry.

BARBEREY-ST-SULPICE 10 Aube 🎱🎵 ⑯ – rattaché à Troyes.

BARBEZIEUX 16300 Charente 🎵🎵 ⑫ G. Côte de l'Atlantique – 5 182 h. alt. 79 – ⊗ 45.
🅸 Syndicat d'Initiative 3 bd Chanzy (1ᵉʳ juil.-30 août, fermé dim. et lundi) ☎ 78.02.54.
Paris 478 ① – Angoulême 33 ① – ◆Bordeaux 84 ⑤ – Cognac 34 ⑦ – Jonzac 23 ⑥ – Libourne 67 ⑤.

BARBEZIEUX

Carnot (R. Sadi) . . . . **Y**
Église (Pl. de l') . . . . **Y** 8
Jambon (R. Marcel) . . . . **Z** 15
Marché (Pl. du) . . . . **Y** 16
République (R. de la) . . . . **Z** 18
St-Mathias (R.) . . . . **Y** 20
Victor-Hugo (R.) . . . . **YZ** 29

Alma (R. de l') . . . . **Z** 2
Banchereau (R. A.) . . . . **Z** 4
Basses-Douves (R. des) . . . . **Y** 5
Champ-de-Foire (Pl. du) . . . . **Z** 6
Chanzy (Bd) . . . . **YZ** 7
Europe (Av. de l') . . . . **Y** 9
Foucaud (R. du Cdt-Léo) . . . . **Z** 10
Fougerat (R. du Cdt-H.) . . . . **Z** 12
Gambetta (Bd) . . . . **Z** 14
Trarieux (R.) . . . . **Z** 24
Veillon (R. Thomas) . . . . **Z** 25
Verdun (Pl. de) . . . . **Y** 27
Viaud (Av.) . . . . **Z** 28
Vinet (R. Élie) . . . . **Y** 30

*Pour un bon usage des plans
de villes, voir les signes
conventionnels p. 20.*

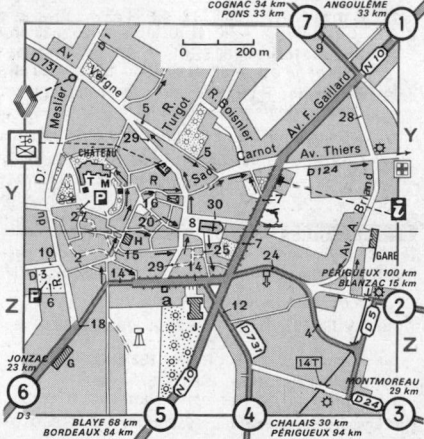

🏠 **La Boule d'Or,** 9 bd Gambetta ☎ 78.22.72, 🌳, 🐴 – 🍴wc 🔳wc ☎ 🚗 🅿 –
🏛 30 à 60. 🍽 🅔
SC : **R** 40/160 – 🛏 18 – **28 ch** 70/150 – P 170/279.   Z a

🏠 **La Venta** Ⓜ, à Bois-Vert par ⑤ : 11 km sur N 10 ✉ 16360 Baignes-Ste-Radegonde
☎ 78.40.95, 🌳, 🏊, 🐴 – 🍴wc 🔳wc 🅿 – 🏛 30. 🍽 𝕍𝕀𝕊𝔸
fermé 30 oct. au 5 nov., vend. soir et sam. midi d'oct. à mars sauf vacances scolaires
– SC : **R** 30/98 🍷 – 🛏 11,50 – **23 ch** 75/104 – P 147/170.

FORD Gar. de Bellevue, ☎ 78.17.58
RENAULT Cholet, ☎ 78.11.66
TOYOTA Duchez Dagnaud, ☎ 78.10.94 🅽

V.A.G. Puyravaud, ☎ 78.12.13 🅽

⚙ Charente-Pneus, St-Hilaire ☎ 78.03.58

BARBIZON 77630 S.-et-M. 🔟 ①②. 🔟🔟🔟 ⑮ G. Environs de Paris – 1 189 h. alt. 80 – ⚙ 6.
Voir Gorges d'Apremont★ E : 3,5 km puis 30 mn.
🄱 Syndicat d'Initiative 41 r. Grande ☏ 066.41.87.
Paris 59 – Étampes 39 – Fontainebleau 9,5 – Melun 11 – Pithiviers 47.

🏨 ❀ **Bas-Bréau** [M] ⤢, ☏ 066.40.05, Télex 690953, « Jardin fleuri » , parc, ☜ – 📺
    ☜ ⅙, 🝙 🅿 – 🝙 30 🖭 VISA
    fermé début janv. à mi fév. – **R** carte 195 à 265 – ⬜ 45 – **12 ch** 500/650, 7
    appartements
    Spéc. Écrevisses aux herbes à tortue, Filet de Charolais en feuilleté, Grouse d'Écosse rôtie aux
    cèpes.

🏨 **Les Alouettes** ⤢, ☏ 066.41.98, parc, ☜ – ⬛wc 🝙 ☜ 🅿 – 🝙 35. 🖭 🖭 ⓞ
    E VISA
    fermé 3 au 28 janv. et dim. soir – SC : **R** carte 125 à 170 – ⬜ 20 – **28 ch** 120/165 –
    P 150/210.

✕✕ **Host. Clé d'Or** ⤢ avec ch, ☏ 066.40.96, 🝙 – ⬛wc 🝙wc ☜ ⅙ 🅿 – 🝙 25.
    🖭 🖭 E VISA
    fermé 14 nov. au 16 déc., dim. soir et lundi sauf fêtes – SC : **R** 120 bc, carte le dim. –
    ⬜ 23 – **13 ch** 150/220.

✕ **Le Relais de Barbizon,** ☏ 066.40.28 – E VISA
    fermé 16 août au 10 sept., vacances de Noël, mardi et merc. – SC : **R** 75/100.

    sur la N 7, à l'orée de la forêt E : 1,5 km – ✉ 77630 Barbizon :

✕✕✕ **Grand Veneur,** ☏ 066.40.44, « Salle rustique avec grande broche devant un feu
    de bois » – 🅿 🖭 ⓞ VISA
    fermé 28 juil. au 26 août, merc. soir et jeudi – **R** carte 145 à 200.

✕ **Broche de Barbizon,** ☏ 066.40.76 – 🅿
    fermé 26 juil. au 12 août, merc. soir et jeudi – SC : **R** 49/93.

BARBOTAN-LES-THERMES 32 Gers 🔟🔟 ⑫ G. Côte de l'Atlantique – alt. 136 – Stat.
therm. (1er avril-30 nov.) – ✉ 32150 Cazaubon – ⚙ 62.
🄱 Office de Tourisme pl. Armagnac (fermé sam. hors sais. et dim.) ☏ 09.52.13.
Paris 728 – Aire-sur-l'Adour 36 – Auch 72 – Condom 36 – Marmande 70 – Nérac 43.

🏨 **La Bastide Gasconne** [M] ⤢, ☏ 09.52.09, Télex 521009, 🝙, 🝙, 🝙, ☜ –
    cuisinette 🅿 – 🝙 25. 🖭. ☜ rest
    1er avril-31 oct. – **R** 125/195 – ⬜ 32 – **47 ch** 250/370 – P 365/500.

🏨 **Château de Bégué** ⤢, SO : 2 km par D 656 ✉ 32150 Cazaubon ☏ 09.50.08, ≼,
    « Petit manoir dans un parc », 🝙 – ⬛wc ☜ 🅿 🝙 VISA. ☜ rest
    mai-oct. – SC : **R** 85/90 – **25 ch** ⬜ 130/225 – P 220/310.

🏨 **Cante Grit,** ☏ 09.52.12, 🝙 – ⬛wc 🝙wc ☜ 🅿 🖭 VISA. ☜ rest
    15 avril-30 oct. – SC : **R** 70/115 – ⬜ 25 – **23 ch** 170/220 – P 230/330.

🏨 **Beauséjour,** ☏ 09.52.01, ≼, 🝙, 🝙 – ⬛wc 🝙wc ☜ 🅿 🝙. ☜ rest
    mi avril-fin oct. – SC : **R** 60/100 – ⬜ 20 – **30 ch** 100/220 – P 260/380.

🏨 **Roseraie,** ☏ 09.53.26, 🝙 – 🝙 🝙wc ☜ 🅿. ☜ rest
    début avril-fin oct. – SC : **R** 70/78 – ⬜ 20 – **33 ch** 100/200 – P 180/265.

    à Cazaubon SO : 3 km par D 626 – ✉ 32150 Cazaubon :

🏨 **Château Bellevue** ☏ 09.51.95, ≼, « dans un parc », 🝙 – 🝙 🅿 – 🝙 50. 🖭
    ⓞ – *fermé janv., fév. et mardi en déc. et mars* – SC : **R** 90/180 – ⬜ 25 – **27 ch**
    130/280 – P 250/320.

Le BARCARÈS 66420 Pyr.-Or. 🔟🔟 ⑩ – 1 978 h. – Casino à Port-Barcarès – ⚙ 68.
🄱 Office de Tourisme Front de Mer (fermé sam. et dim. hors sais.) ☏ 86.16.56.
Paris 910 – Narbonne 64 – ♦Perpignan 21 – Quillan 84.

    à Port-Barcarès G. Pyrénées.

🏨 **Lydia Playa** [M], ☏ 86.25.25, Télex 500837, ≼, 🝙, 🝙, 🝙, ☜ – 🝙 🖳 📺 ☎ 🅿 –
    🝙 40 à 200. 🖭 ⓞ VISA
    9 mai-30 oct. – SC : **R** 80 – **192 ch** ⬜ 180/415 – P 260/475.

✕✕ **Don Quichotte,** ☏ 86.06.57 – 🖳
    Pâques-fin sept. et fermé lundi – SC : **R** 70/150.

Gar. Leucate-Barcarès-Auto, N 9, Port-Barcarès ☏ 86.06.66

BARCELONNETTE ☜ 04400 Alpes-de-H.-P. 🔟🔟 ⑧ G. Alpes – 3 213 h. alt. 1 132 – Sports
d'hiver au Sauze SE : 4 km, à Super-Sauze SE : 10 km et à Pra-Loup SO : 8,5 km – ⚙ 92.
🄱 Office de Tourisme av. Libération (fermé dim. sauf le matin en juil. et août) ☏ 81.04.71.
Paris 737 – Briançon 84 – Cannes 221 – Cuneo 100 – Digne 87 – Gap 69 – ♦Nice 204.

🏨 **La Grande Épervière** [M] sans rest, 18 r. Frères-Arnaud ☏ 81.00.70, ≼, 🝙 –
    ⬛wc ☜ 🝙 🅿 🝙. ☜
    1er avril-20 oct., vacances de Noël et de fév. – SC : ⬜ 16 – **20 ch** 150/180.

🏨 **Gaudissart,** pl. A.-Gassier ☏ 81.00.45, 🝙 – 🝙 ☜. ☜ rest
    fermé 5 au 20 juin, 1er au 16 oct., dim. soir et lundi midi – SC : **R** 55/150 – 🖳 13 –
    10 ch 90/105.

XX **Le Passe-Montagne,** SO : 3 km rte Cayolle ☏ 81.08.58, 🍽 – 🅿 🆎
  fermé 15 nov. au 15 déc. et mardi – SC : **R** carte environ 100.

XX **La Mangeoire,** pl. 4-Vents ☏ 81.01.61 – 🅿 *VISA*
  fermé en mai, en nov. et lundi sauf été – SC : **R** carte environ 100.

X **L'Aupillon** 🕭 avec ch, rte de St-Pons ☏ 81.01.09, 🍽, ☞ – 🅿 🚗 *VISA*
➤ *fermé mai et nov. –* SC : **R** 48/85 🍴 – 🍺 16 – **7 ch** 80/90 – P 130.

  au Sauze SE : 4 km par D 900 et D 209 – alt. 1 380 – Sports d'hiver : 1 400/2 400 m ⚡21 –
  ✉ 04400 Barcelonnette

🏨 **Alp'H.** 🕭, ☏ 81.05.04, Télex 420437, ≤, 🍽, ☞ – 🗚 ☎ 🚗 🅿 🆎 *VISA*
➤ *10 juil.-1ᵉʳ oct. et 10 déc.-30 avril –* SC : **R** 42/70 – 🖙 21 – **39 ch** 100/235 –
  P 195/250.

🏠 **L'Équipe** 🕭, ☏ 81.05.12, ≤ – 🛏wc 📺 🚗 🅿 📶 . 🕱 rest
➤ *25 juin-5 sept. et 15 déc.-15 avril –* SC : **R** 60/70 – 🖙 16 – **24 ch** 100/160 –
  P 160/200.

🏠 **Séolanes** 🕭, ☏ 81.05.10, ≤ – 🛁wc 🛏wc 📺 🅿 📶 . 🕱 rest
➤ *26 juin-4 sept. et Noël-Pâques –* SC : **R** 45/65 – 🖙 14 – **16 ch** 72/139 – P 114/189.

🏠 **Les Flocons,** ☏ 81.05.03, ≤ – 🛏 🅿 📶 *VISA* . 🕱 rest
  1ᵉʳ juin-15 sept. et 1ᵉʳ déc.-30 avril – SC : **R** 60/90 – 🖙 16 – **25 ch** 90/110 –
  P 165/175.

  à Super-Sauze S : 10 km par D 9 et D 9A – alt. 1 700 – Sports d'hiver : voir au Sauze –
  ✉ 04400 Barcelonnette :

🏨 **Pyjama** M 🕭 sans rest, ☏ 81.12.00, ≤ – 🛁wc ☎ 🅿 📶
  10 juil.-1ᵉʳ sept. et 10 déc.-1ᵉʳ mai – SC : 🖙 20 – **5 ch** 165/185.

🏨 **OP Traken** 🕭, ☏ 81.05.22, ≤, 🍽 – 🛁wc 🛏wc 📺 . 📶 🆎
  1ᵉʳ juin-1ᵉʳ sept. et 15 déc.-25 avril – SC : **R** 60/65 – 🖙 20 – **12 ch** 165/185 –
  P 180/230.

🏠 **Ourson** 🕭, ☏ 81.05.21, ≤, 🍽, 🎴 – 🛁wc 🛏wc ☎ 🚗 🅿 📶 . 🕱 rest
➤ *1ᵉʳ juil.-31 août et 15 déc.-30 avril –* SC : **R** 50/80 – 🖙 15 – **20 ch** 120/160 –
  P 160/180.

  à Pra-Loup SO : 8,5 km – alt. 1 600 – Sports d'hiver : 1 630/2 500 m ⚡3 ⚡28 – ✉ 04400
  Barcelonnette.
  🛈 Office de Tourisme La Maison de Pra-Loup (fermé sam. et dim. hors sais.) ☏ 84.10.04.
  Télex 420269.

🏨 **Les Airelles** M 🕭 sans rest, ☏ 84.13.24, ≤ – 🛁wc 📺 🅿 . 🕱
  5 juil.-5 sept. et 5 déc.-30 avril – SC : 🖙 18 – **20 ch** 180/215.

🏠 **Le Prieuré** 🕭, à Molanès ☏ 84.11.43 – 🛁wc 🛏wc. 🕱 rest
➤ *1ᵉʳ juil.-8 sept. et déc. à avril –* SC : **R** (dîner seul.) 50 – 🖙 17 – **15 ch** 60/150.

CITROEN Gar. de la Gravette, ☏ 81.01.66   PEUGEOT Gar. de l'Ubaye, ☏ 81.02.45
FIAT Gar. S.A.T.A., ☏ 81.00.11

▬▬▬ **BARCUS** 64 Pyr. Atl. 🎖 ⑤ – 957 h. alt. 210 – ✉ 64130 Mauléon-Soule – ⚙ 59.

Paris 831 – Mauléon-Licharre 15 – Oloron-Ste-Marie 16 – Pau 49 – St-Jean-Pied-de-Port 55.

🏠 **Chilo,** ☏ 28.14.79 – 🛁wc 🛏 🅿
➤ *fermé 20 sept. au 10 oct. –* SC : **R** 35/65 🍴 – 🖙 9,50 – **13 ch** 49/70 – P 95/110.

▬▬▬ **BARÈGES** 65 H.-Pyr. 🎖 ⑱ G. Pyrénées – 324 h. alt. 1 250 – Stat. therm. (15 mai-30 sept.) –
Sports d'hiver : 1 250/2 350 m ⚡1 ⚡19 – ✉ 65120 Luz-St-Sauveur – ⚙ 62.
🛈 Syndicat d'Initiative (fermé dim. après-midi hors sais.) ☏ 92.68.19.

Paris 863 – Arreau 52 – Bagnères-de-Bigorre 40 – Lourdes 38 – Luz-St-Sauveur 7 – Tarbes 58.

🏨 **Europe,** ☏ 92.68.04, ☞ – 🗚 🛁wc 🛏wc 📺 . *VISA* 🕱 rest
➤ *6 juin-22 sept. et 18 déc.-15 avril –* SC : **R** 50/132 – 🖙 16 – **53 ch** 64/156 –
  P 138/201.

🏠 **Richelieu,** ☏ 92.68.11 – 🗚 🛁wc 🛏wc. 📶 🆎 . 🕱 rest
➤ *1ᵉʳ juin-23 sept. et 18 déc.-15 avril –* SC : **R** 40/110 – 🖙 14 – **36 ch** 100/150 –
  P 150/180.

▬▬▬ **BARENTIN** 76360 S.-Mar. 🎖 ⑥ G. Normandie – 12 184 h. alt. 75 – ⚙ 35.

Paris 156 – Dieppe 49 – Duclair 10 – ◆Rouen 17 – Yerville 15 – Yvetot 19.

XX **Aub. Gd St-Pierre,** 19 av. Victor-Hugo ☏ 91.03.37 – 🅿 🆎 ① *VISA*
➤ *fermé août, vacances de fév., dim. soir, mardi soir et merc. –* SC : **R** 46/82.

PEUGEOT-TALBOT Barbier, 32 av. V.-Hugo ☏   RENAULT Roussel, r. A.-Briand ☏ 91.10.52
91.22.64

┌─────────────────────────────────────┐
│   L'EUROPE en une seule feuille   │
│   carte Michelin nº 🔢🔢🔢   │
└─────────────────────────────────────┘

BARFLEUR 50760 Manche 54 ③ G. Normandie – 722 h. – ✪ 33.

Voir Phare de la Pointe de Barfleur★ : ✳️★★ N : 4 km.

Env. La Pernelle ✳️★★ S : 6,5 km.

🛈 Office de Tourisme 64 r. St-Thomas-Becket (juil.-août après-midi seul.) ☎ 54.02.48.

Paris 358 – ♦Caen 117 – Carentan 48 – ♦Cherbourg 27 – St-Lô 76 – Valognes 25.

- 🏠 **Phare,** ☎ 54.02.07, 🍴 – �️wc 🛏️wc 🅿️ 🛎️ ⚄ rest
  fermé 1ᵉʳ nov. au 20 déc., 3 janv. au 6 fév., dim. soir et lundi hors sais. – SC : **R**
  79/180 – ☲ 14 – **20 ch** 68/140 – P 170/200.
- 🎴 **Mer,** ☎ 54.00.16 – �️ 🅿️ 🛎️ *VISA*
- ↠ *fermé oct. et lundi* – SC : **R** 35/70 – ☲ 12 – **10 ch** 60/120 – P 180/250.

RENAULT Gonzalve, à Montfarville ☎ 54.04.21

BARGEMON 83620 Var 84 ⑦ G. Côte d'Azur – 820 h. alt. 465 – ✪ 94.

Paris 884 – Castellane 43 – Comps-sur-Artuby 20 – Draguignan 21 – Grasse 44.

- ✗✗ **La Taverne** (Chez Pierrot), ☎ 76.62.19 – *AE* ⓪ *VISA*
  fermé 31 janv. au 2 mars, dim. soir et lundi sauf juil. et août – SC : **R** (nombre de couverts limité - prévenir) 60/130.
- ✗✗ **Maître Blanc,** ☎ 76.60.24
  fermé déc., janv. et merc. – **R** (déj. seul. en juil.et août) 50/90.

BARJOLS 83670 Var 84 ⑤ G. Côte d'Azur – 2 092 h. alt. 288 – ✪ 94.

Paris 823 – Aix-en-Provence 64 – Brignoles 22 – Digne 86 – Draguignan 45 – Manosque 51.

- 🏠 **Pont d'Or,** rte St-Maximin ☎ 77.05.23 – 🛏️wc 🚗 ⚄ rest
- ↠ *fermé 1ᵉʳ déc. au 15 janv.* – SC : **R** *(fermé dim. soir et lundi hors sais.)* 42/100 – ☲
  14 – **15 ch** 60/100 – P 141/158.

CITROEN Inaudi, ☎ 77.06.13   RENAULT Penal, ☎ 77.00.51

Visitez la capitale avec le **guide Vert Michelin PARIS**

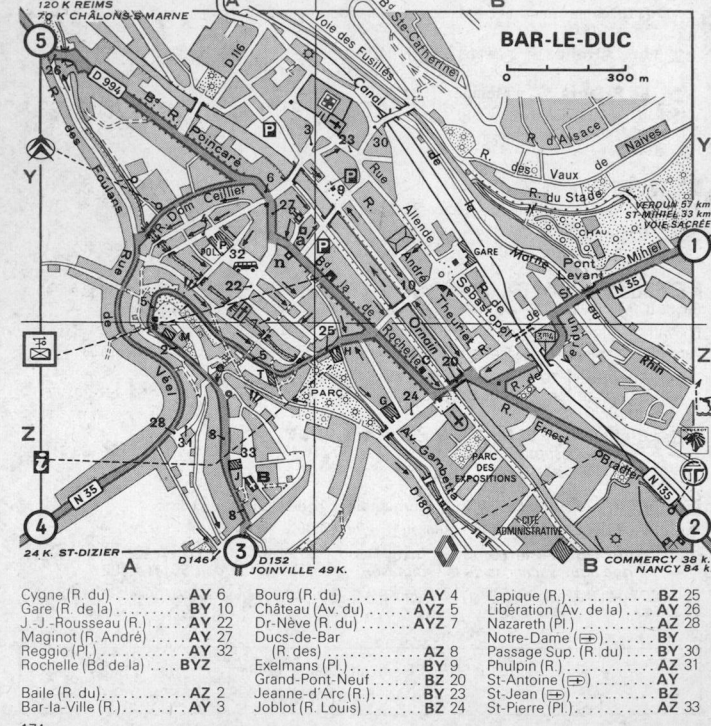

Cygne (R. du) . . . . **AY** 6	Bourg (R. du) . . . . **AY** 4	Lapique (R.) . . . . **BZ** 25
Gare (R. de la) . . . . **BY** 10	Château (Av. du) . . . . . **AYZ** 5	Libération (Av. de la) . . **AY** 26
J.-J.-Rousseau (R.) . . . . **AY** 22	Dr-Nève (R. du) . . . . . . **AYZ** 7	Nazareth (Pl.) . . . . **AZ** 28
Maginot (R. André) . . . . **AY** 27	Ducs-de-Bar	Notre-Dame (⊟) . . . . **BY**
Reggio (Pl.) . . . . **AY** 32	(R. des) . . . . **AZ** 8	Passage Sup. (R. du) . . **BY** 30
Rochelle (Bd de la) . . . . **BYZ**	Exelmans (Pl.) . . . . **BY** 9	Phulpin (R.) . . . . **AZ** 31
	Grand-Pont-Neuf . . . . . . **BZ** 20	St-Antoine (⊟) . . . . **AY**
Baile (R. du) . . . . **AZ** 2	Jeanne-d'Arc (R.) . . . . . . **BY** 23	St-Jean (⊟) . . . . **BZ**
Bar-la-Ville (R.) . . . . **AY** 3	Joblot (R. Louis) . . . . **BZ** 24	St-Pierre (Pl.) . . . . **AZ** 33

BAR-LE-DUC 🅿 55000 Meuse 🖸🗷 ① G. Vosges – 20 516 h. alt. 184 – ✪ 29.

Voir Le "Squelette"** dans l'église St-Étienne AZ **B**.

🔓 de Combles-en-Barrois ⏏ 45.16.03 par ④ : 5 km.

🛈 Office de Tourisme à l'Hôtel de Ville (fermé dim. et lundi) ⏏ 79.11.13 - A.C. 14 r. A.-Maginot ⏏ 79.03.76.

Paris 263 ⑤ – Châlons-sur-Marne 70 ⑤ – Charleville-Mézières 140 ⑤ – Épinal 151 ② – ◆Metz 126 ① – ◆Nancy 84 ② – Neufchâteau 73 ② – ◆Reims 120 ⑤ – St-Dizier 24 ④ – Verdun 57 ①.

Plan page ci-contre

🏨 **Gd H. Metz et Commerce**, 17 bd de La Rochelle ⏏ 79.02.56, 🚗 – 📇wc 🏠wc
◆ ☎ – 🏧 40 à 150. 📠. 🍽 rest   AY **n**
SC : **R** 47/140 – 🖵 14 – **51 ch** 70/140.

🏨 **Exelmans** sans rest, 5 r. du Gué ⏏ 76.21.06 – 🏠 ☎. 📠. 🍽   AY **a**
fermé 1er au 16 janv. – SC : 🖵 10 – **14 ch** 40/60.

à Trémont-sur-Saulx par ④ et D 3 : 9,5 km – ✉ 55000 Bar-le-Duc :

🏨 **Aub. de la Source** 🌡, ⏏ 70.45.22 – 📺 📇wc ☎ 🅿 📠 **E**. 🍽 rest
◆ fermé 10 au 31 août, en fév., dim. soir et lundi – SC : **R** 45/130 🛢 – 🖵 13 – **16 ch** 110/140.

CITROEN Gd Gar. Lorrain, 15 r. des Foulans ⏏ 45.30.22

FIAT LANCIA-AUTOBIANCHI Gar. Marinoni, 38 r. J.-d'Arc ⏏ 76.22.65

PEUGEOT-TALBOT Gar. Billet, 83 r. Bradfer ⏏ 79.01.30

RENAULT Gar. Central, Parc Bradfer ⏏ 79.40.66

Gar. Desoteux, 4 r. Dom-Ceillier ⏏ 79.13.75

🅐 Barrois-Pneus, 31 r. Bradfer ⏏ 79.13.01

BARNEVILLE-CARTERET 50270 Manche 🖸🗷 ① G. Normandie (plan) – 2 012 h. alt. 43 – ✪ 33.

Paris 353 – ◆Caen 113 – Carentan 43 – ◆Cherbourg 37 – Coutances 48 – St-Lô 63.

à Barneville-Plage.

Voir Décoration romane★ de l'église.

🏨 **Les Isles** 🌡, ⏏ 54.90.76, ≤, 🚗 – 📇wc 🏠wc ☎. 📠 🅰 ⓞ **E**. 🍽 rest
fermé 15 nov. au 20 déc. – **R** 70/120 – 🖵 18 – **36 ch** 90/220 – P 190/255.

🏨 **Jersey** 🌡 sans rest, ⏏ 54.91.23 – 📇wc 🏠wc ☎ 🅿. 🍽
SC : 🖵 14 – **20 ch** 90/110.

à Carteret.

Voir Le tour du Cap★★ et phare★.

Excurs. à l'île de Jersey★ (voir à Jersey).

🏨 **Marine**, ⏏ 54.83.31, ≤ – 📇wc 🏠 ☎ 🅿 📠
1er fév.-20 nov. et fermé lundi hors sais. – SC : **R** 60/90 – 🖵 16,50 – **31 ch** 70/200 – P 180/220.

🏨 **Angleterre**, ⏏ 54.86.04, ≤ – 📇wc 🏠 ☎ 🅿. 🍽 rest
1er avril-15 oct. – SC : **R** 58/183 – 🖵 15,50 – **43 ch** 87/174 – P 197/232.

🏨 **Plage et du Cap** 🌡 sans rest. en hiver, le Cap ⏏ 54.86.96, ≤, 🚗 – 🏠wc ☎. 📠 🅿 **E**. 🍽
Pâques-fin sept. et fermé merc. hors sais. – SC : **R** 63/98 – 🖵 15 – **15 ch** 102/147 – P 218/240.

🍴 **L'Hermitage-Maison Duhamel**, sur le port ⏏ 54.96.29, ≤ – ⓞ
fermé 15 nov. au 15 déc., 10 au 25 fév. et merc. – SC : **R** 57/120.

PEUGEOT Gar. de la Poste, ⏏ 54.85.62 🅝

RENAULT Gar. Leboisselier Quesnot, ⏏ 50.80.14 🅝 ⏏ 54.83.56

Le BARP 33114 Gironde 🖸🗷 ② – 1 930 h. alt. 72 – ✪ 56.

Paris 618 – Arcachon 42 – Belin 13 – ◆Bordeaux 32 – Langon 58 – Villandraut 43.

à Lavignolle S : 4 km – ✉ 33770 Salles :

🍴 **Chez Lisette** avec ch, ⏏ 88.62.01 – 📇wc 🏠 ☎ 🚙 🅿 📠 **VISA**. 🍽 ch
◆ fermé 20 sept. au 12 oct. et lundi – SC : **R** 42/130 🛢 – 🖵 14 – **15 ch** 55/125 – P 130/160.

BARR 67140 B.-Rhin 🖸🗷 ⑨ G. Vosges – 4 367 h. alt. 201 – ✪ 88.

🛈 Syndicat d'Initiative pl. Hôtel de Ville (fermé sam. après-midi et dim.) ⏏ 08.94.24.

Paris 526 – Colmar 39 – Le Hohwald 12 – Saverne 45 – Sélestat 17 – ◆Strasbourg 35.

🏨 **Manoir** sans rest, 11 r. St-Marc ⏏ 08.03.40, 🚗 – 📇wc 🏠wc ☎ 🅿 – 🏧 60.
📠. 🍽
fermé 21 déc. au 31 janv. – SC : 🖵 16 – **18 ch** 120/155.

🏨 **Maison Rouge**, av. Gare ⏏ 08.90.40 – 📇wc 🏠wc ☎ 🚙 🅿 – 🏧 30. 📠 **VISA**
◆ fermé fév. et lundi – SC : **R** brasserie 30/150 🛢 – 🍴 13 – **13 ch** 80/130 – P 150/170.

rte Ste-Odile : 2 km par D 854 – ⊠ **67140** Barr :

🏨 **Château d'Andlau** ⑤, sans rest, ☏ 08.96.78 – 🛏wc ⊞wc **P**. 🖼. ⅍
SC : ⊆ 13 – **28 ch** 65/130.

CITROEN Dallemagne, à Gertwiller ☏ 08.91.61   PEUGEOT-TALBOT Gar. Karrer, ☏ 08.94.48

BARRAGE voir au nom propre du barrage.

Les BARRAQUES-EN-VERCORS 26 Drôme 🗺 ③④ – alt. 676 – ⊠ **26420** La Chapelle-en-Vercors – ⚙ 75 – Env. NO : Gorges des Grands-Goulets***, G. Alpes.
Paris 602 – Die 45 – Romans-sur-Isère 40 – St-Marcellin 27 – Valence 58 – Villard-de-Lans 23.

🏨 **Grands Goulets** ⑤, ☏ 48.22.45, ≤, 🦌 – 🛏wc ⊞ 🕾 🚗 **P**. 🖼. ⅍ rest
↔ *1ᵉʳ mai-30 sept.* – SC : **R** 50/95 – ⊆ 16 – **30 ch** 75/195 – P 145/200.

BARRÊME 04330 Alpes-de-H.-P. 🗺 ⑰ G. Côte d'Azur – 435 h. alt. 720 – ⚙ 92.
Voir Senez : tapisseries* dans l'ancienne cathédrale SE : 5 km.

Paris 775 – Castellane 24 – Colmars 41 – Digne 30 – Manosque 71 – Puget-Théniers 58.

🏠 **Alpes H.,** ☏ 34.20.09 – 🛏 🚗 **P**
↔ *mars-oct. et fermé jeudi hors sais.* – SC : **R** 45/64 – ⊆ 11,50 – **11 ch** 46/65 – P 100/110.

CITROEN Gar. Aune, ☏ 34.20.17

BARSAC 33 Gironde 🗺 ①② G. Côte de l'Atlantique – 2 019 h. alt. 10 – ⊠ **33720** Podensac – ⚙ 56.

Paris 634 – ♦Bordeaux 38 – Langon 8 – Libourne 45 – Marmande 45.

🍴🍴🍴 **Host. du Château de Rolland** Ⓜ avec ch, ☏ 27.15.75, 😊, « Belle demeure dans les vignes », 🦌 – 🛏wc ☎ **P** – 🔏 35. 🅰🅴 ① 🆅🅸🆂🅰
↔ *fermé nov.* – SC : **R** *(fermé merc. hors sais.)* 45/125 – ⊆ 20 – **7 ch** 140/220.

BAR-SUR-AUBE ❤ 10200 Aube 🗺 ⑱ G. Nord de la France – 7 422 h. alt. 165 – ⚙ 25.
🅱 Syndicat d'Initiative 26 r. Gén. Vouillemont (fermé dim. et lundi) ☏ 27.05.87

Paris 217 ③ – Châtillon-sur-Seine 59 ② – Chaumont 42 ② – Troyes 52 ③ – Vitry-le-François 66 ③.

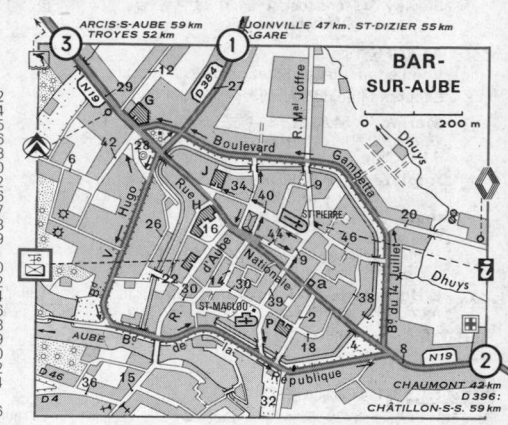

🏨 ⚙ **Commerce** (Paris) Ⓜ, 38 r. Nationale **(a)** ☏ 27.08.76 – 🛏wc ⊞wc ☎ 🚗 **P**. 🖼. 🅰🅴 ① 🆅🅸🆂🅰
fermé début janv. à début fév., dim. soir et lundi du 1ᵉʳ oct. au 30 mai – SC : **R** 90/135 – ⊆ 20 – **16 ch** 80/200
Spéc. Saumon mariné aux herbes (1ᵉʳ avril-30 sept.), Écrevisses (sauf mai et juin), Magret de canard aux airelles. **Vins** Coteaux Champenois.

à Arsonval par ③ : 6 km – ⊠ **10200** Bar-sur-Aube :

🍴 **La Chaumière,** ☏ 26.11.02 – **P**. 🅴 🆅🅸🆂🅰
↔ *fermé 15 fév. au 15 mars et lundi sauf juil. et août* – SC : **R** 45/110.

à Dolancourt par ③ : 9 km – ⊠ **10200** Bar-sur-Aube :

🏨 **Moulin du Landion** ⑤, ☏ 26.12.17, ≤, 🦌 – 🛏wc ⊞ **P** – 🔏 30. 🖼. ① 🅴 🆅🅸🆂🅰 ⅍ rest
fermé 4 déc. au 4 janv. – SC : **R** 80/150 – ⊆ 18 – **16 ch** 150/165 – P 240/280.

CITROEN Lhenry, 11 av. Gén.-Leclerc ☎ 27.
01.23
FORD Gar. Roussel, 2 fg Belfort ☎ 27.14.00
PEUGEOT-TALBOT Vauthier, N 19 par ② ☎
27.15.03

PEUGEOT Viot, av. Gén.-Leclerc par ③ ☎ 27
14.29 **N**
RENAULT Maigrot, 23 r. Croix-du-Temple ☎
27.01.29

BAR-SUR-SEINE 10110 Aube **61** ⑰⑱ G. Nord de la France – 3 430 h. alt. 152 – ✿ 25.

Voir Intérieur★ de l'église St-Étienne.

Paris 200 – Bar-sur-Aube 38 – Châtillon-sur-Seine 35 – St-Florentin 57 – Tonnerre 49 – Troyes 33.

  🏠 **Barséquanais,** 6 av. Gén.-Leclerc ☎ 38.82.75 – ➡wc ⪽wc **P**
  ◆ fermé 24 déc. au 24 janv., hôtel : dim. soir sauf juil., août, rest. : lundi midi – **R** 42/68
      – ⌂ 13 – **24 ch** 72/140 – P 138/168.

  🏠 **Commerce,** pl. République ☎ 38.86.36 – ⪽ ☏ ⪽ **P**. ⪽ ch
  ◆ fermé 15 au 30 sept., 1er au 15 mars, dim. soir et lundi midi – **SC : R** 42/80 ⪽ – ⌂ 12
      – **12 ch** 60/110 – P 130/150.

ALFA-ROMEO, FIAT Gar. Barthélemy, ☎ 38.
85.65

CITROEN Éts Lhenry, ☎ 38.80.20
RENAULT Jollois, ☎ 38.87.45

BARTENHEIM 68870 H.-Rhin **66** ⑩ – 2 413 h. alt. 261 – ✿ 89.

Paris 550 – Altkirch 21 – ◆Bâle 15 – Belfort 55 – Colmar 63 – ◆Mulhouse 24.

  ✗✗ **Aub. d'Alsace,** à la Gare E : 1 km ☎ 68.31.26 – **P**. **VISA**
      fermé 8 au 28 juil., merc. soir et jeudi – **SC : R** 60/150.

BASEL Suisse **66** ⑩, **21** ④ – voir à Bâle.

BAS-RUPTS 88 Vosges **62** ⑰ – rattaché à Gérardmer.

BASSE-GOULAINE 44 Loire-Atl. **67** ③④ – rattaché à Nantes.

BASSES-HUTTES 68 H.-Rhin **62** ⑱ – rattaché à Orbey.

BASSOUES 32 Gers **82** ③④ G. Pyrénées – 512 h. alt. 225 – ✉ **32320** Montesquiou – ✿ 62.

Voir Donjon★.

Paris 820 – Aire-sur-l'Adour 48 – Auch 35 – Tarbes 54.

  ✗ **Host. du Donjon** avec ch, ☎ 64.90.04, ⪽ – ⪽ ⪽ ch
  ◆ fermé fév. et merc. du 1er oct. au 1er avril – **SC : R** 45/140 – ⌂ 10 – **9 ch** 70/85 – P
      120/130.

BASTIA **P** 2B H.-Corse **90** ③ – voir à Corse.

La BASTIDE 83 Var **84** ⑦. **195** ㉒ – 130 h. alt. 1 000 – ✉ **83840** Comps-sur-Artuby – ✿ 94.

Env. Signal de Lachens ⪽★★ NE : 10 km puis 30 mn, G. Côte d'Azur.

Paris 822 – Castellane 24 – Comps-sur-Artuby 12 – Draguignan 44 – Grasse 49.

  🏠 **de Lachens** ⪽, ☎ 76.80.01, ⪽ – ⪽ **P**
  ◆ fermé nov., déc. et vend. sauf le rest. en saison – **SC : R** 45/85 – ⌂ 12 **14 ch**
      65/100 – P 135/155.

La BASTIDE-DE-SÉROU 09240 Ariège **86** ④ G. Pyrénées – 941 h. alt. 410 – ✿ 61.

Paris 809 – Foix 17 – Le Mas-d'Azil 18 – St-Girons 27.

  🏠 **Ferré,** rte St-Girons ☎ 64.50.26, ⪽ – ➡ ⪽ ch
  ◆ fermé 2 au 16 nov., 3 au 17 janv. et merc. hors sais. – **SC : R** 38/130 – ⪽ 10 – **9 ch**
      50/80.

RENAULT Montané, ☎ 64.50.06

La BASTIDE-PUYLAURENT 48250 Lozère **80** ⑦ – 191 h. alt. 1 018 – ✿ 66.

🄳 Syndicat d'Initiative (saison, après-midi seul., fermé dim. et lundi) ☎ 46.03.08.

Paris 571 – Langogne 20 – Mende 50 – Villefort 29.

  🏠 **Gévaudan,** à la Gare ☎ 46.02.52 – ⪽wc ☏ **P**. **VISA**
  ◆ 1er avril-15 oct. et fermé lundi sauf juin, juil. et août – **SC : R** 35/80 ⪽ – ⌂ 15 –
      33 ch 100/150 – P 180/200.

RENAULT Naud, ☎ 46.00.18 **N**

BATILLY-EN-PUISAYE 45 Loiret **65** ②③ – 136 h. alt. 180 – ✉ **45420** Bonny-sur-Loire –
✿ 38.

Paris 168 – Auxerre 64 – Gien 22 – Montargis 54 – ◆Orléans 86.

  ✗ **Aub. de Batilly** avec ch, ☎ 31.24.18 – ⪽wc ⪽
  ◆ fermé 1er au 15 sept. – **SC : R** 45/65 ⪽ – ⌂ 8 – **8 ch** 55/100 – P 120/135.

BATZ (Ile de) 29253 Finistère 58 ⑥ G. Bretagne – 807 h. – ✪ 98.

Accès par transports maritimes.

🚢 depuis **Roscoff** En 1982 : du 15 juin au 15 sept., 14 services quotidiens et du 16 sept. au 14 juin, 8 services quotidiens - Traversée 15 mn - 14 F (AR). Renseignements ☎ 61.79.66.

BATZ-SUR-MER 44740 Loire-Atl. 63 ⑭ G. Bretagne (plan) – 2 236 h. – ✪ 40.

Voir Église* – ※** – Chapelle N.-D. du Mûrier* – Sentier des Douaniers : rochers*.
Paris 453 – La Baule 7 – Le Croisic 3 – Guérande 7 – ◆Nantes 81 – Le Pouliguen 4.

🏠 **Le Lichen**, E : 2 km par D 45 ☎ 23.91.92, < – 🏳wc 🛏 ☎ ❷. 🚗🖥. ⅋ rest
1er mars-30 nov. – SC : **R** (dîner seul. pour résidents) 75/120 – ⇌ 17 – **34 ch** 80/270.

XX **Lucullus**, pl. Église ☎ 23.90.82 – 🅰🅴 ⑩ 𝘝𝘐𝘚𝘈
fermé mars et merc. – **R** 65/148.

Les BAUDIÈRES 89 Yonne 65 ⑤ – ✉ 89550 Hery – ✪ 86.
Paris 179 – Auxerre 17 – Chablis 20 – Joigny 22 – St-Florentin 15 – Tonnerre 36.

XX **Soleil Levant** avec ch, ☎ 40.11.51 – 🛏 ❷. 🚗🖥. ⅋
fermé fév. et lundi – SC : **R** 55/140 – ⇌ 18 – **8 ch** 90/100 – P 145.

BAUDUEN 83 Var 84 ⑥ – 149 h. alt. 483 – ✉ 83630 Aups – ✪ 94.
Paris 869 – Draguignan 45 – Moustiers-Ste-Marie 33.

🏠 **Aub. du Lac** ⑤, ☎ 70.08.04, < lac – 🏳wc ☎. 🚗🖥. ⅋
mars-fin nov. – SC : **R** 57/120 – ⇌ 16 – **10 ch** 150/160 – P 195/250.

BAUGÉ 49150 M.-et-L. 64 ⑫ G. Châteaux de la Loire – 3 994 h. alt. 56 – ✪ 41.
Voir Pharmacie* de l'hôpital St-Joseph – Forêt de Chandelais* SE : 3 km.
Paris 259 – Angers 38 – La Flèche 18 – ◆Le Mans 60 – Saumur 33 – ◆Tours 68.

🏠 **Boule d'Or**, 4 r. Cygne ☎ 89.82.12 – 🛏 🚗. ⅋ ch
fermé janv. et lundi – SC : **R** 45/120 🍸 – ⇌ 13 – **14 ch** 70/155.

CITROEN Michaud, ☎ 89.18.12   RENAULT Kisseleff, ☎ 89.10.46 🆖 ☎ 89.26.20

La BAULE 44500 Loire-Atl. 63 ⑭ G. Bretagne – 15 193 h. – Casino BZ – ✪ 40.
Voir Front de mer** – Parc des Dryades* FZ – La Baule-les-Pins** EFZ.
🏌 de la Baule ☎ 60.46.18 par ② : 7 km ; 🏌 de la Bretesche ☎ 88.30.03 par ① : 32 km.
✈ de St-Nazaire-Montoir-La Baule : T.A.T. ☎ 22.35.06 par ③ : 24 km.
🅷 Office de Tourisme (fermé dim. hors saison) et Accueil de France (Informations et réservations d'hôtels, pas plus de 5 jours à l'avance), 8 pl. Victoire ☎ 24.34.44, Télex 710050 et 5 pl. Palmiers (juil.-août) ☎ 60.22.13.
Paris 445 ② – ◆Nantes 74 ② – ◆Rennes 136 ② – St-Nazaire 17 ③ – Vannes 71 ①.

Plan page ci-contre

🏨🏨 **Hermitage** ⑤, espl. F.-André ☎ 60.37.00, Télex 710510, <, 🏊, 🏖, 🚗, ⅋ – 🛗
🖥📺 ☎ ❷ – 🍴 120 à 200. 🅰🅴 ⑩ 𝘝𝘐𝘚𝘈. ⅋ rest   BZ h
20 avril-12 oct. – **R** 165 – Grill **R** carte environ 160 - Plage *(juil.-août)* **R** carte environ 120 – ⇌ 34 – **230 ch** 560/1060, 20 appartements – P 605/760.

🏨🏨 ✿ **Castel Marie-Louise** ⑤, espl. Casino ☎ 60.20.60, <, parc – 🛗 ☎ ❷ – 🎱 30.
🅰🅴 ⑩ 𝘝𝘐𝘚𝘈. ⅋ rest   BZ g
fermé 5 janv. au 10 fév. – **R** (en saison - prévenir) 135 et carte seul. le soir juil.-août
– ⇌ 33 – **28 ch** 250/730, 3 appartements – P 410/650
Spéc. Salade de coquillages et poissons fumés, Escalope de bar poêlée, Aiguillettes de canard aux câpres.

🏨🏨 **Royal** ⑤, espl. F.-André ☎ 60.33.06, <, parc, 🚗 – 🛗 ❷ 🅰🅴 ⑩ 𝘝𝘐𝘚𝘈. ⅋ rest
avril-oct. – **R** 115/120 – **120 ch** ⇌ 280/600 – P 330/480.   BZ t

🏨🏨 **Bellevue-Plage** Ⓜ, 27 bd Océan ☎ 60.28.55, < – 🛗 🍴 rest 📺 ☎ ❷. 🅰🅴 ⑩ 𝘝𝘐𝘚𝘈.
⅋ rest   EZ e
20 mars-10 oct. – SC : **R** 90/120 – ⇌ 21 – **31 ch** 190/300, 3 appartements 400 – P 280/375.

🏨🏨 **Majestic** sans rest, esplanade F.-André ☎ 60.24.86, < – 🛗 – 🎱 65   BZ x
31 mars-30 sept. – SC : **61 ch** ⇌ 217/345, 6 appartements 498.

🏨🏨 **Alexandra**, 3 bd Armor ☎ 60.30.06, < – 🛗 ❷ – 🎱 50 🅰🅴 ⑩ 🅴 ⅋ rest   DZ u
15 mars-15 oct. – SC : **R** 95/165 – ⇌ 19 – **36 ch** 245/275 – P 280/350.

🏨🏨 **La Cantellerie** Ⓜ ⑤ sans rest, 8 av. Saumur ☎ 60.26.28, 🚗 – 🛗 ☎ ❷. ⅋
juin-mi sept. – SC : ⇌ 17.50 – **24 ch** 235/325.   EZ a

🏨🏨 **Les Pléiades** ⑤ sans rest, 28 bd Armor ☎ 60.20.24, 🚗 – 🛗 ❷. ⑩ 𝘝𝘐𝘚𝘈   EZ w
20 mai-20 sept. – SC : ⇌ 20 – **40 ch** 140/330.

🏨 **Alcyon** Ⓜ sans rest, 19 av. Pétrels ☎ 60.19.37 – 🛗 🏳wc 🏳wc ☎. 🚗🖥 𝘝𝘐𝘚𝘈
fermé janv. – SC : ⇌ 16,50 – **32 ch** 185/215.   CY s

🏨 **Les Alizés** Ⓜ, 10 av. de Rhuys ☎ 60.34.86 – 🛗 🏳wc 🛏 ☎. 🚗🖥 🅰🅴 🅴 𝘝𝘐𝘚𝘈.
⅋ rest   FZ e
SC : **R** *(1er juil.-31 août)* 80/150 – ⇌ 21 – **32 ch** 220/310 – P 305/335.

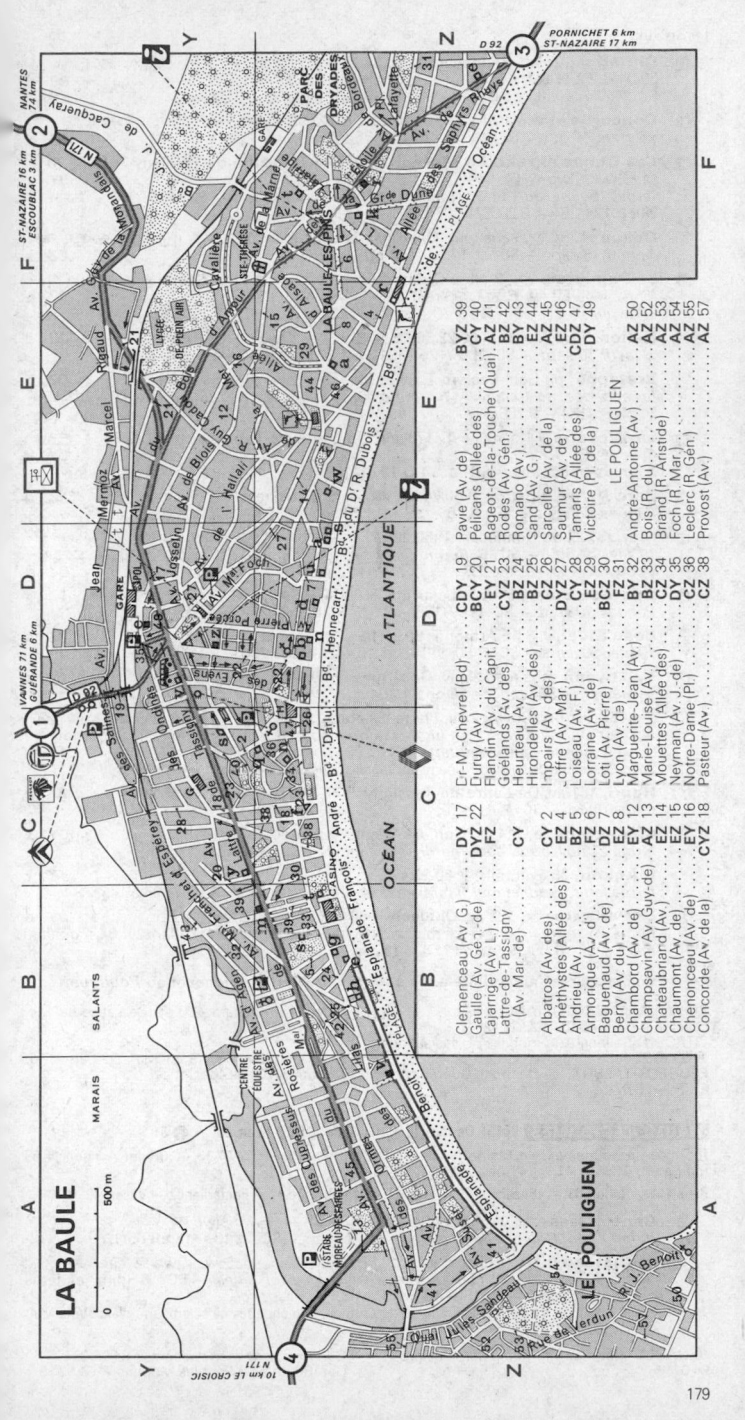

🏨 **Christina,** 26 bd Hennecart ⌖ 60.22.44, ⪡ – |🕭| 🍽 rest ⌷wc 🏚wc ☞ **Ⓟ** – 🏖 30. 🅰🅴 **E** 𝗩𝗜𝗦𝗔 | 90/150 – ⊆ 18 – **36 ch** 130/250 – P 255/300.   DZ **d**
SC : **R** *(Pâques-oct.)* 90/150 – ⊆ 18 – **36 ch** 130/250 – P 255/300.

🏨 **Concorde** sans rest, 1 av. Concorde ⌖ 60.23.09 – |🕭| ⌷wc 🏚wc 🏚 ☞. 🍽   CZ **f**
26 mars-10 oct. – SC : ⊆ 17 – **42 ch** 175/275.

🏨 **Les Dunes et rest. Le Maréchal,** 277 av. De-Lattre-de-Tassigny ⌖ 24.53.70 – |🕭| ⌷wc 🏚wc ☎ ☞.   DY **v**
fermé 15 janv. au 15 fév. et lundi du 1er nov. au 31 mars – SC : **R** 63/200 – ⊆ 18 – **38 ch** 123/224 – P 206/218.

🏨 **Delice H.** Ⓜ ⌘ sans rest, 19 av. Marie-Louise ⌖ 60.23.17 – 📺 🏚wc 🏚 ☞. 🏚   BZ **s**
11 mai-18 sept. – SC : ⊆ 17.50 – **14 ch** 180/210.

🏨 **La Palmeraie** ⌘, 7 allée Cormorans ⌖ 60.24.41, « Cour fleurie » – ⌷wc 🏚wc ☞. 🔥. 🅰🅴 **⑥ E** 𝗩𝗜𝗦𝗔 🍽   CZ **n**
1er avril-1er oct. – SC : **R** 70/78 – ⊆ 16 – **23 ch** 160/210 – P 190/235.

🏨 **Helios,** 7 bd Armor ⌖ 60.22.38, ⪡ – |🕭| ⌷wc 🏚wc 🏚. **⑥** 𝗩𝗜𝗦𝗔   DZ **a**
1er avril-30 sept. – SC : **R** 55/125 – ⊆ 15 – **32 ch** 90/210 – P 160/240.

🏨 **Bretagne,** pl. Gén.-Leclerc ⌖ 60.21.92 – |🕭| ⌷wc 🏚wc 🏚. 🏚   DZ **b**
fermé 6 déc. au 10 janv. – **R** *(fermé merc. du 15 sept. au 15 juin)* 60/160 – ⊆ 15 – **24 ch** 86/184 – P 188/237.

🏨 **La Closerie** Ⓜ sans rest, 173 av. De-Lattre-de-Tassigny ⌖ 60.22.71 – ⌷wc 🏚wc 🏚 **Ⓟ**. 🍽   CY **y**
fin mars-début oct. – SC : ⊆ 14 – **13 ch** 122/198.

🏩 **Parc** ⌘, av. Albatros ⌖ 60.24.52, 🔥 – |🕭| **Ⓟ** 🍽 rest   CYZ **q**
Pâques-fin sept. – SC : **R** 75 – ⊆ 14 – **20 ch** 100/160 – P 160/190.

🏩 **Mariza,** 22 bd Hennecart ⌖ 60.20.21, ⪡ – ⌷wc 🏚 🏚. 🏚 **⑥** 𝗩𝗜𝗦𝗔 🍽 rest   DZ **m**
1er fév.-1er nov. – SC : **R** *(fermé jeudi sauf du 15 juin au 15 sept.)* 75/130 – ⊆ 14 – **24 ch** 135/190 – P 180/250.

🏩 **Host. du Bois,** 65 av. L.-Lajarrige ⌖ 60.24.78, 🔥 – ⌷wc 🏚 🏚. 🍽 rest   FZ **t**
Pâques-20 sept. – SC : **R** 69/135 – ⊆ 17 – **16 ch** 85/210 – P 155/210.

🏩 **Beau Rivage,** 8 bd Armor ⌖ 60.21.10 – |🕭| 🏚wc ☎   DZ **s**
12 mai-30 sept. – SC : **R** 60/110 – ⊆ 16 – **29 ch** 83/200 – P 165/220.

🏩 **Ty-Gwenn** sans rest, 25 av. Gde-Dune ⌖ 60.37.07, 🔥 – 🏚wc. 🏚   FZ **k**
fermé oct. – SC : ⊆ 12 – **14 ch** 74/154.

🍴🍴🍴 ✿ **L'Espadon** (Cova), 2 av. Plage (5e étage) ⌖ 60.05.63, ⪡ baie et côte – **⑥** 𝗩𝗜𝗦𝗔 *fév.-oct., fermé dim. soir et lundi sauf juil.-août et fériés* – **R** (en saison nombre de couverts limité - prévenir) carte 180 à 250   AZ **v**
Spéc. Cassolette de belons, St-Pierre aux morilles, Fricassée de homard.

🍴🍴🍴 **Henri,** 161 av. De-Lattre-de-Tassigny ⌖ 60.23.65 – 🍽. 🅰🅴 **⑥ E** 𝗩𝗜𝗦𝗔   BZ **m**
fermé mardi – SC : **R** 65/140.

🍴🍴 **Chalet Suisse,** 114 av. Gén.-de-Gaulle ⌖ 60.23.41 – 𝗩𝗜𝗦𝗔
◆ *fermé 21 nov. au 12 déc., mardi soir et merc.* – SC : **R** 45/150.   DY **z**

🍴 **L'Ankou,** 38 av. Étoile ⌖ 60.22.47   FZ **r**
fermé janv., lundi et mardi midi sauf 1er juil. au 10 sept. – **R** carte 95 à 145.

🍴 **Le Paris** avec ch, 138 av. Ondines ⌖ 60.30.53 – 🏚 🅰🅴 𝗩𝗜𝗦𝗔 🍽 ch   DY **e**
fermé 25 sept. au 1er nov., 25 déc. au 1er janv., vacances de fév., sam. et dim. d'oct. à mars – SC : **R** 55/95 – ⊆ 13.50 – **16 ch** 94/120 – P 135/180.

Voir aussi ressources hôtelières à *Batz-sur-Mer, Pornichet* et au *Pouliguen*

BMW, LANCIA-AUTOBIANCHI Gilot, 4 pl. La Fayette ⌖ 60.28.06 Ⓝ ⌖ 22.25.42
CITROEN Salines-Automobiles pl. des salines ⌖ 60.20.71
PEUGEOT-TALBOT Le Déan, rte Guérande, D 92 ⌖ 24.08.57

RENAULT Richard, 206 av. De-Lattre-de-Tassigny ⌖ 60.20.30

🛞 Le Pneu Baulois, 79 av. Mar.-De-Lattre-De-Tassigny ⌖ 24.22.46

BAUME-LES-DAMES 25110 Doubs 🖥🖥 ⑯ G. Jura – 6 071 h. alt. 291 – ✿ 81.

🅱 Office de Tourisme à la Mairie (sept.-juin et fermé dim.) ⌖ 84.07.13 et Chalet Accueil N 83 (juil.-août) ⌖ 84.01.41.

Paris 444 – Belfort 63 – ◆Besançon 29 – Lure 45 – Montbéliard 47 – Pontarlier 62 – Vesoul 48.

🏩 **Central** sans rest, 3 r. Courvoisier ⌖ 84.09.64 – ⌷wc 🏚wc 🏚 🏚   *fermé 21 au 31 janv. et dim. de nov. au 15 mars* – SC : ⊆ 13 – **12 ch** 65/125.

🍴🍴🍴 ✿ **Château d'As** (Aubrée) avec ch, ⌖ 84.00.66, ⪡ – ⌷wc 🏚wc 🏚 **Ⓟ**. 🏚 *fermé 12 déc. au 20 fév., dim. soir et lundi sauf fériés* – SC : **R** (dim. et fêtes prévenir) 130/200 – ⊆ 14 – **10 ch** 105/150
Spéc. Foie gras frais en terrine, Soufflé de saumon, Goujonnettes de sole beurre blanc. Vins Marsannay, Poligny.

RENAULT Gar. Central, 10 av. Gén.-Leclerc ⌖ 84.02.45

Gar. Droz, 2 av. Gén.-Leclerc ⌖ 84.05.48
Gar. Routhier, à Pont les Moulins ⌖ 84.02.15

à Sechin O : 6,5 km sur N 83 – ⊠ 25110 Baume-les-Dames :

🏠 **Hôtel 73** Ⓜ sans rest, ☏ 84.10.57 – 🚿wc �🛁wc ☎ 🅿️ ⛽
*fermé 25 déc. au 1ᵉʳ fév. – SC : ☞ 14,50 – **20 ch** 125/155.*

à Pont-les-Moulins S : 6 km – ⊠ 25110 Baume-les-Dames :

🏠 **Levant,** rte Pontarlier ☏ 84.09.99, 🍴 – 📺 🚿wc ⛽ 🅿️ ⛽ 🆔 ⓋⒾⓈⒶ
*1ᵉʳ mars-2 nov. – SC : **R** 65/160 ♨ – 🖃 16 – **15 ch** 108/182 – P 200/230.*

à Hyèvre-Paroisse E : 7 km – ⊠ 25110 Baume-les-Dames :

🏠 **Ziss et rest. Crémaillère** Ⓜ, ☏ 84.07.88 – 🛗 🚿wc ☎ ⟵ 🅿️ ⛽ 🅰🅴
➡ *fermé oct. et sam. du 1ᵉʳ oct. au 31 mars – SC : **R** 40/120 ♨ – 🖃 17 – **21 ch** 120/175 – P 180/190.*

BAUME-LES-MESSIEURS 39 Jura 🗟 ④ G. Jura – 202 h. alt. 320 – ✪ 84.

Voir Retable à volets✱ dans l'église – Belvédère des Roches de Baume ⩻✱✱✱ sur cirque✱✱✱ et grottes✱ de Baume S : 3,5 km.

Paris 424 – Champagnole 27 – Dole 54 – Lons-le-Saunier 17 – Poligny 30.

✕ **Grottes et Roches,** aux Grottes S : 3 km ⊠ 39210 Voiteur ☏ 44.61.59, ⩻, 🍽 –
➡ *31 mars-15 oct. – SC : **R** (déj. seul.) 45/95.*

Les BAUX-DE-PROVENCE 13 B.-du-R. 🗟 ① G. Provence (plan) – 367 h. alt. 280 – ⊠ 13520 Maussane-les-Alpilles – ✪ 90.

Voir Site✱✱✱ – Château ⭆✱✱ – Monument Charloun Rieu ⩻✱✱ – Place St-Vincent✱ – Rue du Trencat✱ – Tour Paravelle ⩻✱ – Fête des Bergers (Noël, messe de minuit)✱✱ – Cathédrale d'Images✱ N : 1 km par D 27 – ⭆✱✱✱ sur chaîne des Alpilles N : 2,5 km par D 27.

🛈 Office de Tourisme Hôtel de Manville (Pâques-nov. et fermé mardi) ☏ 97.34.39.

Paris 718 – Arles 19 – ♦Marseille 86 – Nîmes 44 – St-Rémy-de-Provence 9,5 – Salon-de-Provence 32.

au Village :

🏠 **Host. de la Reine Jeanne** ⏚, ☏ 97.32.06, ⩻ – 🚿wc ⛽ ⛽
*fermé 15 nov. au 1ᵉʳ fév. et mardi du 15 oct. au 15 mars – SC : **R** 58/90 – 🖃 15 – **12 ch** 110/170.*

dans le Vallon :

✕✕✕✕✕ ✿✿✿ **Oustaù de Baumanière** (Thuilier) Ⓜ ⏚ avec ch, ☏ 97.33.07, Télex 420203, ⩻ « Demeures anciennes aménagées avec élégance, terrasses fleuries, 🍽, ✕, ⅃, club hippique », 🍴 – 🍽 ch 📺 🚿wc ☎ ⟵ 🅿️ ⛽ 🅰🅴 🆔 ⓋⒾⓈⒶ
*fermé 15 janv. à fin fév. – **R** (fermé jeudi midi et merc. du 15 oct. au 31 mars) carte 200 à 280 – 🖃 45 – **15 ch** 530, 11 appartements*
Spéc. Saumon frais au vin rouge, Aiguillettes de canard. **Vins** Gigondas, Côteaux des Baux.

✕✕✕ ✿ **La Riboto de Taven,** ☏ 97.34.23, 🍽, « Terrasse ombragée et jardin fleuri au pied des rochers » – 🅿️ 🅰🅴 ⓋⒾⓈⒶ
*fermé 10 janv. au 20 fév., dim. soir hors sais. et lundi – SC : **R** carte 180 à 230*
Spéc. Mousse de loup au coulis d'écrevisses, Assiette du pêcheur, Agneau des Alpilles. **Vins** Château Fonsalette, Château d'Estoublon.

✕✕✕ ✿ **La Cabro d'Or** Ⓜ ⏚ avec ch, ☏ 97.33.21, Télex 401810, ⩻, 🍽, « Terrasses ombragées, pièce d'eau », ⅃, 🍴, ✕ – 🍽 ch 📺 🚿wc ☎ 🅿️ – 🏌 80. ⛽ 🅰🅴 🆔 ⓋⒾⓈⒶ
*fermé 15 nov. au 22 déc., mardi midi et lundi du 1ᵉʳ oct. au 31 mars – SC : **R** 150/180 – 🖃 33 – **19 ch** 280/450 – P 450/525*
Spéc. Salade tiède de crustacés, Médaillon de veau, Filet d'agneau en croûte. **Vins** Côteau des Baux.

à l'Est sur D 27 A :

🏠 **Mas d'Aigret** ⏚, ☏ 97.33.54, ⩻, ⅃, 🍴 – 🚿wc ☎ 🅿️ ⛽ 🅰🅴 🆔 ⓋⒾⓈⒶ ✕ rest
*fermé 10 nov. au 20 déc. – SC : **R** (fermé jeudi) (dîner seulement) 82 – 🖃 20 – **17 ch** 170/330.*

au Sud-Ouest sur D 78 F :

🏠 **La Benvengudo** ⏚, ☏ 97.32.50, ⩻, « Jardin fleuri », ⅃, 🍴, ✕ – 🚿wc ⛽wc ☎ 🅿️ ⛽ ✕ rest
*fermé 1ᵉʳ nov. au 20 déc. – SC : **R** (fermé dim. soir) (dîner seul.) 100/140 – 🖃 25 – **16 ch** 200/330.*

Voir aussi ressources hôtelières de *Maussane-les-Alpilles* S : 5 km

BAVAY 59570 Nord 🗟 ⑤ G. Nord de la France – 4 088 h. alt. 123 – ✪ 27.

Paris 227 – Avesnes 24 – Le Cateau 29 – Lille 76 – Maubeuge 14 – Mons 24 – Valenciennes 23.

✕ **Carrefour de Paris,** porte Gommeries ☏ 63.12.58 – 🅿️ 🅴 ⓋⒾⓈⒶ
➡ *fermé merc. soir et lundi sauf fériés – SC : **R** 40/150 ♨.*

CITROEN Gar. de La Chaussée, ☏ 63.11.30
RENAULT Gar. Dal, ☏ 63.17.08
V.A.G. Gar. Claeys, ☏ 63.11.47 🅽

BAY 74 H.-Savoie 74 ⑧ – rattaché à Assy.

BAYEUX ⬡ 14400 Calvados 54 ⑮ G. Normandie – 14 528 h. alt. 50 – ✪ 31.

Voir Tapisserie de la reine Mathilde*** BCZ **M**[1] – Cathédrale** BZ **B**.

Env. Brécy : portail* et jardins* du château SE : 10 km par D 126 CZ – Port-en-Bessin : port* NO : 9 km par ⑦.

🛈 Office de Tourisme 1 r. Cuisiniers (fermé dim. hors saison) ☎ 92.16.26.

Paris 268 ② – ◆Caen 28 ② – ◆Cherbourg 92 ⑥ – Flers 68 ③ – St-Lô 35 ④ – Vire 59 ③.

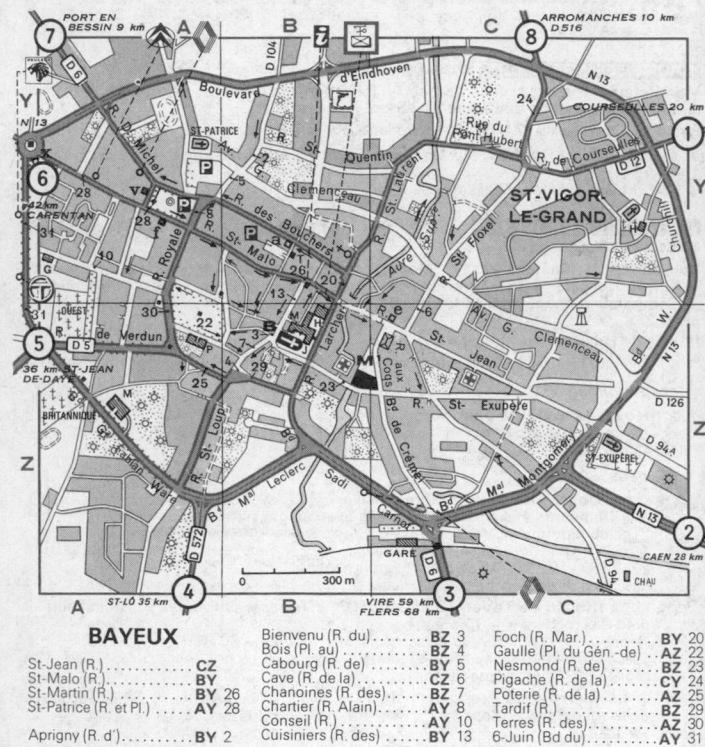

BAYEUX

St-Jean (R.)	**CZ**
St-Malo (R.)	**BY**
St-Martin (R.)	**BY** 26
St-Patrice (R. et Pl.)	**AY** 28
Aprigny (R. d')	**BY** 2

Bienvenu (R. du)	**BZ** 3
Bois (Pl. au)	**BZ** 4
Cabourg (R. de)	**BY** 5
Cave (R. de la)	**CZ** 6
Chanoines (R. des)	**BZ** 7
Chartier (R. Alain)	**AY** 8
Conseil (R.)	**AY** 10
Cuisiniers (R. des)	**BY** 13

Foch (R. Mar.)	**BY** 20
Gaulle (Pl. du Gén.-de)	**AZ** 22
Nesmond (R. de)	**BZ** 23
Pigache (R. de la)	**CY** 24
Poterie (R. de la)	**AY** 25
Tardif (R.)	**BZ** 29
Terres (R. des)	**AZ** 30
6-Juin (Bd du)	**AY** 31

🏛 ✿ **Lion d'Or** 🍴, 71 r. St-Jean ☎ 92.06.90, « Ancien relais de poste », – 🛁wc 🗻wc ☎ **🅿** 🚗🗐 ⓘ *VISA* ✀ ch
    CZ **e**
    fermé 20 déc. au 20 janv. – SC : **R** 65/150 – ☲ 20 – **30 ch** 95/200 – P 194/315
    Spéc. Terrine de canard aux myrtilles, Blanc de barbue à la mousse de reinettes, Ris de veau aux groseilles.

🏛 **Pacary,** 117 r. St-Patrice ☎ 92.16.11, Télex 170176, ⬓, 🚗, – 📺 🛁wc ☎ **🅿** –
    🔔 200. 🚗🗐 *VISA*
    AY **x**
    SC : **R** 56/112 – ☲ 20 – **65 ch** 180/237 – P 210/310.

🏠 **Luxembourg,** 25 r. Bouchers ☎ 92.00.04 – 🛁wc 🗻wc ☎ **🅿** 🚗🗐 AE ✀ ch
    SC : **R** *(fermé en nov. et lundi du 1ᵉʳ déc. au 1ᵉʳ avril)* 58/140 – ☲ 16,50 – **26 ch** 90/200.
    BY **M**

XX **Ma Normandie,** 41 r. St-Patrice ☎ 92.09.88 – *VISA*
    AY **f**
→ *fermé 15 au 31 janv. et lundi* – SC : **R** 32/90.

X **Gourmets,** pl. St-Patrice ☎ 92.02.02
    AY **v**
→ *fermé 1ᵉʳ au 15 oct., 1ᵉʳ au 21 fév., merc. soir et jeudi* – SC : **R** 35/75 🍷.

à Nonant par ② et D 33 : 7 km – ⊠ 14400 Bayeux :

🏛 **Manoir du Chêne** 🍴, au Sud ☎ 92.58.81, 🚗, ✹, – 🛁wc 🗻wc ☎ **🅿** 🚗🗐
    ✀ rest
    fermé 15 déc. au 15 fév. – SC : **R** *(en saison : fermé lundi midi et jeudi midi ; hors sais. fermé lundi)* 70/100 – ☲ 23 – **18 ch** 132/231 – P 233/288.

182

CITROEN St-Patrice-Auto, 54 r. St-Patrice ☏ 92.29.16 N ☏ 21.60.11
DATSUN, LADA, OPEL, SKODA Bodin, 26 pl. au Bois ☏ 92.02.51 N
PEUGEOT Fortin, bd du 6-Juin ☏ 92.09.77
RENAULT Gd Gar. de la Gare, 16 bd Carnot ☏ 92.00.70

RENAULT Gar. James, 3 r. Dr-Michel ☏ 92.02.94
TALBOT Gar. Lolic, Bd du 6 Juin, ☏ 92.04.41
Gar. Mauger, Tour-en-Bessin ☏ 92.40.46 N

⊕ Bayeux Pneus, ZI rte de Caen ☏ 92.01.61
Schmitt-Pneus, bd Eindhoven ☏ 92.02.98

BAYONNE ⬦ 64100 Pyr.-Atl. 78 ⑱ G. Pyrénées – 44 706 h. alt. 5 – ✪ 59.

Voir Cathédrale★ AY, et cloître★ AY B — Musées : Bonnat★★ BY **M1**, basque★★ BY **M2** — Grandes fêtes★ (fin juil.-début août).

Env. Route Impériale des Cimes★ au Sud-Est par ③ — Croix de Mouguerre ⁂★ SE : 5,5 km par D 52 BY — voir plan de Biarritz BX.

✈ de Biarritz-Bayonne-Anglet ☏ 24.00.92, SO : 5 km par N 10 AZ.

🛈 Office de Tourisme pl. Liberté ☏ 59.31.31.

Paris 773 ① – ◆Bordeaux 184 ① – Pamplona 118 ⑤ – ◆Perpignan 438 ② – S.-Sebastiàn 54 ⑤ – ◆Toulouse 283 ①.

Plan page suivante

🏨 **Agora** Ⓜ ⌖, av. J.-Rostand ☏ 63.30.90, Télex 550621 – 🅿 ▤ rest 📺 ☎ ℗ – 🏛 180. 🆎 🅴 VISA   ABZ e
↳ SC : **La Grande Assiette R** 45/90 ⅙ – ⌷ 18 – **108 ch** 150/225.

🏨 **Capagorry** sans rest, 14 r. Thiers ☏ 25.48.22, Télex 540376 – 🅿 ☎ – 🏛 25. 🆎 ⓞ 🅴 VISA   AY t
SC : ⌷ 19 – **48 ch** 165/240.

🏨 **Aux Deux Rivières** sans rest, 21 r. Thiers ☏ 59.14.61 – 🅿 🆎 ⓞ 🅴 VISA ⌖
SC : ⌷ 19 – **63 ch** 120/250.   AY n

🏨 **Basses-Pyrénées**, 12 r. Tour-de-Sault ☏ 59.00.29 – 🅿 ⌷wc 🛁wc ☎ ℗. 🆎 ⓞ 🅴 VISA   AZ s
↳ SC : **R** (fermé 17 déc. au 9 janv. et sam. sauf juil.-août) 50/75 ⅙ – ⌷ 16 – **48 ch** 74/160.

🏨 **Loustau**, 1 pl. République ☏ 55.16.74, ⇐ – 🅿 ⌷wc 🛁wc ⊜   BX k
↳ fermé 20 déc. au 20 janv. – SC : **R** (fermé dim. sauf fêtes d'oct. à juin) 45/55 – ⌷ 16 – **48 ch** 65/150 – P 170/205.

🏨 **Bordeaux** sans rest, pl. Gare ☏ 55.04.07 – 🅿 ⌷wc 🛁wc ⊜. VISA   BX a
SC : ⌷ 15 – **41 ch** 65/185.

🏨 **Côte Basque** sans rest, pl. République ☏ 55.10.21 – 🅿 ⌷wc 🛁wc ⊜. 🕿 🆎 🅴   BX a
SC : ⌷ 16 – **44 ch** 64/180.

🏨 **Mendi Alde** sans rest, rte Cambo-les-Bains par ④ : 3,4 km ☏ 63.58.44, 🚗 – ⌷wc ⊜ ℗. 🕿. ⌖   plan Biarritz BX f
SC : ⌷ 12 – **9 ch** 70/135.

XXX **Beluga**, 15 r. Tonneliers ☏ 25.52.13 – ▤. ⓞ   BY r
fermé 1er au 15 juin, août et dim. – SC : **R** carte 115 à 170.

XXX **La Tanière**, 53 av. Cap. Resplandy par allées Boufflers (bords de l'Adour) ☏ 25.53.42, Produits de la mer. VISA   plan Biarritz CX v
fermé lundi soir et mardi hors sais. – SC : **R** 100.

XX **Aub. Cheval blanc**, 68 r. Bourgneuf ☏ 59.01.33 – 🆎 ⓞ VISA   BY b
fermé mi janv. à mi fév. et lundi – **R** 50/85.

X **Euzkalduna**, 61 r. Pannecau ☏ 59.28.02   BY d
fermé 15 au 30 juin, 15 oct. au 2 nov., dim. soir et lundi – **R** carte environ 100 ⅙.

à Mouguerre par ③ et D 936 : 7,5 km – ✉ 64100 Bayonne :

🏨 **Kuluska** ⌖, ☏ 59.72.48, 🚗 – ⌷wc ⊜ ℗. ⌖ rest
↳ fermé 1er au 15 fév. et vend. – SC : **R** (fermé dim.) 50/80 ⅙ – ⌷ 15 – **10 ch** 90/140 – P 200/240.

MICHELIN, Agence, 50-52 bd Alsace-Lorraine BY ☏ 55.13.73

AUSTIN, JAGUAR, MORRIS, ROVER, TRIUMPH Marmande, av. Mal Juin ☏ 55.05.61
BMW Gar. Durruty, av. Légion-Tchèque ☏ 25.60.25 N ☏ 24.04.98
CITROEN Gar. Côte Basque, 44 av. de Bayonne, Anglet N10 AZ ☏ 63.04.04
FERRARI, FIAT Daverat, 9 quai Lesseps ☏ 55.07.48
LANCIA-AUTOBIANCHI Gar. Armada, 32 av. Dubrocq ☏ 59.02.64
OPEL Centre Auto, 19 r. Etcheverry ☏ 55.13.34
OPEL Gar. Lafontaine, allées Paulmy ☏ 25.68.65
PEUGEOT-TALBOT Gambade, av. Mar.-Soult, N 10 AZ ☏ 63.37.79

RENAULT Sté Basque Autom., allées Paulmy ☏ 59.35.35
TOYOTA Gar. Lafontaine, ZA St-Frédéric ☏ 55.89.80
V.A.G. P.B.A., Zone Ind., chem. Barthes, ☏ 63.30.29
VOLVO Le Crom, 30 av. Dubrocq ☏ 59.25.57

⊕ Central-Pneu, 35 allées Marines ☏ 59.18.26
Comptoir du Pneu, 4 av. Mar.-Foch ☏ 59.11.73
Maison du Pneu, 8 r. J.-Laffitte ☏ 59.14.28
Sud-Ouest Sécurité, 34-36 bd Alsace Lorraine ☏ 55.04.72

BAYONNE

BORDEAUX 184 km
DAX 49 km
ST-ESPRIT
CITADELLE
SYNAGOGUE
GARE
Rue Ste Ursule
Rue Maubec
Quai de Lesseps
Pl. de la République
R. d'Alsace
Quai Amiral Bergeret
ADOUR
Av. de Mal Leclerc
Pont St Esprit
R. Lorraine
DAX 52 km
OLORON 99 km
PAU 107 km
AGENCE MICHELIN
Av. Mal Foch
Place Gal de Gaulle
CITÉ 5 ADMINISTRATIVE
Allées Boufflers
Av. Cap. Resplandy
au-delà voir plan de Biarritz
Av. Mal Foch
CATHÉDRALE STE-MARIE
CHAU VIEUX
R. Marengo
Pl. Paul Bert
CHÂTEAU NEUF
Av. Duvergier de Hauranne
R. Pannecau
au-delà voir plan de Biarritz
Av. de Pampelune
Av. R. de Martres
PORTE D'ESPAGNE
PORTE ST LÉON
ARSENAL D'ARTILLERIE
Allées de Fort-Lamy
Nive
N 117
A 63: 4 km
D 932
CAMBO-LES-BAINS 19 km
BIDACHE 32 km

Port-Neuf (R.)	AY 33	Château-Vieux (Pl. du)	AY 10	Pasteur (Pl. Louis)	AY 32
Thiers (R.)	AY 42	Dubourdieu		Port-de-Castets (R.)	BY 34
Victor-Hugo (R.)	BY 44	(Quai Amiral)	BY 22	Porte (Pl. Jacques)	AY 35
		Génie (Pont du)	BZ 23	Réduit (Espl. du)	BY 37
Argenterie (R.)	AY 3	Gouverneurs (R. des)	AY 24	St-André (⇥)	BY
Arsenal (Pl. de l')	BZ 4	Lachepaillet (Rempart)	AY 25	St-Esprit (⇥)	BX
Basques (Pl. des)	AY 5	Laffitte (R. Jacques)	BY 26	Ste-Marie (⇥)	AY
Bernède (R.)	ABY 6	Liberté (Pl. de la)	BY 27	Tour-de-Sault (R.)	AZ 43
Bonnat (Av. Léon)	AY 7	Marengo (Pont)	BY 28	11-Novembre	
Bourg-Neuf (R.)	BY 8	Mayou (Pont)	BY 30	(Av. du)	AY 45
Chanoine-Lamarque (Av.)	AZ 9	Monnaie (R. de la)	AY 31	49e (R. du)	AY 46

BAZAINVILLE 78 Yvelines 60 ⑧, 196 ⑮ — rattaché à Houdan.

BAZAS 33430 Gironde 79 ② G. Côte de l'Atlantique – 5 235 h. alt. 79 – ✪ 56.

Voir Cathédrale★.

🛈 Office de Tourisme pl. Cathédrale (fermé dim. et lundi) ☏ 25.00.02.

Paris 653 – Agen 85 – ◆Bordeaux 59 – Marmande 42 – Mont-de-Marsan 68 – Nérac 60.

🏨 **Relais de Fompeyre** Ⓜ, rte Mont-de-Marsan ☏ 25.04.60, Télex 550684, ≤, 斎, « Parc fleuri », ⌿, ❦ – ⧈ 🅿 – 🔒 100. ⅍ ⓞ 𝘝𝘐𝘚𝘈
  R (fermé vend. soir et dim. soir du 1er oct. au 1er avril) 90/135 – ⊇ 20 – **31 ch** 180/230, 4 appartements 300 – P 350.

🏩 **Host. St-Sauveur** sans rest, cours Gén.-de-Gaulle ☏ 25.12.18 – ⌨wc ☎ 🚗
  ⊠🅑
  fermé 1er au 20 juin et dim. sauf juil.-août – SC : ⊇ 15 – **10 ch** 90/150.

❌❌ **France** avec ch, cours Gén.-de-Gaulle ☏ 25.02.37 – ▤ rest ⫙wc ☎. 𝘝𝘐𝘚𝘈
➡ fermé janv. – SC : **R** 47 bc/185 🍴 – ⊇ 14 – **13 ch** 102/187.

PEUGEOT Doux et Trouillot. ☏ 25.00.73 Ⓝ

BAZINCOURT-SUR-EPTE 27 Eure 60 ⑧⑨ — rattaché à Gisors.

BAZOUGES-SUR-LE-LOIR 72 Sarthe 64 ② G. Châteaux de la Loire – 1 368 h. alt. 28 – ✉ **72200** La Flèche – ✪ 43.

Voir Pont ≤★.

Paris 248 – Angers 40 – La Flèche 7 – ♦Le Mans 49.

✕ **Croissant,** N 23 ☎ 94.30.06
fermé 15 janv. au 15 fév., dim. soir et lundi – SC : **R** 55/85 ♁.

BEAUCAIRE 30300 Gard 81 ⑪ G. Provence – 12 997 h. alt. 18 – ✪ 66.

Voir Château★ : ✳★★ BY.

🅸 Office de Tourisme 6 r. Hôtel de Ville (fermé dim. et lundi) ☎ 59.27.56.

Paris 710 ⑥ – Alès 67 ⑥ – Arles 20 ③ – Avignon 25 ① – Nîmes 24 ⑤ – St-Rémy-de-Pr. 17 ②.

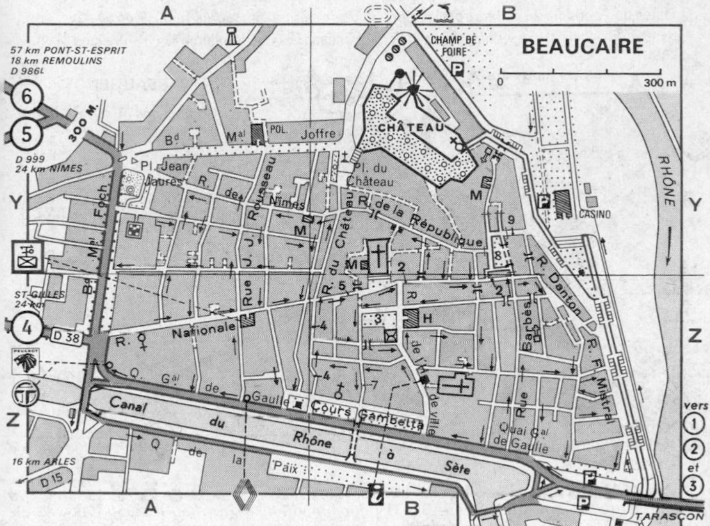

Ledru-Rollin (R.) .... **BZ** 5
Nationale (R.) .... **AZ**
Bijoutiers (R. des) .... **BYZ** 2
Clemenceau (Pl. G.) ...... **BZ** 3
Denfert-Rochereau (R.)... **BZ** 4
N.-D.-des-Pommiers (⊞) **BY**
Pascal (R. Roger) .... **BZ** 7
République (Pl. de la) .... **BY** 8
St-Paul (⊞)............... **BZ**
Victor-Hugo (R.) .... **BY** 9

🏨 **Vignes Blanches,** rte Nîmes par ⑤ ☎ 59.13.12, Télex 480690, ≤, 🏊 – |₫| ▤ rest ⊟wc ⋒wc ☎ **P** – 🏔 50.
1er avril-15 oct. – SC : **R** 60/83 – ⊒ 18,50 – **55 ch** 125/210.

🏨 **Les Doctrinaires,** 32 r. Nationale ☎ 59.41.32, ⛱ – |₫| ⊟wc ☎ **P** – 🏔 80. VISA
SC : **R** 70/100 – ⊒ 20 – **30 ch** 200/220 – P 210/240.

🏠 **Robinson** 🐦, rte du Pont-du-Gard par ⑥ : 2 km ✉ 30300 Beaucaire ☎ 59.21.32,
◆ 🏊, ⛱, ✂ – ⊟wc ⋒ ☎ ♿ **P** – 🏔 80
fermé 1er fév. au 2 mars – SC : **R** 40 bc/90 ♁ – ⊒ 14 – **30 ch** 85/160 – P 165/180.

PEUGEOT-TALBOT Soullier, 1 quai De-Gaulle ☎ 59.13.63
RENAULT SOGARHO, Gar. du Delta, 10 quai De-Gaulle ☎ 59.12.30
⊛ Ayme-Pneus, 28 quai De-Gaulle ☎ 59.23.98

BEAUCENS 65 H.-Pyr. 85 ⑱ – rattaché à Argelès-Gazost.

BEAUCHAMPS 50 Manche 59 ⑧ – 314 h. alt. 115 – ✉ **50320** La Haye Pesnel – ✪ 33.

Paris 332 – Avranches 20 – Granville 17 – Villedieu-les-Poêles 11.

✕✕ **Les Quatre Saisons,** Le Scion ☎ 61.30.47, ⛱ – **P**. ⓓ
◆ *fermé fin sept. au 15 oct., lundi soir et mardi soir sauf en juil. et août* – SC : **R** (week-end prévenir) 42/65 ♁.

PEUGEOT-TALBOT Garage Fizel, ☎ 61.30.20

Nouveauté : la Carte GRÈCE à 1/700 000.

BEAUFORT 73270 Savoie 📙 ⑰ ⑱ G. Alpes – 1 913 h. alt. 743 – ✿ 79.

🛈 Syndicat d'Initiative pl. Mairie (fermé sam. après-midi hors sais. et dim. sauf matin en saison) ☏ 31.23.40.

Paris 630 – Albertville 20 – Chambéry 69 – Megève 41.

🏠 **de la Roche,** ☏ 31.20.16, ≤, 🚗
➤ fermé 1er nov. au 15 déc. et jeudi sauf vacances scolaires – SC : **R** 50/90 👶 – ⊂⊃ 16 – **17 ch** 55/83 – P 135.

🏡 **Gd Mont,** ☏ 31.20.18 – 𝗩𝗜𝗦𝗔
➤ fermé 26 sept. au 1er nov., vend. soir et sam. midi hors sais. – SC : **R** 45/96 👶 – ⊂⊃ 17 – **15 ch** 66/80 – P 135/160.

BEAUGENCY 45190 Loiret 🖸🖸 ⑥ G. Châteaux de la Loire – 6 814 h. alt. 106 – ✿ 38.

Voir Donjon★ BZ **B** – Broderies★ dans l'Hôtel de Ville BZ **H.**

🛈 Office de Tourisme 28 pl. Martroi (1er mars-31 oct. et fermé dim. après-midi) ☏ 44.54.42.

Paris 151 ① – Blois 31 ④ – Châteaudun 41 ⑥ – ◆Orléans 25 ① – Vendôme 48 ⑤ – Vierzon 84 ②.

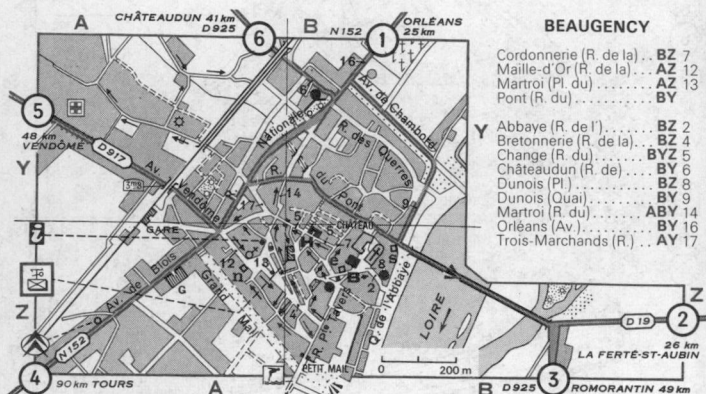

BEAUGENCY

Cordonnerie (R. de la) . .	**BZ** 7
Maille-d'Or (R. de la). . .	**AZ** 12
Martroi (Pl. du)	**AZ** 13
Pont (R. du)	**BY**
Abbaye (R. de l')	**BZ** 2
Bretonnerie (R. de la). .	**BZ** 4
Change (R. du)	**BYZ** 5
Châteaudun (R. de) . . .	**BY** 6
Dunois (Pl.)	**BZ** 8
Dunois (Quai)	**BY** 9
Martroi (R. du)	**ABY** 14
Orléans (Av.)	**BY** 16
Trois-Marchands (R.) . .	**AY** 17

🏠🏠 **L'Abbaye,** quai Abbaye ☏ 44.67.35, Télex 780038, ≤ – ☎ 🅿 🆔 𝗩𝗜𝗦𝗔   BZ **s**
fermé 10 janv. au 10 fév. – SC : **R** (fermé mardi du 1er nov. au 1er avril) 120 – **13 ch** ⊂⊃ 280/360, 5 appartements 420.

🏠 **Écu de Bretagne,** pl. Martroi ☏ 44.67.60 – 🚽wc 🛁wc 🅿 🚗 🆔 ⓓ 🅴 𝗩𝗜𝗦𝗔
fermé 24 janv. au 28 fév. – SC : **R** 70/120 – ⊂⊃ 15 – **26 ch** 65/180.   AZ **n**

🏠 **Sologne** sans rest, pl. St-Firmin ☏ 44.50.27 – 🚽wc 🛁wc 🚗 🛇   BZ **e**
fermé 15 déc. au 1er fév. et dim. soir du 1er nov. au 1er mars – SC : ⊒ 14 – **16 ch** 70/180.

à Tavers par ④ : 3 km – ✉ 45190 Beaugency :

🏠 **La Tonnellerie** 🛇, ☏ 44.68.15, 🌴, ⚓, 🚗 – 🔋 🚽wc 🛁wc 🚗 🅿 🚗 ⓓ
🛇 rest
1er avril-15 oct. – SC : **R** 109/164 – ⊂⊃ 25 – **28 ch** 155/305 – P 325/385.

CITROEN Asklund 30 av. de Blois ☏ 44.52.33
CITROEN S.I.P.A.M., N 152, Zone Ind. à Tavers par ④ ☏ 44.52.45 🆖
OPEL, V.A.G. David, N 152 ☏ 44.57.59

PEUGEOT Mahu, 49 av. de Blois par ④ ☏ 44.53.20
RENAULT Gar. de la Mardelle, Zone Ind., 63 av. d'Orléans par ① ☏ 44.50.40

BEAULAC 33 Gironde 🗖🗖 ② – alt. 66 – ✉ 33430 Bazas – ✿ 56.

Paris 661 – ◆Bordeaux 66 – Langon 23 – Marmande 50 – Mont-de-Marsan 60 – Nérac 68.

🗴🗴 **Mallet** avec ch, ☏ 25.07.26, 🌴, 🚗 – 🚽wc 🛁wc 🚗 🅿 𝗩𝗜𝗦𝗔
SC : **R** 55/175 👶 – ⊂⊃ 15 – **11 ch** 60/115 – P 100/140.

BEAULIEU-EN-ARGONNE 55 Meuse 🗖🗖 ⑳ – 45 h. alt. 273 – ✉ 55250 Seuil d'Argonne – ✿ 29 – Paris 238 – Bar-le-Duc 36 – Futeau 10 – Ste-Menehould 23 – Verdun 50.

🏡 **Host. Abbaye** 🛇, ☏ 70.72.81, ≤, 🚗 – 🚽 🚗 🛇 ch
➤ fermé 15 déc. au 1er fév. – SC : **R** 40/100 👶 – ⊂⊃ 14 – **10 ch** 60/95 – P 120/150.

BEAULIEU-SUR-DORDOGNE 19120 Corrèze 🗗🗗 ⑩ G. Périgord – 1 700 h. alt. 144 – ✿ 55.

Voir Église ★ : portail méridional ★★ et vierge romane ★ du trésor.

🛈 Syndicat d'Initiative pl. Marbot (juin-30 sept. et fermé dim.) ☏ 91.09.94.

Paris 523 – Aurillac 65 – Brive-la-Gaillarde 47 – Figeac 60 – Sarlat-la-Canéda 76 – Tulle 40.

Le Turenne, ☏ 91.10.16 – wc wc ☎. AE E VISA
hôtel : 1er avril-30 sept. ; rest. : 15 mai-20 sept. – SC : **R** (dim. prévenir) 70/130 – 19 – **21 ch** 95/215.

Central H. Fournié, ☏ 91.01.34 – wc ☎ P
15 mars-15 nov. – SC : **R** 45/100 – 13 – **32 ch** 55/130 – P 130/180.

RENAULT Lavastroux, ☏ 91.12.82

BEAULIEU-SUR-MER 06310 Alpes-Mar. 84 ⑩, 195 ㉗ **G. Côte d'Azur** – 4 273 h. alt. 1 à 100 – Casino – 93.

Voir Site★ de la Villa Kerylos★ M – Baie des Fourmis★.

Office de Tourisme pl. Gare (fermé sam. après-midi sauf saison et dim.) ☏ 01.02.21.

Paris 944 ④ – Menton 20 ③ – ♦Nice 10 ④.

La Réserve M, bd Mar.-Leclerc **(w)** ☏ 01.00.01, Télex 470301, ←, , **« Intérieur luxueux en bordure de mer, »**, – ch P
fermé 1er déc. au 10 janv. – **R** 195/280 – 36 – **50 ch** 470/1000, 3 appartements – P 870/1180
Spéc. Brouillade aux fruits de mer, Carré d'agneau, Soufflé aux framboises. **Vins** Cassis, Bandol.

Métropole, bd Mar.-Leclerc **(g)** ☏ 01.00.08, Télex 470304, ←, , **« Vaste terrasse sur mer, parc, , »** – TV ☎ P
fermé 1er nov. au 20 déc. – SC : **R** 250 – 40 – **50 ch** 360/1 185, 3 appartements – P 700/1 030
Spéc. Escalopes de rougets au pissala, Fricassée de poisson, Emincé de rognon et foie de veau aux écrevisses. **Vins** Bellet, Gassin.

Carlton, 7 av. E.-Cavell **(b)** ☏ 01.14.70, Télex 970421, , – TV ☎ P. AE E. rest
fermé 1er nov. au 20 déc. – SC : **R** 120/180 – 30 – **33 ch** 380/550, 6 appartements.

La Résidence M sans rest, 9 bis av. Albert-1 **(f)** ☏ 01.06.02, – P – 40. AE
Pâques-30 sept. – SC : 28 – **21 ch** 300/480.

Frisia sans rest, bd gen.-Leclerc **(r)** ☏ 01.01.04, ← – wc ☎ AE
fermé 31 oct. au 25 déc. – SC : **35 ch** 250/320.

BEAULIEU-SUR-MER			
Marinoni (Bd)	19	Gaulle (Pl. Ch. de)	12
		Gauthier (Bd Eug.)	13
Albert-1er (Av.)	2	Hellènes (Av. des)	14
Blundell Maple (Av.)	3	Joffre (Bd Mar.)	15
Cavell (Av. E.)	4	Leclerc (Bd Mar.)	18
Clemenceau (Pl. et R.)	5	May (Av. F.)	21
Doumer (R. P.)	6	Orangers (Montée des)	22
		St-Jean (Pont)	25
		Yougoslavie (R. de)	27

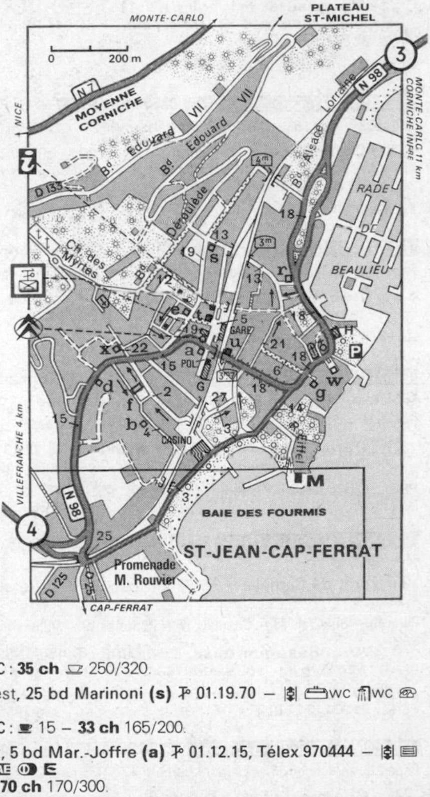

Comté de Nice M sans rest, 25 bd Marinoni **(s)** ☏ 01.19.70 – wc wc ☎ . AE VISA.
fermé 31 oct. au 10 déc. – SC : 15 – **33 ch** 165/200.

Don Grégorio M sans rest, 5 bd Mar.-Joffre **(a)** ☏ 01.12.15, Télex 970444 – wc ☎ P – 60. AE E
fermé nov. – SC : 19,50 – **70 ch** 170/300.

Le Havre Bleu sans rest, 29 bd Mar. Joffre **(d)** ☏ 01.01.40 – wc wc ☎ P.
1er fév.-31 oct. – SC : 14 – **19 ch** 100/180.

Select sans rest, 1 montée Myrtes **(e)** ☏ 01.05.42 – .
fermé 15 oct. au 15 déc. – SC : 9 – **20 ch** 53/140.

BEAULIEU-SUR-MER

✗ **Les Agaves,** 4 r. Mar.-Foch **(t)** ☏ 01.12.09 — _VISA_
  fermé nov., dim. soir sauf du 15 juil. au 15 sept. et merc. – SC : **R** (nombre de
  couverts limité - prévenir) 75/95.

  Voir aussi ressources hôtelières de : **St-Jean-Cap-Ferrat et Villefranche**

CITROEN Gar. de la Poste, ☏ 01.00.13

■ BEAUMES-DE-VENISE 84190 Vaucluse **81** ⑫ – 1 631 h. alt. 150 – ✿ 90.
Voir Clocher★ de la chapelle N.-D. d'Aubune O : 1,5 km, G. Provence.
☐ Office de Tourisme cours Jean-Jaurès (fermé matin hors sais. et dim.) ☏ 62.94.39.
Paris 684 – Avignon 33 – Carpentras 9 – Nyons 40 – Orange 23 – Vaison-la-Romaine 24.

  à _Montmirail_ NO : 6,5 km par D 81 et rte Vacqueyras – ⊠ **84190** Beaumes-
  de-Venise :

  🏨 Montmirail Ⓜ 🐾, ☏ 65.84.01, Télex 431511, ≤, parc, 🏊 – 📺wc 🛏wc ☎ ℗ –
  🏥 25 à 50. 🍴🕮 _AE_ _OD_ _VISA_
  15 mars-31 déc. – SC : **R** _(fermé lundi)_ 85/180 – 🍴 20 – **46 ch** 165/250.

■ BEAUMONT 24440 Dordogne **75** ⑮ G. Périgord – 1 317 h. alt. 160 – ✿ 53.
☐ Syndicat d'Initiative à la Mairie (15 juin-15 sept., fermé dim. après-midi et lundi matin) ☏
61.30.24.
Paris 583 – Bergerac 29 – Fumel 50 – Périgueux 68 – Sarlat-la-Canéda 53 – Villeneuve-sur-Lot 47.

  ✗✗ **Voyageurs** avec ch, ☏ 61.30.11 – 📺
  ➡ _mars-sept., déc. et fermé lundi_ – SC : **R** (dim. prévenir) 50/150 – 🍴 10 – **10 ch**
  60/110.

RENAULT Delpech, ☏ 61.30.16

■ BEAUMONT-DE-LOMAGNE 82500 T.-et-G. **82** ⑥ G. Pyrénées – 4 077 h. alt. 102 – ✿ 63.
Paris 692 – Agen 58 – Auch 52 – Castelsarrasin 25 – Condom 61 – Montauban 36 – ♦Toulouse 57.

  ☎ Commerce, r. Mar.-Foch ☏ 02.31.02 – 🛏wc 🚗. E _VISA_ 🐾 ch
  ➡ _fermé 15 nov. au 15 déc., dim. soir et lundi hors sais._ – SC : **R** 35/120 – 🍴 12 –
  12 ch 53/110 – P 90/115.

PEUGEOT, TALBOT Gar. Oustric, ☏ 02.41.18 **N** ☏ 02.25.58

■ BEAUMONT-EN-AUGE 14950 Calvados **55** ③ G. Normandie – 409 h. alt. 95 – ✿ 31.
Paris 202 – ♦Caen 40 – Lisieux 20 – Pont-l'Évêque 6 – Trouville-Deauville 12.

  ✗✗ **Aub. de l'Abbaye,** ☏ 64.82.31
  fermé janv., mardi et merc. – SC : **R** 90/150.

RENAULT Voidet, ☏ 64.84.91

■ BEAUMONT-LE-ROGER 27170 Eure **55** ⑮ G. Normandie – 2 894 h. alt. 91 – ✿ 32.
☐ Syndicat d'Initiative pl. de Clerq (juil.-août et fermé dim.) ☏ 45.23.88.
Paris 134 – L'Aigle 41 – Bernay 17 – Évreux 32 – Louviers 35 – Rouen 51 – Verneuil 51.

  ✗✗ **Paris ''Chez Mimi'',** r. St-Nicolas ☏ 45.22.23 – ℗ _AE_ _OD_ E _VISA_
  fermé 1er au 19 août, 23 déc. au 6 janv.,jeudi soir et vend. – SC : **R** 105/130.

PEUGEOT-TALBOT Potier et Terrier, ☏ 45.   PEUGEOT-TALBOT Gar. du Centre, ☏ 45.20.49
20.73   RENAULT Auger, ☏ 45.22.16

■ BEAUMONT-SUR-OISE 95260 Val-d'Oise **55** ⑳, **196** ⑦ G. Environs de Paris – 8 271 h. alt.
41 – ✿ 1.
Voir Forêt de Carnelle★ SE : 2 km par D 85 – Retable★ de l'église de Chambly NO :
4,5 km.
Paris 40 – Beauvais 38 – Chantilly 17 – Pontoise 19 – Villiers-le-Bel 21.

  ✗ **Aub. Beaumontoise,** 2 av. Carnot ☏ 470.01.83 – ℗ _VISA_
  ➡ _fermé 15 juil. au 14 août, mardi soir et merc._ – **R** 40 bc/100 bc.

CITROEN Ets Lagabrielle, rte de Clermont à   RENAULT Trubert, r. Corentin-Quideau à Per-
Persan ☏ 034.13.27 **N** ☏ 470.51.09   san ☏ 470.92.20

■ BEAUMONT-SUR-SARTHE 72170 Sarthe **60** ⑬ – 2 224 h. alt. 85 – ✿ 43.
Paris 223 – Alençon 23 – La Ferté-Bernard 47 – Mamers 26 – ♦Le Mans 26 – Mayenne 62.

  🏨 Chemin de Fer, à la Gare E : 1,5 km par D 26 ☏ 97.00.05, �╤, – 🛏 🚿 🚗 E _VISA_
  ➡ _fermé 15 oct. au 1er nov., 15 fév. au 1er mars, dim. soir et lundi hors sais._ – SC : **R**
  45/120 🔔 – 🍴 14 – **16 ch** 62/125 – P 108/140.

CITROEN Gar. Llobet, ☏ 97.03.23   PEUGEOT, TALBOT Thureau-Jouanneaux, à la
PEUGEOT, TALBOT Gar. Noyer, ☏ 97.01.14   Croix Margot-Juillé ☏ 97.00.33 **N**
                                               RENAULT Gar. du Centre, ☏ 97.00.03

BEAUMONT-SUR-VESLE 51 Marne 🗺️ ⑰ – 455 h. alt. 100 – ⌂ 51400 Mourmelon – 🕿 26.

Voir Faux de Verzy★ S : 3,5 km, G. Nord de la France.

Paris 157 – Châlons-sur-Marne 28 – Épernay 34 – ◆Reims 16 – Ste-Menehould 62.

🏠 **La Maison du Champagne,** ☎ 61.62.45, 🌤️ – 🛁wc 🕿 🚗 🅿 ⓞ 🅔 🆅🅸🆂🅰

→ 🍴 ch

fermé 10 au 25 oct., 1er au 21 fév., dim. soir et lundi – SC : **R** (dim. et fêtes - prévenir)
35/84 – ⊇ 12 – **10 ch** 58/104 – P 150/170.

RENAULT Lacondemine, ☎ 61.60.59

BEAUNE ◈ 21200 Côte-d'Or 🗺️ ⑨ G. Bourgogne – 19 972 h. alt. 218 – 🕿 80.

Voir Hôtel-Dieu★★ et polyptyque du Jugement dernier★★★ (musée★) AZ – Collégiale
N.-Dame★ ; tapisseries★★ AY D – Hôtel de la Rochepot★ AY B – Musée du vin de
Bourgogne★ AY **M1.**

🛈 Office de Tourisme et A.C. face Hôtel-Dieu ☎ 22.24.51. et antenne Touristique A 6 ☎ 22.28.09.

Paris 316 ③ – Autun 48 ④ – Auxerre 151 ③ – Chalon-sur-Saône 30 ③ – ◆Dijon 45 ③ – Dole 68 ③.

BEAUNE

Carnot (R.) .... **AYZ**
Lorraine (R. de) .... **AY**

Alsace (R. d') .... **AZ** 2
Carnot (Pl.) .... **AZ** 3
Fleury (Pl.) .... **AZ** 4
Fraisse (R.) .... **AZ** 5
Maufoux (R.) .... **AZ** 7
Monge (R.) .... **AZ** 8
Perpreuil (Bd) .... **AZ** 9
Rousseau-
Deslandes (R.) .... **BY** 12
Tonneliers (R. des) ...... **AY** 15

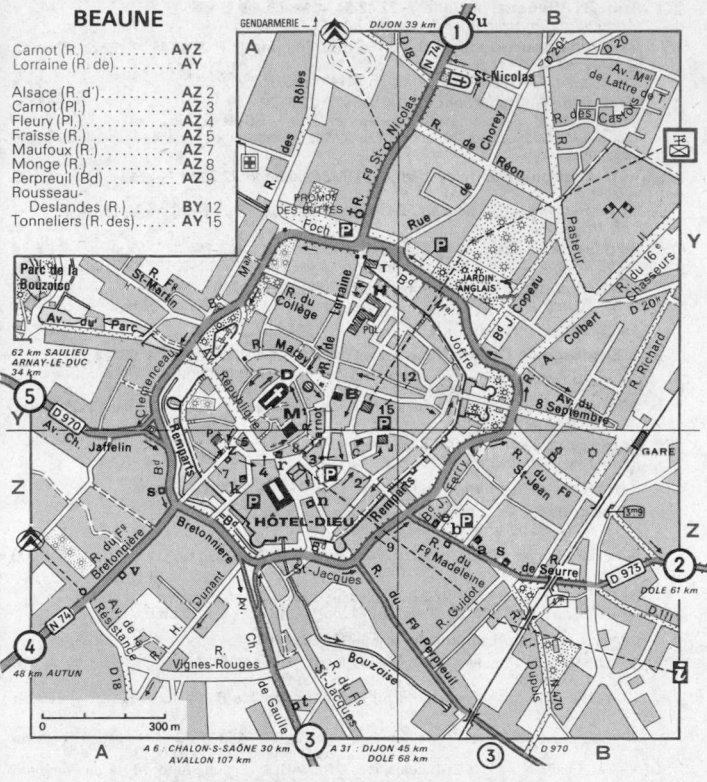

🏛️ **Poste,** 1 bd Clemenceau ☎ 22.08.11, 🌤️ – 📶 🕿 🚗 🅰🅴 ⓞ 🅔 🆅🅸🆂🅰   AZ **s**
25 mars-22 nov. – SC : **R** 240 – **21 ch** ⊇ 380/485, 4 appartements.

🏛️ **Le Cep** 🌿 sans rest., 27 r. Maufoux ☎ 22.35.48, « Ameublement de style » – 🕿
🚗 🅰🅴 ⓞ 🅔   AZ **z**
1er mars-30 nov. et fermé merc. – SC : ⊇ 25 – **21 ch** 275/440.

🏠 **Bourgogne** Ⓜ, av. Gén.-de-Gaulle ☎ 22.22.00, Télex 350666, 🛀 – 📶 🛁wc 🕿 &
🅿 – 🔬 120 à 180. 🚗🍴 🅰🅴 ⓞ 🅔 🆅🅸🆂🅰   AZ **t**
1er avril-21 nov. – SC : **R** 73 – 🍴 16,50 – **120 ch** 187/205.

🏠 **La Closerie** Ⓜ 🌿 sans rest, par ④ rte Autun N 74 ☎ 22.15.07, 🛀, 🌤️ – 📺
🛁wc 🚗🍴 🅰🅴 ⓞ 🅔 🆅🅸🆂🅰
fermé 25 déc. à fin janv. et dim. hors sais. – SC : ⊇ 15 – **30 ch** 215.

🏠 **Samotel** Ⓜ, par ④ rte Autun N 74 ☎ 22.35.55, Télex 350596, <, 🛀 – 📺 🛁wc
🕿 & 🅿 – 🔬 50. 🚗🍴 🅰🅴 ⓞ 🅔 🆅🅸🆂🅰
fermé 1er au 21 déc. – SC : **R** 62/84 – ⊇ 18,50 – **62 ch** 203/280, 4 appartements 280.

BEAUNE

🏛 **Grillon,** 21 rte Seurre par ② 🕾 22.44.25, 🚗 – 🛏wc 🚿wc 🅿 📶 ⁄ 🆎 ⓪
*fermé 15 janv. au 8 fév. – SC : **R** (fermé merc.) (dîner seul) 60/85 – ⌁ 16 – **14 ch***
130/170.

🏛 **Central H.,** 2 r. V.-Millot 🕾 24.77.24 – 🛏wc 🚿wc ☎ 𝘝𝘐𝘚𝘈   AZ n
*25 mars-21 nov. – SC : **R** 100/190 – ⌁ 24 – **22 ch** 90/250.*

🏛 **La Cloche,** 42 fg Madeleine 🕾 22.22.75 – 🍽 rest 🛏wc 🚿wc 🅿 – 🏛 30 à 60.
🚗➡   BZ b
*fermé 25 nov. au 31 déc., lundi soir hors sais. et mardi – SC : **R** 95/150 – ⌁ 16 –*
16 ch 85/170.

🏠 **Le Home** sans rest, 138 rte Dijon 🕾 22.16.43, 🚗 – 🛏wc 🚿wc 🅿 🕹 🚗 🅿
🚗➡   BY u
*fermé 6 janv. au 6 fév. – SC : ⌁ 16 – **20 ch** 135/190.*

🏠 **Host. de Bretonnière** sans rest, 43 fg Bretonnière 🕾 22.15.77, 🚗 – 🛏wc
🚿wc 🅿 🅿   AZ v
SC : ⌁ 15 – **21 ch** 78/150.

XXX **Aub. St-Vincent,** pl. Halle 🕾 22.42.34 – 🍽 🆎 ⓪ 🄴 𝘝𝘐𝘚𝘈   AZ r
*fermé déc., dim. soir et jeudi hors sais. – SC : **R** 75/175.*

XX **Raisin de Bourgogne** avec ch, 164 rte Dijon par ① 🕾 24.69.48 – 🛏wc 🚿wc ☎
🚗➡ ⓪ 🄴 𝘝𝘐𝘚𝘈
*fermé merc. – SC : **R** 80/200 – ⌁ 15 – **11 ch** 83/159.*

XX ⚙ **Relais de Saulx** (Monnoir), 6 r. Very 🕾 22.01.35   AZ k
*fermé 1er au 21 mars, en août, dim. soir et lundi – SC : **R** 62/135*
Spéc. Cassolette d'escargots beaunoise, Feuilleté de blanc de turbot, Fricassée de volaille de Bresse
aux morilles.

XX **Aub. Bourguignonne** avec ch, 4 pl. Madeleine 🕾 22.23.53 – 🛏wc 🚿wc 🅿 🆎
𝘝𝘐𝘚𝘈 🚿 ch   BZ a
*fermé 1er au 8 juin, 22 déc. au 22 janv. et lundi sauf fériés – SC : **R** 74/140 – ⌁ 15 –*
8 ch 155/190.

XX **Rôtisserie La Paix,** 47 fg Madeleine 🕾 22.33.33 – 🆎 𝘝𝘐𝘚𝘈   BZ s
*fermé fin janv. à début fév., en août, dim. soir et lundi – SC : **R** 100 bc/180 bc.*

X **Chez Maxime,** 3 pl. Madeleine 🕾 22.17.82, 🍽 – 🄴 𝘝𝘐𝘚𝘈   BZ e
*fermé 20 déc. au 10 janv., dim. soir du 1er nov. au 1er mai et lundi – **R** 48/95.*

par ① (Beaune Nord) sur N 74 :

XXX ⚙ **Ermitage de Corton** (Parra) avec ch, à 4 km 🕾 22.05.28 – 🅿 🆎 ⓪ 𝘝𝘐𝘚𝘈
*fermé 4 au 12 juil., fév., dim. soir et lundi – **R** (nombre de couverts limité - prévenir)*
95 bc/240 – ⌁ 30 –, 3 appartements 650
Spéc. Bavarois d'avocats, Salade de langoustines grillées au curry, Canette à l'infusion de cassis.
Vins Corton, Chorey-lès-Beaune.

XX **Bareuzai,** à 2 km 🕾 22.02.90, ← – 🅿
*fermé janv. et début fév. – SC : **R** carte 120 à 180.*

à Montagny-lès-Beaune par ③ et D 113 : 3 km – ✉ 21200 Beaune :

🏠 **Campanile** Ⓜ, 🕾 22.65.50, 🚗 – 🛏wc 🅿 🕹 🅿 𝘝𝘐𝘚𝘈
SC : **R** 55 bc/80 bc – 🍴 20 – **42 ch** 186.

*à Levernois SE : 5 km par rte Verdun sur le Doubs et D 111 - BZ – ✉ 21200
Beaune :*

🏠 **Parc** Ⓜ 🚿 sans rest, 🕾 22.22.51, parc – 🛏wc 🚿wc 🅿
*fermé 22 nov. au 8 déc. et 27 fév. au 14 mars – SC : ⌁ 16 – **20 ch** 85/125.*

par ③ : 7 km sur Autoroute A6 – ✉ 21200 Beaune :

🏛 **Motel Relais P.L.M.** Ⓜ 🚿, 🕾 22.03.01, Télex 350627 – 📺 🛏wc 🅿 🕹 🅿
🚗➡ 🆎 ⓪ 🄴 𝘝𝘐𝘚𝘈
SC : rest d'autoroute sur place dont **La Bourguignotte R** 106/135 – ⌁ 21 – **150 ch**
210/225.

CITROEN Gar. Champion, 1 rte Pommard 🕾
22.28.14
CITROEN Gar. Chaffraix, 47 r. fg St-Nicolas 🕾
22.17.55
FIAT Bolatre, 40 fg Bretonnière 🕾 22.31.30
FORD Monnot, 146 rte de Dijon 🕾 22.11.02
PEUGEOT TALBOT Champion, 42 rte de
Pommard par ④ 🕾 22.12.30

PEUGEOT TALBOT Gar. Moreau, 135 bis rte
de Dijon par ① 🕾 22.27.00 🅽
RENAULT Beaune-Auto, 78 rte de Pommard
par ④ 🕾 22.25.48

🅿 La Clinique du Pneu, 4 r. Lt-Dupuis 🕾 22.
14.21
Techni-Pneu, 4 bd Bretonnière 🕾 22.80.10

▰▰▰ **BEAUNE-LE-FROID** 63 P.-de-D. 🔲 ⑬ – rattaché à Murol.

▰▰▰ **BEAUPRÉAU** 49600 M.-et-L. 🔲 ⑤ G. Châteaux de la Loire – 5 729 h. alt. 86 – ✿ 41.
Paris 340 – Ancenis 29 – Angers 51 – Châteaubriant 74 – Cholet 18 – ◆Nantes 48 – Saumur 74.

🏠 **France,** pl. Gén.-Leclerc 🕾 55.00.26 – 🛏wc 🚿wc 🅿 🆎 𝘝𝘐𝘚𝘈
➡ *fermé 17 fév. au 2 mars, vend. soir (sauf hôtel) et sam. – SC : **R** 38/130 🍴 – ⌁ 12,50*
– **13 ch** 65/120 – P 120/160.

CITROEN Pineau, 🕾 55.00.15
FIAT Gar. Rouillard, 🕾 55.00.48

RENAULT Gar. Humeau, 🕾 55.00.58

BEAURAINS 62 P.-de-C. 🗺️ ② – rattaché à Arras.

BEAURAINVILLE 62990 P.-de-C. 🗺️ ⑫ – 1 910 h. alt. 14 – ✪ 21.
Paris 250 – Arras 72 – Hesdin 14 – Montreuil 12 – St-Omer 53.

   ✗ **Val de Canche** avec ch, 🕿 90.32.22, 🚗 – 🏨 🅿. 🚗 VISA. ❀
   ➔ *fermé fév., dim. soir et lundi* – SC : **R** 40/100 – 🍽 15 – **10 ch** 90/145.

V.A.G. Gar. Flament, 🕿 90.30.33

BEAURECUEIL 13 B.-du-R. 🗺️ ③ – 472 h. alt. 254 – ✉ **13100** Aix-en-Provence – ✪ 42.
Paris 769 – Aix-en-Provence 10 – Aubagne 31 – Brignoles 53 – ✦Marseille 41.

   ✗✗ **Relais Ste-Victoire** 🌣 avec ch, D 46 🕿 28.91.34, ≤, �🛋, 🚗, ❀ – 🍽 rest 📺 🏨
   🅟 🅿 – 🚗 30. 🚗 AE ① E
   fermé 30 oct. au 7 nov., fév., dim. soir et lundi – SC : **R** 145/200 – 🍽 16 – **9 ch**
   93/180 – P 200.

BEAUREGARD 01 Ain 🗺️ ① – rattaché à Villefranche-sur-Saône.

BEAUREPAIRE 38270 Isère 🗺️ ② – 3 713 h. alt. 257 – ✪ 74.
Paris 522 – Annonay 39 – ✦Grenoble 64 – Romans 39 – ✦St-Étienne 78 – Tournon 55 – Vienne 30.

   ✗✗✗ ✿ **Fiard** (Zorelle) avec ch, r. République 🕿 84.62.02 – 🚿 🏨wc 🚗. 🚗 AE ① E
   VISA
   fermé janv. et dim. soir d'oct. à Pâques – SC : **R** 70/220 – 🍽 20 – **21 ch** 85/180
   Spéc. Mousseline de truite, Turbot aux petits légumes, Nougat glacé. Vins St-Joseph, Chante-
   Alouette.

FIAT, PEUGEOT, TALBOT Boyet, 🕿 84.61.37   RENAULT Gar. des Terreaux, 🕿 84.61.50 🅽
PEUGEOT, TALBOT Gar. Perriat, 🕿 84.60.65

BEAUREPAIRE-EN-BRESSE 71 S.-et-L. 🗺️ ③ – rattaché à Louhans.

BEAUSOLEIL 06 Alpes-Mar. 🗺️ ⑩, 🔢 ㉗ – rattaché à Monaco.

Le BEAUSSET 83330 Var 🗺️ ⑭ – 4 811 h. alt. 180 – ✪ 94.
🆔 Syndicat d'Initiative à la Mairie (1er juil.- 30 sept.) 🕿 90.41.39.
Paris 822 – Aix-en-Provence 64 – ✦Marseille 47 – ✦Toulon 17.

   🏨 **Motel la Cigalière** Ⓜ 🌣, N : 1,5 km par N 8 et VO 🕿 98.64.63, ≤, ⛳, 🚗 –
   🏨wc 🚗 🅿. 🚗
   Pâques et 25 mai-30 sept. – SC : **R** (dîner seul.) 80/90 – 🍽 18 – **12 ch** 190/200

   ✗ **L'Estagnon,** 🕿 98.62.62 – ①
   fermé juin, nov. et lundi – SC : **R** 110 bc/130 bc.

   au Nord : 3,5 km par N 8 et VO – ✉ **83330** Le Beausset :

   ✗ **Aub. Couchoua,** 🕿 98.72.24 – 🅿. ❀
   fermé 28 fév. au 16 mars, 3 au 19 oct., dim. soir et merc. – SC : **R** (grillades) (en août
   dîner seul.) 75/150 ₰.

RENAULT Central-Gar., 🕿 98.70.10 🅽   ⬤ Michel Pneum., 🕿 90.44.70

BEAUVAIS 🅿 60000 Oise 🗺️ ⑨⑩ G. Environs de Paris – 56 725 h. alt. 64 – ✪ 4.
Voir Cathédrale✶✶✶ : horloge astronomique✶ BY – Église St-Étienne✶ : vitraux✶✶ et
arbre de Jessé✶✶✶ BY B – Musée départemental de l'Oise✶ dans l'ancien palais épis-
copal.
✈ de Beauvais-Tillé 🕿445.01.06 par ① : 4 km.
🆔 Office de Tourisme 6 r. Malherbe (fermé lundi et dim.) 🕿 445.08.18 et r. St-Pierre (1er avril-30
sept.) 🕿 445.25.26.
Paris 76 ③ – ✦Amiens 60 ① – Arras 153 ② – Boulogne-sur-Mer 167 ⑤ – Compiègne 57 ② – Dieppe
98 ④ – Évreux 98 ④ – ✦Reims 151 ② – ✦Rouen 80 ④ – St-Quentin 111 ② – Troyes 232 ②.

Plan page suivante

   🏨 **Chenal** Ⓜ sans rest, 63 bd Gén.-de-Gaulle 🕿 448.27.23 – 🛗 📺 🚿wc 🚗 ⟵.
   🚗 AE ① VISA   CZ **a**
   SC : 🍽 18 – **25 ch** 175/215.

   🏠 **Palais** 🌣 sans rest, 9 r. St-Nicolas 🕿 445.12.58 – 🚿wc 🏨wc 🚗. 🚗. ❀
   fermé 1er au 15 août et 20 déc. au 9 janv. – SC : 🍽 13,50 – **14 ch** 89/150.   AY **s**

   🏠 **La Résidence** 🌣 sans rest, 24 r. Louis-Borel 🕿 448.30.98 – 🏨wc 🚗 🅿. ❀
   fermé 24 déc. au 3 janv. et dim. – SC : 🍽 12 – **24 ch** 64/130.   BCX **b**

   🏠 **Bristol** sans rest, 60 r. Madeleine 🕿 445.01.31 – 🏨 🚗
   fermé 15 déc. au 15 janv. et dim. de sept. à mai – SC : 🍽 12 – **18 ch** 58/127.   BY **k**

   🏡 **Cygne** sans rest, 24 r. Carnot 🕿 445.13.90 – ❀   BY **f**
   fermé 18 fév. au 1er mars et 24 oct. au 1er nov. – SC : 🍽 10,50 – **14 ch** 61/81.

BEAUVAIS

XXX	**A la Côtelette**, 8 r. Jacobins ℡ 445.04.42 – AE ① E *VISA*		BY **e**
	fermé 4 au 25 juil., dim. soir et lundi sauf fériés – SC : **R** 125 bc/65.		
XX	**La Crémaillère**, 1 r. G.-Patin ℡ 445.03.13 – *VISA*		BX **n**
	fermé merc. – SC : **R** 60 🍷		
XX	**Marignan**, 1 r. Malherbe ℡ 448.15.15 – *VISA*		BY **u**
	fermé 1er au 15 sept., 1er au 22 fév., dim. soir et lundi – **R** 53/140.		
XX	**Relais de la Folie**, par ① : 1 km face aéroport ℡ 448.09.58 – ℗		
	fermé lundi soir – SC : **R** 66 bc/110 🍷		

MICHELIN, Agence, av. Blaise-Pascal par ③ ℡ 402.01.36

BMW, TOYOTA Gar. du Franc-Marché, 8 r. de Calais ℡ 448.07.43
CITROEN Gd Gar. Paintré, 63 r. Calais ℡ 445.62.37 🆖 ℡ 448.05.22
CITROEN Gar. St-Just, 23 r. St-Just-des-Marais AX ℡ 445.23.68
FIAT Gar. Piscine, 99 r. d'Amiens ℡ 445.18.75
FORD Automobiles et Sce de Beauvais, r. Gay-Lussac ℡ 402.21.42
OPEL Beauvais-Autos, Z.A.C. St Lazare r. P. et M. Curie ℡ 445.13.27
PEUGEOT TALBOT Le Nouveau Gar., 2 r. Gay-Lussac, N 1 par ③ ℡ 402.15.81

PEUGEOT Gar. Buquet, 75 r. Calais ℡ 445.11.72
PEUGEOT TALBOT Gar. Verbregue, 11 r. N.-D.-du-Thil par ⑤ ℡ 445.15.18
RENAULT Gueudet, N 181, rte d'Amiens par ① ℡ 448.25.78
V.A.G. S.A.G.A. 60, r. de Clermont ℡ 445.15.47

🔧 Beauvais Pneum., 5 r. du 51e-R.I. ℡ 445.91.23
Cacaux, 21 av. Blaise-Pascal, Zone Ind. n°2 ℡ 402.00.60

Pour un bon usage des plans de villes, voir les signes conventionnels p. 20.

BEAUVALLON 83 Var 🎿🎿 ⑰ G. Côte d'Azur – ✉ 83120 Ste-Maxime – 🌐 94.

🚗 🅿 96.16.98.

Paris 876 – Hyères 50 – Le Lavandou 38 – St-Tropez 9,5 – Ste-Maxime 4,5 – ♦Toulon 69.

  🏨 **Golf H.** 🐾, 🅿 96.06.09, Télex 470480, ≤, parc, 🏖, ✗ – ⛵ 🅿 – 🦯 200. 🆎 ⓞ **VISA**
    21 mai-21 sept. – SC : **R** 135/155 – ☐ 35 – **100 ch** 250/550.

  🏨 **Host. Beauvallon** 🅼 🐾, 🅿 43.81.11, ≤, ⛲, 🚣 – 🛏wc ☎ 🅿, 🚙 **VISA**.
    ❄ rest
    hôtel : avril-sept. ; rest. : 1er juin-30 sept. – SC : **R** 100 – ☐ 30 – **27 ch** 300/400 – P
    350/400.

  🏠 **Marie-Louise** 🐾, à Guerrevieille NE : 1 km 🅿 96.06.05, ≤, 🚣 – 🛏wc ☎ 🅿.
    ❄ rest
    15 fév.-15 oct. – SC : **R** (de juin à sept. 1/2 pension seul.) 55/85 – ☐ 20 – **14 ch**
    200.

BEAUVEZER 04440 Alpes-de-H.-P. 🎿🎿 ⑧ G. Côte d'Azur – 233 h. alt. 1 150 – 🌐 92.

Paris 810 – Annot 32 – Castellane 44 – Digne 66 – Manosque 107 – Puget-Théniers 54.

  🏠 **Verdon** 🐾, 🅿 83.44.44, ≤, 🚣 – 🛏wc 🛏wc 🅿. ❄
    fermé 1er nov. au 20 déc. et dim. soir hors sais. – SC : **R** 51/90 – ☐ 13,50 – **26 ch**
    65/141 – P 149/231.

BEAUVOIR (Pont de) 50 Manche 🎿🎿 ⑦ – rattaché au Mont-St-Michel.

BEAUVOIR-SUR-MER 85230 Vendée 🎿🎿 ①② – 3 041 h. alt. 20 – 🌐 51.

🚩 Office de Tourisme L'Ardoise Verte (15 juin-15 sept. et fermé dim.) 🅿 68.71.13 et à la Mairie (16 sept.-15 juin, fermé sam. et dim.) 🅿 68.70.32.

Paris 437 – Challans 16 – ♦Nantes 60 – Noirmoutier-en-l'Ile 22 – Pornic 32 – La Roche-sur-Yon 54.

  🏠 **Touristes**, rte du Gois 🅿 68.70.19 – 🛏wc 🛏 🅿 – 🦯 80. 🆎 ⓞ 🇪 **VISA**
  ➤ fermé 15 nov. au 1er déc. et 3 au 31 janv. – SC : **R** 45/130 🍷 – 🍺 15 – **20 ch** 75/150 –
    P 150/195.

RENAULT Boutolleau, 🅿 68.70.28

BEAUVOIR-SUR-NIORT 79360 Deux-Sèvres 🎿🎿 ① – 662 h. alt. 66 – 🌐 49.

Paris 418 – Niort 17 – La Rochelle 57 – St-Jean-d'Angély 28.

  ✗ **Aub. des Voyageurs**, 🅿 09.70.16 – 🆎 ⓞ 🇪 **VISA**
  ➤ fermé 15 au 30 sept. et merc. (sauf le midi en été) – SC : **R** 42/159 🍷

    à Virollet SE : 7 km par D 1 – ✉ 79360 Beauvoir-sur-Niort :

  ✗ **Aub. des Cèdres** avec ch, 🅿 09.60.53 – 🛏 🅿 – 🦯 30. 🚙 **VISA**. ❄ ch
  ➤ fermé 17 au 23 oct., 10 au 31 janv., vacances de fév., dim. soir et lundi – SC : **R**
    50/100 🍷 – ☐ 10 – **4 ch** 80/120.

RENAULT Gar. Savin, 🅿 09.70.12

Le BEC-HELLOUIN 27 Eure 🎿🎿 ⑮ G. Normandie – 454 h. alt. 70 – ✉ 27800 Brionne – 🌐 32
Voir Abbaye★★.

Paris 151 – Bernay 21 – Évreux 47 – Pont-Audemer 24 – Pont-l'Évêque 45 – ♦Rouen 42.

  ✗✗✗ ❀ **Aub. de l'Abbaye** (Mme Sergent) 🐾 avec ch, 🅿 44.86.02, 🚣 – 🛏wc ☎ 🅿.
    🚙 **VISA**. ❄ ch
    fermé 10 janv. au 24 fév., lundi soir et mardi – SC : **R** (dim. prévenir) carte 125 à 190
    – ☐ 22 – **8 ch** 170/200
    Spéc. Homard à la crème, Cuissot de chevreuil Grand Veneur (en saison), Tarte aux pommes.

BÉDARIEUX 34600 Hérault 🎿🎿 ④ – 6 864 h. alt. 196 – 🌐 67.

🚩 Office de Tourisme r. St-Alexandre (fermé l'après-midi hors saison et dim.) 🅿 95.08.79.

Paris 859 – Béziers 35 – Lacaune 55 – Lodève 29 – ♦Montpellier 71 – Pézenas 33 – St-Affrique 80.

  🏨 **Moderne** sans rest, 64 av. J.-Jaurès 🅿 95.01.52 – 🛏wc 🛏wc ☎. 🆎 ⓞ **VISA**
    fermé 5 déc. au 20 janv. – SC : ☐ 16 – **28 ch** 60/160.

CITROEN Gar. Pascal, 5 av. Cot 🅿 95.03.57   ❀ Vulc. Bédaricienne, 50 bis av. J.-Jaurès 🅿
RENAULT Gar. Sandoval, 45 av. Jean-Jaurès   95.08.00
🅿 95.00.30

BÉDÉE 35 I.-et-V. 🎿🎿 ⑯ – 2 691 h. alt. 85 – ✉ 35160 Montfort – 🌐 99.

Paris 374 – Dinan 35 – Loudéac 63 – Montfort 4,5 – ♦Rennes 22.

  🏠 **Commerce**, pl. Église 🅿 07.00.37 – 🛏 🛏 ☎. 🚙 🇪 **VISA**
  ➤ fermé 15 au 30 oct. – SC : **R** (fermé dim. soir et vend.) 40/70 🍷 – ☐ 15 – **22 ch**
    75/85.

BÉDOIN 84410 Vaucluse **81** ⑬ G. Provence – 1 635 h. alt. 310 – ✿ 90.

Voir Le Paty ≤★ NO : 4,5 km – 🛈 Office de Tourisme pl. Marché (Pâques-fin sept. et fermé dim. après-midi) ☎ 65.63.95 et à la Mairie (fermé sam. après-midi et dim.) ☎ 65.60.08.

Paris 699 – Avignon 39 – Carpentras 15 – Nyons 38 – Sault 35 – Vaison-la-Romaine 22.

　🏖　**L'Escapade,** ☎ 65.60.21
　➜　*fermé 24 oct. au 6 nov. et merc.* – SC : **R** 50/100 ⅓ – ☷ 12 – **10 ch** 70 – P 120.

　XX　**L'Oustau d'Anaïs,** rte de Carpentras ☎ 65.67.43 – ℗
　➜　*fermé oct., lundi soir et mardi* – SC : **R** 40/115 ⅓.

BÉGAAR 40 Landes **78** ⑥ – rattaché à Tartas.

BEG-MEIL 29 Finistère **58** ⑮ G. Bretagne – ✉ 29170 Fouesnant – ✿ 98.

🏌 de Quimper et de Cornouaille ☎ 56.97.09, NE : 9,5 km.

🛈 Office de Tourisme Immeuble administratif (15 juin-15 sept. et fermé dim.) ☎ 94.97.47.

Paris 555 – Carhaix-Plouguer 75 – Concarneau 19 – Pont-l'Abbé 25 – Quimper 21 – Quimperlé 44.

　🏨　**Thalamot** 🕭, ☎ 94.97.38, ☞ – ⋔|wc ☎. ☜☜ ᴠɪꜱᴀ. ⸙⸙
　　　29 avril-début oct. – SC : **R** 60/140 – ☷ 18 – **35 ch** 90/185 – P 170/270.

La BÉGUDE DE SAZE 30 Gard **81** ⑪ – rattaché aux Angles.

BÉLÂBRE 36370 Indre **68** ⑯ – 1 260 h. alt. 92 – ✿ 54.

Paris 312 – Argenton-sur-Creuse 36 – Bellac 55 – Le Blanc 13 – Châteauroux 57 – Montmorillon 28.

　XX　**L'Écu** avec ch., ☎ 37.60.82 – ⋔|wc ⋔| ⇐⇒ ℗ ᴀᴇ ꝋ ᴇ ᴠɪꜱᴀ
　　　fermé 5 au 14 juin, 11 sept. au 4 oct., vacances de fév., dim. soir et lundi – SC : **R**
　　　(dim. prévenir) 65/120 ⅓ – ☷ 14 – **7 ch** 90/160 – P 150/200.

CITROEN Nibodeau, ☎ 37.62.44

BELCAIRE 11 Aude **86** ⑥ – 463 h. alt. 1 002 – ✉ 11340 Espezel – ✿ 68.

Voir Forêts★★ de la Plaine et Comus NO, G. Pyrénées.

Paris 988 – Ax-les-Thermes 26 – Carcassonne 77 – Quillan 27.

　🏠　**Bayle,** ☎ 20.31.05, ☞ – ⌂ ⋔| ☜☜
　➜　*fermé oct.* – SC : **R** *(fermé vend. soir et sam. midi)* 40/120 – ☷ 12 – **16 ch** 52/91 – P
　　　118/142.

BELFORT 🅿 90000 Ter.-de-Belf. **66** ⑧ G. Jura – 57 317 h. alt. 358 – ✿ 84.

Voir Le Lion★ BZ – Citadelle★ : ⁂★ de la terrasse du fort BZ.

🛪 de Belfort-Fontaine : Air Alsace ☎ 21.35.35 par ③ : 14 km.

🛈 Office de Tourisme pl. Dr-Corbis (fermé dim. sauf matin en saison) ☎ 28.12.23 - A.C. 7 Quai Vauban ☎ 28.00.30.

Paris 499 ⑥ – ♦Bâle 129 ③ – ♦Besançon 98 ④ – Colmar 74 ③ – ♦Dijon 191 ④ – Épinal 108 ⑥ – ♦Genève 244 ④ – ♦Mulhouse 43 ③ – ♦Nancy 178 ⑥ – Troyes 269 ⑥ – Vesoul 64 ⑥.

　　　　　　　　　　　　　　Plan page ci-contre

　🏩　**Gd H. du Lion,** 2 r. G.-Clemenceau ☎ 21.17.00, Télex 360914 – 🛗 ᴛᴠ ℗ – 🏨
　　　150. ᴀᴇ ꝋ ᴇ ᴠɪꜱᴀ　　　　　　　　　　　　　　　　　　　　　　　BX **k**
　　　SC : Le Vauban **R** carte environ 110 ⅓ – ☷ 20 – **82 ch** 166/214.

　🏨　**Modern H.** Ⓜ sans rest, 9 av. Wilson ☎ 21.59.45 – 🛗 ⌂wc ⋔|wc ☎ ⇐⇒ ℗ ᴀᴇ
　　　⸙⸙　　　　　　　　　　　　　　　　　　　　　　　　　　　　　　AZ **a**
　　　fermé 18 déc. au 4 janv. et dim. de nov. à mars – SC : ☷ 14 – **47 ch** 65/165.

　🏨　**Américain** sans rest, 2 r. Pont-Neuf ☎ 21.57.01 – ⌂wc ⋔| ☜. ☜☜ ᴀᴇ ꝋ ᴠɪꜱᴀ
　　　SC : ☷ 13 – **41 ch** 70/160.　　　　　　　　　　　　　　　　　AZ **z**

　🏨　**Capucins,** 20 fg Montbéliard ☎ 28.04.60 – ⌂wc ⋔|wc ☎. ☜☜ ᴠɪꜱᴀ　BZ **n**
　　　fermé 1ᵉʳ au 17 avril, 17 déc. au 10 janv., sam. et dim. hors sais. – SC : **R** 52/115 ⅓ –
　　　☷ 16 – **35 ch** 75/170.

　🏠　**Thiers,** 9 r. Thiers ☎ 28.10.24 – ⋔|wc　　　　　　　　　　　AZ **e**
　➜　*fermé 11 au 31 déc., sam. soir et dim. sauf juil.-août* – SC : **R** *(fermé sam. soir sauf juil. et août, dim. et fériés)* 48/175 ⅓ – ☷ 13,50 – **20 ch** 60/120.

　XXX　✿✿ **Host. du Château Servin** 🕭 avec ch, 9 r. Gén.-Négrier ☎ 21.41.85, « Cadre élégant », ☞ – 🛗 ▤ rest ⌂wc ☎ ☜☜ ᴀᴇ ꝋ ᴠɪꜱᴀ. ⸙⸙ ch　　　BZ **r**
　　　fermé 10 juil. au 10 août, 22 fév. au 7 mars et vend. – SC : **R** (nombre de couverts limité - prévenir) carte 210 à 270 – ☷ 30 – **10 ch** 200/260
　　　Spéc. Salade tiède "Dominique", Fricassée d'écrevisses "R. Servin", Foie de canard chaud au vinaigre de framboises. Vins Kaefferkopf, Pinot noir.

　XX　👍 **Le Sabot d'Annie** (Barbier), D 13 entrée Offemont -BX- N : 3 km ✉ 90300 Valdoie ☎ 21.07.97 – ℗. ᴀᴇ ꝋ ᴠɪꜱᴀ
　　　fermé août, vacances de fév., sam. et dim. sauf fériés – SC : **R** 150/180
　　　Spéc. Raviolis de grenouilles, Blanquette de St-Jacques (oct. à avril), Chevalier de volaille. Vins Kaefferkopf.

　XX　**Buffet Gare,** 1 av. Wilson ☎ 21.57.20 – ꝋ ᴠɪꜱᴀ　　　　　　　AZ
　　　SC : **R** La Belle Epoque 64/77.

194

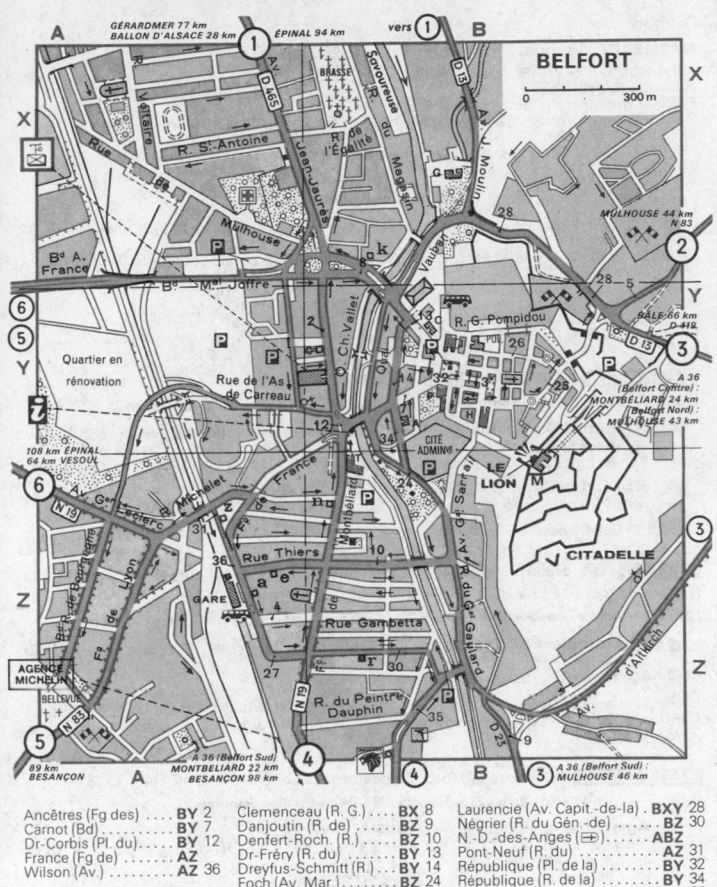

GÉRARDMER 77 km
BALLON D'ALSACE 28 km — ÉPINAL 94 km — vers ①

BELFORT

0   300 m

Ancêtres (Fg des) .... **BY** 2	Clemenceau (R. G.) .... **BX** 8	Laurencie (Av. Capit.-de-la) . **BXY** 28
Carnot (Bd) .... **BY** 7	Danjoutin (R. de) ...... **BZ** 9	Négrier (R. du Gén.-de) .... **BZ** 30
Dr-Corbis (Pl. du) .... **BY** 12	Denfert-Roch. (R.) ..... **BZ** 10	N.-D.-des-Anges (⊟)..... **ABZ**
France (Fg de) .... **AZ**	Dr-Fréry (R. du) ...... **BY** 13	Pont-Neuf (R. du) ...... **AZ** 31
Wilson (Av.) .... **AZ** 36	Dreyfus-Schmitt (R.) ... **BY** 14	République (Pl. de la) ... **BZ** 32
	Foch (Av. Mar.) ...... **BZ** 24	République (R. de la) ... **BY** 34
Armes (Pl. d') .... **BY** 3	Gde-Fontaine (R. de la). **BY** 25	Richelieu (Bd)......... **BZ** 35
Briand (R. Aristide) ... **AZ** 4	Grande-Rue .... **BY** 26	St-Christophe (⊟)...... **BY**
Brisach (Fg de)....... **BY** 5	Kuechlin (R. G.) ...... **AZ** 27	St-Joseph (⊟) .... **AX**

à Danjoutin par ④ : 3 km – 3 703 h. – ⊠ 90400 Danjoutin :

🏨 **Mercure Belfort-Danjoutin** Ⓜ 🐾, ℡ 21.55.01, Télex 360801, ⌇ – 🍴 rest 📺
🛏wc ☎ 🕭 🅿 – 🔬 150. 🖼 🖭 ⑩ ℇ 𝗩𝗜𝗦𝗔
R carte environ 90 – 🖂 25 – **80 ch** 232/265.

🍴🍴 ❀ **Pot d'Étain** (Clévenot), ℡ 28.31.95 – 🅿
fermé 4 au 26 juil., sam. midi, dim. soir et lundi sauf fériés – SC : **R** 95/180
Spéc. Poissons, Gibiers (en saison). Vins Pinot noir, Riesling.

à Andelnans par ④ : 3,5 km – ⊠ 90400 Danjoutin :

🍴🍴 **Le Relais Comtois**, N 19 ℡ 28.31.17, 🍴 – 🅿
fermé 15 août au 15 sept., dim. soir et lundi sauf fériés – SC : **R** 55/115 🍴.

à Valdoie par ① : 5 km – 4 485 h. – ⊠ 90300 Valdoie :

🍴🍴 **Au bon Accueil**, D 465 ℡ 21.51.27, « Cadre de verdure », 🍴 – 🅿 𝗩𝗜𝗦𝗔
fermé 1er au 25 juil., 3 au 17 janv., dim. soir et lundi – SC : **R** 56/115.

par ② : 5 km sur N 83 – ⊠ 90000 Belfort :

🍴 **La Petite Auberge**, à Denney 51 av. Alsace ℡ 29.82.91 – 🅿 ❀
➔ *fermé fév., lundi et mardi* – SC : **R** 42/100, dîner à la carte 🍴.

à l'échangeur de Bessoncourt : par ③ : 7 km – ⊠ 90160 Bessoncourt :

🏨 **Campanile,** ℡ 22.12.56 – 🛏wc ☎ 🅿 𝗩𝗜𝗦𝗔
SC : **R** 55 bc/80 bc – 🍴 20 – **42 ch** 173.

195

BELFORT

MICHELIN, Agence, Z.I. Danjoutin par ④ ☎ 28.21.89

ALFA-ROMEO, FERRARI Centre Autom., 37 av. J.-Jaurès ☎ 21.61.77
FORD Wittlinger, 15 r. Turenne ☎ 21.63.99
OPEL Diffusion Autom. Belfortaine, 33 r. de Mulhouse ☎ 21.41.89
PEUGEOT S.I.A. de Belfort, 10 r. du Rhône ☎ 21.53.23

RENAULT Gd Gar. Belfortain, bd. H.-Dunant par bd Richelieu BZ ☎ 21.46.90

🖉 Chapuis-Pneus, 58 r. de la 1= Armée ☎ 21.29.29
Salomon, 23 r. Brasse ☎ 21.60.50

Périphérie et environs

BMW Gar. Richelieu, Zone Ind. de Bavilliers ☎ 22.23.16
CITROEN Gar. du fg de France, Zone Ind., Danjoutin par ④ ☎ 21.22.08
FIAT Autom. Valdoyenne, 37 r. de Turenne, Valdoie ☎ 21.40.73
MERCEDES-BENZ Gar. Monin, 29 av. d'Alsace, Les Écarts de Denney ☎ 29.81.02

🖉 Equipneu Service, Z.I.-de Bavilliers ☎ 22.25.08
Mattioni, Zone Ind., Danjoutin ☎ 28.52.75
Pneus et Services D.K., rte Montbéliard, Andelnans ☎ 28.03.55

BELIN-BÉLIET 33830 Gironde ⑦⑧ ③ – 2 229 h. alt. 44 – ⚙ 56.

Paris 638 – Arcachon 44 – ◆Bayonne 133 – ◆Bordeaux 45 – Dax 96 – Mont-de-Marsan 78.

🏠 **Aliénor d'Aquitaine** ⚘, ☎ 88.01.23, « Intérieur rustique », 🚗 – 🛏wc 🛏wc 🅿 🚗 🍴 🚗 ⚙ ✗
  SC : **R** (dîner pour résidents seul.) 55 bc – ⚏ 15 – **12 ch** 120/150.

🏠 **Host. des Pins,** ☎ 88.00.23, 🍴 – 🛏wc 🛏 🅿 🚗 **VISA** ✗ ch
➡ fermé 15 oct. au 15 nov. et merc. – SC : **R** 36/114 – ⚏ 15 – **12 ch** 60/135.

CITROEN Gar. Souleyreau, ☎ 88.00.63

BELLAC ◀▶ 87300 H.-Vienne ⑦② ⑦ G. Périgord – 5 826 h. alt. 242 – ⚙ 55.

🅱 Office de Tourisme 1 bis r. Jouvet (fermé sam. après-midi) ☎ 68.12.79

Paris 360 – Angoulême 99 – Châteauroux 109 – Guéret 74 – ◆Limoges 41 – Poitiers 78.

🏛 **Châtaigniers** Ⓜ, O : 2 km rte Poitiers ☎ 68.14.82, ⚡, 🚗 – 🛏wc 🛏wc 🏊 👤 🅿
  🔤 **VISA**
  SC : **R** 60/150 – ⚏ 19 – **27 ch** 120/190.

CITROEN Lachaise, ☎ 68.07.13
FORD Gar. Boos, à Mézières-sur-Issoire ☎ 68.30.28

PEUGEOT, TALBOT Nogaret, ☎ 68.00.10
RENAULT Ducoing, ☎ 68.00.14

BELLEGARDE 45270 Loiret ⑥⑤ ① G. Châteaux de la Loire – 1 479 h. alt. 114 – ⚙ 38.

Paris 112 – Gien 40 – Montargis 23 – Nemours 39 – ◆Orléans 48 – Pithiviers 27.

🏠 **Agriculture,** ☎ 90.10.48 – 🛏 🅿 🚗
➡ fermé 2 au 25 oct., 13 fév. au 1er mars et mardi – SC : **R** 40/90 🦴 – ⚏ 12 – **18 ch** 45/105 – P 145/195.

BELLEGARDE-SUR-VALSERINE 01200 Ain ⑦④ ⑤ G. Jura – 12 383 h. alt. 350 – ⚙ 50.

Voir Perte de la Valserine★ 30 mn.

Env. La Valserine★★ par ④ – Défilé de l'Écluse★★ par ② : 10 km – Barrage de Génissiat★★ 16 km par ③.

🅱 Syndicat d'Initiative 32 r. République (fermé dim. et lundi) ☎ 48.48.68.

Paris 508 ④ – Aix-les-Bains 57 ③ – Annecy 41 ③ – Bourg-en-Bresse 81 ④ – ◆Genève 41 ③ – ◆Lyon 121 ④ – St-Claude 46 ④.

Plan page ci-contre

🏠 **Central-Colonne,** 1 r. Bertola **(e)** ☎ 48.10.45 – 🛗 🛏wc 🛏 🚗 🍴 🚗 🔤 ⓪
➡ 🔤 **VISA**
  fermé 15 oct. au 15 nov., lundi (rest. seul.) et dim. soir sauf juil. et août – SC : **R** 46/130 🦴 – ⚏ 15 – **30 ch** 73/150.

XXX **La Belle Époque** avec ch, 10 pl. Gambetta **(b)** ☎ 48.14.46 – 🛏wc 🛏wc ☎ 🚗
➡ 🔤 🔤
  fermé 4 au 21 juil., 4 au 28 janv. et mardi – SC : **R** 48/125 – ⚏ 18 – **10 ch** 85/159.

  à Lancrans par ① : 3 km – alt. 500 – 🖂 01200 Bellegarde-sur-Valserine :

🏠 **Sorgia** ⚘, ☎ 48.15.81, 🚗 – 🛏wc 🛏 🅿 ✗
➡ fermé 15 sept. au 7 oct., 7 au 17 janv., dim. soir et lundi midi – SC : **R** 43/95 🦴 – ⚏ 12 – **20 ch** 60/95 – P 120/140.

  par ① : 4 km sur N 84 – 🖂 01200 Bellegarde-sur-Valserine :

🏠 **Campanile,** ☎ 48.14.10 – 🛏wc 👤 🅿 **VISA**
  SC : **R** 55 bc/80 bc – ⚏ 20 – **39 ch** 161.

à **Ochiaz** O : par D 101 : 5 km – ⊠ **01200** Bellegarde-sur-Valserine :

XX **Aub. de la Fontaine** 🐾 avec ch, ☎ (50) 48.00.66, 🚗 – ➡wc 🛁wc ☎ 🅿.
🚘 AE ⓪ E VISA
fermé janv., dim. soir et lundi – SC : **R** 55/180 – � 15 – **7 ch** 85/100.

à **Éloise** (74 H.-Savoie) par ③ : 5 km – ⊠ **01200** Bellegarde-sur-Valserine (01 Ain)

🏛 **Le Fartoret** 🐾, ☎ 48.07.18, ≤, parc, ⬛, ⚒ – 🍴➡wc 🛁wc ☎ 🅿 – 🏊 60. 🚘 E VISA
fermé 24 déc. au 3 janv. – SC : **R** 62/135 – ⊠ 21 – **40 ch** 160/220 – P 200/240.

route du Plateau de Retord O : 12 km par Ochiaz D 101 – ⊠ **01200** Bellegarde-sur-Vals. :

X **Aub. du Catray** 🐾 avec ch, ☎ 48.02.25, ≤ – 🛁 🅿. E
fermé sept., lundi soir sauf rest. en saison et mardi – SC : **R** 40/70 – ⊠ 12 – **10 ch** 60/70.

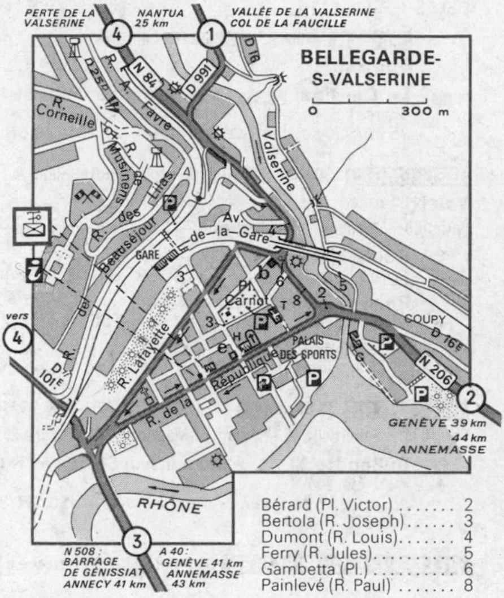

RENAULT Gar. de la Michaille, r. Mar.-Leclerc par D101 E. Zone artisanale Musinens ☎ 48.27.21

Gar. **Coudouin**, rte Genève à Coupy ☎ 48.14.47 🔃

PERTE DE LA VALSERINE / NANTUA 25 km / VALLÉE DE LA VALSERINE COL DE LA FAUCILLE

BELLEGARDE-S-VALSERINE

0   300 m

vers ④

RHÔNE

N 508 : BARRAGE DE GÉNISSIAT ANNECY 41 km

A 40 : GENÈVE 41 km ANNEMASSE 43 km

COUPY D 16F

N 206

GENÈVE 39 km ANNEMASSE 44 km

Bérard (Pl. Victor)	2
Bertola (R. Joseph)	3
Dumont (R. Louis)	4
Ferry (R. Jules)	5
Gambetta (Pl.)	6
Painlevé (R. Paul)	8

BELLE-ILE-EN-MER ★★ 56 Morbihan 🖠🖢 ⑪⑫ G. Bretagne (plan) – ✪ 97.

Accès : Transports maritimes, pour **Le Palais** (en été réservation indispensable pour le passage des véhicules : 6 F).

🚢 depuis **Quiberon** (Port-Maria). En 1982 : de fin juin au 15 sept. : 10 services quotidiens (en hiver : 2 à 8 services quotidiens) - Traversée 45 mn – Voyageurs 50 F (AR), autos aller 100 à 240 F. Renseignements : Cie Morbihannaise de Navigation ☎ 31.80.01 (Le Palais).

L'Apothicairerie (Grotte de) ★★ – NO de l'île.

Bangor – ⊠ **56360** Le Palais :

XX **La Forge**, Le Petit Cosquet O : 1,5 km ☎ 31.51.76 – 🅿 AE E VISA
1er avril-15 nov., 27 déc.-6 janv. et vacances de fév. – SC : **R** 75.

Le Palais – 2 649 h. – ⊠ **56360** Le Palais.

Voir Citadelle★.

🛈 Syndicat d'Initiative quai Bonnelle (fermé après-midi hors sais.) ☎ 31.81.93.

🏠 **Bretagne,** quai Macé ☎ 31.80.14, ≤, – ➡wc 🛁wc ☎. ⚒ rest
fermé 3 nov. au 15 déc. – SC : **R** 75/90 – ⊠ 14 – **30 ch** 100/140 – P 160/185.

CITROEN Lauden, ☎ 31.82.50
RENAULT Huchet, ☎ 31.80.43

V.A.G Marion, ☎ 31.40.17

Port-Goulphar – ⊠ **56360** Le Palais.

Voir Site★ – Aiguilles de Port-Coton★★ NO : 1 km – Grand Phare★ : ⚒★★ N : 2,5 km.

🏨 **Castel Clara** Ⓜ 🐾, ☎ 31.84.21, ≤ crique et falaises, ⬛, 🚗, ⚒ – 🍴 TV ☎ 👍 🅿 – 🏊 100. ⚒
20 mars-10 oct. – SC : **R** 135/155 – ⊠ 30 – **42 ch** 390/700 – P 340/440.

🏛 **Manoir de Goulphar** 🐾, ☎ 31.83.95, ≤ crique et falaises, 🚗 – ➡wc 🛁wc ☎ 🅿. 🚘. ⚒ rest
27 mars-3 nov. – SC : **R** 80/110 – ⊠ 14 – **55 ch** 100/210 – P 210/270.

Port-Donnant – Voir Site★★.

Poulains (Pointes des) ★ – Voir ⚒★.

197

BELLE-ILE-EN-MER

Sauzon – 566 h. – ⊠ 56360 Le Palais.
Voir Site★.

🏔 **Le Cardinal** Ⓜ ⅁, à la pointe du Cardinal ⏀ 31.87.04, ≼ – ℗ – 🏖 40 à 120.
🦐 rest
15 juin-30 sept. – SC : **R** 85/120 – ⌦ 16 – **80 ch** 200/240 – P 270/290.

BELLÊME 61130 Orne ⑥⓪ ⑭⑮ G. Normandie (plan) – 1 841 h. alt. 225 – ✪ 33.
Voir N : Forêt★.
Paris 168 – Alençon 41 – Chartres 75 – La Ferté-Bernard 23 – ✦Le Mans 54 – Mortagne-au-Perche 17.

🏠 **Boule d'Or,** ⏀ 73.10.32 – ⟾ 🇪
↔ *fermé lundi d'oct. à mai* – SC : **R** 38/60 ⅃ – ⌦ 13 – **9 ch** 45/67 – P 110.

🍴 **Paix,** ⏀ 73.03.32 – 𝘝𝘐𝘚𝘈
↔ *fermé 15 janv. au 15 fév. et lundi* – SC : **R** 47/147 ⅃.

PEUGEOT Bonhomme, ⏀ 73.10.37 🇳   🛠 Gosnet, ⏀ 33.04.31
RENAULT Gar. Hiron, ⏀ 73.12.31

BELLENTRE 73 Savoie ⑦⑷ ⑱ – 517 h. alt. 765 – ⊠ 73210 Aime – ✪ 79.
Paris 655 – Albertville 46 – Bourg-St-Maurice 8 – La Plagne 25.

🏨 **Bellecôte** Ⓜ ⅁, à Montchavin SE : 8 km ⏀ 07.13.99, Télex 980265, ≼ – ⌐wc.
↔ 🍲 ⓞ 𝘝𝘐𝘚𝘈
18 juin-10 sept. et 17 déc.-22 avril – SC : **R** 35/100 ⅃ – **25 ch** ⌦ 120/320 – P 245/300.

BELLERIVE-SUR-ALLIER 03 Allier ⑦⑶ ⑤ – rattaché à Vichy.

BELLES-HUTTES 88 Vosges ⑥⑵ ⑰ – rattaché à La Bresse.

BELLEVAUX 74470 H.-Savoie ⑦⓪ ⑰ G. Alpes – 1 034 h. alt. 907 – ✪ 50.
Voir Site★.
Paris 587 – Annecy 72 – Bonneville 33 – ✦Genève 43 – Thonon-les-Bains 24.

🏠 **La Cascade,** ⏀ 73.70.22, ⟾ – ℗ 🍲 🦐 rest
1er juin-20 sept. et 15 déc.-25 avril – SC : **R** 38/55 ⅃ – ⌦ 15 – **26 ch** 45/65 – P 110/128.

à Hirmentaz SO : 7 km par D 26 et D 32 – ⊠ 74470 Bellevaux :

🏨 **Panoramic** Ⓜ ⅁, ⏀ 73.70.34, ≼, ⊒ – ⌐wc ℗ 🦐.
1er juil.-31 août et 20 déc.-30 avril – SC : **R** 70 – 🚃 15 – **26 ch** 140 – P 145/175.

🏠 **Christania** Ⓜ ⅁, ⏀ 73.70.77, ≼ – ⌐wc ℗. 🦐
1er juil.-1er sept. et 15 déc.-20 avril – SC : **R** 60/90 – ⌦ 22 – **29 ch** 105/120 – P 200.

BELLEVILLE 54940 M.-et-M. ⑤⑺ ⑬ – 1 178 h. alt. 191 – ✪ 8.
Paris 316 – ✦Metz 40 – ✦Nancy 20 – Pont-à-Mousson 13 – Toul 28.

🍴🍴🍴 ✿ **Bistroquet** (Mme Ponsard), ⏀ 325.90.12 – ℗ ⓞ 𝘝𝘐𝘚𝘈
fermé 17 juil. au 16 août, 24 déc. au 3 janv., dim. et lundi – **R** (nombre de couverts limité - prévenir) carte 130 à 210
Spéc. Panaché de la mer, Foie gras poêlé, Rognon de veau au jus de truffes. **Vins** Côtes de Toul.

BELLEVILLE 69220 Rhône ⑦⑷ ① G. Vallée du Rhône – 6 609 h. alt. 190 – ✪ 74.
🛈 Syndicat d'Initiative 105 bis r. République (1er juil.-15 sept., fermé sam. et dim.) ⏀ 66.17.10 – Maison du Beaujolais (fermé 15 janv. au 15 fév. et jeudi) à St-Jean-d'Ardières sur N 6 : 1,5 km ⏀ 66.16.46 : dégustations de vins et collations.
Paris 420 – Bourg-en-Bresse 39 – ✦Lyon 45 – Mâcon 25 – Villefranche-sur-Saône 18.

🏠 **Gare** sans rest, 43 r. Mar.-Foch ① ⏀ 66.34.68 – ⌐wc 🛁wc ☎ ℗ 🦐 🇦🇪 𝘝𝘐𝘚𝘈 🦐
fermé 23 déc. au 19 janv. – SC : ⌦ 16 – **32 ch** 71/198.

🍴🍴 **Beaujolais,** 40 r. Foch ⏀ 66.05.31 – ℗. 🦐
fermé 17 nov. au 16 déc., mardi soir et merc. – SC : **R** 66/140.

à Taponas NE : 3 km – ⊠ 69220 Belleville :

🏠 **Aub. des Sablons** Ⓜ ⅁, ⏀ 66.34.80 – ⌐wc ☎ ♿ ℗. 🦐 𝘝𝘐𝘚𝘈
↔ SC : **R** *(fermé nov., déc. et mardi midi)* 48/120 – ⌦ 18 – **15 ch** 160.

BMW, DATSUN Girardier, N 6, à St-Jean   RENAULT Dépérier, 172 r. République ⏀ 66.
d'Ardières ⏀ 66.39.69   17.15
PEUGEOT-TALBOT Gerin, 171 r. République
⏀ 66.08.46

BELLEVUE 44 Loire-Atl. ⑥⑺ ③④ – rattaché à Nantes.

BELLEVUE 74 H.-Savoie ⑦⑷ ⑧ – rattaché aux Houches.

198

BELLEVUE 92 Hauts-de-Seine 🟦 ⑩, 🟦 ㉔ – voir à Paris, Proche banlieue (Meudon).

BELLEY ◁◈▷ 01300 Ain 🟦 ⑭ G. Jura – 8 224 h. alt. 277 – ✿ 79.

Voir Choeur★ de la cathédrale E.

🛈 Office de Tourisme à l'Hôtel de Ville (15 mars-15 sept. fermé matin sauf saison,merc. et dim.) ☎ 81.29.06.

Paris 502 ① – Aix-les-Bains 34 ② – Bourg-en-Bresse 75 ① – Chambéry 36 ② – Nantua 64 ① – La Tour-du-Pin 41 ② – Voiron 55 ②.

🏨 ✿ **Pernollet,** 9 pl. Victoire **(a)** ☎ 81.06.18 – 🛏wc ☎ 🚗 🚙 AE ⓪ VISA. ✸✸ rest
fermé 15 nov. au 15 déc. – **SC : R** *(fermé merc.)* 95/195 – ⌸ 20 – **20 ch** 145/200 – P 240/265
Spéc. Gâteau de foies blonds aux écrevisses, Filet truffé mode bugiste, Lavaret glacé au vin blanc (juin à oct.). **Vins** Seyssel, Montagnieu.

XX ✿ **Chabert** avec ch, 2 bd Mail **(e)** ☎ 81.01.56 – 🛏wc ☎ 🚗 🚙 VISA
fermé 19 juin au 1er juil., 13 au 29 oct., dim. soir et lundi sauf août – **SC : R** 58/168 🍴 – ⌸ 16 – **16 ch** 68/145 – P 165/175
Spéc. Chausson de queues d'écrevisses Nantua, Mousseline de truite, Filet aux morilles. **Vins** Gamay du Bugey, Manicle.

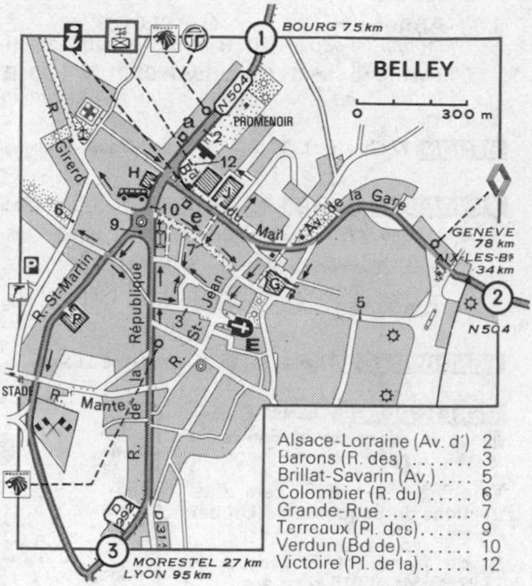

CITROEN Callet, rte de Lyon par ③ ☎ 81.06.43
CITROEN Lambert, rte de Lyon par ③ ☎ 81.15.60
PEUGEOT-TALBOT Belley Autom., 19 av. Alsace-Lorraine ☎ 81.30.38
PEUGEOT Gar. Coquemer, 73 r. République ☎ 81.29.44 Ⓝ ☎ 81.50.34
RENAULT Benat, av. Gare ☎ 81.03.51

TOYOTA Gar. du Mail, 27 bd du Mail ☎ 81.23.65

⦿ Central Pneu, rte Virieu-le-Grand ☎ 81.20.09

[MAP: BELLEY — BOURG 75 km, PROMENOIR, N 504, R. Girard, R. St-Martin, Mail, Av. de la Gare, GENÈVE 78 km / AIX-LES-B. 34 km, République, R. St-Jean, STADE, Mante, N 504, MORESTEL 27 km / LYON 95 km]

Alsace-Lorraine (Av. d') 2
Barons (R. des) 3
Brillat-Savarin (Av.) 5
Colombier (R. du) 6
Grande-Rue 7
Terreaux (Pl. des) 9
Verdun (Bd de) 10
Victoire (Pl. de la) 12

BENAIS 37 I.-et-L. 🟦 ⑬, 🟦 ⑨ – rattaché à Bourgueil.

BENDOR (Ile de) 83 Var 🟦 ⑭ – rattaché à Bandol.

BÉNESSE-MAREMNE 40 Landes 🟦 ⑰ – 1 070 h. – ✉ 40230 St-Vincent-de-Tyrosse – ✿ 58.
Paris 752 – ◆Bayonne 21 – Capbreton 5,5 – Mont-de-Marsan 78 – St-Vincent-de-Tyrosse 8.

🏨 **Centre,** N 10 ☎ 77.04.16
⟵ *fermé oct. et sam. hors sais. –* **SC : R** 40/100 – ⌸ 15 – **14 ch** 85/130 – P 120/140.

BÉNODET 29118 Finistère 🟦 ⑮ G. Bretagne (plan) – 2 087 h. – Casino – ✿ 98.

Voir Phare ✳★ – Pont de Cornouaille ≼★ NO : 1 km.

Excurs. L' Odet★★ en bateau (1 h 30).

🏌 de Quimper et Cornouaille ☎ 56.97.09, NE : 12 km.

Pont de Cornouaille - Péage (1982) : auto 3,50 à 5 F (conducteur compris), motos 1,20 F, camion 6 F.

🛈 Office de Tourisme 51 av. Plage (fermé oct., sam. après-midi hors sais. et dim. sauf matin en saison) ☎ 91.00.14.

Paris 556 – Concarneau 22 – Fouesnant 9 – Pont-l'Abbé 12 – Quimper 16 – Quimperlé 48.

🏨 **Gwel-Kaër** M, av. Plage ☎ 57.04.38, ≼ – 🏢 🅿 – 🛎 80. ✸✸
fermé 15 déc. au 1er fév. et lundi hors sais. – **SC : R** 57/180 – ⌸ 20 – **24 ch** 270/340 – P 275/340.

🏨 **Ker Moor** 🦫, av. Plage ☎ 91.04.48, ≼, « parc », ⌿, ✸✸ – 🏢 🅿. ✸✸ rest
Pâques-fin sept. – **SC : R** 80/200 – ⌸ 25 – **54 ch** 200/250 – P 280/300.

🏨 **Kastel Moor** M, av. Plage ☎ 91.05.01, ≼, ⌿, 🚗, ✸✸ – 🏢 🅿 – 🛎 40 à 100
Pâques-fin sept. – **SC : R** voir Ker Moor – ⌸ 25 – **23 ch** 200/250 – P 290/300.

🏨 **Menez-Frost** 🦫 sans rest, près poste ☎ 91.03.09, ⌿, 🚗, ✸✸ – 🚗 🅿. ✸✸
Pâques-fin sept. – **SC :** ⌸ 22 – **45 ch** 200/280. 7 appartements 350/500.

tourner →

🏠 **Le Minaret** 🦢, ☎ 91.03.13, ≤ jardin et estuaire — 🛁wc 🎨wc 📺 🅿. E. 🎇 rest
26 mars-début nov. – SC : **R** *(fermé mardi en oct.)* 60/150 – ☵ 17 – **13 ch** 230.

🏠 **Ancre de Marine**, au Port ☎ 91.05.29 – 🛁wc 🎨 📺. 🚗🛏 VISA. 🎇
début mars-début nov. – SC : **R** *(fermé lundi hors sais.)* 68/145 – ☵ 20 – **25 ch**
90/220 – P 200/250.

🏠 **Poste**, r. Église ☎ 91.01.09 – 🛁wc 🎨wc 📺 🚗 🅿. 🛏. 🎇 rest
SC : **R** *(fermé lundi du 1er nov. au 15 mars)* 66/120 🍴 – ☵ 18 – **20 ch** 120/250 – P
180/240.

🏠 **Armoric H.**, 3 r. Penfoul ☎ 91.04.03, 🌳 – 🛁wc 📺 🅿. 🛏🛏. 🎇 rest
fin mai-fin sept. – SC : **R** 70/80 – ☵ 16 – **38 ch** 130/200 – P 180/225.

🍴🍴 **Ferme du Letty**, au Letty ☎ 91.01.27 – 🅿. E. 🎇
fermé 1er au 20 oct., fin fév.-début mars, jeudi midi et merc. – SC : **R** carte 70 à 125.

BENON 17 Char.-Mar. 71 ② – rattaché à Mauzé-le-Mignon.

BÉNONCES 01 Ain 74 ⑭ – 258 h. alt. 484 – ⊠ 01470 Serrières-de-Briord – ✪ 74.
Paris 482 – Belley 28 – Bourg-en-Bresse 55 – ◆Lyon 66 – Nantua 69 – La Tour du Pin 38.

🍴🍴 **Aub. Terrasse** avec ch, ☎ 36.73.56, 🌁, 🌳 – 🛁wc 📺. 🛏🛏 E VISA
fermé 2 janv. au 10 mars – SC : **R** *(fermé merc. sauf juil.-août)* 65/145 🍴 – ☵ 12 –
7 ch 92/160 – P 140/200.

BÉNOUVILLE 14 Calvados 55 ② – rattaché à Caen.

BERCK-PLAGE 62600 P.-de-C.
51 ⑪ G. Nord de la France –
16 494 h. – ✪ 21.

Voir Phare ☀✶ B – Parc d'at-
tractions de Bagatelle✶ 5 km par
①.

🏌 de Nampont St-Martin ☎
29.92.90 par ③ : 15 km.

🛈 Office de Tourisme Hall Piscine,
Esplanade Parmentier (fermé lundi
hors sais. et dim.) ☎ 09.07.85 – A.C.
r. Impératrice ☎ 09.06.70.

Paris 209 ③ – Abbeville 46 ③ – Arras
99 ② – Boulogne-sur-Mer 42 ① –
Montreuil 17 ② – St-Omer 73 ② – Le
Touquet-Paris-Plage 18 ①.

🏠 **Comme chez Soi**, 48 pl.
Entonnoir **(x)** ☎ 09.04.65 –
🛁wc 🎨wc 📺. VISA
🎇 rest
*fermé 20 déc. au 19 janv.,
11 au 22 fév., dim. soir et
lundi sauf vacances scolaires et du 1er juil. au 15 sept.*
– **R** 42/90 – ☵ 12 – **19 ch**
78/149.

🏠 **Florida**, 3 r. Ancien-Cal-
vaire **(e)** ☎ 09.15.21 –
🛁wc 🎨wc 📺. 🎇
SC : **R** 65/95 – 🍴 15 –
12 ch 105/220 – P 200/220.

🏠 **Terrasse et Terminus**
sans rest, pl. Gare routière
(a) ☎ 09.09.88 – 🎨wc. 🎇
SC : 🍴 17 – **28 ch** 85/180.

🏠 **Renaissance**, 57 r. Rothschild **(t)** ☎ 09.05.44, 🌳 – 🛁. 🛏🛏. 🎇 rest
fermé 15 déc. au 3 fév. et dim. soir hors sais. – SC : **R** 50/100 🍴 – ☵ 16 – **16 ch**
60/125 – P 125/150.

🍴🍴 **Banque** avec ch, 43 r. Division-Leclerc **(s)** ☎ 09.01.09 – 🛁. 🎇 ch
fermé 26 sept. au 30 oct., dim. soir et lundi – SC : **R** 55/90 – ☵ 13 – **14 ch** 65/160.

🍴 **Le Mauritius**, 6 r. du Dr Calot **(n)** ☎ 09.18.61
fermé oct., dim. soir et lundi sauf juil. et août – **R** 30/62 🍴.

CITROEN Artois-Autom., Zone Ind., rte Abbe-
ville par ③ ☎ 09.26.42 🎔 ☎ 09.69.39
PEUGEOT-TALBOT Damour, Zone Ind. rte
Abbeville par ③ ☎ 09.43.50

RENAULT Campion-Berck, pl. Fontaine par
② ☎ 09.04.11

BERCK-PLAGE

Carnot (R.)..... 4
Entonnoir (Pl.)
Gaulle (Av. de) 6

Boulogne (Bd) 2
Calvaire (R. du) 3
Lambert (R. A.) 7
Péri (R. G.) 8
Singer (R.) 10

BERGERAC ◁🎔▷ 24100 Dordogne **75** ⑭⑮ G. Périgord – 28 617 h. alt. 37 – ✆ 53.

Voir Musée du Tabac★ AZ **H.**

🛈 Office de Tourisme 97 r. Neuve d'Argenson (fermé dim., lundi et fêtes) ☎ 57.03.11.

Paris 555 ⑥ – Agen 89 ③ – Angoulême 109 ⑥ – ◆Bordeaux 92 ⑤ – Pau 214 ④ – Périgueux 47 ①.

BERGERAC

Grand'Rue	**AYZ**
Lattre-de-Tassigny (Pl. de)	**AY** 5
Résistance (R. de la)	**AY** 12
Ste-Catherine (R.)	**AY** 14
Candillac (R.)	**AZ** 3
Ferry (Pl. J.)	**AY** 4
Maine-de-Biran (Bd)	**BY** 6
Michelet (R.)	**BZ** 7
Mounet-Sully (R.)	**AY** 8
Notre-Dame (⊕)	**AY**
Pont (Pl. du)	**AZ** 9
Prof.-Calmette (Bd du)	**BZ** 10
St-Jacques (⊕)	**AZ**
108e-R.-I. (Av. du)	**BY** 16

🏛 **La Flambée,** rte Périgueux par ① : 3 km ☎ 57.52.33, parc, 🛋, ✗ – 🛏wc 🛆wc
🕾 **P** – 🛦 70. 🖭 ⊛ ☰ **VISA**
fermé 13 au 27 juin, 2 au 23 janv., dim. et lundi du 1er nov. au 30 mars – SC : **R**
(fermé dim. soir du 1er nov. au 30 mars et lundi) 70/155 – 🖙 16 – **21 ch** 90/170.

🏛 **France** sans rest, 18 pl. Gambetta ☎ 57.11.61, 🌬 – 📺 🛏wc 🛆wc 🕾. 🖭 **E**
VISA   AY **u**
SC : 🖙 16 – **20 ch** 110/140.

🏛 **Commerce** Ⓜ, 36 pl. Gambetta ☎ 27.30.50 – 📶 📺 🛏wc 🛆wc 🕿 **E** **VISA**   AY **f**
fermé fév. – SC : **R** *(fermé sam. et dim. soir du 15 oct. au 15 mars)* 60/170 – 🖙 18 –
30 ch 105/175.

🏛 **Bordeaux,** 38 pl. Gambetta ☎ 57.12.83, 🌬 – ▤ rest 🛏wc 🛆wc 🕾 ⇔ **P** – 🛦
40. 🖭 🝙 ⊕ ☰ **VISA**   AY **f**
fermé 20 déc. au 20 janv. et 1er au 10 mai – SC : **R** *(fermé lundi d'oct. à mai)* 60/130
🍷 – 🖙 16 – **42 ch** 100/160 – P 185/215.

🏛 **Europ-H.** ⑤ sans rest, 20 r. Petit-Sol ☎ 57.06.54 – 🛏wc 🛆wc 🕾 **P**. 🖭
fermé 12 fév. au 1er mars et sam. hors sais. – SC : 🖙 14 – **22 ch** 105/140.   AY **v**

🏠 **Provence** sans rest, 2 r. Clairat ☎ 57.12.88 – 🛆
SC : 🖙 12 – **11 ch** 55/90.   AZ **a**

XXX ⊛ **Le Cyrano** (Turon) avec ch, **2 bd Montaigne ☎ 57.02.76** – ⇔wc ⋒ ☎. 🚗 AE
fermé 26 juin au 12 juil., 4 au 27 déc., dim. soir d'oct. à avril et lundi – **SC : R** 55/130 – ☕ 15 – **10 ch** 85/150 AY **s**
Spéc. Salade de choux verts, Feuilleté de foie chaud, Charlotte aux pruneaux. **Vins** Bergerac, Pécharmant.

à St-Naixent par ③ et D 19 : 6 km – ✉ **24520** Mouleydier :

XX **La Vieille Grange, ☎ 58.30.87** – **P**. AE E VISA
fermé 19 sept. au 8 oct., 23 janv. au 11 fév. et jeudi sauf juil.-août – **SC : R** 65/150.

par ④ sur D 933 : 6 km – ✉ **24240** Sigoulès :

XX **Relais de la Diligence** avec ch, **☎ 58.30.48**, < **vignoble**, 🌳 – ⋒wc ☎ **P**. E VISA. ⛔ ch
fermé 15 au 30 juin, 20 au 30 sept., mardi soir et merc. sauf juil. et août – **SC : R** 60/180 – ☕ 15 – **8 ch** 120/140.

à Monbazillac S : 7 km par D 13 – ✉ **24240** Sigoulés :

XX **Closerie St-Jacques, ☎ 58.37.77**, 🌳 – AE ⓓ E VISA
fermé nov., fév., lundi et mardi – **SC : R** 60/190.

MICHELIN, Agence, r. D.-Papin, Z.I. de Campréal par D 32 BZ **☎ 57.14.13.**

ALFA-ROMEO, MERCEDES-BENZ Parisot, 1 bd Dr-Roux ☎ 27.22.11
CITROEN Cazes et Barthet, 31 r. Candillac ☎ 57.73.77 **N**
DATSUN Chabelard, rte de Bordeaux, ☎ 57.69.05
FIAT, LANCIA-AUTOBIANCHI Gar. de Naillac, 35 av. Bordeaux ☎ 57.36.08
FORD Centre Autom. Pecou, rte Périgueux par ① ☎ 57.27.41 **N**
LADA, SKODA, TOYOTA Gar. Guérault, 32 av. du 108e R.I. ☎ 57.31.11
PEUGEOT Géraud, 117 r. Clairat par ② ☎ 57.62.72
RENAULT Bergerac-Autos, Le Saut rte de Périgueux par ① ☎ 57.42.11 **N** ☎ 27.01.30
V.A.G. Gar. Wilson, 26 av. Wilson ☎ 27.20.08

⊛ Martial, pl. Clairat ☎ 57.19.97
S.I.A.B. PNEUS, 112 av. Pasteur ☎ 57.46.77
B. Soubzmaigne et Peyrichou, pl. Deux-Conils, ☎ 57.05.21
P. Soubzmaigne, rte Eymet ☎ 57.19.54

BERGÈRES-LÈS-VERTUS **51 Marne 56 ⑯ – rattaché à Vertus.**

La BERGUE **74 H.-Savoie 74 ⑥⑦ – rattaché à Annemasse.**

BERGUES **59380 Nord 51 ④ G. Nord de la France (plan) – 4 824 h. – ⚙ 28.**

Voir Couronne d'Hondschoote*.

ℹ Office de Tourisme Beffroi (1er juil.-15 sept. et fermé vend.).

Paris 283 – Bourbourg 18 – Dunkerque 8 – Hazebrouck 34 – ♦Lille 65 – St-Omer 31.

🏠 **Tonnelier, près église ☎ 68.70.05** – 🏋 25. ⛔ ch
➡ *fermé 18 août au 12 sept. et vend. sauf fériés* – **R** 40/120 🍷 – ☕ 13 – **12 ch** 65/145 – P 130/175.

🏠 **Commerce** sans rest, **près Église ☎ 68.60.37**
fermé 27 juin au 13 juil. et 11 déc. au 9 janv. – **SC :** ☕ 13 – **18 ch** 59/149.

PEUGEOT-TALBOT Gar. Moderne Desmidt, à Esquelbecq ☎ 65.61.44
RENAULT Houtland Autom, à Wormhout ☎ 65.62.72
VOLVO Gar. Maecker, à Socx ☎ 68.63.50 **N** ☎ 68.61.44

BERNAY ⟨SP⟩ **27300 Eure 55 ⑮ G. Normandie – 11 263 h. alt. 108 – ⚙ 32.**

Voir Promenade des Monts* ABX.

ℹ Syndicat d'Initiative à l'Hôtel de Ville (fermé déc. à fév., matin sauf sam., dim. et lundi) ☎ 43.32.08.

Paris 150 ② – Argentan 69 ⑤ – Évreux 48 ② – ♦Le Havre 86 ② – Louviers 51 ② – ♦Rouen 58 ②.

Plan page ci-contre

🏨 **Angleterre et Cheval Blanc,** 10 r. Gén.-de-Gaulle **☎ 43.12.59** – ⋒ 🚗 **P**. 🚗 AE ⓓ E VISA AY **r**
SC : R 65/170 – ☕ 18 – **23 ch** 70/103.

XX **Trois Vals,** rte Rouen par ② **☎ 43.21.54**
fermé 16 août au 9 sept., mardi soir et merc. – **SC : R** 90/140.

CITROEN Levard, rte de Rouen à Menneval par ② ☎ 43.44.43
DATSUN, LANCIA-AUTOBIANCHI Edouin, carr. Malbrouck, N 13 à Carsix ☎ 43.23.59
FORD Maucarre, r. Jacques Daviel ☎ 43.03.42
LADA MERCEDES Blondel, carr. Malbrouck, N 13 à Carsix ☎ 43.23.16 **N**
OPEL Gar. Robillard, rte de Broglie, Zone Ind. ☎ 43.09.99
PEUGEOT Lefèvre, N 138, rte de Broglie, Zone Ind. par ⑤ ☎ 43.34.28
RENAULT Modern Gar. Bernayen, 26 r. G.-Papin ☎ 43.01.17

⊛ Subé-Pneurama, 5 r. L.-Gillain ☎ 43.37.78

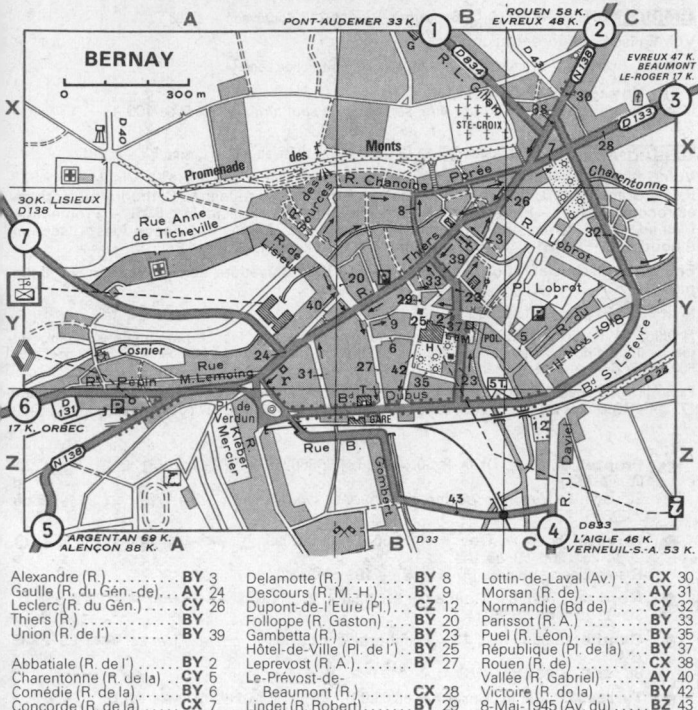

BERNAY

0 ——— 300 m

PONT-AUDEMER 33 K.
ROUEN 58 K.
EVREUX 48 K.
EVREUX 47 K.
BEAUMONT
LE-ROGER 17 K.
30K. LISIEUX D138
17 K. ORBEC
ARGENTAN 69 K.
ALENÇON 88 K.
L'AIGLE 46 K.
VERNEUIL-S.-A. 53 K.

Ensure that you have up to date Michelin maps in your car.

BERNEX 74 H.-Savoie ⑦⑩ ⑱ G. Alpes – 618 h. alt. 1 000 – Sports d'hiver : 1 000/1 600 m ⚡16 ⚡ –
⊠ **74500** Évian-les-Bains – ⊗ 50.

Paris 595 – Annecy 91 – Évian-les-Bains 14 – Morzine 36 – Thonon-les-Bains 16.

🏠 **Chez Tante Marie** ⏉, ⏸ 73.60.35, ≼, 🏡 – ⌂wc 🛁 ☎ 🅟. 🚗 ⓪ ⚡
fermé 15 oct. au 1er déc. – SC : **R** 53/90 ⚡ – ⊑ 16 – **25 ch** 120/140 – P 150/200.

à La Beunaz NO : 1,5 km par D 52 – alt. 1 000 – ⊠ **74500** Évian-les-Bains :

🏠 **Bois Joli** ⏉, ⏸ 73.60.11, ≼, 🏡 – ⌂wc 🛁wc ⊛ ⚡ 🅟. 🚗 ⓪. ⚡ rest
fermé 15 nov. au 20 déc. et 1er au 15 mars – SC : **R** *(fermé mardi sauf juil.-août)*
65/120 – ⊑ 19 – **28 ch** 205 – P 200/205.

🏠 **Cro-Bidou** ⏉, ⏸ 73.60.03, 🏡 – cuisinette ⌂wc ☎ 🅟. ⒶⒺ ⓪ 🅴 𝕍𝕀𝕊𝔸. ⚡ rest
SC : **R** *(1er juin-30 sept. et vac. scolaires d'hiver)* 70/95 ⚡ – ⊑ 18 – **16 ch** 130/150, 5
chalets 250/450 – P 200/230.

✗ **Relais Savoyard** avec ch, ⏸ 73.60.14, ≼, 🏡 – 🛁wc 🅟. 🚗
⬦ *fermé 15 oct. au 20 déc.* – SC : **R** 48/70 – ⊑ 12,50 – **10 ch** 90/125 – P 120/155.

BERRY-AU-BAC 02 Aisne ⑤⑥ ⑥ – 338 h. alt. 56 – ⊠ **02190** Guignicourt – ⊗ 23.

Paris 162 – Laon 27 – ✦Reims 20 – Rethel 44 – Soissons 47 – Vouziers 64.

✗✗✗ ⊛ **Rest. Cote 108** (Courville), ⏸ 22.45.04, 🏡 – 🅟. ⒶⒺ 𝕍𝕀𝕊𝔸
fermé 11 au 18 juil., 20 déc. au 20 janv., dim. soir et lundi – **R** *(dim. prévenir)* 95/215
Spéc. Etuvée de queues d'écrevisses (15 juin au 15 mars), Filet mignon d'agneau à l'ail doux, Tarte
aux pommes et calvados. **Vins** Coteaux Champenois (blanc et rouge).

BERTHOLÈNE 12 Aveyron ⑧⓪ ③ – 705 h. alt. 592 – ⊠ **12310** Laissac – ⊗ 65.

Paris 605 – Espalion 26 – Pont-de-Salars 21 – Rodez 22 – Sévérac-le-Château 27.

🏩 **Bancarel**, ⏸ 69.62.10, 🏡 – 🛁 🚙 🅟. 🅴
⬦ *fermé 3 au 16 oct. et 9 au 14 fév.* – SC : **R** 38/68 ⚡ – ⬛ 12 – **13 ch** 65/85 – P
100/120.

BERVEN 29 Finistère 🟥🟦 ⑤ G. Bretagne – ✉ 29225 Plouzevedé – ✿ 98.

Voir Église★ : clôture★ du choeur.

Paris 560 – ♦Brest 43 – Landivisiau 14 – Morlaix 24 – St-Pol de Léon 14.

   🍴🍴 **Voyageurs,** 🍴 69.98.17, 🚗 – 🅿
   ⟶ *fermé 15 sept. au 15 oct., dim. soir et lundi sauf fériés* – SC : **R** 36/100 🍷.

BESANÇON 🄿 25000 Doubs 🟥🟦 ⑮ G. Jura – 126 187 h. alt. 242 – Casino BY – ✿ 81.

Voir Site★ – Citadelle★★ BZ : ⩽★★ des chemins de ronde, musées★ – Vieille ville★ BZ : Palais Granvelle★ **D**, Vierge aux Saints★ et Rose de Saint-Jean★ (Cathédrale), Horloge astronomique★ **F** – Préfecture AZ **P** – Bibliothèque municipale★ BZ **B** – Promenade Micaud★ BY – Grille★ de l'Hôpital St-Jacques AZ – Musée des Beaux-Arts★ : section d'horlogerie★ AY **M1** – Fort Chaudanne ⩽★ **S** : 2 km puis 15 mn X **E**.

Env. N.-D.-de-la-Libération ⩽★ SE : 5,5 km X **K** – Belvédère de Montfaucon ⩽★ 8 km par ②.

🏌 🍴 55.73.54 par ② : 13 km.

🄱 Office de Tourisme (fermé dim. hors saison) et Accueil de France (Informations, change et réservations d'hôtels, pas plus de 5 jours à l'avance) pl. 1re-Armée-Française 🍴 80.92.55, Télex 360242 - A.C. 7 av. Élisée-Cusenier 🍴 81.26.11.

Paris 411 ⑥ – ♦Bâle 159 ⑥ – Berne 157 ② – ♦Clermont-Ferrand 351 ⑥ – ♦Dijon 102 ⑥ – ♦Genève 177 ③ – ♦Grenoble 291 ③ – ♦Lyon 256 ⑥ – ♦Nancy 202 ⑤ – ♦Reims 317 ⑤ – ♦Strasbourg 242 ⑥.

Plans page ci-contre

  🏨 **Frantel** Ⓜ, av. E.-Droz 🍴 80.14.44, Télex 360268 – 🛗 🍽 rest 📺 ☎ 🅿 – 🔔 220. 🆎 ⓪ 𝘝𝘐𝘚𝘈   BY **d**
   SC : rest. **Le Vesontio** *(fermé sam. midi et dim.)* **R** carte 125 à 170 – 🛏 23 – **96 ch** 252/366.

  🏨 **Novotel** Ⓜ 🐾, r. Trey 🍴 50.14.66, Télex 360009, 🏊, 🚗 – 🛗 🍽 rest 📺 ☎ 🅻 🅿
   – 🔔 25 à 200. 🆎 ⓪ 𝘝𝘐𝘚𝘈   X **e**
   R snack carte environ 85 – 🛏 27 – **107 ch** 232/271.

  🏨 **Nord** sans rest, 8 r. Moncey 🍴 81.34.56 – 🛗 ⌂wc 🛁wc ☎ 🔚 🚗 🆎 **E** 𝘝𝘐𝘚𝘈
   SC : 🛏 13 – **44 ch** 75/140.   BZ **r**

  🏨 **Gambetta** sans rest, 13 r. Gambetta 🍴 82.02.33 – ⌂wc 🛁wc ☎ 🚗 🆎 ⓪ **E**
   𝘝𝘐𝘚𝘈   BY **z**
   SC : 🛏 15 – **26 ch** 85/160.

  🏨 **Terrass'H.,** 38 av. Carnot 🍴 88.03.03 – ⌂wc 🛁wc ☎ 🅿. 🔚 ⓪ **E**   BY **f**
   ⟶ SC : **R** *(fermé dim.)* 44/140 – Grill 🍽 *(fermé dim.)* **R** 50/140 – 🛏 15 – **38 ch** 70/180
   – P 140/200.

  🏨 **Regina** 🐾 sans rest, 91 Gde-Rue 🍴 81.50.22 – 🛁wc ☎. ⓪ 𝘝𝘐𝘚𝘈   BZ **v**
   fermé 22 déc. au 12 janv. – SC : 🛏 13 – **20 ch** 70/130.

  🍴🍴 **Poker d'As,** 14 square St-Amour 🍴 81.42.49, « Sculptures sur bois » – 🆎 ⓪
   𝘝𝘐𝘚𝘈   BY **u**
   fermé 10 juil. au 8 août, 24 déc. au 3 janv., dim. soir et lundi – SC : **R** 60/150 🍷.

  🍴🍴 **Le Chaudanne,** 95 r. Dole 🍴 52.06.13 – 🅿. 𝘝𝘐𝘚𝘈   X **f**
   fermé 24 déc. au 5 janv., vacances scolaires de fév. et dim. – SC : **R** (déj. seul.) carte 80 à 130.

  🍴 **Tour de la Pelote,** 39 quai Strasbourg 🍴 82.14.58 – 🍽, 🆎 ⓪ **E**   AY
   fermé 31 juil. au 22 août, 19 déc. au 2 janv. et lundi – SC : **R** 80 bc/125 bc.

  🍴 **Carnot** avec ch, 8 av. Carnot 🍴 88.06.23 – 🛁wc 🔚 🚗 𝘝𝘐𝘚𝘈 🐾 ch   BY **t**
   ⟶ *fermé 15 au 31 août et dim.* – **R** 35/70 – 🛏 15 – **11 ch** 65/85 – P 160/180.

  à Morre par ② : 5 km – ✉ 25660 Saône :

  🍴 **Le Vigny** avec ch, 🍴 82.26.12 – ⌂wc 🛁wc ☎. 🔚
   ⟶ *fermé 24 au 31 déc., lundi sauf hôtel et dim. soir* – SC : **R** 43/84 🍷 – 🛏 13 – **8 ch** 75/138 – P 121/176.

  à École Valentin par ⑥ : 5 km – ✉ 25480 Miserey Salines :

  🍴🍴 **Valentin,** 19 rte Épinal 🍴 55.31.62 – 🅿. 🆎 𝘝𝘐𝘚𝘈
   fermé 25 juil. au 14 août, vacances de fév., dim. soir et lundi – SC : **R** 75/200.

  à Château-Farine par ④ et N 73 : 6 km – ✉ 25000 Besançon :

  🏨 **Mercure** Ⓜ, 🍴 52.04.00, Télex 360167, 🏊 – 🛗 🍽 rest 📺 ☎ 🅻 🅿 – 🔔 120. 🆎 ⓪ **E** 𝘝𝘐𝘚𝘈
   R carte environ 90 – 🛏 32 – **59 ch** 259/282.

  🍴🍴 **Sosthène,** 🍴 52.21.03 – 🅿. 🆎 ⓪ **E** 𝘝𝘐𝘚𝘈
   ⟶ *fermé 30 juil. au 28 août, dim. soir et lundi soir* – SC : **R** 44/119 🍷.

  à Chalezeule par ① et D 217 : 7 km – ✉ 25220 Chalezeule :

  🏨 **Trois Iles** 🐾 sans rest, 🍴 88.00.66, 🚗 – ⌂wc 🛁wc ☎ 🅿. 🔚 🆎 𝘝𝘐𝘚𝘈
   SC : 🛏 15 – **16 ch** 106/138.

BESANÇON

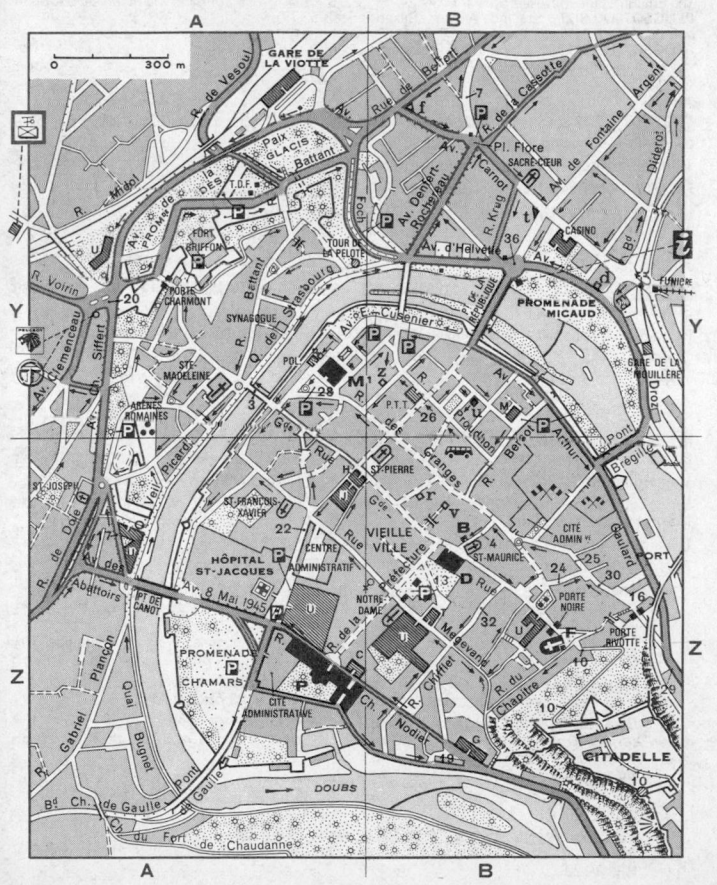

à Pugey par ③ et D 473 : 10 km – ✉ **25720** Beure :

Champ Fleuri ⛺, ☎ 52.61.54 – ⇔wc ⋒ ☎ ℗. ⚙ VISA. ⚡ rest
fermé 20 déc. au 20 janv. – SC : **R** *(fermé lundi)* 40/100 ⚱ – ☕ 15 – **35 ch** 65/136 – P 200/280.

Voir aussi ressources hôtelières de ***Etuz*** par ⑥ et D 1 : 16 km.

MICHELIN, Agence régionale, rte de Besançon à Thise par Roche-lès-Beaupré X ☎ 80.24.53

ALFA-ROMEO Tarallo Z.I. de Thise à Thise ☎ 80.68.31
AUSTIN, JAGUAR, MORRIS, ROVER, TRIUMPH Fournier, 81 r. de Dole ☎ 82.05.22
BMW, OPEL Bever, 4 r. Pergaud ☎ 52.46.41
CITROEN Succursale, 228 rte Dole par ④ ☎ 51.16.66
CITROEN Cassard, 123 r. de Vesoul, ☎ 50.45.24
CITROEN Gar. des Maisonnettes, à Ecole-Valentin par ⑥ ☎ 55.32.43
CITROEN Gar. Petitjean, 124 r. de Belfort ☎ 80.11.90
DATSUN Gar. Camel Carrez, 27 bd L.-Blum ☎ 50.10.44
FORD Est-Auto, 18 av. Carnot ☎ 80.85.11
LADA, TOYOTA Gar. Nicey Autopoint, 9 r. chât. rose ☎ 88.21.63
MERCEDES-BENZ Gd Gar. Franc Comtois, r. Th.-Edison, Zone Ind. Tilleroyes ☎ 50.47.34
PEUGEOT-TALBOT Sté Ind. Autom. Besançon Est, rte de Belfort à Chalezeule ☎ 80.41.02
PEUGEOT-TALBOT Sté Ind. Autom. Besançon ouest, bd Kennedy, Zone Ind. Trépillot ☎ 53.30.55
PEUGEOT, TALBOT Gar. Cretin, 1 av. G.-Clemenceau ☎ 81.29.66
PEUGEOT Gar. Girard, 129 r. de Dole ☎ 82.17.38
RENAULT Succursale, bd Kennedy ☎ 53.81.15
RENAULT Gar. Betteto, 148 r. Belfort ☎ 80.41.70
RENAULT Masson, 91 r. de Dole ☎ 52.05.22
RENAULT Gar. Salmer, 5 r. des Grands-Bas ☎ 50.26.19
VOLVO Oudot, 100 r. de Dole ☎ 52.06.02

Ⓜ Eco-Pneu rte de Vesoul à Ecole-Valentin ☎ 55.31.53
La Maison du Pneu, Mariotte, 10 r. de Dole ☎ 81.23.89
Pneus et Services D.K., 8 bd L.-Blum ☎ 50.29.30 et 6 r. Weiss ☎ 50.05.54
S.E.B.A.T.-Est, Zone Ind. de Planoise, 5 r. Belin ☎ 52.73.67

BESSANS
73 Savoie 77 ⑨ **G. Alpes** – 246 h. alt. 1 700 – Sports d'hiver : 1 700/2 200 m ⛷3, ⛷ – ✉ **73480** Lanslebourg-Mont-Cenis – ⚙ 79.

Voir Peintures★ de la chapelle St-Antoine.

Paris 697 – Chambéry 136 – Lanslebourg-Mont-Cenis 12 – Val-d'Isère 37.

Mont-Iseran, ☎ 05.95.97, ≤ – ⋒ ℗. ⚙. ⚡ rest
25 juin-30 sept. et 20 déc.-25 avril – SC : **R** 52/75 – ☕ 14 – **18 ch** 100/138 – P 123/145.

Le BESSAT
42 Loire 76 ⑨ – 241 h. alt. 1 160 – Sports d'hiver : 1 300/1 500 m ⛷2, ⛷ – ✉ **42660** St-Genest-Malifaux – ⚙ 77.

Paris 528 – Annonay 30 – Bourg-Argental 15 – St-Chamond 19 – ♦St-Étienne 18 – Yssingeaux 64.

France, ☎ 22.72.22, ⛱ – ⇔wc ⋒wc ☎ – ⚙ 30. ⚡
fermé 1er au 15 avril, 1er au 30 sept. et 22 au 25 déc. – SC : **R** *(fermé dim. soir et lundi)* 30/70 ⚱ – ☕ 12 – **30 ch** 60/130 – P 130/150.

BESSE-EN-CHANDESSE
63610 P.-de-D. 73 ⑬⑭ **G. Auvergne** (plan) – 1 787 h. alt. 1 050 – Sports d'hiver à Super Besse – ⚙ 73.

Voir Église St-André★ – Rue de la Boucherie★ – Porte de ville★.

Env. Lac Pavin ★★ par D978 : 4 km – Vallée de Chaudefour★★ NO : 11 km – Puy de Montchal ✲★★ S : 4 km.

Office de Tourisme pl. Gd-Mèze (fermé dim. hors sais.) ☎ 79.52.84.

Paris 437 – ♦Clermont-Ferrand 51 – Condat 28 – Issoire 35 – Le Mont-Dore 25.

✿ **Mouflons** (Sachapt) ⛺, rte Super-Besse ☎ 79.51.31, ≤, ⛱ – ℗. VISA. ⚡ rest
21 mai-25 sept. et 20 déc.-15 mars – SC : **R** 65/160 – ☕ 18 – **50 ch** 180/190 – P 190/230
Spéc. Saumon de fontaine, Terrine de foies à l'armagnac, Pigeonneau rôti au Chanturgue. **Vins** Corent, Romagnat.

Charmilles Ⓜ sans rest, **rte Super-Besse** ☎ **79.50.79** – ⇔wc ⋒wc ☎ ℗
1er juin-20 sept. et vacances scolaires – SC : ☕ 14 – **20 ch** 120/140.

Gazelle ⛺, **rte Compains** ☎ **79.50.26,** ≤ – ⇔wc ☎ ℗. ⚡
fermé 20 sept. au 1er oct. et 30 oct. au 10 déc. – SC : **R** 40/70 – ☕ 13 – **28 ch** 100/120 – P 115/130.

Levant, ☎ 79.50.17, ⛱ – ⇔wc ☎ 🚗. ⚡ rest
mi juin-15 sept. et 18 déc.-fin avril – SC : **R** 55/80 – ☕ 12,50 – **20 ch** 52/120 – P 105/140.

Le Clos ⛺, rte Mt-Dore ☎ 79.52.77, ⛱ – ⋒ ℗. ⚡ rest
15 juin-30 sept. et 20 déc.-20 avril – SC : **R** 45/66 – ☕ 9,50 – **20 ch** 60/85 – P 110/120.

BESSE-EN-CHANDESSE

à *Super-Besse* O : 7 km – alt. 1 350 – Sports d'hiver : 1 350/1 850 m ⟋1 ⟋16, ⟑ –
✉ 63610 Besse-en-Chandesse.
🛈 Office de Tourisme (20 déc.-20 avril) 📞 79.60.29.

🏨 **Gergovia** Ⓜ ⟨⟩, 📞 79.60.15, ⟨ – 🏊 40, ⟨⟩ rest
12 juin-12 sept. et 20 déc.-15 avril – SC : **R** 65/95 – ⟳ 16 – **53 ch** 130/250 –
P 340/400.

CITROEN Chareyre, à St-Pierre-Colamine 📞
96.77.19
LADA-PEUGEOT-TOYOTA Gar. Fabre, 📞 79.
51.10

RENAULT Gar. des Lacs, 📞 79.50.07

▮**BESSENAY**▮ 69690 Rhône 🔢 ⑲ – 1 349 h. alt. 390 – ✿ 74.
Paris 468 – ♦Lyon 36 – Montbrison 51 – ♦St-Étienne 63.

🍴🍴 **Aub. de la Brevenne** avec ch, 📞 70.80.01 – Ⓟ. 🆎 𝗩𝗜𝗦𝗔. ⟨⟩ ch
fermé dim. soir et lundi – SC : **R** 65/140 ⟨ – 🍴 12 – **7 ch** 50/60.

▮**BESSINES-SUR-GARTEMPE**▮ 87250 H.-Vienne 🔢 ⑧ – 2 580 h. alt. 344 – ✿ 55.
Paris 360 – Argenton-sur-Creuse 58 – Bellac 32 – Guéret 48 – ♦Limoges 37 – La Souterraine 21.

🏨 **Toit de Chaume** Ⓜ, S : 5 km sur rte Limoges 📞 76.01.02, ⟳, – 📺 ⟨⟩wc ⟨⟩ ⟨
Ⓟ – 🏊 40, ⟨⟩ 🆎 ⓸ 𝗩𝗜𝗦𝗔
SC : **R** grill carte environ 95 ⟨ – ⟳ 18 – **20 ch** 166/188.

🏨 **Vallée,** N 20 📞 76.01.66 – ⟨⟩wc 🎼 ⟨⟩ ⟨⟩ Ⓟ. ⟨⟩
♦ *fermé fév. et dim. soir* – SC : **R** 37/135 – ⟳ 16 – **20 ch** 59/112 – P 130/180.

🏠 **Centre,** 📞 76.03.17 – 🎼 Ⓟ. ⟨⟩ rest
♦ *fermé 20 sept. au 20 oct. et dim. hors sais.* – SC : **R** 45/100 ⟨ – ⟳ 12 – **18 ch** 60/100
– P 120/150.

🍴 **Bellevue,** N 20 📞 76.01.99 – Ⓟ
♦ *fermé 10 fév. au 10 mars et lundi d'oct. à fin juin sauf fêtes* – SC : **R** 32/75 ⟨.

à *Chanteloube* S : 7 km par N 20 – ✉ 87640 Razès.

🏠 **Relais de Chanteloube,** 📞 71.03.10 – ▤ ch ⟨⟩ ⟨⟩ Ⓟ. ⟨⟩
♦ *fermé 15 oct. au 15 nov., dim. et fêtes* – SC : **R** 30/36 ⟨ – ⟳ 10 – **12 ch** 50/68.

RENAULT Gar. Desmoulins, 📞 76.05.23

▮**BÉTHARRAM (Grottes de)**▮ ★★ 64 Pyr.-Atl. 🔢 ⑦ G. Pyrénées.
Ressources hôtelières : voir à Lestelle-Bétharram.

Dans ce guide

un même symbole, un même caractère
imprimé en rouge ou en noir, en maigre ou en gras
n'ont pas tout à fait la même signification.
Lisez attentivement les pages explicatives (p. 13 à 20).

▮**BÉTHUNE**▮ ⟨⟩ 62400 P.-de-C. 🔢 ⑭ G. Nord de la France – 28 279 h. alt. 25 – ✿ 21.
🛈 Office de Tourisme (fermé sam. après-midi et dim.) et A.C. 34 Grand'Place 📞 25.26.29.
Paris 213 ② – ♦Amiens 87 ④ – Arras 33 ③ – Boulogne 93 ⑤ – Douai 39 ② – Dunkerque 67 ⑥.

Plan page suivante

🏨 **France II** Ⓜ ⟨⟩, à Beuvry par ② : 4 km rte Lille ✉ 62660 Beuvry 📞 57.34.34,
Télex 110691, parc – ⟨⟩ 📺 ⟨⟩wc ☎ Ⓟ – 🏊 200. ⟨⟩ 🆎 ⓸ E 𝗩𝗜𝗦𝗔
SC : **R** 80/160 – ⟳ 18 – **54 ch** 220.

🏨 **Vieux Beffroy,** 48 Grand'Place 📞 25.15.00 – ⟨⟩ 📺 ⟨⟩wc 🎼wc ⟨⟩ – 🏊 30. ⟨⟩   Y e
🆎 ⓸ E 𝗩𝗜𝗦𝗔. ⟨⟩ rest
R 60/80 ⟨ – ⟳ 15 – **64 ch** 75/180.

🏠 **Bernard et Gare,** pl. Gare 📞 57.20.02 – ⟨⟩wc 🎼wc ⟨⟩ – 🏊 50. ⟨⟩ ⓸   Z z
♦ SC : **R** *(fermé dim. soir)* 39/100 ⟨ – ⟳ 13 – **35 ch** 58/120 – P 128/160.

🏠 **Commerce,** 719 bd R.-Poincaré 📞 57.30.11 – ⟨⟩ 🎼 ⟨⟩   Z b
♦ SC : **R** *(fermé sam. et sam.)* 35/120 ⟨ – 🍴 12 – **21 ch** 45/70.

CITROEN SO.CA.BE., 1220 av. Winston-Chur-
chill par ③ 📞 57.65.70 N 📞 57.16.83
FIAT Gar. Catteau, 66 r. Sadi Carnot 📞 01.38.99
FORD Gar. St-Vaast, av. Kennedy 📞 56.19.19
MERCEDES Cappelle, 92 av. du 8 Mai 1945 📞
57.22.08
OPEL Plantaz-Dubois, 189 bd Kitchener 📞 57.
65.88
PEUGEOT-TALBOT Mizon, 329 av. Kennedy
📞 57.12.05 N 📞 25.16.83

PEUGEOT-TALBOT Bondu, 136 rte Nationale,
Beuvry par ② 📞 57.38.85
RENAULT Dist.-Autom.-Béthunoise, 255 bd
Thiers 📞 57.24.30
TOYOTA Ets Duhem, 4 av. Winston-Churchill
📞 57.20.60
V.A.G. Gar. Roger, N 41, Labuissière 📞 53.
57.30

⟨⟩ La Maison du Pneu, 371 r. d'Aire 📞 57.02.10

207

BÉTHUNE

Arras (R. d') .... **Z** 3
Clemenceau
(Pl. G.) .... **Z** 4
Grand'Place .... **Y** 5
Haynaut (R. Eug.) .. **Z** 6
Sadi-Carnot (R.) ... **Y**
Treilles (R. des) .... **Y** 10

Jaurès (Av. Jean) ... **Z** 7
Kennedy
(Av. Président).. **Y** 8
Leclerc (Bd Gén.)... **Z** 9

Vous aimez le camping ?

Utilisez le guide Michelin 1983

Camping Caravaning France.

BETON-BAZOCHES 77 S.-et-M. 🆖 ④ – 557 h. alt. 135 – ⊠ 77320 La Ferté-Gaucher – ✪ 6.
Paris 82 – Coulommiers 20 – Melun 54 – Provins 21 – Sézanne 36.

  🏠 **Croix d'Or,** ☎ 401.01.48 – 🚗 ☻ ⅏ ch
  ➜ fermé 10 au 24 juil., 8 au 20 sept. et merc. – **R** 30/50 🍷 – ⊴ 15 – **8 ch** 38/60.

  ✕✕ **Aub. St-Christophe,** N 4 ☎ 401.01.09 – ☻
  ➜ fermé juil., mardi soir et merc. – SC : **R** 42/90 🍷

BETTEX 74 H.-Savoie 🎏 ⑧ – rattaché à St-Gervais.

BEUIL 06 Alpes-Mar. 🎱 ⑨. 📰 ④ G. Côte d'Azur – 343 h. alt. 1 450 – Sports d'hiver :
1 450/1 890 m ⛷6, 🎿 – ⊠ **06470** Guillaumes – ✪ 93.
Voir Site✶ – Route de la Vionène✶ E.
Paris 860 – Barcelonnette 83 – Digne 115 – ✦Nice 79 – Puget-Théniers 30 – St-Martin-Vésubie 53.

  🏠 **L'Escapade** sans rest, ☎ 02.31.27, ≤ – 🛁wc 🎞wc ☻. ⅏
    fermé 20 avril au 20 mai et 10 nov. au 10 déc. – SC : ⊴ 12 – **10 ch** 56/120.

  ✕ **Bellevue** avec ch, ☎ 02.30.04, ≤, 🍽 – ☻. ⅏ ch
    fermé 30 avril au 20 juin et 15 sept. au 15 déc. – **6 ch**

La BEUNAZ 74 H.-Savoie 🎏 ⑱ – rattaché à Bernex.

BEUVEILLE 54 M.-et-M. 🎏 ② – rattaché à Longuyon.

BEUVRON-EN-AUGE 14 Calvados 🎏 ⑰ G. Normandie – 313 h. – ⊠ **14430** Dozulé – ✪ 31.
Voir ⅏✶ de l'église de Clermont-en-Auge NE : 3 km.
Paris 224 – Cabourg 15 – ✦Caen 31 – Lisieux 28 – Pont-L'Évêque 32.

  ✕✕ **Pavé d'Auge,** ☎ 79.26.71, « Halles anciennes » – 🅰🅴
    fermé merc. en hiver – SC : **R** 85/150.

208

BEUZEVILLE 27210 Eure 55 ④ – 2 415 h. alt. 125 – ✪ 32.

🅴 Syndicat d'Initiative à la Mairie (fermé sam.) ⌭ 57.72.10.

Paris 184 – Bernay 40 – Deauville 24 – Évreux 79 – Honfleur 15 – ♦Le Havre 48 – Pont-l'Évêque 14.

🏠 **Petit Castel** M sans rest, ⌭ 57.76.08, 🚗 – 📺 ➖wc ☎. VISA. ⚠
fermé 15 déc. au 15 janv. – SC : ⚏ 15 – **16 ch** 175/190.

XX **Aub. Cochon d'Or** avec ch, ⌭ 57.70.46 – ➖ 🔥 🅴 VISA. ⚠
→ *fermé 15 déc. au 15 janv. et lundi* – SC : **R** 46/125 – ⚏ 15 – **7 ch** 77/100.

CITROEN Perrin, ⌭ 57.70.52   RENAULT Coquerel, ⌭ 57.70.26 🅽
PEUGEOT Bouloché, à Boulleville ⌭ 41.21.31
🅽 ⌭ 41.17.95

BEYNAC et CAZENAC 24 Dordogne 75 ⑰ G. Périgord – 411 h. alt. 60 – ⊠ 24220 St-Cyprien – ✪ 53.

Voir Château : site✶✶, ⩽✶✶ – Château de Castelnaud✶ : site✶✶, ⚹✶✶✶ S : 4 km.

Paris 551 – Bergerac 63 – Fumel 64 – Gourdon 33 – Périgueux 64 – Sarlat-la-Canéda 11.

🏠 **Bonnet,** ⌭ 29.50.01, ⩽, 🚗 – ➖wc 🔥wc 🖭 ☎ 🚗 🅿. 🍽. ⚠
27 mars-15 oct. – SC : **R** 70/135 – ⚏ 18 – **22 ch** 80/170 – P 205/225.

à Vézac SE : 2 km – ⊠ 24220 St-Cyprien

🏠 **Oustal de Vézac** M ⚠ sans rest, ⌭ 29.54.21, ⩽ – ➖wc ☎ 🅿. 🍽 AE VISA
19 mars-13 nov. – SC : ⚏ 18 – **20 ch** 150/170.

XX **Le Souqual,** ⌭ 29.50.59, 🍽, « Jardin » – 🅿. AE VISA
15 mars-15 oct. et fermé mardi sauf juil. et août – SC : **R** 55/160.

BEYNAT 19190 Corrèze 75 ⑨ – 1 179 h. alt. 480 – ✪ 55.

Paris 512 – Argentat 24 – Brive-la-Gaillarde 20 – Figeac 90 – Tulle 25.

🏠 **Touristes,** ⌭ 85.50.20 – 🔥 🅿
→ *fermé janv. et vend.* – **R** 40/55 🍷 – ⚏ 9,50 – **13 ch** 55/85 – P 110.

CITROEN Saulle, ⌭ 85.50.52   RENAULT Gar. de la Mairie, ⌭ 85.50.12

BEYRÈDE (Col de) 65 H.-Pyr. 85 ⑲ – alt. 1 417 – ⊠ 65200 Bagnères-de-Bigorre – ✪ 62.

Paris 849 – Auch 92 – Bagnères-de-Bigorre 23 – Lannemezan 29 – St-Gaudens 56 – Tarbes 59.

X **Relais du Col** ⚠ avec ch, ⌭ 91.83.70 – 🔥 🅿
→ *1er juil.-31 août* – SC : **R** 45 🍷 – 🍴 12 – **5 ch** 70 – P 130.

Les BÉZARDS 45 Loiret 65 ② – alt. 163 – ⊠ 45290 Nogent-sur-Vernisson – ✪ 38.

Paris 138 – Auxerre 76 – Cosne-sur-Loire 50 – Gien 16 – Joigny 58 – Montargis 23 – ♦Orléans 69.

🏰 ✿✿ **Auberge des Templiers** M ⚠, ⌭ 31.80.01, Télex 780998, 🍽, « Bel ensemble hôtelier dans un parc », ⚏, – 📺 ☎ 🅿 – 🚗 30. ⑩ VISA
fermé fin janv. à fin fév. – **R** 190/280 et carte – ⚏ 35 – **20 ch** 240/590, 7 appartements
Spéc. Mousse blonde de foies de volaille aux raisins, Gibiers de Sologne (saison), Fricassée de turbot aux herbes. **Vins** Sancerre, Pouilly-Fumé.

🏰 **Château des Bézards** ⚠, ⌭ 31.80.03, Télex 780335, ⩽, 🍽, « Parc », ⚏, ⚏, ⚹
– 🅿 – 🚗 40 à 60. AE ⑩ 🅴 VISA
SC : **R** 90/145 – ⚏ 23 – **38 ch** 185/320, 5 appartements 495 – P 400/610.

BÉZAUDUN-LES-ALPES 06 Alpes-Mar. 81 ⑳. 195 ㉕ – 61 h. alt. 800 – ⊠ 06510 Carros – ✪ 93.

Paris 864 – Castellane 65 – Grasse 42 – ♦Nice 46 – St-Martin-Vésubie 59 – Vence 24.

X **Les Lavandes** ⚠ avec ch, ⌭ 59.01.08, ⩽ – 🔥
du 1er oct. au 31 mai rest. seul. – **R** *(fermé jeudi)* 80 – ⚏ 15 – **9 ch** (pens. seul.) –
P 150.

BÉZIERS ◀SP▶ 34500 Hérault 83 ⑮ G. Causses – 85 677 h. alt. 70 – ✪ 67.

Voir Anc. cathédrale St-Nazaire✶ AY E : terrasse ⩽✶.

🛩 de Béziers-Vias ; T.A.T. ⌭ 94.02.80 par ③ : 18 km.

🅴 Office de Tourisme 27 r. Quatre-Septembre (fermé dim. sauf matin en saison) ⌭ 49.24.19.

Paris 825 ③ – ♦Clermont-Fd 370 ③ – ♦Marseille 227 ③ – ♦Montpellier 67 ③ – ♦Perpignan 93 ⑤.

Plans page suivante

🏠 **Nord** sans rest, 15 pl. Jaurès ⌭ 28.34.09 – 🛗 🍴 📺 ☎. ⚠   BZ **z**
SC : ⚏ 13 – **44 ch** 115/240.

🏨 **Europe** sans rest, 87 av. Prés.-Wilson ⌭ 76.08.97, Télex 490064 – 🛗 🍴 📺 ☎ 🚗
⚠ AE ⑩ 🅴 VISA   CZ **b**
SC : ⚏ 20 – **30 ch** 145/310.

🏠 **Imperator** sans rest, 28 allées P.-Riquet ⌭ 49.02.25 – 🛗 📺 ➖wc 🔥wc 🖭 🚗
AE ⑩ 🅴   BY **n**
SC : ⚏ 17 – **45 ch** 110/210.

209

BÉZIERS

🏥 **Midi et Rest. La Rascasse,** 13 r. Coquille ℡ 49.13.43 – 📶 📺 🛏wc 📶wc ☎.   BY s
    hôtel fermé 12 nov. au 1ᵉʳ déc. – SC : **R** *(fermé dim. sauf août)* 62/90 – 🛏 18 – **31 ch** 109/260 – P 250/280.

🏥 **Splendid H.** sans rest, 24 av. du 22-Août ℡ 28.23.82 – 📶 📶wc ☜. E   BY w
    SC : 🛏 13 – **26 ch** 65/165.

🏥 **Concorde** sans rest, 7 r. Solférino ℡ 28.31.05 – 🛏 📶 ☜. . 🛇   BY a
    SC : 🛏 12 – **32 ch** 55/100.

🏥 **Poètes** sans rest., 80 allées P.-Riquet ℡ 76.38.66 – 🛏wc 📶 ☜. . 🛇 BZ e
    SC : 🛏 13 – **14 ch** 67/155.

🗙🗙🗙 ⭐⭐ **L'Olivier** (Roque), 12 r. Boïeldieu ℡ 28.86.64 – 🍽 🗛 ⓞ E 𝗩𝗜𝗦𝗔   BY u
    fermé 6 au 26 mai, 22 déc. au 5 janv., dim. et lundi – **R** (nombre de couverts limité - prévenir) carte 135 à 190
    Spéc. Quenelle de rascasse au poivron doux, Papillote de saumon au foie de canard, Suprême de pintadeau aux pêches.. **Vins** Corbières, Faugères.

🗙🗙 **Le Jardin,** 37 av. J.-Moulin ℡ 28.82.61 – 🍽 🗛 ⓞ E 𝗩𝗜𝗦𝗔   BX k
    fermé 15 au 30 juin, 12 au 27 déc., sam. et dim. – SC : R 90 🍷.

🗙🗙 **Ragueneau,** 36 allées P.-Riquet ℡ 28.35.17 – 🍽. ⓞ E   BY n
    fermé 24 déc. au 24 janv., vend. soir et sam. – SC : **R** 60/90.

🗙 **Cigale,** 60 allées P.-Riquet ℡ 28.21.56 – 🍽. 🗛 E 𝗩𝗜𝗦𝗔   BZ r
    fermé 15 sept., 15 fév. au 1ᵉʳ mars, lundi soir et mardi – SC : **R** 60/130.

par ③ : 5 km à l'échangeur A 9 Est – ✉ 34420 Villeneuve-les-Béziers :

🏥 **Minimote,** ℡ 62.55.14, Télex 480938, 🌫 – 📶 📺 🛏wc ☎ 🚿 🅿 – 🏊 25 à 60.
     🗛 ⓞ E 𝗩𝗜𝗦𝗔
    SC : **R** 60 🍷 – 🛏 20 – **50 ch** 164/207.

MICHELIN, Agence, av. de la Devèze, Z.I. du Capiscol V ℡ 76.23.71.

ALFA-ROMEO Gar. Gayraud, 18 bd Kennedy ℡ 30.36.28
AUSTIN, MORRIS, TRIUMPH Gd Gar. Foch, 119 av. Foch ℡ 31.27.42
CITROEN Ets Tressol, rte Agde ℡ 76.90.90
CITROEN Avenir-Autos, 130 av. Foch ℡ 31.07.30
FORD Chapat, 21 r. A.-de-Musset ℡ 76.55.34
MERCEDES-BENZ S.A.B.V.I.-Verdoux, le Manteau Bleu, rte de Narbonne ℡ 28.86.04
OPEL France-Auto, rte de Bessan ℡ 62.07.21
PEUGEOT-TALBOT Gds Gar. du Biterrois, rte de Bessan par ③ ℡ 76.16.03
RENAULT Succursale, 123 av. Prés.-Wilson ℡ 62.01.85
RENAULT Gar. Berlioz, 7 bis r. Berlioz ℡ 28.25.52

TOYOTA SA.D.A., rte de Pézenas, Le Garissou ℡ 30.14.27
V.A.G. St-Saens Autos, N112, zone Artisanale Capiscol ℡ 76.50.25
VOLVO SOCRA, 49 bd de Verdun ℡ 76.57.54

🛞 Fogues, 135 av. Foch ℡ 31.18.65
Estournet, 65 bd Mistral ℡ 28.22.82
Gautrand-Pneu, 62 av. Clemenceau ℡ 28.20.58
Longuelanes, 16 av. Pont-Vieux ℡ 49.00.47
Pagès, 27 quai Port-Notre-Dame ℡ 28.61.53
Piot-Pneu, av. de la Devèze, Zone Ind. du Capiscol ℡ 76.11.15
Pneus Sces Béziers, 15 av. de la Marne ℡ 28.84.31

▬▬▬ **BIARRITZ** 64200 Pyr.-Atl. 🔢 ⑪⑱, 🔢 ② 🅶 **Pyrénées** – 27 653 h. alt. 40 – Casino : Municipal EY – ❀ 59.

Voir ≤** de la Perspective DZ E – 🔭* du phare et de la Pointe St-Martin AX – Rocher de la Vierge* DY – Musée de la mer* DY **M.**

🏌 ℡ 03.71.80 NE : 1 km - AX ; 🏌 de Chiberta ℡ 63.83.20 N : 5 km.

✈ de Biarritz-Parme ; Air-France ℡ 24.29.06 : 2 km - ABX.

🚂 ℡ 24.00.94.

🛈 Office de Tourisme square d'Ixelles (fermé dim. sauf matin en saison) ℡ 24.20.24, Télex 570032.

Paris 780 ⑦ – ◆Bayonne 8 – ◆Bordeaux 184 ⑦ – Pau 115 ② – S.-Sebastián 50 ⑤.

Plans pages suivantes

🏨🏨 **Palais** 🍴, 1 av. Impératrice ℡ 24.09.40, Télex 570000, ≤, « Belle piscine avec grill », 🌫 – 📶 🍽 rest 📺 ☎ 🚿 🅿 – 🏊 200. 🗛 ⓞ E 𝗩𝗜𝗦𝗔 🛇 rest   EY k
    mai-oct. – SC : **R** à la piscine (déj. seul.) carte environ 160, au rest. carte 145 à 200 – 🛏 45 – **130 ch** 640/1 000, 20 appartements – P 1 010/1 740.

🏨🏨 **Miramar** 🅼 🍴, av. Imperatrice ℡ 24.85.20, Télex 540831, ≤, 🏊, – 📶 🍽 rest 📺 ☎ 🚿 🅿 🏊 80 à 500. 🗛 ⓞ E 𝗩𝗜𝗦𝗔. 🛇 rest   AX k
    fermé 3 au 28 janv. – SC : **R** 140 – 🛏 30 – **123 ch** 485/595, 17 appartements – P 725/805.

🏨 **Plaza** 🅼, av. Édouard-VII ℡ 24.74.00, Télex 570048, ≤ – 📶 📺 🚿 🅿 – 🏊 30. 🗛 ⓞ E 𝗩𝗜𝗦𝗔. 🛇 rest   EY p
    SC : **R** (fermé hors sais.) 120 – 🛏 30 – **60 ch** 250/435.

🏨 **Eurotel** 🍴, 19 av. Perspective ℡ 24.32.33, Télex 570014, ≤ mer – 📶 cuisinette 🍽 📺 – 🏊 40. 🗛 ⓞ E 𝗩𝗜𝗦𝗔. 🛇 rest   DY k
    fermé 31 oct. au 1ᵉʳ déc. – SC : **R** (fermé dim.) 95/150 – 🛏 29 – **60 ch** 235/435 – P 404/437.

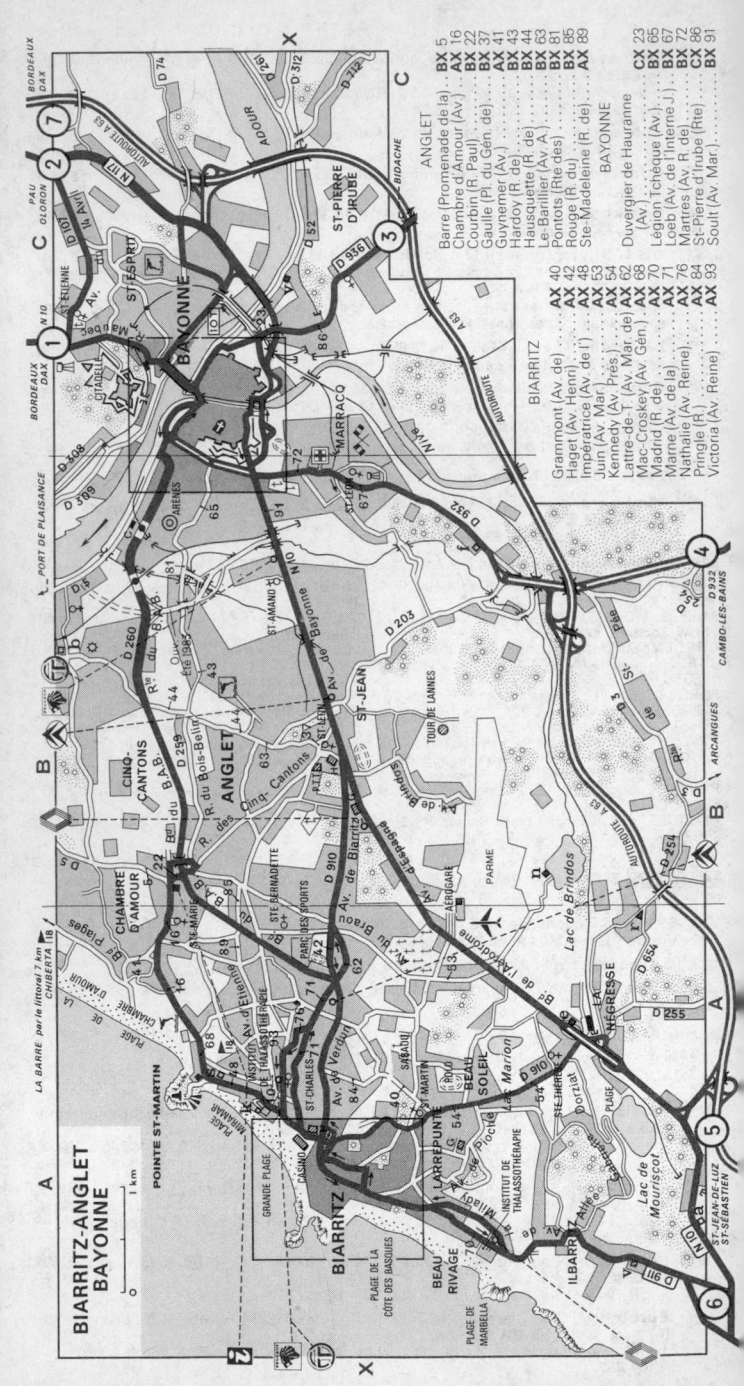

BIARRITZ-ANGLET BAYONNE

🏨 **Carlina** Ⓜ ⚜ sans rest, bd Prince-de-Galles ℡ 23.03.86, Télex 550873, ≤ – 📳 🗐
📺 ☎ 🚗 AE ① VISA
1er avril-1er nov. – SC : ☲ 35 – **31 ch** 360/500.
DZ **a**

🏨 **Windsor** Ⓜ, Gde Plage ℡ 24.08.52 – 📳 🗐 rest 📺 ☎. AE ① VISA. ⚟ rest   EY **z**
20 mars-10 nov. – SC : **R** 70/115 – ☲ 18 – **37 ch** 126/290 – P 200/290.

🏨 **Président** Ⓜ sans rest, pl. Clémenceau ℡ 24.66.40 – 📳 – 🔬 40. AE ① E VISA.
⚟
SC : ☲ 20 – **64 ch** 210/310.
EY **s**

🏨 **Régina et Golf** sans rest., 52 av. Impératrice ℡ 24.09.60, Télex 541330, ≤ – 📳 🅿
– 🔬 100. AE ① VISA
mai-31 oct. – SC : ☲ 25 – **48 ch** 330, 6 appartements 450/500.
AX **s**

                                                                  tourner →

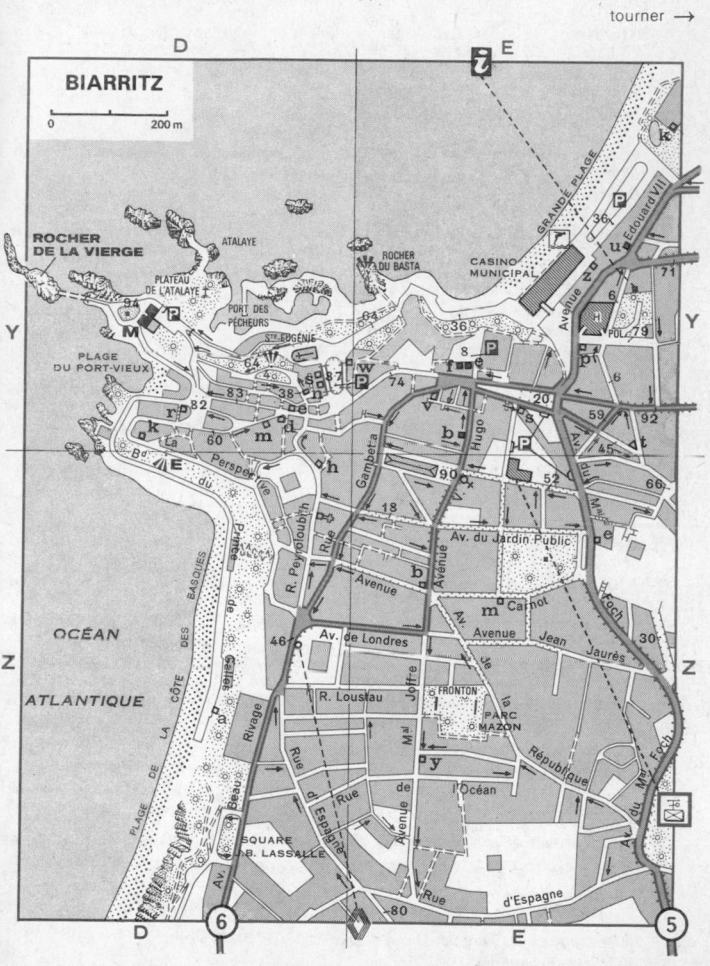

🏨 ✣ **El Mirador et Rôt. Coq Hardi** (Doyhamboure), 10 pl. Ste-Eugénie 𝒫 24.13.81,
< – 📶 📺 ⊖wc ⋔wc 🅿 🆎 ⓘ 𝘝𝘐𝘚𝘈   DEY **w**
fermé 15 janv. à mars – SC : **R** 100/180 – ☲ 22 – **27 ch** 240/390 – P 310/350
Spéc. Terrine de turbot en gelée, Marmite du pêcheur, Charlotte aux poires. Vins Jurançon, Madiran.

🏨 **Florida** Ⓜ, pl. Ste-Eugénie 𝒫 24.01.76 – 📶 📺 ⊖wc ⋔wc ☎ 🅿 🆎 ⓘ **E**
𝘝𝘐𝘚𝘈, 🎄 rest   DY **s**
1er avril-2 nov. – SC : **R** 48/70 – ☲ 18 – **47 ch** 175/350 – P 230/310.

🏨 **Océan** Ⓜ, 9 pl. Ste-Eugénie 𝒫 24.03.27 – 📺 ⊖wc ⋔ 🅿 🆎   DY **s**
26 mars-27 nov. – SC : **R** 55/105 – ☲ 22 – **24 ch** 200/300 – P 250/350.

🏨 **Fronton et Résidence**, 35 av. Mar.-Joffre 𝒫 23.09.49 – 📶 ⊖wc ⋔ 🅿
fermé 20 oct. au 20 nov. et 17 au 31 mars – SC : **R** 43/62 – ☲ 13 – **42 ch** 110/168 –
P 175/200.   EZ **y**

🏨 **Atalaye** 🛏 sans rest., 6 r. Goélands 𝒫 24.06.76 – 📶 ⊖wc ⋔wc ☎ 🅿   DY **n**
27 mars-1er nov. – SC : ☲ 15 – **25 ch** 130/200.

🏨 **Etche Gorria** sans rest, 21 av. Mar.-Foch 𝒫 24.00.74, 🌊 – ⊖wc ⋔wc 🅿 🎄
fermé janv. – SC : ☲ 14,50 – **11 ch** 95/171.   EZ **e**

🏨 **Beau Lieu**, pl. Port-Vieux 𝒫 24.23.59, < – ⊖wc ⋔wc 🅿 🎄 rest   DY **r**
5 mars-31 oct. – SC : **R** 55/75 – ☲ 16 – **28 ch** 120/182 – P 188/218.

🏨 **Édouard-VII**, 21 av. Carnot 𝒫 24.07.20 – ⊖wc ⋔wc 🅿 🎄 rest   EZ **b**
fermé 15 oct. au 15 déc. – SC : **R** 68 – ☲ 16 – **24 ch** 135/200 – P 160/240.

🏨 **Central** sans rest, 8 r. Maison-Suisse 𝒫 24.20.03 – ⋔wc 🅿 🎄   EY **t**
SC : ☲ 13 – **14 ch** 75/120.

🏨 **Maïtagarria** sans rest, 34 av. Carnot 𝒫 24.26.65 – ⊖wc ⋔wc 🅿   EZ **m**
fermé 12 nov. au 12 déc. – SC : ☲ 14 – **17 ch** 78/112.

🏨 **Monguillot** sans rest, 3 r. Gaston-Larre 𝒫 24.12.23 – ⋔wc 🅿 🎄   DY **m**
1er mars-20 déc. – SC : ☲ 15 – **16 ch** 100/180.

🏨 **Port Vieux** sans rest, 43 r. Mazagran 𝒫 24.02.84 – ⋔wc 🅿 🎄   DY **d**
fermé 1er déc. au 1er fév. – SC : **18 ch** ☲ 100/170.

🏨 **Argi-Eder** sans rest, 13 r. Peyroloubilh 𝒫 24.22.53 – ⊖wc ⋔wc 🅿 🎄   DZ **h**
SC : ☲ 15 – **17 ch** 120/170.

🏨 **Washington** sans rest, 34 r. Mazagran 𝒫 24.10.80 – ⊖wc ⋔ 🅿 🎄 **E** 𝘝𝘐𝘚𝘈 🎄
1er avril-30 sept. – SC : ☲ 18 – **20 ch** 72/180.   DY **e**

🏨 **Palacito** sans rest, 1 r. Gambetta 𝒫 24.04.89 – ⊖ ⋔ 🅿 **E** 𝘝𝘐𝘚𝘈 🎄   EY **v**
SC : **26 ch** ☲ 90/140.

🍴🍴🍴🍴 ✣ **Café de Paris** (Laporte), 5 pl. Bellevue 𝒫 24.19.53, <, « Cadre élégant » – ▦.
🆎 ⓘ 𝘝𝘐𝘚𝘈 🎄   EY **f**
fermé fév. et lundi hors sais. – **R** carte 220 à 310
Spéc. Orchidée de langoustines, Homard rôti (juin à oct.), Emincé de ris de veau et foie de canard.

🍴🍴🍴 **Belle Epoque**, 10 av. Victor Hugo 𝒫 24.66.06, « patio » – 🆎 ⓘ **E** 𝘝𝘐𝘚𝘈   EZ **b**
fermé 1er au 15 nov. et lundi d'oct. à juin – SC : **R** carte 70 à 110 🍴.

🍴🍴 **L'Operne**, 17 av. Edouard VII 𝒫 24.30.30, <, 🎄 – 🆎 𝘝𝘐𝘚𝘈   EZ **u**
fermé janv. et merc. hors sais. – SC : **R** carte 80 à 120.

🍴🍴 **Aub. de la Négresse**, bd Aérodrome (sous viaduc) 𝒫 23.15.83 – ▦   AX **e**
fermé 3 oct. au 8 nov. et lundi – **R** carte 50 à 90.

🍴🍴 **Aub. de Chapelet**, rte d'Arcangues 𝒫 23.54.63, 🌺, 🌊 – 🅿   AX **r**
fermé 22 fév. au 22 mars, dim. soir du 1er sept. au 30 juin et lundi – **R** carte 85 à 140.

🍴 **L'Alambic**, 5 pl. Bellevue 𝒫 24.53.41, < – ▦. 🎄   EY **e**
fermé fév. et lundi hors sais. – **R** carte environ 90.

    au Lac de Brindos SE : 5 km - BX – ✉ **64600** Anglet :

🍴🍴🍴🍴 ✣ **Chât. de Brindos** Ⓜ 🛏 avec ch, près aéroport 𝒫 23.17.68, « Belle décoration
intérieure, bord du lac, parc », <, 🌊, 🎄 – 📺 ⊖wc ☎ 🅿 – 🔔 30 à 60. 🎄 🆎
ⓘ **E** 𝘝𝘐𝘚𝘈   BX **n**
fermé janv. – SC : **R** carte 135 à 200 – ☲ 35 – **16 ch** 450/600
Spéc. Millefeuille de jambon au foie gras, Mousseline de turbot en feuilleté. Vins Madiran, Jurançon.

    à Arbonne S : 6 km par Pont de la Négresse et D 255 - AX – ✉ **64210** Bidart :

🍴🍴 **Ferme d'Arbonne** 𝒫 23.55.17, 🌺, 🌊 – 🅿 🆎 𝘝𝘐𝘚𝘈
SC : **R** 85 bc/200 bc.

    à Arcangues S : 7 km par D 254 et D 3 - BX – ✉ **64200** Biarritz.
    Voir ❄✶ du cimetière.

🏨 **Marie-Eder** sans rest, 𝒫 23.57.09, < – ⋔ 🅿 🎄
fermé 9 au 30 oct. et mardi hors sais. – SC : ☲ 15 – **8 ch** 90/170.

    Voir aussi ressources hôtelières d'*Anglet*.

CITROEN Artola, 88 av. Marne 𝒫 24.18.19
PEUGEOT-TALBOT Gar. Victoria, 13 av. Reine
Victoria 𝒫 24.53.80
RENAULT Central-Auto-Gar., 1 carr. Hélianthe
𝒫 23.02.30

RENAULT Gar. Ventura, 70 av. de la Milady 𝒫
23.01.21 🄽
V.A.G. Paris-Biarritz Autom., 48 av. Foch 𝒫
23.05.83

BIDARRAY 64 Pyr.-Atl. 🎱🎱 ③ G. Pyrénées – 673 h. alt. 71 – ⊠ **64780** Osses – ✆ 59.

Paris 807 – Cambo-les-Bains 16 – Pau 122 – St-Étienne-de-Baïgorry 16 – St-Jean-Pied-de-Port 19.

  🏛 **Pont d'Enfer** ⌂, 🕿 37.09.67, ≤, 🚗 – 🛏wc 🛏wc 🕿 🕿, 🚗🚗
    1er mars-1er nov. – SC : **R** 65/85 – ⊊ 13 – **18 ch** 70/170 – P 120/180.

  🏠 **Erramundeya**, 🕿 37.10.89, ≤ – 🛏 🛏 🕿
    1er mars-30 nov. et fermé mardi sauf juil.-août – SC : **R** 30/55 – ⊊ 15 – **11 ch** 72/79
    – P 126/132.

  🏠 **Noblia**, 🕿 37.09.68 – 🛏 🕿, **VISA**
    SC : **R** 35/60 – **16 ch** ⊊ 50/100 – P 100/110.

BIDART 64210 Pyr.-Atl. 🎱🎱 ⑩⑱ G. Pyrénées – 3 046 h. – ✆ 59.

Voir Chapelle Ste-Madeleine 🌿★.

🔹 Office de Tourisme r. Gde-Plage (1er juin-30 sept., fermé dim. après-midi) 🕿 54.93.85.

Paris 786 – ◆Bayonne 14 – Biarritz 6 – Pau 121 – St-Jean-de-Luz 9.

  🏨 **Bidartea** Ⓜ, N : 3 km sur N 10 🕿 54.94.68, ≤, 🏊, 🚗 – 📶 📺 🕿 – 🏊 50 à 100. 🅰🅴
    ⓘ 🅴 **VISA**   plan Biarritz AX **a**
    fermé nov. et mars – **R** *(fermé lundi d'oct. à avril)* 52/120 🍷 – ⊊ 18 – **30 ch** 140/290
    – P 250/290.

  🏠 **Les Dunes**, à Ilbarritz N : 3 km sur D 911 🕿 23.00.28, 🚗 – 🛏 🛏 🕿, 🚗🚗
    🌿 rest   plan Biarritz AX **v**
    Pâques-oct., hors sais. : week-ends et fêtes – SC : **R** 38/90 – 🍽 17 – **16 ch** 60/90 –
    P 110/135.

  🏠 **Itsas-Mendia**, 🕿 54.90.23, ≤, 🚗 – 🛏wc 🛏wc 🕿. 🌿
    1er mars-15 oct. – SC : **R** 48/70 – ⊊ 12 – **18 ch** 60/80 – P 125/140.

  🏠 **Ypua** ⌂, rte Chapelle 🕿 54.93.11, 🚗 – 🛏wc 🕿 🕿 🚗🚗 🌿 🌿 rest
    fermé nov., fév. et mardi du 15 sept. au 1er juin – SC : **R** 45/100 🍷 – ⊊ 15 – **12 ch**
    80/105 – P 160/180.

  XXX **Le Chistera**, N 10 🕿 26.51.07, « Bel intérieur rustique » – 🕿, 🅰🅴 **VISA**
    Pâques-1er janv. et fermé mardi hors sais. – SC : **R** (dîner seul.) carte 110 à 160.

  XX **L'Hacienda** ⌂ avec ch, rte d'Ahetze au SE : 2,5 km 🕿 54.92.82, 🚗 – 🛏wc
    🛏wc 🕿 🕿 🚗🚗. 🌿 ch
    fermé 6 janv. au 25 fév. et merc. – SC : **R** 60 bc/100 bc – ⊊ 20 – **16 ch** 120/200 – P
    190/220.

  X **Élissaldia**, pl. Église 🕿 54.90.03 – 🌿
    fermé 15 nov. au 15 déc. et merc. du 1er oct. au 1er juin – SC : **R** 50/70.

RENAULT Gar. Sabate-Cazenave 🕿 54.92.57

BIDON 07 Ardèche 🎱🎱 ⑨ G. Vallée du Rhône – 32 h. alt. 275 – ⊠ **07700** Bourg-St-Andéol –
✆ 75 (Drôme).

Voir Aven de Marzal★★ O : 2 km.

Paris 644 – Montélimar 38 – Pierrelatte 16 – Pont-St-Esprit 18 – Privas 65 – Vallon-Pont-d'Arc 20.

  X **Aub. du Pouzat**, S : 4 km sur D 290 🕿 04.27.28 – 🕿. 🌿
    Pâques-30 sept. – **R** 50/62.

BIESHEIM 68 Haut-Rhin 🎱🎱 ⑲ – rattaché à Neuf-Brisach.

BIÈVRES 08 Ardennes 🎱🎱 ⑩ – 107 h. alt. 210 – ⊠ **08370** Margut – ✆ 24.

Paris 255 – Charleville-Mézières 57 – Longuyon 39 – Sedan 35 – Verdun 61.

  XX **Relais de St-Walfroy**, 🕿 22.61.62 – 🕿
    fermé mardi – SC : **R** 50/100.

BIGANOS 33 Gironde 🎱🎱 ② – rattaché à Facture.

BILLIERS 56 Morbihan 🎱🎱 ⑭ – rattaché à Muzillac.

BILLOM 63160 P.-de-D. 🎱🎱 ⑮ G. Auvergne (plan) – 4 155 h. alt. 355 – ✆ 73.

Voir Église St-Cerneuf★.

🔹 Syndicat d'Initiative pl. Hôtel de Ville (15 juin-15 sept.).

Paris 412 – Ambert 51 – ◆Clermont-Ferrand 27 – Issoire 32 – Le Mont-Dore 66 – Thiers 28 – Vichy 55.

  X **Voyageurs** avec ch, pl. A.-Thomas 🕿 68.40.28 – 🛏 🌿
    fermé 15 déc. au 15 janv. et sam. hors sais. – SC : **R** 40/70 🍷 – ⊊ 11 – **14 ch** 50/110
    – P 110/150.

CITROEN Gar. Central, 🕿 70.40.35   RENAULT Gar. Ceretta, 🕿 70.40.90
PEUGEOT-TALBOT Gar. Espagnol, 🕿 70.40.58

Utilisez toujours les **cartes Michelin** récentes.
Pour une dépense minime vous aurez des informations sûres.

BIOT 06410 Alpes-Mar. 🟦🟦 ⑨. 🟥🟥🟥 ㉕ G. Côte d'Azur – 2 745 h. alt. 80 – ☺ 93.

Voir Musée Fernand Léger★★ – Retable du Rosaire★ dans l'église.

🏨 ⅂⅁ 65.08.48 S : 1,5 km.

🛈 Syndicat d'Initiative pl. Chapelle (après-midi seul. et fermé nov.) ⅂⅁ 65.05.85.

Paris 924 – Antibes 8 – Cagnes-sur-Mer 10 – Grasse 18 – ◆Nice 22 – Vence 19.

   XX **Aub. du Jarrier,** au village ⅂⅁ 65.11.68, �— ✎ VISA
       fermé nov. et mardi – SC : **R** 100 bc/170 bc.

   XX **Les Terraillers,** ⅂⅁ 65.01.59, « Ancienne poterie du XVIe s. » – **P.** AE ⓞ E
       fermé 2 au 21 nov. et mardi sauf juil.-août – SC : **R** 80/120.

   XX **Café de la Poste,** ⅂⅁ 65.00.07
       fermé déc., janv. et merc. – SC : **R** 90 bc/140 bc.

Le BIOT 74 Hte-Savoie 🟦🟦 ⑱ – 272 h. alt. 820 – ⊠ 74430 St-Jean-d'Aulps – ☺ 50.

🛈 Syndicat d'Initiative (vacances scolaires) ⅂⅁ 79.63.94.

Paris 601 – Annecy 95 – Chamonix 81 – ◆Genève 54 – Thonon-les-Bains 21.

   🏠 **Tilleuls** 🐾 ⅂⅁ 79.60.41, 🌌 – ▭wc 🏠wc 🐾 **P.** 🖳 E VISA
   ◆ *fermé 1er au 15 mai, 1er au 15 oct. et lundi hors sais.* – SC : **R** 42/100 🍴 – **17 ch**
       ⊡ 120/192 – P 150/200.

RENAULT Gar. Morand, ⅂⅁ 796168

BIRIATOU 64 Pyr.-Atl. 🟦🟦 ① – rattaché à Hendaye.

BISCARROSSE 40600 Landes 🟦🟦 ⑬ G. Côte de l'Atlantique – 8 759 h. alt. 24 – ☺ 58.

🛈 Office de Tourisme 19 ter av. Plage à Biscarosse-Plage (fermé oct., sam. après-midi, dim. et lundi matin ⅂⅁ 78.20.96.

Paris 661 – Arcachon 39 – ◆Bayonne 132 – ◆Bordeaux 72 – Dax 95 – Mont-de-Marsan 87.

   à Biscarrosse-Bourg :

   🏠 **Le Relais** sans rest, rte Parentis ⅂⅁ 78.10.46 – ▭wc ☎ **P.** 🖳 VISA
       fermé 20 déc. au 3 janv. – SC : ⊡ 16 – **24 ch** 98/155.

   à Navarrosse N : 3,5 km par D 652 – ⊠ 40600 Biscarrosse :

   🏠 **Transaquitain** sans rest, ⅂⅁ 78.13.13 – ▭wc 🏠wc ☎. 🌌
       Pâques-1er oct. et fermé vend. hors sais. – SC : ⊡ 16 – **10 ch** 140/170.

   à Ispe N : 6 km – ⊠ 40600 Biscarrosse :

   🏠 **La Caravelle** 🐾, ⅂⅁ 78.02.67, <, �🌌 – ▭wc 🏠 **P.** 🌌
       fermé 16 déc. au 22 janv., dim. soir et lundi – SC : **R** 60/120 – ⊡ 18 – **11 ch** 90/165
       – P 150/200.

   à la Plage NO : 9,5 km par D 146 – ⊠ 40520 Biscarrosse-Plage :

   🏨 **La Forestière,** av. Pyla ⅂⅁ 78.24.14 – ▭wc ☎ **P.** 🖳 VISA
       fermé nov. et vend. du 1er déc. au 15 juin – **R** 57/120 – ⊡ 20 – **34 ch** 150/185 –
       P 225/290.

   🏡 **Aub. Régina,** av. Libération ⅂⅁ 78.23.34, 🌌 – 🏠wc
   ◆ *27 mars-1er oct.* – SC : **R** 47/135 🍴 – ⊡ 18,50 – **11 ch** 75/168 – P 184/209.

PEUGEOT, TALBOT Labarthe, N 652, Zone Ind.   RENAULT Auto-Côte-d'Argent, av. A.-Daudet
⅂⅁ 78.12.46   ⅂⅁ 78.06.66

BISCHWIHR 68 H.-Rhin 🟦🟦 ⑲. 🟦🟦 ⑦ – rattaché à Colmar.

BITCHE 57230 Moselle 🟦🟦 ⑱ G. Vosges – 7 859 h. alt. 243 – ☺ 8.

Voir Fort du Simserhof★ O : 4 km.

🛈 Office de Tourisme à la Mairie (fermé sam. sauf saison et dim.) ⅂⅁ 706.00.13.

Paris 427 – Haguenau 42 – Sarrebourg 63 – Sarreguemines 34 – Saverne 49 – Wissembourg 47.

   XX **Strasbourg** avec ch, 24 r. Teyssier ⅂⅁ 706.00.44 – 🏠 🖳 🖳 VISA 🌌 ch
   ◆ *fermé 22 août au 15 sept., vacances de fév., dim. soir et lundi* – SC : **R** 42/100 🍴 –
       ⊡ 11 – **10 ch** 61/110 – P 120.

CITROEN Riwer, 1 r. du Bastion ⅂⅁ 706.00.08   RENAULT Gar. Hemmer, 52 r. d'Ingwiller à
Ⓝ   Goetzenbruck ⅂⅁ 706.62.10 Ⓝ ⅂⅁ 706.81.09
PEUGEOT Feger, pl. de la gare ⅂⅁ 706.04.57   **Bitche Autos,** 40 r. de Sarreguemines ⅂⅁ 706.
RENAULT Bang Bitche r. J.-J.-Kieffer ⅂⅁ 706.   05.26 Ⓝ
07.08
RENAULT Gar. Rébmeister 47 r Pasteur à
Rohrbach ⅂⅁ 709.70.36 Ⓝ

BLACERET 69 Rhône 🟦🟦 ⑨ – alt. 250 – ⊠ 69830 St-Georges-de-Reneins – ☺ 74.

Paris 429 – Bourg-en-Bresse 47 – Chauffailles 46 – ◆Lyon 42 – Mâcon 35 – Villefranche-sur-S. 9,5.

   XX **Beaujolais,** ⅂⅁ 67.54.75 – AE ⓞ VISA
       fermé fév., lundi et mardi – SC : **R** 70/130.

RENAULT Bénétullière, Le Perréon ⅂⅁ 03.22.67

BLAESHEIM 67113 B.-Rhin 62 ⑨ ⑩ – 908 h. alt. 162 – ✿ 88.

Paris 490 – Erstein 15 – Molsheim 15 – Obernai 14 – Sélestat 34 – ◆Strasbourg 19.

  XX ✿ **Boeuf** (Voegtling), ☎ 68.81.31 – 🖦 🄿 🗚🗚 🗉
    fermé 1er au 15 août, 1er au 15 fév., dim. soir et lundi sauf fériés – SC : **R** 90/190, dîner à la carte
    Spéc. Sandre marinière, Tournedos à la strasbourgeoise, Jambon façon dames du couvent. **Vins** Sylvaner, Riesling.

  X   **Schadt,** ☎ 68.86.00 – 🗚🗚 🄾 𝕍𝕀𝕊𝔸
    fermé 8 au 28 juil. et jeudi – **R** carte 95 à 140.

BLAGNAC 31 H.-Gar. 82 ⑧ – rattaché à Toulouse.

BLAINVILLE 60 Oise 55 ⑩ – rattaché à Noailles.

Le BLANC ⟨☞⟩ 36300 Indre 68 ⑯ G. Périgord – 8 258 h. alt. 81 – ✿ 54.

Env. Église abbatiale★ de Fontgombault (chant grégorien) 8 km par ①.

🄸 Office de Tourisme place Libération (15 juin-15 sept.) ☎ 37.05.13 et Hôtel de Ville (16 sept.-14 juin, fermé sam. après-midi et dim.) ☎ 37.23.40.

Paris 299 ① – Bellac 61 ⑤ – Châteauroux 60 ③ – Châtellerault 53 ① – Poitiers 60 ⑥.

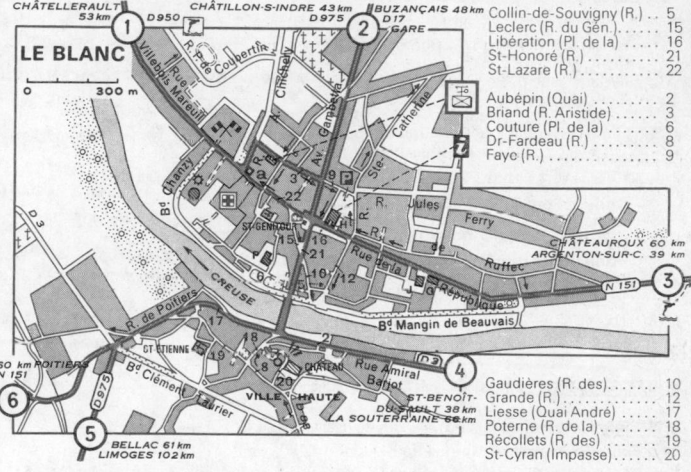

Collin-de-Souvigny (R.)	5
Leclerc (R. du Gén.)	15
Libération (Pl. de la)	16
St-Honoré (R.)	21
St-Lazare (R.)	22
Aubépin (Quai)	2
Briand (R. Aristide)	3
Couture (Pl. de la)	6
Dr-Fardeau (R.)	8
Faye (R.)	9
Gaudières (R. des)	10
Grande (R.)	12
Liesse (Quai André)	17
Poterne (R. de la)	18
Récollets (R. des)	19
St-Cyran (Impasse)	20

  🏨 **Domaine de l'Étape** ⤴, par ④ et D 10 : 6 km ☎ 37.18.02, ≤, parc – ➩wc ⋔wc
    🕾 🄿 ⇔🄶 🗚🗚 🄾 🄶. 🗯 rest
    SC : **R** (dîner résidents seul.) 35/50 – ☑ 18 – **20 ch** 78/190.

  🕿 **Promenade,** 36 r. Saint-Lazare (a) ☎ 37.10.07 – ➩ ⋔ 🕾 🄿 ⇔🄶
    fermé 1er au 15 oct., dim. soir et lundi midi sauf juil. et août – SC : **R** 45/135 ⅋ – ☑
    13 – **21 ch** 50/160 – P 95/150.

🛞 Perry-Pneus, 14 bd Chanzy ☎ 37.00.39

Le BLANC-MESNIL 93 Seine-St-Denis 56 ⑪, 101 ⑰ – voir Paris, Proche Banlieue (Le Bourget).

BLANGY-SUR-BRESLE 76340 S.-Mar. 52 ⑥ – 3 406 h. alt. 48 – ✿ 35.

Paris 146 – Abbeville 25 – ◆Amiens 54 – Beauvais 70 – Dieppe 49 – ◆Rouen 74.

  X   **H. de Ville** avec ch, r. N.-Dame ☎ 93.51.57
    fermé 3 au 31 juil. et dim. – SC : **R** 40/80 ⅋ – ☑ 14 – **8 ch** 65/120 – P 140/180.

CITROEN Gar. Leleux, ☎ 93.50.52
CITROEN Gar. Letellier, ☎ 93.50.12
PEUGEOT Blangier, à Bouttencourt (Somme)
☎ 93.50.49 🅽

RENAULT Gar. Fauvel, ☎ 93.50.42 🅽
Gar. Déné, à Bouttencourt (Somme) ☎ 93.51.06

BLAYE ⟨☞⟩ 33390 Gironde 71 ⑦ ⑧ G. Côte de l'Atlantique (plan) – 5 236 h. alt. 8 – ✿ 57.

Voir Citadelle★ – **Bac** renseignements ☎ 42.04.49.

🄸 Office de Tourisme Allées Marines (1er juin-15 sept.) ☎ 42.02.45.

Paris 545 – ◆Bordeaux 51 – Cognac 77 – Libourne 46 – Royan 80 – Saintes 76.

  🏨 **La Citadelle** Ⓜ ⤴, dans la citadelle ☎ 42.17.10, Télex 540127, ≤ estuaire, ⤢ –
    🖦 rest 🆃🆅 ➩wc 🕾 🄿 – ⚒ 50. ⇔🄶 🗚🗚 🄾 𝕍𝕀𝕊𝔸
    SC : **R** 70/155 – ☑ 20 – **21 ch** 148/228 – P 225/335.

217

BLAYE

à **St-Seurin-de-Cursac** NE : 5,5 km par D 937 – ⊠ **33390** Blaye :

☆ **La Renaissance,** ⬦ 42.18.06 – 🅿
→ *fermé 15 au 21 sept.* – SC : **R** 35 bc/45 bc – 🍽 10 – **10 ch** 55/80 – P 85/110.

CITROEN Blaye Autom., à St-Martin-Lacaussade ⬦ 42.13.91
PEUGEOT-TALBOT Ferandier-Sicard, à St-Martin-Lacaussade ⬦ 42.03.41
RENAULT Bernicot, ⬦ 42.01.44
V.A.G. Gar. Menaud, ⬦ 42.12.80

BLÉNEAU 89220 Yonne 🆖🆖 ③ – 1 673 h. alt. 171 – ✪ 86.

Paris 156 – Auxerre 52 – Bonny-sur-Loire 20 – Briare 19 – Clamecy 73 – Gien 29 – Montargis 41.

XX **Aub. du Point du Jour,** 8 r. A.-Briand ⬦ 74.94.38
fermé 15 janv. au 15 fév., dim. soir et lundi – SC : **R** (dîner sur commande) 60/100 🍷.

PEUGEOT Gar. Goude, ⬦ 74.94.39
PEUGEOT-TALBOT Gar. Guilbert, ⬦ 74.91.42
🅽 ⬦ 74.80.57

BLÉRANCOURT 02 Aisne 🆖🆖 ③ G. Nord de la France – 1 149 h. alt. 68 – ⊠ **02300** Chauny – ✪ 23.

Voir Musée de l'Amitié Franco-Américaine.

Paris 115 – Chauny 14 – Compiègne 33 – Laon 46 – Noyon 14 – St-Quentin 45 – Soissons 23.

🏨 **Host. Le Griffon** ⬦, Château de Blérancourt ⬦ 39.60.11, parc – 🛁wc 🏠 ☎
🅿 – 🅰 30. ⓞ **E**. ⬦
fermé 1er au 7 janv., dim. soir et lundi – SC : **R** 65/120 – 🖵 17 – **24 ch** 80/150 –
P 270/350.

BLÉRÉ 37150 I.-et-L. 🆖🆔 ⑯ G. Châteaux de la Loire – 4 113 h. alt. 60 – ✪ 47.

🄯 Syndicat d'Initiative pl. de la Libération (1er juil.-15 sept.) ⬦ 57.93.00.

Paris 233 – Blois 45 – Château-Renault 35 – Loches 25 – Montrichard 16 – ◆Tours 27.

🏠 **Cher,** r. Pont ⬦ 57.95.15, 🌳 – 🏠wc, 🚗🛆 𝘝𝘐𝘚𝘈. ⬦ ch
→ *fermé au 30 nov.* – SC : **R** (*fermé vend. midi du 1er oct. au 31 mars*) 45/96 🍷 – 🖵
14 – **19 ch** 79/120 – P 120/130.

X **Boeuf Couronné** avec ch, rte Tours ⬦ 57.90.42 – 🅿. 𝘝𝘐𝘚𝘈. ⬦ ch
→ *fermé 19 au 25 sept., 5 au 18 déc., 9 au 23 janv., dim. soir et lundi (en juil. et août
fermé lundi midi seul.)* – SC : **R** 44/145 🍷 – 🖵 15 – **12 ch** 61/96 – P 128/160.

CITROEN Caillet, ⬦ 30.26.26.
PEUGEOT-TALBOT Gar. Bellevue, ⬦ 57.90.39
PEUGEOT Gar. Vigean, La Croix-en-Touraine
⬦ 57.94.14

BLÉRIOT-PLAGE 62 Pas-de-Calais 🆖🆗 ② – rattaché à Calais.

BLESLE 43450 H.-Loire 🆖🆖 ④ G. Auvergne (plan) – 853 h. alt. 500 – ✪ 71.

Voir Église St-Pierre★ – Gorges de l'Alagnon★ NE.

Paris 456 – Brioude 23 – Issoire 34 – Murat 44 – Le Puy 83 – St-Flour 39 – St-Germain-Lembron 26.

au Babory-de-Blesle SE : 1,5 km N 9 – alt. 500 – ⊠ **43450** Blesle :

🏠 **Gare,** N 9 ⬦ 76.21.10 – 🛁 ☎ 🚗 🅿
→ *fermé 1er oct. au 4 nov. et sam. sauf juil., août et sept.* – SC : **R** 45/70 – 🖵 15 –
16 ch 70/90 – P 120/140.

🏠 **Tourist'H.,** N 9 ⬦ 76.22.10 – 🛁wc 🏠 ☎ 🅿
→ *fermé 12 nov. au 12 déc. et lundi du 15 sept. au 15 juin* – SC : **R** 35/70 – 🖵 10 –
12 ch 61/110 – P 100/120.

BLETTERANS 39140 Jura 🆖🅾 ③ – 1 203 h. alt. 201 – ✪ 84.

Paris 387 – Chalon-sur-Saône 48 – Dole 50 – Lons-le-Saunier 13 – Poligny 26.

🏠 **Cloche,** ⬦ 85.01.48 – 🏠 🚗
→ *fermé sam. hors sais.* – **R** 35/70 🍷 – 🍽 10 – **12 ch** 45/85 – P 100/120.

☆ **Jura,** ⬦ 85.04.11 – 🏠 🚗🛆 **E**
→ *fermé 24 déc. au 15 janv. et vend.* – SC : **R** 40/65 – 🖵 9 – **24 ch** 55/65 – P 92/105.

CITROEN Gar. Central, ⬦ 85.00.89
RENAULT Gar. Moderne, ⬦ 85.00.31

BLIGNY-SUR-OUCHE 21360 Côte-d'Or 🆖🆖 ⑨ G. Bourgogne – 719 h. alt. 362 – ✪ 80.

Paris 292 – Autun 43 – Beaune 19 – ◆Dijon 47 – Pouilly-en-Auxois 21 – Saulieu 43.

X **Aub. du Val d'Ouche** avec ch (annexe 🏠 Ⓜ ⬦), ⬦ 20.12.06 – 🏠wc ☎. 🚗🛆
→ *fermé 15 janv. au 15 fév.* – SC : **R** 50/100 – 🖵 15 – **24 ch** 80/100 – P 130/140.

X **Host. Trois Faisans** avec ch, ⬦ 20.10.14 – 🛁wc 🏠 🅿. 🚗🛆 🅰🅴 ⓞ **E** 𝘝𝘐𝘚𝘈.
⬦ rest
fermé 1er déc. au 15 janv. et dim. soir – SC : **R** 60/100 – 🖵 14 – **7 ch** 90/180 –
P 160/230.

BLODELSHEIM 68 Haut-Rhin 62 ⑲ – 1 224 h. – ⌧ 68740 Fessenheim – ☎ 89.

Voir Bief de Fessenheim★ NO : 5 km, G. Vosges.

Paris 564 – Colmar 33 – ◆Mulhouse 24

    au SE : 4 km par D 50 et chemin forestier – ⌧ 68740 Fessenheim

  XX **Aub. Poney-Parc,** ☏ 81.28.48 – ℗. E VISA
  ➡ *fermé 20 déc. au 1er fév., dim. soir et lundi* – SC : **R** 40 bc/80 ⅃.

BLOIS ℗ 41000 L.-et-Ch. 64 ⑦ G. Châteaux de la Loire – 51 950 h. alt. 73 – ☎ 54.

Voir Château★★★ Z (spectacle son et lumière★) – Promenade autour du château★★ –
Église St-Nicolas★ Z E – Hôtel d'Alluye★ Y D – Jardins de l'ancien Évêché ≤★ Y B.

🛈 Office de Tourisme (fermé dim. hors sais.) et Accueil de France (Informations et réservations
d'hôtels, pas plus de 5 jours à l'avance) Pavillon Anne de Bretagne, 3 av. Jean-Laigret ☏ 74.06.49,
Télex 750135 – A.C.O. 23 bis r. Denis-Papin ☏ 74.03.21.

Paris 181 ① – Angers 152 ⑥ – ◆Le Mans 109 ⑦ – ◆Orléans 59 ① – ◆Tours 63 ①.

Plans page suivante

🏨 **Ibis,** par ⑧ : 2 km près échangeur A 10, r. Guignières ZI ☏ 74.60.60, 😊 – 📺
    ≐wc ☎ ℗. 🖧 E VISA
    SC : **R** carte environ 65 ⅃ – 🍺 18 – **40 ch** 153/182.

🏨 **Campanile,** par ⑧ : 2 km près échangeur A10, r. Vallée Maillard ☏ 74.44.66,
    Télex 751628 – ≐wc ☎ & ℗. VISA
    SC : **R** 55 bc/80 bc – 🍺 20 – **39 ch** 173.

🏨 **Gd Cerf,** 40 av. Wilson ☏ 78.02.16 – ≐wc 🕾 ℗. 🖧 VISA. 🐾 ch   X e
    fermé fév. et vend. – SC : **R** 170 – 🖵 15 – **14 ch** 52/120.

🏨 **Viennois,** 5 quai A.-Contant ☏ 74.12.80 – ≐wc 🕾. 🐾   Z r
  ➡ *fermé 15 déc. au 15 janv., dim. soir et lundi midi hors sais.* – SC : **R** 40/75 ⅃ – 🖵 13
    – **26 ch** 49/120.

🏨 **Monarque,** 61 r. Porte-Chartraine ☏ 78.02.35 – ≐wc 🛏wc 🕾 ℗. 🖧 VISA
  ➡ 🐾 rest   Y v
    fermé 15 déc. au 1er janv. – SC : **R** 50/85 – 🖵 17 – **22 ch** 65/170.

🏨 **Anne de Bretagne** sans rest, 31 av. J.-Laigret ☏ 78.05.38 – ≐ 🛏   Z k
    fermé 1er au 20 mars et 21 au 28 fév. – SC : 🖵 14 – **24 ch** 57/118.

🏨 **Brasserie St-Jacques,** pl. Gare ☏ 78.04.15 – ≐. 🖧. 🐾   Z s
    fermé 1er au 21 nov. et 22 déc. au 3 janv. – **R** *(fermé vend. soir et sam.)* carte 50 à
    100 ⅃ – 🖵 15 – **28 ch** 65/110

XXX **Host. Loire** avec ch, 8 r. Mar.-de-Lattre-de-Tassigny ☏ 74.26.60 – ≐wc 🛏 🕾.
    🖧 AE ➊   Z x
    fermé 15 janv. au 15 fév. – SC : **R** *(fermé dim.)* 70/160 ⅃ – 🖵 18 – **17 ch** 70/190.

XX **La Péniche,** prom. du Mail ☏ 74.37.23, péniche aménagée – VISA. 🐾   X n
    SC : **R** 100.

XX **L'Espérance,** par ⑤ : 2 km N 152 ☏ 78.09.01, ≤ – ℗. ➊ E VISA
    fermé 24 déc. au 2 janv., vac. de fév., dim. soir et lundi – SC : **R** 92/150.

XX **Noë,** 10 bis av. Vendôme ☏ 74.22.26 – E VISA   X a
    fermé 15 au 22 août, vac. de Noël, dim. d'oct. à juin et sam. sauf le soir de juin à oct.
    – SC : **R** 70.

    à La Chaussée St-Victor par ① : 4 km – ⌧ 41260 La Chaussée-St-Victor :

🏩 **Novotel** M 🐾, ☏ 78.33.57, Telex 750232, 🛋, 🌳 – 🔟 📺 ☎ & ℗ – 🔏 150. AE
    ➊ VISA
    R snack carte environ 85 – 🖵 24 – **116 ch** 232/270.

XX **La Tour,** N 152 ☏ 78.98.91, 😊 – ℗.
    fermé 9 au 25 août, dim. soir et lundi – SC : **R** 85/150.

    à Ménars par ① : 8 km – ⌧ 41500 Mer.

    Voir Château★ et parc★.

XX **L'Époque,** N 152 ☏ 46.81.07 – VISA
    fermé 20 déc. au 12 janv., 27 juin au 11 juil., mardi soir et merc. – SC : **R** 58/150 ⅃.

MICHELIN, Agence, Z.I. de Vineuil ☏ 78.03.42

AUSTIN, MORRIS, ROVER, TRIUMPH Gd
Gar. Central, 12 bis av. Wilson ☏ 78.02.15
BMW, LANCIA-AUTOBIANCHI Gar. Papon,
44 r. Mar.-De-Lattre-de-Tassigny ☏ 78.77.06
CITROEN SAPTA, rte Châteaudun par ⑧ ☏
78.42.22
FIAT Blanc, 42 av. Mar.-Maunoury ☏ 78.04.62
FORD Peigné, 20 av. Mar.-Maunoury ☏ 74.
06.34
MERCEDES-BENZ Malard, rte Paris, la
Chaussée-St-Victor ☏ 78.34.40
PEUGEOT, TALBOT Sté Autom. Blésoise, rte
d'Orléans, la Chaussée-St-Victor par ① ☏ 78.
12.12
RENAULT Beauce et Sologne Autom., 129 av.
Châteaudun par ⑧ ☏ 74.02.99

RENAULT S.E.R.V.A., 148 av. Mar.-Maunoury
par D149 X ☏ 78.42.85
RENAULT Gar. Latard, 26-28 r. Fénelon ☏ 78.
17.06
V.A.G. Auto-Service, av. R.-Schuman ☏ 78.
67.84
VOLVO Gar. Ribout, 6 r. Berthonneau ☏ 78.
16.45
Camboulas, 6 r. Gutenberg ☏ 43.39.68

🏵 Perry-Pneus, av. de Chateaudun ☏ 78.18.74
Terovulca Blois Pneus, 48 av. Foch et 44 av. de
Vendôme ☏ 78.20.55 14 av. Wilson ☏ 78.02.51

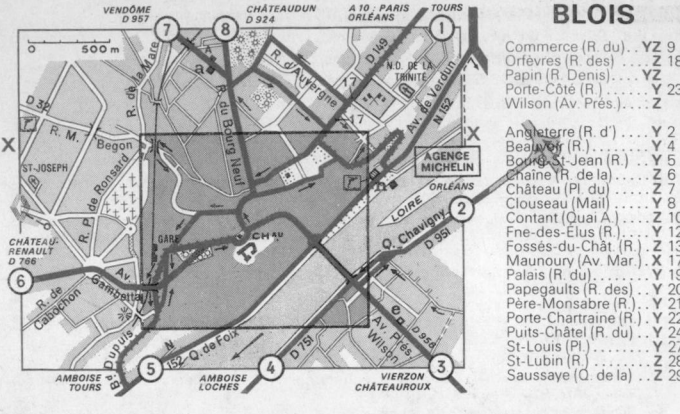

BLOIS

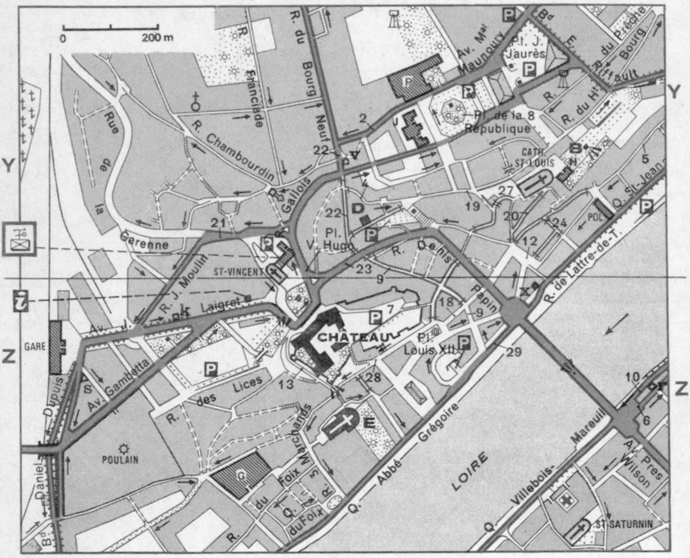

BLONVILLE-SUR-MER 14910 Calvados 55 ③ **G. Normandie** – 758 h. – ⊛ 31.

Office de Tourisme allée des Villas (1er juil.-15 sept.) ☎ 87.91.14.

Paris 212 – Cabourg 14 – ♦Caen 38 – Deauville 5 – Lisieux 32.

Gd Hôtel M ⛶, ☎ 87.90.54, Télex 170385, ≤, ⛶ – |♦| ☎ ⛟ ⓟ – 🏠 40
20 mai-25 sept. – SC : rest **La Reine Mathilde** *(fermé lundi, mardi midi sauf juil.-août)* **R** 110 – **46 ch** ⛶ 425/560, 4 appartements 620.

H. de la Mer sans rest, ☎ 87.93.23, ≤ – ⛶wc ☎ ⓟ. ⛶
26 mars-30 sept. – SC : ⛶ 14,50 – **20 ch** 66/159.

La BOCCA 06 Alpes-Mar. 84 ⑧⑨ – rattaché à Cannes.

BOËGE 74420 H.-Savoie 74 ⑦ – 1 016 h. alt. 738 – ⊛ 50.

Paris 570 – Annecy 54 – Annemasse 18 – Bonneville 24 – ♦Genève 29 – Thonon-les-Bains 27.

Savoie, ☎ 39.10.10, ⛶ – ⛶ ⛟. ⛶
fermé 1er au 15 mars, 15 oct. au 15 nov. et jeudi sauf juil., août et fév. – SC : **R** 40/65 – ⛶ 17 – **9 ch** 60/120 – P 100/130.

RENAULT Gar. Périllat, ☎ 39.12.62

Le BOËL 35 I.-et-V. 🔢 ⑥ – rattaché à Rennes.

BOGNY-SUR-MEUSE 08120 Ardennes 🔢 ⑱ – 6 855 h. alt. 145 – ❸ 24.

Voir N : Rocher des Quatre Fils Aymon★, G. Nord de la France.

Paris 242 – Charleville-Mézières 18 – Givet 41 – Monthermé 3,5 – Rocroi 33.

  🏚 **Micass'H.**, pl. République ☎ 32.02.72 – 🛏 🍴 ☏. 🚗 **E**. ✲
  ◆ *fermé août, sam. soir en hiver et dim. soir* – SC : **R** 34/74 ♨ – ☲ 13 – **14 ch** 40/78.

BOIS DE LA CHAISE 85 Vendée 🔢 ① – voir à Noirmoutier (Ile de).

BOIS-DU-FOUR 12 Aveyron 🔢 ④ – alt. 800 – ✉ **12780** St-Léons – ❸ 65.

Paris 617 – Aguessac 16 – Millau 21 – Pont-de-Salars 25 – Rodez 50 – Sévérac-le-Château 18.

  🏚 **Relais du Bois du Four** ⑤, ☎ 62.86.17, parc – 🚻wc 🍴wc ☏ 🚗 🅿. 🚗
  ◆ *15 mars-15 nov. et fermé merc. hors saison* – SC : **R** 38/95 ♨ – ☲ 12,50 – **27 ch**
  65/120 – P 110/140.

BOISEMONT 95 Val-d'Oise 🔢 ⑱, 🔢 ⑤, 🔢 ① – 415 h. alt. 150 – ✉ **95000** Cergy – ❸ 3.

Paris 46 – Gisors 36 – Mantes-la-Jolie 27 – Meulan 8 – Pontoise 9 – St-Germain-en-Laye 19.

  XXX **Les Coteaux**, sur D 22 ☎ 442.30.12, ≤, 🐎 – 🅿. 🆎 ⓞ 𝘝𝘐𝘚𝘈
  fermé mardi – SC : **R** carte 95 à 135.

BOIS-L'ABBESSE 67 B.-Rhin 🔢 ⑱ – rattaché à Liepvre.

Le BOIS-PLAGE 17 Char.-Mar. 🔢 ⑫ – rattaché à Ré (Ile de).

La BOISSE 01 Ain 🔢 ⑫ – rattaché à Montluel.

Les BOISSES 73 Savoie 🔢 ⑱ – rattaché à Tignes.

BOISSET 15 Cantal 🔢 ⑪ – 802 h. alt. 425 – ✉ **15600** Maurs – ❸ 71.

Paris 570 – Aurillac 29 – Calvinet 17 – Entraygues-sur-Truyère 49 – Figeac 36 – Maurs 14.

  🏚 **Gramond** ⑤, ☎ 62.20.69, ≤ – 🍴 🚗
  ◆ *hôtel : 1er juin-15 sept., rest : ouvert toute l'année* – SC : **R** *(fermé sam)* 40/110 ♨ –
  ☲ 10 – **18 ch** 50/90 – P 95/110.

BOISSEUIL 87 H.-Vienne 🔢 ⑰⑱ – 1 247 h. alt. 383 – ✉ **87220** Feytiat – ❸ 55.

Paris 406 – Bourganeuf 45 – ◆Limoges 10 – Nontron 71 – Périgueux 96 – Uzerche 47.

  🏚 **Le Relais**, ☎ 71.11.83 – 🍴 🅿. 🚗 ✲
  ◆ *fermé 1er au 15 mai, en oct., 1er au 15 déc. et merc. sauf juil. et août* – SC : **R** 46/82 ♨
  – ☲ 13 – **14 ch** 55/165 – P 120/140.

BOISSY-LE-CHÂTEL 77 S.-et-M. 🔢 ③ – rattaché à Coulommiers.

BOLANDOZ 25 Doubs 🔢 ⑥ – 290 h. alt. 644 – ✉ **25330** Amancey – ❸ 81.

Paris 436 – ◆Besançon 36 – Pontarlier 29 – Salins-les-Bains 25.

  🏚 **Rochanon**, ☎ 86.62.07 – 🚻wc ✲
  ◆ *fermé mardi* – **R** 40/90 ♨ – ☲ 18 – **8 ch** 110/120 – P 130/140.

BOLBEC 76210 S.-Mar. 🔢 ④ – 12 772 h. alt.
51 – ❸ 35.

Paris 189 ④ – Fécamp 25 ⑤ – ◆Le Havre 30 ④ –
◆Rouen 56 ② – Yvetot 21 ②.

  🏚 **Fécamp** sans rest, 15 r. J.-Fauquet
  (a) ☎ 31.00.52 – 🛏 🍴. **E**. ✲
  fermé 15 fév. au 2 mars – SC : ☲ 13 –
  26 ch 60/95.

CITROEN Gar. du Viaduc, 125 r. G.-Clémenceau
par ④ ☎ 31.01.62
PEUGEOT, TALBOT Lebreton, 81 r. Gambetta ☎
31.06.43
PEUGEOT, TALBOT Lefebvre, 68 av. Mar.-Joffre
☎ 31.07.11
RENAULT Périer, 54 r. G.-Clemenceau par ④ ☎
31.06.47

🅰 Vulcanisation Normande, 83 r. G.-Clemenceau
☎ 31.06.87

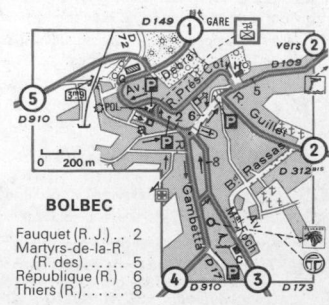

BOLBEC

Fauquet (R. J.) . . 2
Martyrs-de-la-R.
  (R. des) 5
République (R.) . . 6
Thiers (R.) 8

BOLLENBERG 68 H.-Rhin 🔢 ⑱⑲ – rattaché à Rouffach.

BOLLÈNE 84500 Vaucluse 🗺 ① G. Provence (plan) — 11 520 h. alt. 58 — ✿ 90.

Env. Barry : ≼★★ sur ouvrages de Donzère-Mondragon★ N : 6 km, G.Vallée du Rhône.

🅘 Office de Tourisme pl. Reynaud de la Gardette (fermé lundi hors sais. et dim.) ☏ 30.14.43.

Paris 640 — Avignon 52 — Montélimar 34 — Nyons 35 — Orange 25 — Pont-St-Esprit 10.

🏠 **du Lez** sans rest, 16 cours République ☏ 30.16.19 — ⬛wc ☎ ⟵ Ⓟ ⟦⟧ Ⓔ 𝐕𝐈𝐒𝐀
SC : 🍽 14,50 — **17 ch** 110/160.

✗✗ **Mas des Grès** 🍴 avec ch, 1 km par rte St-Restitut ☏ 30.10.79, 🌳, 🌿 — ⬛wc
⬛ ☎ Ⓟ — ▵ 40. 𝐕𝐈𝐒𝐀 🌿
fermé 1er au 15 oct., 1er au 15 janv., 2 au 8 mai, dim. soir, lundi et soirs de fêtes —
SC : **R** 78/116 — 🍽 17 — **13 ch** 116/193 — P 180/230.

à Rochegude (26 Drôme) SE : 7,5 km - 🏰 voir à Orange

RENAULT S.E.G.S., rte de St-Paul 3 Chateaux,   Gar. Marignan, av. M.-Coulon ☏ 30.11.51
sortie Autoroute ☏ 30.40.66
TALBOT Balbi, av. Pont-Neuf ☏ 30.10.61   ⓦ Ayme-Pneus, r. J.-Verne ☏ 30.13.21
V.A.G. David, 1 chemin Souvenir ☏ 30.12.23   Pneus-Service, 15 av. Carnot ☏ 30.14.40
🅝

La BOLLÈNE-VÉSUBIE 06 Alpes-Mar. 🗺 ⑱. 🗺 ⑰ G. Côte d'Azur — 247 h. alt. 690 —
⬜ 06450 Lantosque — ✿ 93.

Voir Chapelle St-Honorat ≼★ S : 1 km.

Paris 889 — ♦Nice 54 — Puget-Théniers 58 — Roquebillière 6,5 — St-Martin-Vésubie 16 — Sospel 37.

🏠 **Gd H. du Parc** 🍴, D 70 ☏ 03.01.01, parc, 🌳 — ▐ ⬛wc ⬛wc ☎ Ⓟ ⟦⟧.
⟵ 🌿 rest
Pâques-10 oct. — SC : **R** 48/105 — 🍽 15 — **42 ch** 70/186 — P 176/340.

BOLLEZEELE 59 Nord 🗺 ③ — 1 328 h. — ⬜ 59470 Wormhout — ✿ 28.

Paris 280 — ♦Calais 47 — Dunkerque 24 — ♦Lille 68 — St. Omer 19.

🏨 **Host. St-Louis** Ⓜ, 47 r. Église ☏ 68.81.83, 🌿 — ⬛wc Ⓟ — ▵ 90. ⟦⟧ ⟦⟧ Ⓔ
𝐕𝐈𝐒𝐀 🌿 ch
fermé 9 janv. au 13 fév. — SC : **R** (fermé dim. soir et lundi) 90/180 — 🍽 25 — **14 ch**
120/150.

La BOLLINE 06 Alpes-Mar. 🗺 ⑧⑱. 🗺 ⑤ — rattaché à Valdeblore.

BONAGUIL 47 L.-et-G. 🗺 ⑥ — ⬜ 46700 Puy-l'Évêque — ✿ 58.

Voir Château★★, G. Périgord.

Paris 609 — Agen 64 — Cahors 54 — Gourdon 50 — Villeneuve-sur-Lot 35.

BON-ENCONTRE 47 L.-et-G. 🗺 ⑮ — rattaché à Agen.

Le BONHOMME 68 H.-Rhin 🗺 ⑱ G. Vosges — 696 h. alt. 700 — ⬜ 68650 Lapoutroie — ✿ 89.

Paris 491 — Colmar 24 — Gérardmer 38 — St-Dié 32 — Ste-Marie-aux-Mines 16 — Sélestat 39.

🏠 **Poste,** ☏ 47.51.10, 🌿 — ⬛wc ⬛wc ☎ Ⓟ. Ⓔ. 🌿 rest
fermé 10 nov. au 15 déc. — SC : **R** (fermé mardi soir et merc. hors sais.) 55/120 — 🍽
15 — **17 ch** 70/160 — P 135/175.

🏠 **Lion d'Or,** ☏ 47.51.18 — ⬛ Ⓟ. 🌿 rest
⟵ fermé nov. et merc. — SC : **R** (dîner seul.) 45/80 ▵ — 🍺 13 — **12 ch** 55/75.

BONLIEU 39 Jura 🗺 ⑮ G. Jura — 170 h. alt. 780 — ⬜ 39130 Clairvaux-les-Lacs — ✿ 84.

Voir Belvédère de la Dame Blanche ≼★ NO : 2 km puis 30 mn.

Paris 440 — Champagnole 24 — Lons-le-Saunier 33 — Morez 25 — St-Claude 41.

🏠 **Alpage,** ☏ 25.57.53, ≼ alpage — ⬛wc ⬛wc ☎ Ⓟ ⟦⟧. 🌿 rest
fermé lundi — SC : **R** 65/150 — 🍽 15 — **11 ch** 150 — P 160/180.

✗✗ ✿ **Poutre** (Moureaux) avec ch, ☏ 25.57.77 — ⬛wc ☎ Ⓟ. ⟦⟧
fermé 25 oct. au 15 nov., 1er déc. au 15 janv., mardi et merc. — SC : **R** 65/150 — 🍽 20
— **10 ch** 75/140
Spéc. Crêpe Jurassienne, Ragoût d'écrevisses, Tournedos aux morilles.

BONNATRAIT 74 H.-Savoie 🗺 ⑰ G. Alpes — alt. 406 — ⬜ 74140 Douvaine — ✿ 50.

🅘 Syndicat d'Initiative à la Mairie de Sciez (fermé sam. après-midi et dim.) ☏ 72.60.09.

Paris 571 — Annecy 67 — Bonneville 38 — ♦Genève 24 — Thonon-les-Bains 9.

🏰 **Hôtellerie Château de Coudrée** 🍴, ☏ 72.62.33, 🌳, « Château médiéval dans
un parc au bord du lac », 🏊, 🐴, ✗ — ▵ 40 à 100. ⟦⟧ ☎ Ⓔ 𝐕𝐈𝐒𝐀
1er mai-15 oct. — SC : **R** 150/250 — 🍽 30 — **18 ch** 350/550.

🏠 **Relais Savoyard,** N 5 ☏ 72.60.06, 🌿 — ⬛wc ☎ Ⓟ. Ⓔ
fermé sept. et merc. sauf juil. et août — SC : **R** 60/120 — 🍽 18 — **26 ch** 70/175 —
P 145/200.

BONNE 74380 H.-Savoie 🔢 ⑥ ⑦ – 1 678 h. alt. 493 – 🟤 50.

Paris 560 – Annecy 44 – Bonneville 13 – ♦Genève 19 – Morzine 44 – Thonon-les-Bains 30.

XX **Baud** avec ch, ☎ 39.20.15, 🌿 – 🛏wc 🔒 🅿 🆎🔊
→ fermé 15 au 30 juin. et mardi d'oct. à juin – SC : **R** 45/135 – 🍽 16 – **11 ch** 60/160 – P 140/180.

XX **La Saulaie,** ☎ 39.20.19, 🌿 – 🅿 🆎 VISA
fermé 6 au 20 juin et mardi – **R** carte environ 100.

BONNE-FONTAINE 57 Moselle 🔢 ⑰ – rattaché à Phalsbourg.

BONNÉTABLE 72110 Sarthe 🔢 ⑭ – 3 922 h. alt. 110 – 🟤 43.

Paris 184 – Bellême 26 – Mamers 24 – ♦Le Mans 28 – Nogent-le-Rotrou 41.

🏠 **Lion d'Or,** ☎ 29.30.19 – ☎ 🚗 ⭐
→ fermé début sept. et lundi – SC : **R** 39/90 🍷 – 🍽 11 – **13 ch** 53/80.

CITROEN Gar. Dubuisson, ☎ 29.30.72   PEUGEOT-TALBOT Gar. de la forêt, ☎ 29.30.40

BONNEVAL-SUR-ARC 73 Savoie 🔢 ⑲ G. Alpes – 149 h. alt. 1 800 – Sports d'hiver : 1 800/3 000 m ⛷ 10 – ✉ 73480 Lanslebourg-Mont-Cenis – 🟤 79.

🚹 Office de Tourisme (fermé dim. hors sais.) ☎ 05.08.08.

Paris 704 – Chambéry 145 – Lanslebourg 19 – Val-d'Isère 30.

🏨 **La Marmotte** Ⓜ ⬙, ☎ 05.94.82, ⩽, 🌿 – 🛏wc ☎ 🚗 🅿 🔊 ⭐
18 juin-18 sept. et 17 déc.-1er mai – SC : **R** 64/110 🍷 – 🍽 16 – **28 ch** 145/170 – P 200/205.

🏨 **La Bergerie** Ⓜ ⬙, ☎ 05.04.33, ⩽, 🌿 – 🛏wc 🔒 ☎ 🅿 🔊 E
→ 15 juin-30 sept. et 15 déc.-3 mai – SC : **R** 50/110 – 🍽 13 – **22 ch** 100/130 – P 175/190.

XX **Aub. Pré Catin,** ☎ 05.95.07
25 juin-18 sept., 17 déc.-10 mai et fermé lundi du 1er juil. au 18 sept. (sauf 15 août) – SC : **R** (en hiver dîner seul., sauf sam., dim. et fêtes) 65/100.

BONNEVILLE ⬗ 74130 H.-Savoie 🔢 ⑦ G. Alpes – 8 087 h. alt. 450 – 🟤 50.

🚹 Syndicat d'Initiative r. Carroz (fermé sam. après midi et dim.) ☎ 97.20.64.

Paris 570 ③ – Albertville 73 ② – Annecy 41 ③ – Chamonix 56 ② – Nantua 86 ③ – Thonon 52 ③.

BONNEVILLE

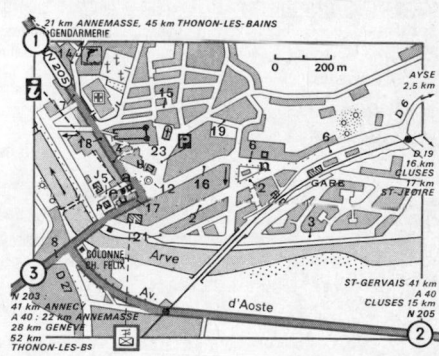

🏨 🟤 **Sapeur H. et Grill La Vivandière** (Guénon) Ⓜ, pl. de l'Hôtel de Ville **(a)** ☎ 97.20.68, « Grill élégant au sous-sol » – 🎬 📺 rest 📺, 🆎 ⓞ, ⭐
fermé 28 août au 15 sept., 26 déc. au 9 janv., dim. soir sauf juil., août, sept. et lundi – SC : **R** 70/100 – 🍽 20 – **14 ch** 120/165, 4 appartements 210 – P 180/200
Spéc. Foie gras d'oie, Escalope de turbot aux cèpes, Gâteau de foie de poularde aux salpicons. **Vins** Roussette, Gamay rouge.

🏨 **Alpes,** 85 r. Gare **(n)** ☎ 97.10.47 – 🛏wc 🔒wc ☎, E VISA
→ fermé 1er au 15 juil. et 15 au 31 déc. – SC : **R** (fermé vend. et dim. soir) 50/90 🍷 – 🍽 15 – **16 ch** 95/120 – P 150/155.

🏨 **Arve,** r. du Pont **(e)** ☎ 97.01.28 – 🛏wc 🔒wc ☎ 🚗 🔊 ⭐
fermé sept. et sam. – SC : **R** 51/145 – 🍽 14,50 – **17 ch** 70/146 – P 180.

🏠 **Bellevue** ⬙, à Ayse E : 2,5 km par D 6 ☎ 97.20.83, ⩽, 🌿 – 🛏wc 🔒wc 🅿 🔊
⭐ rest
1er juil.-1er sept. – SC : **R** 51/84 – 🍽 14 – **22 ch** 78/118 – P 116/127.

223

BONNEVILLE

à *St-Pierre-en-Faucigny* par ③, D 12 et D 208 : 5 km — ⊠ **74800** La Roche-sur-Foron.
Voir Gorge des Eveaux ✱ S : 1 km.

♤ **Franco-Suisse,** ☎ 03.70.01 — 🛏wc 🅿
↠ *fermé 20 au 30 juin et sam.* — SC : **R** 48/60 ⚖ — � 13 — **7 ch** 85/120.

PEUGEOT-TALBOT Andréoléty, 403 av. des   ⓖ Barret, 744 av. de Genève ☎ 97.02.22
Glières par ③ ☎ 97.20.93
VOLVO Gar. Bel, le Bouchet à Aysé ☎ 97.25.64

BONNEVILLE (La) 95 Val d'Oise 🖫🖫 ⑳, 🔟🖫🖫 ⑥ — rattaché à Cergy-Pontoise (Pontoise).

BONNIÈRES-SUR-SEINE 78270 Yvelines 🖫🖫 ⑱, 🔟🖫🖫 ② — 3 455 h. alt. 20 — ⚙ 3.
Paris 71 — Évreux 34 — Magny-en-Vexin 25 — Mantes-la-Jolie 13 — Vernon 12 — Versailles 56.

XXX **Host. Bon Accueil,** rte Vernon : 1,5 km ☎ 093.01.00 — 🅿 🝚 ⓞ 𝘝𝘐𝘚𝘈
fermé 28 juil. au 1er sept., mardi sauf le midi du 15 avril au 30 sept. et merc. — SC : **R**
carte 190 à 220.

TALBOT Bonnières-Autos, ☎ 093.00.80

BONNIEUX 84480 Vaucluse 🖫🖠 ⑬ G. Provence (plan) — 1 360 h. alt. 400 — ⚙ 90.
Voir Tableaux✱ dans l'église — Terrasse ⩽✱.
🛈 Syndicat d'Initiative à la Mairie (15 juin-15 sept., fermé dim. et fêtes) ☎ 75.80.06.
Paris 728 — Aix-en-Provence 48 — Apt 13 — Avignon 47 — Carpentras 43 — Cavaillon 26.

🏠 **Host. du Prieuré** ⟜, ☎ 75.80.78, « Ancien Prieuré, beau mobilier », 🚗 — 📺
🛏wc 🚿wc 🝚 🚗 🅿 𝓢 ch
avril-2 nov. et fermé lundi — SC : **R** 80/120 — ⊸ 25 — **10 ch** 230/250.

🏠 **César,** ☎ 75.80.18 — 🛏wc 🚿 🝚. 𝓢 rest
fermé 5 janv. au 5 fév. et merc. — SC : **R** 60/90 ⚖ — ⊸ 16 — **15 ch** 80/150 — P 150.

au SE : 6 km par D 36, D 943 et chemin privé — ⊠ **84480** Bonnieux :

🏠 **L'Aiguebrun** ⟜, ☎ 74.04.14, ⩽, « dans un vallon du Lubéron, parc » — 🛏wc
🝚 🅿. E 𝘝𝘐𝘚𝘈
fermé 15 nov. à début fév. — SC : **R** *(fermé lundi midi)* carte 130 à 175 — ⊸ 18 —
8 ch 230.

RENAULT Graille, ☎ 75.80.84 🅽 ☎ 75.86.99

BONNY-SUR-LOIRE 45420 Loiret 🖫🖫 ⑫ — 1 778 h. alt. 149 — ⚙ 38.
🛈 Office de Tourisme à la Mairie (fermé sam. après-midi, dim. et lundi) ☎ 31.64.91.
Paris 169 — Auxerre 65 — Clamecy 60 — Cosne-sur-Loire 19 — Montargis 54 — ♦Orléans 86 — Vierzon 76.

🏠 **Fimotel,** NO : 2 km sur N 7 ☎ 31.64.62, ⩽ — 📺 🛏wc 🚿wc ☎ ♿ 🅿 — 🕏 120.
🍴🍵 🝚 𝘝𝘐𝘚𝘈
SC : **R** 100 ⚖ — ⊸ 15 — **46 ch** 150/180.

X **Voyageurs** avec ch, ☎ 31.62.09 — 🅿. E 𝘝𝘐𝘚𝘈
↠ *1er mai-15 nov. et fermé lundi soir et mardi* — SC : **R** 45/120 ⚖ — ⊸ 12 — **7 ch** 48/68.

RENAULT Gar. Parot, ☎ 31.63.32

BONS-EN-CHABLAIS 74890 H.-Savoie 🖢🖠 ⑰ — 2 719 h. alt. 548 — ⚙ 50.
🛈 Syndicat d'Initiative à la Mairie (fermé jeudi et sam. après-midi) ☎ 43.10.30.
Paris 564 — Annecy 60 — Bonneville 29 — ♦Genève 22 — Thonon-les-Bains 15.

XX **Progrès** avec ch, ☎ 43.11.09 — 🛏wc 🚿wc 🝚 🚗
↠ *fermé 3 janv. au 7 fév., dim. soir et lundi sauf juil.-août* — SC : **R** 38/140 — ⊸ 14 —
16 ch 80/120 — P 110/130.

XX **Couronne** avec ch, ☎ 43.11.17, 🚗 — 🚿 🝚 🅿. 🍴🍵 ⓞ
fermé 20 déc. au 7 fév., dim. soir et lundi sauf juil.-août — SC : **R** 55/160 — ⊸ 14 —
14 ch 60/180 — P 120/150.

BORAN-SUR-OISE 60 Oise 🖦🖦 ⑪, 🔟🖫🖫 ⑦ G. Environs de Paris — 1 606 h. alt. 36 — ⊠ **60530**
Neuilly-en-Thelle — ⚙ 4.
Paris 41 — Beauvais 43 — Pontoise 27 — Senlis 19.

XX **Ty Noz,** rte Gouvieux ☎ 456.93.69 — ▤ 🅿. E 𝘝𝘐𝘚𝘈
fermé août, dim. soir, mardi soir et lundi — SC : **R** 88/180.

Zelten Sie gern ?
Haben Sie einen Wohnwagen ?
Dann benutzen Sie den Michelin-Führer
Camping Caravaning France.

BORDEAUX 🅿 **33000** Gironde 📶 ⑨ G. Côte de l'Atlantique – 226 281 h. communauté urbaine 617 705 h. alt. 5 – 😊 56.

Voir Cathédrale★★ et tour Pey Berland★ CX **E** – Grand Théâtre★★ CDVX – Place de la Bourse★ DX – Tour★ et basilique★ St-Michel DY **F** – Façade★ de l'église Ste-Croix DY **K** – Musée des Beaux-Arts★★ CX **M1** – Établissement monétaire★ de Pessac S **B**.

🐾 Club Bordelais ⏻ 28.13.95, NO par D 109 : 4 km AT ; 🐾 de Bordeaux ⏻ 50.92.72, N par D2 : 10 km R ; 🐾🐾 de Cameyrac ⏻ 30.96.79, par ② : 18 km.

🛫 de Bordeaux-Mérignac : ⏻ 34.84.45 par ⑧ : 11 km.

🚗 ⏻ 91.34.60.

🅱 Office de Tourisme (fermé dim. sauf matin en saison) et Accueil de France, (Informations, change et réservations d'hôtels, pas plus de 5 jours à l'avance) 12 cours 30-Juillet ⏻ 44.28.41, Télex 570362 – A.C. 8 pl. Quinconces ⏻ 44.22.92 – T.C.F. 16, cours Chapeau-Rouge ⏻ 44.38.57 – Maison du vin de Bordeaux, 1 cours 30-juillet (Informations, dégustation - fermé sam. après-midi et dim.) ⏻ 52.82.82 CV **z**.

Paris 583 ① – ◆Lyon 577 ② – ◆Nantes 329 ① – ◆Strasbourg 1 062 ① – ◆Toulouse 253 ⑤.

Plans : Bordeaux p. 2 à 6

Sauf indication spéciale, voir emplacement sur Bordeaux p. 4 et 5

🏨 **Frantel** Ⓜ, 5 r. R.-Lateulade ⏻ 90.92.37, Télex 540565 – 🛗 ▤ 📺 ☎ & – 🛄 350. 🖭 ⓞ 🗲 𝕍𝕀𝕊𝔸 BX **w**
SC : rest. **Le Mériadeck R** carte 110 à 170 – ⬝⬝ 25 – **196 ch** 324/427.

🏨 **Terminus**, gare St-Jean ⊠ 33800 ⏻ 92.71.58, Télex 540264 – 🛗 📺 ☎ 🅿 – 🛄 100. 🖭 ⓞ 🗲 𝕍𝕀𝕊𝔸 Bordeaux p. 3 DZ **e**
SC : **R** 85 bc/105 ⅃ – ⬝⬝ 25 – **80 ch** 190/310.

🏨 **Gd H. et Café de Bordeaux**, 2 pl. Comédie ⏻ 90.93.44, Télex 541658 – 🛗 ▤ rest 📺 ☎ – 🛄 30 à 60. 🖭 ⓞ 🗲 𝕍𝕀𝕊𝔸 CVX **b**
SC : **R** carte 110 à 175 – **95 ch** ⬝⬝ 299/399, 3 appartements 700.

🏨 **Normandie** sans rest, 7 cours 30-Juillet ⏻ 52.16.80, Télex 570481 – 🛗 📺 ☎. 🖭 ⓞ 🗲 𝕍𝕀𝕊𝔸 CV **z**
SC : ⬝⬝ 23 – **100 ch** 140/270.

🏨 **Majestic** sans rest, 2 r. Condé ⏻ 52.60.44 – 🛗 📺 ☎ & 🐾. 🖭 𝕍𝕀𝕊𝔸 DV **b**
SC : ⬝⬝ 19 – **50 ch** 160/270.

🏨 **Royal Médoc** Ⓜ sans rest, 3 r. Sèze ⏻ 81.72.42 – 🛗 ⇌wc 🏿wc ☎. 🐾 🗲 𝕍𝕀𝕊𝔸. 🛠 CV **u**
SC : ⬝⬝ 22 – **45 ch** 130/210.

🏨 **Tour Intendance** Ⓜ sans rest, 16 r. Vieille Tour ⏻ 81.46.27 – 🛗 ⇌wc 🏿wc ☎. 🐾 🖭 ⓞ 𝕍𝕀𝕊𝔸 CX **t**
fermé 22 juil. au 20 août – SC : ⬝⬝ 18 – **20 ch** 130/210.

🏨 **Sèze** sans rest, 23 allées Tourny ⏻ 52.65.54 – 🛗 ⇌wc 🏿wc ☎. 🐾 🖭 ⓞ 𝕍𝕀𝕊𝔸 CV **u**
SC : ⬝⬝ 25 – **25 ch** 110/215.

🏨 **Français** sans rest, 12 r. Temple ⏻ 48.10.35, Télex 550587 – 🛗 ⇌wc 🏿wc ☎. 🐾 🖭 ⓞ 𝕍𝕀𝕊𝔸 CX **u**
SC : ⬝⬝ 17 – **36 ch** 115/220.

🏨 **Bayonne** sans rest, 4 r. Martignac ⏻ 48.00.88 – 🛗 📺 ⇌wc 🏿wc ☎. 🖭 CX **p**
SC : ⬝⬝ 16,50 – **37 ch** 60/200.

🏨 **Etche Ona** sans rest, 11 r. Mautrec ⏻ 44.36.49 – 🛗 ⇌wc 🏿wc 🐾. 🐾 CVX **f**
fermé 23 déc. au 4 janv. – SC : ⬝⬝ 17 – **35 ch** 80/205.

🏨 **Modern'H** 🛠 sans rest, 21 r. P.-Loti ⊠ 33800 ⏻ 91.66.11, 🐾 – 🏿wc Bordeaux p. 3 DZ **v**
SC : ⬝⬝ 14 – **16 ch** 90/125.

🏨 **St-Martin** sans rest, 2 r. St-Vincent-de-Paul ⊠ 33800 ⏻ 91.55.40 – ⇌wc 🏿wc ☎. 🐾 𝕍𝕀𝕊𝔸. 🛠 Bordeaux p. 3 DZ **a**
SC : ⬝⬝ 17 – **18 ch** 93/210.

🏨 **Presse** sans rest, 6 r. Porte Dijeaux ⏻ 48.53.88 – 🛗 ⇌wc 🏿wc 🐾. 🐾 🛠 CX **s**
fermé Noël au 1er janv. – SC : ⬝⬝ 16 – **29 ch** 85/200.

🏨 **Printania** sans rest, 34 r. Servandoni ⏻ 96.56.72 – ⇌wc 🏿 🐾. 🗲 BY **f**
SC : ⬝⬝ 16 – **17 ch** 68/169.

🏨 **Pyrénées** sans rest, 12 r. St-Rémi ⏻ 81.66.58 – 🛗 ⇌wc 🏿 🐾 DX **s**
fermé 19 au 31 août et 23 déc. au 2 janv. – SC : ⬝⬝ 14 – **18 ch** 85/175.

🏨 **Centre** sans rest, 8 r. Temple ⏻ 48.13.29 – 🏿. 🛠 CX **r**
fermé 20 juil. au 12 août – SC : ⬝⬝ 13 – **16 ch** 59/91.

🏨 **Trianon** sans rest, 5 r. Temple ⏻ 48.28.35 – ⇌ 🏿 🐾 CX **u**
fermé 15 au 30 août – SC : ⬝⬝ 12 – **19 ch** 80/75.

XXXX 🕸 **Dubern**, 42 allées Tourny ⏻ 48.03.44, « Belles salles 18e s. » – 🖭 ⓞ 𝕍𝕀𝕊𝔸 CV **s**
fermé sam. midi, dim. et fêtes – SC : **R** 148 bc/180 bc
Spéc. Écrevisses Dubern (sauf printemps), Trinité de foie gras, Magret de canard. **Vins** Graves, Médoc.

XXX 🕸 **Christian Clément**, 58 r. Pas St-Georges ⏻ 81.01.39 – 🖭 ⓞ DX **k**
fermé sam. midi, dim. et fêtes – SC : **R** (nombre de couverts limité - prévenir) carte 170 à 210
Spéc. Huîtres tiédes au sabayon de citron vert, Saumon au fumet d'huîtres, Canard farçi à la royale. **Vins** Côtes de Castillon, St.-André de Cubzac.

RÉPERTOIRE DES RUES DU PLAN DE BORDEAUX

Rues du Plan d'agglomération
Voir Bordeaux p. 6

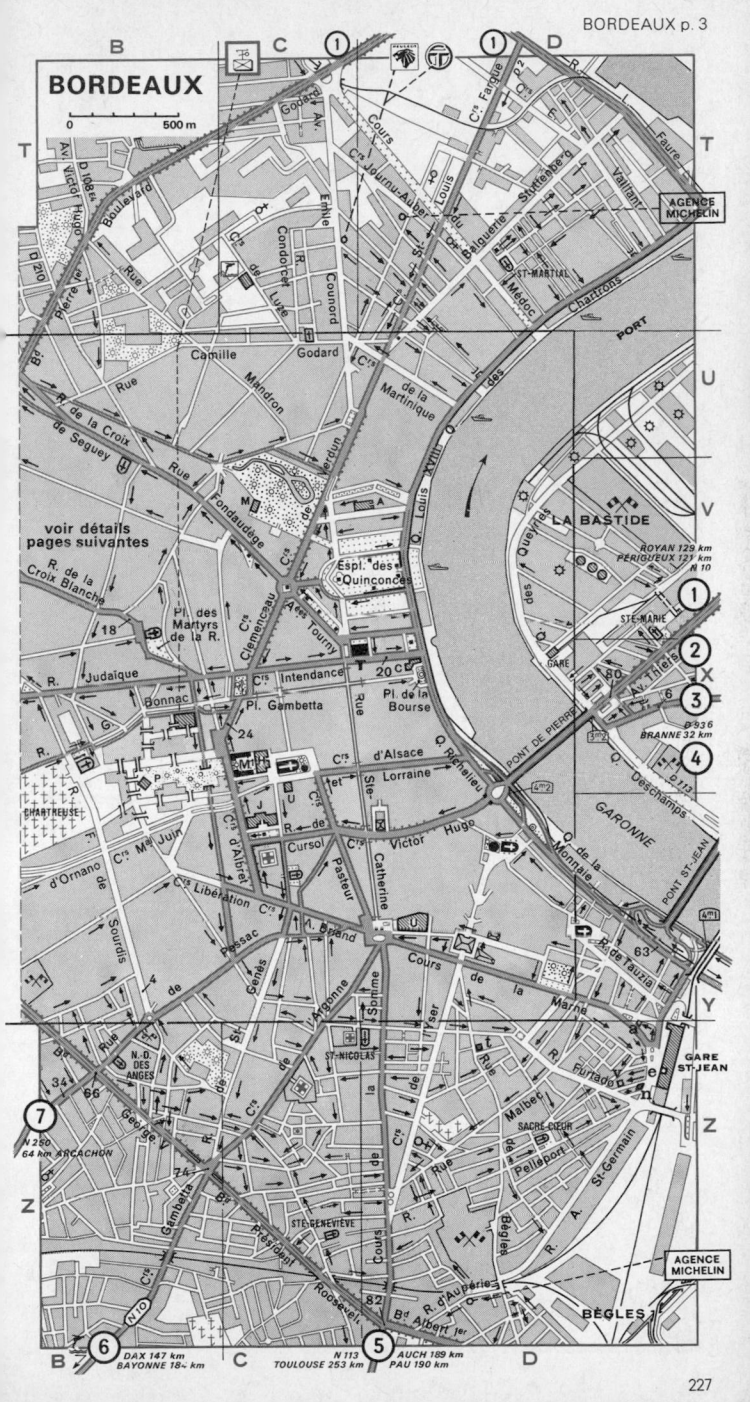

BORDEAUX p. 3

BORDEAUX

0   500 m

voir détails
pages suivantes

LA BASTIDE

ROYAN 129 km
PÉRIGUEUX 121 km
N 10

STE-MARIE

GARE

P 936
BRANNE 32 km

GARONNE

PONT DE PIERRE

PONT ST-JEAN

GARE
ST-JEAN

AGENCE
MICHELIN

PORT

ST-MARTIAL

MÉDOC

CHARTRONS

Espl. des
Quinconces

Pl. des
Martyrs de la R.

CHARTREUSE

R. de la
Croix Blanche

Pl. Gambetta

Intendance

Pl. de la
Bourse

d'Alsace
et   Ste-
Lorraine

Cursol

Pasteur

A. Briand

SACRÉ-CŒUR

N 250
64 km ARCACHON

N.-D.
DES
ANGES

ST-NICOLAS

STE-GENEVIÈVE

AGENCE
MICHELIN

BÈGLES

DAX 147 km
BAYONNE 18... km

N 113
TOULOUSE 253 km

AUCH 189 km
PAU 190 km

227

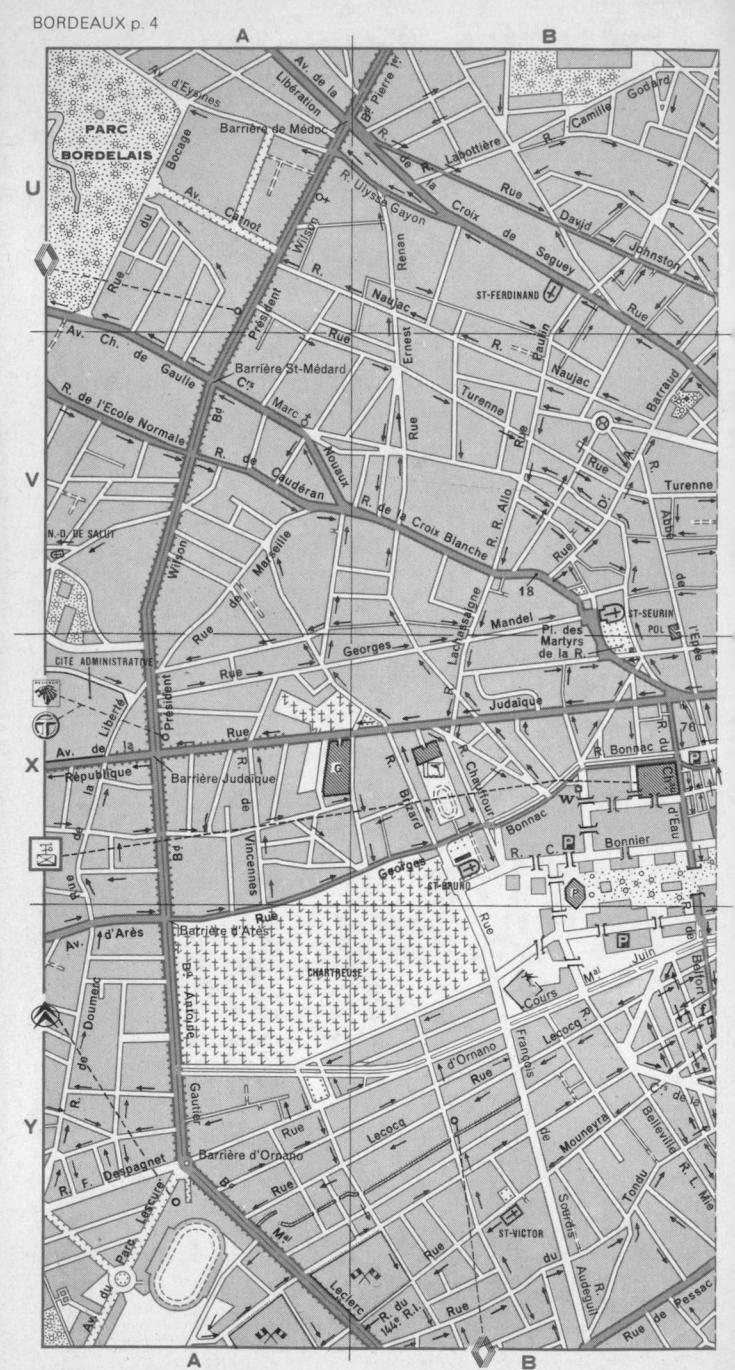

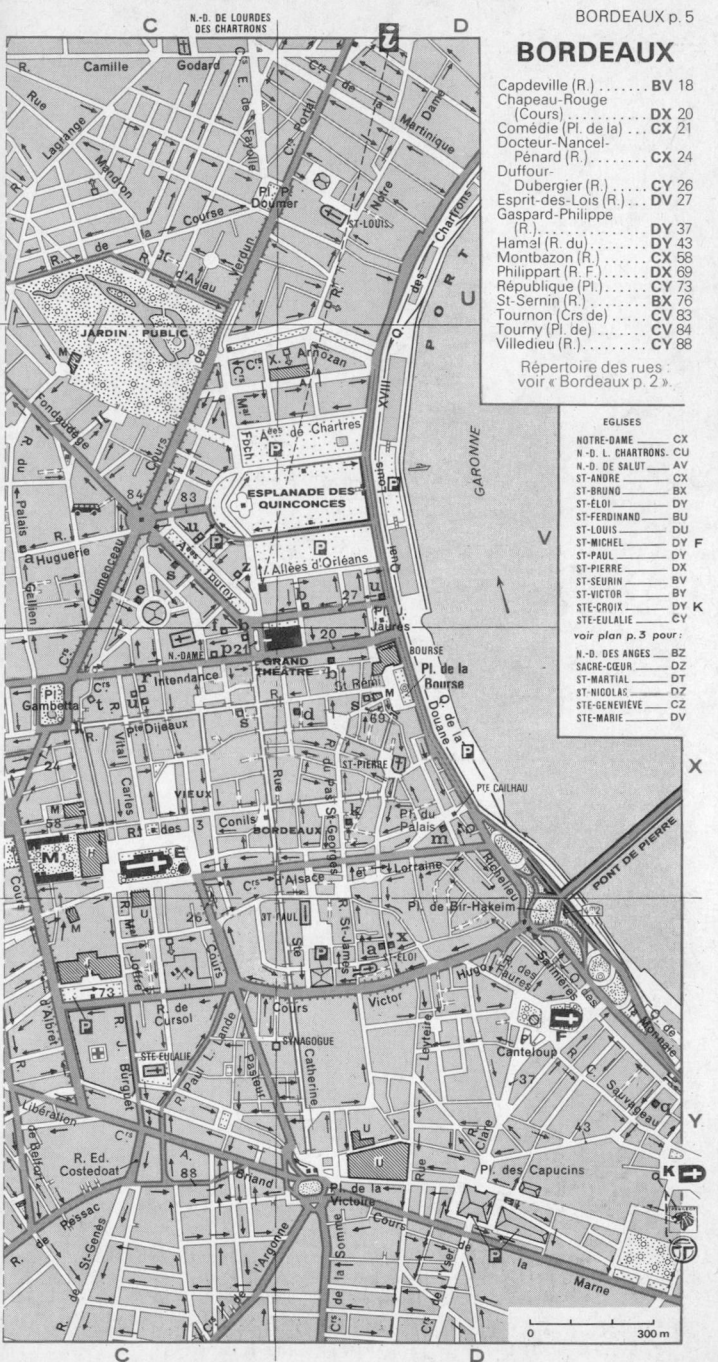

BORDEAUX

Capdeville (R.)	**BV** 18
Chapeau-Rouge (Cours)	**DX** 20
Comédie (Pl. de la)	**CX** 21
Docteur-Nancel-Pénard (R.)	**CX** 24
Duffour-Dubergier (R.)	**CY** 26
Esprit-des-Lois (R.)	**DV** 27
Gaspard-Philippe (R.)	**DY** 37
Hamel (R. du)	**DY** 43
Montbazon (R.)	**CX** 58
Philippart (R. F.)	**DX** 69
République (Pl.)	**CY** 73
St-Sernin (R.)	**BX** 76
Tournon (Crs de)	**CV** 83
Tourny (Pl. de)	**CV** 84
Villedieu (R.)	**CY** 88

Répertoire des rues :
voir « Bordeaux p. 2 ».

EGLISES

NOTRE-DAME	CX
N.-D. L. CHARTRONS.	CU
N.-D. DE SALUT	AV
ST-ANDRE	CX
ST-BRUNO	BX
ST-ÉLOI	DY
ST-FERDINAND	BU
ST-LOUIS	DU
ST-MICHEL	DY **F**
ST-PAUL	DY
ST-PIERRE	DX
ST-SEURIN	BV
ST-VICTOR	BY
STE-CROIX	DY **K**
STE-EULALIE	CY

voir plan p. 5 pour :

N.-D. DES ANGES	BZ
SACRÉ-CŒUR	DZ
ST-MARTIAL	DT
ST-NICOLAS	DZ
STE-GENEVIÈVE	CZ
STE-MARIE	DV

0   300 m

BORDEAUX

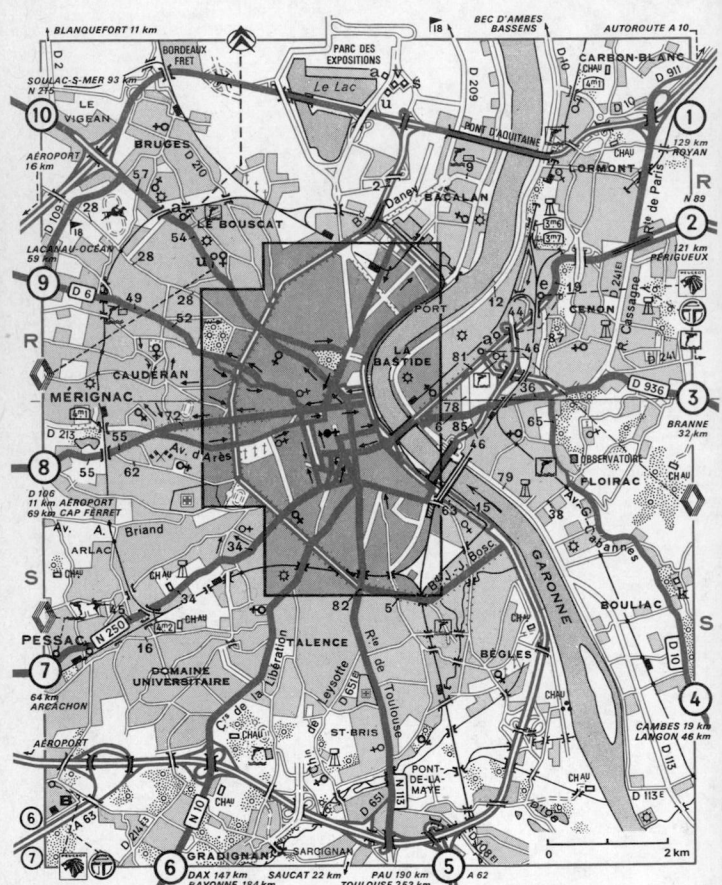

XXX ❀ **Le Rouzic** (Gautier), 34 Cours du Chapeau rouge ☎ 44.39.11 – ▥. AE ⑩ **E**
VISA   DX **b**
fermé sam. midi et dim. – SC : **R** 135/210
Spéc. Queues de langoustines en feuilleté aux morilles et ris d'agneau, Matelote d'anguilles, Rognon
de veau à la crème de tourteau. **Vins** Graves, Médoc.

XXX ❀ **Clavel** (Garcia), 44 r. Ch.-Domercq ⊠ 33800 ☎ 92.91.52 – AE ⑩ VISA ⚘
*fermé 2 au 24 juil., 14 fév. au 1er mars, dim. (sauf le midi du 15 sept. au 1er juin) et
lundi* – **R** carte 140 à 200   Bordeaux p. 3 DZ **n**
Spéc. Feuilleté d'escargots, Foie gras aux fruits, Aiguillettes de caneton.

XXX ✿ **La Chamade,** 20 r. Piliers de Tutelle ☎ 48.13.74 — 🖼. 🅰🅴   DX **d**
     SC : **R** carte 130 à 190
     Spéc. Salade de sole aux blancs de poireaux, Poêlée de St-Jacques a la crème de cerfeuil, Tournedos
     poêlé au vin de Graves.

XX   **Le Buhan,** 28 r. Buhan ☎ 52.80.86 — 🅰🅴 🅾 🄴 *VISA*. 🍴   DY **x**
     fermé mai, 1ᵉʳ au 15 janv., sam. midi et dim. — SC : **R** carte 115 à 170.

XX   **Le Vieux Bordeaux,** 27 r. Buhan ☎ 52.94.36 — 🅰🅴 🅾 *VISA*. 🍴   DY **a**
     fermé août, sam. midi et dim. — SC : **R** 85/140.

XX ✿ **Ramet,** 7 pl. J. Jaurès ☎ 44.12.51   DV **u**
     fermé 2 au 17 avril, 6 au 28 août, sam. et dim. — SC : **R** carte 185 à 210
     Spéc. Feuilleté d'huîtres, Ris d'agneau à la crème, Gourmandise aux poires caramelisées. **Vins**
     Graves, Premières Côtes de Bordeaux.

XX   **La Jabotière,** 86 r. Bègles ✉ 33800 ☎ 91.69.43 — 🅰🅴 🅾 *VISA*
     fermé août, sam. midi et dim. — SC : **R** 78/175.   Bordeaux p. 3   DZ **t**

XX   **Auberge,** 3 r. Buffon ✉ 33300 ☎ 52.18.50 — 🅰🅴 🅾 🄴 *VISA*   CV **e**
     fermé dim. et fériés — **R** 68.

XX   **Le Cailhau,** 3 pl. du Palais ☎ 81.79.91 — 🅰🅴 🅾 *VISA*   DX **m**
     fermé dim. — **R** 180.

X   **Tupina,** 6 r. Porte de la Monnaie ☎ 91.56.37 — *VISA*   DY **q**
     fermé dim. et fériés — SC : **R** carte 80 à 125.

X   **Chez le Chef,** 57 r. Huguerie ☎ 81.67.07   CV **a**
➥   *fermé oct., dim. soir et lundi* — SC : **R** 45/150.

     au Parc des Expositions : Nord de la ville – ✉ 33300 Bordeaux :

🏨 **Sofitel** Ⓜ, ☎ 50.90.14, Télex 540097, ⤢, 🍴 – 🛗 🖩 📺 ☎ 🅿 – 🔬 40 à 120. 🅰🅴
     🅾 🄴 *VISA*. 🍴 rest   R **s**
     rest. **La Pinasse R** carte 125 à 160 – 🍽 33 – **95 ch** 290/395, 5 appartements 680.

🏨 **Aquitania** Ⓜ, ☎ 50.83.80, Télex 570557, ≼, ⤢, – 🛗 🖩 📺 ☎ 🅿 – 🔬 25 à 600.
     🅰🅴 🅾 🄴 *VISA*   R **u**
     rest. **Les Acanthes** *(fermé dim.)* **R** 70/140 🍷 – **le Pub R** carte environ 100 – 🍽 30 –
     212 ch 300/380, 8 appartements 620/680.

🏨 **Novotel-Bordeaux le Lac** Ⓜ, ☎ 50.99.70, Télex 570274, ⤢, – 🛗 🖩 📺 ☎ ⚲ 🅿
     – 🔬 350. 🅰🅴 🅾 *VISA*   R **a**
     R snack carte environ 85 – 🍽 27 – **173 ch** 238/260.

🏨 **Mercure** Ⓜ, ☎ 50.90.30, Télex 540077 – 🛗 🖩 📺 ⌇wc ☎ ⚲ 🅿 – 🔬 250. 🚗
     🅰🅴 🅾 🄴 *VISA*   R **v**
     R carte environ 90 – 🍽 25 – **107 ch** 267/306.

     à Bouliac vers ④ – ✉ 33270 Floirac :

XXX ✿✿ **Le St-James** (Amat), pl. C. Hosteins, près église ☎ 20.52.19, ≼, 🌳 – 🅰🅴 🅾
     VISA. 🍴   S **k**
     fermé fév. et lundi sauf de juin au 15 sept. – **R** 130 bc/180 et carte
     Spéc. Marbré d'anguille, Râble de lapin rôti, Jambonnette de volaille à la vapeur. **Vins** Entre-deux-
     mers, Graves.

Par la sortie ⑥ :

     à Talence : 6 km – ✉ 33400 Talence :

🏨 **Guyenne** (Lycée hôtelier) Ⓜ, av. F.-Rabelais ☎ 80.75.08 – 🛗 📺 ⌇wc ⚲ 🅿.
     🍴
     fermé 18 juin au 3 oct. et vacances scolaires – SC : **R** *(fermé sam. soir et dim.)*
     (nombre de couverts limité - prévenir) 63/92 – 🍽 18 – **27 ch** 118/190, 3 appartements
     340.

     à Courrejan S : 11 km par N 113 et D 108 – ✉ 33140 Pont de la Maye :

XX   **Aub. du Vieux Port,** ☎ 87.14.31 – 🅿. 🅰🅴 *VISA*
     fermé 1ᵉʳ au 25 août, dim. soir et mardi – SC : **R** 120/250.

     à La House : 12,5 km – ✉ 33170 Gradignan :

🏨 **Aub. la Palombière,** N 10 ☎ 89.17.52, 🌳 – ⌇wc 🛁wc ⚲ ⚲ 🅿 – 🔬 40. 🚗
     R *(fermé dim. soir)* 55/75 🍷 – 🍽 15 – **20 ch** 100/160 – P 200/210.

Par la sortie ⑦ :

     à Pessac : 7 km – 51 444 h. – ✉ 33600 Pessac :

🏨 **Royal Brion** Ⓜ sans rest, 10 r. Pin Vert ☎ 45.07.72 – 📺 ⌇wc 🛁wc ⚲ ⚲ ⟵
     🅿 – 🔬 25. 🅰🅴 🅾
     fermé 20 déc. au 15 janv. – SC : 🍽 19 – **25 ch** 160/200.

     à l'Alouette : 9 km – ✉ 33600 Pessac :

🏨 ✿ **La Réserve** Ⓜ 🌿, av. Bourgailh ☎ 07.13.28, 🍴, « Parc » – 📺 ☎ 🅿 – 🔬 70.
     🅰🅴
     fermé 20 déc. au 10 janv., hôtel : vend. et sam. en hiver, rest. : sam. sauf le soir en
     été – **R** 100/200 – 🍽 24 – **22 ch** 120/400
     Spéc. Lamproie bordelaise, Ris de veau au sauternes, Grillades de boeuf.

Par la sortie ⑧ :

à Mérignac : 5 km par D 106 et D 106E – ⊠ **33700** Mérignac :

XX **Charmilles** avec ch, 408 av. de Verdun ℱ **97.53.01**, 🚗 – 🏠wc ℗
fermé 1ᵉʳ au 29 août, dim. soir et lundi – SC : **R** 60/130 – ⌓ 11 – **16 ch** 45/75.

à l'Aéroport : 11 km par D 106E – ⊠ **33700** Mérignac :

🏨 **Novotel-Mérignac** M, ℱ 34.10.25, Télex 540320, ⅃, 🚗 – ▤ 📺 ☎ 🛏 ℗ – 🏊
25 à 200. 🅰🅴 ⓞ 𝘝𝘐𝘚𝘈
R snack carte environ 85 – ⌓ 27 – **100 ch** 249/279.

🏨 **Ibis**, ℱ 34.10.19, Télex 541430 – 🏠wc 🛏 ℗, 🚗 E 𝘝𝘐𝘚𝘈
SC : **R** snack carte environ 65 🍴 – 🍽 16 – **64 ch** 168/188.

Par la sortie ⑨ :

à la Forêt : 8,5 km – ⊠ **33320** Eysines :

XX **Les Tilleuls,** ℱ 28.04.56 – ℗, ❀
fermé 1ᵉʳ août au 1ᵉʳ sept., sam. soir et dim. – SC : **R** carte 100 à 140.

à St-Médard-en-Jalles : 15 km – 16 287 h. alt. 13 – ⊠ **33160** St-Médard-en-Jalles :

🏨 **La Chaumière** M 🦢, rte Lacanau : 1 km ℱ 05.07.64, 🚗 – 🏠wc ☎ ℗ – 🏊 60.
𝘝𝘐𝘚𝘈, ❀ ch
SC : **R** *(fermé lundi et le soir : dim. et fêtes)* 66/105 – ⌓ 10 – **23 ch** 105/115.

X **Tournebride,** rte Porge : 2 km ℱ 05.09.08 – ℗, 🅰🅴 ⓞ 𝘝𝘐𝘚𝘈
⟵ *fermé 4 au 26 juil., 12 au 21 fév., dim. soir et lundi* – SC : **R** 50 bc/150 bc.

MICHELIN, Agences régionales, 20 r. Aupérie DZ ℱ **92.70.25** et 72 cours Journu-Auber DT ℱ **39.41.04**

BMW S.A.C.A., 161 av. Thiers ℱ 86.86.86
CITROEN Gar. Parc Sports, 2 av. Parc-Lescure AY ℱ 98.65.63
FERRARI, JAGUAR, ROVER Mercier, 166 r. de la Benauge ℱ 86.21.33
FIAT Gar. d'Aquitaine, 19 pl. Victoire ℱ 91.60.54
LANCIA-AUTOBIANCHI Anglada, 44 r. Temps-Passé ℱ 81.30.45
PEUGEOT, TALBOT S.I.A.S.O., 350 av. Thiers R a ℱ 86.84.02
PEUGEOT-TALBOT S.I.A.S.O. 90 Bd Wilson AX ℱ 96.80.62
PEUGEOT-TALBOT S.I.A.S.O., 102 av. E.-Cournord CT ℱ 39.27.08
PEUGEOT, TALBOT S.O.G.A., 8 pl. Renaudel DY ℱ 91.54.15
RENAULT Succursale, 236 av. Thiers R a ℱ 86.24.09

RENAULT Richard, 62 r. Héron BY ℱ 96.61.52
RENAULT Gar. Wilson, 273 bd Wilson, AU ℱ 08.70.50
V.A.G. Splendid-Gar 76 r. Chevalier ℱ 44.63.12
Mondial Autos, 146 cours Médoc ℱ 39.45.78

⑧ Bordeaux Pneus, 56 quai de Paludate ℱ 85.61.53
Bouyssalet-Pneus, 83 r. de Tauzia ℱ 91.49.54
Casanave, 35 quai des Chartrons ℱ 52.53.50
Central-Pneu, 80 cours Dupré-de-St-Maur ℱ 50.84.58
Comet, 91 av. République ℱ 02.43.80
Compt. Cent. Pneum. r. p.-Baour, Centre Commercial Bordeaux Nord ℱ 50.23.00
Durieux, 103 r. Croix-Blanche ℱ 81.62.00
Station du Pneu, 226 av. Thiers ℱ 86.24.13

Périphérie et environs

ALFA-ROMEO Auto-Sport, av. J.-F.-Kennedy, Mérignac ℱ 34.16.14
AUSTIN, JAGUAR, MORRIS, ROVER, TRIUMPH Stewart et Arden, 24 av. de la Marne Mérignac ℱ 96.86.62
BMW Patrick Mercier Autom., rte de Martignas à Mérignac ℱ 34.28.22 🅽 ℱ 86.61.70
CITROEN Succursale, 357 av. Libération, Le Bouscat R a ℱ 08.84.84
CITROEN Succursale, 411 rte Toulouse, Villenave d'Ornon S ℱ 37.37.37
FIAT, LANCIA Auto-Port, 83 bd Godard, Le Bouscat ℱ 50.84.84
FORD Palau, 419 rte du Médoc. Bruges ℱ 28.84.66
MERCEDES-BENZ SO.BO.VA., 7 av. Rivière, Cenon ℱ 86.14.09
OPEL-GM-US Pigeon, 469 rte de Médoc. Bruges ℱ 28.84.28 🅽 ℱ 87.20.99
PEUGEOT, TALBOT Auto-Pessac, av. G.-Eiffel, Parc Industriel, Pessac S ℱ 36.25.21
PEUGEOT-TALBOT S.I.A.S.O. 84 av. Libération, Le Bouscat AT ℱ 08.84.89
PEUGEOT-TALBOT S.I.A.S.O., 70 av. J.-Jaurès à Cenon R e ℱ 86.64.01
PEUGEOT, TALBOT Poissant, Cholet Blanquefort par D2 ET R ℱ 35.09.90

PORSCHE Egreteaud, 18 av. J.-Jaurès, Cenon ℱ 86.14.27
RENAULT Pessac-Autos, 306 av. Pasteur. Pessac par ⑦ ℱ 36.25.64 🅽 ℱ 36.25.80
RENAULT Succursale, 253 av. Libération, Le Bouscat R u ℱ 08.84.24
RENAULT Succursale Pont-de-la-Maye, 50 av. des Pyrénées, à Villenave d'Ornon par ⑤ ℱ 87.84.60
RENAULT Gar. Marco, 60 av. Pasteur, Pessac S ℱ 45.26.20
V.A.G. Splendid-Gar., Av. Libération, Lormont ℱ 32.66.66, 422 av. Libération, Le Bouscat ℱ 02.10.08 et 413 rte Toulouse, Pont de la Maye ℱ 37.22.82
CCB, av. Magudas, sortie ⑨ Rocade Ouest à Eysines ℱ 34.31.35

⑩ Comptoir Aquitain du Pneu, 7 r. Marceau à Talence ℱ 04.31.42
Compt. Cent. Pneum., 75 bd Pierre-1ᵉ Le Bouscat ℱ 08.71.70
Vallejo, Zone Ind. de Pinel, av. G.-Cabannes à Floirac ℱ 86.40.62

BORMES-LES-MIMOSAS 83230 Var 84 ⑯ G. Côte d'Azur – 3 493 h. alt. 120 – ☼ 94.

Voir Site★ – ⩽★ du château – Forêt domaniale du Dom★ N : 4 km.

🛅 de Valcros ⅌ 66.81.02, NO : 12 km.

🅳 Office de Tourisme, r. J.-Aicard (fermé sam. après-midi, dim. et lundi matin) ⅌71.15.17.

Paris 879 – Hyères 22 – Le Lavandou 5 – St-Tropez 35 – Ste-Maxime 39 – ♦Toulon 40.

  🏨 **Palma** M, N 559 ⅌ 71.17.86, 🍴 – ⛆wc ☏ 🅿. ⑩
      1er avril-30 sept. – SC : **R** 94 (en sem. dîner seul.)/135 – **20 ch** ⚏ 284/306.

  🏨 **Safari H.** M ⩘, rte Stade ⅌ 71.09.83, ⩽ baie et les îles, ⚓, 🌳, 🎾 – ⛆wc ☎
      🅿. 📠 ⑩ E ⅦⅫ. 🌿
      25 mars-15 oct. – SC : **R** (dîner seul.) 60/120 – ⚏ 22 – **33 ch** 150/360.

  🏨 **Paradis H.** ⩘ sans rest, Mont des Roses quartier du Pin ⅌ 71.06.85, ⩽, 🌳 –
      ⛆wc ⋔wc ☏ 🅿. 🌿
      30 mars-15 oct. – SC : ⚏ 15 – **20 ch** 178/216.

  🏩 **Belle-Vue**, pl. Gambetta ⅌ 71.15.15, ⩽, 🍴 – ⋔
      1er fév.-1er oct. – SC : **R** 75/80 – ⚏ 13 – **15 ch** 70/120 – P 180/200.

  XX **Tonnelle des Délices**, pl. Gambetta ⅌ 71.34.84, 🍴 – ⑩. 🌿
      1er avril-30 sept. et fermé le midi sauf sam. et dim. – SC : **R** 100/140.

  X La Cassole, ruelle Moulin ⅌ 71.14.86.

    à Cabasson S : 8 km par D 41 – ✉ **83230** Bormes-les-Mimosas :

  🏩 **Palmiers** ⩘, ⅌ 64.80.00, 🌳 – 🅿. 📠. 🌿 rest
      fermé fin nov.-début déc. et 3 janv. au 10 fév. – SC : **R** 75/160 – 🍽 16 – **21 ch**
      90/106 – P 185/220.

BORNY 57 Moselle 57 ⑭ – rattaché à Metz.

BORT-LES-ORGUES 19110 Corrèze 76 ② G. Auvergne – 5 612 h. alt. 430 – ☼ 55.

Voir Barrage★★ N : 1 km – Orgues de Bort★ : 🌄★★ SO : 3 km puis 15 mn.

🅳 Office de Tourisme Pavillon de Tourisme (fermé sam. après-midi et dim. sauf en saison) ⅌ 96.02.49.

Paris 470 – ♦Clermont-Fd 84 – Mauriac 30 – Le Mont-Dore 48 – St-Flour 88 – Tulle 71 – Ussel 31.

  🏨 **Central**, 65 av. Gare ⅌ 96.74.82 – ⛆wc ⋔wc ☏ ⅊ ⩘ – ⩘ 50. E ⅦⅫ. 🌿 ch
  ♦ *fermé 10 janv. au 1er mars et lundi de sept. au 20 juin* – SC : **R** 50/150 – ⚏ 16 –
      25 ch 60/150 – P 158/180.

  🏩 **Pavillon et Barrage**, Champ de Foire ⅌ 96.72.09, 🌳 – ⛆wc 🅿
  ♦ *fermé oct., sam. soir et dim. hors sais.* – SC : **R** 35/80 🍷 – ⚏ 12 – **12 ch** 65/100 –
      P 125/150.

  🏩 **Gare**, av. Gare ⅌ 96.00.47 – ⋔ 🚗 ⅦⅫ
  ♦ SC : **R** 50/115 🍷 – ⚏ 15 – **25 ch** 70/150 – P 140/190.

  🏩 **Val H.** sans rest, av. Gare ⅌ 96.02.56 – ⋔
      fermé 1er au 15 juin et 27 sept. au 10 oct. – SC : ⚏ 10 – **9 ch** 55/80.

  🏤 **Barrage** sans rest, 851 av. Gare ⅌ 96.73.22 – ⋔. 🌿
      1er mai-1er oct. – SC : ⚏ 12 – **12 ch** 50/70.

    à Veillac (15 Cantal) N : 5 km sur D 922 – ✉ **15270** Champs-sur-Tarentaine – ☼ 71.

    Voir Val : site★★, château★ NO : 4 km.

  X **Beau Rivage** avec ch, ⅌ 40.31.11 – ⋔wc 🅿
  ♦ *fermé janv.* – SC : **R** 32/75 – 🍽 14 – **7 ch** 65/100 – P 110/135.

BMW, TOYOTA Gar. Carloni, ⅌ 96.70.59 Ⓝ   PEUGEOT, TALBOT Monteil, à Lanobre ⅌ 40.
CITROEN Serre, à Lanobre ⅌ 40.30.06   30.05 Ⓝ
FORD Rouel, à Granges ⅌ 96.71.40   PEUGEOT Vergeade, ⅌ 96.74.78

BORT-L'ÉTANG 63 P.-de-D. 73 ⑮ – rattaché à Lezoux.

BOSSEY 74 H.-Savoie 74 ⑥ – 525 h. – ✉ **74160** St-Julien-en-Genevois – ☼ 50.

Paris 544 – Annecy 36 – Annemasse 8 – ♦Genève 6 – St-Julien-en-Genevois 6.

  🏤 **Salève**, ⅌ 43.60.76, 🍴 – 📠
  ♦ *fermé 15 déc. au 1er janv. et sam.* – **R** 35/50 – 🍽 10 – **10 ch** 55/65 – P 95.

Les BOSSONS 74 H.-Savoie 74 ⑧ – rattaché à Chamonix.

BOUAYE 44830 Loire-Atl. 67 ③ – 3 306 h. – ☼ 40.

Paris 396 – Challans 42 – Clisson 40 – ♦Nantes 18.

  XX **Les Champs d'Avaux**, E : 3 km par D 751 ⅌ 65.43.50 – 🅿. ⅍ ⑩ E ⅦⅫ
      fermé vacances de fév., dim. soir et lundi – SC : **R** 57/140.

CITROEN Gar. Perrocheau, ⅌ 65.41.78

BOUGIVAL 78 Yvelines 55 ⑳, 101 ⑬ – voir à Paris, Proche banlieue.

BOUILLAND 21 Côte-d'Or 66 ⑪ G. Bourgogne – 134 h. alt. 410 – ✉ 21420 Savigny-lès-Beaune – ✪ 80.

Paris 304 – Autun 55 – Beaune 16 – Bligny-sur-Ouche 12 – •Dijon 44 – Saulieu 55.

XXX **Host. du Vieux Moulin** avec ch, ☎ 21.51.16, ← – ⇔wc ☎ P. AE ⓓ VISA
fermé 19 déc. au 25 janv. et merc. – SC : **R** (nombre de couverts limité - prévenir) 120/165 – ☕ 24 – **8 ch** 140/190.

La BOUILLE 76 S.-Mar. 55 ⑥ G. Normandie – 668 h. alt. 5 – ✉ 76530 Grand Couronne – ✪ 35.

Voir Château de Robert le Diable★ : ※★ SE : 3 km – Moulineaux : vitrail★ de l'église E : 3 km.

Bac : renseignements ☎ 23.80.37.

Paris 137 – Bernay 41 – Elbeuf 15 – Louviers 30 – Pont-Audemer 35 – •Rouen 20.

XXX ✿ **St-Pierre** (Kukurudz) avec ch, ☎ 23.80.10, ← – ⇔wc ⋒wc ☎ – 🏃 25 à 35. VISA. ✻
fermé vacances de nov., de fév., mardi soir et merc. du 1er nov. au 31 mars – SC : **R** 120/180 – ☕ 20 – **7 ch** 180/250
Spéc. Mousseline bouillaise, Panaché de la mer aux pâtes fraiches, Soufflé au calvados.

XX **Maison Blanche,** ☎ 23.80.53, ← – VISA
fermé 18 juil. au 4 août, 20 déc. au 4 janv., dim. soir et lundi – SC : **R** 90/140.

XX **Les Gastronomes,** ☎ 23.80.72 – AE ⓓ VISA
fermé 15 au 30 sept., vacances de fév., merc. soir et jeudi – SC : **R** 80/175.

XX **Poste,** ☎ 23.83.07, ← – VISA
fermé 19 déc. au 12 janv., lundi soir et mardi – SC : **R** 80/120.

BOUILLY 38 Isère 77 ④ – rattaché à Lans-en-Vercors.

BOULIAC 33 Gironde 71 ⑨ – rattaché à Bordeaux.

BOULIGNEUX 01 Ain 74 ② – rattaché à Villars-les-Dombes.

BOULOGNE-BILLANCOURT 92 Hauts-de-Seine 55 ⑳, 101 ㉔ – voir à Paris, Proche banlieue.

BOULOGNE-SUR-MER SP 62200 P.-de-C. 51 ① G. Nord de la France – 49 284 h. – Casino Y – ✪ 21.

Voir Ville haute★★ YZ : Coupole★, Crypte et trésor★ de la basilique Y B, ←★ du Beffroi YZ D, perspectives★ des remparts YZ – Calvaire des marins ←★ X E – Colonne de la Grande Armée★ : ※★★ 5 km par ① – Corniche de la Côte d'Opale★ par ①.

Env. St-Étienne-au-Mont ←★ 7 km par ④.

18 de Wimereux ☎ 32.43.20 par : ① 8 km.

🚗 ☎ 30.78.77.

ℹ Office de Tourisme quai Chanzy ☎ 31.68.38 - A.C. 63 av. J.-F.-Kennedy ☎ 92.26.90.

Paris 300 ③ – •Amiens 122 ④ – Arras 120 ④ – •Calais 34 ② – •Le Havre 249 ④ – •Lille 116 ③ – •Rouen 179 ④.

Plans page ci-contre

🏨 **Métropole** sans rest, 51 r. Thiers ☎ 31.54.30, 🌳 – |‡| ⇔wc ⋒wc ☎. 🚗 — Z e
fermé 16 déc. au 3 janv. – SC : ☕ 15 – **28 ch** 98/180.

🏨 **Faidherbe** sans rest, 12 r. Faidherbe ☎ 31.60.93 – |‡| TV ⇔wc ⋒ ☎. 🚗 — Z t
SC : ☕ 17 – **35 ch** 113/170.

🏨 **Lorraine** sans rest, 7 pl. Lorraine ☎ 31.34.78 – ⇔wc ⋒wc ☎. 🚗. ✻ — Y v
fermé 15 déc. au 15 janv. – SC : ☕ 14 – **21 ch** 90/150.

🏨 **Londres** sans rest, 22 pl. France ☎ 31.35.63 – |‡| ⇔ ⋒ ☎. 🚗 VISA. ✻ — Z n
fermé 15 déc. au 2 janv. – SC : ☕ 14 – **20 ch** 90/110.

XXX ✿ **La Matelote** (Lestienne), 80 bd Ste-Beuve ☎ 30.17.97 – E VISA — Y q
fermé 15 juin au 1er juil., 22 déc. au 15 janv., dim. soir et mardi – SC : **R** carte 130 à 175
Spéc. Belons tièdes au caviar, St Jacques en papillote (oct. à avril), Filets de turbotin aux écrevisses.

XXX **La Liègeoise,** 10 r. A.-Monsigny ☎ 31.61.15 – AE ⓓ E VISA — Z s
fermé 15 au 31 janv., dim. soir et vend. – SC : **R** 75/115.

XX **Plage** avec ch, 124 bd Ste-Beuve ☎ 31.45.35 – ⇔ ⋒. 🚗 — Y r
fermé 10 déc. au 15 janv., dim. soir (sauf rest. en été) et lundi – SC : **R** 55/110 🍷 – ☕ 13,50 – **10 ch** 75/110.

à Pont-de-Briques par ④ : 5 km – ✉ 62360 Pont-de-Briques St-Étienne :

XXX **Host. de la Rivière** avec ch, 17 r. Gare ☎ 32.22.81 – P. ✻ ch
fermé 5 août au 2 sept., 6 au 14 mars, dim. soir et lundi – SC : **R** 75/175 🍷 – ☕ 12 – **10 ch** 70/90 – P 230/250.

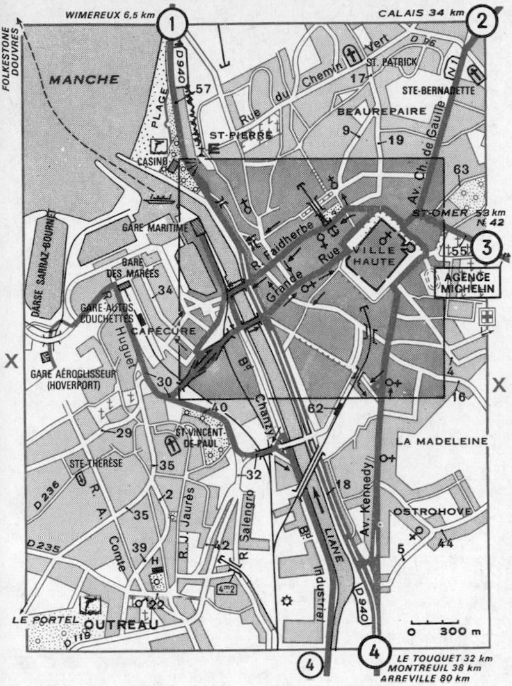

BOULOGNE-SUR-MER

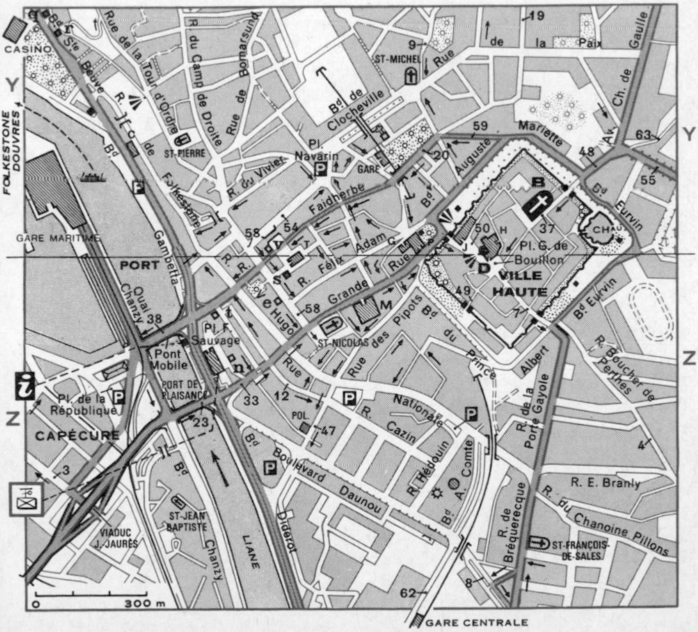

au Portel SE : 5 km – 11 210 h. – ⊠ **62480** Le Portel.

🛈 Office de Tourisme pl. Poincaré (juin-sept.) ☎ 31.45.93.

🏛 **Beau Rivage et Armada,** pl. Mgr.-Bourgain ☎ 31.59.82 – 🛏. 🕮🎤. 🎺 ch
↝ *fermé oct., vend. soir et dim. soir hors sais.* – SC : **R** 45/100 ⅃ – ⌷ 12,50 – **12 ch**
60/130 – P 120/160.

🍴 **Gd Large,** r. Mar.-Foch ☎ 31.71.51 – 𝚅𝙸𝚂𝙰
↝ *fermé janv. et vend. soir du 1er oct. au 1er mai* – **R** 45/80.

à La Capelle-lès-Boulogne par ③ : 7 km – ⊠ **62360** Pont-de-Briques St-Étienne :

🍴🍴 **Aub. de la Forêt,** ☎ 31.82.05 – 🅿. 🆎 ⑩ 𝚅𝙸𝚂𝙰
↝ *fermé fév., dim. soir et mardi* – SC : **R** 68/110 ⅃.

MICHELIN, Agence, r. P.-Martin, Z.I. Inquetrie à St-Martin Boulogne par ③ ☎ 92.29.48

ALFA-ROMEO, OPEL Gar. St-Christophe, bd
Liane, Zone Ind. ☎ 92.09.11
BMW Éts Cornuel-Boulogne, 13 r. Quéhem ☎
91.11.14
CITROEN Succursale, bd Liane par bd Indus-
triel, Zone Ind. à St-Léonard ☎ 92.21.11 🆕
FIAT Gar. Avenue, bd Liane, Zone Ind. ☎ 30.
44.11
FORD Gar. de Paris, 33 av. Kennedy ☎ 92.05.22
PEUGEOT-TALBOT Venière, 122 bd Liane par
bd Industriel, Zone Ind. ☎ 31.97.40

RENAULT Legrand Boulogne, bd Liane par
bd Industriel, Zone Ind. ☎ 91.18.44 🆕
V.A.G. Gar. Eau-Belle, Z.I. de l'Inquétrie Parking Auchan à St-Martin-les-Boulogne ☎ 92.
19.37

⚙ Peuvion-Pneus, 12 r. de Constantine ☎ 31.
85.62
Pneu Fauchille, 10 r. Gerhard-Hansen ☎ 91.
04.44
Renova-Pneu, 13 r. Pasteur ☎ 30.52.88

Le BOULOU 66160 Pyr.-Or. 🎛🎛 ⑲ G. Pyrénées – 3 709 h. alt. 89 – Stat. therm. (10 avril-31 oct.)
– Casino – ✪ 68.

🛈 Syndicat d'Initiative pl. Mairie (hors saison après-midi seul., fermé sam. et dim.) ☎ 83.15.60.

Paris 931 – Amélie-les-Bains 16 – Argelès-sur-Mer 19 – Barcelona 165 – Céret 9 – ♦Perpignan 24.

🏨 **Relais des Chartreuses** Ⓜ ⚲, SE : 4,5 km par D 618 ☎ 83.15.88, ≤, 🎄, 🔟,
🛋, 🎺 – ⌷wc ☎ 🕹 🅿. 🕮🎤
fermé mi-janv. à mi-fév. – SC : **R** *(fermé lundi)* (nombre de couverts limité - prévenir)
130 bc/200 bc – ⌷ 25 – **10 ch** 240/285.

🏨 **Grillon d'Or,** r. République ☎ 83.03.60, 🔟 – 🔅 ⌷wc 🔋wc 🕮 🔜 🚗 🅿. ⑩ 🄴 𝚅𝙸𝚂𝙰
↝ 🎺 rest
fermé 24 au 31 oct. et 10 janv. au 10 fév. – SC : **R** *(fermé merc. d'oct. à mai)* 40/75 ⅃
– ⌷ 15 – **40 ch** 80/145 – P 175/220.

🏨 **Canigou,** r. Bousquet ☎ 83.15.29 – ⌷wc 🔋wc 🅿. 🎺 rest
↝ *15 avril-30 oct.* – SC : **R** 48/118 – ⌷ 18 – **17 ch** 78/185 – P 150/190.

🏛 **Centre,** r. Arago ☎ 83.15.73 – 🔋
↝ *fév. (rest. seul.) et 1er mars-30 nov.* – SC : **R** 40/55 ⅃ – ⌷ 11 – **27 ch** 64/90.

à l'Écluse S : 4 km par rte Perthus – ⊠ **66400** Céret :

🏨 **Aub. de l'Écluse** Ⓜ, ☎ 37.62.79, 🎄, « Cadre style catalan », 🔟, 🎺, 🎺 – ☎
🅿 – 🅰 30. 🄴 𝚅𝙸𝚂𝙰
fermé 6 janv. au 5 fév. et mardi sauf juil.-août – SC : **R** 95/220 – ⌷ 30 – **21 ch**
200/280 – P 420/610.

à Vivès O : 5 km par D 115 et D 13 – ⊠ **66400** Céret :

🍴 **Hostalet de Vivès,** ☎ 83.05.52
fermé 15 janv. au 6 mars, merc. et jeudi du 15 sept. au 15 juin – SC : **R** carte 60 à
100.

CITROEN Monforte, ☎ 83.17.28   PEUGEOT-TALBOT Montigny, ☎ 83.17.29

BOULOURIS 83 Var 🎛🎛 ⑧. 🎛🎛🎛 ㉝ – rattaché à St-Raphaël.

BOUNIAGUES 24 Dordogne 🎛🎛 ⑮ – 395 h. alt. 140 – ⊠ **24560** Issigeac – ✪ 53.

Paris 567 – Beaumont 23 – Bergerac 13 – Périgueux 60 – Villeneuve-sur-Lot 47.

🍴🍴 **Voyageurs** avec ch, ☎ 58.32.26, 🎄, 🎺 – 🔋 🅿
↝ *fermé 15 oct. au 15 nov. et lundi* – SC : **R** 38/150 ⅃ – ⌷ 12 – **7 ch** 70/90 – P
105/140.

PEUGEOT Gouyou, ☎ 58.32.32

Le BOUPÈRE 85510 Vendée 🎛🎛 ⑮ G. Côte de l'Atlantique – 2 762 h. alt. 123 – ✪ 51.

Paris 383 – Bressuire 36 – Cholet 34 – Les Herbiers 14 – ♦Nantes 77 – La Roche-sur-Yon 50.

🏨 **Le Bocage,** ☎ 91.42.82 – ⌷ 🔋 🄴 𝚅𝙸𝚂𝙰
↝ *fermé vacances de fév.* – SC : **R** *(fermé lundi)* 33/150 ⅃ – ⌷ 12 – **12 ch** 60/97 – P
126/155.

236

BOURBON-LANCY 71140 S.-et-L. 69 ⑯ **G. Bourgogne** – 6 652 h. alt. 276 – Stat. therm. (18 avril-15 oct.) – ⚙ 85.

Voir Maison de bois et tour de l'horloge★ **B**.

Office de Tourisme (fermé dim.) avec A.C. pl. Aligre ☎ 89.18.27.

Paris 312 ④ – Autun 62 ① – Mâcon 112 ③ – Montceau-les-M. 53 ② – Moulins 36 ④ – Nevers 72 ④.

BOURBON-LANCY

Commerce (R. du) 5
Gaulle (Av. du Gén.-de) 9

Aligre (Pl. d') 2
Autun (R. d') 3
Châtaigneraie (R. de la) 4
Dr-Gabriel-Pain (R. du) 6
Dr-Robert (R. du) 7
Gueugnon (R. de) 12
Horloge (R. de l') 13
Martyrs-de-la-Libération (R. des) 15
Musée (R. du) 16
Prébendes (R. des) 18
République (Av. de la) 21
République (Pl. de la) 22
St-Nazaire (R.) 23

Pour un bon usage des plans de villes, voir les signes conventionnels p. 20.

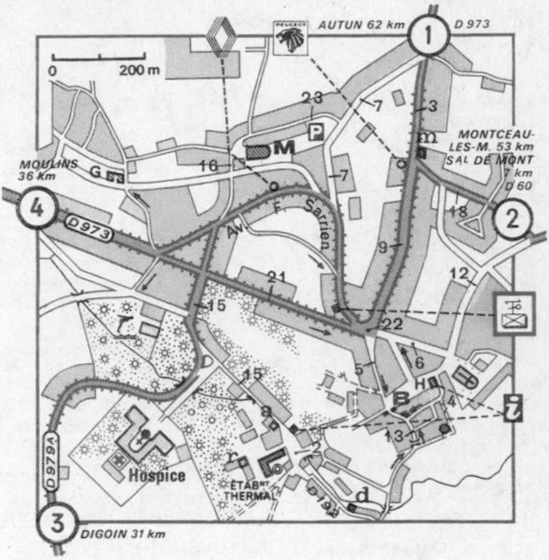

🏨 **Gd Hôtel** 🔇, **(r)** ☎ 89.08.87, parc – |≡| ⇔wc ⋒wc ☎ Ⓟ
mi avril-début oct. – SC : **R** 60/90 – ☕ 15 – **22 ch** 57/153.

🏨 **La Roseraie** sans rest, r. Martyrs-de-la-Libération **(a)** ☎ 89.07.96, 🌳 – ⇔wc ☎ ♿ Ⓟ. 🚗
15 avril-15 nov. – SC : ☕ 17 – **12 ch** 70/160.

XX ✿ **Raymond** avec ch, 8 r. Autun **(m)** ☎ 89.17.39 – ▤ rest ⇔wc ⋒wc ☎ Ⓟ. **E** *VISA*. ✂ rest
fermé 23 au 29 avril, 19 nov. au 9 déc., dim. soir de nov. à Pâques, vend. soir et sam. midi sauf juil. et août – SC : **R** (nombre de couverts limité - prévenir) 50/150 – ☕ 15 – **19 ch** 65/150 – P 140/210
Spéc. Œufs brouillés aux truffes blanches, du Morvan, Charolais au beurre maconnais, le dessert bourguignon.

XX **Villa Vieux Puits** 🔇 avec ch, 7 r. Bel-Air **(d)** ☎ 89.04.04, 🌳 – ⋒. *VISA*
Pâques-déc. et fermé lundi hors sais. – SC : **R** 55/120 🍷 – ☕ 15,50 – **17 ch** 60/120 – P 115/145.

CITROEN Blanc, 47 av. Puzenat par ④ ☎ 89.11.07
PEUGEOT Puzenat, 41 av. Gén.-de-Gaulle ☎ 89.16.14
RENAULT Ségaud, 30 av. F.-Sarrien ☎ 89.19.38 **N**

BOURBON-L'ARCHAMBAULT 03160 Allier 69 ⑬ **G. Auvergne** – 2 598 h. alt. 260 – Stat. therm. (avril-sept.) – ⚙ 70.

Voir Allées Montespan ≤★ **B** – Château ≤★ **E**.

Env. St Menoux : choeur★★ de l'église★ 9 km par ②.

Syndicat d'Initiative 1 pl. Thermes (1er avril-15 oct. et fermé dim.) ☎ 67.09.79.

Paris 291 ① – Montluçon 48 ③ – Moulins 23 ② – Nevers 51 ① – St-Amand-Montrond 55 ③.

Plan page suivante

🏨 ✿ **Thermes** (Barichard), av. Ch.-Louis-Philippe **(a)** ☎ 67.00.15, 🌳 – ⇔wc ⋒wc ☎ 🚗. 🚗. ✂ rest
25 mars-31 oct. – SC : **R** 58/180 – ☕ 15 – **21 ch** 88/177 – P 193/228
Spéc. Foie gras maison, Langouste grillée, Tournedos Rossini. **Vins** St-Pourçain, Sancerre.

🏨 **Gd H. Montespan-Talleyrand,** pl. Thermes **(e)** ☎ 67.00.24, 🌳 – |≡| ⇔wc ⋒wc ☎ 🚗. 🚗. ✂ rest
3 avril-30 oct. – SC : **R** 57/68 – ☕ 16 – **60 ch** 69/170 – P 122/190.

🏨 **Gd H. Parc et Établissement,** r. Parc **(b)** ☎ 67.02.55, 🌳 – |≡| ⇔wc ⋒wc ☎ Ⓟ. ✂ rest
début avril-mi-oct. – SC : **R** 55/60 – ☕ 10,50 – **59 ch** 69/114 – P 96/144.

🏨 **Sources,** av. Thermes **(a)** ☎ 67.00.15, 🌳 – ⋒wc ☎. 🚗. ✂ rest
25 mars-31 oct. – SC : **R** 48/61 – ☕ 12 – **20 ch** 78/141 – P 137/160.

🏨 **France,** r. République **(z)** ☎ 67.00.04, 🌳 – 🚗. **E**. ✂ rest
5 avril-15 oct. – SC : **R** 47/100 – ☕ 15 – **30 ch** 50/110 – P 100/150.

BOURBON-
L'ARCHAMBAULT

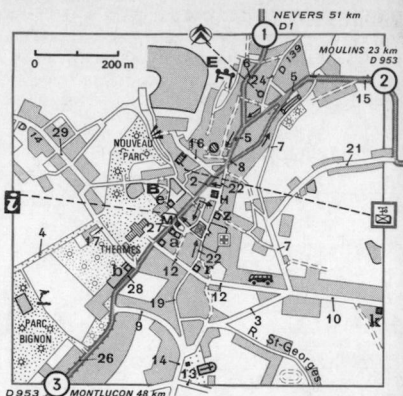

🏠 ❀ **Acacias** (Dubost), av. Ch.-Louis-Philippe **(r)** ☏ 67.06.24, 🍽 – 🛏wc 🏠
    fermé fin janv. au 20 mars – SC : **R** *(fermé lundi soir)* 57/180 – � 11 – **25 ch** 50/127
    – P 95/130
    Spéc. Terrine de caille, Ris de veau aux morilles, Charolais. **Vins** St-Pourçain, Sancerre.

🏠   **Trois Puits,** r. Trois-Puits **(a)** ☏ 67.08.35 – ❀ rest
    8 avril-15 oct. – SC : **R** 51/70 – ⊐ 15 – **28 ch** 53/94 – P 104/132.

✗   **L'Oustalet,** av. E.-Guillaumin **(k)** ☏ 67.01.48 – 🅿 **E** 𝘝𝘐𝘚𝘈
    fermé 15 au 31 oct., vend. soir et dim. soir hors sais. – SC : **R** 55/140 ♨.

CITROEN Deschamps, ☏ 67.00.71 🇳

BOURBONNE-LES-BAINS 52400 H.-Marne 📓 ⑬⑭ **G. Vosges** – 3 085 h. alt. 260 – Stat.
therm. (1er mars-30 nov.) – ❀ 25.

🅩 Office de Tourisme pl. Bains (1er mars-31 oct.) ☏ 90.01.71 et 18 r. d'Orfeuil (1er nov.-28 fév., fermé
sam., dim. et fêtes) ☏ 90.02.31.

Paris 312 ④ – Chaumont 53 ④ – ♦Dijon 111 ④ – Langres 43 ④ – Neufchâteau 53 ① – Vesoul 56 ②.

BOURBONNE-
LES-BAINS

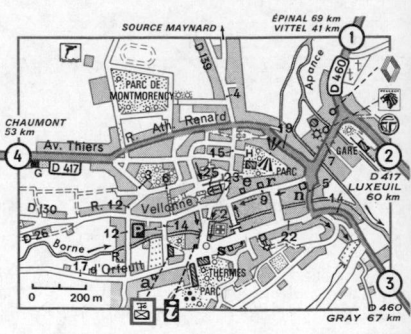

🏨   **Jeanne d'Arc,** r. Amiral-Pierre **(s)** ☏ 90.12.55 – 🛗 📺 🛏wc 🏠wc ☎ 🕭 🚗 🅿.
    🍴 𝔸𝔼 ⓪ **E** 𝘝𝘐𝘚𝘈. ❀ rest
    1er avril-fin oct. – SC : **R** 48/120 – ⊐ 17 – **40 ch** 100/185 – P 160/235.

🏠   **Hérard,** Gde-Rue **(e)** ☏ 90.13.33, 🍽 – 🛗 📺 🏠wc ☎ 🚗 🅿. 🍴 𝔸𝔼 ⓪ **E** 𝘝𝘐𝘚𝘈
    SC : **R** 51/150 ♨ – ⊐ 13 – **45 ch** 86/148 – P 160.

🏠   **Orfeuil,** r. Orfeuil **(a)** ☏ 90.05.71, parc – 🛗 🏠wc 🕭. 🍴 𝘝𝘐𝘚𝘈. ❀ rest
    1er avril-23 oct. – SC : **R** 38/66 – ⊐ 12 – **56 ch** 48/134 – P 122/206.

🏠   **Régina,** pl. Libération **(n)** ☏ 90.06.24 – 🛏wc 🏠 🕭. 🍴 **E** ❀ rest
    SC : **R** 43/88 ♨ – ⊐ 12 – **16 ch** 62/123 – P 124/174.

🏠   **Étoile d'Or,** 53 Gde Rue **(r)** ☏ 90.06.05 – 🛏wc 🕭. **E** 𝘝𝘐𝘚𝘈. ❀ rest
    15 avril-25 oct. – SC : **R** 45/62 – ⊐ 11 – **39 ch** 48/106 – P 112/155.

CITROEN Michaud, par ① ☏ 90.03.12   RENAULT Beau, ☏ 90.00.72
PEUGEOT-TALBOT André, ☏ 90.00.56   Gar. St-Christophe, ☏ 90.06.61

La BOURBOULE 63150 P.-de-D. 73 ⑬ G. Auvergne – 2 432 h. alt. 852 – Stat. therm. (2 mai-30 sept.) – ⚙ 73.

Voir Parc Fenêstre★ B – Roche Vendeix ☀★ 4 km par ② puis 30 mn.

Env. La Banne d'Ordanche ☀★★ NE : 7 km par D 88 B puis 30 mn.

🛈 Office de Tourisme pl. Hôtel de Ville (fermé sam. après-midi et dim. hors saison) ☏ 81.07.99.

Paris 439 ③ – Aubusson 86 ③ – ♦Clermont-Ferrand 53 ③ – Mauriac 70 ③ – Ussel 53 ③.

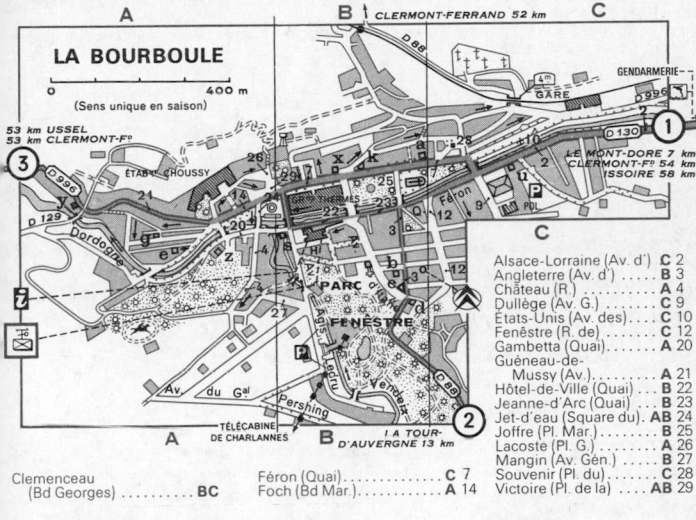

Alsace-Lorraine (Av. d')	**C** 2
Angleterre (Av. d')	**B** 3
Château (R.)	**A** 4
Dullège (Av. G.)	**C** 9
États-Unis (Av. des)	**C** 10
Fenêstre (R. de)	**C** 12
Gambetta (Quai)	**A** 20
Guéneau-de-Mussy (Av.)	**A** 21
Hôtel-de-Ville (Quai)	**B** 22
Jeanne-d'Arc (Quai)	**B** 23
Jet-d'eau (Square du)	**AB** 24
Joffre (Pl. Mar.)	**B** 25
Lacoste (Pl. G.)	**A** 26
Mangin (Av. Gén.)	**A** 27
Souvenir (Pl. du)	**C** 28
Victoire (Pl. de la)	**AB** 29

Clemenceau (Bd Georges)	**BC**
Féron (Quai)	**C** 7
Foch (Bd Mar.)	**A** 14

🏨🏨 **Iles Britanniques,** quai Gambetta ☏ 81.02.54 – 🛗 📺 🅿 ⚏ ① *VISA* ⚶ rest
15 mai-30 sept. et 22 déc.-1ᵉʳ avril – SC : **R** 80/90 – � 25 – **23 ch** 220/280, 12 appartements 300/350 – P 260/320.
B s

🏨 **International** Ⓜ, av. Angleterre ☏ 81.05.82 – ⇌wc 🛁wc ⚏ ⚏ ① Ⓔ *VISA* ⚶
fermé 18 au 29 avril et 3 nov. au 17 déc. – SC : **R** 60 – ⊒ 15 – **16 ch** 140/160 – P 176/190.
B e

🏨 **Balroy's,** bd G.-Clemenceau ☏ 81.01.44 – 🛗 ⇌wc ⚏ 🅿
1ᵉʳ avril-30 sept., week-ends de janv. et vacances de fév. – SC : **R** 65/100 – ⊒ 14 – **27 ch** 50/175 – P 145/260.
B x

🏨🏨 **Parc,** quai Mar.-Fayolle ☏ 81.01.77, 🌿 – 🛗 ⇌wc ⚏ ⚏ ⚏ ① Ⓔ *VISA* ⚶ rest
15 mai-25 sept. – SC : **R** 60/75 – ⊒ 19 – **54 ch** 60/185 – P 150/220.
A z

🏨 **Russie-Victoria,** bd G.-Clemenceau ☏ 81.01.66 – 🛗 ⇌wc 🛁wc ⚏ 🅿 ⚶ rest
15 mai-fin sept., vacances scolaires et week-ends d'hiver – SC : **R** 55/80 – ⊒ 15 – **45 ch** 90/180 – P 145/220.
B k

🏨 **Aviation,** r. Metz ☏ 81.09.77, 🌿 – 🛗 ⇌wc 🛁 ☎ 🚗 *VISA* ⚶ rest
fermé 15 avril au 1ᵉʳ mai et 5 oct. au 20 déc. – SC : **R** (fermé jeudi hors sais. et vac. scolaires) 50/70 – ⊒ 14 – **50 ch** 70/200 – P 145/200.
B b

🏨 **Le Charlet,** bd L.-Choussy ☏ 81.05.80 – ⇌wc 🛁wc ⚏ ⚶ rest
début mai-fin sept. et 22 déc.-fin mars – SC : **R** 45/75 – ⊒ 12 – **43 ch** 56/112 – P 100/145.
A g

🏨 **Pavillon,** av. Angleterre ☏ 81.01.42, ≤, 🌿 – 🛗 🛁wc ⚏ ⚶
20 mai-20 sept. – SC : **R** 50/65 – ⊒ 12 – **24 ch** 120/170 – P 150/170.
B d

🏨 **Baigneurs,** quai Libération ☏ 81.07.66 – ⇌wc 🛁wc ☎ 🚗 ⚶ rest
10 mai-30 sept. et 25 déc.-13 avril – SC : **R** 44 – ⊒ 16 – **33 ch** 58/110 – P 100/140.
A e

🏨 **Genève,** bd G.-Clemenceau ☏ 81.04.85 – ⇌wc 🛁wc
1ᵉʳ mai-25 sept. et vacances scolaires d'hiver – SC : **R** 43/65 – ⊒ 11 – **33 ch** 55/125 – P 100/145.
B a

🏨 **Régina,** av. Alsace-Lorraine ☏ 81.09.22, 🌿 – 🛁 🅿 ⚶ rest
1ᵉʳ mai-30 sept. et 25 déc.-Pâques – SC : **R** 45/75 – ⊒ 15 – **23 ch** 75/150 – P 135/180.
C u

🍴 **Les Fleurs** avec ch, av. Guéneau-de-Mussy ☏ 81.09.44 – ⇌wc 🛁wc ⚏ 🅿 ⚶
mai-début oct., vacances scolaires et week-ends l'hiver – SC : **R** 46/95 – ⊒ 14 – **24 ch** 70/170 – P 145/220.
A y

tourner →

La BOURBOULE

au Nord : 1,5 km par D 88 - B :

✗ **Aub. Tournebride** ⍩ avec ch, rte Murat-le-Quaire – ⊠ 63150 La Bourboule ⍟ 81.01.91, ← – **Ⓟ**. ⍟
fermé 18 au 24 avril, lundi sauf sais. et vacances scolaires – SC : **R** 65/150 – ⊡ 15 – **8 ch** 120/150 – P 180/200.

par ② *et rte du Mt-Dore* : 5,5 km – ⊠ 63150 La Bourboule :

✗✗ **Aub. Bois de la Reine** ⍩ avec ch, ⍟ 81.01.24, « Cadre rustique, jardin » – ⍟wc ⊜ **Ⓟ**. ⌸⌸. ⍟ rest
1er mai-30 oct. et 26 déc.-4 janv. – **R** *(fermé mardi sauf fériés)* (nombre de couverts limité - prévenir) 85 – ⊡ 15 – **10 ch** 150.

CITROEN Gar. Aviation, r. Metz ⍟ 81.02.88

BOURBOURG 59630 Nord 🆔 ③ – 7 317 h. – ⬟ 28.

Paris 287 – ◆Calais 28 – Cassel 28 – Dunkerque 18 – ◆Lille 83 – St-Omer 26.

✗✗ **La Gueularidière**, 4 pl. Hôtel de Ville ⍟ 22.20.97 – ⌸
◆ *fermé août et lundi sauf fêtes* – SC : **R** 38/45 ⅃.

BOURCEFRANC-LE-CHAPUS 17560 Char.-Mar. 🆔 ⑭ – rattaché à Marennes.

BOURDEAU 73 Savoie 🆔 ⑮ – rattaché au Bourget-du-Lac.

BOURDEAUX 26460 Drôme 🆔 ⑬ – 536 h. alt. 407 – ⬟ 75.
🅵 Syndicat d'Initiative pl. de la Lève (1er juil.-30 août).
Paris 614 – Crest 24 – Montélimar 40 – Nyons 44 – Pont-St-Esprit 74 – Valence 52.

⍟ **Trois Châteaux**, rte Nyons ⍟ 49.33.92 – ⍟. ⍟
◆ *fermé 26 sept. au 7 nov.* – SC : **R** 48/85 – ⍖ 10,50 – **14 ch** 48/130 – P 125/150.

BOURDEILLES 24 Dordogne 🆔 ⑤ – rattaché à Brantôme.

BOURGANEUF 23400 Creuse 🆔 ⑨ G. Périgord (plan) – 3 940 h. alt. 446 – ⬟ 55.
Voir Charpente∗ de la tour Zizim – Tapisserie∗ dans l'Hôtel de Ville.
🅵 Syndicat d'Initiative Tour Lastic (1er juil.-31 août, fermé dim. et lundi) et à la Mairie (fermé sam. et dim.) ⍟ 64.07.61.
Paris 387 – Aubusson 39 – Guéret 33 – ◆Limoges 49 – Tulle 103 – Uzerche 80.

🏚 **Commerce**, r. Verdun ⍟ 64.14.55 – ⌷wc ⊜ ⍪
◆ *fermé 22 déc. au 15 fév. et lundi hors sais.* – SC : **R** 40/160 – ⊡ 16 – **16 ch** 65/170 – P 155/210.

🏚 **Boule d'Or** sans rest, av. Turgot ⍟ 64.12.02 – ⌷wc ⊜ **Ⓟ** – ⌸ 30
◆ *fermé oct. et lundi* – SC : ⊡ 13 – **16 ch** 59/130.

⍟ **Coupole**, av. Turgot ⍟ 64.08.99 – ⌷ **Ⓟ**
◆ *fermé nov. et sam. hors saison* – SC : **R** 40/55 ⅃ – ⍖ 13 – **13 ch** 53/70 – P 120/140.

au Sud-Ouest : 13 km par D 941 et D 22 – ⊠ 23400 Bourganeuf :

🏛 **Moulin de Montaletang** ⍩, ⍟ 64.92.72, ←, parc – ⌷wc ⌷wc ⊜ **Ⓟ**. ⌸⌸ ⌸
🅴 𝘝𝘐𝘚𝘈. ⍟ rest
1er avril-15 oct. et fermé merc. du 1er avril au 30 juin et 15 sept. au 15 oct. – SC : **R** 72/140 – ⊡ 20 – **14 ch** 110/190 – P 190/260.

CITROEN Lacourie, ⍟ 64.00.23   TALBOT Barlet. ⍟ 64.08.76
RENAULT Gaumet, ⍟ 64.14.22

BOURG-ARGENTAL 42220 Loire 🆔 ⑨ G. Vallée du Rhône – 3 335 h. alt. 534 – ⬟ 77.
🅵 Syndicat d'Initiative r. République (12 juil.-16 août et fermé dim. après-midi) ⍟ 52.63.49 et à la Mairie (fermé dim.) ⍟ 52.61.34.
Paris 545 – Annonay 15 – Le Puy 77 – ◆St-Étienne 28 – Vienne 54 – Yssingeaux 49.

✗✗✗ **France** avec ch, pl. 11 Novembre ⍟ 52.60.28 – ⌷wc ⊜. 𝘝𝘐𝘚𝘈. ⍟
fermé fév. et lundi – SC : **R** 80/180 – ⊡ 12 – **20 ch** 70/130 – P 180/240.

Garage Moderne, ⍟ 52.62.14 🆔

BOURG-CHARENTE 16 Charente 🆔 ⑫ – rattaché à Jarnac.

BOURG D'ARUD 38 Isère 🆔 ⑥ – alt. 950 – ⊠ 38143 Venosc – ⬟ 76.
Paris 627 – Le Bourg-d'Oisans 13 – ◆Grenoble 62 – Col du Lautaret 42.

🏚 **Château de la Muzelle** ⍩, ⍟ 80.06.71, ←, ⍝ –, sans ⍟ ⍪ **Ⓟ**. ⍟ rest
1er juin-10 sept. – SC : **R** 65/90 – ⊡ 14 – **32 ch** 62/100 – P 120/135.

BOURG-DE-PÉAGE 26 Drôme 🆔 ② – rattaché à Romans-sur-Isère.

BOURG-DE-SIROD 39 Jura 🆔 ⑤ – rattaché à Champagnole.

240

Le BOURG-D'OISANS 38520 Isère 👀 ⑥ G. Alpes – 2 474 h. alt. 719 – ✪ 76.

Voir Cascade de la Sarennes★ NE : 1 km puis 15 mn – Gorges de la Lignarre★ NO :
3 km.

🛈 Office de Tourisme quai Girard (fermé.) 📞 80.03.25.

Paris 614 – Briançon 67 – Gap 118 – ◆Grenoble 49 – St-Jean-de-Maurienne 94 – Vizille 32.

  🏨 **l'Oberland,** 📞 80.24.24, 🐎 – 🕃🗄wc 🖧wc 🕿 🅿. 🅴 𝗩𝗜𝗦𝗔. 🕸 rest
  ➜ *10 mai-25 sept. et 15 déc.-25 avril* – SC : **R** 48/130 – � 14 – **30 ch** 125/140 – P
  168/176.

    au Châtelard NE : 12 km par D 211, D 211A et VO – ✉ 38520 Bourg d'Oisans :

  🏡 **La Forêt de Maronne** 🌦, 📞 80.00.06, ≤ – 🖧wc 🚗 🅿. 🍴🖫. 🕸 rest
  ➜ *15 juin-20 sept., 15 déc.-5 mai et week-ends sauf en mai et nov.* – SC : **R** 45/86 ⅃ –
  ⊿ 13 – **12 ch** 55/130 – P 135/165.

CITROEN Gar. Bonnenfant, les Sables-   **Gar. Caix,** 📞 80.02.60
en-Oisans 📞 80.07.00
PEUGEOT-TALBOT Gar. Pouchot, 📞 80.02.56

BOURG-D'OUEIL 31 H.-Gar. 👀 ⑳ – 18 h. alt. 1 350 – ✉ 31110 Luchon – ✪ 61.

Voir Vallée d'Oueil★ au SE – Kiosque de Mayrègne ✳★ SE : 5 km, G. Pyrénées.

Paris 858 – Luchon 15 – St-Gaudens 61 – Tarbes 105 – ◆Toulouse 151.

  🏡 **Sapin Fleuri** 🌦, 📞 79.21.90, ≤ – 🅿. 🕸 rest
  fermé 1ᵉʳ oct. au 20 déc. – **R** 55/70 – ⊿ 12 – **22 ch** 60/80 – P 140/160.

BOURG-EN-BRESSE 🅿 01000 Ain 👀 ③ G. Bourgogne – 44 967 h. alt. 240 – ✪ 74.

Voir Église de Brou★★ : tombeaux★★★, chapelles et oratoires★★★ BZ B – Monastère★ :
musée de l'Ain★ BZ E – Stalles★ de l'église N.-Dame BY K.

🛈 Office de Tourisme 6 av. Alsace Lorraine (fermé dim.) 📞 22.49.40 et bd de Brou (15 juin-15 sept.)
📞 22.27.76 - A C. 5 r. du Palais 📞 22.43.11.

Paris 427 ⑦ – Annecy 122 ③ – ◆Besançon 149 ② – Bourges 271 ⑦ – Chambéry 117 ④ – ◆Clermont-Fd
223 ⑤ – ◆Dijon 156 ⑦ – ◆Genève 120 ④ – Lyon 62 ⑤ – Roanne 119 ⑥.

Plan page suivante

  🏰 **Prieuré** 🕅 sans rest, 49 bd Brou 📞 22.44.60, « Bel aménagement intérieur », 🐎
  – 🕃 📺 🕿 ⅙ 🅿. 🅰🅴 ⑩ 𝗩𝗜𝗦𝗔. 🕸   BZ **a**
  fermé en janv. – SC : ⊿ 28 – **13 ch** 250/400.

  🏰 **Le Logis do Brou** 🕅 sans rest, 132 bd Brou 📞 22.11.55 – 🕃 🕿 🚗 🅿. 🅰🅴 ⑩
  𝗩𝗜𝗦𝗔   BZ **k**
  SC : ⊿ 18 – **30 ch** 90/220.

  🏨 **Chantecler** 🕅, 10 rte St-Étienne du Bois par ② 📞 22.44.88, 🍴, 🐎 – 📺 🗄wc
  🕿 🅿 – 🏛 60. 🍴🖫 🅰🅴 ⑩ 🅴 𝗩𝗜𝗦𝗔 🕸 rest
  SC : **R** *(fermé dim.)* 62/120 – ⊿ 17 – **28 ch** 135/160 – P 214/269.

  🏨 **Ariane** 🕅, bd Kennedy 📞 22.50.88 – 🕃 📺 🗄wc 🕿 ⅙ 🚗 🅿 – 🏛 30. 🍴🖫 🅴
  𝗩𝗜𝗦𝗔   BY **s**
  fermé 24 déc. au 2 janv., dim. (sauf hôtel de mars à oct.) et fêtes (sauf hôtel) – SC :
  R *(dîner seul. pour résidents)* 60/65 ⅃ – ⊿ 17 – **29 ch** 135/160.

  🏨 **France,** 19 pl. Bernard 📞 23.30.24 – 🕃 🗄wc 🖧wc 🕸 🚗. 🍴🖫 ⑩ 🅴   BY **e**
  SC : **R** *(fermé 20 nov. au 20 déc., sam. midi et dim.)* 60/100 ⅃ – ⊿ 18 – **51 ch**
  100/210.

  🏨 **Ibis** 🕅, ZAC Croix Blanche bd Ch.-de-Gaulle 📞 22.52.66 – 📺 🗄wc 🕿 ⅙ 🅿 –
  🏛 60. 🍴🖫 𝗩𝗜𝗦𝗔   BZ **d**
  SC : **R** *(fermé dim. midi)* carte environ 65 ⅃ – 🍽 18 – **42 ch** 158/181.

  🏨 **Régina** 🌦 sans rest, r. Malivert par r. Ch.-Robin 📞 23.12.81 – 🖧. 🅴   BY **u**
  SC : ⊿ 12,50 – **13 ch** 60/115.

🏵🏵🏵 ✿✿ **Auberge Bressane** (Vullin), face église de Brou 📞 22.22.68, 🍴 – 🅿. 🅰🅴
  fermé 6 au 21 juin, 15 nov. au 6 déc., lundi soir et mardi – **R** 100/240 et carte   BZ **f**
  Spéc. Mousse de St-Jacques au coulis de homard (d'oct. à mai), Soufflé de brochet aux écrevisses,
  Volaille de Bresse à la crème. **Vins** Montagnieu, Seyssel.

🏵🏵🏵 ✿ **Mail** (Charolles) avec ch, 46 av. Mail 📞 21.00.26 – 🗄wc 🕸 🅿. 🍴🖫 ⑩. 🕸
  fermé 11 au 26 juil., 19 déc. au 10 janv., dim. soir et lundi – SC : **R** *(nombre de*   AZ **v**
  couverts limité - prévenir) 75/140 – ⊿ 15 – **11 ch** 75/170 – P 220/280
  Spéc. Grenouilles sautées aux fines herbes, Poissons, Volaille de Bresse rôtie. **Vins** Beaujolais-
  Villages, St-Véran.

🏵🏵 **Le Français,** 7 av. Alsace-Lorraine 📞 22.55.14 – 🅰🅴 🅴 𝗩𝗜𝗦𝗔   BY **r**
  fermé 13 août au 6 sept., 24 déc. au 1ᵉʳ janv., sam. soir et dim. – SC : **R** 60/150.

🏵🏵 **Savoie,** 15 r. P.-Pioda 📞 23.29.24 – 🅰🅴 🅴 𝗩𝗜𝗦𝗔   BY **n**
  ➜ *fermé sept., merc. soir et jeudi* – SC : **R** 39/125 ⅃.

🏵🏵 **Chalet de Brou,** face église de Brou 📞 22.26.28   BZ **f**
  fermé 1ᵉʳ au 10 juin, jeudi soir et vend. – SC : **R** 45/120.

🏵🏵 **Trichard,** 4 cours Verdun 📞 23.11.24   BY **a**

🏵 **Rest. de l'Église de Brou,** face église de Brou 📞 22.15.28   BZ **f**
  ➜ *fermé 30 juin au 20 juil., 13 au 30 déc., mardi (sauf le midi en saison) et merc.* – SC :
  R 50/95 ⅃.

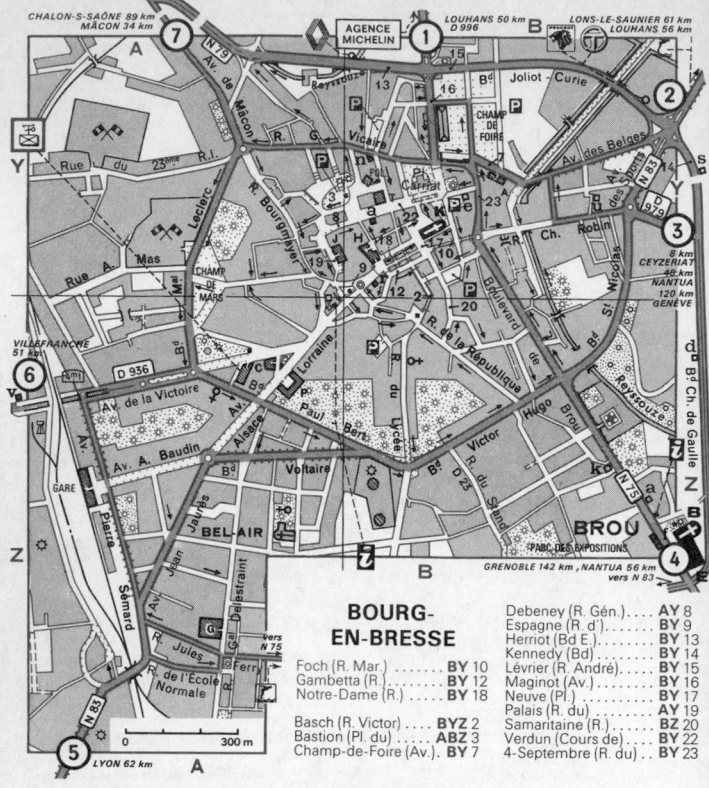

BOURG-EN-BRESSE

Foch (R. Mar.)	BY	10
Gambetta (R.)	BY	12
Notre-Dame (R.)	BY	18

Basch (R. Victor)	BYZ	2
Bastion (Pl. du)	ABZ	3
Champ-de-Foire (Av.)	BY	7

Debeney (R. Gén.)	AY	8
Espagne (R. d')	BY	9
Herriot (Bd E.)	BY	13
Kennedy (Bd)	BY	14
Lévrier (R. André)	BY	15
Maginot (Av.)	BY	16
Neuve (Pl.)	BY	17
Palais (R. du)	AY	19
Samaritaine (R.)	BZ	20
Verdun (Cours de)	BY	22
4-Septembre (R. du)	BY	23

à St-Just par ③ : 3 km D 979 – ⊠ 01250 Ceyzeriat :

XXX **La Petite Auberge,** ☎ 22.30.04, 🌿, « Auberge fleurie » – ⓪ VISA
fermé 5 janv. au 5 fév., lundi soir et mardi sauf en juil.-août – SC : **R** (prévenir)
85/170.

à La Vavrette par ④ : 9,5 km – ⊠ 01250 Ceyzeriat :

XX **Ferme H. de la Vavrette** avec ch, rte Pont d'ain ☎ 51.60.36, 🌿, ⌁, 🎋 – ⌂
⌸ ☎ ℗, 🖨 VISA
fermé 20 au 30 avril, 10 au 30 oct., lundi soir et mardi – SC : **R** 55/150 – � 18 – **9 ch**
90/150.

à Lent par ⑤ et D 22 : 10 km – ⊠ 01240 St-Paul-de-Varax :

X **Place,** ☎ 52.76.84
⟵ *fermé fév., en sept., lundi soir, merc. soir et mardi* – SC : **R** 48/90 🍸.

MICHELIN, Agence, rte de Marboz, Z.I. Extention-Nord par ① ☎ 23.21.43

ALFA-ROMEO Gar. de France, 22 r. 4-Septembre ☎ 23.19.34
CITROEN D.A.R.A., Zone Ind. Nord av. d'Arsonval par ⑦ ☎ 22.36.44 N
FIAT S.E.R.M.A., rte de Paris la Neuve à Viriat ☎ 23.19.55 N
FORD Gar. du Bugey, rte de Pont-d'Ain ☎ 22.32.66 N ☎ 22.39.16
PEUGEOT, TALBOT S.I.C.M.A., 19 bd Joliot-Curie ☎ 23.14.55
RENAULT A.R.N.O., bd Ed.-Herriot, Zone Ind. Nord ☎ 23.35.55

V.A.G. Europe-Gar., rte de Ceyzeriat ☎ 23.31.12

🖉 Carronnier, 13 r. G.-Vicaire et r. A.-Mercier ☎ 23.27.04
Comptoir Départemental Pneu, r. F.-Arago Zone Ind. Nord ☎ 23.34.41
Ruder-Pneus, 738 av. de Lyon, Péronnas ☎ 21.20.99

CONSTRUCTEUR : Renault Véhicules Industriels, Rte de Ceyzeriat ☎ 22.82.00

Don't get lost, use Michelin Maps which are kept up to date.

BOURGES P 18000 Cher 69 ① G. Périgord – 80 379 h. alt. 130 – ☎ 48.

Voir Cathédrale*** Z – Palais Jacques-Coeur** Y – Jardin des Prés-Fichaux* Y – Hôtel Lallemant* Y **B** – Jardins de l'Archevêché* Z – Tour octogonale* de l'Hôtel des Échevins Y **D** – Hôtel Cujas* : collections archéologiques* du musée du Berry Y **E**.

ℹ Office de Tourisme 14 pl. É. Dolet (fermé dim. hors sais.) ☎ 24.75.33 - A.C. 40 av. J.-Jaurès ☎ 24.01.36.

Paris 227 ① – Châteauroux 67 ⑥ – •Dijon 245 ② – Nevers 69 ③ – •Orléans 106 ⑨ – •Tours 150 ⑧.

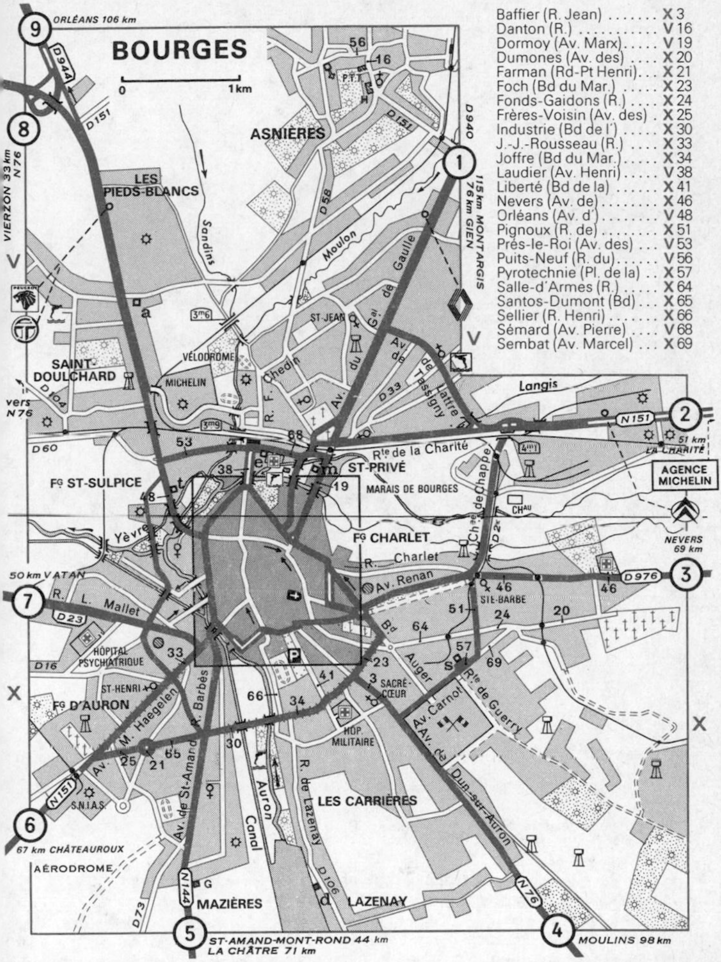

- Baffier (R. Jean) .... X 3
- Danton (R.) .... V 16
- Dormoy (Av. Marx)..... V 19
- Dumones (Av. des) ..... X 20
- Farman (Rd-Pt Henri)... X 21
- Foch (Bd du Mar.) ..... X 23
- Fonds-Gaidons (R.) .... X 24
- Frères-Voisin (Av. des) . X 25
- Industrie (Bd de l') ..... X 30
- J.-J.-Rousseau (R.) .... X 33
- Joffre (Bd du Mar.)..... X 34
- Laudier (Av. Henri)..... V 38
- Liberté (Bd de la) ...... X 41
- Nevers (Av. de) .... X 46
- Orléans (Av. d') .... V 48
- Pignoux (R. de) .... X 51
- Prés-le-Roi (Av. des) ... V 53
- Puits-Neuf (R. du)...... V 56
- Pyrotechnie (Pl. de la) .. X 57
- Salle-d'Armes (R.) ..... X 64
- Santos-Dumont (Bd) ... X 65
- Sellier (R. Henri) ...... X 66
- Sémard (Av. Pierre) .... V 68
- Sembat (Av. Marcel) ... X 69

Olympia sans rest, 66 av. Orléans ☎ 70.49.84 – 🛗 ⇔wc ⋒wc ☎ 🚗 P. 🚗 AE ⓓ E — V **t**
SC : ☕ 13 – **42 ch** 85/150.

Le D'Artagnan, 19 pl. Séraucourt ☎ 24.67.51 – 🛗 ⇔wc ⋒wc ☎ 🚗 – 🏛 40. AE ⓓ E — Z **b**
fermé 10 au 30 oct. et 10 au 24 fév. – SC : **R** *(fermé lundi)* 45/90 🍷 – ☕ 16 – **73 ch** 106/180.

Monitel M sans rest, 73 r. Barbès ☎ 50.23.62 – 🛗 ⇔wc ⋒wc ☎ 🚗 P – 🏛 40. 🚗 AE ⓓ E VISA — Z **u**
SC : ☕ 15 – **48 ch** 125/170.

tourner →

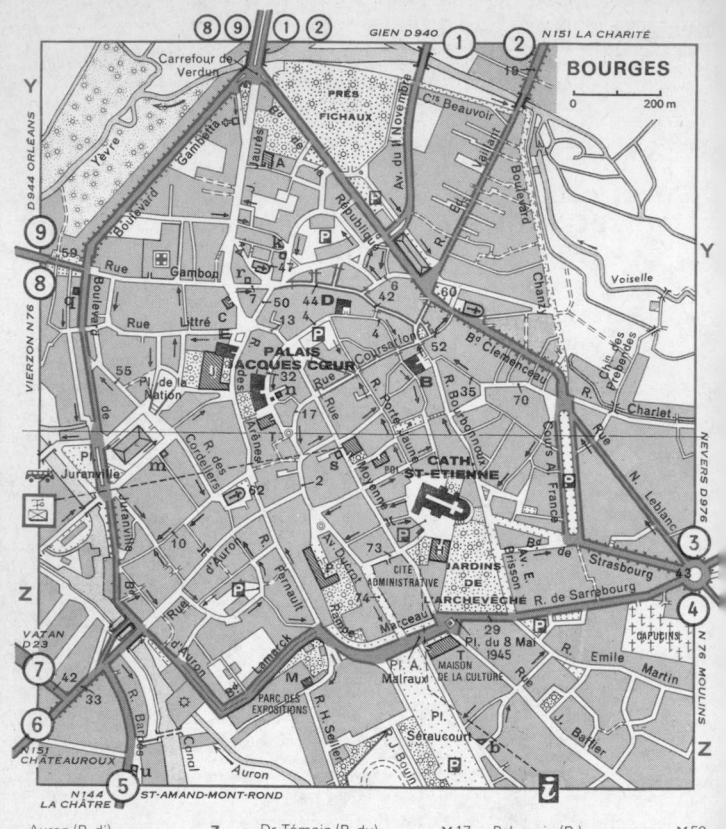

🏨 **Tilleuls** sans rest, 7 pl. Pyrotechnie ℡ 20.49.04, 🛱 – 📺 🛏wc 🛁wc ☎ 🅿. 🖼
ⓞ 𝘝𝘐𝘚𝘈
SC : 🖵 16 – **29 ch** 85/140.   X s

🏨 **Christina** sans rest, 5 r. Halle ℡ 70.56.50 – 🛗 🛏wc 🛁wc 🖭 – 🏸 60. 🖼 𝘝𝘐𝘚𝘈
SC : 🖵 13 – **76 ch** 106/160.   Z m

🏨 **Le Cygne** sans rest, 10 pl. Gén.-Leclerc ℡ 70.51.05 – 🛗 🛏wc 🛁wc 🖭 ⬌. 🖼
fermé 3 au 31 juil., 22 au 29 janv. et dim. – SC : 🖵 19,50 – **21 ch** 90/190.   V e

🏨 **Host. Gd Argentier**, 9 r. Parerie ℡ 24.84.31, 🏛, Maison du 15e s. – 🛏wc 🛁
🖭. 🖼 ⓐⓔ ⓞ 𝘝𝘐𝘚𝘈   Y k
fermé 22 déc. au 30 janv., dim. et lundi – SC : **R** 65/100 – 🖵 16,50 – **14 ch** 120/200.

🏨 **Étrangers** sans rest, 6 r. Cambournac ℡ 24.01.15 – 🛗 🛏wc 🛁wc 🖭 ⬌. 🖼
fermé 8 au 21 août et 22 déc. au 7 janv. – SC : 🖵 15 – **32 ch** 62/180.   Y r

🏨 **St-Jean** sans rest, 23 av. M.-Dormoy ℡ 24.13.48 – 🛗 🛏 🛁wc 🖭 ⬌ 🅿. 🖼 E
𝘝𝘐𝘚𝘈 – *fermé fév.* – SC : 🖵 12,50 – **24 ch** 68/160   V m

🏨 **Poste** sans rest, 22 r. Moyenne ℡ 70.08.06 – 🛗 🛏wc 🖭 🅿. 🖼   Z s
SC : 🖵 13 – **33 ch** 53/117.

🍴🍴🍴 ⊛ **Jacques Coeur**, 3 pl. J.-Coeur ℡ 70.12.72   Y n
fermé 13 juil. au 16 août, 24 déc. au 2 janv., dim. soir et sam. – SC : **R** carte 130 à 185
Spéc. Coquilles St-Jacques (15 oct.-15 avril), Rognon de veau berrichonne, Profiterolles au chocolat.
Vins Menetou-Salon, Quincy.

XX **Ile d'Or,** 39 bd Juranville ☎ 24.29.15 — ① E VISA   Y q
    fermé 1er au 15 sept., 15 fév. au 1er mars, lundi midi et dim. — SC : **R** carte 105 à 150.

XX **Aub Val d'Auron,** 170 r. Lazenay ☎ 20.13.32 — **P**. ① VISA   X d
    *fermé 24 août au 7 sept., vac. scolaires Noël, mardi soir (sauf du 1er juin au 1er
    sept.), merc. et sam. midi* — SC : **R** 67/150.

    à St-Doulchard NO : 3 km — 8 387 h. — ⊠ 18230 St-Doulchard :

🏨 **Logitel** M sans rest, ☎ 70.07.26 — ➥wc ☎ ➡ **P**. Æ ① E VISA   V a
    SC : ☲ 15 — **30 ch** 137/157.

    à Fenestrelay E : 5 km par av. Renan, chaussée de la Chappe (XV) et ② —
    ⊠ 18390 St-Germain-du-Puy :

X   **Aub. du Vieux Moulin,** ☎ 24.60.45, 斎 — **P**. VISA
↦   *fermé en août, dim. soir et lundi* — **R** 45/70.

MICHELIN, Agence régionale, Zone Ind. de la Charité à St-Germain-du-Puy ② ☎
24.64.11

ALFA-ROMEO Gar. Barbellion rte d'Orléans,
St-Doulchard ☎ 24.24.30
BMW Gar. Vergès, av. Prospective, Asnières-
lès-Bourges ☎ 70.47.20
CITROEN Générale-Auto, rte Charité, Zone
Ind. St-Germain-du-Puy ☎ 24.65.29 🄽 ☎ 24.
44.44
FORD Gar. St-Amand, 19 av. St Amand ☎
20.06.31
LADA-SKODA Gar. Salmon 3 bis r. de l'Ile
d'Or ☎ 65.79.40
MERCEDES-BENZ Succursale de Bourges, rte
de Marmagne ☎ 70.03.59

PEUGEOT-TALBOT Gd Gar. du Cher, rte Orléans, St-Doulchard ☎ 24.72.01
RENAULT Berry-Auto-Sport, Les Carrières, rte
de Moulins par ④ ☎ 20.20.78
RENAULT S.C.A.C., 259 av. Gén.-de-Gaulle ☎
24.99.97
V.A.G. Laudat, 99 rte de la Charité ☎ 70.15.17

◉ Berry-Pneus, 99 av. Dun ☎ 20.34.24
La Maison du Pneu, 21 r. Parmentier ☎ 70.19.91
Mathé, 58 bd Avenir ☎ 50.19.30

▰▰ **Le BOURGET (Aéroport de Paris)** 93 Seine-St-Denis 🗆🗆 ⑪. 🗆🗆🗆 ⑦⑰ — voir à Paris, Proche
banlieue.

▰▰ **Le BOURGET-DU-LAC** 73370 Savoie 🗆🗆 ⑮ G. Alpes — 2 270 h. alt. 262 — ✿ 79.

Voir Église : frise sculptée★ du chœur — Lac★★.

Env. Chapelle de l'Étoile ≼★★ N : 9 km puis 15 mn.

🄑 Office de Tourisme pl. du Gén.-Sevez (25 juin-5 sept. et fermé dim. après-midi) ☎ 25.01.99.

Paris 562 — Aix-les-Bains 9 — Belley 25 — Chambéry 11 — La Tour-du-Pin 48.

🏨 **Ombremont,** N : 2 km par N 504 ☎ 25.00.23, ≼ lac et montagnes, ❧ dans un
    parc, 斎, ⏋ — ☎ **P**. Æ ① E VISA
    29 avril-9 oct. — SC : **R** *(fermé lundi sauf juil.-août et fériés)* 95/195 — ☲ 30 — **18 ch**
    275/450.

🏨 **Port,** ☎ 25.00.21, ≼, 斎 — ▤ ➥wc 🇮wc ☎ ➡ — ♨ 30. ✼
    fermé 20 déc. au 5 fév. et jeudi — SC : **R** 66/105 — ☲ 17 — **30 ch** 110/160 —
    P 185/200.

🏨 **L'Etraz** ❧, tunnel du Chat N : 4 km par N 504 ⊠ 73370 Bourget-du-Lac ☎
    25.01.02, ≼ lac et montagnes, 斎 ➥wc 🇮wc ☎ **P** — ♨ 50 🚗 Æ ① VISA
    ✼ rest
    20 janv.-10 oct. et fermé merc. — SC : **R** 75/200 — ☲ 20 — **20 ch** 100/180 — P 150/200.

XXX ✿ **Bateau Ivre** (Jacob), ☎ 25.02.66, 斎, « Ancienne grange à sel, jardin » — **P**.
    Æ ① VISA
    11 mai-1er nov. et fermé mardi — **R** 100/230
    Spéc. Salade tiède aux trois poissons, Fricassée de ris et rognons de veau aux queues d'écrevisses,
    Banane en chemise. **Vins** Chignin, Marestel.

XXX **Aub. Lamartine,** rte du Tunnel N : 3,5 km par N 504 ⊠ 73370 Bourget-du-Lac,
    ☎ 25.01.03, ≼ lac, 斎 — **P**
    fermé 1er déc. au 23 janv., dim. soir et lundi — SC : **R** 100/160.

XX **Beaurivage** ❧ avec ch, bord du lac ☎ 25.00.38, ≼, 斎 — ➥ **P**. ✼ ch
    fermé janv. et mardi — SC : **R** 84/168 — ☲ 17 — **10 ch** 106/145.

    au Caton NO : 2,5 km par VO — ⊠ 73370 Bourget-du-Lac :

🏨 **La Cerisaie** ❧, rte Dent-du-Chat ☎ 25.01.29, lac et montagnes, 斎, ✿ — 🇮
    P. VISA
    fermé 18 déc. au 4 fév. — **R** 52/97 — ☲ 13 — **10 ch** 58/95 — P 115/128.

    à Bourdeau N : 4 km par D 14 — ⊠ 73370 Bourget-du-Lac :

🏨 **Terrasse** M ❧, au village ☎ 25.01.01, ≼, ✿ — ➥wc ☎ **P**. E VISA. ✼
    1er fév.-30 sept. et fermé merc. — SC : **R** 58/165 — ☲ 18 — **12 ch** 150/180 —
    P 187/200.

RENAULT Girardon, face Base Aérienne ☎ 25.01.91

BOURG-LASTIC 63760 P.-de-D. 📖 ⑫ – 1 276 h. alt. 750 – ✿ 73.

Paris 444 – Aubusson 63 – ◆Clermont-Ferrand 58 – Mauriac 81 – Montluçon 107 – Ussel 28.

   ※ **Pomme d'Or** avec ch, 🕾 21.80.18 – 🔄 🅿 🚗 🎴 🆅🆂🅰
   → *fermé 20 nov. au 20 déc. et merc. hors sais.* – SC : **R** 42/85 🍷 – ☲ 14 – **4 ch** 85/95
   – P 125/150.

PEUGEOT Gourgeonnet, 🕾 21.80.29   RENAULT Gar. Laurier, 🕾 21.80.46

BOURG-LES-VALENCE 26 Drôme 📖 ⑫ – rattaché à Valence.

BOURG-MADAME 66 Pyr.-Or. 📖 ⑯ G. Pyrénées – 1 184 h. alt. 1 130 – ⊠ **66800** Saillagouse
– ✿ 68.

🛈 Syndicat d'Initiative pl. Mairie (5 juil.-4 sept.) 🕾 04.55.35.

Paris 1012 – Andorre-la-Vieille 66 – Ax-les-Thermes 55 – Carcassonne 139 – Foix 97 – ◆Perpignan 100.

   🏠 **Host. Cerdane,** 🕾 04.53.16, 🚗 – 🔄wc 🔄wc 🚗 🅿 🔅 🅴 🆅🆂🅰
        fermé 7 au 31 janv. – SC : **R** 53 bc/95 🍷 – ☲ 12,50 – **35 ch** 65/160 – P 155/199.

   🏠 **Celisol** sans rest, 🕾 04.53.70, 🚗 – 🔄wc 🔄wc 🚗 🅿
        SC : ☲ 14 – **11 ch** 109/123.

RENAULT Gar. Pallarès, 🕾 04.50.01

Le BOURGNEUF-LA-FORÊT 53 Mayenne 📖 ⑲ – 1 402 h. alt. 120 – ⊠ 53410 Port-Brillet –
✿ 43.

Paris 293 – Domfront 62 – Ernée 17 – Fougères 29 – Laval 19 – Mayenne 34 – Vitré 23.

   ※※ **A la Vieille Auberge** avec ch, 🕾 01.51.12 – 🔄wc 🚗 🚗 🅰🅴 🅴
   → *fermé 19 au 29 sept., janv., dim. et fériés le soir* – SC : **R** 36/90 – ☲ 13 – **8 ch** 65/90
   – P 110/130.

BOURGOIN-JALLIEU 38300 Isère 📖 ⑬ G. Vallée du Rhône – 23 625 h. alt. 254 – ✿ 74.

🛈 Office de Tourisme pl. Carnot (fermé dim. et lundi matin) 🕾 93.47.50.

Paris 503 ⑦ – Bourg-en-Bresse 78 ① – ◆Grenoble 64 ③ – ◆Lyon 41 ⑦ – La Tour-du-Pin 15 ③ –
Vienne 38 ⑥.

BOURGOIN-JALLIEU

Belmont (R. Robert)	B 3
Libération (R. de la)	B 12
Liberté (R. de la)	B 13
Pontcottier (R.)	B
République (R. de la)	AB 20

St-Michel (Pl.)	B 22
23-Août (Pl. du)	B 27
Alsace-Lorraine (Av. d')	A 2
Carnot (Pl.)	B 4
Carnot (R.)	AB 5
Clemenceau (R. Georges)	A 6
Gambetta (Av.)	A 7
Génin (R. Ambroise)	A 8

Halle (Pl. de la)	B 10
Moulin (R. J.)	B 14
Moulins (R. des)	B 15
Paix (R. de la)	A 16
Pouchelon (R. de)	B 17
République (R. de la)	A 18
Seigner (R. Joseph)	AB 23
Stalingrad (R. de)	B 25
Victor-Hugo (R.)	B 26

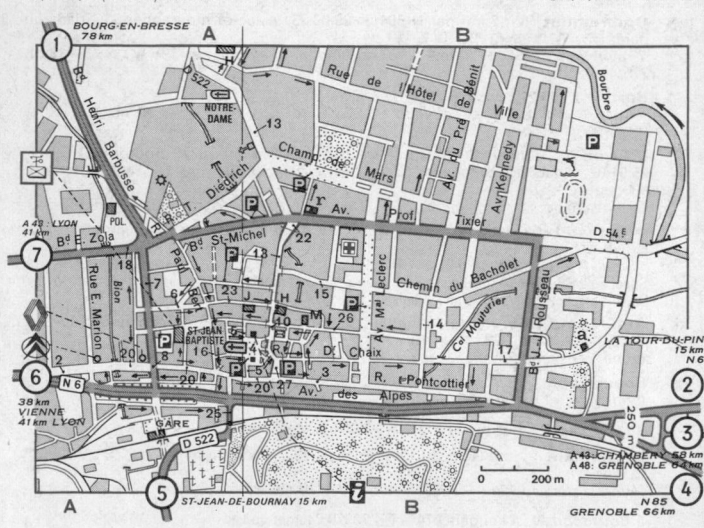

   🏠 **Commerce** sans rest, av. Tixier 🕾 93.38.01 – 🚗   B **r**
        fermé août et dim. – SC : ☲ 13 – **20 ch** 45/80.

   ※※ **Chavancy,** av. Tixier 🕾 93.63.88 – 🍽 🅴 🆅🆂🅰   B **r**
   → *fermé août, en fév., dim. soir et lundi* – SC : **R** 50/170 🍷.

à La Grive par ⑥ : 4 km – ✉ 38300 Bourgoin-Jallieu :

✗ **Petite Auberge** avec ch, N 6 ☏ 93.48.52 – **℗**. ℀ rest
✦ *fermé août et sam.* – SC : **R** 43/65 – ➤ 15 – **5 ch** 45/60.

à L'Isle-d'Abeau par ① et D 208 : 4,5 km – ✉ 38300 Bourgoin-Jallieu :

🏠 **Campanile** Ⓜ ⏰, échangeur A 43 Bourgoin ouest ☏ 93.50.63, ≼ – 🛏wc ☏ 🕭, **℗** – 🛆 30. *VISA*
SC : **R** 55 bc/80 bc – ➤ 20 – **46 ch** 173.

🏠 **Relais du Çatey** ⏰, ☏ 93.32.64, 🍽, 🌳 – 🛏wc 🔥 **℗**. 🖼. ℀ ch
✦ *fermé août* – SC : **R** *(fermé dim. soir et merc.)* 45/82 🍷 – 🗜 15 – **10 ch** 60/120.

à La Combe des Éparres par ③ : 7 km – ✉ 38300 Bourgoin-Jallieu :

🏡 **L'Auberge**, sur N 85 ☏ 92.01.17 – 🛏wc
✦ *fermé sept. et lundi* – SC : **R** 33/86 🍷 – ➤ 14 – **10 ch** 60/100 – P 110/140.

à St-Savin par ① : 7 km – ✉ 38300 Bourgoin-Jallieu :

🏠 **La Rivière** ⏰, ☏ 93.72.16, 🍽, 🌳 – 🔥 **℗** – 🛆 25. ℀ ch
✦ *fermé 21 juil. au 19 août, dim. soir (sauf hôtel) et merc.* – SC : **R** 43/87 🍷 – 🗜 12.50
– **10 ch** 60/78 – P 135.

✗✗ **Les Trois Faisans**, ☏ 93.73.74, 🍽 – *VISA*
fermé 29 août au 12 sept., en fév., fêtes (le soir) et lundi – SC : **R** 52 *(sauf fêtes)*/110.

CITROEN J.-B. Pellet, 5 av. Alsace-Lorraine ☏ 93.25.63
FORD Parenton, 15 r. Pontcottier ☏ 93.34.10
PEUGEOT, TALBOT Pellet, ZAC La Maladière par ⑦ ☏ 93.00.90
RENAULT Girard, quai de la Bourbre par D522 A ☏ 93.08.36
RENAULT Gar. Pin, 63 r. République ☏ 93.18.04

VOLVO Blondet, N 6, Ruy ☏ 93.43.24

🔧 Mathieu-Pneus, 14 bis r. de Funas ☏ 28.00.22
Piot-Pneu, Zone Ind. La Maladière ☏ 93.66.31
Prieur-Pneus, 17 av. Alsace-Lorraine ☏ 93.31.34
Tessaro-Pneus, 74 av. Prof. Tixier ☏ 28.33.10

BOURG-ST-ANDÉOL 07700 Ardèche 🔟🔟 ⑨⑩ G. Vallée du Rhône (plan) – 7 083 h. alt. 68 – ☘ 75.

Voir Église★.

🛈 Syndicat d'Initiative pl. Champ-de-Mars (1er avril-30 sept. et fermé dim.) ☏ 04.54.20.

Paris 630 – Montélimar 28 – Nyons 51 – Pont-St-Esprit 15 – Privas 55 – Vallon-Pont-d'Arc 30.

🏠 **Moderne**, pl. Champ-de-Mars ☏ 04.50.12 – 🛏wc 🔥🛏wc ☏ 🚗, 🖼 **E**. ℀ rest
✦ *mars-nov.* – SC : **R** *(fermé sam. midi et dim. soir)* 45/95 🍷 – ➤ 15 – **21 ch** 65/140.

CITROEN Goussard, 13 fg Notre-Dame ☏ 04.50.27 🅽

RENAULT Provence-Gar., av. F.-Chalamel ☏ 04.51.88

BOURG-ST-MAURICE 73700 Savoie 🔢 ⑱ G. Alpes – 5 729 h. alt. 840 – Sports d'hiver aux Arcs : 1 600/3 000 m 🚡1 🚠43 – ☘ 79.

🏌 de Chantel ☏ 07.26.00 S : 20 km.

Paris 662 – Albertville 54 – Aosta 86 – Chambéry 101 – Chamonix 83 – Moûtiers 27 – Val d'Isère 31.

🏨 **Concorde** Ⓜ, av. Mar.-Leclerc ☏ 07.08.90 – 🛗 🛏wc ☏ 🚗, 🖼
✦ *fermé mai et oct.*   SC : **R** *(fermé lundi midi hors sais.)* 65/90 – 🗜 20 – **32 ch** 140/160 – P 180/200.

🏠 **Host. Petit St-Bernard**, av. Stade ☏ 07.04.32, 🍽 – 🛏wc ☏ 🚗 **℗**. 🖼 Æ
✦ ⓪ *VISA*
20 juin-15 sept. et 16 déc.-20 avril – SC : **R** 50/65 – 🗜 16 – **24 ch** 80/145 – P 145/180.

🏠 **Petite Auberge** ⏰, au pont par rte de Moûtiers ☏ 07.05.86, ≼, 🍽, 🌳, ℀
✦ – 🛏wc 🔥 **℗**. ℀ ch
23 mai-24 sept. et 2 nov.-24 avril – SC : **R** *(fermé lundi midi)* 50/75 – 🗜 16,50 –
15 ch 85/150 – P 148/170.

🏡 **Bon Repos** sans rest, r. Centenaire ☏ 07.01.78 – 🔥 🖼 *VISA*. ℀
SC : ➤ 12 – **10 ch** 62/90.

✗ **Edelweiss**, face gare ☏ 07.05.55
✦ *fermé 1er au 22 juin et 1er au 16 nov.* – SC : **R** 35/70.

PEUGEOT-TALBOT Martin A., ☏ 07.01.44 🅽 ☏ 07.03.06

RENAULT Gar. Guyon, ☏ 07.27.11
V.A.G. Ayet, ☏ 07.04.52

BOURGTHEROULDE-INFREVILLE 27520 Eure 🔢 ⑥ G. Normandie – 2 594 h. alt. 134 – ☘ 35.

Paris 142 – Bernay 32 – Elbeuf 11 – Évreux 46 – Louviers 26 – Pont-Audemer 31 – ✦Rouen 26.

✗✗✗ **Corne d'Abondance** avec ch, ☏ 87.60.08, 🌳 – **℗**. 🖼 **E** *VISA*
fermé août, vacances de fév., mardi et merc. – SC : **R** 55/180 – 🗜 15 – **12 ch** 65/150
– P 180/300.

PEUGEOT Martin, ☏ 87.60.83

🔧 Parmentier-Pneus, ☏ 87.60.16

BOURGUEIL 37140 I.-et-L. 🔢 ⑬ G. Châteaux de la Loire – 3 620 h. alt. 42 – ❄ 47.

🏢 Syndicat d'Initiative à la Mairie (fermé sam. et dim.) ☏ 97.70.50.

Paris 278 – Angers 63 – Chinon 17 – Saumur 22 – ◆Tours 45.

🏠 **Le Thouarsais** sans rest, ☏ 97.72.05, 🚗 – ➘wc 🛏wc.
fermé fév. – SC : 🍴 10.50 – **30 ch** 49/115.

🍴🍴 **Germain,** ☏ 97.72.22 – **E**
fermé oct., dim. soir et lundi – SC : **R** 58/90.

à Benais NE : 5 km – ✉ 37140 Bourgueil :

🍴 **Aub. Campagnarde,** pl. Église ☏ 97.30.08 – 💳
◆ fermé lundi – SC : **R** 35/135 🍷.

PEUGEOT-TALBOT Delafuye, av. de St-Nicolas, la Villatte ☏ 97.70.48
RENAULT Gozillon, à St-Nicolas-de-Bourgueil
☏ 58.71.03

⚫ Chommeloux, ☏ 97.71.26

La BOURNE (Gorges de) ★★★ 38 Isère 🔢 ④ G. Alpes.

BOURROUILLAN 32 Gers 🔢 ③ – rattaché à Eauze.

BOURTH 27580 Eure 🔢 ⑤ – 1 074 h. alt. 192 – ❄ 32.

Paris 127 – l'Aigle 14 – Évreux 43 – Verneuil sur Avre 18.

🍴🍴 **Aub. Chantecler,** face Église ☏ 32.61.45 – **E** 💳
fermé dim. soir et lundi du 15 sept. au 30 avril – SC : **R** 55/180.

BOUSSAC 23600 Creuse 🔢 ⑳ G. Périgord – 1 954 h. alt. 334 – ❄ 55.

Voir Site★ du château.

Env. Toulx Ste-Croix : ⛰★★ de la tour S : 11 km.

🏢 Office de Tourisme Château ☏ 65.07.62.

Paris 337 – Aubusson 47 – La Châtre 36 – Guéret 41 – Montluçon 34 – St-Amand-Montrond 52.

🏠 **Central,** ☏ 65.00.11 – ⚫ 📻 💳
◆ SC : **R** 34/125 – ⬜ 10 – **15 ch** 43/75 – P 100/190.

🍴🍴 **Relais Creusois** avec ch, rte La Châtre ☏ 65.02.20 – 💳
fermé 20 au 26 juin, janv. et lundi – SC : **R** 80/190 – ⬜ 18 – **6 ch** 75 – P 240.

à Nouzerines NO : 11 km par D 97 – ✉ 23600 Boussac :

🏠 **La Bonne Auberge** 🌿, ☏ 82.01.18 – ➘wc 🅿. 🍽
◆ fermé 1er au 15 sept. et vacances de fév. – SC : **R** 29/78 – ⬜ 9 – **8 ch** 45/110 –
P 107/190.

FORD Chabridon, ☏ 65.03.08
PEUGEOT Chauvet, ☏ 65.04.11

RENAULT Chaubron, ☏ 65.01.32
TALBOT Privat, ☏ 65.04.25

BOUSSENS 31 H.-Gar. 🔢 ② – 698 h. alt. 271 – ✉ 31360 St-Martory – ❄ 61.

Paris 775 – Auch 80 – Auterive 50 – Pamiers 73 – St-Gaudens 24 – St-Girons 34 – ◆Toulouse 66.

🏠 **Lac,** ☏ 90.01.85, ≼, 🍴, 🚗 – ➘ 🅿
fermé janv. et fév. – **R** 50/150 🍷 – ⬜ 15 – **12 ch** 60/85 – P 130.

BOUT-DU-LAC 74 H.-Savoie 🔢 ⑯ – alt. 448 – ✉ 74210 Faverges – ❄ 50.

Voir Combe d'Ire★ S : 3 km, G. Alpes.

Paris 566 – Albertville 28 – Annecy 17 – Megève 43.

au Bord du Lac :

🍴🍴 **Sautreau** avec ch, ☏ 44.30.02, ≼, 🏖, 🚗 – ➘wc 🛏 🅿
15 mars-30 sept. – SC : **R** (fermé merc. sauf juil. et août) 65/160 – ⬜ 16 – **12 ch**
120/180 – P 150/200.

🍴🍴 **Chappet** avec ch, ☏ 44.30.19, ≼, 🏖 – ➘wc 🅿
1er mars-fin sept. et fermé merc. hors sais. – SC : **R** 60/140 – ⬜ 16 – **11 ch** 75/180 –
P 135/180.

à Doussard S : 3 km par N 508 et VO – ✉ 74210 Faverges :

🏨 **Marceau** 🌿, à Marceau-Dessus O : 2 km par VO ☏ 44.30.11, ≼ lac et montagnes,
🚗, ➘wc 🅿 📻 💳
1er fév.-2 nov. – SC : **R** 100/120 – ⬜ 22 – **26 ch** 130/350 – P 230/350.

🏠 **Martinet** 🌿, ☏ 44.30.06, 🚗 – ➘wc 🛏wc 🅿 🍽 rest
◆ Mai-oct. – SC : **R** 45/60 – ⬜ 14 – **20 ch** 55/155 – P 130/165.

🏠 **Arcalod** 🌿, ☏ 44.30.22, ≼, 🚗 – 🛏wc 🅿 🍽
◆ vacances de Pâques-fin sept. – SC : **R** 50/72 🍷 – ⬜ 14 – **30 ch** 70/100 – P 135/155.

BOUT-DU-PONT-DE-LARN 81 Tarn 🔢 ⑫ – rattaché à Mazamet.

248

BOUXWILLER 67330 B.-Rhin 57 ⑱ G. Vosges – 3 706 h. alt. 220 – ✺ 88.

Env. Tapisseries★★ dans l'église St-Pierre et St-Paul★ de Neuwiller-les-Saverne O : 7 km.

Paris 457 – Bitche 34 – Haguenau 25 – Sarrebourg 38 – Saverne 15 – ♦Strasbourg 42.

   🏠 **Heintz,** 84 Grand'Rue ⌕ 70.72.57, 🚗 – 🏚wc 🅿. 🛇 ch
   ← *fermé 23 janv. au 5 fév.* – SC : **R** 42/87 🍷 – 🖙 10,50 – **14 ch** 75/100 – P 120/140.

   🏠 **Soleil,** Gde-Rue ⌕ 70.70.06 – 🖃wc 🏚 🕿 🚗, 🚐🛎 **E.** 🛇 rest
   ← *fermé 15 juin au 9 juil., vacances de fév., dim. soir et merc.* – SC : **R** 30/120 🍷 – 🖙 15 – **16 ch** 55/150 – P 140/170.

CITROEN Stehly, à Ingwiller ⌕ 89.42.41   LADA, SKODA Gunther, ⌕ 70.72.11 🛚

BOUZIGUES 34 Hérault 83 ⑯ – rattaché à Mèze.

BOYARDVILLE 17 Char.-Mar. 71 ⑬ – voir à Oléron.

BOZOULS 12340 Aveyron 80 ③ G. Causses – 1 817 h. alt. 610 – ✺ 65

Voir Trou de Bozouls★.

Paris 589 – Espalion 11 – Mende 95 – Rodez 22 – Sévérac-le-Château 41.

   🏠 **A la Route d'Argent,** sur N 88 ⌕ 44.92.27 – 🏚 🕾 🅿
   ← *fermé 15 au 31 déc.* – SC : **R** 36/95 🍷 – 🖙 11 – **20 ch** 52/80 – P 120/140.

   XX **Le Belvédère** 🏖 avec ch, ⌕ 44.92.66, ≤ – 🖃wc 🏚 🕾 🚗, 🚐🛎 E 𝘝𝘐𝘚𝘈
   ← *fermé 1er au 15 oct., fév. et lundi soir hors sais.* – SC : **R** 35/100 – 🖙 12 – **9 ch** 75/100 – P 120/140.

BRACIEUX 41250 L.-et-Ch. 64 ⑱ G. Châteaux de la Loire – 1 019 h. alt. 81 – ✺ 54.

Paris 183 – Blois 18 – Châteauroux 91 – Montrichard 40 – ♦Orléans 53 – Romorantin-Lanthenay 32.

   🏠 **Le Cygne et rest. Autebert,** r. Brun ⌕ 46.41.07 – 🖃wc 🅿 𝘝𝘐𝘚𝘈
       fermé 15 janv. au 28 fév. – SC : **R** 55/150 – 🖙 15 – **20 ch** 80/180 – P 160/180.

   XX ✿✿ **Le Relais** (Robin), 1 av. Chambord ⌕ 46.41.22, ≤. 𝘈𝘌 ⓞ 𝘝𝘐𝘚𝘈
       fermé 20 déc. au 27 janv., lundi soir et mardi – SC : **R** (nombre de couverts limité - prévenir) 140/200 et carte
       Spéc. Carpe à la Chambord (10 sept. au 30 mai), Filets de pigeonneau au citron, Gibier (20 sept. au 15 déc.). Vins Cheverny, Côteaux du Giennois.

RENAULT Gar. Warsemann, ⌕ 46.42.46   Gar. Chambon, ⌕ 46.41.10 🛚

La BRAGUE 06 Alpes-Mar. 84 ⑨. 195 ㉕㊵ – rattaché à Antibes.

BRANCION 71 S.-et-L. 70 ⑪ – rattaché à Tournus.

BRANDÉRION 56 Morbihan 63 ① – rattaché à Hennebont.

BRANNE 33420 Gironde 75 ⑫ – 764 h. alt. 15 – ✺ 57.

🛈 Syndicat d'Initiative à la Mairie (fermé sam. et dim.) ⌕ 84.52.33.

Paris 616 – Bergerac 55 – ♦Bordeaux 32 – Libourne 13 – Marmande 57.

   🏠 **France,** ⌕ 84.50.06 – 🖃wc 🏚 🕾. 🛇
   ← *fermé oct. et mardi de nov. à fin avril* – SC : **R** 50/120 🍷 – 🖙 12 – **15 ch** 105/185 – P 140/190.

RENAULT Peyron, ⌕ 84.50.16

BRANTÔME 24310 Dordogne 75 ⑤ G. Périgord – 2 086 h. alt. 103 – ✺ 53.

Voir Site★ – Clocher★★ de l'église abbatiale.

🛈 Syndicat d'Initiative Pavillon Renaissance (1er juin- 30 sept.) ⌕ 05.80.52.

Paris 483 – Angoulême 58 – ♦Limoges 90 – Nontron 22 – Périgueux 27 – Ribérac 37 – Thiviers 26.

   🏨🏨 ✿ **Chabrol** (Charbonnel), ⌕ 05.70.15 – 📺 🕿 𝘝𝘐𝘚𝘈 🛇
       fermé 15 nov. au 12 déc., vacances de fév., dim. soir et lundi du 1er oct. au 15 juin – SC : **R** (dim. prévenir) 85/250 – 🖙 20 – **21 ch** 140/190
       Spéc. Salade de la mer, Filet de sole aux écrevisses (sauf fin mars à juin), Chausson aux truffes. Vins Leparon, Pécharmant.

   XXX ✿ **Moulin de l'Abbaye** (Bulot) 🅼 🏖 avec ch, ⌕ 05.80.22, Télex 560570, ≤, « Terrasse au bord de l'eau », 🚗 – 📺 🖃wc 🏚 🕾 𝘈𝘌 ⓞ E 𝘝𝘐𝘚𝘈
       10 mai-3 oct. – SC : **R** *(fermé lundi)* 100/200 – 🖙 35 – **8 ch** 360
       Spéc. Langoustines aux pointes d'asperges, Aiguillette de canard au Bergerac, Gratin de fruits aux liqueurs. Vins Cahors, Bergerac.

   X **Aub. du Soir** avec ch, ⌕ 05.82.93 – 🏚. 🚐🛎
   ← *fermé janv., fév. et lundi du 1er oct. au 31 déc.* – SC : **R** 45/130 – 🖙 15 – **8 ch** 100/150 – P 130/160.

BRANTÔME

    à Champagnac de Belair NE : 6 km par D 78 et D 83 – ⊠ 24530 Champagnac de Belair :

XXX ✿✿ **Moulin du Roc** (Mme Gardillou) Ⓜ ⏜ avec ch, ℡ 54.80.36, ≼, 🍴, « Ancien moulin à huile au bord de l'eau », 🌳 – 📺 🛁wc ☎ 🚗 Ⓟ. ☒ 🆎 ⓪ Ε 𝘝𝘐𝘚𝘈
🍴 rest
25 mars-1ᵉʳ nov. – SC : **R** *(fermé mardi)* (nombre de couverts limité-prévenir) 90/200 et carte – ⌂ 30 – **8 ch** 260/300 – P 440/460
Spéc. Filets de truite fourrés aux cèpes, Foie gras poêlé à la ciboulette, Pigeon aux choux verts. Vins Pécharmant.

    à Bourdeilles SO : 10 km – ⊠ 24310 Brantôme :

    Voir château★ et mobilier★★.

🏠 **Griffons,** ℡ 05.75.61 – 🛁wc ☎ Ⓟ. ☒ 🆎 Ε 𝘝𝘐𝘚𝘈
26 mars-3 oct. – SC : **R** 75/150 – ⌂ 20 – **10 ch** 185 – P 250/300.

CITROEN Tournier et Tamisier, ℡ 05.70.29   RENAULT Périgord Vert Autom., ℡ 05.70.24

BRAS 83149 Var 𝟠𝟜 ⑤ – 638 h. alt. 315 – ✿ 94.
Paris 812 – Aix-en-Provence 53 – Aubagne 43 – Brignoles 15 – Draguignan 52 – ♦Toulon 57.

X **des Allées** ⏜ avec ch, ℡ 78.73.03 – 🔥
oct. à Pâques rest. seul.; fermé janv. et jeudi – SC : **R** 55/90 – ⌂ 12 – **14 ch** 55/80 – P 120/130.

BRASSAC-LES-MINES 63570 P.-de-D. 𝟟𝟞 ⑤ – 4 158 h. alt. 409 – ✿ 73.
Env. Auzon : site★, statue de N.-D.-du-Portail★★ dans l'église SE : 6,5 km, G. Auvergne.
Paris 443 – Brioude 17 – Issoire 20 – Murat 60 – Le Puy 77 – St-Flour 59.

🏠 **Le Limanais,** rte Lempdes ℡ 54.13.98 – 🛁wc 🔥wc Ⓟ. 𝘝𝘐𝘚𝘈
➡ *fermé juil. et lundi de nov. à mars* – SC : **R** 45/90 ⚮ – ⌂ 15 – **20 ch** 80/150 – P 100/140.

FORD. Gar. Jourdes, ℡ 54.10.02

BRÉDANNAZ 74 H.-Savoie 𝟟𝟜 ⑥⑯ – alt. 450 – ⊠ 74210 Faverges – ✿ 50.
Paris 551 – Albertville 30 – Annecy 15 – Megève 45.

🏠 **Azur du Lac,** ℡ 68.67.49, ≼, 🐾, 🌳 – 🛁wc 🔥 ☎ 🚗 Ⓟ
1ᵉʳ mars-30 sept. – SC : **R** 55/100 – ⌂ 14 – **30 ch** 80/170 – P 125/185.

🏠 **Port et Lac,** ℡ 68.67.20, ≼, 🐾 – 🛁wc 🔥wc ☎ Ⓟ – 🚲 25
fermé déc. et janv. – SC : **R** 60/115 – ⌂ 16 – **19 ch** 80/200 – P 160/220.

    à Chaparon S : 1,5 km par VO – ⊠ 74210 Faverges :

🏠 **Châtaigneraie** ⏜, ℡ 44.30.67, ≼, « Prairie ombragée », 🌳 – 🛁wc 🔥wc ☎ Ⓟ – 🚲 25. ☒ Ε 𝘝𝘐𝘚𝘈. 🍴
1ᵉʳ fév.-1ᵉʳ nov. et fermé lundi en oct. et du 1ᵉʳ fév. au 1ᵉʳ mai – SC : **R** 54/160 – ⌂ 17 – **21 ch** 140/160 – P 170/185.

BRÉHAL 50290 Manche 𝟝𝟡 ⑦ – 2 043 h. alt. 52 – ✿ 33.
🏌 ℡ 61.60.73 O : 5 km.
🅱 Syndicat d'Initiative r. Gén.-de-Gaulle (15 juin-15 sept. et fermé dim.) ℡ 61.64.13.
Paris 347 – Coutances 19 – Granville 10 – St-Lô 46 – Villedieu-les-Poêles 26.

🏠 **Gare,** ℡ 61.61.11 – 🚗 Ⓟ. 🍴 ch
➡ *fermé 19 déc. au 1ᵉʳ fév., 25 sept. au 10 oct., dim. soir et lundi sauf juil. et août* – SC : **R** 38/105 – ⌂ 13 – **9 ch** 61/71 – P 119/159.

CITROEN Gar. Bréhalais, ℡ 61.61.30   RENAULT Lainé, ℡ 61.62.52
PEUGEOT-TALBOT Jeanne, ℡ 61.63.12

BRÉHAT (Ile de) ★ 22870 C.-du-N. 𝟝𝟡 ② G. Bretagne – 553 h. alt. 52 – ✿ 96.
Voir Tour de l'île★★ en vedette 1 h – Phare du Paon★ – Croix de Maudez ≼★ – Chapelle St-Michel ≼★.
Accès : Transports maritimes, pour **Port-Clos.**
⛴ depuis **St-Quay-Portrieux.** En 1982 : de juin à sept. services quotidiens suivant marées - Traversée 1 h 30 – 70 F (AR). Renseignements : Vedettes de Bréhat ℡ 20.00.66.
⛴ depuis la **Pointe de l'Arcouest.** En 1982 : de 5 (hiver) à 20 (été) services quotidiens - Traversée 10 mn – 13 F (AR). Renseignements : Vedettes de Bréhat ℡ 20.00.66.

🏠 **Vieille Auberge** ⏜, au bourg ℡ 20.00.24 – 🛁wc 🔥wc ☎ 🍴 ch
Pâques-6 nov. – SC : **15 ch** (pens. seul.) – P 245.

🏠 **Bellevue** ⏜, Port-Clos ℡ 20.00.05, ≼ – 🔥 🍴
Pâques-fin sept. – SC : **R** *(juin-15 sept.)* 55/100 – ⌂ 15 – **12 ch** 65/120 – P 160/170.

BREIL-SUR-ROYA 06540 Alpes-Mar. 🎱 ⑳. 🔲🔲🔲 ⑱ G. Côte d'Azur – 2 232 h. alt. 286 – ✪ 93
– Env. Saorge : site★★, ≤★, Couvent des Franciscains ≤★ et gorges★★ N : 9 km.

Paris 993 – Menton 36 – ◆Nice 60 – Tende 21 – Ventimiglia 25.

　🏠　**Relais des Salines** Ⓜ, N : 1 km sur N 204 ☎ 04.43.66, parc – 🛏️wc 🅿️. 🚙🚐.
　　🛐 rest
　　fermé déc. et janv. – SC : **R** 75/165 ♨ – 🍽️ 21 – **14 ch** 200.

BREITENBACH 68 H.-Rhin 🔲🔲 ⑱ – rattaché à Munster.

BRÈMES 62 P.-de-C. 🔲🔲 ② – rattaché à Ardres.

La BRESSE 88250 Vosges 🔲🔲 ⑰ G. Vosges – 5 395 h. alt. 650 – Sports d'hiver : 900/1 300 m
🚡28, 🎿 – ✪ 29.

🅱️ Office de Tourisme 21 quai Iranées (fermé dim. et lundi) ☎ 25.41.29, Télex 960573.

Paris 444 – Colmar 54 – Épinal 60 – Gérardmer 14 – Remiremont 33 – Thann 42 – Le Thillot 19.

　🏨　**Vallées** Ⓜ 🔄, r. P.-Claudel ☎ 25.41.39, Télex 960573, ≤, « Parc », 🏊, 🎾 – 📶
　◆　📺 ☎ 🔄 🅿️ – ♨ 25. 🆎 ⓄⒹ 🅴 🆅🆂🆁
　　fermé 10 nov. au 10 déc. – SC : **R** 45/100 ♨ – 🍽️ 16 – **60 ch** 150/190 – P 180/210.

　🏠　**du Chevreuil Blanc**, 5 r. P. Claudel ☎ 25.41.08 – 🛏️wc ☎ 🅿️. 🚙🚐
　◆　*fermé 1ᵉʳ au 15 juin et 15 sept. au 1ᵉʳ oct.* – SC : **R** 40/60 ♨ – 🍽️ 10 – **10 ch** 120 – P
　　150/160.

　🏠　**Lac des Corbeaux**, E : 2,5 km par rte de la Schlucht ☎ 25.41.17, ≤, 🌳 – 🛏️wc
　◆　🅿️. 🅴 🆅🆂🆁. 🛐
　　fermé oct. – SC : **R** 50/100 – 🥄 13 – **30 ch** 70/130 – P 135/165.

　　au NE : 6,5 km par D 34 et D 34D – ✉️ **88250** La Bresse :

　🍴🍴　**Aub. du Pêcheur** 🔄 avec ch., ☎ 25.43.86, ≤ – cuisinette 📺 🛏️wc 🅿️. 🚙🚐 🆎
　◆　Ⓞ🆅🆂🆁
　　fermé 20 au 30 mars, 15 au 30 juin, 1ᵉʳ au 15 déc., mardi soir et merc. hors sais. –
　　SC : **R** 38/75 ♨ – 🍽️ 12 – **4 ch** 80/90.

　　à Belles Huttes NE : 8 km par D 34 et D 34D – ✉️ **88250** La Bresse :

　🍴　**Le Slalom**, ☎ 25.41.71, ≤ – 🅿️
　◆　*fermé 1ᵉʳ nov. au 1ᵉʳ déc.* – SC : **R** 45/100 ♨.

BRESSOLLES 03 Allier 🔲🔲 ⑭ – rattaché à Moulins.

BRESSON 38 Isère 🔲🔲 ⑤ – rattaché à Grenoble.

BRESSUIRE ⟨🚲⟩ 79300 Deux-Sèvres 🔲🔲 ⑰ G. Côte de l'Atlantique – 18 090 h. alt. 184 –
✪ 49.

🅱️ Office de Tourisme (fermé sam. après-midi et dim.) avec A.C. pl. Hôtel de Ville ☎ 65.10.27.

Paris 356 ① – Angers 82 ① – Cholet 45 ④ – Niort 62 ③ – Poitiers 82 ② – La Roche-sur-Yon 82 ④.

BRESSUIRE

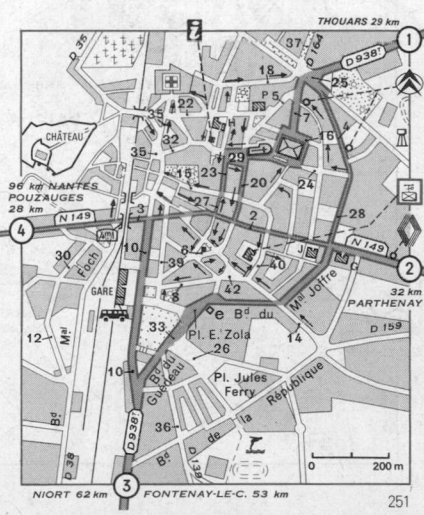

BRESSUIRE

🏠 **Boule d'Or,** 15 pl. E.-Zola **(e)** ☎ 65.02.18 – 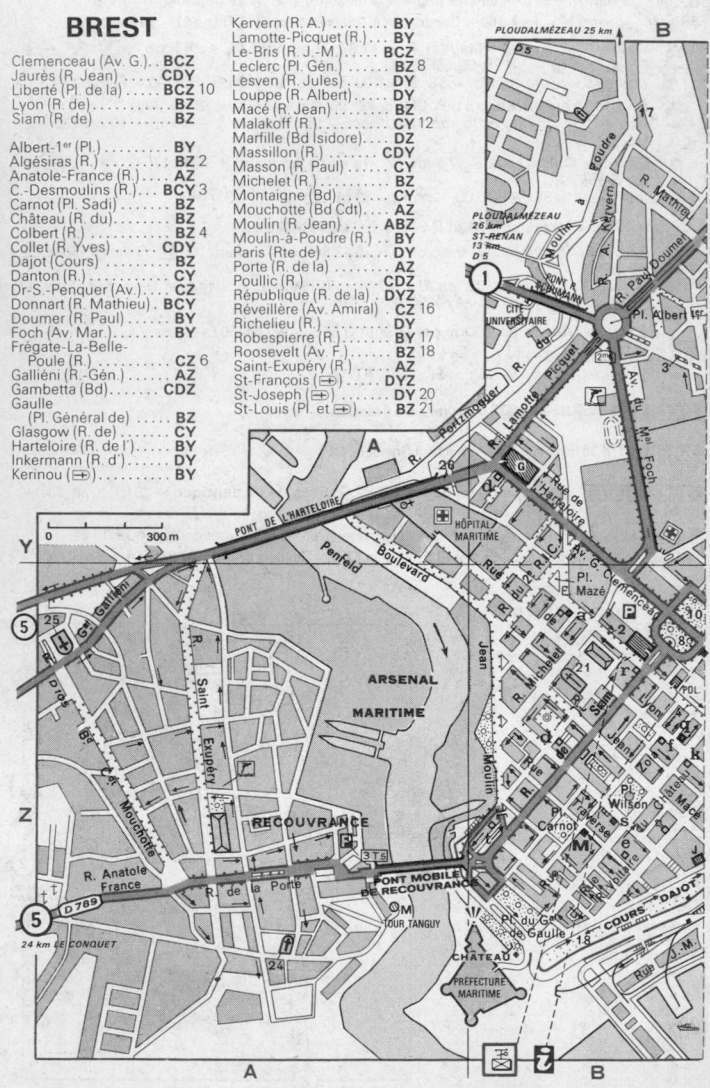 🍴 ▥ 🅿 𝖵𝖨𝖲𝖠

↔ *fermé 20 juin au 12 juil., 20 déc. au 5 janv., dim. soir et lundi* – SC : **R** 45/120 🍷 – ⬚ 12 – **15 ch** 70/140.

CITROEN Chesse, 27 bd du Col.-Aubry ☎ 74. 01.43
CITROEN Gar. Jolly, 7 r. de la Cave ☎ 74.15.42
FIAT Chauvin-Besse, 5 r. du Gén.-André : ☎ 65.06.14
PEUGEOT-TALBOT Gar. Cornu, bd de Thouars par ① ☎ 74.20.44

RENAULT Goyault et Jolly, rte de Poitiers ☎ 74.15.33
V.A.G. Chollet, rte de Nantes ☎ 65.04.00

🛞 Bressuire-Pneus, 89 bd de Poitiers ☎ 74. 13.86

Die **Michelin-Karten** werden laufend auf dem neusten Stand gehalten.

BREST

Clemenceau (Av. G.) . . **BCZ**
Jaurès (R. Jean) . . . . . **CDY**
Liberté (Pl. de la) . . . . **BCZ** 10
Lyon (R. de) . . . . **BZ**
Siam (R. de) . . . . **BZ**

Albert-1er (Pl.) . . . . . . **BY**
Algésiras (R.) . . . . **BZ** 2
Anatole-France (R.) . . . **AZ**
C.-Desmoulins (R.) . . . **BCY** 3
Carnot (Pl. Sadi) . . . . . **BZ**
Château (R. du) . . . . . . **BZ**
Colbert (R.) . . . . **BZ** 4
Collet (R. Yves) . . . . . . **CDY**
Dajot (Cours) . . . . **BZ**
Danton (R.) . . . . **CY**
Dr-S.-Penquer (Av.) . . . **CZ**
Donnart (R. Mathieu) . . **BCY**
Doumer (R. Paul) . . . . . **BY**
Foch (Av. Mar.) . . . . . . **BY**
Frégate-La-Belle-
   Poule (R.) . . . . **CZ** 6
Galliéni (R.-Gén.) . . . . **AZ**
Gambetta (Bd) . . . . . . **CDZ**
Gaulle
   (Pl. Général de) . . . **BZ**
Glasgow (R. de) . . . . . **CY**
Harteloire (R. de l') . . . **BY**
Inkermann (R. d') . . . . **DY**
Kerinou (🚇) . . . . **BY**

Kervern (R. A.) . . . . . . **BY**
Lamotte-Picquet (R.) . . . **BY**
Le-Bris (R. J.-M.) . . . . . **BCZ**
Leclerc (Pl. Gén.) . . . . **BZ** 8
Lesven (R. Jules) . . . . . **DY**
Luppe (R. Albert) . . . . . **DY**
Macé (R. Jean) . . . . . . **BZ**
Malakoff (R.) . . . . **CY** 12
Marfille (Bd Isidore) . . . **DZ**
Massillon (R.) . . . . **CDY**
Masson (R. Paul) . . . . . **CY**
Michelet (R.) . . . . **BZ**
Montaigne (Bd) . . . . . . **CY**
Mouchotte (Bd Cdt) . . . **AZ**
Moulin (R. Jean) . . . . . **ABZ**
Moulin-à-Poudre (R.) . . **BY**
Paris (Rte de) . . . . **DY**
Porte (R. de la) . . . . . . **AZ**
Poullic (R.) . . . . **CDZ**
République (R. de la) . . **DYZ**
Réveillère (Av. Amiral) . **CZ** 16
Richelieu (R.) . . . . **DY**
Robespierre (R.) . . . . . **BY** 17
Roosevelt (Av. F.) . . . . **BZ** 18
Saint-Exupéry (R.) . . . . **AZ**
St-François (🚇) . . . . . **DYZ**
St-Joseph (🚇) . . . . . . **DY** 20
St-Louis (Pl. et 🚇) . . . **BZ** 21

BREST ◁◖◗▷ **29200** Finistère 🔢 ④ **G. Bretagne** – 172 176 h. communauté urbaine 223 854 h. alt. 34 – ⚘ 98.

Voir Cours Dajot ≤★★ BZ – Traversée de la rade★ et promenade en rade★ – Visite arsenal et base navale ★ AZ – Musée★ BZ **M**.

Env. Pont Albert-Louppe ≤★ 7,5 km par ④.

🏌 d'Iroise 🕾 85.16.17 par ③ : 25 km.

✈ de Brest-Guipavas : 🕾 84.61.49 par ③ : 10 km.

🛈 Office de Tourisme pl. Liberté (fermé sam. hors sais. et dim.) 🕾 44.24.96 – A.C.O. Finistère 9 r. Siam 🕾 44.32.89.

Paris 597 ② – Lorient 136 ④ – Quimper 71 ④ – ◆Rennes 244 ② – St-Brieuc 144 ②.

🏨 **Oceania** Ⓜ, 82 r. Siam 🕾 80.66.66, Télex 940951 – 🛗 ☎ – 🔬 200 ﹣ ① 𝘝𝘐𝘚𝘈
SC : **R** 68 bc/145 bc – 🍴 26 – **82 ch** 259/353   BZ **r**

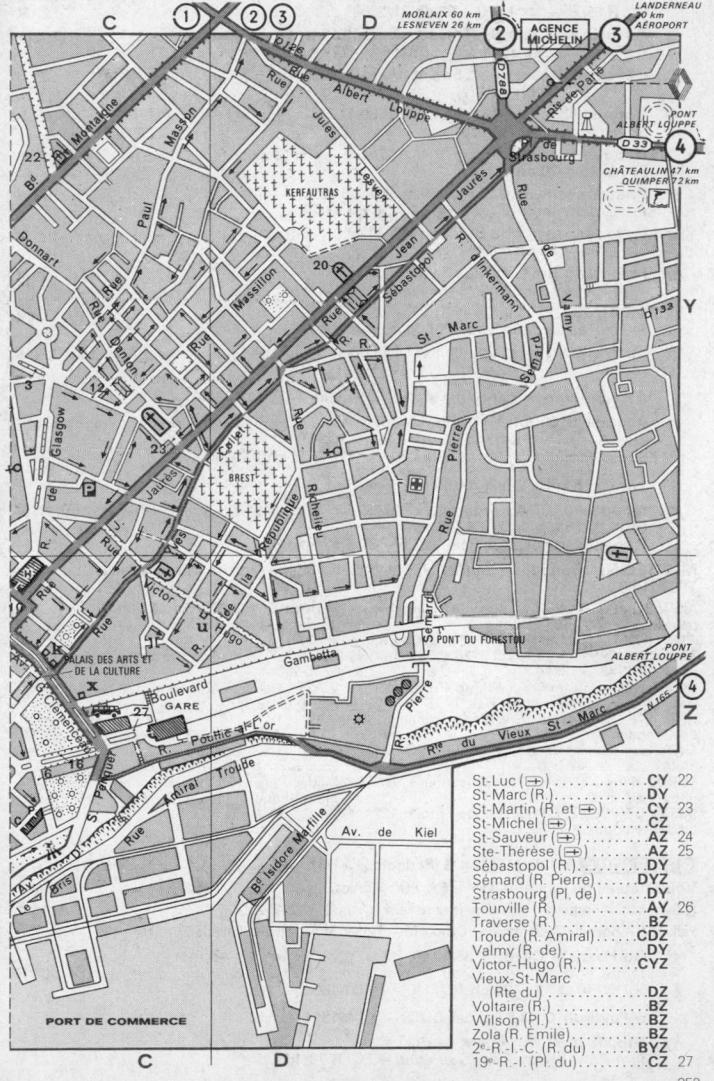

🏨🏨 **Continental,** square Tour d'Auvergne 🖘 80.50.40, Télex 940575 – 🔌 🗐 rest 📺
➡ ☎ 🕭 – 🕮 30 à 200. 🖭 ⓞ 🖪 *VISA*   BZ **f**
SC : **R** *(fermé vacances de fév. et dim.)* 50 bc/120 🍷 – 🖙 19 – **81 ch** 126/230.

🏨 ❀ **Voyageurs,** 15 av. Clémenceau 🖘 80.25.73 – 🔌 📺 🖂wc ☎. 🖭 ⓞ 🖪
➡ **R** *(fermé 18 juil. au 9 août, 2 au 17 janv., dim. soir et lundi)* 48/145 🍷 – 🖙 20 –
39 ch 95/265   CZ **k**
Spéc. St-Jacques étuvées au vermouth (sept. à avril), Marinière de coquillages, Salade aux langoustines, ris et foie gras.

🏨 **Bretagne** sans rest, 24 r. Harteloire 🖘 80.41.18 – 🗐wc 🕾. 🖪 *VISA*. 🍴   BY **d**
fermé 24 déc. au 2 janv. – SC : 🖙 14 – **21 ch** 100/170.

🏨 **Paix** sans rest, 32 r. Algésiras 🖘 80.12.97 – 🔌 🖂wc 🗐wc 🕾. 🖭 ⓞ   BZ **a**
SC : 🖙 14 – **25 ch** 80/160.

🏨 **Vauban,** 17 av. G.-Clemenceau 🖘 46.06.88 – 🔌 🖂 🗐 🕾 – 🕮 100. 🍴 ch
➡ hôtel fermé du 3 au 9 janv., rest. fermé du 15 sept. au 15 oct., 3 au 9 janv. et vend. –
SC : **R** 35/75 – 🖙 14,50 – **53 ch** 81/200.   CZ **k**

🏨 **Astoria** sans rest, 9 r. Traverse 🖘 80.19.10 – 🖂wc 🗐wc 🕾.   BZ **e**
fermé 20 déc. au 10 janv. – SC : 🖙 14 – **24 ch** 59/116.

🏨 **Bellevue** 🍴 sans rest, 53 r. V.-Hugo 🖘 80.51.78 – 🔌 🗐wc 🕾   CZ **u**
SC : 🖙 13 – **26 ch** 55/127.

🏨 **Colbert** sans rest, 12 r. de Lyon 🖘 80.47.21 – 🖂wc 🗐 🕾. 🖪 *VISA*   BZ **k**
SC : 🖙 14 – **27 ch** 72/170.

🏨 **Rade** sans rest, 6 r. Siam 🖘 44.47.76, ← – 🖂 🗐 🕾   BZ **t**
SC : 🖙 15 – **30 ch** 67/110.

🏨 **Pasteur** sans rest, 29 r. L.-Pasteur 🖘 46.08.73 – 🗐. 🍴   BZ **d**
fermé dim. en hiver – SC : ☎ 14 – **20 ch** 63/95.

🏠 **Gare** sans rest, 4 bd Gambetta 🖘 44.47.01 – 🔌 🚗   CZ **x**
SC : 🖙 13 – **20 ch** 60/70.

🍴🍴🍴 **Frère Jacques,** 15 bis r. Lyon 🖘 44.38.65   BZ **q**
fermé 24 juil. au 6 août, sam. midi et dim. – **R** carte 130 à 160.

🍴🍴 **Vatel,** 23 r. Fautras 🖘 44.51.02 – 🖭 🖪 *VISA*   BZ **a**
➡ fermé 8 au 29 août, sam. midi et dim. – **R** 43/174.

🍴🍴 **Le Poulbot,** 26 r. Aiguillon 🖘 44.19.08 – 🖭 ⓞ *VISA*   BZ **s**
fermé 21 août au 12 sept. et dim. – SC : **R** 60/170.

à Recouvrance par ⑤ et rte de la Corniche – ✉ 29200 Brest :

🏨 **Ajoncs d'Or** Ⓜ, 1 r. Amiral Nicol 🖘 45.12.42, « Collection de coquillages exotiques », 🍴 – 🖂wc ☎ 🄿
SC : **R** *(fermé dim.)* (diner seul.) 70 – 🖙 20 – **16 ch** 160/180.

par ② : 6 km – ✉ 29200 Brest :

🏨🏨 **Novotel** Ⓜ, Z.A Kergaradec 🖘 02.32.83, Télex 940470, ⌇, 🐟 – 🗐 rest 📺 ☎ 🕭.
🕮 25 à 240. 🖭 ⓞ *VISA*
R snack carte environ 85 – 🖙 25 – **85 ch** 244/288.

MICHELIN, Agence, bd Gabriel-Lippmann par ② Zone Activité Kergaradec à Gouesnou
🖘 02.21.08

ALFA-ROMEO, TOYOTA Auto-Branellec, 84
rte de Gouesnou 🖘 02.21.82
AUSTIN, JAGUAR, MORRIS, ROVER,
TRIUMPH Sébastopol-Autom., 56 r. Sébastopol 🖘 44.70.48
BMW Ouest-Autom., r. G.-Plante, Zone Activité Kergaradec à Gouesnou 🖘 02.11.15
CITROËN Succursale, r. G.-Zédé, Zone Ind.
de Kergonan par ② 🖘 02.23.96
FIAT Gar. Bodier, 159 rte de Gouesnou 🖘 02.
64.44
FORD Herrou et Lyon, rte Gouesnou à Kerguen 🖘 02.35.62
MERCEDES-BENZ, OPEL Gar. de l'Étoile, 137
bd de Plymouth 🖘 45.59.90

PEUGEOT-TALBOT Ste Brestoise des Gges
de Bretagne Lavallot, Rte de Guipavas par ③
🖘 02.14.06
RENAULT Auto-Sce Brestois, 20 rte Paris 🖘
02.20.20
V.A.G. Gar. St-Christophe, 132 rte de Gouesnou 🖘 02.19.80

🛞 Jarniou-Pneus, 263 r. Jean-Jaurès 🖘 02.
24.32
Lorans-Pneus, 70 r. P.-Sémard 🖘 02.02.11
Madec-Pneus, 19 r. Kerjean-Vras 🖘 44.43.13
Simon-Pneus, 74 rte de Gouesnou 🖘 02.38.66

▆▆▆ **BRETENOUX** 46130 Lot 🖽🖾 ⑲ G. Périgord – 1 115 h. alt. 126 – ✿ 65.
Voir Château de Castelnau★★ : ≼★ SO : 3,5 km.
🅱 Syndicat d'Initiative à la Mairie (fermé sam. et dim.) 🖘 38.40.23.
Paris 537 – Brive-la-Gaillarde 45 – Cahors 85 – Figeac 51 – Sarlat-la-Canéda 67 – Tulle 49.

🏨 **Gd H. de la Cère,** 🖘 38.40.19, 🐟 – 🗐wc 🕾 🖂 🚗 🄿. 🍴 rest
➡ fermé 1er au 15 nov., 15 au 31 déc., sam. midi et dim. sauf juil., août, sept. – SC : **R**
50/130 – 🖙 15 – **26 ch** 107/140 – P 160/180.

à Puybrun O : 3,5 km par D 703 – ✉ 46130 Bretenoux :

🍴🍴 **Ric,** 🖘 38.59.12, 🏵, 🐟 – 🄿
fermé fév. et mardi sauf juil.-août – SC : **R** 70/160.

au Port de Gagnac NE : 6 km par D 940 et D 14 – ⊠ **46130** Bretenoux :

🏨 **Host. Bellerive,** 🏠 38.50.04, ≤, 🌧 – 🚿wc 🅿. 🍴
↦ *mars-sept.* – SC : **R** 45/120 🍷 – ⊊ 13 – **15 ch** 90/140 – P 135/170.

CITROEN Gar. Croix Blanche, à St-Michel-Loubéjou 🏠 38.11.88
PEUGEOT Bretenoux-Auto, 🏠 38.45.60
RENAULT Bassat, 🏠 38.45.84

TALBOT Peuch, à Biars-sur-Cère 🏠 38.40.37
🔘 Biars-Pneus, à Biars-sur-Cère 🏠 38.58.34

BRETEUIL 27160 Eure 🅘🅘 ⑯ G. Normandie – 3 451 h. alt. 172 – ✪ 32.
🛈 Syndicat d'Initiative à la Mairie (fermé sam. après-midi et dim.) 🏠 32.82.45.
Paris 127 – L'Aigle 25 – Évreux 32 – Verneuil-sur-Avre 11.

🏨 **Mail** 🦢, r. Neuve-de-Bémécourt 🏠 32.81.54, 🌧 – 🚿wc 🚿wc 🔔 – 🏋 30. 🚗
VISA
SC : **R** 96/150 – ⊊ 25 – **13 ch** 170/300 – P 270/380.

🔘 Goy, 🏠 32.71.88

BRETEUIL 60120 Oise 🅘 ⑱ – 3 531 h. alt. 83 – ✪ 4.
Paris 111 – ♦Amiens 32 – Beauvais 28 – Clermont 34 – Compiègne 56 – Montdidier 21.

🏨 **Cap Nord** Ⓜ, r. de Paris 🏠 447.10.33 – 🚿wc 🕿 🅿 – 🏋 50. 🚗
↦ *fermé 23 au 29 déc.* – SC : **R** *(fermé 26 juin au 12 juil., 19 déc. au 11 janv. et sam.)* 39 🍷 – ⊊ 13 – **38 ch** 127/160 – P 160/218.
XX **Globe,** r. République 🏠 447.01.78, 🌧 – 🅞 E VISA
↦ *fermé dim. soir et lundi d'oct. à avril* – SC : **R** 38/125 🍷.

CITROEN Minard, 🏠 447.00.36
PEUGEOT-TALBOT Coullior, 🏠 447.00.13

RENAULT Gueudet, 🏠 447.00.18

Le BREUIL 71 S.-et-L. 🅘 ⑧ – rattaché au Creusot.

Le BREUIL-EN-AUGE 14 Calvados 🅘 ⑰ ⑱ – 840 h. alt. 38 – ⊠ **14130** Pont-l'Évêque – ✪ 31.
Paris 204 – ♦ Caen 55 – Deauville 20 – Lisieux 9.

X **Aub. Dauphin,** 🏠 64.72.24 – VISA. 🍴
fermé 1er au 30 oct., mardi soir et merc. – SC : **R** 72. carte le dim.

BREVANS 39 Jura 🅘 ③ – rattaché à Dôle.

Les BRÉVIAIRES 78 Yvelines 🅘 ⑨. 🅘🅘🅘 ㉘ – rattaché au Perray-en-Yvelines.

BRÉVIANDES 10 Aube 🅘 ⑯ ⑰ – rattaché à Troyes.

BRÉVILLE-SUR-MER 50 Manche 🅘 ⑦ – rattaché à Granville.

BRÉVONNES 10 Aube 🅘 ⑰ ⑱ – 563 h. alt. 116 – ⊠ **10220** Piney – ✪ 25.
Paris 191 – Bar-sur-Aube 31 – St-Dizier 58 – Troyes 26 – Vitry-le-François 52.

🏨 **Vieux Logis,** 🏠 46.30.17, 🌧 – 🅿 🚗 VISA. 🍴 ch
↦ *fermé 2 au 18 nov., 10 au 22 fév., lundi hors saison et dim. soir* – SC : **R** 39/92 – ⊊ 11,50 – **7 ch** 63/120 – P 115/140.
X **Aub. du Bourricot Fleuri,** 🏠 46.30.22
↦ *fermé 16 août au 5 sept. et merc.* – **R** 45/90.

BREZOLLES 28270 E.-et-L. 🅘 ⑥ – 1 317 h. alt. 162 – ✪ 37.
Paris 108 – Alençon 88 – Argentan 90 – Chartres 43 – Dreux 23.

🏨 **Le Relais,** 🏠 48.20.84 – 🚿wc 🅿
↦ *fermé août et dim. soir* – SC : **R** 45/100 🍷 – ⊊ 15 – **21 ch** 60/120 – P 150/180.
RENAULT François, 🏠 48.21.02

BRIANÇON 🚈 05100 H.-Alpes 🅘🅘 ⑱ G. Alpes – 11 201 h. alt. 1 321 – Sports d'hiver à Serre-Chevalier par ④ : 6 km, puis téléphérique – ✪ 92.
Voir Ville haute** : Grande Rue*, Pont d'Asfeld*, Remparts ≤*, Citadelle ☀*, Puy St-Pierre ≤** de l'église SO : 3 km par D35.
Env. Croix de Toulouse ≤** par ④ et D 32 : 8,5 km.
🚗 🏠 21.00.50.
🛈 Office de Tourisme (fermé dim. hors sais.) Porte de Pignerol 🏠 23.08.50, Télex 410898.
Paris 681 ④ – Digne 146 ③ – Gap 87 ③ – ♦Grenoble 116 ④ – ♦Nice 263 ③ – Torino 108 ①.

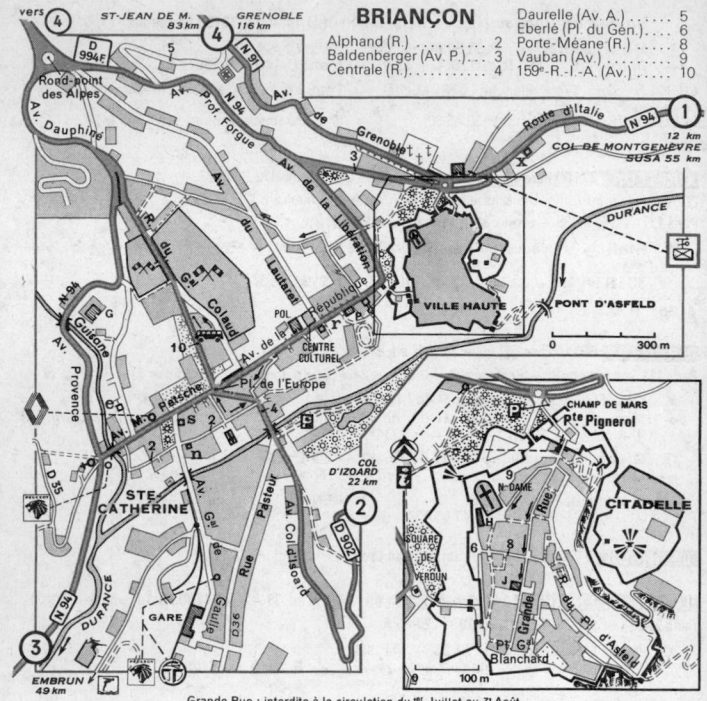

BRIANÇON

Alphand (R.) 2
Baldenberger (Av. P.) ... 3
Centrale (R.) 4
Daurelle (Av. A.) 5
Eberlé (Pl. du Gén.) 6
Porte-Méane (R.) 8
Vauban (Av.) 9
159ᵉ-R.-I.-A. (Av.) 10

Grande Rue : interdite à la circulation du 1ᵉʳ Juillet au 31 Août

🏨 **Vauban**, 13 av. Gén.-de-Gaulle **(n)** ☏ 21.12.11, ≤, 🛥 – 🛗 ☎ 🅿
fermé 14 nov. au 19 déc. – SC : **R** 80/120 – 🖙 20 – **45 ch** 110/230 – P 220/280.

🏨 **Aub. Le Mt-Prorel** 🐾, 5 av. R.-Froger **(e)** ☏ 20.22.88, ≤, 🛥 – 🛏wc 🚻 🛗 ☎ 🅿
AE ① E VISA
SC : **R** *(fermé 15 mai au 1ᵉʳ juin)* 65/120 – 🖙 19 – **18 ch** 150/210 – P 170/235.

🏨 **Le Cristol** M, 6 rte Italie **(x)** ☏ 20.20.11, ≤ – 🛏wc 🚻wc ☎. **E**. 🎗 ch
fermé 25 oct. au 20 déc. – SC : **R** *(fermé 20 sept. au 20 mai)* 70 – 🖙 17 – **16 ch** 125/190 – P 230/245.

🏨 **Edelweiss** sans rest, 32 av. République **(r)** ☏ 21.02.94 – 🛏wc 🚻wc ☎ 🅿 VISA
🎗
fermé 1ᵉʳ nov. au 15 déc. – SC : 🖙 15 – **23 ch** 115/190.

🏨 **Mont-Brison** sans rest, 3 av. Gén.-de-Gaulle **(s)** ☏ 21.14.55 – 🛗 🛏wc 🚻wc ☎
🅿 🖘 🎗
fermé 3 nov. au 15 déc. – SC : 🖙 20 – **44 ch** 120/180.

Voir aussi ressources hôtelières de ***Serre-Chevalier*** par ④ : 6 km

ALFA-ROMEO, RENAULT Jullien, 21 av.
M.-Petsche ☏ 21.30.00
CITROEN Ets Pellet, 3 av. Baldenberger ☏
21.08.02

PEUGEOT-TALBOT Gar. de la Gare, av. du
Gén. de Gaulle ☏ 21.27.51
PEUGEOT S.E.P.R.A., 3 rte de Gap ☏ 21.10.02

BRICQUEBEC 50260 Manche 🗟🗟 ② G. Normandie – 3 586 h. alt. 34 – ✺ 33.

Voir Donjon★ du Château.

Paris 353 – Barneville-Carteret 16 – ◆Cherbourg 22 – Coutances 54 – St-Lô 69 – Valognes 13.

🏨 **Vieux Château** 🐾, ☏ 52.24.49 – 🛏wc 🚻wc 🕾 🚗 🅿 – 🔬 80. 🖘 **E**
↻ *fermé 1ᵉʳ janv. au 15 fév., dim. soir et lundi du 1ᵉʳ oct. au 15 avril* – SC : **R** 40/100 –
🖙 15 – **21 ch** 85/200 – P 120/160.

CITROEN Gar. Legarand, ☏ 52.27.72 N
PEUGEOT Arcens, ☏ 52.20.23

RENAULT Lecocq, ☏ 52.27.91 N

La carta stradale Michelin è costantemente aggiornata
ed evita sorprese sul vostro itinerario.

BRIDES-LES-BAINS 73 Savoie 🔟 ⑰⑱ G. Alpes – 557 h. alt. 572 – Stat. therm. (19 avril-23 oct.) – Casino – ⊠ 73600 Moutiers Tarentaise – ✪ 79.

🛈 Syndicat d'Initiative (19 avril-23 oct. et fermé dim.) ☏ 55.20.64.

Paris 640 – Annecy 77 – Chambéry 79 – Courchevel 18 – Moûtiers 6.

🏨🏨 **Gd H. Thermes,** ☏ 24.25.77 – 📶 📺 📞 ❅ 🅿. 🍴 rest
1er mai-30 sept. – SC : **R** 77/88 – 🖵 20 – **88 ch** 230/330 – P 340/440.

🏨🏨 **Sources** ᔕ, ☏ 24.10.22, ⪡ – 📶 ⊏wc 📶wc 📞 ❅ ⬛ 🅿. 🚗. 🍴 rest
4 fév.-26 oct. – SC : **R** 60/68 – 🖵 15 – **74 ch** 110/155 – P 125/295.

🏨🏨 **Savoy,** ☏ 55.20.55, ⪡ – 📶 📺 ⊏wc 📶wc 📞 🅿. 🍴 rest
8 mai-25 sept. – SC : **R** 73 – 🖵 19 – **40 ch** 154/226 – P 200/260.

🏨🏨 **Verseau** M ᔕ, ☏ 24.18.44, ⪡, 🍂 – 📶 📺 ⊏wc 📞 🅿. 🍴 rest
20 avril-17 oct. – SC : **R** 60/72 – 🖵 20 – **32 ch** 240/240 – P 230/320.

🏨🏨 **Bains** M ᔕ, ☏ 55.22.05, ⪡ – 📶 ⊏wc 📶wc 📞 🅿. 🚗. 🚗. 🍴 rest
18 avril-23 oct. – SC : **R** 55/72 – 🖵 20 – **30 ch** 210/230 – P 200/270.

🏨🏨 **Golf,** ☏ 24.00.12, ⪡ – 📶 ⊏wc 📶wc 📞 🅿. 🍴 rest
25 avril-30 sept. – SC : **R** 77/88 – 🖵 22 – **48 ch** 132/242 – P 209/286.

🏨 **Val Vert** ☏ 55.22.62, 🍂 – 📺 ⊏wc 📶wc 📞 ⬛ 🚗 VISA .
15 avril-30 oct. – SC : **R** 55/77 – 🖵 16,50 – **22 ch** 120/195 – P 170/205.

🏨 **Hautes Rives** M ᔕ sans rest, ☏ 55.23.60, ⪡ – cuisinette 📺 ⊏wc 📞
mi-fév.-mi-oct. – SC : **R** 14 – 🖵 123/170.

🍴🍴 **La Grillade,** résid. Le Royal ☏ 55.20.90, 🍂 – 🅿. VISA
fermé 15 oct. au 20 déc. et merc. du 20 déc. au 1er avril – SC : **R** 65/120.

BRIEC 29112 Finistère 🈐 ⑮ – 4 001 h. alt. 158 – ✪ 98.

Paris 549 – Carhaix-Plouguer 43 – Châteaulin 18 – Morlaix 65 – Pleyben 17 – Quimper 16.

☝ **Midi,** ☏ 91.90.10 – **E** 🍴 ch
➡ fermé 16 sept. au 3 oct., 23 déc. au 3 janv., dim. soir et sam. sauf en juil.-août – SC :
R 42/100 🍷 – 🖵 12 – **15 ch** 55/65 – P 130/140.

BRIE-COMTE-ROBERT 77170 S.-et-M. 🖢 ②. 🏮 ㉝. 🔟🔟 ㊴ G. Environs de Paris –
10 752 h. alt. 88 – ✪ 6.

Voir Verrière⋆ du chevet de l'église.

Paris 31 – Brunoy 9,5 – Évry 21 – Melun 18 – Provins 56.

🍴 **La Grâce de Dieu,** ☏ 405.00.76 – 🅿. **E** VISA
fermé août, dim. soir et merc. SC : **R** 65/90 🍷.

FORD Zélus Autom., 22 r. Gén. Leclerc ☏ 405.   RENAULT Escoffier-Brie, 7 av. Gén. Leclerc ☏
03.10   405.21.18
PEUGEOT, TALBOT Ets Lespourci, 1 r. Gén.
Leclerc ☏ 405.50.50

BRIENNE-LE-CHÂTEAU 10500 Aube 🖲 ⑱ G. Nord de la France – 4 145 h. alt. 126 – ✪ 25.
Paris 198 – Bar-sur-Aube 24 – Châtillon 72 – St-Dizier 45 – Troyes 40 – Vitry-le-François 42.

☝ **Le Briennois** sans rest, à Brienne-la-Vieille S : 2 km par D 443 ☏ 77.83.71 – 🅿
SC : 🖵 14 – **8 ch** 62/97.

🍴 **Croix Blanche** avec ch, av. Pasteur ☏ 77.80.27 – 🅿. ⑩ **E** VISA
fermé 22 déc. au 24 janv., dim. soir et lundi – **R** 48/85 🍷 – 🖵 13,50 – **12 ch** 53/90.

CITROEN Gar. Deravet, ☏ 77.80.15   RENAULT Consigny, ☏ 77.80.48
FORD Gar. Blavot, ☏ 77.80.39

BRIGNAC 87 H.-Vienne 🔞 ⑱ – rattaché à St-Léonard-de-Noblat.

BRIGNOGAN-PLAGE 29238 Finistère 🈐 ④⑤ G. Bretagne – 1 039 h. – ✪ 98.

Voir Clocher⋆ de l'église de Goulven SE : 3,5 km.

🛈 Syndicat d'Initiative r. Gén.-de-Gaulle (1er juil.-début sept.) ☏ 83.41.08.

Paris 594 – ◆Brest 37 – Carhaix-Plouguer 95 – Landerneau 26 – Morlaix 56 – St-Pol-de-Léon 31.

🏨🏨 ✪ **Castel Régis** ᔕ, plage Garo ☏ 83.40.22, ⪡, ➘, 🍂, ⛱ – ⊏wc 📞 🅿. 🚗
🍴 rest
1er avril-2 oct. – SC : **R** (prévenir), 88/250 – 🖵 18 – **26 ch** 120/270 – P 250/299
Spéc. Homard grillé, Turbot hollandaise, Brochettes de St-Jacques forestière.

à Plounéour-Trez S : 1,5 km – ⊠ 29238 Brignogan-Plage :

☝ **Chaudron d'Argent,** ☏ 83.41.18 – 📶. 🍴 ch
fermé 10 au 30 sept. – SC : **R** 55/120 🍷 – ⬛ 17,50 – **10 ch** 60/105 – P 135/145.

BRIGNOLES ◈ 83170 Var 🖳 ⑮ G. Côte d'Azur (plan) – 10 482 h. alt. 215 – ✪ 94.

Voir Sarcophage de la Gayole⋆ dans le musée M.

🛈 Office de Tourisme pl. St-Louis (fermé sam. après-midi et dim.) et A.C. ☏ 69.01.78.

Paris 815 – Aix-en-Provence 57 – Cannes 98 – Draguignan 53 – ◆Marseille 64 – ◆Toulon 50.

🍴🍴 **Univers** avec ch, pl. Carami ☏ 69.11.08 – ⊏wc 📶wc 🚗 🚗 🚗 **E**
SC : **R** 55 bc – 🖵 10 – **10 ch** 60/120 – P 180/230.

au Sud : 2,5 km par D 554 rte de Toulon – ✉ **83170** Brignoles :

🏠 **Mas la Cascade** Ⓜ ⌿, 🕿 69.07.85, « Bel aménagement intérieur, jardin » – 🛏wc ⬤ ⬤ – 🔒 25. ⬛⬛ ⓪
fermé janv., dim. soir et lundi du 1er oct. au 30 juin – SC : **R** 90/180 – ⌷ 25 – **10 ch** 170/280.

sur N 7 O : 6 km – ✉ **83170** Brignoles :

🏛 **Host. St-Louis de Brignoles**, 🕿 69.09.20, parc – 🛏wc ⬤ ⬛⬛ ⓪ ⓋⒾⓈⒶ ⌿
fermé merc. – SC : **R** 40/100 – ⓦ 10 – **12 ch** 60/100 – P 190/220.

CITROEN Gar. Pascal et Gasquet, rte de Nice 🕿 69.01.83
PEUGEOT-TALBOT Gge Blanc et Rochebois, N 7, rte d'Aix 🕿 69.21.23
PEUGEOT-TALBOT Brun, 13 ch. de la Burlière 🕿 69.06.27

RENAULT S.A.D.A.P., Zone Ind. 🕿 69.23.28

⬤ Aude, Zone Ind. 🕿 69.34.13
Omnica, N 7, Cante-Perdrix 🕿 69.02.04

La BRIGUE 06 Alpes-Mar. 🎱🎱 ⓩ⓪. 🔢🔢 ⑨ G. Côte d'Azur – 493 h. alt. 765 – ✉ **06430** Tende – ⬤ 93.

Voir Église St-Martin★ : retable de l'Adoration de l'Enfant★, Notre-Dame des Neiges★ – Fresques★★ de la chapelle N.-D.-des-Fontaines E : 4 km.

Paris 1018 – ♦Nice 82 – Sospel 39.

🏞 **Fleur des Alpes,** pl. St-Martin 🕿 04.61.05 – 🛏wc. ⬛⬛
➡ *1er mars-1er déc. et fermé merc. hors sais.* – SC : **R** 50/70 – ⓦ 10 – **7 ch** 85/105 – P 115/150.

BRIIS-SOUS-FORGES 91640 Essonne 🎲⓪ ⓩ⓪. 🔢🔢 ⓩ⓪. 🔢⓪🔢 ③ – 1 674 h. alt. 110 – ⬤ 6.

Voir Parc★ du château de Courson SE : 3 km, G. Environs de Paris.

Paris 40 – Ablis 28 – Arpajon 11 – Étampes 29 – Évry 32 – Rambouillet 27.

🏠 **Aub. du Pilory,** 🕿 490.70.35 – 🛏 ⬛⬛ ⓋⒾⓈⒶ ⌿ ch
➡ *fermé août, dim. soir (sauf hôtel) et lundi* – SC : **R** 60 – ⓦ 11,50 – **10 ch** 64/81.

CITROEN Jousset, 🕿 490.70.53

BRINDOS (Lac de) 64 Pyr.-Atl. 🔢🔢 ⑱ – rattaché à Biarritz.

BRINON-SUR-SAULDRE 18 Cher 🎱🎱 ⓩ⓪ – 1 293 h. alt. 138 – ✉ **18410** Argent-sur-Sauldre – ⬤ 48.

Paris 188 – Bourges 64 – Cosne-sur-Loire 59 – Gien 36 – ♦Orléans 57 – Salbris 30.

🏛 ⬤ **La Solognote (Girard)** ⌿, 🕿 58.50.29, 🚗 – 🛏wc ⬛ ⬤ ⌿ ch
➡ *fermé 1er-15 juin, 1er-15 sept., en fév., mardi soir de sept. au 30 juin et merc. sauf le soir en juil.-août* – SC : **R** 48/170 – ⓦ 16 – **10 ch** 150/190
Spéc. Parfait de foies de volailles, Paupiette de saumon maraîcher, Petit salé de canard en potée.

✕ **Le Dauphin,** 🕿 58.52.90
➡ *fermé 15 au 30 août, 10 au 30 mars et jeudi* – SC : **R** 50/115 ⬀

PEUGEOT, TALBOT Gar. Moderne. 🕿 58.53.17   RENAULT Gar. de la Jacque. 🕿 58.50.37 🅽

BRIONNE 27800 Eure 🎱🎱 ⑮ G. Normandie (plan) – 4 877 h. alt. 57 – ⬤ 32.

🅱 Syndicat d'Initiative pl. Église (1er juil.-1er sept., fermé dim. après-midi et lundi).

Paris 145 – Bernay 15 – Évreux 41 – Lisieux 39 – Pont-Audemer 28 – ♦Rouen 43.

🏠 **Le Logis de Brionne,** pl. St-Denis 🕿 44.81.73 – 🛏wc 🛏wc ⬛ ⬛⬛
➡ *fermé 24/12 au 26/1, lundi (sauf hôtel) et dim. soir de juin à sept., vend. soir, dim. soir et lundi hors sais.* – SC : **R** 42/125 – ⌷ 14 – **16 ch** 58/135.

✕✕ **Aub. Vieux Donjon** avec ch, r. Soie 🕿 44.80.62 – ⬤ ⓋⒾⓈⒶ
➡ *fermé 15 oct. au 5 nov., 15 fév. au 4 mars, dim. soir du 1er nov. à Pâques et lundi* – SC : **R** 50/130 – ⌷ 16 – **9 ch** 70/95.

à Calleville E : 3 km par D 26 – ✉ **27800** Brionne :

🏠 **Manoir de Calleville** Ⓜ ⌿, 🕿 44.94.11, parc, ⬛, ✕, – 🛏wc ⬤ ⒶⒺ ⓪
➡ *fermé mardi hors saison* – SC : **R** 70/135 – ⌷ 25 – **8 ch** 150/220.

CITROEN Rotrou, à Aclou 🕿 44.83.66
PEUGEOT-TALBOT Leseigneur, 🕿 44.81.70

RENAULT Gar. Leroy. 🕿 44.80.16 🅽
RENAULT Maulion, 🕿 44.82.02

BRIOUDE ⬤ 43100 H.-Loire 🎱🎱 ⑤ G. Auvergne – 8 427 h. alt. 434 – ⬤ 71.

Voir Basilique St-Julien★★.

Env. Lavaudieu : fresques★ de l'église et cloître★ de l'ancienne abbaye 9,5 km par ①.

🅱 Office de Tourisme 3 bd Dr-Devins (hors sais. matin seul., fermé sam. après-midi et dim.) 🕿 50.05.35.

Paris 456 ④ – Aurillac 108 ③ – ♦Clermont-Fd 70 ④ – Issoire 33 ④ – Le Puy 60 ② – St-Flour 52 ③.

BRIOUDE

*Les principales
voies commerçantes
figurent en rouge
au début de la liste
des rues des plans de villes.*

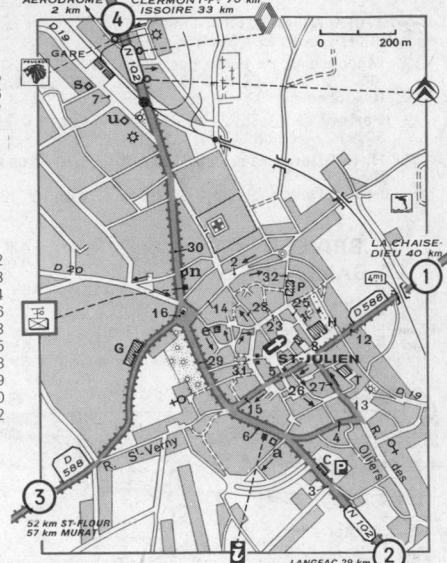

Le Brivas Ⓜ 🍴, rte Puy par ② ℡ 50.10.49, ≤, 🏰 – ⌂wc 🛁wc 🏧 Ⓟ – 🏛 40. 🅰🅴 ⓞ Ⓔ 𝐕𝐈𝐒𝐀
fermé 20 nov. au 20 déc., vend. soir et sam. midi du 15 oct. au 15 mars – SC : **R** 55/140 – � 16 – **30 ch** 100/190.

Moderne, 12 av. Victor-Hugo (n) ℡ 50.07.30 – ⌂wc 🛁wc 🏧 🚗. 🅰🅴 ⓞ Ⓔ 𝐕𝐈𝐒𝐀
fermé 1ᵉʳ janv. au 15 fév., dim. soir et lundi midi sauf juil., août et fériés – SC : **R** 60/140 – ⊐ 16 – **17 ch** 110/200.

Poste et Champanne (annexe Ⓜ 10 ch - ⌂wc), 1 bd Dr-Devins **(a)** ℡ 50.14.62 – ⌂wc Ⓟ – 🏛 50. 🍴 ch
SC : **R** 45/58 🍷 – 🍽 12 – **20 ch** 65/105 – P 110/140.

La Chaumine sans rest, 13 av. Gare **(u)** ℡ 50.14.10 – 🛁
fermé 1ᵉʳ au 30 janv. et dim. soir en hiver – SC : ⊐ 12 – **17 ch** 50/110.

Continental, 35 pl. Gare **(s)** ℡ 50.09.11 – 🛁 🚗
fermé 9 sept. au 9 oct. et sam. – SC : **R** 40/90 – 🍽 10 – **11 ch** 55/100 – P 90/120.

Julien, 7 r. Assas **(e)** ℡ 50.00.03 – Ⓔ 𝐕𝐈𝐒𝐀
fermé oct. et lundi sauf de juil. à sept. – SC : **R** 40/70 🍷.

CITROEN Delmas, av. d'Auvergne ℡ 50.12.06
CITROEN Legrand G., N 102, Ste Anne, Vieille-Brioude par ② ℡ 50.04.01
PEUGEOT Gar. d'Auvergne, av. d'Auvergne ℡ 50.06.05
RENAULT Fournier, rte de Clermont ℡ 50.02.01

RENAULT Moncel, av. du Velay par ② ℡ 50.00.63

⊕ Da-Silva-Pneu, av. d'Auvergne ℡ 50.10.86
Estager-Pneus, 46 bis av. Victor-Hugo ℡ 50.06.77

BRISON-LES-OLIVIERS 73 Savoie 🔢 ⑮ – rattaché à Aix-les-Bains.

BRISSAC-QUINCÉ 49320 M.-et-L. 🔢 ⑪ G. Châteaux de la Loire – 1 760 h. alt. 59 – ✪ 41.
Voir Château★.
🛈 Syndicat d'Initiative à la Mairie (fermé sam. après-midi et dim.) ℡ 91.22.13.
Paris 306 – Angers 18 – Cholet 55 – Saumur 39.

Le Castel sans rest, ℡ 91.24.74, 🏰 – ⌂wc 🛁wc 🏧. 🍴
avril-déc. – SC : ⊐ 17 – **11 ch** 123/150.

BRIVE-LA-GAILLARDE ⬢ 19100 Corrèze 🔢 ⑧ G. Périgord – 54 766 h. alt. 142 – ✪ 55.
Voir Musée Ernest-Rupin★ BY Ⓜ – Hôtel de Labenche★ BZ X.
🏌 ℡ 74.23.97.
🛈 Office de Tourisme (fermé dim.) et A.C. pl. 14-Juillet ℡ 24.08.80.
Paris 493 ⑦ – Albi 214 ⑤ – ◆Clermont-Ferrand 175 ② – ◆Limoges 96 ⑦ – ◆Montpellier 347 ⑤ – ◆Toulouse 217 ⑤.

🏨 **Truffe Noire**, 22 bd A.-France ☏ 74.35.32, 🏤 – 🛗 – 🔬 30. 🆎 ⓪ 🅴   AY **r**
SC : **R** 85 – ☋ 22 – **35 ch** 95/250 – P 210/280.

🏨 **Mercure** Ⓜ, rte Varetz par ⑦ et D 170 : 5,5 km ☏ 87.15.03, Télex 590096, 🏤, 🛋,
🕳 – 🛗 🗏 rest 📺 ☎ 🕭 🅿 – 🔬 30 à 100. 🆎 ⓪ 🅴 VISA
R carte environ 90 – ☋ 25 – **57 ch** 204/244.

🏨 **Paris** Ⓜ sans rest, 32 r. M.-Roche ☏ 74.34.70 – 🛗 🚗 🅿 🆎 ⓪   AY **u**
SC : ☋ 20 – **55 ch** 140/200.

🏨 **H. le Quercy** sans rest, 8 bis q. Tourny ☏ 74.09.26 – 🛗 🛏wc 🕳 ☎ 🕭 🆎 ⓪
VISA ⚙   BY **s**
fermé 18 déc. au 9 janv. – SC : ☋ 15 – **74 ch** 100/165

🏠 **Terminus,** face Gare ☎ 74.21.14, 🚗 – 📶 🛏wc 🗑wc 🅿 🚗. 🛏🅱   AZ **d**
  SC : **R** *(fermé 10 déc. au 10 janv. et dim. de nov. à avril)* 55/90 – 🖵 17 – **50 ch**
  55/190 – P 170/250.

🏠 **Montauban,** 6 av. E.-Herriot ☎ 24.00.38 – 🛏wc 🗑wc 🅿 🚗. 🛏🅱 **VISA**   AZ **n**
➡ *fermé janv.* – SC : **R** *(fermé lundi midi)* 50/80 ⅃ – 🖵 14 – **21 ch** 68/130.

☆ **Champanatier,** 15 r. Dumyrat ☎ 74.24.14 – 🛏   AZ **e**
➡ *fermé 4 au 15 juil.* – SC : **R** *(fermé vend. soir et sam. midi sauf juil.-août)* 50/80 – 🖵
  11 – **14 ch** 52/90 – P 110/130.

✗✗✗ **La Crémaillère** avec ch, 53 av. Paris ☎ 74.32.47 – 🛏wc 🅿. 🛏🅱 🆎 🕸   AY **z**
  fermé 2 fév. au 9 mars, 23 août au 7 sept., dim. soir hors sais. et lundi – SC :
  55/130 – 🖵 17 – **12 ch** 100/170.

✗✗ **La Périgourdine,** 15 av. Alsace-Lorraine ☎ 24.26.55, 🍽, 🚗 – **VISA**   BZ **a**
  fermé 13 au 20 mars, 16 juil. au 16 août et dim. – SC : 68/180.

✗✗ **Régent** avec ch, 3 pl. W.-Churchill ☎ 74.09.58, 🍽 – 📶 🛏wc 🗑 🅿. **VISA**   BZ **h**
➡ SC : **R** *(fermé 15 oct. au 15 nov. et lundi)* 48/190 – 🖵 12 – **24 ch** 78/150 – P 195/235.

✗✗ **La Belle Époque,** 27 av. J. Jaurès ☎ 74.08.75 – 🕸   AZ **t**
➡ *fermé 15 au 30 juin et dim.* – SC : **R** 46/160.

✗ **l'Ermitage,** 25 bd Kœnig ☎ 23.63.11, 🍽 – 🅿. **VISA**   AY **k**
  fermé dim. – SC : **R** carte 80 à 130 ⅃.

  à Ussac par ① et D 57 : 5 km – ✉ **19270** Donzenac :

🏠 **Aub. St-Jean** 🕸, ☎ 88.30.20 – 🗑wc 🅿 🚗
➡ *fermé 10 au 25 oct.* – SC : **R** *(fermé vend. soir hors sais.)* 40/120 – 🖵 16 – **12 ch**
  98/120 – P 145.

  à Varetz par ⑦ et D 152 : 10 km – ✉ **19240** Allassac.

  Env. Puy d'Yssandon ⁂** NO : 11 km.

🏰 🟢🟢 **Château de Castel Novel** (Parveaux) 🕸, ☎ 85.00.01, Télex 590065, ⬍,
« Demeure ancienne isolée dans un grand parc », ⓩ, 🕸 – 📶 ☎ 🅿 – 🛁 120. 🆎
  🈂 **VISA**
  8 mai-20 oct. – SC : **R** 165/225 et carte – 🖵 35 – **23 ch** 270/470, 5 appartements
  500 – P 530/595
  Spéc. Fricassée de cèpes et de gésiers, Filet de caneton au vin de noix, Tarte chaude aux fruits. **Vins**
  Cahors, Bergerac.

MICHELIN, Agence, rue de l'Industrie à Malemort sur Corrèze par D 141 BY ☎ 74.38.76

ALFA-ROMEO Chastanet, rte de Paris, la Pi-
geonnie ☎ 74.39.28
AUSTIN, MORRIS, TRIUMPH Crémoux, 20 av.
Mar.-Bugeaud ☎ 23.69.22
BMW Taurisson, 23 av. Ed.-Herriot ☎ 74.25.42
CITROEN Midi-Auto, Rte de Bordeaux N 89
par ⑥ ☎ 87.90.55
FORD Baudin-Autom., 30 av. du 18 juin ☎
87.32.65
OPEL Cournil 187 av. Ribot ☎ 87.02.99
PEUGEOT-TALBOT Morance, Z.I. de Cana, rte
d'Objat par ⑦ ☎ 88.04.06
PEUGEOT TALBOT Morance, 3 av. du 14 Juil-
let ☎ 74.27.13
PORSCHE, MITSUBISHI, VOLVO Gar. Valen-
ti, 71 av. 11-Novembre ☎ 23.77.64

RENAULT Gar. Beauregard, N 89, Estavel par
⑥ ☎ 87.36.67
V.A.G. S.O.C.O.D.A., av. Prés.-Kennedy ☎ 74.
07.31
Gar. de l'Avenue, 19 av. P.-Sémard ☎ 87.02.23
Gar. Pascaloux M., 37 av. Foch ☎ 24.06.09

🔩 Aux Bons Pneus, av. L.-Lagrange ☎ 24.40.42
Brive-Pneus, 44 av. P.-Sémard ☎ 87.27.58
Estager-Pneus, 26 av. J.-C.-Rivet, Zone de
Beauregard ☎ 87.35.20
Lagier, à Malemort ☎ 24.11.43
Rouhaud, 25 bd du Salan ☎ 24.03.45

▰ **Le BROC** 63 P.-de-D. 📙 ⑭⑮ – rattaché à Issoire.

▰ **BROGLIE** 27270 Eure 📕📕 ⑭ G. Normandie – 1 136 h. alt. 142 – 🟢 32.
Paris 156 – L'Aigle 35 – Alençon 76 – Argentan 58 – Bernay 11 – Évreux 54 – Lisieux 31.

✗✗ **Poste** avec ch, ☎ 44.60.18 – 🗑. 🆎 **E** **VISA**. 🕸 ch
  fermé 13 déc. au 16 janv., lundi soir et mardi – SC : **R** 74/130 – 🖵 18 – **6 ch** 80/95.

CITROEN Chéron, ☎ 44.60.67   RENAULT Tavel, ☎ 44.60.40

▰ **BROLLES** 77 S.-et-M. 📙 ②. 📗📗📗 ④⑤ – ✉ **77590** Bois-le-Roi – 🟢 6.
Paris 59 – Chailly-en-Bière 6 – Fontainebleau 10 – Melun 7,5.

🏠 Host. Forêt, ☎ 069.60.31, 🚗 – 🛏wc 🗑wc 🅿 🅿 – 🛁 30
  24 ch.

▰ **BRON** 69 Rhône 📗📗 ⑫ – rattaché à Lyon.

▰ **BROQUIÈS** 12480 Aveyron 📙 ⑬ – 881 h. alt. 388 – 🟢 65.
Paris 666 – Albi 62 – Lacaune 69 – Rodez 57 – St-Affrique 30.

☆ **Le Pescadou** 🕸, S : 2,5 km rte St-Izaire ☎ 99.04.21, ⬍, 🚗 – 🛏wc 🅿. 🕸 rest
➡ *fermé en oct.* – SC : **R** 38/60 – 🖵 12 – **14 ch** 45/58.

BROU 01 Ain 🔲 ③ G. Bourgogne.

Curiosités*** et ressources hôtelières : rattachées à Bourg-en-Bresse.

BROU 28160 E.-et-L. 🔲 ⑯ G. Châteaux de la Loire – 3 638 h. alt. 159 – ✪ 37.

Voir Yèvres : boiseries* de l'église 1,5 km par ③.

Paris 128 ② – Alençon 93 ⑦ – Chartres 38 ② – Châteaudun 22 ③ – Dreux 69 ② – ♦Le Mans 81 ⑦.

BROU

Baudin (R. E.)	2
Briand (Av. A.)	3
Canettes (R. des)	4
Chevalerie (R. de la)	5
Courtalain (R. de)	6
Gaulle (Av. Général de)	7
Halles (Pl. des)	9
Hôtel-de-Ville (R.)	12
Mail (R. du)	13
Nation (Pl. de la)	15
Président-Kennedy (Av.)	16
St-Jean (R.)	17

Pour bien lire
les plans de villes
voir signes et abréviations p. 20.

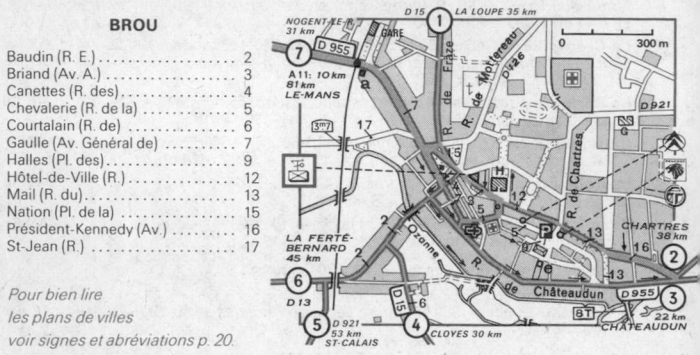

- 🏠 **Plat d'Étain**, pl. Halles (e) 🕿 47.03.98 – 🍽 🛏 🚗 🅿 📺 🛜
  fermé 15 déc. au 15 janv. – SC : **R** 45/130 ⅊ – ⌹ 14 – **20 ch** 68/115.
- ✗ **France**, av. Gén.-de-Gaulle (a) 🕿 47.00.16 – 🅿 **E** 𝘝𝘐𝘚𝘈
  fermé 1ᵉʳ au 21 sept., vend. soir et sam. – SC : **R** 35/74 ⅊ – ⌹ 9 – **8 ch** 55/120 – P 90/130.

CITROEN Froissant, 🕿 47.00.44

PEUGEOT, TALBOT Henry, 🕿 47.00.68 **N** 🕿 21.94.39

BROUIS (Col de) 06 Alpes-Mar. 🔲 ⑳. 🔲🔲🔲 ⑱ – rattaché à Sospel.

BROUSSE-LE-CHÂTEAU 12 Aveyron 🔲 ⑫ G. Causses – 219 h. alt. 232 – ✉ 12480 Broquiès – ✪ 65.

Paris 669 – Albi 54 – Cassagnes-Bégonhès 34 – Lacaune 54 – Rodez 60 – St-Affrique 39.

- 🏠 **Relays du Chasteau** 🛏, 🕿 99.40.15, ≤ – 🍽wc 🛏 🅿 📺 🛜
  fermé 15 déc. au 15 janv., vend. soir et sam. midi – SC : **R** 44/65 – ⌹ 14 – **14 ch** 52/80 – P 115/130.

BROUVELIEURES 88 Vosges 🔲 ⑯⑰ – 638 h. alt. 400 – ✉ 88600 Bruyères – ✪ 29.

Paris 417 – Épinal 28 – Gérardmer 26 – Lunéville 56 – Remiremont 33 – St-Dié 22 – Sarrebourg 77.

- 🏠 **Dossmann**, 🕿 50.20.14 – 🍽wc 🛏wc 🚗
  fermé 15 déc. au 15 janv. – SC : **R** 45/120 ⅊ – ⌹ 14 – **15 ch** 65/130 – P 125/200.

BRUAY-EN-ARTOIS 62700 P.-de-C. 🔲 ⑭ – 25 951 h. alt. 40 – ✪ 21.

🛈 Syndicat d'Initiative pl. Europe (fermé matin, août et sam.) 🕿 26.47.46 – A.C. pl. de l'Europe 🕿 26.47.46.

Paris 213 – Arras 36 – Béthune 9 – Lens 26 – ♦Lille 47 – St-Omer 40 – St-Pol-sur-Ternoise 20.

- 🏠 **Park H.** sans rest, pl. Cdt-L'Herminier 🕿 62.40.28, 🚗 – 🍽wc 🛏wc 🕿 🅿 📺
  SC : ⌹ 12,50 – **20 ch** 64/145.
- 🏠 **Univers**, 30 r. H.-Cadot 🕿 62.40.31 – 🍽wc 🛏 🚗 🅿 📺 **E** 𝘝𝘐𝘚𝘈
  fermé 1ᵉʳ au 21 août – SC : **R** (fermé dim. soir et sam.) 48/90 ⅊ – ⌹ 14 – **16 ch** 55/120.

  à Gauchin-Le Gal S : 8 km par D 341 🔲 ① – ✉ 62150 Houdain :

  Voir Château* d'Olhain NE : 3 km, G. Nord de la France.

- ✗✗ **Hatton**, 🕿 59.00.10
  fermé en fév., 1ᵉʳ au 16 août et lundi – SC : **R** 69/149.

FIAT Catteau, 45 rte Nationale à Labuissière 🕿 53.44.45
PEUGEOT-TALBOT Gar. Ste-Barbe, 1 r. A.-France 🕿 53.44.19

RENAULT Gar. Lourme, 6 r. d'Aire à Labuissière 🕿 52.28.19

BRUÈRE-ALLICHAMPS 18 Cher 🔲 ① – rattaché à St-Amand-Montrond.

Le BRUGERON 63 P.-de-D. **73** ⑯ − 539 h. alt. 817 − ⊠ **63880** Olliergues − ✿ 73.

Paris 418 − Ambert 28 − ♦Clermont-Ferrand 71 − Montbrison 57 − Roanne 67 − Thiers 36.

   ♤ **Gaudon,** ℱ 72.60.46, ≼ − ✇
   ← *fermé mi nov. à mi déc. et merc. du 15 sept. au 1er mai* − SC : **R** 45/165 − � 15 −
    8 ch 70/92 − P 110/125.

BRUMATH 67170 B.-Rhin **57** ⑱ − 6 890 h. alt. 150 − ✿ 88.

Paris 468 − Haguenau 11 − Molsheim 30 − Saverne 30 − ♦Strasbourg 17.

   ⌂ **Ville de Paris,** 13 r. Gén.-Rampont ℱ 51.11.02 − 📺 ➖wc 🔥 🞮 ℗ − 🛎 30
   ← *fermé 18 juin au 13 juil.* − SC : **R** *(fermé dim. soir et vend.)* 40/120 ⓐ − ⊐ 13 − **14 ch**
    60/105.

   XXX ⚙ **Écrevisse** (Orth) avec ch, 4 av. Strasbourg ℱ 51.11.08, 🞮 − 📺 ➖wc 🔥 🕿
    🚗 − 🛎 30. 🞮
    fermé 18 juil. au 12 août, vacances de fév., lundi soir et mardi − SC : **R** 66/180 ⓐ −
    ⊐ 14 − **21 ch** 50/150
    Spéc. Parfait de foie gras, Écrevisses fine champagne (mai-oct.). Selle de chevreuil "Grand Veneur".
    Vins Riesling, Tokay.

   à Mommenheim NO : 6 km par D 421 − ⊠ **67670** Mommenheim :

   XXX **Manoir de la Tour St Georges,** 165 rte Brumath ℱ 51.61.78, 🞮 − ℗. 🆎 ⓞ
    fermé 16 au 27 août, vacances de fév., dim. soir et lundi − SC : **R** 85/110 ⓐ.

PEUGEOT TALBOT Gar. Pierre, 1 r. Pfaffenhof-   RENAULT Gar. Weibel, 6 pl. du Marché ℱ
fen ℱ 51.11.29   51.12.12

BRUNEHAMEL 02 Aisne **53** ⑰ − 592 h. alt. 242 − ⊠ **02360** Rozoy-sur-Serre − ✿ 23.

Paris 209 − Charleville-Mézières 49 − Hirson 23 − Laon 51 − Reims 68 − St-Quentin 77.

   ♤ **H. de la Hure,** ℱ 97.60.14 − 🚗. 🞮
   ← *fermé 1er au 21 août* − **R** *(fermé dim. soir)* 35/100 ⓐ − ➖ 10 − **9 ch** 45/59 − P 96.

BRUNOY 91800 Essonne **61** ①, **101** ㊲ − voir à Paris, Proche banlieue.

Le BRUSC 83 Var **84** ⑭ G. Côte d'Azur − alt. 10 − ⊠ **83140** Six-Fours-Plages − ✿ 94.

Excurs. à l'île des Embiez* : Observatoire de la mer* : ≼** en bateau 12 mn.

Paris 835 − Aix-en-Provence 77 − La Ciotat 33 − ♦Marseille 60 − Sanary-sur-Mer 6 − ♦Toulon 15.

   XX **Mont-Salva,** chemin Mt-Salva ℱ 25.03.93, 🞮 − ℗. 𝘝𝘐𝘚𝘈
    fermé 1er fév. au 15 mars, lundi (sauf juil.-août) ; en janv. ouvert week-ends seul. −
    SC : **R** 90/120.

   XX Trou Normand, ℱ 25.00.47.

   X **Au Royaume de la Bouillabaisse,** au Gaou SO : 1,2 km par D 16 ℱ 25.00.40,
    Produits de la mer − ▤
    fermé nov. et mardi de sept. à juin − SC : **R** 85/135.

BRUSQUE 12 Aveyron **83** ④ − 540 h. alt. 465 − ⊠ **12360** Camares − ✿ 65.

Paris 697 − Albi 91 − Béziers 75 − Lacaune 35 − Lodève 50 − Rodez 107 − St-Affrique 35.

   ⌂ **La Dent de St-Jean** ⤢, ℱ 99.52.87, ≼ − 🔥wc ℗. ✇ ch
   ← *1er mars-1er nov.* − SC : **R** 50/95 ⓐ − ➖ 11 − **20 ch** 80/100 − P 120/150.

BRUYÈRES 88600 Vosges **62** ⑯⑰ − 4 001 h. alt. 500 − ✿ 29.

🄱 Syndicat d'Initiative pl. Stanislas (1er juil.-15 sept. et fermé dim. après-midi) ℱ 50.51.33.

Paris 416 − Colmar 68 − Épinal 27 − Gérardmer 23 − Lunéville 55 − Remiremont 30 − St-Dié 25.

   ⌂ **Renaissance** sans rest, 25 pl. J.-Jaurès ℱ 50.12.00 − ➖wc 🔥wc 🞮. 🞮
    SC : ⊐ 15 − **23 ch** 80/170.

BUAIS 50 Manche **59** ⑲ − 822 h. alt. 231 − ⊠ **50640** Le Teilleul − ✿ 33.

Paris 280 − Domfront 27 − Fougères 34 − Laval 58 − Mayenne 44 − St-Hilaire-du-H. 11 − St-Lô 80.

   XX **Rôtisserie Normande,** ℱ 59.41.10, Cadre Vieux Normand − ℗. 𝘝𝘐𝘚𝘈
   ← *fermé 20 janv. au 20 fév. et lundi du 15 sept. à Pâques* − SC : **R** 35/90.

BUBRY 56310 Morbihan **63** ② − 2 865 h. alt. 183 − ✿ 97.

Paris 481 − Carhaix-Plouguer 56 − Lorient 34 − Pontivy 22 − Quimperlé 32 − Vannes 53.

   ⌂ **Coet Diquel** ⤢, O : 1 km par VO ℱ 51.70.70, ≼, « parc », 🞮, 🞮 − ➖wc 🔥wc
    🞮 ℗ − 🛎 25 à 30. 🞮 E 𝘝𝘐𝘚𝘈
    SC : **R** 55/135 − ⊐ 25 − **22 ch** 70/200 − P 160/220.

BUCHY 76750 S.-Mar. **55** ⑦ − 1 053 h. alt. 192 − ✿ 35.

Paris 129 − Les Andelys 43 − Dieppe 46 − Neufchâtel-en-Bray 23 − ♦Rouen 27 − Yvetot 54.

   X **Nord** avec ch, gare de Buchy NO : 3 km par D 41 ℱ 34.40.16 − ℗. ✇ ch
   ← *fermé 20 déc. au 5 janv., dim. soir et lundi* − SC : **R** 36/87 ⓐ − ⊐ 9 − **8 ch** 53/62.

RENAULT Lucas, ℱ 34.40.30

Le BUET 74 H.-Savoie **74** ⑨ – rattaché à Vallorcine.

Le BUGUE 24260 Dordogne **75** ⑯ G. Périgord – 2 778 h. alt. 68 – ✺ 53.

Voir Gouffre de Proumeyssac★ S : 3 km.

🛈 Syndicat d'Initiative à l'Hôtel de Ville (Pâques, 1er juin-15 sept. et le matin sauf dim. et fêtes du 15 sept. au 1er juin) ₸ 06.20.48.

Paris 528 – Bergerac 48 – Brive-la-Gaillarde 73 – Cahors 84 – Périgueux 41 – Sarlat-la-Canéda 32.

🏨 **Royal Vézère** Ⓜ, pl. H. de Ville ₸ 06.20.01, Télex 540710, ≼, « Au bord de la Vézère, sur le toit-terrasse : ⤵ » – 🗐 ⅏ ⚌ – 🔬 30 à 150. 🕮 ⓞ E ⅦⅢⅣ
  29 avril-10 oct. – SC : **R** voir rest. Albuca – ☑ 25 – **48 ch** 195/276, 4 appartements 380 – P 293/455.

🏨 **La Ferme Gourmande** sans rest, rte Eyzies : 2 km ₸ 06.24.97, ⤵ – 🛏wc 🛁wc
  🅿. 🚗
  1er avril-30 sept. – SC : ☑ 16 – **12 ch** 100/140.

🏨🏨🏨 **L'Albuca**, pl. H. de Ville ₸ 06.28.73, ≼, 🍴 – 🕮 ⓞ E ⅦⅢⅣ
  29 avril-10 oct. et fermé jeudi midi sauf du 1er juil. au 16 sept. – SC : **R** 80/205.

🏨 **Les Trois Fontaines**, ₸ 06.23.44
  1er juil.-31 août, week-ends et fériés de Pâques au 30 juin et 1er sept. au 1er nov. –
  SC : **R** 50/150 ⅃.

  à Campagne SE : 4 km – ✉ 24260 Le Bugue :

🏨 **du Château**, ₸ 06.23.50, ⿻ – 🛏wc 🛁 🕭 🅿. 🕸 ch
  1er avril-31 oct. – SC : **R** 50/170 – ☑ 15 – **19 ch** 90/160 – P 180/220.

CITROEN Rieupeyroux, ₸ 06.21.58   RENAULT Gouaud, ₸ 06.20.49

BUIS-LES-BARONNIES 26170 Drôme **81** ③ G. Provence – 1 831 h. alt. 370 – ✺ 75.

🛈 Syndicat d'Initiative Pl. des Quinconces (1er juin-31 août et fermé dim.) ₸ 28.04.59.

Paris 693 – Carpentras 40 – Nyons 30 – Orange 49 – Sault 37 – Sisteron 75 – Valence 130.

🏨 **Les Oliviers** Ⓜ ⅗, quartier du Pont Neuf ₸ 28.08.77, ≼ – 🛏wc 🕭 🅿. 🕸 ch
  fermé janv. et merc. hors sais. – SC : **R** 55/100 – ☑ 15 – **20 ch** 150 – P 180/220.

🏨 **Lion d'Or** ⅗ sans rest, sous les Arcades ₸ 28.11.31, ⿻ – 🛁 🚗 🕸
  fermé 15 oct. au 15 nov. – SC : ☑ 15 – **16 ch** 70/120.

PEUGEOT Enguent, ₸ 28.09.97   V.A.G Mathieu, ₸ 28.05.80

BUJALEUF 87460 H.-Vienne **72** ⑱⑲ – 1 059 h. alt. 380 – ✺ 55.

Paris 432 – Aubusson 64 – Guéret 61 – ♦Limoges 36 – Tulle 87.

🏨 **H. Alary**, r. Lac ₸ 69.50.18 – 🚗
  fermé oct. – SC : **R** 40/65 ⅃ – ☑ 12 – **9 ch** 58/80 – P 105/125.

BULLY-LES-MINES 62160 P.-de-C. **51** ⑮ – 12 257 h. alt. 60 – ✺ 21.

Paris 200 – Arras 18 – Béthune 14 – Bruay-en-Artois 18 – Lens 9 – ♦Lille 43.

🏨 **Moderne et rest. Johnny**, 144 r. Gare ₸ 29.14.22 – 🛏wc 🛁wc 🅿. 🚗 E
  SC : **R** (fermé sam. d'oct. à mars) 40/100 ⅃ – 🍴 14 – **37 ch** 70/120 – P 130/150.

PEUGEOT-TALBOT Pruvost-Desfassiaux, 13 r. Gare ₸ 29.12.08

BUSSANG 88540 Vosges **66** ⑧ G. Vosges – 2 058 h. alt. 599 – ✺ 29.

Env. Petit Drumont ⅗★★ NE : 9 km puis 15 mn.

🛈 Syndicat d'Initiative 7 r. Alsace (vacances scolaires) ₸ 61.50.37.

Paris 450 – Belfort 43 – Épinal 61 – Gérardmer 44 – ♦Mulhouse 49 – Thann 27.

🏨 **Tremplin**, ₸ 61.50.30 – 🛁wc 🕿 🅿. 🚗 🕮 ⅦⅢⅣ 🕸 ch
  fermé 18 sept. au 18 oct. et lundi sauf vacances scolaires – SC : **R** 42/110 ⅃ – 🍴 17
  – **20 ch** 71/140 – P 140/158.

🏨 **Sources** ⅗, NE : 2,5 km par D 89 ₸ 61.51.94, ≼, ⿻ – 📺 🛏wc 🛁wc 🕭 🅿. ⅦⅢⅣ
  🕸
  oct. et nov. prévenir – SC : **R** 33/104 ⅃ – ☑ 15 – **9 ch** 120/156 – P 155/178.

🏨 **Deux Clefs**, ₸ 61.51.01, ⿻ – 🛏wc 🛁wc 🕭 🚗 🚗 ⓞ E ⅦⅢⅣ
  fermé 1er au 15 déc., mardi soir et merc. hors sais. – SC : **R** 40/85 ⅃ – ☑ 14 – **17 ch**
  58/108 – P 115/135.

RENAULT Hans, ₸ 61.50.32

BUSSEAU 23 Creuse **72** ⑩ – ✉ 23150 Ahun – ✺ 55.

Paris 372 – Aubusson 30 – Guéret 18.

🏨🏨 **Viaduc** avec ch, ₸ 62.40.62, ≼ – 🛁 ⅦⅢⅣ
  fermé 15 déc. au 15 janv., dim. soir et lundi – SC : **R** 39/149 ⅃ – ☑ 12 – **8 ch** 55/72
  – P 135/150.

264

BUSSIÈRE-POITEVINE 87320 H.-Vienne 72 ⑥ – 1 161 h. alt. 225 – ✿ 55.

Paris 380 – Confolens 40 – ♦Limoges 61 – Montmorillon 24 – Poitiers 59 – La Souterraine 49.

☎ **Le Relais,** ⌁ 68.40.26 – 🍴 🛏 🚗. VISA
♣ fermé 15 au 31 oct. et dim. hors sais. – SC : **R** 50/60 – ⟋ 11 – **10 ch** 55/70 – P 130.

PEUGEOT-TALBOT Sélébran, Le Bourg Rte de   RENAULT Lebraud, ⌁ 68.40.18
Gueret-Montluçon ⌁ 68.40.81 🅽

BUTHIERS 77 S.-et-M. 61 ⑪ – rattaché à Maleherbes.

BUXEROLLES 86 Poitiers 68 ⑭ – rattaché à Poitiers.

Les CABANNES 09310 Ariège 86 ⑤ – 470 h. alt. 535 – ✿ 61.

Paris 819 – Ax-les-Thermes 15 – Foix 27.

☎ **Taverne Larcatoise,** ⌁ 64.77.84 – 🍴wc. 🚗🛏 VISA
♣ fermé nov. et merc. sauf du 1er juil. au 10 sept. – SC : **R** 45/160 – ⚊ 14 – **16 ch** 70/140 – P 290/320 (pour 2 pers.).

CABANNES 13440 B.-du-R. 81 ⑫ – 2 767 h. alt. 52 – ✿ 90.

Paris 696 – Avignon 16 – Carpentras 32 – Cavaillon 10 – ♦Marseille 83 – Orange 39.

☎ **Golden H.,** ⌁ 95.21.48 – 🍴. 🛏 ch
♣ SC : **R** 40 bc/78 🍷 – ⚊ 11 – **11 ch** 52/76 – P 130/150.

CABASSON 83 Var 84 ⑯ – rattaché à Bormes-les-Mimosas.

CABELLOU (Plage du) 29 Finistère 58 ⑪⑮ – rattaché à Concarneau.

CABOURG 14390 Calvados 55 ② G. Normandie – 3 329 h. – Casino A – ✿ 31.

🏌 ⌁ 91.25.56 par ⑤ : 3 km.

🛈 Office de Tourisme Jardins du Casino (fermé dim. après-midi hors sais.) ⌁ 91.01.09.

Paris 225 ③ – ♦Caen 24 ④ – Deauville-Trouville 19 ① – Lisieux 33 ② – Pont-l'Évêque 27 ②.

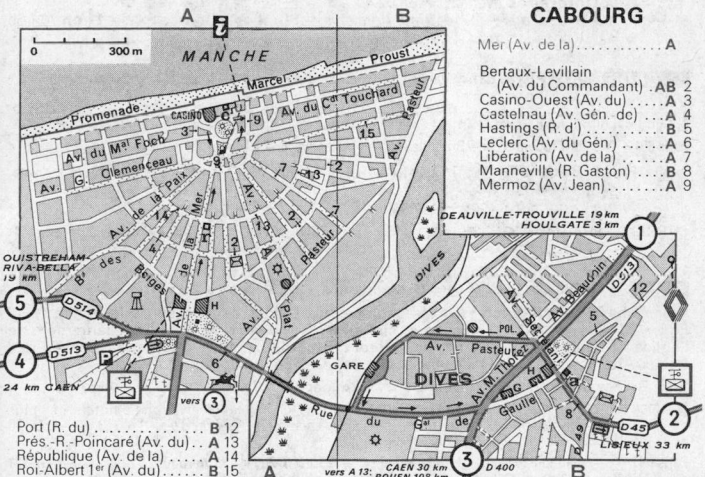

CABOURG

Mer (Av. de la)	A
Bertaux-Levillain (Av. du Commandant)	AB 2
Casino-Ouest (Av. du)	A 3
Castelnau (Av. Gén. de)	A 4
Hastings (R. d')	B 5
Leclerc (Av. du Gén.)	A 6
Libération (Av. de la)	A 7
Manneville (R. Gaston)	A 8
Mermoz (Av. Jean)	A 9
Port (R. du)	B 12
Prés.-R.-Poincaré (Av. du)	A 13
République (Av. de la)	A 14
Roi-Albert 1er (Av. du)	B 15

🏨 **Gd Hôtel P.L.M et rest Le Balbec** 🅼 ⚘, prom. M. Proust ⌁ 91.01.79, Télex
171364, ≤ – 🛗 📺 ☎ – 🚗 300. ⌶ ⓘ VISA   A e
SC : **R** 100/130 – ⟋ 30 – **68 ch** 380/550.

🏨 **Paris** sans rest, 39 av. Mer ⌁ 91.31.34 – 🛁wc 🍴wc 🚗   A r
fév.-15 nov. – SC : ⟋ 18 – **23 ch** 110/190.

à Dives-sur-Mer : Sud du plan – 6 175 h. – ✉ 14160 Dives-sur-Mer :

XXX **Guillaume le Conquérant,** 2 r. Hastings ⌁ 91.07.26, « Ancien relais de poste du
XVIe-siècle » – ⓘ VISA   B a
fermé nov., mardi soir et merc. sauf juil.-août – SC : **R** 65/190.

tourner →

par ④ et rte de Gonneville : 7,5 km – ⊠ **14860** Ranville :

XXX **Host. Moulin du Pré** ⟋ avec ch, ☎ 78.83.68, ⩻, parc – 🛏wc ⓦ ⓟ, 🚗🚗, ⅍ ch
fermé oct., 1er au 15 mars; dim. soir et lundi sauf juil., août et fériés – SC : **R** carte
120 à 165 – � 17 – **10 ch** 90/160.

RENAULT Couesnon, 15 r. du Port, à Dives ☎ 91.04.51

◼️**CABRERETS** 46330 Lot 🟦🟦 ⑨ G. Périgord – 236 h. alt. 130 – ✪ 65.

Voir Château de Gontaut-Biron* – ⩻* sur village de la rive gauche du Célé – Grotte
du Pech Merle★★ NO : 3 km.

Paris 593 – Cahors 33 – Figeac 44 – Gourdon 44 – St-Céré 64 – Villefranche-de-Rouergue 42.

🏠 **Grottes** ⟋, ☎ 31.27.02, ⩻, 🌳, « Terrasse sur la rivière », ⵣ – 🛌wc 🛏 ⓦ ⓟ
↔ 🚗🚗, ⅍ ch
27 mars-1er oct. – SC : **R** *(fermé sam. midi hors sais.)* 46/86 ⅃ – ⊡ 14 – **17 ch**
75/132.

à la Fontaine de la Pescalerie NE : 2,5 km rte Figeac – ⊠ **46330** Cabrerets :

🏛 **La Pescalerie** Ⓜ ⟋, ☎ 31.22.55, ⩻ parc, 🌳 – 📺 ☎ ⓟ, 🅐🅔 ⑩ 𝗩𝗜𝗦𝗔
1er avril-1er nov. – SC : **R** (nombre de couverts limité - prévenir) 130/160 – ⊡ 35 –
10 ch 300/400.

RENAULT Redon, ☎ 31.27.17

◼️**CABRIS** 06 Alpes-Mar. 🟦🟦 ⑧. 🟥🟥🟥 ㉔ – rattaché à Grasse.

◼️**CADENET** 84160 Vaucluse 🟦🟦 ③ G. Provence – 2 483 h. alt. 234 – ✪ 90.

Voir Fonts baptismaux* de l'église.

Paris 738 – Aix-en-Provence 32 – Apt 23 – Avignon 60 – Manosque 48 – Salon-de-Provence 31.

🏮 **Commerce,** ☎ 68.02.35 – 🔲 ⟷ 🚗
↔ *1er mars-1er oct. et fermé sam.* – SC : **R** *(fermé 28 oct. au 6 nov., 24 déc. au 3 janv. et
fermé sam.)* (déj. seul. en hiver) 30/40 ⅃ – 🍖 10 – **10 ch** 65/95 – P 110/120.

XX **Aux Ombrelles** avec ch, ☎ 68.02.40, 🌿 – 🛌wc 🛏 ⓦ ⓟ, 🚗🚗, ⅍
↔ *fermé 1er déc. au 1er fév. et lundi hors sais.* – SC : **R** 48/140 ⅃ – ⊡ 17 – **11 ch** 70/165
– P 150/190.

◼️**La CADIÈRE-D'AZUR** 83740 Var 🟦🟦 ⑭ G. Côte d'Azur – 2 044 h. alt. 144 – ✪ 94.

Voir ⩻*.

🅱 Syndicat d'Initiative Rond-Point R.-Salengro (1er juin-30 sept. après-midi seul.) ☎ 29.32.56

Paris 821 – Aix-en-Provence 63 – Brignoles 53 – ◆Marseille 46 – ◆Toulon 22.

🏛 **Host. Bérard** Ⓜ ⟋, ☎ 29.31.43, Télex 400509, ⩻, ⵣ, 🌿 – 🛌wc 🛏wc 🖭 ⟷
– 🚣 40, 🚗🚗 𝗩𝗜𝗦𝗔 ⅃
fermé 17 oct. au 25 nov. – SC : **R** 70/190 – ⊡ 25 – **40 ch** 143/350.

CITROËN Jansoulin, ☎ 29.30.36 · · · · · · · · · · · · · · · · · RENAULT Gar St-Éloi, av. de la Libération ☎
29.32.47

◼️**CAEN** ⓟ 14000 Calvados 🟥🟥 ⑪⑫ G. Normandie – 122 942 h. alt. 8 – ✪ 31.

Voir Abbaye aux Hommes★★ AY – Abbaye aux Dames BX : Église de la Trinité★★ –
Église St-Pierre★★ AY L – Église et cimetière St-Nicolas* AY E – Tour-lanterne* de
l'église St-Jean BZ D – Cour* de l'Hôtel d'Escoville AY B – Château* : musée des
Beaux-Arts★★ AX M1 – Vieilles maisons* (n° 52 et 54 rue St-Pierre) AY K.

Env. Ruines de l'abbaye d'Ardenne* AV 6 km par ⑩.

🅱 Office de Tourisme et Accueil de France (Informations, change et réservations d'hôtels, pas plus
de 5 jours à l'avance), pl. St-Pierre (fermé dim. hors saison) ☎ 86.27.65, Télex 170353 – A.C.O. 20
av. 6-juin ☎ 85.47.35 – T.C.F. 12 r. Leroy ☎ 93.68.70.

Paris 241 ④ – Alençon 102 ⑥ – ◆Amiens 240 ④ – ◆Brest 372 ⑥ – ◆Cherbourg 120 ⑩ – Évreux 121
⑤ – ◆Le Havre 108 ④ – ◆Lille 350 ④ – ◆Le Mans 151 ⑥ – ◆Rennes 176 ⑧ – ◆Rouen 124 ④.

Plans page ci-contre

🏛 ✿ **Relais des Gourmets** Ⓜ, 15 r. Geôle ☎ 86.06.01 – 📲 📺 ☎ – 🚣 45, 🅐🅔 ⑩ 🅴
𝗩𝗜𝗦𝗔 · AY **t**
R carte 115 à 160 – ⊡ 20 – **26 ch** 140/220
Spéc. Blanc de turbot, Filets de St-Pierre, Ris de veau braisé au cidre.

🏛 **Moderne et rest. 4 Vents,** 116 bd Mar.-Leclerc ☎ 86.04.23,, Télex 171106 – 📲
📺 ☎ ⟷, 🅐🅔 ⑩ 🅴 𝗩𝗜𝗦𝗔 · AY **d**
SC : **R** *(fermé dim. soir du 15 oct. au 27 mars)* 70/135 – ⊡ 18 – **54 ch** 145/250, 3
appartements 300 – P 335/440.

🏛 **Malherbe** sans rest, pl. Foch ☎ 84.40.06, Télex 170555, ⩻ – 📲 📺 ☎ – 🚣 40, 🅐🅔
⑩ 🅴 𝗩𝗜𝗦𝗔 · BZ **z**
SC : ⊡ 20 – **43 ch** 80/300.

CAEN

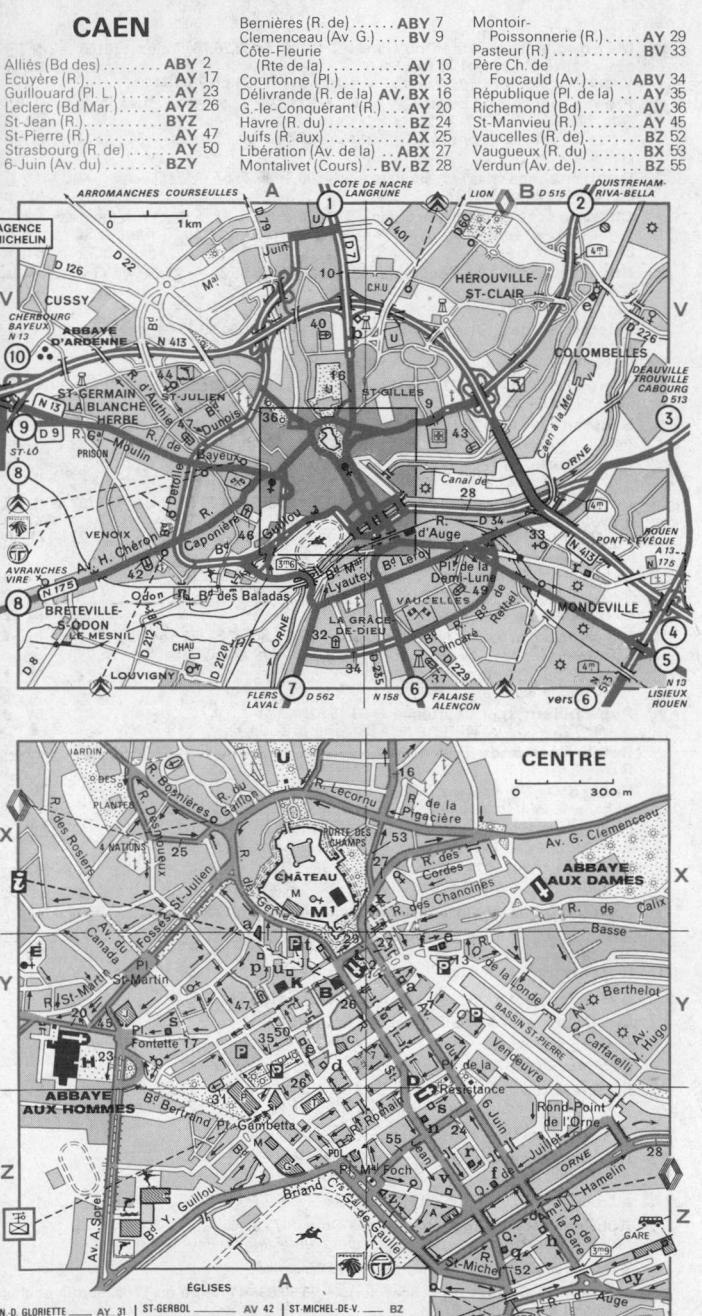

🏨 **Métropole** sans rest, 16 pl. Gare ✉ 14300 ☎ 82.26.76, Télex 170165 – 🛗 📺
🛏️wc 🚿wc ☎ 🅿 🚗 🗜️ 🆅🅸🆂🅰 ⚌
fermé dim. soir du 1er déc. au 28 fév. – SC : ⌸ 17 – **71 ch** 75/180.
BZ **y**

🏨 **France** sans rest, 10 r. Gare ✉ 14300 ☎ 82.16.99 – 🛗 🛏️wc 🚿wc 🅿 – 🏋️ 30.
🚗🖲️ ⓞ 🖲️ ⚌
fermé 23 déc. au 3 janv. et dim. soir du 15 nov. au 15 mars – SC : ⌸ 16 – **41 ch**
72/170.
BZ **h**

🏨 **Quatrans** sans rest, 17 r. Gemare ✉ 14300 ☎ 86.25.57 – 🛗 🛏️wc 🚗 🚗🖲️ ⚌
SC : ⌸ 14 – **26 ch** 79/197.
AY **p**

🏨 **Château** sans rest, 5 av. du 6-juin ✉ 14300 ☎ 86.15.37 – 🛗 🛏️wc 🚿wc 🚗 🚗🖲️
fermé 15 déc. au 5 janv., vend., sam. et dim. du 1er nov. au 31 mars – SC : ⌸ 15 –
21 ch 80/165.
BY **a**

🏨 **Royal** sans rest, 1 pl. République ✉ 14300 ☎ 86.55.33 – 🛗 🛏️wc 🚿wc 🚗 🚗🖲️
🆅🅸🆂🅰
SC : ⌸ 14 – **45 ch** 71/178.
AY **e**

🏨 **Bristol** sans rest, 31 r. 11-Novembre ✉ 14300 ☎ 84.59.76 – 🛗 🛏️wc 🚿 🚗 🅿
🚗🖲️
SC : ⌸ 16,50 – **25 ch** 80/168.
BZ **v**

🏨 **Central H.** sans rest, 23 pl. J.-Letellier ✉ 14300 ☎ 86.18.52 – 🛏️ 🚿 🚗
SC : ⌸ 14,50 – **25 ch** 67/155.
AY **u**

🏨 **St-Jean** sans rest, 20 r. Martyrs ✉ 14300 ☎ 86.23.35 – 🛏️ 🅿 ⚌
fermé dim. soir d'oct. à fin mars – SC : ⌸ 10 – **15 ch** 45/101.
BZ **s**

XXX **La Bourride**, 15 r. Vaugueux ☎ 93.50.76 – 🆀🅴 ⓞ 🆅🅸🆂🅰
fermé 16 au 31 août, 2 au 17 janv. et dim. – SC : **R** 144/210.
BX **x**

XXX **Le Dauphin** Ⓜ avec ch, 29 r. Gemare ✉ 14300 ☎ 86.22.26, Télex 171707 – 🛗 📺
🛏️wc ☎ 🅿 🆀🅴 ⓞ 🅴 🆅🅸🆂🅰
AXY **u**
SC : **R** *(fermé 25 juil. au 8 août, vacances de fév. et sam.)* 66/250 🍷 – ⌸ 22 – **21 ch**
100/215.

XXX **Echevins**, 36 r. Ecuyère ✉ 14300 ☎ 86.37.44 – 🆀🅴 ⓞ 🆅🅸🆂🅰
fermé 23 mai au 13 juin, dim. et lundi midi – SC : **R** 95/140.
AY **s**

XXX Le Rabelais, pl. Foch ☎ 84.46.42 – 🅿
BZ **z**

XX **St-Andrew's**, 9 quai Juillet ✉ 14300 ☎ 86.26.80 – 🆀🅴 ⓞ 🆅🅸🆂🅰
fermé 4 au 17 juil. – SC : **R** *(fermé lundi soir et dim.)* 75/100.
BZ **f**

XX **Alcide**, 1 pl. Courtonne ☎ 93.58.29
➜ *fermé juil. et sam.* – SC : **R** 48/78 🍷.
BY **f**

Pub William's, pl. Courtonne ☎ 93.45.52 – 🆅🅸🆂🅰
fermé 9 au 24 août, dim. et fêtes – **R** carte 70 à 120.
BY **e**

XX **Relais Normandy** (Buffet de la Gare), pl. Gare ✉ 14300 ☎ 82.24.58 🆅🅸🆂🅰
R 50/120 🍷.
BZ

X **Poêle d'Or**, 7 r. Laplace ☎ 85.39.86 – 🆅🅸🆂🅰
➜ *fermé juil., 24 déc. au 3 janv., sam. et dim.* – SC : **R** 35 (sauf fêtes)/80 🍷.
BZ **r**

X **Le Chalut**, 3 r. Vaucelles ✉ 14300 ☎ 82.01.06
➜ *fermé 16 août au 15 sept., lundi soir et mardi* – SC : **R** 48/120.
BZ **q**

X **Pomme d'Api**, 127 r. St-Jean ☎ 85.46.75 – 🆅🅸🆂🅰
➜ *fermé 16 au 31 août, dim. soir et lundi* – SC : **R** 33/90 🍷.
BZ **n**

rte de Douvres (bretelle du bd périphérique) – ✉ 14000 Caen :

🏨🏨 **Novotel** Ⓜ, ☎ 93.05.88, Télex 170563, 🏊, 🌳 – 🛗 🖿 rest 📺 ☎ 🚻 🅿 – 🏋️ 200. 🆀🅴
ⓞ 🆅🅸🆂🅰
AV **b**
R snack carte environ 85 – ⌸ 24 – **127 ch** 237/267.

à Mondeville 3,5 km – 11 132 h. – ✉ 14120 Mondeville :

XX **Les Gourmets**, 41 rte de Rouen ☎ 82.37.59 – ⚌
➜ *fermé 30 juil. au 21 août, 27 janv. au 5 fév., sam. midi et dim.* – SC : **R** 50/82.
BV **r**

à Hérouville St-Clair 3 km – 23 927 h. – ✉ 14200 Hérouville :

X **L'Espérance** 🍴 avec ch, r. Abbé Allix ☎ 93.20.33, ← – 🚿 🅿 🆅🅸🆂🅰
➜ *fermé avril, vacances de fév. et lundi* – SC : **R** 45/75 – ⌸ 12 – **10 ch** 65/70.
BV **e**

à Fleury-sur-Orne par ⑦ : 4 km – ✉ 14000 Caen :

XX **Ile Enchantée**, ☎ 82.15.52 – 🅿 🆀🅴 ⓞ 🆅🅸🆂🅰
fermé août, dim. soir et lundi – SC : **R** 77/102.

à Louvigny S : 4 km – ✉ 14111 Louvigny :

XX **Aub. de l'Hermitage**, au bord de l'Orne ☎ 73.38.66 – 🆀🅴 ⓞ 🅴
fermé 16 août au 3 sept., fév., dim. soir et lundi sauf fériés – SC : **R** 85/130.

à Bénouville par ② : 10 km – ✉ 14970 Bénouville :

XXX ❀❀ **Manoir d'Hastings** (Scaviner), ☎ 93.30.89, « Prieuré du 17e s., jardin et clos
normand » – 🅿 🆀🅴 ⓞ 🆅🅸🆂🅰
fermé 1er au 15 oct., 1er au 15 fév., dim. soir et lundi – SC : **R** (sam. et dim. prévenir)
100/260 et carte
Spéc. Homard au cidre, Papillote de poissons, Pêches Aline.

à La Jalousie par ⑥ : 13 km – ⊠ 14540 Bourguébus :

✗✗ **Aub. de la Jalousie** avec ch, N 158 ⌀ 23.51.69, 🚗 – ☜ 🅿 ▦ⅷ VISA ⚜
↔ *fermé 23 août au 1er sept., fév. et lundi* – SC : **R** 50/140 – ☲ 13,50 – **4 ch** 70 –
P 148/180.

à Audrieu par ⑩ et D 94 : 17 km – ⊠ 14250 Tilly-sur-Seulles :

🏰 ⚙ **Relais Château d'Audrieu** M 🐾, ⌀ 80.21.52, ≼, « Château du 18e, parc », ⌁
– ☎ 🅿 AE VISA ⚜ rest
fermé 15 déc. au 15 fév. – SC : **R** *(fermé merc. (sauf le soir en sais.) et vend. midi en
saison)* 210/255 – ☲ 33 – **18 ch** 336/576, 4 appartements – P 519/714
Spéc. Soupe d'escargots et de homard, Baron de lapin aux betteraves, Assortiment de desserts.

MICHELIN, Agence régionale, Z.I. Carpiquet, rte Bayeux par ⑩ ⌀ 74.47.30

AUSTIN-JAGUAR-MORRIS-ROVER-
TRIUMPH Gar. J.F.C. 5 r. Albert Sorel ⌀ 85.
20.00
BMW Regnault, 19 prom. du Fort ⌀ 86.17.61
CITROEN Succursale, rte de Lion-sur-Mer ⌀
94.72.82
CITROEN Gar. Hôtel de Ville, 10 r. Bayeux ⌀
86.32.90
CITROEN Lenrouilly, 35 av. Chéron ⌀ 74.55.98
CITROEN Gar. St Michel, 13 r. du puits de
Jacob, ⌀ 82.37.51
DATSUN, OPEL Transac-Auto ZI Sphère à
Hérouville St-Clair ⌀ 94.74.23
FORD Viard, 6 av. de Paris ⌀ 82.09.98
MERCEDES-BENZ Gar. Royal, 30 rte Paris ⌀
82.38.42
PEUGEOT-TALBOT S.I.A. de Normandie, 17 r.
11-Novembre ⌀ 82.44.40 bd André Detolle ⌀
74.55.50

PEUGEOT-TALBOT Caennaise des Autom.,
135 r. Bayeux ⌀ 86.37.32
RENAULT Succursale, 2 r. de la Gare ⌀ 82.
21.22
RENAULT Fortier, 77 bis r. de Falaise ⌀ 82.
38.01
RENAULT Gar. Université, 18 r. Bosnières ⌀
85.49.63
VAG Auto-Technic, ZI Nord-Est r. Haie
Mariaise ⌀ 95.36.37
VOLVO Modern'Gar., 79 et 81 av. Henry-Ché-
ron, ⌀ 74.53.09

⦿ Bouet L., 24 r. d'Auge ⌀ 82.37.63
Clabeaut-Pneu, 13 prom. du Fort ⌀ 86.12.05
Vallée-Pneus, 2 r. du Chemin Vert ⌀ 74.44.09

Périphérie et environs

ALFA-ROMEO, TOYOTA Inter-Auto, Zone
Ind. de la Sphère à Hérouville ⌀ 93.02.31
CITROEN Petit Gar., 8 rte Paris, Mondeville ⌀
82.20.28
FIAT, LANCIA-AUTOBIANCHI Caen-Auto-
Service, Zone Ind. de la Sphère à Hérouville ⌀
93.34.25
RENAULT Succursale, r. Pasteur à Hérouville
St. Clair ⌀ 94.59.65

RENAULT Gar. Bry, à Évrecy ⌀ 80.50.22

⦿ Clabeaut-Pneu, Zone Ind., rte de Paris,
Mondeville ⌀ 82.30.93
Laguerre, Zone Ind. de la Sphère à Hérouville
⌀ 93.75.24
Vallée-Pneus, Zone Ind. Mondeville-Sud à
Grentheville ⌀ 82.37.15

CONSTRUCTEUR : RENAULT Véhicules Industriels, à Blainville-sur-Orne ⌀ 84.81.33

CAGNES-SUR-MER 06800 Alpes-Mar. 🆄 ⑨. 🆀🆁 ⊗ G. Côte d'Azur – 31 958 h. alt. 77 –
⊕ 93.

Voir Haut-de-Cagnes* X – Château-musée* X : patio**, ⚜* de la tour – Musée
Renoir Y M1 : Paysages des Collettes*, Vénus* (jardin).

🅱 Office de Tourisme 26 av. Renoir (fermé dim.) ⌀ 20.61.64.

Paris 922 ⑤ – Antibes 10 ④ – Cannes 21 ⑤ – Grasse 26 ⑥ – ✦Nice 13 ② – Vence 9 ①.

Plans page suivante

🏰 **Le Cagnard** M 🐾, r. Pontis-Long au Haut-de-Cagnes ⌀ 20.73.22, ≼ – 🛗 TV 🅿
AE ⓓ VISA   X e
SC : **R** *(fermé 1er nov. au 15 déc. et jeudi midi)* 190 – **10 ch** ☲ 220/350, 8 appartements
380/550.

🏨 **Tiercé H.** M sans rest, 33 bd Kennedy ⌀ 20.02.09, ≼ – 🛗 ▤ TV 📞 wc ☎ 🚗
🅿 ▦ⅷ ⚜   Y v
fermé 25 oct. au 30 nov. – SC : ☲ 19 – **23 ch** 170/255.

🏨 **Brasilia** M sans rest, les Grands-Plans ⌀ 20.25.03 – 🛗 TV 📞wc 🚗 🅿 – 🏕 30.
▦ⅷ ⚜   Y r
SC : ☲ 16,50 – **18 ch** 220/240.

🏨 **Savournin** sans rest, 17 av. Renoir ⌀ 20.60.58, ⌁, 🚗 – TV 📞wc ▥wc 🚗 🅿
▦ⅷ VISA ⚜   Z a
fermé 1er oct. au 1er déc. – SC : **31 ch** ☲ 140/275.

🏨 **Les Collettes** M 🐾 sans rest, av. Collettes ⌀ 20.80.66, ≼, ⌁, ✗✗ – cuisinette
📞wc 🚗 🅿 ▦ⅷ   Y f
fermé 1er nov. au 15 déc. – SC : ☲ 19 – **13 ch** 190/250.

☞ **Le Derby,** av. Germaine ⌀ 20.08.57 – ▥wc ₲ 🕭 ▦ⅷ VISA ⚜ rest   Y b
fermé nov. – SC : **R** 53/65 – **11 ch** ☲ 91/170 – P 155/185.

✗✗ **Josy-Jo,** 2 r. Planastel ⌀ 20.68.76   X a
fermé 1er au 15 juil., 20 déc. au 20 janv. et dim. – SC : **R** carte 110 à 160.

✗✗ **Peintres,** 71 montée Bourgade au Haut de Cagnes ⌀ 20.83.08   X s
fermé 1er au 15 déc. et merc. – SC : **R** 70/95.

CAGNES-SUR-MER

    ✗ **Le Neptune,** bd Plage ☎ 20.10.59, ← – **℗**   Y **x**
       R 66/125.

    ✗ **Le Grimaldi** avec ch, 6 pl. Château au Haut de Cagnes ☎ 20.60.24 – 🚗🗐 AE
       fermé 26 oct. au 3 nov. et 30 janv. au 2 mars – **R** *(fermé mardi hors sais.)* 60/90 –
       ☑ 18 – **6 ch** 75/95 – P 150/180.   X **w**

CITROEN Gar. de l'Avenir, 6 r. des Reynes ☎ 20.67.24 **N** ☎ 73.75.21
FORD Coll-Auto-Sce, 81 bis av. Gare ☎ 20.98.26
OPEL Gar. du Stade, 5 av. de Nice ☎ 73.26.06
PEUGEOT-TALBOT Ortelli, rte la Pénétrante quartier St-Jean Y ☎ 20.30.40

PEUGEOT-TALBOT Gd Gar. Principal, 34 av. Renoir ☎ 20.65.04

  🔘 Massa-Pneus, rte la Pénétrante ☎ 20.94.01

CAGNES-SUR-MER-VILLENEUVE-LOUBET

HAUT-DE-CAGNES

Château (Montée du)	**X** 4
Dr-Maurel (Pl. du)	**X** 8
Dr-Provençal (R. du)	**X** 10
Geniaux (R. C.)	**X** 16
Piolet (R. du)	**X** 27
Pissoubran (R. du)	**X** 28
Pontis-Long (R. du)	**X** 30
St-Joseph (R.)	**X** 32
St-Sébastien (R.)	**X** 33

Ste-Anne (R.)	**Y** 34
Sous-Baous (Montée)	**Y** 37

CROS-DE-CAGNES

Jaurès (Av. Jean)	**Y** 22
Leclerc (Av. Gén.)	**Y** 24
Nice (Av. de)	**Y** 26
Plage (Bd de la)	**YZ** 29
Serre (Chemin de la)	**Y** 36

CAGNES-VILLE

Église (R. de l')	**Z** 14
Gaulle (Pl. Gén. de)	**Z** 15
Hôtel-des-Postes (Av. de l')	**Z** 20
Renoir (Av. A.)	**Z**

Béranger (R. Gén.)	**Z** 3
Chevalier-Martin (R.)	**Z** 6
Hôtel-de-Ville (Av. de l')	**Z** 18
Mistral (Av. F.)	**Z** 25

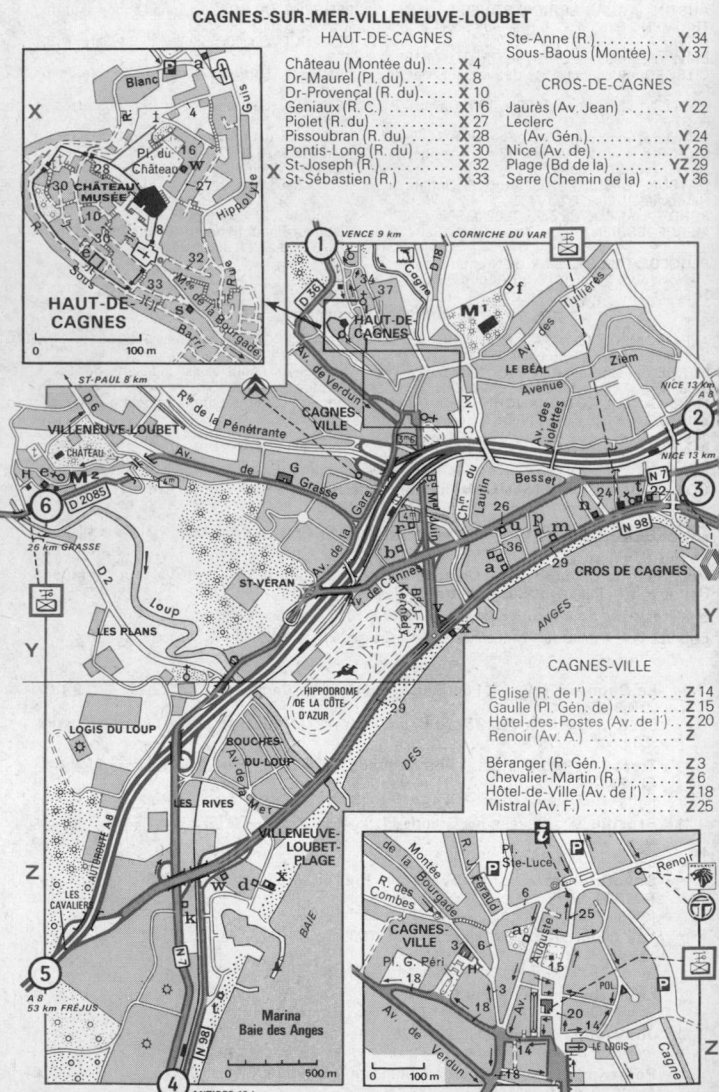

à Cros-de-Cagnes SE : 2 km – ⊠ 06170 Cros-de-Cagnes :

🏨 **Horizon** sans rest, 111 bd Plage ℡ 31.09.95, ≤ – 🛗 cuisinette ▤ ➪wc ⽥wc ⯭
🅿. ⭤ 🖭 ⓪   Y **k**
fermé nov. à mi déc. – SC : **44 ch** ⣶ 155/335.

🏨 **Val Duchesse** ⚭ sans rest, 11 r. Paris ℡ 20.10.04, ⏚ – cuisinette ➪wc ⽥wc ⯭
                                                                              Y **a**
SC : ⣶ 13 – **12 ch** 105/245, 6 appartements 155/310.

🏨 **Le Minaret** sans rest, allée Serre ℡ 20.16.52, ⚘ – cuisinette ➪wc ⽥wc ⯭ 🅿
– SC : ⣶ 15 – **20 ch** 100/160   Y **a**

🏠 **La Serre**, 22 bd Plage ℡ 20.10.54, ≤, ⚘ – ➪wc ⽥ ⯭ 🅿. ⁇ rest   Y **a**
fermé 5 oct. au 5 déc. – SC : **R** *(fermé merc.)* 70/120 – ⣶ 20 – **26 ch** 80/160 –
P 140/180.

🏠 Aub. du Moulin, 34 av. Nice ℡ 20.03.55 – ➪wc ⽥wc ⯭ – **11 ch**   Y **u**

🏠 **Beaurivage**, bd Plage ℡ 20.16.09, ≤ – ⽥wc ⯭ 🅿   Y **m**
SC : **R** 50/75 – ⣶ 12 – **21 ch** 85/110 – P 145/175.

🏠 **Turf H.** sans rest, 9 r. Capucines ℡ 20.11.07 – ⽥ ⯭ 🅿. ⁇   Y **p**
fermé nov. – SC : ⣶ 10 – **17 ch** 69/100.

XXX ❀ **La Réserve** (Bertho), 91 bd Plage ℡ 31.00.17 – ▤   Y **t**
fermé juil., août, sam. soir, dim. et fêtes – SC : **R** (nombre de couverts limité -
prévenir) carte 130 à 185
Spéc. Soufflet de poutine (15 fév.-30 mars), St-Pierre au four. Vins Bellet.

XX **Aub. du Port** avec ch, 93 bd Plage ℡ 07.25.28 – cuisinette 📺 ➪wc ⯭ – 🛆 30.
⭤ 🖭 ⓪   Y **t**
fermé 2 nov. au 27 déc. – **R** *(fermé merc. sauf juil. et août)* 50/120 – ⣶ 18 – **5 ch**
180 – P 250.

XX **Deauville**, 60 bd Plage ℡ 31.06.77   Y **n**
fermé nov. et merc. – SC : **R** carte 95 à 145.

RENAULT Succursale, 104 bd de la Plage ℡ 20.01.02

au Hameau du Soleil NO : 3,5 km par D 6 - Y – ⊠ 06270 Villeneuve-Loubet :

🏨 **Hamotel** Ⓜ ⚭ sans rest, ℡ 20.86.60, Télex 470623, ⏚, ⁇ – 🛗 📺 ⯭ ⯭ ⇌ 🅿 –
🛆 80. 🖭 E 🆅🆂🅰
fermé 10 nov. au 15 déc. – SC : **32 ch** ⣶ 190/280.

▉**CAGNOTTE** 40 Landes ⓻⓼ ⑦ – 441 h. ⊠ 40300 Peyrehorade – ✿ 58.
Paris 751 – ◆Bayonne 43 – Dax 14 – Pau 76.

🏠 **Boni,** ℡ 73.03.78 – ⽥wc ⯭ 🅿 ⭤ ⁇ rest
◆ *fermé 20 au 30 oct. et 8 au 28 fév.* – SC : **R** *(fermé merc. midi du 1er oct. au 25 juin)*
440/120 ⅃ – ⣶ 12 – **10 ch** 70/110 – P 116/134.

▉**CAHORS** 🅿 46000 Lot ⓻⑨ ⑥ Ⓖ Périgord – 21 903 h. alt. 128 – ✿ 65.
Voir Site★ – Pont Valentré★★ AZ – Cathédrale★ BY E : portail Nord★★ et cloître★ –
Barbacane et tour St-Jean★ ABY K – Mont-St-Cyr ≤★ BZ.
Env. Mercuès : site★ et ≤★ du château NO : 8 km par ①.
🛈 Office de Tourisme (fermé dim.) pl. A.-Briand ℡ 35.09.56 – A.C. Chambre de Commerce, quai
Cavaignac ℡ 35.28.89.
Paris 595 ① – Agen 92 ④ – Albi 111 ④ – Aurillac 136 ② – Bergerac 105 ① – ◆Bordeaux 212 ① –
Brive-la-Gaillarde 103 ① – Castres 138 ④ – Montauban 61 ④ – Périgueux 137 ① – Rodez 118 ③.

Plan page suivante

🏨 **Wilson** Ⓜ sans rest, 72 r. Prés.-Wilson ℡ 35.41.80, Télex 520583 – 🛗 📺 ⯭ 🅿 –
🛆 25. E 🆅🆂🅰   BZ **t**
SC : ⣶ 20 – **36 ch** 198/320.

🏨 **France** Ⓜ sans rest, 252 av. J.-Jaurès ℡ 35.16.76, Télex 520394 – 🛗 📺 ⯭ ⇌ 🅿
– 🛆 50. 🖭 ⓪ E 🆅🆂🅰. ⁇   AY **n**
SC : ⣶ 16 – **77 ch** 130/180.

🏨 **H. La Chartreuse**, fg St-Georges ℡ 35.17.37, ≤ – ➪wc ⽥wc ⯭ 🅿 – 🛆 120
fermé 1er au 15 nov. et 24 déc. au 1er janv. – SC : **R** voir rest. La Chartreuse – ⣶ 15
– **34 ch** 121/182.   BZ **u**

🏨 **Terminus** sans rest, 5 av. Ch.-de-Freycinet ℡ 35.24.50 – 🛗 ➪wc ⽥wc ⯭ ⇌.
⭤ ⁇   AY **s**
SC : ⣶ 18 – **31 ch** 135/220.

XX **La Taverne**, 41 r. J.-B.-Delpech ℡ 35.28.66 – 🖭 ⓪ E 🆅🆂🅰   BY **v**
fermé nov., dim. soir et lundi – SC : **R** 80/180.

XX **Rest. La Chartreuse**, fg St. Georges ℡ 35.13.48, ≤ – 🅿   BZ **u**
◆ *fermé en nov., en fév. et lundi* – SC : **R** 40/110.

X **Remparts**, 10 r. J.-Jaurès ℡ 35.27.54 – ⁇   AZ **k**
fermé 1er au 15 juil., 2 au 22 janv. et dim. – SC : **R** (1er étage) carte 130 à 170 – **snack**
(rez de chaussée) **R** carte environ 60.

X **Préfecture**, 64 r. Préfecture ℡ 35.12.54 – 🖭   BY **a**
fermé dim. de nov. à mai – SC : **R** (prévenir) 52/140.

à Laroque-des-Arcs par ② : 5 km – alt. 121 – ⊠ **46000** Cahors :

🏠 **Host. Beau Rivage,** 𝒯 35.30.58, ≤, � – 🛖wc ☎ 🅿 🎟 **E**
hôtel : 15 mars-3 nov. – SC : **R** *(fermé 3 nov. au 3 déc.)* (du 3 déc. au 15 mars déj.
seul.) 70/140 🐾 – 🖵 16 – **15 ch** 110/140.

à Lamagdelaine par ② : 7 km – ⊠ **46000** Cahors :

🗙🗙🗙 **Marco,** 𝒯 35.30.64, 🌫, 🌫 – 🅿 ⑩ 𝘝𝘐𝘚𝘈
fermé 23 au 31 oct., fév., dim. soir et lundi sauf du 1er juin au 15 sept. – SC : **R**
55/130.

au Montat par ④ et D 47 : 8,5 km – ⊠ **46000** Cahors :

🗙🗙 **Les Templiers,** 𝒯 21.01.23
fermé 1er au 12 juil., fév., dim. soir du 8 nov. à Pâques et lundi sauf fêtes – SC : **R**
71/160.

route de Toulouse par ④ : 13 km – ⊠ **46230** Lalbenque :

🏠 **Aquitaine** Ⓜ, 𝒯 21.00.51, ≤, 🏊 – 🛗 🛏wc ☎ 🅿 – 🔌 40. 🎟 ⑩ **E** 𝘝𝘐𝘚𝘈
fermé 23 déc. au 18 janv. et dim. soir du 15 nov. au 1er avril – SC : **R** voir rest.
Aquitaine – 🖵 16 – **44 ch** 179/205.

🗙🗙 Rest. **Aquitaine,** 𝒯 35.41.11 – 🅿

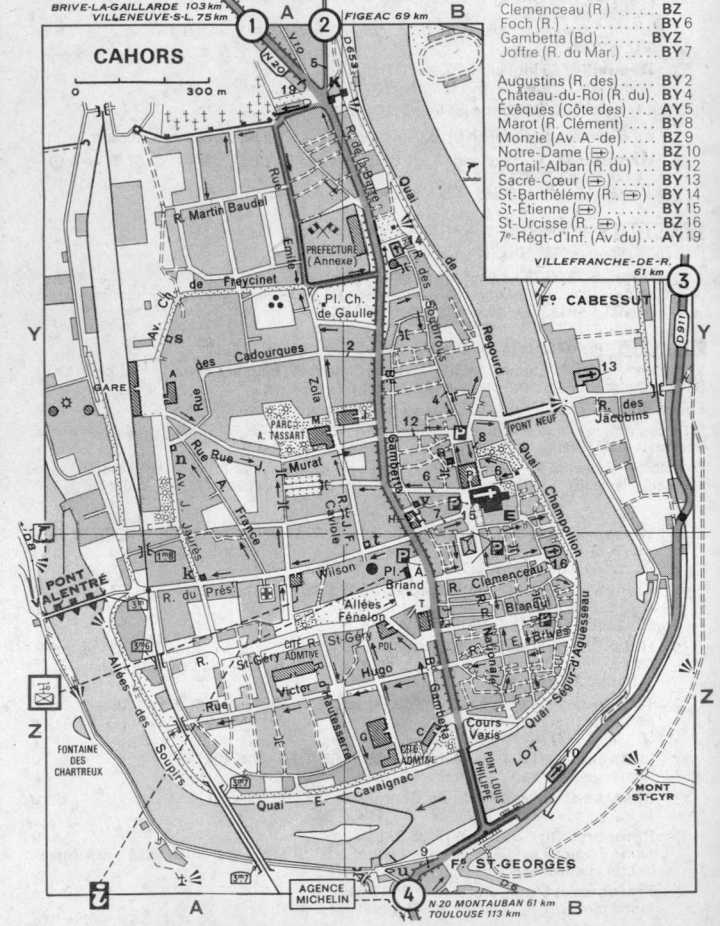

Clemenceau (R.)	**BZ**
Foch (R.)	**BY** 6
Gambetta (Bd)	**BYZ**
Joffre (R. du Mar.)	**BY** 7
Augustins (R. des)	**BY** 2
Château-du-Roi (R. du)	**BY** 4
Évêques (Côte des)	**AY** 5
Marot (R. Clément)	**BY** 8
Monzie (Av. A.-de)	**BZ** 9
Notre-Dame (➡)	**BZ** 10
Portail-Alban (R. du)	**BY** 12
Sacré-Cœur (➡)	**BY** 13
St-Barthélémy (R. ➡)	**BY** 14
St-Etienne (➡)	**BY** 15
St-Urcisse (R. ➡)	**BZ** 16
7e-Régt-d'Inf. (Av. du)	**AY** 19

MICHELIN, Agence, Z.I. de l'Aerodrome Cahors - L'Albenque - Le Montat par ④ 21.00.01

CITROEN Quercy Autom., Rte de Toulouse par ④ ℡ 35.27.61
FIAT, LANCIA-AUTOBIANCHI Gar. Avenue, rte de Toulouse ℡ 35.16.37
FORD Auto Sce du Lot. rte de Toulouse ℡ 35.67.25
MERCEDES-BENZ, V.A.G. Gar. Navarre, rte de Toulouse ℡ 35.77.00
PEUGEOT-TALBOT Gd Gar. du Boulevard. rte de Toulouse par ④ ℡ 35.16.57

RENAULT Noyer, rte de Toulouse par ④ ℡ 35.15.95

Ⓦ Central Pneu, av. A. de Monzie ℡ 35.09.02
Desprat, 129 bd Gambetta ℡ 35.04.36
Vidaillac A., av. de Paris ℡ 35.06.36
Vidaillac J.-L., 68 bd Gambetta ℡ 35.32.17

Le CAILAR 30740 Gard 🎼🎼 ⑧ – 1 222 h. – ✪ 66.

Paris 741 – ◆Montpellier 38 – Nîmes 31.

🏠 **Le Sanglier,** N 572 ℡ 88.04.20, ⌁, ⚓ – ⌂wc ☎ Ⓟ – ⚑ 80
    28 ch

CAILLAC 46 Lot 🎼🎼 ⑦⑧ – 386 h. alt. 112 – ✉ 46140 Luzech – ✪ 65.

Paris 602 – Cahors 11 – Gourdon 39 – Villeneuve-sur-Lot 70.

🏠 **Relais des Champs** Ⓜ ⅍, ℡ 30.92.35, ⌁, ⚓ – cuisinette �📺 ⌂wc ☎ ⅙ Ⓟ
    – ⚑ 60. 𝘝𝘐𝘚𝘈 ⅙⅙ ch
    fermé 15 nov. au 15 janv. et lundi – SC : **R** voir H. Nadal – ⌁ 18 – **22 ch** 125/300 –
    P 250/330.

🏠 **Nadal** ⅍, ℡ 30.91.55, parc, ⚓ – ⌐wc Ⓟ. 𝘝𝘐𝘚𝘈
➜ fermé 15 nov. au 15 janv. et lundi – SC : **R** 50/150 ⅋ – ⌁ 11,50 – **18 ch** 70/145 –
    P 165/235.

CAJARC 46160 Lot 🎼🎼 ⑨ – 1 184 h. alt. 152 – ✪ 65.

🛈 Syndicat d'Initiative à la Mairie (fermé sam. et dim.) ℡ 40.65.20.

Paris 609 – Cahors 51 – Figeac 25 – Villefranche-de-Rouergue 26.

🏠 **Roses d'Or** Ⓜ ⅍, rte Figeac D 662 ℡ 40.65.35, ⚓ – ⌂wc ⌐wc ☎ Ⓟ. ⌸ 𝔸𝔼
    ⓓ E 𝘝𝘐𝘚𝘈
    SC : **R** 70/150 – ⌁ 20 – **20 ch** 180/240.

    au NE : 9 km sur D 662 – ✉ 46160 Cajarc :

XX **La Ferme de Montbrun,** ℡ 40.67.71, ≼ – Ⓟ. 𝔸𝔼
    12 mai-1er oct. et fermé merc. sauf juil. et août – SC : **R** carte 110 à 150.

CALAIS ⬷⬵⬷ 62100 P.-de-C. 🎼🎼 ② ⓖ. Nord de la France – 79 369 h. – ✪ 21.

Voir Monument des Bourgeois de Calais★★ Y – Phare☆★★ X E – Musée★ X M.

℡ 34.40.17.

🛈 Office de Tourisme et Accueil de France (Informations et réservations d'hôtels, pas plus de 5 jours à l'avance) 12 bd Clemenceau (fermé dim. hors sais.) ℡ 96.62.40, Télex 130886 - A.C. 74 bd Jacquard ℡ 34.34.22.

Paris 297 ② – ◆Amiens 156 ③ – Boulogne-sur-Mer 34 ③ – Dunkerque 43 ① – ◆Le Havre 283 ③ –
◆Lille 112 ① – Oostende 97 ① – ◆Reims 291 ② – ◆Rouen 213 ③ – St-Omer 40 ②.

Plans page suivante

🏠🏠 **Meurice** ⅍, 5 r. E.-Roche ℡ 34.57.03, ⚓ – 🛗 📺 ☎ ⌸. 𝔸𝔼 ⓓ 𝘝𝘐𝘚𝘈   X v
    SC : **R** voir rest. La Diligence – ⌁ 15 – **40 ch** 135/175.

🏠 **Sauvage,** 46 r. Royale ℡ 34.60.05, Télex 130764 – ⌂wc ☎ Ⓟ. ⌸ 𝔸𝔼 ⓓ E   X t
    SC : **R** 55/97 – ⌁ 15 – **36 ch** 90/170.

🏠 **Bellevue** sans rest, 23 pl. Armes ℡ 34.53.75 – 🛗 ⌂ ⌐wc ☎ ⅙. ⌸   X a
    SC : **40 ch** ⌁ 64/179.

🏠 **Richelieu** sans rest, 17 r. Richelieu ℡ 34.61.60 – ⌂wc ⌐wc ☎. ⌸ 𝔸𝔼 E 𝘝𝘐𝘚𝘈
    ⅙⅙   XY k
    SC : ⛻ 14 – **18 ch** 85/180.

🏠 **Windsor** Ⓜ sans rest, 2 r. Cdt-Bonningue ℡ 34.59.40 – ⌂wc ⌐ ☎ ⇦. ⌸ 𝔸𝔼
    ⓓ E 𝘝𝘐𝘚𝘈   X z
    SC : ⌁ 15 – **15 ch** 75/170.

🏠 **H. Sole Meunière** sans rest, 53 r. Mer ℡ 34.36.08 – ⌂wc ⌐wc ☎. ⌸ 𝘝𝘐𝘚𝘈 ⅙⅙   X e
    SC : ⌁ 17 – **15 ch** 122/162.

🏠 **Victoria** sans rest, 8 r. Cdt-Bonningue ℡ 34.38.32 – ⌂wc ⌐ ☎ ⅙.   X z
    fermé 5 au 20 déc. – SC : ⌁ 12 – **15 ch** 75/200.

XX **La Diligence,** 5 r. E.-Roche ℡ 96.40.68 – 𝔸𝔼 ⓓ 𝘝𝘐𝘚𝘈   X v
    fermé merc. sauf juil.-août – SC : **R** carte 85 à 135.

XX **Côte d'Argent,** Plage de Calais ℡ 34.68.07, ≼ – 𝔸𝔼 ⓓ E 𝘝𝘐𝘚𝘈   V u
➜ fermé 1er au 15 sept., 1er au 15 fév. et lundi en été – **R** (hiver : en sem. déj. seul.)
    44/100.

CALALIS

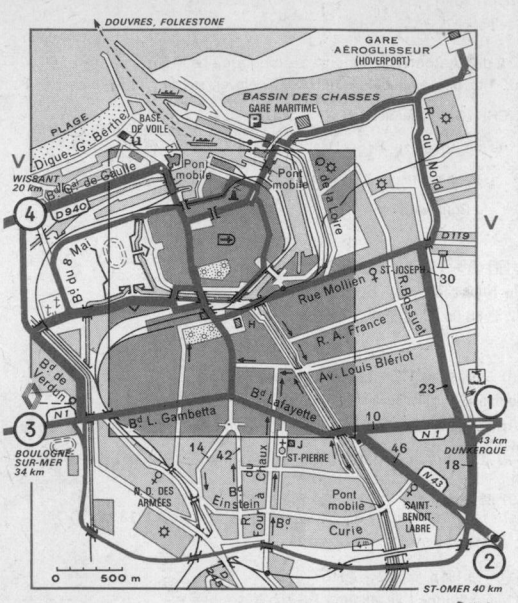

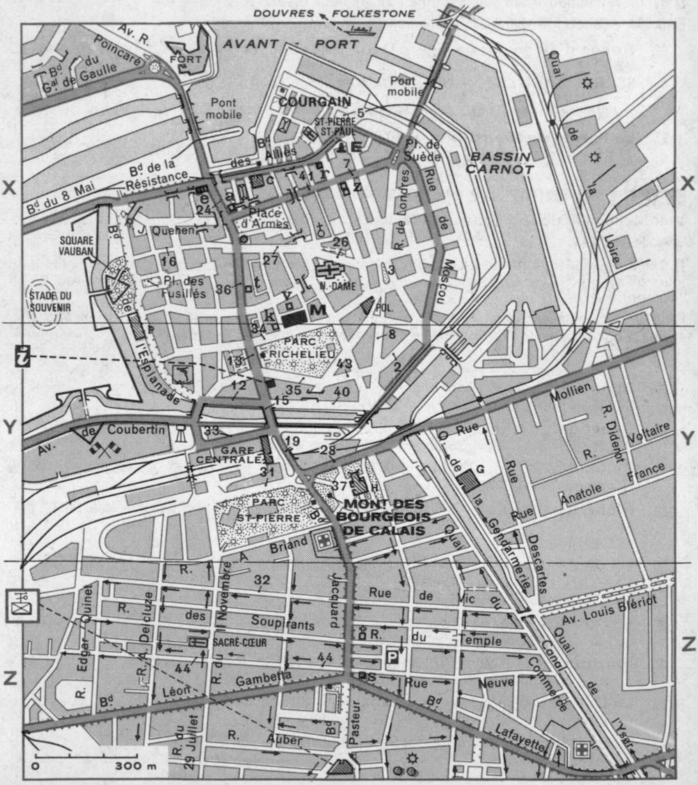

XX **Le Channel**, 3 bd Résistance ℑ 34.42.30 — 𝔸𝔼 ⑩ 𝐄 𝘝𝘐𝘚𝘈   X e
➤ *fermé 15 déc. au 15 janv., dim. soir d'oct. à Pâques et mardi* — SC : **R** 36 bc/125.

XX **St-Jacques**, 46 bd Alliés ℑ 34.44.05 — 𝔸𝔼 ⑩ 𝘝𝘐𝘚𝘈   X r
➤ *fermé jeudi* — **R** 35 bc/68 ⅃.

X **Rest. Sole Meunière**, 1 bd Résistance ℑ 34.43.01 — 𝔸𝔼 𝘝𝘐𝘚𝘈   X e
➤ *fermé 20 déc. au 27 janv., dim. soir hors sais. et lundi* — SC : **R** 44/140.

X **Moulin à Poivre**, 10 r. Neuve ℑ 96.22.32 — 𝐄 𝘝𝘐𝘚𝘈   Z s
fermé 1er au 15 août, lundi midi et dim. — SC : **R** carte 80 à 120 ⅃.

à Blériot-Plage par ④ *: 2 km* — ⊠ 62100 Calais :

XX **Dunes** avec ch, ℑ 34.54.30 — ℗, 🖙 𝔸𝔼 𝘝𝘐𝘚𝘈, ❀
fermé 3 au 26 oct., 1er au 15 fév., dim. soir sauf juil. et août et lundi **R** 65/160 — ⊊ 15
— **12 ch** 75/120.

CITROEN Succursale, rte de St-Omer Le Virval   RENAULT Gar. Dieu, 58 av. A.-de-St-Exupéry
par ② ℑ 97.50.90 𝐍 ℑ 97.92.13   par ① ℑ 97.20.99
FORD Gar. Europe, 58 rte St-Omer ℑ 34.35.75
PEUGEOT-TALBOT Calais Nord Autom., 361   ⓦ Argot, 62 av. A.-de-St-Exupéry ℑ 96.58.34
av. A.-de-St-Exupéry par ① ℑ 96.72.42 𝐍   François, r. C.-Ader, Zone Ind. ℑ 96.42.36
RENAULT Cadet Autom., r. de Verdun ℑ 34.   Pneu Fauchille, 155 rte St-Omer ℑ 34.68.17
36.17

CALAS 13 B.-du-R. 𝟾𝟺 ③⑬ — ⊠ 13480 Cabriès — ⓒ 42.
Paris 766 — Aix-en-Provence 12 — Marignane 15 — ♦Marseille 21 — Salon-de-Provence 43.

XXX **Aub. Bourrelly** avec ch, ℑ 69.13.13 — ⟠wc ☎ ℗ 𝔸𝔼 ⑩ 𝐄 𝘝𝘐𝘚𝘈
fermé 10 au 31 août et 10 fév. au 1er mars — SC : **R** *(fermé dim. soir et lundi)* 95/200
— ⊊ 24 — **16 ch** 130/180 — P 350/400.

Ouest : 2 km sur D 9 — ⊠ 13480 Cabriès :

🏨 **Hostellerie du Lac Bleu** ॐ, ℑ 69.07.82, Télex 440619, 🝙, 🐎 — ⟠wc ☎ ℗ —
🅰 25. 𝔸𝔼 ⑩ 𝘝𝘐𝘚𝘈
R 95/190 — ⊊ 18 — **12 ch** 130/160 — P 240/290.

CALÈS 46 Lot 𝟽𝟻 ⑱ G. Périgord — 131 h. alt. 271 — ⊠ 46350 Payrac — ⓒ 65.
Paris 552 — Brive-la-Gaillarde 60 — Cahors 57 — Gourdon 20 — Rocamadour 16 — St-Céré 41.

🏠 **Pagès** ॐ, ℑ 37.95.87 — ⟠wc ⯊wc ☎ ℗, ❀ rest
➤ *fermé 1er au 30 oct. et mardi hors sais.* — SC : **R** 42/145 — ⊊ 14 — **15 ch** 85/165 —
P 147/180.

🏠 **Petit Relais** ॐ, ℑ 37.96.09, 🍴 — ⯊ 🖙
➤ *1er avril-1er nov. et fermé sam. hors sais.* — SC : **R** 38/132 — ⊊ 14,50 — **9 ch** 77/150 —
P 132.

CALLAC 22160 C.-du-N. 𝟻𝟿 ⑪ — 3 225 h. alt. 170 — ⓒ 96.
Paris 512 — Carhaix-Plouguer 20 — Guingamp 28 — Morlaix 40 — St-Brieuc 58.

X **Garnier** avec ch, face gare ℑ 43.50.09 — ℗ 𝐄 ❀
➤ *fermé 20 sept. au 20 oct. et lundi sauf juil.-août* — SC : **R** 45/110 ⅃ — ⊊ 15 — **8 ch**
60/80 — P 130/150.

RENAULT Gar. Lucia. ℑ 43.50.41

CALLEVILLE 27 Eure 𝟻𝟻 ⑮ — rattaché à Brionne.

CALVINET 15340 Cantal 𝟽𝟼 ⑪ — 493 h. alt. 600 — ⓒ 71.
Paris 585 — Aurillac 39 — Entraygues-sur-Truyère 32 — Figeac 39 — Maurs 17 — Rodez 61.

🏠 **Beauséjour**, ℑ 49.91.68 — ⯊ ℗ 🖙 ❀ rest
➤ *20 mars-10 oct.* — SC : **R** 40/80 — ⊊ 12 — **19 ch** 46/78 — P 95/115.

🏛 **Terrasse**, ℑ 49.91.59 — ❀ rest
➤ *1er avril-31 oct.* — SC : **R** 35/80 ⅃ — ⊊ 14 — **13 ch** 50/80 — P 100/120.

PEUGEOT-TALBOT Lavigne, ℑ 49.91.57

CAMARÈS 12360 Aveyron 𝟾𝟶 ⑬ — 1 212 h. alt. 390 — ⓒ 65.
Paris 683 — Albi 78 — Lodève 53 — Millau 53 — Rodez 103.

🏨 **Demeure du Dourdou**, rte St-Affrique ℑ 99.54.08, « Jardin fleuri » — ⟠wc 🖙
➤ ℗, 🖙 ⑩
1er avril-30 sept. — SC : **R** 45/130 ⅃ — ⊊ 18 — **11 ch** 90/150 — P 150/170.

Les **guides Rouges**, les **guides Verts** et les **cartes Michelin**
sont complémentaires.
Utilisez les ensemble.

CAMARET-SUR-MER 29129 Finistère 58 ③ G. Bretagne – 3 272 h. – ✆ 98.

Voir Pointe de Penhir* SO : 3,5 km.**

Paris 594 – •Brest 66 – Châteaulin 43 – Crozon 8,5 – Morlaix 85 – Quimper 64.

- **France** M, ✆ 27.93.06, ← – |‡| ⊟wc ⋒wc ☎. 🚘 E VISA. ✂
  1er avril-déc. et fermé vend. du 15 juin au 15 sept. – SC : **R** 70/210 – ☕ 19 – **22 ch** 110/247 – P 161/296.
- **Styvel,** ✆ 27.92.74, ← – ⋒. 🚘
  1er avril-30 sept. – **R** 55/90 – ☕ 15,50 – **13 ch** 85/90 – P 175.
- **Vauban** sans rest, ✆ 27.91.36, ← – ⋒
  15 mars-15 oct. – SC : ☕ 13 – **14 ch** 80/100.

CAMBES 33880 Gironde 71 ⑩ – 844 h. alt. 10 – ✆ 56.

Paris 595 – •Bordeaux 16 – Langon 29 – Libourne 34.

- **Host. A la Varenne** avec ch, à **Esconac NO : 1 km** ✆ 21.31.15, ←, 🌳 – ⊟wc ⋒wc ☎ Ⓟ – 🏛 30
  SC : **R** *(fermé dim. soir)* 82/105 – ☕ 20 – **12 ch** 136/200.

CAMBO-LES-BAINS 64250 Pyr.-Atl. 85 ③ G. Pyrénées – 5 126 h. alt. 65 – Stat. therm. (1er fév.-23 déc.) – ✆ 59.

Voir Arnaga★ (villa d'Edmond Rostand) M – Vallée de la Nive★ au sud.

ℹ Syndicat d'initiative parc St-Joseph (fermé nov. sam. après-midi hors sais. et dim.) ✆ 29.70.25.

Paris 791 ④ – •Bayonne 19 ④ – Pau 113 ① – St-Jean-de-Luz 31 ③ – St-Jean-Pied-de-Port 34 ② – S.-Sebastiàn 63 ③.

CAMBO-LES-BAINS

Chiquito de Cambo	2
Espagne (Av. d')	3
Mairie (Av. de la)	4
Marronniers (Allée des)	5
Navarre (Av. de)	6
Neubourg (Allées A.-de)	7
Professeur-Grancher (Bd du)	8
Rostand (Allées)	9
Terrasses (R. des)	12
Thermes (Av. des)	13

To go a long way quickly, use ***Michelin maps*** *at a scale of 1:1 000 000.*

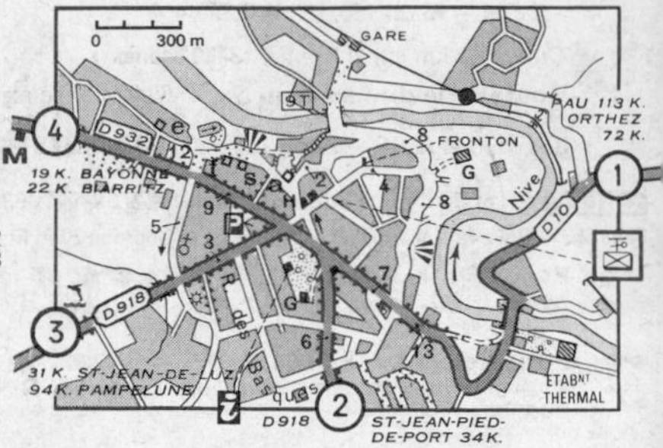

- **Errobia** 🌿 sans rest, av. Chanteclerc **(e)** ✆ 29.71.26, ←, « Villa basque, parc, rivière » – ⊟wc ⋒ ☎ Ⓟ. VISA
  Pâques et 1er mai-30 oct. – SC : ☕ 15 – **15 ch** 90/180.
- **Bellevue,** r. Terrasses **(f)** ✆ 29.73.22, ←, 🌳 – ⊟wc ⋒wc ☎ 🚗 Ⓟ. 🚘 VISA. ✂ rest
  fermé 1er déc. au 1er fév. et lundi du 1er sept. au 1er juin – SC : **R** 61/121 🍷 – ☕ 14,50 – **28 ch** 69/167 – P 134/187.
- **St-Laurent,** r. Terrasses **(s)** ✆ 29.71.10, parc – ⋒wc ☎ Ⓟ. ✂ rest
  fermé 17 oct. au 25 déc. – SC : **R** *(fermé mardi)* 50/110 – ☕ 10 – **14 ch** 55/96 – P 130/152.
- **Trinquet** sans rest, r. Trinquet **(a)** ✆ 29.73.38 – ⊟
  fermé 2 au 30 nov. et mardi – SC : ☕ 11 – **13 ch** 60/80.

CAMBRAI <SP> 59400 Nord 53 ③④ G. Nord de la France – 41 109 h. alt. 75 – ✆ 27.

Voir Mise au tombeau★ dans l'église St-Géry AY F.

ℹ Syndicat d'Initiative 48 r. de Noyon ✆ 78.26.90 – A.C. 17 mail St-Martin ✆ 81.30.75.

Paris 177 ⑧ – •Amiens 78 ⑧ – Arras 36 ⑥ – •Lille 64 ⑦ – St-Quentin 39 ⑤ – Valenciennes 31 ①.

Plan page ci-contre

- **Beatus** 🌿 sans rest, rte Paris par ⑤ : 1,3 km ✆ 81.45.70 – Ⓟ. AE ⦿ E VISA
  SC : ☕ 18 – **26 ch** 190/220.
- **Mouton Blanc,** 33 r. Alsce Lorraine ✆ 81.30.16, Télex 133365 – |‡| cuisinette ▤ rest TV ⊟wc ⋒wc ☎. 🚘 AE ⦿ E VISA — BY **a**
  SC : **R** *(fermé août, dim. soir et lundi)* 65 bc/220 🍷 – **Quick R** carte environ 40 🍷 – ☕ 18 – **32 ch** 85/205.
- **Poste** sans rest, 58 av. Victoire ✆ 81.34.69 – |‡| ⊟wc ⋒ ☎ Ⓟ. 🚘 — AZ **f**
  SC : ☕ 16 – **32 ch** 105/184.
- **France** sans rest, 37 r. Lille ✆ 81.38.80 – ⊟wc ⋒wc ☎. 🚘 AE. ✂ — BY **d**
  fermé août – SC : ☕ 16 – **24 ch** 62/128.

CAMBRAI

🏰🏰🏰 **Château de la Motte Fénelon** Ⓜ ⏣ avec ch, square du Château
— BY) ☎ 83.61.38, Télex 120285, parc, ☒, ✗ — 🛗 🛏wc ☎ 🅿 — 🔬 300
33 ch.

🏵🏵 **L'Escargot,** 10 r. Gén.-De-Gaulle ☎ 81.24.54 — [VISA]   BZ **e**
fermé 16 au 30 sept., janv. et lundi sauf fériés — SC : **R** 55/120 🍴.

🏵 **Les Arcades,** 12 r. Mar.-de-Lattre-de-Tassigny ☎ 81.30.80 — 🖭 ⓞ 🇪 [VISA]
R 55/98 🍴.   BZ **n**

🏵 **Buffet Gare,** ☎ 81.26.86 — 🍴🍴 ⓞ [VISA]   BY
➔ SC : **R** 35 bc/65 🍴.

par ⑥ : 2 km — ⊠ **59400** Cambrai :

🏨 Motel Ulys sans rest, 67 rte d'Arras ☎ 83.83.25, parc — 🛏wc ☎ 🅿 — **31 ch**.

par rte de Bapaume à l'échangeur A 2 : 3 km — ⊠ **59400** Cambrai :

🏨 **Minimote** Ⓜ, ☎ 83.54.54 — 📺 🛏wc ☎ 🕭 🅿 🍴🍴 🖭 ⓞ 🇪 [VISA]
SC : **R** *(fermé dim.)* 63/80 🍴 — 🍽 25 — **27 ch** 175/215 — P 310/350.

à Marquion (Pas-de-Calais) par ⑥ et D 939 : 10,5 km — ⊠ **62860** Marquion — 🕭 21

🏵 **La Crémaillère,** ☎ 22.50.31 — 🅿. 🇪 [VISA]
➔ *fermé sept. et lundi* — **R** 38/65 🍴.

11   277

CAMBRAI

AUSTIN, MORRIS, ROVER, TRIUMPH Gds Gar. du Beffroy, 8 r. 11-Novembre ☏ 81.21.76
CITROEN Diffusion Autom. Cambraisienne, 2 095 av. Paris par ⑤ ☏ 83.68.45
FIAT, LANCIA-AUTOBIANCHI S.A.G.A. 26 r. Cantimpré ☏ 83.88.76
FORD Gar. Chandelier, 101 bd Faidherbe ☏ 83.82.31
OPEL Auto-Vente, 132 bd Faidherbe ☏ 81.57.05

PEUGEOT-TALBOT Auto du Cambrésis, 80 av. de Dunkerque ☏ 83.84.23
RENAULT CAR, 9 r. du Comte-d'Artois AY ☏ 81.54.00
RENAULT S.A.N.A.C., 200 rte Solesmes par ② ☏ 83.82.56 🅽 ☏ 81.58.48

🛢 Lesage-Pneus, 28 bd Faidherbe ☏ 83.84.85
S.E.B.A.T.-EST, 5 r. Froissart ☏ 81.30.34
Tonnoir, 14 av. V.-Hugo ☏ 83.70.54

CAMOËL 56 Morbihan 🆖🆔 ⑭ – rattaché à Roche-Bernard.

CAMORS 56 Morbihan 🆖🆔 ② – 2 300 h. alt. 113 – ⊠ 56330 Pluvigner – ⚙ 97.
Paris 466 – Auray 22 – Lorient 36 – Pontivy 26 – Vannes 32.

  🏠   **Ar Brug** Ⓜ, ☏ 39.20.10 – ⏤wc 🏠wc 🕾. **E** 𝗩𝗜𝗦𝗔. 🍴 ch
  ↦   SC : **R** 40/85 🍷 – 🛏 18 – **20 ch** 75/130 – P 110/140.

CAMPAGNE 24 Dordogne 🏂 ⑯ – rattaché au Bugue.

CAMPAN 65 H.-Pyr. 🎱 ⑱⑲ – rattaché à Ste-Marie-de-Campan.

CAMPIGNY 27 Eure 🆕🆕 ④⑤ – rattaché à Pont-Audemer.

CAMPS 19 Corrèze 🏂 ⑳ – 304 h. alt. 546 – ⊠ 19430 Mercoeur – ⚙ 55.
Voir Rocher du Peintre ≼★ S : 1 km, G. Périgord.
Paris 537 – Aurillac 44 – St-Céré 28 – Tulle 54.

  ✕   **Lac** 🦢 avec ch, ☏ 28.51.83, ≼ – ℗
  ↦   *fermé 24 oct. au 13 nov., vacances de fév., mardi soir et merc.* – SC : **R** 45/95 – 🛏 10 – **4 ch** 45/60 – P 130.

CAMP-ST-LAURENT 83 Var 🎱 ⑭ – rattaché à Toulon.

> Bent U een liefhebber van kamperen ?
> Gebruik dan de Michelingids
> **Camping Caravaning France.**

CANCALE 35260 I.-et-V. 🆖🆓 ⑥ G. Bretagne – 4 846 h. alt. 50 – ⚙ 99.
Voir Site★ du port★ – ☀★ de la tour de l'église St-Méen YZ **E** – Pointe du Hock ≼★ Z **K**.
🅱 Syndicat d'Initiative r. du Port (Pâques, Pentecôte, 1er juin-30 sept. et fermé dim. après-midi) ☏ 89.63.72.
Paris 396 ① – Avranches 59 ① – Dinan 34 ① – Fougères 74 ① – Le Mont-St-Michel 46 ①.

CANCALE

Leclerc (R. Gén.) . . . . . . Y 22
Port (R. du) . . . . Z

Administrateur-Chef-
  Thomas (Quai) . . . . . Z 2
Calvaire (Pl. du) . . . . . . Z 3
Dinan (R. de) . . . . Y 4
Douaniers (Sentier) . . YZ 5
Duguay-Trouin (Quai) . Z 6
Du-Guesclin (R.) . . . . . . Y 8
Fenêtre (Jetée de la) . . Z 9
Gambetta (Quai) . . . . . . Z 10
Hock (R. du) . . . . Z 12
Jacques-Cartier (Quai) Z 20
Kennedy (Quai) . . . . Z 21
République (Pl.) . . . . . . YZ 23
Roulette (R. de la) . . . . Z 24
Surcouf (R.) . . . . Y 27
Thiers (Bd) . . . . Z 28
Victoire (Pl. de la) . . . . . Z 29

*Les plans de villes
sont orientés le Nord
en haut.*

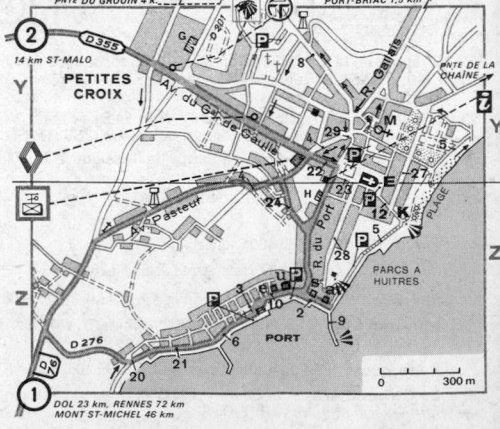

Continental, au port ☎ 89.60.16, ≤ – ⊟wc ⫪wc ☎. VISA. ✗ rest Z **s**
26-mars-11 nov. – SC : **R** *(fermé lundi)* 80/155 – ☐ 18 – **21 ch** 77/270 – P 205/275.

XX **Le Cancalais** avec ch, quai Gambetta ☎ 89.61.93, ≤ Z **u**
fermé 15 nov. au 15 déc. et 7 au 26 janv. – SC : **R** carte 80 à 120 – ☐ 14,50 – **8 ch** 67/100.

XX **Phare** avec ch, au Port ☎ 89.60.24, ≤ – ⊟ ⫪. VISA Z **a**
fermé 20 fév. au 15 mars, 25 nov. au 10 déc. et merc. – SC : **R** 55/150 – ☐ 12,50 – **7 ch** 66/130.

XX **Ty Breiz,** quai Gambetta ☎ 89.60.26, ≤ – VISA Z **e**
mars-15 nov. et fermé mardi sauf juil. au 20 sept. – SC : **R** 70/98.

par ② et D 355 : 3 km – ✉ **35350** St-Coulomb :

XX **Aub. de la Motte-Jean,** ☎ 58.00.12 – **P**
fermé oct. et merc. sauf juil. août – SC : **R** 68/85.

*à la **Pointe du Grouin*** N : 4,5 km par D 201 – ✉ **35260** Cancale :.
Voir Site★★ et ✳★★.

Pointe du Grouin ⛰, ☎ 89.60.55, ≤ – ⫪wc ☎ **P**. VISA
27 mars-30 sept. – SC : **R** *(fermé mardi sauf juil. et août)* 80/100 – ☐ 17,50 – **18 ch** 95/190 – P 195/235.

PEUGEOT-TALBOT Gar. des Argonautes, ☎ 89.60.90
RENAULT Colson, ☎ 89.60.65

CANCON 47290 L.-et-G. 79 ⑤ – 1 281 h. alt. 158 – ☺ 58.

Paris 595 – Agen 48 – Bergerac 41 – Cahors 81 – Marmande 42.

XX Aub. des Glycines avec ch, N 21 ☎ 01.61.39, 🌳, 🏞 – ⊟wc ⫪wc ☎ **P**
8 ch.

*à **Monviel*** NO : 10,5 km par D 124, D 241 et VO – ✉ **47290** Cancon :

Château de Monviel M ⛰, ☎ 01.71.64, Télex 560800, ≤, parc, 🌳, 🏊 – TV **P**. AE ⓓ VISA
SC : **R** 120/225 – ☐ 25 – **7 ch** 230/300 – P 320/380.

CITROEN Saphy, ☎ 01.60.41 **N**
RENAULT Sanson à Castelnaud de Gratecombe ☎ 01.63.12

CANDÉ-SUR-BEUVRON 41 L.-et-Ch. 64 ⑰ – 760 h. alt. 86 – ✉ 41120 Les Montils – ☺ 54.

Paris 196 – Blois 14 – Chaumont-sur-Loire 6,5 – Montrichard 23 – ♦Tours 49.

Lion d'Or, ☎ 44.04.66, 🌳 – ⊟wc ☎ **P**. ✗
fermé 24 nov. au 31 déc. et mardi – SC : **R** 35/110 🍷 – ☐ 14 – **10 ch** 62/145 – P 130/170.

XXX ✿ **Host. Caillère** (Guindon), rte Montils ☎ 44.03.08, ≤, 🌳 – **P**. AE VISA. ✗
fermé janv. et merc. – SC : **R** 110/190
Spéc. Salade au magret de canard fumé, Filet de rascasse aux bigorneaux, Millefeuille aux fruits.
Vins Mesland, Oisly.

CANET-PLAGE 66140 Pyr.-Or. 86 ⑳ G. Pyrénées – Casino – ☺ 68.

i Office de Tourisme pl. de la Méditerranée (fermé dim. hors saison) ☎ 80.20.65, Télex 500997.

Paris 919 – Argelès-sur-Mer 16 – Narbonne 72 – ♦Perpignan 13.

Gallon M sans rest, 20 bis av. Gd Large ☎ 80.28.23, 🏞 – |‡| ⊟wc ☎ **P**
avril-oct. – SC : ☐ 18 – **24 ch** 150/250, 4 appartements 320.

Clos des Pins M ⛰, 34 av. Roussillon ☎ 80.32.63, 🏞 – ⊟wc ⫪wc ☎ **P**. 🚗 AE. ✗
avril-sept. – SC : **R** (dîner seul.) 100/120 – ☐ 18 – **20 ch** 200/245.

Althaéa M sans rest., 120 prom. Côte Vermeille ☎ 80.28.59, ≤ – |‡| TV ⊟wc ☎ **P**. 🚗 AE ⓓ E VISA. ✗
1er avril-31 oct. – SC : ☐ 18 – **48 ch** 285.

Les Sables M sans rest, r. Vallée-du-Rhône ☎ 80.23.63, 🏊 – |‡| TV ⊟wc ⫪wc ☎ **P**. 🚗 AE ⓓ E VISA
SC : ☐ 20 – **41 ch** 150/240.

Aquarius M, av. Roussillon ☎ 80.25.48, 🏊 – |‡| ⊟wc ⫪wc ☎ ♿ **P** 🚗. ✗
1er avril-30 sept. – SC : **R** 55 bc – ☐ 17 – **40 ch** 180/220 – P 215/220.

du Port M, 21 bd Jetée ☎ 80.62.44 – |‡| ⊟wc ☎ 🚗 **P**. 🚗. ✗
1er mars-31 oct. – SC : **R** 60/95 🍷 – ☐ 18 – **36 ch** 280 – P 240.

La Chalosse sans rest, av. Méditerranée ☎ 80.35.69 – |‡| ⊟wc ⫪wc ☎ **P**. VISA. ✗
fermé janv. et fév. – SC : ☐ 10 – **15 ch** 110/150.

CANILLO Andorre 86 ⑭ – voir à Andorre.

Voir Boulevard de la Croisette★★ BCZ – Pointe de la Croisette★ X – ≼★ de la tour du Mont-Chevalier AZ **V** – Musée de la Castre★ AZ **M** – Observatoire de Super-Cannes ☀★★★ E : 4 km, VX **B** – Chemin des Collines★ NE : 4 km V – La Croix des Gardes V **E** ≼★ **O** : 5 km puis 15 mn.

🔟 Country-Club de Cannes-Mougins ☎ 75.79.13 par ⑤ : 9 km ; 🔟🔟 Golf Club de Cannes-Mandelieu ☎ 49.55.39 par ② : 6,5 km ; 🔟 de Biot ☎ 65.08.48 par ⑤ : 14 km ; 🔟 de Valbonne ☎ 42.00.08 par ⑤ : 15 km.

🔟 Office de Tourisme et Accueil de France (Informations, change et réservations d'hôtels, pas plus de 5 jours à l'avance), Gare S.N.C.F. ☎ 99.19.77, Tèlex 470795 et Palais des Festivals et des Congrès, La Croisette (fermé dim. hors saison) ☎ 39.24.53, Télex 470749 - A.C. 21 quai St-Pierre ☎ 39.39.94.

Paris 909 ⑤ – Aix-en-Provence 151 ⑤ – ◆Grenoble 314 ④ – ◆Marseille 163 ⑤ – ◆Nice 34 ⑤ – ◆Toulon 128 ⑤.

CANNES - LE CANNET - VALLAURIS

André (R. du Cdt) . . . . **CZ**	Dollfus (R. Jean) . . . . **AZ** 22	Observatoire (Bd de l') . . . . . **X** 54
Antibes (R. d') . . . . **BCZ**	Ferrare (Bd de la) . . . . . . **BYZ** 23	Oxford (Bd d') . . . . **V** 55
Belges (R. des) . . . . **BZ** 5	Fiesole (Av.) . . . . **V** 24	Pastour (R. L.) . . . . **AZ** 56
Chabaud (R.) . . . . **CZ** 15	Fournas (Av. de) . . . . **V** 26	Perrier (Bd) . . . . **V** 57
Croisette (Bd de la) . . . . . **BCZ**	Gambetta (Bd) . . . . **V** 27	Perrissol (R. L.) . . . . **AZ** 59
Félix-Faure (R.) . . . . **ABZ**	Gaulle	Pins (Bd des) . . . . **X** 60
Foch (R. du Mar.) . . . . . . **BZ** 25	(Pl. du Gén.-de) . . . . . **BZ** 28	République
Hôtel-de-Ville (R. de l') . . **AZ** 33	Grasse (Av. de) . . . . **V** 29	(Bd de la) . . . . **X** 62
Joffre (R. du Mar.) . . . . . . **BZ** 35	Haddad-Simon (R.J.) . . . . **CY** 30	Roi-Albert-1ᵉʳ
Riouffe (R. du Mar.) . . . . . **BZ** 64	Hôpital (Av. de l') . . . . **V** 32	(Av. du) . . . . **DZ** 65
	Isnard (Pl. Paul) . . . . **V** 34	Rouguière (R.) . . . . **BZ** 66
Alexandre-III (Bd) . . . . **X** 2	Lacour (Bd A.) . . . . **V** 36	Rouvier (Bd M.) . . . . **V** 67
Amouretti (R. F.) . . . . **CZ** 3	Lattre-de-Tassigny	St-Charles (➾) . . . . **V** 69
Beau-Soleil (Bd) . . . . **V** 4	(Av. J.-de) . . . . **ABY** 37	St-Joseph (➾) . . . . **AY** 70
Bellevue (Pl.) . . . . **V** 6	Leader (Bd) . . . . **VX** 38	St-Nicolas (Av.) . . . . **BY** 71
Bréguières (Ch. des) . . . . . **V** 7	Lérins (Av. de) . . . . **X** 39	St-Sauveur (R.) . . . . **V** 72
Broussailles (Av. des) . . . . **V** 8	Macé (R.) . . . . **BZ** 42	Ste-Philomène (➾) . . . . . . **V** 73
Buttura (R.) . . . . **BZ** 10	Montaigne (R.) . . . . **BY** 43	Sardou (R. L.) . . . . **V** 74
Carnot (Bd) . . . . **V** 13	Mont-Chevalier (R. du) . . **AZ** 44	Serbes (R. des) . . . . **BZ** 75
Castre (Pl. de la) . . . . . . **AZ** 14	Montfleury (Bd) . . . . **V** 45	Souvenir (➾) . . . . **DY** 76
Christ-Roi (➾) . . . . **V** 16	Myron-T.-Herrik (Bd) . . . . **V** 46	Tapis-Vert (Av. du) . . . . . . **V** 77
Clemenceau (Av. G.) . . . . **V** 17	N.-D.-de-	Tuby (Bd Victor) . . . . **AZ** 78
Coteaux (Av. des) . . . . . . **V** 18	Bon-Voyage (➾) . . . . **BZ** 49	Vallauris (Av. de) . . . . **V** 79
Dr-Pierre-	N.-D.-d'Espérance (➾) . . **AZ** 50	Victor-Hugo (R.) . . . . **V** 80
Gazagnaire (R.) . . . . . . **AZ** 20	N.-D.-des-Pins (➾) . . . . **DZ** 52	Vidal (R. du Cdt) . . . . **CZ** 82

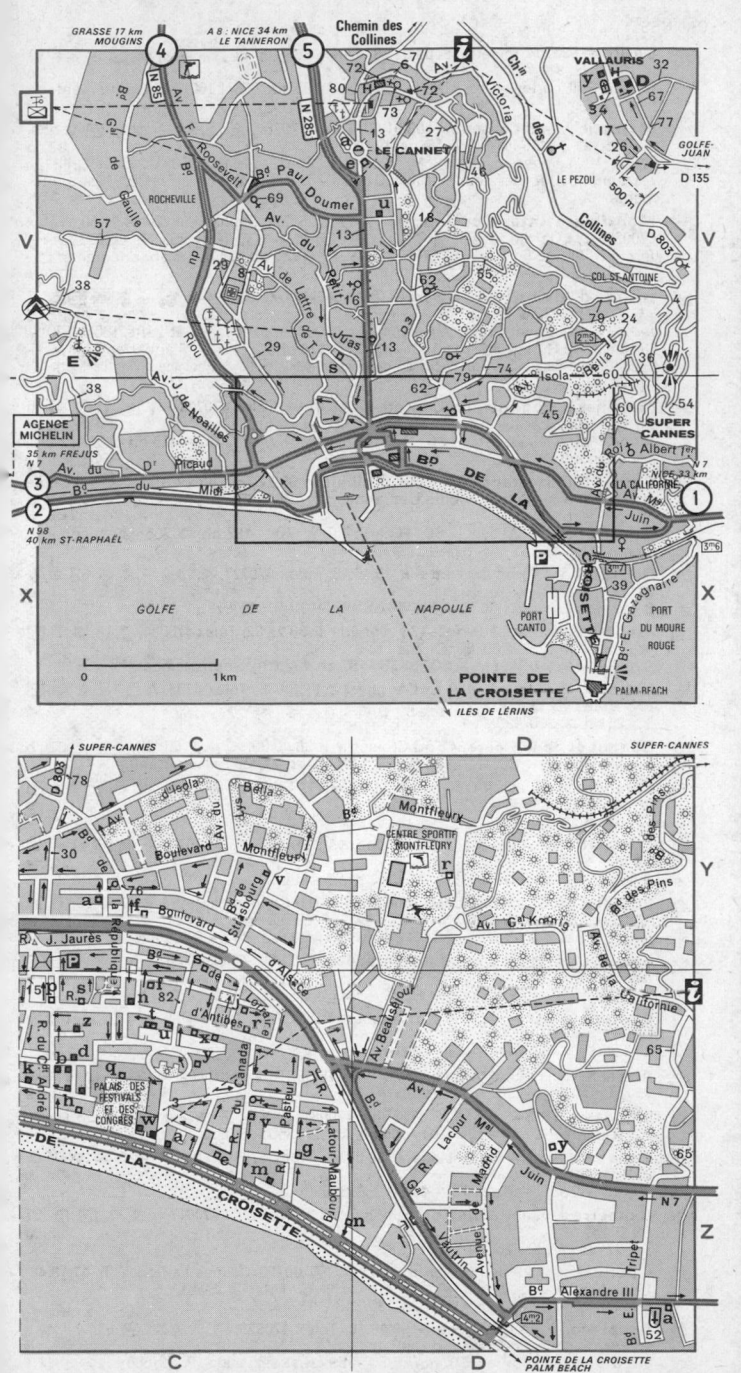

CANNES

Carlton, 58 bd Croisette ℡ 68.91.68, Télex 470720, ≼, 🏎 – ▮ 🗏 TV ໒ 🚗 🄿
– 🏛 80. ⴹ. ⅌ rest
CZ **e**
R 180, Grill carte environ 180 – ⴾ 30 – **293 ch** 555/1 160, 30 appartements –
P 723/1 370.

Majestic, M̶, bd Croisette ℡ 68.91.00, Télex 470787, ≼, 🝵, 🎸 – ▮ 🗏 TV ☎ 🚗
– 🏛 30 à 120. ⬜ ⓪ ⴹ VISA. ⅌ rest
BZ **n**
fermé 1er nov. au 15 déc. – **R** (dîner seul. en été) carte 160 à 245 et Grill *(fin
mars-mi-nov.)* **R** (déj. seul.) carte 180 à 220 – ⴾ 25 – **248 ch** 710/1 060, 12 appartements.

Montfleury Inter-Continental M̶ 🝵, 25 av. Beauséjour ℡ 68.91.50, Télex
470039, ≼, « Jardin », 🝵, 🝶, ⅌ – ▮ 🗏 TV ☎ 🚗 🄿 – 🏛 350. ⬜ ⓪ ⴹ VISA.
fermé 1er fév. au 9 mars – SC : **R** 138 – ⴾ 40 – **230 ch** 530/850, 5 appartements.
DY **r**

✿ **Gray d'Albion** M̶, 38 r. Serbes ℡ 48.54.54, Télex 470744, 🏎 – ▮ 🗏 TV ☎ –
🏛 30 à 200. ⬜ ⓪ ⴹ VISA
BZ **d**
fermé fév. – **Royal Gray** *(fermé dim. soir hors sais. et lundi)* **R** carte 180 à 230 –
Coffee Shop R carte environ 110 – ⴾ 40 – **174 ch** 720/1 010, 14 appartements
Spéc. Galette de ris de veau, Fricassée de homard, Millefeuille aux pommes. Vins La Motte, St
Tropez.

Martinez-Concorde, bd Croisette ℡ 68.91.91, Télex 470708, ≼, 🏎 – ▮ 🗏 ch
TV ☎ 🄿 – 🏛 40 à 500. ⬜ ⓪ ⴹ VISA. ⅌ rest
CDZ **n**
fermé 1er nov. au 20 déc. – SC : **R** carte environ 135 – ⴾ 35 – **428 ch** 400/1 100, 15
appartements.

Sofitel Méditerranée M̶, 2 bd J.-Hibert ℡ 99.22.75, Télex 470728, ≼, « Piscine
et terrasses sur le toit, ≼ baie de Cannes » – ▮ 🗏 TV ☎ 🚗 – 🏛 150. ⬜ ⓪ ⴹ
VISA. ⅌ rest
AZ **n**
fermé 12 nov. au 20 déc. – SC : **R** carte 110 à 140 – **152 ch** ⴾ 355/635, 5 appartements – P 505.

Gd Hôtel 🝵, 45 bd Croisette ℡ 38.15.45, Télex 470727, ≼, 🏎 – ▮ 🗏 TV ☎ ⴹ
🄿 ⬜
CZ **q**
R voir rest. Lamour - SC : ⴾ 35 – **74 ch** 480/810 – P 565/975.

Frantel Beach M̶ sans rest, 13 r. Canada ℡ 38.22.32, Télex 470034, 🝵 – ▮ 🗏 TV
☎ ⴹ 🚗 – 🏛 30 à 60. ⬜ ⓪ VISA
CZ **v**
fermé 1er nov. au fév. – SC : ⴾ 28 – **87 ch** 432/615, 8 appartements

Victoria M̶ sans rest, 122 r. d'Antibes ℡ 99.36.36, Télex 470817, 🝵 – ▮ 🗏 TV
🚗 🄿 ⬜ ⓪ ⴹ VISA
CZ **x**
SC : **25 ch** ⴾ 290/490.

Gonnet et de la Reine, 42 bd Croisette ℡ 38.40.00, ≼ – ▮. ⬜ VISA. ⅌ CZ **h**
20 janv.-1er oct. – SC : **R** (résid. seul.) – **50 ch** ⴾ 400/550, 4 appartements.

Splendid sans rest, 4 r. F.-Faure ℡ 99.53.11, Télex 470990, ≼ – ▮ cuisinette TV
☎ ⬜ ⓪ ⴹ
BZ **a**
SC : **63 ch** ⴾ 250/450.

Fouquet's M̶ sans rest, 2 Rd-Pt Duboys-d'Angers ℡ 38.75.81 – 🗏 TV 🚗 ⬜
⓪ ⴹ
CZ **y**
fermé 18 oct. au 20 déc. – SC : **10 ch** ⴾ 590.

Solhotel M̶, 61 av. Dr Picaud par ③ ✉ 06150 Cannes La Bocca ℡ 47.63.00, Télex
970956, 🝵, 🎸 – ▮ 🗏 TV ☎ 🚗 – 🏛 100. ⬜ ⓪ ⴹ VISA
fermé 1er nov. au 15 déc. – SC : **R** 80 – **101 ch** ⴾ 300/440 – P 400/495.

Beau Séjour M̶, 100 r. G.-Clemenceau ℡ 39.63.00, Telex 470975, 🝵, 🎸 – ▮ TV
🚗 ⬜ ⓪ ⴹ VISA ⅌ rest
AZ **d**
fermé 31 oct. au 20 déc. – SC : **R** 100 – **46 ch** ⴾ 395/440 – P 410/585.

Century M̶ sans rest, 133 r. d'Antibes ℡ 99.37.64, Télex 470090 – ▮ 🗏 TV ☎
🚗 ⬜ VISA
CZ **r**
fermé 15 nov. au 20 déc. – SC : **35 ch** ⴾ 350/400.

Abrial M̶ sans rest, 24 bd Lorraine ℡ 38.78.82, Télex 470761 – ▮ 🗏 ☎ 🄿 ⬜ VISA
15 janv.-10 nov. – SC : **48 ch** ⴾ 250/340.
CY **s**

Embassy, 6 r. Bône ℡ 38.79.02, Télex 470081 – ▮ 🗏 TV ☎ 🚗 ⬜
SC : **R** *(fermé mardi midi)* 70/80 – **60 ch** ⴾ 320/350 – P 335.
CZ **j**

Paris sans rest, 34 bd d'Alsace ℡ 38.30.89, Télex 470995, 🝵, 🎸 – ▮ 🗏 ☎ – 🏛
40. VISA. ⅌
CY **a**
20 janv.-30 oct. – SC : ⴾ 20 – **48 ch** 238/338.

Canberra sans rest, 120 r. d'Antibes ℡ 38.20.70, Télex 470817 – ▮ 🗏 TV 🄿 ⬜
⓪ ⴹ VISA
CZ **u**
SC : **37 ch** ⴾ 230/425.

Licorn'H. M̶, 23 av. Fr.-Tonner par ③ ✉ 06150 Cannes-La-Bocca ℡ 47.18.46,
Télex 470818 – ▮ 🗏 rest TV ⌖wc 🛏wc ☎ 🄿 ⬜ ⓪ ⴹ VISA
fermé nov. – SC : **R** 80 – **45 ch** ⴾ 160/340 – P 246/310.

Acapulco M̶, 16 bd Alsace ℡ 99.16.16, Télex 470929, 🝵 – ▮ 🗏 TV ⌖wc 🛏wc
☎ 🚗 🛋 ⬜ ⓪ ⴹ VISA. ⅌ rest
BY **t**
SC : **R** *(fermé 15 nov. au 20 déc.)* 55/80 – **59 ch** ⴾ 280/440 – P 380/580.

🏨 **Univers** Ⓜ, 2 r. Mar.-Foch ☏ 39.59.19, Télex 470972 – 🛗 🗐 ch 📺 ⇔wc 🛁wc ☎.
🚗 ⌸ ⑩ 𝗩𝗜𝗦𝗔 E
BZ r
SC : **R** (au 6ᵉ étage) 60/70 – ⏚ 15 – **68 ch** 271/370 – P 286/340.

🏨 **Clarice**, 48 bd Alexandre-III ☏ 43.07.55, �花 – 🛗 🗐 ⇔wc 🛁wc ☎. 🅿. 🚗 𝗩𝗜𝗦𝗔
✦ *fermé 20 oct. au 20 déc.* – SC : **R** 50/80 – **30 ch** ⏚ 200/450 – P 250/350.
DZ a

🏨 **Ruc Hôtel Cannes** sans rest, 15 bd Strasbourg ☏ 38.64.32 – 🛗 🗐 📺 ⇔wc ☎
🚗 ⌸ E
CY v
fermé 21 nov. au 20 déc. – SC : **30 ch** ⏚ 240/315.

🏨 **La Madone** ⑊ sans rest, 5 av. Justinia ☏ 43.57.87, « Coquette installation », 🌸
– cuisinette 📺 ⇔wc 🛁wc ☜. 🚗 ⌸ ⑩ 𝗩𝗜𝗦𝗔
DZ y
SC : ⏚ 20 – **25 ch** 250/390.

🏨 **Provence**, 9 r. Molière ☏ 38.44.35 – 🛗 🗐 ch 📺 ⇔wc 🛁wc ☜. 🚗 ⌸ ⑩ E
𝗩𝗜𝗦𝗔. 🍴 rest
CZ t
SC : **R** *(fermé 1ᵉʳ nov. au 20 déc. et dim.)* 75/85 – ⏚ 18 – **30 ch** 135/285.

🏨 **Les Orangers**, 1 r. des Orangers ☏ 39.99.92, Télex 470873, ≤, ⓢ, 🌸 – 🛗 ⇔wc
🛁wc ☜. 🚗 ⌸ ⑩ E. 🍴 rest
AZ k
fermé 1ᵉʳ nov. au 20 déc. – SC : **R** 88 – **40 ch** ⏚ 225/360 – P 320.

🏨 **Belle Plage** sans rest, 6 r. J.-Dollfus ☏ 39.86.25 – 🛗 📺 ⇔wc 🛁wc ☎. 🚗 ⌸
20 janv.-31 oct. – SC : **40 ch** ⏚ 245/390.
AZ b

🏨 **Host. de L'Olivier** sans rest, 90 r. G.-Clemenceau ☏ 39.53.28, ⓢ, 🌸 – ⇔wc
🛁wc ☎ 🅿. 🚗 ⌸ ⑩ 𝗩𝗜𝗦𝗔
AZ k
SC : **23 ch** ⏚ 180/380.

🏨 **Dauphins Verts** sans rest, 9 r. J.-Dollfus ☏ 39.45.83, 🌸 – 🛗 🗐 📺 ⇔wc 🛁wc
☜. 🚗 ⌸
AZ b
fermé 30 nov. au 7 janv. – SC : **17 ch** ⏚ 165/240.

🏨 **Ligure** Ⓜ sans rest, 5 pl. Gare ☏ 39.03.11 – 🛗 🗐 ⇔wc 🛁wc ☜. 🚗 ⌸ ⑩ E
𝗩𝗜𝗦𝗔
BY b
SC : **36 ch** ⏚ 190/350.

🏨 **Mondial** sans rest, 1 r. Teisseire ☏ 39.28.70 – 🛗 ⇔wc 🛁wc ☎. 🚗
CZ p
fermé 1ᵉʳ au 15 déc. – SC : **65 ch** ⏚ 114/260.

🏨 **Château de la Tour** ⑊, av. Font-de-Veyre par ③ ⊠ 06150 Cannes-La-Bocca ☏
47.34.64, Télex 470906, 🌸 – 🛗 ⇔wc 🛁wc ☜ 🅿. 🍴 rest
SC : **R** *(fermé nov.)* 75 – **42 ch** ⏚ 200/325 – P 276/312.

🏨 **Select** sans rest, 16 r. H.-Vagliano ☏ 99.51.00 – 🛗 📺 ⇔wc 🛁wc 🚗
BY r
fermé 15 nov. au 15 déc. – SC : ⏚ 13 – **30 ch** 200/210.

🏨 **Régina** sans rest, 31 r. Pasteur ☏ 94.05.43 – 🛗 ⇔wc 🛁wc ☎ 🅿. 🚗
CZ g
20 janv.-15 oct. – SC : **20 ch** ⏚ 200/350.

🏨 **Vendôme** sans rest, 37 bd Alsace ☏ 38.34.33, 🌸 – ⇔wc 🛁wc ☜ 🅿. ⑩
CY f
fermé nov. – SC : ⏚ 17 – **18 ch** 140/380.

🏨 **France** sans rest, 85 r. Antibes ☏ 39.23.34 – 🛗 🗐 📺 ⇔wc 🛁wc ☎. 🚗 ⌸ 𝗩𝗜𝗦𝗔
CZ s
SC : ⏚ 16 – **34 ch** 175/225.

🏨 **Corona** sans rest, 55 r. d'Antibes ☏ 39.69.85 – 🛗 🗐 ⇔wc 🛁wc ☜. 🚗 ⌸ E
𝗩𝗜𝗦𝗔
BZ q
fermé nov. – SC : ⏚ 13 – **20 ch** 120/240.

🏠 **Molière** sans rest, 5 r. Molière ☏ 38.16.16, 🌸 – 🛗 📺 ⇔wc 🛁wc ☎. E. 🍴
C7 t
fermé nov. au 20 nov. ou 20 déc. – SC : **33 ch** ⏚ 100/260.

🏠 **El Puerto** ⑊, 45 av. Petit-Juas ☏ 68.39.75, 🌸 – ⇔wc 🛁wc ☜ 🅿. 🚗 ⌸. 🍴
fermé 1ᵉʳ oct. au 15 déc. – SC : **R** *(fermé lundi)* 70/75 – ⏚ 15 – **22 ch** 140/280 –
P 180/260.
V s

🏠 **Cheval Blanc** sans rest, 3 r. de-Maupassant ☏ 39.88.60 – 📺 ⇔wc 🛁wc ☜.
🚗
AY a
SC : ⏚ 15 – **16 ch** 140/205.

🏠 **Athénée** sans rest, 6 rue Lecerf ☏ 38.69.54 – 📺 ⇔wc 🛁wc ☜. 🚗 ⌸ ⑩ E.
🍴
CZ f
SC : ⏚ 16 – **17 ch** 160/320.

🏠 **Wagram**, 140 r. d'Antibes ☏ 94.55.53, 🌸 – 🛗 🗐 ch ⇔wc 🛁wc ☜. 🍴
CZ x
fermé nov. – SC : **R** 85 – ⏚ 19 – **23 ch** 145/278 – P 260/326.

🏠 **Roches Fleuries** sans rest, 92 r. G.-Clemenceau ☏ 39.28.78, 🌸 – 🛗 ⇔wc 🛁wc
☜ 🅿.
AZ q
fermé 15 nov. au 20 déc. – SC : **24 ch** ⏚ 85/175.

🏠 **Campanile**, Aérodrome de Cannes-Mandelieu par ③ : 6 km ⊠ 06150 Cannes-
La-Bocca ☏ 48.69.41, Télex 470886 – 📺 ⇔wc ☜ 🅿. 𝗩𝗜𝗦𝗔
SC : **R** 55 bc/80 bc – 🍽 20 – **47 ch** 186.

🏠 **Modern** sans rest, 11 r. Serbes ☏ 39.09.87 – 🛗 📺 🛁wc ☜
BZ b
fermé 11 nov. au 20 déc. – SC : **19 ch** ⏚ 140/298.

🏠 **Poste** sans rest, 31 r. Bivouac-Napoléon ☏ 39.22.58 – 🛗 ⇔wc 🛁wc ☜. 🚗. 🍴
SC : ⏚ 14 – **22 ch** 80/200.
BZ m

🏠 **Touring H.** sans rest, 11 r. Hoche ☏ 38.34.40 – 🛗 📺 ⇔wc 🛁wc ☜. 🚗 𝗩𝗜𝗦𝗔
SC : ⏚ 13 – **30 ch** 90/200.
BYZ z

CANNES

XXX **Félix,** 63 bd Croisette 🏛 94.00.61, ← – 🍴 🅰️ CZ **m**
fermé 1er nov. au 25 déc., mars et merc. sauf fêtes – **R** carte 120 à 180.

XXX **Le Festival,** 52 bd Croisette 🏛 38.04.81, ← – 🍴 🅰️ ⓞ CZ **a**
fermé 15 nov. au 15 déc. – **R** carte 120 à 200.

XXX **Poêle d'Or,** 23 r. États-Unis 🏛 39.77.65 – 🍴 🅰️ ⓞ VISA BZ **v**
fermé 27 juil. au 11 août, 1er au 17 fév., mardi soir d'oct. à Pâques et merc. – **R** 120.

XXX **Gaston et Gastounette,** 7 quai St-Pierre 🏛 39.47.92, ← – 🅰️ ⓞ E VISA AZ **h**
fermé 1er au 20 déc., 4 au 20 janv. et lundi du 1er nov. au 1er fév. – **R** 140.

XXX ❀ **Reine Pédauque** (Dorange), 6 r. Mar.-Joffre 🏛 39.40.91 – 🍴 VISA BZ **s**
fermé 27 juin au 18 juil., 9 au 21 déc. et lundi – **R** (nombre de couverts limité - prévenir) 120/220
Spéc. Mousseline de rascasse, Nage de poissons au beurre blanc, Filet d'agneau en croûte. **Vins** Château-Minuty, Château-Simone.

XXX **Lamour,** 45 bd Croisette – Ⓟ 🏛 99.49.60 – 🅰️ VISA CZ **q**
fermé 15 nov. au 15 déc. – **R** 105.

XXX ❀ Fredante (Villa), 14 r. Bateguier 🏛 68.30.30 CZ **h**

XX **Rescator,** 7 r. Mar.-Joffre 🏛 39.44.57 – 🍴 VISA BZ **e**
fermé 15 nov. et lundi hors sais. – **R** (en juil.-août, dîner seul.) 105/250.

XX **Blue Bar,** Palais des Festivals 🏛 39.03.04, ← – 🍴 CZ **w**
fermé juin et mardi sauf juil.-août – **R** carte 110 à 170.

XX **Voile au Vent,** 17 quai St-Pierre 🏛 39.27.84 – 🅰️ ⓞ VISA AZ **m**
fermé 15 nov. au 20 déc., 1er au 31 mars et jeudi sauf 14 juil. au 15 sept. – **R** carte 100 à 150.

XX **J.-J.-Garé,** 16 r. Frères Pradignac 🏛 39.18.65 – 🍴 🅰️ ⓞ VISA CZ **b**
fermé mars et dim. – **R** 70/100.

XX **Caveau Provençal,** 45 r. Félix-Faure 🏛 39.06.33 – 🍴 🅰️ ⓞ E VISA BZ **f**
fermé 20 au 30 mars – **R** 68/120.

XX **Monsieur Madeleine,** 12 bd Jean Hibert 🏛 39.72.22, ← AZ **t**
fermé janv. et jeudi – **R** 90/120.

XX ❀ **Le Croquant** (Peytour), 18 bd J.-Hibert 🏛 39.39.79 – 🍴 🅰️ ⓞ E AZ **u**
fermé 10 fév. au 10 mars., 15 nov. au 10 déc. et lundi – **R** (du 15 sept. au 30 juin ouvert dim. et le soir en sem.) carte 105 à 180
Spéc. Terrine de lotte, Steack de canard, Tourtière landaise.

XX **Mère Besson,** 13 r. Frères-Pradignac 🏛 39.59.24, Cuisine provençale – 🅰️ CZ **d**
fermé juin et dim. – SC : **R** carte 105 à 150.

XX **Poivre Vert,** 11 r. L.-Blanc 🏛 39.07.67 – 🍴 🅰️ ⓞ E AZ **s**
fermé 1er au 13 juil., 1er au 15 oct. et merc. – SC : **R** carte 70 à 115.

XX **Gilbert de Cassis,** 17 r. G.-Monod 🏛 39.24.95 – 🍴 🅰️ ⓞ E VISA CZ **h**
fermé 27 juin au 11 juil. et lundi – SC : **R** 55/75.

XX **Taverna Romana,** pl. Suquet 🏛 39.96.05, spécialités italiennes – 🍴 AZ **e**
R 100.

XX **La Cigale,** 1 r. Florian 🏛 39.65.79 – 🍴 CZ **z**
fermé 10 nov. au 20 déc., et sam. midi hors saison – SC : **R** 67.

XX **La Croisette,** 15 r. Cdt-André 🏛 39.86.06 – 🅰️ ⓞ VISA CZ **b**
fermé merc. et mardi – SC : **R** 55 bc/51 🍷.

XX **La Coquille,** 65 r. Félix-Faure 🏛 39.26.33 – 🍴 🅰️ ⓞ E VISA BZ **p**
→ *fermé 6 au 18 déc. –* SC : **R** 50/68.

XX **Au Mal Assis,** 15 quai St-Pierre 🏛 39.13.38, ← – VISA AZ **h**
→ *fermé 10 nov. au 20 déc. –* SC : **R** 60.

X **L'Esquinade,** 3 r. G.-Monod 🏛 39.36.25 – 🅰️ ⓞ VISA CZ **k**
→ *fermé merc. –* SC : **R** 39/60 🍷.

X **L'Olivier,** 9 r. Rouguière 🏛 39.91.63 – 🅰️ ⓞ E VISA BZ **e**
→ *fermé 15 nov. au 15 déc. et sam. –* **R** 45/70.

X **Le Monaco,** 15 r. 24-août 🏛 38.37.76 BY **e**
→ *fermé nov. et dim. –* SC : **R** 50/70 🍷.

X **Côte d'Azur,** 3 r. J.-Daumas 🏛 38.60.02 CZ **n**
→ *fermé 1er juil. au 1er août et dim. –* SC : **R** *(fermé le soir d'oct. à avril)* 40 bc/55 bc.

X **Aux Bons Enfants,** 80 r. Meynadier – 🍽 AZ **r**
→ *fermé mi avril à mi mai, merc. soir hors sais. et dim. –* SC : **R** 50 🍷.

X **Au Bec Fin,** 12 r. 24-Août 🏛 38.35.86 – 🅰️ VISA 🍽 BY **e**
fermé 15 déc. au 15 janv. et dim. – SC : **R** 60/100 🍷.

route de Pégomas par ③ : 8 km – ✉ 06150 Cannes-la-Bocca :

XXX **L'Oriental,** 286 av. M.-Jourdan 🏛 47.43.99, « Décor Mauresque », cuisine du Maghreb – Ⓟ ⓞ VISA
fermé janv., dim. soir et lundi hors sais. – SC : **R** 150.

Voir aussi ressources hôtelières de *Mougins* par ④ : 8 km

MICHELIN, Agence, 3 bd L.-Négrin, Cannes-La Bocca par ③ ☏ **47.21.10**

CITROEN Carnot Autom., 48 bd Carnot ☏ 68.
20.25 et 205 bd Tonner, La Bocca par ③ ☏
47.24.00
PORSCHE Gar. Gras, 17 bd Vallombrosa ☏
39.34.27
RENAULT Succursale, N7, av. des Arlucs, la
Bocca par ③ ☏ 47.00.01

TALBOT Ortelli, 1 av. A.-Dozol, angle N 7, La
Bocca par ③ ☏ 47.21.98

🖚 Laborier, 20 r. Cdt-Vidal ☏ 38.58.14
Massa-Pneu, 9 bd Vallombrosa ☏ 39.25.22

Le CANNET 06110 Alpes-Mar. 🔢 ⑨, 🔢 ㉕㉘ **G. Côte d'Azur** – 38 410 h. alt. 110 – ✿ 93.
🛈 Syndicat d'Initiative 2 bd Carnot (fermé dim. et fêtes) ☏ 46.74.00.00 et av. Campon (fermé dim. et fêtes) ☏ 45.34.27.
Paris 907 – Antibes 13 – Cannes 3 – Grasse 15 – ♦Nice 31 – Vence 28.

Voir plan d'agglomération de Cannes-le-Cannet-Vallauris

🏨 **Gde Bretagne** sans rest, bd Sadi-Carnot ☏ 45.66.00, Télex 470918 – cuisinette   V a
▦ **P**. 🅰🅴 ⓞ 𝘝𝘐𝘚𝘈
SC : 🛏 20 – **34 ch** 200/390.

🏨 **Ibis,** 87 bd Carnot ☏ 45.79.76, Télex 470095 – 🛗 📺 ➘wc ☎. 𝘝𝘐𝘚𝘈   V e
SC : **R** snack carte environ 65 ⅃ – 🛏 **14 – 40 ch** 160/210.

✗ **Marinette,** 11 r. Rebuffel ☏ 45.99.47   V u
fermé 15 juil. au 30 août, jeudi, vend. et sam. – SC : **R** (déj. seul.) 75.

ALFA-ROMEO Gar. Europa, bretelle de l'autoroute ☏ 45.17.00

Le CANNET DES MAURES 83 Var 🔢 ⑯ – 2 155 h. alt. 127 – ⊠ 83340 Le Luc – ✿ 94.
Paris 839 – Brignoles 25 – Cannes 73 – Draguignan 26 – St-Tropez 38 – ♦Toulon 55.

🏨 **Mas du Four** 🦌, E : 2,5 km par N 7 et rte de l'E.A. Alat ☏ 60.74.64, ⅃, ✗ –
➘wc **P**. 🚗🖚, 🦌 rest
fermé 20 au 30 nov., 15 janv. au 15 fév., dim. soir en hiver et lundi de début sept. au
15 juin – SC : **R** 58/110 – 🛏 16 – **10 ch** 85/160 – P 195/250.

La CANOURGUE 48500 Lozère 🔢 ④⑤ **G. Causses** – 1 374 h. alt. 563 – ✿ 66.
Voir Sabot de Malepeyre★ SE : 4 km.
🛈 Office de Tourisme (20 juin-12 sept.) ☏ 32.83.67 et à la Mairie (fermé dim. et lundi) ☏ 32.81.47.
Paris 580 – Espalion 54 – Florac 53 – Mende 46 – Rodez 67 – Sévérac-le-Château 22.

🏨 **Commerce** Ⓜ, ☏ 32.80.18 – 🛗 ➘wc 🛁wc ☎. 🚗 **P** – 🚃 30 à 50
⟵ fermé 15 déc. au 1er fév. et sam. du 1er oct. au 1er avril – SC : **R** 40/75 ⅃ – 🛏 14 –
32 ch 115/160 – P 180.

PEUGEOT Condomines, ☏ 32.80.16 🅽

CAPBRETON 40130 Landes 🔢 ⑰ **G. Côte de l'Atlantique** – 4 595 h. – Casino – ✿ 58.
🛈 Office de Tourisme av. G.-Pompidou (fermé merc. hors sais. et dim.) ☏ 72.12.11.
Paris 756 – ♦Bayonne 22 – Mont-de-Marsan 84 – St-Vincent-de-Tyrosse 12 – Soustons 21.

à la Plage NO : 1 km – ⊠ 40130 Capbreton :

🏨 **Atlantic,** av. de-Lattre-De-Tassigny ☏ 72.11.14, ⅃ – ➘wc 🛁wc ☎. **P**. 🚗🖚.
🦌 rest
hôtel : Pâques et 2 mai-10 oct. ; rest. : 1er juin-11 sept. – SC : **R** 60/105 – 🛏 16 –
53 ch 75/180 – P 160/210.

🏨 **Océan,** av. Plage ☏ 72.10.22, ≤ – 🛗 ➘wc 🛁wc ☎. **P**. 🚗🖚 🅰🅴 ⓞ Ⓔ. 🦌
1er mars-31 oct., fermé lundi et mardi du 1er mars à Pâques – SC : **R** 80/130 – 🛏 15
– **48 ch** 140 – P 185/220.

🏨 **Miramar,** front de Mer ☏ 72.12.82, ≤ – ➘wc 🛁wc ☎. **P**. 🅰🅴 Ⓔ. 🦌
1er mai-20 sept. – SC : **R** (dîner seul.) 68/100 – 🛏 16 – **42 ch** 220.

🏨 **Terrasses,** front de Mer ☏ 72.10.20, ≤ – 🛁wc ☎. **P**
⟵ mai-25 sept. – SC : **R** 50 bc/150 – 🛏 18 – **24 ch** 115/120 – P 170/190.

✗✗ **Mille Sabords,** au port de Plaisance ☏ 72.26.65, ≤ – 🅰🅴 ⓞ
15 juin-15 sept. – SC : **R** 80.

✗✗ **La Sardinière,** 87 av. G.-Pompidou ☏ 72.10.49, ≤ – 🅰🅴 ⓞ
1er mars-5 nov. et fermé jeudi – SC : **R** carte 105 à 140.

CITROEN Barbe, ☏ 72.10.15   RENAULT Gar. Puyau, ☏ 72.10.52

CAP COZ 29 Finistère 🔢 ⑮ – rattaché à Fouesnant.

CAP D'AGDE 34 Hérault 🔢 ⑯ – rattaché à Agde.

CAP D'AIL 06320 Alpes-Mar. 🔢 ⑩, 🔢 ㉗ **G. Côte d'Azur** – 4 282 h. alt. 96 – ✿ 93.
Paris 951 – Menton 12 – Monte-Carlo 3 – ♦Nice 17.

🏨 **Miramar,** av. du 3-Septembre ☏ 78.06.60, ≤ – ▤ rest 🛁wc ☎. 𝘝𝘐𝘚𝘈
15 janv.-15 nov. – SC : **R** (1/2 pension seul. du 1er mai à fin sept.) – 🛏 14 – **27 ch**
95/170

CAP D'ANTIBES 06 Alpes-Mar. 84 ⑨. 195 ㉟㊱㊵ – rattaché à Antibes.

La CAPELLE 02260 Aisne 53 ⑯ G. Nord de la France – 2 312 h. alt. 228 – ۞ 23.
Voir Pierre d'Haudroy (monument commémoratif de l'Armistice 1918) NE : 2 km.
Paris 189 – Avesnes-sur-Helpe 16 – Le Cateau 30 – Fourmies 11 – Guise 23 – Laon 53 – Vervins 17.

  XX **Gd Cerf,** av. Gén.-de-Gaulle �🅟 97.20.61
      fermé juil., 1ᵉʳ au 15 fév., lundi sauf fêtes et dim. soir d'oct. à mars – **R** 50/165.

La CAPELLE-LÈS-BOULOGNE 62 P.-de-C. 51 ① – rattaché à Boulogne-sur-Mer.

CAPENDU 11700 Aude 83 ⑫ – 1 229 h. alt. 83 – ۞ 68.
Paris 889 – Carcassonne 17 – Lézignan-Corbières 18 – Olonzac 21 – St-Pons 58.

  🏠 **Top du Roulier,** �🅟 79.03.60 – 🛁wc 🏠 🕾 🅟 – 🛌 100. 🅥🅘🅢🅐
  ← *fermé 2 au 15 janv.* – SC : **R** 40 bc/180 bc – 🍽 12 – **30 ch** 80/140 – P 150/180.

CAPESTANG 34310 Hérault 83 ⑭ G. Causses – 2 550 h. alt. 22 – ۞ 67.
Paris 841 – Béziers 15 – Carcassonne 63 – ♦Montpellier 84 – Narbonne 18 – St-Pons 40.

  🏠 **Franche-Comté,** D 11 ⛵ 93.31.21 – 🛁wc 🏠wc 🕾 🚗. ❀
  ← *fermé 15 au 30 sept. et 26 déc. au 26 janv.* – SC : **R** *(fermé dim.)* (dîner seul. pour
      résidents) 45 – 🍽 13,50 – **15 ch** 105/138.

CAP FERRAT 06 Alpes-Mar. 84 ⑩⑲ – rattaché à St-Jean-Cap-Ferrat.

CAP FERRET 33970 Gironde 78 ⑫ G. Côte de l'Atlantique – ۞ 56.
Voir ❀✱ du phare.
🅘 Office de Tourisme pl. Marché (fermé dim. après midi et lundi matin) ⛵ 60.63.26.
Paris 653 – Arcachon 69 – ♦Bordeaux 71 – Lacanau-Océan 58 – Lesparre-Médoc 86.

  🏠 **Dunes** Ⓜ ❀ sans rest, av. Bordeaux ⛵ 60.61.81 – 🛁wc 🏠wc 🕾 🅟
      Pâques, week-ends jusqu'au 15 mai et 15 mai-25 sept. – SC : 🍽 16 – **13 ch** 110/155.
  🏠 **Pins** sans rest, r. des Fauvettes ⛵ 60.60.11, 🌿 – 🏠wc. ❀
      15 juin-30 sept. – SC : 🍽 18 – **14 ch** 123/180.
  X **Quatre Saisons** avec ch, av. Océan ⛵ 60.68.13, 🌳, 🌿 – 🅥🅘🅢🅐
      fermé lundi d'oct. au 15 mai – SC : **R** 55/75 – 🍽 12 – **13 ch** 70/100 – P 155/170.

CITROEN Gar. du Phare, ⛵ 60.61.20   PEUGEOT, TALBOT Gava, ⛵ 60.64.20

CAP FRÉHEL 22 C.-du-N. 59 ⑤ G. Bretagne – alt. 57 – ✉ 22240 Fréhel – ۞ 96.
Voir Site★★★ – ❀★★★.
Paris 433 – Dinan 45 – Dinard 38 – Lamballe 36 – ♦Rennes 97 – St-Brieuc 49.

  🏠 **Relais de Fréhel** ❀, S : 2,5 km par D 16 et VO ⛵ 41.43.02, 🌿 – 🏠wc 🅟. 🅐🅑
  ← ❀
      15 mars-5 nov., vacances de Noël et de fév. – SC : **R** 50/90 – 🍽 18 – **13 ch** 70/150
      – P 140/190.

CAP GRIS-NEZ 62 P.-de-C. 51 ① G. Nord de la France – alt. 50 – ✉ 62179 Wissant – ۞ 21.
Voir ≼★★.
Paris 320 – Arras 131 – Boulogne-sur-Mer 20 – ♦Calais 29 – Marquise 13 – St-Omer 58.

  🏠 **Mauves** ❀, ⛵ 92.84.19, 🌿 – 🅟. 🅐🅑. ❀
      5 avril-10 nov. – SC : **R** 68/140 🍷 – 🍽 20 – **18 ch** 90/150 – P 190/230.
  XX **La Sirène,** ⛵ 92.84.09, ≼ mer – 🅟
      fermé 12 nov. au 24 déc., lundi sauf juil.-août et dim. soir – SC : **R** 62/120.

CAP MARTIN 06 Alpes-Mar. 84 ⑩. 195 ㉘ – rattaché à Roquebrune-Cap Martin.

CAPVERN-LES-BAINS 65130 H.-Pyr. 85 ⑨ G. Pyrénées – 1 055 h. alt. 450 – Stat. therm. –
Casino – ۞ 62.
Voir Donjon du château de Mauvezin ❀★ O : 4,5 km.
🏌 de Lannemezan et Capvern-les-Bains ⛵ 98.01.01 E : 12 km.
🅘 Office de Tourisme pl. Thermes (1ᵉʳ mai-15 oct.) ⛵ 39.00.46.
Paris 832 – Arreau 31 – Bagnères-de-Bigorre 20 – Lannemezan 9 – Tarbes 27.

  🏠🏠 **Laca** Ⓜ ❀, rte Mauvezin ⛵ 39.02.06, Télex 521929, ≼, 🔲 – 🛗 🅟 – 🛌 40. 🅐🅔 🅞
      🅔 🅥🅘🅢🅐. ❀ rest
      1ᵉʳ mai-15 oct. – SC : **R** 100 – 🍽 20 – **47 ch** 360, 8 appartements 400.
  🏠🏠 **Paris,** ⛵ 39.00.15 – 🛗 🛁wc 🏠wc 🕾 🚗. 🅐🅑. ❀ rest
      1ᵉʳ mai-31 oct. – SC : **R** 65/85 🍷 – 🍽 50 75/172 – P 148/210.
  🏠🏠 **Beau Site** ❀ sans rest, rte Mauvezin ⛵ 39.00.31, ≼, 🌿, ❀ – 🛁wc 🕾 🅟. 🅐🅑
      1ᵉʳ mai-10 oct. – SC : 🍽 12 – **12 ch** 140/180.
  🏠🏠🏠 **Moderne,** ⛵ 39.00.14, 🌿 – 🛗 🍽 rest 🛁wc 🏠wc 🕾. ❀ rest
      1ᵉʳ mai-10 oct. – SC : **R** 70/120 – 🍽 15 – **82 ch** 75/160 – P 150/260.

🏠 **Square,** ☎ 39.03.51 – 🛗 🛏️wc 🛏️wc 🕿 – ⚄ rest
→ 1er mai-1er oct. – SC : **R** 45/55 – 🖵 12 – **48 ch** 78/120 – P 133/168.

🏠 **St-Paul,** ☎ 39.03.54, 🚗 – 🛗 🛏️wc 🛏️wc 🕿 **P**. ⚄ rest
→ 1er mai-15 oct. – SC : **R** 40/45 🍷 – 🖵 10 – **29 ch** 62/95 – P 122/150.

🏠 **Central,** ☎ 39.00.22 – 🕿. 🞿 ⚄ rest
→ 1er juin-22 sept. – SC : **R** 46/120 – 🖵 12 – **23 ch** 34/120 – P 115/140.

🏠 **Bellevue** 🞿, rte Mauvezin ☎ 39.00.29, ≤, 🚗 – 🛏️wc **P**. ⚄ rest
1er mai-9 oct. – **34 ch**.

à Gourgue NO : 4 km par D 81 – ⌧ 65130 Capvern-les-Bains :

✗ **Relais des Bandouliers** avec ch, ☎ 39.02.21, 🞿 – 🛏️wc **P**. ⚄ ch
→ fermé 15 oct. au 15 nov., 5 au 25 janv., mardi soir et merc. du 15 nov. au 1er mai –
SC : **R** 50/66 – 🖵 12 – **10 ch** 75/120 – P 130/160.

CARANTEC 29226 Finistère 🔢🔢 ⑥ G. Bretagne – 2 588 h. alt. 45 – ⊛ 98.

Voir Croix de procession★ dans l'église – Pointe de Pen-Lan ≤★ E : 1,5 km.

🛈 Office de Tourisme r. A.-Louppe (1er avril-15 sept., fermé dim. et fêtes) ☎ 67.00.43.

Paris 553 – ♦Brest 71 – Lannion 53 – Morlaix 15 – Quimper 90 – St-Pol-de-Léon 10.

🏠 **Pors Pol** 🞿, plage Pors-Pol ☎ 67.00.52, ≤, 🚗 – 🛏️wc 🛏️ **P**. ⚄ rest
→ 26 mars-18 avril et 14 mai-19 sept. – SC : **R** 48/130 – 🖵 11 – **40 ch** 67/123 –
P 115/148.

🏠 **Falaise** 🞿, ☎ 67.00.53, ≤, 🚗 – 🛏️ **P**.
Pâques et 12 mai-16 sept. – SC : **R** 52/92 – 🖵 13 – **26 ch** 65/120 – P 125/150.

CITROEN Fauqueux ☎ 67.03.43 🔟 ☎ 67.04.06   RENAULT Kerrien, ☎ 67.01.71

CARCANS-PLAGE 33 Gironde 🔢🔢 ⑱ – rattaché à Maubuisson.

CARCASSONNE 🅿 11000 Aude 🔢🔢 ⑩ G. Pyrénées – 46 329 h. alt. 111 – ⊛ 68.

Voir La Cité★★★ (embrasement★★★ 14 juil.) CZ – Basilique St-Nazaire★★ CZ **L** – Musée
du château Comtal : calvaire★ de Villanière CZ **M1**.

🛫 de Carcassonne-Salvaza, T.A.T. : ☎ 54.21.45 par ④ : 3 km.

🛈 Office de Tourisme bd Camille-Pelletan (fermé dim. hors sais.) ☎ 25.07.04 et Porte Narbonnaise
(Pâques et juil.-sept.) ☎ 25.68.81.

Paris 907 ② – Albi 107 ① – Béziers 90 ② – Narbonne 61 ② – ♦Perpignan 113 ② – ♦Toulouse 92 ③.

Plan page suivante

🏨 **Terminus** sans rest, 2 av. Mar.-Joffre ☎ 25.25.00, Télex 500198 – 🛗 📺 🚗 – ⚓
150. 🖭 ⓞ 🈺 *VISA*   BY **t**
fermé nov. – SC : 🖵 19 – **110 ch** 105/260.

🏨 **Montségur,** 27 allée d'Iéna ☎ 25.31.41 – 🛗 🗐 🛏️wc 🛏️wc 🕿 **P**. 🞿 🖭 ⓞ 🈺.
⚄ ch   AZ **r**
fermé 19 déc. au 9 janv. – SC : **R** voir rest. Languedoc – 🖵 19 – **21 ch** 110/230.

🏨 **Pont Vieux** sans rest, 32 r. Trivalle ☎ 25.24.99 – 🛏️wc 🛏️wc 🕿 🚗   CZ **s**
fermé sam. et dim. du 1er nov. au 31 déc. – SC : 🖹 16 – **14 ch** 110/160.

✗✗ **Languedoc,** 32 allée d'Iéna ☎ 25.22.17 – 🖭 ⓞ 🈺   AZ **z**
fermé 19 juin au 4 juil., 19 déc. au 9 janv., dim. soir et lundi – SC : **R** 59/110 🍷.

✗✗ **Logis de Trencavel** avec ch, 290 av. Gén.-Leclerc par ② : 3 km ☎ 71.09.53, 🞿
– 🛏️wc 🛏️wc 🕿 🚗 **P**. 🞿 🖭 ⓞ 🈺
fermé 10 janv. au 10 fév. – SC : **R** (fermé merc.) 85/140 – 🖵 23 – **12 ch** 90/175 –
P 317/398.

à l'entrée de la Cité près porte Narbonnaise :

🏠 **Aragon** sans rest, 15 montée Combéléran ☎ 47.16.31 – 🛏️wc 🛏️wc 🕿 **P**. 🞿
🖭 ⓞ 🈺 *VISA*   CZ **k**
SC : 🖵 17 – **19 ch** 165/200.

✗✗✗ **Aub. Pont Levis,** ☎ 25.55.23, 🞿, 🚗 – 🗐. 🖭 ⓞ 🈺 *VISA*. ⚄   CZ **x**
fermé 27 juin au 11 juil., 16 au 30 janv., dim. soir et lundi – SC : **R** (1er étage)
110/165.

dans la Cité - Circulation réglementée en été :

🏨 **Cité** 🞿, pl. Eglise ☎ 25.03.34, ≤, « Jardin ombragé dans les remparts » – 🛗 🛗
🚗 **P**. 🖭 ⓞ 🈺 *VISA*. ⚄ rest   CZ **e**
15 avril-1er oct. – SC : **R** 70/250 – 🖵 30 – **52 ch** 220/530.

🏨 **Donjon** sans rest, 2 r. Comte-Roger ☎ 71.08.80, ≤, 🚗 – 🛏️wc 🛏️wc 🕿 🚗
🞿 🖭 ⓞ 🈺 *VISA*   CZ **a**
fermé 14 au 21 nov. et 3 au 31 janv. – SC : 🖵 18 – **18 ch** 110/206.

✗✗ **La Crémade,** 1 r. Plo ☎ 25.16.64 – 🖭 ⓞ 🈺 *VISA*   CZ **u**
fermé 15 au 26 nov., 15 au 31 janv. et jeudi – SC : **R** 55/100 🍷.

CARCASSONNE

Armagnac (R.) .... **BY** 2
Barbès (R.) .... **BZ** 5
Chartran (R.) .... **BZ** 9
Clemenceau (R. G.) ..... **BY** 20
Courtejaire (R.) .... **BZ** 22
Cros-Mayrevielle (R.) ... **CZ** 23
Dr-A.-Tomey (R.) .... **BZ** 26

Aude (Porte d') .... **CZ** 3
Bringer (R. Jean) .... **BYZ** 6
Bunau-Varilla (Av.) ..... **AZ** 7
Carnot (Pl.) .... **BZ** 8
Combéléran (R. G.) ..... **CZ** 21
Davilla (Pl.) .... **AZ** 25
Études (R. des) .... **AZ** 27

Gambetta (Square) ...... **BZ** 28
Gout (Av. Henri) .... **AZ** 29
Jaurès (Bd Jean) .... **BY** 30
Joffre (Av. du Mar.) .... **BY** 32
Lespinasse (Av. R.-C.) .. **AY** 33
Liberté (R. de la) .... **BY** 34
Marcou (Bd) .... **AZ** 36
Minervoise (Route) ..... **BY** 37
Mullot (Av. Arthur) ..... **BZ** 38
Narbonnaise (Porte) .... **CZ** 39
Pelletan (Bd Camille) ... **BZ** 40
Pont-Vieux (R. du) ..... **BZ** 41
Ramon (R. Aimé) ...... **ABZ** 42
République (R. de la) ... **BZ** 43
Roumens (Bd du Cdt) ... **BZ** 44
Sacré-Cœur (⇔) .... **AY**
St-Gimer (Pl. et ⇔) .... **CZ** 45
St-Joseph (⇔) .... **CY**

St-Michel (⇔) .... **BZ**
St-Vincent (⇔) .... **BY** 46
Sarraut (Bd Omer) ..... **BY** 47
Varsovie (Bd de) .... **AY** 48
Verdun (R. de) .... **BZ** 50
Victor-Hugo (R.) .... **BZ** 52
4-Septembre (R. du) .... **BY** 54

au Sud-Est : 4 km par D 104 - CZ, D 42 et D 342 – ⊠ 11000 Carcassonne :

🏛 **Domaine d'Auriac** ⑤, rte St-Hilaire ℡ 25.72.22, Télex 500385, ≼, « Demeure du 19e siècle dans un parc », ⤸, ⁒ – 🕿 ☎ 🅿 – ⚿ 80 🖭 ⓪ ⊑ *VISA*
fermé 15 janv. au 1er fév., dim. soir et lundi midi – SC : **R** 120/150 – ⊊ 23 – **23 ch** 260/345.

à l'Aéroport par ④ : 4 km – ⊠ 11000 Carcassonne :

🏨 **Motel Salvaza** 🅼, ℡ 25.02.73, ≼ – 🛏wc ☎ 🅿, 📶 🖭 ⊑ *VISA*
SC : **R** 65/70 ⅛ – 🍽 17 – **25 ch** 125/160.

au carrefour de Bezons par ① : 5 km – ⊠ 11600 Conques-sur-Orbiel :

✕ **Le Grillon,** ℡ 25.23.43, 🈂 – 🇵 ⁒
fermé oct. et lundi – SC : **R** 55/75.

MICHELIN, Agence, bd Gay-Lussac, Z.I. de la Bouriette par ④ ℡ 25.21.77

AUSTIN-MORRIS-ROVER-TRIUMPH Autos 11, Zone Ind. de Félines, rte Toulouse ℡ 47.99.62
BMW Gar. Claret, 71 allées d'Iéna ℡ 47.14.14
CITROEN Ménard, 30 av. F.-Roosevelt ℡ 25.75.36 🇳 ℡ 26.68.16
DATSUN, VOLVO Campagnaro, Plateau de Grazailles ℡ 25.33.34
FIAT Gar. Vignal, rte de Montréal ℡ 25.81.31
FORD Laporta, 47 av. H.-Gout ℡ 25.11.50
MERCEDES-BENZ Bary, 270 av. Gén.-Leclerc ℡ 25.08.97
OPEL Bourguignon, 79 av. F.-Roosevelt ℡ 25.10.43

PEUGEOT Auto Cité, 133 av. F.-Roosevelt par ⑤ ℡ 47.84.36
PEUGEOT, TALBOT Audoise Autom., rte Montréal par ④ ℡ 47.82.00
RENAULT Alaux et Gestin, rte Narbonne par ② ℡ 25.77.12 🇳 ℡ 77.13.65
V.A.G. Cathala, rte Narbonne ℡ 25.90.01

🛞 Central-Pneu, 46 bis av. F.-Roosevelt ℡ 25.46.66
Gastou, Zone Ind. la Bouriette ℡ 25.35.42
Grulet, 58 av. F.-Roosevelt ℡ 25.09.46
Laguzou-Pneus, 20 av. F.-Roosevelt ℡ 25.25.88
SO.DI.CA., 16 r. Châteaudun ℡ 25.54.63

CARCÈS 83570 Var 🄤 ⑥ G. Côte d'Azur – 1 807 h. alt. 138 – ✪ 94.
Paris 832 – Aix-en-Provence 74 – Draguignan 29 – ◆Marseille 81 – ◆Toulon 63.

🏠 **Chez Nous,** ℡ 04.50.89 – 🚷 🎞 🚗
hôtel mars-oct. et 15 au 31 déc. – SC : **R** *(fermé janv., fév. et jeudi hors sais.) (du 1er nov. au 15 déc. déj. seul.)* 72/115 – ⊊ 14 – **15 ch** 66/95 – P 208/237.

CARENNAC 46 Lot 75 ⑲ G. Périgord – 388 h. alt. 126 – ⊠ **46110** Vayrac – ✿ 65.

Voir Portail★ et Mise au tombeau★ dans l'église.

Paris 532 – Brive-la-Gaillarde 40 – Cahors 78 – Martel 18 – St-Céré 18 – Sarlat 62 – Tulle 58.

- 🏛 **Host. Fénelon** ⤡, ⌖ 38.47.16, ≤ – 🛁wc ♨ 🅿. ℁ ch
  - fermé 1er fév. au 10 mars, vend. et sam. midi d'oct. à Pâques – SC : **R** 47/150 – ⌸ 15 – **22 ch** 60/122 – P 145/180.

- 🏛 **Aub. Vieux Quercy** ⤡, ⌖ 38.47.01, 🚗 – 🛁wc ♨wc 🅿
  - fermé 15 oct. au 15 nov. et lundi hors sais. – SC : **R** 40 bc/130 ⅃ – ⌸ 12 – **18 ch** 65/130 – P 120/155.

CARENTAN 50500 Manche 54 ⑬ G.
Normandie – 6 578 h. alt. 6 – ✿ 33.

🛈 Syndicat d'Initiative pl. Valnoble (juil.-août) ⌖ 42.05.87.

Paris 310 ① – Avranches 84 ① – ◆Caen 70 ① – ◆Cherbourg 50 ③ – Coutances 35 ② – St-Lô 28 ①.

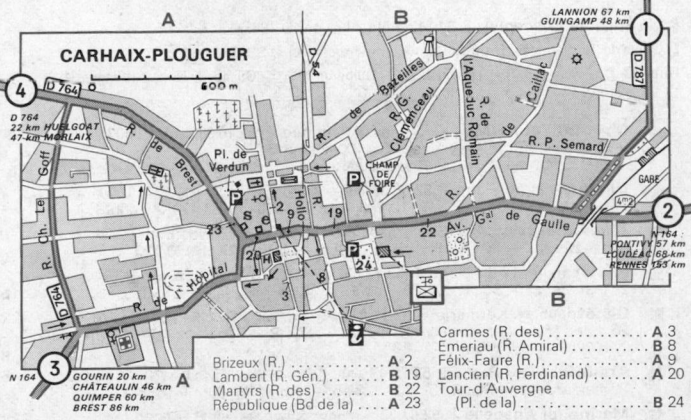

CARENTAN
Giesmard (R.) 2
Valnoble (Pl.) 3
Verdun (Bd) .5

- 𝔛𝔛𝔛 ✿ **Auberge Normande** (Bonnefoy), bd Verdun **(e)** ⌖ 42.02.99 – 🅿 – 🖴 40. ◉ 🇪
  VISA
  - fermé 10 au 25 oct., 15 janv. au 5 fév., dim. soir et lundi hors sais. – SC : **R** (dim. et fêtes prévenir) 55/150
  - Spéc. Terrino aux deux poissons. Jambonnette de canard au cidre, Biscuit glacé aux framboises.

- 𝔛 **Marché et des Herbagers,** pl. Valnoble **(s)** ⌖ 42.06.88 – 🅿
  - fermé 27 janv. au 11 juil., 10 au 20 fév., sam. soir et dim. (en juil. et août fermé dim. soir seul.) SC : **R** 35/100 ⅃.

CITROEN Lelandais, 2 r. Torteron ⌖ 42.04.99
PEUGEOT MECATOL, Z. I. Pommenauque, rte de Cherbourg par ③ ⌖ 42.23.73
PEUGEOT-TALBOT Carentanaise-Automobile, 12 r. du 101-Airborn ⌖ 42.02.33

RENAULT STAGA, rte de Cherbourg par ③ ⌖ 42.08.01
RENAULT Santini, 7 bd de Verdun ⌖ 42.02.66
🇳

CARHAIX-PLOUGUER 29270 Finistère 58 ⑰ G. Bretagne – 9 894 h. alt. 140 – ✿ 98.

🛈 Syndicat d'Initiative r. Brizeux (15 juin-15 sept. et fermé dim.) ⌖ 93.04.42 et 36 r. Eglise (15 sept.-15 juin et fermé dim.) ⌖ 93.14.40.

Paris 505 ② – ◆Brest 86 ③ – Concarneau 64 ③ – Guingamp 48 ① – Lannion 67 ① – Lorient 78 ③ – Morlaix 47 ④ – Pontivy 57 ② – Quimper 60 ③ – ◆Rennes 153 ② – St-Brieuc 79 ②.

Brizeux (R.) . . . . A 2
Lambert (R. Gén.) . . . . B 19
Martyrs (R. des) . . . . B 22
République (Bd de la) . . . . . A 23

Carmes (R. des) . . . . A 3
Emeriau (R. Amiral) . . . . B 8
Félix-Faure (R.) . . . . A 9
Lancien (R. Ferdinand) . . . . A 20
Tour-d'Auvergne
 (Pl. de la) . . . . B 24

- 🏛 **Gradlon** Ⓜ, 12 bd République ⌖ 93.15.22, 🚗 – 🕾 📺 🛁wc ☎ ⅃ 🅿 – 🖴 30 à 80. 🅰🖕 ᴁᴇ ◉ **VISA**
  - fermé sam. d'oct. à avril – SC : **R** 52/70 ⅃ – ⌸ 15 – **43 ch** 125/185 – P 200/230. A s

- 🏛 **D'Ahès** sans rest, 1 r. F.-Lancien ⌖ 93.00.09 – 🛁wc ♨wc   A e
  - fermé en fév. – SC : ⌸ 20 – **10 ch** 90/140.

à Port de Carhaix par ③ : 6,5 km sur D 769 – ⊠ **29270** Carhaix-Plouguer :

XX **Aub. du Poher,** ☎ 93.42.79, 🍴 – 🅿 ⓔ 𝚅𝙸𝚂𝙰
fermé fév. et lundi – **R** 52/120.

RENAULT Autom. Centre Bretagne, rte de Rennes par ② ☎ 93.18.22 🆗
🔘 Begot-Pneus, rte de Callac ☎ 93.05.41
Desserrey-Pneus, rte de Rostrenen ☎ 93.05.84

CARIGNAN 08110 Ardennes 🟝🟝 ⑩ – 3 724 h. alt. 167 – ⊕ 24.

Paris 258 – Charleville-Mézières 42 – Dun-sur-Meuse 37 – Longuyon 49 – Sedan 20.

🏠 **Gd Cerf,** pl. de la Fontaine ☎ 22.05.88 – 🛏 🔟 🚗 𝚅𝙸𝚂𝙰, ⚘ ch
↔ *fermé août, dim. soir et lundi* – SC : **R** 30/80 🍷 – ⯎ 10 – **17 ch** 45/95 – P 95/125.

RENAULT Gar. Louis, ☎ 22.00.04

CARLING 57 Moselle 🟝🟝 ⑮ G. Vosges – 3 088 h. – ⊠ **57490** L'Hôpital – ⊕ 8.

Voir Centrale Emile Huchet★.

Paris 370 – ◆Metz 45 – Sarreguemines 32 – Saarbrücken 32.

X **La Choucroutière,** 176 r. Principale ☎ 793.64.64 – 𝚅𝙸𝚂𝙰
fermé 15 août au 15 sept. et jeudi – **R** 50/80 🍷.

CARMAUX 81400 Tarn 🟝🟝 ⑪ – 13 368 h. alt. 241 – ⊕ 63.

🛈 Syndicat d'Initiative pl. Gambetta (juil.-août) ☎ 76.76.67.

Paris 685 – Albi 16 – Rodez 62 – St-Affrique 87 – Villefranche-de-Rouergue 64.

à Mirandol-Bourgnounac N : 13 km par N 88 et D 905 – ⊠ **81190**.

🏠 **Voyageurs** 🦢, ☎ 76.90.10 – 🔟 ⚘ rest
↔ *fermé 28 août au 19 sept.* – **R** *(déj. seul. du 1er nov. au 1er avril)* 35 bc/75 – ⯎ 12 –
11 ch 55/92 – P 100/120.

PEUGEOT, TALBOT Samad, 97 av. A.-Thomas ☎ 76.63.55
PEUGEOT, TALBOT Rey, 173 av. A.-Thomas ☎ 76.51.52
RENAULT Carmaux Automobile, N 88, Pont de Blaye ☎ 36.48.67
🔘 Auriol, 101 av. A.-Thomas ☎ 76.53.75
Carrère, 67 av. J.-Jaurès ☎ 76.53.14

CARNAC 56340 Morbihan 🟝🟝 ⑫ G. Bretagne – 3 735 h. alt. 22 – ⊕ 97.

Voir Alignements du Ménec★★ Y, de Kermario★ par ② – Église St-Cornély★ Y E –
Tumulus St-Michel★ : ⩽★ Y F – Musée préhistorique★★ Y M – Alignements de Kerlescan★ par ② : 4,5 km – Tumulus du Moustoir★ par ② : 4 km, de Kercado★ par ② :
4,5 km.

🏌 de St-Laurent-Ploemel, ☎ 24.31.72 N : 8 km par D 196.

🛈 Office de Tourisme av. Druides (fermé lundi hors sais.) ☎ 52.13.52.

Paris 487 ② – Auray 13 ② – Lorient 37 ① – Quiberon 18 ① – Quimperlé 56 ① – Vannes 31 ②.

Plans page ci-contre

🏨 **Novotel Tal Ar Mor** 🅜 🦢, av. Atlantique ☎ 52.16.66, Télex 950324, ⩽, 🔲, 🍴
– 🛗 🍽 🔟 🕿 & 🅿 – 🔒 25 à 100. 🄰🄴 ⓞ ⓔ   AZ **s**
fermé 19 nov. au 2 janv. – **R** snack carte environ 85 – ⯎ 24 – **106 ch** 290/368.

🏨 **Diana** 🅜, 21 bd Plage ☎ 52.05.38, ⩽ – 🛗 🔟 🅿   AZ **r**
début mai-20 sept. – SC : **R** 112/253 – ⯎ 29 – **28 ch** 193/412 – P 455/812.

🏩 **Alignements** 🅜, 45 r. St-Cornély ☎ 52.06.30 – 🛗 🛁wc 🛋wc 🕾, ⚘   Y **d**
↔ *8 mai-20 sept.* – SC : **R** (dîner seul.) 41/86 – ⯎ 15 – **27 ch** 170/220.

🏩 **Plancton** 🅜, 12 bd Plage ☎ 52.13.65, ⩽ – 🛗 🛁wc 🛋wc 🕾 & 🅿 🚗, ⚘   AZ **b**
26 mars-3 oct. – SC : **R** 80/100 – ⯎ 18 – **30 ch** 142/244 – P 210/265.

🏩 **Genêts,** 45 av. Kermario ☎ 52.11.01, 🍴 – 🛁wc 🛋wc 🕾 🅿 🚗, ⚘ rest
26 mars-11 avril et Pentecôte-fin sept. – SC : **R** 85/105 – ⯎ 18 – **33 ch** 120/231 –   BZ **g**
P 183/250.

🏩 **Armoric,** 53 av. Poste ☎ 52.13.47, 🍴, ⚘ – 🛁wc 🛋wc 🕾 🅿 ⚘ rest   AZ **e**
20 mai-12 sept. – SC : **R** 75/120 – ⯎ 15 – **25 ch** 110/180 – P 165/200.

🏩 **Marine,** pl. Chapelle ☎ 52.07.33 – 🛁wc 🛋wc 🕾, ⓞ ⓔ 𝚅𝙸𝚂𝙰, ⚘ rest   Y **t**
15 mars-15 oct. – SC : **R** (fermé lundi) 75/135 – ⯎ 16 – **36 ch** 120/180.

🏠 **Celtique** sans rest., 17 av. Kermario ☎ 52.11.49 – 🛁wc 🛋wc 🕾 🅿   AZ **h**
Pentecôte-fin sept. – SC : ⯎ 15 – **35 ch** 98/201.

🏠 **Ker Ihuel,** 59 bd Plage ☎ 52.11.38, ⩽ – 🛁 🔟 🕾 🅿, ⚘ rest   BZ **k**
vacances scolaires de Pâques et 12 mai-25 sept. – **R** 60/90 – ⯎ 17 – **29 ch** 110/168
– P 186/205.

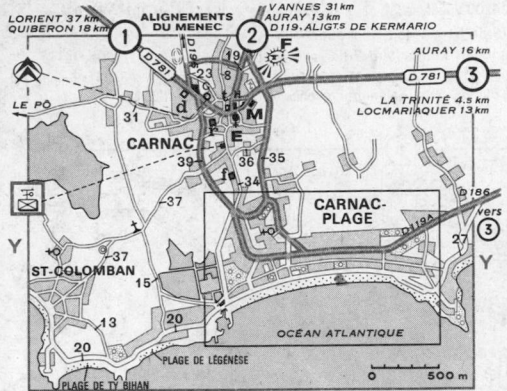

Armorique
(Allée d') . . . . **BZ** 3
Bosseno (Allée du) . **BZ** 6
Courdiec (R. de) . . . . . **Y** 8
Cromlech (Allée) . . . **BZ** 9
Dolmens (Av. des) . . **AZ** 10
Dunes (Av. des) . . . . . **Y** 13
Elfes (Av. des) . . . . . **AZ** 14
Émigrés (Av. des) . . . **Y** 15
Korrigans (R. des) . . . **Y** 19
Légénèse (Bd de) . . . **Y** 20
Ménec (R. du) . . . . . . **Y** 23
Montagne (Allée) . . . **BZ** 25
Orient (Av. d') . . . . . . **Y** 27
Parc (Av. du) . . . . **AZ** 29
Pô (R. du) . . . . **Y** 31
Pointe (Av. de la) . . . **BZ** 32
Poste (Av. de la) . . . . **Y** 34
Rahic (Av. du) . . . . . . **Y** 35
Roer (Av. du) . . . . **Y** 36
St-Colomban (Av.) . . . **Y** 37
Salines (Av. des) . . . . **Y** 39
Talleyrand (R. de) . . **AZ** 40

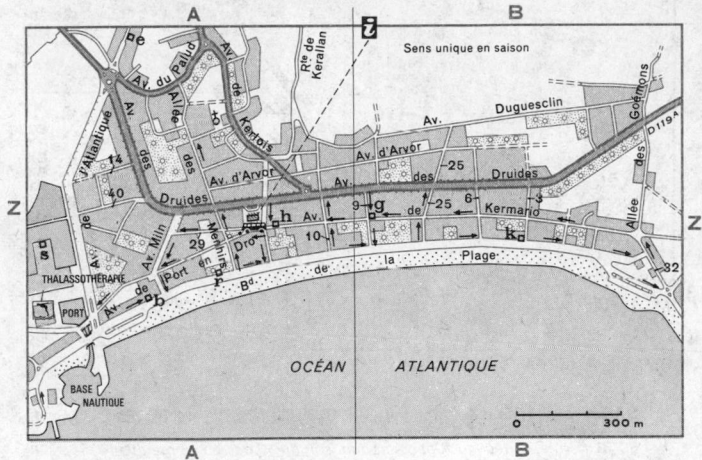

XX **Lann Roz** avec ch, av. Poste ⌡⏢ 52.10.48, ⬰, « Jardin fleuri » ⌷wc ⏢ 🅿 ⬰
*fermé 15 nov. au 15 déc. – SC : **R** (fermé lundi de juil. au 30 sept.) 90/200 – ⌷ 16 –*
14 ch 198.
Y **f**

XX **Calypso,** au Pô O : 1,5 km ⌡⏢ 52.06.14 – ⬰
fermé 2 nov. au 22 déc., vacances de fév., mardi soir et merc. (sauf le soir du 15 juin
*au 15 sept.) hors sais. – SC : **R** 65/100.*

XX **Le Râtelier** ⬱ avec ch, 4 chemin du Douet ⌡⏢ 52.05.04, ⬰ – ⌷wc ⏢ 🅿 VISA
*fermé oct., nov. et mardi – SC : **R** 60/130 – ⌷ 18 – **10 ch** 125/150 – P 215/230.*
Y **r**

à Plouharnel par ① : 3 km – ⬜ 56720 Plouharnel.

Voir Dolmens de Rondossec★.

XX **Aub. de Kérank,** rte Quiberon ⌡⏢ 52.01.41, ⬰ – 🅿 VISA
*fermé 3 janv. au 3 fév., 15 nov. au 20 déc. et lundi – SC : **R** 68/100.*

CITROEN Piedcoq, ⌡⏢ 52.07.25   PEUGEOT-TALBOT Dréan, à Plouharnel par
                                       ① ⌡⏢ 52.08.53

CAROLLES 50740 Manche 59 ⑦ G. Normandie (plan) – alt. 60 – ✿ 33.

Voir Pignon Butor ⬰★ NO : 1 km – Cabane Vauban ⬰★ SO : 1 km puis 15 mn.

Paris 354 – Avranches 20 – Granville 11 – Le Mont-St-Michel 42 – St-Lô 67.

⍥ **Relais de la Diligence,** ⌡⏢ 61.86.42, ⬰ – 🅿 ⌷⌷ ⍟ ⬰ rest
fermé 1er au 10 mars, 25 sept. au 27 oct., dim. soir et lundi de sept. à fin juin – SC :
R 52/160 – ⌷ 12 – **36 ch** 45/90 – P 110/120.

Voir Ancienne cathédrale de St-Siffrein★ : trésor★ BY **F**.

🛈 Office de Tourisme 170 av. Jean-Jaurès (fermé dim. sauf matin en saison) ☏ 63.00.78.

Paris 684 ⑥ – Aix-en-Provence 89 ⑤ – Avignon 24 ⑤ – Digne 139 ④ – Gap 150 ① – ✦Marseille 114 ⑤ – Montélimar 78 ⑥ – Le Puy 304 ⑥ – Salon-de-Provence 60 ⑤ – Valence 121 ⑥.

Briand (Pl. A.)	**BZ** 3
Evêché (R. de l')	**BX** 4
Halles (R. des)	**BX** 7
Inguimbert (Pl. d')	**BX** 20
République (R. de la)	**BY**
Gaulle (Pl. du Gén.-de)	**BY** 19
Inguimbert (R. d')	**BX** 22
Mazan (R. de la Porte-de)	**CX** 24
Mont-de-Piété (R. du)	**CV** 25
Monteux (R. de la Porte-de)	**AX** 26
Nord (Bd du)	**BV** 27
Observance (R. et ➡)	**BV** 29
Orange (R. de la Porte-d')	**BX** 30
Raspail (R.)	**ABX** 33
Sous-Préfecture (R. de la)	**BX** 36
Wilson (Av.)	**BZ** 37

🏨 **Safari** M ⑤, Rte d'Avignon par ⑤ ☏ 63.35.35, 斎, ⌟, – 📶 📺 🛏wc 🛏wc 🅿 – 🔏 25 à 50. 🖭 ⓪ 🗉. ⅋ rest
SC : **R** (fermé 22 déc. au 10 janv. et dim. soir du 10 oct. au 15 mars) 60/90 – ⌇ 20 – **42 ch** 160/190 – P 265.

🏨 **Fiacre** ⑤ sans rest, 153 r. Vigne ☏ 63.03.15 – 🛏wc 🛏wc ☜. 🛏 🗉 𝘝𝘐𝘚𝘈 CX **a**
SC : **17 ch** ⌇ 98/229.

🏨 **Univers,** pl. A.-Briand ☏ 63.00.05 – 📺 🛏wc 🛏wc ☜ 🚗 BZ **a**
⬥ fermé mi déc. à début janv. – SC : **R** (fermé sam. d'avril) 39/78 – ⌇ 15 – **25 ch** 85/172.

✕ **Marijo,** 73 r. Raspail ☏ 63.18.96 – ⅋ BX **e**
fermé dim. – **R** (prévenir) 55/65 👌.

à *Monteux* par ⑤ : 4,5 km – 6 558 h. – ⊠ 84170 Monteux :

🏨 **La Genestière** M ⑤, ☏ 62.27.04, Télex 431809, 斎, ⌟, 🐎, ✕ – 📺 🛏wc 🛏wc ☎ 🅿. 🛏 ⓪ 🗉 𝘝𝘐𝘚𝘈. ⅋ rest
SC : **R** (fermé 24 déc. au 3 janv., dim. soir et lundi hors sais.) 85 bc/110 – ⌇ 20 – **20 ch** 200/220 – P 315/330.

🏨 **Select,** ☏ 62.27.91, 斎, ⌟, – 📺 🛏wc ☜ 🅿. 🛏 𝘝𝘐𝘚𝘈. ⅋
fermé 1er au 15 fév. et sam. hors sais. – SC : **R** (fermé sam. midi) 60/115 – ⌇ 18 – **9 ch** 135/180 – P 250/280.

à *Mazan* par ③ : 7 km – ⊠ 84380 Mazan :

🏨 **Le Siècle** sans rest, ☏ 69.75.70 – 🛏wc 🚗
fermé dim. hors sais. – ⌇ 18 – **12 ch** 85/150.

CITROEN Gar. Bernard, rte de Pernes par ④ ☏ 63.33.18
FIAT Meunier, rte de Pernes les Fontaines ☏ 63.23.80
PEUGEOT-TALBOT Grimaud, rte de St-Didier par D 4 ☏ 67.16.22

RENAULT S.O.V.A., rte Avignon par ⑤ ☏ 63.07.72
V.A.G. S.I.A.B., rte de Pernes ☏ 63.27.36

🔧 Ayme-Pneus, av. Pont-des-Fontaines et 131 bd Gambetta ☏ 63.11.73

CARQUEFOU 44 Loire-Atl. 🔢 ③ – rattaché à Nantes.

CARQUEIRANNE 83320 Var 🔢 ⑮ – 6 153 h. – 🌀 94.

🛈 Office de Tourisme à la Mairie (fermé sam., dim. et fêtes) ☏ 58.60.78.

Paris 853 – Draguignan 82 – Hyères 10 – ◆Toulon 14.

🏨 **Richiardi** Ⓜ, port des Salettes ☏ 58.50.13, ≤ – 🛏wc 🚿wc ☜. 🍴 VISA. 🌿
   hôtel : fermé 15 déc. au 15 janv. ; rest. : ouvert 15 mars-30 sept. et fermé mardi hors
   sais. – SC : **R** 60/100 – 🍴 20 – **10 ch** 200/220.

🏨 **Plein Sud** sans rest, av. Gén.-de-Gaulle ☏ 58.52.86 – 🛏wc 🚿wc ☜ 🚗 🅿. 🍴
   🌿
   fermé 1er nov. au 15 déc. – SC : 🍴 17 – **17 ch** 140/160.

🍴 **La Réserve** avec ch, port des Salettes ☏ 58.50.02, ≤ – 🚿
   fermé 15 oct. au 15 nov. et en fév. – SC : **R** (fermé merc. soir, dim. soir et lundi)
   69/230 – 🍴 12 – **18 ch** 65/120 – P 149/177.

CARROS 06510 Alpes-Mar. 🔢 ⑨, 🔢🔢 ㉖ G. Côte d'Azur – 7 290 h. – 🌀 93.

Voir Site ★ – 🌿★★ du vieux moulin.

Paris 942 – Antibes 33 – ◆Nice 25 – Puget-Théniers 52 – St-Martin-Vésubie 52 – Vence 16.

🏨 **Host. Lou Castelet,** au plan de Carros SE : 4 km par D1 ☏ 29.16.66, ≤, 🍴, 🌿
   – 🛏wc 🚿wc ☏ 🅿 – 🅰 60 à 200
   fermé 31 oct. au 1er déc. et lundi – SC : **R** 60/100 – 🍴 20 – **22 ch** 100/180, 3
   appartements 180 – P 160/180.

CARROUGES 61320 Orne 🔢 ② – 753 h. alt. 328 – 🌀 33.

Voir Château★ SO : 1 km, G. Normandie.

Paris 210 – Alençon 29 – Argentan 23 – Domfront 39 – La Ferté-Macé 17 – Mayenne 54 – Sées 26.

🍴 **St-Pierre** avec ch, ☏ 27.20.02 – 🚗 🅿 VISA
   fermé fév., mardi soir hors sais. (sauf hôtel) et merc. – SC : **R** 48/125 – 🍴 13 – **7 ch**
   68/135.

CITROËN Lehec, ☏ 27.20.13 🅽

Les CARROZ-D'ARÂCHES 74 H.-Savoie 🔢 ⑧ G. Alpes – alt. 1 140 – Sports d'hiver :
1 140/2 204 m 🎿 1 🎿 12 🎿 – ✉ **74300** Cluses – 🌀 50.

🛈 Office de Tourisme (fermé dim. hors saison) ☏ 90.00.04.

Paris 596 – Annecy 73 – Bonneville 27 – Chamonix 51 – Cluses 13 – Megève 34 – Morzine 33.

🏨 **Arbaron** Ⓜ 🌿, ☏ 90.02.67, ≤, 🍴, 🍴 – 🛏wc 🚿wc ☜ 🅿 – 🅰 30. 🍴 AE.
   🌿 rest
   15 juin-15 sept. et 15 déc.-Pâques – SC : **R** 80/117 – 🍴 20 – **30 ch** 145/250 –
   P 225/249.

🏨 **Croix de Savoie** 🌿, S : 1 km ☏ 90.00.26, ≤ montagnes et vallée – 🚿wc ☜ 🅿
   🍴 AE. 🌿
   15 juin-15 sept. et 15 déc.-15 avril – SC : **R** 60/75 – 🍴 14,50 – **19 ch** 93/144 –
   P 146/183.

🏨 **Escale Blanche** 🌿, ☏ 90.00.10, ≤ montagnes et vallée, 🍴, 🍴 – 🛏 🚿wc ☜ 🅿
   sais. – **18 ch**.

CARRY-LE-ROUET 13620 B.-du-R. 🔢 ⑫ G. Provence – 4 511 h. Casino – 🌀 42.

🛈 Office de Tourisme 6 bd des Moulins ☏ 45.00.08.

Paris 774 – Aix-en-Provence 40 – ◆Marseille 27 – Martigues 19 – Salon-de-Provence 51.

🏨 **Modern'H.,** pl. C.-Pelletan ☏ 45.00.12, 🍴 – 🛏wc 🚿wc ☜ 🅿 🌿 ch
   1er mars-1er déc. – **R** (fermé merc. hors sais.) 70/85 – 🍴 22 – **14 ch** 155/180 –
   P 220.

🍴🍴🍴 🌀 **L'Escale,** ☏ 45.00.47, 🍴, « Terrasses surplombant le port, belle vue » – VISA
   1er mars-fin oct. et fermé lundi sauf le soir en juil. et août – SC : **R** (dim. prévenir)
   carte 200 à 245
   Spéc. Feuilleté du marché, St-Jacques en timbale (mars à mai), Langouste sauce estragon. **Vins**
   Cassis, Côteaux d'Aix.

🍴🍴 **La Brise,** quai Vayssière ☏ 45.30.55, 🍴 – AE ⓞ VISA
   fermé 14 nov. au 3 déc., 9 au 27 janv., dim. soir du 20 sept. à Pâques et mardi du 20
   sept. au 15 juin – **R** 85/130.

CITROEN Gar. Merotte, ☏ 45.23.43

CARTERET 50 Manche 🔢 ① – voir à Barneville-Carteret.

CASSAGNES-BÉGONHÈS 12120 Aveyron 🔢 ⑫ – 1 136 h. alt. 530 – 🌀 65.

Paris 635 – Albi 60 – Millau 69 – Rodez 26 – St-Affrique 67 – Villefranche-de-Rouergue 72.

🏨 **Voyageurs,** ☏ 46.70.07 – 🛏 🚿 🚗
   SC : **R** 55/75 – 🍴 18 – **14 ch** 68/88 – P 110/120.

RENAULT Gar. Couderc, ☏ 46.71.18

CASSEL 59670 Nord 🖪 ④ G. Nord de la France (plan) – 2 492 h. alt. 175 – ❸ 28.

Voir Site★ – Jardin public ❊★★.

Paris 271 – Armentières 39 – Dunkerque 29 – Hazebrouck 14 – Ieper 33 – ◆Lille 53 – St-Omer 21.

XX **Sauvage,** ☏ 42.40.88, ⩽ – **E** *VISA*
  fermé fév., dim. soir et merc. – **R** 87/145.

CASSIS 13260 B.-du-R. 🖪🖪 ⑬ G. Provence – 5 831 h. alt. 4 à 130 – Casino – ❸ 42.

Voir Site★ – O : les Calanques★★ : de Port-Miou, de Port-Pin★, d'En-Vau★★ (à faire de
préférence en bateau : 1 h) – Mt de la Saoupe ❊★★ E : 2 km par D 41A.

Env. Cap Canaille ⩽★★★ E : 9 km par D 41A – Corniche des Crêtes★★ de Cassis à la
Ciotat E : 16 km par D 41A.

🛈 Office de Tourisme pl. Baragnon (fermé mardi hors sais.) ☏ 01.71.17.

Paris 803 ① – Aix-en-Provence 46 ② – La Ciotat 11 ② – ◆Marseille 23 ① – ◆Toulon 44 ②.

CASSIS

Abbé-Mouton (R.) 2
Agostini (Av. E.) 3
Arène (R. de l') 4
Autheman (R. V.) 5
Baragnon (Pl.) 6
Barthélemy (Bd) 7
Barthélemy
  (Quai Jean-Jacques) . 8
Baux (Quai des) 9
Ciotat (R. de la) 10
Clemenceau (Pl.) 12
Isnard (Av. A.) 15
Jaurès (Av. J.) 16
Leriche
  (Av. Professeur) 17
Lombards
  (Promenade des) . . . 19
Mirabeau (Pl.) 22
Moulins (Q. des) 23
République (Pl.) 25
Revestel (Av. du) 26
St-Michel (Pl.) 27
Thiers
  (R. Adolphe) 29
Victor-Hugo (Av.) 32
Viguerie (Av. de la) 33

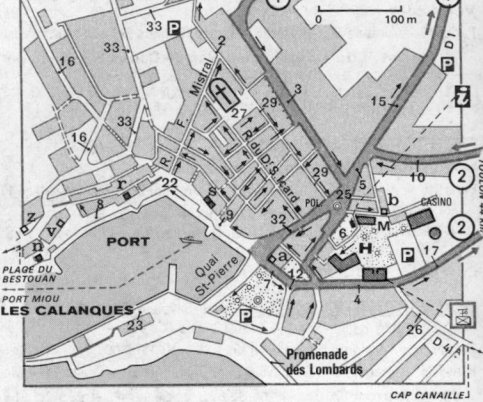

CAP CANAILLE

🏥 **Plage et rest Bestouan,** plage Bestouan O : 0,7 km ☏ 01.05.70, ⩽ – 🔌. ❊ ch
  25 mars-17 oct. – SC : **R** carte 120 à 155 – 😅 17 – **29 ch** 95/270 – P 210/277.

🏥 **Rade** 🅼 sans rest, av. Dardanelles **(z)** ☏ 01.02.97, 🏊, – ☎ 🅿. 🅰🅴 ⓞ *VISA*
  15 mars-31 oct. – SC : 😅 16 – **27 ch** 150/200, 3 appartements 300.

🏥 **Roches Blanches** ⌂, rte Port-Miou SO : 1 km ☏ 01.09.30, « Jardins en terrasse
  avec ⩽ mer et Cap Canaille », 🏊 – 📶 🆃🆅 🅿. ⓞ. ❊ ch
  début mars-fin oct. – SC : **R** snack (pour résidents seul.) carte environ 100 – 😅 17
  – **34 ch** 100/300.

🏥 **Les Jardins du Campanile** ⌂ sans rest, par ① : 1 km ☏ 01.84.85, 🏊, – 🅿
  🅰🅴 ⓞ. ❊
  1er avril-10 oct. – SC : 😅 25 – **30 ch** 250/350.

🏨 **Gd Jardin** 🅼 sans rest, 2 r. P.-Eydin **(b)** ☏ 01.70.10 – 🛏wc 🚿wc ☎ ⟵. 🅰🅴 ⓞ
  E *VISA*. ❊
  fermé janv. – SC : 😅 15 – **26 ch** 105/175.

🏨 **Liautaud,** 2 r. Victor-Hugo **(a)** ☏ 01.75.37, ⩽ port – 📶 🛏wc 🚿wc ☎ ⟵. 🚗.
  ❊ ch
  fermé nov. – SC : **R** 68/110 – 😅 14,50 – **32 ch** 150/165 – P 154/200.

🏠 **Golfe** sans rest, quai Barthélémy **(v)** ☏ 01.00.21, ⩽ – 🚿wc ☎. 🚗. ❊
  mars-10 nov. – SC : 😅 15 – **30 ch** 140/175.

XXX **La Presqu'île,** quartier Port-Miou 50 ☏ 01.03.77, ⩽ – 🅿. 🅰🅴 ⓞ
  fermé 17 oct. au 17 déc., dim. soir et lundi sauf juil. et août – SC : **R** 190.

XX **Chez Gilbert,** quai Baux **(s)** ☏ 01.71.36, ⩽ – 🅰🅴 ⓞ *VISA*
  fermé 15 déc. au 15 fév., dim. soir et lundi hors sais., lundi midi en sais. – SC : **R**
  carte 160 à 200.

XX **Le Flibustier,** impasse Gd Carnot **(n)** ☏ 01.02.73, ⩽
  fermé jeudi du 1er oct. au 30 juin – SC : **R** 149 bc.

XX **Nino,** quai Barthélemy **(r)** ☏ 01.74.32, ⩽ – *VISA*
  1er mars-30 nov. et fermé dim. soir (sauf juin à sept.) et lundi – SC : **R** carte 145 à
  185.

XX **L'Oustau de la Mar,** quai Baux **(s)** ☏ 01.78.22, ⩽ – *VISA*
  fermé 15 nov. au 1er déc., 1er au 20 mars et jeudi sauf le soir en juil. et août – SC : **R**
  65/165.

CASSOU 47 Lot-et-Gar. 79 ⑮ – rattaché à Agen.

CASTAGNIERS 06 Alpes-Mar. 84 ⑨, 195 ㉘ – 958 h. alt. 340 – ⊠ 06670 St-Martin-du-Var – ✆ 93.

Voir Aspremont : ‰★ de la terrasse de l'ancien château SE : 4 km, G. Côte d'Azur.
Paris 945 – Antibes 35 – Cannes 44 – Contes 25 – Levens 15 – ♦Nice 18 – Vence 23.

  🏠 **Michel** ⅀, ⊤ 08.05.15, ≤, ⊥ – ⌂ 🅟
  ↔ *fermé nov. et merc. hors sais.* – SC : **R** 50/100 – 🍴 18 – **11 ch** 70/95 – P 130/140.

    à Castagniers-les-Moulins O : 6 km – ⊠ 06670 St-Martin-du-Var :

  XX **Les Moulins** avec ch, N 202 ⅀, ⊤ 08.10.62, ⊥, 🚗, ℀ – 🍽 rest ⌂ 🅟, 🚗
  ↔ *fermé 1ᵉʳ au 21 oct. et 2 au 17 janv.* – SC : **R** *(fermé merc.)* 60/110 – ⌹ 15 – **14 ch** 70/110 – P 140/160.

CITROEN Ciossa-Autos, ⊤ 08.13.48

CASTEIL 66 Pyr.-Or. 86 ⑰ – rattaché à Vernet-les-Bains.

Le CASTELET 09 Ariège 86 ⑮ – rattaché à Ax-les-Thermes.

CASTELJALOUX 47700 L.-et-G. 79 ⑬ G. Côte de l'Atlantique – 5 440 h. alt. 69 – ✆ 53.
Paris 691 – Agen 55 – Langon 40 – Marmande 23 – Mont-de-Marsan 73 – Nérac 30.

  🏠 **Cordeliers** sans rest, r. Cordeliers ⊤ 93.02.19 – 🛗 ⊟wc ⌂ ☎ ♿ ⇐ 🅟 – 🛆 30. 🚗 **E**
    SC : ⌹ 17 – **24 ch** 70/180.

  XX **Vieille Auberge**, r. Posterne ⊤ 93.01.36 – ⌂ 🅟, 🚗 AE ⓞ VISA
  ↔ *fermé 22 au 29 juin, 12 au 31 oct., 1ᵉʳ au 8 mars, dim. soir et lundi* – SC : **R** 50/155.

CITROEN S.E.G.A.D., ⊤ 93.01.59

CASTELLANE ⟨SP⟩ 04120 Alpes-de-H.-P. 81 ⑱ G. Côte d'Azur – 1 261 h. alt. 724 – ✆ 92.
Voir Route de Demandolx ≤★★ sur lac de Chaudanne★ et lac de Castillon★ par ①.
🅱 Office de Tourisme à la Mairie (fermé sam., dim. et fêtes) ⊤ 83.61.14.
Paris 799 ③ – Digne 54 ③ – Draguignan 60 ② – Grasse 63 ① – Manosque 112 ③.

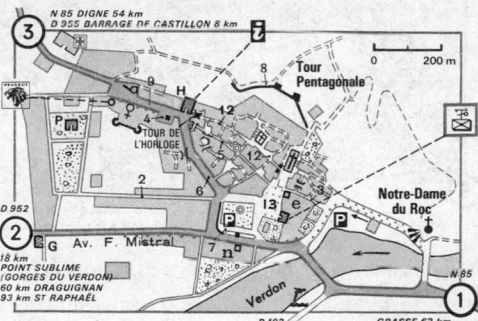

CASTELLANE

Nationale (R.) 6
Sauvaire (Pl. Marcel) ... 13

Bains (R. des) 2
Blondeau (R. du Lt) 3
Liberté (Pl. de la) 4
Mitan (R. du) 5
République
  (Bd de la) 7
Roc (Chemin du) 8
St-Michel (Bd) 9
St-Victor (R.) 12

Les plans de villes sont orientés le Nord en haut.

  🏠 **Nouvel H. Commerce** Ⓜ, pl. Église (e) ⊤ 83 61.00, 🍴, 🚗 – 🛗 ⊟wc ⌂wc 🚗
  ↔ 🅟, 🚗, ℀ rest
    27 mars-15 nov. – SC : **R** 50/185 – ⌹ 20 – **46 ch** 130/200 – P 230/250.

  🏠 **Ma Petite Auberge, (n)** ⊤ 83.62.06, 🍴 – ⊟wc ⌂wc
  ↔ *mars-oct.* – SC : **R** *(fermé merc. sauf juil.-août)* 50/150 – ⌹ 14 – **18 ch** 70/180 – P 150/210.

    à la Garde par ① : 6 km sur N 85 – ⊠ 04120 Castellane :

  🛖 **Aub. du Teillon,** ⊤ 83.60.88 – ⌂wc 🅟, 🚗, ℀ ch
    fermé mars, 15 au 31 oct., dim. soir et jeudi du 1ᵉʳ oct. au 15 mai – SC : **R** 55/90 – 🍴 14 – **8 ch** 80/145 – P 145/185.

PEUGEOT Castellane-Gar., ⊤ 83.61.62

          Grüne Michelin-Führer in deutsch

          Paris   Italien
          Elsaß Vogesen Champagne   Österreich
          Provence Französische Riviera Schweiz
          Schlösser an der Loire   Spanien

Le CASTELLET 83 Var 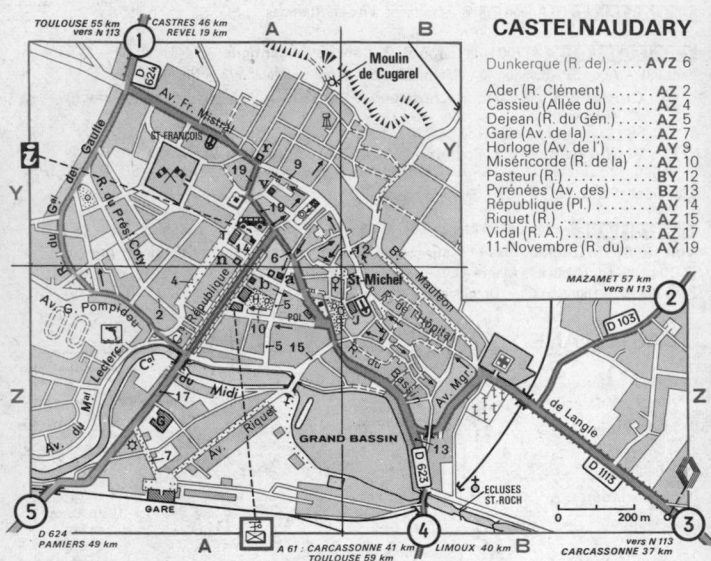⑭ G. Côte d'Azur – 2 038 h. alt. 283 – ⊠ 83330 Le Beausset – ✿ 94.

Circuit automobile permanent N : 11 km.

Paris 824 – Brignoles 50 – La Ciotat 18 – ♦Marseille 45 – ♦Toulon 20.

　　XXX **Castel Lumière** Ⓜ ⌂ avec ch, au village ☏ 90.62.20, ≼ montagnes et vallées – ⌂wc �📶wc 🅿. ⅋⅊
　　　fermé 2 au 25 nov. et mardi hors sais. – SC : **R** 72/120 – � 25 – **5 ch** 100/140.

　　　à Ste-Anne-du-Castellet N : 4,5 km par D 226 et D 26 – ⊠ 83330 Le Beausset :

　🏨　**Motel** Ⓜ ⌂, ☏ 90.60.08, ⅊, 🐎 – �📶wc ☎ 🅿. ⅋⅊ ⅋⅊ ⅋⅊ ⅋⅊ ⅙ rest
　　　1er mai-30 sept. – SC : **R** 75 – � 17 – **17 ch** 139/200.

CASTELNAUDARY 11400 Aude 🎱 ⑳ G. Causses – 10 847 h. alt. 165 – ✿ 68.

🅱 Office de Tourisme pl. de la République (fermé matin hors saison et dim.) ☏ 23.05.73.

Paris 768 ④ – Carcassonne 41 ④ – Foix 65 ④ – Pamiers 49 ⑤ – ♦Toulouse 59 ④.

CASTELNAUDARY

Dunkerque (R. de)	AYZ 6
Ader (R. Clément)	AZ 2
Cassieu (Allée du)	AZ 4
Dejean (R. du Gén.)	AZ 5
Gare (Av. de la)	AZ 7
Horloge (Av. de l')	AY 9
Miséricorde (R. de la)	AZ 10
Pasteur (R.)	BY 12
Pyrénées (Av. des)	BZ 13
République (Pl.)	AY 14
Riquet (R.)	AZ 15
Vidal (R. A.)	AZ 17
11-Novembre (R. du)	AY 19

　🏨🏨　**Palmes** Ⓜ ⌂, 10 r. Mar.-Foch ☏ 23.03.10, Télex 500372 – 🛗 🔲 📺 ⟷ – 🔒 30.
⅋⅊ ⓞ Ⓔ 𝘝𝘐𝘚𝘈　　　　　　　　　　　　　　　　　　　　　　　　　AYZ **b**
　　　SC : **R** (fermé lundi) 70/120 – � 17 – **20 ch** 80/180 – P 325/355.

　🏨　**France et Notre-Dame**, 2 r. F.-Mistral ☏ 23.10.18 – ⌂wc ⌂ ☎ 🅿 – 🔒 100.
⅋⅊　　　　　　　　　　　　　　　　　　　　　　　　　　　　　　　　AY **r**
　　　SC : **R** 52/75 ⅊ – � 18 – **30 ch** 73/174.

　🏠　**Centre et Lauragais**, 31 cours République ☏ 23.14.31 – ⌂wc ⌂ ☎. 𝘝𝘐𝘚𝘈
　◆　hôtel : fermé 20 oct. au 20 nov., rest. : fermé 1er nov. au 15 déc. – SC : **R** 42/140 ⅊ –
⊘ 15 – **16 ch** 110/140 – P 150/200.　　　　　　　　　　　　　　AY **n**

　XX　**Fourcade** avec ch, 14 r. Carmes ☏ 23.02.08 – 📺 ⌂wc ⌂wc ☎ ⟷ ⅋⅊ ⅋⅊ ⓞ
　◆　Ⓔ 𝘝𝘐𝘚𝘈　　　　　　　　　　　　　　　　　　　　　　　　　　AY **v**
　　　SC : **R** 45/150 ⅊ – ⊘ 15 – **19 ch** 60/210.

　X　**L'Auberge,** 22 cours République ☏ 23.15.32 – 𝘝𝘐𝘚𝘈　　　　AYZ **b**
　　　fermé 25 déc. au 10 janv. et lundi – SC : **R** 68/120 ⅊.

　X　**La Belle Époque,** 55 r. Gén.-Dejean ☏ 23.39.72 – 𝘝𝘐𝘚𝘈　　　AZ **a**
　　　fermé 4 au 31 janv. et jeudi (sauf vacances scolaires et fêtes) – SC : **R** 40/60 ⅊.

CITROEN Lauragais-Automobiles, rte de Tou-
louse par ⑥ ☏ 23.00.78
FIAT Gar. du Faubourg, 148 av. F.-Mistral ☏
23.13.77
OPEL-G.M. Dupont-Magnabal, rte Carcas-
sonne ☏ 23.13.36
PEUGEOT-TALBOT S.N.G.L. ancienne rte de
Toulouse par ⑥ ☏ 23.13.08

RENAULT Franco, av. Monseigneur de Langle
☏ 23.18.82
Auto-Languedoc, 10 quai du Port ☏ 23.33.49

🅖 Central-Pneu, rte Carcassonne ☏ 23.11.44

CASTELNAU-MAGNOAC 65230 H.-Pyr. 85 ⑩ – 964 h. alt. 350 – ✿ 62.
Paris 846 – Auch 41 – Lannemezan 26 – Mirande 34 – St-Gaudens 43 – Tarbes 45 – ♦Toulouse 94.

  🏠 **Dupont**, ☏ 99.80.02, ≤ – ⇌wc ⋔wc ☎ – 🏊 40
  ↔ SC : R 35/60 – ⇌ 10 – **25 ch** 70/94 – P 100/120.

CASTELNOU 66 Pyr.-Or. 86 ⑲ G. Pyrénées – 159 h. alt. 350 – ✉ 66300 Thuir – ✿ 68.
Paris 929 – Argelès-sur-Mer 32 – Céret 29 – ♦Perpignan 19 – Prades 37.

  ✗ **L'Hostal**, ☏ 06.45.42, 🌅 – E
  avril-fin déc., fermé merc. soir et lundi – SC : R carte environ 90.

CASTELPERS 12 Aveyron 80 ⑫ – rattaché à Naucelle.

CASTÉRA-VERDUZAN 32410 Gers 82 ④ – 719 h. alt. 180 – Stat. therm. (1ᵉʳ mai-31 oct.) –
✿ 62.
Paris 793 – Agen 59 – Auch 25 – Condom 19.

  🏠 **Besant**, ☏ 68.10.22, – ⇌wc ⋔wc ☎ 🅿 – 🏊 30. E 𝖵𝖨𝖲𝖠
  1ᵉʳ avril-31 oct. et fermé lundi – SC : R voir rest. Florida – ⇌ 15 – **23 ch** 84/120 –
  P 165/180.

  🏠 **Thermes**, ☏ 68.13.07, 🌅 – ⇌wc ⋔wc 🅿. ﭏ E 𝖵𝖨𝖲𝖠
  ↔ fermé 16 au 31 oct., 16 au 28 fév. et sam. d'oct. au 30 avril – SC : R 40/130 🍷 – ⇌ 11
  – **25 ch** 61/113 – P 129/152.

  ✗✗ **Florida**, ☏ 68.13.22, 🌅 – ﭏ ⓘ E 𝖵𝖨𝖲𝖠
  ↔ fermé 12 nov. au 2 déc., en mars, dim. soir et lundi d'oct. à mai – SC : R 40/140 🍷.

CASTÉTIS 64 Pyr.-Atl. 85 ⑤ – rattaché à Orthez.

CASTETS 40260 Landes 78 ⑯ – 1 517 h. alt. 48 – ✿ 58.
Paris 714 – ♦Bayonne 57 – Belin 75 – ♦Bordeaux 125 – Dax 22 – Mimizan 51 – Mont-de-Marsan 60.

  🏡 **Côte d'Argent**, ☏ 89.40.33, 🌅 – ⇌ 🅿. 🍽 ch
  1ᵉʳ avril-15 oct. – SC : R 60/90 – 🍷 12 – **12 ch** 80/110 – P 120/140.

PEUGEOT, TALBOT Modern'Gar., ☏ 89.40.21 N

CASTILLON 06 Alpes-Mar. 84 ⑳, 195 ⑱ – rattaché à Menton.

CASTILLON-DU-GARD 30 Gard 80 ⑲, 81 ⑪ – rattaché à Pont-du-Gard.

CASTILLON-LA-BATAILLE 33350 Gironde 75 ⑫⑬ – 3 177 h. alt. 20 – ✿ 56.
Paris 544 – Bergerac 43 – ♦Bordeaux 49 – Langon 42 – Libourne 18 – Périgueux 76.

  ✗✗ **La Bonne Auberge** avec ch, r. 8-Mai 1945 ☏ 40.11.56 – ﭏ ☎. 🍽 ch
  ↔ fermé nov. et lundi hors sais. sauf fériés – SC : R 40/150 🍷 – ⇌ 14 – **10 ch** 78/185 –
  P 120/155.

CITROEN Anconière, ☏ 40.04.26   Ⓜ Maison du Pneu, ☏ 40.11.67

CASTRES ⬓ 81100 Tarn 83 ① G. Causses – 47 527 h. alt. 172 – ✿ 63.
Voir Musée★ : œuvres de Goya★★ BZ H.
Env. Le Sidobre★★ 9 km par ②.
🛈 Office de Tourisme pl. Alsace Lorraine (fermé lundi sauf matin en saison et dim.) ☏ 59.92.44 -
A.C. 6 av. E. de Villeneuve ☏ 59.84.40.
Paris 733 ⑧ – Albi 42 ① – Béziers 102 ④ – Carcassonne 65 ④ – ♦Toulouse 71 ⑥.

Plan page suivante

  🏨 **Occitan** Ⓜ sans rest, 201 av. Ch.-De-Gaulle par ④ ☏ 35.34.20 – 📺 ⇌ 🅿. 🍽
  fermé 23 déc. au 4 janv., 1ᵉʳ au 13 août et sam. – SC : ⇌ 17 – **30 ch** 95/205.

  🏠 **Gd Hôtel**, 11 r. Libération ☏ 59.00.30 – 🛗 📺 ⇌wc ⋔wc ☎. 🍽 ﭏ ⓘ E 𝖵𝖨𝖲𝖠
  fermé 15 déc. au 15 janv. – SC : R (fermé 15 juin au 15 sept. et sam.) 55/100 🍷 – ⇌
  14 – **40 ch** 110/180.

  ✗✗ **La Caravelle**, 150 av. Roquecourbe ☏ 59.27.72, ≤, « Terrasse au bord de l'eau »
  – 🅿. ﭏ ⓘ E 𝖵𝖨𝖲𝖠   BY **u**
  15 juin-15 sept. et fermé sam. – SC : R 55/100.

  ✗✗ **Chapon Fin**, 8 quai Tourcaudière ☏ 59.06.17 – 🍽. ﭏ ⓘ 𝖵𝖨𝖲𝖠   BY **b**
  fermé 15 au 31 juil., 1ᵉʳ au 15 fév., dim. soir et lundi – SC : R 55/150 🍷.

  Les Salvages par ② : 5 km – ✉ 81100 Castres :

  ✗✗ **Café du Pont**, ☏ 35.08.21, ≤, 🌅, ☀, 🌳 – ﭏ ⓘ E. 🍽
  fermé fév. et lundi – SC : R 55/160 🍷.

CASTRES

0 — 300 m

GAILLAC 49 km
LAUTREC 15 km

ALBI 42 km

VABRE 31 km

96 km MONTAUBAN
39 km LAVAUR

LACAUNE 47 km

MAZAMET 18 km
CARCASSONNE 65 km
BÉZIERS 102 km

REVEL 27 km
TOULOUSE 71 km
GARE

Gaulle (Av. Ch.-de)		**BZ** 14
Hôtel-de-Ville (R. de l')		**AZ** 20
Jacobins (R. des)		**BZ** 21
Joffre (Bd Mar.)		**BY** 23
N.-D.-de-la-Platé (⇨)		**AZ**
Malroux (Av. Augustin)		**AY** 24
Sabatier (R.)		**AZ** 26
St-Benoît (⇨)		**BZ**
St-Jacques (⇨)		**BY**
St-Jean-St-Louis (⇨)		**AY**
Tourcaudière (Quai)		**BY** 27
Victor-Hugo (R.)		**AZ** 28
Villeneuve (Av. E.-de)		**BZ** 30

Henri-IV (R.)	**ABY**	Carras (Quai du)		**BY** 4
Jaurès (Pl. Jean)	**BY** 22	Docteurs-Aribat (Bd)		**BZ** 6
Villegoudou (R.)	**BZ** 29	Docteurs-Sicard (R.)		**AY** 7
Zola (R. Émile)	**AY**	Évêché (R. de l')		**BZ** 8
		Galiber (R. Amiral)		**AZ** 10
Albinque (Pl. de l')	**AZ** 2	Gambetta (R.)		**AZ** 12

AUSTIN, MORRIS, TRIUMPH Gar. Gonzales, 8 bd Carnot ☎ 35.17.36
FIAT, LANCIA-AUTOBIANCHI, MERCEDES S.A.T.A., 111 av. Albert-1 ☎ 59.26.22
FORD Chambon, rte de Toulouse, Zone Ind. Mélou ☎ 59.02.52 **N** ☎ 59.44.42
PEUGEOT, TALBOT Gar. Maurel, r. de Crabié ☎ 59.52.19
RENAULT Sté Tarnaise Autom., rte de Toulouse, Mélou par ⑥ ☎ 59.41.17

V.A.G. Gar. Négrier, rte Toulouse, Zone Ind. de la Chartreuse ☎ 59.30.55
Gar. Pirola, 126 av. du Sidobre ☎ 35.07.10

⌀ Bernard, 52 bd de l'Arsenal ☎ 59.07.26
Escoffier-Pneus, 215 av. Albert-1 ☎ 59.27.00
P.A.P.I.-Pneus, 88 rte Toulouse, Zone Ind. Mélou ☎ 59.33.83
Pneus-Service, 9 allées Corbières ☎ 59.33.22
Solapneu, 160 av. Ch de Gaulle ☎ 35.20.86

CASTRIES 34160 Hérault **83** ⑦ – 3 162 h. alt. 50 – ✪ 67.

Voir Château de Castries★, G. Causses.

Paris 755 – Lunel 15 – ♦ Montpellier 12 – Nîmes 46.

✗ **L'Art du Feu,** ☎ 70.05.97 – **E** ⌀
fermé 25 janv. au 15 fév. et merc. – SC : **R** 53/65 ⌀.

Le CATELET 02 Aisne **53** ⑬⑭ – 272 h. alt. 92 – ⊠ 02420 Bellicourt – ✪ 23.

Paris 167 – Cambrai 21 – Le Cateau 26 – Laon 64 – Péronne 28 – St-Quentin 18.

✗✗ **Croix d'Or,** ☎ 66.21.71 – **P**
fermé 25 juil. au 12 août, 2 au 20 janv., dim. soir et lundi – SC : **R** 70/150.

Le CATON 73 Savoie **74** ⑮ – rattaché au Bourget-du-Lac.

CATUS 46150 Lot **79** ⑦ G. Périgord – 674 h. alt. 168 – ✪ 65.

🛈 Syndicat d'Initiative à la Mairie (fermé sam. matin, dim. et Lundi) ☎ 36.70.31.
Paris 589 – Cahors 16 – Gourdon 28 – Villeneuve-sur-Lot 65.

à **St-Médard-Catus** SO : 5 km – ⊠ 46150 Catus :

✗✗ **Gindreau,** ☎ 36.22.27, ≤, ⌀
fermé vacances scolaires de nov., fév., mardi soir, merc. hors sais. et lundi en juil.-août – SC : **R** (dim. prévenir) 58/155 ⌀.

CAUDEBEC-EN-CAUX 76490 S.-Mar. 55 ⑤ G. Normandie (plan) − 2 729 h. − ✪ 35.

Voir Église★ − Vallon de Rançon★ NE : 2 km − Pont de Brotonne★ : péage : auto 10 F, camion et véhicule supérieur à 1,7 t. 7 à 22 F, E : 1,5 km.

🎫 Syndicat d'Initiative à la Mairie (fermé sam. et dim.) ☏ 96.11.12.

Paris 167 − Lillebonne 16 − ◆Rouen 36 − Yvetot 12.

🏨 **Marine,** quai Guilbaud ☏ 96.20.11, Télex 770404, ≤ − 🛗 ⌂wc ♒wc 🕾 🅿 − 🏊 60. 🗚 🖭 🅴 ᵛⁱˢᵃ
fermé 20 déc. au 20 janv. − SC : **R** 120/150 − ☲ 20 − **33 ch** 95/190.

🏨 **Manoir de Rétival** 🐾 sans rest, ☏ 96.11.22, ≤ vallée de la Seine, parc − ⌂wc ♒wc 🕾 🅿 − 🏊 30. 🗚 🖭 ①
10 mars-2 nov. − SC : ☲ 22 − **12 ch** 130/280.

XX **Normandie** avec ch, quai Guilbaud ☏ 96.25.11, ≤ − ⌂wc ♒ 🕾 🅿 🖨 ᵛⁱˢᵃ
◆ *fermé 1ᵉʳ au 15 sept. et vacances de fév.* − SC : **R** *(fermé dim. soir et lundi midi)* 38/90 ⅄ − ☲ 12 − **11 ch** 60/120.

CITROEN Modern'Gar., ☏ 96.20.44   V.A.G. Caudebec Autom., ☏ 96.13.44
PEUGEOT Gar. du Centre, ☏ 96.12.45

CAUDON-DE-VITRAC 24 Dordogne 75 ⑦ − rattaché à Vitrac.

CAUDRY 59540 Nord 53 ④ − 13 633 h. alt. 119 − ✪ 27.

Paris 192 − Cambrai 15 − Le Cateau 11 − ◆Lille 79 − St-Quentin 37 − Valenciennes 30.

     à Ligny-en-Cambrésis SO : 3 km par D 16 − ✉ 59191 Ligny-en-Cambrésis :

🏰 **Château de Ligny** 🐾, ☏ 85.25.84, Télex 820211, parc − 🅿 🗚 ① ᵛⁱˢᵃ
fermé 1ᵉʳ janv. au 1ᵉʳ fév., mardi midi et lundi du 1ᵉʳ nov. au 31 mars − SC : **R** *(fermé lundi midi)* carte 140 à 180 − ☲ 30 − **6 ch** 300/400, 3 appartements 700.

     Route de Cambrai O : 4 km − ✉ 59157 Beauvois-en-Cambrésis :

XX **La Buissonnière,** ☏ 85.29.97 − 🅿 ᵛⁱˢᵃ
fermé 1ᵉʳ au 15 fév., 16 au 30 août, dim. soir et lundi − SC : **R** 65/120.

PEUGEOT-TALBOT Caudry-Autom., 20 av.   ⑩ Daffé Pneus, 35 r. de la Paix ☏ 85.15.24
J.-Guesde ☏ 85.25.61
RENAULT Haesaert, N 43 à Beauvois-
en-Cambrésis ☏ 85.62.34

CAULIÈRES 80 Somme 52 ⑰ − rattaché à Poix de Picardie.

CAUSSADE 82300 T.-et-G. 79 ⑱ G. Périgord − 5 890 h. alt. 109 − ✪ 63.

Paris 634 − Albi 72 − Cahors 39 − Montauban 22 − Villefranche-de-Rouergue 51.

🏨 **Dupont,** r. Recollets ☏ 93.05.02 − ⌂wc ♒wc 🕾 🅿 🖨. ⚘
◆ *fermé nov., vend. soir et sam. de sept. à fin mai* − SC : **R** 50/130 − ☛ 14 − **31 ch** 68/130.

PEUGEOT, TALBOT Bayol, ☏ 93.22.22   ⑩ Caussade Pneu, ☏ 93.18.30
PEUGEOT, TALBOT Soccol, ☏ 93.09.87   La Maison du Pneu, ☏ 93.10.91
RENAULT Mousquetaires-Autom., ☏ 93.10.26

CAUTERETS 65110 H.-Pyr. 85 ⑰ G. Pyrénées − 1 065 h. alt. 930 − Stat. therm. − Sports d'hiver : 930/2 340 m ✓ 2 ⚡ 15 ⚡ − Casino − ✪ 62.

Voir Cascade★★ et vallée★ de Lutour S : 2,5 km par D 920 − Route et site du pont d'Espagne★★ (chutes du Gave) au Sud par D 920.

Env. SO : Site★★ du lac de Gaube accès du pont d'Espagne par télésiège puis 1h.

🎫 Office de Tourisme pl. Hôtel de Ville (fermé dim. après-midi) ☏ 92.50.27, Télex 530337.

Par ① : Paris 855 − Argelès-Gazost 17 − Lourdes 30 − Tarbes 50.

Plan page suivante

🏨 **Bordeaux** Ⓜ, r. Richelieu **(f)** ☏ 92.52.50 − 🛗 📺 ⌂wc ♒wc 🕾 🅿 🖨 🗚 ① 🅴 ᵛⁱˢᵃ. ⚘ rest
1ᵉʳ mai-15 oct. et 15 déc.-18 avril − **R** *(fermé merc.)* 75/140 − ☲ 25 − **26 ch** 150/200, 6 appartements 240 − P 200/220.

🏨 **Etche Ona,** r. Richelieu **(d)** ☏ 92.51.43 − 🛗 ⌂wc ♒wc 🕾
2 mai-5 oct. et 15 déc.-15 avril − SC : **R** 62 bc/125 − ☲ 15 − **35 ch** 86/170 − P 150/200.

🏨 **Mouré,** r. Belfort **(q)** ☏ 92.51.09 − 🛗 ⌂wc ♒wc 🕾 🅿 🖨 🗚 🅴. ⚘ rest
◆ *fermé 17 avril au 15 mai et 2 oct. au 20 déc.* − SC : **R** 42 bc/130 − ☲ 18 − **36 ch** 55/160 − P 145/220.

🏨 **Trois Pics,** av. Leclerc **(n)** ☏ 92.53.64, ≤ − 🛗 ⌂wc ♒wc 🕾 − 🏊 25. 🖨 🗚 ① ᵛⁱˢᵃ
1ᵉʳ juin-5 nov. et 20 déc.-20 avril − **R** 65/135 − ☲ 18 − **30 ch** 165/220 − P 195/235.

🏨 **Bellevue et George V,** pl. Gare **(h)** ☏ 92.50.21 − 🛗 ⌂wc ♒wc 🕾. ⚘ rest
◆ *15 mai-15 oct. et 10 déc.-20 avril* − SC : **R** 50/80 − ☲ 16 − **41 ch** 130/145 − P 161/173.

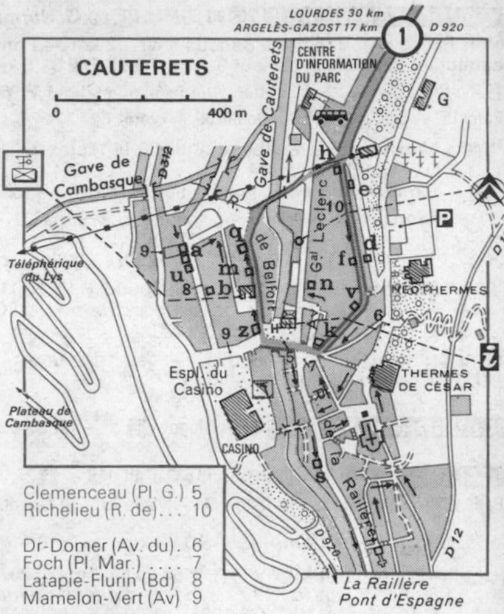

Clemenceau (Pl. G.) 5
Richelieu (R. de) . . . 10

Dr-Domer (Av. du) . 6
Foch (Pl. Mar.) 7
Latapie-Flurin (Bd) 8
Mamelon-Vert (Av) 9

Le Sacca, bd Latapie-Flurin **(a)** ☎ 92.50.02 – wc wc. VISA. rest
fermé nov. – SC : **R** 48/90 – 12,50 – **28 ch** 65/162 – P 138/178.

Ste Cécile, bd Latapie-Flurin **(b)** ☎ 92.50.47, – rest wc . AE VISA. rest
fermé 1er oct. au 15 déc. – SC : **R** 47/95 – 15 – **36 ch** 51/206 – P 155/205.

Les Édelweiss, bd Latapie-Flurin **(u)** ☎ 92.52.75 – wc wc .
Pâques, 1er juin-30 sept., vacances scolaires de Noël et fév. – SC : **R** 48/50 – 15 – **26 ch** 80/150 – P 140/170.

Victoria, bd Latapie-Flurin **(a)** ☎ 92.50.43 – wc wc . . rest
10 mai-1er oct. et 20 déc.-25 avril – SC : **R** 50/60 – 17 – **30 ch** 81/160 – P 147/230.

Ambassadeurs, r. Richelieu **(v)** ☎ 92.50.46 – wc .
1er juin-30 sept. et 20 déc.-25 avril – SC : **R** 55/80 – 17 – **24 ch** 65/138 – P 145/180.

Paris sans rest, pl. Mar.-Foch **(k)** ☎ 92.53.85 – cuisinette wc wc .
fermé 2 nov. au 10 déc. et 20 avril au 1er mai – SC : 13,50 – **15 ch** 93/160.

Centre et Poste, r. Belfort **(m)** ☎ 92.52.69 – wc wc
15 mai-30 sept. et 15 déc.-15 avril – SC : **R** 50/70 – 12 – **39 ch** 60/110 – P 110/140.

La Rotonde, 38 r. Richelieu **(e)** ☎ 92.52.68 – wc. rest
fermé 1er nov. au 20 déc. – SC : **R** 40/50 – 9 – **22 ch** 50/100 – P 110/140.

Le Peguère, r. Raillère **(s)** ☎ 92.51.08, ← – .
6 mai-30 sept. et vacances scolaires – SC : **R** 46/55 – 11 – **16 ch** 49/93 – P 110/132.

Astoria sans rest, av. Mamelon-Vert **(z)** ☎ 92.53.77 – wc
fermé 30 sept. au 1er déc. – SC : 12 – **17 ch** 56/105.

à La Fruitière S : 6 km par N 21c et RF – alt. 1 400 – ✉ **65110** Cauterets :

Host. La Fruitière avec ch, ☎ 92.52.04, ←, – **P**
15 mai-30 sept. – SC : **R** *(fermé dim. soir)* (dim. prévenir) 44 bc/95 – 13,50 – **8 ch** 80/95 – P 130/180.

au Pont d'Espagne SO : 8 km par N 21c – alt. 1 497.

Pont d'Espagne avec ch, ✉ 65110 Cauterets ☎ 92.54.10, ←, – .
hôtel : début mai-fin sept., rest. : début avril-15 oct., vacances de Noël, de fév. et de Pâques – SC : **R** 43/98 – 11 – **16 ch** 60 – P 100/120.

CITROEN Dansaut, ☎ 92.51.01

CAVAILLON **84300** Vaucluse 81 ⑫ **G. Provence** – 21 530 h. alt. 75 – 90.

Voir Musée : collection archéologique★ M – Chapelle St-Jacques ★ B.

Office de Tourisme r. Saunerie (fermé sam. après-midi hors sais. et dim.) ☎ 71.32.01.

Paris 705 ④ – Aix-en-P. 52 ④ – Arles 44 ④ – Avignon 27 ④ – Manosque 71 ②.

Plan page ci-contre

Christel M , par ④ : 2 km ☎ 71.07.79, Télex 431547, ←, , , – TV ☎ **P** – 200. AE VISA
SC : **R** *(fermé sam. midi et dim. midi hors sais.)* 85 – 18 – **105 ch** 180/240, 4 appartements 350 – P 250/320.

Parc sans rest., pl. du Clos **(e)** ☎ 71.57.78 – TV wc wc ☎ **P**. E VISA.
SC : 16 – **23 ch** 90/170.

L'Assiette au Beurre, 353 av. Verdun **(n)** ☎ 71.32.43 – .
fermé 30 mai au 14 juin, 1er au 14 mars, dim. soir et lundi – SC : **R** 70/120.

Fin de Siècle, 46 pl. du Clos (1er étage) **(s)** ☎ 71.12.27 –
fermé 8 au 14 sept. et merc. – **R** 60/150.

Nicolet (ex Miradou), 13 pl. Gambetta (1er étage) **(r)** ☎ 78.01.56 – VISA.
fermé 10 au 24 fév. et merc. sauf juil.-août – SC : **R** 90/160.

CAVAILLON

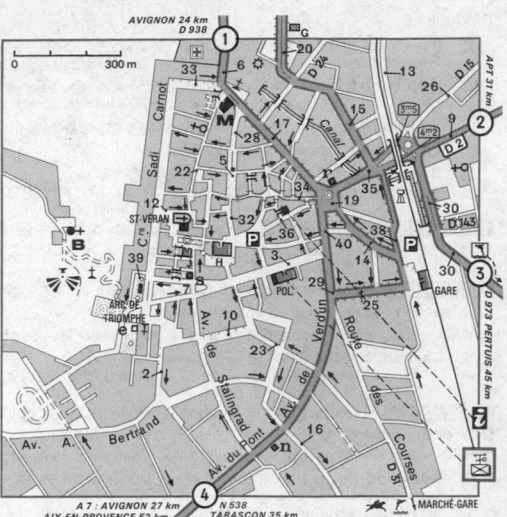

à **Robion** par ② et D 2 : 5 km – ⊠ **84440** Robion :

✕ **Maison de Samantha,** ☎ 71.00.89 – ℗
fermé fév., mardi soir et merc. – SC : **R** carte environ 80.

CITROEN Chabas, rte d'Avignon par ①, q. du Grand-Grès ☎ 71.27.40
FORD Central Gar., 86 av. Paul-Doumer ☎ 71.14.80
PEUGEOT-TALBOT Gar. Berbiguier, rte de Carpentras par ① ☎ 71.39.23
RENAULT Autom. Cavaillonnaise, 287 av. G.-Clemenceau par ① ☎ 71.34.96

ℹ Chabas, 339 route des Courses ☎ 71.04./3
Anrès, 154 av. Stalingrad ☎ 78.03.91
Comptoir de L'Auto, 261 av. G.-Chauvin ☎ 71.25.16
Pneus-Atrini, 154 cours Gambetta ☎ 78.01.44

CAVALAIRE-SUR-MER 83240 Var 🔢 ⑰ G. Côte d'Azur – 3 399 h. alt. 5 à 150 – ۞ 94.

🅱 Office de Tourisme square de-Lattre-de-Tassigny (fermé sam. après-midi et dim. hors saison) ☎ 64.08.28.

Paris 900 – Draguignan 58 – Le Lavandou 21 – St-Tropez 18 – Ste-Maxime 22 – ♦Toulon 61.

🏨 **Calanque** ⚲, r. Calanque ☎ 64.04.27, Télex 400293, ≤ mer, 🌊 – ☎ ℗ 🅰🅴 Ⓞ **VISA** ⚬
28 avril-fin sept. – SC : **R** carte 120 à 170 – 🍽 21 – **33 ch** 260/290.

🏨 **Alizés,** prom. Mer ☎ 64.09.32, ≤ – 🚿wc 🛁wc 🕾 🚗 ℗
fermé 15 nov. au 15 janv. – SC : **R** 35/60 – 🍽 17 – **18 ch** 175/220.

🏨 **Pergola** Ⓜ, av. Port ☎ 64.06.86 – 🚿wc 🛁wc 🕾 ℗ 🅰 **VISA**
1er fév.-1er nov. – SC : **R** 100/135 – 🍽 17 – **32 ch** 178/189 – P 225/235.

🏨 **Bonne Auberge,** rte Nationale ☎ 64.02.96, 🍽 – 🚿wc 🛁wc 🕾 ℗ ⚬
1er mars-30 oct. – SC : **R** (pens. seul.) – 🍽 13 – **31 ch** 86/168 – P 142/200.

🏨 **H. Raymond et rest. Le Mistral,** ☎ 64.07.32 – 🚿wc 🛁wc 🕾 ℗ 🍽 🅰🅴 ⓄЕ
Pâques-30 sept. et fermé merc. sauf du 15 juin au 15 sept. – SC : **R** 110 🍷 – 🍽 15 – **35 ch** 100/200 – P 145/250.

🏨 **Bel Ombra** ⚲, av. Maures ☎ 64.04.68, 🍽 – 🚿wc 🛁wc 🕾 ℗ ⚬ rest
1er juin-23 sept. – SC : **R** 100/110 – 🍽 22 – **24 ch** 150/200 – P 150/220.

PEUGEOT Guimelli, au Parc de Cavalaire ☎ 64.08.45

CAVALIÈRE 83 Var 🔢 ⑰ G. Côte d'Azur – ⊠ **83980** Le Lavandou – ۞ 94.

Paris 887 – Draguignan 71 – Le Lavandou 8 – St-Tropez 31 – Ste-Maxime 35 – ♦Toulon 48.

🏨 ۞ **Le Club** Ⓜ ⚲, ☎ 05.80.14, Télex 420317, ≤, « Élégant ensemble au bord de la mer, 🍽, 🌊, 🐴, 🍽 » – 🛗 🍽 ch 📺 🕾 ℗ 🅰 🍽 rest
29 avril-17 oct. – SC : **R** (fermé lundi soir) (nombre de couverts limité - prévenir) carte 145 à 195 – **32 ch** – ½ p 465/660
Spéc. Bouillabaisse de langouste, Loup en croûte, Poissons grillés ou braisés. Vins Bandol, Cassis.

🏨 **Surplage,** ☎ 05.84.19, ≤, 🏊, 🐴 – 🛗 🔥 ℗ ⚬ rest
mi mai-début oct. – **62 ch**.

tourner →

CAVALIÈRE

🏨 **Gd Hôtel Moriaz,** ☎ 05.80.01, ≤, &⛺ᵉ — ⌂wc ⋔wc ☏. 🚗🛏. 🍴 rest
Pâques-oct. – SC : **R** 80/100 – 🍽 18 – **29 ch** 86/220 – P 220/290.

🏨 **Cap Nègre H.,** ☎ 05.80.46, ≤ – 🛗⌂wc ☏ **P**. *VISA*. 🍴 rest
Pâques-fin sept. – SC : **R** 90 – 🍽 22 – **30 ch** 190/225 – P 250/270.

à Pramousquier E : 2 km sur N 559 – ⊠ **83980** Le Lavandou :
Env. Col de Canadel ≤** NE : 6,5 km.

🏠 **Beau Site,** ☎ 05.80.08, ≤ – ⌂ ⋔wc **P**. 🍴 rest
1ᵉʳ avril-30 sept. – **R** 62 – 🍽 16,50 – **17 ch** 157/172 – P 207/218.

CAVALIERS (Falaises des) 83 Var 🎖🎖 ⑥ G. Côte d'Azur – ⊠ 83630 Aups – 🌑 94.
Voir ≤** – Tunnels de Fayet ≤*** E : 2 km.

Le CAYLAR 34520 Hérault 🎖🎖 ⑮ G. Causses – 259 h. alt. 732 – 🌑 67.
Voir Pas de l'Escalette★ S : 5 km.
Paris 673 – Ganges 48 – Lodève 19 – Millau 42 – ♦Montpellier 73 – St-Affrique 50 – Le Vigan 49.

🏨 **Larzac,** ☎ 44.50.02 – ⌂wc ⋔ ⛺ᵉ. 🚗🛏
1ᵉʳ mars-30 nov. – **R** 40/80 – 🍽 12 – **15 ch** 80/140 – P 120/150.

CAYLUS 82160 T.-et-G. 🎖🎖 ⑱ G. Périgord – 1 460 h. alt. 230 – 🌑 63.
🛈 Syndicat d'Initiative av. Père Hue (1ᵉʳ juil.-30 sept. et fermé dim.).
Paris 656 – Albi 67 – Cahors 61 – Montauban 44 – Villefranche-de-Rouergue 29.

🏠 **Bellevue** 🌿, O : 2 km par D 926 et VO ☎ 30.76.57, ≤, 🍽, parc – ⌂wc ⋔ **P**.
⛺ᵉ 🍴 ch
fermé déc. à mi janv. – SC : **R** 50/80 ⚓ – 🍽 13 – **11 ch** 70/100 – P 130/150.

La CAYOLLE (Col de) 04 Alpes-de-H.-P. 🎖🎖 ⑧⑨, 🅸🅹🅵 ② G. Alpes – alt. 2 326.
Voir ❄**.
Paris 767 – Barcelonnette 30.

        Ressources hôtelières voir à **Estenc** (Alpes-Mar.)

CAYROLS 15 Cantal 🎖🎖 ⑪ – 250 h. alt. 583 – ⊠ 15290 Le Rouget – 🌑 71.
Paris 562 – Aurillac 27 – Boisset 8 – Figeac 40 – Le Rouget 3,5 – Tulle 79.

🏨 **Au Point du Jour,** ☎ 46.11.06, 🐴 – **P**
1ᵉʳ mars-1ᵉʳ oct. – SC : **R** 31/52 – 🍽 11 – **22 ch** 53/110 – P 85/90.
CITROEN Gar. Fau, ☎ 46.11.03 🅽   PEUGEOT, TALBOT Lajarrige, ☎ 46.15.63

CAZAUBON 32 Gers 🎖🎖 ⑫ – rattaché à Barbotan-les-Thermes.

La CAZE (Château de) 48 Lozère 🎖🎖 ⑤ – rattaché à La Malène.

CAZÈS-MONDENARD 82 T.-et-G. 🎖🎖 ⑰ – 1 514 h. alt. 140 – ⊠ 82110 Lauzerte – 🌑 63.
Paris 642 – Agen 61 – Cahors 47 – Montauban 38.

🏠 **L'Atre** 🌿, ☎ 94.68.67 – ⋔. 🍴
fermé nov. et dim. – SC : **R** 35 bc/53 – 🍽 9,50 – **10 ch** 60 – P 125.

CÉAUX 50 Manche 🎖🎖 ⑧ – rattaché à Pontaubault.

CEIGNES 01 Ain 🎖🎖 ④ – 114 h. alt. 612 – ⊠ 01430 Maillat – 🌑 74.
Paris 469 – Aix-les-Bains 79 – Belley 62 – Bourg-en-Bresse 40 – Lyon 82 – Nantua 14.

🍽 **Molard** avec ch, à Moulin Chabaud N 84 ☎ 75.70.04 – 🚗 **P**. 🚗🛏
fermé 24 déc. au 31 janv., lundi soir et mardi – SC : **R** 45/120 – 🍽 12 – **9 ch** 54/100.

CEILLAC 05 H.-Alpes 🎖🎖 ⑱⑲ G. Alpes – 234 h. alt. 1 643 – Sports d'hiver : 1 643/2 500 m ✂6 –
⊠ 05600 Guillestre – 🌑 92.
Voir Vallon du Mélezet★.
🛈 Syndicat d'Initiative à la Mairie (fermé sam. hors sais., dim. et fêtes) ☎ 45.05.74.
Paris 730 – Briançon 49 – Gap 74 – Guillestre 14.

🏠 **Les Veyres** 🌿, ☎ 45.01.91, ≤ – ⌂wc ⋔ **P**. 🚗🛏. 🍴
4 juin-30 sept. et 19 déc.-20 avril – SC : **R** 43/54 – 🍽 11 – **34 ch** 53/120 –
P 115/150.

La CELLE-ST-CYR 89970 Yonne 🎖🎖 ④ – 597 h. alt. 112 – 🌑 86.
Paris 147 – Auxerre 36 – Joigny 9 – Montargis 52 – Nemours 66 – Sens 39.

🍽🍽 **Aub. de la Fontaine aux Muses** 🌿 avec ch, ☎ 73.40.22, parc, 🏊, 🎾 – ⌂wc
⋔wc ☏ **P**. 🍴
fermé mardi midi et lundi – SC : **R** carte 110 à 145 – 🍽 17,50 – **9 ch** 160/193.

302

La CELLE-SUR-LOIRE 58 Nièvre 🖸🖸 ⑬ – 662 h. alt. 146 – ⊠ **58440** Myennes – 🟢 86.

Paris 181 – Bonny-sur-Loire 12 – Cosne-sur-Loire 7 – Neuvy-sur-Loire 7 – Nevers 59.

 ✗ **Auberge Nivernaise,** N 7 🅟 28.26.23 – 🅟. ⓓ
 ⟜ SC : **R** (déj. seul.) 50 bc/85.

CELLIERS 73 Savoie 🖸🖸 ⑰ – 53 h. alt. 1 282 – ⊠ **73260** Aigueblanche – 🟢 79.

Paris 644 – Albertville 36 – Chambéry 83 – Moûtiers 21 – St-Jean-de-Maurienne 39.

 🏠 **Gd Pic,** 🅟 24.03.72, ≤, 🌫 – 🛏wc. 🚫 rest
 ⟜ 15 juin-30 sept. et 20 déc.-30 avril – SC : **R** 40/75 – ⌧ 13 – **13 ch** 50/95 – P 105/125.

CELON 36 Indre 🖸🖸 ⑲ – 417 h. alt. 201 – ⊠ **36200** Argenton-sur-Creuse – 🟢 54.

Paris 312 – Argenton-sur-Creuse 9,5 – Châteauroux 40 – ◆Limoges 84 – La Souterraine 32.

 ✗ **L'Étape** avec ch, N 20 🅟 25.33.19, 🌫 – 🅟. 𝗩𝗜𝗦𝗔 🚫
 fermé dim. soir et jeudi du 15 sept. au 15 juin – **R** 65/200 – ⌧ 25 – **7 ch.**

CELONY 13 B.-du-R. 🖸🖸 ③ – rattaché à Aix-en-Provence.

CERBÈRE 66290 Pyr.-Or. 🖸🖸 ⑳ – 1 940 h. – 🟢 68.

Voir NO : La Côte Vermeille★★, G. Pyrénées.

🚺 Syndicat d'Initiative 1 av. de la Côte Vermeille (15 juin-15 sept.) 🅟 38.42.36.

Paris 957 – ◆Perpignan 47 – Port-Vendres 16.

 🏠 **Dorade,** 🅟 88.41.93 – 🛏wc 📞. ⓓ 𝗩𝗜𝗦𝗔
 ⟜ 25 mars-1ᵉʳ oct. – SC : **R** 48/58 – ⌧ 16 – **25 ch** 90/130 – P 155/180.

La CERCENÉE 88 Vosges 🖸🖸 ⑰ – rattaché à Gérardmer.

CERCY-LA-TOUR 58340 Nièvre 🖸🖸 ⑤ – 2 322 h. alt. 201 – 🟢 86.

Paris 291 – Autun 65 – Château-Chinon 39 – Digoin 62 – Moulins 51 – Nevers 52.

 ✗✗ La Clef des Champs, rte Fours SE : 4 km 🅟 50.55.96 – 🅟.

CITROEN Guerin, 🅟 50.53.11   PEUGEOT-TALBOT Nesly, 🅟 50.54.96
PEUGEOT Baudot, 🅟 50.51.77 🆖   RENAULT Boissier, 🅟 50.52.88 🆖

CERDON 01 Ain 🖸🖸 ④ – 652 h. alt. 299 – ⊠ **01450** Poncin – 🟢 74.

Paris 461 – Belley 67 – Bourg-en-Bresse 34 – Lyon 74 – Nantua 23 – La Tour-du-Pin 73.

 à Labalme N : 6 km N 84 – ⊠ **01450** Poncin :

 🏠 **Carrier,** 🅟 39.97.22 – 🛁wc 📞 🅟. 📞📞 𝗔𝗘 𝗩𝗜𝗦𝗔
 ⟜ fermé 12 au 19 sept. janv., mardi soir et merc. sauf juil. et août – SC : **R** 40/140 🍷 – ⌧ 15 – **17 ch** 72/140 – P 115/140.

CÉRET ⬰ 66400 Pyr.-Or. 🖸🖸 ⑲ G. Pyrénées (plan) – 6 189 h. alt. 171 – 🟢 68.

Voir Vieux pont★ – Musée d'Art Moderne★.

🚺 Syndicat d'Initiative av. G.-Clemenceau (fermé matin hors saison, sam., dim. et fêtes) 🅟 87.00.53.

Paris 938 – Gerona 75 – ◆Perpignan 31 – Port-Vendres 36 – Prades 55.

 🏠🏠 **La Châtaigneraie** M 🦢, rte Fontfrède O : 2 km par D 13F 🅟 87.03.19, ≤ plaine et Canigou, 🌫, ambiance guest house, « villa dans la verdure et les rochers », 🏊, 🛏 – 🛏wc 📞 🅟. 📞📞 🚫
 1ᵉʳ mai-9 oct. – SC : **R** (fermé dim.) (dîner pour résidents seul.) carte environ 105 – ⌧ 21 – **8 ch** 170/280.

 🏠🏠 **La Terrasse au Soleil** 🦢, rte Fontfrède O : 1,5 km par D 13F 🅟 87.01.94, ≤, 🌫, 🏊 – 🛁wc 🛏wc 📞 🅟
 1ᵉʳ mars-31 oct. – SC : **R** (fermé merc. et le midi en sem.) carte 140 à 165 – ⌧ 20 – **12 ch** 255/318.

 🏠 **Les Arcades** M sans rest, 1 pl. Picasso 🅟 87.12.30 – 📶 🛁wc 🛏wc 📞 🚗 📞📞 ⓓ 🅴 🚫
 fermé 15 au 30 nov. – SC : ⌧ 15 – **21 ch** 105/155.

 🏠 **Pyrénées** 🦢, 7 r. République 🅟 87.11.02 – 🛁wc 🛏wc 📞
 SC : **R** (dîner seul. pour résidents) 62/90 🍷 – ⌧ 14 – **22 ch** 85/160.

 ✗✗ **Clemenceau,** 15 av. Clemenceau 🅟 87.07.91, 🌫
 ⟜ fermé janv., fév. et lundi – SC : **R** 50/200 🍷.

CITROEN Gar. du Pont. 8 pl. du Pont 🅟 87.   CITROEN Taza, av. d'Espagne 🅟 87.02.65
00.75   VAG Gar. Parayre, 8 r. St-Ferréol 🅟 87.01.31

Le CERGNE 42 Loire 🖸🖸 ⑧ – 534 h. alt. 673 – ⊠ **42460** Cuinzier – 🟢 74.

Paris 421 – Charlieu 16 – Chauffailles 16 – ◆Lyon 81 – Roanne 32 – ◆St-Étienne 109.

 ✗✗ **Bel'vue** 🦢 avec ch, 🅟 89.77.56, ≤ – 🛏. 𝗩𝗜𝗦𝗔
 ⟜ fermé 3 au 23 oct., dim. soir et lundi – SC : **R** 60/120 🍷 – ⌧ 14 – **8 ch** 60/80 – P 100/120.

CERGY-PONTOISE P 95 Val-d'Oise 55 ⑳, 196 ⑤, 101 ② G. Environs de Paris – ⚙ 3

Cergy **95000** Val-d'Oise – 9 055 h..

Paris 37 – Pontoise 4.

Novotel M, près préfecture ☎ 030.39.47, Télex 697264, – |‡| ≡ rest TV ☎ ♿ P – 25 à 200. AE ⊙ VISA
R snack carte environ 85 – ☕ 27 – **194 ch** 246/268.

Pontoise SP **95300** Val-d'Oise – **29 484 h. alt. 27.**

Voir Vallée de l'Oise★ par D 4, B.

ℹ Office de Tourisme 6 pl. Petit-Martroy (fermé matin, dim. et lundi) ☎ 038.24.45.

Paris 36 ③ – Beauvais 50 ① – Dieppe 135 ⑦ – Mantes 40 ⑥ – ♦Rouen 89 ⑥.

PONTOISE

Hôtel-de-Ville (R. de l') .... **B** 7
Thiers (R.) .... **B** 30

Carnot (R.) .... **AB** 2
Coutellerie (R. de la) ...... **B** 3
Delarue (Av. du Gén.) ... **AB** 4
Gaulle (Av. du Gén.-de) ... **B** 5
Grand-Martroy (Pl. du) .... **B** 6
Hôtel-Dieu (R. de l') ...... **B** 8
Jaurès (Bd Jean) .... **B** 9
Lavoye (R. Pierre) .... **B** 10
Leclerc (R. du Gén.) ...... **B** 12
Libération (Pl. de la) ...... **A** 13
Mail (R. du) .... **B** 14
Maréchaux (R. des) ...... **A** 15
Parc-aux-Charrettes (Pl. du) .... **B** 18
Paris (R. de) .... **B** 22
Petit-Martroy (Pl. du) ..... **B** 23
Port (Quai du) .... **B** 24
Pothuis (Quai du) .... **B** 25
Poulain (R.) .... **A** 26
Prachay (R. A.) .... **B** 27
St-Martin (R.) .... **A** 28
Taillepied (R.) .... **B** 29
Verdun (Av. de) .... **B** 31
Viosne (Bd de la) .... **A** 32

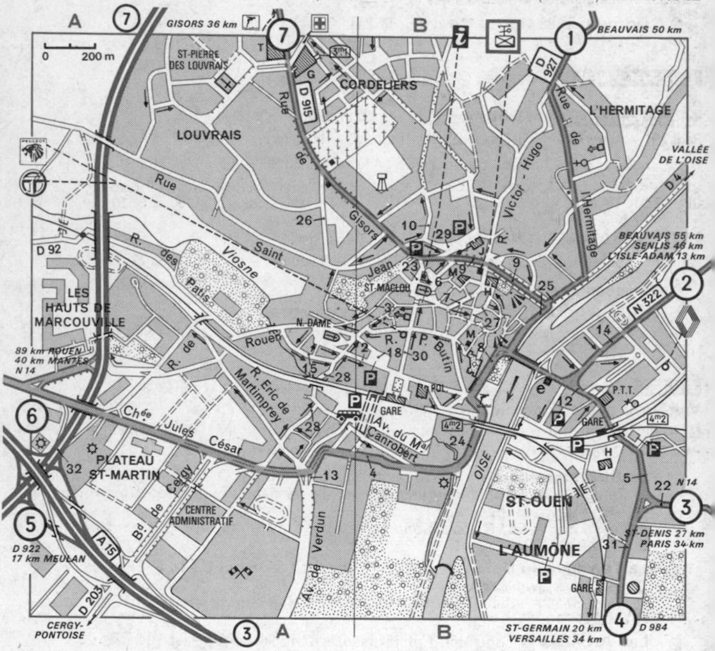

✗ **Aub. du Chou,** rte Auvers NE : 1 km par D 4 - B - ☎ 038.03.68, ← – P. VISA
fermé 15 sept. au 15 oct., lundi soir et mardi – SC : **R** 100/105.

à Cormeilles-en-Vexin par ⑦ : 9,5 km – ✉ **95830** Cormeilles-en-Vexin :

✗✗✗ ✿ **Relais Ste-Jeanne** (Cagna), sur D 915 ☎ 466.61.56, « Jardin » – P. ⊙ VISA
fermé 1er au 26 août, Noël, 14 au 21 fév., dim. soir (sauf en juillet), lundi soir et mardi soir – SC : **R** (nombre de couverts limité - prévenir) 230 bc/160
Spéc. Ris de veau au coulis de truffes, Turbot braisé sauce moutarde, Gourmandise de Delphine.

à la Bonneville : par ② : 5,5 km, N 322 – ✉ **95540** Mery-sur-Oise :

✗✗ **Le Chiquito,** r. de l'Oise ☎ 036.40.23 – P. VISA. ✂
fermé août, sam. midi et dim. – SC : **R** 150 bc/200 bc.

Une réservation confirmée par écrit est toujours plus sûre.

St-Ouen-l'Aumône 95310 Val-d'Oise – 17 003 h.

XX Gd Cerf avec ch, 59 r. Gén.-Leclerc ℡ 464.03.13, collection d'oiseaux naturalisés –
🛏wc 🅿. 🚗 ₳ℰ ⓄⒹ 𝘝𝘐𝘚𝘈   B e
fermé août et 1er au 15 fév. – **10 ch**

XX **Relais de la Grande Girafe**, 6 r. Paris par ③ ℡ 464.02.17 – 🅿. ₳ℰ ⓄⒹ 𝘝𝘐𝘚𝘈
fermé juil. et sam. – SC : **R** 75/85.

Osny 95520 Val-d'Oise – 9 679 h.

Pontoise 3.

XXX **Moulin de la Renardière**, rte Ennery ℡ 030.21.13, « Parc, rivière » – 🅿. ⓄⒹ 𝘝𝘐𝘚𝘈
fermé 15 août au 1er sept., dim. soir et sam. – SC : **R** (nombre de couverts limité -
prévenir) carte 125 à 165.

ALFA-ROMEO Vigneux, 44 r. Gén.-Leclerc à
St-Ouen-l'Aumône ℡ 464.01.14
AUSTIN, MORRIS, ROVER, TRIUMPH, VOL-
VO SOGEL, 10 r. Séré-Depoin à Pontoise ℡
032.55.55
CITROEN Rousseau, 2 chaussée J.-César à
Osny par ⑥ ℡ 031.00.00
FIAT LANCIA-AUTOBIANCHI STCA., 29 av.
Gén.-Leclerc à St-Ouen-L'Aumône ℡ 037.31.87
FORD Gar. Marzet, 87 r. P.-Butin à Pontoise
℡ 032.56.04
OPEL Valdoise Motors, 31 r. Paris à St-Ouen-
l'Aumône ℡ 037.20.78

PEUGEOT Cergy-Pontoise-Autom., 8 chaus-
sée J.-César à Osny par ⑥ ℡ 030.12.12
PEUGEOT TALBOT Pontoise Autos, 17 r.
Thiers à Pontoise ℡ 032.23.00
RENAULT Hinaux, 1 r. St-Henri à St-Ouen-
l'Aumône ℡ 037.14.14

🛞 La Centrale du Pneu, 1 av. de Verdun à St-
Ouen-l'Aumône ℡ 464.07.50
Inter-Pneu Melia, Sente St-Denis à Cergy ℡
030.11.91

CÉRILLY 03350 Allier 🎇 ⑫ – 1 981 h. alt. 330 – 🟢 70.

Env. Forêt de Tronçais★★★ O : 7 km, G. Auvergne.

Paris 298 – Montluçon 40 – Moulins 46 – St-Amand-Montrond 32 – St-Pierre-le-Moutier 35.

🏠 **Commerce,** ℡ 67.53.10 – 🛏 🅿
→ *fermé fév. et vend.* – SC : **R** 40/65 🍷 – ☐ 10 – **14 ch** 40/70 – P 150.

CITROEN Levistre, ℡ 67.52.22

CERIZAY 79140 Deux-Sèvres 🎇 ⑯ – 4 688 h. alt. 173 – 🟢 49.

Paris 370 – Bressuire 14 – Cholet 37 – Niort 66 – La Roche-sur-Yon 68.

🏠 **Cheval Blanc**, av. du 25-Août ℡ 80.50.13, 🌿 – 🛏wc 🍽wc 🅿 – 🅰 30. 𝘝𝘐𝘚𝘈
→ *fermé 17 déc. au 3 janv. et sam. sauf juil.-août* – SC : **R** 35/99 🍷 – ☐ 12 – **25 ch**
60/180 – P 160/300.

CITROEN Coulais, ℡ 80.51.51   FIAT-PEUGEOT-TALBOT Bodet, ℡ 80.50.19

CERNAY 68700 H.-Rhin 🎇 ⑨ G. Vosges – 10 171 h. alt. 275 – 🟢 89.

🛈 Office de Tourisme Porte de Thann (1er juin-15 sept., fermé dim. et fêtes) ℡ 75.50.35.

Paris 531 – Altkirch 25 – Belfort 39 – Colmar 36 – Guebwiller 15 – ✦Mulhouse 19 – Thann 6.

🏠 **Frantz**, à Uffholtz N : 1 km ℡ 75.54.52 – 🛏wc 🍽 ☎ 🅿. 🚗 𝘝𝘐𝘚𝘈
→ *fermé 3 au 25 janv.* – SC : **R** *(fermé lundi)* 35/175 🍷 – ☐ 15 – **50 ch** 60/150 –
P 115/160.

🏠 **Aub. du Relais**, à Uffholtz N : 1 km ℡ 75.56.19, 🔟, 🌿 – 🛏wc 🍽wc 🚗 🅿. 🚗
𝘝𝘐𝘚𝘈
fermé 15 déc. au 3 janv. – SC : **R** *(fermé vend.)* (1/2 pens. seul.) 🍷 – ☐ 14 – **22 ch**
70/150.

X **Host. Alsace**, 61 r. Poincaré ℡ 75.59.81 – 🅿. ₳ℰ ⓄⒹ Ⓔ 𝘝𝘐𝘚𝘈
fermé 18 déc. au 9 janv., dim. soir et lundi – SC : **R** 57/215.

PEUGEOT Soriano, 1 r. de l'Industrie ℡ 75.
44.85 ℕ ℡ 75.50.10

RENAULT Courtois, 2 fg de Belfort ℡ 75.48.27
ℕ ℡ 75.51.23

CÉRONS 33 Gironde 🎇 ② – 1 281 h. alt. 15 – ✉ 33720 Podensac – 🟢 56.

Paris 631 – ✦Bordeaux 38 – Langon 11 – Libourne 42 – Villandraut 22.

🏠 **Grappe d'Or,** rte St Symphorien ℡ 27.11.61 – 🛏wc 🍽wc 🚗 🅿. 🚗
→ *fermé 15 déc. au 15 janv.* – SC : **R** 44/100 🍷 – 🍽 14 – **10 ch** 80/95.

CESSIEU 38 Isère 🎇 ⑬ – rattaché à la Tour-du-Pin.

CESSON 22 C.-du-N. 🎇 ③ – rattaché à St-Brieuc.

CESSON-SÉVIGNÉ 35 I.-et-V. 🎇 ⑰ – rattaché à Rennes.

CÉVENNES (Corniche des) ★★★ 48 Lozère et 30 Gard 🎇 ⑥⑯⑰ G. Causses.

305

CEYRAT 63 P.-de-D. 🔢 ⑭ – 4 903 h. alt. 560 – ⊠ 63110 Beaumont – ✪ 73.
🛈 Syndicat d'Initiative à la Mairie (fermé sam. et dim.) �🕾 61.42.55.
Paris 396 – ◆Clermont-Ferrand 6 – Issoire 39 – Le Mont-Dore 41 – Royat 6.

Voir plan de Clermont-Ferrand agglomération

🏨 **La Châtaigneraie** Ⓜ 🦢 sans rest. av. Châtaigneraie �🕾 61.34.66, ≼ – 🛁wc
🛏wc ☎ 🅿. ❀   S p
fermé sam. et dim. – SC : ⊊ 14 – **16 ch** 112/175.

🏠 **Promenade,** av. Wilson �🕾 61.40.46 – 🛁wc 🛏wc ☎. 🄴 𝘝𝘐𝘚𝘈   S r
◆ *fermé dim. soir (sauf hôtel) et lundi* – SC : **R** 35/70 – ⊊ 12 – **12 ch** 55/90.

XXX **Host. de la Poste** avec ch, av. Wilson �🕾 61.30.01 – 🛁wc 🛏wc ☎. 🄴 𝘝𝘐𝘚𝘈
fermé 25 juil. au 12 août, vacances de fév., dim. soir et lundi – SC : **R** 55/95 – ⊊ 14
– **4 ch** 90/140 – P 160.   S k

à Saulzet-le-Chaud S : 3 km par N 89 – ⊠ 63540 Romagnat :

X **Aub. de Montrognon,** �🕾 61.30.51, ≼ – 🅿
fermé oct. et mardi – SC : **R** 70/130.

CEYSSAT (Col de) 63 P.-de-D. 🔢 ⑬ ⑭ – rattaché à Clermont-Ferrand.

CEYZÉRIAT 01250 Ain 🔢 ③ – 2 170 h. alt. 320 – ✪ 74.
Paris 435 – Bourg-en-Bresse 8 – Nantua 32.

🏠 **Mont-July** 🦢, �🕾 30.00.12, ≼, 🐎 – 🛁wc 🛏 ☎ 🅿. 🚗 🄰🄴 🄴. ❀ rest
20 mars-25 oct. et fermé jeudi du 20 mars au 1ᵉʳ juil. – SC : **R** (dim. prévenir) 70/160
♨ – ⊊ 18 – **19 ch** 75/150 – P 170/190.

XX **Balcon** avec ch, �🕾 30.00.16 – 🛁wc ☎ 🅿. 🚗
◆ *fermé 23 nov. au 30 déc. et merc.* – SC : **R** (dim. et fêtes - prévenir) 50/160 ♨ – ⊊ 17
– **10 ch** 65/210 – P 170/220.

X **du Relais de la Tour** avec ch, �🕾 30.01.87 – 🛁wc – **7 ch.**

à Villereversure NE : 9 km par D 979 et D 81 – ⊠ 01250 Ceyzériat :

🏠 **Chez Condemine,** à la Gare �🕾 30.65.98, 🐎 – 🛁wc. 🚗
◆ *fermé nov., lundi soir et mardi* – SC : **R** 35/145 ♨ – ⊊ 13 – **7 ch** 60/102 – P 105/145.

RENAULT Gar. Froment, �🕾 30.03.97

CHAALIS (Abbaye de) ★★ 60 Oise 🔢 ⑫. 🔢 ⑨ G. Environs de Paris.
Voir Mer de sable★ O : 0,5 km.

CHABANAIS 16150 Charente 🔢 ⑤ – 2 443 h. alt. 156 – ✪ 45.
Paris 425 – Angoulême 57 – Confolens 18 – ◆Limoges 46 – Nontron 52 – St-Junien 16.

🏠 **Croix Blanche,** pl. Croix Blanche ⅏ 89.22.18 – ▥ rest 🛁wc 🛏 ☎ 🅿. 🄴
◆ SC : **R** (fermé dim. soir et lundi en sept.-oct.) 38/150 ♨ – ⊊ 12 – **21 ch** 80/150 –
P 150/220.

CITROEN Mourgaud, ⅏ 89.00.46

CHABEUIL 26120 Drôme 🔢 ⑫ – 3 916 h. alt. 205 – ✪ 75.
Paris 573 – Crest 20 – Romans-sur-Isère 16 – Valence 11.

🏨 **Relais du Soleil,** rte Romans ⅏ 59.01.81, ≼, 🏖, 🐎 – 🛁wc 🛏wc ☎ 🅿. 🚗
🄰🄸 🄾 🄴 𝘝𝘐𝘚𝘈. ❀
fermé vacances de nov., fév. et lundi – SC : **R** 70/150 ♨ – ⊊ 16 – **21 ch** 110/170 –
P 210/250.

🏠 **Commerce,** Pl. Génissieu ⅏ 59.00.23 – 🛁wc 🛏wc ☎ 🅿. 🚗 𝘝𝘐𝘚𝘈
◆ *fermé 15 oct. au 15 nov.* – SC : **R** (fermé sam. de nov. à Pâques) 40/80 ♨ – ⊊ 15 –
21 ch 85/135 – P 140/160.

CHABLIS 89800 Yonne 🔢 ⑥ G. Bourgogne (plan) – 2 408 h. alt. 144 – ✪ 86.
🛈 Syndicat d'Initiative à la Mairie ⅏ 42.12.77.
Paris 184 – Auxerre 19 – Avallon 39 – Joigny 45 – Montbard 54 – Nemours 106 – Tonnerre 16.

🏠 **Étoile-Bergerand,** ⅏ 42.10.50 – 🛁wc 🛏 ⇔. 🚗
◆ *fermé 15 déc. au 10 fév. et lundi* – SC : **R** 50/130 – ⊊ 12 – **15 ch** 75/140.

CITROEN Lucas ⅏ 42.40.22   RENAULT Bellat, ⅏ 42.11.55

CHABRELOCHE 63250 P.-de-D. 🔢 ⑥ – 1 400 h. alt. 620 – ✪ 73.
Paris 403 – ◆Clermont-Ferrand 57 – Montbrison 54 – Noirétable 10 – Roanne 45 – Thiers 14.

aux Crocs d'Arconsat N : 4 km par D 86 et D 64 – ⊠ 63250 Chabreloche :

🏡 **Aub. du Montoncel** 🦢, ⅏ 94.20.96, ≼, 🐎 – 🛁wc ☎ 🅿. 🄴. ❀ ch
◆ *fermé 1ᵉʳ au 15 oct. et merc. hors sais.* – SC : **R** 45/100 – ⊊ 15 – **9 ch** 55/100 –
P 140/165.

PEUGEOT Chambriard-Gunther, ⅏ 94.20.82   RENAULT Gar. Pointu-Chosson, ⅏ 94.21.69

CHABRIÈRES 04 Alpes-de-H.-P. 𝟴𝟭 ⑰ – alt. 621 – ⊠ **04270** Mézel – ❀ 92.

Voir Clue de Chabrières★ O : 1,5 km, G. Côte d'Azur.

Paris 763 – Castellane 36 – Colmars 53 – Digne 18 – Manosque 59 – Puget-Théniers 70.

⚐ **Relais de Chabrières,** N 85 ☎ 31.06.69, 😟 – 🗇 🄿. 🚗
1er avril-30 sept. et fermé lundi et mardi sauf juil.-août – SC : **R** 60/90 – ☲ 17 –
13 ch 106/132.

CHAGNY 71150 S.-et-L. 𝟲𝟵 ⑨ **G.** Bourgogne – 5 926 h. alt. 216 – ❀ 85.

Env. Mont de Sène ⁂★★ O : 10 km.

🛈 Syndicat d'Initiative à la Mairie (Pâques, Pentecôte, 15 juin-30 sept. et fermé dim.) ☎ 87.25.95.

Paris 331 ① – Autun 43 ① – Beaune 15 ① – Chalon-s-S. 17 ② – Mâcon 75 ② – Montceau 44 ④.

🏤 ❀❀❀ **Lameloise,** pl. d'Armes **(e)** ☎ 87.08.85,
« Ancienne maison bourguignonne aména-
gée avec élégance » – 📺 ☎ 👝, 🅅🄸🅂🄰.
🛇 rest
*fermé 25 avril au 5 mai, 23 nov. au 16 déc.,
jeudi midi et merc.* – SC : **R** (prévenir) carte
180 à 230 – ☲ 28 – **25 ch** 150/330
Spéc. Cassolette de queues d'écrevisses, Pigeon de
Bresse en vessie, Soufflé chaud au citron. **Vins** Rully,
Chassagne-Montrachet.

🏠 **Poste** sans rest, 17 r. Poste **(a)** ☎ 87.08.27
– 🛏wc 🗇wc 👝 🄿. 🛇
fermé 1er déc. au 1er mars et dim. hors sais. –
SC : ☲ 16 – **11 ch** 140/180.

🏠 **Nouvel H.** sans rest, bd Liberté **(u)** ☎ 87.
07.47, 😟 – 🛏wc 🗇wc 👝 🄿. 🅅🄸🅂🄰
fermé 18 nov. au 18 déc. et dim. hors sais. –
SC : ☲ 17 – **13 ch** 100/180.

sur N 6 par ② : 2 km rte Chalon – ⊠ **71150**
Chagny :

🏤 **Bonnard,** ☎ 87.21.49 – 🛏wc 🗇wc 👝 👝
🄿. 🚗
fermé 2 nov. au 15 déc. et lundi hors sais. –
SC : **R** 55/120 – ☲ 15 – **20 ch** 140/190.

à Chassey-le-Camp par ④ et D 109 : 6 km
– ⊠ **71150** Chagny :

🏠 **Aub. du Camp Romain** ⌂, ☎ 87.09.91, ≼, 😟 – 🛏 🗇wc 👝 👝 🄿. 🚗 🅅🄸🅂🄰
fermé 2 janv. au 15 fév. – SC : **R** *(fermé merc. d'oct. à mars)* 60/100 – ☲ 12 – **20 ch**
80/150, 5 appartements 220.

Voir aussi ressource hôtelière de *Santenay* par ④ : 4,5 km

RENAULT Guyot, N 6 ☎ 87.22.28   RENAULT Gar. Guillemot, ☎ 87.17.91

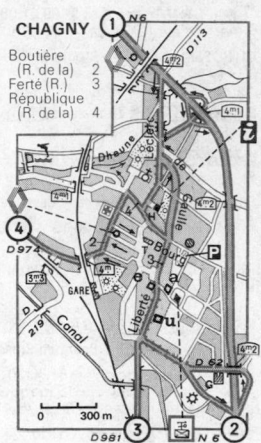

CHAGNY ①

Boutière
(R. de la)   2
Ferté (R.)   3
République
(R. de la)   4

0   300 m

CHAILLEVETTE 17890 Char.-Mar. 𝟳𝟭 ⑭ – 1 011 h. – ❀ 46.

Paris 511 – Marennes 20 – Rochefort 41 – La Rochelle 73 – Royan 17 – Saintes 43.

🏤 **La Brousse** ⌂, ☎ 36.60.93, ≼, parc, « Ancienne ferme aménagée », 🎱, – 🛏wc
👝 🄿. 🚗 🛇 ch
1er juil.-7 sept. – SC : **R** 80 – ☲ 22 – **14 ch** 180/190.

CHAILLOL 05 H.-Alpes 𝟳𝟳 ⑯ – alt. 1 450 – ⊠ **05260** Chabottes – ❀ 92.

Paris 664 – Gap 25 – Orcières 22 – St-Bonnet 9.

⚐ **L'Étable** ⌂, ☎ 55.04.05, ≼ – 🛏 🗇 🄿. 🛇 rest
🡢 *28 juin-20 sept. et 20 déc.-20 avril* – SC : **R** 43/60 – 🍺 10,50 – **9 ch** 55/75 –
P 112/127.

à Chaillol 1600 N : 2 km – ⊠ **05260** Chabottes :

🏤 **La Louzière** ⌂, ☎ 55.02.79, ≼ – 🕽 🛏wc 🗇wc 👝. 🄴. 🛇
🡢 *20 juin-30 sept. et 15 déc.-30 avril* – SC : **R** 45/85 – ☲ 17 – **29 ch** 85/155 –
P 155/195.

CHAILLY-EN-BIÈRE 77960 S.-et-M. 𝟲𝟭 ②. 𝟭𝟵𝟲 ㊺ **G.** Environs de Paris – 1 494 h. alt. 64 –
❀ 6.

Paris 59 – Étampes 41 – Fontainebleau 9,5 – Melun 9.

XXX **Chalet du Moulin,** S : 1,5 km par N 7 et VO ☎ 066.43.42, ≼, « Chalet dans un
cadre de verdure » – 🄿. 🄰🄴
fermé août, lundi soir et mardi – **R** carte 135 à 185.

XX **Aub. de l'Empereur,** N 7 ☎ 066.43.38 – ① 🅅🄸🅂🄰
fermé 20 janv. au 1er mars, merc. soir, jeudi et dim. soir du 1er nov. au 20 avril – SC :
R 68/110.

La CHAISE-DIEU 43160 H.-Loire 🔟🔟 ⑥ G. Auvergne (plan) – 1 049 h. alt. 1 082 – ✆ 71.

Voir Église abbatiale★★ : tapisseries★★★.

🟦 Syndicat d'Initiative pl. Mairie (Pâques, Pentecôte et 1er juin-30 sept. fermé lundi et vend. matin) ☏ 00.01.16.

Paris 469 – Ambert 33 – Brioude 40 – Issoire 57 – Le Puy 41 – ♦St-Étienne 79 – Yssingeaux 57.

🏠 **L'Écho et de l'Abbaye** 🍴, pl. Écho ☏ 00.00.45 – 🛏wc 🛏wc 🅿. ⚫⚫ 🆎 🅴
VISA 🍴
1er fév.-5 nov. – SC : **R** 85/110 – ⊒ 15 – **11 ch** 85/175 – P 150/180.

🏠 **Au Tremblant**, D 906 ☏ 00.01.85, 🌳 – 🛏wc 🛏wc 🅿. ⟵ 🅿 – 🔱 25. ⚫⚫
◆ *fermé 3 janv. au 15 mars et vend. du 1er nov. au 1er avril* – SC : **R** 46/90 – ⊒ 15 –
28 ch 70/170 – P 140/200.

Plan d'eau de la Tour N : 2 km par D 906 – ✉ 43160 La Chaise-Dieu :

🏠 **Le Vénéré** 🍴, ☏ 00.01.08, ≼, 🌳 – 🛏wc 🛏wc 🅿. ⟵ 🅿. 🍴 ch
◆ *1er avril-30 sept.* – SC : **R** (dîner seul) 42/65 🍷 – ⊒ 12 – **18 ch** 50/130.

CITROEN-V.A.G Gar. Breure-Montagne ☏ 00.   PEUGEOT Gar. Causse, ☏ 00.00.62
00.44   RENAULT Fayet, ☏ 00.00.88

Les CHAISES 78 Yvelines 🗝 ⑧, 🗝🗝🗝 ㉗ – rattaché à Rambouillet.

CHALABRE 11230 Aude 🗝🗝 ⑥ – 1 583 h. alt. 372 – ✆ 68.

🟦 Office de Tourisme cours Colbert (1er juil.-31 août et fermé dim. après-midi) ☏ 69.20.10.

Paris 959 – Carcassonne 48 – Castelnaudary 51 – Foix 48 – Lavelanet 21 – Pamiers 43 – Quillan 24.

✕ **France,** ☏ 69.20.15 – 🅴 **VISA**
◆ *fermé sept.* – SC : **R** 38/80.

PEUGEOT Gar. Gomez, Z.A. le Cazal ☏ 69.20.35   RENAULT Gar. Loutre, ☏ 69.20.13
🔟 ☏ 69.26.75

CHALAMONT 01320 Ain 🗝🗝 ②③ G. Vallée du Rhône – 1 307 h. alt. 293 – ✆ 74.

Paris 443 – Belley 62 – Bourg-en-Bresse 24 – ♦Lyon 43 – Nantua 55 – Villefranche-sur-Saône 40.

✕✕ **Clerc** avec ch, ☏ 61.70.30 – 🛏wc 🅿
◆ *fermé 15 fév. au 15 mars, 3 au 10 juil., mardi sauf le midi en sais. et merc.* – SC : **R**
40/140 – ⊒ 13 – **7 ch** 75/110.

CITROEN Riondy, ☏ 61.70.12 🔟   RENAULT Berlie, ☏ 61.70.27

CHALEZEULE 25 Doubs 🗝🗝 ⑮ – rattaché à Besançon.

CHALLANS 85300 Vendée 🗝🗝 ⑫ G. Côte de l'Atlantique – 12 214 h. alt. 11 – ✆ 51.

🟦 Office de Tourisme 4 r. Gambetta (fermé matin hors-sais. et dim.) ☏ 93.19.75.

Paris 432 ② – Cholet 83 ② – ♦Nantes 60 ① – La Roche-sur-Yon 40 ③ – Les Sables-d'Olonne 43 ④.

🏠🏠 **Antiquité** 🍴 sans rest, 14 r. Gallieni **(a)**
☏ 68.02.84, 🌳 – 📺 🛏wc 🛏wc 🅿 🅿.
⚫⚫ 🆎 🔘 **VISA**
fermé sept. et dim. hors sais. – SC : ⊒ 15
– **12 ch** 125/200.

🏠🏠 **Rocotel** Ⓜ, 9 bd Gare **(e)** ☏ 93.07.48 –
◆ 📺 🛏wc ☎ 🅿 – 🔱 30. 🆎 🔘 **VISA** 🍴 rest
fermé dim. et fériés – SC : **R** (self) carte
environ 50 🍷 et rest. **Le Dauphin R** 66/156
– ⊒ 18 – **21 ch** 145/214.

🏠 **Commerce** sans rest, 17 pl. A.-Briand **(r)**
☏ 68.06.24 – 🛏wc 🛏wc 🅿. – 🔱 70.
⚫⚫ 🅴 **VISA**
*fermé janv., sam. et dim. du 1er nov. au 31
janv.* – SC : ⊒ 17 – **20 ch** 110/200.

🏚 **Champ de Foire**, 10 pl. Champ de Foire
◆ **(s)** ☏ 68.17.54 – 🛏 🅿. ⚫⚫ 🍴
fermé oct. et sam. – SC : **R** 40/150 – ⚫
11,50 – **11 ch** 58/85.

✕ **Le Marais** avec ch, 16 pl. Gén.-de-Gaulle
◆ **(x)** ☏ 93.15.13 – 📺 🛏wc 🅿. **VISA**. 🍴 ch
fermé 25 sept. au 25 oct. – SC : **R** 45/160 –
⊒ 12 – **15 ch** 80/95.

par ⑤ : 3 km rte Soullans – ✉ 85300
Challans :

✕✕ **La Gîte du Tourne-Pierre**, ☏ 68.14.78
– 🅿. 🆎 🔘 🅴 **VISA**
fermé en sept., vend. soir (sauf été) et sam. midi – SC : **R** carte 120 à 170.

CHALLANS

Dodin (Bd)	F.F.I. (Bd des) 4
Gambetta (R.) 5	Lattre-de-T. (R. Mar.-de) . 7
Gaulle (Pl. de)	Leclerc (R. Gén.). 8
Bonne-	Monnier (R. P.) .. 9
Fontaine (R.) 2	Nantes (R. de)... 10
Briand (Pl. A.) . 3	Strasbourg (Bd) . 12
	Viaud-Gd-Marais (Bd) 14

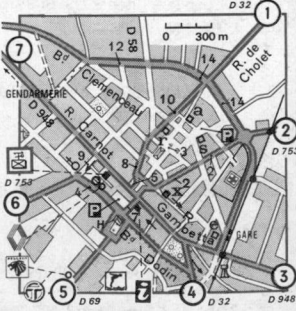

CHALLANS

par ⑦ : 5,5 km sur D 948 – ⊠ 85300 Challans :

🏩 **Relais des Quatre Moulins,** ⏺ 68.11.85 – 🗐 ☎ 🅿. ⚡
→ *fermé 30 sept. au 18 oct., 17 déc. au 3 janv., dim. soir et lundi en hiver –* **R** *(en juil. et août, dîner pour résidents seul.)* 33/120 🍷 – � 16 – **10 ch** 85/95 – P 135.

CITROEN Atlantic-Autom., rte de St-Jean-de-Monts par ⑥ ⏺ 93.15.99
PEUGEOT, TALBOT Retail, rte de Soullans, ⏺ 93.16.52
RENAULT Vendée-Autom., 29 rte de St-Jean-de-Monts par ⑥ ⏺ 93.26.55

RENAULT Pontoizeau, 3 Bd des F.F.I. ⏺ 68.11.55
V.A.G. Gar. Yvernogeau, rte de La Roche-sur-Yon ⏺ 93.09.71

▓**CHALLES-LES-EAUX** 73190 Savoie 🟦 ⑮ G. Alpes – 2 556 h. alt. 310 – Stat. therm. (15 mai-25 sept.) – Casino – 🎰 79.

🛈 Office de Tourisme av. Chambéry (15 mai-25 sept., fermé dim. après-midi et lundi matin) ⏺ 25.10.13.

Paris 567 – Albertville 44 – Chambéry 6 – ♦Grenoble 51 – St-Jean-de-Maurienne 66.

🏨 **Château de Challes** 🔊, ⏺ 85.21.45, « Terrasse fleurie : parc », 🏊, ⚡ – 🔥 🅿.
⚡ rest
15 mai-25 sept. – SC : **R** 60/92 – ⊊ 20 – **74 ch** 60/200.

🏩 **Nieder H.** sans rest, av. Chambéry ⏺ 85.20.72 – 🛗 ⌂wc 🗐 ☎ 🚗 🅿. 𝖵𝖨𝖲𝖠
fermé nov. – SC : ⊊ 11 – **25 ch** 73/110.

▓**CHALMAZEL** 42920 Loire 🟦 ⑰ G. Vallée du Rhône – 743 h. alt. 867 – Sports d'hiver : 1 130/1 630 m ぅ1 ⚡5 – 🎰 77.

Paris 438 – Ambert 37 – L'Arbresle 81 – Montbrison 37 – Roanne 67 – ♦St-Étienne 73 – Thiers 50.

🍴 **Tinel** avec ch, ⏺ 24.81.00 – ⚡ ch
→ *fermé 4 au 18 avril, 25 juin au 13 juil., merc. sauf juil., août, janv. fév. et mars –* SC : **R** 48/90 – 🍴 15 – **11 ch** 75/100 – P 150/190.

RENAULT Gar. des Pistes, ⏺ 24.81.84 🅽

▓**CHALONNES-SUR-LOIRE** 49290 M.-et-L. 🟦 ⑲⑳ G. Châteaux de la Loire – 4 708 h. alt. 23 – 🎰 41.

Voir E : Corniche angevine★.

Paris 313 – Ancenis 36 – Angers 25 – Châteaubriant 70 – Cholet 39 – ♦Nantes 71 – Saumur 70.

🏨 **France,** r. Nationale ⏺ 78.00.12 – 🗐 🚗 🅿🖴 E 𝖵𝖨𝖲𝖠
→ *fermé 15 déc. au 15 janv., vend. soir et sam. hors sais. –* SC : **R** 45/95 🍷 – ⊊ 10 – **10 ch** 49/75 – P 118/156.

▓**CHALONS** 17 Ch.-Mar. 🟦 ⑮ – rattaché à Saujon.

▓**CHÂLONS-SUR-MARNE** 🅿 51000 Marne 🟦 ⑰ G. Nord de la France – 55 709 h. alt. 83 – 🎰 26.

Voir Cathédrale★★ AZ – Église N.-D.-en-Vaux★ : intérieur★★ AY F – Musée du cloître de N. D. on Vaux★★ AY M1.

🛈 Office de Tourisme (fermé dim. et fêtes) pl. Godart ⏺ 65.17.89.

Paris 187 ① – Belfort 310 ④ – ♦Besançon 272 ④ – Charleville-Mézières 103 ② – ♦Dijon 238 ④ – ♦Metz 157 ② – ♦Nancy 162 ④ – ♦Orléans 298 ① – ♦Reims 45 ① – Troyes 77 ⑤.

Plans page suivante

🏨 **Angleterre,** 19 pl. Monseigneur-Tissier ⏺ 68.21.51 – 🅿. ⓞ E 𝖵𝖨𝖲𝖠 ⚡ ch
fermé 15 fév. au 15 mars, dim. soir et lundi midi sauf fêtes – SC : **R** 62/210 – ⊊ 20 – **18 ch** 115/235. BY g

🏨 **Bristol** sans rest, 77 av. P.-Sémard ⏺ 68.24.63 – ⌂wc 🗐wc ☎ 🚗 🅿. 🖴 X a
SC : ⊊ 11 – **24 ch** 93/125.

🏨 **Pasteur** 🔊 sans rest, 46 r. Pasteur ⏺ 68.10.00 – ⌂wc 🗐 ☎ 🅿. 🖴 𝖵𝖨𝖲𝖠 BY p
SC : ⊊ 14 – **28 ch** 51/135.

🏩 **Sainte-Croix** sans rest., 1 bd H.-Faure ⏺ 68.28.81 – ⌂wc 🗐wc ☎. 🖴 ⓞ E 𝖵𝖨𝖲𝖠 BZ v
fermé dim. soir – SC : ⊊ 11 – **26 ch** 67/93.

🏩 **Pot d'Étain** sans rest, 18 pl. République ⏺ 68.09.09 – ⌂wc 🗐 ☎ 🅿. 🖴 𝖵𝖨𝖲𝖠 ⚡ AZ m
fermé 20 déc. au 19 janv. – SC : ⊊ 16 – **24 ch** 65/192.

🍴🍴🍴 **Castel Marie-Antoinette,** porte Ste-Croix ⏺ 68.38.26 – 🅿. 𝖠𝖤 ⓞ E 𝖵𝖨𝖲𝖠 BZ d
fermé 1er au 29 août, 25 au 31 déc., dim. soir et mardi soir – SC : **R** 68/130.

🍴🍴 **Les Ardennes,** 34 pl. République ⏺ 68.21.42 – E 𝖵𝖨𝖲𝖠 AZ s
fermé 6 au 28 août, jeudi soir et vend. – **R** 61/132.

🍴 **Woitier,** 42 r. Pasteur ⏺ 64.38.75 – E 𝖵𝖨𝖲𝖠 BY p
→ *fermé juin, 20 déc. au 6 janv. et merc. –* SC : **R** 45/160 🍷.

12

CHÂLONS-SUR-MARNE

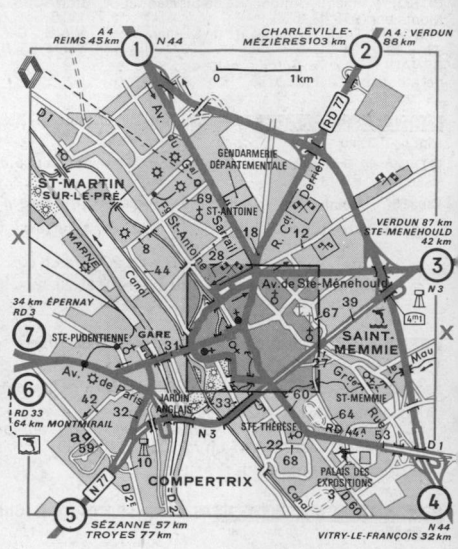

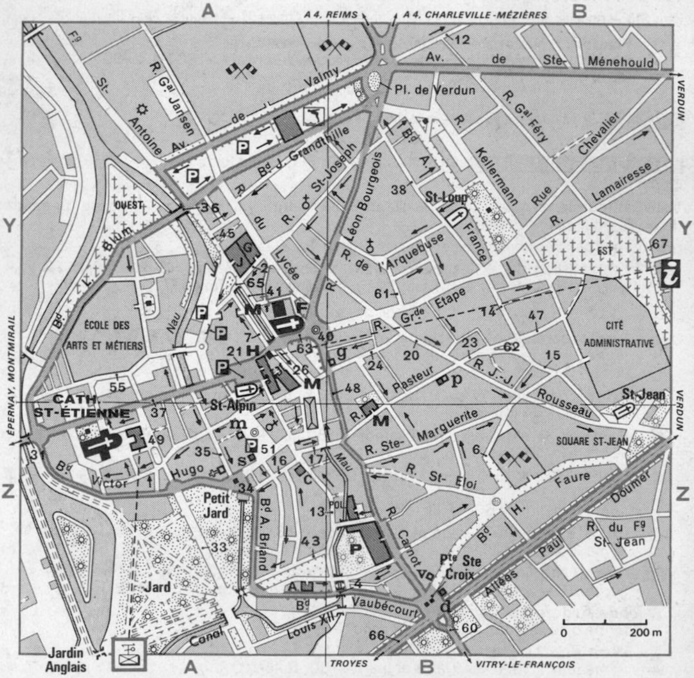

CHÂLONS-SUR-MARNE

à l'Épine par ③ : 8,5 km – ✉ 51000 Châlons-sur-Marne.

Voir Basilique N.-Dame★★.

🏨 ❀ **Aux Armes de Champagne,** 🕾 68.10.43, ⌖ – ⌂wc 🛗wc ☜ ⇐ ❷ – 🔥
25 à 150. ⌷ ⓞ ⬛ 𝚅𝙸𝚂𝙰. 🛠
fermé 15 janv. au 15 fév. – **SC : R** 56/148 – ⌧ 20 – **39 ch** 120/140
Spéc. Escargots au Champagne, Côtelette de saumon au beurre, Filet de boeuf à la moëlle. **Vins** Chouilly, Bouzy.

AUSTIN, ROVER, TRIUMPH Poiret, 16 ter r. Martyrs-de-la-Résistance 🕾 68.08.45
BMW, FIAT Guyot, 170 av. Gén.-Sarrail 🕾 68.38.86
CITROEN Ardon, 19 av. W.-Churchill par ④ 🕾 64.42.42 Ⓝ
FORD Hall Automobiles, 34 av. W. Churchill 🕾 64.49.37
LADA, TOYOTA Marchand, 17 r. du Camp-d'Attila 🕾 68.22.18
OPEL Gar. de l'Avenue, 133 av. de Paris 🕾 68.11.63

PEUGEOT-TALBOT Sporting Gar., 47 rte de Vitry à St-Memmie par ④ 🕾 68.34.91
RENAULT Gar. Central, 7 av. 106-R.-I., Zone Ind. 🕾 68.57.06
V.A.G. Marchal Autom., r. de l'Ilet, Zone Ind. St-Martin 🕾 68.53.95

⊛ Auto-Pneu-Marché, 14 r. Martyrs-de-la-Résistance 🕾 68.26.57
Châlons-Pneus, 46 pl. de la République 🕾 68.07.17

▐ **CHÂLONS-SUR-VESLE** 51 Marne 🖇🖇 ⑥ – rattaché à Reims.

▐ **CHALON-SUR-SAÔNE** ◈ 71100 S.-et-L. 🖇🖇 ⑨ **G.** Bourgogne – 60 451 h. alt. 179 – ❀ 85.
Voir Réfectoire★ de l'hôpital CZ **B** – Musée Denon★ BZ **M1**.
🛦 🕾 48.61.99, NE : 3 km ✕
🖈 Office de Tourisme (fermé dim. et fêtes sauf après-midi en saison) et A.C. Square Chabas, bd République 🕾 48.37.97.

Paris 340 ⑧ – ◆Besançon 132 ⑧ – Bourg-en-Bresse 89 ④ – ◆Clermont-Fd 219 ⑤ – ◆Dijon 69 ⑧ – ◆Genève 210 ④ – ◆Lyon 126 ④ – Mâcon 58 ④ – Montluçon 213 ⑤ – Roanne 133 ⑤.

Plans page suivante

🏨 **Royal et rest. Trois Faisans** 🅜, 8 r. Port Villiers 🕾 48.15.86, Télex 801610, « Bel aménagement intérieur » – ⬗ ▤ rest �📺 ☜ & ⇐. ⌷ ⓞ ⬛ 𝚅𝙸𝚂𝙰 BZ **u**
SC : R *(fermé de nov. à Pâques)* 70/180 – ⌧ 25 – **43 ch** 160/240, 8 appartements 300/350 – P 240/340.

🏨 ❀ **St-Georges** (Choux) 🅜, 32 av. Jean-Jaurès 🕾 48.27.05, Télex 800330 – ⬗
▤ rest 📺 ☜ ⇐ – 🔥 30. ⌷ ⓞ ⬛ 𝚅𝙸𝚂𝙰 AZ **s**
R 70/185 – ⌧ 22 – **48 ch** 160/250
Spéc. Chausson aux truffes et foie gras, Filet de loup à la purée d'ail, Mignon de veau aux morilles. **Vins** Rully, Côte de Beaune.

🏨 **St-Régis** 🅜, 22 bd République 🕾 48.07.28, Télex 801624 – ⬗ ▤ 📺 ☜ ⇐. ⌷
ⓞ ⬛ 𝚅𝙸𝚂𝙰 BZ **v**
SC : R *(fermé dim.)* 78/165 – ⌧ 21 – **40 ch** 115/225.

🏨 **St-Hubert** 🅜 sans rest, 35 pl. Beaune 🕾 46.22.81, Télex 801177 – 📺 ⌂wc 🛗
☜. ⌷ ⌷ ⓞ ⬛ 𝚅𝙸𝚂𝙰 BY **r**
SC : ⌧ 20 – **45 ch** 133/218.

🏨 **St-Jean** sans rest, 24 quai Gambetta 🕾 48.45.65 – 📺 ⌂wc 🛗 ☜. ⌷ BZ **s**
SC : ⌧ 13 – **25 ch** 65/150.

🏨 **Europe** sans rest, 13 r. Port-Villiers 🕾 48.70.48 – ⌂wc ☜ ⇐ ⌷ ⬛ BZ **e**
SC : ⌧ 16 – **29 ch** 65/155.

🏨 **Nouvel H.** sans rest, 7 av. Boucicaut 🕾 48.07.31 – 🛗wc ☜ ❷. ⌷ AZ **a**
SC : ⌧ 15 – **37 ch** 65/120.

✕✕✕ ❀ **Le Bourgogne** (Choux), 28 r. Strasbourg 🕾 48.89.18, « Maison du 17ᵉ s., caveau » – ⬛ 𝚅𝙸𝚂𝙰 CZ **r**
fermé 3 au 24 juil., 25 au 31 janv., sam. midi en nov., déc. et dim. – **SC : R** 50/145
Spéc. Escargots en feuilleté, Dos de brochet en infusion de vin rouge, Poularde de Bresse en fricassée.

✕✕ **Le Provençal,** 22 pl. Beaune 🕾 48.03.65 – 𝚅𝙸𝚂𝙰 BY **n**
fermé dim. – **SC : R** 65/150.

✕✕ **Luc Pasquier,** pl. Gare 🕾 48.29.33, 🌿 – 𝚅𝙸𝚂𝙰 AZ **s**
fermé 5 au 19 janv., sam. midi, dim. soir et lundi – **SC : R** 65/140.

✕ **La Réale,** 8 pl. Gén.-de-Gaulle 🕾 48.07.21 BZ **m**
fermé dim. soir et lundi – **SC : R** 55/85.

près Échangeur A6 Chalon-Nord – ✉ 71100 Chalon-sur-Saône :

🏨 **Mercure** 🅜, av. Europe 🕾 46.51.89, Télex 800132, 🏊 – ⬗ ▤ 📺 ☜ & ❷ – 🔥
50 à 150. ⌷ ⓞ ⬛ 𝚅𝙸𝚂𝙰 ✕ **a**
R carte environ 90 – ⌧ 25 – **88 ch** 214/261.

🏨 **Ibis** 🅜 sans rest, 🕾 46.64.62 – 📺 ⌂wc ☜ ❷. ⌷ ⬛ 𝚅𝙸𝚂𝙰 ✕ **u**
SC : ⌧ 18 – **41 ch** 155/193.

Ouest par D 69 - X – ✉ 71530 Chalon-sur-Saône :

✕✕ **Aub. des Alouettes,** 4 km rte Givry 🕾 48.32.15 – ❷ ✕ **e**
fermé août, dim. soir et jeudi – **SC : R** (dim. prévenir) 53/110 🍴.

311

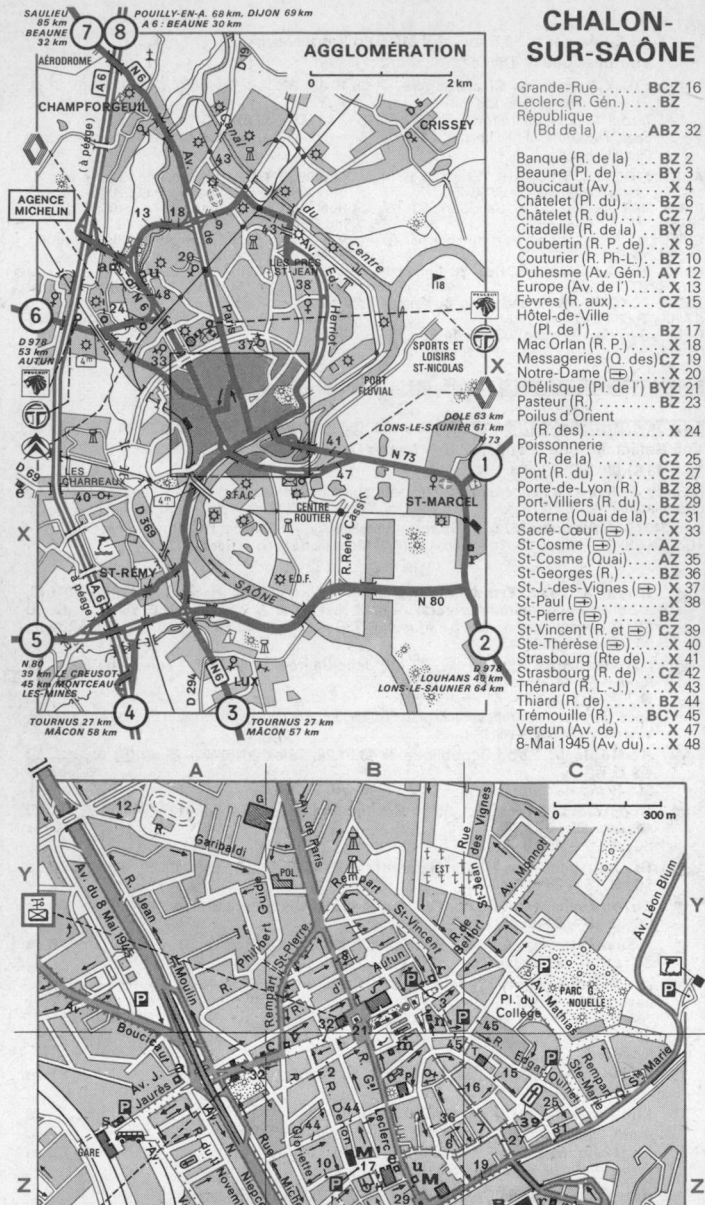

CHALON-SUR-SAÔNE

à St-Marcel E : 3 km par N 73 et D 978 - X – 4 286 h. – ✉ **71380** St-Marcel :

XX **Commerce,** rte Louhans ☎ 48.38.20 – Ⓟ X **r**
fermé 7 nov. au 1er déc., dim. soir et lundi sauf fériés – SC : **R** 60/150.

à Lux S : 5 km par N 6 - X – ✉ **71100** Chalon-sur-Saône :

Charmilles Ⓜ, par ③ : 5 km ☎ 48.58.08 – wc wc ☎ & Ⓟ
SC : **R** *(fermé 15 fév. au 15 mars)* (dîner seul.) 55/120 – 14 – **32 ch** 90/140.

à Alleriot par ① et VO : 7 km – ✉ **71380** St-Marcel :

X **La Frairie de Saône,** ☎ 46.42.39 – Ⓟ. VISA
fermé 1er au 15 oct., fév., merc. et jeudi – SC : **R** 50/120.

à St-Loup-de-Varennes par ③ : 7 km – ✉ **71240** Sennecey-le-Grand :

X **St-Loup,** ☎ 44.21.58 – Ⓟ.
fermé juil., 1er au 10 janv. et lundi – SC : **R** (déj. seul.) 50/165.

Voir aussi ressources hôtelières de Mercurey par ⑥ : 13 km.

MICHELIN, Agence, Z.I. de Châtenoy-le-Royal X ☎ **46.22.51**

ALFA-ROMEO Sport auto Bourgogne, 113 av. Boucicaut ☎ 46.30.52
BMW Gar. de la République, 8 pl. République ☎ 48.16.90
CITROEN Gar. Moderne de Chalon-sur-Saône r. des Poilus-d'Orient ☎ 46.52.12
FIAT Duval, 10 rte Lyon, St-Rémy ☎ 48.76.63 N
FORD Soreva, 4 av. Kennedy ☎ 46.49.45
PEUGEOT-TALBOT Nedey, Rte d'Autun à Châtenoy-le-Royal ☎ 46.30.12
PEUGEOT-TALBOT Rocade-Autom., 91 av. Paris ☎ 43.00.77
RENAULT Chalon Sud, Autom. de Bourgogne, Centre routier-av. de Verdun ☎ 48.54.85
RENAULT SODIRAC, av. de l'Europe, Centre Commercial de la Thalie ☎ 46.25.89

Chalon-Pneus Zone Ind. Verte - Chatenoy-Le-Royal ☎ 46.45.77
Perret-Pneu, 40 rte de Lyon. N.6 à St Rémy ☎ 48.30.21
Piot-Pneu, r. P.-de-Coubertin, Zone Ind. ☎ 46.50.12

CHALO-ST-MARS 91 Essonne 60 ⑩, 196 ⑪ – rattaché à Étampes.

La CHALP 05 H.-Alpes 77 ⑱ – rattaché à Arvieux.

CHALVIGNAC 15 Cantal 76 ① – rattaché à Mauriac.

CHAMALIÈRES 63 P.-de-D. 73 ⑭ – voir Clermont-Ferrand.

CHAMBÉRY P 73000 Savoie 74 ⑮ **G. Alpes** – 56 788 h. alt. 272 – 79.

Voir Château★ AZ – **Diptyque★ dans la Cathédrale métropolitaine** BY **D** – **Grilles★ de l'hôtel de Châteauneuf (rue Croix-d'Or)** BZ – **Crypte★ de l'église St-Pierre de Lémenc** BX **B.**

de Chambéry-Aix-les-Bains : T.A.T ☎ 61.46.00 au Bourget-du-Lac par ⑤ : 8 km.
Office de Tourisme pl. Monge (fermé dim.) ☎ 33.42.47 - A.C. 222 av. Comte-Vert ☎ 69.14.72
Paris 561 ⑤ – Annecy 49 ⑤ – ♦Grenoble 55 ② – ♦Lyon 98 ⑤ – Torino 203 ② – Valence 124 ④.

Plan page suivante

Gd Hôtel Ducs de Savoie, 6 pl. Gare ☎ 69.54.54, Télex 320910 – rest TV ☎ – 40 à 200. AE VISA AX **k**
SC : **R** *(fermé dim.)* 100 – 24 – **50 ch** 200/400, 5 appartements 500.

Le France Ⓜ sans rest, 22 fg Reclus ☎ 33.51.18 – TV ☎ – 100 à 150. AE E VISA AY **z**
SC : 21 – **48 ch** 160/220.

Princes sans rest, 4 r. Boigne ☎ 33.45.36 – wc wc ☎. AE E VISA AY **r**
SC : 18 – **49 ch** 75/210.

Lion d'Or sans rest, pl. Gare ☎ 69.04.96 – wc wc ☎. E VISA AX **e**
SC : 16 – **40 ch** 110/200.

XXX ✿ **Roubatcheff,** 6 r. Théâtre ☎ 33.24.91 – . AE VISA BY **u**
fermé 10 juil. au 10 août, dim. soir et lundi – SC : **R** (nombre de couverts limité - prévenir) 95/250
Spéc. Gateau de saumon et d'écrevisses, Blanc de turbot gros sel au cresson, Escalope de ris de veau. **Vins** Chignin, Mondeuse.

XX **La Vanoise,** 44 av. P.-Lanfrey ☎ 69.02.78 – . AE VISA AY **m**
fermé 7 au 28 août, 24 déc. au 1er janv., lundi midi et dim. sauf fêtes – SC : **R** 85/200.

XX **St-Réal,** 10 r. St-Réal ☎ 70.09.33 AY **x**
fermé dim. – SC : **R** 85/150.

XX **Chaumière,** 14 r. Denfert-Rochereau ☎ 33.16.26 – VISA BZ **f**
fermé 6 au 31 août, 23 au 31 mars, merc. soir de sept. à mai, sam. soir de juin à sept. et dim. – SC : **R** 52/100.

X **Le Tonneau,** 2 r. St-Antoine ☎ 33.78.26 – AE E AY **a**
fermé 1er au 21 août et lundi – **R** 38/80.

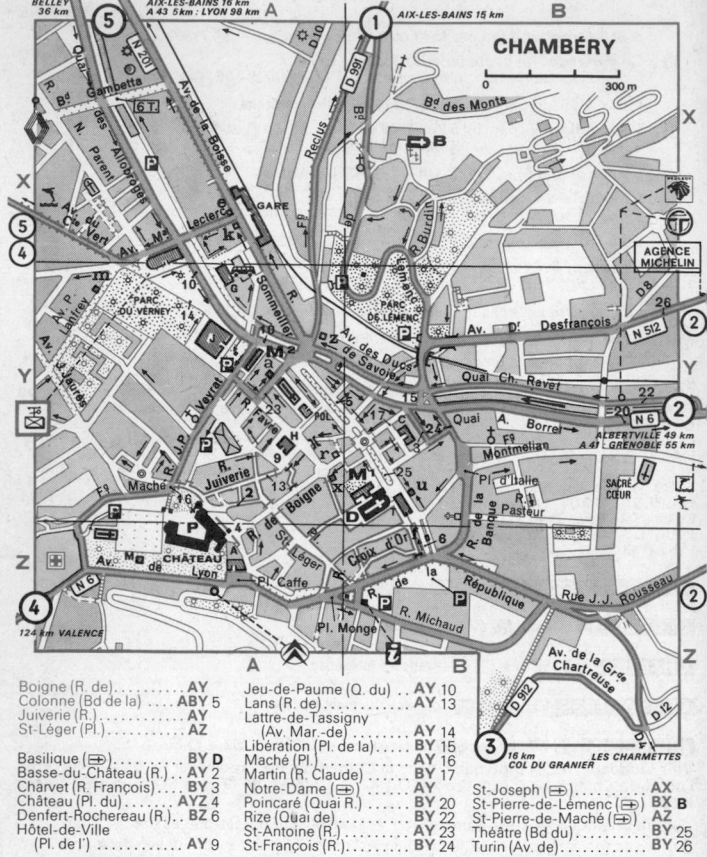

CHAMBÉRY

SE : 2 km par D 4 - BZ - ⊠ **73000** Chambéry :

Aux Pervenches ⑤, aux Charmettes ℡ 33.34.26, ≤, 🍽, – 🛏wc ☎ **P**. ⚓
✦ *fermé 14 août au 4 sept. et 18 fév. au 1er mars* – SC : **R** *(fermé dim. soir et merc.)*
39/105 – ⊡ 12 – **13 ch** 63/100.

XX **du Mont Carmel**, à Barberaz ℡ 70.06.63, 🍽 – **P**
fermé 1er nov. au 15 déc., lundi soir et mardi – **R** 80/150.

à La Motte Servolex N : 3 km par ⑤ 7 269 h. – ⊠ **73000** Chambéry :

▲▲ **Novotel** Ⓜ, ℡ 69.21.27, Télex 320446, 🍽, ⌚, 🎱 – ⬛ TV ☎ 🚗 **P** – 🔏 230. AE ⓄⒹ
VISA – **R** snack carte environ 85 – ⊡ 27 – **103 ch** 210/244.

Ibis Ⓜ, ℡ 69.28.36, Télex 320457, ≤ – ⬛ TV 🛏wc **P** – 🔏 30. ⚓🅱 E VISA
✦ SC : **R** 40 bc/70 bc – ☗ 17 – **89 ch** 145/175.

à Voglans : par ⑤ : 9 km – ⊠ **73420** Viviers-du-Lac :

▲▲ **Cerf Volant** Ⓜ ⑤, ℡ 63.40.44, ≤, 🍽, 🎱, 🚲, ℀ – TV ☎ 🚗 **P** – 🔏 40. AE
ⓄⒹ E VISA ⚓ rest
fermé 20 déc. au 5 janv. – SC : **R** 90/150 – ⊡ 25 – **30 ch** 210/280 – P 325/380.

MICHELIN, Agence, 555 av. de Chambéry à St-Alban-Leysse par av. de Turin BY ℡
33.45.91

AUSTIN, JAGUAR, MORRIS, ROVER,
TRIUMPH Falletti, 35 pl. Caffe ℡ 33.63.45
AUSTIN, MORRIS, ROVER, TRIUMPH Gar.
Actual-Auto, 381 av. du Covet ℡ 69.16.96
CITROEN Dieu, 250 r. E.-Ducretet par ⑤ ℡
62.25.90
CITROEN Gar. du Château, 11 av. de Lyon ℡
69.39.08

FIAT Gar. Gare, 29 av. de la Boisse ℡ 62.36.37
PEUGEOT-TALBOT Comtet, 15 quai Rize ℡
33.28.09
RENAULT Lapierre, 547 r. N.-Parent ℡ 62.
08.44
V.A.G. Lain, 123 r. Garibaldi ℡ 62.37.91

Périphérie et environs

ALFA-ROMEO, TOYOTA Alpha-Savoie, r. Pierre et Marie Curie, La Ravoire ℡ 33.77.27
CITROEN Gar. Schiavon, av. Turin, Bassens par N512 BY ℡ 33.03.53
FORD Madelon, 70 rte de Lyon, Cognin ℡ 69.09.27
OPEL Savauto, av. Chambéry à St-Alban-Leysse ℡ 33.30.63
PEUGEOT-TALBOT Gar. Favre, rte de Challes, N 6 La Ravoire par av. de Turin BY ℡ 33.07.27
RENAULT Lapierre, 282 av. de Chambéry à St-Alban-Leysse par av. de Turin BY ℡ 33.21.45

VOLVO Gar. Bonomi, N 6 à la Ravoire ℡ 33.56.72

⊙ Auto-Diffusion-Service, r. Boliet à Bassens ℡ 33.22.49
Piot-Pneu, Zone Ind. de la Trousse, N 6, La Ravoire ℡ 70.52.27
Savoy-Pneus, av. de la Houille Blanche, Zone Ind. Bissy ℡ 69.30.72
Tessaro-Cavasin, N 6 à St-Alban-Leysse ℡ 33.20.09

CHAMBON (Lac) ★★ 63 P.-de-D. 🔞 ⑬ G. Auvergne – alt. 877 – Sports d'hiver : 1 150/1 800 m ⚡7 – ⊠ 63790 Murol – ⚙ 73.

De la plage : Paris 435 – ♦Clermont-Ferrand 37 – Condat 41 – Issoire 33 – Le Mont-Dore 18.

🏨 **Bellevue,** ℡ 88.61.06, ≤, 🍽, 🐎 – 🛁wc �🚿wc ☎ 🅿. ⚘ rest
fév.-1er oct. – SC : **R** (dîner seul. de juin au 22 sept.) 58/135 – ⊡ 13 – **22 ch** 62/150, 3 appartements 225.

🏨 **Grillon,** ℡ 88.60.66, 🍽 – ⚐wc 🅿. ⚘ rest
← vacances de printemps-30 sept. – SC : **R** 45/70 – ⊡ 12 – **20 ch** 60/137 – P 121/176.

🏨 **Pavillon Bleu** provisoirement sans rest, ℡ 88.63.18, ≤, 🍽 – ⚐wc ⚐ ☎ 🅿
sais. – **15 ch**.

🏨 **Lac** sans rest., ℡ 88.60.17, ≤ – ⚐wc ⚐wc ☎ 🅿. ⚘
Pâques-fin sept. et vacances de fév. – SC : ⊡ 13 – **13 ch** 100/130.

🏩 **Beau Cottage,** ℡ 88.62.11, ≤ – ⚐ 🅿
← fermé 1er oct. au 20 déc. – SC : **R** 40/100 ⚖, – ⊡ 9 – **14 ch** 50/70 – P 110/120.

Le CHAMBON-SUR-LIGNON 43400 H.-Loire 🔢🔢 ⑧ G. Vallée du Rhône – 3 092 h. alt. 960 – ⚙ 71.

🅱 Office de Tourisme pl. Marché (fermé dim. et fêtes après-midi) ℡ 59.71.56.

Paris 582 – Annonay 50 – Lamastre 32 – Privas 84 – Le Puy 46 – ♦St-Étienne 62 – Yssingeaux 28.

🏨 **Bel Horizon** 🦢, chemin de Molle ℡ 59.74.39, ≤, ⚐, 🍽, ⚘ – 📺 ⚐wc ⚐wc ☎ 🅿 ⚘
fermé 24 sept. au 18 oct. et 1er au 13 déc. – SC : **R** (fermé merc. sauf vacances scolaires) 55/70 – ⊡ 14 – **21 ch** 65/185 – P 165/195.

🏨 **Central,** ℡ 59.70.67 – ⚐wc ⚐wc 🅿
← fermé oct. et du 1er nov. au 15 juin : hôtel le lundi, rest. le mardi – SC : **R** 40/120 – ⊡ 15 – **25 ch** 70/140 – P 135/175.

à l'Est : 3,5 km par D 157 et D 185 – ⊠ 43400 Chambon-sur-Lignon :

🏨 **Clair Matin** 🦢, ℡ 59.73.03, ≤, parc, ⚐, ⚘ – ⚐wc ⚐wc ☎ 🅿 – ⚖ 25. ⚘ rest
fermé 20 nov. au 20 déc. – SC : **R** 55/65 – ⊡ 15 – **31 ch** 140/170 – P 160/190.

CITROEN Grand, ℡ 59.76.18
PEUGEOT-TALBOT Argaud, ℡ 59.74.49 🅽

RENAULT Roux Ch., à le Sarzier ℡ 59.74.31

Le CHAMBON-SUR-VOREY 43 H.-Loire 🔢🔢 ⑦ – rattaché à Vorey.

CHAMBORD 41 L.-et-Ch. 🔢 ⑦⑧ – 230 h. alt. 71 – ⊠ 41250 Bracieux – ⚙ 54.

Voir Château★★★ (spectacle son et lumière★★), G. Châteaux de la Loire.

Paris 175 – Blois 18 – Châteauroux 99 – ♦Orléans 45 – Romorantin-Lanthenay 40 – Salbris 54.

🏨 **St-Michel** 🦢, ℡ 46.31.31, 🌳, « Face au Château », ⚘ – ⚐wc ⚐ ☎ 🚗 🅿. 🚗 🅵 VISA. ⚘ ch
fermé 16 nov. au 22 déc. – SC : **R** (fermé lundi soir et mardi sauf fêtes du 15 oct. au 1er avril) (dim. et fêtes prévenir) 70/120 – ⊡ 18 – **38 ch** 90/210.

CHAMBORIGAUD 30530 Gard 🔢 ⑦ – 900 h. – ⚙ 66.

Paris 626 – Alès 29 – Florac 54 – La Grand-Combe 19 – Nîmes 73 – Villefort 26.

✗✗ **Les Camisards,** ℡ 61.47.93 – **E.** ⚘
← fermé 15 au 30 juin, 15 au 30 nov., lundi sauf en juil. et août et merc. midi hors sais. – SC : **R** 40/90 ⚖.

CHAMBOULIVE 19450 Corrèze 🔢 ⑨ – 1 281 h. alt. 435 – ⚙ 55.

Paris 468 – Aubusson 92 – Bourganeuf 80 – Brive-la-Gaillarde 42 – Seilhac 9 – Tulle 23 – Uzerche 16.

🏨 **Deshors Foujanet,** ℡ 21.62.05, 🍽 – ⚐ ⚐ ☎ 🅿. ⚘ rest
← fermé 3 au 28 oct. – SC : **R** 40/105 – ⊡ 11,50 – **30 ch** 48/90 – P 98/130.

CITROEN Gar. Meyrignac, ℡ 21.60.42
FIAT Gar. Constanty, ℡ 21.61.54

Gar. Verdier, ℡ 21.60.69

CHAMBRAY 27 Eure 55 ⑰ – 336 h. – ⊠ 27120 Pacy-sur-Eure – ✪ 32.

Paris 96 – Evreux 18 – Louviers 22 – Mantes-la-Jolie 37 – ♦Rouen 52 – Vernon 18.

XXX ✿ **Le Vol au Vent,** ✆ 36.70.05 – ⊙ E
fermé 24 au 31 oct., janv., dim. et lundi – SC : **R** carte 130 à 200
Spéc. Huîtres en Sabayon de cidre, Feuilleté de ris de veau aux morilles, Millefeuille aux fraises.

CHAMONIX-MONT-BLANC 74400 H.-Savoie 74 ⑧⑨ G. Alpes – 9 002 h. alt. 1 037 – Sports d'hiver : 1 035/3 842 m ⍯12 ⍯26, ⍓ – Casino AY – ✪ 50.

Env. E : Mer de glace✳✳✳ et le Montenvers✳✳✳ par chemin de fer électr. AY – SE – Aiguille du midi ☀✳✳✳ par téléphérique AY – (station intermédiaire : plan de l'Aiguille✳✳ BZ) – NO : Le Brévent✳✳✳ par téléphérique – (station intermédiaire : Planpraz✳✳) AZ.

◫ ✆ 53.06.28 N : 3 km BZ.

Tunnel du Mont-Blanc : Péage en 1982 aller simple : autos 43 à 86 F, camions 215 à 430F - Tarifs spéciaux AR pour autos et camions.

🛈 Office de Tourisme pl. Église ✆ 53.00.24, Télex 385022.

Paris 624 ③ – Albertville 67 ③ – Annecy 96 ③ – Aosta 62 ② – Bern 172 ① – Bourg-en-Bresse 198 ③ – ♦Genève 83 ③ – Lausanne 114 ① – Mont-Blanc (Tunnel du) 7 ② – Torino 175 ②.

Plans pages suivantes

🏨 **Alpina** Ⓜ, av. Mt-Blanc ✆ 53.47.77, Télex 385090, ⍻ – 🛗 📺 ☎ & ⇔ – 🅰 250.
🖭 ⊙ E 𝚅𝙸𝚂𝙰, ⌘ rest   AX t
fermé 1er oct. au 20 déc. – SC : **R** 95 – **130 ch** ⍈ 232/366, 8 appartements 475/685
– P 247/328.

🏨 **Mont-Blanc et rest. Le Matafan,** pl. Église ✆ 53.05.64, Télex 385614, ⍻, 🍴,
🏊, 🐾, ⌘ – 🛗 📺 ☎ ⇔ 🅿. 🖭 ⊙ E 𝚅𝙸𝚂𝙰   AY g
fermé 25 oct. au 12 déc. – SC : **R** 85/130 ⚕ – **50 ch** ⍈ 240/320, 6 appartements 460
– P 270/330.

🏨 **Aub. du Bois Prin** Ⓜ ⍔, aux Moussoux ✆ 53.33.51, ⍻ massif du Mont-Blanc,
🐾 – 🛗 📺 ☎ 🅿. 🖭 ⊙ 𝚅𝙸𝚂𝙰, ⌘ rest   AZ a
10 juin-9 oct. et 16 déc.-8 mai – SC : **R** *(fermé merc. hors sais.)* (dîner seul.) 95/115 –
11 ch ⍈ 350/520.

🏨 ✿ **Albert Ier et Milan** (Carrier) Ⓜ, ✆ 53.05.09, « Jardin fleuri », 🏊, 🐾, ⌘ – 🛗
📺 ☎ ⇔ 🅿. 🖭 ⊙ 𝚅𝙸𝚂𝙰, ⌘ rest   AX f
fermé 25 avril au 19 mai et 3 oct. au 17 nov. – SC : **R** 78/152 – ⍈ 22 – **32 ch** 220/275
– P 235/268
Spéc. Escalope de saumon aux mousserons, Filet mignon de veau au foie gras, Gourmandise au
chocolat chaud. **Vins** Apremont, Mondeuse.

🏨 **Park H. et rest. La Calèche,** av. Majestic ✆ 53.07.58, Télex 385720, 🏊 – 🛗 📺
☎ ⇔. 🖭 ⊙ E 𝚅𝙸𝚂𝙰, ⌘ rest   AY e
fermé 1er nov. au 20 déc. – SC : **R** 60/90 – **70 ch** ⍈ 160/245.

🏨 **Croix Blanche,** 87 r. Vallot ✆ 53.00.11, ⍻, ⌘ – 🛗 ☎ 🅿. 🖭 ⊙ E 𝚅𝙸𝚂𝙰   AX v
fermé juin – **R** brasserie carte environ 75 – **38 ch** ⍈ 135/240.

🏨 **Le Prieuré** Ⓜ, allée Payot ✆ 53.20.72, ⍻, 🐾 – 🛗 cuisinette 🛏wc ☎ & 🅿.
🖭 ⊙ E 𝚅𝙸𝚂𝙰   AY v
fermé 15 oct. au 15 déc. – SC : **R** 55/68 – **89 ch** ⍈ 190/250 – P 195/240.

🏨 **Hermitage et Paccard** ⍔, r. Cristalliers ✆ 53.13.87, ⍻, ⌘, 🐾 – 🛏wc ☎ 🅿.
🔁 🖭 ⊙ 𝚅𝙸𝚂𝙰   AX e
1er juin-1er oct. et 15 déc.-3 mai – SC : **R** 58/110 – **32 ch** ⍈ 105/250, 3 appartements
420 – P 160/240.

🏨 **Richemond,** 228 r. Dr.-Paccard ✆ 53.08.85, ⍻, 🐾 – 🛗🛏wc 🈸 🅿. 🔁 🖭 𝚅𝙸𝚂𝙰
18 juin-18 sept. et 18 déc.-Pâques – SC : **R** 61/70 – **52 ch** ⍈ 95/255 – P 180/240.
                                                                                                             AY a

🏨 **Pointe Isabelle,** 165 av. M. Croz ✆ 53.12.87 – 🛗🛏wc 🛋wc 🈸 🅿. 🔁 🖭
⌘ rest   AY s
fermé 1er oct. au 20 déc. – SC : **R** 75/95 – **38 ch** ⍈ 150/250 – P 230/256.

🏨 **Arve,** r. J.-Vallot ✆ 53.02.31, ⍻ – 🛗 🛏wc 🛋wc 🈸 🅿. 🔁 🖭. ⌘ rest   AX u
15 juin-30 sept., 15 janv.-20 avril et sans rest. en mai, oct. et vacances de Noël –
SC : **R** 55/65 – ⍈ 17 – **40 ch** 85/170 – P 165/200.

🏨 **Roma** sans rest, 289 r. Ravanel-le-Rouge ✆ 53.00.62, ⍻, 🐾 – 🛏wc 🛋wc 🈸 🅿.
🔁. 🛒   AY r
fermé début oct. au 15 déc. – SC : **34 ch** ⍈ 88/190.

🏨 **Arveyron** ⍔, av. du Bouchet ✆ 53.18.29, ⍻, ⌘, 🐾 – 🛏wc 🛋wc 🈸 🅿. 🔁
➜ ⌘ rest   BZ k
4 juin-18 sept. et 20 déc.-Pâques – SC : **R** 42/65 – ⍈ 16 – **22 ch** 84/176 – P
135/181.

🏨 **Au Bon Coin** sans rest, 80 av. Aiguille-du-Midi ✆ 53.15.67, ⍻, 🐾 – 🛏wc 🈸 🅿.
                                                                                                             AY b
1er juil.-15 oct. et 20 déc.-20 avril – SC : ⍈ 15 – **20 ch** 110/160.

🏨 **Marronniers** ⍔ sans rest, r. J.-Vallot ✆ 53.05.73, ⍻ – 🛏wc 🛋wc 🔁 𝚅𝙸𝚂𝙰
                                                                                                             AX a
15 juin-15 sept. et 20 déc.-3 avril – SC : **19 ch** ⍈ 120/200.

🏨 **Midi** sans rest, r. J.-Vallot ✆ 53.05.62, ⍻ – 🛋wc 🈸   AX n
SC : 🛒 16,50 – **18 ch** 100/145.

CHAMONIX-MONT-BLANC

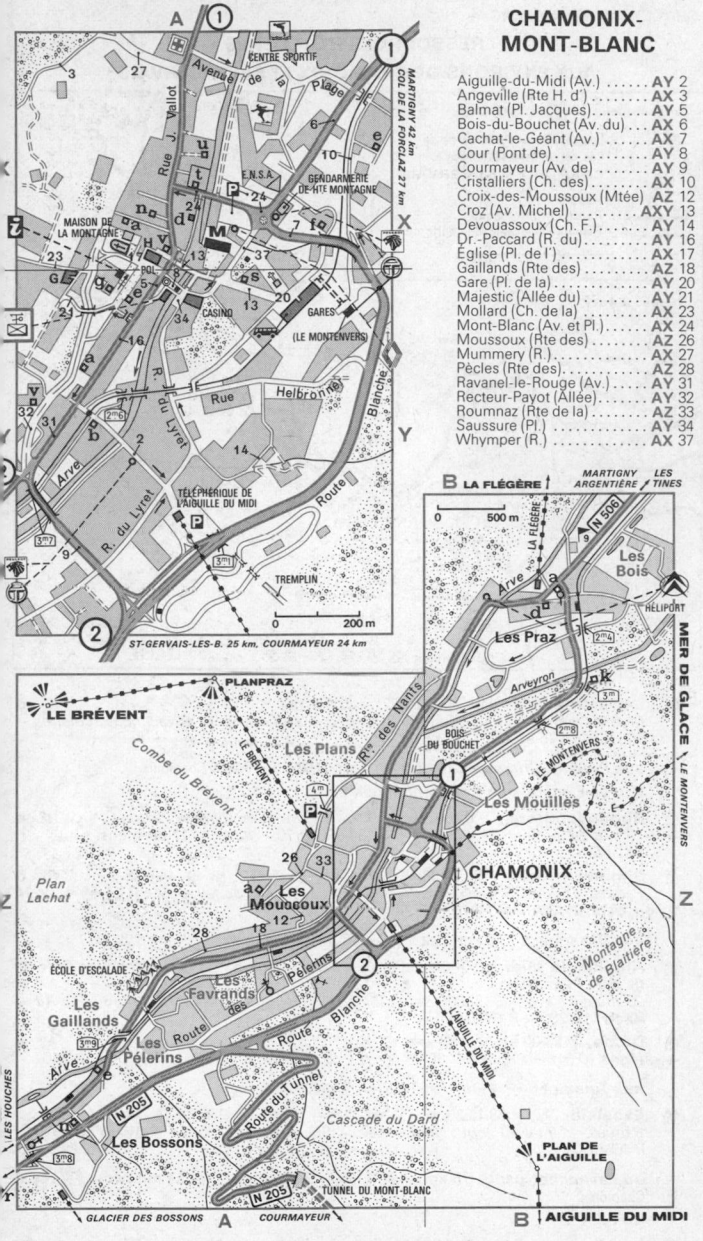

ST-GERVAIS-LES-B. 25 km, COURMAYEUR 24 km

Routes enneigées

Pour tous renseignements pratiques, consultez
les cartes Michelin **« Grandes Routes »** 998, 999, 916 ou 989

RESSOURCES HÔTELIÈRES

AUX ENVIRONS DE CHAMONIX ET SAINT-GERVAIS

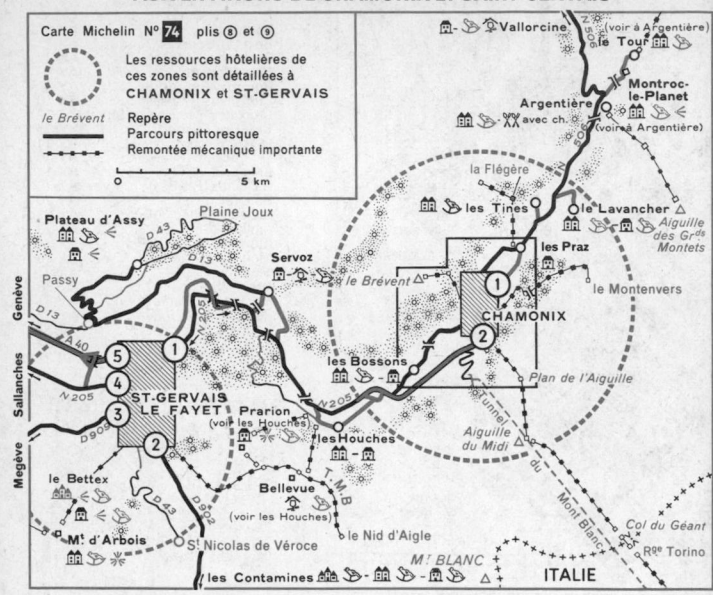

Carte Michelin N° **74** plis ⑧ et ⑨

Les ressources hôtelières de ces zones sont détaillées à **CHAMONIX** et **ST-GERVAIS**

le Brévent Repère
Parcours pittoresque
Remontée mécanique importante

0 ————— 5 km

XX **La Tartifle**, r. Moulins 𝕋 53.20.02 – Æ ① VISA   AX d
fermé 9 mai au 1er juil., 3 oct. au 21 déc. et mardi sauf août et vacances scolaires –
SC : **R** carte 75 à 120.

aux Praz-de-Chamonix N : 2,5 km – alt. 1 060 – ⊠ 74400 Chamonix.

Voir La Flégère ≤≤** par téléphérique BZ.

🏨 **Rhododendrons,** 𝕋 53.06.39, ≤, 🌣, – 🚪wc 🗐 ☎ ❷. 🚗🗐. ⁒ rest   BZ a
➡ *10 juin-20 sept. et 20 déc.-20 avril – SC : **R** 46/70 – ⊊ 18 – **17 ch** (pens. seul.) – P
140/175.*

🏨 **Simond et Golf,** 𝕋 53.06.08, ≤, 🌿 – 🕴 🚪wc 🗐wc ☎ ❷. 🚗🗐 **E**   BZ d
*Pâques, 15 juin-20 sept., 20 déc.-4 janv. et vacances de fév. – SC : **R** 51/58 – ⊊ 14
– **24 ch** 71/204 – P 166/205.*

aux Bossons S : 3,5 km – alt. 1 005 – ⊠ 74400 Chamonix :

🏨 **Aiguille du Midi** ⑤, 𝕋 53.00.65, ≤, « Jardin fleuri », ⊿, ⁒ – 🕴 🚪wc 🗐wc ☎
❷. 🚗🗐. ⁒ rest   AZ n
*26 mars-17 avril, 20 mai-20 sept., 20 déc.-3 janv. et fév. – SC : **R** 70/95 – ⊊ 18 –
50 ch 112/200 – P 180/244.*

🏨 **Dôme,** 𝕋 53.00.01, ≤ – 🗐 🚗 ❷   AZ e
➡ *fermé 10 oct. au 15 déc. – SC : **R** 46/50 – ⊊ 15 – **16 ch** (pens. seul.) – P 130/140.*

aux Tines par ① : 4 km – alt. 1 085 – ⊠ 74400 Chamonix :

🏨 **Excelsior** ⑤, 𝕋 53.18.36, ≤, ⊿, 🌿, ⁒ – 🕴 🚪wc 🗐wc ☎ ❷. 🚗🗐. ⁒ rest
*Pâques, 1er mai-20 sept., Noël et fév. – SC : **R** 66/90 – ⊊ 23 – **61 ch** 160/320 –
P 165/300.*

au Lavancher par ① : 6 km – alt. 1 100 – Sports d'hiver : voir à Chamonix – ⊠ 74400
Chamonix.

Voir ≤**.

🏨 **Les Gentianes** ⑤, 𝕋 54.01.31, ≤, « Jardin fleuri » – 🚪wc 🗐wc ☎ 🚗 ❷.
🚗🗐. ⁒
*20 mai-25 sept et 20 déc.-20 avril – SC : **R** 75/93 – ⊊ 20 – **14 ch** 100/232 –
P 153/235.*

🏨 **Beausoleil** ⑤, 𝕋 54.00.78, ≤, « jardin fleuri », ⁒ – 🚪wc 🗐wc ☎ 🚗 ❷.
⁒ rest
*fermé 20 sept. au 20 déc. – SC : **R** 60/70 – **17 ch** (pens. seul.) – P 150/220.*

CITROEN Greffoz, Les Praz ☎ 53.18.32
PEUGEOT-TALBOT Gar. de Warens, 200 av. Aiguille-du-Midi ☎ 53.19.94
PEUGEOT-TALBOT Gar. Olympic, av. du Bouchet ☎ 53.09.15

RENAULT Gar. du Bouchet, pl. Mont-Blanc ☎ 53.01.75
V.A.G. Gar. Vouillamoz, av. Aiguille-du-Midi ☎ 53.12.76

CHAMPAGNAC-DE-BELAIR 24530 Dordogne 🔟🟨 ⑤ – rattaché à Brantôme.

CHAMPAGNE-AU-MONT-D'OR 69 Rhône 🟨🟨 ⑪ – rattaché à Lyon.

CHAMPAGNE-SUR-OISE 95660 Val-d'Oise 🟨🟨 ⑳, 🟦🟦🟦 ⑥ G. Environs de Paris – 3 412 h. alt. 47 – 😊 3.

Voir Clocher* de l'église.

Paris 41 – Beauvais 39 – Chantilly 21 – Pontoise 20.

XXX **Épis d'Or,** près Église ☎ 470.25.92 – VISA
      fermé août, 7 au 14 fév., dim. soir et lundi – SC : **R** (sam. soir et dim. prévenir) 120 bc.

PEUGEOT, TALBOT Blondeau, ☎ 470.10.27

CHAMPAGNEY 70290 H.-Saône 🟨🟨 ⑦ – rattaché à Ronchamp.

CHAMPAGNOLE 39300 Jura 🟨🟧 ⑤ G. Jura – 10 714 h. alt. 538 – 😊 84.

🅱 Syndicat d'Initiative r. Baronne Delort (15 juin-15 sept. et fermé dim.) et pl. du 3 Septembre (15 sept.-15 juin et fermé dim.) ☎ 52.14.56.

Paris 426 ④ – ◆Besançon 71 ④ – Dole 60 ④ – ◆Genève 89 ② – Lons-le-Saunier 34 ③ – Pontarlier 43 ① – St-Claude 52 ②.

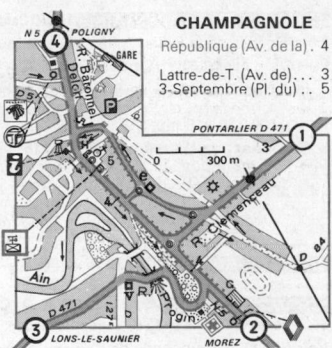

CHAMPAGNOLE

République (Av. de la) . 4

Lattre-de-T. (Av. de) . . . 3
3-Septembre (Pl. du) . . 5

🏨 **La Vouivre** M ⌚ sans rest, O : 2 km par D 5 et VO ☎ 52.10.44, parc, ⌘ – 📺 ☎ 🅿 – 🏸 30
      fermé 24 déc. au 19 janv., sam. et dim. soir du 31 oct. au 1er fév. – SC : ⌑ 18,50 – **20 ch** 155/186.

🏨 **Ripotot,** 54 r. Mar.-Foch (e) ☎ 52.15.45, parc, ⌘ – ⚌ ⟸ 🆎 ⓞ 🄴 VISA
      fermé 25 oct. au 1er avril – SC : **R** voir rest. Belle Epoque – ⌑ 18 – **60 ch** 75/190.

🏠 **Parc,** 13 r. P.-Cretin (v) ☎ 52.13.20 ➔ – ⚌wc 🛁wc ☎ ⟸ 🅿 ⟸🄴 🆎 VISA
      fermé nov. et dim. hors sais. – SC : **R** 42/82 ⅃ – ⌑ 15 – **20 ch** 70/150 – P 140/160.

🏡 **Pont de Gratteroche,** par ④ : 5 km sur N 5 ☎ 52.05.52, ⚞ – 🅿 🄴
      fermé 15 sept. au 15 oct., dim. soir et lundi du 1er nov. au 1er juin – SC : **R** 50, carte le dim. – ⌑ 12 – **23 ch** 40/80 – P 110.

XX **Belle Epoque,** 54 r. Mar.-Foch (e) ☎ 52.28.86 – 🆎 ⓞ 🄴 VISA
      début fév.-fin oct. et fermé merc. sauf du 15 juin au 15 sept. – **R** 68/160.

rte de Genève par ② : 7,5 km – ✉ 39300 Champagnole :

XX **Aub. des Gourmets** avec ch, ☎ 52.01.64, ◁, ⚞ – ⚌wc 🅿 ⟸🄴 🄴 ⌘ rest
      fermé 15 au 30 mars, 1er au 15 déc. et dim. soir – SC : **R** 50/150 – ⌑ 18 – **7 ch** 140/160 – P 240, 290.

à Bourg-de-Sirod SE : 8 km par D 84 et D 277 – ✉ 39300 Champagnole :

X **Pertes de l'Ain,** ☎ 52.26.31 – 🅿
      fermé 18 avril au 11 mai et lundi – SC : **R** 46 bc/90 ⅃.

ALFA-ROMEO, PEUGEOT, TALBOT Gar. Cuynet, r. Baronne-Delort ☎ 52.09.78
OPEL Gar. Prost-Boucle, 22 r. Baronne-Delort ☎ 52.00.54
PEUGEOT-TALBOT Ganeval, av. De-Lattre-de-Tassigny ☎ 52.07.78

RENAULT Gar. Pillard, rte de Genève ☎ 52.09.99

🔘 Girardot, r. de l'Egalité ☎ 52.21.52
Pneus-Maréchal, 44 r. de la Liberté ☎ 52.07.96

CHAMPDIEU 42 Loire 🟨🟧 ⑰ – rattaché à Montbrison.

CHAMPEIX 63320 P.-de-D. 🟨🟨 ⑭ G. Auvergne – 1 106 h. alt. 456 – ✪ 73.

Paris 415 – ♦Clermont-Ferrand 30 – Condat 50 – Issoire 13 – Le Mont-Dore 38 – Thiers 56.

❌ **Promenade** avec ch, ☎ 96.70.24 – ◻️◻️. ☼
fermé 5 au 17 avril, 1er au 17 sept., Noël, mardi soir et merc. sauf juil. et août – SC :
R 52/120 🍷 – ⍁ 17 – **7 ch** 72.

PEUGEOT Gar. Thiers, ☎ 96.73.18

CHAMPENOUX 54 M.-et-M. 🟨🟨 ⑤ – rattaché à Nancy.

CHAMPIGNY 89370 Yonne 🟨🟨 ⑬ – 1 143 h. alt. 59 – ✪ 86.

Paris 101 – Auxerre 76 – Fontainebleau 34 – Montereau-faut-Yonne 17 – Nemours 37 – Sens 19.

❌❌❌ **La Vieille France,** au Petit Chaumont O : 2,5 km ☎ 66.21.07, 🐎 – 🅿️. ⑩ 𝖵𝖨𝖲𝖠
fermé merc. et mardi soir – SC : **R** 80/110.

CHAMPILLON 51 Marne 🟨🟨 ⑯ – rattaché à Épernay.

CHAMPROSAY 91 Essonne 🟨🟨 ①, 🟥🟥🟥 ㉗ – voir à Paris, Proche banlieue.

Le **CHAMP-ST-PÈRE** 85 Vendée 🟨🟨 ⑭ – 1 239 h. alt. 25 – ✉ **85540** Moutiers les Mauxfaits –
✪ 51.

Paris 439 – Fontenay-le-Comte 46 – Luçon 17 – La Roche-sur-Yon 24 – Les Sables-d'Olonne 36.

❌❌ **Aub. de la Motte Freslon,** 1 km par rte La Roche-sur-Yon ☎ 98.40.66 – 🅿️
fermé 1er oct. au 1er nov., lundi soir et mardi – SC : **R** 58/82.

CITROEN Chabot, ☎ 40.94.09

CHAMPS-SUR-TARENTAINE 15270 Cantal 🟨🟨 ② – 1 200 h. alt. 495 – ✪ 71.

Env. Gorges de la Rhue★★ SE : 9 km, G. Auvergne.

Paris 478 – Aurillac 93 – ♦Clermont-Ferrand 92 – Condat 24 – Mauriac 37 – Ussel 37.

🏨 **Aub. du Vieux Chêne** 🅼 ☼, ☎ 78.71.64, 🐎 – 🚻wc ◻️ ◒ 🅿️
→ fermé janv., fév., dim. soir et lundi sauf juil. et août – SC : **R** 48/130 – ⍁ 17 – **20 ch**
100/138 – P 140/170.

🏛️ **Host. de l'Artense,** ☎ 78.70.15 – ◻️
→ fermé 5 nov. au 20 déc. et dim. soir de sept. à Pâques – SC : **R** 45/90 – ⍁ 15 –
24 ch 60/90 – P 100/120.

Demandez chez le libraire le catalogue des cartes et guides Michelin

CHAMPS-SUR-YONNE 89 Yonne 🟨🟨 ⑤ – rattaché à Auxerre.

CHAMPTOCEAUX 49 M.-et-L. 🟨🟨 ⑱ G. Châteaux de la Loire – 1 252 h. alt. 70 – ✉ **49270**
St-Laurent-des-Autels – ✪ 40 (Loire-Atlantique).

Voir Site★ – Promenade de Champalud ≤★★.

🅱 Syndicat d'Initiative à la Mairie (fermé sam. et dim.) ☎ 83.52.31.

Paris 351 – Ancenis 10 – Angers 63 – Beaupréau 30 – Cholet 49 – Clisson 34 – ♦Nantes 31.

🏨 **Côte,** ☎ 83.50.39 – 🚻wc ◻️wc ◒ 🚗 🅿️ – 🏖 80. ◻️◻️
→ fermé 10 au 22 janv. – SC : **R** 44/140 – ⍁ 14 – **28 ch** 66/154 – P 158/230.

🏛️ **Chez Claudie,** Le Cul du Moulin NE : 1 km sur D 751 ☎ 83.50.43 – 🚻 ◻️ ◒ 🅿️ –
→ 🏖 30
fermé en oct., en déc., dim. soir (sauf hôtel) et lundi – SC : **R** 45/120 – ⍁ 15 –
20 ch 65/100.

🏛️ **Voyageurs,** ☎ 83.50.09 – 🚻wc ◻️wc ◒ – 🏖 25 à 30. 𝖵𝖨𝖲𝖠
→ fermé 15 nov. au 15 déc. et lundi d'oct. à avril – SC : **R** 30/120 – ⍁ 10 – **18 ch**
48/110 – P 110/150.

❌❌ **Aub. de la Forge,** 1 bis pl. des Piliers ☎ 83.56.23 – E 𝖵𝖨𝖲𝖠
fermé 15 au 31 oct., 1er au 15 janv., 1er au 10 juil., dim. soir et merc. – SC : **R** 70/140
🍷.

CHAMROUSSE 38 Isère 🟨🟨 ⑤ G. Alpes – alt. 1 650 – Sports d'hiver : 1 650/2 250 m ⛷1 ⛷23, 🎿
– ✉ **38410** Uriage – ✪ 76.

Env. E : Croix de Chamrousse ☀★★★ par téléphérique.

🅱 Office de Tourisme Le Recoin ☎ 97.02.65, Télex 980718.

Paris 596 – Allevard 59 – Chambéry 80 – ♦Grenoble 29 – Uriage-les-Bains 19 – Vizille 28.

🏨 **Hermitage,** le Recoin ☎ 97.03.21, ≤ – ◻️. ☼ ch
15 déc.-20 avril – SC : **R** 70/90 – ⍁ 22 – **48 ch** 200/250 – P 268/292.

🏛️ **La Grenouillère** ☼, le Recoin ☎ 97.00.27, ≤, 🍴 – ◻️ ◒ 🅿️. ☼
18 déc.-25 avril – SC : **R** 60/90 – ⍁ 14 – **17 ch** 165.

CHANAC 48230 Lozère 🗗🗗 ⑤ – 953 h. alt. 650 – ⛐ 66.

🖸 Syndicat d'Initiative pl. Triadou (fermé dim. après-midi) ⏍ 48.20.08.

Paris 580 – Espalion 77 – Florac 46 – Mende 21 – Rodez 90 – Sévérac-le-Château 46.

   🏠 **Voyageurs,** ⏍ 48.20.16, 🚋 – 🏠 🚗 🅟
   🛬 SC : **R** 45/100 🍴 – � 12 – **15 ch** 60/120 – P 110/140.

CITROEN Daudé, ⏍ 48.20.99

CHANDAI 61 Orne 🗗🗗 ⑤ – rattaché à L'Aigle.

CHANGÉ 72 Sarthe 🗗🗗 ⑬ – rattaché au Mans.

CHANTELLE 03140 Allier 🗗🗗 ④ **G. Auvergne** – 1 069 h. alt. 324 – ⛐ 70.

🖸 Syndicat d'Initiative pl. Oscambre (15 juin-1er sept. et fermé dim.) ⏍ 56.60.28.

Paris 339 – Aubusson 109 – Gannat 17 – Montluçon 54 – Moulins 45 – St-Pourçain-sur-Sioule 14.

   🏠 **Poste,** ⏍ 56.62.12 – 🚗 🅟
   🛬 fermé 27 sept. au 27 oct. – SC : **R** 35/60 – � 12 – **12 ch** 60/80 – P 100/110.

PEUGEOT Gar. Arnaud, ⏍ 56.66.54   RENAULT Touzain, ⏍ 56.61.55

CHANTELOUBE 87 H.-Vienne 🗗🗗 ⑧ – rattaché à Bessines-sur-Gartempe.

CHANTEMERLE 05 H.-Alpes 🗗🗗 ⑱ – rattaché à Serre-Chevalier.

CHANTEMESLE 95 Val-d'Oise 🗗🗗 ⑱, 🗗🗗🗗 ③ – rattaché à La Roche-Guyon.

CHANTILLY 60500 Oise 🗗🗗 ⑩, 🗗🗗🗗 ⑧ **G. Environs de Paris** – 10 684 h. alt. 57 – ⛐ 4.

Voir Château★★ BY : musée★★ **M** – Parc★★ BY – Grandes Écuries★★ BY E.

Env. S : Forêt★ – Site★ des étangs de Commelles S : 5,5 km – Église★★ de St-Leu-d'Esserent 5,5 km par ⑤.

🏌🏌 ⏍ 457.04.43 N : 1,5 km par D 44 BY.

🖸 Office de Tourisme av. Mar.-Joffre (1er mars-15 nov. et fermé mardi) ⏍ 457.08.58.

Paris 49 ② – Beauvais 51 ⑤ – Clermont 25 ⑤ – Compiègne 45 ① – Meaux 51 ② – Pontoise 36 ④.

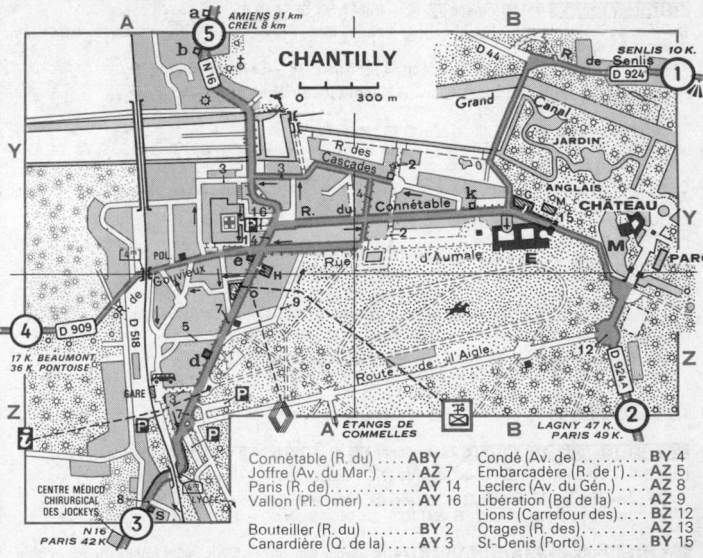

Connétable (R. du) .... **ABY**		Condé (Av. de) .... **BY** 4	
Joffre (Av. du Mar.) .... **AZ** 7		Embarcadère (R. de l') ... **AZ** 5	
Paris (R. de) .... **AY** 14		Leclerc (Av. du Gén.) ... **AZ** 8	
Vallon (Pl. Omer) ...... **AY** 16		Libération (Bd de la) ... **AZ** 9	
		Lions (Carrefour des) ... **BZ** 12	
Bouteiller (R. du) .... **BY** 2		Otages (R. des) .... **AZ** 13	
Canardière (Q. de la) .... **AY** 3		St-Denis (Porte) .... **BY** 15	

🏨 **Campanile** 🦞, rte Creil ⏍ 457.39.24, Télex 140065 – 🛁wc 🕾 ♿ 🅟. 𝒱𝐼𝑆𝐴   AY **a**
   SC : **R** 55 bc/80 bc – 🍺 20 – **45 ch** 173.

XXX **Relais Condé,** 42 av. Mar.-Joffre ⏍ 457.05.75 – 𝔸𝔼 ⓞ 𝒱𝐼𝑆𝐴   AZ **d**
   fermé 15 au 31 juil., 15 janv. au 5 fév., lundi et mardi – SC : **R** (dim. prévenir) 85.

XXX **Relais du Coq Chantant,** 21 rte de Creil ⏍ 457.01.28 – 🅟. 𝔸𝔼 ⓞ 𝐄   AY **b**
   fermé 1er au 15 juil. et en fév. – SC : **R** 78/100.

321

XX **Quatre Saisons,** 9 av. Gén.-Leclerc ⊅ 457.04.65 — ⒜⒠ ⓞ 🄴 𝓥𝓘𝓢𝓐   AZ **s**
fermé fév. et lundi — **R** 70/100.

XX **Tipperary,** 6 av. Mar.-Joffre ⊅ 457.00.48 — ⒜⒠ ⓞ 𝓥𝓘𝓢𝓐   AY **e**
fermé 1ᵉʳ au 30 août — **R** 80 bc/150.

X **Château** avec ch, 22 r. Connétable ⊅ 457.02.25, 🍴 — 🛏 🏠 𝓥𝓘𝓢𝓐. ⍟ ch   BY **k**
fermé 8 au 29 nov., 8 au 22 fév., mardi soir et merc. — SC : **R** 80/150 ⅄ — ⟷ 13,50 —
10 ch 90/120.

rte de Creil par ⑤ : 3,5 km — ✉ 60740 St-Maximin :

XX **Verbois,** N 16 ⊅ 424.06.22, 🍴 — **Ⓟ**. ⒜⒠ 𝓥𝓘𝓢𝓐
fermé 16 au 31 août, 10 au 31 janv., dim. soir et lundi — SC : **R** 70/90.

à Gouvieux par ④ : 3 km — 9 052 h. — ✉ 60270 Gouvieux :

🏨 **Château de la Tour** ⍟, ⊅ 457.07.09, ≤, parc, ⍟ — 🚿wc 🕿 **Ⓟ**. 🅿 ⒜⒠
fermé 15 juil. au 11 août — SC : **R** *(fermé dim. soir en hiver)* 85/120 — ⟷ 18 — **15 ch**
160/225 — P 240/370.

à Mongrésin par ② : 5 km — ✉ 60560 Orry-la-Ville :

X **Forêt,** ⊅ 458.91.26, parc — 🄴 𝓥𝓘𝓢𝓐
fermé lundi soir et mardi — SC : **R** 110 bc.

à Toutevoie par ④ et D 162 : 6,5 km — ✉ 60270 Gouvieux :

🏨 **Pavillon St-Hubert** ⍟, ⊅ 457.07.04, ≤, « Terrasse au bord de l'eau » — 🚿wc
🏠 🚗 **Ⓟ** — ⛽ 30
SC : **R** *(fermé août)* 70/88, carte dim. soir — ⟷ 20 — **21 ch** 90/150.

au Lys-Chantilly par ③ : 7 km — ✉ 60260 Lamorlaye.

Voir Abbaye de Royaumont★★ S : 1,5 km — 🅿🅿 ⊅ 421.26.00 au NO.

🏨 **Host. du Lys** ⍟, rond-point de la Reine ⊅ 421.26.19, Télex 150298, 🍴 — 🚿wc
🏠wc 🕿 **Ⓟ** — ⛽ 100. 🅿 ⒜⒠ ⓞ 🄴
fermé 20 déc. au 5 janv. — SC : **R** 100/115 — ⟷ 22 — **35 ch** 180/250 — P 320/360.

CITROEN Mainguy, à Gouvieux par ⑤ ⊅ 457.   OPEL, V.A.G. Gar. Sadell, 33 av. Mar.-Joffre ⊅
02.98   457.05.09
FIAT, LANCIA-AUTOBIANCHI Chantilly-Gar.,   RENAULT Gar. Condé, 37 av. Joffre ⊅ 457.
29 av. Mar.-Joffre ⊅ 457.13.83   01.59

▮CHANTONNAY▮ 85110 Vendée � ⑮ — 6 484 h. alt. 65 — ✪ 51.
🄱 Office de Tourisme pl. Église (juil.-août et fermé dim.) et à la Mairie (1ᵉʳ sept.-30 juin, fermé sam. et dim.) ⊅ 94.46.51.

Paris 401 — Cholet 52 — ◆Nantes 73 — Niort 69 — Poitiers 118 — La Roche-sur-Yon 33.

🏩 **Petit Lundi** sans rest, 40 av. G. Clemenceau ⊅ 94.31.45, 🍴 — 🕿
SC : ⟷ 15 — **10 ch** 65/120.

🏚 **Mouton,** ⊅ 94.30.22 — 🛏 🏠 **Ⓟ**. 🅿 𝓥𝓘𝓢𝓐
➤ *fermé 15 oct. au 15 nov. et lundi sauf fêtes et août —* SC : **R** 38/120 ⅄ — ⟷ 17 —
12 ch 65/120 — P 165/205.

CITROEN Chauveau-Puaud, 20 av. G.-Clé-   RENAULT Villeneuve, 59 av. G. Clémenceau
menceau ⊅ 94.32.55   ⊅ 94.31.86
PEUGEOT Gar. Réau, 42 av. Batiot ⊅ 94.30.23
▯N▯ ⊅ 94.36.70

▮CHAPARON▮ 74 H.-Savoie 🄷4 ⑯ — rattaché à Brédannaz.

▮CHAPEAUROUX▮ 48 Lozère 🄷6 ⑯ G. Auvergne — alt. 745 — ✉ 48600 Grandrieu — ✪ 66.
Paris 546 — Auroux 17 — Cayres 15 — Langogne 32 — Mende 67 — Le Puy 37.

🏚 **Beauséjour,** ⊅ 46.32.01 — 🛏 🏠 🚗 **Ⓟ**
➤ SC : **R** 36/56 ⅄ — ➤ 11 — **26 ch** 55/115 — P 112/140.

▮La CHAPELLE▮ 56 Morbihan 🄸3 ④ — rattaché à Ploërmel.

▮La CHAPELLE-AUBAREIL▮ 24 Dordogne 🄸5 ⑰ — 280 h. — ✉ 24290 Montignac — ✪ 53.
Paris 508 — Bergerac 84 — Brive-la-Gaillarde 49 — Périgueux 58 — Sarlat-la-Canéda 19.

🏚 **Jardin** ⍟, ⊅ 50.72.09 — 🚿wc **Ⓟ**. 🅿 𝓥𝓘𝓢𝓐. ⍟ rest
➤ *1ᵉʳ avril-30 sept. —* SC : **R** 45/110 — ⟷ 14 — **9 ch** 90 — P 140/150.

▮La CHAPELLE-D'ABONDANCE▮ 74 H.-Savoie 🄷0 ⑱ — 538 h. alt. 1 020 — Sports d'hiver :
1 020/1 650 m ⚐9, ⚐ — ✉ 74360 Abondance — ✪ 50.
🄱 Syndicat d'Initiative (15 juin-15 sept. et 15 déc.-20 avril) ⊅ 73.02.64.
Paris 613 — Annecy 109 — Châtel 5,5 — Évian-les-Bains 34 — Morzine 45 — Thonon-les-Bains 34.

🏩 **Cornettes** (annexe 🏨 🅼 - 22 ch 🛗 cuisinette 🕿), ⊅ 73.20.01, 🍴 — 🚿wc
➤ 🕿 🚗 **Ⓟ**. ⍟ rest
20 mai-20 oct. et 20 déc.-20 avril — SC : **R** 50/180 — ⟷ 15 — **35 ch** 80/150 —
P 140/185.

🏠 **Le Chabi** Ⓜ 🦢, 🍴 ↗ 73.23.34, ≤ – 🛏️wc 🖭 **🅿**. 🍴 rest
25 juin-5 sept. et 18 déc.-30 avril – SC : **R** 65/70 – 🍽️ 18 – **22 ch** 160/200 –
P 170/230.

🏠 **L'Ensoleillé,** 🍴 73.23.29, 🚗 – 🛏️wc 🛏️wc 🖭 **🅿**
➤ *18 juin-11 sept. et Noël-Pâques* – SC : **R** 45/150 – 🍽️ 15 – **29 ch** 75/140 –
P 120/180.

🏠 **Le Rucher** Ⓜ 🦢, à la Pantiaz E : 1,5 km 🍴 73.21.33, ≤ – 🛏️wc 🛏️wc ☎ **🅿**. 🍴
➤ *20 juin-15 sept. et 20 déc.-15 avril* – SC : **R** 50/55 – 🍽️ 16 – **22 ch** 70/80 – P
160/200.

🏡 **L'Alpage,** 🍴 73.20.26, 🚗 – 🛏️wc 🛏️wc **🅿**. 🍴
➤ *15 juin-15 sept. et 20 déc.-20 avril* – SC : **R** 33/50 – 🍽️ 13 – **26 ch** 50/78 – P 100/128.

La CHAPELLE-EN-VALGAUDEMAR 05 H.-Alpes 🍴 ⑯ G. Alpes – 181 h. alt. 1 100 –
✉ 05800 St-Firmin – 🍴 92.

Voir Chemin des Portes ≤★★ S : 3,5 km – Cascade du Casset★ NE : 3,5 km.

🛈 Syndicat d'Initiative (1er juil.-31 août et fermé matin) 🍴 55.23.21.

Paris 656 – Gap 48 – ◆Grenoble 91 – La Mure 53.

🏡 **Mont-Olan,** 🍴 55.23.03, ≤, 🚗 – 🛏️wc 🚗 **🅿**. **E**
➤ *26 mars-15 sept.* – SC : **R** 45/80 🍴 – 🍽️ 15 – **37 ch** 75/155 – P 135/170.

La CHAPELLE-EN-VERCORS 26420 Drôme 🍴 ⑭ G. Alpes – 817 h. alt. 945 – Sports d'hiver
au Col de Rousset : 1 254/1 700 m ≴4 – 🍴 75.

🛈 Syndicat d'Initiative à l'Hôtel de Ville (fermé sam. hors sais. et dim. sauf matin en saison) 🍴
48.27.54.

Paris 607 – Die 40 – ◆Grenoble 62 – Romans-sur-Isère 45 – St-Marcellin 32 – Valence 63.

🏨 🍴 **Bellier** 🦢, 🍴 48.20.03, 🚗 – 🛏️wc 🖭 **🅿** 🚗 AE ⓪ VISA
10 juin-25 sept. – SC : **R** 105/170 – 🍽️ 14 – **13 ch** 80/210 – P 180/250
Spéc. Terrine de grives, Truite ''Bellier'', Poulet aux écrevisses. **Vins** Crozes-Hermitage, Chatillon.

🏠 **Nouvel H.,** 🍴 48.20.09, ≤ – 🚗.
➤ *fermé 5 oct. au 22 déc. et 2 au 20 janv.* – SC : **R** 42/72 🍴 – 🍽️ 11 – **30 ch** 63/78 –
P 120/155.

🏡 **Sports,** 🍴 48.20.39 – 🛏️. 🍴 ch
➤ *fermé 21 au 29 mars, 16 nov. au 26 déc. et lundi hors sais.* – SC : **R** 45/70 – 🍴 14 –
15 ch 55/80 – P 110/120.

à St-Agnan S : 4 km par D 518 – ✉ 26420 La Chapelle-en-Vercors :

🏠 **Le Veymont** 🦢, 🍴 48.20.19 – 🛏️wc 🛏️ 🖭. 🚗 AE ⓪ **E** VISA
SC : **R** 58/85 – 🍽️ 16 – **19 ch** 80/130 – P 160/190.

NO : 8 km sur D 518 – ✉ 26190 St-Jean-en-Royans :

🏨 **Le Refuge** Ⓜ 🦢, ≤ Vercors – 🛏️wc 🖭 – 🍴 35. **E** VISA
➤ *fermé 15 nov. au 15 déc.* – SC : **R** 45/120 – 🍽️ 14 – **20 ch** 130/143 – P 165.

La CHAPELLE-VENDOMOISE 41330 L.-et-Ch. 🍴 ⑦ – 553 h. – 🍴 54.

Paris 194 – Blois 13 – ◆ Orléans 72 – ◆ Tours 76 – Vendôme 32.

🏨 **Domaine de Moulins** 🦢, rte Landes-le-Gaulois O : 3,5 km par D 26 🍴 20.17.93,
parc, 🍴 – 🛏️wc 🛏️wc 🖭 **🅿** – 🍴 25. 🚗
15 mars-31 oct. – SC : **R** *(fermé dim.)* (dîner pour résidents seul.) – 🍽️ 23 – **23 ch**
205/235.

❌❌ **Flambée,** 🍴 20.16.04 – VISA
fermé fév. et merc. – SC : **R** 60/125.

Le CHAPUS 17 Char.-Mar. 🍴 ⑭ – voir Marennes (Bourcefranc-le-Chapus).

CHARAVINES 38850 Isère 🍴 ⑭ G. Vallée du Rhône – 1 161 h. alt. 510 – 🍴 76.

Voir Lac de Paladru★ N : 1 km.

🛈 Syndicat d'Initiative (1er juin-30 sept. et fermé dim. après-midi) 🍴 06.60.31.

Paris 540 – Belley 49 – Chambéry 52 – ◆Grenoble 40 – La Tour-du-Pin 22 – Voiron 13.

🏨 **Poste,** 🍴 06.60.41, 🍴 – 🛏️wc 🛏️wc 🖭 🍴 🚗 VISA
début mars-30 oct., fermé dim. soir et lundi – SC : **R** 60/135 – 🍽️ 15 – **20 ch** 88/215
– P 146/210.

🏠 **Host. Lac Bleu,** N : 1,5 km par D 50 🍴 06.60.48, ≤, 🍴, 🚗 – 🛏️wc 🖭 **🅿**. 🚗
🍴 ch
15 mars-15 oct., fermé lundi soir et mardi sauf juin-juil.-août – SC : **R** 55/125 – 🍽️
14 – **14 ch** 75/190 – P 140/190.

🏡 **Le Fayard** 🦢, NO : 1,5 km par D 50 et VO 🍴 06.60.01, ≤, 🍴 – **🅿**
9 ch.

PEUGEOT, TALBOT Gar. Lambert, 🍴 06.60.43

CHARBONNIÉRES-LES-BAINS 69 Rhône 74 ⑪ – rattaché à Lyon.

CHARBONNIÉRES-LES-VIEILLES 63 P.-de-D. 73 ④ – 730 h. alt. 618 – ⊠ **63410** Manzat – ✪ 73.

Voir Gour (lac) de Tazenat★ S : 2 km, G. Auvergne.

Paris 378 – Aubusson 84 – ◆Clermont-Ferrand 36 – Montluçon 72 – Riom 21 – Vichy 48.

🏠 **Parc** ⌂, 🏠 86.63.20, 🌳 – 🛏
↔ **SC : R** 45/180 – � 10 – **8 ch** 40/93 – P 90/93.

CITROEN Gar. Chaud, 🏠 86.63.15   RENAULT Gar. Marchand, 🏠 86.63.05

CHARENTON 58 Nièvre 65 ⑬ – rattaché à Pouilly-sur-Loire.

La CHARITÉ-SUR-LOIRE 58400 Nièvre 65 ⑬ G. Bourgogne – 6 468 h. alt. 175 – ✪ 86.
Voir Basilique N.-Dame★★.

🅸 Office de Tourisme 49 Grande-Rue (15 juin-15 sept. et fermé dim. après-midi) et à la Mairie (15 sept.-15 juin, fermé sam. après-midi et dim.) 🏠 70.16.12.

Paris 216 ① – Autun 127 ③ – Auxerre 95 ② – Bourges 51 ④ – Montargis 101 ① – Nevers 24 ③.

🏠 **Terminus,** 23 av. Gambetta (s) 🏠 70.09.61, 🌳 – 🛏wc 🛏wc ☎ 🅿 E.
🏠 fermé 23 déc. au 31 janv. et lundi sauf du 15 juil. au 15 sept. – SC : **R** 44/95 – ⊏⊐ 14 – **10 ch** 56/150.

🏠 **Bon Laboureur,** quai R. Mollot (Ile de la Loire) par ④ 🏠 70.01.99, 🌳 – 📺 🛏wc 🛏wc ☎ ⇦ 🅿 E
VISA
fermé 15 au 31 oct. – SC : **R** (fermé 20 déc. au 31 janv., sam. et dim. hors sais.) (dîner seul.) 60/160 – ⊏⊐ 20 – **16 ch** 110/160.

❌❌ **A la Bonne Foi,** 91 r. C.-Barrère (a) 🏠 70.15.77. E
↔ fermé 15 au 30 sept., 15 au 28 fév., dim. soir et lundi – SC : **R** 50/135 🍴.

rte de Paris par ① : 5 km sur N 7 – ⊠ **58400** La Charité-sur-Loire :

🏠 **Castor Motel** sans rest, 🏠 70.10.80 – 🛏wc 🛏wc 🅿 🚗 ⊏⊐ 19 – **12 ch** 96/160.

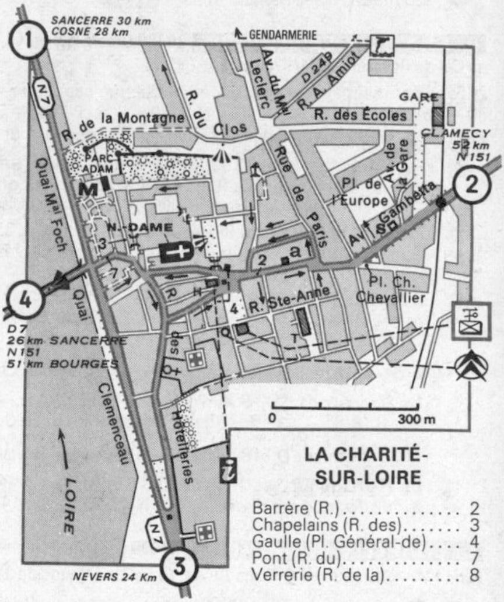

LA CHARITÉ-SUR-LOIRE

Barrère (R.) 2
Chapelains (R. des) 3
Gaulle (Pl. Général-de) . . . 4
Pont (R. du) 7
Verrerie (R. de la) 8

CITROEN Sanchez, pl. Gén.-de-Gaulle 🏠 70.18.00
PEUGEOT-TALBOT Minetti, N 7, rte de Nevers par ③ 🏠 70.13.03
PEUGEOT-TALBOT Gar. St Lazare, 53 av. Gambetta par ② 🏠 70.05.07

RENAULT S.A.V.R.A.C., av. Mal Leclerc 🏠 70.06.32
RENAULT Violette, 26 av. Gambetta par ② 🏠 70.04.78

🅿 Pasquette, 21 r. Gén.-Auger 🏠 70.15.93

CHARLEVAL 27 Eure 55 ⑦ – 1 654 h. alt. 47 – ⊠ **27380** Fleury-s-Andelle – ✪ 32.
Voir Ruines de l'abbaye de Fontaine Guérard★ SO : 5 km, G. Normandie.
Paris 101 – Les Andelys 17 – Évreux 53 – Gournay-en-Bray 35 – Lyons-la-Forêt 10 – ◆Rouen 26.

❌❌ **Charles IX,** 🏠 49.01.51 – **VISA**
↔ fermé août, le soir de déc. à mars et lundi – SC : **R** 45/110.

TALBOT Collemare, 🏠 49.01.01

CHARLEVILLE-MÉZIÈRES 🅿 08000 Ardennes 53 ⑱ G. Nord de la France – 63 347 h. alt. 150 – ✪ 24.
Voir Place Ducale★★ à Charleville ABX.

🅸 Office de Tourisme, 2 r. Mantoue (fermé dim. sauf matin en saison et lundi) 🏠 33.00.17 - A.C. 10 cours A.-Briand 🏠 33.35.89.

Paris 225 ⑤ – Charleroi 90 ⑥ – Liège 153 ① – Luxembourg 125 ④ – ◆Metz 161 ④ – Namur 110 ⑥ – ◆Nancy 205 ④ – ◆Reims 83 ⑤ – St-Quentin 119 ⑥ – Sedan 22 ④ – Valenciennes 131 ⑥.

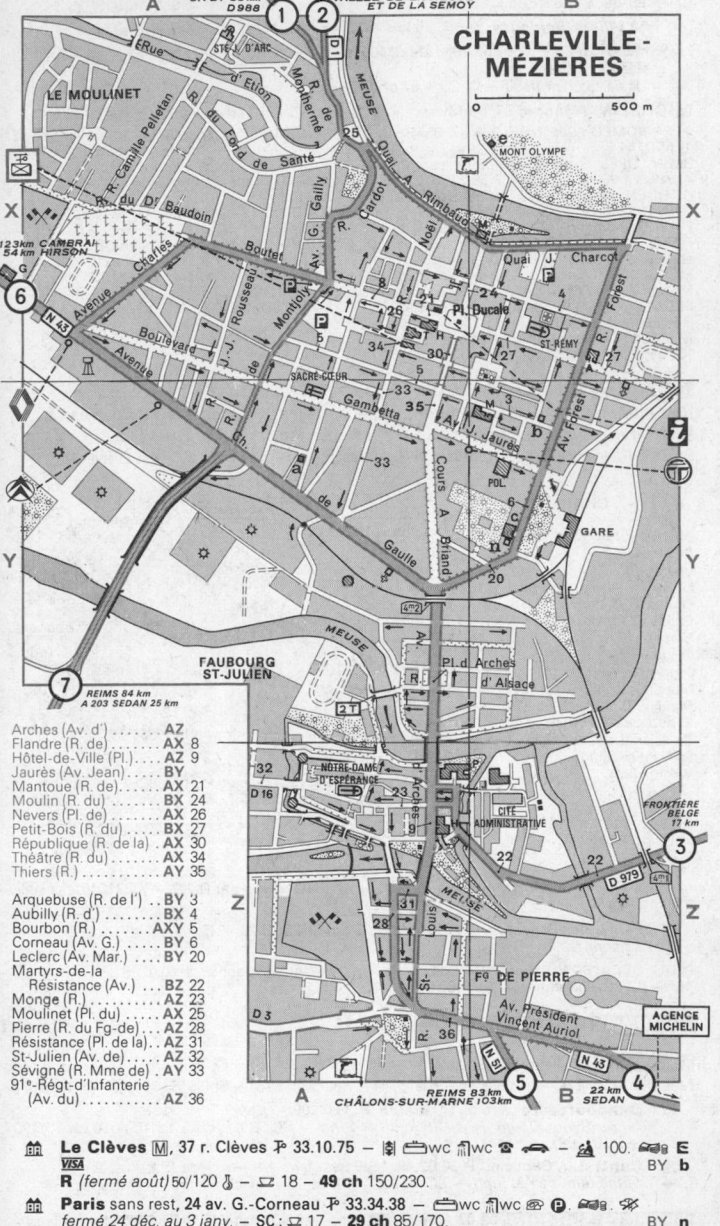

CHARLEVILLE-MÉZIÈRES

0   500 m

🏨 **Le Clèves** M, 37 r. Clèves ☎ 33.10.75 – 🛗 🚿wc ⓕwc ☎ ⟵ – 🔏 100. 🖼 🗗
    VISA   BY **b**
    R *(fermé août)* 50/120 🍷 – 🖵 18 – **49 ch** 150/230.

🏨 **Paris** sans rest, 24 av. G.-Corneau ☎ 33.34.38 – 🚿wc ⓕwc 🕿 ⓟ. 🖼. 🛠
    fermé 24 déc. au 3 janv. – SC : 🖵 17 – **29 ch** 85/170.   BY **n**

🍴 **La Cigogne**, 40 r. Dubois-Crancé ☎ 33.25.39 – *VISA*   AY **a**
← *fermé dim. soir* – SC : **R** (1er étage) 45/120 🍷.

🍴 **Mont-Olympe**, r. Paquis ☎ 33.20.77 – 🖭 ⓞ 🗲 *VISA*   BX **e**
    fermé dim. soir et lundi soir – **R** 55/150 🍷.

🍴 **Aub. de la Forest**, par ② : 4 km sur D 1 ☎ 33.37.55 – ⓟ. 🛠
    fermé dim. soir et lundi – SC : **R** 52/100.

325

à *Villers-Semeuse* par ④ : 5 km – 3 284 h. – ⊠ 08340 Villers-Semeuse :

🏠 **Mercure** 🅼, ℡ 57.05.29, Télex 840076, ⤓ – 🛗 🔲 rest 📺 ☎ 🔥 🅿 – 🏛 25 à 160.
🎴 🅾 🅴 𝐕𝐈𝐒𝐀
R carte environ 90 – ⊆ 25 – **67 ch** 233/255.

MICHELIN, Agence, Z.I. de Mohon, r. C.-Didier, Villers-Semeuse par ④ ℡ **57.13.21**

ALFA-ROMEO Gar. Toury, 148 av. Ch.-Boutet
℡ 56.00.44
BMW, OPEL Ardennes Motors, centre cial
Ayvelles à Villers Semeuse ℡ 58.22.73
CITROEN Froussart, 129 av. Charles-de-Gaulle
℡ 56.11.33 🅽
FIAT Gar. Voltaire, 48 r. Voltaire ℡ 57.44.17
FORD, LANCIA-AUTOBIANCHI Cailloux, 50
chaussée de Sedan ℡ 57.01.01
MERCEDES Covema, r. C.-Didier Zone Ind. de
Mohon ℡ 58.17.65
PEUGEOT S.I.G.A., rte de Warnecourt à Prix-
lès-Mézières par D3 AZ ℡ 57.06.45
RENAULT Ardennes-Auto - Charleville-Nord,
165 av. Charles-de-Gaulle ℡ 56.00.22

RENAULT Ardennes-Auto-Charleville-Sud, 2
r. C.-Didier, Zone Ind. de Mohon par ④ ℡ 57.
91.81
TALBOT Gar. Central, 20 av. J.-Jaurès ℡ 33.
22.11
V.A.G. Gar Petit, La Bellevue du Nord à Warcq
℡ 56.40.07
VOLVO Gar. Noël, 21 r. Voltaire ℡ 57.48.38

🅟 Legros, 87 r. Bourbon ℡ 33.31.13
Palais-du-Pneu, 7 av. Ch.-de-Gaulle ℡ 33.28.32
SO.NE.GO., rte Paris ℡ 37.23.45

CHARLIEU 42190 Loire 🈯 ⑧ G. Bourgogne – 5 063 h. alt. 265 – ✆ 77.

Voir Ancienne abbaye bénédictine★ : grand portail★★ E – Cloître des Cordeliers★ K.

🛈 Syndicat d'Initiative r. A.-Farinet (1er juil.-31 août, fermé dim. et lundi) ℡ 60.12.42.

Paris 405 ④ – Digoin 45 ④ – Lapalisse 56 ④ – Mâcon 77 ② – Roanne 19 ④ – ♦St-Étienne 96 ④.

CHARLIEU

Abbaye (Pl. de l')	2
Bouverie (Pl.)	3
Chanteloup (R.)	4
Écoles (R. des)	5
Farinet (R. André)	7
Gaulle (R. Charles-de)	9
Grenette (R.)	10
Jacquard (Bd)	12
Jaurès (R. Jean)	13
Morel (R. Jean)	14
Moulins (R. des)	15
République (Bd de la)	17
Rouillier (R. Ch.-H.)	19
St-Philibert (Pl.)	20
Valorge (Bd)	22

Pour bien lire les plans de villes,
voir signes et abréviations p. 20.

à *Fleury-la-Montagne* (Saône et Loire) : NO : 6 km par D 227 – ⊠ 71340 Iguerande
– ✆ 85 :

XX **Ferme des Bruyères,** Les Corjots S : 2 km ℡ 25.23.28 – 🅟
saison.

PEUGEOT-TALBOT Chirat, ℡ 60.16.22
RENAULT Dechavanne, par ③ ℡ 60.03.30

RENAULT Saunier, ℡ 60.07.55

CHARMEIL 03 Allier 🈯 ⑤ – rattaché à Vichy.

CHARMES 88130 Vosges 🈯 ⑤ G. Vosges – 5 959 h. alt. 283 – ✆ 29.

Paris 417 – Épinal 24 – Lunéville 35 – ♦Nancy 44 – Neufchâteau 58 – St-Dié 59 – Toul 54 – Vittel 41.

XX **Dancourt** avec ch, 6 pl. H.-Breton ℡ 38.03.09 – 🏠wc
fermé 15 au 30 juin, 1er au 15 janv. et vend. – SC : **R** 60/165 – ⊆ 16 – **10 ch** 70/120
– P 150/190.

🏨 **Central,** r. Capucins ℡ 38.02.40 – 🚿wc 🏠wc ☎ 🚗 ᶠᵃᵍ 🅴 𝐕𝐈𝐒𝐀
♦ fermé dim. soir et lundi – SC : **R** 50/125 – ⊋ 13 – **11 ch** 56/150 – P 148/246.

CHARMES-SUR-RHÔNE 07 Ardèche 🈯 ⑪⑫ – 1 652 h. alt. 111 – ⊠ 07800 La Voulte-sur-
Rhône – ✆ 75.

Paris 579 – Crest 25 – Montélimar 38 – Privas 28 – St-Péray 11 – Valence 11.

XX **La Vieille Auberge** 🅼 avec ch, ℡ 60.80.10 – 🔲 🚿wc ☎ 🚗 ᶠᵃᵍ 🎴 🅾 🅴 𝐕𝐈𝐒𝐀
fermé 15 août au 15 sept., dim. soir et merc. – SC : **R** 75/180 – ⊆ 20 – **7 ch** 160/190.

CHARMETTES 73 Savoie 🈯 ⑮ – rattaché à Chambéry.

CHARNY 89120 Yonne 65 ③ – 1 626 h. alt. 139 – ✪ 86.

ℹ Syndicat d'Initiative à la Mairie (fermé sam. après-midi, dim. et lundi) ☎ 63.63.56.

Paris 149 – Auxerre 49 – Cosne-sur-Loire 78 – Gien 47 – Joigny 27 – Montargis 35 – Sens 46.

Gare, ☎ **63.61.59** – ⋒wc. ch
fermé 26 août au 2 sept., 16 déc. au 15 janv., dim. soir et lundi – **SC : R** 35/52 – 10,50 – **12 ch** 76/118 – P 106/125.

CITROEN Gar. de la gare, ☎ 63.62.14
PEUGEOT-TALBOT Carpentier, ☎ 63.65.99 N
PEUGEOT-TALBOT Guérin, ☎ 63.61.81 N
RENAULT Hivon, ☎ 63.65.12

CHAROLLES 71120 S.-et-L. 69 ⑰⑱ **G. Bourgogne** – 4 349 h. alt. 282 – ✪ 85.

ℹ Office de Tourisme Couvent des Clarisses (fermé sam. hors sais. et lundi en sais.) ☎ 24.05.95.

Paris 409 ① – Autun 75 ⑤ – Chalon-sur-Saône 69 ① – Mâcon 55 ① – Moulins 83 ④ – Roanne 59 ③.

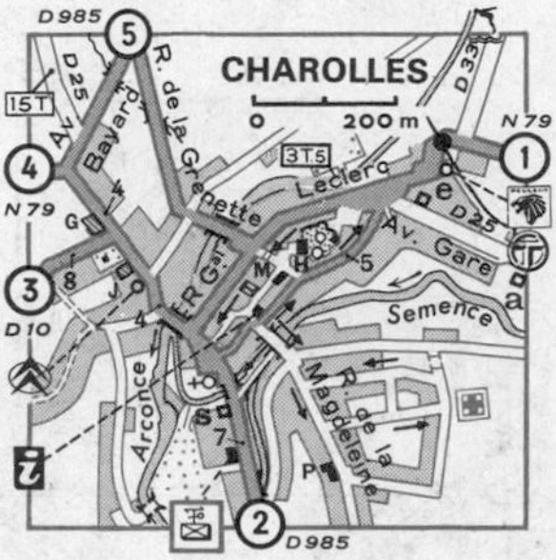

Champagny (R.) . 4
Libération (Av.) . 7
Gambetta (R.) . . 5
Verdun (Av. de) . 8

Moderne (Bonin), av. Gare **(a)** ☎ **24.07.02**, – wc ⋒wc. *VISA*
fermé 24 déc. au 1er fév., dim. soir du 15 sept. au 31 juin et lundi sauf le soir du 15 oct. au 1er mai – **SC : R** 65/145 – 17 – **18 ch** 95/220
Spéc. Terrine de foies de volailles, Aiguillettes de canard au cassis, Pièce de boeuf marchand de vin. **Vins** Julienas, Rully.

France, av. Gare **(e)** ☎ **24.06.66** – ⋒wc
fermé 15 déc. au 28 janv. et dim. (sauf hôtel en août) – **SC : R** 55/75 – 13,50 – **12 ch** 100/160 – P 150/200.

Poste, av. Libération **(s)** ☎ **24.11.32** – wc ⋒. E *VISA*
fermé nov., vend. soir et sam. midi sauf juil. et août – **SC : R** 60/110 – 15
9 ch 80/120.

à Viry NE : 7 km – ✉ **71120** Charolles :

Le Monastère, ☎ **24.14.24**
fermé 3 au 20 janv. et merc. sauf juil. et août – **R** 38/115.

CITROEN Gar. Central, ☎ 24.08.54 N
CITROEN Moulin, par ③ ☎ 24.01.10
FORD Pluriel Modern gar., ☎ 24.01.36
PEUGEOT-TALBOT François, ☎ 24.03.83 N

CHÂROST 18290 Cher 68 ⑩ **G. Périgord** – 1 166 h. alt. 127 – ✪ 48.

Paris 239 – Bourges 26 – Issoudun 12 – Vierzon 29.

Relais de Charost, ☎ **26.20.39** – ⋒wc. *VISA*. ch
fermé fév. – **R** 60/150 – 20 – **12 ch** 75/140 – P 160/180.

CITROEN Maxime, ☎ 26.20.21 N
RENAULT Martinat, ☎ 26.20.13

CHARQUEMONT 25140 Doubs 66 ⑱ – 2 485 h. alt. 900 – ✪ 81.

Paris 485 – Bâle 102 – Belfort 66 – •Besançon 75 – Montbéliard 48 – Pontarlier 60.

Poste, ☎ **44.00.20,** – wc ⋒wc. AE E *VISA*
fermé nov. – **SC : R** 50/100 – 14,50 – **32 ch** 65/170 – P 135/165.

CITROEN Gar. Cassard, ☎ 44.01.06
PEUGEOT-TALBOT Gar. Aubry, ☎ 44.00.27
RENAULT Gar. Binetruy-Linozzi, ☎ 44.01.29 N

CHARROUX 86250 Vienne 72 ④ **G. Côte de l'Atlantique** – 1 644 h. alt. 165 – ✪ 49.

Voir Ancienne abbaye St-Sauveur★ : tour★★, sculptures★★ du cloître, trésor★.

Paris 402 – Confolens 27 – Niort 75 – •Poitiers 53.

RENAULT Gar. Fournier, ☎ 87.50.36

CHARTRES P 28000 E.-et-L. 60 ⑦⑧, 196 ㊲ **G. Environs de Paris** – 41 251 h. alt. 142 - Grand pélerinage des étudiants (fin avril-début mai) – ✪ 37.

Voir Cathédrale★★★ BY – Vieux Chartres★ BYZ – Église St-Pierre★ CZ **Y** – ≤★ sur l'église St-André, des bords de l'Eure BY**B** – ≤★ du Monument des Aviateurs militaires CYZ – Musée : émaux★ BY**M**.

ℹ Office de Tourisme 7 Cloître Notre-Dame (fermé dim. de sept. à juin) ☎ 21.54.03 – A.C.O. 10 av. Jehan-de-Beauce ☎ 21.03.79.

Paris 89 ② – Évreux 77 ① – •Le Mans 116 ④ – •Orléans 73 ④ – •Tours 139 ④.

CHARTRES

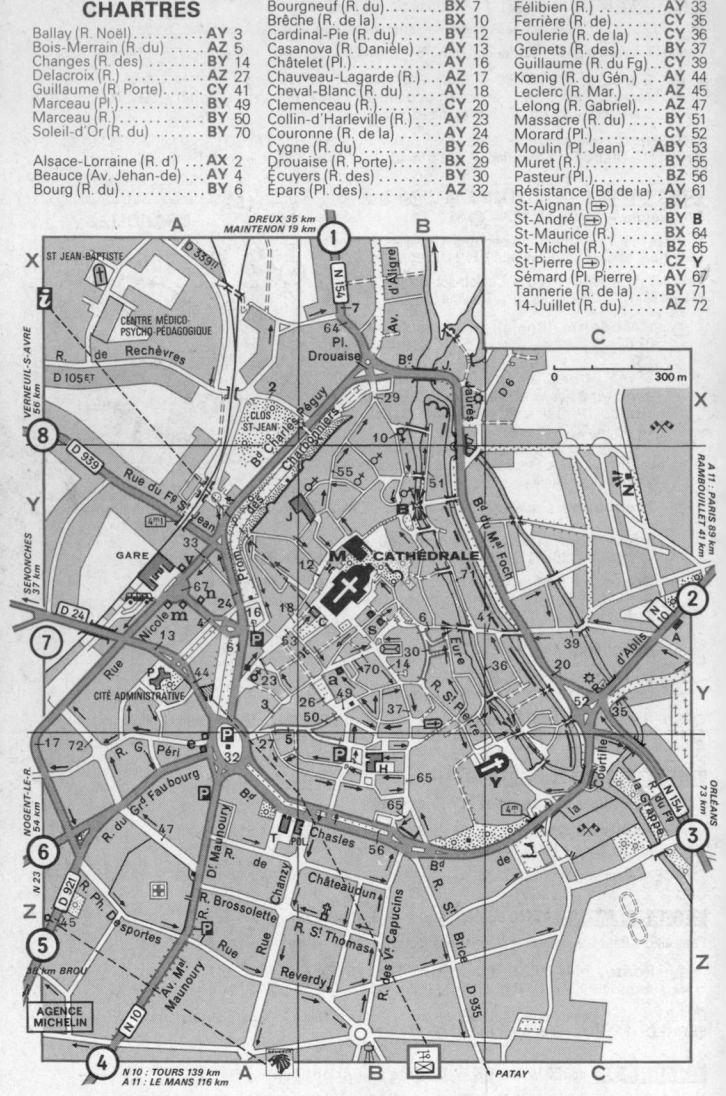

🏠 **Ouest** sans rest, 3 pl. P.-Sémard ☎ 21.43.27 — 🛏wc 🕭. 🚗🗎   AY **m**
SC : ⌂ 14 – **29 ch** 98/135.

🏠 **Paris,** 6 pl. Gare ☎ 21.10.13 – 🛏 🕭 🅿. 🚗🗎   AY **v**
🠔 fermé 16 au 31 août, 12 au 26 fév. et sam. – SC : **R** 46/90 – **12 ch** ⌂ 69/125.

XXX ✿ **Henri IV** (Cazalis), 31 r. Soleil-d'Or ☎ 36.01.55 – ⓞ   BY **a**
fermé lundi soir et mardi sauf fêtes – SC : **R** 185 bc/95
Spéc. Blanc de turbot à la vapeur d'algues, Râble de lapin confit à la graisse d'oie, Suprême de
canard de Barbarie.

XXX **La Vieille Maison,** 5 r. au Lait ☎ 34.10.67 – _VISA_   BY **s**
fermé 3 au 18 juil., 5 au 16 janv., jeudi soir, dim. soir et lundi – SC : **R** 110/200.

XX **Normand,** 24 pl. Épars ☎ 21.04.38   AZ **e**
fermé 5 au 27 déc. et lundi sauf fêtes – **R** 52/120 🍷.

XX **Buisson Ardent,** 10 r. au Lait ☎ 34.04.66   BY **s**
fermé août, dim. soir, mardi soir et merc. – SC : **R** 58/100.

par ② : N 10 – ✉ **28630** Chartres :

🏨 **Novotel** Ⓜ, à 4 km ☎ 34.80.30, Télex 781298, �👙, 🍿 – 🛗 🗎 rest 📺 ☎ 🔥 🅿 –
🏦 250. 🅰🅔 ⓞ _VISA_
R snack carte environ 85 – ⌂ 27 – **78 ch** 230/262.

XX **Aub. Bois Paris,** à 6 km ☎ 31.61.72 – 🅿. 🅰🅔 ⓞ _VISA_
fermé août, mardi soir et merc. – SC : **R** 60/120.

à Thivars par ④ : 7,5 km N 10 – ✉ **28630** Chartres :

XX **La Sellerie,** ☎ 26.41.59 – 🅿. _VISA_ 🕭
fermé 31 juil. au 19 août, 16 janv. au 1er fév., dim. soir de nov. à fin mars, lundi soir et
mardi – SC : **R** 92.

MICHELIN, Agence régionale, r. de Fontenay, Z.I. de Lucé par ⑤ ☎ 36.66.42

BMW Thireau, 20 bd Foch, 17 r. des Fileurs ☎ 34.82.76
CITROEN S.E.R.A.C., N 10, Zup la Madeleine par ② ⤳ ☎ 34.57.80 🅽
RENAULT Ruelle, 104 r. fg-la-Grappe par ③ ☎ 28.51.19

TALBOT Gar. St Thomas, 49 bis av. d'Orléans par ③ ☎ 21.33.83
V.A.G. Gar. Electric-Auto, av. d'Orléans, N 154 ☎ 28.07.35

🕭 Breton, 26 r. G.-Fessard ☎ 21.18.98

Périphérie et environs

ALFA-ROMEO, LANCIA-AUTOBIANCHI, MERCEDES-BENZ Cogedi Auto, 158 av. République à Lucé ☎ 35.88.80
AUSTIN, JAGUAR, MORRIS, ROVER, TRIUMPH Chartres-Auto-Sport, rte d'Illiers à Lucé ☎ 35.24.79
FORD Gar. Paris-Brest, 80 r. F.-Lépine à Luisant ☎ 28.13.88
OPEL Gar. Ouest, 43 r. Château d'Eau à Mainvilliers ☎ 36.37.87

PEUGEOT Gar. St-Thomas, rte d'Illiers à Lucé par ⑤ ☎ 34.00.85
RENAULT Gd gar. de Luce, 23 r. Kennedy à Lucé par ⑤ ☎ 34.00.99
TOYOTA Socalu, 5 r. de Fontenay à Lucé ☎ 36.02.40

🕭 Marsat-Chartres-Pneus, 14 r. République à Lucé ☎ 35.86.94

La CHARTRE-SUR-LE-LOIR 72340 Sarthe 🆖 ④ G. Châteaux de la Loire – 1 901 h. alt. 57 – ✿ 43.

Env. Escalier✶✶ du château de Poncé NE : 8 km.

🅱 Syndicat d'Initiative Centre de Gérigondie (15 juin-15 sept. et fermé dim.) ☎ 44.40.04.
Paris 215 – La Flèche 57 – ◆Le Mans 46 – St-Calais 29 – ◆Tours 40 – Vendôme 43.

🏨 **France,** ☎ 44.40.16 🛏wc 🛏wc 🕭 – 🏦 30, 🚗🗎 _VISA_
🠔 fermé 20 nov. au 20 déc. – SC : **R** (dim. prévenir) 50/120 🍷 – ⌂ 13 – **32 ch** 55/140 –
P 110/145.

🏠 **Cheval Blanc,** ☎ 44.40.01 – 🛏wc 🕭. 🚗🗎 _VISA_
🠔 fermé janv. et lundi – SC : **R** 50/115 – ⌂ 13,50 – **12 ch** 54/100 – P 130/150.

CITROEN Loir-Automobiles, ☎ 44.40.15
PEUGEOT, TALBOT Gar. Vallée du Loir, ☎ 44.41.12

CHASSE 38 Isère 🗺 ⑪ – rattaché à Vienne.

CHASSELAY 69 Rhône 🗺 ⑩ – 1 438 h. alt. 211 – ✉ **69380** Lozanne – ✿ 7.
Paris 448 – L'Arbresle 14 – ◆Lyon 21 – Villefranche-sur-Saône 15.

XX **Lassausaie,** ☎ 847.62.59 – 🅿. 🅰🅔 _VISA_
fermé 7 août au 8 sept., 14 au 21 fév., mardi soir et merc. – SC : **R** 55/160.

CITROEN Gar. du Mont-Verdun, ☎ 847.62.23

Restaurants, die preiswerte Mahlzeiten servieren,
sind mit einer Raute gekennzeichnet.   🏠 X
   🠔 🠔

CHASSENEUIL-SUR-BONNIEURE 16260 Charente 72 ⑭⑮ G. Côte de l'Atlantique – 3 102 h. alt. 120 – ۞ 45 – **Voir** Mémorial de la Résistance.

Paris 448 – Angoulême 33 – Confolens 30 – ◆Limoges 70 – Nontron 52 – Ruffec 40.

XX **Gare** avec ch, ☏ 39.50.36 – ⊟wc 🛏 ☎. 🚗🛏 E
➡ *fermé 28 juin au 9 juil., 2 au 15 janv. et lundi* – SC : **R** 35/180 – ☲ 10 – **12 ch** 40/140 – P 120/170.

CHASSERADES 48 Lozère 80 ⑦ – 247 h. alt. 1 174 – ⊠ 48250 La Bastide Puylaurent – ۞ 66.

Paris 581 – Langogne 30 – Mende 41 – Villefort 39.

🏠 **Sources** ॐ, ☏ 46.01.14, ≼ – 🛏 🅟. 🚗🛏
➡ *fermé nov. et merc.* – SC : **R** 44/62 – ☲ 12 – **10 ch** 66/120 – P 130/150.

CHASSEY-LE-CAMP 71 S.-et-L. 69 ⑨ – rattaché à Chagny.

CHÂTEAU-ARNOUX 04160 Alpes-de-H.-P. 81 ⑯ G. Côte d'Azur – 6 240 h. alt. 440 – ۞ 92.

Voir ❊❊★ de la chapelle St-Jean S : 2 km puis 15 mn.

🅱 Office de Tourisme 22 av. Gén.-de-Gaulle (1er juin-30 sept. et fermé dim.) ☏ 64.02.64 et à la Mairie (fermé sam. après-midi et dim.) ☏ 64.06.01.

Paris 720 – Digne 25 – Forcalquier 30 – Manosque 39 – Sault 74 – Sisteron 14.

🏯 ❊❊ **La Bonne Étape** (Gleize) M ॐ, ☏ 64.00.09, « Bel aménagement intérieur »,
⛱, ☞ – 🖵 ☎ 🖴 🅟. 🖴 🅞 E 🆅🆂🅰
fermé dernière semaine de nov., du 4 janv. au 15 fév., dim. soir et lundi hors sais. –
SC : **R** 130/260 et carte – ☲ 37 – **11 ch** 190/370, 7 appartements 430
Spéc. Gâteau de mostèle, Agneau de Sisteron, Pâtisseries. Vins Vacqueyras, Palette.

au Nord 3 km N 85 – ⊠ 04290 Volonne :

🏯 **Relais Alpes-Côte d'Azur**, ☏ 64.06.16, 🏠, ☞ – 🅟. 🆎 🅞 E
➡ *fermé 10 au 30 nov., dim. soir et merc. soir* – SC : **R** 45/100 – ☛ 13 – **12 ch** 52/80 – P 130/150.

à St-Auban SO : 4 km par N 96 :

🏨 **Villiard** sans rest, ⊠ 04600 St-Auban ☏ 64.17.42, ☞ – ⊟wc 🛏wc ☎ 🅟. 🚗🛏 🆎
fermé vend. – SC : ☲ 23 – **20 ch** 120/250.

XX **Le Barrasson**, ⊠ 04160 Château-Arnoux ☏ 64.17.12, 🏠 – 🅟. 🆅🆂🅰
fermé dim. soir et lundi – SC : **R** 60/120.

CITROEN Plantevin, 70 av. Gén. de Gaulle ☏ 64.06.15 🅽
RENAULT Guillaume, N 96 à St-Auban ☏ 64.17.10 🅽
VOLVO Gar. de la Durance, N 96 à St-Auban ☏ 64.17.37

CHÂTEAU-BERNARD 38 Isère 77 ⑭ – 147 h. – ⊠ 38650 Monestier-de-Clermont – ۞ 76.

Paris 601 – ◆Grenoble 36 – Monestier-de-Clermont 12.

au col de l'Arzelier N : 4 km – ⊠ 38650 Monestier-de-Clermont :

🏨 **Deux Soeurs** ॐ, ☏ 72.37.68, ≼ – ⊟wc 🛏wc 🅟 – 🚲 30. 🚗🛏 🆎
fermé 1er au 18 sept. – SC : **R** 52/110 – ☲ 15 – **24 ch** 110/138 – P 165/180.

CHÂTEAUBOURG 07 Ardèche 77 ⑪⑫ G. Vallée du Rhône – 165 h. alt. 125 – ⊠ 07130
St-Péray – ۞ 75 (Drôme) – Paris 564 – Lamastre 42 – Tournon 8 – Valence 10.

XXX ❊ **Host. du Château** (Reynaud), ☏ 40.33.28, 🏠 – 🅟. 🆎 🅞 E
fermé 16 au 24 août, 10 janv. au 10 fév., dim. et lundi – SC : **R** 90/180
Spéc. Assiette de hors d'oeuvres "Amusette", Truite de mer à la crème d'ail, Estouffade de noix d'agneau. Vins Hermitage, St-Joseph.

CHÂTEAUBOURG 35220 I.-et-V. 59 ⑰⑱ – 2 128 h. alt. 125 – ۞ 99.

Paris 330 – Angers 109 – Châteaubriant 56 – Fougères 44 – Laval 53 – ◆Rennes 21.

🏯 **Ar Milin** ॐ, ☏ 00.30.91, Télex 740083, « Vieux moulin dans un parc au bord de l'eau », ⚐ – 🅟 🚲 60. 🆎 🅞 E 🆅🆂🅰
fermé 22 déc. au 7 janv. et dim. soir d'oct. à fév. – SC : **R** 108, carte le dim. – ☲ 18 – **33 ch** 106/230 – P 288/396.

à la Peinière E : 6 km par D 857 et D 106 – ⊠ 35220 Châteaubourg :

🏠 **Pen'Roc** ॐ, ☏ 00.33.02, ☞ – 🖵 ⊟wc 🛏wc ☎ 🅟 – 🚲 60. 🆎 🅞 E
fermé 24 oct. au 24 nov. – SC : **R** *(fermé dim. soir)* 63/150 – ☲ 16,50 – **15 ch** 120/175.

CHÂTEAUBRIANT ◈ 44110 Loire-Atl. 63 ⑦⑧ G. Bretagne – 13 826 h. alt. 56 à 70 – ۞ 40.

Voir Château★ B.

🅱 Office de Tourisme 40 r. Château (fermé sam. après-midi dim. et lundi matin) ☏ 81.04.53.

Paris 355 ② – Ancenis 47 ③ – Angers 71 ③ – La Baule 100 ⑤ – Cholet 92 ③ – Fougères 80 ① – Laval 67 ② – ◆Nantes 70 ⑤ – ◆Rennes 55 ⑥ – St-Nazaire 87 ⑤ – Vannes 115 ⑤.

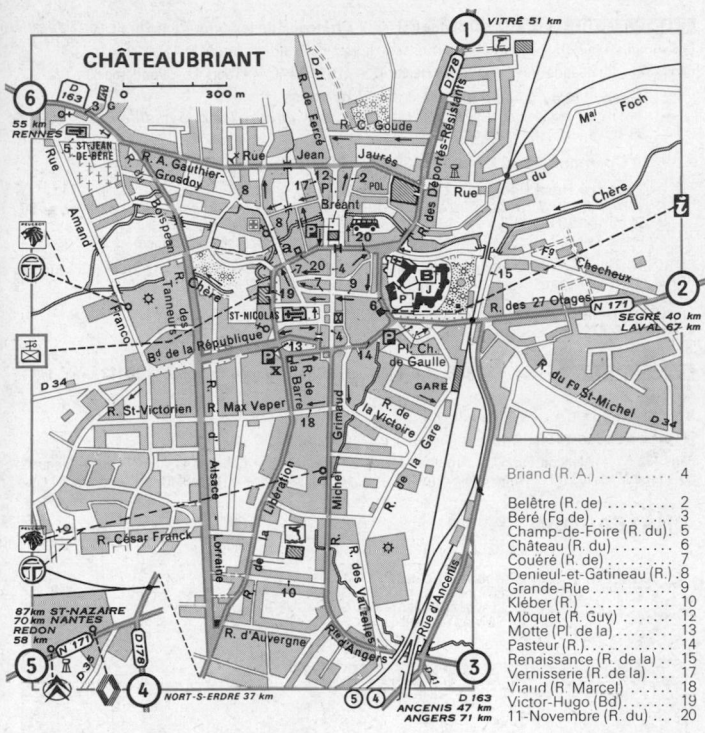

CHÂTEAUBRIANT

VITRÉ 51 km

300 m

RENNES 55 km

D 163

R.C. Goude

ST-JEAN-DE-BÉRÉ

R. A. Gauthier-Grosdoy

Rue Jean Jaurès

Rue du

Maréchal Foch

Chère

R. des Déportés-Résistants

Bréant

POL.

SEGRÉ 40 km
LAVAL 67 km

N 171

Chécheux

F 9

R. des 27 Otages

ST-NICOLAS

Bd de la République

Pl. Ch.
de Gaulle

GARE

R. de la Gare

R. de
la Victoire

D 34

D 34

R. du Fg St-Michel

R. St-Victorien

R. Max Veper

R. César Franck

ST-NAZAIRE 87 km
NANTES 70 km
REDON 58 km

N 171

NORT-S-ERDRE 37 km

R. d'Auvergne

R. d'Angers

D 178

D 163

ANCENIS 47 km
ANGERS 71 km

Host. La Ferrière M, par ④ : 1,5 km ☏ 28.00.28, <, parc — 🛏wc 🛏wc ☎ ℗ — 🏊 30 AE ① E VISA
SC : **R** 52/110 — 🍴 19 — **25 ch** 148/210 - P 210/265.

Châteaubriant M sans rest, 30 r. 11 Novembre (a) ☏ 28.14.14 — 🛗 📺 🛏wc 🛏wc ☎ 🔥 ℗ — 🏊 50. 🚗🚗 AE ① E VISA
SC : 🍴 14 — **35 ch** 110/210.

Armor sans rest, 19 pl. Motte (x) ☏ 81.11.19 — 🛗 🛏wc 🔥 ☏. 🚗🚗 ①
SC : 🍴 12 — **20 ch** 50/110.

CITROEN Cavalan, rte St-Nazaire, Zone Ind. ☏ 81.00.07
FORD Mérel, Zone Ind., rte d'Ancenis ☏ 81.15.29
PEUGEOT-TALBOT Arvor. Autom., r. A.-Franco ☏ 81.03.83
PEUGEOT-TALBOT Charron, 42 r. M.-Grimaud ☏ 81.01.05

RENAULT SADAC, rte de St-Nazaire, Zone Ind. ☏ 81.26.84 N ☏ 81.23.32
V.A.G. Gar. du Centre, 15 bis r. St-Georges ☏ 81.19.89

🔧 Castel-Pneus, Z.I. r. du Prés. Kennedy ☏ 28.01.94

CHÂTEAU-CHINON ⬦ 58120 Nièvre 📖 ⑥ G. Bourgogne (plan) — 2 905 h. alt. 534 — ✦ 86.

Voir Site★ — Calvaire ※★★ — Promenade du château★.

🅑 Office de Tourisme porte Notre-Dame (15 juin-15 sept.) ☏ 85.06.58.
Paris 287 — Autun 37 — Avallon 62 — Clamecy 68 — Moulins 86 — Nevers 66 — Saulieu 49.

Au Vieux Morvan, ☏ 85.05.01, <, — 🔥wc ☏. 🚗🚗 E
fermé 14 nov. à début janv. — SC : **R** (dim., fêtes et sais. prévenir) 52/130 🍷 — 🍴 14 — **23 ch** 51/150 — P 135/190.

CITROEN Gagnard, ☏ 85.07.80
FIAT Gar. de la Poste, ☏ 85.11.65 N
PEUGEOT-TALBOT Jeannot-Roblin, ☏ 85.02.76

RENAULT Gar. Moderne, ☏ 85.09.99

CHÂTEAU D'IF (Ile du) 13 B.-du-R. 84 ⑬ G. Provence.
🚤 au départ de Marseille pour le château d'If★★ (※★★★) 1 h 30.

Le CHÂTEAU D'OLÉRON 17 Char.-Mar. 71 ⑭ — Voir à Oléron (Ile d').

🛈 Syndicat d'Initiative à la Mairie (fermé sam. après-midi, dim. et fêtes) ℡ 44.00.38.

Paris 237 – Château-la-Vallière 20 – La Flèche 41 – ◆Le Mans 40 – ◆Tours 42 – Vendôme 59.

  🏦 **Gare**, 170 av. J.-Jaurès ℡ 44.00.14 – 🅟. 🄴. ✼ ch
  🔜 *fermé 26 août au 12 sept., 17 déc. au 2 janv. et dim. (sauf le midi) en été* – SC : **R** 39/85 ⅃ – ⊡ 12 – **16 ch** 55/73.

  à Coëmont SE : 2 km par N 138 – ⊠ 72500 Château-du-Loir :

  XX ۞ **André Paul** (Plunian), 2 r. Basse ℡ 44.11.75 – 🄴 𝘝𝘐𝘚𝘈
  fermé 15 au 31 août, 7 au 28 fév., dim. soir, lundi et le soir sauf vend. et sam. – SC : **R** carte 150 à 190 ⅃
  Spéc. Salade de canard, Poissons, Marquise au chocolat. **Vins** Jasnières, Chinon.

CITROEN Chapu, 97 av. J.-Jaurès ℡ 44.00.40
FORD Coemont gar. rte N à Vouvray ℡ 44.00.55
PEUGEOT-TALBOT Boutellier, rte du Mans à Luceau ℡ 44.00.67

RENAULT Gar. Cosnier, rte du Mans à Luceau ℡ 44.00.92 🄽

Voir Château★★ A – **Vieille ville★** A.

🛈 Office de Tourisme 3 r. Toufaire (fermé dim.) ℡ 45.22.46.

Paris 132 ① – Alençon 115 ⑥ – Argentan 142 ⑥ – Blois 57 ③ – Chartres 44 ① – Fontainebleau 121 ② – ◆Le Mans103 ⑥ – Nogent-le-Rotrou 53 ⑥ – ◆Orléans 48 ② – ◆Tours 95 ③ – Vendôme 40 ③.

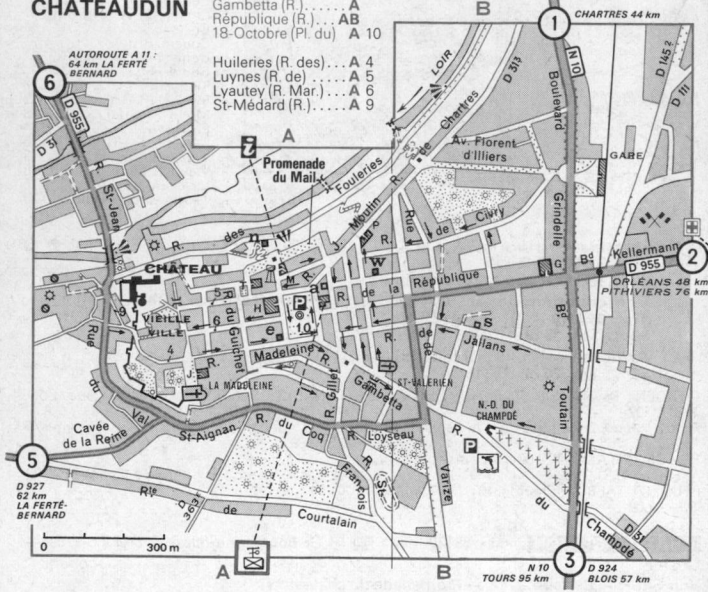

CHÂTEAUDUN

Gambetta (R.) . . . . . . **A**
République (R.) . . . **AB**
18-Octobre (Pl. du) **A** 10

Huileries (R. des) . . **A** 4
Luynes (R. de) . . . . . **A** 5
Lyautey (R. Mar.) . . **A** 6
St-Médard (R.) . . . . . **A** 9

🏦 **Beauce** sans rest, 50 r. Jallans ℡ 45.14.75 – 📺 ⊟wc 🗋wc ☎ ৬ ⇌. 🄴 𝘝𝘐𝘚𝘈
  fermé déc. et dim. hors sais. – SC : ⊡ 17 – **23 ch** 80/160.   B s

🏠 **St-Michel** sans rest, 5 r. Péan ℡ 45.15.70 – ⊟wc 🗋wc ☎. 𝘝𝘐𝘚𝘈   A a
  fermé 15 au 22 août, 18 déc. au 1ᵉʳ janv. et dim. soir – SC : ⊡ 14 – **19 ch** 72/110.

XX **La Rose** avec ch, 12 r. Lambert-Licors ℡ 45.21.83 – ▤ rest 🗋wc ⇌ 🚗 ① 𝘝𝘐𝘚𝘈. ✼ ch   A w
  fermé 12 au 30 sept., 12 déc. au 2 janv., dim. soir et lundi – SC : **R** 85/118 ⅃ – ⊡ 14,50 – **8 ch** 76/88 – P 168/224.

XX **Caveau des Fouleurs**, 33 r. Fouleries ℡ 45.23.72, « anciennes caves dans la roche » – ▤ 🅟. ① 𝘝𝘐𝘚𝘈   A n
  fermé 15 août au 1ᵉʳ sept., 1ᵉʳ au 15 fév., dim. soir et lundi – SC : **R** 50 bc/95.

X **La Licorne**, 6 pl. 18-Octobre ℡ 45.32.32 – 🄴 𝘝𝘐𝘚𝘈   A e
  fermé 7 au 14 juin, 1ᵉʳ au 20 janv. et mardi – SC : **R** 43/85.

CITROEN Gar. Mourice-Rebours, 91 bd Kellermann par ② ☎ 45.10.87
OPEL Lejeune-Arsant, 67 bd Kellermann ☎ 45.23.98
PEUGEOT, TALBOT Gar. Lemasson, rte Chartres par ① ☎ 45.20.98

RENAULT Giraud, rte Tours à la Chapelle du Noyer par ③ ☎ 45.10.74
V.A.G. Touchard, bd du 8-Mai ☎ 45.03.32

⊕ Central Pneu, N 10 ☎ 45.11.17
Le Pneu Dunois, 98 r. Varize ☎ 45.06.03

CHÂTEAU-FARINE 25 Doubs 🖪🖪 ⑮ — rattaché à Besançon.

CHÂTEAUFORT 78 Yvelines 🖪🖪 ⑩, 🔢 ㉒ — voir à Paris, Proche banlieue.

CHÂTEAUGIRON 35410 I.-et-V. 🖪🖪 ⑦ G. Bretagne — 3 299 h. alt. 60 — ✪ 99.
Paris 338 — Angers 107 — Châteaubriant 42 — Fougères 51 — Nozay 64 — ◆Rennes 16 — Vitré 27.

- 🏠 **Cheval Blanc et Château,** ☎ 00.40.27 — 🖰 🅿
- ◆ fermé 11 au 21 juil. et 8 fév. au 3 mars — SC : **R** (fermé dim. soir du 15 sept. au 15 juin) 36/80 🍷 — 🖙 13,50 — **14 ch** 52/90 — P 110/130.

- ✕✕ **Aubergade,** ☎ 00.41.35
  fermé 9 au 25 août, 2 au 17 janv., dim. soir et lundi — SC : **R** 180/200.

Pinel, ☎ 00.41.54

CHÂTEAU-GONTIER ◁✎▷ 53200 Mayenne 🖪🖪 ⑩ G. Châteaux de la Loire — 8 645 h. alt. 43 — ✪ 43.

🅱 Syndicat d'Initiative à la Mairie (fermé sam. sauf matin en saison et dim.) ☎ 07.07.10.
Paris 284 ② — Angers 43 ④ — Châteaubriant 56 ⑥ — Laval 30 ① — ◆Le Mans 80 ② — ◆Rennes 86 ⑥.

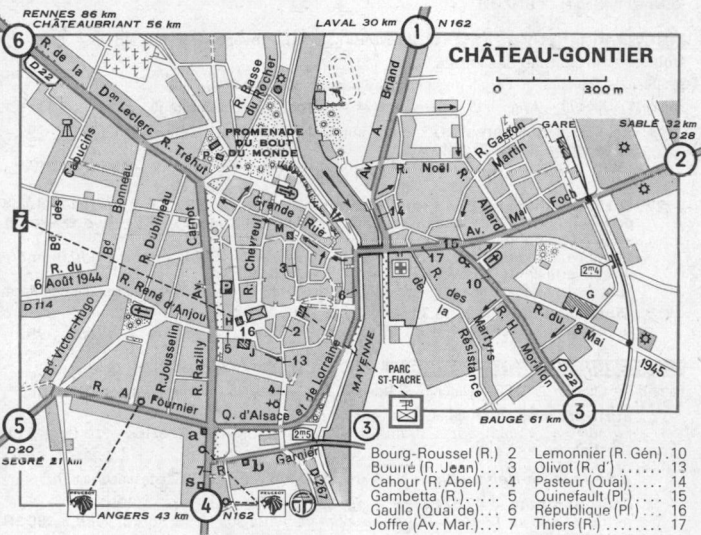

Bourg-Roussel (R.) 2	Lemonnier (R. Gén) .10
Bourré (R. Jean) . . . 3	Olivot (R. d') 13
Cahour (R. Abel) . . 4	Pasteur (Quai) 14
Gambetta (R.) 5	Quinefault (Pl.) . . . 15
Gaulle (Quai de) . . 6	République (Pl.) . . . 16
Joffre (Av. Mar.) . . . 7	Thiers (R.) 17

- 🏠 **Parc H.** Ⓜ ⌗ sans rest, 46 av. Joffre (s) ☎ 07.28.41, ≤, parc, ⊥, ✕ — 🖰wc ☎ 🅿 — 🛗 50. 🖾 E 𝚅𝙸𝚂𝙰
  fermé 15 déc. au 6 janv. et dim. — SC : 🖙 12 — **22 ch** 150/170 — P 200/300.

- 🏠 **Cerf** Ⓜ sans rest, 31 r. Garnier (b) ☎ 07.25.13 — 🖰wc 🖅wc ☎ 🅿. 🖾 E 𝚅𝙸𝚂𝙰
  SC : 🖙 10 — **22 ch** 55/82.

- ✕✕ **La Brasserie** avec ch, av. Joffre (a) ☎ 07.10.80 — 🖰wc 🖅 ☎ — 🛗 50. 🖾 E 𝚅𝙸𝚂𝙰
  fermé 15 déc. au 6 janv. et dim. — SC : **R** 60/175 🍷 — 🖙 12 — **20 ch** 95/170 — P 160.

- ✕✕ **Host. Mirwault** ⌗ avec ch, N : 2 km par r. Basse-du-Rocher ☎ 07.13.17, « Au
- ◆ bord de la Mayenne », 🗫 — 🖅wc ☎ 🅿. 🖾 E 𝚅𝙸𝚂𝙰 🞌 ch
  fermé 15 déc. au 15 fév. et vend. hors saison — SC : **R** 50/180 — 🖙 16 — **10 ch** 75/120.

PEUGEOT-TALBOT Gar. Fourmond, 6 av. mar.-Joffre ☎ 07.22.57
PEUGEOT Gar. Huchedé, 28 r. A.-Fournier ☎ 07.21.72

PEUGEOT **TALBOT** Lemaire, r. des Carrières ☎ 07.32.67

⊕ Cailleau, 1 pl. Quinefault ☎ 07.12.10

CHÂTEAULIN ⚓ 29150 Finistère 🖫🖫 ⑮ G. Bretagne (plan) – 6 514 h. alt. 8 – ✪ 98.

Env. Enclos paroissial★★ de Pleyben E : 10 km.

🅱 Office de Tourisme quai Cosmao (15 juin-15 sept.) ☏ 86.02.11.

Paris 551 – ◆Brest 47 – Carhaix-Plouguer 46 – Concarneau 51 – Douarnenez 27 – Landerneau 38 – Lorient 93 – Morlaix 59 – Quimper 29 – Vannes 142.

🏨　**Au Bon Accueil,** à Port Launay ☏ 86.15.77, ≤ – ⚐ ▤ rest ⇔wc 🛏wc ☎ ⚅ ⚐
◆　– ⚙ 25 à 150. ☎🕮 ⚐ ⚅ E 𝓥𝓘𝓢𝓐. ✀ ch
　　fermé 1ᵉʳ janv. au 1ᵉʳ fév. – SC : **R** (fermé lundi du 15 sept. au 30 avril) 49/215 – ⇋ 17
　　– **59 ch** 75/180 – P 130/230.

XX　**Aub. Ducs de Lin** ⚑ avec ch, rte Quimper : 1,5 km ☏ 86.04.20, ≤, 🍽 – ⇔wc
　　⚐ E
　　fermé 7 au 26 mars, 19 sept. au 8 oct. et lundi (sauf hôtel en juil. et août) – SC : **R**
　　68/180 – ⇋ 22 – **6 ch** 175.

CITROEN　Gar. de Cornouaille, ☏ 86.04.40　　　⚙ Simon-Pneus, ☏ 86.16.09
PEUGEOT, TALBOT　Viénot, ☏ 86.06.50
RENAULT　Gar. de l'Aulne ☏ 86.12.08 🅽

CHATEAUNEUF 83 Var 🖫🖫 ⑭ – rattaché à Nans-les-Pins.

CHÂTEAUNEUF-DU-FAOU 29119 Finistère 🖫🖫 ⑯ G. Bretagne – 3 924 h. alt. 130 – ✪ 98.

🅱 Office de Tourisme 7 r. Mairie (1ᵉʳ juin-30 sept., fermé dim. et lundi) ☏ 81.83.90.

Paris 529 – ◆Brest 65 – Carhaix-Plouguer 23 – Châteaulin 24 – Morlaix 51 – Quimper 36.

🏛　**Relais de Cornouaille,** rte Carhaix ☏ 81.75.36
◆　fermé oct., dim. soir, sam. et fêtes – SC : **R** 36/120 ⚱ – 🍺 10 – **8 ch** 47/58 –
　　P 100/110.

RENAULT　Deniel, ☏ 81.73.88

CHÂTEAUNEUF-DU-PAPE 84230 Vaucluse 🖽 ⑫ G. Provence – 2 113 h. alt. 117 – ✪ 90.

Voir ≤★★ du château des Papes.

🅱 Office de Tourisme pl. Portail (fermé nov., dim. et lundi matin) ☏ 39.71.08.

Paris 674 – Alès 78 – Avignon 18 – Carpentras 24 – Orange 13 – Roquemaure 10.

🏨　**Le Logis d'Arnavel,** O : 3 km sur D 17 ☏ 39.73.22, Télex 431625, 🏠, ⟰
　　⇔wc 🛏wc ☎ ⚐. 🕮 𝓥𝓘𝓢𝓐
　　fermé 5 janv. au 12 fév. – SC : **R** (fermé dim. soir) 55/95 – ⇋ 17 – **15 ch** 130/190 –
　　P 225.

XXX　✿ **Host. Château des Fines Roches** Ⓜ ⚑ avec ch, S : 3 km par D 17 et voie
　　privée ☏ 39.70.23, « Dans un domaine viticole, belle vue » – 📺 ⇔wc ☎ 🚗 ⚐
　　– ⚙ 50 à 80. ☎🕮. ✀
　　fermé Noël à début fév., dim. soir et lundi sauf été – SC : **R** (fermé lundi) (nombre
　　de couverts limité - prévenir) 150 – ⇋ 35 – **7 ch** 200/380
　　Spéc. Assiette dégustation, Suprême de pintadeau, Chariot de desserts. Vins Châteauneuf-du-Pape.

XXX　**Mule-du-Pape,** ☏ 39.73.30, ≤ – ▤. E 𝓥𝓘𝓢𝓐
　　fermé lundi soir et mardi – SC : **R** 70/105.

CHÂTEAUNEUF-EN-THYMERAIS 28170 E.-et-L. 🖭 ⑦ – 2 248 h. alt. 212 – ✪ 37.

Paris 103 – Chartres 25 – Châteaudun 64 – Dreux 21 – ◆Le Mans 115 – Verneuil-sur-Avre 31.

XX　**Écritoire** avec ch, ☏ 48.60.57 – ⇔wc 🛏 ⚐ E. ✀
　　fermé 16 août au 9 sept., 24 janv. au 9 fév. et mardi – SC : **R** 90/165 – ⇋ 25 – **5 ch**
　　120/180.

　　à St-Jean-de-Rebervilliers N : 4 km par D 928 – ✉ 28170 Châteauneuf-en-Th. :

XXX　**Aub. St-Jean,** ☏ 48.62.83, 🍽 – ⚐. 🕮 ⚅ E 𝓥𝓘𝓢𝓐
　　fermé 27 juil. au 12 août, 15 fév. au 17 mars, lundi soir, jeudi soir et vend. – SC : **R**
　　carte 140 à 210.

CHÂTEAUNEUF-LE-ROUGE 13 B.-du-R. 🖷 ③ – 1 044 h. alt. 230 – ✉ 13790 Rousset –
✪ 42.

Paris 770 – Aix-en-Provence 12 – Aubagne 30 – Brignoles 52 – ◆Marseille 35 – Rians 30.

🏨　**La Galinière,** N7 ☏ 58.62.04 – ⇔wc 🛏 🍸 ⚐. ☎🕮
　　SC : **R** 75/135 ⚱ – ⇋ 17 – **21 ch** 95/215 – P 190/300.

CHÂTEAUNEUF-LES-BAINS 63 P.-de-D. 🖲 ③ G. Auvergne – 453 h. alt. 390 – Stat. therm.
(mai-sept.) – ✉ 63390 St-Gervais-d'Auvergne – ✪ 73.

🅱 Office de Tourisme (2 mai-30 sept.) ☏ 86.67.86.

Paris 375 – Aubusson 82 – ◆Clermont-Ferrand 49 – Montluçon 55 – Riom 34 – Ussel 96.

🏛　**Château,** ☏ 86.67.01, ≤, 🍽 – ⇔wc 🛏wc ⚐. ☎🕮 𝓥𝓘𝓢𝓐
◆　1ᵉʳ mai-30 sept. – SC : **R** 44/77 ⚱ – ⇋ 15 – **38 ch** 50/117 – P 84/145.

🏛　**La Pergola,** ☏ 86.67.95, ≤ – 🛏wc
◆　Pâques-30 sept. – SC : **R** 44/66 ⚱ – ⇋ 14 – **19 ch** 52/100 – P 95/150.

CHÂTEAUNEUF-SUR-LOIRE 45110 Loiret **64** ⑩ G. Châteaux de la Loire – 5 658 h. alt. 135
– ✪ 38.

Voir Germigny-des-Prés : mosaïque★★ de l'église★ SE : 4,5 km.

🛈 Office de Tourisme pl. A.-Briand (1ᵉʳ avril-1ᵉʳ oct., fermé dim. après-midi et lundi) ☏ 58.44.79.

Paris 134 – Bourges 102 – Gien 39 – Montargis 46 – ◆Orléans 25 – Pithiviers 39 – Vierzon 89.

 🏛   **La Capitainerie**, Gde-Rue ☏ 58.42.16, � – 🛏wc 🛏wc ⇔ 🅿. 📶 🖭 *VISA*
   fermé fév. et mardi sauf hôtel en saison – SC : **R** 70/130 – ☲ 18 – **14 ch** 65/190 –
   P 190/220.

 🏠   **Nouvel H. du Loiret**, pl. A.-Briand ☏ 58.42.28 – 🛏wc 🛏wc ⇔ 🚗. 🖭 *VISA*
   fermé 20 déc. au 20 janv., sauf fêtes (rest. seul.) et dim. soir d'oct. à juin – SC :
   R 55/125 – ☲ 14,50 – **20 ch** 65/130 – P 190/235.

RENAULT Carrascosa, ☏ 58.42.57   RENAULT Poignard, ☏ 58.42.11

CHÂTEAUNEUF-SUR-SARTHE 49330 M.-et-L. **64** ① – 2 061 h. alt. 23 – ✪ 41.

🛈 Syndicat d'Initiative 1 r. Nationale (juil.-août, fermé merc. et dim. après-midi).

Paris 274 – Angers 31 – Château-Gontier 26 – La Flèche 33.

 🏛   **Ondines** Ⓜ, ☏ 42.10.40, ← – 🗟 🛏wc 🛏wc ⇔ 🅿 – 🛝 50. 📶
  →   SC : **R** *(fermé mi-déc. à mi-janv.)* 48/105 – ☲ 17 – **30 ch** 70/180 – P 160/310.

 ❌❌   **Sarthe** avec ch, ☏ 42.11.30, ← – 🛏wc 🛏. 🌿
  →   *fermé oct., dim. soir et lundi* – SC : **R** 42/120 ⚖ – ☲ 13,50 – **7 ch** 65/130 – P 140.

CHÂTEAURENARD 13160 B.-du-R. **81** ② G. Provence – 11 027 h. alt. 43 – ✪ 90.

Voir Château féodal : 🔆★ de la tour du Griffon.

🛈 Syndicat d'Initiative à la Mairie (fermé sam. après-midi et dim.) ☏ 94.07.27.

Paris 698 – Avignon 10 – Carpentras 34 – Cavaillon 21 – ◆Marseille 96 – Nîmes 44 – Orange 41.

 🏛   **Phec** Ⓜ, chemin Configues ☏ 94.23.78 – 🗟 🗟 rest 📺 🛏wc ☎ – **20 ch**.

 🏠   **Provence**, 10 av. Prés.-Wilson ☏ 94.01.20 – 🛏wc 🛏wc ⇔. 📶 🖭 *VISA*
  →   *fermé 1ᵉʳ au 30 nov.* – SC : **R** *(fermé vend. soir et sam. midi sauf juil. et août)* 50/120
   ⚖ – ☲ 14 – **17 ch** 100/160 – P 200/260.

 ❌   **Les Glycines** avec ch, 14 av. V. Hugo ☏ 94.10.66 – 🛏wc 🛏 ☎. 📶 🖭 🖭 *VISA*.
  →   🌿 ch
   SC : **R** *(fermé lundi)* 43/85 – ☲ 12 – **10 ch** 80/130 – P 140/170.

 ❌   **Central** avec ch, 27 cours Carnot ☏ 94.10.90 – 🛏wc 🛏wc ⇔. *VISA*. 🌿 rest
  →   *fermé 20 déc. au 31 janv., vend. soir et sam. du 1ᵉʳ oct. au 15 mars* – SC : **R** 35/55 ⚖
   – 🍽 13 – **15 ch** 65/115 – P 130/150.

FIAT Abbé, rte Avignon ☏ 94.12.05   RENAULT Châteaurenard-Autom., 9 bd Ge-
PEUGEOT-TALBOT Blanc, 10 av. F.-Mistral ☏   nevet ☏ 94.24.98
94.04.00
PEUGEOT-TALBOT Lafon, 10 r. Henri Brisson   🅾 Omnica, 30 bd Gambetta ☏ 94.10.93
☏ 94.12.04

CHÂTEAU-RENAULT 37110 I.-et-L. **64** ⑤⑥ G. Châteaux de la Loire (plan) – 6 048 h. alt. 88
– ✪ 47.

🛈 Syndicat d'Initiative Parc Vauchevrier (1ᵉʳ avril-30 sept.) ☏ 56.54.43.

Paris 198 – Angers 118 – Blois 33 – Loches 60 – ◆Le Mans 86 – ◆Tours 30 – Vendôme 26.

 🏠   **Lurton** sans rest, 37 pl. J.-Jaurès ☏ 56.80.26 – 🛏wc ⇔ 🅿
  →   *fermé 1ᵉʳ au 15 sept.* – SC : 🍽 14 – **10 ch** 65/120.

 🏠   **Lion d'Or**, 166 r. République ☏ 56.96.50 – 🛏 🛏 ⇔ 🚗. 🅾
  →   *fermé 20 nov., dim. soir et lundi (sauf du 1ᵉʳ juil. au 30 sept. et fériés)* – SC : **R**
   45/130 – ☲ 13 – **10 ch** 52/120.

 ❌❌   **Écu de France** avec ch, pl. J.-Jaurès ☏ 56.50.72 – 🛏wc 🛏 ⇔. 🖭 🅾 *VISA*
  →   *fermé fév., dim. soir et lundi midi sauf du 1ᵉʳ juil. au 30 sept.* – **R** 50/100 ⚖ – ☲ 13
   – **7 ch** 145/195.

   au NE : sur N 10 :

 ❌❌   **Aub. de la Diligence** avec ch, 3 km ✉ 37110 Chateau-Renault ☏ 56.28.11 –
  →   🛏wc ⇔ 🅿. *VISA*
   fermé 15 au 30 sept. 15 au 28 fév., sam. midi (rest. seul.) et dim. soir hors sais. –
   SC : **R** 37/90 ⚖ – ☲ 14 – **6 ch** 110/150 – P 140/180.

 ❌❌   **Le Gastinais**, 7 km ✉ 41310 St-Amand-Longpré (L.-et-Ch.) ☏ (54) 80.33.30 – 🅾
  →   *fermé 1ᵉʳ au 16 sept., 2 au 28 janv., mardi soir et merc.* – SC : **R** (dim. et fêtes :
   prévenir) 45/90 ⚖.

PEUGEOT-TALBOT Bordier et Macon, 22 r. de   RENAULT Tortay, 19 r. Gambetta ☏ 56.50.97
la République ☏ 56.82.45

CHÂTEAUROUX 🅿 36000 Indre **68** ⑧ G. Périgord – 55 629 h. alt. 154 – ✪ 54.

Voir Clocher★ de l'ancienne abbaye de Déols 2 km par ①.

🛈 Office de Tourisme pl. de la Gare (fermé dim. et lundi) ☏ 34.10.74 - A.C. 57 r. Belle Isle ☏
22.92.24.

Paris 269 ① – Blois 98 ⑧ – Bourges 67 ① – Châtellerault 103 ⑦ – Guéret 89 ③ – ◆Limoges 125 ⑤
– Montluçon 98 ③ – ◆Orléans 137 ① – Poitiers 120 ⑤ – ◆Tours 112 ⑦ – Vierzon 58 ①.

CHÂTEAUROUX

Gare (Av. de la)...........................**BZ**
J.-J.-Rousseau (Pl.).....................**AZ 6**
St-Luc (R.)...................................**BZ**
Victor-Hugo (R.).........................**ABZ**

Château-Raoul (R. du)................**AY 2**
Fournier (R. Alain).......................**BY 3**
Gambetta (Pl.).............................**BZ 4**
Grande (R.)..................................**BY 5**

Lafayette (Pl.)..............................**BY 7**
Ledru-Rollin (R.)...........................**BZ 8**
Notre-Dame (⇘)...........................**AZ**
Renan (R. Ernest).........................**AZ 13**
République (Pl. de la)...................**AZ 14**
St-André (⇘).................................**BZ**
St-Christophe (Pl. et ⇘)...............**AY 15**
St-Fiacre (R.)................................**BZ 16**
St-Martial (⇘)...............................**BY**
Vrille (Bd de la)...........................**AZ 18**
8-Mai-1945 (R. du).......................**BZ 20**
11-Novembre-1918 (R. du)...........**BZ 21**

🏨 **Relais St-Jacques** Ⓜ, par ① : 5 km sur N 20 ⊠ 36130 Déols ☏ 22.87.10, Télex
751176, ☞ – 🆅 ⌂wc ☎ ⅋ 🄿 – 🕍 60 à 120. 🚗 🄰🄴 🄾 🄴 🆅🅂🄰
SC : **R** 50/180 – ⊡ 15 – **46 ch** 170/220.

🏨 **France,** 16 r. Victor-Hugo ☏ 27.00.80, Télex 751676 – 🛗 ☰ rest 🆅 ⌂wc 🏮wc
🚗 🚗. 🄰🄴 🄾 🄴 🆅🅂🄰 BZ **e**
SC : **R** Grill 75/110 – ⊡ 23 – **42 ch** 175/300 – P 205/255.

🏨 **Elysée H.** Ⓜ sans rest, 2 r. République ☏ 22.33.66 – 🛗 🆅 ⌂wc ☎. 🚗 🄰🄴 🄾
🄴 🆅🅂🄰 – fermé dim. soir – SC : ⊡ 20 – **17 ch** 150/200. AZ **s**

🏨 **Boischaut** sans rest, 135 av. Châtre par ③ ☏ 22.22.34 – 🛗 🆅 ⌂wc 🏮wc ☎ ⅋
🄿 🄴 🆅🅂🄰
fermé 25 déc. au 1er janv. – SC : ⊡ 13 – **27 ch** 80/150.

🏨 **Christina** sans rest, 250 av. La Châtre par ③ ☏ 34.01.77 – 🛗 ⌂wc 🏮wc 🚗 🚗
🄿 🄴 🆅🅂🄰 ☞
fermé 25 déc. au 3 janv. – SC : ⊡ 13 – **33 ch** 78/150.

🏠 **Voltaire,** 42 pl. Voltaire ☏ 34.17.44 – 🆅 ⌂wc 🏮wc ☎ 🄿. 🚗 🄰🄴 🄾 🄴 🆅🅂🄰
SC : **R** snack (fermé dim.) carte environ 75 ⅋ – ⊡ 14 – **29 ch** 105/150. BZ **n**

🏠 **Gare,** pl. gare ☏ 22.77.80 – 🆅 ⌂wc ☎ 🄿. 🄰🄴 🄾 🄴 🆅🅂🄰
SC : **R** 65/130 ⅋ – ⊡ 14 – **28 ch** 102/140. BZ **r**

🏠 **Aub. Arc en Ciel,** à la Forge de l'Isle par ③ : 6 km ⊠ 36330 Le Poinçonnet ☏
34.09.83 – ⌂wc 🏮wc 🚗 🄿 – 🕍 120
SC : **R** (fermé dim. soir) 40/190 ⅋ – ⊡ 14 – **27 ch** 70/130.

🏠 **St-Hubert,** 25 r. Poste ☏ 34.06.74 – 🏮wc 🚗 🚗. 🚗
SC : **R** Brasserie (fermé dim. et fêtes) carte environ 65 ⅋ – ⊡ 16 – **12 ch** 100/160. BZ **f**

🏠 **Le Parc,** 148 av. Paris ☏ 34.36.83 – ⌂wc 🏮wc 🚗 🄿. 🚗 BY **a**
SC : **R** (fermé nov. et sam. du 1er oct. au 1er mai) 55/90 ⅋ – ⊡ 19 – **27 ch** 70/135 – P
200/240.

336

XXX ❀ **Jean Bardet,** 2 r. J. J.-Rousseau ☎ 34.82.69 – AE ◑ E VISA — AZ **s**
fermé dim. sauf fériés – **R** 80/250
Spéc. St-Jacques aux endives (nov. à mars), Steak de carpe au chinon et au lard (sept. à juin), Salade tiède de ris d'agneau. **Vins** Quincy, Reuilly.

X **A l'Escargot,** 7 r. J.-Jaurès ☎ 22.06.75 – VISA — AZ **v**
◆ *fermé lundi* – SC : **R** 45 bc/130 bc.

MICHELIN, Agence, Z.I., 19 bd d'Anvaux par ③ ☎ **22.23.31**

CITROEN Maublanc, 28 av. de La Châtre ☎ 34.30.28 N ☎ 30.30.28
CITROEN Gar. Bisson, 76 bd des Marins ☎ 34.12.66
FORD Pabanel, 54 av. Gare ☎ 22.97.17
PEUGEOT-TALBOT Gd Gar. du Berry, 9 av. Argenton ☎ 22.35.88
RENAULT Sarraf, 34 Av. d'Argenton par ⑤ ☎ 22.22.22
V.A.G. Caberry, 124 rte de Blois ☎ 22.14.49

◍ Central Pneu, 86 bd de Cluis ☎ 34.12.22
Chirault, r. Folie-Comtois ☎ 34.40.78 Zone Ind. allée des maisons rouges ☎ 34.39.19
Leseche, 1 bis av. de l'Ambulance ☎ 22.36.03
Récup-Auto, rte d'Issoudun à Déols ☎ 34.91.90
Tous les pneus, 206 av. de Verdun ☎ 22.37.26

CHÂTEAU-THIERRY

SP **02400** Aisne **56** ⑭ **G. Environs de Paris** – **13 856 h. alt. 63** – ⚙ **23.**

Voir Église St-Ferréol* d'Essômes 2,5 km par ⑤.

i Office de Tourisme pl. Hôtel de Ville (fermé sam. hors sais. et dim.) ☎ 83.10.14.

Paris 96 ① – Épernay 48 ③ – Meaux 50 ⑥ – ♦Reims 58 ① – Soissons 41 ① – Troyes 110 ④.

CHÂTEAU-THIERRY

Carnot (R.) .... **BYZ**
Gaulle (R. du Gén.-de) ..... **BY** 9
Grande-Rue .... **BY**

Briand (Pl. Aristide) .... **AY** 2
Château (R. du) ...... **BCY** 3
Curie (R. P. et M.) ...... **AY** 4
Drugeon-Lecart (R.) ... **BY** 5
Etats-Unis (Pl. des) .... **BY** 6
Filoirs (R. des) .... **BY** 8
Joussaume-Latour (Av.) .... **CY** 10
La-Fontaine (Pl. J.-de) .... **BY** 12

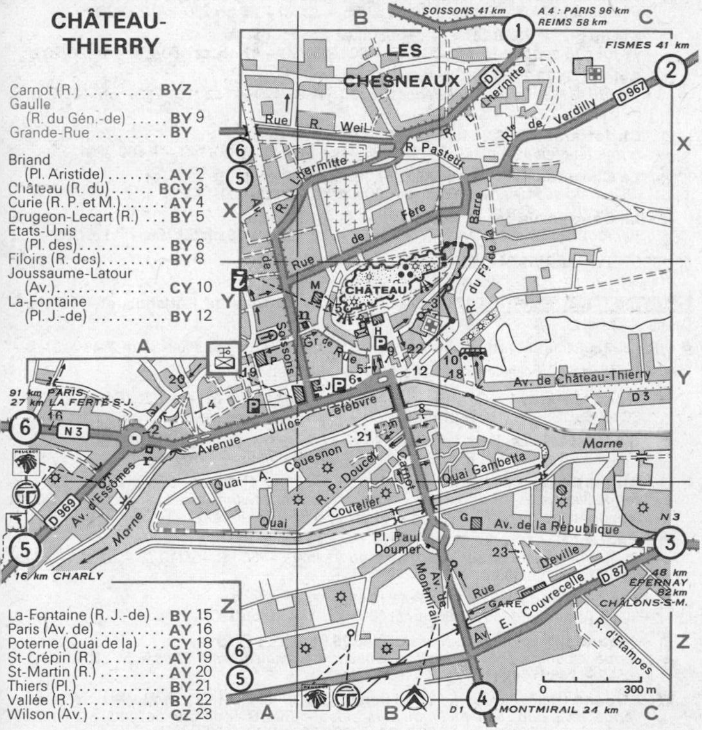

La-Fontaine (R. J.-de) .. **BY** 15
Paris (Av. de) .... **AY** 16
Poterne (Quai de la) ... **CY** 18
St-Crépin (R.) .... **AY** 19
St-Martin (R.) .... **AY** 20
Thiers (Pl.) .... **BY** 21
Vallée (R.) .... **BY** 22
Wilson (Av.) .... **CZ** 23

🏨 **Ile de France,** par ① : 2 km rte de Soissons ☎ 69.10.12 – |‡| ⇔wc ⋒wc ☎ **P**.
◆ 🚗 AE ◑ E VISA. ✗ ch
R 40/100 ♁ – ☕ 15 – **56 ch** 77/200.

🏨 **La Girafe** sans rest, pl. Aristide-Briand ☎ 83.02.06 – ⇔ ⋒wc 🚗 **P**. 🚗. ✗
SC : ☕ 14 – **30 ch** 60/130. — AY **r**

X **St-Éloi** avec ch, 27 av. Soissons ☎ 83.02.33, 🚗 – 🚗. ✗ rest — BY **n**
◆ *fermé 1er au 20 oct., 1er au 20 fév. et merc.* – SC : **R** 40/140 – ☕ 11 – **12 ch** 75/95.

BMW-OPEL Gar. Bachelet, av. Gén.-de-Gaulle à Essômes ☎ 83.21.78
CITROEN Aisne-Auto, 8 av. Montmirail ☎ 83.23.80
FORD Gar. Desaubeau, N 3 à Chierry ☎ 83.00.86
MERCEDES-BENZ Gar. des Cordeliers, 8 r. de la Plaine, Zone Ind. ☎ 83.45.88
PEUGEOT-TALBOT Verdel, 18 av. Essômes ☎ 83.20.25
PEUGEOT-**TALBOT** Gar. de la Prairie, Zone Ind. ☎ 83.24.42
RENAULT Gds Gar. de l'Avenue, 51-58 av. Essômes par ⑤ ☎ 83.14.48
V.A.G. Gar. Delattre, N 3, Blesmes ☎ 83.24.57

La Centrale du Pneu, 38 av. de Paris ☎ 83.02.79

CHÂTEL **74390** H.-Savoie **70** ⑱ **G. Alpes – 848 h. alt. 1 235 – Sports d'hiver : 1 200/2 100 m 3 29 – 50.**

Voir Site★ – Pas de Morgins★ S : 3 km.

Env. Pic de Morclan ✻★★ par télécabine.

Office de Tourisme (fermé dim. hors saison) ☎ 73.22.44, Télex 385856.

Paris 618 – Annecy 114 – Évian-les-Bains 40 – Morzine 50 – Thonon-les-Bains 39.

Macchi M, ☎ **73.24.12**, ← – ♿ – 50. rest
15 déc.-15 avril – **SC : R** 40/80 – 20 – **26 ch** 180/200 – P 230/270.

Fleur de Neige, ☎ **73.20.10,** ←, – ☎
18 juin-11 sept. et 17 déc.-Pâques – **SC : R** 60/125 – 20 – **42 ch** 140/300 – P 230/310.

Panoramic H. M, ☎ **73.22.15,** ←, – wc .
juil.-août et Noël-Pâques – **SC : R** 52/85 – 20 – **28 ch** 230 – P 200/260.

Stella , ☎ **73.23.26,** ← – wc wc .
1er juin-15 sept. et 15 déc.-30 avril – **SC : R** 50/90 – **47 ch** 150/210 – P 180/200.

Belalp, ☎ **73.24.39,** ← – wc wc .
1er juil.-31 août et Noël-Pâques – **SC : R** 52/120 – 18 – **30 ch** 125/200 – P 150/240.

Christiania, ☎ **73.24.19,** ← – wc wc
fermé fin avril à fin mai – **SC : R** 48/85 – 14 – **26 ch** 80/140 – P 160/200.

Le Choucas sans rest, ☎ **73.22.57,** ← – wc
15 juin-15 sept. et Noël-Pâques – **SC :** 12 – **14 ch** 100/140.

La Savoyarde , ☎ **73.23.13,** ← – . rest
juil.-août et 20 déc.-20 avril – **SC : R** 60 – 15,50 – **30 ch** 50/105 – P 126/159.

PEUGEOT Premat, ☎ 73.24.87 N

CHÂTELAILLON-PLAGE **17340** Char.-Mar. **71** ⑬ **G. Côte de l'Atlantique – 5 374 h. – Casino – 46.**

Office de Tourisme allées du Stade (fermé sam. hors sais. et dim. sauf juil.-août) ☎ 46.26.97.

Paris 468 – Niort 62 – Rochefort 21 – La Rochelle 12 – Surgères 28.

Host. Select, 1 r. G.-Musset ☎ **46.24.31** – wc . AE VISA
SC : R 65/185 – 15 – **21 ch** 85/155 – P 160/200.

Gd Hôtel, 13 av. Gén.-Leclerc ☎ **46.20.97** – wc . AE VISA
Pâques-15 oct. – **SC : R** 70/95 – 15 – **27 ch** 85/155 – P 160/200.

Majestic H., bd Libération ☎ **46.20.53** – wc ☎ . AE E VISA. rest
fermé vacances scol. de nov., Noël, fév., sam. et dim. d'oct. à Pâques – **SC : R** (résidents seul.) 65/85 – 15 – **31 ch** 75/150 – P 145/200.

Centre, 45 r. Marché ☎ **46.23.57** – wc . AE E VISA
fermé lundi midi et dim. du 1er oct. au 31 mars – **SC : R** 45/110 – 15 – **20 ch** 70/160 – P 155/195.

Les Goélands, 69 bd Mer ☎ **46.18.68** – wc
SC : R (dîner seul. pour résidents) 60 – 15 – **10 ch** 150.

Jeanne d'Arc, 12 r. G.-Musset ☎ **46.20.01** –
fermé vacances scol. de Noël et dim. soir hors saison sauf fêtes – **SC : R** 46/92 – 12 – **24 ch** 64/160 – P 135/195.

Océan (Bailly) avec ch, **121 bd République** ☎ **46.25.91** – . rest
fermé fév., dim. soir et lundi hors sais. – **SC : R** (nombre de couverts limité - prévenir) 70/230 – 15,50 – **24 ch** 80/150 – P 175/200
Spéc. Homard flambé, Sole Océan, Salade des boucholeurs. **Vins** Graves.

Armor, au port de Plaisance ☎ **46.27.91** –
mars-fin oct. – **SC : R** 80/140.

Aub. Chez Yannick, 23 bd Libération ☎ **46.25.08**
fermé 1er au 15 mars, lundi et mardi hors sais. – **SC : R** 48/110.

CHÂTELARD **38** Isère **77** ⑥ – rattaché à Bourg d'Oisans.

Voir Gorges d'Enval★ 3 km par ③ puis 30 mn.

🛈 Office de Tourisme parc E.-Clementel (1ᵉʳ avril-15 oct.) ☏ 86.01.17 et 16 r. du Lac St Hippolyte (16 oct.-31 mars et fermé dim.) ☏ 86.06.13.

Paris 378 ① – Aubusson 99 ③ – ♦Clermont-Fd 20 ② – Gannat 28 ① – Vichy 47 ① – Volvic 12 ③.

Baraduc (Av.) . . . . **BZ** 2	Château (R. du) . . . . **BY** 7	Levadoux-Bragga (R.) . . . **BZ** 20
Commerce (R. du) . . . . . . **CY** 8	Coulon (R. Roger) . . . . . . **BY** 10	Marché (Pl. du) . . . . **BY** 22
Hôtel-de-Ville (R. de l') . . **CY** 17	Dr-Gubler (R. du) . . . . . . **BZ** 12	Maupassant (R. Guy-de). . **BY** 23
	Dr-Levadoux (R. du) . . . . **BZ** 13	Orme (Pl. de l') . . . . **BY** 24
Brocqueville (Av. de) . . . . **AZ** 3	Fénelon (R.) . . . . **BY** 15	Ormeau (R. de l') . . . . . . **BY** 25
Brosson (Pl.) . . . . **BZ** 4	Groslier (R. J.) . . . . **BY** 16	Punett (R.) . . . . **BZ** 26
Chalusset (R. du) . . . . . . **AZ** 6	Lacroix (R.) . . . . **BZ** 18	Russie (Av. de) . . . . **AZ** 27

🏨 **Splendid** ⚶, r. Angleterre ☏ 86.04.80, Télex 990585, ≤, « Jardin ombragé en terrasses », ⤣ – ☯ 🅿 – 🕭 30. 🅰🅴 🅾 𝗩𝗜𝗦𝗔. ⚫ rest   AZ **x**
25 avril-20 oct. – SC : **R** 110 – **93 ch** ☲ 211/422 – P 352/487.

🏨 **International** ⚶, r. Punett ☏ 86.06.72, ≤, ≈ – ☯. ⚫ rest   ABZ **k**
2 mai-30 sept. – SC : **R** 105/110 – ☲ 19 – **68 ch** 120/220 – P 209/307.

🏨 **Mont Chalusset** ⚶, r. Punett ☏ 86.00.17, ≤, ≈ – ☯ – 🕭 30. 🅰🅴 🅾 🄴. ⚫ rest   BZ **q**
2 mai-5 oct. – SC : **R** 95/190 – ☲ 23 – **70 ch** 145/225 – P 239/280.

🏨 **Paris,** 1 r. Dr Levadoux ☏ 86.00.12 – ☯ ⭤wc ⌂wc ☎. ⚫ rest   BZ **u**
fermé 4 au 30 avril, 10 oct. au 1ᵉʳ déc. et dim. soir – SC : **R** (prévenir) 65/130 – ☲ 20 – **62 ch** 150/220 – P 200/280.

🏨 **Castel-Régina,** av. Brocqueville ☏ 86.00.15, ≈ – ☯ ⭤wc ⌂wc ☎. 🚗. ⚫ rest   AZ **b**
1ᵉʳ mai-15 oct. – SC : **R** 59/105 – ☲ 17 – **44 ch** 110/180 – P 160/235.

🏨 **Bains,** av. Baraduc ☏ 86.07.97, ≈ – ☯ ⭤wc ⌂wc ☎. ⚫ rest   BZ **m**
25 avril-15 oct. – SC : **R** 58/80 – ☲ 15 – **37 ch** 110/150 – P 184/230.

🏨 **Hirondelles,** av. États-Unis ☏ 86.09.11, ≈ – ☯ ⭤wc ⌂wc 🅿. ⚫ rest   BZ **p**
⬥ *28 avril-16 oct.* – SC : **R** 45/100 ⚘ – ☲ 12.50 – **50 ch** 78/150 – P 135/210.

🏨 **Établissement,** av. Brocqueville ☏ 86.03.43, ≤, ≈ – ☯ ⭤wc ⌂wc ☎ 🅿. 🚗. ⚫ rest   AZ **e**
2 mai-30 sept. – SC : **R** 60/70 – **70 ch** ☲ 65/165 – P 140/220.

🏨 **Thermalia,** av. Baraduc ☏ 86.00.11, ≈ – ☯ ⭤wc ⌂wc ☎. ⚫ rest   BZ **m**
début mai-30 sept. – SC : **R** 79/150 – ☲ 15 – **49 ch** 100/184 – P 203/276.

🏨 **Excelsior,** av. Brocqueville ☏ 86.06.63, ≤, ≈ – ☯ ⭤wc ⌂wc ☎. ⚫ rest   AZ **f**
⬥ *début mai-30 sept.* – SC : **R** 49/60 – ☲ 13 – **54 ch** 65/125, 3 bungalows 135 – P 160/210.

🏨 **Beau Site** ⚶, 2 r. Chalusset ☏ 86.00.49, ≈ – ⌂wc ☎ 🅿. ⚫ rest   AZ **n**
⬥ *1ᵉʳ mai-30 sept.* – SC : **R** 50/110 – ☲ 13 – **31 ch** 102/155 – P 161/188.

🏨 **Univers,** av. Baraduc ☏ 86.02.71 – ⭤wc ⌂wc ☎   BZ **v**
fermé mi-mars à fin mars, mi-oct. à mi-nov., dim. soir et lundi soir du 8 nov. au 30 avril – SC : **R** 62/100 – ☲ 13 – **41 ch** 59/122 – P 152/185.

CHÂTELGUYON

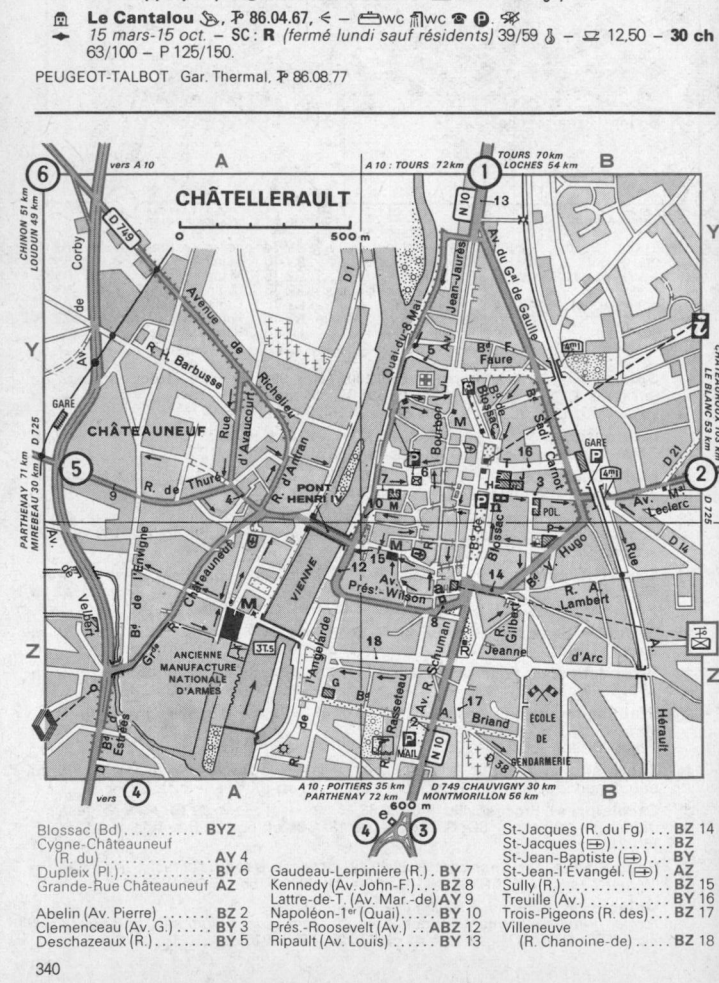

🏨 **Bérénice**, av. Baraduc ☎ 86.09.86 − 🖃 rest 🛏wc 🛗wc ☎. 🛠 rest — BZ **n**
   1er mai-5 oct. − SC : **R** 60/90, dîner à la carte 🍴 − ⌘ 16 − **13 ch** 95/170.

🏨 **Bellevue** 🐾, r. Punett ☎ 86.07.62, ≤, 🞯 − 📳 🛗wc ☎. 🛠 rest — BZ **a**
   2 mai-15 oct. − SC : **R** 50/55 − ⌘ 15 − **40 ch** 59/145 − P 121/204.

🏨 **Les Bruyères** 🐾, r. Chalusset ☎ 86.01.09 − 🛏wc 🛗wc ☎ 🅿. 🛠 — AZ **d**
   2 mai-30 sept. − SC : **R** 48/77 − ⌘ 13 − **26 ch** 45/190 − P 123/175.

🏨 **Printania**, av. Belgique ☎ 86.15.09, 🞯 − 📳 🛗wc ☎ 🅿. 🞉🞉 🆅🅸🆂🅰. 🛠 rest — AY **z**
   Pâques-16 oct. − SC : **R** 66/94 − ⌘ 14 − **40 ch** 88/170 − P 234/316.

🏨 **Régence**, av. États-Unis ☎ 86.02.60 − 🛏wc 🛗wc ☎. 🞉🞉 🛠 rest — CZ **y**
   3 mai-15 oct. − SC : **R** 51/67 − ⌘ 14,50 − **28 ch** 67/126 − P 129/185.

🏨 **Paix**, av. États-Unis ☎ 86.06.90 − 🛗wc ☎ — CZ **y**
   1er mai-15 oct. − SC : **R** 50/110 − ⌘ 12 − **32 ch** 55/135 − P 126/175.

🏨 **Modern'H.**, av. Baraduc ☎ 86.01.13 − ☎. 🛠 — BZ **s**
   2 mai-10 oct. − SC : **R** 50 − ⌘ 11,50 − **28 ch** 60/125 − P 140/155.

🏨 **Chante-Grelet**, av. Gén.-de-Gaulle ☎ 86.02.05 − 🛏wc 🛗wc ☎. 🛠 rest — BY **r**
   15 avril-10 oct. − SC : **R** 57/95 − ⌘ 13 − **35 ch** 100/128 − P 140/185.

🍴🍴 **La Grilloute**, av. Baraduc ☎ 86.04.17 — BZ **w**
   15 mai-5 oct. et fermé mardi sauf fêtes − SC : **R** 60/75.

   à St-Hippolyte par ② et bd Desaix : 2 km − ✉ 63140 Châtelguyon :

🏨 **Le Cantalou** 🐾, ☎ 86.04.67, ≤ − 🛏wc 🛗wc ☎ 🅿. 🛠
   15 mars-15 oct. − SC : **R** *(fermé lundi sauf résidents)* 39/59 🍴 − ⌘ 12,50 − **30 ch**
   63/100 − P 125/150.

PEUGEOT-TALBOT Gar. Thermal, ☎ 86.08.77

Voir Musée de l'automobile et de la technique★ AZ **M.**

🛈 Office de Tourisme bd Blossac (fermé lundi hors sais et dim.) ⊅ 21.05.47 – A.C.O. r. C.-Krebs ⊅ 21.03.46.

Paris 306 ① – Châteauroux 103 ② – Cholet 128 ⑤ – Poitiers 35 ④ – ✦Tours 72 ①.

Plan page ci-contre

🏨 ❀ **Gd H. Moderne et rest. La Charmille** (Proust), 74, bd Blossac ⊅ 21.30.11,
➡ Télex 791801 – 📶 📺 🛏wc 🛁wc 🕿 🖐 🚗 – 🔏 25 🚗🖐 📠 ⓪ 🅴 🆅🆂🅰 BY **n**
SC : **R** (fermé 2 au 31 janv. et dim. soir) 130 - **Grill** (fermé 4 déc. au 2 janv. et dim. soir
de janv. à Pâques) **R** 44bc/55bc – ⊊ 25 – **37 ch** 105/330
Spéc. Salade ˝Charmille˝, Sandre à la Poitevine, Aiguillettes de canard à la confiture d'oignons.

🏨 **Ibis** Ⓜ, quartier de la Forêt ⊅ 21.75.77, Télex 791488 – 📶 📺 🛏wc 🕿 🅿 – 🔏
30 à 60. 🚗🖐 🅴 🆅🆂🅰 BZ **e**
SC : **R** carte environ 65 🖐 – ☕ 18 – **72 ch** 156/182.

🏨 **Univers,** 4 av. G.-Clemenceau ⊅ 21.23.53 – 📶 🛏wc 🛁wc 🕿 🚗 🚗🖐 BY **n**
fermé sam. soir et dim. du 15 oct. au 15 avril – SC : **R** 51/120 – ⊊ 14 – **30 ch** 90/160
– P 206/276.

🏨 **Croissant,** 19 av. J.-F.-Kennedy ⊅ 21.01.77 – 🛏wc 🛁 🚗 🚗🖐 🆅🆂🅰 BZ **a**
➡ fermé 26 déc. au 3 janv., lundi (sauf hôtel) et dim. soir – SC : **R** 49/120 🖐 – ⊊ 17 –
20 ch 76/160.

🏨 **L'Escale** sans rest, sortie Nord sur N 10 ⊅ 21.13.50, 🚗 – 📶 🛁wc 🕿 🅿 🚗🖐 🅴
SC : ⊊ 16 – **32 ch** 90/169.

à *Naintré-les-Barres* par ④ : 9 km sur N 10 – ✉ **86530** Naintré :

🍴🍴 **La Grillade,** ⊅ 90.03.42 – 🅿 🆅🆂🅰
fermé 10 au 25 nov., 10 au 25 janv. et lundi – SC : **R** 65/180.

CITROEN Raison, l'Orée du Bois rte de Poitiers par bd d'Estrées AZ ⊅ 21.32.22
FIAT, TOYOTA Touzalin, 107 r. d'Antran ⊅ 21.14.29
FORD Tardy, 40 bd d'Estrées ⊅ 21.48.44
PEUGEOT-TALBOT Georget, N 10, Sortie Sud par bd d'Estrées AZ ⊅ 21.08.32
RENAULT Burban et Lanoue, l'Orée du Bois, N 10 Sud par bd d'Estrées AZ ⊅ 21.30.90

RENAULT Robin, 159 bd d'Estrées ⊅ 21.09.85

🖐 Chartier-Pneus, 124 r. Camille Page ⊅ 21.58.22
Lavigne-Pneus, Av. Robert Schumann ⊅ 21.56.66
Leroux, 44 bd V.-Hugo ⊅ 21.11.42

Paris 427 – Champagnole 23 – Lons-le-Saunier 20 – Morez 44 – Poligny 35.

🍴🍴 **Chez Yvonne** 🐾 avec ch, E : 2,5 km D 39 ⊅ 25.70.82, ≼, 🍴 – 🛁 🅿
fermé 1er janv. au 10 fév., lundi soir et mardi – **R** 65/90 – ⊊ 10 – **8 ch** 50/65.

Voir Triptyque★ dans l'Hôtel de Ville.

🛈 Syndicat d'Initiative pl. Champ-de-Foire (saison, fermé matin, merc. et jeudi) ⊅ 55.02.27.

Paris 420 – Bourg-en-Bresse 24 – ✦Lyon 54 – Mâcon 25 – Meximieux 34 – Villefranche-sur-Saône 27.

🏨 **Chevalier Norbert,** av. C. Desormes ⊅ 55.02.22 – 🖥 rest 🛏wc 🕿 🖐 🚗
29 ch.

🍴🍴 **de la Tour** avec ch, pl. République ⊅ 55.05.12 – 🛏wc 🛁wc 🚗 🚗🖐
fermé 10 fév. au 15 mars, dim. soir et merc. – SC : **R** 65/160 – ⊊ 15 – **12 ch** 70/160.

route de Marlieux SE : 2 km sur D 7 – ✉ 01400 Châtillon-sur-Chalaronne :

🍴🍴 **Aub. de Montessuy,** ⊅ 55.05.14, ≼, 🍴 – 🅿 🅴 🆅🆂🅰
fermé 10 au 18 oct., 2 janv. au 2 fév., lundi soir et mardi – SC : **R** 70/155 🖐.

PEUGEOT-TALBOT Ambrosi, ⊅ 55.00.73
RENAULT Chatillon Auto, ⊅ 55.03.23 🔃

Gar. de l'Hippodrome, ⊅ 55.02.16

🛈 Syndicat d'Initiative 81 r. Grande (fermé dim.) ⊅ 38.70.96.

Paris 256 – Le Blanc 43 – Blois 76 – Châteauroux 48 – Châtellerault 64 – Loches 22.

🍴🍴 **Auberge de la Tour** avec ch, ⊅ 38.72.17 – 🛁 🚗 🚗🖐 ⊊
➡ fermé 15 déc. au 15 janv. et lundi – SC : **R** 43/90 🖐 – **11 ch** ⊊ 89/150 – P 135/230.

🍴 **Promenade,** pl. Champ de Foire ⊅ 38.71.95
➡ fermé 1er au 15 juil., mardi soir et merc. – SC : **R** 40/95 🖐.

CITROEN Cholet, ⊅ 38.75.04
RENAULT Goullier, ⊅ 38.71.09

Gar. Moderne, ⊅ 38.75.27

CHATILLON-SUR-LOIRE 45360 Loiret 65 ② – 2 341 h. alt. 135 – ✪ 38.

Office de Tourisme 50 Grande-Rue (Pâques, Pentecôte et 1er juil.-31 août).

Paris 164 – Auxerre 75 – Cosne-sur-Loire 29 – ♦Orléans 79 – Montargis 49.

- **Le Marois** M sans rest, 11 r. Champault ✆ 31.11.40 – wc ☎.
  SC : ☕ 14 – **9 ch** 90/140.

PEUGEOT-TALBOT Gar. Lachaux, ✆ 31.45.22   RENAULT Gar. Theurier, ✆ 31.40.34

CHATILLON-SUR-SEINE 21400 Côte-d'Or 65 ⑧ **G. Bourgogne** – 7 931 h. alt. 224 – ✪ 80.

Voir Source de la Douix★ F – Musée★ M : trésor de Vix★★.

Syndicat d'Initiative avec A.C. pl. Marmont (fermé dim. et lundi sauf après-midi en saison) ✆ 91.13.19.

Paris 248 ⑤ – Auxerre 83 ⑤ – Avallon 79 ⑤ – Chaumont 58 ① – ♦Dijon 84 ③ – Langres 72 ① – Saulieu 78 ④ – Troyes 68 ⑥.

- **Côte d'Or** , r. Ronot (t) ✆ 91.13.29, , « Jardin ombragé » – wc wc ☎ – 25. AE ◑ VISA
  fermé 11 déc. au 26 janv., dim. soir et lundi sauf fériés, juil. et août – SC : **R** 60/165 – ☕ 27 – **10 ch** 127/270.
- **Sylvia H.** sans rest, 9 av. Gare (a) ✆ 91.02.44, – wc wc ☎ ♿ Ⓟ. VISA
  SC : ☕ 17 – **21 ch** 56/162.
- **Jura** sans rest, 19 r. Dr Robert (s) ✆ 91.26.96 – wc ☎ Ⓟ
  fermé janv. et vend. hors sais. – SC : ☕ 14 – **10 ch** 60/120.
- **Europa H.**, pl. Résistance (n) ✆ 91.04.10
  R 30/68 🌡.

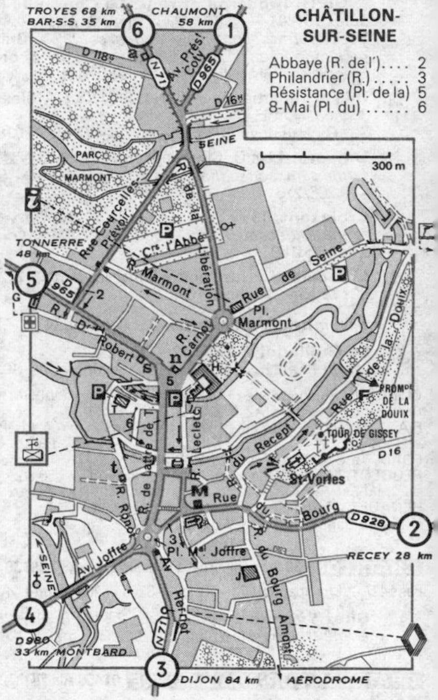

CHÂTILLON-SUR-SEINE

Abbaye (R. de l') 2
Philandrier (R.) 3
Résistance (Pl. de la) 5
8-Mai (Pl. du) 6

CITROEN Folléa Auto., av. E.-Hériot par ③ ✆ 91.19.63
FIAT Gar. Châtillonnais, 20 av. Gare ✆ 91.11.13
FORD Gar. Centre, 3 r. Marmont ✆ 91.15.41
OPEL Gar. du Val-de-Seine, 13 av. E.-Herriot ✆ 91.06.84
PEUGEOT-TALBOT Berthier, rte de Troyes par ⑥ ✆ 91.13.80
RENAULT STECA, 14 bis av. Ed.-Herriot ✆ 91.14.04

Pneus-Service-Deschamps, 17 r. Courcelles-Prévoir ✆ 91.05.34

La CHATRE 36400 Indre 68 ⑲ **G. Périgord** – 5 218 h. alt. 222 – ✪ 54.

Office de Tourisme square G.-Sand (15 juin-15 sept.) ✆ 48.22.64.

Paris 301 ① – Bourges 71 ② – Châteauroux 36 ① – Guéret 53 ④ – Montluçon 62 ③ – Poitiers 138 ⑤ – St-Amand-Montrond 49 ②.

Plan page ci-contre

- **Notre Dame** sans rest, 4 pl. N.-Dame (a) ✆ 48.01.14 – wc wc ☎ Ⓟ. AE ◑ E VISA.
  fermé vacances de fév. et dim. – SC : ☕ 18 – **16 ch** 75/180.
- **Poste,** 10 r. Basse-du-Mouhet (n) ✆ 48.05.62 – AE ◑ E VISA
  fermé sept., 25 déc. au 1er janv., dim. soir et lundi – SC : **R** 55/180 🌡.
- **Aub. du Moulin Bureau,** r. fg. St-Abdon S : 1 km par pl. de l'Abbaye ✆ 48.04.20 – Ⓟ. VISA
  fermé 6 au 15 oct., 7 au 31 janv., mardi soir et merc. – SC : **R** 52 (sauf fêtes)/100.

à *Nohant-Vic* par ① : 6 km – ✉ **36400** La Châtre.

Voir Vic : fresques★ de l'église NO : 2 km.

- **La Petite Fadette** , ✆ 31.01.48, – wc wc ☎. E.
  fermé janv. et mardi sauf du 6 juil. au 6 sept. – SC : **R** 60/90 – ☕ 14 – **15 ch** 80/110.

LA CHÂTRE

*Pour un bon usage des plans
de villes, voir les signes
conventionnels p. 20*

à *St-Chartier* par ① et D 918 : 9 km – ⊠ 36400 La Châtre :

🏛 **Château Vallée Bleue** ⑤, rte Verneuil ☏ 31.01.91, ≤, parc – 🛏wc ⋔wc ☎
🚗 🅿 🛎
avril-30 nov. – **SC** : **R** (dîner seulement) 66 – ⊃ 16 – **11 ch** 72/155.

CITROEN Gar. Patry, par ④ ☏ 48.04.83 🅽   🔧 Chirault, ☏ 48.04.10
PEUGEOT-TALBOT Jamet, ☏ 48.02.79   Récup-Auto, ☏ 48.04.62

▭ **CHAUBLANC** 71 S.-et-L. 📙 ② – rattaché à Verdun-sur-le-Doubs.

▭ **CHAUDES-AIGUES** 15110 Cantal 📖 ⑭ G. Auvergne (plan) – 1 383 h. alt. 750 – Stat. therm.
(1er mai-15 oct.) – ✆ 71.

🛈 Office de Tourisme 1 av. G.-Pompidou (1er mai-15 oct.) ☏ 23.52.75.

Paris 522 – Aurillac 94 – Entraygues-sur-T. 62 – Espalion 56 – St Chély-d'Apcher 29 – St-Flour 32.

🏛 **Beauséjour**, ☏ 23.52.37, ☞ – 🛗 ⋔wc ☎ 🚗 🅿 – 🛠 80. 🇪
➡ *1er mars-15 nov. et fermé sam. sauf l'hôtel en sais.* – **SC** : **R** 38/130 – ⊃ 14,50 –
44 ch 70/155 – P 100/170.

🏛 **Thermes**, ☏ 23.51.18 – 🛗 🛏wc ⋔wc ☎ ⸔ 🚗. 🇪
➡ *20 avril-15 oct.* – **SC** : **R** 38/100 – ⊃ 14 – **34 ch** 85/150 – P 115/176.

🏛 **Valette**, ☏ 23.52.43 – 🛗 ⋔wc ☎. 🇪 ✿ rest
➡ *1er mai-15 oct.* – **SC** : **R** 52/95 – ⊃ 13 – **45 ch** 60/170 – P 135/166.

🏛 **Résidence** sans rest, ☏ 23.51.89 – 🛗 ⋔wc ☎
fermé 10 fév. au 30 mars et dim. du 15 oct. au 1er mai – **SC** : ⊃ 11 – **15 ch** 45/105.

🍽🍽 **Aux Bouillons d'Or** 🅼 avec ch, ☏ 23.51.42 – 🛗 📺 🛏wc ☎. 🈁
➡ *1er avril-1er déc. et fermé mardi du 15 oct. au 1er mai* – **R** 46/160 – ⊃ 14 –
12 ch 141 – P 137/212.

CITROEN Gar. Moderne, ☏ 23.52.52   RENAULT Gascuel, ☏ 23.52.82

▭ **CHAUFFAILLES** 71170 S.-et-L. 📗 ⑧ – 5 002 h. alt. 405 – ✆ 85.

🛈 Syndicat d'Initiative au Château (15 avril-31 août, fermé dim. et lundi) ☏ 26.07.06.

Paris 442 – Charolles 32 – ♦Lyon 88 – Mâcon 68 – Roanne 36 – Vichy 99 – Villefranche-sur-Saône 61.

🏛 ✿ **Paix** (Jury), pl. République ☏ 26.02.60 – 🛏wc ⋔ ☎ 🚗. 🚌 🅾. ✿ rest
début mars-oct. et fermé dim. soir et lundi du 15 sept. au 1er juillet – **SC** : **R** (dim.
prévenir) 90/200 – ⊃ 18 – **19 ch** 70/180 – P 180/210
Spéc. Terrine d'escargots, Langoustines aux tagliatelles fraîches, Cuisse de canard marinée en
cocotte. **Vins** St-Véran, Beaujolais-Villages.

CITROEN Gar. Millière, à Le Foulon ☏ 26.02.09   V.A.G. Comte, La Bardinière ☏ 26.00.71
FIAT Demurger, rte de Lyon ☏ 26.04.67
RENAULT Gar. Moderne, ☏ 26.04.12   🔧 Pneu-Service, à Le Foulon ☏ 26.10.87

▭ **CHAUFFRY** 77 S.-et-M. 📘 ③ – rattaché à Coulommiers.

▭ **CHAUFOUR-LÈS-BONNIÈRES** 78 Yvelines 📙 ⑱, 📖 ① – 263 h. alt. 158 – ⊠ 78270
Bonnières-sur-Seine – ✆ 3.

Paris 77 – Bonnières-sur-Seine 8 – Évreux 25 – Mantes-la-Jolie 19 – Vernon 10 – Versailles 61.

🍽 **Au Bon Accueil** avec ch, N 13 ☏ 476.11.29 – 🅿 🚌 𝘝𝘐𝘚𝘈
➡ *fermé juil. et sam.* – **R** 45/90 – ⊃ 10 – **13 ch** 50/80.

343

La CHAULME 63 P.-de-D. 🔳🔳 ⑰ – 194 h. alt. 1 150 – ⊠ 63660 St-Anthème – ✆ 73.

Paris 467 – Ambert 31 – ♦Clermont-Ferrand 116 – Montbrison 33 – Le Puy 65 – ♦St-Étienne 47.

- ✗ **Creux de l'Oulette** ⤴ avec ch, ✆ 95.41.16 – 🛏 *VISA*
- ➡ *fermé 15 nov. au 15 déc. et mardi hors sais.* – SC : **R** 34/130 ⅛ – ⚬ 9 – **11 ch** 60/96 – P 96/102.

La CHAUME 85 Vendée 🔳🔳 ⑫ – rattaché aux Sables-d'Olonne.

CHAUMONT 🅿 52000 H.-Marne 🔳🔳 ⑪ **G. Nord de la France** – 29 978 h. alt. 314 – ✆ 25.

Voir Viaduc★ AZ – Basilique St-Jean-Baptiste★ BY E.

🛈 Syndicat d'Initiative 18 bd Thiers (1er juil.-31 août, fermé sam. et dim.) ✆ 03.04.74.

Paris 259 ⑤ – Auxerre 141 ④ – Épinal 130 ② – Langres 35 ③ – St-Dizier 74 ① – Troyes 94 ⑤.

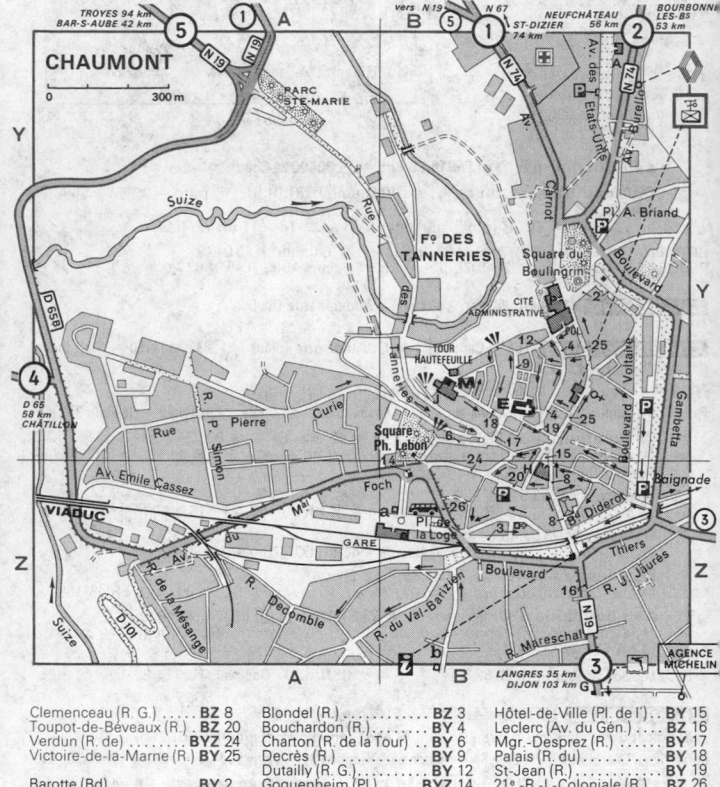

Clemenceau (R. G.) . . . . . **BZ** 8	Blondel (R.) . . . . **BZ** 3	Hôtel-de-Ville (Pl. de l') . . **BY** 15
Toupot-de-Béveaux (R.) . . **BZ** 20	Bouchardon (R.) . . . . **BY** 4	Leclerc (Av. du Gén.) . . . . **BZ** 16
Verdun (R. de) . . . . **BYZ** 24	Charton (R. de la Tour) . . **BY** 6	Mgr.-Desprez (R.) . . . . . . **BY** 17
Victoire-de-la-Marne (R.) **BY** 25	Decrès (R.) . . . . **BY** 9	Palais (R. du) . . . . **BY** 18
	Dutailly (R. G.) . . . . **BY** 12	St-Jean (R.) . . . . **BY** 19
Barotte (Bd) . . . . **BY** 2	Goguenheim (Pl.) . . . . . **BYZ** 14	21e.-R.-I.-Coloniale (R.) . . **BZ** 26

- 🏨 **Terminus-Reine**, pl. Gare ✆ 03.66.66, Télex 840920 – 📶 📺 �ᵂᶜ 🛀wc ☎ ⟵
- ➡ 🄿 – 🏧 50. 🅰🄴 ⓿ 🄴 *VISA*　　　　　　　　　　　　　　　　　　　　　　　　　　　BZ **a**
  SC : **R** *(fermé dim. soir du 1er nov. à Pâques)* 46/200 ⅛ – ⚬ 20 – **63 ch** 80/250 – P 230/350.

- 🏨 **Le Gd Val**, rte Langres par ③ : 2,5 km ✆ 03.90.35 – 📶 📺 🚿wc 🛀wc ☎ ⟵ 🄿
- ➡ 🅰🄴 ⓿ 🄴 *VISA*
  fermé 20 au 28 déc. et dim. soir du 1er nov. au 30 mars – SC : **R** 39/100 – ⚬ 15 – **64 ch** 70/150.

- 🏨 **Étoile d'Or**, rte de Langres par ③ ✆ 03.02.23 – 🚿wc 🛀wc 🌂 🄿 🅰🄴
- ➡ *fermé oct., dim. soir et lundi midi* – SC : **R** 45/130 – 🍽 13 – **17 ch** 70/150.

- 🏨 **Royal** sans rest, 31 r. Mareschal ✆ 03.01.08 – 🛀 🄿　　　　　　　　　　　　　BZ **b**
- ➡ *fermé 1er au 25 août* – SC : 🍽 12 – **16 ch** 52/75.

- ✗ **Buffet de France,** pl. Gén. de Gaulle ✆ 03.15.49 – 🄴 *VISA*　　　　　　　　　　BZ
- ➡ *fermé août et sam.* – SC : **R** 45/70.

MICHELIN, Agence, 11 r. du Clos-Voillemin BZ ☏ 03.64.09

BMW, TOYOTA SODECO, 38 av. Gen. Leclerc ☏ 03.49.04
CITROEN Montigny, 34 av. Gén.-Leclerc par ③ ☏ 03.74.79
FIAT Gar. Diderot, rte de Neuilly ☏ 03.23.37
FORD Centre Autom., 21, 24 bd Thiers ☏ 03.36.11
PEUGEOT, TALBOT Gar. Lorinet, rte de Neuilly par ③ ☏ 03.14.50
PEUGEOT, TALBOT Gar. François, N 19, rte de Langres par ③ ☏ 03.08.88 🆖 ☏ 03.23.36

RENAULT Relais Paris-Bâle, rte Langres par ③, km 3 ☏ 03.72.22
RENAULT Boni, 11 r. P.-Burello ☏ 03.04.55
V.A.G., Petitprêtre, 5 rte de Choignes ☏ 03.06.18

🅖 Garcia, 9 Fg de la Maladière ☏ 03.12.52
Station-Pernot-Delord, 60 av. République ☏ 03.08.43

CHAUMONTEL 95 Val-d'Oise 🄻🄻 ⑪, ⑲🄶 ⑧ – rattaché à Luzarches.

CHAUMONT-EN-VEXIN 60240 Oise 🄻🄻 ⑨ **G.** Environs de Paris – 2 027 h. alt. 69 – ✿ 4.

Voir Église★.

🏌 de Bertichères ☏ 449.00.81 NO : 2 km.

Paris 66 – Beauvais 29 – Gisors 9 – Magny-en-Vexin 18 – Mantes-la-Jolie 40 – Pontoise 32.

XX **Gd Cerf,** ☏ 449.00.57
➡ fermé août, 15 au 31 janv. et lundi – SC : **R** (déj. seul.) 45/110 🍷.

PEUGEOT Gaillet, ☏ 449.00.01

CHAUMONT-SUR-LOIRE 41 L.-et-Ch. 🄶🄸 ⑯⑰ **G.** Châteaux de la Loire – 793 h. alt. 65 – ✉ 41150 Onzain – ✿ 54.

Voir Château★★.

Paris 200 – Amboise 17 – Blois 17 – Montrichard 18 – ♦Tours 41.

🏛 **Host. Château** sans rest, ☏ 46.98.04, 🏊, 🦌 – 🛏wc 🛎 🅿 – 🔥 25. 🕿 🆎 ⑩ 🄴 **VISA** 🛥
15 mars-15 nov. – SC : 🖵 25 – **17 ch** 220/380.

RENAULT Gar. Lefebvre, ☏ 46.98.65

CHAUMONT-SUR-THARONNE 41 L.-et-Ch. 🄶🄸 ⑨ **G.** Châteaux de la Loire – 932 h. alt. 126 – ✉ 41600 Lamotte-Beuvron – ✿ 54.

Paris 167 – Blois 51 – ♦Orléans 35 – Romorantin-Lanthenay 33 – Salbris 26.

XXXX ✿ **Croix Blanche** (Madame Crouzier) 🦌 avec ch, ☏ 88.55.12, 🏡, 🦌 – 🛏wc 🕿wc 🛎 🅿, 🕿 🆎 ⑩ 🄴 **VISA** 🛥 ch
fermé 28 juin au 8 juil., janv., fév. et merc. sauf juil.-août – SC : **R** (dim. et fêtes prévenir) 140/320 – 🖵 25 – **15 ch** 120/330 – P 360/500
Spéc. Foies gras et truffes, Délicatesse des étangs solognots, Mique royale. **Vins** Montlouis.

RENAULT Brinet, ☏ 88.55.09

CHAUNAY 86510 Vienne 🄷🄷 ③ – 1 281 h. alt. 131 – ✿ 49.

Paris 381 – Angoulême 64 – Confolens 55 – Montmorillon 71 – Niort 55 – Poitiers 46.

XX ✿ **Central H.** (Benoist) avec ch (transfert possible), ☏ 49.25.04 – 🛏wc 🕿wc 🛎 ➡ 🅿, 🕿 ⑩ **VISA**
fermé fév. et mardi – SC. **R** (nombre de couverts limité-prévenir) carte 125 à 170 🖵 13 – **12 ch** 80/150
Spéc. Terrine de brochet et d'écrevisses, Feuilleté de ris de veau aux morilles, Aiguillettes de caneton au Chinon. **Vins** Gamay, Sauvignon.

FIAT Gar. Steffen, ☏ 49.25.27   Garage Pallu, ☏ 49.25.09 🆖

CHAUNY 02300 Aisne 🄻🄻 ③④ – 14 937 h. alt. 47 – ✿ 23.

🅑 Office de Tourisme pl. Hôtel de Ville (fermé matin sauf vend., dim. et lundi) ☏ 52.10.79.
Paris 123 ③ – Laon 36 ① – Noyon 17 ③ – St-Quentin 30 ① – Soissons 32 ②.

XX **Gare et rest Chateaubriand** avec ch, (a) ☏ 52.11.91 – 🛏wc 🕿wc 🛎, 🕿 🄴 **VISA** 🛥
➡ fermé août et sam. – SC : **R** 45/160 🍷 – 🖵 13 – **19 ch** 65/105.

à **Ognes** par ③ : 1 km – ✉ 02300 Chauny :

XX **Relais St-Sébastien,** ☏ 52.15.77
fermé août, dim. soir et lundi – **R** 62 bc/175 bc.

PEUGEOT-TALBOT Chaunoise Autom., 108 r. Pasteur par ① ☏ 52.11.59
RENAULT Charbonnier, 137 r. Pasteur par ① ☏ 52.31.47

🅖 Dupont-Pneus, N 32 à Condren ☏ 57.00.58

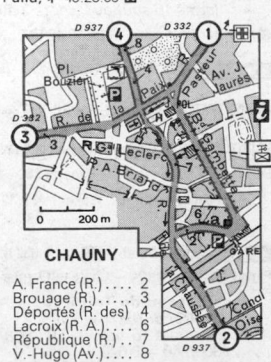

CHAUNY

CHAUSEY (Iles) 50 Manche 59 ⑦ G. Normandie.

Voir Grande Ile★.

Accès par transports maritimes.

🛳 depuis **Granville**. En 1982 : mai à sept. 1 à 3 services quotidiens - Traversée 1 h — 52 F (AR) par Vedettes Vertes Granvillaises 1 r. Le Campion ℡ 50.16.36 (Granville) et en saison, 1 à 2 services quotidiens, hors saison : 3 services hebdomadaires.

- Traversée 55 mn - 52 F (AR) par Vedette Jolie France Gare Maritime ℡ 50.31.81 (Granville).

🛳 depuis **St-Malo**. En 1982 : mai-sept., 1 service quotidien - Traversée 1 h 30 - 70 F (AR) par Vedettes Blanches Gare Maritime de la Bourse ℡ 56.63.21 (St-Malo).

CHAUSSÉE 51 Marne 56 ⑯ — rattaché à Épernay.

La CHAUSSÉE-ST-VICTOR 41 L.-et-Ch. 64 ⑦ — rattaché à Blois.

CHAUSSIN 39120 Jura 70 ③ — 1 558 h. alt. 191 — ✪ 84.
Paris 366 — Beaune 53 — ♦Besançon 78 — Chalon-sur-S. 55 — ♦Dijon 52 — Dole 20 — Lons-le-Saunier 43.

🏠 **Voyageurs ''Chez Bach'',** pl. Gare ℡ 71.20.62 — 🛏 🅿 🗲 VISA
↪ fermé 17 déc. au 10 janv. et vend soir — SC : **R** 45/120 ⚋ — ☲ 13 — **11 ch** 80/100 — P 120/150.

CHAUVIGNY 86300 Vienne 68 ⑭⑮ G. Côte de l'Atlantique (plan) — 6 600 h. alt. 67 — ✪ 49.

Voir Ville haute★ — Église St-Pierre★ : chapiteaux du choeur★★.

🛈 Syndicat d'Initiative pl. Marché aux Volailles (juil.-août et fermé dim. après-midi) et à la Mairie (hors saison et fermé dim. après-midi) ℡ 46.30.21.
Paris 336 — Bellac 63 — Le Blanc 37 — Châtellerault 30 — Montmorillon 26 — Poitiers 23 — Ruffec 74.

🏠 **Lion d'Or,** 8 r. Marché ℡ 46.30.28 — 🛁wc 🚿wc ☎ 🅿 🕰 VISA
↪ fermé 15 déc. au 15 janv. et dim. soir du 1er nov. au 30 mars — SC : **R** 50/100 — ☲ 15 — **27 ch** 80/150.

🏠 **Beauséjour,** 18 r. Vassalour ℡ 46.31.30, ☀ — 🛁wc 🚿 🅿 🕰 🗲 VISA
↪ fermé 24 déc. au 8 janv. — SC : **R** (fermé dim.) 35/57 ⚋ — ☲ 12,50 — **19 ch** 60/150.

CITROEN Chargelegue, 48 rte St-Savin ℡ 46.30.65

CHAUX-DES-PRÉS 39 Jura 70 ⑮ — 173 h. alt. 876 — ✉ 39150 St-Laurent-en-Grandvaux — ✪ 84.
Paris 447 — Champagnole 33 — Lons-le-Saunier 40 — Morez 18 — St-Claude 22.

✗ **Aub. du Grandvaux** ⅏ avec ch, ℡ 60.40.65 — 🛁wc 🚗 🅿 — 🏖 100. 🕰
↪ ⅏ rest
fermé mars et merc. — SC : **R** 40/90 — ☲ 15 — **10 ch** 80/130 — P 150/200.

CHAVAGNES 49 M.-et-L. 64 ⑪ — 713 h. alt. 86 — ✉ 49380 Thouarcé — ✪ 41.
Paris 306 — Angers 28 — Cholet 45 — Saumur 35.

♨ **Faisan,** ℡ 91.43.18 — 🛁wc 🚿wc
↪ fermé 15 au 30 sept., déc., dim. soir et lundi — SC : **R** 44/80 ⚋ — ☲ 12 — **10 ch** 70/150 — P 91/120.

CHAVANAY 42 Loire 77 ① — 1 666 h. alt. 154 — ✉ 42410 Pelussin — ✪ 74.
Paris 510 — Annonay 27 — ♦St-Étienne 50 — Serrières 12 — Tournon 49 — Vienne 18.

✗✗ **Alain Charles,** rte Nationale ℡ 59.10.02, 🌿, ☀ — ▤ 🗲
↪ fermé 16 août au 2 sept., 2 au 15 janv., mardi soir et merc. — SC : **R** 40/120.

CITROEN Milamant, ℡ 59.10.45 🅽   PEUGEOT, TALBOT Gar. Jay, ℡ 59.10.15

CHAVOIRE 74 H.-Savoie 74 ⑥ — rattaché à Annecy.

La CHEBUETTE 44 Loire-Atl. 67 ④ — rattaché à Nantes.

CHEF-DU-PONT 50 Manche 54 ② — 807 h. alt. 12 — ✉ 50360 Picauville — ✪ 33.
Paris 323 — Carentan 13 — Carteret 38 — ♦Cherbourg 40.

♨ **Normandie,** pl. Gare ℡ 41.32.06, ☀ — 🅿
9 ch.

CHEFFES 49 M.-et-L. 64 ① — 632 h. alt. 20 — ✉ 49330 Châteauneuf-sur-Sarthe — ✪ 41.
Paris 278 — Angers 24 — Château-Gontier 33 — La Flèche 37.

🏰 **Château de Teildras** ⅏, ℡ 42.61.08, ≤, « Demeure du 16e s. dans un parc » — 🅿 AE ① VISA. ⅏ rest
1er mars-15 nov. — SC : **R** (fermé mardi midi) carte 145 à 185 — ☲ 32 — **11 ch** 300/540 — P 620.

Le CHEIX 63 P.-de-D. 🗷🗷 ⑭ – alt. 682 – ⊠ 63320 Champeix – ☎ 73.

Voir Gorges de Courgoul★ SE : 5 km, G. Auvergne.

Paris 429 – Besse-en-Chandesse 8,5 – ♦Clermont-Ferrand 43 – Issoire 27 – Le Mont-Dore 33.

🏠 **Relais des Grottes,** ☏ 96.77.65, ≤ – 🛏 ❷. 🛇🛇 ch
↝ *fermé 20 oct. au 15 déc.* – SC : **R** 48/68 🛆 – 😑 14 – **10 ch** 58/70 – P 110/118.

CHELLES 77 S.-et-M. 🗷🗷 ⑫, 🗷🗷🗷 ⑲ – voir à Paris, Proche banlieue.

CHÉNAS 69 Rhône 🗷🗷 ① G. Vallée du Rhône – 402 h. alt. 250 – ⊠ 69840 Juliénas – ☎ 85.

Paris 411 – Chauffailles 50 – Juliénas 5 – ♦Lyon 62 – Mâcon 17 – Villefranche-sur-Saône 35.

🟡🟡 ❀ **Robin,** aux Deschamps ☏ 36.72.67, ≤, « Terrasse et jardin ouvrant sur le vignoble »
fermé début fév. à début mars et merc. – SC : **R** (déj. seul.) 100/200
Spéc. Foie gras frais de canard, Andouillette de Chenas, Charolais à la Bourguignonne. **Vins** Vins du pays.

CHENECEY-BUILLON 25 Doubs 🗷🗷 ⑮ – 388 h. alt. 279 – ⊠ 25440 Quingey – ☎ 81.

Paris 420 – ♦Besançon 18 – Poligny 48 – Salins-les-Bains 33.

🏠 **Gervais Pape** 🈯, ☏ 52.67.71 – ❷. 🛇🛇
↝ *fermé oct. et mardi* – SC : **R** 50/70 – 😑 15 – **10 ch** 50/100.

CHÊNEHUTTE-LES-TUFFEAUX 49 M.-et-L. 🗷🗷 ⑫ – rattaché à Saumur.

CHENERAILLES 23130 Creuse 🗷🗷 ① G. Périgord – 687 h. alt. 558 – ☎ 55.

Voir Haut-relief★ dans l'église.

Paris 364 – Aubusson 19 – La Châtre 65 – Guéret 33 – Montluçon 44.

🍴 **Coq d'Or** avec ch, ☏ 62.30.83 – 🛏
↝ *fermé janv. et sam.* – SC : **R** 33/82 🛆 – 😑 15 – **7 ch** 57/120 – P 132/165.

RENAULT Gar. Bogeard ☏ 62.30.25

CHENNEVIÈRES-SUR-MARNE 94 Val-de-Marne 🗷🗷 ①, 🗷🗷🗷 ㉘ – voir à Paris, Proche banlieue.

CHENONCEAUX 37 I.-et-L. 🗷🗷 ⑯ – 316 h. alt. 62 – ⊠ 37150 Bléré – ☎ 47.

Voir Château★★★, G. Châteaux de la Loire.

🅱 Syndicat d'Initiative 1 bis r. Château (Pâques, Pentecôte et juin-15 sept.) ☏ 29.94.45.

Paris 224 – Amboise 12 – Château-Renault 35 – Loches 32 – Montrichard 9,5 – ♦Tours 35.

🏨 **Bon Laboureur et Château,** ☏ 29.90.02, 🍴, 🌳 – 🛁wc 🛏wc ☎ ❷. 🖼🖼 🄰🄴
🄾 🄴 🆅🆂🅰
19 mars-1ᵉʳ nov. – SC : **R** 83/150 – 😑 22 – **29 ch** 85/240.

🍴 **Gâteau Breton,** ☏ 29.90.14, 🍴 – 🆅🆂🅰
↝ *15 fév.-15 nov. et fermé mardi* – SC : **R** 30/55 🛆.

Garage Bodin, à Civray ☏ 29.92.03 🄽 ☏ 29.93.32

CHERBOURG 🌊🌊 50100 Manche 🗷🗷 ② G. Normandie – 34 637 h. communauté urbaine 89 858 h. – Casino BY – ☎ 33.

Voir Fort du Roule ⁂★ CZ – Château de Tourlaville★ : parc★ 5 km par ①.

🚆 La Glacerie ☏ 53.53.49 par ② et D 122 : 7 km.

✈ de Cherbourg-Maupertus ☏ 53.57.04 par ① : 13 km.

🅱 Office de Tourisme ☏ 43.52.02 (fermé sam. après-midi hors sais. et dim.) avec A.C.O. ☏ 53.05.44, 2 quai Alexandre-III.

Paris 361 ② – ♦Brest 405 ② – ♦Caen 120 ② – Laval 222 ② – ♦Le Mans 271 ② – ♦Rennes 209 ②.

Plan page suivante

🏩 **Sofitel** 🄼 🈯, Gare Maritime ☏ 44.01.11, Télex 170613, ≤ – 📶 📺 ☎ ❷ – 🏌
25 à 50. 🄰🄴 🄾 🄴 🆅🆂🅰   CX s
R carte environ 90 – 😑 34 – **79 ch** 216/370.

🏨 **Louvre** sans rest, 2 r. H.-Dunant ☏ 53.02.28 – 📶 🛁wc 🛏wc 🖼 🔥 ⇦. 🛇🛇
SC : 😑 15 – **42 ch** 90/200.   BX e

🏨 **Moderna** sans rest, 28 bis r. Marine ☏ 53.04.89 – 🛁wc 🛏wc. 🖼🖼   BX a
SC : 😑 15 – **24 ch** 70/150.

🏨 **Torgistorps** 🄼 sans rest, 14 pl. République ☏ 43.32.32 – 📺 🛁wc 🛏wc ☎. 🖼🖼   BX r
🄰🄴 🄾 🄴 🆅🆂🅰
SC : 😑 12 – **14 ch** 85/260.

🏠 **Beauséjour** sans rest, 26 r. Gde Vallée ☏ 53.10.30 – 🛁wc 🛏wc 🖼. 🖼🖼   BX d
SC : 😑 13,50 – **27 ch** 54/216.

🏠 **Angleterre** sans rest, 8 r. P. Talluau ☏ 53.70.06 – 🛁wc 🛏 🔥. 🛇🛇   BX k
SC : 😑 13 – **22 ch** 70/160.

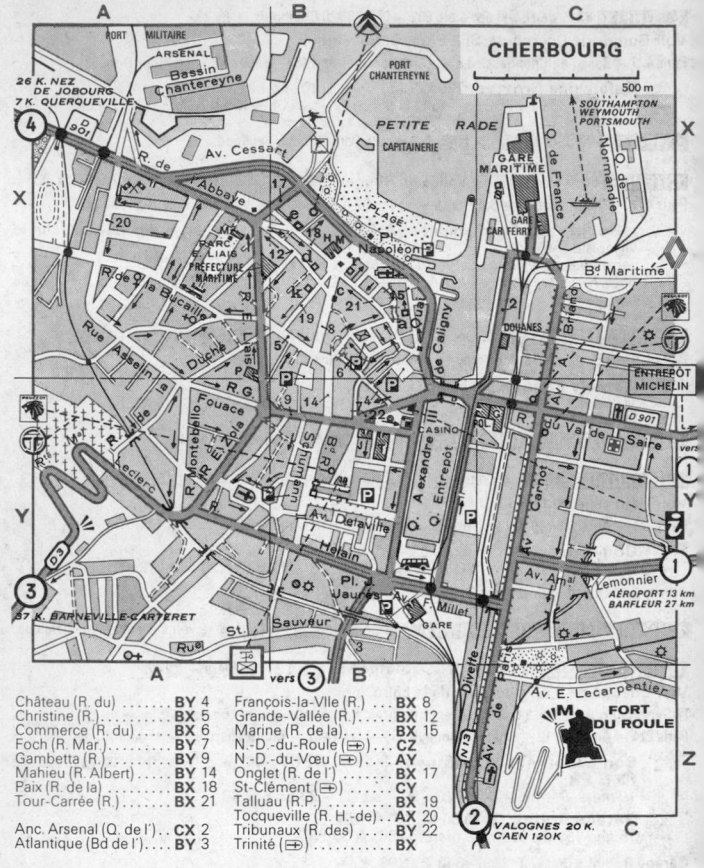

CHERBOURG

MICHELIN, Entrepôt, 8 r. Carnot à Tourlaville par ① ☎ 44.21.61

ALFA-ROMEO Manche Alfa, r. Vintras ☎ 43.
45.30
BMW-LANCIA-AUTOBIANCHI Gar. Renouf,
bd de l'Est à Tourlaville ☎ 53.33.98
CITROEN Burnouf, 36 pl. Napoléon ☎ 53.17.82
N ☎ 52.06.50
DATSUN Relet, 15 Citée Fougères, ☎ 53.21.89
PEUGEOT TALBOT Gar. de la Manche, 5 av.
Carnot ☎ 44.02.22
PEUGEOT TALBOT Leprévost, 46 bis r. Ancien-Quai ☎ 53.03.34
RENAULT Gar. du Cotentin, 47 r. Val-de-Saire
☎ 44.12.00

RENAULT Gar. Ecourtemer. 76 r. S.-Carnot,
Octeville par ③ ☎ 53.27.35
V.A.G. Gar. du Stade, Pl. Hôtel de Ville,
Equeurdreville ☎ 53.34.28
Gar. Marie, 95 r. Gén.-de-Gaulle, Equeurdreville
☎ 03.58.97

⚙ Cherbourg-Pneus. 12 r. Loysel ☎ 53.06.49
Destres, r. A.-Briand à Tourlaville ☎ 53.13.99
Francis-Pneus, Bd de l'Est ZI à Tourlaville ☎
53.40.41
Schmitt-Pneus, 13 r. du Maupas ☎ 44.05.42

Les CHÈRES 69 Rhône **74** ① – 756 h. alt. 210 – ⊠ **69750** Chasseley – ✿ 7.

Paris 444 – L'Arbresle 14 – ♦Lyon 21 – Meximieux 45 – Trévoux 10 – Villefranche-sur-Saône 11.

XX **Aub. du Pont de Morancé,** O : 1 km par D 100 ⊠ 69480 Anse ☎ 847.65.14, 🍴,
➔ « Jardin » – **P** **AE**
*fermé 16 au 26 août, mardi soir et merc. – SC : **R** 45/110 ⚗*

CHÉRISY 28 E.-et-L. **60** ⑦. **196** ㉕ – rattaché à Dreux.

CHÉROY 89690 Yonne 🗺 ⑬ – 981 h. alt. 127 – ⚙ 86.

Paris 104 – Auxerre 67 – Fontainebleau 40 – Montargis 39 – Nemours 24 – Sens 22.

  XX **Tour d'Argent,** ☏ 88.53.43 – ⚡
    fermé 2 janv. au 12 fév., lundi et mardi – SC : **R** 55/100.

RENAULT Rondelez, ☏ 88.50.11

CHERVINGES 69 Rhône 🗺 ① – rattaché à Villefranche-sur-Saône.

Le CHESNE 08390 Ardennes 🗺 ⑨ **G. Nord de la France** – 1 047 h. alt. 168 – ⚙ 24.

Paris 214 – Charleville-Mézières 37 – Rethel 35 – Sedan 30 – Stenay 35 – Vouziers 17.

  🏠 **Charrue d'Or,** ☏ 30.10.41 – 🄴 VISA ⚡
  → *fermé lundi soir* – SC : **R** 45/100 ⚗ – ☛ 15 – **8 ch** 50/70 – P 125.

PEUGEOT-TALBOT Gar Touzelet ☏ 30.10.68

Le CHEVALON 38 Isère 🗺 ④ – rattaché à Grenoble.

CHEVANCEAUX 17 Char.-Mar. 🗺 ② – 1 159 h. alt. 127 – ✉ 17210 Montlieu-la-Garde – ⚙ 46.

Paris 498 – Barbezieux 20 – ♦Bordeaux 62 – Jonzac 23.

  XX **Relais de Saintonge** avec ch, rte Bordeaux ☏ 04.60.66, 🛥 – 🄿 🖼
  → *1ᵉʳ avril-30 nov. et fermé dim.* – SC : **R** 50/80 ⚗ – ☛ 12 – **9 ch** 70/92.

CITROEN Ravail, ☏ 04.60.07

CHEVANNES 89 Yonne 🗺 ⑤ – rattaché à Auxerre.

CHEVILLY 45 Loiret 🗺 ⑲ – 2 739 h. alt. 114 – ✉ 45410 Artenay – ⚙ 38.

Paris 103 – Chartres 58 – Châteaudun 45 – Étampes 52 – ♦Orléans 15 – Pithiviers 42.

  🏨 **Gerbe de Blé,** ☏ 80.10.31 – ⌸wc 🛁wc ☎ 🄿 – 🍴 200. 🖼 🄴 VISA ⚡
  → *fermé janv., vacances de fév., dim. soir et lundi* – SC : **R** 46/150 ⚗ – ☛ 15 – **11 ch** 90/120.

CHEVREUSE 78460 Yvelines 🗺 ⑨, 🗺 ㉙, 🗺 ㉛ **G. Environs de Paris** (plan) – 4 198 h. alt. 85 – ⚙ 3.

Voir Site★ – Vallée de Chevreuse★.

Paris 32 – Étampes 45 – Longjumeau 23 – Rambouillet 19 – Versailles 16.

  XX **Lou Basquou,** rte Madeleine ☏ 052.15.77, ≼ – 🄿 VISA ⚡
    fermé 8 au 31 août, merc. soir et jeudi – SC : **R** 85 bc/120.

  X **Aub. du Moulin,** 56 r. Porte-de-Paris ☏ 052.16.45, 🛥 – VISA ⚡
    fermé 16 août au 9 sept., vacances scolaires d'hiver, lundi soir et mardi – SC : **R** 60/120.

PEUGEOT Baudouin, ☏ 052.15.07   RENAULT Follain, ☏ 052.15.05

CHEVRY 01 Ain 🗺 ⑮ – rattaché à Gex.

CHEYLADE 15 Cantal 🗺 ③ **G. Auvergne** – 505 h. alt. 950 – ✉ 15400 Riom-Ès-Montagnes – ⚙ 71.

Voir Cascade du Sartre★ S : 2,5 km.

Paris 508 – Aurillac 82 – Mauriac 51 – Murat 31 – St-Flour 56.

  🏠 **Gd H. de la Vallée,** ☏ 78.90.04 – ⌸ 🛁 🄿 ⚡
  → *fermé nov.* – SC : **R** 40/55 ⚗ – ☛ 12 – **14 ch** 45/80 – P 95/110.

Le CHEYLARD 07160 Ardèche 🗺 ⑲ – 4 559 h. alt. 430 – ⚙ 75.

Voir Vallée de l'Eyrieux★ SE, **G. Vallée du Rhône**.

🚩 Syndicat d'Initiative r. Poste (juil.-août) ☏ 29.15.48.

Paris 604 – Aubenas 51 – Crest 72 – Lamastre 21 – Privas 48 – Le Puy 77 – St-Agrève 25.

  🏠 **Voyageurs,** r. Temple ☏ 29.05.88 – ⌸wc 🛁 🖼 VISA ⚡ rest
  → *fermé 16 sept. au 3 oct. et en janv.* – SC : **R** *(fermé dim. soir du 4 oct. au 22 mai)* 38/75 – ☛ 12 – **17 ch** 50/115 – P 95/120.

RENAULT Gar. de l'Eyrieux, ☏ 29.02.09

CHÉZERY-FORENS 01410 Ain 🗺 ⑤ – 362 h. alt. 582 – ⚙ 50.

Paris 514 – Bellegarde-sur-Valserine 17 – Bourg-en-Bresse 88 – Gex 40 – Nantua 31 – St-Claude 44.

  🏠 **Commerce,** ☏ 59.71.97 – 🛁
  → *fermé 15 sept. à début oct. et merc. hors sais.* – SC : **R** 45/90 ⚗ – ☛ 15 – **10 ch** 80/90 – P 120/130.

La CHICANE 85 Vendée 🗺 ① – rattaché à Fontenay-le-Comte.

349

CHILLEURS-AUX-BOIS 45 Loiret [60] [20] – 1 160 h. alt. 120 – ⊠ **45170** Neuville-aux-Bois – ☺ 38.

Paris 97 – Châteauneuf-sur-Loire 28 – Etampes 47 – ♦Orléans 28 – Pithiviers 15.

XX **Au Bon Laboureur,** 27 Gde Rue ☎ 39.87.21 – *VISA*
→ *fermé 15 au 31 août, 8 au 28 fév., lundi soir et mardi* – SC : **R** 45/100.

CITROEN Gar. Guinet, ☎ 39.87.11 **N**   RENAULT Gar. Baechler. ☎ 39.87.16

CHILLY-MAZARIN 91380 Essonne [60] [10], [101] [25] – voir à Paris, Proche banlieue.

CHINAILLON 74 H.-Savoie [74] [7] – rattaché au Grand-Bornand.

CHINDRIEUX 73310 Savoie [74] [15] – 800 h. alt. 282 – ☺ 79.

Env. Abbaye de Hautecombe** (chant grégorien) SO : 10 km, G. Alpes.

Paris 519 – Aix-les-Bains 17 – Bellegarde-sur-Valserine 38 – Bourg-en-Bresse 92 – Chambéry 33.

🏛 **Relais de Chautagne,** ☎ 63.20.27 – ⇔wc 🏠wc ☎ **P**
fermé 26 déc. au 6 fév. et lundi – SC : **R** 55/120 ♖ – �òⁿ 15 – **15 ch** 100/120 –
P 170/180.

XX **Colombié,** ☎ 63.20.13 – ≫
fermé 1ᵉʳ au 15 sept., 15 au 28 fév. et merc. d'oct. à avril – SC : **R** (nombre de
couverts limité, prévenir) 85/160.

CITROEN Gar. de Chautagne, ☎ 63.20.32 **N**

CHINON ◁ఇ▷ 37500 I.-et-L. [67] [9] G. Châteaux de la Loire – 8 303 h. alt. 37 – ☺ 47.

Voir Vieux Chinon** : Grand Carroi** A B, Rue Haute-St-Maurice* A, Rue Voltaire* A
14 – Château** : ≤** A – Quai Danton ≤** A – Écho* AD – Rue J.-J. Rousseau* B.

Env. Château d'Ussé** 14 km par ①.

🅸 Office de Tourisme (fermé dim. et lundi hors saison) pl. Gén.-de-Gaulle ☎ 93.17.85.

Paris 283 ① – Châtellerault 51 ③ – Poitiers 96 ③ – Saumur 29 ③ – Thouars 44 ③ – ♦Tours 49 ①.

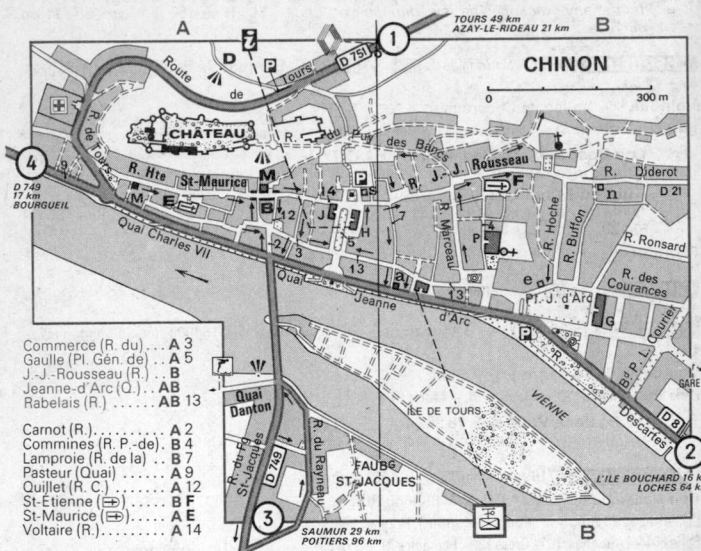

Commerce (R. du) ... A 3
Gaulle (Pl. Gén. de) . A 5
J.-J.-Rousseau (R.) .. B
Jeanne-d'Arc (Q.) ... AB
Rabelais (R.) ...... AB 13

Carnot (R.) .... A 2
Commines (R. P.-de) . B 4
Lamproie (R. de la) .. B 7
Pasteur (Quai) ...... A 9
Quillet (R. C.) ...... A 12
St-Étienne (⇔) ..... B F
St-Maurice (⇔) ..... A E
Voltaire (R.) .... A 14

🏛 **France** sans rest, 47 pl. Gén. de Gaulle ☎ 93.33.91 – ⇔wc 🏠wc ☎ ⇐⇒. 🅰🅴 *VISA*
≫   A s
fermé 15 déc. au 15 janv., 10 au 20 fév., sam. et dim. d'oct. à mars – SC : �òⁿ 15 –
24 ch 80/200.

🏛 **Chris'Hotel** sans rest, 12 pl. Jeanne d'Arc ☎ 93.36.92 – 📺 ⇔wc 🏠wc ☎. ⇐🅰🅴
🅰🅴 ⓞ 🅴 *VISA*   B e
SC : �òⁿ 17 – **30 ch** 90/220.

🏛 **La Giraudière** ≫ sans rest, rte Savigny par ④ : 5 km ⊠ 37420 Avoine ☎
58.40.36, parc – cuisinette ⇔wc 🏠wc ☎ **P** – 🔬 30. ⇐🅰🅰 ⓞ *VISA*
24 mars-début nov. – SC : �òⁿ 15 – **25 ch** 96/210.

🏛 **Diderot** sans rest, 7 r. Diderot ☎ 93.18.87 – ⇔wc 🏠wc ♿ **P**. ⇐🅰🅰 🅴 *VISA*. ≫
fermé 15 déc. au 15 mars – SC : �òⁿ 15 – **20 ch** 75/175.   B n

XX **Boule d'Or** avec ch, 66 quai Jeanne-d'Arc ☏ 93.03.13, ㄓ – ⌂wc ⌂ ☎. ⌂ ⌵
⬥ ⓥ E 𝘝𝘐𝘚𝘈
B a
fermé mi déc. à fin janv. et vend. de nov. à Pâques – SC : **R** 50/120 ⅃ – ⌶ 15 –
19 ch 75/160 – P 185/220.

à Marçay par ③ et D 116 : 7 km – ✉ **37500** Chinon :

🏛 ❀ **Château de Marçay** ⌂, ☏ 93.03.47, ⬦, ㄓ, « Château 15e s., parc », ⌶, ⌵ –
⬛ ☎ Ⓟ – ⌘ 40 à 150. 𝘝𝘐𝘚𝘈. ⌵ rest
fermé début janv. à début mars – SC : **R** carte 150 à 200 – ⌶ 33 – **23 ch** 260/635, 3
appartements 695 – P 500/700
Spéc. Oeufs à la coque, Huîtres au Sauvignon (sept. à avril), Emincé d'abats nobles au Chinon. **Vins**
Chinon, Vouvray.

CITROEN S.A.R.V.A., 10 r. A.-Correch par r.
des Courances ☏ 93.06.58 🅽 ☏ 93.27.36
FIAT, LANCIA-AUTOBIANCHI Gar. Central, 7
r. du Commerce ☏ 93.04.86
PEUGEOT-TALBOT Gd Gar. du Chinonais, à
St-Louans par ④ ☏ 93.28.29

RENAULT S.I.V.A., rte de Tours ☏ 93.05.27
RENAULT Gar. de la Gare, 8 pl. Gare ☏ 93.
03.67
VAG Gar. du Chateau, rte de Tours ☏ 93.04.65

CHITENAY 41 L.-et-Ch. 🔢 ⑰ – 689 h. alt. 88 – ✉ **41120** Les Montils – ❀ 54.

Voir Galerie de tableaux* du château de Beauregard N : 5 km, G. **Châteaux de la Loire.**

Paris 193 – Blois 12 – Châteauroux 88 – Contres 12 – Montrichard 24 – Romorantin-Lanthenay 38.

🏠 **Aub. du Centre,** ☏ 44.22.11, ⌨ – ⌂wc ⌂wc Ⓟ. 𝘝𝘐𝘚𝘈
⬥ *fermé 19 au 28 sept., 9 janv. au 6 fév. et lundi hors sais.* – SC : **R** 46/175 ⅃ – ⌶ 14 –
16 ch 68/153 – P 122/160.

X **La Clé des Champs** avec ch, ☏ 44.22.03, ㄓ, ⌨ – ⌂ Ⓟ. ⌂ E 𝘝𝘐𝘚𝘈
fermé mi janv. à mi fév., lundi et mardi – SC : **R** 95/125 ⅃ – ⌶ 12 – **10 ch** 64/100.

CHOISY-AU-BAC 60 Oise 🔢 ②, 🔢 ⑩ – rattaché à Compiègne.

CHOLET ◆ 49300 M.-et-L. 🔢 ⑤⑥ G. **Châteaux de la Loire** – 52 698 h. alt. 125 – ❀ 41.

🅱 Office de Tourisme (fermé dim.) pl. Rougé ☏ 62.22.35.

Paris 349 ① – Ancenis 47 ⑥ – Angers 61 ① – ✦Nantes 61 ⑤ – Niort 107 ② – Poitiers 125 ② – La
Rochelle 125 ④ – La Roche-sur-Yon 65 ④ – Les Sables-d'Olonne 101 ④.

Plan page suivante

🏛 **Chotel** Ⓜ, av. Sables-d'Olonne par ④ ☏ 62.45.45 – ⬛ 📺 Ⓟ – ⌘ 200. ⌵ ⓪
𝘝𝘐𝘚𝘈. ⌵
fermé 1er au 21 août, Noël-jour de l'An et sam. – SC : **R** (pour résidents seul.) – ⌶
18.50 – **42 ch** 125/209.

🏛 **Europe,** 8 pl. Gare ☏ 62.00.97 – 📺 ⌂wc ⌂wc ☏ ⬅ ⓪ E 𝘝𝘐𝘚𝘈. ⌵
Y n
SC : **R** voir rest. James Baron – ⌶ 18 – **23 ch** 95/155.

🏛 **Gd. H. Poste,** 20 bd G.-Richard ☏ 62.07.20 – ⬛ ⌂wc ⌂wc ☎ ⬅ Ⓟ – ⌘ 100.
⬥ Y e
SC : **R** (fermé sam. soir et dim.) 48 (sauf fêtes)/135 ⅃ – ⌶ 16 – **60 ch** 80/175.

🏛 **Parc** sans rest, 4 av. A.-Manceau ☏ 62.65.45 – ⬛ ⌂wc ⌂wc ☎ ⬅ ⬤ Ⓟ – ⌘ 50.
⌂ Z x
SC : ⌶ 15 – **46 ch** 90/165.

🏠 **Aub. du Vieux Chouan,** 77 av. Mar.-Leclerc : par ① ☏ 46.10.99, ⌨ – ⌂wc ☎
Ⓟ E. ⌵
fermé 8 au 29 août, 22 déc. au 3 janv. et sam. – SC : **R** (fermé sam. et dim.) 60 bc/85
⅃ – ⌶ 15 – **19 ch** 65/120.

XXX **James Baron,** 8 pl. Gare ☏ 62.14.20 – ⓪ E 𝘝𝘐𝘚𝘈. ⌵
Y n
fermé sam. midi – SC : **R** 70/240.

XX **La Touchetière,** Rd Point St-Léger par ⑥ : 1,5 km ☏ 62.55.03 – Ⓟ. 𝘝𝘐𝘚𝘈
fermé dim. soir et lundi – SC : **R** 55/90.

XX **La Grange,** O : 2 km par r. Mutualité - Z- ☏ 62.09.83 – Ⓟ. 𝘝𝘐𝘚𝘈
fermé août et lundi – SC : **R** 65/105.

par ④ : rte Sables-d'Olonne – ✉ **49300** Cholet :

🏛 **Cormier** sans rest, à 4,5 km ☏ 62.46.24 – ⌂wc ⌂wc ☏ Ⓟ. 𝘝𝘐𝘚𝘈. ⌵
fermé dim. – SC : ⌶ 17 – **14 ch** 84/155.

XX **Château de la Tremblaye,** à 5,5 km ☏ 58.40.17, Parc – Ⓟ
⬥ *fermé 1er au 21 août, lundi sauf fêtes et dim. soir* – SC : **R** 49/135 ⅃.

au Lac de Ribou par ② : 5 km par D 20 – ✉ **49300** Cholet :

XXX ❀ **Le Belvédère** (Inagaki) Ⓜ ⌂ avec ch, ☏ 62.14.02, ⬦ – 📺 ⌂wc ☏ Ⓟ – ⌘
25 à 50. ⓪ 𝘝𝘐𝘚𝘈
fermé août, vac. de fév. et dim. soir sauf Pâques et Pentecôte – SC : **R** 65/160 – ⌶
17 – **8 ch** 160/200
Spéc. Fricassée de sole aux moules, Cocon de sandre aux écrevisses, Gâteau de noisettes d'agneau
aux aubergines. **Vins** Saumur-Champigny, Savennières.

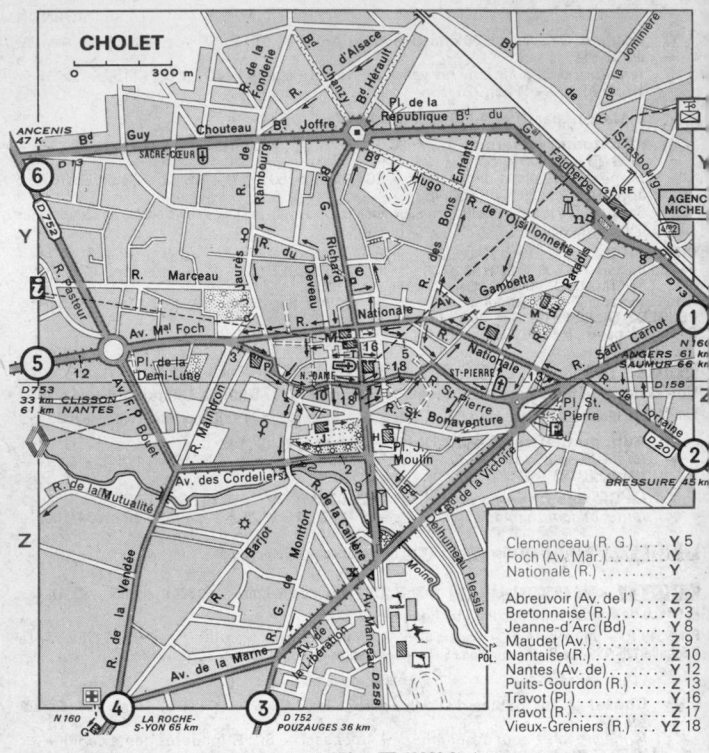

CHOLET

Clemenceau (R. G.)	Y 5
Foch (Av. Mar.)	Y
Nationale (R.)	Y
Abreuvoir (Av. de l')	Z 2
Bretonnaise (R.)	Y 3
Jeanne-d'Arc (Bd)	Y 8
Maudet (Av.)	Z 9
Nantaise (R.)	Z 10
Nantes (Av. de)	Y 12
Puits-Gourdon (R.)	Z 13
Travot (Pl.)	Y 16
Travot (R.)	Z 17
Vieux-Greniers (R.)	YZ 18

à La Tessouale S : 6,5 km par D 258 – ⊠ 49300 Cholet :

🏠 **Central,** ⍚ 62.21.48 – ⏢wc 🗕wc ☎ 🚗 🅿 ⌘ ch
➤ fermé 1er au 21 août, 25 au 31 déc. et sam. – SC : **R** 42/105 🍷 – ⌷ 15 – **21 ch** 45/115 – P 140/300.

à Nuaillé par ① : 7,5 km – ⊠ 49340 Trémentines :

※※ **Baumotel et Relais des Biches** avec ch, pl. Église ⍚ 62.38.99, 🏊, 🐎 – 📺 ⏢wc 🗕wc ☎ 🚗, 🅿🚗 AE ⓞ VISA ⌘ rest
SC : **R** (fermé dim.) 60/140 🍷 – ⌷ 18 – **12 ch** 130/180.

Voir aussi ressources hôtelières à **Mortagne-sur-Sèvre** par ④ : 10 km et **St-Laurent-sur-Sèvre** par ③ : 12 km

MICHELIN, Agence, 2 r. de la Blanchardière, Z.I. la Blanchardière par ① ⍚ 62.22.34

ALFA-ROMEO Hall des Sports, 1 pl. République ⍚ 62.08.48
BMW, LANCIA-AUTOBIANCHI Gar. de la Victoire, 5 av. Libération ⍚ 62.12.73 🅽 ⍚ 62.58.97
CITROEN Succursale, av. Ed.-Michelet par ① ⍚ 65.42.77 🅽 ⍚ 62.58.97
FIAT Chauvin-Besse, 30 bd Victoire ⍚ 62.65.63
FORD Gaubard-Autom., 2 bd Edmond Michelet ⍚ 65.84.66
OPEL Ets Belloeil, 97 bd Richard ⍚ 62.27.78 🅽 ⍚ 62.58.97
PEUGEOT-TALBOT Menanteau, rte Nantes par ⑤ ⍚ 62.23.03

RENAULT Autom. Choletaise, 17 bd du Poitou par ① ⍚ 62.25.91
RENAULT Gar. Boucheron, 7 av. F.-Bouet ⍚ 62.66.02
V.A.G. Dugast, 27 bd Delhumeau-Plessis ⍚ 62.03.74
Gar. Merand, av. Ed.-Michelet ⍚ 62.06.71

🛞 Bossard, 15 r. St-Martin ⍚ 62.29.53
Buloup-Pneus, 100 bd de Strasbourg ⍚ 65.28.09
Griffon, 29 bd G.-Richard ⍚ 62.21.55

CHONAS-L'AMBALLAN 38 Isère 🔢 ⑪ – rattaché à Vienne.

Campers...
Use the current Michelin Guide
Camping Caravaning France.

CHORGES 05230 H.-Alpes 🗓🗓 ⑰ – 1 242 h. alt. 854 – ✪ 92.

Paris 685 – Barcelonnette 57 – Briançon 70 – Digne 79 – Gap 17 – Guillestre 43 – Sisteron 61.

   à Prunières E : 4 km par D 9 et D 109 – ⊠ 05230 Chorges :

🏠 **Le Preyret** ⌂, 𝕋 57.62.00, ≤, 🏛, 🔳, 🐎, ✕ – cuisinette 🏠wc ☎ Ⓟ – 🛏 30.
   🖭 🖪. ✕ rest
   fermé 20 oct. au 20 déc. – SC : **R** *(fermé merc.)* 85 bc – ☕ 23 – **30 ch** 191/214 –
   P 224 bc/258 bc.

CHOUVIGNY (Gorges de) 03 Allier 🗓 ④ – rattaché à Pont-de-Menat.

CIANS (Gorges du) ★★★ 06 Alpes-Mar. 🗓🗓 ⑲. 🗓🗓🗓 ⑭ G. Côte d'Azur.

Voir Gorges supérieures★★★ (D 28 de Beuil à Pra d'Astier) et gorges inférieures★★ (de
Pra d'Astier au Pont de Cians).

CIBOURE 64 Pyr.-Atl. 🗓🗓 ② – rattaché à St-Jean-de-Luz.

CIERP-GAUD 31 H.-Gar. 🗓🗓 ① – 935 h. alt. 500 – ⊠ 31440 St-Béat – ✪ 61.

Paris 829 – Lannemezan 38 – Luchon 16 – St-Gaudens 30 – ♦Toulouse 120.

🏠 **Pyrénées,** 𝕋 79.50.12 – ⌂wc 🏠wc
➡ *fermé 2 nov. au 20 déc.* – SC : **R** 38/130 🍷 – ☲ 12 – **15 ch** 53/75 – P 110/125.

✕ **La Bonne Auberge** avec ch, 𝕋 79.54.47
   fermé oct. et merc. sauf de juin à sept. – SC : **R** 55 – ☕ 10 – **5 ch** 60/95.

RENAULT Fraysse, à Cierp 𝕋 79.50.10   Gar. Fernandez, à Gaud 𝕋 79.50.26

CIERZAC 17 Char.-Mar. 🗓🗓 ⑫ – rattaché à Cognac.

La CIOTAT 13600 B.-du-R. 🗓🗓 ⑭ G. Provence (plan) – 32 733 h. – Casino – ✪ 42.

Voir Calanque de Figuerolles★ SO : 1,5 km puis 15 mn AZ.

Env. Sémaphore ≤★★★ O : 5,5 km AZ.

Excurs. à l'Île Verte ≤★ en bateau 30 mn BZ.

🚺 Office de Tourisme 2 quai Ganteaume (fermé dim. hors saison) 🖝 08 61 32. Télex 420656.

Paris 806 ⑤ – Aix-en-Provence 49 ⑤ – Brignoles 60 ⑤ – ♦Marseille 32 ⑤ – ♦Toulon 37 ③.

Plans page suivante

🏨 **La Rotonde** Ⓜ sans rest, 44 bd République 𝕋 08.67.50 – 📶 🏠wc 🖭 Ⓟ. 🌀🖪
   SC : ☲ 12 – **36 ch** 63/135.   BZ **a**

🏨 **Lavandes** Ⓜ sans rest, 38 bd République 𝕋 08.42.81 – ⌂wc 🏠wc 🖭. 🌀🖪 🖭
   🖪
   SC : ☲ 15 – **15 ch** 140/190.   BZ **e**

✕ **Golfe,** 14 bd A.-France 𝕋 08.42.59   BZ **b**
➡ *fermé 31 oct. au 10 déc.* – **R** 33/55.

   à La Ciotat-Plage NE : 1,5 km par D 559 - ABY – ⊠ 13600 La Ciotat :

🏠 **Provence Plage,** 3 av. Provence 𝕋 83.09.61 – 🏠 🖭 Ⓟ. ✕ ch   BY **d**
   SC : **R** 60/120 – ☲ 14 – **20 ch** 100/160 – P 150/180.

   le Liouquet par ③ : 6 km – ⊠ 13600 La Ciotat :

🏯 **Ciotel** Ⓜ ⌂, 𝕋 83.90.30, 🔳, 🐎, ✕ – ▤ rest ☎ Ⓟ – 🛏 60. 🖭 🖸 ⓞ 𝘝𝘐𝘚𝘈. ✕
➡ *2 avril-16 oct.* – SC : **R** 45/130 – ☕ 30 – **42 ch** 350/500.

✕✕ **Aub. Le Revestel** (Chez Gève) ⌂, avec ch, 𝕋 83.11.06, ≤ – 🏠 🖭 Ⓟ. ✕ ch
➡ *fermé 15 nov. à fin déc., dim. soir et lundi* – SC : **R** 90/120 – ☲ 18 – **7 ch** 140.

CITROEN Gar. de la Poste, 53 bd République   RENAULT Gimenes, Carrefour de-Lattre-de-
𝕋 08.41.69   Tassigny 𝕋 83.90.10
CITROEN Viviani, rte de Marseille 𝕋 83.46.14   RENAULT Gar. Allaix, 10 av. Camugli 𝕋 83.
et av. Ernest Subilia 𝕋 71.67.17   46.88
PEUGEOT-TALBOT Gar. Colomb, av. Kennedy
𝕋 08.66.26

CIRQUE Voir au nom propre du cirque.

CIVAUX 86 Vienne 🗓🗓 ⑭⑮ – rattaché à Lussac-les-Châteaux.

CIVRIEUX-D'AZERGUES 69 Rhône 🗓🗓 ① – 921 h. alt. 212 – ⊠ 69380 Lozanne – ✪ 7.

Paris 449 – L'Arbresle 9 – ♦Lyon 19 – Villefranche-sur-Saône 16.

🏠 **La Roseraie,** 𝕋 843.01.78 – ⌂wc 🏠wc ☎ 🚗. 🖪 𝘝𝘐𝘚𝘈
➡ *fermé 14 au 30 nov. et 2 au 9 janv.* – SC : **R** *(fermé jeudi)* 39/99 🍷 – ☲ 15 – **12 ch**
   72/150 – P 140/180.

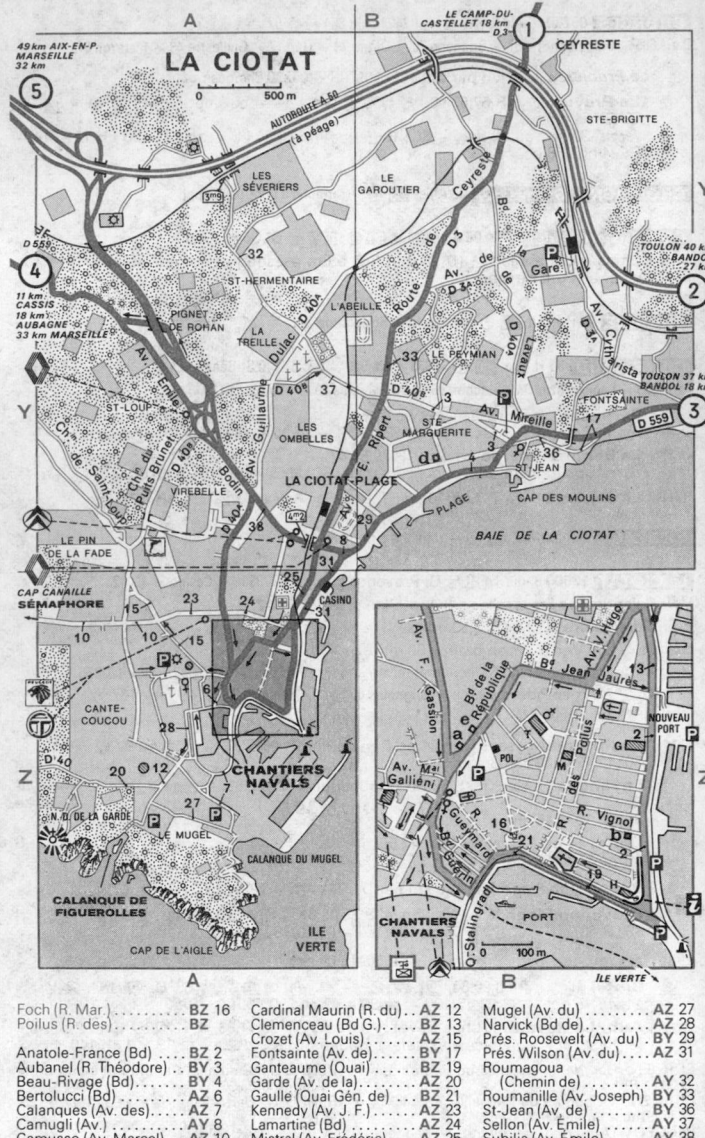

LA CIOTAT

CLAIRIÈRE DE L'ARMISTICE ** 60 Oise 56 ③. 196 ⑪ G. Environs de Paris.

Voir Statue du Maréchal Foch — Dalle commémorative — Wagon historique (reconstitution) — **Ressources hôtelières voir à** *Compiègne* — Paris 89 — Compiègne 7.

CLAIRVAUX-LES-LACS 39130 Jura 70 ⑭ G. Jura — 1 379 h. alt. 541 — ✿ 84.

Paris 429 — Bourg-en-Bresse 83 — Champagnole 34 — Lons-le-Saunier 22 — Morez 36 — St-Claude 37.

☆ **Ethevenard,** ☎ 25.82.21, 🦐 — 🏠wc. ✵
← *21 mai-15 sept.* — SC : **R** 40/55 — 🍴 11 — **26 ch** 55/100 — P 95/105.

CITROEN Martelet, ☎ 25.82.52 🆖

354

CLAIX 38 Isère 🏷77 ④ – rattaché à Grenoble.

CLAM 17 Char.-Mar. 🏷71 ⑥ – rattaché à Jonzac.

CLAMART 92 Hauts-de-Seine 🏷60 ⑩, 🏷101 ㉔ – voir à Paris, Proche banlieue.

CLAMECY ◈ 58500 Nièvre 🏷65 ⑮ G. Bourgogne (plan) – 6 145 h. alt. 160 – ✪ 86.

Voir Église St-Martin★.

🛈 Office de Tourisme r. Grand-Marché (mai-oct., fermé dim. après-midi et lundi matin) ☎ 27.02.58.

Paris 211 – Auxerre 43 – Avallon 38 – Bourges 103 – Cosne-sur-Loire 54 – ◆Dijon 142 – Nevers 69.

🏨 **Host. de la Poste**, 9 pl. E.-Zola ☎ 27.01.55 – 🍽 ☎ 🄿 *VISA* 🛇 ch
fermé 6 au 14 juin, 20 déc. au 20 janv. et lundi – SC : **R** 43/80 – ☲ 12 – **17 ch** 53/96.

✗ **Bon Accueil** avec ch, 3 rte Auxerre ☎ 27.06.32 – 🍽 🆘 *VISA*
fermé déc., janv. et mardi – SC : **R** 60/150 – ☲ 18 – **10 ch** 60/110 – P 130/160.

✗ **Grenouillère,** 6 r. J.-Jaurès ☎ 27.31.78
fermé fin août-début sept., Noël-jour de l'An, vacances de fév., dim. soir et lundi –
SC : **R** (déj. seul. du 15 sept. à Pâques) 30/85.

CITROEN Rougeaux, rte Beaugy ☎ 27.11.87
FIAT Gar. Michel, 43 rte de Pressures ☎ 27.00.48
RENAULT S.A.M.A.S., 22 rte de Pressures ☎ 27.02.78 🅽

V.A.G. Gar. Lenoir, 3 à 7 rte d'Armes ☎ 27.05.45 et N 151 à Dornecy ☎ 27.14.34

🅖 Coignet, Le Foulon, Rte de Pressures ☎ 27.19.38

CLAOUEY 33 Gironde 🏷78 ① ⑪ – ✉ 33950 Lège – ✪ 56.

Paris 662 – Arcachon 54 – ◆Bordeaux 56 – Cap-Ferret 15 – Lacanau-Océan 43.

✗ **Aub. du Bassin,** ☎ 60.70.22, ≤, 🛳
fermé 10 déc. au 10 janv., merc. du 15 sept. au 15 juin – SC : **R** 50/135.

CLAPIERS 34 Hérault 🏷83 ⑦ – rattaché à Montpellier.

La CLARTÉ 22 C.-du-N. 🏷59 ① – rattaché à Perros-Guirec.

Le CLAUX 15 Cantal 🏷76 ③ – 352 h. alt. 1 060 – ✉ 15400 Riom-ès-Montagne – ✪ 71.

Paris 515 – Aurillac 50 – Mauriac 57 – Murat 24.

✗ **Poste** avec ch (agrandissement prévu), ☎ 78.93.32 – 🄿 **E**
SC : **R** 45/65 – ☲ 13 – **7 ch** 50/65 – P 95/100.

Les CLAUX 05 H.-Alpes 🏷77 ⑱ – rattaché à Vars.

CLAYE-SOUILLY 77410 S.-et-M. 🏷56 ⑫, 🏷196 ㉑ – 7 800 h. alt. 50 – ✪ 6.

Paris 32 – Meaux 15 – Melun 52 – Senlis 48.

✗✗ **La Grillade,** 19 r. J.-Jaurès ☎ 026.00.68 – 🄰🄴 **E**
fermé 1er au 15 fév., 15 au 31 août et lundi – **R** carte 120 à 160.

La CLAYETTE 71800 S.-et-L. 🏷69 ⑰ ⑱ G. Bourgogne – 2 965 h. alt. 369 – ✪ 85.

Voir Château de Drée★ N : 4 km.

Paris 428 – Charolles 19 – Lapalisse 62 – ◆Lyon 97 – Mâcon 57 – Roanne 41.

🏨 **Poste,** ☎ 28.02.45 – 🍽 🛁wc ☎ 🚗, 🆘 🄰🄴 🄾 **E** *VISA* 🛇 ch
fermé 15 au 30 sept., 22 déc. au 12 janv., vend. soir et sam. hors sais. – SC : **R** 46/150 🍷 – ☲ 14,50 – **15 ch** 65/150 – P 160/190.

PEUGEOT Gar. Jugnet, à Varennes-sous-Dun ☎ 28.03.60
RENAULT Éts Hermey, ☎ 28.04.81

🅖 Matequip, ☎ 28.11.46

CLÉCY 14570 Calvados 🏷55 ⑪ G. Normandie – 1 188 h. alt. 81 – ✪ 31.

Voir Croix de la Faverie ≤★ S : 2 km puis 15 mn.

Paris 246 – ◆Caen 37 – Condé-sur-Noireau 9,5 – Falaise 30 – Flers 21 – Vire 35.

🏨 **Moulin du Vey** (Annexe Relais de Surosne : 3 km) 🛇, E : sur D 133 ☎ 69.71.08, ≤, « Parc au bord de l'eau » – 🛁wc ☎ 🄿 – 🔼 50. 🆘 🄰🄴 🄾 *VISA* 🛇 rest
fermé 1er au 24 déc. et 4 au 20 janv. – SC : **R** 85/220 – ☲ 19 – **19 ch** 180/250 – P 270/300.

✗✗ **Site Normand** avec ch, ☎ 69.71.05 – 🛁wc 🄿 🆘
15 mars-15 nov. et fermé lundi du 15 sept. au 15 nov. – SC : **R** 66/132 – ☲ 15 – **12 ch** 86/171 – P 217/259.

PEUGEOT-TALBOT Pichon, ☎ 69.71.40

CLÉDEN-CAP-SIZUN 29 Finistère 58 ⑬ — 1 642 h. alt. 45 — ⊠ 29113 Audierne — 🕾 98.

Voir Pointe de Brézellec ⩽★ N : 2 km, G. Bretagne.

Paris 601 — Audierne 10 — Douarnenez 32 — Quimper 45.

⛏ **L'Étrave,** pl. Église ☎ 70.66.87 — ⩾⩾
⬥ *27 mars-3 oct. et fermé merc.* — SC : **R** 45/140 🍴.

CLEEBOURG 67 B.-Rhin 57 ⑲ — rattaché a Wissembourg.

CLELLES 38930 Isère 77 ⑭ — 285 h. alt. 766 — 🕾 76.

Paris 614 — Die 50 — Gap 75 — ◆Grenoble 49 — La Mure 32 — Serres 58.

🏠 **Ferrat,** ☎ 34.42.70, 🍽, 🚗 — ⬜wc 🕾 ⬅ 🅿 🍴🍴, ⩾⩾
1er avril-1er nov. et fermé mardi hors sais. — SC : **R** 75/120 — � 15 — **16 ch** 90/220.

RENAULT Gar. du Trièves. ☎ 34.40.35 🅽

CLEREY-SUD 10 Aube 61 ⑰ — rattaché à Troyes.

CLERGOUX 19 Corrèze 75 ⑩ — 397 h. alt. 540 — ⊠ 19320 Marcillac-la-Croisille — 🕾 55.

Paris 507 — Mauriac 46 — St-Céré 74 — Tulle 24 — Ussel 47.

🏠 **Chammard,** ☎ 27.84.04, 🚗 — 🛏 🅿. ⩾⩾ ch
Pentecôte-30 sept. — SC : **R** 55/150 🍴 — � 12 — **18 ch** 77 — P 120/150.

🏠 **Lac** ⩘, NE : 2 km par D
⬥ 10 ☎ 27.83.15, ⩽ — 🛏 🅿.
VISA ⩾⩾
avril-10 sept. — SC : **R** 50/80
— ⊷ 13 — **30 ch** 60/90 — P
130/150.

CLERMONT ⟨S⟩ 60600 Oise 56
① G. Environs de Paris — 8 679 h.
alt. 119 — 🕾 4.

Voir Église★ d'Agnetz O : 2 km
par ⑤.

Paris 77 ③ — ◆Amiens 66 ① — Beauvais 26 ⑤ — Mantes-la-Jolie 97 ④ —
Pontoise 56 ④.

🏨 **Clermotel,** par ⑤ : 1 km
☎ 450.09.90 — 📺 ⬜wc
🛏wc 🕾 🅿 — 🏊 40. 🍴🍴
VISA
SC : **R** 51/103 🍴 — ⊷ 14 —
30 ch 145/190.

🏩 **France,** 36 av. Déportés
⬥ **(a)** ☎ 450.00.56 — 🅿
fermé sam. — SC : **R** 32/80
🍴 — ⊷ 12 — **15 ch** 40/60.

CITROEN Thiré-Drouard, 53 bis r.
Gén.-de-Gaulle ☎ 450.28.17 🅽 ☎
450.09.88
PEUGEOT-TALBOT Carlier, av. des
Déportés, rte Compiègne par ② ☎
450.00.94
RENAULT SOCLA, Imp. Henri Bar-
busse ☎ 450.08.73

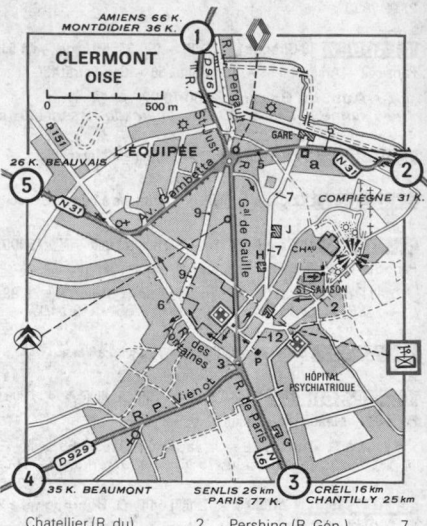

Chatellier (R. du)	2	Pershing (R. Gén.)	7
Decuignières (Pl.)	3	Rabasson (R. F.)	9
Déportés (Av. des)	5	République	
Martin-du-Gard (R. R.)	6	(R. de la)	12

CLERMONT-FERRAND 🅿 63000 P.-de-D. 73 ⑭ G. Auvergne — 161 203 h. alt. 401 — 🕾 73.

Voir Le Vieux Clermont★★ BX : Basilique de N.-D.-du-Port★★ (choeur★★★) CX, Cathé-
drale★★ (vitraux★★) BX, Fontaine d'Amboise★ BX E, cour★ de la maison de Savaron BX **B**
— Jardin Lecoq★ BCZ — Musée du Ranquet★ BX **M1** — Escalier★ dans la rue des
Petits-Gras (n° 6) BX 53 — Le Vieux Montferrand★ R : Hôtel de Fontfreyde★, Hôtel de
Lignat★, Hôtel de Fontenilhes★, cour★ de l'Hôtel Regin, Porte★ de l'Hôtel d'Albiat,
Bas-relief★ de la Maison d'Adam et d'Éve — Belvédère du D 941A ⩽★★ R — Av.
Thermale ⩽★ RS.

Env. Puy de Dôme ☀★★★ 15 km par ⑥.

Circuit automobile d'Auvergne S.

🛫 de Clermont-Ferrand-Aulnat ☎ 91.71.00 par ② et D 54 : 6 km.

🚂 ☎ 30.11.66.

🄳 Office de Tourisme, 69 bd Gergovia (fermé dim. et fêtes du 15 sept. au 15 juin) ☎ 93.30.20 et pl.
Jaude (15 juin-15 sept. sauf dim. et fêtes) - A.C. 62 r. Bonnabaud ☎ 93.47 67.

Paris 390 ① — ◆Bordeaux 369 ⑥ — ◆Grenoble 286 ② — ◆Lyon 208 ② — ◆Marseille 484 ② — ◆Montpellier
361 ③ — Moulins 96 ① — ◆Nantes 453 ⑥ — ◆St-Étienne 150 ② — ◆Toulouse 392 ⑥.

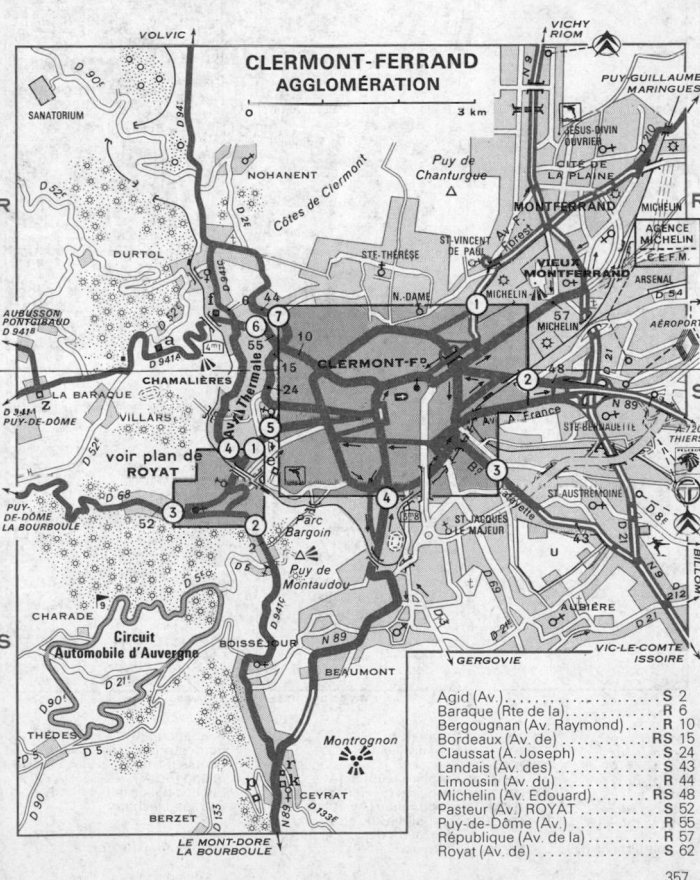

🏨 **Frantel** M, 82 bd Gergovia ☎ 93.05.75, Télex 392658 – 🛗 ▤ rest 📺 ☎ 🕭 🅿 –
🛗 200. 🖭 ⑩ E ⁄⁄‾VISA‾
BZ **v**
SC : rest. **La Rétirade** *(fermé sam. midi et dim.)* **R** carte 110 à 180 – ⴰ 26 – **124 ch**
257/366.

🏨 **P.L.M. Arverne et rest Gergovie** M, 16 pl. Delille ☎ 91.92.06, Télex 392741 –
🛗 ▤ rest 📺 ☎ ⟷ – 🛗 45. 🖭 ⑩ E ‾VISA‾
CX **f**
SC : **R** *(fermé dim.)* 65/190 🍷 – ⴰ 27 – **57 ch** 162/282 – P 305.

🏨 **Gallieni et rest. Le Charade** M, 51 r. Bonnabaud ☎ 93.59.69, Télex 392779 – 🛗
▤ 🚿wc 🛆wc ☎ 🕭 🅿 – 🛗 50. ‾VISA‾ ⁄⁄ rest
AY **t**
R *(fermé sam.)* carte 95 à 130 – ⴰ 20 – **78 ch** 98/245.

🏨 **Lafayette** M sans rest, 53 av. Union Soviétique ☎ 91.82.27, Télex 393706 – 🛗 📺
🚿wc ☎ 🅿 🖭 ‾VISA‾
DX **n**
SC : ⴰ 15 – **49 ch** 130/180.

🏨 **Colbert** sans rest, 19 r. Colbert ☎ 93.25.66, Télex 990125 – 🛗 📺 🚿wc 🛆wc ☎
🕭 ⟷. ⟷⟷ 🖭 ⑩ ‾VISA‾
AY **q**
SC : ⴰ 20 – **65 ch** 85/265, 4 appartements 225/265.

🏨 **St-André et rest. l'Auvergnat** M, 27 av. Union Soviétique ☎ 91.40.40 – 🛗
⟷ ▤ rest 📺 🚿wc 🛆wc ☎. ⟷⟷ 🖭 E ‾VISA‾
DX **d**
SC : **R** *(fermé dim.)* 50/90 🍷 – ⴰ 16 – **25 ch** 132/167 – P 220/260.

🏨 **Lyon**, 16 pl. Jaude ☎ 93.32.55 – 🛗 🚿wc 🛆wc ⟷. ⟷⟷ ‾VISA‾
ABY **b**
SC : **R** carte 70 à 105 – ⴰ 15 – **34 ch** 145/220.

🏨 **Albert-Élisabeth** sans rest, 37 av. A.-Élisabeth ☎ 92.47.41 – 🛗 🚿wc 🛆 ⟷
CX **v**
SC : ⴰ 14 – **38 ch** 85/155.

tourner →

357

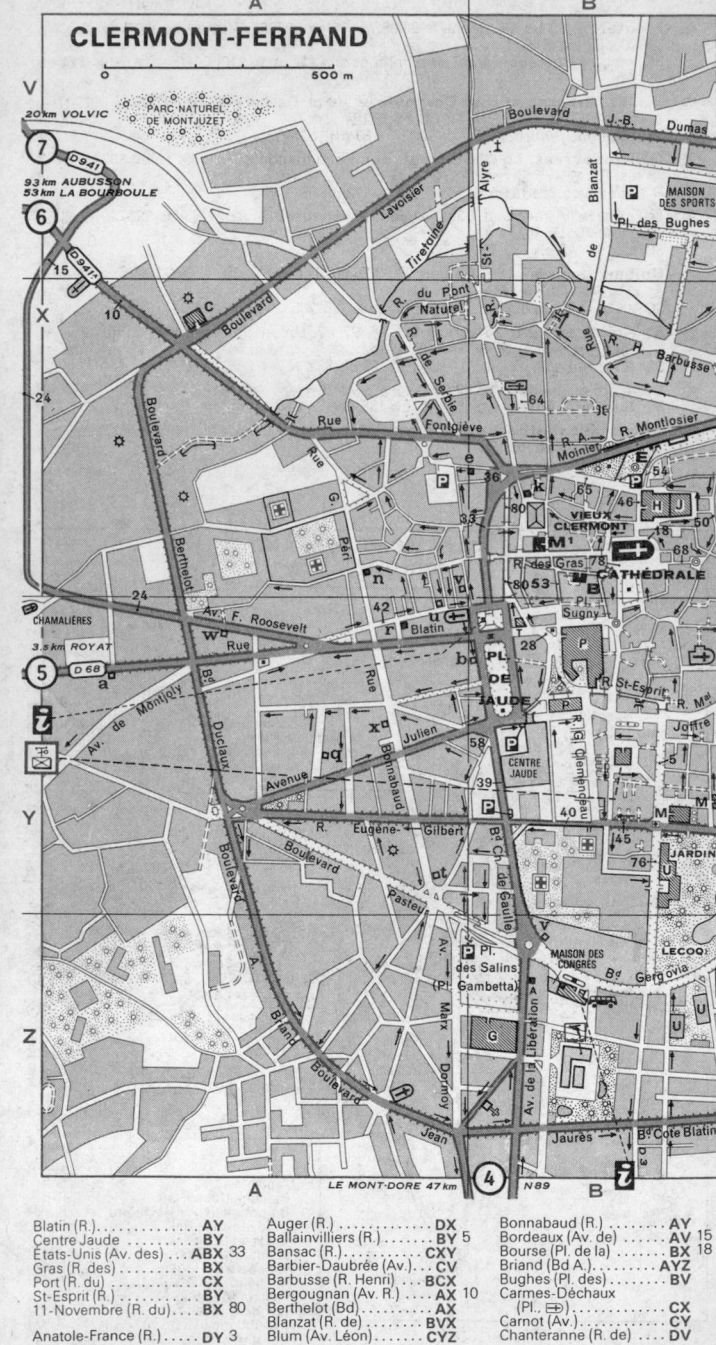

CLERMONT-FERRAND

0   500 m

20km VOLVIC

7 D 941
93 km AUBUSSON
53 km LA BOURBOULE
6

D 941

15
10

X
24

CHAMALIÈRES
3.5 km ROYAT
5 D 68
a

Z
7
⊠

PARC NATUREL
DE MONTJUZET

V

Boulevard   J.-B. Dumas

Lavoisier

Tiretaine

R. du Pont
Naturel

Boulevard

Rue

Fontgiève

Rue

G.

Péri

Berthelot

24

Av. F. Roosevelt

Rue

w

Av. de Montjoly

Duclaux

Avenue

Boulevard

Boulevard

Blanzat

Pl. des Bughes

MAISON
DES SPORTS

P

de

R. Barbusse

Rue

64

R. A.
Moinier

R. Montlosier

e
36

80

k

R. des Gras

42   r

Blatin

VIEUX
CLERMONT
65
78   46
53   B
Pl.
Sugny
28

18
50
68

E
54

M

H

CATHÉDRALE

b

PL.
DE
JAUDE

R. St-Esprit

P

R. Ma

Joffre
5

Julien
58

Bonnabaud

39

Gl. Clémenceau
40

Bt Ch.de Gaulle

45
76

M

M

JARDIN

U

LECOQ

U

CENTRE
JAUDE

P

x

q

n

Y

R. Eugène-   Gilbert

Pasteur

Boulevard

Blatin

Av.
Pl.
des Salins
(Pl. Gambetta)

MAISON DES
CONGRÈS

Bd   Gergovia

Marx

Dormoy

Jean

G

Boulevard   Libération

Av. de

A

LE MONT-DORE 47 km

B

B Côte Blatin

Jaurès

4   N89

7

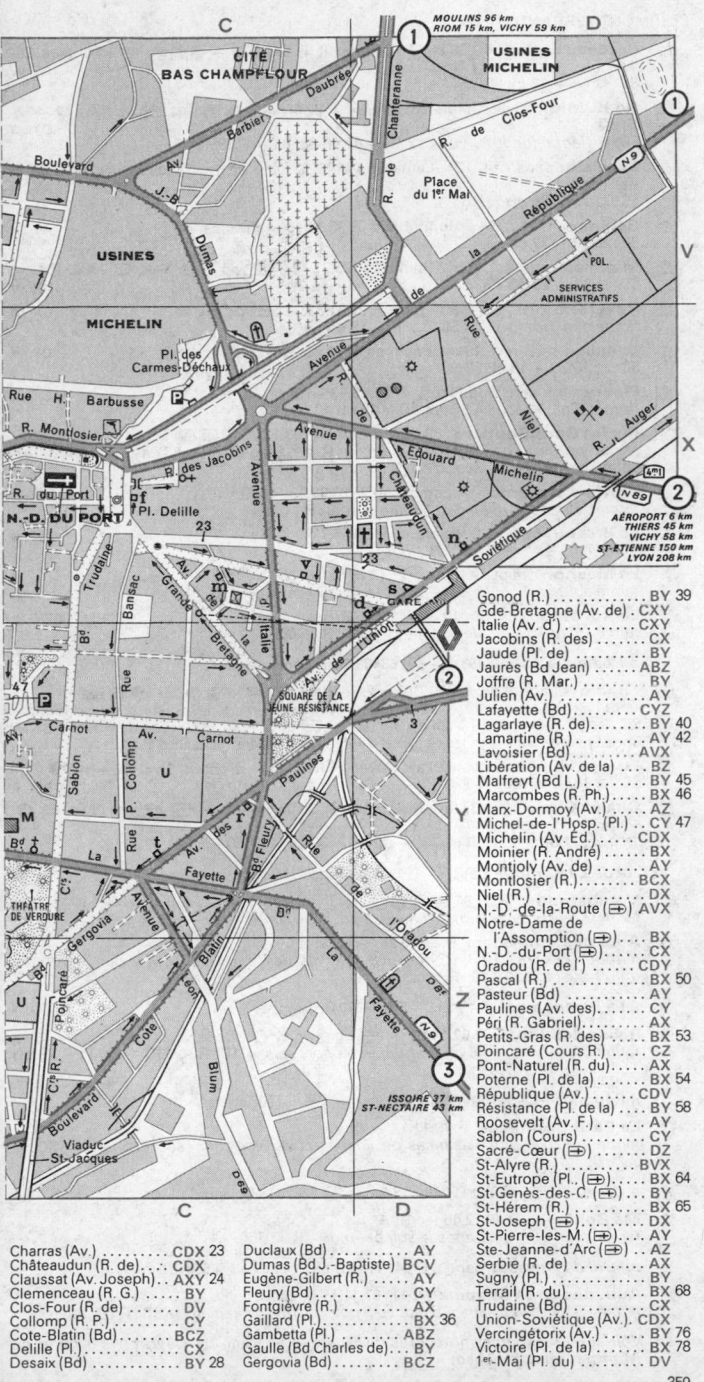

🏨 **Bordeaux** sans rest, 39 av. F.-Roosevelt ☎ 37.32.32 — |$| 🛏wc ☎ ⟶. 🅰️ 🅰️. ⬜
SC : ⊏⊐ 18 — **32 ch** 93/174.　　　　　　　　　　　　　　　　　　　　　　　AY **w**

🏨 **Gd H. Midi**, 39 av. Union-Soviétique ☎ 92.44.98 — |$| ▤ rest 🛏wc 🛏wc ☎. 🅰️
⬅ **E** VISA　　　　　　　　　　　　　　　　　　　　　　　　　　　　　　　　　DX **s**
SC : **R** *(fermé lundi)* 49/88 — ⊏⊐ 16 — **42 ch** 88/160 — P 195/245.

🏨 **Excelsior** sans rest, 12 r. Lamartine ☎ 93.03.74 — 🛏wc 🛏wc ☎ ⟶. 🅰️ 🅰️ **E**
VISA　　　　　　　　　　　　　　　　　　　　　　　　　　　　　　　　　　　　AY **u**
SC : ⊏⊐ 15 — **39 ch** 76/165.

🏨 **Régina** sans rest, 14 r. Bonnabaud ☎ 93.44.76 — 🛏wc ☎. 🅰️
SC : ⊏⊐ 13 — **27 ch** 53/137.　　　　　　　　　　　　　　　　　　　　　　　AY **x**

🏨 **Minimes** sans rest, 10 r. Minimes ☎ 93.31.49 — 🛏wc 🛏 ☎. 🅰️ 🅰️ ⓞ **E** VISA
SC : ⊏⊐ 14 — **28 ch** 72/154.　　　　　　　　　　　　　　　　　　　　　　　AX **v**

🏨 **Ravel** sans rest., 8 r. Maringues ☎ 91.51.33 — 🛏wc 🛏wc ☎
fermé dim. hors sais. — SC : ⊏⊐ 14 — **19 ch** 75/120.　　　　　　　　　　　CX **m**

🏨 **Beaulieu** sans rest, 13 av. Paulines ☎ 92.46.99 — |$| 🛏wc ☎ 🅿. ⬜
SC : ⊏⊐ 10,50 — **16 ch** 58/90.　　　　　　　　　　　　　　　　　　　　　　CY **t**

🏨 **Fleury** sans rest, 2 bd Fleury ☎ 91.43.13 — 🛏 ☎
fermé 23 au 31 août — SC : ● 10 — **25 ch** 40/69.　　　　　　　　　　　　CY **r**

XXX **Buffet Gare Routière,** 69 bd Gergovia ☎ 93.13.32 — 🅰️ ⓞ **E** VISA　　BZ
fermé sam. du 1er juil. au 15 sept. — **R** (1er étage) carte 100 à 160, snack (rez-
chaussée) carte environ 60 ⬧.

XX **Truffe d'Argent,** 17 r. Lamartine ☎ 93.22.42 — VISA　　　　　　　　　　AY **r**
fermé août, sam. midi, dim. et fériés — SC : **R** 74/120.

X **Le Brezou,** 51 r. St-Dominique ☎ 93.56.71　　　　　　　　　　　　　　　AX **n**
⬅ *fermé dim. et fériés* — SC : **R** 45/75 ⬧.

X **Le Machon,** 26 pl. St. Pierre ☎ 37.15.02　　　　　　　　　　　　　　　　BX **k**
fermé août, dim. et fériés — SC : **R** (prévenir) carte 80 à 110 ⬧.

X **Le Roi Mage,** 7 r. Ste-Rose ☎ 37.16.07　　　　　　　　　　　　　　　ABX **e**
⬅ *fermé 1er au 10 sept., fév. et merc.* — SC : **R** 46/65.

　　à Chamalières – 18 193 h. – ⊠ **63400** Chamalières :

🏨 ❀ **Radio** (Mioche) ⬧, av.P.-Curie ☎ 35.81.32, ≤, 🌳 – |$| 🅿 🅰️ ⓞ **E** VISA
fermé janv. et fév. ; hôtel : dim. du 1er nov. au 31 mars, rest. : dim. soir et lundi –
SC : **R** 135/265 – ⊏⊐ 18 – **26 ch** 92/195　　　　　　　Plan de Royat　BY **w**
Spéc. Gratin de homard en feuilleté, Filet d'agneau au coriandre, Feuillantine de fruits.

🏨 **Europe H.** Ⓜ sans rest, 29 av. Royat ☎ 37.61.35 — |$| 🛏wc 🛏wc ☎ ⟶. ⓞ
SC : ⊏⊐ 18 — **34 ch** 140/220.　　　　　　　　　　　　　　　　　　　　　　AY **a**

🏨 **Chalet Fleuri** ⬧, 37 av. Massenet ☎ 35.09.60, 🌳 – 📺 🛏wc 🛏wc ☎ 🅿
⬜ rest　　　　　　　　　　　　　　　　　　　　　　　　　　　　　　　　　S **e**
1er avril-31 oct. – SC : **R** 68/130 – ⊏⊐ 16 – **39 ch** 100/150 – P 224/272.

　　rte de La Baraque par ⑥ – ⊠ **63830** Durtol :

XXX **L'Aubergade,** ☎ 37.84.64 – 🅿　　　　　　　　　　　　　　　　　　　R **a**
fermé 30 août au 19 sept., 1er au 21 mars, dim. soir et lundi – SC : **R** 70/135.

XX **Aub. des Touristes,** ☎ 37.00.26 – 🅿 **E**　　　　　　　　　　　　　　　R **f**
*fermé 23 juin au 10 juil., 23 oct. au 8 nov., vac. de fév., en juil.-août le dim., hors sais.
dim. soir et lundi* – SC : **R** 65/200.

　　à La Baraque par ⑥ : 7 km – ⊠ **63870** Orcines :

🏨 **Relais des Puys,** ☎ 62.10.51 — 🛏wc 🛏wc ☎ 🅿. ⬜ rest　　　　　　　S **z**
⬅ *fermé déc.-janv., lundi midi et dim. soir hors sais.* – SC : **R** 50/110 – ⊏⊐ 15 – **28 ch**
72/150 – P 145/170.

　　à Pérignat-lès-Sarliève par ③ : 8 km – ⊠ **63170** Aubière :

XX **Le Petit Bonneval,** ☎ 79.11.11 – 🅿
fermé 4 au 24 août, vacances de Pâques et de Noël, dim. soir et merc. – SC : **R**
65/160.

　　à Orcet par ③, N 9 et D 978 : 13 km – ⊠ **63670** Le Cendre :

XX **Ma Bohême,** ☎ 79.12.46 – 🅿
fermé août, dim. soir, fêtes le soir et lundi – **R** 90/160.

　　au Col de Ceyssat par ⑥, D 941 A et D 68 : 14 km – ⊠ **63870** Orcines :

XX **Aub. des Gros Manaux** ⬧, ☎ 87.11.11 – 🅿
fermé 29 août au 8 sept., 25 oct. au 9 nov., mardi soir et merc. – SC : **R** 62/140.

　　Voir aussi ressources hôtelières de *Royat* ⑤ : 4,5 km, de *Ceyrat* ④ : 6 km et de
　　Montpeyroux ③ : 24 km

MICHELIN, Agence régionale, r. Cugnot, Z.I. du Brézet (R plan agglomération) ↗ 91.29.31 – **MICHELIN, Centre d'Échanges et de Formation** r. Cugnot, Z.I. du Brézet (R plan agglomération) ↗ 92.91.55

ALFA-ROMEO Domes-Auto, rte de Paris, la Plaine ↗ 24.67.72

AUSTIN, JAGUAR, MORRIS, PORSCHE-MIT-SUBISHI, ROVER, TRIUMPH Gar. Estager, 26 bd de Gaulle ↗ 93.41.65

BMW Gar. Gergovie, N 9, rte Issoire ↗ 79.11.41 N ↗ 91.01.01

CITROEN Succursale, 240 bd E.-Clémentel R ↗ 24.22.66 et 111 bd. G. Flaubert S ↗ 27.20.00

DATSUN SOCAUTO, rte de Paris, à Cébazat ↗ 24.75.65

FERRARI, FIAT Auvergne-Moteurs-Gardette, 10 r. E.-Dolet ↗ 93.62.07

FIAT Gd Gar. d'Auvergne, 17 r. Bonnabaud ↗ 93.18.18

FORD Dugat, 23 av. Agriculture ↗ 91.17.67

LADA, TOYOTA, Bonaldi, 36 av. de Cournon, Zone Ind. à Aubière ↗ 26.34.48

LANCIA-AUTOBIANCHI Gar. Buire, 157 bd. G.-Flaubert ↗ 26.44.25

MERCEDES-BENZ Ets Portier, 33 av. du Roussillon N 9 à Aubière ↗ 26.34.50

OPEL, GM-US Auvergne-Auto, 3 r. B.-Palissy, Z.I. du Brézet ↗ 91.76.56

PEUGEOT-TALBOT Clermontoise-Auto, 27 av. du Brezet S ↗ 92.14.12

RENAULT Succursale, r. Blériot, Zone Ind. du Brézet RS ↗ 92.42.30

RENAULT Mondial-Gar., 24 av. Grande-Bretagne CX ↗ 91.35.14

V.A.G. A.V.A., 65 av. de l'Agriculture ZI Brézet ↗ 91.23.89

V.A.G. Gar. Carnot, 17 av. Carnot ↗ 91.70.46

VOLVO Gar. Casas, r. E.-Reclus, Zone Ind. du Brézet ↗ 92.51.42

🏭 Estager-Pneus, 238bd Clémentel ↗ 92.42.51 et 11 av. J.-Claussat, Chamalières ↗ 37.36.05
Piot-Pneu, 80 av. du Brézet ↗ 92.13.50 et r. Gutenberg, Zone Ind. du Brézet ↗ 91.10.20
Poughon-Pneus, 15 r. Dr-Nivet ↗ 92.12.48
Ravel-Pneus, 9 av. Julien ↗ 93.24.84

CLERMONT-L'HÉRAULT 34800 Hérault 🔢 ⑤ G. Causses – 5 551 h. alt. 90 – ✪ 67.

Voir Église St-Paul★. **Env.** Cirque de Mourèze★★ SO : 8 km.

🛈 Office de Tourisme r. René Gosse (juil.-sept. et fermé dim.) ↗ 96.23.86.

Paris 802 – Béziers 44 – Lodève 20 – ♦Montpellier 41 – Pézenas 21 – St-Pons 74 – Sète 52.

🏨 **Sarac** M sans rest, rte de Béziers ↗ 96.06.81 – 🛏wc 🛁wc 🅰 ⊜ & 🅿 ⋘
 fermé 15 déc. au 15 janv., sam. et dim. du 1er oct. au 1er mars – SC : ⊡ 10 – **22 ch** 100/115.

🍴 **Terminus,** allées R.-Salengro ↗ 96.10.66 – 🛁wc ⟵ 𝖵𝖨𝖲𝖠
 SC : R 58 bc/82 bc – ⊡ 16 – **32 ch** 55/115 – P 150/170.

ALFA-ROMEO, FIAT Gar. St-Christophe, 45 bis bd Gambetta ↗ 96.12.07

PEUGEOT-TALBOT Rychwaert, rte Montpellier N 9 ↗ 96.07.31 N

RENAULT Diffusion-Auto-Clermontaise, rte Montpellier ↗ 96.03.42

RENAULT Bouzou, 11 bd Ledru-Rollin ↗ 96.01.17

🏭 Roques, av. de Montpellier ↗ 96.00.62

CLICHY 92 Hauts-de-Seine 🔢 ⑳, 🔢 ⑮ – voir à Paris, Proche banlieue.

CLIMBACH 67 B.-Rhin 🔢 ⑲ – 496 h. alt. 354 – ⊠ 67510 Lembach – ✪ 88.

Paris 465 – Bitche 38 – Haguenau 28 – ♦Strasbourg 60 – Wissembourg 9.

🏨 **Ange,** ↗ 94.43.72 – 🛏wc 🛁wc 🕿 🅿 ⋘
 fermé 1er au 10 août, nov. et jeudi – SC : R carte 70 à 110 ⅊ – ⊡ 12 – **15 ch** 90/95 – P 120.

🍴🍴 **Cheval Blanc** avec ch, ↗ 94.43.80 – 🛁wc 🅿 ⟵⟵ ⋘ ⋘
 fermé 15 janv. au 20 fév., mardi soir et merc. – SC : R 55/85 ⅊ – ⟵ 11,50 – **10 ch** 65/100 – P 100/125.

CLISSON 44190 Loire-Atl. 🔢 ④ G. Côte de l'Atlantique – 4 663 h. alt. 42 – ✪ 40.

🛈 Office de Tourisme pl. Minage (1er juin-31 juil. et fermé lundi) ↗ 78.02.95 et à la Mairie (fermé sam. après-midi et dim.) ↗ 78.00.06.

Paris 377 ⑤ – ♦Nantes 28 ⑤ – Niort 124 ② – Poitiers 150 ① – La Roche-sur-Yon 52 ②.

CLISSON

Les plans de villes sont orientés le Nord en haut.

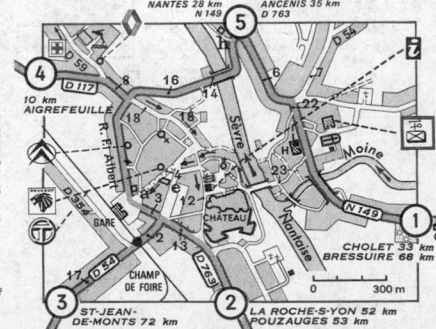

CLISSON

  Aub. de la Cascade 🅢, à Gervaux (h) ☎ 78.02.41, ⩗, ☞ – ⌂wc 🅿. ⅏
    fermé 14 fév. au 1er mars, lundi (sauf hôtel) et dim. soir – **R** 30/83 ⅄ – ⅏ 15 – **10 ch** 42/95.

  Gare, pl. Gare (a) ☎ 36.16.55 – ⌂wc 🎞 ☜ – ⅍ 100. **E** 𝘝𝘐𝘚𝘈
    fermé 4 au 27 juil. – SC : **R** 43/80 ⅄ – ⅏ 12 – **34 ch** 73/145 – P 161/212.

  ✕✕ Bonne Auberge, 1 r. O.-de-Clisson (e) ☎ 78.01.90 – 𝘝𝘐𝘚𝘈
    fermé 15 août au 1er sept., 15 fév. au 1er mars, dim. soir et lundi – SC : **R** 60/100.

CITROEN Boullenger, ☎ 78.00.78
PEUGEOT-TALBOT Baudu, ☎ 78.00.67

RENAULT Clisson-Autos, à Gorges, ☎ 78.30.55
Girard, ☎ 78.01.84

CLOHARS-CARNOËT 29121 Finistère 🔠 ⑫ – 3 327 h. alt. 42 – ✿ 98.
Paris 512 – Concarneau 31 – Lorient 22 – Quimper 48 – Quimperlé 10.

  ✕✕ La Brissandière, rte de Lorient : 4 km ☎ 71.51.34 – 🄰🄴 ⓞ 𝘝𝘐𝘚𝘈
    fermé fin sept. à fin oct., lundi soir et mardi – SC : **R** 52/160.

CLOUANGE 57 Moselle 🔠 ③ – rattaché à Rombas.

CLOYES-SUR-LE-LOIR 28220 E.-et-L. 🔠 ⑯⑰ G. Châteaux de la Loire – 2 552 h. alt. 105 – ✿ 37.
Paris 144 – Blois 53 – Chartres 56 – Châteaudun 12 – ◆Le Mans 92 – ◆Orléans 61.

  🏠 St-Georges, pl. Église ☎ 98.54.36 – 🎞
    SC : **R** 58/75 ⅄ – ⅏ 14 – **11 ch** 68/125 – P 120/160.

  ✕✕✕ Host. St-Jacques 🅢 avec ch, r. Nationale ☎ 98.50.08, ☞ – ⌂wc 🎞wc ☜ 🅿.
    🎞🅐🄴 ⓞ 𝘝𝘐𝘚𝘈. ⅏ ch
    fermé 15 déc. au 31 janv., dim. soir et lundi sauf du 14 juil. au 15 août et fériés – SC : **R** 88/180 – ⅏ 24 – **20 ch** 110/200 – P 221/265.

  ✕ Dauphin, r. J.-Chauveau ☎ 98.51.14 – 𝘝𝘐𝘚𝘈
    fermé fév. et merc. – SC : **R** 37/100 ⅄.

PEUGEOT-TALBOT Cassonnet, ☎ 98.51.90 🄽 ☎ 98.55.84

CLUNY 71250 S.-et-L. 🔠 ⑱ G. Bourgogne – 4 680 h. alt. 248 – ✿ 85.
Voir Anc. abbaye* : clocher de l'Eau Bénite** – Clocher* de l'église St-Marcel B – Musée Ochier* M. Env. Berzé-la-Ville : fresques** de la chapelle 13 km par ③ – Mt St-Romain ⅌** 15 km par ② – Prieuré* de Blanot 10 km par ② – Château* de Berzé-le-Châtel 10 km par ③.
🄸 Office de Tourisme r. Mercière (fermé 25 déc. au 3 janv.) ☎ 59.05.34.
Paris 391 ① – Chalon-sur-Saône 52 ① – Charolles 38 ③ – Mâcon 25 ③ – Montceau-les-Mines 42 ④ – Roanne 79 ③ – Tournus 37 ②.

  🏨 ✿ Bourgogne (Gosse), pl. Abbaye (n) ☎ 59.00.58, « Face à l'abbaye » – ⌂wc
    🎞wc ☜ ⬅, 🎞🅐🄴 ⓞ 𝘝𝘐𝘚𝘈. ⅏ rest
    25 fév.-15 nov., fermé merc. midi et mardi – SC : **R** 110/220 – ⅏ 23 – **18 ch** 125/240
    Spéc. Foie gras frais, Canette au baies roses, Chariot de desserts. Vins Givry.

  🏨 ✿ Moderne, par ③ : 1 km au pont de l'Étang ☎ 59.05.65 – ⌂wc ☜. 🎞🅐
    𝘝𝘐𝘚𝘈 ⅏ rest
    fermé 15 au 30 nov., 1er fév. au 10 mars, dim. soir et lundi sauf du 15/6 au 15/9 – SC : **R** 70/200 – ⅏ 16,50 – **16 ch** 90/200
    Spéc. Œufs en meurette, Magret de canard vigneronne, Tarte chaude aux pommes et coulis d'abricots.

  🏠 Abbaye, av. Gare (e) ☎ 59.11.14 – ⌂wc 🎞 ☜ 🅿. 🎞🅐
    fermé 10 déc. au 5 fév., dim. soir et lundi midi – SC : **R** 66/110 – ⅏ 14,50 – **19 ch** 70/160.

CITROEN Bay, ☎ 59.08.85
RENAULT Pechoux et Couratin, par ② ☎ 59.04.61
RENAULT Beaufort, ☎ 59.11.76

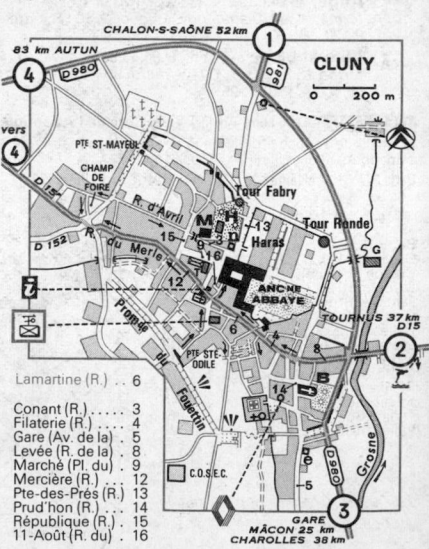

CHALON-s-SAÔNE 52 km ①

83 km AUTUN ④ D 980

CLUNY

0   200 m

vers ④

PTE ST-MAYEUL

CHAMP DE FOIRE

r. d'Avril   Tour Fabry

D 152   R. du Merle   Haras   Tour Ronde

ANC. ABBAYE

Prom. du Fouettin

PTE STE-ODILE

TOURNUS 37 km ② D 15

Lamartine (R.) .. 6

Conant (R.) 3
Filaterie (R.) 4
Gare (Av. de la) . 5
Levée (R. de la) . 8
Marchè (Pl. du) . 9
Mercière (R.) ... 12
Pte-des-Prés (R.) 13
Prud'hon (R.) ... 14
République (R.) . 15
11-Août (R. du) . 16

C.O.S.E.C.

GARE
MÂCON 25 km
CHAROLLES 38 km ③

362

La CLUSAZ 74220 H.-Savoie **74** ⑦ G. Alpes – 1 695 h. alt. 1 100 – Sports d'hiver : 1 100/2 487 m ⚡4 ⚡34, ⚡ – ⚫ 50.

Voir E : Vallon des Confins★ – Col de la Croix-Fry★ : ≤★ SO : 5 km.

🛈 Office de Tourisme (fermé dim. hors sais.) ☎ 02.60.92, Télex 385125.

Paris 568 – Albertville 40 – Annecy 32 – Bonneville 26 – Megève 29 – Morzine 65.

🏨🏨 **Le Panorama** M ⚘ sans rest, ☎ 02.42.12, ≤ montagnes – 🛗 ⚘ ℗. ⚘
1er juil.-30 août et 20 déc.-Pâques – SC : ⚅ 18 – **30 ch** 110/180.

🏨 **Cythéria** ⚘, ☎ 02.41.81, ≤ – 🛗 ⌂wc ⚑wc ⚘ ℗. ⚘. ⚘ rest
1er juil.-20 sept. et 15 déc.-20 avril – SC : **R** 65/100 – ⚅ 29 – **32 ch** 120/250 – P 199/320.

🏨 **Les Chalets de la Serraz** M ⚘ sans rest, rte Col des Aravis : 4 km ☎ 02.48.29, ≤, ⚘ – cuisinette ⌂wc ⚘ ℗. ⚘
1er juin-30 sept. et 1er nov.-3 mai – SC : ⚅ 18 – **10 ch** 160/220, 4 appartements 370.

🏨 **Aravis 1500** M ⚘, les Étages S : 3 km par D 909 ☎ 02.61.13, ≤, ⚒ – cuisinette 📺 ⌂wc ⚘ ℗. ⚘. ⚘ rest
1er juil.-31 août et 15 déc.-20 avril – SC : **R** 60/90 – ⚅ 20 – **18 ch** 220, 5 appartements 540 – P 250.

🏨 **Christiania**, ☎ 02.60.60, ⚘ – 🛗 ⌂wc ⚑wc ⚘. ⚘. ⚘
1er juil.-20 sept. et 18 déc.-18 avril – SC : **R** 55/95 – ⚅ 17,50 – **30 ch** 98/185 – P 140/240.

🏨 **Le Gotty**, les Étages SE : 3 km par D 909 ☎ 02.43.28, ≤ – ⌂wc ⚑wc ⚘ ℗. ⚘
18 déc.-18 avril – SC : **R** 56/80 – ⚅ 18 – **28 ch** 135/180 – P 160/250.

🏨 **Sapins** ⚘, ☎ 02.40.12, ≤ – 🛗 ⌂wc ⚑wc ⚘ ℗
18 juin-10 sept. et 17 déc.-20 avril – SC : **R** 50/60 – ⚅ 16 – **27 ch** 110/180 – P 160/230.

🏨 **Aravis (au Village)** (Annexe 🏨 - 16 ch), près Église ☎ 02.60.31, ≤, ⚘, ⚘ – 🛗 ⌂wc ⚑wc ⚘. ⚘. ⚘ rest
1er juil.-31 août et 20 déc.-Pâques – SC : **R** 47/100 – ⚅ 16 – **41 ch** 80/200 – P 155/250.

🏨 **Nouvel H.,** ☎ 02.40.08 – 🛗 ⌂wc ⚑ ⚘. ⚘ rest
1er juil.-15 sept. et 20 déc.-15 avril – SC : **R** 42/90 – ⚅ 16 – **24 ch** 80/165 – P 160/210.

🏨 **Floralp,** ☎ 02.41.46 – ⌂wc ⚑wc ⚘. ⚘ rest
20 juin-15 sept. et 15 déc.-Pâques – SC : **R** 50/60 – ⚅ 16 – **22 ch** 100/170 – P 135/198.

🏨 **Savoie,** ☎ 02.40.51 – ⌂wc ⚑wc ⚘
saison – **14 ch**.

🍴🍴 **Vieux Chalet** ⚘ avec ch, rte Crêt du Merle ☎ 02.41.53, ≤, ⚘ – ⌂wc ⚑wc ⚘ ℗. ⚘
fermé mi juin à début juil., mi oct. au 11 nov., mardi, merc. et jeudi hors sais – SC : **R** 60/140 – ⚅ 18 – **7 ch** 170/220 – P 180/235.

🍴🍴 **L'Écuelle,** ☎ 02.42.03
22 déc.-Pâques et fermé merc. – SC : **R** (dîner seul.) carte environ 120.

RENAULT Gar. du Rocher, ☎ 02.40.38

CLUSES 74300 H.-Savoie **74** ⑦ G. Alpes – 15 268 h. alt. 485 – ⚫ 50.

🛈 Office de Tourisme Chalet Savoyard, pl. Allobroges (fermé mardi et dim.) ☎ 98.31.79.

Paris 584 – Annecy 64 – Bonneville 15 – Chamonix 42 • Genève 45 – Megève 28 – Morzine 29.

🏨 **Mont-Blanc,** 10 r. J.-Nicollet ☎ 98.00.14 – ⌂wc ⚑ ⚘
fermé 8 au 15 mai, oct. et dim. – SC : **R** 45 ⚘ – ⚅ 12 – **21 ch** 55/130.

à Magland SE : 8 km par N 205 – ✉ 74300 Cluses :

🍴🍴 **Relais Mont-Blanc** avec ch, ☎ 90.75.33, ≤, ⚘ – ⚑wc ⚘ ℗. 𝘝𝘐𝘚𝘈
fermé 3 au 25 janv. – SC : **R** (fermé dim. soir et lundi sauf vacances scolaires) 58/125 – ⚅ 15 – **13 ch** 68/150.

CITROEN Gander, rte Sallanches ☎ 98.49.38
CITROEN Stat. du Stade r. Carnot ☎ 98.12.41
PEUGEOT, TALBOT Gar. Savoie, av. des Glières ☎ 98.82.88
RENAULT SECA, rte Scionzier ☎ 98.11.50

V.A.G Fillon, av. des Lacs, Scionzier ☎ 98.24.15

⚙ Ets Blanc, 7 r. Pré Bénévix ☎ 98.35.60
Vaillant, 3 fg St-Nicolas ☎ 98.63.80

COCURÈS 48 Lozère **80** ⑥ – rattaché à Florac.

COËMONT 72 Sarthe **64** ④ – rattaché à Château-du-Loir.

363

COGNAC ◁⊗▷ **16100** Charente **72** ⑫ **G. Côte de l'Atlantique** – 22 612 h. alt. 27 – ✪ 45.

🛈 Office de Tourisme pl. J.-Monnet (fermé dim.) ☏ 82.10.71.

Paris 480 ⑥ – Angoulême 44 ① – ◆Bordeaux 121 ④ – Libourne 101 ③ – Niort 83 ⑥ – Poitiers 147 ⑥ – La Roche-sur-Yon 172 ⑥ – Saintes 26 ⑤.

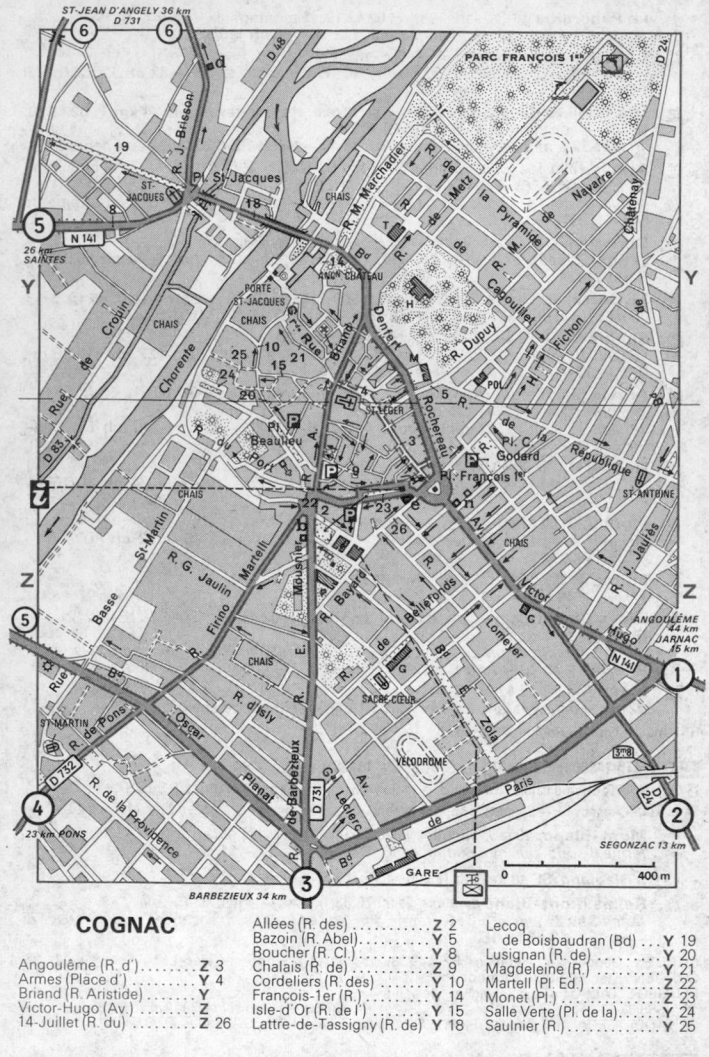

COGNAC

Angoulême (R. d') . . . . **Z** 3	Allées (R. des) . . . . **Z** 2
Armes (Place d') . . . . **Y** 4	Bazoin (R. Abel) . . . . **Y** 5
Briand (R. Aristide) . . . . . **Y**	Boucher (R. Cl.) . . . . **Y** 8
Victor-Hugo (Av.) . . . . **Z**	Chalais (R. de) . . . . **Z** 9
14-Juillet (R. du) . . . . **Z** 26	Cordeliers (R. des) . . . . . . **Y** 10
	François-1er (R.) . . . . **Y** 14
	Isle-d'Or (R. de l') . . . . **Y** 15
	Lattre-de-Tassigny (R. de) **Y** 18

Lecoq
de Boisbaudran (Bd) . . . **Y** 19
Lusignan (R. de) . . . . **Y** 20
Magdeleine (R.) . . . . **Y** 21
Martell (Pl. Ed.) . . . . **Z** 22
Monet (Pl.) . . . . **Z** 23
Salle Verte (Pl. de la) . . . . **Y** 24
Saulnier (R.) . . . . **Y** 25

🏠 **François 1er** Ⓜ sans rest, 3 pl. François 1er ☏ 32.07.18 – 🛗 🛁wc 🏧 🖭 ⇐⇒ 🚗 ☎📺
Ɛ 𝘝𝘐𝘚𝘈
Z n
fermé vac. scol. de fév. – SC : ⇌ 16 – **30 ch** 86/150.

🏠 **Moderne** sans rest, 24 r. E.-Mousnier ☏ 82.19.53 – 🛗 🛁wc ☎ ⇐⇒ 𝘝𝘐𝘚𝘈
Z b
fermé 15 déc. au 5 janv., sam. et dim. du 15 oct. au 30 mars – SC : ⇌ 14,50 – **26 ch** 102/140.

🏠 **L'Étape**, 2 av. Angoulême N 141 par ① ☏ 32.16.15 – 🛁wc 🏧wc ☎ Ⓟ ☎📺 ⓞ
Ɛ 𝘝𝘐𝘚𝘈. ⛄ rest
Z b
fermé 20 déc. au 3 janv. et dim. du 15 oct. au 15 juin – SC : **R** 54/120 🍷 – ⇌ 15 –
22 ch 66/170.

🛏️ **L'Auberge,** 13 r. Plumejeau ☎ 32.08.70 – 🛏️wc 🛏️wc 📶 🆅🅸🆂🅰   Z n
➡️   *fermé 1ᵉʳ au 15 juil. et 20 déc. au 2 janv.* – SC : **R** *(fermé sam.)* 44/120 🍷 – ☄ 13,50 –
     27 ch 77/143 – P 150/210.

XXX **Pigeons Blancs** 🛁 avec ch, 110 r. J.-Brisson ☎ 82.16.36, 🌇, 🍴 – 🛏️wc 🛏️wc
     🅿 🍷 🅰🅴 🆅🅸🆂🅰 🍽️ ch   Y d
     fermé 1ᵉʳ au 8 janv. et dim. (sauf le midi de Pâques à oct.) – SC : **R** 75 bc/160 – ☄
     20 – **6 ch** 130/250 – P 225/295.

XX **Le Coq d'Or,** 33 pl. François 1ᵉʳ ☎ 82.02.56 – 🅰🅴 🅾🅸 🅴 🆅🅸🆂🅰   Z e
     fermé 28 août au 5 sept. et dim. – SC : **R** 54 (sauf fêtes)/160 🍷

à St-Laurent-de-Cognac par ⑤ : 6 km – ✉ **16100** Cognac :

🏨 **Logis de Beaulieu** 🛁, N 141 ☎ 82.30.50, ≼, parc – 📺 🛏️wc 🛏️wc 📶 🚗 🅿 –
     🛗 30. 🍽️🍷 🅰🅴 🅾🅸. 🍽️ rest
     fermé 15 déc. au 1ᵉʳ janv. et sam. du 15 nov. au 30 mars – SC : **R** 75/180 🍷 – ☄ 22 –
     21 ch 86/342 – P 258/345.

à Cierzac (17 Char.-Mar.) par ③ : 13 km D 731 :

XXX **Moulin de l'eau de Cierzac** Ⓜ 🛁 avec ch, ✉ 16660 St-Fort-sur-le-Né ☎ 83.61.32, 🌇,
     « Au bord de l'eau, parc » – 📺 🛏️wc 🛏️ 🅿 – 🛗 40 🍽️🍷
     fermé 4 janv. au 17 fév. et lundi hors sais. – SC : **R** carte 110 à 160 – ☄ 22 – **10 ch**
     160/280.

CITROEN Gar. Santuret, rte Angoulême à
Châteaubernard par ① ☎ 32.27.50 🅽 ☎ 90.
40.76
MERCEDES-BENZ SO.CO.VA., 21 av. Angoulême ☎ 32.27.77
OPEL Inter-Auto, 17 r. de Bellefonds ☎ 82.
19.12

PEUGEOT Cognac Gar., Le Buisson Moreau à
Châteaubernard par ① ☎ 32.25.29
RENAULT G.A.M.C., 242 av. Victor-Hugo par
① ☎ 32.18.93 🅽 ☎ 90.40.76

🏭 Moyet-Pneus, rte Barbezieux ☎ 82.24.66

COGOLIN 83310 Var 🎱🗒️ ⑰ G. Côte d'Azur – 4 908 h. alt. 14 – 🕙 94.

🅱 Office de Tourisme pl. Rébuffel (fermé dim. sauf matin en saison) ☎ 56.36.52 et Marines de
Cogolin (1ᵉʳ juil.-31 août) ☎ 56.03.73.

Paris 870 – Hyères 42 – Le Lavandou 31 – St-Tropez 9 – Ste-Maxime 13 – ◆Toulon 60.

🏨 **Coq H.** Ⓜ sans rest, pl. Gén.-de-Gaulle ☎ 56.12.66 – 🛏️wc 📶 🅿 🅰🅴 🅾🅸 🅴 🆅🅸🆂🅰.
     🍽️
     SC : ☄ 17 – **18 ch** 202.

🏨 **Clemenceau** Ⓜ sans rest, pl. République ☎ 56.19.23 – 🛗 🛏️wc 🛏️wc 📶 🍽️🍷
     🅰🅴 🅴 🆅🅸🆂🅰
     fermé janv. – SC : ☄ 17 – **30 ch** 110/193.

XX **Lou Capoun,** r. Marceau ☎ 54.44.57 – 🅿 🅾🅸 🆅🅸🆂🅰. 🍽️
     fermé 15 déc. au 31 janv., dim. soir du 15/9 au 15/6 et lundi – SC : **R** 60/85.

COIGNIÈRES 78 Yvelines 🅔🅞 ⑨. 🄞🄙🄖 ㉘ – 3 289 h. alt. 169 – ✉ **78310** Maurepas – 🕙 3.

Paris 40 – Longjumeau 33 – Mantes-la-Jolie 42 – Rambouillet 13 – Versailles 18.

XXX ❀ **Aub. du Capucin Gourmand** (Lebrault), N 10 ☎ 050.30.06, 🍴 – 🅾🅸 🆅🅸🆂🅰
     R carte 160 à 215
     Spéc. Terrine d'escargots, Lotte à la crème de framboise, Ris de veau en blanquette.

XXX ❀ **La Maison d'Angèle,** 296 rto Nationale 10 ☎ 050.58.23 – 🅿 🅾🅸
     fermé dim. soir, lundi et août – SC : **R** carte 160 à 220
     Spéc. Epinards tièdes aux foies blonds, Ris de veau aux écrevisses, Poire Karinne.

CITROEN Gar. Collet, 21 rte Nationale ☎ 050.
11.30
CITROEN Gar. de la Fourche, 33 r. P.-V.-Cou-
turier à Trappes ☎ 051.48.36 🅽
FIAT Éts Bigoteau, 46 av. Komarov, Zone Ind.,
Trappes ☎ 050.31.18
FORD Pouillat, N 12, Trappes ☎ 051.61.71
LANCIA-AUTOBIANCHI S.I.A.D.Y., 2 av. Ar-
mée-Leclerc, Trappes ☎ 062.97.09

PEUGEOT, TALBOT Trujas, 5 av. Komarov,
Zone Ind., Trappes ☎ 050.34.09
RENAULT Succursale, 2 av. Komarov, Zone
Ind., Trappes ☎ 062.43.19

🏭 Burlat, 42 av. Komarov, Zone Ind., Trappes
☎ 050.20.63
La Centrale du Pneu, N 10, Zone Ind. Pont-
d'Aulneau ☎ 050.27.36

COL voir au nom propre du col.

COLIGNY 01270 Ain 🅗🅞 ⑬ – 1 077 h. alt. 291 – 🕙 74.

Paris 418 – Bourg-en-Bresse 21 – Lons-le-Saunier 40 – Mâcon 45 – Tournus 54.

XX ❀ **Le Petit Relais** (Guy), ☎ 30.10.07 – 🅰🅴 🅴 🆅🅸🆂🅰
     fermé 13 au 30 juin, 14 fév. au 5 mars, mardi soir et merc. – SC : **R** (nombre de
     couverts limité - prévenir) 65/180
     Spéc. Mousse de sandre, Aiguillettes de canard, Chariot de desserts. Vins St-Véran, Brouilly.

à Moulin-des-Ponts S : 5,5 km sur N 83 – ✉ **01270** Coligny :

🏨 **Solnan** Ⓜ, ☎ 51.50.78, 🍴 – 🛏️wc 🍷 🚗 🅿 – 🛗 40 🍽️🍷 🅰🅴 🅾🅸. 🍽️ rest
     fermé 1ᵉʳ déc. au 6 janv. et dim. soir d'oct. à mars – SC : **R** 53/160 🍷 – ☄ 17,50 –
     20 ch 88/155 – P 140/200.

La COLLE-SUR-LOUP 06480 Alpes-Mar. 🏂 ⑨. 🌆 ㉗ G. Côte d'Azur – 3 700 h. alt. 96 – ❄ 93.

Voir Vallée du Loup★★ O : 2 km.

Paris 926 – Antibes 15 – Cagnes-sur-Mer 6 – Cannes 26 – Grasse 19 – ◆Nice 19 – Vence 8.

🏚 **Host. de l'Abbaye,** av. Libération ☎ 22.66.77, « Ancienne abbaye du 12ᵉ s. ».
🏊, 🎠 – 📺 ☎ ⓟ – 🛏 50. ▲ 𝘷𝘪𝘴𝘢
R 110/180 – ☲ 20 – **19 ch** 230/300 – P 330/480.

🏠 **Marc Hély** Ⓜ 🐾, SE : 0,8 km par D 6 ☎ 22.64.10, « Confortable villa dans un jardin » ≤ – 📺 ⏢wc �🛏wc ☎ ⓟ. ☕🚗. ⚹⚹ rest
1ᵉʳ fév.-31 oct. et 19 déc.-7 janv. – SC : **R** (dîner pour résidents seul.) – ☲ 20 – **11 ch** 175/275.

🍴🍴🍴 ⚙ **La Belle Époque** (Compagnat), SE : 2 km D 6 ☎ 20.10.92, 🌿, 🎠 – ⓟ. ▲ ⑩ 𝘷𝘪𝘴𝘢
fermé 5 janv. au 15 fév. et lundi sauf fêtes – SC : **R** 140/220
Spéc. Foie gras de canard à l'ail doux, Assiette du pêcheur, Fricassée de poulet au vinaigre de cerises. Vins Bandol, Vignelaure.

Voir aussi 🏚🏚 ⚙ Mas d'Artigny à *St-Paul*

Le COLLET 88 Vosges 🉂 ⑱ – rattaché à la Schlucht.

Le COLLET-D'ALLEVARD 38 Isère 🏂 ⑯ – rattaché à Allevard.

COLLIOURE 66190 Pyr.-Or. 🏂 ㉒ G. Pyrénées (plan) – 2 839 h. – ❄ 68.

Voir Site★★ – Retables★ dans l'église.

🏢 Syndicat d'Initiative av. C.-Pelletan (fermé matin et lundi hors saison et dim.) ☎ 82.15.47.

Paris 937 – Argelès-sur-Mer 6 – Céret 32 – ◆Perpignan 27 – Port-Vendres 4 – Prades 64.

🏚 **Casa Païral** 🐾 sans rest, face au parking ☎ 82.05.81, « Bel aménagement intérieur et jardin fleuri », 🏊 – ☎. ⚹⚹
1ᵉʳ avril-2 nov. – SC : ☲ 20 – **24 ch** 190/290.

🏠 **Ambeille** Ⓜ sans rest, rte Port-d'Avail ☎ 82.08.74, ≤ – ⏢wc �🛏wc ☎ ⓟ. ⚹⚹
Pâques-fin oct. – SC : ☲ 15 – **21 ch** 145/215.

🏠 **Madeloc** 🐾 sans rest, r. R.-Rolland ☎ 82.07.56, ≤ – ⏢wc �🛏wc ☎ ⓟ. ☕🚗 ▲ ⑩
15 avril-15 oct. – SC : ☲ 18 – **22 ch** 190/240.

🏠 **Méditerranée** Ⓜ sans rest, av. A.-Maillol ☎ 82.08.60 – ⏢wc �🛏wc ☎ ⊂⊃. ☕🚗. ⚹⚹
fév.-nov. – SC : ☲ 17 – **23 ch** 155/212.

🏠 **La Frégate,** 24 quai Amirauté ☎ 82.06.05, Télex 505072, 🌿 – 🔔 ⏢wc �🛏wc ☎. ☕🚗
fermé 15 nov. au 17 déc. et 3 au 28 janv. – SC : **R** (fermé vend. hors sais.) 85/145 – **25 ch** ☲ 176/233 – P 232/252.

🏠 **Villa Basque** sans rest, 22 r. République ☎ 82.04.82, 🎠 – ⏢wc �🛏wc ☎
Pâques-mi-oct. – SC : ☲ 16 – **22 ch** 160/222.

🏠 **Les Templiers,** Quai Amirauté ☎ 82.05.58, 🌿, « Collection de tableaux » – ⏢wc �🛏wc ☎. ☕🚗
fermé janv. et jeudi du 1ᵉʳ oct. au 1ᵉʳ juin – SC : **R** 65/110 – ☲ 16 – **54 ch** 110/240 – P 170/250.

🏠 **Le Bon Port,** rte Port-Vendres ☎ 82.06.08, ≤, 🌿, 🎠 – ⏢wc �🛏wc ☎ ⓟ. ⚹⚹ rest
Pâques-fin sept. – SC : **R** 65/100 – ☲ 15 – **22 ch** 155/175.

🏠 **Les Caranques** 🐾, rte Port-Vendres ☎ 82.06.68, « Terrasses et ≤ vieux port » 🎠 – ⏢wc ☎. ☕🚗. ⚹⚹
hôtel 1ᵉʳ avril-12 oct. – SC : **R** (1ᵉʳ juin-30 sept.) (1/2 pens. seul.) – ☲ 15 – **16 ch** 182.

🏠 **Les Terrasses** sans rest, r. Jean Bart ☎ 82.06.52, ≤ – ⏢wc ☎. ☕🚗 🄴
SC : ☲ 13 – **20 ch** 70/150.

🏡 **Bona Casa,** av. République ☎ 82.06.62 – ⏢
début avril-fin oct. – SC : **R** 48/65 – 🍺 15 – **8 ch** 87/98 – P 145.

🍴🍴🍴 **La Balette,** rte Port-Vendres ☎ 82.05.07, 🌿, « Terrasses et ≤ vieux port » – ⓟ
fermé 2 janv. au 25 mars et jeudi sauf de juin à sept. – SC : **R** 85/155.

🍴🍴 **La Bodega,** r. République ☎ 82.05.60 – ▲ ⑩ 𝘷𝘪𝘴𝘢
fermé 10 nov. au 24 déc., lundi soir et mardi du 15 sept. au 30 juin – SC : **R** 75/165.

🍴 **Le Puits,** r. Arago ☎ 82.06.24 – 🄴 𝘷𝘪𝘴𝘢
fermé déc., janv., dim. soir et lundi sauf du 15 juin au 15 sept. – SC : **R** 78.

🍴 **Chiberta,** 18 av. Gén.-de-Gaulle ☎ 82.06.60
3 avril-30 sept. et fermé mardi d'avril à juin – SC : **R** 44/65.

RENAULT Gar. Descarréga, ☎ 82.08.34

COLLONGES-AU-MONT-D'OR 69 Rhône 🔢 ⑪ – rattaché à Lyon.

COLLONGES-LA-ROUGE 19 Corrèze 🔢 ⑨ G. Périgord (plan) – 360 h. alt. 230 – ✉ 19500 Meyssac – ✪ 55.

Voir Village★.

Paris 513 – Aurillac 88 – Brive-la-Gaillarde 21 – Martel 19 – St-Céré 41 – Tulle 45.

🏛 **Relais St-Jacques de Compostelle** ⅏, ⅏ 25.41.02, 🍴, 🌳 – 🛏wc 🚻 ⌨.
→ 🍽
   fermé 15 nov. au 15 déc. et merc. du 15 oct. à Pâques – SC : **R** 40/145 – 🍽 14 –
   12 ch 70/140 – P 120/160.

COLMAR 🅿 68000 H.-Rhin 🔢 ⑱ G. Vosges – 67 410 h. alt. 193 – ✪ 89.

Voir Retable d'Issenheim★★★ (musée d'Unterlinden★★) BY – Ville ancienne★★ BY : Maison Pfister★★ BY K, Église St-Martin★ BY F, Maison des Arcades★ BY E, Maison Schongauer★ BY R, Maison des Têtes★ BY Y, Ancienne Douane★ BY N, Ancien Corps de Garde★ BY L – Vierge au buisson de roses★★ et vitraux★ de l'église des Dominicains BY B – Quartier de la Krutenau★ BZ : Tribunal civil★ BY J – ≪★ du pont St-Pierre BZ V sur "la petite Venise" – Vitrail de la crucifixion★ de l'église St-Matthieu CY D.

🛫 de Colmar-Houssen : Air Alsace ⅏ 23.99.33 par ① : 3 km.

🅱 Office de Tourisme, 4 r. Unterlinden (fermé sam. après-midi et dim. hors sais.) ⅏ 41.02.29 - A.C. 58 av. République ⅏ 41.31.56.

Paris 531 ① – ◆Bâle 70 ③ – Freiburg 52 ② – ◆Nancy 148 ⑥ – ◆Strasbourg 71 ①.

Plan page suivante

🏨 **Terminus-Bristol,** 7 pl. Gare ⅏ 23.59.59, Télex 880248 – 🛗 📺 ☎ – 🛗 35. 🅰🅴
   🅾 🄴 🆅🅸🆂🅰   AZ **g**
   R voir rest. Rendez-vous de Chasse - SC : 🍽 22 – **85 ch** 125/300, 3 appartements
   400 – P 330/400.

🏨 **Champ de Mars** Ⓜ, 2 av. Marne ⅏ 41.54.54, Télex 880928, ≪ – 🛗 📺 ⌨ 🚗 –
   🛗 40 à 150. 🅰🅴 🅾 🄴 🆅🅸🆂🅰   AY **b**
   SC : **R** 65/90 – 🍽 20 – **75 ch** 196/228.

🏨 **Colbert** Ⓜ sans rest, 2 r. Trois-Épis ⅏ 41.31.05 – 🛗 📺 🛏wc 🚻wc ⌨. 🚗 🆅🅸🆂🅰
   SC : 🍽 14,50 – **50 ch** 115/155.   AY **d**

🏨 **Turenne** Ⓜ sans rest, 10 rte Bâle ⅏ 41.12.26 – 🛗 📺 🛏wc 🚻wc ☎ 🚗 🅿. 🅰🅴
   🅾 🄴 🆅🅸🆂🅰   BZ **x**
   SC : 🍽 13 – **72 ch** 106/160.

🏨 **Park H.,** 52 av. République ⅏ 41.34.80 – 🛗 🛏wc 🚻wc ☎ 🅿. 🚗 🆅🅸🆂🅰
→ *fermé 20 déc. au 10 janv.* – SC : **R** 50/120 🍸 – 🍽 17 – **46 ch** 120/195 – P 220/330.
                                                                                                                           AZ **f**

🏨 **Majestic,** 1 r. Gare ⅏ 41.45.19 – 🛗 🛏wc 🚻wc ⌨. 🍴 rest   AY **k**
→ *fermé mi déc. à mi janv.* – SC : **R** *(fermé lundi soir et dim.)* 40/150 🍸 – 🍽 15,50 –
   40 ch 94/145.

🏨 **de la Fecht** Ⓜ, 1 r. Fecht ⅏ 41.34.08, Télex 880650 – 📺 🛏wc 🚻wc ☎ ♿ 🅿.
→ 🚗 🅰🅴 🅾 🄴 🆅🅸🆂🅰   BX **u**
   fermé 2 au 20 nov. et fév. – SC : **R** *(fermé dim. soir et lundi hors sais.)* 42/150 🍸 –
   14,50 – **39 ch** 130/190 – P 200/240.

🍴🍴🍴🍴 ✿ **Schillinger,** 16 r. Stanislas ⅏ 41.43.17 – 🅰🅴 🅾   AY **n**
   fermé 8 au 13 mars, 12 au 31 juil., dim. soir et lundi sauf fériés – **R** 110/210 🍸
   Spéc. Foie gras frais, Émincé de saumon à l'aigrelette, Caneton au citron.

🍴🍴🍴 **Maison des Têtes,** 19 r. Têtes ⅏ 24.43.43, « Belle maison du 17e s., atmosphère
   locale » – 🅾 🄴   BY **y**
   fermé 15 janv. au 1er mars, dim. soir et lundi sauf fériés – SC : **R** 55/150 🍸.

🍴🍴🍴 ✿ **Rendez-vous de Chasse,** 7 pl. Gare ⅏ 23.59.59 – 🅰🅴 🄴 🆅🅸🆂🅰   AZ **g**
   fermé 28 déc. au 9 janv. et dim. soir du 15 déc. au 31 mars – **R** 100/250
   Spéc. Foie gras frais d'oie, Noisettes de chevreuil (début juin-fin déc.), Vacherin glacé à l'Alsacienne.
   Vins Sylvaner, Edelzwicker.

🍴🍴🍴 **Meistermann,** 2a av. République ⅏ 41.26.35 – 🅰🅴 🅾 🆅🅸🆂🅰   AY **t**
   fermé 15 nov. au 1er déc. et merc. sauf de juil. à oct. – **R** 59/169.

🍴🍴 ✿ **Fer Rouge** (Fulgraff), 52 Gde-Rue ⅏ 41.37.24, « Vieille maison alsacienne » –
   🅰🅴   BY **s**
   fermé 1er au 8 août, 4 au 24 janv., dim. soir et lundi – **R** carte 170 à 210
   Spéc. Foie d'oie tiède, St-Jacques au beurre de basilic (oct. à mars), Blanc de volaille à la purée d'ail
   (mars à sept.). **Vins** Riesling, Pinot blanc.

🍴 **Rapp** avec ch, 16 r. B.-Molly ⅏ 41.62.10 – 🚻 ⌨. 🚗   BY **f**
→ *fermé 15 nov. au 5 janv.* – SC : **R** *(fermé vend. de mars au 31 août et merc. de sept.
   à fév.)* 40/130 – 🍽 12 – **12 ch** 48/95 – P 155/180.

🍴 **Trois Poissons,** 15 quai Poissonnerie ⅏ 41.25.21   BZ **t**
   fermé 23 juin au 15 juil., 22 déc. au 4 janv., mardi soir et merc. – SC : **R** 55/120, dîner
   à la carte 🍸.

tourner →

COLMAR

au Nord par ① : 2 km – ✉ **68000** Colmar :

🏨 **Novotel** Ⓜ, à l'Aérodrome ☎ 41.49.14, Télex 880915, ⌱, 斤 – 📺 🛏wc ☎ Ⓟ –
🏛 50. 📺ℬ ᴀᴇ ⓪ ᴠɪsᴀ
R snack carte environ 85 – ⌹ 27 – **66 ch** 227/259.

🏨 **Motel Azur** sans rest, 50 rte Strasbourg ☎ 41.32.15, 斤 – cuisinette 🛏wc 🗄 ☎
Ⓟ 📺ℬ. 🛇
SC : ⌹ 12 – **21 ch** 55/122.

à Horbourg par ② : 3,5 km – 3 229 h. – ✉ **68000** Colmar :

🏨 **Cerf,** ☎ 41.20.35, 斤 – 🛏wc ☎ Ⓟ. 🛇
↔ *fermé mi janv. à mi mars, dim. soir hors sais. et lundi* – SC : **R** 45/120 🍷 – ⌹ 14 –
30 ch 95/160 – P 135/180.

🏨 **Romains,** 13 rte Neuf-Brisach ☎ 23.46.46, 斤 – 🛗 📺 🛏wc ☎ Ⓟ – 🏛 80. 📺ℬ
ᴠɪsᴀ. 🛇 rest
↔ *fermé 23 déc. au 3 janv.* – SC : **R** *(fermé lundi midi)* 50/150 🍷 – ⌹ 16 – **63 ch**
150/190 – P 217/282.

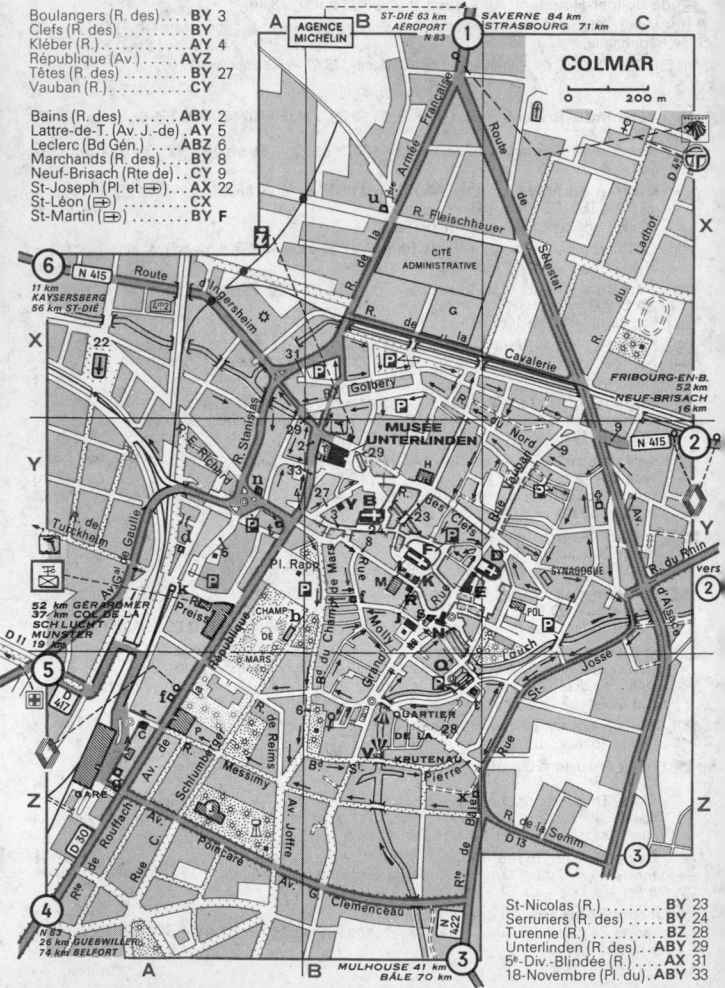

à *Wettolsheim* par ⑤ et D 1bis II : 4,5 km – ⊠ **68000** Colmar :

XXX ✿ **Aub. Père Floranc** avec ch, ☎ 41.39.14, 🌿 – ⌂wc 📶 ☎ 🅿. ⌦ 🖭 ⓪ 𝘷𝘪𝘴𝘢.
⊯
fermé 1er au 15 juil., 15 nov. au 15 déc., dim. soir hors sais. et lundi – SC : **R** 72/220 🍴
– 🛏 20 – **12 ch** 66/165
Spéc. Cassolette d'escargots aux cèpes, Sandre au Riesling, Tourte de cailles. Vins Edelzwicker,
Riesling.

Annexe : Le Pavillon 🏠 Ⓜ 🍸, « Collection de coquillages» – ⌂wc 📶wc
☎ 🕭 🅿. ⌦ 🖭 ⓪ 𝘷𝘪𝘴𝘢. ⊯
fermé 1er au 15 juil., 15 nov. au 15 déc., dim. soir hors sais. et lundi – SC : 🛏 20 –
18 ch 154/187.

à *Andolsheim* par ② : 6 km – ⊠ **68600** Neuf-Brisach :

🏠 ✿ **Soleil** 🍸, B.P. 3 ☎ 71.40.53, 🌿 – ⌂wc 📶wc ☎ ⌦ 🅿. ⌦ ⓪
fermé fév., 1er au 7 juil. et mardi – **R** 80/140 🍴 – 🛏 18 – **17 ch** 55/170
Spéc. Foie gras, Florentine de brochet, Faisan aux choux rouges. Vins Edelzwicker, Pinot blanc.

à *Bischwihr* par ② et D 111 : 8 km – ⊠ **68320** Muntzenheim :

🏠 **Relais du Ried** Ⓜ 🍸, ☎ 47.47.06, 🌿 – 📺 ⌂wc 📶wc ☎ 🅿. 𝘷𝘪𝘴𝘢. ⊯ rest
◆ *fermé 20 déc. au 1er fév.* – SC : **R** (dîner seul. pour résidents) 45/80 🍴 – 🛏 14 –
42 ch 148/155.

à *Wintzenheim* par ⑤ : 6 km – 6 637 h. – ⊠ **68000** Colmar.
Voir O : route des Cinq Châteaux★.

X **Au Bon Coin**, 4 r. Logelbach ☎ 27.00.68. E 𝘷𝘪𝘴𝘢
◆ *fermé 4 au 21 juil., en fév., merc. soir et jeudi* – SC : **R** 49/130 🍴.

à *Logelheim* SE par D 13 et D 45 - CZ - 9 km : ⊠ **68600** Neuf-Brisach :

X **Stoffel "A la Vigne"** 🍸 avec ch, ☎ 41.73.40 – ⌂wc. ⊯
fermé 15 juin au 7 juil., 18 déc. au 1er janv., mardi soir et merc. – **R** 70/118, dîner à la
carte – 🛏 12 – **7 ch** 65/100 – P 140.

MICHELIN, Agence, 3 r. Curie, Z.I. Nord par ① ☎ 41.15.42

ALFA-ROMEO Auto-Central, 11 r. Gre-
nouillère ☎ 41.24.69
BMW Seg Salva, 42 rte d'Ingersheim ☎ 41.
06.41
CITROEN ALSAUTO, 4 r. Timkem, Zone Ind.
Nord par ① ☎ 24.29.24
FIAT Auto-Market-Colmar, 124 rte de Neuf-
Brisach ☎ 41.57.80
FORD Bolchert, 77 r. Morat ☎ 79.11.25
OPEL Gangloff, 15 r. Stanislas ☎ 41.19.50
PEUGEOT, TALBOT Gar. de France, 1 rte de
Strasbourg ☎ 41.43.88
PEUGEOT, TALBOT Europe-Autos-Colmar,
101 rte Rouffach par ④ ☎ 41.07.73
RENAULT Gar. Zeh, 50 av. République ☎ 23.
99.43

RENAULT Gar. Reech, 1 Gde-Rue, Horbourg-
Wihr ☎ 41.26.86
RENAULT Gar. Reecht, 71 a Gde-Rue à Hor-
bourg-Wihr ☎ 41.27.28
TOYOTA, VOLVO Auto-Hall, 84 rte de Neuf-
Brisach ☎ 41.81.10
V.A.G. Gar. Dittel, 138 rte de Neuf-Brisach ☎
41.47.15

🖲 Kautzmann, 64 r. Papeteries ☎ 41.06.24
Pneus et Services D K 5 r. J.-Preiss ☎ 41.26.01
et 11 r. des Frères-Lumière, Zone Ind. Nord ☎
41.94.72

à Wintzenheim :

CITROEN Gar. Schaffhauser, 25 rte Rouffach
par ⑤ ☎ 41 01 07 🄽

RENAULT Gar. Lauber, 6 r. Clemenceau par
⑤ ☎ 27.02.02

▬▬ **COLMARS** 04370 Alpes-de-H.-Pr 🔢 ⑧ G. Côte d'Azur (plan) – 311 h. alt. 1 235 – ✿ 92.
Paris 816 – Barcelonnette 44 – Cannes 129 – Digne 71 – Draguignan 109 – ◆Nice 124.

🏠 **Le Chamois**, ☎ 83.43.29, ≤, 🌿 – ⌂wc 📶wc ☎ 🅿. ⌦. ⊯ rest
20 mai-15 oct. et 23 déc.-Pâques – SC : **R** 56/70 – 🛏 17 – **26 ch** 110/145 – P
169/270.

▬▬ **COLOMARS** 06 Alpes-Mar. 🔢 ⑨. 🄸🄹🄺 ㉖ – 1 521 h. alt. 334 – ⊠ **06670** St-Martin-du-Var –
✿ 93.
Paris 941 – Antibes 32 – Cannes 43 – Grasse 49 – Levens 22 – ◆Nice 17 – Vence 22.

🏠 **Rédier** 🍸, ☎ 08.11.36, ≤, 🏊, 🌿 – ⌂wc 📶wc ☎ 🅿 – 🏌 40. ⌦
fermé janv. – SC : **R** 70/120 – 🛏 15 – **28 ch** 100/250 – P 180/220.

▬▬ **COLOMBEY-LES-DEUX-ÉGLISES** 52330 H.-Marne 🔢 ⑲ G. Nord de la France – 396 h. alt.
352 – ✿ 25 – Voir Mémorial du Général-de-Gaulle et la Boisserie (musée).
Paris 232 – Bar-sur-Aube 15 – Châtillon-sur-Seine 62 – Chaumont 27 – Neufchâteau 70.

🏠 **Dhuits** Ⓜ, N 19 ☎ 01.50.10 – 📺 ⌂wc ☎ ⌦ 🅿. ⌦ 50. ⌦ 🖭 ⓪ E
fermé 24 déc. au 10 janv. – **R** 35/120 – 🛏 14 – **30 ch** 140/170 – P 220.

XX **Montagne** avec ch, ☎ 01.51.69, 🌿 – ⌂ 📶. ⌦ ⊯ ch
◆ *fermé 3 janv., lundi soir et mardi du 1er sept. au 1er juil.* – SC : **R** 42/110 🍴
– 🛏 13 – **11 ch** 45/80 – P 110/140.

Garage Archambaux, ☎ 01.51.43

369

COLOMBIER 83 Var 🟦🟦 ⑧. 🟦🟦🟦 ㉝ – rattaché à Fréjus.

COLPO 56 Morbihan 🟦🟦 ③ – 1 579 h. alt. 117 – ✉ **56390** Grandchamp – 🅾 97.

Paris 450 – Auray 28 – Josselin 28 – Locminé 9 – Plumelec 14 – Pluvigner 18 – Vannes 19.

🏨 **Aub. Korn er Hoët,** ⌖ 66.82.02, 🚗 – 🚻wc 🏠 🅾 🅿. 🍴 *VISA*
fermé oct., dim. soir hors sais. et lundi sauf le soir en juil.-août – SC : **R** 55/180 – ☲ 16,50 – **17 ch** 75/170 – P 175/230.

COLROY-LA-ROCHE 67 B.-Rhin 🟦🟦 ⑧ – 307 h. alt. 424 – ✉ **67420** Saales – 🅾 88.

Paris 474 – Lunéville 65 – St-Dié 31 – Sélestat 30 – ♦Strasbourg 62.

🏯 🅾 **Host. La Cheneaudière** Ⓜ ⌂, ⌖ 97.61.64, ≤, « Élégante hostellerie dans un jardin », ⌦ – 🔲 ☎ 🅿. *AE* ⑩
fermé mi janv. à mi mars – SC : **R** 160/200 – ☲ 35 – **28 ch** 270/380 – P 320/380
Spéc. Mille-feuille de foie gras et truffes, Tartare de saumon sauvage. Cuissot de chevreuil aux baies rouges. Vins Pinot noir, Tokay.

RENAULT Gar. Wetta, St-Blaise-la-Roche ⌖ 97.60.84 🅽

La COMBE 73 Savoie 🟦🟦 ⑮ – rattaché à Aiguebelette (lac d').

COMBEAUFONTAINE 70120 H.-Saône 🟦🟦 ⑤ – 366 h. alt. 252 – 🅾 84.

Paris 345 – Bourbonne-les-B. 37 – Épinal 85 – Gray 40 – Langres 51 – Luxeuil-les-B. 47 – Vesoul 24.

🏨 **Balcon,** ⌖ 78.62.34 – 🚻wc 🏠 🚗 🅿. *AE* E *VISA*. 🛇
fermé en sept., fin déc. à début janv., dim. soir hors sais. et lundi – SC : **R** 65/160 – ☲ 15 – **26 ch** 70/190.

La COMBE-DES-ÉPARRES 38 Isère 🟦🟦 ⑬ – rattaché à Bourgoin-Jallieu.

COMBE-LAVAL ★★★ 26 Drôme 🟦🟦 ③⑬ G. Alpes.

COMBLOUX 74920 H.-Savoie 🟦🟦 ⑧ G. Alpes – 1 219 h. alt. 1 000 – Sports d'hiver : 1 000/1 760 m ⚠12 – 🅾 50 – Voir La Cry 🌲★★ O : 3 km.

🗓 Office de Tourisme (fermé dim. hors saison) ⌖ 54.40.62, Télex 385550.

Paris 605 – Annecy 65 – Bonneville 37 – Chamonix 35 – Megève 5 – Morzine 52 – St-Gervais-les-B. 8.

🏯 **Ducs de Savoie** Ⓜ ⌂, au Bouchet ⌖ 58.61.43, ≤ Mt-Blanc, 🔽 – 🍴 ☎ 🚗 🅿 – 🏊 50. *AE* ⑩. 🛇 rest
6 juin-30 sept. et 16 déc.-20 avril – SC : **R** 75/95 – ☲ 23 – **50 ch** 170/260 – P 220/280.

🏨 **Coeur des Prés** ⌂, ⌖ 58.70.55, ≤ Aravis et Mt-Blanc, 🚗 – 🍴 🚻wc ☎ 🚗 🅿 – 🏊 40. 🛇 rest
1er juin-15 sept. et 20 déc.-Pâques – SC : **R** 55/100 – ☲ 15,50 – **34 ch** 130/200 – P 175/205.

🏨 **Aiguilles de Warens,** ⌖ 58.70.18 – 🍴 🚻wc 🏠 ☎. 🍴 *AE VISA*. 🛇 rest
18 juin-18 sept. et 20 déc.-18 avril – SC : **R** 72/90 – ☲ 22 – **34 ch** 140/215 – P 190/245.

🏨 **Idéal-Mont-Blanc** ⌂, ⌖ 58.60.54, ≤ Mt-Blanc, 🚗 – 🍴 🚻wc 🅿. 🛇 rest
18 juin-18 sept. et 18 déc.-Pâques – SC : **R** 83/100 – ☲ 21,50 – **27 ch** 156/240 – P 200/262.

🏨 **Plein Soleil** ⌂, ⌖ 58.60.81, ≤ Mt-Blanc, 🚗 – 🍴 🚻wc ☎ 🅿. *VISA*. 🛇 rest
20 juin-25 sept. et Noël-Pâques – SC : **R** 80/100 – ☲ 22 – **27 ch** 168/235 – P 200/272.

🏨 **L'Fredi,** ⌖ 58.61.80 – 🚻 🏠wc 🅿. 🛇 rest
15 juin-20 sept. et 18 déc.-Pâques – SC : **R** 70/80 – ☲ 15 – **18 ch** 95/170 – P 160/195.

🏨 **Édelweiss,** ⌖ 58.64.06, ≤, 🚗 – 🚻wc 🏠 🅿. 🍴. 🛇 rest
20 juin-10 sept. et 20 déc.-Pâques – SC : **R** 60/80 – ☲ 16 – **25 ch** 85/185 – P 155/198.

à Gemoën SE : 2 km - alt. 1 050 – ✉ 74920 Combloux :

🏨 **Caprice des Neiges,** D 909 ⌖ 58.63.22, ≤ Aravis, 🚗 – 🚻wc 🏠wc 🅿. 🛇 rest
10 juin-20 sept. et 15 déc.-20 avril – SC : **R** 45/80 – ☲ 20 – **20 ch** 100/150 – P 135/180.

🏨 **Les Aravis,** D909 ⌖ 58.63.93, ≤ Aravis – 🚻wc 🏠 🅿. 🛇
10 juin-20 sept. et 15 déc.-Pâques – SC : **R** 55/65 – ☲ 15 – **14 ch** 125 – P 115/165.

au Haut-Combloux O : 3,5 km – ✉ 74920 Combloux :

🏯 **Rond-Point des Pistes** ⌂, ⌖ 58.68.55, ≤ Mt-Blanc, 🍴 – 🍴 🔲 🚻wc ☎ 🅿. 🛇 rest
15 juin-15 sept. et 20 déc.-15 avril – SC : **R** 60/120 – ☲ 30 – **30 ch** 200/288 – P 235/335.

CITROEN Gar. du Perret. ⌖ 58.60.92 🅽   RENAULT Gar. des Cimes, ⌖ 58.63.61

COMBOURG 35270 I.-et-V. 🗺️ ⑯ G. Bretagne – 4 719 h. alt. 66 – ✆ 99.

Voir Château★.

🛈 Syndicat d'Initiative Maison de la Lanterne (1er juin-15 sept., fermé dim. et fêtes après-midi) ✆ 73.13.93.

Paris 369 – Avranches 50 – Dinan 24 – Fougères 47 – ◆Rennes 37 – St-Malo 36 – Vitré 56.

🏨 **Château et Voyageurs,** pl. Chateaubriand ✆ 73.00.38, 🛏 – 🚻wc 🛁 ☎ 🅿 –
◆ 🔔 25 à 35. 🍴 ⓞ 🅴 VISA
fermé 18 déc. au 24 janv., dim. soir et lundi hors sais. – SC : **R** 50/180 – 🍽 20 –
33 ch 66/230 – P 155/240.

COMBREUX 45 Loiret 🗺️ ⑩ G. Châteaux de la Loire – 208 h. alt. 127 – ✉ 45530 Vitry-aux-
Loges – ✆ 38.

Voir Étang de la Vallée★ NO : 2 km.

Paris 125 – Châteauneuf-sur-Loire 13 – Gien 49 – Montargis 36 – ◆Orléans 35 – Pithiviers 29.

🏨 **L'Auberge** 🌿, ✆ 59.47.63, 🍽, « Cadre campagnard », 🛏 – 🚻wc 🛁wc ☎ 🅿
– 🔔 40. 🍴
fermé 1er au 15 sept., vacances scolaires de Noël, de fév., merc. hors saison et fêtes
– SC : **R** 60/95 – 🍽 17 – **21 ch** 70/150 – P 180/200.

COMMENTRY 03600 Allier 🗺️ ③ G. Auvergne – 10 203 h. alt. 385 – ✆ 70.

Paris 334 – Aubusson 77 – Gannat 49 – Montluçon 15 – Moulins 67 – Riom 68.

🏨 **St-Christophe** Ⓜ sans rest, 30 bis r. Lavoisier ✆ 64.31.27, 🛏 – 🚻wc 🛁wc ☎
🅿
fermé 24 déc. au 2 janv. et sam. – SC : 🍽 13,50 – **19 ch** 90/105.

XX **L'Auberge,** 47 r. J.-J.-Rousseau ✆ 64.30.41
fermé août, dim. soir et lundi – SC : **R** 55/160.

CITROEN Gauvin, 16 r. Danton ✆ 64.33.32　　　　TALBOT Debizet, 25 r. J.-J.-Rousseau ✆ 64.
30.91

☞ *Die numerierten Ausfallstraßen auf den Stadtplänen ①, ②, ③*
finden Sie ebenfalls auf den Michelin-Karten im Maßstab 1: 200 000.
Dadurch wird das Auffinden der Anschlußstrecke erleichtert.

COMMERCY ✒ 55200 Meuse 🗺️ ③ G. Vosges
– 8 180 h. alt. 232 – ✆ 29.

A.C. 13 pl. Gén.-de-Gaulle ✆ 91.01.15.

Paris 267 ③ – Bar-le-Duc 38 ③ – ◆Metz 71 ① – Neufchâteau 51 ② – St-Dizier 55 ③ – Toul 32 ② – Verdun
53 ④.

🏨 Stanislas Ⓜ, 13 r. Grosdidier (a) ✆ 91.
12.36 – 🛗 🚻wc ☎ – 🔔 60. VISA 🦖 rest
32 ch.

XX **Paris** avec ch, pl. Gare (s) ✆ 91.01.36, 🛏
– 🚻wc 🛁wc ☎ – 🔔 30. VISA 🦖 ch
fermé 1er au 15 nov. et sam. du 1er oct. au
1er mars – SC : **R** 55/125 🍴 – 🍽 12,50 –
11 ch 61/106 – P 140/180.

PEUGEOT, TALBOT Socobi, 112 r. 155e-Régt.-Inf. par
② ✆ 91.20.22

COMMERCY

Grosdidier (R.)	2
Porte-au-Rupt (R.)	3
Poterne (R. de la)	4
Stanislas (Av.)	5

COMPIÈGNE ✒ 60200 Oise 🗺️ ②. 🗺️ ⑩ G.
Environs de Paris – 40 720 h. alt. 41 – ✆ 4.

Voir Palais★★★ CX : musée de la voiture★★ – Parc★ CXY – Hôtel de ville★ BX H –
Musée Vivenel★ : vases grecs★★ BX M.

Env. Forêt★★★ : clairière de l'Armistice★★.

🏌 ✆ 440.15.73 - CY.

🛈 Office de Tourisme pl. H. de Ville ✆ 440.01.00.

Paris 82 ⑦ – ◆Amiens 76 ⑧ – Arras 106 ⑧ – Beauvais 57 ⑦ – Douai 121 ⑧ – St-Quentin 64 ① –
Soissons 38 ③.

Plan page suivante

🏨 **Host. Royal Lieu,** 9 r. Senlis à Royallieu par ⑥ D 932A : 2 km ✆ 420.10.24, ≼,
« Terrasse fleurie », parc – 🅿 🆎 ⓞ VISA 🦖 ch
SC : **R** 90/175 – 🍽 22 – **17 ch** 210.

🏨 **Harlay** Ⓜ sans rest, 3 r. Harlay ✆ 423.01.50 – 🛗 🚻wc 🛁wc ☎ 🆎 ⓞ 🅴 VISA
SC : 🍽 20 – **20 ch** 150/220.　　　　　　　　　　　　　　　　　　　BX **a**

🏨 **Flandre,** 16 quai République ✆ 483.24.40 – 🛗 🚻wc 🛁 ☎ – 🔔 30. 🆎 ⓞ
VISA　　　　　　　　　　　　　　　　　　　　　　　　　　　　　　BV **e**
fermé 15 déc. au 15 janv. – SC : **R** 55/65 🍴 – **44 ch** 🍽 82/165.

371

XX **La Rôtisserie-H. du Nord** avec ch, pl. Gare ☎ 483.22.30 – |♦| TV ⊟wc ⋒wc ☎ ⊂⊃ – 🅰 30. VISA BV **a**
SC : **R** *(fermé août et dim. soir)* 75/120 – ☕ 16 – **20 ch** 100/155.

X **Le Picotin,** 22 pl. H. de Ville ☎ 440.04.06 BX **u**
↔ *fermé vacances de Noël, mardi soir et merc. sauf juin, juil. et août* – SC : **R** 46/120.

à Choisy-au-Bac par ③ : 5 km – ✉ **60750** Choisy-au-Bac :

XX **Aub. des Étangs du Buissonnet,** ☎ 440.17.41, ≤, parc – **P**. VISA
fermé 20 déc. au 16 janv., dim. soir et lundi sauf fériés – SC : **R** carte 120 à 170.

à Trosly-Breuil par ③ : 11 km – ✉ **60350** Cuise-la-Motte :

XX **Aub. de la Forêt,** 19 pl. Fêtes ☎ 485.62.30
fermé 16 août au 8 sept., 17 fév. au 10 mars, mardi soir et merc. – SC : **R** 68/130.

en forêt de Compiègne - voir ressources hôtelières à ***St-Jean-aux-Bois, Vaudrampont, Vieux Moulin***

MICHELIN, Agence, r. Jacques de Vaucanson, Z.A.C. de Royallieu-Mercières par ⑥ ☎ 420.15.24

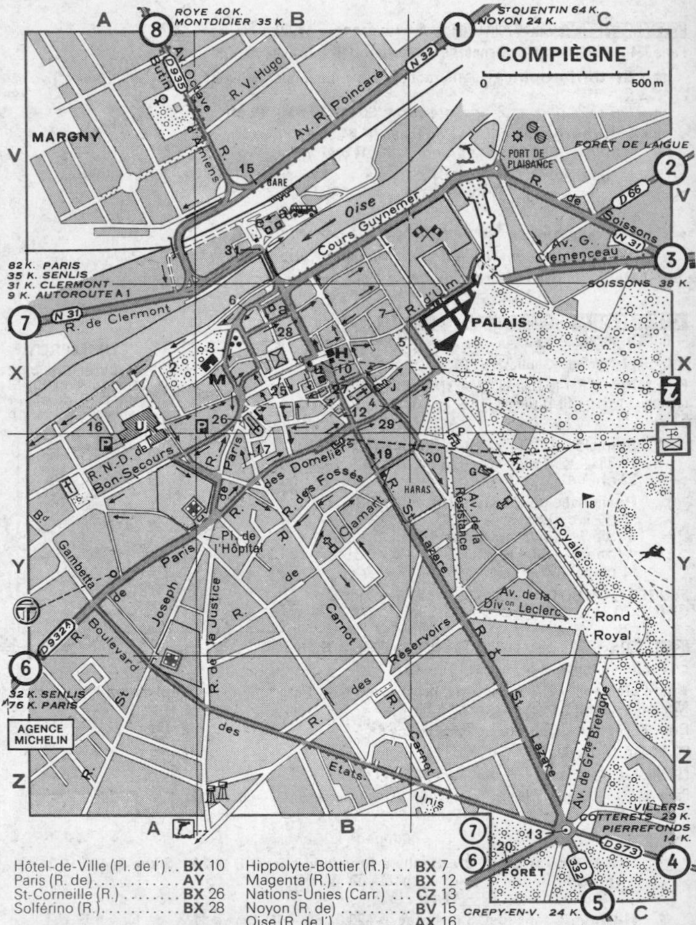

Hôtel-de-Ville (Pl. de l') . . **BX** 10	Hippolyte-Bottier (R.) . . . **BX** 7	
Paris (R. de) . . . . **AY**	Magenta (R.) . . . . **BX** 12	
St-Corneille (R.) . . . . **BX** 26	Nations-Unies (Carr.) . . . **CZ** 13	
Solférino (R.) . . . . **BX** 28	Noyon (R. de) . . . . **BV** 15	
	Oise (R. de l') . . . . **AX** 16	
Abattoir (R. de l') . . . . **AX** 2	Pasteur (R.) . . . . **BY** 17	
Austerlitz (R. d') . . . . **BX** 3	Pierrefonds (R. de) . . . . . . **BY** 19	St-Jacques (Pl. et ⊞) . . . **BX** 27
Fournier-Sarlovèze (R.) . . **BX** 4	Royallieu (Av. de) . . . . . . **CZ** 20	Sous-Préfecture (R.) . . . . **BX** 29
Gaulle (Pl. du Gén.) . . . . . **BX** 5	St-Antoine (Pl. et ⊞) . . . **BX** 25	Victor-Hugo (Bd) . . . . . . **CY** 30
Harlay (R. du) . . . . **BX** 6	St-Germain (⊞) . . . . **AY**	54e-Régt-d'Inf. (Pl. du) . . . **BV** 31

ALFA-ROMEO Gar. Deneuville, 2 bis r. du Chevreuil ☏ 420.29.94

BMW, OPEL Saint-Merri-Auto, 20 r. de Clermont ☏ 483.27.17

CITROEN Gar. Collard, N 31 à Venette par ⑦ ☏ 483.28.28 N ☏ 483.28.84

FIAT SOVA, 24 r. du Bataillon de France ☏ 440.12.90

FORD Gar. Ile-de-France, 186 av. O.-Butin à Margny ☏ 483.32.32

MERCEDES-BENZ SAFI 60, ZAC de Mercière ☏ 423.08.22

PEUGEOT Safari-Compiègne, r. Cl.-Bayard par r. de l'Oise AY ☏ 420.19.63

RENAULT Guinard, av. Gén.-Weigand par r. de l'Oise AY ☏ 420.32.57

TALBOT Gar. St-Jacques, 80 r. Paris ☏ 420.08.85 N ☏ 483.28.84

V.A.G. Éts Thiry, Centre Commercial, Jaux-Venette ☏ 483.29.92

🔧 Bouvet, 6 r. Austerlitz ☏ 423.22.17
Fischbach-Pneu, r. J.-de Vaucanson, ZAC de Mercières ☏ 420.20.22

COMPS-SUR-ARTUBY 83840 Var 84 ⑦ G. Côte d'Azur – 206 h. alt. 898 – ✪ 94.

Env. Balcons de la Mescla★★★ NO : 14,5 km.

Paris 827 – Castellane 28 – Draguignan 32 – Grasse 60 – Manosque 99.

- 🏨 **Gd H. Bain**, ☏ 76.90.06, ≼ – ⇔wc ▥wc ⇐ Ⓟ, ⊞⟨ 🛁 ✗ ch
- ← *fermé 2 nov. au 20 déc. et jeudi du 15 oct. au 1er avril* – SC : **R** 45/95 – ⊇ 12 – **17 ch** 75/110 – P 178/196.

CONCARNEAU 29110 Finistère 58 ⑪ ⑮ G. Bretagne – 19 040 h. – ✪ 98.

Voir Ville Close★★ B – Musée de la Pêche★ B M1 – Pont du Moros ≼★ B – Fête des Filets bleus★ (fin août).

🗗 de Quimper et Cornouaille ☏ 56.97.09 par ① : 8 km.

🛈 Office de Tourisme Quai d'Aiguillon (fermé merc.) ☏ 97.01.44.

Paris 544 ① – ✦Brest 93 ① – Lorient 54 ① – Quimper 24 ① – St-Brieuc 130 ① – Vannes 103 ①.

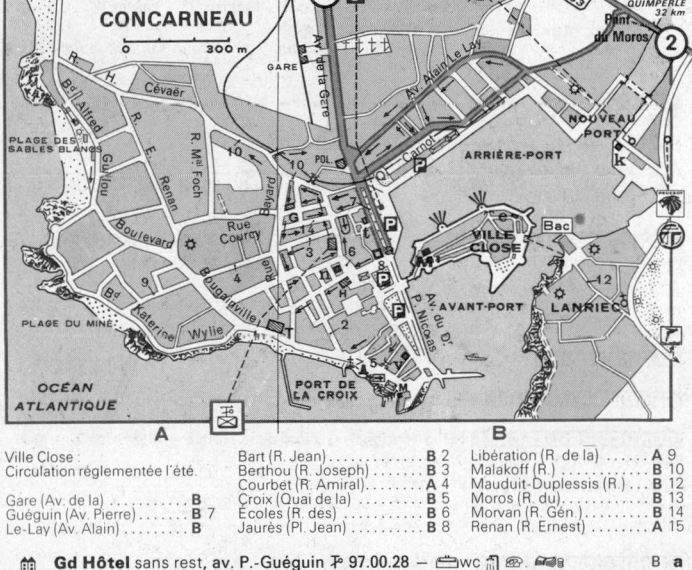

Ville Close :
Circulation réglementée l'été.

Gare (Av. de la) . . . . **B**	Bart (R. Jean) . . . . **B** 2
Guéguin (Av. Pierre) . . . . **B** 7	Berthou (R. Joseph) . . . . **B** 3
Le-Lay (Av. Alain) . . . . **B**	Courbet (R. Amiral) . . . . **A** 4

Libération (R. de la) . . . . . . **A** 9
Croix (Quai de la) . . . . **B** 5
Écoles (R. des) . . . . **B** 6
Jaurès (Pl. Jean) . . . . **B** 8
Malakoff (R.) . . . . **B** 10
Mauduit-Duplessis (R.) . . . **B** 12
Moros (R. du) . . . . **B** 13
Morvan (R. Gén.) . . . . **B** 14
Renan (R. Ernest) . . . . **A** 15

- 🏨 **Gd Hôtel** sans rest, av. P.-Guéguin ☏ 97.00.28 – ⇔wc ▥ ☏. ⊞⟨ B **a**
  Pâques-oct. – SC : ⊇ 14,50 – **33 ch** 112/200.

- 🏨 **Sables Blancs** ⧉, plage Sables-Blancs ☏ 97.01.39, ≼ – ⇔wc ▥wc ☏ – 🎣 40. ⊞⟨ AE ⓘ VISA A **r**
  3 fév.-3 nov. – SC : **R** 62/132 – ⊇ 16 – **48 ch** 100/225 – P 167/247.

- 🏨 **Jockey** sans rest, 11 av. P.-Gueguin ☏ 97.31.52 – ▥wc ☏. ✗ B **t**
  fermé 17 déc. au 17 janv. et dim. – ⊇ 14 – **14 ch** 105/160.

- XXX **Le Galion**, 15 r. St-Guénolé "Ville Close" ☏ 97.30.16 – VISA B **e**
  fermé mi-janv. à mi-mars et dim. soir sauf du 15 juil. au 15 sept. – SC : **R** 110/180.

- XX **La Gallandière**, 3 pl. Mairie ☏ 97.16.34 – E VISA B **n**
  fermé jeudi et dim. soir – SC : **R** 65/190.

CONCARNEAU

❌ **Relais la Coquille,** zone portuaire ☎ 97.08.52 — AE VISA   B **k**
   fermé 20 déc. au 20 janv., dim. soir hors sais. et lundi – SC : **R** 65/150.

❌ **Chez Armande,** 15 av. Dr.-P.-Nicolas ☎ 97.00.76   B **v**
   fermé 1er au 30 nov., dim. soir et lundi en hiver – SC : **R** 55/180.

   à la plage du Cabellou par ② : 5,5 km – ⊠ **29110** Concarneau.

   Voir ≼ *.

🏨 **Belle Étoile** ⑤, ☎ 97.05.73, ≼, ⏚, ❌ — ⓟ AE ① VISA. ❄ rest
   fermé 5 au 31 janv. et 15 au 25 oct. – SC : **R** *(fermé mardi d'oct. à Pâques)* carte 140
   à 190 – ⌷ 26 – **32 ch** 290/400.

CITROEN Gar. Duquesne 4 r. du Moros ☎   RENAULT Gar. de Penanguer, rte Quimper
97.48.00   par ① ☎ 97.36.06
FORD Tilly, 106 av. Gare ☎ 97.35.00 N
PEUGEOT-TALBOT Gar. du Moros, Zone Ind.
du Moros ☎ 97.46.33

CONCHES-EN-OUCHE 27190 Eure 55 ⑯ G. Normandie (plan) – 3 785 h. alt. 144 – ✇ 32.

Voir Église Ste-Foy*.

Paris 120 – L'Aigle 37 – Bernay 34 – Dreux 47 – Évreux 18 – ◆Rouen 60.

🏦 **Normandie,** 10 r. St-Étienne ☎ 30.04.58, ⏚ — ⓟ VISA
◆ *fermé 15 janv. au 15 fév., dim. soir et vend.* – SC : **R** 40/50 ⬙ – ☛ 10 – **11 ch** 50/73
   – P 95.

❌❌ **Aub. du Donjon,** 55 r. Ste-Foy ☎ 30.04.75, ⏚
   fermé nov., vacances de fév., mardi soir du 1er oct. au 1er mai et merc. – SC : **R** 60/90
   ⬙.

PEUGEOT Peuret, ☎ 30.23.09 N   RENAULT Marie, ☎ 30.23.50
PEUGEOT TALBOT Gar. Portier, ☎ 30.06.60 N

CONCORET 56 Morbihan 59 ⑮ – 731 h. – ⊠ **56430** Mauron – ✇ 97.

Paris 406 – Dinan 50 – Josselin 33 – Loudéac 49 – Redon 55 – St-Brieuc 73 – Vannes 71.

❌ **Chez Maxime** avec ch, ☎ 22.63.04 — ⬙ ⓟ
◆ *fermé 20 sept. au 11 oct., 20 fév. au 8 mars, dim. soir et lundi sauf juil.-août* – SC : **R**
   40/120 – ⌷ 12 – **10 ch** 70/100 – P 120/150.

CONCOULES 30 Gard 80 ⑦ G. Vallée du Rhône – 262 h. alt. 635 – ⊠ **30450** Génolhac –
✇ 66.

Paris 611 – Alès 44 – Florac 56 – Génolhac 7 – Nîmes 88 – Villefort 11.

🏦 **Aub. Beauséjour,** D 906 ☎ 61.12.43, ≼ — ⓟ. 😋. ❄
◆ *fermé 15 nov. au 15 janv. et merc. sauf juil. et août* – SC : **R** 43/60 – ⌷ 13 – **16 ch**
   78/150 – P 130.

CONCRESSAULT 18 Cher 65 ⑪⑫ – 232 h. alt. 190 – ⊠ **18260** Vailly-sur-Sauldre – ✇ 48.

Paris 180 – Bourges 57 – Cosne-sur-Loire 31 – ◆Orléans 74 – Salbris 43 – Vierzon 54.

❌❌ **Cheval Rouge** avec ch, ☎ 73.71.56 — ⬚. ❄ ch
◆ *fermé fév., 8 au 14 sept., lundi soir et mardi* – **R** 37/90, dîner à la carte ⬙ – ⌷ 14 –
   4 ch 80/85.

La CONDAMINE Principauté de Monaco 84 ⑩, 195 ㉗㉘ – voir à Monaco.

CONDÉ-STE-LIBIAIRE 77 S.-et-M. 56 ⑫, 196 ㉒ – rattaché à Esbly.

CONDÉ-SUR-L'ESCAUT 59163 Nord 53 ⑤ G. Nord de la France – 13 994 h. alt. 22 – ✇ 27.

Paris 223 – Gent 74 – ◆Lille 53 – Valenciennes 13.

❌ **Host. du Berry,** ☎ 40.07.97
◆ *fermé 12 déc. au 2 janv. et lundi* – SC : **R** (déj. seul.) 38/76 ⬙.

CITROEN Gar. Kot, 211 rte de Bonsecours ☎ 40.09.46

CONDÉ-SUR-NOIREAU 14110 Calvados 55 ⑪ – 7 861 h. alt. 84 – ✇ 31.

Paris 250 – Argentan 49 – ◆Caen 45 – Falaise 31 – Flers 12 – Vire 26.

❌❌ **Cerf** avec ch, rte Aunay-sur-Odon ☎ 69.04.12 — ⊟wc ⬚wc ⓟ. 😋 ① VISA
◆ *fermé 10 déc. au 15 janv. et vend. du 1er oct. au 1er juin* – SC : **R** 35/140 ⬙ – ⌷ 10 –
   10 ch 50/110 – P 134/163.

   à St-Germain-du-Crioult O : 4,5 km sur rte Vire – ⊠ **14110** Condé-sur-Noireau :

❌❌ **Aub. St-Germain,** ☎ 69.08.10 — ⓟ. VISA. ❄
◆ *fermé dim. soir* – SC : **R** 45/75.

CITROEN Robbe, 272 r. St-Martin ☎ 69.00.73   RENAULT Gar. St-Jacques, 2 r. Vaubaillon ☎
PEUGEOT-TALBOT Chrétien, 27 r. Vieux-Châ-   69.00.45
teau ☎ 69.00.50

CONDOM 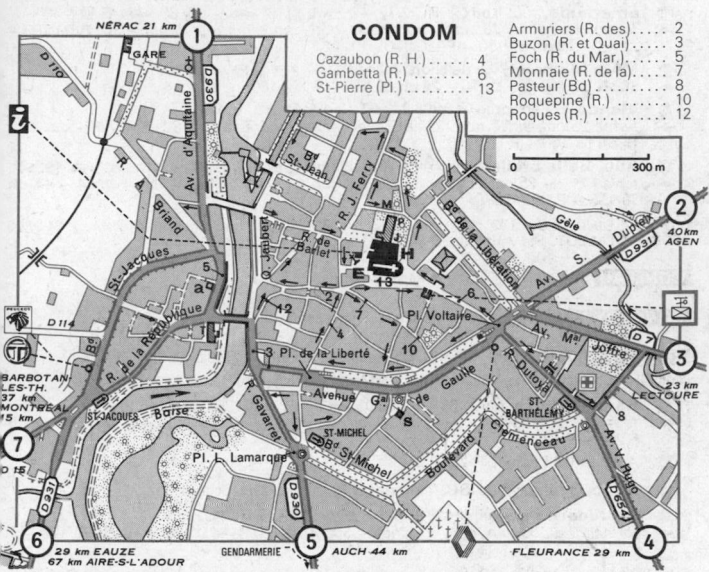 32100 Gers 🗆🗆 ⑭ G. Pyrénées – 8 076 h. alt. 81 – 🔾 62.

Voir Cathédrale St-Pierre★ E, Cloître★ H.

🖪 Syndicat d'Initiative pl. Bossuet 🖀 28.00.80.

Paris 740 ① – Agen 40 ② – Auch 44 ⑤ – Mont-de-Marsan 81 ⑦ – ✦Toulouse 112 ④.

CONDOM

Cazaubon (R. H.)	4
Gambetta (R.)	6
St-Pierre (Pl.)	13

Armuriers (R. des)	2
Buzon (R. et Quai)	3
Foch (R. du Mar.)	5
Monnaie (R. de la)	7
Pasteur (Bd)	8
Roquepine (R.)	10
Roques (R.)	12

🏨 **Continental**, 20 av. Mar.-Foch (a) 🖀 28.00.58, 📠 – 🛏wc 🕸 🕾
    SC : **R** 55 bc/150 – ☲ 13 – **25 ch** 70/130 – P 203/253.

🎄🎄🎄 🌸 **Logis des Cordeliers** M 🌿 avec ch, Rue des Cordeliers (s) 🖀 28.03.68,
    « Salle gothique », 📠 – 🔲 rest 📺 🛏wc 🕾 🕭 🅿 🖭 ⓸ 🆅🆂🅰
    fermé janv. et lundi sauf de juin à sept. – SC : **R** (dim. et fêtes prévenir) 100/250 –
    ☲ 30 – **21 ch** 120/250
    Spéc. Foie chaud aux fruits, Nouilles fraîches au foie gras et truffes, Salade tiède de coeurs et foie
    de canard. **Vins** Côtes de Buzet, Madiran.

FIAT,FORD Calmels, 28 bd St-Jacques 🖀 28.
01.67
PEUGEOT, TALBOT Durrieu, bd St-Jacques
🖀 28.00.53

RENAULT Rottier, pl.Voltaire 🖀 28.22.55

Ⓐ Rivière, 21 av. des Pyrénées 🖀 28.01.20
Solapneu, 5 bis av. Aquitaine 🖀 28.01.91

CONDRIEU 69420 Rhône 🗆🗆 ⑪ G. Vallée du Rhône – 3 190 h. alt. 150 – 🔾 74.

Voir Calvaire ≼★.

Paris 503 – Annonay 34 – ✦Lyon 40 – Rive-de-Gier 21 – Tournon 52 – Vienne 11.

🏨🏨 🌸🌸 **Hôt. Beau Rivage** (Mme Castaing) M, 🖀 59.52.24, 🌣, « Terrasse avec vue
    agréable sur le Rhône », 📠 – 🕾 🅿 🖭 ⓸ 🅴 🆅🆂🅰
    fermé 5 janv. au 15 fév. – **R** 140/200 et carte – ☲ 25 – **22 ch** 175/290
    Spéc. Boudin de brochet, St-Pierre à la côte rôtie, Suprême de bresse en chemise. **Vins** Côte Rotie,
    Viognier.

Voir aussi ressources hôtelières de *Roches de Condrieu* S : 1 km

Gar.Baronnier, 🖀 59.50.16

CONFLANS-STE-HONORINE 78700 Yvelines 🗆🗆 ⑳, 🗆🗆🗆 ② G. Environs de Paris (plan) –
31 069 h. alt. 28 - Pardon national de la Batellerie (fin juin) – 🔾 3 – **Voir** ≼★ de la terrasse du parc.

🖪 Office de Tourisme (fermé août, dim. et lundi) 23 r. M. Berteaux 🖀 972.66.91.

Paris 30 – Mantes-la-Jolie 40 – Poissy 11 – Pontoise 8 – St-Germain-en-Laye 13 – Versailles 28.

🎄 **Au Bord de l'Eau**, 15 quai Martyrs-de-la-Résistance 🖀 972.86.51
    fermé 5 au 25 août et lundi sauf fériés – **R** (déj. seul. sauf vend. et sam. : déj. et
    dîner) carte 90 à 120

🎄 **Au Confluent de l'Oise**, 15 cours Chimay 🖀 972.60.31, ≼ – 🅿 🖭 ⓸ 🆅🆂🅰
    fermé août, vacances de fév., dim. soir en hiver, merc. soir et lundi – **R** carte 95 à
    145 🍴.

PEUGEOT Conflans-Autos, 123 av. Carnot 🖀 919.78.78

CONFOLENS <SP> 16500 Charente 72 ⑤ G. Côte de l'Atlantique (plan) − 3 200 h. alt. 152 − ✪ 45.

🛈 Office de Tourisme pl. Marronniers (fermé oct., dim. et fêtes) ☎ 84.00.77.

Paris 407 − Angoulême 63 − Bellac 36 − ♦Limoges 57 − Niort 103 − Périgueux 119 − Poitiers 72.

🏠 **Émeraude,** r. E.-Roux ☎ 84.12.77 − ⬜wc 🛗 ☎ 🚗 − 🛋 30. 🕮🕮 E 𝘝𝘐𝘚𝘈. 🛠
→ fermé 19 sept. au 10 oct. et hors sais. : hôtel dim. soir, rest. lundi − SC : **R** 50/100 −
 ⌸ 13 − **19 ch** 80/130 − P 150/180.

🏠 **Mère Michelet,** rte de Niort ☎ 84.04.11 − ⬜ 🛗 🅿 − 🛋 100
→ SC : **R** 50/110 ⅃ − ⌸ 13 − **24 ch** 60/126 − P 120/160.

🏠 **Vienne,** r. Ferrandie ☎ 84.09.24, 🍴 − ⬜ 🛗 🚗 E 𝘝𝘐𝘚𝘈
→ fermé 23 oct. au 10 nov., 23 au 30 déc. et sam. hors sais. − SC : **R** 43/78 − ⌸ 12 −
 15 ch 58/100 − P 115/156.

XX **Aub. Belle Étoile** avec ch, rte Angoulême ☎ 84.02.35, 🍴 − 🛗wc ☎ 🚗 🅿. 🛠
→ fermé 1er au 25 oct., en fév. et lundi d'oct. à juin − SC : **R** 47/95 − ⌸ 14 − **14 ch**
 78/135 − P 165/190.

CITROEN David, ☎ 84.12.42
PEUGEOT TALBOT Ets Vergnaud, ☎ 84.00.79

RENAULT Nord-Charente-Autom., ☎ 84.07.00

CONLEAU 56 Morbihan 63 ③ − rattaché à Vannes.

CONNAUX 30 Gard 80 ⑲⑳ − rattaché à Bagnols-sur-Cèze.

CONNERRÉ 72160 Sarthe 60 ⑭ G. Châteaux de la Loire − 2 523 h. alt. 76 − ✪ 43.

Paris 183 − Châteaudun 75 − Mamers 43 − ♦Le Mans 25 − Nogent-le-Rotrou 40 − St-Calais 27.

🏠 **Gare,** N : 1,5 km par D 33 ☎ 29.00.02, 🍴 − 🅿 − 🛋 25. 𝘝𝘐𝘚𝘈
→ fermé 10 oct. au 1er nov., 10 au 20 janv. et vend. − SC : **R** 45/85 ⅃ − ⌸ 15 − **12 ch**
 60/90 − P 120.

XX Aub. Tante Léonie, ☎ 29.00.24.

à Thorigné-sur-Dué SE : 4 km par D 302 − ⌧ 72160 Connerré :

XX **St-Jacques** avec ch, ☎ 29.95.50 − ⬜wc 🛗 🕭 🚗. 🕮🕮 ⓞ
→ fermé 20 au 30 juin, janv. et lundi − SC : **R** 50/150 ⅃ − ⌸ 18 − **10 ch** 70/150 − P
 120/160.

CITROEN Gar. Guérin, ☎ 29.00.51

TALBOT Chancerel, à Thorigné-sur-Dué ☎ 29.
05.23

Au moment de chercher un hôtel ou un restaurant, soyez efficace.
*Sachez utiliser les noms soulignés en rouge sur les **cartes Michelin** à 1/200 000.*
Mais ayez une carte à jour !

CONQUES 12 Aveyron 80 ①② G. Causses (plan) − 432 h. alt. 250 − ⌧ 12320 St-Cyprien-sur-
Dourdou − ✪ 65.

Voir Site** − Église Ste-Foy** : tympan du portail Ouest*** et trésor*** − Site du
Bancarel ≤* S : 3 km par D 901n.

Paris 603 − Aurillac 57 − Espalion 50 − Figeac 54 − Rodez 37.

🏠 **Ste-Foy** 🌲, ☎ 69.84.03 − ⬜wc 🛗wc ☎ 🚗. 🕮🕮. 🛠 rest
→ 1er avril-15 oct. et vacances de nov. − SC : **R** (dîner seul.) (nombre de couverts limité
 - prévenir) 75 ⅃ − ⌸ 20 − **20 ch** 100/280.

Le CONQUET 29217 Finistère 58 ③ G. Bretagne − 1 881 h. − ✪ 98.

Paris 619 − ♦Brest 24 − Brignogan-Plage 57 − St-Pol-de-Léon 78.

🏠 **Pointe Ste-Barbe** 🌲, ☎ 89.00.26, ≤ mer − ⬜wc 🛗wc ☎ 🅿 🕮🕮 ⓞ. 🛠 rest
→ fermé 2 janv. au 6 fév. − SC : **R** (fermé lundi sauf 1er juil. au 15 sept.) 60/235 − ⌸ 16
 − **34 ch** 92/224 − P 194/260.

à la Pointe de St-Mathieu S : 4 km − ⌧ 29217 Le Conquet.

Voir Phare ⚹ ** − Ruines de l'église abbatiale*.

XX **Pointe St-Mathieu,** ☎ 89.00.19 − 𝘝𝘐𝘚𝘈. 🛠
→ fermé 15 fév. au 24 mars, mardi sauf en juil.-août et dim. soir − SC : **R** 50/180.

RENAULT Gar. Taniou-le Goff ☎ 89.00.29

CONSOLATION (Cirque de) ** 25 Doubs 66 ⑰ G. Jura − alt. 793 − ✪ 81.

Voir La Roche du Prêtre ≤*** du D 41 15 mn − Vallée du Dessoubre* N.

Paris 466 − Baume-les-Dames 53 − ♦Besançon 56 − Montbéliard 63 − Morteau 13.

X **Faivre** 🌲 avec ch, près D 39 à 5,5 km de Fuans ⌧ 25390 Orchamps-Vennes ☎
→ 43.55.38, ≤ − ☎ 🅿 🛠 ch
 fermé 15 nov. au 15 déc., 15 au 31 janv. et mardi du 15 sept. au 15 juin sauf
 vacances scolaires − SC : **R** 50/120 ⅃ − ⌸ 14 − **10 ch** 61/80 − P 150.

376

Les CONTAMINES-MONTJOIE 74 H.-Savoie 🔟 ⑧ G. Alpes – 853 h. alt. 1 164 – Sports d'hiver : 1 164/2 500 m ≰3 ⚡20,⚡ – ⊠ **74190** Le Fayet – 🅰 50.

Voir ≼* sur gorges de la Gruvaz NE : 5 km.

🅘 Office de Tourisme (fermé dim. hors saison) ☏ 47.01.58, Télex 385730.

Paris 618 – Annecy 96 – Bonneville 50 – Chamonix 34 – Megève 20 – St-Gervais-les-B. 8,5.

🏨 **La Chemenaz et rest La Trabla** Ⓜ ॐ, ☏ 47.02.44, ≼, 🔟, 🐎 – 🛗 ☎ 🅿.
   ॐ rest
   10 mai-20 sept. et 19 déc.-20 avril – SC : **R** 75/115 – � 22 – **38 ch** 265 – P 245/278.

🏨 **Le Chamois,** ☏ 47.03.43, ≼, 🐎 – cuisinette ⊟wc ⋔wc 🕭 🅿. 🍽️
   fin juin-début sept. et Noël-Pâques – SC : **R** 75/95 – ⊑ 17 – **18 ch** 142/190 –
   P 178/206.

🏨 **Gai Soleil** Ⓜ ॐ, ☏ 47.02.94, ≼, 🐎 – ⊟wc ⋔wc 🕭 🅿. 🍽️ **E**. ॐ rest
   13 juin-18 sept. et 20 déc.-20 avril – SC : **R** 63/78 – ⊑ 18 – **19 ch** 185/225 –
   P 195/225.

🏨 **Le Christiania** sans rest, ☏ 47.02.72, ≼, 🔟, 🐎 – ⊟wc 🕭 🅿. 🍽️
   20 juin-8 sept. et 20 déc.-20 avril – SC : ⊑ 15 – **15 ch** 77/167.

🏨 **Grizzli,** ☏ 47.02.43, ≼ – ⊟wc ⋔wc 🕭 🅿. 🍽️ ch
   12 juin-10 sept. et 18 déc.-25 avril – SC : **R** 51/71 – ⊑ 15,50 – **16 ch** 161/172.

🏨 **Dômes,** ☏ 47.02.86 – ⊟wc ⋔wc 🕭. 𝘝𝘐𝘚𝘈. 🍽️ ch
◆ *15 juin-15 sept. et 18 déc.-15 avril* – **R** 48/120 – ⊑ 17 – **24 ch** 70/190 – P 155/200.

🏨 **La Cordée** ॐ, ☏ 47.03.97, ≼ – ⊟wc ⋔wc 🕭 🅿. 🍽️ ॐ
   1ᵉʳ juil.-15 sept. et 15 déc.-Pâques – SC : **R** 70/100 🍷, – ⊑ 25 – **15 ch** 120/180 –
   P 180/220.

CONTES 06390 Alpes-Mar. 🟦 ⑩. 🟥🟥🟥 ⑰ G. Côte d'Azur – 4 845 h. alt. 260 – 🅰 93.

Voir Prédelle* dans l'église.

Paris 953 – Levens 22 – ◆Nice 18 – Sospel 32.

🍴 **Cellier** avec ch, D 15 ☏ 79.00.64 – ⊟. 𝘝𝘐𝘚𝘈
   termé 12 au 30 déc. – SC : **R** *(fermé dim. soir et lundi midi)* 59/90 – 🍽️ 12 – **5 ch**
   80/120 – P 140/160.

CONTEVILLE 27 Eure 🟦🟦 ④ – 463 h. alt. 30 – ⊠ **27210** Beuzeville – 🅰 32.

Paris 181 – Évreux 85 – ◆Le Havre 42 – Honfleur 13 – Pont-Audemer 13 – Pont-l'Évêque 27.

🍴🍴🍴 🕭 **Aub. Vieux Logis** (Louet), ☏ 57.60.16 – 🅰🅴 ⓘ
   fermé début janv. à fin fév., merc. soir et jeudi – SC : **R** (nombre de couverts limité -
   prévenir) carte 120 à 190
   Spéc. Foie gras frais de canard, Brochettes de Saint-Jacques aux herbes (oct. à mai), Aiguillettes de
   canette François Revert.

CONTIS-PLAGE 40 Landes 🟦🟦 ⑮ – ⊠ **40170** St-Julien-en-Born – 🅰 58.

Paris 721 – ◆Bayonne 87 – Castets 30 – Mimizan 24 – Mont-de-Marsan 76.

🏨 **Neptune** sans rest., ☏ 42.85.28 – ⋔wc 🕭 🅿
   Pâques-30 sept. – **16 ch** 🍽️ 95/160.

CONTRES 41700 L.-et-Ch. 🟦🟦 ⑰ – 2 811 h. alt. 100 – 🅰 54.

Paris 201 – Blois 21 – Châteauroux 77 – Montrichard 21 – Romorantin-Lanthenay 26.

🏨 **France,** ☏ 79.50.14, 😀 – ⊟wc ⋔wc 🕭 🅿. 🍽️. 🍽️
   fermé 1ᵉʳ fév. au 7 mars et vend. du 1ᵉʳ oct. à Pâques – SC : **R** 55/125 – ⊑ 17 –
   30 ch 70/155 – P 155/195.

🍴🍴 **Botte d'Asperges,** ☏ 79.50.49 – 🍽️
   fermé janv. et lundi – SC : **R** 55/105.

CITROEN Gar. Coutant, ☏ 79.52.37
PEUGEOT, TALBOT Morin, ☏ 79.50.42
RENAULT Gar. du Gd Mont, ☏ 79.53.79

RENAULT Gar. Réunis, ☏ 79.50.70 🅽 ☏ 71.
32.71

CONTREXÉVILLE 88140 Vosges 🟦🟦 ⑭ G. Vosges – 4 598 h. alt. 337 – Stat. therm. (2 mai-20 sept.) – Casino Y – 🅰 29.

🅘 Office de Tourisme galeries du Parc Thermal (1ᵉʳ avril-15 oct.) et à la Mairie (15 oct.-1ᵉʳ avril, fermé sam. et dim.) ☏ 08.08.68.

Paris 329 ③ – Épinal 48 ① – Langres 67 ② – Luxeuil 71 ② – ◆ Nancy 76 ① – Neufchâteau 28 ③.

Plan page suivante

🏨 **Cosmos** ॐ, r. Metz ☏ 08.15.90, ≼, « Parc » – 🛗 🅿. 🍽️🍽️ 🅰🅴 ⓘ 𝘝𝘐𝘚𝘈. 🍽️ rest
   mai-sept. – SC : **R** 90/110 – ⊑ 19 – **72 ch** 175/210 – P 347/355.   Y **u**

🏨 **Gd H. Établissement,** ☏ 08.17.30 – 🛗 🅿. 🅰🅴 ⓘ 𝘝𝘐𝘚𝘈. 🍽️ rest   Z **e**
   10 mai-18 sept. – SC : **R** 90/110 grill Relais Stanislas R 65/70, dîner à la carte – ⊑
   19 – **29 ch** 86/227 – P 283/388.

CONTREXÉVILLE

🏨 **Souveraine,** dans le parc ⌖ 08.13.79, ← – 🛏wc 📺wc 🅿 **𝕻**. 🚗 🅰🅴 ⑩ 𝖵𝖨𝖲𝖠   Y r
10 mai-18 sept. – SC : **R** voir rest. H. Établissement – ⌑ 19 – **31 ch** 86/227 – P 283/388.

🏨 **Paris et Thermes** (Annexe H.-Thermes sans rest. - 14 ch - 🛏wc 📺wc ☎), av. Gde-Duchesse-Wladimir ⌖ 08.13.46 – 🛗 📺wc 📺wc 🅿 **𝕻**. 🎉 rest   Z s
15 avril-20 sept. – SC : **R** 90/170 – ⌑ 30 – **64 ch** 100/250 – P 195/320.

🏨 **Sources,** r. Ziwer-Pacha ⌖ 08.04.48 – 🛏wc 📺 🚗 🅰🅴   Z x
1er mai-31 août – SC : **R** 70/120 – ⌑ 18 – **36 ch** 80/180 – P 175/250.

🏨 **France,** av. Roi-Stanislas ⌖ 08.04.13 – 🛏wc
◆ 📺wc 📺 🅿 **𝕻**. E 𝖵𝖨𝖲𝖠. 🎉 rest   Z z
SC : **R** 50/100 🍷 – ⌑ 14 – **42 ch** 66/160 – P 160/210.

🏨 **Parc,** r. Shah-de-Perse ⌖ 08.04.28 – 🛏wc
◆ 📺wc 📺. 🚗   Y d
Pâques-oct. – SC : **R** 50/80 🍷 – ⌑ 15 – **31 ch** 75/150 – P 160/220.

🏨 **Beauséjour,** r. Ziwer-Pacha ⌖ 08.04.89, 🚲
◆ – 📺wc. 𝖵𝖨𝖲𝖠. 🎉 rest   Z v
19 avril-1er oct. – SC : **R** grill 48/70 🍷 – ⌑ 15 – **31 ch** 58/100 – P 135/190.

🏨 **Dalia,** av. E.-Daudet ⌖ 08.04.40, 🚲 – 📺wc
◆ 🚗 🅿 **𝕻**. 🎉 rest   Y a
1er avril-15 oct. – SC : **R** 45/75 🍷 – ⌑ 13 – **21 ch** 58/90 – P 125/160.

XX ❀ **L'Aubergade** (Obriot), r. 11 Septembre ⌖ 08.04.39 – 🅿   Y b
fermé 26 sept. au 11 oct., 27 fév. au 14 mars, dim. soir et lundi – SC : **R** 110/180
Spéc. Assiette des deux foies gras, Tournedos aux morilles, Mousse glacée à la mirabelle. **Vins** Côtes de Toul.

Daudet (R.) . . . . Y 2
Division-Leclerc (R.) . . . . Y 3
Hirschauer (R. du Gén.) . . . . Y 4
Shah-de-Perse (R. du) . . . . Y 5
Stanislas (R. du Roi) . . . . Z 6
Thomson (R. Gaston) . . . . Z 7
Victoire (R. de la) . . . . Y 8
Wladimir
    (R. Grande-Duchesse) . . . . . Z 9
Ziwer-Pacha (R.) . . . . Z 10

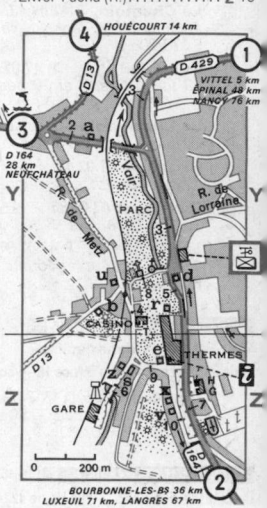

BOURBONNE-LES-BS 36 km
LUXEUIL 71 km, LANGRES 67 km

La COQUILLE 24450 Dordogne 🔟🟨 ⑯ – 1 692 h. alt. 340 – ⊛ 53.

🛈 Syndicat d'Initiative r. République ⌖ 52.81.21.

Paris 441 – Brive-la-Gaillarde 98 – ◆Limoges 48 – Nontron 31 – Périgueux 53 – St-Yrieix-la-Perche 23.

🏨 **Voyageurs,** N 21 ⌖ 52.80.13, 🚲 – 🛏wc 📺 🚗 🅰🅴 𝖵𝖨𝖲𝖠
1er avril-31 oct. – SC : **R** 70/160 – ⌑ 20 – **10 ch** 90/150 – P 165/200.

à Mavaleix S : 4,5 km par N 21, VO et voie privée – ✉ 24800 Thiviers :

🏨 **Château de Mavaleix** 🦢, ⌖ 52.82.01, ←, parc – 🅿 – 🏊 100. E. 🎉 rest
fermé janv. – SC : **R** 68/135 – ⌑ 24 – **30 ch** 200/260 – P 320/340.

PEUGEOT Fauriat, ⌖ 52.80.60 Ⓝ   RENAULT Gar. Fayol, ⌖ 52.81.35

CORBEIL-ESSONNES 91100 Essonne 🔢 ①. 🔢 ㉜ – voir Évry.

CORDEMAIS 44 Loire-Atl. 🔢 ⑯ G. Bretagne – 1 817 h. alt. 16 – ✉ 44360 St-Étienne-de-Mont-Luc – ⊛ 40 – Paris 404 – ◆Nantes 29 – St-Nazaire 35.

XX **Aub. Les Bleuets,** NE : 3 km ⌖ 72.85.36 – 🅿. 🎉
fermé en août, vacances de fév., dim. soir, merc. soir et lundi – SC : **R** 56/130.

CORDES 81170 Tarn 🔢 ⑳ G. Causses (plan) – 1 067 h. alt. 274 – ⊛ 63.

Voir Site★★ – Maisons gothiques★.

🛈 Syndicat d'Initiative "Maison du Grand Fauconnier" ⌖ 56.00.52.

Paris 683 – Albi 25 – Montauban 71 – Rodez 85 – ◆Toulouse 78 – Villefranche-de-Rouergue 47.

🏨 ❀ **Grand Écuyer** (Thuriès) 🦢, ⌖ 56.01.03, ← vallée, « Demeure gothique, bel intérieur » – 🅰🅴 🅿
2 avril-1er nov. – SC : **R** *(fermé lundi sauf juil.-août)* 90/230 – ⌑ 32 – **16 ch** 160/300
Spéc. Salade d'aiguillettes de canard sauvageonne, Saumon au chou vert et coulis de poivre rouge, Desserts.

🏨 **Cité** 🦢 sans rest, ⌖ 56.03.53, ← – 🛏wc 📺
fermé déc. – SC : ⌑ 15 – **9 ch** 120/150.

X **L'Esquirol,** ⌖ 56.02.40
◆ *fermé janv. et lundi du 15 sept. au 30 juin* – SC : **R** 50/70 🍷.

CITROEN Andrieu, ⌖ 56.00.33   PEUGEOT, TALBOT Barrié, ⌖ 56.02.61

CORDON 74 H.-Savoie 🔟🔟 ⑦⑧ – rattaché à Sallanches.

CORENC-MONTFLEURY 38 Isère 🔟🔟 ⑤ – rattaché à Grenoble.

CORLAY 22320 C.-du-N. 🔟🔟 ⑫ – 1 215 h. alt. 172 – ✪ 96.
Paris 472 – Carhaix-Plouguer 44 – Guingamp 30 – Loudéac 35 – Pontivy 31 – St-Brieuc 35.

　🏨　**Armoric'H.**, Gde-Rue ☏ 29.41.17 – 🚗
　🢖　SC : **R** *(fermé sam. sauf juil.-août)* 35/110 ⚱ – ⟱ 13 – **18 ch** 60/80 – P 110/130.

RENAULT Le Ronce, Le Haut Corlay ☏ 29.41.02

CORMEILLES-EN-PARISIS 95 Val-d'Oise 🔟🔟 ⑳, 🔟🔟🔟④ – voir à Paris, Proche banlieue.

CORMEILLES-EN-VEXIN 95830 Val-d'Oise 🔟🔟 ⑲, 🔟🔟🔟 ⑤ – rattaché à Cergy-Pontoise.

CORNEVILLE-SUR-RISLE 27 Eure 🔟🔟 ⑤ – rattaché à Pont-Audemer.

CORNILLON-CONFOUX 13 B.-du-R. 🔟🔟 ② **G. Provence** – 810 h. – ✉ **13250** St-Chamas –
✪ 90 – Paris 738 – Aix-en-Provence 37 – ◆Marseille 54 – Salon-de-Provence 12.

　🏨　**Donjon** ⟅, r. de l'Oratoire ☏ 50.91.72 – 🛏️. ⋇
　🢖　**R** (dîner seul. pour résidents) 45/60 – 🍽 20 – **10 ch** 80/130.

CORNIMONT 88310 Vosges 🔟🔟 ⑰ – 5 225 h. alt. 490 – ✪ 29.
Paris 443 – Colmar 59 – Épinal 54 – Gérardmer 20 – Thann 36 – Le Thillot 13.

　🏨　**Vosges**, ☏ 24.10.46 – 🛏️ 📞 ☎ – **22 ch**.

CITROEN Gar. Albert, ☏ 24.10.41

CORPS 38970 Isère 🔟🔟 ⑮⑯ **G. Alpes** – 465 h. alt. 937 – N.-Dame-de-la-Salette :Pèlerinage (15
août) – ✪ 76.
Voir Barrage★★, pont★ et lac★ du Sautet O : 4 km.
Env. Route★★ et Basilique N.-D.-de-la-Salette : site★, ⋇★ N : 15 km.
🛈 Office de Tourisme (Pâques, 15 juin-15 sept. et Noël) ☏ 30.03.85.
Paris 628 – Gap 40 – ◆Grenoble 63 – La Mure 25.

　🏨　**Le Napoléon** sans rest, ☏ 30.00.42 – 🛏️wc 🛏️wc ☎. 🚗
　　　fermé oct. – SC : ⟱ 13,50 – **22 ch** 56/140.
　🍴🍴　**Poste** avec ch, ☏ 30.00.03 – 🛏️wc 🛏️wc ☎. 🚗
　🢖　fermé 1er nov. au 15 déc. – SC : **R** 50/150 – ⟱ 15 – **15 ch** 70/160 – P 150/200.
　🍴　**Le Tilleul**, ☏ 30.00.43
　🢖　fermé 1er nov. au 15 déc. – SC : **R** 33/65 ⚱.

　　　au NE : 4 km par rte La Salette et D 212c – alt. 1 260 – ✉ 38970 Corps :

　🏨　**Boustigue H.** ⟅, ☏ 30.01.03, <, ⤳, 🚗, ⋇ – 🛏️wc 🛏️wc ☎ ☎. ⋇ rest
　　　Pentecôte-20 sept. et 20 déc.-Pâques – SC : **R** 75/90 – ⟱ 17 – **19 ch** 154/160 –
　　　P 220/234.

PEUGEOT, RENAULT Rivière, ☏ 30.01.13 🅽

CORRENÇON-EN-VERCORS 38 Isère 🔟🔟 ④ – 193 h. alt. 1 109 – Sports d'hiver : 1 150/2 050 m
🎿9 ⚡ – ✉ 38250 Villard-de-Lans – ✪ 76.
Paris 593 – ◆Grenoble 40 – Villard-de-Lans 5,5.

　🏨　**La Clé des Champs** ⟅ sans rest, ☏ 95.16.63, <, ⤳ – 🛏️wc 🚗 ☎. ⋇
　　　1er juil.-10 sept. et 20 déc.-20 avril – ⟱ 14 – **10 ch** 80/110.
　🏨　**Lièvre Blanc** ⟅, ☏ 95.16.79, < – 🛏️wc ☎ ☎. ⋇ ch
　　　1er juin-1er oct. et 20 déc.-20 avril – SC : **R** 65/85 ⚱ – ⟱ 18 – **22 ch** 110/160 – P
　　　360/380 (pour 2 pers.).

CORSE 2A Corse-du-Sud 2B Haute-Corse 🔟🔟 **G. Corse** – 293 287 h. – ✪ 95 – Relations avec
le continent : 50 mn env. par avion, 6 à 10 h par bateau (voir à Marseille, Nice, Toulon).

　　Ajaccio 🅿 2A Corse-du-Sud 🔟🔟 ⑰ – 51 770 h. alt. 18 – Casino Z – ✉ **20000** Ajaccio.
　　Voir Maison Bonaparte★ Z – Place d'Austerlitz Y : monument de Napoléon Ier★
　　Y N – Jetée de la Citadelle ⩽★ Y – Place Gén.-de-Gaulle ⩽★ Z – Musée Fesch★★
　　Z M1.
　　Env. S : golfe d'Ajaccio★★ – Pointe de la Parata ⩽★★ 12 km par ③ puis 30 mn.
　　Excurs. aux Iles Sanguinaires★★.
　　✈ d'Ajaccio-Campo dell'Oro, Air France ☏ 21.16.70 par ② : 7 km.
　　🛈 Office de Tourisme 38 Cours Napoléon (fermé sam. et dim.) ☏ 21.55.31. Télex 460724 –
　　A.C. 1 av. E.-Macchini ☏ 21.14.07.
　　Bastia 153 ① – Bonifacio 140 ② – Calvi 159 ① – Corte 83 ① – L'Ile-Rousse 155 ①.

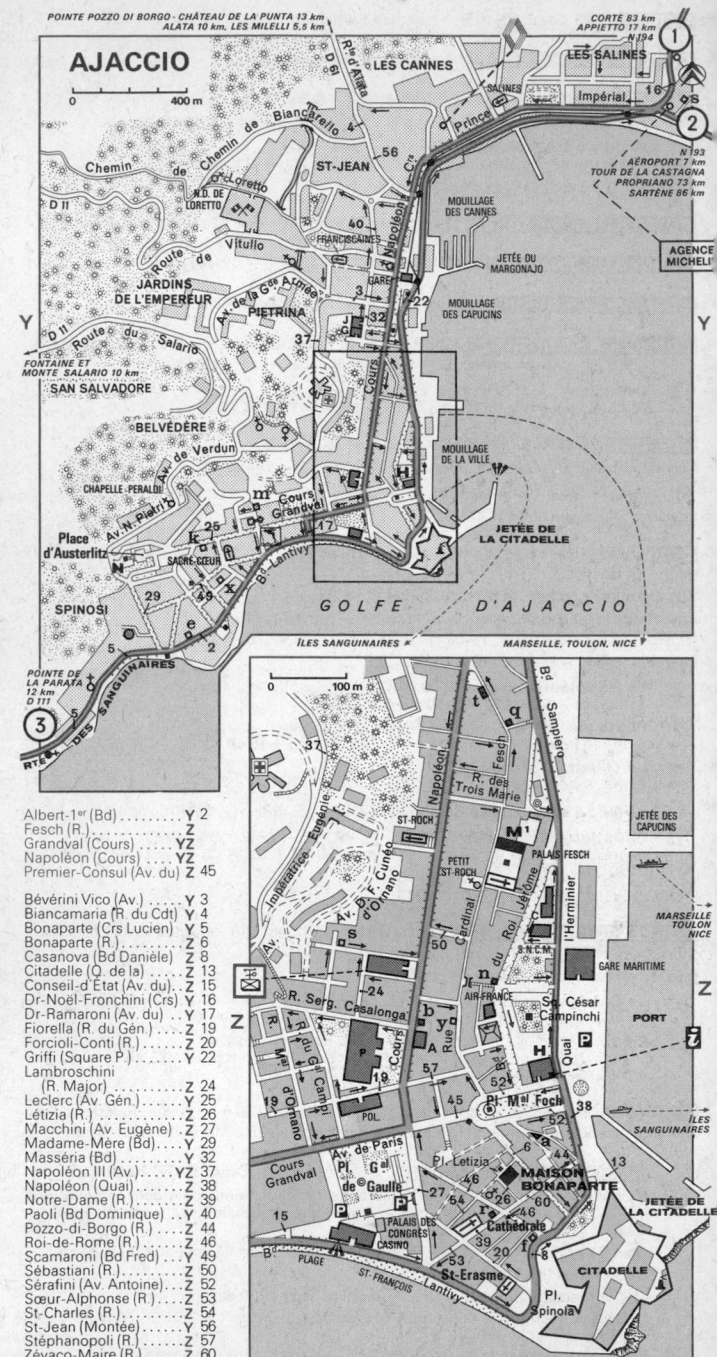

AJACCIO

POINTE POZZO DI BORGO - CHÂTEAU DE LA PUNTA 13 km
ALATA 10 km, LES MILELLI 5,5 km

CORTE 83 km
APPIETTO 17 km

0   400 m

LES CANNES

LES SALINES

Impérial

AÉROPORT 7 km
TOUR DE LA CASTAGNA
PROPRIANO 73 km
SARTÈNE 86 km

N 193

ST-JEAN

N.D. DE LORETTO

MOUILLAGE DES CANNES

JARDINS DE L'EMPEREUR

PIETRINA

GARE

MOUILLAGE DES CAPUCINS

FONTAINE ET MONTE SALARIO 10 km

SAN SALVADORE

BELVÉDÈRE

MOUILLAGE DE LA VILLE

CHAPELLE PERALDI

Cours Grandval

Place d'Austerlitz

SACRÉ-CŒUR

JETÉE DE LA CITADELLE

SPINOSI

GOLFE   D'AJACCIO

POINTE DE LA PARATA 12 km
D 111

ÎLES SANGUINAIRES

MARSEILLE, TOULON, NICE

AGENCE MICHELIN

0   100 m

ST-ROCH

PALAIS FESCH

JETÉE DES CAPUCINS

PETIT ST-ROCH

l'Herminier

MARSEILLE TOULON NICE

GARE MARITIME

AIR-FRANCE

Ste César Campinchi

PORT

R. Serg. Casalonga

Pl. Mal Foch

ÎLES SANGUINAIRES

Cours de Gaulle

PALAIS DES CONGRÈS CASINO

MAISON BONAPARTE

JETÉE DE LA CITADELLE

Cours Grandval

Pl. Letizia

Cathédrale

CITADELLE

Av. de Paris

Pl. Gal de Gaulle

St-Erasme

ST-FRANÇOIS

PLAGE

Bd Lantivy

Pl. Spinola

380

🏨🏨 **Campo dell'Oro** Ⓜ, rte aéroport par ② : 5 km ℡ 22.32.41, Télex 460087, ≤, ⃗⅃,
🛲 – 🖃 ch ☎ 🅿 – ♨ 500. 🆑 ⓞ Ⓔ 𝕍𝕀𝕊𝔸. 🍽 rest
SC : **R** *(fermé janv. et fév.)* 120 – ⌑ 25 – **138 ch** 340/600 – P 440/535.

🏨🏨 **Albion** Ⓜ sans rest, 15 av. Gén.-Leclerc ℡ 21.66.70 – 🖃 🖃 🅿. 🆑 ⓞ Ⓔ 𝕍𝕀𝕊𝔸
SC : ⌑ 15 – **63 ch** 220/250.   Y k

🏨🏨 **Costa** Ⓜ 🅢 sans rest, 2 bd Colomba ℡ 21.43.02, ≤ – 🖃. 🆑 ⓞ Ⓔ 𝕍𝕀𝕊𝔸. 🍽
SC : ⌑ 19 – **53 ch** 184/216.   Y x

🏨🏨 **Fesch** Ⓜ sans rest, 7 r. Fesch ℡ 21.50.52 – 🖃 ☎. 🆑 ⓞ Ⓔ 𝕍𝕀𝕊𝔸   Z y
SC : ⌑ 15 – **77 ch** 195/295.

🏨 **Napoléon** Ⓜ sans rest, 4 r. Lorenzo-Vero ℡ 21.30.01 – 🖃 🚽wc 🛁wc ☎, 📶 🆑
ⓞ 𝕍𝕀𝕊𝔸   Z s
SC : ⌑ 13 – **40 ch** 213/240.

🏨 Étrangers 🅢, 2 r. Rossi ℡ 21.01.26 – 🖃 🚽wc 🛁wc ☎   Y m
40 ch.

🏨 **San Carlu** Ⓜ sans rest, 8 bd Casanova ℡ 21.13.84 – 🖃 🚽wc 🛁wc ☎. 🆑 ⓞ Ⓔ
𝕍𝕀𝕊𝔸. 🍽   Z f
SC : ⌑ 20 – **44 ch** 217/235.

🏨 **Impérial** Ⓜ sans rest, bd Albert-1er ℡ 21.50.62, 🧭, 🛲 – 🖃 🚽wc 🛁wc ☎. 🆑 ⓞ. 🍽 rest
mars-fin oct. – SC : **R** 80 – ⌑ 15 – **44 ch** 240/300 – P 380/425.   Y e

🏨 **Spunta Di Mare**, rte aéroport ℡ 22.41.42 – 🖃 🚽wc 🛁wc ☎ 🅿 – ♨ 30. 📶.
🍽 rest   Y s
SC : **R** *(fermé 15 déc. au 15 janv. et dim. du 1er nov. au 15 mars)* 54/60 ⅃ – **64 ch**
⌑ 135/254.

🍴🍴 **Chez Fredante**, 1 r. des Glacis ℡ 21.31.85 – 🔲. 🍽   Z a
Pâques-30 sept. et fermé dim. sauf fêtes et saison – **R** (en juil.-août dîner seul.)
carte 140 à 175.

🍴🍴 **Bec Fin**, 3 bis bd Roi-Jérôme ℡ 21.30.52 – 🔲. 🆑 ⓞ 𝕍𝕀𝕊𝔸   Z n
fermé dim. sauf le soir du 1er juin au 1er oct. – SC : **R** 70.

🍴🍴 **Côte d'Azur** (1er étage), 12 cours Napoléon ℡ 21.50.24 – 🆑 ⓞ 𝕍𝕀𝕊𝔸   Z b
fermé fin juin au 15 juil. et dim. – **R** 70/150.

🍴🍴 **Point "U"**, 59 bis r. Fesch ℡ 21.59.92   Z t
fermé 15 mars au 15 avril et merc. – SC : **R** 55.

🍴 **La Grange**, 4 r. N.-Dame ℡ 21.25.32 – 🆑 ⓞ   Z r
1er mars-30 nov. et fermé lundi – **R** carte 70 à 115.

🍴 **France**, 59 r. Fesch ℡ 21.11.00 – 🔲 𝕍𝕀𝕊𝔸   Z t
fermé fév. et dim. – **R** 45/130.

🍴 **Pardi** (chez Charlot), 60 r. Fesch ℡ 21.43.08   Z q
fermé 20 déc. au 31 janv., le soir du 1er oct. au 31 mars et dim. – SC : **R** 39 bc/65 bc.

route des Sanguinaires – ✉ 20000 Ajaccio :

🏨🏨 **Eden Roc** Ⓜ 🅢, par ③ : 8 km ℡ 21.39.47, ≤ golfe, ⃗⅃ – ☎ 🅿. 🍽
4 mai-30 sept. – SC : **R** 145 – **30 ch** (pens. seul.) – P 360/400.

🏨🏨 **Cala di Sole** 🅢, par ③ : 6 km ℡ 21.39.14, ≤, ⃗⅃, 🧭, 🍴 – 🔲 ch 🅿. 🆑 ⓞ Ⓔ.
🍽 rest
1er avril-31 oct. – SC : **31 ch** (pens. seul.) – P 310/355.

🏨 Palm Beach, rte Sanguinaires par ③ . 5 km ℡ 21.35.02, ≤, 🧭 – 🚽wc 🛁wc ☎
sais. – **14 ch**.

à Bastelicaccia par ②, N 196 et D 3 : 11 km – ✉ 20166 Porticcio :

🍴🍴 **Aub. Seta,** ℡ 20.00.16 – 🅿. 🆑 𝕍𝕀𝕊𝔸
fermé janv., fév. et merc. – SC : **R** carte 75 à 120.

MICHELIN, Agence, av. du Prince-Impérial Y ℡ 22.08.51

CITROEN Cital, av. Noël Franchini ℡ 22.19.92
DATSUN, LADA, SKODA A.T.A., Résidence
1 = Consul, r. Mar.-Lyautey ℡ 22.15.83
FIAT Gar.Liberté, 4 r. du Dr. Dell-Pellegrino ℡ 23.11.31
FORD Gar. Méditerranée, 2 av. Prés.-J.-Kennedy ℡ 22.14.77
PEUGEOT Muffraggi, N 193, rte de Mezzavia par ① ℡ 22.38.64
RENAULT Ajaccio Autom., N 193, les Salines par ② ℡ 22.38.00

RENAULT Gar. Lombardi, r. Bonardi ℡ 22.43.85
TALBOT Gar. Casanova, rte de Mezzavia, "Le Pozzo" par ① ℡ 22.37.96
V.A.G. Cyrnos-Autom., rés. Castel-Vecchio ℡ 22.26.00
Gar. Emmanuelli, av. Prince-Impérial ℡ 22.09.76

⊛ Maison du Pneu, 6 r. M.-Bozzi ℡ 23.38.88

Aléria 2B H.-Corse 🟨🟨 ⑥ – 2 726 h. – ✉ 20270 Aléria.
Voir Musée Jérôme Carcopino★.
Env. NO : Vallée du Tavignano★.
Ajaccio 112 – Bastia 72 – Bonifacio 98 – Corte 50 – Porto-Vecchio 71.

🏨 Le Petit Bosquet, N 198 ℡ 57.02.16 – 🛁wc 🅿
sais. – **18 ch**.

Algajola 2B H.-Corse 90 ⑬ – 174 h. – ⊠ 20220 Ile-Rousse.
Voir Citadelle★ – Descente de Croix★ dans l'église.
Ajaccio 164 – Calvi 15 – L'Ile-Rousse 9.

🏡 **Beau Rivage**, ⌀ 60.73.99, ≤ – ⌂wc ☎ 🅿. ⋘
1er mai-30 sept. – SC : **R** 60/65 – ⊡ 15 – **15 ch** 150/160 – P 200/210.

🏡 **Plage**, ⌀ 60.72.12, ≤ – ⌂wc 🅿. 🚗, ⋘
1er mai-30 sept. – SC : **R** 50/60 – **36 ch** 150/170 – P 180/250.

Asco 2B H.-Corse 90 ⑭ – 315 h. alt. 620 – ⊠ 20276 Asco.
Env. E : Gorges★★.
Ajaccio 125 – Bastia 64 – Corte 42.

au Haut-Asco SO : 12 km par D 147 – alt. 1 450 – ⊠ 20276 Asco.
Voir Site★.

🏡 **Le Chalet** ⋟, ⌀ 47.81.08, ≤, montagnes – ⌂wc ⌂wc 🅿. 🚗. ⋘ ch
15 mai-30 sept. – **R** 65/80 – ⊕ 18 – **22 ch** 130/150 – P 150/170.

Aullène 2A Corse-du-Sud 90 ⑦ – 821 h. alt. 850 – ⊠ 20116 Aullène.
Ajaccio 70 – Bonifacio 88 – Corte 107 – Porto-Vecchio 61 – Propriano 43 – Sartène 34.

✗ **Poste** avec ch, ⌀ 78.61.21, ≤ – 🚗. ⋘ rest
1er avril-30 sept. – SC : **R** 55/70 – ⊕ 13 – **18 ch** 65/100 – P 140/165.

Barcaggio 2B H. Corse 90 ① – ⊠ 20275 Essa.
Ajaccio 210 – Bastia 57 – St-Florent 67.

🏡 **La Giraglia** ⋟, ⌀ 35.60.54, ≤ La Giraglia, ⚓ – ⌂wc ⌂wc. ⋘ rest
2 avril-28 sept. – SC : **R** 73/90 – ⊕ 16,50 – **23 ch** – P 208/231.

Barracone 2A Corse-du-Sud – rattaché à Cauro.

Bastelica 2A Corse-du-Sud 90 ⑥ – 1 780 h. alt. 770 – ⊠ 20119 Bastelica.
Env. Col de Mercujo ≤ cirque★★ SO : 13,5 km et à 1 km du col : Belvédère★★ –
N : route du col de Scalella★.
Ajaccio 41 – Corte 62 – Propriano 71 – Sartène 84.

🏡 **U Castagnetu** M ⋟, ⌀ 28.70.72, ≤ – ⌂wc 🅿. 🚗 VISA. ⋘ rest
fermé nov. – SC : **R** 40/80 ⅃ – ⊡ 15 – **15 ch** 100/130 – P 180/190.

✗ **Chez Paul,** ⌀ 28.71.59 – ⋘
SC : **R** 35/45.

Bastelicaccia 2A Corse-du-Sud 90 ⑰ – rattaché à Ajaccio.

Bastia ℙ 2B H.-Corse 90 ③ – 52 000 h. alt. 15 à 71 (citadelle) – ⊠ 20200 Bastia.
Voir Terra-Vecchia★★ Y : le vieux port★★ Z – Terra-Nova★ Z : chapelle Ste-Croix★
Z K – Assomption de la Vierge★★ dans l'église Ste-Marie Z F, ≤★ des jardins
suspendus (Musée d'Ethnographie corse Z M) – Église Ste-Lucie ≤★★ NO par
D31 X. Env. ⋇★★★ de la Serra di Pigno 14 km par ③ – ≤★★ du col de Teghime
10 km par ③.
✈ de Bastia-Poretta, Air France ⌀ 36.03.21 par ② : 20 km.
🛈 Office de Tourisme pl. St-Nicolas (fermé dim.) ⌀ 31.00.89 - A.C. Le Cimbalo, av. César-
Vezzani ⌀ 31.42.75.

Ajaccio 153 ② – Bonifacio 170 ② – Calvi 93 ③ – Corte 70 ② – Porto 135 ②.

Plan page ci-contre

🏨 Ostella M, 4 km rte Ajaccio par ② ⌀ 33.51.05, ⚓ – 🛗 ⌂wc ⌂wc ☎ 🅿
30 ch.

🏨 **Posta Vecchia** M sans rest, quai Martyrs-de-la-Libération ⌀ 32.32.38 – 🛗
⌂wc ⌂wc 🈁 AE ⓞ E VISA ⠀⠀⠀⠀⠀⠀⠀⠀⠀⠀⠀⠀⠀⠀⠀⠀⠀⠀ Y s
SC : ⊡ 15 – **44 ch** 160/220.

🏡 **Bonaparte** sans rest, 45 bd Gén.-Graziani ⌀ 34.07.10 – ⌂wc ⌂wc ☎. 🚗 AE
ⓞ E VISA ⠀⠀⠀⠀⠀⠀⠀⠀⠀⠀⠀⠀⠀⠀⠀⠀⠀⠀⠀⠀⠀⠀⠀⠀⠀⠀⠀⠀⠀ X u
SC : ⊡ 16 – **24 ch** 167/200.

🏡 **Central** sans rest, 3 r. Miot ⌀ 31.71.12 – ⌂ ☎. ⋘ ⠀⠀⠀⠀⠀ Y f
SC : ⊡ 15 – **18 ch** 100/190.

✗✗✗ **Chez Assunta**, pl. Neuve Fontaine ⌀ 31.67.06, « Belle installation dans une
ancienne chapelle » – ▤ AE ⓞ VISA ⠀⠀⠀⠀⠀⠀⠀⠀⠀⠀⠀⠀⠀⠀⠀ Y a
fermé 1er janv. au 10 fév. et dim. – **R** carte 90 à 110.

✗✗ **Bistrot du Port**, quai Martyrs-de-la-Libération ⌀ 32.19.83 ⠀⠀⠀⠀ Y u
fermé oct. et dim. – **R** carte 85 à 125.

✗ **La Taverne**, 9 r. Gén.-Carbuccia ⌀ 31.17.87 ⠀⠀⠀⠀⠀⠀⠀⠀ Z n
fermé lundi – SC : **R** 60.

BASTIA

Campinchi (R. César) ..... **Y**
Gaudin (Bd Auguste) ..... **Z**
Napoléon (R.) .... **Y** 23
Paoli (Bd) .... **YZ**
Sari (Av. Émile) .... **X**
Sébastiani (Av. Mar.) .... **XY** 37

Carbuccia (R. Gén.) .... **Z** 2

Casale (R. Jean) .... **Y** 3
Docteur-Favale (Cours) ... **Z** 6
Donjon (Pl. du) .... **Z** 7
Dragon (R. du) .... **Z** 8
Évêché (R. de l') .... **Z** 9
Guasco (Pl.) .... **Z** 13
Jardins (R. des) .... **YZ** 14
Landry (R. Adolphe) ...... **X** 15
Letteron (Pl. Chanoine) .. **Z** 16
L.-de-Casabianca (R. Cdt) . **X** 18
Marine (R. de la) .... **YZ** 19

Neuve-St-Roch (R.) ..... **Y** 25
Paroisse (R. de la) .... **Z** 28
Pierangeli (Cours H.) .... **Y** 29
Pietri (Av. François) .... **XY** 30
St-François (R.) .... **Y** 32
St-Jean (R.) .... **Y** 33
St-Roch (R.) .... **Y** 35
Salicetti
  (R. du Conventionnel) . **Y** 36
Terrasses (R. des) .... **Y** 38
Zéphyrs (R. des) .... **Y** 40

383

à *Palagaccio* par ① : 2,5 km – ⊠ **20200** Bastia :

🏨 **L'Alivi** Ⓜ ⑤ sans rest, ⍭ 31.61.85, ≤ – 🛗 ☎ ら 🅿 – 🛖 60. 𝚅𝙸𝚂𝙰
SC : **35 ch** ⊊ 209/336.

à *Pietranera* par ① : 3 km – ⊠ **20200** Bastia :

🏨 **Pietracap** Ⓜ ⑤ sans rest, D 131 ⍭ 31.64.63, ≤, �, parc – ☎ ら 🅿. 🄰🄴 🄴 𝚅𝙸𝚂𝙰
fermé 15 déc. au 15 fév. – SC : ⊊ 19 – **22 ch** 170/295.

🏨 **Cyrnea** Ⓜ sans rest, ⍭ 31.41.71, ≤, 🐎 – 🛗wc ☎ 🚗 🅿. ⌘
fermé 23 déc. au 1er fév. – SC : ☎ 11 – **20 ch** 90/145.

à *Miomo* par ① : 5,5 km – ⊠ **20200** Bastia.

Voir Erbalunga : village* N : 4,5 km.

🏨 Sablettes, ⍭ 33.26.13, ≤ – 🛆wc 🛗wc ☎ 🚗 🅿
sais. – **48 ch**.

annexe Motel les Sablettes, (🏨 Ⓜ – 🛗 📺 🛆wc 🛗wc ☎) – **20 ch**.

à *Casatorra* par ② : 9 km – ⊠ **20200** Bastia :

🏨 **Lancone** sans rest, ⍭ 33.71.39 – 🛆wc ☎ 🅿. ⌘
SC : ⊊ 20 – **34 ch** 150/200.

à *San Martino di Lota* par ① et D 31 : 13 km – ⊠ **20200** Bastia :

🏛 **Coin de la Corniche** ⑤, ⍭ 31.40.98, ≤ mer et vallée – 🚗 🅿. ⌘
1er mars-1er déc. et fermé dim. soir et lundi hors sais. – SC : **R** 52/75 ⅄ – ⊊ 13 –
16 ch (pension seul) – P 160.

à *Casamozza* par ② : 20 km – ⊠ **20290** Borgo.

Env. Mariana : église de la Canonica** NE : 6 km.

🏨 Chez Walter Ⓜ, ⍭ 36.00.09, ⴵ, 🐎, 🎾 – 🛗 📺 🛆wc ☎ ら 🅿
32 ch.

MICHELIN, Agence, Z.I. par ② ⍭ 31.62.83

CITROEN Succursale, N 193, sortie Sud Erba-
jolo par ② ⍭ 31.42.09
FIAT Corsauto, N 193 à Furiani ⍭ 31.10.61
FORD Ets Schmitt, Zone Ind. ⍭ 31.13.41
PEUGEOT Insulaire-Auto, N 193 Lupino à Fu-
riani par ② ⍭ 31.22.27 Ⓝ ⍭ 31.53.89
RENAULT Doria-Autom., N 193 Lupino par ②
⍭ 33.09.28

RENAULT Ginanni, 35 r. C.-Campinchi ⍭ 31.
09.02

🔘 Ferrari, N 193 Précojo à Furiani ⍭ 31.64.38
Seddas-Pneus, N 193 à Furiani ⍭ 31.52.96

Bavella (Col de) 2A Corse-du-Sud 🔠🄓 ⑦ – alt. 1 243 – ⊠ **20124** Zonza.

Voir ⌘***.

Env. E : Forêt de Bavella** – Col de Larone ≤** NE : 13 km.

Ajaccio 100 – Bastia 132 – Bonifacio 76 – Porto-Vecchio 49 – Propriano 48 – Sartène 46.

✕ **Aub. du Bavella,** ⍭ 57.43.87
  15 mai-30 sept. – **R** 45/60.

Bocognano 2A Corse-du-Sud 🔠🄓 ⑥ – 616 h. alt. 640 – ⊠ **20136** Bocognano.

Ajaccio 40 – Corte 43.

🏛 **Premier Consul** ⑤, ⍭ 27.82.96, ≤ – 🛆wc 🛗 🅿. 🚐🛉. ⌘
  avril-sept. – SC : **R** 50/65 – ⊊ 10 – **15 ch** 100/130 – P 150/230.

Bonifacio 2A Corse-du-Sud 🔠🄓 ⑨ G. Corse (plan) – 3 015 h. – ⊠ **20169** Bonifacio.

Voir Site*** – Vieille ville** – La Marine* : Col St-Roch ≤** – Phare de
Pertusato ⌘*** SE : 5 km.

Env. Ermitage de la Trinité ≤** NO : 6,5 km – Grotte du Sdragonato* et tour
des falaises** 45 mn en bateau.

✈ de Figari, ⍭ 71.00.22 N : 21 km.

Ajaccio 140 – Bastia 170 – Corte 148 – Sartène 54.

🏨 **Solemare** sans rest, ⍭ 73.01.06, ≤ – 🛗 🛆wc 🛗wc ☎ 🅿. 🚐🛉. ⌘
  avril-oct. – SC : **60 ch** ⊊ 210/300.

🏛 **Étrangers** sans rest, ⍭ 73.01.09 – 🛗wc 🅿. 🚐🛉 𝚅𝙸𝚂𝙰
  SC : ⊊ 15 – **30 ch** 80/135.

✕ **U. Ceppu,** golfe Santa Manza NE : 6 km par D 58 ⍭ 73.05.83, ≤ – 🅿
  fermé 5 janv. au 10 fév. et merc. du 1er oct. au 31 mai – SC : **R** 75/170.

✕ **La Rascasse,** 6 quai J.-Comparetti ⍭ 73.01.26, ≤ – 🔘
  1er avril-30 sept. – SC : **R** carte environ 120.

Bussaglia 2A Corse-du-Sud 🔠🄓 ⑮ – rattaché à Porto.

Calacuccia 2B H.-Corse 90 ⑮ – 1 100 h. alt. 830 – ⊠ 20224 Calacuccia.

Voir Site★★. – Tour du lac de barrage★★ – Défilé de la Scala di Santa Régina★★
NE : 5 km – Casamaccioli ≼★ SO : 3 km – Chapelle St-Pancrace ≼★ NE : 4 km
puis 15 mn.

Cala Rossa 2A Corse du Sud 90 ⑧ – rattaché à Porto-Vecchio.

Calvi ⚓ 2B H.-Corse 90 ⑬ – 3 684 h. alt. 29 – ⊠ 20260 Calvi.

Voir Citadelle★★ : fortifications★★ – Église St-Jean-Baptiste★★ B – Oratoire de
la Confrérie St-Antoine★★ E – La Marine★ : port★.

Env. Belvédère N.-D. de-la-Serra ≼★★★ 6 km par ② – ⁂★★ de la terrasse de
l'église de Montemaggiore 11 km par ①.

Excurs. en bateau : Calvi-golfe de Porto★★★ – Grotte des Veaux Marins★★.

🛬 de Calvi-Ste-Catherine : Air Inter 🕾 65.03.60, par ① : 7 km.

🄱 Office de Tourisme Esplanade de la Gare (fermé dim.) 🕾 65.05.87, Télex 460709.

Ajaccio 159 ① – Bastia 93 ① – Corte 96 ① – L'Ile-Rousse 24 ① – Porto 76 ①.

🏨 **Gd Hôtel** sans rest, bd
Président-Wilson (a) 🕾
65.09.74, Télex 460718 – 🛗
🚻 – 🕭 50. ㏂ ⓞ Ⓔ ₩₩
1ᵉʳ avril-30 sept. – SC : ⬜
30 – **58 ch** 350/480, 6 appartements.

🏨 **St-Érasme** Ⓜ sans rest,
rte Ajaccio par ② : 0,8 km
🕾 65.04.50, ≼ – ➡wc ☎
🄿 ㏂ ⓞ
1ᵉʳ avril-10 oct. – SC : ⬜ 21
– **32 ch** 100/200.

🏨 **Corsica** Ⓜ ⚲, par ①, N
197 et rte Pietra Major :
2,5 km 🕾 65.03.64, ≼, 🌭
– ➡wc 🛁wc ☎ 🄿. 🍴
1ᵉʳ avril-31 oct. – SC : R
(résid. seul.) – **48 ch**
⬜ 170/200.

🏨 **Kallisté**, av. Cdt-Marche
(e) 🕾 65.09.81, ≼, 🌭 – 🛗
➡wc 🛁wc ☎ 🍴 ㏂
₩₩ 🌭 rest
mai-oct. – R carte environ
100 – ⬜ 22 – **24 ch**
165/200 – P 230/275.

🏨 **Résidence des Aloës**
⚲, quartier Donatéo SO :
1,5 km 🕾 65.01.46, ≼ golfe,
🌭 – ➡wc 🛁wc ☎ 🄿.
🍴 ㏂. 🌭 rest
avril-oct. – SC : R (dîner
seul.) 100/120 – 🍽 17 – **25 ch** 167/210.

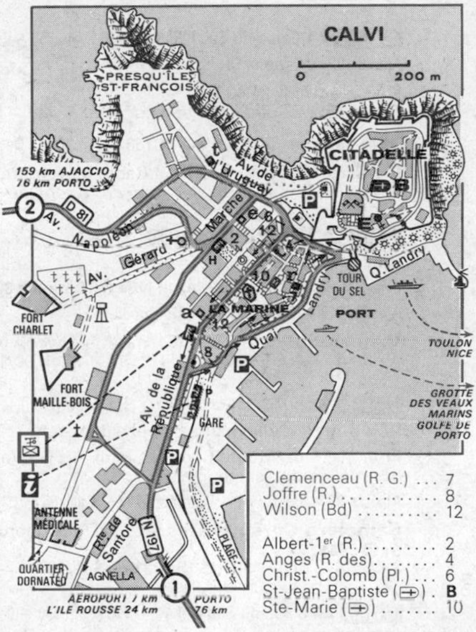

🏨 **Les Arbousiers** ⚲ sans rest, par ① : 0,5 km 🕾 65.04.47, ≼ – ➡wc ☎ 🚗 🄿
début mai-15 oct. – SC : **40 ch** ⬜ 152/184

🏨 **Caravelle** ⚲, à la plage par ① : 0,5 km par N 197 🕾 65.01.21, ≼, pavillons dans
un jardin – 🛁wc 🄿. 🍴 🌭
sais. – SC : R 65/80 – ⬜ 15 – **20 ch** 122/160 – P 206/225.

🏨 **Aria Marina** sans rest, rte Ajaccio par ② : 1 km 🕾 65.04.42, ≼ – ➡wc 🛁wc ☎
🄿
21 avril-30 oct. – SC : **31 ch** 🍽 175/185.

XXX ❀ **Ile de Beauté**, quai Landry (r) 🕾 65.00.46, ≼ – ⓞ. 🌭
1ᵉʳ mai-20 sept. – R carte 155 à 210
Spéc. Huîtres tièdes au citron vert, Fricassée de homard aux morilles, Terrine de poissons. Vins vins
de Corse.

RENAULT Balagne Autos, par ① 🕾 65.11.63

Clemenceau (R. G.)	7
Joffre (R.)	8
Wilson (Bd)	12
Albert-1ᵉʳ (R.)	2
Anges (R. des)	4
Christ.-Colomb (Pl.)	6
St-Jean-Baptiste (⛪)	B
Ste-Marie (⛪)	10

Cap Corse (Tour du) ★★★ 2B H.-Corse ⑨⓪ ①② – 123 km au départ de Bastia.

Cargèse 2A Corse-du-Sud ⑨⓪ ⑯ – 913 h. alt. 82 – ⊠ 20130 Cargèse.
Voir Église latine ⩽★.
Ajaccio 51 – Calvi 108 – Corte 106 – Piana 20 – Porto 32.

🏨 **Lentisques** Ⓜ ⌣, plage du Pero N : 1,5 km ☏ 26.42.34, ⩽, 🛏 – ⌷wc ⌷wc ⌷ Ⓟ. ⌣
Pâques et 1er mai-30 sept. – SC : **R** 90 – 🍽 20 – **20 ch** 200.

🏨 **Thalassa** ⌣, à la plage du Pero N : 1,5 km ☏ 26.40.08, ⩽, 🚲 – ⌷wc Ⓟ. ⌣ rest
15 mai-30 sept. – SC : **R** (pens. seul.) – 🍽 14 – **22 ch** 90/140 – P 190.

🏨 **La Spelunca** sans rest, ☏ 26.40.12, ⩽ – ⌷wc ⌷ ⌷. ⌣
Pâques-fin oct. – SC : 🍽 16 – **20 ch** 150/180.

Casamozza 2B H.-Corse ⑨⓪ ③ – rattaché à Bastia.

Casatorra 2B H.-Corse ⑨⓪ ③ – rattaché à Bastia.

Cauro 2A Corse-du-Sud ⑨⓪ ⑰ – 735 h. alt. 356 – ⊠ 20117 Cauro.
Ajaccio 22 – Sartène 64.

✕✕ **Napoléon**, ☏ 28.40.78
fermé 15 janv. au 28 fév. et lundi d'oct. à juin – **R** carte environ 90.

à Barracone O : 3 km sur N 196 – ⊠ 20117 Cauro :

✕✕ **U Barracone**, ☏ 28.40.55, « Cadre de verdure », 🛏 – Ⓟ. ⒜Ⓔ ⓪ 𝘝𝘐𝘚𝘈
fermé 15 janv. au 28 fév. et lundi du 15 sept. au 15 mars – SC : **R** 72.

Centuri-Port 2B H.-Corse ⑨⓪ ① – 271 h. – ⊠ 20238 Centuri.
Voir La Marine★.
Env. ⌣★★ du moulin Mattei NE : 6,5 km puis 30 mn.
Ajaccio 212 – Bastia 59 – St-Florent 60.

🏨 **Vieux Moulin**, ☏ 35.60.15, ⩽, ⌣ – ⌷wc Ⓟ. ⌷ ⒜Ⓔ 𝘝𝘐𝘚𝘈
fermé nov. – SC : **R** 80/150 – 🍽 12 – **14 ch** 90/140 – P 180/215.

Corte ⟨SP⟩ 2B H.-Corse ⑨⓪ ⑤ G. Corse (plan) – 6 062 h. alt. 396 – ⊠ 20250 Corte.
Voir Site★ – Ville haute★ : belvédère ⌣★.
Env. ⌣★★ du Monte Cecu N : 7 km – SO : Vallée★★ et forêt★ de la Restonica – SE : Vallée du Tavignano★.
Ajaccio 83 – Bastia 70 – Bonifacio 148 – Calvi 96 – L'Ile-Rousse 72 – Porto 86 – Sartène 141.

🏨 **Sampiero Corso** Ⓜ sans rest, av. Prés.-Pierucci ☏ 46.09.76 – |≡| ⌷wc ⌷wc ⌷ ⌷. Ⓟ. 𝘝𝘐𝘚𝘈 ⌣
15 avril-15 oct. – SC : 🍽 15 – **31 ch** 140/160.

Evisa 2A Corse-du-Sud ⑨⓪ ⑮ – 723 h. alt. 830 – ⊠ 20126 Evisa.
Voir Forêt d'Aïtone★★ – Belvédère ⩽★★★ NE : 3 km puis 15 mn – Cascades d'Aïtone★★ NE : 3 km puis 30 mn.
Env. Col de Vergio ⩽★★ NE : 10 km.
Ajaccio 72 – Calvi 99 – Corte 63 – Piana 33 – Porto 23.

🏨 **Scopa Rossa** Ⓜ ⌣, ☏ 26.20.22, ⩽ – ⌷wc ⌷wc ⌷ Ⓟ. ⌣
fermé 15 nov. au 15 janv. – SC : **R** 60/70 – 🍽 20 – **24 ch** 140/180.

🏨 **Aïtone**, ☏ 26.20.04, ⩽ – ⌷wc ⌷wc ⌷
fermé 15 nov. à fin déc. – SC : **R** 45/70 – 🍽 15 – **20 ch** 75/160 – P 165/170.

Favone 2A Corse du Sud ⑨⓪ ⑦ – ⊠ 20144 Ste Lucie-de-Porto-Vecchio.
Ajaccio 143 – Bastia 114 – Bonifacio 56.

🏨 **U Dragulinu** ⌣, ☏ 57.41.49, 🚲 – ⌷wc Ⓟ. ⌷. ⌣ rest
1er avril-15 oct. – SC : **R** 80/100 – 🍽 20 – **16 ch** 160/190 – P 260/270.

Feliceto 2B H.-Corse ⑨⓪ ⑭ – 160 h. alt. 370 – ⊠ 20225 Muro.
Ajaccio 156 – Calvi 26 – Corte 73 – L'Ile-Rousse 19.

🏨 **Gd H. ''Mare E Monti''** ⌣, ☏ 61.73.06, ⩽, parc – ⌷wc ⌷wc ⌷ Ⓟ
1er mai-30 sept. – SC : **R** 70/140 – 🍽 15 – **18 ch** 70/150 – P 165/185.

Ferayola 2B H.-Corse ⑨⓪ ⑭ – rattaché à Galéria.

Galéria 2B H.-Corse 90 ⑭ – 524 h. alt. 35 – ⌷ **20245** Galéria.
Voir Golfe★.
Env. Croisière Galéria-Porto★★★.
Ajaccio 133 – Calvi 33 – Porto 50.

🏠 **Filosorma** ॐ, ☎ 62.00.02, ≤ – 🛏wc 🛁wc 🅿. ☎🛏
Pâques-30 sept. – SC : **R** 65/85 – ☲ 20 – **14 ch** 160 – P 180/200.

✗ **L'Auberge** avec ch, ☎ 62.00.15 – ⅀
↦ *Pâques-fin sept. –* SC : **R** (du 1er juil. à fin sept. dîner seul.) 48/55 ⅃ – ☲ 16 – **6 ch** 90/100 – P 145.

à Ferayola N : 14 km par D 351 et D 81 – ⌷ **20260** Calvi :

🏠 **Aub.de Ferayola** ॐ, ☎ 62.01.52, ≤ – 🛏wc 🛁wc 🅿. ☎🛏 *VISA*. ⅀
15 mai-30 sept. – SC : **R** 60/70 – ☲ 20 – **10 ch** 160 – P 340/410 (pour 2 pers.).

Golfe de la Liscia 2A Corse-du-Sud 90 ⑯ – ⌷ **20111** Calcatoggio.
Voir Calcatoggio ≤★ SE : 5 km.
Ajaccio 26 – Calvi 137 – Corte 96 – Vico 26.

🏠🏠 **Transat H. de San-Bastiano** ॐ (Hôtel Village), ☎ 28.20.35, Télex 460991, ⅃, 🛏🛏, 🏝, ⅀ – 🛏wc 🛁wc ☎, sans ▥ 🅿 – 🅰 35 à 200. ☎🛏 🆎 ⓞ 🅴 *VISA*.
⅀ rest
24 avril-15 oct. – SC : **R** 98 – **200 ch** ☲ 185/290 – P 260/400.

🏠🏠 **Cinarca** M ॐ, à Tiuccia ☎ 28.21.39, ≤, ⅃, 🛏🛏, 🚲 – 🛗 🛏wc ☎ 🅿. ⅀ rest
1er mars-30 oct. – SC : **R** 70/90 – **46 ch** ☲ 205/290.

🏠🏠 **Liscia** M sans rest, ☎ 28.21.40, ≤, ⅃, 🚲, ⅀ – cuisinette 🛏wc 🛁wc ☎ 🅿
2 mai-30 sept. – SC : ☲ 20 – **52 ch** 145/190.

🏠 **Castel D'Orcino** ॐ, à la pointe de Palmentojo ☎ 28.20.63, ≤ golfe, 🛏🛏, 🚲 –
🛁wc ☎ 🚗 🅿. ⅀ rest
15 avril-1er oct. – SC : **R** (grill) – ☲ 18 – **20 ch** 185/285.

✗ **Chez André** avec ch, à Tiuccia ☎ 28.21.12, ≤, 🚲 – 🛁 🅿
↦ *1er avril-30 sept. –* **R** 45/55 – ☲ 12 – **17 ch** 90/120 – P 180/200.

Golfe di Sogno 2A Corse-du-Sud 90 ⑧ – rattaché à Porto-Vecchio.

L'Ile-Rousse 2B H.-Corse 90 ⑬ – 2 650 h. – ⌷ **20220** l'Ile-Rousse.
Voir Ile de la Pietra★ : phare ≤★ N : 2 km.
🅱 Syndicat d'Initiative pl. Paoli (1er avril-15 oct. et fermé dim.) ☎ 60.04.35.
Ajaccio 155 – Bastia 69 – Calvi 24 – Corte 72.

🏠🏠 **La Pietra** M ॐ, rte du Port ☎ 60.01.45, ≤ mer et montagne – 🛏wc 🛁wc ☎ 🅿.
☎🛏 🆎 🅴 *VISA*. ⅀
1er avril-30 oct. – SC : **R** 80 – ☲ 20 – **40 ch** 180/230 – P 270/280.

🏠 **Isola Rossa** M ॐ sans rest, rte du Port ☎ 60.01.32, ≤ – 🛁wc ☎ 🅿. ☎🛏 🆎. ⅀
SC : ☲ 16 – **20 ch** 132.

🏠 **Le Grillon**, av. P.-Doumer ☎ 60.00.49 – 🛁wc 🅿. ☎🛏. ⅀ rest
1er mars-30 nov. et fermé dim. midi du 1er oct. au 30 nov. – SC : **R** 56/70 – ☲ 16 –
16 ch 165 – P 210/286.

✗✗ **California**, rte du Port ☎ 60.01.13, ≤ – 🅿
fermé 1er déc. au 15 janv. et merc. – **R** 60, carte le dim..

✗✗ **Le Laetitia**, sur le Port ☎ 60.01.90, ≤
sais.

✗ **Le Relais,** av. Piccioni ☎ 60.00.72
↦ *fermé 15 déc. au 15 janv. et merc. d'oct. à mai –* SC : **R** 40/65 ⅃.

CITROEN Pissard, ☎ 60.00.73 🄽 ☎ 60.11.65

à Monticello SE : 3 km – ⌷ **20220** l'Ile-Rousse :

🏠 **A Pastorella** ॐ, ☎ 60.05.65, ≤ – 🛁wc. ☎🛏. ⅀ rest
fermé nov., vend. soir, sam. et dim. du 1er déc. au 1er mars – **R** 50/75 – ☲ 18 –
14 ch 100/140 – P 175/190.

à Lozari E : 8,5 km – ⌷ **20226** Belgodère :

🏠 **Les Mouettes** ॐ, ☎ 60.09.32, ≤, 🚲 – 🛁wc 🅿. ☎🛏 🆎. ⅀ ch
fermé : hôtel du 1er oct. au 31 mars ; rest. nov. et déc. – **R** 50/55 – ☲ 13 – **20 ch**
140/150.

Lozari 2B H.-Corse 90 ⑬ – rattaché à l'Ile Rousse.

Miomo 2B H.-Corse 90 ② – rattaché à Bastia.

Monticello 2B H.-Corse 90 ⑬ – 523 h. – rattaché à l'Ile-Rousse.

Palagaccio 2B H.-Corse 90 ② – rattaché à Bastia.

Petreto-Bicchisano 2A Corse-du-Sud 90 ⑰ – 1 102 h. alt. 412 – ⊠ 20140 Petreto-Bicchisano.

Ajaccio 50 – Sartène 36.

✗ **France** avec ch, à Bicchisano ⏀ 24.30.55 – 🍴 🅿. ⬩
15 avril-15 nov. – SC : **R** (prévenir) 100/160 – ⬩ 20 – **3 ch** 120 – P 185.

Piana 2A Corse-du-Sud 90 ⑮ – 661 h. alt. 435 – ⊠ 20115 Piana.

Voir Col de Lava ≤★★ S : 1 km.

Env. NO : Route de Ficajola ≤★★★ – Capo Rosso ≤★★ O : 9 km.

Ajaccio 71 – Calvi 92 – Évisa 33 – Porto 12.

🏨 **Capo Rosso** M ⬩, ⏀ 26.12.35, ≤ mer et golfe, 🏊 – 🛁wc 🛁wc ☎ 🅿. 🅿
VISA ☼ ch
29 mars-10 oct. – SC : **R** 60/160 – ⬩ 24 – **55 ch** 130/260 – P 230/260.

🏨 **L'Horizon,** rte Cargèse ⏀ 26.11.77, ≤ – 🛁wc 🅿. 🅿
➤ *mars-fin nov.* – **R** 45/150 – ⬩ 17 – **19 ch** 110/150 – P 200.

🏠 **Continental,** ⏀ 26.12.02, 🌫 – 🛁wc 🅿
➤ *1er avril-30 sept.* – SC : **R** 50/85 – ⬩ 18 – **17 ch** 80/120.

Pietracorbara 2B H.-Corse 90 ② – 248 h. – ⊠ 20233 Sisco.

Env. Sisco : chapelle St-Michel ≤★★ 30 mn et Chef-reliquaire de St-Jean Chrysostome★ dans l'Église St-Martin; SO : 12 km.

Ajaccio 173 – Bastia 20.

🏠 **Macchia E Mare,** à la Marine ⏀ 35.21.36, ≤ – 🛁wc, sans 🍴 🅿. 🅿 ☼
20 mai-30 sept. – SC : **R** 65 – ⬩ 15 – **12 ch** 90/150 – P 160/190.

Pietranera 2B H.-Corse 90 ②③ – voir à Bastia.

Pinarello 2A Corse-du-Sud 90 ⑧ – ⊠ 20144 Ste-Lucie de Porto-Vecchio.

Ajaccio 151 – Bastia 131 – Bonifacio 47 – Porto-Vecchio 20.

🏨 La Tour Gênoise ⬩, ⏀ 71.44.10, ≤ – 🛁wc ☎ 🅿. ☼ rest
sais. – **32 ch.**

Porticcio 2A Corse-du-Sud 90 ⑰ – ⊠ 20166 Porticcio.

Ajaccio 17 – Sartène 80.

🏨🏨 **Sofitel** M ⬩, ⏀ 25.00.34, Télex 460708, ≤ golfe, 🏊, 🏖, 🌫, ✗ – 🛗 🖥 ch 📺
☎ 🅿 – 🅰 100. 🅰🅴 ⓪ *VISA*. ☼ rest
SC : rest. **Le Caroubier R** carte 180 à 250 – ⬩ 45 – **100 ch** 760/1 400, 4 appartements
– P 845/1 065.

🏨 **Le Maquis** ⬩, ⏀ 25.05.55, Télex 460597, ≤, 🏖, 🌫 – 📺 ☎ 🅿. 🅰🅴 ⓪ *VISA*
SC : **R** *(1er mars-31 oct.)* 150 – **20 ch** (1/2 pens. seul.) – 1/2 p 470/600.

🏨 **Isolella,** à Agnarello S : 4,5 km ⏀ 25.41.36, ≤ – 🛁wc 🛁wc ☎ 🅿. 🅿
R *(Pâques-fin oct.)* 53 – ⬩ 14 – **30 ch** (pens. seul.) – P 445/458 (pour 2 pers.).

✗✗ **Club,** plage de la Viva ⏀ 25.00.42, ≤ – 🅿. 🅰🅴 ⓪ *VISA*
fermé mardi d'oct. à avril – SC : **R** carte environ 100.

Porticciolo 2B H.-Corse 90 ② – ⊠ 20228 Luri.

Ajaccio 178 – Bastia 25.

🏨 **Caribou** M ⬩, à la Marine de Porticciolo ⏀ 35.00.33, ≤, 🏊, 🏖, ✗ – cuisinette
🛁wc 🛁wc 🅱 🅿. 🅿 ⓪ 🅴 *VISA*
20 juin-28 sept. – **R** carte environ 150 – ⬩ 20 – **40 ch** 150/220, 6 pavillons –
P 310/380.

Porto 2A Corse-du-Sud 90 ⑮ – ⊠ 20150 Ota.

Voir La Marine★.

Env. Golfe de Porto★★★ – en vedette : SO : les Calanche★★★, N : Golfe de
Girolata★★★ – Girolata★ ≤★★★ de la tour.

🅱 Syndicat d'Initiative 9 rte de la Marine (1er avril-30 sept. et fermé dim.) ⏀ 26.11.37.

Ajaccio 83 – Bastia 135 – Calvi 76 – Corte 86 – Évisa 23.

🏨 **Capo d'Orto** M, ⏀ 26.11.14, ≤, 🏊 – 🛁wc ☎ 🅿. 🅿. ☼ rest
avril-oct. – SC : **R** 66 – ⬩ 15.50 – **30 ch** 150/165.

🏨 **Le Porto** M, ⏀ 26.11.20, ≤ – 🛁wc 🛁wc ☎ 🅿. 🅰🅴 🅴. ☼
1er mai-30 sept. – SC : **R** 70/120 – ⬩ 20 – **30 ch** (1/2 pens. seul.) – 1/2 p 150/170.

🏠 **Bella Vista** sans rest, ☎ 26.11.08, ≤, 🌳 – 🛏wc 🚿wc. 📶🔆
30 avril-10 oct. – SC : 🛏 12 – **20 ch** 70/112.

🏠 **Le Cyrnée** 🔊, à La Marine ☎ 26.12.40, ≤ – 🛏wc 🚿wc 🚗. 📶🔆
1er avril-30 sept. – SC : **R** 70 – **10 ch** (pension seul) – P 185.

✗ **Le Maquis** avec ch, ☎ 26.12.19, ≤ – 🛏wc 🚿 🅿. 📶🔆
20 mars-5 janv. – SC : **R** 59 – 🍴 17 – **6 ch** 90/120.

vers la plage de Bussaglia N : 6 km par D 81 et VO – ✉ **20150** Ota :

🏠 **L'Aiglon** 🔊, ☎ 26.10.65, ≤, dans le maquis, 🌳 – 🛏wc 🚿wc 🚗, sans 🍴 🅿.
📶🔆 🔆
10 mai-28 sept. – **R** 52/70 – 🛏 15 – **18 ch** 140/190 – P 150/185.

Porto-Pollo 2A Corse-du-Sud 🔢🔢 ⑱ – ✉ **20140** Petreto Bicchisano.
Env. Station préhistorique de Filitosa★★ NE : 9,5 km.
Ajaccio 60 – Sartène 33.

🏠 **Les Eucalyptus** 🔊, ☎ 74.01.52, ≤, 🌳 – 🚿wc 🅿. 📶🔆. 🔆
10 mai-1er oct. – SC : **R** 55/87 – 🛏 15 – **24 ch** 165 – P 178.

🏠 **L'Escale**, ☎ 74.01.54, ≤, 🌳 – 🛏wc 🚿wc 🅿
sais. – **24 ch**.

🏠 **Kallisté**, ☎ 74.02.38, ≤ – 🚿wc, sans 🍴
sais. – **10 ch**.

Porto-Vecchio 2A Corse-du-Sud 🔢🔢 ⑧ – 8 443 h. alt. 70 – ✉ **20137** Porto-Vecchio.
Env. Golfe de Porto-Vecchio★★ – Castello★ d'Arraggio ≤★★ N : 7,5 km – Phare
de la Chiappa ≤★★ E : 14 km.
🛈 Syndicat d'Initiative 2 r. Mar.-Juin (fermé sam. après-midi et dim.) ☎ 70.09.58.
Ajaccio 131 – Bastia 143 – Bonifacio 27 – Corte 121 – Sartène 63.

🏨 · du Roi Théodore Ⓜ 🔊, rte de Bastia : 2 km ☎ 70.14.94, 🏊, 🌳, ✗ – ☎ 🅿
– 🅰 60
36 ch.

🏨 **Cala Verde** Ⓜ 🔊 sans rest, ☎ 70.11.55, ≤, 🌳 – 🛗 ☎ 🚗 🅿. 🄰🄴 ① 🄴 𝖵𝖨𝖲𝖠
1er mai-10 oct. – SC : **40 ch** 🛏 230/320.

🏨 **Ziglione** Ⓜ 🔊, rte Palombaggia E : 5 km par N 198 et VO ☎ 70.09.83, ≤ golfe,
🌳 – 🅿
15 mai-15 sept. – SC : **R** carte environ 150 – **32 ch** (1/2 pens. seul.) – $^1/_2$ p
666/900 (pour 2 pers.).

🏠 **L'Aiglon** sans rest, rte du Port ☎ 70.13.06 – 🛏wc 🚗 🅿
1er mars-1er nov. – SC : 🛏 17 – **16 ch** 100/150.

🏠 **San Giovanni** Ⓜ 🔊, rte d'Arca SO : 3 km par D 659 ☎ 70.22.94, parc, 🏊, ✗ –
🛏wc 🚿wc 👶 🅿. 📶🔆. 🔆
1er avril-15 oct. – SC : **R** 70/120 – **26 ch** 🛏 140/240 – P 250/270.

🏠 **Le Goëland** 🔊 sans rest, à La Marine ☎ 70.14.15, ≤, 🏖, 🌳 – 🛏wc 🚿wc 🚗
🅿. 🔆
SC : **21 ch** 🛏 120/230.

🏠 **Roches Blanches** 🔊, à La Marine ☎ 70.06.96, ≤ – 🛏wc 🚿 🚗 🅿. 🔆
1er mai-30 sept. – SC : **R** 80 – 🛏 14,50 – **15 ch** 65/160.

✗✗ **Le Troubadour**, 13 r. Gén.-Leclerc ☎ 70.08.04 – 🄰🄴 ① 🄴 𝖵𝖨𝖲𝖠
fermé 15 oct. au 15 déc. et merc. du 15 déc. au 31 mai – **R** (du 1er juin au 15 oct.
dîner seul.) carte 05 à 135 🍷.

✗✗ **Lucullus**, r. Gén.-de-Gaulle ☎ 70.10.17 – 🄰🄴 ① 🄴 𝖵𝖨𝖲𝖠
fermé 20 janv. au 28 fév., lundi midi et dim. du 1er oct. au 1er juin – **R** carte environ
90.

au Golfe di Sogno NE : 7 km – ✉ **20137** Porto-Vecchio :

✗✗ **Stagnolo** 🔊 avec ch, rte de Cala Rossa ☎ 70.02.07, « Parmi les chênes lièges, ≤
golfe », 🌳 – cuisinette 🚿wc 🅿. 🄰🄴 𝖵𝖨𝖲𝖠
15 mars-15 oct. – SC : **R** carte 90 à 145 – 🛏 18 – **23 ch** 110/180 – P 240/310.

à Cala Rossa NE : 10 km par N 198, D 568 et D 468 – ✉ **20137** Porto Vecchio :

🏨 **Gd H. Cala Rossa** 🔊, ☎ 70.09.65, 🏖, 🌳 – ☎ 🅿. 🄰🄴 𝖵𝖨𝖲𝖠. 🔆 rest
10 mai-30 sept. – **R** carte 120 à 200 – 🛏 30 – **50 ch** 220/360.

RENAULT Balesi-Auto, N 198, La Poretta ☎ 70.15.55 🄽 ☎ 70.21.43

Propriano 2A Corse-du-Sud 90 ⑱ – 3 548 h. – Stat. therm. (fermé déc.) aux Bains de Baracci, NE : 3 km – ⊠ 20110 Propriano.

Voir Port★.

🛈 Office de Tourisme 17 r. Gén. de Gaulle (fermé dim.) ☎ 76.01.49.

Ajaccio 73 – Bonifacio 67 – Corte 138 – Sartène 13.

🏨 **Miramar** Ⓜ sans rest., ☎ 76.06.13, ≤, « Bel aménagement intérieur, jardin, ⏋ » ⏋ – 🕭 ❷ – 🏖 30. ⓞ
15 mai-25 sept. – SC : ☲ 26 – **30 ch** 170/365.

🏨 **Roc é Mare**, ☎ 76.04.85, Télex 460962, ≤ golfe, 🏖🌀 – 🕭 ❷
sais. – **60 ch**.

🏦 **Ollandini** 🦢, rte Barraci NE : 2 km ☎ 76.05.10, ⏋, �&4; – 🛏wc 🗐wc ☎ ❷. 🖭
1er mai-fin sept. – SC : **R** (déj. carte seul.) 65/90 – ☲ 15 – **51 ch** 210/300.

🏦 **Valinco**, ☎ 76.06.69, ≤, 🏖🌀 – 🛏wc 🗐wc ☎ ❷ – 🏖 60
60 ch.

✕✕ **Lido** 🦢 avec ch, ☎ 76.06.37, ≤ – 🗐wc ☎ ❷
sais. – **17 ch**.

✕ **Thalassa**, av. Gén.-de-Gaulle ☎ 76.08.39 – 🖭 ⓞ 𝘝𝘐𝘚𝘈
1er avril-30 oct. – **R** 50/160 ♟.

✕ **Casa Corsa**, 15 r. 9 Septembre ☎ 76.05.93 – 🖭 𝘝𝘐𝘚𝘈
fermé 20 déc. au 5 janv., fév., dim. et le soir hors sais. – **R** 52/120.

par rte de Baracci et voie privée NE : 4,5 km – ⊠ 20175 Vigianello :

🏦 **La Bergerie** Ⓜ 🦢, ☎ 76.00.37, ≤, « dans le maquis », ⏋, 🌀 – 🛏wc ☎ ❷. 🖭. 🍴 rest
15 juin-15 sept. – SC : **R** carte environ 140 – ☲ 25 – **15 ch** 300/460.

PEUGEOT Casabianca, rte Corniche ☎ 76.   RENAULT Vesperini, N 196 Arconcello ☎ 76. 00.91   04.08

Quenza 2A Corse-du-Sud 90 ⑦ – 758 h. alt. 800 – ⊠ 20122 Quenza.

Ajaccio 84 – Bonifacio 74 – Porto-Vecchio 47 – Sartène 44.

🏠 **Sole é Monti** sans rest, ☎ 78.62.53, ≤ – 🛏 🗐wc ❷
sais. – **20 ch**.

Sagone 2A Corse-du-Sud 90 ⑯ – ⊠ 20118 Sagone.

Voir Golfe de Sagone★.

Ajaccio 38 – Piana 33 – Porto 45.

🏠 **Santana**, à Esigna S : 2 km N 119 ⊠ 20118 Sagone ☎ 28.00.09, ≤ – 🛏wc 🗐wc ☎, sans 🎞 ❷. 🍴 rest
avril-sept. – SC : **R** 66 – ☲ 16,50 – **30 ch** 140 – P 200.

✕ **La Rascasse**, ☎ 28.02.22
⬩ *20 mars-1er oct.* – **R** 45/70.

St-Florent 2B H.-Corse 90 ③ – 1 355 h. – ⊠ 20217 St-Florent.

Voir Anc. cathédrale de Nebbio★★ – Vieille Ville★.

Env. Col de San Stéfano ≤★★ S : 13 km – Défilé de Lancone★★ SE : 13 km.

🛈 Office de Tourisme (1er avril- sept., fermé sam. et dim.) ☎ 37.06.04.

Ajaccio 176 – Bastia 23 – Calvi 70 – Corte 93 – L'Ile-Rousse 46.

🏦 **Dolce Notte** Ⓜ 🦢, sans rest, ☎ 37.06.26, ≤, 🌀 – 🛏wc 🗐wc ☎ ❷. 🍴
15 mars-15 nov. – SC : ☲ 19 – **20 ch** 140/260.

🏠 **Centre** sans rest, ☎ 37.00.68 – 🗐
1er mai-31 oct. – SC : ☲ 12 – **12 ch** 66/100.

au Nord 2 km par D 81 et voie privée – ⊠ 20217 St-Florent :

🏠 **Bungalows de Treperi** 🦢 sans rest, ☎ 37.02.75, ≤ mer et montagne – cuisinette 🗐wc ❷. 🚗🍽
Pâques-30 sept. – SC : ☲ 15 – **20 ch** 135/187.

San-Martino-di-Lota 2B H.-Corse 90 ② – 1 506 h. – voir à Bastia.

San Pellegrino 2B H.-Corse 90 ④ – ⊠ 20213 Castellare di Casinca.

Ajaccio 147 – Bastia 34 – Corte 64 – Porto-Vecchio 115.

🏦 **San Pellegrino** (H. pavillonnaire) 🦢, à Folelli-Plage ☎ 36.90.61, Télex 460398, ≤, parc, 🏖🌀, 🏓 – 🛏wc 🗐wc 🚗 🖭 🄴. 🍴 rest
1er mai-10 oct. – SC : **R** 70/75 – ⬤ 18 – **105 ch** 170/236 – P 227/267.

Sant'Antonino 2B H.-Corse 🗺️ ⑬ – 113 h. alt. 497 – ⊠ 20269 Aregno.

Voir ≤★★ – Village★ – Aregno : église de la Trinité★ S : 5 km.

Env. Col de Salvi ≤★★ SO : 6 km – Lavatoggio : ≤★ de la terrasse de l'église.

Santa Maria-Siché 2A Corse-du-Sud 🗺️ ⑦ – 712 h. alt. 480 – ⊠ 20190 Santa-Maria-Siché.

Ajaccio 36 – Sartène 53.

🏠 **Santa Maria,** N 850 🕿 24.72.65, ≤ – 🚿wc 🛏wc 🅿. 🎾
➡ **R** 70 bc/35 🍷 – 🍽 18 – **22 ch** 90/125 – P 255/275.

Sartène ⟨💲⟩ 2A Corse-du-Sud 🗺️ ⑱ **G. Corse** (plan) – 6 049 h. alt. 305 – ⊠ 20100 Sartène.

Voir Vieille ville★★ – Procession de Catenacciu★★ (vend. Saint) – Foce : belvédère ≤★★ E : 5 km.

Ajaccio 86 – Bastia 178 – Bonifacio 54 – Corte 141.

🏠🏠 **Villa Piana** Ⓜ sans rest, rte Propriano 🕿 77.07.04, ≤, parc, 🎾 – 🚿wc 🕿 🅿 – 60. 🚗 𝚅𝙸𝚂𝙰 🎾
1ᵉʳ avril-30 sept. – SC : 🛏 16 – **32 ch** 180/200.

✗✗ **La Chaumière,** 39 r. Capitaine Benedetti 🕿 77.07.13 – 🄰🄴 𝚅𝙸𝚂𝙰
fermé nov. et lundi hors sais. – **R** Carte 70 à 100 🍷.

RENAULT Gar. Le Rond-Point, r. J.-Nicoli 🕿 77.02.14

Soccia 2A Corse-du-Sud 🗺️ ⑮ – 552 h. – ⊠ 20125 Soccia.

Ajaccio 70 – Calvi 139 – Corte 99 – Vico 18.

🏠 **U Paese** 🦢, 🕿 26.65.28, ≤ – 🚿wc 🅿. 🚗 🎾
SC : **R** 55/100 – 🍽 18 – **22 ch** 130/140 – P 160/185.

Solenzara 2A Corse-du Sud 🗺️ ⑦ – ⊠ 20145 Solenzara.

Ajaccio 131 – Bastia 103 – Bonifacio 67 – Sartène 77.

🏠🏠 **Maquis et Mer** Ⓜ sans rest, 🕿 57.42.37 – 🛗 🚿wc 🛏wc 🕿 🅿. 🚗 🄰🄴 ① 𝚅𝙸𝚂𝙰
fermé 10 nov. à fin déc. – SC : 🛏 19 – **50 ch** 140/260.

🏠 **Solenzara** sans rest, 🕿 57.42.18, 🌳, 🎾 – 🚿wc 🛏wc 🅿 🅿
SC : 🛏 15 – **27 ch** 80/150.

✗✗ Caravelle, 🕿 57.42.27, 🌳.

Speloncato 2B H.-Corse 🗺️ ⑬ – 265 h. alt. 550 – ⊠ 20281 Speloncato.

Voir ≤★ – Village★.

Ajaccio 150 – Calvi 32 – Corte 67 – L'Ile-Rousse 19.

🏠 **Spelunca** 🦢, 🕿 61.31.21 – 🛏wc. 🎾 rest
➡ 1ᵉʳ mai-30 sept. – SC : **R** 50/60 – 🍽 13 – **15 ch** 150 – P 200/250.

Tiuccia 2A Corse-du-Sud 🗺️ ⑯ – rattaché à Golfe de la Liscia.

Venaco 2B H.-Corse 🗺️ ⑤ – 1 501 h. alt. 600 – ⊠ 20231 Venaco.

Voir Col de Bellagranajo 🌲★★ N : 3 km.

Env. Col de Morello ≤★★ SE : 14,5 km.

Ajaccio 71 – Corte 12 – Sartène 128.

🏠🏠 Paesotel E Caselle 🦢, au SE : 5 km par D 43 ⊠ 20231 Venaco 🕿 47.02.01, Télex 460145, ≤, « Pavillons dans le maquis », 🏊, 🎾 – 🚿wc 🛏wc 🕿 🅿. 🄰🄴 𝚅𝙸𝚂𝙰
1ᵉʳ mai-30 sept. – **47 ch**.

🏠 **Le Torrent** 🦢, à St-Pierre-de-Venaco N : 4 km par N 193 ⊠ 20250 Corte 🕿
➡ 47.00.18, 🌳 – 🛏wc 🅿
SC : **R** 50/80 – 🛏 16 – **25 ch** 120/130.

Vero 2A Corse-du-Sud 🗺️ ⑯ – 408 h. alt. 430 – ⊠ 20133 Ucciani.

Ajaccio 27 – Cargèse 65 – Corte 62.

✗ **Aub. Mamy,** à La Vignole SO : 5 km sur N 193 🕿 27.80.37 – 🅿
fermé 1ᵉʳ fév. à début mars, merc. d'oct. à juin et dim. soir – SC : **R** (prévenir) carte 100 à 150.

Vico 2A Corse-du-Sud 🗺️ ⑮ – 1 970 h. alt. 385 – ⊠ 20160 Vico.

Voir Couvent St-François : christ en bois★ dans l'église conventuelle.

Ajaccio 52 – Calvi 121 – Corte 81.

🏠 **U Paradisu** 🦢, 🕿 26.61.62, ≤ – 🛏wc 🚗. 🚗 🎾 ch
fermé 15 janv. au 1ᵉʳ mars – **R** 65/100 – 🛏 14 – **20 ch** 145/160 – P 170/180.

Vizzavona (Col de) 2B H.-Corse 90 ⑥ – alt. 1 161 – ✉ 20219 Vivario.
Voir Forêt★★.
Ajaccio 49 – Bastia 104 – Bonifacio 144 – Corte 34.

Monte d'Oro, ☎ 47.21.06, ≤, 🌲 en forêt, 🎾 – **P**. ✱ rest
1er juil.-15 sept. – **R** 70/80 🍷 – ☕ 20 – **42 ch** 100/120 – P 200/220.

Zicavo 2A Corse-du-Sud 90 ⑦ – 773 h. alt. 730 – ✉ 20132 Zicavo.
Ajaccio 63 – Bonifacio 114 – Corte 81 – Porto-Vecchio 87 – Sartène 60.

Tourisme, ☎ 24.40.06, ≤ – ⇌wc. ✱ ch
R 45/60 🍷 – ☕ 10 – **15 ch** 78/100 – P 250/278.

Zonza 2A Corse-du-Sud 90 ⑦ – 1 765 h. alt. 784 – ✉ 20124 Zonza.
Ajaccio 91 – Aleria 56 – Bonifacio 67 – Corte 128 – Porto-Vecchio 40 – Sartène 37.

XX **Incudine** avec ch, ☎ 78.42.76 – TV ⇌wc.
1er mai-30 oct. – SC : **R** 60/90 – ☕ 18 – **10 ch** 120/140.

X **Tourisme** avec ch, ☎ 78.42.31 – ⇌
15 mars-1er nov. – **R** 52/90 – ☕ 13 – **10 ch** 90/110.

CORVOL-L'ORGUEILLEUX 58460 Nièvre 65 ⑭ – 1 011 h. alt. 175 – ☎ 86.
Paris 222 – La Charité-sur-Loire 44 – Clamecy 11 – Cosne-sur-Loire 44 – Nevers 62.

Aub. du Dr. Minxit, ☎ 29.12.81, ⇌ – ⇌wc **P**.
fermé 10 au 20 juin, 10 au 25 oct., 10 au 25 janv. ; hôtel : fermé dim. hors sais., rest. : fermé mardi midi – SC : **R** 36/79 🍷 – ☕ 14 – **10 ch** 68/137 – P 120/150.

RENAULT Gar. de Oliveira, ☎ 29.14.77

COSNE-D'ALLIER 03430 Allier 69 ⑫ **G. Auvergne** – 2 294 h. alt. 230 – ☎ 70.
Paris 314 – Montluçon 25 – Moulins 42 – St-Amand-Montrond 47 – St-Pierre-le-Moutier 51.

Globe, ☎ 07.50.26
fermé fév. et lundi sauf août – SC : **R** 40/95 🍷 – ☕ 12 – **8 ch** 50/75 – P 125/150.

CITROEN Larnaud, ☎ 07.50.01

COSNES-ET-ROMAIN 54 M.-et-M. 57 ② – rattaché à Longwy.

☞ *Les localités dont les noms sont soulignés de rouge sur les cartes Michelin à 1/200 000 sont citées dans ce guide. Utilisez une carte récente pour profiter de ce renseignement régulièrement mis à jour.*

COSNE-SUR-LOIRE ‹SP› 58200 Nièvre 65 ⑬ **G. Bourgogne** – 10 975 h. alt. 148 – ☎ 86.
ℹ Office de Tourisme 17 r. A.-Baudin (15 juin-15 sept., fermé lundi, dim. et fêtes) ☎ 28.11.85.
Paris 188 ① – Auxerre 84 ① – Bourges 61 ④ – Montargis 73 ① – Nevers 52 ③ – ♦Orléans 105 ①.

COSNE-SUR-LOIRE

St-Jacques (R. et ⇒) 22

Baudin (R. Alphonse) 2
Buchet-Desforges (R.) 4
Clemenceau (Pl. G.) 5
Dr-J.-Moineau (Pl. du) 6
Donzy (R. de) 7
Frères-Gambon (R. des) 8
Gambetta (R.) 9
Gaulle (R. du Général de) 12
Leclerc (R. du Maréchal) 13
Pêcherie (Pl. de la) 14
Pelletan (R. Eugène) 16
République (Bd de la) 17
Rousseau (R. W.) 18
St-Agnan (R.) 21
Victor-Hugo (R.) 24
Vieille-Route (R.) 25
14-Juillet (R. du) 26

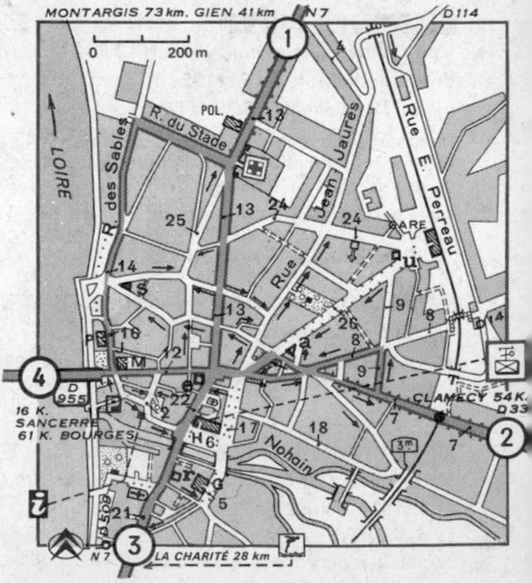

Pour un bon usage des plans de villes, voir les signes conventionnels p. 20.

🏛 **Gd Cerf**, 43 r. St-Jacques (e) ☏ 28.04.46 — 🛏wc 🚿wc 🕾 🚗 🚗⊟ **E**
  fermé 1ᵉʳ déc. au 15 janv., dim. soir et lundi midi — SC : **R** 36/80 ⅃ — ⊊ 11 — **21 ch**
  54/150 — P 155.

🏨 **Vieux Relais**, 11 r. St-Agnan (r) ☏ 28.20.21 — 🛏wc 🎏 🕾 🚗 — 🛁 25. 🚗⊟ **E**
  VISA
  SC : **R** *(fermé merc.)* 55/115 — ⊊ 20 — **11 ch** 105/190.

☎ **St-Christophe**, pl. Gare (u) ☏ 28.02.01 — 🚗. 🚿 rest
  fermé au 15 sept., fév. et vend. — SC : **R** 46/80 — ⊊ 12 — **15 ch** 48/60 — P 120.

✗✗ **Sévigné**, 16 r. du 14 juillet (a) ☏ 28.27.50 — **E** **VISA**
  fermé en oct. et lundi — SC : **R** 90/100 ⅃.

✗✗ **La Panetière**, 18 pl. Pêcherie (s) ☏ 28.11.70
  fermé 1ᵉʳ au 15 sept., vacances de fév., dim. soir et lundi — SC : **R** 64.

  à Myennes par ① : 4 km — ✉ **58440** Myennes :

🏛 **Aub. des Croquets**, ☏ 28.18.23 — 📺 🛏wc 🕾 🚗. 🚗⊟ **VISA**
  fermé janv. et fév. — SC : **R** *(fermé dim. soir)* 55/120 ⅃ — ⊊ 15 — **19 ch** 60/140 —
  P 160/180.

CITROEN Gar. Sanchez, 22 r. du Gros Orme
☏ 28.53.66
PEUGEOT Gar. du Nivernais, N 7 Sud par ③
☏ 28.22.52
RENAULT Ets Simonneau, 80 av. du 85ᵉ par
③ ☏ 28.27.34

VAG Barre, 97 r. Mar.-Leclerc ☏ 28.45.22

🅖 Benoît R., 33 r. Ch.-Floquet ☏ 28.08.59
Cosne-Pneus, N 7, à l'Escargotière ☏ 28.23.70

COSQUEVILLE 50 Manche 🗟🗟 ② — 385 h. alt. 24 — ✉ **50330** St-Pierre-Église — 🟢 33.
Env. Phare du Cap Lévy★ : 🌤★★ O : 6,5 km, G. Normandie.
Paris 365 — Barfleur 13 — ♦Cherbourg 19 — St-Lô 83 — Valognes 25.

☎ **Plage** 🦞, plage du Vicq ☏ 54.32.81 — 🅿. 🚿
  fermé 15 nov. au 15 déc. et merc. — SC : **R** 43/61 ⅃ — ⊊ 11 — **11 ch** 60/80.

PEUGEOT Salley, à St-Pierre Église ☏ 54.32.73

COSTAROS 43490 H.-Loire 🗟🗟 ⑦ — 509 h. alt. 1 070 — 🟢 71.
Paris 528 — Aubenas 72 — Cayres 5,5 — Langogne 23 — Le Puy 19.

☎ **Jouhannel**, N 88 ☏ 57.16.05 🎏 🅿. **E**. 🚿 ch
  SC : **R** 30/60 ⅃ — ⊊ 12 — **16 ch** 50/85 — P 95/110.

✗✗ **Au Bec Fin**, N 88 ☏ 57.16.22
  fermé 29 juin au 14 juil. et 15 au 28 fév. — SC : **R** 45/80.

COSTEBELLE 83 Var 🗟🗟 ⑯ — rattaché à Hyères.

Le COTEAU 42 Loire 🗟🗟 ⑦ — rattaché à Roanne.

La CÔTE-ST-ANDRÉ 38260 Isère 🗟🗟 ③ G. Vallée du Rhône (plan) — 4 448 h. alt. 374 — 🟢 74.
Paris 528 — ♦Grenoble 49 — ♦Lyon 65 — La Tour-du-Pin 36 — Valence 84 — Vienne 41 — Voiron 30.

✗✗ **France** avec ch, pl. Église ☏ 20.25.99 — 🍽 rest 🎏wc 🚗. 🚗⊟
  fermé 15 janv. au 15 fév. et lundi — SC . **R** 50/160 ⅃ — ⊊ 15 — **20 ch** 65/120 —
  P 120/140.

CITROEN Mary, ☏ 20.50.99
PEUGEOT-TALBOT Cuzin, ☏ 20.21.66

PEUGEOT, TALBOT Marazzi, ☏ 20.32.33
RENAULT Porcher, ☏ 20.40.44

COTIGNAC 83 Var 🗟🗟 ⑤⑥ G. Côte d'Azur — 1 636 h. alt. 260 — ✉ **83570** Carcès — 🟢 94.
🔋 Syndicat d'Initiative 10 cours Gambetta ☏ 04.61.87.
Paris 839 — Brignoles 24 — Draguignan 36 — St-Raphaël 66 — Ste-Maxime 68 — ♦Toulon 70.

🏛 **Lou Calen** 🦞, 1 crs Gambetta ☏ 04.60.40, ⋖, 🍴, 🏊, 🐎 — 📺 🛏wc 🕾 🅿
  hôtel : 1ᵉʳ avril-1ᵉʳ nov. : rest : 1ᵉʳ avril-1ᵉʳ oct. — SC : **R** *(fermé jeudi sauf juil. et août)*
  75/140 — ⊊ 20 — **16 ch** 168/280 — P 240/319.

  à Notre Dame de Grâce S : 1,5 km par rte Carcès — ✉ **83570** Carcès :

🏨 **Le Matécalou** 🦞 sans rest, ☏ 04.65.28, ⋖, parc, 🏊, 🚿 — 🎏wc 🅿
  avril-sept. — SC : **13 ch** 🛏 220/240.

La COTINIÈRE 17 Char.-Mar. 🗟🗟 ⑬⑭ — voir à Oléron (Ile d').

COU (Col de) 74 H.-Savoie 🗟🗟 ⑰ — rattaché à Habère-Poche.

COUBERT 77 S.-et-M. 🗟🗟 ②. 🗟🗟🗟 ③. 🗟🗟🗟 ④ — 1 158 h. alt. 92 — ✉ **77170** Brie-Comte-Robert —
🟢 6 — Paris 38 — Coulommiers 39 — Évry 28 — Melun 15 — Provins 49.

✗ **Aub. de l'Écureuil**, N 19 ☏ 406.71.29 — 🚿
  fermé 30 mai au 6 juin, 8 au 29 août, 23 au 26 déc. et lundi — SC : **R** 32/80 ⅃.

COUCHES 71490 S.-et-L. 69 ⑧ G. Bourgogne – 1 599 h. alt. 350 – ۞ 85.
Paris 358 – Autun 25 – Beaune 34 – Le Creusot 16 – Chalon-sur-Saône 28.

XX **Tour Bajole,** ☎ 49.65.41
✦ *fermé fin juin-début juil., fin déc.-début janv., mardi soir et merc.* – SC : **R** 45/106 ⅃.

COUCOURON 07470 Ardèche 76 ⑰ G. Vallée du Rhône – 710 h. alt. 1 139 – ۞ 66.
Paris 557 – Langagne 25 – Privas 86 – Le Puy 48.

🏠 **Carrefour des Lacs,** ☎ 46.12.70 – ➙wc 🛏wc ☎ Ⓟ 𝘝𝘐𝘚𝘈
✦ *fermé 15 au 22 mars et 5 nov. au 15 déc.* – SC : **R** 45/100 – ⊡ 12 – **19 ch** 75/115 – P 130/140.

Garage Bonnet, ☎ 46.10.08

Le COUGOU 44 Loire-Atl. 63 ⑮ – rattaché à Guenrouet.

COUHÉ 86700 Vienne 68 ⑬ – 2 129 h. alt. 130 – ۞ 49.
🅱 Syndicat d'Initiative à la Mairie (juil.-août, fermé dim. et fêtes) ☎ 49.20.17.
Paris 371 – Confolens 65 – Montmorillon 61 – Niort 56 – Poitiers 36 – Ruffec 30.

🏠 **Chêne Vert,** rte Les Bons Enfants ☎ 49.20.42 – 🛏 ➙
✦ *fermé sam. en hiver* – **R** 50/60 ⅃ – 🍴 13 – **10 ch** 65/90 – P 130.

CITROEN Senelier, ☎ 49.22.30

COULANDON 03 Allier 69 ⑭ – rattaché à Moulins.

COULANGES-SUR-YONNE 89480 Yonne 65 ⑮ – 609 h. alt. 148 – ۞ 86.
Paris 202 – Auxerre 34 – Avallon 47 – Clamecy 9 – Gien 84 – Montargis 95 – Toucy 35.

☎ **Lion d'Or,** ☎ 29.71.72 – 🛏 ➙ Ⓟ
✦ *fermé 6 au 25 oct., 20 déc. au 8 janv. et lundi du 15 sept. au 1er juin* – SC : **R** 35/70 ⅃ – ⊡ 12 – **14 ch** 60/100 – P 105/120.

COULOMBS 28 E.-et-L. 60 ⑧, 196 ㉖ – rattaché à Nogent-le-Roi.

COULOMMIERS 77120 S.-et-M. 61 ③, 196 ㉔ G. Environs de Paris – 11 989 h. alt. 73 – ۞ 6.
Voir Vallée du Grand Morin★ – Paris 60 ④ – Châlons-sur-Marne 107 ③ – Château-Thierry 43 ① – Créteil 54 ④ – Meaux 29 ④ – Melun 46 ③ – Provins 38 ③ – Sens 77 ③.

COULOMMIERS

Benutzen Sie bitte immer die neuesten Ausgaben der Michelin-Straßenkarten und -Reiseführer.

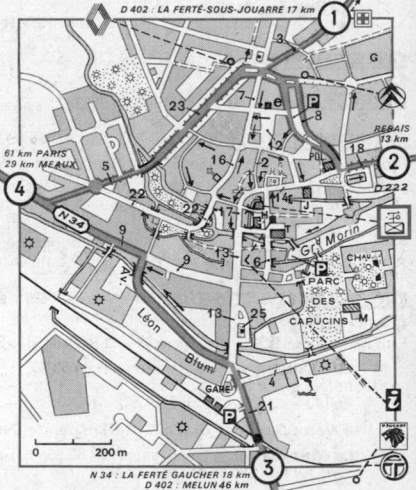

XX **Central,** 34 pl. Marché (e) ☎ 403.01.69 – 🅰🅴 ⓪ 🅴 𝘝𝘐𝘚𝘈 ॐ
fermé 16 août au 3 sept., 26 mars au 9 avril, dim. soir, lundi soir et mardi – **R** 82/155.

X **Aub. de Montapeine,** 72 av. Strasbourg par ③ ☎ 403.09.16 – 🅰🅴 🅴 𝘝𝘐𝘚𝘈
fermé 31 août au 25 sept., lundi sauf fêtes, merc. soir et dim. soir – SC : **R** 59 ⅃.

à *Boissy-le-Chatel* par ② : 4 km – ✉ **77169** Boissy-le-Chatel :

🏠 **Place,** ☎ 403.08.47 – ☎
✦ SC : **R** *(fermé dim. et lundi)* 35/80 ⅃ – 🍴 12 – **7 ch** 75/145.

à Chauffry par ② et D 66 : 8 km – ⊠ **77120** Coulommiers :

XX **Taverne du Pot d'Étain,** ☏ 420.42.08 – ⓟ. 𝘝𝘐𝘚𝘈
fermé 15 janv. au 15 fév., lundi soir et mardi – **R** 98/170.

CITROEN Gautier, 11 av. République ☏ 403. 81.00
PEUGEOT-TALBOT Riester, bd de la Marne, Zone Ind. ☏ 403.01.92

RENAULT Metz, 23 av. V.-Hugo ☏ 403.32.33
La Centrale du Pneu, 22 av. V.-Hugo ☏ 403. 01.95

COULON 79 Deux-Sèvres **71** ② G. Côte de l'Atlantique – 1 462 h. alt. 15 – ⊠ **79270** Frontenay-Rohan-Rohan – ✪ 49.

Voir Marais poitevin★ (promenades en barque★★, 1 h à 1 h 30).

🗂 Syndicat d'Initiative pl. Colombier (15 juin-15 sept.) ☏ 25.90.12.

Paris 419 – Fontenay-le-Comte 26 – Niort 11 – La Rochelle 59 – St-Jean-d'Angély 46.

XX **Central** avec ch., pl. Église ☏ 25.90.20 – 🗍
11 ch.

XX **Au Marais** ⌁ avec ch, 46 quai Louis-Tardy ☏ 25.90.43, ⬳ – 🛏wc ☎. ◳◱ 🄰🄴 ⓞ 𝘝𝘐𝘚𝘈. ✄ ch
SC : **R** *(fermé du 20 déc. au 25 janv., dim. soir et lundi)* 55/108 – ⊑ 18 – **11 ch** 153 – P 225.

X **Venise Verte,** ☏ 25.90.10
➡ *fermé en nov., en fév., mardi soir et merc.* – SC : **R** 48/200 ⬧.

COUPIAC 12550 Aveyron **83** ② – 663 h. – ✪ 65.
Paris 678 – Albi 65 – Rodez 69 – St-Affrique 50.

🏠 **Host. Renaissance** ⌁, ☏ 99.78.44, ⬳ – 🛏 🗍wc. **E**
➡ *fermé sam. sauf juil.-août* – SC : **R** 45/55 ⬧ – ⊑ 16,50 – **10 ch** 80/95 – P 120/140.

COURBEVOIE 92 Hauts-de-Seine **55** ⑳, **101** ⑭ – voir à Paris, Proche banlieue.

COURCHEVEL 73120 Savoie **74** ⑱ G. Alpes – Sports d'hiver : 1 300/2 700 m ⛷10 ⛷51, ⩗. – ✪ 79.

De Courchevel 1850 par ① Paris 658 – Bozel 17 – Brides-les-Bains 18 – Chambéry 97 – Moûtiers 24.

à Courchevel 1850. **Voir** ❊★.

Env. SO : Sommet de la Saulire ❊★★ télécabine puis téléphérique.

Altiport ☏ 08.00.49 SE : 4 km.

🗂 Office de Tourisme La Croisette *(fermé sam. et dim. hors saison)* ☏ 08.00.29, Télex 980083.

🏨 **Annapurna** Ⓜ ⌁, rte Altiport ☏ 08.04.60, Télex 980248, ⬳, 🈂, ◳, 🔲 – 📶 📺 ☎ ⬳ ⓟ – 🀫 50 🄰🄴 ⓞ **E** 𝘝𝘐𝘚𝘈. ✄ rest
20 déc.-20 avril – SC : **R** 185 – **68 ch** (pens. seul.) – P 650/850.

🏨 ✿ **Carlina** ⌁, (a) ☏ 08. 00.30, Télex 980248, ⬳, 🈂 – 📶 📺 ☎ ⓟ. 🄰🄴 ⓞ 𝘝𝘐𝘚𝘈 ✄ rest
Noël-Pâques – SC : **R** 160/170 – ⊑ 35 – **59 ch** 290/540 – P 490/690
Spéc. Terrine de foie gras frais truffé, Suprême de turbot, Carré d'agneau rôti.

🏨 ✿ **H. Pralong 2000** (Parveaux) Ⓜ ⌁, rte Altiport ☏ 08.24.82, Télex 980231, ⬳, 🔲 – 📶 📺 ☎ ⬳ ⓟ
20 déc.-15 avril – SC : **R** 170 **Le Paral** (sous-sol) *fermé lundi* **R** (dîner seul.) carte 170 à 230 – **66 ch** (pens. seul.) – P 450/610
Spéc. Foie gras de canard en terrine, Rôti de turbot à la crème de concombre, Parfait nougatine au chocolat amer. **Vins** Chignin, Chautagne.

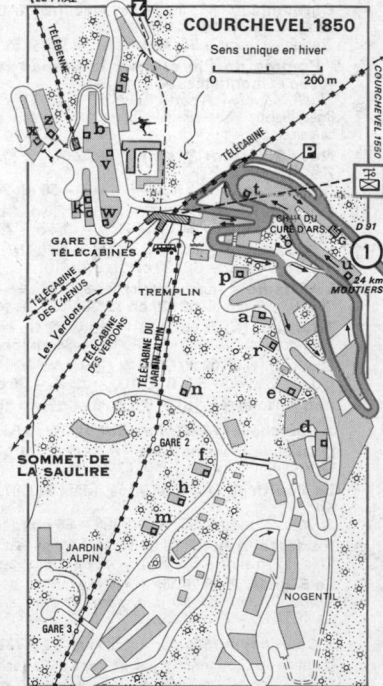

LE PRAZ
COURCHEVEL 1850
Sens unique en hiver
0   200 m
TÉLÉCABINE
COURCHEVEL 1850
P
CHAP. DU CURÉ D'ARS
D 91
① 24 km MOÛTIERS
GARE DES TÉLÉCABINES
TRÉMPLIN
TÉLÉCABINE DES CHENUS
Les Verdons
TÉLÉCABINE DES VERDONS
TÉLÉCABINE DU JARDIN ALPIN
GARE 2
SOMMET DE LA SAULIRE
JARDIN ALPIN
NOGENTIL
GARE 3
GARE 4
ALTIPORT 4 km

🏨 **Bellecôte** Ⓜ ॐ, **(d)** ☎ 08.01.28, Télex 980421, ⩽ vallée, 🍴, 🏊 – 🛗 ☎ Ⓟ. AE
VISA. ⅏
18 déc.-20 avril – SC : **R** 140 – ☲ 30 – **57 ch** (pens. seul.) – P 350/585.

🏨 **Gd H. Rond-Point des Pistes** Ⓜ, **(b)** ☎ 08.02.69, ⩽, 🍴, « Intérieur élégant »
– 📺 Ⓜ ⅃ Ⓟ AE Ⓞ. ⅏ rest
20 déc.-20 avril – SC : **R** 140 – ☲ 24 – **45 ch** 450/600 – P 450/570.

🏨 **Lana** Ⓜ ॐ, **(p)** ☎ 08.01.10, Télex 980014, ⩽, 🍴 – 🛗 📺 ☎ ⟷ Ⓟ. AE Ⓞ E VISA.
⅏ rest
17 déc.-22 avril – SC : **R** 190 – **72 ch** (pens. seul.), 8 appartements – P 560/700.

🏨 **Neiges** Ⓜ ॐ, **(e)** ☎ 08.03.77, Télex 980463, ⩽, 🍴 – 🛗 📺 ☎ Ⓟ. ⅏
Noël-Pâques – SC : **R** 160 – **50 ch** (pens. seul.) – P 390/592.

🏨 ✿ **Chabichou** (Rochedy) Ⓜ ॐ, **(z)** ☎ 08.00.55, Télex 980416, ⩽, 🍴 – 📺 ☎.
⅏ rest
25 juin-5 sept. et 25 nov.-25 avril – SC : **R** 90/180 – ☲ 40 – **31 ch** 230/350, 5
appartements
Spéc. Salade de crêtes et rognons de coq, Nage de langoustines, Gratin de fraises et framboises en
Sabayon. Vins Chignin, Gamay.

🏨 **Savoy** Ⓜ ॐ, **(r)** ☎ 08.01.33, ⩽ – 🛗 ☎ ⟷ Ⓟ. AE. ⅏ rest
Noël-Pâques – SC : **R** 145/170 – ☲ 30 – **32 ch**, (1/2 pens. seul.) – ½ p 420/550.

🏨 **Ducs de Savoie** Ⓜ ॐ, au Jardin Alpin **(f)** ☎ 08.03.00, Télex 980360, ⩽ – 🛗 ☎
Ⓟ. ⅏
19 déc.-15 avril – SC : **R** 123 – ☲ 37 – **40 ch** 242/365 – P 375/437.

🏨 **Crystal 2000** Ⓜ ॐ, rte Altiport ☎ 08.28.22, ⩽, 🍴 – 🛗 📺 ☎ ⟷ Ⓟ
20 déc.-15 avril – SC : **R** 150 – **43 ch**, (1/2 pens. seul.) 7 appartements – ½ p
350/420.

🏨 **La Sivolière** Ⓜ ॐ sans rest, NO : 1 km ☎ 08.08.33, ⩽ – 📺 ☎ ⟷. ⅏
1er déc.-3 mai – SC : ☲ 35 – **16 ch** 240/430.

🏨 **La Loze** Ⓜ sans rest, **(w)** ☎ 08.28.25 – 🛗 📺 ☎. AE VISA. ⅏
15 déc.-23 avril – SC : **26 ch** ☲ 440/530.

🏨 **Airelles** Ⓜ ॐ, au Jardin Alpin **(h)** ☎ 08.02.11, ⩽, 🍴 – 🛗 ☎ ⟷. ⅏
15 déc.-Pâques – SC : **R** carte 130 à 165 – ☲ 370/400 – P 280/425.

🏨 **Caravelle** Ⓜ ॐ, au Jardin Alpin **(m)** ☎ 08.02.42, Télex 730821, ⩽, 🍴, 🏊 – 🛗
☎ Ⓟ – ⅃ 45. Ⓞ ⅏ rest
10 déc.-20 avril – SC : **R** carte 115 à 165 – **51 ch** – ½ p 195/410.

🏨 ✿ **Pomme de Pin et rest. le Bâteau Ivre** (Jacob) Ⓜ ॐ, **(x)** ☎ 08.02.46, ⩽
vallée et montagnes – 🛗 ☎ ⟷
Noël-Pâques – SC : **R** carte 130 à 210 – ☲ 30 – **36 ch** 180/300 – P 365/410.
Spéc. Salade tiède aux trois poissons, Fricassée de ris et rognons aux écrevisses, Banane en
chemise.

🏨 **New Solarium** ॐ, **(n)** ☎ 08.02.01, ⩽, 🏊 – 🛗 📺 ⟶wc 🛁wc ☎. 🏮 AE Ⓞ
VISA. ⅏ rest
Noël-Pâques – SC : **R** 110 – ☲ 24 – **58 ch** 240/320 – P 320/410.

🏨 **Dahu, (v)** ☎ 08.01.18, ⩽ – ⟶wc 🛁wc ☎. 🏮. ⅏
mi déc.-fin avril – SC : **R** 90/100 – ☲ 25 – **28 ch** 300 – P 225/320.

🏨 **L'Albaron** Ⓜ ॐ sans rest, **(s)** ☎ 08.03.57, ⩽ – ⟶wc 🛁wc ☎. 🏮
15 déc.-15 mai – SC : **30 ch** ☲ 370/410.

🏨 **Le Chamois** sans rest, **(k)** ☎ 08.01.56, ⩽ – cuisinette 📺 ⟶wc 🛁wc ☎. 🏮
19 déc.-23 avril – SC : **30 ch** ☲ 390/525, 8 studios.

🏨 **Tournier, (k)** ☎ 08.03.19 – ⟶wc 🛁wc ☎. 🏮 AE Ⓞ VISA. ⅏ rest
17 déc.-21 avril – SC : **R** 175/190 – **38 ch** (pens. seul.) – P 330/430.

🏨 **Catina, (t)** ☎ 08.00.57 – 🛗 ⟶wc ☎. 🏮 AE E VISA. ⅏ rest
5 déc.-23 avril – SC : **R** 70/100 – ☲ 25 – **35 ch** 260 – P 330

🏨 Aub. Ensoleillée, **(u)** ☎ 08.05.38 – ⟶wc 🛁wc ⟶ Ⓟ – **30 ch**.

à Courchevel 1650 (Moriond) par ① : 3,5 km – ✉ 73120 Courchevel.
🛈 Office de Tourisme (fermé 1er au 15 mai, 1er au 15 sept. mardi après-midi en juil.-août,
sam. et dim. hors sais.) ☎ 08.03.29.

🏨 **Le Zénith** Ⓜ, ☎ 08.00.54, Télex 980587, ⩽ vallées, 🍴 – 🛗 📺 ☎ Ⓟ – ⅃ 50.
⅏
15 déc.-25 avril – SC : **R** 110/180 – **55 ch** (pens. seul.), 6 appartements – P 410/980.

🏨 **Portetta** Ⓜ ॐ, ☎ 08.01.47, ⩽ – 🛗 ☎. ⅏ rest
15 déc.-15 avril – SC : **R** 70 – **42 ch** (pens. seul.) – P 230/310.

🏨 **Le Signal,** ☎ 08.26.36, ⩽ – ⟶wc 🛁wc ⟶. ⅏
➡ *fermé 20 avril au 20 juin, sam. et dim. en oct. et nov.* – SC : **R** 45/90 – **28 ch**
☲ 165/200 – P 185/205.

à Courchevel 1550 par ① : 5,5 km – ✉ 73120 Courchevel.
🛈 Office de Tourisme (1er juil.-1er sept. et 15 déc.-1er mai) ☎ 08.04.56.

🏨 **Lamay** Ⓜ ॐ, ☎ 08.27.66, ⩽ – 🛗 ⟶wc 🛁wc ☎ Ⓟ. 🏮. ⅏ rest
début déc.-fin avril – SC : **R** 100 – **35 ch** ☲ 360 – P 310/385.

🏨 **L'Adret d'Ariondaz** ॐ, ☎ 08.00.01, ⩽ – 🛗 ⟶wc ☎. 🏮 E VISA. ⅏
20 déc.-18 avril – SC : **R** 66 – **33 ch** (pens. seul.) – P 242/302.

au Praz-St-Bon N : 8 km – alt. 1 300 – ⊠ **73120** Courchevel :

🏦 **Peupliers** Ⓜ, ☎ 08.11.61, ← – 🛗 ⌱wc ☎. 🚗🏧. 🕸 rest
fermé oct. et nov. – SC : **R** 55/185 – � 20 – **28 ch** 120/250 – P 200/280.

▭ **COUR-CHEVERNY** 41 L.-et-Ch. 🔠 ⑦⑱ – 1 863 h. alt. 89 – ⊠ **41700** Contres – ◍ 54.

Voir Château de Cheverny★★ S : 1 km – Porte★ de la Chapelle du Château de Troussay
SO : 3,5 km, G, Châteaux de la Loire.

Paris 194 – Blois 13 – Bracieux 9 – Châteauroux 87 – Montrichard 28 – Romorantin-Lanthenay 28.

🏦 **Trois Marchands**, ☎ 79.96.44 – ⌱wc 🕸wc ☎ 🕒 – 🏧 30. 🚗🏧 E 𝗩𝗜𝗦𝗔
fermé 15 janv. au 1er mars et mardi d'oct. à mars – SC : **R** 80/150 – � 17 – **44 ch**
90/180 – P 180/230.

🏦 **St-Hubert**, ☎ 79.96.60 – ⌱wc 🕸wc ☎ 🕒 – 🏧 50. 𝗩𝗜𝗦𝗔 🕸
fermé 5 déc. au 15 janv. et mardi du 1er oct. à Pâques – SC : **R** 65/135 – ⊧ 15 –
21 ch 69/159 – P 195/225.

CITROEN Girault, ☎ 79.96.41   PEUGEOT Duceau, ☎ 79.98.67

▭ **COURLANS** 39 Jura 🗖🗖 ⑭ – rattaché à Lons-le-Saunier.

▭ **COURNON-D'AUVERGNE** 63800 P.-de-D. 🗖🗖 ⑭ – 16 379 h. alt. 400 – ◍ 73.

Paris 396 – ◆Clermont-Ferrand 11 – Issoire 29 – Le Mont-Dore 52 – Thiers 38 – Vichy 53.

🏠 **Cep d'Or**, au Pont SE : 1,5 km ☎ 84.80.02, ← – 🛗 🕸 🕒 🚗🏧 E. 🕸
fermé oct. et vend. d'oct. à mai – **11 ch**.

PEUGEOT-TALBOT Clermontoise-Auto, 20 av.   RENAULT Gar. Bony, 23 av. Liberté ☎ 84.80.31
Foch ☎ 84.66.88

▭ **COURPIÈRE** 63120 P.-de-D. 🗖🗖 ⑯ G. Auvergne – 4 602 h. alt. 331 – ◍ 73.

Voir Église★.

Paris 397 – Ambert 39 – ◆Clermont-Ferrand 50 – Issoire 53 – Lezoux 21 – Thiers 16.

✕✕ **Clef des Champs**, S : 3,5 km sur D 906 ☎ 53.01.83, ←, 🍴 – 🕒. 𝗩𝗜𝗦𝗔
➔ *fermé fév., 17 au 31 oct. et lundi sauf fêtes* – SC : **R** 42/90 🍴.

CITROEN Gar. Brouillet, à Neronde sur Dore   PEUGEOT Fédide, ☎ 53.10.88
☎ 53.17.28   RENAULT Bedel, ☎ 53.15.90

▭ **COURRÉJAN** 33 Gironde 🗖🗖 ⑨ – rattaché à Bordeaux.

▭ **COURRY** 30 Gard 🗖🗖 ⑧ – rattaché à St-Ambroix.

▭ **COURS** 69470 Rhône 🗖🗖 ⑧ – 5 141 h. alt. 553 – ◍ 74.

Paris 420 – L'Arbresle 53 – Chauffailles 17 – ◆Lyon 78 – Roanne 29 – Villefranche-sur-Saône 55.

✕✕ **du Pavillon** 🌲 avec ch, au Col du Pavillon E : 4 km par D 64 ☎ 89.61.70 – 🕸 🕒.
🕸 rest
fermé fév. et mardi du 15 oct. à juin – SC : **R** 56/150 🍴, – ⊧ 18 – **8 ch** 68/98.

✕ **Chalet des Tilleuls**, à Thel NE 8 km par D 64 ☎ 89.61.53, ← – 🕒
R 52/88 🍴.

CITROEN Central Gar., ☎ 89.75.91   RENAULT Jalabert, ☎ 89.71.10
PEUGEOT, TALBOT Pothier, ☎ 89.98.98 🅽 ☎   RENAULT Mondel, ☎ 89.75.50 🅽
89.71.20

▭ **COUR-ST-MAURICE** 25 Doubs 🗖🗖 ⑰⑱ – 200 h. alt. 520 – ⊠ **25380** Belleherbe – ◍ 81.

Paris 477 – Baume-les-Dames 45 – ◆Besançon 75 – Montbéliard 44 – Maiche 11 – Morteau 40.

✕ **La Truite du Moulin**, à Moulin Bas E : 2 km par VO et D 39 ☎ 44.30.59, ← – 🕒
fermé 25 juin au 7 juil., 20 oct. au 10 nov. et merc. – SC : **R** 56/80 🍴.

▭ **COURSEULLES-SUR-MER** 14470 Calvados 🗖🗖 ① G. Normandie – 2 553 h. – ◍ 31.

Voir Clocher★ de l'église de Bernières-sur-Mer E : 2,5 km.

Env. Château★★ de Fontaine-Henry S : 6,5 km.

🛈 Office de Tourisme 54 r. Mer (1er juin-30 sept. et fermé dim. après-midi) ☎ 97.46.80.

Paris 262 – Arromanches-les-Bains 13 – Bayeux 20 – Cabourg 34 – ◆Caen 18.

🏦 **Belle Aurore** Ⓜ, sur le port ☎ 97.46.23, ← – ⌱wc 🕸wc 🚗. 🄰🄴 ⑩ 𝗩𝗜𝗦𝗔 🕸 rest
fermé nov., vacances de fév. et lundi – SC : **R** 59/130 – ⊧ 14 – **7 ch** 125/193 – P
160.

🏦 **Crémaillère** (Annexe 🌲 🍴), ☎ 97.46.73, ← – ⌱wc 🕸wc 🚗 🕒 – 🏧 25. 🄰🄴 ⑩
𝗩𝗜𝗦𝗔
SC : **R** 66/150 – ⚊ 15,50 – **27 ch** 56/146 – P 127/246.

🏠 **Paris**, ☎ 97.45.07, ← – ⌱wc 🕸 🕒 🚗🏧 🄰🄴 ⑩ E 𝗩𝗜𝗦𝗔
fermé janv. et jeudi hors sais. – SC : **R** 55/130 – ⊧ 14,50 – **25 ch** 70/148 –
P 160/200.

COURSEULLES-SUR-MER

XXX **Pêcherie,** ⓣ 97.45.84, produits de la mer — 𝔸𝔼 ⓞ 𝘷𝘪𝘴𝘢
SC : **R** 55/165.

XX **Le Cursella** avec ch, ⓣ 97.95.29 — 🛏wc 🛏wc ☎ &. 𝔸𝔼 ⓞ 𝘷𝘪𝘴𝘢
→ SC : **R** (fermé lundi et mardi hors sais.) 42/150 — 🍴 15 — **7 ch** 122/146 — P 160/246.

PEUGEOT-TALBOT Gar. du Port, ⓣ 97.97.21 🅽

COURTENAY 45320 Loiret 🗖🗖 ⑬ — 2 576 h. alt. 161 — 🕲 38.

🏌 de Savigny sur Clairis ⓣ 86.33.90 N : 7,5 km.

🅱 Office de Tourisme r. du Mail (1ᵉʳ mai-30 sept., fermé dim. après-midi et lundi) ⓣ 97.00.60.

Paris 122 — Auxerre 53 — Nemours 44 — ♦Orléans 96 — Sens 26.

XX **Le Relais** avec ch, 26 r. Nationale ⓣ 97.41.60 — 𝔸𝔼 𝙴 𝘷𝘪𝘴𝘢 🍴 ch
→ fermé janv., dim. soir, lundi et le soir du 1ᵉʳ nov. au 1ᵉʳ mars sauf vacances scolaires
— SC : **R** 47/95 🍴 — 🍴 13 — **11 ch** 80/95.

X **Le Raboliot,** pl. Marché ⓣ 97.44.52 — 𝙴 𝘷𝘪𝘴𝘢
fermé 2 au 13 janv. et jeudi soir — **R** 48/110.

Les Quatre Croix SE : 2 km par D 32 — ⊠ 45320 Courtenay :

XX **Aub. Clé des Champs,** ⓣ 97.42.68 — 🅿
fermé 1ᵉʳ au 10 juin, janv., lundi soir et mardi — SC : **R** 90/180.

COURTHEZON 84350 Vaucluse 🗖🗖 ⑫ — 4 382 h. alt. 48 — 🕲 90.

Paris 669 — Avignon 21 — Carpentras 16 — Cavaillon 38 — Nyons 42 — Orange 8 — Sorgues 10.

X **Porte des Princes** avec ch, ⓣ 70.70.26, 🌳 — 🛏 𝙴
→ fermé 14 nov. au 14 déc. et merc. sauf l'hôtel d'avril à sept. — SC : **R** 40/115 🍴 — 🍴
15,50 — **9 ch** 58/94 — P 140/155.

COURT-PAIN 91 Essonne 🗖🗖 ㉗, 🗖🗖🗖 ⑫ — rattaché à Étampes.

COUSIN (Vallée du) 89 Yonne 🗖🗖 ⑯ — rattaché à Avallon.

COUSSAC-BONNEVAL 87 H.-Vienne 🗖🗖 ⑰⑱ — 1 723 h. alt. 343 — ⊠ 87500 St-Yriex-la-Perche
— 🕲 55.

Voir Château★, G. Périgord.

Paris 440 — Brive-la-Gaillarde 67 — ♦Limoges 43 — St-Yriex 11 — Uzerche 32.

XX **Voyageurs** 🦢 avec ch, ⓣ 75.20.24, 🌳 — 🛏wc 🛏wc ☎. 🚗 𝙴 𝘷𝘪𝘴𝘢
→ fermé en janv., vacances de fév. et lundi hors sais. — SC : **R** 50/140 — 🍴 18 — **12 ch**
60/115 — P 150.

COUSTELLET 84 Vaucluse 🗖🗖 ⑬ — ⊠ 84220 Gordes — 🕲 90.

Paris 710 — Apt 22 — Avignon 30 — Carpentras 26 — Cavaillon 9 — Sault 41.

XX **Lou Revenent,** avec ch (annexe : les Oliviers - 🛏wc ☎), N 100 ⓣ 71.91.21, 🌊,
→ 🌳, ✕ — ▤ 🅿 — 🏊 100
fermé 15 au 30 oct., 15 au 29 fév. et lundi hors sais. — SC : **R** 50/140 🍴 — 🍴 15 —
17 ch 100/180 — P 190/210.

COUTAINVILLE 50 Manche 🗖🗖 ⑫ G. Normandie — Casino — ⊠ 50230 Agon-Coutainville —
🕲 33.

🏌 ⓣ 47.03.31.

🅱 Office de Tourisme pl. 28-Juillet-1944 (saison, fermé dim. après-midi et lundi matin) ⓣ 47.01.46.

Paris 343 — Barneville-Carteret 48 — Carentan 48 — Cherbourg 77 — Coutances 13 — St-Lô 40.

🏨 **Neptune** 🅼 sans rest, ⓣ 47.07.66, ← — 🛏wc 🛏wc ☎ &. 🚗 𝔸𝔼 ⓞ
mars-30 oct. — SC : 🍴 22 — **11 ch** 153/210.

🏨 **Hardy,** ⓣ 47.04.11 — 🛏wc ☎. 𝔸𝔼 ⓞ 𝙴 𝘷𝘪𝘴𝘢. ✕ rest
fermé 12 au 26 oct., 4 janv. au 8 fév. et lundi hors sais. — SC : **R** 65/170 🍴 — 🍴 15 —
13 ch 140 — P 200/215.

PEUGEOT-TALBOT Gar. Jean, à Agon ⓣ 47.   RENAULT Huchet, ⓣ 47.08.55
00.22

In this guide,

a symbol or a character,
printed in red or black, in light or **bold** type,
does not have the same meaning.

Please read the explanatory pages carefully
(pp. 21 to 28).

COUTANCES ⟨SP⟩ **50200** Manche 54 ⑫ G. Normandie — 11 920 h. alt. 92 — ✪ 33.

Voir Cathédrale★★★ Z — Jardin public★ YZ.

🛈 Office de Tourisme bd Als.-Lorraine (fermé matin, sam. après-midi hors sais., dim. et fêtes) ☏ 45.17.79.

Paris 330 ② — Avranches 47 ③ — ◆Cherbourg 75 ⑤ — St-Lô 27 ② — Vire 60 ③.

🏨 **Gd Hôtel**, pl. Gare ☏ 45. 06.55 — 🚾wc 🛏wc ☎ 🚗 🖼 VISA Z a
 SC : **R** 55/95 — � 18 — **25 ch** 140/160.

🏨 **Moderne** sans rest, 25 bd Alsace-Lorraine ☏ 45.13.77 — 🚗 P. 🅴 VISA Y e
 fermé 15 déc. au 10 janv.SC : � 12 — **17 ch** 70/125.

✗ **Au P'tit Home**, 4 r. Harcourt ☏ 45.00.67 — VISA
 fermé 11 sept. au 11 oct., dim. soir et lundi — **R** 37/90 🍷. Y v

à Gratot par ④ et D 244 : 4 km — ⊠ **50200** Cou :

✗ **Le Tourne-Bride**, ☏ 45. 11.00, 🏡 — P
 fermé sam. midi et dim. soir — SC : **R** 40/95.

à Montpinchon SE : 13 km par D 7 et D 27 - Z — ⊠ **50210** Cerisy-la-Salle :

🏰 ✿ **Château de la Salle** ⤸, ☏ 46.95.19, « Demeure ancienne dans un parc » — 📺 P. 🆎 ⓪ VISA ✻ rest
27 mars-1er nov. — SC : **R** 100/165 — � 29 — **10 ch** 385
 Spéc. Millefeuille de St-Pierre au beurre de cresson, St-Jacques au ragoût de choux, Fricassée de poularde au vinaigre de cidre.

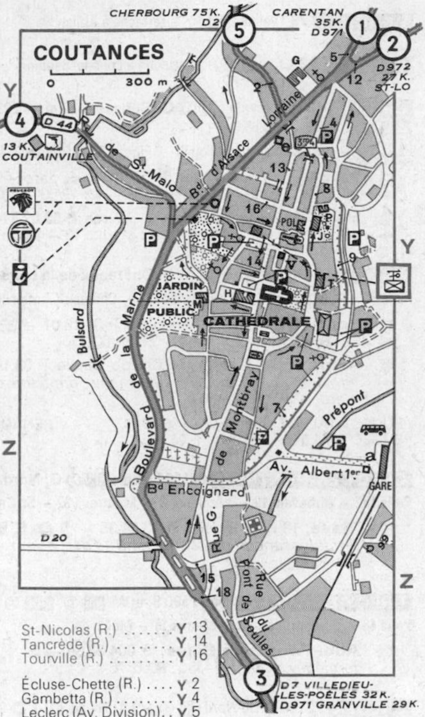

AUSTIN, MORRIS, ROVER Bernard, rte Lessay ☏ 45.16.33
CITROEN Labouteiller, rte de St-Lô, Zone Ind. par ② ☏ 45.12.70
PEUGEOT-TALBOT Lebailly-Horel, 43 bd Alsace-Lorraine ☏ 45.02.44

RENAULT S.O.D.I.A.M., rte de St-Lô par ② ☏ 07.42.55

Ⓜ Chanut av. Div.-Leclerc ☏ 45.59.96
Chatel, 10 bd de la Marne ☏ 45.02.00

COUTRAS **33230** Gironde 75 ② — 6 145 h. alt. 14 — ✪ 57.

🛈 Syndicat d'Initiative à la Mairie (fermé dim.) ☏ 49.04.60.

Paris 585 — Bergerac 67 — Blaye 55 — ◆Bordeaux 49 — Jonzac 54 — Libourne 18 — Périgueux 77.

✗ **Tivoli**, r. Gambetta ☏ 49.04.97 — VISA
 fermé lundi — SC : **R** 35/95 🍷.

à Rolland NE : 6 km par D 674 — ⊠ **33230** Coutras :

🏨 **Aub. la Rollandière** ⤸, ☏ 49.11.63, ≤, étang, 🟥, 🏡 — 🚾wc 🛏wc ☎ P. 🖼
 fermé avril et lundi — SC : **R** 63/115 — � 17 — **9 ch** 110/195 - P 195/225.

CITROEN Debenat, Rte de Montpon, Zone Ind. ☏ 49.19.36

PEUGEOT-TALBOT Billard, rte d'Angoulême ☏ 49.12.67

COUZEIX 87 H.-Vienne 72 ⑦⑰ — rattaché à Limoges.

COYE-LA-FORÊT **60580** Oise 56 ⑪, 196 ⑧ — 3 287 h. alt. 30 — ✪ 4.
Paris 38 — Beauvais 60 — Chantilly 8,5 — Luzarches 6,5 — Senlis 15.

✗✗ **Les Étangs**, ☏ 458.60.15, 🏡 — 🆎 ⓪ VISA
 fermé janv., mardi soir et merc. — SC : **R** 98.

COZ (Cap) 29 Finistère 58 ⑮ — rattaché à Fouesnant.

COUTANCES

[plan de ville — Coutances]

St-Nicolas (R.) . . . . Y 13
Tancrède (R.) . . . . Y 14
Tourville (R.) . . . . Y 16

Écluse-Chette (R.) . . . . Y 2
Gambetta (R.) . . . . Y 4
Leclerc (Av. Division). . . Y 5
Legentil-de-la-Galaisière (Bd) . . . . . Z 7
Palais-de-Justice (R.) . Y 8
Paynel (Bd Jeanne) . . Y 9

République (Av. de la) Y 12
Teintures (R. des) . . . . . Z 15
Verdun (Av. de). . . . . . . Z 18

CRACHES 78 Yvelines 60 ⑨ – rattaché à Ablis.

CRANÇOT 39 Jura 70 ④ – rattaché à Lons-le-Saunier.

CRANSAC 12 Aveyron 80 ① G. Causses (plan) – 2 930 h. alt. 279 – Stat. therm. (avril-oct.) – ⊠ 12110 Aubin – ✪ 65.
Paris 617 – Aurillac 75 – Espalion 57 – Figeac 33 – Rodez 37 – Villefranche-de-Rouergue 37.

  🏛 **Parc** ⑤, r. Prés-Wilson ☏ 63.01.78, ≼, parc – ⛱wc 🛏wc ☎ 🅿. 🚐🅱. ※ rest
    15 avril-15 oct. – SC : **R** 45/60 ⅄ – ⌷ 13,50 – **30 ch** 60/154 – P 125/176.

  🏚 **Host. du Rouergue**, av. J.-Jaurès ☏ 63.02.11 – ⛱wc 🛏wc ☎
    15 avril-15 oct. – SC : **R** 40/98 ⅄ – ⌷ 13 – **16 ch** 60/120 – P 120/165.

CRAON 53400 Mayenne 63 ⑨ G. Châteaux de la Loire – 4 763 h. alt. 48 – ✪ 43.
Paris 308 – Angers 56 – Châteaubriant 37 – Château-Gontier 19 – Laval 30 – ♦Rennes 67.

  🏛 **Boule d'Or**, pl. 11-Novembre ☏ 06.10.01 – ⛱wc 🛏wc ☎ 🚗 – 🏊 50
    SC : **R** 40/120 – ⌷ 11,50 – **21 ch** 50/120.

  XX **Ancre d'Or**, 2 av. prom. Ch.-de-Gaulle ☏ 06.14.11 – 🅿. **E**
    fermé 1er au 15 juil., 1er au 15 janv., dim. soir du 1er oct. au 31 mars, lundi soir et
    mardi – SC : **R** 45/150.

PEUGEOT-TALBOT Boisseau, ☏ 06.10.94   RENAULT Gar. Lebascle, ☏ 06.17.29
PEUGEOT **TALBOT** Lemaire, ☏ 06.16.54

CRÉCY-EN-PONTHIEU 80150 Somme 52 ⑦ G. Nord de la France – 1 438 h. alt. 36 – ✪ 22.
Paris 182 – Abbeville 19 – ♦Amiens 55 – Montreuil 32 – St-Omer 72.

  🏚 **Maye,** 13 r. St-Riquier ☏ 23.54.35 – 🛏 🅿. **E** **VISA**. ※ ch
    fermé vacances de fév. et lundi d'oct. à juin – SC : **R** 40/65 ⅄ – ⌷ 12 – **11 ch**
    65/135.

CRÉCY-LA-CHAPELLE 77580 S.-et-M. 56 ③, 196 ㉓ – 2 193 h. alt. 50 – ✪ 6.
Paris 46 – Coulommiers 14 – Meaux 15 – Melun 44.

  XX **Aub. Pont Dam'Gilles,** ☏ 004.82.30 – **E**
    fermé fév. et merc. – SC : **R** 56/76.

CRÉHEN 22130 C.-du-Nord 59 ⑤ – 1 418 h. alt. 51 – ✪ 96.
Paris 413 – Dinan 20 – Dinard 18 – St-Brieuc 50.

  🏚 **Deux Moulins**, D 768 ☏ 84.15.40, ≼, 🎋 – 🛏 🅿. **E**
    fermé 15 janv. au 1er fév., vend. soir et dim. soir – SC : **R** 40/150 ⅄ – ⌷ 15 – **14 ch**
    60/75 – P 140.

Nouveauté : la Carte **GRÈCE** à 1/700 000.

CREIL

CREIL 60100 Oise 🗺 ① ⑪ G. Environs de Paris – 35 794 h. alt. 30 – ✪ 4.

🛈 Office de Tourisme pl. Gén.-de-Gaulle (fermé août, matin et lundi) ⌀ 455.16.07.

Paris 58 ③ – Beauvais 41 ① – Chantilly 8 ④ – Clermont 16 ① – Compiègne 38 ①.

Plan page ci-contre

🏠 **Martinez** sans rest., 9 av. J.-Uhry (a) ⌀ 455.00.39 – 🛁wc 🛎 🖿. 🚗
SC : 🍽 14 – **30 ch** 87/159.

✕✕ **Petite Alsace**, 8 r. Ch.-Brobeil (près gare) ⌀ 455.28.89 – 🄴 𝖵𝖨𝖲𝖠
fermé 1er au 29 août, vacances fév., dim. soir et lundi – SC : **R** 75 bc/80 bc.

à Nogent-s-Oise par ① : 2 km – 15 682 h. – ⌧ 60100 Creil :

🏠 **Sarcus** Ⓜ, ⌀ 455.01.31, Télex 150047 – 🔆🛁wc 🛎wc ☎ 🅿 – 🅐 50 à 150. 🚗
🄰🄴 ① 🄴 𝖵𝖨𝖲𝖠
SC : **R** (fermé dim. soir) 70/100 🔔 – 🍽 17 – **62 ch** 155/170 – P 270.

✕ **Host. des Trois Rois**, 113 r. Gén.-de-Gaulle ⌀ 471.63.23, 🚗 – 🅿. 🄰🄴 ① 𝖵𝖨𝖲𝖠
fermé sam. – SC : **R** 66 bc/325 bc.

ALFA-ROMEO, VOLVO Lemaire-Napoléon, 110 rte de Vaux ⌀ 425.85.40
CITROEN Gd Gar. des Obiers, 38 av. du 8-Mai, Nogent-sur-Oise par ① ⌀ 455.12.62
FORD Gar. Brie et Picardie, r. du Marais Sec, Zone Ind., Nogent-sur-Oise ⌀ 425.69.40
PEUGEOT-TALBOT Safari-Creil, 28 r. Voltaire ⌀ 425.10.38

RENAULT Palais Autom., 12 r. Gambetta à Nogent-sur-Oise ⌀ 455.10.54
V.A.G. Gar. Debuquoy, rte de Chantilly ⌀ 425.11.50

🛞 Creil-Paris-Pneu, 2 rte de Creil, St-Leu-d'Esserent ⌀ 456.62.56
Piot-Pneu, 21 r. Faure-Robert ⌀ 425.02.90

CREISSELS 12 Aveyron 🞐🞀 ⑭ – rattaché à Millau.

CRÉMIEU 38460 Isère 🗺 ⑬ G. Vallée du Rhône (plan) – 2 488 h. alt. 212 – ✪ 74.

🛈 Office de Tourisme à la Mairie (fermé sam. après-midi et dim.) ⌀ 94.70.92.

Paris 499 – Belley 48 – Bourg-en-B. 59 – ◆Grenoble 83 – ◆Lyon 37 – La Tour-du-Pin 34 – Vienne 40.

🏠 **La Petite Auberge**, ⌀ 94.75.45 – 🛁wc 🛎wc 🅿 🚗 𝖵𝖨𝖲𝖠
fermé 13 au 22 sept., 6 janv. au 6 fév., dim. soir et lundi d'oct. à mai – SC : **R** 58/200 – 🍽 15 – **14 ch** 50/150 – P 140/170.

✕ **Aub. de la Chaite** avec ch, pl. Tilleuls ⌀ 94.76.63 – 🛎 🅿. ⚘
fermé déc. et lundi – SC : **R** 55 (sauf sam.)/135 – 🍽 15 – **10 ch** 70/110.

CRÉPIEUX-LA-PAPE 69 Rhône 🗺 ⑪⑫ – rattaché à Lyon.

CRÉPY-EN-VALOIS 60800 Oise 🗺 ②⑬ G. Environs de Paris – 10 920 h. alt. 93 – ✪ 4.

Voir Statues★ dans le musée du Valois M.

Paris 70 ⑥ – Beauvais 76 ⑥ – Compiègne 24 ① – Meaux 37 ⑤ – Senlis 23 ⑥ – Soissons 38 ③.

🏠 **Trois Pigeons**, 4 pl. Paon (a) ⌀ 459.11.21 – 🛁wc 🛎wc 🖿 🅿 – 🅐 120. 🚗 𝖵𝖨𝖲𝖠
fermé dim. soir (sauf rest.) et lundi hors sais. – SC : **R** 70/120 🔔 – 🍽 21 – **14 ch** 70/120 – P 205/245.

CITROEN Gar. Inglot, 2 av. P.-Pouchet ⌀ 487.14.18
CITROEN Vautier, 10 r. Ste-Agathe ⌀ 459.27.40
FORD Marette, 46 av. Pasteur ⌀ 487.04.34
OPEL Duval, 48 rte Soissons ⌀ 459.10.59
PEUGEOT Derville, 29 av. S.-Carnot ⌀ 459.11.24
RENAULT Levasseur, 71 av. Senlis ⌀ 487.10.10
RENAULT Gar. Eloi, 17 pl. République ⌀ 459.11.70

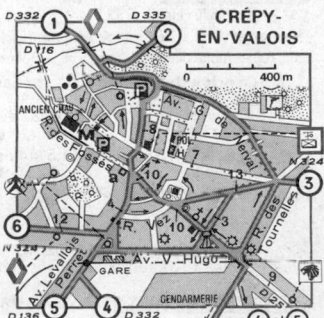

CRÉPY-EN-VALOIS

Clair (R. H.) 3
Gaulle (R. Ch.-de) . 4
J.-J.-Rousseau (R.) . 7
Nationale (R.) 8
Sadi-Carnot (Av.) 9
St-Lazare (R.) 10
Senlis (Av. de) ... 12
Soissons (R.) 13

CRESSENSAC 46 Lot 🞕🞔 ⑱ – 620 h. alt. 309 – ⌧ 46600 Martel – ✪ 65.

Env. Turenne : site★ du château★ et ⁂★★ de la tour de César – NE : 9,5 km, G. Périgord.

Paris 512 – Brive-la-Gaillarde 20 – Cahors 83 – Gourdon 46 – Larche 17 – Sarlat-la-Canéda 46.

🏠 **La Truffière**, S : 5 km sur N 20 ⌀ 37.88.95, parc, 🍴 – 🛁wc 🛎wc 🖿 🚗 🅿. 🚗 🄴
Pâques-1er nov., fermé dim. soir, lundi du 15 sept. au 31 oct. et Pâques au 15 juin – SC : **R** 55/145 – 🍽 15 – **20 ch** 70/150 – P 155/200.

✕✕ **Chez Gilles** avec ch, N 20 ⌀ 37.70.06 – 🛁wc 🛎wc 🖿 🚗. 🚗 🄰🄴 🄴 𝖵𝖨𝖲𝖠
fermé fév. et merc. du 1er oct. au 15 juin – SC : **R** 60/150 🔔 – 🍽 17 – **25 ch** 98/200 – P 170/220.

401

CREST 26400 Drôme **77** ⑫ G. Vallée du Rhône – 7 992 h. alt. 192 – ✿ 75.

Voir Donjon★ : ※★ F.

🅱 Syndicat d'Initiative bd Belgique (juin-sept. et fermé dim.) ☏ 75.11.38.

Paris 590 ④ – Die 37 ① – Gap 132 ① – ♦Grenoble 117 ④ – Montélimar 38 ② – Valence 28 ④.

Agirond (Av.)	2
Archinard (R.)	3
Barbéyère (Mtée de la)	4
Barral (R. Maurice)	5
Belgique (Bd de)	6
Cordeliers (Escaliers des)	9
Dumont (R. Aristide)	10
Faure (Quai Maurice)	12
Gaulle (Pl. du Gén.-de)	13
Grivel (R. Roch)	15
Hôtel-de-Ville (R.)	16
Joubernon (Cours de)	17
Latune (Quai Henri)	18
Long (R. Maurice)	19
Loubet (R. Émile)	20
Pons (R. Paul)	23
Remparts (Ch. des)	24
République (R. de la)	26
St-François (R.)	28
Tour (R. de la)	30
Verdun (Cours de)	32

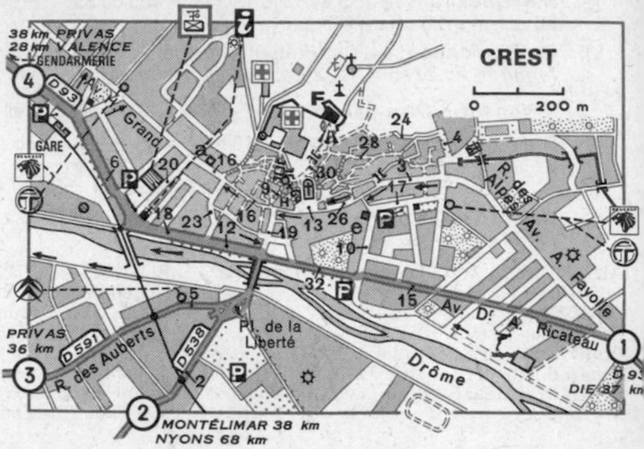

CREST

38 km PRIVAS
28 km VALENCE
GENDARMERIE

GARE

PRIVAS
36 km
R. des Auberts

MONTÉLIMAR 38 km
NYONS 68 km

Pl. de la Liberté

Drôme

DIE 37 km

🏨 **Grand Hôtel**, 60 r. Hôtel de Ville (a) ☏ 75.08.17 – 🚻wc 🚻wc ☎. ◻◻ E VISA
  – *fermé janv., dim. soir et lundi midi sauf été* – SC : **R** 48/110 – ☲ 13 – **20 ch** 65/150 – P 134/205.

XX **Porte Monségur**, par ① : 0,5 km ☏ 75.41.48, 🍽 – 🅿. E VISA
  fermé vacances de fév. et merc. – SC : **R** 52/135.

X **Kléber**, cours Joubernon (e) ☏ 75.11.69 – E VISA
  – *fermé vacances : Noël, fév. et lundi (sauf juil. et août)* – SC : **R** 39/120 🍴.

CITROEN Rolland, rte de Grâne ☏ 75.01.13 🖪 ⬢ Relais du Pneu, av. F.-Rozier, rte de Valence
PEUGEOT, TALBOT Dromauto, 22 av. ☏ 75.44.51
H.-Grand ☏ 75.00.07
PEUGEOT, TALBOT Gar. Fontayne, cours Joubernon ☏ 75.10.63

CREST-VOLAND 73 Savoie **74** ⑰ G. Alpes – 282 h. alt. 1 230 – Sports d'hiver : 1 230/1 650 m
⚡11 – ✉ 73590 Flumet – ✿ 79.

🅱 Syndicat d'Initiative (hors saison matin seul. et fermé dim. sauf matin en saison) ☏ 31.62.57.

Paris 605 – Albertville 27 – Annecy 56 – Bonneville 51 – Chambéry 77 – Megève 14.

🏨 **Caprice des Neiges** ⤫, rte Saisies : 1 km ☏ 31.62.95, ≤, 🍽 – 🚻wc ☎ 🅿. E
  VISA. ※ rest
  – *1ᵉʳ juil.-15 sept. et 15 déc.-20 avril* – SC : **R** 40/60 – ☲ 15 – **16 ch** 100/120 – P 155/180.

🏨 **Aravis** ⤫, Au Cernix S : 1,5 km par VO ☏ 31.63.81, ≤ Aravis – 🚻wc 🚻wc ☎ 🅿
  juil.-août et 20 déc.-20 avril – SC : **R** 70 🍴 – ☲ 13,50 – **17 ch** 102/130 – P 172/184.

🏨 **Les Bartavelles**, ☏ 31.61.23, ≤ – 🚻wc 🚻 ☎ 🅿. ※ rest
  – *1ᵉʳ juil.-28 août et vacances scolaires de Noël* – SC : **R** 49 – ☲ 13,50 – **18 ch** 71/116 – P 148/162.

🏨 **La Gelinotte** ⤫, ☏ 31.60.62, ≤, Ambiance chalet, ⏚ – 🚻 🅿. ※
  1ᵉʳ juil. au 31 août et vacances scolaires d'hiver – **10 ch**.

CRÊT-DE-CHATILLON 74 H.-Savoie **74** ⑯ G. Alpes – alt. 1 699.

Voir ※★★★.

Paris 567 – Aix-les-Bains 43 – Annecy 18.

CRÉTEIL 94 Val-de-Marne **61** ①, **101** ㉗ – voir à Paris, Proche banlieue.

Le CREUSOT 71200 S.-et-L. **69** ⑧ G. Bourgogne – 33 480 h. alt. 347 – ✿ 85.

🅱 Syndicat d'Initiative avec A.C. 1 r. Mar.-Foch (fermé dim.et lundi) ☏ 55.02.46.

Paris 378 ② – Autun 29 ③ – Beaune 47 ① – Chalon-sur-Saône 39 ② – Mâcon 90 ②.

Plan page ci-contre

🏨 **Moderne**, 41 r. Mar.-Leclerc ☏ 55.16.63 – 📺 🚻wc 🚻 ☎ 🚗 ◻◻ VISA ※ rest
  – SC : **R** *(fermé dim.)* 70 bc/50 🍴 – ☲ 16 – **56 ch** 80/170. A e

  au Breuil par ① : 3 km – 3 067 h. – ✉ 71670 Le Breuil :

🏨 **Moulin Rouge** ⤫, ☏ 55.14.11, 🐎 – 📺 🚻wc 🚻wc ☎ 🅿 – 🔏 40. ◻◻ ◻ E
  VISA
  fermé déc., dim. soir et vend. – SC : **R** 60/150 🍴 – ☲ 16 – **32 ch** 90/180 – P 280/380.

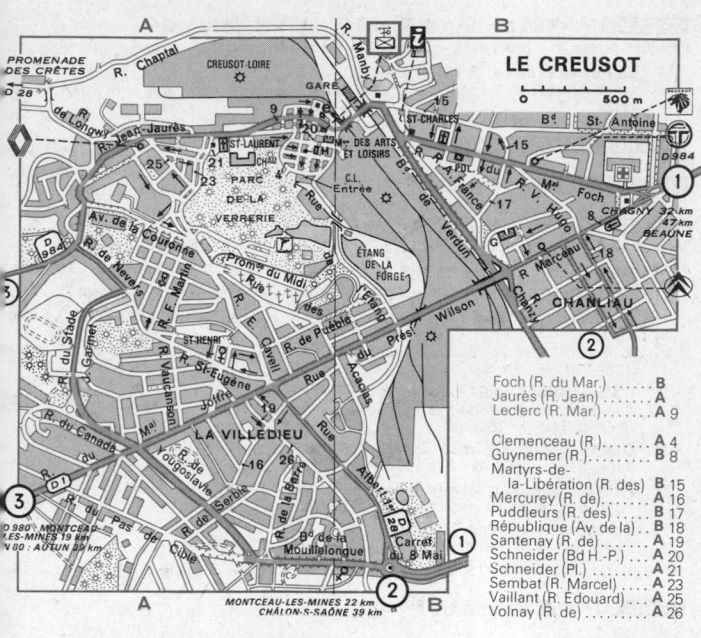

Foch (R. du Mar.) . . . . . . **B**
Jaurès (R. Jean) . . . . . . **A**
Leclerc (R. Mar.) . . . . . **A** 9

Clemenceau (R.) . . . . . . **A** 4
Guynemer (R.) . . . . **B** 8
Martyrs-de-
la-Libération (R. des) **B** 15
Mercurey (R. de) . . . . . **A** 16
Puddleurs (R. des) . . . . **B** 17
République (Av. de la) . . **B** 18
Santenay (R. de) . . . . . **A** 19
Schneider (Bd H.-P.) . . . **A** 20
Schneider (Pl.) . . . . **A** 21
Sembat (R. Marcel) . . . . **A** 23
Vaillant (R. Edouard) . . . **A** 25
Volnay (R. de) . . . . **A** 26

à Torcy par ② : 4 km – ⌧ **71210** Montchanin :

XX **Vieux Saule**, ☏ 55.09.53 – **P**. **VISA**
fermé 15 au 31 août, dim. soir el lundi – SC : **R** 70/113 ♨.

à Montchanin par ② : 8 km – ⌧ **71210** Montchanin :

🏨 **Novotel** Ⓜ, ☏ 55.72.11, Télex 800588, ⃫, – 🛗 ▦ rest 📺 ☎ ⅙ **P** – 🔏 50 à 250.
AE ① VISA
R snack carte environ 85 – 🖵 27 – **87 ch** 240/270.

CITROEN Broin, 77 rte de Montconis par D984   RENAULT Creusot-Gar., pl. Bozu ☏ 55.10.44
A ☏ 55.20.09   V.A.G. Gar. du Vieux Saule, à Torcy ☏ 56.20.72
CITROEN Rameau, 31 r. Marceau ☏ 55.34.22
FORD Gar. Lemonnier et Fuchey, 13 r.   🛞 Creusot-Pneus, av. des Abattoirs ☏ 55.60.93
Mar.-Joffre ☏ 55.27.06   Goesin, 35 av. de la République ☏ 55.44.17
PEUGEOT, TALBOT Nedey-Guillemier, 97 r.
Foch ☏ 55.21.81 et 57 r. de Chanzy B ☏ 55.20.63

CREUTZWALD 57150 Moselle 🗒 ⑤ – 15 689 h. alt. 219 – 🍎 8.
Paris 374 – Forbach 26 – ◆Metz 50 – Saarbrücken 35 – Sarreguemines 38 – Saarlouis 17.

X **Faisan d'Or**, rte Saarlouis NE : 2 km N 33 ☏ 93.01.36 – **P**
fermé août et lundi – SC : **R** 70/110.

X **Aub. du Vieux Cerf**, 23 r. Houve ☏ 793.04.17 – **AE ① VISA**
◆ *fermé lundi soir, mardi soir et merc.* – SC : **R** 37/100 ♨.

CREUZIER-LE-NEUF 03 Allier 🗒 ⑤ – rattaché à Cusset.

CRÉVECOEUR-EN-AUGE 14 Calvados 🗒 ⑰ G. Normandie – 489 h. alt. 60 – ⌧ **14340**
Cambremer – 🍎 31.
Paris 191 – ◆Caen 29 – Falaise 32 – Lisieux 17.

X **La Galetière**, ☏ 63.04.28
◆ *fermé 15 janv. au 15 fév. et mardi* – SC : **R** 40/72 ♨.

CREVOUX 05 H.-Alpes 🗒 ⑱ G. Alpes – 127 h. alt. 1 577 – Sports d'hiver : 1 600/2 100 m ≰3 –
⌧ **05200** Embrun – 🍎 92.
Paris 721 – Briançon 59 – Embrun 16 – Gap 54 – Guillestre 32.

🏠 **Parpaillon** ≫, ☏ 43.18.08, ≤ – ⌨wc ♨wc ☜ ☞ **P**. ≋
◆ *fermé 10 au 30 nov.* – SC : **R** 50/70 ♨ – 🖵 15 – **28 ch** 80/120 – P 140/180.

CRILLON 60 Oise 🗐 ⑦ – 424 h. alt. 82 – ⊠ 60112 Milly-sur-Thérain – ☺ 4.
Paris 92 – Aumale 36 – Beauvais 16 – Breteuil 34 – Gournay-en-Bray 18.

❌ **La Petite France**, ℡ 481.01.13 – **℗**
➔ *fermé 22 août au 14 sept., vacances de fév. soir, lundi soir et mardi* – SC : **R**
42/75.

Les CROCS D'ARCONSAT 63 P.-de-D. 🗐 ⑥ – rattaché à Chabreloche.

La CROISETTE 74 H.-Savoie 🗐 ⑥ – rattaché à Salève (Mont).

Le CROISIC 44490 Loire-Atl. 🗐 ⑭ G. Bretagne (plan) – 4 305 h. – ☺ 40.
Voir Mont-Esprit ≤★ – Aquarium de la Côte d'Amour★ – ≤★ du Mont-Lénigo.
🛈 Office de Tourisme pl. Gare (fermé sam. après-midi, lundi matin hors sais. et dim.) ℡ 23.00.70.
Paris 455 – La Baule 10 – Guérande 10 – ♦Nantes 84 – Le Pouliguen 7 – Redon 68 – Vannes 75.

🏨 **Les Nids** 🏠, 83 bd Gén.-Leclerc à Port-Lin ℡ 23.00.63, 🚗 – 🛗wc ⑥ &, 🛋🖭
➔ 💶
31 mars-21 avril et 19 mai-fin sept. – SC : **R** 49/136 – � 15,50 – **28 ch** 83/182 –
P 152/225.

🏨 **L'Estacade**, 4 quai Lénigo ℡ 23.03.77 – 🛗 💶
fermé 15 nov. au 15 déc. et jeudi du 15 sept. au 15 juin – SC : **R** 55/180 – ⊊ 13 –
10 ch 65/110 – P 163/192.

❌❌ **Océan** avec ch, à Port-Lin ℡ 42.90.03, ≤ côte et mer – 🛗wc 📞. 🛋🖭
5 fév.-1er nov. – SC : **R** carte 100 à 170 – ⊊ 17 – **21 ch** 105/180.

❌❌ **Filets Bleus**, 12 r. Marine ℡ 23.07.42 – 💶
fermé déc., janv. et lundi hors sais. – SC : **R** 85/150.

❌❌ **Bretagne**, sur le Port ℡ 23.00.51
1er mars-mi oct., fermé merc. sauf juil. et août – SC : **R** 70/200.

CITROEN Gar. Rochard, ℡ 42.90.32   RENAULT Deleplanque, ℡ 23.02.09

CROIX 59 Nord 🗐 ⑯ – rattaché à Roubaix.

CROIX (Col des) 88 Vosges 🗐 ⑦ – rattaché au Thillot.

Guide MICHELIN rouge : 22 villes d'EUROPE
pour les grands voyages d'affaires ou de tourisme.

La CROIX-BAYARD 38 Isère 🗐 ④ – rattaché à Voiron.

La CROIX-BLANCHE 71 S.-et-L. 🗐 ⑲ – alt. 204 – ⊠ 71960 Pierreclos – ☺ 85.
Paris 409 – Charolles 41 – Cluny 12 – Mâcon 14 – Roanne 84.

🏨 **Relais du Mâconnais**, N 79 ℡ 36.60.72, 🚗, ❌ – 🛗wc 📞. **℗**. 🛋🖭 🅰🅴 ⓪ 🄴
💶
fermé janv. et lundi d'oct. à déc. – SC : **R** 66/95 – ⊊ 17 – **12 ch** 89/166.

CROIX-FRY (Col de) 74 H.-Savoie 🗐 ⑦ – rattaché à Manigod.

CROIX-MARE 76 S.-Mar. 🗐 ⑬ – rattaché à Yvetot.

La CROIX-VALMER 83420 Var 🗐 ⑰ G. Côte d'Azur – 1 869 h. alt. 120 – ☺ 94.
Paris 880 – Brignoles 65 – Draguignan 52 – Le Lavandou 27 – Ste-Maxime 16 – ♦Toulon 62.

🏨 **Mer** 🏠, SO : 2 km par N 559 ℡ 79.60.61, ≤, « Parc », 🏊 – 🛗wc 🛗wc 📞 **℗**
🛋🖭 ch
1er mai-1er oct. – SC : **R** 70/150 – ⊊ 16 – **31 ch** 140/320.

🏨 **Parc** 🏠 sans rest, E : 1 km par D 93 ℡ 79.64.04, ≤, parc – 🛗 🛗wc 🛗wc 📞 **℗**
🛋🖭 ⓪ 💶 🍽
1er avril-1er oct. – SC : ⊊ 19 – **33 ch** 145/245.

❌❌ **Esquinade**, domaine de Barbigoua SO : 3 km par rte Cavalaire ℡ 79.64.78 – **℗**
💶
Pâques-30 sept. – SC : **R** 65/95.

à Gigaro SE : 5 km par D 93 et VO – ⊠ 83420 La Croix-Valmer :

🏨 **Souleias** Ⓜ 🏠, ℡ 79.61.91, ≤, « Au faîte d'une colline dominant le littoral », 🏊
🚗, ❌ – 📞 **℗** – 🔒 30 à 60. 🅰🅴 💶 🍽 rest
31 mars-15 oct. – SC : **R** 120/160 – ⊊ 34 – **34 ch** 290/550 – P 430/545.

CRONENBOURG 67 B.-Rhin 🗐 ⑩ – rattaché à Strasbourg.

CROS-DE-CAGNES 06 Alpes-Mar. 🗐 ⑨. 🗐🗐🗐 ㉘ – rattaché à Cagnes.

404

Le CROTOY 80550 Somme 🗒 ⑥ G. Nord de la France – 2 429 h. – Casino – 🕲 22.
Voir Butte du Moulin ≤★.
🛈 Office de Tourisme Digue J.-Noiret (avril-sept.) ☏ 27.81.97.
Paris 184 – Abbeville 21 – Berck-Plage 28 – Montreuil 35 – St-Valéry-sur-Somme 13 – Le Tréport 40.

 XX **Baie,** ☏ 27.81.22, ≤
     fermé 10 au 31 janv. – SC : **R** 80/110.

CROTS 05 H.-Alpes 🗒 ⑰ – rattaché à Embrun.

La CROUZILLE 87 H.-Vienne 🗒 ⑦ ⑧ alt. 432 – ⊠ 87140 Nantiat – 🕲 55.
Voir St-Sylvestre : buste reliquaire★ dans l'église E : 4,5 km.
Env. Ambazac : trésor★★ de l'église SE : 7 km, G. Périgord.
Paris 376 – Argenton-sur-Creuse 74 – Bellac 34 – Guéret 61 – ♦Limoges 20

     à Margnac NO : 1 km – ⊠ 87140 Nantiat :

 XX **Aub. du Moulin** 🍃 avec ch, ☏ 39.91.12, ≤ parc – 🄿
     1ᵉʳ fév.-31 oct. et fermé merc. – SC : **R** 70/120 – 🍴 15 – **8 ch** 75/120.

CROZANT 23 Creuse 🗒 ⑱ G. Périgord – 862 h. alt. 277 – ⊠ 23160 St-Sébastien – 🕲 55.
Voir Ruines du château★★ – Vallée de la Creuse★ au N.
Paris 334 – Argenton-sur-C. 32 – La Châtre 48 – Guéret 40 – Montmorillon 76 – La Souterraine 30.

 🏠 **Lac** 🍃, E : 1 km par D 72 et D 30 ☏ 89.81.96, ≤ – 🗂wc 🛏 🄿 🌿 ch
 ♦   *Pâques-1ᵉʳ oct.* – SC : **R** 34/75 🍷 – 🍴 12 – **10 ch** 90/150 – P 124/152.

 X   **Aub. de la Vallée,** ☏ 89.80.03
 ♦   *fermé mardi du 1ᵉʳ oct. au 15 mars* – SC : **R** 33/135.

CROZON 29160 Finistère 🗒 ④ G. Bretagne – 7 993 h. alt. 81 – 🕲 98.
Voir Retable★ de l'église.
Env. Pointe de Dinan 🌿★★ SO : 6 km.
🛈 Office de Tourisme bd de la Plage à Morgat (1ᵉʳ juin-15 sept.) ☏ 27.07.92 et Maison Communale
(15 oct.-31 mai) ☏ 27.21.65.
Paris 585 – ♦Brest 57 – Châteaulin 34 – Douarnenez 46 – Morlaix 76 – Quimper 55.

     au Fret N : 5,5 km par D 155 et D 55 – ⊠ 29160 Crozon :.
     Env. Pointe des Espagnols 🌿★★ NO : 10 km.

 🏠 **Host. de la Mer,** ☏ 27.61.90, ≤, ➹ – 🗂wc 🛏wc 🎦. **E** 🌿
     27 mars-début oct. – SC : **R** *(fermé lundi hors sais.)* 65/150 – 🍴 18 – **26 ch** 152/220
     – P 185/220.

     Voir aussi ressources hôtelières de *Morgat* S : 3 km par D 887

CITROEN Gar. Le Clech, 53 r. de Poulpatré ☏   🛞 Prat-Pneus, rte Châteaulin ☏ 27.12.51
27.04.00

CRUSEILLES 74350 H.-Savoie 🗒 ⑥ G. Alpes – 1 954 h. alt. 783 – 🕲 50.
Paris 550 – Annecy 18 – ♦Genève 25 – St-Julien-en-Genevois 16.

 🏠 **Salève,** ☏ 44.18.30 – 📺 🗂wc 🛏wc ☎ ➹➹ 🄰🄴 🄾 **E** 🆅🅸🆂🅰
 ♦   *fermé 1ᵉʳ au 15 oct. et lundi sauf juil.-août* – SC : **R** 40/165 🍷 – 🍴 18 – **34 ch**
     150/180 – P 153/180.

CUCHERON (Col du) 38 Isère 🗒 ⑤ – rattaché à St-Pierre-de-Chartreuse.

CUCUGNAN 11 Aude 🗒 ⑧ – 102 h. alt. 320 – ⊠ 11350 Tuchan – 🕲 68.
Voir Col Grau de Maury 🌿★★ S : 2,5 km – Site★★ de Quéribus★ SE : 3 km.
Env. Château de Peyrepertuse★★ : ≤★★ NO : 7 km, G. Pyrénées.
Paris 911 – Carcassonne 100 – Limoux 77 – ♦Perpignan 40 – Quillan 50.

 X   **Aub. de Cucugnan,** ☏ 45.40.84
 ♦   *fermé 1ᵉʳ au 15 sept.* – SC : **R** 50 bc/70 bc.

     à Duilhac-sous-Peyrepertuse NO : 4,5 km – ⊠ 11350 Tuchan :

 X   **Le Claouzo,** ☏ 45.42.74, ≤
 ♦   *15 juin-15 sept.* – SC : **R** 50 bc/75 bc.

CUCURON 84 Vaucluse 🗒 ③ G. Provence – 1 206 h. alt. 350 – ⊠ 84160 Cadenet – 🕲 90.
Paris 746 – Aix-en-Provence 34 – Apt 26 – Avignon 67 – Manosque 35.

 🏠 **L'Étang** [M], ☏ 77.21.25 – 🛏wc. ➹➹ **E**
     fermé 15 au 22 sept., 20 déc. au 5 janv. et merc. hors sais. – SC : **R** 72/120 – 🍴 16 –
     8 ch 122 – P 183/200.

15   405

CUISEAUX 71480 S.-et-L. 70 ⑬ – 1 816 h. alt. 273 – ✆ 85.

ℹ Office de Tourisme château des Princes d'Orange (1er juil.-31 août et fermé lundi) ✆ 72.71.27.

Paris 400 – Chalon-sur-S. 57 – Lons-le-Saunier 25 – Mâcon 57 – Orgelet-le-Bourget 29 – Tournus 47.

XX **Nord** avec ch, ✆ 72.71.02 – wc ☎ 🚗 **P**. ✈ ⓓ. ✗ rest
fermé 1er au 8 mai, 11 au 22 janv. et jeudi – SC : **R** 65/200 – ☕ 16 – **26 ch** 75/175.

X **Commerce** avec ch, ✆ 72.71.79 – wc 🚗 **P**. ✈ E
◆ *fermé 20 au 30 juin, 1er au 9 oct. et lundi (sauf hôtel en saison)* – SC : **R** 40/137 – ☕ 13 – **9 ch** 85/114.

CUISERY 71290 S.-et-L. 70 ⑫ – 1 583 h. alt. 211 – ✆ 85.

Paris 373 – Bourg-en-Bresse 46 – Lons-le-Saunier 48 – Mâcon 37 – St-Amour 39 – Tournus 8.

XXX **Host. Bressane** avec ch, ✆ 40.11.63 – wc wc ☎ **P**
fermé 1er déc. au 1er fév., mardi soir et merc. sauf août – SC : **R** 70/160 – ☕ 18 – **9 ch** 130/160.

PEUGEOT, TALBOT Hengy, ✆ 40.14.36

CULAN 18270 Cher 69 ⑪ **G. Périgord** – 1 164 h. alt. 280 – ✆ 48.

Voir Château★.

Paris 302 – Bourges 69 – La Châtre 29 – Guéret 68 – Montluçon 33 – St-Amand-Montrond 25.

🏨 **Poste,** ✆ 56.66.57 – 🚗. ✗ rest
◆ *fermé 8 janv. au 15 fév. et lundi* – SC : **R** 35/85 – ☕ 14 – **14 ch** 60/150.

CITROEN Sauthon, ✆ 56.63.08 PEUGEOT-TALBOT Plaveret M., ✆ 56.64.10

La CURE 39 Jura 70 ⑯ – rattaché aux Rousses.

CUREBOURSE (Col de) 15 Cantal 76 ⑫⑬ – rattaché à Vic-sur-Cère.

Le CURTILLARD 38 Isère 77 ⑥ – alt. 1 012 – Sports d'hiver à Sept Laux-Le Pleyney : 1 450/2 100 m ⛷7 – ✉ 38580 Allevard – ✆ 76.

Paris 611 – Allevard 15 – ◆Grenoble 53 – Pinsot 8.

🏨 **Baroz** 🌿, ✆ 97.50.81, <, 🌲, 🌳, 🎾 – cuisinette wc wc ☎ **P**. ✗ ch
◆ *fin juin-début sept. et Noël-Pâques* – SC : **R** 50/85 🍷 – ☕ 14 – **21 ch** 72/116 – P 145/165.

🏨 **Curtillard** 🌿, ✆ 97.50.82, <, 🌲, 🌳, 🎾 – cuisinette wc wc ☎ ♿ **P** – 🏛 70. ✗
1er juin-15 sept. et 20 déc.-20 avril – SC : **R** 55/100 – ☕ 14 – **30 ch** 78/142 – P 155/185.

CUSSAY 37 I.-et-L. 68 ⑤ – rattaché à Ligueil.

CUSSET 03300 Allier 73 ⑤ **G. Auvergne** – 14 507 h. alt. 274 – ✆ 70.

ℹ Syndicat d'Initiative r. Constitution (juil.-août et fermé dim.) ✆ 31.39.41.

Paris 348 ② – Lapalisse 23 ② – Moulins 54 ② – Vichy 3 ①.

CUSSET

Arloing (R. S.) .... Z 2
Constitution (R.) ..... Z 8
Gambetta (R.) .... Z 12
Rocher-Favyé (R.) .... Z 25

Barge (R. de la) ...... Z 3
Carnot (R.) .... Z 5
Centenaire (Pl. du) ... Z 6
Gaulle (Bd Gén.-de) .. Z 9
Giraudoux (R. J.) .... Y 13
Industrie (R. de l') .... Y 14
Lafayette (Cours) .... Z 15
Louis-Blanc (Pl.) ..... Z 19
Prés.-Wilson (R.) .... Z 20
Radoult-de-la Fosse (Pl.) .... Z 22
République (Pl.) ..... Z 23
République (R.) ...... Z 24
Tracy (Cours) .... Z 26
Victor-Hugo (Pl.) .... Z 27
29-Juillet (R. du) ..... Z 28

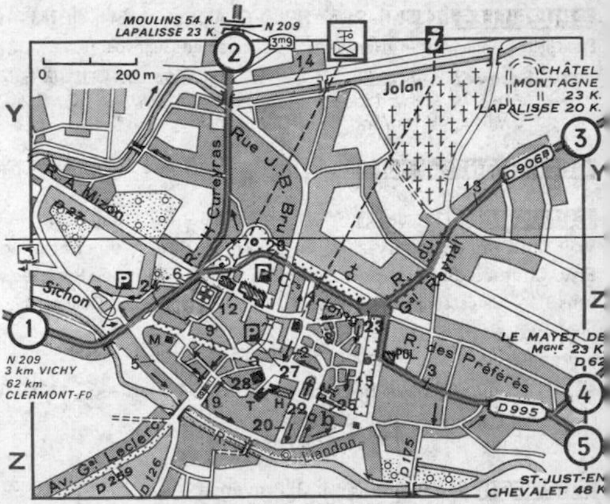

🏨 **Globe,** 1 r. Pasteur ✆ 98.37.25 – wc wc ☎ **P** – 🏛 30. ✈ VISA Z b
◆ *fermé 2 au 15 janv.* – SC : **R** *(fermé dim. de nov. à mars)* 50/80 🍷 – ☕ 13,50 – **27 ch** 52/157 – P 167/225.

XX **Taverne Louis XI,** près Église 🕾 98.39.39 – _VISA_
fermé 3 au 27 oct., vacances de fév., dim. soir et lundi – SC : **R** 70/145.

à Creuzier-le-Neuf par ② : 5,5 km – ⊠ 03300 Cusset :

XX **Bon Accueil** avec ch, N 209 🕾 98.06.01 – **℗**
➟ *fermé 15 janv. au 15 fév. et merc. sauf juil. et août* – SC : **R** 36/165 – ☲ 13 – **6 ch**
57/91 – P 110/130.

OPEL, LADA Bourdin, 77 rte Paris 🕾 98.98.26

☐ **CUSTINES** 54670 M.-et-M. 🔠 ⑭ – 2 902 h. alt. 196 – ✿ 8.
Paris 318 – ♦Metz 45 – ♦Nancy 13 – Pont-à-Mousson 18 – Toul 32.

🏠 **L'Ile** sans rest, NO : 2 km D 40 🕾 349.39.56 – cuisinette 🖳wc 🛠 ☜ **℗** _VISA_
fermé 24 déc. au 10 janv. et dim. – SC : ☲ 15 – **32 ch** 58/155.

☐ **DABO** 57850 Moselle 🔠 ⑧ G. Vosges – 3 014 h. alt. 450 – ✿ 8.
Voir Site★ – Rocher de Dabo ※★ SE : 2 km.
🚩 Syndicat d'Initiative 19 pl. Église (fermé mardi après-midi et dim.) 🕾 707 40.04.
Paris 447 – Haguenau 63 – ♦Metz 116 – Sarrebourg 21 – Saverne 25 – ♦Strasbourg 49.

🏠 **Belle Vue** 🌫, 🕾 707.40.21, ≤ – 🖳 🛠 **℗**
➟ *fermé 23 déc. au 1er mars, mardi soir et merc. du 1er oct. au 1er avril* – SC : **R** 40/125
🍷 – ☲ 18 – **16 ch** 80/140 – P 120/155.

XX **Rocher** 🌫 avec ch, au Rocher de Dabo SE : 2 km 🕾 707.40.14, ≤ forêt et
montagne – **℗**. ⁒ ch
début mars-début oct. et dim. toute l'année – SC : **R** 75/200 🍷 – ☛ 17 – **10 ch**
55/100 – P 150.

Garage Erb, à Schaeferhof 🕾 707.41.11

☐ **La DAILLE** 73 Savoie 🔠 ⑱ – rattaché à Val-d'Isère.

☐ **DAMAZAN** 47160 L.-et-G. 🔠 ⑭ – 1 313 h. alt. 55 – ✿ 53.
Paris 698 – Agen 38 – ♦Bordeaux 104 – Mont de Marsan 84 – Villeneuve-sur-Lot 39.

🏠 **du Canal** 🌫, 🕾 79.42.84, ≤ – 🖳wc ☎ **℗**
➟ SC : **R** 45/130 – ☲ 11 – **20 ch** 80/100 – P 145/185.

☐ **DAMGAN** 56750 Morbihan 🔠 ⑬ – 1 057 h. alt. 6 – ✿ 97.
🚩 Syndicat d'Initiative pl. Presbytère (1er mai-15 sept. et fermé dim. après-midi) 🕾 41.11.32
Paris 447 – Muzillac 9,5 – Redon 47 – La Roche-Bernard 25 – Vannes 26.

🏠 **L'Albatros** M 🌫, bd Océan 🕾 41.16.85, ≤ – 🛠wc 🛠 **℗** ⁒
➟ *1er avril-30 sept* – SC : **R** (snack) 50/70 – ☲ 14 – **16 ch** 100/170.

☐ **DAMPIERRE-EN-YVELINES** 78720 Yvelines 🔠 ⑨. **196** ㉖. **101** ㉛ G. Environs de Paris –
789 h. alt. 100 – ✿ 3.
Voir Château★★ – Vaux de Cernay★ SO : 4 km.
Paris 36 – Coignières 11 – Longjumeau 27 – Rambouillet 16 – Versailles 18.

XXX **Aub. du Château** avec ch, 🕾 052.52.89 – 🖳 🛠 🖧 🖾 ① _VISA_ ⁒ ch
fermé 1er au 15 août, 1er au 7 janv., dim. soir et lundi – SC : **R** 90/110 – ☲ 15 – **17 ch**
105/145.

au Nord : 3 km par D 91, carrefour D 13 – ⊠ 78460 Chevreuse :

XX **La Puszta** avec ch, 🕾 461.18.35, Cuisine hongroise, « Décor rustique hongrois,
jardin » – 🖳wc **℗** – 🏛 70. 🖧 ⁒ ch
fermé lundi soir et mardi – **R** 100 – ☲ 28 – **6 ch** 280.

☐ **DAMPRICHARD** 25450 Doubs 🔠 ⑱ – 2 016 h. alt. 825 – ✿ 81.
Paris 492 – ♦Bâle 95 – Belfort 67 – ♦Besançon 82 – Montbéliard 49 – Pontarlier 67.

🏠 **Lion d'Or,** 🕾 44.22.84 – 🖳wc 🛠wc 🛠 **℗** – 🏛 100. 🖧 ① **E** _VISA_
➟ *fermé 1er au 21 mars, 15 au 31 oct., dim. soir et lundi hors sais* – SC : **R** 50/150 🍷 –
☲ 16,50 – **16 ch** 78/150 – P 148/168.

☐ **Les DAMPS** 27 Eure 🔠 ⑦ – rattaché à Pont-de-l'Arche.

☐ **DAMVILLERS** 55150 Meuse 🔠 ① – 697 h. alt. 208 – ✿ 29.
🚩 Syndicat d'Initiative à la Mairie (fermé sam. et dim.) 🕾 85.60.28.
Paris 288 – Bar-le-Duc 82 – Longuyon 37 – ♦Metz 75 – Sedan 66 – Verdun 26.

X **Croix Blanche** avec ch, 🕾 85.60.12 – 🛠 **℗** 🖧 🖾 ① **E** _VISA_ ⁒ ch
➟ *fermé fév., dim. soir de nov. à avril et lundi* – SC : **R** 50/130 🍷 – ☲ 14 – **9 ch** 60/85
– P 120/150.

CITROEN Gar. Iori, 🕾 85.60.25 **N**

DANCHARIA 64 Pyr.-Atl. 85 ② – rattaché à Aïnhoa.

La DANCHÈRE 38 Isère 77 ⑥ – ✉ 38143 Vénosc – ❀ 76.
Paris 625 – Le Bourg-d'Oisans 11 – La Grave 29 – ◆Grenoble 60 – Col du Lautaret 40.

🏨 **Lauvitel** ⟨, ☎ 80.06.77, ≤, 🛏 –, sans 🍴 🚗 🅿, 🍽 rest
26 juin-28 août – SC : **R** 60/75 – ☲ 20 – **22 ch** 80/140 – P 115/150.

DANGÉ-ST-ROMAIN 86220 Vienne 68 ④ – 2 605 h. alt. 48 – ❀ 49.
Paris 292 – Le Blanc 59 – Châtellerault 16 – Chinon 53 – Loches 40 – Poitiers 49 – ◆Tours 57.

✗ **La Crémaillère,** 56 rte Nationale ☎ 86.40.24
◆ *fermé merc.* – SC : **R** 45/180 🍶

RENAULT Judes. ☎ 86.40.39

DANJOUTIN 90 Ter.-de-Belf. 66 ⑧ – rattaché à Belfort.

DANNEMARIE 68210 H.-Rhin 66 ⑨ – 1 965 h. alt. 317 – ❀ 89.
Paris 519 – ◆Bâle 41 – Belfort 24 – Colmar 59 – ◆Mulhouse 30 – Thann 26.

✗✗ **Wach,** ☎ 25.00.01 – **E**
◆ *fermé 15 déc. au 15 janv., dim. soir et lundi* – **R** (déj. seul. de sept. à mai) 35/110 🍶

✗ **Ritter,** ☎ 25.04.30, 🛏 – 🅿
◆ *fermé 14 au 30 déc., lundi soir et mardi* – SC : **R** 40/150 🍶

PEUGEOT, TALBOT Gar. Ingold, ☎ 25.00.23   RENAULT Gar. Raab, ☎ 25.02.71 🅽

DAVÉZIEUX 07 Ardèche 76 ⑩ – rattaché à Annonay.

DAX ⟨❧⟩ 40100 Landes 78 ⑥⑦ **G. Côte de l'Atlantique** – 20 294 h. alt. 12 – Stat. therm. :
Atrium – Casino BY – ❀ 58.

🛈 Office de Tourisme (fermé sam. après-midi, dim. et fêtes hors saison) et A.C. pl. Thiers ☎ 74.82.33.

Paris 736 ① – ◆Bayonne 49 ⑤ – ◆Bordeaux 142 ① – Mont-de-Marsan 52 ② – Pau 78 ③.

DAX

🏨 **Splendid,** cours Verdun ☏ 74.59.30, Télex 540085, ≤, ⌇, 🌴 – 🛗 📺 – 🏛 50. 🅐🅔 ⑩ 🄴. ⌘ rest
BY **a**
1er mars-27 nov. – SC : **R** 62/77 – ⌧ 14 – **160 ch** 171/202, 20 appartements 228/253 – P 327/495 (pour 2 pers.).

🏨 **Gd Hôtel,** r. Source ☏ 74.84.58, 🌴 – 🛗 cuisinette ▤ rest 📺 ☎ 🅿 – 🏛 50 à 150. 🅐🅔 ⑩. ⌘ rest
BY **d**
SC : **R** 65/130 – ⌧ 13,50 – **128 ch** 138/185, 8 appartements 219/275 – P 170/235.

🏨 **Parc,** 1 pl. Thiers ☏ 74.86.17, Télex 540481 – 🛗 📺 🅐🅔 ⑩ 🄴 📷 . ⌘ rest
BY **e**
fermé 20 déc. au 30 janv. – SC : **R** *(fermé vend.)* 80/150 – ⌧ 30 – **38 ch** 195/270 – P 350/400.

🏨 **Miradour** Ⓜ, av. Milliès-Lacroix ☏ 74.98.86, Télex 540085, ≤ – 🛗 🚿wc 🛁wc 📷 🅿 📷 🅐🅔 ⑩ 🄴. ⌘ rest
BY **v**
SC : **R** 62/77 – ⌧ 14 – **120 ch** 145/175 – P 171/239.

🏨 **Ecureuils** Ⓜ sans rest, 1 r. Croix Blanche ☏ 90.07.71, 🌴 – 🛗 cuisinette 📺 🚿wc 🛁wc ⛳ ⅋ 🅿. 📷
BY **k**
fermé début déc. à fin fév. – SC : ⌧ 15 – **54 ch** 110/150.

🏨 **Régina et Tarbelli** Ⓜ, bd Sports ☏ 74.84.58 – 🛗 cuisinette 📺 🚿wc 🛁wc ☎ 🅿 📷 🅐🅔 ⑩. ⌘ rest
BY **d**
1er mars-11 déc. – SC : **R** 58/116 – ⌧ 12,50 – **147 ch** 115/224, 20 appartements 228 – P 150/198.

🏨 **Thermotel** Ⓜ sans rest, 3 cours Joffre ☏ 74.51.50 – 🛗 cuisinette 🚿wc 📷
BZ **e**
1er mars-30 nov. – SC : ⌧ 10 – **71 ch** 150.

🏨 **Relais des Thermes** Ⓜ, av. Mar.-Foch ☏ 74.84.37, 🌴 – 🛗 📺 🚿wc 📷 ⅋ 🅿 – 🏛 100. 📷 ⑩ 🄥🅢🅐. ⌘ ch
AZ **f**
fermé en oct., en fév. et lundi de nov. à mai – SC : **R** 50/110 – ⌧ 13 – **20 ch** 105/145.

🏨 **Vascon,** pl. Fontaine-Chaude ☏ 74.12.14 – 🛗 🚿wc 📷
BY **u**
fermé janv. et fév. – SC : **R** *(résidents seul.)* – ⌧ 15 – **30 ch** 96/120 – P 131/175.

🏨 **Tuc d'Eauze,** 3 r. Tuc-d'Eauze ☏ 74.02.71 – 🚿wc 🛁wc 📷
BZ **b**
27 ch

🏨 **Nord** sans rest, 68 av. St-Vincent-de-Paul ☏ 74.19.87 – 🛁 🅿
BY **s**
fermé 16 déc. au 3 janv. – SC : ⌧ 11 – **19 ch** 58/70.

🏨 **Peyroux,** 8 av. V.-Hugo ☏ 74.26.10 – 🚿 🛁 📷 🅿. 📷
BZ **v**
fermé 15 déc. au 5 mars – SC : **R** 45/85 – ⌧ 12 – **27 ch** 60/100 – P 130/160.

🍴🍴 **Richelieu** avec ch, 13 av. V-Hugo ☏ 90.05.78, 🌿 – 🛁 📷 📷 🅐🅔 ⑩ 🄥🅢🅐. ⌘ rest
fermé fév., dim. soir et lundi du 1er oct. au 1er juin – SC : **R** 50/160 ⅃ – ⌧ 10 – **20 ch** 65/90 – P 140/160.
BZ **r**

🍴🍴 **Bois de Boulogne,** O : 1 km par allée des Baignots ☏ 74.23.32, ≤, 🌿 – ⌘
AZ **n**
fermé dim. soir, mardi soir et merc. – SC : **R** carte 75 à 100 ⅃.

🍴🍴 **Aub. des Pins** 🐖 avec ch, 86 av. F.-Planté (Village des Pins) ☏ 74.22.46, 🌴 – 🛁 📷 🅿
AZ **w**
14 ch.

🍴 **Fin Gourmet,** 3 r. Pénitents ☏ 74.04.26 – ▤. 🄴
BY **x**
fermé 15 déc. au 15 fév. – SC : **R** 50/140 ⅃.

à l'ouest par ⑤ : 3 km – ☒ 40990 St-Paul-lès-Dax :

🍴🍴 **Relais des Plages** Ⓜ avec ch, ☏ 91.78.86, ⌇ – 🚿wc 🛁 📷 🅿
fermé 15 nov. au 15 déc. et lundi – SC : **R** 37/80 ⅃ – ⌧ 12 – **10 ch** 85/120 – P 110/135.

AUSTIN, MORRIS, OPEL, TRIUMPH Duprat Desclaux, rte Bayonne, St-Paul-lès-Dax ☏ 74.38.04
CITROEN P. Gigot, 40 av. Résistance, St-Paul-lès-Dax ☏ 74.21.01
FIAT Debibié, 145 av. V.-de-Paul ☏ 74.88.74
LANCIA-AUTOBIANCHI Modern Gar., r. J.-Delaurens ☏ 90.10.51
PEUGEOT, TALBOT Dax-Auto, rte Bayonne, St-Paul-lès-Dax par ⑤ ☏ 91.77.42

PEUGEOT, TALBOT Gar. Ducasse rte d'Orthez à Narrosse ☏ 74.44.58
RENAULT Autom. Landaises, av. du Sablar ☏ 74.83.44 🄽 ☏ 90.10.52
Baradat, rte Orthez, Narrosse, ☏ 74.03.42

🛞 Bizet, rte Montfort ☏ 74.21.00
Frey, 122 av. V.-de-Paul ☏ 74.08.40
Morès, pl. du Chanoine-Bordes ☏ 74.05.26 et Z.I N° 1, rte Peyrehorade ☏ 74.94.66

Write us...

If you have any comments on the contents of this guide.
Your praise as well as your criticisms will receive careful consideration and, with your assistance, we will be able to add to our stock of information and, where necessary, amend our judgments.

Thank you in advance !

Voir Mont Canisy ≤★ 5 km par ③ puis 20 mn.

🏌 🏌 New-Golf ℡ 88.20.53 S : 3 km par D 278 BZ.

✈ de Deauville-St-Gatien : ℡ 88.31.27 S : 3 km CY.

🛈 Office de Tourisme pl. Mairie (fermé dim. hors sais.) ℡ 88.21.43, Télex 170220.

Paris 207 ② – ♦Caen 43 ③ – Évreux 102 ② – ♦Le Havre 75 ② – Lisieux 30 ② – ♦Rouen 91 ②.

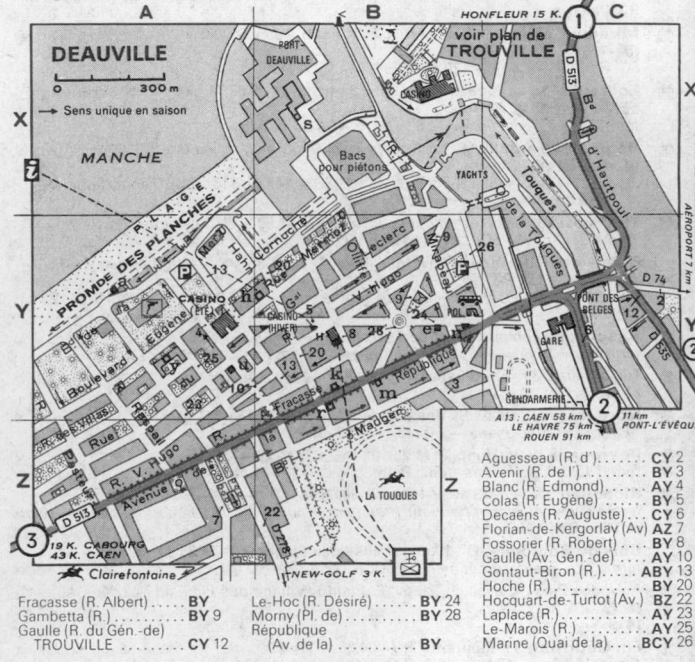

Fracasse (R. Albert) . . . . . . **BY**
Gambetta (R.) . . . . **BY** 9
Gaulle (R. du Gén.-de)
  TROUVILLE . . . . **CY** 12

Le-Hoc (R. Désiré) . . . . . **BY** 24
Morny (Pl. de) . . . . **BY** 28
République
  (Av. de la) . . . . **BY**

Aguesseau (R. d') . . . . . . **CY** 2
Avenir (R. de l') . . . . **BY** 3
Blanc (R. Edmond) . . . . . **AY** 4
Colas (R. Eugène) . . . . . **BY** 5
Decaens (R. Auguste) . . . **CY** 6
Florian-de-Kergorlay (Av) **AZ** 7
Fossorier (R. Robert) . . . . **AY** 8
Gaulle (Av. Gén.-de) . . . . **AY** 10
Gontaut-Biron (R.) . . . . . **ABY** 13
Hoche (R.) . . . . **BY** 20
Hocquart-de-Turtot (Av.) **BY** 22
Laplace (R.) . . . . **AY** 23
Le-Marois (R.) . . . . **AY** 25
Marine (Quai de la) . . . . **BCY** 26

🏨🏨🏨 **Royal,** bd E.-Cornuché ℡ 88.16.41, Télex 170549, ≤, ✽ – 📶 📺 ☎ ♿ 🅿 – 🏛
25 à 250. 🅰🅴 ⓪ 𝑽𝑰𝑺𝑨 ✳ rest   AY **y**
Pâques-début oct. – **R** 150 – **320 ch** ☷ 430/760, 17 appartements – P 660/980.

🏨🏨🏨 **Normandy,** r. J.-Mermoz ℡ 88.09.21, Télex 170617, ≤, ♠ – 📶 📺 ☎ ♿ – 🏛
120. 🅰🅴 ⓪ 𝑽𝑰𝑺𝑨 ✳ rest   ABY **h**
R 160 – **315 ch** ☷ 370/790, 22 appartements – P 630/800.

🏨🏨 **P.L.M.** 🦢 sans rest, port Deauville ℡ 88.62.62, Télex 170364, ≤ – 📶 📺 ☎ – 🏛
60. 🅰🅴 ⓪ 🅴 𝑽𝑰𝑺𝑨   BX **s**
SC : ☷ 20 – **70 ch** 265/320.

🏨 **La Fresnaye** sans rest, 81 av. République ℡ 88.09.71 – 📺 🛁wc 🚿 ☎ 🅿 🗜
🅰🅴 𝑽𝑰𝑺𝑨   BY **r**
SC : ☷ 20 – **14 ch** 94/400.

🏨 **Continental** sans rest, 1 r. Désiré-Le-Hoc ℡ 88.21.06 – 🛁wc 🚿wc 🚿. 🗜 𝑽𝑰𝑺𝑨
15 mars-10 oct. – SC : **49 ch** ☷ 118/220.   BY **n**

🏨 **Résidence** sans rest, 55 av. République ℡ 88.07.50 – 🛁wc 🚿wc 🚿. 🗜
fermé oct. – SC : ☷ 15 – **17 ch** 70/180.   BY **m**

🏨 **Marie-Anne** sans rest, 142 av. République ℡ 88.35.32 – 🛁wc ☎ 🅿 🗜 𝑽𝑰𝑺𝑨
fermé 20 nov. au 15 déc. – SC : **21 ch** ☷ 160/380, 3 appartements 440.   BY **k**

🍴🍴🍴 **Ciro's,** prom. Planches ℡ 88.22.62, ≤   AY **a**

🍴🍴 **Saratoga** avec ch, 1 av. Gén.-de-Gaulle ℡ 88.24.33 – 🛁wc 🚿. ⓪ 𝑽𝑰𝑺𝑨   AY **u**
fermé 5 janv. au 5 fév. – **R** *(fermé lundi soir et mardi hors sais.)* 80 – ☷ 16 – **8 ch**
160/180.

🍴🍴 **Chez Camillo,** 13 r. Désiré-Le-Hoc ℡ 88.79.78 – 🅰🅴 ⓪ 𝑽𝑰𝑺𝑨   BY **e**
fermé fév. et merc. sauf juil.-août – **R** carte 100 à 170.

au New-Golf S : 3 km par D 278 - BZ - ⊠ **14800** Deauville :

🏰 **Golf** 🏌, 🕾 88.19.01, Télex 170448, alt. 100, « Dans la campagne normande, ≤ mer et vallée », parc, ⚒ - 🛗 📺 🕾 🅿 - 🔥 100. 🕮 ⑩ 𝕍𝕀𝕊𝔸. 🍽 rest
début mai-fin sept. – **R** 120 – **172 ch** ⊡ 335/530, 6 appartements – P 400/445.

à Touques par ② : 2,5 km – ⊠ **14800** Deauville :

🏨 **L'Amirauté** Ⓜ, 🕾 88.90.62, Télex 171665, 🔟, ⚒ – 🛗 📺 🕾 🅿 – 🔥 50 à 200. 🕮
⑩ 𝐄 𝕍𝕀𝕊𝔸
SC : **R** carte 105 à 160 – ⊡ 28 – **120 ch** 445/490, 6 appartements.

🍴🍴 **Aux Landiers,** 🕾 88.00.39 – 🕮 𝐄 𝕍𝕀𝕊𝔸
fermé 15 au 30 juin, lundi, mardi et merc, sauf 15 mai au 15 sept. – **SC : R** 85/110.

Voir aussi ressources hôtelières de *Blonville*.

ALFA-ROMEO-OPEL Gar. de la Plage, 26 r. Gén.-Leclerc 🕾 88.28.67
AUSTIN, MERCEDES-BENZ, MORRIS, PORSCHE TRIUMPH Clairefontaine Automobile, 30-32 r. Hoche 🕾 88.21.79
CITROEN Succursale, r. de Paris par ② 🕾 88.85.44 🔃 88.12.99
FIAT, LANCIA-AUTOBIANCHI Moreau, 41 av. République 🕾 88.21.15

FORD Bastien, 22 r. Fracasse 🕾 88.04.31
PEUGEOT-TALBOT SODEVA, rte de Paris par ② 🕾 88.66.22
RENAULT Les Autom. Deauvillaises, rte de Paris par ② 🕾 88.21.34

🛢 Callac, 23 r. Oliffe 🕾 88.36.32

▆▆ DECAZEVILLE 12300 Aveyron 🎇 ① G. Causses – 10 811 h. alt. 225 – ✪ 65.

🚹 Office de Tourisme 15 av. Cabrol (fermé sam. et dim.) 🕾 43.06.27 et Pavillon du Tourisme pl. Wilson (1er juin-31 août et dim.) 🕾 43.18.36.

Paris 612 – Aurillac 68 – Figeac 28 – Rodez 37 – Villefranche-de-Rouergue 38.

🏨 **France,** pl. Cabrol 🕾 43.00.07 – 🛗 🛏wc 🗍wc 📶 ↻ 🔁 𝕍𝕀𝕊𝔸
SC : **R** *(fermé lundi)* 55/110 – ⊡ 18 – **24 ch** 95/150 – P 140/160.

🏨 **Pontier,** 71 Av. Paul Ramadier 🕾 43.04.04 – 🛏wc 🗍 📶 ↻ 🔁 🅿 – 🔥 30
SC : **R** *(fermé dim. soir)* 40/120 – ⊡ 12 – **24 ch** 70/130 – P 110/140.

🏠 **Moderne,** 16 av. A.-Bos 🕾 43.04.33 – 🗍 🍽 ch
fermé 15 sept. au 15 oct. – **R** 32/110 🍷 – ⊡ 12 – **19 ch** 45/70.

PEUGEOT-TALBOT Fiches, pl. de la Gare 🕾 43.01.27
RENAULT Esculié, Zone Ind. des Prades 🕾 43.24.38

🛢 Sigal, pl. G.-Abraham 🕾 43.02.33

▆▆ DECIZE 58300 Nièvre 🎇 ④ ⑤ G. Bourgogne – 7 713 h. alt. 197 – ✪ 86.

🚹 Office de Tourisme à l'Hôtel de Ville (fermé sam. et dim.) 🕾 25.03.23.

Paris 274 ① – Autun 78 ② – Bourbon-Lancy 38 ② – Château-Chinon 53 ② – Clamecy 75 ① – Digoin 66 ② – Moulins 33 ③ – Nevers 34 ①.

DECIZE

Champ-de-Foire (Pl.)	2
Foch (R. Mar.)	3
Hôtel-de-Ville (Pl.)	4
Jaurès (Pl. Jean)	5
J.-J.-Rousseau (R.)	6
Loire (Quai de)	7
Moulins (Rte de)	9
République (R.)	12
St-Just (Pl.)	20
Saint-Just (R.)	21
Verdun (Av. de)	22
Voltaire (Bd)	24
14-Juillet (Av. du)	25

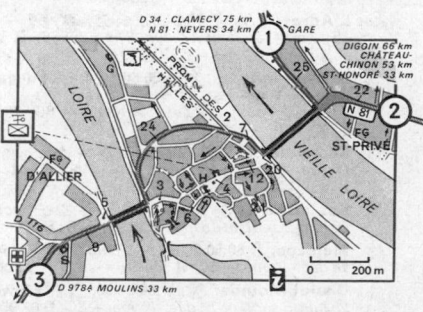

🏠 **Agriculture,** 20 rte Moulins (s) 🕾 25.05.38 – 🗍 🅿 🍽
fermé 1er au 15 oct. et dim. de nov. au 31 mars – SC : **R** 40/80 🍷 – ⊡ 12 – **18 ch** 54/102 – P 110/125.

🏫 **Capucines,** av. Gare par ① 🕾 25.04.12, « Jardin au bord de la rivière » – 🗍 🅿
SC : **R** *(fermé dim. soir et lundi du 1er sept. au 30 juin)* 32/75 🍷 – ⊡ 10,50 – **20 ch** 43/64 – P 100/120.

CITROEN Dubois-Dallois, 109 bis av. Verdun par ② 🕾 25.15.88
PEUGEOT-TALBOT Becouse-Autom., rte Moulins par ③ 🕾 25.13.32
RENAULT SAVRAL, RN81 à St-Léger-des-Vignes par ① 🕾 25.09.73

V.A.G. Gar. Boiteau, 8 av. du 14-Juillet 🕾 25.06.12

🛢 Jousse, Les Champs Monares rte de Moulins 🕾 25.14.39

DELLE 90100 Ter.-de-Belf. 66 ⑧ – 6 534 h. alt. 360 – ✪ 84.

🛈 Office de Tourisme av. Gén.-de-Gaulle (fermé matin et dim.) ☎ 36.03.06.

Paris 496 – ◆Bâle 51 – Belfort 19 – Montbéliard 18.

🏠 **National,** à la Gare ☎ 36.03.97, ☞ – ⌷wc ▥wc ☎ ⇐ 🄿 ☗ VISA. ❀
SC : **R** *(fermé lundi)* 75/160 ♨ – ⌷ 14 – **14 ch** 65/110 – P 235/260.

DELME 57590 Moselle 57 ⑭ – 620 h. alt. 221 – ✪ 8.

Paris 356 – Château-Salins 13 – ◆Metz 32 – ◆Nancy 35 – Pont-à-Mousson 32 – St-Avold 41.

🏠 **A la Douzième Borne,** ☎ 701.30.18 – ▤ ⌷ ▥ 🅿. ☗ ① E VISA
◆   SC : **R** 38/150 – ⌷ 13 – **19 ch** 65/120 – P 130.

DEMOISELLES (Grotte des) ★★★ 34 Hérault 83 ⑯⑰ G. Causses.

DÉSAIGNES 07 Ardèche 76 ⑲ – rattaché à Lamastre.

DESCARTES 37160 I.-et-L. 68 ⑤ G. Châteaux de la Loire – 4 481 h. alt. 51 – ✪ 47.

🛈 Syndicat d'Initiative à la Mairie (fermé sam. après-midi et dim.) ☎ 59.70.50.

Paris 291 – Châteauroux 91 – Châtellerault 23 – Chinon 52 – Loches 31 – ◆Tours 56.

🏠 **Aub. de l'Islette,** à Lilette (86 Vienne) O : 3 km par D 58 et D 5 ⊠ 37160
◆   Descartes (37 I.-et-L.) ☎ 59.72.22 – ⌷wc ▥wc ♿ 🅿 – ☗ 30. VISA
fermé déc. et sam. hors sais. – SC : **R** 33/78 – ⌷ 10 – **18 ch** 48/105 – P 100/126.

RENAULT Chabauty, ☎ 59.70.40

Les DEUX-ALPES (Alpes de Mont-de-Lans et de Vénosc) 38860 Isère 77 ⑥ G. Alpes
– alt. 1 644 Alpe de Vénosc, 1 660 m Alpe de Mont-de-Lans – Sports d'hiver : 1 650/3 568 m ✦6 ⚡44 ⚡
– ✪ 76.

Voir Belvédère de la Croix★.

🛈 Office de Tourisme ☎ 80.52.23, Télex 320883 et réservations hôtelières ☎ 80.54.38.

De l'Alpe de Vénosc : Paris 640 – Le Bourg-d'Oisans 25 – La Grave 26 – ◆Grenoble 74 – Col du
Lautaret 37.

🏨 **La Farandole** Ⓜ ⚲, ☎ 80.50.45, Télex 320029, ≤ massif de la Muzelle, ▥, ☞ –
▤ 📺 ☎ ⇐ 🅿 – ☗ 60. ㏂ ① E VISA. ❀ rest
juil.-août et 10 déc.-20 avril – SC : **R** 120/220 – **46 ch** ⌷ 220/500, 14 appartements
– P 300/480.

🏨 **La Bérangère** Ⓜ ⚲, ☎ 79.24.11, ≤, ▥ – ▤ 📺 ☎ 🅿 – ☗ 25. VISA. ❀ rest
17 déc.-20 avril – SC : **R** 130/190 – ⌷ 30 – **59 ch** 180/380 – P 230/390.

🏨 **Marmottes** Ⓜ, ☎ 79.21.91, Télex 320700, ≤, ▥ – ▤ ♿ 🅿 – ☗ 80. ❀ rest
25 juin-10 sept. et 11 déc.-1er mai – SC : **R** 105/150 – ⌷ 26 – **30 ch** 160/275, 10
appartements 250/330 – P 230/350.

🏨 **L'Adret** Ⓜ ⚲, ☎ 79.24.30, ≤, ☶, ☞, ❀ – ▤ 📺 ⇐ 🅿. ① VISA
25 juin-31 août et 17 déc.-2 mai – SC : **R** 70/100 – ⌷ 19 – **21 ch** 180/270, 4
appartements 350 – P 210/330.

🏨 **La Mariande** ⚲, ☎ 80.50.60, ≤ massif de la Muzelle, ☶, ☞, ❀ – ⌷wc ▥ ☗
♿ 🅿. ☗. ❀ rest
25 juin-31 août et 17 déc.-18 avril – SC : **R** 95/100 – ⌷ 19 – **23 ch** 166/306 –
P 200/320.

🏨 **Edelweiss** Ⓜ, ☎ 79.21.22, ≤, ☶ – ▤ ⌷wc ▥ ☎ ⇐ 🅿 – ☗ 40. ☗. ❀ rest
26 juin-4 sept. et 17 déc.-23 avril – SC : **R** 70/140 – ⌷ 25 – **26 ch** 180/270 –
P 180/310.

🏨 **Souleil'Or** Ⓜ ⚲, ☎ 79.24.69, ≤ – ▤ ⌷wc ☗ 🅿. ❀ rest
25 juin-5 sept. et 18 déc.-25 avril – SC : **R** 70 – ⌷ 17 – **33 ch** 140/170 – P 210/250.

🏨 **Mélèzes,** ☎ 80.50.50, ≤ – ⌷wc ▥ ☎ ⇐ 🅿 – ☗ 40. ☗. ❀ rest
18 déc.-1er mai – SC : **R** 55/110 – ⌷ 17 – **32 ch** 155/205 – P 196/255.

🏨 **Chalet Mounier** ⚲, ☎ 80.56.90, ☶ – ⌷wc ▥ ☎ 🅿 – ☗ 30. ☗. ❀ rest
25 juin-5 sept. et 1er déc.-1er mai – SC : **R** 62/95 – **37 ch** ⌷ 100/225 – P 160/230.

🏨 **Muzelle-Sylvana,** ☎ 80.50.93 – ▤ ⌷wc ▥wc ☎ ⇐ 🅿 – ☗ 35. VISA. ❀ rest
1er déc.-20 avril – SC : **R** 70/80 – ⌷ 17 – **30 ch** 240 – P 220/260.

🏠 **Cairn,** ☎ 80.52.38, ≤, ☵ – ⌷wc ▥wc ☗ 🅿. ☗. ❀ rest
◆   *20 juin-10 sept. et 15 déc.-1er mai* – SC : **R** 50/100 – ⌷ 18 – **23 ch** 130/180 –
P 150/220.

🏠 **Le Provençal,** ☎ 80.52.58 – ⌷wc ☗ 🅿. ❀ rest
1er juin-15 sept. et 15 déc.-20 avril – SC : **R** 65 – ⌷ 17 – **18 ch** 180 – P 235.

✕ **La Bougie,** ☎ 79.23.13, ☵ – VISA
début juin-mi-sept. et début déc.-début mai ; fermé mardi midi – SC : **R** carte 70 à
130.

VOLVO Gar. de la Vallée, Alpes-de-Mont-de-Lans ☎ 80.56.64 🆕

DHUIZON 41 L.-et-Ch. 64 ⑧ – 1 086 h. alt. 130 – ✉ **41220** La Ferté-St-Cyr – ☎ 54.
Paris 173 – Beaugency 22 – Blois 28 – Orléans 43 – Romorantin-Lanthenay 27.

XX **Aub. Gd Dauphin** avec ch, ☎ 98.31.12 – P. VISA
fermé 18 janv. au 5 mars, mardi soir et merc. – SC : **R** 50/160 ♁ – ☕ 18 – **9 ch** 79/112 – P 410/440 (pour 2 pers.).

DIE ⟨SP⟩ **26150** Drôme 77 ⑬⑭ **G. Alpes** (plan) – 4 191 h. alt. 410 – ☎ 75.
Syndicat d'Initiative pl. St-Pierre (15 juin-15 sept.) ☎ 22.03.03.
Paris 627 – Gap 95 – •Grenoble 97 – Montélimar 77 – Nyons 83 – Sisteron 99 – Valence 65.

La Petite Auberge, av. Sadi-Carnot (face gare) ☎ 22.05.91, – wc wc ☎ P. rest
fermé déc., janv., dim. soir et lundi sauf juil. et août – SC : **R** 50/120 ♁ – ☕ 15 – **15 ch** 75/125 – P 120/140.

St-Dominique, 44 r. C.-Buffardel ☎ 22.03.08 – wc ☎ .
fermé 5 nov. au 5 déc. – SC : **R** 37/75 ♁ – ☕ 14 – **23 ch** 120/140 – P 117/201.

Relais de Chamarges, rte Valence : 1 km ☎ 22.00.95, – wc wc ☎ P
fermé fév. et lundi – SC : **R** 39/110 – ☕ 11 – **10 ch** 130.

CITROEN Gar. des Alpes, ☎ 22.01.89
FIAT Favier, ☎ 22.02.11
FORD Mocellin, ☎ 22.04.97 N
PEUGEOT, TALBOT Gar. du Viaduc, ☎ 22.01.47
PEUGEOT, TALBOT Querol, ☎ 22.06.47
RENAULT Bouffier, ☎ 22.01.55

DIEFMATTEN 68 H.-Rhin 66 ⑨ – 214 h. alt. 300 – ✉ **68780** Sentheim – ☎ 89.
Paris 522 – Belfort 24 – Colmar 49 – •Mulhouse 21 – Thann 17.

XXX **Cheval Blanc,** ☎ 26.91.08, – P
fermé 10 au 27 janv., dim. soir et lundi – SC : **R** 85/180 ♁.

DIENNE 15 Cantal 76 ③ **G. Auvergne** – 496 h. alt. 1 050 – ✉ **15300** Murat – ☎ 71.
Paris 505 – Allanche 22 – Aurillac 56 – Condat 31 – Mauriac 52 – Murat 10 – St-Flour 35.

Manoir des Gentianes ⚘, ☎ 20.80.06 wc P.
fermé 1er nov. au 20 déc., 1er au 7 mai et 11 au 18 mai – SC : **R** 32/55 – ☕ 10 – **12 ch** 55/80 – P 100/130.

Poste, ☎ 20.80.40 – wc P. ch
fermé 10 nov. au 20 déc. – SC : **R** 48/65 – ☕ 11 – **10 ch** 70/120 – P 120/140.

DIEPPE ⟨SP⟩ **76200** S.-Mar. 52 ④ **G. Normandie** – 26 111 h. – Casino Municipal AXY – ☎ 35.
Voir Église St-Jacques* BY **E** – Boulevard de la Mer ≤* AY – Chapelle N.-D.-de-Bon-Secours ≤* CX **D** – Musée du château : ivoires* AY **M.**
18 ☎ 84.25.05 par ⑥ : 2 km.
Office de Tourisme bd Gén. de Gaulle (fermé dim.) ☎ 84.11.77 et Rotonde plage (juil.-août, fermé lundi et mardi matin) ☎ 84.28.70 – A.C.O. 63 r. St-Jacques ☎ 84.24.71.
Paris 200 ④ – Abbeville 64 ① – Beauvais 98 ④ – •Caen 168 ④ – •Le Havre 105 ④ – •Rouen 61 ④.

Plan page suivante

La Présidence M, 1 bd Verdun ☎ 84.31.31, Télex 180865, ≤ – rest TV ☎ ♿ – 150. AE ① E VISA AY **z**
SC : **R** (4e étage) grill carte 90 à 130 ♁ – ☕ 25 – **88 ch** 170/300.

Univers, 10 bd Verdun ☎ 84.12.55, Télex 770741, ≤, « Beau mobilier ancien » – TV ☎ ♿ P – 30. AE ① E VISA. rest AX **f**
fermé 6 déc. au 15 janv. – SC : **R** 75/150 – ☕ 22 – **30 ch** 170/320 – P 235/330.

Aguado M sans rest, 30 bd Verdun ☎ 84.27.00, ≤ – TV. BX **s**
SC : ☕ 21 – **55 ch** 145/250.

Windsor, 18 bd Verdun ☎ 84.15.23, ≤ – rest wc ☎ – 40. AE ① E VISA. rest AX **a**
fermé 14 nov. au 19 déc. – SC : **R** *(fermé dim. soir d'oct. à Pâques)* 70/88 – ☕ 17 – **46 ch** 85/190 – P 195/325.

Select H. sans rest, 1 r. Toustain ☎ 84.14.66 – wc ☎. AE VISA AY **v**
SC : ☕ 15 – **25 ch** 100/185.

Plage sans rest, 20 bd Verdun ☎ 84.18.28, ≤ – wc ☎. VISA.
fermé 11 nov. au 20 déc. – SC : ☕ 16 – **36 ch** 120/170. AX **n**

Relais Gambetta, 95 av. Gambetta ☎ 84.12.91 – wc ☎ P. AE ① VISA. rest AZ **s**
fermé 15 sept. au 15 oct., lundi soir et mardi hors sais. – SC : **R** 66/170 – ☕ 17 – **19 ch** 110/190 – P 204/244.

XXX **Horizon,** au casino 2e étage ☎ 04.94.95, ≤ – AE ① E VISA AXY **e**
SC : **R** 100.

XX **Marmite Dieppoise,** 8 r. St-Jean ☎ 84.24.26 – AE ① VISA BXY **k**
fermé 21 juin au 4 juil., 20 déc. au 10 janv., jeudi soir, dim. soir et lundi – SC : **R** 45/121 (vend. et sam. soir dîner à la carte).

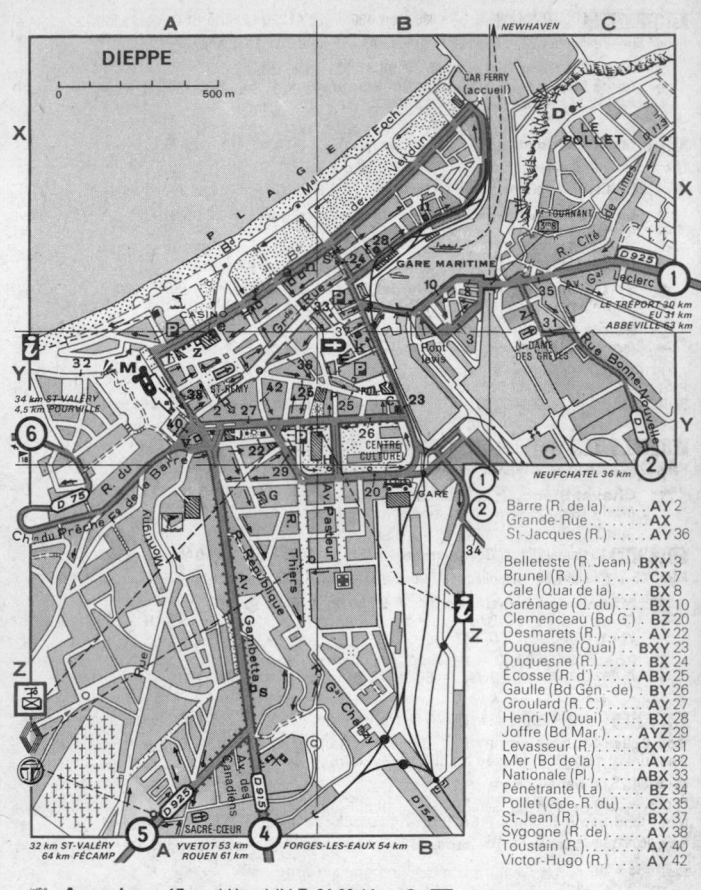

DIEPPE

0   500 m

NEWHAVEN

CAR FERRY (accueil)

LE POLLET

GARE MARITIME

LE TRÉPORT 30 km
EU 31 km
ABBEVILLE 63 km

34 km ST-VALÉRY
4,5 km POURVILLE

CENTRE CULTUREL

NEUFCHATEL 36 km

32 km ST-VALÉRY
64 km FÉCAMP

SACRÉ-CŒUR

YVETOT 53 km
ROUEN 61 km

FORGES-LES-EAUX 54 km

Barre (R. de la) ...... AY 2
Grande-Rue .... AX
St-Jacques (R.) ..... AY 36

Belleteste (R. Jean) .BXY 3
Brunel (R. J.) .... CX 7
Cale (Quai de la) .... BX 8
Carénage (Q. du) .... BX 10
Clemenceau (Bd G.) .. BZ 20
Desmarets (R.) ...... AY 22
Duquesne (Quai) .... BXY 23
Duquesne (R.) ...... BX 24
Écosse (R. d') ...... ABY 25
Gaulle (Bd Gén.-de) .. BY 26
Groulard (R. C.) ..... AY 27
Henri-IV (Quai) ..... BXZ 28
Joffre (Bd Mar.) ..... AYZ 29
Levasseur (R.) ...... CXY 31
Mer (Bd de la) ...... AY 32
Nationale (Pl.) ...... ABX 33
Pénétrante (La) ..... BZ 34
Pollet (Gde-R. du) ... CX 35
St-Jean (R.) .... BX 37
Sygogne (R. de) ..... AY 38
Toustain (R.) .... AY 40
Victor-Hugo (R.) .... AY 42

XX **Armorique,** 17 quai Henri-IV ℡ 84.28.14 – 🅿 VISA BX **t**
  fermé 15 au 30 juin, 15 au 30 sept., dim. soir et lundi – SC : **R** carte 105 à 175.

XX **Le Sully,** 97 quai Henri-IV ℡ 84.23.13 – VISA BX **h**
➡ *fermé 15 nov. au 15 déc., mardi sauf le midi de mai à août et merc.* – SC : **R** 48/190.

X **Port,** 99 quai Henri-IV ℡ 84.36.64 – 🆎 VISA BX **h**
  fermé 8 déc. au 14 janv. et jeudi – SC : **R** 60/89.

aux Vertus par ④ : 3,5 km sur N 27 – ✉ 76550 Offranville :

XXX **La Bucherie,** ℡ 84.83.10 – 🅿 🆎 ⓪
  fermé vacances de fév. et lundi d'oct. à fin fév. – SC : **R** (nombre de couverts limité - prévenir) 90/140.

Voir aussi ressources hôtelières de *Martin-Église* par ② : 6,5 km

ALFA ROMEO, MERCEDES Gar. Quesnel, 2 r. Thiers ℡ 82.60.86
CITROEN Ets Leprince, Zone Ind., voie La Pénétrante BZ ℡ 84.16.77 🅽
DATSUN Gar. Gosse, 1 r. J.-Flouest ℡ 84.21.49
FIAT Gar. J.-Jaurès, 8 av. J.-Jaurès ℡ 82.72.35
FORD Gar. de la Plage, 4 r. Bouzard ℡ 84.10.36
LANCIA-AUTOBIANCHI, OPEL Vasseur 17 ch. Course, à Rouxmesnil-Bouteilles ℡ 84.18.54
PEUGEOT-TALBOT Laffillé, Zone Ind., voie La Pénétrante BZ ℡ 82.24.50

RENAULT Gds Gar. Normandie, 33 r. Thiers ℡ 82.23.40
RENAULT Novocar, 36 av. J.-Jaurès ℡ 82.40.40
V.A.G. Picard, Zone Ind. à Neuville-lès-Dieppe ℡ 82.02.16

🛞 Diepneu, 46 r. Thiers ℡ 84.39.99
Léveillard Pneus, 7 quai Trudaine ℡ 84.17.00

CONSTRUCTEUR : Alpine, av. de Bréauté ℡ 84.37.21

Pour un bon usage des plans de villes, voir les signes conventionnels p. 20.

DIEULEFIT 26220 Drôme ⑧① ② ⓖ G. Vallée du Rhône – 2 919 h. alt. 386 – ✪ 75.

🛈 Syndicat d'Initiative pl. Église (Pâques, 1er juin-30 sept. Nöel et fermé dim.) ☎ 46.42.49.

Paris 635 – Crest 37 – Montélimar 27 – Nyons 31 – Orange 58 – Pont-St-Esprit 61 – Valence 72.

🏛 **Chez Nous** 🐦, ☎ 46.40.59, 🍴, « jardin » – ⌂wc 🛁wc 📞 🅿 – 🛗 30
➡ *fermé 15 nov. au 22 déc.* – SC : **R** 50/170 – � 21 – **22 ch** 71/250 – P 200/350.

🏠 **Relais du Serre,** rte Nyons ☎ 46.43.45 – 🛁wc 📞 🅿 🚗 ⏢ Ε 𝖵𝖨𝖲𝖠
➡ *fermé fév. et lundi sauf juil.-août* – SC : **R** 45/130 – ⊻ 15 – **8 ch** 95/130 –
P 165/180.

🏡 **Les Brises,** rte Nyons à 2 km ☎ 46.41.49 – 🚫 rest
➡ *fermé janv. et mardi sauf de fin juin à sept.* – SC : **R** 45/90 – 🍽 12 – **9 ch** 70 –
P 120.

au Poët-Laval O : 5 km par D 540 – ✉ 26160 La Bégude-de-Mazenc.

Voir Site★.

🏛 ✿ **Les Hospitaliers** Ⓜ 🐦, ☎ 46.22.32, < vallée, 🍴, « Au vieux village », 🏊, 🌿
– 📞 – 🛗 30. ⏢ ⓞ Ε 𝖵𝖨𝖲𝖠
fermé 15 nov. au 1er mars – SC : **R** *(fermé mardi hors sais.)* 160/280 – ⊻ 35 – **20 ch**
220/480 – P 430/560
Spéc. Feuilleté aux pointes d'asperges vertes (1er avril-15 juin), Selle d'agneau rôtie, Fondant de
Charolais. **Vins** Coteaux-du-Tricastin, Côtes-du-Rhône.

CITROEN Chauvin, ☎ 46.44.47   RENAULT Gar. Benoit, ☎ 46.32.33
PEUGEOT Henry, ☎ 46.43.59 🇳 ☎ 46.33.31

DIGNE 🅿 04000 Alpes-de-H.-Pr ⑧① ⑰ ⓖ G. Côte d'Azur – 16 576 h. alt. 608 – Stat. therm.
(mars-nov.) Ét. thermal, E : par D 19 B et D 20 : 3,5 km – ✪ 92.

Voir Cadre★.

Env. Courbons : ≼★ de l'église 6 km par ③ – ≼★ du Relais de télévision 8 km par ③.

🛈 Syndicat d'Initiative avec A.C. (☎ 31.29.26) le Rond-Point (fermé dim.) ☎ 31.42.73, Télex 430605.

Paris 745 ③ – Aix-en-Provence 110 ③ – Antibes 139 ② – Avignon 143 ③ – Cannes 134 ② –
Carpentras 139 ③ – Gap 87 ③ – ♦Grenoble 180 ③ – ♦Nice 153 ② – Valence 203 ③.

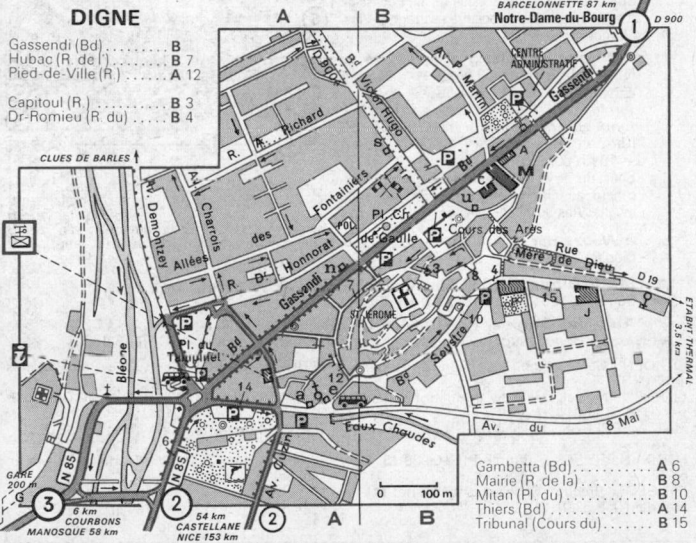

DIGNE

Gassendi (Bd) .... **B**
Hubac (R. de l') .... **B** 7
Pied-de-Ville (R.) ...... **A** 12

Capitoul (R.) .... **B** 3
Dr-Romieu (R. du) ..... **B** 4

Gambetta (Bd) .... **A** 6
Mairie (R. de la) .... **B** 8
Mitan (Pl. du) .... **B** 10
Thiers (Bd) .... **A** 14
Tribunal (Cours du) .... **B** 15

🏛 ✿ **Gd Paris** (Ricaud), 19 bd Thiers ☎ 31.11.15, 🍴 – 📶 📺 ☎ – 🛗 25. ⏢ ⓞ 𝖵𝖨𝖲𝖠
fermé début janv. à mi-fév. – SC : **R** *(fermé dim. soir et lundi hors sais.)* 105/250 –
⊻ 28 – **27 ch** 170/285, 5 appartements 400 – P 230/330   A **a**
Spéc. Escalope de truite aux poivrons rouges, Agneau persillé et moutardé, Charlotte aux fruits.
Vins Lirac, Vignelaure.

🏛 **Ermitage Napoléon,** bd Gambetta par ② ☎ 31.01.09, 🍴 – 📶 📺 ⌂wc 🛁wc
➡ ☎ 🚗 🅿 – 🛗 100. ⏢ ⓞ Ε 𝖵𝖨𝖲𝖠
15 mars-20 déc. – SC : **R** 50/180 – ⊻ 20 – **60 ch** 140/275.

tourner →

🏨 **Mistre**, 65 bd Gassendi ☎ 31.00.16 – 📧wc 🛁wc 🅿️. 📺   A **n**
fermé 11 nov. au 10 janv. – SC : **R** *(fermé sam. du 10 sept. au 25 juin)* 90/180 – ⌷
18,50 – **35 ch** 86/230 – P 173/255.

🏨 **Host. Aiglon**, 1 r. Provence ☎ 31.02.70 – 📧 🛁wc 🅿️. 📺 AE ① E VISA
→ *fermé déc. et janv. –* SC : **R** *(fermé vend.)* 45/120 ⓑ – ⌷ 16 – **33 ch** 73/157 –
P 146/180.   A **e**

🏨 **Coin Fleuri**, 9 bd V.-Hugo ☎ 31.04.51, 🌤 – 🛁wc 🅿️. AE ⁑ rest   B **s**
→ *1er mars-31 oct. –* SC : **R** 42/100 – ⌷ 15 – **15 ch** 70/140 – P 276/345.

🏩 **Le Petit St-Jean**, 14 cours Arès ☎ 31.30.04 – 🛁 📺   B **u**
→ *fermé 24 déc. au 1er fév. –* SC : **R** *(fermé lundi hors sais.)* 44/75 – ⌷ 11 – **18 ch**
49/95 – P 133/160.

aux Sieyes par ③ : 2 km – ✉ 04000 Digne :

🏨 **St-Michel** sans rest, ☎ 31.45.66 – 🛁wc 🅿️. 📺 ⁑ rest
→ *fermé 7 au 30 nov. –* SC : ⌷ 20 – **21 ch** 120/180.

CITROEN Autos Hory, quartier de la Tour, rte Marseille par ③ ☎ 31.31.24 ☑ ☎ 31.05.56
FIAT Liotard, quartier des Sieyes, rte Marseille ☎ 31.05.56 ☑ ☎ 34.62.47
OPEL Meyran, 77 av. Verdun par ③ ☎ 31.02.47
PEUGEOT-TALBOT Gar. Giraud, quartier St-Christophe, rte Marseille par ③ ☎ 31.06.11

RENAULT Gar. Hte Provence, quartier de la Tour, rte Marseille par ③ ☎ 31.25.86

🅿️ Parenti-Pneus, pl. Tampinet ☎ 31.34.67

DIGOIN 71160 S.-et-L. 🔢 ⑯ G. Bourgogne – 11 402 h. alt. 236 – ✆ 85.

🎫 Office de Tourisme 6 r. Guilleminot (1er juin-oct. et fermé dim.) ☎ 53.00.81.

Paris 360 ① – Autun 67 ① – Charolles 25 ② – Moulins 59 ④ – Roanne 54 ③ – Vichy 71 ④.

🏨 ❀❀ **Gare** (Billoux) 79 av. Gén.-de-Gaulle **(s)** ☎ 53.03.04, 🌤 – 🍽 rest
📧wc 🛁wc 🅿️. 📺 AE ① VISA
fermé 20 au 29 juin, janv. et merc. sauf de juil. au 15 sept. – SC : **R** 95/190 et carte – ⌷ 25 – **14 ch** 130/200
Spéc. Terrine de pigeonneau à l'ail, Fricassée d'écrevisses, Côte de boeuf à l'estragon. Vins Morgon, St-Véran.

XX ❀ **Diligences** (Beck) avec ch, 14 r. Nationale **(a)** ☎ 53.06.31 – 🍽 rest
📧wc 🛁wc 🅿️. 📺 AE ① VISA
fermé 2 au 10 mai, 15 nov. au 16 déc., lundi soir hors sais. et mardi – SC : **R** (dim. et fêtes prévenir) 75/220 – ⌷ 17 – **10 ch** 60/110
Spéc. Ris de veau en papillote, Aiguillettes de canard au citron vert, Chateaubriand à la moëlle. Vins St-Véran, Juliénas.

à Neuzy par ① : 4 km – ✉ 71160 Digoin :

🏨 **Merle Blanc**, ☎ 53.17.13 – 📧wc 🅿️ – 🎾 40 📺 AE E
→ SC : **R** 40/120 ⓑ – ⌷ 15 – **12 ch** 90/130 – P 150/160.

X **Aub. des Sables**, ☎ 53.07.64 – 🅿️ VISA
→ *fermé 1er au 7 sept., en fév. et merc. sauf le midi en saison –* SC : **R** 45/150 ⓑ.

DIGOIN

Gaulle (Av. Gén.-de)	
Nationale (R.) 10	Crots (R. des) 4
	Dombe (R. de la) 5
	Grève (Pl. de la) 6
Bartoli (R.) 2	Launay (Av. de) 8
Centre (R. du) 3	Moulin (R. Jean) 9

CITROEN Gar. Central, 2 av. Gén.-de-Gaulle ☎ 53.08.37
CITROEN Martel, rte Vichy à Molinet (Allier) par ④ ☎ 53.11.04
FIAT, MERCEDES Pulcina, 20 r. L.-Pic ☎ 53.24.74
FORD Narbot, 68 r. Bartoli ☎ 53.04.38 ☑ ☎ 53.32.77
PEUGEOT Brechat, Chavannes à Molinet (Allier) par ④ ☎ 53.01.10

PEUGEOT-TALBOT Henry, 19 av. des Platanes ☎ 53.03.15
RENAULT Portrat, 71 av. Gén.-de-Gaulle ☎ 53.05.25
Gar. de la Brierette, 44 r. V.-Hugo ☎ 53.06.70

🅿️ Gouillardon-Gaudry, La Fontaine St-Martin Molinet ☎ 53.12.21

When in Europe never be without :

- Michelin Main Road Maps
- Michelin Red Guides (hotels and restaurants)
  Benelux - Deutschland - España Portugal - Europe - Great Britain and Ireland - Italia
- Michelin Green Guides (sights and attractive routes)
  Austria - Germany - Italy - Portugal - Spain - Switzerland

DIJON P 21000 Côte-d'Or ⑥⑥ ⑫ G. Bourgogne – 156 787 h. alt. 247 – ✿ 80.

Voir Palais des Ducs et des États de Bourgogne★ DY – Tour Philippe-le-Bon ≤★ DY L –
Rue des Forges★ DY – Église N.-Dame★ DY E – Quartier du Palais de Justice★ :
plafonds★ (Palais de Justice) DY J – Chartreuse de Champmol★ : Puits de Moïse★★ A V
– Église St-Michel★ DY F – Jardin de l'Arquebuse★ CY – Crypte★ de la cathédrale CY K
– Musées : Beaux-Arts★★ (salle des Gardes★★★) DY M1, Archéologique★ CY M2.

🏌 de Bourgogne ☎ 31.71.10 par ① : 10 km – 🚗 ☎ 41.50.50.

🛈 Office de Tourisme et Accueil de France (Informations, change et réservations d'hôtels, pas plus
de 5 jours à l'avance), pl. Darcy ☎ 43.42.12, Télex 350912 et 34 r. Forges (fermé sam. après-midi et
dim.) ☎ 30.35.39 - A.C. 4 r. Montmartre ☎ 41.61.35 -

Paris 313 ⑦ – Auxerre 148 ⑦ – ◆Bâle 252 ③ – ◆Besançon 102 ③ – ◆Clermont-Ferrand 288 ④ –
◆Genève 200 ③ – ◆Grenoble 296 ④ – ◆Lyon 192 ④ – ◆Reims 283 ① – ◆Strasbourg 335 ③.

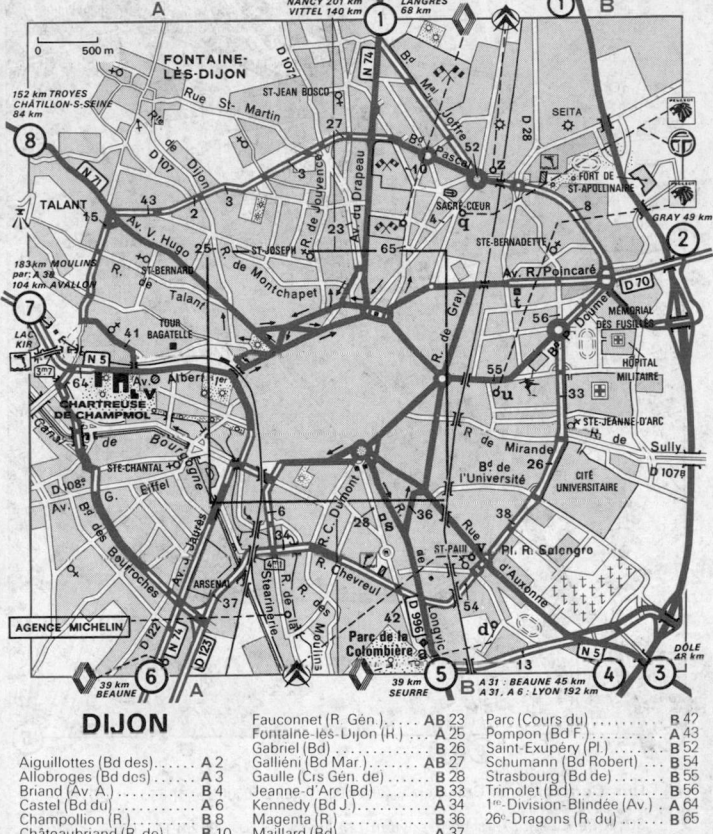

DIJON

Aiguillottes (Bd des)	A 2	Fauconnet (R. Gén.)	AB 23	Parc (Cours du)	B 42
Allobroges (Bd des)	A 3	Fontaine-lès-Dijon (R.)	A 25	Pompon (Bd F.)	A 43
Briand (Av. A.)	A 4	Gabriel (Bd)	B 26	Saint-Exupéry (Pl.)	B 52
Castel (Bd du)	A 6	Galliéni (Bd Mar.)	AB 27	Schumann (Bd Robert)	B 54
Champollion (R.)	B 8	Gaulle (Crs Gén. de)	B 28	Strasbourg (Bd de)	B 55
Châteaubriand (R. de)	B 10	Jeanne-d'Arc (Bd)	A 33	Trimolet (Bd)	B 56
Chicago (Bd de)	B 13	Kennedy (Bd J.)	B 34	1re-Division-Blindée (Av.)	A 64
Clomiers (Bd des)	A 15	Magenta (R.)	B 36	26e-Dragons (R. du)	B 65
		Maillard (Bd)	B 37		
		Mansard (Bd)	B 38		
		Ouest (Bd de l')	A 41	Répertoire des rues, voir pages suivantes.	

🏨🏨 ✿ **Chapeau Rouge**, 5 r. Michelet ☎ 30.28.10, Télex 350535 – 🔄 📺 ☎ 🚗 🏧 ⓘ
E 💳 🍴 rest   CY **a**
fermé 19 déc. au 2 janv. – SC : **R** (nombre de couverts limité - prévenir) carte 130 à
185 – 🍴 27 – **31 ch** 280/405
Spéc. Ris de veau homardine, Médaillons de veau à la crème de poivron rouge, Canette de Barbarie.
Vins Haute Côte de Nuits.

🏨🏨 **Frantel** M, 22 bd Marne ⊠ 21100 ☎ 72.31.13, Télex 350293, 🏊, 🌳 – 🔄 🍴 📺 ☎
🔄 – 🔬 40 à 150. 🏧 ⓘ E 💳   EX **z**
SC : **R** Le Château de Bourgogne 120 bc/165 – 🍴 27 – **117 ch** 270/335.

🏨🏨 **La Cloche et rest. des Caves de la Cloche** M, 14 pl. Darcy ☎ 30.12.32, Télex
350498, 🌳 – 🔄 🍴 📺 ☎ 🅿 – 🔬 50 à 160. 🏧 ⓘ E 💳 🍴 rest   CY **f**
SC : **R** 130 bc/210 – 🍴 29 – **76 ch** 320/480, 4 appartements – P 570/685.

417

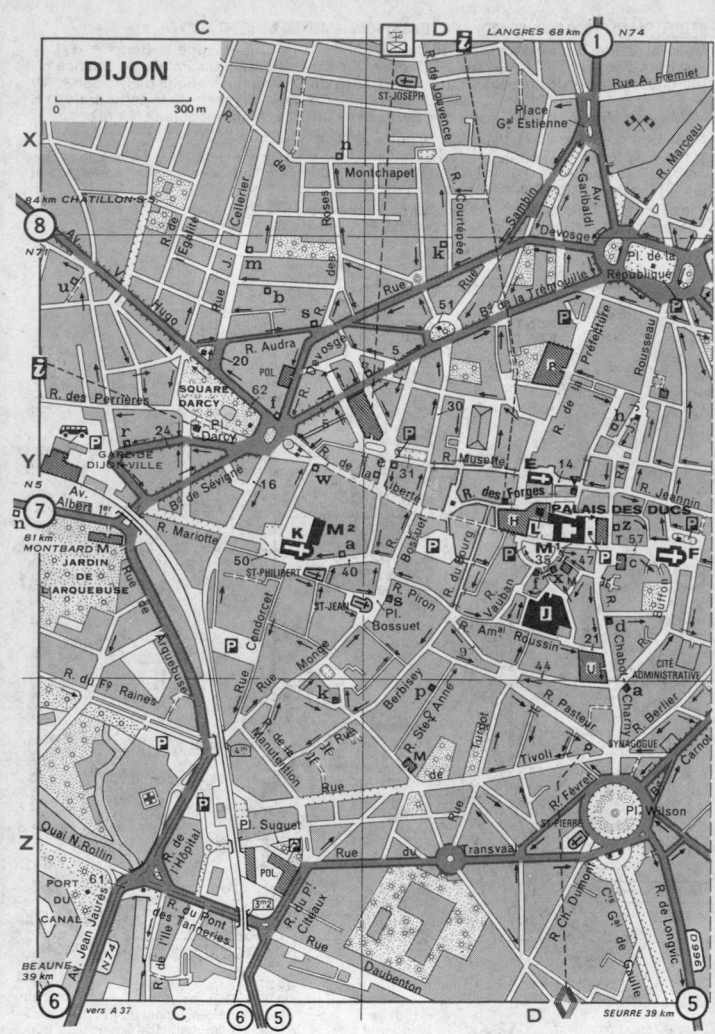

DIJON

0   300 m

C   D   *LANGRES 68 km*   N74   ①

X

84 km CHÂTILLON-S-S
⑧ N71

Y

N5
⑦ *81 km MONTBARD M*   *JARDIN DE L'ARQUEBUSE*

Z

BEAUNE 39 km   ⑥   ⑥ ⑤   *vers A 37*   C   D   *SEURRE 39 km*   ⑤

🏨 **Ibis Central,** 3 pl. Grangier ☎ 30.44.00, Télex 350606 – 🛗 ☰ rest 📺 ☎ – 🍴
30 à 80. ☰ VISA
DY **e**
SC : **R** *(fermé dim.)* grill carte environ 120 ⅄ – 🍴 17,50 – **90 ch** 145/195 – P 280/335.

🏨 **Grésill'H.** Ⓜ, 16 av. R.-Poincaré ☎ 71.10.56, Télex 350549 – 🛗 📺 ☎ 🅿 – 🍴 25.
ᴬᴱ VISA
B **t**
fermé 5 au 25 août – SC : **R** voir rest. des Congrès – 🍴 19,50 – **49 ch** 104/201.

🏨 **Jura** sans rest, 14 av. Mar.-Foch ☎ 41.61.12, Télex 350485, 🚗 – 🛗 📺 ⌂wc ⌂wc
☎ 🕭 – 🍴 60. 🕮 ᴬᴱ ⓞ 🗲 VISA
CY **r**
fermé 23 déc. au 16 janv. – SC : 🍴 18,50 – **75 ch** 106/220.

🏨 **Victor Hugo** Ⓜ sans rest, 23 r. Fleurs ☎ 43.63.45 – ⌂wc ⌂wc 🕭 🚗 🚗 🖾
SC : 🍴 13,50 – **23 ch** 90/152.
CY **b**

🏨 **Villages H.** Ⓜ, 15 av. Albert 1ᵉʳ ☎ 43.01.12, Télex 350515 – 🛗 ☰ rest 📺 ⌂wc
☎ 🕮 🅿 – 🍴 30 à 120. 🕮 VISA
CY **n**
R carte environ 85 ⅄ – 🍴 16 – **128 ch** 155/170.

🏨 **Poste et rest Gd Café,** 5 r. Château ☎ 30.51.64 – 🛗 ☰ rest ⌂wc ⌂wc ☎
🕮 ⓞ VISA
DY **e**
SC : **R** 53/66 ⅄ – 🍴 16 – **61 ch** 120/150 – P 220/330.

418

RÉPERTOIRE DES RUES DU PLAN DE DIJON

🏨 **Nord**, 2 r. Liberté ☎ 30.58.58 – ▮ ⌷wc ▯ ☎. 🔊 AE ① E VISA — CY **w**
fermé 23 déc. au 14 janv. – SC: **R** 80/120 – 🖵 14,50 – **22 ch** 85/200.

🏨 **Europe** sans rest, 4 r. Audra ☎ 30.78.08, 🏤 – ▮ TV ⌷wc ▯wc ☎ ⟷ P. 🔊 AE ① E VISA
SC: 🖵 18 – **28 ch** 135/190. — CY **s**

🏨 **Montchapet** sans rest, 26 r. J.-Cellerier ☎ 55.33.31 – TV ⌷wc ▯wc ☎. 🔊 — CY **m**
SC: 🖵 17 – **45 ch** 80/170.

🏠 **Jacquemart** sans rest, 32 r. Verrerie ☎ 73.39.74 – ⌷wc ▯wc ☎ 🔊 VISA — DY **h**
SC: 🖵 12 – **33 ch** 65/145.

🏠 **Allées** sans rest, 27 cours Gen.-de-Gaulle ☎ 66.57.50, 🏤 – ▮ ▯wc ☎. 🔊 — B **s**
fermé 1er au 15 août et vacances de fév. – SC: 🖵 13 – **37 ch** 90/143.

🏠 **St-Bernard** sans rest, 7 bis r. Courtépée ☎ 30.74.67 – ⌷wc ▯wc ☎ ⟷. 🔊 — DY **k**
SC: 🖵 13 – **19 ch** 70/130.

🏠 **Thurot** sans rest, 4 passage Thurot ☎ 43.57.46 – ▯wc ☎ P. ⌁ — CY **u**
fermé août – SC: 🖵 11,50 – **20 ch** 72/135.

🏠 **Les Rosiers** sans rest, 22 bis r. Montchapet ☎ 55.33.11 – ▯wc ☎ VISA — CX **n**
SC: 🖵 12 – **10 ch** 70/130.

419

XXX **Pré aux Clercs et Trois Faisans,** 13 pl. Libération ℡ 67.11.33 – ⓞ 𝐄 𝘝𝘐𝘚𝘈
fermé dim. soir – SC : **R** 95/130.
DY **x**

XXX ❀ **La Chouette** (Breuil), 1 r. la Chouette ℡ 30.18.10 – ⒶⒺ ⓞ 𝐄 𝘝𝘐𝘚𝘈
DY **v**
fermé 2 au 31 janv. et mardi – SC : **R** 70 (sauf sam. soir)/i50
Spéc. Terrine de turbot et de crabe, Filet de St-Pierre au Morgon, Rognon de veau à la moutarde.
Vins Bourgogne Aligoté, Santenay rosé.

XX **Les Oenophiles,** 18 r. Ste-Anne ℡ 30.73.52, « Demeures anciennes, caveau-
musée » – ⒶⒺ ⓞ 𝐄 𝘝𝘐𝘚𝘈
DZ **p**
fermé 25 juil. au 28 août, sam. midi et dim. – SC : **R** 95/130 ⅃.

XX **des Congrès,** 16 av. R.-Poincaré ✉ 21100 ℡ 71.52.84 – ▤ ℗. ⒶⒺ 𝘝𝘐𝘚𝘈
B **t**
fermé 5 au 25 août et dim. – SC : **R** 60/110 ⅃.

XX ❀ **Le Rallye,** 39 r. Chabot-Charny ℡ 32.04.26
DY **d**
fermé 14 juil. à début août, 14 fév. à début mars, lundi midi, dim. et fêtes – SC : **R**
60/95
Spéc. Terrine de volaille à la Royale, Panaché de poissons au beurre de cerfeuil, Aiguillettes de
canard au miel et citron. Vins Aligoté, Mercurey.

XX **Parc** avec ch, 49 cours Parc ℡ 65.18.41, ☞ – ▥wc ☎ – ⚙ 50 à 80. ⇦⇨
B **a**
➝ *fermé 15 août au 8 sept., dim. soir sauf hôtel et merc.* – SC : **R** 50/95 – ⚌ 10 – **8 ch**
42/100.

XX **Thibert,** 23 r. Crebillon ℡ 30.52.34 – 𝘝𝘐𝘚𝘈
CZ **k**
fermé 1er au 15 août, en janv., lundi midi et dim. – SC : **R** 75/180.

XX **Le Vinarium,** 23 pl. Bossuet ℡ 30.36.23, « aménagé dans une crypte du 13ᵉ. » –
ⒶⒺ 𝘝𝘐𝘚𝘈
DY **s**
fermé dim. – SC : **R** 65/120 ⅃.

XX **Pierre Fillion,** 39 r. Buffon ℡ 66.65.77 – ⒶⒺ ⓞ 𝘝𝘐𝘚𝘈
DZ **a**
➝ *fermé dim.* – **R** 40/150 ⅃.

X **Chasse Royale,** 15 pl. de la Libération ℡ 67.15.75 – ⓞ 𝐄 𝘝𝘐𝘚𝘈
DY **f**
fermé lundi soir – **R** carte 85 à 120.

à Talant par ⑧ : 3 km – 11 365 h. – ✉ 21240 Talant – **Voir** ⁂ ★.

🏠 **La Bonbonnière** ⌂ sans rest, 24 r. Orfèvres (près église) ℡ 57.31.95, ⩽, ☞ –
▦▥wc ℗. ⇦⇨ ⓞ 𝘝𝘐𝘚𝘈
SC : ⚌ 17 – **20 ch** 115/175.

à Sennecey-lès-Dijon par ③ : 5 km – ✉ 21800 Quétigny :

🏠 **La Flambée** Ⓜ, ℡ 47.35.35, ☞ – ▦▤ 📺 ☎ ℗ – ⚙ 25. ⒶⒺ ⓞ 𝐄 𝘝𝘐𝘚𝘈
➝ SC : **R** grill 45/149 ⅃ – ⚌ 26 – **22 ch** 245/280.

à Plombières-lès-Dijon par ⑦ : 6 km – ✉ 21370 Plombières-lès-Dijon :

XX **L'Auberge,** 9 rte Paris ℡ 41.69.11 – ⒶⒺ ⓞ 𝘝𝘐𝘚𝘈
fermé 10 au 25 janv. – SC : **R** 60/140 ⅃.

à Hauteville-lès-Dijon par ⑧ et D 107 : 7 km – ✉ 21121 Fontaine-lès-Dijon :

🏠 **La Musarde** ⌂, ℡ 56.22.82, ☞ – ▥wc ⌂ ☎ ℗. 𝘝𝘐𝘚𝘈
➝ *fermé 8 janv. au 8 fév., lundi (sauf hôtel) et dim. soir* – SC : **R** 46 – ⚌ 14 – **11 ch**
70/150 – P 120/160.

à Marsannay-la-Côte par ⑥ : 8 km – 6 590 h. – ✉ 21160 Marsannay-la-Côte :

🏠 **Novotel** Ⓜ, rte Beaune ℡ 52.14.22, Télex 350728, ⚊, – ▤ rest 📺 ☎ ⅍ ℗ – ⚙
25 à 140. ⒶⒺ ⓞ 𝘝𝘐𝘚𝘈
R snack carte environ 85 – ⚌ 27 – **124 ch** 227/260.

XX **Gourmets,** 8 r. Puits de Têt ℡ 52.16.32, ☞ – ⒶⒺ ⓞ 𝘝𝘐𝘚𝘈
fermé janv., lundi soir et mardi – SC : **R** 130 bc/75.

à Perrigny-lès-Dijon par ⑥ : 9 km – ✉ 21160 Marsannay-la-Côte :

🏠 **Minimote,** ℡ 52.86.45 – 📺 ▥wc ☎ – ⚙ 25. ⇦⇨ ⒶⒺ ⓞ 𝐄 𝘝𝘐𝘚𝘈
SC : **R** *(fermé dim.)* 53/67 ⅃ – ⚌ 18 – **48 ch** 154/190.

MICHELIN, Agence régionale, 15 r. de la Stearinerie A ℡ 41.26.01

CITROEN Succursale, Impasse Chanoine-
Bardy B z ℡ 71.81.42
CITROEN Gar. Bartman, 154 r. Auxonne B v ℡
66.46.73
FERRARI, FIAT Gar. Bohner, 2 av. R.-Poincaré
℡ 71.14.12
FORD Gar. Montchapet, 12 r. Gagnereaux ℡
73.41.11
PEUGEOT-TALBOT Bourgogne Autom. 42 av.
A.-Briand B q ℡ 71.47.23
PEUGEOT Gar. Château-d'Eau, 1 bd Fon-
taine-des-Suisses B u ℡ 65.40.34
PEUGEOT-TALBOT Morin, 18 bd Champagne
EX ℡ 71.21.02
RENAULT Succursale, 139 av. J.-Jaurès A ℡
52.51.34 🆗
RENAULT Doyen, r. Dr-Bertillon B d ℡ 66.
37.71

RENAULT Moyse, 2 r. de Cluj, Zone Ind. Nord
par D 28 B ℡ 71.25.75
RENAULT Rouillé, 34 r. Pasteur DZ ℡ 66.11.91
RENAULT Segelle, 5 bd de l'Europe à Queti-
gny par D 107B B ℡ 46.02.54
V.A.G. Gd gar. Diderot, imp. P. Langevin à
Chenove ℡ 52.33.52
VOLVO Gar. du Transvaal, 25 r. du Transvaal
℡ 30.26.69
Gar. Lignier, 3 r. Gds-Champs ℡ 66.39.05 🆗

⓪ Dijon-Pneus, 50 r. Fg. Raines ℡ 45.47.12
MADICA, 29 r. Mulhouse ℡ 30.77.94
Radial-Pneu, 29 r. Tivoli ℡ 30.32.64
Station V.U., 11 r. A.-Becquerel, Zone Ind. à
Chenove ℡ 43.07.89

Périphérie et environs

ALFA-ROMEO, MERCEDES-BENZ Gar. Vincent-Gremeau, 2 r. Gay Lussac à Chenove ℡ 52.11.66
BMW Gar. Massoneri, Impasse des Charrières à Quetigny ℡ 46.01.51
CITROEN Succursale, rte de Beaune à Marsannay-la-Côte ℡ 52.11.20
DATSUN Gar. de la Rocade, rte de Gray à St-Apollinaire ℡ 71.10.12
OPEL Gar. Heinzlé, r. Prof.-L.-Neel, Zone Ind. à Longvic ℡ 66.52.78

PEUGEOT-TALBOT Bourgogne Autom., 5 rte Beaune à Chenove ℡ 52.21.20
RENAULT Maréchal, 47 RN 74 à Marsannay-la-Côte ℡ 52.12.15

🏍 Métifiot, 41 r. de Longvie à Chenove ℡ 52.05.80
Piot-Pneu, rte de Gray. St-Apollinaire ℡ 71.36.66

☛ *Die auf den Michelin-Karten im Maßstab 1 : 200 000 rot unterstrichenen Orte sind im Roten Michelin-Führer des Landes erwähnt.*
Die Michelin-Karten werden ständig korrigiert und verbessert ; nur eine neue Karte gibt Ihnen die aktuellsten Hinweise.

DINAN ◁◁▷ **22100** C.-du-N. ⑤⑨ ⑮ G. Bretagne – 16 367 h. alt. 76 – ✿ 96.

Voir Jardin anglais ⇐★★ BYZ **E** – Vieille ville★ BYZ : place des Merciers★ BY 32, rue du Jerzual★ BY 27, Tour de l'Horloge ✳★ BZ **F** – Château★ : ✳★ BZ **B** – Promenade de la Duchesse Anne ⇐★ BZ – Lanvallay ⇐★ 2 km par ②.

🛈 Office de Tourisme 6 r. Horloge (fermé lundi hors sais. et dim. sauf matin en sais.) ℡ 39.75.40.

Paris 393 ② – Alençon 180 ② – Avranches 67 ② – Flers 140 ② – Fougères 77 ② – Lorient 150 ③ – ◆Rennes 51 ② – St-Brieuc 59 ④ – St-Malo 29 ① – Vannes 114 ③.

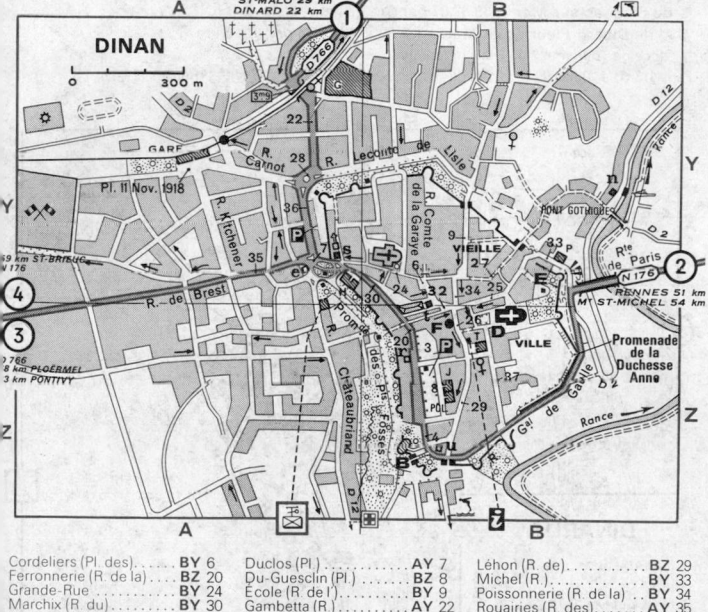

Cordeliers (Pl. des)	BY 6	Duclos (Pl.)	AY 7	Léhon (R. de)	BZ 29
Ferronnerie (R. de la)	BZ 20	Du-Guesclin (Pl.)	BZ 8	Michel (R.)	BY 33
Grande-Rue	BY 24	École (R. de l')	BY 9	Poissonnerie (R. de la)	BY 34
Marchix (R. du)	BY 30	Gambetta (R.)	AY 22	Rouairies (R. des)	AY 35
Merciers (Pl. des)	BY 32	Haute-Voie (R.)	BY 25	St-Malo (⇒)	BY
		Horloge (R. de l')	BZ 26	St-Sauveur (⇒)	BZ D
Champ-Clos (Pl. du)	BZ 3	Jerzual (R. du)	BY 27	Thiers (R.)	AY 36
Château (R. du)	BZ 4	Leclerc (Pl. Gén.)	AY 28	Waldeck-Rousseau (R.)	BZ 37

🏨 **D'Avaugour** 🅼, 1 pl. Champs-Clos ℡ 39.07.49, 🌳 – 📶 📺 🚻wc 🛁wc 🕿. 🚗
🆎 ⓞ 🅴 VISA
BZ **r**
R *(fermé lundi hors sais.)* 60/200 – 🖵 22 – **27 ch** 190/260.

🏨 **Remparts** sans rest, 6 r. Château ℡ 39.10.16 – 📶 🚻wc 🛁wc 🕿 🚗 🅴 VISA
fermé 20 déc. au 10 janv. – **SC** : 🖵 17 – **36 ch** 108/170.
BZ **u**

🏨 **Bretagne** 🅼, 1 pl. Duclos ℡ 39.46.15 – 📶 🚻wc 🛁wc 🕿 🚗 🆎 ⓞ 🅴 VISA
← **SC** : **R** 50/100 – 🖵 20 – **46 ch** 120/200 – P 160/220.
AY **e**

DINAN

XX **Relais Corsaires**, 5 et 7 r. du quai (au port) ☎ 39.40.17, maison 18ᵉ s. – 📺 📶
⓪ ⋶ 𝑉𝐼𝑆𝐴 ⋟   BY **n**
fermé nov., dim. soir et lundi hors sais. – **R** 70/200.

XX **Mère Pourcel**, 3 pl. Merciers ☎ 39.03.80, « Maison bretonne du 15ˢ. » – 📺 ⓪
⋶ 𝑉𝐼𝑆𝐴   BYZ **t**
fermé 10 au 25 oct., 20 déc. au 7 janv., dim. soir du 1ᵉʳ oct. au 15 juin et lundi – SC :
R 90/152 ⅃.

XX ❀ **Caravelle** (Marmion) (annexe 🏠 – 🛏), 14 pl. Duclos ☎ 39.00.11 – 🚗 ⓪
fermé 4 oct. au 4 nov. et merc. hors saison – SC : **R** carte 140 à 215 – ⛫ 12 – **11 ch**
65/110   AY **s**
      Spéc. Fricassée de langoustines, Civet de homard, Terrine de l'Argoat.

CITROEN Gar. Jago, Zone Ind. par D 2 AY ☎   RENAULT S.A.D.A., Zone Ind. par D 2 AY ☎
39.04.91   39.34.83 🄽
PEUGEOT-TALBOT Gd Gar. Dinan, Zone Ind.   V.A.G. Meyer, 21 r. Pivents ☎ 39.12.72
par D 2 AY ☎ 39.24.38
PEUGEOT-TALBOT Dinannaise-Autom., rte   ⓦ Savouré-Henry, Zone Ind. ☎ 85.10.62
de Ploubalay par D 2 AY ☎ 39.64.95

Pour une demande de renseignements ou de réservation auprès d'un hôtelier,
il est d'usage de joindre un timbre-réponse.

DINARD 35800 I.-et-V. 🖅 ⑤ G. Bretagne – 9 588 h. – Casino CY – 🕾 99.

Voir Pointe du Moulinet ⩽★★ CX – Grande Plage ou Plage de l'Écluse★ CX – Promenade
du Clair de Lune★ CYZ – Pointe de la Vicomté ⩽★★ par avenue Vicomté CZ 2 km – La
Rance★★ en bateau – St-Lunaire : pointe du Décollé ⩽★★ et grotte des Sirènes★ 4,5 km
par ③ – Usine marémotrice de la Rance : digue ⩽★ SE : 4 km.

Env. Pointe de la Garde Guérin★ : ⁂★★ par ③ : 6 km puis 15 mn.

🛢 de St-Briac-sur-Mer ☎ 88.32.07 par ③ : 7,5 km.

✈ de Dinard-Pleurtuit St-Malo : T.A.T. ☎ 46.15.76 par ② : 5 km.

🖪 Office de Tourisme 2 bd Feart (fermé dim.) ☎ 46.94.12.

Paris 413 ① – Dinan 22 ② – Dol-de-Bretagne 27 ① – Lamballe 47 ② – ◆Rennes 72 ①.

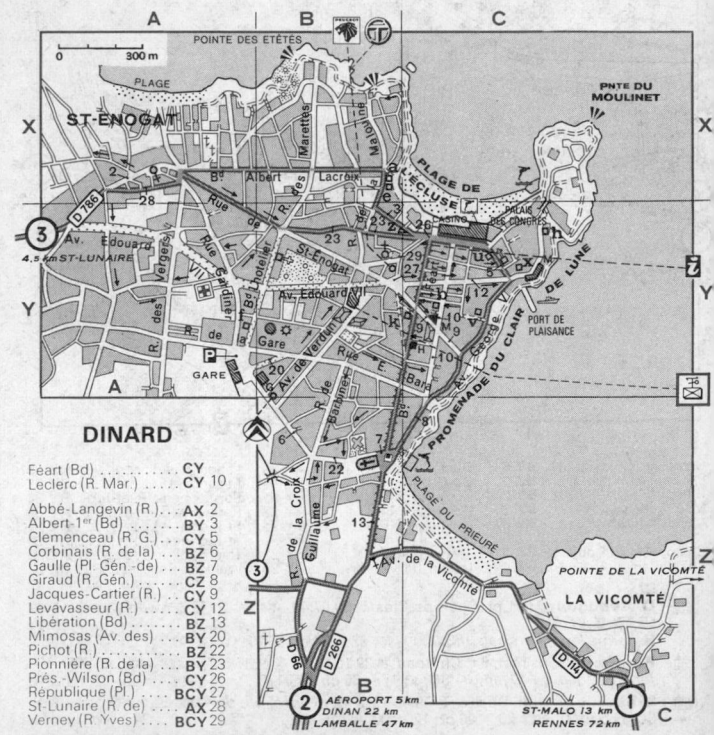

DINARD

Féart (Bd) . . . . CY
Leclerc (R. Mar.) . . . . CY 10

Abbé-Langevin (R.) . . . AX 2
Albert-1ᵉʳ (Bd) . . . . . . BY 3
Clemenceau (R. G.) . . CY 5
Corbinais (R. de la) . . BZ 6
Gaulle (Pl. Gén.-de) . . BZ 7
Giraud (R. Gén.) . . . . CZ 8
Jacques-Cartier (R.) . . CY 9
Levavasseur (R.) . . . . CY 12
Libération (Bd) . . . . . BZ 13
Mimosas (Av. des) . . . BY 20
Pichot (R.) . . . . BZ 22
Pionnière (R. de la) . . BY 23
Prés.-Wilson (Bd) . . . . CY 26
République (Pl.) . . . . . BCY 27
St-Lunaire (R. de) . . . AX 28
Verney (R. Yves) . . . . BCY 29

🏨 Grand Hôtel, 46 av. George-V ☎ 46.10.28, ≤, 舜 – ﹩ ☎ ⓟ　　　　CY v
sais. – **100 ch.**

🏨 Reine Hortense ⑤, sans rest, 19 r. Malouine ☎ 46.54.31, ≤ St-Malo, 舢, 舜 –
ⓟ. 歴 ⓞ 𝘝𝘐𝘚𝘈　　　　　　　　　　　　　　　　　　　　　　　　　　BX e
20 mars-15 nov. – SC : ⌗ 30 – **10 ch** 450/650.

🏨 Crystal Ⓜ sans rest., 15 r. Malouine ☎ 46.66.71, ≤ – ﹩ 𝖳𝖵 ⌷wc ﹪wc ☎ ⓟ
19 ch.　　　　　　　　　　　　　　　　　　　　　　　　　　　　　　BX a

🏨 Émeraude-Plage, 1 bd Albert-1er ☎ 46.15.79 – ⌷wc ﹪ ☜ 🚗. 😦. ⅍
25 mars-20 sept. – SC : R (dîner seul.) 90/100 – ⌗ 15 – **49 ch** 85/300.　　BCY z

🏨 Balmoral, 26 r. Mar.-Leclerc ☎ 46.16.97 – ﹩ ⌷wc ﹪wc ☜. 😦. ⅍ rest
SC : R (fermé janv.) 65/110 – ⌗ 17 – **33 ch** 100/220 – P 190/260.　　CY b

🏨 Dunes, 5 r. G.-Clemenceau ☎ 46.12.72, 舜 – ⌷wc ﹪wc ☜. 歴 ⓞ E　　CY u
fermé nov. au 20 déc. et janv. – SC : R (fermé lundi hors sais.) 66/106 – ⌗ 20 –
27 ch 75/246.

🏨 Bains, 38 av. George-V ☎ 46.13.71 – ﹩ ⌷wc ﹪wc ☜. 😦. 歴 𝘝𝘐𝘚𝘈. ⅍ rest
15 mars-31 oct. – SC : R (dîner seul., pour résidents) – ⌗ 16 – **40 ch** 80/230.　CY x

🏨 Printania, 5 av. George-V ☎ 46.13.07, ≤ St-Malo et la Rance – ⌷wc ﹪wc ☜.
😦. 歴. ⅍ rest　　　　　　　　　　　　　　　　　　　　　　　　　　　CY h
Pâques-1er oct. – SC : R 80 – ⌗ 17 – **77 ch** 80/250 – P 180/240.

🏨 Altaïr, 18 bd Féart ☎ 46.13.58 – ⌷wc ☜. 😦. 歴 ⓞ E 𝘝𝘐𝘚𝘈　　　　　BCY k
➡ *fermé 15 déc. au 15 janv. et merc. sauf juil. et août* – SC : R 50/170 – ⌗ 15 – **22 ch**
83/170 – P 155/196.

🏨 Mont St-Michel, 54 bd Lhotelier ☎ 46.10.40 – ⌷wc ﹪wc ☜. 😦. ⅍ rest
➡ *2 avril-22 sept.* – SC : R 50/105 – ⌗ 15 – **22 ch** 76/173 – P 173/212.　　AY f

🍴 Host. Le Petit Robinson, par ① : 3 km sur D 114 ✉ 35780 La Richardais ☎
➡ 46.14.82 – ☜. 歴 ⓞ E 𝘝𝘐𝘚𝘈
fermé 15 nov. au 15 déc., 15 au 28 fév., mardi soir et merc. sauf juil.-août – SC : R

AUSTIN, MORRIS, ROVER, TRIUMPH Gar.
Parc, 10 r. Y.-Verney ☎ 46.13.38
CITROEN Macé, 21 r. de la Corbinais ☎ 46.
13.43
PEUGEOT-TALBOT Gar. Robert, 4 pl. Répu-
blique ☎ 46.14.19

RENAULT Martin, Z.A. la Richardais par ② ☎
46.10.69
Gar. Crolard, 7 A de l'Hermitage, la Richardais
☎ 46.62.21

🅰 Emeraude Pneumatiques, La Fourberie à
St-Lunaire ☎ 46.11.26

La DIOSAZ (Gorges de) 74 H. Savoie 🎽🛲 ⑥ – voir à Servoz.

DIOU 36 Indre 🛺🛲 ⑨ – rattaché à Issoudun.

DIVES-SUR-MER 14 Calvados 🛺🛲 ⑦ – rattaché à Cabourg.

DIVONNE-LES-BAINS 01220 Ain 🛺🛲 ⑯ G. Jura (plan) – 4 240 h. alt. 500 – Stat. therm. –
Casino – 🅜 50 – 🛺🛲 ☎ 20.07.19 O : 2 km.
🅱 Office de Tourisme r. des Bains (fermé dim. hors saison) ☎ 20.01.22.
Paris 506 – Bourg-en-Bresse 112 – ♦Genève 19 – Gex 7,5 – Lausanne 50 – Nyon 13.

🏨 Golf et Gd Hôtel ⑤, ☎ 20.06.63, Télex 385716, ≤, 舜, « Parc ombragé », ☒, ⅍
– ﹩ 𝖳𝖵 ☎ ⓟ – 🔏 120. 歴 ⓞ E 𝘝𝘐𝘚𝘈. ⅍ rest
SC : R 150/220 – **146 oh** ⌗ 330/520. 7 appartements.

🏨 Château de Divonne ⑤, ☎ 20.00.32, ≤ lac et Mt-Blanc, « Dans un parc, terrasse » – ☎ ⓟ. ⓞ E. ⅍ rest
2 mai-31 oct. – SC : R 120/190 – ⌗ 35 – **34 ch** 350/510 – P 510/520.

🏨 Alpes ⑤, Gde-Rue ☎ 20.14.44, « Parc ombragé » – ⌷wc ﹪wc ☜ ⓟ. 😦. E.
⅍ rest
29 avril-21 oct. – SC : R 75/170 – **60 ch** ⌗ 110/290 – P 245/310.

🏨 Mont-Blanc-Favre Ⓜ ⑤, rte Grilly ☎ 20.12.54, ≤ lac et Mt-Blanc, 舜, ⅍ –
⌷wc ﹪wc ☎ ⓟ
31 mars-1er nov. – SC : R (fermé merc.) (déj. seul.) 75/150 – ⌗ 14,50 – **18 ch** 65/150
– P 220/260.

🏨 Coccinelles ⑤, sans rest, rte Lausanne ☎ 20.06.96, ≤, 舜 – ﹩ ⌷wc ﹪wc ☜
ⓟ. 😦 E
fermé 15 déc. au 1er fév. – SC : ⌗ 13,50 – **18 ch** 105/150.

🏨 Jura ⑤, sans rest, rte Arbère ☎ 20.05.95, 舜 – ⌷wc ﹪wc ☜ 🚗 ⓟ. 😦
fermé 15 nov. au 20 déc. – SC : ⌗ 12 – **24 ch** 70/150.

🍴 Champagne, av. Genève ☎ 20.13.13, ≤, 舒 – ⓟ. E 𝘝𝘐𝘚𝘈
fermé 23 déc. à fin janv., jeudi midi et merc. – SC : R carte 90 à 130.

🍴 Bellevue-rest. Marquis ⑤, avec ch, par av. d'Arbère ☎ 20.02.16, ≤, 舒, 舜 –
⌷wc ﹪wc ☜ ⓟ. 😦. 歴 ⓞ E. ⅍ rest
2 mai-15 oct. – SC : R (fermé merc.) 90/160 – ⌗ 14 – **17 ch** 80/145 – P 175/225.

🍴 Provençal avec ch, r. Genève ☎ 20.01.87 – ﹪ ☜. 歴 ⓞ E 𝘝𝘐𝘚𝘈. ⅍ ch
fermé 1er au 8 juil., 16 oct. au 12 nov. et vacances de fév. – SC : R (fermé mardi et
merc. midi) 75/170 – ⌗ 16 – **15 ch** (pens. seul.) – P 148/180.

DIVONNE-LES-BAINS

- ※ **Aub. Vieux Bois,** rte Gex : 1 km ⬚ 20.01.43, ☞ – ℗. ⅋ 🅴
- ➔ *fermé 25 sept. au 3 oct., fév., dim. soir et lundi –* SC : **R** 50/150 🎄.

- ※ **Mouton Noir** avec ch, Gde-rue ⬚ 20.12.69 – ⬚wc 🛏wc ⬚🅰. ⬚ ch
- ➔ *fermé déc. et janv. –* SC : **R** *(fermé dim. soir et lundi)* 48/110 🎄 – ⬚ 9,50 – **9 ch** 48/90.

  à Grilly S : 4 km – ⬚ **01220** Divonne-les-Bains

- ※※ **Auberge de Grilly,** ⬚ 20.71.63 – 🅴 🆅🅸🆂🅰
  fermé dim. soir et lundi – SC : **R** 120/170.

DIZY 51 Marne 🎲🎲 ⑯ – rattaché à Epernay.

DOLANCOURT 10 Aube 🎲🎲 ⑱ – rattaché à Bar-sur-Aube.

DOL-DE-BRETAGNE 35120 I.-et-V. 🎲🎲 ⑥ G. Bretagne – 5 042 h. alt. 16 – ✪ 99.
Voir Cathédrale★★ B – Promenade des Douves★ : ≼★ – Mont-Dol ⬚★ 4,5 km par ④.
🛈 Office de Tourisme 1 Gde r. des Stuarts (1er juin-15 sept. et fermé dim.) ⬚ 48.15.37.
Paris 373 ① – Alençon 154 ① – Dinan 26 ③ – Fougères 51 ① – ◆Rennes 54 ② – St-Malo 24 ④.

DOL-DE-BRETAGNE

Chateaubriand (Pl.)	5
Grande-Rue-des-Stuarts	14
Le-Jamptel (R.)	15

Briand (Av. Aristide)	2
Carmes (R. des)	3
Cathédrale (Pl. de la)	4
Deminiac (Bd)	6
Dinan (R. de)	10
Douves (Prom. des)	11
Gaulle (Pl. Gén.-de)	12
Nominoë (Square)	17
Ponts (R. des)	19
Rennes (R. de)	20
Résistance (Square de la)	22
St-Malo (R. de)	24
Semard (R. Pierre)	25
Toullier (Pl.)	26

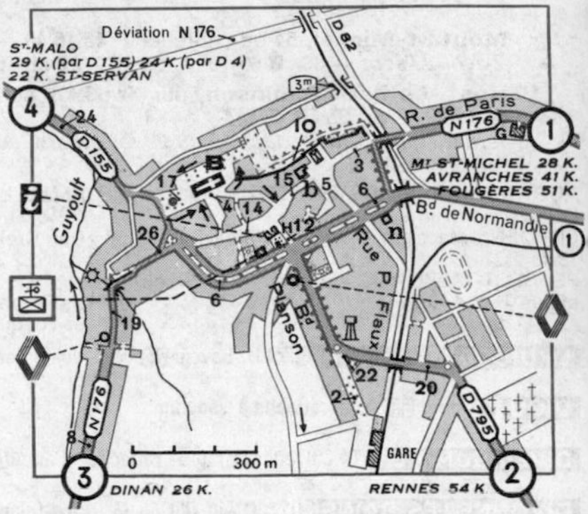

- 🏩 **Logis Bresche Arthur,** 36 bd Deminiac (n) ⬚ 48.01.44, ☞ – ⬚wc 🛏wc ☎
- ➔ ⬚ ℗ ⬚🅰 ⅋ ⓪ 🅴 🆅🅸🆂🅰
  fermé début nov. à début déc. – SC : **R** 42/140 – ⬚ 20 – **24 ch** 90/170 – P 180/220.

- 🏠 **Bretagne,** pl. Châteaubriand (b) ⬚ 48.02.03 – 🛏 ⬚ ⬚
- ➔ *fermé 25 sept. au 16 oct. –* SC : **R** *(fermé sam. d'oct. à mars)* 43/72 🎄 – ⬚ 12 –
  30 ch 55/108 – P 102/129.

  Le Vivier-sur-Mer par ④ et D 155 : 8 km – ⬚ **35960** Le Vivier-sur-Mer :

- 🏠 **Bretagne,** ⬚ 48.91.74, ≼ – ⬚wc 🛏 ⬚ ⬚ ℗ ⅋ ⓪ 🅴 🆅🅸🆂🅰
  mars-nov. – SC : **R** 55/130 – ⬚ 19 – **22 ch** 95/135 – P 170/200.

RENAULT Hocquart, ⬚ 48.02.12   RENAULT Gar. Nominoé, ⬚ 48.02.63 🆕

DOLE ⬚ 39100 Jura 🎲🎲 ③ G. Jura – 30 228 h. alt. 231 – ✪ 84.
Voir Le Vieux Dole★ BY – Grille★ en fer forgé de l'église St-Jean-l'Evangéliste AZ **N**.
🛈 Office de Tourisme (fermé lundi matin et dim.) et A.C. 6 pl. Grévy ⬚ 72.11.22.
Paris 370 ① – ◆Besançon 57 ① – Chalon-sur-Saône 63 ④ – ◆Dijon 48 ⑤ – ◆Genève 149 ③ –
Lons-le-Saunier 52 ③.

Plan page ci-contre

- 🏨 **Grand H. Chandioux,** pl. Grévy ⬚ 79.00.66, Télex 360498 – 📺 ☎ ⬚ ℗ – ⬚
- ➔ 70. ⅋ ⓪ 🅴 🆅🅸🆂🅰   CX **s**
  SC : **R** *(fermé dim. soir du 15 nov. au 15 mars)* 75/150 – **33 ch** ⬚ 180/315.

- 🏠 **La Chaumière** Ⓜ, 346 av. Genève par ③ : 3 km ⬚ 79.03.45, ⬚, – 📺 ⬚wc 🛏wc
- ➔ ☎ ℗ – ⬚ 25. ⬚🅰. ⬚ ch
  fermé 15 au 30 juin, 15 déc. au 15 janv., sam. midi, dim. soir (sauf hôtel) et vend. soir
  – SC : **R** 55/120 – ⬚ 15 – **18 ch** 135/209 – P 235/325.

- ※ **Buffet Gare,** ⬚ 82.00.48   AX **e**
- ➔ *fermé mardi –* SC : **R** 41/96 🎄.

424

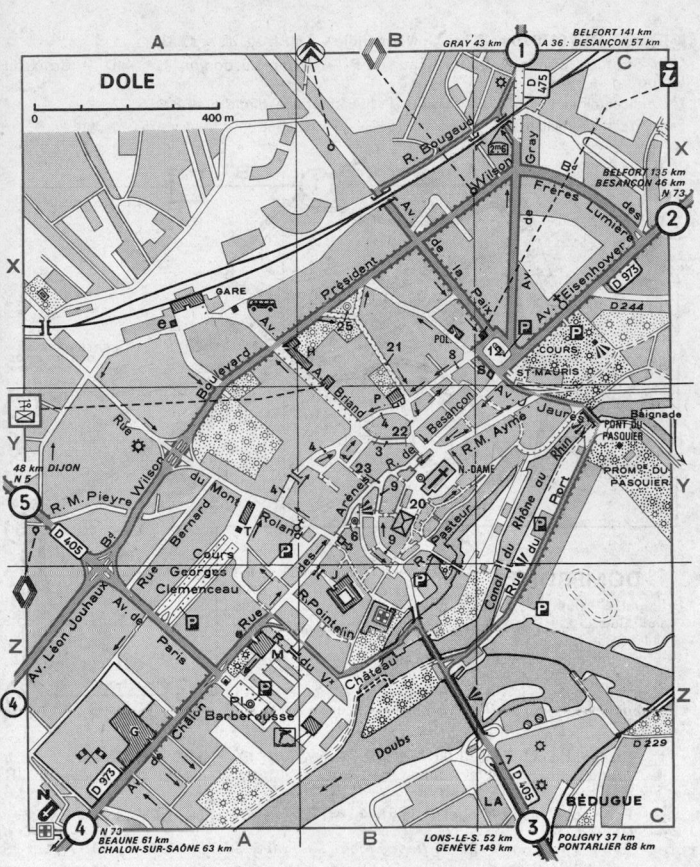

DOLE

0 ____ 400 m

GRAY 43 km
BELFORT 141 km
A 36 : BESANCON 57 km

BELFORT 135 km
BESANCON 46 km
N 73

48 km DIJON
N 5

N 70
BEAUNE 61 km
CHALON-SUR-SAÔNE 63 km

LONS-LE-S. 52 km
GENÈVE 149 km

POLIGNY 37 km
PONTARLIER 88 km

à Brévans NE : 2 km par D 244 – ⊠ 39100 Dole :

🏠 **Au Village** ⑤, ☎ 72.56.40, 🏤, 🚗 🔲 🛏wc 🛏wc ☎ 🅿 🕿, 🍽 rest
→ fermé 10 au 24 juil., 24 déc. au 2 janv., dim. soir et vend. du 1er oct. au 1er mai – SC : **R** 45/105 🍴 – ☲ 15 – **18 ch** 70/160.

à Parcey par ③ : 10 km sur N 5 – ⊠ 39100 Dole :

🍴🍴 **As de Pique** avec ch, S : 1,5 km ☎ 71.00.76, 🚗 – 🛏wc 🛏 🐾 🚗 🅿 🕿 🆎 **E**
VISA
fermé 15 déc. au 27 janv., dim. soir et lundi – SC : **R** 63/160 – ☲ 13 – **15 ch** 70/120.

DOMÈNE 38420 Isère 🗻 ⑤ – 5 297 h. alt. 220 – ⊙ 76.
Paris 578 – Chambéry 50 – ♦Grenoble 8,5 – Uriage-les-Bains 11.

🏠 **Le Beauvoir,** ☎ 77.20.91, ≤, 🚗 – 🛏wc 🛏wc 🅿 🕿, 🍽 rest
→ SC : **R** *(fermé dim. soir et lundi)* 50/100 – ☲ 14,50 – **15 ch** 83/180 – P 130/160.

DOMFRONT 61700 Orne 🗺️ ⑩ G. Normandie – 4 518 h. alt. 209 – ✪ 33.

Voir Site★ – Église N.-D.-sur-l'Eau★ **A B** – Jardin du donjon ※★ **A D** – Croix du Faubourg ※★ **B E**.

🛈 Syndicat d'Initiative r. Fossés Plissons (1er juin-15 sept. et fermé dim.) ☎ 38.53.27.

Paris 252 ③ – Argentan 55 ② – Avranches 66 ⑥ – Fougères 58 ⑥ – Mayenne 35 ⑤ – Vire 40 ⑧.

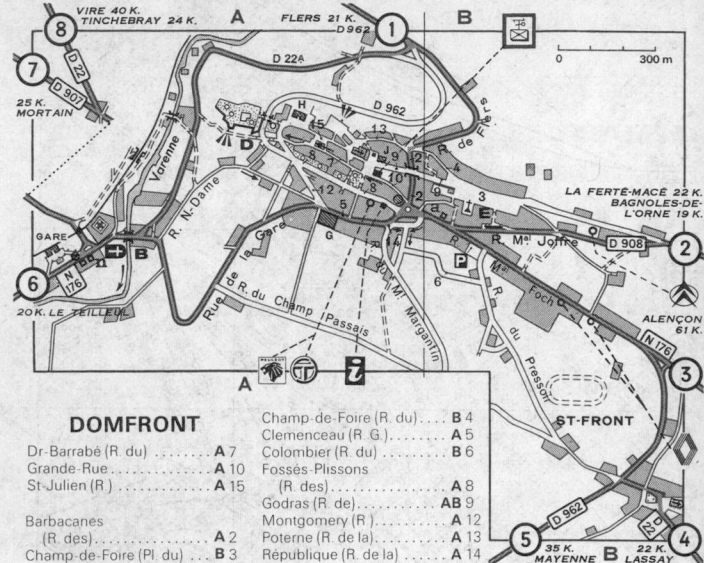

DOMFRONT

Dr-Barrabé (R. du) .... **A** 7
Grande-Rue .... **A** 10
St-Julien (R.) .... **A** 15

Barbacanes
  (R. des) .... **A** 2
Champ-de-Foire (Pl. du) .. **B** 3

Champ-de-Foire (R. du) ... **B** 4
Clemenceau (R. G.) .... **A** 5
Colombier (R. du) .... **B** 6
Fossés-Plissons
  (R. des) .... **A** 8
Godras (R. de) .... **AB** 9
Montgomery (R.) .... **A** 12
Poterne (R. de la) .... **A** 13
République (R. de la) ..... **A** 14

🏨 **Poste,** r. Foch ☎ 38.51.00 – 🛏️wc 🚿wc 🅿️ – 🏧 30. 🚗 ᴬᴱ ⓞ   **B a**
→ fermé 5 janv. au 24 fév., dim. soir et lundi du 1er oct. au 30 avril sauf fériés – SC : **R**
50/138 – 🍽️ 14,50 – **28 ch** 68/152 – P 180/260.

🏨 **France,** r. Mt-St-Michel ☎ 38.51.44, 🚗, ❄️ – 🛏️wc 🚿 🅿️ – 🏧 30 à 100. 🚗
→ ᴬᴱ ⓞ ᴇ 𝐕𝐈𝐒𝐀   **A e**
fermé 2 au 8 nov. – SC : **R** (fermé mardi sauf du 1er août au 15 sept.) 40/77 – 🍽️ 15
– **22 ch** 72/162 – P 130/170.

🏠 **Gare** (Villa annexe 🛏️ 🚗 🅿️), r. Mt-St-Michel ☎ 38.64.99, 🚗 – 🛏️wc 🚿 🚗
→ 🚗 ᴇ 𝐕𝐈𝐒𝐀   **A n**
fermé lundi d'oct. à mai – SC : **R** 37/100 🍷 – 🍽️ 17 – **18 ch** 70/130 – P 120/200.

CITROEN Savary, ☎ 38.66.28   RENAULT Fossey, ☎ 38.53.35 🄽
PEUGEOT-TALBOT Champ. ☎ 38.51.54   Hochet, ☎ 38.51.63
RENAULT S.A.D.A. ☎ 38.62.44

DOMFRONT-EN-CHAMPAGNE 72 Sarthe 🗺️ ⑬ – 666 h. alt. 132 – ✉ 72240 Conlie – ✪ 43.
Paris 215 – Alençon 44 – Laval 76 – ♦Le Mans 18 – Mayenne 56.

✕✕ **Midi,** D 823 ☎ 20.52.04 – ᴇ
fermé 16 au 22 août, fév., dim. soir et lundi – SC : **R** 60/96 🍷.

DOMME 24250 Dordogne 🗺️ ⑰ G. Périgord (plan) – 891 h. alt. 212 – ✪ 53.

Voir Belvédère de la Barre ※★★★ – Promenade des Falaises★★ – Grottes★.
🛈 Syndicat d'Initiative 50 pl. Halle (1er avril-31 oct.) ☎ 28.37.09.

Paris 552 – Cahors 52 – Fumel 57 – Gourdon 26 – Périgueux 75 – Sarlat-la-Canéda 13.

🏨 **Esplanade** 🏞️, ☎ 28.31.41, ≤ – 🛏️wc ☎. 🚗 ᴬᴱ
fermé nov., fév. et merc. hors sais. – SC : **R** 80/180 – 🍽️ 22 – **14 ch** 150/200 –
P 220/250 (pour 2 pers.)

DOMPAIRE 88270 Vosges 🗺️ ⑮ – 906 h. alt. 303 – ✪ 29.
Paris 356 – Épinal 19 – Lunéville 63 – Luxeuil-les-Bains 60 – ♦Nancy 63 – Neufchâteau 55 – Vittel 24.

🏠 **Commerce,** ☎ 36.50.28 – 🛏️wc 🚗. 🚗 ᴬᴱ ⓞ ᴇ 𝐕𝐈𝐒𝐀
→ fermé 20 déc. au 5 janv. – SC : **R** (fermé lundi) 43/165 🍷 – 🍽️ 16 – **11 ch** 80/132 – P
132/160.

DOMPIERRE-SUR-BESBRE 03290 Allier 🗺 ⑮ – 4 121 h. alt. 234 – ✪ 70.

Voir Vallée de la Besbre★, G. Auvergne.

Paris 327 – Bourbon-Lancy 18 – Decize 45 – Digoin 26 – Lapalisse 36 – Moulins 32.

🏠 **Paix,** pl. Commerce ☎ 34.50.09 – 🛏wc ☎. ⚓
↔ fermé 25 oct. au 15 nov., dim. soir et lundi – SC : **R** 42/105 – 🛏 12 – **9 ch** 50/110 –
P 115/155.

🍴🍴 **Aub. de l'Olive** avec ch, r. Gare ☎ 34.51.87 – ⊟wc 🛏. 🔲
↔ fermé 15 nov. au 15 déc. et vend. – SC : **R** 36/70 ⚓ – 🍴 12 – **11 ch** 55/120.

CITROEN Cortier, ☎ 34.50.37   TALBOT Blanc, ☎ 34.51.61 🄽
PEUGEOT-TALBOT Bujon, ☎ 34.50.10   Gar. Cartier, Sept-Fons ☎ 34.54.84
RENAULT Bailly, ☎ 34.52.34 🄽

DOMPIERRE-SUR-MER 17 Char.-Mar. 🗺 ⑫ – rattaché à La Rochelle.

DOMPIERRE-SUR-VEYLE 01 Ain 🗺 ③ – 702 h. alt. 355 – ✉ 01240 St-Paul-de-Varax –
✪ 74.

Paris 443 – Belley 72 – Bourg-en-Bresse 16 – ♦Lyon 53 – Nantua 50 – Villefranche-sur-Saône 50.

🍴 **Aubert** avec ch, ☎ 30.31.19, 🔲 – 🅿
↔ fermé fév., lundi soir, jeudi soir et vend. – SC : **R** 32/125 ⚓ – 🛏 10 – **3 ch** 45/55.

DOMRÉMY-LA-PUCELLE 88 Vosges 🗺 ③ G. Vosges – 267 h. alt. 270 – ✉ 88300 Neufchâteau – ✪ 29.

Voir Maison natale de Jeanne d'Arc★.

Paris 290 – Bar-le-Duc 62 – Commercy 40 – Épinal 79 – ♦Nancy 57 – Neufchâteau 11.

🏠 **de la Pucelle,** ☎ 94.04.60 – 🛏wc ⚓. ⚓
↔ fermé 1er janv. au 15 fév. et lundi d'oct. à Pâques – SC : **R** 30/60 – 🍴 12 – **12 ch**
55/70.

DONGES 44480 Loire-Atl. 🗺 ⑮ G. Bretagne – 6 285 h. – ✪ 40.

Voir Église★.

Paris 422 – La Baule 28 – ♦Nantes 51 – Redon 43 – St-Nazaire 16.

🍴🍴 **La Closerie des Tilleuls,** N : 1 km par D4 ☎ 45.20.23, « Jardin fleuri », 🔲 – 🅿
↔ ⚓
fermé 4 au 26 avril, sam. et dim. – SC : **R** 45/135.

Le DONJON 03130 Allier 🗺 ⑯ – 1 447 h. alt. 293 – ✪ 70.

Env. Puy St-Ambroise ⩽★★ NO : 12,5 km G. Auvergne.

Paris 342 – Digoin 24 – Moulins 48 – Roanne 55 – Vichy 47.

🏠 **La Bonne Marmite,** ☎ 99.53.87 – 🛏 ⚓ 🄴
↔ fermé 20 déc. au 20 janv., dim. soir et lundi du 1er oct. au 15 avril – SC : **R** 40/130 ⚓
– 🛏 15 – **9 ch** 60/85 – P 160/180.

PEUGEOT Gar. Rotat. ☎ 99.53.89   RENAULT Gar. Pascalini et Périchon, ☎ 99.
50.76 🄽

DONON (Col du) 67 B.-Rhin 🗺 ⑧ G. Vosges – alt. 727 – ✉ 67130 Schirmeck – ✪ 88.

Paris 465 – Lunéville 56 – St-Dié 50 – Sarrebourg 40 – Sélestat 53 – ♦Strasbourg 59.

🏠 **Donon** ⚓, ☎ 97.20.69, ⩽, 🔲 – ⊟wc 🛏wc ☎ ⚓ 🅿 🔲 ⚓ rest
fermé 15 nov. au 5 déc. et jeudi sauf oct., nov. et janv. – SC : **R** 55/140 ⚓ – 🍴 15 –
21 ch 120/150 – P 160/180.

DONZENAC 19270 Corrèze 🗺 ⑧ G. Périgord – 2 039 h. alt. 204 – ✪ 55.

🄸 Syndicat d'Initiative r. M.-Lagarre (15 juin-15 sept. et fermé dim. après-midi) ☎ 85.71.26
Paris 478 – Brive-la-Gaillarde 9,5 – ♦Limoges 83 – Tulle 28 – Uzerche 26.

🏨 **Soph' Motel** 🄼, rte Limoges : 10 km ☎ 85.73.81, ⩽, parc, 🏊, 🍴 – 📺 ⊟wc ☎
↔ 🅿 – 🛗 40. 🔲 🄰🄴 🄾 VISA
SC : **R** 45/120 ⚓ – 🛏 18 – **25 ch** 230 – P 260.

🏠 **H. La Gamade et rest. Le Périgord,** ☎ 85.71.07 – 🛏wc ⚓. 🔲 🄰🄴 🄾
↔ fermé lundi soir et mardi midi du 8 nov. au 15 mars – SC : **R** 40/140 ⚓ – 🛏 15 –
9 ch 90/140 – P 150/180.

sur N 20 – ✉ 19270 Donzenac :

🏨 **Relais Bas Limousin,** N : 6 km rte Uzerche ☎ 85.73.23, 🔲 – ⊟wc 🛏wc ⚓ 🅿
↔ 🔲
fermé 19 sept. au 4 oct. – SC : **R** (fermé dim. soir et lundi midi hors sais.) 45/120 –
🛏 15 – **20 ch** 60/130 – P 150/200.

🏠 **La Maleyrie,** N : 5 km ☎ 85.73.12, 🔲 – 🛏wc ⚓ ⚓ 🅿 🔲
↔ Pâques-1er oct. – SC : **R** (dîner seul.) 35/80 ⚓ – 🛏 12 – **15 ch** 45/110.

PEUGEOT-TALBOT Gar. Chanourdie, ☎ 85.78.76 🄽

427

DONZÈRE 26290 Drôme 🔟 ① G. Vallée du Rhône – 3 369 h. alt. 64 – ✪ 75.

🛈 Syndicat d'Initiative à la Mairie (fermé sam. après-midi et dim.) 🕾 51.61.16.

Paris 624 – Aubenas 47 – Montélimar 13 – Nyons 41 – Orange 39 – Pont-St-Esprit 23 – Valence 60.

🏨 **Roustan** ⟨S⟩, 🕾 51.61.27, 🌫 – 📺 ⌂wc 🛎wc ☎ ⟨⟩ 🖼 𝘝𝘐𝘚𝘈 ⟨ℛ⟩ rest
fermé janv. et lundi – SC : **R** 70/90 – ⌷ 20 – **10 ch** 115/165 – P 180/190.

RENAULT Gonnet, 🕾 51.61.09 🔟 🕾 51.65.00

DONZY 58220 Nièvre 🔟 ⑬ G. Bourgogne – 1 939 h. alt. 188 – ✪ 86.

Paris 205 – Auxerre 65 – Château-Chinon 87 – Clamecy 37 – Cosne-sur-Loire 17 – Nevers 49.

🏨 **Ermitage** Ⓜ, 🕾 39.30.62 – 📺 ⌂wc 🛎wc ☎ ⟨𝐏⟩ 🖼 𝘝𝘐𝘚𝘈
fermé vend. hors sais. – SC : **R** voir rest Talvanne – ⌷ 15 – **20 ch** 120/140 – P 170.

🏠 **Gd Monarque**, près Église 🕾 39.35.44 – ⌂ 🛎 ⟨𝐏⟩ ⟨ℛ⟩
fermé 27 juin au 8 juil., 2 au 24 janv., dim. soir et lundi midi – SC : **R** 42/120 ⅄ –
15 – **19 ch** 60/140 – P 120/170.

𝕏𝕏 **Talvanne,** 🕾 39.35.61 – ⟨𝐏⟩ 𝘝𝘐𝘚𝘈
fermé vend. hors sais. – SC : **R** 45/110 ⅄.

Le DORAT 87210 H.-Vienne 🔟 ⑦ G. Périgord – 2 581 h. alt. 209 – ✪ 55.

Voir Collégiale St-Pierre★★.

🛈 Office de Tourisme pl. Église (juin-sept. et fermé dim.) 🕾 60.76.81.

Paris 348 – Bellac 12 – Le Blanc 49 – Guéret 68 – ◆Limoges 53 – Poitiers 74.

🏠 **Bordeaux,** 39 pl. Ch.-de-Gaulle 🕾 60.76.88 – 🛎wc ⟨ℛ⟩ ch
fermé dim. soir d'oct. à juin – SC : **R** 40/95 ⅄ – ⌷ 10 – **10 ch** 55/95 – P 150/180.

𝕏 **La Promenade** avec ch, 3 av. Verdun 🕾 60.72.09 – 🛎 ⟨𝐏⟩ ⟨ℛ⟩ ch
fermé 1er au 21 sept., vacances de fév., dim. soir et lundi – SC : **R** 35/115 ⅄ – ☛ 9 –
8 ch 50/68 – P 130/150.

CITROEN Laguzet, 🕾 60.72.79

DORDIVES 45680 Loiret 🔟 ⑫ – 1 863 h. alt. 71 – ✪ 38.

Paris 97 – Montargis 18 – Nemours 15 – ◆Orléans 89 – Sens 45.

🏠 **César** ⟨S⟩ sans rest, 8 r. République 🕾 92.73.20 – 🛎wc 🛎wc ☎ ⟨𝐏⟩ 🖼
SC : ⌷ 14 – **20 ch** 50/160.

DORMANS 51700 Marne 🔟 ⑮ G. Nord de la France – 2 975 h. alt. 71 – ✪ 26.

🛈 Office de Tourisme r. du Pont (1er juin-15 sept. et fermé dim.) 🕾 50.21.45.

Paris 119 – Châlons-sur-Marne 57 – Château-Thierry 23 – Fère-en-Tardenois 27 – ◆Reims 38.

𝕏𝕏 **Host. Demoncy** avec ch, 🕾 50.20.86, 🌫 – 🛎wc 🛎wc ☎ ⟨𝐏⟩ 🖼 ⟨ℛ⟩ ch
fermé 25 janv. au 1er mars, lundi soir et mardi – SC : **R** 80/135 – ⌷ 15 – **10 ch**
80/120.

RENAULT Chaplart, 🕾 50.20.47

DORNES 58390 Nièvre 🔟 ⑭ – 1 295 h. alt. 228 – ✪ 86.

Paris 279 – Decize 17 – Luzy 61 – Moulins 18 – Nevers 39 – St-Pierre-le-Moutier 22.

𝕏 **Commerce** avec ch, 🕾 50.60.21 – ⟨𝐏⟩ 𝐄
fermé fév., dim. (sauf rest.) et lundi – SC : **R** 30/60 ⅄ – ☛ 9 – **6 ch** 55/70.

CITROEN Dachet, 🕾 50.61.21   RENAULT Vareme, 🕾 50.63.90

DORRES 66 Pyr.-Or. 🔟 ⑯ G. Pyrénées – 154 h. alt. 1 450 – ⊠ 66800 Saillagouse – ✪ 68.

Voir Angoustrine : Retables★ dans l'église O : 5 km.

Paris 1 022 – Ax-les-Thermes 58 – Bourg-Madame 10 – ◆Perpignan 110 – Prades 67.

🏠 **Marty** ⟨S⟩, 🕾 30.07.52 – 🛎 🚗 ⟨𝐏⟩ ⟨ℛ⟩ rest
fermé 11 nov. au 15 déc. – SC : **R** 50 ⅄ – ⌷ 12,50 – **34 ch** 70/110 – P 130/237.

DOUAI ⟨SP⟩ 59500 Nord 🔟 ③ G. Nord de la France – 47 570 h. alt. 24 – ✪ 27.

Voir Beffroi★ BY D – **Musée★** dans l'ancienne Chartreuse AXM – **Cortège des Gayants★**
(début juil.) – 🛈 Office de Tourisme 70 pl. d'Armes (fermé sam. matin et dim.) 🕾 87.26.63 - A.C.
155 pl. Armes 🕾 88.90.79.

Paris 193 – ◆Amiens 89 ④ – Arras 26 ④ – Beauvais 168 ④ – Charleville-Mézières 149 ③ – Lens
22 ⑤ – ◆Lille 38 ⑤ – St-Quentin 65 ③ – Tournai 38 ① – Valenciennes 37 ②.

Plan page ci-contre

🏠 **Gd Cerf,** 46 r. St-Jacques 🕾 88.79.60 – 🛎wc 🛎 🛎 ⟨𝐏⟩ – ▲ 30 à 200. 🖼
SC : **R** *(fermé août, dim. soir et sam.)* 44/90 – ⌷ 16 – **38 ch** 85/180.   BY **e**

𝕏𝕏 **La Terrasse** avec ch, 8 terrasses St-Pierre 🕾 88.70.04 – 📺 🛎wc 🛎wc ☎ 🖼
SC : **R** 48/235 – ⌷ 16 – **23 ch** 130/230.   BY **a**

𝕏 **Au Turbotin,** 🕾 87.04.16 – 𝐄 𝘝𝘐𝘚𝘈   AY **s**
fermé 25 juil. au 15 août, vacances de fév., dim. et fêtes le soir et lundi – SC : **R** 60
bc/92.

𝕏 **Buffet Gare,** 🕾 88.99.26   BY
fermé sam. soir – **R** carte 55 à 95.

DOUAI

0   300 m

Armes (Pl. d')	**BY** 2	Brebières (R. de)	**AZ** 8	Massue (R. de la)	**AY** 29
Bellain (R. de)	**BY** 3	Canteleu (R. du)	**BY** 9	Merlin-de-Douai (R.)	**BY** 30
Carnot (Pl.)	**BY**	Chartreux (R. des)	**AX** 10	Minimes (Ruelle des)	**BY** 34
Madeleine (R. de la)	**BY** 25	Cloche (R. de la)	**AY** 13	Phalempin (Bd Paul)	**BY** 35
Mairie (R. de la)	**BY** 28	Clocher-St-Pierre (R. du)	**BY** 14	Raches (R. de)	**BX** 36
Paris (R. de)	**BZ**	Cloris (R. de la)	**AY** 15	St-Michel (R.)	**BX** 41
St-Christophe (R.)	**BY** 39	Comédie (R. de la)	**AZ** 18	St-Samson (R.)	**AY** 44
St-Jacques (R.)	**BY** 40	Faidherbe (Bd)	**BY** 19	St-Sulpice (R.)	**BX** 45
		Foulons (R. des)	**AZ** 20	Université (R. de l')	**BZ** 46
Bellegambe (R. J.)	**BY** 4	Gouvernement (R. du)	**BY** 23	Valenciennes (R. de)	**BZ** 49
Béthune (R. de)	**AX** 5	Leclerc (Av. Mar.)	**BY** 24	Victor-Hugo (R.)	**BY** 50

par ④ : 7 km sur N 50 – ⊠ 62117 Brébières – ✿ 21 :

XX   **Air Accueil,** ☏ 50.02.66 – **P** ① _VISA_
fermé août et dim. soir – SC : **R** 92.

ALFA-ROMEO, OPEL Faidherbe-Auto, 211 bd
Faidherbe ☏ 87.34.27
CITROEN Cabour, 884 r. de la République ☏
87.36.22
FIAT C.A.D.O., 124 av. R.-Salengro à Sin-le-
Noble ☏ 88.82.28
FORD Paty, N 17 Le Raquet à Lambres ☏
87.30.63
LADA, SKODA, TOYOTA Gar. du Nord, rte de
Cambrai à Ferin ☏ 88.55.09
PEUGEOT Charpentier, 537 rte Cambrai par
③ ☏ 87.22.76

RENAULT Gd Gar. Douaisien, rte Cambrai par
③ ☏ 87.29.72
PEUGEOT-TALBOT Douai-Nord-Autom., 334
r. de Paris ☏ 87.56.14
V.A.G. Gar. Carlier, 36 N 17 à Lambres-les-
Douai ☏ 98.50.65

⊛ Europneus, 5 r. de Warenghien ☏ 87.00.63
et 174 av. R.-Salengro à Sin-le-Noble ☏ 88.
69.70

DOUAINS 27 Eure 55 ⑰. 196 ① – rattaché à Pacy-sur-Eure.

Les **cartes Michelin** sont constamment tenues à jour.

DOUARNENEZ 29100 Finistère 🖪🖪 ⑭ G. Bretagne – 19 311 h. – 🟤 98.

Voir Boulevard Jean-Richepin ≤★ Z43 – Nouveau port : jetée ≤★ Y – Port du Rosmeur★ Z – Ploaré : tour★ de l'église Y B – Pointe de Leydé ≤★ NO : 5 km.

🛈 Office de Tourisme r. Docteur-Mével (fermé dim. et fêtes) 🕾 92.13.35.

Paris 578 ① – ♦Brest 74 ① – Châteaulin 27 ① – Lorient 88 ② – Quimper 22 ② – Vannes 137 ②.

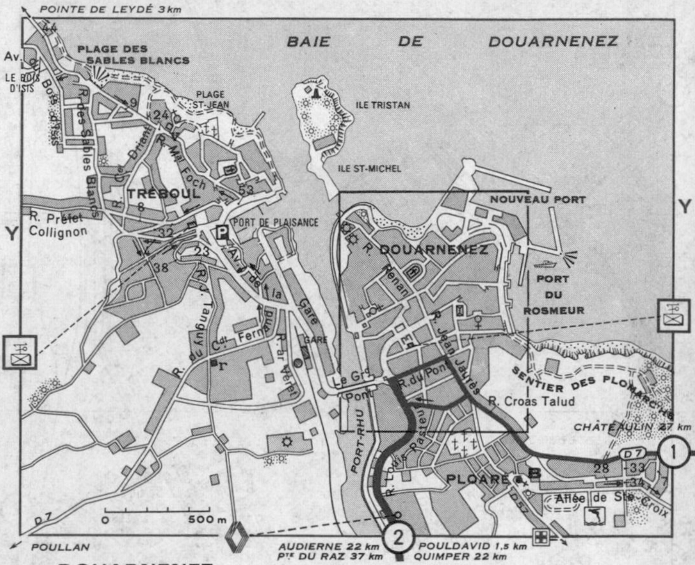

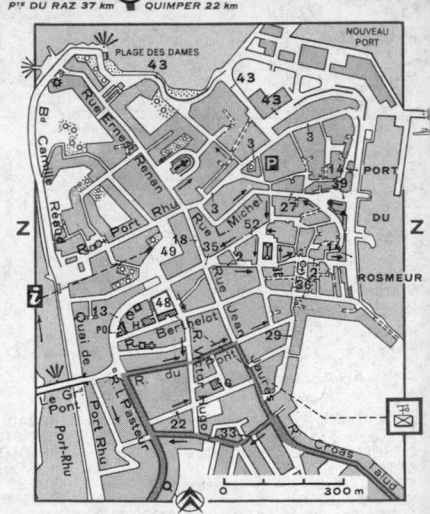

DOUARNENEZ
TRÉBOUL PLOARÉ

Anatole-France (R.)	Z 2
Duguay-Trouin (R.)	Z 13
Jaurès (R. Jean)	Z
Jean-Bart (R.)	Z 18
Voltaire (R.)	Z 52
Barbusse (R. Henri)	Z 3
Brossolette (R. Pierre)	Y 4
Coataner (R. de)	Y 7
Croas-Men (R. du)	Y 8
Curie (R. du Professeur)	Y 9
Grand-Port (Quai du)	Z 14
Lamennais (R.)	Z 22
La-Tour-d'Auvergne (R. de)	Z 23
Le-Goff (Pl. Robert)	Y 24
Marine (R. de la)	Y 27
Maunoir (R. du Père)	Y 28
Monte-au-Ciel (R.)	Y 29
Moulin (R. du)	Y 32
Partisans (R. des)	Y 33
Pen-ar-Menez (R. de)	Y 34
Péri (Pl. Gabriel)	Z 35
Plomarc'hs (R. des)	Z 36
Pont-Neuf (R. du)	Z 38
Port (R. du)	Z 39
Richepin (Bd Jean)	Z 43
Roches-Blanches (Rte des)	Y 44
Stalingrad (Pl.)	Z 48
Vaillant (Pl. Édouard)	Z 49
Yser (Quai de l')	Y 53

🏠 **Le Bretagne** 🅼, 23 r. Duguay-Trouin 🕾 92.30.44 – 📶 🚿wc 🛁wc 🕿. 📺 **E**
🗱 rest   Z e
SC : R *(15 mai-15 sept. et fermé lundi)* 57/107 – 🖙 14 – **27 ch** 88/154 – P 160/189

CITROEN Belbéoch, 33 r. L.-Pasteur 🕾 92.29.00   PEUGEOT-TALBOT Barré, 42 rte Quimper par
                                                      ② 🕾 92.11.72
                                                      RENAULT Carrot, 89 r. L.-Pasteur 🕾 92.04.11

Tréboul – Y du plan – ✉ 29100 Douarnenez :

🗱🗱 **Arcades** avec ch, 67 r. Cdt-Fernand 🕾 92.03.40 – 🚿wc. **E**. 🗱 ch   Y r
     fermé oct., dim. soir et lundi – **SC : R** 50/150 – 🖙 15 – **20 ch** 75/120 – P 135/150.

430

DOUBS 25 Doubs 🗺️ ⑥ – rattaché à Pontarlier.

DOUBS (Vallée du) ⭐⭐ 25 Doubs 🗺️🗺️ ⑱ G. Jura.
Voir Gorges⭐⭐ – Lac de Chaillexon⭐⭐ et saut du Doubs⭐⭐⭐.

DOUCIER 39 Jura 🗺️ ⑭⑮ G. Jura – 192 h. alt. 528 – ⊠ 39130 Clairvaux-les-Lacs – ✆ 84.
Voir Lac de Chalain⭐⭐ N : 4 km.
Paris 433 – Champagnole 21 – Lons-le-Saunier 26.

Garage Gaillard, ☎ 25.70.94

DOUÉ-LA-FONTAINE 49700 M.-et-L. 🗺️ ⑧ G. Châteaux de la Loire – 6 501 h. alt. 76 – ✆ 41.
🛈 Syndicat d'Initiative pl. Hôtel de Ville (fermé dim. et lundi) ☎ 59.18.53.
Paris 316 – Angers 41 – Châtellerault 84 – Cholet 49 – Saumur 17 – Thouars 26.

🏠 **France,** 17 pl. du Champ-de-Foire ☎ 59.12.27 – 🛏️wc 🕿. 𝗩𝗜𝗦𝗔
🔸 fermé 15 au 30 juin, 23 déc. au 15 janv. et lundi sauf juil. et août – SC : **R** 42/100 – ☷ 15 – **18 ch** 70/100 – P 120/150.

CITROEN Belien, rte de Saumur ☎ 59.12.59	RENAULT Chaillou, 49 r. de Cholet ☎ 59.10.55
PEUGEOT Hayot, rte de Saumur ☎ 59.18.57	🆕 ☎ 59.12.16
RENAULT Bouchet, 11 rte de Montreuil ☎ 59.10.72	TALBOT Blondeau, 20 r. de Cholet ☎ 59.11.00

DOUELLE 46 Lot 🗺️ ⑦⑧ – 648 h. – ⊠ 46140 Luzech – ✆ 65.
Paris 603 – Cahors 11 – Gourdon 41 – Villeneuve-sur-Lot 67.

🏠 **Marine,** ☎ 20.02.06, 🕿 – 🚗🖃 𝗩𝗜𝗦𝗔
🔸 fermé janv., 1ᵉʳ au 8 oct. et mardi – SC : **R** 45/140 🍷 – ☷ 10 – **12 ch** 55/120 – P 120/140.

DOULAINCOURT 52270 H.-Marne 🗺️ ⑪⑫ – 1 060 h. alt. 220 – ✆ 25.
Paris 262 – Bar-sur-Aube 48 – Chaumont 32 – Joinville 19 – Neufchâteau 44.

🏠 **Paris** 🍽️, pl. Ch.-de-Gaulle ☎ 95.31.18 – 🕿
🔸 fermé 30 août au 3 oct. et lundi sauf le rest. du 1ᵉʳ juin au 31 oct. – SC : **R** 36/70 🍷 – 🍽️ 11 – **10 ch** 55/85 – P 130/140.

DOULLENS 80600 Somme 🗺️ ⑧ G. Nord de la France – 8 520 h. alt. 64 – ✆ 22.
Voir Mise au tombeau⭐ dans l'église Notre-Dame F – Vallée de l'Authie⭐ par ④.
🛈 Office de Tourisme 10 r. Marjolaine (fermé sam. et dim.) et Beffroi r. Bourg (1ᵉʳ juin-15 août) ☎ 77.09.28.
Paris 178 ③ – Abbeville 41 ④ – ♦Amiens 30 ③ – Arras 35 ① – Péronne 54 ② – St-Omer 83 ⑤.

DOULLENS

Arras (R. d')	3
Bourg (R. du)	6
Commandement-Unique (R. du)	9
Tempez (R. André)	23
Andrieu (Pl.)	2
Boucheries (R. des)	5
Clemenceau (R. G.)	7
Dehée (Bd E.)	12
Foch (Av. du Mar.)	13
Haig (R. du Mar.)	15
Leclerc (Av. du Gén.)	16
Milner (Bd Lord)	18
Neuf-Moulins (R. des)	19
Pont-St-Ladre (R. du)	21

Les plans de villes sont orientés le Nord en haut.

🍽️🍽️ **Aux Bons Enfants** avec ch, 23 r. Arras **(f)** ☎ 77.06.58 – 📺 🛏️ 🅿️ 🅴 𝗩𝗜𝗦𝗔 🕿 ch
🔸 fermé août – SC : **R** (fermé sam.) 48/100 🍷 – ☷ 12 – **7 ch** 60/100.

🍽️🍽️ **Le Sully** avec ch, 45 r. Arras **(u)** ☎ 77.10.87 – 📺wc 🕿 🅿️. 🚗🖃
🔸 fermé vacances de Pâques, 1ᵉʳ au 23 janv., lundi du 30 sept. au 1ᵉʳ avril et merc. du 2 avril au 1ᵉʳ oct. – SC : **R** 35/85 🍷 – ☷ 10 – **8 ch** 59/100.

à **Pommera** (Pas-de-Calais) par ① : 7,5 km sur rte Arras – ⊠ **62760** Pas en Artois – ✪ 21

XXX **Faisanderie,** ☎ 48.20.76 – **❷**. 🖭 **E** 𝘝𝘐𝘚𝘈
fermé 6 au 22 août, vacances de fév., dim. soir et lundi – **R** 65/130 ⅙.

PEUGEOT Gar. Cailly, 14 rte Amiens ☎ 77. 08.36
RENAULT Gar. Moderne, 55 av. Flandres-Dunkerque par ① ☎ 77.02.77

RENAULT Roger, 32 r. A.-Tempez ☎ 77.08.42
V.A.G. Gar. St-Christophe, 6 r. Pont-St-Ladre ☎ 77.06.54

DOURDAN 91410 Essonne 🔟 ⑨. 🔢 ④ **G. Environs de Paris** – 7 487 h. alt. 117 – ✪ 6.

Voir Place du Marché aux grains★.

🅱 Office de Tourisme pl. Gén.-de-Gaulle (fermé dim. après-midi et lundi) ☎ 492.86.97.

Paris 55 – Chartres 42 – Étampes 18 – Évry 41 – ◆Orléans 79 – Rambouillet 22 – Versailles 37.

🏛 ✿ **Host. Blanche de Castille** Ⓜ, pl. Halles ☎ 459.68.92, Télex 690902, 🛏 – 🕌 🖭 📺 ❷ – 🔏 100. ● 🖭 𝘝𝘐𝘚𝘈
– SC : **R** 180 – � 30 – **40 ch** 200/250
Spéc. Foie gras d'oie frais, Homard, Péché de gourmandises.

CITROEN S.A.C.A.D Zone Ind. de la Gaudrée ☎ 459.64.00
LANCIA-AUTOBIANCHI, TOYOTA Huberty, rte d'Etampes, D 836 ☎ 459.66.65

PEUGEOT Gar. Côte de Liphard, 10 rte Liphard ☎ 459.71.86
RENAULT Lesage, 30 av. de Paris ☎ 492.70.83

DOURLERS 59228 Nord 🔢 ⑥ – 710 h. alt. 171 – ✪ 27.

Paris 213 – Avesnes-sur-Helpe 8 – ◆Lille 95 – Maubeuge 13 – Le Quesnoy 26 – Valenciennes 42.

XX ✿ **Aub. du Châtelet** (Mme Carlier), Les Haies à Charmes S : 1 km sur N 2 ⊠ 59440 Avesnes-sur-Helpe ☎ 61.06.70, 🛏 – ❷. 🖭 𝘝𝘐𝘚𝘈
fermé 16 août au 13 sept., 2 au 15 janv., dim. et fériés le soir et merc. – SC : **R** (nombre de couverts limité - prévenir) 170 bc/65 ⅙.
Spéc. Truite à la Talleyrand, Homard aux petits légumes, Gigue de chevreuil sous la cendre (15 nov. au 30 déc.).

DOUSSARD 74 H.-Savoie 🔢 ⑯ – rattaché à Bout-du-Lac.

DOUVAINE 74140 H.-Savoie 🔟 ⑯ – 2 279 h. alt. 429 – ✪ 50.

🅱 Syndicat d'Initiative pl. Mairie (fermé dim., lundi et fêtes) ☎ 94.10.55.

Paris 564 – Annecy 62 – Annemasse 17 – Bonneville 31 – ◆Genève 17 – Thonon-les-Bains 16.

🏠 **Couronne,** ☎ 94.10.62 – ➡wc 🛏wc 🚗 ❷. 🆐. 🎯 ch
◆ *fermé 4 au 10 avril, en sept., janv. et sam. sauf juil. et août –* SC : **R** 50/175 ⅙ – � 14,50 – **13 ch** 71/140 – P 120/180.

🏠 **Poste** sans rest, ☎ 94.01.19 – ➡wc 🛏wc ☎. 🖭
SC : � 14 – **18 ch** 70/95.

XX **Aub. Gourmande,** à Massongy E : 2 km par N 5 ⊠ 74140 Douvaine ☎ 94.16.97, ≼, 🎤 – ❷. 🖭 ● 𝘝𝘐𝘚𝘈
fermé en mars, en sept. et merc. – SC : **R** 60/170.

X **Écaille d'Argent** 🦪 avec ch, à Tougues NO : 4 km par D 20 ⊠ 74140 Douvaine
◆ ☎ 94.04.16, ≼, 🎤 – ❷. **E** 𝘝𝘐𝘚𝘈
1er mai-1er oct. et fermé mardi soir, merc. sauf juil. et août – SC : **R** 45 – � 14 – **7 ch** 60.

RENAULT Gar. du Chablais, ☎ 94.00.36

DRAGUIGNAN ◀🅿▶ 83300 Var 🔢 ⑦ **G. Côte d'Azur** – 26 283 h. alt. 181 – ✪ 94.

🅱 Office de Tourisme (fermé dim. hors sais.) et A.C. 9 bd Clemenceau ☎ 68.63.30, Télex 970059.

Paris 864 ② – Aix-en-Provence 106 ② – Antibes 72 ② – Cannes 65 ② – Digne 114 ④ – Fréjus 29 ② – Grasse 56 ① – Manosque 89 ③ – ◆Marseille 118 ② – ◆Nice 90 ② – ◆Toulon 81 ②.

Plan page ci-contre

🏨 **Col de l'Ange** Ⓜ, par ③ : 2,5 km ☎ 68.23.01, Télex 970423, ≼, 🎤, 🏊, 🛏 – 📺 ➡wc ☎ ❷. 🆐 🖭 ● **E** 𝘝𝘐𝘚𝘈. 🎯 rest
SC : **R** *(fermé nov. et dim. hors sais.)* 85/110 – � 25 – **30 ch** 190/280.

🏠 **Parc,** 21 bd Liberté ☎ 68.53.84, 🛏 – ➡wc 🛏wc ☎. 🆐 Y a
fermé 15 déc. au 15 janv. – SC : **R** *(fermé dim. hors sais.)* 58/130 – � 19 – **20 ch** 140/193 – P 410/463 (pour 2 pers.).

🏠 **Séméria,** 12 av. L.-Carnot ☎ 68.03.57 – ➡wc 🛏wc ☎. 𝘝𝘐𝘚𝘈 Z s
fermé nov. – SC : **R** *(fermé dim. du 15 sept. au 15 juin)* 63/110 – � 16 – **23 ch** 85/159.

XX **La Calèche,** 7 bd G.-Péri ☎ 68.13.97 – 🍽 **E** 𝘝𝘐𝘚𝘈 Z v
fermé 1er au 15 mai, dim. (sauf le midi d'oct. à juin) et lundi.

DRAGUIGNAN

CASTELLANE 60 km

STADE NAUTIQUE

13 km LORGUES
23 km SALERNES

FRÉJUS 29 km
TOULON 81 km

à Flayosc par ③ et D 557 : 7 km – ⊠ **83780** Flayosc :

⚑ **Provençal,** ☎ 70.41.44 – 🛏 🅿
  fermé 15 au 30 nov. – SC : **R** (fermé lundi) 41/70 ⅋ – ☞ 10,50 – **14 ch** 53/78 – P
  114/126.

✗ **Oustaou,** ☎ 70.42.69
  fermé 8 au 22 juin, 12 au 26 oct., vacances de fév., et merc. – SC : **R** 44/100.

CITROEN S.I.V.A., rte de Trans par ② ☎ 68.
12.43
FIAT Joffre-Automobiles, 56 av. Carnot ☎ 68.
02.03
FORD Gar. d'Azur, 748 rte de Lorgues ☎ 68.
18.71
PEUGEOT-TALBOT Gar. Labrette, 386 av.
P.-Brossolette ☎ 68.14.20

RENAULT S.A.V.A., quartier de la Foux par ②
☎ 68.15.64
V.A.G. S.O.D.R.A., Zone Ind., rte de Lorgues
☎ 68.82.44

🔧 Forni-Pneus 49 bd Carnot ☎ 68.06.83 et Zone
Ind. les Incapis ☎ 67.13.53

Dans ce guide

un même symbole, un même caractère
imprimé en rouge *ou en* noir*, en* maigre *ou en* **gras**
n'ont pas tout à fait la même signification.
Lisez attentivement les pages explicatives (p. 13 à 20).

Le DRAMONT 83 Var 🎇 ⑧ – rattaché à Agay.

DRAVEIL 91 Essonne 🎇 ①. 🎇 ㉖ – voir à Paris, Proche banlieue.

DREUIL-LÈS-AMIENS 80 Somme 🎇 ⑧ – rattaché à Amiens.

DREUX ◁🇵▷ 28100 E.-et-L. 🎇 ⑦. 🎇 ㉕ G. Environs de Paris – 34 025 h. alt. 104 – 🕲 37.
Voir Beffroi★ AY **B** – Vitraux★ de la chapelle royale AY.
🅱 Syndicat d'initiative 4 r. Porte-Chartraine (fermé sam. en juil. et août) ☎ 46.01.73.
Paris 82 ② – Alençon 110 ⑥ – Argentan 112 ⑥ – ♦Caen 163 ⑧ – Chartres 35 ④ – Évreux 42 ⑥ –
♦Le Havre 162 ⑥ – ♦Le Mans 136 ④ – Mantes-la-Jolie 44 ① – ♦Orléans 108 ④ – ♦Rouen 97 ⑥.

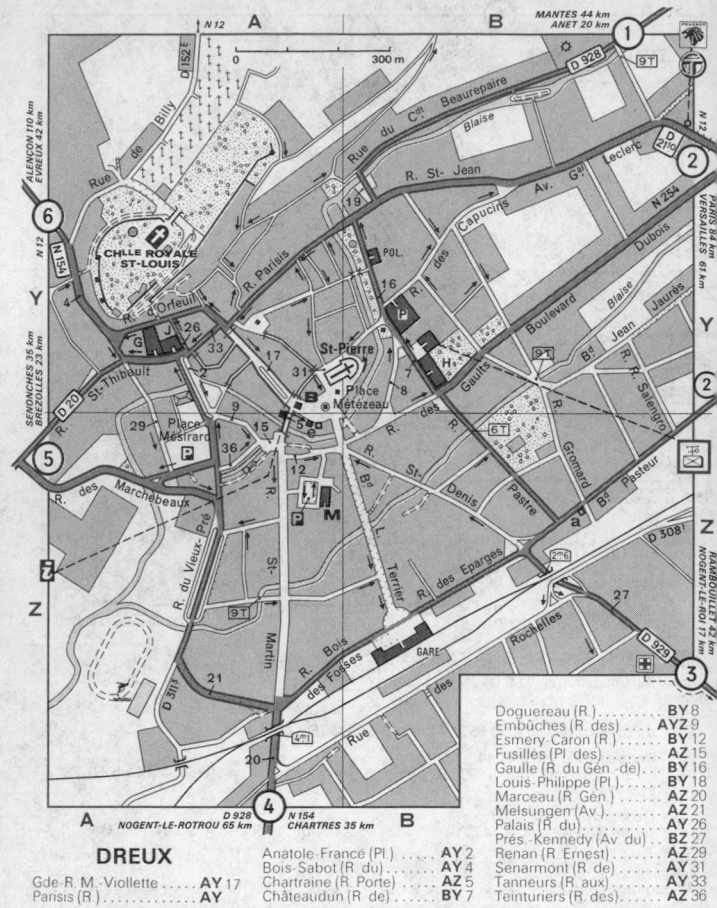

DREUX

🏠 **Bec Fin** 〽, 8 bd Pasteur ☎ 42.04.13 – 📺 🛏wc �📻wc ☎ 🅿🕾   **BZ a**
fermé 6 au 26 août et 23 déc. au 2 janv. – **R** *(fermé sam. soir et dim.)* 65/110 & – 🖵
17 – **23 ch** 85/200 – P 190/220.

🏠 **H. de l'Aub. Normande** sans rest, 12 pl. Métézeau ☎ 50.02.03 – ⭤wc ☎ 🖃
🏵   **AZ e**
SC : 🖵 15 – **16 ch** 130/185.

XX **Rest. Auberge Normande**, 6 pl. Métézeau ☎ 50.14.51 – 🖃 *VISA*   **AZ e**
fermé août, Noël, Jour de l'An et dim. – SC : **R** 79/120 &.

à Chérisy par ② : 4,5 km – ⊠ 28500 Vernouillet :

XX **Vallon de Chérisy,** ☎ 43.70.08
fermé 1ᵉʳ déc. au 10 janv., mardi soir et merc. – SC : **R** carte 70 à 110.

à Écluzelles par ③ : 5,5 km – ⊠ 28500 Vernouillet :

XX **L'Aquaparc,** ☎ 43.74.75 – 🅿 Ⓔ
fermé 15 janv. au 15 fév., merc. soir et jeudi – SC : **R** 79/147.

à Ste-Gemme-Moronval par ② N 12 puis D 308 2 : 6 km – ⊠ 28500 Vernouillet :

XX **L'Escapade,** ☎ 43.72.05, 🎜 – 🅿
fermé 8 août au 1ᵉʳ sept., 15 fév. au 1ᵉʳ mars, lundi et mardi – SC : **R** 83/109.

par rte de Montreuil ①, D 928 et D 116 : 8,5 km :

XXX **Aub. Gué des Grues** ⦆ avec ch, ☎ 43.50.25, ≼, 🎜 – ⭤ ⭢ 🚗 🅿 ⑩ *VISA*
fermé en janv., lundi soir et mardi – SC : **R** 80 – 🖵 17 – **5 ch** 65/160.

434

AUSTIN, MORRIS Gar. de l'Ouest, 51 av. Fenots ☎ 46.11.45
CITROEN Mauger, 64 av. Fenots par ⑥ ☎ 50.12.51
FIAT Gar. Favières-Mesnil, 22 r. d'Orléans ☎ 42.08.75
FORD Perrin, bd Europe à Vernouillet ☎ 46.23.31
MERCEDES-BENZ Gar. Avenue, Zone Ind. Nord ☎ 46.17.98
PEUGEOT C.A.D., 33 rte Chartres, Vernouillet par ④ ☎ 46.17.25

PEUGEOT **TALBOT** Touchard et Girot, 49 av. Gén.-Leclerc ☎ 42.12.72
RENAULT Chanoine, N 12, Les Fenots par ⑥ ☎ 46.17.35 🅽

⌖ Dubreuil-Pneus, 115 r. Bois-Sabot ☎ 46.04.11
Marsat-Dreux-Pneus, 27 av. des Fenots ☎ 50.02.53

DRUSENHEIM 67410 B.-Rhin 𝟻𝟽 ⑳ – 3 827 h. alt. 125 – 🕲 88.

Paris 489 – Brumath 21 – Haguenau 17 – Saverne 52 – ♦Strasbourg 27.

XXX **Auberge du Gourmet,** rte Strasbourg SO : 1 km ☎ 63.30.60, ㎰ – **ℙ** 𝘝𝘐𝘚𝘈
　　 fermé 15 août, 1er au 10 fév., mardi soir et merc. – SC : **R** 65/110 ⅄.

X **Au Saumon,** ☎ 63.31.55 – **ℙ** ℀
　 fermé juil. et lundi – SC : **R** 70/120 ⅄.

DUCEY 50220 Manche 𝟻𝟿 ⑧ G. Normandie – 2 079 h. alt. 15 – 🕲 33.

Paris 307 – Avranches 11 – Fougères 37 – ♦Rennes 71 – St-Hilaire-du-Harcouët 16 – St-Lô 67.

🏠 **Aub. de la Sélune,** ☎ 48.53.62 – ⊟wc ☎
← fermé 15 janv. au 15 fév. et lundi hors sais. – SC : **R** 40/95 ⅄ – ⌷ 11 – **10 ch** 130/150 – P 140/170.

PEUGEOT Gar. Débesne, ☎ 48.50.55

If you are looking for a quiet hotel
do not only use the maps on pages 46 to 53
but also look at the text of the establishments
with the sign ⅏.

DUCLAIR 76480 S.-Mar. 𝟻𝟻 ⑥ G. Normandie (plan) – 2 977 h. alt. 8 – 🕲 35.

Bac : renseignements ☎ 37.53.11.

Paris 159 – Dieppe 59 – Lillebonne 32 – ♦Rouen 20 – Yvetot 20.

XX **Parc,** rte de Caudebec ☎ 37.50.31, ≤, ㎰ – **ℙ** 🄰🄴 ⓞ ⒠ 𝘝𝘐𝘚𝘈
　　 fermé 15 déc. au 15 janv., dim. soir et lundi – SC : **R** 61/81

XX **Poste** avec ch, 286 quai Libération ☎ 37.50.04, ≤ – ⊟wc 🎄wc ☎, ㎰ ⒠
← fermé 26 juin au 12 juil., lundi (sauf hôtel) et dim. soir – SC : **R** 44/110 – ⌷ 18 – 19 ch 80/120 – P 160/180.

CITROEN Dutrait, ☎ 37.51.02

DUILHAC-SOUS-PEYREPERTUSE 11 Aude 𝟾𝟼 ⑧ – rattaché à Cucugnan.

DUINGT 74 H.-Savoie 𝟽𝟺 ⑮ G. Alpes – 330 h. alt. 450 – ⊠ 74410 St-Jorioz 🕲 50.

Voir Site★.

Paris 549 – Albertville 33 – Annecy 12 – Megève 48 – St-Jorioz 3,5.

🏠 **Clos Marcel,** ☎ 68.67.47, ≤, ⅍, ㎰ – ⊟wc ☎ **ℙ** ㎰ ℀ rest
　　 1er mai-30 sept. – SC : **R** 70/95 – ⌷ 15.50 – **17 ch** 84/160 – P 178/242.

🏠 **Bains,** ☎ 68.66.48, ⅍, ㎰ – ⊟wc ㎰ **ℙ** ㎰
← fermé nov. et mars hors sais. – SC : **R** 48/100 – ⌷ 15 – **24 ch** 65/140 – P 128/170.

XX **Aub. du Roselet** avec ch, ☎ 68.67.19, ⅍, ㎰ – ⊟wc ☎ ㎰ **ℙ** ㎰
　　 15 mars-1er oct., 1er nov.-15 janv., week-ends de fév. au 15 mars et fermé merc. sauf juil.-août – SC : **R** 60/150 – ⌷ 17 – **14 ch** 160/180.

DUNES 82 Tarn-et-Gar. 𝟽𝟿 ⑮ – 710 h. alt. 120 – ⊠ 82340 Auvillar – 🕲 63.

Paris 748 – Agen 21 – Auch 70 – Moissac 28 – Montauban 57.

XX **Aub. des Templiers,** ☎ 39.91.34, ㎰ – 🄰🄴 ⓞ 𝘝𝘐𝘚𝘈 ℀
　　 fermé 1er au 15 sept., 1er au 15 fév., dim. soir et lundi – SC : **R** 120 bc /65.

DUNKERQUE ⊞ 59 Nord 𝟻𝟷 ③④ G. Nord de la France – 83 759 h. Communauté urbaine 206 752 h. – 🕲 28.

Voir Port★★ – Musée★ CZ **M1**.

🄴 Office de Tourisme Beffroi, r. Clemenceau (fermé dim. et fêtes) ☎ 66.79.21 et Digue de Mer (1er juil.-31 août et fermé dim. après-midi) ☎ 63.61.34 - A.C. 2 r. Amiral-Ronarc'h ☎ 66.70.68.
Paris 291 ② – ♦Amiens 146 ② – ♦Calais 43 ③ – Ieper 48 ② – ♦Lille 73 ② – Oostende 54 ①.

DUNKERQUE

Berteaux (Av. M.) . . . . . . **AX** 10
Bonpain (Pl. de l'Abbé) . . **BX** 13

Cambon (Bd P.) . . . . **BX** 17
Clemenceau (R.) ST-POL **AX** 22
Coquelle (R. Félix) . . . . **BX** 24
Darses (Chaussée des) . . **AX** 25
Jaurès (R. Jean) . . . . . . **BX** 38

Lille (R. de) . . . . **BX** 45
Malo (R. Célestin) . . . . **BX** 50
Pasteur (R.) . . . . **BX** 56
République (R. de la) . . . **AX** 61
Waldeck-Rousseau (R.) . **BX** 73

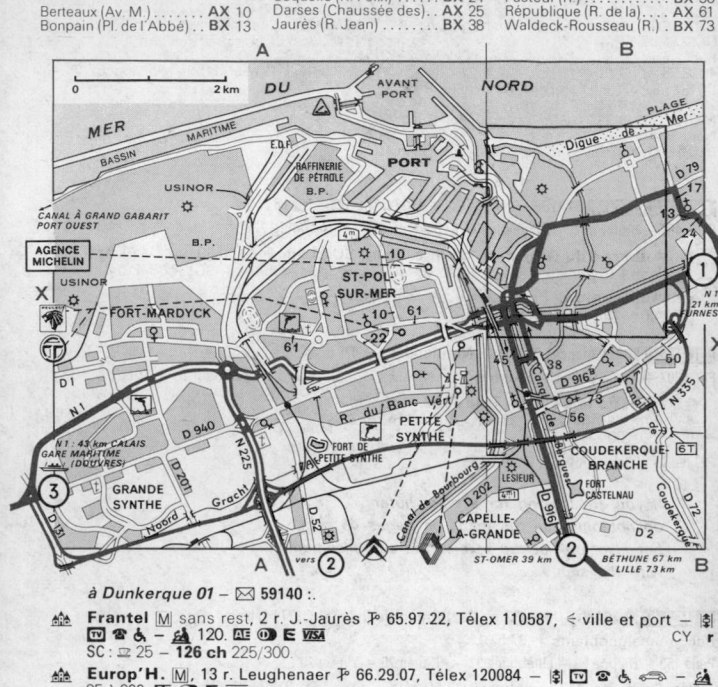

à Dunkerque 01 – ⊠ 59140 :.

🏨🏨 **Frantel** Ⓜ sans rest, 2 r. J.-Jaurès 🕾 65.97.22, Télex 110587, ≤ ville et port – 🛗
📺 🕾 ♿ – 🔏 120. 🖭 ⓞ 🗲 𝑉𝐼𝑆𝐴   CY **r**
SC : ⌷ 25 – **126 ch** 225/300.

🏨🏨 **Europ'H.** Ⓜ, 13 r. Leughenaer 🕾 66.29.07, Télex 120084 – 🛗 📺 🕾 ♿ 🚌 – 🔏
25 à 200. 🖭 ⓞ 🗲 𝑉𝐼𝑆𝐴   CY **s**
SC : **R** (fermé dim.) 65/90 ♨ – ⌷ 20 – **130 ch** 160/215. 4 appartements 245 – P
210/250.

🏨 **Borel** Ⓜ sans rest, 6 r. L'Hermitte 🕾 66.51.80, Télex 820050 – 🛗 📺 🖵wc 🕾 ♿,
🚌 🖭 ⓞ 🗲 𝑉𝐼𝑆𝐴   CY **u**
SC : ⌷ 20 – **40 ch** 186/210.

🏨 **Métropole** sans rest, 28 r. Thiers 🕾 66.84.18 – 🖵wc 🕾 🖳. 🚌 🖭 🗲 𝑉𝐼𝑆𝐴
fermé les week-ends en hiver – SC : ⌷ 20 – **18 ch** 76/250.   CZ **y**

XXX **Richelieu** (Buffet gare), pl. Gare 🕾 66.52.13 – 𝑉𝐼𝑆𝐴   CZ **v**
↠ fermé dim. soir et sam. – rest. : **R** 76/120 - brasserie **R** 40 ♨.

XX **Rest. Métropole**, 28 r. Thiers 🕾 66.85.01 – 🖭 ⓞ 🗲 𝑉𝐼𝑆𝐴   CZ **y**
fermé 15 juil. au 15 août et sam. – SC : **R** 125 bc/55 ♨.

XX **Aux Ducs de Bourgogne**, 29 r. Bourgogne 🕾 66.78.69 – 🖭   CY **h**
fermé le soir sauf sam. – **R** 50/160.

XX **Victoire**, 35 av. Bains 🕾 66.56.45   CY **e**
fermé en août, 1er au 7 janv., sam. midi et dim. – SC : **R** 105 ♨.

XX **Gd Morien**, 35 pl. J.-Bart 🕾 66.55.18 – 🖭 ⓞ 🗲 𝑉𝐼𝑆𝐴   CZ **a**
fermé lundi – SC : **R** 85.

XX **Moderne** avec ch, 2 r. Nationale 🕾 66.80.24 – 🖵wc 🕾 Ⓟ – **20 ch**   CZ **f**

à Malo-les-Bains (Dunkerque 02) – ⊠ 59240 Dunkerque :

🏨 **Trianon** 🌿 sans rest, 20 r. Colline 🕾 63.39.15 – 🖵wc 🕾 🖳   DY **d**
SC : ⌷ 14 – **13 ch** 80/115.

🏨 **Hirondelle**, 46 av. Faidherbe 🕾 63.17.65 – 🖵 🕾wc 🕾 – 🔏 40. 🚌 🎬 rest
↠ SC : **R** (fermé 15 août au 15 sept., dim. soir et lundi) 38/94 ♨ – ⌷ 12 – **33 ch** 61/130.
DY **r**

🏨 **Au Rivage**, 7 r. Flandre 🕾 63.19.62 – 🖵wc 🕾 – 🔏 60. 🗲 𝑉𝐼𝑆𝐴   DY **n**
SC : **R** (fermé oct., vend. soir et dim. soir) 55/90 – **14 ch** 60/122 – P 130/140.

à Teteghem par ① et D 204 : 6 km – ⊠ 59229 Teteghem :

XXXX ❀ **La Meunerie** (Delbé), SE : 2 km par D 4 🕾 61.86.89, « élégante installation »
– ▤ Ⓟ 🖭 ⓞ 𝑉𝐼𝑆𝐴. 🎬
fermé 23 déc. au 24 janv., lundi et le soir des dim. et fêtes – **R** carte 190 à 235
Spéc. Friandises de truffes au foie gras (nov. à mars). Poissons, Chariot de pâtisseries.

DUNKERQUE

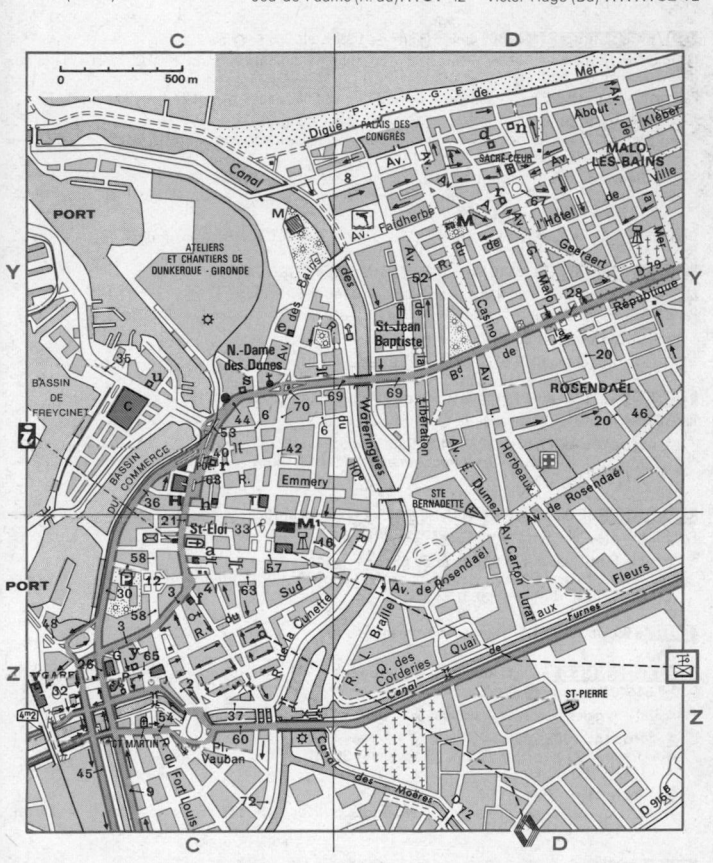

au Lac d'Armbouts-Capell S : 7 km par D 916 et D 252B - A – ⊠ 59380 Bergues :

🏨 **Novotel** M ⑤, Z.I Petite Synthe ℱ 65.97.33, Télex 820916, 🔲, ☞ – 🗐 rest 📺
⊟wc 🛏wc ☎ 🅿 – 🔬 30 à 150. 🚗🖼 🖭 ⓪ 𝗩𝗜𝗦𝗔
R snack carte environ 85 – ⊊ 27 – **52 ch** 209/273.

MICHELIN, Agence, 11 r. G.-Péri, Z.I. St-Pol-sur-Mer AX ℱ 64.68.94

ALFA-ROMEO MERCEDES-BENZ SOCATRI,
1 bd de la République ℱ 69.54.25
BMW Munter, 99-101 av. A.-Geeraert ℱ 69.
26.63
FIAT Patfoort, 9 r. du Leughenaer ℱ 66.51.12
FORD Flandres-Auto, 70 r. de Lille ℱ 25.06.00
OPEL Gar. des Hauts de France, 11 r. du Jeu-
de-Mail ℱ 24.43.04

RENAULT Renault-Dunkerque, 561 av. de la
Villette ℱ 25.25.11
RENAULT Gar. Dewynter, 12 r. Esplanade ℱ
66.41.55

⊕ La Clinique du Pneu, 12 quai des 4 écluses
ℱ 64.62.70
Renova-Pneu, 47 r. Abbé Choquet ℱ 25.36.20

tourner →

Périphérie et environs

AUSTIN, JAGUAR, MORRIS, ROVER, TRIUMPH Littoral-Autom., r. Samaritaine, Zone Ind. à St-Pol-sur-Mer ℡ 64.66.20
CITROEN Sté Dunkerquoise-Cabour, 715 av. de Petite-Synthe ℡ 24.40.22 Ⓝ ℡ 68.61.44
PEUGEOT-TALBOT Gar. Dubus, 59 quai Wilson à St-Pol-sur-Mer ℡ 60.34.34
TOYOTA Gibon, 7 quai Wilson à St-Pol-sur-Mer ℡ 64.39.07
V.A.G. Toussaint, r. Samaritaine à St-Pol-sur-Mer ℡ 64.16.55

🅖 Flandres-Pneus, 70 r. A.-Guenin à Rosendaël ℡ 63.66.64
Hamez, 98 r. A. Mahieu à Rosendaël ℡ 63.52.01 et 11 rte Mardyck à Grande-Synthe ℡ 25.04.73
Littoral Pneus Service, r. A.-Carrel à Petite-Synthe ℡ 60.02.00
Pneus et Services D.K., 10 bis r. Samaritaine à St-Pol-sur-Mer ℡ 64.76.74
Réform-Pneus, r. Albeck, Zone Ind. à Petite-Synthe ℡ 24.41.06

DUN-LE-PALESTEL 23800 Creuse 🔟🔟 ⑱ – 1 330 h. alt. 366 – ✿ 55.

� Office de Tourisme r. Sabots (Pâques-1er nov. et fermé dim. après-midi) ℡ 89.00.75 et à la Mairie (fermé sam. après-midi et dim.) ℡ 89.01.30.

Paris 341 – Aigurande 22 – Argenton-sur-Creuse 39 – La Châtre 48 – Guéret 27 – La Souterraine 18.

🏠 **Joly,** ℡ 89.00.23 – ➩wc 🦷wc ◄━, 🍽⬛. ஜ rest
➥ fermé 15 au 30 oct., 20 fév. au 15 mars, dim. soir et lundi midi – SC : **R** 36/145 ⚄ – ⌑ 12 – **15 ch** 60/110 – P 112/146.

🏡 **France,** rte Argenton ℡ 89.07.72, 🌿 – ➩ 🦷 🅿. ⬛ **E** 𝐕𝐈𝐒𝐀 ஜ
➥ fermé 1er au 15 oct., 1er au 15 fév. et sam. hors sais. – SC : **R** 33/70 ⚄ – ⌑ 11 – **16 ch** 50/126 – P 100/150.

CITROEN Chambraud, ℡ 89.01.78   **RENAULT** Constantin, ℡ 89.01.26

DUN-SUR-MEUSE 55110 Meuse 🔟🔟 ⑩ G. Vosges – 782 h. alt. 175 – ✿ 29.

� Syndicat d'Initiative à la Mairie (fermé sam. et dim.) ℡ 80.90.55.

Paris 275 – Bar-le-Duc 89 – Châlons-sur-Marne 101 – ✦Reims 99 – Sedan 47 – Verdun 33.

🏠 **Commerce,** ℡ 80.90.25 – ➩ 🦷 ◄━ – **11 ch.**

RENAULT Marchetich, ℡ 80.90.50 Ⓝ ℡ 80.91.35

DURAS 47120 L.-et-G. 🔟🔟 ⑬ G. Côte de l'Atlantique – 1 245 h. alt. 122 – ✿ 53.

Paris 635 – Agen 81 – Marmande 23 – Ste-Foy-la-Grande 21.

🏠🏠 **Host. des Ducs,** ℡ 83.74.58 – ➩wc 🦷wc ☎ 🅿 – 🔥 30. **E** 𝐕𝐈𝐒𝐀
➥ fermé dim. soir et lundi hors sais. – SC : **R** 55/150 ⚄ – ⌑ 18,50 – **15 ch** 129/203 – P 172/195.

DURFORT 30 Gard 🔟🔟 ⑦ – 410 h. alt. 140 – ✉ 30170 St-Hippolyte-du-Fort – ✿ 66.

Paris 734 – Alès 25 – Florac 79 – Ganges 23 – Nîmes 51.

✕ **Le Real,** O: sur D 982 ℡ 77.50.68, ⪡ – 🅿
➥ fermé 15 au 30 sept., vacances de fév., dim. soir et lundi en été – SC : **R** (du 1er oct. au 30 juin, déj. seul.) 60 bc/130.

DURY 80 Somme 🔟🔟 ⑱ – rattaché à Amiens.

EAUX-BONNES 64 Pyr.-Atl. 🔟🔟 ⑯ G. Pyrénées – 421 h. alt. 750 – Stat. therm. (15 mai-30 sept.) – ✉ 64440 Laruns – ✿ 59.

Paris 828 – Argelès-Gazost 42 – Lourdes 55 – Oloron-Ste-Marie 38 – Pau 43.

🏠 **Poste,** ℡ 05.33.06 – ➩wc 🦷 ☎. 🍽⬛ **E** ஜ rest
➥ 15 mai-30 sept. et 15 déc.-Pâques – SC : **R** 47/125 – ⌑ 14,50 – **20 ch** 60/157 – P 125/180.

🏡 **Valentin,** ℡ 05.31.57 – ஜ ch
➥ 1er juin-20 sept. et vacances scolaires d'hiver – SC : **R** 45/60 ⚄ – ➥ 15 – **11 ch** 50/110 – P 140/150.

EAUZE 32800 Gers 🔟🔟 ③ G. Pyrénées – 4 479 h. alt. 141 – ✿ 62.

� Syndicat d'Initiative pl. Mairie (fermé sam., dim. et fêtes) ℡ 09.85.62.

Paris 743 – Aire-sur-l'Adour 38 – Auch 52 – Condom 29 – Mont-de-Marsan 52.

     à Manciet SO : 9 km – ✉ 32370 Manciet :

✕✕ **La Bonne Auberge** avec ch, ℡ 08.50.04 – 📺 ➩wc 🦷wc ☎. 🝙 ⑩ **E** 𝐕𝐈𝐒𝐀
➥ fermé fév., dim. soir et lundi du 1er oct. au 31 mars – SC : **R** 50/160 – ⌑ 15 – **13 ch** 130/160 – P 150/170.

     à Bourrouillan SO par D 931 et D 153 : 15 km – ✉ 32370 Manciet :

✕✕ **Moulin du Comte** ⚄ avec ch, ℡ 09.06.72, 🌿, 🝙, 🌿 – ➩wc 🅿
➥ Pâques-mi oct. et en hiver : vend., sam., dim. et fêtes – SC : **R** 55/160 ⚄ – ➥ 15 – **6 ch** 100/120 – P 180/240.

CITROEN Fitte J.P., à Manciet ℡ 08.50.15   **RENAULT** Junca, ℡ 09.83.23 Ⓝ ℡ 09.71.01
FIAT Fourteau, ℡ 09.80.04
PEUGEOT, TALBOT Ducos, ℡ 09.86.21   🅖 Solapneu, ℡ 09.81.52

ÉBREUIL 03450 Allier 🔢 ④ G. Auvergne – 1 316 h. alt. 316 – 🌀 70.

Voir Église St-Léger★.

🛈 Syndicat d'Initiative à l'Hôtel de Ville (fermé sam. après-midi et dim.) 🕾 90.71.33.

Paris 360 – Aigueperse 18 – Aubusson 105 – Gannat 10 – Montluçon 58 – Moulins 66 – Riom 31.

  🏠 **Commerce,** 🕾 90.72.66 – ⌂wc 🏠 🕾 🅿 **E.** 🌫 ch
  ➔ fermé oct. et lundi sauf juil.-août – SC : **R** 45/100 – ☲ 13 – **22 ch** 50/150 – P 140/170.

CITROEN Jarles, 🕾 90.71.88   PEUGEOT-TALBOT Bégué, 🕾 90.73.69
PEUGEOT Pouzadoux, 🕾 90.72.05

ÉCHALLON 01 Ain 🔢 ④ ⑤ – 423 h. alt. 760 – ⊠ 01490 St-Germain-de-Joux – 🌀 74.

Voir Site★ du lac Génin O : 3 km, G. Jura.

Paris 501 – Bellegarde-sur-V. 17 – Bourg-en-Bresse 62 – Nantua 18 – Oyonnax 13 – St-Claude 29.

  🏠 **Poncet** 🦢, au Crêt N : 1,5 km 🕾 76.48.53, ≤, 🛋 – ⌂wc 🏠wc 🕾 🚗 🅿 🍽
  ➔ 🌫 ch
      fermé 14 au 26 mars, 1er nov. au 2 déc., 10 au 22 janv. et mardi sauf vacances
      scolaires – SC : **R** 46/150 – ☲ 15 – **16 ch** 55/150 – P 130/180.

  XX **Aub. de la Semine** 🦢 avec ch, 🕾 76.48.75, 🍽, 🛋 – 🏠 🅿 🌫 rest
  ➔ fermé 11 nov. au 11 déc., dim. soir et lundi sauf vac. scolaires – SC : **R** 33/95 🍷 – ☲
      10 – **11 ch** 60/80 – P 100/110.

ÉCHENEVEX 01 Ain 🔢 ⑮ – rattaché à Gex.

Les ÉCHETS 01 Ain 🔢 ② – alt. 276 – ⊠ 01700 Miribel – 🌀 7.

Paris 458 – L'Arbresle 28 – Bourg-en-Bresse 45 – ◆Lyon 17 – Meximieux 28 – Villefranche-sur-S. 26.

  XXX **Host. Le Sarto** avec ch, 🕾 891.80.02, « Jardin fleuri » – ⌂wc 🏠 🕾 🚗 🅿
      🆎 ⓪
      fermé 1er au 8 janv. – SC : **R** 130/200 – ☲ 17 – **8 ch** 140/190 – P 320/350.

  XXX 🌸 **Douillé** avec ch, 🕾 891.80.05, 🛋 – 📺 ⌂wc 🕾 🚗 🅿
      fermé fév., lundi soir et mardi – SC : **R** 100/200 – ☲ 20 – **8 ch** 180/220
      Spéc. Grenouilles sautées aux fines herbes, Fricassée de volaille à la crème. **Vins** Beaujolais-Villages, Chiroubles.

  XXX 🌸 **Marguin** avec ch, 🕾 891.80.04, 🛋 – ⌂wc 🏠wc 🕾 🚗 🅿 🍽 🆎 ⓪ **VISA**
      🌫 ch
      fermé 20 déc. au 20 janv., mardi soir et merc. – SC : **R** 75/200 – ☲ 20 – **9 ch** 90/200
      Spéc. Mousseline de grenouilles, Gratin de queues d'écrevisses (15 juin au 15 fév.), Poulet à la crème. **Vins** Chardonnay, Gamay.

ECHIGEY 21 Côte-d'Or 🔢 ⑫ – rattaché à Genlis.

ÉCHIROLLES 38 Isère 🔢 ⑤ – rattaché à Grenoble.

L'ÉCLUSE 66 Pyr.-Or. 🔢 ⑲ – rattaché au Boulou.

ÉCLUZELLES 28 E.-et-L. 🔢 ⑦, 🔢 ㉓ – rattaché à Dreux.

ÉCOLE VALENTIN 25 Doubs 🔢 ⑮ – rattaché à Besançon.

ÉCOMMOY 72220 Sarthe 🔢 ③ – 4 071 h. alt. 87 – 🌀 43.

Paris 220 – Château-la-Vallière 39 – La Flèche 35 – ◆Le Mans 21 – St-Calais 44 – ◆Tours 61.

  🏠 **Commerce,** 19 pl. République 🕾 27.10.34 – 🏠 🚗 🌫 ch
  ➔ fermé 17 sept. au 17 oct., 24 déc. au 2 janv., dim. soir et lundi midi – SC : **R** 50/105 🍷
      – ☲ 17,50 – **13 ch** 70/132.

CITROEN Pichon, 🕾 27.11.04 **N**   PEUGEOT, TALBOT Glinche, 🕾 27.10.43 **N**

ÉGLETONS 19300 Corrèze 🔢 ⑩ – 5 885 h. alt. 650 – 🌀 55.

Env. Ruines du château de Ventadour★★ SE : 7 km, G. Périgord.

🛈 Syndicat d'Initiative av. Ventadour (28 juin-4 sept. et fermé dim.) 🕾 93.04.34.

Paris 457 – Aubusson 77 – ◆Limoges 101 – Mauriac 53 – Tulle 31 – Ussel 29.

  🏠 **Armes de Ventadour** sans rest, N 89 🕾 93.12.73 – ⌂ 🏠 🅿 🌫
      fermé 22 déc. au 22 janv. et dim. en hiver – SC : ☲ 10 – **13 ch** 48/75.

FIAT, LANCIA-AUTOBIANCHI Duvert, 🕾 93.03.18 **N**

ÉGLISENEUVE-D'ENTRAIGUES 63850 P.-de-D. 🔢 ③ – 1 010 h. alt. 952 – 🌀 73.

Paris 499 – Besse-en-Chandesse 17 – ◆Clermont-Ferrand 67 – Issoire 52 – Le Mont-Dore 42.

  🏠 **d'Entraigues,** 🕾 71.90.09 – 🌫 ch
  ➔ fermé 12 nov. au 20 déc. et 3 au 31 janv. – SC : **R** 40/80 – 🍴 13 – **20 ch** 55/60 –
      P 110/120.

ÉGUILLES 13 B.-du-R. 🔢 ③ – rattaché à Aix-en-Provence.

EGUISHEIM 68 H.-Rhin [6][2] ⑱⑲ G. Vosges – 1 461 h. alt. 204 – ⊠ 68420 Herrlisheim – ✆ 89.

Voir Village★ – Route des Cinq châteaux★ SO : 3 km.

Paris 518 – Belfort 71 – Colmar 6, 5 – Gérardmer 52 – Guebwiller 21 – ◆Mulhouse 39 – Rouffach 10.

 🏨 **Aub. Alsacienne,** ☎ 41.50.20 – ⇔wc 🗍wc ☏ 🚗 🅿. ⅍ ch
  fermé 15 déc. au 1er fév., lundi soir (sauf hôtel) et mardi – SC : **R** (dîner seul) carte
  environ 70 ♨ – ⇌ 15 – **19 ch** 80/165.

 ⅩⅩ ✿ **Le Caveau,** ☎ 41.08.89 – ⓪
  fermé 24 au 30 juin, 15 janv. au 1er mars, merc. soir et jeudi – **R** (nombre de
  couverts limité - prévenir) 100/150 ♨
  Spéc. Tarte à l'oignon, Grenouilles au Riesling, Choucroute du Caveau. **Vins** Eguisheim, Edelzwicker.

ÉGUZON 36270 Indre [6][8] ⑱ G. Périgord – 1 422 h. alt. 267 – ✆ 54.

Voir Site★ du barrage NE : 4 km.

🛈 Syndicat d'Initiative r. A.-Bassinet (1er juil.-31 août et fermé dim.) ☎ 47.43.69.

Paris 321 – Aigurande 27 – Châteauroux 50 – Guéret 48 – ◆Limoges 85 – Montmorillon 63.

 🏠 **Pont des Piles,** NE : 3 km par D 45 ☎ 47.43.33, ← – ⇔wc ☏ 🅿. 𝗩𝗜𝗦𝗔
 ← *15 mars-31 oct. et fermé jeudi sauf juil. et août* – SC : **R** 40/75 ♨ – ⇌ 12 – **13 ch**
  65/115 – P 120/140.

CITROEN Dumonteil, ☎ 47.40.08 🔃

ELBEUF 76500 S.-Mar. [5][5] ⑥ G. Normandie – 19 506 h. alt. 11 – ✆ 35.

🛈 Office de Tourisme 28 r. Henry (fermé sam. et dim.) ☎ 77.03.78.

Paris 130 ⑥ – Bernay 43 ④ – Évreux 37 ② – ◆Le Havre 82 ⑤ – Lisieux 67 ④ – ◆Rouen 20 ⑤.

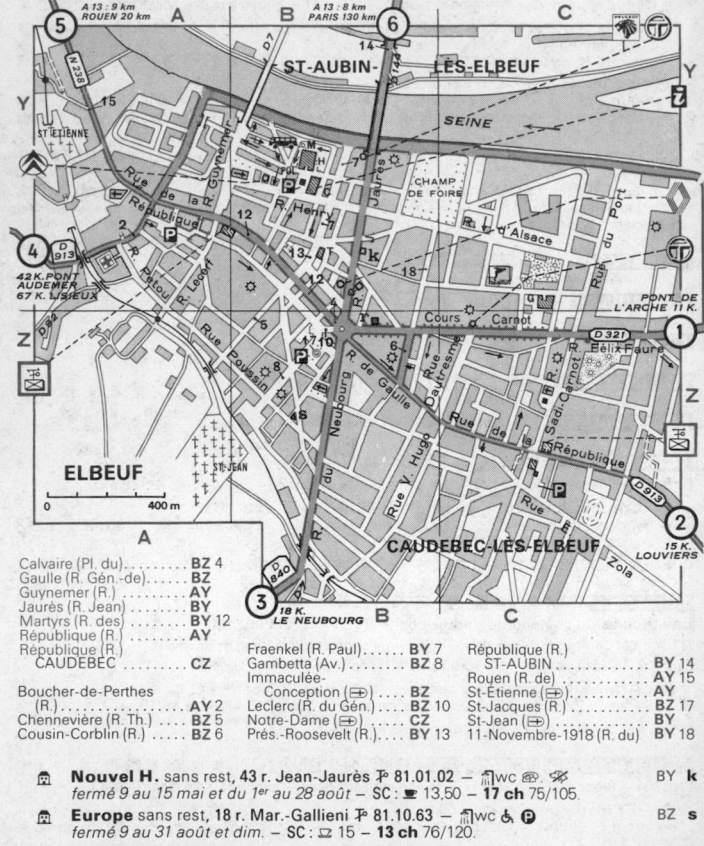

ELBEUF

Calvaire (Pl. du)	**BZ** 4
Gaulle (R. Gén.-de)	**BZ**
Guynemer (R.)	**AY**
Jaurès (R. Jean)	**BY**
Martyrs (R. des)	**BY** 12
République (R.)	**AY**
République (R.) CAUDEBEC	**CZ**

Boucher-de-Perthes (R.)	**AY** 2
Chennevière (R. Th.)	**BZ** 5
Cousin-Corblin (R.)	**BZ** 6

Fraenkel (R. Paul)	**BY** 7
Gambetta (Av.)	**BZ** 8
Immaculée-Conception (⊕)	**BZ**
Leclerc (R. du Gén.)	**BZ** 10
Notre-Dame (⊕)	**CZ**
Prés.-Roosevelt (R.)	**BY** 13

République (R.) ST-AUBIN	**BY** 14
Rouen (R. de)	**AY** 15
St-Étienne (⊕)	**AY**
St-Jacques (R.)	**BZ** 17
St-Jean (⊕)	**BY**
11-Novembre-1918 (R. du)	**BY** 18

 🏠 **Nouvel H.** sans rest, 43 r. Jean-Jaurès ☎ 81.01.02 – 🗍wc ☏. ⅍ BY **k**
  fermé 9 au 15 mai et du 1er au 28 août – SC : ⇌ 13,50 – **17 ch** 75/105.

 🏠 **Europe** sans rest, 18 r. Mar.-Gallieni ☎ 81.10.63 – 🗍wc ₲ 🅿 BZ **s**
  fermé 9 au 31 août et dim. – SC : ⇌ 15 – **13 ch** 76/120.

 Ⅹ **Au Gastronome,** 56 cours Carnot ☎ 77.01.69 BZ **r**
 ← *fermé en juil., vacances de fév., dim. soir et lundi* – SC : **R** 39/83.

440

à St-Aubin-lès-Elbeuf N par D 144 - BY – 10 153 h. – ⊠ 76410 St-Aubin-lès-Elbeuf :

 🏠   **Campanile**, par ⑥ ⋔ 81.38.00, Télex 172691 – 📺wc ☏ **P**. *VISA*
   SC : **R** 55 bc/80 bc – ☲ 20 – **40 ch** 173.

 🏠   **Château Blanc** sans rest, 65 r. J.-Jaurès ⋔ 77.10.53 – 📺wc 🛁wc ☏ **P**
   SC : ☲ 11 – **21 ch** 59/105.

 ✕   **Parc Fleuri**, 96 r. Gén.-Leclerc D 7 ⋔ 81.04.06, 🌳, 🌲 – **P**
 ➜   *fermé août et lundi* – SC : **R** 40/80.

CITROEN S.E.M.V.A., 40 bis r. Henry ⋔ 77.
06.65
FORD S.E.D.R.A., 40 r. J.-Jaurès ⋔ 81.05.22
OPEL Étienne, 26 r. J.-Jaurès ⋔ 77.44.77
PEUGEOT-TALBOT S.E.C.A., 2 r. J.-Jaurès ⋔ 77.46.87
RENAULT SCEMAMA, 44 r. J.-Jaurès ⋔ 81.31.55
RENAULT S.E.A., 15 r. Mar.-Leclerc à St-Aubin par ⑥ ⋔ 81.23.34

TALBOT Morin, 26 crs Carnot ⋔ 77.51.60
V.A.G. Gar. du Cours Carnot, rte de Tourville à Cléon ⋔ 81.68.77

⊚ Comptoir Elbeuvien du Pneu, 1 r. Mar.-de-Lattre-De-Tassigny ⋔ 81.06.22
Subé-Pneurama, 23 r. de Roanne ⋔ 81.04.47

ELINCOURT-STE-MARGUERITE 60157 Oise 🗺️ ② – 519 h. alt. 97 – ✿ 4.
Paris 96 – Beauvais 63 – Compiègne 15 – Montdidier 27 – Noyon 22 – Roye 22 – St-Just-en-C. 34.

 🏰   **Château de Bellinglise** ⑤, ⋔ 476.04.76, ≤, parc, 🎾 – 📺wc 🛁wc ☏ ⇌ **P**
   – 🏌 50. 🚗 ⓪ *VISA*. 🍽 rest
   fermé dim. soir et lundi – SC : **R** 85/170 – ☲ 21 – **32 ch** 160/260 – P 320.

ELNE 66200 Pyr.-Or. 🗺️ ⑳ **G. Pyrénées** (plan) – 6 019 h. alt. 52 – ✿ 68.

Voir Cloître★★.

🅱 Syndicat d'Initiative pl. République (fermé matin, sam. et dim. hors sais.) ⋔ 22.05.07.

Paris 923 – Argelès-sur-Mer 7 – Céret 29 – ♦Perpignan 14 – Port-Vendres 17 – Prades 51.

 🏠   **Le Carrefour**, 1 av. P.-Reig ⋔ 22.06.08 – ▤ rest 📺wc 🛁wc ⇌. 🍽
 ➜   *fermé 15 oct. au 15 nov., 20 déc. au 3 janv. et dim. et dim. hors sais.*   SC : **R** 40/90 🍷 – 🍽
   14 – **20 ch** 70/220 – P 130/160.

CITROEN Mary, rte de Perpignan ⋔ 22.01.01
CITROEN Subiros, rte d'Alenya, Zone Ind. ⋔ 22.07.02

PEUGEOT-TALBOT Jammet, 9 bd Voltaire ⋔ 22.08.58
RENAULT Martre, rte de Perpignan ⋔ 22.23.00

ÉLOISE 74 H.-Savoie 🗺️ ⑤ – rattaché à Bellegarde-sur-Valserine.

EMBRUN 05200 H.-Alpes 🗺️ ⑰⑱ **G. Alpes** – 5 621 h. alt. 870 – ✿ 92.

Voir Église N.-Dame★ : trésor★.

🅱 Office de Tourisme pl. Général-Dosse (fermé dim.) ⋔ 43.01.80.

Paris 706 – Barcelonnette 56 – Briançon 49 – Digne 97 – Gap 38 – Guillestre 22 – Sisteron 82.

 🏠   **Notre-Dame**, av. Gén.-Nicolas ⋔ 43.08.36, 🌳, 🌲 – 🛁 **E**
 ➜   *fermé 1er nov. au 15 déc.* – SC : **R** 39/68 🍷 – ☲ 14 – **15 ch** 70/155 – P 171/214.

 ✕✕   **Lac**, au Plan d'Eau SO : 1 km ⋔ 43.11.08 – **P**
 ➜   *début juin-début sept.* – SC : **R** 50/60.

 à Crots S : 4 km – ⊠ 05200 Embrun :

 🏰   **Les Bartavelles** Ⓜ, O : 1 km sur N 94 ⋔ 43.20.69, Télex 401480, ≤, 🏊, 🌲, 🎾 –
   📺wc 🛁wc ☏ & **P** – 🏌 30. 🚗 *AE* ⓪ **E** *VISA*
   SC : **R** *(fermé 12 nov. au 12 déc.)* 72/98 – ☲ 15 – **36 ch** 170/240, 7 appartements 350 – P 215/365.

CITROEN-TALBOT Espitallier, ⋔ 43.02.49
PEUGEOT, TALBOT Gar. Esmieu, ⋔ 43.04.18

RENAULT Dusserre-Bresson, à Baratier ⋔ 43.02.79 🆕

ENCAMP Principauté d'Andorre 🗺️ ⑭, 🗺️ ⑥ – voir à Andorre.

ENCAUSSE-LES-THERMES 31 H.-Gar. 🗺️ ① – 548 h. alt. 363 – ⊠ 31160 Aspet – ✿ 61.
Paris 810 – Luchon 51 – St-Gaudens 11 – St-Girons 42 – Sauveterre 8 – ♦Toulouse 101.

 ✕✕   **Marronniers** ⑤, avec ch, ⋔ 89.17.12, 🌳 – **P**
 ➜   *fermé oct. et lundi du 1er nov au 1er mars* – SC : **R** 45/85 – ☲ 14 – **10 ch** 40/70 –
   P 110/115.

ENGENTHAL 67 B.-Rhin 🗺️ ⑧ – rattaché à Wangenbourg.

ENGHIEN-LES-BAINS 95 Val-d'Oise 🗺️ ⑳, 🔢 ⑤ – voir à Paris, Proche banlieue.

ENGLOS 59 Nord 🗺️ ⑮ – rattaché à Lille.

ENTRAIGUES 84 Vaucluse 🗺️ ⑫ – rattaché à Sorgues.

ENTRAYGUES-SUR-TRUYÈRE 12140 Aveyron 🗗🗗 ⑫ G. Causses (plan) – 1 590 h. alt. 230 – ✪ 65.

Voir Pont gothique★ – Rue Basse★.

Env. SE : Gorges du Lot★★ – Barrage de Couesque★ N : 8 km, G. Auvergne.

🛈 Syndicat d'Initiative 30 Tour-de-Ville (Pâques, Pentecôte, 1ᵉʳ juin-15 sept. et fermé dim. après-midi) 📞 44.56.10.

Paris 595 – Aurillac 49 – Figeac 71 – Mende 128 – Rodez 47 – St-Flour 95.

🏨 **Truyère** Ⓜ, 📞 44.51.10, ≤ – 🛏🚿wc 🛁 ☎ & 🚗 🅿. 🚐🄴 🄴. 🎜 rest
fermé lundi d'oct. à juin – SC : **R** 54/125 – 🖃 17 – **26 ch** 120/200 – P 145/235.

🏨 **Deux Vallées**, 📞 44.52.15 – 🛏🚿wc 🛁wc ☎ 🅿
← SC : **R** 40/80 🍷 – 🖃 15 – **18 ch** 100/140 – P 140/180.

RENAULT Marty, 21 av. du Pt de Truyère 📞 44.51.14

ENTRECHAUX 84 Vaucluse 🗗🗗 ③ G. Provence – 637 h. alt. 281 – ✉ 84340 Malaucène – ✪ 90.

Paris 678 – Avignon 49 – Montélimar 72 – Nyons 23 – Orange 34 – Pont-St-Esprit 48 – Sault 46.

✗ **St-Hubert**, 📞 36.07.05, 🍽 – 🅿. 🎜
← *fermé 25 sept. au 6 nov., merc. soir et jeudi* – SC : **R** 45/90 🍷.

CITROEN Gar. Meffre, à Malaucène 📞 65.20.26   RENAULT Gar. du Ventoux, à Malaucène 📞 65.20.23

☛ *Pour aller loin rapidement,*
*utilisez les **cartes Michelin** à 1/1 000 000.*

ENVEITG 66 Pyr.-Or. 🗗🗗 ⑯ – 644 h. alt. 1 200 – ✉ 66800 Saillagouse – ✪ 68.

Paris 1 019 – Andorre-la-Vieille 60 – Ax-les-Thermes 49 – Font-Romeu 17 – ♦Perpignan 106.

🏨 **Transpyrénéen** 🦢, 📞 04.81.05, ≤, 🍽 – 🛏🚿wc 🛁wc ☎ & 🅿. 🚐🄴 🄾
← *fermé 3 au 28 mai et 1ᵉʳ oct. au 15 déc.* – SC : **R** 50/85 – 🖃 16 – **38 ch** 75/160 – P 140/180.

✗ **Mirasol** avec ch, 📞 04.80.16, ≤ – 🎜
fermé oct., nov. et lundi hors sais. – SC : **R** 60 – 🍴 10 – **14 ch** 44/60 – P 110.

ENVERMEU 76630 S.-Mar. 🗗🗗 ⑤ G. Normandie – 1 488 h. alt. 11 – ✪ 35.

Voir Chœur★ de l'église.

Paris 165 – Blangy 34 – Dieppe 15 – Neufchâtel-en-Bray 27 – ♦Rouen 72 – Le Tréport 28.

✗ **Aub. Caves Normandes**, rte St-Nicolas 📞 85.71.28 – 🅿
← *fermé mi déc. à mi janv. et lundi* – SC : **R** 49/64.

ÉPAGNETTE 80 Somme 🗗🗗 ⑦ – rattaché à Abbeville.

ÉPERNAY ◁🚉▷ 51200 Marne 🗗🗗 ⑯ G. Nord de la France – 31 108 h. alt. 72 – ✪ 26.

Voir Caves de Champagne★ ABZ – Musée du Champagne et de Préhistoire★ BYZ **M** – Côte des Blancs★ par ③.

🛈 Office de Tourisme (fermé dim. hors sais. et merc. sauf après-midi en saison) et A.C. pl. Thiers 📞 51.51.66.

Paris 143 ④ – Châlons-sur-Marne 34 ② – Château-Thierry 48 ④ – Meaux 95 ③ – ♦Reims 27 ① – Soissons 72 ① – Troyes 111 ②.

Plan page ci-contre

🏨 **Champagne** Ⓜ sans rest, 30 r. E.-Mercier 📞 51.30.22 – 🛗 🛏🚿wc 🛁wc ☎. 🚐🄴   AZ **v**
SC : 🖃 13,50 – **33 ch** 114/135.

🏨 **Berceaux**, 13 r. Berceaux 📞 51.28.84 – 🛗 🛏🚿wc 🛁wc ☎. 🚐🄴 🄰🄴 🄾 🄴 𝗩𝗜𝗦𝗔   AZ **a**
SC : **R** *(fermé dim. soir)* 105 – 🖃 22 – **25 ch** 160/220 – P 390.

🏨 **Europe**, 18 r. Porte-Lucas 📞 51.80.28 – 📺 🛁wc ☎ 🚗 – 🏦 25 à 120. 🄰🄴 🄾 🄴
𝗩𝗜𝗦𝗔   AY **e**
fermé 7 au 22 fév., dim. soir et lundi – SC : **R** 52/170 – 🖃 15 – **26 ch** 72/128 – P 208.

🏨 **St-Pierre** sans rest, 14 av. P.-Chandon 📞 54.40.80 – 🛁. 🄴. 🎜   AZ **s**
fermé 16 août au 9 sept. et dim. soir – SC : 🍴 13,50 – **15 ch** 46/72.

✗✗ **Chapon Fin**, 2 pl. Thiers 📞 51.40.03   AY **u**
← *fermé 24 déc. au 1ᵉʳ janv. et sam.* – SC : **R** 40/80.

✗ **La Terrasse** avec ch, 7 quai Marne 📞 51.31.12 – 🛁 ☎. 🄴 𝗩𝗜𝗦𝗔   BY **d**
← *fermé 12 au 31 juil., 10 au 28 fév., mardi soir et merc.* – SC : **R** *(prévenir)* 40/106 – 🖃 12 – **7 ch** 47/75.

à Dizy par ① : 3 km – ✉ 51200 Epernay :

✗ **Aub. du Relais**, 📞 51.27.22 – 🅿
fermé 1ᵉʳ au 14 août, 1ᵉʳ au 20 fév., lundi soir et mardi – SC : **R** 110.

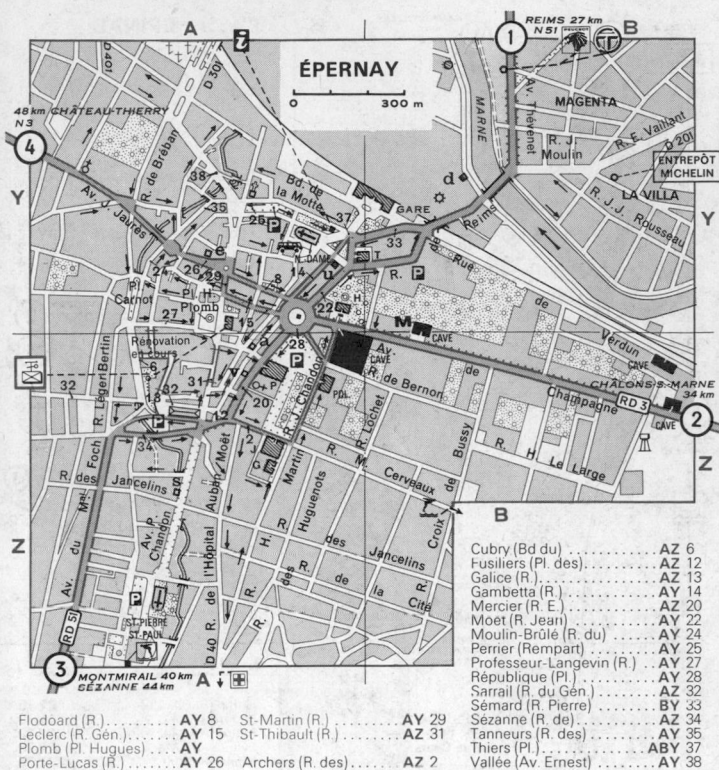

ÉPERNAY

0 300 m

Cubry (Bd du)	AZ	6
Fusiliers (Pl. des)	AZ	12
Galice (R.)	AZ	13
Gambetta (R.)	AY	14
Mercier (R. E.)	AZ	20
Moët (R. du)	AY	22
Moulin-Brûlé (R.)	AY	24
Perrier (Rempart)	AY	25
Professeur-Langevin (R.)	AY	27
République (Pl.)	AY	28
Sarrail (R. du Gén.)	AY	32
Sézanne (R. de)	AZ	34
Tanneurs (R. des)	AY	35
Thiers (Pl.)	ABY	37
Vallée (Av. Ernest)	AY	38

Flodoard (R.)	AY	8	St-Martin (R.)	AY	29
Leclerc (R. Gén.)	AY	15	St-Thibault (R.)	AZ	31
Plomb (Pl. Hugues)	AY		Archers (R. des)	AZ	2
Porte-Lucas (R.)	AY	26			

à Champillon par ① : 6 km – alt. 180 – ⊠ 51160 Ay :

XXX ❀ **Royal Champagne** Ⓜ ⅍ avec ch, N 51 ⏍ 51.25.06, ≤ – 🛏wc ☏ 🅿 – ⩗ 80. 🚗🖭 ⒶⒺ ⓞ 𝘝𝘐𝘚𝘈
SC : **R** 150/300 – ⊑ 23 – **16 ch** 266/430
Spéc. Grenadin de sandre au Champagne, Mignon de veau aux écrevisses, Petite gourmandise.
Vins Chouilly, Cumières.

à Vinay par ③ : 6 km – ⊠ 51200 Épernay :

🏨 **La Briqueterie** Ⓜ ⅍, ⏍ 54.11.22, 🛋 – 🕭 🅿 – ⩗ 45. ⒶⒺ ⓞ Ⓔ 𝘝𝘐𝘚𝘈
fermé Noël – SC : **R** 150/160 – ⊑ 28 – **38 ch** 230/315, 4 appartements 410 – P 435/525.

à La Chaussée par ④ : 7 km – ⊠ 51200 Épernay :

X **Aub. de la Chaussée,** ⏍ 52.40.66 – 🅿
⟶ *fermé 24 août au 9 sept. et lundi soir* – SC : **R** 40/85.

MICHELIN, Entrepôt, 1 r. J.-de-La-Fontaine, rive droite BY ⏍ 51.29.77

BMW Guimier, 5 av. E.-Vallé ⏍ 51.50.89
CITROEN Ardon-Épernay, rte de Reims à Dizy par ① ⏍ 53.15.11
FIAT Magenta-Automobiles, 64 av. A.-Thévenet à Magenta ⏍ 51.04.56
FORD Rebeyrolle, 7 quai la Villa ⏍ 53.12.65
PEUGEOT-TALBOT Gar. Beuzelin, 71 av. Thévenet à Magenta ⏍ 51.24.35

RENAULT Automotor, 100 av. A.-Thévenet à Magenta par ① ⏍ 53.07.11

☏ La Centrale du Pneu, 25 av. de Champagne ⏍ 51.28.58
Guillemin, 6 r. G.-Cagneaux à Magenta ⏍ 51.27.47

ÉPINAL 🅿 88000 Vosges 🖸🖸 ⑯ G. Vosges – 42 810 h. alt. 340 – ✿ 29.

Voir Basilique★ BY E – Parc du château★ BY – Église N.-Dame★ AX D – Musée : Vosges et Imagerie★★ AY.

🅱 Office de Tourisme 13 r. Comédie (fermé dim. hors sais.) ⏍ 82.53.32, Télex 960536.

Paris 389 ⑥ – Belfort 108 ④ – Colmar 93 ② – ✦Mulhouse 110 ④ – ✦Nancy 70 ⑥ – Vesoul 85 ④.

443

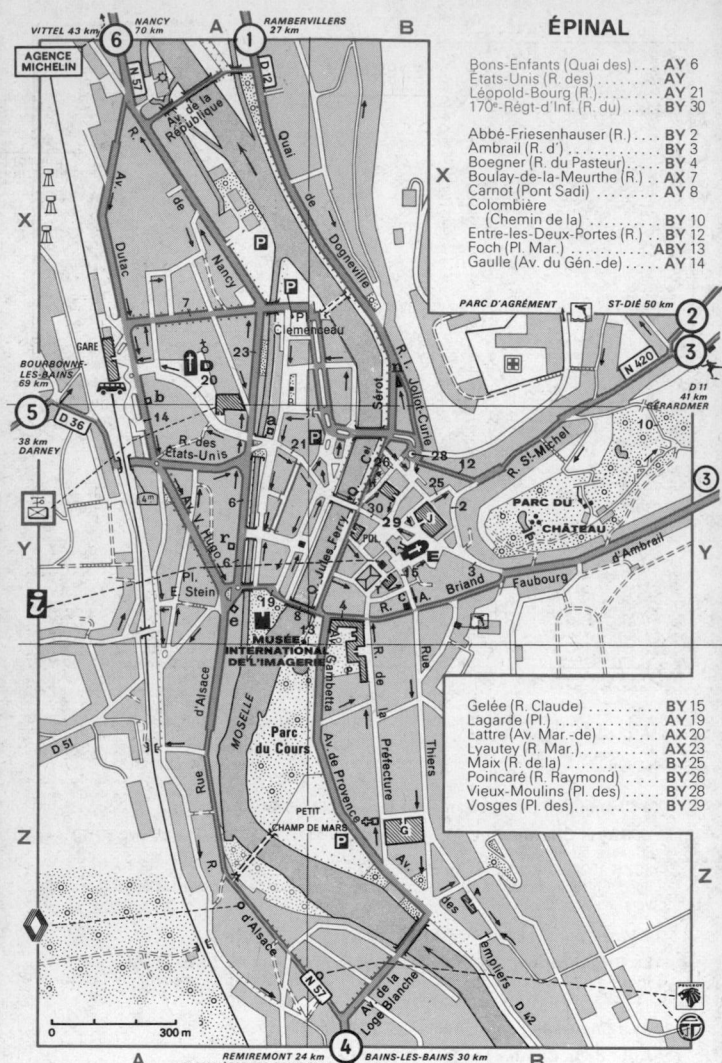

ÉPINAL

🏠 **Le Colombier** Ⓜ sans rest, 104 fg Ambrail par ③ 🅟 35.50.05 – 🛗 🛏wc ☎ ⇌
🅟 – 🔬 25. 🆎 ⓪ ⮕ 𝘝𝘐𝘚𝘈
fermé 16 juil. au 8 août et 24 déc. au 11 janv. – SC : ⌑ 16 – **32 ch** 140/180.

🏠 **Bristol** sans rest, 12 av. de Gaulle 🅟 82.10.74 – 🛏wc 🛏wc ☎ ⇌. 🖴🅟 𝘝𝘐𝘚𝘈
fermé 24 déc. au 2 janv. – SC : ⌑ 13 – **34 ch** 78/130.   AX **b**

🏠 **Cadet Roussel et rest. Mouton Blanc,** 13 pl. E.-Stein 🅟 35.18.68 – 🛗 📺
🛏wc 🛏wc ☎ ⇌ – 🔬 200. 🖴🅟 🆎 ⓪ ⮕ 𝘝𝘐𝘚𝘈   AY **e**
SC : **R** 55/100 🍴 – ⌑ 20 – **64 ch** 120/250 – P 180/260.

🏠 **Le Carabas** sans rest, 7 r. Prés. Doumer 🅟 82.58.93 – 🛏wc. 🖴🅟   AY **a**
fermé dim. – SC : ⌑ 12 – **12 ch** 60/150.

🏠 **Azur** sans rest, 54 quai des Bons-Enfants 🅟 82.29.15 – 🛏wc 🅿. 🖴🅟 𝘝𝘐𝘚𝘈 AY **r**
SC : ⌑ 10,50 – **20 ch** 58/123.

XXX **Relais des Ducs de Lorraine** avec ch, 16 quai Colonel-Sérot 🅟 34.39.87 – 📺
🛏wc 🛏wc – 🔬 30. 🖴🅟 🆎 ⓪ ⮕ 𝘝𝘐𝘚𝘈   BX **n**
fermé 10 juil. au 31 août, dim. soir et lundi – SC : **R** 75/200 – ⌑ 20 – **10 ch** 135/200.

à Golbey par ⑥ : 5 km sur N 57 – 8 840 h. – ⊠ **88190** Golbey :

🏨 **Motel Côte Olie et rest La Mansarde** Ⓜ, 𝄞 34.28.28, 🚗 – 🔟 🛏wc ☎ 🕭 🅿
➡ – 🏇 60. 🚗🚙 ⓞ 🆅🆂🅰. 🍴 rest
SC : **R** *(fermé dim.)* 45/160 🎄 – ⚏ 17 – **24 ch** 158/190.

à Thaon-les-Vosges par ⑥ et D 157 : 10 km – 7 814 h. – ⊠ **88150** Thaon-les-Vosges :

🏠 **Marigny,** 147 r. Lorraine 𝄞 39.14.31 – 🅿. 🚗🚙
SC : **R** (dîner seul. et pour résidents) – ⚏ 11 – **15 ch** 46/75.

MICHELIN, Agence, Voie B, Z.I. à Golbey par ⑥ 𝄞 **34.39.29**

CITROEN Anotin, Zone Ind., Golbey par ⑥ 𝄞
34.42.87 🅽 𝄞 34.55.54
FIAT Lorraine-Auto., av. de St-Dié 𝄞 34.20.20
FORD Gds Gar. Spinaliens, 17 r. Mar.-Lyautey
𝄞 82.47.47
LANCIA-AUTOBIANCHI Thietry, 40 quai Dogneville 𝄞 34.06.51
OPEL Gar. Europe, 7 r. Ponscarme 𝄞 35.45.05
PEUGEOT-TALBOT Epinal-Autom., 91 r. d'Alsace 𝄞 82.05.94

PEUGEOT-TALBOT Habonnel Autom., 31 av.
de Beaulieu à Golbey par ⑥ 𝄞 34.45.54 🅽 𝄞
34.04.12
RENAULT Succursale, 58 r. d'Alsace 𝄞 82.
98.44

🕭 Burke, 47 av. de la Fontenelle 𝄞 34.21.53
Louis-Pneus, 15 r. Mal. Lyautey 𝄞 35.42.08 🅽
57 à Chavelot 𝄞 34.02.12
Malnoy-Pneus, 17 fg de Nancy 𝄞 82.22.93

L'ÉPINE 51 Marne 🗺🗺 ⑱ – rattaché à Châlons-sur-Marne.

ERDEVEN 56 Morbihan 🗺🗺 ① – 1 998 h. alt. 18 – ⊠ **56410** Étel – 🕭 97.
Voir Alignements de Kerzerho★ SE : 1 km – Dolmen de Crucuno★ SE : 4 km,
G. Bretagne.
Paris 488 – Auray 14 – Carnac 8,5 – Lorient 28 – Quiberon 21 – Quimperlé 47 – Vannes 32.

🏰🏰 **Château de Keravéon** ⌂, NE : 1,5 km par D 105 𝄞 55.34.14, ⟨, parc, ⊼ – 🛗
🅿. ⓞ 🅴 🆅🆂🅰. 🍴 rest
début mai- 15 sept. et fermé lundi – SC : **R** 130 – ⚏ 30 – **20 ch** 380/445.

🏨 **Relais du Sous-Bois** ⌂, NO : 1 km rte Pont-Lorois 𝄞 55.34.31, Télex 950581, –
➡ 🛏wc 🛏wc 🕭 🅿. 🚗🚙 🅰🅴 ⓞ 🅴 🆅🆂🅰
15 mars-31 oct. et fermé mardi soir et merc. midi sauf du 15 avril au 15 sept. – SC :
R 49/105 – ⚏ 16 – **22 ch** 145/180 – P 217/237.

🏨 **Voyageurs,** r. Océan 𝄞 55.34.04 – 🛏wc 🚳 🅿. 🍴 ch
➡ *1ᵉʳ avril-30 sept. et fermé mardi* – SC : **R** 40/92 – ⚏ 13 – **20 ch** 70/150 – P 128/170.

🏠 **Hubert,** 𝄞 55.34.06 – ➡wc 🛏 🅿. 🚗🚙 🅴 🆅🆂🅰
➡ *fermé 25 sept. au 25 oct. et lundi* – SC : **R** 45/120 – ⚏ 15 – **17 ch** 92/150 –
P 150/180.

ERIGNÉ 49 M.-et-L. 🗺🗺 ⑳ – rattaché à Angers.

ERMENONVILLE 60 Oise 🗺🗺 ⑫. 🗺🗺🗺 ⑨ G. Environs de Paris – 604 h. alt. 92 – ⊠ **60440**
Nanteuil-le-Haudouin – 🕭 4.
Voir Parc★.
Paris 47 – Beauvais 65 – Compiègne 45 – Meaux 24 – Senlis 14 – Villers-Cotterêts 35.

🍴🍴 **Aub. Croix d'Or** avec ch, 𝄞 454.00.04, 🚗 – ➡ 🛏 🅿 – 🏇 30. 🚗🚙. 🍴 ch
1ᵉʳ mars 15 déc. et fermé vend. – SC : **R** 73 – ⚏ 14 – **11 ch** 85/125 – P 150/170.

ERMITAGE DU FRÈRE JOSEPH 88 Vosges 🗺🗺 ⑰ – rattaché à Ventron.

ERNÉE 53500 Mayenne 🗺🗺 ⑱ G. Normandie – 5 998 h. alt. 116 – 🕭 43.
🅱 Syndicat d'Initiative à la Mairie (1ᵉʳ juin-31 juil., fermé dim. et fêtes) 𝄞 05.21.18.
Paris 304 – Domfront 45 – Fougères 20 – Laval 30 – Mayenne 24 – Vitré 29.

🏨 **Relais Poste,** pl. Église 𝄞 05.20.33 – 🛗 🔟 ➡wc 🛏wc 🚳 🅿 – 🏇 35. 🚗🚙 🅴
🆅🆂🅰
fermé dim. soir – SC : **R** 52/110 🎄 – ⚏ 14 – **35 ch** 85/140 – P 150/220.

CITROEN Coulange, 2 bd Pasteur 𝄞 05.12.43
PEUGEOT Garnier, 8 rte de Fougères 𝄞 05.
11.60

RENAULT Sadon, 29 av. A.-Briand 𝄞 05.16.68
🅽
Gar. Lory, 14 bd Duvivier 𝄞 05.11.89 🅽

ERQUY 22430 C.-du-N. 🗺🗺 ④ G. Bretagne – 3 347 h. – 🕭 96.
Voir Cap d'Erquy★ NO : 3,5 km.
🅱 Office de Tourisme bd Mer (mai-sept.) 𝄞 72.30.12.
Paris 449 – Dinan 47 – Dinard 40 – Lamballe 23 – St-Brieuc 35 – St-Malo 48.

🏠 **Plage** sans rest, bd Mer 𝄞 72.30.09, ⟨ port – 🛏wc 🚳 🅿
Pâques-début sept. – SC : ⚏ 16 – **20 ch** 125/170.

🏠 **Eden** ⌂ sans rest, r. Castelnau 𝄞 72.32.58, ⟨, 🚗 – ➡ 🛏. 🍴
27 mars-fin sept. – SC : ⚏ 15 – **17 ch** 48/96.

CITROEN Clerivet, 𝄞 72.14.20

445

ERSTEIN 67150 B.-Rhin 🔠 ⑩ – 7 496 h. alt. 150 – ✪ 88.

Paris 511 – Colmar 49 – Molsheim 27 – St-Dié 68 – Sélestat 25 – ◆Strasbourg 24.

- 🏠 **Motel Au Brochet** 🦢, 94 r. Gén.-de-Gaulle 🕾 98.03.70, 🐎 – 🛠wc 🕾 🚗 **🅿**.
  - 🚗🛏 **E** 𝖵𝖨𝖲𝖠
    fermé mi-déc. à début janv. – SC : **R** 48/120 🍷 – 🖃 16 – **32 ch** 110/167 – P 184/214.
- 🏡 **Agneau,** 50 r. 28 Novembre 🕾 98.02.12 – 🕸 ch
  - ◆ *fermé 4 au 23 juil.* – SC : **R** *(fermé merc.)* 34/40 🍷 – 🖃 12 – **9 ch** 50/65 – P 120/140.

CITROEN Fechter, 10 r. Gen.-de-Lattre 🕾 98. 04.24

PEUGEOT-TALBOT Gar. Louis, rte de Lyon, 🕾 98.07.13

PEUGEOT, TALBOT Busche, r. de la Dordogne 🕾 98.23.87

ERTS Principauté d'Andorre 🔠 ⑭ – voir Andorre (Arinsal).

ESBLY 77450 S.-et-M. 🔠 ⑫, 🔢 ㉒ – 4 035 h. alt. 50 – ✪ 6.

Paris 42 – Coulommiers 23 – Lagny 11 – Meaux 9 – Melun 50.

à Condé-Ste-Libiaire SE : 2,5 km – ⊠ 77450 Esbly :

- 🍴🍴 **Vallée de la Marne,** quai Marne 🕾 004.31.01, ≤, 🏖, 🐎 – **🅿** 𝖵𝖨𝖲𝖠
  - *fermé 17 juil. au 12 août, vacances de fév., mardi soir et merc.* – SC : **R** 100/150.

PEUGEOT, TALBOT Luce et Riester, 🕾 004.34.21

Les ESCALDES Principauté d'Andorre 🔠 ⑭, 🔳 ⑥ – voir à Andorre.

L'ESCARÈNE 06440 Alpes-Mar. 🔠 ⑱, 🔢 ⑰ – 1 553 h. alt. 357 – ✪ 93.

Voir Gorges du Paillon★ SE.

Env. Lucéram : site★, retables★★ et trésor★ dans l'église N : 7 km, G. Côte d'Azur.

Paris 956 – Contes 10 – ◆Nice 21 – St-Martin-Vésubie 54 – Sospel 22.

- 🍴 **Host. Castellino** 🦢 avec ch, 🕾 91.50.11, ≤, cuisine toulousaine, 🐎 – 🖛 **🅿**
  - ◆ 🚗🛏 🕸
    fermé 20 sept. au 1ᵉʳ nov. et lundi – SC : **R** 37/100 – 🖃 10 – **10 ch** 74/89 – P 120/150.

ESCLIMONT 78 Yvelines 🔠 ⑧⑨, 🔢 ㊴ – rattaché à Ablis.

ESCONAC 33 Gironde 🔠 ⑨⑩ – rattaché à Cambes.

ESCOS 64 Pyr.-Atl. 🔠 ⑧ – 269 h. alt. 40 – ⊠ 64270 Salies-de-Béarn – ✪ 59.

Paris 784 – Cambo-les-Bains 47 – Orthez 28 – Pau 69 – Peyrehorade 15 – St-Jean-Pied-de-Port 52.

- 🍴🍴 **Relais des Voyageurs** avec ch, 🕾 38.42.39, « Jardin fleuri » – 🖛 🛠wc 🚗🛏.
  - ◆ *fermé 15 déc. au 15 janv., dim. soir et lundi hors sais.* – SC : **R** 45/160 – 🖃 12 – **8 ch** 83/132 – P 130/165.

L'ESCOULIN 26 Drôme 🔠 ⑬ – alt. 520 – ⊠ 26400 Crest – ✪ 75.

Paris 613 – Crest 23 – Die 21 – Valence 51.

- 🏛 **Capoue** 🦢, 🕾 76.41.29, ≤, 🏖, 🏊, 🐎, 🎾 – 🖛wc 🕾 **🅿** 🏌 40
  - *juil.-août* – SC : **R** 85/120 – 🖃 30 – **15 ch** 150/300 – P 275/350.

ESCRINET (Col de l') 07 Ardèche 🔠 ⑲ – rattaché à Privas.

ESNANDES 17 Ch.-Mar. 🔠 ⑫ G. Côte de l'Atlantique – 1 440 h. alt. 12 – ⊠ 17137 Nieul-sur-Mer – ✪ 46.

Voir Église★.

Paris 450 – Fontenay-le-Comte 40 – Luçon 28 – La Rochelle 12.

- 🏡 **Port,** 🕾 01.32.11 – 🛠 🚗 🕸 ch
  - *fermé 15 au 31 oct. et mardi hors sais.* – SC : **R** 60/90 🍷 – 🖛 16 – **12 ch** 60/130.
- 🍴🍴 **Paix,** 🕾 01.32.02, 🐎 – **🅿**.

ESPALION 12500 Aveyron 🔠 ③ G. Causses (plan) – 4 807 h. alt. 343 – ✪ 65.

Voir Église de Perse★ SE : 1 km.

🅱 Office de Tourisme à la Mairie (fermé sam. et dim.) 🕾 44.05.46.

Paris 578 – Aurillac 76 – Figeac 94 – Mende 95 – Millau 79 – Rodez 30 – St-Flour 88.

- 🏠 **Central H.** sans rest, av. Gare 🕾 44.05.25, 🐎 – 🖛wc 🚗
  - *1ᵉʳ avril-31 déc.* – SC : 🖃 15 – **26 ch** 57/148.
- 🏠 **Moderne,** bd Guizard 🕾 44.05.11 – 🖛wc 🛠wc 🚗 🚗 𝖵𝖨𝖲𝖠
  - *mars-oct.* – SC : **R** *(fermé dim. soir et lundi midi de mars à juin et de sept. à oct.)* 60/155 – 🖃 16 – **29 ch** 65/200 – P 170/220.

✕ **Le Méjane,** 8 r. Méjane ☎ 48.22.37 – VISA
fermé 25 avril au 18 mai et merc. sauf juil. et août – SC : **R** 42/85 ♁.

✕ **Soleil d'Or,** pl. St-Georges ☎ 44.03.30 – VISA
fermé 19 sept. au 25 oct. et lundi sauf juil. et août – **R** 38/55 ♁.

à St-Côme-d'Olt E : 4,5 km par D 587 N – ✉ **12500** Espalion.
Voir Bourg fortifié★.

Voyageurs, ☎ 44.05.83 – wc
fermé oct. et sam. – **R** 35/55 ♁ – 15 – **23 ch** 45/72 – P 120/140.

PEUGEOT-TALBOT Ginisty-Privat ☎ 44.01.64 N
PEUGEOT-TALBOT Gar. Guerin-Pons, ☎ 44.05.10
RENAULT Cadars, ☎ 44.00.73
Vulcanisation-Espalionnaise, ☎ 44.01.78

ESPELETTE 64 Pyr.-Atl. 85 ③ G. Pyrénées – 1 188 h. alt. 80 – ✉ **64250** Cambo-les-Bains – ☎ 59.
Paris 790 – •Bayonne 20 – Biarritz 23 – Cambo-les-Bains 5,5 – Pau 119 – St-Jean-de-Luz 25.

Euzkadi, ☎ 29.91.88, – wc wc
fermé 25 au 30 avril, 1er nov. au 11 déc., mardi (sauf juil.-août) et lundi – SC : **R** 45/100 – 14 – **25 ch** 80/120 – P 160/175.

L'ESPÉROU 30570 Gard 80 ⑯ G. Causses – alt. 1 230 – ☎ 66.
Paris 654 – Alès 95 – Mende 85 – Millau 98 – Nîmes 111 – Le Vigan 30.

La Source , ☎ 92.60.35 – wc Ⓟ.
fin juin-fin sept. et Noël-début mars – **R** 46/70 – 15 – **10 ch** 150/170 – P 266.

ESPIAUBE 65 H.-Pyr. 85 ⑲ – rattaché à St-Lary-Soulan.

ESQUIÈZE-SÈRE 65 H.-Pyr. 85 ⑱ – rattaché à Luz-St-Sauveur.

ESTAING 12190 Aveyron 80 ③ G. Causses – 677 h. alt. 300 – ☎ 65.
Voir Château★.
Syndicat d'Initiative r. F. d'Estaing (juil.-août).
Paris 588 – Aurillac 66 – Conques 40 – Espalion 10 – Figeac 75 – Rodez 41.

Aux Armes d'Estaing, ☎ 44.70.02 – wc . VISA
1er fév.-1er nov. – SC : **R** 36/56 ♁ – 12 – **47 ch** 50/120 – P 110/150.

Raynaldy, ☎ 44.70.03, –
1er avril-1er oct. – SC : **R** 38/75 – 12 – **16 ch** 45/70 – P 100/110.

RENAULT Rigal, ☎ 44.70.09

ESTAING 65 H.-Pyr. 85 ⑰ – 101 h. alt. 1 000 – ✉ **65400** Argelès-Gazost – ☎ 62.
Voir Lac d'Estaing★ S : 4 km.
Paris 849 – Argelès-Gazost 11 – Arrens 6,5 – Laruns 43 – Lourdes 24 – Tarbes 44.

✕ **Lac** avec ch, au Lac S : 4 km ☎ 97.06.25, ← – Ⓟ
fermé 1er au 15 mars – SC : **R** 45/90 – 14 – **11 ch** 60/90 – P 115/130.

ESTENG 06 Alpes-Mar. 81 ⑧⑨, 195 ② – alt. 1 800 – ✉ **06470** Guillaumes – ☎ 93.
Paris 776 – Barcelonnette 39 – Castellane 81 – Digne 119 – •Nice 122 – St-Martin-Vésubie 97.

Relais de la Cayolle , ☎ 05.51.33, ←, – Ⓟ
avril-sept., 15 déc.-15 janv. et vacances-fév. – SC : **R** 45/80 – 14 – **18 ch** 70/80 – P 140.

L'ESTEREL (Massif de) ★★★ 83 Var 84 ⑧ G. Côte d'Azur – NE de St-Raphaël.

ESTÉRENÇUBY 64 Pyr.-Atl. 85 ③ – 512 h. alt. 231 – ✉ **64220** St-Jean-Pied-de-Port – ☎ 59.
Paris 833 – •Bayonne 61 – Pau 79 – St-Jean-Pied-de-Port 8.

Artzaïn-Etchéa , S : 3 km par VO ☎ 37.11.55 – wc wc Ⓟ
1er mars-30 nov. et fermé merc. hors sais. – SC : **R** 35/120 – 16 – **16 ch** 60/110 – P 120/160.

ESTÉZARGUES 30 Gard 80 ⑳ – 213 h. alt. 148 – ✉ **30390** Aramon – ☎ 66.
Paris 693 – Alès 57 – Arles 46 – Avignon 16 – Nîmes 29 – Pont-St-Esprit 47 – Remoulins 8.

La Fenouillère, sur N 100 ☎ 57.03.08 – wc Ⓟ.
25 mars-10 oct. – SC : **R** (snack le soir pour résidents seul.) – 10 – **22 ch** 98/130.

ESTIVAREILLES 03 Allier 69 ⑫ – rattaché à Montluçon.

ESTRABLIN 38 Isère 74 ⑫ – rattaché à Vienne.

ÉTABLES 86 Vienne **68** ③ − ⊠ **86170** Neuville-de-Poitou − ✿ 49.

Paris 337 − Bressuire 60 − Châtellerault 35 − Chinon 61 − Parthenay 47 − Poitiers 20 − Saumur 71.

   Regina, N 147 ℡ 51.21.99, ≉ − ⌂wc 🕍 ☎ ℗ − ♨ 80. ⇔ᴇ ᴇ *VISA*
   fermé en fév. − SC : **R** *(fermé dim. soir)* 45/120 ⅃ − ⊊ 13.50 − **15 ch** 81/110.

ÉTABLES-SUR-MER 22680 C.-du-N. **59** ③ G. Bretagne − 2 041 h. − ✿ 96.

⌖ des Ajoncs d'Or ℡ 70.48.13 O : 9 km.

🅱 Office de Tourisme 9 r. République (fermé sam. et dim. hors sais.) ℡ 70.65.41.

Paris 468 − Guingamp 28 − Lannion 55 − Paimpol 28 − St-Brieuc 17.

   ⌂ **La Terrasse,** ℡ 70.61.32 − ఞ rest
   fermé 16 déc. au 2 janv., sam. soir et dim. d'oct. à Pâques − SC : **R** 39/61 ⅃ − ⛄ 11
   − **27 ch** 50/72 − P 102/119.

ÉTAIN 55400 Meuse **57** ⑫ G. Vosges − 3 773 h. alt. 205 − ✿ 29.

A.C. pl. Martinique ℡ 87.11.12.

Paris 286 − Briey 24 − Longwy 46 − ♦Metz 47 − Stenay 55 − Verdun 20.

   Sirène, r. Prud'homme-Havette ℡ 87.10.32 − ⌂wc ℗. ⇔ᴇ ᴇ *VISA*. ఞ ch
   fermé janv. et lundi − SC : **R** 40/100 − ⊊ 15 − **30 ch** 50/110 − P 120/160.

RENAULT Beauguitte et Cao, ℡ 87.12.90 **N**

   Pas de publicité payée dans ce guide.

ÉTAMPES ⟨§⟩ 91150 Essonne **60** ⑩, **196** ⑫ G. Environs de Paris − 19 755 h. alt. 90 − ✿ 6.

Voir **Église N.-D.-du-Fort★ A B.**

🅱 Office de Tourisme Maison Anne de Pisseleu, (fermé dim. et lundi) ℡ 494.21.63.

Paris 51 ① − Chartres 61 ⑦ − Évry 37 ① − Melun 43 ② − ♦Orléans 68 ⑤ − Versailles 54 ①.

ÉTAMPES

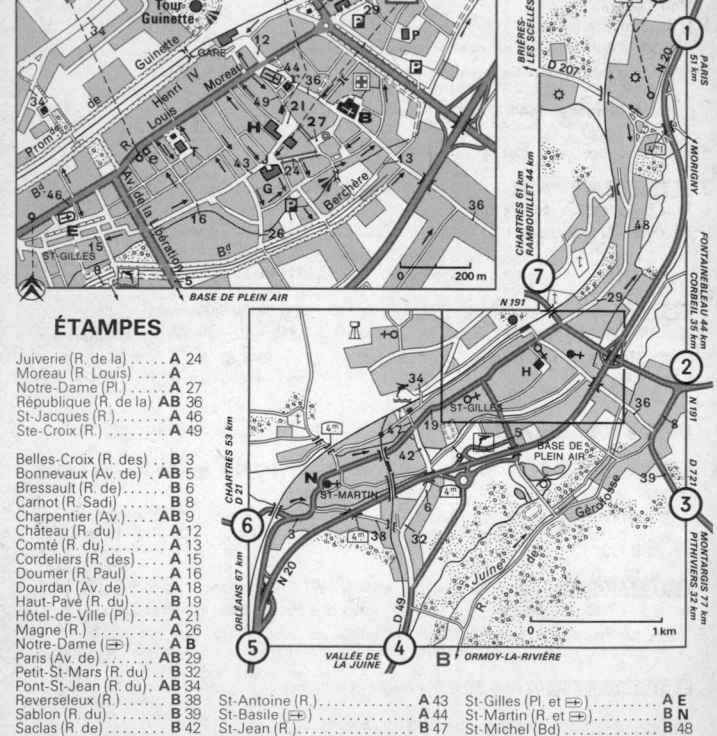

Juiverie (R. de la) . . . . . **A** 24
Moreau (R. Louis) . . . . . **A**
Notre-Dame (Pl.) . . . . . **A** 27
République (R. de la) **AB** 36
St-Jacques (R.) . . . . **A** 46
Ste-Croix (R.) . . . . **A** 49

Belles-Croix (R. des) . . **B** 3
Bonnevaux (Av. de) . **AB** 5
Bressault (R. de) . . . . . **B** 6
Carnot (R. Sadi) . . . . . **B** 8
Charpentier (Av.) . . . . **AB** 9
Château (R. du) . . . . . **A** 12
Comté (R. du) . . . . . . **A** 13
Cordeliers (R. des) . . . . **A** 15
Doumer (R. Paul) . . . . **A** 16
Dourdan (Av. de) . . . . **A** 18
Haut-Pavé (R. du) . . . . **B** 19
Hôtel-de-Ville (Pl.) . . . **A** 21
Magne (R.) . . . . **A** 26
Notre-Dame (⇥) . . . . **A B**
Paris (Av. de) . . . . . . **AB** 29
Petit-St-Mars (R. du) . . **B** 32
Pont-St-Jean (R. du) . **AB** 34
Reverseleux (R.) . . . . . . **B** 38
Sablon (R. du) . . . . . . **B** 39
Saclas (R. de) . . . . **B** 42

St-Antoine (R.) . . . . **A** 43
St-Basile (⇥) . . . . **A** 44
St-Jean (R.) . . . . **B** 47

St-Gilles (Pl. et ⇥) . . . . **A E**
St-Martin (R. et ⇥) . . . . **B N**
St-Michel (Bd) . . . . **B** 48

ÉTAMPES

🏠 **L'Europe "A l'Escargot"**, 71 r. St-Jacques ℡ 494.02.96 — 🛁wc 🚿wc 🕿 🚗,   A e
    🍴 🅿️ VISA, ✂ ch
    fermé 20 juin au 28 juil. et 15 sept. au 3 oct. — SC : **R** *(fermé merc.)* 36/42 🍷 — ⌂ 9 —
    25 ch 53/106 — P 134/188.

XXX **Le Gd Monarque**, 1 pl. Romanet ℡ 494.29.90 — AE ① E VISA   A r
    fermé 7 au 22 fév., dim. soir et lundi — SC : **R** 45/60.

    à Châlo-St-Mars par ⑥ *: 7,5 km* — ✉ 91780 Châlo-St-Mars :

XX **Aub. des Alouettes**, ℡ 495.40.20
    SC : **R** 130.

    à Court-Pain par ③ *et D 721 : 9 km* — ✉ 91690 Saclas :

🏠 **Aub. de Courpain**, ℡ 495.67.04, 🌳 — 🛁wc 🚿wc 🕿 🅿️ — 🎿 30 à 50. 🚗 AE
    ①
    fermé fév. — SC : **R** 100 — ⌂ 20 — **14 ch** 200/225, 3 appartements 300.

AUSTIN, MORRIS, ROVER Gar. St-Pierre, rte
de Pithiviers par ③ ℡ 494.90.00
CITROEN Sté Industr. Autom., 146 r. St-Jacques
℡ 494.01.81
FIAT, LANCIA, AUTOBIANCHI Sergent, 90 r.
St-Jacques ℡ 494.57.27

PEUGEOT, TALBOT J. Auclert, ZI à Morigny
℡ 494.16.72
RENAULT Roulleau, r. Plisson ℡ 494.52.22
TOYOTA, Dagte, 31 av. de Paris ℡ 494.16.64

🛞 Central-Pneu, 69 av. de Paris ℡ 494.52.18

ÉTANG-DES-MOINES 59 Nord 53 ⑯ — rattaché à Fourmies.

ÉTANG-SUR-ARROUX 71190 S.-et-L. 69 ⑦ — 1 634 h. alt. 277 — ✪ 85.
Env. Uchon : site⋆ et ⋆⋆ du signal SE : 11 km, G. Bourgogne.
Paris 310 — Autun 17 — Chalon-sur-Saône 62 — Decize 66 — Digoin 50 — Mâcon 102.

🏠 **Host. du Gourmet**, rte Toulon ℡ 82.20.88 — 🛁wc 🚿 🕿 🚗 ① E VISA
    fermé 2 janv. au 1er fév., 14 au 21 nov., dim. soir et lundi sauf juil.-août — SC : **R** 45/95
    — ⌂ 12 — **16 ch** 62/115 — P 125/150.

PEUGEOT, TALDOT Déchaumc. ℡ 82.22.23   RENAULT Raffin, N 494 ℡ 82 21 48 🅽
🅽 ℡ 82.31.19

ÉTIOLLES 91 Essonne 61 ①, 196 ㉒, 101 ㊲ — rattaché à Évry (Corbeil-Essonnes).

ÉTOUVELLES 02 Aisne 56 ⑤ — rattaché à Laon.

ETRÉAUPONT 02580 Aisne 53 ⑯ — 969 h. alt. 127 — ✪ 23.
Paris 180 — Avesnes 25 — Hirson 15 — Laon 44 — St-Quentin 51.

X **Aub. du Val d'Oise**, N 2 ℡ 97.40.18
    fermé 14 fév. au 3 mars, 18 au 26 août, mardi soir et merc. — SC : **R** 50 bc/120.

ÉTRETAT 76790 S.-Mar. 52 ⑪ G. Normandie — 1 525 h. — Casino A — ✪ 35.
Voir Chapelle N.-D.-de-la-Garde ≤⋆ A E — Falaise d'Aval⋆⋆⋆ A : 1 h — Falaise d'Amont⋆
au N.
🎔 ℡ 27 04.89 A.
🅱 Office de Tourisme pl. Hôtel de Ville (1er juin-15 sept. et fermé mardi en juin) ℡ 27.05.21.
Paris 218 ③ — Bolbec 28 ③ — Fécamp 17 ② — ✦Le Havre 28 ④ — ✦Rouen 86 ②.

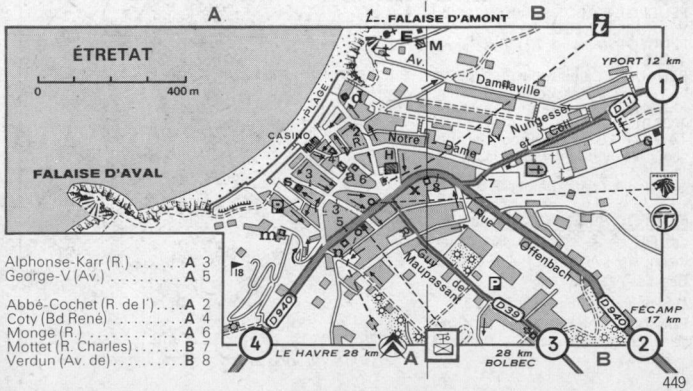

Alphonse-Karr (R.) . . . . A 3
George-V (Av.) . . . . A 5

Abbé-Cochet (R. de l') . . . . A 2
Coty (Bd René) . . . . A 4
Monge (R.) . . . . A 6
Mottet (R. Charles) . . . . . . B 7
Verdun (Av. de) . . . . B 8

449

ÉTRETAT

🏛 **Dormy House** ⚘, rte du Havre ℡ 27.07.88, ≤ falaises et la mer, 🌹 – ➦wc 📶 🅿 – 🔆 35. 🍴 . 🍽 rest   A **m**
25 mars-2 nov. – SC : **R** 95 – 🖵 22 – **27 ch** 125/285 – P 253/340.

🏛 **Falaises** sans rest, bd René-Coty ℡ 27.02.77 – ➦wc 📶wc 📺. 🍽
SC : 🖵 16 – **24 ch** 80/185.   A **v**

🏛 **Welcome** ⚘, 10 av. Verdun ℡ 27.00.89, 🌹 – ➦wc 📶wc 📺 🅿 . 📠 🎴 **VISA**
🍽 rest   AB **x**
fermé fév. et merc. – SC : **R** 57/121 – 🖵 16 – **15 ch** 138/191 – P 190/206.

🏠 **Angleterre**, av. George-V ℡ 27.01.65 – 📶wc. 📠 🎴 . 🍽 rest   A **n**
◆ *fermé 20 sept. au 1er nov., mardi soir et merc. hors sais.* – SC : **R** 50/130 – 🍺 11 –
16 ch 65/132 – P 160/190.

🏠 **L'Escale**, pl. Mar.-Foch ℡ 27.03.69 – ➦ 📶 . 🍽 ch   A **a**
◆ *fermé déc., janv., mardi soir et merc.* – SC : **R** 50/70 – 🍺 11 – **11 ch** 64/112.

❌❌ **Aiguille Creuse**, pl. Gén.-de-Gaulle ℡ 27.04.21 – **VISA**   A **s**
1er mars-30 nov. et fermé dim. soir et lundi sauf juil. et août – **R** carte 110 à 155.

❌ **Roches Blanches**, r. Abbé-Cochet ℡ 27.07.34, ≤. **VISA**   A **d**
fermé oct., 15 janv. au 15 fév., mardi, merc. et jeudi hors sais. – SC : **R** 53/96.

CITROEN Gar. Enz. ℡ 27.04.69 🅽 ℡ 27.06.64   PEUGEOT, TALBOT Capron, ℡ 27.03.98

ÉTUZ 70 H.-Saône 🔢 🔢 ⑮ – 373 h. alt. 210 – ⊠ **70150** Marnay – ✪ 81 (Doubs).
Paris 416 – ◆Besançon 15 – Combeaufontaine 46 – Gray 39 – Vesoul 41.

❌❌ ✿ **La Sablière** (Chardigny), rte Cussey-sur-l'Ognon ℡ 56.78.50, 🌹 – 🅿. **VISA**
fermé 16 août au 5 sept., 20 au 27 fév., dim. soir et jeudi – SC : **R** (dim. et fêtes
prévenir) 80/160, dîner à la carte
Spéc. Truite Belle-Comtoise, Coq au Pupillin et aux morilles, Rable de lièvre sauce poivrade. **Vins**
Pupillin, Champlitte.

Ask your bookseller for the catalogue of Michelin Publications

---

EU 76260 S.-Mar. 🔢 ⑤ Ꮐ. Normandie – 8 899 h. alt. 17 – ✪ 35.
Voir Église★ E – Mausolées★ dans la chapelle du Collège K.

🛈 Office de Tourisme 41 r. P.-Bignon
(fermé jeudi et dim. hors saison) ℡
86.04.68.

Paris 165 ⑤ – Abbeville 32 ⑥ – Blangy 21 ⑤ – Dieppe 31 ③ – ◆Rouen 92
③ – Le Tréport 4,5 ①.

🏠 **Relais**, 1 pl. Albert-1er (s)
◆ ℡ 86.14.88, 🌹 – ➦wc
📶wc 📺 ♿.
fermé sept. – SC : **R** *(fermé
dim. soir et lundi)* 45/78 🍴
– 🖵 15 – **14 ch** 84/190 –
P 150/200.

CITROEN Amand, pl. Gén.-de-
Gaulle ℡ 86.00.89
CITROEN Hebert, 205 rte du Tréport
par ② ℡ 86.30.13
LADA, SKODA Gar. de la Pipe, à
Étalondes ℡ 86.12.94
OPEL Gar. Gérard, 6 pl. Albert-1 ℡
86.00.45
PEUGEOT-TALBOT Roussel, 21 bd
Victor-Hugo ℡ 86.56.44
PEUGEOT Vassard, 22 r. des Belges
℡ 86.34.16
RENAULT Carrosserie Eudoise, 26
bd Faidherbe ℡ 86.27.34
RENAULT Sonnet, 19 r. République
℡ 86.01.90
TALBOT Gar. de Picardie, 141
chaussée de Picardie ℡ 86.11.99

🅜 Morelle, 7 r. des Belges ℡ 86.29.12

EUGÉNIE-LES-BAINS 40 Landes 🔢 ① – 392 h. alt. 90 – Stat.
therm. (1er avril-31 oct.) – ⊠ **40320**
Geaune – ✪ 58.

🛈 Syndicat d'Initiative ℡ 58.15.37.

Paris 743 – Aire-sur-l'Adour 14 – Dax
69 – Mont-de-Marsan 26 – Orthez 53
– Pau 53.

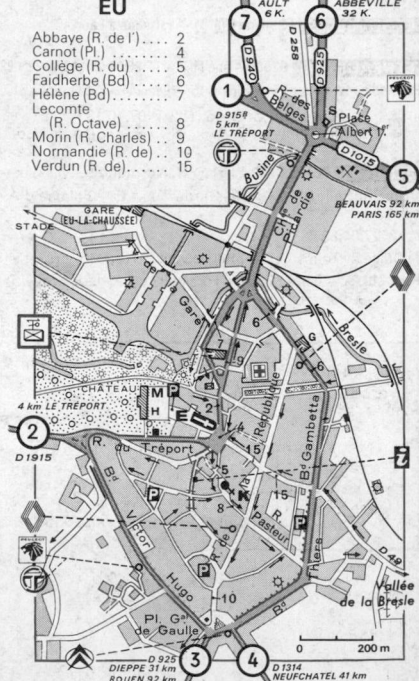

EU

Abbaye (R. de l') 2
Carnot (Pl.) 4
Collège (R. du) 5
Faidherbe (Bd) 6
Hélène (Bd) 7
Lecomte
  (R. Octave) 8
Morin (R. Charles) 9
Normandie (R. de) 10
Verdun (R. de) 15

AULT 6 K.
ABBEVILLE 32 K.
LE TRÉPORT 5 km
BEAUVAIS 92 km PARIS 165 km
BEAUVAIS 92 km PARIS 165 km
4 km LE TRÉPORT
CHÂTEAU
DIEPPE 31 km ROUEN 92 km
NEUFCHATEL 41 km
Vallée de la Bresle
0   200 m

🏨 ❀❀❀ **Les Prés d'Eugénie** (Guérard) Ⓜ 🍃, ☏ 58.19.01, Télex 540470, « Demeure du XIXe s. élégamment décorée - parc », ⅃, ✻ – 📶 📺 ☎ ఊ. 🅿. 🆎. ✻
25 mars-2 nov. – **R** (menu minceur, résidents seul.) 100/120 **rest. Michel Guérard R** (nombre de couverts limité - prévenir) 230/260 et carte – ☴ 40 – **28 ch** 470/550, 7 appartements
Spéc. Ravioles de truffes à la crème de mousserons, Homard roti et fumé, Millefeuille à l'impératrice.
Vins Pomerol, Madiran.

🏠 **Le Bistrot d'Eugénie**, ☏ 58.19.07 – ✻ rest
1er avril-1er nov. et fermé dim. soir – SC : **R** 60/140 ⓵ – ☴ 15,50 – **13 ch** 70 – P 125.

ÉVAUX-LES-BAINS 23110 Creuse 🔢 ② G. Périgord (plan) – 1 790 h. alt. 469 – Stat. therm. – ❀ 55 – **Voir Église★** de Chambon-sur-Voueize NO : 5 km.
🛈 Office de Tourisme pl. Église (fermé merc., dim. et fêtes) ☏ 65.50.90.
Paris 345 – Aubusson 44 – Gannat 71 – Guéret 52 – Montluçon 25 – Riom 79 – Ussel 88.

🏠 **Chardonnet**, ☏ 65.51.78 – 🛁wc 🚿wc ⇦ 🅿 E ✻ rest
fermé 5 au 30 oct. et dim. soir du 1er nov. à Pâques – SC : **R** 40/100 ⓵ – ☴ 12 – **28 ch** 50/130 – P 110/150.

PEUGEOT Cudicio, ☏ 65.52.36　　　　　　　RENAULT Gomy, ☏ 65.52.17

ÉVIAN-LES-BAINS 74500 H.-Savoie 🔢 ⑰ G. Alpes – 6 178 h. alt. 374 – Stat. therm. – Casino B – ❀ 50.
Voir Lac Léman★★★.
🏌 Royal Golf Club ☏ 75.00.61 SO : 2,5 km.
🚗 ☏ 75.25.26.
🛈 Office de Tourisme et Accueil de France (Informations et réservations d'hôtels, pas plus de 5 jours à l'avance), pl. d'Allinges (fermé sam. hors sais. et dim.) ☏ 75.04.26, Télex 385661.
Paris 588 ③ – Annecy 84 ③ – Chamonix 109 ③ – ♦Genève 42 ③ – Montreux 38 ①.

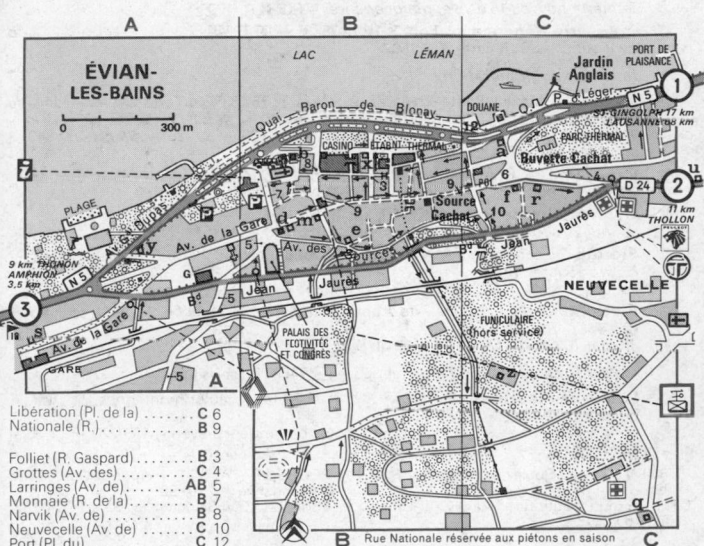

Libération (Pl. de la) ...... C 6
Nationale (R.) .... B 9
Folliet (R. Gaspard) .... B 3
Grottes (Av. des) .... C 4
Larringes (Av. de) .... AB 5
Monnaie (R. de la) .... B 7
Narvik (Av. de) .... B 8
Neuvecelle (Av. de) .... C 10
Port (Pl. du) .... C 12

🏨 **Royal** 🍃, ☏ 75.14.00, Télex 385759, ≤ lac et montagnes, parc, 🏖, ⅃, ✻ – 📶 📺 ☎ 🅿 – 🛗 30 à 170. 🆎 ⑩ E 🆅🆂🅰 ✻ rest　　C z
20 mars-15 nov. – SC : **R** 190 – ☴ 35 – **200 ch** 600/1 100, 20 appartements – P 600/730.

🏨 ❀ **La Verniaz et ses Chalets** 🍃, rte Abondance ☏ 75.04.90, Télex 385715, 🏖, « Chalets isolés dans la verdure et hameau hippique : jolie vue ⅃ », ✻ – 📶 ☎ 🅿 – 🛗 40. 🆎 ⑩ E 🆅🆂🅰　　C q
fermé déc., janv., dim. soir et lundi hors sais. – SC : **R** 125/185 – ☴ 35 – **35 ch** 300/600 -P 500/600, **5 chalets** – P 600/750
Spéc. Terrine de truite saumonée, Féra du lac à la Mondeuse, Filet de charolais à la broche. **Vins** Seyssel, Marin.

tourner →

🏨 **Bellevue,** face au Port ₸ 75.01.13, ≼, 🛵 – 📶⌷wc 🛏wc ⊛. 🚗🗓. 🎢 rest
12 mai-20 sept. – SC : **R** 100/115 – **50 ch** 230/320 – P 250/320.   C **f**

🏨 **Plage,** av. Gén.-Dupas ₸ 75.29.50, ≼ – 📶 📶wc ⊛. 🚗🗓. 🎢 rest   A **y**
1ᵉʳ juin-15 sept. – SC : **R** 100/115 – **40 ch** 230/320 – P 250/320.

🏨 **Terrasse,** 10 r. B.-Moutardier ₸ 75.00.67 – 📶wc 🛏wc 🕿 🚗. 🚗🗓 _VISA_   C **r**
SC : **R** 60/70 – 🖵 15 – **32 ch** 100/220 – P 145/200.

🏨 **Paris** sans rest, 3 r. Casino ₸ 75.12.33 – 📶 📶wc 🕿. 🚗🗓 ᴀᴇ ⊙ _VISA_   B **x**
1ᵉʳ avril-30 sept. – SC : **31 ch** 90/200.

🏨 **Régence,** 2 av. J.-Léger ₸ 75.13.75, ≼ – 📶wc 📶wc ⊛. 🚗🗓 ᴀᴇ ᴇ _VISA_. 🎢 ch   C **a**
avril-sept. – SC : **R** voir Brasserie Régence – 🖵 18 – **24 ch** 85/170.

🏨 **Terminus** sans rest, pl. Gare ₸ 75.15.07, ≼ – 📶wc 📶wc ⊛   A **s**
2 fév.-31 oct. – SC : 🖵 14 – **20 ch** 68/165.

🏨 **Palais** sans rest, 69 r. Nationale ₸ 75.00.46 – 📶 📶wc ⊛ 🚗. 🚗🗓 ᴀᴇ ⊙ ᴇ _VISA_
SC : 🖵 15 – **43 ch** 70/150.   B **d**

🏨 **Continental** sans rest, 65 r. Nationale ₸ 75.37.54 – 📶 📶wc 📶wc ⊛   B **m**
1ᵉʳ fév.-1ᵉʳ oct. – SC : 🖵 14 – **29 ch** 77/170.

🏨 **Palmiers,** 28 av. des Sources ₸ 75.03.16 – 📶wc 📶wc. 🎢   B **e**
30 mars-1ᵉʳ oct. – SC : **R** (pour résidents seul.) – 🖵 12 – **24 ch** 55/135 – P 120/165.

XXXX ⊛Lapierre, au Casino ₸ 75.03.78 – ⊕   B
R (dîner seul.)

XX ⊛ **Bourgogne** (Riga) Ⓜ avec ch, 73 r. Nationale ₸ 75.01.05 – 📺 📶wc 🕿. 🚗🗓
ᴀᴇ ⊙ ᴇ _VISA_   B **u**
fermé 1ᵉʳ nov. au 16 déc. – **R** (fermé mardi soir et merc. sauf juil.-août) carte 125 à
175 – 🖵 17 – **10 ch** 200
Spéc. Foie gras d'oie, Filets de truite à la crème d'estragon (mars à oct.), Ris de veau. **Vins** Crépy,
Roussette.

XX **Da Bouttau,** quai baron de Blonay ₸ 75.02.44, 😀 – ᴀᴇ ⊙ ᴇ _VISA_   B **b**
fermé 1ᵉʳ nov. au 15 déc. et mardi en hiver – SC : **R** 80/170.

XX **Brasserie Régence,** pl. Port ₸ 75.13.75, ≼ – ᴀᴇ ᴇ _VISA_   C **a**
avril-sept. – SC : **R** carte 90 à 150.

hors de l'agglomération :

🏨 **Lumina,** à Maxilly Petite-Rive par ① : 2 km ₸ 75.28.67, « Terrasses et jardins au
bord du lac, ⤸ 🐾, club nautique » – 📶 🚗 ⊕ – 🔼 80. 🛏 🚗. 🎢
1ᵉʳ mai-30 sept. – SC : **R** snack carte environ 100 – 🖵 25 – **62 ch** 180/340, 4
appartements 450.

🏨 **Panorama** Ⓜ, Grande-Rive par ① : 1,8 km ₸ 75.14.50, ≼, 🛵 – 📶wc 📶wc 🕿
25 avril-10 oct. – SC : **R** 50/90 – 🖵 15 – **29 ch** 140/165 – P 175/190.

🏨 **Cygnes,** Grande-Rive par ① : 1,5 km ₸ 75.01.01, ≼ – 📶wc 📶 🚗
25 mai-20 sept. – SC : **R** 62/85 – **45 ch** 🖵 150/210 – P 155/210.

🏨 **Florida** 🦢 sans rest, à Milly par rte d'Abondance ② : 2 km ₸ 75.00.44, ≼, 🛵 –
📶wc 📶wc ⊛ ⊕
15 juin-15 sept. – SC : 🖵 15 – **25 ch** 110/185.

🏨 **Flots Bleus** 🦢 sans rest., rte Abondance par ② ₸ 75.14.64, ≼, 🛵 – 📶wc ⊛
⊕. 🚗🗓
15 mai-10 sept. – SC : 🖵 15 – **28 ch** 60/170.   C **u**

rte de Thollon par ② : 7 km – alt. 825 – ✉ 74500 Évian-les-Bains :

🏨 **Les Prés Fleuris sur Evian** Ⓜ 🦢, ₸ 75.29.14, ≼ lac et montagnes, 😀, 🛵 –
📺 🕿 ⊕. ᴀᴇ ⊙ _VISA_. 🎢 rest
26 mars-25 oct. – SC : **R** (nombre de couverts limité - prévenir) 130/220 – 🖵 35 –
12 ch 420/680 – P 450/620.

CITROEN Gar. du Boulevard bd Jaurès ₸ 75.
13.99
OPEL Giroud, Petite-Rive, Maxilly-sur-Léman
₸ 75.13.00

PEUGEOT, TALBOT Impérial-Gar., 9 av.
d'Abondance ₸ 75.01.90
RENAULT Gar. Sautenet, av. Gare ₸ 75.00.32

EVREUX Ⓟ 27000 Eure 🆕 ⑯⑰ G. Normandie – 50 358 h. alt. 65 – ✪ 32.

Voir Cathédrale★★ BY **E** – Châsse★★ dans l'église St-Taurin AY **D** – Musée★ BY **M**.

🛈 Office de Tourisme 35 r. Dr.-Oursel (Chambre de commerce) (fermé sam. après-midi et dim.) ₸
38.21.61, Télex 770581 – A.C.O. 6 r. Borville-Dupuis ₸ 33.03.84.

Paris 103 ② – Alençon 118 ⑤ – Beauvais 98 ② – ♦Caen 121 ⑤ – Chartres 77 ④ – ♦Le Havre 120 ①
– Laval 209 ⑤ – Lisieux 72 ⑤ – ♦Le Mans 153 ⑤ – Rennes 279 ⑤ – ♦Rouen 55 ①.

Plan ci-contre

🏨 **Gd Cerf,** 11 r. Harpe ₸ 33.14.01, ≼, « Exposition de peintures et tapisseries » –
📶 🚗. ᴀᴇ ⊙ ᴇ _VISA_   BY **a**
fermé fév. – SC : **R** (fermé lundi) 98 – 🖵 20 – **26 ch** 145/350 – P 270/440.

🏨 **Normandy,** 37 r. E.-Feray ₸ 33.14.41 – 📺 🕿 🚗 – 🔼 40. ᴀᴇ ⊙ _VISA_   BX **n**
SC : **R** (fermé dim.) 55/119 🍷 – 🖵 19,50 – **26 ch** 96/238.

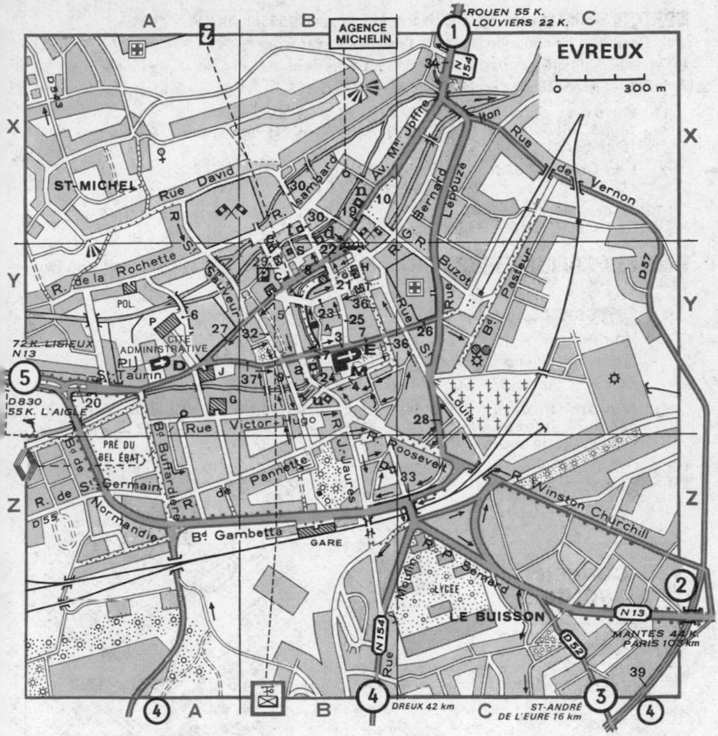

Chartraine (R.) . . . . BY 5
Dr-Oursel (R.) . . . . BY 8
Grenoble (R. de) . . . . BY 23
Harpe (R. de la) . . . . BY 24
Joséphine (R.) . . . . AY 27

Cathédrale (Pl.) . . . . BY 3
Chambeaudoin (Bd) . . . . BY 4
Chauvin (Bd G.) . . . . AY 6

Corbeau (R. Ch.) . . . . BY 7
Ducy (R. Henry) . . . . BY 9
Dupont-de-l'Eure (Pl.) . . . BX 10
Ferray (R. Édouard) . . . . . BX 19
Foch (Av. Mar.) . . . . AY 20
Gaulle (Pl. de) . . . . BY 21
Grand-Carrefour (Pl. du) BY 22
Horloge (R. de l') . . . . BY 25
Janin (Bd Jules) . . . . CY 26

Lattre-de-T. (R. de) . . . . . . CY 28
Leclerc (R. Mar.) . . . . BY 29
Lombards (R. des) . . . . . . BX 30
Meilet (R. du) . . . . BY 32
Résistance (Bd) . . . . CZ 33
St-Léger (R. du Fg) . . . . . CX 34
Soupirs (Allée des) . . . . . BY 36
Verdun (R. de) . . . . BY 37
14-Juillet (Bd) . . . . CZ 39

France, 29 r. St-Thomas ☏ 39.09.25 – TV wc ☎ P. AE VISA. BXY **e**
SC : **R** *(fermé lundi)* 166/246 – 18 – **15 ch** 81/226.

L'Orme sans rest, 13 r. Lombards ☏ 39.36.72 – TV wc wc ☎. E VISA. BX **t**
SC : 19 – **27 ch** 84/177.

Grenoble sans rest, 17 r. St-Pierre ☏ 33.07.31 – wc ☎. BX **d**
SC : 18 – **18 ch** 80/140.

Vieille Gabelle, 3 r. Vieille-Gabelle ☏ 39.38.54 – AE VISA BY **s**
fermé dim. soir et lundi – SC : **R** 45/150.

MICHELIN, Agence, angle r. Isambard et r. 28-R.I. BX ☏ **39.16.60**

ALFA-ROMEO Sté Joffre-Autom., 57 r. Mar.-Joffre ☏ 39.54.63 N ☏ 34.74.08
AUSTIN, MORRIS, ROVER, TRIUMPH Lemoine, Zone Ind. n° 1, r. de Cocherel ☏ 39.40.73
CITROEN Succursale, rte Orléans par ④ ☏ 39.32.54 N ☏ 34.04.10
FIAT Normandy-Gar., N 13 rte de Paris ☏ 33.13.88
FORD Gar. Hôtel de Ville, 4 r. G.-Bernard ☏ 39.58.63
LADA, MERCEDES-BENZ Blondel, rte Orléans ☏ 39.27.45
OPEL Gar. de Paix de Coeur, 101 av. A.-Briand, Gravigny ☏ 33.16.15
PEUGEOT Gar. Ouest, N 154, rte Rouen à Normanville par ① ☏ 39.38.78 N ☏ 34.74.08
RENAULT Succursale, 2 r. Jacquard, Zone Ind. n° 2 par ④ ☏ 38.11.47 13 bis r. Victor Hugo ☏ 38.11.47
TALBOT Vendôme-Autom., 180 rte d'Orléans par ④ ☏ 39.38.10
V.A.G. S.A.G.G.A.M., rte d'Orléans à Angerville ☏ 39.12.56
Gar. Carrère, 16 bis r. Lepouze ☏ 39.33.49

Marsat-Comptoir du Pneu, 54 av. Foch ☏ 33.42.43
Royer, 23 r. G.-Bernard ☏ 33.06.72

Visitez la capitale avec le **guide Vert Michelin PARIS**

EVRON 53600 Mayenne 🗺 ⑪ G. Normandie (plan) – 5 867 h. alt. 114 – ✪ 43.

Voir Basilique★ : chapelle N.-D.-de l'Épine★★ et trésor★★.

🅱 Syndicat d'Initiative pl. Basilique (fermé sam. hors sais., dim. et lundi en saison) ☎ 01.63.75.

Paris 259 – Alençon 59 – La Ferté-Bernard 90 – La Flèche 66 – Laval 32 – ♦Le Mans 64 – Mayenne 24.

    XX **Gare** avec ch, pl. Gare ☎ 01.60.29 – 🏠 – 🚐 30. 🗉
    ➡ *fermé 15 au 31 août et dim. (sauf rest.)* – SC : **R** *(fermé lundi)* 40/120 🛆 – 🖵 11 –
        10 ch 65/90 – P 140.

    X **Les Coevrons** avec ch, 4 r. Prés ☎ 01.62.16 – 🏠 🗉 𝗩𝗜𝗦𝗔
    ➡ SC : **R** *(fermé vend.)* 45/100 🛆 – 🖵 12 – **6 ch** 55/70.

CITROEN Chauvat, ☎ 01.60.44   RENAULT Lemercier, ☎ 01.60.10
PEUGEOT-TALBOT Pottier, ☎ 01.60.56

EVRY **CORBEIL-ESSONNES** 91 Essonne 🗺 ①, 🗺 ㉒, 🗺 ㊲ G. Environs de Paris –
✪ 6

    Évry 91000 Essonne – 17 803 h. alt. 55.

    Voir Agora★ – 🇿, 🇿 du Coudray ☎ 493.81.76 par ④ : 7,5 km.

    🅱 Syndicat d'Initiative pl. de l'Agora (fermé sam. après-midi et dim.) ☎ 077.36.98.

    Paris 34 – Chartres 87 – Créteil 20 – Étampes 37 – Melun 25 – Versailles 38.

  🏨 **Novotel Paris Évry** Ⓜ, par autoroute A6 sortie Corbeil Nord et Evry Z.I. ☎
    077.82.70, Télex 600685, 🏊, 🛥 – 🛗 🗏 rest 📺 ☎ 🛆 🅿 – 🚐 400. 🖭 ⑩ 𝗩𝗜𝗦𝗔
    R snack carte environ 85 – 🖵 27 – **180 ch** 250/282.

PEUGEOT Gar. du bras de Fer, Bd Mar. de   RENAULT Mazière, Angle bd Decauville et
Lattre de Tassigny ☎ 077.72.90   voie 7 ☎ 077.32.48 🗓

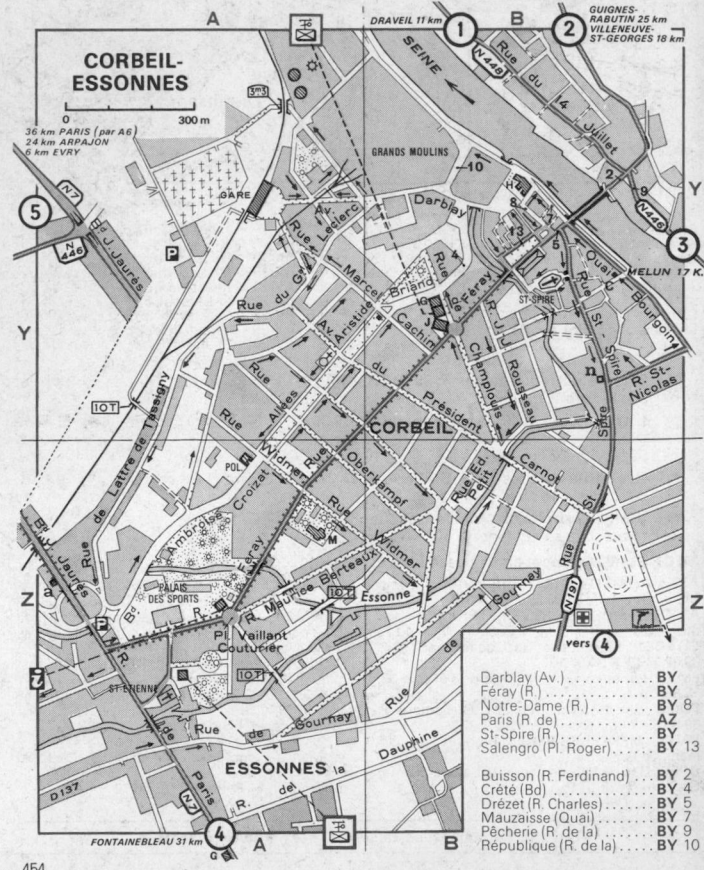

Corbeil-Essonnes 91100 Essonne – 39 223 h. alt. 38.

ħ de Villeray ☎ 075.17.47 NE : 5 km.

🅸 Office de Tourisme (fermé matin, merc. et dim.) avec T.C.F. pl. Vaillant-Couturier ☎ 496.23.97.

Plan page ci-contre

🏨 **Central H.,** 68 r. St-Spire ☎ 088.06.06 – 🛗 🚻wc 📶 ☎ 🅿 – � 80. 🚗🚗 VISA.
— ⚘ ch   BY **n**
(fermé 15 juil. au 15 août et dim.) 38/62 🍴 – ⬜ 14 – **48 ch** 117/180.

✕✕ **Aux Armes de France** avec ch, 1 bd J.-Jaurès ☎ 496.24.04 – 📶wc ☎ 🅿. AE ⓞ
VISA. ⚘ rest   AZ **a**
fermé août – **R** carte 110 à 170 – ⬜ 14 – **12 ch** 80/130.

à Étiolles par ① : 2,5 km – ✉ 91450 Soisy-sur-Seine :

✕ **La Fontaine,** N 448 ☎ 075.45.33, ← – 🅿.

CITROEN Corbeil Essonnes Automobiles, 33 av. 8 Mai 1945 par ⑤ N 446 ☎ 089.21.10
FIAT Corbeil-Autos, 119 bd J.-Kennedy ☎ 088.16.30
LANCIA-AUTOBIANCHI, OPEL, TOYOTA Gar. du Stade, 86 r. St-Spire ☎ 089.28.54
PEUGEOT Desrues, 29 bd J.-Kennedy par ④ ☎ 088.20.90
RENAULT Gd Gar. Féray, 46 av. 8-Mai-1945 par ⑤ N 446 ☎ 088.92.20 🔟 ☎ 046.34.19

TALBOT France-Europe-Auto, 35 bd Fontainebleau par ④ ☎ 089.26.72
V.A.G. Diffusion-Auto-Européenne, 27 bd Fontainebleau ☎ 089.14.14
Gar. G.T.C., 52 r. de La Liberté ☎ 496.26.24

🅿 Coursaux-Pneus, 116 bd J.-Kennedy ☎ 496.30.45
Piot-Pneu, 80 bd de Fontainebleau ☎ 089.15.25

EXCENEVEX 74 H.-Savoie 🔟 ⑰ G. Alpes – 447 h. alt. 375 – ✉ 74140 Douvaine – ☺ 50.

🅸 Syndicat d'Initiative à la Mairie (fermé sam. après-midi, dim. et merc.) ☎ 72.81.27.

Paris 574 – Annecy 72 – Bonneville 41 – Douvaine 10 – ♦Genève 27 – Thonon-les-Bains 13.

🏨 **Les Crêtes,** ☎ 72.81.05, ← lac, 🏊, 🐎, 🎾 – 🛗 🚻wc 📶wc ☎ 🅿 – 🚿 50.
🚗🚗. ⚘
fermé 1ᵉʳ déc. au 31 janv. et lundi sauf juin à août – SC : **R** 65/100 – ⬜ 25 – **33 ch** 80/200 – P 160/260.

🏠 **Léman,** ☎ 72.81.17, 🎾 – 📶wc 🅿. ⚘
hôtel ouvert Pâques-1ᵉʳ nov. et fermé mardi soir et merc. – SC : **R** *(fermé 1ᵉʳ janv. au 15 mars et merc.)* 60/80 – ⬜ 13,50 – **24 ch** 70/120 – P 141/175.

🏠 **Plage** ❦, ☎ 72.81.12, ←, 🍴, 🐎, 🎾 – 🚻wc 🅿 🚗🚗. ⚘
25 mars-31 oct. – SC : **R** 62/75 – ⬜ 15 – **20 ch** 65/120 – P 130/150.

EXCIDEUIL 24160 Dordogne 🗾 ⑥⑦ G. Périgord – 1 849 h. alt. 150 – ☺ 53.

Paris 463 – Brive-la-Gaillarde 63 – ♦Limoges 68 – Périgueux 35 – Thiviers 19.

🏠 **Fin Chapon,** pl. Château ☎ 55.42.38 – 🚻wc 📶. VISA. ⚘ ch
— *fermé 1ᵉʳ au 15 oct., 21 déc. au 3 janv. et lundi d'oct. à juin* – SC : **R** 41/130 – 🍴 12
– **12 ch** 62/140.

AUTOBIANCHI, FIAT, LANCIA Combreze, ☎ 55.40.19
RENAULT Portail, ☎ 55.40.47

EYBENS 38 Isère 🗾 ⑤ – rattaché à Grenoble.

EYGALIÈRES 13810 B.-du-R. 🗾 ① G. Provence – 1 284 h. alt. 105 – ☺ 90.

Paris 715 – Avignon 28 – Cavaillon 13 – ♦Marseille 81 – St-Rémy-de-Pr. 12 – Salon-de-Pr. 27.

✕✕ **Aub. Provençale,** ☎ 95.91.00 – 🅿
fermé nov., 15 au 28 fév., jeudi du 1ᵉʳ oct. au 1ᵉʳ mars et merc. – SC : **R** 110/160.

CITROEN Gar. Barrouyer, ☎ 95.90.83

EYMET 24500 Dordogne 🗾 ⑭ – 3 051 h. alt. 50 – ☺ 53.

Paris 579 – Bergerac 25 – ♦Bordeaux 95 – Marmande 33 – Périgueux 72 – Villeneuve-sur-Lot 51.

🏠 **Château,** r. Couvent ☎ 23.81.35 – 📶
— *fermé au 25 oct., sam. sauf vacances scolaires et fêtes* – SC : **R** 44/80 🍴 – ⬜ 10
– **10 ch** 60/80 – P 115/120.

FIAT Augieras, ☎ 23.81.09
PEUGEOT Jauberthie, ☎ 23.80.46
RENAULT Sud Ouest Gge, ☎ 23.82.60

EYNE 66 Pyr.-Or. 🗾 ⑯ – rattaché à Saillagouse.

Les EYZIES-DE-TAYAC 24620 Dordogne 🗾 ⑯ G. Périgord – 782 h. alt. 74 – ☺ 53.

Voir Musée national de Préhistoire★ – Grotte du grand Roc★★ – Gorges d'Enfer★ – Grotte de Font-de-Gaume★.

🅸 Syndicat d'Initiative pl. Mairie (1ᵉʳ avril-30 oct. et fermé dim.) ☎ 06.97.05.

Paris 532 – Brive-la-Gaillarde 62 – Fumel 64 – Lalinde 37 – Périgueux 45 – Sarlat-la-Canéda 21.

🏨 ✿✿ **Centenaire** Ⓜ, ☏ 06.97.18, 🏠, 🍴 – 📺 ☎ 🚗 📵. ⒶⒺ ⓞ Ⓔ 𝑉𝐼𝑆𝐴. ✼ ch
*26 mars-2 nov. – SC : **R** (fermé merc. midi hors sais. et mardi midi) 90/240 et carte –*
� 27 – **29 ch** 120/220, 3 appartements 350 – P 240/300
Spéc. Foies gras, Feuilletés d'escargots et de cèpes, Aiguillettes de canard aux champignons. **Vins** Bergerac, Cahors.

🏨 ✿ **Cro-Magnon** Ⓜ, ☏ 06.97.06, 🏠, « Jardin fleuri, terrasse ombragée, ⤵ » – ☎
⅍ 📵. ⒶⒺ ⓞ Ⓔ 𝑉𝐼𝑆𝐴. ✼ rest
*1er avril-9 oct. – SC : **R** 85/205 – � 22 – **26 ch** 180/220, 3 appartements 440 –*
P 210/300
Spéc. Escalope de foie de canard au vinaigre de cidre, Pilé de cèpes, Saumon sauvage Verdurette.
Vins Clos de Gamot, Sigoulès.

🏨 **Les Glycines**, ☏ 06.97.07, ≤, « Parc » – 📥wc 🏭 ☜ 🚗 📵. 🚙 ⒶⒺ 𝑉𝐼𝑆𝐴.
✼ rest
*26 mars-15 oct. – SC : **R** 75/180 – ⊆ 22 – **25 ch** 110/220 – P 185/270.*

🏨 **Centre**, ☏ 06.97.13, 🏠 – 📥wc 🕭. 🚙 𝑉𝐼𝑆𝐴
*fermé 15 nov. au 7 fév. – SC : **R** 60/165 ⅃ – ⊆ 18 – **18 ch** 145 – P 145/185.*

🏨 **Les Roches** sans rest, rte Sarlat ☏ 06.96.59, 🍴 – 📥wc ☜ 📵. ✼
*15 mars-20 oct. – SC : ⊆ 15 – **20 ch** 128/157.*

🏨 **France et Aub. du Musée**, ☏ 06.97.23, 🏠 – 📥wc 🏭wc ☜ 📵
*25 mars-2 nov. – SC : **R** 50 (sauf fêtes)/156 – ⊆ 16 – **16 ch** 85/135 – P 160/185.*

CITROEN Gar. de la Patte-d'Oie, ☏ 06.97.29   RENAULT Dupuy, ☏ 06.97.32

EZE 06 Alpes-Mar. 🎱🎯 ⑩, 🎱🎯 ㉗ G. Côte d'Azur (plan) – 1 860 h. alt. 427 – ⊠ 06360 Èze-Village
– ✪ 93 – **Voir** Site** (village perché) – Jardin exotique ✼*** – Les rues d'Eze* –
Belvédère d'Eze ≤** O : 4 km.

🛈 Syndicat d'Initiative à la Mairie (fermé sam. après-midi et dim.) ☏ 41.03.03.

Paris 946 – Cap-d'Ail 7 – Menton 18 – Monte-Carlo 8 – ◆Nice 12.

🏨 **Hermitage du Col d'Èze** ≶, NO : 2,5 km sur D 46 ☏ 41.00.68, ≤, 🏠 – 📥wc
🏭 📵. 🚙 ⒶⒺ Ⓔ 𝑉𝐼𝑆𝐴. ✼ rest
*fermé 28 juin au 9 juil., 1er au 29 déc., dim. soir et lundi – SC : **R** 100/160 – ⊆ 18 –*
11 ch 120/180.

XXXX ✿ **Château de la Chèvre d'Or** ≶ avec ch, r. Barri ☏ 41.12.12, « Site pittoresque
dominant la mer », ⤵, ⤵ 📥wc ☎. 🚙 ⒶⒺ ⓞ 𝑉𝐼𝑆𝐴
*fermé mi-nov. à mi-fév. – **R** (fermé merc. du 1er oct. à Pâques) 200, dîner à la carte*
– ⊆ 36 – **6 ch** 330/720, 3 appartements
Spéc. Huîtres chaudes au Champagne, Nage de poissons, Petit sauté d'agneau. **Vins** Bellet, Bandol.

XXX ✿ **La Couletta** (Ferri), pl. de Gaulle ☏ 41.05.23, 🏠 – ⒶⒺ ⓞ
fermé 1er déc.-15 janv., dim. (sauf midi) du 15 sept. au 31 mai et lundi (sauf soir) du
*1er juin au 15 sept. – **R** carte 185 à 240*
Spéc. Ris de veau et écrevisses aux artichauts, Goujonnettes de sole et homard aux pâtes vertes,
Rable de lapin aux pruneaux farcis. **Vins** Bellet.

EZE-BORD-DE-MER 06360 Alpes-Mar. 🎱🎯 ⑩, 🎱🎯 ㉗ G. Côte d'Azur – ✪ 93.

Paris 947 – Beaulieu 3 – Cap d'Ail 5 – Menton 18 – ◆Nice 13.

🏨 **Cap Estel** Ⓜ ≶, ☏ 01.50.44, Télex 470305, ≤, 🏠, « Parc, ⤵, ⤶, ⚓ » – ▯
▭ ch ☎ ⅍ 📵. Ⓔ. ✼ rest
*1er fév.-31 oct. – **R** 170/200 – **37 ch**, 1/2 pens. seul. : 560/880, 9 appartements.*

🏨 **H. Cap Roux** sans rest, Basse Corniche ☏ 01.51.23, ≤ – ▯ cuisinette ▭ 📥wc
🏭wc ☜ 📵. 🚙
*15 mars-30 sept. – SC : ⊆ 13 – **36 ch** 75/200.*

🏨 **Aub. Le Soleil**, Basse Corniche ☏ 01.51.46, 🏠 – 📥wc 🏭wc ☜ 📵. ✼ ch
*fermé 2 nov. au 12 déc. – SC : **R** 60/62 – ⊆ 12 – **11 ch** 120 – P 150/170.*

✕ **Rest. Cap Roux**, basse corniche ☏ 01.50.17 – Ⓔ 𝑉𝐼𝑆𝐴
*fermé 15 oct. au 15 déc. et le soir sauf sam. et dim. du 15 déc. au 1er mars – SC : **R***
36/90 ⅃.

ÉZY-SUR-EURE 27 Eure 🎱🎱 ⑦, 🎱🎱 ⑬ – rattaché à Anet.

FACTURE 33 Gironde 🎱🎱 ② – alt. 13 – ✪ 56.

Paris 633 – Andernos-les-Bains 16 – Arcachon 24 – ◆Bordeaux 39.

à Biganos NO : 1 km – 4 416 h. – ⊠ 33380 Biganos :

☯ **Chez Marie**, D 3E ☏ 82.60.37 – 🏭 📵
*fermé sam. sauf juil. et août – SC : **R** 30/110 ⅃ – ▱ 12 – **20 ch** 55/120 – P 120/190.*

FADES (Viaduc des) ★ 63 P.-de-D. 🎱🎱 ③ G. Auvergne – alt. 576 – ⊠ 63770 Les Ancizes-
Comps – ✪ 73.

Paris 383 – Aubusson 71 – ◆Clermont-Ferrand 56 – Montluçon 64 – Riom 40 – Ussel 85.

✕ **Gare** ≶ avec ch, ☏ 86.80.05, ≤ viaduc et vallée
*Pâques-1er oct. – SC : **R** 40/60 – ▱ 12 – **4 ch** 50/70 – P 100.*

FALAISE 14700 Calvados 55 ⑫ G. Normandie – 8 607 h. alt. 132 – ✿ 31.

Voir Château★★ A – Église de la Trinité★ A E – Mont Myrrha ≤★ A.

🛈 Office de Tourisme 32 r. G.-Clemenceau (fermé mardi du 1ᵉʳ avril au 30 sept., dim. et lundi hors saison) ☏ 90.17.26.

Paris 216 ③ – Argentan 23 ③ – ✦Caen 34 ① – Flers 43 ⑤ – Lisieux 49 ① – St-Lô 79 ①.

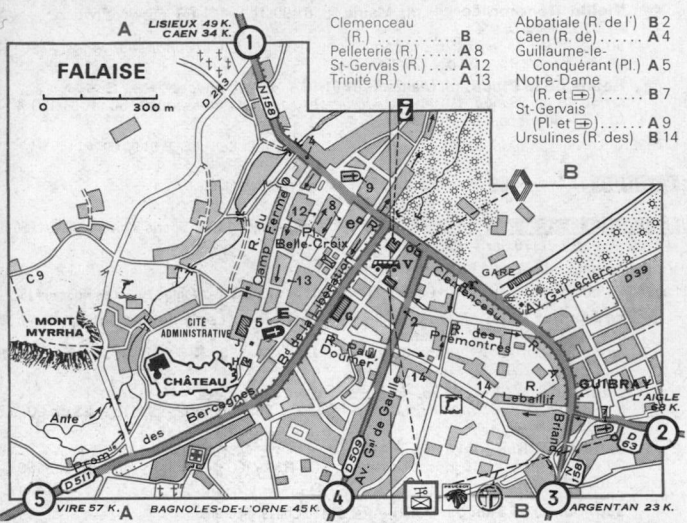

Clemenceau (R.) .... **B**	Abbatiale (R. de l') **B** 2
Pelleterie (R.) ...... **A** 8	Caen (R. de) ...... **A** 4
St-Gervais (R.) .... **A** 12	Guillaume-le-Conquérant (Pl.) **A** 5
Trinité (R.) .... **A** 13	Notre-Dame (R. et ⊟) ...... **B** 7
	St-Gervais (Pl. et ⊟) ...... **A** 9
	Ursulines (R. des) **B** 14

🏛 **Normandie,** 4 r. Amiral-Courbet ☏ 90.18.26 – ⏢wc 🛁wc ☎ ⇔, 📶   A **e**
    SC : **R** (fermé dim.) 40/55 🍴 – ⤬ 13.50 – **30 ch** 65/130 – P 150/160.

🏠 **Poste,** 38 r. G.-Clemenceau ☏ 90.13.14 – ⏢wc 🅿. 𝘝𝘐𝘚𝘈   B **v**
    fermé 17 au 24 oct., 20 déc. au 15 janv., dim. soir et lundi – SC : **R** 42/90 – ⤬ 13.50 – **18 ch** 60/110 – P 120/150.

XX **La Fine Fourchette,** 52 r. G.-Clemenceau ☏ 90.08.59 – 🅿. 𝘝𝘐𝘚𝘈   B **r**
    fermé 1ᵉʳ au 15 fév. et merc. – SC : **R** 47/126.

FORD Lacoudrée, 51 av. Hastings ☏ 90.19.69
PEUGEOT-TALBOT Falaise-Autos., rte d'Argentan par ③ ☏ 90.04.89
PEUGEOT-TALBOT Cornu, pl. Reine-Mathilde ☏ 90.11.53 Ⓝ ☏ 90.11.57

RENAULT Gar. Poste, 34 r. G.-Clemenceau ☏ 90.01.00

Le FALGOUX 15 Cantal 76 ② – 350 h. alt. 930 – Sports d'hiver : 930/1 400 m ⚡2 – ⊠ **15380** Anglards de Salers – ✿ 71.

Env. Cirque du Falgoux★★ SE : 6 km – Pas de Peyrol★★ SE : 12 km, G. Auvergne.

Paris 519 – Aurillac 51 – Mauriac 33 – Murat 34 – Salers 14.

🏚 **Voyageurs et Touristes,** ☏ 69.51.59, ≤ – 🛏 **E**. ⋙ ch
    fermé 7 nov. au 1ᵉʳ déc. – **R** 35/80 – ⤬ 10 – **18 ch** 35/60 – P 95/120.

FALICON 06950 Alpes-Mar. 84 ⑩. 195 ㉖ G. Côte d'Azur – 980 h. alt. 307 – ✿ 93.

Voir Terrasse ≤★.

Env. Mont Chauve d'Aspremont ⁂★★ N : 8,5 km puis 30 mn.

Paris 946 – Aspremont 10 – Colomars 15 – Levens 17 – ✦Nice 10 – Sospel 44.

X **Bellevue,** ☏ 84.94.57, ≤
    fermé oct. et mardi – **R** 60/70.

Participez à notre effort permanent
de mise à jour

Adressez-nous vos remarques
et vos suggestions.

Cartes et guides Michelin
46 avenue de Breteuil - 75341 Paris Cedex 07

Le FAOU 29142 Finistère 🗎🗎 ⑤ G. Bretagne – 1 611 h. alt. 10 – ✪ 98.

Voir Site★ – Retables★ dans l'église de Rumengol E : 2,5 km – Quimerc'h ≤★ SE 4,5 km.

🖪 Syndicat d'Initiative 10 r. Gén. de Gaulle (15 juin-15 sept.) ☎ 81.90.44.

Paris 562 – ◆Brest 30 – Carhaix-P. 56 – Châteaulin 16 – Landerneau 22 – Morlaix 49 – Quimper 41.

🏦 **Vieille Renommée** Ⓜ, pl. Mairie ☎ 81.90.31 – 🕭 📺 🛏wc 🛏wc 🕿 – 🛋
◆ 40 à 150. 🚗🛏 E 𝘝𝘐𝘚𝘈
    fermé 1er au 15 sept., 15 oct. au 15 nov., vac. de fév. et lundi sauf fériés – SC : **R**
    50/160 🍴 – ☲ 15 – **38 ch** 125/180.

🏦 **Relais de la Place,** pl. Mairie ☎ 81.91.19 – 🛏wc 🛏wc 🕿. 🚗🛏 E. 🍴
    fermé 18 au 28 avril, 19 sept. au 10 oct. et sam. sauf juil.-août – SC : **R** 55/150 🍴 –
    ☲ 15 – **40 ch** 65/140.

CITROEN Le Velly, ☎ 81.91.06 🖪   RENAULT Kervella, ☎ 81.90.69

FARROU 12 Aveyron 🗎🗎 ⑩ – rattaché à Villefranche-de-Rouergue.

La FAUCILLE (Col de) ★★ 01 Ain 🗎🗎 ⑮ G. Jura – alt. 1 323 – Sports d'hiver : 1 000/1 550 m
🎿 1 🎿9, 🍴 – ⊠ 01170 Gex – ✪ 50.

Voir Descente sur Gex (N 5) ≤★★ SE : 2 km.

Paris 487 – Bourg-en-Bresse 132 – ◆Genève 28 – Gex 11 – Morez 27 – Nantua 75 – Les Rousses 18.

🏰 **La Mainaz** 🌭, S : 1 km par N5 ☎ 41.77.17, ≤ lac Léman et les Alpes, 🍴 – 🕿
    ⟵ 🕿. 🄰🄴 ① E 𝘝𝘐𝘚𝘈. 🍴 rest
    fermé 15 juin au 1er juil. et 1er nov. au 15 déc. – SC : **R** 60/140 – ☲ 20 – **25 ch**
    150/250 – P 220/290.

🏦 **Couronne** 🌭, ☎ 41.81.26, ≤ – 🛏wc 🛏wc 🕿 🅿. 🚗🛏
    fermé 15 avril au 15 mai et 1er oct.au 1er déc. – SC : **R** 55/132 – ☲ 12 – **23 ch** 90/155
    – P 155/185.

🏦 **La Petite Chaumière** 🌭, ☎ 41.75.02, ≤ – 🛏wc 🕿 🅿. 🚗🛏. 🍴 rest
    20 mai-10 oct. et 15 déc.-20 avril – SC : **R** 55/100 – ☕ 17 – **32 ch** 90/180 –
    P 165/185.

    à Mijoux O : 8,5 km par D 936 – ⊠ 01410 Chézery-Forens.
    🖪 Syndicat d'Initiative à la Mairie (15 juin-30 sept., fermé sam. après-midi et dim.)
    ☎ 41.48.31.

🏠 **Vallée** 🌭, ☎ 41.80.13 – 🛏wc 🛏 🕿 🅿 – 🛋 60
◆ 1er juin-2 nov. et 15 déc.-25 avril – SC : **R** 40/82 🍴 – ☲ 14,50 – **13 ch** 80/161 –
    P 122/200.

🏠 **Egravines** Ⓜ 🌭, ☎ 41.66.47, ≤ – 🛏wc 🕿 🅿. 🚗🛏. 🍴 ch
    2 juil.-28 août et 17 déc.-20 avril – SC : **R** 65/90 – ☲ 18 – **16 ch** 120/168 –
    P 176/220.

La FAUTE-SUR-MER 85 Vendée 🗎🗎 ⑪ – rattaché à Aiguillon-sur-Mer.

La FAVÈDE 30 Gard 🗎🗎 ⑦ – rattaché à La Grand-Combe.

FAVERGES 74210 H.-Savoie 🗎🗎 ⑯⑰ G. Alpes – 5 796 h. alt. 516 – ✪ 50.
🖪 Syndicat d'Initiative pl. Hôtel de Ville (vacances scolaires et fermé dim.) ☎ 44.60.24.

Paris 575 – Albertville 19 – Annecy 26 – Megève 34.

🏠 **Alpes,** pl. Gambetta ☎ 44.50.05, 🍴 – 🛏wc 🛏wc 🕿 🅿. 🚗🛏 🄰🄴 𝘝𝘐𝘚𝘈
    fermé nov. et lundi sauf juil. et août – SC : **R** 57/165 🍴 – ☲ 17,50 – **20 ch** 77/175.

🏡 **Parc,** rte Albertville ☎ 44.50.25, 🍴 – 🛏wc 🛏wc 🅿. 🚗🛏 E 𝘝𝘐𝘚𝘈. 🍴
◆ fermé 10 au 28 juin et 11 au 28 sept. – SC : **R** (fermé mardi sauf juil. et août) 50/120
    🍴 – ☲ 15 – **14 ch** 110/180.

    à Vesonne NO : 4 km par D 282 puis rte de Montmin – ⊠ 74210 Faverges.
    Env. Col de la Forclaz ≤★★ NO : 11,5 km.

🏡 **Bon Repos,** sur D 42 ☎ 44.50.92, ≤, 🍴, 🍴 – 🅿
◆ fermé 15 oct. à Noël – SC : **R** 38/80 – ☲ 12 – **14 ch** 85 – P 108/120.

    au Tertenoz SE : 4 km par D 12 et VO – ⊠ 74210 Faverges :

🏠 **Gay Séjour** 🌭, ☎ 44.52.52, ≤, 🍴 – 🛏wc 🛏wc 🕿 ⟵ 🅿 – 🛋 30. 🚗🛏 🄰🄴
◆ 𝘝𝘐𝘚𝘈. 🍴
    fermé 12 déc. au 30 janv., dim. soir et lundi sauf vacances scolaires – SC : **R** 50/200
    – ☲ 20 – **14 ch** 80/165 – P 150/210.

PEUGEOT-TALBOT Gar. de l'Étoile, ☎ 27.43.27   RENAULT Gar. Fontaine, ☎ 44.51.09

FAVERGES-DE-LA-TOUR 38 Isère 🗎🗎 ⑭ – rattaché à La Tour du Pin.

FAVIÈRE (Plage de la) 83 Var 🗎🗎 ⑯ – rattaché au Lavandou.

458

FAYENCE 83440 Var 🄌 ⑦, 🄌🄌🄌 ⑫ G. Côte d'Azur – 2 146 h. alt. 325 – ✪ 94.

Voir ≤★ de la terrasse de l'église.

🄩 Syndicat d'Initiative pl. Léon-Roux (15 juin-15 sept., fermé dim. après-midi et lundi) ☎ 76.20.08.
Paris 905 – Castellane 55 – Draguignan 35 – Fréjus 34 – Grasse 27 – St-Raphaël 37.

  🏛 **Moulin de la Camandoule** ⤵, SO : 3 km par D 19 et chemin N.-D.-des-Cyprès ☎ 76.00.84, ≤, « Ancien moulin à huile », parc, 🔲 – 🛏wc 🛁wc 🅿. 🚗🅫
    hôtel fermé janv. et fév. – SC : **R** (ouvert Pâques-1ᵉʳ oct. et fermé mardi sauf le soir en juil. et août) 105/135 – 🖙 25 – **11 ch** 130/250.

  🏛 **Les Oliviers** Ⓜ sans rest, quartier Ferrage ☎ 76.13.12, ≤ – 🛏wc 🛁wc 🕿 🚗
    🅿. 🚗🅫
    fermé 15 oct. au 15 déc. – SC : 🖙 20 – **23 ch** 160/200.

  ✗ **France**, 1 r. du Château ☎ 76.00.14, 🌫
    fermé 15 mai au 15 juin, 15 déc. au 15 janv., merc. soir et jeudi – SC : **R** (prévenir) 50/95.

Le FAYET 74 H.-Savoie 🄌🄌 ⑥ – rattaché à St-Gervais-les-Bains.

FAYL-BILLOT 52500 H.-Marne 🄌🄌 ④ G. Jura – 1 595 h. alt. 333 – ✪ 25.

Voir École nationale d'Osiériculture et de Vannerie.

Paris 320 – Bourbonne-les-Bains 29 – Chaumont 61 – ◆Dijon 80 – Gray 46 – Langres 26 – Vesoul 49.

  ✗✗ **Cheval Blanc**, pl. Barre ☎ 88.61.44 – 🄴 𝖵𝖨𝖲𝖠
    fermé 15 au 25 juin, 15 au 28 fév. et lundi – SC : **R** 38/85 🍷.

FAY-SUR-LIGNON 43430 H.-Loire 🄌🄌 ⑱ G. Vallée du Rhône – 527 h. alt. 1 180 – ✪ 71.

Voir ≤★ du cimetière.

Paris 599 – Aubenas 80 – Langogne 69 – Le Puy 46 – St-Agrève 22 – ◆St-Étienne 78.

  🕿 **du Lignon** sans rest, ☎ 59.51.44
    SC : 🖙 13 – **7 ch** 62/70.

RENAULT Debard, ☎ 59.54.80 🄽 ☎ 59.74.76

FÉAS 64 Pyr.-Atl. 🄌🄌 ⑤ – rattaché à Oloron-Ste-Marie.

FÉCAMP 76400 S.-Mar. 🄌🄌 ⑫ G. Normandie – 22 228 h. alt. 14 – Casino AZ – ✪ 35.

Voir Église de la Trinité★★ BZ E – Musée de la Bénédictine★ AY.
Env. Chapelle N.-D.-du-Salut ≤★★ AY.

🄩 Office de Tourisme pl. Bellet (fermé dim. et lundi hors saison) ☎ 28.20.51.
Paris 214 ③ – ◆Amiens 163 ② – ◆Caen 118 ③ – Dieppe 64 ① – ◆Le Havre 40 ③ – ◆Rouen 71 ②.

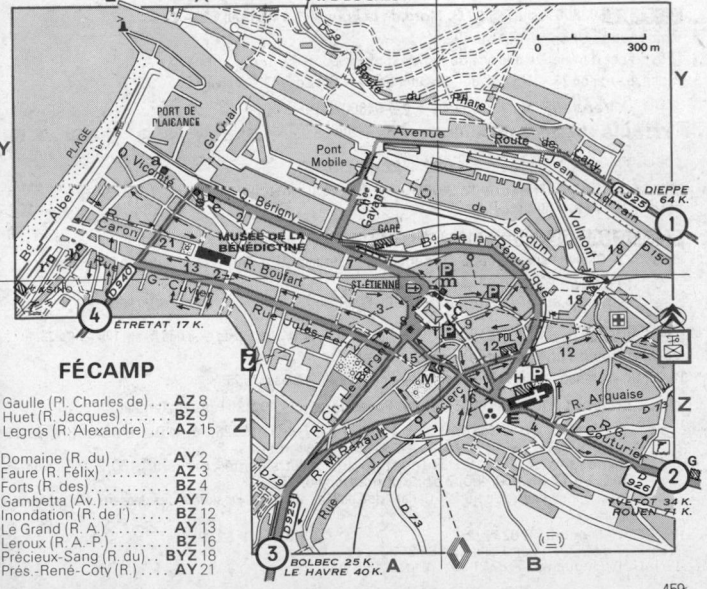

FÉCAMP

Gaulle (Pl. Charles de) . . . **AZ** 8
Huet (R. Jacques) . . . . **BZ** 9
Legros (R. Alexandre) . . . **AZ** 15

Domaine (R. du) . . . . **AY** 2
Faure (R. Félix) . . . . **AZ** 3
Forts (R. des) . . . . **BZ** 4
Gambetta (Av.) . . . . **AY** 7
Inondation (R. de l') . . . . . **BZ** 12
Le Grand (R. A.) . . . . **AY** 13
Leroux (R. A.-P.) . . . . **BZ** 16
Précieux-Sang (R. du) . . . **BYZ** 18
Prés.-René-Coty (R.) . . . . **AY** 21

FÉCAMP

🏨 **Angleterre** sans rest, 93 r. Plage ⏸ 28.01.60 – 📺 🛏wc 🚿 ☎ 🅿. ⭐⭐ 𝘝𝘐𝘚𝘈. ⚘
fermé 15 nov. au 20 déc. – SC : ⟷ 16 – **25 ch** 80/175.   AY **b**

🏨 **Mer** sans rest, 89 bd Albert 1er ⏸ 28.24.64, ≤ – 🛏wc. ☎. ⚘   AY **r**
fermé 23 déc. au 31 janv. – SC : ⟷ 13,50 – **8 ch** 75/170.

XX **Le Maritime**, 2 pl. N.-Selles ⏸ 28.21.71, ≤ – 🆔 ① E 𝘝𝘐𝘚𝘈   AY **s**
fermé 7 au 25 mars et 19 sept. au 7 oct. – SC : **R** (🔲 1er étage) 60/150.

XX **La Marine**, 23 quai Vicomté ⏸ 28.15.94, ≤ – 🆔 ① E 𝘝𝘐𝘚𝘈   AY **a**
fermé 20 déc. au 10 janv., mardi soir de nov. à mars et merc. – SC : **R** 60/150 🍷.

XX **Aub. de la Rouge**, par ③ : 2 km ⏸ 28.07.59 – 🅿. 🆔 ① E 𝘝𝘐𝘚𝘈
fermé 1er au 20 juil., jeudi soir et vend. – SC : **R** 60/120 🍷.

X **L'Escalier**, 101 quai Berigny ⏸ 28.26.79 – ① E 𝘝𝘐𝘚𝘈   AY **e**
fermé 15 nov. au 1er déc., 6 au 24 fév., dim. soir et lundi hors sais. – SC : **R** 60/110 🍷.

X **Martin** avec ch, 18 pl. St-Étienne ⏸ 28.23.82 – 🛏 🚿. ⭐⭐. ⚘   ABZ **m**
fermé 1er au 15 mars et 1er au 21 sept. – SC : **R** *(fermé dim. soir et lundi)* 40/85 –
12 – **7 ch** 56/90.

CITROEN Rouen, 45 bd de la République ⏸
29.25.72
FIAT, LANCIA-AUTOBIANCHI Gar. des Hallet-
tes, 6 r. Gustave Couturier ⏸ 28.14.48
FORD Lefebvre, 15 r. Prés.-Coty ⏸ 28.05.75
PEUGEOT, TALBOT Lachèvre, rte du Havre à
St-Léonard par ③ ⏸ 28.20.30

RENAULT S.E.L.C.O., 23 r. J.-L.Leclerc ⏸ 28.
24.02
V.A.G. Boivin, D 925 à St-Léonard ⏸ 28.00.22
VOLVO Gar. Lair, 22 pl. Bigot ⏸ 28.09.44

🏭 Brument, 6 rte de Valmont ⏸ 28.28.81
Comptoir Fécampois du Pneu, 8 et 10 r.
Ch.-Le-Borgne ⏸ 28.14.99

La FÉCLAZ 73 Savoie 🟦 ⑮ G. Alpes – alt. 1 350 – Sports d'hiver : 1 350/1 550 m ⚡11, ⚡ –
✉ 73230 St-Alban-Leysse – ☎ 79.

🛈 Syndicat d'Initiative Les Déserts (fin juin-fin sept. et 15 déc.-Pâques) ⏸ 25.80.49.
Paris 581 – Aix-les-Bains 26 – Annecy 40 – Chambéry 19 – Lescheraines 14.

🏠 **Bon Gîte** ⚘, ⏸ 25.82.11, ≤, 🌊, 🌳, ⚘ – 🍴 cuisinette 🛏wc 🚿 ☎ ⇦ 🅿 – 🛁
← 30
18 juin-12 sept. et Noël-Pâques – SC : **R** 50/110 – ⟷ 16 – **28 ch** 90/250, 6 appartements 320/400 – P 133/189.

🏨 **Central et Terrasses Fleuries**, ⏸ 25.81.68, ≤ – 🚿 🅿. ⭐⭐
juil.-août et Noël-Pâques – SC : **R** 50/66 – 🍷 11 – **25 ch** 44/100 – P 128/155.

au Col de Plainpalais E : 4 km par D 913 et D 912 – Sports d'hiver 1180/1500 m ⚡3 –
✉ 73230 St-Alban-Leysse :

🏨 **Plaimpalais** ⚘, ⏸ 25.81.79, ≤ – 🛏wc 🚿wc ☎ 🅿. ⚘ rest
fermé 1er au 25 mai – SC : **R** 48/84 – ⟷ 15 – **20 ch** 135 – P 180.

FENESTRELAY 18 Cher 🟦 ① – rattaché à Bourges.

La FÈRE 02800 Aisne 🟦 ④ G. Nord de la France – 4 400 h. alt. 51 – ☎ 23.
Voir Musée Jeanne-d'Aboville★.

🛈 Syndicat d'Initiative à la Mairie (fermé dim.) ⏸ 56.29.05.
Paris 135 – Laon 24 – Noyon 29 – St-Quentin 23 – Soissons 42 – Vervins 50.

à Vendeuil N : 7 km N 44 – ✉ 02800 La Fère :

XXX **L'Aub. de Vendeuil** avec ch, ⏸ 66.85.22 – 📺 🛏wc ☎ 🅿. ⭐⭐ 🆔 ① 𝘝𝘐𝘚𝘈
⚘ ch
SC : **R** 60 bc/110 bc – ⟷ 22 – **22 ch** 170/180.

CITROEN Gar. Marchand, ⏸ 56.20.52   RENAULT Gar. Central, ⏸ 56.22.39
PEUGEOT Gar. Ménoire, ⏸ 56.21.34

FÈRE-CHAMPENOISE 51230 Marne 🟦 ⑥ – 2 517 h. alt. 110 – ☎ 26.
Paris 139 – Châlons-sur-Marne 36 – Épernay 37 – Sézanne 21 – Troyes 66 – Vitry-le-François 44.

🏨 **France**, ⏸ 42.40.24 – 🚿 🅿. ⭐⭐
← *fermé 15 au 31 juil. et lundi* – SC : **R** 38/85 🍷 – ⟷ 12 – **10 ch** 60/120 – P 120.

FÈRE-EN-TARDENOIS 02130 Aisne 🟦 ⑭⑮ G. Env. de Paris – 3 066 h. alt. 125 – ☎ 23.
Voir Ruines du château de Fère★ N : 3 km.
Paris 110 – Château-Thierry 26 – Laon 54 – ◆Reims 45 – Soissons 26.

au Nord km par D 967 et rte Forestière – ✉ 02130 Fère-en-Tardenois :

🏰 ❀❀ **Host. du Château** ⚘, ⏸ 82.21.13, Télex 145526, ≤, « Belle demeure du 16e
s., parc », ⚘ – ☎ ⚡ 🅿 – 🛁 30. E 𝘝𝘐𝘚𝘈. ⚘ rest
fermé janv. et fév. – SC : **R** *(nombre de couverts limité - prévenir)* 180/270 et carte –
⟷ 28 – **12 ch** 250/480, 7 appartements 480/550
Spéc. Bar au beurre de truffes, Canard de Challans au cassis, Farandole des desserts. Vins Crémant,
Bouzy.

PEUGEOT Dumont, ⏸ 82.22.05   🏭 Gojard, ⏸ 82.23.23
PEUGEOT-TALBOT Gar. Bellier, ⏸ 82.24.30
RENAULT Huguenin, ⏸ 82.21.85

460

✈ de Genève-Cointrin : Air France ☎ 31.33.30 S : 4 km.

Paris 508 – Bellegarde-sur-Valserine 36 – Bourg-en-Bresse 117 – ♦Genève 7 – Gex 10 – Nyon 23.

Voir plan agglomération de Genève

🏨 **Novotel** Ⓜ, par D 35c ☎ 40.85.23, Télex 385046, ☎, 🏊, 🐎, ✗ – 🍽 rest 📺 ☎
&. ❷ – 🏛 120. ⒶⒺ ⓄⒹ 𝚅𝙸𝚂𝙰 AU x
R snack carte environ 85 – ⌧ 24 – **79 ch** 181/260.

🏨 **Campanile** Ⓜ, Chemin de la Planche Brûlée ☎ 40.74.79 – 📺 🛏wc ☎ &. ❷. 𝚅𝙸𝚂𝙰
SC : **R** 55 bc/80 bc – 🛏 20 – **42 ch** 173. AU e

🏨 **Bellevue**, 5 r. Gex ☎ 40.58.68, ☎ – 🛏 🛏 ⓐ. ✗ AU s
◆ fermé 15 oct. au 15 nov. – SC : **R** (fermé dim. soir et sam.) 44/92 🍷 – ⌧ 14 – **12 ch**
52/110 – P 105/130.

XXX ❀ **Le Pirate** (Bechis), av. Genève ☎ 40.63.52 – ❷. ⒶⒺ ⓄⒹ E 𝚅𝙸𝚂𝙰 BU u
fermé 14 juil. au 1er août, 24 déc. au 3 janv., lundi midi et dim. – SC : **R** (nombre de
couverts limité - prévenir) 150 bc/300 bc
Spéc. Paupiettes de bar aux asperges (mars-juil.), Quadrillé de saumon et de turbot, Dentelle de
raie aux champignons.

CITROEN Gar. Dunand, ☎ 40.61.94   RENAULT Pinget, ☎ 40.59.52

Paris 56 – Dreux 36 – Mantes-la-Jolie 21 – Rambouillet 37 – St-Germain-en-Laye 33 – Versailles 35.

XX **Clos d'Élan**, ☎ 487.23.44, 🐎 – ❷
fermé fév. et merc. – **R** 65.

Voir Site★ – Ruines du Château ≤★.

🛈 Syndicat d'Initiative à l'Hôtel de Ville (fermé sam., dim. et fêtes) ☎ 40.40.01.

Paris 546 – Altkirch 19 – ♦Bâle 27 – Belfort 47 – Colmar 79 – Montbéliard 46.

🏨 **Bonne Auberge** 🍴, ☎ 40.40.34 – 🛏wc 🛏wc ☎ ❷. 🍴 ⒶⒺ E
◆ formé 2 janv. au 1er mars et lundi sauf de juin à sept. – SC : **R** 30/150 🍷 – ⌧ 15 –
20 ch 60/130 – P 125/135.

à Moernach O : 5 km par D 473 – ✉ 68480 Ferrette :

XX **Au Raisin** avec ch, ☎ 40.80.73 – 🛏 ❷. 🍴 ⓄⒹ. ✗
fermé 1er au 16 mars et merc. – **R** 50/110 🍷 – 🛏 12 – **5 ch** 60/65.

à Lutter SE : 8 km par D 23 – ✉ 68480 Ferrette :

XX **Aub. Paysanne** avec ch, 24 r. Principale ☎ 40.71.67 – 🛏wc 🍴
◆ fermé fin janv.-début fév. et lundi – SC : **R** 48/110 🍷 – 🛏 11 – **7 ch** 50/110 –
P 100/110.

RENAULT Fritsch, ☎ 40.41.41

Paris 134 – Bernay 20 – Evreux 32 – ♦Rouen 70.

🏨 **Croissant**, ☎ 30.70.13 – 📺 🛏wc
◆ 🛏wc 🍴 – 🍴 E. ✗
fermé 15 déc. au 15 janv., dim. soir
et lundi – SC : **R** 50/95 – ⌧ 16 –
15 ch 60/150 – P 160/210.

Voir Église N.-D.-des Marais★★ B.

🛈 Syndicat d'Initiative à la Mairie (fermé sam.
et dim.) ☎ 93.04.42.

Paris 164 ③ – Alençon 56 ⑥ – Chartres 76 ③ –
Châteaudun 64 ③ – ♦Le Mans 49 ③ – Mortagne-au-Perche 40 ⑦.

🏨 **St-Jean** sans rest, 13 r. R.-Garnier
(s) ☎ 93.12.83 – 🍴 🍴
SC : ⌧ 13 – **16 ch** 50/98.

♨ **Chapeau Rouge**, 3 pl. L.-Rollin
◆ (a) ☎ 93.00.13 – 🚗 ❷. 𝚅𝙸𝚂𝙰
fermé 15 déc. au 15 janv., dim. soir
et lundi midi – SC : **R** 39/90 🍷 – ⌧
10 – **16 ch** 48/90 – P.97.

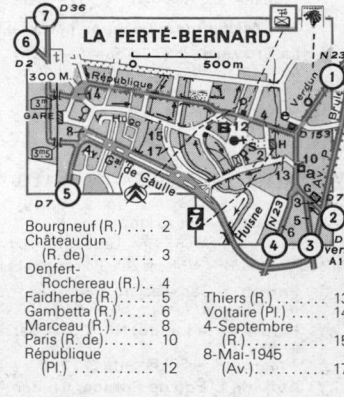

LA FERTÉ-BERNARD

Bourgneuf (R.) 2
Châteaudun
(R. de) 3
Denfert-
Rocherereau (R.).. 4
Faidherbe (R.). 5
Gambetta (R.). 6
Marceau (R.). 8
Paris (R. de). 10
République
(Pl.) 12
Thiers (R.) 13
Voltaire (Pl.) 14
4-Septembre
(R.). 15
8-Mai-1945
(Av.). 17

X **Perdrix** avec ch, 2 r. Paris (e) ☎ 93.00.44 – 🍴 🚗. ✗ ch
fermé 1er au 25 juin, 24 déc. au 2 janv., dim. soir et mardi sauf du 15 sept. au 15 avril
– SC : **R** 60/75 – 🛏 18 – **10 ch** 80/110.

La FERTÉ-BERNARD

CITROEN Brion, 2 r. Virette ☎ 93.00.37
PEUGEOT Gar. Val d'Huisne, 39 av. Verdun ☎ 93.01.15
RENAULT Gd Gar. Fertois, av. Verdun par ① ☎ 93.05.10

TALBOT Grassin, 32 av. Gén.-Leclerc par ④ ☎ 93.01.36

🛢 Botras, 12 pl. Dr-Collière ☎ 93.03.03

La FERTÉ-IMBAULT 41 L.-et-Ch. 🔢 ⑱ – 1 123 h. alt. 99 – ⊠ **41300** Salbris – 🅰 54.

Paris 196 – ◆Orléans 65 – Romorantin-Lanthenay 17 – Vierzon 23.

XX **Aub. A La Tête de Lard** avec ch, ☎ 83.22.32 – 🅿. 🇪 VISA
◆ fermé 11 au 27 sept., fév., dim. soir sauf juil., août et lundi – SC : **R** 46/125 🛆 – 🖵 14 – **10 ch** 62/72 – P 150/180.

La FERTÉ-MACÉ 61600 Orne 🔢 🔢
①② **G.** Normandie – 7 700 h. alt. 111 – 🅰 33.

🖼 Syndicat d'Initiative 11 r. Victoire (fermé oct., lundi matin, dim. et fêtes) ☎ 37.10.97.

Paris 227 ② – Alençon 46 ④ – Argentan 33 ② – Domfront 22 ⑤ – Falaise 39 ① – Flers 25 ⑥ – Mayenne 41 ④.

🏨 **Nouvel H.,** 6 r. Victoire
◆ **(n)** ☎ 37.22.33 – 🖵wc 📶 🕾. 🇪 VISA ❀ rest
fermé oct. et lundi sauf hôtel de Pâques à nov. – SC : **R** 45/65 🛆 – 🖵 13 – **22 ch** 45/130 – P 100/120.

🏨 **Château** sans rest, **(r)** ☎ 37.15.55, 🌴 – 🖵wc. ❀ 🖵 13 – **17 ch** 60/90.

XX **Aub. de Clouet** 🦐 avec ch, **(a)** ☎ 37.18.22, ≼, « Terrasse fleurie » – 🖵wc 🕾 🅿. ❀ ch
fermé janv., dim. soir et lundi du 1er oct. au 31 mars – SC : **R** 55/180 – 🖵 17 – **8 ch** 160/200 – P 230.

par ④ : 2 km par D 916 :

X **Aub. d'Andaines** avec ch, ☎ 37.20.28, « Jardin fleuri » – 📶 🅿
fermé janv., mardi soir et merc. midi du 15 sept. au 1er mai – SC : **R** 40/150 – 🖵 12 – **8 ch** 50/120 – P 120/150.

à St-Michel-des-Andaines par ⑤ : 4,5 km – ⊠ **61600** La Ferté-Macé :

🏨 **La Bruyère,** ☎ 37.22.26, 🌴 – 🖵wc 📶wc 🕾 🅿. 🇪 VISA
fermé oct., dim. soir et lundi en hiver – SC : **R** 52/100 🛆 – 🖵 14 – **20 ch** 100/160 – P 140/160.

CITROEN Gar. Central, 74 r. Dr-Poulain ☎ 37.09.11 ℕ
RENAULT Dubourg, 9 r Dr-Poulain ☎ 37.20.97

RENAULT Guillochin, rte de Paris par ② ☎ 37.07.11 ℕ

La FERTÉ-SAINT-AUBIN 45240 Loiret 🔢 ⑨ **G.** Châteaux de la Loire – 5 476 h. alt. 92 – 🅰 38.

🏌 ☎ 91.52.30 à l'ouest : 5 km.

🖼 Syndicat d'Initiative 68 r. Gén.-Leclerc (fermé dim. après-midi et lundi) ☎ 91.51.16.

Paris 152 – Blois 54 – ◆Orléans 21 – Romorantin-Lanthenay 47 – Salbris 35.

🏨 **Perron,** r. Gén.-Leclerc ☎ 91.53.36 – 🖵wc 📶wc 🕾 🅿. 🚗 🇪 VISA
fermé janv. et lundi – SC : **R** 67/150 – 🖵 17,50 – **30 ch** 70/180 – P 200/242.

XX **Ferme de la Lande,** NE : 2,5 km par rte Marcilly ☎ 91.64.37, « Ferme aménagée » – 🅿
fermé lundi – SC : **R** carte 115 à 160.

XX **Aub. de L'Écu de France,** 6 r. Gén.-Leclerc ☎ 91.52.20 – 🅿
◆ fermé 15 sept. au 1er oct., fév. et jeudi – SC : **R** (déj. seul.) 50/120.

CITROEN Gorin, ☎ 91.50.36
FIAT Gar. Gidoin, ☎ 91.51.17
FORD Bouthinon, ☎ 91.52.32

PEUGEOT-TALBOT Trémillon, ☎ 91.64.09
RENAULT Lhuillier, ☎ 91.57.11 ℕ ☎ 91.63.28

FLERS 25 km D18 ⑥   FALAISE 39 km D19 ①

GARE
ARGENTAN 33 km D916 ②

SÉES 43 km D908 ③

DOMFRONT 22 km D908 ⑤

LA FERTÉ-MACÉ

0   300 m

D916 ④ BAGNOLES-DE-L'ORNE 6 km

Hautvie (R. d') 8
Leclerc (Pl. du Gén.) ... 9
République (Pl.) 13
Amand-Macé (R.) 3

Amonic (Bd A.) 4
Barre (R. de la) 5
Prés.-Coty (Av. du) 12
Sorbiers (Av. des) 14
Teinture (R. de la) 16

Voir Jouarre : crypte* de l'abbaye 3 km par ⑤, G. Environs de Paris.

Paris 66 ⑥ – Melun 63 ⑤ – ✦Reims 82 ① – Troyes 117 ③.

LA-FERTÉ-
SOUS-JOUARRE

Ne cherchez pas au hasard
un hôtel agréable et tranquille
mais consultez les cartes
p. 46 à 53.

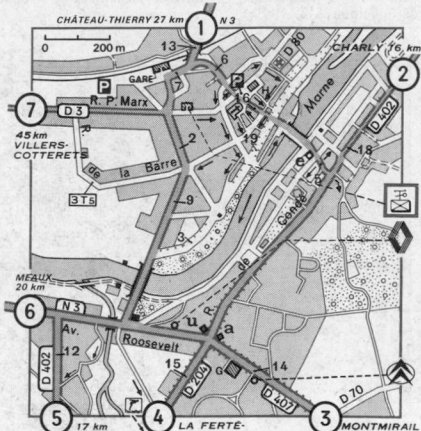

🏠 **Bec Fin,** 1 quai Anglais (e) ℡ 022.01.27 – 🛁wc 🚻wc 📶 **E** _VISA_
   fermé 16 août au 10 sept., mardi soir et merc. – SC : **R** 42/85 👶 – 🖵 15 – **12 ch**
   80/105.

XXXX ✿✿ **Auberge de Condé,** 1 av. Montmirail (a) ℡ 022.00.07 – **℗**. 🆎 ⓞ _VISA_
   fermé 16 au 31 août, en fév., lundi soir et mardi sauf fériés – **R** (dim. prévenir) carte
   180 à 240
   Spéc. Timbale de sole homardine, Suprême de turbot sauce caviar, Aiguilettes de caneton.

XX **Le Relais,** 4 av. F.-Roosevelt (u) ℡ 022.02.03 – **℗** _VISA_
   fermé 15 juil. au 6 août, 16 au 30 déc., merc. soir et jeudi – **R** 50/110.

AUTOBIANCHI, FIAT, LANCIA Dubois, 29 av.
F.-Roosevelt ℡ 022.01.89
CITROEN Gar. du Parc, 10 av. Montmirail ℡
022.90.00 🅽
RENAULT SOGAF, 12 av. F.-Roosevelt ℡ 022.
39.54

⚙ PEZETTA DEMEME 42 av. F.-Roosevelt ℡
022.34.45

🛈 Office de Tourisme 3 r. V.-Delaprade (fermé matin) ℡ 26.05.27.

Paris 431 – ✦Lyon 68 – Montbrison 25 – Roanne 39 – ✦St-Étienne 38 – Thiers 69 – Vienne 87.

🏠 **La Sauzée,** 30 av. J.-Jaurès ℡ 26.07.22 – 🛁wc 🅿 🚗 📶 🛜 ❄ rest
   fermé 15 oct. au 15 nov. – SC : **R** _(fermé mardi soir et merc.)_ 50/120 👶 – 🖵 18 –
   30 ch 75/180.

XXX **Chapeau Rouge,** 21 r. de Verdun ℡ 26.02.56 – _VISA_
   _fermé 1er au 10 juil., 26 au 31 déc., vacances de fév., mardi soir et merc. sauf
   juil.-août_ – SC : **R** 50/160.

XX **Chalet Boule d'Or,** rte Lyon ℡ 26.20.68 – **℗**. _VISA_
   fermé 16 au 30 août, dim. soir et lundi – SC : **R** 50/150.

XX **Commerce,** 2 r. Loire ℡ 26.05.87 – 🍽 **℗**
   fermé 25 janv. au 7 fév., mardi soir et merc. en hiver – SC : **R** 50/160 👶.

ALFA-ROMEO Gar. Cheminal, 15 r. de la Loire
℡ 26.08.14 🅽 ℡ 26.24.63
AUSTIN, MORRIS, ROVER, TRIUMPH Spor-
ting-Gar., rte de St-Étienne ℡ 26.35.76
CITROEN Gar. du Parc, rte de St-Étienne ℡
26.14.34
FIAT Boichon, 9 r. de la Minette ℡ 26.15.96
FORD Gar. du Forez, 6 r. Victor-Hugo ℡ 26.
15.14

PEUGEOT **TALBOT** S.O.C.A.F., 16 rte de Lyon
℡ 26.03.65
RENAULT Rhône Loire Distribution Auto, rte
de St-Étienne ℡ 26.45.12
Gar. Brunel, 32 r. de Verdun ℡ 26.07.96
Fraisse, 10 Ch. de la Minette ℡ 26.06.00

⚙ Feurs-Pneus, 4 r. Bonnassieux ℡ 26.14.09

FIGEAC <SP> **46100** Lot 79 ⑩ **G. Périgord** – 10 859 h. alt. 214 – ☎ 65.

Voir Vallée du Célé★ par ⑤.

ℹ Office de Tourisme pl. Vival (fermé matin sauf sam. et dim. hors saison) ☎ 34.46.05.

Paris 584 ⑥ – Aurillac 67 ① – Brive-la-Gaillarde 92 ⑥ – Cahors 69 ⑤ – Rodez 65 ② – Villefranche-de-Rouergue 36 ③.

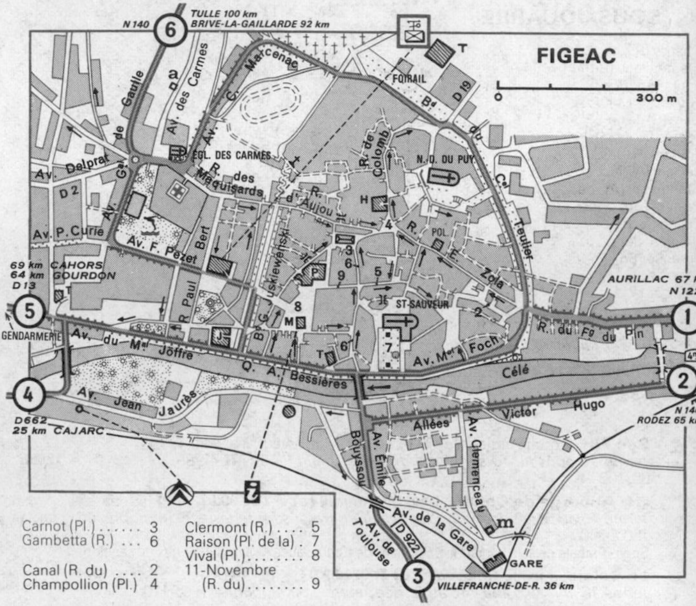
FIGEAC
300 m
N 140
TULLE 100 km
BRIVE-LA-GAILLARDE 92 km
69 km CAHORS
64 km GOURDON
D 13
GENDARMERIE
D662
25 km CAJARC
AURILLAC 67 km
N 122
N 140
RODEZ 65 km
VILLEFRANCHE-DE-R. 36 km
FOIRAIL
ÉGL. DES CARMES
N.-D. DU PUY
ST-SAUVEUR
GARE
Av. Delprat
Av. P. Curie
Av. F. Pezet
Av. du Mal Joffre
Av. Jean Jaurès
Q. A. Bessières
Av. Mal Foch
Célé
Allées Victor Hugo
Av. Clemenceau
Av. Émile Bouyssou
Av. de la Gare
Av. de Toulouse
D 922
R. du Fg du Pin
R. E. Zola
R. de Colomb
R. d'Aujou
R. des Maquisards
R. Paul Bert
Bd G. Juskiewenski
Bd du Colonel Teulier
Av. des Carmes
Av. C. Marcenac
Bd de Gaulle
Carnot (Pl.) 3
Gambetta (R.) . . . 6
Canal (R. du) 2
Champollion (Pl.) 4
Clermont (R.) 5
Raison (Pl. de la) . 7
Vival (Pl.) 8
11-Novembre (R. du) 9

🏨 **des Carmes** M, Enclos des Carmes **(a)** ☎ 34.20.78, Télex 520794, ☂, ⛱, 🌳 – |$| TV ☎ P – 🏋 30. AE ① E VISA
fermé 15 déc. au 15 janv., lundi (sauf hôtel) et dim. soir d'oct. à Pâques – SC : R 73/165 – ☕ 19,50 – **34 ch** 150/210.

🏨 **Terminus St-Jacques,** 27 av. Clemenceau **(m)** ☎ 34.00.43 – ⌂wc ⌂wc P 🚗 E VISA
fermé 15 déc. au 15 fév. et dim. (sauf hôtel) hors sais. – SC : **R** 45/100 ⚱ – ☕ 13,50 – **14 ch** 60/120 – P 130/150.

à St-Julien-d'Empare par ② : 10 km – ✉ **12700** Capdenac-Gare (Aveyron) :

🏨 **Aub. la Diège** M, ☎ 64.70.54, ⛱, 🌳 – ⌂wc ⌂wc ☎ P. E VISA
fermé 15 déc. au 15 janv. – SC : **R** *(fermé sam. hors sais.)* 48/145 ⚱ – ☕ 15 – **16 ch** 68/153 – P 152/290.

au Pont de la Madeleine par ③ : 8,5 km – ✉ **12700** Capdenac-Gare (Aveyron) – ☎ 65 :

🏨 **Belle Rive,** ☎ 64.62.14, ←, ☂ – ⌂wc ⌂wc ☎ 🚗 P. 🚗 AE ① VISA
fermé 31 déc. au 31 mars et sam. sauf juil.-août – SC : **R** 36/125 ⚱ – ☕ 15 – **11 ch** 78/125 – P 105/190.

à Cardaillac par ⑥ et D 15 : 9,5 km – ✉ **46100** Figeac :

✕ **Chez Marcel,** ☎ 34.13.16
fermé 15 au 31 oct. et lundi sauf du 14 juil. au 31 août – **R** 40/135.

ALFA-ROMEO Chabbaud, 9 av. F.-Pezet ☎ 34.24.03
CITROEN Larroque, 31 av. J.-Jaurès ☎ 34.06.67
CITROEN Regy, 38 av. Salvador Allendé à Capdenac-Gare par ② ☎ 64.76.40
MERCEDES-BENZ, V.A.G. Navarre, 38 av. J. Loubet ☎ 34.18.78
RENAULT S.A.F.D.A., rte de Cahors, Zone Ind. par ⑤ ☎ 34.00.23

RENAULT Central Gar., 16 av. Ch.-de-Gaulle à Capdenac Gare par ② ☎ 64.74.78
Bessieres, 19 av. Gén.-de-Gaulle ☎ 34.22.74

◉ Quercy-Auvergne-Pneus, 21 av. G.-Pompidou ☎ 34.20.30
Tout Pour le Pneu, av. d'Aurillac ☎ 34.11.44

FILLÉ 72 Sarthe 64 ③ – rattaché à Guécélard.

FIRMINY 42700 Loire **76** ⑧ **G. Vallée du Rhône** – 25 432 h. alt. 473 – ✆ 77.

Paris 531 ② – Ambert 85 ⑤ – Montbrison 39 ⑤ – ✦St-Étienne 12 ② – Yssingeaux 39 ③.

🏨 **Firm'H** Ⓜ, 37 r. J.-Jaurès **(s)** ℡
➔ 56.08.99 – 🚿wc 🛁wc ☎ ⚓ – 🏊
50. 🚗 🅰🅴 ⓘ 🄴 𝑽𝑰𝑺𝑨
SC : **R** *(fermé dim. soir)* 40/115 – 🚻
14 – **20 ch** 100/145 – P 174/200.

🏨 **Pavillon et rest. Table du Pa-**
➔ **villon,** 4 av. Gare **(a)** ℡ 56.91.11 –
🕴 🚿wc 🛁wc ☎ ⚓ 🅿. 🚗 🅰🅴 ⓘ 🄴
𝑽𝑰𝑺𝑨
SC : **R** *(dim. déj. seul)* 48 *(sauf fê-*
tes)/120 🔧 – 🚻 13 – **24 ch** 115/190.

au Pertuiset par ④ : 5 km –
✉ **42240** Unieux :

Env. Ruines du château d'Essalois
≼ ✱✱ N : 13 km.

XX **Verdier Riffat,** ℡ 35.71.11, ≼
➔ Loire, 🍴 – 🅿. 🅰🅴 🄴
fermé en fév., mardi soir et merc. –
SC : **R** 35/160.

ALFA-ROMEO, TOYOTA Jouve, 23 r. Gambetta
℡ 56.09.88
CITROEN Barel, 10 bd St-Charles ℡ 56.12.22
PEUGEOT-TALBOT Masson, ZAC des Bruneaux, 82 r. V.-Hugo par ③ ℡ 56.14.32
RENAULT Durand, 16 r. de la Tour-de-Varan
℡ 56.35.66
RENAULT Gar. Sias, 1 r. du Vigneron à Frais-
ses par ④ ℡ 56.00.73

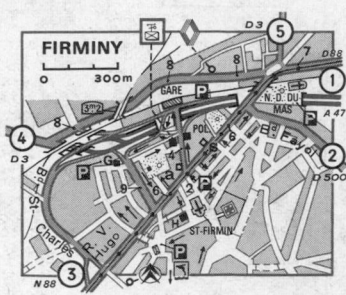

FIRMINY

Jean-Jaurès (R.) 6	Gare (Av. de la) 4
Victor-Hugo (R.)	République (R.) 7
	Tour de Varan (R.) .. 8
Breuil (Pl. du) 2	Verdier (R.) 9

🔧 Technique Pneus, ZAC des Bruneaux, r.
V.-Hugo ℡ 56.30.12
Saumet, 1 rte de Roche ℡ 56.04.78

FISMES 51170 Marne **56** ⑤ – 4 395 h. alt. 62 – ✆ 26.

Paris 129 – Château-Thierry 45 – Laon 34 – ✦Reims 26 – Soissons 30.

X **Le Pinot,** r. d'Ardre ℡ 78.05.30 – 𝑽𝑰𝑺𝑨
➔ *fermé 1b juil. au 4 août, dim. soir et lundi* – SC : **R** 38/90 🔧.

PEUGEOT Crochet, ℡ 78.05.46 🅽 ℡ 78.13.28

FIXIN 21 Côte-d'Or **66** ⑫ **G. Bourgogne** – 879 h. alt. 292 – ✉ **21220** Gevrey-Chambertin –
✆ 80.

Paris 316 – Beaune 30 – ✦Dijon 11 – Dole 64.

XX **Chez Jeannette** 🛏 avec ch, ℡ 52.45.49 – 🛁. 🚗 🅰🅴 ⓘ 🄴 𝑽𝑰𝑺𝑨
fermé 20 nov. au 20 déc., 4 au 16 janv. et jeudi – SC : **R** 58/96 – 🚻 15 – **11 ch**
58/160 – P 166/190.

FLAGY 77 S.-et-M. **61** ⑬ – rattaché à Montereau.

FLAINE 74 H.-Savoie **74** ⑧ **G. Alpes** – alt. 1 600 – Sports d'hiver : 1 600/2 500 m ≼ 3 ≼ 25 –
✉ **74300** Cluses – ✆ 50.

🛈 Office de Tourisme ℡ 90.80.01, Telex 385662.

Paris 611 – Annecy 79 – Bonneville 42 – Chamonix 66 – Megève 49 – Morzine 48.

🏨 **Totem** Ⓜ 🛏, ℡ 90.80.64, ≼ – 🕴 📺 ☎ ᴴ 🔧. 🅰🅴 ⓘ 𝑽𝑰𝑺𝑨
20 déc.-20 avril – SC : **R** *(en juil.-août : rest. seul. et fermé mardi)* carte 120 à 185 –
54 ch 🚻 200/350 – P 320/365.

🏨 **Gradins Gris** Ⓜ 🛏, ℡ 90.81.10, ≼ – ☎ – 🏊 60. 🅰🅴 ⓘ. 🍽 rest
17 déc.-17 avril – SC : **R** 70/80 – **51 ch** 🚻 180/300 – P 310/325.

🏨 **Aujon** Ⓜ 🛏, ℡ 90.80.10, Télex 385857, ≼ – 🕴 🚿wc 🛁wc ☎ – 🏊 60. 🚗 🅰🅴
ⓘ 🄴 𝑽𝑰𝑺𝑨. 🍽 rest
20 déc.-15 avril – SC : **R** 70 bc – **190 ch** 🚻 105/290 – P 135/265.

FLASSANS-SUR-ISSOLE 83 Var **84** ⑯ – rattaché au Luc.

FLAYOSC 83 Var **84** ⑦ – rattaché à Draguignan.

La FLÈCHE ⬙ 72200 Sarthe **64** ② **G. Châteaux de la Loire** – 16 352 h. alt. 30 – ✆ 43.

Voir Prytanée militaire✱ – Boiseries✱ de la chapelle N.-D.-des-Vertus E – Parc animalier
du Tertre Rouge✱ 5 km par ② puis D 104.

🛈 Syndicat d'Initiative 23 pl. Marché-au-Blé (fermé dim. et lundi) ℡ 94.02.53 et Maison du Tourisme
bd Montréal (1ᵉʳ juil.-31 août, fermé dim. et lundi) ℡ 94.49.82.

Paris 241 ① – Angers 47 ④ – Châteaubriant 109 ④ – Laval 68 ⑤ – ✦Le Mans 41 ① – ✦Tours 72 ②.

465

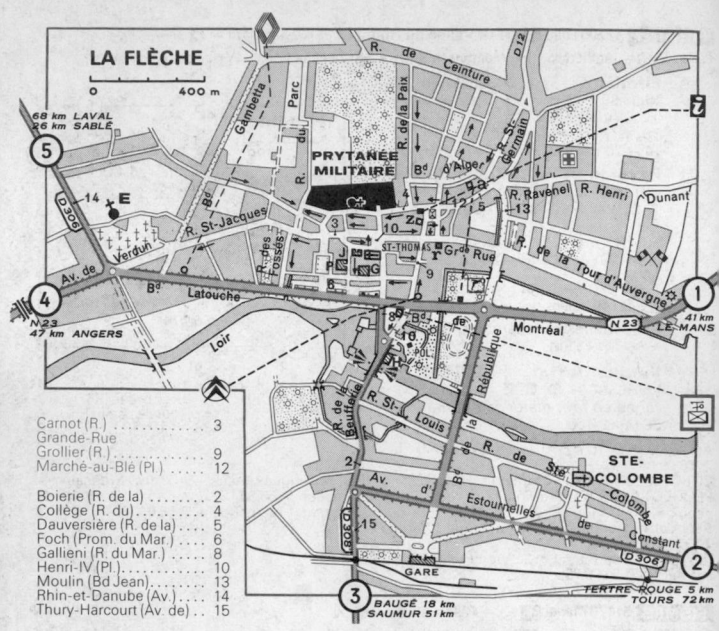

LA FLÈCHE

0   400 m

68 km LAVAL
26 km SABLÉ

⑤

PRYTANÉE
MILITAIRE

④
N 23
47 km ANGERS

①
41 km LE-MANS

Loir

③
BAUGÉ 18 km
SAUMUR 51 km

②
TERTRE ROUGE 5 km
TOURS 72 km

STE-
COLOMBE

GARE

Carnot (R.)	3
Grande-Rue	
Grollier (R.)	9
Marché-au-Blé (Pl.)	12
Boierie (R. de la)	2
Collège (R. du)	4
Dauversière (R. de la)	5
Foch (Prom. du Mar.)	6
Gallieni (R. du Mar.)	8
Henri-IV (Pl.)	10
Moulin (Bd Jean)	13
Rhin-et-Danube (Av.)	14
Thury-Harcourt (Av. de)	15

🏛 **Relais Cicéro et rest. l'Estagnier** 🍴, 18 bd Alger (a) ☎ 94.14.14, « Belle décoration intérieure », 🍴 – ⌂wc 🛁wc 🔊, 🛵 rest
fermé janv. et fév. – SC : **R** (*fermé mardi*) 80/100 – 🍽 23 – **17 ch** 200/220.

🏨 **Quatre Vents** sans rest, 11 r. Marché-au-Blé (z) ☎ 94.00.61 – 🛁 🚗, VISA
fermé dim. hors sais. – SC : 🍽 11 – **15 ch** 51/79

✗ **Vert Galant** avec ch, 70 Gde-Rue (r) ☎ 94.00.51 – ⌂ 🛁, 🛵
fermé 7 au 14 juil., 15 déc. au 15 janv. et jeudi – SC : **R** 90 – 🍽 14 – **11 ch** 50/170.

AUSTIN, ROVER, TRIUMPH gar. Gambetta, 51 bd Gambetta ☎ 94.06.20
CITROEN Bastard, bd de Montréal ☎ 94.01.41
FORD Bouttier, av. de Verdun ☎ 94.04.08
PEUGEOT-TALBOT Gar. Rhin-et-Danube, av. Rhin-et-Danube par ⑤ ☎ 94.01.73

RENAULT Gar. du Loir, 24 bd Latouche ☎ 94.04.35
V.A.G. Gar. Clerfond, la Jalêtre, rte de Sablé ☎ 94.10.48
Gar. Boistard, rte du Lude ☎ 94.09.59 🅽 ☎ 94.11.36

FLERS 61100 Orne 🟦 ① G. Normandie – 21 242 h. alt. 188 – ✦ 33.

🛈 Office de Tourisme (*fermé dim. et lundi*) pl. Gén.-de-Gaulle ☎ 65.06.75.

Paris 238 ② – Alençon 77 ② – Argentan 45 ② – ✦Caen 57 ① – Fougères 79 ④ – Laval 86 ④ – Lisieux 92 ① – St-Lô 70 ⑥ – St-Malo 138 ④ – Vire 31 ⑥.

Plan page ci-contre

🏨 **Galion** sans rest, 22 r. Gare ☎ 65.03.45 – ⌂wc 🚗, **E** VISA   AZ **b**
fermé 8 au 21 août – SC : 🍽 12 – **11 ch** 86/113.

🏨 **Oasis** sans rest, 3 bis r. de Paris ☎ 65.10.34 – ⌂wc 🛁wc 🚗   BY **r**
fermé 24 déc. au 5 janv. – SC : 🍽 17,50 – **31 ch** 82/175.

🏨 **Ouest**, 14 r. Boule ☎ 65.23.10 – ⌂wc 🛁 🚗, 🛵 ch   AY **a**
➤ *fermé août et sam.* – SC : **R** 47/86 🍷 – 🍽 12 – **12 ch** 58/120.

🍴🍴🍴 **Aub. Relais Fleuri**, 115 r. Schnetz ☎ 65.23.89   AZ **y**
fermé 23 juil. au 23 août, sam. soir et dim. – **R** carte 90 à 140.

🍴🍴 **Normandie** avec ch, 44 pl. P.-Duhalde ☎ 65.23.38 – VISA 🛵   AZ **e**
➤ *fermé 3 au 25 juil., dim. soir sauf fêtes et vend.* – SC : **R** 45/76 – 🍽 16 – **8 ch** 56/76.

ALFA-ROMEO OPEL Bedouelle, 29 r. Abbé-Lecornu ☎ 65.22.21
CITROEN Gar. Basse-Normandie-Auto, 17 r. d'Athis ☎ 65.22.53
FORD Gge des Canadiens, 59 r. Messei ☎ 65.08.55
FORD Gar. Bazil, r. des Canadiens à St-Georges-des-Groseilliers ☎ 65.08.55

RENAULT Groussard, rte Domfront, Zone Ind. par ④ ☎ 65.77.55
V.A.G. Masseron, rte de Caen à St-Georges-des-Groseilliers ☎ 65.24.88

🛞 Alexandre, 58 Bis r. de Messei ☎ 65.02.15
Clabeaut-Pneu, pl. du 14-Juillet ☎ 65.26.18
Grosos, Le Tremblay ☎ 65.29.60

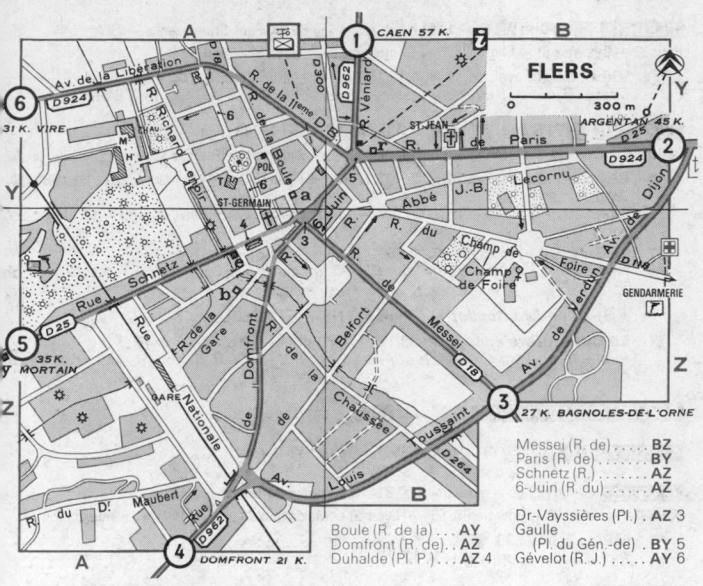

FLERS

Messei (R. de) . . . . . **BZ**
Paris (R. de) . . . . **BY**
Schnetz (R.) . . . . **AZ**
6-Juin (R. du) . . . . . . **AZ**

Dr-Vayssières (Pl.) . **AZ** 3
Gaulle
 (Pl. du Gén.-de) . **BY** 5
Gévelot (R. J.) . . . . . **AY** 6

Boule (R. de la) . . . **AY**
Domfront (R. de) . . **AZ**
Duhalde (Pl. P.) . . . **AZ** 4

GRÜNE REISEFÜHRER

Landschaften, Baudenkmäler

Sehenswürdigkeiten

Fremdenverkehrsstraßen

Streckenvorschläge

Stadtpläne und Übersichtskarten

FLÊTRE 59 Nord **51** ④ – 623 h. – ⊠ **59190** Hazebrouck – ✿ 28.

Paris 258 – Dunkerque 40 – ♦ Lille 36 – St-Omer 33.

　XX　**Vieille Poutre**, ☏ 43.05.31 – **P**. *VISA*
　　　fermé août, dim. soir et lundi – SC : **R** carte 115 à 160.

FLEURAC 16 Charente **72** ⑬ – rattaché à Jarnac.

FLEURANCE 32500 Gers **82** ⑤ G. Pyrénées – 5 817 h. alt. 98 – ✿ 62.

🛈 Syndicat d'Initiative à la Mairie (fermé sam. et dim.) ☏ 06.10.01.

Paris 781 – Agen 47 – Auch 24 – Castelsarrasin 59 – Condom 29 – Montauban 70 – ♦Toulouse 83.

　🏨　**Fleurance et rest. Cusinato** M, rte Agen : 2 km ☏ 06.14.85, ≤, 佘, 斧 –
　　　⇔wc 🏠 ☎ 👌 **P** – 🔏 30. 🖭䷀ 昼 *VISA*
　　　fermé 15 déc. au 20 janv. – SC : **R** *(fermé lundi sauf vacances scolaires et fêtes)*
　　　60/190 ⓙ – ⚏ 20 – **25 ch** 100/200 – P 200/260.

　🏨　**Le Relais** M sans rest, rte Auch ☏ 06.05.08 – ⇔wc 🏠wc ☎ **P**
　　　fermé 20 janv. au 15 fév. – SC : ⚏ 14 – **25 ch** 90/130.

CITROEN Maigné, ☏ 06.11.73　　　　　　　RENAULT Carol, ☏ 06.11.81
PEUGEOT, TALBOT Collodel, ☏ 06.18.78

FLEUREY-SUR-OUCHE 21 Côte-d'Or **66** ⑪ – 661 h. – ⊠ **21410** Pont-de-Pany – ✿ 80.

Paris 299 – Autun 70 – Avallon 89 – Beaune 51 – ♦Dijon 18 – Montbard 65 – Saulieu 58.

　X　**Le Sanglier**, ☏ 33.61.39 – **E** *VISA*
　　　fermé 15 au 30 sept., 1er au 15 janv., dim. soir et lundi – SC : **R** 49/150 ⓙ.

FLEURIE 69820 Rhône **73** ① G. Vallée du Rhône – 1 256 h. alt. 295 – ✿ 74.

Env. La Terrasse ✳✳✳ près du col du Fut d'Avenas O : 10 km.

Paris 416 – Bourg-en-Bresse 48 – Chauffailles 46 – ♦Lyon 58 – Mâcon 21 – Villefranche-sur-Saône 31.

　XX ✿✿　**Aub. du Cep** (Cortembert), ☏ 04.10.77 – AE
　　　fermé déc., dim. soir et lundi sauf fériés – SC : **R** (dîner prévenir) 140/200 et carte
　　　Spéc. Oeufs en meurette, Mousseline de Sandre, Coq au vin. **Vins** Beaujolais, Fleurie.

CITROEN Gar. Renon, ☏ 04.10.36 **N**

467

FLEURINES 60 Oise 56 ① – 1 458 h. alt. 116 – ✉ 60700 Pont-Ste-Maxence – ✪ 4.

Paris 56 – Beauvais 51 – Clermont 26 – Compiègne 31 – Roye 59 – Senlis 6,5.

  XXX **Vieux Logis** avec ch, ℱ 454.10.13, ⟘ – ⇤wc ⧉wc Ⓟ. ⊜ⓐ ⓞ. ℅ ch
       fermé 10 juil. au 8 août, dim. soir et lundi – SC : **R** 120 bc – ⊒ 18 – **5 ch** 159.

FLEURVILLE 71 S.-et-L. 69 ⑲⑳ – 343 h. alt. 177 – ✉ 71260 Lugny – ✪ 85.

Paris 378 – Cluny 24 – Mâcon 17 – Pont-de-Vaux 5 – St-Amour 40 – Tournus 13.

  🏚 **Château de Fleurville,** ℱ 33.12.17, ≼, parc – ⇤wc ☎ ⅋ Ⓟ. ᴁ ⓞ 𝗩𝗜𝗦𝗔
       ℅ rest
       fermé 20 nov. au 15 déc. et en fév. – SC : **R** *(fermé lundi midi)* 75/180 – **15 ch** ⊒ 250
       – P 370.

  XX **Le Fleurvil** avec ch, ℱ 33.10.65 – ⇤wc ⧉ ☜ Ⓟ. ⊜ⓐ 𝗩𝗜𝗦𝗔
  ← *fermé 6 au 15 juin, 15 nov. au 15 déc. et mardi* – SC : **R** 50/125 – ⊒ 12 – **9 ch**
       58/120.

    à St-Oyen-Montbellet N : 3 km par N6 – ✉ 71260 Lugny :

  XX **La Chaumière** avec ch, ℱ 33.10.41, 🍽, ⟘ – ⇤wc ⧉wc ☎ Ⓟ
       fermé 15 nov. au 15 déc., jeudi midi et merc. – SC : **R** 60/150 ⚬ – ⊒ 15 – **14 ch**
       70/110.

FLEURY-LA-MONTAGNE 71 S.-et-L. 73 ⑧ – rattaché à Charlieu.

FLEURY-SUR-ORNE 14 Calvados 55 ⑪ – rattaché à Caen.

FLÉVIEU 01 Ain 74 ⑭ – alt. 205 – ✉ 01470 Serrières-de-Briord – ✪ 74.

Paris 484 – Belley 31 – Bourg-en-B. 56 – ✦Lyon 66 – Meximieux 33 – Nantua 71 – La Tour-du-Pin 34.

  X **Mille,** ℱ 36.71.20, 🍽
  ← *fermé oct. et lundi soir* – **R** 42/75 ⚬.

FLORAC ⟨⟩ 48400 Lozère 80 ⑥ G. Causses (plan) – 2 077 h. alt. 545 – ✪ 66.

🛈 Office de Tourisme av. Jean-Monestier (15 juin-15 sept., fermé dim. et fêtes) ℱ 45.01.14.

Paris 611 – Alès 71 – Mende 39 – Millau 83 – Rodez 133 – Le Vigan 73.

  🏚 **Gd H. Parc,** ℱ 45.03.05, ≼, parc – ⇤wc ⧉wc ☜ Ⓟ. ⊜ⓐ ℅ ch
       15 mars-1ᵉʳ déc. – SC : **R** *(fermé dim. soir et lundi hors sais.)* 55/115 – ⊒ 16 – **50 ch**
       80/175 – P 165/195.

  🏠 **Gorges du Tarn** ⟍⟍ sans rest, ℱ 45.00.63 – ⇤wc ⧉ ☜ Ⓟ. ℅
       1ᵉʳ mai-30 sept. – SC : ☜ 12 – **31 ch** 80/140.

    à Cocurès NE : 5,5 km – alt. 600 – ✉ 48400 Florac :

  🛖 **La Lozerette** ⟍⟍, par N 106 et D 998 ℱ 45.06.04 – ⇤wc ⧉wc Ⓟ. ℅
  ← *1ᵉʳ juil.-31 août* – SC : **R** 50/90 ⚬ – ☜ 15 – **17 ch** 80/100 – P 140/165.

PEUGEOT-TALBOT Pascal. ℱ 45.00.65

FLORANGE 57190 Moselle 57 ③ – rattaché à Thionville.

FLORENSAC 34510 Hérault 83 ⑮ – 3 009 h. – ✪ 67.

Paris 812 – Agde 9,5 – Béziers 24 – Lodève 55 – Mèze 16 – ✦Montpellier 50 – Pezenas 14.

  🏠 **Léonce,** pl. République ℱ 77.03.05 – ▤ rest ⇤ ⧉ ☜. 𝗩𝗜𝗦𝗔 ℅
       fermé 15 sept. au 6 oct., 15 janv. au 6 fév., dim. soir et lundi du 6 oct. au 30 juin et
       lundi du 1ᵉʳ juil. au 1 – SC : **R** 100/165 ⚬ – ⊒ 16 – **18 ch** 80/140.

FLORENT-EN-ARGONNE 51 Marne 56 ⑲ – rattaché à Ste-Menehould.

La FLOTTE 17 Char.-Mar. 71 ⑫ – voir à Ré (Ile de).

FLUMET 73590 Savoie 74 ⑦ G. Alpes – 769 h. alt. 1 000 – Sports d'hiver : 1 000/2 070 m ⚡13 –
✪ 79.

Altiport de Megève-Mont d'Arbois ℱ 21.31.57 E : 15 km.

🛈 Syndicat d'Initiative "Le Dodécagone" (fermé sam. hors saison et dim. sauf matin en saison) ℱ
31.61.08.

Paris 599 – Albertville 21 – Annecy 50 – Chambéry 71 – Megève 10.

  🏚 **Host. Parc des Cèdres,** ℱ 31.72.37, ≼, 🍽, « parc » – ▥ ⇤wc ⧉wc ☜ Ⓟ.
       ⊜ⓐ ᴁ ⓞ 𝗩𝗜𝗦𝗔
       Pentecôte, 12 juin-fin sept. et 15 déc.-Pâques – SC : **R** 52/110 – ⊒ 18 – **18 ch**
       90/175, 3 appartements 200 – P 150/200.

  🛖 **Balances,** ℱ 31.71.70 – ⊜ⓐ ᴇ
  ← *28 mai-15 oct., 15 déc.-20 avril et fermé lundi en juin et sept.* – SC : **R** 44/85 ⚬ – ☜
       16 – **12 ch** 72/74 – P 115/122.

Garage Joly, ℱ 31.71.86

FOIX P 09000 Ariège 86 ④ ⑤ G. Pyrénées – 10 235 h. alt. 380 – ❀ 61.

Voir Site★ – ☀★ de la tour du château A.

Env. Rivière souterraine de Labouiche★ NO : 6,5 km par D1.

🖪 Office de Tourisme 45 cours G.-Fauré (fermé dim. hors sais.) ☏ 65.12.12 – A.C. allées de Villote (Chambre de Commerce) ☏ 65.30.30.

Paris 792 ① – Andorre-la-Vieille 103 ② – Auch 144 ① – Barcelona 328 ② – Carcassonne 81 ① – Castres 111 ① – ♦Perpignan 136 ② – St-Gaudens 90 ③ – Tarbes 155 ③ – ♦Toulouse 83 ①.

FOIX

Bayle (R.)	**B**
Delcassé (R. Th.)	**B** 4
Marchands (R. des)	**B** 12
St-James (R.)	**A** 22

Alsace-Lorraine (Av.)	**B** 2
Chapeliers (R. des)	**A** 3
Delpech (R. Lt P.)	**A** 5
Duthil (Pl.)	**B** 6
Fauré (Cours G.)	**AB** 7
Labistour (R. de)	**B** 8
Lazéma (R.)	**A** 9
Lérida (Av. de)	**A** 10
Préfecture (R. de la)	**A** 14
Rocher (R. du)	**A** 20
St-Volusien (Pl.)	**A** 23
Salenques (R. des)	**A** 24

Les plans de villes sont orientés le Nord en haut.

🏨 **Audoye**, 6 pl. G.-Duthil ☏ 65.52.44, ≤, 斎 – 🛏wc 🛏 ☎ – 🔏 50. 🖼 AE E VISA
  fermé 15 déc. au 15 janv. et sam. en hiver – SC : **R** 44/110 – ☲ 13 – **36 ch** 95/136.

🏠 **Pyrène** M sans rest, par ② : 2 km sur N 20 ☏ 65.48.66, 🏊, ✻ – 🛏wc ☎ & ☻
  🖼 E VISA
  fermé 15 déc. au 5 janv. – SC : ☲ 18 – **10 ch** 120/170.

✕ **XIXᵉ Siècle**, 2 r. Delcassé ☏ 65.12.10, 斎
  fermé 1ᵉʳ fév. au 20 mars et sam. hors sais. – SC : **R** 46/110.

  au Sud par ② : 7 km bifurcation N 20 et D 117 – ⊠ 09260 St-Paul-de-Jarrat :

✕✕ **La Charmille** avec ch, ☏ 64.17.03 – 🛏wc 🛏wc ☎ ☻. ✻ ch
  fermé 15 déc. au 1ᵉʳ mars, 25 sept. au 5 oct. et lundi – SC : **R** 45/150 – ☲ 15 – **10 ch** 75/110.

MICHELIN, Entrepôt 1 r. des Bruilhols par ① ☏ 65.12.21

CITROEN S.C.A. Grau-Lopez, N 20, Peyssales par ② ☏ 65.50.66
PEUGEOT, TALBOT Stival-Auto, N 20, Zone Ind. de Labarre par ① ☏ 65.42.22
RENAULT Autorama, rte d'Espagne par ② ☏ 65.32.22

V.A.G. Marhuenda, 35 av. Gén.-Leclerc ☏ 65.12.44
🌑 Lautier Pneus, 16 av. de Barcelone ☏ 65.01.41
Central Pneu, 33 av. Mar.-Leclerc ☏ 65.01.68

☛ *Michelin n'accroche pas de panonceau aux hôtels et restaurants qu'il signale.*

FOLLAINVILLE 78 Yvelines 55 ⑱, 196 ③ – rattaché à Mantes la Jolie.

FONSEGRIVES 31 H.-Gar. 82 ⑧ – rattaché à Toulouse.

FONTAINEBLEAU 77300 S.-et-M. 61 ② ⑫, 196 ㊺ ㊻ G. Environs de Paris – 19 595 h. alt. 77 – ❀ 6.

Voir Palais★★★ ABZ – Jardins★ ABZ – Musée napoléonien d'Art et d'Histoire militaire : collection de sabres et d'épées★ AY **M1** – Forêt★★★ – Gorges de Franchard★★ par ⑥ : 5 km.

🚩 ☏ 422.22.95 par ⑤ : 1,5 km.

🖪 Office de Tourisme 38 r. Grande (fermé dim. après-midi) ☏ 422.25.68.

Paris 65 ⑦ – Auxerre 104 ④ – Châlons-sur-Marne 163 ① – Chartres 118 ⑦ – Meaux 73 ① – Melun 16 ① – Montargis 51 ④ – ♦Orléans 88 ⑤ – Sens 53 ③ – Troyes 114 ③.

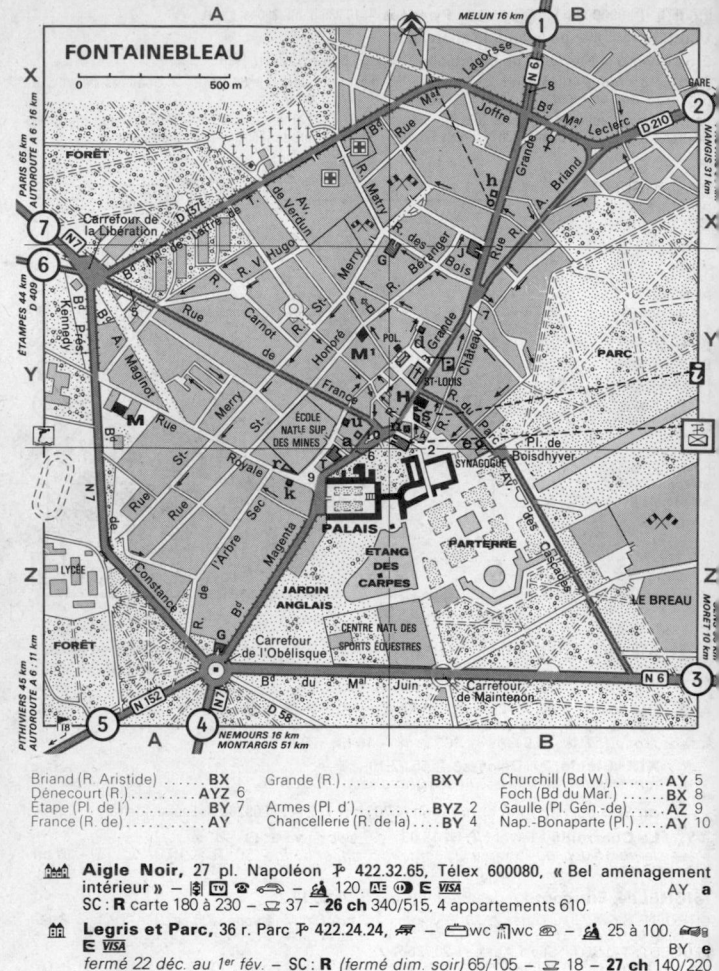

FONTAINEBLEAU

0   500 m

MELUN 16 km

PARIS 65 km
AUTOROUTE A 6 : 16 km

NIANGIS 31 km

ÉTAMPES 44 km
D 409

PITHIVIERS 45 km
AUTOROUTE A 6 : 11 km

NEMOURS 16 km
MONTARGIS 51 km

MORET 10 km

LE BREAU

🏰 **Aigle Noir,** 27 pl. Napoléon ☎ 422.32.65, Télex 600080, « Bel aménagement intérieur » – 📳 📺 ☎ 🍴 – 🔦 120. 🆎 ① 🅔 𝑽𝑰𝑺𝑨   AY **a**
SC : **R** carte 180 à 230 – 😐 37 – **26 ch** 340/515, 4 appartements 610.

🏨 **Legris et Parc,** 36 r. Parc ☎ 422.24.24, 🌲 – 🛏wc 🛁wc 🍴 – 🔦 25 à 100. 🏧
🅔 𝑽𝑰𝑺𝑨   BY **e**
fermé 22 déc. au 1ᵉʳ fév. – SC : **R** (fermé dim. soir) 65/105 – 😐 18 – **27 ch** 140/220
– P 220/345.

🏨 **Londres,** pl. Gén.-de-Gaulle ☎ 422.20.21, ≤ – 🛏wc 🛁wc 🏧 🅿 🏧   AZ **r**
fermé fév. et lundi du 1ᵉʳ nov. au 30 janv. – **R** 70/150 – 😐 20 – **22 ch** 125/210.

🏨 **Toulouse** sans rest, 183 r. Grande ☎ 422.22.73 – 🛏wc 🛁wc 🏧 🍴. 🏧
fermé 10 au 20 nov. et 15 au 30 janv. – SC : **18 ch** 😐 75/187.   BX **h**

XX **François 1ᵉʳ,** 3 r. Royale ☎ 422.24.68 – 🆎 ① 𝑽𝑰𝑺𝑨   AZ **k**
fermé 12 déc. au 20 janv., lundi soir et mardi du 1ᵉʳ sept. au 15 juin – **R** 60/150.

XX **Filet de Sole,** 5 r. Coq-Gris ☎ 422.25.05 – 🆎 ① 🅔 𝑽𝑰𝑺𝑨   BY **n**
fermé juil., mardi et merc. – SC : **R** 93/103.

XX **Le Dauphin,** 24 r. Grande ☎ 422.27.04 – 🅔 𝑽𝑰𝑺𝑨   BY **s**
fermé au 7 sept., fév., mardi soir et merc. – SC : **R** 51/80.

X **Bistro St-Antoine,** 26 r. Ferrare ☎ 422.15.33 – 🆎 ① 🅔 𝑽𝑰𝑺𝑨   AY **u**
fermé 1ᵉʳ au 22 août, 7 au 21 fév., dim. soir et lundi – **R** carte 55 à 75.

X **Le Grillardin,** 12 r. Pins ☎ 422.36.83 – 𝑽𝑰𝑺𝑨   BY **d**
→ fermé dim. soir et lundi – SC : **R** 38 (sauf fêtes)/70.

à Recloses par ④ et D 63E : 7 km – ✉ 77116 Ury :

🏨 **Casa Del Sol** ⍩, ☎ 424.20.35, 🌲 – 🛏wc 🛁 🏧 🅿. 🏧 🆎 ①
fermé déc., janv., lundi soir et mardi soir – SC : **R** 95/125 – 🍽 25 – **10 ch** 150/250

470

à Ury par ⑤ : 10 km – ✉ 77116 Ury :

🏨 **Novotel** Ⓜ ⑤, NE par N 152 et VO ☎ 422.48.25, Télex 600153, 🔽, ♨, ✗ –
🍽 rest 📺 ☎ & ❷ – 🔏 110. 🆎 ⓪ 𝘝𝘐𝘚𝘈
R snack carte environ 85 – � 27 – **127 ch** 250/272.

Voir aussi à **Vulaines-sur-Seine** par ② : 5 km, **Hericy** par ② : 7 km, **Samois** par ② : 8 km **Barbizon** par ⑦ : 9,5 km.

ALFA-ROMEO, LADA Ile-de-France-Auto, 86 r. de France ☎ 422.31.59
AUSTIN, JAGUAR, MORRIS, ROVER, TRIUMPH Gar. St-Antoine, 111 r. de France ☎ 422.31.88
CITROEN Sud-Auto, 177 r. Grande ☎ 422.10.60 Ⓝ
FIAT Rucheton, 44 r. du Château ☎ 422.24.19

FORD Gar. François 1· 9 r. Chancellerie ☎ 422.15.08
LANCIA-AUTOBIANCHI Gar. Europe, 2 av. F.-Roosevelt à Avon ☎ 422.38.71
PEUGEOT, TALBOT S.B.A., 29 av. Gén.-de-Gaulle à Avon par ② ☎ 072.21.79
RENAULT Gar. Centre, 56 av. de Valvins à Avon par ② ☎ 072.25.75

FONTAINE-CHAALIS 60 Oise 𝟝𝟞 ⑫, 𝟙𝟡𝟞 ⑨ – 262 h. alt. 120 – ✉ 60300 Senlis – ✪ 4.
Voir Boiseries✶ de l'église de Baron E : 4 km, G. Environs de Paris.
Paris 49 – Beauvais 62 – Compiègne 40 – Meaux 31 – Senlis 9 – Villers-Cotterets 34.

XX **Aub. De Fontaine** ⑤ avec ch, ☎ 454.20.22 – ⊑wc ⋒wc. ☕. ✗ ch
fermé fév., hôtel mardi et rest. merc. – SC : **R** 80/150 – ⊑ 14,50 – **7 ch** 140/180.

FONTAINE-DE-LA-PESCALERIE 46 Lot 𝟟𝟡 ⑨ – rattaché à Cabrerets.

FONTAINE-DE-VAUCLUSE 84 Vaucluse 𝟠𝟙 ⑬ G. Provence (plan) – 532 h. alt. 80 – ✉ 84800 L'Isle-sur-la-Sorgue – ✪ 90.
Voir La Fontaine de Vaucluse✶✶✶ 30 mn.
🛈 Syndicat d'Initiative pl. Église (1er avril-15 oct. et fermé dim. après-midi) ☎ 20.32 22
Paris 705 – Apt 33 – Avignon 30 – Carpentras 21 – Cavaillon 17 – Orange 48.

XX **Parc** ⑤ avec ch, ☎ 20.31.57, ≤, parc, « Terrasse au bord de l'eau » – ⊑wc
→ ⋒wc ☎ ❷. ☕ 🆎 ⓪
fermé 15 nov. au 15 déc. et merc. d'oct. à mars – SC : **R** 50/160 – ⊑ 18 – **12 ch** 155

XX **Host. du Château**, ☎ 20.31.54, ≤, ㊟, « Au bord de l'eau » – ⓪ **E**
fermé fév. et mardi hors sais. – SC : **R** 55/110.

X **Philip**, ☎ 20.31.81, ≤, ㊟, « Au pied des Cascades »
1er avril-30 sept. – SC : **R** (du 1er avril au 30 juin et sept. déj. seul) 75/110

La FONTAINE-DU-BUIS 30 Gard 𝟠𝟙 ⑪ – rattaché aux Angles.

FONTAINE-LE-DUN 76740 S.-Mar. 𝟝𝟚 ⑬ – 650 h. – ✪ 35.
Paris 188 – Dieppe 24 – ✦Le Havre 79 – ✦Rouen 49 – St-Valéry-en-Caux 16 – Yvetot 28.

XX **Le Gastronome**, ☎ 97.40.10 – ❷. **E**
fermé merc. – SC : **R** 58/98.

FONTAINE-STANISLAS 88 Vosges 𝟞𝟚 ⑯ – rattaché à Plombières.

FONTENAI-SUR-ORNE 61 Orne 𝟞𝟘 ② – rattaché à Argentan.

FONTENAY-LE-COMTE ◈ 85200 Vendée 𝟟𝟙 ① G. Côte de l'Atlantique – 16 768 h. alt. 23 – ✪ 51.
Voir Clocher✶ de l'église N.-Dame B.
🛈 Office de Tourisme Tour de l'Octroi (fermé lundi hors saison et dim.) ☎ 69.44 99
Paris 409 ① – Cholet 76 ① – La Rochelle 49 ④ – La Roche-sur-Yon 57 ⑤.

Plan page suivante

🏨 **Rabelais** Ⓜ, rte Parthenay (a) ☎ 69.86.20, Télex 710703, ≤, parc, 🔽, – ⊑wc
⋒wc ☎ ❷ – 🔏 100. ☕ 🆎 ⓪ 𝘝𝘐𝘚𝘈
SC : **R** grill carte environ 80 ⅄ – ⊑ 18 – **35 ch** 155/210

XX **Chouans Gourmets**, 6 r. Halles (e) ☎ 69.55.92 – **E** 𝘝𝘐𝘚𝘈
→ fermé 4 au 18 juil., dim. soir et lundi sauf fêtes – SC : **R** 50/120 ⅄

à **Mervent** N : 11 km par D 65 – ✉ 85200 Fontenay-le-Comte.
Voir Ruines du château ≤✶ – Barrage✶ SO : 2 km – Forêt de Mervent-Vouvant✶ O : 3 km.
🛈 Office de Tourisme (fermé lundi hors sais.) ☎ 00.20.97.

🏨 **Aub. de la Forêt** ⑤, NE : 3 km sur D 99 A ☎ 00.21.09 – ⊑wc ⋒wc ❷
fermé janv. et lundi (sauf hôtel du 1er avril au 30 sept.) – SC : **R** 55/90 ⅄ – ⊑ 18 – **9 ch** 120/176 – P 214.

X **Le Nautique**, la Vallée ☎ 00.20.30, ≤ – ❷. **E**
→ fermé 1er au 20 oct , 1er au 20 fév , lundi soir et mardi – SC : **R** 50/100 ⅄

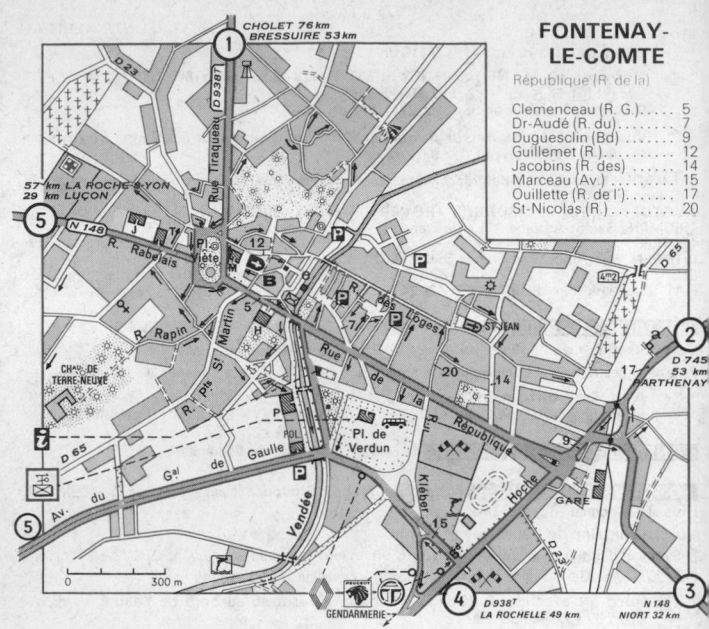

FONTENAY-LE-COMTE

République (R. de la)

à la Chicane SE : 9 km sur N 148 – ✉ **85240** St-Hilaire-des-Loges :

XX **Bellevue** avec ch, ☎ 52.12.25, 🚗 – ⌂wc ☎ 🅿
→   *fermé vacances de Noël, sam. soir (rest. du 31 oct. au 31 mars) (hôtel du 31 août au 30 juin) et dim.* – SC : **R** 41/95 ⚭ – ☲ 14 – **15 ch** 50/105.

à Velluire par ④, D 938 ter et VO : 11 km – ✉ **85770** Vix :

X   **Aub. de la Rivière** avec ch, ☎ 52.32.15 – ⌂wc. **E**
→   *fermé 12 au 28 sept.* – SC : **R** *(fermé dim. soir et lundi sauf juil.-août)* 48/120 ⚭ – ☲ 15 – **12 ch** 65/140 – P 120/135.

CITROEN Les Gar. Murs, Zone Ind., r. de l'Ancienne capitale du Bas Poitou par ③ ☎ 69.06.76
FIAT Gar. Bourge, 86 r. République ☎ 69.31.44
PEUGEOT-TALBOT Fontenay-Automobiles, 24 r. Kléber ☎ 69.85.15

RENAULT Gar. Bichon, pl. Verdun ☎ 69.49.74
V.A.G. Gar. Couturier, av. Gén.-de-Gaulle ☎ 69.92.67

🖉 Aubert, 101 ter r. République ☎ 69.30.79

Pour bien utiliser ce guide
reportez-vous aux explications p. 13 à 20.

FONTENAY-TRÉSIGNY 77610 S.-et-M. 团 ②, 昭昭 ㉞㉟ – 3 531 h. alt. 130 – ✪ 6.
Paris 52 – Coulommiers 23 – Meaux 30 – Melun 26 – Provins 39 – Sézanne 66.

🏨 **Le Manoir** ≫, E : 4 km par N 4 et D 402 ☎ 425.91.17, ≤, parc, « Belle décoration intérieure », ❨❩ – 🅿 – 🏊 100. 🆎 ⓞ 🅴 VISA
fermé 2 janv. à fin mars et mardi – SC : **R** carte 140 à 200 – ☲ 30 – **11 ch** 280/550 – P 500.

X   **Le Relais**, ☎ 425.90.41
→   *fermé 16 août au 5 sept., 15 fév. au 1er mars, mardi et merc.* – SC : **R** 60/125.

FONTEVRAUD-L'ABBAYE 49590 M.-et-L. 闭 ⑨. G. Châteaux de la Loire – 1 868 h. alt. 80 – ✪ 41.

Voir Abbaye★★ – Église St-Michel★.
Paris 306 – Angers 69 – Chinon 23 – Loudun 19 – Poitiers 74 – Saumur 16 – Thouars 36.

🏠 **Croix Blanche,** 7 pl. Plantagenets ☎ 51.71.11 – ⌂wc 🛗wc 🅿 – 🏊 40
    SC : **R** 34/76 ⚭ – ☲ 14 – **19 ch** 60/187 – P 140/175.

XX **La Licorne,** r. R. d'Arbrissel ☎ 51.72.49, 🌫 – **E**
→   *fermé 10 au 25 oct., 10 janv. au 28 fév., dim. soir, lundi et mardi midi hors sais.* – SC : **R** 70/105.

X   **Abbaye,** ☎ 51.71.04 – 🅿
→   *fermé 6 au 28 oct., 10 au 28 fév., mardi soir en hiver et merc.* – SC : **R** 47 bc/86 ⚭.

FONT-ROMEU 66120 Pyr.-Or. 86 ⑯ G. Pyrénées – 3 026 h. alt. 1 800 – Sports d'hiver : 1 750/2 250 m ⛷1 ⛷21, ⚡ – Casino – ❀ 68.

Voir Ermitage★ : camaril★★ et calvaire ☀★★ de Font-Romeu NE : 2 km puis 15 mn.

🛈 Office de Tourisme, av. E.-Brousse 🕾 30.02.74, Télex 500802.

Paris 1 000 – Andorre-la-Vieille 77 – Ax-les-Thermes 66 – Bourg-Madame 18 – ◆Perpignan 88.

🏨 **L'Orée du Bois** Ⓜ sans rest, 🕾 30.01.40, ← – 🛗 🛏wc ⋔wc ☎ 🚷 🚗
SC : ⌾ 14,50 – **36 ch** 145/170.

🏨 **Carlit H.,** 🕾 30.07.45 – 🛗 🛏wc ⋔wc ☎ – 🏋 50. 🚢 E. ✄ rest
◆ fermé 15 oct. au 15 déc. – SC : **R** 48/95 – ⌾ 25 – **60 ch** 160/250 – P 265/320.

🏨 **Gd Tétras** Ⓜ, 🕾 30.01.20 – 🛗 🛏wc ⋔wc ☎ 🚷 🚗. 🚢 🕮 ⓘ E
15 juin-30 sept. et 15 déc.-1er mai – SC : **R** voir rest. la Potinière – ⌾ 16 – **36 ch** 120/190, 4 appartements 300 – P 176/211.

🏨 **Clair Soleil** Ⓜ, rte Odeillo : 1 km 🕾 30.13.65, ← montagnes et four solaire, ✿ – 🛗 📺 🛏wc ☎ 🚷 🅿. E 𝗩𝗜𝗦𝗔. ✄ rest
1er mai-23 oct. et 15 déc.-22 avril – SC : **R** (fermé merc.) (dîner seul.) 60/70 – ⌾ 16 – **31 ch** 90/210.

🏨 **Y Sem Bé** 🕭, 🕾 30.00.54, ← Cerdagne – 🛏wc ⋔wc ☎ 🅿. ✄
1er juin-20 sept. et 18 déc.-25 avril – SC : **R** 70/90 – ⌾ 15 – **27 ch** 75/185 – P 145/215.

🏨 **Pyrénées** 🕭, 🕾 30.01.49, ← Cerdagne, � – 🛗 🛏wc ⋔wc ☎. 🕮 ⓘ E
11 juin-1er nov. et 21 déc.-24 avril – SC : **R** 58/88 – ⌾ 12,50 – **37 ch** 130/170 – P 195/205.

🏨 **Les Cimes** sans rest, 🕾 30.07.83, ✿ – cuisinette 📺 🛏wc ⋔wc 🚗. 🚢 E
15 juin-15 sept. et 15 déc.-20 avril – SC : ⌾ 20 – **23 ch** 100/215.

🍴 **La Potinière,** 🕾 30.11.56 – 🕮 E
25 juin-15 sept. 17 déc.-31 mai et fermé mardi en mai et sept. – SC : **R** 120 bc/59.

à Odeillo SO : 3 km par D 29 – alt. 1 596 – ✉ **66120** Font-Romeu :

🏨 **Romarin,** 🕾 30.09.66, ← Cerdagne, ✿ – 🛏wc ⋔wc 🚯 🅿. ✄ rest
◆ 20 juin-3 oct. et 15 déc.-20 avril – SC : **R** (dîner seul.) 50 🍷 – 🍽 14 – **14 ch** 81/141.

🏯 **Coq Hardi,** 🕾 30.11.02, ←, ✿ – 🛏 🅿. 🚢 E. ✄ rest
◆ 1er juil.-15 oct. et 15 déc.-31 mai – SC : **R** 55/98 🍷 – ⌾ 15 – **28 ch** 70/160.

à Targassonne O : 4 km par D 10 E et D 618 – ✉ **66120** Font-Romeu :

🏨 **La Tourane** 🕭, 🕾 30.15.03, ← – 🛏 🛎 🚯 🅿. ✄ rest
◆ fermé au 15 déc. – SC : **R** 45/70 – ⌾ 13 – **30 ch** 70/90 – P 120/140.

🍴 **La Griole,** 🕾 30.16.22, � – 🅿. E
◆ 1er mai-31 déc. et fermé lundi du 15 sept. au 31 déc. – SC : **R** 40/100.

à Via S : 5 km par D 29 – ✉ **66120** Font-Romeu :

🏨 **L'Oustalet** 🕭, 🕾 30.11.32, ←, ✿ – 🛏wc ⋔wc ☎ 🅿. E ✄ rest
◆ 1er juin-30 sept. et 20 déc-20 avril – SC : **R** (dîner seul.) 50/70 – ⌾ 13 – **28 ch** 95/145.

PEUGEOT Tissandier, 🕾 30.08.26

FONTVIEILLE 13990 B.-du-R. 83 ⑩ G. Provence – 3 007 h. alt. 20 – ❀ 90 (Vaucluse).

Voir Moulin de Daudet ←★ – Chapelle St-Gabriel★ N : 5 km.

🛈 Syndicat d'Initiative à la Mairie (fermé sam. et dim.) 🕾 97.70.01.

Paris 718 – Arles 10 – Avignon 30 – ◆Marseille 92 – St-Rémy-de-Pr. 18 – Salon-de-Pr. 37.

🏨 ❀ **La Regalido** (Michel) Ⓜ 🕭, 🕾 97.70.17, �, « Jardin fleuri » – 🅿. 🕮 ⓘ E 𝗩𝗜𝗦𝗔
fermé 30 nov. au 15 janv. – SC : **R** (fermé mardi midi et lundi) (nombre de couverts limité : prévenir) 160/220 – ⌾ 35 – **11 ch** 330/460
Spéc. Mousseline de poissons à l'anis, Gratin de moules, Gigot d'agneau en casserole. Vins Côteaux-des-Baux, Châteauneuf-du-Pape.

🏨 **La Peiriero** Ⓜ 🕭 sans rest, av. Baux 🕾 97.76.10, ⛲, ✿ – 🛗 📺 ☎ 🚗 🅿 – 🏋 40. 🕮 ⓘ E 𝗩𝗜𝗦𝗔
1er avril-31 oct. et 20 déc.-5 janv. – SC : ⌾ 20 – **29 ch** 200/280, 8 appartements 330/350.

🏨 **Valmajour** Ⓜ 🕭 sans rest, rte d'Arles 🕾 97.70.37, ←, « Parc », ⛲, ⚒ – 🛏wc ⋔wc 🚯 🚗 🅿
1er mars-31 oct. – SC : ⌾ 20 – **28 ch** 110/220, 4 appartements 320.

🏨 **A la Grâce de Dieu** Ⓜ 🕭, 90 av. de Tarascon 🕾 97.71.90, ← – 🛏wc 🚯 🅿. 🚢 🕮 ⓘ
15 mars-15 oct. – SC : **R** (fermé mardi) 88/120 – ⌾ 24 – **10 ch** 190/250.

🏯 **Bernard,** 🕾 97.70.35, � – 🛏wc ⋔wc. 🚢. ✄ ch
◆ fermé 1er nov. au 1er mars – SC : **R** 50/60 – 🍽 12 – **25 ch** 75/110 – P 95/160.

🍴🍴🍴 **Le Patio,** 🕾 97.73.10, « Bergerie provençale »
fermé 5 au 13 janv., mardi soir et merc. – SC : **R** 79/125.

🍴🍴 **Le Homard,** 29 r. Nord 🕾 97.75.34, � – 🕮 𝗩𝗜𝗦𝗔 ✄
15 fév.-15 nov. et fermé sam. midi et vend. – SC : **R** 60/90.

473

🛈 Office de Tourisme à l'Hôtel de Ville (fermé dim.) ☎ 785.02.43.

Paris 384 ② – ✦Metz 60 ② – St-Avold 23 ② – Sarreguemines 20 ② – Saarbrücken 9 ①.

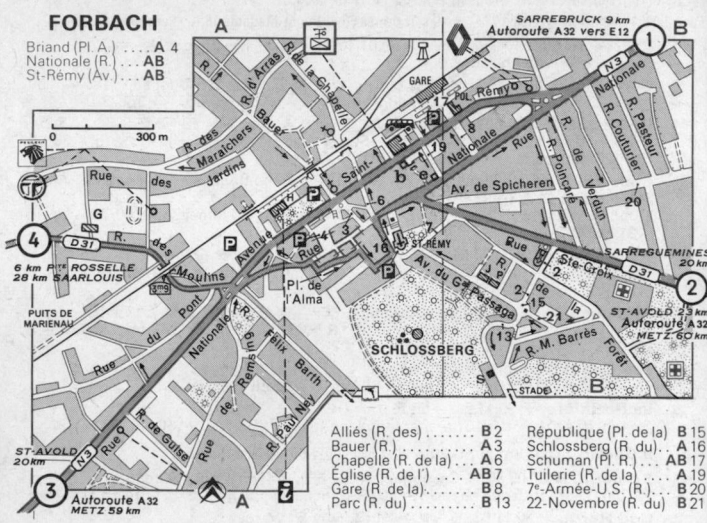

FORBACH

Briand (Pl. A.) .... A 4
Nationale (R.) ... AB
St-Rémy (Av.) ... AB

Alliés (R. des) .... B 2
Bauer (R.) .... A 3
Chapelle (R. de la) ... A 6
Église (R. de l') .... AB 7
Gare (R. de la) ...... B 8
Parc (R. du) .... B 13

République (Pl. de la) B 15
Schlossberg (R. du).. A 16
Schuman (Pl. R.) ... AB 17
Tuilerie (R. de la) .... A 19
7e-Armée-U.S. (R.).. B 20
22-Novembre (R. du) B 21

🏨 **Poste** sans rest, 57 r. Nationale ☎ 785.08.80 – 🛏wc 🛁wc 🕿 🅿. 🍴   A e
SC : ⌑ 14 – **29 ch** 85/120.

🏨 **Berg** sans rest, 50 av. St-Rémy ☎ 785.09.12 – 🛁wc 🕿 🅿 – 🔥 50. 🚗   A b
SC : ⌑ 17,50 – **21 ch** 112/140.

XX **du Schlossberg**, ☎ 787.88.26 – ⓪ 𝘝𝘐𝘚𝘈   B s
fermé en fév. et merc. – SC : **R** 105/125.

à Rosbruck par ③ *: 4 km –* ✉ **57800** Freyming-Merlebach :

XXX **Aub. Albert Marie,** 1 r. Nationale ☎ 704.70.76 – 🅿
fermé août, dim. soir et lundi – **R** 50/150,.

AUSTIN, JAGUAR, MORRIS, ROVER,
TRIUMPH   Gar. du Centre, 105 r. Nationale à
Morsbach ☎ 785.06.70
CITROEN   Gar. Herber, 210 r. Nationale ☎ 785.
11.89 🆖
FIAT, MERCEDES   Gar. de l'Europe et de l'Au-
toroute 294 et 300 r. Nationale, ☎ 785.31.74
FORD   Lehmann Autom., 143 r. Nationale à
Stiring-Wendel ☎ 787.42.10
PEUGEOT TALBOT   Est-Autom., r. de la Pis-
cine Schoeser ☎ 785.11.23

RENAULT   Pierrard, 7 pl. R.-Schuman ☎ 785
47.37 et 3 av. St-Rémy ☎ 785.40.65
Gar. de Guise, 208 r. Nationale ☎ 785.90.88

Ⓖ A.P.S 3 r. Nationale à Stiring-Wendel ☎
787.56.94
Berwald, 21 av. Spicheren ☎ 787.40.54
Leclerc-Pneus, carr. de l'Europe, Zone Ind ☎
785.46.26

FORCALQUIER ⟨⟩ 04300 Alpes-de-H.-Pr 81 ⑮ G. Côte d'Azur (plan) – 3 436 h. alt. 550 –
✪ 92.

Voir Cimetière ✶ – 💥✶ de la terrasse N.-D. de Provence.

🛈 Office de Tourisme pl. Bourguet (fermé mardi et dim. après-midi) ☎ 75.10.02.

Paris 774 – Aix-en-Provence 66 – Apt 42 – Digne 49 – Manosque 23 – Sisteron 44.

XX **Aub. Charembeau** 🦢 avec ch, E : 3,5 km par N 100 ☎ 75.05.69, ≼, 🍴 – 🛁wc
🅿
fermé nov., déc. et janv. – SC : **R** *(fermé dim. soir et lundi)* 55/110 – ⌑ 15 – **11 ch**
61/100 – P 127/164.

FOREST-SUR-MARQUE 59 Nord 51 ⑯ – rattaché à Roubaix.

FORÊT voir au nom propre de la forêt.

La FORÊT 33 Gironde 71 ⑨ – rattaché à Bordeaux.

La FORÊT-FOUESNANT 29133 Finistère 58 ⑮ G. Bretagne – 2 060 h. alt. 20 – ✪ 98.

🖪 de Quimper et de Cornouaille ⏁ 56.97.09.

🛈 Office de Tourisme 2 r. du Port (20 juin-20 sept. et fermé dim. après-midi) ⏁ 56.94.09.

Paris 546 – Carhaix-Plouguer 66 – Concarneau 9,5 – Pont-l'Abbé 23 – Quimper 16 – Quimperlé 35.

🏰 **Manoir du Stang** ⌂, N : 1,5 km D 783 et chemin privé ⏁ 56.97.37, « Beau manoir dans un parc fleuri, étangs », ✗ – 🛏 🍴 👜 🏌 50. ✻
↝ *7 mai-18 sept.* – SC : **R** 140/160 – ⊡ 28 – **27 ch** 210/460 – P 290/400.

🏛 **Espérance** ⌂, ⏁ 56.96.58, 🌹 – 🛏 📺wc 👜 🅿 ✻ rest
↝ *26 mars-15 oct.* – SC : **R** 44/140 – ⊡ 15 – **30 ch** 74/165 – P 138/182.

✗ **Aub. St-Laurent**, 2,5 km rte Concarneau (bord de mer) ⏁ 56.98.07 – 🅿
↝ *Pâques-fin sept., week-ends et vacances scolaires hors sais.* – SC : **R** 50/100 ⅃.

FORÊT-SUR-SÈVRE 79380 Deux-Sèvres 67 ⑯ – 795 h. alt. 157 – ✪ 49.

Paris 372 – Bressuire 16 – ◆Nantes 95 – Niort 61 – La Roche-sur-Yon 73.

✗ **Aub. du Cheval Blanc**, ⏁ 80.86.35.
fermé 8 au 20 août et sam. – **R** 55/93.

FORGES-LES-EAUX 76440 S.-Mar. 55 ⑧ G. Normandie (plan) – 3 366 h. alt. 161 – Stat. therm. – Casino – ✪ 35 – 🛈 Office de Tourisme parc Hôtel de Ville (fermé lundi) ⏁ 90.52.10

Paris 114 – Abbeville 71 – ◆Amiens 70 – Beauvais 50 – ◆Le Havre 118 – ◆Rouen 42.

aux Thermes et Casino

🏛 **Continental**, ⏁ 90.52.67 – 🛏wc 👜 🅿 📶 🆎 ⓞ 🄴. ✻
SC : **R** voir rest. Le Cardinal – ⊡ 11 – **50 ch** 80/108.

✗✗✗ **Le Cardinal**, au Casino ⏁ 90.52.67, ⩽ – 🅿 🆎 ⓞ 🄴. ✻
SC : **R** 100 bc.

✗✗ **Paix**, 17 r. Neufchâtel ⏁ 90.51.22 – 🅿 🄴 𝘝𝘐𝘚𝘈
↝ *fermé 20 déc. au 10 janv., dim. soir et lundi hors sais.* – SC : **R** 43/100 ⅃.

✗✗ **Aub. du Beaulieu**, SE : 2 km sur D 915 ⏁ 90.50.36 – 🆎 ⓞ 🄴 𝘝𝘐𝘚𝘈
fermé vacances de fév., dim. soir et merc. – SC : **R** 55/130.

CITROEN Belin, ⏁ 90.50.66 Ⓝ ⏁ 90.41.33   ⓦ Parin, ⏁ 90.50.95
RENAULT Gar. du Parc, ⏁ 90.52.83

FORT-MAHON-PLAGE 80790 Somme 51 ⑪ – 978 h. – Casino – ✪ 22.

🛈 Office de Tourisme pl. Bacquet (1er juil.-31 août) ⏁ 27 70.75.

Paris 199 – Abbeville 35 – ◆Amiens 82 – Berck-Plage 20 – Étaples 29 – Montreuil 28.

🏠 **Victoria**, ⏁ 27.71.05 – 🛏 🍴
SC : **R** 55/120 – ⊡ 12 – **18 ch** 70/125 – P 137/176

🏠 **La Chipaudière**, ⏁ 27.70.36 – 🍴 🅿 – 🏌 25. 📶 🄴 𝘝𝘐𝘚𝘈
fermé 31 oct. au 15 fév. – SC : **R** 60, dîner à la carte ⅃ – **21 ch** ⊡ 100/170 – P 150/200.

La FOSSETTE 83 Var 84 ⑯⑰ – rattaché au Lavandou.

FOS-SUR-MER 13270 B.-du-R. 84 ⑪ G. Provence – 7 206 h. alt. 157 – ✪ 42.

Voir Bassins de Fos★.

🛈 Office de Tourisme av. J.-Jaurès (fermé sam. et dim.) ⏁ 06.27.67.

Paris 760 – Aix-en-Provence 52 – Arles 40 – ◆Marseille 51 – Martigues 11 – Salon-de-Provence 30.

🏠 **Mas de Cantegrillet** ⌂ sans rest, N : 2,5 km par N 569 ⏁ 05.03.27 – 🛏wc 👜 🅿
SC : ⊡ 18 – **10 ch** 110/160.

FOUESNANT 29170 Finistère 58 ⑮ G. Bretagne – 5 041 h. alt. 30 – ✪ 98.

🛈 Office de Tourisme r. Kérourgué (fermé sam. et dim. hors sais.) ⏁ 56.00.93.

Paris 549 – Carhaix-Plouguer 69 – Concarneau 13 – Quimper 15 – Quimperlé 39 – Rosporden 18.

🏠 **Armorique** (annexe : 🏛 Ⓜ⌂ - 12 ch 🛏wc🍴wc), 33 r. de Cornouaille ⏁
↝ 56.00.19, 🌹 – 🛏wc🍴 🅿 🄴. ✻ rest
début avril-20 sept. et fermé lundi sauf juil.-août – SC : **R** 50/125 – ⊡ 15 – **25 ch** 80/200 – P 155/200.

🏠 **Le Roudou** Ⓜ, rte St-Evarzec ⏁ 56.01.26, 🌹 – 🛏wc 🍴 🅿 🄴. ✻ rest
↝ *fermé 15 oct. au 15 nov. et lundi du 15 sept. au 15 avril* – SC : **R** 38/95 – ⊡ 14 – **20 ch** 90/148.

🏠 **Arvor**, pl. Église ⏁ 56.00.35, 🌹 – 🍴 🅿 🄴 𝘝𝘐𝘚𝘈
↝ *fermé 2 au 30 nov. et jeudi d'oct. à mars* – SC : **R** *(en hiver déj. seul.)* 42/100 – 🛏 13 – **12 ch** 80/140 – P 155/170.

🏠 **Orée du Bois** sans rest, ⏁ 56.00.06 – 🛏wc 🍴wc
fermé vacances de Noël, sam. et dim. en hiver – SC : ⊡ 16 – **15 ch** 80/160.

✗✗✗ **L'Huîtrière**, rte St-Evarzec ⏁ 56.06.62, Fruits de mer – 🅿 ✻
juil.-août – SC : **R** *(dîner seul.)* 100/250.

RENAULT Bourhis, ⏁ 56.02.65 Ⓝ

au Cap Coz SE : 2,5 km par VO – ✉ **29170** Fouesnant :

Celtique, ☎ 56.01.79, ≤ – wc ⋒wc ☎ **P**. **E**. ✈
vacances de Pâques (hôtel seul.) et 28 mai-15 sept. – SC : **R** 60/90 – ☕ 16 – **53 ch** 80/162 – P 153/198.

Pointe Cap Coz ⛹, ☎ 56.01.63, ≤ – wc ⋒ ☎. ✈
3 avril-15 sept. et fermé merc. – SC : **R** 52/120 – ☕ 17 – **24 ch** 67/186.

à la Pointe de Mousterlin SO : 6 km par D 145 et D 134 – ✉ **29170** Fouesnant :

Pointe Mousterlin ⛹, ☎ 56.04.12, ≤, 🌳, 🎾 – wc ⋒wc ☎ 🚗 **P**. ✈
21 mai-20 sept. – SC : **R** 78/145 – ☕ 15 – **48 ch** 67/222 – P 156/269.

FOUGÈRES

SP 35300 I.-et-V. 59 ⑱ G. Bretagne – 27 653 h. alt. 134 – ☎ 99.

Voir Château★★ AY – Place aux Arbres★ : ≤★ AZ **B** – Église St-Sulpice★ AYZ – Forêt★ 3 km par ①.

ℹ Office de Tourisme pl. Gambetta (fermé lundi hors saison) ☎ 99.05.48.

Paris 322 ③ – Avranches 40 ⑦ – Laval 48 ③ – ♦Le Mans 128 ③ – ♦Rennes 48 ⑤ – St-Malo 75 ⑥.

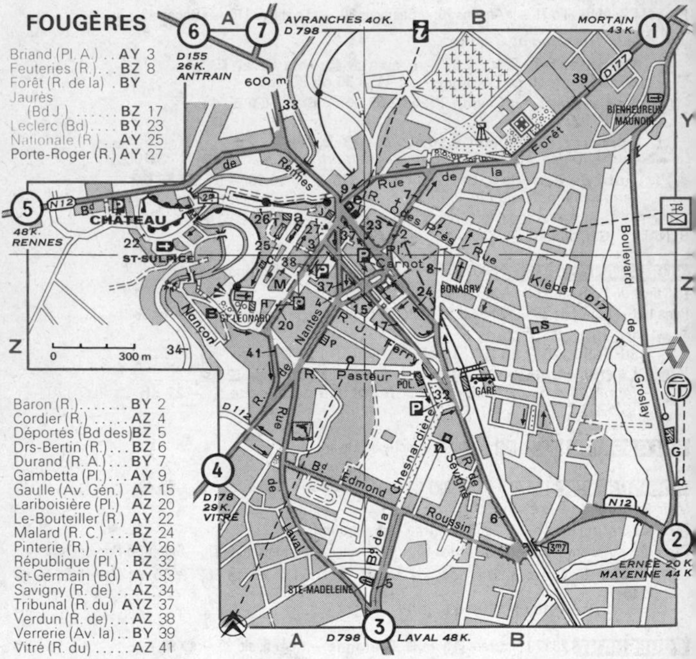
FOUGÈRES
Briand (Pl. A.) .. AY 3
Feuteries (R.) ... BZ 8
Forêt (R. de la) . BY
Jaurès (Bd J.) ...... BZ 17
Leclerc (Bd) .... BY 23
Nationale (R.) .. AY 25
Porte-Roger (R.) AY 27
Baron (R.) .... BY 2
Cordier (R.) ..... AZ 4
Déportés (Bd des) BZ 5
Drs-Bertin (R.) ... BZ 6
Durand (R. A.) ... BY 7
Gambetta (Pl.) ... AY 9
Gaulle (Av. Gén.) AZ 15
Lariboisière (Pl.) AZ 20
Le-Bouteiller (R.) AY 22
Malard (R. C.) ... BZ 24
Pinterie (R.) ..... AY 26
République (Pl.) . BZ 32
St-Germain (Bd) AY 33
Savigny (R. de) .. AZ 34
Tribunal (R. du) AYZ 37
Verdun (R. de) ... AZ 38
Verrerie (Av. la) .. BY 39
Vitré (R. du) ..... AZ 41
AVRANCHES 40K. D 798
MORTAIN 43 K.
D 155 26 K. ANTRAIN
48 K. RENNES
D 178 29 K. VITRÉ
D 798 LAVAL 48 K.
ERNÉE 20 K MAYENNE 44 K
CHATEAU
ST-SULPICE
ST-LÉONARD
STE-MADELEINE
BIENHEUREUX MAUNOIR
BONABRY
GARE
POL.
600 m
0 300 m

Mainotel M ⛹, par ② : 1,5 km sur N 12 ☎ 99.81.55, 🎾 – TV wc ☎ **P** – 🏛 35. 🐕 **E** VISA
SC : **R** *(fermé dim. soir)* 50/130 – ☕ 14 – **38 ch** 110/150 – P 160/240.

H. Voyageurs sans rest, 10 pl. Gambetta ☎ 99.08.20 – 🛗 wc ⋒wc ☎. 🐕 AE ⓓ **E** VISA — AY **e**
fermé 15 déc. au 2 janv. – SC : ☕ 14 – **36 ch** 106/186.

Balzac M sans rest, 15 r. Nationale ☎ 99.42.46 – 🛗 wc ⋒wc ☎ ♿. ✈ — AY **a**
SC : ☕ 13 – **21 ch** 95/150.

Flaubert sans rest, 1 r. G.-Flaubert ☎ 99.00.43 – wc ⋒ ☎. ✈ — BZ **s**
SC : ☕ 13 – **12 ch** 60/140.

Commerce, pl. Gd-Marché ☎ 99.01.01 – wc ☎ **P**. 🐕 **E**. ✈ ch — BZ **n**
fermé 1er au 10 juil., 20 déc. au 1er janv., sam. (rest. seul.) et dim. hors sais. – SC : **R** 45/100 – ☕ 15 – **23 ch** 75/120 – P 140/160.

Rest. Voyageurs, 10 pl. Gambetta ☎ 99.14.17 – ▤. AE VISA — BY **e**
fermé 17 août au 6 sept., dim. soir et sam. sauf juil. et août – SC : **R** (nombre de couverts limité -prévenir) 60/110.

à la Templerie par ② : 11 km – 🖂 35133 Fougères :

XX **Chez Galloyer « La Petite Auberge »,** ℡ 95.27.03 – 🅿. 𝑽𝑰𝑺𝑨
fermé août, vacances de fév., dim. soir, mardi soir et merc. – SC : **R** (prévenir)
68/112.

CITROEN S.A.D.R.A.F., 17 bis r. Pasteur ℡ 99.11.92
FIAT Gar. du Centre, 12 r. J.-Ferry ℡ 99.02.07
PEUGEOT Armor-Autom., 100 rte d'Ernée par ② ℡ 99.03.08
RENAULT S.A.F.A., Z.A.C. la Guénaudière, bd de Groslay ℡ 99.42.82

TALBOT Gar. Gilbert, ZAC La Guénaudière II ℡ 99.66.95

◍ Maison du Pneu, 12 bd de Rennes ℡ 99.01.70
SOS Pneu, ZAC la Guénaudière rte de Paris ℡ 99.44.92

FOUGEROLLES 70220 H.-Saône 🖽🖽 ⑥ – 4 151 h. alt. 301 – ✪ 84.

🚹 Syndicat d'Initiative Grande Rue (1er juil.-31 août).

Paris 370 – Épinal 43 – Luxeuil-les-Bains 9 – Plombières-les-Bains 11 – Remiremont 24 – Vesoul 39.

XX ✿ **Au Père Rota** (Kuentz), ℡ 49.12.11 – 🅿. 🖾 ⑩ 𝑽𝑰𝑺𝑨
fermé 4 au 11 juil., 14 nov. au 8 déc., 21 au 28 fév., dim. soir et lundi sauf fériés
SC : **R** 100/175
Spéc. Nage de turbot et écrevisses au vin jaune, Aiguillettes de canard aux chanterelles, Soufflé glacé aux framboises.

FOULAIN 52 H.-Marne 🖽🖽 ⑪⑫ – 547 h. alt. 298 – 🖂 52800 Nogent-en-Bassigny – ✪ 25.
Paris 270 – Bourbonne-les-Bains 44 – Châtillon-sur-Seine 63 – Chaumont 11 – Langres 24.

🏠 **Chalet,** ℡ 31.11.11 – 📺wc 🗍wc 🅿. 🖾 ⑩ 𝑽𝑰𝑺𝑨
→ *fermé 15 au 30 nov. et lundi sauf 15 juin au 15 sept.* – SC : **R** 38/90 ⅄ – 🖙 11 –
12 ch 49/105 – P 100/130.

AUSTIN-MORRIS, INNOCENTI, TRIUMPH, ROVER Maitre, ℡ 02.10.16

FOURAS 17450 Char.-Mar. 🖽 ⑬ G. Côte de l'Atlantique – 3 617 h. alt. 40 – Casino – ✪ 46.
Voir Donjon ✳✶.

🚹 Office de Tourisme pl. Bugeau (fermé dim. hors sais.) ℡ 88.60.69.
Paris 478 – Châtelaillon-Plage 17 – Rochefort 14 – La Rochelle 27.

🏠 **Résidence Le Parc** 🏞 sans rest, ℡ 88.61.26, « Demeure ancienne dans un parc » – 📺wc 🗍wc 🅿. ⅃ 🖾
Pâques et Pentecôte-fin sept. – SC : 🖙 20 – **16 ch** 115/285.

🏠 **Gd H. des Bains,** 15 r. Gén.-Bruncher ℡ 84.03.44, 🌳 – 📺wc 🗍wc 🖾 🚗.
🖾 ✴ rest
hôtel : 20 mai-26 sept. ; rest. : 1er juin-26 sept. – SC : **R** 62/84 – 🖙 14,50 – **36 ch**
112/148 – P 154/199.

🏠 **Roseraie** sans rest, 2 av. Port-Nord ℡ 88.64.89, 🌳 – 📺wc 🗍wc
fermé 20 déc. au 15 janv. – SC : 🖙 13 – **20 ch** 70/115.

FOURGES 27 Eure 🖽🖽 ⑱ – 419 h. alt. 115 – 🖂 27630 Ecos – ✪ 32.
Paris 72 – Les Andelys 33 – Gisors 24 – Mantes-la-Jolie 23 – Pontoise 40 – Vernon 14.

XX **Moulin de Fourges** 🏞 avec ch, ℡ 52.12.12, ≼, 🌳 – 🗍. 🖾
fermé 30 nov. au 1er mars, lundi et mardi – SC : **R** 90/150 – 🖙 13 –
8 ch 80/145.

FOURMIES 59610 Nord 🖽🖽 ⑯ – 16 096 h. alt. 202 – ✪ 27.

🚹 Office de Tourisme (fermé sam. après-midi, dim., lundi et le matin sauf sam.) - A.C. pl. Verte ℡ 60.40.97.

Paris 200 ③ – Avesnes-sur-Helpe 16 ③ – Charleroi 61 ① – Guise 34 ③ – Hirson 13 ② – ♦Lille 116 ③ – Vervins 28 ③.

🏠 **Providence,** 12 r. Verpraet (a) ℡ 60.06.25 – 📺wc 🗍 🖾 🚗. 🖾
⑩ E 𝑽𝑰𝑺𝑨 ✴
fermé juil., dim. soir et lundi midi –
SC : **R** 45/180 ⅄ – 🖙 14 – **18 ch**
50/130 – P 180/220.

à l'Etang des Moines E : 2 km par
D 964 et VO – 🖂 59610 Fourmies :

🏠 **Ibis** 🅼 🏞 sans rest, ℡ 60.21.54, ≼ – 📺wc 🅿 – 🎿 30. 🖾 E 𝑽𝑰𝑺𝑨
SC : 🖙 18 – **31 ch** 162/187.

X **Aub. des Étangs des Moines,** ℡ 60.02.62, ≼ – 🅿. 𝑽𝑰𝑺𝑨
→ *fermé 15 déc. au 15 janv. et vend.* – **R** 42/130 ⅄.

Clavon (R. Xavier) . . 2
Cousin-Corbier (R.) . 3
Gaulle (Av. Ch.) 4
Jaurès (R. J.) 5
Legrand (R. Th.) 7
République (Pl.) . . 8
Rouets (R. dos) . . . 12
St-Louis (R.) 13
Verpraet
(R. Édouard) . . . 17

FOURMIES

CITROEN Losson, 13 r. A.-Renaud par ① ☏ 60.14.68

RENAULT Gar. Prévost, 2 r Ed.-Verpraet ☏ 60.06.16

PEUGEOT-TALBOT Courtois, 4 av. Prés.-Kennedy par ② ☏ 60.02.23 N ☏ 60.00.88

FOURNEAUX 23 Creuse **73** ① – rattaché à Aubusson.

Le FOUSSERET 31430 H.-Gar. **82** ⑯ – 1 414 h. alt. 319 – ✪ 61.

Paris 765 – Auch 68 – Foix 74 – Pamiers 63 – St-Gaudens 41 – St-Girons 51 – ♦Toulouse 56.

　🏛 **Voyageurs,** ☏ 87.73.06, 🛥 – 🖧 🏠 **E**. ✪

　🍴 fermé 20 août au 20 sept., sam. soir et dim. soir – SC : **R** 40 bc/140 bc – ☑ 10 – **8 ch** 40/80 – P 85/95.

La FOUX 83 Var **84** ⑰ – rattaché à Port-Grimaud.

FRANCEVILLE-PLAGE 14 Calvados **55** ② – voir à Merville.

La FRANQUI 11 Aude **86** ⑩ – ⊠ **11370** Leucate – ✪ 68.

Paris 882 – Carcassonne 86 – Leucate 5 – Narbonne 37 – ♦Perpignan 39 – Port-la-Nouvelle 19.

　🏛 **Plage,** face plage ☏ 45.70.23, ≤ – 🖧 🏠 🛥. ✿ rest

　🍴 Pâques-oct. – SC : **R** 45/80 ⚱ – ☑ 13,50 – **20 ch** 130 – P 155.

FRAYSSINET 46 Lot **79** ⑧ – 264 h. alt. 247 – ⊠ **46310** St-Germain-du-Bel-Air – ✪ 65.

Paris 563 – Brive-la-Gaillarde 71 – Cahors 32 – Figeac 54 – Gourdon 14 – St-Céré 49.

　🏛 **La Bonne Auberge,** ☏ 31.00.02, ≤ – 🖧wc 🛥 🅿 🖧🐕

　🍴 20 mars-11 nov. et fermé sam. hors sais. – SC : **R** 45/130 – 🛥 14,50 – **10 ch** 75/160.

　🏛 **Le Relais,** à Pont de Rhodes N : 1 km sur N 20 ☏ 31.00.16, 🏡, 🏊, 🛥 –

　🍴 cuisinette 🖧wc 🛥 🅿 🖧🐕

　15 mars-15 nov. – SC : **R** 42/105 ⚱ – ☑ 14 – **29 ch** 50/95 – P 140.

La FREISSINOUSE 05 H.-Alpes **81** ⑥ – 224 h. alt. 970 – ⊠ **05000** Gap – ✪ 92.

Paris 678 – Clelles 67 – Die 87 – Gap 9 – La Saulce 22 – Serres 34 – Sisteron 52.

　🏛 **Azur,** D 994 ☏ 57.81.30, ≤, 🛥 – 🖧wc 🖧 🐕 🛥 🅿

　fermé 20 nov. au 15 déc. – SC : **R** 60/90 ⚱ – ☑ 15 – **40 ch** 90/140 – P 120/150

FRÉJUS 83600 Var **84** ⑧, **195** ㉝ G. Côte d'Azur – 30 801 h. alt. 8 – ✪ 94.

Voir Quartier épiscopal★★ C : baptistère★★, cloître★★, cathédrale★ – Ville romaine★ A : arènes★ – Parc zoologique★ N : 5 km par ③.

🏌 de Valescure ☏ 52.16.58, NE : 8 km – 🚆 ☏ 95.13.89.

🅱 Office de Tourisme pl. Calvini ☏ 51.53.87

Paris 874 ③ – Brignoles 63 ③ – Cannes 40 ④ – Draguignan 29 ③ – Hyères 76 ②.

Plan page ci-contre

　❌❌ **Le Vieux Four** avec ch, 57 r. Grisolle ☏ 51.56.38, « intérieur rustique » – 🖧wc
　🅿 🖧🐕 ⓘ VISA. ✿ ch　　　　　　　　　　　　　　　　　　　　　　　　　　C **a**
　fermé 20 sept au 20 oct., vacances de fév., lundi soir et dim. hors sais. – SC : **R** (en sais. dîner seul.) carte 145 à 195 – 🛥 16 – **8 ch** 130/160.

　❌❌ **Les Potiers,** 135 r. Potiers ☏ 51.33.74　　　　　　　　　　　　　C **s**
　fermé 20 nov. au 20 déc., 18 au 28 fév merc. hors sais. et sam. midi – SC : **R** (dîner seul. en juil.-août) 70/145.

　❌ **Lou Calen,** 9 r. Desauguiers ☏ 52.36.87 – 🆎　　　　　　　　　C **n**
　fermé 15 déc. au 15 janv. et merc. – SC : **R** 80/100

　à Fréjus-Plage AB – ⊠ **83600** Fréjus.

　🅱 Office de Tourisme bd Libération (juin-sept.) ☏ 51.48.42.

　🏛 **Palmiers,** bd Libération ☏ 51.18.72, ≤ – 🛗 🖧wc 🖧wc 🅿. 🖧🐕 🆎　　B **k**
　1er avril-30 oct. – SC : **R** 55/60 – ☑ 13 – **55 ch** 67/189 – P 190/312

　🏛 **Le Ligure** Ⓜ sans rest, 1074 av. Mar.-de-Lattre-de-Tassigny ☏ 53.63.63 – 🖧 📺
　🖧wc 🅿. 🖧🐕 🆎 ⓘ **E** VISA　　　　　　　　　　　　　　　　　B **d**
　SC : ☑ 27 – **64 ch** 220/380.

　🏛 **H. Oasis** ﹩, r. H.-Fabre ☏ 51.50.44 – 🖧wc 🖧wc 🅿 🅿 🖧🐕 ✿　　B **h**
　1er fév.-31 oct. – SC : **R** voir rest. Oasis – **27 ch** ☑ 146/156 – P 203/208

　❌❌ **Rest. Oasis,** bd Alger ☏ 51.06.72, ≤ – 🖧wc VISA
　fermé 15 oct. au 15 nov. et merc. du 15 sept. au 1er mai – SC : **R** 70/180.

　au Colombier par ③ et D 4 : 3 km – ⊠ **83600** Fréjus :

　🏨 **Les Résidences du Colombier** Ⓜ ﹩, ☏ 51.45.92, Télex 470328, parc, 🏊, ✿
　– 📺 ☎ 🕭 🅿 – 🔬 25 à 200. 🆎 ⓘ **E** VISA. ✿ rest
　1er avril-10 oct. – SC : **R** (fermé mardi) 110 – ☑ 30 – **60 ch** 300/420 – P 420

478

FRÉJUS

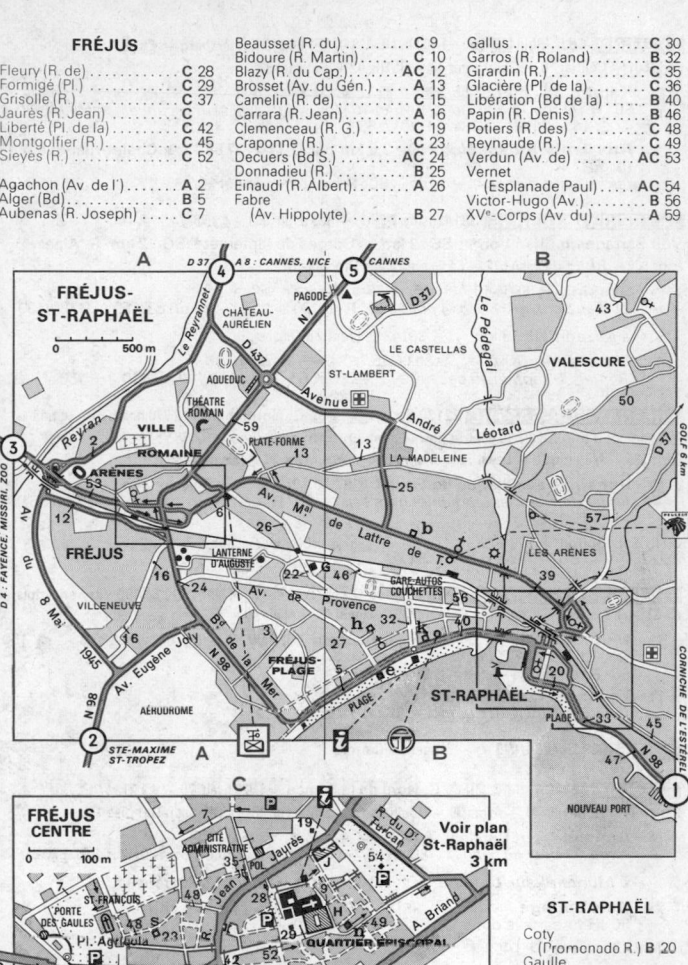

FRÉJUS-ST-RAPHAËL

FRÉJUS CENTRE

Voir plan St-Raphaël 3 km

ALFA-ROMEO Corfou, angle N 7 et rte de Bagnols ☎ 51.49.82
CITROEN Gar. Moderne, 151 av. Verdun ☎ 51.52.65
FIAT Gar. du Ponant, 1264 av. de-Lattre-De-Tassigny ☎ 51.30.74
FORD Gar. Vagneur, 449 bd de la Mer ☎ 51.38.39
MERCEDES-BENZ, PORSCHE-MITSUBISHI International-Gar., 7 bd Col. Dessert à Puget-sur-Argens ☎ 45.22.74

PEUGEOT Ortelli, 1370 av. de Lattre-De-Tassigny ☎ 51.33.00 🅽 ☎ 51.03.56
RENAULT S.A.T.A.C., N7 par ③ ☎ 51.40.61
TALBOT Gar. Fréjus-Plage, bd Libération ☎ 51.23.19
V.A.G. S.O.D.R.A., av. de-Lattre-De-Tassigny ☎ 51.53.84

🛢 Omnica, 238 av. de Verdun ☎ 51.01.54
Piot-Pneu, Lotissement Ind. La Palud ☎ 51.29.20

Non viaggiate oggi con una carta di ieri.

FRÉLAND 68 H.-Rhin 🅑🅑 ⑱ – 1 102 h. alt. 420 – ⊠ 68240 Kaysersberg – ✪ 89.

Paris 501 – Colmar 18 – Gérardmer 48 – St-Dié 42 – Sélestat 33.

🏠 **Kalblin** ⑤, ⏳ 47.58.55, 🐎 – ⋔wc ☜ 🚗, 🛎 rest

➡ SC : **R** *(fermé 15 nov. au 20 déc. et 10 janv. au 1er avril sauf vacances de fév.)* 45/70 ⅄ – ⌚ 14 – **14 ch** 70/134 – P 131/163.

✕ **Aux Trois Ruisseaux,** NO : 2,5 km par D 11 ⏳ 47.58.12, « Chalet rustique » – 🅟 𝘝𝘐𝘚𝘈 🛎

fermé janv., dim. soir et lundi – SC : **R** *(sur commande)* 90/135 ⅄.

Le FRENEY-D'OISANS 38142 Isère 🅷🅷 ⑥ – 133 h. alt. 900 – ✪ 76.

Voir Barrage du Chambon★★ SE : 2 km – Gorges de l'Infernet★ SO : 2 km, G. Alpes.

Paris 626 – Bourg-d'Oisans 12 – La Grave 16 – ✦Grenoble 61.

🏠 **Cassini,** ⏳ 80.04.10, ≤ – ⋔ ☜ 🚗 🅟, 🛎 ch

➡ *21 mai-2 oct. et 17 déc.-4 mai* – SC : **R** 46/130 – ⌚ 14 – **14 ch** 83/150 – P 130/180.

à Mizoën NE : 3 km – ⊠ 38142 Le Freney d'Oisans :

🏠 **Panoramique** Ⓜ ⑤, ⏳ 80.06.25, ≤ – ⋔wc ☎ 🅟, 🛎 rest

1er juin-30 sept. et 15 déc.-30 avril – SC : **R** 60 – ⌚ 13,50 – **9 ch** 140 – P 150.

FRESNAY-SUR-SARTHE 72130 Sarthe 🅖🅞 ⑫⑬ G. Normandie – 2 770 h. alt. 81 – ✪ 43.

🆔 Syndicat d'Initiative à la Mairie *(fermé sam. après-midi et dim.)* ⏳ 97.23.75.

Paris 235 – Alençon 20 – Laval 71 – Mamers 30 – ✦Le Mans 38 – Mayenne 58.

🏠 **Ronsin,** 5 av. Charles-de-Gaulle ⏳ 97.20.10 – ☜wc ⋔wc ☜ 🚗, 🛎 ⓪

➡ *fermé dim. soir et lundi midi hors sais.* – SC : **R** 40/120 ⅄ – ⌚ 17.50 – **12 ch** 95/170 – P 135/180.

CITROEN Goupil, ⏳ 97.20.08   RENAULT Labbé, ⏳ 97.20.85
PEUGEOT-TALBOT Dallier, ⏳ 97.20.34

FRESNES-LÈS-MONTAUBAN 62 P.-de-C. 🅡🅡 ③ – 481 h. alt. 49 – ⊠ 62490 Vitry-en-Artois – ✪ 21 – Paris 180 – Arras 14 – Cambrai 39 – Douai 12 – ✦Lille 40.

🏨 **Motel Grill** Ⓜ ⑤, N 50 près échangeur ⏳ 50.00.13 – 📺 ☜wc ☜ 🅟 – 🛖 150.
🅟🛎 🅰🅴 ⓪ 🅴 𝘝𝘐𝘚𝘈
SC : **R** 60/105 ⅄ – ⌚ 20 – **41 ch** 185/220.

✕✕ **La Frenaie,** ⏳ 50.17.19 – 🅟
➡ *fermé 3 au 29 août et lundi* – SC : **R** 42/52 ⅄.

Le FRET 29 Finistère 🅡🅡 ④ – rattaché à Crozon.

FRÉVENT 62270 P.-de-C. 🅡🅡 ⑬ G. Nord de la France – 4 428 h. alt. 79 – ✪ 21.

Paris 193 – Abbeville 41 – Arras 39 – Doullens 15 – Montreuil 48 – St-Pol-sur-Ternoise 13.

🏠 **Amiens** ⑤, r. Doullens ⏳ 04.25.43 – ☜ ☜ ☜ 🛎 𝘝𝘐𝘚𝘈
➡ *fermé 21 déc. au 5 janv.* – SC : **R** 45/140 ⅄ – ⌚ 12 – **10 ch** 55/130 – P 145/170.

à Monchel-sur-Canche NO : 7,5 km par D 340 – ⊠ 62270 Frévent :

✕✕ **Vert Bocage** ⑤, avec ch, ⏳ 04.26.75, ≤, parc – ⋔ 🅟, 🛎 ch
SC : **R** 70, carte le dim. – 🍴 12 – **9 ch** 85/120 – P 170.

RENAULT Mercier, ⏳ 04.21.97

FREYMING-MERLEBACH 57800 Moselle 🅡🅡 ⑯ G. Vosges – 15 605 h. alt. 217 – ✪ 8.

Paris 374 – Forbach 11 – ✦Metz 49 – St-Avold 12 – Saarbrücken 20 – Sarreguemines 24.

✕✕ **Le Charolais,** 16 av. Roosevelt ⏳ 704.78.68 – 🅟 🅰🅴 ⓪ 𝘝𝘐𝘚𝘈
fermé fév. et lundi – **R** 60/150 ⅄.

✕ **Caveau de la Bière** avec ch, face Gare routière ⏳ 704.52.65 – ☜ ⋔ ☜ 🛎
➡ *fermé juil., dim. soir et sam.* – **R** 37/95 ⅄ – ⌚ 13 – **22 ch** 50/150 – P 120.

PEUGEOT TALBOT Gar. Derr. 1 r. Metz à   RENAULT Wilmouth, 20 r. Rosselle à Merle-
Merlebach ⏳ 781.40.10   bach ⏳ 704.61.31

FROMENTINE 85 Vendée 🅖🅞 ① – ⊠ 85550 La Barre-de-Monts – ✪ 51.

Paris 446 – Challans 24 – ✦Nantes 69 – Noirmoutier-en-l'Ile 24 – Pornic 41 – La Roche-sur-Yon 63.

🏠 **Plage,** ⏳ 68.52.05 – ⋔wc ☜
hôtel : ouvert Pâques-15 oct., rest : ouvert 15 juin-15 sept. ; fermé merc. – SC : **R** 52/110 – ⌚ 15 – **17 ch** 73/150 – P 150/180.

FROMONVILLE 77 S.-et-M. 🅖🅝 ⑫ – voir à Montcourt-Fromonville.

FRONTIGNAN 34110 Hérault 🅑🅑 ⑯⑰ G. Causses – 12 238 h. – ✪ 67.

🆔 Office de Tourisme Rond-Point de l'Esplanade *(fermé sam. après-midi hors saison et dim. sauf matin en saison)* ⏳ 48.33.94.

Paris 784 – Lodève 72 – ✦Montpellier 22 – Sète 7.

à La Peyrade SO : 3 km sur N 112 – ⊠ **34110** Frontignan :

🏠 **Vila** sans rest, ☎ 48.77.42 – 🛏wc 🗐wc ☎ 🅿 🕿 **E**
SC : ⌂ 14 – **30 ch** 80/160.

au Nord-Est 4 km sur N 112 – ⊠ **34110** Frontignan :

🏠 **Balajan,** N 112 ☎ 48.13.99 – 🛏wc 🗐 🕸 🚗 🅿 – 🔼 45. 🕿 𝗩𝗜𝗦𝗔, 🕸 rest
fermé janv. et fév. – SC : **R** *(fermé lundi)* 53/130 – ⌂ 19 – **21 ch** 102/280 –
P 190/265.

à l'Est : 7 km par N 112 et D 114E – ⊠ **34110** Frontignan :

✕ **L'Escale,** Les Aresquiers ☎ 78.14.86, ≼, 🏠, Produits de la mer
1er avril-1er janv. – SC : **R** (de nov. à mai fermé le soir et déj. sur commande) 70/280.

CITROEN Vernhet, av. des Vignerons ☎ 48.11.92

La FRUITIÈRE 65 H.-Pyr. 🎱🎱 ⑰ – rattaché à Cauterets.

FUANS 25 Doubs 🎱🎱 ⑰ – rattaché à Orchamps-Vennes.

FUISSÉ 71 S.-et-L. 🎱🎱 ⑱ **G.** Bourgogne – 391 h. alt. 250 – ⊠ **71960** Pierreclos – ✪ 85.
Paris 405 – Charolles 55 – Chauffailles 59 – Mâcon 8,5 – Villefranche-sur-Saône 45.

✕ **Pouilly Fuissé,** ☎ 35.60.68, 🏠 – 𝗩𝗜𝗦𝗔
→ *fermé 5 au 14 sept., en fév., mardi soir (sauf juil. et août) et merc.* – SC : **R** (sam. et
dim. prévenir) 45/82.

FUMAY 08170 Ardennes 🎱🎱 ⑱ **G.** Nord de la France – 6 147 h. alt. 127 – ✪ 24.
🟦 Office de Tourisme pl. A.-Briand (1er juil.-15 sept. et fermé dim.) ☎ 41.13.78.
Paris 252 – Charleville-Mézières 32 – Givet 23 – Rocroi 18.

🏠 **Roches,** 393 av. Jean-Jaurès ☎ 41.10.12, ≼ vallée de la Meuse, 🏠 – 🛏wc 🗐
→ 🕸 🚗 🅿 🕿 ⓘ 𝗩𝗜𝗦𝗔
fermé fév. et vend. hors sais. – SC : **R** 60/145 🍴 – ⌂ 17 – **23 ch** 72/155 – P 170/230.

CITROEN Gar. Pirson, av. V.-Hugo ☎ 41.10.74 🆖 ☎ 41.01.58

FUMEL 47500 L.-et-G. 🎱🎱 ⑥ – 7 070 h. alt. 72 – ✪ 53.
Voir Église★ de Monsempron O : 2 km, **G.** Périgord.
🟦 Syndicat d'Initiative pl. G.-Escande (15 avril-15 sept. et fermé lundi) ☎ 71.13.70.
Paris 610 – Agen 56 – Bergerac 74 – Cahors 48 – Montauban 76 – Villeneuve-sur-Lot 27.

🏠 **Vistorte** (annexe 🕸 - 8 ch 🗐wc), 77 av. E.-Zola ☎ 71.01.21, 🏠, 🕸 – 🗐wc 🅿.
→ 🗐 ch
fermé 16 au 31 juil., 15 au 31 déc., fév. et sam. – SC : **R** 50 bc/140 – ⌂ 16 – **22 ch**
70/140 – P 140/160.

à Touzac E : 7,5 km – ⊠ **46700** Puy-l'Évêque :

🏠 **La Source Bleue** 🕸, ☎ (65) 36.52.01, ≼, 🏠, « Parc au bord du Lot » – 🛏wc
🕿 🅿, 🕸 rest
1er avril-1er oct. – SC : **R** 80/150 – ⌂ 17 – **7 ch** 150/180.

à Montcabrier (Lot) NE : 12 km par D 911, D 673 et D 58 – ⊠ **46700** Puy-l'Évêque :

🏠 **Relais de la Dolce** 🅼 🕸, ☎ (65) 36.53.42, parc, 🏠, ⅃ – 🛏wc 🕿 ⅋ 🅿 🕿
🆎 ⓘ 𝗩𝗜𝗦𝗔 🕸 rest
du 1er oct. à Pâques - prévenir – SC : **R** (fermé mardi midi hors sais.) 85/160 – ⌂ 25
– **12 ch** 220/250.

CITROEN Calassou, rte de Périgueux, Zone
Ind. ☎ 71.01.80
MERCEDES-BENZ Gras, 4 av. de la Gare,
Monsempron-Libos ☎ 71.01.16
PEUGEOT Cousset, Montayral ☎ 71.03.58
RENAULT S.E.V.A., Zone Ind. Flarimont ☎ 71.
40.40

TALBOT Rodriguez, r. de Jarrou, Monsempron-Libos, ☎ 71 12.47

🛢 Solapneu, rte Villeneuve, Condezaygues ☎
71.01.50

La FUSTE 04 Alpes-de-H.-P. 🎱🎱 ⑮ – rattaché à Manosque.

FUTEAU 55 Meuse 🎱🎱 ⑲ – 175 h. alt. 181 – ⊠ **55120** Clermont-en-Argonne – ✪ 29.
Paris 233 – Bar-le-Duc 42 – Ste-Ménehould 13 – Verdun 40.

✕✕ **L'Orée du Bois,** à Courupt S : 1 km ☎ 87.28.41, ≼ – 🅿
fermé 4 au 31 janv., 23 au 30 nov., dim. soir et mardi hors sais. – **R** 58/160.

CITROEN Gar. Noel-Bievelot, à Les Islettes ☎ 87.28.20

FUVEAU 13710 B.-du-R. 🎱🎱 ③ – 3 348 h. alt. 283 – ✪ 42.
Paris 772 – Aix-en-Provence 14 – ✦Marseille 38 – St-Maximin-la-Ste-Baume 28.

✕✕ **Mas d'Aurumy,** rte Gréasque ☎ 58.71.24 – 🅿
fermé août, dim. et fêtes le soir et merc. – SC : **R** carte 145 à 190.

GABAS 64 Pyr.-Atl. 🔢 ⑯ G. Pyrénées – alt. 1 020 – ⊠ **64440** Laruns – 🕓 59.

Voir Pic de la Sagette ☀☀★★ E : 2 km et téléphérique puis 30 mn – Lac★ de Bious
Artigues : ⇐★★ SO : 4,5 km.

Paris 836 – Argelès-Gazost 58 – Eaux-Bonnes 16 – Laruns 14 – Pau 51.

    🏨 **Vignau,** 📞 05.34.06 – 🛏 🏠 📶 🅿. ⌁
    ◆ SC : **R** 46/104 – ☕ 11,50 – **16 ch** 64/150 – P 160/180.

GABRIAC 12 Aveyron 🔢 ③ – 470 h. alt. 575 – ⊠ **12340** Bozouls – 🕓 65.

Paris 591 – Espalion 13 – Mende 88 – Rodez 27 – St-Geniez-d'Olt 19 – Sévérac-le-Château 34.

    🏨 **Bouloc,** 📞 44.92.89, 🌳 – 🛏wc 🚗 🅿
    ◆ *fermé oct. et merc. sauf juil.-août* – SC : **R** 33/85 – ☕ 14 – **14 ch** 55/125 –
    P 120/140.

GACÉ 61230 Orne 🔢 ④ – 2 678 h. alt. 186 – 🕓 33.

🅯 Syndicat d'Initiative à la Mairie (fermé dim. et lundi) 📞 35.50.24.

Paris 166 – Alençon 46 – Argentan 27 – Bernay 42 – Mortagne-au-Perche 41 – Vimoutiers 18.

    🏨 **Host. des Champs** ⌂, rte Alençon 📞 35.51.45, ⚒, 🌳 – 🛏wc 📶 📞 🅿 – ⚓
    30. 🚗 🅾 Ɛ
    fermé 15 janv. au 15 fév. et mardi sauf le soir en sais. – SC : **R** 70/140 – ☕ 19 –
    15 ch 80/160.

    ✗ **Étoile d'Or** avec ch, Gde-Rue 📞 35.50.03 – 🚗 🅿. 🚗
    ◆ *fermé 10 fév. au 10 mars et lundi* – SC : **R** 50/65 ⚒ – ☕ 13 – **12 ch** 45/75.

CITROEN Gar. Lafosse, 📞 35.62.47 🆘   RENAULT Gar. Moderne, 📞 35.60.84 🆘
PEUGEOT, TALBOT Anjou, 📞 35.53.35

La GACILLY 56200 Morbihan 🔢 ⑤ – 2 106 h. alt. 20 – 🕓 99.

Paris 394 – Châteaubriant 66 – Dinan 87 – Ploërmel 30 – Redon 16 – ◆Rennes 58 – Vannes 55.

    🏨 **France et Square** (Annexe : 🏨 Ⓜ - 16 ch 🛏wc 🚗), 📞 08.11.15 – 🛏 📶 🚗
    ◆ 🅿 – ⚓ 25. ⌁
    R 38/88 – ☕ 11 – **41 ch** 60/126 – P 143/188.

RENAULT Gar. Moderne, 📞 08.10.37

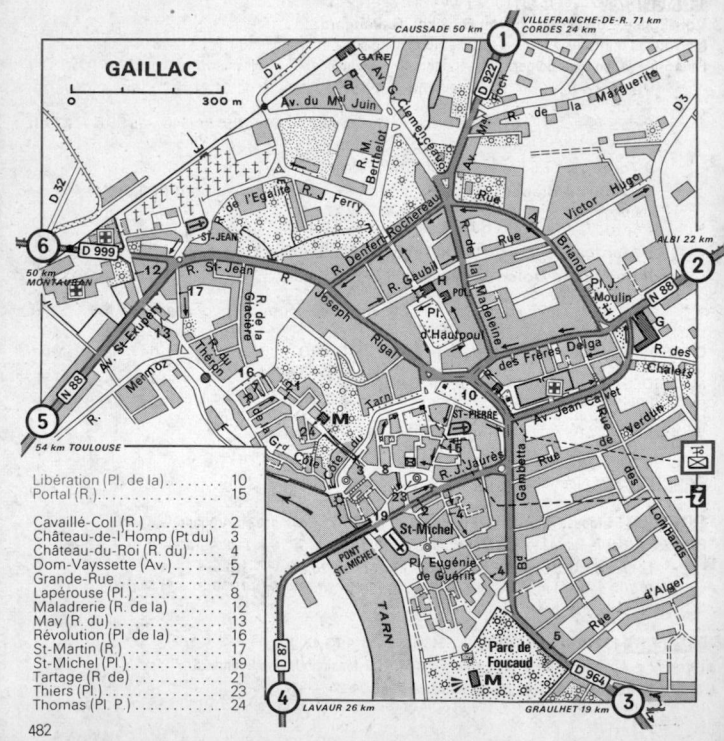

GAILLAC

0   300 m

CAUSSADE 50 km
VILLEFRANCHE-DE-R. 71 km
CORDES 24 km
ALBI 22 km
50 km MONTAUBAN
54 km TOULOUSE
LAVAUR 26 km
GRAULHET 19 km

Libération (Pl. de la)	10
Portal (R.)	15
Cavaillé-Coll (R.)	2
Château-de-l'Homp (Pt du)	3
Château-du-Roi (R. du)	4
Dom-Vayssette (Av.)	5
Grande-Rue	7
Lapérouse (Pl.)	8
Maladrerie (R. de la)	12
May (R. du)	13
Révolution (Pl de la)	16
St-Martin (R.)	17
St-Michel (Pl.)	19
Tartage (R de)	21
Thiers (Pl.)	23
Thomas (Pl. P.)	24

GAGES-LE-HAUT 12630 Aveyron 80 ③ – rattaché à Rodez.

GAILLAC 81600 Tarn 82 ⑨⑩ **G. Causses** – 10 912 h. alt. 143 – ✪ 63.

ℹ Office de Tourisme pl. Libération (fermé dim. aprés-midi et fêtes) ☎ 57.14.65.

Paris 684 ① – Albi 22 ② – Cahors 89 ① – Castres 49 ③ – Montauban 50 ⑥ – ♦Toulouse 54 ⑤.

Plan page ci-contre

🏨 **Occitan** Ⓜ sans rest, **pl. de la Gare (a)** ☎ **57.11.52** – ⋒wc ☎ Ⓟ. 🚗 VISA. 🚫
fermé 24 déc. au 8 janv. et dim. du 1er oct. au 30 avril – SC : ☕ 14 – **13 ch** 70/150.

XX **Le Vigneron,** par ⑤ : 1,5 km ☎ **57.07.20** – Ⓟ
➡ *fermé 15 août au 15 sept., 1er au 15 janv., dim. soir et lundi sauf du 1er juin au 31 août* – SC : **R** 42/160 🍷.

PEUGEOT-TALBOT Capmartin, 83 av. Ch. de Gaulle par ② ☎ 57.02.08
RENAULT Gaillac-Auto, av. St-Exupéry par ⑤ ☎ 57.17.50
V.A.G. Bergougnou, 85 rue des Frères Delga ☎ 57.10.98
◉ Deldossi, 92 r. J.-Rigal ☎ 57.03.29
François, 24 bd Gambetta ☎ 57.13.96

La GAILLARDE 83 Var 84 ⑱ – rattaché aux Issambres.

La GALÈRE 06 Alpes-Mar. 84 ⑧, 195 ㉞ – rattaché à Théoule.

GALGON 33 Gironde 71 ⑧, 75 ⑫ – rattaché à Libourne.

GALIMAS 47 L.-et-G. 79 ⑮ – rattaché à Agen.

GALLARDON 28320 E.-et-L. 60 ⑧, 196 ㊴ **G. Environs de Paris** – 1 888 h. alt. 140 – ✪ 37.

Voir Choeur★ de l'église.

Paris 76 – Ablis 13 – Chartres 21 – Dreux 37 – Épernon 11 – Maintenon 12 – Rambouillet 18.

X **Commerce,** pl. Église ☎ **31.00.07** – AE ◑ E VISA. 🚫
fermé août, dim. soir et lundi – SC : **R** 65/80.

GAMACHES 80220 Somme 52 ⑥ – 3 555 h. alt. 32 – ✪ 22.

ℹ Office de Tourisme 46 r. Ch.-de-Gaulle (15 juin-31 août et fermé lundi) ☎ 26.16.79.

Paris 153 – Abbeville 27 – ♦Amiens 58 – Blangy 9 – Le Tréport 17.

XX **Gd Cerf** avec ch, ☎ **26.10.38** – ⋒ Ⓟ. 🚗 E VISA
➡ *fermé 20 déc. au 20 janv. et lundi sauf de mai à fin sept.* – SC : **R** 50/140 – ☕ 14 – **8 ch** 90/100 – P 200.

FORD, MERCEDES Charpentier, ☎ 26.11.19
◉ Comptoir du Caoutchouc, ☎ 26 11.23

GAMBAIS 78950 Yvelines 60 ⑧, 196 ㉗ – 1 239 h. alt. 119 – ✪ 3.

Paris 58 – Dreux 27 – Mantes-la-Jolie 31 – Montfort-l'Amaury 12 – Rambouillet 23 – Versailles 37.

X **Poule Faisane** avec ch, ☎ **487.01.09,** 🌳
fermé merc. et jeudi le soir (sauf hôtel), lundi soir et mardi – SC : **R** 59/120 – ☕ 10 – **7 ch** 59/110 – P 110.

GANGES 34190 Hérault 80 ⑯ **G. Causses** – 3 858 h. alt. 183 – ✪ 67.

Voir Gorges de la Vis★★ SO : 3 km.

ℹ Office de Tourisme pl. 8 Mai 1945 (fermé jeudi et dim. après-midi) ☎ 73.84.79

Paris 757 – Alès 48 – Béziers 96 – Lodève 51 – ♦Montpellier 45 – Nîmes 64 – Le Vigan 17.

🏨 **Poste** sans rest, 8 plan Ormeau ☎ **73.85.88** – 🛁wc ⋒wc ☎. 🚫
SC : ☕ 12 – **26 ch** 62/135.

🏨 **Caves de l'Hérault,** av. Jeu-de-Ballon ☎ **73.81.09,** 🌳 – ⋒wc
➡ *fermé fév. et sam. d'oct. à mai* – SC : **R** 46/66 🍷 – ☕ 13 – **14 ch** 60/115 – P 135/162.

à St-Laurent-le-Minier O : 5 km par D 25 – ✉ **30440** Sumène :

XX **Le Fournil,** ☎ **73.91.65**
fermé fév., dim. soir et lundi hors sais – SC : **R** carte 95 à 160

CITROEN Cayrel, ☎ 73.81.30 N ☎ 73.92.93
PEUGEOT-TALBOT Jourdan, ☎ 73.81.65
RENAULT Gar. Renault., ☎ 73 92.47

Routes enneigées

Pour tous renseignements pratiques, consultez les cartes Michelin **« Grandes Routes »** 998, 999, 916 ou 989.

GAP P 05000 H.-Alpes 77 ⑯ G. Alpes – 28 947 h. alt. 733 – ✦ 92.

🚗 ⓣ 51.24.84.

🛈 Office de Tourisme (fermé dim.) et A.C. 5 r. Carnot ⓣ 51.57.03.

Paris 668 ① – Alès 212 ④ – Avignon 179 ④ – ✦Grenoble 103 ① – Montélimar 153 ④.

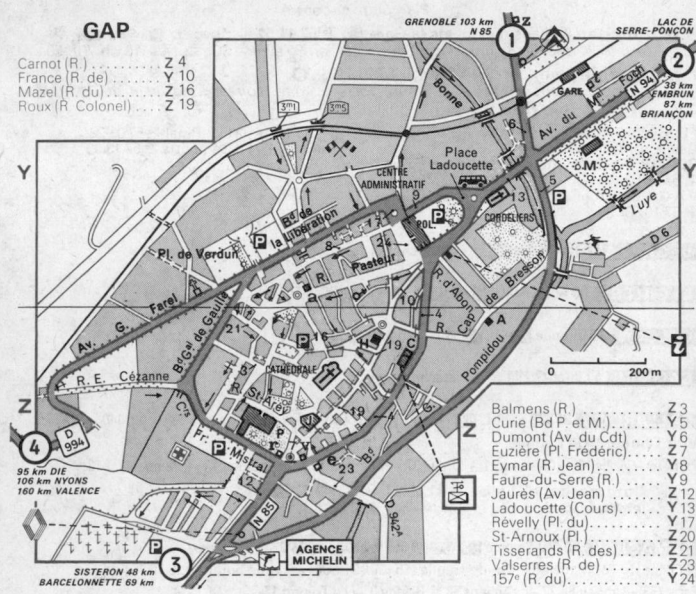

GAP

Carnot (R.) . . . . Z 4
France (R. de) . . . . Y 10
Mazel (R. du) . . . . Z 16
Roux (R. Colonel) . . . . Z 19

Balmens (R.) . . . . Z 3
Curie (Bd P. et M.) . . . . Y 5
Dumont (Av. du Cdt) . . . . . . Y 6
Euzière (Pl. Frédéric) . . . . . Z 7
Eymar (R. Jean) . . . . Y 8
Faure-du-Serre (R.) . . . . . . Y 9
Jaurès (Av. Jean) . . . . Z 12
Ladoucette (Cours) . . . . Y 13
Révelly (Pl. du) . . . . Z 17
St-Arnoux (Pl.) . . . . Z 20
Tisserands (R. des) . . . . Z 21
Valserres (R. de) . . . . Z 23
157ᵉ (R. du) . . . . Y 24

🏨 **La Grille,** 2 pl. F.-Euzière ⓣ 53.84.84 – 📶 ⌂wc ⌂wc ☎ 📶 ⒶⒺ ⓞ E 𝘝𝘐𝘚𝘈
→ fermé déc. – SC : **R** (fermé lundi) 45/100 ⅃ – ☲ 16 – **30 ch** 100/170 – P 190/220.
Z r

🏨 **Le Clos** ⑤, 20 ter av. Cdt-Dumont ⓣ 51.37.04, 🌤, 🌳 – cuisinette ⌂wc ⌂wc
→ ☎ Ⓟ 📶 𝘝𝘐𝘚𝘈 ⚁ rest
fermé 20 oct. au 20 nov. – SC : **R** (fermé dim. soir) 38/95 – ☲ 13,50 – **42 ch** 70/130
– P 230/360.
Y z

🏨 **Mokotel** Ⓜ sans rest, par ③ : 3 km, Quartier Graffinel ⓣ 51.57.82 – ⌂wc ⌂wc
🖰 🕭 Ⓟ – 🚗 25. 📶 ⒶⒺ 𝘝𝘐𝘚𝘈
SC : ☲ 14,50 – **27 ch** 110/138.

🏨 **Ferme Blanche** ⑤ sans rest, par ① et D 92 : 2 km ⓣ 51.03.41 – ⌂wc ⌂wc ☎.
𝘝𝘐𝘚𝘈
SC : ☲ 14,50 – **30 ch** 86/142.

🏨 **Fons Regina** ⑤, par ③ : 2,5 km, Quartier de Fontreyne ⓣ 51.02.53, parc, 🌤 –
⌂wc ⌂wc 🖰 Ⓟ 📶 ⒶⒺ 𝘝𝘐𝘚𝘈 ⚁ rest
fermé 21 oct. au 1ᵉʳ déc. – SC : **R** (fermé dim. soir et lundi midi) 70/110 – **20 ch**
☲ 75/190 – P 180/220.

🏨 **Paix** sans rest, 1pl. F.-Euzière ⓣ 51.03.29 – 📶 ⌂wc ⌂wc 🖰. 📶
fermé 16 oct. au 13 nov. – SC : ☲ 13 – **25 ch** 70/150.
Z v

🏨 **Michelet,** pl. Gare ⓣ 51.27.86 – ⌂ ⌂wc 🖰 🕭 ⛽
→ fermé 1ᵉʳ au 30 oct. – SC : **R** (fermé lundi) 48/60 – ☲ 12 – **16 ch** 90/150.
Y t

XXX **La Roseraie,** par ① et D 92 : 2 km ⓣ 51.43.08, ≼ – Ⓟ 𝘝𝘐𝘚𝘈
fermé janv., dim. soir et jeudi – SC : **R** 80/200.

XX **Carré Long,** 32 r. Pasteur ⓣ 51.13.10 – ⒶⒺ E 𝘝𝘐𝘚𝘈
fermé 1ᵉʳ au 7 sept., 24 déc. au 14 janv., lundi midi et dim. – SC : **R** 65/99.
Y a

XX **Manoir de Malcombe,** par ④ : 5 km par D 994 ⓣ 51.04.60, 🌤 – Ⓟ ⒶⒺ E 𝘝𝘐𝘚𝘈
fermé vacances de nov., de fév. et merc. – SC : **R** 82/175.

X **Pique Feu,** par ③ : 2,5 km, Quartier Graffinel ⓣ 52.16.06, 🌤 – Ⓟ 𝘝𝘐𝘚𝘈
fermé janv., dim. soir et lundi – SC : **R** 63/98.

X **La Petite Marmite,** 79 r. Carnot ⓣ 51.14.20 – ⒶⒺ E
→ fermé 8 au 28 juin et vend. – SC : **R** 50/85.
Z e

MICHELIN, Agence, rte de la Luye par ③ et D 900B ☎ 51.63.32

AUSTIN, MORRIS, ROVER, TRIUMPH Gar. de Verdun, 4 r. P.-Bert, pl. de Verdun ☎ 51.26.18
BMW, FIAT Transalp-Auto, av. d'Embrun ☎ 52.02.57
CITROEN Gap Injection Service, 10 av. Cdt.-Dumont ☎ 52.29.26
DATSUN Alpes-Sport-Autom, Zone Ind. les Fauvins ☎ 51.18.65
FORD Gar. Europ-Autom, rte de Briançon ☎ 52.05.46
LANCIA-AUTOBIANCHI Gar. Rouit, rte Marseille Fontreyne ☎ 51.18.26
OPEL Provensal, Cours Victor-Hugo ☎ 51.02.95
PEUGEOT, TALBOT Éts Brotons, rte Marseille par ③ ☎ 52.15.17

RENAULT Gap-Autom., av. d'Embrun par ② ☎ 52.05.61
RENAULT Gar. Guay, 15 av. J.-Jaurès ☎ 51.05.35
V.A.G. Gar. Alpes-Service, rte de Briançon ☎ 52.25.56
VOLVO Gar. des Eyssragnières, Zone Ind. des Eyssragnières ☎ 52.32.12 🄽 ☎ 52.05.82

🅐 Barneaud-Pneus, rte de Barcelonnette ☎ 51.00.59
Meizenq-Pneus, av. d'Embrun ☎ 52.22.33
Piot-Pneu, av. d'Embrun ☎ 52.20.28
Provence C/c, 1 av. Mar.-Foch ☎ 51.33.03

GARABIT (Viaduc de) ★★ 15 Cantal 🞷🞷 ⑭ Ⓖ Auvergne – alt. 835 – ⊠ 15390 Loubaresse – ✆ 71.

Env. Belvédère de Mallet ≤★★ SO : 13 km puis 10 mn.

Paris 502 – Aurillac 88 – Mende 71 – Le Puy 100 – St-Flour 12.

🏨 **Panoramic,** N 9 rte de Clermont ⊠ 15100 St-Flour ☎ 23.40.24, ≤ lac, ⚏, ⚒ – 🖼wc 🖼wc ☎ Ⓟ. 🚗🄴 🄴
20 mars-3 nov. – SC : **R** 40/90 ⅄ – � 14 – **28 ch** 80/160 – P 135/180.

🏨 **Garabit H.,** ☎ 23.42.75, ≤, ⚏, – 📺 🖼wc 🖼wc ☎ Ⓟ – 🏅 60 à 110. 🚗🄴 🄴
1er avril-1er nov. – SC : **R** 42/90 – ⊠ 16 – **48 ch** 85/190 – P 140/180.

🏠 **Beau Site,** N 9 ☎ 23.41.46, ≤ viaduc et lac – 🖼wc 🖼 🚗 Ⓟ – 🏅 30. 🄴
1er avril-1er nov. – SC : **R** 40/100 ⅄ – ⊠ 15 – **16 ch** 95/140 – P 140/180.

🏠 **Viaduc,** ☎ 23.43.20, ≤ – 🖼wc 🖼wc ☎ Ⓟ. 🚗🄴
15 mars-15 nov. – SC : **R** 40/87 – ⚟ 13 – **20 ch** 58/140 – P 115/155.

La GARDE 04 Alpes-de-H.-P. 🞷🞷 ⑱ – rattaché à Castellane.

La GARDE 48 Lozère 🞷🞷 ⑮ – rattaché à St-Chély-d'Apcher.

La GARDE 69 Rhône 🞷🞷 ⑪, 🞷🞷 ⑳ et F – rattaché à Lyon.

La GARDE-FREINET 83 Var 🞷🞷 ⑰ Ⓖ Côte d'Azur – 1 241 h. alt. 405 – ⊠ 83310 Cogolin – ✆ 94.

Paris 858 – Brignoles 47 – Hyères 55 – ♦Toulon 73 – St-Tropez 20 – Ste-Maxime 23.

✗ **La Faücado,** ☎ 43.60.41 – ⓪
fermé 12 nov. au 10 déc. et mardi – SC : **R** 60/170, dîner à la carte.

La GARENNE-COLOMBES 92 Hauts-de-Seine 🞷🞷 ⑳, 🞷🞷🞷 ⑭ – voir à Paris, Proche banlieue.

GARGILESSE-DAMPIERRE 36 Indre 🞷🞷 ⑲ Ⓖ Périgord – 363 h. alt. 140 – ✆ 54.
Paris 315 – Argenton-sur-Creuse 13 – Châteauroux 44 – Guéret 61 – ♦Limoges 98 – La Souterraine 45.

au Pin NO ; 1,5 km – ⊠ 36200 Argenton-sur-Creuse :

🏠 **Pont Noir** ⚞, ☎ 47.85.20, ≤, 🛋 – 🖼wc 🖼. 🚗🄴 𝚅𝙸𝚂𝙰
15 mars-15 oct. – SC : **R** 43/80 ⅄ – ⊠ 14 – **16 ch** 67/132 – P 107/150.

La GARONNE 83 Var 🞷🞷 ⑮ – rattaché au Pradet.

GASSIN 83 Var 🞷🞷 ⑰ Ⓖ Côte d'Azur – 1 519 h. alt. 201 – ⊠ 83990 St Tropez – ✆ 94.
Voir Boulevard circulaire ≤★ – Moulins de Paillas 🞷★★ SE : 3,5 km.
Paris 880 – Brignoles 67 – Le Lavandou 32 – St-Tropez 7,5 – Ste-Maxime 15 – Toulon 73.

✗✗ **Aub. la Verdoyante,** N : 2 km ☎ 56.16.23, ≤ – Ⓟ 𝚅𝙸𝚂𝙰
fermé 3 janv. au 15 mars et merc. sauf juil. et août – SC : **R** 90/200.

✗ **Bello Visto** ⚞ avec ch, au Village ☎ 56.17.30, ≤ – 🖼wc 🖼wc. ⚒ ch
1er avril-30 sept. – SC : **R** (fermé mardi) 70 – ⊠ 17 – **9 ch** 145/180.

GASTES 40 Landes 🞷🞷 ⑬ – rattaché à Parentis-en-Born.

Pour des repas simples à prix modiques choisissez les établissements marqués d'un losange	🏠 ✗ ◆ ◆

GATTIÈRES 06 Alpes-Mar. 84 ⑨. 195 ㉖ G. Côte d'Azur – 1 739 h. alt. 295 – ⊠ 06510 Carros – ✿ 93.

Paris 942 – Antibes 32 – Cannes 43 – La Gaude 7 – ♦Nice 24 – St-Martin-Vésubie 51 – Vence 10.

　XXX **Aub. de Gattières,** ℡ 08.60.05, 🅰
　　　 fermé 30 mai au 2 juil., 28 nov. au 11 déc. et merc. – SC : **R** (hors saison dîner sur commande) 115/195.

　XX **Le Panoramic,** au N : 1,5 km par D 2209 ℡ 08.60.56, ≤, ⌛, 🅰 – 🅿
　　　 SC : **R** 75/100 (dîner sur réservation seul.).

GAUCHIN-LÉGAL 62 P.-de-C. 53 ① – rattaché à Bruay-en-Artois.

La GAUDE 06610 Alpes-Mar. 84 ⑨. 195 ㉘㉙ G. Côte d'Azur – 2 309 h. alt. 230 – ✿ 93.

Voir Corniche du Var* E : 2 km par D 118.

Paris 932 – Antibes 19 – Cagnes-sur-Mer 9 – Grasse 35 – ♦Nice 21 – St-Laurent-du-Var 12 – Vence 9.

　🏠 **Brise des Pins,** ℡ 24.40.26 – ▤ rest ⌫wc 🕮 ☎ 🅿
　　　 SC : **R** 70/100 – ⊏⊐ 15 – **20 ch** 100/165 – P 138/241.

　XX **Host. Hermitage** ⌛ avec ch, D 18 ℡ 24.40.05, ≤, 🅰 – ⌫wc 🕮wc ☎ 🅿
　　　 ✿✿ ch
　　　 fermé 18 oct. au 19 déc. – **R** 70/91 – ⊏⊐ 10 – **10 ch** 135/170 – P 143/160.

GAVARNIE 65 H.-Pyr. 85 ⑱ G. Pyrénées – 162 h. alt. 1 357 – ⊠ 65120 Luz-St-Sauveur – ✿ 62.

Voir Cirque de Gavarnie*** S : 3 h. – Pic de Tantes ✳✳ SO : 11 km.

🛈 Syndicat d'Initiative (fermé sam. et dim. hors sais.) ℡ 92.48.26.

Paris 876 – Lourdes 51 – Luz-St-Sauveur 20 – Tarbes 71.

　🏦 **Taillon** ⌛, ℡ 92.48.20, ≤ – 🕮 🅿 🅰, ✿✿ ch
　◆　 fermé 15 oct. au 20 déc. – SC : **R** 42/60 – 🍽 14,50 – **20 ch** 68/90 – P 137/171
　X **La Ruade,** ℡ 92.48.49
　◆　 1er juin-8 oct. – SC : **R** 40/80 🍴

GAVRINIS (Ile) 56 Morbihan 63 ⑫ G. Bretagne.

Voir Tumulus** 15 mn en bateau de Larmor-Baden.

GAZERAN 78 Yvelines 60 ⑧. 196 ㉗ – rattaché à Rambouillet.

GÉMENOS 13420 B.-du-R. 84 ⑭ G. Provence – 4 126 h. alt. 150 – ✿ 42.

Voir Parc de St-Pons* E : 3 km.

Paris 794 – Aix-en-Provence 36 – Brignoles 48 – ♦Marseille 23 – ♦Toulon 50.

　🏯 **Relais de la Magdeleine,** ℡ 82.20.05, ≤, ⌛ dans un parc, ⌛ – 📺 ☎ 🅿 – 🏦
　　　 45
　　　 15 mars-1er nov. – SC : **R** 130 – ⊏⊐ 28 – **16 ch** 230/350, 3 appartements 420 – P 400/450.

　🏠 **Parc** ⌛, vallée de St-Pons par D2 ⊠ 13420 Gémenos ℡ 82.20.34, ≤, 🅰 – ⌫wc 🅿
　　　 SC : **R** (fermé merc. du 1er oct. au 31 mars) 80 bc/90 – ⊏⊐ 14 – **15 ch** 100/140 – P 180/200.

　XX **Fer à Cheval,** pl. Mairie ℡ 82.21.19 – 🆎 ⑩ 🇪 𝘝𝘐𝘚𝘈
　　　 fermé août, 25 déc. au 1er janv., dim. soir et sam. – SC : **R** (en hiver déj. seul.) carte 100 à 150.

GEMOËN 74 H.-Savoie 74 ⑧ – rattaché à Combloux.

GENÇAY 86160 Vienne 68 ⑭ G. Côte de l'Atlantique – 1 392 h. alt. 128 – ✿ 49.

Paris 368 – Confolens 47 – Montmorillon 39 – Niort 77 – Poitiers 25.

　🏦 **Du Guesclin,** 4 r. Carnot ℡ 49.33.53 – ⌫wc 🕮wc 🕭. ✿✿ ch
　◆　 fermé 20 déc. au 5 janv. et dim. – SC : **R** 35/75 – 🍽 12 – **10 ch** 60/100

CITROEN Bouzier. ℡ 49.31 11

GÉNELARD 71 S.-et-L. 69 ⑰ – 2 041 h. alt. 298 – ⊠ 71420 Perrecy-les-Forges – ✿ 85.

Voir Perrecy-les-Forges : porche-narthex* de l'église NO : 4 km, G. Bourgogne.

Paris 350 – Charolles 18 – Digoin 29 – Mâcon 73 – Montceau-les-Mines 17 – Paray-le-Monial 19.

　🏦 **Gare,** ℡ 79.20.58 – ⌫wc 🕮 ☎ 🅿 🚗 🆎 ⑩ 🇪 𝘝𝘐𝘚𝘈
　◆　 fermé 3 janv. au 1er fév. – SC : **R** 30/65 🍴 – **18 ch** ⊏⊐ 65/100 – P 150/200

RENAULT Lapalus. ℡ 79.20.44

GÉNÉRARGUES 30 Gard 80 ⑰ – rattaché à Anduze.

Le GENESTOUX 63 P.-de-D. 73 ⑬ – rattaché au Mont-Dore.

GENÈVE Suisse 🔢 ⑥. 🔢 ⑪ **G. Suisse**. – 169 960 h. alt. 375 – Casino – ✪ Genève et les environs : de France 19-41-22 ; de Suisse 022.

Voir Bords du Lac ≤★★★ – Parcs★★ : Mon Repos FX , la Perle du Lac BU B et Villa Barton BU D – Jardin botanique★ : jardin alpin★★ BU E – Cathédrale★ : ⛵★★ FY – Monument de la Réformation★ FYZ – Palais des Nations★ BU F – Parc de la Grange★ GY – Parc des Eaux-Vives★ CV – Vaisseau★ de l'église du Christ-Roi BV N – Musées : Art et Histoire★★★ FZ M1, Ariana★★ BU M2, Histoire naturelle★★ GZ M3, Petit Palais★ FZ M4, – Collections Baur★ (dans hôtel particulier) FZ M5 , Instruments de musique★ FZ M6.

Excurs. en bateau sur le lac. Rens. Cie Gén. de Nav., Jardin Anglais ⊅ 21.25.21 – Mouettes genevoises, 8 quai du Mt-Blanc ⊅ 32.29.44 – Swiss Boat, 4 quai du Mont-Blanc ⊅ 32.47.47.

🏌 à Cologny ⊅ 35.75.40 - CU.

✈ de Genève-Cointrin : Air France ⊅ 31.33.30 AU.

🛈 Office de Tourisme, 1 Tour de l'Île (fermé dim. sauf juil. et août), ⊠1204 ⊅ 28.72.33, Télex 422795 et gare Cornavin (juin-sept.) ⊅ 32.53.40 - A.C. Suisse, 10 bd Théâtre ⊅ 28.07.66 - T.C. Suisse, 9 r. P.-Fatio ⊅ 36.60.00.

Paris 548 ⑦ – Bern 166 ② – Bourg-en-B. 120 ⑦ – Lausanne 63 ② – ♦Lyon 190 ⑥ – Torino 253 ⑥.

Plans : Genève p. 2 à 5

Les prix sont donnés en francs suisses

1° – Rive droite (Gare Cornavin - Les Quais - B.I.T.) – ⊠ 1201.

🏨🏨🏨 **Richemond,** jardin Brunswick, ⊠ 1211, ⊅ 31.14.00, Télex 22598, ≤ – 🛗 🍴 rest 📺 ☎ – 🔏 40. 🖭 ⑤ 🗲 **VISA**. ✾ rest   FY **u**
SC : **rest Le Jardin R** carte 50 à 70 👤 et voir rest Le Gentilhomme – **100 ch** ⊏ 120/300. 21 appartements.

🏨🏨🏨 **Rhône** Ⓜ, quai Turrettini, ⊠ 1211, ⊅ 31.98.31, Télex 22213, ≤ – 🛗 📺 ☎ ♿ 🅿 – 🔏 25 à 150. 🖭 ⑤ 🗲 **VISA**   EY **r**
SC : **R** 38/42 (dîner à la carte) et voir Rôt. Le Neptune – **290 ch** ⊏ 125/350, ch. pour non fumeurs, 21 appartements 350/620.

🏨🏨🏨 **Noga Hilton** Ⓜ, 19 quai Mt-Blanc, ⊠ 1201, ⊅ 31.98.11, Télex 289704, ≤ lac et Mt-Blanc, ▨ – 🖩 cuisinette 🍴 📺 ☎ – 🔏 1300. 🖭 ⑤ 🗲 **VISA** ✾ rest   FY **y**
SC : rest. **Le Cygne R** 55/85 - **La Grignotière R** carte environ 50 👤 - **Le Bistroquai R** carte environ 35 – **300 ch** ⊏ 190/325.

🏨🏨🏨 **Président** Ⓜ, 47 quai Wilson, ⊠ 1211, ⊅ 31.10.00, Télex 22780, ≤ lac – 🛗 🍴 📺 ☎ ♿ 🚗 🅿 – 🔏 25 à 80. 🖭 ⑤ 🗲 **VISA**. ✾ rest   FX **d**
SC : **R** carte 75 à 105 – ⊏ 16 – **205 ch** 165/290, 25 appartements.

🏨🏨🏨 **Les Bergues,** 33 quai Bergues, ⊠ 1201, ⊅ 31.50.50, Télex 23383, ≤ – 🛗 🍴 📺 ☎ – 🔏 350. 🖭 ⑤ 🗲 **VISA** ✾ rest   FY **a**
SC : **R** snack **Le Pavillon** carte environ 40 👤 et voir rest. Amphitryon – ⊏ 12 – **117 ch** 180/300, 8 appartements.

🏨🏨 **Beau Rivage,** 13 quai Mont-Blanc, ⊠ 1201, ⊅ 31.02.21, Télex 23362, ≤ lac – 🛗 🍴 📺 ☎ 🅿 – 🔏 30 à 200. 🖭 ⑤ 🗲 **VISA**   FY **n**
SC : **R** voir rest. Le Chat Botté – **120 ch** ⊏ 135/300, 6 appartements.

🏨🏨 **Paix,** 11 quai Mont-Blanc, ⊠ 1211, ⊅ 32.61.50, Télex 22552, ≤ – 🛗 🍴 rest 📺 ☎ – 🔏 140. 🖭 ⑤ 🗲 **VISA**   FY **s**
SC : **R** carte 60 à 85 👤 – **101 ch** ⊏ 105/290, 10 appartements – P 215.

🏨🏨 **Ramada** Ⓜ, 19 r. Zurich, ⊠ 1201, ⊅ 31.02.41, Télex 289109 – 🛗 🍴 📺 ☎ 🚗 – 🔏 150. 🖭 ⑤ 🗲 **VISA**   FX **s**
SC : **La Clef d'Or** (fermé dim.) **R** carte 55 à 75 👤 **Rive Droite R** carte environ 50 dégustation de fromages – ⊏ 15 – **213 ch** 137/210, 7 appartements.

🏨🏨 **Warwick-Méditerranée** Ⓜ, 14 r. Lausanne, ⊠ 1201, ⊅ 31.62.50, Télex 23630 – 🛗 🍴 📺 ☎ 🅿 – 🔏 420. 🖭 ⑤ 🗲 **VISA**   EY **n**
SC : **R** carte 75 à 90 👤 – **168 ch** ⊏ 150/220.

🏨🏨 **P.L.M. Rotary** Ⓜ, 18 r. Cendrier, ⊠ 1201, ⊅ 31.52.00, Télex 289999 – 🛗 cuisinette 🍴 📺 ☎. 🖭 ⑤ 🗲 **VISA** ✾ rest   FY **p**
SC : **R** carte 45 à 65 👤 – **91 ch** ⊏ 140/220, 12 appartements 260/360.

🏨🏨 **Bristol** Ⓜ, 10 r. Mont-Blanc, ⊠ 1201, ⊅ 32.44.00, Télex 23739 – 🛗 cuisinette 📺 ☎ ♿ – 🔏 40 à 120. 🖭 ⑤ 🗲 **E**   FY **w**
SC : **R** (fermé sam. soir et dim.) carte 55 à 80 – **69 ch** ⊏ 160/240, 4 appartements 450 – P 190/230.

🏨🏨 **Angleterre,** 17 quai Mt-Blanc, ⊠ 1201, ⊅ 32.81.80, Télex 22668, ≤ – 🛗 🍴 rest 📺 ☎. 🖭 ⑤ 🗲 **VISA**. ✾ rest   FY **t**
SC : **R** carte 40 à 60 – **60 ch** ⊏ 135/275, 4 appartements.

🏨🏨 **Ambassador,** 21 quai Bergues, ⊠ 1201, ⊅ 31.72.00, Télex 23231 – 🛗 📺 🅿 – 🔏 40. 🖭 ⑤ 🗲 **VISA**   EY **p**
SC : **R** 30/40 – **92 ch** ⊏ 75/170.

🏨🏨 **Cornavin** sans rest, 33 bd James-Fazy, ⊠ 1211, ⊅ 32.21.00, Télex 22853 – 🛗 📺 ☎ 🅿. 🖭 ⑤ 🗲 **VISA**   EY **t**
SC : **125 ch** ⊏ 85/160.

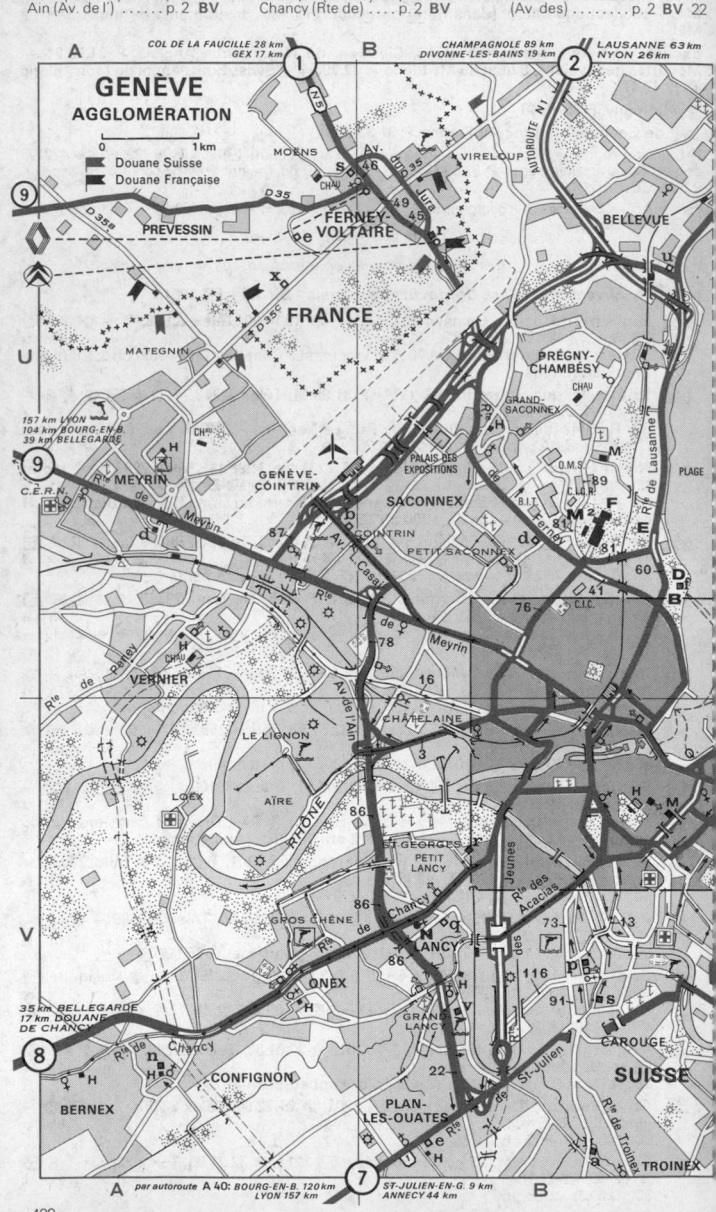

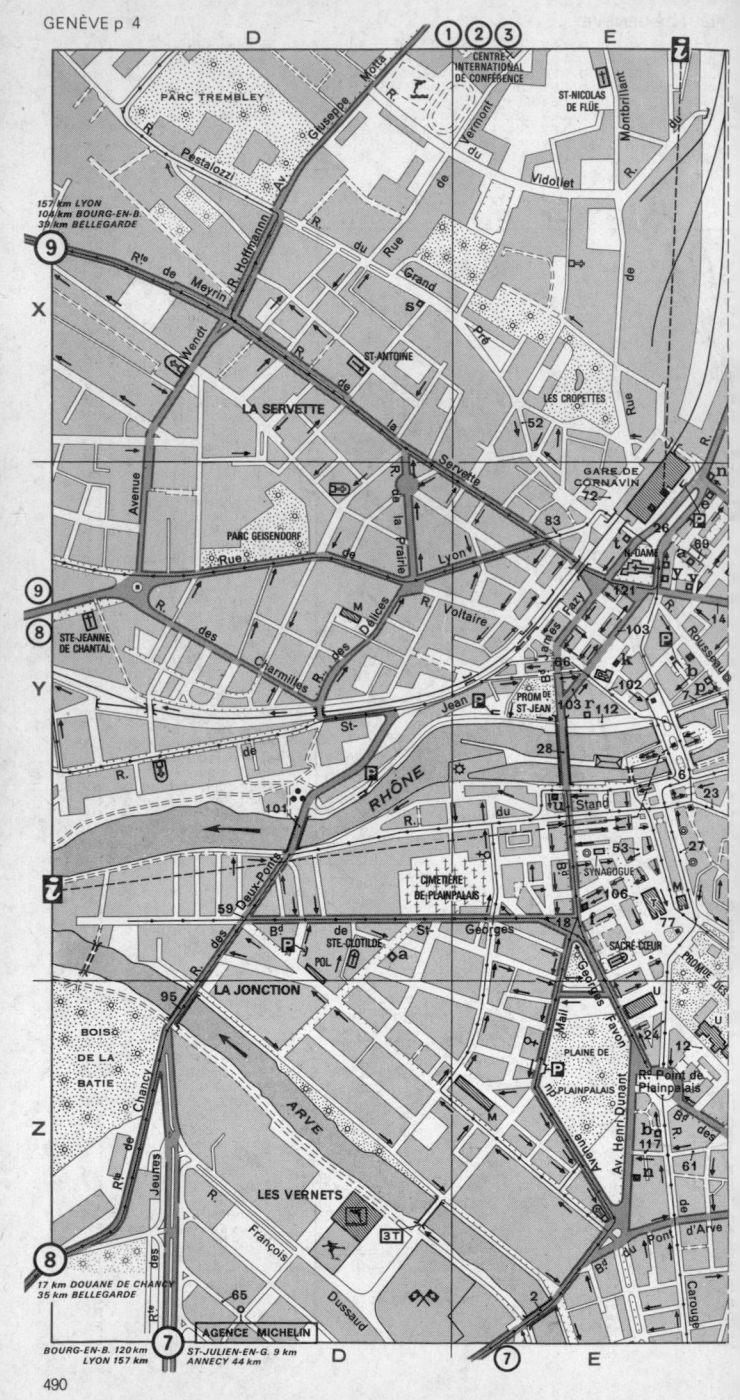

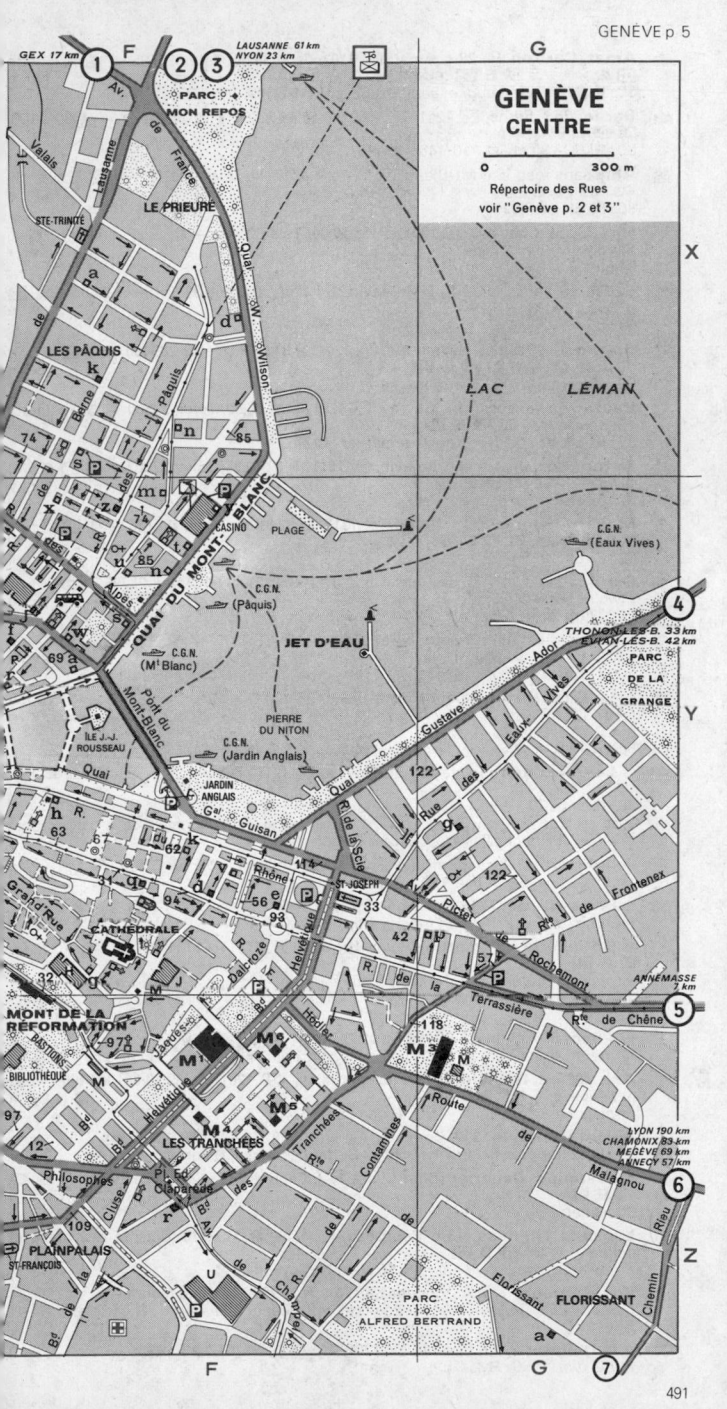

GEX 17 km

LAUSANNE 61 km
NYON 23 km

GENÈVE
CENTRE

0   300 m

Répertoire des Rues
voir "Genève p. 2 et 3"

PARC
MON REPOS

LE PRIEURÉ

STE-TRINITÉ

LES PÂQUIS

LAC LÉMAN

X

PLAGE

QUAI DU MONT-BLANC

CASINO

C.G.N.
(Eaux Vives)

C.G.N.
(Pâquis)

JET D'EAU

THONON-LES-B. 33 km
EVIAN-LES-B. 42 km

PARC
DE LA
GRANGE

Y

C.G.N.
(Mt Blanc)

Pont du
Mont-Blanc

ÎLE J.-J.
ROUSSEAU

PIERRE
DU NITON

C.G.N.
(Jardin Anglais)

JARDIN
ANGLAIS

Grand'Rue

CATHÉDRALE

ST-JOSEPH

ANNEMASSE
7 km

MONT DE LA
RÉFORMATION

Terrassière

Rte de Chêne

5

BIBLIOTHÈQUE

LES TRANCHÉES

LYON 190 km
CHAMONIX 83 km
MEGÈVE 69 km
ANNECY 57 km

6

PLAINPALAIS
ST-FRANÇOIS

PARC
ALFRED BERTRAND

FLORISSANT

Z

F

G

7

491

🏨🏨 **Amat-Carlton** Ⓜ, 22 r. Amat, ⊠ 1202, ℱ 31.68.50, Télex 27595 — 🛗 cuisinette
📺 ☎ 🚗, 🖭 ⓞ 🅴 *VISA*. 🍴 rest   FX **a**
SC : **R** *(fermé dim. midi et sam.)* 16/52 🍷 – **119 ch** ⊇ 105/175.

🏨🏨 **Berne,** 26 r. Berne, ⊠ 1201, ℱ 31.60.00, Télex 22764 — 🛗 🖭 📺 ☎ – 🅰 30 à 100.
🖭 ⓞ 🅴 *VISA* 🍴 rest   FY **x**
SC : **R** 22 – **80 ch** ⊇ 110/145 – P 117/154.

🏨 **Alba** sans rest, 19 r. Mt-Blanc, ⊠ 1201, ℱ 32.56.00, Télex 23930 — 🛗 📺 �␣wc ☎.
🖭 🖭 ⓞ 🅴   EY **a**
SC : **60 ch** ⊇ 90/160.

🏨 **Midi** Ⓜ, pl. Chevelu, ⊠ 1201, ℱ 31.78.00, Télex 23482 — 🛗 cuisinette 📺 ➯wc
➯wc ☎   FY **r**
84 ch.

🏨 **Suisse** Ⓜ sans rest, 10 pl. Cornavin, ⊠ 1201, ℱ 32.66.30, Télex 23868 — 🛗 📺
➯wc ➯wc ☎   EY **y**
60 ch.

🏨 **Balzac** sans rest, pl. Navigation, ⊠ 1201, ℱ 31.01.60, Télex 289430 — 🛗 📺 ➯wc
➯wc ☎ 🅿. 🖭 🖭 ⓞ 🅴 *VISA*   FX **n**
SC : **40 ch** ⊇ 45/120, 4 appartements 150.

🏨 **California** sans rest, 1 r. Gevray, ⊠ 1201, ℱ 31.55.50, Télex 23560 — 🛗 cuisinette
➯wc ☎. 🖭 🖭 ⓞ 🅴 *VISA*. 🍴   FY **m**
SC : **51 ch** ⊇ 100/165, 9 appartements 195/275.

🏨 **Astoria** sans rest, 6 pl. Cornavin, ⊠ 1211, ℱ 32.10.25, Télex 22307 — 🛗 📺 ➯wc
➯wc ☎. 🖭 🖭 ⓞ 🅴 *VISA*   EY **y**
SC : **62 ch** ⊇ 69/102.

🏨 **Moderne** sans rest, 1 r. Berne, ⊠ 1211, ℱ 32.81.00, Télex 289738 — 🛗 📺 ➯wc
➯wc ☎. 🖭 🖭 ⓞ 🅴 *VISA*   EY **v**
SC : **55 ch** ⊇ 45/105.

🏨 **Bernina** sans rest, 22 pl. Cornavin, ⊠ 1211, ℱ 31.49.50, Télex 28795 — 🛗 ➯wc
➯wc ☎. 🖭 🅴 *VISA*   EY **e**
SC : **77 ch** ⊇ 44/90.

🏨 **Lido** sans rest, 8 r. Chantepoulet, ⊠ 1201, ℱ 31.55.30 — 🛗 ➯wc ➯wc ☎. 🖭
🖭 ⓞ 🅴 *VISA*   EY **v**
SC : **31 ch** ⊇ 45/85.

XXXX ❀ **Le Chat Botté,** 13 quai Mont-Blanc, ⊠ 1201, ℱ 31.02.21, ≤, 🌫 – 🖭 🅿.
ⓞ 🅴 *VISA*. 🍴   FY **n**
SC : **R** 75/100
Spéc. Salade Oasis, Saumon Janine, Selle d'agneau au vieux Porto. Vins Satigny, Dôle.

XXXX ❀ **Le Gentilhomme,** jardin Brunswick, ⊠ 1211, ℱ 31.14.00 — 🖭 🖭 ⓞ 🅴 *VISA*.
🍴   FY **u**
SC : **R** carte 70 à 105
Spéc. Filets de turbot aux violets, Lamelles de charolais aux pignons, Eventail de canard aux zestes
de citron confits. Vins Ermitage, Clos de la Donzelle.

XXXX **Amphitryon,** 33 quai Bergues, ⊠ 1201, ℱ 31.50.50 — 🖭 ⓞ 🅴 *VISA*. 🍴   FY **a**
fermé sam. – SC : **R** carte 70 à 85.

XXX ❀ **Perle du Lac,** 128 r. Lausanne ⊠ 1202, ℱ 31.35.04, ≤, 🌫 – 🅿. 🖭 ⓞ *VISA*
fermé 20 déc. au 1ᵉʳ fév. et lundi – SC : **R** 72/100.   BU **f**

XXX ❀ **Rôtisserie Le Neptune,** quai Turrettini ⊠ 1211 ℱ 31.98.31, ≤, 🌫 – 🖭 🅿
🖭 🅴 *VISA*   EY **r**
fermé sam. et dim. – SC : **R** carte 70 à 90
Spéc. Flan aux truffes, Tresses de filets de sole et saumon à l'oseille, Poêlé de filet et rognons
d'agneau au basilic.

XXX **Fin Bec,** 55 r. Berne, ⊠ 1201, ℱ 32.29.19, 🌫 – 🖭 ⓞ 🅴 *VISA*   FX **k**
fermé 1ᵉʳ au 20 août, 25 déc. au 5 janv., sam. midi et dim. – SC : **R** carte 55 à 80 🍷.

XXX **Aub. Mère Royaume,** 9 r. Corps-Saints, ⊠ 1201, ℱ 32.70.08, « Style vieux
genevois » – 🖭 ⓞ 🅴 *VISA*   EY **k**
fermé sam. midi et dim. – SC : **R** carte 55 à 80 🍷.

XX **Buffet Cornavin,** 3 pl. Cornavin, ⊠ 1201, ℱ 32.43.06 – 🖭 ⓞ 🅴 *VISA*   EY
SC : **Rest français R** carte 45 à 65 🍷 - **Buffet (1ʳᵉ classe) R** carte environ 40.

XX **Mövenpick-Cendrier** (Beef Club), 17 r. Cendrier, ⊠ 1201, ℱ 32.50.30 – 🖭.
ⓞ 🅴 *VISA*   FY **f**
SC : **R** carte 50 à 70 🍷.

XX **Locanda Ticinese,** 13 r. Rousseau, ⊠ 1201, ℱ 31.55.70, Cuisine tessinoise et
italienne – 🖭 ⓞ 🅴 *VISA*   EY **b**
fermé août, sam. soir et dim. – SC : **R** carte environ 50 🍷.

X **Boeuf Rouge,** 17 r. A.-Vincent ⊠ 1201, ℱ 32.75.37, cuisine lyonnaise   FY **z**
fermé 9 au 31 juil., 24 déc. au 2 janv., sam., dim. et fériés – SC : **R** carte environ 45
🍷.

X **A la Diligence,** 2 r. Pécolat, ⊠ 1201, ℱ 32.44.95 – 🖭 ⓞ 🅴 *VISA*   FY **j**
fermé dim. – SC : **R** 11/25 🍷.

2° - Au Nord (Palais des Nations, Servette) :

🏰🏰 **Intercontinental** 🅜 ≫, 7 petit Saconnex, ⊠ 1211, Genève 19 ☎ 34.60.91, Télex 23130, ≤, 🌿, ⌿, – 📳 cuisinette ▤ rest 📺 ☎ ⟲ ❷ – �᷄ 25 à 750. 🝙 ⓞ Ɛ 𝘝𝘐𝘚𝘈
≫ rest   BU **d**
SC : **Les Continents** (1er étage) *(fermé dim. midi)* **R** carte environ 80 – **400 ch**
⟷ 195/240, 33 appartements.

🏠🏠 **Grand Pré** sans rest, 35 r. Gd-Pré, ⊠ 1211, Genève 16 ☎ 33.91.50, Télex 23284 –
📳 cuisinette 📺 ⎚wc ⍲wc 🆑. ⚌ 🝙 ⓞ Ɛ 𝘝𝘐𝘚𝘈   DX **s**
SC : **100 ch** ⟷ 80/150, 4 appartements 190.

3° - Rive gauche (Centre des affaires) :

🏠🏠🏠 **Armures** 🅜 ≫, 1 r. Puits-Saint-Pierre ⊠ 1204 ☎ 28.91.72, Télex 421129 – 📳 📺
🆓. 🝙 ⓞ Ɛ 𝘝𝘐𝘚𝘈   FY **g**
SC : **R** carte environ 35 🍴 – **24 ch** ⟷ 140/220, 4 appartements 260.

🏠🏠🏠 **L'Arbalète**, 3 r. Tour-Maîtresse, ⊠ 1204, ☎ 28.41.55, Télex 427293 – 📳 ▤ 📺 ☎
🆓 – �᷄ 25. 🝙 ⓞ Ɛ 𝘝𝘐𝘚𝘈   FY **v**
SC : **R** carte environ 40 🍴 – **32 ch** ⟷ 170/230.

🏠🏠🏠 **Century** sans rest, 24 av. Frontenex ⊠ 1207 ☎ 36.80.95, Télex 23223 – 📳 cuisinette
❷ – �᷄ 35. 🝙 ⓞ Ɛ 𝘝𝘐𝘚𝘈   GY **p**
SC : **125 ch** ⟷ 55/160, 15 appartements 170/220.

🏠🏠 **Touring Balance,** 13 pl. Longemalle, ⊠ 1204, ☎ 28.71.22, Télex 427634 – 📳 📺
⎚wc ⍲wc 🆑 🝙 ⓞ Ɛ 𝘝𝘐𝘚𝘈 ≫ rest   FY **k**
SC : **R** *(fermé sam.)* 27/35 🍴 – **56 ch** ⟷ 50/135 – P 100/150.

🏠🏠 **Lutetia** 🅜 sans rest, 12 r. Carouge, ⊠ 1205, ☎ 20.42.22, Télex 28845 – 📳 cuisinette
⎚wc 🆑   EZ **b**
30 ch.

🏠 **Le Grenil** 🅜, 7 av. Ste-Clotilde, ⊠ 1205, ☎ 28.30.55, Télex 429307 – 📳 ⍲wc 🆑
– �᷄ 220. ⚌ 🝙 ⓞ Ɛ 𝘝𝘐𝘚𝘈 ≫   DY **a**
SC : **50 ch** ⟷ 41/90 – P 69/87.

🍴🍴🍴🍴 ✿ **Parc des Eaux-Vives**, 82 quai Gustave-Ador, ⊠ 1207, ☎ 35.41.40, « Agréable
situation dans un grand parc, belle vue » – ❷. 🝙 ⓞ Ɛ 𝘝𝘐𝘚𝘈   CV **a**
fermé 1er janv. au 15 fév. et lundi – SC : **R** carte 70 à 95
Spéc. Gratin de cuisses de grenouilles (sept. à mai). Canard nantais aux petits oignons, Sabayon
glacé à la ''Williamine''. **Vins** Dardagny, Yvorne.

🍴🍴🍴 **Via Veneto**, 10 r. Tour Maitresse ⊠ 1204 ☎ 21.65.93 – ▤ 🝙 ⓞ Ɛ 𝘝𝘐𝘚𝘈   FY **d**
fermé 15 juil. au 15 août, sam. (sauf le soir d'oct. à mai) et dim. – SC : **R** 59/75 🍴.

🍴🍴🍴 **Mövenpick Fusterie**, 40 r. Rhône ⊠ 1201 ☎ 21.88.55 – ▤ 🝙 ⓞ Ɛ 𝘝𝘐𝘚𝘈   FY **h**
fermé dim. – SC : **R Baron de la Mouette** (sous-sol) carte environ 60 🍴.

🍴🍴🍴 **L'Or du Rhône**, 19 bd G. Favon, ⊠ 1204, ☎ 28.25.21 – ▤ 🝙 ⓞ Ɛ 𝘝𝘐𝘚𝘈   EY **f**
fermé août, sam. et dim. – SC : **R** carte 65 à 100 🍴.

🍴🍴🍴 **Roberto**, 10 r. P.-Fatio, ⊠ 1204, ☎ 21.80.33, Spécialités italiennes – ▤   FY **e**
fermé sam. soir et dim. – SC : **R** carte 50 à 75 🍴.

🍴🍴 ✿ **Béarn** (Godard), 4 quai Poste, ⊠ 1204, ☎ 21.00.28 – 🝙 Ɛ 𝘝𝘐𝘚𝘈   EY **u**
fermé mi-juil. au 31 août, sam. midi et dim. – SC : **R** 75/100
Spéc. Marinade de rougets au coriandre (1er juin au 31 août), Ragoût de St-Jacques et d'huîtres, Les
trois gourmandises. **Vins** Dardagny.

🍴🍴 **La Pescaille**, 15 av. H.-Dunant, ⊠ 1205, ☎ 29.71.60 – ▤. 🝙 ⓞ Ɛ 𝘝𝘐𝘚𝘈   EZ **n**
fermé sam. midi et dim. midi – SC : **R** carte 75 à 110.

🍴🍴 **Laurent**, 13 r. Madeleine, ⊠ 1204, ☎ 21.24.22 – 🝙 ⓞ Ɛ 𝘝𝘐𝘚𝘈   FY **q**
fermé dim. – SC : **R** 45/68 🍴.

🍴🍴 **Sénat**, 1 r. E.-Yung, ⊠ 1205, ☎ 46.58.10 – 🝙 ⓞ Ɛ 𝘝𝘐𝘚𝘈   FZ **r**
fermé dim. – SC : **R** 30/80 🍴.

🍴🍴 **Cavalieri**, 7 r. Cherbuliez, ⊠ 1207, ☎ 35.09.56 – ▤. 🝙 ⓞ Ɛ 𝘝𝘐𝘚𝘈   GY **g**
fermé 1er au 26 juil. et lundi – SC : **R** 35/45 🍴.

🍴🍴 **Parc Bertrand**, 62 rte Florissant, ⊠ 1206, ☎ 47.59.57, 🌿 – ▤. 🝙 Ɛ   GZ **a**
fermé 24 déc. au 5 janv. et dim. – SC : **R** 40/60 🍴.

Environs

route de Lausanne au bord du lac - BCU :

à Bellevue : 6 km - BU – ⊠ 1293 Bellevue :

🏰🏰 **La Réserve** 🅜 ≫, 301 rte de Lausanne ☎ 74.17.41, Télex 23822, ≤, 🌿, « Bel
ensemble dans un parc près du lac, port aménagé », ⌿, ✕ – 📳 📺 ☎ 🆓 ❷ –
�᷄ 80. 🝙 ⓞ Ɛ 𝘝𝘐𝘚𝘈 ≫ rest   BU **u**
SC : **R** carte 70 à 105 – **65 ch** ⟷ 175/290, 5 appartements – P 650.

🍴🍴🍴 ✿ **Tsé Fung**, 4 chemin des Romelles ☎ 74.17.41, cuisine chinoise – ❷   BU **u**

à Genthod : 7 km – ⊠ 1294 Genthod :

🍴🍴 **Rest. du Château de Genthod,** 1 rte Rennex ☎ 74.19.72 – 🝙 Ɛ 𝘝𝘐𝘚𝘈   CU **k**
fermé en août, du 20 déc. au 10 janv., dim. soir et lundi – SC : **R** 38/65.

493

vers la Savoie et bord du lac - CU :

à Cologny : 3,5 km -CU – ⊠ 1223 Cologny :

XXX ✿ **Aub. du Lion d'or** (Large), au Village ⌀ 36.44.32, ≤, 淼, « Situation dominant
le lac et Genève, terrasse » – **②** ⚠ ⓸ **E** **VISA** CU **b**
fermé 20 déc. au 20 janv., merc. midi (sauf du 1er juin au 31 août) et mardi – SC : **R**
carte 70 à 100 ♨
Spéc. Saumon mariné, Filets de rouget en laitue, Grillade de la mer (juin à sept.). **Vins** Côteau de
Lully, Epesses.

X Pavillon de Ruth, 86 quai Cologny ⌀ 52.14.38, ≤, 淼 – **②** CU **x**

à Vandoeuvres : 5,5 km - CU – ⊠ 1253 Vandoeuvres :

XX **Cheval Blanc,** ⌀ 50.14.01, cuisine italienne – ⚠ **E** **VISA** ⊗ CU **s**
fermé 1er au 21 juil., mardi midi et lundi – SC : **R** carte 50 à 75 ♨

à Vésenaz : 6 km par rte de Thonon - CU – ⊠ 1222 Vésenaz :

⌂ **La Tourelle** sans rest, 26 rte Hermance ⌀ 52.16.28, parc, – ⇌wc 🎞 ☎ **②** 🚗
⚠ **E** **VISA** ⊗ CU **v**
fermé 1er déc. au 15 janv. – SC : **24 ch** ⊂ 65/105.

XXX **Chez Valentino,** 63 rte Thonon ⌀ 52.14.40, 淼, Cuisine italienne, ⚓ – **②** ⚠
VISA CU **a**
fermé 2 au 22 août, 19 déc. au 3 janv., mardi midi et lundi – SC : **R** carte 50 à 75 ♨

à Collonges : 8 km - CU – ⊠ 1245 Collonges :

XX **Chambord,** ⌀ 52.25.85, 淼 – ⚠ ⓸ **E** **VISA** CU **d**
fermé lundi midi et dim. – SC : **R** 55/75.

par route de Chêne - CV :

à Chêne-Bourg : 4,5 km - CV – ⊠ 1225 Chêne-Bourg :

XX **Le Gabelou,** 16 r. Gothard ⌀ 48.62.57 – ⚠ ⓸ **E** **VISA** CV **e**
fermé en juil., sam. midi et dim. – SC : **R** 26,50/70 ♨

à Thônex : 4 km - CV – ⊠ 1226 Thônex :

X **Chez Cigalon,** à Pierre à Bochet, 39 rte Ambilly ⌀ 49.97.33, 淼 – **②** CV **s**
fermé 4 au 14 sept., 19 déc. au 1er janv., dim. et lundi – SC : **R** 28/48 ♨

à Jussy : 11 km - CV – ⊠ 1254 Jussy :

X **Aub. Vieux Jussy,** ⌀ 59.11.10, 淼 – ⓸
fermé fév., mardi soir et merc. – SC : **R** carte 40 à 60 ♨

route de Florissant - CV :

à Conches : 2,5 km - CV – ⊠ 1231 Conches :

X **Le Catalan,** 175 rte Florissant ⌀ 47.06.23, 淼, cuisine espagnole – **②** ⚠ ⓸ **E**
VISA CV **y**
fermé 20 déc. au 20 janv. et dim. – SC : **R** (dîner seul.) carte environ 65.

à Carouge : 3 km par r. Carouge - BV – ⊠ 1227 Carouge :

XX **Olivier de Provence,** 13 r. J.-Dalphin ⌀ 42.04.50, 淼 – ⚠ ⓸ **E** **VISA** BV **p**
fermé dim. – SC : **R** carte 50 à 75.

X **Aub. Communale,** 39 r. Ancienne ⌀ 42.22.88, 淼 BV **s**
fermé mardi – SC : **R** carte 35 à 55 ♨

par route de St-Julien - BV :

à Troinex : 5 km - BV – ⊠ 1256 Troinex :

XXX ✿✿ **Vieux Moulin** (Bouilloux), 89 rte Drize ⌀ 42.29.56 – **②** ⚠ **E** **VISA** BV **a**
fermé 1er au 15 avril, 1er au 15 sept. dim. soir et lundi – SC : **R** (nombre de couverts
limité - prévenir) 50/90 et carte
Spéc. Fricassée de homard au Sauternes, Cuisse de Bresse farcie aux chanterelles (en été), Pièce de
boeuf au vinaigre. **Vins** Petit Arvine, Yvorne.

XX **La Chaumière,** r. Fondelle ⌀ 84.30.66, 淼, ⚓ – **②** ⚠ **E** **VISA**
fermé lundi – SC : **R** carte 55 à 80.

au Grand-Lancy : 3 km - BV – ⊠ 1212 Lancy :

XXX ✿ **Marignac** (Pelletier), 32 av. E.-Lance ⌀ 94.04.24, parc, 淼 – ▤ **②** ⚠ ⓸ **E**
VISA BV **v**
fermé 5 au 10 avril, 4 au 18 sept., 13 au 20 fév., sam. midi et dim. – SC : **R** carte 70 à
100
Spéc. Saumon cru et caviar danois à l'aneth, Assiette de poissons, Canette de Barbarie. **Vins** Pinot
gris, Dôle blanche.

au Plan-les-Ouates : 5 km - BV – ⊠ 1228 Plan-les-Ouates :

⌂ **Plan-les-Ouates** sans rest, 135 rte St-Julien ⌀ 94.92.44 – 📱 ⇌wc 🎞wc ☎
🚗 ⚠ ⓸ **E** **VISA** – SC : ⊂ 6 – **24 ch** 35/75. BV **e**

à Landecy : 7,5 km par ⑦ – ⊠ 1257 La Croix-de-Rozon :

XX **Au Fer à Cheval,** 37 rte Prieur ⌀ 71.10.78, 淼 – ⓸
fermé fév., mardi et merc. midi – SC : **R** carte 55 à 75.

par route de Chancy - ABV :

au Petit Lancy : 3 km - BV – ⊠ **1213** Petit Lancy :

🏨 ❀ **Host. de la Vendée et rest. Pont Rouge** Ⓜ, 28 chemin Vendée ☎ 92.04.11,
Télex 421304, 🏤, 🦌 – 📶 �📺 🅿 – 🚗 80. ⅀ⅠⒺ ⓞ Ⓔ 𝚅𝙸𝚂𝙰   BV **q**
fermé 24 déc. au 6 janv. – SC : **R** *(fermé dim.)* 40/75 🍴 – **30 ch** ⊃⊂ 72/135
Spéc. Foie gras d'oie frais, Poissons, Coquelet en pie truffé. **Vins** Pinot gris, Gamay.

✗ ❀ **Le Curling,** chemin du Fief-de-Chapitre ☎ 93.62.44, ≼, 🏤   BV **r**
fermé 24 juil. au 15 août, 24 déc. au 2 janv., lundi midi et dim. – SC : **R** 55/75 🍴
Spéc. Salade gourmande, Millefeuille au foie de canard, Sole vapeur à l'aneth. **Vins** Pinot noir, Gamay.

à Confignon : 6 km - AV – ⊠ **1232** Confignon :

✗✗ **Aub. de Confignon,** 6 pl. Église ☎ 57.19.44, 🏤, 🦌   AV **n**
fermé lundi – SC : **R** 30/58 🍴

à Cartigny par ⑧ : 12 km – ⊠ **1236** Cartigny :

✗✗ ❀ **L'Escapade** (Studhalter), 31 r. Trably ☎ 56.12.07, 🏤 – 🅿 ⓞ
fermé 1ᵉʳ au 7 sept., 13 déc. au 2 fév., lundi et mardi – SC : **R** carte 60 à 90
Spéc. Filets de rougets aux tomates (avril à sept.), Râble d'agneau rôti, Millefeuille aux fruits

vers le jura - AUV :

à Cointrin : par route de Meyrin : 4 km - ABU – ⊠ **1216** Cointrin :

🏨 **Hôtel 33,** 82 av. L.-Casai ☎ 98.02.00 – 📶 ⌷wc 🅿 🛆🍴 ⅀ⅠⒺ ⓞ Ⓔ 𝚅𝙸𝚂𝙰   AU **b**
SC : **R** *(fermé dim.)* carte environ 50 🍴 – **33 ch** ⊃⊂ 70/100

à l'Aéroport de Cointrin : 4 km - AU – ⊠ **1215** Genève :

✗✗ **Rôt. Plein Ciel,** ☎ 98.22.88, ≼ – ▤. ⅀ⅠⒺ ⓞ Ⓔ 𝚅𝙸𝚂𝙰   AU
SC : **R** carte 50 à 75.

à Meyrin : 5 km – ⊠ **1217** Meyrin :

✗ **Levant,** 43 r. Cardinal Journet ⊠ 1217 ☎ 82.51.14, 🏤 –   AU **d**
fermé 10 au 31 juil., 24 déc. au 2 janv., sam. et dim. – SC : **R** carte environ 50 🍴

à Peney-Dessus O : 10 km par rte de Peney - AUV – ⊠ **1242** Satigny :

✗✗ **Aub. de Châteauvieux** ♨ avec ch, ☎ 53.14.45, ≼, 🏤, 🦌 – �📺 ⌷wc 🐕 🅿
🛆🍴 ⅀ⅠⒺ ⓞ Ⓔ 𝚅𝙸𝚂𝙰
fermé 25 juil. au 10 août – SC : **R** *(fermé dim. soir et lundi)* 50/60 – **12 ch** ⊃⊂ 60/90

à La Plaine par ⑧ : 17 km – ⊠ **1283** La Plaine :

✗✗ **Buffet Gare,** ☎ 54.12.16
fermé 10 au 31 janv., dim. soir et lundi – SC : **R** 35/68.

MICHELIN, (S.A. des Pneumatiques Michelin) 14 r. Marziano DZ ☎ 43.45.50, case
postale CH - 1211 Genève 24, Télex 22733 + Pneumiclin-Gve.

☞ *Les localités dont les noms sont soulignés de rouge*
sur les **cartes Michelin** *à 1/200 000 sont citées dans ce guide.*
Utilisez une carte récente pour profiter
de ce renseignement régulièrement mis à jour.

GENILLÉ 37 I.-et-L. 🟨🟨 ⑯ G. Châteaux de la Loire – 1 433 h. alt. 88 – ⊠ 37460 Montrésor –
❀ 47.

Paris 235 – Ambroise 32 – Blois 54 – Loches 11 – Montrichard 21 – ◆Tours 45.

✗✗ **Agnès Sorel** avec ch, ☎ 59.50.17, 🏤 – 🚙 🅿 🛆🍴 𝚅𝙸𝚂𝙰 ❀
◆ *fermé dim. soir (sauf rest.) et lundi* – SC : **R** 45/150 🍴 – ⊃⊂ 17 – **5 ch** 70/90 –
P 160/220.

GENIN (Lac de) 01 Ain 🟨🟨 ④ – rattaché à Oyonnax.

GENLIS 21110 Côte d'Or 🟨🟨 ⑫⑬ – 5 188 h. alt. 199 – ❀ 80.

Paris 330 – Auxonne 15 – ◆Dijon 17 – Dole 31 – Gray 51.

🏨 **Gare,** ☎ 31.30.11 – 🎐 🅿 🛆🍴 ❀
◆ *fermé 1ᵉʳ au 17 août, 23 déc. au 1ᵉʳ janv. et dim.* – SC : **R** 50/100 🍴 – ⊃⊂ 13 – **19 ch**
55/95 – P 130/180.

à Échigey S : 8 km par D 25 et D 34 – ⊠ 21110 Genlis :

✗✗ **Place,** ☎ 29.93.05 – ⌷wc 🐕 🅿 ⓞ 𝚅𝙸𝚂𝙰 ❀ ch
fermé fév., dim. soir et lundi – SC : **R** 62/150 – ⊃⊂ 15 – **14 ch** 65/140 – P 120/180

CITROEN Gar. du Centre, ☎ 34.71.22   RENAULT Côte-d'Or Auto., ☎ 34.81.04
CITROEN Genlis Autom., ☎ 31.25.77

GENNES 49350 M.-et-L. [64] ⑫ **G. Châteaux de la Loire** – 1 668 h. alt. 29 – ⚙ 41.

Voir Église★★ de Cunault SE : 2,5 km.

Paris 286 – Angers 31 – Bressuire 63 – Cholet 61 – La Flèche 45 – Saumur 15.

🏨 **Aux Naulets d'Anjou** 🐴, r. Croix-de-Mission ☎ 51.81.88, <, ⚘ – 🛁wc ☎ Ⓟ. ⊘ rest
29 mars-2 nov. et fermé lundi sauf l'hôtel en juil. et août – SC : **R** 80/150 – ☕ 16 – **20 ch** 110/160 – P 190/200.

✕✕ **Host. Loire** avec ch, ☎ 51.81.03, ⚘ – 🛁wc 🚿 Ⓟ. 💶
◆ *fermé 27 déc. au 10 fév., lundi soir et mardi sauf du 8 juil. au 30 août* – SC : **R** 48/90 – ☕ 15 – **11 ch** 64/160.

GENNEVILLIERS 92 Hauts-de-Seine [55] ⑳, [101] ⑮ – voir à Paris, Proche banlieue.

GÉNOLHAC 30450 Gard [80] ⑦ **G. Vallée du Rhône** – 936 h. alt. 470 – ⚙ 66.

ℹ Syndicat d'Initiative à la Mairie (fermé sam. et dim.) ☎ 61.10.55.

Paris 618 – Alès 37 – Florac 49 – La Grand-Combe 27 – Nîmes 81 – Villefort 18.

⌂ **Mont Lozère,** D 906 ☎ 61.10.72 – 🚿wc 🚗 Ⓟ. ⊘
◆ *22 déc.-30 sept. et fermé merc. du 1er janv. au 31 mai* – SC : **R** 45/85 ⚱ – ☕ 12 – **14 ch** 65/110 – P 115/130.

GENOUILLAC 23350 Creuse [68] ⑲ – 859 h. alt. 305 – ⚙ 55.

Paris 328 – La Châtre 27 – Gueret 27 – Montluçon 55.

⌂ **Relais d'Oc,** ☎ 80.72.45 – Ⓟ. 💶 AE E VISA. ⊘ ch
◆ *fermé 15 janv. au 25 mars et lundi* – SC : **R** 50/120 – ☕ 13 – **8 ch** 70/75 – P 120/150.

GÉRARDMER 88400 Vosges [62] ⑰ **G. Vosges** – 9 984 h. alt. 665 – Sports d'hiver : 666/1 113 m ⛷12, ⛷ – Casino AZ – ⚙ 29.

Voir Lac★.

ℹ Office de Tourisme pl. Déportés (fermé dim. hors saison) ☎ 63.08.74, Télex 961408.

Paris 430 ③ – Belfort 77 ② – Colmar 52 ① – Épinal 41 ③ – St-Dié 30 ① – Thann 56 ②.

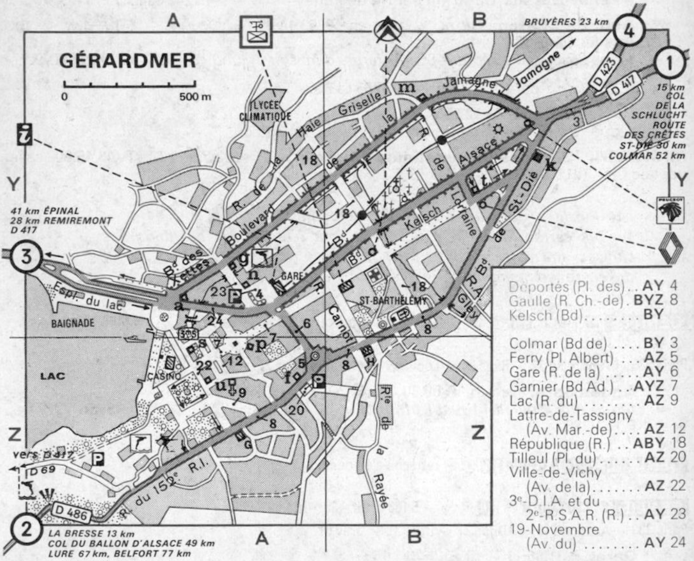

Déportés (Pl. des) . . **AY** 4
Gaulle (R. Ch.-de) . **BYZ** 8
Kelsch (Bd) . . . . **BY**

Colmar (Bd de) . . . . **BY** 3
Ferry (Pl. Albert) . . . **AZ** 5
Gare (R. de la) . . . . . . **AY** 6
Garnier (Bd Ad.) . . **AYZ** 7
Lac (R. du) . . . . **AZ** 9
Lattre-de-Tassigny (Av. Mar.-de) . . . . **AZ** 12
République (R.) . . **ABY** 18
Tilleul (Pl. du) . . . . **AZ** 20
Ville-de-Vichy (Av. de la) . . . . **AZ** 22
3e-D.I.A. et du 2e-R.S.A.R. (R.) . . **AY** 23
19-Novembre (Av. du) . . . . **AY** 24

🏨 **Gd Hôtel Bragard et rest. Gd Cerf** 🐴, pl. Tilleul ☎ 63.06.31, « 🏊, parc » – ⇕ 📺 ☎ Ⓟ – ♟ 50. AE ◑ E VISA. ⊘ rest — AZ **f**
30 avril-16 oct. et 20 déc.-1er mars – SC : **R** 110/150 – ☕ 29 – **50 ch** 210/395, 12 appartements 410/510 – P 440/590.

🏨 **Réserve** Ⓜ, esplanade du Lac ☎ 63.21.60, Télex 961509, < – 📺 Ⓟ. AE ◑ E VISA
1er avril-début nov. et 20 déc.-début mars – SC : **R** 70/170 – ☕ 22 – **32 ch** 170/320 – P 300/360. — AY **a**

GÉRARDMER

🏨 **Forêt** Ⓜ ⑤, Coteau des Xettes ⏗ 63.24.10, ≤, parc – ➖wc ⋔wc ☎ **⒫** ⇔ ⑩ E ⅦⅩⅣ ⅏ rest
fermé 15 oct. au 10 déc. – SC : **R** 50/120 – ⌁ 20 – **25 ch** 180/230 – P 200/250.

🏨 **Jamagne,** 2 bd de la Jamagne ⏗ 63.36.86, 🔲 – ➖wc ⋔wc ☜ **⒫** ⇔ ⅏ rest
10 avril-10 oct., 20 déc.-5 janv. et vacances de fév. – SC : **R** 68/75 – ⌁ 17 – **50 ch**
90/220 – P 195/275. AY **g**

🏨 **Viry et rest. l'Aubergade,** pl. Déportés ⏗ 63.02.41 – ⋔wc ☎ **⒫** ⇔ ⒜Ⓔ E ⅦⅩⅣ AY **n**
SC : **R** *(fermé 15 nov. au 15 déc. et vend. hors sais.)* 70/120 – ⌁ 20 – **20 ch** 95/195
– P 210/250.

🏨 **Bains** sans rest, 16 bd Garnier ⏗ 63.08.19, 🌲 – ➖wc ⋔wc ☎ **⒫** ⇔ AZ **p**
1ᵉʳ avril-1ᵉʳ nov. et 20 déc.-1ᵉʳ mars – ⌁ 17 – **56 ch** 110/180.

🏨 **Relais de la Mauselaine** ⑤, au pied des pistes SE : 2,5 km rte de la Rayée ⏗
63.05.74, ≤ – ➖wc ☜ **⒫** ⅏
fermé 1ᵉʳ oct. au 15 déc. et 15 mars au 3 avril – SC : **R** 40/110 ⅃ – ⌁ 16,50 – **15 ch**
150/160 – P 175/180.

🏠 **Paix,** 6 av. Ville-de-Vichy ⏗ 63.38.78, ≤ – ➖wc ⋔wc ☜ 🚗 **⒫** ⇔ ⅦⅩⅣ. ⅏ rest AZ **s**
SC : **R** *(fermé lundi midi du 1ᵉʳ oct. au 20 déc.)* (déj. seul. du 15 nov. au 20 déc.)
50/110 ⅃ – ⌁ 15 – **21 ch** 72/160 – P 170/205.

🏠 **Parc,** 12 av. Ville-de-Vichy ⏗ 63.32.43 – ➖wc ⋔wc ☎ **⒫** ⅦⅩⅣ AZ **u**
26 mars-25 sept. et 20 déc.-21 fév. – SC : **R** 48/150 ⅃ – ⌁ 16 – **38 ch** 60/165 – P
145/200.

🏠 **Route Verte,** 61 bd Jamagne ⏗ 63.12.97, 🌲 – ➖wc ⋔wc ☜ **⒫** ⇔ ⒜Ⓔ ⅏
fermé 15 oct. au 1ᵉʳ déc. – SC : **R** 55/150 – ⌁ 15 – **18 ch** 80/145 – P 160/175.
BY **m**

🏠 **Plein Air** sans rest, la Cercenée par ① : 2 km ⏗ 63.32.11, ≤, 🌲 – ➖wc ⋔wc ☜
⒫ ⇔ ⒜Ⓔ
fermé 15 nov. au 15 déc. – SC : ⌁ 17 – **10 ch** 80/140.

🏠 **Roméo** sans rest, 57 bd Kelsch ⏗ 63.00.90 – ⋔wc ☜ **⒫** ⇔ ⒜Ⓔ BY **t**
fermé 15 oct. au 1ᵉʳ déc. – SC : ⌁ 15 – **17 ch** 65/145.

🏡 **Chalet du lac,** par ③ : 1 km ⏗ 63.38.76, ≤ lac, 🌲 – ⋔ **⒫** ⅦⅩⅣ ⅏ ch
fermé oct. – SC : **R** *(fermé vend.)* 47/195 ⅃ – ⌁ 16 – **12 ch** 72/150 – P 155/204.

🏡 **Écho de Ramberchamp** ⑤ sans rest, à Ramberchamp O : 1,5 km par D 69 ⏗
63.02.27, ≤, 🌲 – ➖wc **⒫** ⇔ AZ
*fermé 15 nov. au 20 déc., 10 janv. au 1ᵉʳ mars (sauf vacances de fév.) et lundi (sauf
juil.-août)* – SC : ⌁ 13,50 – **16 ch** 66/95.

XX **Aub. de Lorraine** avec ch, 44 bd St-Dié ⏗ 63.09.82 – ➖ **⒫** ⇔ ⅦⅩⅣ BY **k**
SC : **R** *(nombre de couverts limité-prévenir)* 40/90 ⅃ – ⌁ 13 – **8 ch** 70/100 – P
160/200.

au Saut des Cuves rte de la Schlucht par ① : 3 km – alt. 700 – ✉ 88400 Gérardmer.

Voir Saut des Cuves★ – Lac de Longemer★ SE : 3,5 km.

Env. Roche du Diable ≤ ★★ SE : 7 km puis 15 mn.

🏨 **Saut des Cuves,** rte de Schlucht ⏗ 63.30.46 – ▐ ➖wc ⋔wc ☎ 🚗 **⒫** ⇔ ⒜Ⓕ
⑩ ⅦⅩⅣ
fermé 5 nov. au 15 déc. – SC : **R** *(fermé merc.)* 50/150 – ⌁ 20 – **27 ch** 155/220 –
P 200/255.

au Col de Martimpré par ① et D 8 : 5 km – ✉ 88400 Gérardmer :

XX **Bonne Auberge de Martimprey** avec ch, ⏗ 63.19.08, parc – ➖wc ☎ **⒫** ⇔
⒜Ⓔ ⑩ E ⅦⅩⅣ
fermé 3 nov. au 15 déc., mardi et merc. du 16 sept. au 14 avril – SC : **R** 60 – ⌁ 17 –
13 ch 90/165 – P 170/220.

Bas Rupts par ② : 4 km – alt. 800 – ✉ 88400 Gérardmer :

XXX ⊛ **Host. Bas-Rupts** (Philippe) avec ch, ⏗ 63.09.25, Télex 960992, ≤, « Élégante
installation », ⅏ – ➖wc ⋔wc ☎ **⒫** ⇔ ⒜Ⓔ ⑩ ⅦⅩⅣ
SC : **R** *(dim. et fêtes prévenir)* 70/200 – ⌁ 24 – **20 ch** 180/260 – P 280/350.
Spéc. Marmite du Pêcheur, Feuilleté de langoustines, Noisette de marcassin sauce poivrade. **Vins**
Pinot rosé, Riesling.

XX **La Belle Marée,** ⏗ 63.06.83, ≤, Produits de la mer – **⒫** ⒜Ⓔ ⑩ ⅦⅩⅣ
fermé 26 juin au 2 juil., 11 au 22 déc., dim. soir et lundi – SC : **R** 40/160 ⅃.

CITROEN Auto-Gar. Géromois, 31 bd Kelsch
⏗ 63.35.77
FORD Gar. Lahache, 22 r. 152·R.-I. ⏗ 63.01.79 🅽
PEUGEOT-TALBOT Gar. Thiébault, La Croisette ⏗ 63.14.50 🅽

RENAULT Gérardmer-Autom., rte de Remiremont à Le Costet Beillard par ③ ⏗ 63.24.51
RENAULT Gar. Lorraine, 60 bd Kelsch ⏗ 63.
01.95
V.A.G. Gegout Autom., rte Colmar ⏗ 63.30.88

497

GERMIGNY 58 Nièvre 🔠🔡 ③ – rattaché à Pougues-les-Eaux.

GERMINY-L'ÉVÊQUE 77 S.-et-M. 🔠🔡 ⑬, 🔢🔢🔢 ㉓ – rattaché à Meaux.

Les GETS 74260 H.-Savoie 🔢🔢 ⑧ **G. Alpes** – 986 h. alt. 1 170 – Sports d'hiver : 1 172/1 850 m ✖️2
✖️28 ✖️ – ✿ 50.

Voir Mont Chéry ✳️✳️ O par télésiège.

🅱 Office de Tourisme ₸ 79.75.55. Télex 385026.

Paris 597 – Annecy 86 – Bonneville 37 – Chamonix 64 – ◆Genève 52 – Megève 50 – Thonon-les-B. 37.

- 🏨 **Marmotte** Ⓜ sans rest., ₸ 79.75.39, ≤, 🔲 – 🛗 cuisinette ☎ ⟺. 🅰🅴 ⓞ 🄴 🆅🅸🆂🅰
  19 juin-12 sept. et 18 déc.-18 avril – SC : **45 ch** ⚌ 300/480.

- 🏨 **Le Labrador** Ⓜ 🦢 sans rest., à la Turche ₸ 79.74.53, ≤, ⤳, ✖️ – 🛗 📺 ⟷wc ☎ ⟺ 🅿 🅰🅴
  juil.-août et 15 déc.-20 avril – SC : **22 ch** ⚌ 150/230.

- 🏨 **Mont Chéry** Ⓜ, ₸ 79.74.55, ≤, 🌿 – 🛗 📺 ⟷wc 🕸 ⟺ 🅿, 🅰🅴 🄴 🆅🅸🆂🅰. 🍽
  ← *1er juil.-31 août et 15 déc.-25 avril* – SC : **R** 50/95 – ⚌ 22 – **26 ch** 150/290.

- 🏨 **Ours Blanc** Ⓜ 🦢, ₸ 79.14.66, ≤ – 🛗 ⟷wc ☎ 🅿, 🍲. 🍽 rest
  15 déc.-15 avril – SC : **15 ch** (pens. seul.) – P 250/390.

- 🏨 **Lion d'Or**, ₸ 79.70.06, ≤, 🌿 – ⟷wc ⛲wc 🕸 ⟺ 🅿
  ← *2 juil.-4 sept. et 17 déc.-20 avril* – SC : **R** 64/119 👐 – ⚌ 16 – **21 ch** 70/160 –
  P 155/260.

- 🏨 **Alpina** 🦢, ₸ 79.73.76, ≤ – ⟷wc ⛲ 🕸 ⟺ 🍽
  ← *1er juil.-5 sept. et 18 déc.-20 avril* – SC : **R** 45/65 – ⚌ 14 – **25 ch** 50/150 – P 150/220

- 🏨 **Régina**, ₸ 79.74.76, ≤ – cuisinette ⟷wc ⛲wc 🕸 ⟺ 🍲
  juil.-août et 20 déc.-22 avril – SC : R 50/70 – ⚌ 16,50 – **24 ch** 70/155 – P 135/222.

- 🏨 **Maroussia** 🦢, à La Turche ₸ 79.71.06, ≤ – ⟷wc ⛲wc 🕸 🅿. 🍽 rest
  ← SC : **R** 45/80 – ⚌ 18 – **18 ch** 150/180 – P 170/250.

GEVREY-CHAMBERTIN 21220 Côte-d'Or 🔠🔡 ⑫ **G. Bourgogne** – 3 001 h. alt. 287 – ✿ 80.

Paris 315 – Beaune 27 – ◆Dijon 12 – Dole 62.

- 🏨 **Grands Crus** Ⓜ 🦢 sans rest., ₸ 34.34.15, 🌿 – ⟷wc ☎ 🅿, 🍲
  fermé 15 déc. au 15 fév. et dim. du 15 nov. au 1er mars – SC : ⚌ 20 – **24 ch** 160/220.

- 🏨 **Les Terroirs** Ⓜ sans rest., rte Dijon ₸ 34.30.76, « Belle décoration intérieure »,
  🌿 – ⟷wc ⛲wc 🕸 ⭐ 🅿, 🍲 🅰🅴 ⓞ 🄴
  fermé 23 déc. au 10 janv. – SC : ⚌ 16 – **18 ch** 100/190.

- 🏨 **Vendanges de Bourgogne**, rte Beaune ₸ 34.30.24 – ⟷wc ⛲wc ☎ 🍲
  🍽 ch
  fermé 24 janv. au 1er mars et lundi – SC : **R** 53/94 – ⚌ 14,50 – **18 ch** 66/150.

- ✕✕✕ ✿ **La Rotisserie du Chambertin** (Mme Menneveau), ₸ 34.33.20, « Caves
  anciennes aménagées. Petit musée de cire » – ▣ 🅿
  fermé 24 juil. au 23 août, en fév., dim. soir et lundi – SC : **R** (nombre de couverts
  limités - prévenir) carte 160 à 220
  Spéc. Foie frais de canard, Gigot de poulette aux morilles, Foie de veau au cassis. **Vins** Bourgogne-
  Aligoté, Gevrey-Chambertin.

- ✕✕ **Le Richebourg**, r. Richebourg ₸ 34.30.37 – 🆅🅸🆂🅰
  fermé 20 au 31 déc., dim. soir et lundi – SC : **R** 65/100 👐.

PEUGEOT TALBOT Jouan. ₸ 34.30.62

GEX ◆🅿 01170 Ain 🔢🔢 ⑮⑯ **G. Jura** (plan) – 4 518 h. alt. 628 – ✿ 50.

🅱 Syndicat d'Initiative r. A.-Reverchon (hors saison fermé matin, sam. et dim.) ₸ 41 53 85.

Paris 498 – ◆Genève 17 – Lons-le-Saunier 96 – Pontarlier 92 – St-Claude 44.

- 🏨 **Parc**, av. Alpes ₸ 41.50.18, 🌿, 🌳 – ⟷wc ⛲wc 🕸 🅿. 🍽 ch
  1er févr.-15 nov. et fermé lundi hors sais. – SC : **R** 80/180 – ⚌ 20 – **20 ch** 60/220 –
  P 150/220.

- ✕✕✕ **Aub. des Chasseurs** 🦢, avec ch, à Echenevex S : 4 km - alt. 650 ✉ 01170 Gex
  ₸ 41.54.07, ≤, 🌿, « Terrasse fleurie, jardin » – ⟷wc 🕸 🅿 🍲
  1er avril-17 sept., 27 sept.-6 nov. et fermé dim. soir et lundi – SC : **R** (prévenir) 80/160
  – ⚌ 20 – **12 ch** 100/180.

- ✕ **Le Florimont** avec ch, N : 6 km par N 5 ₸ 41.53.34, ≤, 🌿 – 🅿 🍽
  fermé oct. et mardi – SC : **R** 59/90 – 🍴 11 – **9 ch** 50/80

  à Chévry S : 7 km par D 984c – ✉ 01170 Gex :

- ✕✕ **Aub. Gessienne**, ₸ 41.01.67 – 🅿
  fermé 1er au 15 oct., 1er au 21 fév., dim. soir, lundi et mardi – SC : **R** 52/150.

CITROEN Prodon. ₸ 41.55.17 Ⓝ
FORD Piron. Le Martinet Cessy ₸ 41.50.94
RENAULT Gar. Modernes. Les Vertes Campa-
gnes ₸ 41 54.24

TOYOTA, VOLVO Jordan-Meille, à Sauverny
₸ 20.70.67
Gar. Dago, Le Martinet Cessy ₸ 41 55 52

498

GIAT 63620 P.-de-D. **73** ⑫ – 1 565 h. alt. 779 – ✪ 73.

Paris 400 – Aubusson 37 – ◆Clermont-Ferrand 69 – Le Mont-Dore 55 – Montluçon 80 – Ussel 43.

  ✿ **Commerce**, ☏ 21.72.38, 🛋 – 🖳 **Ⓟ**
  → SC : **R** 35/75 – ☲ 9 – **14 ch** 50/70 – P 85/90.

CITROEN Gar. du Moulin ☏ 21.72.86   RENAULT Richin, ☏ 21.72.16 **N**

GIEN 45500 Loiret **65** ② **G. Châteaux de la Loire** – 15 250 h. alt. 161 – ✪ 38.

Voir Église★ B – Château : musée de la Chasse★, grande salle★★ M – Vieux pont ≼★.

�ℹ Office de Tourisme r. Anne-de-Beaujeu (fermé janv., fév., dim. après-midi et lundi) ☏ 67.25.28
Paris 154 ① – Auxerre 87 ② – Bourges 76 ③ – Cosne 41 ② – ◆Orléans 64 ④ – Vierzon 73 ③.

GIEN

PITHIVIERS 67 km
MONTARGIS 39 km
GARE
D 940

Gambetta (R.)	6
Thiers (R.)	21
Victor-Hugo (R.)	22
Beaujeu (R. A.-de)	2
Château (Pl. du)	3
Clemenceau (R. G.)	5
Hôtel-de-Ville (R. de l')	7
Jeanne-d'Arc (R.)	9
Leclerc (Av. Gén.)	12
Louis-Blanc (R.)	13
Marianne (R. Adj.)	14
Paul-Bert (R.)	16
Président-Wilson (Av. du)	17
République (Av. de la)	18

Une voiture bien équipée
possède à son bord
des **cartes Michelin** à jour.

Munite la vostra vettura
di **carte stradali Michelin**
aggiornate

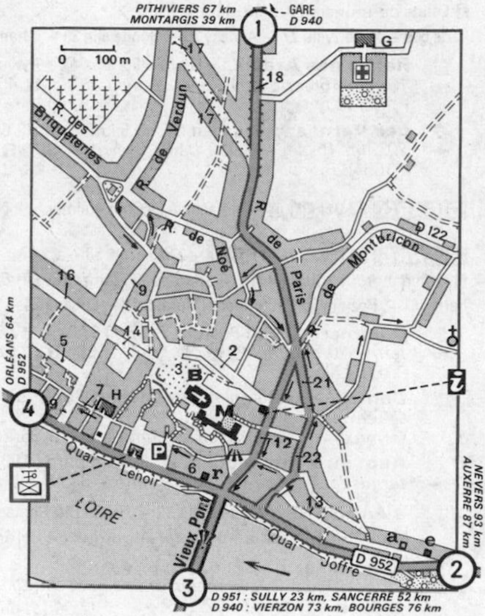

D 951 : SULLY 23 km, SANCERRE 52 km
D 940 : VIERZON 73 km, BOURGES 76 km

🏨 **Rivage**, 1 quai Nice **(a)** ☏ 67.20.53, ≼ – 🖵 ➱wc ☎ 🚗 **Ⓟ** 🅰🅱 **VISA**
  SC : **R** (fermé 1er au 12 août) 65/130 – ☲ 18 – **29 ch** 80/190

🏨 **Sanotel** M sans rest, 21 quai Sully par ③ ☏ 67.61.46, ≼, 🛋 – 🛗 🖵 ➱wc ☎ **Ⓟ**
  – 🅰 20 à 60, 🅰🅱 **VISA**
  SC : ☲ 15 – **48 ch** 150/170.

🏛 **Beau Site et La Poularde** avec ch, 13 quai Nice **(e)** ☏ 67.36.05 – 🖳 🕾. 🅰🅱 🆎
  Ⓓ. ❄ ch
  fermé 17 avril au 6 mai, 25 sept. au 15 oct., dim. soir et lundi – SC : **R** 55/135 🍷 – ☲
  16 – **8 ch** 70/100.

🏛 **Loire**, 18 quai Lenoir **(r)** ☏ 67.00.75 – ❄
  fermé 1er au 15 sept., fév., mardi soir et merc. – SC : **R** 51/104

🏛 **La Marmite**, rte Paris par ① ☏ 67.37.23 – **Ⓟ**
→ fermé août, 24 déc. au 1er janv. et dim. – SC : **R** (déj. seul.) 50/80 🍷.

BMW, FIAT Europe-Gar., 58 r. Paris ☏ 67.09.63
CITROEN S.A.G.V.R.A., rte Bourges, Poilly-lez-Gien, par ③ ☏ 67.30.82 **N** ☏ 67.07.33
FORD Borla, 61 av. de la République ☏ 67.35.85
PEUGEOT, TALBOT Auto-Giennoise, rte Bourges, Poilly-lez-Gien, par ③ ☏ 67.35.43
RENAULT Reverdy, rte Bourges, Poilly-lez-Gien, par ③ ☏ 67.28.98

RENAULT Prieur, 102 r. G.-Clemenceau, par ④ ☏ 67.15.32
V.A.G. Relais St-Christophe, 91 rte d'Orléans ☏ 67.34.02
Aubry-Essence, 16 av. de la République ☏ 67.07.61

🏷 Pneu-Service, r. J.-César ☏ 67.42.08

GIENS 83 Var **84** ⑥ **G. Côte d'Azur** – alt. 54 – ✉ 83400 Hyères – ✪ 94.

Voir Ruines du château ❀★★ X.

Paris 869 – Carqueiranne 13 – Draguignan 91 – Hyères 12 – La Londe-des-Maures 18 – ◆Toulon 27.

Voir plan de Giens à Hyères

🏨 **Le Provençal**, ☏ 58.20.09, ≼, 🍴, « Parc ombragé en terrasses », 🌊, ❄ – 🛗
  Ⓟ. Ⓓ E. ❄ rest   X **v**
  25 mars-25 oct – SC : **R** 110 – **50 ch** ☲ 258/422

tourner →

🏠 **Relais du Bon Accueil** ⑤, ⒑ 58.20.48, ≤, ㄥ, « Jardin fleuri » – 📺 📥wc
📥wc ☜ 🅿, 🚗🚙
fermé 1ᵉʳ nov. au 15 déc. – SC : **R** 75/170 – ☲ 20 – **10 ch** 130/220 – P 240/290. X s

🏠 **Riviera Résidence** ⑤, NE : 3 km rte La Capte ⒑ 58.21.24, ≤, parc, ⬛, 🐾, ℅
– 📥wc 📥wc ☎ 🅿 – 🏊 80. ℅ rest X h
1ᵉʳ au 7 avril et 20 mai-30 sept. – SC : **R** 80 – ☲ 20 – **46 ch** (pens. seul.) –
P 290/320.

✗ **Le Tire Bouchon**, ⒑ 58.24.61, ㄥ – VISA X a
fermé déc., janv., mardi soir et merc. – SC : **R** 58/76.

La GIETTAZ 73 Savoie 🗗🗗 ⑦ – 511 h. alt. 1 100 – ⊠ 73590 Flumet – ⓒ 79.

🗐 Office de Tourisme (fermé dim.) ⒑ 31.70.36.
Paris 605 – Albertville 27 – Annecy 56 – Bonneville 39 – Chambéry 76 – Flumet 6 – Megève 16.

🏠 **Relais des Aravis**, ⒑ 31.62.28, ≤ – 📥 📥wc ☎ 🅿, 🚗🚙. ℅ rest
➡ *10 juin-15 sept. et 10 déc.-20 avril* – SC : **R** 45/120 – ☲ 14.50 – **27 ch** 85/135 –
P 135/180.

🏠 **Les Vernes** ⑤, au Plan NE : 3,5 km ⒑ 31.72.60, ≤ – 📥wc 📥 🅿 ℅
➡ *20 juin-15 sept. et 20 déc.-20 avril* – SC : **R** 40/48 – ➡ 10 – **15 ch** 60/90 –
P 105/125.

GIGARO 83 Var 🗗🗗 ⑰ – rattaché à La Croix-Valmer.

GIGNAC 34150 Hérault 🗗🗗 ⑥ – 2 848 h. alt. 53 – ⓒ 67.

🗐 Office de tourisme pl. Gén.-Claparède (28 juin-août) ⒑ 57.58.83.
Paris 791 – Béziers 50 – Clermont-l'Hérault 11 – Lodève 24 – ♦Montpellier 30 – Sète 44.

🏠 **Commerce**, 1 bd Pasteur ⒑ 57.50.97 – 📥wc 🚗
➡ *fermé 20 déc. au 1ᵉʳ fév. et dim.* – SC : **R** 50 bc/100 bc – ➡ 15 – **17 ch** 70/140 –
P 180/220.

✗✗✗ **Central Hôtel** avec ch, rte Montpellier ⒑ 57.50.83 – 📥wc 🚗. 🚗🚙 🆎 ⓞ ⒠ VISA.
℅ ch
fermé dim. soir hors sais. et lundi – SC : **R** 85/210 – ☲ 16 – **8 ch** 150/200.

✗✗ **Aub. du Vieux Moulin**, O : 1,5 km par N 109 ⒑ 57.52.77 – 🅿. ℅
➡ *fermé 25 sept. au 1ᵉʳ nov. et mardi* – SC : **R** 46/110.

à Aniane NE : 5 km sur D 32 – ⊠ 34150 Gignac :.
Voir Grotte de Clamouse✶✶ et gorges de l'Hérault✶ NO : 4 km, G. Causses.

🏠 **Clamouse**, ⒑ 57.71.63 – 📥 ℅ ch
➡ *fermé 15 janv. au 15 mars, lundi soir et mardi sauf fêtes* – SC : **R** 43/125 – ☲ 14.50
– **10 ch** 70/137 – P 137/166.

GIGONDAS 84 Vaucluse 🗗🗗 ② – 703 h. alt. 400 – ⊠ 84190 Beaumes-de-Venise – ⓒ 90.
Paris 679 – Avignon 39 – Nyons 31 – Orange 18 – Vaison-la-Romaine 15.

🏠 **Les Florets** Ⓜ ⑤, E : 1,5 km par VO ⒑ 65.85.01, ㄥ – 📥wc 📥wc 🚗 🅿
℅ rest
fermé 2 janv. au 15 fév. et merc. – SC : **R** (dim. et fêtes prévenir) 82/109 ⓐ – ☲ 17 –
15 ch 77/165 – P 435/450 (pour 2 pers.)

GIMBELHOF 67 B.-Rhin 🗗🗗 ⑲ – rattaché à Lembach.

GIMEL-LES-CASCADES 19 Corrèze 🗗🗗 ⑨ G. Périgord.
Voir Site✶ – Cascades✶✶ dans le parc Vuillier – Trésor✶ de l'église – Étang de
Ruffaud✶ NE : 2 km.

GIMONT 32200 Gers 🗗🗗 ⑥ G. Pyrénées – 2 867 h. alt. 154 – ⓒ 62.
Paris 732 – Agen 85 – Auch 26 – Castelsarrasin 59 – Montauban 70 – St-Gaudens 73 – ♦Toulouse 53.

🏠 **Château Larroque** ⑤, rte Toulouse ⒑ 67.77.44, ≤, ㄥ, « Parc » – 🚗 🅿 – 🏊
30 à 200. 🆎 ⓞ VISA
fermé 1ᵉʳ janv. au 2 fév. et vacances de fév. – SC : **R** 57/184 – ☲ 28 – **10 ch** 200/380
– P 345/400.

✗✗ **Coin du Feu**, bd Nord ⒑ 67.71.56 – 🅿
fermé lundi soir et mardi – SC : **R** 58 bc/145.

✗ **France**, 8 pl. Halle ⒑ 67.72.93, ㄥ
➡ *fermé lundi du 2 janv. au 31 mars* – SC : **R** 50 bc/110 ⓐ.

GINASSERVIS 83 Var 🗗🗗 ④ – 643 h. alt. 450 – ⊠ 83560 Rians – ⓒ 94.
Paris 787 – Aix-en-Provence 50 – Brignoles 49 – Draguignan 67 – Manosque 24.

🏠 **Le Bastier** ⑤, O : 2 km par rte St-Paul ⒑ 80.11.78, ⬛, 🌲, ℅ – 📺 📥wc ☎ 🅿
VISA
fermé 3 janv. au 26 fév. – SC : **R** 110/300 – ☲ 18 – **24 ch** 200/280 – P 350.

GIROMAGNY 90200 Ter.-de-Belf. 66 ⑧ G. Vosges – 3 548 h. alt. 476 – ✪ 84.

🛈 Syndicat d'Initiative à la Mairie (fermé sam. et dim.) ☎ 27.14.18.

Paris 511 – Belfort 12 – Lure 30 – Masevaux 21 – ♦Mulhouse 46 – Thann 41 – Le Thillot 32.

XX **Château du Rosemont,** NE : 3 km par D 14 ☎ 29.30.77, ≤ – **℗**
fermé merc. – **R** 60/110.

X **Saut de la Truite** avec ch, N : 7 km D 465 - alt. 701 ☎ 29.32.64, ≤, ☞ – 🛏wc
🚗 **℗**, ☎🖂. ✷ ch
fermé 1er au 20 déc., jeudi soir et vend. – SC : **R** 53/140 🍷 – ☲ 13,50 – **8 ch** 77/125
– P 160.

GIRONDE-SUR-DROPT 33 Gironde 79 ② – rattaché à La Réole.

GIROUSSENS 81 Tarn 82 ⑨ – rattaché à Lavaur.

GISORS 27140 Eure 55 ⑧⑨ G. Normandie – 8 255 h. alt. 58 – ✪ 32.

Voir Château fort★★ Y – Église St-Gervais et St-Protais★ Z E.

🛈 Office de Tourisme pl. Carmélites (fermé mardi) ☎ 55.20.28.

Paris 70 ③ – Beauvais 32 ② – Évreux 66 ④ – Mantes-la-J. 38 ③ – Pontoise 36 ③ – ♦Rouen 58 ⑤.

GISORS

Cappeville (R.)	Y 6
Dauphine (R.)	Z 10
Frères-Planquais (R. des)	YZ 23
Paris (R. de)	Z
Vienne (R. de)	YZ 34

Argilières (R. des)	Y 2
Baléchoux (R.)	Z 3
Blamont (Pl. de)	YZ 4
Caroline (Pl.)	Z 7
Chambord (R. de)	Z 8
Champ-Fleury (R. du Grand)	Z 9
Dieppe (R. de)	Z 12
Durand (R. P.)	Z 14
Epte (R. de l')	Y 16
Fontaines (R. des)	YZ 22
Gare (Av. de la)	Y 24
Hospice (R. de l')	Z 25
Libération (R. de la)	Z 26
Monument (Av. du)	Y 27
Neaufles (R. du Fg-de)	Z 28
Ometeau-Ferré (Av. de l')	Y 29
St-Gervais (R.)	Z 30
St-Ouen (R.)	Z 32
Troësne (R. de)	Y 33
Vierge-Dorée (Pt de la)	Z 35

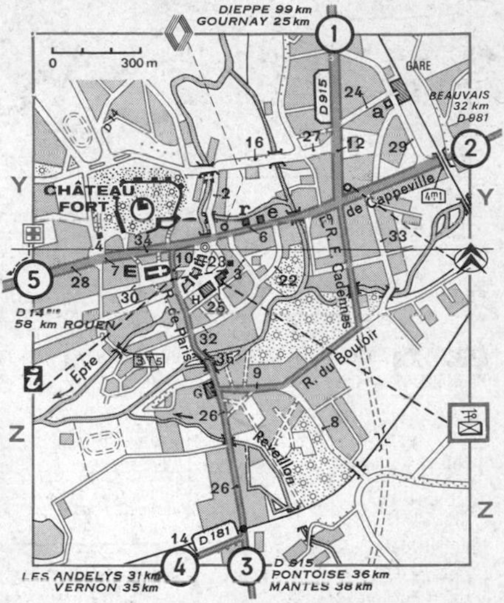

🏨 **Moderne,** pl. Gare ☎ 55.23.51 – 🛏wc 🛏wc ☎ **℗**, ☎🖂 E 𝘝𝘐𝘚𝘈   Y a
fermé 15 juil. au 10 août et 20 déc. au 10 janv. – SC : **R** *(fermé dim. soir et lundi)*
76/138 🍷 – ☲ 20 – **30 ch** 105/193.

XX **Host. des 3 Poissons,** 13 r. Cappeville ☎ 55.01.09 – ▤   Y r
fermé juin et mardi – SC : **R** 60/120 🍷.

XX **Le Cappeville,** 17 r. Cappeville ☎ 55.11.08, ☞ – ㏂ E 𝘝𝘐𝘚𝘈   Y e
fermé 25 août au 15 sept., 10 au 22 janv., mardi soir et merc. – SC : **R** 60/150.

à Bazincourt-sur-Epte N : 5,5 km – 🖂 27140 Gisors :

🏨 **Château de la Rapée** 📻, ☎ 55.11.61, ≤ – 🛏wc 🛏wc **℗**, ☎🖂 ㏂ ⓞ 𝘝𝘐𝘚𝘈, ✷
fermé fin janv. à début mars, mardi soir et merc. du 1er oct. au 1er mars – SC : **R**
107/130 – ☲ 27 – **9 ch** 220/264 – P 369/415.

CITROEN Gisors Autom., 2 r. Dieppe ☎ 55.22.29
PEUGEOT-TALBOT SCAG, Trie-Château (Oise) par ② ☎ (4) 449.75.11
RENAULT gar. Dumorlet, 38 rte de Dieppe par ① ☎ 55.22.56

RENAULT Gar. Chales, 3 r. Cappeville ☎ 55.21.66

⦿ Berry-Pneus, 24 fg Cappeville ☎ 55.27.64
Bertault, 4 r. Pré-Nattier ☎ 55.17.51

L'EUROPE en une seule feuille
carte Michelin n° 920.

GIVET 08600 Ardennes 🗺️ ⑨ G. Nord de la France − 8 152 h. alt. 103 − 🅰 24.

Voir Centrale nucléaire des Ardennes* à Chooz par ③ : 6 km.

🛈 Office de Tourisme Tour Victoire, quai de la Meuse (juin.-août) 🕾 55.03.54.

Paris 275 ③ − Avesnes-sur-Helpe 72 ④ − Charleville-Mézières 55 ③ − Hirson 69 ④ − Namur 46 ①.

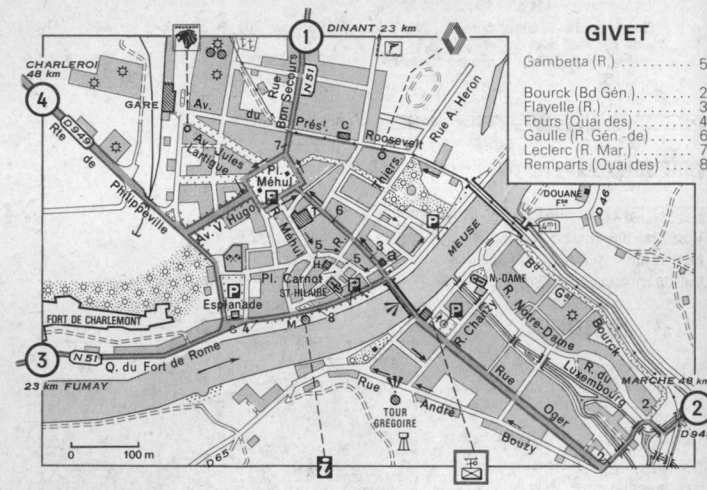

GIVET

Gambetta (R.) 5

Bourck (Bd Gén.) 2
Flayelle (R.) 3
Fours (Quai des) 4
Gaulle (R. Gén.-de) 6
Leclerc (R. Mar.) 7
Remparts (Quai des) ... 8

XX **Baudoin,** 2 pl. 148e R.I. **(a)** 🕾 55.00.70
fermé 15 août au 10 sept., 9 au 21 fév. et lundi, mardi, merc. le soir − SC : **R** 80/140
🍴

PEUGEOT Gar. de la Gare, pl. Gare 🕾 55.03.81   RENAULT Gar. Franco-Belge, 23 av. Roosevelt
🕾 55.01.85 🅽

GIVORS 69700 Rhône 🗺️ ⑪ G. Vallée du Rhône − 21 979 h. alt. 161 − 🅰 7.
Paris 485 ② − ♦Lyon 22 ② − Rive-de-Gier 15 ⑤ − Vienne 12 ②.

GIVORS

Barbusse (Pl. H) .... **B** 2
Gambetta (R.) .... **B**
Salengro (R. R.) .... **B**
Victor-Hugo (R.) .... **B** 24

Bourg (R. du) .... **B** 3
Cachin (R. Marcel) ..... **A** 4
Carnot (Pl.) .... **B** 5
Denfert-Rochereau (R.) . **B** 6
Gizard (Chemin de) ..... **A** 7
Idoux (R. Édouard) ..... **A** 8
Jaurès (Pl. Jean) ...... **B** 9

Liauthaud (R. J.) ...... **AB** 10
Ligonnet (R. Jean) ..... **AB** 12
Longarini (R. J.) ...... **B** 13
Mas (R. Marie) .... **B** 14
Montrond (R de) .... **A** 15
Pétetin (R. H.) .... **A** 16

Projetée (R.) .... **B** 17
République (R. de la) .. **B** 18
Sémard (R. Pierre) ..... **AB** 19
St-Gérald (R.) .... **B** 20
Verreries (R. des) ..... **B** 23
Vieille-du-Bourg (R.) .. **B** 25

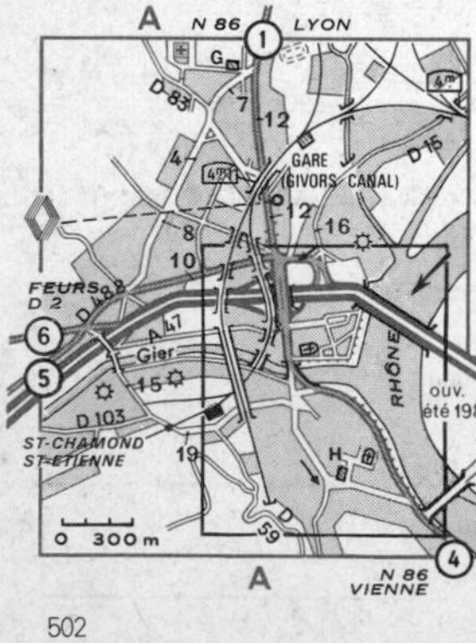

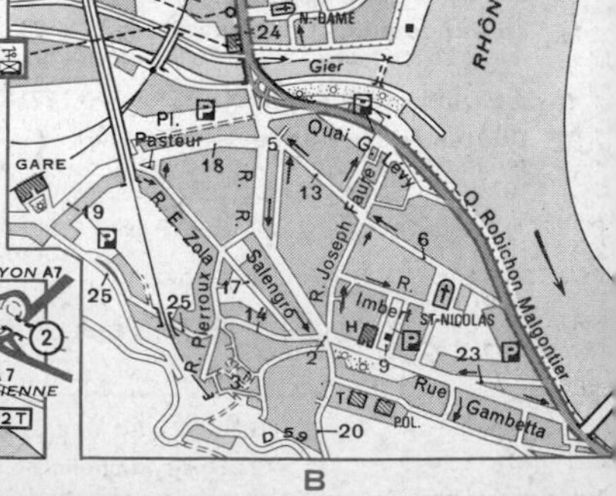

au Nord par ① : 2,5 km – ⊠ 69520 Grigny :

XXX **Les Sources** M ⅏ avec ch, chemin de Grigny ☏ 873.05.61, ≤, 🛋, parc – 📺
🛏wc ☜ 🅿 – 🏖 30. 🚗 ⅋ 🆎 𝘝𝘐𝘚𝘈
fermé fin nov. au 31 déc. et dim. soir – SC : **R** 90/170 ⅃ – � 22 – **10 ch** 180/210.

à Loire-sur-Rhône par ④ : 5 km – ⊠ 69700 Givors :

XX **Camerano,** ☏ 873.20.07 – 𝘝𝘐𝘚𝘈
fermé août et dim. soir – SC : **R** 65/185.

XX **Francizod** avec ch, ☏ 873.20.06, 🛋 – 🔟 🅿
fermé en nov., fév., dim. soir et lundi – SC : **R** 55/170 – 🍴 15 – **4 ch** 86/140.

PEUGEOT-TALBOT Central-Gar., 9 r. Victor-Hugo ☏ 873.00.88
PEUGEOT-TALBOT Gar. Moret, 31 r. de Dobëln, les Vernes par ① ☏ 873.01.69

RENAULT Chavanne, 42 r. J.-Ligonnet ☏ 873. 09.80

GIVRY 71640 S.-et-L. 🔟 ⑨ G. Bourgogne – 3 349 h. alt. 220 – 🌀 85.
Paris 355 – Autun 48 – Chagny 9 – Chalon-sur-Saône 9 – Mâcon 67 – Montceau-les-Mines 37.

🏠 **Halle,** pl. Halle ☏ 44.32.45 – 🍽 rest 🛏 🔟 🚗 🆎 ⓞ 🅴
➔ *fermé fin oct. à début nov. et lundi –* SC : **R** 33/115 ⅃ – � 15 – **10 ch** 76/100.

GIVRY-EN-ARGONNE 51330 Marne 🔟 ⑩ – 528 h. alt. 176 – 🌀 26.
Paris 230 – Bar-le-Duc 33 – Châlons-sur-M. 44 – Ste-Ménehould 16 – Verdun 60 – Vitry-le-François 35.

🏠 **L'Espérance,** ☏ 60.00.08 – 🚗
➔ *fermé dim. soir –* SC : **R** 40/130 ⅃ – � 12 – **7 ch** 50/90 – P 120/140.

CITROEN Louis, ☏ 60.01.48

RENAULT Lallemand, Les Charmontois ☏ 60. 00.47

GLANDELLES 77 S.-et-M. 🔟 ⑫ – alt. 40 – ⊠ 77167 Bagneaux-sur-Loing – 🌀 6.
Paris 88 – Melun 39 – Montargis 26 – Nemours 7 – Pithiviers 46 – Sens 49.

XX **Les Marronniers** N 7, ☏ 428.07.04 – 🅿 𝘝𝘐𝘚𝘈
fermé 3 au 24 août, 11 au 25 janv., mardi soir et merc. – SC : **R** 64/220.

XX **La Glandelière,** S : 1 km N 7 ☏ 428.10.20 – 🅿 𝘝𝘐𝘚𝘈
fermé 15 au 30 sept., 15 au 28 fév., lundi soir, jeudi soir et mardi – SC : **R** 51/117.

GLÉNIC 23 Creuse 🔟 ⑩ – rattaché à Guéret.

GLUGES 46 Lot 🔟 ⑱⑲ – rattaché à Martel.

GOLBEY 88 Vosges 🔟 ⑯ – rattaché à Épinal.

GOLFE-JUAN 06 Alpes-Mar. 🔟 ⑨, 🔟🔟 ㊱㊴ G. Côte d'Azur – ⊠ 06220 Vallauris – 🌀 93.
🅱 Office de Tourisme 84 av. Liberté (fermé sam. après-midi et dim.) ☏ 63.73.12.
Paris 915 – Antibes 5 – Cannes 6 – Grasse 21 – ◆Nice 27.

🏠 **Le Petit Trianon** M sans rest, 18 av. Liberté ⊠ 06350 Golfe Juan ☏ 63.70.51 –
🛏wc ☜ 🅿 🚗 🔟. ⅏
fermé 20 oct. au 20 déc. – SC : � 20 – **14 ch** 200/290.

🏠 **Beau Soleil** M ⅏, impasse Beausoleil par N 7 ☏ 63.71.32 – 🔟 🍽 🛏wc 🔟wc
☜ 🚗. ⅏
20 mars-fin oct. – SC : **R** 65 – � 17,50 – **30 ch** 120/220 – P 210.

🏠 **Les Jasmins,** N 7 ☏ 63.80.83, Télex 970935, 🏊, – 🍽 rest 🛏wc 🔟wc ☏ 🅿 – 🏖
30. 🚗 🆎 ⓞ 𝘝𝘐𝘚𝘈
fermé nov. – SC : **R** 70 – **37 ch** ⊡ 115/365 – P.325/405.

🏠 **M'Hôtel Lauvert** M ⅏ sans rest, impasse des Hameaux de Beausoleil par N 7
☏ 63.46.06, 🏊, ⅏ – 🔟 cuisinette 🛏wc ☏ 🅿
15 janv.-20 oct. – SC : ⊡ 17,50 – **28 ch** 210.

🏠 **De Crijansy,** av. J.-Adam ☏ 63.84.44, 🌿 – 🛏wc 🔟wc ☜ 🅿 – 🏖 25. 🚗. ⅏
fermé 15 oct. au 23 déc. – SC : **R** 65/120 – ⊡ 17 – **22 ch** 175 – P 180/200.

🏠 **Golfe** sans rest, bd Plage ☏ 63.71.22, ≤ – 🛏wc 🔟wc ☜ 🚗. 🚗 🆎 ⓞ 𝘝𝘐𝘚𝘈
fermé nov. et déc. – SC : ⊡ 15 – **20 ch** 120/220.

XX 🌀 **Tétou,** à la plage ☏ 63.71.16, ≤, 🚣 – 🍽 🅿
fermé 15 oct. au 20 mars, 1er au 25 mars et merc. – SC : **R** *(du 20 déc. au 1er mars déj. seul.)* carte environ 300
Spéc. Bouillabaisse, Langouste grillée, Poissons. Vins Bellet, Bandol.

XX **Nounou,** à la plage ☏ 63.71.73, ≤, 🛋, 🚣 – 🅿. 🆎 ⓞ
fermé 16 nov. au 20 déc., 1er au 20 mars et jeudi – SC : **R** 100.

XX **Bistrot du Port,** au port ☏ 63.70.64 – 🍽. 🆎 ⓞ 🅴. ⅏
fermé nov., dim. soir et lundi de déc. à mai – SC : **R** *(dîner seul. de juin à oct.)* 150/160.

XX **Relais Impérial** avec ch, 21 r. L.-Chabrier ☎ 63.70.36, 🏤 – 🛏wc 🏠 ☎ ⬅
🚗 E VISA
SC : **R** 76/110 – 🖵 15 – **10 ch** 200 – P 222/240.

XX **Chez Christiane,** au port ☎ 63.72.44, 🏤 – VISA
fermé 16 oct. au 20 déc. et mardi en été – **R** (en hiver déj. seul.) 105/135.

X **Bruno,** au port ☎ 63.72.12, 🏤
➡ fermé 11 nov. au 15 déc., merc. et le soir de déc. à Pâques – SC : **R** 50/85.

RENAULT Gd Gar. du Golfe, 92 av. Liberté, N 7 ☎ 63.70.76

GOMETZ-LE-CHATEL 91 Essonne 🖲 ⑩, 🔢 ⑳, 🔢 ㉝ – 1 343 h. – ⊠ **91400** Orsay – ⬢ 6.
Paris 30 – Chartres 58 – Evry 31 – Rambouillet 26.

XX **Four à Pain,** 83 rte Chartres ☎ 012.30.10 – ⚙ ⚡
fermé 13 juil. au 17 août, 24 déc. au 2 janv., lundi soir, sam. et dim. – SC : **R**
(nombre de couverts limité - prévenir) carte 90 à 135.

GONCELIN 38570 Isère 🔢 ⑤⑥ – 1 506 h. alt. 242 – ⬢ 76.
Paris 592 – Albertville 60 – Allevard 10 – Chambéry 29 – ♦Grenoble 28.

XX **Clos du Château,** ☎ 71.72.04, ≤, 🌳 – ℗
fermé août et lundi – SC : **R** 100/120.

GORDES 84220 Vaucluse 🖲 ⑬ G. Provence – 1 574 h. alt. 373 – ⬢ 90.
Voir Site★ – Château : cheminée★, musée Vasarely★ – Abbaye de Sénanque★ :
collections sahariennes★ NO : 4 km.
🅙 Office de Tourisme pl. Château (1er juin-30 sept.) ☎ 72.02.75.
Paris 718 – Apt 20 – Avignon 38 – Carpentras 34 – Cavaillon 17 – Sault 35.

🏨 **La Mayanelle** 🦢, ☎ 72.00.28, ≤ Le Luberon – 🛏wc ☎ ⚙ ⓞ E VISA
fermé 2 janv. au 1er mars – SC : **R** (fermé mardi) carte 95 à 160 – 🖵 25 – **10 ch**
130/200.

🏨 **Le Gordos** 🦢 sans rest, rte Cavaillon : 1,5 km ☎ 72.00.75, ≤, 🌳 – 🛏wc 🏠wc
☎ ℗ 🚗
mars-nov. – SC : 🖵 21 – **15 ch** 155/205.

🏠 **Aub. de Carcarille,** E : 2,5 km sur D 2 ☎ 72.02.63, 🏤 – 🛏wc ☎ ℗ 🚗
➡ ⚡ ch
fermé 20 mars au 30 déc., en fév. et vend. – SC : **R** 48/80 – 🖵 14 – **11 ch** 130/160 –
P 180/210.

au NO : 2 km par D 177 – ⊠ **84220** Gordes :

XXX ⬢ **Les Bories** (Rousselet), ☎ 72.00.51, « Pittoresque aménagement dans de
vieilles cabanes en pierre » – ℗ ⚡
fermé déc. et merc. – SC : **R** (déj. seul.) (nombre de couverts limité - prévenir) carte
140 à 210
Spéc. Bourride de baudroie, Gibier (15 oct. au 30 mars), Nougat glacé au coulis d'abricots. **Vins**
Châteauneuf-du-Pape, Tavel.

PEUGEOT Chauvin, ☎ 72.00.24

GORGES voir au nom propre des gorges.

GORRON 53120 Mayenne 🖲 ⑲⑳ – 2 555 h. alt. 172 – ⬢ 43.
Paris 265 – Alençon 74 – Domfront 28 – Fougères 32 – Laval 47 – Mayenne 22.

XX **Bretagne** avec ch, ☎ 04.63.67 – 🛏wc 🏠wc ℗ E
➡ fermé 22 déc. au 20 janv., lundi (sauf hôtel) et dim. soir du 1er oct. au 1er mai – SC :
R 44/130 ⓙ – 🖵 16 – **12 ch** 50/115 – P 115/175.

FIAT Lelièvre-Angot, ☎ 04.61.57

GORZE 57 Moselle 🖲 ⑬ G. Vosges – 1 204 h. alt. 240 – ⊠ **57130** Ars-sur-Moselle – ⬢ 8.
Paris 310 – Jarny 20 – ♦Metz 19 – Pont-à-Mousson 21 – St-Mihiel 42 – Verdun 52.

XX **Host. du Lion d'Or** avec ch, ☎ 760.93.93, 🌳 – 🛏wc 🏠wc 🚗 ⓞ E VISA
➡ fermé en fév. et lundi – SC : **R** 50/110 ⓙ – 🖵 13 – **10 ch** 70/115 – P 140/160.

GOUAREC 22570 C.-du-N. 🖲 ⑱ – 1 101 h. alt. 130 – ⬢ 96.
Paris 474 – Carhaix-Plouguer 31 – Guingamp 46 – Loudéac 37 – Pontivy 28 – St-Brieuc 51.

🏨 **Blavet,** ☎ 24.90.03, 🌳 – 🛏wc 🏠wc ☎ ⚙ ⚡ E VISA
➡ fermé Noël, fév., dim. soir et lundi sauf juil. et août – SC : **R** 45/120 – 🖵 15 – **15 ch**
75/190 – P 135/194.

CITROEN Darcel, ☎ 24.91.49 🅽   RENAULT Martin B., ☎ 24.90.28 🅽

GOUDARGUES 30630 Gard 🎱🎱 ⑨ G. Vallée du Rhône – 654 h. alt. 70 – ✆ 66.

🛈 Syndicat d'Initiative (fermé dim. après-midi) ☎ 82.22.55.

Paris 674 – Alès 49 – Avignon 50 – Nîmes 54 – Pont-St-Esprit 25 – Vallon-Pont-d'Arc 33.

🏠 **Commerce,** ☎ 82.20.68 – 🔲 🛏wc 🛏 ⊛ 🅿 – 🔥 30. 🍽 rest
SC : **R** 60/120 – ☲ 14 – **50 ch** 120/170 – P 135/275.

GOUDET 43 H.-Loire 🎱🎱 ⑰ G. Vallée du Rhône – 82 h. alt. 760 – ✉ 43490 Costaros – ✆ 71.

Paris 536 – Aubenas 80 – Costaros 8 – Langogne 31 – Le Puy 27.

🏠 **Loire** ⌛, ☎ 57.16.83, ≉ – 🛏wc 🅿. 🍽
↝ 27 mars-30 sept. – SC : **R** 50/75 – ☲ 15 – **22 ch** 65/180 – P 140/180.

GOUESNACH 29 Finistère 🎱🎱 ⑮ – 1 229 h. alt. 33 – ✉ 29118 Bénodet – ✆ 98.

Paris 554 – Bénodet 6 – Concarneau 23 – Pont-l'Abbé 16 – Quimper 13 – Rosporden 28.

🏠 **Aux Rives de l'Odet,** ☎ 91.61.09, ≉ – 🛏wc 🛏wc 🅿
↝ fermé 16 sept. au 25 oct. et lundi du 25 oct. au 1er juin – SC : **R** 50/70 – ☲ 10 – **35 ch** 65/115 – P 115/150.

La GOUESNIÈRE 35 I.-et-V. 🎱🎱 ⑥ – 799 h. alt. 22 – ✉ 35350 St-Méloir-des-Ondes – ✆ 99.

Paris 385 – Dinan 23 – Dol-de-Bretagne 12 – Lamballe 57 – ✦Rennes 61 – St-Cast 36 – St-Malo 12.

🏠 ✿ **Gare** (Tirel et Guérin), à la Gare N : 1,5 km D 76 ☎ 58.10.46, ≉ – ☎ 🅿 – 🔥
50 à 200
fermé 15 déc. au 15 janv. – SC : **R** (fermé dim. soir du 1er oct. au 31 mars) (dim. et fêtes prévenir) 70/200 – ☲ 16,50 – **58 ch** 60/140 – P 180/218
Spéc. Homard braisé, Chaudrée du pêcheur, Aiguillettes de canard "Limonay".

GOULETS (Grands) 26 Drôme 🎱🎱 ③④ G. Alpes.

Voir Gorges★★★.

GOUMOIS 25 Doubs 🎱🎱 ⑱ – 134 h. alt. 490 – ✉ 25470 Trévillers – ✆ 81.

Voir Corniche de Goumois★★, G. Jura.

Paris 504 – ✦Besançon 95 – Bienne 44 – Montbéliard 53 – Morteau 48.

🏠 ✿ **Taillard** ⌛, ☎ 44.20.75, alt. 605, ≤, ≉ – 🛏wc 🛏wc ⊛ 🚗 🅿 🚗 ⑩ 𝗩𝗜𝗦𝗔
🍽 rest
1er mars-30 oct. et fermé merc. en oct. et mars – SC : **R** 85/170 – ☲ 16,50 – **16 ch** 80/160 – P 180/230
Spéc. Caquelon de morilles à la crème, Truite "Belle Goumoise", Jambon de montagne fumé au genièvre. Vins Arbois.

🏠 **Moulin du Plain** ⌛, N : 5 km ✉ 25470 Trévillers ☎ 44.41.99, ≤ – 🛏wc 🛏wc 🅿. E. 🍽 rest
26 fév.-7 nov. – SC : **R** 54/98 🍷 – ☲ 15 – **21 ch** 72/125 – P 140/152.

GOUPILLIÈRES 14 Calvados 🎱🎱 ⑪ – rattaché à Thury-Harcourt.

GOURDON ⟨SP⟩ 46300 Lot 🎱🎱 ⑱ G. Périgord (plan) – 5 106 h. alt. 256 – ✆ 65.

Voir Grottes de Cougnac★ : salle des Colonnes★★ NO : 3 km.

🛈 Office de Tourisme Allées République (hors saison matin seul., fermé lundi en hiver et dim. après-midi) ☎ 41.06.40.

Paris 558 – Bergerac 96 – Brive-la-Gaillarde 66 – Cahors 46 – Figeac 64 – Périgueux 91.

🏠 **Host. de la Bouriane** ⌛, pl. Foirail ☎ 41.16.37, ≉ – 📶 🛏wc 🛏wc ☎ 🅿. 🚗
↝ 🍽
fermé janv. au 10 mars – SC : **R** (fermé lundi sauf juil. et août) 50/150 – ☲ 18 – **23 ch** 80/170 – P 150/185.

🏠 **Bissonnier et Bonne Auberge,** bd Martyrs ☎ 41.02.48 – 📶 🛏wc ⊛ 🅿. 🍽 ch
↝ fermé 28 nov. au 2 janv. – SC : **R** 45/150 – ☲ 16 – **30 ch** 100/180 – P 130/165.

🏠 **Promenade** sans rest, bd Galiot de Genouilhac ☎ 41.05.41 – 🛏wc 🛏wc ⊛ 🚗
↝ fermé 6 au 15 mai – SC : ☲ 12 – **15 ch** 55/160.

🍴 **Terminus** avec ch, av. Gare ☎ 41.03.29, 🌿 – 🛏 🅿 𝗩𝗜𝗦𝗔
↝ fermé du 10 oct. au 1er nov., vacances de fév. et lundi – SC : **R** 42/135 🍷 – ☲ 15 – **17 ch** 65/120 – P 120/150.

CITROEN Cassagnès, ☎ 41.12.03
RENAULT S.A.B.A.G., ☎ 41.10.24
🔧 Quercy Pneus ☎ 41.00.71

GOURETTE 64 Pyr.-Atl. 🎱🎱 ⑰ G. Pyrénées – alt. 1 400 – Sports d'hiver : 1 400/2 400 m ✓2 ✓19 – ✉ 64440 Laruns – ✆ 59.

Voir Site★ – Col d'Aubisque ✳★★ N : 4 km.

🛈 Office de Tourisme (1er juil.-31 août et 1er déc.-1er mai) ☎ 05.12.17, télex 570317.

Paris 836 – Argelès-Gazost 34 – Eaux-Bonnes 8 – Laruns 14 – Lourdes 47 – Pau 51.

🏛 **Pene Blanque** M, ☏ 05.11.29, ←, – 🛏wc 🗼wc ☎, ☎🍴, 🍴 rest
→ *10 juil.-10 sept. et 20 déc.-Pâques* – SC : **R** 50/112 – ☲ 14.50 – **20 ch** 112/170 –
P 190/202.

🏛 **Boule de Neige** M ⚶, ☏ 05.10.05, ←, – 🛏wc 🗼wc ☎, 🍴
→ *10 juil.-31 août (sans rest.) et 20 déc.-Pâques* – SC : **R** 56/138 – ☲ 14.50 – **18 ch**
162/170 – P 190/202.

GOURGUE 65 H.-Pyr. 🗗🗗 ⑨ – rattaché à Capvern-les-Bains.

GOURIN 56110 Morbihan 🗗🗗 ⑰ G. Bretagne – 5 526 h. alt. 119 – ✆ 97.

🛈 Syndicat d'Initiative pl. Victoire (juil.-août, fermé dim. après-midi et lundi matin).
Paris 512 – Carhaix-Plouguer 20 – Concarneau 44 – Pontivy 55 – Quimper 43 – Vannes 98.

🏠 **La Chaumière**, 3 r. Libération ☏ 23.43.02 – 🛏wc 🗼wc. ☎🍴. 🍴 ch
→ *fermé 20 oct., 24 déc. au 2 janv. et sam. de sept. à juin* – SC : **R** 47/140 ⚖
– 🍽 15 – **13 ch** 65/130 – P 105/170.

⚿ **Cornouaille**, face Église ☏ 23.40.31 – 🛏 🗼
→ *fermé dim. hors sais.* – SC : **R** 36/90 ⚖ – 🍽 10 – **15 ch** 40/89 – P 110/130.

🚗 Parchemin-Pneus, ☏ 23.44.66

GOURNAY 79 Deux-Sèvres 🗗🗗 ③ – 446 h. alt. 132 – ⊠ **79110** Chef-Boutonne – ✆ 49.
Paris 403 – Angoulême 70 – Niort 43 – Poitiers 70 – St-Jean d'Angély 51.

🏛 **Château des Touches** ⚶, N : 2 km par D 105 et VO ☏ 29.31.23, parc – 🛏wc
☎ ℗ – ⚿ 25 à 60
1er avril-30 sept. – SC : **R** 90/130 – ☲ 20 – **15 ch** 167/256 – P 250/350.

GOURNAY-EN-BRAY 76220 S.-Mar. 🗗🗗 ⑧ G. Normandie – 6 606 h. alt. 94 – ✆ 35.

🛈 Syndicat d'Initiative Pavillon Porte de Paris (juin-sept., fermé dim. et lundi) ☏ 90.28.34
Paris 94 ③ – Amiens 69 ① – Les Andelys 37 ④ – Beauvais 30 ② – Dieppe 74 ⑦ – Gisors 25 ③ –
♦Rouen 50 ⑤.

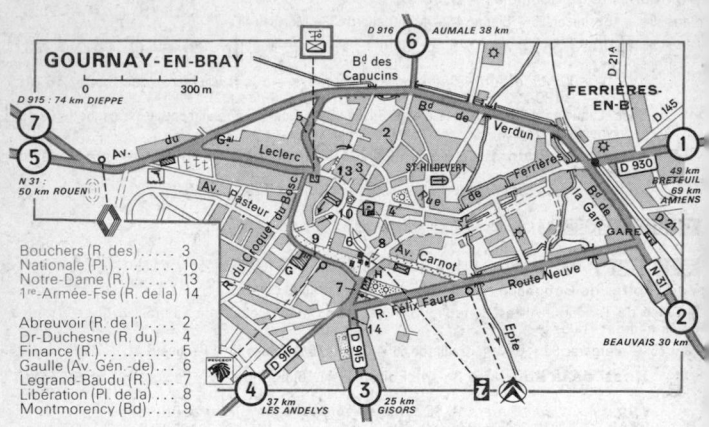

GOURNAY-EN-BRAY

Bouchers (R. des) 3
Nationale (Pl.) 10
Notre-Dame (R.) 13
1re-Armée-Fse (R. de la) 14

Abreuvoir (R. de l') 2
Dr-Duchesne (R. du) .. 4
Finance (R.) 5
Gaulle (Av. Gén.-de) .. 6
Legrand-Baudu (R.) ... 7
Libération (Pl. de la) .. 8
Montmorency (Bd).... 9

à St-Germer-de-Fly (Oise) par ② et D 129 : 8 km – ⊠ **60850** St-Germer-de-Fly.
Voir Église★ – ←★ du D 129 SE : 4 km, G. Environs de Paris.

🍴🍴 **Aub. de l'Abbaye,** ☏ (4) 482.50.73 – 🅔 𝘝𝘐𝘚𝘈 .
fermé 15 au 31 août, en janv., mardi soir et merc. – SC : **R** 55/88.

CITROEN Central Gar., 30 r. F.-Faure ☏ 90.
00.75
FIAT Gar. Moderne, Bd Montmorency ☏ 90.
00.84
PEUGEOT Gar. de Normandie, 9 bd Montmorency ☏ 90.04.51

RENAULT Gournay-Autos, av. Gén.-Leclerc ☏
90.04.77 🅽 ☏ 90.07.85
Prévost, 52 av. Gén.-Leclerc ☏ 90.01.46

🚗 Raban, r. des Bouchers ☏ 90.01.50

GOUVIEUX 60 Oise 🗗🗗 ⑩. 🗗🗗🗗 ⑦⑧ – rattaché à Chantilly.

R 40/85 | **Repas à prix fixes :**
des menus à prix intermédiaires à ceux indiqués sont
généralement proposés, notamment le dimanche.

GOUZON 23230 Creuse 🎖🎖 ① G. Périgord – 1 562 h. alt. 378 – ✪ 55.

Paris 356 – Aubusson 29 – La Châtre 55 – Guéret 31 – Montluçon 34.

 ✗ **Beaune** avec ch, 🏠 62.20.01 – 🛏wc 🍴 🚗. 🚗🚗
 ◆ *fermé nov. et dim. soir du 15 sept. au 15 avril* – SC : **R** 38/110 – ⬛ 11 – **10 ch**
 53/160 – P 150/170.

Le GRALLET 17 Char.-Mar. 🎖🎖 ⑮ – rattaché à St-Palais-sur-Mer.

GRAMAT 46500 Lot 🎖🎖 ⑲ G. Périgord – 3 529 h. alt. 305 – ✪ 65.

🚩 Office de Tourisme pl. République (Pentecôte-30 sept. et fermé dim. après midi) 🏠 38.73.60.

Paris 549 – Brive-la-Gaillarde 57 – Cahors 56 – Figeac 35 – Gourdon 39 – St-Céré 20.

 🏠 **Lion d'Or**, pl. République 🏠 38.73.18 – 📶 📺 🛏wc 🍴wc ☎
 fermé 30 nov. au 31 janv. et lundi d'oct. à avril – SC : **R** 60/180 – ⌷ 20 – **15 ch**
 150/220.

 🏠 **Centre**, pl. République 🏠 38.73.37 – 🛏wc 🍴wc 🚗 ⬛ E 𝘝𝘐𝘚𝘈
 ◆ *fermé vacances de fév. et sem. hors sais.* – SC : **R** 50/150 🧍 – ⌷ 15 – **15 ch** 80/160.

 ✗✗ **Le Relais Gourmand** avec ch, 2 av. Gare 🏠 38.83.92, 🌳 – 🍴 🚗 𝘝𝘐𝘚𝘈
 fermé lundi de sept. à juin – SC : **R** 53/132 – ⬛ 13,50 – **11 ch** 83/110 – P 143/154.

 à Lavergne NE : 4 km par D 677 – ✉ 46500 Gramat :

 ✗✗ **Le Limargue**, 🏠 38.76.02 – 🅿 𝘝𝘐𝘚𝘈
 fermé 8 au 31 janv. et merc. sauf juil.-août – SC : **R** 55/100.

 au Nord-Ouest : 4,5 km par N 140 – ✉ 46500 Gramat :

 🏰 **Château de Roumégouse** 🐾, 🏠 33.63.81, ≤, 🌳, parc – 🅿 🆔 ① 𝘝𝘐𝘚𝘈.
 🐾 rest
 25 mars-2 nov. – SC : **R** *(fermé mardi)* 105/200 – ⌷ 25 – **11 ch** 225/360 – P
 425/600.

OPEL Gar. Zenoni, 🏠 38.74.78 🅽   RENAULT Blaya, 🏠 38.72.15
PEUGEOT Gar de l'Alzou 🏠 38.73.39

GRAMBOIS 84 Vaucluse 🎖🎖 ③ – 548 h. – ✉ 84240 La Tour-d'Aigues – ✪ 90.

Paris 761 – Aix-en-Prov. 34 – Apt 39 – Avignon 84 – Forcalquier 36 – Lourmarin 24 – Manosque 23.

 ✗ **Host. des Tilleuls**, D 956 🏠 77.75.11 – 🅿
 ◆ *fermé 20 juin au 7 juil., 1er au 20 janv., mardi soir et merc.* – **R** 38/80.

Le GRAND BALLON 68 H.-Rhin 🎖🎖 ⑱ G. Vosges – alt. 1 424 – ✉ 68760 Willer-sur-Thur –
✪ 89.

Voir ❄❄❄ 30 mn.

Paris 528 – Cernay 23 – Colmar 48 – Gérardmer 44 – Guebwiller 31 – ◆Mulhouse 40 – Thann 19.

 🏠 **Gd Ballon** 🐾, 🏠 76.83.35, ≤ montagnes et plaine d'Alsace – 🍴 🅿 🚗🚗
 ◆ *fermé 15 nov. au 15 déc.* – SC : **R** 50/125 – ⌷ 15,50 – **20 ch** 55/100 – P 135/145.

Le GRAND-BORNAND 74450 H.-Savoie 🎖🎖 ⑦ G. Alpes – 1 619 h. alt. 950 – Sports d'hiver :
1 000/2 100 m 🎿5 🎿32, 🎿 – ✪ 50.

🚩 Office de Tourisme pl. Église (fermé dim. hors saison) 🏠 02.20.33. Télex 385907.

Paris 581 – Albertville 46 – Annecy 32 – Bonneville 23 – Megève 50.

 🏠 **Croix St-Maurice**, 🏠 02.20.05 – 📶 🛏wc 🍴wc ☎
 20 juin-15 sept. et 20 déc.-Pâques – SC : **R** 53/85 🧍 – ⌷ 15 – **21 ch** 100/155 – P
 155/200.

 🏠 **Everest H.**, rte Chinaillon : 1 km 🏠 02.20.35, ≤ – 🅿 🐾 rest
 fin juin-début sept. et Noël-vacances de printemps – SC : **R** 45/52 – ⌷ 14 – **17 ch**
 60/180 – P 120/150.

 au Chinaillon N : 5,5 km par D 4 – alt. 1 280 – ✉ 74450 Grand-Bornand.
 🚩 Office de Tourisme (juil.-août et Noël-Pâques) 🏠 02.23.29.

 🏰 **Le Cortina**, 🏠 02.23.17, ≤ montagnes et pistes – 📶 🛏wc 🍴wc ☎ 🅿 🐾 rest
 1er juil.-31 août et Noël-Pâques – SC : **R** 55/160 – ⌷ 18 – **30 ch** 150/180 – P
 170/210.

 🏠 **Les Amborzales** sans rest, 🏠 02.23.35, ≤ – 🍴wc 🚗. 🐾
 1er juil.-31 août et 15 déc.-15 avril – ⌷ 13 – **13 ch** 82/125.

 ✗ **L'Alpage** avec ch, 🏠 02.23.10, ≤ – 🛏wc 🍴wc 🅿
 ◆ *15 déc.-20 avril* – SC : **R** 50/77 – ⌷ 15 – **11 ch** 115/150 – P 154/176.

GRANDCAMP-LES-BAINS 14450 Calvados 🎖🎖 ③ ④ – 1 399 h. – ✪ 31.

Paris 298 – ◆Caen 57 – ◆Cherbourg 71 – St-Lô 38.

 🏠 **Duguesclin**, 🏠 22.64.22, ≤ – 🛏wc 🍴wc 🚗 🅿 – **25 ch**.

GRAND COLOMBIER 01 Ain 🎖🎖 ⑤ G. Jura – alt. 1 534.

Voir ❄❄❄ – Point de vue du Grand Fenestrez❄❄ S : 5 km.

507

La GRAND-COMBE 30110 Gard 🎱 ⑦⑧ – 10 472 h. alt. 195 – 🌀 66.

Paris 723 – Alès 15 – Aubenas 78 – Florac 58 – Nîmes 59 – Vallon-Pont-d'Arc 55 – Villefort 44.

    à La Favède SO : 2,5 km par D 283 – ⊠ 30110 La Grand-Combe :

🏨 **Aub. Cévenole** 🦢, ⨀ 34.12.13, ≼, parc, ⊒ – ➡wc 🎇wc ☎ ❷, 🎱 ch
fin mars-2 nov. – SC : **R** 95/180 – ⊑ 25 – **17 ch** 130/220 – P 500/550 (pour 2 pers.).

    au NO : 6 km par rte de Florac – ⊠ 30110 La Grand Combe :

🏚 **Lac,** ⨀ 34.12.85 – ❷, 🎱 ch
➡ fermé oct. et vend. de nov. à mai – SC : **R** 45/90 🍷 – 🍽 12,50 – **10 ch** 57/77 –
P 132/154.

🅂 Escoffier-Pneus, quartier des Beaumes les Salles du Gardon ⨀ 34.17.21

La GRANDE-MOTTE 34280 Hérault 🎱🎱 ⑧ G. Causses (plan) – 3 305 h. – Casino – 🌀 67.

🅵 Office de Tourisme pl. 1er oct.-1974 ⨀ 56.62.62.

Paris 754 – Aigues-Mortes 11 – Lunel 16 – ✦Montpellier 20 – Nîmes 44 – Palavas-les-F. 15 – Sète 53.

🏩 **Frantel** [M], 140 r. Port ⨀ 56.90.81, Télex 480241, ≼ littoral, 🍸, ⊒ – 📳 📺 ☎ ❷
– 🏧 60 à 100. 🄰🄴 ⓪ 🄴 𝘝𝘐𝘚𝘈
R carte 100 à 145 – ⊑ 25 – **135 ch** 260/477 – P 492/680.

🏩 **Le Quetzal** [M] 🦢 sans rest, allée Jardins ⨀ 56.61.10, ⊒, 🍃 – 📳 ❷ – 🏧 120.
⓪
1er avril-31 oct. – SC : ⊑ 20 – **52 ch** 218/305.

🏨 **Europe** [M] 🦢 sans rest, près des PTT ⨀ 56.62.60, ⊒ – ➡wc 🎇wc ☎ ❷, 🎱
25 mars-15 oct. – SC : ⊑ 18 – **34 ch** 165/230.

XXX **Alexandre-Amirauté** [M] 🦢 avec ch, ⨀ 56.56.00, ≼, 🍸, ⊒ – 📺 ➡wc
🎇wc ☎ ❷ – 🏧 30 à 60. 🍾🍷, 🎱
fermé 16 au 31 oct., 8 janv. au 9 fév., dim. soir et lundi : hôtel d'oct. à juin, rest du 15
sept. au 15 juin – SC : **R** 150/260 – ⊑ 22 – **16 ch** 250/290.

Le GRAND-PRESSIGNY 37350 I.-et-L. 🎱🎱 ⑤ G. Châteaux de la Loire – 1 256 h. alt. 61 –
🌀 47 – **Voir** Musée de Préhistoire★ dans le château.

Paris 303 – Le Blanc 43 – Châteauroux 77 – Châtellerault 29 – Loches 33 – ✦Tours 67.

🏚 **Aub. Savoie-Villars,** pl. Savoie-Villars ⨀ 94.96.86 – 🎇wc ❷, 🄴
➡ fermé 15 fév. au 15 mars et merc. du 1er oct. au 1er avril – SC : **R** 45/130 – ⊑ 16 –
9 ch 72/145 – P 135.

XX **Espérance** avec ch, rte Descartes ⨀ 94.90.12 – ❷, 🍾🍷, 🎱 ch
fermé 6 janv. au 6 fév. et lundi – **R** 50/120 🍷 – ⊑ 20 – **10 ch** 85/105 – P 150.

CITROEN Viet. ⨀ 94.90.25   RENAULT Blateau. ⨀ 94.90.65

GRAND-QUEVILLY 76 S.-Mar. 🎱🎱 ⑥ – rattaché à Rouen.

GRAND-VABRE 12 Aveyron 🎱🎱 ⑪ – 513 h. alt. 213 – ⊠ 12320 St-Cyprien-sur-Dourdou –
🌀 65.

Paris 597 – Aurillac 51 – Entraygues-sur-Truyère 23 – Figeac 52 – Rodez 42 – Villefranche-de-R. 63.

🏚 **Gorges du Dourdou,** ⨀ 69.83.03, 🍃 – ➡wc 🎇wc ☎, 🍾🍷 🄴, 🎱 rest
➡ SC : **R** 36/110 🍷 – ⊑ 12 – **18 ch** 97/145 – P 105/145.

GRAND VALTIN 88 Vosges 🎱🎱 ⑱ – rattaché au Valtin.

GRANE 26 Drôme 🎱🎱 ⑫ – 1 067 h. alt. 177 – ⊠ 26400 Crest – 🌀 75.

Paris 596 – Crest 8 – Montélimar 31 – Privas 28 – Valence 29.

XXX **Giffon** avec ch, ⨀ 62.60.64, 🍸 – 🍽 rest 🎇, 🍾🍷 🄰🄴 ⓪ 𝘝𝘐𝘚𝘈
fermé 24 nov. au 7 déc., 1er au 21 janv. et lundi – SC : **R** 85/160 – ⊑ 15 – **9 ch**
70/120.

GRANGES-LES-BEAUMONT 26 Drôme 🎱🎱 ② – rattaché à Romans-sur-Isère.

GRANGES-LES-VALENCE 07 Ardèche 🎱🎱 ⑫ – rattaché à Valence.

GRANGES-SAINTE-MARIE 25 Doubs 🎱🎱 ⑥ – rattaché à Malbuisson.

Les GRANGETTES 25 Doubs 🎱🎱 ⑥ – 104 h. alt. 900 – ⊠ 25160 Malbuisson – 🌀 81.

Paris 466 – ✦Besançon 70 – Champagnole 42 – Morez 57 – Pontarlier 12.

🏚 **Bon Repos,** ⨀ 89.41.89, 🍃 – ➡wc 🎇wc 🚗 ❷, 🎱
25 mars-15 oct., 20 déc.-5 janv., 28 janv.-13 mars et fermé lundi hors sais. – SC : **R**
55/110 – ⊑ 14 – **32 ch** 70/120 – P 126/155.

GRANIER (Col du) 73 Savoie 🎱🎱 ⑮ G. Alpes – alt. 1 164 – ⊠ 73670 St-Pierre d'Entremont –
🌀 79 – **Voir** ≼★★.

Paris 576 – Chambéry 16.

GRANVILLE 50400 Manche 𝟝𝟡 ⑦ G. Normandie – 15 172 h. – Casino Z – ✪ 33.

Voir Site★ – Le tour des remparts★ : place de l'Isthme ≼★ Z.

🏌 de Bréville ☏ 50.23.06 Bréville par ① : 5,5 km ; 🏌 de Bréhal ☏ 61.60.73 Bréhal par ① : 15 km.

🛈 Office de Tourisme 15 r. G.-Clemenceau (fermé dim. et lundi hors saison) ☏ 50.02.67.

Paris 349 ② – Avranches 26 ③ – ◆Caen 107 ② – ◆Cherbourg 104 ① – Coutances 29 ① – St-Lô 55 ① – Vire 56 ②.

GRANVILLE

Clemenceau (R. G.) . . . . **Z** 3	Hauteserves (Bd d') . . . . **Z** 9
Couraye (R.) . . . . **Z**	Hérel (R. de) . . . . **Y** 10
Juifs (R. des) . . . . **Z**	Libération (Av.) . . . . **Z** 12
Lecampion (R.) . . . . **Z**	Orléans (Pl. d') . . . . **Z** 14
Leclerc (R. Gén.) . . . . . . **Y**	St-Sauveur (R.) . . . . **Z** 16
Poirier (R. Paul) . . . . **Z** 15	Ste-Geneviève (R.) . . . . **Z** 17
	Saintonge (R.) . . . . **Z** 18
Briand (Av. A.) . . . . **Y** 2	Terreneuviers (Bd) . . . . **Y** 21
Desmaisons (R. C.) . . . . **Z** 4	
Estouteville (R. d') . . . . **Y** 6	
Foch (Pl. Mar.) . . . . **Z** 7	
Granvillais	
(R. des Amiraux) . . . **Z** 8	

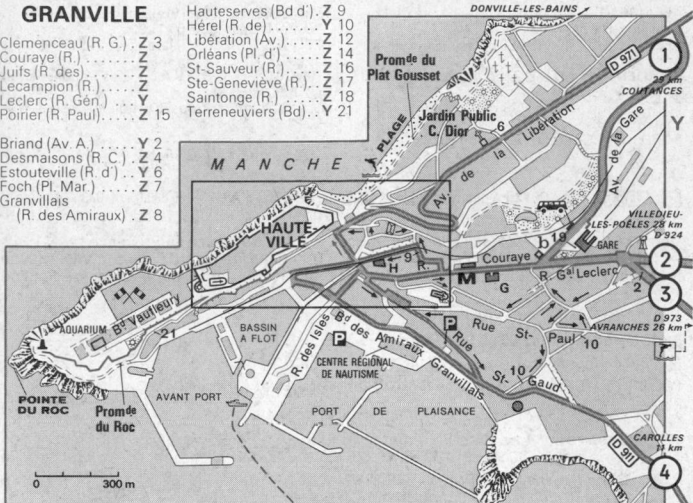

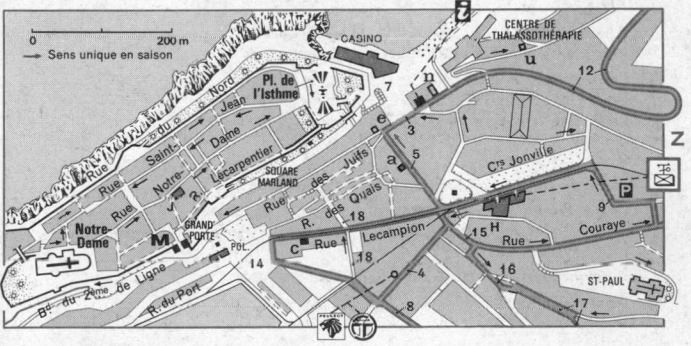

ILE DE JERSEY ↘ ILES CHAUSEY

🏛 **Bains,** 19 r. G.-Clemenceau ☏ 50.17.31, ≼ – 🛗 ⛱wc 🛏 ☎. 🖨 ⒶⒺ ① Ε 𝘝𝘐𝘚𝘈
  SC : La Potinière *(fermé lundi hors sais.)* **R** 50/126 – � 16 – **59 ch** 83/180.   **Z n**

🏠 **Michelet** ⬟ sans rest, 5 r. J.-Michelet ☏ 50.06.55 – ⛱wc 🛏 🖨 Ⓟ. 🖨
  fermé 19 nov. au 18 déc. – SC : ⊐ 14 – **19 ch** 60/160.   **Z u**

🏠 **Terminus** sans rest, près Gare ☏ 50.02.05 – 🛏 ☎ Ⓟ   **Y b**
  SC : ⊐ 13,50 – **14 ch** 61/217.

🏠 **H. les Gourmets** sans rest, 1 r. G.-Clemenceau ☏ 50.19.87 – ⛱wc ☎ Ε 𝘝𝘐𝘚𝘈
  🍴   **Z e**
  fermé vacances Noël-Jour de l'An – SC : ⊐ 14 – **18 ch** 58/166.

XX **Normandy-Chaumière** avec ch, 20 r. Dr-Paul-Poirier ☏ 50.01.71 – 🛏 🖨 ⒶⒺ Ε
  𝘝𝘐𝘚𝘈 🍴 ch   **Z a**
  fermé 5 au 28 oct., 20 au 29 déc., mardi soir en hiver et merc. – SC : **R** 50/140 – ⊐
  13,50 – **8 ch** 65/125 – P 170/205.

tourner →

à Bréville-sur-Mer par ① : 6 km − ⊠ **50290** Bréval :

🏨 **La Mougine des Moulins à Vent** sans rest, sur D 971 ℱ 50.22.41, ≤, ♠ − 🅿
ᴁᴱ ⓞ Ε 𝘝𝘐𝘚𝘈
SC : ⊊ 20 − **7 ch** 170/210.

🏠 **Aub. des Quatre Routes,** ℱ 50.20.10 − 🛗wc ⊜ℴ. ॐ ch
⟵ *1ᵉʳ avril-30 sept. et fermé merc. sauf juil.-août* − SC : **R** 38/64 ⅄ − ⊊ 11,50 − **7 ch**
72/100 − P 155/165.

ALFA-ROMEO, DATSUN Depince, rte de Lon-
gueville à Bréville ℱ 50.30.39 🆖
AUSTIN, FIAT, ROVER Deneux, 63 av. Mati-
gnon ℱ 50.02.12
CITROEN Éts Mazet, Zone Ind. par ② ℱ 50.
69.76 🆖 ℱ 58.01.84
FIAT Gar. de la Côte, 190 rte Coutances, Don-
ville ℱ 50.08.50
FORD Gar. Gosselin, Zone Ind., r. du Mesnil
ℱ 50.43.42

PEUGEOT-TALBOT Roussel, rte de Villedieu-
les-Poëles par ② ℱ 50.11.92
PEUGEOT-TALBOT Harel, 5 r. C.-Desmaisons
ℱ 50.01.04
RENAULT S.O.R.E.V.A. av. des Vendéens par
③ ℱ 90.64.99 🆖
V.A.G. Central-Auto, 25 av. de la Libération ℱ
50.34.27

🕸 Lorin, 106 r. W.-Churchill ℱ 50.02.55

GRASSE ⟨ℱℙ⟩ 06130 Alpes-Mar. 🎱 ⑧, 🎯🎯 ㉔ G. Côte d'Azur − 35 330 h. alt. 333 − Casino Υ
− ✪ 93.

Voir Vieille ville★ : Place du Cours ★ Υ, musée d'Art et d'Histoire de Provence★ Υ M1: ≤★
− Toiles★ de Rubens dans l'anc. cathédrale Υ B − Salle Fragonard★ dans la Villa-Musée
Fragonard Υ M3 − Parc de la Corniche ≤★★ 30 mn Z − Jardin de la Princesse Pauline
≤★ Z K.

Env. Montée au col du Pilon ≤★★ 9 km par ④.

🏌 de Valbonne ℱ 42.00.08 SE : 11 km.

🅱 Office de Tourisme pl. Foux (fermé dim. sauf juil., août) ℱ 36.03.56.

Paris 918 ② − Cannes 17 ② − Digne 117 ④ − Draguignan 56 ③ − ◆Nice 42 ②.

Plan page ci-contre

🏠 **Bellevue,** 14 av. Riou-Blanquet ℱ 36.01.96, ≤ − 📶 🛀wc 🛗wc ⊜. ॐ rest   X a
fermé nov. − SC : **R** 69 − **30 ch** ⊊ 88/196 − P 174/214.

ХХ **Chez Pierre,** 3 av. Thiers ℱ 36.12.99 − ▤   X e
fermé 1ᵉʳ juin au 6 juil., dim. soir du 1ᵉʳ oct. au 1ᵉʳ juil. et lundi − SC : **R** 52/80.

Х **Maître Boscq,** 13 r. Fontette ℱ 36.45.76   X k
fermé lundi du 1ᵉʳ oct. au 28 fév., dim. et fêtes − SC : **R** 56/69.

à Magagnosc par ① : 5 km − ⊠ **06520** Magagnosc.

Voir ≤★ du cimetière de l'église St-Laurent.

ХХ **Chantecler,** ℱ 36.20.64, ≤
fermé en mai, en nov., le soir de déc. à mai et merc. − SC : **R** 85/105.

Х **La Petite Auberge** avec ch, ℱ 36.20.34 − 🛗 🅿 ⊜ℴ
⟵ *fermé juil. et vacances de fév.* − SC : **R** *(fermé merc.)* 50/66 − **5 ch** (pens. seul.) −
P 134/150.

route de Cannes : 5 km par ② − ⊠ **06130** Grasse :

ХХ **Les Arômes** avec ch, ℱ 70.42.01 − 🛀wc ⊜ ⅙ 🅿 ⊜ℴ
fermé 1ᵉʳ déc. au 1ᵉʳ fév. − SC : **R** *(fermé sam. sauf le soir en juil.-août)* 60/90 − ⊊
12 − **7 ch** 133 − P 154/175.

à Peymeinade par ③ : 5 km − ⊠ **06530** Peymeinade :

🏨 **Poste** Ⓜ, ℱ 66.07.77, ≤, 佮, 🏊 − 📶 🛗wc ☎ 🅿 ⊜ℴ ⓞ 𝘝𝘐𝘚𝘈
fermé janv. et fév. − SC : **R** *(fermé mardi)* 70/150 − ⊊ 18 − **20 ch** 128/200 −
P 210/330.

à Cabris : 5 km par D 4 - Z − alt. 545 − ⊠ **06530** Peymeinade.

Voir Site★ − ≤★★ des ruines du château.

🏠 **Horizon** Ⓜ ॐ, ℱ 60.51.69, ≤ − 🛀wc 🛗wc ⊜. ॐ
5 fév.-15 oct. − SC : **R** *(fermé jeudi)* 55/72 − ⊊ 15 − **18 ch** 100/180 − P 160/200.

ХХ **Lou Vieil Casteou,** ℱ 60.50.12
fermé 1ᵉʳ nov. au 15 déc. et jeudi sauf juil. et août − **R** *(sur réservation en juil. et
août)* 60/120.

à Opio Ε : 6,5 km par D 7 - Z .

Env. Gourdon : Site★★ − Place ≤★★ − Château : musée de Peinture naïve★,
terrasse supérieure ≤★★ Ν : 10 km.

⛌ **Mas des Géraniums** ॐ, rte San-Peyre ⊠ 06650 Le Rouret ℱ 77.23.23, ≤, ♠
− 🛗 🅿
1ᵉʳ fév.-1ᵉʳ oct. − SC : **R** *(fermé dim. soir)* 68/123 − ⊊ 15,50 − **7 ch** 63/121 −
P 161/175.

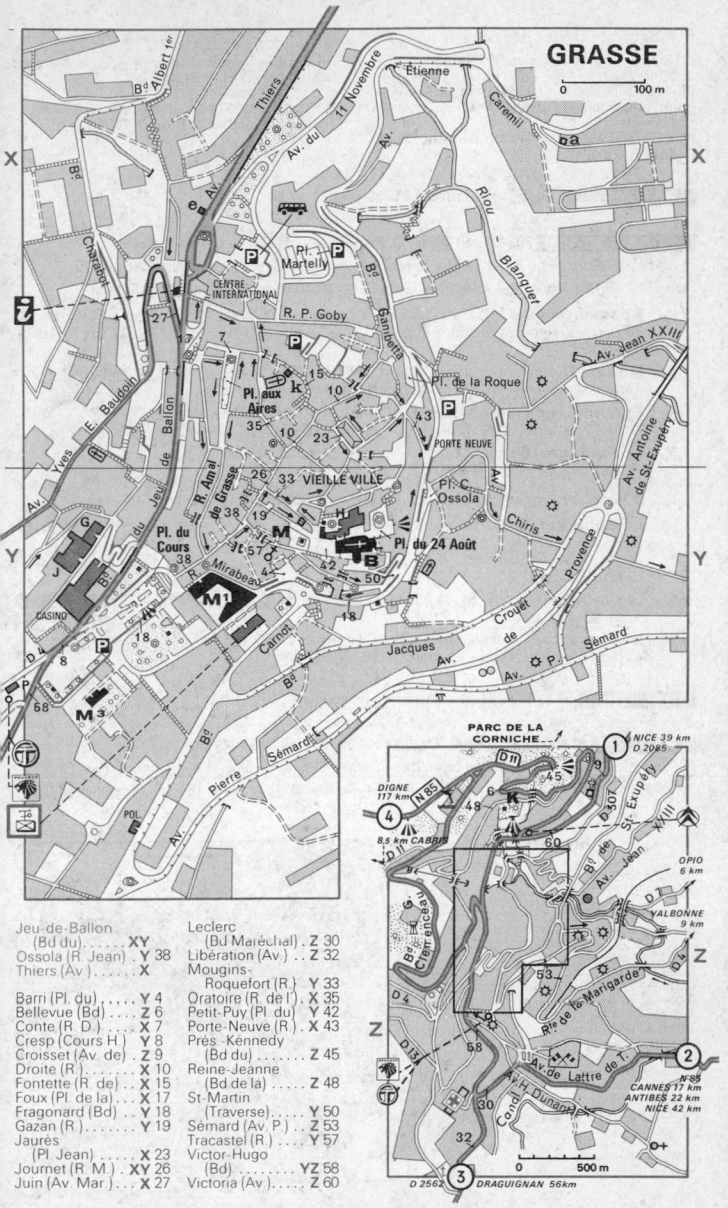

GRASSE

0   100 m

PARC DE LA CORNICHE

à Plascassier SE : 6 km par D 4 - Z - ⊠ 06130 Grasse :

🏠 **Les Mouliniers** ⌂, 🕾 60.10.37, ≤, 🚗 – 🛏wc 🕾 🅿 📬 *VISA* 🛏 ch
fermé 15 oct. au 15 nov. – SC : **R** *(fermé merc.)* (prévenir) (dîner résidents seul.)
60/75 – **10 ch** (pens. seul.) – P 152/172.

🍽🍽 **La Tourmaline** ⌂ avec ch, 🕾 60.10.08, ≤ – 🛏wc 🕾 🅿
fermé 1er nov. au 8 déc. – SC : **R** *(fermé lundi)* 95/145 – � 20 – **7 ch** 150/170.

🍽🍽 **Relais de Sartoux** ⌂ avec ch, rte Valbonne ⊠ 06370 Mouans-Sartoux 🕾 60.
10.57, 🚗 – 🛏wc 🕾 🅿 📬 ① *VISA* 🛏 ch
fermé nov. et janv. – SC : **R** 80/110 – ⊂ 15 – **12 ch** 150/176 – P 200/250.

CITROEN Gar. 4-Chemins, rte Cannes par ② ☎ 70.45.96
PEUGEOT-TALBOT Gar. Licastro, rte Draguignan à Peymeinade par ③ ☎ 09.02.56 et av. Ste-Lorette
PEUGEOT-TALBOT Grasse-Autom., 6 bd E.-Zola ☎ 36.36.50

RENAULT Impérial-Gar., N 85 Le plan de Grasse par ② ☎ 70.64.38

Europneus, 17 bd Gambetta ☎ 36.33.70
Tosello, Le Moulin de Brun ☎ 70.16.48

GRATOT **50 Manche 54 ⑫ – rattaché à Coutances.**

Le GRAU-DU-ROI **30240 Gard 83 ⑧ G. Provence – 4 082 h. – Casino – ⊗ 66.**

Office de Tourisme bd Front de Mer (fermé sam. après-midi et dim. en hiver) ☎ 51.67.70.

Paris 757 – Aigues-Mortes 6 – Arles 53 – Lunel 21 – ♦Montpellier 26 – Nîmes 47 – Sète 59.

- **Acacias** (annexe - 17 ch), **21 r. Égalité ☎ 51.40.86,** – wc wc ☎. *26 mars-30 sept. et fermé mardi hors sais.* – **SC : R** 50/95 – 17 – **27 ch** 78/166 – P 145/195.
- **Nouvel H.** sans rest, **quai Colbert ☎ 51.41.77,** ← – wc wc ☎. *Pâques-fin sept.* – **SC :** 19 – **21 ch** 120/160.
- **Splendid, bd Front-de-Mer ☎ 51.41.29,** ← – wc ☎. *1er avril-fin sept.* – **SC : R** 70/120 – 18 – **32 ch** 170/250 – P 250/280.
- **Le Palangre, 56 quai Ch.-de-Gaulle ☎ 51.76.30** – VISA *1er avril-30 oct.* – **SC : R** 68/160.

à Port Camargue **S : 3 km par D 62B – ✉ 30240** Grau-du-Roi :

- **Le Spinaker** M, **pointe Môle ☎ 51.54.93,** ←, – rest wc ☎ P. VISA *fermé janv., fév., en oct., dim. soir et lundi hors sais.* – **SC : R** 135/200 – 20 – **20 ch** 190/250.
- **Le Chabian** M, **☎ 51.44.33, Télex 480806,** ←, – wc ☎ P – 40 – **46 ch.**
- **L'Amarette,** Centre Commercial Camargue 2 000 ☎ **51.47.63,** ← *fermé 15 nov. au 15 fév. et merc.* – **SC : R** 90/150.

GRAUFTHAL **67 B.-Rhin 57 ⑰ – rattaché à Petite-Pierre.**

GRAULHET **81300 Tarn 82 ⑩ G. Causses – 14 109 h. alt. 166 – ⊗ 63.**

Syndicat d'Initiative à l'Hôtel de Ville (fermé sam. après-midi, dim. et lundi matin) ☎ 34.64.78.

Paris 703 ① – Albi 37 ② – Castelnaudary 60 ④ – Castres 30 ③ – Gaillac 19 ① – ♦Toulouse 58 ⑤.

GRAULHET

Jean-Jaurès (R.) 14
Mercadial (Pl. du) 19

Albigot (Bd) 2
Beauséjour (R.) 4
Dr-Bastié (R.) 7
Europe (Av. de l') 8
Gambetta (R.) 9
Gaulle (Av. Charles-de) 10
Genève (Bd de) 12
Jaurès (Av. Amiral) 13
Jourdain (Pl. du) 15
Liberté (Bd de la) 17
Mégisserie (R. de la) 18
Notre-Dame-Val-d'Amour (⊞) 20
Peseignes (R. des) 21
Résistance (Av. de la) 24
St-François (⊞) 25
St-Roch (Chemin) 27
Sidobre (Av. du) 28
Voûtes (Chemin des) 30

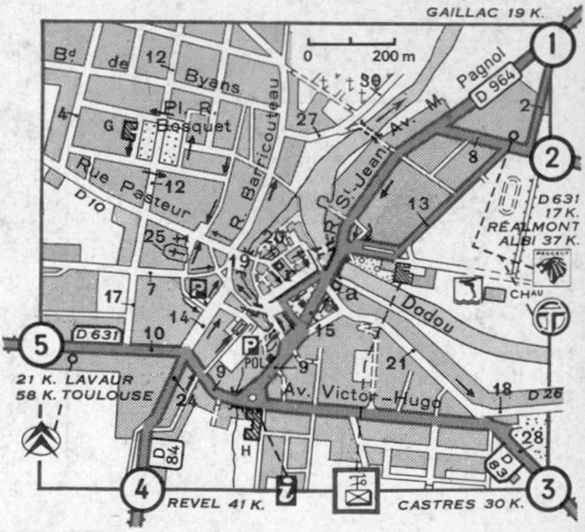

- **Le Grandgousier, 6 pl. Jourdain (a) ☎ 34.50.32** – TV wc ☎. VISA rest **SC : R** *(fermé 1er au 24 août et dim.)* 50/150 – 16,50 – **21 ch** 117/176 – P 220/320.
- **Mon Hôtel,** 2 Gde-Rue **(r) ☎ 34.62.63** – wc wc ☎ **SC : R** 35/63 – 11 – **20 ch** 63/99 – P 120/150.
- **L'Oustal,** par ⑤ : **2 km rte Lavaur ☎ 34.70.26** – P. VISA *fermé 1er au 18 août, 1er au 15 janv., et dim.* – **SC : R** 45/70.

ALFA-ROMEO. Gar. Joffre, 3 r. Mégisserie ☎ 34.50.22
CITROEN Graulhet Autom., 47 ter av. Ch.-de-Gaulle ☎ 34.51.44
FIAT Gar. Miquel, 9A rue Colonel Naudy ☎ 34.64.72
PEUGEOT, TALBOT S.I.V.A., rte de Réalmont par ② ☎ 34.55.34

PEUGEOT, TALBOT Gar. Arquier, 15 bis av. de l'Europe ☎ 34.70.41
RENAULT Teule-Parayre, carrefour de l'Europe par ② ☎ 34.55.95

 Solapneu, 47 av. Ch. de Gaulle ☎ 34.54.24

La GRAVE 05320 H.-Alpes **77** ⑦ G. Alpes − 513 h. alt. 1 450 − Sports d'hiver : 1 450/3 200 m ⁄1 ⁄4 − ⚙ 76.

Voir Situation★★ − Téléphérique ⩽★★★ − Combe de Malaval★ O : 6 km.

Env. Oratoire du Chazelet ⩽★★★ NO : 6 km.

🛈 Office de Tourisme (Pâques, 15 juin-15 sept. et Noël) ☎ 80.05.02.

Paris 642 − Briançon 39 − Gap 126 − ◆Grenoble 77 − Col du Lautaret 11 − St-Jean-de-Maurienne 66.

🏨 **La Meijette,** ☎ 80.05.34, ⩽ − 🛏wc 🛅wc ☎ ☿. 🕬 rest
    1er mai-30 sept. et 6 fév.-20 avril − SC : **R** (fermé mardi hors sais.) 85 🍴 − 🖵 16 − **18 ch** 80/280.

🏠 **Le Castillan,** ☎ 80.05.01, ⩽, ⬚, − 🛏wc 🛅wc ☎ ☿. 🕬
    1er mai-25 sept. et 20 déc.-20 avril − SC : **R** 54/150 − 🖵 13,50 − **45 ch** 80/125 − P 145/182.

%% **Edelweiss** avec ch, ☎ 80.06.46, ⩽ − 🛏wc. 🕬
    15 mai-30 sept. − SC : **R** 49/69 − 🖵 15 − **7 ch** 90 − P 130/160.

GRAVE (Pointe de) 33 Gironde **71** ⑮ G. Côte de l'Atlantique − ✉ 33123 Le Verdon-sur-Mer − ⚙ 56 − **Voir** Dune ⩽★.

Bac de Royan : renseignements ☎ 59.60.84.

Paris 507 − Arcachon 145 − ◆Bordeaux 102 − Lesparre-Médoc 38.

%% **Côte d'Argent,** ☎ 09.60.45 − ☿. 🆎 ⓞ 𝗩𝗜𝗦𝗔
    fermé lundi soir et mardi du 1er nov. au 30 mai − SC : **R** 55/160.

CITROEN Daniel au Verdon-sur-Mer, ☎ 09.60.28

GRAVELINES 59820 Nord **51** ③ G. Nord de la France − 11 677 h. − ⚙ 28.

Paris 294 − Calais 22 − Dunkerque 19 − ◆Lille 91 − St-Omer 34.

à **Petit-Fort-Philippe** N : 2 km − ✉ 59820 Gravelines − ⚙ 28

🏠 **Beau Rivage,** 7 bd Léo-Lagrange ☎ 23.12.21 − 🛏. 🕬 𝗩𝗜𝗦𝗔
    fermé 24 juin au 17 juil., 23 déc. au 17 janv. et vend. d'oct. à avril − **R** 56 🍴 − 🖵 15 − **14 ch** 60/173.

RENAULT Verhaeghe, rte de Gravelines, à Grandfort-Philippe ☎ 23.08.85

GRAY 70100 H.-Saône **66** ⑭ G. Jura − 9 602 h. alt. 221 − ⚙ 84.

Voir Collection de dessins★ de Prud'hon au musée Baron-Martin M.

🛈 Office de Tourisme Chambre de Commerce 8 r. Victor-Hugo (fermé sam. et dim.) ☎ 65.20.14 et Ile Sauzay (1er juin-30 sept.) ☎ 65.14.24.

Paris 362 ⑤ − ◆Besançon 46 ③ − ◆Dijon 49 ⑤ − Dole 43 ④ − Langres 56 ① − Vesoul 64 ①.

Plan page suivante

🏠 **Le Fer à Cheval** Ⓜ sans rest, 4 av. Carnot (n) ☎ 65.32.55 − 🛗 📺 🛏wc ☎ ☿. 🕬 🆎 ⓞ 𝗩𝗜𝗦𝗔
    fermé 25 déc. au 4 janv. − SC : 🖵 13 − **39 ch** 90/140.

%% **Relais de la Prévôté,** r. Marché (a) ☎ 65.10.08, « Demeure du 16e s. » − ⓞ Ⓔ 𝗩𝗜𝗦𝗔
    fermé dim. soir et lundi sauf fériés − SC : **R** 70 bc/100.

à **Nantilly** O : 4 km par ① et D 2 − ✉ 70100 Gray :

🏰 **Relais de Nantilly** Ⓜ ⋙, ☎ 65.20.12, « Parc », ⬚, ⁒ − 📺 ☿. − 🎾 40. 🆎 ⓞ 𝗩𝗜𝗦𝗔 🕬 rest
    fermé nov., 26 déc. au 2 janv., vac. scol. de fév., dim. soir et lundi de déc. à fin mars − SC : **R** carte 145 à 190 − 🖵 30 − **23 ch** 250/350.

à **Rigny** par ① D 70 et D 2 : 5 km − ✉ 70100 Gray :

🏰 **Château de Rigny** ⋙, ☎ 65.25.01, « Parc aménagé en bordure de la Saône », ⁒ − 📺 ☎ ☿. 🆎 ⓞ Ⓔ 𝗩𝗜𝗦𝗔 🕬 rest
    fermé janv. − SC : **R** 100/170 − 🖵 22 − **23 ch** 180/320 − P 320/380.

à **Venère** par ③ : 12 km − ✉ 70100 Gray :

🏠 **Comtois,** ☎ 31.53.60 − 🛏wc ☿. 🕬. ⁒
    fermé 25 déc. au 15 janv. et mardi − SC : **R** 50/120 🍴 − 🖵 17 − **14 ch** 75/160.

tourner →

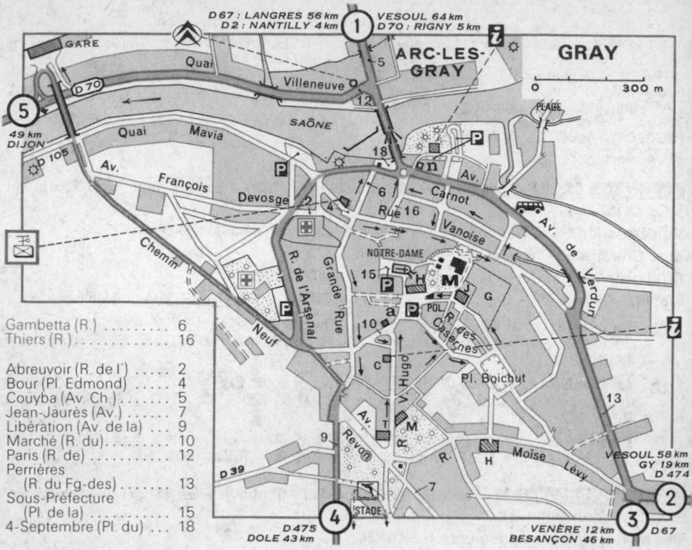

Gambetta (R.) 6
Thiers (R.) 16

Abreuvoir (R. de l') 2
Bour (Pl. Edmond) 4
Couyba (Av. Ch.) 5
Jean-Jaurès (Av.) 7
Libération (Av. de la) ... 9
Marché (R. du) 10
Paris (R. de) 12
Perrières
(R. du Fg-des) 13
Sous-Préfecture
(Pl. de la) 15
4-Septembre (Pl. du) ... 18

à Aubigney par ④, D 475 et D 22 : 14 km – ✉ **70140** Pesmes :

XX **Aub. Vieux Moulin** avec ch, ☎ **31.21.16**, – wc **P**.
fermé 15 déc. au 15 janv. – SC : **R** 83/155 – 28 – **7 ch** 155/220.

CITROEN Auto-Comtoise, 9 r. Paris ☎ 65.22.56
PEUGEOT, TALBOT Gray-Autom., 32 av. Ch.-de-Gaulle par av. Jean-Jaurès ☎ 65.25.23
RENAULT Autom. de la Saône, à Ancier par ② ☎ 65.48.77
V.A.G. Gar. de la Croisée, 4 av. C.-Couyba, Arc-les-Gray par ① ☎ 65.34.12
Bailly, Chaussée d'Arc ☎ 65.07.06

Au moment de chercher un hôtel ou un restaurant, soyez efficace. Sachez utiliser les noms soulignés en rouge sur les cartes Michelin à 1/200 000. Mais ayez une carte à jour !

La GRÉE-PENVINS **56** Morbihan **63** ⑬ – voir à Sarzeau.

GRENADE-SUR-L'ADOUR **40270** Landes **82** ① – 2 006 h. alt. 55 – ☎ 58.

Paris 732 – Aire-sur-l'Adour 18 – Mont-de-Marsan 15 – Orthez 51 – St-Sever 14 – Tartas 33.

Lion d'Or, N 124 ☎ 58.02.53 –
fermé 1er au 20 sept. – **R** 25/60 – 8 – **7 ch** 45/58 – P 80.

PEUGEOT, TALBOT Gar. de l'Adour, ☎ 58.01.45
RENAULT Gar. Dargelos, ☎ 58.02.62

GRENDELBRUCH **67** B.-Rhin **62** ⑧⑨ – 1 021 h. alt. 555 – ✉ **67190** Mutzig – ☎ 88.

Voir Signal de Grendelbruch ☼★ SO : 2 km puis 15 mn, **G. Vosges.**

Paris 514 – Erstein 32 – Molsheim 22 – Obernai 16 – Sélestat 39 – ♦Strasbourg 42.

La Couronne, rte Schirmeck ☎ 97.40.94 – wc **P**
fermé 25 oct. au 30 nov. – SC : **R** 32/90 – 12 – **11 ch** 68/130 – P 115/138.

GRENOBLE **P** **38000** Isère **77** ⑤ **G. Alpes** – 169 740 h. com. urbaine 394 789 h. alt. 214 – ☎ 76.

Voir Fort de la Bastille ☼★★ par téléphérique CV – Palais de Justice★ CV **J** – Patio★ de l'Hôtel de Ville DY – Crypte★ de l'église St-Laurent CV **D** – Musées : des Beaux-Arts★★ DX **M1**, Dauphinois (expositions★) CV **M2**.

de Grenoble-St-Geoirs ☎ 05.71.33 par ⑩ : 45 km.

☎ 47.60.27.

Office de Tourisme et Accueil de France (Informations, change et réservations d'Hôtels, pas plus de 5 jours à l'avance), r. République (fermé dim. et fêtes) ☎ 54.34.36, Télex 980718 – A.C. 4 pl. Grenette ☎ 44.41.54.

Paris 567 ⑩ – Bourg-en-Bresse 142 ⑩ – Chambéry 55 ③ – ♦Genève 157 ③ – ♦Lyon 104 ⑩ – ♦Marseille 314 ⑩ – ♦Nice 333 ⑦ – ♦St-Étienne 137 ⑩ – Torino 240 ③ – Valence 99 ⑩.

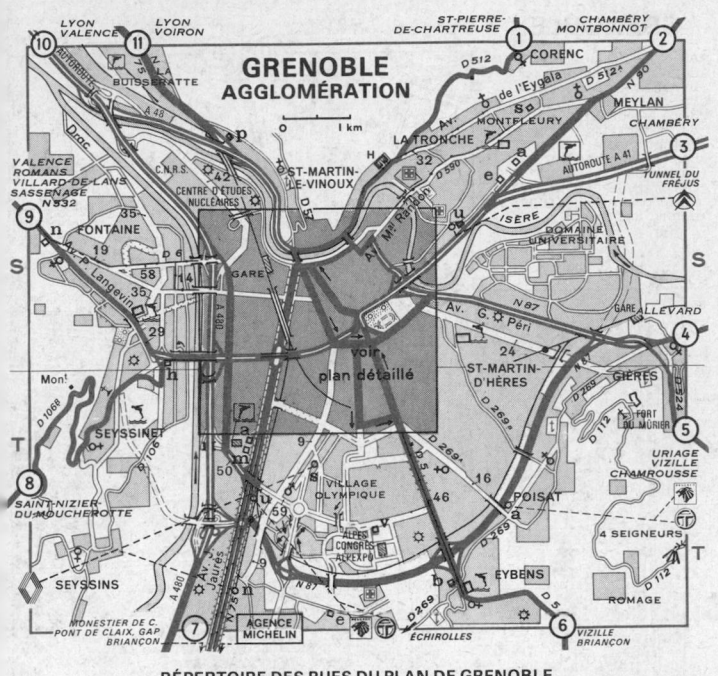

RÉPERTOIRE DES RUES DU PLAN DE GRENOBLE

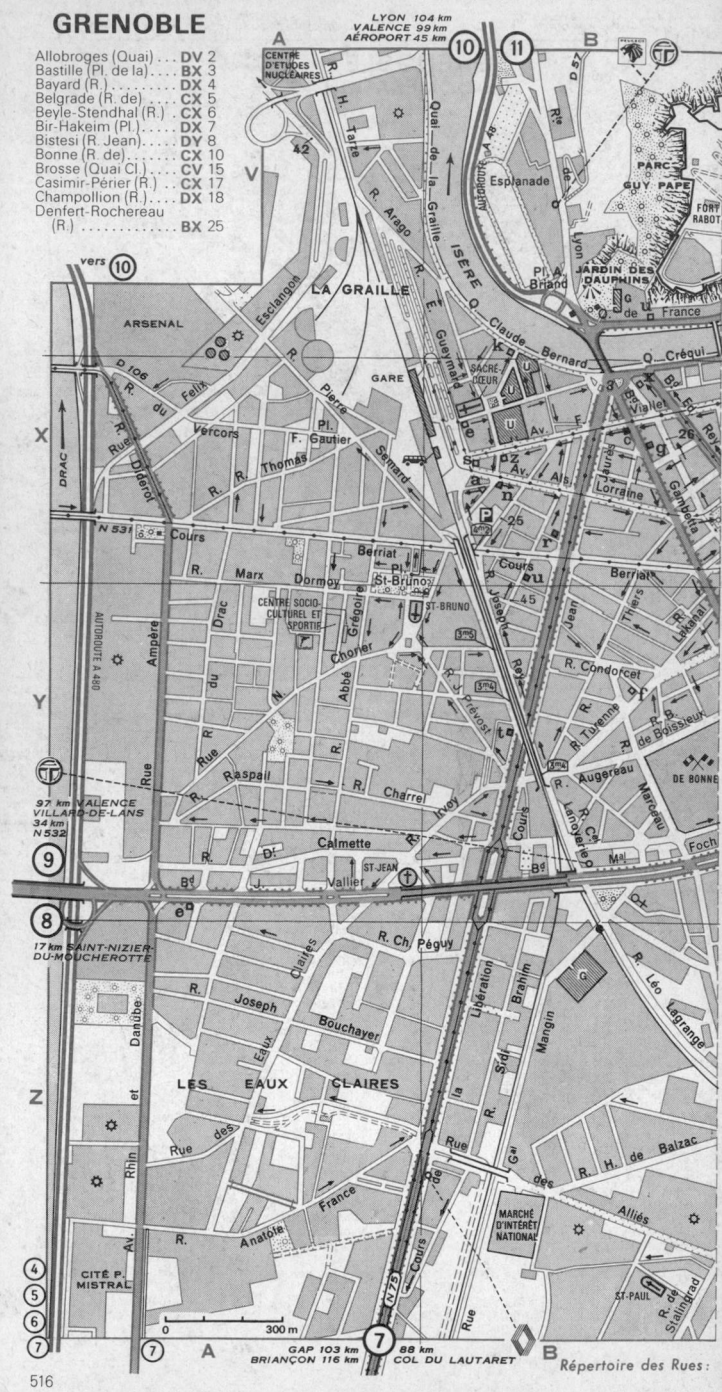

GRENOBLE

LYON 104 km
VALENCE 99 km
AÉROPORT 45 km

CENTRE D'ÉTUDES NUCLÉAIRES

vers ⑩

LA GRAILLE

ARSENAL

ISÈRE

PARC GUY PAPE

FORT RABOT

JARDIN DES DAUPHINS

GARE

SACRÉ-CŒUR

CENTRE SOCIO-CULTUREL ET SPORTIF

ST-BRUNO

97 km VALENCE
VILLARD-DE-LANS 34 km
N 532

17 km SAINT-NIZIER-DU-MOUCHEROTTE

LES EAUX CLAIRES

MARCHÉ D'INTÉRÊT NATIONAL

CITÉ P. MISTRAL

ST-PAUL

0   300 m

GAP 103 km
BRIANÇON 116 km

88 km
COL DU LAUTARET

Répertoire des Rues:

516

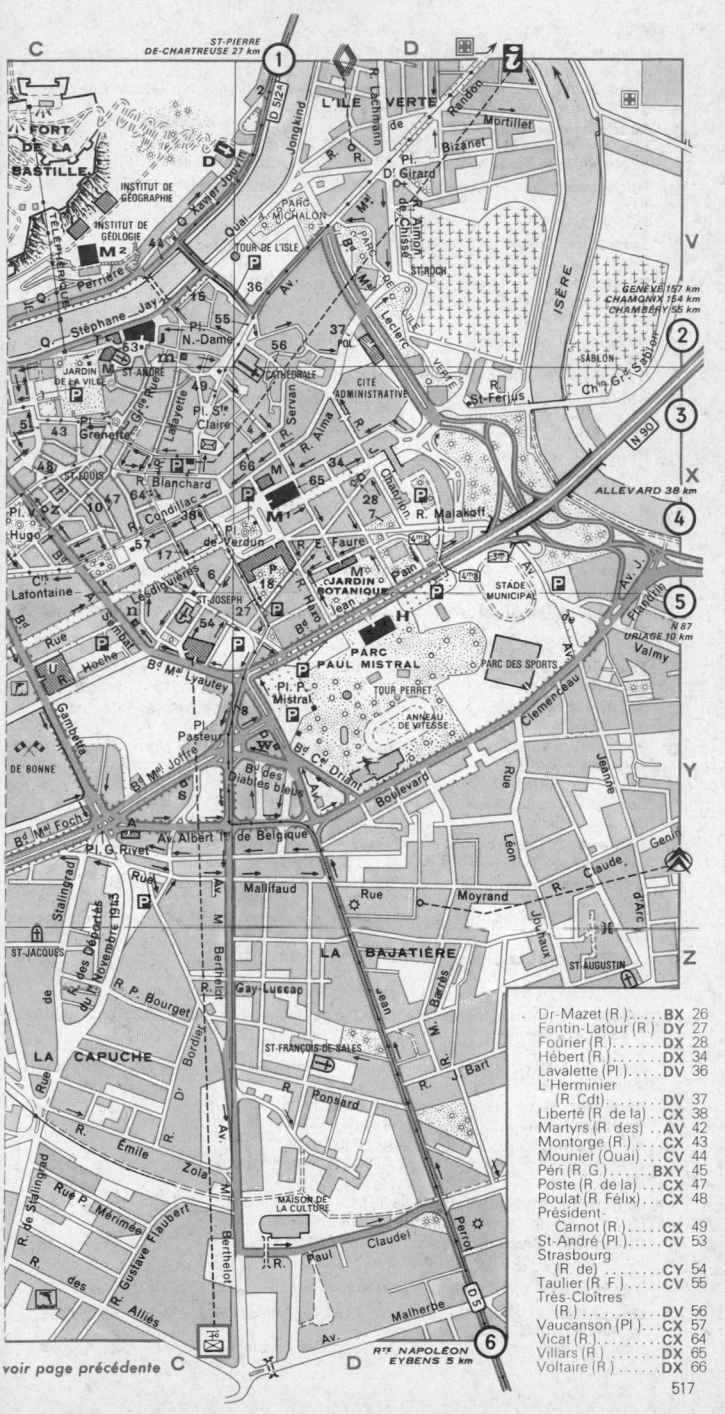

St-Pierre de-Chartreuse 27 km

Genève 157 km
Chamonix 154 km
Chambéry 55 km

Allevard 38 km

Uriage 10 km

Rte Napoléon Eybens 5 km

voir page précédente

🏨 **Park H.** M, 10 pl. Paul-Mistral ⏏ 87.29.11, Télex 320767, « Beaux aménagements intérieurs » – 🛗 ▤ 🖵 ☎ & – 🍴 60. ⓪ Ɛ 𝘝𝘐𝘚𝘈　　　　　　　　　　　　DY **w**
fermé 24 déc. au 2 janv. – SC : **la Taverne de Ripaille** *(fermé dim.)* **R** carte environ 90
🍴 – ⌧ 25 – **61 ch** 320/520 – ¹/₂ p (été seul.) 260.

🏨 **Lesdiguières** (École hôtelière), 122 cours Libération ⌧ 38100 ⏏ 96.55.36, Télex 320306, « Parc » – 🛗 ☎ ⇚ Ⓟ. ▥ ⓪ 𝘝𝘐𝘚𝘈 rest　　　　　　　　　　　T **m**
fermé août et 18 déc. au 4 janv. – SC : **R** 90/110 – ⌧ 20 – **36 ch** 145/270.

🏨 **Angleterre** sans rest, 5 pl. V.-Hugo ⏏ 87.37.21, Télex 320297 – 🛗 🖵 ☎. ▥ ⓪ Ɛ 𝘝𝘐𝘚𝘈　　　　　　　　　　　　　　　　　　　　　　　　　　　　CX **z**
SC : **70 ch** ⌧ 175/280.

🏨 **Terminus** sans rest, 10 pl. Gare ⏏ 87.24.33 – 🛗. ▥ ⓪ 𝘝𝘐𝘚𝘈　　　　　　BX **e**
fermé 1ᵉʳ au 29 août – SC : **50 ch** ⌧ 100/210.

🏨 **Patrick H.** M sans rest, 116 cours Libération ⌧ 38100 ⏏ 21.26.63, Télex 320320 – 🛗 🖵 ➞wc ☎ Ⓟ. 🖼 ▥ ⓪ Ɛ 𝘝𝘐𝘚𝘈　　　　　　　　　　　　　　　T **a**
SC : ⌧ 15 – **40 ch** 180/270.

🏨 **Savoie**, 52 av. Alsace-Lorraine ⏏ 46.00.20, Télex 320635 – 🛗 ➞wc 🖩wc ☎.
🖼　　　　　　　　　　　　　　　　　　　　　　　　　　　　　　　　BX **s**
R 55/95 🍴 - **Taverne de Savoie R** carte 70 à 100 🍴 – **83 ch** ⌧ 90/225 – P 170/300.

🏨 **Belalp** sans rest, 8 av. V.-Hugo ⌧ 38170 Seyssinet ⏏ 96.10.27 – 🛗 ▤ 🖵 ➞wc
🖩wc ☎ ⇚ Ⓟ. 🖼 ▥ ⓪ Ɛ 𝘝𝘐𝘚𝘈　　　　　　　　　　　　　　　　ST **h**
fermé 4 au 26 août – SC : ⌧ 15 – **29 ch** 125/190.

🏨 **Rive Droite** M sans rest, 20 quai France ⏏ 87.61.11, Télex 320232 – 🛗 ➞wc
🖩wc ☎ ⇚ Ⓟ. ▥ 𝘝𝘐𝘚𝘈　　　　　　　　　　　　　　　　　　　　BV **u**
SC : ⌧ 17 – **48 ch** 143/166.

🏨 **Porte de France** M sans rest, 27 quai C.-Bernard ⏏ 47.39.73 – 🛗 ➞wc 🖩wc ☎
⇚ Ⓟ – 🍴 40. 🖼 𝘝𝘐𝘚𝘈　　　　　　　　　　　　　　　　　　　　BV **k**
fermé 29 juil. au 15 août – SC : ⌧ 18 – **36 ch** 150/200.

🏨 **Alpes** M sans rest, 45 av. F.-Viallet ⏏ 87.00.71 – 🛗 ➞wc 🖩wc ☎ ⇚. ▥
SC : ⌧ 14 – **40 ch** 127/160.　　　　　　　　　　　　　　　　BX **z**

🏨 **Gallia** sans rest, 7 bd Mar.-Joffre ⏏ 87.39.21 – 🛗 ➞wc 🖩wc ☎. 🖼 ▥ ⓪ Ɛ
𝘝𝘐𝘚𝘈　　　　　　　　　　　　　　　　　　　　　　　　　　　CY **s**
fermé 1ᵉʳ au 22 août et Noël – SC : **35 ch** ⌧ 90/200.

🏨 **Trianon** sans rest, 3 r. P.-Arthaud ⏏ 46.21.62 – 🛗 ➞wc 🖩wc 🖼. 🖼 ▥ Ɛ 𝘝𝘐𝘚𝘈
SC : ⌧ 14 – **37 ch** 85/160.　　　　　　　　　　　　　　　　BY **f**

🏨 **Stendhal** sans rest, 5 r. Dr-Mazet ⏏ 46.21.44 – 🛗 ➞wc 🖩wc 🖼. 🖼　BX **x**
fermé 23 déc. au 3 janv. – SC : ⌧ 16 – **38 ch** 78/157.

🏨 **Paris-Nice** sans rest, 61 bd J.-Vallier ⌧ 38100 ⏏ 96.36.18 – ➞wc 🖩wc 🖼 ⇚.
🖼 ▥ ⓪ Ɛ 𝘝𝘐𝘚𝘈　　　　　　　　　　　　　　　　　　　　　　AY **e**
SC : ⌧ 14 – **29 ch** 85/130.

🏨 **Lux** sans rest, 6 r. Crépu ⏏ 46.41.89 – 🛗 🖩wc 🖼. ✂　　　　　　BX **a**
SC : ⌧ 14 – **27 ch** 74/123.

XXX **Thibaud**, 25 bd A.-Sembat ⏏ 43.01.62 – ▤ ▥ ⓪ Ɛ 𝘝𝘐𝘚𝘈　　　CY **n**
fermé dim. et fêtes – SC : **R** 90/190.

XXX ❀ **Poularde Bressane**, 12 pl. P.-Mistral ⏏ 87.08.90 – ▤ ▥ ⓪ Ɛ 𝘝𝘐𝘚𝘈　DY **w**
fermé août – SC : **R** 98/135
Spéc. Flan de truite saumonée, Pigeonneau à l'ail doux, Poularde de Bresse en vessie. **Vins** Gamay, Apremont.

XX ❀ **Le Pommerois** (Douissou), 1 pl. Herbes ⏏ 44.30.02　　　　　CV **m**
fermé le midi en août et merc. – SC : **R** 80/160
Spéc. Terrine de poisson Arlequin, Pigeonneau de Bresse rôti, Millefeuille Pommerois aux fruits.

XX ❀ **Aub. Bressane** (Décher), 38 ter impasse Beaublache (angle 40 cours J.-Jaurès)
⏏ 87.64.29 – ▤. ▥　　　　　　　　　　　　　　　　　　　　BX **r**
fermé dim. et fériés – SC : **R** 95/145
Spéc. Écrevisses en gratin (sauf avril et mai), Poulet de Bresse au vinaigre, Carré d'agneau au brouilly. **Vins** Crépy, Gamay.

XX **Rabelais**, 55 av. Alsace-Lorraine ⏏ 46.03.44　　　　　　　　BX **n**
➤ *fermé août, Noël-Jour de l'An, vend. soir et sam.* – **R** 36/110 🍴.

X **A ma Table**, 92 crs J.-Jaurès ⏏ 96.77.04　　　　　　　　　BY **t**
fermé août, dim., lundi et fêtes – SC : **R** (nombre de couverts limités - prévenir) 110/150.

X **Concorde**, 9 bd Gambetta ⏏ 46.63.64 – ▥　　　　　　　　BX **g**
➤ *fermé 31 juil. au 5 sept., dim. soir et sam.* – SC : **R** 37/73.

X **Chaumière Savoyarde**, 27 r. G.-Péri ⏏ 87.29.71　　　　　　BX **u**
➤ *fermé 7 au 30 août, lundi midi et dim.* – SC : **R** 45/58 🍴.

à Echirolles – T – 39 481 h. – ⌧ 38130 Echirolles :

🏨 **Dauphitel** M ✿, av. Grugliasco ⏏ 23.24.72, Télex 980612 – 🛗 ➞wc ☎ Ⓟ – 🍴
30. 🖼 ▥ ⓪ Ɛ 𝘝𝘐𝘚𝘈. ✂ rest　　　　　　　　　　　　　　　　T **e**
fermé 24 déc. au 2 janv. – SC : **R** (sam. et dim. dîner seul.) 60 – ⌧ 14 – **68 ch** 145/180.

au Centre des Congrès et Alpexpo - T – ⌗ **38100** Grenoble :

🏨 **Mercure** Ⓜ ⑲, ℡ 09.54.27, Télex 980470, ≤, ⑆, – ⍟ ▤ 🖵 ☎ &, ⟷ Ⓟ – ⚒
25 à 150. 🅰🅴 🅴 𝘝𝘐𝘚𝘈   T v
R *(fermé sam. midi et dim. midi en juil.-août)* carte environ 90 ⅃ – ⌕ 33 – **98 ch** 290/435.

à St-Martin-le-Vinoux : 2 km par A 48 et N 75 - S – 5 582 h. – ⌗ **38000** Grenoble :

XXX ❀ **Pique-Pierre** avec ch, ℡ 46.12.88, 🌤 – Ⓟ. 🅰🅴 𝘝𝘐𝘚𝘈   S p
fermé août, dim. soir et lundi – **R** 80/175 – ⌕ 13 – **10 ch** 65/70
Spéc. Foie gras frais de canard, Paupiettes de mostelle, Ris de veau Princesse. **Vins** Marestel, Pinot rouge.

au Nord par D 57 rte Clemencière - S : 4 km – ⌗ **38000** Grenoble :

🏠 **Bellevue** Ⓜ ⑲, ℡ 87.68.17, ≤ – ⌫wc ⍥wc ☎ Ⓟ. 🅴 𝘝𝘐𝘚𝘈. 🎀
➡ *fermé 17 déc. au 15 janv.* – **SC** : **R** *(fermé sam. et dim.)* (dîner seul. pour résidents)
50 ⅃ – ⌓ 14 – **19 ch** 100/148.

à la Tronche - S – ⌗ **38700** La Tronche :

XXX **Trois Dauphins**, 24 bd Chantourne ℡ 54.49.73, 🌤 – ▤ Ⓟ. ① 𝘝𝘐𝘚𝘈   S u
fermé sam. et dim. en juil.-août, sam. soir et dim. toute l'année – **SC** : **R** 90.

à Meylan : 3 km par N 90 - S – 14 511 h. – ⌗ **38240** Meylan :

🏨 **Alpha** Ⓜ, 34 av. Verdun ℡ 90.63.09, Télex 980444, 🌤, ⑆, – ⍟ ▤ rest 🖵 ☎ &,
⟷ Ⓟ – ⚒ 40 à 180. 🅰🅴 ① 🅴 𝘝𝘐𝘚𝘈   S e
SC : **Les saisons** *(fermé sam.)* **R** carte environ 100 ⅃ – **La Petite Table** (Coffee Shop)
R 62 bc – ⌕ 25 – **60 ch** 235/280.

🏠 **Belle Vallée** Ⓜ sans rest, 2 av. Verdun ℡ 90.42.65 – 🖵 ⌫wc ☎ ⟷ Ⓟ. 🖩
🅰🅴 ① 🅴 𝘝𝘐𝘚𝘈   S a
SC : ⌕ 15 – **30 ch** 165/250.

à Corenc-Montfleury : 3 km par av. Mar.-Randon - S – ⌗ **38700** La Tronche :

🏨 **Trois Roses** Ⓜ sans rest, 32 av. Grésivaudan ℡ 90.35.09, Télex 980593, ⇗ – ⍟
🖵 ☎ Ⓟ – ⚒ 75. 🅰🅴 ① 🅴 𝘝𝘐𝘚𝘈   S s
SC : ⌕ 15 – **50 ch** 175/235, 8 appartements 390/425.

à Eybens : 5 km par D 5 - T – 5 437 h. – ⌗ **38320** Eybens :

XX **Rustique Auberge**, ℡ 25.24.70 – 🅴 𝘝𝘐𝘚𝘈   T b
fermé 15 au 31 août, vacances de fév., dim. et lundi – **SC** : **R** 55/120 ⅃.

Par la sortie ② :

à Montbonnot : 7 km N 90 – ⌗ **38330** St-Ismier.
Env. Bec de Margain ≤★★ NE : 13 km puis 30 mn.

XXX ❀ **Les Mésanges** (Achini) ℡ 90.21.57, ≤, 🌤, « Jardin ombragé » – 🅴
fermé août, dim. soir et lundi – **SC** : **R** 80/155
Spéc. Foie gras frais, Gratin de queues d'écrevisses (sauf mars et avril), Assiette du pêcheur. **Vins** Crozes Hermitage, Chignin.

Par la sortie ⑥ :

à Bresson par D 264 : 8 km – ⌗ **38320** Eybens :

XXX ❀ **Chavant** ⑲ avec ch, ℡ 25.15.14, 🌤, « Jardin ombragé » – ▤ 🖵 ⌫wc ⍥wc
☎ Ⓟ. 🖩 🅰🅴 𝘝𝘐𝘚𝘈. 🎀 rest
fermé 25 au 31 déc. – **SC** : **R** *(fermé merc.)* 130 – ⌕ 30 – **8 ch** 240/300 – P 297/374
Spéc. Saumon mariné, Turbot aux morilles, Caille Chavant. **Vins** Abymes de Myans, Cornas.

Par la sortie ⑦ :

à Pont-de-Claix : 8 km – 13 035 h. alt. 251 – ⌗ **38800** Pont-de-Claix :

🏠 **Le Villancourt** sans rest, cours St-André ℡ 98.18.54 – ⍟ ⌫wc ⍥wc ☎ ⟷ Ⓟ.
🖩.
fermé août – **SC** : ⌕ 13 – **33 ch** 105/155.

XX **Globe** avec ch, 1 cours St-André ℡ 98.05.25, 🌤 – ⍥ ⟷ Ⓟ. 🖩. 🎀 ch
➡ *fermé mai et dim.* – **SC** : **R** 50/150 – ⌕ 15 – **11 ch** 70/120.

à Claix par D 269 : 10,5 km – 5 412 h. – ⌗ **38640** Claix :

🏠 **Les Oiseaux** ⑲, ℡ 98.07.74, Télex 320871, ≤, 🌤, ⑆, ⇗ – ⌫wc ⍥wc ☎ ⟷
Ⓟ. 🎀
1ᵉʳ fév.-31 oct. et fermé sam. midi et vend. – **SC** : **R** 55/98 – ⌕ 21 – **20 ch** 105/230 –
P 166/267.

à Varces : 13 km – 5 673 h. – ⌗ **38760** Varces :

XXX ❀❀ **L'Escale** (Brunet) avec ch, ℡ 72.80.19, 🌤, « Jardin ombragé » – 🖵 ⌫wc
⍥wc ☎ Ⓟ. 🖩 🅰🅴 🅴
fermé 2 au 9 mai, 20 au 27 sept., 1ᵉʳ au 25 janv., lundi soir hors sais. et mardi – **SC** :
R 198/375 et carte – ⌕ 48 – **12 ch** 190/450
Spéc. Navarin de langouste, Filets de rascasse et saumon au cresson, Ris de veau en blanquette au salpicon de langouste. **Vins** Hermitage.

à St-Paul-de-Varces par N 75 et D 107 : 17 km – ⊠ **38760** Varces :

XX **Aub. Messidor,** ☎ 72.80.64, 🍴 🅿
fermé fév. et merc. – SC : **R** 75 *(sauf fêtes)*/170.

Par la sortie ⑩ :

A 48 - Echangeur Voreppe : 12 km – ⊠ **38340** Voreppe :

🏨 **Novotel** Ⓜ, ☎ 50.81.44, Télex 320273, ≤, 🍴, parc, 🎱 – ☢ ☰ 📺 ☎ & 🅿 – 🔼 25 à 200. ᴀᴇ ⓞ 𝚅𝙸𝚂𝙰
R snack carte environ 85 – 🖙 27 – **114 ch** 210/255.

Par la sortie ⑪ :

au Chevalon : 11,5 km – ⊠ **38340** Voreppe :

XXX **La Petite Auberge,** ☎ 50.08.03, 🌳 – 🅿. ᴀᴇ ⓞ 𝚅𝙸𝚂𝙰
fermé 15 août au 15 sept., dim. soir et lundi – **R** 95/180.

MICHELIN, Agence régionale, r. A. Bergès, Z.A., Le Pont de Claix par ⑦ ☎ 98.51.54

ALFA-ROMEO Gar. St-Christophe, 65 bd Gambetta ☎ 87.50.71
AUSTIN, JAGUAR, MORRIS, ROVER, TRIUMPH Albertiny, 146 av. Léon-Blum ☎ 09.00.87 et 36 av. F.-Viallet ☎ 87.87.61
LANCIA-AUTOBIANCHI Gar. du Quai, 13 quai Cl.-Bernard ☎ 87.46.63
LANCIA-AUTOBIANCHI Le Salon de l'Auto, 27 r. A.-Dumas ☎ 49.03.52
PEUGEOT-TALBOT Bernard, 237 cours Libération T u ☎ 09.43.54
PEUGEOT-TALBOT Bollard, 53 rte de Lyon BV ☎ 46.71.67
PORSCHE, MITSUBISHI Auto Sporting, 47 r. des Eaux Claires ☎ 96.92.46
RENAULT Succursale, 150 r. Stalingrad T s ☎ 40.41.42

RENAULT Galtier, 73 cours Libération BZ ☎ 96.69.27
RENAULT Splendid-Gar., 4 r. E.-Delacroix DV ☎ 42.74.72
TALBOT Éts Raymond, 56 bd Foch BY ☎ 87.21.34
VOLVO Gar. Jeanne d'Arc, 6 bis Ch. Villebois ☎ 54.08.92

🔘 Gonthier, 3 r. R.-Bank ☎ 46.06.04
Piot-Pneu, 27 bd Mar.-Foch ☎ 46.69.83
Radial-Pneu, 47 bd Clemenceau ☎ 44.30.71
La Station-du-Pneu, 5 r. Génissieu ☎ 46.63.63
Tessaro-Pneus, 86 cours J.-Jaurès ☎ 46.00.91

Périphérie et environs

BMW Gar. Mar.-Foch, av. de la Houille Blanche à Seyssinet Pariset ☎ 96.02.90
CITROEN Filiale, Ricou-Auto, 28 bd de la Chantourne à La Tronche S ☎ 42.46.36 Ⓝ ☎ 72.80.35
CITROEN Gar. des Alpes, à Varces par ⑦ ☎ 72.80.35
DATSUN CEDA, av. de la Houille Blanche à Seyssinet-Pariset ☎ 96.02.90
FIAT Gar. de Savoie, 45 bd P.-Langevin, Zone Ind. à Fontaine ☎ 27.38.17
FIAT Strada, 104 av. G.-Péri à St-Martin-d'Hères ☎ 42.61.71
FORD Gauduel, 46 av. A.-Croizat à Fontaine ☎ 26.00.18
FORD Sud Alpes Autom., U2, r. du Béal à St-Martin-d'Hères ☎ 25.75.45
LADA, SKODA R.C.-Autom., av. Gén.-de-Gaulle à Seyssinet-Pariset ☎ 96.79.27
MERCEDES-BENZ, TOYOTA Gar. St-Martin, 117 av. G.-Péri à St-Martin-d'Hères ☎ 54.42.18
OPEL Gar. Majestic, 109 av. G.-Péri à St-Martin-d'Hères ☎ 42.38.18

PEUGEOT-TALBOT Gds Gar. Isère, 3 r. de la Prévachère, Zone Ind. Sud, à St-Martin-d'Hères T a ☎ 25.27.81
PORSCHE V.A.G. Alpes-Sport-Auto, 111 av. G.-Péri à St-Martin-d'Hères ☎ 54.52.36 Ⓝ ☎ 96.65.69
RENAULT Esso-Service du Moucherotte, 177 cours J.-Jaurès à Echirolles T n ☎ 09.16.24
RENAULT Lambert, 24 av. de Romans à Sassenage par ⑨ ☎ 27.40.62

🔘 Gonthier-Pneus, 131 av. G.-Péri à St-Martin-d'Hères ☎ 54.36.83
Piot-Pneu, 96 cours J.-Jaurès à Echirolles ☎ 09.11.95 11 r. C.-Kilian, St-Martin-le-Vinoux ☎ 87.21.44 et av. G.-Péri à St-Martin-d'Hères ☎ 54.36.72
SODA-Pneu, 1 r. du 19 Mars 1962 à Echirolles ☎ 22.25.27
La Station-du-Pneu, 37 bd P.-Langevin à Fontaine ☎ 26.32.45 et rte de Lyon à St-Martin-le-Vinoux ☎ 75.07.66

▌GRÉOLIÈRES-LES-NEIGES▐ 06 Alpes-Mar. 🎱 ⑲, 📖📖 ⑳ alt. 1 450 – ⊠ **06620** Le Bar-sur-Loup – ✪ 93.

Paris 846 – Castellane 47 – Grasse 29 – ◆Nice 49 – Vence 27.

🏚 **Alpina** 🦢, ☎ 59.70.19, ≤ – 📺 🚿wc 🛁wc ☎ 🅿
↙ *1er juin-15 oct. et 20 déc.-20 avril* – SC : **R** *(fermé merc. en été)* 50/78 – 🖙 16 – **9 ch** 160/190.

▌GRÉOUX-LES-BAINS▐ 04800 Alpes-de-H.-Pr 🎱 ④⑤ G. Côte d'Azur – 1 297 h. alt. 360 – Stat. therm. *(1er fév.-20 déc.)* – Casino – ✪ 92.

🅱 Syndicat d'Initiative pl. Hôtel de ville *(fermé dim. sauf matin en saison)* ☎ 78.01.08.

Paris 787 – Aix-en-Provence 51 – Brignoles 58 – Digne 62 – Manosque 15 – Salernes 53.

🏨 **Villa Borghèse** Ⓜ 🦢, ☎ 78.00.91, 🎱, 🌳, 🍴 – ☢ ☰ 📺 & ☎ 🅿 – 🔼 80. ᴀᴇ ⓞ 🅴 𝚅𝙸𝚂𝙰 🌺 rest
6 mars-27 nov. – SC : **R** 100/240 – 🖙 22 – **70 ch** 190/320 – P 307/372.

🏨 **La Crémaillère** Ⓜ, rte Riez ☎ 74.22.29, Télex 420347, 🎱, 🌳, 🍴 – ☢ 🅿. 𝚅𝙸𝚂𝙰 🌺 rest
fermé 19 déc. au 31 janv. – **R** 90/155 – 🖙 22 – **55 ch** 220/250 – P 350/380.

🏨 **Lou San Peyre** Ⓜ, rte Riez ⊺ 78.01.14, 🍴, ☕ – 🖹 📺 ⌂wc ☎ ⓟ 🅐🅔 ⓞ 🅔
VISA ⚫ rest
1ᵉʳ fév.-20 nov. – SC : **R** 66/114 – ⊡ 15 – **45 ch** 190 – P 211/291.

🏨 **Gd Jardin**, ⊺ 78.00.03, parc – 🖹 ⌂wc ⌂wc ☎ ⓟ 🚗 🅔 **VISA**
↔ *20 mars-10 nov.* – SC : **R** 50/100 – ⊡ 16 – **75 ch** 100/160 – P 170/200.

🏠 **Alpes**, ⊺ 78.00.05, 🌳 – ⌂wc ☎ ⓟ, ⚫ ch
mi-mars-début nov. – SC : **R** 56/95 – ⊡ 15 – **43 ch** 71/165 – P 137/170.

RENAULT Gallégo, ⊺ 78.00.50

GRESSE-EN-VERCORS 38 Isère 🗺 ⑭ G. Alpes – 165 h. alt. 1 250 – Sports d'hiver : 1 250/1 900
✠10 🎿 – ✉ 38650 Monestier-de-Clermont – 🕙 76.

Voir Col de l'Allimas ≼* S : 2 km.

🛈 Syndicat d'Initiative à la Mairie (fermé jeudi et dim.) ⊺ 34.08.40.
Paris 611 – Clelles 19 – ◆Grenoble 47 – Monestier-de-Clermont 14 – Vizille 43.

🏨 **Le Chalet** Ⓜ 🍴, ⊺ 34.02.08, ≼, 🍴, ☕ – 🖹 ⌂wc ⌂wc ☎ 🚗 ⓟ – 🎾 40. 🚗
🅔 ≼
10 mai-20 oct. et 18 déc.-23 avril – SC : **R** 58/130 – ⊡ 15 – **31 ch** 115/165 –
P 180/200.

🏡 **Rochas** 🍴, ⊺ 34.01.20 – ☎. ⚫
↔ *fermé 5 au 18 avril et nov.* – SC : **R** 45/86 🍷 – ⊡ 15 – **8 ch** 65/100 – P 150.

GRESTAIN 27 Eure 🗺 ④ – rattaché à Honfleur.

GRÉSY-SUR-AIX 73 Savoie 🗺 ⑮ – rattaché à Aix-les-Bains.

GRÉSY-SUR-ISÈRE 73740 Savoie 🗺 ⑯ – 626 h. alt. 357 – 🕙 79.
Env. Site★★ **et** ≼★★ **du château de Miolans**★ SO : 7 km, G. Alpes.
Paris 597 – Aiguebelle 13 – Albertville 19 – Chambéry 36 – St-Jean-de-Maurienne 47.

🏠 **La Tour de Pacoret** 🍴, NE : 1,5 km par D 201 ✉ 73460 Frontenex ⊺ 32.44.12, ≼
vallée et montagne, 🌳, 🌳 – ⌂wc ⌂wc ☎ 🚗 ⓟ, 🚗 **VISA** ⚫
1ᵉʳ mars-10 oct. – SC : **R** *(fermé jeudi hors saison)* (nombre de couverts limité -
prévenir) carte environ 100 – ⊡ 15 – **10 ch** 120/250 – P 180/240.

🏡 **Commerce**, ⊺ 32.44.22 🍴 🚗 ⚫
↔ *fermé sept.* – SC : **R** 45/65 🍷 – ⊡ 14 – **10 ch** 50/70 – P 110/130.

La GRIÈRE 85 Vendée 🗺 ⑪ – rattaché à la Tranche.

GRIGNAN 26230 Drôme 🗺 ② G. Provence (plan) – 1 110 h. alt. 197 – 🕙 75.
Voir Château★★ : ☀★.

🛈 Syndicat d'Initiative ancien Musée (1ᵉʳ juin-30 sept., ouvert l'après-midi sauf merc. et dim.) ⊺
46.54.23.
Paris 634 – Crest 47 – Montélimar 28 – Nyons 23 – Orange 44 – Pont-St-Esprit 37 – Valence 71.

🏠 **Sévigné** sans rest, ⊺ 46.50.97 – 🖹 ⌂wc ⌂wc ☎ 🚗 🅔
fermé 1ᵉʳ déc. au 15 janv. et lundi hors sais. – SC : ⊡ 16 – **20 ch** 55/190.

CITROEN Ferretti, ⊺ 46.51.78   RENAULT Monier, ⊺ 46.51.24 🅽 ↓ 46.53.28

GRIGNY 91 Essonne 🗺 ①. 📖 ㊲ – voir Paris, Proche banlieue.

GRILLY 01 Ain 🗺 ⑯ – rattaché à Divonne-les-Bains.

GRIMAUD 83360 Var 🗺 ⑰ G. Côte d'Azur – 2 565 h. alt. 100 – 🕙 94.
Paris 868 – Brignoles 57 – Hyères 45 – Le Lavandou 34 – St-Tropez 10 – Ste-Maxime 13 – Toulon 63.

🏨 **La Boulangerie** Ⓜ 🍴, O : 3 km par D 14 et V.O. ⊺ 43.23.16, ≼, 🍴, 🌳, ☕ –
⌂wc ☎ 🎾 ⓟ 🚗
1ᵉʳ avril-1ᵉʳ oct. – **R** 115 – ⊡ 25 – **12 ch** 300/420 – P 400/550.

🏨 **Coteau Fleuri**, ⊺ 43.20.17, ≼ – ⌂wc ⌂wc ☎ ⓟ
14 ch.

🍴🍴🍴 ✿✿ **Les Santons** (Girard), ⊺ 43.21.02, « Cadre provençal » – 🍽 ⓟ 🅐🅔 ⓞ **VISA**
fin mars- 15 oct. et fermé merc. sauf le midi en saison – SC : **R** 230
Spéc. Goujonnettes de St-Pierre au Champagne, Agneau de Sisteron, Gibier (saison chasse). **Vins**
Bandol, Gassin.

🍴🍴 **La Bretonnière**, ⊺ 43.25.26 – 🅐🅔 **VISA**
*fermé mars, le midi du 15 juin au 15 sept., vend. midi, dim. soir et lundi du 15 sept.
au 15 juin* – SC : **R** carte 140 à 220.

🍴 **Café de France**, ⊺ 43.20.05, 🌳 – **VISA**
fermé 15 oct. au 25 déc. et mardi – SC : **R** 70/180.

🛞 Sécurité-Pneus, N98, St-Pons-les-Mures ⊺ 56.36.02

GRISOLLES 82170 T.-et-G. 🎿🎿 ⑦ – 2 364 h. alt. 110 – ❀ 63.

Paris 680 – Auch 76 – Castelsarrasin 29 – Gaillac 61 – Montauban 24 – ✦Toulouse 30.

🏨 **Relais des Garrigues**, N 20 ☎ 30.31.59 – 🕍wc 🚗 🅿 – 🏰 40. 🚗
➡ fermé 5 janv. au 10 fév. – SC : **R** (fermé merc. midi) 45/125 – 🖵 15 – **27 ch** 75/155.

RENAULT Gar. Catazzo. ☎ 30.33.39 **N**

GRIVE 38 Isère 🎿🎿 ⑬ – rattaché à Bourgoin-Jallieu.

GROIX (Ile de) 56590 Morbihan 🎿🎿 ⑫ G. Bretagne – 2 727 h. – ❀ 97.

Voir Trou d'Enfer*.

Accès : Transports maritimes pour **Port-Tudy** (en été réservation indispensable pour le passage des véhicules : 6 F).

🚢 depuis **Lorient**. En 1982 : de fin juin à fin août, 8 services quotidiens ; hors saison, 3 à 6 services quotidiens - Traversée 45 mn – Voyageurs 50 F (AR), autos aller 100 à 240 F par Cie Morbihannaise de Navigation, bd A.-Pierre ☎ 21.03.97.

🛈 Syndicat d'Initiative 4 r. Gén.-de-Gaulle (fermé sam. après-midi et dim.) ☎ 05.81.75.

🏨🏨 **Ty Mad**, au port ☎ 05.80.19, ⬃ – 🕍wc 🚗 🅿 *VISA*
➡ mars-oct. et vacances de Noël – SC : **R** 45/155 – 🖵 15 – **12 ch** 70/150 – P 140/175.

🏨 **Aub. du Pêcheur** avec ch, ☎ 05.80.14 – 🕍 *VISA*
➡ fermé oct. et lundi du 15 sept. au 1er avril – SC : **R** 60/85 🍷 – 🖵 12 – **7 ch** 60/88 – P 145/165.

GROLÉJAC 24 Dordogne 🎿🎿 ⑰ – 506 h. alt. 80 – ✉ 24250 Domme – ❀ 53.

Paris 551 – Gourdon 13 – Périgueux 78 – Sarlat la Caneda 12.

🏨 **Le Grillardin**, ☎ 28.11.02, 🌳 – 🚻wc 🕍wc 🚗 🅿 🎾
➡ fermé oct. – SC : **R** (fermé merc. du 1er nov. au 31 mars) 48/76 – 🖵 15 – **14 ch** 75/150 – P 125/170.

🚗 *Benutzen Sie für weite Fahrten*
die Michelin-Länderkarten im Maßstab 1:1 000 000.

GROSLÉE 01 Ain 🎿🎿 ⑭ – 241 h. alt. 237 – ✉ 01680 Lhuis – ❀ 74.

Paris 492 – Belley 21 – Bourg-en-B. 68 – ✦Lyon 70 – La Tour-du-Pin 27 – Vienne 74 – Voiron 44.

🏨🏨 **Penelle** avec ch, à Port de Groslée SO : 1 km sur D 19 ☎ 39.71.01, ⬃, 🌳 – 🅿
➡ fermé 9 janv. au 11 fév. et mardi – SC : **R** 48/135 – 🖵 12 – **4 ch** 66/95 – P 115/135.

GROTTE voir au nom propre de la grotte.

GROUIN (Pointe du) 35 I.-et-V. 🎿🎿 ⑥ – rattaché à Cancale.

GRUISSAN 11430 Aude 🎿🎿 ⑩ G. Causses (plan) – 1 269 h. – Casino – ❀ 68.

🛈 Syndicat d'Initiative av. Pech-Meynaud ☎ 49.03.25.

Paris 858 – Carcassonne 72 – Narbonne 14.

🏨🏨 **Corail** Ⓜ, au port ☎ 49.04.43, ⬃ – 🛗 🚻wc 🚗 🅿 🚗 AE *VISA*. 🎾 rest
1er mars-1er nov. – SC : **R** 60/130 – 🖵 19 – **32 ch** 160/170 – P 210/255.

🏨 **La Plage** sans rest, à la Plage ☎ 49.00.75 – 🕍 🚗 🅿 🎾
Pâques-fin sept. – SC : **17 ch** 🖵 140.

🏨🏨 **Le Chebek**, au port ☎ 49.02.58, ⬃, 🌳 – AE E *VISA*
fermé 15 janv. au 1er mars et lundi sauf juil.-août – SC : **R** 64/165.

GRURY 71 S.-et-L. 🎿🎿 ⑯ – 1 011 h. alt. 298 – ✉ 71760 Issy-l'Évêque – ❀ 85.

Paris 319 – Autun 54 – Bourbon-Lancy 16 – Digoin 29 – Mâcon 110.

🏨 **Aub. Vieux-Moulin** avec ch, SO : 0,8 km par D 42 ☎ 89.81.34, ⬃ – 🅿
➡ fermé 29 août au 5 sept. et dim. du 1er nov. au 27 mars – SC : **R** 38/70 🍷 – 🖵 9 – **7 ch** 45/50 – P 85/90.

GUCHAN 65 H.-Pyr. 🎿🎿 ⑲ – 136 h. alt. 750 – ✉ 65170 St-Lary – ❀ 62.

Paris 903 – Arreau 8 – Lannemezan 35 – St-Gaudens 62 – Tarbes 65.

🏨 **Moderne**, ☎ 39.50.10, ⬃ – 🚻wc 🕍 🚗 🚗 🅿 🎾
➡ fermé 5 au 20 mai et 20 oct. au 20 déc. – SC : **R** 37/60 – 🖵 15 – **24 ch** 150 – P 150/170.

GUEBWILLER ⬷🚆⬷ 68500 H.-Rhin 🎿🎿 ⑱ G. Vosges – 11 357 h. alt. 288 – ❀ 89.

Voir Église St-Léger* : façade Ouest** A E – Église N.-Dame* B B – Hôtel de Ville*.

🛈 Office de Tourisme 5 pl. St-Léger (fermé sam. après-midi et dim. hors sais.) ☎ 76.10.63.

Paris 548 ③ – Belfort 53 ③ – Colmar 26 ① – Épinal 111 ④ – ✦Mulhouse 23 ③ – ✦Strasbourg 100 ①.

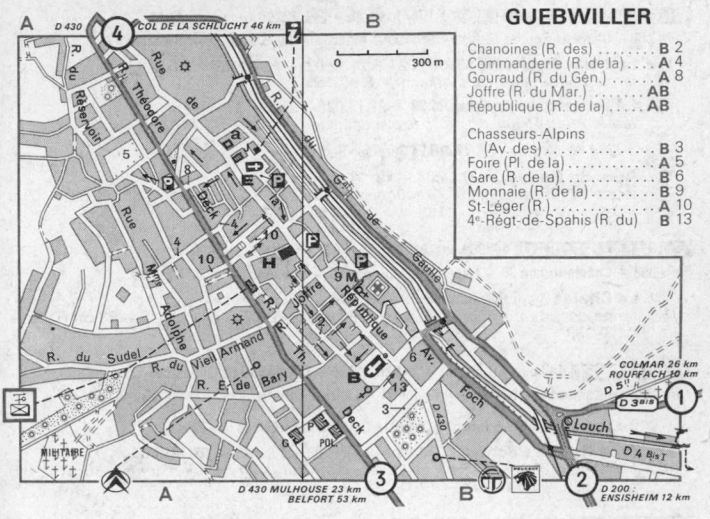

GUEBWILLER

🏨 **Lac** M, par ④ : 1 km ⌖ 76.63.10, ≤, 屛 – ⌷wc ⏚ 🅿 ⟷ VISA
↠ SC : **R** 35/120 ⅄ – ⌓ 15 – **30 ch** 130/150 – P 160/190.

🏨 **Alsace,** 140 r. République ⌖ 76.83.02 – 🛗⌷wc ⌗wc ⏚ ⟷ E   A a
↠ SC : **R** (fermé 1er au 27 déc., vend. soir et sam. midi) 36/120 ⅄ – ⌓ 12 – **29 ch**
58/135 – P 135/185.

CITROEN Verrier, 10 a r. Lucerne ⌖ 76.81.34   RENAULT Gar. Valdan, Pénétrante N 83 par
N   ① ⌖ 76.27.27
PEUGEOT-TALBOT Gar. du Parc, 11 rte Soultz
⌖ 76.83.15

   à Soultz-Haut-Rhin par ③ : 3 km – 5 689 h. – ⌧ 68360 Soultz-Haut-Rhin.

   🛈 Syndicat d'Initiative à la Mairie (15 juil.-15 sept. et fermé dim.) ⌖ 76.82.44.

XX **Aub. Ste-Claire,** ⌖ 76.02.92 – AE ⓄD VISA
↠ fermé lundi – **R** 30/130 ⅄.

PEUGEOT, TALBOT Gar. Muller, 2 r. Marne   V.A.G. Gar. Salm, 47 rte Guebwiller ⌖ 76.86.03
par ③ ⌖ 76.95.63
RENAULT Gar. Moisset, 18 rte de Guebwiller
⌖ 76.87.02

   à Murbach par ④ et D 40 : 5,5 km – ⌧ 68530 Buhl.

   Voir Église★★.

🏨 **St-Barnabé** ⟨S⟩, ⌖ 76.92.15, ≤, « Maison fleurie dans la vallée, jardin » – ⌷wc
⌗wc ⏚ 🅿 – 🔬 25. ⟷ AE ⓄD VISA
fermé début janv. à début mars – SC : **R** (fermé dim. soir hors sais. et lundi) 68/195
⅄ – ⌓ 20 – **23 ch** 90/180 – P 190/260.

   à Jungholtz par ③ et D 51 : 6 km – ⌧ 68500 Guebwiller :

🏨 **Résidence Les Violettes** (Munsch) M ⟨S⟩, ⌖ 76.91.19, ≤ – ⌷wc ⌗wc ⏚ 🅿
– 🔬 40. ⟷ ⓄD
fermé 15 nov. au 7 déc. et mardi hors sais. – SC : **R** 120/245 – ⌓ 21 – **12 ch** 175/280
Spéc. Brioche de foie gras, Turbot au Champagne, Kugelhopf glacé. Vins Riesling, Pinot noir.

🏨 **Ferme de Thierenbach** ⟨S⟩, ⌖ 76.93.01, ≤ – ⌷wc ⌗ ⏚ 🅿
15 ch.

XX **Biebler** avec ch, ⌖ 76.85.75 – 🅿. ⟷ AE ⓄD VISA. ⌇ ch
↠ fermé vend. – **R** 40/100 – ⌓ 12 – **12 ch** 46/88 – P 110.

XX **Kuentz** avec ch, ⌖ 76.83.32, 屛 – ⌗ ⟫ 🅿 ⟷ VISA. ⌇ rest
↠ fermé 12 déc. au 7 janv. et lundi hors sais. – SC : **R** 45/125 ⅄ – ⌓ 15 – **10 ch** 60/105
– P 120/140.

   à Hartmannswiller par ③ et D 5 : 7 km – ⌧ 68500 Guebwiller :

🏠 **Meyer,** ⌖ 76.73.14, ≤, 屛 – ⌷wc ⌗wc ⏚ 🅿 ⟷. ⌇ ch
SC : **R** (fermé vend.) 55/100 ⅄ – ⌓ 15 – **18 ch** 85/160.

GUÉCÉLARD 72 Sarthe 🔢 ③ – 1 747 h. alt. 45 – ⊠ 72230 Arnage – ✆ 43.

Paris 216 – Château-Gontier 73 – La Flèche 25 – Malicorne-sur-Sarthe 22 – ◆Le Mans 17.

- ※※ **La Belle Étoile,** NE : 3 km N 23 ☎ 21.12.02 – 🔳 🅿 ⒶⒺ ⓄⒹ Ⓔ 𝖵𝖨𝖲𝖠
  fermé 15 août au 7 sept. et lundi – **R** 60/155 🎝.

- ※※ **La Botte d'Asperges,** N 23 ☎ 21.12.03 – ⒶⒺ Ⓔ
  fermé 1ᵉʳ au 15 juil., 1ᵉʳ au 15 fév., merc. soir et jeudi – SC : **R** 52/72.

  à Fillé N : 4 km – ⊠ 72210 La Suze-sur-Sarthe :

- ※※ **Aub. du Rallye,** ☎ 21.14.08 – 🅿. ✾
  fermé 14 fév. au 7 mars, 22 août au 5 sept., dim. soir et lundi – SC : **R** carte 100 à 140.

GUÉMENÉ-PENFAO 44290 Loire-Atl. 🔢 ⑯ – 4 591 h. alt. 37 – ✆ 40.

Paris 393 – Châteaubriant 38 – ◆Nantes 62 – Redon 20 – ◆Rennes 61 – St-Nazaire 57.

- ☎ **Le Chalet** ⟍, r. Moulins ☎ 79.23.38, ☞ – 🅿. ✾ rest
  fermé oct., dim. soir et lundi hors sais. – SC : **R** 40/75 🎝 – ⊑ 10 – **13 ch** 50/65 – P 120/130.

GUENROUET 44 Loire-Atl. 🔢 ⑮ – 2 156 h. alt. 36 – ⊠ 44530 St-Gildas-des-Bois – ✆ 40.

Paris 410 – ◆Nantes 54 – Nozay 28 – Redon 21 – La Roche-Bernard 29 – St-Nazaire 40.

  au Cougou NO : 5 km par D 102 – ⊠ 44530 St-Gildas des Bois :

- ※※ **Paradis des Pêcheurs** ⟍ avec ch, ☎ 79.64.10, ☞ – 🅿. ✾ ch
  fermé 4 au 21 oct., 18 janv. au 10 fév., dim. soir (sauf hôtel) et lundi – SC : **R** 42/165 🎝 – ⊑ 12 – **6 ch** 60/78 – P 100.

GUÉRANDE 44350 Loire-Atl. 🔢 ⑭ G. Bretagne – 9 353 h. alt. 52 – ✆ 40.

Voir **le tour des remparts★** – Collégiale St-Aubin★ **B**.

🛈 Syndicat d'Initiative Tour St-Michel (15 juin-31 août et fermé le matin en juin) ☎ 24.96.71.

Paris 449 ② – La Baule 6 ② – ◆Nantes 77 ② – St-Nazaire 20 ② – Vannes 65 ①.

GUÉRANDE

*Les plans de villes
sont orientés
le Nord en haut.*

- 🏠 **Roc Maria** sans rest, 1 r. Halles (e) ☎ 24.90.51, « Maison du 15ᵉ s. » – 🛏wc. 🅾🄱. ✾
  1ᵉʳ mars-30 sept. – SC : ⊑ 16 – **9 ch** 130/170.

- ※※ **Les Remparts** avec ch, bd Nord (s) ☎ 24.90.69 – Ⓔ 𝖵𝖨𝖲𝖠
  1ᵉʳ janv.-30 sept. et fermé dim. soir et lundi – SC : **R** 60/150 – ⊑ 11 – **9 ch** 63/93.

- ※ **Ti Marok,** 3 pl. Marhallé (n) ☎ 24.92.08, Spécialités marocaines – ✾
  fermé 25 sept. au 27 oct., mardi et merc. de nov. à mai – SC : **R** carte environ 75.

PEUGEOT-TALBOT Cottais, rte la Turballe par ④ ☎ 24.90.39

RENAULT Gar. de la Promenade, bd Midi ☎ 24.91.39

La GUERCHE-DE-BRETAGNE 35130 I.-et-V. 🔢 ⑧ G. Bretagne – 3 810 h. alt. 76 – ✆ 99.

Paris 326 – Angers 82 – Châteaubriant 29 – Château-Gontier 45 – Laval 40 – ◆Rennes 41 – Vitré 22.

- ☎ **La Calèche** ⟍, av. Gén.-Leclerc ☎ 96.20.36 – 🛋 🅿 Ⓔ 𝖵𝖨𝖲𝖠
  fermé 27 sept. au 10 oct., 23 au 25 déc. et vend. du 15 sept. au 30 juin – SC : **R** 38/130 🎝 – ⊑ 15 – **13 ch** 60/120 – P 140/160.

CITROEN Lebreton, ☎ 96.21.20
PEUGEOT, TALBOT Suhard, ☎ 96.20.56

⊚ Négoce du pneu, ☎ 96.22.51

GUÉRET P 23000 Creuse **72** ⑨ G. Périgord – 16 147 h. alt. 436 – ✪ 55.

Voir Salle du Trésor d'orfèvrerie★ du musée Z **M**.

🛈 Office de Tourisme av. Ch.-de-Gaulle ☏ 52.14.29 – A.C. r. E.-France ☏ 52.26.51.

Paris 354 ① – Bourges 124 ① – Châteauroux 89 ① – Châtellerault 157 ⑥ – ♦Clermont-Ferrand 135 ③ – ♦Limoges 90 ⑥ – Montluçon 65 ② – Poitiers 142 ⑥ – Tulle 136 ④ – Vierzon 143 ①.

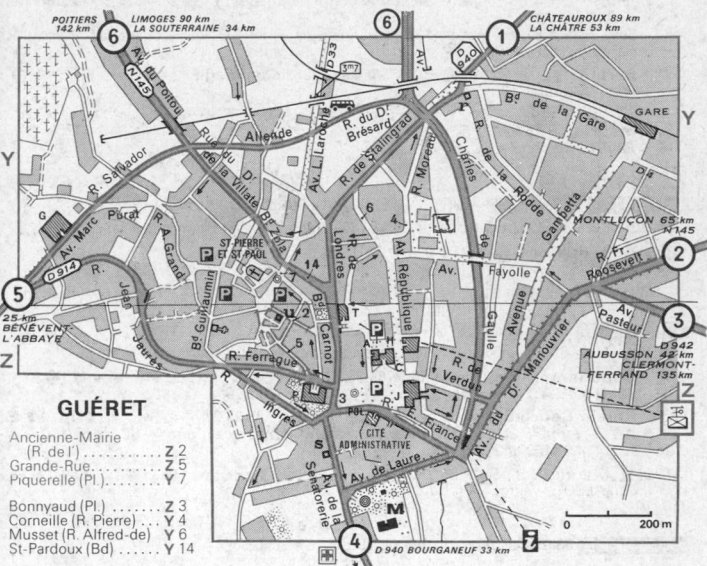

GUÉRET

Ancienne-Mairie
(R. de l') .... Z 2
Grande-Rue .... Z 5
Piquerelle (Pl.) .... Y 7

Bonnyaud (Pl.) .... Z 3
Corneille (R. Pierre) .. Y 4
Musset (R. Alfred-de) . Y 6
St-Pardoux (Bd) ...... Y 14

🏨 **Auclair,** 19 av. Sénatorerie ☏ 52.01.26, 🏖 – 📺wc 🛁wc ☎ 🚗 🅿 – 🔬 30. 🆎
⭢ ⓞ Ɛ 𝚅𝙸𝚂𝙰   **Z s**
fermé 15 au 30 nov., 16 au 31 janv., dim. soir et lundi-midi du 15 oct. à fin mars –
SC : **R** 42/110 – 🗷 16 – **33 ch** 75/180 – P 132/268.

🏨 **Nord,** 1 bd Gare ☏ 52.71.85 – 🛁wc ☎ 🅿 🚗 ⓞ Ɛ 𝚅𝙸𝚂𝙰 🧺   **Y r**
⭢ fermé 12 déc. au 15 janv. et dim. – SC : **R** 38/72 – 🗷 13 – **31 ch** 50/110 – P 110/130.

✗ **L'Univers** avec ch, 8 r. Ancienne-Mairie ☏ 52.02.03 – 🛁   **Z u**
⭢ fermé 4 au 24 juil., dim. soir et lundi – SC : **R** 40/140 ⅃ – 🗷 14 – **7 ch** 55/88 – P 140/180.

à Laschamps de Chavanat par ① : 5 km sur D940 – ⊠ 23000 Guéret :

✗ **Chez Peltier,** ☏ 52.02.40 – 🅿
⭢ fermé 1er au 26 juil., sam et le soir – SC : **R** 43 ⅃.

à Glénic par ① : 7,5 km – alt. 400 – ⊠ 23000 Guéret :

✗ **Viaduc** avec ch, ☏ 52.22.04 – 🛁wc 🚗 🅿 🚗 𝚅𝙸𝚂𝙰
⭢ fermé 15 oct. au 15 nov. et vend. soir hors sais. – SC : **R** 38/110 ⅃ – 🗷 14 – **10 ch** 90/145 – P 125/145.

à Ste Feyre par ③ : 7 km – ⊠ 23370 Ste Feyre :

✗ **Touristes,** ☏ 80.00.07
⭢ fermé janv., dim. soir et lundi – SC : **R** 35/85.

ALFA-ROMEO Gar. Andrieu, 2 rue du Sénéchal ☏ 52.19.38
CITROEN S.A.M.A.T. rte Montluçon, N 145 par ② ☏ 52.48.52
FIAT-LANCIA-AUTOBIANCHI Gar. Bellevue, Le Verger RN 145 à Sainte Feyre ☏ 52.43.65
FORD Martin M., 15 r. E.-France ☏ 52.14.44

PEUGEOT-TALBOT Daraud, N 145 à Ste Feyre par ② ☏ 52.52.00
RENAULT Gar. St-Christophe, rte de Paris à Cherdemont par ① ☏ 52.15.78 🔃

🔧 Gaudon-Pneus, 25 av. Gambetta ☏ 52.00.36
Martin Pneus, 3 r. de Londres ☏ 52.01.65

La GUÉRINIÈRE 85 Vendée **67** ① – voir à Noirmoutier.

GUERLESQUIN 29248 Finistère **58** ⑦ – 1 561 h. alt. 250 – ✪ 98.

Paris 522 – Carhaix-P. 43 – Guingamp 39 – Lannion 32 – Morlaix 25 – Plouaret 18 – Quimper 81.

🏨 **Monts d'Arrée** Ⓜ, ☏ 72.80.44 – 📺wc 🛁wc ☎ 🚗 🧺 ch
fermé 17 déc. au 10 janv. – SC : **R** (fermé dim. soir) 65/100 ⅃ – ➰ 16 – **22 ch** 80/170 – P 130/170.

GUÉTHARY 64 Pyr.-Atl. 78 ⑪⑱ G. Pyrénées – 1 088 h. alt. 27 – ⊠ **64210** Bidart – 🕓 59.

🛈 Syndicat d'Initiative pl. Mairie (fermé sam. sauf matin en sais. et dim.) ⌀ 26.56.60.

Paris 789 – ◆Bayonne 15 – Biarritz 9 – Pau 123 – St-Jean-de-Luz 6.

🏠 ⚙ **Brikétenia** (Ibarboure) ⌂, ⌀ 26.51.34, ≤, 🐎 – 📺 ➾wc 🛁wc 🕿 ❷. 🚗🛄 *VISA*. ⚒

fermé 1er nov. au 15 déc. – **R** *(fermé mardi d'oct. à juin)* 78/120 – ⌂ 22 – **25 ch** 195 – P 155/205

Spéc. Salade au foie gras froid et grillé, Couronne de lotte et soufflé de brochet, Profiterolles glacées au chocolat.

🏠 **Pereria** ⌂, ⌀ 26.51.68, ≤, 🍽, « Beau jardin ombragé » – ➾wc 🛁wc 🕿 ❷. ➾ 🚗🛄 rest
1er mars-1er nov. – SC : **R** 50/110 – **30 ch** ⌂ 68/180 – P 160/190.

XX **Madrid,** ⌀ 26.52.12, 🍽
➾ Pâques-fin sept. – SC : **R** 48/100.

RENAULT Gar. Labourd, ⌀ 26.50.52

Le GUÉTIN 18 Cher 69 ③ – alt. 175 – ⊠ **18150** La Guerche-sur-l'Aubois – 🕓 48.

Paris 250 – Bourges 57 – La Guerche-sur-l'Aubois 10 – Nevers 11 – St-Pierre-le-Moutier 27.

XX **Aub. du Pont-Canal,** D 976 ⌀ 74.07.15
➾ fermé 15 nov. au 15 déc., fév. et lundi sauf juil.-août – SC : **R** 42/150 ⚒

CITROEN Chailloux, ⌀ 74.08.72

GUEUGNON 71130 S.-et-L. 69 ⑰ – 10 743 h. alt. 243 – 🕓 85.

Paris 344 – Autun 51 – Bourbon-Lancy 26 – Digoin 16 – Mâcon 91 – Montceau-les-Mines 27.

🏠 **Commerce,** 1 r. La Fontaine ⌀ 85.23.23 – 📳 ➾wc 🛁wc 🕿 🚗. 🚗🛄 E *VISA*
➾ SC : **R** 50/100 ⚒ – ⌂ 20 – **23 ch** 90/200 – P 150/200.

XXX **Relais Bourguignon** avec ch, 1 rte Digoin ⌀ 85.25.23 – ➾wc 🛁 🕿 ❷. ❶ E
VISA – fermé 8 au 30 août, vacances de fév., dim. soir et lundi – SC : **R** 65/150 ⚒ – ⌂ 14 – **9 ch** 90/120.

CITROEN Milli, rte de Digoin ⌀ 85.06.02 ⒩
PEUGEOT-TALBOT Vadrot, 31 r. du 8-Mai ⌀ 85.24.31

RENAULT Hermey, 48 r. de la Liberté ⌀ 85. 20.42

⚙ Goesin, 11 r. J.-Bouveri ⌀ 85.25.40

GUEYNARD 33 Gironde 71 ⑧ – rattaché à St-André-de-Cubzac.

GUICHEN 35580 I.-et-V. 63 ⑥ – 5 283 h. – 🕓 99.

Paris 375 – Châteaubriant 48 – Ploermel 50 – Redon 46 – ◆Rennes 19.

🏠 **Commerce,** 34 r. Gén.-Leclerc ⌀ 57.01.14 – ➾wc 🛁wc ❷. E. ⚒ rest
➾ fermé 4 au 17 juil. et vacances de fév. – SC : **R** *(fermé dim. soir et lundi)* 40/99 ⚒ – ⌂ 12 – **18 ch** 60/132 – P 120/145.

GUIDEL 56520 Morbihan 58 ⑫ – 6 324 h. – 🕓 97.

Voir St-Maurice : Site★ et ≤★ du pont NO : 5 km, G. Bretagne.

Paris 504 – Concarneau 39 – Lorient 12 – Moëlan-sur-Mer 13 – Quimperlé 12 – Vannes 68.

🏠 **La Châtaigneraie** Ⓜ ⌂ sans rest, O : 1 km par D 162 ⌀ 65.99.93, parc – 📺 ❷. ❶ *VISA*. ⚒ – SC : ⌂ 25 – **10 ch** 260.

XX **Les Fusils du Palmero** Ⓜ ⌂ avec ch, SE : 1,5 km par rte du Meneguen et voie privée ⌀ 65.98.02, « Dans la pinède » – 📺 ➾wc 🕿 ❷. E ⚒
fermé 1er au 15 oct. et lundi – SC : **R** 58/160 – ⌂ 18 – **14 ch** 160/200 – P 230/250.

GUIGNIÈRE 37 I.-et-L. 64 ⑭⑮ – rattaché à Tours.

GUILLAUMES 06470 Alpes-Mar. 81 ⑨⑲, 195 ③ G. Côte d'Azur – 558 h. alt. 819 – 🕓 93.

Voir Gorges de Daluis★★ : ≤★★ au S à hauteur des tunnels.

🛈 Syndicat d'Initiative à la Mairie (fermé sam. et dim.) ⌀ 05.50.13.

Paris 840 – Barcelonnette 63 – Castellane 57 – Digne 95 – Manosque 136 – ◆Nice 98.

🏠 **Renaissance,** ⌀ 05.50.12, 🍽 – ❷. 🚗🛄
➾ fermé 1er nov. au 15 déc. – SC : **R** 45/55 – 🍴 12 – **20 ch** 50/70 – P 100/110.

GUILLESTRE 05600 H.-Alpes 77 ⑱ G. Alpes – 1 580 h. alt. 1 000 – 🕓 92.

Voir Pied la Viste ≤★ E : 2 km – Peyre-Haute ≤★ S : 4 km puis 15 mn.

🛈 Syndicat d'Initiative pl. Salva (fermé dim. et fêtes) ⌀ 45.04.37.

Paris 716 – Barcelonnette 49 – Briançon 35 – Digne 119 – Gap 60.

🏠 **Les Barnières II** Ⓜ ⌂, ⌀ 45.04.87, ≤ montagnes, 🏊, ⚒ – 📳 ❷. ⚒
1er juin-30 sept. et 20 déc.-30 avril – SC : **R** 65/130 – ⌂ 20 – **39 ch** 190/200 – P 190/200.

🏠 **Les Barnières I** Ⓜ ⌂, ⌀ 45.05.07, ≤ vallée et montagne, 🏊, ⚒ – ➾wc 🕿 ❷. 🚗🛄 ⚒
fermé 15 oct. au 20 déc. – SC : **R** 65/130 – ⌂ 20 – **35 ch** 165/170 – P 185/190.

🏠 **Host. du Queyras,** ⊕ 45.00.43, ≤ – 🛁wc 🛁wc ☎ 🅿
15 juin-15 oct. et 15 déc.-15 avril – SC : **R** 60/120 – ☷ 20 – **32 ch** 85/145 –
P 155/180.

à Risoul S : 2 km – Sports d'hiver : à Risoul 1 850/2 571 m ⟋14 ⟰ – ⊠ 05600 Guillestre.
🅸 Syndicat d'Initiative (1er juil.-31 août et 20 déc.-20 avril) ⊕ 45.02.60.

🏠 **La Bonne Auberge** ⟋, ⊕ 45.02.40, ≤ Pelvoux – 🛁wc 🛁wc 🅿. 🍴 rest
1er juin-25 sept. et 20 déc.-15 mars – SC : **R** 60/70 – ☷ 15 – **36 ch** 105/115 –
P 143/156.

à Mont-Dauphin-Gare NO : 4 km – alt. 900 – ⊠ 05600 Guillestre :

✗ **Gare** avec ch, ⊕ 45.03.08 – ☎ 🅿 – **24 ch**.

CITROEN Fine, quartier St-Guillaume ⊕ 45.　　PEUGEOT Doutre, ⊕ 45.07.09
12.36 🅽

à La Maison du Roy NE : 5,5 km par D 902 – ⊠ 05600 Guillestre :

🏠 **Bérard,** ⊕ 45.05.50, ≤ – 🛁wc 🅿. 🍴
↦ *fermé nov.* – **R** 48/86 – ☷ 15 – **28 ch** 85/156 – P 145/173.

GUILLIERS 56490 Morbihan 🌂 ④ – 1 354 h. – ☯ 97.
Paris 418 – Dinan 59 – Lorient 88 – Ploërmel 13 – ◆Rennes 67 – Vannes 58.

🏠 **Relais du Porhoët,** ⊕ 74.40.17, 🌿 – 🛁wc 🛁wc ☎ 🅿. 🍴 rest
↦ *fermé 3 au 18 oct., 11 janv. au 1er fév. et lundi sauf juil.-août* – SC : **R** 45/120 ♨ – ☷
15 – **15 ch** 70/120 – P 150/200.

GUILVINEC 29115 Finistère 🌂 ⑭ G. Bretagne – 4 612 h. alt. 5 – ☯ 98.
Paris 579 – Douarnenez 40 – Pont-l'Abbé 11 – Quimper 31.

✗✗ **Centre** avec ch, r. Penmarch ⊕ 58.10.44, 🌿 – 🛁wc 🛁wc 🅿 E 𝘝𝘐𝘚𝘈
↦ *fermé fév. et lundi d'oct. à mars* – SC : **R** 45/140 – ☷ 13 – **18 ch** 60/150 –
P 130/180.

à Lechiagat E : 1 km – ⊠ 29115 Guilvinec :

🏠 **Port,** ⊕ 58.10.10, ≤ – 📺 🛁wc 🛁wc ☎ – **31 ch**.
🏠 **Pointe,** ⊕ 58.11.32 – 🛁. 🍴
25 mars-15 sept. – SC : **R** 54/120 ♨ – ☎ 14 – **20 ch** 73/106 – P 145/180.

GUINGAMP ◈ 22200 C.-du-N. 🌂 ② G. Bretagne – 10 752 h. alt. 74 – ☯ 96.
Voir Basilique✶ B.
🅸 Office de Tourisme 2 pl. du Vally (Pâques-fin sept., fermé lundi matin et dim.) ⊕ 43.73.89.
Paris 484 ③ – ◆Brest 113 ⑦ – Carhaix-Plouguer 48 ⑥ – Lannion 32 ⑦ – Morlaix 53 ⑦ – Pontivy 61
④ – St-Brieuc 31 ③.

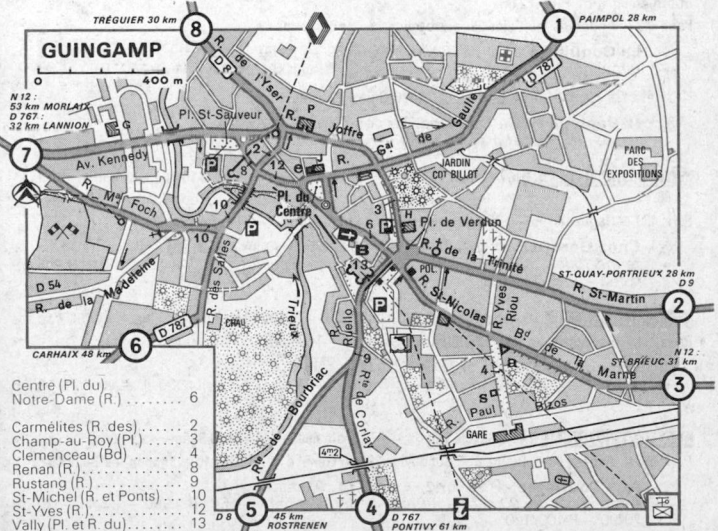

🏨 **Le Goëland** M sans rest, rte Corlay par ④ ☎ 21.09.41, 🚗 – 🛏wc 🛁wc ☎ & 🅿. *VISA*
   fermé vacances de Noël – SC : 🗷 15 – **30 ch** 115/157.

🏨 **D'Armor** sans rest, 44 bd Clemenceau (s) ☎ 43.76.16 – 🛏wc 🛁wc ☎. 🖭 E *VISA*. 🦶
   SC : 🗷 16 – **23 ch** 135/160.

🏠 **Hermine** M, 1 bd Clemenceau (a) ☎ 21.02.56 – 🛁wc 🅿. *VISA*
➡   SC : **R** grill *(fermé 15 mai au 15 juin, 24 déc. au 2 janv. et dim.)* 50/60 ⅛ – 🗷 15 –
   12 ch 80/120.

XXX **Relais du Roy** ⑤ avec ch, pl. Centre (e) ☎ 43.76.62 – 📺 🛏wc 🛁wc 📞 – 🧗
   30. 🍴 🖭 ⓞ *VISA*
   fermé 30 août au 13 sept. et 24 déc. au 4 janv. – SC : **R** *(fermé lundi)* 80/200 – 🗷 25
   – **7 ch** 180/280.

CITROEN Kerambrun, ZAC de Bellevue à Ploumagoar par ③ ☎ 43.79.07
CITROEN Herniou, 21 r. Mar.-Foch ☎ 43.73.92
FORD Gar. du Vally, pl. du Vally ☎ 43.97.84
PEUGEOT, TALBOT Gds Gar. de Guingamp, Zone Ind. de Locmenard à Graces par ⑥ ☎ 43.85.59
RENAULT Menguy, 9 r. Carmélites ☎ 43.70.40

V.A.G. Rumen, Bd de la Marne ☎ 43.70.43
VOLVO Prigent, 19 r. Pors-en-Quen ☎ 43. 75.25

🛞 Desserrey-Pneus, Zone Ind. de Graces-Guingamp ☎ 43.96.82
Yven, 34 r. St-Nicolas ☎ 43.73.85

GUISE 02120 Aisne 🗗🗗 ⑮ G. Nord de la France – 6 797 h. alt. 97 – 🕭 23.

Voir Château★.

Paris 182 – Avesnes 39 – Cambrai 47 – Hirson 38 – Laon 38 – St-Quentin 27.

X **Guise** avec ch, 103 pl. Lesur ☎ 61.17.58 – E *VISA*
➡   *fermé 1er au 15 sept., vacances de fév., dim. soir et lundi* – SC : **R** 45/110 ⅛ – 🍺 14
   – **8 ch** 65/100 – P 169.

CITROEN Ets Deshayes, 72 r. André Godin ☎ 61.00.15
PEUGEOT-TALBOT Donnay Autom., 35 r. de Flavigny ☎ 61.09.43

RENAULT Gd Gar. de Guise, rte de Laon ☎ 61.08.35 🔃 ☎ 61.14.98

GUITRES 33 Gironde 🗖🗗 ② G. Côte de l'Atlantique – 1 357 h. alt. 12 – ✉ 33230 Coutras – 🕭 56.

🛈 Syndicat d'Initiative à la Mairie (fermé sam. après-midi, dim. et fêtes) ☎ 49.10.34.

Paris 590 – Angoulême 84 – Blaye 46 – ♦Bordeaux 46 – Libourne 16 – St-André-de-Cubzac 24.

🏠 **Bellevue** sans rest, ☎ 49.12.81 – 🚗 🅿. 🦶
   fermé 10 au 30 sept. et 10 au 28 fév. – SC : 🗷 9 – **10 ch** 45/60.

GUJAN-MESTRAS 33470 Gironde 🗗🗗 ② G. Côte de l'Atlantique – 7 641 h. – 🕭 56.

🛈 Office de Tourisme 41 av. de Lattre de Tassigny (hors saison matin seul. et fermé dim. sauf matin en saison) ☎ 66.12.65.

Paris 643 – Andernos-les-Bains 26 – Arcachon 12 – ♦Bordeaux 48.

X **La Coquille** avec ch, à Gujan ☎ 66.08.60 – 🛁. 🖭
➡   *fermé nov. et lundi de déc. à avril* – SC : **R** 45/100 – 🍺 12 – **11 ch** 85/110 – P 130.

   à La Hume O : 4 km – ✉ 33470 Gujan-Mestras :

X **IL Bacio**, 8 av. de-Lattre-de-Tassigny ☎ 66.12.12 – 🅿
   fermé nov., fév. et mardi hors saison – **R** 60.

GUNDERSHOFFEN 67 B-Rhin 🗗🗗 ⑲ – 2 159 h. alt. 173 – ✉ 67110 Niederbronn-les-Bains – 🕭 88.

Paris 489 – Haguenau 15 – Sarreguemines 62 – ♦Strasbourg 47 – Wissembourg 34.

XX **Chez Gérard** avec ch, à la Gare ☎ 09.51.20 – 🅿. 🍴 ⓞ *VISA*
➡   *fermé 15 fév. au 8 mars* – SC : **R** *(fermé mardi soir et merc.)* 25/120 ⅛ – 🍺 9 – **5 ch** 45/50 – P 95/110.

GYÉ-SUR-SEINE 10 Aube 🗗🗗 ⑱ – 470 h. alt. 173 – ✉ 10250 Mussy-sur-Seine – 🕭 25.

Paris 211 – Bar-sur-Aube 40 – Châtillon-sur-Seine 24 – Tonnerre 51 – Troyes 44.

XX **Voyageurs** avec ch, N 71 ☎ 38.20.09 – 🛁
➡   *fermé 2 au 15 janv. et merc.* – **R** *(dim. et fêtes prévenir)* 42/85 ⅛ – 🍺 12 – **9 ch** 67/77.

HABÈRE-LULLIN 74 H.-Savoie 🗗🗗 ⑰ – 370 h. alt. 850 – ✉ 74420 Boëge – 🕭 50.

Paris 576 – Annecy 60 – Boëge 6 – Bonneville 29 – ♦Genève 31 – Lullin 10 – Thonon-les-Bains 23.

🏠 **Aux Touristes**, ☎ 39.50.42, ≤ – 🛁 🅿. 🦶 rest
➡   *fermé 6 oct. au 20 déc. (sauf rest. le midi) et merc.* – SC : **R** 45/90 – 🗷 11 – **20 ch** 70/90 – P 100/120.

HABÈRE-POCHE 74 H.-Savoie 70 ⑰ – 464 h. alt. 945 – ✉ 74420 Boëge – ☎ 50.
Paris 578 – Annecy 62 – Bonneville 31 – •Genève 33 – Thonon-les-Bains 21.

Chardet M, à Ramble ☎ 39.51.46, ← – wc wc ☎ P. ch
15 juin-1er oct., 15 déc.-15 avril et fermé merc. hors sais. – SC : **R** 55/100 – 12 – **30 ch** 97/150 – P 138/180.

au Col de Cou NO : 4 km – ✉ 74420 Boëge.
Voir ←*, G. Alpes.

Aub. Gai Logis, ☎ 39.52.35, ← – P. rest
fermé 1er oct. au 18 déc. – SC : **R** 50/100 – 15 – **12 ch** 70/100 – P 120/150.

HAGENTHAL-LE-BAS 68 H.-Rhin 66 ⑩ – 814 h. alt. 360 – ✉ 68220 Hegenheim – ☎ 89.
18 privé de Bâle ☎ 68.50.91, N : 2 km.
Paris 555 – Altkirch 27 – •Bâle 12 – Colmar 74 – •Mulhouse 40.

Jenny avec ch, NE : 2,5 km par D 12B près golf ☎ 68.50.09, – P. AE ⓓ
fermé mi-janv. à mi-fév. – SC : **R** *(fermé lundi en hiver)* 45/130 – 16 – **10 ch** 50/95 – P 120/145.

HAGETMAU 40700 Landes 78 ⑦ **G. Pyrénées** – 4 318 h. alt. 25 – ☎ 58.
Syndicat d'Initiative (fermé sam. hors sais. et dim.) ☎ 76.33.14.
Paris 716 – Aire-sur-l'Adour 34 – Dax 45 – Mont-de-Marsan 29 – Orthez 25 – Pau 57 – Tartas 35.

Le Jambon, r. Carnot ☎ 76.32.02 – wc. AE VISA.
fermé lundi en hiver – SC : **R** 45/130 – 9,50 – **16 ch** 85/130 – P 110/130.

Relais Basque avec ch, r. P.-Duprat ☎ 76.30.64 – ☎.
fermé 15 sept. au 1er oct. et sam. – SC : **R** 36/105 – 14 – **7 ch** 52/96.

CITROEN Lacourrège, ☎ 76.31.80
PEUGEOT, TALBOT Maurin, ☎ 76.58.58 N
RENAULT Labadie, ☎ 76.38.11

Dans votre intérêt, lisez les pages explicatives du début du guide.

HAGONDANGE 57300 Moselle 57 ③④ **G. Vosges** – 10 048 h. alt. 161 – ☎ 8.
Paris 326 – Briey 20 – •Metz 16 – Rombas 6 – Thionville 15 – Verdun 74.

Méligner, 69 r. Gare ☎ 771.47.53 – P. E VISA
fermé 30 juil. au 3 sept. et sam. – SC : **R** 49/110.

FIAT Gar. Parachini, bret. autoroute, Talange ☎ 771.47.30
PEUGEOT, TALBOT Mondelange-Auto, 21 r. de l'Église, Mondelange ☎ 771.46.32 N
RENAULT Sallet Auto., rte de Metz ☎ 771.70.54
TOYOTA Blanquier, r. Ch.-Lutz ☎ 771.78.10

HAGUENAU 67500 B.-Rhin 57 ⑲ **G. Vosges** – 26 856 h. alt. 130 – ☎ 88.
Voir Boiseries* de l'église St-Nicolas Y E.
Office de Tourisme pl. J.-Thierry (fermé sam. et dim. matin) ☎ 93.12.50.
Paris 477 ④ – Baden-Baden 43 ② – Épinal 146 ④ – Karlsruhe 64 ② – Lunéville 114 ④ – •Nancy 135 ④ – St-Dié 109 ④ – Sarreguemines 75 ⑥ – •Strasbourg 32 ④.

Plan page suivante

Europe, 15 chemin des Paysans par ④ ☎ 93.58.11, Télex 880566 – rest wc wc ☎ P – 25. AE ⓓ E VISA
SC : **R** *(fermé sam. midi)* 50/150 – 18 – **45 ch** 110/198 – P 270.

National, pl. Gare ☎ 93.85.70 – wc ☎ P. ch — Z a
SC : **R** *(fermé lundi sauf fériés)* 58/145 – 15 – **26 ch** 85/146.

Au Raisin avec ch, 37 Gd' Rue ☎ 93.85.17 – P. AE ⓓ E VISA — Z e
fermé août, dim. soir et lundi – SC : **R** 65/190 – 13 – **6 ch** 75/85.

Barberousse, 8 pl. Barberousse ☎ 93.84.43 – AE ⓓ E VISA — YZ k
fermé 25 juil. au 10 août, 28 janv. au 10 fév., mardi soir et merc. – SC : **R** 35/160.

à Schweighouse-sur-Moder par ⑤ : 4 km – 3 202 h. – ✉ 67590 Schweighouse-sur-Moder :

Aub. Cheval Blanc avec ch, 46 r. G.-de-Gaulle ☎ 93.88.02 – P. ch
fermé 21 août au 11 sept., 26 déc. au 9 janv., dim. soir (sauf hôtel) et sam. – SC : **R** 38/110 – 10 – **16 ch** 80/100.

BMW, FIAT Gloeckler, 1 bd Europe ☎ 93.21.10
CITROEN Gar. Herber, rte Bischwiller Z ☎ 93.38.88 N
PEUGEOT-TALBOT Nord-Alsace-Autom., 121a rte Strasbourg par ④ ☎ 93.12.60
RENAULT Grasser, 134 rte Weitbruch par D 48 Z ☎ 93.73.03 N
Alsace-Pneus, 4 chemin des Prairies ☎ 93.67.24
Kautzmann, 105 rte de Strasbourg ☎ 93.11.38
Pneus et Services D.K. 2 rte de Strasbourg ☎ 93.93.59

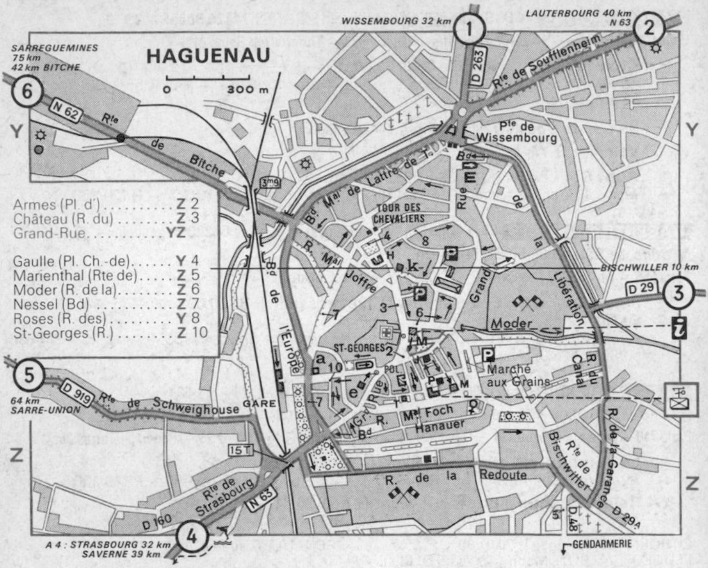

WISSEMBOURG 32 km ①

LAUTERBOURG 40 km N 63 ②

SARREGUEMINES 75 km 42 km BITCHE ⑥ N 62

HAGUENAU

0   300 m

Pte de Wissembourg

Rte de Soufflenheim

D 263

TOUR DES CHEVALIERS

BISCHWILLER 10 km

Moder

D 29 ③

Armes (Pl. d') .... **Z** 2
Château (R. du) .... **Z** 3
Grand-Rue .... **YZ**

Gaulle (Pl. Ch.-de.) .... **Y** 4
Marienthal (Rte de) .... **Z** 5
Moder (R. de la) .... **Z** 6
Nessel (Bd) .... **Z** 7
Roses (R. des) .... **Y** 8
St-Georges (R.) .... **Z** 10

ST-GEORGES

Marché aux Grains

64 km SARRE-UNION ⑤ D 919 Rte de Schweighouse GARE

R. Mal Foch Hanauer

Rte de Strasbourg N 63

la Redoute

A 4 : STRASBOURG 32 km SAVERNE 39 km ④

GENDARMERIE

GREEN TOURIST GUIDES

Picturesque scenery, buildings
Attractive routes
Touring programmes
Plans of towns and buildings
17 guides available for your holidays.

HAM 80400 Somme 📙 ⑬ G. Nord de la France – 6 250 h. alt. 62 – ✆ 23.

Paris 135 – ◆Amiens 67 – Noyon 20 – Péronne 24 – Roye 26 – St-Quentin 20 – Soissons 56.

🏨 ✿ **France** (Dumont), pl. Hôtel-de-Ville ✆ 81.00.22 – 🛏wc 🗑 🚗 ⏪ 🆎 ⓪ 💳 ✄ ch
fermé 1er au 25 août, vacances de fév., dim. soir et lundi – SC : **R** 65/150 – 🖵 15 –
16 ch 75/165
Spéc. Terrine de canard, Poissons beurre blanc, Gibiers (saison de chasse).

🍴 **Valet**, 58 r. Noyon ✆ 81.10.87 – 🛏wc 🗑
← *fermé 8 au 18 juil., 17 déc. au 3 janv., sam. (sauf hôtel) et dim.* – SC : **R** 36/55 🍷 – 🖵
10,50 – **21 ch** 45/110 – P 105/185.

CITROEN Gar. de Picardie, 7 r. de Noyon ✆
81.01.86
PEUGEOT-TALBOT Bibaut, 137 rte de Roye à
Eppeville ✆ 81.02.13

RENAULT Gar. Bacquet, 48 r. de Noyon ✆
81.00.13

HAMBYE 50650 Manche 📙 ⑬ G. Normandie – 1 318 h. alt. 92 – ✆ 33.

Voir Ruines de l'abbaye✶✶ S : 5 km.

Paris 317 – Coutances 23 – Granville 29 – St-Lô 26 – Tessy-sur-Vire 15 – Villedieu-les-Poêles 17.

🍴🍴 **Les Chevaliers** avec ch, au bourg D 13 ✆ 61.42.18 – ⏪ ⓪ ⴹ 💳 ✄
fermé fév. et merc. – SC : **R** (nombre de couverts limité - prévenir) 55/95 – 🖵 12 –
6 ch 65/70.

Gar. Lecrosnier, ✆ 61.43.12

HAMEAU du SOLEIL 06 Alpes-Mar. 📙 ⑨. 🗺 ㉕ – rattaché à Cagnes-sur-Mer.

HANAU (Étang de) 57 Moselle 📙 ⑰ – rattaché à Philippsbourg.

HARDELOT-PLAGE 62 P.-de-C. 📙 ⑪ G. Nord de la France – alt. 12 – ✉ 62152 Neufchâtel-Hardelot – ✆ 21.
⛳ ✆ 32.73.10 E : 1 km.
Paris 237 – Arras 109 – Boulogne-sur-Mer 15 – Montreuil 31 – Le Touquet-Paris-Plage 23.

530

Le Régina M, av. François-1er ☎ 32.81.88 – wc wc ☎ P – 70. . rest
fermé 15 déc. au 31 janv. – SC : **R** *(fermé dim. soir et lundi du 15 sept. à fin mars)* 55/77 – 14,50 – **40 ch** 149/176 – P 195/250.

Écusson, ☎ 32.71.52 – wc wc ☎ – 50. AE E VISA
fermé 20 janv. au 1er mars – SC : **R** *(fermé merc. du 15 oct. au 1er avril)* carte 100 à 150 – 15 – **20 ch** 100/190 – P 245/320.

Pré Catelan , ☎ 32.70.03, – P.
fin mars-fin sept. – SC : **R** 42/74 – 12 – **12 ch** 64/76 – P 135.

XXX **Golf,** au Golf ☎ 32.71.04, ← – P. AE E VISA
fermé 20 déc. au 1er fév., dim. soir et lundi – **R** 50/130.

HARTMANNSWILLER 68 H.-Rhin 66 ⑨ – rattaché à Guebwiller.

HASPARREN 64240 Pyr.-Atl. 85 ③ **G. Pyrénées** – 5 441 h. alt. 90 – 59.

Voir Route impériale des Cimes★ O : D 22.

Env. Grottes d'Oxocelhaya et d'Isturits★★ SE : 11 km.

Syndicat d'Initiative pl. St-Jean (15 juin-15 sept.) ☎ 29.62.02.

Paris 797 – ♦Bayonne 24 – Cambo-les-B. 10 – Pau 103 – Peyrehorade 32 – St-Jean-Pied-de-Port 33.

Tilleuls, pl. Verdun ☎ 29.62.20 – wc ☎.
fermé 1er au 30 oct. et lundi hors sais. sauf fêtes – SC : **R** 50/80 – 13 – **12 ch** 80/115.

Argia, r. Dr.-J.-Lissart ☎ 29.60.24 – wc wc ☎
fermé nov. et lundi sauf juil.-août – SC : **R** 48/100 – 14 – **20 ch** 66/140 – P 120/150.

HAUT-COMBLOUX 74 H.-Savoie 74 ⑧ – rattaché à Combloux.

HAUTELUCE 73620 Savoie 74 ⑰⑱ **G. Alpes** – 705 h. alt. 1 193 – Sports d'hiver au Col des Saisies : 1 600/1 950 m 18, – 79.

Env. Signal de Bisanne ★★ O : 11 km

HAUTE-PERCHE 49 M.-et-L. 64 ⑪ – rattaché à Angers.

HAUTERIVES 26390 Drôme 77 ② **G. Vallée du Rhône** – 1 086 h. alt. 298 – 75.

Voir Le Palais Idéal★.

Paris 534 – ♦Grenoble 73 – ♦Lyon 71 – Valence 47 – Vienne 41.

Le Relais, ☎ 03.81.12, – wc ☎ P. rest
fermé fév. et merc. sauf juil.-août – SC : **R** 38/120 – 13 – **17 ch** 58/107 – P 120/150.

Les HAUTES-RIVIÈRES 08 Ardennes 53 ⑲ **G. Nord de la France** – 2 320 h. alt. 163 – ✉ 08800 Monthermé – 24.

Voir Vallon de Linchamps★ N : 4 km.

Paris 247 – Charleville-Mézières 22 – Dinant 55 – Sedan 45.

X **Les Saisons,** ☎ 34.40.94. VISA
fermé dim. soir et lundi – **R** 36/120 .

HAUTEVILLE-LÈS-DIJON 21 Côte-d'Or 66 ⑫ – rattaché à Dijon.

HAUTEVILLE-LOMPNES 01110 Ain 74 ④ – 4 893 h. alt. 815 – 74.

Voir Chute et gorges de l'Albarine★, **G. Jura.**

Syndicat d'Initiative à la Mairie (fermé sam. et dim.) ☎ 35.39.73.

Paris 479 – Aix-les-Bains 60 – Belley 33 – Bourg-en-Bresse 52 – ♦Lyon 84 – Nantua 31.

Pascal et rest. Faisan Doré, r. Corlier D 8A ☎ 35.31.40, – wc P.
fermé oct. et mardi – SC : **R** 40/120 – 15 – **20 ch** 50/130.

Villa Corbet sans rest, r. des Fontanettes ☎ 35.30.04 – P.
fermé sept. – SC : 14 – **8 ch** 58/70.

CITROEN Gar. Central, ☎ 35.31.06
FORD Gar. Standard, ☎ 35.35.56
LADA-SKODA Gar. Lay, ☎ 35.37.80
PEUGEOT-TALBOT Gar. Jean Miguet, ☎ 35.35.74
PEUGEOT, TALBOT Gar. Deschombeck, ☎ 35.30.45
RENAULT Micheli, ☎ 35.35.63

HAUTEVILLE-PLAGE 50 Manche 54 ⑫ – 678 h. – ⊠ 50590 Montmartin-sur-Mer – ✪ 33.

🛈 Office de Tourisme 10 av. Aumesle (1er juin-31 août, fermé matin et dim. sauf juil. et août) ☎ 47.51.80.

Paris 344 – Bréhal 10 – Coutances 14 – Granville 20 – St-Lô 41.

  🏠   **Plage** 𝕊, ☎ 47.52.33, ⩽, – 📺wc 🄿, 🚗 🎗 ch
      fermé 10 sept. au 6 oct., 6 au 31 janv., lundi soir et mardi – SC : **R** carte 85 à 135 🥄 –
      ⌸ 15 – **16 ch** 75/180 – P 160/200.

HAUT-KOENIGSBOURG 67 B.-Rhin 62 ⑱ ⑲ G. Vosges – alt. 755 – ⊠ 67600 Kintzheim
(H.-Rhin) – ✪ 88 – **Voir Château★★** : ⁂★★.

Le HAVRE ⬗ 76600 S.-Mar. 55 ③ G. Normandie – 216 638 h. – ✪ 35.

Voir Port★★ EZ – **Quartier moderne★** EFYZ : intérieur★★ de l'église St-Joseph★ EZ **E**, pl.
Hôtel-de-Ville★ FY, Av. Foch★ EFY – Côte d'Ingouville ⁂★ FX **R** – Fort de Ste-Adresse
⁂★★ EX – Bd Président-Félix-Faure : table d'Orientation ⁂★ à Ste-Adresse A – Musée
des Beaux-Arts★ FZ **M1** – **Env.** Terrasse d'Orcher★ E : 10 km route Gonfreville-l'Orcher
puis 15 mn – ⬚ ☎ 46.36.11 N par ① : 10 km.

✈ du Havre-Octeville ☎ 46.09.81, A.

🛈 Office de Tourisme (fermé dim. sauf le matin en saison) et Accueil de France (Informations et
réservations d'hôtels, pas plus de 5 jours à l'avance), pl. Hôtel-de-Ville ☎ 21.22.88, Télex 190369 –
A.C.O. 49 r. Racine ☎ 42.39.32.

Paris 205 ④ – ◆Amiens 180 ③ – ◆Caen 108 ④ – ◆Lille 297 ③ – ◆Nantes 393 ④ – ◆Rouen 88 ③.

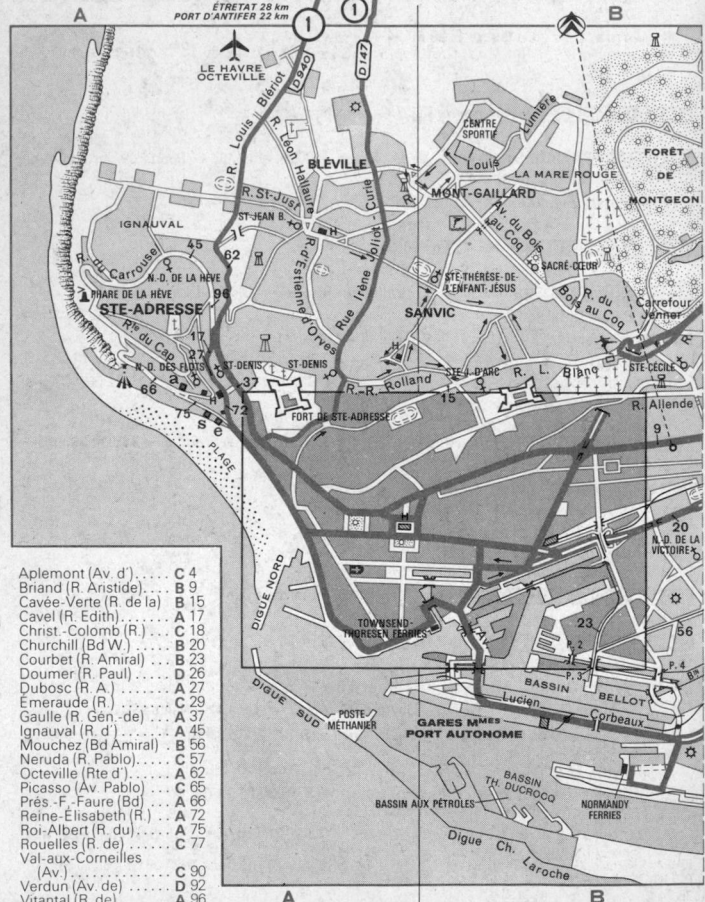

Aplemont (Av. d').....	C 4
Briand (R. Aristide)...	B 9
Cavée-Verte (R. de la)	B 15
Cavel (R. Edith).......	A 17
Christ.-Colomb (R.)...	C 18
Churchill (Bd W.).....	B 20
Courbet (R. Amiral)...	B 23
Doumer (R. Paul).....	D 26
Dubosc (R. A.)........	C 27
Émeraude (R.)........	C 29
Gaulle (R. Gén.-de)...	A 37
Ignauval (R. d').......	A 45
Mouchez (Bd Amiral)..	B 56
Neruda (R. Pablo).....	C 57
Octeville (Rte d').....	A 62
Picasso (Av. Pablo)...	C 65
Prés.-F.-Faure (Bd)...	A 66
Reine-Élisabeth (R.) ..	A 72
Roi-Albert (R. du).....	A 75
Rouelles (R. de)	C 77
Val-aux-Corneilles	
(Av.)...........	C 90
Verdun (Av. de)	D 92
Vitanval (R. de)	A 96

🏨 **Bordeaux** Ⓜ sans rest, 147 r. L.-Brindeau ☏ 22.69.44, Télex 190428 — 🛗 📺 ☎ 🅰🅴
Ⓓ 🅴 𝘝𝘐𝘚𝘈 ⚡️   FZ **v**
SC : ⚏ 23 – **31 ch** 190/300.

🏨 **Le Marly** Ⓜ sans rest, 121 r. Paris ☏ 41.72.48 — 🛗 📺 ☎ 🅰🅴 Ⓓ 𝘝𝘐𝘚𝘈. ⚡️   FZ **n**
SC : ⚏ 17,50 – **34 ch** 108/246.

🏨 **Mercure** Ⓜ, Chaussée d'Angoulême ☏ 21.23.45, Télex 190749 — 🛗 🖿 📺 ☎ &
Ⓟ – ᴁ 200. 🅰🅴 Ⓓ 🅴 𝘝𝘐𝘚𝘈   FZ **b**
R carte environ 90 – ⚏ 29 – **96 ch** 280/354.

🏨 **France et Bourgogne,** 21 cours République ☏ 25.40.34 — 🛗 🛁wc 🚿wc ☎ –
ᴁ 50. 🖂 🅰🅴 𝘝𝘐𝘚𝘈   GY **z**
SC : **R** *(fermé juil. et sam.)* 65/95 – ⚏ 18 – **31 ch** 135/225.

🏨 **Parisien** sans rest, 1 cours République ☏ 25.23.83 — 🛗 📺 🛁wc 🚿 ☎. 🖂 🅰🅴
Ⓓ 🅴 𝘝𝘐𝘚𝘈   GYZ **e**
SC : **22 ch** ⚏ 100/245.

🏨 **Astoria,** 13 cours République ☏ 25.00.03 — 🛗 📺 🛁wc 🚿wc ☎. 🖂 🅰🅴 Ⓓ 🅴
◆ 𝘝𝘐𝘚𝘈   GY **z**
SC : **R** 42 🍷 – ⚏ 14 – **35 ch** 100/130.

🏨 **Foch** sans rest, 4 r. Caligny ☏ 42.50.69 — 🛗 🛁wc 🚿wc ☎. 🖂 🅰🅴 🅴 𝘝𝘐𝘚𝘈. ⚡️
SC : ⚏ 13 – **33 ch** 65/160.   EZ **b**

tourner →

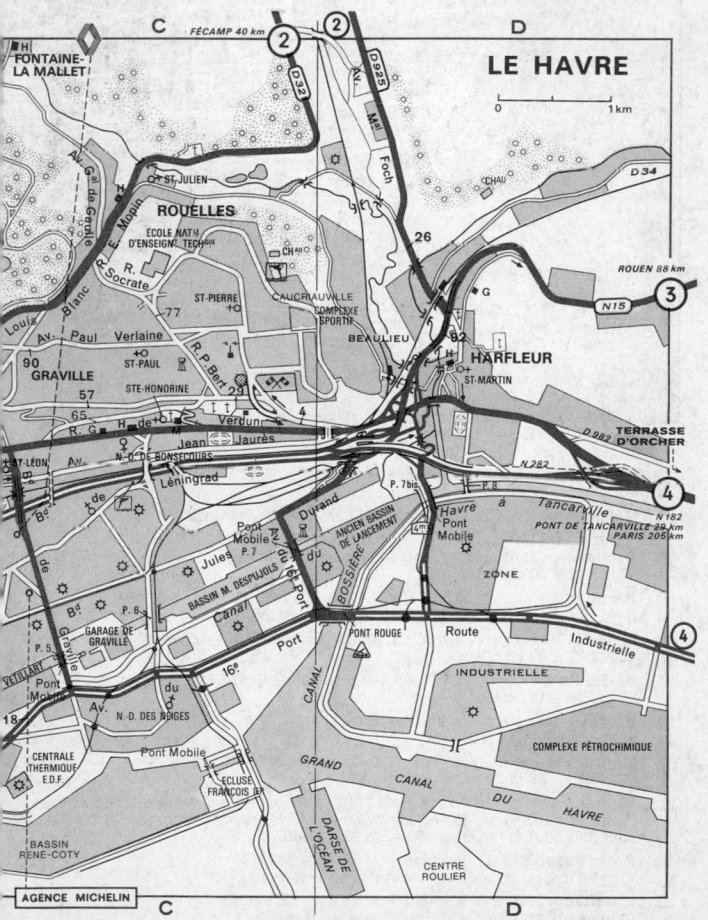

AGENCE MICHELIN

19   533

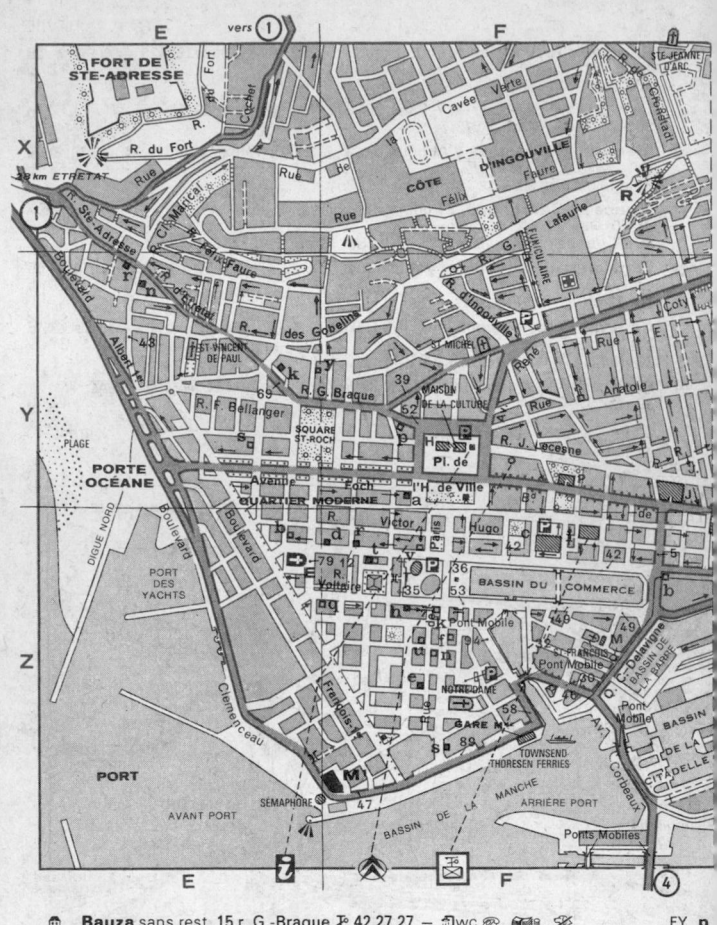

🏠 **Bauza** sans rest, 15 r. G.-Braque ☎ 42.27.27 – 🛏wc 🕿. 🚗🅿. 🎇   FY **p**
SC : ☲ 13 – **22 ch** 64/127.

🏠 **Celtic** sans rest, 6 pl. Gambetta ☎ 42.39.77 – 🛏wc 🕿. *VISA*   FZ **k**
SC : ☲ 17 – **14 ch** 101/135.

🏠 **Angleterre** sans rest, 1 r. Louis-Philippe ☎ 42.48.42 – 🛁wc 🛏wc 🕿. 🆀 E *VISA*   EY **s**
SC : ☲ 12 – **30 ch** 87/127.

🏠 **Richelieu** sans rest, 132 r. Paris ☎ 42.38.71 – 🛁 🛏wc 🕿. 🚗🅿 *VISA*   FZ **f**
fermé 18 déc. au 8 janv. – SC : ☲ 15 – **20 ch** 63/186.

🏠 **H. Petit Vatel** sans rest, 86 r. L.-Brindeau ☎ 41.72.07 – 🛁wc 🛏wc 🕿. *VISA* 🎇   FZ **t**
SC : ☲ 12 – **29 ch** 60/160.

🏠 **St-Louis** 🌜 sans rest, 18 r. Ch.-Aug.-Marande ☎ 42.53.58 – 🛁wc 🕿. 🎇   EFY **y**
SC : ☲ 14 – **15 ch** 69/149.

🏠 **Voltaire** sans rest, 14 r. Voltaire ☎ 41.30.91 – 🛏 🕿. 🎇   EFZ **q**
SC : ☲ 11,50 – **24 ch** 66/108.

🏠 **Séjour Fleuri** sans rest, 71 r. E.-Zola ☎ 41.33.81 – 🛏. *VISA*   FZ **u**
SC : ☲ 10 – **29 ch** 55/85.

XXX **Monaco** avec ch, 16 r. Paris ☎ 42.21.01 – 🍴 rest 🛁wc 🕿. 🚗🅿 🆀 ⓪ E *VISA*   FZ **s**
fermé 1er au 15 sept., 25 déc. au 1er janv. et 15 fév. au 1er mars – SC : **R** (fermé lundi
sauf juil., août et fériés) 70/160 – ☲ 18 – **11 ch** 75/185.

XX **Petit Vatel**, 84 r. L.-Brindeau ☎ 41.78.77 – *VISA*   FZ **t**
fermé 3 juil. au 1er août, dim. soir et lundi – **R** 65/120.

XX **L'Athanor**, 120 r. Guillemard ☎ 42.50.27 – 🆀 ⓪ *VISA*   EY **n**
fermé août, sam. midi, dim. et lundi – SC : **R** 55/165.

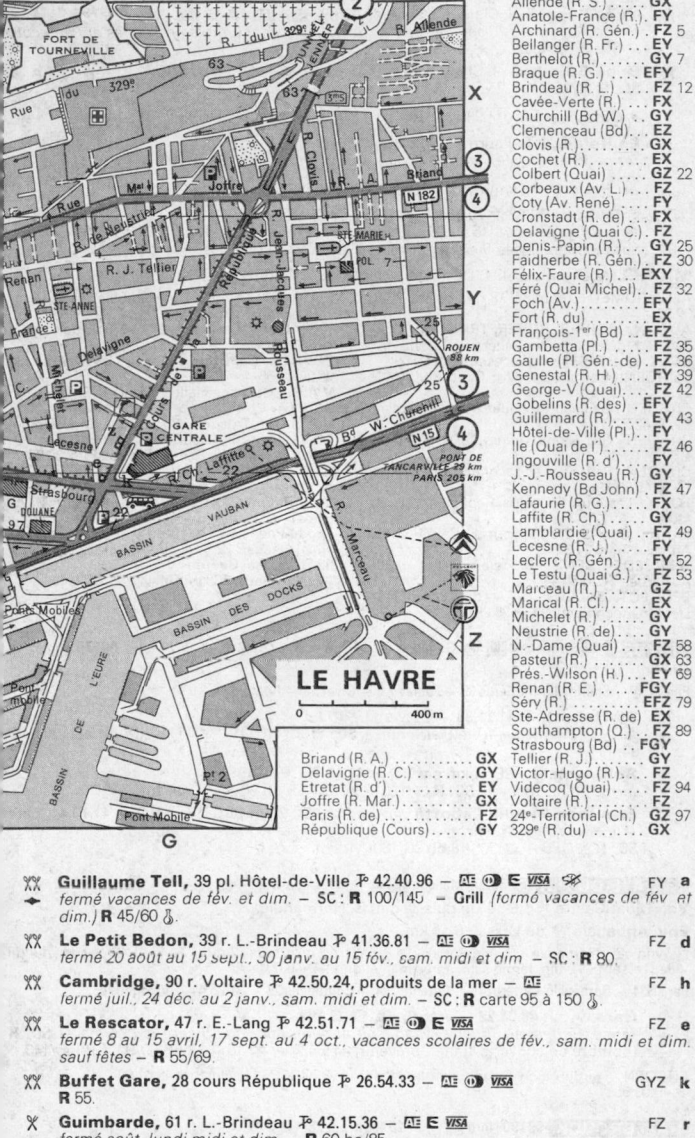

LE HAVRE

0 — 400 m

XX **Guillaume Tell**, 39 pl. Hôtel-de-Ville ℡ 42.40.96 – AE ① E VISA ❤ ❤   FY **a**
  ➜   fermé vacances de fév. et dim. – SC : **R** 100/145 – **Grill** (formó vacances de fév et dim.) **R** 45/60 ♨.

XX **Le Petit Bedon**, 39 r. L.-Brindeau ℡ 41.36.81 – AE ① VISA   FZ **d**
     fermé 20 août au 15 sept., 30 janv. au 15 fév., sam. midi et dim – SC : **R** 80.

XX **Cambridge**, 90 r. Voltaire ℡ 42.50.24, produits de la mer – AE   FZ **h**
     fermé juil., 24 déc. au 2 janv., sam. midi et dim. – SC : **R** carte 95 à 150 ♨.

XX **Le Rescator**, 47 r. E.-Lang ℡ 42.51.71 – AE ① E VISA   FZ **e**
     fermé 8 au 15 avril, 17 sept. au 4 oct., vacances scolaires de fév., sam. midi et dim. sauf fêtes – **R** 55/69.

XX **Buffet Gare**, 28 cours République ℡ 26.54.33 – AE ① VISA   GYZ **k**
     R 55.

X **Guimbarde**, 61 r. L.-Brindeau ℡ 42.15.36 – AE E VISA   FZ **r**
     fermé août, lundi midi et dim.

X **La Petite Auberge**, 32 r. Ste-Adresse ℡ 46.27.32 – VISA   EY **r**
     fermé août, 22 fév. au 7 mars, dim. soir et lundi – SC : **R** 62 (sauf sam. soir)/90.

X **Bonne Hôtesse**, 98 r. Président-Wilson ℡ 21.31.73   EY **k**
  ➜   fermé 1er au 29 août, dim. soir et lundi – SC : **R** 42/68.

     à Ste-Adresse - A – 8 943 h. – ⊠ **76310** Ste-Adresse :

XX **Nice-Havrais**, 6 pl. F.-Sauvage ℡ 46.14.59, ≤ VISA   A **a**
     fermé août et dim. – SC : **R** 85/135.

tourner →

XX **Yves Page,** 7 pl. Clemenceau ℡ 46.06.09, ≤ – AE ① E VISA   A s
fermé 14 août au 10 sept., le soir en fév., dim. soir et lundi sauf Pâques et Pentecôte
– SC : **R** 88/150.

XX **Beau Séjour,** 3 pl. Clemenceau ℡ 46.19.69, ≤ – AE ① E VISA   A e
SC : **R** 71/150.

à Octeville par ① : 9 km – 3 054 h. – ⊠ **76930** Octeville :

X **Le Relais,** r. F.-Faure ℡ 46.36.34 – AE ① VISA
fermé 15 au 31 juil., merc. soir, dim. soir et jeudi – SC : **R** 55/100.

au Hode E : 18 km par ④ et D 982 – ⊠ **76430** St-Romain-de-Colbosc :

XXX ❀ **Dubuc,** D 982 ℡ 20.06.97 – ℗. AE ① E VISA
fermé 8 au 29 août, 15 au 26 fév., dim. soir et lundi – SC : **R** carte 150 à 205
Spéc. Salade du Hode, Brouillade de homard (avril à oct.), Pâtisseries.

MICHELIN, Agence, 43 r. Desmarais, par N 182 C ℡ 25.22.20

ALFA-ROMEO Thomine, 18 r. Michelet ℡ 21.
02.33
AUSTIN, MORRIS, ROVER, TRIUMPH Girar-
dey, 19 r. des Magasins Généraux ℡ 26.62.26
BMW Auto 76, 91 r. J.-Lecesne ℡ 22.69.69
CITROEN Succursale, 82 r. Ch.-Laffite GY ℡
21.21.21
CITROEN Bailleau et Auber, 10 r. J.-Lecesne
FY ℡ 42.22.31
CITROEN Gar. Montmorency, 370 r. A.-Briand
B ℡ 24.09.32
CITROEN Palfray, r. A.-Lecomte, Octeville par
① ℡ 46.36.19
FORD Lesueur, 53 cours République ℡ 25.
41.16
LADA Gar. St-Denis, 6 r. E.-Cavell à Ste
Adresse ℡ 46.11.82
MERCEDES-BENZ Madeleine-Auto, 15 r.
A.-Barbès ℡ 26.56.44
PEUGEOT, TALBOT S.I.A. du Havre, 94 r.
Denfert-Rochereau GZ ℡ 25.25.05

PEUGEOT Lebigre, Hameau Café Blanc, Octe-
ville par ① ℡ 46.36.45
RENAULT Succursale, 239 à 273 bd de Graville
C ℡ 26.81.21
TOYOTA Carrosserie-Océane, 8 r. Dr Piasceki
℡ 26.48.66
V.A.G. Gar. des Halles, 14 bis r. Berthelot ℡
24.08.64
V.A.G. Le Troadec, 447 r. Curie Zone Emploi
Montgaillard ℡ 48.00.55
VOLVO Tanguy, 19 r. G.-Braque ℡ 42.32.96

⊛ Central-Pneu, 26 r. Lesueur ℡ 22.40.14
Danton-Pneu, 141 bd Amiral-Mouchez ℡ 26.
64.64
Legay-Pneus, 34 r. Fleurus ℡ 25.07.89
Nicol-Pneus, 12 r. Dumé-d'Aplemont ℡ 25.
32.85 23 quai Georges V ℡ 41.75.89
Norais-Pneus, 203 bd Graville ℡ 26.50.68

HAYBES 08 Ardennes 53 ⑱ ⓖ G. Nord de la France – 2 142 h. alt. 117 – ⊠ 08170 Fumay –
✿ 24.
Paris 254 – Charleville-Mézières 35 – Fumay 2,5 – Givet 20 – Rocroi 21.

🏠 **St-Hubert,** ℡ 41.11.38 – ⊟wc 🔥 🛁
→ *fermé 10 janv. au 10 fév. et lundi* – SC : **R** 33/110 🍷 – ⊡ 11 – **18 ch** 58/126 – P
94/117.

🏯 **Robinson** 🍃, SE : 1 km par VO ℡ 41.11.73, ≤ – ℗ 🛁
fermé 1er au 15 fév. – SC : **R** 55/120 – ⚌ 13 – **9 ch** 60 – P 120/140.

XX **Ermitage Moulin Labotte** 🍃 avec ch, E : 2 km par D 7 et VO ℡ 41.13.44, parc
– ⊟wc 🔥 ℗. 🛁 ch
SC : **R** 95/185 – ⊡ 20 – **8 ch** 90/180.

La HAYE-DU-PUITS 50250 Manche 54 ⑫ – 1 798 h. alt. 38 – ✿ 33.

Voir Mont Castre ≤★ E : 5 km puis 30 mn, G. Normandie.

Env. Abbatiale★★ de Lessay S : 8 km.

🛈 Syndicat d'Initiative r. Emile-Poirier (1er juil.-31 août et fermé lundi) ℡ 46.01.42 et à l'Hôtel de
Ville (1er sept.-30 juin, fermé sam. après midi et dim.) ℡ 46.00.04.

Paris 334 – Barneville-Carteret 19 – Carentan 24 – Coutances 29 – St-Lô 44 – Valognes 26.

🏠 **Gare** 🍃, ℡ 46.04.22 – 🚗 ℗. AE ① E VISA
→ *fermé 15 déc. au 15 janv., vend. soir et sam. midi du 15 sept. au 15 mai* – SC : **R**
(nombre de couverts limité - prévenir) 44/84 🍷 – ⊡ 16 – **12 ch** 60/90 – P 125/143.

CITROEN Hardel, à St-Symphorien-le-Valois   PEUGEOT Leclerc, ℡ 46.01.99
℡ 46.03.55

HAZEBROUCK 59190 Nord 51 ④ – 20 488 h. alt. 28 – ✿ 28.

A.C. 31 pl. Gén.-de-Gaulle ℡ 41.92.66.

Paris 239 ② – Armentières 28 ② – Arras 59 ④ – Dunkerque 41 ① – Ieper 34 ① – ◆Lille 42 ②.

Plan page ci-contre

🏯 **Gambrinus** sans rest, 2 r. Nationale **(e)** ℡ 41.98.79 – ⊟ 🔥 ☎ 🚗 🛁
fermé dim. – SC : ⚌ 11 – **17 ch** 58/110.

à Longue Croix NO : 8 km par N 42 et D 138 – ⊠ 59190 Hazebrouck :

XX **Aub. de la Longue Croix,** ℡ 41.93.34 – ℗
→ *fermé fin déc. à fin janv., dim., lundi et fêtes le soir et mardi* – SC : **R** 45/100 dîner à
la carte.

HAZEBROUCK

à La Motte au Bois par ③ : 5,5 km – ⊠ 59190 Hazebrouck :

XX **Aub. de la Forêt** avec ch, ☎ 41.80.90, 🌧 – 🅿 ⊶ᵍ *VISA*
   fermé fév., dim. et fériés le soir et jeudi – SC : **R** 55/85 – ☲ 13 – **15 ch** 55/135.

CITROEN Caron-Dodon, 88 rte de Borre par ② ☎ 41.83.73
FORD Gar. Hazebrouckois, 216 r. du Vieux Berquin ☎ 41.40.08
LANCIA-AUTOBIANCHI, OPEL Gar. St Éloi, 3 r. d'Aire ☎ 41.83.26
PEUGEOT Hazebrouckoise-Dubus, rte St-Omer par ⑤ ☎ 41.97.34

PEUGEOT-TALBOT Gar. Delaire-Dubus, 28 rte de Borre par ② ☎ 41.83.17
V.A.G. Auto-Expo, av. de St-Omer ☎ 41.55.46

🖸 François-Pneus, 199 r. de Merville ☎ 41.59.46

HÉDÉ 35630 I.-et-V. 🔟 ⑥ G. Bretagne – 524 h. alt. 100 – ✪ 99.

Voir ✳ ⋆ du clocher de l'église.

Paris 371 – Avranches 64 – Dinan 29 – Dol-de-Bretagne 31 – Fougères 49 – ◆Rennes 23.

XX **Host. du Vieux Moulin** avec ch, N 137 ☎ 45.45.70, « Jardin fleuri » – 🛁wc ☎ 🅿.
   ⊶ᵍ E *VISA*
   fermé 15 déc. au 1er fév., dim. soir et lundi – SC : **R** 60/120 🔥 – 🍽 16 – **14 ch** 80/150.

XX **Vieille Auberge**, N 137 ☎ 45.46.25, « Cadre rustique, jardin » – 🅿
   fermé 29 août au 6 sept., fév., dim. soir et lundi – SC : **R** 105.

CITROEN Modern-Gar., ☎ 45.45.69

RENAULT Delacroix, N 137 ☎ 45.46.23

HEM 59 Nord 🔟 ⑯ – rattaché à Roubaix.

HENDAYE 64700 Pyr.-Atl. 🔟 ① G. Pyrénées – 10 135 h. – Casino BX – ✪ 59.

Voir Gd Crucifix⋆ dans l'église St-Vincent BY B – Corniche basque⋆⋆ par ①.
🗗 Office de Tourisme 12 r. Aubépines (fermé sam. hors sais. et dim. sauf matin en sais.) ☎ 20.00.34.

Paris 807 ② – Pau 141 ② – St-Jean-de-Luz 14 ② – S.Sébastián 23 ③.

Plan page suivante

à Hendaye Plage :

🏨 **Liliac,** Rond-Point ☎ 20.02.45, 🌧 – 🛗 🛁wc 🚿wc ☎. ⊶ᵍ AE ⓪ E *VISA*. 🍴 rest
   SC : **R** (1er juil.-15 sept.) 75/92 – ☲ 24 – **23 ch** 175/225 – P 263/283.   BX m

🏨 **Pohoténia,** rte Corniche par ① ☎ 20.04.76, 🔟, 🌧 – 🛁wc 🚿wc ☎ 🅿. 🍴
   fermé janv. – SC : **R** 80/120 – ☲ 20 – **42 ch** 120/170 – P 150/200.

🏨 **Paris** sans rest, Rond-Point ☎ 20.05.06, 🌧 – 🛗 🛁wc 🚿wc ☎. ⓪ *VISA*   BX a
   Pentecôte-1er oct. – SC : ☲ 18 – **39 ch** 110/220.

🏠 **Abbadie** sans rest, 12 r. Elissacilio ☎ 20.05.49, 🌧 – 🚿wc ☎   BX b
   1er juin-fin sept. – SC : ☲ 15 – **24 ch** 140/200.

🏠 **Central H.,** Rond-Point ☎ 20.04.72 – 🛁wc 🚿wc ☎ 🅿. 🍴   BX k
   Pentecôte-fin sept. – SC : **R** 55/80 – ☲ 16 – **24 ch** 70/175 – P 155/210.

🏠 **Ondarraitz** sans rest, 59 bd Gén.-Leclerc ☎ 20.00.22, 🌧 – 🚿wc 🅿. 🍴   BX z
   1er mai-30 sept. et fermé merc. – SC : ☲ 15 – **26 ch** 130/190.

🏠 **Larramendy-Baïta,** bd Mer ☎ 20.04.68 – 🚿wc 🅿 🍴 rest   AX t
   15 juin-15 sept. – SC : **R** 39/100 – ☲ 16 – **12 ch** 68/120 – P 150/195.

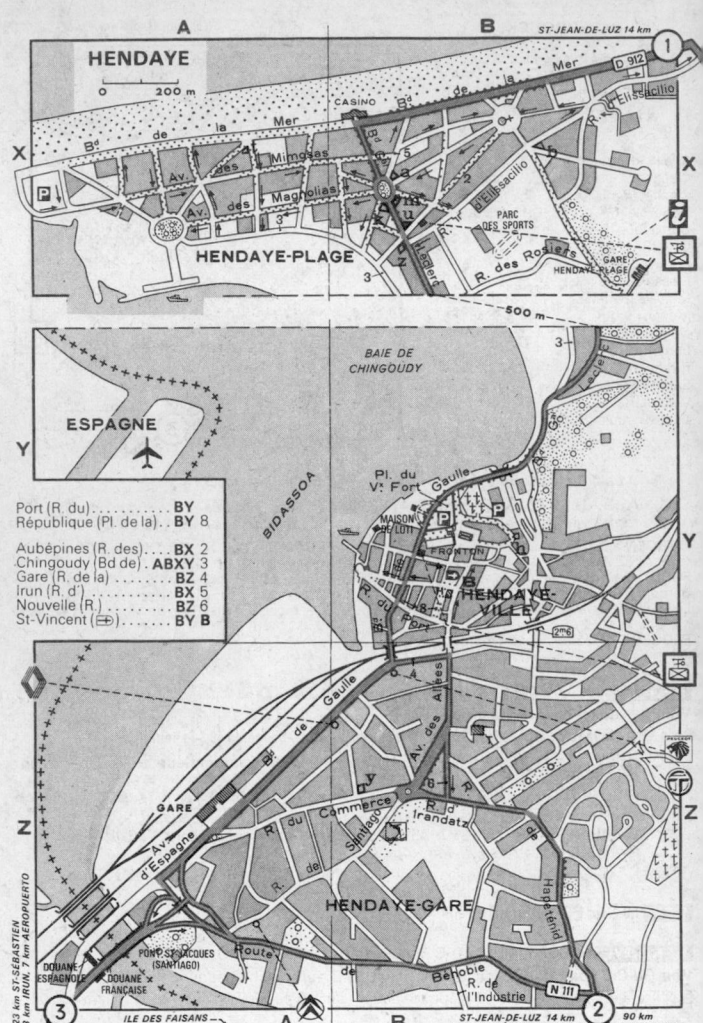

XX ✿ **Gitanilla** (Haramboure) avec ch, 52 bd Gén.-Leclerc ℙ 20.04.65 – 🛋 ⌂ AE ⓄE 🎫 🦺 ch BX u
avril-sept. et fermé dim. soir et lundi – SC : **R** carte 95 à 135 – ⌴ 14 – **9 ch** 72/90 –
P 145/160
Spéc. Pantxeta d'agneau, Brochette de lotte sauce crabe, Crêpes fourrées à l'ananas frais.

à Hendaye Ville :

🏠 **Chez Antoinette** ⑃, pl. Pellot ℙ 20.08.47, 🍴 – ⌂ 🛋 ℗ ⌂ 🦺 ch BY h
1er juin – 30 sept. – SC : **R** 75/85 – ⌴ 14 – **24 ch** 72/90 – P 145/160.

🏠 **Sud-Américain**, r. Othatz ℙ 20.75.98 – 🛁wc ☎ ℗ 🦺 rest BZ y
Pentecôte-fin sept. – SC : **R** 52/85 – ⌴ 15 – **37 ch** 85/150 – P 135/170.

à Biriatou par ② et D 258 : 4 km – ⊠ 64700 Hendaye :

XXX ✿ **Bakéa** (François) ⑃ avec ch, ℙ 20.76.36, ≤, 🌳, « Terrasse ombragée sur la
vallée » – ⌂wc 🛁wc ☎ ℗ ⌂ AE ⓄE 🎫 🦺 ch
15 mai-30 sept. – SC : **R** carte 150 à 210 – ⌴ 18 – **15 ch** 110/180 – P 233/268
Spéc. Homard grillé à l'estragon, Fricassée de canard au vinaigre, Sorbet aux framboises. Vins
Madiran, Jurançon.

538

CITROEN Gar. de la Place, 41 r. de Santiago ☎ 20.00.86
OPEL Pivot, 16 rte Behobie ☎ 20.03.93
PEUGEOT, TALBOT Laguillon, 23 av. de la Gare BZ ☎ 20.70.86 et Z.I. Joncaux, r. Industrie ☎ 20.18.63

RENAULT Hendaye-Autos, 49 bd de-Gaulle ☎ 20.78.61
Gar. Bidassoan, bd Gén.-Leclerc ☎ 20.00.23
Gar. de la Frontière, 1 rte de Behobie ☎ 20.76.93

HENIN-BEAUMONT 62110 P.-de-C. 🗐 ⑮ – 26 490 h. alt. 31 – ۞ 21.

🖪 Syndicat d'Initiative à la Mairie (fermé sam. et dim.) ☎ 75.08.07.

Paris 193 – Arras 26 – Béthune 30 – Douai 12 – Lens 9 – ♦Lille 32.

🏛 **Novotel** Ⓜ, échangeur Autoroute A1 ⊠ 62950 Noyelles-Godault ☎ 75.16.01, Télex 110352, ⴳ – 🗐 📺 ☎ 🅿 – 🕍 50 à 200, 🖭 ⓞ 𝚅𝙸𝚂𝙰
R snack carte environ 85 – ☱ 28 – **79 ch** 211/277.

❤❤ Le Manoir, rte Courrières par Dourges N : 5 km par D 161 et D 161E ☎ 20.23.71 – 🅿

FORD Gar. Universel, 590 bd A.-Schweitzer ☎ 75.06.10
PEUGEOT-TALBOT Beaumont-Automobiles, Zone Ind., bd Darchicourt ☎ 75.16.50

RENAULT Sandrah, 1230 rte de Douai ☎ 75.03.78
V.A.G. Gar. St-Christophe, 195 r. Libération à Montigny-en-Gohelle ☎ 20.22.04

HENNEBONT 56700 Morbihan 🗓 ① **G. Bretagne** – 12 461 h. alt. 22 – ۞ 97.

Paris 487 ② – Concarneau 59 ③ – Lorient 10 ③ – Pontivy 48 ② – Quiberon 42 ③ – Quimperlé 26 ③ – ♦Rennes 137 ② – Vannes 46 ②.

🏛 **France**, 17 av. Libération (e) ☎ 36.21.82 – 🔟
📥 📶
fermé oct., dim. soir (sauf hôtel) et sam. du 4 nov. au 27 mars – SC : **R** 45/85 🍴 – ☱ 12 – **24 ch** 55/80 – P 130/135.

au Sud par ② : 4 km – ⊠ **56700** Hennebont :

🏛 ❀❀ **Château de Locguénolé et Résidence de Kernavien** ⑤, ☎ 76.29.04, Télex 950636, ≼, « Dans un parc en bordure de rivière », ⴳ – ☎ 🅿 🖭 ⓞ 𝚅𝙸𝚂𝙰 𝐒𝐅 rest
1er mars-30 nov. – SC : **R** *(fermé lundi sauf le soir en sais. et fêtes)* 165/270 et carte – ☱ 28 – **34 ch** 364/496, 4 appartements – P 562/628
Spéc. Soupière de rougets et moules, Panaché de tourteau et d'avocat, Langouste au beurre de laitue.

à Brandérion par ① et N 165 : 7 km – ⊠ **56700** Hennebont :

🏛 **L'Hermine** Ⓜ ⑤ *sans rest*, ☎ 36.22.98 – 🛏wc 🔟wc ☎ 🅿
fermé 4 janv. au 15 mars – SC : ☱ 18 – **9 ch** 207/230.

HENNEBONT

Foch (Pl. Mar.).... 2
Hôpital (R. de l').... 3
Nationale (R.).... 4
Trottier (R.)..... 5

CITROEN Ferré, 1 av. J.-Jaurès ☎ 36.20.61
RENAULT Gar. Hello, 68 av. République ☎ 36.21.17 🔃

🔘 Jubin-Pneus, ZI Ker André ☎ 36.16.88

HERBAULT 41190 L.-et-Ch. 🗓 ⑥ – 976 h. alt. 138 – ۞ 54.

Paris 197 – Blois 16 – Château-Renault 18 – Montrichard 36 – Vendôme 26.

❤❤ **Trois Marchands**, ☎ 46.12.18
📥 *fermé 23 déc. au 6 fév. et jeudi* – SC : **R** 45/140 🍴.

CITROEN Hallouin, ☎ 46.13.13

RENAULT Beauclair, ☎ 46.12.16

Les HERBIERS 85500 Vendée 🗓 ⑮ **G. Côte de l'Atlantique** – 10 977 h. alt. 109 – ۞ 51.

Voir Mont des Alouettes ≼★★ N : 2 km.

Paris 374 – Bressuire 47 – Chantonnay 27 – Cholet 25 – Clisson 34 – La Roche-sur-Yon 40.

🏛 **Relais**, 18 r. Saumur ☎ 91.01.64 – 🔟wc ☎ 🅿
📥 *fermé 1er au 20 sept. et sam. hors sais.* – SC : **R** 32/90 🍴 – ☱ 15 – **21 ch** 48/80 – P 110/130.

❤ **Mont des Alouettes**, N : 2 km N 160 ☎ 67.02.18, ≼ – 🅿 𝚅𝙸𝚂𝙰
📥 *fermé 15 au 31 oct., 15 au 28 fév. et lundi soir* – SC : **R** 42/98.

CITROEN Martineau, 40 av. G.-Clemenceau à Ardelay ☎ 91.07.50
PEUGEOT-TALBOT Gar. du Bocage, rte de Cholet ☎ 91.04.12 🔃
RENAULT Herbretaise Autos, 2 r. de l'Industrie ☎ 91.01.71

RENAULT Gar. des Alouettes, 75 r. Saumur ☎ 91.05.46
RENAULT Vrignaud, la Tisonnière ☎ 91.08.87 🔃 ☎ 91.09.30

HÉRICY 77850 S.-et-M. 🔟 ②. 🔟🔟🔟 ㊻ G. Environs de Paris – 1 631 h. alt. 94 – ✪ 6.

Paris 73 – Fontainebleau 8 – Melun 16 – Montereau-faut-Yonne 20 – Nangis 24 – Provins 46.

🏨 **Host. Le Clou**, av. Fontainebleau ☎ 423.83.43 – 🛏wc 🗐 ☎ 🅿 – 🛬 30. 🗚 ⑩

   VISA

   fermé 15 au 31 juil., 7 au 21 fév., dim. soir et lundi sauf en août – SC : **R** (dim. et
   fêtes prévenir) 70/125 – 🖙 15 – **15 ch** 110/180 – P 180.

HÉRISSON (Cascades du) ★★★ 39 Jura 🔟 ⑮ G. Jura.

Ressources hôtelières : voir à Bonlieu et à Ilay.

HERM 40 Landes 🔟🔟 ⑯ – 595 h. alt. 67 – ⊠ **40990** St-Paul-lès-Dax – ✪ 58.

Paris 726 – Bayonne 51 – Castets 15 – Dax 17 – Mont-de-Marsan 65.

🏠 **Paix** ⑤, rte Magescq ☎ 74.32.17, 🍴 – 🛏wc 🅿. ❦ rest

◆ fermé janv. et lundi de nov. à mars – SC : **R** 40/150 – 🖙 10 – **10 ch** 60/100 – P
   110/150.

🏠 **Poste** ⑤, ☎ 74.32.24 – 🗐 🅿

◆ SC : **R** 55/80 – 🖙 14 – **8 ch** 70/120 – P 135/160.

HERMENT 63470 P.-de-D. 🔟 ⑫ – 367 h. alt. 823 – ✪ 73.

Paris 412 – Aubusson 48 – ◆Clermont-Ferrand 55 – Le Mont-Dore 43 – Montluçon 92 – Ussel 43.

🏠 **Souchal**, rte Giat ☎ 22.10.55 – 🛏wc ☎ 🅿. ❦ ch

◆ SC : **R** 35/80 🐾 – 🖙 12 – **28 ch** 55/120 – P 90/130.

HÉROUVILLE-ST-CLAIR 14 Calvados 🔟🔟 ⑫ – rattaché à Caen.

HERRÈRE 64 Pyr.-Atl. 🔟🔟 ⑥ – rattaché à Oloron-Ste-Marie.

HESDIN 62140 P.-de-C. 🔟🔟 ⑫⑬ G. Nord de la France – 3 335 h. alt. 26 – ✪ 21.

Paris 233 ③ – Abbeville 35 ③ – Arras 56 ② – Boulogne-sur-Mer 61 ④ – ◆Lille 89 ②.

HESDIN

Ponts sur la Canche (de la
R. Fréville à la rue de
l'Ancien Temple charge
maxi : 9 t sur 2 essieux.

Armes (Pl. d')	A 3
Arras (R. d')	B 4
Paroisse (R. de la)	AB 26
St-Omer (R. de)	A 31
Tripier (R. du Gén.)	B 34
Ancien Temple (R.)	A 2
Bassins (Av. des)	B 5
Bras-d'Or (R. du)	B 6
Brebion (Bd L.)	A 7
Catteau (R. H.)	A 8
Charles-Quint (R.)	AB 10
Clemenceau (R. G.)	B 12
Domont (Bd)	B 14
Fressin (R.)	A 16
Fréville (R.)	B 17
Jacquemont (R.)	AB 21
Leclerc (Av. du Mar.)	B 22
Lereuil (R.)	A 24
Pavillon-Doré (R. du)	A 28
République (Av. de)	A 29
Richelieu (Bd)	B 30
Sébastopol (Bd)	B 32
Stade (Av. du)	B 33
Union (R. de l')	A 36
8-Mai (Pl. du)	A 37
11-Novembre (Bd du)	B 38

🏠 **Trois Fontaines** Ⓜ ⑤, 16 rte Abbeville à Marconne ☎ 06.81.65, 🍴 – 🛏wc ☎
   ⑤ 🅿 🚗 🖽 *VISA*   B s
   fermé 8 au 22 sept. – **R** (fermé dim. soir et vend.) 60/110 🐾 – 🖙 15 – **10 ch** 120/150
   – P 160/180.

🍴🍴 **H. Rotisserie des Flandres** avec ch, 22 r. Arras ☎ 06.80.21 – 📺 🛏wc 🗐
◆ 🅿 🚗 *VISA*   B n
   fermé 23 déc. au 13 janv. – SC : **R** 42/110 🐾 – 🖙 14 – **14 ch** 57/160.

🍴 **L'Écurie** (Chez Gaston), 17 r. Jacquemont ☎ 06.86.86   B r
◆ fermé lundi soir – SC : **R** 50/120 🐾.

CITROEN Ficheux, 33 av. Mar.-Leclerc ☎ 06.
91.74
PEUGEOT-TALBOT Gar. Faustin, 24 av. de
Boulogne ☎ 06.92.96

RENAULT Gar. Hesdinois, 5 av. Arras, Marconne par ② ☎ 06.96.44 🅽

⑥ La Maison du Pneu, 3 pl. Garbé ☎ 06.86.19
Au pneu Hesdinois, rte Nat. ☎ 06.83.97

HEUDICOURT-SOUS-LES-CÔTES 55 Meuse **57** ⑫ – rattaché à St. Mihiel.

HIÈRES-SUR-AMBY 38118 Isère **74** ⑬ – 747 h. alt. 216 – ✪ 74.
Paris 477 – Belley 59 – ♦Grenoble 94 – ♦Lyon 42 – Meximieux 28 – La Tour-du-Pin 45 – Vienne 51.

✗ **Val d'Amby** avec ch, ☎ 95.12.76, 🏠 – 🛏 ☎. 🚗🅿
⟵ fermé 17 au 31 août et merc. – SC : **R** 38/130 🍷 – 🍵 10 – **13 ch** 38/65.

HINSINGEN 67 B.-Rhin **57** ⑯ – 96 h. alt. 230 – ✉ 67260 Sarre-Union – ✪ 88.
Paris 404 – St-Avold 35 – Sarrebourg 37 – Sarreguemines 22 – ♦Strasbourg 90.

✗✗ **La Grange du Paysan,** ☎ 00.91.83, Spéc. alsaciennes de campagne – 🅿 E 𝘝𝘐𝘚𝘈
⟵ fermé lundi – **R** 46/135 🍷.

HIRMENTAZ 74 H.-Savoie **70** ⑰ – rattaché à Bellevaux.

HIRSON 02500 Aisne **53** ⑯ G. Nord de la France – 12 505 h. alt. 192 – ✪ 23.
🛈 Office de Tourisme 3 r. Guise (fermé sept., dim. et lundi) ☎ 58.03.91.

Paris 190 ④ – Avesnes-sur-Helpe 31
① – Cambrai 69 ① – Charleville-
Mézières 54 ③ – St-Quentin 65 ① –
Vervins 18 ④.

✗ **Feutry,** 86 av. Gare (u) ☎
58.16.45 – 🅿. AE ⓪ E
𝘝𝘐𝘚𝘈 🍴
fermé 1er janv. au 15 fév.,
dim. soir et lundi – SC : **R**
60/160.

CITROEN Deshayes et Courtois, 43
bis r. Ch.-de-Gaulle ☎ 58.18.78
FORD Branquart, 78 r. Ch.-de-Gaulle
☎ 58.10.62
RENAULT Houdez, 138 av Joffre ☎
58.08.96

⊚ Joncourt, 47 bis r. Ch.-de-Gaulle
☎ 58.00.90

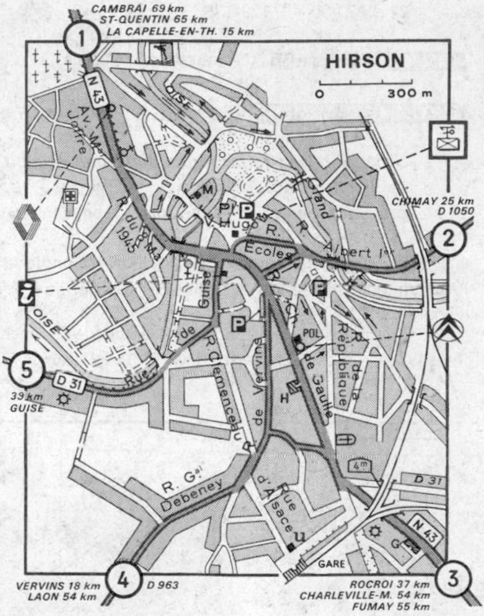

HIRTZBACH 68 H.-Rhin **66** ⑨ –
rattaché à Altkirch.

Le HODE 76 S.-Mar. **55** ④ – rattaché au Havre.

HOERDT 67720 B.-Rhin **62** ⑩ –
3 792 h. alt. 140 – ✪ 88.
Paris 481 – Haguenau 18 – Saverne 39
– ♦Strasbourg 16.

✗ **La Charrue,** r. République ☎ 51.31.11 – 🅿
1er avril-15 juin (saison des asperges) – SC : **R** carte 150 à 200 🍷.

Le HOHNECK 88 Vosges **62** ⑱ G. Vosges – alt. 1 361.
Voir ※ ✱✱✱.

HOHROD 68 H.-Rhin **62** ⑱ – rattaché à Hohrodberg.

HOHRODBERG 68 H.-Rhin **62** ⑱ G. Vosges – alt. 750 – ✉ 68140 Munster – ✪ 89.
Voir ≼✱✱.
Paris 467 – Colmar 27 – Gérardmer 37 – Guebwiller 47 – Munster 7,5 – Le Thillot 57.

🏠 **Roess** ⑤, ☎ 77.36.00, ≼ montagne – 🛁wc 🛏wc ☎ 🚗 🅿 – 🔥 40. 🍴 ch
fermé 7 nov. au 17 déc. – SC : **R** 65/120 🍷 – ☲ 17 – **24 ch** 69/148 – P 134/170.

🏠 **Panorama** ⑤, ☎ 77.36.53, ≼ vallée et montagne – 🛁wc 🛏wc ☎ 🅿. 🍴 rest
⟵ 1er avril-5 nov., vacances de fév., fermé dim. soir et lundi – SC : **R** 45/90 🍷 – ☲ 18 –
15 ch 90/130 – P 130/160.

à Hohrod S : 5 km D5 B1 – ✉ 68140 Munster :

🏡 **Beau Site,** ☎ 77.31.55, ≼ – 🛏 🚗 🅿 🚗🅿 🍴 rest
⟵ 1er fév.-5 nov. et fermé lundi – SC : **R** 35/68 – ☲ 12,50 – **13 ch** 50/109 – P 107/121.

Neuerscheinung : Die Karte von GRIECHENLAND im Maßstab 1:700 000.

Le HOHWALD 67 B.-Rhin 🎑 ⑨ G. Vosges – 492 h. alt. 575 – Sports d'hiver : 575/1 050 m ⚡3 –
✉ 67140 Barr – ✆ 88.

Env. Le Neuntelstein ≤⭐⭐ N : 6 km puis 30 mn – Champ du Feu ☀⭐⭐ SO : 14 km.

Paris 495 – Lunéville 87 – Molsheim 30 – St-Dié 46 – Sélestat 26 – ◆Strasbourg 47.

  🏨 **Gd Hôtel** ⤽, ☎ 08.31.03, ≤, parc, ⚲ – 📶 🅿 – 🛗 45. ⓤ. ⚶ rest
      fermé 10 nov. au 20 déc. et 6 janv. au 10 fév. – SC : **R** 62/155 – **73 ch** ⤩ 102/250 –
      P 168/339.

  🏨 **Marchal** ⤽, ☎ 08.31.04, ≤, ☙ – 🛏wc 🛁wc ☎ 🅿. ⚶ rest
      fermé 15 nov. au 20 déc. et jeudi sauf du 15 juin au 15 sept. – SC : **R** 75/100 🍷 – ⤩
      12.50 – **17 ch** 105/140 – P 130/160.

  🏨 **Aub. de l'Ilsbach** ⤽, SE : 2 km par D 425 ☎ 08.31.47, « Recherche de décoration
      rustique », ☙ – 🛏wc 🅿. ⤩ 🅴
      fermé 1er nov. au 1er fév. et mardi – SC : **R** 55/77 🍷 – ⤩ 15 – **10 ch** 85/100 –
      P 150/170.

    au col du Kreuzweg SO : 5 km par D 425 – ✉ 67140 Barr :

  🏨 **Zundelkopf** ⤽, ☎ 08.30.41, ≤, ☙ – 🛏wc 🛁wc 🅿
      fermé 18 oct. au 25 nov. et 10 au 22 mars – SC : **R** (pour résidents seul.) – ⤩ 16 –
      22 ch 70/90 – P 120/138.

HOLNON 02 Aisne 🎑 ⑬ – rattaché à St-Quentin.

L'HOMME-D'ARMES 26 Drôme 🎑 ⑪ – rattaché à Montélimar.

*Si vous devez faire étape dans une station
ou dans un hôtel isolé,
prévenez par téléphone, surtout en saison.*

HONFLEUR 14600 Calvados 🎑 ③④ G. Normandie – 9 083 h. – ✆ 31.

Voir Vieux bassin⭐⭐ AB – Église Ste-Catherine⭐ et clocher⭐ A D – Côte de Grâce⭐⭐ :
calvaire ☀⭐⭐ A **E.**

🅱 Office de Tourisme 3 cours Fossés, Chambre de Commerce (fermé dim. hors saison) ☎ 89.23.30.

Paris 192 ① – ◆Caen 63 ② – ◆Le Havre 57 ① – Lisieux 34 ② – ◆Rouen 76 ①.

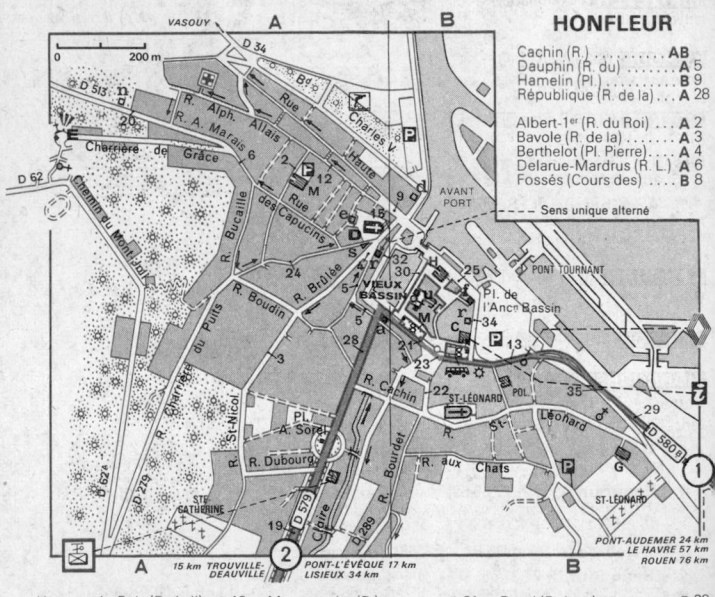

Ferme St-Siméon et son Manoir ⑄, rte A.-Marais ☎ 89.23.61, Télex 171031,
≼, « Parc ombragé dominant l'estuaire », ⅀ – ⌂wc ☎ ⚹ ℗   A n
SC : **R** *(fermé 2 janv. au 4 fév. et merc. du 15 nov. au 31 mars)* (nombre de couverts
limité - prévenir) carte 185 à 260 – ⅏ 45 – **19 ch** 620/670
Spéc. Navarin de homard, Rable de lapereau, Feuilleté aux pommes.

Host. Lechat, 3 pl. Ste-Catherine ☎ 89.21.85 – ⌂wc ⊪wc ⚱. ⚛ ⅋ ⓪
fermé 20 nov. au 20 déc. – SC : **R** *(fermé lundi)* 200 bc/100 – ⅏ 20 – **26 ch** 90/200
– P 250/290.   A e

La Tour Ⓜ sans rest, 3 quai Tour ☎ 89.21.22 – ⓮ ⌂wc ☎ – ⚐ 25. ⅀   B r
fermé 2 janv. au 4 janv. – SC : ⅏ 15 – **48 ch** 180.

Cheval Blanc, quai Passagers ☎ 89.13.49, ≼ – ⌂wc ⊪wc ☎ ⚿⚿. ⅀   B d
fermé 20 déc. à début fév. – SC : **R** *(fermé lundi)* 100/160 – **33 ch** ⅏ 175/290.

Dauphin sans rest, 10 pl. P.-Berthelot ☎ 89.15.53 – ⌂wc ⊪ ⚱. ⅀   A s
fermé 21 déc. au 5 fév. – SC : ⚱ 15 – **30 ch** 150/180.

Belvédère, 36 rte E.-Renouf par ① ☎ 89.08.13, ⚘ – ⌂wc ⊪wc ⚱. ⚛ ⓪ E
ⓋⅠⓈⒶ
fermé 12 nov. au 10 déc., lundi et mardi midi hors sais. – SC : **R** 50/220 – ⅏ 14 –
10 ch 110/266 – P 203/270.

Au Vieux Honfleur, 13 quai St-Étienne ☎ 89.15.31, ≼ – ⚛ ⓪ E ⓋⅠⓈⒶ   B u
fermé 2 au 31 janv. et merc. sauf du 15 juil. au 15 sept. – SC : **R** carte 110 à 180.

L'Ancrage, 12 r. Montpensier ☎ 89.00.70, ≼ – ⓋⅠⓈⒶ   A a
fermé janv., samedi soir hors sais. et merc. – SC : **R** 65 *(sauf juil. et août)*/89 ⚘

Carlin, 32 pl. P.-Berthelot ☎ 89.39.69 – ⓋⅠⓈⒶ   A r
fermé 13 nov. au 20 déc., vend. midi et jeudi sauf juil.-août – SC : **R** 68/200.

Deux Ponts, 20 quai Quarantaine ☎ 89.04.37 – ⚛ ⓋⅠⓈⒶ   B f
fermé fin nov. et jeudi – SC : **R** 60/145.

à Pennedépie O : 5 km par D 513 A – ⊠ 14600 Honfleur :

Moulin St-Georges, ☎ 89.12.00 – ℗. ⅀
Pâques-fin sept. et en hiver week-ends seul. – SC : **R** 50.

à Grestain (27 Eure) par ① et D 312 : 8 km – ⊠ 27210 Beuzeville – ⚙ 32

Le Chêne Pommier avec ch, ☎ 57.61.42, ⚘ – ℗
fermé 20 déc. au 30 janv. – SC : **R** 50/76 – ⚱ 12 – **7 ch** 59.

PEUGEOT-TAL BOT Gar. du Port, Rte Jean de   Gar. du Cours, 16 cours Manuel ☎ 89.02.02
Vienne par ①. ☎ 89.16.13
RENAULT Gar. Grignon, 14 quai Lepaulmier   ⚙ Honfleur-Pneus, Zone Ind. ☎ 89.20.37
☎ 89.18.67

HÔPITAL-CAMFROUT 29 Finistère ⑤⑧ ⑧ – 1 071 h. alt. 8 – ⊠ 29224 Daoulas – ⚙ 98.
Voir Daoulas : enclos paroissial⁎ et cloître⁎ de l'abbaye N : 4,5 km, G. Bretagne.
Paris 569 – ◆Brest 25 – Morlaix 59 – Quimper 48.

Diverres-Bernicot, ☎ 20.01.01 – ⊪ ⚿⚿
fermé 25 sept. au 9 oct. – SC : **R** 42/88 ⚘ – ⅏ 11,50 – **18 ch** 58/97.

L'HÔPITAL-ST-BLAISE 64 Pyr.-Atl. ⑧⑤ ⑤ G. Pyrénées – 74 h. alt. 159 – ⊠ 64130 Mauléon-
Licharre – ⚙ 59.
Paris 813 – Cambo-les-B. 75 – Oloron-Ste-Marie 17   Orthez 36   Pau 60 – St-Jean-Pied-de-Port 53

Touristes, ☎ 34.53.04 – ⚿⚿ ℗
fermé lundi du 1ᵉʳ oct. au 1ᵉʳ juin – SC : **R** 50/65 – ⅏ 15 – **12 ch** 45/55 – P 100/110.

L'HÔPITAL-SUR-RHINS 42 Loire ⑦⑧ ⑧ – alt. 430 – ⊠ 42132 St-Cyr-de-Favières – ⚙ 77.
Paris 401 – ◆Lyon 78 – Montbrison 55 – Roanne 9 – ◆St-Étienne 68 – Thizy 20.

Le Favières (Rostaing), N 7 ☎ 64.80.30 – ⌂wc ⊪wc ⚱ ⚿⚿ ℗ ⚿⚿. ⅀ ch
fermé 5 au 20 août, 1ᵉʳ au 15 janv., vend. soir (sauf rest.) et sam. – SC : **R** 70/140 –
⅏ 14 – **16 ch** 80/150
Spéc. Grenouilles fraîches aux fines herbes (avril-sept.), Soufflé de saumon, Rognon de veau à la
dijonnaise. Vins Côtes Roannaises, Beaujolais.

Les HÔPITAUX-NEUFS 25370 Doubs ⑦⓿ ⑦ G. Jura – 295 h. alt. 1 000 – Sports d'hiver
1 000/1 460 m ⚞36, ⚟ – ⚙ 81 – **Voir** Le Morond ⅀⁎ SO : 3 km puis télésiège.
Env. Mt d'Or ⅀⁎⁎ S : 11 km puis 30 mn.
🄓 Syndicat d'Initiative (fermé sam. et dim. hors sais.) ☎ 49.13.81
Paris 472 – ◆Besançon 76 – Champagnole 46 – Morez 56 – Mouthe 18 – Pontarlier 18.

Robbe, ☎ 49.11.05, ⚘ – ⌂wc ⊪wc ℗
25 juin-15 sept. et 18 déc.-20 avril – SC : **R** 35/53 – ⅏ 11,50 – **21 ch** 60/95 –
P 110/128.

à Métabief O : 3 km par D 49 – ⊠ 25370 les Hopitaux Neufs :

Étoile des Neiges, ☎ 49.11.21, ≼ – ⌂wc ⊪wc ⚿⚿ ℗ – **15 ch**.
CITROEN Drezet, ☎ 89.10.56 Ⓝ

HORBOURG 68 H.-Rhin 🄒🄜 ⑱ — rattaché à Colmar.

L'HORME 42 Loire 🎗🎗 ⑱ — rattaché à St-Chamond.

L'HOSPITALET 09390 Ariège 🄒🄖 ⑱ — 186 h. alt. 1 436 — ✪ 61.
Paris 852 — Andorre-la-Vieille 43 — Ax-les-Thermes 18 — Bourg-Madame 37 — Foix 60.

    🚉 **Puymorens**, 🕿 64.23.03 — 🚗
    🛏 SC : **R** 47/60 — �立 10,50 — **14 ch** 38/50 — P 95/115.

HOSSEGOR 40150 Landes 🎗🎗 ⑰ G. Côte de l'Atlantique — Casino — ✪ 58.
🏌 🕿 43.56.99 SE : 0,5 km.
🅱 Office de Tourisme pl. Pasteur (fermé oct., merc. et dim. hors saison) 🕿 43.51.66.
Paris 756 — ◆Bayonne 20 — ◆Bordeaux 167 — Dax 35 — Mont-de-Marsan 83.

    🏨 **Beauséjour** 🅈, av. Genets par av. Tour-du-Lac 🕿 43.51.07, 🍴, ⅃, 🌳 – 🛗 🅿
    🕸 rest
    4 juin-17 sept. – SC : **R** (dîner seul.) 94/105 – ⊏ 22 – **46 ch** 135/285.

    🏨 **Mercédès**, av. Tour-du-Lac 🕿 43.52.23, 🍴, ⅃
    18 juin-11 sept. – SC : **R** 94/105 – ⊏ 22 – **40 ch** 135/285 – P 200/280.

    🏠 **Hélianthes** 🅈 sans rest, av. Côte-d'Argent 🕿 43.52.19, ⅃ – 🛁wc 🛁wc 🅿
    �
    25 mars-9 oct. – SC : ⊏ 17 – **18 ch** 120/180.

    🏠 **Ermitage** 🅈, allée Pins-Tranquilles 🕿 43.52.22, 🌳, 🕸 – 🛁wc 🛁wc 🅿. 🕸
    1ᵉʳ fév.-31 mai (hôtel seul.) et 1ᵉʳ juin-30 sept. – SC : **R** (dîner seul.) 77 – ⊏ 23 –
    12 ch 184.

    🏠 **Plage** 🅈, 🕿 43.50.12, ≤ – 🛁wc 🅿. 🖾 🕸 rest
    31 mai-20 sept. – SC : **R** (dîner seul.) 60/70 – ⊏ 20 – **30 ch** 70/220.

    XX **Huitrières du Lac** avec ch, av. Touring-Club 🕿 43.51.48, ≤ – 🛁wc 🛁wc 🅿
    🖾
    début fév.-début nov. et fermé merc. hors sais. – SC : **R** 60/150 – ⊏ 14 – **10 ch**
    120.

    XX **L'Amiral**, av. P.-Lahary 🕿 43.51.85 – 🖽 𝖵𝖨𝖲𝖠
    fermé 15 au 30 sept., 15 au 29 fév., mardi soir et merc. – SC : **R** carte 85 à 120.

PEUGEOT TALBOT Gar. de l'Avenue, 🕿 43.50.38

HOUAT (Ile de) 56 Morbihan 🄒🄓 ⑫ G. Bretagne – 430 h. – ✉ 56170 Quiberon – ✪ 97.
Accès par Transports maritimes.

⚓ depuis **Quiberon**. En 1982 : 4 à 5 services quotidiens en saison ; hors saison 1 à 2
services quotidiens - Traversée 1 h. – 50 F (AR) - Renseignements : Cie Morbihannaise
de navigation, 🕿 50.06.90.

    X **Iles** 🅈 avec ch, 🕿 31.28.02, ≤
    sais. – **11 ch**.

Les HOUCHES 74310 H.-Savoie 🎗🎗 ⑥ G. Alpes – 1 477 h. alt. 1 008 – Sports d'hiver : 1 000/1 800
🎿 2 ⚡ 13 – ✪ 50.

Voir Bellevue ≤⁂** SO par téléphérique puis Nid d'Aigle ≤** par tramway du Mont-
Blanc.

Env. Parc du Balcon de Merlet** : ≤** NE : 9 km puis 30 mn.
🅱 Office de Tourisme pl. Église (fermé dim. hors saison) 🕿 54.40.62. Télex 385000.
Paris 618 – Annecy 85 – Bonneville 48 – Chamonix 8 – Megève 28.

    🏨 **Chris-Tal** Ⓜ, 🕿 54.50.55, ≤, 🌳 – 🛗 🛁wc 🛁wc 🖾 ⚓ 🅿. 🖾 𝖵𝖨𝖲𝖠
    début juin-début oct., 17 déc.-Pâques – SC : **R** 50/62 – ⊏ 15 – **28 ch** 98/155 – P
    155/195.

    🏨 **Motel Delta** Ⓜ sans rest, N 205 🕿 54.45.03, 🌳 – 📺 🛁wc 🖾 🅿 – **30 ch**.

    🏨 **Bellevarde**, 🕿 54.41.85, ≤, 🌳 – 🛁wc ☎ 🅿 🖽 🕸 ch
    10 juin-15 sept. et 15 déc.-20 avril – SC : **R** 37/120 – ⊏ 15 – **28 ch** 150/180 – P
    175/185.

    🏠 **Piste Bleue**, rte Chavants 🕿 54.40.66, ≤, 🌳 – 🛁wc 🖾 🅿. 🕸
    15 juin-fin sept. et 15 déc.-fin avril – SC : **R** 55 ⅃ – ⊏ 13 – **25 ch** 110/160 – P
    150/180.

    🏠 **Beau Site et rest. Le Pêle**, 🕿 54.40.16, ≤, 🍴, 🌳 – 🛁 🛁wc 🅿 🖾. 🕸 rest
    juin-fin sept. et Noël-fin avril – SC : **R** 50/80 – ⊏ 17 – **24 ch** 70/130 – P 145/180.

    à Bellevue, par téléphérique – alt. 1 812 – ✉ 74310 Les Houches :

    🚉 **La Hutte** 🅈, 🕿 78.09.77, ≤ vallée – 🖾
    20 juin-5 sept. et 18 déc.-20 avril – SC : **R** 80 – ⊏ 18 – **28 ch** 60/120 – P 160.

    au Prarion par télécabine – Sports d'hiver : 1 600/1 900 m 🎿 2 ⚡ 10 – ✉ 74170 St-Gervais :

    🏠 **Le Prarion** 🅈, alt. 1 860 🕿 93.47.01, ⁂ sur sommets, glaciers et vallée, 🍴 –
    🛁wc 🖾. 🖾
    1ᵉʳ juil.-4 sept. et Noël-Pâques – SC : **R** 70/112 – ⊏ 20 – **19 ch** 75/245 – P 194/329.

HOUDAN 78550 Yvelines 60 ⑧, 196 ⑭ **G. Environs de Paris** (plan) – 2 873 h. alt. 104 – ✪ 3.
Paris 63 – Chartres 51 – Dreux 21 – Évreux 47 – Mantes-la-Jolie 27 – Rambouillet 28 – Versailles 41.

- **Gare,** ☎ 646.60.53 – VISA
  fermé 1er au 15 sept., 1er au 21 fév., mardi soir et merc. – SC : **R** 42/80 – ☐ 12 – **10 ch** 57/80.
- XX ❀ **La Poularde** (Vandenameele) N 12 ☎ **646.60.50,** – **P**
  fermé 4 au 24 août, 10 au 24 fév., merc. soir et jeudi – SC : **R** carte 125 à 190
  Spéc. Tourte Houdanaise, Julienne des Glenan, Tarte acidulée chaude.
- XX **Plat d'Étain** avec ch, ☎ **646.60.28** – wc **P**. ch
  fermé août, lundi soir et mardi – SC : **R** 55/145 – ☐ 15 – **7 ch** 95/140.
- X **Welcome Auberge,** O : sur N 12 ☎ **646.60.34** – **P**.
  fermé sept., janv., le soir (sauf vend. et sam. du 1er oct. au 28 fév.), mardi soir et merc. – SC : **R** 46 bc/72.

*à **Maulette*** E : 2 km sur N 12 – ✉ **78550** Houdan :

- X **La Bonne Auberge,** rte Paris ☎ **646.60.84** – **P**.
  fermé 15 août au 1er sept., 15 déc. au 2 janv., mardi soir et merc. – SC : **R** 35/130.

*à **Bazainville*** E : 4,5 km par N 12 – ✉ **78550** Houdan :

- XXX ❀ **Relais du Pavé** (M. Marguerite) avec ch, ☎ **487.61.52, « Bungalows dans un parc »** – wc **P**. VISA. ch
  fermé 24 janv. à fin fév., lundi soir et mardi – SC : **R** carte 165 à 215 – ☐ 24 – **8 ch** 300
  Spéc. Assiette de Monseigneur, Paupiettes de St-Jacques, Gourmandise du chanoine.

PEUGEOT-TALBOT Gar. Paris-Brest, à Maulette ☎ 646.60.37

HOUILLES 78 Yvelines 55 ⑳, 196 ⑯ – voir à Paris, Proche banlieue.

HOULGATE 14510 Calvados 55 ② **G. Normandie** – 1 730 h. – Casino – ✪ 31.
Voir Falaise des Vaches Noires* au NE.
ℹ Office de Tourisme bd Belges (fermé oct., sam. après-midi et dim.) ☎ 91.33.09 et r. d'Axbridge (15 juin-30 sept.) ☎ 91.06.28.
Paris 221 – •Caen 28 – Deauville-Trouville 15 – Lisieux 30 – Pont-L'Évêque 23.

- **Centre** sans rest, **31 r. Bains** ☎ **91.18.15,** – wc wc
  Pentecôte-12 sept. – SC : ☐ 17 – **23 ch** 66/155.
- **Host. Normande, 11** r. E.-Deschanel ☎ **91.22.36,** – wc wc. VISA
  fermé janv., lundi soir (rest. seul.) et mardi sauf hotêl pendant vac. scol. – SC : **R** 80/100 – ☐ 15 – **16 ch** 62/150 – P 190/210.
- XX **Ferme du Lieu Marot** avec ch, **21 rte de la Vallée par D 24** ☎ **91.19.44, « Au milieu des pommiers, jardin »** – wc wc
  fermé 1er au 25 oct. et merc. du 25 oct. au 15 mai sauf fêtes – SC : **R** 68/110 – ☐ 15 – **11 ch** 97/158 – P 175/201.

PEUGEOT Dupont, ☎ 91.53.85 TALBOT Morin, ☎ 91.18.37

HOURTIN 33990 Gironde 71 ⑰ **G. Côte de l'Atlantique** – 4 764 h. alt. 19 – ✪ 56.
ℹ Syndicat d'Initiative pl. Eglise (1er juin-15 sept. et fermé dim. après-midi) ☎ 41.65.57.
Paris 555 – Andernos-les-Bains 53 – •Bordeaux 62 – Lesparre-Médoc 17 – Pauillac 26.

- **Le Dauphin** M, pl. Église ☎ **41.61.15,** – wc wc
  fermé 1er au 31 oct. et mardi – SC : **R** 44/111 – ☐ 14 – **20 ch** 147/181 – P 158/209.

CITROEN Galharret, ☎ 41.61.18

La HOUSE 33 Gironde 71 ⑨ – rattaché à Bordeaux.

HUELGOAT 29218 Finistère 58 ⑥ **G. Bretagne** (plan) – 2 334 h. alt. 175 – ✪ 98.
Voir Site – Rochers** – Gouffre* E : 2 km puis 15 mn – Roche cintrée ≤* E : 1 km puis 15 mn – Env. St-Herbot : clôture** de l'église* SO : 7 km.**
ℹ Office de Tourisme à la Mairie (15 juin-15 sept. et fermé dim.) ☎ 99.72.32.
Paris 527 – Carhaix-Plouguer 22 – Châteaulin 36 – Landerneau 47 – Morlaix 29 – Quimper 56.

- **An Triskell** sans rest, rte Pleyben ☎ **99.71.85,** – **P**.
  fermé 15 nov. au 15 déc. – SC : ☐ 16 – **11 ch** 85/120.

*à **Locmaria-Berrière-Gare*** SE : 7 km par D 764 – ✉ **29218** Huelgoat :

- XX ❀ **Auberge de la Truite** (Mme Le Guillou) avec ch, ☎ **99.73.05,** ≤, Meubles bretons, – wc **P**.
  fermé 11 nov. au 15 déc., dim. soir et lundi sauf juil.-août – SC : **R** (dim. prévenir) 100/240, dîner à la carte – ☐ 16 – **6 ch** 68/115
  Spéc. Truite de l'auberge, Homard au porto, Caille aux bigarreaux.

HUEZ 38 Isère 77 ⑥ – rattaché à Alpe d'Huez.

HUISSEAU-SUR-COSSON 41 L.-et-Ch. 🔢 ⑦ – 1 641 h. – ⊠ 41350 Vineuil – ⓦ 54.

Paris 181 – Blois 10 – Chambord 6 – ♦Orléans 51 – Romorantin-Lanthenay 42.

    XX   **Charles X** avec ch, ☏ 46.35.76 – ➡ 🏠wc 🅰. 🚗🚗

    ←   *fermé 25 juin au 15 juil.* – SC : **R** 45/100 ⅄ – ⊃ 10 – **5 ch** 90/100 – P 160.

La HUME 33 Gironde 🔢 ② – rattaché à Gujan-Mestras.

HUNINGUE 68 H.-Rhin 🔢 ⑩ – rattaché à St-Louis.

HYÈRES 83400 Var 🔢 ⑮⑯ G. Côte d'Azur – 41 965 h. alt. 40 – ⓦ 94.

Voir ⩵* de la place St-Paul Y 49 – Jardins Olbius Riquier* V – ⩵* du parc St-Bernard
Y – Chapelle N.-D. de Consolation* V **N** : verrières*, ⩵* de l'esplanade S : 3 km –
Sommet du Fenouillet ⚡* NO : 4 km puis 30 mn.

🏌 de Valcros ☏ 66.81.02 par ① : 16 km.

✈ Toulon-Hyères ☏ 57.41.41 SE : 4 km v.

🛈 Office de Tourisme av. J.-Clotis (fermé dim.) ☏ 65.18.55. Télex 400280.

Paris 857 ③ – Aix-en-Provence 99 ③ – Cannes 126 ③ – Draguignan 80 ③ – ♦Toulon 18 ③.

Plan page ci-contre

🏨	**Paris** Ⓜ sans rest, 20 av. Belgique ☏ 65.33.61 – 📶 ➡wc 🏠wc ☎. 🅰🅰 SC : ⊃ 20 – **32 ch** 160/200.	Y n
🏨	**Suisse,** 1 av. A.-Briand ☏ 65.26.68, 🍴 – 📶 ➡wc 🏠wc 🅰. 🚗🚗 🆎 ⓓ 𝖵𝖨𝖲𝖠 SC : **R** snack carte environ 70 – ⊃ 14 – **25 ch** 75/140.	Y v
🏨	**Mozart** sans rest, 26 av. A.-Denis ☏ 65.09.45 – ➡wc 🏠 🅰 ⑤. 🚗🚗 *fermé nov.* – SC : ⊃ 15 – **13 ch** 85/155.	Y t
🏨	**Du Portalet** sans rest, 4 r. Limans ☏ 65.39.40 – ➡wc 🏠wc 🅰. 🚗🚗 SC : ⊃ 13,50 – **18 ch** 68/163.	Y r
🏨	**Central** sans rest, 17 av. J.-Clotis ☏ 65.03.45 – ➡wc 🏠wc 🅰. 🚗🚗. 🅰 SC : ⊃ 14 – **14 ch** 71/140.	YZ e
XX	**Le Roy Gourmet,** 11 r. J.-Ribier ☏ 65.02.11 – 🔳. 🆎 𝖵𝖨𝖲𝖠. 🅰 *fermé 26 juin au 14 juil., 24 déc. au 3 janv., dim. et fériés* – SC : **R** 125/250.	Z d
XX	**Le Delfin's,** pl. Clemenceau ☏ 65.04.27 – 🆎 ⓓ Ⓔ 𝖵𝖨𝖲𝖠 *fermé au 15 nov. et lundi du 1er oct. au 1er juin* – SC : **R** 50/90.	Y u
XX	**Le Tison d'Or,** 1 r. Galliéni ☏ 65.01.37 – 🆎 ⓓ Ⓔ 𝖵𝖨𝖲𝖠 *fermé dim. soir de nov. à fév. et lundi sauf fêtes* – SC : **R** 85.	Z a
X	**Asia,** 28 av. A.-Denis ☏ 65.01.95, Cuisine vietnamienne – 🅰 *fermé 1er au 15 août, 1er au 15 mars et merc.* – SC : **R** carte 55 à 75.	Y t

Hyères-Plage SE : 5 km - X – ⊠ 83400 Hyères :

🏨	**Le Méditerranée,** ☏ 58.03.89, 🍴 – ➡wc 🏠wc 🅰. 🚗🚗 *1er fév.-19 oct. et fermé mardi hors sais.* – SC : **R** 55/100 – ⊃ 16 – **15 ch** 99/180 – P 160/210.	X r

à Costebelle S : 3 km - v – ⊠ 83400 Hyères :

XX	**La Québécoise** (Host. Provençale) 🅻 avec ch, ☏ 57.69.24, 🍴 – 🏠wc ☎. 🚗🚗 𝖵𝖨𝖲𝖠. 🅰 ch *hôtel ouvert Pâques-31 oct., rest. fermé nov.. fév., dim. soir et lundi hors sais.* – SC : **R** 75/200 – ⊃ 20 – **10 ch** 110/160.	V w

à Ayguade-Ceinturon SE : 4 km - v – ⊠ 83400 Hyères :

🏨	**Reine Jane,** ☏ 57.42.26, ⩵, 🍴 – ➡wc 🏠 🅰. 🚗🚗. 🅰 *1er avril-1er oct.* – SC : **R** *(fermé merc. du 1er avril au 30 juin)* 60/120 – ⊃ 20 – **15 ch** 80/180 – P 180/250.	V x
X	**Le Mérou** avec ch, bd Front-de-mer ☏ 66.41.81, 🍴 – Ⓟ *fermé 15 oct. au 1er nov., 3 janv. au 1er fév. et vend. hors sais.* – SC : **R** 55/90 – ⬤ 14 – **8 ch** 70 – P 140.	V p

sur N 98 par ① : 6 km – ⊠ 83400 Hyères :

XXX	**Vieille Aub. St-Nicolas** avec ch, ☏ 66.40.01 – ➡wc 🅰 Ⓟ – 🅰 60. 🚗🚗 *fermé 2 au 31 janv. et lundi hors sais.* – **R** carte 100 à 165 – ⊃ 20 – **11 ch** 100/180.	

à l'Almanarre S : 6 km - X – ⊠ 83400 Hyères :

🏨	**Port-Hélène** sans rest, ☏ 57.72.01, ⩵ – cuisinette 🏠wc Ⓟ *fermé nov.* – SC : ⊃ 11 – **12 ch** 65/165.	X b

Voir aussi ressources hôtelières de *Giens* S : 12 km (x)

ALFA-ROMEO Rivarel-Yvorra, 58 av. Gambetta ☏ 65.16.96
CITROEN Ets Richard, 8 av. E.-Dunan ☏ 65.
02.70 Ⓝ ☏ 65.19.80
FORD Gar. d'Azur, Lot. Picon, rte Moutonne
☏ 57.47.67

PEUGEOT, TALBOT Gar. Ortelli, Quartier
Gare, chemin de la Villette ☏ 57.69.16
RENAULT SELSA, 18 av. 1·Div.-Gén.-Brosset
☏ 65.33.05

  🔴 Pasero-Pneus, Pont de la Villette ☏ 57.69.44
Pneu-Leca, av. G.-St-Hilaire ☏ 57.56.10

HYÈRES
GIENS

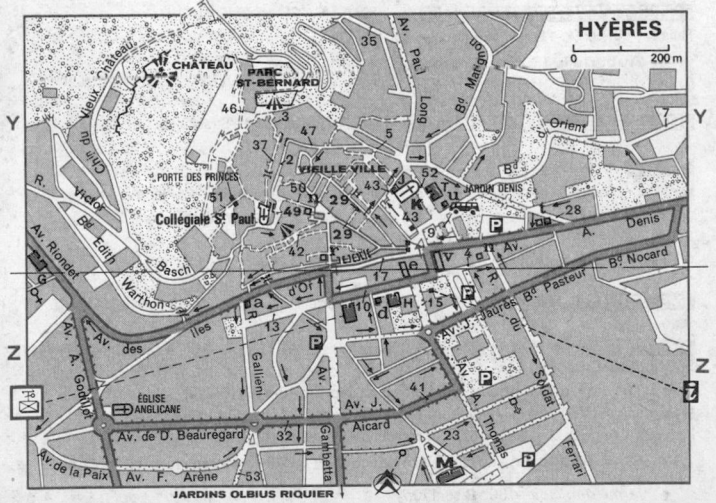

547

HYÈRES (Iles d') ★★★ **83** Var 🎖🎖 ⑯ ⑰ — voir à Porquerolles et à Port-Cros.

HYÈVRE-PAROISSE 25 Doubs 🎖🎖 ⑰ — rattaché à Baume-les-Dames.

IBARRON 64 Pyr.-Atl. 🎖🎖 ② — rattaché à St-Pée-sur-Nivelle.

IGÉ 71 S.-et-L. 🎖🎖 ⑪ — 646 h. alt. 264 — ✉ **71960** Pierreclos — 🕿 85.
Paris 395 — Cluny 11 — Mâcon 14 — Tournus 30.

🏛 **Château d'Igé** ⑤, 🕿 33.33.99, ☞ — ☎ 🅿 🖭 ⑩ 𝘝𝘐𝘚𝘈, 🍴 rest
fermé 5 nov. au 15 déc. — SC : R (fermé jeudi midi) carte 130 à 180 — 🖵 30 — **6 ch**
225/325, 5 appartements 450.

ILAY 39 Jura 🎖🎖 ⑮ — alt. 777 — ✉ **39150** St-Laurent-en-Grandvaux — 🕿 84.
Paris 444 — Champagnole 20 — Lons-le-Saunier 37 — Morez 22 — St-Claude 38.

🏛 **Aub. du Hérisson,** Carrefour D 75-D 39 🕿 25.58.18, ☞ — 🖵 — 🚗 🅿 🍴
↦ *avril-oct. et fermé merc. hors sais. — SC : R* 50/70 🍷 — 🖵 15 — **14 ch** 70/120 —
P 130/180.

ILBARRITZ 64 Pyr.-Atl. 🎖🎖 ⑪ ⑱ — rattaché à Bidart.

ILE voir au nom propre de l'île.

ILLHAEUSERN 68 H.-Rhin 🎖🎖 ⑨ — 517 h. alt. 176 — ✉ **68150** Ribeauvillé — 🕿 89.
Paris 521 — Artzenheim 15 — Colmar 17 — St-Dié 51 — Sélestat 13 — ♦Strasbourg 60.

🏛 **La Clairière** Ⓜ ⑤, sans rest, rte Guémar 🕿 71.80.80, 🍴 — 🛗 📺 ☎ 🅿
fermé 3 janv. au 6 mars et lundi soir de nov. à janv. — SC : 🖵 20 — **24 ch** 205/225.

XXXX 🕸🕸🕸 **Auberge de l'Ill** (Haeberlin), 🕿 71.83.23, « Élégante installation au bord
de l'Ill, ≼ jardins fleuris » — 🖵 🅿 ⑩
fermé 1er au 7 juil., fév., lundi soir et mardi — **R** *(prévenir)* carte 200 à 250
Spéc. Salade de raie et langoustines au beurre de caviar, Sandre au pinot noir et quenelles à la
moëlle, Noisettes de chevreuil aux champignons des bois. **Vins** Riesling, Sylvaner.

ILLIERS-COMBRAY 28120 E.-et-L. 🎖🎖 ⑩ **G. Châteaux de la Loire** — 3 569 h. alt. 162 — 🕿 37.
Paris 118 — Brou 13 — Châteaudun 29 — Chartres 25 — ♦Le Mans 95 — Nogent-le-Rotrou 35.

🏛 **Moulin de Montjouvin,** SO : 2 km rte Brou 🕿 24.32.32, ☞, 🍴 — 🖵wc ☎ 🅿
— 🚗 25
fermé 21 au 30 déc., fév. et merc. — SC : R 55/95 — 🖵 13 — **14 ch** 120/140 — P 190.
PEUGEOT, TALBOT Gar. Daigneau, 🕿 22.01.17   RENAULT Gar. Thomas, 🕿 24.33.33 ℕ 🕿 21.
ℕ 🕿 21.94.39   94.39

ILLIERS-L'ÉVÊQUE 27770 Eure 🎖🎖 ⑦ — 597 h. alt. 133 — 🕿 37 (E.-et-L.).
Paris 97 — Dreux 14 — Évreux 30 — Nonancourt 9 — Verneuil-sur-Avre 30 — Vernon 44.

🏛 **Aub. de la Lisière Normande,** 🕿 48.11.05, ☞ — 🖵 🛀wc
SC : R (fermé dim. soir et lundi) 53/93 🍷 — 🖵 21 — **10 ch** 63/127 — P 127/190.

ILLKIRCH-GRAFFENSTADEN 67 B.-Rhin 🎖🎖 ⑩ — rattaché à Strasbourg.

IMPHY 58160 Nièvre 🎖🎖 ④ — 4 690 h. alt. 184 — 🕿 86.
Paris 252 — Château-Chinon 64 — Decize 23 — La Machine 23 — Nevers 11 — St-Pierre-le-Moutier 22.

XX **Château de Marigny,** N : 1,5 km sur N 81 🕿 68.71.87 — 🅿
fermé janv. et lundi — SC : R (déj. seul.) 57/130 🍷.
CITROEN Imphy-Auto, RN81 à Sauvigny-les-Bois 🕿 68.74.86

IMSTHAL 67 B.-Rhin 🎖🎖 ⑰ ⑱ — voir à La Petite-Pierre.

INGRANDES 49 M.-et-L. 🎖🎖 ⑲ **G. Châteaux de la Loire** — 1 517 h. alt. 19 — ✉ **49170**
St-Georges-s.-Loire — 🕿 41.

Voir S : Route★ de Montjean-sur-Loire à St-Florent-le-Vieil (D 210).
🛈 Syndicat d'Initiative à la Mairie *(fermé sam. après-midi et dim.)* 🕿 41.40.21.
Paris 320 — Ancenis 21 — Angers 32 — Châteaubriant 55 — Château-Gontier 58 — Cholet 48.

XX **Chez Baudouin,** au pont rive gauche ✉ **49410** St-Florent-le-Vieil 🕿 41.40.25, ≼
— 🅿
fermé dim. soir — SC : R 55/170 🍷.

548

INOR 55 Meuse 56 ⑩ – 248 h. alt. 175 – ✉ 55700 Stenay – ✪ 29.

Paris 248 – Carignan 17 – Longwy 64 – Sedan 27 – Verdun 53.

- **Faisan Doré,** ☎ 80.35.45, ⌂ – ⋔wc Ⓟ. ◉ E. ✈ ch
  fermé lundi du 15 sept. au 1er juin – SC : **R** 40/140 ⚱ – ☕ 13 – **15 ch** 45/95 – P 120/150.

CITROEN Champeaux, à Stenay ☎ 80.31.19 FORD Gar. Tribut, à Stenay ☎ 80.31.13

L'ISERAN (Col de) 73 Savoie 74 ⑲ **G. Alpes** – alt. 2 770 – ✉ **73150** Val-d'Isère – ✪ 79.

Voir ≤★ – **Belvédère de la Tarentaise** ✳★★ **NO : 3,5 km puis 15 mn – Belvédère de la Maurienne** ≤★ **S : 3,5 km.**

Paris 709 – Bonneval-sur-Arc 14 – Chambéry 148 – Lanslebourg-Mont-Cenis 33 – Val d'Isère 16.

ISIGNY-SUR-MER 14230 Calvados 54 ⑬ **G. Normandie** – 3 315 h. alt. 4 – ✪ 31.

Paris 299 – Bayeux 31 – •Caen 59 – Carentan 11 – •Cherbourg 61 – St-Lô 28.

- **France,** 17 r. E.-Demagny ☎ 22.00.33 – ⌂wc ⋔wc ☎ Ⓟ – 🏛 25. ▭ AE
  1er fév.-1er nov. et fermé vend. soir – SC : **R** 46/72 – ☕ 17 – **19 ch** 88/165 – P 190/230.
- **Commerce,** 5 r. E.-Demagny ☎ 22.01.44 – Ⓟ
  fermé fév., dim. soir et lundi midi sauf de fin juin au 15 sept. et fériés – SC : **R** 44/78 – ☕ 13 – **10 ch** 55/85 – P 128/150.

PEUGEOT Etasse, ☎ 22.02.52

L'ISLE-ADAM 95290 Val-d'Oise 55 ⑳, 196 ⑥ **G. Environs de Paris** – 10 019 h. alt. 36 – ✪ 3.

Voir Site★ – Mobilier★ de l'église AY **E** – **Vallée de l'Oise★** AY.

ℹ Office de Tourisme 1 av. Paris (fermé matin sauf mardi, vend., sam. et dim.) ☎ 469.09.76.

Paris 39 ② – Beauvais 42 ① – Chantilly 23 ① – Pontoise 13 ③ – Taverny 11 ③.

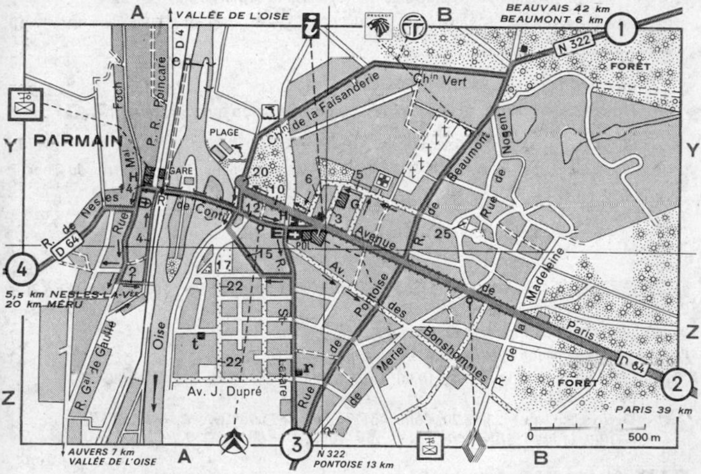

L'ISLE-ADAM

Grande-Rue .... **AY** 12
Nogent (R. de) .... **BY**
St-Lazare (R.) .... **AZ**

Abreuvoir (R. de l') ...... **AZ** 2
Bergeret (R.) .... **BY** 3
Blanchet (R.) .... **AY** 4
Chantepie-Mancier (R.) . **BY** 5
Dambry (R.) .... **AY** 6
Écuries (Av. des) .... **AY** 10

Guichard (R.) .... **AY** 14
Mellet (R.) .... **AZ** 15
Pâtis (Pl. du) .... **AZ** 17
Plage (Rd-Pt de la) ...... **AY** 20
République (Bd de la) ... **AZ** 22
Tillé (Pl. du) .... **BY** 25

- XX **La Métairie,** 4 r. Oise ☎ 469.01.14 – VISA. ✈ — AZ **t**
  fermé 12 au 28 janv., mardi soir et merc. – **R** carte 95 à 145.
- X **Relais Fleuri,** 61 bis r. St-Lazare ☎ 469.01.85, ⌂ – VISA — AZ **r**
  fermé août, lundi soir et mardi – SC : **R** 60/130.

à ***Parmain*** AY : 2 km – 4 384 h. – ✉ **95620** Parmain :

- X **Aub. de Jouy,** chemin de Halage ☎ 473.03.42, ≤ – Ⓟ. VISA — AY **e**
  fermé 15 au 29 sept., 15 au 31 déc., merc. soir et jeudi – SC : **R** 126 bc.

CITROEN Crocqfer, 6 Gde-Rue ☎ 469.00.01
FORD Hauviller, 59 bis r. St-Lazare ☎ 469.00.91
PEUGEOT-TALBOT Pétillon, 12 r. de Beaumont ☎ 469.01.13
RENAULT Gar. Ile de France 60 av. de Paris ☎ 469.05.66

L'ISLE-D'ABEAU 38 Isère **74** ⑬ – rattaché à Bourgoin-Jallieu.

ISLE-DE-NOÉ 32 Gers **82** ④ – 528 h. alt. 137 – ⊠ **32300** Mirande – ⊕ 62.
Paris 784 – Auch 21 – Condom 44 – Tarbes 57.

    ✗   **Aub. de Gascogne** avec ch, ☎ 64.17.05
      fermé 2 nov. au 10 déc. et merc. – SC : **R** 42/120 🍴 – 🍺 12 – **7 ch** 56/95 –
      P 108/120.

L'ISLE-JOURDAIN 32600 Gers **82** ⑥⑦ – 4 200 h. alt. 150 – ⊕ 62.
Paris 713 – Auch 43 – Montauban 57 – ◆Toulouse 35.

    🏨 **Host. du Lac** Ⓜ, O : 1 km sur N 124 ☎ 07.03.91, ≤, 🐎 – 🚻wc 🛁 ☎ 🅿 – 🛴 30
      25 ch.

CITROEN Gar. de l'Esplanade, ☎ 07.02.57   RENAULT Gar. Gascogne-Sce ☎ 07.13.07
PEUGEOT, TALBOT Rigal, ☎ 07.03.16

L'ISLE-JOURDAIN 86150 Vienne **72** ⑤ G. Côte de l'Atlantique – 1 223 h. alt. 135 – ⊕ 49.
Paris 377 – Bellac 37 – Confolens 26 – Montmorillon 32 – Poitiers 56 – Ruffec 53.

    🏠 **Paix,** ☎ 48.70.38 – 🛁 🚗 🅿. ✗
      SC : **R** *(fermé sam. du 1er oct. au 1er mars)* 35/65 🍴 – 🖵 9,50 – **15 ch** 48/85 – P 120.

PEUGEOT-TALBOT Rigaud, ☎ 48.70.37 **N**   RENAULT Perrin, ☎ 48.70.22

L'ISLE-SUR-LA-SORGUE 84800 Vaucluse **81** ⑫⑬ G. Provence (plan) – 11 932 h. alt. 59 –
⊕ 90.

Voir Décoration intérieure★ de l'église – Église★ du Thor O : 5 km.
🛈 Office de Tourisme pl. Église (fermé dim. après-midi et lundi) ☎ 38.04.78.
Paris 698 – Apt 32 – Avignon 23 – Carpentras 17 – Cavaillon 10 – Orange 41.

    🏨 **Les Névons** Ⓜ 🌿 sans rest., ☎ 20.72.00, ⌧, 🐎 – 📶 🎬 🚻wc 🛁wc ☎ 🚗 🅿
      – 🛴 30. 🅿🈀 🆎 *VISA*. ✗
      SC : **26 ch** 🖵 165/220.

    au Nord 6 km sur D 938 – ⊠ **84740** Velleron :

    🏨 **Host. La Grangette,** ☎ 20.00.77, 🌿 dans la campagne, ≤, parc, 🏡, ⌧, ✗ –
      📺 🚻wc 🛁wc ☎ 🅿 – 🛴 30. 🅿🈀 🆎 ⓞ *VISA*
      SC : **R** 150 – 🖵 33 – **17 ch** 200/330 – P 490/550.

CITROEN Roquebrune, rte d'Apt ☎ 38.18.48   ⊕ Magnan-Pneus, Zone Ind., rte du Thor ☎
N   38.00.89
PEUGEOT-TALBOT Éts Joly, rte de Carpentras
☎ 20.62.85
RENAULT Gar. de la Sorgue, 9 av. 4-Otages
☎ 38.00.41

ISOLA 2000 06 Alpes-Mar. **81** ⑩, **195** ⑤ – alt. 2 000 – Sports d'hiver : 2 000/2 610 m ✍ 1 ✍ 21 –
⊠ **06420** St-Sauveur-s.-Tinée – ⊕ 93.

Voir Vallon de Chastillon★ O, G. Côte d'Azur.
Paris 829 – Barcelonnette 92 – ◆Nice 94 – St-Martin-Vésubie 60.

    🏩 **Le Chastillon** Ⓜ 🌿, ☎ 23.10.60, Télex 970507, ≤ – 📶 ☎ 🚗 – 🛴 40
      sais. – **54 ch**.

    🏨 **Druos** Ⓜ 🌿, ☎ 23.12.20, Télex 461175, ≤ – 🚻wc 🛁wc ☎. 🅿🈀 🆎 *VISA*
      25 juin-11 sept. et 12 déc.-5 mai – SC : **R** 65/75 – **40 ch** 🖵 90/435.

ISPE 40 Landes **78** ⑬ – rattaché à Biscarosse.

Les ISSAMBRES 83380 Var **84** ⑱ – ⊕ 94.
🛈 Office de Tourisme Parc des Issambres (fermé matin et lundi hors sais. et dim. sauf matin en
saison) ☎ 43.02.51.
Paris 884 – Draguignan 39 – St-Raphaël 13 – Ste-Maxime 10 – Toulon 83.

    à San-Peire-sur-Mer – ⊠ **83380** Les Issambres :

    🏨 **Provençal,** ☎ 96.90.49, ≤ – 🚻wc 🛁 ☎ 🅿. 🅿🈀 ✗ ch
      1er avril-30 sept. et fév. – SC : **R** 90/165 – 🖵 20 – **28 ch** 130/220.

    au Parc des Issambres – ⊠ **83380** Les Issambres :

    🏨 **Quiétude,** ☎ 96.94.34, ≤, ⌧, 🐎 – 🚻wc 🛁wc ☎ 🅿. 🅿🈀
      10 fév.-15 oct. – SC : **R** 56/78 – 🖵 18 – **20 ch** 115/145 – P 195/215.

    Pointe des Issambres – ⊠ **83380** Les Issambres :

    ✗✗ **La Réserve** avec ch, ☎ 96.90.41, ≤, 🏖, 🐎 – 🚻wc 🛁 ☎ 🅿. 🅿🈀 *VISA*
      fin mars-fin sept. – SC : **R** *(fermé merc.)* 130/200 – 🖵 21 – **6 ch** 160/220.

à la Calanque des Issambres – ⊠ 83380 Les Issambres :

XX **La Cigale** avec ch, ℡ 96.91.15, ≤ mer – ➪wc ⋔wc 🅿. 🚗☷. *27 mars-fin sept. et fermé jeudi hors sais.* – SC : **R** 130 – **7 ch** – 1/2 p 230/280.

à La Gaillarde – ⊠ 83606 Fréjus :

🏠 **Host. Caravelle** sans rest, ℡ 81.24.03, ≤ – ⋔wc ☎. 🚗☷. ※ *15 mars-15 oct.* – SC : ⌂ 22 – **10 ch** 230/310.

ISSOIRE 〈◆〉 63500 P.-de-D. ⁊⁊⁊ ⑭⑮ G. Auvergne – 15 688 h. alt. 386 – ✆ 73.

Voir Église St-Austremoine★★ : chevet★★ B.

🛈 Office de Tourisme pl. Gén.-de-Gaulle (15 mai-15 sept. et fermé dim.) ℡ 89.15.90 et à la Mairie (15 sept.-15 mai, fermé sam. et dim.) ℡ 89.03.54.

Paris 423 ① – Aurillac 123 ③ – ♦Clermont-Ferrand 37 ① – ♦Lyon 197 ① – Millau 208 ③ – Le Puy 93 ③ – Rodez 186 ③ – ♦St-Étienne 141 ② – Thiers 60 ① – Tulle 168 ④ – Vichy 92 ①.

🏨 **Le Pariou**, 18 av. Kennedy **(e)** ℡ 89.22.11 – ➪wc ⋔wc ☎ 🅿 – 🔬 25. E VISA
fermé 25 sept. au 15 oct., 26 déc. au 8 janv. ; hôtel : sam. sauf juil. ; rest. : dim. hors sais. et sam. – SC : **R** 45/75 – ⌂ 13 – **29 ch** 75/120.

🏨 **Floride** M, rte Solignat S : 1 km par D 32 ℡ 89.04.25 – 📺 ➪wc ☎ 🅿
fermé 15 déc. au 15 janv. – **R** *(fermé lundi)* 40/95 ⚱ – ⌂ 13 – **17 ch** 110/135.

🏨 **Terminus**, 15 av. Gare **(n)** ℡ 89.22.34 – ➪wc ⋔ ☎ 🚗
hôtel : fermé 9 au 31 mai, 24 déc. au 3 janv. et dim. du 1er oct. au 31 mai – SC : **R** *(1er juin-30 sept. et fermé dim)* 46/65 – ⌂ 11,50 **15 ch** 75/120.

🏨 **Tourisme** sans rest, 13 av. Gare **(n)** ℡ 89.23.68 – ➪ ⋔ 🅿 🚗☷
fermé oct. – SC : ⌂ 11 – **13 ch** 75/105.

X **Le Relais** avec ch, 1 av. Gare **(a)** ℡ 89.16.61 – ➪wc ⋔ ☎. 🚗☷. ※
fermé fév., vend. soir et dim. – SC : **R** 44/65 – 🍽 13 – **6 ch** 85/140.

à Parentignat par ② : 4 km – ⊠ 63500 Issoire.
Voir Château★.

🏨 **Tourette**, ℡ 89.08.87 – ➪wc ⋔wc ☎ 🅿. 🚗☷ VISA. ※ ch
fermé 4 nov. au 4 déc. et sam. sauf juil. et août – SC : **R** 45/100 ⚱ – ⌂ 12,50 – **29 ch** 86/138 – P 150/170.

au Broc par ③ : 5 km – ⊠ 63500 Issoire :

X **Host. les Vigneaux** avec ch, N 9 ℡ 89.10.90, ≤ – ➪ 🅿. 🚗☷ E
fermé 15 août au 1er sept., vacances de Noël et de fév., dim. et fériés – SC : **R** 55/100 – ⌂ 14 – **6 ch** 100/110.

à Sarpoil par ②, D 996 et D 999 : 11 km – ⊠ 63490 Sauxillanges :

XX ✿ **La Bergerie** (Bath), ℡ 71.02.54, ※
fermé janv., fév., en juin, en sept., dim. soir et merc. – SC : **R** *(dîner prévenir)* 100/140
Spéc. Terrine tiède aux fines herbes et pruneaux, Turban de ris de veau sauce morilles, Symphonie d'été.

CITROEN Arverne-Autom., rte Clermont par ① ℡ 89.16.31 🅽
FORD Guidat, 49 Rte de St Germain ℡ 89.16.51
PEUGEOT Gar. Morette, 66 av. Kennedy ℡ 89.03.76
RENAULT Bernassau, rte de Clermont par ① ℡ 89.22.56

TALBOT Issoire-Autos, rte de St-Germain-Lembron ℡ 89.23.08

🛞 Estager-Pneus, 33 bd Triozon-Bayle ℡ 89.18.39 et 63 bd Kennedy ℡ 89.18.83

Buisson (Bd A.)	2	S.-Préfecture
Cibrand (Bd J.)	3	(Bd de la) . . . 6
Manlière (Bd)	4	Triozon-Bayle
Palais (R. du)	5	(Bd) 7

ISSOIRE
0   300 m

ISSONCOURT 55 Meuse ⁵⁶ ⑳ – 61 h. alt. 276 – ⊠ 55220 Souilly – ✆ 29.

Paris 263 – Bar-le-Duc 28 – St-Mihiel 29 – Verdun 24.

X **Relais de la Voie Sacrée** avec ch, N 35 ℡ 70.70.46 – ⋔wc 🚗 🅿. 🚗☷ E VISA
fermé 19 déc. au 5 fév. et lundi sauf juil.-août – SC : **R** 55/150 – ⌂ 15 – **7 ch** 100/130 – P 160/175.

This symbol indicates restaurants serving a plain meal at a moderate price.	🏠 X
	← ←

ISSOUDUN ◁S▷ 36100 Indre 🔢 ⑨ G. Périgord – 16 548 h. alt. 129 – ✪ 54.

Voir Arbre de Jessé★ dans l'ancien Hôtel-Dieu M.

Paris 245 ① – Bourges 38 ② – Châteauroux 29 ⑤ – ◆Tours 133 ① – Vierzon 35 ①.

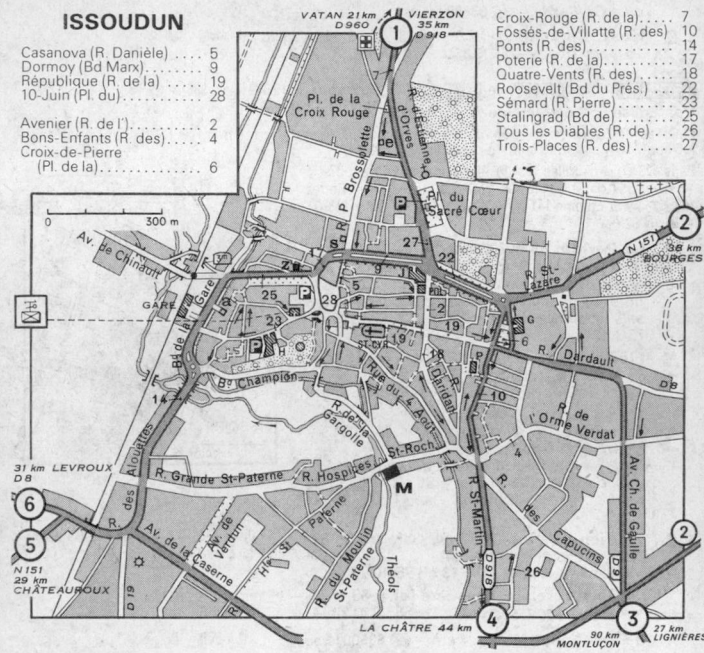

ISSOUDUN

Casanova (R. Danièle) 5
Dormoy (Bd Marx) 9
République (R. de la) 19
10-Juin (Pl. du) 28

Avenier (R. de l') 2
Bons-Enfants (R. des) 4
Croix-de-Pierre
 (Pl. de la) 6

Croix-Rouge (R. de la) 7
Fossés-de-Villatte (R. des) .. 10
Ponts (R. des) 14
Poterie (R. de la) 17
Quatre-Vents (R. des) 18
Roosevelt (Bd du Prés.) 22
Sémard (R. Pierre) 23
Stalingrad (Bd de) 25
Tous les Diables (R. de) 26
Trois-Places (R. des) 27

🏨 **France et Commerce,** 3 r. P.-Brossolette (s) ☏ 21.00.65, Télex 751422 – 📺
🛏wc 🛏wc ☎ ₺, 🍴 ﹐ 🅰🅴 ⓪ 🅴 𝘝𝘐𝘚𝘈
fermé 15 janv. au 28 fév. – SC : **R** (fermé sam. du 15 nov. au 15 mars) 72/200 – ⇌ 24
– **27 ch** 115/220 – P 245/370.

🏨 **Berry** sans rest, 88 r. P.-Brossolette (e) ☏ 21.20.51 – 🛏 ⇐
fermé vacances scolaires de Pâques et dim. soir – SC : ⇌ 16 – **16 ch** 60/100.

🏨 **Gare,** 7 bd Gare (a) ☏ 21.11.59 – 🛏 𝘝𝘐𝘚𝘈
◆ fermé 1er au 8 sept., vacances de Noël, de fév. et dim. – SC : **R** 50/85 ₺ – ⇌ 14 –
18 ch 62/78 – P 125/140.

🍴🍴🍴 ✿ **Aub. de la Cognette** (Nonnet), bd Stalingrad (z) ☏ 21.21.83 – 🅰🅴 🅴 𝘝𝘐𝘚𝘈
fermé 22 août au 15 sept., 2 au 12 janv., dim. soir et lundi sauf fériés – SC : **R**
(prévenir) 100/250
Spéc. Chausson d'escargots, Foie de veau au miel et citron, Marquise au chocolat. **Vins** Reuilly.

à Diou par ① : 12 km – ✉ 36260 Reuilly :

🍴🍴 **L'Aubergeade,** rte Issoudun ☏ 49.22.28, 🌭 – 🅿 🅴 𝘝𝘐𝘚𝘈
fermé 16 au 28 août, merc. soir et dim. soir – SC : **R** carte 85 à 125.

RENAULT Cousin, rte de Bourges N 151 par   ⓐ Central-Pneu, rte Bourges ☏ 21.02.68
② ☏ 21.06.92 🅽 ☏ 21.20.49   Giraud, 38 av. Chinault ☏ 21.27.33

ISSY-L'ÉVÊQUE 71760 S.-et-L. 🔢 ⑯ – 1 158 h. alt. 325 – ✪ 85.

Paris 338 – Autun 46 – Bourbon-Lancy 23 – Gueugnon 16 – Montceau-les-Mines 39.

🍴 **Voyageurs** avec ch, ☏ 89.85.35 – 🛏wc 🅿
◆ fermé 1er au 18 juil. et lundi – SC : **R** 34/62 ₺ – ⇌ 9 – **8 ch** 54/70 – P 100/110.

ISTRES 13800 B.-du-R. **84** ① **G. Provence** – 23 446 h. alt. 8 – ✪ 42.

🛈 Office de Tourisme allées J.-Jaurès (fermé dim.) ☏ 55.21.21.

Paris 750 – Arles 41 – ◆Marseille 57 – Martigues 15 – St-Rémy-de-P. 39 – Salon-de-Provence 20.

🏨 **Mirage** M 🐾, av. Martigues S : 2,5 km D5 ☏ 56.02.26, parc, ⊥ – 🛏wc 🛁wc ☎
    &. 🅿. 🚗 E *VISA*. 🞉 ch
    SC : **R** *(fermé dim. soir et lundi)* 60/120 🍷 – 🗜 19 – **28 ch** 125/205.

🏨 **Le Castellan** M sans rest, pl. Ste-Catherine ☏ 55.13.09 – 🛏wc 🅿. 🞉
    SC : 🗜 12 – **17 ch** 90/115.

🏨 **Aystria-Tartugues** M sans rest, chemin de Tartugues ☏ 56.44.55 – 🛏wc ☎
    🅿. 🚗.
    🗜 15 – **10 ch** 115/160.

🏨 **Baumes** M sans rest, r. de la Pierre du Pebro ☏ 55.02.63 – 🛏wc 🛁wc ☎ 🅿. 🞉
    SC : 🗜 13,50 – **10 ch** 90/115.

🏨 **Peyreguet** sans rest, rte Fos ☏ 55.04.52 – 🛁wc ☎ 🅿. 🚗 ①
    SC : 🗜 12 – **25 ch** 70/95.

🏨 **Escale** sans rest, rte Martigues ☏ 55.01.88, 🌧 – 🛁wc ☎ 🅿. 🚗 *VISA*
    SC : 🗜 13 – **20 ch** 75/105.

CITROEN Gar. Clavel, bd J.-J.-Prat ☏ 55.00.65   🅂 Morcel, 12 ch. de Tivoli ☏ 56.34.46

ITTENHEIM 67 B.-Rhin **62** ⑨ – rattaché à Strasbourg.

ITTERSWILLER 67 B.-Rhin **62** ⑨ – 305 h. alt. 250 – ✉ **67140** Barr – ✪ 88.

Paris 524 – Erstein 24 – Mittelbergheim 4 – Molsheim 24 – Sélestat 14 – ◆Strasbourg 41 – Villé 13.

🏨 **Arnold** M 🐾, ☏ 85.51.18, ≤, 🌧 – 📺 ☎ 🅿 – 🔏 60. ①. 🞉 ch
    fermé 20 janv. au 10 fév. – SC : **R** *(fermé dim. soir hors sais. et lundi)* 85/180 – 🗜 20
    – **27 ch** 200/300 – P 280/320.

ITTEVILLE 91760 Essonne **61** ①, **196** ㊸ – 2 723 h. alt. 60 – ✪ 6.

Paris 51 – Arpajon 12 – Corbeil-Essonnes 19 – Étampes 19 – Melun 33.

XX **Aub. de l'Épine**, 29 r. Gén.-Leclerc ☏ 493.10.75 – 🅿
    fermé 15 août au 10 sept., vacances de fév., lundi soir, mardi soir et merc. – SC : **R**
    75/130.

ITXASSOU 64 Pyr. Atl. **85** ③ **G. Pyrénées** – 1 218 h. alt. 39 – ✉ **64250** Cambo-les-Bains –
✪ 59.

Voir Église★.

Paris 795 – Bayonne 24 – Cambo-les-B. 4,5 – Pau 118 – St-Jean-de-Luz 32 – St-Jean-Pied-de-Port 31.

🏨 **Fronton,** ☏ 29.75.10, 🌧 – 🛏wc 🛁wc ☎ 🅿. 🚗. 🞉 ch
◆ *fermé 1ᵉʳ janv. au 15 fév. et mardi de fin oct. à mars* – SC : **R** 43/130 🍷 – 🗜 13 –
    15 ch 90/132 – P 132/168.

🏨 **Txistulari,** D 918 ☏ 29.75.09, ≤, 🌧 – 🛁 🚗 🅿
◆ SC : **R** 40/60 – 🗜 10 – **17 ch** 55/80 – P 110.

XX **Ferme Lizarraga,** SO : 3,5 km par rte Mt-Artzamendi ☏ 29.75.08, « Aménagement
◆ rustique dans un cirque de verdure » – 🅿. 🞉
    fermé nov. et mardi sauf juil. et août ; de déc. à avril ouvert week-end seul – SC : **R**
    33/88 🍷

IVRY-LA-BATAILLE 27540 Eure **55** ⑰, **196** ㉝ **G. Normandie** – 2 335 h. alt. 64 – ✪ 32.

Paris 79 – Anet 7,5 – Dreux 24 – Évreux 35 – Mantes-la-Jolie 24 – Pacy-sur-Eure 17.

🏨 **Gd St-Martin,** ☏ 36.41.39 – 🛏wc 🛁 ☎ 🚗 *VISA*. 🞉 ch
    fermé janv., dim. soir et lundi – SC : **R** 80/170 – 🗜 19 – **10 ch** 115/240 – P 220/300.

XXX ❀ **Moulin d'Ivry,** 10 r. Henri-IV ☏ 36.40.51, ≤, �, « Jardin et terrasse au bord
de l'Eure » – 🅿. *VISA*
    fermé en fév., le soir en semaine d'oct. à janv., dim. soir et lundi – SC : **R** 120/180
    Spéc. Foie gras de canard, Ris de veau aux écrevisses (juin à déc.), Aiguillette de canard au cidre.

IZERNORE 01580 Ain **74** ④ – 957 h. alt. 470 – ✪ 74.

Paris 466 – Bourg-en-Bresse 39 – ◆Lyon 96 – Nantua 15 – Oyonnax 15.

🏨 **Michaillard,** ☏ 76.96.46 – 🛏wc 🛁 ☎ 🚗 🅿. 🞉
◆ *fermé 15 au 30 sept.* – SC : **R** 38/70 🍷 – 🗜 12 – **12 ch** 60/130 – P 110/140.

Promotion Gar., ☏ 76.97.69

IZOARD (Col d') 05 H.-Alpes **77** ⑱ **G. Alpes** – alt. 2 360.

Voir Belvédères ⋇★★ 15 mn – Casse Déserte★★ S : 2 km.

Paris 702 – Briançon 22.

JALOUSIE 14 Calvados **55** ⑫ – rattaché à Caen.

553

JANZÉ 35150 I.-et-V. 🆖🆖 ⑦ – 4 453 h. alt. 107 – ✪ 99.
Paris 338 – Châteaubriant 32 – Laval 64 – Redon 64 – ♦ Rennes 25.

    🏨 **Lion d'Or**, 30 r. A.-Briand ⌨ 47.03.21
    ➡ *fermé 1er au 15 mars et 30 août au 13 sept.* – SC : **R** *(fermé dim. soir et lundi)* 40/120
    🍴 – 🛏 12 – **8 ch** 50/100 – P 120/150.

JARCIEU 38 Isère 🆗🆗 ② – 588 h. alt. 230 – ⊠ **38270** Beaurepaire – ✪ 74.
Paris 529 – ♦Grenoble 74 – ♦Lyon 65 – Valence 58.

    🏨 **Chantalouette**, rte de Beaurepaire ⌨ 84.85.45 – 🚿wc 🚽 🅿
    ➡ *fermé oct.* – **R** 35/65 🍴 – 🛏 12 – **8 ch** 65/120 – P 120/150.

JARCY 91 Essonne 🆖🆖 ①. 🆗🆗🆗 ㉘ – voir à Varennes-Jarcy.

JARGEAU 45150 Loiret 🆖🆖 ⑩ – 3 411 h. alt. 108 – ✪ 38.
⛳ Golf Club d'Orléans ⌨ 59.20.48 NO : 3 km.
🅱 Office de Tourisme pl. Halle (fermé dim. après-midi et jeudi) ⌨ 59.83.42.
Paris 119 – Châteauneuf-sur-Loire 8 – ♦Orléans 19 – Pithiviers 38 – Romorantin-Lanthenay 70.

    🏨 **Cygne**, à St-Denis-de-l'Hôtel N : 1 km ⊠ 45550 St-Denis-de-L'Hôtel ⌨ 59.02.43
    ➡ – 🚿wc 🚽 🍽 🅿 🍴 **E** 𝒱𝐼𝒮𝒜
    SC : **R** *(fermé vend. soir du 15 sept. au 15 juin)* 30/75 – 🛏 11 – **12 ch** 50/100.

    ✗ **Cloche d'Argent**, fg Berry ⌨ 59.71.41, 🍽 – **E**
    ➡ SC : **R** *(déj. seul.)* 45/90.

CITROEN Perronnet, ⌨ 59.71.55 🅽   RENAULT Berthelot, ⌨ 59.70.06

JARNAC 16200 Charente 🆖🆖 ⑩ G. Côte de l'Atlantique – 5 091 h. alt. 27 – ✪ 45.
🅱 Office de Tourisme, pl. Château (fermé le matin hors saison, dim. et fêtes) ⌨ 81.09.30.
Paris 454 – Angoulême 29 – Barbezieux 27 – ♦Bordeaux 112 – Cognac 15 – Jonzac 38 – Ruffec 53.

    ✗ **Château**, pl. Château ⌨ 81.07.17 – **E** 𝒱𝐼𝒮𝒜
    fermé 15 au 31 mai, 15 août au 15 sept., mardi et merc. – SC : **R** 56/100, dîner à la
    carte 🍴.

    à Bourg-Charente O : 6 km par N 141 et VO – ⊠ **16200** Jarnac :

    ✗✗ **La Ribaudière**, ⌨ 81.30.54, ≤, 🍽, 🎠 – 🅿. 𝒱𝐼𝒮𝒜
    fermé fév., dim. soir et lundi – SC : **R** carte 95 à 135.

    à Fleurac NE : 10 km par N 141 et D 157 – ⊠ **16200** Jarnac :

    🏰 **Domaine de Fleurac** 🔄, ⌨ 81.78.22, ≤, « Parc » – 🚿wc 🍽 🅿 – 🎾 40, 🏊
    🅾 **E** 🍴 rest
    15 mars-15 déc. et fermé dim. soir et lundi hors sais – SC : **R** 95/120 – 🛏 23 –
    18 ch 110/250.

CITROEN Gar. Soleta, ⌨ 81.02.74   RENAULT Gar. Vitrac, à Souillac ⌨ 81.07.66
RENAULT Tournat, ⌨ 81.10.63   🅽

La JARNE 17 Char.-Mar. 🆖🆖 ⑫ – rattaché à La Rochelle.

JARNY 54800 M.-et-M. 🆖🆖 ③ – 9 520 h. alt. 210 – ✪ 8.
A.C. 9 r. Verdun ⌨ 233.09.96.
Paris 307 – Bar-le-Duc 82 – Briey 12 – ♦Metz 27 – ♦Nancy 71 – Pont-à-Mousson 40 – Verdun 41.

    ✗✗ **Petit Vatel**, 2 r. Verdun ⌨ 233.10.52 – 🅾 𝒱𝐼𝒮𝒜
    ➡ *fermé 14 juil. au 14 août, dim. soir et lundi* – SC : **R** 45/85 🍴

CITROEN Rouy, av. Lafayette ⌨ 233.02.21 🅽   🅖 Leclerc-Pneu, 59 av. de la République ⌨
FORD Bonu, 75 av. Patton ⌨ 233.19.89 🅽 ⌨   233.44.59
233.01.64
RENAULT Leclerc, 58 av. République ⌨ 233.
00.32

JAUNAY-CLAN 86130 Vienne 🆖🆖 ⑬⑭ – 4 636 h. alt. 65 – ✪ 49.
Voir Peintures murales* du château de Dissay NE : 5 km, G. Côte de l'Atlantique.
Paris 323 – Châtellerault 21 – Chinon 67 – Parthenay 50 – Poitiers 13 – Saumur 84 – Thouars 59.

    🏨 **Centre**, pl. Fraternité ⌨ 52.05.45 – 🚿 🍽 🅿 🍴 ch
    ➡ *fermé août, sam. soir, dim. et fériés* – SC : **R** 45/75 🍴 – 🍺 13,50 – **24 ch** 73/130 –
    P 130/150

JAUSIERS 04 Alpes-de-H.-P. 🆖🆖 ⑧ G. Alpes – 914 h. alt. 1 220 – ⊠ **04400** Barcelonnette –
✪ 92.
Paris 745 – Barcelonnette 8 – Digne 95 – Guillestre 41 – St-Étienne-de-Tinée 50 – St-Paul 14.

    🏨 **Bel Air**, ⌨ 81.06.35 – 🍽 🅿 🍴
    ➡ *fermé 15 au 31 mai et 1er au 15 oct.* – SC : **R** *(dîner seul.)* 42/45 – 🍺 13 – **15 ch**
    70/100.

JAVRON 53 Mayenne 🅖🅞 ① – 1 325 h. alt. 201 – ⊠ **53250** Javron-les-Chapelles – 🅚 43.
🅔 Syndicat d'Initiative à la Mairie (fermé sam. et dim.) ☏ 03.40.67.
Paris 227 – Alençon 36 – Bagnoles-de-l'Orne 25 – ◆Le Mans 67 – Mayenne 25.

   XX **La Terrasse,** ☏ 03.41.91 – 🅟 *VISA*
   → *fermé fév., dim. soir et lundi* – SC : **R** 44/110.

PEUGEOT Gar. Goupy, ☏ 03.40.39

JENZAT 03 Allier 🅗🅒 ④ G. Auvergne – 451 h. alt. 323 – ⊠ **03800** Gannat – 🅚 70.
Paris 348 – Chantelle 9,5 – Gannat 7,5 – Montluçon 64 – Moulins 55 – St-Pourçain-sur-Sioule 24.

   XX Même avec ch, ☏ 56.80.88, 🐟, ⁓ – 🏠 🅟
      15 ch.

JERSEY (Ile de) ★ Ile anglo-normande 🅢🅓 ⑤
Accès : Transports maritimes pour St-Hélier (réservation indispensable) en 1982 :.

⚓ depuis **St-Malo** : par cargo pour les autos (1 service hebdomadaire) - Aller de 155 à 425 F - par hydroglisseur pour les voyageurs (1 à 4 départs quotidiens suivant saison) - Traversée 1 h 15 - 164 F (AR dans la journée) Renseignements : Morvan fils, gare maritime ☏ 56.42.29 (St-Malo) — par car-ferry (2 services quotidiens en saison, 3 départs hebdomadaires hors saison) - Traversée 2 h à 2 h 30 - Autos, aller 330 à 496 F ; Voyageurs 164 F (AR dans la journée) Renseignements : Emeraude Ferries, gare maritime du Naye ☏ 56.61.46 (St-Malo) — Plusieurs de ces services assurent une liaison avec Guernesey.

⚓ depuis **St-Malo** : du 15 avril au 15 oct., 1 à 2 services quotidiens - Traversée 1 h 20 - 164 F (AR dans la journée), par Vedettes Armoricaines, gare maritime de la Bourse ☏ 56.48.88 et d'avril à sept., 1 à 2 départs quotidiens - Traversée 1 h 30 - 164 F (AR dans la journée), par Vedettes Blanches, gare maritime de la Bourse ☏ 56.63.21.

⚓ depuis **Granville** : d'avril à oct., 1 à 2 services quotidiens suivant marées - Traversée 1 h 45 - 160 F (AR dans la journée) par Vedettes Armoricaines, 12 r. G.-Clemenceau ☏ 50.77.45 et de mai à sept., 1 service quotidien - Traversée 1 h 45 - 160 F (AR dans la journée) par Vedettes Vertes Granvillaises, 1 r. Le Campion ☏ 50.16.36.

⚓ Pour **Gorey** , en 1982 depuis **Carteret** : d'avril à nov., 1 à 3 services quotidiens suivant marées - Traversée 30 mn à 1 h - 160 F (AR dans la journée) par Service Maritime, Carteret ☏ 54.87.21 et du 1ᵉʳ avril au 30 oct., services quotidiens suivant marées - Traversée 45 mn - 170 F (AR) par Hovercross Peconic Queen ☏ 54.70.50 (Barneville).

⚓ depuis **Portbail** : d'avril à nov., 1 service quotidien Traversée 1 h 10 - 125 F (AR dans la journée) par Cie Côte des Isles, gare maritime ☏ 54.86.71.

Service aérien avec Paris (Orly) par Air U.K. ☏ 934.50.08, Paris (Charles de Gaulle) par Jersey Européan Airways ☏ 522.08.50, avec Cherbourg par Aurigny Air Services ☏ 53.13.55, avec Dinard ☏ 46.22.81 et St-Brieuc par Jersey E.

  Curiosités et ressources hôtelières - v. Guide Rouge Michelin : Great Britain and Ireland

JOB 63990 P.-de-D. 🅗🅒 ⑯ G. Auvergne – 1 158 h. alt. 630 – 🅚 73.
Paris 430 – Ambert 9 – Chalmazel 28 – ◆Clermont-Ferrand 83 – Thiers 48.

   🏠 **Voyageurs,** ☏ 82.07.54 – 🍽 🚗. ⁓ ch
   → *2 fév.-2 nov. et fermé vend.* - SC : **R** 42/100 – ⌑ 10 – **17 ch** 45/110.

JOBOURG (Nez de) ★★★ 50 Manche 🅢🅓 ① G. Normandie – 315 h. – ⊠ **50440** Beaumont-Hague – 🅚 33.
Voir ≤★★★ sur Nez de Jobourg par D 202 puis 30 mn.
Paris 386 – Barneville-Carteret 46 – ◆Cherbourg 26 – St-Lô 104.

   XX **Aub. des Grottes,** ☏ 52.71.44, ≤ mer – 🅟
      Pâques-fin sept. et fermé mardi sauf juil.-août – SC : **R** 57/165

PEUGEOT Troude, à Beaumont ☏ 52.70.12

JOIGNY 89300 Yonne 🅖🅢 ④ G. Bourgogne – 11 925 h. alt. 101 – 🅚 86.
Voir Vierge au sourire★ dans l'égl. St-Thibault ᴀ ᴇ – Côte St-Jacques ≤★ 1,5 km par D 20 ᴀ.
🅔 Office de Tourisme Gare routière, quai H.-Ragobert (fermé dim. sauf matin en saison) ☏ 62.11.05.
Paris 148 ⑤ – Auxerre 27 ③ – Gien 74 ⑤ – Montargis 59 ⑤ – Sens 30 ⑥ – Troyes 76 ②.

Plan page suivante

  🏨 🏵 **Modern'H Frères Godard** 🅼, av. Robert-Petit ☏ 62.16.28, Télex 801693, 🛆 –
    📺 🕿 ⟵ 🅟 – 🔒 30. 🄰🄴 ⑩ ᴇ *VISA*   Ᾱ **e**
    fermé 27 nov. au 15 déc. – SC : **R** (dim. et fêtes prévenir) 132/210 – ⌑ 23 – **22 ch** 180/240
    Spéc. Cassolette d'escargots, Canard à la "Gaston Godard", Maillotine (pâtisserie). **Vins** Bourgogne aligoté, Coulanges.

tourner →

JOIGNY

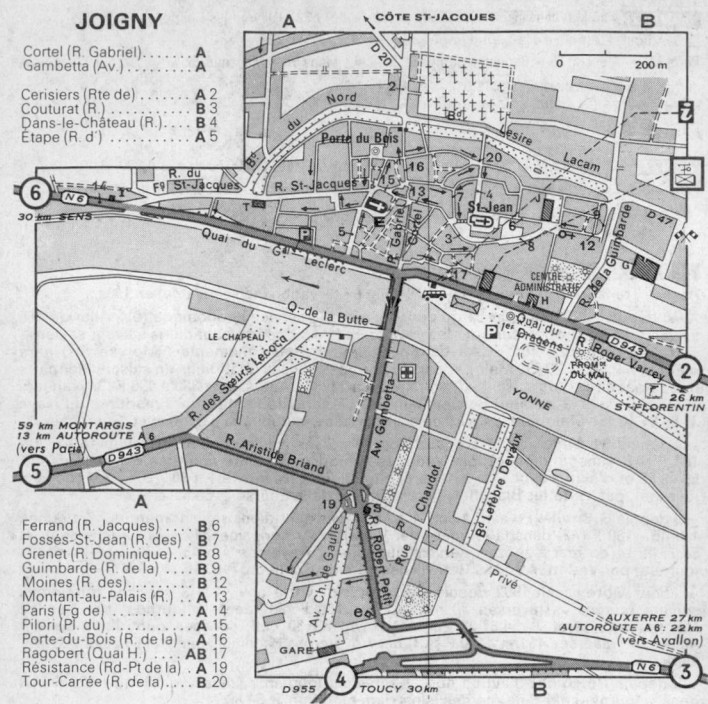

XXXX ❀❀ **A la Côte St-Jacques** (Lorain) avec ch, 14 fg Paris ☎ 62.09.70, « Belle
décoration intérieure », ◻ – ⊡ ⊟wc ⌗wc ☎ ⇍⇛ ℗ ◫ AE ⓪ *VISA*   A r
➜ *fermé début janv. à début fév., lundi soir et mardi sauf juil., août et sept.* – SC : **R**
(dim. prévenir) 140/300 et carte – � 35 – **18 ch** 220/350
Spéc. Papillote de St-Jacques et foie gras au naturel. Bar à la vapeur de basilic. Truffe aux choux.
Vins Chablis.

X **Paris Nice** avec ch, rd-Point Résistance ☎ 62.06.72 – ⌗ ⇍⇛ ℗ *VISA*   A s
➜ *fermé janv. et lundi* – SC : **R** 50/100 – ⊟ 11,50 – **10 ch** 60/130 – P 180.

CITROEN Joigny Automobile, N 6 à Champlay
par ③ ☎ 62.06.45 ℕ ☎ 62.23.90
OPEL Blondeau, 6 fg Paris ☎ 62.05.02
PEUGEOT Central Gar., av. Jean-Hemery par
② ☎ 62.02.43
PEUGEOT TALBOT Gd Gar. de Paris, 24 fg
Paris par ⑥ ☎ 62.12.25

RENAULT S.A.J.A., rte de Migennes par ② ☎
62.22.00
Gar. de France, 60 av. Gambetta ☎ 62.23.52

⬙ Jeandot, 9 av. R.-Petit ☎ 62.18.84

▬▬ **JOINVILLE** 52300 H.-Marne ⑥② ① G. Nord de la France – 5 122 h. alt. 188 – ❀ 25.

🅗 Syndicat d'Initiative 42 r. A.-Briand (saison et fermé dim.) ☎ 96.13.01.

Paris 243 – Bar-sur-Aube 47 – Chaumont 43 – Neufchâteau 51 – St-Dizier 31 – Toul 73 – Troyes 93.

🏨 **Gd Pont**, r. A.-Briand ☎ 96.09.86 – ⊟wc ⌗wc ☎ ⅓ ⇍⇛ – ▵ 50 ◫ AE ⓪ E
VISA
SC : **R** *(fermé dim. soir du 1er nov. aux vacances de Pâques)* 44 bc/100 ⅓ – ⊟ 12 –
27 ch 60/120 – P 130/180.

☝ **Nord**, r. C.-Gillet ☎ 96.10.97 – ⊟ ⌗ ⇍⇛ ◫ E
➜ *fermé 3 au 16 oct., vacances de fév. et lundi* – SC : **R** 42/90 ⅓ – ⊟ 10,50 – **17 ch**
58/120 – P 100/120.

XX **Poste** avec ch, pl. Grève ☎ 96.12.63 – ⊟wc ⌗wc ☎ ⇍⇛ ℗ ◫ AE ⓪ E *VISA*
➜ *fermé 10 janv. au 11 fév. et jeudi hors sais.* – SC : **R** 42/140 – ⊟ 13 – **11 ch** 52/110.

XX **Soleil d'Or** avec ch, 7 r. Capucins ☎ 96.15.66 – ⌗ ⇍⇛ ◫ ⓪ E
➜ *fermé fév. et lundi* – SC : **R** 45/120 – ☛ 11 – **9 ch** 70/95.

CITROEN Roux, ☎ 96.01.93 ℕ
PEUGEOT-TALBOT Guillaume, ☎ 96.09.48

RENAULT Jarry, ☎ 96.10.40

▬▬ **JOINVILLE-LE-PONT** 94 Val-de-Marne ⑥① ①. 🔟🔟🔟 ㉗ – voir à Paris, Proche banlieue.

JONZAC ◁SP▷ 17500 Char.-Mar. **71** ⑥ G. Côte de l'Atlantique – 4 580 h. alt. 40 – ☺ 46.

🛈 Syndicat d'Initiative r. du Château (1er juil.-31 août) ☏ 48.04.11.

Paris 513 – Angoulême 56 – ♦Bordeaux 87 – Cognac 34 – Libourne 70 – Royan 58 – Saintes 49.

🏠 **Le Club** sans rest, pl. Église ☏ 48.02.27 – 🛏wc 🛁wc ☎. *VISA*. 彩
SC : 🍸 13 – **13 ch** 65/110.

à Clam N : 6 km – ⊠ 17500 Jonzac.

Voir Abside★ de l'église de Marignac N : 4 km.

✕✕ **Vieux Logis**, ☏ 48.15.11, 🌤, 🏊 – ⓟ. **E** *VISA*
fermé 21 déc. au 10 janv. et lundi hors sais. – **R** 70/90.

PEUGEOT-TALBOT Belot, ☏ 48.08.77   RENAULT Martin, ☏ 48.06.11 **N**

JOSSELIN 56120 Morbihan **63** ④ G. Bretagne – 2 995 h. alt. 59 – ☺ 97.

Voir Château★★ – Basilique N.-D.-du-Roncier★ E.

🛈 Syndicat d'Initiative à la Mairie (15 juin-15 sept. et fermé dim.) ☏ 22.24.17.

Paris 422 ② – Dinan 75 ① – Lorient 73 ④ – ♦Rennes 72 ② – St-Brieuc 75 ⑤ – Vannes 42 ④.

JOSSELIN

Beaumanoir (R.)	2
Canal (R. du)	3
Devins (R. des)	4
Douves-du-Lion (R.)	5
Duchesse-Anne (Pl.)	6
Gaulle (R. Gén.-de)	7
Notre-Dame (Pl.)	9
Olivier-de-Clisson (R.)	12
Rohan (Cours Josselin-de)	23
Rohan (Pl. A.-de)	24
St-Jacques (R.)	25
St-Martin (Pl.)	26
St-Martin (R.)	27
St-Michel (R.)	28
St-Nicolas (R. et Pl.)	29
Ste-Croix (Pt)	30
Ste-Croix (R.)	32
Saulniers (R. des)	33
Sorciers (R. des)	35

Pour un bon usage des plans de villes, voir les signes conventionnels p.20.

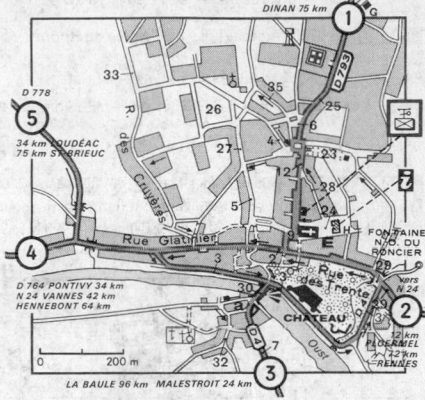

LA BAULE 96 km MALESTROIT 24 km

🏛 **Château**, 1 r. Gén.-de-Gaulle (a) ☏ 22.20.11, ≤ château – 🛏wc 🛁wc ☎ 🚗 ⓟ
– 🏧 30 à 50. 🕮 **E** *VISA*
fermé fév. et lundi du 15 sept. au 30 juin – SC : **R** 50/130 🍸 – 🍸 20 – **36 ch** 80/180
– P 195/255.

CITROEN Gar. Joubard, par ④ ☏ 22.23.04   PEUGEOT-TALBOT Gar. Chouffeur, Z.I. de la
Rochette par ④ ☏ 22.22.80

JOUCAS 84 Vaucluse **81** ⑬ – 204 h. alt. 248 – ⊠ 84220 Gordes – ☺ 90.

Paris 722 – Apt 15 – Avignon 42 – Carpentras 30 – Cavaillon 21.

🏛 **Mas des Herbes Blanches** 🅜 彩, N 2,5 km sur D 102A ☏ 72.00.74, ≤ le
Lubéron, 🌤, 🏊, 🎾 – 🖭 ☎ ⓟ. 🖭 ⓞ
1er mars-30 nov. – SC : **R** 160 – 🍸 38 – **14 ch** 475.

🏠 **Host. des Commandeurs**, ☏ 72.00.05, ≤ – 🛁wc ☎ ⓟ. *VISA*
fermé janv. et fév. – SC : **R** *(fermé merc.)* 55/85 🍸 – 🍸 15 – **12 ch** 90/130 – P
150/175.

JOUÉ-LÈS-TOURS 37 I.-et-L. **64** ⑮ – rattaché à Tours.

JOUÉ-SUR-ERDRE 44 Loire-Atl. **63** ⑰ – 1 729 h. alt. 29 – ⊠ 44440 Riaillé – ☺ 40.

Paris 358 – Ancenis 28 – Angers 70 – Chateaubriant 28 – ♦Nantes 35.

✕ **Aub. du Barrage**, ☏ 72.25.13, ≤, 🌤 – ⓟ
fermé vacances de nov., de fév. et merc. – SC : **R** 40/100

Pour vos voyages, en complément de ce guide utilisez :

— Les **guides Verts Michelin** régionaux
paysages, monuments et routes touristiques.

— Les **cartes Michelin** à 1/1 000 000 grands itinéraires
1/200 000 cartes détaillées.

557

25 Doubs **70** ⑦ G. Jura – 858 h. alt. 1 010 – Sports d'hiver : 1 010/1 460 m ↙32 –
✉ 25370 Les Hôpitaux-Neufs – ⓒ 81.

Paris 474 – ◆Besançon 78 – Champagnole 48 – Lausanne 47 – Morez 58 – Pontarlier 20.

🏠 **Poste,** ☏ 49.12.37, ≤ – 氚wc ☏ 🚗 E 🛳 rest
➤ 20 mai-1ᵉʳ oct., 15 déc.-15 avril et fermé lundi soir et merc. soir hors sais. – SC : **R**
45/120 ⅄ – ☲ 16 – **15 ch** 80/130 – P 140/180.

🏠 **Bonjour,** ☏ 49.10.45, ≤ – ⛲wc 氚wc ☏ 🚗 🛳
➤ 1ᵉʳ juin-25 sept. et 15 déc.-25 avril – SC : **R** 50/100 ⅄ – ☲ 15 – **18 ch** 85/140 –
P 130/180.

🏠 **Deux Saisons,** ☏ 49.00.04, ≤ – ⛲wc 氚wc ☏ 🚗 🅿 🚗 🛳 rest
➤ 1ᵉʳ juin-30 sept. et 20 déc.-25 avril – SC : **R** 48/90 ⅄ – ☲ 15 – **21 ch** 70/125 –
P 130/180.

🏠 **Au Col des Enchaux,** N 57 ☏ 49.10.75 – 氚 🅿 𝐕𝐈𝐒𝐀
➤ 1ᵉʳ juin-10 oct. et 15 déc.-25 avril – SC : **R** 40/100 ⅄ – ☲ 12 – **17 ch** 50/95 –
P 125/160.

🏠 **Suchet,** N 7 ☏ 49.10.38 – 氚 🅿 🚗 E
➤ fermé 1ᵉʳ au 20 juin, 12 sept. au 20 oct., vend. du 20 oct. au 15 déc. et du 10 avril au
1ᵉʳ juin – SC : **R** 38/68 – 🍴 12,50 – **16 ch** 65/110 – P 120/145.

07260 Ardèche **80** ⑧ G. Vallée du Rhône – 1 355 h. alt. 180 – ⓒ 75.

🚩 Syndicat d'Initiative (1ᵉʳ juil.-31 août)

Paris 655 – Alès 52 – Mende 97 – Privas 52.

🏠 **Les Cèdres** M, ☏ 39.40.60, 🌿 – ⛲wc 氚wc ☏ 🅿 – 🏊 100. E
➤ 1ᵉʳ avril-30 oct. – SC : **R** 44/80 – ☲ 15 – **40 ch** 165/200 – P 200.

RENAULT Gar. Duplan, ☏ 39.43.91

06160 Alpes-Mar. **84** ⑨, **195** ㊟ ㊴ ㊵ G. Côte d'Azur – Casino B – ⓒ 93.

🚩 Syndicat d'Initiative bd Ch.-Guillaumont (fermé sam. après-midi hors sais. et dim.) ☏ 61.04.98.
Paris 918 ② – Aix-en-Provence 160 ② – Cannes 9 ③ – ◆Nice 24 ①.

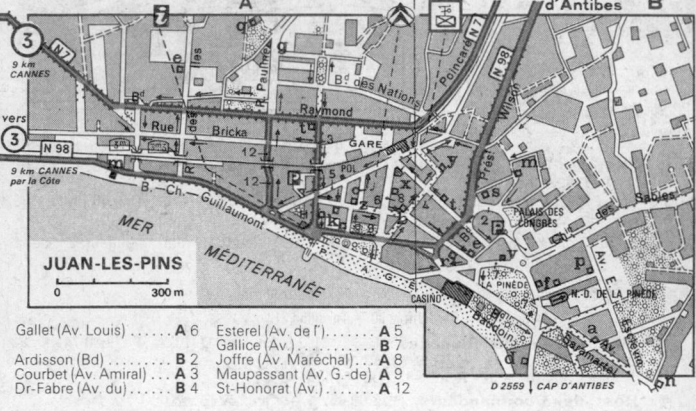

au-delà voir plan d'Antibes

JUAN-LES-PINS
0   300 m

Gallet (Av. Louis) ...... A 6	Esterel (Av. de l') ...... A 5	
	Gallice (Av.) .... B 7	
Ardisson (Bd) .... B 2	Joffre (Av. Maréchal) .. A 8	
Courbet (Av. Amiral) .. A 3	Maupassant (Av. G.-de) A 9	
Dr-Fabre (Av. du) .... B 4	St-Honorat (Av.) ...... A 12	

D 2559 / CAP D'ANTIBES

🏨 **Belles Rives,** bd Baudoin ☏ 61.02.79, Télex 470984, ≤, 🏊₀ – 🛗 ☰ ch ☏. 🆔.
🛳 rest   **B d**
➤ 1ᵉʳ avril-30 sept. – **R** carte 170 à 250 – ☲ 40 – **42 ch** 465/870 – P 780/925.

🏨 ☼ **Juana et rest. La Terrasse** ◈, la Pinède av. G.-Gallice ☏ 61.08.70, Télex
470778, 🏊₀, 🌿 – 🛗 ☰ ch 📺 ☏ 🚗 🅿   **B f**
➤ 24 mars-25 oct. – **R** (fermé le midi du 11 juil. au 26 août) carte 200 à 280 – ☲ 45 –
42 ch 400/930, 5 appartements – P 670/990
Spéc. Ragoût de coquillages et crustacés, Râble de lapereau farci, Millefeuille aux fraises des bois.
Vins Bandol, Bellet.

🏨 **Hélios** M, av. Dautheville ☏ 61.55.25, Télex 970906, 🏊₀ avec snack – 🛗 ☰ 📺
☏ 🚗 🆔 ⓞ 𝐕𝐈𝐒𝐀 🛳 rest   **A b**
➤ 15 mars-15 oct. – SC : **R** 140/180 – **70 ch** ☲ 300/800 – P 500/650.

🏨 **Beauséjour** ◈, av. Saramartel ☏ 61.07.82, 🏊, 🌿 – 🛗 🅿 🆔 ⓞ 🛳 rest
➤ Pâques-début oct. – SC : **R** 160/180 – **30 ch** ☲ 400/600 – P 450/575.   **B n**

🏨 **Parc et rest. la Tête d'Or,** av. G.-de-Maupassant ☏ 61.61.00, 🌿 – 🛗 📺 ☏ 🅿
– 🏊 25. 🆔 ⓞ E 𝐕𝐈𝐒𝐀 🛳 rest   **A k**
➤ fermé 1ᵉʳ nov. au 15 déc. – SC : **R** (fermé merc.) 100/180 – ☲ 28 – **27 ch** 345/445 –
P 460/510.

Passy sans rest, 15 av. Louis-Gallet ☎ 61.11.09 – ⇕ 🚗 Ⓟ — A k
15 janv.-15 oct. – SC : ☕ 18 – **36 ch** 190/350.

Welcome Ⓜ ⛰ sans rest, 7 av. Dr-Hochet ☎ 61.26.12, ≤ – ⇕ Ⓟ. AE ⓓ E VISA — B y
mars-oct. – SC : ☕ 23 – **30 ch** 205/375.

Astoria, 15 av. Maréchal-Joffre ☎ 61.23.65, Télex 470800 – ⇕ ☎ Ⓟ. AE ⓓ E VISA. ※ rest — A x
SC : **R** 75/85 – ☕ 20 – **50 ch** 260/340 – P 610/660.

Mimosas ⛰ sans rest, r. Pauline ☎ 61.04.16, « Parc, beaux arbres », ⛱ – ⇔wc ⋔wc ☎ Ⓟ. 🐕. ※ — A q
25 mars-15 oct. – SC : ☕ 22 – **37 ch** 170/300.

Ste-Valérie ⛰, r. Oratoire ☎ 61.07.15, 🌳, ≤ – TV ⇔wc ⋔wc ☎ ♿. 🐕. ※ rest — B p
Pâques-30 sept. – SC : **R** 90 – **32 ch** ☕ 200/350 – P 240/310.

Courbet sans rest, 33 av. Amiral-Courbet ☎ 61.15.94 – ⇕ ⇔wc ⋔wc ☎. 🐕 AE — A k
Pâques-1er oct. – SC : **27 ch** ☕ 235/345.

Pré Catelan ⛰, 22 av. Lauriers ☎ 61.05.11, ≤ – ⇔wc ⋔wc ☎ Ⓟ. 🐕 AE ⓓ. ※ rest — B m
15 mars-15 oct. – SC : **R** 95 – **20 ch** ☕ 180/280 – P 280/310.

Alexandra ⛰, r. Pauline ☎ 61.01.36, 🌳, ≤ – ⇔wc ⋔wc ☎. 🐕. ※ — A g
26 mars-30 sept. – SC : **R** 70 – ☕ 15 – **20 ch** 66/250.

Régence, 2 av. Amiral-Courbet ☎ 61.09.39 – ⇔wc ⋔wc ☎ — A t
sais. – **20 ch**.

Juan Beach ⛰, 5 r. Oratoire ☎ 61.02.89, 🌳, ≤ – ⇔wc ⋔wc ☎. ※ — B f
1er avril-début oct. – SC : **R** 70 – ☕ 14 – **30 ch** 140/190 – P 185/230.

Mexicana sans rest, 20 r. Dr-Dautheville ☎ 61.31.34 – ⇔wc ☎. E VISA — B r
SC : **15 ch** ☕ 180/198.

Sarajan ⛰ sans rest, 4 av. Palmiers ☎ 61.04.29 – ⇔wc ⋔wc ☎ Ⓟ. ※ — B s
1er fév.-25 oct. – SC : ☕ 16 – **18 ch** 210.

Emeraude ⛰, av. Saramartel ☎ 61.09.67 – ⇔wc ⋔wc ☎. 🐕 AE ⓓ VISA — B a
fév.-nov. – SC : **R** (dîner seul.) 70 ♁ – ☕ 17 – **22 ch** 110/250.

La Marjolaine sans rest, 15 av. Dr-Fabre ☎ 61.06.60 – ⇔wc ⋔ ☎ Ⓟ — B t
fermé 1er nov. au 20 déc. – SC : **16 ch** ☕ 80/210.

Central H. sans rest, 15 av. Dr-Dautheville ☎ 61.09.43 – ⇕ ⇔wc ⋔ ☎ — B e
fermé 31 oct. au 15 nov. – SC : **24 ch** ☕ 62/152.

Eden H. sans rest, 16 av. L.-Gallet ☎ 61.05.20 – ⇔wc ⋔ ☎ — A z
15 fév.-14 nov. – SC : ☕ 12 – **17 ch** 90/190.

Esterel, 21 r. des Iles ☎ 61.08.67, ≤ – ⋔wc Ⓟ — A e
15 janv.-30 sept. – SC : **R** 50/95 – ☕ 15 – **16 ch** 150/240 – P 200/220.

Bijou Plage, rte Bord-de-Mer ☎ 61.39.07, ≤, 🌳 – Ⓟ. ⓓ. ※ — A m
1er fév.-1er oct. et fermé lundi du 1er fév. à Pâques et le soir sauf juil.-août – SC : **R** 120.

Le Perroquet, av. G.-Gallice ☎ 61.02.20 – ⓓ VISA — B v
fermé nov. à mi déc. et merc. sauf juil. et août – SC : **R** 50/100 ♁.

CITROEN Gar. St-Charles, 6 r. St-Charles ☎ 61.08.16

JULIÉNAS 69840 Rhône 74 ① **G. Vallée du Rhône** – 649 h. alt. 256 – ✪ 74.
Paris 412 – Bourg-en-Bresse 55 – ♦Lyon 65 – Mâcon 17 – Villefranche-sur-Saône 38.

Chez la Rose avec ch, pl. Marché ☎ 04.41.20 – ⋔ Ⓟ. ※ ch
fermé mardi – SC : **R** 45/78 ♁ – ☕ 13 – **12 ch** 52/96 – P 180/200.

JULIENRUPT 88 Vosges 62 ⑰ – rattaché au Tholy.

JULLOUVILLE 50610 Manche 59 ⑦ **G. Normandie** – 876 h. – ✪ 33.
Paris 357 – Avranches 22 – Granville 8 – St-Lô 64.

Casino ⛰, ☎ 61.82.82, ≤ – ⇔wc ⋔wc ☎ Ⓟ – 🏛 80 à 150. 🐕 VISA. ※ rest
29 avril-15 sept. – SC : **R** 70/125 – ☕ 17 – **57 ch** 86/187 – P 190/233.

JUMIÈGES 76118 S.-Mar. 55 ⑤ **G. Normandie** – 1 474 h. alt. 10 – ✪ 35.
Voir Ruines de l'abbaye★★★.
Bacs de Jumièges ☎ 91.84.23 ; de Mesnil-sous-Jumièges ☎ 91.94.68 ; de Yainville ☎ 91.81.06.
Paris 167 – Caudebec-en-Caux 15 – ♦Rouen 28.

JUNGHOLTZ 68 H.-Rhin 66 ⑨ – rattaché à Guebwiller.

JURANÇON 64 Pyr.-Atl. 85 ⑥ – rattaché à Pau.

JUVISY-SUR-ORGE 91 Essonne 61 ① – voir à Paris, Proche banlieue.

JUVIGNY-SOUS-ANDAINE 61 Orne 60 ① – 1 030 h. alt. 200 – ⊠ 61140 Bagnoles-de-l'Orne
– ✿ 33.

Paris 241 – Alençon 50 – Argentan 49 – Bagnoles-de-l'Orne 9,5 – Domfront 11 – Mayenne 38.

- ⛲ **Forêt,** ₸ 38.11.77 – ⇔ ⓟ
- ◆ fermé janv. – SC : **R** 35/70 ♨ – 🍽 11 – **22 ch** 60/65 – P 105/135.
- ✕ **Au Bon Accueil** avec ch, ₸ 38.10.04 – 🚗
- ◆ fermé 1ᵉʳ fév. au 3 mars, mardi soir et merc. – SC : **R** 40/130 – 🍽 12 – **10 ch** 60/65 – P 120.

KAYSERSBERG 68240 H.-Rhin 62 ⑱ ⓖ G. Vosges (plan) – 2 960 h. alt. 242 – ✿ 89.

Voir Église★ : retable★★ – Hôtel de ville★ – Pont fortifié★ – Maison Brief★.
🛈 Office du Tourisme à l'Hôtel de Ville (fermé sam. et dim. en hiver) ₸ 78.22.78.

Paris 504 – Colmar 11 – Gérardmer 52 – Guebwiller 35 – Munster 26 – St-Dié 46 – Sélestat 26.

- 🏨 **Résidence Chambard** M ⌾, ₸ 47.10.17 – 🍴 ☎ ⓟ – 🅿 25. ① Ⓔ *VISA*
  fermé au 21 mars – SC : **R** voir rest. Chambard – 🖵 25 – **18 ch** 240/280.
- 🏨 **Remparts** M ⌾ sans rest, ₸ 47.12.12, ≤, 🌳, 🏊 – 📺 ⇔wc ☎ 🚗 ⓟ. 🖼 AE Ⓔ
  ⌾
  SC : 🖵 17 – **27 ch** 120/220.
- 🏨 **Arbre vert,** r. Haute-du-Rempart ₸ 47.11.51 – 🛁wc ☎. ⌾
  fermé 15 nov. au 8 déc., 15 au 28 fév. et lundi (sauf hôtel en sais.) – SC : **R** 65/130 –
  🍽 15 – **24 ch** 90/150.
- 🏠 **Château,** r. Gén.-de-Gaulle ₸ 78.24.33 – 🛁wc 🚗. ⌾ ch
- ◆ fermé 15 nov. au 20 déc. et jeudi – SC : **R** 45/140 ♨ – 🖵 14 – **12 ch** 65/125.
- ✕✕✕ ✿ **Chambard** (Irrmann), r. Gén.-de-Gaulle ₸ 47.10.17 – ① Ⓔ
  fermé 1ᵉʳ au 21 mars, dim. soir et lundi – **R** 90/200
  Spéc. Foie gras frais en boudin, Turbot au gingembre, Mousse Chambard. **Vins** Riesling, Tokay.
- ✕✕ **Lion d'Or,** r. Gén.-de-Gaulle ₸ 47.11.16, « Beau décor intérieur » – SC : **R** 68/140 ♨.
  fermé 15 janv. à début mars, mardi soir et merc. – SC : **R** 68/140 ♨.

  à Kientzheim E : 3 km par D 28 – ⊠ 68240 Kaysersberg.
  Voir Pierres tombales★ dans l'église.

- 🏨 **Host. Abbaye d'Alspach** ⌾, ₸ 47.16.00 – ⇔wc 🛁wc ☎ ⓟ. ⌾ ch
  fermé janv. – SC : **R** (fermé merc. et jeudi) (dîner seul.) carte environ 85 ♨ – 🍽 15
  – **20 ch** 95/150.

PEUGEOT, TALBOT Hiltenfinck, ₸ 78.23.08

KERPAPE 56 Morbihan 63 ① – rattaché à Larmor-Plage.

KERSAINT 29 Finistère 58 ③ – rattaché à Ploudalmézeau.

KESKASTEL 67 B.-Rhin 57 ⑯ ⑰ – 1 297 h. alt. 214 – ⊠ 67260 Sarre-Union – ✿ 88.
Paris 402 – ◆Metz 77 – St-Avold 36 – Sarreguemines 20 – ◆Strasbourg 86.

- 🏠 Franco-Suisse, ₸ 00.10.41, 🌳 – 🛁wc 🚗 🚗 ⓟ – **12 ch**.

KIENTZHEIM 68 H.-Rhin 62 ⑱ ⑲ – rattaché à Kaysersberg.

KREUZWEG (Col du) 67 B.-Rhin 62 ⑧ ⑨ – rattaché au Hohwald.

LABADAN 29 Finistère 58 ⑭ – rattaché à Pouldreuzic.

LABALME 01 Ain 74 ④ – rattaché à Cerdon.

LABAROCHE 68910 H.-Rhin 62 ⑱ – 1 204 h. alt. 750 – ✿ 89.
Paris 510 – Colmar 14 – Gérardmer 51 – Munster 25 – St-Dié 52:

- 🏠 **Tilleul** M ⌾, ₸ 49.84.46 – 🍴 ⇔wc 🚗 ⓟ ⌾ ch
- ◆ fermé janv. – **R** 40/55 ♨ – 🍽 13 – **14 ch** 130 – P 145.
- ⛲ **Aub. La Rochette** ⌾, ₸ 49.80.40, ≤, 🌳 – 🛁 ⓟ. 🖼. ⌾
- ◆ fermé janv. et merc. – **R** 45/70 ♨ – 🖵 17 – **8 ch** (pens. seul.) – P 126.

PEUGEOT Gar. Girard, à Correaux ₸ 49.82.68   RENAULT Munier, ₸ 49.80.52
Ⓝ ₸ 49.82.76

LABARTHE-INARD 31 H.-Gar. 86 ② – 590 h. alt. 326 – ⊠ 31800 St-Gaudens – ✿ 61.
Paris 790 – Boussens 15 – St-Gaudens 9,5 – St-Girons 34 – ◆Toulouse 81.

- 🏨 **Host. du Parc,** N 117 ₸ 89.08.21, 🌳 – ⇔wc 🛁 🚗 ⓟ. *VISA*
- ◆ fermé 10 janv. à fin fév. et lundi du 1ᵉʳ oct. à fin juin sauf fêtes – SC : **R** 44 bc/130 ♨
  – 🖵 14 – **14 ch** 90/150.
- 🏠 **La Tuilière,** N 117 ₸ 89.08.51, ⛴ – 🛁wc 🚗 ⓟ – 🅿 40. 🖼 AE *VISA*
- ◆ SC : **R** (fermé vend. de nov. à mars) 44 bc/110 ♨ – 🖵 16 – **17 ch** 105/140 – P
  135/165.

560

LABARTHE-SUR-LÈZE 31 Hte-Gar. 82 ⑱ – 2 315 h. – ✉ 31120 Portet-sur-Garonne – ✪ 61.

Paris 729 – Muret 6 – Pamiers 45 – ♦Toulouse 20.

XX **Poêlon,** ✆ 08.68.49 – AE VISA. ✱
fermé août, 1er au 8 janv., dim. soir, mardi midi et lundi – SC : **R** 100/120.

LABASTIDE-D'ARMAGNAC 40240 Landes 79 ⑫ – 809 h. alt. 94 – ✪ 58.

Paris 714 – Aire-sur-l'Adour 35 – Auch 82 – ♦Bordeaux 120 – Casteljaloux 46 – Mont-de-Marsan 29.

Loubère ✆ 44.81.03 – **10 ch**.

LABATUT 40 Landes 78 ⑦ – 1 003 h. alt. 46 – ✉ 40300 Peyrehorade – ✪ 58.

Paris 779 – ♦Bayonne 46 – Dax 27 – Mont-de-Marsan 74 – Orthez 20 – Sauveterre-de-Béarn 23.

Paris Gascogne, N 117 ✆ 98.18.26 – Ⓟ.
fermé oct. et lundi – SC : **R** 38/100 – ☕ 12 – **6 ch** 60/90 – P 120.

LABÉGUDE 07 Ardèche 76 ⑱⑲ – rattaché à Vals-les-Bains.

LABLACHÈRE 07230 Ardèche 80 ⑧ – 1 340 h. alt. 256 – ✪ 75.

ℹ Syndicat d'Initiative à la Mairie (fermé sam. et dim.) ✆ 36.65.72.

Paris 658 – Alès 49 – Mende 94 – Privas 55 – Pont-St-Esprit 71.

Le Commerce, ✆ 36.61.80 – ⋒. ✱ ch
SC : **R** 45/150 – ☕ 12 – **20 ch** 65/90 – P 110/135.

LABOUHEYRE 40210 Landes 78 ④ – 2 649 h. alt. 70 – ✪ 58.

Paris 672 – Biscarrosse 37 – ♦Bordeaux 83 – Castets 42 – Mimizan 28 – Mont-de-Marsan 53.

Unic Ⓜ, rte de Bordeaux ✆ 07.00.55 – ⋒ ☎
fermé 15 janv. à fin fév., dim. soir et lundi midi hors sais. – SC : **R** 65/125 – ☕ 16 – **9 ch** 100.

CITROEN Daymard-automobile, ✆ 07.00.19
MERCEDES-BENZ, V.A.G. Gar. Lafargue, ✆ 07.00.41

LAC voir au nom propre du lac.

LACANAU-OCÉAN 33680 Gironde 71 ⑱ **G. Côte de l'Atlantique** – ✪ 56.

Voir Étang de Lacanau★ E : 5 km.

de l'Ardilouse ✆ 03.25.60, E : 2 km.

ℹ Office de Tourisme pl. Europe (fermé dim. hors saison) ✆ 03.21.01.

Paris 638 – Andernos-les-Bains 42 – Arcachon 83 – ♦Bordeaux 59 – Lesparre-Médoc 52.

Étoile d'Argent, ✆ 03.21.07, – ⋒wc ☎ Ⓟ
fermé 12 nov. au 31 déc. et lundi hors sais. – SC : **R** 38/150 ♨ – ☕ 11 – **19 ch** 90/120 – P 145/185.

PEUGEOT Barre, ✆ 60.03.07
RENAULT Brun J.-Pierre, ✆ 03.20.12
RENAULT Brun Philippe, à Lacanau-Médoc ✆ 03.02.10

LACAPELLE-BARRÈS 15 Cantal 76 ⑬ – 110 h. alt. 1 000 – ✉ 15230 Pierrefort – ✪ 71.

Paris 546 – Aurillac 42 – Entraygues-sur-Truyère 49 – Murat 52 – Raulhac 11 – St-Flour 55.

Nord, ✆ 73.40.44, – Ⓟ. ✱ rest
1er mai-1er déc. – SC : **R** 35/65 ♨ – ☕ 11 – **13 ch** 72 – P 100/110.

LACAPELLE-MARIVAL 46120 Lot 75 ⑲⑳ **G. Périgord** – 1 356 h. alt. 400 – ✪ 65.

ℹ Office de Tourisme Château (1er juil.-31 août, fermé dim. et fêtes après-midi) ✆ 40.81.11.

Paris 569 – Aurillac 82 – Cahors 65 – Figeac 21 – Gramat 20 – Rocamadour 31 – Tulle 82.

Terrasse, ✆ 40.80.07 – TV ⇔wc ⋒wc ☎. AE ⓓ E. ✱
20 mars-20 déc. – SC : **R** 45/150 – ☕ 14 – **23 ch** 80/170 – P 130/170.

CITROEN Carrayrou, ✆ 40.80.09 N
PEUGEOT Poncie, ✆ 40.81.50

LACAUNE 81230 Tarn 83 ③ **G. Causses** – 3 532 h. alt. 800 – Casino – ✪ 63.

ℹ Syndicat d'Initiative pl. Gén. de Gaulle (1er juil.-31 août et fermé dim. après-midi) ✆ 37.04.98.

Paris 712 – Albi 68 – Béziers 86 – Castres 47 – Lodève 84 – Millau 78 – ♦Montpellier 126.

H. Fusiès, r. République ✆ 37.02.03 – ⇔wc ⋒wc ☎ – 30. AE ⓓ E VISA
fermé 21 déc. au 21 janv. et dim. soir du 1er déc. au 31 mars – SC : **R** 45/195 – ☕ 13 – **65 ch** 50/160 – P 150/195.

Glacier, pl. Vierge ✆ 37.03.28, – ⇔wc ☎. VISA
fermé 21 janv. au 21 fév. et vend. soir d'oct. à Pâques – SC : **R** 38/150 – ☕ 15 – **23 ch** 80/140 – P 140/160.

CITROEN Milhau, ✆ 37.06.08
PEUGEOT Gar. Rouquette R., ✆ 37.01.71
RENAULT Central Garage, ✆ 37.03.30
TALBOT Gar. Moderne, ✆ 37.00.16 N
Lacaune-Pneus, ✆ 37.00.80

LACAVE 46 Lot 75 ⑱ – 270 h. alt. 103 – ✉ **46200** Souillac – ☎ 65.

Voir Grottes★ – Château de la Treyne★ O : 3 km – Site★ du château de Belcastel O : 2,5 km, G. Périgord.

Paris 540 – Brive-La-Gaillarde 49 – Cahors 63 – Gourdon 26 – Rocamadour 12 – Sarlat-La-Canéda 41.

XX **Pont de l'Ouysse** avec ch, ☎ 37.87.04, ≤, – wc ☎ P. E VISA
20 mars-30 oct. et fermé lundi hors sais. – SC : **R** 60/160 – 15 – **12 ch** 70/140 – P 150/200.

LACOURTENSOURT 31 H.-Gar. 82 ⑧ – rattaché à Toulouse.

LACQ 64 Pyr.-Atl. 85 ⑥ **G. Pyrénées** – 748 h. alt. 117 – ✉ **64170** Artix.

Voir Exploitation de gisements de gaz naturel.

Paris 784 – Aire-sur-L'Adour 57 – Oloron-Ste-M. 33 – Orthez 16 – Pau 25 – St-Jean-Pied-de-Port 86.

LACROIX-FALGARDE 31 H.-Gar. 82 ⑱ – rattaché à Toulouse.

LACROUZETTE 81 Tarn 83 ① – 1 862 h. alt. 480 – ✉ **81210** Roquecourbe – ☎ 63.

Paris 749 – Albi 58 – Castres 16 – Lacaune 40 – Montredon-Labessonnie 19 – Vabre 15.

Relais du Sidobre, ☎ 50.60.06 – wc wc. AE E VISA
fermé 15 au 31 déc. – SC : **R** 45/130 – 15 – **20 ch** 80/160 – P 135/150.

LADON 45 Loiret 61 ⑪ – 869 h. alt. 91 – ✉ **45270** Bellegarde – ☎ 38.

Paris 112 – Châteauneuf-sur-Loire 30 – Gien 43 – Montargis 16 – •Orléans 55 – Pithiviers 29.

Cheval Blanc, ☎ 95.51.79 –
fermé lundi – SC : **R** 38/68 – 9 – **9 ch** 60/80.

CITROEN Gar. Central, ☎ 95.50.11
PEUGEOT-TALBOT Gar. du Parc, ☎ 95.50.13 N
RENAULT Bossard, ☎ 95.51.87

Alle im Michelin-Führer erwähnten Orte sind auf den Michelin-Karten im Maßstab 1: 200 000 rot unterstrichen ; die aktuellsten Hinweise gibt nur die neuste Ausgabe.

LAFFREY 38 Isère 77 ⑤ **G. Alpes** – 198 h. alt. 910 – ✉ **38220** Vizille – ☎ 76.

Voir Prairie de la Rencontre★ (monument Napoléon) au Sud – ≤★ de la chapelle du Sapey NE : 4 km puis 15 mn.

Syndicat d'Initiative (1er juil.-31 août) ☎ 73.91.08.

Paris 589 – •Grenoble 24 – La Mure 14 – Vizille 7,5.

XX **Humblot** avec ch, ☎ 68.14.18, parc, – P
fermé nov. – SC : **R** *(fermé merc. du 15 sept. au 15 avril)* 45/69 – 13 – **13 ch** 65/110 – P 110/130.

XX **Parc** avec ch, ☎ 68.12.98, parc, – P. AE E
fermé oct., mardi soir et merc., du 1er nov. au 1er mars ; hôtel fermé sauf vacances scolaires – SC : **R** 45/80 – 10 – **11 ch** 65/100 – P 130/150.

PEUGEOT Bonnier, ☎ 68.12.72

LAGNY-SUR-MARNE 77400 S.-et-M. 56 ⑫, 196 ㉑㉒, 101 ⑳ **G. Environs de Paris** – 16 874 h. alt. 44 – ☎ 6.

Voir Galerie★ du château de Guermantes S : 3 km par D 35 AZ.

Office de Tourisme cours Abbaye (fermé dim. et lundi) ☎ 430.68.77.

Paris 31 ④ – Meaux 21 ② – Melun 42 ④ – Provins 60 ③ – Senlis 51 ①.

Plan page ci-contre

à Thorigny – 7 161 h. – ✉ **77400** Lagny :

XX **St-Martin,** 6 r. Gare ☎ 430.00.55 – P. AE VISA — AY e
fermé 15 juil. au 15 août, dim. soir et lundi – **R** 75.

à Montévrain par ② : 3 km – ✉ **77144** Montévrain :

X **Bonne Auberge,** ☎ 430.25.09 – P. E VISA
fermé 15 au 30 juil., vacances de Noël, mardi soir et merc. – SC : **R** 72.

CITROEN Yvois, 57 av. Gén.-Leclerc à St-Thibault-des-Vignes par ④ ☎ 430.53.67
FORD Gar. Jamin, 34 av. Gén.-Leclerc ☎ 430.02.90 N
PEUGEOT, TALBOT Métin Marne, 2 av. du Gén.-Leclerc, Pomponne ☎ 430.30.30
PEUGEOT-TALBOT Queillé, 34 r. J.-Le-Paire ☎ 430.06.74
RENAULT Marquet, 31 av. de Lattre de Tassigny ☎ 430.03.44

La Centrale du Pneu, 13 r. Pont-Hardy ☎ 430.55.00

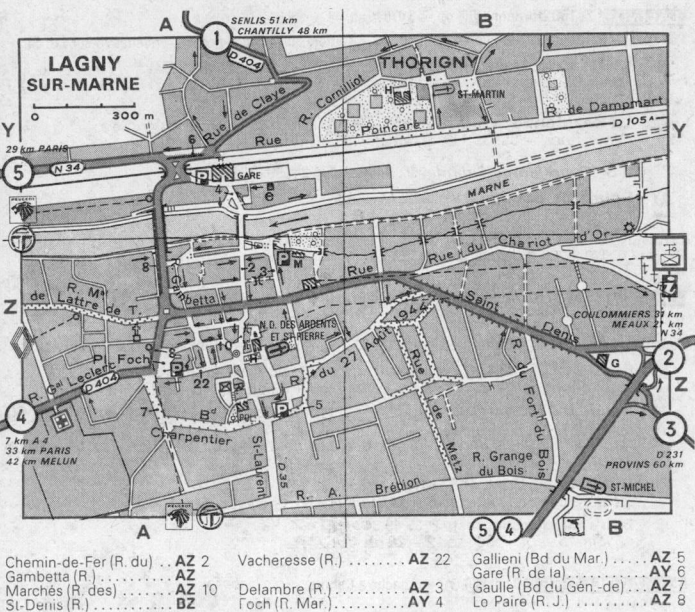

LAGNY SUR-MARNE

SENLIS 51 km
CHANTILLY 48 km

THORIGNY

29 km PARIS

MARNE

COULOMMIERS 29 km
MEAUX 21 km

7 km A4
33 km PARIS
42 km MELUN

PROVINS 60 km

ST-MICHEL

Chemin-de-Fer (R. du) .. **AZ** 2	Vacheresse (R.) .... **AZ** 22	Gallieni (Bd du Mar.) .... **AZ** 5
Gambetta (R.) .... **AZ**	Delambre (R.) .... **AZ** 3	Gare (R. de la) .... **AY** 6
Marchés (R. des) .... **AZ** 10	Foch (R. Mar.) .... **AY** 4	Gaulle (Bd du Gén.-de) ... **AZ** 7
St-Denis (R.) .... **BZ**		Le Paire (R. J.) .... **AZ** 8

LAGUIAN 32 Gers 🎱🎱 ⑨ – 217 h. alt. 320 – ⊠ 32170 Miélan – 🅖 62.

Voir Puntous de Laguian 🛆**★★** O : 2 km, G. Pyrénées.

Paris 841 – Aire-sur-l'A. 63 – Auch 44 – Lannemezan 49 – Mirande 19 – St-Gaudens 78 – Tarbes 29.

    ✗✗   **Host. des Puntous**, O : 1,5 km 🕾 67.52.51, ≼ – 🅿
      ⇒   *fermé 20 oct. au 25 nov., lundi soir et mardi* – SC : **R** 34/85 ⚖.

LAGUIOLE 12210 Aveyron 🎱🎱 ⑬ G. Auvergne – 1 320 h. alt. 1 004 – Sports d'hiver : 1 200/1 407
⚡9 ⚞ – 🅖 65.

Voir Église 🛆**★**.

Paris 554 – Aurillac 82 – Espalion 24 – Mende 85 – Rodez 56 – St-Flour 64.

    🏨   **Gd Hôtel Auguy**, 🕾 44.31.11 – ⇔wc 🝐 🕾 ⇐ 🅿 – 🏛 25. 🍴🍴 *VISA*
        fermé 30 oct. au 15 déc. – SC : **R** 65/95 – ⊒ 12 – **40 ch** 60/150 – P 130/180.

    🏨   **Régis**, 🕾 44.30.05 – ⇔wc 🝐 🕾 🍴🍴
      ⇒   *juin-sept., 20 déc -20 avril, fériés et fermé vend. sauf de juin à sept.* – SC : **R** 50 ⚖ –
        ⊒ 12,50 – **15 ch** 60/154 – P 143/160.

    ✗✗   🕸 **Lou Mazuc (Bras)** avec ch, 🕾 44.32.24 – 🛗 📺 ⇔wc 🝐wc ☎ ✑
        1ᵉʳ avril-10 oct. et fermé 1ᵉʳ au 8 juin, dim. soir et lundi sauf juil. et août – SC : **R**
        (nombre de couverts limité - prévenir) 53/195 ⚖ – ⊒ 23 – **12 ch** 86/260
        Spéc. Cassolette de champignons, Feuilleté de ris d'agneau, Assiette des gourmandises.

      à Soulages-Bonneval O : 5 km par D 541 – ⊠ 12210 Laguiole :

    🏨   **Aub. du Moulin** 🛆, 🕾 44.32.36, ≼, 🛲 – 🝐 🅿
      ⇒   *fermé 31 déc. au 1ᵉʳ fév. et dim. de Noël à Pâques* – SC : **R** 39/60 ⚖ – ⊒ 12 – **12 ch**
        60/85 – P 115/130.

CITROEN Gar. Charles, 🕾 44.34.40   RENAULT Gar. Troussillie, 🕾 44.32.21 🅝

La LAIGNE 17 Char.-Mar. 🎱 ② – rattaché à Mauzé-sur-le-Mignon.

LALACELLE 61 Orne 🎱🎱 ② – 350 h. alt. 272 – ⊠ 61320 Carrouges – 🅖 33.

Voir Mont des Avaloirs 🛆**★** S : 4 km, G. Normandie.

Paris 210 – Alençon 19 – Argentan 35 – Carrouges 12 – Domfront 42 – Falaise 57 – Mayenne 42.

    ✗✗   **La Lentillère** avec ch, E : 1,5 km sur N 12 🕾 27.38.48, 🛲 – ⇔ 🕾 ⇐ 🅿 🍴🍴
      ⇒   ⓔ *VISA*
        fermé fév., dim. soir et lundi – SC : **R** 39/125 – ⊒ 12 – **9 ch** 65/85 – P 95/120.

LALEVADE-D'ARDÈCHE 07 Ardèche 🎱🎱 ⑱ – rattaché à Vals-les-Bains.

LALINDE 24150 Dordogne **75** ⑮ – 3 070 h. alt. 46 – ۞ 53.

Paris 576 – Bergerac 22 – Brive-La-Gaillarde 99 – Cahors 89 – Périgueux 59 – Villeneuve-sur-Lot 60.

🏛 **Château** ⤳, r. Verdun ☎ 61.01.82, ≤, 🏡 – 🏢wc 🕿. 🚗🕯 **VISA**
fermé déc., janv., et vend. hors sais. – SC : **R** 53/115 – ☲ 16 – **9 ch** 56/170 – P 135/190.

🏛 **La Résidence** sans rest, r. Prof.-Testut ☎ 61.01.81 – 🏢wc 🏢wc 🕿
Pâques-oct. – SC : ☲ 11 – **11 ch** 90/130.

à St-Capraise-de-Lalinde O : 4 km – ✉ 24150 Lalinde :

XX **Relais St-Jacques,** ☎ 23.22.14 – **VISA**
← *fermé merc. du 1er oct. au 31 mai* – **R** 47/110.

CITROEN Groupierre, ☎ 61.03.67
PEUGEOT, TALBOT Arbaudie, ☎ 61.00.22

RENAULT Vergnolles, ☎ 61.16.16

LALOUVESC 07520 Ardèche **76** ⑨ G. Vallée du Rhône – 470 h. alt. 1 050 – ۞ 75.

Voir ⁂*.

Paris 559 – Annonay 25 – Lamastre 27 – Privas 83 – St-Agrève 31 – Tournon 42 – Yssingeaux 43.

🏛 **Beau Site,** ☎ 33.47.02, ≤ montagnes – 🏢wc 🏢wc 🕿. ⚘ rest
← *Noël-début oct.* – SC : **R** 50/120 – ☲ 15,50 – **33 ch** 72/145 – P 150/190.

🏛 **Relais du Monarque,** ☎ 67.80.44, ≤ montagnes, ᾑ – 🏢wc 🏢wc 🕿 – 🏂 50.
← 🚗🕯 ⓞ
Pâques-15 oct., 20 déc.-3 janv. et vacances de fév. – SC : **R** 40/125 – ☲ 14 – **20 ch** 78/140 – P 145/185.

🏛 **Vivarais** sans rest, ☎ 67.81.41 – 🏢
22 mai-30 sept. – SC : ☲ 16 – **14 ch** 80/150.

🏠 **Beau Séjour** sans rest, ☎ 33.49.34 – ⓟ. ⚘
15 juin-15 sept. – SC : ☲ 12 – **26 ch** 48/62.

LAMAGDELAINE 46 Lot **79** ⑧ – rattaché à Cahors.

LAMALOU-LES-BAINS 34240 Hérault **83** ④ G. Causses – 2 787 h. alt. 200 – Stat. therm. – Casino – ۞ 67.

🚩 Office de Tourisme av. Charcot (fermé sam. après-midi et dim. hors sais.) ☎ 95.64.17.

Paris 869 – Béziers 39 – Lacaune 54 – Lodève 38 – ♦Montpellier 80 – St-Affrique 79 – St-Pons 37.

🏛 **Gd H. Mas,** ☎ 95.62.22, parc, ⚘ – 🏢 🏢wc 🏢wc 🕿 ⛲ ⓟ – 🏂 80. 🚗🕯 ⓞ E
← **VISA**
fermé 3 janv. au 3 mars, mardi soir et merc. du 1er nov. au 3 janv. – SC : **R** 40/130 –
☲ 13,50 – **40 ch** 85/165 – P 150/185.

🏛 **Belleville,** av. Charcot ☎ 95.61.09, ᾑ – 🏢 🏢wc 🏢wc 🕿 ⛲ ⓟ. 🚗🕯 ⓞ **VISA**
← SC : **R** 38/130 – ☲ 14 – **44 ch** 65/160 – P 140/200.

🏠 **Paix** ⤳, près Centre Thermal ☎ 95.63.11 – 🏢 🏢wc 🕿 ⛲ ⓟ
sais. – **28 ch**

🏠 **Commerce,** ☎ 95.63.14 – 🏢wc 🏢wc 🕿 🚗
← *1er avril-31 oct.* – SC : **R** *(fermé mardi)* 34/80 – ☲ 12 – **24 ch** 55/95 – P 136/175.

aux Aires E : 4 km par D 160 – ✉ 34600 Bédarieux :

X **Grange,** ☎ 95.68.45 – **VISA**
← *fermé janv. et lundi* – SC : **R** 50/85.

PEUGEOT-TALBOT Gd Gar. des Cévennes, ☎ 95.64.22 **N**

LAMASTRE 07270 Ardèche **76** ⑲ G. Vallée du Rhône – 3 058 h. alt. 373 – ۞ 75.

Env. Ruines du château de Rochebloine ≤** 12 km par ⑥ puis 15 mn.

🚩 Syndicat d'Initiative à la Mairie (juil.-août).

Paris 583 ① – Privas 56 ③ – Le Puy 73 ⑤ – ♦St-Étienne 94 ⑤ – Valence 40 ② – Vienne 91 ①.

LAMASTRE		Charras (R. F.)	. 3
		Descours (Av.)	. 4
Bancel (R. D.)	. 2	Serres (Av. O.-de)	. 5

🏛 **Château d'Urbilhac** ⤳ , par ③ : 2 km
☎ 06.42.11, ≤ montagnes, parc – 🏢wc
🕿 ⛲ ⓟ. 🚗🕯 🏧 E **VISA**
1er avril-1er nov. – SC : **R** 80/160 – ☲ 22
– **12 ch** 110/250 – P 290.

🏛 ۞ **Midi** (Perrier), pl. Seignobos **(e)** ☎
06.41.50 – 🏢wc 🏢wc 🕿 ⛬ – 🏂
25. E **VISA** ⚘ ch
*1er mars-15 déc. et fermé dim. soir et
lundi sauf juil. et août* – SC : **R** 130/280
– ☲ 25 – **20 ch** 75/200 – P 180/300
Spéc. Pains d'écrevisses sauce cardinal, Poularde en vessie. Vins St-Péray, Hermitage.

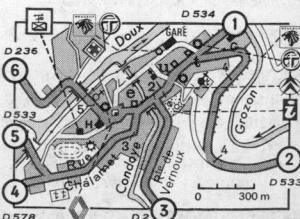

564

🏨 **Commerce,** pl. Rampon **(u)** ☎ 06.41.53, 🚗 – 📺wc 🛁wc ☎ 🚗 🔇 **E** VISA.
↙ ✗ rest
début mars-31 oct. – SC : **R** 45/170 – 🍽 16 – **24 ch** 80/168 – P 140/180.

🏨 **Négociants,** pl. Rampon **(t)** ☎ 06.41.34, 🚗 – 📺wc 🛁wc 🚗 **P.** 🚐 VISA
↙ *25 mars-30 oct.* – SC : **R** 40/100 ⅄ – 🍽 11 – **30 ch** 60/140 – P 115/140.

à Desaignes NO : 7 km par ⑤ – ⊠ 07570 Desaignes :

🏨 **Voyageurs,** ☎ 06.61.48, 🚗 ✗ – 🚗 **P.** ✗ rest
↙ *15 mars-20 sept.* – SC : **R** 40/80 – 🍽 11 – **20 ch** 60/75 – P 100/120.

CITROEN Gar.Moderne, ☎ 06.44.24
FIAT Gar. Montabonnel, ☎ 06.53.94 🔟 ☎ 06.56.22
FORD Ferraton, ☎ 06.41.56

PEUGEOT, TALBOT Rugani, ☎ 06.42.20 🔟
PEUGEOT-TALBOT Traversier, ☎ 06.42.12 🔟
RENAULT Chareyre-Autos, ☎ 06.43.32

LAMBALLE 22400 C.-du-N. 🏃🏃 ④ ⑭ G. Bretagne – 5 538 h. alt. 55 – ☺ 96.

Voir Haras★.

🛈 Office de Tourisme 2 pl. Martray (1er juin-15 sept. et fermé dim. après-midi) ☎ 31.05.38.

Paris 431 ③ – Dinan 40 ③ – Pontivy 63 ④ – Redon 114 ③ – ♦Rennes 81 ③ – St-Brieuc 21 ④ – St-Malo 55 ② – Vannes 105 ④.

LAMBALLE

Cartel (R. Ch.) 6
Martrai (Pl. du) 19
Val (R. du) 25

Augustins (R. des) 2
Beloir (Pl. du) 3
Boucouets (R. des) 4
Bouin (R. de) 5
Champ-de-Foire (Pl. du) 8
Dr-A.-Calmette (R. du) 9
Dr-Lavergne (R.) 10
Hurel (R. du Bg) 12
Jeu de Paume (R. du) 13
Jobert (Bd A.) 14
Langevin (R. P.) 15
Marché (Pl. du) 18
N.-Dame (R. et ➡) 20
St-Jean (R. et ➡) 22
St-Martin (➡) 23

Ne cherchez pas au hasard
un hôtel agréable et tranquille,
mais consultez les cartes
p. 46 à 53.

🏨 **Angleterre et Gare** 🅼, 29 bd Jobert **(a)** ☎ 31.00.16 – 📶 📺wc 🛁wc ☎ 🚗.
🚐 ℀ 🔇 **E** VISA
SC : **R** *(fermé dim. soir et lundi midi du 1er oct. au 1er avril sauf fêtes)* 55/150 ⅄ – 🍽 18 – **35 ch** 70/180.

🏨 **La Tour d'Argent** (Annexe 🅼, 📶 - 16 ch), 2 r. Dr-Lavergne **(b)** ☎ 31.01.37 –
↙ 📺wc 🛁wc ☎, ℀ VISA ⅃ ch
fermé 28 mai au 12 juin, 8 au 23 oct. et sam. sauf juil. et août – SC : **R** 40/120 ⅄ – 🍽 14 – **30 ch** 75/165 – P 160/200.

🏯 **A la Porte St-Martin,** 12 r. Porte-St-Martin **(r)** ☎ 31.02.08 – **E**
↙ *fermé 29 avril au 16 mai, 16 sept. au 18 oct., vend. soir, dim. soir sauf juil. et août* –
SC : **R** 40/60 ⅄ – 🍽 12 – **16 ch** 55/90 – P 100/120.

à Plestan par ③ et N 12 : 9 km – ⊠ 22640 Plenée-Jugon :

✗ **Grill les Landes,** ☎ 34.10.07 – **P.** VISA ℀
↙ *fermé 1er au 21 sept., mardi soir et merc.* – SC : **R** 48/100.

CITROEN Armor-Auto, Zone Ind. par ⑤ ☎ 31.04.32
PEUGEOT-TALBOT Léna, 26 r. Dr Lavergne, ☎ 31.01.40
RENAULT Le Moal et Poirier, 1 r. Bouin ☎ 31.02.83

🔧 Andrieux Pneus, rte de St-Brieuc ☎ 31.05.33
Desserrey-Pneus, rte de Dinard ☎ 31.03.11

LAMBESC 13410 B.-du-R. 🏃🏃 ② G. Provence – 4 690 h. – ☺ 42.
Paris 732 – Aix-en-Provence 21 – Apt 38 – Cavaillon 30 – ♦Marseille 51.

✗✗ **Moulin de Tante Yvonne,** r. Raspail ☎ 28.02.46, « Ancien moulin à huile du 15e s »
fermé mi juil. à fin août, dim. soir, lundi et mardi – SC : **R** (prévenir) carte environ 155.

LAMOTTE-BEUVRON 41600 L.-et-Ch. 🔞 ⑨ – 4 534 h. alt. 114 – 🍄 54.

Paris 167 – Blois 59 – Gien 57 – ◆Orléans 36 – Romorantin-Lanthenay 40 – Salbris 20.

🏠 **Monarque,** av. H.-de-Ville 🕿 88.04.47 – 🛁wc 🅿. 🍴 E 𝘝𝘐𝘚𝘈
◆ *fermé 16 au 27 août, fév., mardi soir et merc.* – SC : **R** 56/150 – 🖵 15 – **12 ch** 72/148
– P 155/175.

🛇🛇 **Host de la Cloche** avec ch, av. République 🕿 88.02.20, 🏡 – 🅿. 🍴 ⑩ 𝘝𝘐𝘚𝘈
◆ *fermé lundi soir et mardi* – SC : **R** 46/89 – 🖵 12.50 – **6 ch** 47/74.

au Rabot NO : 8 km par N 20 – ✉ 41600 Lamotte-Beuvron :

🏠 **Motel des Bruyères,** N 20 🕿 88.05.70, 🏊, 🛇🛇 – 📺 🛁wc 🛁wc 🐾 🕭 🅿 – 🏌
◆ 60. 🍴 ⑩ E 𝘝𝘐𝘚𝘈
R 45/98 🍸 – 🖵 16 – **40 ch** 73/170 – P 130/185.

CITROEN Germain, 🕿 88.04.49   RENAULT gar. du stade, 🕿 88.08.88
PEUGEOT-TALBOT Labé, 🕿 88.03.54   V.A.G. Gar. Gourin, 🕿 88.00.21

LAMOURA 39 Jura 🟨🟦 ⑮ – 333 h. alt. 1 156 – Sports d'hiver : 1 156/1 480 m 🚡10 ⚡ – ✉ 39310

Septmoncel – 🍄 84 – Paris 483 – Genève 48 – Gex 31 – Lons-le-Saunier 78 – St-Claude 17.

🏠 **La Spatule,** 🕿 42.60.23, ≤ – 🛁wc 🛁wc 🐾 🚗 🕿 🅿.
◆ *1ᵉʳ juin-25 sept. et 15 déc.-25 avril* – SC : **R** 50/85 – 🖵 14 – **25 ch** 70/130 – P
135/175.

🏠 **Dalloz,** 🕿 42.61.45, ≤ – 🛁wc 🛁 🐾 🅿. 🛇🛇 ch
◆ *25 mai-1ᵉʳ oct. et 10 déc.-20 avril* – SC : **R** 40/100 – 🖵 14 – **27 ch** 60/120 – P
110/145.

LAMPAUL-PLOUARZEL 29 Finistère 🟝🟨 ③ – 1 482 h. alt. 33 – ✉ 29229 Plouarzel – 🍄 98.

Paris 616 – ◆Brest 24 – Ploudalmézeau 15.

🛇🛇🛇 **Aub. du Kruguel,** 🕿 84.01.66, 🌳 – 🅿. 🛇🛇
◆ *fermé 12 au 25 sept., 9 fév. au 3 mars, dim. soir, jeudi midi et merc.* – SC : **R**
100/160.

LAMURE-SUR-AZERGUES 69870 Rhône 🟨🟦 ⑨ – 1 051 h. alt. 385 – 🍄 74.

Paris 450 – Chauffailles 26 – ◆Lyon 52 – Roanne 56 – Tarare 36 – Villefranche-sur-Saône 30.

🏡 **Ravel,** 🕿 03.04.72, 🌳 – 🛁 🍴 🅿. 🍴 𝘈𝘌 𝘝𝘐𝘚𝘈
◆ *fermé 7 au 30 nov. et vend. d'oct. à avril* – SC : **R** 47/130 – 🖵 13 – **10 ch** 75/120 – P
110/130.

🛇 **Commerce** avec ch, 🕿 03.05.00 – 🐾. 🛇🛇 ch
◆ *fermé janv., mardi soir et merc. sauf août* – SC : **R** 38/125 🍸 – 🍽 15 – **10 ch** 65/80
– P 120.

LANCIEUX 22770 C.-du-N. 🟝🟨 ⑤ G. Bretagne – 1 084 h. – 🍄 96.

Paris 419 – Dinan 21 – Dol-de-Bretagne 32 – Lamballe 40 – St-Brieuc 60 – St-Cast 19 – St-Malo 18.

🏠 **Mer,** r. Plage 🕿 86.22.07 – 🛁wc 🛁wc 🅿. 🍴 E
◆ SC : **R** *(fermé dim. de nov. à fév.)* 40/80 – 🖵 14 – **20 ch** 55/120 – P 120/150.

RENAULT Popovic, 🕿 86.22.28

LANÇON-PROVENCE 13 B.-du-R. 🟪🟦 ② – rattaché à Salon-de-Provence.

LANCRANS 01 Ain 🟨🟦 ⑤ – rattaché à Bellegarde-sur-Valserine.

LANDERNEAU 29220 Finistère 🟝🟨 ⑤ G. Bretagne – 15 660 h. alt. 21 – 🍄 98.

Voir Enclos paroissial⋆ de Pencran S : 3,5 km Z.

🏌 d'Iroise 🕿 85.16.17 SE : 5 km par r. de Daoulas Z.

🄸 Office de Tourisme Pont de Rohan (fermé sam. après-midi, dim. et lundi matin) 🕿 85.13.09.

Paris 580 ① – ◆Brest 20 ④ – Carhaix-Plouguer 78 ③ – Morlaix 44 ⑤ – Quimper 62 ③.

Plan page ci-contre

🏨 **Clos du Pontic** Ⓜ 🏊, r. Pontic 🕿 21.50.91, parc – 🛁wc 🛁wc 🕿 🕭 🅿. E 𝘝𝘐𝘚𝘈
SC : **R** *(fermé Noël au jour de l'An, 4 au 18 mars, sam. midi, dim. soir et lundi)* 52/180
– 🖵 15 – **20 ch** 125/173.   Z y

🛇🛇 **Mairie,** 9 r. Tour-d'Auvergne 🕿 85.01.83 – E 𝘝𝘐𝘚𝘈   Y r
◆ *fermé 15 nov. au 1ᵉʳ déc. et mardi* – **R** 38/100 🍸.

à La Roche Maurice par ① et C1 : 5 km – ✉ 29220 Landerneau.
Voir Enclos paroissial⋆.

🛇🛇 **Aub. Vieux Château,** 🕿 20.40.52
◆ *fermé en nov.* – **R** *(déj. seul.)* 48/110 🍸.

CITROEN Gd Gar. Ouest, 49 r. Brest 🕿 85.10.90   V.A.G. Gar. St-Christophe, 4 et 30 Bd Gare,
PEUGEOT-TALBOT Automobiles-de-l'Elorn,   85.00.29 🄽
rte de Sizun par ② 🕿 21.41.80
RENAULT S.A.G.A., 4 r. de la Marne par ④ 🕿   🛞 Velghe, 25 r. de Guébrient 🕿 85.01.56
85.01.26

566

LANDERNEAU

LANDERSHEIM 67 B.-Rhin 🖪🗌 ⑨ – 104 h. alt. 191 – ⊠ **67700** Saverne – ✿ 88.
Paris 459 – Haguenau 35 – Molsheim 22 – Saverne 13 – ✦Strasbourg 25.

XXX ✿ **Aub du Kochersberg,** ☎ 69.91.58 – 🔟 **P**. 🗚🗉 ⓞ 🇪 𝘝𝘐𝘚𝘈
  fermé 1er au 24 août, vacances de fév., dim. et fêtes le soir, mardi et merc. – SC : **R**
  (déj. à partir de 13 h.) 110 bc/230 ⅄
  Spéc. Escalope de foie d'oie, Saumon soufflé, Gourmandises de l'auberge.

LANDEVANT 56690 Morbihan 🖪🗌 ② – 1 516 h. alt. 29 – ✿ 97.
Paris 478 – Auray 15 – Hennebont 14 – Lorient 23 – Vannes 33.

XX **La Forestière,** rte Nostang : 1 km ☎ 24.66.06, ≼ – **P**
  fermé en oct., en fév., dim. soir et lundi – SC : **R** 75 ⅄.

LANDÉVENNEC 29 Finistère 🖪🗌 ④ ⑤ G. Bretagne – 423 h. alt. 80 – ⊠ **29127** Plomodiern –
✿ 98 – **Voir** Site✶ – Belvédères ≼✶.
Paris 584 – ✦Brest 52 – Châteaulin 33 – Douarnenez 45 – Morlaix 70 – Quimper 54.

🏠 **Beau Séjour,** ☎ 27.70.65, ≼, 🞈, – 🖴wc 🖩wc 🕾. 𝘝𝘐𝘚𝘈. ❦ ch
  fermé nov. et lundi – SC : **R** 55/138 – 🖙 21 – **27 ch** 72/149 – P 160/193.

LANDIVISIAU 29230 Finistère 🖪🗌 ⑤ G. Bretagne – 7 775 h. alt. 76 – ✿ 98.
Voir Lampaul-Guimiliau : intérieur✶✶ de l'église✶ SE : 4 km.
🗓 Office de Tourisme r. G. - Clémenceau ☎ 68.00.30.
Paris 559 – ✦Brest 38 – Landerneau 16 – Morlaix 22 – Quimper 72 – St-Pol-de-Léon 23.

🏠 **Étendard** 🖩, 8 r. Gén.-de-Gaulle ☎ 68.06.60 – 🛗 🖴wc 🖩wc 🕾 **P**. ⓞ 🇪 𝘝𝘐𝘚𝘈
— ❦ ch
  fermé 15 déc. au 15 janv. et en hiver vend. soir (sauf hôtel) et dim. soir – SC : **R**
  50/120 ⅄ – 🖙 20 – **35 ch** 90/185.

🏠 **Léon,** 3 pl. Champ-de-Foire ☎ 68.00.11 – 🛗 🖴wc 🖩wc 🕾 **P**. 🚗🙰 🗚🗉 ⓞ 🇪 𝘝𝘐𝘚𝘈
  fermé nov., vend. soir et sam. d'oct. à avril – SC : **R** 55/90 ⅄ – 🖙 17 – **44 ch** 80/180.

X **La Grande Maison** avec ch, 12 r. St-Guénal ☎ 68.00.61 – **P**. 🇪
— fermé lundi – SC : **R** 46/80 ⅄ – 🖙 15 – **8 ch** 65/85.

CITROEN Kerzil, 64 r. Gén.-de-Gaulle ☎ 68.
01.17 🅽
PEUGEOT Autos-Landi, bd de Kervanous ☎
68.07.36

RENAULT Gar. Guillou, 97 rte Morlaix ☎ 68.
00.22

🛞 Desserey-Pneus, 7 allée de la Croix ☎ 68.
13.88

LANESTER 56 Morbihan 🖪🗌 ① – rattaché à Lorient.

LANFROICOURT 54 M.-et-M. 🖪🗌 ⑭ – 90 h. alt. 226 – ⊠ **54760** Leyr – ✿ 8.
Paris 392 – Custines 16 – ✦Metz 43 – ✦Nancy 20 – Pont-à-Mousson 30.

XXX ✿ **Aub. des Capucines** (Gérardin), ☎ 325.61.18, 🞈 – **P**
  fermé 1er au 15 août, 14 au 28 fév., mardi et merc. – SC : **R** 90/180
  Spéc. Filet de turbot au sabayon, Feuillantines de volaille aux chanterelles, Marquise à la mirabelle..
  Vins Bruley.

LANGEAC 43300 H.-Loire 76 ⑤ G. Auvergne – 5 040 h. alt. 507 – ✆ 71.

Office de Tourisme pl. Hôtel de Ville (Pâques, 15 juin-15 sept., fermé dim. et lundi) ✆ 77.05.41.

Paris 485 – Brioude 29 – Mende 95 – Le Puy 41 – St-Chély-d'Apcher 62 – St-Flour 51.

à Reilhac N : 3 km par D 585 – ✉ 43300 Langeac :

Val d'Allier, ✆ 77.02.11 – P. ch
fermé sam. de nov. à mars – SC : **R** 45/75 – 12 – **10 ch** 68/105 – P 130/155.

CITROEN Degeorges, ✆ 77.08.61 N ✆ 77.13.58
FIAT Comte, ✆ 77.01.49
PEUGEOT-TALBOT Gar. Arsac, ✆ 77.02.89
PEUGEOT Conze, ✆ 77.07.07
RENAULT S.A.M.V.A.L., ✆ 77.04.07

LANGEAIS 37130 I.-et-L. 64 ⑭ G. Châteaux de la Loire – 3 902 h. alt. 53 – ✆ 47.

Voir Château★★ : appartements★★★.

Syndicat d'Initiative à la Mairie (juil.-août et fermé dim.) ✆ 96.71.62.

Paris 258 – Angers 83 – Château-la-Vallière 31 – Chinon 31 – Saumur 41 – ♦Tours 25.

✿ **Hosten et rest. Langeais,** 2 r. Gambetta ✆ 96.82.12 – wc
fermé 15 juin au 10 juil., 15 janv. au 5 fév., lundi soir et mardi – SC : **R** carte 100 à 150 – 28 – **14 ch** 90/240
Spéc. Blanquette de sole et turbot, Cuisses de canard au Bourgueil, Soufflé au Grand marnier.

Duchesse Anne, 10 r. Tours ✆ 96.82.03, – wc wc P
fermé nov., déc., dim. soir et lundi hors sais. – SC : **R** 60/200 – 15 – **22 ch** (1/2 pens. seul.) – 1/2 p 130/240.

à St-Michel-sur-Loire SO : 4 km sur N 152 – ✉ 37130 Langeais :

Aub. de la Bonde, ✆ 96.83.13 – wc wc P. E VISA
fermé 15 déc. au 15 janv. – SC : **R** *(fermé sam.)* 48/110 – 12 – **13 ch** 75/150 – P 138/177.

CITROEN Vincent, ✆ 96.86.68
PEUGEOT Denis, ✆ 96.80.49
RENAULT Balester et Exposito, ✆ 96.82.10
Robles, ✆ 96.81.60

LANGOGNE 48300 Lozère 76 ⑰ G. Auvergne – 4 337 h. alt. 912 – ✆ 66.

Voir Chapiteaux★ de l'église.

Syndicat d'Initiative 15 bd Capucins (15 juin-15 sept. et fermé dim. après-midi) ✆ 69.01.38.

Paris 551 – Alès 104 – Aubenas 62 – Mende 50 – Le Puy 42 – Villefort 49.

Voyageurs, rte Nîmes ✆ 69.00.56 – wc wc P
fermé 25 sept. au 1er oct., 17 déc. au 20 janv. et dim. sauf juil.-août – SC : **R** 38/105 – 14 – **14 ch** 95/160 – P 185.

Gaillard, av. Pont-d'Allier ✆ 69.10.55 – P. rest
1er fév.-30 oct. et fermé week-ends de mars et avril (sauf jours de fêtes) et dim. soir hors sais. – SC : **R** 40/80 – 11 – **20 ch** 55/70 – P 110/115.

CITROEN Philip, ✆ 69.05.82
RENAULT Blanquet, ✆ 69.11.55 N
Prouhèze, ✆ 69.09.30
R.I.P.A., ✆ 69.05.45

LANGON SP 33210 Gironde 79 ② G. Côte de l'Atlantique – 6 124 h. alt. 22 – ✆ 56.

Paris 641 – Bergerac 79 – ♦Bordeaux 46 – Libourne 54 – Marmande 37 – Mont-de-Marsan 83.

Modern, pl. Gén.-de-Gaulle ✆ 63.06.65 – wc wc P
R brasserie *(fermé merc.)* – **14 ch**.

XXX ✿✿ **Claude Darroze** avec ch, 95 cours Gén.-Leclerc ✆ 63.00.48, – wc wc P. ch
fermé 1er oct. au 6 nov., lundi hors sais. et fêtes – SC : **R** 125/240 et carte – 25 – **16 ch** 75/185
Spéc. Lamproie aux blancs de poireaux, Poissons, Gibiers (saison de chasse). Vins Sauternes, Graves.

XX **Grangousier,** 2 chemin du Peyrot ✆ 63.30.59, – P
fermé 8 au 20 nov. et mardi soir – SC : **R** carte 80 à 140

CITROEN Gar. d'Aquitaine, N 113 à Toulenne ✆ 63.55.37
PEUGEOT, TALBOT Doux et Trouillot, 50 r. J.-Ferry ✆ 63.50.47
RENAULT Sade Langon, Mazères ✆ 63.44.69
RENAULT Autom. Langon, 1 pl. Libération ✆ 63.50.19
Saphore, 40 cours de Lattre-De-Tassigny ✆ 63.02.02

LANGRES SP 52200 H.-Marne 66 ③ G. Bourgogne – 12 277 h. alt. 466 – ✆ 25.

Voir Site★★ – Cathédrale★ Y E.

Office de Tourisme pl. Etats-Unis (fermé dim. et fêtes) ✆ 85.03.32.

Paris 294 ④ – Auxerre 155 ④ – ♦ Besançon 102 ③ – Chaumont 35 ④ – ♦Dijon 68 ③ – Dole 99 ③ – Épinal 112 ① – ♦Nancy 133 ① – Troyes 129 ④ – Vesoul 75 ② – Vittel 72 ①.

LANGRES

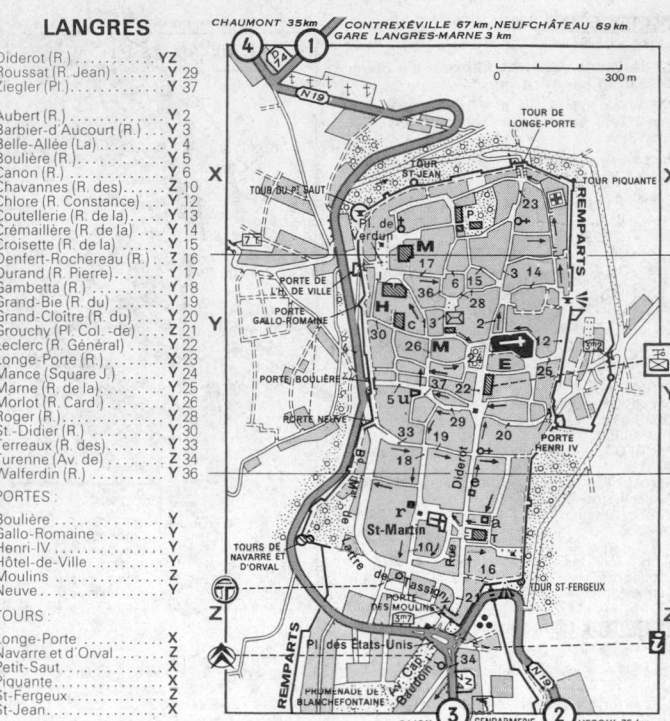

CHAUMONT 35 km   CONTREXÉVILLE 67 km, NEUFCHÂTEAU 69 km
GARE LANGRES-MARNE 3 km

DIJON 68 km   GENDARMERIE   VESOUL 75 km

🏨 **Gd H. Europe,** 23 r. Diderot ☏ 85.10.88 – ⌂wc 🛁wc ☎ ⟵ 🅿 🕿 ⒜Ⓔ 🄴 𝘝𝘐𝘚𝘈
◆ *fermé 1er au 8 mai, oct., dim. soir sauf de juil. à août et lundi midi* – SC : **R** 45/100 –
☲ 14 – **28 ch** 60/140 – P 146.   Z e

🏨 **La Grange au Prieur,** par ① : 2 km D 74 ⊠ 52200 Langres ☏ 85.10.27 – 📺
◆ ⌂wc 🛁wc ☎ 🅿 🕿 ⒜Ⓔ ⓞ 🄴 𝘝𝘐𝘚𝘈
fermé 15 nov. au 15 déc., dim. soir et lundi midi – SC : **R** 42/110 ⅃ – ☲ 14 – **19 ch**
65/140 – P 190.

🏠 **Lion d'Or,** rte Vesoul ☏ 85.03.30, ≤, 🐎 – ⌂wc 🛁wc ☜ ⟵ 🅿 – ⅍ 35. 🕿
◆ 𝘝𝘐𝘚𝘈   Z s
fermé 1er au 15 nov., 1er au 15 fév., vend. soir et sam. midi hors sais. – SC : **R** 40/60 ⅃
– ☲ 14,50 – **15 ch** 60/150 – P 160/200.

🏠 **Cheval Blanc,** 4 r. Estrés ☏ 85.07.00 – ⌂wc 🛁wc ⚏ ⟵ 🕿 🄴   Z a
◆ *fermé janv., fév., mardi soir et merc.* – SC : **R** 50/110 ⅃ – ☲ 13 – **21 ch** 60/170.

🏠 **Poste** sans rest, 10 pl. Ziegler ☏ 85.10.51 – ⌂wc 🛁wc 🅿 🕿   Y u
◆ *fermé nov. et dim. hors sais.* – SC : ☲ 18 – **35 ch** 60/130.

✕ **Aub. Jeanne d'Arc** avec ch, 26 r. Gambetta ☏ 85.03.18 – 🛁wc 🕿 🕿   Z r
◆ *fermé 15 oct. au 21 nov., lundi soir et mardi midi* – SC : **R** 40/82 – ☲ 16 – **9 ch**
60/75.

à Sts-Geosmes par ③ : 4 km – ⊠ 52200 Langres :

✕✕ **Aub. des Trois Jumeaux** avec ch, ☏ 85.03.36 – ⌂wc 🛁wc 🅿 🕿 🄴 𝘝𝘐𝘚𝘈
◆ *fermé nov. et lundi* – SC : **R** 45/80 – ☷ 17 – **10 ch** 80/120.

BMW, V.A.G. Europe Gar., rte Chaumont ☏   PEUGEOT TALBOT Gar. Berthier, rte de Dijon
85.03.78   à St-Geosmes par ③ ☏ 85.02.13
CITROEN Périn, rte Dijon à St-Geosmes ☏   TALBOT Gar. Bel-Air, bd de-Lattre-De-Tassi-
85.06.33   gny ☏ 85.02.28
FORD Noirot Autom., rte de Dijon à St-
Geosmes, ☏ 85.29.19   🛢 Bourricard, 1 av. Cap.-Baudoin ☏ 85.36.31
FIAT Viard, 42 bd de-Lattre-De-Tassigny ☏
85.00.51

LANGUEUX 22 C.-du-N. 🇫🇷🔟 ③ – rattaché à St-Brieuc.

569

LANNEMEZAN 65300 H.-Pyr. 🔢 ⑨ ⑲ –
8 499 h. alt. 585 – 🔵 62.

🏌 de Lannemezan et Capvern-les-Bains
ℙ 98.01.01 par ② : 4 km.

🅱 Syndicat d'Initiative pl. République (fermé
matin sauf saison, sam., dim. et fêtes) ℙ
98.08.31.

Paris 840 ④ – Auch 66 ② – Bagnères-de-Luchon
54 ② – St-Gaudens 30 ② – Tarbes 35 ④.

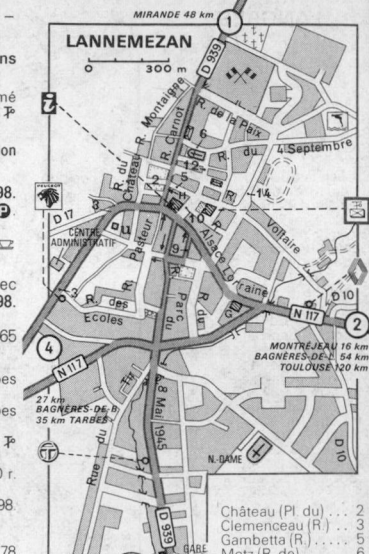

LANNEMEZAN

Château (Pl. du) ... 2
Clemenceau (R.) 3
Gambetta (R.) 5
Metz (R. de) 6
Paul-Bert (R.) 9
République (Pl.) ... 10
Victor-Hugo (R.) 12
11-Novembre (R.) .. 14

🏨 **Pyrénées**, rte Tarbes (u) ℙ 98.
➡ 01.53 – 🛁 📶wc 📶wc 🕾 🚗 🅿
🆎 ① ☰ 𝕍𝕀𝕊𝔸
fermé nov. – SC : **R** 45/100 🍴 – ☲
15 – **31 ch** 62/141 – P 97/163.

✗ **Host. du Pont d'Espagne** avec
➡ ch, 712 r. du 8-Mai-1945 (e) ℙ 98.
01.52, 🍴 – 🅿 🖼
SC : **R** 30/60 🍴 – 🍽 15 – **11 ch** 55/65
– P 100/110.

CITROEN Gd Gar. du Plateau, rte de Tarbes
par r. Clemenceau ℙ 98.05.91
OPEL Gar. des Pyrénées, 13 ter rte de Tarbes
ℙ 98.01.87
PEUGEOT Laffitte, 610 r. G.-Clemenceau ℙ
98.33.34
RENAULT Auto-Sce-des-4-Vallées, 489-500 r.
Alsace-Lorraine ℙ 98.03.88
V.A.G. Dambax, 430 r. du 8-Mai-1945 ℙ 98.
04.16

🚲 Ibos, 227 rte La Barthe, Zone Ind. ℙ 98.09.78
Laborie, 538 r. du 8-Mai-1945 ℙ 98.01.67
Saint-Martin, rte de Tarbes ℙ 98.14.43

LANNILIS 29214 Finistère 🔢 ④ – 3 686 h.
alt. 85 – 🔵 98.

Paris 598 – ◆Brest 23 – Brignogan 24 – Landerneau 30 – Lesneven 17 – Morlaix 63 – Quimper 91.

à **Paluden** N : 2 km par D 13 – ✉ 29214 Lannilis :

✗✗ Relais de l'Aber, rte Plouguerneau ℙ 04.01.21, ≤.

CITROEN Ségalen, ℙ 04.02.32 🅽

LANNION ◁🅂🄿▷ 22300 C.-du-N. 🔢 ① 🄶 Bretagne – 18 296 h. alt. 23 – 🔵 96.

Voir Place Général-Leclerc★ 27 – Église de Brélévenez★ B.

🏌 de St-Samson ℙ 23.87.34, par ① et D 11 : 9,5 km.

✈ de Lannion : T.A.T. ℙ 37.42.92 N par ① : 2 km.

🅱 Office de Tourisme quai d'Aiguillon (fermé sam. après-midi et lundi matin hors sais.) ℙ 37.07.35.

Paris 515 ③ – ◆Brest 96 ⑤ – Lorient 149 ③ – Morlaix 38 ⑤ – Quimper 118 ⑤ – St-Brieuc 63 ③.

Plan page ci-contre

🏨 **Campanile** 🛇, par ① : 3 km ℙ 37.70.18, 🍴 – 🛁wc 🕭 🅿 𝕍𝕀𝕊𝔸
SC : **R** 55 bc/80 bc – 🍽 20 – **27 ch** 161

🏨 **Terminus**, 30 av. Gén.-de-Gaulle (a) ℙ 37.03.67 – 🛁 📶wc 🕾 🎬 ch
➡ fermé 4 au 21 juin, 15 oct. au 2 nov. – SC : **R** (fermé dim. de nov. à juin) 45/120 🍴 –
☲ 15 – **16 ch** 70/120.

🏨 Bretagne, 32 av. Gén.-de-Gaulle (a) ℙ 37.00.33 – 🛁 🕾
10 ch.

🏨 L'Arrivée sans rest, 15 rte Plouaret (s) ℙ 37.00.67 – 🛁wc 🕾 🎬
fermé 18 déc. au 9 janv. – SC : ☲ 13 – **12 ch** 65/90.

au **Yaudet** par ⑤ et D 88A : 8,5 km – ✉ 22300 Lannion :

🏠 **Genêts d'Or**, ℙ 35.24.17, 🍴 – 🅿 🎬 rest
➡ fermé 15 janv. au 15 mars, dim. soir et lundi hors sais. – SC : **R** 45/90 – ☲ 12 –
15 ch 60/90 – P 130/150.

AUSTIN, ROVER, TRIUMPH Gar. le Morvan,
69 rte de Tréguier ℙ 37.03.84
CITROEN Sylvestre, rte de Morlaix par r. des
Frères-Lagadec ℙ 37.04.33 🅽 ℙ 37.06.23
DATSUN Loas, rte de Morlaix, Ploulec'h ℙ
37.08.81
FORD Gar. Corre, rte de Perros-Guirec ℙ 37.
45.41
OPEL Gar. Guillou, rte de Guingamp par ③ ℙ
37.09.88

PEUGEOT-TALBOT Gd Gar. de Lannion, rte
de Perros-Guirec par ① ℙ 38.52.71
PEUGEOT-TALBOT Audigou, 16 r. Jeanne-
d'Arc ℙ 37.02.23
RENAULT Gar. des Côtes d'Armor, rte de
Guingamp par r. St-Nicolas ℙ 37.00.23 🅽

🚲 Desserrey-Pneus, rte de Perros-Guirec ℙ
37.44.11
Trégor Pneus, rte du Rusquet ℙ 38.58.36

LANNION

Aiguillon (Quai d') 2
Augustins (R. des) 3
Leclerc (Pl. du Gén.) 27
Pont-Blanc
(R. Geoffroy-de) 39

Bienfaisance (R. de) 4
Buzulzo (R. de)......... 7
Cie-Roger-Barbé (R.) ... 8
Duguesclin (R.) 9
Foch (Quai du Mar.) 12
Frères-Lagadec (R. des) 13
Gaulle
(Av. Général-de) 14
Jeanne-d'Arc (R.) 17
Joffre (Quai du Mar.) ... 18
Kérampont (R. de)...... 19
Kériavily (R. de) 22
Kermaria (Pont et R.).... 23
Le Bourdon (R. Isidore) 24
Le-Dantec (R. F.)....... 28
Letaillandier (R. E.) 29
Mairie (R. de la) 32
Marchallac'h (Pl. du).... 33
Morlaix (Rte de)......... 34
Palais-de-Justice
(Allée du) 37
Ploubezre (R. de)....... 38
Renan (Av. Ernest) 42
St-Malo (R. de) 43
St-Nicolas (R.) 44
Savidan (R. Jean) 47
Templiers (R. des)...... 50
Trinité (R. de la) 51
Viarmes (Pont et Q. de) . 52

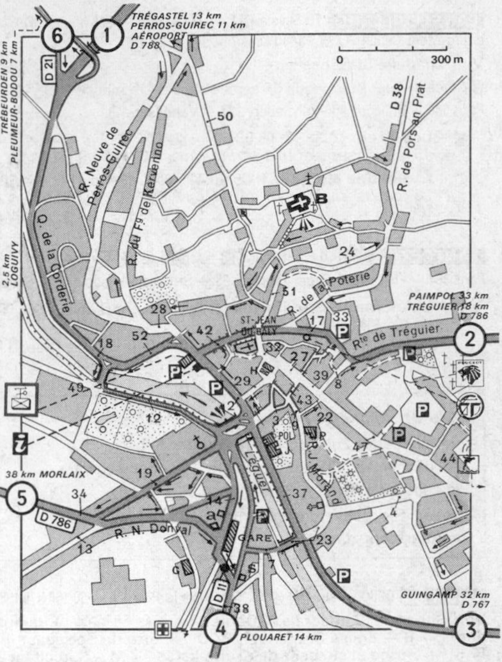

LANOUAILLE 24270 Dordogne 75 ⑦ – 1 026 h. alt. 302 – ✪ 53.

Paris 452 – Brive-la-Gaillarde 60 – ♦Limoges 57 – Nontron 53 – Périgueux 46 – Uzerche 47.

- **Voyageurs,** ☎ 52.60.64 – ⎍wc ☎
hôtel : 1er mars-3 nov. et fermé lundi sauf juil.-août – SC : **R** *(fermé fév., le soir du 1er nov. au 1er mars et lundi)* 40/70 🍷 – ☕ 13 – **13 ch** 50/120 – P 90/115.

LANS-EN-VERCORS 38 Isère 77 ④ – 946 h. alt. 1 020 – Sports d'hiver : 1 400/1 880 m ⛷15 ⛷ –
✉ **38250** Villard-de-Lans – ✪ 76.

ℹ Office de Tourisme pl. Église (fermé dim. et lundi hors saison) ☎ 95.42.62.

Paris 581 – ♦Grenoble 27 – Villard-de-Lans 9 – Voiron 41.

- **La Source, à Bouilly** SO : 3 km par D 531 ☎ 95.42.52, ≤ – 🛁wc ⎍wc ☎ **P**. ✂ rest
11 juin-4 sept. et 21 déc.-15 avril – SC : **R** 49/77 – ☕ 15 – **17 ch** 106/126 – P 165/175.
- **Col de l'Arc,** pl. Église ☎ 95.40.08, 🌳, 🎾 – 🛁wc ⎍wc ☎ **P**. AE E VISA. ✂ rest
20 mai-15 oct. et 15 déc.-30 avril – SC : **R** 45/90 – ☕ 16 – **23 ch** 63/140 – P 150/180.
- **Val Fleuri,** ☎ 95.41.09, ≤, 🌳 – ⎍ ☎ **P**. ✂ rest
20 juin-20 sept. et 20 déc.-20 avril – SC : **R** 45/95 – ☕ 14,50 – **22 ch** 50/115 – P 133/160.

CITROEN Gar. des Gorges, ☎ 95.42.24 N

LANSLEBOURG-MONT-CENIS 73480 Savoie 77 ⑨ **G. Alpes** – 526 h. alt. 1 400 – Sports d'hiver : 1 400/2 800 m ⛷29 – ✪ 79.

ℹ Office de Tourisme de Val Cenis (fermé dim. hors saison) ☎ 05.23.66, Télex 980213.

Paris 685 – Briançon 87 – Chambéry 124 – St-Jean-de-Maurienne 54 – Torino 93 – Val-d'Isère 49.

- **Alpazur,** ☎ 05.93.69, ≤ – 🛁wc ⎍wc ☎ 🚗 **P**. AE. ✂ rest
1er juin-20 sept. et 20 déc.-20 avril – SC : **R** 70/160 – ☕ 22 – **21 ch** 150/200 – P 217/233.
- **Relais des 2 Cols,** ☎ 05.92.83, ≤, 🏊 – 🛁wc ⎍wc ☎ **P**.
20 mai-30 sept. et 20 déc.-20 avril – SC : **R** 50/72 – ☕ 15 – **30 ch** 80/150 – P 154/184.
- **Les Marmottes,** ☎ 05.93.67 – ⎍ 🚗
15 juin-20 sept. et 20 déc.-25 avril – SC : **R** 52/80 🍷 – ☕ 14 – **16 ch** 75/155 – P 140/170.

LANSLEVILLARD 73 Savoie 🟥🟥 ⑨ G. Alpes – 306 h. alt. 1 479 – Sports d'hiver (voir à Lanslebourg-Mont-Cenis) – ✉ **73480** Lanslebourg – 🟠 79.

Voir Chapelle St-Sébastien★.

🅱 Office de Tourisme (1er juil.-15 sept. et 19 déc.-1er mai) ☎ 05.92.43.

Paris 688 – Briançon 90 – Chambéry 127 – Val-d'Isère 46.

🏨 **Les Prais** M ⌂, ☎ 05.93.53, ≤, ♨ – ⌂wc 🚿wc ☜ ☏ ⓄⒺ
15 juin-15 sept. et 15 déc.-fin avril – SC : **R** 56/95 – ☲ 15 – **24 ch** 140 – P 185/195.

🏨 **Étoile des Neiges**, ☎ 05.90.41, ≤ – ⌂wc 🚿wc ☏ ⓟ ♨ rest
26 juin-12 sept. et 18 déc.-15 avril – SC : **R** 65/95 – ☲ 16 – **18 ch** 70/160 – P 165/195.

LANTOSQUE 06450 Alpes-Mar. 🟥🟥 ⑲. 🟥🟥🟥 ⑰ G. Côte d'Azur – 884 h. alt. 510 – 🟠 93.

Paris 884 – ♦Nice 49 – Puget-Théniers 53 – St-Martin-Vésubie 15 – Sospel 42.

🍴🍴 **L'Ancienne Gendarmerie** ⌂ avec ch, D 2565 ☎ 03.00.65, ≤, ♨ – ⌂wc 🚿wc ☏ ⓟ ☜ ♨
fermé 3 nov. au 5 janv., hôtel : dim., rest : lundi – SC : **R** 68/148 – ☲ 16 – **9 ch** 180 – P 209/242.

Die im Michelin-Führer
verwendeten Zeichen und Symbole haben
– dünn oder **fett** gedruckt, in rot oder schwarz –
jeweils eine andere Bedeutung.
Lesen Sie daher die Erklärungen (S. 37 - 44)
aufmerksam durch.

LAON ⓟ 02000 Aisne 🟥🟥 ⑤ G. Nord de la France – 30 168 h. alt. 83 à 18 – 🟠 23.

Voir Site★★ – Cathédrale N-Dame★★ : nef★★★ CYZ – Rempart du Midi et porte d'Ardon★ CZ R – Église St-Martin★ AZ D – Porte de Soissons★ AZ E – Rue Thibesard ≤★ BZ 51 – Musée et chapelle des Templiers★ CZ M – Circuit du Laonnois★ par D 7 X.

🅱 Office de Tourisme pl. Parvis ☎ 23.45.87.

Paris 138 ⑤ – ♦Amiens 115 ⑥ – Charleroi 121 ① – Charleville-Mézières 108 ① – Compiègne 75 ⑤ – Mons 107 ① – ♦Reims 47 ③ – St-Quentin 46 ⑥ – Soissons 37 ⑤ – Valenciennes 99 ⑦.

Plan page ci-contre

🏨 **Angleterre**, 10 bd Lyon ☎ 23.04.62, Télex 145580 – 🖬 ⌂wc 🚿 ☏ ☜ ⓟ – ⚕ 35. ☜ ⒶⒺ Ⓞ Ⓔ 𝚅𝙸𝚂𝙰
fermé 24 déc. au 24 janv. – SC : **R** *(fermé dim. soir)* 60/150 – ☲ 16 – **30 ch** 100/280 – P 210/280.   CY **e**

🏨 **Les Chevaliers** sans rest, 3 r. Serurier ☎ 23.43.78 – ⌂wc 🚿 ☜ ☜ ⒶⒺ Ⓞ Ⓔ 𝚅𝙸𝚂𝙰
SC : ☲ 15 – **15 ch** 100/160.   BY **s**

🏨 **Commerce** sans rest, 13 pl. Gare ☎ 79.10.38 – ⌂ 🚿wc ☜ ☜ ☜ ♨   BY **n**
fermé 20 déc. au 5 janv. – SC : ☲ 13,50 – **24 ch** 62/112.

🍴🍴 **Bannière de France** avec ch, 11 r. F.-Roosevelt ☎ 23.21.44 – ⌂wc 🚿wc ☏ ☜
– ⚕ 80. ☜ ⒶⒺ Ⓞ Ⓔ 𝚅𝙸𝚂𝙰 ♨   BY **t**
fermé 20 déc. au 10 janv. – SC : **R** 60 bc/150 ⒥ – ☲ 17 – **18 ch** 70/220 – P 185/270.

🍴🍴 **Petite Auberge**, 45 bd Brossolette ☎ 23.02.38 – Ⓔ   BY **r**
🡆 *fermé juil. et sam.* – **R** 40/100 ⒥.

🍴 **Chateaubriand**, 7 pl. St.-Julien ☎ 23.40.79 – ⒶⒺ Ⓔ   BZ **a**
fermé 10 août au 10 sept. et mardi – SC : **R** carte 90 à 130 ⒥.

🍴 **Chenizelles**, 1 r. Bourg ☎ 23.02.34 – Ⓔ 𝚅𝙸𝚂𝙰   BZ **u**
🡆 SC : **R** 45 ⒥.

à *Etouvelles* par ⑤ : 7 km rte Paris – ✉ 02000 Laon :

🍴🍴 **Au Bon Accueil**, ☎ 23.07.43, ♨ – ⓟ
fermé 22 fév. au 8 mars et merc. – **R** 55/100 ⒥.

ALFA-ROMEO Sport-Tourisme, 54 bd Gras-Brancourt ☎ 23.41.72
AUSTIN, MORRIS, ROVER, TRIUMPH Gar. Lavoine, r. des Minimes, Zone Ind. ☎ 79.31.75
CITROEN Favresse Laon, 113 bd Brossolette ☎ 23.04.26
FIAT Gar. Colbeaux, 5 pl. Victor-Hugo ☎ 23.08.78
FORD S.I.C.B., 121 av. de Belgique ☎ 79.14.08
LANCIA-AUTOBIANCHI Gar. Brossolette, 16 bd Brossolette ☎ 23.25.97

PEUGEOT-TALBOT Tuppin, 132 av. Belgique ☎ 23.50.36
RENAULT S.O.D.A.L. av. de Belgique par ① ☎ 23.24.35
V.A.G. Gar. St-Marcel, 45 bd Gras-Brancourt ☎ 23.41.72

🛞 Fischbach Pneu, 10 bd Gras-Brancourt ☎ 23.02.27

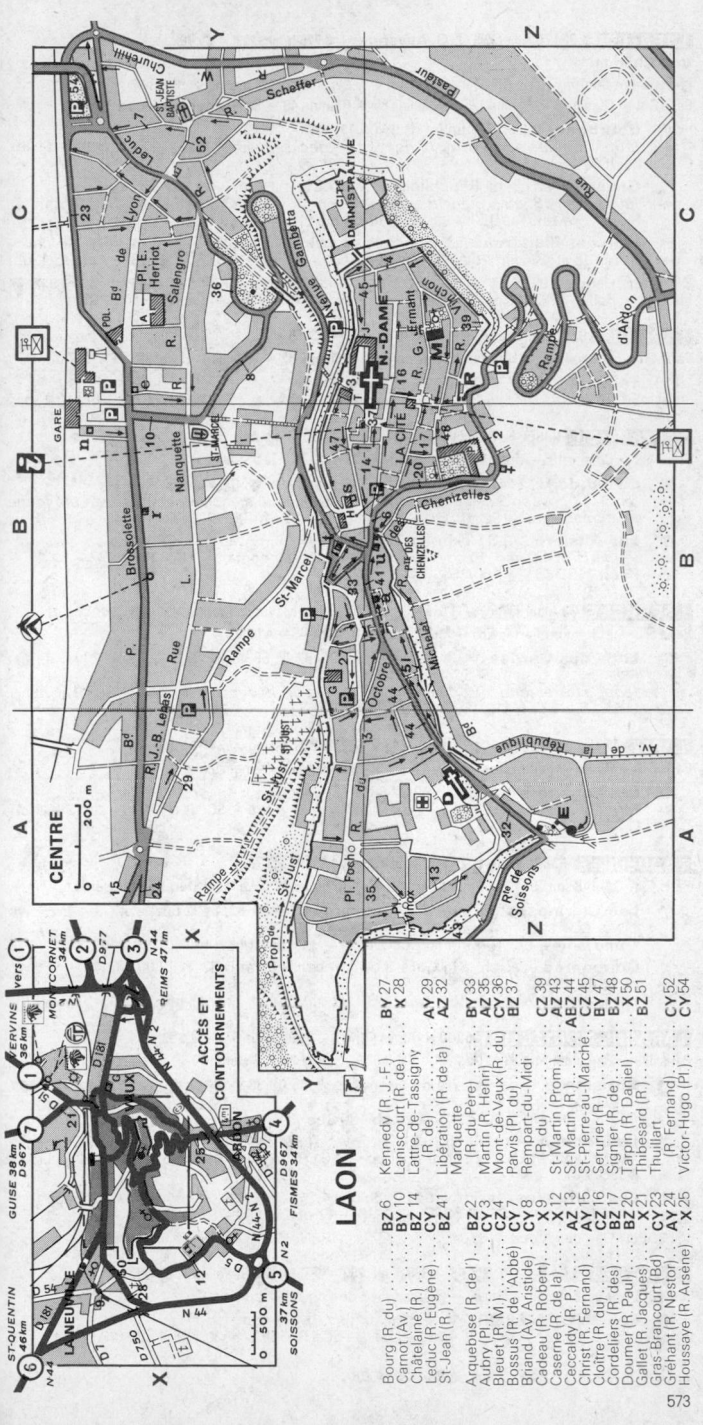

LAON

LAPALISSE 03120 Allier 🔢 ⑥ G. Auvergne – 3 775 h. alt. 299 – ✿ 70.

Voir Château★★.

🛈 Syndicat d'Initiative pl. Ch.-Bécaud (15 juin-15 sept. et fermé mardi) ℱ 99.08.39.

Paris 344 – Digoin 45 – Mâcon 125 – Moulins 50 – Roanne 48 – St-Pourçain-sur-Sioule 31.

 🏠 **Bourbonnais**, pl. 14-Juillet ℱ 99.04.11, ☎ – 🗐 🅿. %
 ◆ *fermé 15 mars au 1er avril, 15 nov. au 1er déc. et lundi* – **R** 42/132 – 😑 14 – **11 ch**
 60/109.

 ✕✕ **Galland** avec ch, pl. République ℱ 99.07.21 – 🛏 🕮 🚗 ⓘ **E**
 ◆ *fermé 3 au 18 janv., 3 au 18 oct., merc. en juil.-août et mardi soir* – SC : **R** (dim. et
 fêtes - prévenir) 48/150 – 😑 13 – **10 ch** 55/110.

 ✕✕ **Lion des Flandres** avec ch, r. Prés.-Roosevelt ℱ 99.06.75 – 🗐 🕮. 🚗 . ℁ ch
 ◆ *fermé 15 au 31 déc.,15 au 31 janv. et lundi* – SC : **R** 45/120 🍷 – 🍺 13 – **7 ch** 75/120.

CITROEN Henry, ℱ 99.02.77   PEUGEOT, TALBOT Gar. de France, ℱ 99.00.77
FIAT Gar. Rollet, ℱ 99.08.66   RENAULT Dupereau, ℱ 99.01.01 🔟

LAPLEAU 19550 Corrèze 🔢 ① – 542 h. alt. 500 – ✿ 55.

Paris 475 – Égletons 18 – Mauriac 27 – Neuvic 18 – Pleaux 32 – Tulle 50 – Ussel 39.

 🏠 **Touristes**, ℱ 27.52.06, 🐾 – 🚗 🅿. %
 ◆ SC : **R** *(fermé dim. du 11 nov. au 27 mars)* 35/60 – 🍺 12 – **20 ch** 60/85 – P 110/130.

LAPOUTROIE 68650 H.-Rhin 🔢 ⑱ – 1 806 h. alt. 450 – ✿ 89.

Paris 496 – Colmar 19 – Munster 29 – Ribeauvillé 21 – St-Dié 37 – Sélestat 34.

 🏠 **du Faudé** M, ℱ 47.50.35, 🔲, 🐾 – 🛁wc 🗐wc ☎ 🅿. 🚗 **E** 𝘝𝘐𝘚𝘈
 *fermé 14 nov. au 3 déc., 1er au 18 mars, en hiver le merc. soir et jeudi ; en été fermé
 jeudi midi seul.* – SC : **R** 55/150 🍷 – 😑 **25 ch** 106/127 – P 116/146.

 🏠 **Les Alisiers** 🐾, S : 3 km ℱ 47.52.82, ≼, 🐾 – 🛁wc 🗐wc 🅿. %
 fermé 15 au 30 juin, 15 nov. au 15 déc., lundi soir et mardi – SC : **R** 58/127 – 😑 17 –
 15 ch 115/165 – P 150/185.

LAPRUGNE 03 Allier 🔢 ⑥ – 1 015 h. – ✉ 03250 Le Mayet de Montagne – ✿ 70.

Paris 382 – ◆Clermont-Ferrand 86 – Moulins 80 – Roanne 45 – Vichy 41.

 🏠 **Loge des Gardes** 🐾, NE : 9 km par D 182 ℱ 56.43.06, % – 🛁wc 🗐wc 🕮 🅿.
 🚗
 fermé nov. et lundi du 15 mars au 15 juin et du 1er sept. au 1er déc. – SC : **R** 55/90 🍷
 – 😑 15 – **22 ch** 110/150 – P 180/200.

LAPTE 43 H.-Loire 🔢 ⑧ – 1 274 h. alt. 848 – ✉ 43200 Yssingeaux – ✿ 71.

Paris 573 – Bourg-Argental 40 – Le Puy 41 – ◆St-Étienne 61 – Yssingeaux 14.

 ✕✕ **Les Peupliers** avec ch, ℱ 59.37.68 – 🗐 🚗 🅿.
 ◆ *fermé 7 au 12 juin, 12 au 19 sept., dim. soir et lundi* – SC : **R** 38/100 – 😑 12 – **8 ch**
 65/70 – P 120/130.

LAQUEUILLE 63820 P.-de-D. 🔢 ⑬ – 502 h. alt. 1 000 – ✿ 73.

Paris 433 – Aubusson 79 – ◆Clermont-Ferrand 42 – Mauriac 71 – Le Mont-Dore 15 – Ussel 44.

 🏠 **Les Clarines**, à la Gare O : 3 km par N 89 et D 82 ℱ 22.00.43, 🐾 – 📶 🛁wc
 🗐wc 🕮 🚗 🅿. 🚗 𝘝𝘐𝘚𝘈
 fermé janv. – SC : **R** (dîner seul.) 60/100 – 😑 15 – **14 ch** 130/220.

 ✕ **Commerce** avec ch, à la Gare O : 3 km par N 89 et D 82 ℱ 22.00.03, 🐾 – 🛁wc
 ◆ 🗐 ☎ 🅿. **E** 𝘝𝘐𝘚𝘈
 fermé oct. et dim. soir hors sais. – SC : **R** 40/85 – 😑 12 – **15 ch** 65/140 – P 130/170.

LARAGNE-MONTÉGLIN 05300 H.-Alpes 🔢 ⑤ – 3 898 h. alt. 573 – ✿ 92.

Paris 689 – Barcelonnette 88 – Gap 39 – Sault 63 – Serres 17 – Sisteron 17.

 🏠 **Chrisma** M sans rest, rte de Grenoble ℱ 65.09.36 – 🛁wc 🗐wc ☎ 🚗 🅿. 🚗
 E 𝘝𝘐𝘚𝘈. %
 Pâques-mi oct. – SC : 😑 16 – **20 ch** 130/155.

 🏠 **Le Globe**, pl. Aires ℱ 65.15.81 – 🛁wc 🗐 🕮. 🚗 𝘝𝘐𝘚𝘈. ℁ ch
 fermé janv. et dim. d'oct. à fin juin – SC : **R** 55/85 🍷 – 😑 15 – **10 ch** 105/115 –
 P 180/210.

 🏠 **Les Terrasses**, av. Provence ℱ 65.08.54, ≼, 🏖, 🐾 – 🗐 🚗 🅿. 🚗 **E** 𝘝𝘐𝘚𝘈
 ◆ *1er mai-1er oct.* – SC : **R** 50/70 – 😑 15 – **17 ch** 60/125 – P 120/170.

CITROEN Gar. des Alpes, ℱ 65.04.79   RENAULT Lambert, ℱ 65.00.05 🔟

LARCEVEAU 64 Pyr.-Atl. 🔢 ④ – 388 h. alt. 262 – ✉ 64120 St-Palais – ✿ 59.

Paris 816 – ◆Bayonne 69 – Pau 86 – St-Jean-Pied-de-Port 16 – St-Palais 15.

 🏠 **Espellet**, ℱ 37.81.91, 🐾 – 🛁wc 🗐wc 🅿. ℁ rest
 ◆ *fermé fév. et mardi de nov. à mai* – SC : **R** 35/75 – 😑 13 – **20 ch** 50/105 – P
 120/140.

PEUGEOT, TALBOT Gar. Thambo, ℱ 37.80.37 🔟

574

LARCHE 04540 Alpes-de-H.-Pr **81** ⑨ – 100 h. alt. 1 700 – Sports d'hiver : 1 700/2 000 m ⚡3 – ✪ 92.

Paris 763 – Barcelonnette 26 – Cuneo 74 – Digne 113 – Guillestre 45 – St-Étienne-de-Tinée 68.

- **Paix,** ☎ 84.31.35, ≤ – ⋒wc ☎ **P**
  25 juin-26 sept. et Noël-Pâques – SC : **R** 50/110 – ☐ 16 – **24 ch** 92/140 – P 140/180.

LARCHE 19600 Corrèze **75** ⑧ – 1 180 h. alt. 95 – ✪ 55.

Paris 499 – Brive-la-Gaillarde 11 – Cahors 100 – Périgueux 62 – Sarlat-la-Canéda 40 – Tulle 40.

- **Les Glycines,** ☎ 85.30.12, ≤, ♣, ⊼ – ⊟wc ⋒wc
  fermé déc. et janv. – SC : **R** *(fermé dim. soir du 20 sept. à Pâques)* 35/70 – ☐ 12 – **10 ch** 50/120 – P 120.

Le LARDIN-ST-LAZARE 24 Dordogne **75** ⑦ – 2 048 h. alt. 90 – ✉ **24570** Condat – ✪ 53.

Paris 490 – Brive-la-Gaillarde 27 – Lanouaille 38 – Périgueux 46 – Sarlat-la-Canéda 36.

- **Sautet,** ☎ 50.07.22, ≤, « Jardin fleuri », ✂ – |‡| TV ⊟wc ⋒wc ☎ ♿ **P** – ⛶ 80 à 150. ⇌ VISA. ✂ rest
  fermé 23 déc. au 23 janv., sam. et dim. d'oct. à Pâques – SC : **R** 46/140 – ☐ 16 – **38 ch** 80/190 – P 135/195.
- XX **Aub. de l'Aérodrome,** à l'aérodrome de Condat-sur-Vézère S : 3 km par D 704 et VO ☎ 50.07.80, ≤ – ▤ **P**. AE E VISA
  SC : **R** 60/160 ♁.

LARDY 91510 Essonne **60** ⑩, **196** ㊷ ㊸ – 2 918 h. alt. 75 – ✪ 6.

Paris 44 – Arpajon 9 – Corbeil-Essonnes 23 – Étampes 13 – Évry 29 – Fontainebleau 44.

- X **Aub. de l'Espérance,** Gde-Rue ☎ 456.40.82 – ◑ VISA
  fermé dim. soir et lundi – **R** carte 110 à 155.

LARMOR-BADEN 56790 Morbihan **63** ⑫ **G. Bretagne** – 751 h. alt. 21 – ✪ 97.

Paris 472 – Auray 14 – Vannes 14.

- **Aub. Parc Fétan,** ☎ 57.04.38, ⊼ – ⊟wc ⋒wc ☎ **P**. AE ◑ E VISA
  15 mars-15 nov. – SC : **R** 50/180 – ☐ 17 – **23 ch** 105/190 – P 135/205.

LARMOR-PLAGE 56260 Morbihan **63** ① **G. Bretagne** – 5 408 h. – ✪ 97.

Paris 502 – Lorient 6 – Quimperlé 27 – Vannes 60.

- **Beau Rivage,** plage de Toulhars ☎ 65.50.11, ≤ – ⊟wc ⋒wc ☎ **P**. ⇌ AE ◑ E VISA
  fermé nov. – SC : **R** *(fermé dim.)* 60 (sauf fêtes)/210 – ☐ 16 – **18 ch** 64/135 – P 170/200.

  à Kerpape O : 2,5 km – ✉ **56260** Larmor-Plage :

- **Plage Le Darz** ⛰, ☎ 65.50.21, ≤, ⊼ – ⋒ **P**. ✂
  1er juin-12 sept. – SC : **R** (pens. seul.) – ☐ 12 – **20 ch** 60/75 – P 135/140.

LAROQUE-DES-ARCS 46 Lot **79** ⑧ – rattaché à Cahors.

LARRAU 64 Pyr.-Atl. **85** ⑭ – 345 h. alt. 636 – ✉ **64560** Licq-Athérey – ✪ 59.

Paris 847 – Oloron-Ste-Marie 42 – Pau 75 – St-Jean-Pied-de-Port 70 – Sauveterre-de-Béarn 67.

- **Despouey** ⛰, ☎ 28.60.82, ⊼ – ⊟wc **P**. ⇌. ✂
  1er fév.-15 nov. – SC : **R** 45/70 ♁ – ☐ 10 – **15 ch** 80/90 – P 110/130.

LARUNS 64440 Pyr.-Atl. **85** ⑯ – 1 612 h. alt. 531 – ✪ 59.

Paris 822 – Argelès-Gazost 48 – Lourdes 51 – Oloron-Ste-Marie 32 – Pau 37.

- **Ossau,** pl. Mairie ☎ 05.30.14 – ⊟wc ⋒ ☎. VISA
  fermé 2 au 22 mai, 14 nov. au 19 déc. – SC : **R** *(fermé mardi sauf vacances scolaires)* 135 bc/39 ♁ – ☐ 15 – **12 ch** 80/114 – P 173/207.
- X **Aub. Bellevue,** rte Pau ☎ 05.31.58 – **P**. VISA
  fermé 15 nov. au 15 déc. et merc. sauf juil. et août – SC : **R** 48/72.

LASALLE 30460 Gard **80** ⑰ – 1 018 h. alt. 260 – ✪ 66.

Paris 739 – Alès 30 – Florac 71 – ♦Montpellier 60 – Nîmes 64 – St-Jean-du-Gard 18 – Le Vigan 43.

- **des Camisards,** ☎ 85.20.50, ⊼ – |‡| ⊟wc ⋒wc ☎ ♿. E VISA
  avril-nov. – SC : **R** *(fermé jeudi sauf juil.-août)* 43/85 ♁ – ☐ 13 – **20 ch** 81/173 – P 145/165.

LASCHAMPS-DE-CHAVANAT 23 Creuse **72** ⑩ – rattaché à Guéret.

LATILLÉ 86 Vienne 🔟🔟 ⑬ – 1 276 h. alt. 149 – ⊠ **86190** Vouillé – 🔘 49.

Paris 350 – Châtellerault 48 – Parthenay 31 – Poitiers 26 – St-Maixent-l'École 37 – Saumur 84.

　🏠　**Centre,** ☏ 51.88.75 – 🛏wc 🛏wc 🐘 – 🏖 30
　↔　fermé 12 au 31 déc. – SC : **R** 45/90 – 🗙 12 – **13 ch** 55/110.

LATOUR-DE-CAROL 66 Pyr.-Or. 🔟🔟 ⑯ – 430 h. alt. 1 248 – ⊠ **66760** Bourg-Madame – 🔘 68.

Paris 1 021 – Andorre la Vieille 58 – Ax-les-Thermes 47 – Font-Romeu 19 – ◆Perpignan 108.

　XX　**La Valdotène,** à Yravals, S : 0,5 km ☏ 04.84.46 – 𝑉𝐼𝑆𝐴
　　　fermé oct. et lundi hors sais. – SC : **R** 70/130.

LATRONQUIÈRE 46210 Lot 🔟🔟 ⑳ – 729 h. alt. 650 – 🔘 65.

🅱 Syndicat d'Initiative à la Mairie (1ᵉʳ juil.-15 sept. et fermé sam.) ☏ 40.26.62.

Paris 574 – Aurillac 45 – Cahors 87 – Figeac 28 – Lacapelle-Marival 22 – St-Céré 28 – Sousceyrac 12.

　🏠 🌫 **Tourisme** (Mme Bex), ☏ 40.25.11 – 🖃 🅿
　　　1ᵉʳ juil.-1ᵉʳ sept. – SC : **R** (nombre de couverts limité - prévenir)(diner seul) 130 et
　　　carte – 🗙 25 – **40 ch** 140/210
　　　Spéc. Paté de foie de canard truffé, Cassolette d'escargots aux cèpes, Bœuf au jus de truffes. **Vins**
　　　Cahors, Gaillac perlé.

CITROEN Jauliac, ☏ 40.25.12

La LATTE (Fort) 22 C.-du-N. 🔟🔟 ⑤ G. Bretagne – ⊠ **22240** Pléherel – 🔘 96.

Voir Site★★ – 🌤★★.

Paris 446 – Matignon 14.

Les LAUMES 21150 Côte-d'Or 🔟🔟 ⑧⑱ G. Bourgogne – alt. 248 – 🔘 80.

Voir Mont Auxois★ : 🌤★ E : 4 km.

Paris 251 – Avallon 55 – ◆Dijon 67 – Montbard 14 – Saulieu 43 – Semur-en-Auxois 13 – Vitteaux 19.

　🚉　**Gare,** ☏ 96.00.46, 🐎 – 🛏 🛏 🐘 🚗 🅿 E 𝑉𝐼𝑆𝐴
　↔　fermé 4 au 18 oct. et 3 au 17 janv. – SC : **R** 39/120 🍷 – 🗙 10 – **26 ch** 42/74 –
　　　P 110/160.

FORD Gar. Maufront, à Venarey les Laumes　　　RENAULT Pernet, à Venarey les Laumes ☏
☏ 96.05.50　　　　　　　　　　　　　　　　　　96.00.05

LAURIÈRE 24 Dordogne 🔟🔟 ⑥ – rattaché à Périgueux.

LAURIS 84360 Vaucluse 🔟🔟 ② – 1 755 h. alt. 182 – 🔘 90.

Paris 732 – Aix-en-Provence 38 – Apt 23 – Avignon 54 – Cadenet 6 – Cavaillon 27 – Manosque 54.

　🏠　**La Chaumière** 🐕, ☏ 68.01.29, ≤ vallée et chaîne des Alpilles – 🛏wc 🛏wc 🐘.
　　　🚗🔧
　　　fermé 15 nov. au 15 déc. et 5 janv. au 15 fév. – SC : **R** (fermé mardi) 65/80 – 🗙 18 –
　　　10 ch 140/190 – P 215/255.

CITROEN Gaillardon, ☏ 68.09.27

LAUTARET (Col du) 05 H.-Alpes 🔟🔟 ⑦ G. Alpes – alt. 2 058 – ⊠ **05220** Le Monêtier-les-Bains
– 🔘 92.

Voir 🌤★★.

Env. Col du Galibier 🌤★★★ N : 7,5 km.

Paris 653 – Briançon 28 – ◆Grenoble 88 – Lanslebourg-Mont-Cenis 81 – St-Jean-de-Maurienne 55.

　🏠　**Glaciers** 🐕, ☏ 24.42.21, ≤ – 🛏wc 🐘 🚗 🅿 🚗🔧
　↔　10 juin-25 sept. – SC : **R** 48/69 – 🗙 16,50 – **40 ch** 65/155 – P 140/185.

LAUTENBACH 68610 H.-Rhin 🔟🔟 ⑱ G. Vosges – 1 315 h. alt. 396 – 🔘 89.

Voir Église★.

Paris 556 – Colmar 34 – Gérardmer 53 – Guebwiller 8 – ◆Mulhouse 31.

　XX　**A la Truite,** à Lautenbach-Zell ⊠ 68610 Lautenbach ☏ 76.32.57 – 🅿
　　　fermé 27 juin au 8 juil., en fév., mardi soir et merc. – **R** 60/130 🍷.

LAUTERBOURG 67630 B.-Rhin 🔟🔟 ⑳ – 2 442 h. alt. 115 – 🔘 88.

Paris 528 – Haguenau 41 – Karlsruhe 23 – ◆Strasbourg 63 – Wissembourg 19.

　XXX 🌫 **La Poêle d'Or** (Gottar), 35 r. Gén.-Mittelhauser ☏ 94.84.16 – 🅾 🌤
　　　fermé fin juil. au 14 août, vacances de fév., vend. midi et jeudi – SC : **R** carte 130 à
　　　175
　　　Spéc. Presskopf maison, Sandre au vin blanc, Faisan à la vigneronne (saison de chasse). **Vins** Pinot
　　　noir, Sylvaner.

Paris 593 – Bergerac 55 – ✦Bordeaux 40 – Langon 38 – Libourne 16 – Marmande 49.

⇑ **Chez Clovis,** ✆ 40.16.03 – 🏠 **P**
✦ *fermé 15 au 30 nov., 14 fév. au 10 mars et lundi du 1er oct. au 15 juin* – SC : **R** 38/170
🍷 – 🍴 11 – **14 ch** 55/70.

Une réservation confirmée par écrit est toujours plus sûre.

LAVAL **P** 53000 Mayenne **63** ⑩ G. Châteaux de la Loire – 54 537 h. alt. 70 – ✪ 43.

Voir Vieille ville★ AZ – Vieux château★ : charpente★★ du donjon AZ **D** – Jardin de la Perrine★ ABZ – Chevet★ de la basilique BZ **E** – Église de Pritz★ N : 2 km par D 104 AY.

☞ ✆ 53.48.70 N : 7 km par D 544 BY.

ℬ Office de Tourisme (fermé dim. sauf matin en saison) pl. du 11-Nov. ✆ 53.09.39 - A.C.O. 7 pl. J.-Moulin ✆ 56.12.57.

Paris 278 ① – Angers 73 ④ – ✦Caen 143 ① – ✦Le Havre 241 ① – ✦Le Mans 83 ① – ✦Nantes 130 ⑤ – Poitiers 241 ③ – ✦Rennes 74 ⑦ – ✦Rouen 237 ① – St-Nazaire 154 ⑤ – ✦Tours 140 ③.

Déportés (R. des)	**AZ**
Gaulle (R. Gén.-de)	**AY**
Paix (R. de la)	**BY**
Boissel (R. Victor)	**BZ** 2
Gambetta (Quai)	**AY** 4
Hardy-de-Lévaré (Pl.)	**AZ** 5
Hercé (Pl. de)	**AZ** 6
Jehan-Fouquet (Quai)	**AZ** 7
Messager (R.)	**AZ** 10
Paradis (R. de)	**BZ** 13
Pont-de-Mayenne (R.)	**BZ** 14
Renaise (R.)	**AZ** 15
St-Martin (R.)	**AY** 17
Solférino (R.)	**BY** 18
Souchu-Servinière (R.)	**AY** 19
Strasbourg (R. de)	**AY** 20
Trémoille (Pl. de la)	**AZ** 22

577

LAVAL

🏨 **Ouest H.,** 3 r. J.-Ferry 🕾 53.11.71 – 📺 🛏wc 🛁wc 🕾 🅿. 🅰🅴 ⓓ 🅴 *VISA*   ABY **s**
SC : **R** *(fermé sam. et dim.)* 55/100 ⅜ – 🗷 13 – **29 ch** 80/160 – P 180/260.

🏨 **Impérial H.** sans rest, 61 av. R.-Buron 🕾 53.55.02 – 🛗 🛏wc 🛁wc 🕾 🚗. 🚙
VISA. 🎯   BY **h**
fermé en août : du 4 au 10, du 16 au 28 et du 24 au 31 déc. – SC : 🗷 14 – **32 ch**
85/160.

🏠 **St-Pierre,** 95 av. R.-Buron 🕾 53.06.10 – 🛏wc 🛁wc 🚗. *VISA*   BY **f**
➡ *fermé 16 août au 6 sept. et 24 déc. au 10 janv.* – SC : **R** *(fermé sam.)* 40/90 ⅜ – 🗷 14
– **14 ch** 73/132.

🏠 **Le Zeff** sans rest, 2 carrefour aux Toiles 🕾 53.17.68 – 🛏 🅴 🎯   AY **e**
fermé 10 au 28 août – SC : 🗷 12 – **15 ch** 60/95.

XXX ❀ **Gerbe de Blé** (Portier) avec ch, 83 r. V.-Boissel 🕾 53.14.10 – 🛏wc 🛁. 🚙 🛗
ⓓ. 🎯   BZ **n**
fermé 1er août au 4 sept., dim. soir et lundi – SC : **R** 120/190 – 🗷 17 – **10 ch** 80/140
Spéc. Saumon frais fumé (mars-oct.), Boudin aux pommes, Aiguillettes de caneton au Chinon. **Vins**
Chinon, Champigny.

XX **Bistro de Paris,** 67 r. Val de Mayenne 🕾 56.98.29 – *VISA*   AZ **k**
fermé août, vacances de fév., sam. midi et dim. – SC : **R** (nombre de couverts limité
- prévenir) 65.

XX **La Rousine,** rte Tours par ③ : 3,5 km 🕾 53.03.10 – 🅿. 🅰🅴 ⓓ 🅴 *VISA*
➡ *fermé 1er au 22 août, dim. soir et lundi* – SC : **R** 48 *(sauf sam. soir)*/60 ⅜.

XX **A la Bonne Auberge** avec ch, 168 r. Bretagne par ⑥ 🕾 69.07.81 – 🛏wc 🛁 🚗.
➡ 🅰🅴 *VISA*
fermé 1er au 23 août, 20 déc. au 7 janv., vend. soir, dim. soir et sam. – SC : **R** 50/150
⅜ – 🗷 15 – **15 ch** 65/140.

MICHELIN, Agence, r. Robert Vauxion ZAC des Alignés par ⑥ 🕾 69.00.09

ALFA-ROMEO DATSUN Gar. Chassay, Rte de
Rennes, 🕾 69.19.69
AUSTIN-JAGUAR-MORRIS-ROVER-
TRIUMPH Gar. de Nantes, 17 r. de Nantes 🕾
69.02.83
BMW Gar. Bassaler Bd de Buffon 🕾 53.31.59
🛚 🕾 53.32.32
CITROEN Brilhault, 137 r. Bretagne par ⑥ 🕾
69.19.00 🛚
FORD Boureau, Z.I rte du Mans à Bon-
champs-lès-Laval 🕾 53.13.14
LANCIA-AUTOBIANCHI, MERCEDES-BENZ
Patard, 86 r. Bretagne 🕾 53.17.58

OPEL Gar. des Sept Fontaines, 252 r. de Bre-
tagne 🕾 69.32.10
PEUGEOT Gd Gar. du Maine, Av. de Paris,
St-Berthevin par ⑥ 🕾 53.09.81
RENAULT Hardy, rte de Rennes, St-Berthevin
par ⑥ 🕾 69.26.69 🛚
RENAULT SALDA, 205 bd des Trappistines 🕾
53.00.87
V.A.G. Gar. des Pommeraies, 36 rte de
Mayenne 🕾 53.08.04 🛚

🛞 Sodipneus, 4 r. du Laurier 🕾 53.10.04
Tricard, rte Rennes, St-Berthevin 🕾 69.15.08

Le feu est le plus terrible ennemi de la forêt.
Soyez prudent !

▌Le LAVANCHER 74 H.-Savoie 🔢 ⑨ – rattaché à Chamonix.

▌Le LAVANDOU 83980 Var 🔢 ⑯ G. Côte d'Azur – 3 800 h. – ❀ 94.

🏌 de Valcros 🕾 66.81.02 par ② : 15 km.

🇮 Office de Tourisme quai G.-Péri (fermé dim. et fêtes) 🕾 71.00.61.

Paris 880 ② – Cannes 103 ① – Draguignan 78 ① – Ste-Maxime 42 ① – ♦Toulon 41 ②.

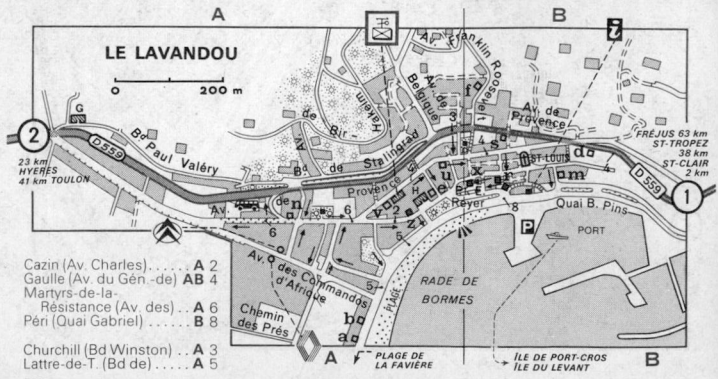

Cazin (Av. Charles) . . . . . . A 2
Gaulle (Av. du Gén.-de) . AB 4
Martyrs-de-la-
  Résistance (Av. des) . . A 6
Péri (Quai Gabriel) . . . . . . B 8
Churchill (Bd Winston) . . A 3
Lattre-de-T. (Bd de) . . . . A 5

578

🏨🏨 **Aub. La Calanque** ⑤, av. Gén.-de-Gaulle ☏ 71.00.46, Télex 400681, ≤, 🏠,
« Jardin fleuri dominant le port » – 🛗 AE ⑨ VISA   B d
1er fév.-2 nov. – SC : **R** 99/250 – ☷ 18 – **39 ch** 235/360 – P 285/530.

🏨🏨 **Résidence Beach**, bd Front-de-Mer ☏ 71.00.66, ≤, 🏠, 🐜, ℀ – ℀ rest
19 mai-20 sept. – SC : **R** (dîner seul.) 125 – ☷ 28 – **55 ch** 309/448.   A a

🏨🏨 **Espadon** sans rest, pl. E.-Reyer ☏ 71.00.20, ≤ – 🛗   A e
1er fév.-15 nov. – SC : ☷ 18,50 – **22 ch** 242/280.

🏨 **La Petite Bohème** ⑤, av. F.-Roosevelt ☏ 71.10.30, ≤, 🏠, 🌺 – 🚻wc 🚻wc
☞, 🍴🍴. ℀ rest   B f
7 mai-3 oct. – SC : **R** 75 – ☷ 16,50 – **19 ch** 135/215 – P 173/240.

🏨 **La Lune** sans rest, av. Gén.-de-Gaulle ☏ 71.04.20 – 🛗 🚻wc 🚻wc ☞, 🍴🍴 AE ⑨
VISA   A v
début avril-mi-oct. – SC : ☷ 16 – **24 ch** 190/270.

🏨 **Beau Rivage**, bd Front-de-Mer ☏ 71.11.09, ≤ – 🚻wc 🚻wc ☞ ℗. ℀ rest
1er avril-15 oct. – SC : **R** (1/2 pens. seul.) – **24 ch** ☷ 150/400 – 1/2 p 150/200.   A b

🏨 **L'Escapade** sans rest, chemin du Vannier ☏ 71.11.52 – 🚻wc 🚻wc ☞. VISA. ℀
SC : ☷ 15 – **16 ch** 120/170.   B s

🏨 **Terminus** sans rest, pl. Gare Autobus ☏ 71.00.62 – 🚻 🍴   A n
1er avril-oct. – SC : ☷ 12 – **25 ch** 60/150.

🏨 **Neptune** sans rest, av. Gén.-de-Gaulle ☏ 71.01.01 – 🚻wc 🚻wc ☞. 🍴🍴 AE ⑨
E VISA   A u
15 mars-31 oct. et fév. – SC : ☷ 17 – **35 ch** 115/180.

🏨 **Rabelais** sans rest, r. Rabelais ☏ 71.00.56, ≤ – 🍴wc ☞. ℀   B m
mi mars-mi nov. – SC : ☷ 14,50 – **20 ch** 99/166.

XXX ✿ **Au Vieux Port**, quai G.-Péri ☏ 71.00.21, 🏠 – 🍽. AE ⑨ VISA   B r
28 avril-3 oct. – SC : **R** carte 145 à 185
Spéc. Langoustes et poissons du pays, Bouillabaisse, Bourride. Vins Bandol, Rians.

XX **Le Grill**, 22 r. Patron-Ravello ☏ 71.06.43, ≤ – AE ⑨ E VISA   B r
12 fév.-12 nov. et fermé mardi sauf du 15 juin au 15 sept. – SC : **R** carte 130 à 170.

XX **La Bouée**, 2 av. Ch.-Cazin ☏ 71.11.88, 🏠   A z
6 fév.-30 nov. et fermé merc. – SC : **R** 120.

X **Denise et Michel**, 8 r. Patron-Ravello ☏ 71.12.83   B x
1er avril-15 oct. et fermé lundi sauf le soir en sais. – SC : **R** 66/88.

à la Plage de la Favière S : 2 km - A – ⊠ 83230 Bormes-les-Mimosas :

🏨 **Plage,** ☏ 71.02.74, 🏠 – 🚻wc 🚻wc ☞ 🚗 ℗. 🍴🍴. ℀ rest
Pâques-début oct. – SC : **R** 64/90 – ☷ 15 – **45 ch** 135/184 – P 200/230.

à St-Clair par ① : 3 km – ⊠ 83980 Le Lavandou :

🏨 **Belle Vue**, ☏ 71.01.06, ≤, 🌺 – 🚻wc 🚻wc ☞ ℗. 🍴🍴. ℀
avril-oct. – SC : **R** 90/130 – ☷ 20 – **19 ch** 150/330 – P 250/350.

🏨 **L'Orangeraie** Ⓜ sans rest, ☏ 71.04.25, 🌺 – cuisinette 🍽 🚻wc 🚻wc ☎ ℗.
🍴🍴 AE ⑨ VISA
13 mai-25 sept. – **R** (dîner : plateau sur demande) – ☷ 28 – **20 ch** 175/280.

🏨 **Roc H.** Ⓜ ⑤, ☏ 71.12.07, ≤, 🏠 – 🚻wc 🚻wc ☞ ℗. ℀ rest
Pâques-oct. – SC : **R** (dîner seul.) 76 – ☷ 16 – **21 ch** (1/2 pens. seul.) – 1/2 p
187/201.

🏨 **Méditerranée**, ☏ 71.02.18, ≤, 🏠 – 🚻wc 🚻wc ☞ ℗. ℀ rest
mi fév.-fin oct. – SC : **R** 62/78 – ☷ 14 – **15 ch** (pens. seul.) – P 174/215.

🏨 **La Bastide** sans rest, ☏ 71.01.56, 🌺 – 🍴wc ☞ 🚾 ℗. ℀
1er avril-30 sept. – SC : ☷ 15 – **15 ch** 145.

🏨 **Flots Bleus et Mar é Souléou** ⑤, ☏ 71.00.93, ≤, 🏠, 🐜 – 🚻wc 🍴wc ☞ 🚾
℗. 🍴🍴 ℀ rest
fin mars-fin sept. – SC : **R** (fermé merc. midi) 59/98 – ☷ 18 – **40 ch** 85/219 –
P 231/257.

à La Fossette-Plage par ① : 3 km – ⊠ 83980 Le Lavandou :

🏨🏨 **83 Hôtel** Ⓜ, ☏ 71.20.15, ≤ côte et mer, 🏠, 🏊, 🌺 – 🛗 🍽 📺 ☎ ℗. ℀
1er avril-30 sept. – SC : **R** 110/160 – ☷ 30 – **28 ch** 350/450.

BMW-VAG Gar. Côte-d'Azur, ☏ 71.29.71
CITROEN Gar. des Maures, ☏ 71.14.93
FORD Gar. de la Vieille, ☏ 71.08.04
MERCEDES-BENZ, RENAULT Gar. St-Christophe, ☏ 71.14.90

PEUGEOT-TALBOT Central-Gar., par Chemin
des Prés A ☏ 71.10.68

LAVARDAC 47230 L.-et-G. 🔟🔟 ⑭ G. Pyrénées – 2 532 h. alt. 55 – ✿ 53.

Paris 712 – Agen 31 – Casteljaloux 25 – Houeillés 24 – Marmande 49 – Nérac 7.

🏨 **Chaumière d'Albret**, rte Nérac ☏ 65.51.75, 🏠, 🌺 – 🍴 ℗. E. ℀ ch
➜ fermé 3 au 10 oct. 21 fév. au 7 mars et lundi sauf juil.-août – SC : **R** 35/60 🍴 – ☷ 10
– **7 ch** 60/85 – P 100/110.

LAVARDIN 41 L.-et-Ch. 64 ⑤ – rattaché à Montoire-sur-le-Loir.

LAVAUR 81500 Tarn 82 ⑨ G. Pyrénées – 8 299 h. alt. 140 – 🕾 63.

Voir Cathédrale St-Alain⋆.

🖪 Syndicat d'Initiative à la Mairie (fermé sam. et dim.) ⌿ 58.06.71 et 22 Grande Rue (1er juil.-15 sept. et fermé dim. lundi) ⌿ 58.02.00.

Paris 713 – Albi 48 – Castelnaudary 59 – Castres 39 – Montauban 57 – ◆Toulouse 37.

   🏠 **Central H.**, 7 r. Alsace-Lorraine ⌿ 58.04.16 – 🏢. 🛇
   ➡ fermé lundi du 1er oct. au 30 mai – SC : **R** 40/70 🍷 – 🖙 15 – **10 ch** 90/115 – P 120.

   à St-Lieux-lès-Lavaur NO : 11 km par D 87 et D 631 – ⊠ 81500 Lavaur :

   🏨 **Host. du Château de St-Lieux** 🐾, ⌿ 33.76.19, parc, 🎍 – 📺 🖙wc 🅿 🅿 –
   ➡ 🖾 30. 🚗
   R 38/90 – 🖙 15 – **12 ch** 110/150 – P 150/200.

   à Giroussens NO : 10, km par D 87 et D 38 – ⊠ 81500 Lavaur :

   XX **L'Échauguette** avec ch, ⌿ 33.76.05, 🎍 – 🖙wc. 🆎 ⓪
   fermé 1er au 17 sept. et 2 au 17 fév. – SC : **R** 60/140 – 🖙 14 – **4 ch** 110/150.

FIAT Barboule et Laval, 4 et 5 av. G.-Péri ⌿ 58.08.16
PEUGEOT, TALBOT S.I.V.A., 20 av. G.-Péri ⌿ 58.03.51
RENAULT Rossoni, La Gravette ⌿ 58.07.20

Melou, av. A-Malroux ⌿ 58.01.06

   Ⓐ Lavaur Pneus, 6 av. Castres ⌿ 58.25.48
Solapneu, 30 rte Toulouse ⌿ 58.04.11

LAVAUTS 89 Yonne 65 ⑯ – rattaché à Quarré-les-Tombes.

LAVAVEIX-LES-MINES 23 Creuse 72 ⑩ – 1 081 h. alt. 387 – ⊠ 23150 Ahun – 🕾 55.

Voir Moutier d'Ahun : boiseries⋆⋆ de l'église NO : 4 km, G. Périgord.

Paris 379 – Aubusson 17 – Bourganeuf 36 – Gouzon 20 – Guéret 25 – Montluçon 54 – Pontarion 26.

   🏨 **France**, ⌿ 62.42.26 – 🚗 🅿. 🛇
   ➡ fermé 17 déc. au 3 janv. et vend. – SC : **R** (dîner seul. et pour résidents) 45 🍷 – 🖙 10 – **16 ch** 59/66.

LAVEISSIÈRE 15 Cantal 76 ③ – 588 h. alt. 930 – ⊠ 15300 Murat – 🕾 71.

Paris 501 – Aurillac 45 – Condat 36 – Le Lioran 6 – Murat 5,5.

   🏨 **Le Vallagnon** Ⓜ, rte Murat ⌿ 20.02.38, ≤, 🎍 – 🛗 🖙wc 🏢wc 🕾 🅿. E. 🛇
   ➡ fermé nov. et lundi d'oct. au 10 déc. – SC : **R** 38/90 🍷 – 🖙 15 – **30 ch** 80/115 – P 115/130.

   🏨 **Cheval Blanc** Ⓜ, ⌿ 20.02.51, 🎍 – 🏢wc 🅿 🕭, 🚗
   ➡ 1er juin-30 sept. et 20 déc.-20 avril – SC : **R** 40/65 – 🖙 15 – **24 ch** 70/110 – P 100/130.

   🏨 **Bellevue**, ⌿ 20.01.22, ≤ vallée et montagnes, 🎍 – 🏢wc 🅿
   ➡ 1er juin-15 sept. et vacances scolaires – SC : **R** 40/60 – 🖙 14,50 – **20 ch** 80/100 – P 90/120.

LAVELANET 09300 Ariège 86 ⑤ – 9 468 h. alt. 515 – 🕾 61.

🖪 Office de Tourisme Foyer Municipal (fermé dim.) ⌿ 01.22.20.

Paris 814 – Andorre 117 – Carcassonne 66 – Foix 27 – ◆Perpignan 109 – ◆Toulouse 105.

   🏨 **Espagne**, 20 r. J.-Jaurès ⌿ 01.00.78, 🏊 – 🖙wc 🏢wc 🚗. 🚗 𝘝𝘐𝘚𝘈
   ➡ SC : **R** 45/100 🍷 – 🖙 15 – **23 ch** 60/160 – P 154/268.

FIAT, LANCIA-AUTOBIANCHI Gar. Bousquet, 24 r. J.-Jaurès ⌿ 01.00.86
RENAULT Autorama, 47 av. Léon-Blum ⌿ 01.15.78
Gar. Fourcade, 41 av. Alsace-Lorraine ⌿ 01.01.77

Gar. Vidal, rte de Mirepoix ⌿ 01.00.84

   Ⓐ Comptoir Pyrénéen des Pneus, 88 av. Gén.-de-Gaulle ⌿ 01.03.58

LAVERGNE 46 Lot 75 ⑲. 79 ⑨ – rattaché à Gramat.

LAVIGNOLLE 33 Gironde 78 ② – rattaché au Barp.

LAVIOLLE 07 Ardèche 76 ⑱ – 160 h. alt. 680 – ⊠ 07530 Antraigues-sur-Volane – 🕾 75.

Paris 634 – Aubenas 21 – Lamastre 51 – Mezilhac 8 – Privas 42 – Le Puy 72.

   🏠 **Plantades** 🐾, rte Antraigues S : 2 km D 578 ⌿ 38.71.58, ≤, 🎍 – 🚗 🅿. 🛇
   ➡ fermé 3 nov. au 15 déc. – SC : **R** 40/70 🍷 – 🍽 13 – **10 ch** 55/85 – P 120/140.

LAVOÛTE-SUR-LOIRE 43 H.-Loire ⅶⅥ ⑰ G. Vallée du Rhône – 603 h. alt. 568 – ⊠ 43800 Vorey – ✆ 71.

Voir Christ★ dans l'église – Château de Lavoûte-Polignac : souvenirs de famille★.

Paris 504 – Ambert 68 – Brioude 62 – Le Puy 13 – ♦St-Étienne 75.

   🏠 **Nouvel H. Accarion,** ☎ 08.50.08, 🛋 – 📶 🚗 **P**. ℁ rest
      1er avril-1er oct. – SC : **R** 60/80 ⅄ – �Ⅱ 12 – **30 ch** 64/110.

La LÉCHÈRE 73 Savoie ⅶⅣ ⑰ G. Alpes – alt. 461 – Stat. therm. (1er fév.-30 nov.) – ⊠ 73260 Aigueblanche – ✆ 79.

🚩 Office de Tourisme av. Isère (1er avril-30 oct. et fermé dim.) ☎55.51.60.

Paris 629 – Albertville 21 – Celliers 19 – Chambéry 68 – Moûtiers 6.

   🏨 **Radiana** ♨, ☎ 24.11.33, ≼, parc – 📶 ⌂wc 📶wc ☎ 🚗 **P**. 🖶 **E** 𝖵𝖨𝖲𝖠. ℁ rest
      fermé 30 nov. au 31 janv. – SC : **R** 86/100 – ⊇ 19 – **79 ch** 121/325 – P 196/297.

   🏠 **La Darentasia et Sabaudia,** ☎ 22.50.55 – cuisinette ⌂wc 📶 ☎
      1er fév.-1er nov. – **R** 50/140 ⅄ – ⊇ 15 – **45 ch** 95/160.

LECHIAGAT 29 Finistère ⅤⅧ ⑭ – rattaché à Guilvinec.

Les LECQUES 83 Var ⅧⅣ ⑭ G. Côte d'Azur – ⊠ 83270 St-Cyr-sur-Mer – ✆ 94.

🚩 Office de Tourisme (fermé jeudi en hiver) ☎ 26.13.46.

Paris 814 – Bandol 10 – Brignoles 56 – La Ciotat 8 – ♦Marseille 39 – ♦Toulon 29.

   🏨 **Gd Hôtel** ♨, ☎ 26.23.01, Télex 400165, « Parc fleuri », ℁ – 📶 ☎ **P**. ⱺ 𝖵𝖨𝖲𝖠.
      ℁ rest
      1er mai-30 oct. – SC : **R** 86/160 – ⊇ 23 – **58 ch** 300/340 – P 295/350.

   🏨 **Chanteplage** [M], ☎ 26.16.55, ≼ – ⌂wc 📶 ☎
      27 mars-15 oct. – SC : **R** (pens. seul.) – ⊇ 13 – **22 ch** 183/220 – P 200/225.

   🏨 **Petit Nice** ♨, ☎ 26.22.91, 🛋 – ⌂wc 📶 ☎ &. **P**. ℁
      fermé 15 nov. au 5 déc. et merc. hors sais. – SC : **R** (résidents seul.) 63 – ⊇ 14 –
      31 ch 80/192 – P 153/230.

   🏨 **Pins** ♨, à La Madrague SE : 1,5 km ☎ 26.28.36, ≼ – 📶wc ☎
      1er avril-30 sept. – SC : **R** 60 – ⊇ 18,50 – **20 ch** 133/180.

   🏨 **Tapis de Sable** sans rest, rte Madrague ☎ 26.26.34, ≼ – ⌂wc 📶wc ☎ **P**.
      ☎📶. ℁
      1er avril-30 sept. – SC : **16 ch** ⊇ 220/260.

PEUGEOT, TALBOT Gar. Iori, à St-Cyr-sur-Mer   Marro, Quartier Banette à St-Cyr-sur-Mer ☎
☎ 26.23.80   26.31.09

LECTOURE 32700 Gers ⅧⅡ ⑤ G. Pyrénées – 4 403 h. alt. 182 – ✆ 62.

Voir Site★ – Promenade du bastion ≼★.

🚩 Syndicat d'Initiative Cour Hôtel de ville (fermé dim. hors saison) ☎ 68.76.98.

Paris 762 – Agen 36 – Auch 35 – Condom 23 – Montauban 74 – ♦Toulouse 94.

   ✕ Bouviers, 8 r. Montebello ☎ 68.71.69.

   ✕ **Le Gascogne** avec ch, rte Agen ☎ 68.77.57, 🏨, 🛋 – **P**. **E**. ℁ ch
   → *fermé 15 déc. au 15 janv. et lundi* – SC : **R** 38/100 – 🍷 15 – **5 ch** 70/100 –
      P 140/190.

LEGÉ 44650 Loire-Atl. ⅥⅦ ⑬ – 3 489 h. alt. 94 – ✆ 40.

Paris 410 – Cholet 61 – Clisson 34 – ♦Nantes 40 – La Roche-sur-Yon 30 – Les Sables-d'Olonne 51.

   🏚 **Cheval Blanc,** pl. du Gén.-Charette ☎ 04.99.29 – 🚗 ☎📶. ℁ rest
   → SC : **R** 38/130 ⅄ – ⊇ 15 – **8 ch** 65/85.

   ✕ **Étoile d'Or,** r. Chaussée ☎ 04.97.29 – **P**. **E** 𝖵𝖨𝖲𝖠
   → *fermé 5 au 26 sept. et lundi hors sais.* – SC : **R** 38/116 ⅄.

LELEX 01 Ain ⅦⅩ ⑮ – 183 h. alt. 900 – Sports d'hiver : 900/1 680 m ⅀1 ⅀8 – ⊠ 01410 Chezery-Forens – ✆ 50.

Paris 499 – Bourg-en-Bresse 100 – Gex 28 – Morez 37 – Nantua 43 – St-Claude 32.

   🏨 **Crêt de la Neige,** ☎ 41.63.01, ≼, 🛋, ℁ – ⌂wc 📶wc ☎ **P**. **E**. ℁ rest
   → *1er juil.-10 sept. et 20 déc.-15 avril* – SC : **R** 50/95 ⅄ – ⊇ 12 – **28 ch** 70/150 –
      P 130/165.

   🏠 **Centre,** ☎ 41.78.12, ≼ – 📶wc **P**. ℁ rest
   → *15 juin-15 sept. et 20 déc.-24 avril* – SC : **R** 46/70 – ⊇ 12 – **20 ch** 60/100 –
      P 135/163.

LEMBACH 67510 B.-Rhin ⅤⅦ ⑲ – 1 648 h. alt. 190 – ✆ 88.

Env. Château de Fleckenstein★★ NO : 7 km, G. Vosges.

🚩 Syndicat d'Initiative 45 rte Bitche ☎ 94.43.81, Télex 890420.

Paris 459 – Bitche 32 – Haguenau 24 – Niederbronn-les-B. 19 – ♦Strasbourg 56 – Wissembourg 15.

LEMBACH

🏠 **Vosges du Nord** Ⓜ sans rest, 59 rte Bitche ☏ 94.43.41 – 🛏wc ♒wc ☜. 🚗🅿.
❄
fermé 30 août au 12 sept. et lundi – SC : ☲ 12 – **8 ch** 80/100.

XXX ❀ **Aub. Cheval Blanc** (Mischler) avec ch, ☏ 94.41.86, 🔥 – ♒wc ☜ 🅿. 🚗🅿
🆅🅸🆂🅰 ❄
fermé 17 août au 7 sept., vac. de fév., lundi et mardi – SC : **R** 75/190 – ☲ 13,50 –
7 ch 50/83
Spéc. Escalope de foie d'oie au fumet de truffes, Filet de barbue en papillote, Médaillon de chevreuil
aux fruits rouges (saison chasse). **Vins** Pinot blanc, Riesling.

à Gimbelhof N : 10 km par D 3 et RF – ⌧ 67510 Lembach :

🏠 **Ferme Gimbelhof** ⌂, ☏ 94.43.58, ≤ – 🅿. 🄴
← *fermé 15 nov. au 25 déc.* – SC : **R** *(fermé lundi et mardi)* 40/55 ⅃ – ☲ 9,50 – **8 ch**
50/60 – P 105/110.

BMW, CITROEN Gar. Weisbecker, ☏ 94.41.96   PEUGEOT Gar. Herrmann, ☏ 94.43.93 Ⓝ
Ⓝ

LEMPDES 43410 H.-Loire 🎵🎵 ⑤ – 1 536 h. alt. 439 – ✪ 71.

Voir O : Gorges de l'Alagnon★, G. Auvergne.

Paris 442 – Aurillac 108 – ◆Clermont-Ferrand 54 – Le Puy 74 – St-Flour 52.

PEUGEOT Girard J., ☏ 76.51.40 Ⓝ   RENAULT Gd Gar. de l'Allagnon, ☏ 76.51.10
Ⓝ ☏ 76.53.62

LENS ◁🆂🅿▷ 62300 P.-de-C. 🎵🎵 ⑮ – 40 281 h. alt. 38 – ✪ 21.

Env. Mémorial canadien de Vimy★ 9 km par ④, G. Nord de la France.

A.C. pl. Roger-Salengro ☏ 28.34.89.

Paris 203 ② – Arras 18 ④ – Béthune 18 ⑤ – Douai 22 ② – ◆Lille 34 ① – St-Omer 73 ⑤.

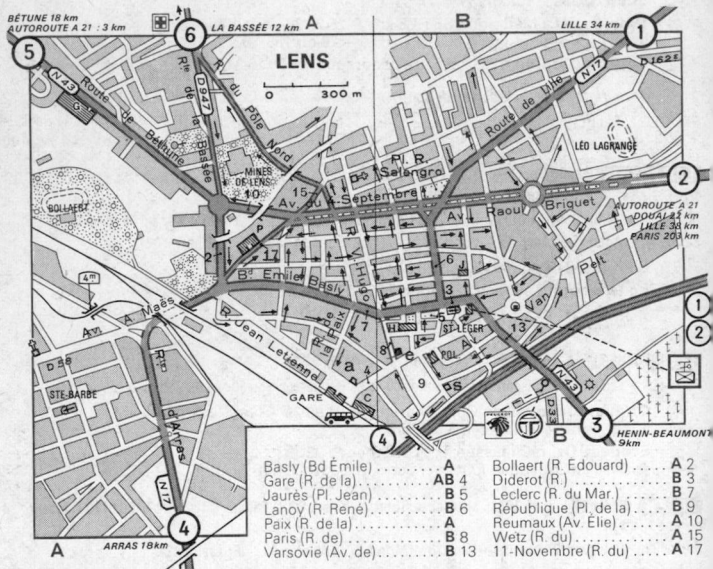

Basly (Bd Émile)	**A**	Bollaert (R. Édouard)	A 2
Gare (R. de la)	**AB** 4	Diderot (R.)	B 3
Jaurès (Pl. Jean)	**B** 5	Leclerc (R. du Mar.)	B 7
Lanoy (R. René)	**B** 6	République (Pl. de la)	B 9
Paix (R. de la)	**A**	Reumaux (Av. Élie)	A 10
Paris (R. de)	**B** 8	Wetz (R. du)	A 15
Varsovie (Av. de)	**B** 13	11-Novembre (R. du)	A 17

🏨 **Laurentel et rest. Le Provençal** Ⓜ, Centre commercial Lens 2 par ⑥ : 3,5 km
← ⌧ 62880 Vendin-le-Viel ☏ 78.64.53, Télex 120324, ☲ – 📺 ☎ 🅿 – 🔏 50 à 200. 🄰🄴
① 🄴 🆅🅸🆂🅰
R *(dim. et fêtes fermé le soir)* 36/100 ⅃ – ☲ 18 – **70 ch** 210/230.

🏠 **Lutetia** sans rest, 29 pl. République ☏ 28.02.06 – 🛏wc ♒wc ☜ 🅿. 🚗🅿. ❄   B s
SC : ☲ 9,50 – **23 ch** 59/116.

🏠 **France**, 2 pl. Gare ☏ 28.18.10 – 🛏wc ♒ ☜ – 🔏 30. 🚗🅿 🄴   A a
SC : **R** *(fermé dim. et fêtes le soir)* 44/200 ⅃ – ⚍ 16 – **23 ch** 70/145.

X **Chez Robert**, 13 r. Paris ☏ 28.07.29 – 🄴 🆅🅸🆂🅰   B e
← *fermé août* – **R** 45/80 ⅃.

ALFA-ROMEO Arauto, 44 rte de Lille, Loison
☎ 70.61.63
CITROEN SO.CA.LE., 2 rte Béthune, Loos-
en-Gohelle par ⑤ ☎ 70.15.76 **N**
FIAT Delambre, 42 rte Arras ☎ 28.32.06
FORD Lallain, Rd-Pt Bollaert ☎ 28.43.21
MERCEDES-BENZ, OPEL Thirion, 60 av.
A.-Maes ☎ 43.41.96
PEUGEOT-TALBOT S.A.C.I., 52 r. Douai ☎ 28.
22.00
PEUGEOT-TALBOT Wantiez, N à Loison par
① ☎ 70.17.65

PORSCHE-MITSUBISHI Artois Autom., 79 av.
Van-Pelt ☎ 28.38.07
RENAULT Evrard, 75 av. J.-Jaurès à Liévin par
D 58 A ☎ 43.42.44
RENAULT Guilbert, 50 rte de Lille, Loison par
① ☎ 70.19.68
RENAULT S.A.N.E.G, rte de Lens à Carvin par
① ☎ 37.18.07

🏠 Debove, 275 bd P.-Courtin, Avion ☎ 28.02.25
François Pneus 16 r. de Lille à Annay ☎ 70.62.05
La Maison du Pneu, 346 rte de Lille ☎ 78.62.78

LENT 01 Ain ⁊⁊ ③ – rattaché à Bourg-en-Bresse.

LENTIGNY 42 Loire ⁊⁊ ⑦ – rattaché à Roanne.

LENTILLY 69 Rhône ⁊⁊ ⑲ – 2 126 h. alt. 350 – ✉ 69210 L'Arbresle – ☎ 74.
Paris 474 – L'Arbresle 7,5 – ♦Lyon 20 – Villefranche-sur-Saône 25.

XX **Relais de la Diligence** avec ch, N 7 ☎ 01.71.26, ⚏ – 🛏wc 🛋wc 🕿 **P**. ⚏
    fermé 16 nov. au 16 déc. et merc. – SC : **R** 50/130 🍷 – 🍴 15 – **10 ch** 100/120.

LÉON 40550 Landes ⁊⁊ ⑯ – 1 258 h. alt. 15 – ☎ 58.
Voir Courant d'Huchet★ en barque NO : 1,5 km, G. Côte de l'Atlantique.
🛈 Syndicat d'Initiative r. Poste (fermé sam. après-midi hors sais. et dim.) ☎ 48.74.40.
Paris 728 – Castets 14 – Dax 28 – Mimizan 41 – Mont-de-Marsan 74 – St-Vincent-de-Tyrosse 30.

🏠 **Lac** 🍴, au Lac NO : 1,5 km ☎ 48.73.11, ≤ – 🛏wc **P**. ⚏. ✆
    28 mars-1er oct. – SC : **R** 45/82 – 🍴 15 – **15 ch** 80/120 – P 135/155.

CITROEN Ducasse, ☎ 48.73.10   RENAULT Modern'Gar. ☎ 48.74.34

LÉPIN-LE-LAC 73 Savoie ⁊⁊ ⑮ – rattaché à Aiguebelette (Lac d').

LÉRINS (Iles de) ★★ 06 Alpes-Mar. ⁊⁊ ⑨ – voir à Ste-Marguerite et à St-Honorat.

LÉRY 27690 Eure ⁊⁊ ⑦ – 1 706 h. alt. 10 – ☎ 32.
Paris 115 – Les Andelys 22 – Évreux 31 – Louviers 8,5 – Pont-de-l'Arche 5 – ♦Rouen 23.

XX **Beauséjour,** ☎ 59.05.28, ⚏ – **P** 🄰🄴 ⓪ **VISA**
    fermé en nov., dim. soir et lundi – **R** (dim. prévenir) carte 90 à 155.

LESCAR 64 Pyr.-Atl. ⁊⁊ ⑥ – rattaché à Pau.

LESCHERAINES 73340 Savoie ⁊⁊ ⑯ – 435 h. alt. 650 – ☎ 79.
Paris 593 – Aix-les-Bains 27 – Albertville 54 – Annecy 27 – Chambéry 28.

🏠 **Joly,** rte Col de Plainpalais ☎ 63.30.45, ⚏ – **P**. ✆ rest
    SC : **R** 50/80 – 🍴 16 – **22 ch** 65/85 – P 120/130.

LESCONIL 29138 Finistère ⁊⁊ ⑭ **G.** Bretagne – alt. 12 – ☎ 98.
🛈 Office de Tourisme r. Pasteur (fermé après-midi hors sais. et dim.) ☎ 87.86.99.
Paris 570 – Douarnenez 42 – Guilvinec 10   Loctudy 8 – Pont-l'Abbé 9 – Quimper 29.

🏠 **Dunes,** ☎ 87.83.03, ≤ – 🛗 🛏wc 🛋wc 🕿 **P** – 🛎 30. ⚏ ⓪ **E** **VISA**. ✆
    1er avril-20 oct. – SC : **R** 65/200 🍷 – 🍴 17 – **48 ch** 80/200 – P 165/230.
🏠 **Plage** Ⓜ, ☎ 87.80.05, ≤ – 🛗 🛏wc 🛋wc 🕿 **P**
    sais. – **30 ch**.
🏠 **Port,** ☎ 87.81.07, ≤ – 🛏wc 🛋wc 🕿. ⚏
    Pâques-30 sept. – SC : **R** 50/160 – 🍴 16 – **37 ch** 87/195 – P 146/227.
🏠 **Atlantic,** ☎ 87.81.06, ⚏ – 🛏 **P**. **E**. ✆ rest
    Pâques-oct. – SC : **R** 50/120 – 🍴 16 – **23 ch** 120/140 – P 150/190.

LESCUN 64890 Pyr.-Atl. ⁊⁊ ⑮ **G.** Pyrénées – 276 h. alt. 900 – ☎ 59.
Voir ✻★★ 30 mn.
Paris 854 – Lourdes 90 – Oloron-Ste-Marie 36 – Pau 69.

🏠 **Pic d'Anie** 🍴, ☎ 34.71.54, ≤ – ✆ ch
    1er avril-20 sept. – SC : **R** 50/100 – 🍴 15 – **21 ch** 70/120 – P 150/200.

Restaurants, die preiswerte Mahlzeiten servieren,   🏠   X
sind mit einer Raute gekennzeichnet.   ◆   ◆

LESMONT 10 Aube 🔲 ⑧ – 260 h. alt. 112 – ✉ 10500 Brienne-le-Château – ☻ 25.

Paris 189 – Bar-sur-Aube 33 – St-Dizier 54 – Troyes 31 – Vitry-le-François 43.

XX **Aub. Munichoise,** D 960 ☎ 77.45.33 – ⓞ E 𝚅𝙸𝚂𝙰
  fermé 19 sept. au 13 oct., 27 fév. au 16 mars, mardi soir et merc. – SC : **R** 75/120.

CITROEN Relais Champagne, D 960 ☎ 77.   RENAULT Millon, D 960 ☎ 77.45.13
46.29 🄽

LESNEVEN 29260 Finistère 🔲 ④⑤ – 6 996 h. alt. 80 – ☻ 98.

Voir Le Folgoët : église★★ SO : 2 km, G. Bretagne.

Paris 583 – ◆Brest 26 – Landerneau 15 – Morlaix 48 – Quimper 78 – St-Pol-de-Léon 32.

🏠 **Breiz Izel** sans rest, 25 r. Four ☎ 83.12.33, 🍴 – 🚻wc 🛁wc. 🛇
  fermé 24 sept. au 15 oct. – SC : ☷ 11 – **29 ch** 55/105.

CITROEN Crauste-Guilliec, 31 r. Gén.-de-   RENAULT Colliou, 7 bis r. Jérusalem ☎ 83.
Gaulle ☎ 83.00.34   01.50

LESPARRE-MÉDOC ◁SP▷ 33340 Gironde
🔲 ⑰ – 3 879 h. alt. 4 – ☻ 56.

🄴 Office de Tourisme pl. Mairie (1ᵉʳ juil.-31 août
et fermé dim.) ☎ 41.05.02.

Paris 544 ④ – Arcachon 111 ③ – Blaye (Bac) 35
① – ◆Bordeaux 63 ② – Royan (Bac) 38 ④.

🏠 **Paris** sans rest, Cours Gén.-de-
  Gaulle (e) ☎ 41.00.22 – 🛁
  *fermé 12 au 25 sept. et vacances de
  fév.* – SC : ☷ 14 – **10 ch** 58/123.

  par ④ : 0,5 km – ✉ 33340 Lesparre-
  Médoc :

XX **La Mare aux Grenouilles,** ☎ 41.
  03.46, ≤, 🍴 – 🄿 🄰🄴 𝚅𝙸𝚂𝙰
  SC : **R** 75/85.

CITROEN SIVRAM, par ② ☎ 41.10.94 🄽 ☎
41.03.56
RENAULT Larrouquère, ☎ 41.00.95

LESPARRE-
MÉDOC

J.-J.-Rousseau (R.)	14
Alineys (R. des)	2
Briand (R. A.)	4
Clemenceau (Pl.)	6
Église (R. de l')	7
Foch (Pl. Mar.)	8
Gambetta (Pl.)	9
Gramont (R. de)	10
Jaurès (Cours J.)	12
Lattre-de-T. (Crs de)	16
Palais-de-Justice (R)	17
Pasteur (R.)	18
St-Exupéry (R. A.-de)	20

LESQUIN 59 Nord 🔲 ⑯ – rattaché à Lille.

LESTELLE-BÉTHARRAM 64 Pyr.-Atl. 🔲
⑦ G. Pyrénées – 1 437 h. alt. 300 – ✉ 64800
Nay – ☻ 59.

Paris 811 – Laruns 35 – Lourdes 16 – Nay 8,5 –
Oloron-Ste-Marie 45 – Pau 23.

🏠 **Touristes,** ☎ 61.27.61, 🍴 – 🚻wc 🛁🛇
  fermé 3 janv. au 26 fév. et lundi sauf juil.-août-sept. – SC : **R** 34/120 🍴 – ☷ 12 –
  14 ch 60/130 – P 125/148.

🏠 **Béarn,** ☎ 61.26.02, 🍴, 🍴 – 🛁 🚗. 🛇 ch
  fermé 15 oct. au 15 nov., vacances de fév. et lundi hors saison – SC : **R** 34/120 🍴 –
  ☷ 10,50 – **15 ch** 50/110 – P 84/100.

XX **Central** avec ch, ☎ 61.27.18, 🍴 – 🚻wc 🛁wc ☎. 🚗
  fermé 10 oct. au 10 nov., mardi et merc. – SC : **R** 44 bc/99 – ☷ 13 – **18 ch** 55/97 –
  P 115/126.

  au SE : 3 km par N 637 et rte des Grottes – ✉ 64800 Nay :

🏠 **Le Vieux Logis** 🛇, ☎ 61.34.40, ≤, « parc » – 🛁wc 🄿. 🚗. 🛇
  hôtel : 1ᵉʳ avril-15 oct., rest. : 1ᵉʳ avril-1ᵉʳ janv. et fermé lundi hors sais. – SC : **R**
  40/150 – ☷ 12 – **15 ch** 56/130 – P 115/170.

LEUCATE 11370 Aude 🔲 ⑩ – 1 503 h. alt. 21 – ☻ 68.

Voir ☀★ du sémaphore du Cap E : 2 km.

Paris 883 – Carcassonne 86 – Narbonne 37 – ◆Perpignan 34 – Port-la-Nouvelle 19.

XX **Auberge de Cezelly,** ☎ 40.01.41 – E 𝚅𝙸𝚂𝙰
  fermé dim. soir et lundi du 1ᵉʳ au 30 avril – SC : **R** 68/200.

X **Jouve** 🄼 avec ch, sur la Plage ☎ 40.02.77, ≤, 🍴 – 🚻wc ☎. 🚗 E 𝚅𝙸𝚂𝙰. 🛇 ch
  15 mars-15 oct. – SC : **R** *(fermé lundi hors sais.)* 55/105 – ☷ 16,50 – **7 ch** 170/220.

LEUGNY 89 Yonne 🔲 ④ – 377 h. alt. 225 – ✉ 89130 Toucy – ☻ 86.

Paris 170 – Auxerre 21 – Avallon 58 – Clamecy 35 – Cosne-sur-Loire 52 – Joigny 39.

X **Aub. Cheval Blanc** avec ch, ☎ 41.11.09
  fermé 15 déc. au 18 janv., mardi soir et merc. – SC : **R** 48/104 – ☷ 10 – **4 ch** 48/71
  – P 104.

LEVENS 06 Alpes-Mar. 𝟠𝟜 ⑲, 𝟙𝟡𝟝 ⑯ G. Côte d'Azur – 1 701 h. alt. 570 – ⊠ 06670 St-Martin-du-Var – ✿ 93.

Voir ≼★.

Paris 955 – Antibes 44 – Cannes 54 – ♦Nice 23 – Puget-Théniers 48 – St-Martin-Vésubie 37.

  ⌂ **La Vigneraie** ⌂⌂, SE : 1,5 km 𝕋 91.70.46, ≼, ✿ – ⟶wc 🙭wc ☎ ❷
  ↝ fermé 2 oct. au 11 déc. – SC : **R** 40/68 – ☲ 10 – **20 ch** 60/100 – P 120/150.

  ⌂ **Malauséna,** 𝕋 91.70.06 – 🙭wc 🙭 ☎. ✿✿ᣰ. ✾ ch
  ↝ fermé 1er nov. au 15 déc. – SC : **R** 40/100 – ☲ 15 – **12 ch** 100/150 – P 135/165.

  ⌂ **Roses,** 𝕋 91.70.17, ✿ – ⟶wc 🙭wc ৬. ❷. ✾ rest
   27 mars-1er oct. – SC : **R** 55/85 – ☲ 18 – **25 ch** 70/165 – P 135/165.

  ✕ **Les Santons,** 𝕋 91.72.47
   fermé début janv. à mi fév., merc. et le soir : dim., lundi, mardi – SC : **R** 55/80.

LEVERNOIS 21 Côte-d'Or 𝟞𝟡 ⑨ – rattaché à Beaune.

LEVIER 25270 Doubs 𝟟𝟘 ⑥ – 1 818 h. alt. 717 – ✿ 81.

Paris 434 – ♦Besançon 47 – Champagnole 36 – Pontarlier 20 – Salins-les-Bains 23.

  ⌂ **Commerce,** 𝕋 49.50.56, parc, ✾ – ⟶ 🙭wc ⟵ ❷ – ᘀ 30. ✿✿ᣰ 🖪
  ↝ fermé 12 nov. au 12 déc. – SC : **R** 30/85 ⅃ – ☲ 12 – **30 ch** 45/100 – P 85/120.

CITROEN, MERCEDES Cassani, 𝕋 89.53.45   PEUGEOT Cordier Ch., 𝕋 89.52.06

LEVROUX 36110 Indre 𝟞𝟠 ⑧ G. Périgord – 3 133 h. alt. 141 – ✿ 54.

Paris 257 – Blois 76 – Châteauroux 21 – Châtellerault 96 – Loches 63 – Vierzon 47.

  ⌂ **Cloche et St-Jacques,** r. Nationale 𝕋 35.70.43 – 🙭wc 🙭wc ☎. ✿✿ᣰ. ✾ ch
   fermé 1er nov. au 1er mars, lundi soir et mardi – SC : **R** 52/120 ⅃ – ☲ 18 – **30 ch**
   75/160 – P 145/185.

CITROEN Bailly, 𝕋 35.70.30   RENAULT Tranchant, 𝕋 35.71.45
PEUGEOT-TALBOT Bottin, 𝕋 35.70.28

LÉZARDRIEUX 22 C.-du-N. 𝟝𝟡 ② – rattaché à Paimpol.

LÉZIGNAN-CORBIÈRES 11200 Aude 𝟠𝟛 ⑬ – 7 431 h. alt. 51 – ✿ 68.

🖻 Office de Tourisme Cours de la République (fermé mardi et jeudi hors sais. et dim.) 𝕋 27.05.42.

Paris 871 – Carcassonne 38 – Narbonne 21 – Prades 109.

  ⌂ **Tassigny et rest. Tournedos** Ⓜ, pl. De-Lattre-de-Tassigny 𝕋 27.11.51 – ⟶wc
  ↝ ☎ ⟵ ❷. 🆅🆅🆈
   fermé 15 sept. au 15 oct., lundi (sauf hôtel) et dim. soir – SC : **R** 38 bc/110 bc – ☲
   12 – **15 ch** 120/130.

CITROEN Armero, bd L.-Castel 𝕋 27.11.57   RENAULT Lézignan-Auto, 63 av. G.-Clemen-
FORD Attard H., 12 av. Gén.-de-Gaulle 𝕋 27. ceau 𝕋 27.02.93
02.42 🅽
LANCIA-AUTOBIANCHI-FIAT Gar. Bernada,   ⚙ Condouret, 35 av. Mar.-Joffre 𝕋 27.01.72
42 av. Wilson 𝕋 27.00.35
PEUGEOT-TALBOT Belmas, 11 av. du Mal
Foch 𝕋 27.01.66

LEZOUX 63190 P.-de-D. 𝟟𝟛 ⑮ G. Auvergne – 4 730 h. alt. 351 – ✿ 73.

Env. Moissat-Bas : Châsse de St-Lomer★★ dans l'église S : 5,5 km.

Paris 393 – Ambert 50 – ♦Clermont-Ferrand 27 – Issoire 43 – Riom 26 – Thiers 16 – Vichy 42.

  ✕✕ **Voyageurs** avec ch, pl. Hôtel-de-Ville 𝕋 73.10.49 – 🙭wc 🙭wc ☎. ✿✿ᣰ. ✾ ch
  ↝ fermé 15 sept. au 20 oct., dim. soir et lundi – SC : **R** 42/150 – ☲ 12.50 – **10 ch**
   64/127.

   à Bort-l'Étang SE : 8 km par D 223 et D 115 – ⊠ 63190 Lezoux :

  ⌂⌂ **Château de Codignat** ⌂⌂, O : 1 km 𝕋 68.43.03, ≼, ⅃, parc – 🆅 ❷ – ᘀ 40. 🅰🅴
   ⓓ 🖪 🆅🆈🆂🅰
   25 mars-2 nov. – SC : **R** (fermé mardi midi et jeudi midi sauf fériés) 140/210 – ☲ 30
   – **11 ch** 490/550 – P 410/525.

CITROEN Mercier, 𝕋 73.10.34   RENAULT Rozière, 𝕋 73.10.98
PEUGEOT-TALBOT Bodiment, 𝕋 73.11.10

LIANCOURT 60140 Oise 𝟝𝟞 ① – 5 762 h. alt. 105 – ✿ 4.

Paris 68 – Beauvais 35 – Chantilly 19 – Compiègne 32 – Creil 10 – Senlis 20.

  ✕✕ **Host. Parc** avec ch, av. Ile-de-France 𝕋 473.04.99, ✿ – 🆅 ⟶wc 🙭wc ☎ ❷.
  ↝ ✿✿ᣰ 🅰🅴 🆅🆈🆂🅰
   fermé 1er au 22 août – SC : **R** (fermé lundi) 48/70 – ☲ 12.50 – **14 ch** 76/184.

   à Rantigny SO : 2 km – ⊠ 60290 Rantigny :

  ⌂ **Chalet Normand** sans rest, pl. Gare 𝕋 473.33.16 – 🙭wc 🙭 ☎ ❷. ✿✿ᣰ
   SC : ☲ 11 – **12 ch** 50/150.

LIBOURNE ◁🆂🅿▷ 33500 Gironde 🔢🔢 ⑫ G. Côte de l'Atlantique – 22 988 h. alt. 15 – 🅺 56.

🎫 Office de Tourisme pl. A.-Surchamp (fermé lundi matin, dim. et fêtes) ☏ 51.15.04.

Paris 577 ⑤ – Agen 123 ③ – Angoulême 100 ① – Bergerac 61 ③ – ◆Bordeaux 31 ④ – Mont-de-Marsan 137 ③ – Pau 201 ③ – Périgueux 90 ② – Royan 124 ⑤ – Saintes 113 ③ – Tarbes 221 ③.

Boulin (Allées R.) . . . . . . **BY** 2
Clemenceau (Av. G.) . . . **BCX**
Ferry (R. Jules) . . . . **AY** 6
Foch (Av. du Mar.) . . . . **BX**
Gambetta (R.) . . . . **BY**
Jean-Jaurès (R.) . . . . . . **BY**
Joffre (Pl.) . . . . **BZ** 9
Montaigne (R. M.-de) . . . **BY** 21
Montesquieu (R.) . . . . . . **BY** 22

Prés.-Carnot (R. du) . . . . . **ABY**
Surchamp (Pl. Abel) . . . . . **BY** 38
Thiers (R.) . . . . **BYZ** 39
Tourny (Cours) . . . . **BYZ**

Briand (Bd A.) . . . . **CY** 3
Chanzy (R.) . . . . **CY** 4
Decazes (Pl.) . . . . **BY** 5
Isle (Quai de l') . . . . **BY** 7
J.-J.-Rousseau (R.) . . . . . . **BY** 8
Lattre (Pl. du Mar.-de) . . . **AY** 10
Moulin (Pl. J.) . . . . **BX** 23
N.-D.-de-l'Épinette (➾) . . **CY** 24
Pline-Parmentier (R.) . . . **BCY** 25
Prés.-Wilson (R. du) . . . . . **BX** 29
St-Ferdinand (➾) . . . . . . **BX** 32
St-Jean-Baptiste (➾) . . . **AY** 33
Salinières (Quai des) . . . . **AY** 35
Souchet (Quai) . . . . **AY** 36

🏨 **Loubat,** 32 r. Chanzy ☏ 51.17.58 – 🛏wc 🛆wc ☎ & 🚗 – 🔺 80. 🈂🈂 🅰🅴 ⓞ
➤ **R** *(fermé lundi en hiver)* 29/200 – ☑ 20 – **45 ch** 105/250.   CY **s**

🏨 **Parc,** 109 av. Galliéni ☏ 51.18.42, 🍽 – 🛏wc 🛆wc 🅰 🚗
   fermé oct. – **R** snack carte environ 60 ♨ – ☑ 13 – **12 ch** 45/160.   CY **s**

🏨 **Gare,** 43 r. Chanzy ☏ 51.06.86 – 🛏 🛆wc 🅰 🚗. 🎤 rest
➤ *fermé nov.* – SC : **R** *(fermé dim.)* 50/75 ♨ – ☑ 15 – **10 ch** 82/120.   CY **e**

ⅩⅩⅩ **L'Étrier,** 20 pl. Decazes ☏ 51.13.59 – 🅰🅴 ⓞ 𝐕𝐈𝐒𝐀   BY **b**
   SC : **R** *(fermé 1er au 15 juil., 1er au 15 oct., dim. soir et lundi)* 83/242, **grill** *(fermé dim. et fêtes)* **R** carte environ 65 ♨.

Ⅹ **Castaing,** 38 r. Lyrot ☏ 51.23.25   BY **n**
➤ *fermé juil. et dim.* – SC : **R** (déj. seul.) 46/76 ♨.

rte Périgueux par ② : 9,5 km – ⊠ 33230 Coutras :

ⅩⅩ **Gril de Dallau,** ☏ 84.01.48 – 🅿. 🅰🅴 ⓞ 𝐕𝐈𝐒𝐀
   fermé 11 oct. au 1er nov., 21 au 28 fév., lundi soir et mardi – SC : **R** carte 80 à 140.

à Galgon par ① *et D 18E* : 11,8 km – ⊠ 33133 Galgon :

Ⅹ **Clo-Luc,** ☏ 84.36.16 – 🅿. 🅴 𝐕𝐈𝐒𝐀
➤ *fermé mardi* – SC : **R** 40/75 ♨.

CITROEN Libourne Autom., 140 av. Gén.-de-Gaulle par ① ☏ 51.62.18
FIAT SA Maltord, 12 av. G.-Clemenceau ☏ 51.61.88
FORD Colombel, rte Bordeaux à Arveyres ☏ 51.62.81
PEUGEOT, TALBOT Agence Centrale Autom. Libournaise 142 av. Gén.-de-Gaulle par ③ ☏ 51.40.81
PEUGEOT, TALBOT Solica, rte Bordeaux à Arveyres ☏ 51.34.96

RENAULT Bastide, Zone Ind. Ballastière, rte d'Angoulême par ① ☏ 51.52.53
V.A.G. Europe-Auto, av. Gén.-de-Gaulle ☏ 51.43.85

🛞 Central-Pneu, 113 av. G.-Pompidou ☏ 51.24.24
Desserrey Pneus, av. Gen.-de-Gaulle, rte castillon ☏ 51.66.03

LICQ-ATHÉREY 64560 Pyr.-Atl. 85 ⑮ – 296 h. alt. 275 – ✪ 59.

Paris 837 – Oloron-Ste-Marie 32 – Pau 65 – St-Jean-Pied-de-Port 60 – Sauveterre-de-Béarn 48.

Touristes, ☎ 28.61.01, ≤, – wc ⋒ ☎ Ⓟ
1er mars-1er déc. – SC : **R** 40/80 – 15 – **20 ch** 80/160 – P 140/180.

LIÈPVRE 68 H.-Rhin 62 ⑱ – 1 520 h. alt. 273 – ✉ **68160** Ste-Marie-aux-Mines – ✪ 89.

Paris 488 – Colmar 36 – Ribeauvillé 23 – St-Dié 30 – Sélestat 14.

XX **A la Vieille Forge,** à Bois l'Abbesse E : 3 km rte Sélestat ☎ 58.92.54 – Ⓟ. AE ⓓ VISA
fermé 22 juin au 1er juil., 22 nov. au 8 déc., lundi soir et mardi – SC : **R** 77 bc.

RENAULT Gar. André, ☎ 58.90.29 N ☎ 58.90.86
TOYOTA Gerber, ☎ 58.92.03

LIESSIES 59 Nord 53 ⑥ **G. Nord de la France** – 597 h. alt. 220 – ✉ **59740** Solre-le-Château – ✪ 27.

Voir Lac du Val Joly★ E : 5 km.

Paris 214 – Avesnes-sur-Helpe 14 – Charleroi 45 – Hirson 24 – Maubeuge 24.

Château de la Motte ⓢ, S : 1 km par VO ☎ 61.81.94, ≤, parc – wc ⋒wc ☎ Ⓟ – 50. rest
fermé 20 déc. au 30 janv. et dim. soir – SC : **R** (dîner sur commande) 64/115 – 12 – **10 ch** 77/140 – P 129/160.

LIEUREY 27560 Eure 55 ⑭ – 1 053 h. alt. 170 – ✪ 32.

Paris 159 – Bernay 18 – Évreux 57 – Lisieux 28 – Pont-Audemer 15 – Pont-l'Évêque 27.

XX **Bras d'Or** avec ch, ☎ 57.91.07 – ⋒ ☎ Ⓟ.
fermé janv., 27 juin au 7 juil. et lundi – SC : **R** 49/105 – 16 – **10 ch** 83/175.

CITROEN Testu, ☎ 57.93.47
RENAULT Deschamps, ☎ 57.91.77

LIFFRÉ 35340 I.-et-V. 59 ⑰ – 5 672 h. alt. 105 – ✪ 99.

Paris 352 – Avranches 65 – Dinan 64 – Fougères 30 – Mont-St-Michel 57 – ♦Rennes 17 – Vitré 27.

La Reposée M, SO : 2 km N 12 ☎ 68.31.51, « Parc », – Ⓟ – 25 à 150. VISA. rest
1er mars-1er nov. et fermé dim. – SC : **R** (dîner seul. pour résidents) (déj. sur commande) 60 – 15 – **21 ch** 80/220.

XXXX ✿✿ **Hôtellerie Lion d'Or** (Kéréver), face Église ☎ 68.31.09, « Jardin » – AE ⓓ VISA
fermé 26 juil. au 12 août, mardi midi et lundi sauf fériés – SC : **R** carte 180 à 220, **Le Jardin** (grill) **R** carte environ 95
Spéc. Bavarois d'avocat et langoustines, Fricassée de homard, Rognon de veau au Champigny.

RENAULT Boulais, ☎ 68.31.36

LIGNY-EN-BARROIS 55500 Meuse 62 ② – 6 454 h. alt. 225 – ✪ 29.

A.C. 16 r. Morlaincourt ☎ 78.42.98.

Paris 244 – Bar-le-Duc 16 – Neufchâteau 57 – St-Dizier 32 – Toul 46.

Nouvel H. M sans rest., pl. Église ☎ 78.01.22 – wc ☎ Ⓟ.
fermé 20 déc. au 20 janv. et sam. du 1er nov. au 28 fév. – SC : 13,50 – **26 ch** 105/140.

LIGNY-EN-CAMBRÉSIS 59 Nord 53 ⑭ – rattaché à Caudry.

LIGNY-LE-RIBAULT 45 Loiret 64 ⑧⑨ – 895 h. – ✉ **45240** La Ferté-St-Aubin – ✪ 38.

Paris 155 – Beaugency 17 – Blois 40 – ♦Orléans 27 – Romorantin-Lanthenay 41 – Salbris 39.

X **Aub. St. Jacques,** ☎ 45.41.54 – Ⓟ. VISA
fermé 21 août au 22 sept., 10 au 22 mars, dim. soir et lundi – **R** 44/135.

LIGUEIL 37240 I.-et-L. 68 ⑤ **G. Châteaux de la Loire** – 2 436 h. alt. 77 – ✪ 47.

Paris 292 – Le Blanc 55 – Châteauroux 78 – Châtellerault 36 – Chinon 53 – Loches 18 – ♦Tours 57.

X **Le Colombier** avec ch, ☎ 59.60.83 – wc Ⓟ – 30.
fermé 2 janv. au 10 fév. et vend. hors sais. – SC : **R** 32/95 – 11 – **13 ch** 53/93 – P 105/127.

à Cussay SO : 3,5 km – ✉ **37240** Ligueil :

Aub. du Pont Neuf, ☎ 59.66.37, – ⋒wc Ⓟ. E VISA
fermé fév. et lundi hors sais. – SC : **R** 45/120 – 14 – **10 ch** 80/120 – P 115/135.

PEUGEOT-TALBOT Gar. Tourne, ☎ 59.60.27
RENAULT Gar. Chapet, ☎ 59.64.10 N ☎ 59.61.77

LILETTE 86 Vienne 68 ⑤ – rattaché à Descartes (I.-et-L.).

LILLE p. 1

LILLE P 59000 Nord 51 ⑯ G. Nord de la France — 177 234 h. communauté urbaine 1 072 802 h. alt. 21 — ☺ 20.

Voir Le Vieux Lille* EFY : Vieille Bourse** FY, Hospice Comtesse* (voûte en carène**) FY B , – rue de la Monnaie * FY 142, demeure de Gilles de la Boé* FY K – Église St-Maurice* FY K – Citadelle* BUV – Porte de Paris* FZ D – ≼* du beffroi FZ H – Musée des Beaux-Arts** FZ M1.

🏌 des Flandres ⫘ 72.20.74 par ② : 4,5 km HS ; 🏌 du Sart, au château du Sart ⫘ 72.02.51 par ② : 7 km JS ; 🏌 de Brigode à Villeneuve d'Ascq ⫘ 91.17.86 par ③ : 9 km KT; 🏌 de Bondues ⫘ 37.80.03 par ① : 9,5 km HS.

✈ de Lille-Lesquin, ⫘ 95.92.00 par ④ : 8 km JU.

🚆 ⫘ 06.48.99.

🛈 Office de Tourisme Palais Rihour (fermé dim.) ⫘ 30.81.00, Télex 110213 et pl. de la Gare- A.C. r. Faidherbe ⫘ 55.29.44 - T.C.F. 56 bis bd Liberté ⫘ 57.43.17.

Paris 219 ④ — Bruxelles 116 ② — Gent 71 ② — Luxembourg 306 ④ — ◆Strasbourg 526 ④.

Plans : Lille p. 2 à 6

🏨 **Carlton** sans rest, 3 r. Paris ⊠ 59800 ⫘ 55.24.11, Télex 110400 – 🛗 📺 ☎ &. – 🏌 30 à 50. 🆎 ⓪ 🖃 𝗩𝗜𝗦𝗔   FY n
SC : ⊑ 25 – **70 ch** 200/330, 3 appartements 500.

🏨 **Royal-Concorde** sans rest, 2 bd Carnot ⊠ 59800 ⫘ 51.05.11, Télex 820575 – 🛗 📺 ☎ – 🏌 60. 🆎 ⓪ 🖃 𝗩𝗜𝗦𝗔   FY h
SC : ⊑ 22 – **106 ch** 149/339.

🏨 **Bellevue** sans rest, 5 r. J.-Roisin ⊠ 59800 ⫘ 57.45.86, Télex 820790 – 🛗 📺 ☎ – 🏌 100. 🆎 𝗩𝗜𝗦𝗔   FY z
SC : ⊑ 23 – **80 ch** 215/261, 9 appartements 295/310.

🏨 **Chagnot** M, 24 pl. Gare ⊠ 59800 ⫘ 06.25.50, Télex 130709 – 🛗 🖿 rest 📺 🛁wc 🛉wc ☎ – 🏌 40. 🖃 𝗩𝗜𝗦𝗔   FY x
R Grill carte environ 70 ⌁ – ⊑ 13,50 – **75 ch** 128/183.

🏨 **Paix** sans rest, 46 bis r. Paris ⫘ 54.63.93 – 🛗 🛁wc 🛉wc ☎. 🖴. ⁒   FY r
SC : ⊑ 17 – **36 ch** 95/165.

🏨 **Nord-Motel** M sans rest, 46 r . Fg-d'Arras par ⑤ ⫘ 53.53.40 – 🛗 🛁wc 🛉wc ☎. 🖴   HU
SC : ⊑ 13 – **80 ch** 110/137.

🏨 **Strasbourg** sans rest, 7 r. J-Roisin ⊠ 59800 ⫘ 57.05.46 – 🛗 🛁wc 🛉wc ☎. 🖴 🆎 ⓪ 𝗩𝗜𝗦𝗔   FY d
SC : ⊑ 15 – **46 ch** 80/180.

🏨 **Univers** sans rest, 19 pl, Reignaux ⫘ 06.99.69 – 🛗 📺 🛁wc 🛉wc ☎. 🖴 𝗩𝗜𝗦𝗔   FY k
SC : ⊑ 17 – **56 ch** 90/230.

🏨 **Central** sans rest, 51 r. Faidherbe ⊠ 59800 ⫘ 06.31.57 – 🛗 🛁wc 🛉wc ☎. 🖴   FY b
SC : ⊑ 15 – **34 ch** 78/165.

🏨 **St-Nicolas** sans rest, 11 bis r. N.-Leblanc ⫘ 57.73.26 – 🛁 🛉 ☎. 🖴 𝗩𝗜𝗦𝗔   EZ s
SC : ☎ 13 – **15 ch** 80/125.

🏨 **France** sans rest, 10 r. Béthune ⊠ 59800 ⫘ 57.14.78 – 🛁wc 🛉 ☎. 🖴 𝗩𝗜𝗦𝗔   FY e
SC : ⊑ 15 – **32 ch** 70/160.

XXX ✿ **Flambard** (Bardot), 79 r. d'Angleterre ⊠ 59800 ⫘ 51.00.06, « Maison 17ᵉ s. du Vieux Lille » – 🆎 ⓪   EY r
fermé août, 3 au 12 janv., dim. soir et lundi – SC : **R** 150/250
Spéc. Gelée de pigeon, St-Jacques aux poivrons et lait de coco (oct. à avril), Pot au feu de canette.

XXX ✿ **Paris**, 52 bis r. Esquermoise ⊠ 59800 ⫘ 55.29.41 – 🆎 ⓪   EY f
fermé début août à début sept. et dim. soir – SC : **R** carte 115 à 155
Spéc. Coquilles St-Jacques (sais.), Terrine de homard, Foie gras de canard.

XXX ✿ **A L'Huîtrière**, 3 r. Chats-Bossus ⫘ 55.43.41 – 🖿. 🆎 ⓪ 🖃 𝗩𝗜𝗦𝗔   FY g
fermé 22 juil. au 1ᵉʳ sept. et le soir dim. et fériés – SC : **R** carte 130 à 185
Spéc. Produits de la mer, Filet de St-Pierre aux quatre légumes, Agneau de Pauillac (janv.-mai).

XXX ✿ **Le Compostelle,** 4 r. St-Étienne ⫘ 54.02.49, « Relais flamand du 16ᵉ s. » – 🖿. 🆎 ⓪ 🖃 𝗩𝗜𝗦𝗔   EFY t
fermé dim. sauf le midi d'oct. à mai – SC : **R** 80/120
Spéc. Foie gras frais de canard aux raisins secs, Turbot braisé au miel et à l'orange, Gâteau aux noix.

XXX **Le Varbet**, 2 r. Pas ⊠ 59800 ⫘ 54.81.40 – 🆎 ⓪ 𝗩𝗜𝗦𝗔   EFY t
fermé juil., lundi midi, dim. et fériés – SC : **R** 90.

XXX **La Belle Époque** (The Queen Victoria) (1ᵉʳ étage), 10 r. Pas ⫘ 54.51.28 – 🖿. 🆎 ⓪ 🖃 𝗩𝗜𝗦𝗔   EY n
fermé dim. soir – **R** carte 115 à 185.

XXX **La Petite Taverne**, 9 r. Plat ⊠ 59800 ⫘ 54.79.36 – 𝗩𝗜𝗦𝗔   FZ w
fermé 10 juil. au 7 août, 13 au 21 fév., dim. soir et lundi – SC : **R** carte 85 à 135.

XXX **Le Club**, 16 r. Pas ⊠ 59800 ⫘ 57.01.10 – 🆎 ⓪ 𝗩𝗜𝗦𝗔   EY n
fermé sept., sam. midi, lundi midi et dim. – SC : **R** carte 125 à 170.

XX ❀ **La Devinière** (Waterlot), 61 bd Louis-XIV ⊠ 59800 ☎ 52.74.64 – 𝗔𝗘 𝗩𝗜𝗦𝗔   DV **t**
fermé 1er au 21 août, sam. et dim. – SC : **R** (prévenir) carte 135 à 190
Spéc. Feuilleté de moëlle au Bourgueil, Sole aux St-Jacques (oct. à mai) , Rognon de veau au beurre de ciboule.

XX **Rôtisserie Le Féguide,** pl. Gare ⊠ 59800 ☎ 06.15.50. ⓞ 𝗩𝗜𝗦𝗔   FY
← *fermé dim. soir* – **R** 55/115 ♨ **. Buffet Gare R** 40/55 ♨.

XX **La Verdière,** 25 r. Plat ⊠ ☎ 54.67.66 – 𝗔𝗘   FZ **r**
fermé dim. soir – SC : **R** carte 115 à 140.

XX **Le Gastronome,** 69 r. Hôpital Militaire ⊠ 59800 ☎ 54.47.43 – 𝗔𝗘 ⓞ 𝗘 𝗩𝗜𝗦𝗔   EY **u**
fermé août, dim. sauf le midi d'oct. à juin et merc. soir – SC : **R** 70.

XX **Charlot II,** 26 bd J.B.Lebas ☎ 52.53.38, produits de la mer – 𝗔𝗘 ⓞ 𝗘 𝗩𝗜𝗦𝗔   FZ **m**
15 sept.-15 mai et fermé sam. midi, dim. soir et lundi – SC : **R** 160 bc/85.

XX **Le Restaurant,** 1 pl. Sébastopol ☎ 54.23.13 – 𝗔𝗘 ⓞ 𝗘 𝗩𝗜𝗦𝗔   EZ **k**
fermé 8 au 16 août et 2 au 15 janv. – SC : **R** 92/125.

XX **La Tacquetière,** 10 r. Arc ⊠ 59800 ☎ 54.68.89   EY **v**
fermé 15 au 31 août et le soir sauf sam. – **R** 60/70.

XX **Chez Roger,** 45 r. Gde-Chaussée ⊠ 59800 ☎ 55.48.70 – 𝗔𝗘 ⓞ 𝗘 𝗩𝗜𝗦𝗔   FY **s**
fermé juil., dim. et lundi – **R** 80 bc.

X **Chez Bernard,** 65 r. de la Barre ⊠ 59800 ☎ 57.06.53 – 𝗔𝗘   EY **a**
fermé 1er au 25 août, dim. et lundi – **R** carte 110 à 140.

X **A la Bascule,** 12 r. Cambrai ☎ 52.44.55 – ⓞ 𝗘 𝗩𝗜𝗦𝗔   CX **d**
fermé août, sam. soir et dim. – SC : **R** 60/85.

à Villeneuve d'Ascq E : 4,5 km par D 941 – 56 913 h. – ⊠ 59650 Villeneuve d'Ascq :

🏠 **Ibis** Ⓜ, ☎ 91.81.50, Télex 160626 – |๊| ⇔wc ☎ ₱ – ₳ 30. ⇔∍ 𝗩𝗜𝗦𝗔   JT
SC : **R** carte environ 65 ♨ – ⚍ 18 – **80 ch** 163/191.

🏠 **Campanile** Ⓜ, av. Canteleu ☎ 91.83.10, Télex 133335 – ⇔wc ☜ ₱. 𝗩𝗜𝗦𝗔   KT
SC : **R** 55 bc/80 bc – ⚍ 20 – **47 ch** 173.

XXX **Le Chantilly,** 98 av. Flandre ☎ 72.40.30 – ₱ 𝗔𝗘 ⓞ 𝗩𝗜𝗦𝗔   JS
fermé juil., jeudi soir, dim. soir et lundi – SC : **R** 75/100 ♨.

XX **La Bourgogne,** 73 av. Flandre ☎ 72.01.07 – 𝗔𝗘 ⓞ 𝗩𝗜𝗦𝗔   JS
fermé 10 au 30 sept., sam. midi et dim. soir – SC : **R** (dîner prévenir) 55/195 (sauf fêtes).

XX **Vieille Forge,** 160 r. Lannoy au Recueil ☎ 05.50.75 – ₱. 𝗔𝗘 ⓞ 𝗘 𝗩𝗜𝗦𝗔   KT
fermé merc. soir – SC : **R** 68/180.

à Marcq-en-Baroeul par ② : 4,5 km – 36 269 h. – ⊠ 59700 Marcq-en-B. :

🏠 **Holiday Inn** Ⓜ 🍴, av. Marne ☎ 72.17.30, Télex 132785, ⊠ – |๊|≣ ⊞ ☎ & ₱ – ₳ 25 à 400. 𝗔𝗘 ⓞ 𝗘 𝗩𝗜𝗦𝗔   JS
SC : **Grill la Braise R** carte 90 à 130 - **Coffee-Shop R** carte environ 70 ♨ – ⚍ 26 – **125 ch** 256/307.

XX **Septentrion,** Parc du château Vert-Bois : 1,5 km par N 17 ☎ 46.26.98 – ₱. ⓞ 𝗩𝗜𝗦𝗔   JS
fermé août, 24 au 31 janv., dim. soir, lundi soir et mardi – SC : **R** carte 105 à 160.

à l'Aéroport de Lille-Lesquin par ④ : 8 km – JU – ⊠ 59810 Lesquin :

🏠 **Holiday Inn** Ⓜ 🍴, ☎ 97.92.02, Télex 132051, ⊠ – |๊| ≣ ⊞ ☎ & ₱ – ₳ 25 à 800. 𝗔𝗘 ⓞ 𝗘 𝗩𝗜𝗦𝗔   HU
SC : **Grill La Flamme R** carte 100 à 140 - **Snack Angus R** carte environ 75 ♨ – ⚍ 29 – **213 ch** 285/330.

🏠 **Novotel Lille Aéroport** Ⓜ, ☎ 97.92.25, Télex 820519, ⊠, ⋙ – ≣ rest ⊞ ☎ ₱ – ₳ 25 à 200. 𝗔𝗘 ⓞ 𝗩𝗜𝗦𝗔   HU
R snack carte environ 85 – ⚍ 27 – **92 ch** 255/295.

à Englos par ⑥ : 7,5 km par échangeur de Lomme – ⊠ 59320 Haubourdin :

🏠 **Novotel Lille Lomme** Ⓜ 🍴, au Sud-Est ☎ 07.09.99, Télex 132120, ⊠, ⋙ – ≣ rest ⊞ ☎ ₱ – ₳ 30 à 300. 𝗔𝗘 ⓞ 𝗩𝗜𝗦𝗔   FT
R snack carte environ 75 – ⚍ 27 – **116 ch** 232/295.

à Prémesques par ⑦ : 10 km – ⊠ 59840 Pérenchies :

XXX ❀ **Armorial** (Lepelley), sur D 933 ☎ 08.84.24, ≤, « Parc et pièces d'eau » – ₱ ⓞ 𝗩𝗜𝗦𝗔   FT
fermé début août, en janv., dim. soir, mardi soir et merc. – SC : **R** 150/250
Spéc. Foie gras de canard, Ragoût des argonautes, Volaille des échevins.

à La Neuville par ⑤, N 49, D 925, D 62 et C 3 : 18 km – ⊠ 59239 Thumeries :

XX **Leu Pindu,** 1 r. Gén.-de-Gaulle ☎ 90.72.21, « Grand jardin à l'orée de la forêt » – ₱
fermé août, vacances de fév., dim. et fêtes – SC : **R** (déj. seul.) 91/170.

LILLE ROUBAIX TOURCOING

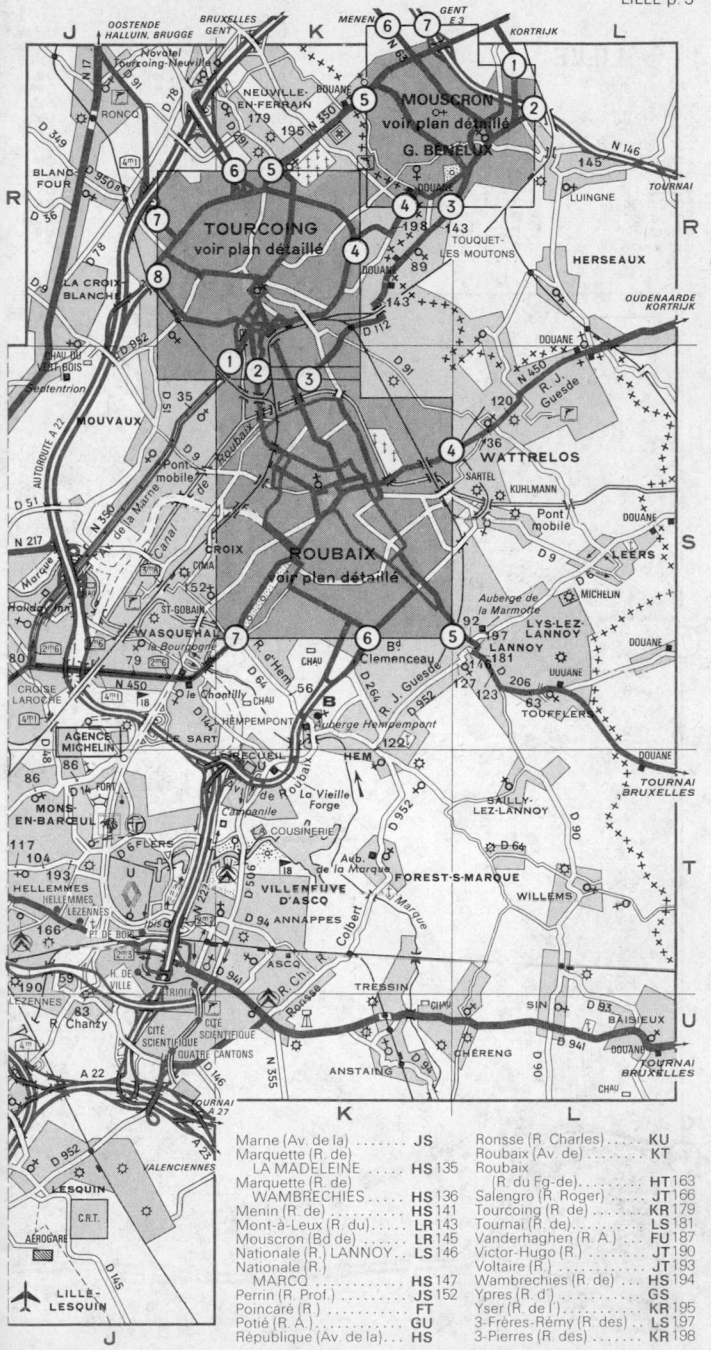

LILLE

Alsace (Bd)	CDX	
Arras (R. d')	CX	
Artois (R. d.)	CX	
Ballon (R. du)	DU	
Bapaume (R. de)	CX 12	
Bassée (R. de la)	AVX	
Bateliers (R. des)	CU 13	
Becquart (Av.)	ABU	
Beethoven (Av.)	AX 14	
Belfort (Bd de)	DX	
Bernos (R.)	DV 18	
Béthune (R. du Fg de)	AX 19	

Bigo-Danel (Bd)	BV 21	
Blanqui (R.)	DV 22	
Boilly (R.)	DV 25	
Bois (Av. du)	ABU	
Bonte (R. Auguste)	AU	
Buisson (R. du)	DU	
Cambrai (R. de)	CDX	
Carrel (R. Armand)	DX 38	
Churchill (Av. W.)	CU	
Colbert (R.)	BV	
Colpin (R. du Lt)	BUV 45	
Cordonnier (R. Denis)	DX 51	
Coubertin (Bd P. de)	CDU	
Courmont (R.)	CX 53	
Cuvier (Av.)	BV 57	
Debierre (R. Ch.)	DV 58	
Défenseurs de Lille (Bd)	CDX 60	

Delescaux (Av. H.)	AU	
Destrée (Av. Julien)	DV 65	
Dr-Calmette (Bd)	DV 67	
Dorez (Pl. B.)	BX 68	
Douai (R. de)	CDX	
Dubuisson (Bd Émile)	DV 69	
Dunkerque (Av. de)	AV	
Esquermes (R. d')	BX	
Février (Pl. J.)	CX 78	
Gambetta (R. Léon)	BV	
Gand (R. de)	CU	
Gaulle (R. du Gén.-de)	CU 85	
Guérin (R. Camille)	DV 90	
Guesde (R. Jules)	BX	
Halle (R. de la)	CU 93	
Hippodrome (Av. de l')	AUV	
Isly (R. d')	ABX	

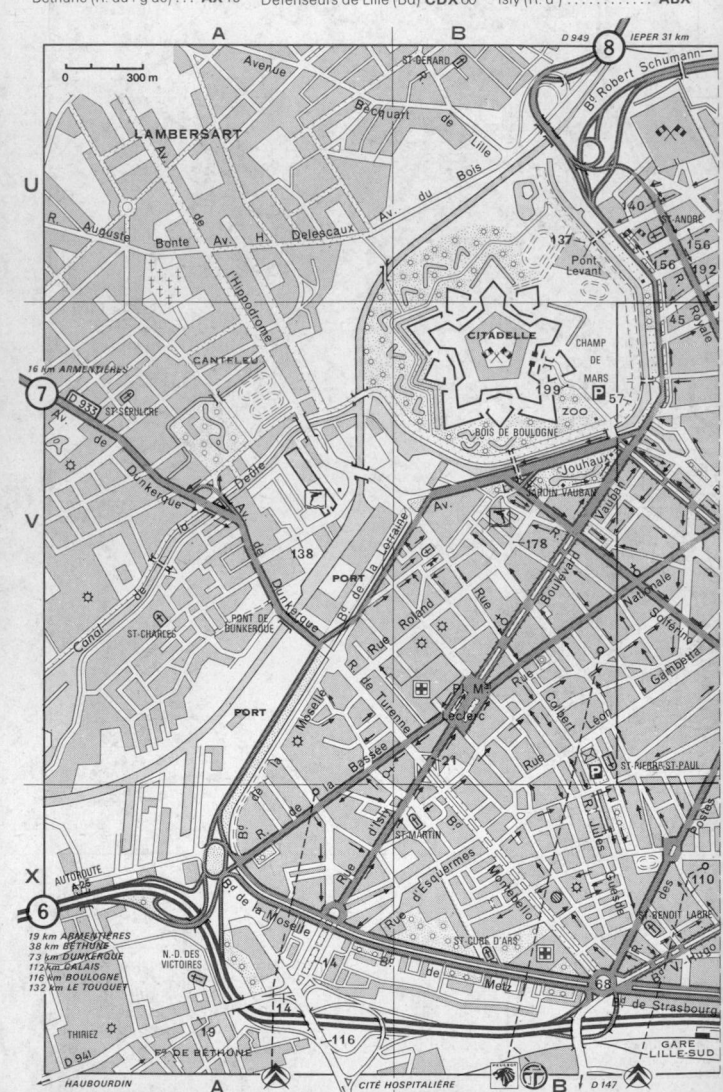

LILLE

MICHELIN, Agence régionale, r. des Châteaux, Z.I de la Pilaterie à Wasquehal JS ☎ 98.40.48

CITROEN Succursale, 145 r. Wazemmes BX ☎ 30.87.96
CITROEN Gar. Janssens, 20 r. de Mulhouse CX ☎ 52.71.28
CITROEN Gar. St-Christophe, 20 r. Bonté-Pollet AX ☎ 93.69.31
FIAT Waymel, 56 r. P.-Legrand ☎ 56.73.36
LADA, VOLVO Gar. V.D.B., 8 r.J.-du-Solier ☎ 57.37.79
LANCIA-AUTOBIANCHI Gobert, 204 r. Nationale ☎ 57.18.23
PEUGEOT-TALBOT S.I.A.-Nord, 50 bd Carnot FY ☎ 06.92.04

PEUGEOT-TALBOT Sté Lilloise Auto, 58 r. des Stations BV ☎ 30.87.80
RENAULT Crépin, 95 r. de Douai DX ☎ 52.52.48
V.A.G. Gar. Continental, 289. r. Gambetta ☎ 09.43.66

🔘 Dewitte, 20 r. d'Isly ☎ 93.50.54
Laloyer, 62 r. Abélard ☎ 53.40.34
Matthys, 10 r. Colbert ☎ 57.49.31
Pneus et Services D.K, 148 bis r. d'Esquermes ☎ 93.71.36 et 50 r. du fg de Roubaix ☎ 06.51.52
Vulcanord, 177 r. d'Artois ☎ 52.48.41

Périphérie et environs

ALFA-ROMEO, FERRARI Auto 2000, 96 allée Gabriel à Marcq-en-Baroeul ☎ 72.26.00
BMW Autolille, 873 av. de la République à Marcq en Baroeul ☎ 72.90.72
CITROEN Succursale, 187 av. République à La Madeleine DU ☎ 55.17.10
CITROEN Cabour, 449 av. de Dunkerque à Lomme GT ☎ 92.33.62 🄽 ☎ 78.82.29
CITROEN Villeneuve Automobiles, La Cousinerie à Villeneuve d'Ascq KT ☎ 91.27.62
CITROEN Fayen, 186 r. des Fusillés à Villeneuve d'Ascq KU ☎ 34.53.05
FORD Flandres-Autos, 70 r. Louis-Delos à Marcq-en-Baroeul ☎ 55.07.70
MERCEDES-BENZ C.I.C.A., 1033 av. République à Marcq-en-Baroeul ☎ 72.39.39 🄽 ☎ 21.22.00
OPEL-GM Baillet, 330 r. Roger-Salengro à Hellemmes ☎ 98.13.30
OPEL-GM Eurauto, Centre Commercial, rte de Sequedin à Englos ☎ 92.20.33
PEUGEOT-TALBOT C.D.A., 21 r. J.-Guesde à Villeneuve-d'Ascq JT ☎ 56.87.61
RENAULT Succursale, 140 av. République à La Madeleine DU ☎ 55.54.55 🄽
RENAULT Gar. de l'Heurtebise, 172 r. A.-Potié à Haubourdin GTU ☎ 07.27.44 et Centre Commercial à Englos FT ☎ 09.25.55

RENAULT Gar. V.R.A.L.E., Pont de bois à Villeneuve d'Ascq JT ☎ 91.20.35
RENAULT Gar. Wacrenier, bd Hentges à Seclin par N 49 GU ☎ 90.12.32
TOYOTA Autodis, 116 r. Jules Guesde à Villeneuve d'Ascq ☎ 04.33.33
V.A.G. Gar. du Château, av. Champollion à Villeneuve d'Ascq ☎ 05.24.04

🔘 François-Pneus, 331 av. du Gén.-de-Gaulle à Hallennes ☎ 07.70.44 et 614 av. Dunkerque à lomme ☎ 09.12.55
Prévost, 322 r. Gén.-de-Gaulle, à Mons-en-Baroeul ☎ 04.88.08
Reform'Pneus, 261 bis av. République à La Madeleine ☎ 55.52.70 et r. de la Croix-Bougard, Centre Routier à Lesquin ☎ 97.22.01
Rénova-Pneus, Zone Ind. Séclin, r. Mont Templemars à Noyelles Séclin ☎ 90.65.54
Seeuws, 29 r. J.-Ferry à Hellemmes ☎ 56.87.70
Vasseur pneus, 3 r. E.-Blondeau à Haubourdin ☎ 07.26.72
Wattelle, 111 r. Gén.-de-Gaulle à La Madeleine ☎ 55.67.55

Dans ce guide
un même symbole, un même caractère,
imprimés en rouge ou en noir, en maigre ou en **gras**
n'ont pas tout à fait la même signification
Lisez attentivement les pages explicatives (p. 13 à 20).

LILLEBONNE 76170 S.-Mar. 🆖🆖 ④⑤ G. Normandie – 10 305 h. alt. 32 – ✿ 35.

Bac de Quillebeuf : renseignements ☎ 57.51.05.

🏢 Office de Tourisme jardin J.-Rostang (1er juin-15 sept. et fermé mardi) ☎ 38.08.45.

Paris 187 ④ – Bolbec 8 ⑥ – ◆Le Havre 37 ④ – Honfleur 40 ④ – Lisieux 62 ④ – ◆Rouen 60 ①.

🏠 **France,** 1 bis r. République (a) ☎ 38.04.88
– 🗐 🗐WC ⊛ **P** 🖭 AE VISA
fermé dim. sauf rest. de Pâques au 15 sept.
– SC : **R** 71/140 – ☲ 13 – **20 ch** 49/134 –
P 224/298.

à Norville par ③ et D 428 : 10 km –
✉ 76330 N.-D.-de-Gravenchon :

✗ **Aub. de Norville** avec ch, D 81 et D 428
◆ 39.91.14, ≤ – 🗐 🗐 🛇
SC : **R** *(fermé vend. soir et sam.)* 45/90 – ☲
12 – **10 ch** 69/90.

BMW, PEUGEOT-TALBOT Raimbourg, 8 r. Dr-Léonard ☎ 38.05.22
FIAT, LANCIA-AUTOBIANCHI Evrard, 15 r. Pasteur ☎ 38.00.68

LILLEBONNE   Havre (R. du) 3
                  Messager (R. H.) . 4
Gambetta (R. L.) .. 2   Pasteur (R.) 5

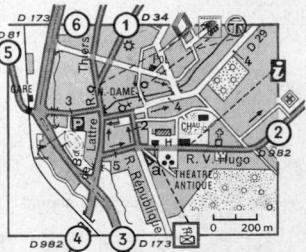

RENAULT Legay, av. R.-Coty par ② ☎ 38.39.53
RENAULT Dajon, 23 ter r. Thiers ☎ 38.01.47

LIMERZEL 56 Morbihan 63 ④ – 1 265 h. – ✉ **56220** Malansac – ✆ 97.

Paris 430 – ♦ Nantes 85 – Ploërmel 42 – Redon 30 – Vannes 37.

XX **Aub. Limerzelaise,** ☏ 66.20.59, – VISA
fermé fév., lundi soir et mardi sauf juil.-août – SC : **R** 55/95.

LIMOGES P **87000** H.-Vienne 72 ⑰ **G. Périgord** – 147 442 h. alt. 294 – ✆ 55.

Voir Cathédrale★ BZ **B** – **Église St-Michel-des-Lions★** AY **D** – **Musées : A. Dubouché★★ (porcelaines)** AY, **Municipal★ (émaux★★)** BZ **M.**

18 ☏ **30.21.02 par ④ : 3 km.**

✈ **de Limoges-Bellegarde,** ☏ **00.10.37 par ⑥ : 10 km.**

ℹ Office de Tourisme (fermé dim. et fêtes hors saison) et Accueil de France (Informations et réservations d'hôtels, pas plus de 5 jours à l'avance) bd Fleurus ☏ 34.46.87, Télex 580705 et Aire de Repos Grossereix (15 juin-15 sept.) - A.C. 33 bd L.-Blanc ☏ 34.32.06.

Paris 396 ① – Angoulême 103 ⑥ – ♦Bordeaux 220 ⑥ – ♦Clermont-Ferrand 181 ② – ♦Dijon 436 ① – Montluçon 154 ① – ♦Montpellier 443 ④ – ♦Nantes 304 ⑥ – Poitiers 119 ⑦ – ♦Toulouse 313 ④.

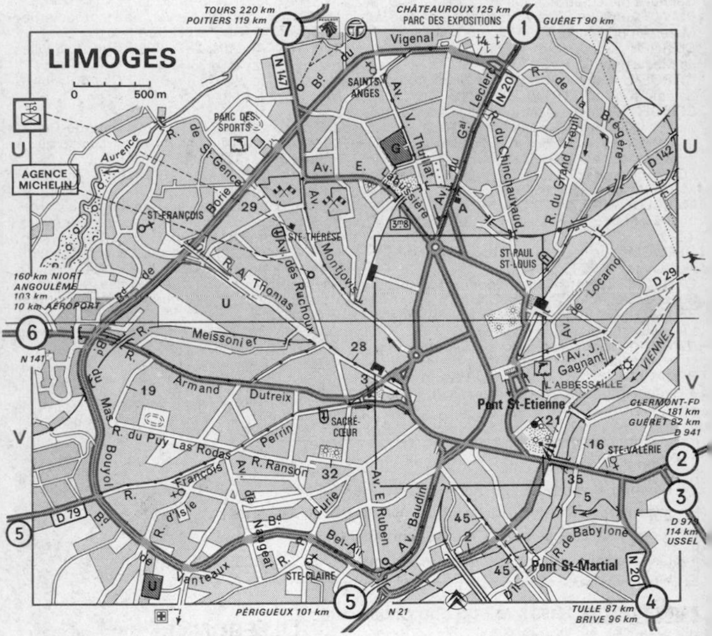

LIMOGES
0
500 m
TOURS 220 km
POITIERS 119 km
CHÂTEAUROUX 125 km
PARC DES EXPOSITIONS
GUÉRET 90 km
AGENCE MICHELIN
PARC DES SPORTS
ST-FRANÇOIS
STE-THÉRÈSE
SAINTS-ANGES
ST-PAUL ST-LOUIS
L'ABBESSAILLE
Pont St-Etienne
STE-VALÉRIE
SACRÉ-CŒUR
STE-CLAIRE
Pont St-Martial
160 km NIORT
ANGOULÊME 103 km
10 km AÉROPORT
N 141
CLERMONT-FD 181 km
GUÉRET 82 km
D 941
D 979
114 km
USSEL
PÉRIGUEUX 101 km
N 21
TULLE 87 km
BRIVE 96 km

Allende (Quai S.) . . . . V 2
Amphithéâtre (R. de l') . . . . V 3
Arcades (R. des) . . . . U 4
Auzette (R. d') . . . . V 5
Babylone (R. de) V
Baudin (Av.) V
Bel-Air (Bd) V
Borie (Bd de) . . . . U
Brégère (R. de la) . . . . U
Casseaux (Av. des) . . . . . UV
Chinchauvaud (R. du) . . . . . U
Curie (R. P.) V
Dumont (R. Henri) . . . . V 16
Dutreix (R. Armand) V
F.-de-Coulanges (R.) . . . . . V 19
Gagnant (Av. J.) V
Goujaud (Quai Louis) . . . . . V 21
Grand-Treuil (R. du) . . . . . . U
Isle (R. d') V
Labuissière (Av. E.) . . . . . . U
Leclerc (Av. du Gén.) . . . . . U
Locarno (Av. de) . . . . UV
Mas Bouyol (Bd du) V
Meissonier (R.) V
Michaud (R. Édouard) . . . . U 29
Montjovis (Av.) . . . . U
Naugeat (Av. de) V
Pénicaud (Cours Jean) . . . . V 32
Perrin (R. François) V
Pont-Neuf . . . . V 35
Pont-St-Étienne V
Pont-St-Martial V
Puy-Las-Rodas (R. du) V
Ranson (R.) V
Révolution (Av. et Pont) . . . V 45
Ruben (Av. E.) V
Ruchoux (Av. des) . . . . . . UV
St-Gence (R. de) . . . . U
Thomas (R. A.) . . . . U
Thuillat (Av. V.) . . . . U
Vanteaux (Bd des) V
Vigenal (Bd du) . . . . U

Frantel M, pl. République ☏ **34.65.30, Télex 580771** – ⧉ TV ☎ ♿ – 🏛 100 à 200.
AE ⓓ VISA — BY **u**
SC : rest. **Le Renoir** *(fermé sam.)* **R** carte 100 à 140 - – ☕ 25 – **75 ch** 252/366.

Luk H. M, 29 pl. Jourdan ☏ **33.44.00, Télex 580704** – ⧉ TV ⛀wc ☎ – 🏛 40.
AE ⓓ VISA — BY **x**
SC : **R** *(fermé dim.)* 28/120 🍷 – **55 ch** ☕ 200/270 – P 280/350.

Le Richelieu M sans rest, **40 av. Baudin** ☏ **34.22.82** – ⧉ ⛀wc ⛆wc ☎ 🚗. VISA
SC : ☕ 18 – **27 ch** 90/150. — AZ **a**

LIMOGES

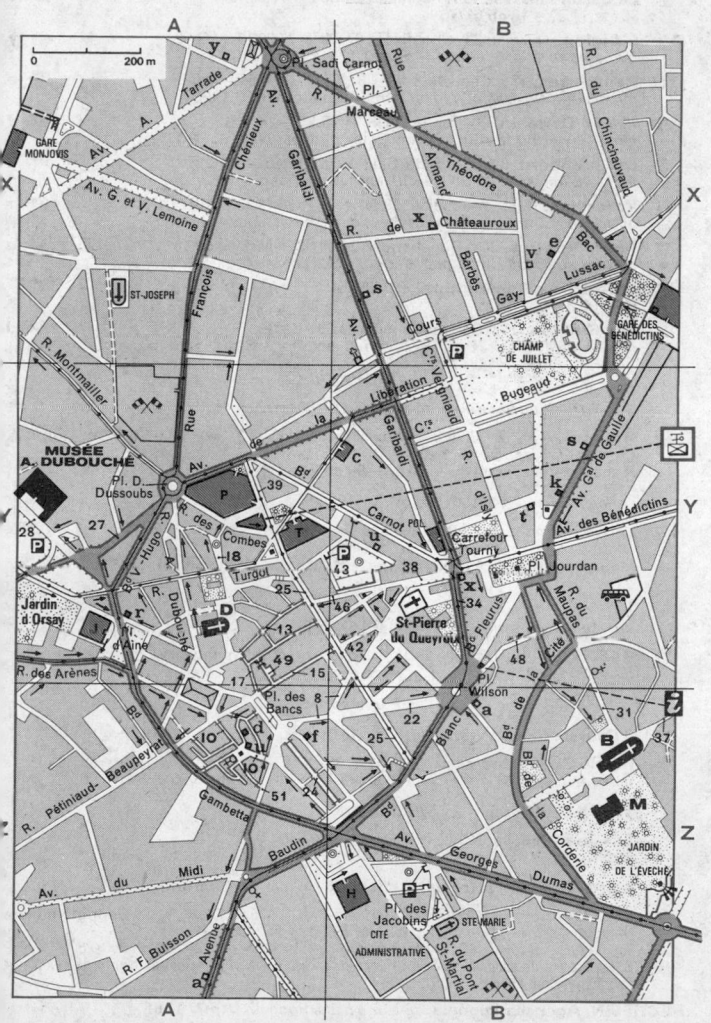

🏨 **Caravelle** Ⓜ sans rest, 21 r. A.-Barbès ⊠ 87100 ℡ 77.75.29 – 🛗 🛁wc 🚿wc 🕾
🚗, 🚘 🖭 ⓘ Ε 𝘝𝘐𝘚𝘈   BX x
SC : 🚿 16 – **31 ch** 112/154.

🏨 **Jeanne-d'Arc** sans rest, 17 av. Gén.-de-Gaulle ℡ 77.67.77, Télex 580011 – 🛗 📺
🛁wc 🚿wc 🕾 🚗 🅿 – 🔬 30 à 130. 🚘 🖭 ⓘ Ε 𝘝𝘐𝘚𝘈   BY s
fermé Noël – SC : 🚿 18 – **55 ch** 92/250.

🏨 **Orléans Lion d'Or**, 9 cours Jourdan ℡ 77.49.71 – 🛗 🛁wc 🚿wc 🕾. 🚘 🖭
Ε 𝘝𝘐𝘚𝘈   BY t
fermé hôtel : 24 déc. au 7 janv. ; rest : 1er déc. au 10 janv. – SC : **R** (fermé sam. du 15
oct. au 1er avril) 51/95 – 🚿 16,50 – **42 ch** 68/215.

🏨 **Le Petit Paris**, 48 bis av. Garibaldi ℡ 77.39.82 – 🛁wc 🚿wc 🕾 🚗   BX s
fermé 1er au 17 oct., 16 déc. au 2 janv., sam. et dim. hors sais. – SC : **R** 52/90 ♨ –
15 – **18 ch** 70/125.

🏨 **Europe**, 2 pl. Wilson ℡ 34.23.72 – 🛁wc 🚿wc 🕾. 🕸 ch   BZ a
fermé 15 déc. au 15 janv. – SC : **R** (fermé sam.) 45/90 – 🚿 13 – **23 ch** 64/112.

🏨 **Le Carlin** sans rest, 12 r. Pétiniaud-Dubos ℡ 77.39.75 – 🚿   BX v
SC : 🛏 11,50 – **18 ch** 61/76.

🏨 **L'Aiglon** sans rest, 8 r. Crucifix ⊠ 87100 ℡ 77.39.13 – 🚿   AX y
fermé 1er au 16 août et dim. – SC : 🚿 12 – **15 ch** 55/103.

XXX **Deux Atres**, 17 r. Gén.-Bessol ⊠ 87100 ℡ 79.64.54 – 𝘝𝘐𝘚𝘈   BX e
fermé août, Noël, sam. midi et dim. – SC : **R** carte 130 à 190.

XX **Pré St-Germain**, 26 r. de la Loi ℡ 34.15.17 – 🚿. 𝘝𝘐𝘚𝘈   AZ f
fermé 25 juil. au 18 août, en janv., sam. midi et dim. – SC : **R** 115 bc.

XX **Le Chambord**, 3 av. Gén.-de-Gaulle ℡ 77.27.65 – 🖭 Ε 𝘝𝘐𝘚𝘈   BY k
fermé 18 juil. au 1er août, 2 au 19 janv. et sam. midi – **R** 60/90.

XX **Versailles**, Rest.-Brasserie, 20 pl. Aine ℡ 34.13.39 – **R** 55 bc   AY r
fermé 7 au 30 août, vacances de fév., dim. soir et lundi – **R** 55 bc.

XX **Petits Ventres**, 20 r. Boucherie ℡ 33.34.02, « Maison du 15e s. » – 𝘝𝘐𝘚𝘈 AZ u
fermé 4 au 25 juil., lundi midi et dim. – SC : **R** 63/150, dîner à la carte.

XX **Buffet Gare Bénédictins**, ℡ 77.54.54   BX
R 45/90 ♨.

X **Lou Galetou**, 26 r. Boucherie ℡ 33.36.39 – 𝘝𝘐𝘚𝘈   AZ d
fermé 9 au 15 mars, 10 au 16 janv., dim. et lundi – **R** carte 85 à 150.

Par la sortie ①

Z.I. Nord Quartier du Lac 4 km – ⊠ 87100 Limoges :

🏨 **Novotel** Ⓜ ⑤, ℡ 37.20.98, Télex 580866, ≤, 🎄, 🏊, 🎾, 🕸 – 🛗 🖩 rest 📺 🕾 ♿
🅿 – 🔬 25 à 200. 🖭 ⓘ 𝘝𝘐𝘚𝘈
R snack carte environ 85 – 🚿 27 – **90 ch** 215/244.

rte de Paris – ⊠ 87100 Limoges :

🏨 **La Résidence**, ℡ 39.90.47, parc, 🎄 – 🛁wc 🚿wc 🕾 🚗 🅿 – 🔬 70. 𝘝𝘐𝘚𝘈
🕸 ch
fermé 4 au 11 sept., fév. et dim. soir – **R** 70/160 – 🚿 15 – **20 ch** 120/150.

Par sortie ③

sur rte d'Eymoutiers : 10 km – ⊠ 87220 Feytiat :

XX **Aub. du Bonheur**, ℡ 00.28.19, « Collection d'objets anciens », parc – 🅿
fermé 10 août à début sept. et merc. – SC : **R** 65/100.

Par la sortie ⑦

à Couzeix : 5 km – 5 361 h. – ⊠ 87270 Couzeix :

X **Relais St-Martial** avec ch, N 147 ℡ 39.33.50 – 🚿 🅿
fermé fév. – SC : **R** (fermé lundi) 45/130 – 🚿 11 – **11 ch** 55/95.

sur N 147 : 10,5 km – ⊠ 87510 Nieul :

XX **Les Justices**, sur N 147 ℡ 75.84.54, 🌳 – 🅿
fermé janv., dim. soir et lundi sauf fêtes (le midi) – SC : **R** carte 110 à 145.

à St-Martin-du-Fault par N 147 et D 35 : 12 km – ⊠ 87510 Nieul :

XXX ❀ **La Chapelle St-Martin** Ⓜ ⑤ avec ch, ℡ 75.80.17, ≤, 🕸, « Gentilhommière
dans un parc », 🌳 – 🛁wc 🅿 – 🔬 30. 🚘 🕸 rest
fermé janv. et fév. – SC : **R** (fermé lundi) 145 bc/230 – 🚿 29 – **9 ch** 250/280
Spéc. Crudité de saumon frais au vinaigre de xérès, Suprême de turbot au beurre de ciboulette,
Ragoût des deux abats.

MICHELIN, Agence régionale, 78 à 82 av. des Ruchoux U ℡ 77.13.61

ALFA-ROMEO Centre-Ouest-Automobiles, 1 r. de Liège ℡ 34.10.90
AUSTIN, JAGUAR, MORRIS, ROVER, TRIUMPH Sud-Autom., N 20 à Crochat ℡ 30.48.30
BMW, DATSUN Gar. Fraisseix J.-, 213 r. de Toulouse ℡ 30.42.70
CITROEN Central Gar., r. F.-Bastiat, Z.A.C. de Beaubreuil par ① ℡ 37.23.09
CITROEN Gar. Baudin, 176 av. Baudin V ℡ 34.15.74
FERRARI, FIAT, LANCIA, AUTOBIANCHI Savary, 48 av. Gén.-Leclerc ℡ 38.30.40
FORD Gar. Fraisseix E.-, RN 20 à Crochat ℡ 30.46.47
LANCIA-AUTOBIANCHI Royal-Gar., 13 r. A.-Barbès ℡ 77.25.30
MERCEDES-BENZ Gar. Jourdan, av. L.-Armand, Zone Ind. Nord ℡ 38.16.17
OPEL-GM-US Gds-Autom. du Limousin, rte de Toulouse, Crochat ℡ 30.48.30
PEUGEOT, TALBOT Gds Gar. Limousin, rte de Toulouse, Zone Ind. Magré par ④ ℡ 30.65.35
PEUGEOT, TALBOT Guyot, r. F.-Perrin, Le Moulin Blanc par D 79 V ℡ 01.34.52

PEUGEOT, TALBOT Gar. Valade, 106 r. de Bellac U ℡ 77.55.73
PORSCHE Royal-Gar., Zone Ind. de Ponteix à Feytiat ℡ 31.14.14
RENAULT Renault-Limoges, av. L.-Armand, Zone Ind. Nord par ① ℡ 79.58.25
RENAULT Dufournaud, N 21, Les Fayes par ⑤ ℡ 34.51.05
TOYOTA Gar. Carnot, 9 av. E.-Labussière ℡ 77.48.06
VOLVO Gar. Desbordes, 229 av. Gén.-Leclerc ℡ 37.17.71

Charles, 5 bis bd Corderie ℡ 34.31.69
Estager, 56 av. Gén.-Leclerc ℡ 38.42.43 et 5 r. A. Comte Zone Ind. Nord ℡ 38.10.71
Faucher, 55 r. Th.-Bac ℡ 77.27.02
Longequeue-Pneus, 8 r. F.-Chénieux ℡ 77.48.37
Omnium-Pneus, 61 av. Gén.-Leclerc ℡ 77.52.88
Pneus et Caoutchouc, 230 av. Baudin ℡ 34.51.21 et 33 av. des Bénédictins ℡ 33.32.33
Relais-Pneu, r. du G.-Péri ℡ 34.55.13
Transac-Pneus, 43 r. F.-Chénieux ℡ 77.60.14

CONSTRUCTEUR : RENAULT Véhicules Industriels, rte du Palais ℡ 77.58.35

LIMONEST 69760 Rhône ⑦④ ⑪ – 2 057 h. alt. 400 – ◎ 7.
Paris 454 – L'Arbresle 17 – ♦Lyon 13 – Villefranche-sur-Saône 18.

XX **Puy d'Or** avec ch., au S : 3 km par D 42 ℡ 835.12.20, ← – 🍴 🛏 🅿. 🚗 E
fermé au 13 août, 5 au 31 oct., mardi soir et merc. – SC : R 68/130 🛏 – 🍴 16 – **7 ch** 98/120.

XX **La Gentil'Hordière,** ℡ 835.94.97 – 🅰🅴 VISA
fermé 16 août au 5 sept., vacances de fév., dim. soir et lundi – SC : R 100/170.

LIMOUX ⟨SP⟩ 11300 Aude 🎱🎱 ⑦ G. Pyrénées
– 11 713 h. alt. 172 – ◎ 68.
🛈 Syndicat d'Initiative Promenade Tivoli (juil.-août) ℡ 31.11.82.
Paris 841 ① – Carcassonne 24 ① – Foix 67 ③ – ♦Perpignan 101 ② – ♦Toulouse 95 ①.

🏨 **Moderne et Pigeon,** 1 pl. Gén.-Leclerc (a) ℡ 31.00.25 – 🍴🛁wc 🛏wc 🅿. 🚗 VISA
fermé 10 déc. au 10 janv. – SC : R *(fermé sam. hors sais.)* 48/100 – 🖵 13 – **32 ch** 57/177 – P 161/195.

🏨 **Le Mauzac,** rte Carcassonne par ① ℡ 31.12.77 – 🛁wc 🛏 🅿. 🚗 🅰🅴 E. 🛇 rest
fermé fév. – SC : R *(fermé lundi)* 45 bc/90 – 🖵 15 – **23 ch** 70/170.

par ① : 13 km : carrefour D 623 - D 18 – ✉ 11240 Belvèze du Razes :

X **Relais Touristique de Belvèze** avec ch, ℡ 69.08.78 – 🛁wc 🛏wc ☎ 🅿. E
SC : R *(fermé lundi sauf en 1er juin au 15 oct. et fériés)* 44/130 – 🖵 12 – **7 ch** 100/115 – P 138/180.

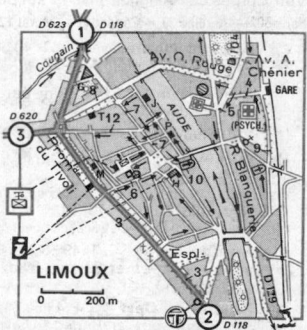

Fabre-d'Églantine (Av.) 3
Gare (Av. de la) .. 4
Gare (R. de la) ... 5
Goutine (R. de la). 6
Jean-Jaurès (R.) 7
Marronniers (Av.) 8
Ronde (Ch de)... 9
St-Martin (⊟).. 10
Toulzane (R.) ... 12

ALFA-ROMEO, OPEL Bardavio, 22 av. A.-Chenier ℡ 31.02.43
CITROEN Nivet, rte Perpignan par ② ℡ 31.06.00
FORD Huillet, 13 av. Fabre-d'Églantine ℡ 31.01.48
PEUGEOT-TALBOT Gar. de Flassian, rte Carcassonne par ① ℡ 31.21.92

RENAULT Limoux-Autom., rte Carcassonne par ① ℡ 31.08.87
Modern' Gar., 34 av. Fabre-d'Églantine ℡ 31.08.77

Figuères-Pneus, rte d'Alet, Zone Ind. ℡ 31.13.84

LINTHAL 68 H.-Rhin 🔟 ⑱ – 548 h. alt. 425 – ⊠ **68610** Lautenbach – ✪ 89.

Paris 558 – Colmar 37 – Gérardmer 52 – Guebwiller 11 – ◆Mulhouse 34.

  🏠   **A la Truite de la Lauch,** ☎ 76.32.30 – 🚙 🔝 ❷. 💳 🛎 rest
  ◆   *fermé nov. et merc. hors sais.* – SC : **R** 50/120 ⅜ – 🛁 13,50 – **17 ch** 60/120 – P
     130/150.

LIOCOURT 57 Moselle 🗠 ⑭ – 131 h. alt. 290 – ⊠ **57590** Delme – ✪ 8.

Paris 355 – Château-Salins 17 – ◆Metz 28 – Pont-à-Mousson 30 – St-Avold 48.

  XX   **Au Savoy,** ☎ 701.36.72 – **E** 💳
  ◆   *fermé fév., lundi soir et mardi* – SC : **R** 44/149 ⅜.

Le LION D'ANGERS 49220 M.-et-L. 🔠 ⑳ **G. Châteaux de la Loire** – 2 328 h. alt. 32 – ✪ 41.

🅱 Office de Tourisme 14 pl. Champ de Foire (juil.-août et fermé matin) ☎ 91.83.19.

Paris 291 – Ancenis 52 – Angers 22 – Château-Gontier 21 – La Flèche 51.

  🏠   **Voyageurs,** ☎ 91.30.08 – 🚙wc 🔝 ⇔
  ◆   *fermé 10 au 25 oct., 15 janv. au 10 fév. et lundi de sept. à juil.* – SC : **R** *(fermé lundi
     sauf fériés)* 30/90 ⅜ – 🛁 12 – **13 ch** 60/120 – P 120/160.

LION-SUR-MER 14780 Calvados 🗠 ② **G. Normandie** – 1 748 h. – ✪ 31.

🅱 Syndicat d'Initiative bd Maritime (Pâques, Pentecôte et 1ᵉʳ juil.-15 sept.) ☎ 97.20.53.

Paris 255 – Arromanches 25 – Bayeux 32 – Cabourg 25 – ◆Caen 16 – Ouistreham-Riva-Bella 6.

  🏠   **Moderne,** ☎ 97.20.48 – 🔝. 🛎 rest
  ◆   *27 mars-fin sept. et fermé mardi sauf juil.-août* – SC : **R** 50/105 – 🛁 13 – **14 ch**
     70/115 – P 138/161.

RENAULT Boutry, ☎ 97.20.21 🔃   RENAULT Gar. de l'Espérance, à Hermanville-
                                            sur-Mer ☎ 97.28.62

Le LIORAN 15 Cantal 🗠 ③ **G. Auvergne** – alt. 1 153 – Sports d'hiver à Super-Lioran SO : 2 km
– ⊠ **15300** Murat – ✪ 71.

Voir Gorges de l'Alagnon✶ NF : 2 km puis 30 mn – Col de Cère ≼✶ SO : 4 km.

Paris 507 – Aurillac 39 – Condat 42 – Murat 12 – St-Jacques-des-Blats 6.

  XX   **Aub. du Tunnel** avec ch, ☎ 49.50.02 – 🚙wc 🔝wc ☜ ❷. 🆒 **E**
  ◆   *21 juin-1ᵉʳ oct. et 21 déc.-5 mai* – SC : **R** 35/75 – 🛁 12 – **18 ch** 90/100 – P 120/130.

   à Super-Lioran SO : 2 km par D 67 – Sports d'hiver : 1 250/1 850 m ≼1 ≴23 ≴ –
   ⊠ **15300** Murat.

   Voir Plomb du Cantal ❄✶✶ par téléphérique.

  🏨 ✿ **Gd H. Anglard et du Cerf** 🅜 👻, ☎ 49.50.26, Télex 990575, ≼ Monts du Cantal
     – 🛗 ☎ ❷ – 🏛 40
     11 au 24 mai, 1ᵉʳ juil. au 26 sept. et 20 déc. au 20 avril – SC : **R** 60/140 – 🛁 14,50 –
     38 ch 108/216 – P 170/250
     Spéc. Foie gras du chef, Filet de boeuf mignonnette, Le Lioran (pâtisserie).

  🏨   **Remberter** 🅜 👻, ☎ 49.50.28, ≼ – 🛗 🚙wc 🔝wc ☜ ❷. 🛎 rest
  ◆   *20 juin-15 sept. et 20 déc.-20 avril* – SC : **R** 42/100 – 🛁 15 – **32 ch** 90/145 – P
     130/160.

  🏨   **Rocher du Cerf** 👻, ☎ 49.50.14, ≼ – 🚙wc 🔝wc ❷. 🆒
  ◆   *20 juin-10 sept. et 15 déc.-20 avril* – SC : **R** 43/72 ⅜ – 🛁 15 – **11 ch** 83/135 – P
     120/155.

Le LIOUQUET 13 B.-du-R. 🗠 ⑭ – rattaché à La Ciotat.

LISIEUX ⟨SP⟩ 14100 Calvados 🗠 ⑬ **G. Normandie** – 26 674 h. alt. 49 – Pèlerinage (fin sept.) –
✪ 31.

Voir Cathédrale St-Pierre✶✶ BY.

🅱 Office de Tourisme 11 r. Alençon (fermé dim. hors saison) ☎ 62.08.41, Télex 170169.

Paris 174 ② – Alençon 91 ④ – Argentan 58 ④ – ◆Caen 49 ⑥ – ◆Cherbourg 171 ⑥ – Dieppe 139 ①
– Evreux 72 ② – ◆Le Havre 79 ① – ◆Le Mans 140 ④ – ◆Rouen 82 ②.

Plan page ci-contre

  🏨   **Place** sans rest, 67 r. H.-Chéron ☎ 31.17.44 – 🛗 📺 🚙wc 🔝wc ☎ ⅞ ⇔ 🆒
     🅰🅴 🕦 **E** 💳   AY **a**
     fermé dim. de nov. à Pâques – SC : 🛁 19 – **32 ch** 190/250.

  🏨   **Espérance et rest. Pays d'Auge,** 16 bd Ste-Anne ☎ 62.17.53, Télex 171845 –
     🛗 🚙wc 🔝wc ☜ 🆒 💳   BZ **e**
     1ᵉʳ mai-30 sept. – SC : **R** 68/115 – 🛁 18 – **100 ch** 92/185.

  🏨   **Gd H. Normandie,** 11 bis r. au Char ☎ 62.16.05, Télex 170269 – 🛗 🚙wc 🔝wc
  ◆   ☜ ⇔ 🆒 🕦 **E** 💳   BY **k**
     mai-30 sept. – SC : **R** 45/130 – 🛁 16,50 – **80 ch** 95/180.

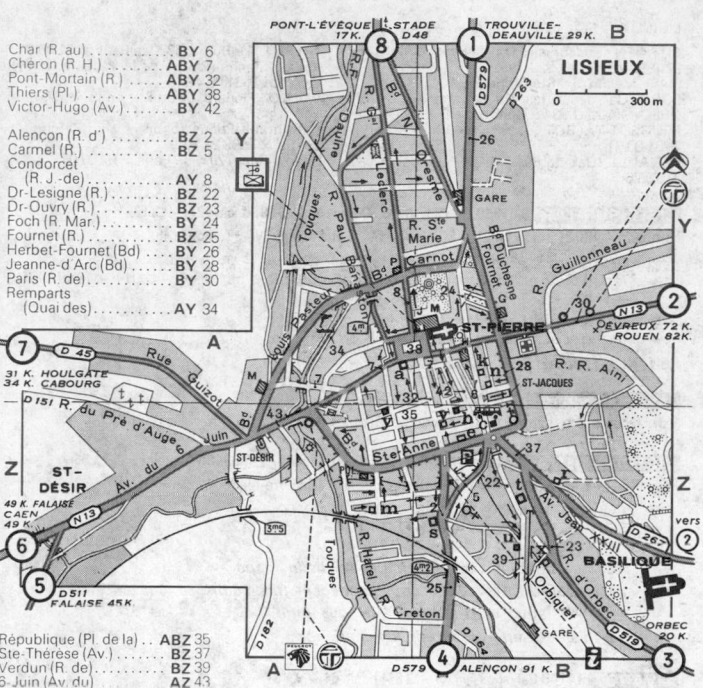

LISIEUX

🏠 **Coupe d'Or,** 49 r. Pont-Mortain 🕿 31.16.84 — 📺 🛁wc 🚿wc 📞 ▥▥ 🅰🄴 ⑩ 🄴 *VISA*
SC : **R** *(fermé 20 déc. au 20 janv. et sam. en hiver)* 65/100 – 🖴 17 – **16 ch** 85/170 –
P 182/232.
BZ **v**

🏠 **Terrasse H.,** 25 av. Ste-Thérèse 🕿 62.17.65 — 🛁wc 🚿wc 📞 ▥▥ 🅰🄴 ⑩ 🄴 *VISA*
1er avril-30 sept. et fermé lundi sauf fériés – SC : **R** 55/125 – 🖴 16,50 – **17 ch**
68/150.
BZ **r**

🏠 **St-Louis** sans rest, 28 r. A.-Briand 🕿 62.06.50 — 🛁wc 🚿 📞 ▥▥ 🛇
fermé 20 oct. au 10 nov. – SC : 🖴 14 – **11 ch** 62/105.
BY **n**

🏠 **Capucines** sans rest, 6 pl. Fournet 🕿 62.28.34 — 🚿wc 📞 🛇
SC : 🖴 15 – **18 ch** 45/100
BZ **s**

🏠 **St-Michel** sans rest, 22 r. Bocage 🕿 62.05.90 — 🚿 🅿 🛇
fermé dim. en hiver – SC : 🖴 14,50 – **25 ch** 67/100.
AZ **m**

🏠 **Lisieux,** 27 bis r. Dr-Lesigne 🕿 62.06.37 — 🚿 🅿 ▥▥ 🛇 rest
➡ fermé 15 déc. au 1er fév. et vend. sauf hôtel en sais. – SC : **R** 50/110 🍷 – 🖴 14,50 –
17 ch 72/145.
BZ **t**

🏠 **Maris-Stella,** 56 bis r. Orbec 🕿 62.01.05 — 🅿 *VISA* 🛇 ch
fermé 15 déc. au 31 janv. et sam. d'oct. à avril – SC : **R** 56/84 – 🍴 12 – **18 ch**
56/100 – P 155.
BZ **x**

✗✗✗ **Ferme du Roy,** par ① : 2,5 km 🕿 31.33.98, « Ancienne ferme, jardin » – 🅿 *VISA*
🛇
fermé fin janv. au 15 mars, dim. soir et lundi sauf fériés – SC : **R** 110/150.

✗✗ **Aub. du Pêcheur,** 2 bis r. Verdun 🕿 31.16.85 — 🅰🄴 ⑩ *VISA*
fermé janv., merc. et jeudi 🍷 – **R** 55/130 🍷.
BZ **u**

✗✗ **Acacias,** 13 r. Résistance 🕿 62.10.95 — *VISA*
fermé dim. soir et lundi sauf fêtes – SC : **R** 59/100.
BZ **b**

✗✗ **Bretagne** avec ch, 30 pl. République 🕿 62.09.19 — 📺 🛁wc 🚿wc 🕿 📞 ▥▥ 🅰🄴 ⑩
VISA
fermé fév. – SC : **R** *(fermé lundi soir et mardi)* 52/183 – 🖴 16,50 – **14 ch** 81/233.
AZ **y**

à Manerbe par ② : 7 km – ✉ 14340 Cambremer :

✗✗ **Pot d'Étain,** 🕿 31.03.65, « Jardin fleuri » – 🅿 🅰🄴 *VISA*
fermé janv., fév., mardi soir et merc. – SC : **R** 60/150.

tourner →

CITROEN Succursale, 41 r. de Paris ☎ 31.15.75
🆕 ☎ 62.16.99
FIAT Meslin, 5 r. Ste-Marie ☎ 62.04.52
FORD Gar. des Loges, 41 r. Fournet ☎ 62.25.17
OPEL S.A.M.O., 34 r. Gén.-Leclerc ☎ 62.04.46
PEUGEOT-TALBOT Lorant, 61 bd Ste-Anne
☎ 31.00.71
RENAULT Gar. du Parc, rte de Paris par ② ☎ 31.28.76

TALBOT Le Bugle, 53 r. de Paris ☎ 31.06.01
V.A.G. Jonquard, Rte de la Vallée à Ouilly le Vicomte ☎ 31.09.42
VOLVO Richard, 57 bd Ste-Anne, ☎ 62.02.78

🏢 Ollitrault-Pneus, 5 bis r. du Marché-aux-Bestiaux ☎ 62.29.10
Renov.-Pneu, 29 r. de Paris ☎ 62.03.04

LISLE-SUR-TARN 81310 Tarn 🎱🎱 ⑨ G. Causses – 3 391 h. alt. 127 – ✪ 63.
Paris 693 – Albi 31 – Lavaur 21 – Montauban 44 – Rabastens 8 – ◆Toulouse 45.

   XX **Princinor** avec ch, sur N 88 ☎ 33.35.44, 🍴, 🌳 – 🅰 🅿 🎛
  → *fermé janv. et lundi sauf de juin à sept.* – SC : **R** 42 bc/140 ⅃ – �‍ 14 – **10 ch** 90/130
       – P 165/183.

   XX **Le Romuald,** 6 r. Port ☎ 33.38.85
  → *fermé sept., lundi et mardi* – SC : **R** 40/100 ⅃.

RENAULT Fauroux. ☎ 33.35.06 🆕

LISON (Source du) ★★★ 25 Doubs 🎱🎱 ⑤ G. Jura.
Voir Grotte Sarrazine★★ NO 30 mn – Creux Billard★ S 15 mn.

LISTRAC-MÉDOC 33 Gironde 🎱🎱 ⑧ – 1 319 h. alt. 44 – ✉ 33480 Castelnau – ✪ 56.
Paris 610 – Arcachon 88 – Blaye 9 – ◆Bordeaux 34 – Lesparre-Médoc 30.

   X **France** avec ch, ☎ 58.23.68 – 🅰 🅿 – 🏛 100
  → SC : **R** 45/120 – 🛏 13 – **7 ch** 65/110.

📖 *Towns underlined in red on the Michelin maps*
    at a scale of 1 : 200 000 are included in this guide.
    Use the latest map to take full advantage
    of this regularly up-dated information.

LIVAROT 14140 Calvados 🎱🎱 ⑬ – 2 874 h. alt. 64 – ✪ 31.
Paris 192 – Alençon 72 – Bernay 39 – ◆Caen 47 – Falaise 36 – Lisieux 18 – Orbec 22.

   🏠 **Vivier,** pl. G.-Bisson ☎ 63.50.29, 🌳 – 🅰 🔚 🅿 🎛
  → *fermé 20 déc. au 25 janv.* – SC : **R** *(fermé lundi sauf fériés)* 46/88 – �‍ 12,50 – **13 ch**
       50/110 – P 130/160.

CITROEN S.E.R.V.A.L. ☎ 63.50.51

LIVERDUN 54460 M.-et-M. 🎱🎱 ④ G. Vosges – 6 542 h. alt. 203 – ✪ 8.
Voir Site★.
🏌 de Nancy-Aingeray ☎ 349.53.87 SO : 2 km.
Paris 309 – ◆Metz 56 – ◆Nancy 16 – Pont-à-Mousson 25 – Toul 19.

  XXX ✿ **des Vannes et sa Résidence** (Simunic) 🦢 avec ch, 6 r. Porte-Haute ☎
      349.46.01, ≤ boucle de la Moselle – 🚻wc 🅿 – 🏛 60, 🍴 🆎 ⓞ 🆅🆂🅰 🎛 ch
      fermé fév., lundi et mardi midi – SC : **R** 140/250 – �‍ 25 – **5 ch** 145/195
      Spéc. Timbale de grenouilles en feuilleté, Ragoût de lotte aux langoustines, Rable de lièvre (15 oct.
      au 15 déc.). Vins Côtes de Toul.

      A la Résidence 🦢, « Jardin » – 🚻wc 🅿 🍴 🆎 ⓞ 🆅🆂🅰 🎛 ch
      fermé fév., lundi et mardi midi – SC : �‍ 25 – **6 ch** 220/275.

  XX **Golf Val Fleuri,** rte Villey-St-Étienne ☎ 349.53.54, « Au bord de l'eau », 🌳 –
      🅿 🆅🆂🅰
      fermé 2 janv. au 1er fév. et merc. hors sais. sauf fériés – **R** 86/132.

  XX **Host. Gare,** ☎ 349.44.76 – 🆅🆂🅰
      fermé 11 juil. au 10 août et lundi sauf fériés – **R** 78/125.

LIVRY-GARGAN 93 Seine-St-Denis 🎱🎱 ⑪, 🎱🎱🎱 ⑱ – voir à Paris, Proche banlieue.

La LLAGONNE 66 Pyr.-Or. 🎱🎱 ⑯ – rattaché à Mont-Louis.

LLO 66 Pyr.-Or. 🎱🎱 ⑯ – rattaché à Saillagouse.

LOCHES ⬦☜⬦ 37600 I.-et-L. 🎱🎱 ⑥ G. Châteaux de la Loire – 6 816 h. alt. 72 – ✪ 47.
Voir Cité médiévale★★ Z : le tour extérieur des remparts★★, château★ B, donjon★★ D, église St-Ours★★ E, Porte Royale★ F – Hôtel de ville★ ZH.
🅱 Office de Tourisme pl. Marne *(fermé dim. hors saison)* ☎ 59.07.98.
Paris 258 ① – Blois 64 ① – Châteauroux 70 ③ – Châtellerault 54 ④ – ◆Tours 42 ①.

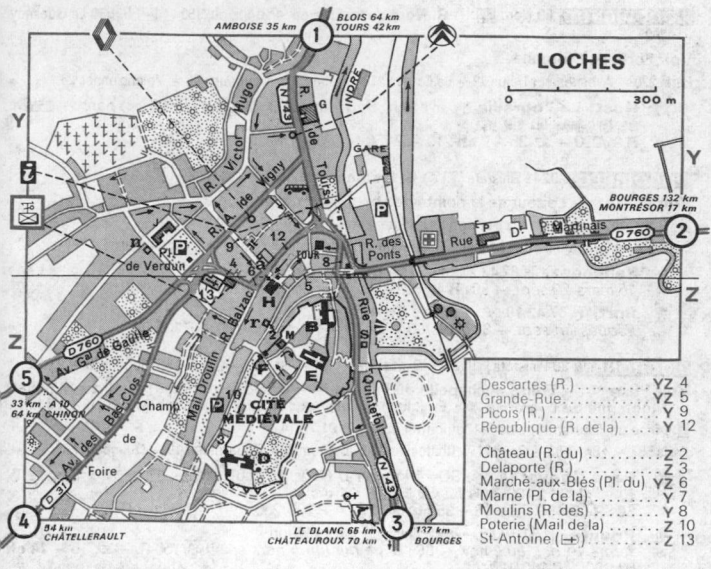

LOCHES

Descartes (R.)	YZ 4
Grande-Rue	YZ 5
Picois (R.)	Y 9
République (R. de la)	Y 12

Château (R. du)	Z 2
Delaporte (R.)	Z 3
Marché-aux-Blés (Pl. du)	YZ 6
Marne (Pl. de la)	Y 7
Moulins (R. des)	Y 8
Poterie (Mail de la)	Z 10
St-Antoine (↔)	Z 13

🏨 **France**, 6 r. Picois ☏ 59.00.32, 🍴 – 🚻wc 🛁wc 🐦 ⇔ – 🔬 40   Y **a**
  fermé 1er au 9 mai, 2 janv. au 6 fév., dim. soir et lundi midi de sept. à fin juin et vend. soir d'oct. à Pâques – SC : **R** 38/70 – 🖙 13 – **22 ch** 50/125.

🏨 **George Sand**, 39 r. Quintefol ☏ 59.39.74, ≤, 🍴 – 🚻wc 🛁wc ☎ 🐦 ஊ **AE** **E** **VISA**
  fermé mi déc. à fin janv. – SC : **R** *(fermé dim. soir sauf juil.-août et lundi)* 50/125 – 🖙 16   **17 ch** 100/160.   Z **s**

🏨 **Château** ॐ sans rest, 18 r. Château ☏ 59.07.35 – 🚻wc 🛁wc. 🛠   Z **r**
  fermé 15 janv. au 25 mars – SC : **10 ch** 67/170.

🏠 **Moderne** sans rest, 21 pl. Verdun ☏ 59.05.06 – 🛠   Y **n**
  SC : 🖙 12,50 – **10 ch** 70/120.

CITROEN Loches-Automobiles, 17 r. de Tours ☏ 59.07.50 **N**
CITROEN Barreau, 87 r. St-Jacques par ① ☏ 59.06.60 **N**
PEUGEOT-TALBOT Lorillou, N 143, Tivoli par ③ ☏ 59.00.41

RENAULT Chebassier, 8 r. A.-de-Vigny ☏ 59.00.77
TALBOT Blineau, Zone Ind. par ① ☏ 59.06.88 **N** ☏ 59.08.55

🛢 Touraine, rte Loches à Perrusson ☏ 59.03.86

LOCMARIA-BERRIEN 29 Finistère � ⑥ – rattaché à Huelgoat.

LOCMARIAQUER 56740 Morbihan 🗓 ⑫ G. Bretagne – 1 289 h. alt. 16 – ✿ 97.

Voir Table des Marchands★★ et Grand menhir★★ puis dolmens de Mané Lud★, de Mané Rethual★, des Pierres Plates★ – Pointe de Kerpenhir ≤★ SE : 1,5 km.

Paris 487 – Auray 13 – Quiberon 31 – La Trinité 8,5.

🏨 **L'Escale**, ☏ 57.32.51, ≤ – 🛁wc 🐦 **E** **VISA**. 🛠
  12 mai-17 sept. – SC : **R** 64/77 – 🖙 12,50 – **12 ch** 115/170 – P 154/196.

🏨 **Lautram** (annexe Ⓜ ॐ - 10 ch 🚻wc), ☏ 57.31.32 – 🚻wc 🛁wc. **E** **VISA**. 🛠 rest
  fin mars-fin sept. – SC : **R** 40/75 – 🖙 13 – **25 ch** 77/197 – P 131/184.

LOCMINÉ 56500 Morbihan 🗓 ③ G. Bretagne – 3 574 h. alt. 100 – ✿ 97.

Paris 447 – Concarneau 94 – Lorient 49 – Pontivy 24 – Quimper 110 – ◆Rennes 97 – Vannes 28.

🏨 **L'Argoat**, rte Vannes ☏ 60.01.02 – 🚻wc 🛁wc 🐦
  fermé 19 déc. au 1er fév. et sam. – SC : **R** 40/100 🍴 – 🖙 13,50 – **25 ch** 50/120 – P 121/153.

🛢 Rio, ☏ 60.01.24

LOCQUÉMEAU 22 C.-du-N. 🗓 ① G. Bretagne – ⊠ 22300 Lannion – ✿ 96.

Paris 524 – Lannion 9 – Morlaix 34 – St-Brieuc 72.

✗ **Baie** avec ch, ☏ 35.23.11 – 🛁 🛠 ch
  Pâques-20 sept. ; rest. fermé du 20 sept. au 10 oct., vac. de fév. et merc.hors sais. –
  R 48/120 – 🖙 15 – **9 ch** 60/90 – P 130/160.

LOCQUIGNOL 59 Nord 🗓🗓 ⑤ G. Nord de la France – 314 h. alt. 150 – ✉ 59530 Le Quesnoy – 🔾 27.

Voir Forêt de Mormal★.

Paris 220 – Avesnes-sur-Helpe 22 – Le Cateau 21 – ♦Lille 79 – Maubeuge 25 – Valenciennes 26.

XXX **Host. La Touraille** 📏 avec ch, S : 1 km sur D 233 🕿 49.05.55, ≤, parc – ⊟wc 🕿 🕿 ⚏🕿 🎫 🛈 *VISA*
     R 85/220 – ☲ 25 – **7 ch** 210 – P 250.

LOCQUIREC 29241 Finistère 🗓🗓 ⑦ G. Bretagne – 1 035 h. – 🔾 98.

Voir Église★ – Le tour de la pointe de Locquirec★ 30 mn.

🛈 Office de Tourisme au port (fermé lundi hors sais. et dim.) 🕿 67.40.83.

Paris 536 – Guingamp 53 – Lannion 22 – Morlaix 22 – Plestin-les-Grèves 6 – Quimper 98.

🏚 **Pennenez,** 🕿 67.42.21, ≤ – 🕅 🅿. ⚏🕿 🎫 🛋 rest
   15 mars-20 sept. – SC : **R** 40/120 – ☲ 14 – **26 ch** 75/100 – P 115/140.

🏚 **Port,** 🕿 67.42.10, ≤ – ⊟wc 🕅. 🛋 rest
   Pâques-fin sept. – SC : **R** 60/90 – ☲ 15 – **10 ch** 100/130 – P 135/175.

LOCRONAN 29 Finistère 🗓🗓 ⑮ G. Bretagne – 686 h. alt. 150 – ✉ 29136 Plogonnec – 🔾 98.

Voir Place★★ – Église et chapelle du Pénity★★ – Grande Troménie★★ (10 au 17 juillet) – Montagne de Locronan 🌟★ E : 2 km – Kergoat : vitraux★ de la chapelle NE : 3,5 km.

🛈 Office de Tourisme pl. de la Mairie (juil.-août) 🕿 91.70.14.

Paris 567 – ♦Brest 63 – Briec 21 – Châteaulin 16 – Crozon 38 – Douarnenez 10 – Quimper 17.

🏚 **Fer à Cheval** Ⓜ 📏, SO : 1 km par D 63 🕿 91.70.67, 🚢 – 📺 ⊟wc 🕅wc 🕿 ፌ
   🅿 – 🔬 30 à 100. ⚏🕿 🎫 🛈 E *VISA*. 🛋 rest
   SC : **R** 55/150 – ☲ 15 – **35 ch** 120/250 – P 220/250.

🏚 **Prieuré,** 🕿 91.70.89 – ⊟ 🕅wc 🅿. ⚏🕿 🛋 ch
   fermé 1er oct. au 2 nov. – SC : **R** (fermé lundi hors sais.) 45/150 🍷 – ☲ 15 – **14 ch**
   62/150 – P 140/180.

XX **Au Fer à Cheval,** pl. Église 🕿 91.70.74 – 🎫 🛈 E *VISA*
   SC : **R** 45/150 🍷.

   au NO : 3 km – ✉ 29127 Plomodiern :

🏚 **Manoir de Moëllien** 📏, 🕿 92.50.40, ≤, 🚢 – 📺 ⊟wc 🕅wc 🕿 🅿. E *VISA*
   fermé janv. à mi-mars – SC : **R** (fermé merc. du 1er oct. au 31 mars) 62/158 – ☲ 23
   – **10 ch** 180/200 – P 240/265.

LOCTUDY 29125 Finistère 🗓🗓 ⑮ G. Bretagne – 3 544 h. – 🔾 98.

Voir Église★ – Château de Kerazan-en-Loctudy★ NO : 2,5 km.

Paris 574 – Douarnenez 39 – Guilvinec 12 – Pont-L'Abbé 6 – Quimper 26.

🏚 **Le Rafiot,** sur le Port 🕿 87.42.57, ≤ – ⊟wc 🕅wc ⚏🕿
   fermé oct. – SC : **R** (fermé en hiver et mardi) 50/140 🍷 – ☲ 14,50 – **9 ch** 109/178 –
   P 188/219.

🏚 **Iles,** r. Port 🕿 87.40.16, 🚢 – 🅿. ⚏🕿
   1er avril-1er oct. – SC : **R** (fermé lundi) 66/120 🍷 – ☲ 18 – **10 ch** 100/150.

Garage L'Helgoualc'h, 🕿 87.40.05

LODÈVE 🕿🕿 34700 Hérault 🗓🗓 ⑤ G. Causses – 9 116 h. alt. 165 – 🔾 67.

Voir Ancienne cathédrale St-Fulcran★ E.

🛈 Office de Tourisme (fermé sam. après-midi, dim. et fêtes) pl. République 🕿 44.07.56.

Paris 815 ② – Alès 99 ① – Béziers 64 ② – Millau 61 ① – ♦Montpellier 54 ② – Pézenas 41 ②.

Plan page ci-contre

🏚 **Domaine du Canalet** Ⓜ 📏, av. Joseph Vallot (s) 🕿 44.20.91, « parc », 🏊 –
   ⊟wc 🕿 🅿 – 🔬 40. ⚏🕿 *VISA*
   1er juin-30 sept. – SC : **R** 90/140 – ☲ 23 – **7 ch** 200/350.

🏚 **Croix Blanche, (a)** 🕿 44.10.87 – ⊟wc 🕅 ⚏🕿 🚗 🅿. ⚏🕿
   1er avril-30 nov. – SC : **R** (dîner seul.) 35/80 – ☲ 13 – **32 ch** 60/110.

🏚 **Paix,** 11 bd Montalangue **(n)** 🕿 44.07.46 – 🖳 rest ⊟wc 🕅wc ⚏🕿
   fermé 2 au 27 janv., vend. soir et dim. soir hors sais. – SC : **R** 40/72 – 🍷 12 – **18 ch**
   48/122.

🏚 **Nord,** 18 bd Liberté **(e)** 🕿 44.10.08 – ⊟wc 🕅wc ⚏🕿 🚗. E *VISA*
   fermé nov., vend. soir et sam. hors sais. sauf Noël et Pâques – SC : **R** 40/80 – ☲ 13
   – **19 ch** 70/160.

   à St-Jean de la Blaquière par ② et D 144E : 14 km – ✉ 34700 Lodève :

🏚 **Aub. du Sanglier** Ⓜ 📏, E : 3,5 km par D 144 et VO 🕿 44.70.51, ≤, « Dans la
   garrigue », parc, 🏊, 🎾 – ⊟wc ⚏🕿 🅿. ⚏🕿 🛋 ch
   8 mars-1er déc., fermé mardi et merc. hors sais. – SC : **R** 90/130 – ☲ 22 – **10 ch**
   250/320 – P 580 (pour 2 pers.).

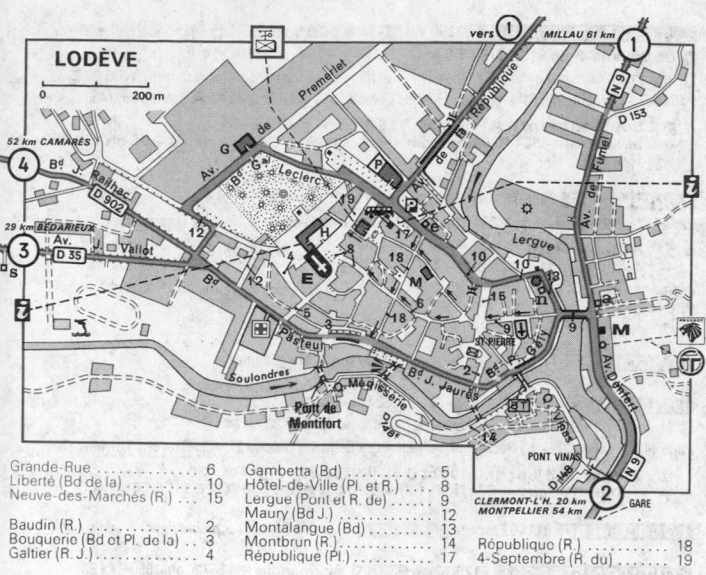

LODÈVE

0   200 m

52 km CAMARÈS
④

29 km BÉDARIEUX
③

à *Lunas* par ③ rte de Bédarieux : 15 km – ⊠ 34650 Lunas :

XXX **Manoir du Gravezon,** ☎ 23.81.58, 쯮
fermé 15 janv. au 28 fév., lundi soir et mardi soir hors sais. – SC : **R** 55/160 ⅃.

MERCEDES-PEUGEOT-TALBOT Ryckwaert, 6 av. Denfert ☎ 44.02.49

LODS 25930 Doubs 🗗🗗 ⑥ G. Jura – 338 h. alt. 380 – ✿ 81.

Paris 447 – Baume-les-Dames 53 – ◆Besançon 38 – Levier 22 – Pontarlier 22 – Vuillafans 4,5.

🏠 **Truite d'Or,** ☎ 62.23.98, ≤, 쯮 – ⌂wc ⊛ ℗ 🖪
fermé 15 déc. au 1ᵉʳ fév. et lundi sauf juil.-août – SC : **R** 55/120 ⅃ – ⊡ 12 – **11 ch**
65/130 – P 100/160.

LOGELHEIM 68 H.-Rhin 🗗🗗 ⑲ – rattaché à Colmar.

LOGIS NEUF 01 Ain 🗗🗗 ② – ⊠ 01310 Polliat – ✿ 74.

Paris 412 – Bourg-en-Bresse 15 – ◆Lyon 75 – Mâcon 19 – Villefranche-sur-Saône 48.

XX **Bresse** avec ch, ☎ 30.27.13, 쯮, 쯮 – ⌂wc 🍴wc ⊛ ℗ – ⚔ 30 à 50. 🛏
→ *fermé oct., dim. soir et lundi* – SC : **R** 45/95 ⅃ – ⊡ 13 – **15 ch** 60/110 – P 163/213.

XX **Aub. Sarrasine** avec ch, rte Bourg E : 1 km ☎ 30.25.65, 쯮, ⌅ – 📺 ⌂wc ☎
℗ 🛏 *VISA*
→ *fermé 11 nov. au 15 déc., jeudi midi et merc.* – SC : **R** 110/168 – ⊡ 30 – **11 ch**
250/300.

LOGRON 28 E.-et-L. 🗗🗗 ⑰ – 420 h. alt. 170 – ⊠ 28200 Châteaudun – ✿ 37.

Paris 130 – Bonneval 11 – Brou 11 – Chartres 41 – Châteaudun 11.

X **Aub. St-Nicolas,** ☎ 98.98.02 – ℗
→ *fermé fév., dim. soir et merc.* – SC : **R** 36/65 ⅃.

LOIRE-SUR-RHÔNE 69 Rhône 🗗🗗 ⑪ – rattaché à Givors.

LOMPNIEU 01 Ain 🗗🗗 ④ – 122 h. alt. 670 – ⊠ 01260 Champagne-en-Valromey – ✿ 79.

Paris 512 – Aix-les-Bains 46 – Belley 29 – Bourg-en-Bresse 75 – ◆Lyon 112 – Nantua 35.

🏠 **Clair Soleil,** ☎ 87.63.08, 쯮 – ⌂ 🍴 🚗 ℗ *VISA*
→ SC : **R** 40/120 ⅃ – ⊡ 12 – **16 ch** 50/140 – P 120/170.

Une voiture bien équipée, possède à son bord
des cartes Michelin à jour.

La LONDE-LES-MAURES 83250 Var 🔢 ⑯ – 5 035 h. alt. 25 – ⚙ 94.

🏌 de Valcros ☎ 66.81.02 NE : 5,5 km.

🛈 Office de Tourisme av. Albert-Roux (15 mai-15 sept. et fermé dim. après-midi) ☎ 66.88.22.

Paris 867 – Draguignan 81 – Hyères 9,5 – Le Lavandou 13 – St-Tropez 42 – Ste-Maxime 46.

   🏠 **Lou Cantoun,** r. A.-Thomas ☎ 66.84.25 – 🛏wc ⊠
   → *fermé oct.* – SC : **R** *(fermé sam. d'oct. à mai)* 38/120 ⓓ – ☛ 10 – **10 ch** 120/150 – P 160/180.

LONDINIÈRES 76660 S.-Mar. 🔢 ⑮ – 1 171 h. alt. 78 – ⚙ 35.

Paris 153 – Blangy-sur-Bresle 25 – Dieppe 27 – Neufchâtel-en-Bray 15 – Le Tréport 30.

   ✗ **Aub. du Pont** ⌂ avec ch, ☎ 93.80.47, ⊠ – ℗. Ε. ⌵ ch
   → *fermé 25 janv. au 28 fév.* – SC : **R** 44/92 – ⊡ 13 – **13 ch** 77/125 – P 132/150.

CITROEN Hardiville, ☎ 93.80.22 🔳   🏭 Windal, à Fréauville ☎ 93.80.27
PEUGEOT-TALBOT Boutleux, ☎ 93.80.48
RENAULT Courtaud, ☎ 93.80.81 🔳

LONGCHAMP 73 Savoie 🔢 ⑰ – voir à St-Francois-Longchamp.

LONGEVILLE 85560 Vendée 🔢 ⑪ – 1 853 h. – ⚙ 51.

🛈 Syndicat d'Initiative r. G.-Clemenceau (25 juin-5 sept.) ☎ 33.34.64.

Paris 442 – Luçon 27 – La Roche-sur-Yon 28 – Les Sables-d'Olonne 27 – La Tranche-sur-Mer 11.

   🏨 **Plage,** S : 3 km par D 105 et D 91 ☎ 33.30.49 – ℗. ⌨ ⓪
   → *Pâques-30 sept.* – SC : **R** 48/120 – ⊡ 11 – **29 ch** 68/90 – P 115/155.

LONGJUMEAU 91160 Essonne 🔢 ⑩. 🔢 ㉟ – voir à Paris, Proche banlieue.

LONGNY-AU-PERCHE 61290 Orne 🔢 ⑤ G. Normandie – 1 557 h. alt. 165 – ⚙ 33.

Paris 136 – L'Aigle 28 – Alençon 56 – Mortagne-au-Perche 18 – Nogent-le-Rotrou 30.

   🏠 **France,** r. Paris ☎ 73.64.11 – 📺 🛏 ☎ ℗ 🅰🄴 Ε 𝘝𝘐𝘚𝘈
   → *fermé lundi* – SC : **R** 48/155 ⓓ – ⊡ 20 – **10 ch** 100/120 – P 170/190.

   ➾ *To go a long way quickly, use **Michelin** maps at a scale of 1:1 000 000.*

LONGPONT 02 Aisne 🔢 ③④ – rattaché à Villers-Cotterêts.

LONGUEAU 80 Somme 🔢 ⑧ – rattaché à Amiens.

LONGUE-CROIX 59 Nord 🔢 ④ – rattaché à Hazebrouck.

LONGUES 63 P.-de-D. 🔢 ⑭ – ⌧ **63270** Vic-le-Comte – ⚙ 73.

Paris 405 – Ambert 61 – ◆Clermont-Ferrand 19 – Issoire 18 – Le Mont-Dore 53 – Thiers 47.

   ✗✗ **Le Comté,** ☎ 39.90.31 – ℗ ⓪ Ε 𝘝𝘐𝘚𝘈
   fermé 25 juil. au 12 août et 20 fév. au 13 mars – SC : **R** *(fermé dim. soir et lundi)* 80/200.

LONGUYON 54260 M.-et-M. 🔢 ② – 7 452 h. alt. 218 – ⚙ 8.

A.C. 37 r. H. de Ville ☎ 239.52.41.

Paris 314 ③ – ◆Metz 69 ② – ◆Nancy 114 ② – Sedan 69 ④ – Thionville 54 ② – Verdun 48 ③.

   ✗✗✗ **Lorraine et rest. Le Mas** avec ch, face gare (e) ☎ 239.50.07 – 🛏wc ⊠ – 🛋 30 à 120. ⊠ 🅰🄴 ⓪
   fermé 8 janv. au 4 fév. – SC : **R** *(fermé lundi sauf du 1er juil. au 20 sept.)* 72 – ⊡ 17 – **15 ch** 64/152 – P 174/213.

   ✗✗ **Buffet Gare, (r)** ☎ 239.50.85 – ℗ 🅰🄴 Ε
   → *fermé 10 au 30 sept., 1er au 15 mars et vend. soir d'oct. à avril* – SC : **Rôtisserie R** 40/160 ⓓ **Brasserie R** 40 ⓓ

   à Beuveille par ② et D 18 : 8 km – ⌧ **54620** Pierrepont :

   ✗ **La Grillade,** ☎ 289.75.06 – ⌵
   → *fermé 16 au 31 août, 1er au 21 fév. et mardi* – SC : **R** 34/108 ⓓ.

PEUGEOT, TALBOT Gar. de l'Est, 75 r. Hôtel de Ville ☎ 239.50.67   RENAULT Piquerez, 6 r. Mazelle ☎ 239.50.66

LONGUYON
0   300 m

Chiers

Deauville (R de) . 4
H.-de-Ville (R.) . . 6
Allende (Pl.) 2
Augistrou (R.) . . . 3
Hardy (R.) 5
Mazelle (R.) 7
O'Gorman (Av.) . . 8
Sète (R. de) 10

LONGWY 54400 M.-et-M. **57** ②
G. Vosges – 20 240 h. alt. 225 à 385 –
🎣 8.

🛈 Syndicat d'Initiative Gare routière (après-midi seul. et fermé lundi) 🕿 224.27.17 – A.C. 4 r. A.-Mézière 🕿 224.35.82.

Paris 332 ④ – Luxembourg 31 ② –
♦Metz 65 ③ – Sedan 87 ④ – Thionville 41 ③ – Verdun 66 ④.

LONGWY

Briand (R. A.)
Labro (R. A.)
Leclerc (Pl. Gén.) 6

Banque (R. de la) 2
Faïencerie (R.) 3
Giraud (Pl.) 4
Margaine (Av.) 8
Récollets (R. des) 9
Saintignon (Av. de) .. 10

à Longwy-Bas :

🏩 **Central H.** sans rest, 6 r. Carnot (n) 🕿 224.33.89 – 🛗 📺 ➡wc 🛁 🕿 🐆 🚗₈
VISA
SC : ☲ 19,50 – **24 ch** 63/196.

🏩 **Parc** sans rest, 3 r. E.-Thomas (e) 🕿 224.29.23 – 🛗 ➡wc 🛁wc 🕿 🚗
🚗₈ 🖭 **E**
SC : ☲ 12 – **36 ch** 65/135.

🏤 **Mon Logis** sans rest, r. Faïencerie (v) 🕿 224.36.12
SC : ☲ 10 – **17 ch** 55/60.

à Longwy-Haut :

XX **La Cigogne** avec ch, rte de Longwy (a) ⊠ 54350 Mont-St-Martin 🕿 223.32.76 – ➡ 🚗₈ **E VISA**
fermé lundi soir – SC : **R** 85/145 🍷 – ☲ 13,50 – **7 ch** 57/77.

à Cosnes et Romain O : 2 km par D 43 – ⊠ 54400 Longwy :

XX **Aub. des Trois Canards,** 🕿 224.35.36, 🌳 – 🅿. 🖭 🕦 **VISA**
fermé 30 août au 12 sept., 15 au 31 janv., dim. soir et lundi – SC : **R** 51.bc/104 🍷

ALFA-ROMEO, Central-Auto, 19 r. J.-d'Arc à Réhon 🕿 223.29.89
AUSTIN, MORRIS, ROVER, TRIUMPH Gar. Pacci, 22 r. J.-B.-Blondeau à Mont-St-Martin 🕿 223.35.05 **N**
CITROEN Longwy-Autos, 22 av. Saintignon 🕿 223.23.55
FORD SAUTEME, à Bellevue 🕿 223.21.60
PEUGEOT, TALBOT Sogaja Delouche, 51 r. de Metz 🕿 224.29.46

RENAULT Robert, rte de Metz déviation Haucourt à Mexy par ③ 🕿 224.56.61
V.A.G. Ferreira, 24 r. de la Faïencerie 🕿 224.31.82
Gar. Inglebert Frères, 12 r. Mercy 🕿 223.26.60
Gar. Inglebert R., 50 r. Als.-Lorraine à Longlaville 🕿 224.33.96

🛢 Leclerc-Pneu, 36 r. de la Chiers 🕿 224.40.79

LONS-LE-SAUNIER **P** 39000 Jura **70** ④⑭ G. Jura – 23 292 h. alt. 255 – Stat. therm. (20 mai-20 sept.) – 🎣 04.

Voir Rue du Commerce★ BY – Grille★ de l'hôpital BY **B**.

Env. Creux de Revigny★ 7,5 km par ②.

🛈 Office de Tourisme (fermé dim.) et A.C. 1 r. Pasteur 🕿 24.20.63.

Paris 407 ⑥ – ♦Besançon 88 ① – Bourg-en-Bresse 61 ⑤ – Chalon-sur-Saône 61 ⑥ – ♦Dijon 102 ① – Dole 52 ① – ♦Genève 113 ② – ♦Lyon 123 ⑤ – Mâcon 95 ⑤ – Pontarlier 77 ②.

Plan page suivante

🏨 **Genève,** 19 pl. 11-Novembre 🕿 24.19.11 – 🛗 ➡wc 🛁wc 🕿 🅿. 🚗₈ 🖭 🕦 **E**
VISA 🞵 ch   BY **a**
SC : **R** 62/110 – ☲ 17 – **42 ch** 100/240 – P 200/250.

🏨 **Nouvel H.** sans rest, 50 r. Lecourbe 🕿 47.20.67 – 📺 ➡wc 🛁wc 🕿 🅿. 🚗₈ 🖭
VISA   AY **r**
fermé dim. soir du 15 oct. au 15 mars – SC : ☲ 16 – **25 ch** 75/185.

🏤 **Motel Solvan** 🐾 sans rest., bd Europe (près piscine) 🕿 24.40.50 – ➡wc 🕿 🅿.
🚗₈
fermé 20 déc. au 1er janv. – SC : ☲ 11 – **24 ch** 78/100.

🏤 **Gambetta** sans rest, 4 bd Gambetta 🕿 24.41.18 – 🛁wc 🕿 🅿. 🚗₈ **E** 🞵 BZ **s**
fermé 24 déc. au 2 janv, et dim. hors sais. – SC : ☲ 12 – **24 ch** 75/100.

🏤 **Excelsior H.** sans rest, 3 r. Pasteur 🕿 24.02.82 – 🞵   BY **u**
SC : ☲ 13 – **17 ch** 65.

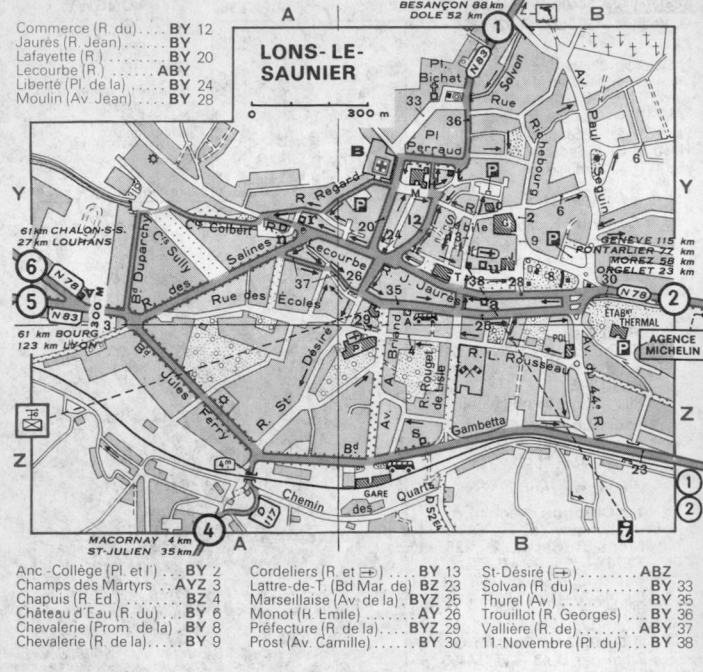

LONS-LE-SAUNIER

0   300 m

XX **Cheval Rouge** avec ch, 47 r. Lecourbe ⏏ 47.20.44 – 🛏wc 🕿 ⮕ **E** **VISA**
fermé 5 au 25 oct., 5 au 25 fév., mardi en juil. et août (sauf hôtel) et sam. hors sais.
– SC : **R** 70/200 – 🗌 17 – **19 ch** 75/195 – P 160/270.   AY **n**

XX **Clos Fleuri**, à Montmorot O : 0,5 km, bifurcation N 83 et N 78 ⊠ 39570 Lons-
le-Saunier ⏏ 47.11.34 – 🅿. **AE** **E**   AY **v**
fermé 25 juil. au 11 août, 22 déc. au 9 janv., dim. soir et lundi – SC : **R** 52/145 🔆.

X **Relais des Trois Bornes,** 11 pl. Perraud ⏏ 47.26.75   BY **t**
→ *fermé 8 au 16 mai, 3 au 26 sept., 22 au 29 déc., vend. soir, dim. soir, sam. et le soir
en déc. et janv.* – SC : **R** 42/100.

à Pannessières NE : 5 km par ② et D 471 – ⊠ 39570 Lons-le-Saunier :

XX **Host. des Monts-Jura** avec ch, ⏏ 43.10.03, ≼ – 🕅 🅿 🖨🕿 **E** 🎲 ch
→ *fermé 15 janv. au 15 fév., dim. soir et lundi* – SC : **R** 45/150 🔆 – 🛏 14 – **8 ch** 55/85.

à Courlans par ⑥ et N 78 : 6 km – ⊠ 39570 Lons-le-Saunier :

XXX ⚙ **Aub. de Chavannes** (Carpentier), ⏏ 47.05.52, 🚗 – 🅿
fermé 15 juin au 7 juil., déc., mardi et merc. – SC : **R** (nombre de couverts limité -
prévenir) 120/160
Spéc. Foie gras aux navets, Suprême de poularde, Émincé de rognon de veau.. **Vins** Étoile, Arbois-
Pupillin.

à Crançot par ② et D 471 : 10 km – ⊠ 39000 Lons-le-Saunier :

🏛 **Belvédère** 🕊, ⏏ 48.22.18, ≼, 🏖 – 🛏 🕅wc 🅿, 🖨🕿 **AE** **E** **VISA**
fermé 10 au 20 oct., 5 janv. au 1er fév., dim. soir et lundi sauf du 27 mars au 30 sept.
– SC : **R** 60/150 – 🗌 15 – **8 ch** 60/150 – P 140/190.

MICHELIN, Agence, Z.I. de Perrigny 805 r. de la Lieme, par ② ⏏ 24.06.74

BMW Parizon, à Messia ⏏ 47.05.45
CITROEN ets Baud, bd de l'Europe Z I par r.
du Château d'Eau BY ⏏ 43.18.17
DATSUN, VOLVO Labet, Le Rocher à Montmorot ⏏ 47.20.28
FORD Gar. Lecourbe, 58 bis r. Lecourbe ⏏
47.20.13
LANCIA-AUTOBIANCHI Gar. Rouget-de-
l'Isle, 5 r. L.-Rousseau ⏏ 24.24.78
OPEL Gar. des Sports, r. V.-Berard, Zone Ind.
⏏ 43.16.40

RENAULT S.O.R.E.C.A., 47 av. C.-Prost par ②
⏏ 24.40.67
V.A.G. Thevenod, rte Champagnole, Zone Ind.,
Perrigny ⏏ 24.41.58
Gar. Revelut, av. du Stade ⏏ 24.05.93

🛞 Faivre, 4 r. Sébile ⏏ 24.09.80
Quillot, 6 bd Duparchy ⏏ 47.12.63
Thévenod-Pneus, 13 bis av. Thurel ⏏ 24.08.71

LORCY 45490 Loiret 61 ⑪ – 485 h. alt. 89 – ✪ 38.

Paris 107 – Montargis 22 – Nemours 34 – ♦Orléans 60.

Host. du Château ⑤, ☎ 92.28.43, ≤, parc, 🍴 – ⛀wc ⚲wc Ⓟ – 🅰 100. 🚗 ⓓ
fermé 15 déc. au 1er fév., dim. soir et lundi sauf du 15 juin au 15 sept. – SC : **R** 65/130 ₰ – ☕ 15 – **14 ch** 72/130 – P 153/176.

LORGUES 83510 Var 84 ⑥ **G. Côte d'Azur** – 4 453 h. alt. 239 – ✪ 94.

Paris 848 – Brignoles 33 – Draguignan 13 – St-Raphaël 43 – ♦Toulon 75.

Aub. Josse, rte Carcès ☎ 73.73.55 – E VISA
fermé oct., dim. soir et lundi sauf du 1er juil. au 31 oct. – SC : **R** 40/85 ₰.

LORIENT SP 56100 Morbihan 63 ① **G. Bretagne** – 71 923 h. alt. 16 – ✪ 97.

Voir Base sous-marine* AZ – Intérieur* de l'église St-Louis BYZ **E**.

✈ de Lorient Lann-Bihoué, Air Inter ☎ 37.60.22 par ③ : 8 km.

ℹ Office de Tourisme pl. Jules-Ferry (fermé dim. sauf matin en saison) ☎ 21.07.84 – A.C.O. Morbihan 22 r. Poissonnière ☎ 21.03.07.

Paris 496 ① – ♦Brest 136 ③ – ♦Nantes 166 ① – Quimper 66 ③ – ♦Rennes 146 ① – St-Brieuc 121 ① – St-Nazaire 132 ① – Vannes 55 ①.

Plan page suivante

Richelieu Ⓜ sans rest, 31 pl. J.-Ferry ☎ 21.35.73, Télex 950810 – |‡| TV ☎ ♿ – 🅰 60. AE ⓓ E VISA — AZ **m**
SC : ☕ 28 – **58 ch** 248/303.

Bretagne, 6 pl. Libération ☎ 64.34.65 – |‡| ☎. AE ⓓ E VISA. ✂ rest — AY **n**
fermé 20 déc. au 20 janv. et 24 au 31 août – **R** *(fermé dim.)* 60/170 – ☕ 20 – **34 ch** 120/210.

Léopol Ⓜ sans rest, 11 r. W.-Rousseau ☎ 21.23.16 – |‡| TV ⛀wc ⚲wc ☎. 🚗
fermé 23 déc. au 4 janv. – SC : ☕ 14 – **32 ch** 80/170. — AY **r**

Terminus et Gare, 5 r. Beauvais ☎ 21.14.62 – |‡| ⛀wc ⚲wc ☎. 🚗 AE ⓓ E VISA — AY **s**
fermé déc. – SC : **R** *(fermé lundi)* 45/100 ₰ – ☕ 14,50 – **59 ch** 100/175 – P 195/285.

Atlantic H. sans rest, 33 r. Du-Couédic ☎ 64.13.27 – ⛀wc ⚲wc ☎ 🚘. ⓓ VISA
SC : ☕ 16 – **26 ch** 125/172. — BY **x**

Duguesclin ⑤ sans rest, 24 r. Duguesclin ☎ 21.02.16 – |‡| TV ⛀wc ☎ Ⓟ. E VISA — AZ **d**
SC : ☕ 13 – **24 ch** 61/143.

Cléria sans rest, 27 bd Mar.-Franchet d'Esperey ☎ 21.04.59 – ⛀wc ⚲wc ☎. VISA
SC : ☕ 13,50 – **36 ch** 70/150. — AY **k**

Christina sans rest, 10 r. Poulorio ☎ 21.33.92 – ⛀wc ⚲wc ☎ Ⓟ. 🚗 — AY **v**
SC : ☕ 12 – **15 ch** 70/145.

Armor sans rest, 11 bd Mar.-Franchet-d'Esperey ☎ 21.73.87 – ⛀wc ⚲ ☎. 🚗 E VISA — AY **e**
SC : ☕ 14 – **21 ch** 65/152.

Victor-Hugo sans rest., 36 r. L.-Carnot ☎ 21.16.24 – ⛀wc ⚲ ☎. 🚗 AE ⓓ E VISA — BZ **f**
SC : ☕ 12,50 – **30 ch** 70/150.

St-Michel sans rest, 9 bd Mar.-Franchet-d'Esperey ☎ 21.17.53 – ⛀wc ⚲wc ☎. 🚗 — AY **z**
fermé 17 déc. au 2 janv. – SC : ☕ 13 – **22 ch** 62/145.

Arvor, 104 r. L.-Carnot ☎ 21.07.55 – ⛀wc ⚲wc 🚘. ✂ — AZ **x**
fermé 18 déc. au 3 janv. – SC : **R** *(fermé dim. hors sais.)* 48/100 ₰ – ☕ 12 – **20 ch** 53/95 – P 140/170.

XXX **Le Poisson d'Or,** 1 r. Maître Esvelin ☎ 21.57.06 – AE ⓓ E VISA — AZ **m**
fermé en nov., en fév., sam. midi et dim. de sept. à juin – SC : **R** 63/200.

XX **Les Arcades,** 11 bd Mar.-Franchet-d'Esperey ☎ 21.17.42 – AE ⓓ VISA — AY **e**
fermé dim. – SC : **R** 52/155 ₰.

XX **Cornouaille,** 13 bd Mar.-Franchet-d'Esperey ☎ 21.23.05 – AE VISA. ✂ — AY **e**
fermé lundi – SC : **R** 48/95 ₰.

XX **Pic'Assiett,** 2 bd Mar.-Franchet d'Espérey ☎ 21.18.29 — AY **b**
fermé 14 au 20 mars, 16 au 30 juin, 3 au 17 nov., sam. midi et jeudi – **R** 47/77 ₰.

X **Au Duc,** 60 bd Cosmao Dumanoir ☎ 21.12.13 — AY **h**
fermé 8 août au 3 sept., 21 fév. au 2 mars et lundi – SC : **R** 40/90 ₰.

X **Buffet Gare,** ☎ 21.10.88 — AY
fermé 15 au 30 mai, 8 au 30 sept. et sam. – SC : **R** 40/70 ₰.

à Lanester par ① : 5 km – 21 882 h. – ✉ **56850** Caudan :

Novotel Ⓜ ⑤, zone commerciale Kerpont-Bellevue ☎ 76.02.16, Télex 950026, ⛱ – ▤ rest TV ☎ ♿ Ⓟ – 🅰 25 à 200. AE ⓓ VISA
R snack carte environ 85 – ☕ 24 – **60 ch** 222/270.

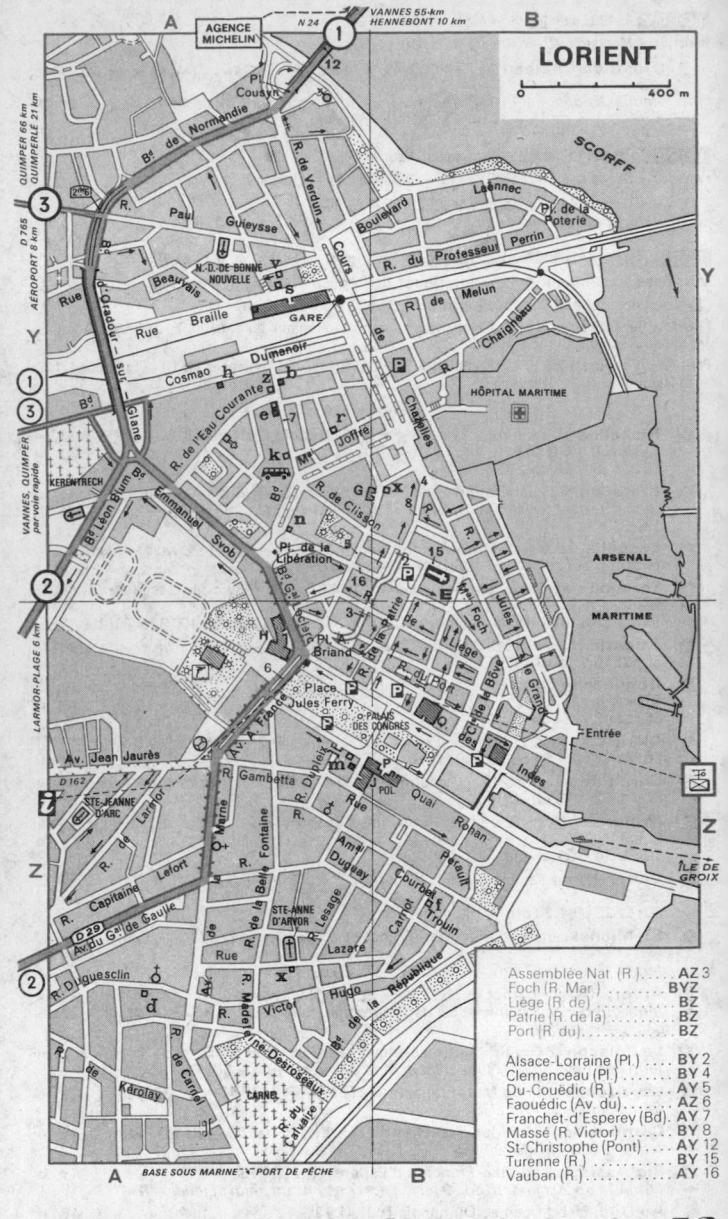

LORIENT

0 ——— 400 m

Kerous M sans rest, 74 av. A.-Croizat ☎ 76.05.21 – ⇌wc ♒wc ☎ ⓟ ⇎ AE ⓞ
E VISA
SC : ⌣ 14 – **20 ch** 115/140.

Ibis M sans rest, Z.I. Kerpont ⊠ 56850 Caudan ☎ 76.40.22 – ⇌wc ⓟ ⇎ E
VISA
SC : ☛ 18 – **40 ch** 157/186.

MICHELIN, Agence régionale, r. Arago, Z.I. Kerpont, direction d'Hennebont après
Lanester par ① à Caudan ☎ 76.03.60

610

BMW Auto-Port, 37 r. Du-Couëdic ₮ 64.33.98 🅽 ₮ 37.03.33
CITROEN S.C.A.O., Zone Ind. Kerpont à Lanester par ① ₮ 76.08.73 🅽 ₮ 37.03.33
FIAT Atlantic-Auto, Zone Ind. Kerpont à Lanester ₮ 76.03.44
MERCEDES-BENZ Gar. Hyvair, rte de Quimperlé, Zone Ind. de Keryado ₮ 83.00.90 🅽 ₮ 37.03.33
OPEL G.A.M. ZI Kerpont à Lanester ₮ 05.73.22
PEUGEOT-TALBOT Chrétien, Zone Com. de Bellevue à Caudan par ① ₮ 76.13.56 🅽 ₮ 37.03.33
RENAULT Court, Zone Ind. Kerpont à Caudan par ① ₮ 76.18.08 🅽 ₮ 37.03.33
RENAULT Sté des Gar. Lorientais, ZI de Keyado par ③ ₮ 83.03.40
V.A.G. Auto-Ouest, rte Lanester à Lancevelin-en-Caudan ₮ 76.07.21 🅽 ₮ 37.03.33

Lorans-Pneus, 1 bd L.-Blum ₮ 37.72.00
Morbihannaise de Pneus, 68 av. A.-Croizat à Lanester ₮ 76.03.02

LORP-SENTARAILLE **09 Ariège 86 ③ – rattaché à St-Girons.**

LORREZ-LE-BOCAGE **77710 S.-et-M. 61 ⑬ – 900 h. alt. 102 – 6.**
Paris 98 – Fontainebleau 28 – Melun 45 – Montargis 32 – Nemours 18 – Sens 32.

XX **Host. Gd Cerf,** r. M.-Bery ₮ 431.51.05 – VISA
fermé 1er au 15 juil., mardi soir et merc. – **SC : R** 72/105.

RENAULT Lanouguère, ₮ 431.51.10

LORRIS **45260 Loiret 65 ① G. Châteaux de la Loire – 2 315 h. alt. 120 – 38.**
Voir Stalles★ de l'église.
Office de Tourisme 11 r. Gambetta ₮ 92.42.76.
Paris 137 – Gien 26 – Montargis 22 – ♦Orléans 49 – Pithiviers 41 – Sully-sur-Loire 18.

Sauvage, ₮ 92.43.79 – wc. E
fermé 1er au 15 oct., en fév. et vend. sauf juil.-août – **SC : R** 52/140 – 12 – **9 ch** 60/140 – P 120/160.

X **Point du Jour,** 25 pl. Mail ₮ 92.40.21 – E VISA
fermé janv. et lundi – **R** 45/75.

CITROEN Pivoteau, ₮ 92.40.43
RENAULT Delaveau, ₮ 92.40.02 🅽
V.A.G Gar. Pougetoux, ₮ 92.40.53 🅽

LOSNE **21 Côte-d'Or 70 ③ – rattaché à St-Jean-de-Losne.**

LOSTANGES **19 Corrèze 75 ⑨ – 140 h. alt. 326 – ✉ 19500 Meyssac – 55.**
Paris 514 – Brive-la-Gaillarde 38 – Figeac 78 – Tulle 31.

XX ✿✿ **L'Orée des Bois** (Bachelin), NE : 2 km par D 163 ₮ 25.43.79, – Ⓟ
fermé 15 janv. au 15 fév., mardi et merc. sauf fêtes – **SC : R** (nombre de couverts limité - prévenir) 100/250 et carte
Spéc. Suprême de truite aux cèpes, Râgout de foie d'oie frais, Délice aux fraises et framboises (saison). **Vins** Cahors, Gaillac.

LOUBEYRAT **63 P.-de-D. 73 ④ – 567 h. alt. 565 – ✉ 63410 Manzat – 73.**
Paris 380 – Aubusson 86 – ♦Clermont-Ferrand 28 – Montluçon 75 – Riom 14 – Vichy 50.

Tilleuls, ₮ 86.63.84 – Ⓟ. ch
fermé 2 au 30 nov. – **R** 50/80 – 12 – **11 ch** 55/85 – P 105/120.

LOUDÉAC **22600 C.-du-N. 58 ⑲ G. Bretagne – 11 565 h. alt. 161 – 96.**
Paris 437 – Carhaix-Plouguer 68 – Dinan 71 – Pontivy 22 – ♦Rennes 85 – St-Brieuc 41.

France Ⓜ, 1 r. Cadélac ₮ 28.00.15, Télex 740631 – wc wc Ⓟ – 80. VISA
SC : R *(fermé 25 déc. au 2 janv. et sam. midi)* 39/120 – 18 – **40 ch** 55/200 – P 165/250.

Voyageurs, 10 r. Cadélac ₮ 28.00.47 – wc wc . AE E VISA
fermé 20 déc. au 15 janv., dim. (sauf rest.) et sam. (sauf le midi en hiver) – **SC : R** 40/150 – 16 – **32 ch** 53/190.

X **Aub. du Cheval Blanc,** pl. Église ₮ 28.00.31 – E VISA
fermé 15 sept. au 15 oct., dim. soir et lundi – **SC : R** 45/165.

à La Prénessaye E : 7 km par N 164 – ✉ **22210** Plémet :

Motel d'Armor Ⓜ, ₮ 25.90.87, – wc wc Ⓟ. E VISA.
fermé vacances de Noël – **SC : R** 40/90 – 18 – **10 ch** 120/170.

CITROEN Gar. Central, 14 r. Lavergne ₮ 28.00.46
PEUGEOT-TALBOT Gar. Lebreton, 23 r. de Pontivy ₮ 28.00.59
RENAULT Michard, pl. Gén.-de-Gaulle ₮ 28.00.07

Desserrey-Pneus, Z.I. du Kersuguet St-Bugan ₮ 28.05.73

LOUDUN 86200 Vienne 67 ⑨ G. Châteaux de la Loire (plan) – 8 245 h. alt. 88 – ✆ 49.

Voir Tour carrée ✳* B.

🛈 Office de Tourisme à l'Hôtel de Ville (fermé matin, sam. hors sais., lundi en saison et dim.) ☎ 98.15.96.

Paris 314 ① – Angers 77 ⑤ – Châtellerault 49 ② – Parthenay 56 ③ – Poitiers 55 ③ – ◆Tours 72 ①.

LOUDUN

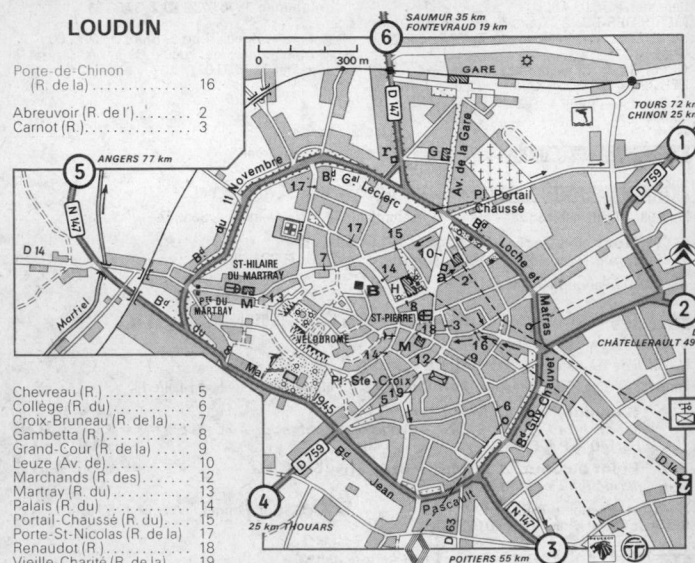

🏨 **Mercure** M sans rest, 40 av. de Leuze (a) ☎ 98.19.22 – 🕸 📺 🛏wc ☎ 🅿. 🚗
AE ⓞ E VISA
SC : ⊠ 25 – **29 ch** 159/199.

🏨 **Roue d'Or,** 1 av. Anjou (r) ☎ 98.01.23 – 🛏wc ☜ 🅿. AE ⓞ VISA
◆ fermé fév., vend. soir et sam. du 1ᵉʳ oct. au 31 mars – SC : **R** 44/120 🍷 – ⊠ 15 –
14 ch 90/175.

CITROEN S.A.R.V.A., bd Loche-et-Matras ☎
22.00.42
PEUGEOT-TALBOT Autom. Loudunaise, 9 bd
G.-Chauvet ☎ 98.15.57

RENAULT Guérin, 2 bd G.-Chauvet ☎ 98.12.93

🔘 Pneurénov, 17 bd G.-Chauvet ☎ 98.01.22

LOUE 72540 Sarthe 60 ② – 1 880 h. alt. 80 – ✆ 43.

Paris 229 – Alençon 61 – Angers 81 – Laval 50 – ◆Le Mans 28.

🏨 ✿ **Ricordeau** ≫, ☎ 27.40.03, 🌴 – 🚗 🅿 – 🔏 80. AE ⓞ E VISA
◆ fermé 5 janv. au 5 fév. – SC : **R** 150/160 – ⊠ 30 – **22 ch** 95/340
Spéc. Poulet à la crème et aux morilles (saison), Paupiette de bar, Feuilleté aux poires pochées au
Bourgueil (oct. et mars). **Vins** Quincy, Bourgueil.

La LOUE (Source de) ✳✳✳ 25 Doubs 70 ⑥ G. Jura – Voir Vallée de la Loue✳✳ NO.

Env. Belvédères de Renédale ≤✳ 15 mn et du Moine de la Vallée ✳✳✳ NO : 7, 5 km.

LOUHANS 71500 S.-et-L. 70 ⑬ G. Bourgogne – 4 717 h. alt. 181 – ✆ 85.

🛈 Office de Tourisme (fermé matin hors saison, mardi et dim.) av. du 8-Mai-1945 avec A.C. ☎
75.05.02.

Paris 380 – Bourg-en-Bresse 56 – Chalon-sur-Saône 40 – ◆Dijon 83 – Dole 69 – Tournus 29.

🏨 **Boivin,** à St-Usuge par D 13 : 6 km – ⊠ 71500 Louhans ☎ 72.10.95 – 🛏 🅿
◆ fermé 10 sept. au 5 oct. et lundi sauf juil. et août – SC : **R** 35/90 – 🍵 13 – **8 ch**
48/90 – P 115/135.

à Sagy SE : 8,5 km par D 21 – ⊠ **71580** Sagy :

🏨 **La Grotte** ≫, ☎ 75.19.21 – 🛏wc 🛏wc ☎ 🅿. 🚗 AE
◆ **R** 45 bc – ⊠ 15 – **18 ch** 120/150.

à Beaurepaire-en-Bresse E : 14 km par N 78 – ⊠ **71580** Sagy :

🏨 **Aub. Croix Blanche,** ☎ 74.13.22, 🌴 – 🛏wc ☜ 🅿. 🚗
◆ fermé 15 nov. au 15 déc. – SC : **R** 48/120 🍷 – ⊠ 16,50 – **15 ch** 100/125 – P 170.

La LOUPE 28240 E.-et-L. 🖸🔟 ⑥ – 3 760 h. alt. 208 – 🕲 37.

Paris 131 – Chartres 38 – Dreux 43 – Mortagne-au-Perche 41 – Nogent-le-Rotrou 22.

  🏛 **Chêne Doré,** pl. Hôtel-de-Ville ☎ 81.06.71 – 🚻wc 🛁wc 🅿 – 🔬 30. 🕿🗔 🖭 ⑩
  ➡ fermé 20 déc. au 10 janv., vend. soir, dim. soir et lundi d'oct. à Pâques – SC : **R**
    39/90 ⅓ – 🖙 15 – **14 ch** 80/130 – P 170/190.

CITROEN Leproust, ☎ 81.00.69
PEUGEOT-TALBOT Gonsard, ☎ 81.08.05

RENAULT St-Thibault-Auto, ☎ 81.06.23 🔃 ☎
81.02.77

LOURDES 65100 H.-Pyr. 🗗🗓 ⑱ G. Pyrénées – 18 096 h. alt. 410 – Pèlerinage (15 août) – 🕲 62.

Voir Château fort* AY : musée pyrénéen*, salle d'honneur du Pyrénéisme* – Basilique
souterraine St-Pie X AYZ B – Pic du Jer ※※** 1,5 km par ③ et funiculaire puis 20 mn –
Le Béout ※* 1 km par ③ et téléphérique.

🛪 de Tarbes-Ossun-Lourdes ☎ 34.42.22 par ① : 11 km.

🛈 Office de Tourisme avec A.C. pl. du Champ (fermé dim. sauf matin en saison) ☎ 94.15.64.

Paris 824 ① – ◆Bayonne 147 ⑤ – Pau 40 ⑤ – St-Gaudens 79 ② – Tarbes 19 ①.

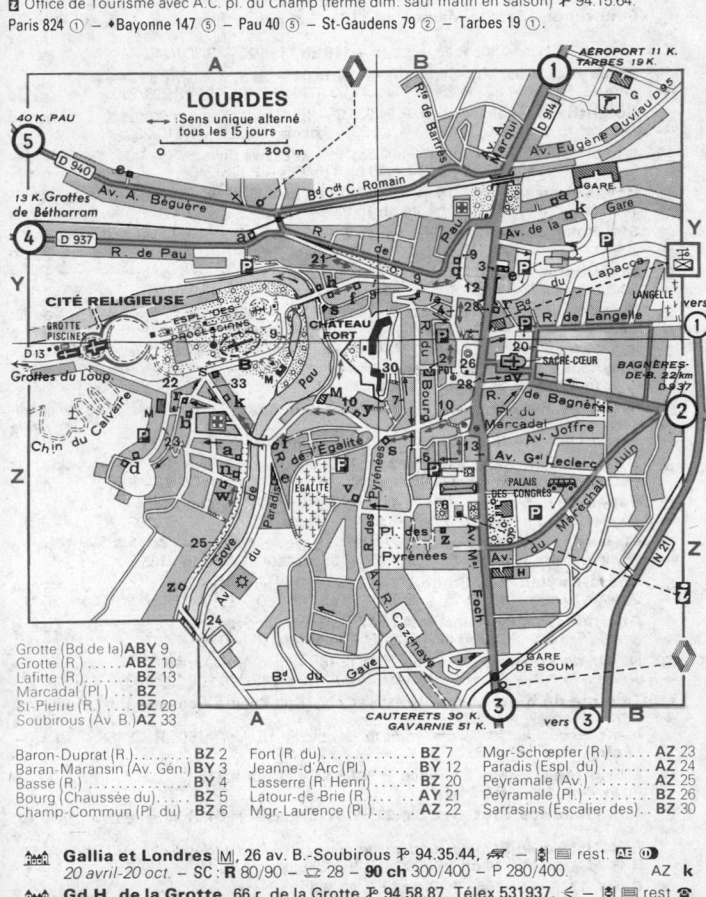

Grotte (Bd de la)**ABY** 9
Grotte (R.) . . . . . **ABZ** 10
Lafitte (R.) . . . . . **BZ** 13
Marcadal (Pl.) . . **BZ**
St-Pierre (R.) . . . . **BZ** 20
Soubirous (Av. B.)**AZ** 33

Baron-Duprat (R.) . . . . **BZ** 2	Fort (R. du) . . . . **BZ** 7	Mgr-Schœpfer (R.) . . . . . . **AZ** 23
Baran-Maransin (Av. Gén.) **BY** 3	Jeanne-d'Arc (Pl.) . . . . . . **BY** 12	Paradis (Espl. du) . . . . . . **AZ** 24
Basse (R.) . . . . **BY** 4	Lasserre (R. Henri) . . . . . **BZ** 20	Peyramale (Av.) . . . . **AZ** 25
Bourg (Chaussée du) . . . . **BZ** 5	Latour-de-Brie (R.) . . . . . **AY** 21	Peyramale (Pl.) . . . . **BZ** 26
Champ-Commun (Pl. du) **BZ** 6	Mgr-Laurence (Pl.) . . . . **AZ** 22	Sarrasins (Escalier des) . . **BZ** 30

  🏨 **Gallia et Londres** [M], 26 av. B.-Soubirous ☎ 94.35.44, 🍴 – 🛗 🍽 rest. 🖭 ⑩
    20 avril-20 oct. – SC : **R** 80/90 – 🖙 28 – **90 ch** 300/400 – P 280/400.   AZ **k**

  🏨 **Gd H. de la Grotte,** 66 r. de la Grotte ☎ 94.58.87, Télex 531937, ≤ – 🛗 🍽 rest ☎
    🔥 ⬅ 🅿. 🖭 ⑩ 🆅🆂🅰
    27 mars-14 oct. – SC : **R** 90/100 – **85 ch** 🖙 180/360 – P 275/445.   AZ **y**

  🏨 **Espagne,** 9 av. Paradis ☎ 94.50.02, Télex 520066, ≤, 🍴 – 🛗 🍽 rest 🅿 – 🔬 80.
    🖭 ⑩ 🅴 🆅🆂🅰 ⅓
    15 avril-10 oct. – SC : **R** 65 – 🖙 13 – **92 ch** 175/270 – P 210/265.   AZ **e**

  🏨 **Jeanne d'Arc,** 1 r. Alsace-Lorraine ☎ 94.35.42 – 🛗 ⬅ 🅿. ❄ ch   AZ **w**
    Pâques-20 oct. – SC : **R** 68 – 🖙 19 – **159 ch** 295/350 – P 280/350.

  🏨 **Excelsior,** 83 bd Grotte ☎ 94.02.05, Télex 520343, ≤ – 🛗 🍽 rest 🔥 ⬅ 🖭 ⑩ 🅴
    🆅🆂🅰   AY **h**
    31 mars-15 oct. – SC : **R** 60/80 – **80 ch** 🖙 190/265 – P 225/265.

Ambassadeurs, 66 bd de la Grotte ☏ 94.32.85, ≤ – |♦| Ⓟ. AE ① E. ✻ AY **h**
17 avril-début nov. – SC : **R** 70/140 – **49 ch** ☐ 145/300 – P 280/350.

Impérial, 3 av. Paradis ☏ 94.06.30, Télex 530802, ≤, ☘ – |♦| ▤ rest. AE ① E. ✻ rest AZ **f**
20 avril-15 oct. – SC : **R** 80/100 – ☐ 22 – **100 ch** 230/350 – P 280/400.

Galilée-Windsor, 10 av. Peyramale ☏ 94.21.55 – |♦| ▤ rest AZ **n**
Pâques-20 oct. – SC : **R** 55/65 – ☐ 22 – **170 ch** 240/280 – P 200/280.

St-Louis de France, 5 av. Paradis ☏ 94.28.91, ≤ – |♦| ▤ rest ⌂wc ⌂wc ☎ Ⓟ. AE. ✻ rest AZ **e**
15 avril-15 oct. – SC : **R** 65 – ☐ 18 – **104 ch** 190/210 – P 195/240.

Christina Ⓜ, 42 av. Peyramale ☏ 94.26.11, Télex 531062, ≤, ☘ – |♦| ⌂wc ⌂wc ☎ – 50. AE ① E VISA. ✻ rest AZ **z**
début avril-fin oct. – SC : **R** 66 – **210 ch** ☐ 167/238 – P 230/275.

Panorama, 13 r. Ste-Marie ☏ 94.33.04 – |♦| ⌂wc ⌂wc ☎ ♿ – 40. AE. ✻ AZ **r**
25 mars-28 oct. – SC : **R** 48 – ☐ 15 – **118 ch** 145/220 – P 200/240.

Roissy Ⓜ, 16 av. Mgr-Schoepfer ☏ 94.13.04 – |♦| ⌂wc ⌂wc ☎. ✻
Pâques-15 oct. – SC : **R** 48/53 – ☐ 17,50 – **70 ch** 140/240 – P 220/240. AZ **d**

Golgotha, 4 r. Reine-Astrid ☏ 94.00.03 – |♦| ⌂wc ⌂wc ☎. ✻ AZ **d**
Pâques-15 oct. – SC : **R** 48/53 – ☐ 20 – **118 ch** 155/220 – P 210/230.

Nevers, 13 av. Maransin ☏ 94.90.88, ≤ – |♦| ⌂wc ⌂wc ☎ Ⓟ. ✻ rest
fermé nov. – SC : **R** 55 – ☐ 14 – **39 ch** 115/195 – P 175/240. BY **r**

Beauséjour sans rest, 16 av. Gare ☏ 94.38.18 – |♦| ⌂wc ⌂wc ☎ Ⓟ. ✻
1er avril-2 nov. – SC : ☐ 14 – **44 ch** 150/175. BY **k**

Ste-Rose, 2 r. Carrières-Peyramale ☏ 94.30.96 – |♦| ⌂wc ⌂wc ☎ Ⓟ. ✻
1er avril-10 oct. – SC : **R** 49 – ☐ 16 – **100 ch** 80/145 – P 150/233. AZ **b**

St-Étienne, 61 bd de la Grotte ☏ 94.02.03 – |♦| ⌂wc ☎. AY **f**
Pâques-15 oct. – SC : **R** 45/60 – ☐ 17 – **41 ch** 80/190 – P 150/190.

Lutetia, 19 av. Gare ☏ 94.22.85, Télex 521702 – |♦| TV ⌂wc ⌂wc ☎ Ⓟ. AE ① E VISA BY **a**
fermé 5 janv. au 6 fév. – SC : **R** 45/85 – ☐ 17 – **47 ch** 95/195 – P 170/215.

Orly sans rest, 9 bis av. Maransin ☏ 94.28.21 – |♦| ⌂wc ⌂wc ☎. BY **e**
1er avril-31 oct. – SC : ☐ 13 – **17 ch** 120/176.

N.-D. de France, 8 av. Peyramale ☏ 94.91.45, ≤ – |♦| ⌂wc ⌂wc ☎. ✻ rest AZ **a**
Pâques-15 oct. – SC : **R** 50/58 – ☐ 17 – **74 ch** 130/170 – P 170/200.

N.-D. de Sarrance, 7 r. Bagnères ☏ 94.09.83 – |♦| ⌂wc ⌂wc ☎. ✻
fermé nov. – SC : **R** *(1er juil.-1er nov.)* 55 – ☐ 15 – **42 ch** 160/180 – P 200. BZ **v**

Vallée, 28 r. Pyrénées ☏ 94.71.71 – |♦| ⌂wc ⌂wc ☎. ✻ rest AZ **v**
Pâques-15 oct. – SC : **R** 47/100 – ☐ 13 – **60 ch** 122/173 – P 160/196.

Majestic, 9 av. Maransin ☏ 94.27.23 – |♦| ⌂wc ⌂wc ☎ ♿. ✻ rest BY **e**
15 avril-15 oct. – SC : **R** 45 – ☐ 13,50 – **36 ch** 100/165 – P 140/165.

Gesta-Baylac, 2 bd Grotte ☏ 94.02.33 – |♦| ⌂wc ⌂wc. BY **q**
20 avril-10 oct. – SC : **R** 45 – ☐ 14 – **73 ch** 105/180 – P 140/180.

Aquitaine, 1 r. Pyrénées ☏ 94.20.31 – ⌂wc ⌂wc ☎. BZ **s**
8 fév.-15 nov. – SC : **R** 41/64 – ☐ 15 – **24 ch** 73/146 – P 158/172.

N.-D.-de Lorette, 12 rte Pau ☏ 94.12.16 – ⌂wc Ⓟ. ✻ AY **a**
1er avril-15 oct. – SC : **R** 47/85 – ☐ 14,50 – **19 ch** 48/114 – P 138/160.

Taverne de Bigorre et Albret avec ch, 21 pl. Champ-Commun ☏ 94.75.00 – |♦| ⌂wc ⌂wc ☎. AE BZ **z**
fermé 15 déc. au 1er fév. et lundi du 1er nov. au 15 avril – SC : **R** 40/150 – ☐ 15 – **27 ch** 150 – P 145/170.

L'Ermitage, pl. Mgr Laurence ☏ 94.08.42 – AE ① VISA AZ **s**
fin avril-mi oct. – **R** 55/140.

Aub. Maurice Prat avec ch, 22 av. A.-Béguère ☏ 94.01.53 – ⌂wc ⌂wc Ⓟ. AY **e**
fermé 15 déc. au 1er mars, lundi du 1er mars au 15 avril et du 15 oct. au 15 déc. – SC : **R** 48/78 – ☐ 20 – **14 ch** 160/200 – P 180/220.

Gave, 17 quai St-Jean ☏ 94.14.33 – AE VISA AY **s**
Pâques-10 oct. – SC : **R** 49/80.

à Lugagnan par ③ : 3 km – ✉ **65100** Lourdes :

Trois Vallées ⛰, ☏ 94.73.05, ☘, ✕ – ⌂wc ⌂wc ☎ Ⓟ. ✻ rest
fermé 1er au 15 déc. et 2 au 17 janv. – SC : **R** 40/80 – ☐ 18 – **32 ch** 60/120 – P 105/150.

à Saux par ① : 3 km – ✉ **65100** Lourdes :

Relais Pyrénéen ⛰ avec ch, ☏ 94.29.61, ≤, ☘ – ⌂wc ⌂ ☎ Ⓟ. AE VISA. ✻
fermé 15 déc. au 15 janv. – SC : **R** 75/145 – ☐ 15 – **11 ch** 108/190.

à Adé par ① : 6 km – ⊠ **65100** Lourdes :

🏨 **Le Virginia,** �🅟 94.66.18 – ▤ rest 📺 🛏wc ☎ 🚗 🅟 ⚙ 🆎 *VISA*. 🛠
fermé 20 déc. au 10 janv. – SC : **R** *(fermé lundi du 15 oct. au 15 avril)* 75/130 – �£ 23
– **21 ch** 170/230 – P 260/280.

🏠 **Dupouey,** �🅟 94.29.62 – 🚗 🅟 ⚙. 🛠
📪 *fermé merc. d'oct. à juin* – SC : **R** 45/120 – �£ 13 – **37 ch** 55 – P 120.

CITROEN Vinches, rte de Tarbes par ① �🅟
94.32.32 Ⓝ �🅟 37.18.72
FIAT Charrier, 32 av. Mar.-Foch �🅟 94.23.03
FORD Gar. Allué, 27 av. A.-Marqui �🅟 94.07.23
LANCIA-AUTOBIANCHI, TOYOTA, VOLVO
Gar. Universel, 48 av. A.-Marqui �🅟 94.67.31 Ⓝ
OPEL Chartier, 14 av. A.-Marqui �🅟 94.23.08
PEUGEOT S.A.G.A.P., Zone Ind. de Saux RN
21 rte de Tarbes par ① �🅟 94.66.30

PEUGEOT-TALBOT Boutes, 102 av. A.-Marqui
par ① �🅟 94.75.68 Ⓝ �🅟 94.21.93
RENAULT R.E.N.O.P.A.C., 25 av. F.-Lagardère
�🅟 94.70.50
RENAULT Gar. Vincent, 4 av. A.-Béguère �🅟
94.07.89

🛞 Bigorre-Pneus, 27 av. F.-Lagardère �🅟 94.
06.70

LOURES-BAROUSSE 65370 H.-Pyr. 🎼 ⑳ – 669 h. alt. 455 – ✪ 62.

Paris 814 – Luchon 29 – St-Gaudens 17 – Tarbes 59 – ◆Toulouse 107.

🏨 **Host. des Vallées** 🌿, rte Barbazan �🅟 99.20.34, 🛋 – 🛏wc ☎ 🅟. ⚙
fermé 1er nov. au 15 déc., dim. soir et lundi (sauf juil.-août) – SC : **R** 70/90 – �£ 14 –
13 ch 75/130 – P 145/155.

LOURY 45470 Loiret 🎼 ⑲⑳ – 1 503 h. alt. 126 – ✪ 38.

Paris 111 – Chartres 73 – Châteauneuf-sur-Loire 19 – Étampes 53 – ◆Orléans 19 – Pithiviers 24.

🍴 **Relais de la Forge,** N 152 ⏚ �🅟 65.60.27 – 🅟 🄴 *VISA*
📪 *fermé en mars et mardi* – SC : **R** 45/130 🍷.

LOUVIE-JUZON 64 Pyr.-Atl. 🎼 ⑯ – 1 057 h. alt. 412 – ⊠ **64260** Arudy – ✪ 59.

Paris 811 – Laruns 11 – Lourdes 40 – Oloron-Ste-Marie 21 – Pau 26.

🏨 **Forestière** Ⓜ 🌿, rte Pau ⏚ 05.62.28, ≤, 🛋 – 🛏wc ☎ 🅟. ⚙ 🆎 Ⓓ *VISA*
SC : **R** 65/125 – ⏚ 16 – **13 ch** 160/200 – P 452/492 (pour 2 pers.).

🏠 **Dhérété** 🌿, ⏚ 05.61.01, ≤, 🛋 – 🛏wc ☎ 🚗 🅟 – 🛁 30 à 40. 🛠
fermé 15 oct. au 15 nov. et merc. hors sais. – SC : **R** 55/72 – ⏚ 12 – **18 ch** 90/130 –
P 120/180.

CITROEN Rignol, à Arudy ⏚ 05.60.23
PEUGEOT, TALBOT Versavaud, à Arudy ⏚ 05.
60.70

RENAULT Orensanz, à Arudy ⏚ 05.61.93

LOUVIERS 27400 Eure 🎼 ⑯⑰ G. Normandie – 18 874 h. alt. 15 – ✪ 32.

Voir Église N.-Dame★ : oeuvres d'art★ BY E.

🎪 du Vaudreuil ⏚ 59.02.60, NE par D 313 BX et D 77 : 6,5 km.

🅱 Office de Tourisme 10 r. Mar.-Foch (fermé dim. et lundi) ⏚ 40.04.41.

Paris 108 ③ – Les Andelys 23 ③ – Bernay 51 ⑤ – Lisieux 75 ⑤ – Mantes 50 ③ – ◆Rouen 29 ①.

Plan page suivante

🏰 **P.L.M.** Ⓜ, par ② : 3,5 km près échangeur A 13 et N 15 ⊠ 27100 Vaudreuil ⏚
59.09.09, Télex 180540, 🏊, – 🍴 ▤ rest 📺 🛏 & 🅟 – 🛁 150. 🆎 Ⓓ 🄴 *VISA*
R carte environ 100 🍷 – ⏚ 23 – **58 ch** 210/250.

🍴 **Clos Normand,** 16 r. Gare ⏚ 40.03.56 – 🆎 Ⓓ *VISA*   BY **e**
📪 *fermé dim. sauf Pâques et Pentecôte* – SC : **R** 40/88 🍷.

🍴 **Host. de la Poste,** 11 r. Quatre-Moulins ⏚ 40.01.76 – *VISA*   BY **a**
📪 SC : **R** 38/95.

à Acquigny par ④ : 5 km – ⊠ **27400** Louviers :

🍴 **L'Hostellerie,** sur N 154 ⏚ 50.20.05 – 🅟. *VISA*. 🛠
fermé 4 au 24 août, 15 déc. au 2 janv., mardi soir et merc. – SC : **R** 60/80.

à Vironvay par ③ : 5 km – ⊠ **27400** Louviers.

Voir Église ≤★.

🏨 **Les Saisons** 🌿, ⏚ 40.02.56, ≤, « Pavillons dans un jardin », 🛠 – 📺 🛏wc ☎
& 🚗 🅟 – 🛁 30. ⚙ Ⓓ 🄴 *VISA*. 🛠 ch
fermé 16 au 22 août, 28 janv. au 28 fév., lundi sauf hôtel et dim. soir – SC : **R** 75/185
– ⏚ 22 – **9 ch** 185/250, 5 appartements 400 – P 325/435.

à St-Pierre-du-Vauvray E : 8 km par D 313 – BX – ⊠ **27430** St-Pierre-du-Vauvray :

🏰 **Host. St-Pierre** Ⓜ 🌿, ⏚ 59.93.29, Télex 770581, ≤, 🛋 – 🍴 📺 🅟. Ⓓ *VISA*
SC : **R** *(fermé janv., fév., mardi et merc. midi)* 88/140 – ⏚ 26 – **16 ch** 120/330 –
P 270/365.

LOUVIERS

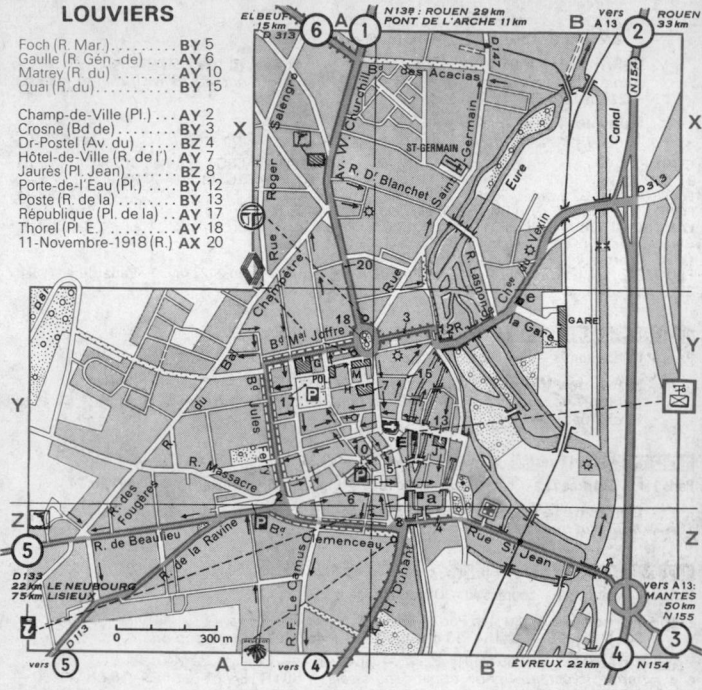

FIAT Gar. Pillet, rte des Falaises à Le Vaudreuil ℡ 59.15.62
PEUGEOT Dubreuil, 4 pl. J.-Jaurès ℡ 40.02.28
RENAULT Duchemin, 1 pl. E.-Thorel ℡ 40. 15.97

TALBOT Cambour-Automobiles, 4 pl. E.-Thorel ℡ 40.37.01

🅖 Marsat, Louviers Pneus, 49 r. de Paris ℡ 40.21.16
Rallye-Pneus, 15 r. Félix ℡ 40.03.15

LOUVIGNÉ-DU-DÉSERT 35420 I.-et-V. 59 ⑱ – 4 331 h. alt. 178 – ✆ 99.

Paris 295 – Alençon 102 – Dol-de-Bretagne 51 – Fougères 16 – Mayenne 54.

🏠 **Manoir,** pl. Ch.-de-Gaulle ℡ 98.02.40, « Jardin » – 🛏wc 📶wc ☏ 🅿 🚗🅰 Ⓔ 𝕍𝕀𝕊𝔸
fermé 15 au 30 nov., fév., dim. soir (sauf hôtel) et lundi – SC : **R** 64/120 – ☲ 17 –
12 ch 82/154.

RENAULT Couasnon, ℡ 98.01.24

LOUVIGNY 14 Calvados 55 ⑪ – rattaché à Caen.

LOYETTES 01980 Ain 74 ⑬ – 1 626 h. alt. 193 – ✆ 7.

Paris 471 – Bourg-en-Bresse 52 – Bourgoin-Jallieu 28 – ♦Lyon 33 – La Tour-du-Pin 43 – Vienne 49.

XXX ✿ **Terrasse** (Antonin), pl. Église ℡ 832.70.13, ≼, 🍴 – 𝕍𝕀𝕊𝔸 🚫
fermé 1er au 15 sept., 13 fév. au 9 mars, dim. soir et lundi – SC : **R** (dim. et fêtes prévenir) 90/210
Spéc. Suprême de poularde, Feuilleté de grenouilles aux fines herbes, Grive aux raisins (oct. à déc.).
Vins Montagnieu, Seyssel.

LUBBON 40 Landes 79 ⑫ ⑬ – 119 h. alt. 147 – ⊠ 40240 La Bastide d'Armagnac – ✆ 58.

Paris 717 – Aire-sur-l'Adour 59 – Condom 54 – Mont-de-Marsan 49 – Nérac 35.

🏠 **Au Bon Coin** (chez Jeanne), D 933 ℡ 44.60.43 – 🍽 🅿
➜ *fermé 2 sept. au 2 oct., vend. soir et sam. sauf juil.-août* – **R** (dim. et fêtes prévenir) 30/40 – ☲ 12 – **14 ch** 45/60 – P 100.

LUBERSAC 19210 Corrèze 75 ⑧ – 2 471 h. alt. 355 – ✆ 55.

Paris 449 – Brive-la-Gaillarde 58 – ♦Limoges 53 – Périgueux 74 – Tulle 49.

🏠 **Le Rubeau,** rte Limoges ℡ 73.56.57 – 📶, 🚗🅰 𝕍𝕀𝕊𝔸 🚫 ch
➜ *fermé nov. et lundi* – SC : **R** 38/70 🦞 – ☲ 10 – **14 ch** 68/95 – P 100/120.

CITROEN Tixier, ℡ 73.50.29
RENAULT Sudrie, ℡ 73.55.41

TALBOT Reyrolles, ℡ 73.55.47

Le LUC 83340 Var 🔢 ⑯ – 5 789 h. alt. 168 – ❄ 94.

🅱 Office de Tourisme pl. Verdun (1er avril-30 sept., fermé dim. et lundi matin) 🕿 60.74.51 et à la Mairie (1er oct.-31 mars, fermé sam. après-midi et dim.) 🕿 60.88.21.

Paris 841 – Cannes 75 – Draguignan 28 – St-Raphaël 43 – Sainte-Maxime 49 – ♦Toulon 53.

  🟬🟬 **Host. du Parc** avec ch., r. J.-Jaurès 🕿 60.70.01, 🚗 – 📺 🛆wc 🏮wc 🕿 ⟵ 🅿. 🍴🚗 🅰🅴 ⓪ 🅴 𝓥𝓘𝓢𝓐

    fermé 27 avril au 5 mai, 14 nov. au 15 déc., lundi soir sauf juil.-août et mardi – SC : **R** 120/140 – ☲ 18 – **12 ch** 110/220.

    à Flassans-sur-Issole O : 4 km par N 7 – ✉ 83340 Le Luc :

  🏠 **La Grillade au feu de bois** Ⓜ ⥤ sans rest., 🕿 69.71.20, antiquités, ≼, parc, ⅏ – 🕮 📺 🛆wc 🏮wc 🕿 🅿. 🍴🚗 🅰🅴 ⓪ 🅴 𝓥𝓘𝓢𝓐

    SC : ☲ 20 – **7 ch** 220/280.

LUCÉ 28 E.-et-L. 🔢 ⑦ ⓭⑨⑥ ㉛ – rattaché à Chartres.

LUC-EN-DIOIS 26310 Drôme 🔢 ⑭ G. Alpes – 467 h. alt. 580 – ❄ 75.

Paris 646 – Die 19 – Gap 76 – Nyons 66 – Serres 46 – Valence 84.

  🏠 **Levant,** 🕿 21.33.30, 🍴, 🚗 – 🏮wc 🕿 🅿

    15 mars-20 sept. – SC : **R** 63/89 ⥟ – ☲ 14 – **16 ch** 75/160 – P 160/180.

LUCHÉ-PRINGÉ 72 Sarthe 🔢 ③ **G. Châteaux de la Loire** – 1 384 h. alt. 34 – ✉ 72800 Le Lude – ❄ 43 – **Voir Château★** de Gallerande NO : 2,5 km.

🅱 Syndicat d'Initiative à la Mairie (fermé dim.) 🕿 94.43.25.

Paris 240 – La Flèche 13 – Le Lude 10 – ♦Le Mans 39.

  🏠 **Aub. du Port des Roches** ⥤, au Port des Roches E : 4 km par D 13 et D 214 🕿 94.43.23, 🚗 – 🛆wc 🏮wc 🕿 🅿. ⥤

    fermé dim. soir et lundi hors sais. – SC : **R** 70/100 – ☲ 18 – **15 ch** 95/155 – P 140/160.

LUCHON 31 H.-Gar. 🔢 ⑳ **G. Pyrénées** – 3 627 h. alt. 630 – Stat. therm. (1er avril-21 oct.) – Sports d'hiver à Superbagnères : alt. 1 800/2 260 m ⥌ 2 ⥊12 – Casino Y – ✉ 31110 Bagnères-de-Luchon – ❄ 61 – **Env. Vallée du Lys★** SO : 5,5 km par D 125 et D 46 – Kiosque de Mayrègue ☀★ 9 km par ③ – Hospice de France★★ SE : 11 km par D 125 – ⥌ 🕿 79.03.27, ✗.

🅱 Office de Tourisme 18 allées Étigny (fermé dim. en nov.) 🕿 79.21.21, Télex 530139.

Paris 843 ① – Bagnères-de-Bigorre 81 ① – St-Gaudens 46 ① – Tarbes 89 ① – ♦Toulouse 136 ①.

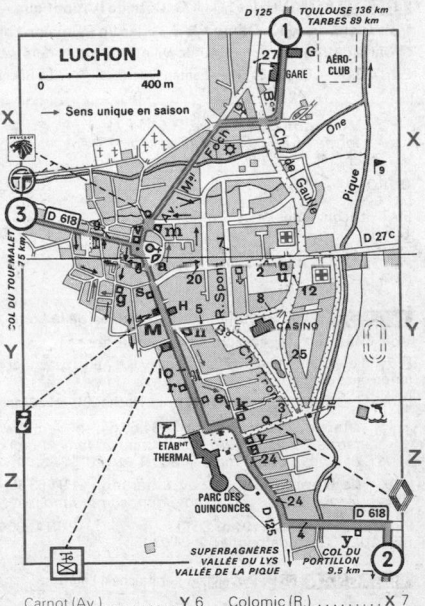

  🟬🟬 **Corneille** ⥤, 5 av. A.-Dumas 🕿 79.00.22, Télex 520347, ≼, « Résidence dans un parc, beaux aménagements intérieurs » – 🕮 🅿 🅰🅴 ⓪ 𝓥𝓘𝓢𝓐 ⥤ rest

    1er avril 20 oct. SC : **R** 83/93 – ☲ 22 – **52 ch** 190/330, 3 appartements 500 – P 220/400.   Y u

  🟬🟬 **Poste et Golf,** 29 allées Étigny 🕿 79.00.40, Télex 520018, 🚗 – 🕮 🗐 rest ☎ 🅿 – 🏳 30 à 120. 🅰🅴 ⓪ 🅴 𝓥𝓘𝓢𝓐. ⥤ rest   Y n

    15 avril-10 oct. – SC : **R** 65/70 – ☲ 22 – **60 ch** 120/280 – P 200/280.

  🏠 **Bains,** 75 allées Étigny 🕿 79.00.58 – 🕮 🛆wc 🏮wc 🕿 🅿. 🅰🅴 ⥤ rest   YZ e

    fermé 21 oct. au 19 déc. – SC : **R** 70 Pizzeria **R** carte environ 70 ⥟ – ☲ 22 – **52 ch** 120/205 – P 220/280.

  🏠 **Étigny,** face Établt Thermal 🕿 79.01.42, 🚗 – 🕮 🛆wc 🏮wc 🕿. ⥤ rest

    1er mai-15 oct. – SC : **R** 60/115 – ☲ 17 – **56 ch** 126/195 – P 185/230.

                        Z k

LUCHON

0   400 m

→ Sens unique en saison

D 125   TOULOUSE 136 km TARBES 89 km

AÉRO-CLUB

CASINO

ÉTABᵗ THERMAL

PARC DE QUINCONCES

SUPERBAGNÈRES VALLÉE DU LYS VALLÉE DE LA PIQUE

COL DU PORTILLON 9,5 km

Carnot (Av.)	Y 6		Colomic (R.)	X 7
Dr-Germès (R. du)	X 9		Dardenne (Bd)	Y 8
Étigny (Allées d')	Y 10		Fontan (Bd Amédée)	Y 12
			Lamartine (R.)	Y 20
Alexandre-Dumas (Av.)	Y 2		Quinconces	
Bains (Allées des)	Z 3		(Cours des)	Z 24
Barrau (Av. J.)	Z 4		Rostand (Bd Edmond)	Y 25
Boularan (R. Jean)	Y 5		Toulouse (Av. de)	X 27

🏨 **Métropole,** 40 allées Étigny ☏ 79.38.00 – 🛗 ⇔wc 🚿wc ☎. ✇ rest   Y **r**
1er avril-15 oct., vacances de Noël et de fév. – SC : **R** 70/85 – ☲ 15 – **60 ch** 50/160
– P 165/230.

🏨 **Paris,** 9 cours Quinconces ☏ 79.13.70 – 🛗 ⇔wc ☜ 🅿. ✇ rest   Z **v**
1er mai-20 oct. – SC : **R** 66 – ☲ 16,50 – **32 ch** 150/167 – P 224/246.

🏨 **Royal H.,** 1 cours Quinconces ☏ 79.00.62 – 🛗 ⇔wc ☜ 🅿. ✇ rest   Z **v**
25 mai-5 oct. – SC : **R** 62 – ☲ 15,50 – **48 ch** 75/145 – P 150/175.

🏨 **Beau Site,** 11 cours Quiconces ☏ 79.02.71, ⇱ – 🛗 ⇔wc ☜ 🅿. ✇   Z **v**
1er mai-15 oct. – SC : **R** 65/75 – ☲ 15,50 – **24 ch** 130/165 – P 180/220.

🏨 **Panoramic** sans rest, 6 av. Carnot ☏ 79.00.67 – 🛗 ⇔wc 🚿wc ☎. **E**   X **v**
fermé 10 oct. au 1er nov. et janv. – SC : ☲ 18,50 – **30 ch** 120/190.

🏠 **La Recluse,** à St-Mamet ⊠ 31110 Bagnères-de-Luchon ☏ 79.02.81, ⇱ –
⇔wc 🚿wc ☜ 🅿. ✇ rest   Z **y**
1er mai-6 oct. et vacances scolaires d'hiver – SC : **R** 44/75 – ☲ 13 – **28 ch** 90/140 –
P 170/220.

🏠 **Deux Nations,** 5 r. Victor-Hugo ☏ 79.01.71 – 🛗 🚿wc ☜ 🚗 ⌷🚃   Y **g**
SC : **R** 48/129 🍷 – ☲ 16 – **27 ch** 62/101 – P 140/170.

🏠 **Concorde,** 12 allées Étigny ☏ 79.00.69 – 🛗 ⇔wc ☜ ⌷🚃 **VISA** ✇ rest   Y **s**
fermé 20 oct. au 20 déc. – SC : **R** 40/75 🍷 – ☲ 16 – **23 ch** 75/150 – P 180/215.

🏠 **Henri Sors,** 1 av. Carnot ☏ 79.00.47, ⇱ – 🛗 🚿wc. ✇ rest   X **m**
1er mai-15 oct., vacances Noël et fév., week-ends en janv.-fév. – SC : **R** 52/70 – ☲
13 – **43 ch** 87/146 – P 125/165.

🏠 **Castel Marie-Thérèse** 🦢 sans rest, 15 bd Ch. de Gaulle ☏ 79.02.95, ⇱ –
⇔wc 🚿wc 🅿.   X **s**
1er juin-30 sept. – SC : ☲ 15 – **18 ch** 120/180.

🏠 **Bon Accueil,** 1 pl. Joffre ☏ 79.02.20 – 🛗 ⇔wc 🚿wc ☜   XY **a**
fermé 21 oct. au 22 déc. – SC : **R** 50/80 – ☲ 16 – **28 ch** 80/133 – P 183/255.

CITROEN Bardaji, D125 par av. de Toulouse   PEUGEOT, TALBOT Gar. Bedin, ☏ 79.01.35
☏ 79.16.93   RENAULT Gar. Elissalde, ☏ 79.00.20
FORD Gar. Rubiella, à Montauban de Luchon
☏ 79.08.56

▓▓ **LUÇON** 85400 Vendée 🔽 ⑪ G. Côte de l'Atlantique – 9 574 h. alt. 10 – ✪ 51.

Voir Cathédrale N.-Dame★ B E – **Jardin Dumaine★** A.

🅘 Office de Tourisme pl. Hôtel-de-Ville (fermé dim. hors sais.) ☏ 56.05.00.

Paris 433 ① – Cholet 84 ① – Fontenay-le-C. 29 ① – La Rochelle 51 ① – La Roche-sur-Yon 32 ⑤.

Plan page ci-contre

🏨 **Voyageurs,** pl. Gare ☏ 56.11.71 – ⇔ 🅿. ✇ ch   A **e**
fermé 15 au 30 sept., 25 déc. au 15 janv. et dim. – SC : **R** 45/85 🍷 – ☲ 14,50 – **11 ch**
85/140.

CITROEN A. Murs, rte de Fontenay par ① ☏   RENAULT Gar. Rallet, rte Fontenay par ① ☏
56.01.29   56.18.21
FIAT Luçon-Autos, 41 r. de Fontenay, ☏ 56.   V.A.G. Perocheau, 62 r. Gén.-de-Gaulle ☏ 56.
12.87   01.87 🅽
FORD Verger, 2 quai Ouest ☏ 56.01.17
PEUGEOT-TALBOT Grelé, rte des Sables par
④ ☏ 56.04.71

▓▓ **Le LUDE** 72800 Sarthe 🔽 ③ G. Châteaux de la Loire – 4 120 h. alt. 48 – ✪ 43.

Voir Château★ (spectacle son et lumière★★★).

🅘 Syndicat d'Initiative pl. F. de Nicolay (1er juin-15 sept. et fermé dim.) et 8 r. Boeuf (15 oct.-31 mai,
fermé dim. et lundi) ☏ 94.62.20.

Paris 247 – Angers 62 – Chinon 62 – La Flèche 20 – ◆Le Mans 44 – Saumur 47 – Tours 52.

🏨 **Maine,** 24 av. Saumur ☏ 94.60.54, ⇱ – ⇔wc 🚿wc ☎ 🅿. ⌷🚃 **E** **VISA**
*fermé 16 au 30 sept., 23 déc. au 20 janv., lundi de mars à oct. (sauf hôtel).vend. soir
et sam. d'oct. à mars* – SC : **R** 52/120 🍷 – ☲ 16 – **25 ch** 78/160 – P 150/170.

🍽 **La Renaissance,** 2 av. Libération ☏ 94.63.10
fermé 28 sept. au 30 oct., dim. soir et lundi sauf fériés – SC : **R** 45/110 🍷.

PEUGEOT Virfollet, ☏ 94.63.86 🅽   TALBOT Grosbois, à La Pointe ☏ 94.60.89
RENAULT Gar. Charpentier, ☏ 94.63.13

▓▓ **LUGAGNAN** 65 H.-Pyr. 🔽 ⑱ – rattaché à Lourdes.

▓▓ **LUGOS** 33 Gironde 🔽 ③ – 391 h. alt. 35 – ⊠ 33830 Belin – ✪ 56.

Paris 645 – Arcachon 42 – ◆Bayonne 138 – ◆Bordeaux 54.

🏠 **La Bonne Auberge** 🦢, ☏ 88.02.05, 🍴, ⇱ – ⇔wc 🚿wc 🚗 🅿. ⌷🚃
fermé 7 sept. au 12 oct. et lundi hors sais. – **R** 50/150 – ☲ 15 – **14 ch** 80/120 – P
170.

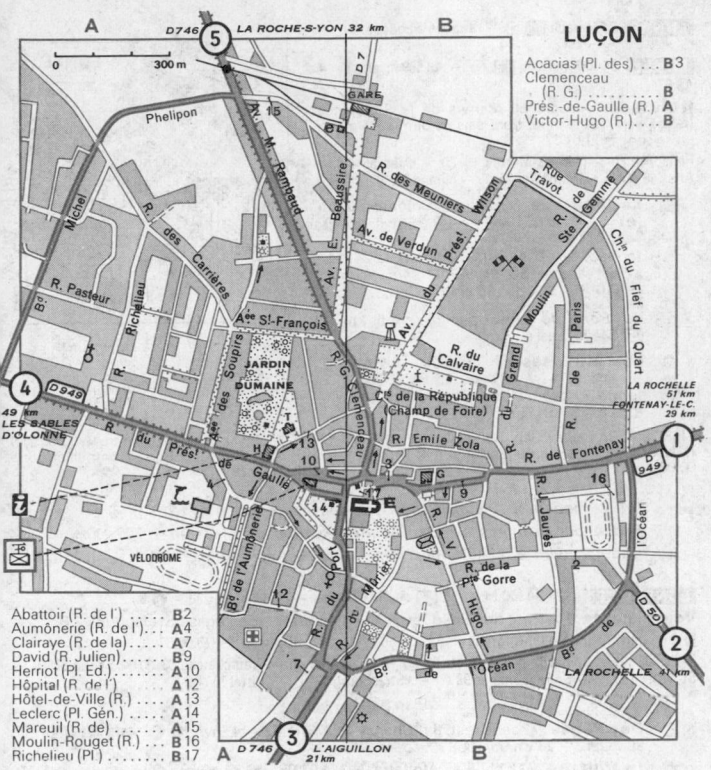

LUÇON

☛ *La gratuité du garage, à l'hôtel, est souvent réservée*
aux usagers du guide Michelin.
Présentez votre guide de l'année.

LUGRIN 74 H.-Savoie **70** ⑱ – 1 334 h. alt. 411 – ⊠ 74500 Évian – ✆ 50.

Voir Site★ de Meillerie E ; 4 km, G. Alpes.

Paris 594 – Annecy 90 – Évian-les-Bains 6 – St-Gingolph 11.

  🏠 **Tour Ronde**, à Tourronde NO : 1,5 km ☎ 76.00.23, ≼ – 🛗 🚿wc 🛁wc **P**. ✻
    fermé oct., nov. dim. soir et lundi sauf de juin à sept. – SC : **R** 45/98 – ⊇ 13 –
    27 ch 72/151 – P 130/157.

  🏨 **Ste-Marie**, ☎ 76.00.16, 🌳 – 🛁
    1er juin-15 sept. – SC : **R** 50/64 – ⊇ 15 – **13 ch** 65 – P 115/120.

LULLIN 74 H.-Savoie **70** ⑰ – 515 h. alt. 850 – Sports d'hiver : 1 000/1 400 m ⚡5 – ⊠ 74470
Bellevaux – ✆ 50.

Paris 586 – Annecy 70 – Bonneville 40 – ◆Genève 41 – Thonon-les-Bains 18.

  🏠 **Poste,** ☎ 73.81.10, 🌳 – 🍴🚿wc 🛁wc **P**. ✻
    1er juin-19 sept., 18 déc.-17 avril et fermé sam. hors. sais. – SC : **R** 50/90 🍷 – ⊇ 13 –
    24 ch 50/105 – P 110/150.

LUMBRES 62380 P.-de-C. **51** ③ – 4 083 h. alt. 47 – ✆ 21.

Paris 260 – Aire 26 – Arras 86 – Boulogne-sur-Mer 40 – Hesdin 42 – Montreuil 48 – St-Omer 13.

  XXX ✿ **Moulin de Mombreux** (Gaudry) ⌂ avec ch, O : 2 km par N 42 et VO 16 ☎
    39.62.44, parc – 🍴 ☎ **P**. AE ⑩
    fermé 20 déc. au 1er fév., dim. soir et lundi – **R** (dim. prévenir) 110/180 – ⊇ 12 –
    6 ch 62/115
    Spéc. Artichauts tièdes et foie de canard, Paupiettes de bar, Blanc de turbot au coulis de homard.

TALBOT Gar. Basquin, ☎ 39.64.25   V.A.G. Gar. Podevin ☎ 39.64.32

619

LUNAS 34 Hérault 🎿 ④ – rattaché à Lodève.

LUNEL 34400 Hérault 🎿 ⑥ – 13 559 h. alt. 11 –
🗘 67.

🛈 Office de Tourisme pl. Martyrs de la Résistance
(fermé sam. après-midi hors sais et dim. sauf matin
en saison) ⚓ 71.01.37.

Paris 741 ② – Aigues-Mortes 15 ③ – Alès 55 ① –
Arles 46 ② – ◆Montpellier 25 ④ – Nîmes 31 ②.

🏨 **La Clausade** 🦢, 48 av. Colonel-Simon
(e) ⚓ 71.05.69, 🐎 – 📺 ⟶wc ☎ 📵
🍴🛏 *VISA*. ॐ ch
*fermé 8 au 28 août (sauf hôtel) et 24 déc.
au 1er janv.* – SC : **R** *(fermé sam. et dim.)*
55/110 🦴 – ⟰ 16 – **10 ch** 155/160.

au Pont de Lunel par ② : *3,5 km* –
⊠ **34400** Lunel :

🏨 **Les Mimosas**, ⚓ 71.25.40 – ⟶wc 🔲
◆ 🖼 🚗 📵 – 🔏 60, 🍴🛏 🖭 ① 🗈 *VISA*
fermé 20 déc. au 10 janv. – SC : **R** 37/85 –
⟰ 17 – **31 ch** 85/165.

CITROEN Brunel, av. Gén.-Sarrail ⚓ 71.11.48
RENAULT Figère, rte de la Mer par ③ ⚓ 71.
00.06

TALBOT Privat. 34 bd Strasbourg ⚓ 71.00.21
V.A.G. Gar. des Fournels, rte Montpellier, Zone
Ind. ⚓ 71.10.59

LUNEL
0   200 m

Gaulle	Libération (R.) 5
(Av. Gén.-de) . . 2	Simon (Av. Col.) 6
Lafayette (Bd) 3	Strasbourg (Bd) 7
Lattre-de-Tassigny	Verdun (R.) 8
(Av. de) 4	V-Hugo (Av.) 9

☛ *Die numerierten Ausfallstraßen auf den Stadtplänen ①, ②, ③*
finden Sie ebenfalls auf den Michelin-Karten im Maßstab 1: 200 000.
Dadurch wird das Auffinden der Anschlußstrecke erleichtert.

LUNÉVILLE ⟨SP⟩ 54300 M.-et-M. 🎿 ⑥ G. Vosges – 24 700 h. alt. 230 – 🗘 8.

Voir Château★ Z – Parc des Bosquets★ Z – Boiseries★ de l'église St-Jacques Z B.
🛈 Office de Tourisme pl. Château ⚓ 373.06.55 - A.C. 38 r. d'Alsace ⚓ 373.06.67.

Paris 409 ⑤ – Épinal 62 ④ – ◆Metz 93 ⑤ – ◆Nancy 35 ⑤ – Neufchâteau 83 ③ – St-Dié 50 ③ –
St-Dizier 133 ⑤ – Sarreguemines 93 ① – ◆Strasbourg 124 ② – Vittel 75 ④.

Plan page ci-contre

🏨 **Des Pages** 🦢 sans rest, 8 r. Chanzy ⚓ 373.11.42 – ⟶wc ☎ 📵. 🍴🛏 🖭 *VISA*
SC : ⟰ 12 – **28 ch** 95/155.   Z u

XX **Le Voltaire** avec ch, 8 av. Voltaire ⚓ 374.07.09, 🐎 – ⟶wc 🔲wc 🖼 ॐ – 🔏 30.
🍴🛏 ① *VISA*   Y b
fermé 20 au 27 juin et 9 au 30 janv. – SC : **R** *(fermé dim. soir et lundi)* 60/145 – ⟰ 15
– **10 ch** 105/135 – P 210/360.

XX **Bosquets**, 2 r. Bosquets ⚓ 373.00.14 – 🗈 *VISA*   Z n
fermé 2 mars au 1er avril et sam. – SC : **R** 65/125 🦴.

au Sud : *5 km par av. de Xerbeviller* – ⊠ **54300** Lunéville :

XXX ❀ **Château d'Adomenil**, ⚓ 374.04.81, parc – 📵. 🖭 ① 🗈 *VISA*
fermé 4 au 11 juil., 25 janv. au 25 fév., dim. soir et lundi – **R** 110/220 –
Spéc. Poissons, Gibier (en saison), Soufflé chaud à la mirabelle. Vins Côtes de Toul.

CITROEN Nouveau Gar., 24 Quai Selestat ⚓
373.00.75
PEUGEOT-TALBOT S.A.M.I.A., r. de la
Pologne ⚓ 373.10.78
RENAULT SODIAL, 95 fg de Menil ⚓ 373.15.01

V.A.G. Gar. Fleurantin, 91 fg de Nancy ⚓ 374.
20.52

🛞 Lunéville Inter Pneu Sces rte de Contournement ⚓ 373.04.30

LUPPÉ-VIOLLES 32 Gers 🎿 ② – 150 h. alt. 135 – ⊠ **32110** Nogaro – 🗘 62.
Paris 741 – Auch 70 – Condom 55 – Mont-de-Marsan 37 – Roquefort 43 – Tarbes 66.

XX **Relais de l'Armagnac** avec ch, ⚓ 09.04.54, 🐎 – 📺 ⟶wc 🔲 ☎ 📵 – 🔏 25.
◆ ① *VISA*. ॐ ch
fermé janv. et lundi sauf juil.-août – SC : **R** 50/160 – ⟰ 22 – **10 ch** 110/200 –
P 185/235.

LURBE-ST-CHRISTAU 64 Pyr.-Atl. 🎿 ⑥ G. Pyrénées – 269 h. alt. 330 – Stat. therm. (à
St-Christau : 1er avril-31 oct.) – ⊠ **64660** Asasp – 🗘 59.
Paris 827 – Laruns 32 – Lourdes 61 – Oloron-Ste-Marie 9 – Pau 42 – Tardets-Sorholus 28.

🏨 **Relais de la Poste et H. du Parc** 🅼 🦢, à St-Christau ⚓ 34.40.04, Télex
550656, ≤, « Parc », 🏊, ॐ – 🛗 cuisinette 📵 – 🔏 30 à 200. ॐ rest
1er avril-31 oct. – SC : **R** 63/126 – ⟰ 16 – **39 ch** 132/222, 4 appartements 296 – P
263/373.

🏨 **Vallées**, ⚓ 34.40.01, ≤, 🏊, 🐎 – ⟶wc 🖼 🚗 📵 – 🔏 25 à 60
◆ *26 mars-6 janv.* – SC : **R** 39/70 – ⟰ 11 – **21 ch** 67/135 – P 117/150.

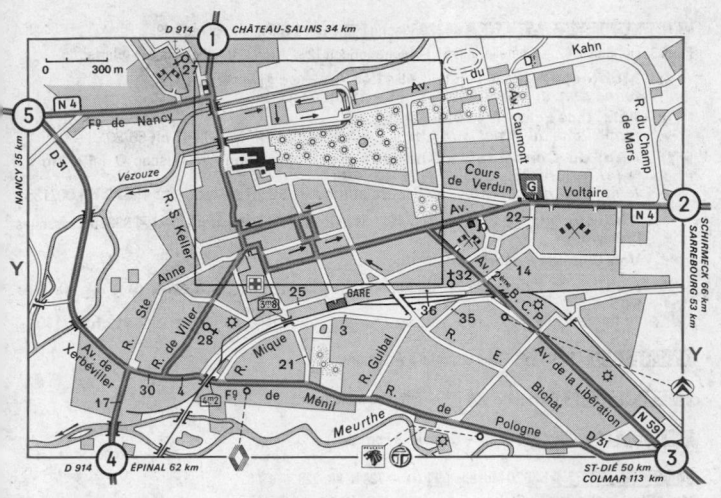

LUNÉVILLE

LURE ◇◇ **70200** H.-Saône 66 ⑦ G. Jura – 10 397 h. alt. 293 – ✿ 84.

🛈 Office de Tourisme 6 r. de la Font (fermé sam. hors sais. et dim.) ℡ 62.80.52.

Paris 481 – Belfort 33 – Épinal 74 – Gérardmer 66 – Montbéliard 35 – Vesoul 30.

🏠 **Commerce,** 40 pl. Gare ℡ 30.12.63 – 📶wc ☎. 🚗🚗
➦ SC : **R** (fermé fév., vend. soir et sam. en hiver) 40/130 🍷 – ☲ 15 – **30 ch** 70/170.

BMW, OPEL, GM Schmitt, rte de Belfort ℡   FIAT Chouffot, 119 av. République ℡ 30.12.48
30.20.88
CITROEN Gd Gar. des Allées, 65 r. Carnot ℡
30.23.23

LUS-LA-CROIX-HAUTE **26620** Drôme 77 ⑮ G. Alpes – 479 h. alt. 1 030 – ✿ 92.

Voir Vallon de la Jarjatte ≤★ E : 5 km.

🛈 Syndicat d'Initiative (1ᵉʳ juil.-15 sept. matin seul.) ℡ 58.51.85.

Paris 639 – Die 46 – Gap 51 – ♦Grenoble 75 – Serres 33 – Valence 111.

🏠 **Le Chamousset** 🐕, ℡ 58.51.12, ≤, 🌲 – 🚾 📶 🅿. 🚗🚗 VISA
➦ fermé 15 nov. au 15 déc. – SC : **R** 42/90 – ☲ 14 – **15 ch** 70/130 – P 130/160.

CITROEN Garage Orand, ℡ 58.50.93 🅽 ℡ 58.50.69

LUSSAC-LES-CHÂTEAUX 86320 Vienne 68 ⑮ – 2 235 h. alt. 90 – ✪ 49.

Paris 357 – Bellac 42 – Châtellerault 51 – Montmorillon 12 – Niort 110 – Poitiers 36 – Ruffec 65.

- **Montespan** M sans rest, ☎ 48.41.42 – wc ⋒wc ☎ ♿ P
  fermé sam. hors sais. – SC : ☕ 13 – **11 ch** 99/111.
- **Paix,** face Église ☎ 48.40.81 –
  fermé lundi du 1er oct. au 1er avril – SC : **R** 36/55 🍷 – ☕ 10 – **7 ch** 55/80.
- **Aub. du Connestable Chandos** avec ch, au pont de Lussac O : 1,8 km sur N 147 ☎ 48.40.24 – wc ⋒ ☎ P.
  fermé 3 au 10 oct., 13 fév. au 6 mars et lundi – SC : **R** 55/160 – ☕ 15 – **7 ch** 90/135.

  à *Civaux* NO : 6 km sur D 749 - G. Côte de l'Atlantique – ✉ **86320** Lussac-les-Châteaux.

  Voir Cimetière-nécropole★.
- **Aub. de la Cascade,** ☎ 48.45.04, ←, – wc ⋒wc ☎ ♿ P – 40.
  fermé fév. et vend. du 1er nov. au 1er mars – SC : **R** 45/145 – ☕ 15 – **21 ch** 70/170.

LUTHÉZIEU 01 Ain 74 ④ – rattaché à Artemare.

LUTTENBACH 68 H.-Rhin 62 ⑱ – rattaché à Munster.

LUTTER 68 H.-Rhin 66 ⑩⑳ – rattaché à Ferrette.

LUTZELBOURG 57820 Moselle 62 ⑧ – 798 h. alt. 225 – ✪ 8.

Voir Plan incliné★ de St-Louis-Arzviller SO : 3,5 km, G. Vosges.

Paris 437 – Lunéville 74 – ♦Metz 113 – Saverne 10 – ♦Strasbourg 49.

- **Vosges,** ☎ 725.30.09 – ⋒ ☎ P.
  fermé 29 août au 12 sept., 22 janv. au 29 fév. et merc. sauf juil. et août – SC : **R** 38/130 🍷 – ☕ 14 – **22 ch** 53/100 – P 105/120.

LUX 71 S.-et-L. 69 ⑨ – rattaché à Chalon-sur-Saône.

Passez à table aux heures normales de repas.
Vous faciliterez le travail de la cuisine et du personnel de salle.

LUXEUIL-LES-BAINS 70300 H.-Saône 66 ⑥ G. Vosges – 10 711 h. alt. 306 – Stat. therm. (11 avril-31 oct.) – Casino – ✪ 84.

Voir Hôtel Cardinal Jouffroy★ B – Hôtel des Échevins★ M – Basilique St-Pierre★ E – Maison François1er★ F.

ℹ Office de Tourisme 1 r. Thermes (fermé dim. hors sais. et lundi) ☎ 40.06.41.

Paris 372 ⑤ – Belfort 52 ③ – Épinal 57 ① – St-Dié 90 ① – Vesoul 28 ③ – Vittel 77 ⑤.

- **Beau Site,** 18 r. Thermes **(u)** ☎ 40.14.67, « jardin fleuri » – TV wc ⋒wc ☎ P – 25. VISA. rest
  fermé vend. soir et sam. du 15 nov. au 15 mars – SC : **R** 55/57 🍷 – ☕ 13,50 – **44 ch** 80/210 – P 170/245.
- **Thermes** M sans rest, r. Thermes **(n)** ☎ 40.03.67, – cuisinette wc ⋒wc ☎.
  1er mai-30 sept. – SC : ☕ 15,50 – **21 ch** 130/157.
- **Métropole** sans rest, r. Thermes **(e)** ☎ 40.03.67 – cuisinette wc ⋒wc ☎.
  1er mai-30 sept. – SC : ☕ 15,50 – **44 ch** 154/182.

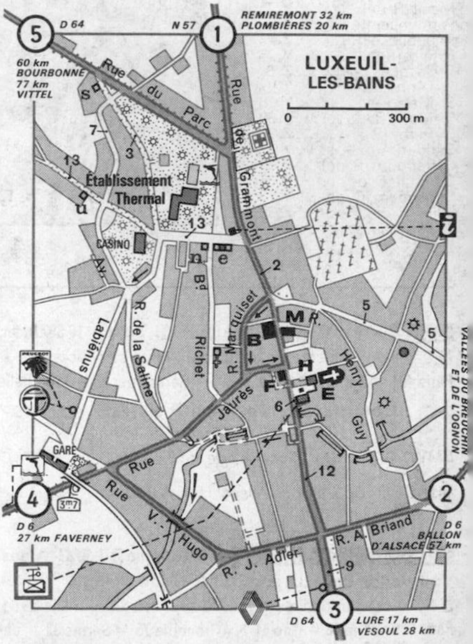

Carnot (R.) 2
Clemenceau (R. G.) 3
Gambetta (R.) 5
Genoux (R. V.) 6
Hoche (R.) 7
Maroselli (Allées A.) 9
Prés.-Jeanneney (R. du) . . 12
Thermes (R. des) 13

🏠 **France,** 6 r. G.-Clemenceau (s) ☎ 40.13.90, 🍴 – 🛏wc 🕿 🅿. 🚗 🆎 ⓪ 𝗩𝗜𝗦𝗔.
→ 🍴
hôtel fermé mars et dim. soir, rest. ouvert 1er avril-30 nov., fermé lundi du 1er oct. au 30 nov. et dim. soir – SC : **R** 50/120 ⅛ – ⊡ 15 – **20 ch** 66/200 – P 155/230.

🏠 **Parc** sans rest, 6 r. Thermes (e) ☎ 40.03.67 – 🛗 cuisinette 🛏wc 🕿. 🚗
1er mai-30 sept. – SC : ⊡ 15,50 – **35 ch** 56/124.

XX **Rest. des Thermes,** r. Thermes (e) ☎ 40.18.94 – 🅿. ⓪ 𝗩𝗜𝗦𝗔. 🍴
→ *fermé 1er au 15 oct. et dim. soir d'oct. à avril* – SC : **R** 37/87 ⅛.

CITROEN Gar. du Stade, rte de Breuches par ④ ☎ 40.22.38
PEUGEOT, TALBOT Gar. Bidot-Bazin, av. Verdun ☎ 40.20.75
RENAULT Brunella, 29 bis r. Ed.-Herriot à St-Sauveur ☎ 40.48.88

V.A.G. Hajmann, r. Martyrs de la Résistance ☎ 40.23.17

🛞 La Maison du Pneu, 1 r. du Parc ☎ 40.27.01

LUXEY 40 Landes 🔟🔢 ⑪ G. Côte de l'Atlantique – 721 h. alt. 79 – ⊠ **40430** Sore – ✪ 58.
Paris 660 – Belin 50 – ♦Bordeaux 77 – Langon 54 – Mimizan 73 – Mont de Marsan 43 – Roquefort 37.

XX **Relais de la Haute Lande** avec ch, ☎ 07.61.14 – 🛏wc 🍴 🕿 � 🅿. 𝗩𝗜𝗦𝗔
→ *fermé 17 janv. au 19 fév. et lundi d'oct. à fin juin* – SC : **R** 50/130 ⅛ – ⊡ 10 – **8 ch** 80/120 – P 110/130.

LUYNES 37230 I.-et-L. 🔢 ⑭ G. Châteaux de la Loire – 3 953 h. alt. 53 – ✪ 47.
Voir Château★.
Paris 246 – Angers 97 – Château-La-Vallière 28 – Chinon 45 – Langeais 14 – Saumur 55 – ♦Tours 13.

🏰 ✪ **Domaine de Beauvois** M 🛁, NO : 4 km par D 49 ☎ 55.50.11, Télex 750204,
≤, parc, ⊥, 🎾 – 🛗 🕿 🅿 – ☒ 40. 𝗩𝗜𝗦𝗔. 🍴 rest
fermé mi janv. à mi mars – SC : **R** 150/220 , dîner à la carte – ⊡ 37 – **35 ch** 430/680, 6 appartements
Spéc. Minute de bar aux truffes et poireaux, Beuchelle à la Tourangelle, Soufflé aux reinettes et calvados. **Vins** Bourgueil, Vouvray

LUZARCHES 95270 Val-d'Oise 🟧🟧 ⑪, 🟦🟦🟦 ⑧ G. Environs de Paris – 2 484 h. alt. 70 – ✪ 3.
Paris 32 – Chantilly 10 – Montmorency 18 – Pontoise 30 – St-Denis 21.

🏰 **Château de Chaumontel** 🛁, à Chaumontel NE : 0,5 km ☎ 471.00.30, ≤, « Parc ombragé et fleuri » – 🛏wc 🕿 🅿 – ☒ 40 à 80. 🍴 ch
fermé 18 juil. au 26 août et 19 déc. au 5 janv. – **R** 120/130 – ⊡ 23 – **19 ch** 115/380 – P 300/410.

LUZ-ST-SAUVEUR 65120 H.-Pyr. 🟦🟦 ⑱ G. Pyrénées – 1 040 h. alt. 711 – ✪ 62.
Voir Église fortifiée★.
🛈 Office de Tourisme pl. 8-Mai (fermé dim. hors saison) ☎ 92.81.60.
Paris 856 – Argelès-Gazost 18 – Cauterets 22 – Lourdes 31 – Tarbes 51.

🏰 **Europe,** D 921 ☎ 92.80.02, 🍴 – 🛗 🛏wc 🍴wc 🕿 🚗. 🆎. 🍴
1er juin-15 sept. – SC : **R** (dîner seul.) 55/90 – ⊡ 14 – **25 ch** 80/170.

à Esquièze-Sère : au Nord – ⊠ 65120 Luz-St-Sauveur :

🏠 **Touristic,** ☎ 92.82.09 – 🛗 📺 🛏wc 🍴wc 🕿 🚗 🅿. 🍴
15 juin-25 sept., week-ends et vacances scolaires d'hiver – SC : **R** (dîner seul.) carte environ 80 – ⊡ 15 – **20 ch** 120/165.

🏠 **Le Montaigu,** rte Vizos ☎ 92.81.71, ≤, 🍴 – 🛗 🛏wc 🍴 🕿 🅿. 🍴
→ *1er juin-30 sept. et 25 déc.-30 avril* – SC : **R** 50/120 – ⊡ 15 – **23 ch** 140/160 – P 140/170.

à St-Sauveur-les-Bains SO : 1,5 km – alt. 737 – Stat. therm. (15 mai-30 sept.) – ⊠ 65120 Luz-St-Sauveur :

🏔 **Perce-Neige,** ☎ 92.81.82, ≤ – 🍴 🚗 🅿. 🍴
→ *Pâques, 20 mai-25 sept. et vacances scolaires de Noël et de fév.* – SC : **R** (dîner seul.) 45/90 – ⊡ 15 – **22 ch** 75/130 – P 125/145.

PEUGEOT Laffont, à Esquièze-Sère ☎ 92.80.87

LUZY 58170 Nièvre 🟦🟦 ⑥ – 2 735 h. alt. 272 – ✪ 86.
Env. Ternant : triptyques★★ dans l'église SO : 14 km, G. Bourgogne.
Paris 327 – Autun 34 – Chalon-sur-Saône 83 – Moulins 64 – Nevers 78 – Roanne 100.

🏠 **Centre,** 26 r. République ☎ 30.01.55 – 🍴 🚗. E 𝗩𝗜𝗦𝗔
→ *fermé 15 déc. au 15 janv. et lundi du 1er oct. au 1er mai* – SC : **R** 39/85 ⅛ – ⊡ 11 – **11 ch** 49/102.

CITROEN Gar. Lemoine, ☎ 30.06.61
FIAT Gar. Poynter, ☎ 30.06.86
PEUGEOT-TALBOT Bondoux, ☎ 30.01.53

RENAULT Deline, ☎ 30.00.00
RENAULT Saurat, ☎ 30.04.77
TALBOT Gar. Doridot, ☎ 30.01.21

LYON 🅿 69000 Rhône 🔢 ⑪⑫. 🔢 ⑮ G. Vallée du Rhône − 462 841 h. Communauté urbaine 1 173 797 h. alt. 169 − ❄ 7.

Voir Site★★★ − Le Vieux Lyon★★ BX : rue Juiverie★ 65, rue St-Jean★ 92, hôtel de Gadagne★ M1, Maison du Crible★ D − Primatiale St-Jean★ : choeur★★ BX − Basilique N.-D.-de-Fourvière ✳★★, ≤★ BX − Chapiteaux★ de la Basilique St-Martin d'Ainay BYZ − Tour-lanterne★ de l'église St-Paul BV − Vierge à l'Enfant★ dans l'église St-Nizier CX − Parc de la Tête d'Or★ HRS : roseraie★ **R** − Fontaine★ de la Place des Terreaux CV − Traboules★ du Quartier Croix-Rousse CUV − Arches de Chaponost★ FT - Montée de Garillan★ BX − Théâtre de Guignol BX **N** − Musées : des Tissus★★★ CZM2, Civilisation gallo-romaine★★ (table claudienne★★★) BX M3, Beaux-Arts★★ CV M4, − Arts décoratifs★★ CZ M5, Imprimerie et Banque★★ CX M6 , Guimet d'histoire naturelle★ DU M7, Marionnette★ BX M1, Historique★ : lapidaire★ BX M1, Apothicairerie★ (Hospices civils) CY M8.

Env. Rochetaillée : Musée de l'automobile Henri Malartre★ par ⑫ : 12 km.

🏌🏌🏌 de Villette d'Anthon ☏ 831.25.42 par ③ : 21 km..

✈ de Lyon-Satolas ☏ 871.92.21 par ⑤ : 27 km.

🚗 ☏ 892.11.67.

🛈 Office de Tourisme (fermé dim. et fêtes) et Accueil de France (Informations, change et réservations d'hôtels, pas plus de 5 jours à l'avance), pl. Bellecour ☏ 842.25.75, Télex 330032 et Centre d'Echange de Perrache (fermé fêtes) ☏ 842.22.07, Télex 370751 - A.C. 7 r. Grolée ☏ 842.51.01 - T.C.F. 4 pl. Jacobins ☏ 838.00.51.

Paris 463 ⑪ − ◆Bâle 405 ⑪ − ◆Bordeaux 577 ⑩ − ◆Genève 190 ⑤ − ◆Grenoble 104 ⑤ − ◆Marseille 315 ⑦ − ◆St-Étienne 59 ⑦ − ◆Strasbourg 488 ⑪ − Torino 301 ⑤ − ◆Toulouse 534 ⑦.

Plans : Lyon p. 2 à 7

Hôtels

Sauf indication spéciale, voir emplacement sur Lyon p. 6

Centre-Ville (Bellecour-Terreaux) :

🏨🏨 **Sofitel** Ⓜ, 20 quai Gailleton, ⊠ 69002, ☏ 842.72.50, Télex 330225, ≤ − 🛗 🗏 📺 ☎ 🕭 ⟺ 🅿 − 🔬 25 à 200. 🆎 ⑩ 🇪 ▥ ⅏ rest CY **k**
SC : rest. **Les Trois Dômes** (au 8ᵉ étage) **R** carte 185 à 230 - **Sofi Shop** (rez-de-chaussée) **R** carte environ 90 🍷 − ⇆ 40 − **190 ch** 435/745, 6 appartements.

🏨🏨 **Royal**, 20 pl. Bellecour, ⊠ 69002, ☏ 837.57.31, Télex 310785 − 🛗 📺 ☎ − 🔬 40. 🆎 ⑩ 🇪 ▥ CY **d**
SC : **R** (fermé sam. soir et dim.) carte environ 95 🍷 − ⇆ 29 − **84 ch** 220/500, 3 appartements.

🏨🏨 **Gd Hôtel Concorde**, 11 r. Grolée, ⊠ 69002, ☏ 842.56.21, Télex 330244 − 🛗🗏 📺 ☎ − 🔬 80. 🆎 ⑩ 🇪 ▥ ⅏ rest DX **e**
SC : **Le Fiorelle** (Grill) (fermé dim.) **R** 48/65 🍷 − ⇆ 25 − **140 ch** 220/410, 12 appartements 500/700.

🏨🏨 **Gd H. des Beaux-Arts** sans rest, 75 r. Prés.-E.-Herriot, ⊠ 69002, ☏ 838.09.50, Télex 330442 − 🛗 📺 ☎. 🆎 ⑩ 🇪 ▥ CX **t**
SC : ⇆ 20 − **80 ch** 144/244.

🏨🏨 **Carlton** sans rest, 4 r. Jussieu, ⊠ 69002, ☏ 842.56.51, Télex 310787 − 🛗 📺 ☎ − 🔬 30. 🆎 ⑩ 🇪 ▥ CX **y**
SC : ⇆ 21 − **84 ch** 200/350.

🏨 **La Résidence** sans rest, 18 r. Victor-Hugo, ⊠ 69002, ☏ 842.63.28, Télex 900950 − 🛗 📺 ⛌wc 🏠wc ☎. 🕭 🆎 CY **s**
SC : **62 ch** ⇆ 152/178.

🏨 **des Artistes** sans rest, 18 pl. Célestins, ⊠ 69002, ☏ 842.04.88 − 🛗 ⛌wc 🏠wc ☎. 🕭 CY **n**
SC : **45 ch** ⇆ 120/325.

🏨 **Moderne** sans rest, 15 r. Dubois, ⊠ 69002, ☏ 842.21.83 − 🛗 📺 🏠wc ☎. 🕭 CX **n**
SC : ⇆ 16 − **31 ch** 70/175.

🏨 **Bayard** sans rest, 23 pl. Bellecour, ⊠ 69002, ☏ 837.39.64 − ⛌wc 🏠 ☎. ⅏ CY **g**
SC : ⇆ 15 − **15 ch** 110/140.

Perrache :

🏨🏨 **Terminus Perrache**, gare Perrache, 12 cours Verdun, ⊠ 69002, ☏ 837.58.11, Télex 330500 − 🛗 🗏 rest 📺 ☎ ⟺ 🅿 − 🔬 200. 🆎 ⑩ 🇪 ▥ BZ **s**
SC : **R** (fermé dim.) 72/94 − ⇆ 28 − **140 ch** 161/364, 5 appartements 418.

🏨🏨 **Bristol** sans rest, 28 cours Verdun, ⊠ 69002, ☏ 837.56.55, Télex 330584 − 🛗. 🆎 ⑩ ▥ ⅏ BZ **y**
SC : **130 ch** ⇆ 167/250.

🏨🏨 **Bordeaux et Parc** sans rest, 1 r. Bélier, ⊠ 69002, ☏ 837.58.73, Télex 330355 − 🛗 ☎. 🆎 ⑩ ▥ BZ **y**
SC : ⇆ 19 − **87 ch** 170/210.

🏨 **Axotel** M, 12 r. Marc-Antoine Petit ⌶ 842.17.18, Télex 380736 − 🛗 📺 ⏥wc ☎.
🅿 − 🔬 40. ⏠ᴱ ⑩ 𝘝𝘐𝘚𝘈
BZ **r**
SC : **R** *(fermé août et dim.)* 75/120 − ⚌ 18 − **130 ch** 165/180 − P 280/320.

🏨 **Simplon** sans rest, 11 r. Duhamel, ⊠ 69002, ⌶ 837.41.00 − 🛗 ⏥wc �🗄wc ☎.
🛍
CZ **f**
SC : **38 ch** ⚌ 86/194.

🏨 **Normandie** sans rest, 3 r. Bélier, ⊠ 69002, ⌶ 837.31.36 − 🛗 ⏥wc �🗄wc ☏. 🛍
⏠ᴱ ⑩ ᴱ 𝘝𝘐𝘚𝘈
BZ **e**
SC : **38 ch** ⚌ 81/141.

🏨 **des Savoies** sans rest, 80 r. Charité, ⊠ 69002, ⌶ 837.66.94 − 🛗 ⏥wc �🗄wc ☏. ⏾
46 ch.
CZ **m**

Les Brotteaux : voir emplacements sur Lyon p. 5

🏨 **Roosevelt** M sans rest, 25 r. Bossuet ⊠ 69006, ⌶ 852.35.67, Télex 300295 − 🛗
▤ 📺 ☎ 🅿 − 🔬 60. ⏠ᴱ ⑩ 𝘝𝘐𝘚𝘈
DV **x**
SC : ⚌ 21 − **87 ch** 200/260, 3 appartements 260/320.

🏨 **Britania** sans rest, 17 r. Prof.-Weill, ⊠ 69006, ⌶ 852.86.52 − 🛗 ⏥wc �🗄wc ☏.
🛍
EV **n**
SC : ⚌ 14 − **20 ch** 94/155.

La Part-Dieu : voir emplacement sur Lyon p. 5

🏨 **Frantel** M ⏾, 129 r. Servient (30ᵉ étage) ⊠ 69003 ⌶ 862.94.12, Télex 380088, ⩽
Lyon, vallée du Rhône, ⇤ − 🛗 ▤ 📺 ☎ − 🔬 250. ⏠ᴱ ⑩ ᴱ 𝘝𝘐𝘚𝘈
EX **n**
SC : rest. **L'Arc-en-Ciel** *(fermé mi juil. à mi août, lundi midi et dim.)* **R** carte 105 à 140
- **La Ripaille** (Grill) (rez de chaussée) *(fermé vend. soir et sam.)* **R** carte environ 75 🍷
− ⚌ 25 − **241 ch** 370/470.

🏨 **Créqui** M sans rest, 158 r. Créqui ⊠ 69003 ⌶ 860.20.47 − 🛗 📺 ⏥wc ☏. 🛍
𝘝𝘐𝘚𝘈
DX **s**
SC : ⚌ 23 − **28 ch** 187/220.

🏨 **Ibis** M, pl. Renaudel ⊠ 69003 ⌶ 895.42.11, Télex 310847 − 🛗 📺 ⏥wc ⅙ ⇐ −
🔬 45. 🛍 ᴱ 𝘝𝘐𝘚𝘈
EY **k**
SC : **R** carte environ 65 🍷 − ⚌ 18 − **144 ch** 184/204.

La Guillotière : voir emplacements sur Lyon p. 5

🏨 **Atlantide** M sans rest, 51 r. Université, ⊠ 69007, ⌶ 872.78.42, Télex 340455 − 🛗
▤ 📺 ⇐. ⏠ᴱ ⑩ 𝘝𝘐𝘚𝘈
DZ **b**
SC : ⚌ 17 − **53 ch** 170/205.

🏨 **Columbia** sans rest, 8 pl. A.-Briand, ⊠ 69003, ⌶ 860.54.65 − 🛗 ▤ 📺 ⏥wc
🗄wc ⏾ ⇐. 🛍 ⏠ᴱ 𝘝𝘐𝘚𝘈
EZ **z**
SC : ⚌ 18 − **66 ch** 140/180.

Monchat-Monplaisir voir emplacements sur Lyon p. 3

🏨 **Park H. P.L.M** M, 4 r. Prof.-Calmette, ⊠ 69008, ⌶ 874.11.20, Télex 380230 − 🛗
📺 ☎ ⇐. 🔬 50. ⏠ᴱ ⑩ 𝘝𝘐𝘚𝘈
HT **v**
SC : le Patio *(fermé sam. soir, dim. et fériés)* **R** 75 bc − ⚌ 25 − **72 ch** 225/260.

🏨 **Laennec** ⏾ sans rest, 36 r. Seignemartin, ⊠ 69008, ⌶ 874.55.22 − 📺 ⏥wc ☏
⇐. 🛍 ⏠ᴱ 𝘝𝘐𝘚𝘈
HT **n**
fermé 16 juil. au 15 août − SC : ⚌ 21 − **14 ch** 190/239.

🏨 **Lyon-Est** M sans rest, 104 rte Genas, ⊠ 69003, ⌶ 854.64.53 − 🛗 ▤ ⏥wc 🗄wc
☎ ⅙ ⇐ 🅿. 🛍 ⏠ᴱ 𝘝𝘐𝘚𝘈
HS **u**
SC : ⚌ 16 − **42 ch** 100/180.

🏨 **Lacassagne** M sans rest, 245 av. Lacassagne, ⊠ 69003, ⌶ 854.09.12 − 🛗 ▤ 📺
⏥wc 🗄 ⏾. 🛍 ⏠ᴱ ⑩ 𝘝𝘐𝘚𝘈
HS **s**
SC : ⚌ 13 − **40 ch** 87/164.

à Villeurbanne voir emplacements sur Lyon p. 3

🏨 **Congrès** M, pl. Cdt Rivière ⊠ 69100 Villeurbanne ⌶ 889.81.10, Télex 370216 − 🛗
▤ 📺 ⇐ 🅿 − 🔬 50 à 100. ⏠ᴱ ⑩ ᴱ 𝘝𝘐𝘚𝘈
HS **m**
SC : **R** *(fermé dim.)* 50/145 🍷 − ⚌ 15.50 − **132 ch** 195.

🏨 **Athena-Tolstoï** M, 90 cours Tolstoï ⊠ 69100 Villeurbanne ⌶ 868.81.21, Télex
330574 − 🛗 ⏥wc ☎ − 🔬 50 à 200. 🛍 𝘝𝘐𝘚𝘈 ⏾ rest
HS **n**
SC : **R** *(fermé dim.)* 58/68 🍷 − ⚌ 16 − **138 ch** 150/165.

🏨 **Athena-Zola** M, 163 cours E.-Zola ⊠ 69100 Villeurbanne ⌶ 885.32.33, Télex
380608 − 🛗 cuisinette ⏥wc 🗄wc ⏾ ⇐ − 🔬 120. 🛍 𝘝𝘐𝘚𝘈 ⏾ rest
HS **b**
SC : **R** *(fermé dim.)* 58/78 🍷 − ⚌ 16 − **108 ch** 150/200.

🏨 **Alsace** sans rest, 15 cours Tolstoï ⊠ 69100 Villeurbanne ⌶ 884.97.04 − 🛗 ⏥wc
🗄wc ☎. 🛍 ⏠ᴱ ᴱ 𝘝𝘐𝘚𝘈
HS **e**
fermé août − SC : ⚌ 16 − **32 ch** 95/155.

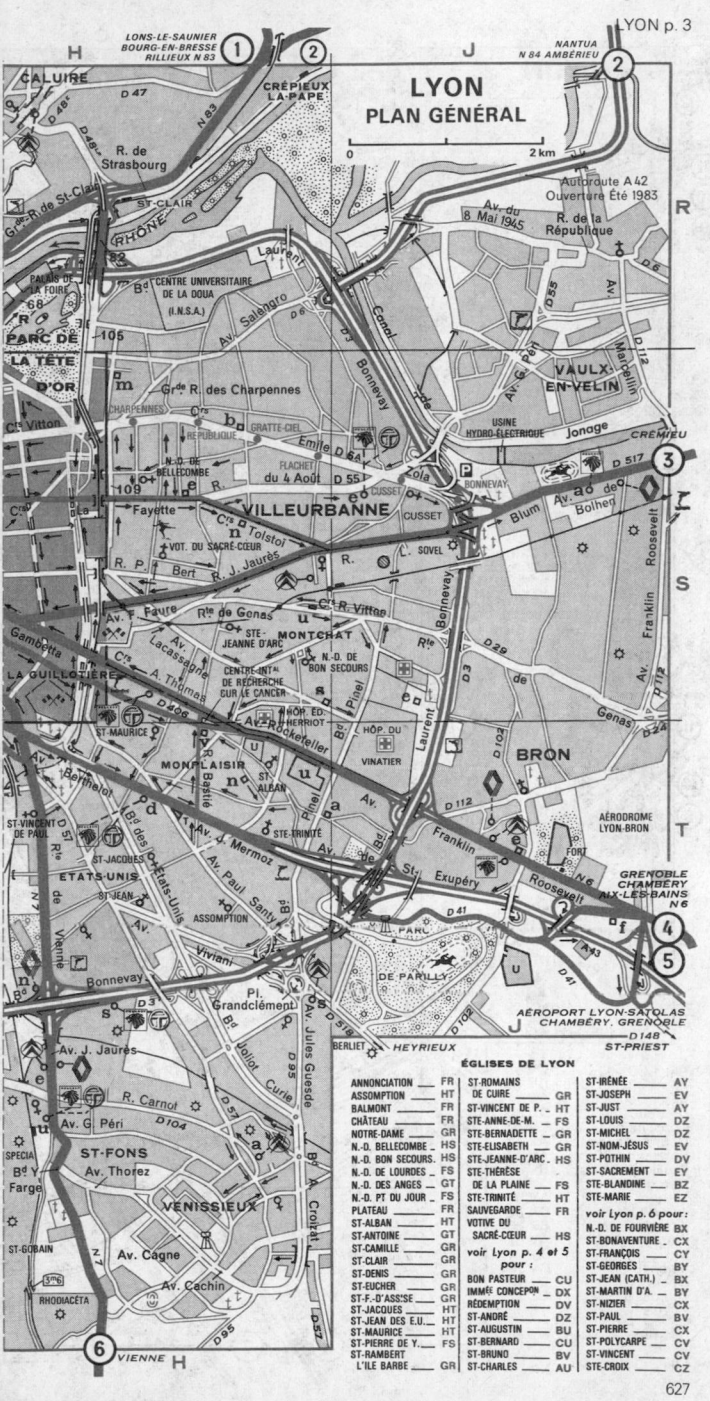

LYON
PLAN GÉNÉRAL

ÉGLISES DE LYON

ANNONCIATION — FR	ST-ROMAINS DE CUIRE — GR	ST-IRÉNÉE — AY
ASSOMPTION — HT	ST-VINCENT DE P. — HT	ST-JOSEPH — EV
BALMONT — FR	STE-ANNE-DE-M. — FS	ST-JUST — AY
CHÂTEAU — FR	STE-BERNADETTE — GR	ST-LOUIS — DZ
NOTRE-DAME — FR	STE-ELISABETH — GR	ST-MICHEL — DZ
N.-D. BELLECOMBE — HS	STE-JEANNE-D'ARC. — HS	ST-NOM-JÉSUS — EV
N.-D. BON SECOURS — HS	STE-THÉRÈSE DE LA PLAINE — FS	ST-POTHIN — DV
N.-D. DE LOURDES — FS	STE-TRINITÉ — HT	ST-SACREMENT — EY
N.-D. DES ANGES — GT	SAUVEGARDE — FR	STE-BLANDINE — BZ
N.-D. PT DU JOUR — FS	VOTIVE DU SACRÉ-CŒUR — HS	STE-MARIE — EZ
PLATEAU — FR		
ST-ALBAN — HT	voir lyon p. 4 et 5 pour :	voir Lyon p. 6 pour :
ST-ANTOINE — GT	BON PASTEUR — CU	N.-D. DE FOURVIÈRE — BX
ST-CAMILLE — GR	IMMÉE CONCEPON — DX	ST-BONAVENTURE — CX
ST-CLAIR — GR	RÉDEMPTION — DV	ST-FRANÇOIS — CY
ST-DENIS — GR	ST-ANDRÉ — DZ	ST-GEORGES — BY
ST-EUCHER — GR	ST-AUGUSTIN — BU	ST-JEAN (CATH.) — BX
ST-F.-D'ASSISE — HT	ST-BERNARD — CU	ST-MARTIN D'A. — CX
ST-JACQUES — HT	ST-BRUNO — BV	ST-NIZIER — CX
ST-JEAN DES E.U. — HT	ST-CHARLES — AU	ST-PAUL — BV
ST-MAURICE — GR		ST-PIERRE — CX
ST-PIERRE DE Y. — FS		ST-POLYCARPE — CV
ST-RAMBERT — GR		ST-VINCENT — CV
L'ILE BARBE — GR		STE-CROIX — CZ

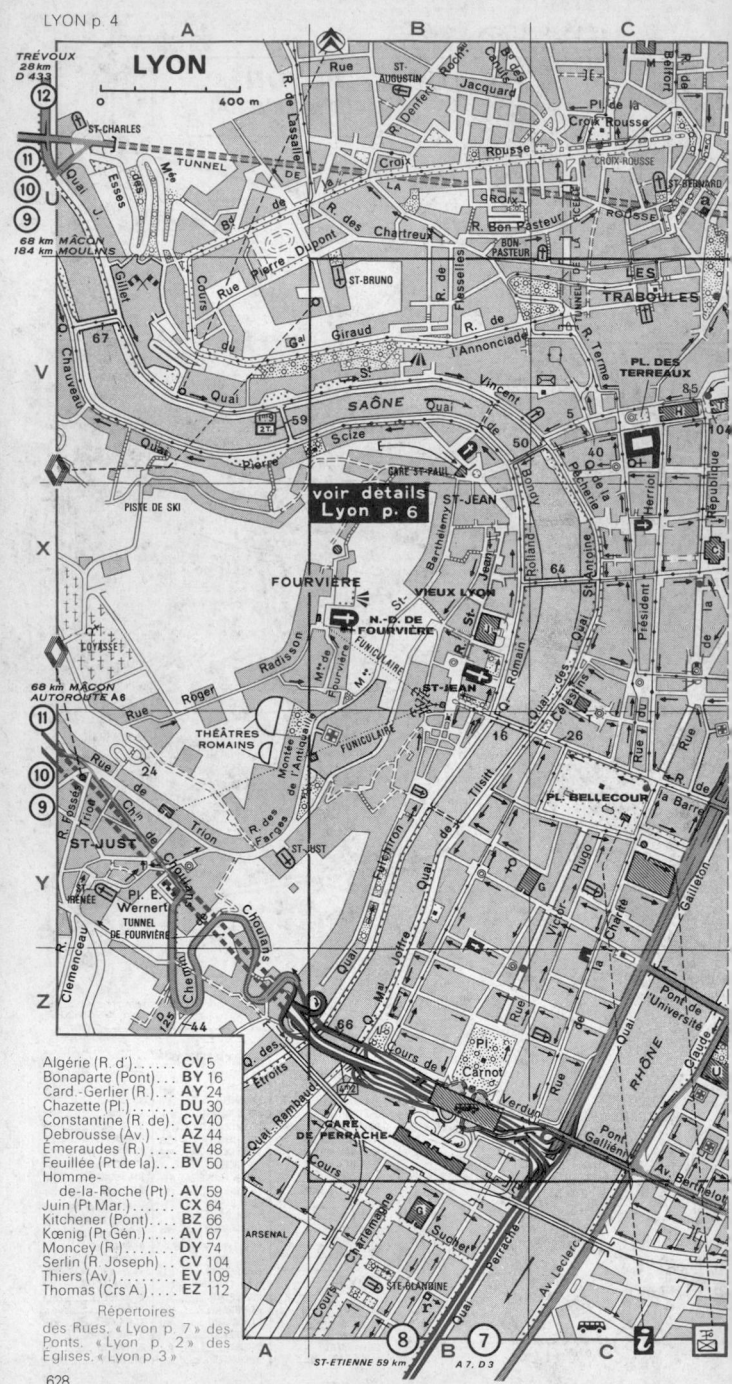

LYON

628

LYON (CENTRE)

Répertoire des Ponts et des Églises, voir « Lyon p. 2 et 3 ».

Restaurants

Sauf indication spéciale, voir emplacements sur Lyon p. 6

XXXX ۞۞۞ **Paul Bocuse,** pont de Collonges N : 12 km par bords Saône (D433, D51)
⊠ 69660 Collonges-au-Mont-d'Or, ☏ 822.01.40, « Elégante installation » – ᴾ
🄰🄴 ①   Lyon p. 2 GR
fermé 4 au 28 août – **R** 160/300 et carte
Spéc. Soupe aux truffes noires, Loup en croûte, Volaille de Bresse en vessie. **Vins** Pouilly-Fuissé, Brouilly.

XXX ۞ **Tour Rose** (Chavent), 16 r. Boeuf, ⊠ 69005, ☏ 837.25.90, « Maison du 17ᵉ s.
dans le vieux Lyon » – 🄰🄴 ① 🄴 𝘝𝘐𝘚𝘈   BX e
fermé 15 au 31 août et dim. – **R** 90/250
Spéc. Nage de St-Jacques et langoustines, Canard sauvage aux figues fraîches, Saumon mi cuit au fumoir. **Vins** St-Véran, Brouilly.

XXX ۞۞ **Orsi,** 3 pl. Kléber, ⊠ 69006, ☏ 889.57.68 – ▤ 🄰🄴 ①   Lyon p. 5 DV e
fermé août, sam. sauf le soir du 1ᵉʳ sept. au 30 avril et dim. – **SC : R** 140 et carte
Spéc. Salade d'aiguillettes de caneton au foie gras, Suprême de turbot gratiné, Pigeonneau de Bresse en cocotte. **Vins** Macon, St-Amour.

XXX ۞۞ **Vettard,** 7 pl. Bellecour, ⊠ 69002, ☏ 842.07.59 – ▤. 🄰🄴 ① 𝘝𝘐𝘚𝘈   CY f
fermé 30 juil. au 29 août, sam. soir de mai à juil. et dim. – **R** 190 et carte **Café Neuf**
R carte environ 100 ⅋
Spéc. Assiette de la criée, Escalope de foie gras poêlée, Sauté de sot-l'y-laisse. **Vins** Morgon, Pouilly-Fuissé.

XXX ۞ **Henry,** 27 r. Martinière, ⊠ 69001, ☏ 828.26.08 – ▤. 🄰🄴 ① 𝘝𝘐𝘚𝘈   CV n
fermé mi-juil. à mi-août, sam. midi et merc. sauf fêtes – **R** 125/185
Spéc. Salade de homard, Turbot rôti aux aromates, Charolais aux truffes et oranges. **Vins** Fleurie, Volnay.

XXX ۞ **Nandron,** 26 quai J.-Moulin, ⊠ 69002, ☏ 842.10.26 – ▤. 🄰🄴 ① 🄴 𝘝𝘐𝘚𝘈   DX p
fermé 23 juil. au 21 août et sam. – **R** 130/250
Spéc. Quenelles de brochet Nantua, Filet de rouget au vin rouge, à la moelle, Chartreuse de ris et rognons de veau au jus de truffes. **Vins** Morgon, St-Véran.

XXX ۞ **Mère Brazier,** 12 r. Royale, ⊠ 69001, ☏ 828.15.49, ambiance lyonnaise – 🄰🄴
① 𝘝𝘐𝘚𝘈   DV a
fermé 1ᵉʳ août au 1ᵉʳ sept. sam. midi (le soir en juil.) et dim – **R** (▤ 1ᵉʳ étage)
130/150
Spéc. Haricots verts et foie gras, Poulet à la crème, Crêpes aux truffes fraîches. **Vins** Chiroubles, Côtes du Rhône.

XXX ۞ **Bourillot,** 8 pl. Célestins, ⊠ 69002, ☏ 837.38.64 – ▤. 🄰🄴 ① 🄴   CY n
fermé 7 juil. au 3 août, 23 déc. au 3 janv., dim. et fériés – **R** 120/175
Spéc. Soupe d'écrevisses et homard, Volaille de Bresse sautée aux truffes, Soufflé glacé au chocolat. **Vins** Mâcon, Brouilly.

XXX ۞ **Daniel et Denise,** 2 r. Tupin, ⊠ 69002, ☏ 837.49.98 – ▤. 🄰🄴 ① 🄴 𝘝𝘐𝘚𝘈   CX e
fermé août, dim., lundi midi et fêtes – **R** carte 145 à 185
Spéc. Huîtres au champagne (sept. à mars), Terrine de St-Jacques, Filet d'agneau en croûte. **Vins** Mâcon-Villages, Morgon.

XXX ۞ **Auberge de Fond-Rose** (Brunet), 23 quai Clemenceau, ⊠ 69300, Caluire ☏
829.34.61, « Jardin » – ᴾ 🄰🄴 ① 🄴 𝘝𝘐𝘚𝘈   Lyon p. 2 GR p
fermé fév., lundi d'oct. à mars et dim. soir – **R** 125/230
Spéc. Mousse de loup, Marinade de rouget, Civet de canard aux pâtes fraîches. **Vins** Brouilly, Côtes du Rhône.

XXX ۞۞ **Léon de Lyon** (Lacombe), 1 r. Pleney, ⊠ 69001, ☏ 828.11.33, ambiance
lyonnaise – ▤   CVX b
fermé 23 déc. au 6 janv., dim., lundi midi et fériés – **R** 120/230 et carte
Spéc. Filets de rougets poêlés, Gras double sauté, Chartreuse de ris de veau. **Vins** St-Véran, Côtes-de-Nuits.

XXX ۞ **Les Fantasques,** 47 r. Bourse, ⊠ 69002, ☏ 837.36.58 – ▤. 𝘝𝘐𝘚𝘈   DX u
fermé 13 au 22 août et dim. – **R** 110/160
Spéc. Coquilles St-Jacques (oct. à mai), Rouget en papillote, Bouillabaisse. **Vins** Mâcon, Brouilly.

XXX **Cazenove,** 75 r. Boileau ⊠ 69006 ☏ 889.82.92 – ▤. 🄰🄴 ①   Lyon p. 5 DV k
fermé août, sam. sauf le soir du 1ᵉʳ sept. au 30 avril et dim. – **SC : R** carte 115 à 155.

XXX **Beluga,** Centre Com. La Part-Dieu ⊠ 69003 ☏ 860.67.24 – ▤. 🄰🄴 ① 🄴 𝘝𝘐𝘚𝘈   EX b
fermé dim. – **R** 70/100 ⅋.   Lyon p. 5

XXX **Le Rocher,** quartier St-Rambert, 8 quai R.-Carrié, ⊠ 69009, ☏ 883.99.72, ≼ – ᴾ
fermé 12 août au 5 sept., 23 déc. au 2 janv. et dim. – **SC : R** 90/250. Lyon p.2 GR f

XX ۞ **Le Gourmandin,** 156 r. P.-Bert ⊠ 69003 ☏ 862.78.77 – ᴾ 🄰🄴 ①
fermé août, sam., dim. et fériés – **SC : R** 85/130.   Lyon p. 5 EY s

XX **Garioud,** 14 r. Palais Grillet ⊠ 69002 ☏ 837.04.71 – 🄰🄴   CX d
fermé sam. midi, dim. et août – **SC : R** carte 100 à 130.

XX ۞ **Les Grillons** (Pleynet), 18 r. D.-Vincent à Champagne-au-Mont-d'Or par ⑪, ⊠
69410 Champagne, ☏ 835.04.77, 🌿 – ᴾ. 🄰🄴
fermé 10 au 21 mars, 1ᵉʳ au 21 sept., dim. soir et lundi – **R** 50/165
Spéc. Matelote d'anguilles, Poulet aux écrevisses, Marjolaine. **Vins** Brouilly, Pouilly Fuissé.

XX **Le Quatre Saisons,** 15 r. Sully ⊠ 69006 ☏ 893.76.07 – 🄰🄴 ①   Lyon p. 5 DV u
fermé août, vacances de fév., sam. midi, dim. et fêtes – **SC : R** 95/140.

XX ✿ **Chez Gervais** (Lescuyer), 42 r. P.-Corneille, ⊠ 69006, ☎ 852.19.13 – 🖿 🗛 ⓪
VISA   Lyon p. 5 DX **a**
fermé 1ᵉʳ au 18 juil., dim. et fêtes – SC : **R** carte 125 à 175
Spéc. Terrine de St-Jacques, Turbotin farci, Fricassée de volaille au vinaigre. **Vins** Mâcon, Brouilly.

XX **Chez Rose**, 4 r. Rabelais, ⊠ 69003, ☎ 860.57.25 – 🖿 🗛 **VISA** ⊗
fermé 20 mai au 13 juin, dim. et fériés – SC : **R** 65/170.   Lyon p. 5 DX **x**

XX **Au Petit Col**, 68 r. Charité, ⊠ 69002, ☎ 837.25.18 – 🖿 🗛 **VISA** ⊗   CZ **a**
fermé juil., dim. soir et lundi – SC : **R** 60/120.

XX **Tante Alice**, 22 r. Remparts-d'Ainay, ⊠ 69002, ☎ 837.49.83 – 🖿 🗛   CZ **v**
fermé 22 juil. au 29 août, 25 déc. au 2 janv., vend. soir et sam. – **R** 55/110 ♨.

XX **La Pastourelle**, 51 r. Tête-d'Or, ⊠ 69006, ☎ 824.90.89 – 🗛 **VISA** ⊗
fermé août, sam. midi, dim. et fériés – SC : **R** 65/85.   Lyon p. 5 EV **v**

XX **Auberge de l'Ile**, quartier St-Rambert ⊠ 69009 ☎ 883.99.49 – 🅿. **VISA** ⊗
fermé sept., vacances de fév., dim. soir et lundi – SC : **R** carte 140 à 180.
                                                                            Lyon p. 2 GR **e**

XX **L'Alsacienne**, 20 pl. Carnot, ⊠ 69002, ☎ 837.44.47   BZ **n**
fermé 28 juil. au 1ᵉʳ sept., mardi soir et merc. – SC : **R** 55/151.

XX **Argenson**, 90 av. Tony Garnier, ⊠ 69007 ☎ 872.64.53 – 🅿. 🗛 **VISA**   GT **a**
fermé 5 au 29 août, 22 au 31 déc., dim. et fériés – SC : **R** (déj. seul.) carte 90 à 160.

XX **La Voûte**, 11 pl. A.-Gourju, ⊠ 69002, ☎ 842.01.33 – 🗛 **VISA**   CY **e**
fermé 9 juil. au 2 août et dim. – SC : **R** 60/100.

XX **La Mère Vittet, Brasserie Lyonnaise** ouvert jour et nuit, 26 cours Verdun, ⊠
69002, ☎ 837.20.17 – 🖿 🗛 ⓪ ⴹ **VISA**   BZ **y**
R 56/168 ♨.

X **Chez Jean-François**, 2 pl. Célestins ⊠ 69002 ☎ 842.08.26   CX **x**
fermé 29 juil. au 28 août, dim. et fériés – SC : **R** 55/160.

X **La Tassée**, 20 r. Charité, ⊠ 69002, ☎ 837.02.35, ambiance lyonnaise – ⓪
fermé Noël au 3 janv. et dim. – **R** 65/150 ♨.   CY **v**

X **Chevallier**, 40 r. du Sergent-Blandan, ⊠ 69001, ☎ 828.19.83   CV **s**
fermé sept., en fév., mardi et merc. – SC : **R** 60/105.

X **La Bonne Auberge "Chez Jo"**, 48 av. Félix-Faure, ⊠ 69003, ☎ 860.00.57 –
🖿 🗛 ⓪ **VISA**   Lyon p. 5 EZ **s**
fermé 1ᵉʳ au 28 août, sam. soir et dim. – SC : **R** 78/108.

X **La Pinte à Gones**, 59, r. Ney, ⊠ 69006, ☎ 824.81.75 – 🖿   Lyon p. 5 EV **a**
➡ *fermé août, sam. midi, dim. et fêtes* – SC : **R** 49/98.

X **Boeuf d'Argent**, 29 r. Boeuf, ⊠ 69005, ☎ 842.21.12   BX **f**
➡ *fermé août, dim.(sauf le midi hors sais.) et lundi* – SC : **R** 38/85.

X **Au Bossu**, 25 bis quai R.-Rolland ⊠ 69005 ☎ 837.70.19 – 🗛   BX **q**
➡ *fermé août, lundi soir et dim.* – SC : **R** 42/83.

X **Le Bistrot de Lyon**, 64 r. Mercière ⊠ 69002 ☎ 837.00.62, ambiance lyonnaise
fermé 23 déc. au 6 janv. et dim. – **R** (dîner seul.) carte environ 100.   CX **u**

X **Pied de Cochon**, 9 r. St-Polycarpe, ⊠ 69001, ☎ 828.15.31, ambiance lyonnaise
– 🗛 ⓪   CV **k**
fermé août, sam., dim. et fériés – SC : **R** 60/85.

Environs

à Bron – 44 995 h. – ⊠ 69500 Bron :

🏨🏨 **Novotel** Ⓜ, r. Lionel Terray ☎ 826.97.48, Télex 340781, ⚖, – 🛗 🖿 📺 ☎ 👆 🅿 –
🕭 25 à 700. 🗛 ⓪ **VISA**   Lyon p. 3 JT **f**
R carte environ 85 – 🖙 20 – **196 ch** 257/209.

🏨 **Hostel** Ⓜ ⊗, 36 av. Doyen Jean Lépine ☎ 854.31.34, Télex 380694 – 🛗 ⌣wc
☎. 📶♨ **VISA**   JS **e**
SC : **R** carte environ 80 ♨ – 🛏 18 – **140 ch** 160/208.

🏨 **Dau Ly** Ⓜ ⊗ sans rest, 30 r. de Prévieux ☎ 826.04.37 – ⌣wc 🛁wc ☎ ➡ 🅿.
🖿 🗛   Lyon p. 3 JT **e**
fermé 1ᵉʳ au 22 août – SC : 🖙 13 – **22 ch** 133/165.

🏨 **Lyon-Bron** ⊗ sans rest, 7 r. Essarts ☎ 874.24.73 – ⌣wc 🛁wc ☎. **VISA**
SC : 🖙 12 – **38 ch** 110/145.   Lyon p. 3 HJT **a**

à Ste-Foy-lès-Lyon – 21 800 h. – ⊠ 69110 Ste-Foy-lès-Lyon :

🏨 **Les Provinces** sans rest, 10 pl. St Luc ☎ 825.01.55 – ⌣wc 🛁wc ➡ 🅿
SC : 🖙 16 – **14 ch** 90/150.   Lyon p.2 FS **u**

à Collonges-au-Mont-d'Or : voir Lyon p. 8

au Mont-Cindre N : 14 km par D 21 - GR – ⊠ 69450 St-Cyr :

XX **Ermitage**, ☎ 847.20.96, ≤ Lyon et monts du Lyonnais – 🗛 **VISA**
fermé 2 janv. au 1ᵉʳ mars, mardi soir et merc. – SC : **R** 75/125.

à Sathonay-Camp N : 9 km par D 48 – ⊠ 69580 Sathonay-Camp :

🏨 **Val de Saône** sans rest, 1 allée P.-Delorme ☎ 823.71.45 – ⌣wc 🛁 ➡ 🅿. ⴹ
fermé 5 au 21 août – SC : 🖙 15 – **24 ch** 89/198.

Par la sortie ② :

à Crépieux-la-Pape : 7 km par N 83 et N 84 – ⊠ **69140** Rillieux-la-Pape :

XX ❀ **Larivoire** (Constantin), ☎ 888.50.92, ≤ – 🅟 *VISA*
fermé 1er au 8 sept., 1er au 21 fév., lundi et mardi – SC : **R** 100/180
Spéc. Matelote d'anguilles marinière, Huîtres au Montagnieu (sept. à avril), Feuillantine aux écrevisses. Vins Montagnieu, St Joseph.

Par la sortie ③ :

à Meyzieu : 14 km par D 517 – 24 728 h. – ⊠ **69330** Meyzieu :

🏠 **La Régence** Ⓜ sans rest., ☎ 831.40.04, 🚗 – 📺 🛁wc ☜ 🅟
19 ch

Par la sortie ⑤ :

à l'aérogare de Satolas : 27 km par A 43 – ⊠ **69125** Lyon Satolas Aéroport :

🏨 **Méridien** Ⓜ, 3e étage ☎ 871.91.61, Télex 380480 – 🛗 🗏 📺 ☎ – 🔼 25 à 250. 🅰🅴
🅞 🅴 *VISA*
SC : **R** voir rest. La Gde Corbeille et Aub. Le Pichet – �☐ 29 – **120 ch** 330/390.

XXX **La Gde Corbeille**, 1er étage ☎ 871.91.61, ≤ – 🗏 🅟 *VISA*
fermé août et sam. – SC : **R** 140/170.

X **Aub. le Pichet** (brasserie), 1er étage ☎ 871.91.61 – 🗏 🅟 *VISA*
SC : **R** 75 bc/84 bc.

à St-Priest : 12 km par N 6 et D 148 - JT – 41 669 h. – ⊠ **69800** St-Priest :

🏨 **Moderne** Ⓜ sans rest., 64 rte Heyrieux ☎ 820.47.46 – 🛗 🅟. 🅰🅴 🅞 *VISA*
SC : �☐ 18 – **35 ch** 170/240.

🏠 **Central H.** sans rest, 18 r. A.-Briand ☎ 820.26.62 – 🛁wc ☜ 🅟. 🚗
SC : �☐ 11 – **22 ch** 70/150.

X **Monnet**, 7 r. A.-Briand ☎ 820.15.19 – 🅟 🅰🅴 🅞 *VISA*. 🍴
↞ *fermé 1er au 15 août, sam. soir et dim.* – SC : **R** 50/150.

Par la sortie ⑩ :

à Charbonnières-les-Bains : 8 km par N 7 – 3 924 h. alt. 240 – Stat. therm. – Casino
– ⊠ **69260** Charbonnières-les-Bains :

🏨 **Parc H.** Ⓜ 🍴 sans rest., ☎ 887.12.33, parc – 🛗 📺 ☎ ♿ 🅟 – 🔼 25. 🅰🅴 🅞 🅴
VISA
SC : �☐ 17 – **48 ch** 135/195.

🏨 **Mercure** Ⓜ sans rest., ☎ 834.72.79, Télex 900972, ⌧ – 🗏 📺 🛁wc ☎ 🅟 – 🔼
90 à 150. 🚗 🅰🅴 🅞 🅴 *VISA*
SC : �☐ 25 – **60 ch** 210/236.

🏨 **Euromotel** Ⓜ, ☎ 887.03.14, Télex 330060, ≤, parc, ⌧, 🍴 – 🛗 📺 🛁wc ☎ ♿ 🅟
– 🔼 25 à 260. 🚗 🅰🅴 🅞 🅴 *VISA*
SC : **R** 70/130 – 🍽 18 – **82 ch** 167/195 – P 345.

🏨 **Beaulieu** Ⓜ sans rest, 19 av. Gén.-de-Gaulle ☎ 887.12.04 – 🛗 🛁wc 🛁wc ☜ 🅟
– 🔼 100. 🚗 🅰🅴
SC : �☐ 17 – **40 ch** 115/140.

XXXX **La Sangria**, au Casino ☎ 887.02.70, ≤, « Parc fleuri, cascade » – 🅟. 🅰🅴 🅞 🅴
VISA. 🍴
fermé août et lundi – SC : **R** (sem. dîner seul.) 160.

XX **Gigandon**, av. Gén.-de-Gaulle ☎ 887.15.51 – 🅰🅴
fermé août, dim. soir et lundi – SC : **R** 60/150.

à la Garde - Échangeur A6 N 6 Sortie Limonest N : 10 km – ⊠ **69570** Dardilly :

🏨 **Novotel Lyon-Nord** Ⓜ 🍴, ☎ 835.13.41, Télex 330962, ⌧ – 🛗 🗏 📺 ☎ ♿ 🅟 –
🔼 25 à 120. 🅰🅴 🅞 *VISA*
R snack carte environ 85 – �☐ 29 – **107 ch** 262/306.

🏨 **Holiday Inn** Ⓜ, ☎ 835.70.20, Télex 900006, ⌧ – 🛗 🗏 📺 ☎ ♿ 🅟 – 🔼 25 à 400.
🅰🅴 🅞 🅴 *VISA*
SC : Grill la Braise **R** carte 120 à 160 – �☐ 27 – **204 ch** 253/290.

🏨 **Mercure**, ☎ 835.28.05, Télex 330045, ⌧, 🍴 – 🗏 rest 📺 ☎ 🅟 – 🔼 25 à 120. 🅰🅴
🅞 🅴 *VISA*
R carte environ 90 – 🍽 25 – **175 ch** 228/260.

🏠 **Campanile** 🍴, ☎ 835.48.44, Télex 310155 – 🛁wc ☜ ♿ 🅟. *VISA*
SC : **R** 55 bc/80 bc – 🍽 20 – **43 ch** 186.

XX **Le Panorama**, à Dardilly-le-Haut face église, ⊠ 69570 Dardilly, ☎ 847.40.19, 🚗
– 🅟. 🅰🅴 *VISA*
fermé juil., dim. soir, lundi soir et mardi – SC : **R** (nombre de couverts limité prévenir) 100/220.

Voir aussi ressource hôtelière de *Mionnay* par ① : 20 km

MICHELIN, Agences régionales, r. Jean-Pierre Chevrot (7e) GT ☏ **869.49.48** et 174 av. Thiers (6e) EV ☏ **852.02.90**

1er Arrondissement

CITROEN Gar. Manutention, 8 quai St-Vincent AV ☏ 828.21.14
RENAULT Haond S.A.L.A. 12 pl. Chartreux BV ☏ 828.62.33

⓪ Demal, 19 quai St-Vincent ☏ 828.20.80

2e Arrondissement

PEUGEOT, TALBOT Dumond, 7 r. Duhamel BCZ ☏ 837.55.65
RENAULT Gar. Bellecour, 5 pl. Gailleton CZ ☏ 837.19.18

RENAULT Gar. de Verdun, 6 cours Verdun BZ ☏ 837.26.31

3e Arrondissement

ALFA-ROMEO Marsonetto, 292 à 296 cours Lafayette ☏ 853.33.33
DATSUN Gar. Gambetta, 23 av. F.-Faure ☏ 860.55.08
FIAT, LANCIA-AUTOBIANCHI Molière, 72 r. Molière ☏ 860.55.04
FORD Veyet, 82 bd Vivier-Merle ☏ 860.25.28
PEUGEOT, TALBOT SLICA-SALVEA, 106 bd Vivier-Merle EZ ☏ 860.45.01
RENAULT Gar. Atlas, 29 r. de Bonnel DX ☏ 860.15.63

V.A.G. Gar. Bouteille, 14 r. F.-Mistral ☏ 854. 13.24 🅽 ☏ 869.22.22
V.A.G. Gar. Gacon, 85 r. P.-Corneille ☏ 860. 94.13

⓪ Comptoir du Pneu, 299 r. Duguesclin ☏ 862. 84.86
Deshayes Pneus, 13 r. Louise ☏ 854.47.91
Gaudry-Pneu, 43-45 Cours A.-Thomas, ☏ 853. 25.73
Leclercq-Velcof, 70 r. des Rancy ☏ 860.36.93

4e et 5e Arrondissements

RENAULT Gar. de Trion, 5 pl. Trion (5e) AY ☏ 825.25.50
Gar. Crotta, 44 quai J.-Gillet (4e) ☏ 829.81.38

⓪ Candia-Pneus, 27 Crs d'Herbouville (4e) ☏ 828.99.03

Charcot-Pneus, 20 r. Jeunet (5e) ☏ 836.05.29
Métifiot, 5 pl. Tabareau ☏ 839.16.54

6e Arrondissement

BMW, DATSUN Gar. des Emeraudes, 192 av. Thiers ☏ 852.80.21
CITROEN Gar. Franklin Roosevelt, 96 r. Boileau DV ☏ 852.31.43
CITROEN Gar. Métropole, 115 r. Bugeaud EV ☏ 852.01.10
MERCEDES-BENZ Succursale de Lyon, 55 av. Mar. Foch ☏ 889.23.41

PEUGEOT, TALBOT S.L.I.C.A., 141 r. Vendôme DX ☏ 852.64.64

⓪ Briday-Pneus, 55 bd Brotteaux ☏ 852.04.89
La Maison des Pneus, 20 r. Bellecombe ☏ 824. 55.57

7e Arrondissement

ALFA-ROMEO Gar. J.-Macé, 24 r. Renan ☏ 872.34.58
AUSTIN, JAGUAR, MORRIS, ROVER, TRIUMPH Kennings, 70 à 76 r. Marseille ☏ 858.16.63
CITROEN Succursale, 35 r. Marseille DZ ☏ 869.81.84 🅽 ☏ 872.13.99
CITROEN Montveneur, 212 Gde r. de la Guillotière EZ ☏ 872.31.25
FIAT Duchenaud, 56 rte de Vienne ☏ 872.37.34
FORD Galliéni-Automobiles, 47 av. Berthelot ☏ 872.02.27

RENAULT Prost, 244 av. Jean-Jaurès GT ☏ 872.61.46
V.A.G. Central-Autos, 6 r. Elie-Rochette ☏ 872.32.36
VOLVO Clamagirand, 32 r. Aguesseau ☏ 872. 40.27

⓪ Boson, 31 r. Béchevelin ☏ 872.93.89
Gar. des Hirondelles Briday Pneus, 100 av. Berthelot ☏ 872.41.76
Mayer Pneu, 48 r. Université ☏ 872.96.02
Piot-Pneu, 70 r. C.-Marot ☏ 872.64.10

8e Arrondissement

LADA, SKODA Gar. Rockefeller, 16 av. Rockefeller ☏ 874.15.06
PEUGEOT-TALBOT SLICA Monplaisir 62 cours A.-Thomas HS ☏ 800.86.23
PEUGEOT, TALBOT Auto du Bachut, 322 av. Berthelot HT d ☏ 874.18.09

⓪ Métifiot, 71 av. J.-Mermoz ☏ 874.08.09
Tessaro-Pneus, 22 bis r. A.-Lumière ☏ 800.73.25

9e Arrondissement

ALFA-ROMEO-**OPEL** Marsonetto-Vaise, 79 r. Marietton ☏ 883.84.44
PEUGEOT, TALBOT S.L.I.C.A.-Duchère, 9 Av. a Duchère FR ☏ 835.38.46
PEUGEOT, TALBOT SLICA, 6 r. J.-Carret FR s ☏ 883.95.40
PEUGEOT, TALBOT Gar. de Rochecardon, 138 r. de St-Cyr FR a ☏ 883.71.15

RENAULT Succursale, 4 r. St-Simon FR ☏ 864.81.00

⓪ Briday-Pneus, 48 r. Bourgogne ☏ 883.77.76
Desfêtes-Pneus, 113 r. Marietton ☏ 883.76.95

tourner →

Bron

CITROEN Baud, 163 bis av. F.-Roosevelt JT ☎ 826.84.21
FIAT, LANCIA-AUTOBIANCHI, OPEL Gar. Grange, 352 rte de Genas ☎ 237.13.05
PEUGEOT Dunand, 250 av. F.-Roosevelt JT ☎ 826.06.53

RENAULT Faucon, 3 r. Alsace-Lorraine JT ☎ 826.80.17
V.A.G. Gar. de l'Aviation, 127 av. F.-Roosevelt ☎ 826.83.93

Caluire

CITROEN Auto-Gar. de Caluire, 2 av. L.-Dufour HR ☎ 823.24.54

⊕ Deshayes-Pneus, 134 Gde-Rue St-Clair ☎ 823.07.97

Ecully

CITROEN Succursale, 5 r. J.-M.-Vianney FR a ☎ 833.52.00 Ⓝ ☎ 869.22.22

Rillieux

BMW Gar. Maublanc, Zone Ind. ☎ 888.83.97
CITROEN Succursale, av. Hippodrome, Zone Ind. par D 48E HR ☎ 888.62.22

PEUGEOT, TALBOT Maunand, av. Hippodrome par D 48E HR ☎ 888.54.74

Saint-Fons

CITROEN Gar. J.-Jaurès, 52 av. J.-Jaurès HT e ☎ 870.94.61
PEUGEOT, TALBOT Gar. Centre, 12 av. G.-Péri HT u ☎ 870.94.62

RENAULT Evangélista, 63 av. J.-Jaurès HT e ☎ 870.94.66

Saint-Priest

AUSTIN, INNOCENTI, JAGUAR, MORRIS, ROVER, TRIUMPH Kennings, 190 rte de Grenoble ☎ 890.82.00
CITROEN Gar. du Stade, 40 r. H.-Maréchal par D 518 JT ☎ 820.23.92
PEUGEOT, TALBOT Gar. Laval, 30 rte de Lyon par D 518 JT ☎ 820.07.85

RENAULT Bombagi, 37 rte d'Heyrieux par D 518 JT ☎ 820.19.59
RENAULT Gar. de Provence, 9 r. de Provence par D 518 JT ☎ 820.29.39

⊕ Gaudry-Pneu, 200 rte Grenoble ☎ 890.73.77

Sainte-Foy-lès-Lyon

CITROEN Gar. de la Plaine, 117 bis r. Cdt-Charcot FS u ☎ 859.62.15

Tassin-la-Demi-Lune

CITROEN Collombin, 103 av. Ch.-de-Gaulle FS a ☎ 834.19.78
FIAT, LANCIA-AUTOBIANCHI Gar. D'Alaï, 223 av. Ch.-de-Gaulle ☎ 834.32.52
PEUGEOT, TALBOT Tassin Automobiles, 100 av. République FS ☎ 834.31.36

RENAULT Allemand, 111 av. De-Gaulle FS a ☎ 834.09.27
RENAULT Méjat, 11 pl. P.-Vauboin FS s ☎ 834.23.50

⊕ Jamet-Pneus, 142 av. De-Gaulle ☎ 834.33.00

Vaulx-en-Velin

PEUGEOT S.L.I.C.A., 38 av. de Bohlen JS a ☎ 237.13.13
RENAULT Succursale Lyon-Est, 52 av. de Bohlen JS ☎ 237.31.15

V.A.G. Gar. Excelsior, r. J.-M. Merle ☎ 880. 68.93

⊕ Piot-Pneu, 178 av. R.-Salengro ☎ 237.54.35

Vénissieux

CITROEN Baroud, 346 av. Ch.-de-Gaulle HT s ☎ 874.23.40
CITROEN Galichet, 43 r. Carnot HT a ☎ 250. 40.33
FIAT, LANCIA-AUTOBIANCHI Molière, bd L.-Bonnevay ☎ 800.86.40

PEUGEOT-TALBOT S.L.I.C.A., 2 r. Frères-Bertrand HT s ☎ 800.33.34
RENAULT Succursale Lyon-Sud, 364 rte Vienne HT n ☎ 800.55.15

⊕ Métifiot, 55 av. J.-Guesde ☎ 874.32.23

Villeurbanne

CITROEN Badel, 38 r. F.-Chirat HS ☎ 854.58.50
MERCEDES-BENZ SALTA, 37 r. Verlaine ☎ 884.81.44
PEUGEOT, TALBOT Gar. de la Perralière, 206 r. du 4 Août JS e ☎ 884.71.30

⊕ Comptoir du Pneu, 27 r. J.-Jaurès ☎ 854. 84.53
Dorcier, r. du Boulevard ☎ 889.78.08

Dumont-Pneus, 42 r. A.-Perrin ☎ 853.28.52
Ets Cintas, 10 r. Sylvestre ☎ 852.59.42
Inter-Pneus, 47 r. Lakanal ☎ 889.73.62
Juffet, 5 r. J.-Jaurès ☎ 854.65.23
Lyon-Pneus, 68 cours E.-Zola ☎ 868.30.10
Pey, 11 r. A.-France ☎ 824.97.07
Rhône-Pneus, 80 cours Tolstoï ☎ 884.95.24
Teco-Pneu, 53 r. A.-France ☎ 884.68.63

CONSTRUCTEUR : Renault Véhicules Industriels, Tour du Crédit Lyonnais, 129 r. Servient EX 69003 LYON et Vénissieux HT ☎ 876.81.11

L'EUROPE en une seule feuille
carte Michelin n° 920

LYONS-LA-FORÊT 27480 Eure 55 ⑧ G. Normandie – 772 h. alt. 109 – ✿ 32.

Voir Forêt★★ – N.-D.-de la Paix ≤★ O : 1,5 km.

🏢 Syndicat d'Initiative à la Mairie (fermé dim. et lundi) ☏ 49.60.87.

Paris 103 – Les Andelys 20 – Forges-les-Eaux 29 – Gisors 29 – Gournay-en-Bray 25 – ✦Rouen 36.

🏛 **La Licorne,** ☏ 49.62.02, « Beau jardin fleuri » – 🛏wc 🎵 ☎ 🚗 🄿 – 🛎 30.
  🚗🅰 AE ① E VISA 🛇
  fermé 20 déc. au 20 janv. et lundi d'oct. à fin mars – SC : **R** 115/220 – ☱ 22 – **22 ch**
  190/295 – P 260/420.

XX **Gd Cerf** avec ch, ☏ 49.60.44 – 🛏wc 🎵wc ☎ 🚗 🚗🅰 VISA
  fermé 16 janv. au 16 fév. et merc. – SC : **R** carte 120 à 150 – ☱ 18 – **8 ch** 100/180.

LYS-CHANTILLY 60 Oise 56 ⑪, 196 ⑦⑧ – rattaché à Chantilly.

LYS-LEZ-LANNOY 59 Nord 51 ⑯ – rattaché à Roubaix.

MACHILLY 74 H.-Savoie 70 ⑯ – rattaché à St-Cergues.

La MACHINE (Col de) 26 Drôme 77 ⑬ – rattaché à St-Jean-en-Royans.

MÂCON 🅿 71000 S.-et-L. 69 ⑲ G. Bourgogne – 39 587 h. alt. 175 – ✿ 85.

Voir Apothicairerie★ de l'Hôtel-Dieu BY **B**.

Env. Clocher★ de l'église de St-André par ② : 8,5 km.

🎛 de la Commanderie ☏ 33.40.24 par ② : 7 km.

🏢 Office de Tourisme (fermé dim.) et A.C. av. de-Lattre-de-Tassigny ☏ 38.06.00 – Maison Mâconnaise des Vins (dégustation et machon bourguignon), av. de-Lattre-de-Tassigny ☏ 38.36.70. BY.

Paris 396 ① – Bourg-en-Bresse 34 ② – Chalon-sur-Saône 58 ① – ✦Lyon 68 ③ – Roanne 104 ③.

MÂCON

Barre (Pl. de la)	AYZ 2
Barre (R. de la)	BZ 3
Laguiche (R. Ph.)	BZ 8
Lamartine (R.)	BYZ 9
Poissonnière (Pl.)	BZ 13
Pont (R. du)	BZ 14
Sigorgne (R.)	BZ 19

Dombey (R.)	BZ 5
Gaulle (Av. du Gén.-de-)	BY 6
Paix (Square de la)	BY 10
Perrier (R.)	AY 12
Préfecture (R.)	BY 15
St-Etienne (Pl.)	BY 17
St-Nizier (R.)	BY 18
Strasbourg (R. de)	BY 20
Ursulines (R. des)	BY 21
11-Novembre 1918 (R. du)	ABZ 22
28-Juin 1944 (R.)	BY 24

MÂCON

🏨 **Frantel** Ⓜ 🦢, 26 r. Coubertin par ① : 0,5 km N ☏ 38.28.06, Télex 800830, ≤ – 📶 📺 ☎ 🅿 – 🔏 30. 🆎 ⓪ Ε 𝘝𝘐𝘚𝘈 ❄ rest
SC : rest. **Le St-Vincent** *(fermé sam. midi)* **R** carte 90 à 140 – 🖵 25 – **63 ch** 252/366.

🏨 **Bellevue**, 416 quai Lamartine ☏ 38.05.07, Télex 800837 – 📶 📺 🕭 🛏 🚗 🆎 ⓪ Ε 𝘝𝘐𝘚𝘈
BZ u
SC : **R** 80/150 – 🖵 25 – **31 ch** 120/350 – P 300/360.

🏨 **Terminus**, 91 r. Victor-Hugo ☏ 39.17.11, Télex 800831 – 📶 📺 🚽wc 🚿wc ☎ 🚗, 🚗🍽 🆎 ⓪
AZ t
SC : **R** 70/97 – 🖵 22 – **41 ch** 115/250 – P 190/240.

🏨 **Genève**, 1 r. Bigonnet ☏ 38.18.10 – 📶 🚽wc 🚿wc 📺 – 🔏 60. 🚗🍽 🆎 ⓪ Ε 𝘝𝘐𝘚𝘈
AZ g
SC : **R** 73/110 – 🖵 21 – **63 ch** 80/210 – P 215/270.

🏨 **Nord** sans rest, 313 quai Jean-Jaurès ☏ 38.08.68 – 📶 🚽wc 🚿wc 📺 🚗🍽 𝘝𝘐𝘚𝘈
BY a
SC : 🖵 15 – **21 ch** 85/133.

XXX **Auberge Bressane**, 14 r. 28-Juin-1944 ☏ 38.07.42 – 🆎 ⓪ 𝘝𝘐𝘚𝘈
BY s
SC : **R** 65/160.

XX **Rocher de Cancale**, 393 quai J.-Jaurès ☏ 38.07.50 – 𝘝𝘐𝘚𝘈
BZ r
fermé 1er au 15 juin, 2 au 16 janv., sam. midi, dim. soir et lundi – SC : **R** 60/160 🍷.

XX **Pierre**, 7 r. Dufour ☏ 38.14.23
BZ n
↝ fermé 3 au 27 juil., 1er au 10 janv., dim. soir et lundi – SC : **R** 49/75 🍷.

Rive gauche à St-Laurent (Ain) Est du plan – ✉ 01620 St-Laurent :

🏠 **Beaujolais**, face pont St-Laurent ☏ 38.42.06 – 🚿 ❄
BZ a
↝ fermé 20 sept. au 5 oct., 20 déc. au 2 janv. et dim. (sauf hôtel en juil., août et sept.)
– SC : **R** (dîner seul.) 32/50 🍷 – 🛏 11 – **16 ch** 76/79.

XX **Le Saint-Laurent**, 1 quai Bouchacourt ☏ 38.32.03, ≤, 🏡 – 𝘝𝘐𝘚𝘈
BZ b
fermé 15 nov. au 15 déc., dim. soir (sauf juil.-août) et lundi – SC : **R** 70/150.

par ① : 4 km N 6 – ✉ 71000 Mâcon :

🏨 **Motel La Vieille Ferme**, ☏ 38.46.93, ≤, 🏡, 🏊, 🌳 – 📺 🚽wc 🚿 🕭 🅿 – 🔏
32. 🚗🍽 ⓪ 𝘝𝘐𝘚𝘈
SC : **R** 57/150 – 🛏 16 – **32 ch** 220/250.

à l'Échangeur A6-N6 de Mâcon Nord 7 km par ① – ✉ 71000 Mâcon :

🏨 **Novotel** Ⓜ, ☏ 36.00.80, Télex 800869, 🏡, 🏊, 🌳 – 🍴 rest 📺 ☎ 🕭 🅿 – 🔏
25 à 150. 🆎 ⓪ 𝘝𝘐𝘚𝘈
R snack carte environ 85 – 🖵 27 – **106 ch** 240/270.

🏠 **de la Tour**, ☏ 36.71.12 – 🚿wc ☎ 🅿. 🚗🍽 🆎. ❄
fermé fév. – SC : **R** 55/100 🍷 – 🖵 15 – **18 ch** 134/146 – P 190/210.

sur autoroute A6 (aire de St-Albain) N : par ① : 14 km – ✉ 71260 Lugny :

🏨 **Sofitel** Ⓜ, ☏ 38.16.17, Télex 800881, 🏊, 🌳 – 📶 🍴 📺 ☎ 🕭 🅿 – 🔏 40 à 80. 🆎
⓪ Ε 𝘝𝘐𝘚𝘈
SC : **R** grill (dîner seul.) 96 – 🖵 33 – **98 ch** 312/420.

sur rte de Bourg-en-Bresse par ② : 4,5 km – ✉ 01750 Replonges (01 Ain) :

🏨 **La Huchette** Ⓜ, N 79 ☏ 38.53.55, Télex 800787, ≤, parc, « Décor élégant », 🏊
– 📺 🕭 🅿. 🆎 ⓪ Ε 𝘝𝘐𝘚𝘈
SC : **R** 120/250 – 🖵 30 – **12 ch** 300/350.

à l'Échangeur A6 - N6 de Mâcon Sud par ③ : 6 km – ✉ 71570 Chaintré :

🏠 **Ibis** Ⓜ, ☏ 36.51.60, Télex 801201 – 📺 🚽wc ☎ 🕭 🅿 – 🔏 25. 🚗🍽 𝘝𝘐𝘚𝘈
SC : **R** carte environ 65 🍷 – 🛏 18 – **45 ch** 133/196.

Voir aussi ressources hôtelières de : *Fuissé* par ④ : 8 km, *Romanèche-Thorins*
par ③ : *17 km, Vonnas* par ② : 19 km, *Thoissey* par D 51 : 16 km.

MICHELIN, Agence, r. d'Ozenay, Z.I. Sud par R. Bigonnet ☏ 34.90.30 AZ

AUSTIN, MORRIS, TRIUMPH Bois, 39 r. La-
cretelle ☏ 38.64.31
BMW Favède, 20 r. Lacretelle ☏ 38.46.05
CITROEN Ferret, 89 rte Lyon par ③ ☏ 38.83.55
N ☏ 34.39.77
CITROEN Gar. Central, 62 r. de Lyon D54E AZ
☏ 38.01.74
FIAT, MERCEDES-BENZ Duval, 53 rte de Lyon
☏ 38.33.50 N
FORD Corsin, 25 r. de Lyon ☏ 38.73.33
OPEL, VOLVO Gar. Chauvot, rte Lyon N 6 ☏
39.30.31

PEUGEOT, TALBOT Gounon, 20 r. J.-Mermoz,
Zone Ind. des Bruyères par r. Bigonnet AZ ☏
39.16.66
RENAULT Gar. du Nord, N 6, Km 400 par av.
Gen.-de-Gaulle BY ☏ 38.04.13
RENAULT Succursale, Carr. Europe par ③ ☏
38.25.50
Gar. Alloin, 30 pl. St-Clément ☏ 34.25.55

🖮 Gouillardon-Gaudry, 71 rte Lyon ☏ 34.70.10
Guillaud, 9 av. Mon Repos ☏ 38.10.47
La Maison du Pneu, 4 quai des Marans ☏ 38.
32.21

Périphérie et environs

PEUGEOT-TALBOT Romand, N 6 à Crèches-
sur-Saône par ③ ☏ 37.11.37
RENAULT Perrin, N 6 à Crèches-sur-Saône
par ③ ☏ 37.12.61

RENAULT Raffanel, N 6 à Crèches-sur-Saône
par ③ ☏ 37.11.61

La MADELAINE-SOUS-MONTREUIL 62 P.-de-C. 51 ⑫ – rattaché à Montreuil.

La MADRAGUE-DE-MONTREDON 13 B.-du-R. 84 ⑬ – rattaché à Marseille.

MAFFLIERS 95 Val d'Oise 55 ⑳, 196 ⑦ – 833 h. alt. 160 – ✉ 95560 Montsoult – ⚙ 3.
Paris 31 – Beaumont-sur-Oise 11 – Beauvais 47 – Pontoise 22 – Senlis 34.

Novotel Château de Maffliers M ⛰, ☎ 473.93.05, Télex 695701, ≤, parc, ⛱, ✂ – ▤ rest TV ☎ ♿ P – 🏛 25 à 80. AE ⊙ VISA
R snack carte environ 85 – ☕ 29 – **80 ch** 295/317.

MAGAGNOSC 06 Alpes-Mar. 84 ⑧ – rattaché à Grasse.

MAGESCQ 40 Landes 78 ⑯ – 1 111 h. alt. 25 – ✉ 40140 Soustons – ⚙ 58.
Paris 728 – Bayonne 45 – Castets 12 – Dax 16 – Mont-de-Marsan 64 – Soustons 11.

✿✿ **Relais de la Poste** (Coussau) M ⛰, ☎ 57.70.25, parc, ⛱, ✂ – ▤ rest ☎ 🚗 P – 🏛 40. AE ⊙. ✗ ch
fermé 11 nov. au 22 déc., lundi soir et mardi sauf juil. et août – SC : **R** (week-ends et saison - prévenir) 160/200 et carte – ☕ 28 – **15 ch** 120/250
Spéc. Foie de canard au Chasselas, Gibier (en saison). Vins Tursan, Madiran.

XX **Le Cabanon et la Grange au Canard,** N : 0,8 km sur N 10 ☎ 57.71.51, ⛱, « Demeure landaise rustique » – P AE E. ✗
fermé oct., mardi soir et merc. hors sais. – SC : **R** 110 – **La Grange au Canard R** carte 110 à 220.

MAGLAND 74 H.-Savoie 74 ⑦⑧ – rattaché à Cluses.

MAGNAC-BOURG 87 H.-Vienne 72 ⑱ – 968 h. alt. 453 – ✉ 87380 St-Germain-les-Belles – ⚙ 55.
Paris 425 – ♦Limoges 29 – St-Yrieix-la-Perche 27 – Uzerche 27.

Midi, N 20 ☎ 00.80.13 – ⇔wc ☎ 🚗. AE E VISA
fermé 15 janv. au 15 fév. et lundi hors sais. – SC : **R** 50/120 – ☕ 13 – **12 ch** 70/140 – P 150/165.

Voyageurs, N 20 ☎ 00.80.36 – ⇔ ⋒. ✗ rest
fermé juin et mardi sauf vacances scolaires – SC : **R** 45/150 – ☕ 14 – **10 ch** 50/110.

XX **Aub. Étang** M ⛰ avec ch, ☎ 00.81.37, ⛱ – ⋒wc ☎. E VISA
fermé 10 fév. au 10 mars, en oct., dim. soir et lundi hors sais. – SC : **R** 45/150 – ☕ 13 – **15 ch** 60/126 – P 120/160.

au SE : 6 km sur N 20 – ✉ 87380 St-Germain-les-Belles :

XX **Tison d'Or** avec ch, ☎ 71.84.78 – ⇔wc ⋒wc ☎ P. AE E VISA
fermé 15 au 31 oct., 3 au 22 janv., mardi et merc. hors sais. – SC : **R** 60/180 🌡 – ☕ 18 – **10 ch** 100/140.

MAGNE 74 H.-Savoie 74 ⑯ – rattaché à St-Jorioz.

MAGNY-COURS 58470 Nièvre 69 ③④ – rattaché à Nevers.

MAGNY-EN-VEXIN 95420 Val-d'Oise 55 ⑱⑲, 196 ③ G. Environs de Paris (plan) – 4 560 h. alt. 75 – ⚙ 3.
⛳18 de Villarceaux ☎ 467.73.83 SO : 9 km.
Paris 59 – Beauvais 47 – Gisors 16 – Mantes-la-Jolie 22 – Pontoise 27 – ♦Rouen 64 – Vernon 28.

XX **Cheval Blanc,** r. Carnot ☎ 467.00.37 – VISA
fermé août, merc. et le soir sauf sam. et dim. – SC : **R** 50 bc/75.

CITROEN Gar. de la Place d'Armes, ☎ 467.00.70
Blasquez, ☎ 467.01.86

MAICHE 25120 Doubs 66 ⑱ G. Jura – 4 651 h. alt. 775 – ⚙ 81.
Paris 485 – ♦Bâle 102 – Belfort 60 – ♦Besançon 75 – Montbéliard 42 – Pontarlier 60.

Panorama M ⛰, Côteau St-Michel ☎ 64.04.78, ≤ – ⇔wc ⋒wc ☎ P – 🏛 40. VISA
fermé 15 nov. au 15 déc., dim. soir et lundi d'oct. à Pâques sauf vacances scolaires – SC : **R** 60/155 – ☕ 17 – **32 ch** 130/200 – P 160/200.

CITROEN Cartier, ☎ 64.01.75
PEUGEOT Gar. Glasson, ☎ 64.00.12
PEUGEOT-TALBOT Gar. Boibessot, ☎ 64.09.21
RENAULT Gar. Punkow, ☎ 64.13.38 N ☎ 64.19.59
TOYOTA Schell, ☎ 64.08.73

MAILLANE 13 B.-du-R. 81 ⑪⑫ – rattaché à St-Rémy-de-Provence.

MAILLY-LE-CHÂTEAU 89590 Yonne 65 ⑤ G. Bourgogne – 489 h. alt. 170 – 86.
Voir ≤★ de la terrasse.
Paris 205 – Auxerre 30 – Avallon 30 – Clamecy 22 – Cosne-sur-Loire 73.

Le Castel , pl. Église ☎ 40.43.06, – wc wc . E
fermé 15 au 30 nov., début janv. à mi fév., mardi soir et merc. du 1er oct. au 15 mars – SC : **R** 62/135 – 16 – **12 ch** 110/165 – P 190/210.

Les MAILLYS 21890 Côte-d'Or 66 ⑬ – rattaché à Auxonne.

MAINTENON 28130 E.-et-L. 60 ⑧, 196 ㉖ G. Environs de Paris – 3 314 h. alt. 120 – 37.
Voir Château★, ≤★ du parterre – Aqueduc★.
Paris 75 – Chartres 19 – Dreux 25 – Étampes 55 – Mantes 57 – Rambouillet 23.

Aqueduc, av. Gén.-de-Gaulle ☎ 27.60.05, parc – wc – 40. AE E VISA
fermé fév., dim. soir et lundi – SC : **R** (dim. prévenir) 62/123 – 15 – **18 ch** 56/162.

PEUGEOT Lagnier, ☎ 27.50.15 RENAULT Gar. du Château, ☎ 23.00.67

MAISOD 39 Jura 70 ⑭ G. Jura – 133 h. alt. 521 – ✉ 39260 Moirans-en-Montagne – 84.
Voir Belvédère du Regardoir ≤★ SE : 4 km puis 15 mn.
Paris 438 – Bourg-en-Bresse 73 – Lons-le-Saunier 31 – Nantua 48 – St-Claude 28.

Relais du Lac avec ch, ☎ 42.00.34 –
fermé 15 au 30 nov., 1er au 15 mars et merc. – **R** 35/100 – 10 – **5 ch** 44/49 – P 110/130.

MAISON-DU-ROY 05 H.-Alpes 77 ⑱ – rattaché à Guillestre.

MAISON-JEANNETTE 24 Dordogne 75 ⑤ – ✉ 24140 Villamblard – 53.
Paris 503 – Bergerac 23 – Périgueux 24 – Vergt 11.

Tropicana, ☎ 82.98.31, – wc
15 fév.-15 nov. – SC : **R** 43/160 – 15 – **19 ch** 90/160 – P 180.

MAISON NEUVE 07 Ardèche 80 ⑧ – ✉ 07230 Lablachère – 75.
Paris 667 – Alès 40 – Aubenas 34 – Mende 102.

Relais de la Vignasse , ☎ 39.31.91, ≤ – wc wc . rest
15 mars-30 sept. – SC : **R** 50/180 – 18 – **10 ch** 130/185 – P 170/220.

MAISON-NEUVE 16 Charente 72 ⑭ – rattaché à Angoulême.

MAISONS-ALFORT 94 Val-de-Marne 61 ①, 101 ㉗ – voir à Paris, Proche banlieue.

MAISONS-LAFFITTE 78 Yvelines 55 ⑳, 101 ⑬ – voir à Paris, Proche banlieue.

MAIZIÈRES-LÈS-METZ 57 Moselle 57 ④ – rattaché à Metz.

MALAUCÈNE 84340 Vaucluse 81 ③ G. Provence – 1 955 h. alt. 377 – 90.
Voir O : Dentelles de Montmirail★.
Paris 681 – Avignon 42 – Carpentras 18 – Vaison-la-Romaine 9,5.

Le Siècle, ☎ 65.11.37,
fermé 12 nov. au 15 déc. et mardi – SC : **R** 37/78.

MALAY-LE-PETIT 89160 Yonne 61 ⑭ – rattaché à Sens.

MALBUISSON 25160 Doubs 70 ⑥ G. Jura – 343 h. alt. 900 – 81.
Voir Lac de St-Point★.
Syndicat d'Initiative Lac de St-Point (vacances scolaires) ☎ 89.31.21.
Paris 469 – ♦Besançon 74 – Champagnole 40 – Pontarlier 16 – St-Claude 73 – Salins-les-Bains 49.

Le Lac, ☎ 89.34.80, ≤, – . E
fermé 4 au 14 janv. et 8 au 18 mars – SC : **R** 55/150 – 15 – **54 ch** 89/184 – P 165/196.

Les Terrasses, ☎ 69.30.24, ≤, – wc wc – 30. E VISA. rest
fermé 5 nov. au 28 janv. et lundi hors sais. – SC : **R** 75/185 – 20 – **25 ch** 140/185 – P 205/240.

La Fuvelle sans rest, ☎ 69.30.12 – wc wc
Pâques-15 oct. et 26 déc.-10 mars – SC : 11 – **15 ch** 57/93.

Bon Accueil, ☎ 69.30.58, – wc wc . rest
Pâques-1er nov., vacances de Noël et de fév. – SC : **R** 40/73 – 12,50 – **17 ch** 70/93 – P 120/145.

🏠 **Belle-Vue,** ☎ 69.30.89, ⚘ – 🛏wc ⇦ 🅿 🚗 . 🎞 rest
15 avril-10 oct. et 15 déc.-20 mars – SC : **R** 53/88 – ☲ 15 – **16 ch** 60/100 – P
116/138.

🏠 **Aub. Poste,** ☎ 69.31.72 – 🛏wc 🛏wc. 🚗
➡ *fermé 12 au 20 nov.* – SC : **R** *(fermé mardi sauf vacances scolaires)* 40/90 ⚖ –☲ 12
– **9 ch** 90/110 – P 110/140.

aux Granges-Ste-Marie SO : 2 km par D 437 – ✉ **25160** Malbuisson :

🏠 **Pont,** ☎ 69.34.33, ≤, ⚘ – 🛏wc 🛏 🕿 ⇦ 🅿 ⓪ . 🎞
15 mai-15 oct., 15 déc.-30 avril et fermé dim. soir et lundi hors sais. – SC : **R** 60/95 ⚖
– ☲ 16 – **24 ch** 65/175 – P 145/175.

La MALÈNE 48 Lozère ⑧⓪ ⑤ **G. Causses** – 232 h. alt. 452 – ✉ **48210** Ste-Enimie – ✆ 66.
Voir O : les Détroits★★ et cirque des Baumes★★ (en barque).
Paris 601 – Florac 41 – Mende 41 – Millau 42 – Séverac-le-Ch. 32 – Le Vigan 81.

🏠 **Manoir de Montesquiou,** ☎ 48.51.12, ≤, « Belle demeure du 15ᵉ siècle », ⚘
– 🛏wc 🛏 🅿 🚗 ⓪
1er avril-15 oct. – SC : **R** 75/115 – ☲ 21 – **10 ch** 182/220.

au Château de la Caze ★ NE : 5,5 km sur D 907 bis – ✉ **48210** Ste-Enimie :

🏰 ✿ **Château de la Caze** ☍, ☎ 48.51.01, « Château du 15ᵉ s. au bord du Tarn,
parc » – ▤ rest 📺 🕿 🅿 🅰🅴 ⓪ 𝘝𝘐𝘚𝘈 🎞 rest
1er mai-15 oct. – SC : **R** *(fermé mardi hors sais.)* carte 170 à 230 – ☲ 25 – **13 ch**
260/380 – P 480/535.

A la Ferme, ≤ Château – SC :. 6 appartements 400
Spéc. Truite soubeyrane, Écrevisses, Caneton. **Vins** Hermitage, Chante-Alouette.

MALESHERBES 45330 Loiret ⑥⓪ ⑪ **G. Environs de Paris** – 4 860 h. alt. 140 – ✆ 38.
🅸 Syndicat d'Initiative r. Pilonne (fermé lundi et jeudi) ☎ 34.81.94.
Paris 83 – Étampes 27 – Fontainebleau 26 – Montargis 49 – ♦Orléans 62 – Pithiviers 19.

🏠 **Écu de France,** pl. Martroi ☎ 34.87.25 – 🛏 🅿 🚗 𝘝𝘐𝘚𝘈
SC : **R** *(fermé jeudi)* 60/120 – ☲ 15 – **13 ch** 58/105 – P 115/165.

à Buthiers (S.-et-M.) S : 1 km – ✉ **77760** La Chapelle-la-Reine – ✆ 6 :

✕✕ **Roches Gourmandes,** ☎ 424.14.00 – 𝘝𝘐𝘚𝘈
fermé 15 au 30 nov., mardi soir et merc. – SC : **R** 55/80.

CITROEN Amant, ☎ 34.84.56   RENAULT Gar. Central, ☎ 34.60.36
PEUGEOT Gar. Thomas Marcel, ☎ 34.81.41

MALICORNE-SUR-SARTHE 72270 Sarthe ⑥④ ② **G. Châteaux de la Loire** – 1 733 h. alt. 39
– ✆ 43.
Paris 238 – Château-Gontier 52 – La Flèche 16 – Laval 62 – ♦Le Mans 32 – Sablé-sur-Sarthe 20.

✕✕ **Petite Auberge,** au pont ☎ 94.80.52 – 🎞
fermé 3 au 23 oct., 6 au 20 fév., lundi soir et mardi – SC : **R** 58/78 ⚖.

MALMAISON 92 Hauts-de-Seine ⑤⑤ ⑳, ⓵⑨⑥ ⑱ – voir Paris, Proche banlieue (Rueil).

MALO-LES-BAINS 59 Nord ⑤⓵ ④ – rattaché à Dunkerque.

MALVAL (Col de) 69 Rhône ⑦⑧ ⑲ – rattaché à Vaugneray.

MALVILLE 38 Isère ⑦④⑭ – ✉ **38510** Morestel – ✆ 74.
Paris 498 – Bourg-en-Bresse 64 – ♦Grenoble 78 – ♦Lyon 64 – Morestel 10.

🏠 **Aub. Le Couray** ☍, ☎ 80.13.99, ≤, ⚘ – 🛏wc 🛏wc 🕿 🅿 🚗 🎞 rest
fermé 23 déc. au 1er janv., sam. soir et dim. soir de nov. à fév. – SC : **R** 52/120 ⚖ – ☲
16 – **23 ch** 126/166 – P 166/233.

MAMERS ⬙ **72600** Sarthe ⑥⓪ ⑭ **G. Normandie** – 6 815 h. alt. 128 – ✆ 43.
🅸 Syndicat d'Initiative 9 r. Ledru-Rollin (fermé matin, sam. et lundi hors sais., dim. et fêtes) ☎
97.60.63.
Paris 195 ① – Alençon 25 ⑤ – ♦Le Mans 45 ④ – Mortagne 24 ① – Nogent-le-Rotrou 37 ②.

Plan page suivante

🏠 **Espagne** ☍ sans rest, 37 pl. Carnot **(a)** ☎ 97.60.08 – 🛏wc 🛏 🕿 ⇦ 🅿 🚗 **E**
𝘝𝘐𝘚𝘈 🎞
fermé 5 au 25 janv. – SC : ☲ 18 – **14 ch** 70/190.

✕✕ **Bon Laboureur** avec ch, 1 r. P.-Bert **(e)** ☎ 97.60.27 – ⇦ 🚗 𝘝𝘐𝘚𝘈
➡ *fermé 2 au 20 janv., vend. soir et sam. midi hors sais.* – SC : **R** 38/95 ⚖ – ☲ 14 –
8 ch 55/120 – P 120/150.

au Perrou (61 Orne) par ② : 6 km – ✉ **61360** Pervenchères – ✆ 33 :

✕✕ **Petite Auberge,** ☎ 73.11.34, ⚘ – 🅿
➡ *fermé Noël à début janv., dim. soir et mardi* – SC : **R** 35/110.

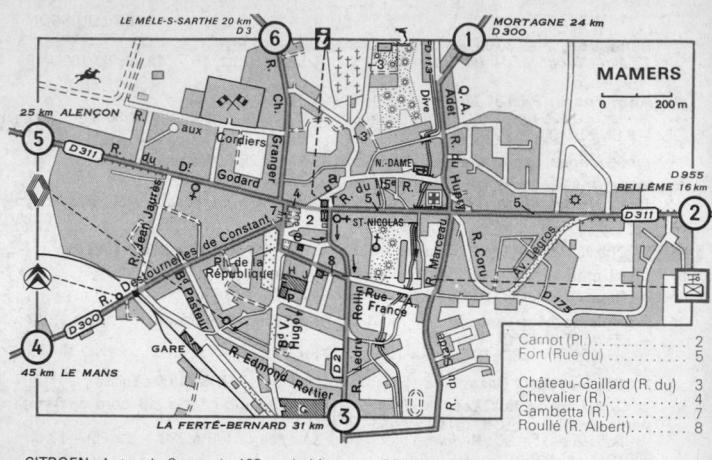

MAMERS

CITROEN Autos du Saosnois, 103 rte du Mans ☎ 97.60.17 🅽 ☎ 97.98.77
PEUGEOT Gar. du Saosnois, rte de Bellème à Suré par ② ☎ 97.64.92

RENAULT Foullon-Dragon Le Magasin à St Rémy-des-Monts par ③ ☎ 97.63.03
RENAULT Leblond, 22 r. Rosette ☎ 97.60.45

MANCIET 32 Gers 82 ③ – rattaché à Eauze.

MANDELIEU 06210 Alpes-Mar. 84 ⑧, 195 ㉞㊲ G. Côte d'Azur – 11 665 h. alt. 15 à 120 – ❀ 93 – Voir N : Route de Mandelieu ≤★★.

🅂 ⅛ Golf-Club de Cannes-Mandelieu ☎ 49.55.39 S : 2 km.
🅱 Office de Tourisme avenue Cannes (fermé samedi après-midi et dimanche hors saison) ☎ 49.14.39.

Paris 898 – Brignoles 87 – Cannes 8 – Draguignan 54 – ◆Nice 38 – St-Raphaël 32.

🏨 **Plaza** M sans rest., 308 av. Cannes ☎ 49.41.03, Télex 461592 – 📶 🖵 📺 ⇌wc ☎ 🅿 🖼 _VISA_
  fermé 20 déc. au 15 janv. – SC : ⇌ 15 – **52 ch** 210/310.

🏨 **Sant'Angelo** 🕭 sans rest, 681 av. Mer ☎ 49.28.23, ≤, 🛋 – 📶 cuisinette ⇌wc
  📶wc 🚗 🅿 🖼
  SC : **26 ch** ⇌ 215/240, 7 appartements 367/464.

🏨 **Matringe** (Pavillon des Sports) sans rest, rte Fréjus ☎ 49.50.86 – 📶wc 🅿 🖼
  🖽
  SC : ⇌ 18 – **14 ch** 95/200.

✕ **Les Ormes**, 320 av. Cannes ☎ 49.45.52 – _VISA_
◆ fermé janv. et lundi d'oct. à mai – SC : **R** 50/95 ⅛.

  Voir aussi ressources hôtelières de _La Napoule_ S : 3 km

RENAULT Ohio-Gar., rte de Fréjus, N 7 ☎ 49.53.89

MANE 31 H.-Gar. 86 ② – 1 036 h. alt. 320 – ⊠ 31260 Salies-du-Salat – ❀ 61.
Paris 822 – St-Gaudens 24 – St-Girons 22 – ◆Toulouse 78.

🏨 **France,** ☎ 90.54.55 – ⇌wc 📶wc 🚗 – 🅰 80. 🖼 🅴
◆ fermé oct. – SC : **R** 40 bc/56 – ⇌ 10 – **20 ch** 60/105 – P 100/115.
RENAULT Gar. Lagard, ☎ 90.54.57

MANERBE 14 Calvados 55 ⑬ – rattaché à Lisieux.

MANIGOD 74 H.-Savoie 74 ⑦ – 508 h. alt. 950 – ⊠ 74230 Thônes – ❀ 50.
Voir Vallée de Manigod★★, G. Alpes.
🅱 Syndicat d'Initiative à la Mairie (fermé sam. hors sais. et dim. sauf matin en juil.-août) ☎ 02.95.02.
Paris 563 – Albertville 40 – Annecy 26 – Bonneville 38 – La Clusaz 18 – Megève 38 – Thônes 6.

🏨 **Chalet H. Croix Fry** 🕭, rte du Col 1,5 km ☎ 02.05.06, ≤, 🏊, 🛋, ✕ – ⇌wc
  📶wc 🚗 🅿 🖼 ✕ rest
  15 juin-15 sept. et 18 déc.-18 avril – SC : **R** 70/125 – ⇌ 20 – **15 ch** 170/250 – P 210/230.

✕✕✕ **Aub. de l'Eridan** M avec ch, rte Col de la Croix - Fry 5,5 km ☎ 02.05.45, ≤ montagnes, 🛋 – cuisinette 📺 ⇌wc ☎ 🅿 🖼 🖽 ① 🅴
  fermé 20 oct. au 20 déc., dim. soir et merc. hors sais. – SC : **R** 150/300 – ⇌ 18 –, 7 chalets 250/380 – P 260/380.

au Col de La Croix-Fry NE : 7 km – ⊠ *74230* Thônes :

🏛 **Rosières** ⑤, ☏ 02.05.18, ≤ – 🛏wc 🛏wc **P**. **E**
◆ *1er juin-30 sept. et 15 déc.-vacances de Pâques* – SC : **R** 50/65 – ⊐ 12 – **17 ch**
80/100 – P 125/160.

MANO 40 Landes 🔢 ③ – 94 h. alt. 63 – ⊠ *40410* Pissos – 🔹 58.
Paris 634 – Belin 24 – ◆Bordeaux 51 – Castets 80 – Langon 52 – Mont-de-Marsan 69 – Roquefort 63.

🏠 **Selons** sans rest, ☏ 07.71.51 – 🚗 **P**
15 mai-1er nov. et fermé lundi – SC : ⊐ 9 – **7 ch** 49/66.

MANOSQUE *04100* Alpes-de-H.-Pr 🔢 ⑮ G. Côte d'Azur – 19 546 h. alt. 387 – 🔹 92.

Voir Porte Saunerie★ – ≤★ du Mont d'Or NE : 1,5 km – ≤★ de la chapelle St-Pancrace
SO : 2 km.

🔹 Office de Tourisme pl. Dr.-P.-Joubert (fermé dim.) avec A.C. ☏ 72.16.00.

Paris 772 ③ – Aix-en-P. 53 ② – Avignon 92 ③ – Digne 58 ① – Grenoble 194 ① – ◆Marseille 85 ②.

MANOSQUE

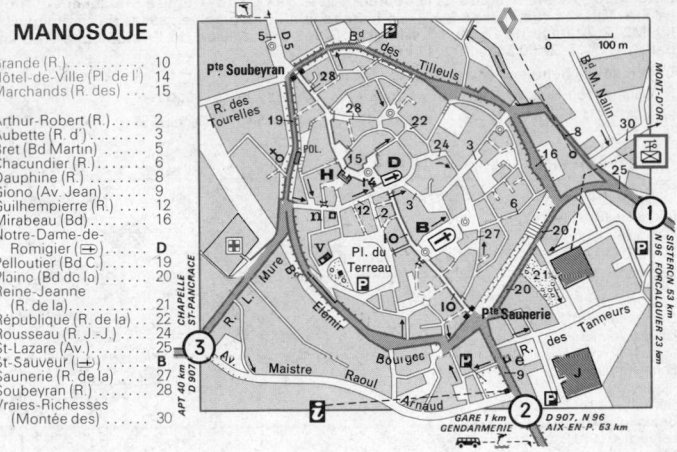

🏛 **Le Sud** Ⓜ, av. Gén. de Gaulle - Est du plan ☏ 87.78.58 – 🛗 ▤ rest 🛏wc ☎ **P** –
◆ 🏊 60. **E** **VISA**
SC : **R** 47/76 ⅄ – ⊐ 14 – **36 ch** 150/165.

🏛 **Campanile**, par ① ☏ 87.59.00 – ▤ rest 🛏wc 🐾 **P**. **VISA**
SC : **R** 55 bc/80 bc – 🛏 20 – **30 ch** 173.

🏛 **François 1er** sans rest, 18 r. Guilhempierre **(n)** ☏ 72.07.99 – 🛏wc 🛏wc 🐾. 📻
VISA 🐾
SC : ⊐ 14 – **25 ch** 72/150.

🏛 **Terreau** sans rest, 21 pl. Terreau **(v)** ☏ 72.15.50 – 🛏wc 🛏wc 🐾. 📻 **VISA** 🐾
SC : ⊐ 13 – **21 ch** 65/135.

🏛 **Versailles** sans rest, 17 av. Jean-Giono **(e)** ☏ 72.12.10 – 🛏 🛏wc 🐾. 📻
SC : ⊐ 12 – **19 ch** 60/169.

XXX **Rose de Provence** avec ch, rte de Sisteron par ① ☏ 87.56.28, ≤, 🌣 – 📺
🛏wc **P**. 🏧 **E** **VISA**
SC : **R** *(fermé 15 janv. au 15 fév. et mardi sauf de juil. à sept.)* carte 115 à 170 – ⊐ 20
– **16 ch** 180/190.

X **André**, 21 bis pl. Terreau **(v)** ☏ 72.03.09 – ▤. **VISA**
◆ *fermé juin et lundi* – **R** 30/95.

route de Sisteron par ① : 4 km – ⊠ *04100* Manosque :

🏛 **Motel des Quintrands** ⑤, ☏ 72.08.86, 🌣, cuisine indonésienne, 🌳 – 🛏wc
P. 📻 🏧 **VISA**
SC : **R** *(fermé merc.)* carte environ 95 – ⊐ 15 – **20 ch** 120/150.

à La Fuste SE : 6,5 km sur D 4 par D 907 – ⊠ *04210* Valensole :

XXX 🔹 **Host. de la Fuste** (Jourdan) ⑤ avec ch, rte de Barrème ☏ 72.05.95, ≤, 🌣,
« parc » – 📺 🛏wc **P**. 🏊 50. 📻 🏧 **O E** **VISA**
fermé 12 nov. au 17 déc., dim. soir et lundi du 15 sept. au 30 juin sauf fériés – SC : **R**
(nombre de couverts limité - prévenir) 120/240 – ⊐ 35 – **11 ch** 190/400
Spéc. Turbot au vinaigre de framboise, Agneau confit à l'huile d'olive, Aiguillettes de canard. Vins
Vignelaure, Château Simone.

MANOSQUE

à Villeneuve par ① : 9,5 km – ⊠ 04130 Volx :

🏛 **Mas St-Yves** ⟋, ⌖ 78.42.51, ≤, parc, 㐫 – ⚏wc ⬧ ☎ 🄿, ⚙ E, ⚘
fermé 20 déc. au 15 janv. – SC : **R** (dîner seul.) 58 – ⚏ 13,50 – **13 ch** 113/165.

CITROEN Alpes de Provence Autom., rte de
Marseille par ② ⌖ 72.09.94
FORD Gar. Chailan, N 96, rte de Marseille ⌖
72.41.70
LANCIA-AUTOBIANCHI, MERCEDES SA-
PAS, 84 av. J.-Giono ⌖ 72.45.32
RENAULT Mistral Autom. rte de Marseille par
② ⌖ 72.03.32
RENAULT Roubaud, 14 r. Dauphine ⌖ 72.
06.09

PEUGEOT-TALBOT Gar. Renardat Autom., rte
de Marseille par ② ⌖ 72.04.18 🄽

® Meizenq-Pneus, Zone Ind. de Saint-Joseph,
av. du 1er Mai ⌖ 72.36.61
Piot-Pneu, quartier des Ponches, N 96 ⌖ 87.
72.00
Provence C/c, 30 av. J.-Giono ⌖ 72.03.43

Le MANS 🄿 72000 Sarthe 🗿 ⑬, 🗿 ③ G. Châteaux de la Loire – 155 245 h. Communauté
urbaine 192 058 h. - alt. 51 – ✪ 43.

Voir Cathédrale★★ : chevet★★★ et tour ☀★ BV – Le Vieux Mans★★ : maison de la Reine
Bérengère★ BV M2 – Église de la Couture★ : Vierge★★ BX B – Église Ste-Jeanne-d'Arc★
BY E – Musées : de Tessé★ BV M1, d'histoire et d'Ethnographie : salles de céramiques★
BV M2 – Abbaye de l'Épau★ : 4 km par D 152 Z – Musée de l'Automobile★ : 5 km
par ⑤ – ⁄ 27.00.36 par ⑤ : 11 km.

Circuit des 24 heures et circuit Bugatti : 5 km par ⑤.

🖪 Office de Tourisme 40 pl. République (fermé dim.) ⌖ 28.17.22, Télex 720006 -.

Paris 203 ③ – Angers 88 ⑥ – ♦Le Havre 223 ⑩ – ♦Nantes 176 ⑥ – ♦Rennes 153 ⑧ – ♦Tours 82 ⑤.

LE MANS

Ballon (R.) . . . . Z 3
Bertinière (R. de la) . . Z 8
Bollée (Av. L.) . . . . Z 12
Brossolette (Bd P.) . . . Z 19
Carnot (Bd) . . . . Z 21
Cogner (R. du) . . . . . . Z 26
Cugnot (Bd N.) . . . . . . Z 29
Demorieux (Bd) . . . . . Z 30
Dr-Mac (Av. du) . . . . . Z 33
Durand (Av. G.). . . . . . Z 34
Estienne-d'Orves
  (Bd d') . . . . Z 40
Geneslay (Av. F.) . . . . Z 43
Grande-Maison (R.) . . Z 44
Lefaucheux (Bd P.) . . Z 47
Maillets (R. des) . . . . . Z 49
Mariette (R. de la) . . . Z 52
Monthéard (Ch.) . . . . . Z 54
Pied-Sec (R. de) . . . . . Z 59
Polygone (Rue du) . . . Z 62
Rhin-et-Danube
  (Av.) . . . . Z 65
Riffaudières (Bd) . . . . Z 67
Rubillard (Av.). . . . . . . Z 69
St-Aubin (R.) . . . . Z 71
Tironneau (Pl. A.) . . . . Z 76

*Pour bien lire les plans
de villes, voir signes et
abréviations p. 20*

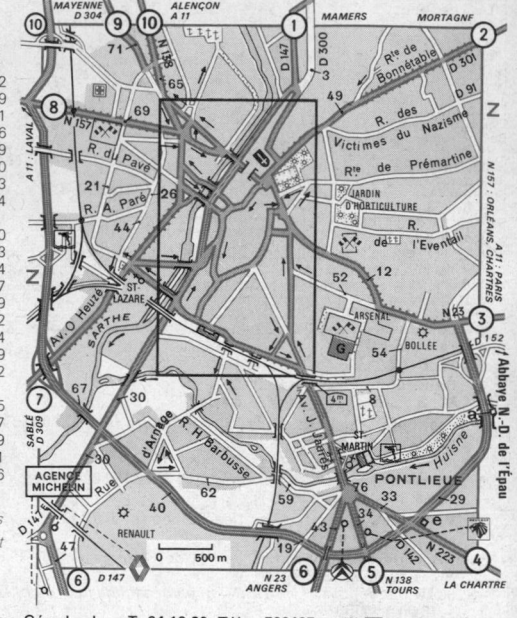

🏛 **Concorde,** 16 av. Gén.-Leclerc ⌖ 24.12.30, Télex 720487 – ⦷ 📺 ☎ 🄿 – 🛄 30.
🆎 ⓞ E 𝗩𝗜𝗦𝗔, ⚘ rest   AX **b**
SC : **R** carte 130 à 160 – ⚏ 25 – **64 ch** 250/290.

🏛 ✿ **Moderne,** 14 r. Bourg-Belé ⌖ 24.79.20 – 📺 ☎ 🄿 – 🛄 35. 🆎 ⓞ E 𝗩𝗜𝗦𝗔 BY **k**
R 100/140 (sauf fêtes) – ⚏ 19 – **32 ch** 130/200.
Spéc. Nage de langoustines, Langouste ou homard grillés, Blanc de poulet à la crème et aux
morilles. Vins Quincy, Bourgueil.

🏛 **Chantecler** Ⓜ, 50 r. Pelouse ⌖ 24.58.53 – ⦷ ⚏wc ⬧wc ☎ & 🄿, ⚙ AY **f**
SC : **R** *(fermé dim. et fériés)* 57/94 ⚙ – ⚏ 14 – **40 ch** 69/200.

🏛 **Anjou** sans rest, 27 bd Gare ⌖ 24.90.45 – ⦷ ⚏wc ⬧wc ☎ 🄿, ⚙ E 𝗩𝗜𝗦𝗔 AY **s**
SC : ⚏ 17 – **30 ch** 100/175.

🏛 **L'Escale** Ⓜ sans rest, 72 r. Chanzy ⌖ 84.55.92 – ⦷ ⚏wc ⬧wc ☎ 🄿 – 🛄 30.
🆎 ⓞ E 𝗩𝗜𝗦𝗔   BY **u**
SC : ⚏ 12 – **47 ch** 85/140.

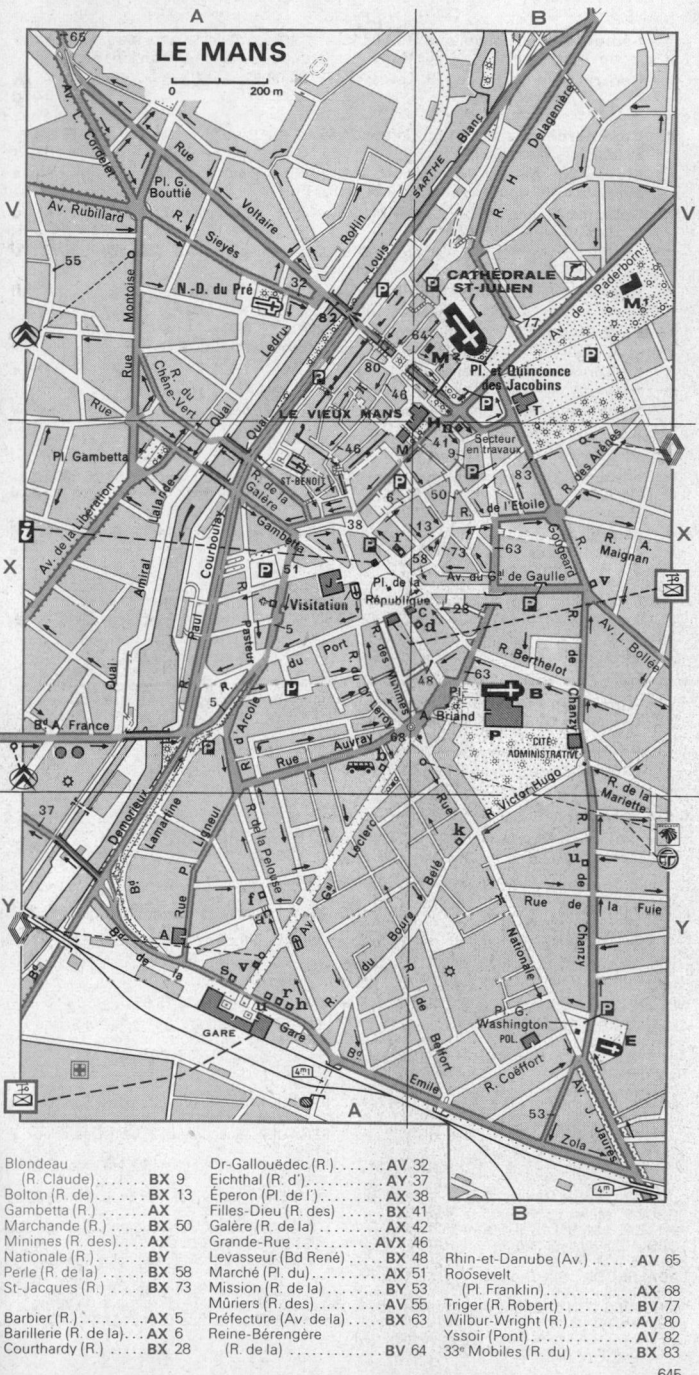

LE MANS

0   200 m

CATHÉDRALE ST-JULIEN

Pl. et Quinconce des Jacobins

LE VIEUX MANS

Secteur en travaux

CITÉ ADMINISTRATIVE

GARE

Pl. G. Washington

🏛 **Saumon**, 44 pl. République ☏ 24.03.19 – 📶 🛏wc 🚻wc 🅰 🚗. 🈁   AX **r**
fermé 24 déc. au 6 janv. – SC : **R** voir rest. Séquoia – 🖵 18 – **40 ch** 80/181.

🏛 **Central** sans rest, 5 bd R.-Levasseur ☏ 24.08.93 – 📶 🛏wc 🚻wc 🅰 – 🏊
25 à 100. 🈁 ⓐ 🄴 *VISA*   BX **d**
SC : 🖵 15 – **50 ch** 99/180.

🏛 **Commerce** sans rest, 41 bd Gare ☏ 24.85.40 – 🛏wc 🚻wc ☎ 🚗. 🈁 🄴 *VISA*
SC : 🖵 13 – **31 ch** 82/140.   AY **r**

🏛 **Elysée** 🐾 sans rest, 7 r. Lechesne ☏ 28.83.66 – 🛏wc 🚻wc 🅰   AY **a**
fermé 16 au 31 août – SC : 🖵 15 – **14 ch** 92/151.

🏛 **Galaxie** sans rest, 39 bd Gare ☏ 24.99.50 – 🛏wc 🚻wc 🅰 🄰🄴 ⓞ 🄴 *VISA*   AY **u**
SC : 🖵 13,50 – **47 ch** 117/165.

🏛 **Étoile** sans rest, 19 r. Gougeard ☏ 81.98.23 – 🛏wc 🚻 🅰 🄿. 🈁 *VISA*   BX **v**
fermé 3 au 26 août – SC : 🖵 15 – **12 ch** 70/160.

🏛 **Rennes** sans rest, 43 bd Gare ☏ 24.86.40 – 🛏wc 🚻 🅰 🄿. *VISA*. 🐾   AY **h**
fermé août – SC : 🖵 13 – **22 ch** 77/137.

XX **La Grillade**, 1 bis r. C.-Blondeau ☏ 24.21.87 – 🄰🄴 *VISA*   BX **n**
fermé 1er au 15 août, vend. soir, sam. midi et dim. soir – SC : **R** 65/175.

X **Le Séquoia**, 2 r. V.-Bonhommet ☏ 24.73.11 – 🍴   AX **r**
fermé mardi – SC : **R** 43/80 🍷.

X **Renaissance**, 114 av. Gén.-Leclerc ☏ 24.98.38 – *VISA*   AY **v**
fermé août, dim. soir et lundi – SC : **R** 57/98 🍷.

au Sud-Est – ✉ 72100 Le Mans :

🏛 **Novotel** Ⓜ, bd R.-Schumann par av. Bollée et Rocade Sud ☏ 85.26.80, Télex
720706, 🏊, 🌳 – 🛏 🍴 rest 📺 🅰 🅿 – 🏊 250. 🄰🄴 ⓞ *VISA*   Z **a**
R snack carte environ 85 – 🖵 27 – **94 ch** 255/289.

🏛 **Minimote**, r. Clément Marot par av. J.-Jaurès et av. Dr. Mac ☏ 86.14.14 – 📺
🛏wc ☎ & 🅰 – 🏊 30 🄰🄴 ⓞ 🄴 *VISA* 🐾 rest   Z **e**
SC : **R** *(fermé dim.)* 53/67 🍷 – 🖵 21 – **49 ch** 160/200.

par ③ *N 23 et rte de l'Eventail : 4 km* – ✉ 72000 Le Mans :

🏛 **La Pommeraie** 🐾 sans rest, ☏ 85.13.93, « Jardin fleuri » – 🛏wc 🚻wc ☎ 🅿
🈁
SC : 🖵 14 – **35 ch** 55/125.

par ⑧ *sur N 157 : 4 km* – ✉ 72000 Le Mans :

XX **Aub. de la Foresterie**, rte de Laval ☏ 28.69.92 – 🅿 *VISA*
fermé dim. soir et lundi – SC : **R** 66/160.

à Changé par ③ *et D 152 : 7 km – 4 497 h.* – ✉ 72560 Changé :

XX **Cheval Blanc**, pl. Église ☏ 40.02.62 – 🐾
fermé août et merc. – SC : **R** 50/100 (sauf fêtes) (dîner sur commande).

à Arnage par ⑥ *et N 23 : 9 km* – ✉ 72230 Arnage :

XX **Aub. des Matfeux**, ☏ 21.10.71, 🌳 – 🅿 🄰🄴 ⓞ 🄴 *VISA*
fermé 18 au 30 juil., janv., dim. soir et lundi – SC : **R** 95/190.

à Savigné-l'Évêque par ② *: 12 km* – ✉ 72460 Savigné-l'Évêque :

🏛 **Floréal** (annexe Rés. St-Edmond 🏛 🐾), ☏ 27.50.19 – 🛏wc 🚻wc & 🚗
🅿 – 🏊 500. 🄴 *VISA*
SC : **R** *(fermé août et dim. soir)* 45/110 🍷 – 🖵 15 – **30 ch** 70/185 – P 160/225.

XX **Escargot Fleuri**, ☏ 27.50.33 – 🄴 *VISA*
fermé 1er au 15 sept., 2 au 15 janv. et merc. – SC : **R** 38/99 🍷.

MICHELIN, Agence, 54 à 58 r. Pierre Martin Zone Ind. Sud Z ☏ 72.15.85

ALFA-ROMEO Gueguen et Rivière, 19 r.
R.-Persigand ☏ 84.33.61

AUSTIN, JAGUAR, MORRIS, ROVER,
TRIUMPH Equipneu, 74 r. Bourg Belé ☏ 24.
57.90

BMW Le Mans-Sud-Auto, Zone Ind., rte d'Allonnes ☏ 84.54.60 Ⓝ ☏ 85.66.99

CITROEN Succursale, bd P.-Lefaucheux, Zone
Ind. Sud par D147 Z ☏ 84.20.90

CITROEN Coeffe, 147 av. F.-Geneslay ☏ 84.
25.82

CITROEN Loinard, 49 bd A.-France ☏ 28.12.84

CITROEN Morin, 85 r. Montoise ☏ 28.17.88

FIAT SADAM, 186 av. O.-Heuzé ☏ 24.13.82

FORD Gar. Leseul, bd P.-Lefaucheux, Zone
Ind. Sud ☏ 84.61.70

LADA, SKODA Gar. Droguet, 17 r. J.-Macé ☏
84.15.45

MERCEDES BENZ Sarthe-Automobiles, 58 r.
de Belfort ☏ 24.87.30

OPEL-G.M. Le Mans-Autos 24, Zone Ind., rte
d'Allonnes ☏ 84.54.60 Ⓝ ☏ 85.66.99

PEUGEOT-TALBOT Gds Gar. de la Sarthe, 8 r.
Nationale ☏ 24.30.50 bd P.-Lefaucheux, Zone
Ind. Sud par D 147 Z ☏ 86.06.80

PEUGEOT Cheron, 125 av. G.-Durand ☏ 84.
05.09

RENAULT Gar. de la Gare, 100 av. Gén.-Leclerc
☏ 24.72.50

RENAULT Succursale, 261 bd Demorieux ☏
24.12.24

RENAULT Gar. Porcher, 8 r. du Cirque ☏ 81.
73.50

TOYOTA Charpentier, 153 av. L.-Bollée ☏ 84.
41.74

V.A.G. Robineau, r. L.-Breguet, Zone Ind. Sud
☏ 86.22.39 Ⓝ ☏ 85.66.99

Ets Geneslay, 108 av. F.-Geneslay ☏ 84.32.74

🛞 Equipneu, 74 r. Bourg-Belé ☏ 24.57.90
Jambie-Pneus, 26 av. O.-Heuzé ☏ 24.75.82
Le Royal, 6 pl Gambetta ☏ 24.27.74

16230 Charente 72 ③④ – 1 664 h. alt. 60 – ✪ 45.

Paris 419 – Angoulême 26 – Cognac 55 – ♦Limoges 92 – Poitiers 84 – St-Jean-d'Angély 60.

🏠 **Trois Saules** ⚜️, à St-Groux NO : 2,5 km 🌣 20.31.40, parc – 🛏wc 🕿 🄿. VISA
↔ *fermé vacances de fév., dim. soir et lundi midi hors sais.* – SC : **R** 37/90 – 🍴 14,50 –
10 ch 83/107 – P 120/130.

CITROEN Croizard-Brillat, 🌣 22.20.97 N 🌣 20.
33.16
PEUGEOT, TALBOT Gar. Central, 🌣 22.20.06

PEUGEOT, TALBOT Gar. Guilment, 🌣 20.30.31
N

◀➔ 78200 Yvelines 55 ⑱, 196 ⑮ G. Environs de Paris – 42 564 h.,
Mantes-la-Ville : 16 710 h. alt. 34 – ✪ 3 – **Voir Collégiale N.-Dame★** BB.

🏌 🏌 du Prieuré à Sailly-en-Vexin 🌣 476.70.12 par ① : 12 km.

🅱 Office de Tourisme (fermé lundi matin et dim.) pl. Jean-XXIII 🌣 477.10.30.

Paris 60 ② – Beauvais 69 ① – Chartres 83 ③ – Évreux 44 ④ – ♦Rouen 81 ④ – Versailles 44 ②.

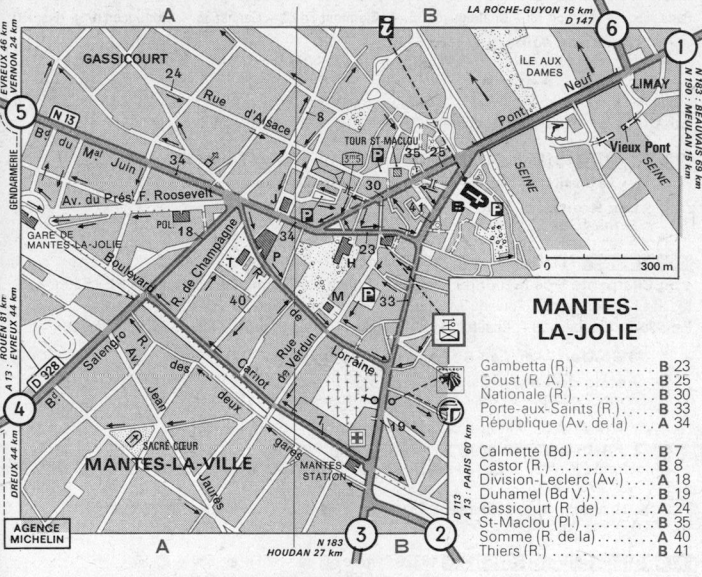

MANTES-LA-JOLIE

Gambetta (R.)	B 23
Goust (R. A.)	B 25
Nationale (R.)	B 30
Porte-aux-Saints (R.)	B 33
République (Av. de la)	A 34
Calmette (Bd)	B 7
Castor (R.)	B 8
Division-Leclerc (Av.)	A 18
Duhamel (Bd V.)	B 19
Gassicourt (R. de)	A 24
St-Maclou (Pl.)	B 35
Somme (R. de la)	A 40
Thiers (R.)	B 41

à Follainville NO : 3 km par ① et VO – ✉ 78200 Mantes la Jolie :

XXX ✿ **La Feuilleraie** (Ballester), 🌣 477.17.66 – VISA
fermé 16 août au 8 sept., 23 au 29 janv., lundi soir et mardi – SC : **R** carte 120 à 160
Spéc. Feuilleté d'huîtres chaudes et de sole, Filets de perche au saumur Champigny, Ris et rognons
de veau aux champignons.

à Senneville par ② et D 158 : 6 km – ✉ 78930 Guerville :

XX **Aub. de Senneville,** 🌣 476.63.02
fermé août, vacances scolaires de fév., dim. soir et mardi soir – SC : **R** carte 120 à
160.

à St-Martin-la-Garenne par ⑥ et D 147 : 6 km – ✉ 78200 Mantes-la-Jolie :

X **Aub. St-Martin,** rte de Mantes 🌣 477.58.45 – VISA
fermé août, 3 au 13 janv., lundi et mardi – SC : **R** 70/90.

MICHELIN, Agence, Z.A.C. des Brosses, r. des Graviers à Magnanville par ④ 🌣 477.00.53

AUSTIN, MORRIS, TRIUMPH, ROVER Du-
pille, Rte de Dreux à Magnanville 🌣 477.28.08
CITROEN Nord-Ouest Auto, 87 bd Salengro à
Mantes-la-Ville par ④ 🌣 477.04.30
FIAT Gar. de L'Avenue, 4 r. de la Somme 🌣
477.13.53
FORD Gd Gar. Chantereine, 2 r. Chantereine à
Mantes-la-Ville 🌣 477.31.75
MERCEDES, TOYOTA, Gar. Mongazons Rte
de Dreux à Magnanville 🌣 477.02.45
OPEL Buchelay Autos, 11 r. Ouest. Zl Buchelay
à Mantes la Ville 🌣 092.41.11

PEUGEOT-TALBOT Sté Mantaise d'Automobiles, 13 bd Duhamel 🌣 477.08.27 N 🌣 643.
15.15
RENAULT Succursale, r. de l'Ouest à Mantes
la Ville par ④ 🌣 092.92.93
V.A.G. S.E.A.M.A., 24 rte de Houdan à
Mantes-la-Ville 🌣 477.11.57

🏭 Bertault, 45 r. des Martraits 🌣 477.11.88
Marsat-Au Service du Pneu, 141 bd Mar.-Juin
🌣 094.07.40

MANTHELAN 37 I.-et-L. 🔢 ⑤ — 1 100 h. alt. 106 — ⌧ 37240 Ligueil — ✪ 47.

Paris 267 — Bléré 28 — Châtellerault 53 — Chinon 48 — Ligueil 11 — Loches 16 — ♦Tours 32.

    🏛 **Moderne,** ☎ 94.40.17, parc — 🛏. ☎⚑ **E.** 🕸
    ↠ *fermé 27 août au 20 sept., dim. et lundi* — SC : **R** 39 bc/59 ⚬ — ⌷ 14 — **10 ch** 65/88 —
    P 110/130.

CITROEN Blanchet, ☎ 94.42.39   RENAULT Theret, ☎ 94.40.46

MANZAC-SUR-VERN 24 Dordogne 🔢 ⑤ — 432 h. alt. 90 — ⌧ 24110 St-Astier — ✪ 53.

Paris 549 — Bergerac 35 — ♦Bordeaux 107 — Périgueux 19.

    🏛 **Lion d'Or,** ☎ 54.28.09, ⚑ — 🛁wc 🛏wc. ☎⚑ **E**
    ↠ *fermé 1ᵉʳ au 15 nov. et merc. hors sais.* — SC : **R** 50/110 — ⌷ 10 — **8 ch** 60/110 —
    P 100/140.

MANZAT 63410 P.-de-D. 🔢 ③④ — 1 394 h. alt. 629 — ✪ 73.

Env. Méandre de Queuille★★ O : 12 km puis 15 mn, **G. Auvergne.**

Paris 385 — Aubusson 78 — Châtelguyon 16 — ♦Clermont-Fd 36 — Gannat 35 — Montluçon 67 — Ussel 92.

    🏚 **La Bonne Auberge,** ☎ 86.61.67 — 🛏. 🕸
    ↠ *fermé oct. et lundi de nov. à mai* — SC : **R** 45/90 ⚬ — ⌷ 13 — **9 ch** 70/85 — P 110/130.

CITROEN Gendre, ☎ 86.61.45

MARÇAY 37 I.-et-L. 🔢 ⑨ — rattaché à Chinon.

La MARCHE 58 Nièvre 🔢 ③ — 417 h. alt. 202 — ⌧ 58400 La Charité-sur-Loire — ✪ 86.

Paris 220 — La Charité-sur-Loire 4 — Nevers 20 — Pougues-les-Eaux 9.

    ✕ **Les Routiers,** ☎ 70.14.11 — 🕸
    fermé 15 au 23 mars et merc. — SC : **R** 35/84 ⚬.

MARCIGNY 71110 S.-et-L. 🔢 ⑦ **G. Bourgogne** — 2 611 h. alt. 250 — ✪ 85.

Voir Charpente★ de la tour du Moulin — Église★ de Semur-en-Brionnais SE : 5 km.

🅱 Office de Tourisme r. Tour-du-Moulin (juil.-août et fermé dim.) ☎ 25.03.51

Paris 384 — Charolles 29 — Chauffailles 26 — Digoin 24 — Lapalisse 37 — Mâcon 85 — Roanne 30.

    à St-Martin-du Lac S : 3 km — ⌧ 71110 Marcigny :

    ✕ **Relais du Lac,** ☎ 25.21.45 — ℗. 🆅🆂🅰
    fermé en sept., 1ᵉʳ au 7 fév., dim. soir et merc. — SC : **R** 58/90.

    à Ste-Foy E : 9 km — ⌧ 71110 Marcigny :

    🏛 **Le Brionnais,** ☎ 25.83.27 — ☎ ℗. 🆅🆂🅰
    ↠ *fermé 23 au 30 sept., 24 au 31 janv. et lundi* — SC : **R** 38/115 — ☕ 12,50 — **8 ch** 55/88
    — P 105/140.

PEUGEOT TALBOT Gar. Moderne, ☎ 25.04.12   ⊙ Tout pour le pneu, ☎ 25.01.30
RENAULT Gar. Vachet, ☎ 25.08.04

MARCILLAC-LA-CROISILLE 19320 Corrèze 🔢 ⑩ — 801 h. alt. 560 — ✪ 55.

Paris 511 — Argentat 26 — Égletons 17 — Mauriac 40 — Tulle 30.

    au Pont du Chambon SE : 15 km par D 978 et D 13 — ⌧ 19320 Marcillac-la-Croisille :

    ✕✕ **Au Rendez-vous des Pêcheurs** ⚓ avec ch, ☎ 28.23.88, ⚑ — ▦ rest 🛏
    ↠ *fermé 14 nov. au 17 déc., vend. soir et sam. midi hors sais.* — SC : **R** 42/125 ⚬ — ☕
    13 — **11 ch** 60/70 — P 120/130.

MARCKOLSHEIM 67390 B.-Rhin 🔢 ⑨ **G. Vosges** — 2 779 h. alt. 172 — ✪ 88.

Paris 523 — Colmar 22 — Sélestat 15 — ♦Strasbourg 62.

    🏨 **St-Martin** Ⓜ ⚓ sans rest, rte Colmar ☎ 92.51.55, ⚑ — 🛁wc 🛏wc ☎ ℗. ☎⚑.
    🕸
    fermé 15 au 31 janv. et merc. — SC : ⌷ 15 — **18 ch** 120/130.

    🏨 **Aigle,** 28 r. Mar.-Foch ☎ 92.50.02 — 🛁wc 🛏wc ☎ ⇆ ℗. ☎⚑ 🆀🅴 ⓪
    ↠ *fermé 1ᵉʳ au 8 juil. et 15 au 29 fév.* — SC : **R** *(fermé lundi)* 50/150 ⚬ — ⌷ 15 — **17 ch**
    80/140 — P 140/180.

MARCQ-EN-BAROEUL 59700 Nord 🔢 ⑯ — rattaché à Lille.

MARENNES 17320 Char.-Mar. 🔢 ⑭ **G. Côte de l'Atlantique** — 4 224 h. alt. 10 — ✪ 46.

Voir 🕸★ de la tour de l'église.

Env. Remparts★★ de Brouage NE : 6,5 km — Pont de la Seudre - Péage en 1982 : moto
1 F, auto 12 F (conducteur et passagers compris), camion de 10 à 43 F.

🅱 Syndicat d'Initiative pl. Chasseloup Laubat (15 juin-15 sept. et fermé dim. après-midi) ☎ 85.04.36
et à la Mairie (fermé sam. après-midi et dim.) ☎ 85.00.27.

Paris 488 — Rochefort 22 — La Rochelle 54 — Royan 30 — Saintes 40.

✕ **France,** r. République ☎ 85.00.37
fermé en oct., vacances de fév., dim. soir et lundi sauf juil. et août – SC : **R** 35/85.

à Bourcefranc-le-Chapus NO : 5 km – 3 095 h. – ✉ **17560** Bourcefranc-le-Chapus.

Voir A la pointe du Chapus ≤★ sur le pont d'Oléron NO : 3 km.

Les Claires (Suire) Ⓜ, ☎ 85.08.01, Télex 792055, ≤, ⛱, 🌳, 🎾 – wc wc ☎ Ⓟ – 🏢 30. AE ⓓ E VISA
SC : **R** 90/150 – ☕ 25 – **20 ch** 220/260 – P 325/340
Spéc. Huîtres tièdes, Millefeuille de lotte et langoustines, Foie gras chaud.

Terminus, au port du Chapus ☎ 85.02.42, ≤ – wc ☎. E VISA
fermé 9 oct. au 10 nov. – SC : **R** *(fermé lundi soir de nov. à fin mars)* 40/105 – ☕ 15 – **10 ch** 100/130 – P 175.

CITROEN Gar. Poitevin, ☎ 85.04.75 🅽 ☎ 85.20.84
PEUGEOT-TALBOT Gar. Delavoix, ☎ 85.00.59
RENAULT Maîtrehut, à Bourcefranc-le-Chapus ☎ 85.03.72
Maison du C/c, ☎ 85.00.08

MARGAUX 33460 Gironde 71 ⑧ G. Côte de l'Atlantique – 1 456 h. – 56.

Paris 598 – ♦ Bordeaux 22 – Lesparre-Médoc 20.

✕ **Aub. Le Savoie,** ☎ 88.31.76 – Ⓟ.
fermé 20 fév. au 20 mars et dim., sauf le midi de sept. à fin juin – **R** 44/88.

à Soussans NO : 3 km sur D 2 – ✉ **33460** Margaux :

✕✕ **Larigaudière,** ☎ 58.44.02, 🌳 – Ⓟ. AE VISA
fermé 1er au 15 janv. et lundi soir en saison – **R** 50/70 🍷.

MARGNAC 87 H.-Vienne 72 ⑦⑧ – rattaché à La Crouzille.

MARIGNANE 13700 B.-du-R. 84 ⑫ G. Provence – 26 940 h. alt. 13 – 42.

Voir Canal souterrain du Rove★ SE : 3 km.

✈ de Marseille-Marignane ☎ 89.90.10.

ℹ Office de Tourisme 4 bd Frédéric Mistral (fermé sam. après-midi et dim.) ☎ 09.78.83.

Paris 760 – Aix-en-Provence 27 – ♦Marseille 28 – Martigues 15 – Salon-de-Provence 37.

St André Ⓜ, av. Vitrolles ☎ 09.04.11 – wc wc ☎ Ⓟ – 🏢 60.
SC : **R** *(fermé août, sam. et dim.)* (dîner seul.) 44/65 🍷 – ☕ 13 – **22 ch** 120/165.

Minimote Ⓜ, av. 8-Mai-1945 ☎ 88.35.35 – TV wc ☎ ♿ Ⓟ – 🏢 30. AE ⓓ E VISA
SC : **R** *(fermé dim.)* 50/68 🍷 – ☕ 21 – **35 ch** 160/199.

Blanc, 5 av. Barrelet ☎ 09.72.99 – ch wc wc ☎ ♿
SC : **R** *(fermé vend., sam. et dim.)* (dîner seul.) 44/55 🍷 – ☕ 15 – **43 ch** 93/200.

à l'aéroport au N – ✉ **13700** Marignane :

Sofitel Ⓜ, ☎ 89.91.02, Télex 401980, ⛱, 🎾 – |$| TV ☎ ♿ Ⓟ – 🏢 50 à 400. AE ⓓ E VISA
rest. **Le Clipper** *(fermé sam., dim. et fériés)* **R** carte 120 à 160 - **café de Provence R** carte environ 80 🍷 – ☕ 33 – **180 ch** 375/430, 14 appartements 450/630.

à Vitrolles N : 8 km – 20 227 h. – ✉ **13127** Vitrolles.

Voir ☀★ 15 mn.

Novotel Ⓜ, carrefour D 9 et A 7 ☎ 89.90.44, Télex 420670, ⛱ – |$| TV ☎ Ⓟ – 🏢 25 à 200. AE ⓓ VISA
R snack carte environ 85 – ☕ 27 – **163 ch** 221/260.

Mercure Ⓜ, nouveau centre urbain ☎ 89.92.00, Télex 400775, ⛱ – |$| TV ☎ ♿ – 🏢 200. AE ⓓ E VISA
R carte environ 90 – ☕ 25 – **110 ch** 225/293.

CITROEN SADAM, av. 8-Mai-1945 ☎ 89.92.90
PEUGEOT, TALBOT Provence-Auto-Service, 45 av. 8-Mai-1945 ☎ 88.54.54
RENAULT Marignane-Auto, av. 8-Mai-1945 ☎ 89.93.94
Gay, 29 1er Av., Zone Ind. à Vitrolles ☎ 89.06.97.

MARIGNY 50570 Manche 54 ⑬ – 1 255 h. alt. 71 – 33.

Paris 315 – Carentan 27 – Coutances 16 – St-Lô 12.

✕✕ **Poste,** ☎ 55.11.08 – VISA.
fermé 15 sept. au 15 oct., dim. soir et lundi – SC : **R** 47/160.

RENAULT Gar. Rihouey, ☎ 56.60.28

MARINGUES 63350 P.-de-D. 🔢 ⑤ G. Auvergne – 2 374 h. alt. 315 – ✪ 73.
Paris 378 – ◆Clermont-Ferrand 31 – Lezoux 15 – Riom 19 – Thiers 25 – Vichy 27.

XX **Clos Fleuri** avec ch, rte Clermont ☎ 70.70.46, 🍴 – ⌂wc 🚿wc 🛏 **P**. 🍽 ch
   fermé 1er au 15 sept., 1er au 15 fév., dim. soir et lundi d'oct. à mai – SC : **R** 55/120 ⓖ
   – ⊑ 13,50 – **12 ch** 55/120 – P 120/150.

CITROEN Gar. du Centre, ☎ 70.70.19   PEUGEOT, TALBOT Chabannes, ☎ 70.70.69 **N**
PEUGEOT-TALBOT Larzat et Meyronne, ☎ 68.
70.50

MARIOL 03 Allier 🔢 ⑤ – 586 h. alt. 280 – ✉ 03270 St-Yorre – ✪ 70.
Paris 365 – ◆Clermont-Ferrand 59 – Moulins 71 – Randan 14 – Riom 41 – Thiers 23 – Vichy 14.

🏠 **Touristes** 🛇, ☎ 41.20.87 – **E**. 🍽
◆ fermé oct. et merc. – SC : **R** 39/60 ⓖ – 🍴 11 – **10 ch** 50/75 – P 90/100.

MARLE 02250 Aisne 🔢 ⑮ G. Nord de la France – 2 936 h. alt. 79 – ✪ 23.
Paris 160 – Guise 23 – Laon 22 – Rethel 56 – St-Quentin 42 – Vervins 15.

🏠 **Host. du Vilpion,** ☎ 80.01.68 – 🚿 **P**. 🍴 . 🍽 ch
   fermé 10 au 31 août et dim. soir – SC : **R** 57/100 ⓖ – ⊑ 15 – **8 ch** 70/80.

CITROEN Ets Lefèvre, ☎ 80.00.99

MARLENHEIM 67520 B.-Rhin 🔢 ⑨ – 2 313 h. alt. 184 – ✪ 88.
Paris 465 – Haguenau 35 – Molsheim 12 – Saverne 19 – ◆Strasbourg 20.

🏠 ✿ **Host. du Cerf** (Husser), ☎ 87.73.73, 🍴 – ⌂wc 🚿wc ☎ **P** – 🛎 30. 🍴 🍴
   🔂 **VISA**
   fermé mardi (sauf le soir de Pâques au 15 nov.) et lundi – SC : **R** 125/240 ⓖ – ⊑ 20
   – **17 ch** 130/200
   Spéc. Paupiettes de foie d'oie aux choux, Sandre au pinot noir, Feuilleté de pigeon de Bresse. Vins
   Pinot noir, Edelzwicker.

🏠 **Host. Reeb et rest. La Crémaillère** Ⓜ, ☎ 87.52.70 – 🔲 rest ⌂wc 🚿wc ☎
   🛏 **P** – 🛎 25. 🍴 🍴 ⓞ **E** **VISA**. 🍽 ch
   fermé 3 au 27 janv. et jeudi sauf hôtel en sais. – SC : **R** 55/200 ⓖ – ⊑ 18 – **35 ch**
   100/140 – P 180/200.

XX **Aub. du Kronthal,** ☎ 87.50.25 – **P**. 🍴 ⓞ **E** **VISA**
◆ fermé 15 juil. au 15 août, 23 au 30 déc., dim. soir et lundi – SC : **R** 45/220 ⓖ.

MARLY-LE-ROI 78 Yvelines 🔢 ⑱, 🔢 ⑫ – voir à Paris, Proche banlieue.

MARMAGNE 71 S.-et-L. 🔢 ⑧ – 1 240 h. alt. 311 – ✉ 71710 Montcenis – ✪ 85.
Paris 313 – Autun 20 – Chalon-sur-Saône 48 – Le Creusot 10 – Mâcon 87 – Montceau-les-Mines 23.

🏠 **Rose des Vents,** à St-Symphorien O : 2 km par D 61 ☎ 78.20.86 – 🚿 **P**
◆ SC : **R** 30/70 ⓖ – ⊑ 11 – **17 ch** 43/53 – P 84/90.

XX **Vieux Jambon** avec ch, rte Creusot ☎ 78.20.32 – **P**
   fermé sept. et lundi – SC : **R** 55/100 ⓖ – ⊑ 12 – **12 ch** 55/78 – P 110.

RENAULT Gar. Détang, D 61 à Broye ☎ 54.40.43 **N**

MARMANDE ◁🅿▷ 47200 L.-et-G. 🔢 ③ G. Côte de l'Atlantique – 17 347 h. alt. 32 – ✪ 58.
🛈 Office de Tourisme pl. Clemenceau (fermé merc. et matin hors saison, dim. et lundi) ☎ 64.32.50.
Paris 684 ④ – Agen 58 ② – Bergerac 58 ① – ◆Bordeaux 89 ③ – Libourne 65 ④.

Plan page ci-contre

🏠 **Aub. de Guyenne,** 9 r. Martignac ☎ 64.01.77 – 🚿 **P**   B a
◆ Hôtel : 1er avril-31 oct., fermé dim. soir sauf juil.-août – SC : **R** (fermé 2 janv. au 2
   fév., lundi sauf le soir en juil.-août et dim. soir) 45/120 ⓖ – 🍴 15 – **14 ch** 55/130 –
   P 210/260.

   à Mauvezin-sur-Gupie N : 6 km par D 708 et D 115 – ✉ 47200 Marmande – ✪ 53 :

X **Poulet à la Ficelle,** ☎ 94.21.26 – **P**. **VISA**
   SC : **R** 76.

AUSTIN, TRIUMPH, VOLVO Lagroye, à St-
Pardoux-du-Breuil ☎ 64.10.09
CITROEN Baudrin, rte Bordeaux, Ste-Bazeille
par ④ ☎ 64.30.53 **N**
FIAT Gar. Diné, rte Bordeaux ☎ 64.27.21
FORD Auto Aquitaine, rte Bordeaux ☎ 64.
75.71
OPEL Lamat, 1 bd Dr-Fourcade ☎ 64.26.10
PEUGEOT Guyenne et Gascogne Autom., 95
av. J.-Jaurès par ④ ☎ 64.34.47

PEUGEOT-TALBOT Mayet, 94 av. J.-Jaurès
par ④ ☎ 64.30.24
RENAULT Deldon, pl. Lestang ☎ 64.14.39

⏹ Cormarie, pl. du Bedat ☎ 64.09.28
La Maison du Pneu, 37 av. Jean-Jaurès ☎ 64.
23.52
Relais Marmandais, 123 av. Jean Jaurès ☎ 64.
23.63
SO.MA.DI.D'EN, av. P.-Gabarra ☎ 64.08.00

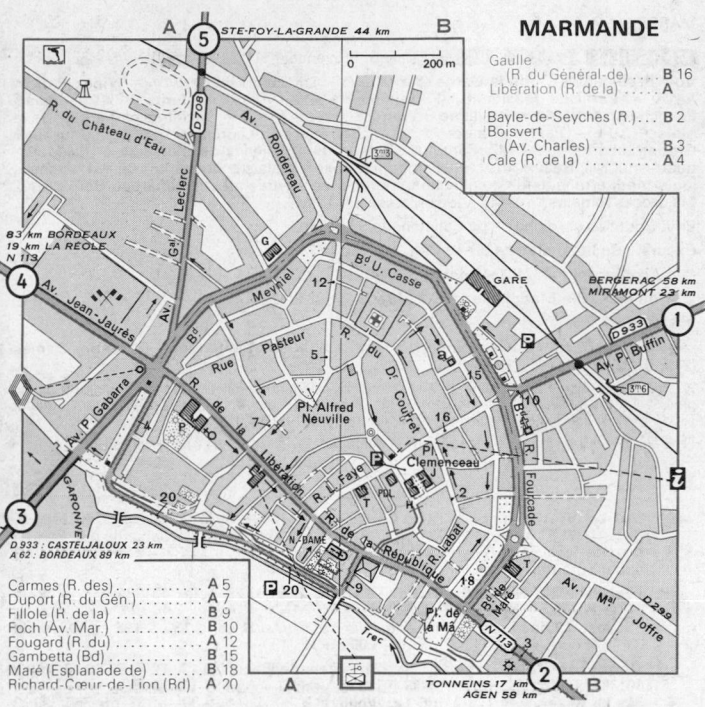

La tranquillité de l'hôtel est l'affaire de tous et donc de vous aussi.

MARMOUTIER 67440 B.-Rhin **62** ⑨ G. Vosges – 1 973 h. alt. 230 – ✪ 88.
Voir Église★★.
Paris 452 – Molsheim 21 – Saverne 6 – ♦Strasbourg 33 – Wasselonne 8.

　XX　**Deux Clefs** avec ch, ☎ 70.61.08 – 🛁wc 🛏 ☎ **P**. ⚄ rest
　　fermé 27 juin au 8 juil. et 24 janv. au 18 fév. – SC : **R** *(fermé lundi)* 35/110 ⅄ – ♨ 12
　　– **15 ch** 60/135 – P 110/150.

MARNAY-SUR-MARNE 52 H.-Marne **62** ⑦ – 171 h – ✉ 52800 Nogent-en-Bassigny – ✪ 25
Paris 274 – Bourbonne-les-Bains 47 – Chaumont 15 – Langres 20.

　X　**Vallée** avec ch, N 19 ☎ 02.10.11, 🌳 – **P**. ⚄⚄ ⚄ ch
　　fermé mardi soir et merc.　SC : **R** 36/86 ⅄　♨ 12　**7 ch** 48/70 – P 88/98.

MARNE-LA-VALLÉE 77 S.-et-M. **56** ⑫, **196** ㉑ – voir à Paris, Proche banlieue.

MARQUION 62 P.-de-C. **53** ③ – rattaché à Cambrai.

MARQUISE 62250 P.-de-C. **51** ① – 5 030 h. alt. 39 – ✪ 21.
Paris 313 – Arras 118 – Boulogne-sur-Mer 13 – ♦Calais 21 – St-Omer 47.

　XX　Grand Cerf, av. Ferber ☎ 92.84.53 – **P**.
　X　**Au Bon Séjour** avec ch, av. Ferber ☎ 92.87.30 – **P**. ⚄ ch
　　fermé sept.; d'oct. à Pâques : fermé vend. soir, sam., dim. et fêtes; en saison : fermé
　　dim. midi seul. – SC : **R** 42/85 ⅄ – ♨ 12 – **7 ch** 65/80.

　◉　Clinique du Pneu, ☎ 92.86.61

MARSANNAY-LA-CÔTE 21 Côte-d'Or **66** ⑫ – rattaché à Dijon.

MARSEILLAN 34340 Hérault **83** ⑯ – 3 488 h. – ✪ 67.
Paris 804 – Agde 7 – Béziers 29 – ♦ Montpellier 46 – Pézenas 20.

　X　Le Glacier, bd V.-Hugo ☎ 77.22.04.

651

MARSEILLE p. 1

MARSEILLE Ⓟ 13 B.-du-R. 🔢 ⑬. 🔢 ⑭ G. Provence – 914 356 h. – ❀ 91.

Voir Basilique N.-D.-de-la-Garde ※★★★ BY – La Canebière★★ BCV – Vieux Port★★
ABVX – Corniche Président-J.-F.-Kennedy★★ AYZ – Port moderne★★ AT – Palais
Longchamp★ DU M1 – Basilique St-Victor★ : crypte★★ AX – Ancienne cathédrale de la
Major★ AU L – Parc du Pharo ≤★ AX – Belvédère St-Laurent ≤★ AV D – Musées :
Grobet-Labadié★★ DU M2, Cantini★ : galerie de la Faïence de Marseille et de Mous-
tiers★★ BX M3, Beaux-Arts★ et Histoire naturelle★ (palais Longchamp) DU M1, Archéo-
logie méditerranéenne★ : collection d'antiquités égyptiennes★★ (Château Borely) BCZ
M4, Docks romains★ AV M5, Vieux Marseille★ AV M6.

Env. Route en corniche★★ de Callelongue S : 13 km.

Excurs. : Château d'If★★ (※★★★) 1 h 30.

🔢 d'Aix-Marseille ☞ 24.20.41 par ① : 22 km.

✈ de Marseille-Marignane ☞ 89.90.10 par ① : 28 km.

🚗 ☞ 95.92.12.

⚓ pour la Corse : Société Nationale Maritime Corse-Méditerranée, 61 bd des Dames
(2) ☞ 91.92.20 AU.

🅱 Office de Tourisme (fermé dim.) et Accueil de France (Informations et réservations d'hôtels, pas
plus de 5 jours à l'avance), 4 Canebière, 13001, ☞ 54.91.11. Télex 430402 - A.C. 143 cours Lieutaud,
13006, ☞ 47.86.23 - T.C.F. 11 allées Léon-Gambetta, 13001, ☞ 64.73.11.

Paris 778 ① – ♦Lyon 315 ① – ♦Nice 188 ② – Torino 381 ② – ♦Toulon 64 ② – Toulouse 399 ①.

Plans : Marseille p. 2 à 5
Sauf indication spéciale, voir emplacements sur Marseille p. 4 et 5

🏨 **Sofitel Vieux Port** Ⓜ, 36 bd Ch.-Livon, ⊠ 13007, ☞ 52.90.19, Télex 401270, ≤,
🍽 – 🛗 🗄 🖲 ☎ 🖪 🅿 – 🕰 100 à 450. 🖭 ⓪ 🄴 𝘝𝘐𝘚𝘈   Marseille p. 2 AX **n**
rest. **les Trois Forts R** carte 130 à 180 - **Le Jardin R** 80 ⅊ – � 37 – **219 ch** 380/740. 3
appartements.

🏨 **Frantel** Ⓜ, r. Neuve St-Martin, ⊠ 13001, ☞ 91.91.29, Télex 401886, 🔭 – 🛗 📺 🗄 🖲 🅗 – 🕰 400. 🖭 ⓪ 🄴 𝘝𝘐𝘚𝘈   BUV **g**
SC : rest. **L'Oursinade** (fermé août, dim. et fériés) **R** carte 130 à 195 - **L'Oliveraie**
(Grill) **R** carte environ 95 – � 26 – **200 ch** 345/430.

🏨 **Concorde-Palm Beach** Ⓜ ⅏, 2 promenade Plage, ⊠ 13008, ☞ 76.20.00, Télex
401894, ≤, 🔭, 🍽, 🐎 – 🛗 🖃 📺 ☎ 🖪 🚗 🅿 – 🕰 450. 🖭 ⓪ 𝘝𝘐𝘚𝘈
SC : **La Réserve R** 115 - grill **Les Voiliers R** 90 ⅊ – ⊠ 30 – **161 ch** 355/399. 3
appartements.   Marseille p. 2 AZ **s**

🏨 **P.L.M. Beauvau**, 4 r. Beauvau ⊠ 13001 ☞ 54.91.00, Télex 401778 – 🛗 📺 ☎. 🖭 ⓪ 🄴 𝘝𝘐𝘚𝘈 ❀ rest   BV **r**
SC : **R** (prévu) – ⊠ 32 – **71 ch** 260/410.

🏨 **Concorde-Prado** Ⓜ, 11 av. Mazargues, ⊠ 13008, ☞ 76.51.11, Télex 420209, 🔭
– 🛗 🖃 📺 ☎ 🚗 – 🕰 80. 🖭 ⓪ 𝘝𝘐𝘚𝘈   Marseille p. 2 CZ **r**
SC : **R** carte 110 à 150 ⅊ – ⊠ 30 – **100 ch** 339/373.

🏨 **Résidence Bompard** ⅏ sans rest, 2 r. Flots-Bleus, ⊠ 13007, ☞ 52.10.93, 🔭 –
🛗 cuisinette 📺 ☎ 🖪 🅿 – 🕰 40. 🖭 ⓪   Marseille p. 2 AZ **e**
SC : ⊠ 16 – **46 ch** 180/240.

🏨 **Gd H. Noailles** rest. fermé provisoirement, 66 Canebière, ⊠ 13001, ☞ 54.91.48,
Télex 430609 – 🛗 🖃 ch 📺 ☎ – 🕰 30 à 60. 🖭 ⓪ 🄴 𝘝𝘐𝘚𝘈   CV **x**
SC : ⊠ 25 – **70 ch** 160/360. 4 appartements 400.

🏨 **Gd H. Genève** sans rest, 3 bis r. Reine-Élisabeth, ⊠ 13001, ☞ 90.51.42, Télex
440672 – 🛗 📺 ⓪ ❀   BV **e**
SC : **44 ch** ⊠ 127/280. 4 appartements 340.

🏨 **Castellane** Ⓜ sans rest, 31 r. Rouet ⊠ 13006 ☞ 79.27.54 – 🛗 📺 ⌷wc ☎ 🚗 🍽 𝘝𝘐𝘚𝘈   CY **f**
SC : ⊠ 21 – **55 ch** 175/220.

🏨 **Européen** Ⓜ sans rest, 115 r. Paradis, ⊠ 13006, ☞ 37.77.20 – 🛗 🖃 ⌷wc 🛅wc ☎. 🍽   BY **u**
fermé août – SC : ⊠ 18 – **43 ch** 118/178.

🏨 **Manhattan** Ⓜ, 3 pl. Rome, ⊠ 13006, ☞ 54.35.95 – 🛗 ⌷wc 🛅wc ☎. 🍽 🖭 ⓪ 🄴 𝘝𝘐𝘚𝘈   CX **w**
SC : **R** (fermé août, sam. soir et dim.) 42/150 ⅊ – ⊠ 17 – **41 ch** 138/218.

🏨 **Président** sans rest, 12 bd L.-Salvator ⊠ 13006 ☞ 48.67.29 – 🛗 ⌷wc 🛅wc 🚗
SC : ⊠ 15 – **18 ch** 150/180.   CX **f**

🏨 **Rome et St Pierre** sans rest, 7 cours St-Louis, ⊠ 13001, ☞ 90.19.52, Télex
430641 – 🛗 ⌷wc 🛅wc ☎. 🍽 🖭 ⓪ 🄴 𝘝𝘐𝘚𝘈   BV **y**
SC : ⊠ 18 – **63 ch** 95/230.

🏨 **Petit Louvre**, 19 Canebière, ⊠ 13001, ☞ 39.16.27 – 🛗 🖃 📺 ⌷wc 🛅wc ☎. 🍽 🖭 ⓪ 🄴 𝘝𝘐𝘚𝘈 ❀ rest   BV **q**
SC : **R** (fermé 2 janv. au 15 fév. et dim. du 1er nov. au 31 mars) 70/100 – ⊠ 18 –
33 ch 125/230 – P 265/300.

🏨 **Paris-Nice** sans rest, 23 bd Athènes ⌧ 13001, ☏ 90.13.22 — 🛗 ➙wc 🚿wc ☎.
🅰🅴 ⓞ 🅴 𝘝𝘐𝘚𝘈   CU **a**
fermé 10 déc. au 10 janv. — SC : 🗔 15 – **33 ch** 80/250.

🏨 **Sélect H.** sans rest, 4 allées Gambetta ⌧ 13001, ☏ 62.41.26 — 🛗 ➙wc 🚿wc ☎
— 🏛 80. 🖭 🅰🅴 ⓞ 🅴 𝘝𝘐𝘚𝘈   CU **k**
SC : 🗔 17 – **66 ch** 135/180.

🏩 **Ibis** Ⓜ, 6 r. Cassis ⌧ 13008 ☏ 78.59.25, Télex 400362 – 🛗 🗄 ➙wc ♿ 🚗 – 🏛
40. 🖭 𝘝𝘐𝘚𝘈   DZ **e**
SC : **R** carte environ 65 🍷 – 🍴 18 – **119 ch** 175/190.

🏩 **Sud** sans rest, 18 r. Beauvau ⌧ 13001 ☏ 54.38.50 – 🛗 🗄 ➙wc ☎   BX **n**
SC : 🗔 17 – **24 ch** 150/175.

🏩 **Martini** sans rest, 5 bd G.-Desplaces, ⌧ 13003, ☏ 64.11.17 – 🛗 ➙wc 🚿wc ☎
🚗. 🖭. 🎇   CU **b**
SC : 🗔 15 – **40 ch** 90/160.

XXX ❀ **Jambon de Parme,** 67 r. La Palud, ⌧ 13006, ☏ 54.37.98 – 🗄. 🅰🅴 ⓞ 🅴 𝘝𝘐𝘚𝘈
fermé 11 juil. au 16 août, dim. soir et lundi – **R** carte 125 à 190   BX **s**
Spéc. Foie gras de canard frais, Fricassée de homard (mars-oct.), Pâtes fraîches. **Vins** Cassis, Bandol.

XXX **Au Pescadou,** 19 place Castellane, ⌧ 13006, ☏ 78.36.01, produits de la mer –
🗄   CY **v**
fermé juil., août et dim. de janv. à fin juin – SC : **R** carte 130 à 180.

XXX **La Ferme,** 23 r. Sainte, ⌧ 13001, ☏ 33.21.12 – 🗄. 𝘝𝘐𝘚𝘈   BX **m**
fermé août, sam. sauf le soir de sept. à mai, dim. et fêtes – SC : **R** carte 130 à 175.

XXX **Max Caizergues,** 11 r. G.-Ricard ⌧ 13006 ☏ 33.58.07 – 🗄. 🅰🅴 ⓞ 𝘝𝘐𝘚𝘈. 🎇
fermé août, sam. (sauf le soir du 1er oct. au 31 mai) et dim. – SC : **R** carte 135 à 170.   BX **g**

XXX **Le Bellecour,** 26 cours Julien ⌧ 13006 ☏ 42.23.14 – 🅰🅴 ⓞ 𝘝𝘐𝘚𝘈   CV **r**
fermé 14 août au 1er sept., sam. midi et dim. – SC : **R** 100 bc/150.

XXX ❀ **Calypso,** 3 r. Catalans, ⌧ 13007, ☏ 52.64.00, ≤ – 𝘝𝘐𝘚𝘈   Marseille p. 2   AX **p**
fermé août, dim. et lundi – **R** carte 150 à 200.
Spéc. Bouillabaisse, Bourride, Poissons grillés. **Vins** Bandol, Cassis.

XX ❀ **Michel,** 6 r. Catalans, ⌧ 13007, ☏ 52.64.22, ≤ – 𝘝𝘐𝘚𝘈   Marseille p. 2   AX **e**
fermé juil., mardi et merc. – **R** carte 150 à 200
Spéc. Bouillabaisse, Bourride, Poissons grillés. **Vins** Cassis, Bandol.

XX **Chez Caruso,** 158 quai Port, ⌧ 13002, ☏ 90.94.04, ≤, 🍽, spécialités italiennes
– 🅰🅴   AV **q**
fermé 10 oct. au 10 nov., dim. soir et lundi – SC : **R** 140/180.

XX **Miramar,** 12 quai Port, ⌧ 13002, ☏ 91.10.40, ≤, 🍽 – 🗄. 🅰🅴 ⓞ 🅴 𝘝𝘐𝘚𝘈   BV **v**
fermé août, 24 déc. au 2 janv. et dim. – **R** carte 125 à 165 🍷.

XX **Arnould,** 38 crs d'Estienne-d'Orves ⌧ 13001, ☏ 33.34.82 – 🗄   BX **r**
fermé dim – SC : **R** 80 bc/150 bc.

XX **Maison du Beaujolais,** 2 pl. Sébastopol, ⌧ 13004, ☏ 34.61.38 – 🗄. 🅰🅴 ⓞ 𝘝𝘐𝘚𝘈
fermé août, dim. et lundi – **R** 80/150.   DU **a**

XX **Béarnais,** 16 r. S.-Torrents, ⌧ 13006, ☏ 37.01.96 – 𝘝𝘐𝘚𝘈   BY **a**
fermé août, dim. et fêtes – SC : **R** 79/85.

XX **Chez Antoine** (Pizzeria), 35 r. Musée, ⌧ 13001, ☏ 54.02.64 – 🗄. 🅰🅴   CV **k**
fermé août et mardi – **R** carte 80 à 125.

XX **Piment Rouge,** 20 r. Beauvau, ⌧ 13001, ☏ 33.19.84, cuisine Moyen-Orient – 🗄.
🅰🅴 ⓞ 𝘝𝘐𝘚𝘈. 🎇   BX **n**
fermé août, dim. et lundi midi – SC : **R** 75/110.

X **La Charpenterie,** 22 r. Paix ⌧ 13001 ☏ 54.22.89 – 🅰🅴 🅴 𝘝𝘐𝘚𝘈   BX **d**
fermé juil., sam. midi, dim. et fêtes – SC : **R** carte 65 à 105.

    Sauf indication spéciale, voir emplacements sur Marseille p. 2

sur la Corniche :

🏨 ❀❀ **Résidences le Petit Nice et Marina Maldormé** (Passedat) Ⓜ 🎇, anse
de Maldormé (hauteur 160 corniche Kennedy), ⌧ 13007, ☏ 52.14.39, Télex 401565,
≤ mer, « Villas dominant la mer, beaux aménagements intérieurs » – 🛗 🗄 ch ☎
🚗 🅿. 🅰🅴. 🎇 rest   AZ **d**
fermé janv. au 6 fév. – **R** *(fermé lundi)* 190/255 et carte – 🗔 45 – **14 ch** 430/690, 6
appartements 🗄
Spéc. Salade de la mer, Navarin de vives, Homard aux asperges (en saison). **Vins** Cassis, Château-Simone.

XX **Chez Fonfon,** 140 vallon des Auffes, ⌧ 13007, ☏ 52.14.38 – 🅰🅴 ⓞ 𝘝𝘐𝘚𝘈   AY **t**
fermé oct., dim. et lundi – **R** carte environ 150.

XX **L'Epuisette,** vallon des Auffes, ⌧ 13007, ☏ 52.17.82, ≤, 🍽 – 🅿   AY **n**
fermé janv. et dim. – **R** (nombre de couverts limité - prévenir) carte 130 à 200.

XX **Peron,** 56 corniche Prés.-Kennedy, ⌧ 13007, ☏ 52.43.70, ≤ entrée du port – 🅰🅴
ⓞ 🅴 𝘝𝘐𝘚𝘈   AY **m**
fermé janv., dim. soir et lundi – **R** carte 95 à 150.

RÉPERTOIRE DES RUES

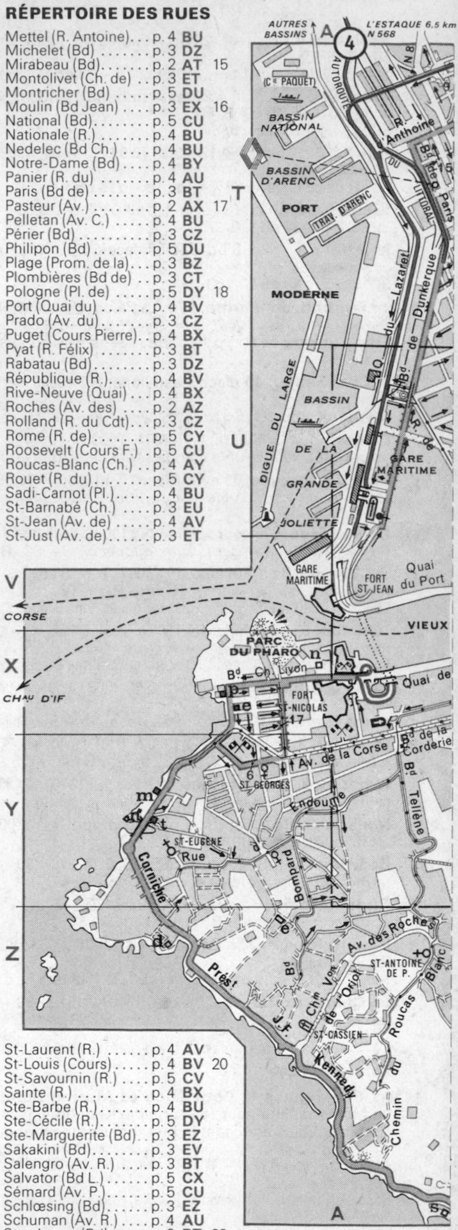

AUTRES BASSINS

L'ESTAQUE 6,5 km
N 568

(C ⁼ PAQUET)

BASSIN NATIONAL

BASSIN D'ARENC

PORT

MODERNE

BASSIN

BASSIN

GARE MARITIME

JOLIETTE

GARE MARITIME

FORT ST-JEAN

Quai du Port

VIEUX

CORSE

PARC DU PHARO

Bd Ch. Livon

FORT ST-NICOLAS

ST-GEORGES

Quai de

Bd de la Corderie

Endoume

Corniche

ST-EUGÈNE

Rue

Bompard

Av. des Roches

ST-ANTOINE DE P.

Av. Vins

ST-CASSIEN

Prés

Roucas Blanc

Chemin du

Kennedy

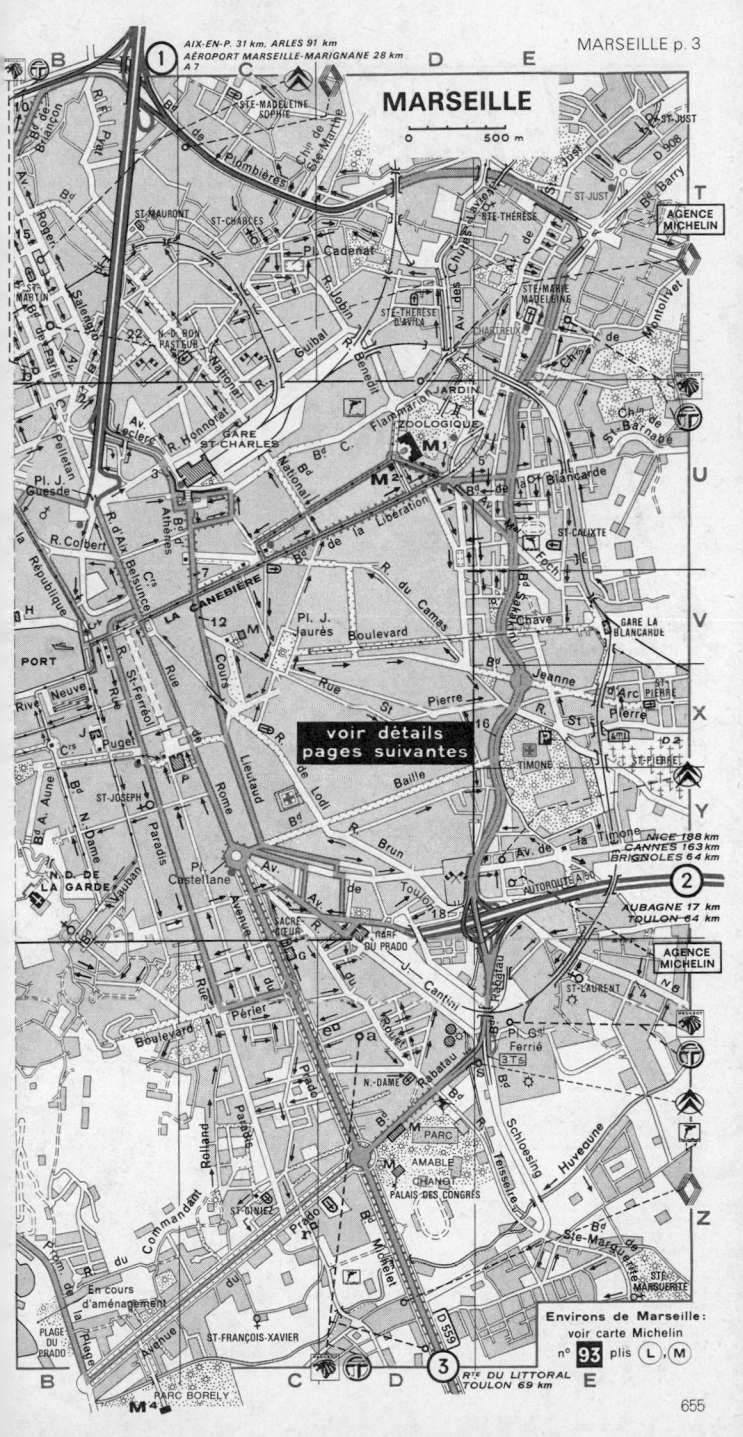

MARSEILLE

AIX-EN-P. 31 km, ARLES 91 km
AÉROPORT MARSEILLE-MARIGNANE 28 km
A 7

0   500 m

AGENCE MICHELIN

voir détails
pages suivantes

NICE 188 km
CANNES 163 km
BRIGNOLES 64 km

AUBAGNE 17 km
TOULON 64 km

AGENCE MICHELIN

Environs de Marseille:
voir carte Michelin
n° **93** plis Ⓛ, Ⓜ

Rⁱ DU LITTORAL
TOULON 69 km

655

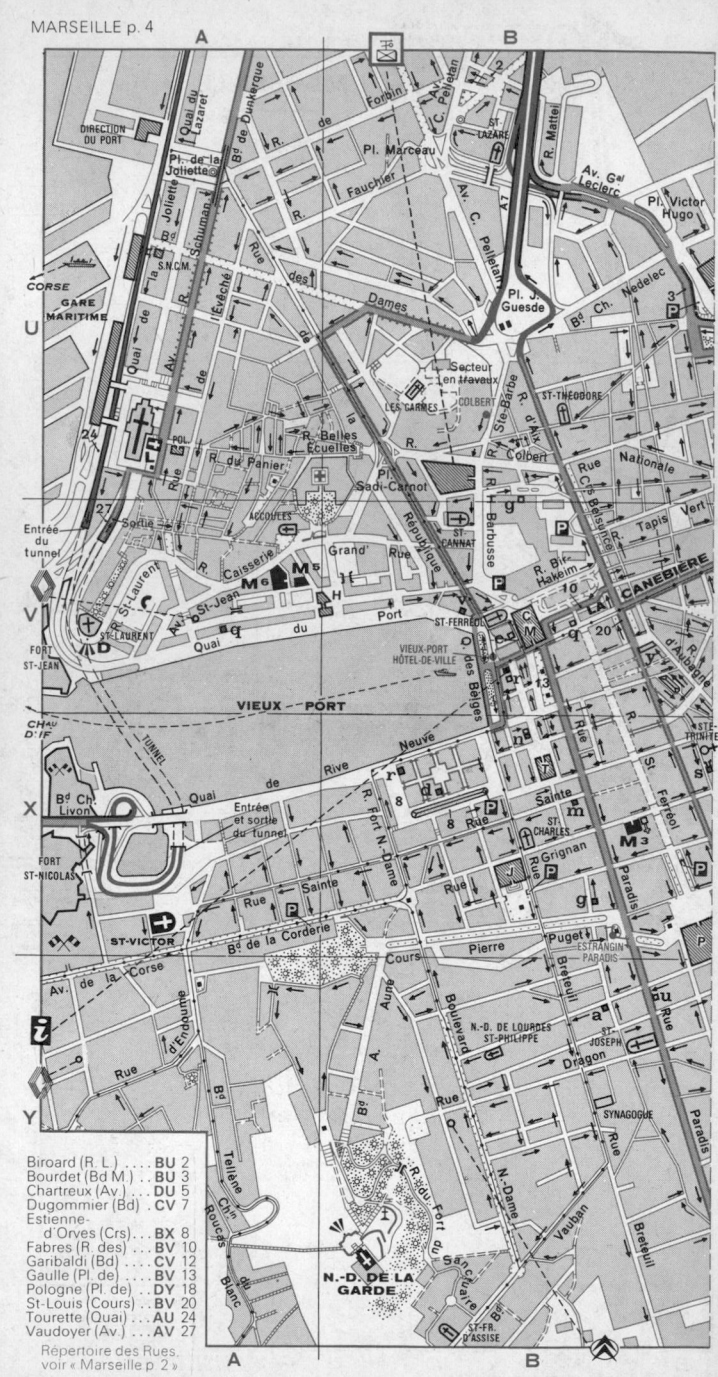

MARSEILLE
(CENTRE)

0   300 m

JARDIN ZOOLOGIQUE

Flammarion

Camille

Bd Montricher

CINQ AVENUES LONGCHAMP

M 1

M 2

Philipon

GARE ST-CHARLES

Av. P. Semard

ST-CHARLES

Honnorat

R. Guibal

Bd National

Voltaire

Bd

Longchamp

ST-PIERRE ST-PAUL

Libération

Av.

Foch

Clémenceau

U

Bd de la Liberté

d'Athènes

Thierry

National

R. des Héros

de

la

Marx Dormoy

R.

a

CANEBIÈRE RÉFORMÉS

C rs F. Roosevelt

Rue

Allées Gambetta

P

ST-VINCENT DE P.

Rue

George

a

LA CANEBIÈRE

St-Savournin

Bd Eugène Pierre

ST-MICHEL

Terrusse

V

k

x

Clapier

Rue

du

12

K

M

Rue

des 3 Mages

Crs

Lieutaud

Julien

Pl. J. Jaurès

Boulevard

Chave

Rue

Calmas

R. d'Aubagne

CALVAIRE

R. St Pierre

Rue

Ferrari

Astruc

St

Pierre

Rue

de

la

Tilsit

Rue

X

N.-D. DU MONT

R. des

Vertus

CONCEPTION

w

Bd L. Salvator

Cours

R.

Lieutaud

Loubière

R. Dragon

Lodi

de

Baille

Rome

Boulevard

Sainte Cécile

Pl. Castellane

CASTELLANE

v

Cours ST-JEAN BAPTISTE Gouffé

Rue

R. Brun

R. Menpenti

Y

Avenue

Av.

J. Av. de l'Odéphes

Av. de Corinthe

de

Toulon

ST-DÉFENDENT

18

Paradis

Av. du Prado

R. de Gênes

R. du Rouet

Cantini

GARE DU PRADO

A 52

à l'Est 10 km par ② et sortie La Penne-St-Menet :

🏨 **Novotel** Ⓜ, à St-Menet, ✉ 13011, ☎ 43.90.60, Télex 400667, 🌳, ⛴, ✗ – 🛏 ▤
▥ 📺 ☎ & ❺ – 🅰 250. ▦ ⓞ 🆅🆂🅰
R snack carte environ 85 – � 27 – **131 ch** 221/255.

à la Madrague-de-Montredon 10 km par prom. Plage - Marseille p. 3 - BZ :

✗✗ **Mont-Rose**, 38 bd Mt-Rose, ✉ 13008, ☎ 73.17.22, ≼ corniche et les îles, 🌳 –
← ▤ ℗. ▦ ⓞ 🆅🆂🅰
fermé merc. et dim. soir – SC : **R** (hors sais. déj. seul.) 50/120.

MICHELIN, Agences régionales, 20 r. Clary (3e) BT ☎ **95.90.48** et 5 r. de Fornier (10e) EY
☎ 78.33.63

1er et 2e Arrondissements

PEUGEOT, TALBOT S.I.A.P.-Nord, 27 bd de
Paris (2e) BT b ☎ 91.90.65
RENAULT Gar. Nicolas, 115 bd de Paris (2e)
AT ☎ 91.92.14
RENAULT Gar. des Capucines, 59 allées Gam-
betta (1er) CU ☎ 64.00.57

RENAULT Gar. Vieux Port, 36 r. Loge (2e) AV
☎ 90.05.03
Gar. Carnot, 39 r. République (2e) ☎ 90.43.75

3e et 4e Arrondissements

CITROEN Succursale, 45 av. R. Salengro (3e)
BT ☎ 95.90.09 🅽 ☎ 98.90.09
CITROEN Gar. Longchamp, 11 bd Philipon (4e)
DU ☎ 62.25.03
FIAT Auto-Nord, 83 bd National (3e) ☎ 95.
90.19
PEUGEOT-TALBOT S.I.A.P.-NORD-CHAR-
TREUX, 66 bd Banon (4e) ET ☎ 66.68.00

RENAULT Succursale Plombières, 137 bd de
Plombières (3e) CT ☎ 02.70.02
RENAULT Barthélémy, 135 bd Flammarion (4e)
DTU ☎ 95.90.37
Gar. d'Amiens, 15 r. d'Amiens (3e) ☎ 62.04.83

🛞 Denizon, 34 bd Battala (3e) ☎ 02.40.40
Escoffier-Pneus, 21 bd Briançon (3e) ☎ 50.77.91

5e Arrondissement

RENAULT Gd Gar. de Verdun, 11 r. Verdun
DV ☎ 94.91.25
V.A.G. Gar. St-Michel, 29 à 39 r. Louis Astruc
☎ 47.62.40
Alger Gar., 39 r. Alger ☎ 48.20.56

🛞 Diff. Comm. Accessoires, 15 r. Ste-Cécile ☎
78.63.58
Pneus et services Phocéens, 60 r. Louis Astruc
☎ 42.50.83

6e et 7e Arrondissements

AUSTIN, JAGUAR, MORRIS, ROVER,
TRIUMPH Kennings, 69 bd Notre-Dame (6e)
☎ 37.65.05
BMW Bernabeu, 50 av. du Prado (6e) ☎ 37.
54.66
CITROEN Didier, 83 r. J.- Moulet (6e) BY ☎
37.59.46

MERCEDES-BENZ Paris Méditerranée Auto,
166 cours Lieutaud (6e) ☎ 94.91.40
RENAULT Viano-Saint-Lambert, 6 r. Taddéï
(7e) AY ☎ 52.90.10
VOLVO Volvo-France, 27 av. J.-Cantini (6e) ☎
79.91.36

8e Arrondissement

ALFA-ROMEO Alfa-Provence, 241 av. du Pra-
do ☎ 79.91.44
CITROEN Succursale, 96 bd Rabatau EZ s ☎
79.90.20
FIAT Gar. St-Maurice, 444 r. Paradis ☎ 77.67.48
FORD Agence Centrale, 36 bd Michelet ☎
77.97.06
LANCIA-AUTOBIANCHI S.O.D.I.A., 150 av. du
Prado ☎ 53.55.22
OPEL GM Auto Service Réparation, 3 et 5 bd
Rabatau ☎ 79.91.13

PEUGEOT-TALBOT S.I.A.P. de Provence, 44 r.
Liandier DZ a ☎ 79.90.00
PEUGEOT-TALBOT Auto-Marseille-Michelet,
204 bd Michelet DZ ☎ 77.16.11
RENAULT Succursale, 134 bd Michelet DZ ☎
77.69.00
Gar. Bernasconi, 365 r. Paradis ☎ 77.03.39

🛞 Central-Pneus, 104 av. Cantini ☎ 79.79.86
Omnica, 4 r. R.-Teissère Pl. Rabatau ☎ 79.18.12

9e, 10e et 11e Arrondissements

CITROEN Amoretti, 8 bd Aiguillon (9e) par bd
Ste-Marguerite EZ ☎ 75.19.79
CITROEN Jean Fils, 19 av. de la Timone (10e)
EY ☎ 78.17.52
FIAT Ets Manzon, 33 av. Capelette (10e) ☎
79.91.91
MERCEDES-BENZ M.A.S.A., 108 bd Pont-de-
Vivaux (10e) ☎ 79.56.56

PEUGEOT-TALBOT S.I.A.P. Rabatau, 25 bd
des Aciéries (10e) EZ ☎ 79.30.30
PEUGEOT-TALBOT S.G.A., 37 av. J.-Lombard
(11e) par D 2 EX ☎ 94.91.21

🛞 Alberola, 4 pont de Vivaux (10e) ☎ 79.75.81
Omnica, 37 r. Capit.-Galinat (10e) ☎ 78.37.05

12e, 13e et 14e Arrondissements

CITROEN Succursale, 77 chemin de Ste-
Marthe (14e) DT ☎ 98.90.09 🅽
PEUGEOT, TALBOT S.I.A.P.-Nord, bd Barry,
St-Just (13e) ET ☎ 66.68.61
V.A.G. Gar. de la Rose, 212 av. de la Rose
(13e) ☎ 66.75.64
V.A.G. S.O.D.R.A., 1 chemin Ste-Marthe (14e)
☎ 50.19.30

🛞 Ayme-Pneus, 54 bd Barry (13e) ☎ 66.25.12
Gay, 47 bd Burel (14e) ☎ 95.91.13
Omnica, 15 bd Gay-Lussac (14e) ☎ 98.90.11
Sirvent-Pneus, 194 bd D.-Casanova (14e) ☎ 67.
22.20 🅽 ☎ 91.44.86

15e et 16e arrondissements

FORD Marseille-Nord-Automobiles, 64 r. de Lyon (15e) ℡ 64.40.48
PEUGEOT Gar. Gastaldi, 44 rte Nationale de St-Antoine (15e) par N 8 AT ℡ 51.32.37
RENAULT Ets Lodi, 124 rte Nationale, la Viste (15e) par N 8 AT ℡ 69.90.71

RENAULT Coquillat, 89 bd Jean-Labro, St-André (16e) par N 8 AT ℡ 46.08.07
Gar. Corradi, 111 r. Condorcet, St-André (16e) ℡ 46.50.77

🖝 Sirvent, Compt. Pneu, 428 rte Nationale, St-Antoine (15e) ℡ 51.24.13

Banlieue

Relais des Pennes, les Pennes-Mirabeau ℡ 02.71.26

MARSSAC-SUR-TARN 81 Tarn 82 ⑩ – rattaché à Albi.

MARTAILLY-LÈS-BRANCION 71 S.-et-L. 69 ⑲ – rattaché à Tournus.

MARTEL 46600 Lot 75 ⑱ G. Périgord – 1 560 h. alt. 225 – ✦ 65.

Voir Belvédère de Copeyre ≼* sur cirque de Montvalent* SE : 4 km.

🛈 Syndicat d'Initiative pl. Consuls (fermé sam. après-midi et dim. hors sais.) ℡ 37.30.03.

Paris 525 – Brive-la-Gaillarde 33 – Cahors 81 – Figeac 59 – Gourdon 44 – St-Céré 32 – Sarlat-la-C. 44.

🏠 **Turenne et rest. Le Quercy,** ℡ 37.30.30, 🍴 – 🚿wc 🛏 📞 🖭 ⪥
→ *1er mars-31 oct.* – SC : **R** 45/150 🍷 – 🖙 12 – **18 ch** 70/160 – P 125/160.

à Gluges : S : 5 km par N 140 – ✉ 46600 Martel – **Voir** Site*.

🏠 **Falaises** ⪥, ℡ 37.33.59, 🍴 – 🛏wc 📞 🅿. ⪥ ch
→ *fermé 1er janv. au 15 fév. et mardi sauf vacances scolaires* – SC : **R** 45/160 – 🖙 14 – **17 ch** 75/150 – P 145/190.

MARTIEL 12 Aveyron 79 ⑳ – rattaché à Villefranche-de-Rouergue.

MARTIGUES 13500 B.-du-R. 84 ⑫ G. Provence – 43 178 h. – ✦ 42.

Voir Pont St-Sébastien ≼* B – Étang de Berre* – Viaduc autoroutier de Caronte* – Chapelle N.-D.-des-Marins ⪥* 3,5 km par ④.

🛈 Office de Tourisme quai Paul-Doumer (fermé dim. sauf matin en saison) ℡ 80.30.72.

Paris 775 ② – Aix-en-Provence 45 ② – Arles 52 ④ – ✦Marseille 40 ② – Salon-de-Provence 35 ①.

🏨 **St-Roch** 🅼 ⪥, ancienne rte Port de Bouc **(x)** ℡ 80.19.73, ≼, Parc – 📺 🛏wc 📞 🅿. 🚗
🅐🅔 ① 𝒱𝐼𝒮𝒜
SC : **R** 65/90 – 🖙 21 – **39 ch** 210/230 – P 240/330.

🏨 **Eden** sans rest, bd É.-Zola **(a)** ℡ 07.36.37 – 🛏wc 🛏 📞 🅿. 🚗 E
𝒱𝐼𝒮𝒜 ⪥
fermé 20 déc. au 20 janv. – SC : 🖙 18 – **38 ch** 115/170.

🏠 **Campanile** 🅼, par ① : 1,5 km rte Istres ℡ 80.14.00, Télex 401378 – 📺 🛏wc 📞 🅿. – 🔊 50.
𝒱𝐼𝒮𝒜
SC : **R** 55 bc/80 bc – 🍷 20 – **42 ch** 186.

🏠 **Clair H.** sans rest, bd M.-Cachin **(e)** ℡ 07.02.43 – 🛏wc 🛏wc 📞 🅿. ⪥
SC : 🖙 14 – **39 ch** 55/120.

tourner →

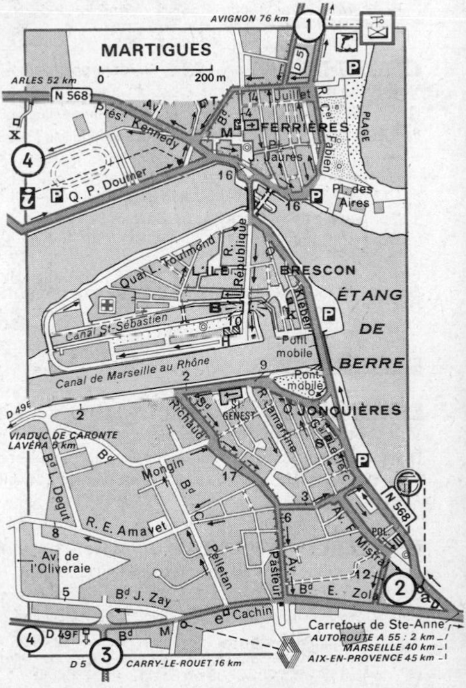

MARTIGUES

Alsace-Lorraine (Quai) ... 2
Belges (Esplanade des) .. 3
Denfert (R. Colonel) 4
Font-Sarade (Chemin de) 5
Gambetta (R.) 6
Girondins (Quai des) 7
J.-J. Rousseau (Bd) 8
Lamartine (Pl.) 9
Libération (Pl. de la) ... 10
Lorto (Av. P. di) 12
Tessé (Quai Marcel) 16
4-Septembre (Cours du) 17

XX **Le Mirabeau,** 8 pl. Mirabeau **(k)** ℡ 80.52.38 – VISA
fermé dim. soir et lundi – SC : **R** carte environ 140.

XX **Gousse d'Ail,** quai Gén.-Leclerc **(s)** ℡ 07.13.26 – ▤. ⓓ
fermé 28 août au 20 sept. et dim. – **R** 48/58.

PEUGEOT Martigues-Auto, Cacharelle, quart. St-Genest, rte Lavéra par D 49E ℡ 07.09.88
RENAULT Gar. Auto service-Martigues, rte de Fos Quartier St-Jean ℡ 06.09.92
RENAULT Aragon, av. J.-Macé ℡ 07.03.54
RENAULT Gar. du Viaduc, Zone Ind. Sud par D 49 E ℡ 81.12.40
TALBOT Autom. de Provence, 48 av. F.-Mistral ℡ 81.08.63

VAG Gar. de la Licorne, Zone Ind. ℡ 81.03.23

Morcel, chemin Paradis ℡ 80.44.49
Omnica, Puits de Pouane, N 568 ℡ 06.63.27
Pizzorno, 26 espl. des Belges ℡ 07.07.71 et Zone Ind. Sud

MARTIMPRÉ 88 Vosges 62 ⑰ – rattaché à Gérardmer.

MARTIN-ÉGLISE 76 S.-Mar. 52 ④ **G. Normandie** – 1 098 h. alt. 11 – ✉ **76370** Neuville-lès-Dieppe – ☎ 35.

Paris 167 – Blangy 44 – Dieppe 6,5 – Neufchâtel-en-Bray 30 – •Rouen 64 – Le Tréport 29.

XX **Aub. Clos Normand** ⛰ avec ch, ℡ 82.71.01, **« Jardin en bordure de rivière »** – ⇔wc Ⓟ. AE VISA. ✂ ch
fermé lundi soir et mardi ; hôtel fermé du 6 nov. au 6 mars, rest du 20 déc. au 15 janv. – SC : **R** carte 100 à 165 – ☕ 14 – **8 ch** 85/150.

MARTRES-TOLOSANE 31 H.-Gar. 82 ⑯ **G. Pyrénées** – 1 909 h. alt. 264 – ✉ **31220** Cazères-sur-Garonne – ☎ 61.

Paris 760 – Auch 84 – Auterive 45 – Pamiers 68 – St-Gaudens 29 – St-Girons 39 – •Toulouse 61.

Castet, face gare ℡ 90.80.20, ⛱, 🏊, 🌳 – TV ⇔wc ⛲wc ☎ Ⓟ. ⓓ VISA
fermé 10 au 30 oct. – SC : **R** *(fermé lundi d'oct. à fin juin)* 40/80 🍷 – ☕ 10 – **18 ch** 75/120 – P 120/140.

MARVEJOLS 48100 Lozère 80 ⑤ **G. Auvergne** (plan) – 5 913 h. alt. 651 – ☎ 66.

Voir Porte de Soubeyran*.

Syndicat d'Initiative av. Brazza (juil.-août et fermé dim. après-midi) ℡ 32.02.14.

Paris 558 – Espalion 72 – Florac 53 – Mende 29 – Millau 73 – Rodez 85 – St-Chély-d'Apcher 33.

Europe, bd Chambrun ℡ 32.02.31 – |⇕| ⇔wc ⛲ ☎ Ⓟ. 🚗 E VISA
fermé mi-déc. à mi-janv. et dim. soir de nov. au 31 mars – SC : **R** *(fermé dim. soir et lundi midi du 15 sept. au 15 juin)* 40/100 🍷 – ☕ 15 – **36 ch** 100/140 – P 135/150.

Gare et Rochers ⛰, pl. Gare ℡ 32.10.58, ⩽ – |⇕| ⇔wc ⛲ ☎ 🚗. ⓓ E
fermé 15 janv. au 15 fév. – SC : **R** *(fermé sam. hors sais. et fêtes)* 40/90 🍷 – ☕ 13 – **30 ch** 50/135 – P 125/155.

CITROEN Garde, ℡ 32.01.04
FIAT, VOLVO Gar. du Soubeyran, ℡ 32.01.01
OPEL Gar. de la Mairie, ℡ 32.00.86
PEUGEOT Rouvière, ℡ 32.00.88

RENAULT Gar. Vigouroux ℡ 32.13.25
TALBOT Rel du Gévaudan, ℡ 32.15.62

Vulc Lozérienne, ℡ 32.07.11

MARZAL (Aven de) ** 07 Ardèche 80 ⑨.

Le MAS-D'AZIL 09290 Ariège 86 ④ – 1 568 h. alt. 292 – ☎ 61.

Voir Grotte** S : 1,5 km, **G. Pyrénées.**

Syndicat d'Initiative à la Mairie (fermé sam. après-midi et dim.) ℡ 68.90.18.

Paris 785 – Auch 112 – Foix 37 – Montesquieu-Volvestre 24 – Pamiers 35 – St-Girons 24.

RENAULT Renaille, ℡ 68.93.71

MASEVAUX 68290 H.-Rhin 66 ⑧ **G. Vosges** – 3 601 h. alt. 405 – ☎ 89.

Env. Descente du col du Hundsrück ⩽** NE : 13 km.

Syndicat d'Initiative 36 Fossé Flagellants (juil.-août et fermé dim.) ℡ 82.41.99.

Paris 521 – Altkirch 30 – Belfort 23 – Colmar 57 – •Mulhouse 29 – Thann 22 – Le Thillot 37.

XX **Host. Alsacienne** avec ch, r. Foch ℡ 82.45.25 – ⛲wc. 🚗
fermé 24 juin au 15 juil., vacances de nov. et de fév., dim. soir et lundi – SC : **R** 45/117 – ☕ 15,50 – **9 ch** 80/112 – P 135/140.

XX **Aigle d'Or** avec ch, pl. G.-Clemenceau ℡ 82.40.66 – ⛲. 🚗 ⓓ E VISA. ✂ ch
fermé 19 sept. au 12 oct., 4 au 25 janv., lundi soir et mardi – SC : **R** 44/116 🍷 – ☕ 16,50 – **9 ch** 60/99 – P 94/100.

La MASSANA Principauté d'Andorre 86 ⑭ – voir à Andorre.

Switch to Michelin
for longer life.

Michelin radial tyres

XZX (SR Rating)

The XZX follows the classic Michelin radial configuration combined with a specially designed tread and is suitable for fitment to cars capable of speeds up to 180 km/h (113 mph).

- Exceptional adhesion particularly in the wet due to the tread design
- Tread life is well up the the high standards set by Michelin
- Excellent comfort and low noise levels
- Low power absorption (leading to fuel economy)
- Also available in 70 series (with completely new tread pattern)

TRX/TRXAS/ TRXM+S

An entirely new generation of radials with a unique super low profile allied to a new wheel and rim combination. HR & VR available.

- Outstanding road holding and vehicle control
- Exceptional adhesion, wet or dry
- Exceptional passenger and vehicle protection
- Maintains the high mileage characteristic of Michelin radials

XAS (HR Rating)

The XAS is an asymmetric radial tyre designed to deal with problems associate with speeds up to 130 mph. The unique disposition of steel cord stabilising plies beneath the tread, contribute to exceptional straight line stability and cornering precision.

- HR category, for speeds up to 130 mph
- Exceptional grip wet or dry
- Remarkable comfort
- Low power absorption (leading to fuel economy)

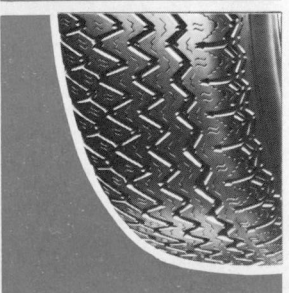

XVS (HR Rating)

The XVS is an asymmetric tyre complementary to the XAS and suitable for fitment to cars with a maximum speed capability of up to 210 km/h (130 mph) and able to sustain speeds at or near that figure.

- Designed for sustained high speed performance
- Exceptional adhesion on wet and dry surfaces
- Low power absorption (leading to fuel economy)
- Remarkable comfort

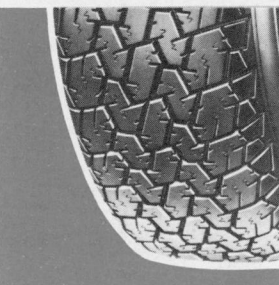

XDX (VR Rating)

The XDX is designed to meet the requirements of cars capable of speeds in excess of 210 km/h (130 mph) but having a maximum of 227 km/h (142 mph)

- Excellent road holding and stability
- Exceptional ride comfort for a VR tyre
- Quiet running not normally associated with tyres in VR category
- Low power absorption (leading to fuel economy)

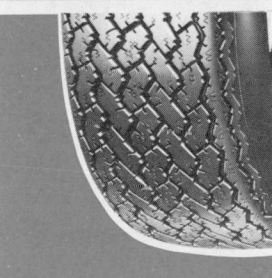

XWX (VR Rating)

The XWX is designed for high performance cars with a speed capability well in excess of 210 km/h (130 mph)

- Provides excellent stability at very high speeds
- Exceptional grip and road holding

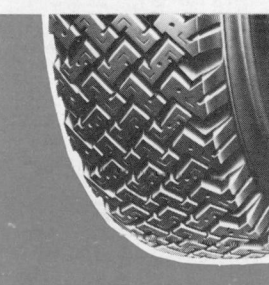

XM+S Tyres

Designed to give exceptional adhesion and traction in adverse conditions. Suitable for speeds up to 160 km/h (100 mph) or 150 km/h (90 mph) if studded

- Radial winter tyre
- Suitable for normal road use
- Extra adhesion in snow, mud or adverse conditions
- Moulded holes for studs
- Low power absorption (leading to fuel economy)

XM+S88/89

The XM + S88/89 are improved winter radials suitable for speeds up to 160 km/h (100 mph) or 150 km/h (90 mph) if studded

- Excellent grip on snow, ice and muddy conditions
- Extremely good stability
- Moulded holes for studs
- Low power absorption (leading to fuel economy)

Michelin tyre fitment and pressure guide

Alignment: with Michelin radial tyres all round the best alignment is parallel. Where the vehicle manufacturer recommends a TOE-IN setting PARALLEL to $1/16''$ TOE-in should be used. Where a TOE-OUT alignment is recommended PARALLEL to $1/16''$ TOE-OUT setting should be used.

Pressures: the pressures shown in the fitment chart are in pounds per square inch (lb/in^2). Where additional pressure is required for full load conditions or sustained high speed or both this is indicated by (L), for full load and (S) for speed of (LS) for a combination of full load and sustained high speed.

Towing: An increase in pressure in the rear tyres of the car is recommended when towing unless an increase in the rear tyre pressures is already being used i.e. (L), (S) or (LS) in which case no further increase is necessary.

XM + S, XM + S8, XM + S89. These tyres may replace XZX/ZX tyres on cars shown in the fitment tables.

XM + S, XM + S88, XM + S89. It is recommended that these tyres are fitted in complete sets. If fitted, increase XZX/ZX pressures by 3 lb/in^2 except for Minis and derivatives where standard XZX/ZX pressures should be used.

Fitting of Michelin radial tubeless tyres
Most sizes of Michelin radial tyres are available in tubeless versions, but they may only be fitted as such providing certain conditions are fulfilled. Please consult your tyre specialists for full information.

XAS, XVS, XDX, XWX. It is preferred that these tyres are fitted in complete sets only. If it is necessary to mix these tyres, consult Michelin.

TRX. These tyres must be fitted in complete sets only.

Car Make and Model	Michelin Radial Fitment	Pressures lb/in. sq. Standard F	R	Load/Speed F	R
ALFA ROMEO					
Alfasud 1·2, 1·3, 1·5 Saloons	145 SR 13XZX	28	22	28	22
	165/70 SR 13XZX/70	26	20	26	20
Guilietta 1·6,	165 SR 13XZX	26	29	26	29
Guilietta 1·8	185/70 SR13ZX/70	26	29	26	29
Alfetta GT 1·6, 1·8, 2·0	185/70 HR 14XVS	25	26	25	26
	180/65 HR 390TRX	29	25	29	25
AUDI					
Audi 80, 80L, S, LS (up to 1979)	155 SR 13XZX	25	25	26(L)	32(L)
	190/55 SR 365TRX	25	25	25	25
Audi 80, L (1.3)	155 SR 13XZX	25	25	26(L)	29(L)
	175/70 SR 13XZX/70				
Audi 80 LS (1979 models onwards)	165 SR 13XZX	25	25	26(L)	29(L)
	175/70 SR 13XZX/70				
Audi 80 GLS (1979 models onwards)	175/70 SR 13XZX/70	25	25	26(L)	29(L)
Audi 80 GL (1981 models onwards)	165 SR 13XZX	25	25	26(L)	29(L)
80GTE/GLE	175/70 HR 13XVS-2	25	25	26(L)	32(L)
	190/55 HR 365TRX	25	25	25	25
100/Avant (1·6, 2·0 models) (and 2·25S models)	165 SR 14XZX	29	29	32(L)	32(L)
	185/70 SR 14XZX/70	28	28	30(L)	30(L)
	185/70 HR 14XVS-2				
100 5E/Avant 5E	185/70 HR 14XVS-2	28	28	30(L)	30(L)
BMW					
316, 318 (up to 1981 models)	165 SR 13XZX	26	26	28(L)	29(L)
	185/70 HR 13XVS 2	26	26	28(L)	29(L)
316, 318 (From 1981 model year)	165 SR 13XZX	28	28	29(L)	32(L)
	185/70 HR 13XVS-2	28	28	29(L)	32(L)
320/6/323i	185/70 HR 14XVS-2	29	29	32(L)	35(L)
(1980 Models +)	185/70 HR 14XVS-2	29	29	32(L)	35(L)
320i	185/70 HR 13XVS-2	28	28	29(L)	30(L)
518 (1976-1982)	175 SR 14XZX	28	28	30(L)	34(L)
520/4 (From 1976)	195/70 HR 14XVS-2				
520i (From 1982)	175 HR 14XVS-2	29	29	29(L)	35(L)
	195/70 HR 14XVS				
	200/60 HR 390TRX				
525, 1976 +, 520/6	175 HR 14XVS-2	30	30	32(L)	36(L)
	195/70 HR 14XVS	29	29	30(L)	34(L)
525i (From 1982)	175 HR 14XVS-2	32	32	35(L)	36(L)
	195/70 HR 14XVS				
	200/60 HR 390TRX				
528	195/70 HR 14XVS	30	30	32(L)	35(L)
528i (From 1982)	195/70 VR 14XDX	32	32	35(L)	36(L)
	200/60 VR 390TRX				
630CS, 628CSi (until 6/82)	195/70 VR 14XDX	34	34(L)	35(L)	38(L)
633CSi	195/70 VR 14XWX				
728	195/70 HR 14XVS	32	32	34(L)	38(L)
	205/70 HR 14XVS				
	220/55 VR 390TRX				
733i, 732i, 735i	205/70 VR 14XDX	32	32	34(L)	38(L)
	205/70 VR 14XWX				
	220/55 VR 390TRX				
CITROEN					
2CV, Dyane 4 and 6, 2CV6	125–15X	20	26	20	26
Ami 8	125–15X	26	26	26	26
Ami Super and Super Estate	135 SR 15XZX	26	28	26	28
Visa (652 cc), Club	135 SR 13XZX	25	29	25	29
Visa (1124 cc), Super, Super E	145 SR 13XZX	25	28	25	28
Visa L (1124 cc)	145 SR 13XZX	26	29	26	29
Visa Super X (1219 cc)	160/65 R 340TRX AS	25	26	25	26
Visa GT (1360 cc)	160/65 R 340TRX AS	26	28	26	28
GS, GSA. All Models	145 SR 15XZX	26	28	26	28
CX2000/Reflex Manual Steering	185 SR 14XZX (Front)	28	30	28	30
	175 SR 14XZX (Rear)				
	190/65 HR 390TRX	32	20	32	20

*(L) (S) (LS) See notes at head of table

V

Car Make and Model	Michelin Radial Fitment	Standard F	Standard R	Load/Speed F	Load/Speed R
CITROEN					
CX2000/2200/Athena/Reflex Power assisted steering	185 HR 14XVS-2 (Front) 175 HR 14XVS-2 (Rear)	28	30	28	30
	190/65 HR 390TRX	32	20	32	20
CX2200 Diesel Saloon (1978 +)	185 SR 14XZX (Front) 175 SR 14XZX (Rear)	30	30	30	30
	190/65 HR 390TRX	32	20	32	20
CX2200 Diesel Safari (1978 +)	185 SR 14XZX	30	32	30	32
CX2400 Super CX2400 Pallas (Up to 1981)	185 HR 14XVS-2 (Front) 175 HR 14XVS-2 (Rear)	28	30	28	30
	190/65 HR 390TRX	32	20	32	20
CX2400 Pallas (1981 +)	185 HR 14XVS-2	28	30	28	30
	190/65 HR 390TRX	32	20	32	20
CX2400 GTI	185 HR 14XVS-2	30	32	30	32
	190/65 HR 390TRX	32	20	32	20
CX2400 Prestige	185 HR 14XVS-2	32	32	32	32
	190/65 HR 390TRX	32	20	32	20
CX2500D Saloon	185 SR 14XZX (Front) 175 SR 14XZX (Rear)	30	30	30	30
	190/65 HR 390TRX	32	20	32	20
COLT–See Mitsubishi					
DAIMLER					
Sovereign 2·8, 3·4, 4·2 Sovereign Series II and III Vanden Plas 4·2 Saloon	205/70 VR 15XDX	<100mph 29 >100mph 35	28 34	29(L) 35(L)	32(L) 38(L)
Double Six Double Six Vanden Plas (up to 1982 models)	205/70 VR 15XDX 205/70 VR 15XWX	<100mph 32 >100mph 38	28 34	32(L) 38(L)	32(L) 38(L)
Double Six HE Double Six Vanden Plas HE	215/70 VR 15XDX 215/70 VR 15XWX	<100mph 32 >100mph 38	28 34	32(L) 38(L)	32(L) 38(L)
DATSUN					
100A Cherry, B110/1200 Saloon and Coupé, 120A	155 SR 12XZX 155 SR 12XZX	21	21	25(L)	25(L)
120Y MkII Saloon and Coupé	155 SR 13XZX	24	24	24	24
140J, 160J, 160J SSS (until 1980 models)	165 SR 13XZX	25	29	29(L)	33(L)
140J, 160J, 160J SSS (From 1980 models)	165 SR 13XZX 185/70 SR 13XZX/70	26	26	29(L)	29(L)
120Y, 140Y, (Sunny) Saloons, Coupes, Estates (1980 models)	155 SR 13XZX 175/70 SR 13XZX/70	25 25	28 25	28(L) 28(L)	30(L) 28(L)
180B GL Saloon (1980 models +)	185/70 SR 14XZX/70	29	29	32(L)	32(L)
200L (1979 +)	185/70 HR 14XVS-2	26	29	29(L)	32(L)
240K GT (1979 +)	185/70 HR 14XVS-2	28	25	28	25
260C Saloon and Coupé	175 HR 14XVS-2	28	30	32(LS)	35(LS)
FIAT					
Panda	135 SR 13XZX	26	29	26	29
Strada 65, 75	145 SR 13XZX 165/70 SR 13XZX/70	28	26	28(L)	32(L)
124, 124S, 124 Special T	155 SR 13XZX	24	26	24	26
126, Deville, Special	135 SR 12XZX	20	29	20	29
127CL, 1050CL (3 door)	135 SR 13XZX	24	27	24(L)	31(L)
128, (1160, 1290cc)	145 SR 13XZX	26	24	26	24
X1·9 (1·3)	165/70 13XZX/70	26	28	26	28
X1·9 (1·5)	165/70 SR 13XZX/70	26	29	26	29
132 Special, GLS 1600, 1800	185/70 SR 13XZX/70	26	28	26	28

*(L) (S) (LS) See notes at head of table

Car Make and Model	Michelin Radial Fitment	Standard F	Standard R	Load/Speed F	Load/Speed R
FIAT					
132 (2000)	175/70 SR 14XZX/70	28	29	28	29
Option	180/65 HR 390TRX				
Mirafiori 1300L, 1600CL	155 SR 13XZX	26	26	26	26
	175/70 SR 13XZX/70				
Super Mirafiori	165 SR 13XZX	26	29	26	29
	175/70 SR 13XZX/70	26	26	26	26
FORD					
Fiesta 1·0	135 SR 12XZX	28	28	32(L)	32(L)
	145 SR 12XZX	23	26	26(L)	29(L)
	155 SR 12XZX				
Fiesta 1·1L, GL, Ghia, Fiesta S (up to 1982 models)	145 SR 12XZX	23	26	26(L)	29(L)
	155 SR 12XZX				
Fiesta 1·3GL, Ghia, 1·3S (up to 1982 models)	155 SR 12XZX	23	26	26(L)	29(L)
Escort MkII 1100	155 SR 12XZX	22	28	25(L)	36(L)
	155 SR 13XZX	22	25	25(L)	36(L)
Escort MkII 1·3 Popular Popular-Plus, L, GL, Ghia	155 SR 13XZX	22	25	25(L)	36(L)
	175/70 SR 13XZX/70	22	25	23(L)	29(L)
Escort MkII 1·6 L, GL, Ghia	155 SR 13XZX	22	25	25(L)	36(L)
	175/70 SR 13XZX/70	22	25	23(L)	29(L)
Escort MkII 1·3, 1·6, Sports	175/70 SR 13XZX/70	22	25	23(L)	29(L)
Escort MkIII (FWD) Saloons 1·1, 1·3, 1·6 except XR3	155 SR 13XZX	26	26	29(L)	33(L)
	175/70 SR 13XZX/70				
Escort MkIII (FWD) Estates	155 SR 13XZX	26	26	29(L)	33(L)
	175/70 SR 13XZX/70				
Cortina MkIII Saloons (1976 Models onwards)	165 SR 13XZX	26	26	28(L)	36(L)
	185/70 SR 13XZX/70	23	23	28(L)	36(L)
Cortina MkIV Saloons	165 SR 13XZX	26	26	29(L)	36(L)
	185/70 SR 13XZX/70	23	23	29(L)	36(L)
Cortina MkIV Estates	165 SR 13XZX	26	26	28(L)	40(L)
	185/70 SR 13XZX/70	23	25	28(L)	40(L)
Sierra Saloons 1·3, 1·6, 2·3 Diesel	165 SR 13XZX	26	26	29(L)	36(L)
	185/70 SR 13XZX/70				
Sierra Saloons 2·0, 2·3 (except XR4)	165 HR 13XVS-2	26	26	29(L)	36(L)
	185/70 HR 13XVS-2				
Sierra Estates 1·6, 2·3 Diesel	175 SR 13XZX	26	26	29(L)	40(L)
	195/70 HR 13XVS-2	23	23	29(L)	40(L)
Sierra Estates 2·0, 2·3	175 HR 13XVS-2	26	26	29(L)	40(L)
	195/70 HR 13XVS-2	23	23	29(L)	40(L)
Capri II 1300	165 SR 13XZX	21	27	27(LS)	31(LS)
	185/70 SR 13XZX/70	20	21	28(LS)	28(LS)
Capri II 1·6, 2·0	165 SR 13XZX	21	27	27(LS)	31(LS)
	185/70 SR 13XZX/70	21	22	28(LS)	28(LS)
Capri III 1·3, 1·6, 2·0, 2·3	165 SR 13XZX	23	28	28(L)	32(L)
	185/70 SR 13ZX				
Granada II Saloons 2·0L, 2·3L, GL, Ghia	175 SR 14XZX	24	24	27(L)	34(L)
	185 SR 14XZX				
2·8 GLS, 2·1 Diesel	190/65 HR 390TRX	24	24	27(L)	36(L)
2·8 Ghia	185 SR 14XZX	24	24	27(L)	34(L)
	190/65 HR 390TRX	24	24	27(L)	36(L)
2·8i GLS, Ghia	190/65 HR 390TRX	24	24	27(L)	36(L)
	185 HR 14XVS-2	24	24	27(L)	34(L)
2·8iS	190/65 HR 390TRX	24	24	27(L)	36(L)
	185 HR 14XVS-2	24	24	27(L)	36(L)
Granada II Estates 2·0L, 2·3L, 2·8GL Auto	185 SR 14XZX	26	26	27(L)	36(L)
2·8 Ghia	190/65 HR 390TRX	24	24	27(L)	36(L)
2·8GL Manual	185 HR 14XVS-2	26	26	27(L)	36(L)
	190/65 HR 390TRX	24	24	27(L)	36(L)
2·8iGLS, Ghia	190/65 HR 390TRX	24	24	27(L)	36(L)
	185 HR 14XVS				
HILLMAN – see Talbot					
HONDA					
Civic 1500 & 1200	155 SR 12XZX	24	24	24	24
Civic 1300	155 SR 13XZX	25	25	28(L)	28(L)

*(L) (S) (LS) See notes at head of table

Car Make and Model	Michelin Radial Fitment	Pressures lb/in. sq. Standard F	Standard R	Load/Speed F	Load/Speed R
HONDA					
Accord	155 SR 13ZX	24	24	29(LS)	29(LS)
Prelude	155 SR 13ZX	25	25	29(LS)	29(LS)
Quintet	155 SR 13ZX	24	24	24	24
JAGUAR					
XJ6, XJ6L, XJ6C, 2·8, 3·4, 4·2	205/70 VR 15XDX	<100mph 29 >100mph 35	28 34	29(L) 35(L)	34(L) 38(L)
XJ12, XJ12L, XJ12C	205/70 VR 15XDX 215/70 VR 15XWX	<100mph 32 >100mph 38	28 34	32(L) 38(L)	32(L) 38(L)
E Type V12	205/70 VR 15XWX	24	28	38(S)	40(S)
XJS	205/70 VR 15XWX 215/70 VR 15XWX	<100mph 32 >100mph 38	28 34	32(L) 38(L)	32(L) 38(L)
LANCIA					
Beta 1·3 Beta 1·6, 2·0	155 SR 13ZX 175/70 SR 13XZX/70	26	25	28(L) 32(S)	28(L) 32(S)
Beta 1·4 Beta 1·8 ES, HPE	155 SR 13ZX 175/70 SR 14XZX/70	25	25	28(LS)	28(LS)
Delta 1·3 (4 speed) Delta 1·3 (5 speed), 1·5	145 SR 13ZX 165/70 SR 13XZX/70	26	24	29(L)	29(L)
LEYLAND					
Mini, Mini Cooper Mini Countryman Mini Clubman & Estate	145 SR 10XZX	28	26	28	26
Mini Metro 1.0	135 SR 12XZX	32	28	32	28
Mini Metro 1·3	155/70 SR 12XZX/70	28	26	28	26
Metro Automatic	145 SR 13XZX	26	24	26	24
Allegro 1100, 1300 MkI	145 SR 13XZX	26	30	26	30
Allegro 1500, 1750 MkI & Vanden Plas MkI	155 SR 13XZX	26	30	26	30
Allegro 1100, 1300, 1500 MkII, 3 Vanden Plas MkII, 1750 MkII, 3	145 SR 13XZX 155 SR 13XZX	26	24	26	24
Allegro Estates 1·3 MkII, 3 Allegro Estates 3, 1·5, 1·7	145 SR 13XZX	26	24	26(L)	29(L)
Allegro Equipe	165/70 SR 13XZX/70	26	24	26	24
Marina MkII 1·3L, HL Saloons 1·7L, 1·7 HL Ital Saloons 1·3, 1·7, 2·0	145 SR 13XZX 155 SR 13XZX 155 SR 13XZX	26	28	26	28
Marina MkII Estates Ital Estates	155 SR 13XZX	25	32	25	32
Maxi 1500, 1750 Maxi 1750HL, HLS	155 SR 13XZX 165 SR 13XZX	26	24	26	24
1822 Series/Princess, Ambassador	185/70 SR 14XZX/70	26	24	26	24
MAZDA					
1000 DL	155 SR 13XZX	26	26	26	26
323 Saloons	155 SR 13XZX	22	26	22	26
818 Saloon & Coupé, RX3	155 SR 13XZX	26	26	26	26
616	165 SR 13XZX	26	26	26	26
929 Saloon & Coupé	175 SR 13XZX	24	24	24	24
Montrose 1·6	165 SR 13XZX	26	29	26	29
MERCEDES BENZ					
200, 200D (115 Series) 230, 230·4, 230·6	175 SR 14XZX-P	29	34	29	34
230, 240D (123 Series)	175 SR 14XZX-P	29	32	29	32
230C (123 Series)	195/70 HR 14XVS-P	29	32	29	32

*(L) (S) (LS) See notes at head of table

Car Make and Model	Michelin Radial Fitment	Pressures lb/in. sq. Standard F	R	Load/Speed F	R
MERCEDES BENZ					
240TD (123 Series)	195/70 HR 14XVS-P	29	32	29(L)	36(L)
250 (123 Series Not LWB)	175 SR 14XZX-P	29	32	34(L)	36(L)
280, 280C, 280E, 280CE (123 Series)	195/70 HR 14XVS-P	29	32	34(S)	36(S)
280 S, SE (116 Series)	185 HR 14XVS-P	30	34	35(S) 34(L) 38(LS)	38(S) 36(L) 41(LS)
280SE 3·5	205/70 VR 14XDX 205/70 VR 14XWX	32	36	32	36
350SE, SEL (116 Series)	205/70 HR 14XVS	<100mph 30 34 >100mph 35 38		34(L) 38(L)	36(L) 41(L)
450SE, SEL (116 Series)	205/70 VR 14XDX	<100mph 30 34 >100mph 35 38		34(L) 38(L)	36(L) 41(L)
450SEL (6·9) (116 Series)	215/70 VR 14XWX	32	32	36(S) 35(L) 39(LS)	36(S) 35(L) 39(LS)
MG					
MGB Tourer, GT	165 SR 14XZX	21	24	21(L)	26(L)
MGB GT V8	175 HR 14XAS/XVS	21	25	26(L)	32(L)
MG Metro	155/70 SR 12XZX/70	28	26	28	26
MORRIS – see Leyand					
OPEL					
Kadett DL, Special, Coupé (1·2) City DL, City Special (1·2)	155 SR 13XZX	20	25	22(L)	29(L)
Kadett Estate (1·2)	155 SR 13XZX	22	29	23(L)	35(L)
Kadett 1·3 Saloons	155 SR 13XZX	25	25	28(L)	32(L)
Kadett Estate 1·3	155 SR 13XZX	26	34	29(L)	44(L)
Ascona 1·6 & 1·9 (75 onwards)	165 SR 13XZX	25	25	29(L)	29(L)
Ascona Estate 1·6 & 1·9S	165 SR 13XZX	26	29	26(L)	38(L)
Manta 1·6, 1·9 & 2·0	165 SR 13XZX	25	25	29(L)	32(L)
Manta Berlinetta 1·6, 1·9 & 2·0 (75 onwards)	185/70 SR 13ZX	23	23	26(L)	26(L)
Rekord 1·7, 1·9 & 2·0	175 SR 14XZX	26	26	29(L)	32(L)
Monza, Senator	195/70 HR 14XVS-2	32	36	36(L)	41(L)
PEUGEOT					
104 GL, GR	135 SR 13XZX	28	32	28	32
104 SL	135 SR 13XZX	26	29	26	29
104 SR	145 SR 13XZX	26	29	26	29
104 S	165/70 SR 13XZX/70	25	29	25	29
104 ZL 104 ZR (up to 1982)	135 SR 13XZX	28	34	28	34
104 ZR (1982 model)	135 SR 13XZX	26	30	26	30
104 ZS (up to 1982)	145 SR 13XZX	25	30	26(S)	32(S)
104 ZS (1982 model)	165/70 SR 13XZX/70	25	28	25	28
305 GL, GR, (SR up to 1981)	145 SR 14XZX-P	26	30	26	30
305 SR (From 1981 models)	155 SR 13XZX-P	25	30	25	30
305 GRD, GLD Sals	145 SR 14XZX-P	28	30	28	30
305S Sals	165/70 SR 13XZX/70	25	30	25	30
305 GL, SR Estates	155 SR 14XZX-P	23	29	33(L)	36(L)
305 GLD Estates	155 SR 14XZX-P	25	29	25(L)	36(L)
504 L Petrol	165 SR 14XZX	26	30	26	30
504 L Estate, GL Estate, Family Estate Petrol	185 SR 14XZX Reinf.	23	36	23(L)	46(L)
504 L Diesel	165 SR 14XZX	25	29	25	29
504 GL, GL Deisel	175 SR 14XZX	26	30	26	30
505 GR, GRD, SR, SRD (Sals up to 1981 models)	175 HR 14XVS-2	23	28	26(L)	30(L)

*(L) (S) (LS) See notes at head of table

Car Make and Model	Michelin Radial Fitment	Pressures lb/in. sq. Standard F	R	Load/Speed F	R
PEUGEOT					
505 GR, SR, GL	175 SR 14XZX-P	26	29	29(L)	32(L)
(1981 models +)	175 HR 14XVS-P	23	28	28(L)	30(L)
505 GRD, SRD	175 SR 14XZX-P	26	29	26	29
(Sals 1981 models +)	175 HR 14XVS2-P	25	28	25	28
505 Ti, STi Sals (Manual) (up to 1981 models)	175 HR 14XVS2-P	23	28	26(L)	30(L)
505 STi, (Auto) Sals (up to 1981 models)	175 HR 14XVS2-P	25	28	28(L)	30(L)
505 Ti, STi Saloons	175 HR 14XVS2-P	23	28	28(L)	30(L)
(From 1981 models)	180/65 HR 390TRX	23	28	23	28
505 Estates Petrol	185 SR 14XZX Reinf.	23	36	23(L)	46(L)
Diesel	185 SR 14XZX Reinf.	25	36	25(L)	46(L)
604 SLS V6, SL, Ti	175 HR 14XAS-P	26	30	30(L) or (S)	35(L) or (S)
	190/65 HR 390TRX	22	30	22	30
RENAULT					
R4, R4L, R4TL	135 SR 13XZX	20	25	22(L)	26(L)
R5, R5L, R5TL, R5GTL	145 SR 13XZX	25	28	28(L)	30(L)
R5TS	145 SR 13XZX	23	28	25(L)	29(L)
R6, R6L	135 SR 13XZX	22	25	25(L)	28(L)
R5 Gordini	155/70 HR 13XVS	25	30	25(L)	34(L)
R9C, TC (1·1)	145 SR 13XZX	25	28	26(L)	29(L)
R9TL, GTL (1·3)	145 SR 13XZX 155 SR 13XZX	25	28	26(L)	29(L)
R9TLE, GTS (1·3)	155 SR 13XZX 175/70 SR 13XZX/70	25	28	26(L)	29(L)
R9TSE (1·3)	175/70 SR 13XZX/70	25	28	26(L)	29(L)
R12L, R12TL, R12TS	145SR 13XZX	23	26	26(L)	29(L)
R14TL, GTL, TS	145 SR 13XZX	25	28	26(L)	29(L)
R16, R16TL	145 SR 14XZX	23	29	25(L)	32(L)
R16TS (Manual)	155 SR 14XZX	23	29	25(L)	32(L)
R17TS, R17 Gordini	165 HR 13XAS	28	30	30(L)	32(L)
R18TL, GTL, TS, GTS Sals (up to 1982 models) Manual	155 SR 13XZX	23	26	26(L)	29(L)
R18TL, GTL Saloons Manual (From 1982)	155 SR 13XZX	25	26	28(L)	29(L)
R18TL, GTL, TS, GTS Sals (Up to 1982 models) Automatic	155 SR 13XZX	25	28	28(L)	29(L)
R18TL, TS, GTL Estates Manual	155 SR 13XZX	25	35	26(L)	(38(L)
R18, TS Estates Automatic	155 SR 13XZX	26	35	28(L)	38(L)
Fuego TL	155 SR 13XZX 175/70SR 13 XZX/70	26	29	29(L)	30(L)
Fuego GTL	175/70 SR 13XZX/70	26	29	29(L)	30(L)
Fuego TS	165 SR 13XZX	29	32	30(L)	34(L)
Fuego GTS	175/70 SR 13XZX/70 200/65 R 340 TRXAS	29	32	30(L)	34(L)
Fuego TX	185/70 HR 13XVS-2	29	32	30(S)	34(S)
Fuego GTX	175/70 HR 14XVS 200/65 R 340 TRXAS	29	32	30(L)	34(L)
R20TL, GTL Manual (Up to 1981 models)	165 SR 13XZX	28	28	30(L)	30(L)
R20LS, TS, Manual (1982 +)	165 SR 13XZX	32	29	34(L)	30(L)
R20TL, GTL Automatic (Up to 1981 models)	165 SR 13XZX	29	28	32(L)	30(L)
R20TS, TL, LS Manual (1981 models)	165 SR 13XZX	28	28	30(L)	30(L)
R20TS Automatic (Up to 1981)	165 SR 14XZX 180/65 HR 390 TRX	29 / 30	29 / 34	32(L) / 34(L)	36(L) / 36(L)
R20LS, TS Automatic (1982 +)	165 SR 13XZX	34	29	35(L)	30(L)
R20TL, LS, TS Automatic (1981 models)	165 SR 13XZX	29	28	32(L)	32(L)
R20 TD, GTD (Up to 1982 models)	165 SR 13XZX	29	28	32(L)	30(L)
30TS, TX Manual	175 HR 14XVS-2	26	29	29(L)	32(L)
30TS, TX Automatic	175 HR 14XVS-2	28	29	30(L)	32(L)

*(L) (S) (LS) See notes at head of table

X

Car Make and Model	Michelin Radial Fitment	Pressures lb/in. sq. Standard F	R	Load/Speed F	R
ROVER					
2000 and TC, 2200 and TC	165 SR 14XZX	30	28	30	28
3500, 3500S	185 HR14XVS	28	30	30(L)	34(L)
2300, 2600, 2000	175 HR 14XVS-2	29	30	30(L)	34(L)
	190/65 HR 390 TRX	26	26	26	26
3500SDI, SE	195/70 HR 14XVS	26	26	26(L)	30(L)
	190/65 HR 390 TRX	26	26	26	26
Range Rover	205 R 16XM+S	25	25	25(L)	35(L)
SAAB					
96 V4	155 SR 15XZX	25	25	28(L)	28(L)
99 (1.85, 2.0 litre)	155 SR 15XZX	28	28	30(L)	30(L)
99 GL, GLE, GLS (Up to Oct 78)	165 SR 15XZX	28	28	30(L)	30(L)
99 GL, GLE, GLS (Oct 78 +)	165 SR 15XZX	28	28	32(L)	35(L)
99 Turbo, 900 GL, GLS, GLE	175/70 HR 15VS	28	28	32(L)	35(L)
900 Turbo	180/65 HR 390 TRX	28	29	30(L)	32(L)
TALBOT					
Sunbeam 1·0 LS, GL	145 SR 13ZXX 155 SR 13ZXX	21	25	22(L)	32(L)
Sunbeam 1·3 LS, GL 1·6 GL, S, GLS	155 SR 13ZXX	22	22	22(L)	28(L)
Sunbeam 1·6 Ti	175/70 SR 13ZXX/70	25	25	25(LS)	32(LS)
Samba LE, LS (1·0)	135 SR 13ZXX	28	29	30(L)	32(L)
Samba GL (1·1)	145 SR 13ZXX	26	28	29(L)	30(L)
Samba GLS (1·4)	165/70 SR 13ZXX/70	25	29	28(L)	32(L)
Horizon 1·1 GL, LS	145 SR 13ZXX	26	26	30(LS)	32(LS)
Horizon 1·3 GL, LS, GLS	145 SR 13ZXX 175/70 SR 13ZXX/70	26	26	30(LS) 29(LS)	32(LS) 29(LS)
Alpine 1·3 S, LS, GL, GLS 1·5 GL, LS Solara 1·3 LS, 1·6 GL, LS	155 SR 13ZXX	26	26	28(L)	29(L)
Alpine 1·5 GLS, 1·6 SX Solara 1·6 GLS, SX	165 SR 13ZXX	26	26	28(L)	29(L)
Avenger Saloons	155 SR 13ZXX 165 SR 13ZXX	25	25	25(L)	30(L)
Tagora GL, GLS	175 SR 14ZXX 175 HR 14XVS-2	29	32	30(L)	34(L)
Tagora Diesel Turbo	175 SR 14ZXX 175 HR 14XVS-2	26	30	28(L)	34(L)
Tagora SX	210/65 HR 365TRX AS	23	29	23	29
TOYOTA					
Starlet	145 SR 13ZXX	24	26	24	26
Corolla 1200 (KE20)	155 SR 12ZXX	22	22	22	22
Corolla 30 Saloon and Coupé (KE30/35)	155 SR 13ZXX	24	24	24	24
Corolla 30 Estate (KE36)	155 SR 13ZXX	24	24	24(L)	33(L)
Corolla 1·3 (KE70) (From Mar 1980)	155 SR 13ZXX 175/70 SR 13ZXX/70	24	24	26(L)	26(L)
Carina 1·6 Saloon (TA14) (July 1976 to Oct 1977)	165 SR 13ZXX	24	24	28(L)	28(L)
Carina 1·6 Saloon (TA40) (From Jan 1978)	165 SR 13ZXX 185/70 SR 13ZXX/70	23	23	24(L)	28(L)
Carina 1·6 Estate (TA40) (From Jan 1978)	165 SR 13ZXX	28	28	28(L)	33(L)
Celica 1·6ST (1972-1978)	165 SR 13ZXX 185/70 SR 13ZXX/70	24	24	28(L)	28(L)
Celica 1·6ST (TA40) (From Jan 1978)	165 SR 13ZXX	25	25	29(L)	30(L)
Celica 2·0ST, XT (RA40) (From Jan 1978)	165 SR 14ZXX 185/70 SR 14ZXX/70	25	25	29(L)	30(L)
Celica 2·0 GT (RA40) (From Jan 1978)	185/70 HR 14XVS-2	25	25	29(L)	30(L)
Corona Liftback 1·7 (TT132) (From Apr 1979)	165 SR 14ZXX 185/70 SR 14ZXX/70	28	28	28	28
Crown Super Saloon (MS112) (From Mar 1980)	195/70 HR 14XVS	28	28	30(L)	30(L)
Crown Custom Estate (MS63) (1972 +)	185 SR 14ZXX	26	32	26	32

*(L) (S) (LS) See notes at head of table

Car Make and Model	Michelin Radial Fitment	Pressures lb/in. sq. Standard F	R	Load/Speed F	R
TRIUMPH					
Spitfire 1500	155 SR 13XZX	21	26	21	26
Toledo	155 SR 13XZX	24	28	24	28
Dolomite 1300, 1500, 1850	155 SR 13XZX	26	30	26	30
Dolomite Sprint	175/70 HR 13XVS-2	26	30	26	30
Acclaim	155 SR 13XZX	24	24	24(L)	30(L)
2000 Mk I, II	175 SR 13XZX	26	26	26	26
2000 TC	175 SR 13XZX	26	30	26	30
2·5 Pi Mk I, II	175 SR 13XZX	26	30	26	30
2500S	175 HR 14XVS-2	26	30	26	30
2500S Estate	175 HR 14XVS-2	26	34	26	34
TR7, D/H Automatic	175/70 SR 13XZX/70	24	28	24	28
TR7 5 speed D/H Manual	185/70 HR 14XVS-2	24	28	24	28
Stag	185 HR 14XVS-2	26	30	26	30
VAUXHALL					
Cavalier 1600, 1900 (Up to 82)	165 SR 13XZX	24	24	29(L)	32(L)
Cavalier 1300 (Up to 82)	165 SR 13XZX	24	24	29(L)	32(L)
Cavalier 1982 Models	155 SR 13XZX	28	25	32(L)	34(L)
(FWD) 1·3, 1·6	165 SR 13XZX	28	25	30(L)	30(L)
	185/70 SR 13XZX/70	26	25	29(L)	30(L)
Chevettes except GLS and 2300HS	155 SR 13XZX (Up to Sept 1976)	21	24	25(L)	28(L)
	175/70 SR 13XZX/70 (Sept 76 +)	21	25	25(L)	29(L)
Chevette Estate	155 SR 13XZX	21	25	24(L)	34(L)
	175/70 SR 13XZX/70				
VX4/90 FE, Ventora FE	185/70 SR 14XZX/70	24	24	28(LS)	28(LS)
VX1800, 2300 Saloons	175 SR 13XZX	24	24	28(LS)	28(LS)
VX2300 GLS, VX4/90E Saloons and Estates	185/70 SR 14XZX/70	24	24	28(LS)	28(LS)
Carlton Saloon	175 SR 14XZX	26	26	29(L)	32(L)
	185/70 SR 14XZX/70				
VOLKSWAGEN					
Passat L, S, LS (Up to Nov 78)	155 SR 13XZX	26	26	26	26
Passat L, S, LS (Nov 78 +)	155 SR 13XZX	25	25	26(L)	32(L)
Passat GLS (Up to Nov 78)	175/70 SR 13XZX/70	26	26	26	26
Passat GLS (Nov 78 +)	175/70 SR 13XZX/70	25	25	26(L)	32(L)
Scirocco 1100L, 1500S, LS	155 SR 13XZX	25	25	26(L)	32(L)
Scirocco 1500 TS	175/70 SR 13XZX/70	25	25	26(L)	32(L)
Scirocco GTI, GLS, GLI	175/70 HR 13XVS-2	25	25	26(L)	32(L)
Golf 1·1 L, GL, N and 1500 LD	155 SR 13XZX	25	25	26(L)	32(L)
Golf S and LS 1500 and 1600	175/70 SR 13ZX	25	25	26(L)	32(L)
Golf GLS	155 SR 13XZX	25	25	26(L)	32(L)
Polo L and N (Up to Nov 78)	135 SR 13XZX	22	25	22(L)	28(L)
Polo L and N (Nov 78 +)	135 SR 13XZX	23	23	26(L)	29(L)
Polo LS, GLS	145 SR 13XZX	22	22	25(L)	28(L)
Jetta 1·3	155 SR 13XZX	25	25	26(L)	32(L)
Jetta 1·5, 1·6	175/70 SR 13XZX/70				
VOLVO					
66, 66 Coupé and Estate	135 SR 14XZX	23	26	23	26
	155 SR 13XZX	20	23	20	23
164 (Aug 72 +)	175 SR 15XZX	25	26	26(L)	30(L)
164 E	175 HR 15XAS	25	26	26(L)	30(L)
244 L	165 SR 14XZX	28	28	28(L)	34(L)
244 DL	175 SR 14XZX	26	28	26(L)	32(L)
244 GL, GLE	185/70 SR 14XZX/70	28	28	28(L)	33(L)
245 L, DL, E Estate (Up to 79)	185 SR 14XZX	28	28	29(L)	35(L)
245 L, DL, E Estate (79 +)	185 SR 14XZX	28	29	29(L)	41(L)
264 DL (Carburetter)	175 SR 14XZX	27	27	27(L)	32(L)
264 L, DL (Fuel Injection)	185 SR 14XZX	28	28	28(L)	34(L)
264 GL, GLE	185 HR 14XVS-2	28	28	28(L)	35(L)
343 (Up to 1980)	155 SR 13XZX	24	29	24(L)	32(L)
	175/70 SR 13XZX/70				
343 (1980 +)	155 SR 13XZX	28	28	28(L)	35(L)
	175/70 SR 13XZX/70				

*(L) (S) (LS) See notes at head of table.

MASSAT 09320 Ariège 🎕🎇 ③ ④ **G. Pyrénées** – 711 h. alt. 650 – ✦ 61.

Env. Sommet de Portel ✳︎** NE : 9,5 km puis 15 mn.

Paris 828 – Ax-les-Thermes 56 – Foix 46 – St-Girons 28.

RENAULT Gar. Moles, ☏ 96.95.34 🅽 ☏ 96.97.00

MASSIAC 15500 Cantal 🎗🎇 ④ **G. Auvergne** – 2 057 h. alt. 537 – ✦ 71.

🄳 Office de Tourisme r. de la Paix (15 juin-15 sept. et fermé merc.) ☏ 23.07.76.

Paris 460 – Aurillac 86 – Brioude 22 – Issoire 38 – Murat 35 – St-Flour 30.

🏨 **Gd H. Poste**, N 9 ☏ 23.02.01, Télex 990989, 🚗 – 📶 ⌂wc 🛁wc ☎ ᵫ 🅿 – 🛎
   50 ☕ 🄴 VISA
   fermé 5 nov. au 20 déc. et merc. sauf juil. et août – SC : **R** 45/110 – � 15 – **35 ch**
   72/165.

🏨 **Mairie** 🦢, r. A.-Chalvet ☏ 23.02.51, 🚗 – ⌂wc 🛁wc ☜ 🅿, 🄴 🎀 rest
   fermé 13 nov. au 21 déc. et lundi hors sais. – SC : **R** 36/130 – ⊐ 14 – **22 ch** 82/142
   – P 130/154.

PEUGEOT-TALBOT Richard, ☏ 23.02.25

MASSILLY 71 S.-et-L. 🎕🎇 ⑲ – 373 h. alt. 235 – ⊠ **71250** Cluny – ✦ 85.

Paris 384 – Chalon-sur-Saône 45 – Charolles 45 – Mâcon 32 – Montceau-les-Mines 40 – Tournus 31.

🍴 **Orée du Bois**, D 117 ☏ 59.05.43, 🚗 – 🅿
   SC : **R** 30/90.

MASSONGY 74 Hte-Savoie 🎗🎇 ⑯ – rattaché à Douvaine.

MATHAY 25 Doubs 🎕🎇 ⑱ – 1 482 h. alt. 342 – ⊠ **25700** Valentigney – ✦ 81.

Paris 493 – Baume-les-Dames 51 – ◆Besançon 84 – Montbéliard 12 – Morteau 59.

🍴 **Aub. du Vieux Puits**, ☏ 35.28.06, 🚗 – 🅿
   fermé 20 déc. au 25 janv. et mardi – SC : **R** 55/75 🍷.

CITROEN Gar. Leyval, ☏ 35.28.07

MATHEFLON 49 M.-et-L. 🎖🎇 ① – rattaché à Seiches-sur-le-Loir.

MATIGNON 22550 C. du N. 🎖🎇 ⑤ – 1 637 h. alt. 41 – ✦ 96.

Paris 432 – Dinan 30 – Dol-de-Bretagne 45 – Lamballe 24 – St-Brieuc 45 – St-Cast 6 – St-Malo 31.

🏤 **Poste**, ☏ 41.02.20, 🚗 – 🄴
   fermé vacances de nov., de fév. et sam. du 1er oct. au 1er avril – SC : **R** 36/100 🍷 – ☕
   10 – **9 ch** 55/75 – P 120.

RENAULT Hamon, ☏ 41.02.31 🅽

MAUBEUGE 59600 Nord 🎗🎇 ⑥ **G. Nord de la France** – 35 474 h. alt. 134 – ✦ 27.

Voir Parc zoologique* A.

🄳 Office de Tourisme porte de Bavay, av. Parc (fermé dim. hors saison) ☏ 62.11.93 - A.C. porte de France, av. Gare ☏ 64.62.34.

Paris 241 ⑤ – Charleville-Mézières 103 ④ – Mons 20 ① – St-Quentin 81 ⑤ – Valenciennes 39 ⑤.

Plan page suivante

🏨 **Mercure** Ⓜ, par ④ : 4 km ⊠ 59720 Louvroil ☏ 64.93.73, Télex 110696, 🏊 – 🍴
   📺 ☎ ᵫ 🅿 – 🛎 130. 🄰🄴 ⓸ 🄴 VISA
   R carte environ 90 – ⊐ 25 – **59 ch** 227/265.

🏨 **Gd Hôtel**, 1 porte de Paris ☏ 64.63.16 – 📶 📺 ⌂wc 🛁 ☎ 🅿, ☕ 🄰🄴 ⓸ VISA   B b
   R *(fermé dim. soir)* 38/180 🍷 – ⊐ 16 – **31 ch** 90/210 – P 200/360.

🍴 **Joseph**, 7 av. J.-Mabuse ☏ 64.68.14 – 🄰🄴 ⓸ 🄴 VISA   B h
   fermé 1er au 9 sept. et mardi – **R** 40/120 🍷.

🍴 **La Langouste**, 27 av. Lt-Colonel-Martin ☏ 64.77.10 – 🄰🄴 ⓸ 🄴 VISA 🎀   B e
   fermé 30 juil. au 27 août, 25 au 31 déc., dim. soir et lundi – SC : **R** 57/95.

   route d'Avesnes par ④ : 5 km – ⊠ 59330 Hautmont :

🍴 **Aub. Hermitage**, ☏ 64.91.15 – 🅿 VISA
   fermé août, dim. soir et lundi sauf fêtes – **R** 45/135.

   route de Mons par ① : 7 km – ⊠ 59600 Maubeuge :

🍴 **Aux Trois Entêtés**, ☏ 64.85.29 – 🅿 🄰🄴 ⓸ VISA
   fermé juil., fév., dim. soir et lundi sauf fériés – SC : **R** 70/110 🍷.

CITROEN Deshayes, 18 bd de Jeumont ☏ 62.07.12
FORD Auto-Service Colau, 11 r. de Keyworth à Feignies ☏ 64.71.09
LADA, LANCIA-AUTOBIANCHI Gar. de l'Etoile, 69 rte d'Elesmes ☏ 64.60.43
RENAULT Courtin-Bévierre, 18 rte d'Avesnes à Louvroil ☏ 62.13.01

Ⓦ Auto-Sécurité, 103 bis r. des Minières ☏ 64.97.91 et 11 r. de Solré à Jeumont ☏ 39.59.87
Pneus et Services D.K, 13 Porte de Paris ☏ 62.17.65

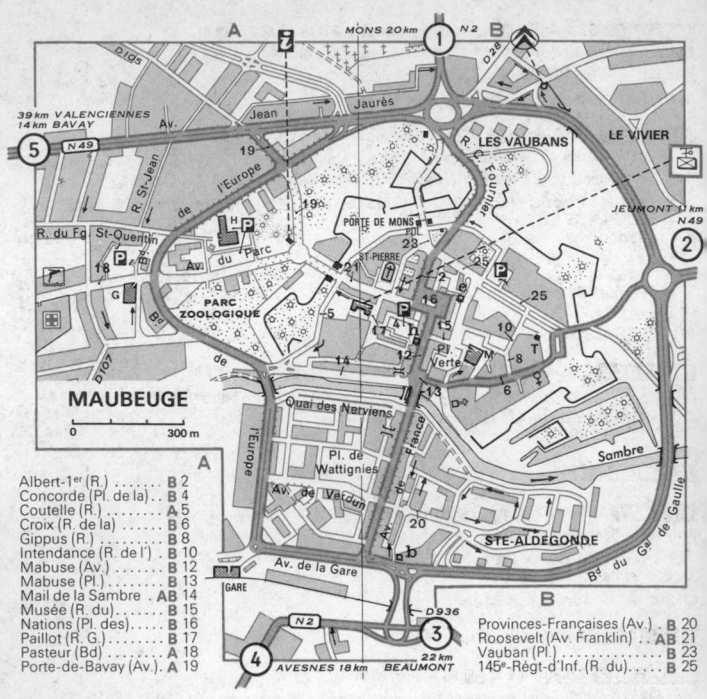

MAUBEUGE

0   300 m

Albert-1er (R.)	B 2
Concorde (Pl. de la)	B 4
Coutelle (R.)	A 5
Croix (R. de la)	B 6
Gippus (R.)	B 8
Intendance (R. de l')	B 10
Mabuse (Av.)	B 12
Mabuse (Pl.)	B 13
Mail de la Sambre	AB 14
Musée (R. du)	B 15
Nations (Pl. des)	B 16
Paillot (R. G.)	B 17
Pasteur (Bd)	A 18
Porte-de-Bavay (Av.)	A 19

Provinces-Françaises (Av.)	B 20
Roosevelt (Av. Franklin)	AB 21
Vauban (Pl.)	B 23
145e-Régt-d'Inf. (R. du)	B 25

MAUBUISSON 33 Gironde **71** ⑱ – alt. 15 – ⌧ **33121** Carcans – ☻ 56.

Paris 635 – ♦Bordeaux 58 – Lacanau-Océan 14 – Lesparre-Médoc 37.

🏠 **Lac,** ☏ 03.30.03, 🛥 – 🏠wc **P**
1er avril-30 sept. – SC : **R** 75 – 🍽 17 – **39 ch** 120/175 – P 155/210.

à Carcans-Plage NO : 4,5 km par D 3E – ⌧ **33121** Carcans-Ville :

🏠 **Océan,** ☏ 03.31.13 – 🏠wc ☎. 🚗 **E**. 🍽 rest
1er avril-30 sept. – SC : **R** carte 55 à 105 – 🍽 12 – **14 ch** 105/146 – P 158/175.

MAULÉON 79700 Deux-Sèvres **67** ⑥⑯ – 3 101 h. alt. 187 – ☻ 49.

Paris 372 – Cholet 23 – ♦Nantes 74 – Niort 80 – Parthenay 54 – La Roche-sur-Yon 66 – Thouars 46.

🏠 **Europe,** 15 r. Hôpital ☏ 81.40.33 – 🚿wc 🏠 ☎ 🚗. 🚗
→ fermé 20 déc. au 1er fév.et lundi du 15 sept. au 15 juin – SC : **R** 40/90 👤 – 🍽 12 –
11 ch 55/140 – P 140/230.

🏠 **Terrasse,** 7 pl. Terrasse ☏ 81.47.24 – 🏠 🚗. 🚗 **E**
→ fermé 4 fév. au 14 mars, dim. soir, vend. soir et sam. du 15 sept. au 15 juin – SC : **R**
47/100 – 🍽 12 – **11 ch** 63/117 – P 155/175.

RENAULT Gar. Lebeau, ☏ 81.40.53 **N**

MAULÉON-LICHARRE 64130 Pyr.-Atl. **85** ④⑤ **G. Pyrénées** – 4 488 h. alt. 141 – ☻ 59.

🛈 Office de Tourisme 12 r. J.-B.-Heugas (fermé après-midi hors saison) ☏ 28.02.37.

Paris 817 – Oloron-Ste-M. 30 – Orthez 40 – Pau 63 – St-Jean-Pied-de-Port 40 – Sauveterre-de-B. 28.

🏨 **Bidegain,** r. Navarre ☏ 28.16.05, 🛥 – 🚿wc 🏠wc **P**. 🚗 **AE ① VISA**
→ fermé 24 au 30 nov., 15 déc. au 15 janv. ; hors sais. : vend. soir (sauf hôtel) et dim. –
SC : **R** 40/100 👤 – 🍽 12 – **30 ch** 73/158 – P 145/205.

🏨 **Host. du Château,** r. Navarre ☏ 28.19.06 – 🚿wc ☎ **P**
→ fermé 15 janv. au 1er fév. – SC : **R** 50/100 – 🍽 12 – **35 ch** 100/150 – P 130/150.

🏠 **Ekhi-Éder,** pl. de la Liberté ☏ 28.16.23, 🛥 – 🚿wc 🏠wc ☎ **P**. 🚗 **VISA**
→ fermé 25 sept. au 9 oct. – SC : **R** (fermé dim. hors sais.) 50/75 👤 – 🍽 15 – **20 ch**
62/150 – P 150/180.

CITROEN Gar. Sarrazin, ☏ 28.10.97 **N** ☏ 28.
17.46
PEUGEOT Sarlang, ☏ 28.07.61

PEUGEOT, TALBOT Armagnague, ☏ 28.03.92
RENAULT Cachés, à Chéraute ☏ 28.18.28
RENAULT Gar. le Rallye, ☏ 28.13.70

662

MAULETTE 78 Yvelines 🗺 ⑧, 🗺 ⑭ – rattaché à Houdan.

MAURE-DE-BRETAGNE 35330 I.-et-V. 🗺 ⑤⑥ – 2 516 h. alt. 35 – ❄ 99.
Paris 384 – Châteaubriant 57 – Ploërmel 33 – Redon 35 – ♦Rennes 38.

🏨 **Centre** M sans rest, 2 pl. Poste ℡ 34.91.52 – 🛁wc 🚿wc ☎ 🚗. **E**
☲ 15 – **21 ch** 80/135.

PEUGEOT Gar. Lecoq, ℡ 34.92.44

MAUREPAS 78310 Yvelines 🗺 ⑨, 🗺 ㉘ – 14.926 h. alt. 170 – ❄ 3.
Paris 40 – Dreux 52 – Mantes-la-Jolie 37 – Montfort-L'Amaury 13 – Rambouillet 19 – Versailles 19.

🏨 **Mercure Versailles Maurepas** M, ville nouvelle E : 5 km, 1 rocade Camargue
℡ 051.57.27, Télex 695427 – 📧 📺 ☎ 🅿 – 🔒 200. 🆎 ⓞ **E** 🆅🆂🅰
R carte environ 90 – ☲ 25 – **91 ch** 250/266.

MAURES (Massif des) ★★★ 83 Var 🗺 ⑯⑰⑱ G. Côte d'Azur.

MAURIAC ⬆ 15200 Cantal 🗺 ① G. Auvergne (plan) – 4 569 h. alt. 722 – ❄ 71.
Voir Basilique★.
Env. Barrage de l'Aigle★★ : 11 km par ④, G. Périgord.
🛈 Office de Tourisme pl. G. Pompidou (15 juin-15 sept. et fermé dim.) ℡ 68.01.85.
Paris 486 – Aurillac 56 – Le Mont-Dore 77 – ♦Clermont-Ferrand 113 – Le Puy 192 – Tulle 70.

🏨 **Écu de France,** 6 av. Ch.-Périé ℡ 68.00.75 – 🛁wc 🚿wc ☎, 🎇 ch
→ 11 mars-31 déc. et fermé dim. hors sais. – SC : **R** 50/120 – ☲ 16 – **26 ch** 95/190 – P
150/200.

🏨 **Central,** (Annexe 🏨 M – 13 ch 📧 🚿 📺 🛁wc 🚿 ☎), r. République ℡
→ 68.01.90 – 🛁 🚿wc ☎. **E** 🆅🆂🅰. 🎇 ch
fermé 10 au 30 nov. – SC : **R** (fermé lundi du 1er oct. au 31 mai) 50/74 – ☲ 15 –
35 ch 88/150 – P 150/100.

🏨 **Voyageurs et Bonne Auberge,** rte Aurillac ℡ 68.01.01 – 🛁wc 🚿wc ☎
→ SC : **R** 50/85 – ☲ 16 – **20 ch** 72/150 – P 150/180.

à **Chalvignac** NO : 9 km par D 678 et D 105 – ✉ 15200 Mauriac :

✗ Host. de la Bruyère 🏡 avec ch, ℡ 68.11.46, ≤, parc – 🛁wc 🚿 🅿
sais. – **9 ch**

CITROEN Tillet, ℡ 68.03.53   🅟 Haag, ℡ 68.09.81
PEUGEOT-TALBOT Mouret, ℡ 68.06.24
RENAULT Balmisse, à Le Vigean ℡ 68.06.77

MAURON 56430 Morbihan 🗺 ⑮ – 3 237 h. alt. 81 – ❄ 97.
Paris 408 – Dinan 48 – Josselin 27 – Loudéac 43 – Redon 60 – St-Brieuc 68 – Vannes 66.

🏨 **Brambily,** pl. Mairie ℡ 22.61.67 – 🛁wc 🚿wc ☎. 🚐
→ fermé 15 sept. au 15 oct., dim. soir et lundi soir – SC : **R** 35/100 – ☲ 15 – **19 ch**
55/125 – P 150/200.

CITROEN Payoux, ℡ 22.60.21

MAURS 15600 Cantal 🗺 ⑪ G. Auvergne – 2 756 h. alt. 280 – ❄ 71.
Voir Buste-reliquaire★ dans l'église.
🛈 Office de Tourisme pl. Champ de Foire (1er juin-30 sept. et fermé dim. après-midi) ℡ 46.73.72.
Paris 581 – Aurillac 45 – Entraygues-sur-Truyère 49 – Figeac 22 – Rodez 60 – Tulle 98.

🏨 **Périgord** M 🏡, av. Gare ℡ 49.04.25 – 🛁wc ☎ 🚗 🅿. **E**. 🎇 rest
→ fermé 1er au 20 oct. – SC : **R** (fermé vend. soir et sam.) 45/95 – ☲ 18 – **17 ch**
105/120 – P 140/160.

🏯 **Plaisance,** pl. Champ-de-Foire ℡ 46.02.47 – **E**. 🎇
→ fermé 1er au 15 oct. et sam. d'oct. à mai – SC : **R** 34/90 – ☲ 13 – **10 ch** 65/85 – P
110/140.

PEUGEOT-TALBOT Balitrand, ℡ 49.02.04 🅽   RENAULT Gar. Lavigne, ℡ 49.00.20

MAUSSANE-LES-ALPILLES 13520 B.-du-R. 🗺 ① – 1 352 h. alt. 28 – ❄ 90.
Paris 718 – Arles 19 – ♦Marseille 82 – Martigues 44 – St-Rémy-de-P. 9,5 – Salon-de-Provence 28.

🏨 **Touret** M 🏡 sans rest, ℡ 97.31.93, 🏊, – 🟰 🛁wc 🚿wc ☎ 🅿. 🎇
fermé fév. – SC : ☲ 16 – **16 ch** 150/190.

🏨 **L'Oustaloun,** ℡ 97.32.19 – 🛁wc 🚿wc. 🚐 ⓞ
SC : **R** (fermé 2 janv. au 14 mars et merc.) 75 – ☲ 15 – **12 ch** 87/185.

✗✗ **La Pitchoune,** ℡ 97.34.84
→ fermé 1er au 15 fév. et 1er au 8 nov. – SC : **R** 45/90 🐀.

MAUVEZIN 32120 Gers 82 ⑥ − 1 760 h. alt. 157 − ✿ 62.
Paris 712 − Agen 71 − Auch 30 − Montauban 56 − ◆Toulouse 59.

  ✗ **La Rapière**, ☏ 06.80.08 − **E** 𝗩𝗜𝗦𝗔 ✺
  → *fermé oct., merc. et sam. midi* − SC : **R** 48/150 ♨.

RENAULT Gar. Douard ☏ 06.80.11

MAUVEZIN-SUR-GUPIE 47 L.-et-G. 79 ③ − rattaché à Marmande.

MAUZAC 24 Dordogne 75 ⑮⑯ − 603 h. alt. 49 − ⊠ 24150 Lalinde − ✿ 53.
Paris 549 − Bergerac 29 − Brive-la-Gaillarde 95 − Périgueux 63 − Sarlat-la-Canéda 53.

  🏤 **La Métairie** ⑤, à Millac N : 2,5 km ☏ 61.50.47, ≤, 🏤, parc, ☒ − 🛏wc 🛏wc
    🕾 ℗, 🚗 𝗔𝗘 𝗩𝗜𝗦𝗔
    26 mars-15 oct. − SC : **R** *(fermé mardi)* 100/160 − �يز 30 − **10 ch** 265/330 − P
    295/450.

  🏠 **Poste**, ☏ 61.50.52, ≤, 🍴 − 🛏wc ℗
  → *1er fév.-1er nov. et fermé mardi* − SC : **R** 35/100 − ⊍ 11 − **18 ch** 80/140 − P 135/155.

MAUZÉ-SUR-LE-MIGNON 79210 Deux-Sèvres 71 ② − 2 502 h. alt. 21 − ✿ 49.
Paris 427 − Niort 23 − Rochefort 37 − La Rochelle 40.

  🏛 **Relais de la Fourche en Pré**, rte de Niort ☏ 26.32.36 − 🍴 ℗. ✺
  → *fermé 18 déc. au 9 janv., 19 fév. au 5 mars, dim. soir et lundi* − SC : **R** 37/75 ♨ − 🍷
    12 − **9 ch** 55/85 − P 140.

  🏛 **France**, ☏ 26.30.15 − 🛏wc ℗. ✺ ch
  → *fermé 20 déc. au 10 janv., sam. soir et dim. d'oct. à avril* − SC : **R** 35/65 ♨ − 🍷 10,50
    − **8 ch** 47/78 − P 110/130.

  à La Laigne (Char.-Mar.) O : 7 km sur N 11 − ⊠ 17170 Courçon − ✿ 46 :

  ✗✗ **Aub. Aunisienne**, ☏ 01.64.70 − ① **E** 𝗩𝗜𝗦𝗔
  → *fermé 1er au 15 oct., 1er au 15 fév., lundi soir et mardi du 1er sept. au 15 juin* − SC : **R**
    34/80 ♨.

  à Benon (Char.-Mar.) O : 11 km par N 11 carrefour D 116 − ⊠ 17170 Courçon :

  🏤 **Relais de Benon** M ⑤, carrefour N 11 et D 116 ☏ (46) 01.61.63, Télex 791172,
    ☒, 🍴, ✺ − 🗺 🛏wc ☎ ℗ − 🔬 30. 🚗 𝗔𝗘 ① **E** 𝗩𝗜𝗦𝗔. ✺ rest
    SC : **R** 60/120 − ⊍ 18 − **30 ch** 160/190 − P 280.

Garage Gueret, ☏ 26.30.78

MAVALEIX 24 Dordogne 72 ⑯ − rattaché à La Coquille.

MAXILLY-PETITE-RIVE 74 H.-Savoie 70 ⑰⑱ − rattaché à Évian-les-Bains.

MAYENNE ⊲SP⊳ 53100 Mayenne 59 ⑳ G. Normandie − 13 497 h. alt. 124 − ✿ 43.
Voir Ancien château ≤⋆ B.
🛈 Office de Tourisme pl. 9-juin-1944 (fermé après-midi hors saison, dim. et fêtes) ☏ 04.19.37.
Paris 284 ② − Alençon 61 ② − Flers 56 ① − Fougères 44 ⑤ − Laval 30 ④ − ◆Le Mans 89 ④.

Plan page ci-contre

  🏤 **Gd Hôtel**, 2 r. A.-de-Loré **(a)** ☏ 04.37.35 − 🛏wc 🛏wc 🕾 🚗 ℗, 🚗 **E** 𝗩𝗜𝗦𝗔
    fermé 16 déc. au 20 janv., vend. soir et sam. du 3 nov. au 28 fév. − SC : **R** 59/100 −
    ⊍ 17 − **29 ch** 84/200 − P 186/236.

  🏠 **Voyageurs**, 17 pl. G.-Clemenceau **(e)** ☏ 04.37.83 − 🛏
  → SC : **R** *(fermé dim.)* 42/48 ♨ − ⊍ 11 − **11 ch** 60/100 − P 155/185.

  ✗✗✗ **Croix Couverte** M avec ch, par ② : 1,5 km ☏ 04.32.48, 🍴 − 🛏wc 🛏wc ☎ ℗.
    E 𝗩𝗜𝗦𝗔
    SC : **R** *(fermé vend. soir et sam. midi du 1er oct. au 1er juil.)* 52/94 ♨ − ⊍ 13 − **11 ch**
    100/180 − P 180/210.

BMW Bassaler, 92 r. P.-Lintier ☏ 04.15.84 **N** ☏   RENAULT Mayenne-Auto av Gutemberg par
53.32.32   ③ ☏ 04.58.86
CITROEN Succursale, rte d'Ernée par ⑤ ☏
04.36.71 **N** ☏ 04.34.72   🛞 Beloir, 390 bd P.-Lintier ☏ 04.19.47
PEUGEOT-TALBOT Mallecot, 622 bd P. Lintier
☏ 04.10.76

For your travels in France, use along with this guide
    − the **Michelin Green Guides** (Regions of France)
        Picturesque scenery - buildings - scenic routes
    − the **Michelin Maps** main road map (scale 1:1 000 000)
                 and the Sectional maps (scale 1:200 000)

MAYENNE

Briand (R. Aristide) 4
Gaulle (R. Ch. de)................ 14
St-Martin (R. et ⊞)............... 28
Sergent-Louvier (R.).............. 29

Anatole-France (Bd)............... 2
Bretagne (R. de).................. 3
Carnot (Quai)..................... 5
Chateaubriand (R.)................ 6
Cheverus (Pl.).................... 7
Du-Guesclin (R.).................. 8
Gambetta (Pl.).................... 13
Jules-Ferry (R.).................. 15
Herce (Pl. de).................... 16
Hoche (Av.)....................... 17
Montigny (Bd de).................. 18
Normandie (R. de)................. 20
Notre-Dame (⊞).................... 21
Papin (R. Denis).................. 22
Pavé-Morin (R. du)................ 23
République (Quai de la)........... 24
Roullois (R.)..................... 25
Vallées (R. des).................. 32
Verdun (R. de).................... 33
8-Mai-1945 (Pl. du)............... 35
130e R.-I. (R. du)................ 36

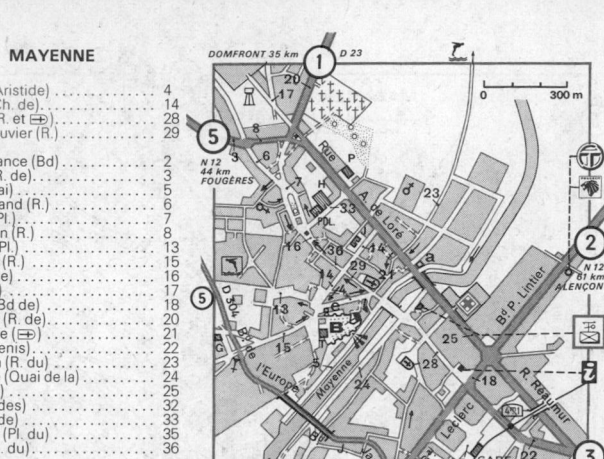

Utilisez le guide de l'année.

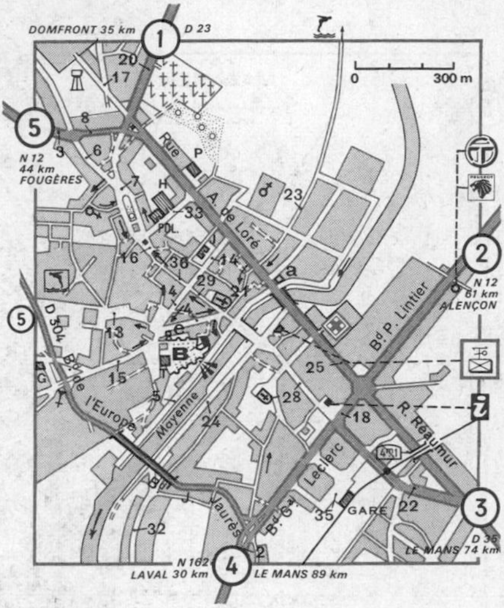

Lion d'Or — **Si le nom d'un hôtel figure en petits caractères demandez, à l'arrivée, les conditions à l'hôtelier.**

MAYET **72360** Sarthe **64** ③ – 3 019 h. alt. 74 – ✪ 43.

Voir Forêt de Bercé★ NE : 5 km, G. Châteaux de la Loire.

Paris 228 – Château-la-Vallière 29 – La Flèche 31 – ♦Le Mans 29 – ♦Tours 59 – Vendôme 80.

✕ **Aub. des Tilleuls,** pl. Hôtel de Ville ☎ 44.60.12
fermé 15 au 30 août, 7 au 27 fév. et merc. – SC : **R** (déj. seul. sauf sam. déj. et dîner) 33/75 ₰.

✕ **0.20.100.0** avec ch, r. E.-Termeau ☎ 44.60.40, ⛱ – ✂ ch
fermé 20 au 30 sept., 1er au 15 mars, dim. soir et vend. – SC : **R** 40/70 ₰ – ☕ 12 – **7 ch** 60/70 – P 105/110.

Le MAYET-DE-MONTAGNE **03250** Allier **73** ⑥ **G. Auvergne** – 2 309 h. alt. 545 – ✪ 70.

Paris 367 – Lapalisse 23 – Moulins 73 – Roanne 49 – Thiers 43 – Vichy 26.

Relais du Lac, S : 0,5 km sur D 7 ☎ 41.70.23, ≤ – Ⓟ. ✂
fermé oct. – SC : **R** 36/66 ₰ – ☕ 12 – **10 ch** 60/80 – P 105.

CITROEN Gar. St-Christophe ☎ 41.70.42 RENAULT Tartarin, ☎ 41.70.61

MAZAGRAN **57** Moselle **57** ⑭ – rattaché à Metz.

MAZAMET **81200** Tarn **83** ⑪⑫ **G. Causses** – 14 874 h. alt. 241 – ✪ 63.

⛳ de la Barouge ☎ 61.08.00 par ① : 3,5 km.

ℹ Office de Tourisme avec A.C. Maison Fuzier, r. des Casernes (fermé dim. et lundi) ☎ 61.27.07.

Paris 751 ④ – Albi 60 ④ – Béziers 86 ① – Carcassonne 47 ② – Castres 18 ④ – ♦Toulouse 82 ③.

Plan page suivante

Le Gd Balcon, square G.-Tournier ☎ 61.01.15 – |♦| ⌸wc ⌸wc ☎ – 🏛 80. 🚗 AE ⓞ E VISA — Z **a**
SC : **R** *(fermé lundi)* 60/100 ₰ – ☕ 18 – **25 ch** 90/190 – P 200/270.

H. Jourdon, 7 av. A.-Rouvière ☎ 61.56.93 – TV ⌸wc ⌸wc. VISA. ✂ — Y **e**
SC : **R** *(fermé dim. soir, dim. midi et soir en août)* 47/162 ₰ – ☕ 17 – **11 ch** 145/165 – P 165.

à Bout-du-Pont-de-Larn par ① et D 54 : 2 km – ✉ **81660** Pont-de-Larn :

✕✕✕ **La Métairie Neuve** Ⓜ ⛱ avec ch, ☎ 61.23.31, ⛱ – ⌸wc ☎ Ⓟ. ⓞ VISA
fermé 1er au 15 août et 20 déc. au 10 janv. – SC : **R** *(fermé sam.)* 65/190 ₰ – ☕ 22 – **7 ch** 147/178 – P 320.

par ①, D 109 et D 54 : 5 km – ✉ **81660** Pont-de-Larn :

Host. du Château de Montlédier Ⓜ ⛱, ☎ 61.20.54, ≤, « Parc » – Ⓟ – 🏛 60. AE VISA. ✂ rest
fermé janv. – SC : **R** (dîner seul.) 120/220 – ☕ 28 – **10 ch** 200/380.

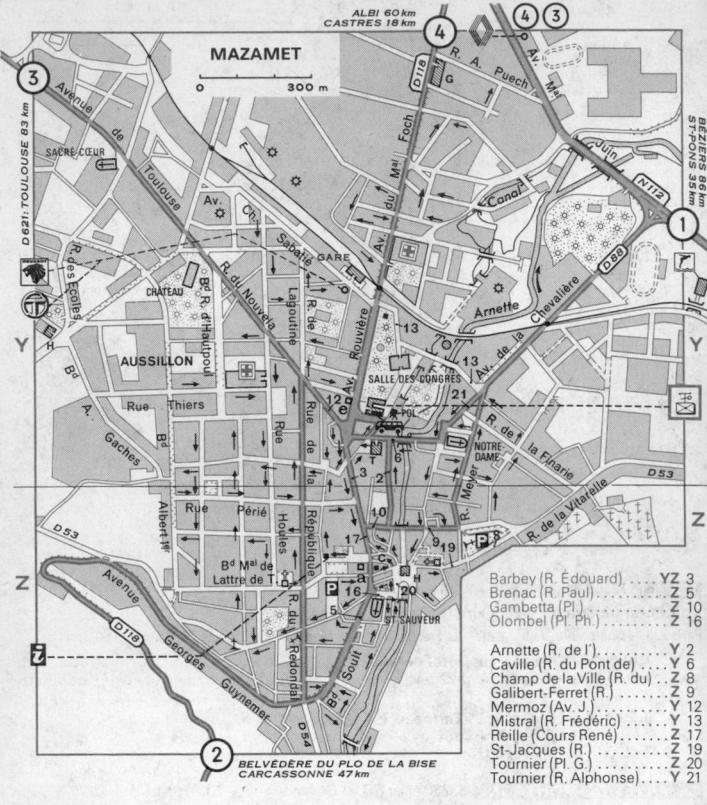

MAZAMET

```
ALBI 60 km
CASTRES 18 km
```

échelle 300 m

BELVÉDÈRE DU PLO DE LA BISE
CARCASSONNE 47 km

Barbey (R. Édouard) .... YZ 3
Brenac (R. Paul) .... Z 5
Gambetta (Pl.) .... Z 10
Olombel (Pl. Ph.) ...... Z 16

Arnette (R. de l') .... Y 2
Caville (R. du Pont de) .... Y 6
Champ de la Ville (R. du) .. Z 8
Galibert-Ferret (R.) .... Z 9
Mermoz (Av. J.) .... Y 12
Mistral (R. Frédéric) ..... Y 13
Reille (Cours René) ...... Z 17
St-Jacques (R.) .... Z 19
Tournier (Pl. G.) .... Z 20
Tournier (R. Alphonse) .... Y 21

ALFA-ROMEO, OPEL Auto Gar., 11 r. Cor-
mouls-Houlès ☎ 61.06.94
BMW Gar. C.I.P.L., à Caucalières ☎ 61.29.44
CITROEN Nègre, Zone Ind. Rougearié à Aus-
sillon par ③ ☎ 61.39.41
FORD, Amalric et Raynaud, 19 r. Nouvela ☎
61.04.22
PEUGEOT, TALBOT Gd Gar. Gare, av. Ch.-Sa-
batier ☎ 61.01.89 Ⓝ

RENAULT Labessant, av. Mal Juin ☎ 61.13.19
V.A.G. Gar. Guiraud av. de Toulouse à Aus-
sillon ☎ 61.05.94

⬤ Cousinié-Pneus, 14 rue République ☎ 61.
80.17
Martin, 11 r. Meyer ☎ 61.00.77
P.A.P.I.-Pneus, N 112, La Richarde ☎ 61.07.32
Solapneu, 29 av. Mal Juin ☎ 61.08.98

MAZAN 84 Vaucluse 🗺 ⑬ – rattaché à Carpentras.

MAZET-ST-VOY 43520 Hte-Loire 🗺 ⑧ – 1 280 h. alt. 1 043 – ✦ 71.
Paris 588 – Lamastre 37 – ◆St-Étienne 69 – Le Puy 40 – Yssingeaux 17.

🏠 **L'Escuelle,** ☎ 65.00.51, ⟵, ⚊wc ⟪wc ⓐ
✦ fermé janv., dim. soir et lundi du 15 sept. au 15 juin – SC : **R** 45/85 ₰ – ⚌ 13,50 –
11 ch 80/120 – P 120/145.

RENAULT Gar. Ruel, ☎ 65.01.92 Ⓝ ☎ 65.03.55

MÉAUDRE 38 Isère 🗺 ④ – rattaché à Autrans.

MEAUX ⟨SP⟩ **77100** S.-et-M. **56** ⑫⑬, **196** ㉒ ㉓ **G. Environs de Paris** – 43 110 h. alt. 52 – ⚙ 6.

Voir Centre épiscopal★ ABY B : cathédrale★, ⩤★ de la terrasse des remparts.

Office de Tourisme 2 r. Notre-Dame (fermé dim. et lundi) ☎ 433.02.26.

Paris 53 ③ – Châlons-s-M. 117 ② – Compiègne 69 ⑤ – Melun 57 ③ – ♦Reims 96 ② – Troyes 141 ②.

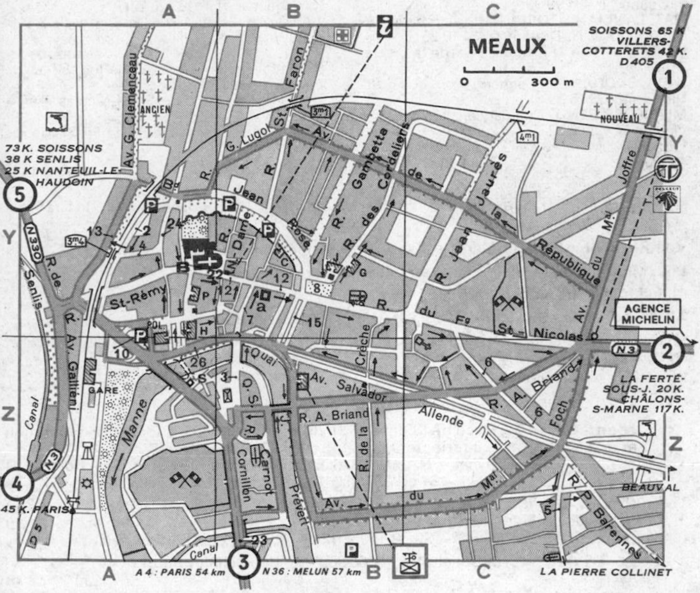

Berge (R. Cdt) .... BZ 3
Grand-Cerf (R. du) ...... BY 7
Leclerc-et-de la-2e-D.-B. (R. Gén.) .. BY 12
St-Étienne (Pl.) .... ABY 22
St-Nicolas (R. du Fg) .... CY
St-Rémy (R.) .... AY

Arquebuse (Cours de l') . AY 2
Courteline (R. G.) .... AY 4
Dunant (Av. H.) .... CZ 5
Fublaines (R. de) .... CZ 6
Henri-IV (Pl.) .... BY 8
Lafayette (Pl.) .... AZ 10
N.-D. de Meaux (⊞) .... BZ

Pinteville (Cours) .... AY 13
Raoult (Cours) .... BY 15
St-Jean-Bosco (⊞) ..... CZ
St-Nicolas (⊞) .... BY
Tessan (R. François-de) . BZ 23
Ursulines (R. des) ...... AY 24
Victor Hugo (Quai) ...... AZ 26

🏨 **Sirène** 🌿, 33 r. Gén.-Leclerc ☎ 434.07.80, demeure du 18e siècle – ⊟wc ☎ Ⓟ – 🏃 60. 💳 AE ⓓ VISA BY **a**
fermé 20 déc. au 10 janv. – SC : **R** *(fermé dim. soir sauf fériés)* 95/185 – ☕ 20 – **16 ch** 145/240 – P 215/310.

🏨 **Richemont** Ⓜ, quai Grande Ile ☎ 025.12.10, ⩤, 🌳 – 🛗 ⊟wc ☎ ♿ 🚗 Ⓟ – 🏃 25. 💳 E VISA AZ **s**
SC : **R** *(fermé dim.)* 60/80 🍷 – ☕ 23 – **42 ch** 175/195.

✕✕ **Champ de Mars,** 16 av. Victoire par ② ☎ 433.13.96 – E VISA
fermé août, lundi soir et mardi – **R** carte 110 à 180.

à Varreddes par ① : 6 km – ✉ **77910** Varreddes :

✕✕✕ **Aub. Cheval Blanc** Ⓜ avec ch, N 36 ☎ 433.18.03, 🌳 – ⊟wc 🚿wc ☎ Ⓟ – 🏃 30. AE ⓓ VISA
fermé août, dim. soir et lundi – SC : **R** 130 – ☕ 20 – **10 ch** 155/200.

✕ **Au Petit Nain,** 7 r. Orsoy ☎ 433.18.12 – E VISA
◆ *fermé 15 au 31 août, en fév., mardi soir, merc. et jeudi soir sauf fêtes* – SC : **R** 50/90.

à Germigny-l'Évêque par ① et D 97 : 8 km – ✉ **77910** Varreddes :

✕✕✕ **Le Gonfalon** Ⓜ 🌿 avec ch., 2 r. Église ☎ 025.29.29, ⩤ – TV ⊟wc ☎. AE ⓓ E VISA
fermé janv. – SC : **R** *(fermé dim. soir et lundi)* 120/200 – ☕ 18 – **10 ch** 180/230.

à Sancy-lès-Meaux par ③ et D 228 : 12 km – ✉ **77580** Crécy-la-Chapelle :

🏨 **La Catounière** 🌿, 1 r. Église ☎ 025.71.74, ⩤, « Parc », 🏊, 🎾 – TV ⊟wc ☎ Ⓟ. 💳 AE ⓓ E
fermé 16 au 31 août, 7 au 28 nov., du 1er déc. au 1er fév. sam. et dim. ; hors cette période fermé dim. soir seul. sauf hôtel - SC : **R** carte 115 à 195 – ☕ 23 – **11 ch** 165/220.

MEAUX

MICHELIN, Agence, 5 avenue de Meaux à Poincy par ② ℡ 433.19.76

ALFA ROMEO Trouble, 21 r. Sadi Carnot à Villenoy ℡ 434.07.44
BMW, TOYOTA S.O.D.I.A. 57 r. Cdt-Berge ℡ 434.22.59
CITROEN Pipart, 101 av. de la Victoire, Zone Ind. par ② ℡ 434.90.90
FIAT, LANCIA-AUTOBIANCHI Gar. de la Résidence, 20 av. H.-Dunant ℡ 434.10.25
FORD Gar. Brie et Picardie, 44 r. de la Crèche ℡ 434.06.51
LADA, SKODA Gar. Saintard, 155 r. du Fg-St-Nicolas ℡ 433.26.33
MERCEDES-BENZ Compagnon, 137 av. de la Victoire ℡ 433.05.52
PEUGEOT Métin, 81 av. Roosevelt par ② ℡ 433.20.00

PEUGEOT-TALBOT SAGEM, 2 av. Joffre ℡ 009.20.67
RENAULT Vance, 37 av. Roosevelt par ② ℡ 434.90.76
RENAULT Gar. Central, 57 av. de la Victoire, Zone Ind. par ② ℡ 433.25.22
V.A.G. Gar. Carnot, 26 av. F.-Roosevelt ℡ 025.10.66

◉ Central-Pneumatiques, Zone Ind. 57 av. de la Victoire ℡ 433.25.22
Ets Vernières, 101 r. du Fg-St-Nicolas ℡ 434.44.48
Ile-de-France Pneum., 180 r. du Fg-St-Nicolas ℡ 433.29.79

MEGÈVE 74120 H.-Savoie ▨▨ ⑦⑧ G. Alpes – 5 296 h. alt. 1 113 – Sports d'hiver : 1 113/2 040 m ⻄4 ⺊33, ⻄ – Casino AY – ⊛ 50.

Voir Rochebrune Super-Megève ﹡﹡* 1 km puis téléphérique AZ.

Env. Mont d'Arbois, au terminus du téléphérique ﹡﹡*** BZ.

⛳ du Mont d'Arbois ℡ 21.29.79, E : 2 km BY.

Altiport de Megève-Mont-d'Arbois ℡ 21.41.33, SE : 7 km BZ.

🛈 Office de Tourisme r. Poste (fermé dim. et fêtes hors saison) ℡ 21.27.28, Télex 385532 et réservations hôtels ℡ 21.29.52 -.

Paris 610 ① – Albertville 31 ② – Annecy 60 ② – Chamonix 36 ① – ◆Genève 69 ①.

Plan page ci-contre

🏨 **Mont-Blanc** Ⓜ, Place de l'Église ℡ 21.20.02, Télex 385854, « Élégante décoration et rest. sur terrasse intérieure », ▤ – ▤ cuisinette ☎ ⅙ ⟵ – ⅙ 40. ﹍ ⑩ Ε
fermé 25 avril au 25 mai – **R** 125/160 **Les Enfants Terribles** fresques de J. Cocteau **R** carte 130 à 200 – ⊂⊃ 38 – **51 ch** 350/950, 10 appartements – P 788/1 100.   AY s

🏨 **Chalet-Mt-d'Arbois** Ⓜ ⅌, rte Mt-d'Arbois ℡ 21.25.03, ≤, ♨, ⟶, ℀ – 📺 ☎ Ρ. ﹍ ⑩ Ε. ℀ rest
fermé 24 mai au 25 juin – SC : **R** 150 – **12 ch** ⊂⊃ 550/720 – P 660/720.   BY p

🏨 **Le Triolet** ⅌, rte Bouchet ℡ 21.08.96, ≤, « Beau chalet fleuri », ⟶ – ☎ ⟲. ℀ rest
fermé 18 avril au 11 juin et 25 sept. au 1er déc. – SC : **R** 125/200 – ⊂⊃ 40 – **10 ch** 350/550, 3 appartements – P 350/550.   AZ u

🏨 **Coin du Feu,** rte Rochebrune ℡ 21.04.94, ≤ – ▤. ℀ rest
1er juil.-10 sept. et 18 déc.-15 avril – SC : **R** snack le soir – **25 ch** ⊂⊃ 200/410.   AZ t

🏨 **La Résidence** Ⓜ ⅌ sans rest, rte Bouchet ℡ 21.39.33, Télex 385164, ≤, ▤, ℀ – ▤ 📺 ☎ ⟵ – ⅙ 50. ﹍ ⑩
juil.-août et 20 déc.-Pâques – SC : **56 ch** ⊂⊃ 500/750.   AZ a

🏨 **Vieux Moulin,** ℡ 21.22.29, ♨, ▤, ⟶ – ☎ Ρ. ℀ rest
15 mai-25 sept. et 15 déc.-15 avril – SC : **R** 105/140 – **33 ch** ⊂⊃ 195/360 – P 250/350.   AY k

🏨 **Parc** sans rest, ℡ 21.05.74, ≤, ⟶ – ▤ Ρ
fin juin-début sept. et Noël-Pâques – SC : **48 ch** ⊂⊃ 230/360.   AY m

🏨 **Beau Site,** rte Mt-d'Arbois ℡ 21.07.78, ≤, ⟶ – ▤ ☎ Ρ. ℀
début juil.-début sept. et 20 déc.-Pâques – SC : **R** 80/110 – ⊂⊃ 19 – **27 ch** 95/250 – P 175/280.   BY w

🏨 **Mont-Joly** ⅌, rte Crèt du Midi ℡ 21.26.14, ♨, ⟶ – Ρ. ⑩. ℀
15 mai-15 sept. et 20 déc.-10 avril – SC : **R** 90/150 – ⊂⊃ 22 – **25 ch** 250/340 – P 275/350.   AZ q

🏨 **Castel Champlat,** ℡ 21.25.49, ⟶ – ⌂wc ☏ Ρ. ◫◫.
mi juil.-fin août et Noël-fin mars – SC : **R** snack le soir en hiver – **19 ch** ⊂⊃ 170/412.   AY p

🏨 **Fer à Cheval,** rte du Crèt ℡ 21.30.39, ⟶ – ▤ ⌂wc ⍥wc ☏ Ρ. ◫◫. ℀ rest
28 juin-12 sept. et 15 déc.-Pâques – SC : **R** snack (dîner seul.) carte environ 75 – ⊂⊃ 20 – **29 ch** 200/355.   BY a

🏨 **St-Jean** Ⓜ ⅌, chemin du Maz ℡ 21.24.45, ≤, ⟶ – ⌂wc ⍥wc ☏ Ρ. ℀
fin juin-fin sept. et 19 déc.-Pâques – SC : **R** 60 – ⊂⊃ 19 – **19 ch** 220 – P 205/235.   BZ e

🏨 **Coeur de Megève,** ℡ 21.25.30 – ▤ ⌂wc ⍥wc ☏. ◫◫. ℀
fermé en mai – SC : **R** snack en hiver – **28 ch** ⊂⊃ 155/370.   AY u

🏨 **L'Hostellerie,** rte Rochebrune ℡ 21.23.08, ≤ – ⌂wc ⍥wc ☏. ◫◫ **VISA**
25 juin-4 sept. et 1er nov.-Pâques – SC : **R** 65/135 – **16 ch** ⊂⊃ 170/230 – P 205/235.   AZ e

🏨 **Sapins,** rte Rochebrune ℡ 21.02.79, ⟶ – ⌂wc ⍥wc ☏. ◫◫. ℀ rest
20 juin-5 sept. et 20 déc.-15 avril – SC : **R** 80/130 – ⊂⊃ 17 – **20 ch** 155/210 – P 220/242.   AZ s

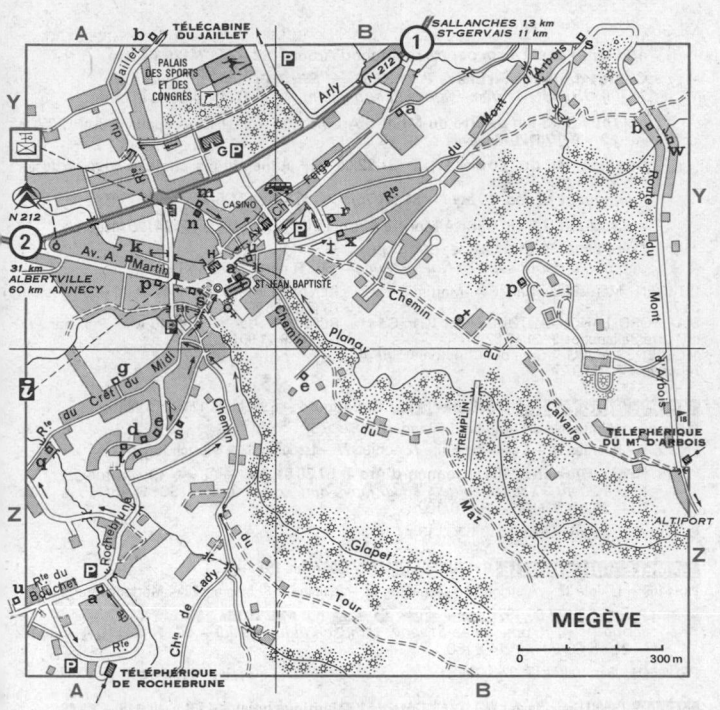

🏛 **Clos Joli,** rte Sallanches par ① ℡ 21.20.48 – 🛏wc 🛁wc 🕾 🅿 ❤ rest
fermé 15 oct. au 10 déc. – SC : **R** 44/50 – ⭢ 14 – **24 ch** 90/150 – P 165/175.

🏛 **La Patinoire** sans rest, rte Mont-d'Arbois ℡ 21.11.33 – 📺 🛏wc 🕾   BY **x**
fermé 5 juin au 5 juil. et 5 au 25 août – SC : ⭢ 16 – **14 ch** 230/260.

🏠 **L'Estellan,** rte Mt-d'Arbois ℡ 21.03.48, ≤, 🛲, – 🛏wc 🛁wc 🕾. 🖼 ❤ rest
15 juin-10 sept. et 15 déc.-20 avril – SC : **R** (pens. seul.) – **17 ch** ⭢ 200/220 – P
195/220.   BY **s**

🏠 **Fleur des Alpes,** rte Jaillet ℡ 21.11.42, ≤, 🛲, – 🛏wc 🛁 🕾 🅿. 🖼 ❤ rest
25 juin-10 sept. et 1er déc.-30 avril – SC : **R** 60/80 – ⭢ 15 – **20 ch** 130/200 – P
170/240.   BY **b**

🏠 **Perce Neige,** rte Rochebrune ℡ 21.22.13, ≤ – 🛏wc 🕾 🅿. ❤ rest   AZ **t**
1er juil.-30 sept. et 18 déc.-Pâques – SC : **R** 68 – ⭢ 18 – **20 ch** 90/188 – P 165/215.

🏠 **Nid du Mage,** rte Mt-d'Arbois ℡ 21.13.96, ≤ vallée – 🛁wc 🕾 🅿. 🖼 𝘝𝘐𝘚𝘈
15 déc.-15 avril – SC : **R** 55/80 – **14 ch** (pens. seul.) – P 170/250.   BY **b**

🏠 **Roseaux** ৯, sans rest, ℡ 21.24.27, ≤, 🛲, – 🛏wc 🛁wc 🕾 🅿. ❤   AZ **g**
1er juil.-31 août et 18 déc.-20 avril – SC : **11 ch** ⭢ 170/230.

🏠 **Les Mourets** ৯, rte Odier par rte Jaillet - AY – ℡ 21.04.76, ≤ – 🛏wc 🛁wc 🕾
⭢ 🅿. ❤ rest
1er juin-20 sept. et 15 déc.-25 avril – SC : **R** 50/60 – ⭢ 18 – **20 ch** 130/180 – P
150/180.

🏠 **Week-End,** rte Rochebrune ℡ 21.26.49, ≤ – 🛏wc 🕾. 🖼 𝘼𝙀 𝘝𝘐𝘚𝘈   AZ **d**
26 juin-4 sept. et 16 déc.-Pâques – SC : **R** voir l'Hostellerie – **17 ch** ⭢ 151/250.

🏠 **Rond-Point d'Arbois,** ℡ 21.17.50, 🛲, – 🛏 🛁wc 🕾   BY **r**
20 juin-30 oct. et 1er déc.-31 mai – SC : **R** 60/100 – ⭢ 20 – **12 ch** 54/156 – P
145/197.

XX 🌼 **Capucin Gourmand** (Barbin), rte Crêt-du-Midi - AZ – ℡ 21.01.98, 🏕 – 🜍 🄴
fermé 5 mai au 23 juin, 3 nov. au 15 déc. et lundi hors sais. – SC : **R** (en saison
prévenir) carte 135 à 200
Spéc. Blanquette de queues d'écrevisses, Magret de canard bordelaise, Délice des neiges. **Vins**
Gamay, Seyssel.

XX **Le Prieuré,** pl. Eglise ℡ 21.01.79, 🏕 – 🄴 𝘝𝘐𝘚𝘈   AY **a**
12 juil.-10 sept. et 20 déc.-Pâques – SC : **R** 120/140.

X **Tire-Bouchon,** ℡ 21.14.73, 🏕   AY **n**
1er juil.-15 oct., 1er déc.-15 mai et fermé lundi hors vacances scolaires – SC : **R** carte
environ 90 🍷.

au Planellet S : 4 km par rte du Mont d'Arbois - BZ – ⊠ **74120** Megève :

XX **Chalet dans les Arbres,** ⏰ 21.39.36, <, 🎇 – **Ⓟ**
  1er juil.-15 sept., 17 déc.-Pâques et fermé jeudi – SC : **R** 80 , dîner à la carte.

au Tour S : 5 km par rte du Mont-d'Arbois - BZ – alt. 1 400 – Sports d'hiver : 2 250 m
-⅌2 ⅝3 – ⊠ **74120** Megève :

🏠 **Chalets-H. du Tour** ⬳, ⏰ 21.22.04, <, authentiques chalets savoyards –
  📠wc ⊛ **Ⓟ** . 🎇 rest
  juil.-août et 15 déc.-10 avril – SC : **R** 75/95 – **11 ch** 🛏 205/235 – P 205/235.

au Sud-Est 7,5 km par rte Mont-d'Arbois - BZ – alt. 1 450 – ⊠ **74120** Megève :

X **Cote 2000,** ⏰ 21.31.84, <, 🎇 – **Ⓟ**
  début juil.-début sept. et Noël-Pâques – SC : **R** carte 115 à 145.

CITROEN Mont-Blanc Gar., r. A.-Martin ⏰ 21. 05.72
FIAT, FORD, LANCIA-AUTOBIANCHI Gar. Gachet, rte Sallanches ⏰ 21.19.02
MERCEDES **V.A.G.** Gar. du Christomet, rte Albertville ⏰ 21.00.27

RENAULT Gar. des Alpes, rte Sallanches par ① ⏰ 21.05.70
RENAULT Gar. du Crêt du Midi Praz-sur-Arly par ② ⏰ 21.90.30 🅽

MEHUN-SUR-YÈVRE 18500 Cher 🔠 ⑳ G. Périgord – 6 902 h. alt. 120 – 🟢 48.

🛈 Syndicat d'Initiative pl. 14-juillet (juil.-août) ⏰ 57.35.51.

Paris 226 – Bourges 17 – Cosne-sur-Loire 72 – Gien 77 – Issoudun 32 – Vierzon 16.

🏠 **Croix-Blanche,** 164 r. Jeanne-d'Arc ⏰ 57.30.01, 🌿 – 🛏 🚗 **Ⓟ** . 🎇 rest
➡ *fermé 20 au 30 sept., 20 déc. au 20 janv., dim. soir et lundi* – SC : **R** 45/115 ⅃ – 🛏
  16 – **20 ch** 50/135 – P 110/162.

◉ Linard, r. Magloire Faiteau ⏰ 57.33.13

Le MÊLE-SUR-SARTHE 61170 Orne 🔠 ④ – 805 h. alt. 155 – 🟢 33.

Paris 169 – L'Aigle 37 – Alençon 22 – Argentan 43 – Bellême 25 – Mamers 20 – Mortagne-au-P. 16.

🏠 **Poste,** ⏰ 27.60.13, parc – 🛏 ⊛ **Ⓟ** – 🔼 50. 🚗 🅴 𝘝𝘐𝘚𝘈
➡ *fermé 1er au 15 oct., 15 au 31 janv., dim. soir et lundi midi* – SC : **R** 40/110 ⅃ – 🛏 12
  – **21 ch** 60/80 – P 140/150.

PEUGEOT Gar. Vallée, ⏰ 27.62.04   RENAULT Gd Gar. Moderne, ⏰ 27.60.07

MELLE 79500 Deux-Sèvres 🔠 ② G. Côte de l'Atlantique (plan) – 4 731 h. alt. 119 – 🟢 49.

Voir Église St-Hilaire ★.

🛈 Syndicat d'Initiative pl. Poste (juil.-août, fermé dim. et lundi matin) et à la Mairie (sept.-juin, fermé sam. et dim.) ⏰ 27.00.23.

Paris 391 – Niort 28 – Poitiers 56 – Ruffec 40 – St-Jean-d'Angély 45 – St-Maixent-l'École 24.

🏛 **Voyageurs,** av. Cdt Bernier ⏰ 27.00.53 – 🎇
➡ *fermé 15 août au 6 sept., 20 déc. au 3 janv., vend. soir et dim.* – SC : **R** 35/55 ⅃ – 🛏
  10 – **12 ch** 55/65 – P 100.

CITROEN Station de la Croix St Leger ⏰ 27. 00.29
PEUGEOT-TALBOT Cassagne, La Colonne ⏰ 27.00.57

PEUGEOT-TALBOT Bailly, ⏰ 27.00.70

MELOISEY 21 Côte-d'Or 🔠 ① – 271 h. alt. 350 – ⊠ **21190** Meursault – 🟢 80.

Paris 326 – Arnay-le-Duc 30 – Autun 46 – Beaune 10 – Chalon-sur-Saône 40.

X **Renaissance,** ⏰ 22.43.60 – **Ⓟ**
  fermé janv. et merc. – SC : **R** (en hiver dîner prévenir) 64 bc/105.

MELUN 🅿 77000 S.-et-M. 🔠 ②, 🔢 ㊺ G. Environs de Paris – 39 803 h. alt. 54 – 🟢 6.

🛈 Office de Tourisme (fermé dim., lundi et fêtes) av. Gallieni ⏰ 437.11.31.

Paris 57 ⑤ – Auxerre 120 ④ – Châlons-sur-Marne 146 ① – Chartres 110 ⑤ – Meaux 57 ① – Montargis 66 ④ – ◆Orléans 104 ⑤ – ◆Reims 145 ① – Sens 66 ③ – Troyes 121 ②.

Plan page ci-contre

🏨 **Grand Monarque-Concorde** Ⓜ ⬳, par ④ : 2,5 km rte Fontainebleau ⏰ 439. 04.40, Télex 690140, parc, �🏊 – 🛗 📺 ☎ **Ⓟ** – 🔼 200. 🆎 ⓪ 🅴 𝘝𝘐𝘚𝘈
  SC : **R** 100/150 – 🛏 28 – **50 ch** 236/325 – P 360/450.

🏠 **Commerce,** 16 r. Carnot ⏰ 437.01.22 – 📠 🛏wc ⊛ – 🔼 30 à 100   AY **n**
  SC : **R** 48/82 ⅃ – 🛏 12 – **16 ch** 76/123.

🏠 **Ibis,** av. Meaux ⏰ 068.42.45, Télex 691779 – 📠wc ☎ **Ⓟ** – 🔼 30. 🚗 𝘝𝘐𝘚𝘈   BY **a**
  SC : **R** carte environ 65 ⅃ – 🍽 18 – **74 ch** 165/178.

XXX ◉ **Aub. Vaugrain** (Desroys du Roure), 13 r. J.-Amyot ⏰ 452.08.23 – 𝘝𝘐𝘚𝘈   AY **r**
  fermé dim. soir et lundi – SC : **R** 150
  Spéc. St-Jacques à la nage (oct. à avril), Sole farcie, Gibier (oct. à janv.).

XXX **Caves de Touraine,** 8 quai Mar.-Joffre ⏰ 437.03.48 – ⓪ 🅴 𝘝𝘐𝘚𝘈   AZ **v**
  SC : **R** carte 125 à 195.

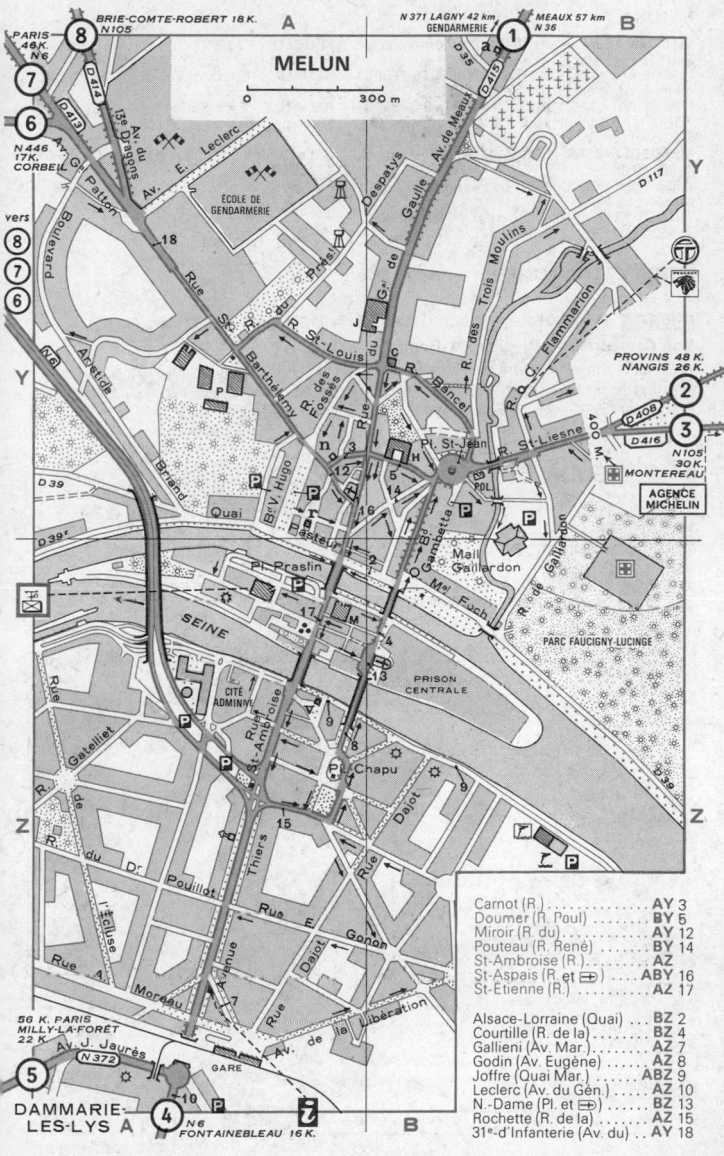

MELUN

0   300 m

BRIE-COMTE-ROBERT 18 K.
N 105

N 371 LAGNY 42 km
GENDARMERIE

MEAUX 57 km
N 36

PARIS
46 K.
N 6

N 446
17 K.
CORBEIL

vers

PROVINS 48 K.
NANGIS 26 K.

N 105
30 K.
MONTEREAU

AGENCE
MICHELIN

D 39

SEINE

CITÉ
ADMINVE

PRISON
CENTRALE

PARC FAUCIGNY-LUCINGE

56 K. PARIS
MILLY-LA-FORÊT
22 K.

DAMMARIE-
LES-LYS

FONTAINEBLEAU 16 K.

Carnot (R.)	AY 3
Doumer (R. Paul)	BY 5
Miroir (R. du)	AY 12
Pouteau (R. René)	BY 14
St-Ambroise (R.)	AZ
St-Aspais (R. et ⇔)	ABY 16
St-Etienne (R.)	AZ 17

Alsace-Lorraine (Quai)	BZ 2
Courtille (R. de la)	BZ 4
Gallieni (Av. Mar.)	AZ 7
Godin (Av. Eugène)	AZ 8
Joffre (Quai Mar.)	ABZ 9
Leclerc (Av. du Gén.)	AZ 10
N.-Dame (Pl. et ⇔)	BZ 13
Rochette (R. de la)	AZ 15
31e-d'Infanterie (Av. du)	AY 18

à Vert-St-Denis par ⑦ : 5 km – 3 936 h. – ⌧ 77240 Cesson :

XX **A l'Attaque du Courrier de Lyon,** N 6 ℡ 063.22.24 – ❷ E *VISA*
fermé août, 16 au 22 janv., vend. soir et sam. – SC : **R** 80/150.

au Plessis-Picard par ⑦ : 8 km – ⌧ 77550 Moissy Cramayel :

XX **La Mare au Diable,** ℡ 063.17.17, ⌁ – ❷ ﷼ ① *VISA*
fermé lundi soir et mardi – **R** carte 110 à 175.

MICHELIN, Agence régionale, 399 r. du Mar. Juin à Vaux-le-Pénil Z. I. par ③ ℡
439.23.23

tourner →

671

CITROEN Succursale, 100 rte de Montereau à Vaux-le-Penil par ③ ☏ 437.92.10
CITROEN Dufus, 575 r. Frères-Thibault, Dammarie-les-Lys par ⑤ ☏ 437.09.62 🅽
FIAT Patton, N 6, Vert-St-Denis ☏ 068.09.88
FORD Gd gar. de la Gare, 44 av. Thiers ☏ 439.36.40
MERCEDES-BENZ SEGAC, 11 av. Gén.-Patton ☏ 068.86.45
OPEL Gar. de Brie et Champagne, 27 rte Montereau ☏ 439.37.08
TALBOT PEUGEOT Chabert, 9 r. Flammarion ☏ 452.07.48

PEUGEOT, TALBOT Duport-Automobiles, N 6, Vert-St-Denis par ⑦ ☏ 068.69.70
RENAULT Escobrie-Melun, 23 rte Montereau par ③ ☏ 439.95.77
RENAULT Esco-Senart, av. de Corbeil à Le Mée-sur-Seine par ⑥ ☏ 068.24.36

◉ La Centrale de Pneu, 11. r. de Ponthierry ☏ 437.20.99

Piot-Pneu, 22 r. Mar-Juin, Zone Ind. à Vaux-le-Pénil ☏ 439.12.63

MENARS 41 L.-et-Ch. 🖸🖸 ⑦ – rattaché à Blois.

MENDE ℗ 48000 Lozère 🖸🖸 ⑤⑥ **G. Causses** – 11 977 h. alt. 731 – ✿ 66.

Voir Cathédrale★ Z B – **Pont N.-Dame★** Y D.

🅘 Syndicat d'Initiative (fermé sam. après-midi et dim.) et A.C. bd Soubeyran ☏ 65.02.69.

Paris 573 ① – **Alès** 110 ③ – **Aurillac** 159 ① – **Gap** 309 ② – **Issoire** 150 ① – **Millau** 96 ③ – **Montélimar** 155 ② – **Le Puy** 92 ② – **Rodez** 108 ③ – **Valence** 179 ②.

MENDE

Angiran (R. d')	**Z** 3
Beurre (Pl. au)	**Z** 10
Droite (R.)	**Z** 23
Préfecture (Pl. de la)	**Z** 32
République (R. et Pl. de la)	**Z** 34
Soubeyran (R. du)	**Z** 40
Aigues-Passes (R. d')	**Z** 2

Arnault (Bd Lucien)	**Y** 4
Basse (R.)	**YZ** 6
Beauregard (R.)	**Y** 7
Berlière (Pont de)	**Y** 8
Bourillon (Bd Henri)	**Z** 12
Britexte (Bd)	**Z** 13
Capucins (Bd des)	**Y** 14
Chanteronne (R.)	**Y** 16
Chaptal (Pl.)	**Z** 17
Chastel (R. du)	**Y** 18
Chicanette (R. de la)	**Z** 19

Collège (R. du)	**Y** 21
Doumer (Allée Paul)	**Y** 22
Écoles (R. des)	**Y** 24
Gaulle (Pl. Charles de)	**Z** 28
Notre-Dame (R.)	**YZ** 29
Pont (R. du)	**Y** 30
Roussel (Bd Th.)	**YZ** 36
Roussel (Pl. Th.)	**Y** 37
Soubeyran (Bd de)	**Z** 38
Urbain V (Pl.)	**Z** 41
8-Mai-1945 (Av. du)	**Y** 42

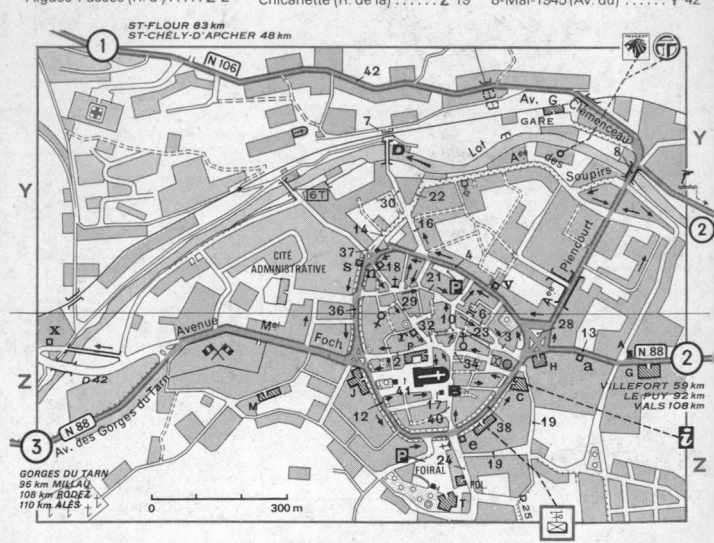

🏨 **Lion d'Or**, 12 bd Britexte ☏ 65.06.46, Télex 480302, 🏊, 🐎 – 🛗 📺 ☎ ℗ – 🏧 40. 🆎 ⑩ ➌ 💳
15 mars-15 nov. – SC : **R** *(fermé dim. hors sais.)* 75/140 – 🖵 22 – **38 ch** 162/280 – P 322/334.
Z a

🏨 **Urbain V** 🅜 sans rest, 9 bd Th.-Roussel ☏ 65.04.49 – 🛗 📺 ☎ 🚗 ℗ – 🏧 30. 🖃 💳
fermé nov. et déc. – SC : 🖵 18 – **59 ch** 160/180.
Y s

🏨 **France** 🦢, 9 bd L.-Arnault ☏ 65.00.04 – 🚻wc 🛁wc ☎ 🚗 ℗. 🖨 Y v
➜ *fermé 25 déc. au 31 janv.* – SC : **R** *(fermé dim. soir et lundi hors sais.)* 46/100 – 🖵 16 – **28 ch** 70/180 – P 175/205.

Pont Roupt (annexe M - 12 ch wc), av. 11-Novembre ☎ 65.01.43 – wc wc ☎ P. . Z x
15 mars-15 déc. et fermé sam. hors sais. – SC : **R** 43/90 – ☕ 16 – **40 ch** 100/190 – P 160/190.

Remparts M sans rest, pl. Th.-Roussel ☎ 65.02.29 – wc ☎ P Y n
SC : ☕ 13,50 – **15 ch** 120.

Paris sans rest, 2 bd Soubeyran ☎ 65.00.03 – wc wc ☎ P. Z e
15 mars-15 nov. – SC : ☕ 15 – **50 ch** 60/170.

La Gogaille, 5 r. Notre-Dame ☎ 65.08.79 Z r
fermé lundi hors sais. – SC : **R** 43/85.

CITROEN Majorel et Fils, 27 av. Gorges-du-Tarn par ③ ☎ 65.11.22 N ☎ 65.27.03
FORD Mende-Autom., 56 av. du 8-Mai 1945 par ① ☎ 65.14.17
PEUGEOT-TALBOT Giral, 7 allée des Soupirs ☎ 65.00.15
RENAULT Pagès, Zone Artisanale, av. du 11-Novembre par D42 Z ☎ 65.15.58
TOYOTA Gar. Marquiran, 32 quartier Fontanilles ☎ 65.01.68
V.A.G. Gar. Barbut, rte de Chabrits Z.A ☎ 65.07.58

Escoffier-Pneus, 25 av. des Gorges du Tarn ☎ 65.08.69
Teissandier, à Chabrits ☎ 65.12.06
Vulc Lozérienne, 9 bd Britexte ☎ 65.03.98

MENETOU-RATEL 18 Cher 65 ⑫ – 526 h. alt. 311 – ✉ 18300 Sancerre – 48.

Paris 204 – Bourges 52 – La Charité-sur-Loire 35 – Cosne-sur-Loire 16 – Salbris 65 – Sancerre 9.

Maillet, rte de Sancerre ☎ 54.09.53 – P.
fermé 22 déc. au 10 janv., 1er au 15 mars et lundi – SC : **R** (déj. seul.) 75/95.

CITROEN Maillet, ☎ 54.09.53

MÉNEZ-HOM 29 Finistère 58 ⑮ G. Bretagne – alt. 330.

Voir ✻★★★.

Paris 566 – Châteaulin 14.

Le MÉNIL 88 Vosges 66 ⑧ – rattaché au Thillot.

MENNETOU-SUR-CHER 41320 L.-et-Ch. 64 ⑲ G. Châteaux de la Loire – 884 h. alt. 90 – 54.

Voir St-Loup : chaire de prieur★ dans l'église O : 3,5 km.

Paris 214 – Blois 58 – Montrichard 57 – Romorantin-Lanthenay 17 – Salbris 27 – Vierzon 16.

Host. Lion d'Or, ☎ 98.01.13 – wc. VISA
fermé 15 janv. au 15 mars et lundi – SC : **R** 55/100 – ☕ 16 – **20 ch** 86/120 – P 140/170.

PEUGEOT Bedard, ☎ 98.01.18
TALBOT Louis, ☎ 98.02.27

MENTHON-ST-BERNARD 74 H.-Savoie 74 ⑥ G. Alpes – 818 h. alt. 482 – ✉ 74290 Veyrier-du-Lac – 50.

Voir Château de Menthon★ : ≤★ E : 2 km.

18 du lac d'Annecy ☎ 60.12.89, S : 1 km.

Syndicat d'Initiative (1er juin-30 sept., fermé dim. et fêtes) ☎ 60.14.30.

Paris 558 – Albertville 37 – Annecy 9 – Bonneville 45 – Megève 52 – Talloires 4,5 – Thônes 13.

Palace H., au bord du lac ☎ 60.12.86, Télex 385292, « ≤ Lac et montagne, plage privée, parc, » – P – 100. AE VISA. rest
25 mai-25 sept. – SC : **R** 130/150 – ☕ 27 – **93 ch** 165/440 – P 290/380.

Beau Séjour, ☎ 60.12.04, – wc wc ☎ P. rest
Pâques-fin sept. – SC : **R** 65/80 (dîner résidents seul.) – ☕ 15 – **18 ch** 170/190 – P 200/240.

MENTON 06500 Alpes-Mar. 84 ⑩⑳, 195 ㉘ G. Côte d'Azur – 25 314 h. alt. 16 – Casino du Soleil AZ – 93.

Voir Site★★ – Bord de mer et vieille ville★★ : promenade du soleil★★ ABYZ, Parvis St-Michel★★, Église St-Michel★ BY F – Façade★ de la Chapelle de la Conception BYB, ≤★ de la jetée BV, ≤★ du Vieux Cimetière BXD – Musée du Palais Carnolès★ AXM1 – Garavan★ BV – Jardin botanique exotique★ BVE – Salle des mariages★ de l'Hôtel de Ville BYH – Statuettes féminines★ du musée municipal BYM2 – ≤★ du jardin des Colombières BV – Vallée du Careï★ par ①.

Env. Monastère de l'Annonciade ✻★ N : 6 km AV – Gorbio : site★ NO : 9 km.

Office de Tourisme (fermé dim. sauf matin en saison) avec A.C. (☎ 35.77.39) "Palais de l'Europe" av. Boyer ☎ 57.57.00.

Paris 963 ③ – Aix-en-P. 206 ① – Cannes 63 ① – Cuneo 102 ① – Monte-Carlo 9 ③ – ♦Nice 27 ③.

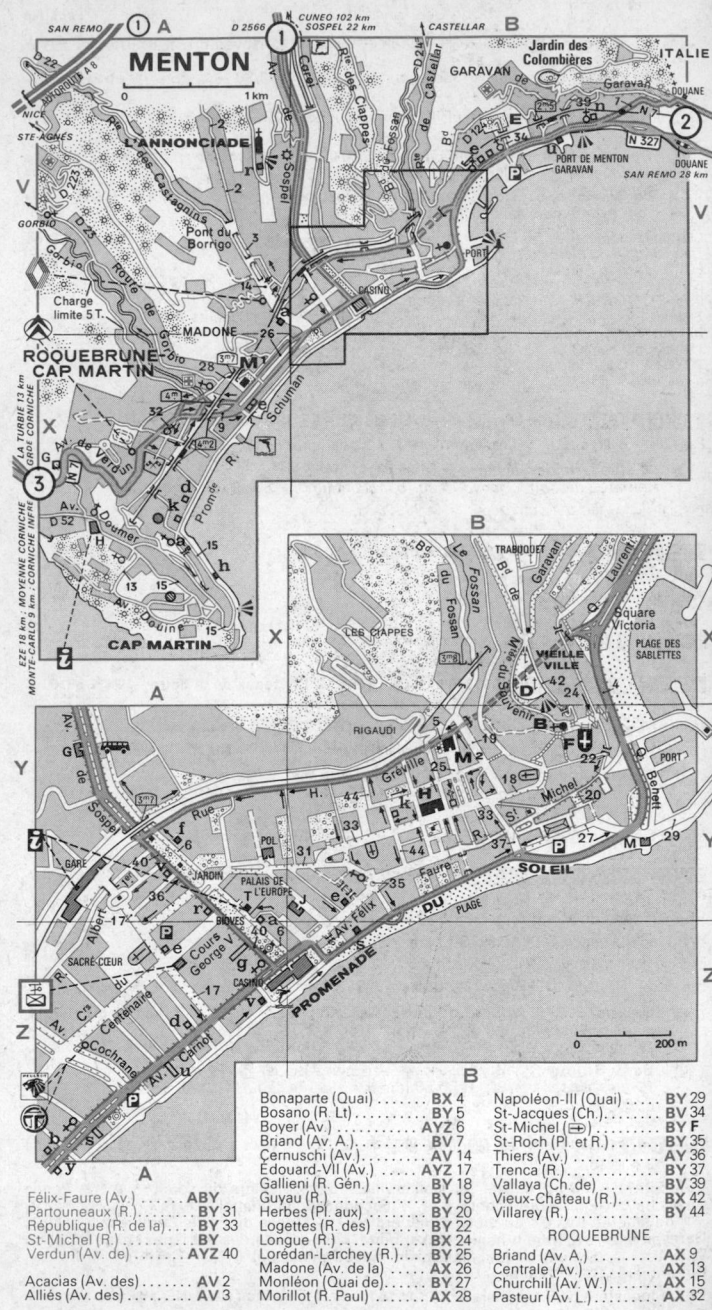

Bonaparte (Quai) .... **BX** 4	Napoléon-III (Quai) .... **BY** 29
Bosano (R. Lt) .... **BY** 5	St-Jacques (Ch.) ..... **BV** 34
Boyer (Av.) .... **AYZ** 6	St-Michel (⊖) .... **BY** **F**
Briand (Av. A.) .... **BV** 7	St-Roch (Pl. et R.) .... **BY** 35
Černuschi (Av.) .... **AV** 14	Thiers (Av.) .... **AY** 36
Édouard-VII (Av.) ..... **AYZ** 17	Trenca (R.) .... **BY** 37
Gallieni (R. Gén.) ..... **BY** 18	Vallaya (Ch. de) ..... **BY** 39
Guyau (R.) .... **BY** 19	Vieux-Château (R.) .... **BX** 42
Herbes (Pl. aux) ...... **BY** 20	Villarey (R.) .... **BY** 44
Logettes (R. des) ..... **BY** 22	
Longue (R.) .... **BX** 24	**ROQUEBRUNE**
Lorédan-Larchey (R.) .. **BY** 25	
Madone (Av. de la) .... **AX** 26	Briand (Av. A.) ...... **AX** 9
Monléon (Quai de) .... **BY** 27	Centrale (Av.) ...... **AX** 13
Morillot (R. Paul) ..... **AX** 28	Churchill (Av. W.) .... **AX** 15
	Pasteur (Av. L.) ..... **AX** 32

Félix-Faure (Av.) ...... **ABY**	
Partouneaux (R.) ...... **BY** 31	
République (R. de la) ... **BY** 33	
St-Michel (R.) .... **BY**	
Verdun (Av. de) .... **AYZ** 40	
Acacias (Av. des) ..... **AV** 2	
Alliés (Av. des) .... **AV** 3	

Les plans de villes sont orientés le Nord en haut.

🏨🏨 **Chambord** Ⓜ sans rest, 6 av. Boyer ☎ 35.94.19 – 🛗 🗏 📺 ☎ 🚗. 🅰🅴 ⓞ 🄴
fermé 5 déc. au 10 janv. – SC : **40 ch** ⌕ 170/280. AY **a**

🏨🏨 **Napoléon** Ⓜ, 29 Porte de France ☎ 35.89.50, Télex 470312, ≤, 🔼, ☞ – 🛗 🗏 📺
🅿 🅰🅴 ⓞ 𝘝𝘐𝘚𝘈 ⚑ rest BV **e**
fermé 1er nov. au 20 déc. – SC : **R** 110/125 – ⌕ 25 – **40 ch** 230/360 – P 290/350.

🏨🏨 **Princess et Richmond** Ⓜ sans rest, 617 prom. Soleil ☎ 35.80.20, ≤ – 🛗 🗏 📺
☎ 🅿. 🅰🅴 ⓞ 𝘝𝘐𝘚𝘈 AZ **s**
fermé 3 nov. au 20 déc. – SC : **45 ch** ⌕ 165/240.

🏨🏨 **Parc,** 11 av. Verdun ☎ 35.71.74, 🍴, ☞ – 🛗 📺 ☎ 🅿. ⚑ rest AZ **g**
fermé 7 oct. au 20 déc. – SC : **R** 105/120 – **75 ch** 190/310 – P 270/360.

🏨🏨 **Magali** Ⓜ sans rest, 10 r. Villarey ☎ 35.73.78, ☞ – 🛗 🚗 BY **k**
43 ch ⌕ 155/230.

🏨🏨 **Europ H.** Ⓜ sans rest, 35 av. Verdun ☎ 35.59.92 – 🛗 🗏 📺 🚗. 🅰🅴 ⓞ 🄴 𝘝𝘐𝘚𝘈
SC : ⌕ 15 – **33 ch** 180/275. AY **v**

🏨 **Prince de Galles** sans rest, 4 av. Gén.-de-Gaulle ☎ 28.21.21, ≤ – 🛗 🚻wc 🛁wc
☎ 🅿. 🅰🅴 ⓞ 🄴 AX **e**
fermé nov. – SC : **68 ch** ⌕ 160/254.

🏨 **Orly** Ⓜ, 27 Porte de France ☎ 35.60.81, ≤, 🍴 – 🗏 🚻wc 🛁wc ☎ 🅿. ⚑ BV **e**
fermé 25 oct. au 20 déc. – SC : **R** 60/100 – **24 ch** ⌕ 116/242 – P 186/300.

🏨 **Aiglon** sans rest, 7 av. Madone ☎ 35.75.23, 🔼, ☞ – 🛗 🚻wc ☎ 🅿. ⚑ 🅰🅴 🄴
fermé 3 nov. au 18 déc. – SC : **R** (le soir snack pour résidents) – **30 ch** ⌕ 135/240. AZ **b**

🏨 **Le Moderne** Ⓜ sans rest, 12 av. Edouard-VII ☎ 35.71.87 – 🛗 🚻wc 🛁 ☞
15 janv.-15 oct. – SC : **31 ch** ⌕ 175/220. AZ **e**

🏨 **Viking** Ⓜ, 2 av. Gén.-de-Gaulle ☎ 57.95.85, ≤, 🔼 – 🛗 🗏 ch 🚻wc ☎. ⚑ 🅰🅴
ⓞ 𝘝𝘐𝘚𝘈 AX **e**
SC : **R** *(fermé nov. et merc.)* 75/130 – ⌕ 17 – **32 ch** 215/285 – P 280/330.

🏨 **Dauphin,** 28 av. Gén.-de-Gaulle ☎ 35.76.37, ≤, 🍴 – 🛗 🚻wc 🛁wc ☞ 🅿. ⚑
⚑ rest AX **y**
fermé 25 oct. au 20 déc. – SC : **R** *(fermé lundi)* snack carte environ 80 – **30 ch**
⌕ 115/240.

🏨 **El Paradiso,** 71 Porte de France ☎ 35.74.02, ≤ – 🛗 🚻wc 🛁wc ☞ 🅿. ⚑
⚑ rest BV **n**
1er fév.-b déc. – SC : **R** 80 – **42 ch** ⌕ 115/220 – P 185/200.

🏨 **Stella-Bella,** 850 prom. Soleil ☎ 35.74.47, ≤ – 🚻wc 🛁wc ☞. ⚑ ⚑ rest
fermé 15 oct. au 20 déc. – SC : **R** *(fermé lundi)* 62 – **26 ch** ⌕ 160/207 – P 175/207. AZ **u**

🏨 **Londres,** 15 av. Carnot ☎ 35.74.62, 🍴, ☞ – 🛗 🚻wc 🛁wc ☞. ⚑ ⚑ rest
10 janv.-9 oct. – SC : **R** *(fermé merc.)* 75/85 – **26 ch** ⌕ 125/205 – P 180/210. AZ **d**

🏨 **Le Globe,** 21 av. Verdun ☎ 35.73.03 – 🛗 🚻wc 🛁wc ☞. ⚑
fermé 25 oct. au 15 déc. – SC : **R** *(fermé lundi sauf du 1er juil. au 1er sept.)* 50/100 – AY **r**
⌕ 14,50 – **25 ch** 65/146 – P 179/375.

XX **Chez Mireille-l'Ermitage** avec ch, prom. Soleil ☎ 35.77.23, ≤, 🍴 – 🚻wc
🛁wc ☞. ⚑ AZ **v**
fermé en nov. – SC : **R** 95/150 – ⌕ 22 – **12 ch** 190/230 – P 260/290.

XX **Aub. des Santons** ⚘ avec ch, à l'Annonciade 2,5 km par VO ☎ 35.94.10, ≤, ☞ –
🚻wc 🅿. 🅰🅴 ⓞ AV **r**
fermé 15 nov. au 15 déc., dim. soir et lundi – **8 ch.**

XX **Paris-Palace,** 2 av. F.-Faure ☎ 35.06.66, ≤, 🍴 🅰🅴 𝘝𝘐𝘚𝘈 BZ **s**
fermé nov. – **R** 60/120.

XX **Pierrot-Pierrette** avec ch, à Moti par ① : 5 km D 2566 ☎ 35.79.76, ≤ – 🛁wc
fermé 10 nov. au 20 déc. et lundi – SC : **R** *(déj. seul. du 1er janv. au 30 avril)* 80/140 –
⌕ 18 – **3 ch** 160 – P 190.

XX **Le Galion,** port de Garavan ☎ 35.89.73, 🍴, cuisine italienne BV **u**
fermé 1er nov. au 10 déc. et mardi – SC : **R** 60 bc/177 bc.

X **Le Chateaubriand,** 14 av. Boyer ☎ 35.80.82, 🍴 – ⓞ 𝘝𝘐𝘚𝘈 AY **f**
fermé nov., dim. soir et lundi – SC : **R** 90/155.

X **L'Hacienda,** rte Gorbio : 3,5 km ☎ 35.84.44, 🍴 – 🅿. ⓞ AV
SC : **R** 110/170.

X **Bec Fin,** 11 av. F.-Faure ☎ 35.94.73 BY **e**
fermé 15 nov. au 15 déc. et merc. – SC : **R** 55/80.

X **Belle Epoque,** 31 av. Cernuschi ☎ 35.23.89 – 𝘝𝘐𝘚𝘈 AV **a**
fermé nov. et mardi – SC : **R** (nombre de couverts limité - prévenir) 52/78 ⏃.

   à Ste-Agnès NO : 11 km par D 22 - AV - ✉ 06500 Menton.
   Voir Site★ – ≤★★ – Col St-Sébastien ≤★ O : 1 km.

X Le Saint Yves ⚘ avec ch, ☎ 35.91.45, ≤ Menton et littoral – 🛁wc – 7 ch.
X Logis Sarrasin, ☎ 35.86.89, ≤ Menton et littoral, 🍴.

à *Castillon* par ① : 12 km – ✉ 06500 Menton :

🏨 **La Bergerie** ⚜️, ☎ 04.00.39, ← – 🛁wc 🕿 **P**. 🍽️🚗
1er avril-30 sept. – SC : **R** 73/99 – 🍴 10 – **14 ch** 177/199.

Voir aussi ressources hôtelières de *Roquebrune-Cap-Martin* par ③ : 5 km

FORD Idéal Gar., 1 av. Riviéra ☎ 35.79.20
PEUGEOT-TALBOT Impérial Gar., 18 av. Co-
chrane ☎ 35.76.29
RENAULT Gar. des Tennis, 55 av. Cernuschi
☎ 28.07.10

🔵 Vulcania-Pneum., 9 r. Lorédan-Larchey ☎
35.50.57

LES MENUIRES 73 Savoie **77** ⑦⑧ G. Alpes – alt. 1 700 – Sports d'hiver : 1 800/2 850 m ✓7 ≴31
✗ – ✉ 73440 St-Martin-de-Belleville – ✪ 79.

🛈 Office de Tourisme (fermé dim. hors saison) ☎ 08.20.12, Télex 980084.

Paris 661 – Chambéry 100 – Moûtiers 27.

🏨 **de l'Oisans** ⚜️, ☎ 00.62.96 – 🛁wc 🕿wc 🕿. 🍽️🚗 AE ① VISA 🛎️ rest
➜ *25 nov.-2 mai* – SC : **R** (dîner seul.) 50/95 – **20 ch** ➘ 170/300.

MÉOUNES-LES-MONTRIEUX 83 Var **84** ⑮ – 813 h. alt. 275 – ✉ 83136 La Roquebrussanne
– ✪ 94.

Paris 824 – Aix-en-Provence 66 – Brignoles 22 – ◆Marseille 57 – ◆Toulon 28.

🏨 **France**, pl. Eglise ☎ 48.98.02, 🍴 – 🛁wc 🕿 🕿. 🍽️🚗
fermé 10 janv. au 15 fév., mardi soir et merc. hors sais. – SC : **R** 80/120 et carte – 🍴
20 – **8 ch** 100/150.

MERCUREY 71 S.-et-L. **69** ⑨ – 1 414 h. alt. 241 – ✉ 71640 Givry – ✪ 85.

Paris 349 – Autun 40 – Chagny 12 – Chalon-sur-Saône 13 – Le Creusot 28 – Mâcon 72.

XX ✿ **Hôtellerie du Val d'Or** (Cogny) avec ch, D 978 ☎ 47.13.70, 🌳 – 🍽️ rest 📺
🛁wc 🕿 🚗 **P**. VISA 🛎️
*fermé 29/8 au 12/9, 18/12 au 10/1, mardi midi du 15/3 au 15/11, dim. soir du 15/11
au 15/3 et lundi sauf fériés* – SC : **R** (dim. et fêtes - prévenir) 65/180 – ➘ 18 – **12 ch**
84/190
Spéc. Soupe de grenouilles, Biscuit de brochet, Desserts. **Vins** Rully, Mercurey.

à *St-Martin-sous-Montaigu* S : 5 km – ✉ 71640 Givry :

X **Le Montaigu,** ☎ 47.20.30
➜ *fermé 1er au 15 janv. et merc.* – SC : **R** 40/100 ⅃.

MERDRIGNAC 22230 C.-du-N. **59** ⑭ – 3 009 h. alt. 149 – ✪ 96.

Paris 411 – Dinan 45 – Josselin 33 – Lamballe 37 – Loudéac 26 – Ploërmel 37 – St-Brieuc 56.

🏨 **Univers**, r. Nationale ☎ 28.41.15 – **P**. **E**. 🛎️ ch
➜ *fermé 24 juin au 18 juil., vacances de fév., vend. soir et sam. sauf juil.-août* – **R**
40/110 ⅃ – 🍴 10 – **10 ch** 60/75.

CITROEN Gar. Frizat, ☎ 28.41.69

RENAULT Hergnot, ☎ 28.41.23

MÉRIBEL-LES-ALLUES 73550 Savoie **74** ⑱ G. Alpes – ✪ 79.
Voir Sommet de la Saulire ☀️★★ SE par télécabine.
🚠 ☎ 08.26.50 NE : 4,5 km – **Altiport** ☎ 08.61.33, NE : 4,5 km.
🛈 Office de Tourisme de la vallée des Allues ☎ 08.60.01, Télex 980001.
Paris 652 – Albertville 44 – Annecy 89 – Chambéry 91 – ◆Grenoble 128 – Moûtiers 18.

à *Méribel* – alt. 1 700 – Sports d'hiver : 1 600/2 700 m ✓9 ≴31, ✗ – ✉ 73550 Méribel-les-
Allues :

🏨🏨 **Gd Coeur** M ⚜️, ☎ 08.60.03, ←, 🍽️ – 🍴 📺 🕿 & **P** – 🏛️ 25. AE ① VISA 🛎️ rest
1er juil.-31 août et 18 déc.-18 avril – SC : **R** 80/200 – ➘ 25 – **23 ch** 250/400, 4
appartements 450 – P 390/470.

🏨 **Orée du Bois** M ⚜️, ☎ 08.20.69, ←, 🍽️ (été), 🍴 – 🍴 🛁wc 🕿wc 🕿. VISA 🛎️
1er juil.-31 août et 15 déc.-Pâques – SC : **R** 70/85 – ➘ 22 – **28 ch** 180/300.

🏨 **Adray Télé-Bar** ⚜️, ☎ 08.60.26, ← – 🛁wc 🕿 –
Noël-Pâques – SC : **R** 75 ⅃ – ➘ 20 – **17 ch** 200/250 – P 180/300.

🏨 **La Chaudanne**, ☎ 08.61.76, ← – cuisinette 🛁wc 🕿wc 🕿 🚗 **P**. 🛎️ rest
➜ *27 juin-5 sept. et 15 déc.-2 mai* – SC : **R** 45/80 ⅃ – ➘ 20 – **45 ch** 300, 10 appartements
390/570 – P 208/278.

🏨 **Parc Alpin** ⚜️ sans rest, ☎ 08.64.98, ←, 🍽️ – 🛁wc 🕿wc 🕿 **P**. 🍽️🚗
18 déc.-18 avril – SC : ➘ 15 – **21 ch** 180/280.

🏨 **Belvédère** ⚜️, ☎ 08.65.53, ←, 🍴 – 📺 🛁wc 🕿wc 🕿. 🍽️🚗 🛎️ ch
20 déc.-20 avril – SC : **R** 75 – ➘ 15 – **15 ch** (pens. seul.) – P 200/300.

XX **Gérard,** ☎ 08.65.43 – AE
1er déc.-1er mai – SC : **R** (dîner seul.) 105/150.

à l'Altiport NE 4,5 km – ⊠ **73550** Méribel les Allues :

🏨 **H. Altiport** M 🦢, ☏ 08.26.50, Télex 980456, ≤, 🏡, ⏜, ✗ – 🛗 TV ☎ ⟵ – 🏊 150. VISA ✗ rest
1er juil.-31 août et 15 déc.-30 avril – **R** (déj. snack) diner carte 115 à 175 – **41 ch** – 1/2 p 345.

au Mottaret S : 6 km – 77 ⑥ – ⊠ **73550** Méribel-les-Allues :

🏨 **Ruitor** M 🦢 sans rest, ☏ 08.27.92, ≤ – 🛗 ☎ ⟵ P. ① VISA ✗
mi déc.-Pâques – **SC : 49 ch** ☲ 240/440, 5 appartements 690.

🏨 **Tarentaise** M 🦢, ☏ 08.52.46, ≤ – ☎ – 🏊 80
17 déc.-16 avril et 2 juil.-3 sept. – **SC : R** 70/90 – ☲ 25 – **45 ch** (pens. seul.) – P 330/440.

🏨 **Mottaret** M 🦢, ☏ 08.24.51, ≤ – ☎ ⟵ P – 🏊 60. ✗ rest
déc.-avril – **SC : R** 90 – ☲ 22 – **42 ch** (pens. seul.) – P 280/350.

🏨 **Les Arolles** M 🦢, ☏ 08.50.54, ≤ – 🛗 ⟿wc 🛏wc ☎ – 🏊 120. ⟵ ✗ rest
15 déc.-20 avril – **SC : R** 85 – ☲ 20 – **49 ch** (pens. seul) – P 300/440.

✗✗ **L'Estanquet**, Le Hameau ☏ 08.64.25 – VISA
mi-déc.-mi-avril – **SC : R** 80/150 🍷.

MÉRIGNAC 33 Gironde 71 ⑨ – rattaché à Bordeaux.

MERKWILLER PECHELBRONN 67 Bas-Rhin 57 ⑱ G. Vosges – 772 h. alt. 376 – ⊠ **67250** Soultz-sous-Forets – ✿ 88.
Paris 495 – Haguenau 16 – ♦Strasbourg 48 – Wissembourg 22.

✗ **Aub. Baechel-Brunn**, ☏ 80.53.96 – ✗
↦ *fermé 15 août au 9 sept., 24 au 31 janv. lundi soir et mardi* – **SC : R** 50/120 🍷.

MERLEBACH 57 Moselle 57 ⑯ – voir à Freyming-Merlebach.

MERLIMONT 62 P.-de-C. 51 ⑪ – rattaché au Touquet.

MERS-LES-BAINS 80 Somme 52 ⑤ – rattaché au Tréport.

MERVENT 85 Vendée 67 ⑯ – rattaché à Fontenay-le-Comte.

MERVILLE-FRANCEVILLE-PLAGE 14810 Calvados 55 ② – 1 184 h. – ✿ 31.
🗓 Office de Tourisme (Pâques, Pentecôte et 15 juin-15 sept.) ☏ 91.30.88.
Paris 231 – Arromanches-les-Bains 41 – Cabourg 6 – ♦Caen 19.

✗✗ **Chez Marion** avec ch, ☏ 91.30.43 – ⟿wc 🛏 ☎ ⟵ AE ① E VISA
fermé 17 au 27 oct., janv., merc. soir et jeudi d'oct. à avril sauf vacances scolaires – **SC : R** 63/160 – ☲ 15 – **18 ch** 108/195 – P 204/265.

MÉRY-SUR-SEINE 10170 Aube 61 ⑥ – 1 204 h. alt. 82 – ✿ 25.
Paris 142 – Châlons-sur-M. 70 – Nogent-sur-Seine 33 – Sézanne 31 – Troyes 29 – Vitry-le-François 70.

🏠 **Au Bon Coin**, ☏ 21.20.39
↦ *fermé 15 sept. au 15 oct. et lundi* – **SC : R** 38/70 🍷 – ☲ 10 – **11 ch** 65/90 – P 110.
RENAULT Gar. Flizot, ☏ 21.20.46

MESCHERS-SUR-GIRONDE 17132 Char.-Mar. 71 ⑮ G. Côte de l'Atlantique – 1 546 h. alt. 22 – ✿ 46.
🗓 Syndicat d'Initiative pl. Verdun (15 juin-15 sept.) ☏ 02.70.39.
Paris 510 – Blaye 80 – Jonzac 54 – Pons 37 – La Rochelle 83 – Royan 11 – Saintes 42.

🏠 **Croix Blanche**, ☏ 02.70.19 – ⟵ ✗
1er juin-15 sept. – **SC : R** 60/90 🍷 – ☲ 13 – **10 ch** 60/110 – P 150/180.

✗✗ **Grottes de Matata**, ☏ 02.70.02, ≤, « Cavernes creusées dans une falaise dominant l'estuaire », ⟵ – VISA
mars-nov. et fermé merc. – **SC : R** 85.

RENAULT Gar. Roy, ☏ 02.70.27 🅽

Le MESNIL-ESNARD 76 S.-Mar. 55 ⑥⑦ – rattaché à Rouen.

Le MESNIL-SUR-OGER 51 Marne 56 ⑯ G. Nord de la France – 1 381 h. alt. 134 – ⊠ **51190** Avize – ✿ 26.
Paris 142 – Châlons-sur-Marne 28 – Epernay 14 – ♦ Reims 38 – Vertus 5,5.

✗✗✗ **Le Mesnil**, ☏ 50.95.57 – P ① E
fermé 16 août au 8 sept., vacances de fév. et merc. sauf fêtes – **SC : R** 80/150.
RENAULT Gar. Ewen, ☏ 50.52.25

MESNIL-VAL 76 S.-Mar. 🗺 ⑤ – ✉ 76910 Criel-sur-Mer – ❋ 35.
Paris 174 – Dieppe 27 – Le Tréport 4,5.

🏠 **Vieille Ferme** 🍴, ⌕ 86.72.18, 🦌, ℅ – 🚪wc ☎ ℗ – 🔳 30. 🚗 *VISA*
SC : **R** *(fermé 3 au 31 janv.)* 80/200 – 🖙 20 – **36 ch** 90/220 – P 200/250.

Les MESNULS 78 Yvelines 🔲 ⑨, 🔲 ㉘ – 5 385 h. alt. 110 – ✉ 78490 Montfort-l'Amaury –
❋ 3 – Paris 48 – Dreux 39 – Mantes-la-Jolie 36 – Rambouillet 14 – Versailles 27.

🍴🍴 ❋ **Toque Blanche (Philippe)**, 12 Grande-rue ⌕ 486.05.55, 🦌 – ℗. 🅰🅴 ⑩ *VISA*
fermé août, vacances de fév., dim. soir et lundi – SC : **R** carte 150 à 200
Spéc. Ragoût de langoustines au basilic, Pêche bretonne au beurre blanc, Marmite de canard sauce
poivrade.

MESSAC 35480 I.-et-V. 🔲 ⑥ – 2 215 h. alt. 11 – ❋ 99.
Paris 363 – Bain-de-B. 10 – Châteaubriant 39 – Nozay 34 – Ploërmel 51 – Redon 34 – ◆Rennes 42.

🍴 **Poste et Gare** avec ch, ⌕ 34.61.04 – 🛏wc. **E** *VISA*. ℅ ch
fermé 1ᵉʳ au 15 oct., 15 au 31 janv., dim. soir et lundi – SC : **R** carte 70 à 110 – 🖙 12
– **8 ch** 65/140.

MESSERY 74 H.-Savoie 🔲 ⑯ – 580 h. alt. 420 – ✉ 74140 Douvaine – ❋ 50.
Paris 569 – Annecy 67 – Bonneville 37 – ◆Genève 22 – Thonon-les-Bains 19.

🏠 **Bellevue**, ⌕ 94.70.55, ≤, 🦌 – 🛏 ☎ ℗. 🅰🅴 **E** *VISA*. ℅ rest
◆ *fermé oct. et mardi hors sais.* – SC : **R** 40/80 🍷 – 🖙 12 – **22 ch** 42/85 – P 114/125.

🏠 **Troènes**, ⌕ 94.70.30, 🦌 – 🚪 🛏 ℗. ℅ rest
◆ *1ᵉʳ mai-30 sept. et fermé merc. sauf juil.-août* – SC : **R** 45/80 🍷 – 🖙 13 – **16 ch**
65/100 – P 120/130.

MÉTABIEF 25 Doubs 🔲 ⑥ – voir ressources hôtelières à *Jougne* et aux *Hôpitaux Neufs.*

MÉTHAMIS 84 Vaucluse 🔲 ⑬ – 282 h. – ✉ 84570 Mormoiron – ❋ 90.
Paris 702 – Apt 36 – Carpentras 17.

🍴 **Lou Roucas**, ⌕ 61.81.04, 🌳 – **E**. ℅
◆ *fermé sept. et jeudi sauf juil.-août* – SC : **R** 38/100 🍷.

METZ 🅿 57000 Moselle 🔲 ⑬⑭ G. Vosges – 117 199 h. alt. 173 – ❋ 8.
Voir Cathédrale St-Etienne★★★ BCX – Église St-Martin★ CYB – Porte des Allemands★
DX – Esplanade et bord de la Moselle★ AX – Musée★★ CXM1.
🏌 de Cherisey ⌕777.70.18 par ④ : 14 km.
✈ de Metz-Frescaty : Air Alsace ⌕ 765.41.11, SO : 6 km – 🚂 ⌕ 766.22.22.
🛈 Office de Tourisme et Accueil de France (Informations et réservations d'hôtels, pas plus de 5
jours à l'avance), Porte Serpenoise, ⌕ 775.65.21, Télex 860411 - A.C. 1 r. Antoine ⌕ 768.35.53 –
T.C.F. 8 r. Wilson ⌕ 766.96.70.

Paris 330 ① – Bonn 243 ① – Bruxelles 276 ① – ◆Dijon 252 ⑤ – ◆Lille 369 ① – Luxembourg 64 ① –
◆Nancy 56 ⑤ – ◆Reims 188 ① – Saarbrücken 67 ② – ◆Strasbourg 162 ② – Trier 100 ①.

Plan pages suivantes

🏨 **Sofitel** 🅼, pl. Paraiges ⌕ 774.57.27, Télex 930328, ♨ – 🛗 🍽 📺 ☎ 🍴 – 🔳
200. 🅰🅴 ⑩ **E** *VISA*   CX t
rest **Le Rabelais R** carte 110 à 165 – 🖙 33 – **115 ch** 290/395, 3 appartements 675.

🏨 **Frantel** 🅼, 29 pl. St-Thiébaut ⌕ 736.17.69, Télex 930417 – 🛗 🍽 📺 ☎ 🕭 ℗ –
30 à 200. 🅰🅴 ⑩ **E** *VISA*   CY d
SC : rest. **les 4 Saisons** *(fermé sam. midi et dim.)* **R** carte 90 à 120 – 🖙 25 – **112 ch**
246/355.

🏨 **Royal-Concorde** 🅼, 23 av. Foch ⌕ 766.81.11, Télex 860425 – 🛗 📺 ☎ – 🔳 60.
🅰🅴 ⑩ **E** *VISA*   CY s
fermé 24 déc. au 1ᵉʳ janv. – SC : **R** 89 Caveau **R** carte environ 100 – 🖙 28 – **75 ch**
195/325, 3 appartements 495.

🏨 **Central** 🅼 sans rest, 3 bis r. Vauban ⌕ 775.53.43, Télex 930281 – 🛗 📺 🚪wc
🛏wc ☎. 🚗 🅰🅴 ⑩ **E** *VISA*   CY b
SC : 🖙 15,50 – **54 ch** 115/190.

🏨 **Cécil** sans rest, 14 r. Pasteur ⌕ 766.66.13 – 🛗 🚪wc 🛏wc 🕭 🕭 🚗. 🚗 🅰🅴 ⑩
E *VISA*. ℅   BZ x
SC : 🖙 15 – **39 ch** 90/152.

🏨 **Foch** sans rest, 8 av. Foch ⌕ 774.40.75, Télex 860489 – 🛗 🚪wc 🛏 ☎. 🚗 🅰🅴
42 ch.   BY v

🏨 **Bristol** 🅼 sans rest, 7 r. La Fayette ⌕ 766.74.22 – 🛗 📺 🚪wc 🛏wc ☎. **E**
fermé Noël au 1ᵉʳ janv. – SC : 🖙 13 – **67 ch** 65/190.   BZ u

🏨 **Gare** sans rest, 2 pl. Gén.-de-Gaulle ⌕ 766.74.03 – 🛗 🚪wc 🛏wc 🕭. 🚗 🅰🅴 ⑩
E *VISA*   CY q
SC : 🖙 14 – **40 ch** 80/165.

🏨 **Métropole** sans rest, 5 pl. Gén.-de-Gaulle ⌕ 766.26.22 – 🛗 🚪wc 🛏wc 🕭. 🚗
🅰🅴 *VISA*   CY q
SC : 🖙 14,50 – **79 ch** 85/130.

678

🏠 **Ibis** Ⓜ, 47 r. Chambière, quartier Pontiffroy ℡ 731.01.73, Télex 930278, ⇐ – 🔆 📺 ⏚wc ☎ – 🦽 40. 🛏 E *VISA* CV **e**
SC : **R** carte environ 65 🍷 – ☻ 18 – **79 ch** 155/193.

🏠 **Moderne** sans rest, 1 r. La Fayette ℡ 766.57.33 – 🔆 ⏚wc ⏫wc ☻. ℡ ⓞ *VISA*
fermé Noël-Jour de l'An – SC : ☄ 13 – **43 ch** 85/136. BZ **u**

🏠 **La Pergola** sans rest, 13 rte Plappeville ℡ 732.52.94 – ⏚wc ⏫wc ☻ 🅿 – 🦽 30
30 ch. AV **h**

🏠 **Lutèce**, 11 r. Paris ℡ 730.27.25 – ⏚wc ⏫ ☻ 🚗. 🛏 E *VISA* AV **n**
➡ fermé 20 déc. au 20 janv. – SC : **R** (fermé sam., dim. et fêtes) 40/83 🍷 – ☄ 12 –
21 ch 58/105 – P 150/197.

XXX **La Dinanderie**, 2 r. Paris ℡ 730.14.40 – ℡ ⓞ *VISA* AV **k**
fermé 5 au 12 avril, 8 au 31 août, 24 déc. au 2 janv., dim. et lundi – **R** 145/160.

XX **Ville de Lyon**, 7 r. Piques ℡ 736.07.01 – 🅿 ℡ *VISA* 😻 CX **a**
fermé août, 15 au 21 fév., dim. soir et lundi – SC : **R** 75/125.

par ② et ancienne rte de Sarrebrück : 3 km – ☒ 57070 Metz :

XXX **Crinouc** avec ch, 79 r. Gén.-Metman ℡ 774.12.46, 😊 – 📺 ⏫wc ☻ 🅿 – 🦽 40.
🛏 ℡ *VISA*
SC : **R** 90/200 – ☄ 15 – **10 ch** 120/168.

à Borny E : 3 km par D 4 - DY – ☒ 57070 Metz :

XX **Belle-Vue**, 58 rte Pange ℡ 737.10.27 – 🅿 *VISA* 😻
fermé 20 juil. au 14 août, dim. soir et lundi – SC : **R** 70/140.

*à Montigny-lès-Metz S : 3 km par D 5 (rte de l'Aéroport) - AZ – 26 638 h. –
☒ 57158 Montigny-lès-Metz :*

🏠 **Air** sans rest, 54 bis r. Franiatte ℡ 763.30.22 – ⏚wc ⏫wc ☻ 🚗
SC : ☄ 12 – **21 ch** 89/115.

🏠 **Franiatte** sans rest, 14 r. Franiatte ℡ 763.76.13 – ⏚wc ⏫ ☻ 🅿.
fermé dim. – SC : ☄ 14 – **27 ch** 60/110.

par ① ∧ 31 sortie de Woippy ; 5 km – ☒ 57140 Woippy :

🏨 **Mercure** Ⓜ, ℡ 732.52.79, Télex 860891 – 🔆 ▦ 📺 ☎ ⚭ 🅿 – 🦽 150. ℡ ⓞ E
VISA
R carte environ 90 – ☄ 25 – **83 ch** 268/300.

à Maizières-lès-Metz par ① et A 31 : 10 km – ☒ 57210 Maizières :

🏨 **Novotel** Ⓜ, ℡ 780.41.11, Télex 860191, 🏊, 🎾 – 🔆 📺 ☎ ⚭ 🅿 – 🦽 25 à 350. ℡
ⓞ *VISA*
R snack carte environ 85 – ☄ 27 – **128 ch** 232/260.

*à Ars-sur-Moselle par ⑤ ∧ A 31 et sortie Jouy-aux-Arches : 11 km – 5 404 h. –
☒ 57130 Ars-sur-Moselle.*
🛈 Syndicat d'Initiative à la Mairie (fermé sam. après-midi et dim.) ℡ 760.65.70.

XX **Aub. de la Gare**, pl. Gare ℡ 760.62.03 – ℡ ⓞ E *VISA*
fermé 1er au 10 sept. et mardi – SC : **R** (dim. prévenir) 80/180.

à Rugy N : 12 km par D 1 - DV – ☒ 57640 Argancy :

🏠 **La Bergerie** Ⓜ 😻, ℡ 764.82.27, 🎾 – 📺 ⏚wc ⏫wc ☻ 🅿 – 🦽 50. 🛏 *VISA*
SC : **R** carte 00 à 120 ☄ 15 – **22 ch** 135/170.

à Mazagran par ② et D 954 : 13 km – ☒ 57530 Courcelles-Chaussy :

XXX **Aub. de Mazagran**, ℡ 777.01.11 – 🅿 *VISA* 😻
fermé 17 août au 16 sept., mardi soir et merc. – SC : **R** 78/210.

MICHELIN, Agence régionale, 59 rte Thionville D 953, Woippy par ⑦ ℡ 731.17.81

ALFA-ROMEO Jacquot, 17 r. R.-Schumann, Longeville-lès-Metz ℡ 732.53.06
BMW Metz-Autom., 68 r. aux Arènes ℡ 730. 02.44 ☐ ℡ 730.11.46
BMW, OPEL Eurauto, 191 r. Gén.-Metman ℡ 736.15.82
CITROEN Gar. Moderne de Metz, 71 av. A. Malraux ℡ 765.51.33 ☐
DATSUN Gangloff, 63 rte de Thionville à Woippy ℡ 730.00.31
FIAT Gar. Corroy, 6 r. Chaponost à Moulins-lès-Metz ℡ 762.32.15
FORD Meckel, 19 r. La Fayette ℡ 768.17.76
FORD Romanazzi, 11 r. des Drapiers, ZIL Borny ℡ 774.44.91
MERCEDES-BENZ Succursale, 130 rte Thionville ℡ 732.53.49
PEUGEOT TALBOT Jacquot, 2 r. P.-Boileau par ② ℡ 732 52 90 ☐
PEUGEOT-TALBOT Mosellane-Autom., 199 r. Gal Metmann par ② ℡ 774.17.90 ☐

RENAULT Succursale, 50 r. Gén.-Metman par ② ℡ 776.22.22
RENAULT Chevalier, 57 bd St-Symphorien, par ⑥ ℡ 766.80.22
V.A.G. Philippe-Automobiles, 195 r. Gén.-Metman ℡ 736.15.83
VOLVO Lorraine Mécanique, 33 bd Paixhans ℡ 775.22.81

☻ Fok-Pneus, 117 av. Strasbourg ℡ 736.15.98
Fok Pneus, à Augny ℡ 736.15.98
Pneu-Frein, 116 rte de Thoinville à Woippy ℡ 730.12.86
Germain, 21 r. Pasteur ℡ 766.56.96
Laglasse, 53 r. Haute-Seille ℡ 736.00.42
Leclerc-Pneu, 3 pl. Mondon ℡ 765.49.33 Zone Ind. Nord, Hauconcourt ℡ 780.49.80 et 57 av. de l'Abbaye St-Eloy ℡ 732.53.17
Metz-Pneus, 100 av. Strasbourg ℡ 774.16.28

CONSTRUCTEUR : Renault Véhicules Industriels, à Batilly ℡ 722.34.99

METZ

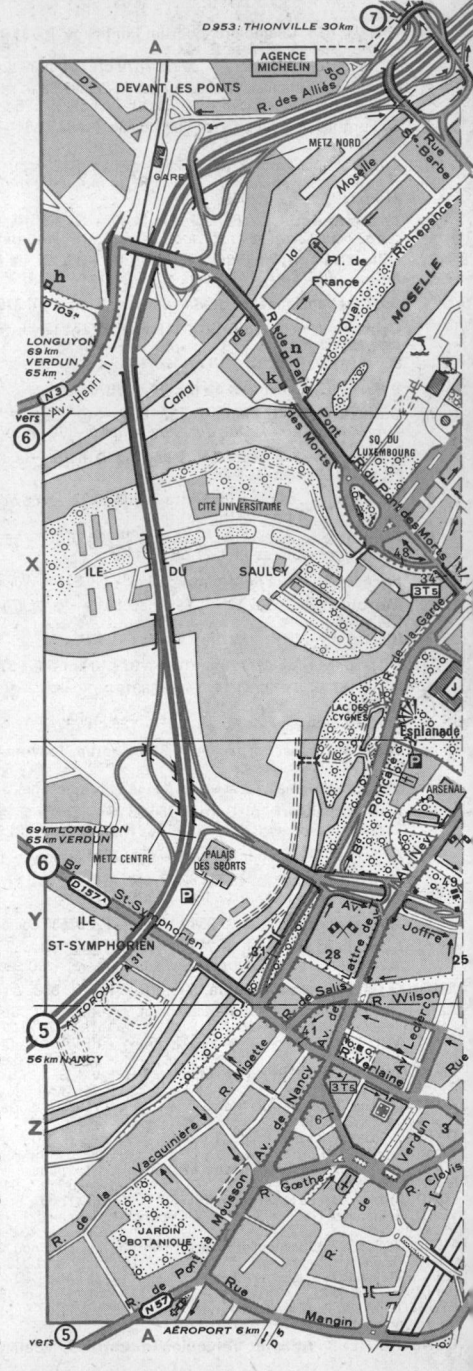

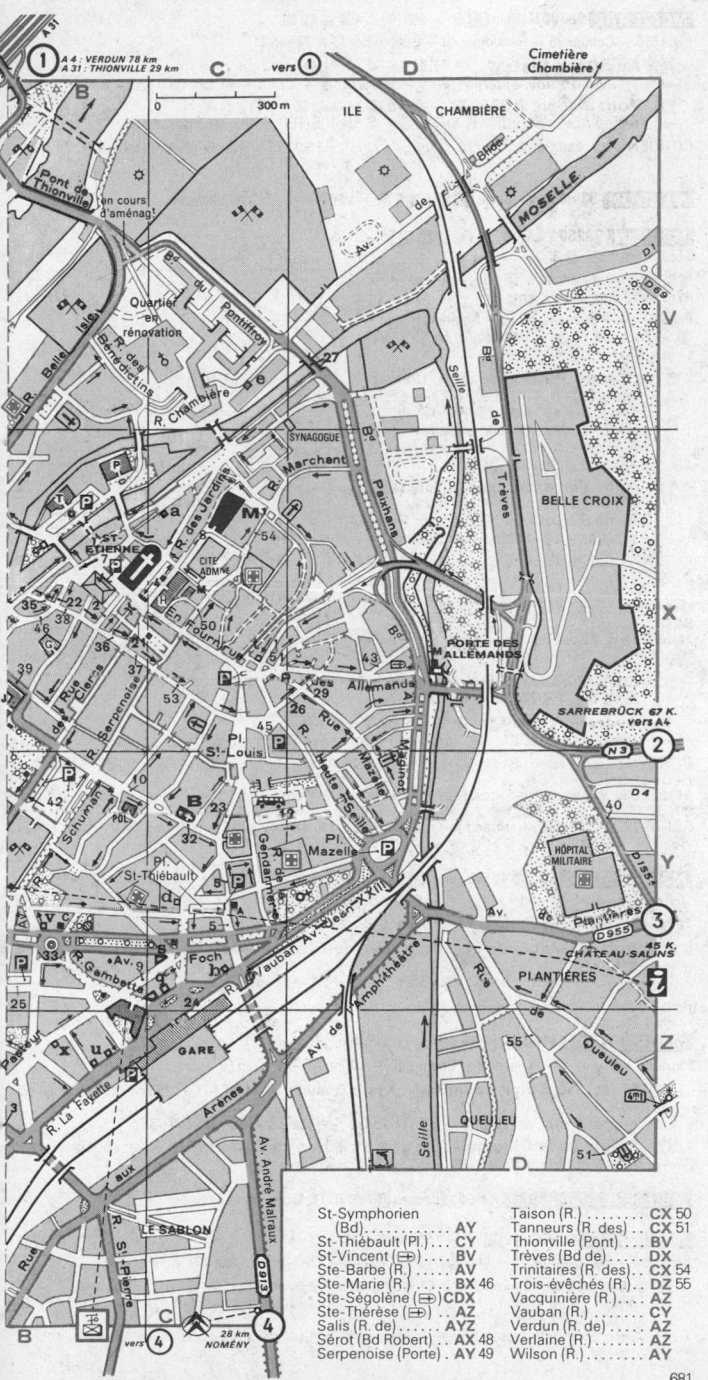

METZERAL 68380 H.-Rhin 🔟🔟 ⑱ – 989 h. alt. 484 – ✪ 89.

Paris 558 – Colmar 26 – Gérardmer 40 – Guebwiller 45 – Thann 41.

🏠 **Aux Deux Clefs** 🦢, 🕾 77.61.48, ⋞ – 🛗 🅿. 🧺 rest
↦ 1er avril-1er nov. et fermé jeudi – **R** 35/60 🍷 – 🖭 15 – **11 ch** 100/120 – P 140/190.

🍴🍴 **Pont** avec ch, 🕾 77.60.84 – 🛗wc 🅿. 🖼🗘. 🧺
↦ fermé nov. et lundi – **R** 40/110 🍷 – **6 ch** 105/160, 5 appartements 180.

CITROEN Gar. Jaeglé, 🕾 77.60.26   RENAULT Friederich, r. Principale à Sonder-
                                                    nach 🕾 77.60.02

MEUDON 92 Hauts-de-Seine 🔟🔟 ⑩, 🔟🔟🔟 ㉔ – voir à Paris, Proche banlieue.

MEULAN 78250 Yvelines 🔟🔟 ⑲, 🔟🔟🔟 ④⑯ –
8 562 h. alt. 25 – ✪ 3.

🏌🏌 du Prieuré, à Sailly-en-vexin 🕾
476.70.12 par ⑦ : 12 km.

Paris 47 ④ – Beauvais 60 ① – Mantes-la-Jolie 19
⑤ – Pontoise 17 ① – Rambouillet 56 ④ – Versailles 30 ④.

🍴🍴🍴 **Grande Pinte** avec ch, r. Clemenceau (s) 🕾 474.15.10, 🚗 – 🛏wc
🛗 🖼 🚗 🅿. 🖼🗘 ⓞ 𝘝𝘐𝘚𝘈. 🧺 ch
fermé août et vacances de fév. – SC :
R (fermé lundi soir et mardi) 58/120
– 🖭 19 – **10 ch** 77/155.

🍴🍴 **Aub. Terrasse,** quai A.-Joly (e) 🕾
474.01.59
fermé 9 au 30 juil., 22 déc. au 7 janv.
et sam. – SC : **R** 62/92, carte le dim.

CITROEN Gar. des Sports, 6 r. du Stade 🕾 474.
00.22

🅐 Meulan-Pneu, 41 bis av. Gambetta 🕾 474.
84.44
Nony Pneus, 22 av. Col. Fabien à Gargenville 🕾
093.65.27

          aux Mureaux : Sud du plan –
28 345 h. – ✉ 78130 Les Mureaux :

🍴 **Avenir,** 7 r. Seine (a) 🕾 474.02.58 – 🅿. 𝘝𝘐𝘚𝘈
↦ fermé août, vac. de fév., lundi soir et mardi – SC : **R** 40/95.

CITROEN Gar. Szelag, 84 bd V.-Hugo par r.   TALBOT Langlois, 14 r. Ampère 🕾 474.01.95
P.-Doumer 🕾 474.17.61
PEUGEOT Basse-Seine-Autos, 2 av. Seine 🕾   🅐 Corail Pneu Sce, Centre Commercial Corail
099.77.11   🕾 474.27.54
RENAULT Pottier, 4 r. A.-Briand par r. P.-Dan-   La Station du Pneu, 90 av. Mar.-Foch 🕾 474.
wer 🕾 474.17.92   19.28

Berteaux (Bd) . . . 2
Clemenceau
  (R.) 3
Doumer (R. P.) . 4
Foch (R. Mar.) . . 5
Joly (Quai A.) . . 6

MEUNG-SUR-LOIRE 45130 Loiret 🔟🔟 ⑧ G. Châteaux de la Loire – 4 630 h. alt. 100 – ✪ 38.
Voir Église St-Liphard★.

Paris 145 – Beaugency 6 – Blois 40 – ♦Orléans 18.

🍴 **Aub. St-Jacques** avec ch, r. Gén.-de-Gaulle 🕾 44.30.39 – 🛏 🛗 🚗. 🖼 E
↦ 𝘝𝘐𝘚𝘈
      fermé fév. et lundi – SC : **R** 45/95 🍷 – 🖭 12 – **12 ch** 55/85 – P 157/272.

RENAULT gar. des Mauves, 🕾 44.30.74

MEURSAULT 21190 Côte-d'Or 🔟🔟 ⑤ G. Bourgogne – 1 733 h. alt. 243 – ✪ 80.
Paris 324 – Autun 42 – Beaune 8 – Chagny 10 – ♦Dijon 47 – Saulieu 60.

🏠 **Motel Au Soleil Levant** 🅼 🦢, rte Beaune 🕾 21.23.47 – 🛏wc 🛗wc 🖼 🕭 🅿.
↦ 🖼🗘
      fermé 20 nov. au 20 déc. – SC : **R** 45/90 🍷 – 🍽 13 – **35 ch** 95/145.

🍴🍴 **Relais de la Diligence,** à la gare E : 2,5 km par D 23 🕾 21.21.32 – 🅿. ⓞ
↦ fermé janv. mardi soir, et merc. – SC : **R** 45/85 🍷.

MEUSE (Vallée de la) ★★ 08 Ardennes 🔟🔟 ⑱⑲ G. Nord de la France.

MEXIMIEUX 01800 Ain 🔟🔟 ③ – 4 362 h. alt. 226 – ✪ 74.
Paris 454 – Bourg-en-Br. 35 – Chambéry 98 – ♦Genève 121 – ♦Grenoble 109 – ♦Lyon 39.

🍴🍴 ✿ **Claude Lutz** avec ch, 🕾 61.06.78, 🚗 – 🛏wc 🛗wc 🕭 🅿 – 🏊 100. 🖼🗘
      fermé 18 au 25 juil., 17 oct. au 7 nov., 7 au 14 fév., dim. soir et lundi – SC : **R** 85/165
      – 🖭 16 – **17 ch** 73/155
      Spéc. Civet de turbot au Gamay, Turbot soufflé au St-Véran, Poulet à la crème. **Vins** Gamay, Char-
      donnay.

au Pont de Chazey-Villieu E : 3 km sur N 84 – ⊠ 01800 Meximieux :

XXX **Chez la Mère Jacquet** Ⓜ avec ch, ℡ 61.94.80, 🐾, ❀ – 📺 🛏wc 🕾 ℗. 🚗
VISA
fermé 15 déc. au 31 janv., dim. soir et lundi sauf fériés – SC : **R** 85/200 🍷 – ☲ 20 –
12 ch 85/170.

XX **Le Chalet de Bresse,** ℡ 61.94.68, � – ℗. 🖭 **E** **VISA**
→ *fermé en nov. et mardi du 1ᵉʳ nov. au 1ᵉʳ mai* – SC : **R** 40/145 🍷.

PEUGEOT Gar. du Centre, ℡ 61.06.00   RENAULT Gar. Paviot, ℡ 61.07.89
PEUGEOT, TALBOT Gar. Chabran, ℡ 61.18.09

▮**MEYLAN** 38 Isère 🗗🗗 ⑤ – rattaché à Grenoble.

▮**MEYMAC** 19250 Corrèze 🗗🗗 ⑪ Ⓖ. Périgord – 2 745 h. alt. 702 – ✿ 55.
🗓 Syndicat d'Initiative pl. Bucher (1ᵉʳ juil.-15 sept.) ℡ 95.18.43.
Paris 437 – Aubusson 57 – ◆Limoges 97 – Neuvic 29 – Tulle 52 – Ussel 17.

🏚 **Modern' H.,** av. Limousine ℡ 95.10.19, 🐾 – 🛏wc 🚿 🕾 ℗
→ *fermé nov., début déc. et sam. hors sais.* – SC : **R** 45/90 🍷 – ☲ 17 – **30 ch** 70/120 –
P 130/150.

CITROEN Vergne ℡ 95.11.36   RENAULT Mauriange, ℡ 95.10.54 🚗
PEUGEOT,TALBOT Longerinas, ℡ 95.10.32

▮**MEYRARGUES** 13650 B.-du-R. 🗗🗗 ③ Ⓖ. Provence – 2 222 h. alt. 206 – ✿ 42.
Paris 752 – Aix-en-Provence 15 – Apt 43 – Cavaillon 51 – Manosque 38 – ◆Marseille 47 – Rians 24.

XXX **Château de Meyrargues** 🐾 avec ch, ℡ 57.50.32, « Château fortifié dominant la
vallée, parc » – 🛏wc 🚿wc 🕾 ℗ – 🏊 60. 🚗 🖭 🖭
1ᵉʳ fév.-15 nov. – SC : **R** *(fermé dim. soir et lundi sauf juil.-août)* carte 145 à 240 – ☲
30 – **14 ch** 230/285 – P 385/432.

▮**MEYRUEIS** 48150 Lozère 🗗🗗 ⑤⑯ Ⓖ. Causses – 1 083 h. alt. 706 – ✿ 66.
Voir NO : Gorges de la Jonte★★.
Env. Aven Armand★★★ NO : 11 km – Grotte de Dargilan★★ NO : 8,5 km.
🗓 Office de Tourisme r. de l'Horloge (Pâques, Pentecôte et 1ᵉʳ juin-fin sept.) ℡ 45.60.33 et à la
Mairie (fermé sam. et dim.) ℡ 45.62.64.
Paris 628 – Florac 35 – Mende 57 – Millau 42 – Rodez 101 – Sévérac le Château 60 – Le Vigan 57

🏚 **Château d'Ayres** 🐾, E : 1,5 km par D 57 ℡ 45.60.10, ≤, parc – ℗. ⑩
fin mars-15 oct. – SC : **R** 95 – ☲ 25 – **21 ch** 220/320 – P 195/340.

🏰 **Renaissance** 🐾, ℡ 45.60.19, 🐾 – 🛏wc 🕾. 🚗 🖭 ⑩ **VISA**
SC : **R** 75/150 🍷 – ☲ 20 – **20 ch** 160/230 – P 220/240.

Annexe St-Sauveur 🏚 , ℡ 45.62.12 – 🛏wc 🕾. 🚗 🖭 ⑩ **VISA**
1ᵉʳ mars-15 nov. – SC : **R** *(15 mai-30 sept.)* grill carte environ 70 🍷 – ☲ 15 – **18 ch**
48/110.

🏰 **Gd H. Europe,** ℡ 45.60.05, parc, 🏊 – 🕼 🛏wc 🚿wc 🕾 ℗. 🚗. ❀ rest
1ᵉʳ avril-30 sept. – SC : **R** 51/66 – ☲ 16 – **50 ch** 65/100 – P 115/138.

🏚 **France,** ℡ 45.60.07, 🐾, ❀ – 🛏wc 🚿wc 🕾
→ *1ᵉʳ avril-1ᵉʳ oct.* – SC : **R** 47/88 – ☲ 13 – **46 ch** 110.

🏚 **Family H.,** ℡ 45.60.02 – 🛏wc 🚿wc 🕾
→ *1ᵉʳ avril-1ᵉʳ nov.* – SC : **R** 40/84 – ☲ 14 – **33 ch** 62/100 – P 118/136.

CITROEN Giraud, ℡ 45.60.04

▮**MEYSSAC** 19500 Corrèze 🗗🗗 ⑨ Ⓖ. Périgord – 1 218 h. alt. 220 – ✿ 55.
Paris 515 – Brive-la-Gaillarde 23 – St-Céré 39 – Tulle 45.

X **Relais du Quercy** avec ch, ℡ 25.40.31, 🐾 – **E** **VISA**
→ *fermé janv.* – SC : **R** 36/130 – ☲ 15 – **11 ch** 55/90 – P 130.

▮**MEYZIEU** 69 Rhône 🗗🗗 ⑫ – rattaché à Lyon.

▮**MÈZE** 34140 Hérault 🗗🗗 ⑯ Ⓖ. Causses – 5 508 h. alt. 6 – ✿ 67.
Paris 791 – Agde 20 – Béziers 41 – Lodève 54 – ◆Montpellier 34 – Pézenas 18 – Sète 18.

X **Barbecue,** 38 r. Port ℡ 43.84.99, cadre rustique – 🖭 ⑩ **VISA**
→ *15 mai-15 oct., fermé dim. soir et lundi hors sais.* – SC : **R** 40/80.

à Bouzigues NE : 4 km par N 113 et VO – ⊠ 34140 Mèze :

🏰 **Motel Côte Bleue** Ⓜ 🐾, ℡ 78.31.42, ≤, 🏊 – 🕭 ℗ – 🏊 40. ❀ ch
fermé fév. – SC : **R** voir rest. Côte Bleue – ☲ 15 – **32 ch** 140/200.

XX **Côte Bleue,** ℡ 78.30.87, ≤, �, dégustation de coquillages – ℗
fermé fév., lundi du 1ᵉʳ juil. au 1ᵉʳ sept. et merc. du 1ᵉʳ sept. au 30 juin – SC : **R** (en
saison prévenir) carte environ 140.

🕮 Rolouis-Pneum, ℡ 43.93.38

MÉZENC (Mont) 07 Ardèche et 43 H.-Loire 🔢 ⑱ G. Vallée du Rhône – alt. 1 754.

Voir ✳✳✳.

Accès par la Croix de Boutières ≤✳✳ (1 h 1/2 AR) ou par la Croix de Peccata (1 h AR).

MÉZÉRIAT 01660 Ain 🔢 ② – 1 660 h. alt. 197 – ✪ 74.

Paris 413 – Bourg-en-Bresse 20 – Mâcon 20 – Villefranche-sur-Saône 45.

  ✗✗ **Les Bessières** avec ch, ℱ 30.24.24, 🏠 – ▭wc 🗚 ⊜ 🖭 **E**

  ↦ *fermé 5 au 20 sept., 2 au 24 janv., dim. soir et lundi (sauf juil.-août)* – SC : **R** 46/110 🥂 – ☱ 17 – **6 ch** 82/161 – P 140/170.

MÉZILHAC 07810 Ardèche 🔢 ⑱⑲ G. Vallée du Rhône – 191 h. alt. 1 130 – ✉ 07530 Antraigues-sur-Volane – ✪ 75.

Voir Piton de la Croix ✳✳.

Env. Gerbier de Jonc✳✳ NO : 14 km.

Paris 626 – Aubenas 29 – Lamastre 43 – Privas 34 – Le Puy 64.

  🛖 **Cévennes** 🐌, ℱ 38.78.01, ≤ – 🗚 ⟷ 🅿. 🍴 rest

  ↦ *fermé 3 nov. au 3 janv. et jeudi sauf vacances scolaires* – SC : **R** 32/68 🥂 – ➡ 10 – **22 ch** 45/60 – P 100/120.

MÉZOS 40 Landes 🔢 ⑮ – 939 h. alt. 45 – ✉ 40170 St-Julien-en-Born – ✪ 58.

🅱 Syndicat d'Initiative à la Mairie (fermé sam. et dim.) ℱ 42.86.15.

Paris 706 – ◆Bordeaux 117 – Castets 23 – Mimizan 16 – Mont-de-Marsan 62 – Tartas 50.

  ✗✗ **Boucau**, ℱ 42.86.21, 🏠 – 🖭. 🍴

  ↦ *1er fév.-30 sept., fermé dim. soir et lundi hors sais.* – SC : **R** 45/95.

  ✗✗ **Verdier**, ℱ 42.86.01, 🏠 – 🅿

  ↦ *fermé déc., dim. soir et lundi du 15 sept. au 1er juil.* – SC : **R** 48/160.

MIALET 30 Gard 🔢 ⑰ – rattaché à Anduze.

MIDI DE BIGORRE (Pic du) 65 H.-Pyr. 🔢 ⑱ G. Pyrénées – alt. 2 865 – ✉ 65200 Bagnères-de-Bigorre.

Voir ✳✳✳ – Observatoire.

Accès par le col du Tourmalet, route taxée puis téléphérique.

Paris 861 – La Mongie 9,5.

MIGENNES 89400 Yonne 🔢 ⑤ – 8 349 h. alt. 87 – ✪ 86.

🅱 Office de Tourisme pl. E.-Laporte (fermé dim. et fêtes) ℱ 80.03.70.

Paris 157 – Auxerre 21 – Joigny 9,5 – Nogent-sur-Seine 78 – St-Florentin 18 – Seignelay 12.

  ✗✗ **Paris** avec ch, 57 av. J.-Jaurès ℱ 80.23.22 – 🗚wc 🕾. 🖭

  ↦ *fermé 1er au 21 août, 3 au 16 janv., vend. soir et sam.* – SC : **R** 48/75 🥂 – ☱ 14 – **10 ch** 82/117.

PEUGEOT Schwalb, 1 pl. de la République ℱ 80.23.58
RENAULT Farion, 44 av. E.-Branly ℱ 80.05.44
N ℱ 80.36.62

TALBOT Prudhomme, 17 allée de l'Industrie ℱ 80.02.60 N ℱ 80.03.03

MIJOUX 01 Ain 🔢 ⑮ – rattaché à Faucille (Col de la).

MILLAU ⬤ 12100 Aveyron 🔢 ⑭ G. Causses – 22 576 h. alt. 379 – ✪ 65.

Env. Gorges du Tarn✳✳✳ 21 km par ① – Canyon de la Dourbie✳✳ 8 km par ②.

🅱 Office de Tourisme av. Alfred-Merle (fermé sam. après-midi hors sais. et dim. sauf matin en sais.) ℱ 60.02.42.

Paris 631 ① – Albi 113 ③ – Alès 137 ③ – Béziers 125 ③ – Carcassonne 212 ③ – ◆Clermont-Ferrand 245 ① – ◆Montpellier 115 ③ – Nîmes 166 ③ – Rodez 71 ④ – ◆Toulouse 189 ③.

Plan page ci-contre

  🏨 ❀ **International** (Pomarède) 🅼, 1 pl. Tine ℱ 60.20.66 – 🕼 📺 🕾 🅿 – 🏸 50 à 300.
  🖭 ⓞ **E** 🖭 🍴 rest   BY **y**
  SC : **R** *(fermé janv., dim. soir et lundi hors sais.)* 70/180 – ☱ 20 – **110 ch** 190/315 – P 216/255
  Spéc. Ecrevisses flambées au whisky (juil. à avril), Col vert au poivre vert, Selle d'agneau persillée. **Vins** Montpeyroux, St-Saturnin.

  🏨 ❀ **La Musardière**, 34 av. République ℱ 60.20.63, « Parc fleuri » – 🕼 🅿 🖭 ⓞ
  🖭   AY **v**
  16 mars-6 nov. – SC : **R** *(fermé lundi hors sais.)* (dim. et fêtes prévenir) 70/150 – ☱ 28 – **12 ch** 200/350 – P 330/370
  Spéc. Charlotte aux écrevisses (sauf 15 mai au 15 juin), Marmite de baudroie, Salmis de colvert cévenole.. **Vins** Aniane, Gaillac perlé.

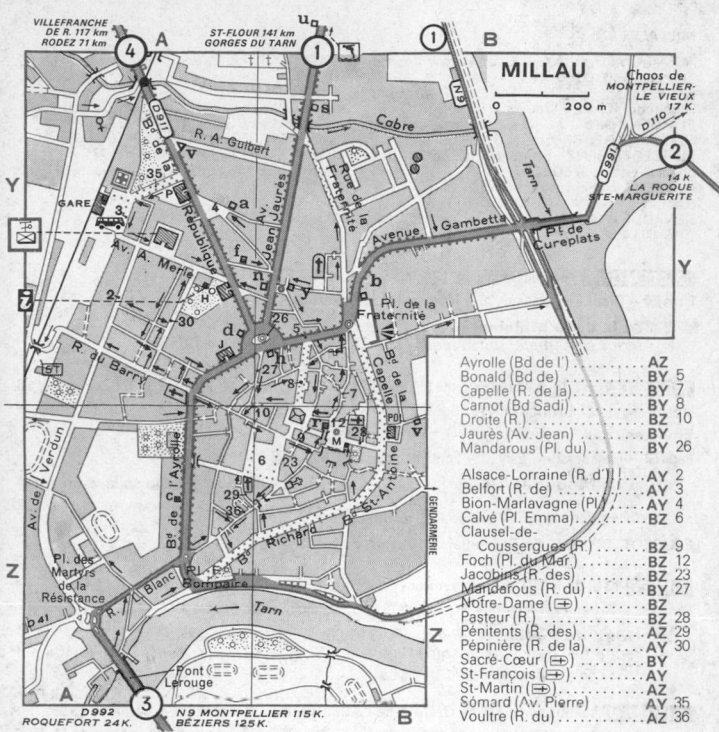

Ayrolle (Bd de l') .... **AZ**
Bonald (Bd de) .... **BY** 5
Capelle (R. de la) .... **BY** 7
Carnot (Bd Sadi) .... **BY** 8
Droite (R.) .... **BZ** 10
Jaurès (Av. Jean) .... **BY**
Mandarous (Pl. du) .... **BY**

Alsace-Lorraine (R. d') ... **AY** 2
Belfort (R. de) .... **AY** 3
Bion-Marlavagne (Pl.) .... **AY** 4
Calvé (Pl. Emma) .... **BZ** 6
Clausel-de-
   Coussergues (R.) ...... **BZ** 9
Foch (Pl. du Mar.) .... **BZ** 12
Jacobins (R. des) .... **BZ** 23
Mandarous (R. du) .... **BY** 27
Notre-Dame (⊟) .... **BZ**
Pasteur (R.) .... **BZ** 28
Pénitents (R. des) .... **AZ** 29
Pépinière (R. de la) ...... **AY** 30
Sacré-Cœur (⊟) .... **BY**
St-François (⊟) .... **AY**
St-Martin (⊟) .... **AZ**
Sómard (Av. Pierre) ...... **AY** 35
Voultre (R. du) .... **AZ** 36

🏨 **Moderne**, 11 av. J.-Jaurès ☏ 60.59.23 – 🛗 🚻wc 🛏wc ☏ 🅿. 🚗🛢 AE ① E VISA. 🎴 rest
mars-fin sept. – SC : **R** voir H. International – ⊊ 16,50 – **45 ch** 85/145 – P 183/208.   BY **n**

🏨 **La Capelle** 🐾 sans rest, 7 pl. Fraternité ☏ 60.14.72, ← – 🛏wc ☏. 🚗🛢 🎴
Pâques-22 avril et 10 mai-1er oct. – SC : ⊊ 14,50 – **46 ch** 72/135.   BY **b**

🏨 **Cristal** Ⓜ sans rest, 5 pl. Mandarous ☏ 60.02.18 – 🛗 🚻wc 🛏wc ☏   AY **d**
fermé 1er au 15 mars et dim. de nov. à mars – SC : ⊊ 14,50 – **15 ch** 90/130.

🏨 **Commerce** sans rest, 8 pl. Mandarous ☏ 60.00.56 – 🛗 🚻wc ☏. VISA   BY **h**
fermé 24 au 31 déc. – SC : ⊊ 13 – **17 ch** 72/122

🏨 **Mon Hôtel** sans rest, pl. Bion-Marlavagne ☏ 60.04.70, 🌳 – 🛏wc. 🚗🛢   AY **a**
27 mars-10 oct. – SC : ⊊ 13,50 – **36 ch** 67/120.

🏨 **Voyageurs**, 91 av. J.-Jaurès ☏ 60.10.34 – 🛏 ☏ 🅿. 🎴   BY **u**
➡ fermé 15 déc. au 3 janv. – SC : **R** (fermé dim. midi du 1er nov. au 30 avril) 35/70 ⌀ –
 ☗ 10 – **50 ch** 60/120 – P 135.

🏨 **Causses**, 56 av. J.-Jaurès ☏ 60.03.19 – 🚻 🛏wc   BY **s**
➡ fermé 15 oct. au 15 nov., dim. soir et lundi du 1er sept. au 30 juin – SC : **R** 40/80 ⌀ –
 ⊊ 13,50 – **22 ch** 58/110 – P 130/160.

🏨 **Vallée** sans rest, 12 r. Champ-du-Prieur ☏ 60.08.78 – 🛏 🚗   BZ **v**
fermé 15 déc. au 1er fév. – SC : ⊊ 11,50 – **24 ch** 60/130.

XX **Buffet de France**, ☏ 60.09.04 – E VISA   AY
➡ fermé fév. et mardi – SC : **R** 50/120 ⌀.

XX **Capion**, 3 r. J.-F.-Alméras ☏ 60.00.91 – VISA   AY **f**
fermé 2 au 29 janv. et lundi – SC : **R** 52/120 ⌀.

XX **La Braconne**, 7 pl. Mar.-Foch ☏ 60.30.93 – ① VISA   BZ **r**
1er mars-31 oct., fermé dim. soir (sauf juil.-août) et lundi – SC : **R** 75/95 ⌀.

par ③ rte St-Affrique : 2 km :

🏨 **Château de Creissels** 🐾, ☏ 60.16.59, ←, « Parc » – 🚻wc 🛏wc ☏ 🅿. 🚗🛢 E. 🎴 rest
fermé 15 déc. au 31 janv. et merc. hors sais. – SC : **R** 58/92 ⌀ – ⊊ 16,50 – **30 ch** 90/165 – P 145/170.

tourner →

MILLAU

ALFA-ROMEO, V.A.G. Gar. Martel, rte de Creissels ⌂ 60.00.60
BMW
Higonenc, 105 av. J.-Jaurès ⌂ 60.29.29
CITROEN Delon, av. de Calès par D41 AZ ⌂ 60.15.98 🅽 ⌂ 60.67.02
MERCEDES-BENZ Bruguière, rte de St-Affrique à Creissels ⌂ 60.11.07
PEUGEOT Alric, rte de Montpellier par ③ ⌂ 60.41.44
RENAULT C.A.N.O. av. du Pont Lerouge par ③ ⌂ 60.04.52

TALBOT Pujol, 85 av. J.-Jaurès par ① ⌂ 60.09.21

🅖 Bouloc, 3 bis r. E.-Delmas ⌂ 60.35.88
Lassale, 15 av. Gambetta ⌂ 60.27.85
Millau Pneu, 50 av J.-Jaurès ⌂ 60.04.56
Pneus-2000, 8 av. Martel ⌂ 60.09.77
Rechapage Millavois, 325 r. E.-Delmas ⌂ 60.05.56

MILLEMONT 78 Yvelines 🄖🄖 ⑧, 🄖🄖🄖 ⑮ – 92 h. – ✉ 78890 Garancières – ✪ 3.
Paris 54 – Dreux 31 – Mantes 28 – Rambouillet 26 – Versailles 31.

✗ **Aub. de la Malvina** 🦢 avec ch, ⌂ 486.45.76 – 🕳 ch
   fermé nov., merc. soir et jeudi – SC : **R** 120 – ☒ 12 – **5 ch** 70/120.

MILLY-LA-FORÊT 91490 Essonne 🄖🄖 ⑪, 🄖🄖🄖 ㊹ G. Environs de Paris – 3 492 h. alt. 65 – ✪ 6.
Voir Parc de Courances★★ N : 5 km.
Env. Les Trois Pignons★ : ≼★★ E : 9 km puis 30 mn.
Paris 62 – Étampes 25 – Évry 33 – Fontainebleau 19 – Melun 22 – Nemours 29.

✗✗✗ ✿ **Le Moustier** (Gautier), 41 bis r. Langlois ⌂ 498.92.52, « Belle salle voûtée » – VISA
   fermé fév., lundi et mardi – **R** 120/195.

PEUGEOT, TALBOT SA Bellifontaine Auto, 5 r. du Lau ⌂ 498.80.12

MIMET 13 B.-du-R. 🄖🄖 ⑬ G. Provence – 2 253 h. alt. 510 – ✉ 13120 Gardanne – ✪ 42.
Paris 776 – Aix-en-Provence 19 – ♦Marseille 28 – St-Maximin-la-Ste-Baume 36 – ♦Toulon 69.

✗ **Host. du Puech** 🦢 avec ch, ⌂ 58.91.06, ≼ – 🚻wc. VISA
➜ fermé fév., nov., mardi soir et merc. – SC : **R** 50/80 – ☒ 10 – **11 ch** 70/105 – P 125/145.

MIMIZAN 40200 Landes 🄖🄖 ⑭ G. Côte de l'Atlantique – 7 672 h. alt. 43 – Casino – ✪ 58.
Paris 702 – Arcachon 65 – ♦Bayonne 109 – ♦Bordeaux 114 – Dax 73 – Langon 110 – Mont-de-M. 75.

à Mimizan-Bourg :

🏠 **Taris**, 19 r. Abbaye ⌂ 09.02.18, 🌂 – 🚻wc 🚻wc ☎ 🅿. 🕳
   fermé 20 déc. au 3 janv. – SC : **R** (1er juin-30 sept.) 61/105 – ☒ 18 – **23 ch** 62/174.

✗✗ ✿ **Au Bon Coin** (Caule) 🦢 avec ch, au lac N : 1,5 km ⌂ 09.01.55, ≼ – 🚻wc 🚗
   🅿. 🈳 VISA. 🕳
   fermé fév., dim. soir et lundi hors sais. – SC : **R** 130/170 – ☒ 20 – **12 ch** 105/120, 3 appartements 220 – P 200/220
   Spéc. Salade de l'échassier landais, Loubine au foie gras et truffes, Grand dessert Folie. **Vins** Madiran, Tursan.

CITROEN Brustis, ⌂ 09.09.81
PEUGEOT, TALBOT Gar. Dupiau, ⌂ 09.00.37

RENAULT Gar. Poisson, ⌂ 09.08.73

à Mimizan-Plage O : 6 km par D 626 – ✉ 40200 Mimizan-Plage.
🄑 Office de Tourisme av. M.-Martin (fermé oct., sam. après-midi, dim. et lundi matin hors sais.) ⌂ 09.11.20.

Plage Nord :

🏨 **Côte d'Argent**, 4 av. M.-Martin ⌂ 09.15.22, ≼ océan, rest. panoramique – 🛗 🅿.
   🈳 🅾 🅴 VISA. 🕳
   début juin-20 sept. – SC : **R** (dîner seul.) 88/130 – ☒ 18 – **40 ch** 234/250.

🏠 **Forêt**, 39 av. M.-Martin ⌂ 09.09.06, 🌂 – 🚻wc 🅿. 🕳
   fermé 1er nov. au 1er fév. – SC : **R** (dîner seul.) 55/89 – ☒ 14 – **17 ch** 87/113.

🏠 **Bellevue**, 34 av. M.-Martin ⌂ 09.05.23 – 🚻wc 🈳 🅿 🕳 rest
➜ mars-début nov. – SC : **R** 50/100 – ☒ 12 – **36 ch** 59/130 – P 135/178.

🏠 **France**, 18 av. Côte-d'Argent ⌂ 09.09.01 – 🚻wc 🚻 🈳 🅿. 🚗 🈳 🅾 🅴 VISA. 🕳
   1er avril-1er oct. – SC : **R** (dîner pour résidents seul.) – ☒ 11 – **17 ch** 64/139.

✗ **Etche Gorria**, ⌂ 09.09.10, ≼ – 🅿. 🈳 VISA. 🕳
➜ fermé janv., fév., vend. soir et sam. de fév. à juin – SC : **R** 45/110.

Plage Sud :

🏨 **Parc** 🄜 🦢, 6 r. Papeterie ⌂ 09.13.88, 🌂 – 🚻wc 🚻wc ☎ 🅿. 🚗 . 🕳 rest
➜ fermé 20 déc. à début fév. et sam. hors sais. – SC : **R** 50/140 – ☒ 18 – **16 ch** 85/160 – P 180/210.

🏠 **Mermoz** ⑤, 16 av. Courant ☎ 09.09.30, ≼ – 🛏wc 🖭 🅿. ⏰🔋 🖭 ⓓ E 🖭 . 🛠
1er juin-20 sept. – SC : **R** (dîner seul.) 76/110 – ⏛ 15,50 – **18 ch** 164/200.

🏠 **Fusains** sans rest, ☎ 09.08.06 – 🔲 rest 🛏wc 🛏wc 🖭. 🖭 . 🛠
Pâques-fin sept. – SC : **9 ch** ⏛ 151/209.

🏠 **Émeraude des Bois** ⑤, ☎ 09.05.28 – 🛏wc 🅿. ⏰🔋 . 🛠
Pâques-fin sept. – SC : **R** (1/2 pension seul.) – ⏛ 13 – **15 ch** 65/135.

RENAULT Gar. Caignieu, 8 r. Papeterie ☎ 09.08.84

MINDIN 44 Loire-Atl. 🔢 ① – rattaché à St-Brévin-les-Pins.

MINERVE 34 Hérault 🔢 ⑬ G. Causses – 106 h. – ⊠ **34210** Olonzac – ⊙ 68.
Paris 871 – Béziers 45 – Carcassonne 45 – Narbonne 33 – St-Pons 28.

🍴 **Relais Chantovent** ⑤ avec ch, ☎ 91.22.96 – E 🖭 . 🛠 ch
♦ *fermé fév. et merc. sauf juil.-août* – SC : **R** 50/100 – 🍽 12 – **5 ch** 80/90 – P 120.

MIONNAY 01 Ain 🔢 ② – 890 h. alt. 288 – ⊠ **01390** St-André-de-Corcy – ⊙ 7.
Paris 459 – Bourg-en-Bresse 42 – ♦Lyon 20 – Meximieux 25 – Montluel 15 – Villefranche-sur-S. 27.

🍴🍴🍴🍴 ⊙⊙⊙ **Alain Chapel** avec ch, ☎ 891.82.02, 🌳, « Jardin fleuri » – 🛏wc 🖭 🅿.
⏰🔋
fermé 3 au 31 janv., lundi sauf fêtes et mardi midi – **R** 230/300 et carte – ⏛ 52 –
13 ch 330/480
Spéc. Gelée de pigeon ramier à l'anis étoilé (15 avril au 15 juil.). Gâteau de foies blonds (mai à déc.).
Ragoût de homard (sept. à fév.). Vins Saint-Véran, Manicle.

MIONS 69780 Rhône 🔢 ⑫ – 6 340 h. alt. 219 – ⊙ 7.
Paris 478 – Bourgoin-Jallieu 31 – ♦Lyon 15 – Vienne 22.

🍴🍴 **Parc** avec ch, r. de la Libération ☎ 820.16.41, 🌳 – 🔲 rest 🛏 🔋 – 🛢 25. ⏰🔋
R *(fermé 25 juil. au 25 août, dim. soir et lundi)* 58/140 🍷 – ⏛ 10 – **20 ch** 58/82.

MIRABEL-AUX-BARONNIES 26 Drôme 🔢 ②③ – 1 072 h. alt. 268 – ⊠ **26110** Nyons –
⊙ 75.
Paris 672 – Carpentras 37 – Montélimar 66 – Nyons 7 – Orange 36 – Pont-St-Esprit 42 – Valence 109.

🏠 **Le Mirabeau** ⑤, ☎ 27.11.47, ≼, 🌳 – 🛏wc 🖭 . 🛠 rest
♦ *fermé 15 janv. au 22 fév. et mardi sauf juil., août et sept.* – SC : **R** 50/100 – ⏛ 15 –
10 ch 50/120.

MIRAMAR 06 Alpes-Mar. 🔢 ⑧. 🔢 G. Côte d'Azur – ⊠ **06590** Théoule – ⊙ 93.
Voir Pointe de l'Esquillon ≼** NE : 1 km puis 15 mn.
Paris 907 – Cannes 15 – Grasse 26 – ♦Nice 47 – St-Raphaël 25.

🏨 **St-Christophe**, ☎ 75.41.36, Télex 470878, ≼, « Beau jardin », ⏳, 🛝 – 📳 ☎
📡 🅿 – 🛢 25 🖭 ⓓ 🖭 . 🛠 rest
5 mai-20 sept. – **R** 110/150 – ⏛ 30 – **40 ch** 350/510.

🏨 **Tour de l'Esquillon**, ☎ 75.41.51, télécabine privée de l'hôtel à la plage, « Beau
jardin et ≼ mer », 🛝 – 🚗 🅿. 🛠
1er fév.-15 oct. – SC : **R** 140 – ⏛ 30 – **25 ch** 300/450, 4 appartements.

🏨 **Corniche d'Or**, 10 bd de l'Esquillon ☎ 75.40.12, ≼, ⏳ – 🛏wc 🛏wc 🖭. ⏰🔋.
🛠 rest
15 mars-15 oct. – SC : **R** 60/90 – ⏛ 17 – **30 ch** 120/230 – P 170/230.

🏨 **Mas Provençal**, ☎ 75.40.20, ⏳, 🎾 – 🛏wc 🛏wc ☎ 🅿. ⏰🔋 🖭 ⓓ. 🛠 rest
1er avril-1er nov. – SC : **R** 100 – 🍽 27 – **24 ch** 300/400.

🍴 **Père Pascal**, N 98 ☎ 75.40.11, ≼ – 🅿. 🖭 🖭
fermé 1er nov. au 30 janv. et jeudi sauf du 1er mai au 31 août – SC : **R** 70.

MIRAMAS 13140 B.-du-R. 🔢 ① – 16 398 h. alt. 49 – ⊙ 90.
🅸 Office de Tourisme pl. J.-Jaurès (fermé dim. et lundi) ☎ 58.08.24.
Paris 741 – Arles 36 – ♦Marseille 66 – Martigues 24 – St-Rémy-de-Provence 33 – Salon-de-Pr. 11.

🏠 **Borel** sans rest, 37 r. L.-Pasquet ☎ 58.18.73 – 🛏wc 🛏wc ⚿ 🅿
SC : 🍽 12 – **22 ch** 60/120.

🍴🍴 **La Piscine**, ☎ 58.02.13, ≼ – 🅿
♦ *fermé oct., dim. soir et lundi* – SC : **R** 40/150 🍷.

MIRAMONT-DE-GUYENNE 47800 L.-et-G. 🔢 ④ – 4 048 h. alt. 51 – ⊙ 53.
Paris 672 – Agen 60 – Bergerac 35 – Libourne 69 – Marmande 23 – Villeneuve-sur-Lot 41.

🏠 **Poste**, pl. Martignac ☎ 93.20.03, 🌳 – 🛏 🚗. ⏰🔋. 🛠
♦ *fermé 10 déc. au 20 janv., sam. soir et dim. de fin sept. à mai* – SC : **R** 44/80 🍷 – ⏛
12 – **16 ch** 54/105 – P 120/140.

CITROEN Central Gar., ☎ 93.20.13
FORD Huard. ☎ 93.23.81
LANCIA, AUTOBIANCHI Gar. Onnis, ☎ 93.
24.81

PEUGEOT Auto-Miramontaise, ☎ 93.84.32
V.A.G. Miramont-Autos, ☎ 93.21.09 🅽

MIRANDE 32300 Gers 🎿 ⑭ G. Pyrénées – 4 468 h. alt. 174 – ❄ 62.

🖪 Syndicat d'Initiative r. Évêché (1er juil.-10 sept. et fermé dim.) et 9 r. V.-Hugo (fermé mardi) ☏ 66.54.08.

Paris 793 – Auch 25 – Mont-de-Marsan 99 – Tarbes 48 – ◆Toulouse 103.

　　🏠 **Pyrénées,** 5 r. d'Etigny ☏ 66.51.16 – 🛏wc 🏠 ⇌ 🅿. 🚗 AE E VISA
　　➡ fermé sam. sauf hôtel du 1er avril au 30 sept. – **R** 45/120 – 🖵 15 – **22 ch** 60/150.

RENAULT Central Garage, ☏ 66.50.19

MIRANDOL-BOURGNOUNAC 81190 Tarn 🎿 ⑪ – rattaché à Carmaux.

MIREBEAU 21310 Côte-d'Or 🎿 ⑬ – 1 107 h. alt. 202 – ❄ 80.
Paris 338 – Châtillon-sur-Seine 94 – ◆Dijon 25 – Dole 47 – Gray 24 – Langres 60.

　　🏠 **Aub. Marronniers,** ☏ 36.71.05 – 🛏 🏠. ⅋
　　➡ fermé 20 déc. au 10 janv. – SC : **R** (fermé vend. soir et dim. soir) 36/67 👌 – 🍺 11,50
　　　　 – **11 ch** 60/75.

　　🍴🍴 **Host. La Gandeule** avec ch., pl. Église ☏ 36.70.79 – 🛏 🚗. 🚗 AE ① E
　　　　 fermé merc. – SC : **R** 51/160 👌 – 🖵 16 – **7 ch** 74/125.

CITROEN Lambert, ☏ 36.70.72　　　　　　　　　 TALBOT Rozet, ☏ 36.71.54
RENAULT Hinsinger, ☏ 36.71.15

MIREPOIX 09500 Ariège 🎿 ⑤ G. Pyrénées – 3 857 h. alt. 303 – ❄ 61.
Voir Place principale★.
Paris 796 – Carcassonne 47 – Castelnaudary 31 – Foix 34 – Limoux 33 – Pamiers 23 – Quillan 44.

　　🏠 **Commerce,** près Église ☏ 68.10.29, 🍴 – 🛏wc 🏠wc 🚗 👌. E
　　➡ fermé 1er au 15 oct. et janv. – SC : **R** (fermé sam. sauf juil.-août) 40/120 👌 – 🖵 12 –
　　　　 32 ch 58/135 – P 115/155.

RENAULT Jean, ☏ 68.15.64　　　　　　　 🚗 Service de L'Hers, ☏ 68.15.76

MIRIBEL-LES-ÉCHELLES 38 Isère 🎿 ⑮ – 1 245 h. alt. 580 – ✉ 38380 St-Laurent-du-Pont –
❄ 76.
Paris 561 – Belley 54 – Chambéry 28 – Les Échelles 5 – La Tour-du-Pin 39 – Voiron 14.

　　🍴 **Les Trois Biches** avec ch., ☏ 55.28.02 – 🛏. 🚗 E
　　➡ fermé 20 juin au 1er juil., 30 août au 9 sept., vacances scolaires de fév. et merc. sauf
　　　　juil.-août – SC : **R** 38/95 – 🖵 12 – **9 ch** 72/106 – P 120/130.

PEUGEOT, TALBOT Montagnat ☏ 55.27.38 🆖　　　 RENAULT Gar. des Cimes, ☏ 55.26.68

MIRMANDE 26 Drôme 🎿 ⑫ – rattaché à Saulce-sur-Rhône.

MISSILLAC 44160 Loire-Atl. 🎿 ⑮ G. Bretagne – 3 691 h. alt. 30 – ❄ 40.
Voir Retable★ dans l'église – Site★ du château de la Breteche O.
Paris 427 – ◆ Nantes 61 – Redon 24 – St-Nazaire 35 – Vannes 53.

　　🏰 **Golf de la Breteche** 🐕, 0 : 1 km par D 2 ☏ 88.30.05, ≤, parc, ⅋ – 🅿 – 🏌 30.
　　　　① VISA
　　　　SC : **R** 85/200 – 🖵 20 – **25 ch** 230/300 – P 285/400.

MITTELBERGHEIM 67 B.-Rhin 🎿 ⑨ G. Vosges – 651 h. alt. 205 – ✉ 67140 Barr – ❄ 88.
Paris 526 – Barr 2 – Erstein 22 – Molsheim 20 – Sélestat 17 – ◆Strasbourg 37.

　　🍴🍴 **Winstub Gilg** avec ch, ☏ 08.91.37 – 🛏wc 🅿. 🚗 ⅋
　　　　 fermé 27 juin au 9 juil., 9 janv. au 8 fév., mardi soir et merc. – SC : **R** 100/190 👌 –
　　　　 11,50 – **11 ch** 110/115.

MITTERSHEIM 57 Moselle 🎿 ⑯ – 639 h. alt. 233 – ✉ 57930 Fenetrange – ❄ 8.
Paris 412 – ◆Metz 74 – ◆Nancy 61 – Sarrebourg 22 – Sarre-Union 20 – Saverne 41.

　　🍴🍴 **L'Escale** 🅼 avec ch, rte Dieuze ☏ 707.67.01, ≤, 🚗 – 🛏wc 🚗 🅿. 🚗 E VISA
　　➡ ⅋
　　　　 fermé 15 janv. au 20 fév. – SC : **R** (fermé merc. sauf juil. et août) 50/115 👌 – 🖵 14 –
　　　　 13 ch 85/120 – P 125/150.

MIZOËN 38 Isère 🎿 ⑥ – rattaché au Freney-d'Oisans.

MODANE 73500 Savoie 🎿 ⑧ G. Alpes – 5 105 h. alt. 1 057 – Sports d'hiver : 1 500/2 509 m ≰10
– ❄ 79.
Tunnel du Fréjus : Péage aller simple : autos 43 à 86 F, camions 200 à 400 F - Tarifs
spéciaux AR pour autos camions.
🖪 Office de Tourisme pl. Replaton (fermé dim. et fêtes) ☏ 05.22.35.
Paris 662 – Chambéry 101 – Lanslebourg-Mont-Cenis 23 – Col du Lautaret 58 – St-Jean-de-Maur. 31.

🏨 **Perce Neige** Ⓜ, cours J.-Jaurès ☏ 05.00.50 – 🛗 🛁wc 🚿wc ☎ ⏰ 📶 🕸
  fermé 1er au 15 mai et 1er au 15 oct. – SC : **R** 46/62 🍷 – 🖵 16 – **18 ch** 112/160 – P
  164/188.

🏨 **Voyageurs** Ⓜ, face gare pl. Sommeiller ☏ 05.01.39 – 🛗 🛁wc 🚿wc ☎ 📶
  🕸 ch
  fermé 15 oct. au 15 nov. et dim. sauf vacances scolaires – SC : **R** 45/100 🍷 – 🖵
  12,50 – **19 ch** 96/140 – P 160/190.

CITROEN Gar. du Fréjus, ☏ 05.02.60 🅽   PEUGEOT-TALBOT Bellussi J.-P., ☏ 05.07.68

MOËLAN-SUR-MER 29116 Finistère 🖥 ⑪⑫ **G. Bretagne** – 6 347 h. alt. 52 – ✆ 98.

🛈 Syndicat d'Initiative pl. Église (Pâques, 15 juin-15 sept., le matin sauf merc., fermé dim. et lundi après-midi) ☏ 96.67.28.

Paris 517 – Carhaix-Plouguer 68 – Concarneau 26 – Lorient 25 – Quimper 45 – Quimperlé 10.

XXX ✿ **Les Moulins du Duc** Ⓜ 🐾 avec ch, NO : 2 km ☏ 96.60.73, ≤, parc, 🔲 –
  🛁wc 🚿wc ☎ 🅿 📶 🅰🅴 ① 𝓥𝓘𝓢𝓐
  1er avril-1er nov. – SC : **R** 130/230 – 🖵 26 – **22 ch** 260/380
  Spéc. Salade de St-Jacques à la japonaise, Filets de rougets à la compote de fenouil, Filets de
  canard au gingembre.

MOELLESULAZ 74 H.-Savoie 🔲 ⑥ – rattaché à Annemasse.

MOERNACH 68 H.-Rhin 🔲 ⑨ – rattaché à Ferrette.

MOIRANS 38430 Isère 🔲 ④ – 6 266 h. alt. 192 – ✆ 76.
Paris 546 – Chambéry 51 – ◆Grenoble 23 – ◆Lyon 83 – Valence 75.

X **Beauséjour**, rte Grenoble ☏ 35.30.38 – 🅿 🅴 𝓥𝓘𝓢𝓐
  fermé 20 août au 15 sept., lundi soir (en hiver), mardi soir et merc. – SC : **R** 50/170.

RENAULT Gar. des Alpes, 137 r. de la République ☏ 35.34.27

MOISSAC 82200 T.-et-G. 🔲 ⑭⑮ **G. Périgord** – 12 138 h. alt. 76 – ✆ 63.
Voir Église St-Pierre✶ : portail méridional✶✶✶, cloître✶✶.
Env. Boudou 🌤✶ 8 km par ③.

🛈 Office de Tourisme pl. Delthil (15 juin-15 sept. et fermé dim.) ☏ 04.01.85.

Paris 657 ① – Agen 43 ③ – Auch 83 ② – Cahors 62 ① – Montauban 29 ② – ◆Toulouse 71 ②.

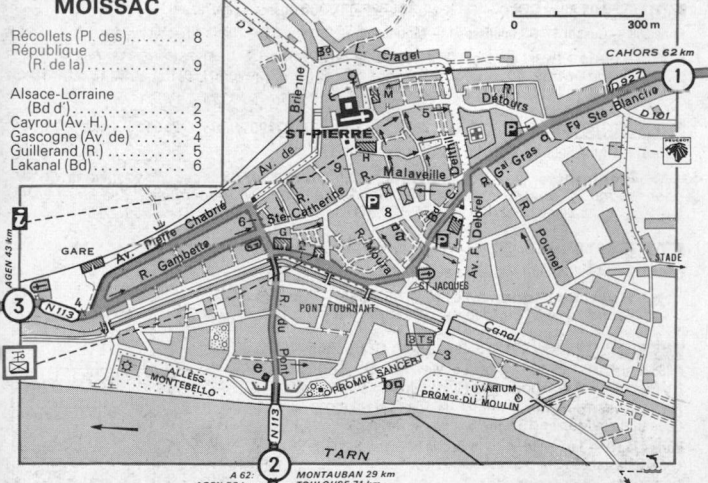

MOISSAC

🏰 **Moulin de Moissac** 🐾, pl. Moulin **(b)** ☏ 04.03.55, Télex 521615, ≤ Tarn, 🚗 –
  🛗 – 🛁 50. 🅰🅴 ① 🅴 𝓥𝓘𝓢𝓐, 🕸 rest
  fermé 10 déc. au 31 janv. et lundi d'oct. à avril – SC : **R** 95/200 – 🖵 23 – **45 ch**
  200/325 – P 307.

🏨 **Chapon Fin**, pl. Récollets **(a)** ☏ 04.04.22 – 🛁wc 🚿wc ☎ 🅰🅴 ① 🅴 𝓥𝓘𝓢𝓐
  fermé 1er nov. au 15 déc. et vend. du 15 déc. au 1er mai – SC : **R** 50/120 🍷 – 🖵 17 –
  32 ch 95/170 – P 170/230.

MOISSAC

XX **Pont-Napoléon** avec ch, au pont (e) ℙ 04.01.55 – ⌂wc ⓜwc ⇦, ⇦ᴬ ᴬᴱ 𝘝𝘐𝘚𝘈
fermé 1ᵉʳ au 22 mars, 15 nov. au 13 déc. et mardi – **R** 55/150 ⅃ – ☲ 14 – **15 ch**
57/160.

PEUGEOT Dujay pl. Ste Blanche ℙ 04.18.31   ⓦ Taquipneu, "La Dérocade" ℙ 04.07.85
PEUGEOT-TALBOT Moissac-Autos, rte Bor-   Station-Isel-Pneus, 24 r. Gén.-Gras ℙ 04.03.18
deaux par ③ ℙ 04.01.51

▮ **MOISSAC-BELLEVUE** 83 Var 🎱🎱 ⑥ – rattaché à Aups.

▮ **Le MOLAY-LITTRY** 14330 Calvados 🎱🎱 ⑭ G. Normandie – 2 309 h. – 🕲 31.
Paris 282 – Bayeux 14 – ◆Caen 42 – ◆Cherbourg 82 – St-Lô 25.

🏰 **Château du Molay** Ⓜ ⏚, rte d'Isigny ℙ 22.90.82, Télex 171912, parc, ⌇, ❨ –
🔲 ☎ Ⓟ – 🏛 30. ᴬᴱ ⓞ ᴇ 𝘝𝘐𝘚𝘈
fermé 10 janv. au 24 fév. – SC : **R** 100/160 – ☲ 22 – **43 ch** 250/450 – P 280/380.

▮ **MOLINES-EN-QUEYRAS** 05390 H.-Alpes 🎱🎱 ⑱ G. Alpes – 288 h. alt. 1 762 – Sports d'hiver :
1 750/2 450 m ⅋7, ⅄ – 🕲 92 – 🛈 Bureau du Tourisme ℙ 45.83.22.
Paris 742 – Briançon 46 – Gap 87 – Guillestre 27 – St-Véran 5,5.

🏠 **L'Équipe** ⏚, rte St-Véran ℙ 45.83.20, ← – ⌂wc ⓜ Ⓟ. ᴇ
◆ 10 juin-10 sept. et 18 déc.-18 avril – SC : **R** 39/83 ⅃ – ☲ 18 – **15 ch** 95/162 – P
166/205.

▮ **MOLITG-LES-BAINS** 66 Pyr.-Or. 🎱🎱 ⑰ G. Pyrénées – 164 h. alt. 500 – Stat. therm. (1ᵉʳ avril-31
oct.) – ✉ 66500 Prades – 🕲 68 – Paris 962 – ◆Perpignan 50 – Prades 7 – Quillan 53.

🏰 🌣 **Château de Riell** Ⓜ ⏚, ℙ 96.20.56, ←, parc, 🍴, ⌇, ❨ – 🔲 cuisinette 📺
⇨ Ⓟ – 🏛 70. ᴬᴱ 𝘝𝘐𝘚𝘈 🍴 rest
1ᵉʳ avril-1ᵉʳ nov. – **R** 160/210 – ☲ 35 – **19 ch** 461/545
Spéc. Salade d'aubergines au foie gras, Goujonnettes de sole au vinaigre, Crêpes à la crème de
citron vert. Vins Côtes du Roussillon.

▮ **MOLLANS-SUR-OUVÈZE** 26 Drôme 🎱🎱 ③ G. Provence – 615 h. alt. 279 – ✉ 26170 Buis-les-
Baronnies – 🕲 75 – Paris 684 – Buis-les-Baronnies 10 – Carpentras 30 – Vaison-la-Romaine 12.

🏠 **St-Marc** Ⓜ ⏚, ℙ 28.70.01, ⌇, 🌿, ❨ – ⌂wc ⓜwc ⇦ Ⓟ. 🍴 rest
SC : **R** (fermé lundi midi) 80/120 ⅃ – ☲ 20 – **30 ch** 120/200 – P 180/220.

PEUGEOT-TALBOT Gar. Magnet, ℙ 28.71.42

▮ **MOLLES** 03 Allier 🎱🎱 ⑥ – 687 h. alt. 464 – ✉ 03300 Cusset – 🕲 70.
Paris 358 – Cusset 11 – Lapalisse 21 – Moulins 65 – Roanne 63 – Thiers 40 – Vichy 14.

XX **Relais Fleuri** avec ch, ℙ 41.80.01, « jardin fleuri » – ⓜwc ⇦ Ⓟ. 🍴 rest
fermé 11 nov. au 31 déc. et merc. – SC : **R** (dim. prévenir) 60/150 – ☲ 13,50 – **10 ch**
58/140 – P 140/190.

▮ **MOLLKIRCH** 67 B.-Rhin 🎱🎱 ⑨ – 451 h. alt. 325 – ✉ 67190 Mutzig – 🕲 88.
Paris 519 – Molsheim 14 – Saverne 39 – ◆Strasbourg 37.

🏠 **Fischhutte** ⏚, rte Grendelbruch : 2,5 km ℙ 97.42.03, ←, – ⌂wc ⓜwc ⇦ Ⓟ. ⇦ᴬ
◆ fermé 20 janv. au 1ᵉʳ mars – SC : **R** (fermé lundi soir et mardi sauf juil.-août) 45/100
⅃ – ☲ 14 – **18 ch** 65/160 – P 130/180.

▮ **MOLOY** 21 Côte-d'Or 🎱🎱 ⑪ – 214 h. alt. 327 – ✉ 21120 Is-sur-Tille – 🕲 80.
Paris 310 – Avallon 100 – Châtillon-sur-Seine 61 – Dijon 34 – Langres 61 – Saulieu 81.

X **Host. de l'Ignon** avec ch, ℙ 95.10.35 – ⓜwc Ⓟ. ⇦ᴬ
◆ fermé 15 janv. au 16 fév. – SC : **R** (fermé vend.) 45/76 – ☲ 12 – **10 ch** 50/96.

▮ **MOLSHEIM** ⟨⬤⟩ 67120 B.-Rhin 🎱🎱 ⑨ G. Vosges –
6 895 h. alt. 200 – 🕲 88 – Voir Le Metzig★ D – Église
St-Pierre★ à Avolsheim par ① : 2,5 km.
🛈 Office de Tourisme à l'Hôtel de Ville ℙ 38.52.00 et
Caveau de la Metzig (15 juin-15 sept.) ℙ 38.11.61.
Paris 474 ① – Lunéville 94 ④ – St-Dié 68 ④ – Saverne 28
① – Sélestat 34 ③ – ◆Strasbourg 27 ③.

🏰 **Diana** Ⓜ ⏚, pont de la Bruche (n) ℙ 38.
51.59, Télex 890559, 🌿 – 🔲 ▤ rest 📺 ☎
⇨ Ⓟ – 🏛 30. ᴬᴱ ⓞ
SC : **R** 75/170 ⅃ **La Taverne** (fermé dim. midi
et sam.) **R** carte environ 65 ⅃ – ☲ 18 –
43 ch 145/185 – P 310.

🏠 **Centre** ⏚ sans rest, 1 r. St-Martin (r) ℙ
38.54.50 – ⌂wc ⓜwc ☎ Ⓟ. ⇦ᴬ
SC : ☲ 10 – **29 ch** 98/165.

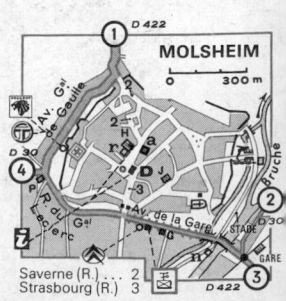

MOLSHEIM
0   300 m

Saverne (R.) . . . 2
Strasbourg (R.) 3

MOLSHEIM

✗ **Aub. Cheval Blanc** avec ch, 5 pl. Hôtel de Ville **(a)** ☎ 38.16.87 — ⓵wc ☎. ⓿
➜ *fermé 15 janv. au 15 fév. — SC : R (fermé mardi midi et lundi)* 50/170 ⅃ — ☲ 12 —
13 ch 60/85.

CITROEN Krantz, 6 av. de la Gare ☎ 38.11.57   RENAULT Wietrich, D 422 par ③ ☎ 38.21.62
Ⓝ
PEUGEOT, TALBOT Kenck, 2 r. Gén.-de-Gaulle
☎ 38.10.97

MOMMENHEIM 67 B.-Rhin ⑤⑦ ⑲ — rattaché à Brumath.

MONACO (Principauté de) ⑧⑷ ⑩, ⑴⑨⑸ ㉗㉘ G. Côte d'Azur — 24 600 h. alt. 65 — Casino —
❀ 93.

Paris 958 ⑤ — Menton 9 ② — ♦Nice (par la Moyenne Corniche) 18 ④ — San Remo 44 ①.

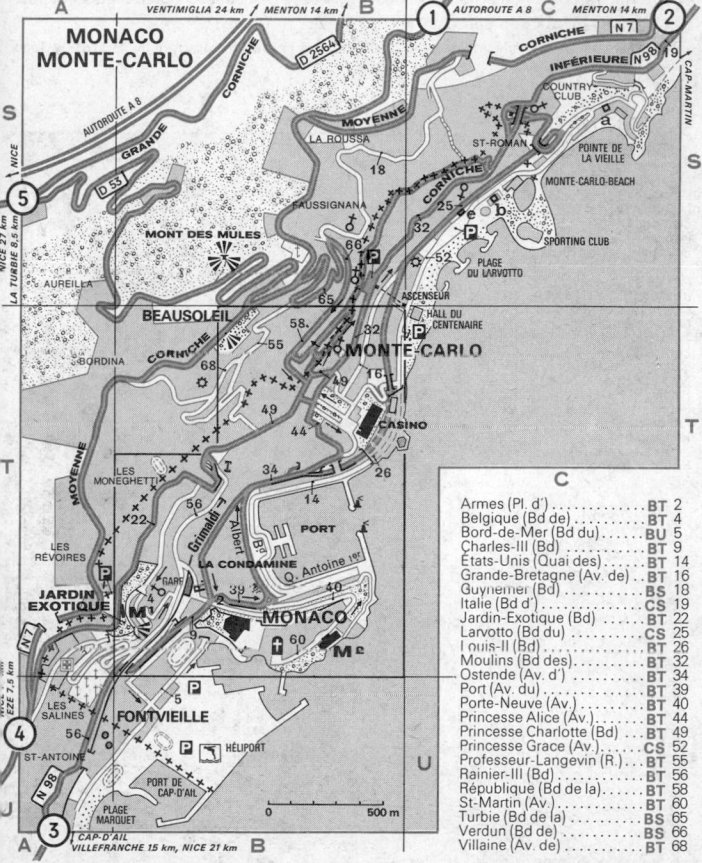

Armes (Pl. d') . . . . **BT** 2
Belgique (Bd de) . . . . **BT** 4
Bord-de-Mer (Bd du) . . . . . **BU** 5
Charles-III (Bd) . . . . **BT** 9
États-Unis (Quai des) . . . . . **BT** 14
Grande-Bretagne (Av. de) . . **BT** 16
Guynemer (Bd) . . . . **BS** 18
Italie (Bd d') . . . . **CS** 19
Jardin-Exotique (Bd) . . . . . . **BT** 22
Larvotto (Bd du) . . . . **CS** 25
Louis-II (Bd) . . . . **RT** 26
Moulins (Bd des) . . . . **BT** 32
Ostende (Av. d') . . . . **BT** 34
Port (Av. du) . . . . **BT** 39
Porte-Neuve (Av.) . . . . **BT** 40
Princesse Alice (Av.) . . . . . . **BT** 44
Princesse Charlotte (Bd) . . . **BT** 49
Princesse Grace (Av.) . . . . . **CS** 52
Professeur-Langevin (R.) . . . **BT** 55
Rainier-III (Bd) . . . . **BT** 56
République (Bd de la) . . . . . **BT** 58
St-Martin (Av.) . . . . **BT** 60
Turbie (Bd de la) . . . . **BS** 65
Verdun (Bd de) . . . . **BS** 66
Villaine (Av. de) . . . . **BT** 68

Monaco Capitale de la Principauté — ✉ Monaco.

Voir Jardin exotique✶✶ DZ : ≼✶ — Grotte de l'Observatoire✶ DZE — Jardins
St-Martin✶ EFZ — Ensemble de primitifs niçois✶✶ dans la cathédrale EZ **B** —
Christ gisant✶ dans la chapelle de la Miséricorde EZD — Place du Palais✶ EZ35 —
Palais du Prince✶ EZ — Musées : océanographique✶✶ FZ**M2** (aquarium✶✶, ≼✶✶
de la terrasse), d'anthropologie préhistorique✶ DZ**M1**, napoléonien et des archives
monégasques✶ EZ**M4**.

Circuit automobile urbain - A.C. 23 bd Albert-1er ☎ 30.32.20, Télex 469003.

MONACO (Principauté de) - Monaco

à Monaco Ville, sur le Rocher :

✕ **Castelroc,** pl. Palais ℡ 30.36.68, ←   EZ **p**
fermé 20 nov. au 15 fév. et sam. – SC : **R** (déj. seul.) 60/90.

à la Condamine – ✉ La Condamine :

🏨 **Terminus** Ⓜ, 9 av. Prince Pierre ℡ 30.20.70 – 📶 🍽 🚻wc 🛁wc ☎ – 🔼 35   DZ **a**
54 ch.

FERRARI, OPEL Monaco-Motors, 11 r. Prin-   ⊕ Vulca-Pneus, 11 bd Charles-III ℡ 30.43.12
cesse-Florestine ℡ 30.27.22
MERCEDES-BENZ Gar. de la Frontière, 1 bd
Charles-III ℡ 30.49.05

     Monte-Carlo Centre mondain de la Principauté - Grand casino FX, Casino du Sporting Club
CS Casino Loews FX – ✉ Monte-Carlo.

Voir Terrasse★★ du Grand casino FX – **Musée de poupées et automates★** FV **M5.**

🏌 de Monte-Carlo Golf Club ℡ 41.09.11 par : ④ 11 km.

🛈 Direction Tourisme et Congrès, 2 a bd Moulins (fermé dim. après-midi) ℡ 30.87.01, Télex
469760.

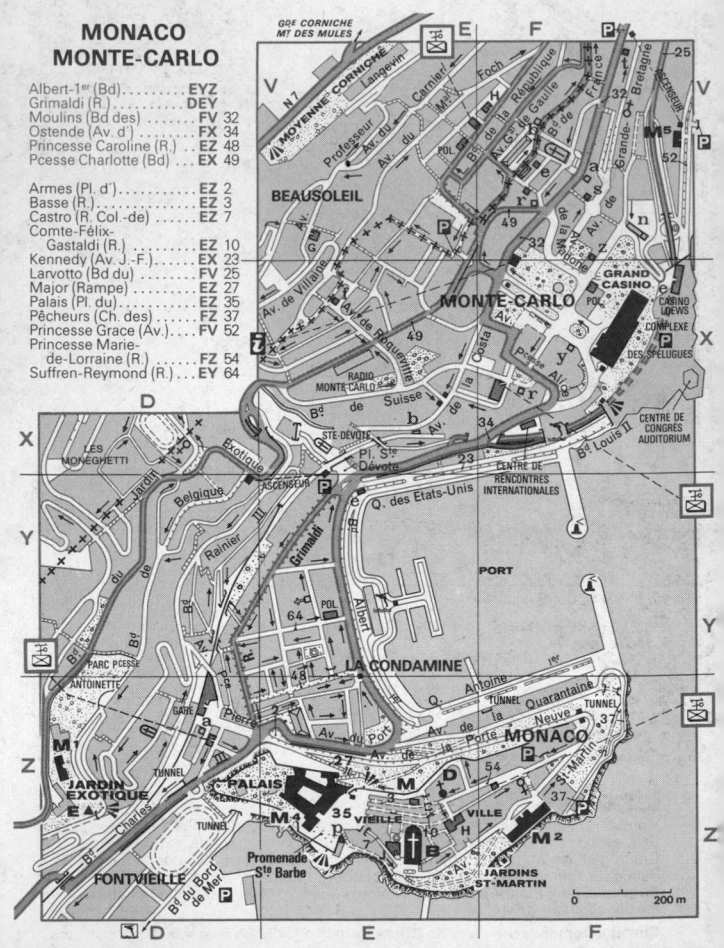

MONACO
MONTE-CARLO

🏨 ❀ **Paris**, pl. Casino ℡ 50.80.80, Télex 469925, ≤, « Salle à manger Empire », ⅃,
🍴 – 🛗 🗐 📺 ☎ & 🅿 – 🖭 50. 🆎 ⓸ E 🚾, ❀ rest   FX y
R *(fermé merc.)* (déj. à la carte) 250/350 – ☷ 45 – **250 ch** 900/1 100, 22 appartements
Spéc. mai à déc. : Coeur de charolais en feuilleté au foie gras et morilles, Copeaux de St-Pierre et
scampi à la fleur de safran, Homard en fricassée.. Vins Bellet, Coteaux d'Aix.

🏨 **Hermitage**, square Beaumarchais ℡ 50.67.31, Télex 479432, « Salle à manger de
style baroque », ⅃ – 🛗 🗐 📺 ☎ 🅿 – 🖭 80. 🆎 ⓸ E 🚾, ❀ rest   FX r
R carte 170 à 225 – ☷ 45 – **198 ch** 550/900, 11 appartements.

🏨 **Loews** Ⓜ, av. Spélugues ℡ 50.65.00, Télex 479435, ≤, casino et cabaret sur place,
⅃ – 🛗 🗐 📺 ☎ & 📞 – 🖭 50 à 1 200   FX e
Le Foie Gras (dîner seul.) L'Argentin (dîner seul.) Café Jardin snack – **550 ch**, 72
appartements.

🏨 **Mirabeau** Ⓜ, 1 av. Princesse-Grace ℡ 50.90.01, Télex 479413, ≤, ⅃ – 🛗 🗐 📺
☎ & – 🖭 150. 🆎 ⓸ E 🚾, ❀ rest   FV n
R 155/200 – ☷ 40 – **96 ch** 450/780, 5 appartements.

🏨 **Beach Plaza** Ⓜ ⌚, av. Princesse-Grace, à la Plage du Larvotto ℡ 30.98.80, Télex
479617, ≤ mer et Principauté, « Bel ensemble balnéaire », ⅃, 🏊 – 🛗 🗐 📺 ☎
& 📞 – 🖭 30 à 300. 🆎 ⓸ E 🚾   CS b
SC : **R** 75/200 – ☷ 35 – **315 ch** 470/860.

🏨 **Balmoral** ⌚, 12 av. Costa ℡ 50.62.37, Télex 479436, ≤ – 🛗 🗐 📺 ☎. 🆎 ⓸ E
🚾   EX B
SC : **R** *(fermé dim. soir, lundi et fêtes)* snack carte environ 85 – ☷ 25 – **67 ch**
190/350.

🏨 **Louvre** sans rest, 16 bd Moulins ℡ 50.65.25, Télex 479645 – 🛗 📺 ⬛wc ☎ &
📞 📞 ⓸ E 🚾 ❀   FV a
SC : **32 ch** ☷ 300/510.

🏨 **Alexandra** sans rest, 35 bd Princesse-Charlotte ℡ 50.63.13 – 🛗 ⬛wc 🗐wc 📞.
📞 🆎 ⓸ 🚾. ❀   FV r
SC : ☷ 25 – **55 ch** 150/300.

XXX **Grill de l'Hôtel de Paris**, pl. Casino ℡ 50.80.80, « Grill-rôtisserie sur le toit avec
≤ sur la Principauté et la côte » – 🗐 🅿. 🆎 ⓸ E 🚾. ❀   FX y
fermé 9 au 27 janv. et lundi – **R** carte 200 à 300.

XXX **P'tit Bec**, 11 av. Gde Bretagne ℡ 50.97.48 – 🗐. 🆎 ⓸   FV s
fermé dim. – **R** carte 125 à 185.

XX **Rampoldi**, 3 av. Spélugues ℡ 30.70.65 – 🆎 ⓸ 🚾. ❀   FV z
fermé nov. – **R** carte 125 à 180.

XX ❀ **Bec Rouge** (transfert possible), 12 av. St-Charles ℡ 30.74.91 – ⓸ E 🚾
fermé 20 nov. au 26 déc. et lundi de janv. à avril – **R** carte 135 à 200   FV e
Spéc. Foie gras frais, Gratin de langouste, Charolais aux morilles. Vins Cassis, Bandol.

XX **Chez Gianni**, 39 av. Princesse Grace ℡ 30.46.33, cuisine italienne – 🗐. 🆎 ⓸   CS e
fermé 10 au 25 fév. et mardi – SC : **R** carte 120 à 165.

XX **Costa Rica**, 40 bd Moulins ℡ 50.63.00 – 🗐. 🆎 ⓸ E   FV t
fermé 15 janv. au 15 fév. et merc. – SC : **R** 60/100 🍷.

XX **du Port**, quai Albert 1er ℡ 50.77.21, ≤, cuisine italienne – 🗐. 🆎 ⓸ E 🚾   EY e
fermé 22 nov. au 22 déc. et lundi – SC : **R** 88/180.

X **La Calanque**, 33 av. St-Charles ℡ 50.63.19, produits de la mer – 🚾   FV r
fermé avril et dim. – SC : **R** carte 170 à 250.

X **Polpetta**, 6 av. Roqueville ℡ 50.67.84, cuisine italienne   EX f
fermé 10 janv. au 10 fév. et mardi – SC : **R** 68.

à Monte-Carlo Beach (06 Alpes-Mar.) par ① : 2,5 km – ✉ 06190 Roquebrune Cap
Martin :

🏨 **Monte-Carlo Beach H.** Ⓜ ⌚, ℡ 78.21.40, ≤ sur mer et Monaco, « Remarquable
ensemble balnéaire, ⅃, 🏊 », ❀ – 🛗 🗐 ch 📺 ☎ 🅿 – 🖭 30. 🆎 ⓸ E 🚾
❀ rest   CS a
26 mars-16 oct. – **R** carte 160 à 230 – ☷ 35 – **46 ch** 800/900.

AUSTIN, JAGUAR, MORRIS, ROVER, TRIUMPH British-Motors, 3 impasse des Car-rières ℡ 30.24.85

AUTOBIANCHI, FIAT Sangiorgio, 41 bd Italie ℡ 50.66.63
FORD Auto Riviera, r. des Genets ℡ 50.63.26

Beausoleil 06240 Alpes-Mar. – 12 208 h. alt. 95 – ❀ 93.
Voir Mont des Mules ❀✶ N : 1 km puis 30 mn.

🏨 **Olympia** sans rest, 17 bis bd Gén.-Leclerc ℡ 78.12.70 – 🛗 ⬛wc 🗐 ☎. ❀
SC : ☷ 12 – **32 ch** 48/130.   FV b

🔧 Sera-Technic-Pneu, 38 r. des Martyrs ℡ 78.59.16

Per pasti semplici a prezzi modici	🏠 X
scegliete gli esercizi indicati con la losanga	↠ ↞

Le MONASTIER 48 Lozère 𝟠𝟘 ⑤ − 559 h. alt. 611 − ✉ 48100 Marvejols − ⊙ 66.
Paris 565 − Florac 59 − Mende 35 − Rodez 78 − St-Chély-d'Apcher 40 − Séverac-le-Château 34.

  🏠 **Les Ajustons**, S : 2,5 km carrefour N 9 et N 88 ⍨ 32.70.35, ⇐ − ⇔wc ╣wc ☏
  ↔ ℗
    fermé sam., dim. et fêtes de nov. à mars − SC : **R** 35/61 ⅃ − ⊊ 12 − **26 ch** 50/100 −
    P 100/150.

MONBAZILLAC 24 Dordogne 𝟟𝟝 ⑭⑮ − rattaché à Bergerac.

MONCHEL-SUR-CANCHE 62 P.-de-C. 𝟝𝟙 ⑬ − rattaché à Frévent.

MONCRABEAU 47 L.-et-G. 𝟟𝟫 ⑭ − 915 h. alt. 93 − ✉ 47600 Nérac − ⊙ 53.
Paris 732 − Agen 41 − Condom 11 − Mont-de-Marsan 82 − Nérac 13.

  🏠 **Le Phare** 🐾, ⍨ 65.42.08 − ⇔ ╣ ☎. ⊶₰. ⌇ ch
  ↔ *fermé 11 au 29 oct., 14 fév. au 2 mars et mardi* − SC : **R** 40/120 ⅃ − ⊊ 11 − **10 ch**
    85/120 − P 130/160.

MONDEVILLE 14 Calvados 𝟝𝟝 ⑫ − rattaché à Caen.

MONDOUBLEAU 41170 L.-et-Ch. 𝟞𝟘 ⑮⑯ G. Châteaux de la Loire − 1 814 h. alt. 135 − ⊙ 54.
Paris 163 − Blois 60 − Chartres 73 − Châteaudun 39 − ♦Le Mans 63 − ♦Orléans 89.

  🏯 **Grand Monarque**, r. Chrétien ⍨ 80.92.10, 🍴 − 🚗 ℗. E 𝗩𝗜𝗦𝗔. ⌇ ch
  ↔ *fermé 15 déc. au 15 janv., dim. soir et lundi sauf fériés* − SC : **R** 39/150 ⅃ − ⊊ 12 −
    10 ch 60/82 − P 112/135.

CITROEN Gd Gar. du Mail, ⍨ 82.22.16 🆕   RENAULT Daumas, Sarge sur Braye ⍨ 23.
PEUGEOT Gar. Hérisson, ⍨ 80.90.81 🆕   72.71

MONESTIER-DE-CLERMONT 38650 Isère 𝟟𝟟 ⑭ G. Alpes − 815 h. alt. 832 − ⊙ 76.
🅱 Syndicat d'Initiative Parc Municipal (15 juin-10 sept.) ⍨ 34.06.20.
Paris 598 − ♦Grenoble 33 − La Mure 33 − Vizille 29.

  🏠 **Au Sans Souci** 🐾, à St-Paul-lès-Monestier NO : 1,5 km D 8 - alt. 800 ⍨ 34.03.60,
  ↔ ⇐, 🍴, ⌇ − ⇔wc ╣wc ☏ 🚗 ℗. ⊶₰ 𝗩𝗜𝗦𝗔. ⌇ rest
    fermé janv., dim. soir et lundi sauf juil.-août − SC : **R** 48/140 ⅃ − ⊊ 14 − **17 ch**
    65/140 − P 145/165.

  🏠 **Modern** 🐾, ⍨ 34.07.35, « parc » − ╣ ℗. ⊶₰. ⌇ rest
  ↔ *20 janv.-10 nov.* − SC : **R** 48/85 − ⊊ 12 − **21 ch** 60/130 − P 127/145.

PEUGEOT-TALBOT Gar. des Alpes, ⍨ 34.08.20   RENAULT Gar. du Baconnet ⍨ 34.05.13 🆕

Le MONÊTIER-LES-BAINS 05 H.-Alpes 𝟟𝟟 ⑦ − rattaché à Serre-Chevalier.

La MONGIE 65 H.-Pyr. 𝟠𝟝 ⑱⑲ G. Pyrénées − alt. 1 800 − Sports d'hiver : 1 800/2 500 m ⊰3 ⊱25
− ✉ 65200 Bagnères-de-Bigorre − ⊙ 62 − **Voir Le Taoulet** ⇐** N par téléphérique.
🅱 Syndicat d'Initiative (nov.-mai) ⍨ 91.93.05 Télex 521984.
Paris 851 − Arreau 39 − Bagnères-de-Bigorre 25 − Lourdes 47 − Luz-St-Sauveur 22 − Tarbes 46.

  🏨 **La Mandia** 🐾, ⍨ 91.93.49, ⇐ − ▐ ⇔wc ╣wc ☏ 🚗. ⊶₰ 𝗔𝗘 ⓞ
    18 déc.-Pâques − SC : **R** 65/80 − ⊊ 25 − **50 ch** 200/300 − P 250/350.

  🏨 **Sol y Neou**, ⍨ 91.93.22, ⇐ − ▐ ⇔wc ╣wc ☏. ⊶₰ 𝗩𝗜𝗦𝗔. ⌇ rest
    15 déc.-20 avril − SC : **R** 65/100 − ⊊ 17 − **36 ch** 145/230 − P 200/245.

  🏨 **Pourteilh**, ⍨ 91.93.33, ⇐ − ▐ ⇔wc ☏ 🚗 − *sais.* − **40 ch**

  🏨 **La Crête Blanche**, ⍨ 91.92.49, ⇐ − ▐ ⇔wc ☏. ⊶₰ 𝗩𝗜𝗦𝗔. ⌇ rest
    15 déc.-20 avril − SC : **R** voir H. Sol y Neou − ⊊ 17 − **25 ch** 145/195 − P 190/210.

MONGRÉSIN 60 Oise 𝟝𝟞 ⑪, 𝟭𝟬𝟲 ⑧ − rattaché à Chantilly.

MONISTROL-SUR-LOIRE 43120 H.-Loire 𝟟𝟞 ⑧ G. Vallée du Rhône − 5 024 h. alt. 602 −
⊙ 71 − Paris 549 − Firminy 18 − Le Puy 48 − ♦St-Étienne 30 − Yssingeaux 21.

  🏠 **La Madeleine**, av. St-Étienne ⍨ 61.50.05 − ⇔ ╣ 🚗. ⌇ ch
  ↔ *fermé 30 sept. au 8 oct., 2 janv. au 2 fév. et sam.* − SC : **R** 42/98 ⅃ − ⊊ 14 − **14 ch**
    60/135 − P 180/250.

CITROEN Fourgon, ⍨ 61.50.66   RENAULT Soeur, ⍨ 61.50.77
PEUGEOT Gar. Gouy, ⍨ 61.55.37

MONNAIE 37380 I.-et-L. 𝟞𝟰 ⑮ − 2 407 h. alt. 113 − ⊙ 47.
Paris 225 − Château-Renault 15 − ♦Tours 15 − Vouvray 11.

  XX **Soleil Levant**, ⍨ 56.10.34 − 𝗩𝗜𝗦𝗔
  ↔ *fermé mardi d'oct. à mai* − SC : **R** 38/88 ⅃.

RENAULT Viemont, ⍨ 56.10.13   Gar. Lussier, ⍨ 56.10.25 🆕

MONNETIER 74 H.-Savoie 𝟟𝟰 ⑥ − rattaché à St-Jorioz.

694

MONNETIER-MORNEX 74560 H.-Savoie **74** ⑥ G. Alpes – 1 350 h. alt. 700 – 🌣 50.
De Monnetier : Paris 552 – Annecy 49 – Bonneville 28 – ♦Genève 14 – St-Julien-en-Genevois 19.

à Monnetier – alt. 700.

🍴 **Chaumière,** 🕿 39.60.04, 🍽 – 🚗
SC : **R** 52/68 – 🍽 14 – **14 ch** 91 – P 160.

MONPAZIER 24540 Dordogne **75** ⑯ G. Périgord – 558 h. alt. 190 – 🌣 53.
Voir Place centrale ★.
🏛 Syndicat d'Initiative r. Notre-Dame (15 juin-1er sept.) 🕿 61.60.38.
Paris 565 – Bergerac 45 – Périgueux 79 – Sarlat-la-Canéda 50.

🏠 **Londres** sans rest, 🕿 61.60.64 – 🛁wc 🕿. 🚗. 🏖
fermé nov. et lundi du 1er déc. au 15 juin – SC : 🍽 12 – **10 ch** 55/110.

RENAULT Gar. Malet, Le Bourg 🕿 61.63.20 **N**

MONS 83 Var **84** ⑥, **195** ㉒ G. Côte d'Azur – 259 h. alt. 804 – ✉ 83440 Fayence – 🌣 94.
Voir Site ★ – ⩽★★ de la place St-Sébastien.
Paris 840 – Castellane 42 – Draguignan 49 – Fayence 14 – Grasse 41 – St-Raphaël 51.

🍴 **Aub. Provençale,** 🕿 76.38.33, ⩽ Esterel et littoral
↝ *fermé nov. et merc.* – SC : **R** (déj. seul. sauf juil.-août) 46/57.

MONSÉGUR 33580 Gironde **79** ③ – 1 618 h. alt. 69 – 🌣 56.
Paris 626 – Bergerac 54 – Castillonnès 48 – Langon 33 – Libourne 49 – Marmande 33 – La Réole 14.

🏠 **Gd Hôtel,** 🕿 61.60.28 – 🛁. 🏖 ch
↝ SC : **R** *(fermé lundi midi en oct.)* 33/90 🍷 – 🍽 11 – **10 ch** 50/95 – P 100/120.

CITROEN Durand, 🕿 61.60.92   PEUGEOT Vigneau, 🕿 61.61.37

MONT voir au nom propre.

MONTAGNY-LÈS-BEAUNE 21 Côte-d'Or **69** ⑨ – rattaché à Beaune.

MONTAIGU 85600 Vendée **67** ④ – 4 813 h. alt. 48 – 🌣 51.
Paris 385 – Cholet 36 – Fontenay-le-C. 78 – ♦Nantes 34 – Noirmoutier 84 – La Roche-sur-Yon 37.

🏠 **Centre,** pl. Champ-de-Foire 🕿 94.00.27 – 🛁wc. 🏖
↝ *fermé 10 oct. au 7 nov., 26 déc. au 2 janv., dim. et fériés* – SC : **R** 48/55 🍷 – 🍺 11,50
– **18 ch** 58/150.

PEUGEOT-TALBOT Beauvois, Zone Ind., rte   RENAULT Gar. Chagneau et Piveteau, 🕿 94.
de Nantes 🕿 94.04.97   02.05

MONTAIGU-DE-QUERCY 82150 T.-et-G. **79** ⑯ – 1 507 h alt. 186 – 🌣 63.
Paris 642 – Agen 40 – Cahors 47 – Montauban 54 – Villeneuve-sur-Lot 35.

🍴 **Vieux Relais** 🏖 avec ch, pl. Hôtel de Ville 🕿 94.46.63 – **E** 🆅🅸🆂🅰
↝ *fermé 10 janv. au 25 fév.* – **R** *(fermé dim. soir et lundi sauf juil. et août)* 40 bc/105 –
🍽 20 – **3 ch** 70/120.

PEUGEOT Gar. Sztandéra 🕿 94.47.20   TALBOT Gar. Larroque 🕿 94.46.33

MONTAIGUT 63 P.-de-D. **73** ③ – 1 558 h. alt. 629 – ✉ 63700 St-Éloy-les-Mines – 🌣 73.
Paris 345 – Aubusson 73 – ♦Clermont-Ferrand 65 – Gannat 42 – Montluçon 26 – Moulins 66.

🍴 **Coq d'Or,** 🕿 85.09.21 – 🏖 ch
↝ *fermé oct., dim. soir et lundi midi* – SC : **R** 37/68 – 🍽 10 – **12 ch** 49/56 – P 100.

CITROEN Gar. Ferrandon 🕿 85.01.73   RENAULT Gar. Léonard, à St-Éloy-les-Mines
PEUGEOT Aucouturier, à St-Éloy-les-Mines 🕿   🕿 85.00.30
85.06.60   TALBOT Heurtault et Wroblewski à St-Éloy-
les-Mines 🕿 85.03.92

MONTAIGUT-SUR-SAVE 31 Hte-Garonne **82** ⑦ – 818 h. alt. 124 – ✉ 31530 Levignac –
🌣 61.
Paris 699 – Auch 58 – Montauban 42 – ♦Toulouse 24.

🍴 **Host. Le Ratelier** 🏖 avec ch, 🕿 85.43.36, ⩽, 🌳 – 🛏 🛁 🅿 🆅🅸🆂🅰
↝ SC : **R** *(fermé mardi)* 42/89 🍷 – 🍽 18 – **9 ch** 127/148 – P 144/206.

MONTALIVET LES BAINS 33 Gironde **71** ⑯ – ✉ 33930 Vendays – 🌣 56.
Paris 537 – ♦Bordeaux 85 – Lesparre-Médoc 21 – Soulac-sur-Mer 18.

🏠 **Marin,** 🕿 41.32.07 – 🛁 🅿. 🏖
mai-sept. – SC : **R** 55/90 – 🍽 14 – **14 ch** 80/110 – P 200.

🏠 **Voyageurs,** 🕿 41.31.02 – 🛁wc 🛁wc 🕿 🅿. 🚗. 🏖
28 mars-28 sept. – **10 ch.**

🍴 **Clef des Champs** 🏖, rte Vendays E : 5 km par D 102 et VO ✉ 33930 Vendays
🕿 41.71.11, parc – 🅿 🆅🅸🆂🅰
fermé fév. et mardi sauf juil.-août – **R** (dîner seul. en juil. et août) (de nov. à janv.
prévenir) carte 125 à 160.

🛈 Office de Tourisme (fermé dim. et fêtes) pl. du Pâtis ☏ 98.00.87.

Paris 115 ① – Autun 204 ② – Auxerre 79 ② – Bourges 112 ④ – Chartres 118 ⑤ – Chaumont 210 ②
– Fontainebleau 51 ① – Nevers 125 ④ – ◆Orléans 71 ⑤ – Sens 51 ② – Vierzon 109 ④.

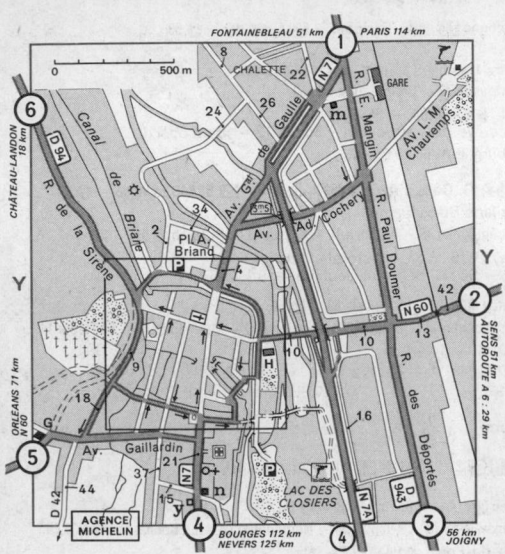

MONTARGIS

Dorée (R.) . . . . **Z**
République (Pl. de la) **Z** 36

Anatole-France (Bd) . . **Y** 2
Ancien-Palais (R.) . . . **Z** 3
Baudin (Bd) . . . . **Z** 4
Belles-Manières (Bd) **Z** 5
Bon-Guillaume (R.) . . **Z** 6
Carnot (R. Lazare) . . . **Y** 8
Château (R. du) . . . . **YZ** 9
Chaussée (R. de la) **YZ** 10
Cormenin (R.) . . . . . . **Z** 12
Decourt (R. E.) . . . . . **Y** 13
Dr. Roux (R. du) . . . . **Y** 15
Europe (R. de l') . . . . **Y** 16
Fg d'Orléans (R. du) **YZ** 18
Ferry (Pl. Jules) . . . . . **Z** 20
Jaurès (R. Jean) . . . . **Y** 21
Kléber (R.) . . . . **Z** 22
Laforge (R. R.) . . . . . **Z** 23
Lamie (R. Jean) . . . . **Y** 24
Longeard (R. du) . . . **Z** 26
Mirabeau (Pl.) . . . . . **Z** 27
Moulin-à-Tan (R. du) **Z** 28
Pêcherie (R. de la) . . **Z** 30
Poterne (R. de la) . . . **Z** 32
Pougin-de-
 Maisonneuve (R.) . **Z** 33
Prés.-Roosevelt (R.) . **Y** 34
Sédillot (R.) . . . . **Y** 37
Tellier (R. R.) . . . . . . **Z** 39
Vaublanc (R. de) . . . **Z** 41
Verdun (Av. de) . . . . **Y** 42
Vimory (R. de) . . . . . **Y** 44

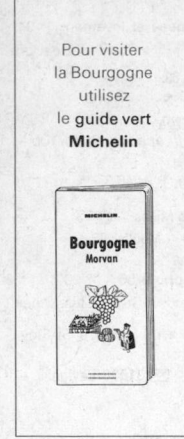

Pour visiter
la Bourgogne
utilisez
le **guide vert**
Michelin

Bourgogne
Morvan

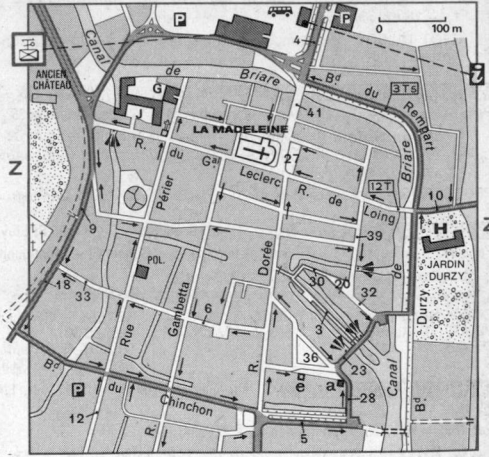

🏨 **Lyon,** 74 r. Coquillet ☏ 85.30.39, 🍴 – 🛏wc 🛁wc ☎ **P.** 🅿️ 🆚 **VISA**   **Y v**
 SC : **R** (fermé 1er au 14 août, 10 au 30 janv., dim. soir et lundi sauf fériés) 55/120 – 🖂
 18 – **22 ch** 60/175.

🏨 **Gd H. de France** sans rest, 54 pl. République ☏ 98.01.18 – 🛏wc 🛁 ☎ 🚗
 SC : 🖂 14 – **25 ch** 50/155.   **Z e**

XXX ❄ **Gloire** (Jolly) avec ch, 74 av. Gén.-de-Gaulle ☏ 85.04.69 – ≣ rest 🛏 🛁 ☎
 🚗 🛒   **Y m**
 fermé 15 au 25 août, 1er au 25 fév., mardi soir et merc. – SC : **R** 67/150 – 🖂 15 –
 19 ch 64/117
 Spéc. Feuilleté d'huitres au Champagne, Poêlée de langoustines, Rouelle de rognon de veau. Vins
 Sancerre.

XX **Coche de Briare** avec ch, 72 pl. République ⏚ 85.30.75 — 🛏 🗱wc. 🕿☎. 💥
fermé 29 août au 13 sept., 15 janv. au 7 fév., lundi soir et mardi – SC : **R** 55/140 – 🍷
13 – **13 ch** 80/120.   Z **a**

X **Chez Pierre,** 57 r. J.-Jaurès ⏚ 93.27.39 – 🆎 ⓞ 🗲 𝘝𝘐𝘚𝘈   Y **n**
fermé 1er au 14 mars, 8 au 30 août, merc. soir et jeudi – SC : **R** 40/95 ♫.

par ④ : 5 km – ✉ 45200 Montargis :

X **Relais du Miel,** rte Nevers ⏚ 85.32.02 – ☻
SC : **R** carte environ 60 ♫.

à Amilly par ③ : 5 km – 10 676 h. – ✉ 45200 Montargis :

XX **Aub. Écluse,** ⏚ 85.44.24 – ☻ 𝘝𝘐𝘚𝘈. 💥
fermé 20 déc. au 2 janv., dim. soir et lundi – SC : **R** 60/110.

à Oussoy-en-Gatinais SO : 15 km par D 42 – ✉ 45290 Nogent-sur-Vernisson :

XX **Aub. la Petite Billardière,** ⏚ 96.22.59 – ☻ 🗲
fermé 22 août au 8 sept., 20 au 30 déc., lundi soir et mardi sauf fériés – SC : **R** (déj.
seul. en janv.-fév. sauf sam.) 60/105.

MICHELIN, Agence, r. E.-Branly, Z.I. de Villemandeur, par D 42 Y ⏚ 93.18.88

LADA, SKODA Gar. Moderne, 5 bd des Bel-les-Manières ⏚ 93.30.56
   🖉 Dominicé, 64 r. J.-Jaurès ⏚ 93.38.33
Théron-Pneus, 3 r. de Nevers ⏚ 85.12.80

Périphérie et environs

CITROEN S.M.A., 1176 av. d'Antibes à Amilly par ④ ⏚ 85.73.25 🅽 ⏚ 85.47.02
PEUGEOT-TALBOT Corre, N 60 à Villeman-deur par ⑤ ⏚ 85.03.29 🅽 ⏚ 85.42.90
RENAULT Godeau, N 60 à Amilly par ② ⏚ 93.19.57

V.A.G. Gar. St-Christophe, 330 av. d'Antibes à Amilly ⏚ 85.22.84

🖉 La Maison du Pneu, 180 rte de Viroy à Amilly ⏚ 85.31.28

Comment s'y retrouver dans la banlieue parisienne ?
Utilisez la carte Michelin n° 101 : claire, précise, à jour.

MONTARGIS-DE-SEILHAC 19 Corrèze 75 ⑨ – rattaché à Seilhac.

MONTASTRUC-LA-CONSEILLÈRE 31380 H.-Gar. 82 ⑥ – 2 054 h. alt. 234 – ✿ 61.
Paris 707 – Castres 65 – Gaillac 35 – Montauban 51 – ♦Toulouse 20.

🏠 **Relais de la Conseillère,** N 88 ⏚ 84.21.23 – 🛏wc 🗱wc 🕿 🚗 ☻ – 🏊 25
R 35/100 ♫ – 🖵 15 – **27 ch** 70/100.

Le MONTAT 46 Lot 79 ⑱ – rattaché à Cahors.

MONTAUBAN ℗ 82000 T.-et-G. 79 ⑰⑱ G. Périgord – 50 420 h. alt. 87 – ✿ 63.

Voir Musée Ingres★★ BYM1 – Place Nationale★ BY.

🖼 Office de Tourisme 1 r. Collège (fermé dim. et fêtes sauf juil. et août) ⏚ 63.60.60 - A.C. allée Martarieu (chambre de commerce) ⏚ 63.22.35.

Paris 656 ① – Agen 72 ② – Albi 73 ② – Auch 86 ④ – Cahors 61 ① – ♦Toulouse 53 ③

Plan page suivante

🏠 **Midi,** 12 r. Notre-Dame ⏚ 63.17.23 – 🛗 📺 – 🏊 60. 🆎 ⓞ 🗲 𝘝𝘐𝘚𝘈   CY **a**
SC : **R** 50/160 🖵 18 – **50 ch** 75/200 – P 180/220.

🏠 **Host. Les Coulandrières** Ⓜ 💥, rte Castelsarrasin par ⑤ : 4 km ✉ 82290 La Ville-Dieu-du-Temple ⏚ 03.18.09, 🌇, « Parc fleuri, 🌊 » – 🗏 ch 📺 🛏wc 🕿 ☻
– 🏊 40. 🕿☎ 🆎 ⓞ 🗲 𝘝𝘐𝘚𝘈
SC : **R** 80/180 ♫ – 🖵 20 – **21 ch** 252/304 – P 312/332.

🏠 **Ingres** Ⓜ sans rest, 10 av. Mayenne ⏚ 63.36.01, Télex 520319 – 🛗 🗏 📺 🛏wc 🗱wc ♫ 🚗 ☻ 🕿☎ 🆎 ⓞ 🗲 𝘝𝘐𝘚𝘈   AY **u**
SC : 🖵 22 – **32 ch** 225/250.

🏠 **Prince Noir** Ⓜ sans rest, pl. Prax-Paris ⏚ 63.10.10 – 🛗 📺 🛏wc 🗱wc 🕿 🚗 ☻
– 🏊 25. 🕿☎ 🗲 𝘝𝘐𝘚𝘈   CY **v**
SC : 🖵 16 – **33 ch** 125/175.

🏠 **Orsay et rest. La Cuisine d'Alain,** face gare ⏚ 63.00.57, 🌇 – 🛏wc 🗱wc 🕿 🚗, 🕿☎ 🗲 𝘝𝘐𝘚𝘈   AY **f**
fermé 8 au 29 mai, Noël-Jour de l'An, hôtel dim. hors sais., rest. dim. et fêtes – SC : **R** 70/145 – 🖵 15 – **22 ch** 66/160 – P 160/220.

XX **Delmas,** 10 r. Michelet ⏚ 63.03.74 – 🆎 ⓞ 🗲 𝘝𝘐𝘚𝘈   CY **e**
fermé août, dim. soir et lundi – SC : **R** 42/98.

XX **Chapon Fin,** 1 pl. St-Orens ⏚ 63.12.10   BY **d**
fermé juil., vend. soir et sam. – SC : **R** 47/170.

MICHELIN, Entrepôt, 180 rte de Bagatelle par r. de l'Abbaye BCZ ⏚ 03.12.58

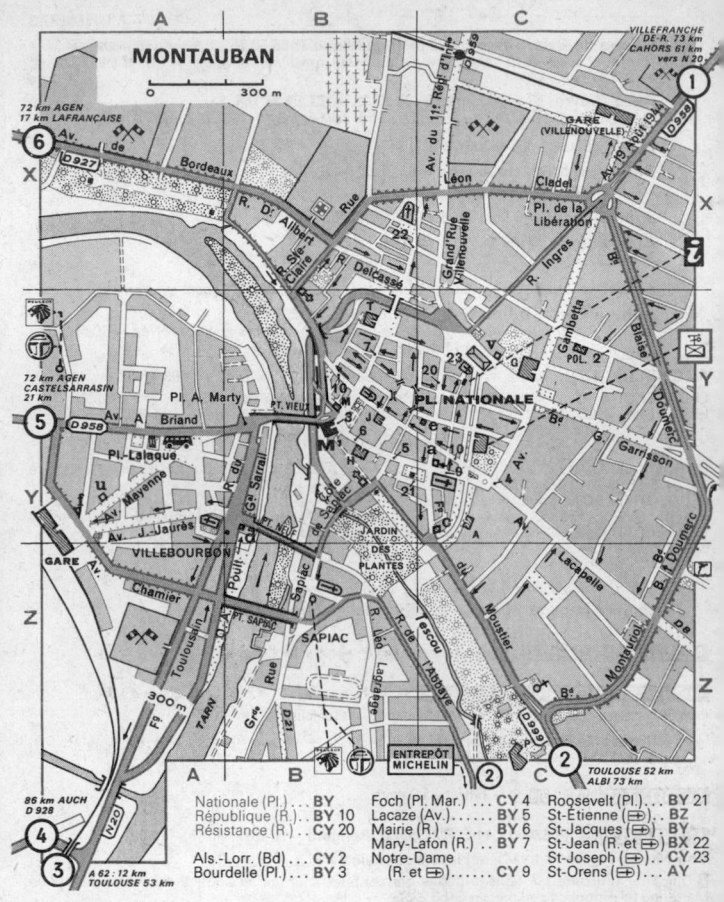

MONTAUBAN

ALFA-ROMEO, Suères, 46 r. L.-Cladel ☎ 03.
42.06
CITROEN Larroque, N 20, Z.I. Nord par ① ☎
03.15.30
DATSUN Sabatie, 15 av. J. Jaures ☎ 63.08.00
FORD S.E.T.A.M., 1724 av. Toulouse ☎ 63.
04.83
MERCEDES-BENZ Gar. Hamecher, Zone Ind.
Sud, rte Toulouse ☎ 63.07.70
PEUGEOT, TALBOT Macard, r. du Bac ☎ 63.
03.33
PEUGEOT, TALBOT Schievene, Pl. du 22 Sep-
tembre ☎ 63.33.21

RENAULT Sud Ouest Automobiles, rte Paris
par ① ☎ 03.23.23
V.A.G. Delpoux, Zone Ind. Sud, rte de Toulouse ☎ 63.70.88
Almayrac et Despoux, 200 r. Camp d'Aviation
☎ 63.44.52

⦿ Comptoir Pneu, 10 pl. Prax-Paris ☎ 63.08.65
Doumerc, 281 av. de Toulouse ☎ 63.09.76
Le Palais du Pneu, 17 pl. Lalaque ☎ 63.15.80
Pereira, 52 av. du Xe-Dragon ☎ 03.53.98
Taquipneu, 69 av. Gambetta ☎ 03.30.14

MONTAUROUX 83 Var 84 ⑧, 195 ㉓ G. Côte d'Azur – 1 611 h. alt. 350 – ⊠ 83440 Fayence
– ✆ 94.

Paris 895 – Cannes 35 – Draguignan 40 – Fréjus 28 – Grasse 20.

🏠 **La Marjolaine** ⋙, ☎ 76.43.32, ≤, 🍽, 🚗 – 🛗 🛏wc 🛁wc 🕿. 🚗🅱
fermé 15 déc. au 15 janv. – SC : **R** *(fermé merc.)* 85/120 – ⊇ 18 – **17 ch** 95/150 – P
180/210.

au lac de St-Cassien par D 37 et rte Fondurance : 5 km – ⊠ 83810 Callian :

XX **Aub. du Puits Jaubert** ⋙ avec ch, ☎ 76.44.48, ≤ parc, 🍽, « Ancienne bergerie
du 15ᵉ s. » – 🛏wc 🛁wc 🕿 🅿. 🄴
fermé 5 janv. au 13 fév. et mardi – SC : **R** 80/150 – ⊇ 18 – **8 ch** 106/120 – P
230/240.

MONTBARD 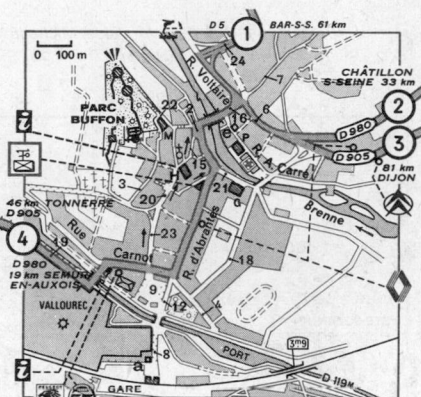 21500 Côte-d'Or 🔢 ⑦ G. Bourgogne – 7 749 h. alt. 211 – ✆ 80.

Voir Parc Buffon★.

Env. Ancienne abbaye de Fontenay★★ 6 km par ③.

🄱 Syndicat d'Initiative avec A.C. (☏ 92.03.75) r. Carnot (avril-1ᵉʳ oct., fermé dim. et lundi) ☏ 92.03.75 et à la Mairie (1ᵉʳ oct.-1ᵉʳ avril, fermé dim. et lundi) ☏ 92.01.34.

Paris 237 ④ – Autun 87 ④ – Auxerre 73 ④ – ♦Dijon 81 ③ – Troyes 94 ②.

MONTBARD

Liberté (R. de la) 20

Buffon (Pl.) 2
Daubenton (R.) 3
Debussy (R. A.) 4
Debussy (R. F.) 6
Faubourg (R. du) 7
Foch (Av. du Mar.) 8
Gambetta (Pl.) 9
Gibez (Av. A.) 12
Guillaume (R.) 15
Hugot (R. A.) 16
Lattre-de-Tassigny (R. Mar. de) ... 18
Leclerc (Av. Mar.) 19
Loye (Av. G.) 21
Parc (R. du) 22
Piot (R.) 23
Thiard (R. J.) 24

Les plans de villes sont orientés le Nord en haut.

Pour bien lire les plans de villes, voir signes et abréviations p. 20.

🏨 **Éou,** 7 r. A.-Carré **(e)** ☏ 92.11.66 – 📺 🚻wc 🚻wc ☎ 🚗 📶 ㄷ 💳
   fermé vacances de fév. – SC : **R** 60/165 – ⬜ 15,50 – **24 ch** 80/200 – P 160/220.

🏨 **H. Gare,** sans rest, 10 av. M.-Foch **(a)** ☏ 92.02.12 – 🚻wc 🚻wc ☎ 🚗 🅿 ⓪ ㄷ
   💳
   fermé 20 déc. au 15 janv. – SC : ⬜ 15 – **20 ch** 51/153.

   à St-Rémy par ④ : 4 km – ✉ 21500 Montbard :

XXX **St-Rémy,** ☏ 92.13.44 – 🅿 ⓪ ㄷ 💳
   ◆ *fermé 10 au 30 sept., en janv., lundi et le soir sauf sam.* – SC : **R** (nombre de couverts limité - prévenir) 45/120.

CITROEN Gar. Monnet, rte Dijon ☏ 92.06.09 🅽

PEUGEOT TALBOT Gar. Carnot, 7 r. Carnot ☏ 92.01.83 🅽

RENAULT Montbard-Autom., 39 r. Abrantès ☏ 92.06.23

RENAULT Gar. Guerret, rte de Dijon ☏ 92.04.07

MONTBAZENS 12220 Aveyron 🔢 ① – 1 313 h. alt. 472 – ✆ 65.

🄱 Syndicat d'Initiative à la Mairie (juil.-31 août et fermé dim.) ☏ 43.60.06.

Paris 612 – Aurillac 80 – Figeac 28 – Marcillac-Vallon 34 – Rodez 39 – Villefranche-de-Rouergue 26.

🏨 **Levant,** rte Rignac ☏ 43.60.24, 🌳 – 🚻 🚗 🅿 🛇
   ◆ *fermé 20 sept. au 10 oct.* – SC : **R** *(fermé dim. soir et lundi midi sauf juil.-août)* 37/85 🍴 – ⬜ 10 – **17 ch** 70/88 – P 105/120.

RENAULT Gar. du Fargal, ☏ 43.62.23

MONTBAZON 37250 I.-et-L. 🔢 ⑮ G. Châteaux de la Loire – 3 093 h. alt. 71 – ✆ 47.

🄱 Office de Tourisme (fermé dim. et lundi) ☏ 26.03.31.

Paris 248 – Châtellerault 60 – Chinon 41 – Loches 32 – Montrichard 40 – Saumur 67 – ♦Tours 13.

🏨 ✿ **Château d'Artigny** ⑤, SO : 2 km par D 17 ☏ 26.24.24, Télex 750900, « Jardin, parc, ≤ sur l'Indre, pavillon bord rivière (6 ch), 🏊 », 🎾 – 🛗 ☎ 🅿 – 🚪 30 à 80.
   💳
   fermé 27 nov. au 7 janv. – **R** 130/280 – ⬜ 32 – **49 ch** 260/620, 7 appartements –
   P 410/620
   Spéc. Cassolette de ris de veau, Bar et rouget au safran (15 mars-30 sept.), Epigramme d'agneau à l'estragon. Vins Montlouis, Bourgueil.

🏨 **Domaine de la Tortinière** ⑤, N : 1,5 km par N 10 et D 287 ☏ 26.00.19, « ≤ vallée de l'Indre, dans un parc », 🏊 – ☎ 🅿 – 🚪 30. ㄷ 💳 🛇 rest
   1ᵉʳ mars-15 nov. – SC : **R** *(fermé mardi midi et lundi en mars et du 15 oct. au 15 nov.)* carte 130 à 185 – ⬜ 33 – **14 ch** 275/450, 7 appartements 495/575.

🏨 **Relais de Touraine** Ⓜ, N : 2 km rte Tours ☏ 26.06.57, 🌤, parc – 🚻wc 🚻wc ☎
   🅿 – 🚪 100
   sais. – **21 ch.**

à l'ouest : 5 km par N 10, D 287 et D 87 – ✉ **37250** Montbazon :

XX **Aub. Moulin fleuri** avec ch, ☎ 26.01.12, ≤, « Terrasse au bord de l'Indre », – wc P. VISA
fermé 15 au 30 oct., 1er au 20 fév., dim. soir de déc. à mars et lundi – SC : **R** 70 – 16 – **10 ch** 48/117 – P 152/219.

PEUGEOT, TALBOT Gar. Rousseau, ☎ 26.06.50

Les localités citées dans le **guide Michelin** *sont soulignées de rouge sur les* **cartes Michelin** *à 1/200 000.*

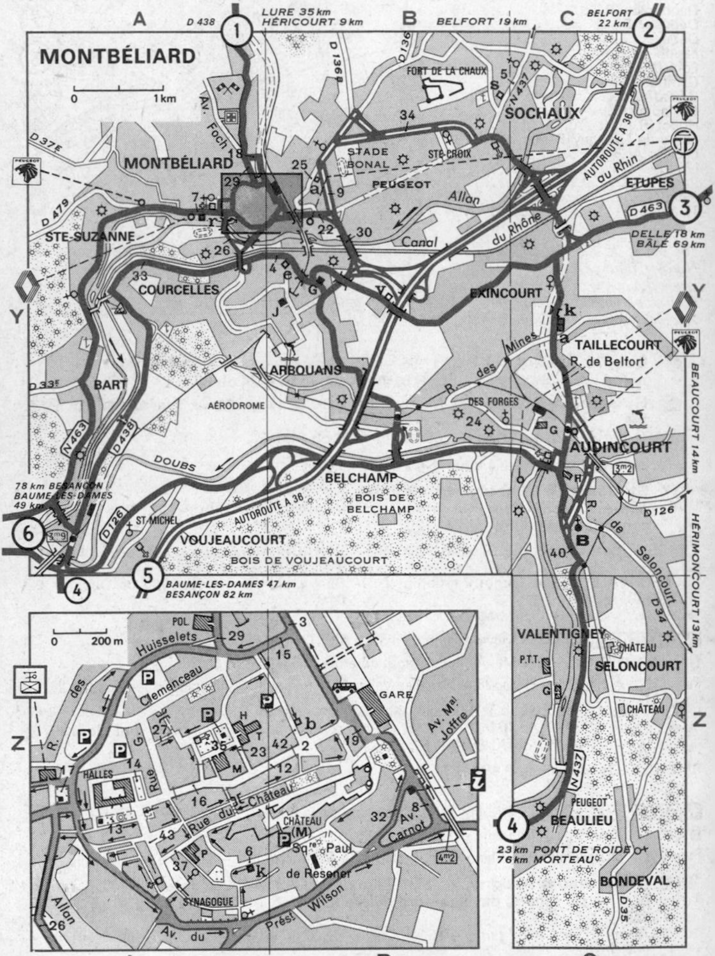

Cuvier (R.)	**BZ** 12	Chabaud-Latour (Av.)	**BY** 9	Laurillard (R.)	**AZ** 27
Denfert-Rochereau (Pl.)	**AZ** 13	Dorian (Pl.)	**AZ** 14	Leclerc (R. Gén.)	**AYZ** 29
Febvres (R. des)	**AZ** 16	Etuve (R. de l')	**BZ** 15	Ludwigsburg (Av. de)	**BY** 30
		Ferrer (Pl. Francisco)	**AZ** 17	Mouhot (R. Henri)	**BZ** 32
Albert-Thomas (Pl.)	**BZ** 2	Gambetta (Av.)	**AY** 18	Port (R. du)	**AY** 33
Alliés (Av. des)	**BZ** 3	Gaulle (Pl. du Gén.-de)	**BZ** 19	Prairie (R. de la)	**BY** 34
Audincourt (R. d')	**ABY** 4	Helvétie (Av. d')	**BY** 22	St-Martin (Pl.)	**AZ** 35
Belfort (Route de)	**BCY** 5	Hôtel-de-Ville (R. de l')	**AZ** 23	Sous-Préfecture (R. de la)	**AZ** 37
Belfort (R. de)	**AZ** 6	Jean-Jaurès (Av.)	**BY** 24	Valentigney (R. de)	**CY** 40
Besançon (Fg de)	**AY** 7	Joffre (Av. du Mar.)	**BY** 25	Velotte (R. de)	**BZ** 42
Briand (R. Aristide)	**BZ** 8	Lalance (R. Ch.)	**AYZ** 26	Viette (R.)	**AZ** 43

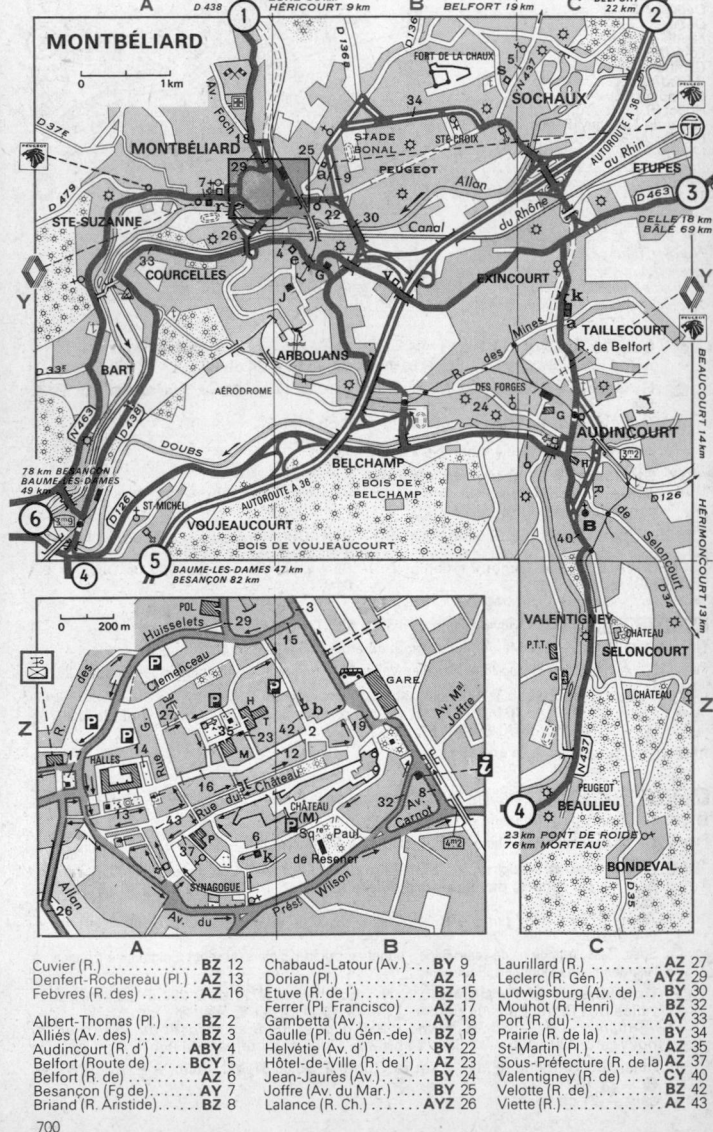

■ MONTBÉLIARD <SP> **25200** Doubs 🎲🎲 ⑧ **G. Jura** – 31 591 h. alt. 318 – 💮 81.

🏌 de Prunevelle ⟨P⟩ 98.11.77 par ④ : 10 km.

🎫 Office de Tourisme 1 r. H.-Mouhot (fermé dim.) ⟨P⟩ 94.45.60.

Paris 483 ⑤ – ◆Bâle 69 ③ – Belfort 22 ② – ◆Besançon 82 ⑤ – Pontarlier 109 ④ – Vesoul 63 ①.

Plan page ci-contre

🏨 **Bristol,** 2 r. Velotte ⟨P⟩ 94.43.17 – 🛏wc ⑇wc ☎ ⇦. 🍴. 🍽 ch   BZ **b**
⟶ *fermé août* – SC : **R** *(fermé dim. soir et sam.)* 50/130 🍴 – 🛏 14 – **39 ch** 76/160 –
P 160/240.

🏨 **Joffre** sans rest, 34 bis av. Mar.-Joffre ⟨P⟩ 94.44.64 – 🛗 🛏wc ⑇wc ☎ 🅿. 🅴
fermé 1er au 15 août, 25 déc. au 1er janv. et dim. hors sais. – SC : 🛏 13,50 – **30 ch**
106/135.   BY **a**

🏨 **Ibis,** r. J.-Foillet ⟨P⟩ 97.19.20, Télex 360724 – 🛏wc ☎ 🅿 – 🔌 40. 🍴 🅴 VISA
fermé dim. et fêtes le midi – SC : **R** snack carte environ 65 🍴 – 🍽 18 – **42 ch**
160/180.   BY **v**

🏨 **France** sans rest, 40 r. Audincourt ⟨P⟩ 91.18.15, 🏛 – 🛏 ⑇wc ☎ 🅿. 🍴   BY **e**
SC : 🛏 14 – **15 ch** 80/180.

XXX **Tour Henriette,** 59 fg Besançon ⟨P⟩ 91.03.24 – 🅰🅴 ⓞ 🅴 VISA   AY **r**
fermé 1er au 28 août, dim. soir et lundi soir – SC : **R** 90/150.

X **Le Comté,** 18 r. Belfort ⟨P⟩ 91.48.42 – 🅰🅴 VISA   AZ **k**
fermé août, dim. soir et lundi midi – SC : **R** 80/120.

FIAT, LANCIA, AUTOBIANCHI Mercier, r. Keller à Arbouans ⟨P⟩ 35.57.62
PEUGEOT-TALBOT Succursale, 16 av. Helvé-
tie ⟨P⟩ 94.52.15
PEUGEOT Gar. de la Croisée, 104 fg. de Besançon ⟨P⟩ 91.05.50

RENAULT Renault-Montbéliard, 87 fg Besançon ⟨P⟩ 96.75.75

🛞 Pneus et Services D.K. 7a r. du Port ⟨P⟩ 98.
25.29 Z.I. du Charmontet 20 r. Jeanperrin ⟨P⟩
95.38.33

CONSTRUCTEUR : S.A. des Automobiles Peugeot, BY ⟨P⟩ 91.83.42

■ MONTBENOIT **25650** Doubs 🎲🎲 ⑦ **G. Jura** – 182 h. alt. 782 – 💮 81.

Voir Ancienne abbaye★ : stalles★★, niche abbatiale★.

Paris 466 – ◆Besançon 68 – Morteau 17 – Pontarlier 14.

🏨 **Bon Repos** 🐾, N : 1,5 km ⟨P⟩ 38.10.77, ≤, 🏛 – 🛏wc ⑇wc 🍴 🅿. 🍴
⟶ *30 avril-24 sept.* – SC : **R** 50/155 – 🛏 15 – **22 ch** 100/150 – P 160/170.

PEUGEOT Gar. Querry, ⟨P⟩ 38.11.09 🅽 ⟨P⟩ 38.10.99

■ MONT-BLANC (Tunnel du) **74** H.-Savoie 🎲🎲 ⑧⑨ **G. Alpes** – voir à Chamonix-Mont-Blanc.

> *Si vous êtes retardé sur la route, dès 19 h,*
> *confirmez votre réservation par téléphone,*
> *c'est plus sûr... et c'est l'usage.*

■ MONTBONNOT **38** Isère 🎲🎲 ⑤ – rattaché à Grenoble.

■ MONTBOUCHER-SUR-JABRON **26** Drôme 🎲🎲 ① – rattaché à Montélimar.

■ MONTBRISON <SP> **42600** Loire 🎲🎲 ⑰ **G. Vallée du Rhône** – 11 200 h. alt. 394 – 💮 77.

Voir Intérieur★ de l'église N.-D.-d'Espérance B.

🎫 Office de Tourisme cloître des Cordeliers (fermé dim. et lundi) ⟨P⟩ 58.20.44.

Paris 456 ② – ◆Lyon 95 ③ – Le Puy 105 ③ – Roanne 64 ② – ◆St-Étienne 36 ③ – Thiers 68 ①.

Plan page suivante

🏨 **Host. Lion d'Or,** 14 quai Eaux-Minérales (e) ⟨P⟩ 58.34.66 – 🛏wc ⑇ 🍴 ⇦. ⓞ
⟶ VISA
fermé 1er au 21 sept., vacances de fév., dim. soir et lundi – SC : **R** 45/150 – 🛏 13 –
14 ch 77/176 – P 165/192.

à Champdieu par ① : 4,5 km – ✉ **42600** Montbrison.
Voir Église★.

XX **Le Prieuré,** ⟨P⟩ 58.31.21 – 🅿. 🍽
⟶ *fermé août, jeudi et dim. soir* – SC : **R** 38/200.

CITROEN Forez-Autos, av. P.-Cézanne, Beau-
regard par D69 ⟨P⟩ 58.02.59
FORD Montagny, av. Ch.-de-Gaulle ⟨P⟩ 58.
29.99
LADA, SKODA Gar. Dumas, 34 av. Libération
⟨P⟩ 58.15.22
OPEL Sabatier, r. des Moulins ⟨P⟩ 58.12.02
PEUGEOT-TALBOT Bourgier, 36 r. République
par ② ⟨P⟩ 58.21.55

RENAULT Gar. Mathieu, 8 rte de St-Étienne
par ③ ⟨P⟩ 58.30.48
V.A.G. Gar. du Parc, 2 rte de St-Étienne ⟨P⟩
58.15.66

🛞 Chasseing-Pneus, 12 bd de la Madeleine ⟨P⟩
58.26.48
Jamet-Pneus, 4 bd L.-Dupin ⟨P⟩ 58.11.66

MONTBRISON

Pour un bon usage des plans de villes, voir les signes conventionnels p. 20.

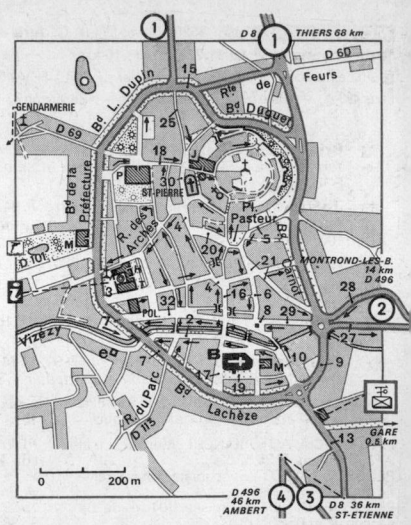

Richiedete nelle librerie il catalogo delle pubblicazioni Michelin

MONTBRON 16220 Charente **72** ⑮ **G. Côte de l'Atlantique** – 2 541 h. alt. 140 – ✪ 45.

🛈 Office de Tourisme pl. H. de Ville (1er juil.-31 août et fermé dim.).

Paris 458 – Angoulême 30 – Nontron 32 – Rochechouart 37 – Rochefoucauld 14.

🏰 **Host. Ste Catherine** ⓢ, S : 3,5 km par D 16 ⓟ 70.60.03, « Gentilhommière du XVIIIe s. dans un parc », ⌸ – ❷ – ♨ 50
SC : **R** 40/160 – 🖙 20 – **15 ch** 100/200 – P 230.

MONTCABRIER 46 Lot **79** ⑥⑦ – rattaché à Fumel.

MONTCEAU-LES-MINES 71300 S.-et-L. **69** ⑰⑱ **G. Bourgogne** – 28 204 h. alt. 287 – ✪ 85.

Env. Mont-St-Vincent : tour ⛰⛰ **★★** 12 km par ③.

🛈 Office de Tourisme 1 pl. Hôtel de Ville (fermé lundi matin et dim.) ⓟ 57.38.51 - A.C. 41 r. des Oiseaux ⓟ 57.52.45.

Paris 384 ② – Autun 42 ① – Chalon-sur-S. 45 ② – Mâcon 68 ③ – Moulins 89 ④ – Roanne 88 ④.

Plan page ci-contre

🏨 **Commerce,** 70 q. J.-Chagot ⓟ 57.34.18 – 📶 ➿wc 🛁wc 🅿 🚗 – ♨ 60. 🖾🛏 **E**
VISA   A **e**
SC : **R** 65/200 🍴 – 🖙 16 – **32 ch** 80/200.

🏠 **Beauregard** sans rest, sur D 980 : 2 km ✉ 71690 Mt-St-Vincent ⓟ 57.15.37 – 🛁wc ❷   B **s**
fermé 2 au 12 sept. et 23 au 30 déc. – SC : 🖙 14 – **12 ch** 85/150.

🏠 **Lac** sans rest, 58 r. de la Loge ⓟ 57.18.22 – 🛁wc. ⛳   B **t**
SC : 🖙 14 – **20 ch** 64/142.

🍴🍴 **France** avec ch, 7 pl. Beaubernard ⓟ 57.26.64 – ➿wc. *VISA*   A **k**
➡ *fermé fin juil. à fin août et lundi* – SC : **R** 45/130 🍴 – 🖙 15 – **11 ch** 59/140.

🍴🍴 **Central** avec ch, 43 r. République ⓟ 57.00.40 – 🛁wc. 🖾🛏 **E** *VISA*   A **n**
➡ *fermé dim.* – SC : **R** 44 🍴 – 🖙 11 – **10 ch** 72/110 – P 140/160.

par ③ : 4 km sur D 980 :

🏠 **Aub. Plain-Joly,** ✉ 71690 Mont-St-Vincent ⓟ 57.24.74, 🌳 – ❷ 🖾🛏
➡ *fermé 16 août au 15 sept.* – SC : **R** 37/70 – 🖙 13 – **10 ch** 60/85 – P 95/110.

ALFA ROMEO, VOLVO Chemarin, rte Express, av. Mar.-Leclerc ⓟ 57.09.23
CITROEN Repiquet, 57 r. Beaubernard ⓟ 57.16.45
FIAT Gar. Bon, 3 r. de la Coudraie, Le Bois-du-Verne ⓟ 57.39.84
FORD Tramoy, 52 r. de la Lande ⓟ 57.04.11
OPEL Gar. Brenot, rte Express sortie Nord, av. Mar.-Leclerc ⓟ 57.39.83
PEUGEOT-TALBOT Gar. Rebeuf-Garnier, rte Express, av. Mar. Leclerc ⓟ 57.29.30

RENAULT Gar. Central, quai J.-Chagot ⓟ 57.25.17
V.A.G. Gar. Dufour, 124 r. de la Coudraie, Le Bois-du-Verne ⓟ 57.23.81

🅖 Goésin, D 974, Zone Ind. des Alouettes ⓟ 57.36.01
Okrzesik, bd de la Maugrand ⓟ 57.47.00
Okrzesik, 9 r. Verdun ⓟ 57.00.55

MONTCEAU-LES-MINES

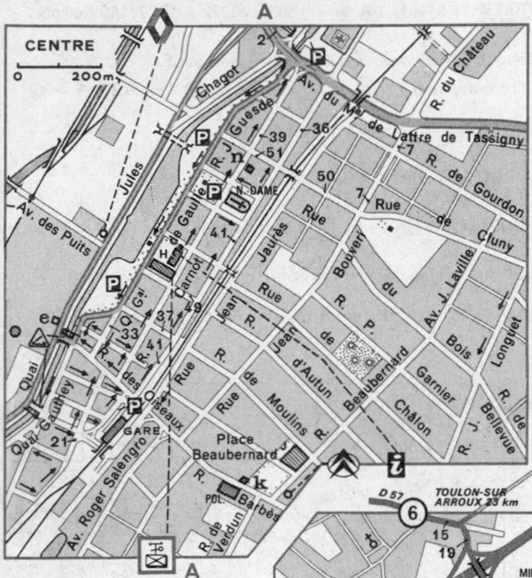

Barbès (R.) . . . . B 4
Carnot (R.) . . . . A
Jaurès (R. J.) . . . . A

Alouettes (Av. des) . . . . A 2
Bains (R. des) . . . . B 3
Beauregard (R. de) . . . . . B 6
Bel-Air (R. de) . . . . A 7
Bourbon-Lancy (R.) . . . . B 8
Champ-du-Moulin (R.) . B 10
Charolles (R. de) . . . . B 12
Château (R. du) . . . . B 15
Coudraie (R. de la) . . . . . B 13
Desmoulins (R. C.) . . . . . B 16

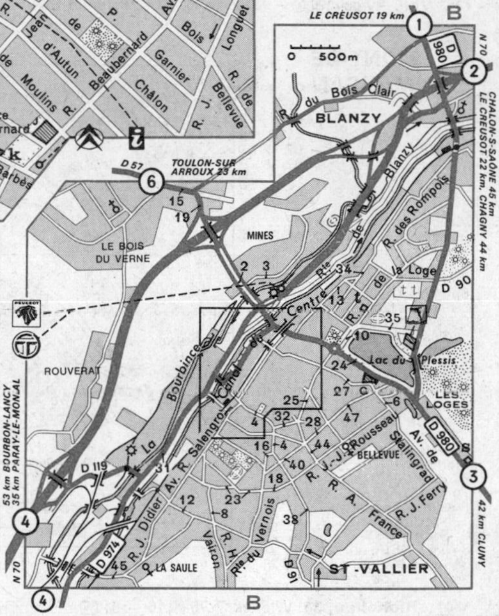

Foch (R. Mar.) . . . . B 18
Guide (R. du) . . . . B 19
Lamartine (R.) . . . . A 21
Lande (R. de la) . . . . B 23
Lattre-de-Tassigny
(R. Maréchal-de) . . . . B 24
Longuet (R. Jean) . . . . . . B 25
Nâcon (R. de) . . . . B 27
Metz (R. de) . . . . B 28
Moulins (Quai de) . . . . . . B 31
Palinges (R. de) . . . . B 32
Paul-Bert (R.) . . . . A 33
Petit-Bois (R. du) . . . . . . B 34
Plessis (Bd du) . . . . B 35
Plessis (R. du) . . . . A 36
Pottier (R. Eugène) . . . . . A 37
République (Av.) . . . . B 38
République (R. de la) . . . A 39
Robespierre (R.) . . . . B 40
Rouget-de-Lisle (R.) . . . A 41
St-Vallier (R. de) . . . . B 44
Sémard (R. de) . . . . B 47
Vaux (R. Pierre) . . . . A 49
8-Mai-1945 (R. du) . . . . . A 50
11-Nov.-1918 (R. du) . . . A 51

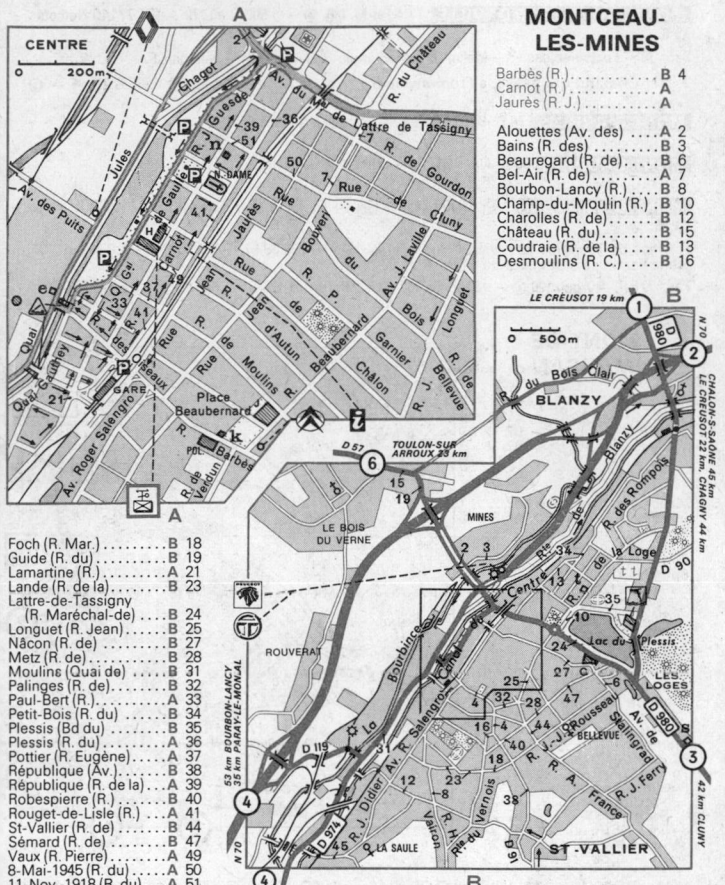

Une voiture bien équipée, possède à son bord des ***cartes Michelin*** *à jour.*

MONTCHANIN **71** S.-et-L. **69** ⑧ – rattaché au Creusot.

MONTCHAUVET **78790** Yvelines **55** ⑱, **196** ⑭ – 185 h. alt. 100 – ✪ 3.
Paris 73 – Dreux 35 – Evreux 43 – Houdan 14 – Mantes-la-Jolie 16 – Versailles 43.

XX **Jument Verte,** pl. Église ☎ 093.43.60
fermé fév., lundi soir et mardi – SC : **R** 55/150 🌡.

MONTCHAUVROT **39** Jura **70** ④ – rattaché à Poligny.

MONTCHAVIN **73** Savoie **74** ⑱ – rattaché à Bellentre.

MONTCHENOT **51** Marne **56** ⑯ – ✉ **51500** Rilly-la-Montagne – ✪ 26.
Paris 153 – Châlons-sur-Marne 40 – Epernay 16 – ♦Reims 11.

XX **Aub. du Gd Cerf** avec ch, **N 51** ☎ 97.60.07, ≤, – wc – 60. **E** VISA
fermé 16 au 31 août, 16 au 31 déc., mardi soir et merc. – SC : **R** 100/180 – ☕ 15 – **10 ch** 100/150.

MONT-CINDRE **69** Rhône **74** ⑪ – rattaché à Lyon.

MONTCOURT-FROMONVILLE 77 S.-et-M. 61 ⑫ – 1 509 h. alt. 72 – ✉ **77140** Nemours – ⚙ 6.

Paris 79 – Fontainebleau 13 – Melun 28 – Montereau-Faut-Yonne 24 – Nemours 5.

✗ Chaland qui passe, à **Fromonville** S : 2 km au bord du Loing ☎ **428.25.25**, ≤ – Ⓟ.

MONT-D'ARBOIS 74 H.-Savoie 74 ⑧ – rattaché à St-Gervais.

MONT-DAUPHIN 05 H.-Alpes 77 ⑱ – rattaché à Guillestre.

MONT-DE-MARSAN Ⓟ **40000** Landes 82 ① **G. Côte de l'Atlantique** – 30 171 h. alt. 58 – ⚙ 58.

ℹ Office de Tourisme 22 r. Victor-Hugo (fermé dim.) ☎ 75.38.67, Télex 540742 - A.C. av. du Corps Franc Pommiès à St-Pierre-du-Mont ☎ 75.03.24.

Paris 721 ① – Agen 120 ① – ♦Bayonne 100 ⑥ – ♦Bordeaux 126 ① – Pau 80 ③ – Tarbes 100 ③.

MONT-DE MARSAN

Bastiat (R. F.)	ABZ	
Dulamon (R. A.)	AY	
Gambetta (R. L.)	BZ	12
Lesbazeilles (R. A.)	BZ	18
St-Jean-d'Août (R. et ⇨)	AY	24
Alsace-Lorraine (R. d')	AZ	2
Bosquet (R. du Mar.)	AZ	3
Briand (Av. Aristide)	BZ	4
Brouchet (Allées)	BZ	5
Carnot (Av. Sadi)	BZ	6
Delamarre (Bd)	BZ	8
Despiau (R. Ch.)	AZ	9
Farbos (Av. Henri)	AY	10
Gaulle (Pl. Charles-de)	AY	13
Gourgues (R. D.-de)	BY	14
Landes (R. L. des)	BZ	15
Lasserre (R. Gén.)	AZ	16
Lattre-de-Tassigny (Bd de)	BY	17
Madeleine (⇨)	BY	
Martinon (R.)	BZ	19
Pancaut (Pl. J.)	AZ	20
Poincaré (Pl. R.)	AY	21
Président-Kennedy (Av. du)	BZ	22
St-Roch (Pl.)	BZ	25
8-Mai-1945 (R. du)	BY	27
34e-d'Inf. (Av. du)	BZ	28

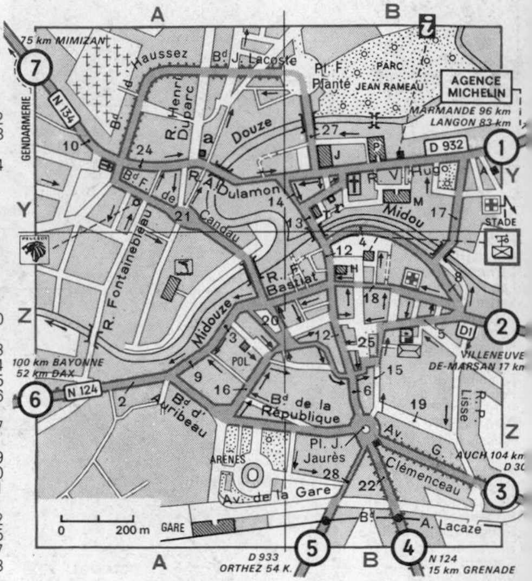

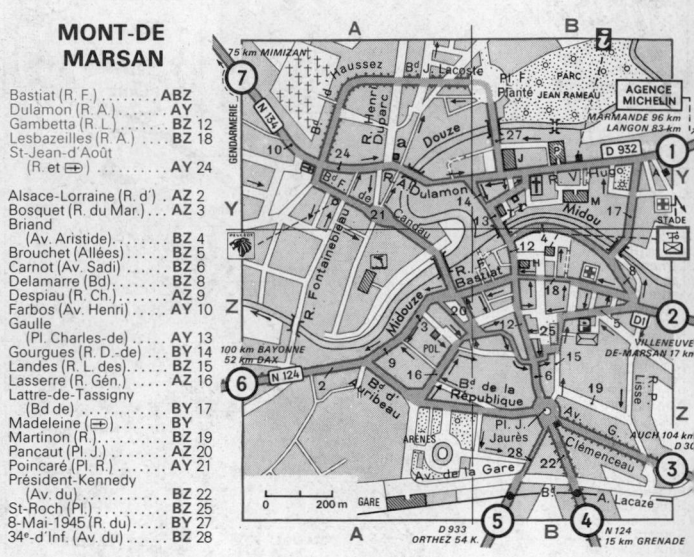

🏨 **Richelieu,** 3 r. Wlerick ☎ **75.00.16** – 🛗 TV ⇔wc ⋒wc ☎ 🚗 – 🏋 80. 💳 AE E VISA — BY **r**
SC : **R** *(fermé vacances de fév.)* 52/150 – ☕ 16 – **70 ch** 70/150.

✗ **Le Midou** avec ch, 12 pl. Porte-Campet ☎ **75.24.26** – 💳 AE ⓓ VISA — AY **a**
R 52/88 – ☕ 17,50 – **10 ch** 65/100 – P 95.

✗ **Zanchettin** (Rendez-vous des boulistes), à **St-Médard** par ② : 3 km ☎ **75.19.52**, ✦ ☂, 🌳 – Ⓟ
fermé 14 août au 6 sept., vacances de fév., dim. soir et lundi – SC : **R** 38/80.

MICHELIN, Agence, r. de la Ferme-de-Larrouquère, Zone Ind. par ① ☎ **46.29.54**

ALFA-ROMEO, DATSUN Mesplède, 56 av. H.-Farbos ☎ 75.98.88
AUSTIN, JAGUAR, ROVER, TRIUMPH Gar. Continental, 839 av. Mar.-Foch ☎ 75.06.77
CITROEN Segu, rte Grenade, St-Pierre-du-Mont par ④ ☎ 75.12.10
FORD La Hiroire-Auto, 995 bd d'Alingsas ☎ 75.36.62
MERCEDES-BENZ, V.A.G. Lafargue, 2316 av. Mar.-Juin ☎ 46.17.80
PEUGEOT, TALBOT Labarthe, rte Bayonne par ⑥ ☎ 75.44.55 N
OPEL Ets Bouchet, 38 bd Brigade Carnot ☎ 75.31.79
PEUGEOT Hiquet, 19 bd Candau ☎ 75.02.32
RENAULT Dupeyron, 935 av. Mar.-Juin par ① ☎ 46.14.80
⊛ Pedarré Pneus, 14 bd Candau ☎ 75.01.18

Donnez-nous votre avis sur les tables que nous recommandons,
sur leurs spécialités et leurs vins.

MONTDIDIER ⟨SP⟩ 80500 Somme 52 ⑱ G. Nord de la France – 6 298 h. alt. 97 – ✪ 22.
Paris 107 ③ – ✦Amiens 36 ⑥ – Beauvais 47 ⑤ – Péronne 47 ② – St-Quentin 64 ②.

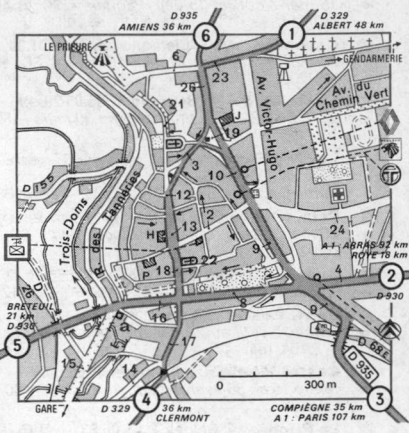

🏨 **Dijon,** 1 pl. 10-Août 1918 (a) ℡ 78.01.35 – 🔒. *VISA*
✦ fermé 3 au 20 août, 1er au 22 janv., dim. soir et lundi midi – SC : **R** 49/110 – ➚ 14 –
14 ch 64/127.

CITROEN Bonnement, 1 pl. Mar.-Foch ℡ 78.
01.43
PEUGEOT-TALBOT Lefebvre, 11 pl. Faidherbe
℡ 78.00.90

RENAULT Gar. Rety, 6 r. A.-France ℡ 78.01.51

🔶 Leflamand, 30 av. M.-Leconte ℡ 78.05.09

Le MONT-DORE 63240 P.-de-D. 73 ⑬ G. Auvergne – 2 325 h. alt. 1 050 – Stat. therm. (mai-sept.)
Sports d'hiver : 1 060/1 860 m ✔2
✔18, ⛷ – Casino Z – ✪ 73.

Voir Puy de Sancy ※*** (voir à
Sancy) – Cascade du Queu-
reuilh★ 2 km par ① puis 30 mn.

Env. Col de Guéry ≤★★ sur
roches Tuilière et Sanadoire★★
et lac★ 9 km par ① – Col de la
Croix-St-Robert ※★★ 6,5 km par
②.

🏌 du Rigolet ℡ 65.00.79 par ③ :
2,5 km.

🅱 Office de Tourisme av. Gén. Leclerc
(fermé dim. hors saison) ℡ 81.18.88,
Télex 990332.

Paris 437 ① – Aubusson 90 ⑤ –
✦Clermont-Fd 47 ① – Issoire 51 ① –
Mauriac 77 ④ – Ussel 57 ⑤.

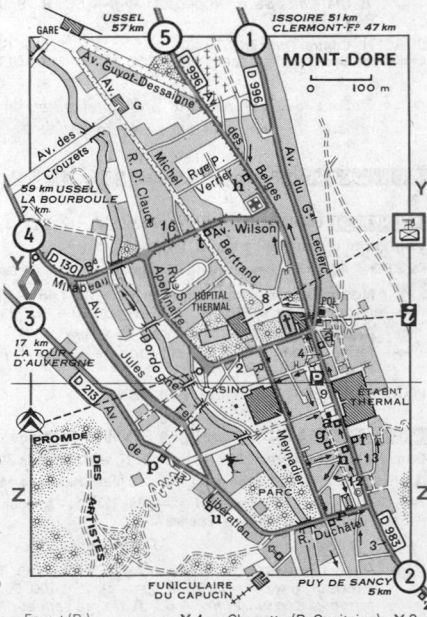

🏨 **Métropole,** pl. Chazerat ℡
65.13.32 – 🛗 ⌷wc ⊡wc
☎ 🅿 – 🔒 25 à 100
sais. – **120 ch**.   Z f

🏨 **Panorama** M ⤵, av. Libération ℡ 65.11.12, ≤ –
🛗 ⌷wc ⊡wc ☎ 🅿.
⚒ rest   Z u
18 mai-30 sept. et 20
déc.-Pâques – SC : **R**
60/165 – ➚ 17 – **40 ch** –
120/220 – P 180/255.

🏨 **Oise,** av. Libération ℡ 65.
04.68, ≤ – ⌷wc ⊡wc ☎
🅿 – 🔒 80. 🚗 ⚒ rest
22 mai-30 sept. et 20
déc.-Pâques – SC : **R** 60/80
– ➚ 16,50 – **50 ch** 95/180
– P 165/220.   Z p

tourner →

Le MONT-DORE

🏛 **Nouvel H.,** r. J.-Moulin ☎ 65.11.34 – 🛗 ⌂wc 🏠 🕾. ① 🆚   Z g
→ *15 mai-7 oct. et 15 déc.-Pâques* – SC : **R** 45/78 – ⊊ 14,50 – **65 ch** 106/135 – P
130/214.

🏛 **Cascades,** av. G.-Clemenceau ☎ 65.01.36, 🛋 – 🔟wc 🏠. 🆚 ❄   Z z
22 mai-25 sept. et 20 déc.-15 avril – SC : **R** 58/100 – ⊊ 15 – **23 ch** 50/160 – P
145/200.

🏛 **Castelet,** av. M.-Bertrand ☎ 65.05.29, 🛋 – ⌂wc 🔟wc ☎ 🅿 – 🏖 40. ❄ rest
→ *25 mai au 30 sept. et 22 déc. au 30 mars* – SC : **R** 50/100 – ⊊ 14 – **32 ch** 69/195 – P
140/195.
     Y t

🏛 **Les Mouflons** ⌂ sans rest, par ② rte du Sancy : 0,5 km ☎ 65.02.90, ← – ⌂wc
🔟wc 🏠 🅿 🛄 Ē
fermé 5 nov. au 5 déc. – SC : ⊊ 12 – **29 ch** 68/120.

🏛 **Paix,** r. Rigny ☎ 65.00.17 – 🛗 ⌂wc 🏠 ❄. ❄ rest   Z n
→ *20 mai-30 sept. et vacances scolaires* – SC : **R** 40/50 ♨ – ⊊ 13 – **39 ch** 43/160 – P
150/200.

🏛 **Russie,** r. Favart ☎ 65.05.97 – 🛗 ⌂wc 🏠. 🆚   Y a
→ *15 mai-30 sept. et fév.* – SC : **R** 50/90 – ⊊ 12 – **40 ch** 78/125 – P 165/198.

🏛 **Gd H. Poste,** r. Rigny ☎ 65.05.20 – 🔟 🏠. 🛄 🛄 Ē 🆚. ❄ rest   Z a
→ *fermé 15 avril au 22 mai et 10 oct. au 23 déc.* – SC : **R** 43/95 – ⊊ 16 – **39 ch** 65/134
– P 154/184.

🏛 **Castel Médicis,** r. Duchatel ☎ 65.00.89 – ⌂wc 🔟 🏠   Z r
→ *fermé 15 au 30 avril et 7 oct. au 20 déc.* – SC : **R** 40/80 ♨ – ⊊ 12 – **30 ch** 65/140 – P
135/160.

🏛 **La Ruche,** av. Belges ☎ 65.05.93 – 🔟 🅿. ❄   Y h
21 mai-30 sept., vacances scolaires et week-ends – SC : **R** 55/74 – 🍽 15 – **25 ch**
53/127 – P 132/173.

au Genestoux par ⑤ : 3,5 km sur D 996 – ✉ 63240 Mont-Dore :

✕ **Le Pitsounet,** ☎ 65.00.67, ← – 🅿
→ *Pâques, 20 mai-30 sept., Noël, vacances de fév. et fermé lundi* – SC : **R** (nombre de
couverts limité - prévenir) 40/65 ♨.

au pied du Sancy par ② : 4 km – ✉ 63240 Mont-Dore :

🏛 **Puy Ferrand** ⌂, ☎ 65.18.99, ← le Sancy – 🛗 ⌂wc 🔟wc ☎ – 🏖 30. 🛄 Ē 🆚.
❄ rest
15 mai-25 sept. et 18 déc.-20 avril – SC : **R** 78/150 – ⊊ 16,50 – **42 ch** 115/160 –
P 210/224.

CITROEN Central Gar., ☎ 65.20.46   FORD Gar. Delbos, ☎ 65.01.55
CITROEN Gar. Des Pies, par ② ☎ 65.06.38   RENAULT Gar. des Thermes ☎ 65.02.33

Do not look for pleasant and quiet hotels at random,
consult the maps on pages 46 to 53.

MONTE-CARLO Principauté de Monaco 🟦 ⑩. 🟦🟦 ㉗㉘ – voir à Monaco.

MONTECH 82700 T.-et-G. 🟦 ⑰ – 2 596 h. alt. 112 – ✪ 63.
Voir Pente d'eau★ N : 1 km, G. Pyrénées.
Paris 669 – Auch 73 – Beaumont-de-Lomagne 23 – Castelsarrasin 14 – Montauban 13 – ◆Toulouse 48.

🏠 **Notre Dame,** 7 pl. Jean-Jaurès ☎ 31.71.45 – 🔟. 🛄 ①
→ *fermé 15 nov. au 15 déc.* – SC : **R** 45/120 – 🍽 12 – **18 ch** 60/100 – P 120/150.

🏠 **France,** ☎ 31.70.38 – 🔟. 🛄 🛄 Ē 🆚
→ *fermé 24 déc. au 31 janv. et sam. de sept. à fin juin* – SC : **R** 39/76 ♨ – 🍽 11,50 –
17 ch 50/116 – P 111/120.

PEUGEOT, TALBOT Gar. Fonzes, ☎ 31.72.29

MONTÉLIMAR 26200 Drôme 🟦 ① G. Vallée du Rhône – 29 149 h. alt. 81 – ✪ 75.
Env. Pic de Chenavari ←★★ 13 km par ④ et N 86 puis 30 mn.
🖪 Office de Tourisme (fermé dim.) et A.C. allées Champ-de-Mars ☎ 01.00.20.
Paris 608 ① – Aix-en-Provence 147 ③ – Alès 103 ③ – Avignon 82 ③ – Nîmes 106 ③ – Le Puy 134 ④
– Salon-de-Provence 118 ③ – Valence 45 ①.

Plan page ci-contre

🏛 **Parc Chabaud** ⌂, 16 av. d'Aygu ☎ 01.65.66, Télex 345324, « Bel aménagement
intérieur, parc » – 🛗 🔟 🏠 🅿 – 🏖 25 à 200. 🛄 🆚   Z r
→ *fermé 24 déc. au 1ᵉʳ fév.* – SC : **R** *(fermé sam.et dim.)* 170 – ⊊ 30 – **22 ch** 325/425.

🏛 **Relais de l'Empereur,** pl. Marx-Dormoy ☎ 01.29.00, Télex 345537 – 🔟 🍴 🅿.
🛄 ① Ē 🆚   Z f
fermé 11 nov. au 22 déc. – SC : **R** 148 – ⊊ 26 – **38 ch** 120/350.

Sphinx sans rest, 19 bd Desmarais ☎ 01.86.64 – wc wc ☎ **P**.
fermé 3 déc. au 2 janv. – SC : 17 – **20 ch** 98/174. Y **b**

Printemps , chemin Manche ☎ 01.32.63, , – wc wc ☎ **P**. . rest Y **u**
1er fév.-15 nov. et fermé dim. hors sais. – SC : **R** (dîner seul.) 65/150 – 15 – **16 ch** 90/180.

Beausoleil M sans rest, 14 bd Pêcher ☎ 01.19.80 – wc ☎ **P**.
fermé 25 sept. au 16 oct. et dim. d'oct. à mai – SC : 14 – **16 ch** 80/160. Y **s**

Provence sans rest, rte Marseille par ③ ☎ 01.11.67 – wc wc ☎ **P**.
fermé nov. et sam. en déc., janv. et fév. – SC : 15 – **16 ch** 75/130.

Pierre sans rest, 7 pl. Clercs ☎ 01.33.16 – wc SC : 12,50 – **11 ch** 72/100. Y **n**

Dauphiné-Provence sans rest, 41 bd Gén.-de-Gaulle ☎ 01.24.08 – wc ☎ YZ **e**
fermé 20 avril au 5 mai, 20 déc. au 5 janv. et sam. sauf juil. et août – SC : 14,50 – **25 ch** 67/150.

Le Grillon, 40 r. Cuiraterie ☎ 01.79.02 – VISA.
fermé 15 déc. au 15 janv. et merc. – SC : **R** 60/130, diner à la carte. Z **k**

Julien (R. Pierre) . . . YZ

Desmarais (Bd Marre) Y 2
Espoulette (Av. d') . . . Z 3
Jaurès (Av. Jean) . . . . Z 4
Loubet (Pl. Émile). . . . Z 5
Meyer (R. Maurice) . . Z 6
Monnaie-Vieille (R.) . Y 7
Montant-au-Chât. (R.) Y 9
Rochemaure (Av. de) Y 12
St-Martin (Montée) . . Y 14
Villeneuve (Av. de). . . Y 15

Par la sortie ①

à l'Homme d'armes : 4 km **77** ⑪ – ✉ **26740** Montélimar :

XXX ✿ **La Bastide** (Souil), ☎ 01.29.14, , – **P**. AE
fermé vacances scolaires de fév. et merc. – SC : **R** 110/185
Spéc. Timbale d'escargots au chablis et noisettes, Fondant de canette, Grenadin de veau. **Vins** Côteaux du Tricastin, Côtes du Rhône.

Par la sortie ②

à Montboucher-sur-Jabron : 5 km et D 169 – ✉ **26740** Montélimar.

Voir Site★ de Puygiron SE : 4 km.

Le Castel , ☎ 46.08.16, ←, parc, – wc ☎ **P**. AE
SC : **R** (dîner seul. pour résidents) – 25 – **10 ch** 220/360.

Par la sortie ③

route de Donzère : 9 km sur D 144A – ✉ **26740** Montélimar :

Domaine du Colombier , ☎ 51.65.86, ←, parc, – wc ☎ **P**. AE VISA
15 mars-20 déc. – SC : **R** *(fermé dim. soir sauf du 15 mai au 1er oct.)* 90/110 – 30 – **12 ch** 210/380 – P 310/380.

MICHELIN, Entrepôt, Z.A. du Meyrol par av. Rochemaure par ⑤ ☎ **01.80.91**

BMW Gar. Lagarde, 44 av. J.-Jaurès ☎ 51. 83.65
CITROEN Magne, 9 av. J.-Jaurès par ③ ☎ 01.20.55 N ☎ 01.33.67
FIAT Gar. Bernard, Zone Ind., Déviation Poids-Lourds Sud ☎ 51.86.75
FORD Peyrouse, Zone Ind. Sud, rte Châteauneuf ☎ 01.39.16
OPEL S.A.V.E.R.A., 33 bd du Gal-de-Gaulle ☎ 01.08.07
PEUGEOT-TALBOT Moulin, rte Marseille, le Grand Pélican par ③ ☎ 01.74.99 N ☎ 01.57.04
RENAULT Ets Jean, rte Valence par ① ☎ 01. 77.00
TALBOT Sud-Automobile, rte Marseille par ③ ☎ 01.33.44

Hennion-Pneus, Zone Art. du Meyrol, Déviation Poids-Lourds Nord ☎ 01.50.21
Piot-Pneu, 112 av. J.-Jaurès ☎ 01.88.11
Plantin-Pneus, 71 av. J.-Jaurès ☎ 01.18.33

MONTENACH 57 Moselle 🗗🗗 ④ — rattaché à Sierck-les-Bains.

MONTENDRE 17130 Char.-Mar. 🗗🗗 ① — 3 562 h. alt. 113 — 😊 46.

🅱 Office de Tourisme av. de Royan (1er juil.-31 août et fermé dim.) ☎ 49.46.45 et Village Vacances (fermé dim. hors sais.) ☎ 49.20.17.

Paris 518 — Angoulême 73 — ◆Bordeaux 62 — Royan 68 — Saintes 62.

🏠 **Deux Gares et Pins**, pl. Gare ☎ 49.43.57 — 🛏wc 🕾 🅿. 🗪
→ fermé 1er au 16 sept. et 1er au 16 janv. — SC : **R** (fermé lundi) 50/150 🍴 — 🖛 14 — **14 ch** 90/150 — P 150/235.

CITROEN Lebrun, ☎ 49.22.46
PEUGEOT, TALBOT Corbi, ☎ 49.23.17

RENAULT Gar. Bouteiller, "Les Chataigners" ☎ 49.41.33

MONTEREAU-FAUT-YONNE 77130 S.-et-M. 🗗🗗 ⑬. 🗗🗗🗗 ㊼ G. Environs de Paris — 21 767 h. alt. 52 — 😊 6.

Voir au N Montereau-Surville : ⩤★ sur le confluent de la Seine et de l'Yonne, 15 mn.

🅱 Office de Tourisme 2 bis r. Danièle Casanova (fermé sam. après-midi, dim. et lundi matin) ☎ 432.07.76.

Paris 90 ④ — Fontainebleau 22 ④ — Meaux 72 ⑤ — Melun 30 ⑤ — Sens 36 ③ — Troyes 97 ③.

MONTEREAU-FAUT-YONNE

Jaurès (R. Jean) . . . . **YZ**
Paris (R. de) . . . . **Y** 20
Provins (R. de) . . . . **Y** 25

Bordes (Quai des) . . . . **Y** 2
Brossolette (R. Pierre) . . . . **Z** 3
Cretté Preignard (Bd) . . . . **Z** 4
Dames (R. des) . . . . **YZ** 5
Dr.-Arthur-Petit (R.) . . . . **YZ** 6
Fossés (R. des) . . . . **Y** 7
Gde-Rue-St-Maurice . . . . **Y** 9
Lattre-de-Tassigny
  (Av. Maréchal) . . . . **Z** 12
Lepesme (Pl. J.) . . . . **Z** 13
Libération (Av. de la) . . . . **Z** 14
Napoléon (Carrefour) . . . . **Y** 16
Notre-Dame et St-Loup (⛪) . . . **Y** 7
Noues (Quai des) . . . . **Z** 19
Pépinière Royale (R. la) . . . . **Y** 21
Petit-Vaugirard (R. du) . . . . **Y** 22
Pont-de-Seine (Carrefour) . . . . . . **Y** 23
Port des Fossés (R.) . . . . **Y** 24
Récollets (R. des) . . . . **Z** 26
République
  (Bd de la) . . . . **Z** 27
Varennes (R. de) . . . . **Z** 29
Victor-Hugo (R.) . . . . **YZ** 30
Yonne (Quai d') . . . . **Y** 31
8-Mai (R. du) . . . . **Z** 32

Les plans de villes
sont orientés
le Nord en Haut.

à *Flagy* par ④ et D 120 : 10 km — ✉ **77156** Thoury-Ferottes :

🎌🎌🎌 **Au Moulin** 🕭 avec ch, ☎ 096.67.89, « Moulin du 13e s. », 🥢 — 🚿wc 🅿. 🗪
① 𝘝𝘐𝘚𝘈
fermé 11 au 23 sept., 19 déc. au 22 janv., dim. soir et lundi — SC : **R** 72/145 🍴 — **10 ch**
🖛 125/220 — P 300/330.

CITROEN Montereau-Autom., 1 r. des Clo-marts, Zone Ind. par ② ☎ 432.01.86
FORD Gar. Félix, 14 bd Gén.-Leclerc ☎ 432.00.76
MERCEDES-BENZ Huttepain, 3 r. E.-Fortin ☎ 432.03.16
OPEL Gar. Domergue, 5 r. Habert ☎ 432.02.48

PEUGEOT Marro, 11 r. du Chatelet par av. Gén. de Gaulle ☎ 432.02.16
RENAULT Coulet, pl. J.-Lepesme ☎ 432.09.25

🅖 Tous les Pneus, Zone Ind., carrefour Central ☎ 432.12.98

MONTEUX 84 Vaucluse 🗗🗗 ⑫ — rattaché à Carpentras.

MONTÉVRAIN 🗗🗗 ⑫. 🗗🗗🗗 ㉒ — rattaché à Lagny-sur-Marne.

MONTFAVET 84 Vaucluse 🗗🗗 ⑫ — rattaché à Avignon.

MONTFERRAT 83131 Var 84 ⑦ – 2 025 h. – ❀ 94.

Voir S : Gorges de Châteaudouble★, G. Côte d'Azur.

Paris 878 – Castellane 44 – Draguignan 15 – Toulon 96.

  XX **Ferme du Baudron,** S : 1 km par D 955 ↗ 70.91.03, 斎, « Cadre rustique » – **P.**
  ➜   ※
    fermé 12 au 22 avril, 23 au 31 déc. et merc. – SC : **R** (nombre de couverts limité -
    prévenir) 50 , fêtes carte seul ♨.

MONTFORT 35160 I.-et-V. 59 ⑯ – 4 533 h. alt. 43 – ❀ 99.

Paris 370 – Dinan 39 – Loudéac 62 – Ploërmel 46 – ♦Rennes 22.

  🏠 **Le Relais de la Cane,** r. Gare ↗ 09.00.07 – 🛏 🎇 ⇔ **P. E.** ※ ch
  ➜   *fermé 22 août au 12 sept., lundi (sauf hôtel) et dim. soir sauf juil. et août* – SC : **R**
    40/180 ♨ – ☲ 11,50 – **16 ch** 57/130 – P 110/150.

PEUGEOT-TALBOT   Montfort-Autos, ↗ 09.   PEUGEOT-TALBOT   Gar. Radin, ↗ 09.01.26
01.21   RENAULT   Gar. Lory, ↗ 09.00.32

MONTFORT-EN-CHALOSSE 40380 Landes 78 ⑦ – 1 026 h. alt. 101 – ❀ 58.

🛈 Syndicat d'Initiative av. J.-Jaurès (juil.-août et fermé dim.) et à la Mairie (hors sais. fermé sam. et
dim.) ↗ 98.60.12.

Paris 741 – Aire-sur-l'Ad. 58 – Dax 18 – Hagetmau 27 – Mont-de-Marsan 43 – Orthez 28 – Tartas 15.

  🏠 **Aux Touzins** ♤, E : 1,5 km par D 32 ↗ 98.60.22, ≤, parc – 🎇wc 🅰 ⇔ **P** – ⚕
  ➜   50. 🅰🅰🅰 **VISA**. ※ ch
    fermé 15 janv. au 15 fév. et lundi d'oct. à avril – SC : **R** 50/105 ♨ – ☲ 10 – **15 ch**
    52/75 – P 105/115.

MONTFORT-L'AMAURY 78490 Yvelines 60 ⑨, 196 ㉗ ㉘ G. Environs de Paris (plan) –
2 843 h. alt. 186 – ❀ 3.

Voir Église★ – Ancien charnier★ (au cimetière) – Ruines du château ≤★.

Paris 49 – Dreux 40 – Houdan 19 – Mantes-la-Jolie 36 – Rambouillet 19 – Versailles 28.

  🏠 **Voyageurs,** 49 r. Paris ↗ 486.00.14 – 🛏wc 🅰 **P**
  ➜   *fermé en janv.* – SC : **R** 50/90 – ☲ 20 – **10 ch** 80/180 – P 150/200.

  XXX ❀ **Les Préjugés,** 18 pl. R.-Brault ↗ 486.92.65 – 🆎 ⑩ **VISA**
    fermé 14 nov. au 1er déc., 2 au 22 janv. et mardi – SC : **R** carte 180 à 240
    Spéc. Escalope de foie gras de canard au gingembre, Langouste ou homard au curry, Pigeon à la
    citronnelle et Xérès.

  XX ❀ **Chez Nous** (Bouchereau), 22 r. Paris ↗ 486.01.62 – 🆎 ⑩ **VISA**
    fermé 24 août, Noël, vacances scolaires de fév., vend. soir, dim. soir et lundi –
    SC : **R** (nombre de couverts limité - prévenir) carte 115 à 180
    Spéc. Terrine de pintade, Filets de sole, Millefeuille de St-Jacques (oct. à avril).

CITROEN   Moutou, ↗ 486.00.37   RENAULT   Gar. de la Gare, à Méré ↗ 486.00.96

MONTGAILLARD 65 H.-Pyr. 85 ⑧ – 628 h. alt. 438 – ✉ **65200** Bagnères-de-Bigorre – ❀ 62.

Paris 818 – Bagnères-de-Bigorre 8 – Lourdes 15 – Tarbes 13.

  ♔ **Le Mont-Gaillard,** ↗ 95.50.73 – **P** ※ rest
  ➜   *fermé janv.* – SC : **R** *(fermé lundi sauf juil. et août)* 40/70 ♨ – ☲ 11 – **10 ch** 67/83 –
    P 120/126.

MONTGENÈVRE 05 H.-Alpes 77 ⑱ G. Alpes – 338 h. alt. 1 854 – Sports d'hiver : 1 850/2 800 m
🚠2 🚡18 – ✉ **05100** Briançon – ❀ 92.

🏌 de Clavières, ↗ (122) 87.89.17 (Italie) E : 1,8 km.

🛈 Office de Tourisme à la Mairie (fermé sam. et dim. hors sais.) ↗ 21.90.22, Télex 440440.

Paris 693 – Briançon 12 – Gap 99 – Lanslebourg-Mont-Cenis 83 – Torino 99.

  🏨 **Rois Mages,** ↗ 21.92.64, ≤ – 🛗 🛏wc 🎇 ☎. 🅰🅰 🆎 ⑩ **VISA**. ※ rest
    1er juil.-31 août et 1er déc.-30 avril – SC : **R** 75 – ☲ 17 – **42 ch** 150/225 – P 200/250.

  🏨 **Napoléon,** ↗ 21.92.04, ≤ – 🛏wc 🎇wc 🅰 ⇔. ※ rest
    20 déc.-20 avril – SC : **R** 65/85 – ☲ 21 – **42 ch** 150/210, 3 appartements 435 – P
    220/270.

  🏨 **Valérie** ♤, ↗ 21.90.02 – 🛗 🛏wc 🎇wc 🅰. 🅰🅰 ※ rest
    15 déc.-20 avril – SC : **R** 65 – ☲ 18 – **33 ch** 85/200 – P 160/240.

  🏠 **Alpet** ♤, ↗ 21.90.06, ≤ – 🛏wc 🅰 **P**
  ➜   *juil.-août et vacances de Noël-Pâques* – SC : **R** 45/77 – ☲ 14,50 – **10 ch** 70/155 – P
    162/199.

MONTGERON 91230 Essonne 61 ①, 101 ㊲ – voir à Paris, Proche banlieue.

Les **cartes Michelin** sont constamment tenues à jour.

MONTGUYON 17270 Char.-Mar. 🗗🗗 ② G. Côte de l'Atlantique – 1 648 h. alt. 60 – ⚙ 46.

🛈 Syndicat d'Initiative à la Mairie (1er juil.-31 août) 🕿 04.10.19.

Paris 509 – Barbezieux 31 – Blaye 47 – ♦Bordeaux 64 – Jonzac 34 – Libourne 36 – Ribérac 49.

🏠 **Poste,** 🕿 04.19.39, 🛋 – ▤⊟wc 🛏 🅿. ☎🗄 E [VISA]
➡ SC : **R** *(fermé vend. du 1er nov. au 30 mars)* 35 bc/70 bc – ☲ 10 – **18 ch** 70/100 – P 120/150.

RENAULT Dutour, 🕿 04.10.47

MONTHERMÉ 08800 Ardennes 🗗🗗 ⑱ G. Nord de la France (plan) – 3 377 h. alt. 140 – ⚙ 24.

Voir Roche aux Sept Villages ≼** S : 3 km – Roc de la Tour ≼** E : 4 km puis 20 mn – E : Vallée de la Semoy* – Roche à Sept Heures ≼* N : 2 km – Roche de Roma ≼* S : 4 km – les Dames de Meuse* NO : 5 km.

Env. Roches de Laifour** NO : 6 km.

Paris 242 – Charleville-Mézières 18 – Fumay 23.

PEUGEOT-TALBOT Drouin, 🕿 53.00.46   RENAULT Domelier, 🕿 34.31.12

MONTHUREUX-SUR-SAÔNE 88410 Vosges 🗗🗗 ⑭ – 1 156 h. alt. 260 – ⚙ 29.

Paris 333 – Bourbonne-les-B. 21 – Epinal 48 – Luxeuil-les-B. 50 – Neufchâteau 50 – Vittel 27.

XX **Relais des Vosges** avec ch, 🕿 09.00.45 – ☎🗄 E
fermé du 28 janv. au 28 fév., dim. soir hors sais. et lundi – SC : **R** 55/150 🍷 – ☲ 12 – **10 ch** 70/100 – P 150.

MONTI 06 Alpes-Mar. 🗗🗗 ⑳, 🗗🗗🗗 ⑱ – rattaché à Menton.

MONTIGNAC 24290 Dordogne 🗗🗗 ⑦ G. Périgord – 3 202 h. alt. 77 – ⚙ 53.

🛈 Syndicat d'Initiative pl. de Born (15 juin-30 sept. fermé dim. après-midi) 🕿 51.82.60.

Paris 497 – Bergerac 83 – Brive-la-Gaillarde 38 – ♦Limoges 102 – Périgueux 47 – Sarlat-la-Canéda 25.

🏠 **Soleil d'Or,** r. du 4-Septembre 🕿 51.80.22, 🍴, parc – ⊟wc 🛏wc ☎ ➡ 🅿.
➡ ☎🗄 [VISA]
fermé 26 nov. au 27 déc.,20 fév. au 8 mars et sam. du 3 nov. au 1er avril – SC : **R** 45/135 🍷 – ☲ 13,50 – **23 ch** 60/150 – P 130/175.

🏠 **Lascaux,** av. J.-Jaurès 🕿 51.82.81, 🛋 – ⊟wc 🛏wc ☎. [VISA]
➡ *fermé nov., vac. de fév., dim. soir et sam. du 1er oct. au 27 mars* – SC : **R** 42/130 🍷 – ☲ 12 – **16 ch** 65/130 – P 130/155.

CITROEN Fabreguettes, 🕿 51.93.97 🄽 🕿 50   FIAT Gar. Blume, 🕿 51.81.07
77.11

MONTIGNAC-CHARENTE 16 Charente 🗗🗗 ⑬ G. Côte de l'Atlantique – 709 h. alt. 78 –
✉ 16330 St-Amant-de-Boixe – ⚙ 45.

Voir Église* de St-Amant-de-Boixe NE : 1,5 km.

Paris 430 – Angoulême 16 – Cognac 42 – ♦Limoges 103 – Niort 86 – St-Jean-d'Angély 58.

🏚 **Château** sans rest, 🕿 39.70.38 – ➡ 🌿
1er juin-6 oct. et fermé merc. – SC : ☲ 10 – **11 ch** 56/70.

MONTIGNY 76 Seine-Mar. 🗗🗗 ⑥ – rattaché à Rouen.

MONTIGNY-AUX-AMOGNES 58 Nièvre 🗗🗗 ④ – 487 h. alt. 218 – ✉ 58130 Guérigny – ⚙ 86.

Paris 252 – Château-Chinon 57 – Decize 36 – Nevers 12 – Prémery 29.

XX **Aub. des Amognes,** 🕿 58.61.97, 🛋 – 🅿
➡ *fermé 15 fév. au 15 mars, 1er au 12 sept., dim. soir et lundi* – SC : **R** (prévenir) 42/112.

MONTIGNY-LA-RESLE 89 Yonne 🗗🗗 ⑤ – 359 h. alt. 153 – ✉ 89230 Pontigny – ⚙ 86.

Paris 181 – Auxerre 14 – St-Florentin 17 – Tonnerre 32.

XX **Soleil d'Or** avec ch, 🕿 41.81.21 – ⊟wc 🛏 🕭. ☎🗄 ⒶⒺ ⓪ E [VISA]
➡ *31 janv.-29 oct. et fermé lundi sauf rest. le soir de mai à sept.* – SC : **R** 42/120 – ☲ 12 – **11 ch** 80/110.

MONTIGNY-LE-ROI 52 H.-Marne 🗗🗗 ⑬ – 1 090 h. alt. 405 – ✉ 52140 Le Val de Meuse – ⚙ 25.

Paris 291 – Bourbonne-les-Bains 21 – Chaumont 32 – Langres 22 – Neufchâteau 47 – Vittel 50.

🏠 **Moderne,** 🕿 86.10.18 – 📺 🛋 ☎ ➡ 🅿 – 🔥 50. ☎🗄 ⒶⒺ ⓪ E [VISA]
➡ SC : **R** 46/105 🍷 – ☲ 16 – **25 ch** 75/200 – P 158/246.

PEUGEOT, TALBOT Gar. Flagez, 🕿 86.10.34   RENAULT Gar. Rabert, 🕿 86.11.15 🄽 🕿 86.13.90

MONTIGNY-LÈS-METZ 57 Moselle 🗗🗗 ⑬⑭ – rattaché à Metz.

MONTIGNY-SUR-LOING 77690 S.-et-M. 🗺 ⑫ G. Environs de Paris – 2 152 h. alt. 82 – ✿ 6.
Paris 78 – Fontainebleau 12 – Melun 28 – Montereau 19 – Moret-sur-Loing 7 – Nemours 10.

    XX   **La Herse**, ☎ 424.82.71 – ⓘ 🅴 𝗩𝗜𝗦𝗔
           fermé 16 août au 15 sept., jeudi midi et merc. – SC : **R** 100.

MONTLHÉRY 91310 Essonne 🗺 ⑩, 🗺 ㉚ ㉛, 🗺 ㉞ G. Environs de Paris – 4 232 h. alt. 120
– ✿ 6.

Voir ⁂* de la tour – **Marcoussis : Vierge* dans l'église** O : 3 km.
Autodrome permanent de Linas-Montlhéry SO : 2,5 km.

🛈 Office de Tourisme pl. Hôtel de Ville (fermé vend. et sam. après-midi et dim.) ☎ 901.70.11.
Paris 27 – Etampes 24 – Evry 15 – Versailles 26.

CITROEN Gar. de l'Autodrome, ☎ 901.00.55   RENAULT Gar. Docteur, ☎ 901.02.00
PEUGEOT Paulmier, ☎ 901.02.17

MONT-LOUIS 66210 Pyr.-Or. 🗺 ⑯ G. Pyrénées – 438 h. alt. 1 600 – Sports d'hiver à St-Pierre-
dels-Forcats : 1 600/2 400 m ⚶7 – ✿ 68.
Paris 991 – Andorre-la-Vieille 87 – Carcassonne 118 – Foix 118 – ♦Perpignan 79 – Prades 36.

  🏠 **Clos Cerdan**, sur N 116 ☎ 04.23.29, ←– 🕸 🛏wc 🕸 ⟵ 🅿 🗄 🅴 𝗩𝗜𝗦𝗔
  ➤ *fermé nov.* – SC : **R** 50 ♨ – ⌧ 15 – **60 ch** 72/155 – P 120/160.

    à la Llagonne N : 3 km par D 118 – ⌧ 66210 Mont-Louis :

  🏠 **Commerce** ⑤, ☎ 04.22.04, ←, 🎿 – 🛏wc 🕸 🅿. 🗄 🕸 rest
  ➤ *4 juin-2 oct. et 17 déc.-20 avril* – SC : **R** 48/120 ♨ – 🍴 14 – **30 ch** 70/180 – P
      125/240.

    à St-Pierre-dels-Forcats S : 3,5 km par D 10 et D 32 – alt. 1 575 – ⌧ 66210
    Mont-Louis – **Voir Église* de Planès** SE : 3 km.

  🏠 **Mouli del Riu** ⑤ (annexe 🏠 Ⓜ – 🛏wc), ☎ 04.20.36, ←, 🎋 – 🛏wc 🕸 🅿.
      🗄 🕸 ch
    fermé 1ᵉʳ oct. au 17 déc. et merc. hors sais. – SC : **R** 55/125 ♨ – ⌧ 16 – **15 ch**
    95/155 – P 165/190.

PEUGEOT Gar. Giraud, carr. monument   RENAULT Gar. du Col de la Perche, Col de la
Brousse ☎ 04.20.22 🅽   Perche,N 116 à la Cabanasse ☎ 04.21.81

MONTLOUIS-SUR-LOIRE 37270 I.-et-L. 🗺 ⑮ G. Châteaux de la Loire – 7 161 h. alt. 60 –
✿ 47.
Paris 235 – Amboise 13 – Blois 48 – Château-Renault 37 – Loches 42 – Montrichard 28 – ♦Tours 12.

  🏠 **de la Ville**, pl. Mairie ☎ 50.84.84, 🕸 – 🛏wc 🕸wc 🕸 🅿
  ➤ *fermé 15 déc. au 15 janv.* – SC : **R** 50/98 – ⌧ 12,50 – **27 ch** 74/154 – P 150/180.

  X **Tourangelle**, quai A.-Baillet ☎ 50.81.15 – 🅿 🅴
  ➤ *fermé 20 déc. au 4 janv., dim. soir et merc.* – SC : **R** (déj. seul. du 1ᵉʳ oct. au 1ᵉʳ mai)
    40/77.

MONTLUÇON ⌖ 03100 Allier 🗺 ⑪⑫ G. Auvergne – 58 824 h. alt. 211 – ✿ 70.
Voir Le Vieux Montluçon* BY : **intérieur* de l'église St-Pierre** D, **esplanade du château**
⟨*, musée de la Vielle* M1.

🏌 do Val do ohor ☎ 06.71.15, N : 17 km.
🛈 Office de Tourisme 1 ter av. Marx-Dormoy (fermé dim. et lundi) ☎ 05.05.92 - A.C. 20 bis av.
M.-Dormoy ☎ 05.04.22.
Paris 320 ① – Bourges 93 ① – ♦Clermont-Ferrand 91 ③ – ♦Limoges 154 ⑤ – Poitiers 206 ⑧.

Plan page suivante

  🏨 **Univers** sans rest, 38 av. Marx-Dormoy ☎ 05.33.47 – 🕸 🛏wc 🕸wc 🕸 – 🛏 60.
      🅰🅴 ⓘ 🅴   AY k
    SC : ⌧ 14 – **53 ch** 65/150.

  🏠 **Gare** Ⓜ sans rest, 44 av. Marx-Dormoy ☎ 05.44.22 – 🛏wc 🕸wc ☎ 🅿. 🗄
    SC : 🍴 12 – **21 ch** 110/115.   AY t

  🏠 **Lion d'Or et Rest. La Crémaillère**, 19 r. Barathon ☎ 05.00.62 – 🕸 🛏wc ☎
  ➤ ⟵. 🗄   BZ a
    SC : **R** *(fermé lundi)* 43/120 ♨ – ⌧ 13 – **41 ch** 70/120.

  🏠 **Celtic** sans rest, 1 r. Corneille ☎ 05.28.79 – 🛏 🕸 🕸   BZ e
    fermé dim. sauf de juin à sept. – SC : ⌧ 12 – **27 ch** 56/86.

  XXX **Host. du Château St-Jean** ⑤ avec ch, rte Clermont près hippodrome ☎
      05.04.65, 🕸, « En bordure d'un parc », 🎋 – 🛏wc 🕸wc 🕸 🅿 – 🛏 40 à 80.
      🗄 🅰🅴   BZ d
    fermé 2 au 20 janv. – SC : **R** *(fermé dim. soir du 31 oct. au 28 fév.)* 85/120 – ⌧ 25 –
    8 ch 210/300.

  XXX **Grenier à Sel**, 10 r. Notre-Dame ☎ 05.53.79 – 🅰🅴 🅴 𝗩𝗜𝗦𝗔   BY n
    fermé août, dim. soir et lundi – SC : **R** 90.

  XX **Aux Ducs de Bourbon**, 47 av. Marx-Dormoy ☎ 05.22.79 – 🍽. ⓘ 🅴   AY u
    fermé lundi – **R** 70/90.

MONTLUÇON

par ② : 2 km sur N 145 – ⊠ **03100** Montluçon :

🏨 **Bomotel** Ⓜ, ☏ 05.76.22 – 📺 🛁wc 🚿wc ☎ ℗. *VISA*
→ SC : **R** *(fermé lundi)* 40/100 🍷 – 🖵 14 – **14 ch** 165/180.

par ⑥ : 3,5 km sur N 145 – ⊠ **03410** Domerat :

🏨 **Novelta,** rte Guéret ☏ 03.34.88 – 🛁wc 🚿wc ☎ ℗ – 🕍 60 à 100. 🚗 *VISA* ❤
fermé 1er au 21 août – SC : **R** *(fermé dim. soir)* 65/110 🍷 – 🖵 16 – **40 ch** 160/215.

par ① : 7,5 km sur N 144 – ⊠ **03410** Domerat :

🏨 **St-Victor** ⚘, Rte Bourges ☏ 29.33.95, 🦌 – 🍴 ch 🛁wc 🚿 ℗. ❤ ch
→ SC : **R** 38/80 🍷 – 🖵 18 – **28 ch** 143/190.

MONTLUÇON

Barathon (R.)	**BZ**
Courtais (Bd de)	**BY**
République (Av. de la)	**AX**
St-Pierre (R. du Fg)	**BY** 22
Auriol (Av. Prés.)	**AY** 2
Binet-Micheau (R. de)	**BY** 3
Châtelet (Pont du)	**AX** 4
Forges (R. Porte-des)	**BY** 5
Guesde (Av. Jules)	**AY** 6
Jaurès (Pl. Jean)	**BY** 7

Notre-Dame (R. et ⊟)	**BY**
Presle (R. de la)	**BY** 10
St-Paul (⊟)	**AX**
St-Pierre (Pont)	**BX** 20
St-Pierre (⊟)	**BY D**
St-Pierre (R. Porte)	**BY** 23
Serruriers (R. des)	**BY** 24
Staël (R. Mme-de)	**BZ** 25
Thomas (Av. Albert)	**AX** 27
Usines (R. des)	**BY** 29
8-Mai-1945 (Av. du)	**BY** 31

712

à Estivareilles par ① : 10 km – ⊠ **03190** Hérisson :

XX **Lion d'Or** avec ch, N 144 ⏄ 06.00.35, �️, 🐾 – ⏄wc 🔆wc ☎ 🅿 𝘝𝘐𝘚𝘈
◆ *fermé août, vacances de fév. et lundi* – SC : **R** 45/136 – 🍽 13 – **10 ch** 70/120 – P 120/150.

MICHELIN, Agence, r. Benoist-d'Azy ⏄ 29.05.76

ALFA-ROMEO Gar. Andrieu, 21 r. H.-Berlioz ⏄ 28.41.34
AUSTIN, MORRIS, TRIUMPH Gd Gar. Univers, 2 r. Valmy ⏄ 28.21.78
CITROEN Gd Gar. Montluçonnais, 12 r. P.-Sémard par D72 BZ ⏄ 05.32.07
FORD Tallet, 1 r. des Conches ⏄ 05.68.11
MERCEDES-BENZ Auvity, r. 2 Ecluses, Zone Ind. ⏄ 29.07.93
OPEL S.I.V.R.A.C., 162 av. Gén.-de-Gaulle ⏄ 28.39.01

PEUGEOT-TALBOT Gar. Bourbonnais, 10 r. P.-Sémard par D72 BZ ⏄ 05.34.37
RENAULT I.D.E.A., La Cote Rouge rte de Châteauroux à Domerat par ⑧ ⏄ 29.49.00 🄽 ⏄ 05.28.80
V.A.G. Europe Gar., 18 quai Forey ⏄ 05.31.33

🔘 Central-Pneu, 35 quai L.-Blanc ⏄ 05.57.57
Godignon, 19 r. L.-Menut ⏄ 05.04.18 et Zone Ind. r. E.-Sue ⏄ 29.64.85
Estager, 14 r. de la Lombardie ⏄ 05.14.42

MONTLUEL 01120 Ain 🜇🜇 ② – 5 512 h. alt. 198 – 🍃 7.

🅻 Syndicat d'Initiative 14 r. de la gare (fermé dim. et lundi matin) ⏄ 806.24.00.

Paris 471 – Bourg-en-B. 44 – Chalamont 20 – ◆Lyon 23 – Meximieux 13 – Villefranche-sur-Saône 39.

🏠 **Le Petit Casset** Ⓜ 🦢 sans rest, à la Boisse SO : 3 km ⏄ 806.21.33, 🍽 – 📺
⏄wc ☎ 🕭 🅿
SC : 🍽 25 – **10 ch** 150/180.

X **Cheval Blanc,** 113 Gde-Rue ⏄ 806.12.20
◆ *fermé juil., lundi soir et mardi* – SC : **R** 45/100.

X **Vieux Moulin,** 79 Gde-Rue ⏄ 806.11.90
◆ *fermé en août et merc.* – SC : **R** 32/70 🍷.

à Ste-Croix N : 5 km par D 61 – ⊠ **01120** Montluel :

🏠🏠 **Chez nous** 🦢, ⏄ 806.17.92, 🌁, 🐾 – ⏄wc 🔆 🕭 🅿 – 🛏 30. 🄴 𝘝𝘐𝘚𝘈
◆ *fermé 16 au 25 août, fév. et vend.* – SC : **R** 50/160 – 🍽 18 – **16 ch** 60/160.

MONTMARTIN-SUR-MER 50590 Manche 🜃🜃 ⑫ – 849 h. alt. 42 – 🍃 33.

Paris 340 – Coutances 10 – Granville 20 – St-Lô 37 – Villedieu-les-Poêles 33.

🏠 **Host. du Bon Vieux Temps,** ⏄ 47.54.44 – 🔆 🅿
◆ SC : **R** 41/110 🍷 – 🍽 12 – **21 ch** 60/72 – P 156/172.

MONTMÉDY 55600 Meuse 🜅🜇 ① G. Vosges (plan) – 2 716 h. alt. 198 – 🍃 29.

Voir Remparts★.

Env. Basilique★★ et Recevresse★ d'Avioth N : 8 km.

🅻 Syndicat d'Initiative Montmedy Ville Haute (fev.-nov.) ⏄ 80.15.90 - A.C. 13 r. Gén.-de-Gaulle ⏄ 80.10.06.

Paris 258 – Charleville-Mézières 64 – Longwy 43 – ◆Metz 95 – Verdun 48 – Vouziers 61.

🏠 **Le Mady,** ⏄ 80.10.87 – 🔆 🄴
◆ *fermé fév. et lundi* – SC : **R** 50/79 – 🍽 10 – **17 ch** 50/80 – P 110.

PEUGEOT-TALBOT Bigorgne, ⏄ 80.10.34

MONTMÉLIAN 73800 Savoie 🜇🜃 ⑯ G. Alpes – 3 654 h. alt. 285 – 🍃 79.

Voir ※★ du rocher.

Paris 575 – Albertville 35 – Allevard 23 – Chambéry 15 – ◆Grenoble 49 – St-Jean-de-Maurienne 57.

🏠 **Central,** 1 r. Dr-Veyrat ⏄ 84.07.24 – 🍽 rest ⏄wc 🔆 🕭 🚗 🅿 🍷🅴 🄴 ※ rest
◆ *fermé 1er au 20 oct., 3 au 18 janv., lundi sauf juil. et août* – SC : **R** 50/110 – 🍽 14 – **25 ch** 48/140 – P 110/150.

🏠 **George,** rte Nationale 6 ⏄ 84.05.87 – ⏄ 🔆wc 🚗 🅿 🍷🅴. ※
◆ *1er juin-15 oct., 15 déc.-30 avril, fermé lundi soir (sauf hôtel) et mardi* – SC : **R** 40/90 🍷 – 🍽 12 – **10 ch** 64/120.

XXX Host. des Cinq Voûtes, rte Nationale 6 ⏄ 84.05.78, « Voûtes moyenâgeuses » – 🅿.

XX 🌸 **Salomon** avec ch, av. Gare O : 1,5 km ⏄ 84.05.24, 🌁, 🐾 – ⏄wc 🚗 🅿 🍷🅴
◆ *fermé 1er oct. au 11 nov., dim. soir et mardi sauf juil.-août* – **R** 65/190 – 🍽 16 – **15 ch** 70/160
Spéc. Marmite bretonne, Noisettes de veau aux pleurottes, Turbotin poêlé sauce mousseline. Vins Apremont, Roussette de Savoie.

XX **L'Arlequin** (Centre technique hôtelier), rte Nationale 6 ⏄ 84. 21.54, 🌁 – 🅿
◆ *fermé 10 au 31 juil. et merc.* – SC : **R** 50/80 🍷.

RENAULT Gar. Novel, ⏄ 84.04.52   Gar. Veillet et Christin, ⏄ 84.06.68

MONTMERLE-SUR-SAÔNE 01 Ain 74 ① – 1 995 h. alt. 170 – ✉ 01140 Thoissey – ☎ 74.
Paris 425 – Bourg-en-Bresse 40 – Chauffailles 48 – ♦Lyon 49 – Mâcon 29 – Villefranche-sur-Saône 12.

- **Rivage** M, au port ☎ 69.33.92 – wc wc ☎ – – 100. AE E VISA. *fermé 15 au 20 sept. et 15 nov. au 10 déc.* – SC : **R** *(fermé merc.)* 60/160 – 18 – **16 ch** 65/180 – P 150/220.
- XXX ❀ **Castel de Valrose (Morillon)** avec ch, **rte Trévoux** ☎ **69.30.52,** – wc ☎. AE *fermé 2 au 21 janv., dim. soir et lundi* – SC : **R** 105/195 – 20 – **5 ch** 160/200 – P 250/300
  Spéc. Feuilleté d'huîtres chaudes (nov. à mars), Ragoût d'écrevisses (juil. à janv.), Navarin de ris et rognon de veau. **Vins** Chiroubles, St-Véran.

RENAULT Gar. Perroud-Deschampt, ☎ 69.37.20

MONTMEYRAN 26 Drôme 77 ⑫ – 1 919 h. alt. 189 – ✉ 26120 Chabeuil – ☎ 75.
Paris 576 – Crest 14 – Romans-sur-Isère 24 – Valence 14.

- XX **La Vieille Ferme,** Les Dorelons ☎ **59.31.64, « Intérieur rustique »,** – *fermé août, 15 au 28 fév., dim. soir, lundi soir et mardi* – SC : **R** (prévenir) 110/160.

MONTMIRAIL 51210 Marne 56 ⑮ **G. Nord de la France** – 3 434 h. alt. 182 – ☎ 26.
Paris 98 – Châlons-sur-M. 64 – Château-Thierry 24 – Epernay 42 – La Ferté-sous-J. 33 – Sézanne 24.

- XX **Vert Galant** avec ch, pl. Vert Galant ☎ **42.20.17** – *fermé 15 janv. au 1er mars et lundi* – SC : **R** 45/85 – 15 – **14 ch** 45/79.

CITROEN Boussin, ☎ 42.23.09 N ☎ 42.22.23
RENAULT Gar. Lucas, ☎ 42.20.45
La Centrale du Pneu, ☎ 42.22.14

MONTMIRAIL 84 Vaucluse 81 ⑫ – rattaché à Beaumes-de-Venise.

MONTMIRAL 26750 Drôme 77 ③ – 458 h. alt. 395 – ☎ 75.
Paris 579 – La Côte-St-André 36 – Romans-sur-Isère 17 – St-Marcellin 19 – Valence 35.

- **Voyageurs** ☎ **02.75.83,** <, – *fermé en oct., 2 au 15 janv. et mardi hors sais. sauf vacances scolaires* – SC : **R** 40/78 – 12 – **13 ch** 49/57 – P 86/88.

MONTMORILLON 86500 Vienne 68 ⑮ **G. Côte de l'Atlantique** (plan) – 7 421 h. alt. 105 – ☎ 49 – **Voir Fresques★ de l'église N.-Dame.**
Office de Tourisme 21 av. Tribot (fermé matin hors sais., sam. et dim.) ☎ 91.11.96.
Paris 362 – Angoulême 117 – Châteauroux 85 – ♦Limoges 84 – Poitiers 48.

- ❀ **France (Mercier), 2 bd Strasbourg** ☎ **91.00.51** – wc wc ☎. AE VISA *fermé janv., dim. soir et lundi* – SC : **R** (dim. et fêtes - prévenir) 75/220 – 17 – **25 ch** 90/170
  Spéc. Foie gras cru au poivre, Civet de langoustines à l'ancienne, Magret de canard. **Vins** Chinon.

CITROEN Perrot, 6 r. République ☎ 91.00.05
PEUGEOT-TALBOT G.M.G.A., 59 bd Gambetta ☎ 91.11.33
RENAULT Robuchon, 1 av. de l'Europe ☎ 91.06.44

MONTMOROT 39 Jura 70 ④⑭ – rattaché à Lons-le-Saunier.

MONTMORT 51270 Marne 56 ⑮⑯ **G. Nord de la France** – 412 h. alt. 206 – ☎ 26.
Env. Fromentières : retable★★ de l'église SO : 11 km.
Paris 122 – Châlons-sur-Marne 46 – Épernay 18 – Montmirail 24 – Sézanne 26.

- XX **Cheval Blanc** avec ch, rte Sézanne ☎ **59.10.03** – – 80. *fermé fév. et vend.* – SC : **R** 50/180 – 16 – **12 ch** 55/110 – P 150/190.

MONT-NOIR 59 Nord 51 ⑤ – rattaché à Bailleul.

MONTOIRE-SUR-LE-LOIR 41800 L.-et-Ch. 64 ⑤ **G. Châteaux de la Loire** (plan) – 3 966 h. alt. 70 – ☎ 54 – **Voir Chapelle St-Gilles★ : peintures murales★★.**
Syndicat d'Initiative à la Mairie (1er juil.-10 sept., fermé dim. et fêtes) ☎ 85.00.29.
Paris 191 – Blois 44 – Château-Renault 20 – La Flèche 81 – St-Calais 23 – Vendôme 19.

- **Cheval Rouge,** pl. Foch ☎ **85.07.05** – wc ☎ . E VISA *fermé 30 janv. au 3 mars, mardi soir et merc.* – SC : **R** (dim. prévenir) 73/177 – 16 – **17 ch** 60/150.

à Lavardin SE : 2,3 km par VO 3 – ✉ **41800** Montoire-sur-le-Loir.
Voir Ruines du château★ – Peintures murales★ de l'église.

- XX **Aub. Paysanne,** ☎ **85.02.72, « Jardin au bord du Loir »** – E *fermé déc. et merc. sauf juil.-août* – SC : **R** 55/140 .

CITROEN Gar. Val de Loire, ☎ 85.01.86
CITROEN Gar. Lecoupt, ☎ 85.03.12
PEUGEOT Gar. Hervio, ☎ 85.02.40 N
V.A.G. Gar. Vincent, ☎ 85.00.19

MONTPELLIER P 34000 Hérault 🎼 ⑦ G. Causses – 195 603 h. alt. 50 – ✪ 67.

Voir Promenade du Peyrou★★ BV : ≼★ – Musées : Fabre★★ DVM2, Atger★ BV **M1.**

🛫 de Montpellier-Fréjorgues, Air Inter �🍱 65.02.00 SE par ④ : 7 km.

🅱 Office de Tourisme pl. Comédie (fermé dim. sauf matin en saison) ⍣ 60.76.90 et Gare S.N.C.F (fermé dim. hors sais.) ⍣ 92.90.03 – A.C. r. Maguelonne ⍣ 58.44.12 - T.C.F. 8 r. Durand ⍣ 58.28.50.

Paris 761 ③ – ◆Marseille 163 ③ – ◆Nice 323 ③ – Nîmes 51 ③ – ◆Toulouse 240 ⑤.

Plans pages suivantes

🏨🏨 **Métropole,** 3 r. Clos-René ⍣ 58.11.22, Télex 480410, 佘, 枲 – 🛊 🗏 ch 📺 ☎
⟸ 🏬 100. 🕮 ⑩ 🔳 𝘝𝘐𝘚𝘈   DY **g**
SC : **R** *(fermé dim.)* 90/150 (sauf fêtes) – 🖵 28 – **84 ch** 135/395, 4 appartements – P 340/525.

🏨🏨 **Frantel** M ⌂, au Polygone ⍣ 64.65.66, Télex 480362, 佘 – 🛊 🗏 ch 📺 ☎ ䷀
🅿 🏬 50 à 400. 🕮 ⑩ 🔳 𝘝𝘐𝘚𝘈   EX **a**
SC : rest. **Lou Paîrol** *(fermé dim. midi et sam. en été, dim. en hiver)* **R** carte 120 à 170
– 🖵 25 – **116 ch** 260/350.

🏨🏨 **Sofitel** M ⌂, au Triangle ⍣ 54.04.04, Télex 480140 – 🛊 🗏 📺 ☎ ䷀ 🅿 – 🏬 500.
🕮 ⑩ 🔳 𝘝𝘐𝘚𝘈   DX **h**
Brasserie Le Café **R** 60/100 ⌾ Les Baladins **R** 130 ⌾ – 🖵 33 – **125 ch** 285/390.

🏨🏨 **Juvenal** M sans rest, 118 av. du Pont Juvénal ⍣ 64.26.00 – 📺 ☎ 🅿. 𝘝𝘐𝘚𝘈   HS **p**
fermé janv. – SC : 🖵 19 – **19 ch** 200/210.

🏨🏨 **Le Ponant** M sans rest, 130 av. de Palavas ⍣ 65.73.74 – 🛊 ☎ ⟸ 🅿   HT **x**
SC : 🖵 22 – **45 ch** 210/240.

🏨🏨 **Novotel** M, 125 bis av. Palavas ⍣ 64.04.04, Télex 490433, 佘, ⌇ – 🛊 🗏 ch 📺
☎ ䷀ 🅿 – 🏬 200. 🕮 ⑩ 🔳 𝘝𝘐𝘚𝘈   HT **w**
R snack carte environ 85 – 🖵 25 – **98 ch** 260/317.

🏨🏨 **Noailles** ⌂ sans rest, 2 r. Écoles-Centrales ⍣ 60.49.80, demeure 17ᵉ. – 🛊. 🕮 ⑩
🔳 𝘝𝘐𝘚𝘈   DV **t**
fermé 17 août au 1ᵉʳ sept. et 22 déc. au 5 janv. – SC : 🖵 17,50 – **30 ch** 147/225.

🏨🏨 **George V** M sans rest, 42 av. St-Lazare ⍣ 72.35.91 – 🛊 📺 ☎ 🅿. 🕮 ⑩ 🔳 𝘝𝘐𝘚𝘈
SC : 🖵 16 – **39 ch** 145/190.   HR **a**

🏨🏨 **Mercure** M, 662 av. Pompignane ⍣ 65.50.24, Télex 480656, 佘, ⌇ – 🛊 🗏 rest
📺 ☎ 🅿 – 🏬 150. 🕮 ⑩ 🔳 𝘝𝘐𝘚𝘈   HS **m**
R carte environ 90 – 🖵 27 – **122 ch** 211/372.

🏨 **Myrtes** ⌂ sans rest, 5 av. Lepic ✉ 34100 ⍣ 42.60.11 – 🛊 ⌷wc ⋔wc ☎ ⟸.
⟸ᵉ. ⌘   GS **b**
fermé fév. – SC : 🖵 15 – **31 ch** 126/180.

🏨 **L'Hôtel** sans rest, 6 r. Jules-Ferry ⍣ 58.88.75 – 🛊 ⌷wc ⋔wc ☎. ⟸ᵉ ⑩ 🔳 𝘝𝘐𝘚𝘈
SC : 🖵 13 – **55 ch** 100/145.   DY **r**

🏠 **Parc** ⌂ sans rest, 8 r. A.-Bégé ⍣ 41.16.49 – ⋔wc ☎ 🅿. ⌘   GR **k**
SC : 🖵 14 – **18 ch** 117/140.

🏠 **Arceaux** sans rest, 33 bd Arceaux ⍣ 92.61.76 – ⌷wc ⋔wc ☎   GS **n**
SC : 🖵 15 – **15 ch** 126/155.

🏠 **Paix** sans rest, 6 r. Loys ⍣ 66.05.88 – 🛊 ⌷wc ⋔wc ☎. 𝘝𝘐𝘚𝘈   CX **b**
SC : 🖵 13 – **26 ch** 89/128.

🏠 **Comédie** sans rest, 1 bis r. Baudin ⍣ 58.43.64 – 🛊 ⋔wc ☎. ⟸ᵉ   DX **d**
SC : 🖵 14 – **20 ch** 70/130.

🍴🍴🍴 **Réserve Rimbaud,** quartier des Aubes, 820 av. St-Maur ⍣ 72.52.53, ≼, 佘,
« Terrasse au bord de l'eau » – ⟸ᵉ ⑩ 𝘝𝘐𝘚𝘈, ⌘   HS **e**
fermé fév., dim. soir et lundi – SC : **R** carte 140 à 200.

🍴🍴🍴 **Les Frères Runel,** 27 r. Maguelone ⍣ 58.43.82 – 🗏. ⟸ᵉ ⑩ 𝘝𝘐𝘚𝘈   DY **b**
fermé août, dim. soir et lundi – SC : **R** carte 130 à 215.

🍴🍴🍴 ✿ **Chandelier** (Furlan), 3 r. Leenhardt ⍣ 92.61.62 – ⟸ᵉ 𝘝𝘐𝘚𝘈   CY **s**
fermé 10 juil. au 10 août, lundi midi et dim. – SC : **R** 80/140
Spéc. Mousse de foies de volailles au coulis de tourteaux, Goujonnettes de lotte aux pâtes fraîches, Lapereau farci aux olives.

🍴🍴 **Réserve St-Firmin,** 10 r. St-Firmin ⍣ 66.05.50 – ⑩ 🔳 𝘝𝘐𝘚𝘈   BCV **z**
fermé dim. soir et lundi – SC : **R** 95/165.

🍴🍴 **L'Olivier,** 12 r. A.-Ollivier ⍣ 92.86.28 – ⟸ᵉ 𝘝𝘐𝘚𝘈   DY **u**
fermé 14 juil. au 20 août, dim. (sauf midi en hiver), lundi et fériés – SC : **R** 100.

🍴🍴 **Table de la Reine,** 8 r. Bras-de-Fer ⍣ 60.62.80   CX **e**
fermé août et dim. – SC : **R** carte environ 110.

🍴🍴 **Logis des Trois Rois,** 12 r. Trésoriers-de-la-Bourse ⍣ 60.63.86   CX **k**
fermé 14 juil. au 15 août, dim. et lundi – SC : **R** grill carte 90 à 120 ⌾.

🍴 **Le Louvre,** 2 r. Vieille ⍣ 60.59.37   CX **q**
fermé 25 juil. au 16 août, 24 déc. au 9 janv., lundi hors sais. et dim. – SC : **R** 85 bc.

à l'Est : 4 km par D 172 E - HS – ✉ 34000 Montpellier :

🏨🏨 **Demeure des Brousses** ⌂, rte de Vauguières ⍣ 65.77.66, parc – 🅿. ⟸ᵉ ⑩
17 mars-10 oct. – SC : **R** voir rest. le Mas – 🖵 22 – **19 ch** 180/320.

🍴🍴🍴 **Le Mas,** r. de Vauguières ⍣ 65.52.27, 佘 – 🅿 – 🏬 30. ⟸ᵉ ⑩
fermé 15 janv. au 15 fév., lundi (sauf le soir en sais.) et dim. soir – SC : **R** 110/170.

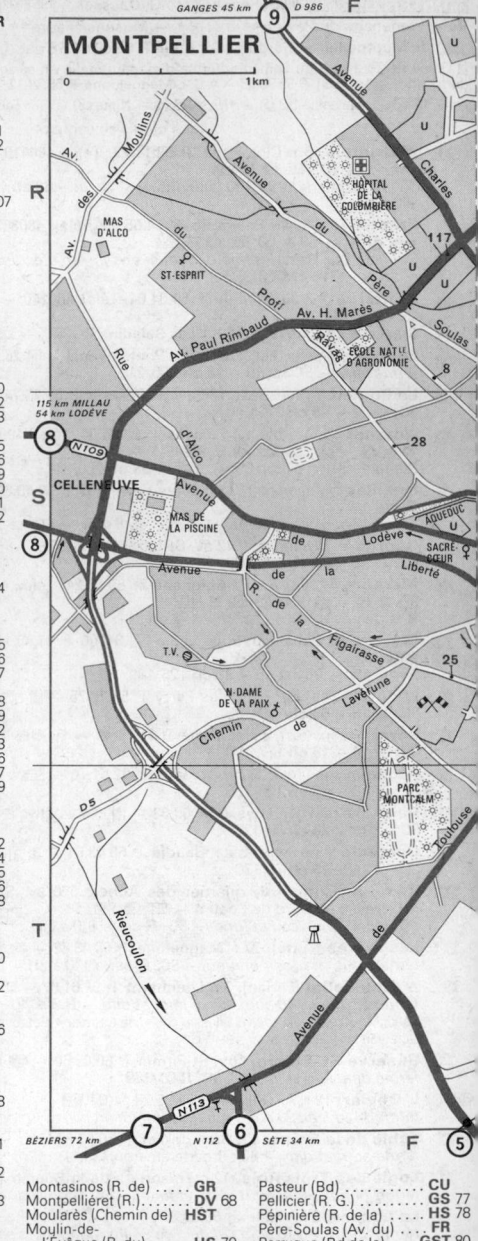

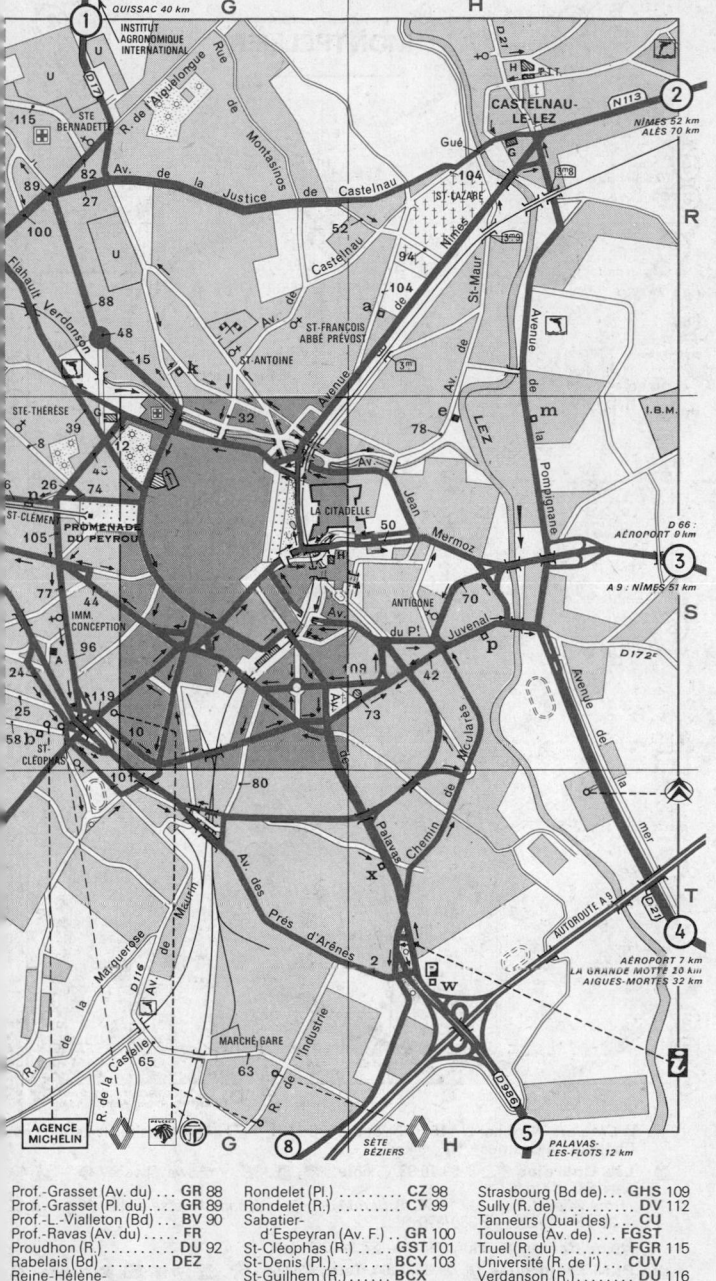

à *Clapiers* N : 8 km N 113, D 21 et D 112E - HR – ⊠ **34170** Castelnau-le-Lez – Env. Château de Castries★ NE : 9 km.

🏨 **Las Courejas** ⤢, 🕿 59.10.93, ≤ côte, 😋, ⌇, ✗ – 🚿wc 🛁wc 🕿 🅿 – 🛎 40. 🔒🚗 **VISA** ⤢ rest
   fermé 24 déc. au 10 fév. – SC : **R** *(fermé dim. soir et sam. hors sais.)* 120/180 – 🖵 22
   – **30 ch** 180/280 – P 330/370.

rte de Carnon S : 8 km par ④ – ⊠ **34470** Pérols :

🏨 **PLM Frejorgues** Ⓜ, 🕿 50.03.04, Télex 480652, 😋, ⌇ – 🗐 📺 🕿 🕭 🅿 – 🛎
   50 à 150. 🖭 ⓞ **VISA** ⤢ rest
   fermé janv. – SC : **R** *(fermé sam. soir et dim. de fév. à avril)* 62 🍴 – 🖵 21 – **74 ch**
   177/200.

   Voir aussi ressources hôtelières à *La Grande-Motte* et *Palavas*

718

MICHELIN, Agence régionale, 2 bis av. Lepic GS ☏ 42.50.99

ALFA-ROMEO, PORSCHE Mourier, Zone Ind., av. Mas-d'Argelliers ☏ 92.33.47
AUSTIN, JAGUAR, MORRIS, ROVER, TRIUMPH Midi-Auto, r. de Montels-Eglise, Zone Ind. ☏ 92.19.86
BMW Auto Méditerranée, Zone Ind., 455 r. de l'Industrie ☏ 92.97.29
CITROEN succursale, 852 av. de la Mer ☏ 65.73.10
DATSUN-VOLVO Auto contrôle Clémenceau, 19 av. G.-Clémenceau ☏ 92.95.47
FIAT SODAM, Autoroute de Carnon ☏ 65.78.80
FORD Gar. Imbert, rte de Sète à St-Jean-de-Vedas ☏ 42.46.22
MERCEDES-BENZ Chaptal-Auto, 59 av. Toulouse ☏ 42.52.44
OPEL-GM-US France-Auto, 56 av. Marché-Gare, Zone Ind. ☏ 92.63.74
PEUGEOT-TALBOT Gds Gar. de l'Hérault, r. de l'Industrie, Zone Ind. ☏ 58.94.94
PEUGEOT-TALBOT Auto Agence Montpelliéraine, 41 av. G.-Clémenceau ☏ 92.61.04
PEUGEOT-TALBOT SODRA, 145 rte de Nîmes, à Le Crès par ② ☏ 70.50.00

RENAULT Gar. du Sud, 42 rte de Nîmes à Castelnau le Lez ☏ 79.44.76
RENAULT Paillade-Autos, av. de l'Europe par Av. du Professeur Ravas FR ☏ 40.33.38
RENAULT Succursale, 700 r. de l'Industrie, Zone Ind. ☏ 42.00.75 et Place du 8 mai 1945 ☏ 27.91.21
TOYOTA C.D.B., 84 rte de Nîmes à Castelnau-Le-Lez ☏ 79.41.71
V.A.G. Languedoc-Autom., 1550 av. de la Justice-de-Castelnau ☏ 79.51.01
V.A.G. Montpellier-Autos-Sud, 91 rte de Toulouse ☏ 42.93.95

🛞 Ayme-Pneus, 71 av. Mas-d'Argelliers, Zone Ind. ☏ 92.72.62
Césare-Pneus, 60 et 62 rte de Toulouse ☏ 42.73.22
Escoffier-Pneus, 12 cours Gambetta ☏ 92.30.16
Méric et Mazars, 1 av. Lepic ☏ 42.55.78
Pneumatique-Entretien, 49 rte de Toulouse ☏ 42.54.36, N 113 et Le Crés ☏ 70.23.98
Pomarède-Pneus, Zone Ind. av. du Mas-d'Argelliers ☏ 92.05.93

MONTPELLIER-LE-VIEUX (Chaos de) ★★★ 12 Aveyron 🗟🗞 ⑭⑮ G. Causses – alt. 830.

MONTPEYROUX 63 P.-de-D. 🗞🗞 ⑭ G. Auvergne – 284 h. alt. 480 – ✉ 63730 Les Martres de Veyre – ✿ 73.

Paris 410 – Ambert 64 – ◆Clermont-Ferrand 24 – Issoire 13 – Le Mont-Dore 48 – Thiers 50.

XXX **Aub. de Tralume** ♨ avec ch, ☏ 96.60.09, parc – ⇌wc ☜ 🅿 ⒶⒺ ⓞ Ⓔ 𝚅𝙸𝚂𝙰
fermé 14 nov. au 7 déc., 2 au 18 janv. et merc. hors sais. – SC : R 145/250 – ⊊ 18 – 4 ch 165/180.

MONTPEZAT-DE-QUERCY 82270 T.-et-G. 🗞🗞 ⑱ G. Périgord – 1 415 h. alt. 265 – ✿ 63.

Voir Tapisseries★★, gisants★ et trésor★ de la collégiale.

Paris 625 – Agen 85 – Albi 86 – Cahors 29 – Montauban 34.

X ✿ **Depeyre** ♨ avec ch, r. République ☏ 02.08.41, ☞, ✎ – 🈁 🅿 ☎. ✎ rest
fermé 15 nov au 15 déc., 1ᵉʳ au 8 janv. et lundi – R 60/200 ⅄ – ⊊ 18 – 10 ch 70/100
Spéc. Pâté de Saumon et baudroie, Turbot de ligne à la fondue de poireaux, Magret de canard gras frais.

PEUGEOT-TALBOT Rey, ☏ 02.07.12   RENAULT Gar. Ringoot ☏ 02.08.43

MONTPINCHON 50 Manche 🗟🗟 ⑫⑬ – rattaché à Coutances.

MONTPON-MÉNESTEROL 24700 Dordogne 🗞🗞 ③⑨ – 5 940 h. alt. 39 – ✿ 53.

Paris 615 – Bergerac 42 – Libourne 38 – Périgueux 52 – Ste-Foy-la-Grande 23.

🏠 **Le Port Vieux,** D 708 ☏ 80.32.18, ≤, ✎ – 🅿. ✎ ch
fermé janv., fév., vend. soir et sam. du 15 sept. au 15 juin – SC : R 30/90 – ⊊ 15 – 6 ch 60/75 – P 95.

X **St-Éloi** avec ch, 56 r. Thiers ☏ 82.23.93 – 🈁 ☎ ⒶⒺ ⓞ 𝚅𝙸𝚂𝙰
fermé lundi – R 38/230 ⅄ – ☛ 13 – 14 ch 68/88 – P 235/395.

CITROEN Montpon-Autom., ☏ 80.31.00   RENAULT Central-Gar., ☏ 80.30.10 🅽
PEUGEOT, TALBOT A.C.A.L., ☏ 80.32.44
PEUGEOT-TALBOT Bonnet, ☏ 80.33.57   🛞 Soubzmaigne - Sce du Pneu, ☏ 80.37.21

MONTRÉAL 32250 Gers 🗞🗞 ⑬ – 1 493 h. alt. 98 – ✿ 62.

🅱 Syndicat d'Initiative pl. H. de Ville (1ᵉʳ juil.-30 sept.) ☏ 28.43.18.
Paris 745 – Agen 55 – Condom 15 – Mont-de-Marsan 65 – Nérac 26.

X **Gare,** S : 3 km par D 29 et voie privée ☏ 28.43.37 – 🅿. ⒶⒺ ⓞ 𝚅𝙸𝚂𝙰
fermé janv. et vend. du 1ᵉʳ oct. au 31 mai – SC : R 48/130.

MONTREDON-LABESSONNIE 81360 Tarn 🗟🗟 ① – 2 054 h. alt. 535 – ✿ 63.

Paris 741 – Albi 35 – Castres 22 – Gaillac 51 – Lacaune 41 – Réalmont 15.

🏰 **Host. du Parc,** ☏ 75.14.08, ✎ – 🈁wc ⇌ – ☒ 60
fermé 1ᵉʳ au 25 sept., 15 janv. au 15 fév. et lundi sauf juil. et août – SC : R 45/100 – ⊊ 15 – 15 ch 65/100 – P 105/120.

CITROEN Rahoux, ☏ 75.14.11

Voir ≤★.

🛈 Office de Tourisme pl. Valentin-Abeille (1er juin-30 sept. et fermé dim. après-midi) ☎ 95.80.22 et à la Mairie (fermé sam. et dim.) ☎ 95.84.17.

Paris 856 – Auch 76 – Bagnères-de-Luchon 38 – Lannemezan 16 – St-Gaudens 14 – ♦Toulouse 103.

🏛 **Lecler**, av. St-Gaudens ☎ 95.80.43, ≤ Pyrénées, 🚗 – 🛏wc 🗐 🕾 ⟵ 🅿 🚗🚗
↠ 🖃 *VISA*
 fermé du 5 nov. au 15 déc. – SC : **R** 48/85 – ☷ 15 – **22 ch** 53/130 – P 147/222.

🏠 **La Chaumière**, r. St-Barthélemy ☎ 95.80.68 – ❤ rest
↠ SC : **R** 30/40 ⅄ – ☷ 8 – **11 ch** 45/67 – P 95/105.

XX **Petit Bacchus**, av. Tarbes ☎ 95.82.57
 fermé 15 janv. au 15 fév., dim. soir et merc. – SC : **R** 75 ⅄.

PEUGEOT, TALBOT Saint-Lary, à Ausson ☎ 95.81.50

 à Aventignan (H.-Pyr.) SO : 5 km par D 72 et D 26 – ✉ 65660 Aventignan – ✪ 62

X **Grottes de Gargas** ⤳ avec ch, ☎ 99.02.38, 🚗 – 🗐 🅿 ❤
↠ *1er avril-15 sept., vacances de Noël et de Pâques (sauf hôtel) et fermé merc. sauf du*
 1er juil. au 15 sept. – SC : **R** (prévenir) 40/70 – ☷ 12,50 – **7 ch** 70/95 – P 102/115.

Voir Site★ – Citadelle★ : ≤★★ – Remparts★ – Mobilier★ de la chapelle de l'Hôtel-Dieu
B – Église St-Saulve★ E.

🛈 Office de Tourisme pl. Poissonnerie (juil.-août, fermé dim. après-midi et lundi matin) ☎ 06.04.27 et à la Mairie (fermé juil., août, sam. après-midi et dim.) ☎ 06.01.33- A.C. 52 pl. Gen.-de-Gaulle ☎ 06.05.71.

Paris 207 ③ – Abbeville 44 ③ – Arras 81 ② – Boulogne-sur-Mer 38 ① – ♦Lille 114 ② – St-Omer 56 ①.

MONTREUIL

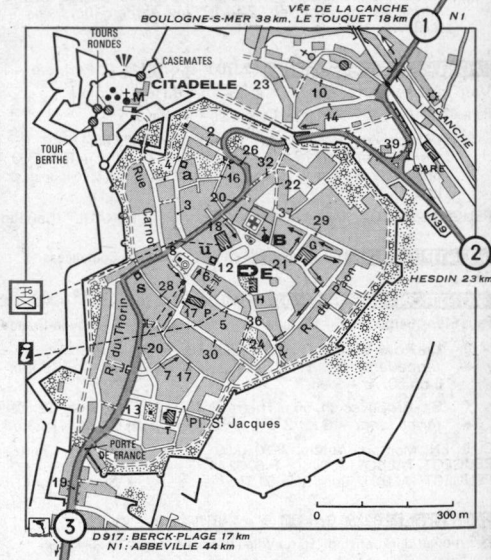

🏰 **Château de Montreuil** ⤳, chaussée Capucins **(a)** ☎ 81.53.04, 🍴, « Belle demeure dans un parc », 🎿, – 🕾 ⟵ – 🦯 24. 🖭 ① *VISA* ❤ rest
 fermé 3 janv. au 15 fév. – SC : **R** 150/210 – **12 ch** ☷ 280/400.

🏠 **France** sans rest, 2 r. Coquempot **(s)** ☎ 06.05.36 – 🛏wc 🅿 – 🦯 100. 🚗🚗 *VISA*
 ❤
 fermé week-ends, Noël, Jour de l'An et dim. soir du 15 sept. à Pâques – SC : ☷ 15 –
 13 ch 70/160.

🏠 **Central**, 7 r. du Change **(u)** ☎ 06.10.33 – 🛏wc 🕾 ⟵ 🚗🚗 *VISA* ❤ ch
↠ *fermé 20 déc. au 20 janv.* – SC : **R** *(fermé dim. soir du 1er sept. au 30 juin et lundi)*
 50/65 ⅄ – ☷ 15 – **10 ch** 75/160.

à La Madelaine-sous-Montreuil par ③ et D 139 : 2,5 km – ⊠ **62170** Montreuil :

XX **Aub. La Grenouillère, ** ⴹ 06.07.22 – ① VISA
fermé fév. et merc. hors sais. – SC : **R** carte 120 à 160.

⊛ Caucheteux, à St-Justin ⴹ 06.09.97

MONTREUIL 93100 Seine-St-Denis 🆂🆅 ⑪, 🔟🔟 ⑰ – voir à Paris, Proche banlieue.

MONTREUIL-BELLAY 49260 M.-et-L. 🆂🆅 ⑧ G. Châteaux de la Loire (plan) – 4 237 h. alt. 54 – ✿ 41.

Voir Château★ – Pont ≤★.

🄳 Syndicat d'Initiative pl. des Ormeaux (juil.-sept. et fermé mardi) ⴹ 52.32.39.
Paris 315 – Angers 53 – Châtellerault 74 – Chinon 39 – Cholet 61 – Poitiers 80 – Saumur 16.

🏠 **Splendid et Relais du Bellay** (Annexe 🏠 Ⓜ. ⟰, 🛋 - 20 ch ⌷wc🛁wc) r.
Dr-Gaudrez ⴹ 52.30.21, ⟰ – ⌷wc 🛁wc 🕾 🄿 🕾🄻 🛁 ᔕ
fermé 5 au 20 janv. et dim. soir du 15 sept. à Pâques – **R** 50/160 🛦 – ⌷ 20 – **15 ch**
80/220 – P 135/200.

XX **Host. Porte St-Jean, ** 432 r. Nationale ⴹ 52.30.41 – VISA
fermé 1er au 15 sept., vac. de fév., mardi soir et merc – SC : **R** 54/150.

RENAULT Herrault, ⴹ 52.30.20

MONTREUIL-L'ARGILLÉ 27390 Eure 🆂🆅 ⑭ – 773 h. alt. 172 – ✿ 32.
Paris 165 – L'Aigle 25 – Argentan 52 – Bernay 21 – Évreux 56 – Lisieux 31 – Vimoutiers 29.

XX **Aub. de la Truite, ** ⴹ 44.50.47
fermé fév., mardi soir et merc. – SC : **R** 55/140 🛦.

MONTREVEL-EN-BRESSE 01340 Ain 🔟🔟 ⑫ – 1 653 h. alt. 230 – ✿ 74.
Paris 402 – Bourg-en-Bresse 17 – Mâcon 26 – Pont-de-Vaux 21 – St-Amour 26 – Tournus 36.

X **Caveau Bressan, ** ⴹ 30.80.19 – ᗐ
🚗 *fermé 1er au 15 mai, 1er au 7 sept., 10 au 25 janv., merc. soir et jeudi* – SC : **R** 48/80.

CITROEN Gar. Berret, ⴹ 30.80.06   RENAULT Goyard, à Malafretaz ⴹ 30.80.62 🄽
PEUGEOT-TALBOT Petit, ⴹ 30.81.01

MONTRICHARD 41400 L.-et-Ch. 🆂🆅 ⑯⑰ G. Châteaux de la Loire – 3 857 h. alt. 68 – ✿ 54.
🄳 Office de Tourisme Gds Degrés de Ste-Croix (Rameaux-27 sept. fermé dim. et mardi sauf juil.-août) ⴹ 32.05.10 et à la Mairie (hors saison, fermé sam., dim. et fêtes) ⴹ 32.00.46.
Paris 214 – Blois 33 – Châteauroux 88 – Châtellerault 85 – Loches 31 – ✦Tours 43 – Vierzon 73.

🏠 **Tête Noire, ** 24 r. Tours ⴹ 32.05.55 – ⌷wc 🕾 🕭 🄿 🕾🄻 VISA
fermé 3 janv. au 3 fév., jeudi soir et vend. d'oct. à avril – SC : **R** 60/135 – ⌷ 18,50 –
38 ch 80/180 – P 200/250.

🏠 **Bellevue** Ⓜ, quai du Cher ⴹ 32.06.17, ≤ – 🛗 🍽 rest ⌷wc 🛁wc 🕾 🕾🄻 🄰🄴 ①
ᗐ VISA
fermé 15 nov. au 21 déc. et mardi du 1er oct. au 15 avril – SC : **R** 67/130 – ⌷ 19 –
30 ch 95/210 – P 255/275.

CITROEN Giraudon, ⴹ 32.15.33   RENAULT Gar. Renault, ⴹ 32.04.84
PEUGEOT-TALBOT Ferrand, ⴹ 32.00.61   VAG gar. Bonnamy, ⴹ 32.00.95

MONTRICOUX 82 T.-et-G. 🔟🔟 ⑱⑲ G. Périgord – 726 h. alt. 105 – ⊠ **82800** Négrepelisse –
✿ 63.

Voir Bruniquel : site★, vieux bourg★, château ≤★ SE : 5 km.
Paris 646 – Cahors 50 – Gaillac 39 – Montauban 24 – Villefranche-de-Rouergue 57.

🏖 **Relais du Postillon, ** S : 0,5 km par D 964 ⴹ 30.96.06, 🛋 – 🛁 🄿. ᔕ
🚗 SC : **R** 40/78 – ⌷ 14 – **11 ch** 65/84 – P 180/210.

MONTRIOND 74 H.-Savoie 🔟🔟 ⑧ – rattaché à Morzine.

MONTROC-LE-PLANET 74 H.-Savoie 🔟🔟 ⑨ – rattaché à Argentière.

MONT-ROND (Sommet du) 01 Ain 🔟🔟 ⑮ G. Jura – alt. 1 600.
Voir ✳★★★.
Accès par télécabine (gare à 0,5 km SO du col de la Faucille).

Ganz Europa auf einer Karte (mit Ortsregister) :
Michelin-Karte Nr. 🄰🄰🄰

MONTROND-LES-BAINS 42210 Loire 🔢 ⑱ G. Vallée du Rhône – 2 779 h. alt. 356 – Stat. therm. – Casino – ✪ 77.

Paris 442 – ♦Lyon 68 – Montbrison 14 – Roanne 50 – ♦St-Étienne 27 – Thiers 80.

🏨 ✿✿ **Host. La Poularde** (Randoing), ☎ 54.40.06 – 🅿 – 🛗 40. 🆎 ⓪ 𝓥𝓘𝓢𝓐. 🕸 rest
SC : **R** (dim. prévenir) 105/270 et carte – ⌒ 25 – **15 ch** 130/230 – P 220/270
Spéc. Escalope de foie poêlée, St-Jacques à la crème de cèpes (oct. à mai), Coeur de charolais au Fleurie. Vins Chassagne-Montrachet, Fleurie.

🏠 **Motel du Forez** sans rest, rte Roanne ☎ 54.42.28 – 🛏wc ☎ 🛗 🅿. 🆎 ⓪ 🅴 𝓥𝓘𝓢𝓐
SC : ⌒ 13,50 – **20 ch** 110/154.

XX **Vieux Logis**, 4 rte de Lyon ☎ 54.42.71 – 𝓥𝓘𝓢𝓐
◆ fermé 15 au 31 août, 1er au 15 fév., dim. soir et lundi – SC : **R** 50/140 🍷.

CITROEN Protière, ☎ 54.44.28   RENAULT Décultieux, ☎ 54.41.32
PEUGEOT, TALBOT Gar. Swann, ☎ 54.40.66   Gar. Souchon, ☎ 54.40.57 🄽

MONTROUGE 92120 Hauts-de-Seine 🔟 ⑩, 🔟🔟🔟 ㉕ – voir à Paris, Proche banlieue.

MONTS 37260 I.-et-L. 🔢 ⑮ – 5 415 h. alt. 74 – ✪ 47.

Paris 256 – Châtellerault 60 – Chinon 33 – Loches 39 – Montbazon 7,5 – ♦Tours 21.

XX **Sporting** avec ch, ☎ 26.70.15 – 🛏wc 🅿
◆ fermé 1er au 15 sept. et 1er au 15 mars – SC : **R** (nombre de couverts limité - prévenir) 47/140 – ⌒ 14 – **13 ch** 54/80.

Le MONT-SAINT-MICHEL 50116 Manche 🔢 ⑦ G. Normandie, G. Bretagne – 114 h. – ✪ 33.

Voir Abbaye★★★ – Remparts★★ – Grande-Rue★ – Jardins de l'Abbaye★ – Musée historique : coqs de montres★ – le Mont est entouré d'eau aux pleines mers des grandes marées.

🅱 Office de Tourisme Corps de Garde des Bourgeois (15 mars-1er nov. et fermé dim.) ☎ 60.14.30.

Paris 369 – Alençon 134 – Avranches 22 – Dinan 54 – Fougères 47 – ♦Rennes 66 – St-Malo 52.

🏨 ✿ **Mère Poulard** ⏱, ☎ 60.14.01 – 🆎 ⓪. 🕸 rest
1er avril-30 sept. – SC : **R** 130/250 – **27 ch** – ½ p 224/372
Spéc. Langouste grillée et flambée beurre blanc, Carré d'agneau de pré salé, Omelette flambée Mère Poulard (dessert).

🏨 **Digue**, à la Digue S : 2 km ☎ 60.14.02, ≼ – 🛏wc 🛁wc 🅿. 🆎 ⓪ 𝓥𝓘𝓢𝓐. 🕸 rest
◆ hôtel : 5 fév.-15 nov. et vacances scolaires ; rest. : 26 mars-15 oct. et fermé merc. sauf juil. et août – SC : **R** 50/160 – ⌒ 16 – **33 ch** 100/180.

🏨 **St-Aubert** 🅼 sans rest, S : 2 km sur D 976 ☎ 60.08.74, 🌲 – 🛏wc ☎ 🛗 🅿. 🚗🚗₈. 🕸
1er avril-1er nov. – SC : ⌒ 16 – **27 ch** 178.

🏨 **K Motel du Mt St-Michel** 🅼, à la Digue S : 2 km sur D 976 ☎ 60.14.18, Télex
◆ 170537, parc – 🛏wc 🛗 🅿 – 🛗 30. 🚗🚗₈
Pâques-nov. – SC : **R** 46/105 🍷 – 🍴 17 – **60 ch** 150/170.

🏠 **Mouton Blanc** ⏱, ☎ 60.14.08 – 🛏wc 🛁wc ☎. 🚗🚗₈
◆ fermé 12 nov. au 20 déc. et 2 janv. au 15 fév. – SC : **R** 50/150 – 🍴 14,50 – **20 ch** 60/180.

XX **Terrasses Poulard**, ☎ 60.14.09, ≼ baie – ⓪
27 mars-15 oct., vacances de fév. et fermé jeudi – SC : **R** 60/80.

au Pont-de-Beauvoir S : 4 km par D 976 – ✉ **50170** Pontorson :

🏠 **Beauvoir**, ☎ 60.09.39 – 🛁wc ☎ 🅿. 🚗🚗₈
◆ fermé 15 déc. au 1er fév. et mardi – SC : **R** 45/82 – ⌒ 15 – **19 ch** 140/160 – P 245.

Gar. de la Baie, à Beauvoir ☎ 60.09.08 🄽

MONTSALVY 15120 Cantal 🔢 ⑩ G. Auvergne – 1 268 h. alt. 800 – ✪ 71.

Voir Puy-de-l'Arbre ⚛★ NE : 1,5 km.

🅱 Syndicat d'Initiative à la Mairie (fermé sam. et dim.) ☎ 49.20.10.

Paris 581 – Aurillac 35 – Entraygues-sur-Truyère 14 – Figeac 57.

🏨 **Nord** 🅼, ☎ 49.20.03 – 🛏wc 🛁wc ☎ 🅿 – 🛗 80. 🚗🚗₈ 🅴
◆ SC : **R** 44/100 – ⌒ 16 – **30 ch** 70/160 – P 130/170.

🏠 **Aub. Fleurie**, ☎ 49.20.02, « Bel ensemble rustique » – 🛁. 🚗🚗₈ 🅴
◆ SC : **R** (mars-oct.) 33/80 – ⌒ 14,50 – **18 ch** 79/120 – P 145/160.

RENAULT Lacombe, ☎ 49.20.27

MONTSAUCHE 58230 Nièvre 🔢 ⑥ G. Bourgogne – 851 h. alt. 650 – ✪ 86.

Paris 277 – Autun 45 – Avallon 54 – Château-Chinon 24 – Clamecy 60 – Nevers 90 – Saulieu 25.

🏨 **Idéal**, ☎ 84.51.26, 🌲 – 🛏wc 🚗 🅿. 🕸 ch
◆ Pâques-1er nov. – SC : **R** 50/100 – ⌒ 14 – **18 ch** 65/140 – P 125/180.

CITROEN Bouché-Pillon, ☎ 84.52.26

722

MONT-SAXONNEX 74 H.-Savoie 🔢 ⑦ G. Alpes – 659 h. alt. 997 – Sports d'hiver : 1 000/1 550 m ⵍ6 – ⊠ 74130 Bonneville – ☺ 50 – **Voir Église** ⁕⁕⁕ 15 mn.

Paris 580 – Annecy 57 – Bonneville 11 – Chamonix 51 – Cluses 9,5 – Megève 38 – Morzine 39.

🏨 **Jalouvre** ◇, 🕾 96.90.67, ≤ – ℗. ☎ᐧ. ⁕ rest
 fermé 1er au 21 mai et 20 sept. au 1er nov. – SC : **R** 52/80 ⅃ – ⵥ 13 – **15 ch** 80/85 –
 P 125/130.

🏨 **Bargy** ◇, 🕾 98.30.02., ≤, ⛟, ⁕ – ⟶ ℗. ⁕ rest
 juil.-août et 20 déc.-Pâques – SC : **R** 45/58 – ⵥ 10 – **27 ch** 48/70 – P 115/130.

Les MONTS-DE-VAUX 39 Jura 🔢 ④ – rattaché à Poligny.

MONT-SION (Col du) 74 H.-Savoie 🔢 ⑥ – rattaché à St-Julien-en-Genevois.

MONTSOREAU 49730 M.-et-L. 🔢 ⑫⑬ G. Châteaux de la Loire – 503 h. alt. 36 – ☺ 41.
Voir ⁕⁕ – Château⁕ – Église⁕⁕ à Candes-St-Martin SE : 1,5 km.

Paris 301 – Angers 64 – Châtellerault 64 – Chinon 18 – Poitiers 79 – Saumur 11 – ♦Tours 56.

🏛 **Bussy et Diane de Méridor,** 🕾 51.70.18, ≤, ⛟ – ⟶wc 🗍 ☎ ℗. ☎ᐧ. ⁕
 fermé 15 déc. au 31 janv. et mardi sauf juil. et août – SC : **R** 58/120 – ⵥ 16 – **19 ch**
 55/220 – P 210/300.

XX **Loire** avec ch, 🕾 51.70.06, ⛟ – ℗. 𝘝𝘐𝘚𝘈. ⁕ ch
 fermé janv. à fin mars, jeudi soir hors sais. et vend. – **R** 43/95 – ⵥ 13,50 – **7 ch** 75
 – P 120.

MONT-SOUS-VAUDREY 39380 Jura 🔢 ④ – alt. 221 – ☺ 84.
Paris 385 – Arbois 16 – Beaune 71 – Dole 19 – Lons-le-Saunier 40 – Salins-les-Bains 26.

X **Aub. Jurassienne** avec ch, rte Léon Guiguard 🕾 81.50.17 – ⟶ 🗍 ℗. ⁕ ch
 fermé 15 juin au 1er juil. et merc. – SC : **R** 42/90 – ⵥ 10 – **5 ch** 40/65 – P 100/120.

MONVIEL 47 L.-et-G. 🔢 ⑤ – rattaché à Cancon.

MOOSCH 68690 H.-Rhin 🔢 ⑧⑨ G. Vosges – 1 953 h. alt. 395 – ☺ 89.
Paris 544 – Colmar 50 – Gérardmer 49 – Thann 7 – Le Thillot 31.

XX **Aux Trois Rois** avec ch, 🕾 82.34.66, ⛟ – 🗍 ☎ ℗ – ⵤ 30. ⁕ ch
 fermé mardi soir et merc. et hôtel du 1er oct. au 31 mars, rest. du 20 déc. au 31 janv.
 – SC : **R** 40/120, carte dim. soir ⅃ – ⵥ 14,50 – **8 ch** 50/100 – P 130/140.

MORANGIS 91420 Essonne 🔢 ①, 🔟🔟 ㊳ – voir à Paris, Proche banlieue.

MORCENX 40110 Landes 🔢 ⑥ – 6 088 h. alt. 74 – ☺ 58.
Paris 699 – Bayonne 89 – ♦Bordeaux 110 – Mimizan 36 – Mont-de-Marsan 39.

🏨 **Bellevue,** 🕾 07.85.07 – 🗍wc ☎ ℗. ⁕ rest
 fermé fév. et vend. soir – SC : **R** (fermé vend. soir, dim. soir et sam.) 42/55 ⅃ – ⵥ 16
 – **24 ch** 85/170 – P 185/210.

CITROEN Gar. Rieppi, 🕾 07.82.10   RENAULT Gar. Samson, à Garrosse 🕾 07.81.09
 N

MORESTEL 38510 Isère 🔢 ⑭ G. Vallée du Rhône – 2 849 h. alt. 214 – ☺ 74.
Paris 493 – Bourg-en-Bresse 70 – Chambéry 51 – ♦Grenoble 68 – ♦Lyon 58 – La Tour-du-Pin 15.

🏛 **Dubeuf** sans rest, 🕾 80.06.22, ⛟ – ⟶wc ☎ ℗. ☎ᐧ. ⁕
 fermé 24 déc. au 2 janv. et vend. hors sais. – SC : ⵥ 16 – **21 ch** 70/140.

🏛 **France,** Gde-Rue 🕾 80.04.77 – ⟶wc 🗍wc ☎ ⟶. 𝖠𝖤 ⓞ 𝖤 𝘝𝘐𝘚𝘈
 SC : **R** 40/130 ⅃ – ⵥ 12 – **11 ch** 105/147 – P 150/170.

XX **La Grille,** 🕾 80.02.88, 🛋 – ℗. 𝖤 𝘝𝘐𝘚𝘈
 fermé 20 déc. au 10 janv., vend. soir et sam. midi du 1er sept. au 30 juin – SC : **R**
 45/100 ⅃.

CITROEN Gar. Bernard, 🕾 80.08.11   RENAULT Lavalette, 🕾 80.07.54

MORET-SUR-LOING 77250 S.-et-M. 🔢 ⑫, 🔟🔟🔟 ㊻ G. Environs de Paris (plan) – 3 147 h. alt.
70 – ☺ 6 – **Voir Site⁕**.

🅳 Office de Tourisme pl. Samois (1er avril-30 sept., fermé dim. après-midi et lundi) 🕾 070.41.66.
Paris 77 – Fontainebleau 10 – Melun 27 – Montereau-faut-Yonne 12 – Nemours 17 – Sens 43.

XX **Aub. la Terrasse** avec ch, 40 r. Pêcherie 🕾 070.51.03 – 🗍wc ☎ – ⵤ 50. 𝖠𝖤 ⓞ
 𝘝𝘐𝘚𝘈
 15 mars-15 nov. et fermé dim. soir et lundi – **R** 80/170 – ⵥ 20 – **16 ch** 115/127.

 à Véneux-les-Sablons O : 3,5 km – ⊠ 77250 Moret-sur-Loing :

XX **Bon Abri,** 90 av. Fontainebleau 🕾 070.55.40
 fermé 13 sept. au 11 oct., lundi soir et mardi – SC : **R** 43/108.

PEUGEOT Gar. Moderne, 🕾 070.50.89

MOREY-ST-DENIS 21 Côte d'Or 66 ⑫ – 718 h. alt. 270 – ✉ 21220 Gevrey-Chambertin – ☎ 80.

Voir Château du Clos de Vougeot★ S : 2 km, G. Bourgogne.

Paris 319 – Beaune 23 – ♦Dijon 15.

XX **Castel de Très Girard** avec ch, ☎ 34.33.09, – wc ☎ **P** – 30. AE ⓓ VISA
15 mars-21 nov. – SC : **R** *(fermé lundi midi et mardi midi)* 70/160 – ☕ 19 – **14 ch** 120/160.

MOREZ 39400 Jura 70 ⑮ **G. Jura (plan)** – 7 167 h. alt. 702 – ☎ 84.

Voir Site★ – La Roche au Dade ≤★ 30 mn – O : Gorges de la Bienne★.

i Office de Tourisme pl. J.-Jaurès (fermé dim. et lundi matin) ☎ 33.08.73.

Paris 460 – Bourg-en-B. 100 – Champagnole 34 – ♦Genève 55 – Lons-le-Saunier 58 – Pontarlier 70.

Poste, 165 r. République ☎ 33.11.03 – |♦| wc ⋒wc ☎ **P**. AE ⓓ VISA
fermé 15 nov. au 20 déc. – SC : **R** *(fermé lundi hors sais. sauf fériés)* 50/175 – ☕ 15 – **45 ch** 55/134 – P 142/170.

Europa, 125 r. République ☎ 33.12.08 – |♦| wc ⋒ ☎
SC : **R** 30/40 – ☕ 13 – **30 ch** 68/100.

LANCIA-AUTOBIANCHI, PEUGEOT Lambert, 2 r. V.-Poupin ☎ 33.06.72
PEUGEOT Benier-Rollet, 36 r. République ☎ 33.03.55
PEUGEOT-TALBOT GAr. de l'Hôtel de Ville, 1 pl. J.-Jaurès ☎ 33.13.04
RENAULT Morez-Autom., 74 r. République ☎ 33.14.70
Gar. Raguin, 144 r. République ☎ 33.04.48
Jura-Pneu, 17 r. Lamartine ☎ 33.19.97

MORGAT 29 Finistère 58 ⑭ **G. Bretagne** – ✉ **29160** Crozon – ☎ 98.

Voir Phare ≤★ – Grandes Grottes★ 45 mn en bateau.

i Syndicat d'Initiative bd Plage (1er juin-15 sept. et fermé dim. après-midi) ☎ 27.07.92.

Paris 588 – ♦Brest 60 – Châteaulin 37 – Douarnenez 49 – Morlaix 78 – Quimper 58.

Ville d'Ys , ☎ 27.06.49, ≤ – |♦| wc ⋒ ☎ **P**.
1er avril-30 sept. – SC : **R** 62/140 – ☕ 18 – **42 ch** 100/200 – P 145/200.

du Kador, bd Plage ☎ 27.05.68 – ⋒.
fermé 15 nov. au 15 déc. et lundi hors sais. – SC : **R** 60/150 – ☕ 17,50 – **26 ch** 90/135 – P 175/200.

Baie, ☎ 27.07.51, ≤ – ⋒.
avril-fin sept. – SC : **R** 65/100 – ☕ 16 – **25 ch** 90/110 – P 150/170.

MORIÈRES-LÈS-AVIGNON 84 Vaucluse 81 ⑫ – rattaché à Avignon.

MORILLON 74 H.-Savoie 74 ⑧ – rattaché à Samoëns.

MORLAAS 64160 Pyr.-Atl. 85 ⑦ – 2 165 h. alt. 295 – ☎ 59.

Paris 797 – Pau 12 – Tarbes 38.

XX **Le Bourgneuf,** 3 r. Bourgneuf ☎ 33.44.02 – **P**
fermé 10 oct. au 2 nov., dim. soir de mai à nov. et lundi – SC : **R** 35/95.

MORLAIX SP 29210 Finistère 58 ⑥ **G. Bretagne** – 20 532 h. alt. 61 – ☎ 98.

Voir Viaduc★ ABY – Grand'Rue★ BZ – Maison de la Duchesse Anne★ BZB – Musée★ BZM1.

Env. Calvaire★★ de Plougonven SE : 12 km.

i Office de Tourisme pl. Otages (fermé dim.) ☎ 62.14.94.

Paris 536 ② – ♦Brest 60 ④ – Quimper 82 ④ – St-Brieuc 84 ②.

Plan page ci-contre

Europe, 1 r. Aiguillon ☎ 62.11.99 – |♦| ☎ – 35. AE ⓓ E VISA. rest BZ **a**
fermé 15 déc. au 15 janv. – **R** 78/160 **Brasserie R** 48/95 – ☕ 17 – **68 ch** 85/220 – P 170/190.

Minimote St-Martin M sans rest, Centre Commercial St-Martin O : 3 km par voie express N 12 - AX ☎ 88.35.30 – TV wc ☎. VISA.
SC : ☕ 19 – **22 ch** 155/195.

Fontaine M sans rest, Z.A. La Boissière, voie express, rte de Lannion ☎ 62.09.55 – wc ☎ **P**. VISA
fermé 15 janv. au 15 fév. – SC : ☕ 17 – **35 ch** 190.

Les Bruyères M sans rest, par ② : 3 km sur N 12 ☎ 88.08.68 – wc ⋒wc ☎ **P**.
fermé 15 déc. au 15 janv. – SC : ☕ 16 – **32 ch** 150.

X **Aub. des Gourmets,** 90 r. Gambetta ☎ 88.06.06 – VISA AZ **e**
fermé 15 oct. au 15 nov. et lundi – SC : **R** *(du 15 sept. au 1er juil. week-ends et déj seul en sem.)* 40/80.

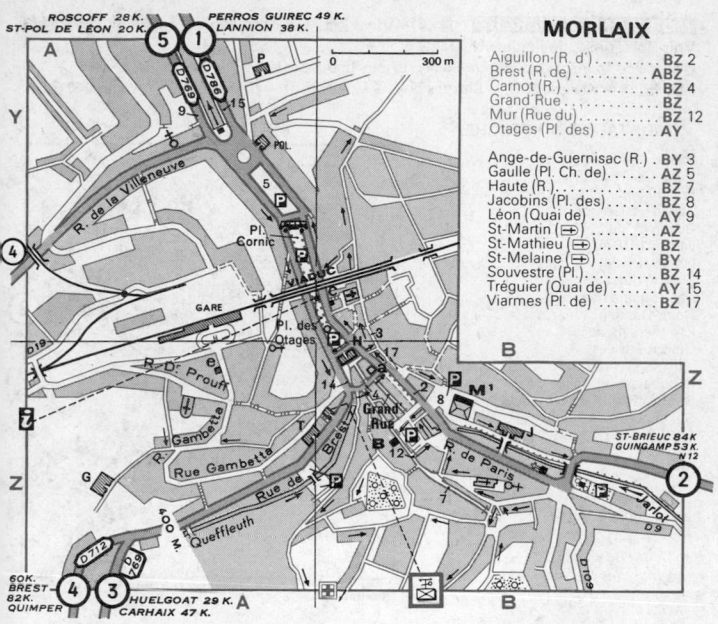

MORLAIX

Aiguillon (R. d')	**BZ** 2
Brest (R. de)	**ABZ**
Carnot (R.)	**BZ** 4
Grand'Rue	**BZ**
Mur (Rue du)	**BZ** 12
Otages (Pl. des)	**AY**
Ange-de-Guernisac (R.)	**BY** 3
Gaulle (Pl. Ch. de)	**AZ** 5
Haute (R.)	**BZ** 7
Jacobins (Pl. des)	**BZ** 8
Léon (Quai de)	**AY** 9
St-Martin (⊞)	**AZ**
St-Mathieu (⊞)	**BZ**
St-Melaine (⊞)	**BY**
Souvestre (Pl.)	**BZ** 14
Tréguier (Quai de)	**AY** 15
Viarmes (Pl. de)	**BZ** 17

à St-Antoine-Plouezoch par ① et D 46 : 6 km – ✉ 29252 Plouezoch :

🏨 **Menez** M ⌕ sans rest., ☎ 67.28.85, ≼, 🚗 – ➾wc ⏚wc ☎ 🅿. ✸
fermé 11 sept. au 18 oct., dim. soir et lundi hors sais. – SC : ⊇ 14 – **10 ch** 105/140.

✗ **St-Antoine** avec ch, ☎ 67.28.05
12 ch.

CITROEN Gar. du Jarlot, bd St-Martin à St-Martin-des-Champs par r. de la Villeneuve AY ☎ 62.09.68 🄽 ☎ 88.05.74
FORD Gar. Bourven, rte Paris, La Roseraie ☎ 88.18.02
PEUGEOT, TALBOT Gar. de Bretagne, La Croix Rouge, rte Paris par ② ☎ 62.03.11

RENAULT Gar. Huitric, La Croix Rouge, rte Paris par ② ☎ 62.04.22
V.A.G. Gar. Beyou, à St-Martin-des-Champs, rte de Plouvorn ☎ 88.23.80

🖝 Simon-Pneus, rte de St-Sève à St-Martin-des-Champs ☎ 88.01.43

MORNAC-SUR-SEUDRE 17113 Char. Mar. 🔢 ⑭⑮ G. Côte de l'Atlantique – 592 h. – ✿ 46.

Paris 504 – Marennes 23 – Rochefort 36 – La Rochelle 68 – Royan 13 – Saintes 37.

✗✗ **La Gratienne,** rte de Breuillet ☎ 22.73.90, 🚗 – VISA
fermé 25 avril au 12 mai, 11 au 30 déc., merc. et jeudi sauf juil. et août – SC : **R** 77.

MORNANT 69440 Rhône 🔢 ⑪ G. Vallée du Rhône – 3 556 h. alt. 367 – ✿ 7.

Paris 482 – Givors 10 – ♦Lyon 23 – Rive-de-Gier 13 – ♦St-Étienne 35 – Vienne 21.

☎ **Poste,** ☎ 844.00.40 – 🛏 🍴 ☎ 🔴
🖝 *fermé 8 au 29 sept.* – SC : **R** *(fermé dim. soir et lundi)* 46/150 – ⊇ 13,50 – **12 ch** 52/135 – P 150/180.

à Ravel E : 4 km par D 63 et D 42 – ✉ 69440 Mornant :

✗✗ **Acacias,** rte de Lyon ☎ 848.73.06, 🏕 – 🅿. ✸
fermé 15 janv. au 15 fév., lundi soir et mardi sauf fêtes – SC : **R** 65/190.

MORNAS 84 Vaucluse 🔢 ⑪ – 1 663 h. alt. 38 – ✉ 84420 Piolenc – ✿ 90.

Paris 651 – Avignon 42 – Bollène 11 – Montélimar 47 – Nyons 47 – Orange 11 – Pont-St-Esprit 13.

🏨 **Le Manoir,** ☎ 37.00.79, 🏕 – ➾wc ⏚wc ☎ ⇦ 🅿. 🖨 E VISA
fermé 10 au 30 nov., 17 au 31 janv. et lundi du 15 sept. au 15 juin – SC : **R** 60/110 – ⊇ 20 – **26 ch** 130/200 – P 190/240.

MORRE 25 Doubs 🔢 ⑮ – rattaché à Besançon.

MORSANG-SUR-ORGE 91390 Essonne 🔢 ① 🔢 ㊱ – voir à Paris, Proche banlieue.

MORTAGNE-AU-PERCHE 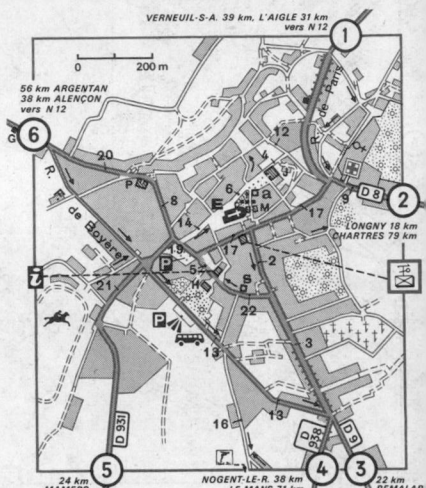 61400 Orne 🔟 ④ G. Normandie – 5 108 h. alt. 255 – 🔘 33.

Voir Boiseries★ de l'église N.-Dame E.

🛈 Office de Tourisme pl. Gén.-de-Gaulle (15 juin-15 sept. et fermé dim.) 📞 25.04.22.

Paris 155 ① – Alençon 38 ⑥ – Chartres 79 ② – Lisieux 86 ⑥ – ◆Le Mans 71 ④ – Verneuil 39 ①.

MORTAGNE-AU-PERCHE

Briand (R. Aristide)	2
Déportés (R. des)	3
Fort (R. du)	4
Gaulle (Pl. Gén. de)	5
Guérin (R. du Col.)	6
Leclerc (R. Gén.)	8
Longny (R. de)	9
Mail (R. du)	12
Montcacune (R.)	13
Notre-Dame (R.)	14
Poudrière (R. de la)	16
Quinze-Fusillés (R. des)	17
République (Pl. de la)	19
St-Éloy (R. du Faubourg)	20
St-Langis (R. du Faubourg)	21
Ste-Croix (R.)	22

Les principales voies commerçantes figurent en rouge au début de la liste des rues des plans de villes.

🏨 **Gd Cerf** sans rest, r. Ste-Croix (s) 📞 25.04.88 – ➚wc ⋔wc 🕿
  fermé fév. et dim. soir – SC : � 18 – **18 ch** 60/200.

🏨 **Tribunal** ⤴, 4 pl. du Palais (a) 📞 25.04.77, 🚗 – 📺 ➚wc 🕿 🚗 🚐 🄴 𝘝𝘐𝘚𝘈
  SC : **R** 52/121 🍷 – ⊡ 13,60 – **15 ch** 78/154 – P 164/195.

🍴 **Voyageurs** avec ch, r. Faubourg-St-Eloy par ⑥ 📞 25.25.46 – 🄰🄴 🄴 𝘝𝘐𝘚𝘈
  fermé 20 déc. au 15 janv., dim. soir et lundi – SC : **R** 39/90 🍷 – 🍽 11 – **10 ch** 48/58.

ALFA-ROMEO, V.A.G. Poirier, N 12, Gaillons à St-Hilaire-le-Chatel 📞 25.30.88
CITROEN Gottéri, à St-Langis-lès-Mortagne par ⑥ 📞 25.06.66
FORD Gd Gar. du Panorama, 📞 25.02.77
PEUGEOT Gar. du Valdieu, à St-Langis-lès-Mortagne par ④ 📞 25.27.00

RENAULT Perche-Autom., par ① 📞 25.21.45
TALBOT Coron et Chevauchée, par ⑥ 📞 25.00.56
Gar. Dion, 📞 25.12.10

MORTAGNE-SUR-GIRONDE 17 Char.-Mar. 🔟 ⑥ G. Côte de l'Atlantique – 1 121 h. alt. 51 – ✉ 17120 Cozes – 🔘 46.

Voir Chapelle★ de l'Ermitage St-Martial S : 1,5 km.

Paris 509 – Blaye 57 – Jonzac 31 – Pons 25 – La Rochelle 92 – Royan 32 – Saintes 36 – Saujon 28.

🍴 **Aub. de la Garenne** avec ch, 📞 90.63.69, ≤, 🚗 – 🄿
  Pâques-fin sept. – SC : **R** 55/90 – ⊡ 15 – **5 ch** 57/65 – P 135.

🍴 **Le Port**, à la Rive SO : 2 km 📞 90.60.25 – 🄰🄴 𝘝𝘐𝘚𝘈
  fermé vacances de Noël, de fév. et merc. – SC : **R** 40/120 🍷.

MORTAGNE-SUR-SÈVRE 85290 Vendée 🔟 ⑤ G. Côte de l'Atlantique – 4 703 h. alt. 175 – 🔘 51.

Paris 359 – Bressuire 40 – Cholet 10 – ◆Nantes 56 – La Roche-sur-Yon 55.

🏨 **France et rest. La Taverne,** pl. Dr-Pichat 📞 67.63.37, Télex 711403, parc, 🔲 –
  🔊 📺 ➚wc ⋔wc 🕿 – 🔬 100. 🚐 🄰🄴 🄾 🄴 𝘝𝘐𝘚𝘈
  fermé 28 août au 15 sept. et sam. – SC : **R** 52/130 🍷 - **Rest. La Taverne** 83 /205 – ⊡ 19,50 – **24 ch** 130/205.

PEUGEOT Brison, 📞 67.71.31
PEUGEOT, TALBOT, VOLVO Fièvre, 📞 67.60.96

RENAULT Soulard, 📞 67.62.33

MORTAIN 50140 Manche 🗺 ⑨ G. Normandie
– 3 125 h. alt. 232 – ✪ 33.

Voir Site★ – Grande Cascade★ – Petite chapelle ⩽★ E.

🛈 Syndicat d'Initiative r. Bourglopin (1er juil.-1er
sept. et fermé dim. après-midi) et à la Mairie (fermé
dim. après-midi) ⌒ 59.00.51.

Paris 277 ③ – Avranches 36 ① – Domfront 25 ③ –
Flers 35 ② – Mayenne 52 ④ – Le Mont-St-Michel 50
⑤ – St-Lô 63 ① – Villedieu-les-Poêles 34 ①.

  🏨 **Poste,** pl. des Arcades **(a)** ⌒ 59.00.05
    – ⌒wc 🛏wc ☎ ⟺, ⟺ 𝖵𝖨𝖲𝖠. ⚒
    mars-nov., fermé vend. soir et sam. –
    SC : **R** 50/80 – ⌒ 13 – **27 ch** 55/160.

  🏨 **Cascades, (n)** ⌒ 59.00.03 – ⌒wc
    ⟺. 𝖠𝖤 𝖤 𝖵𝖨𝖲𝖠
    *fermé 15 sept. au 15 oct., dim. soir et
    lundi midi* – SC : **R** 38/120 🍴 – ⌒ 13 –
    14 ch 55/140 – P 160/180.

CITROËN Dubois-Helleux, ⌒ 59.01.63 🅽
RENAULT Langlois, ⌒ 59.00.53

MORTEAU 25500 Doubs 🗺 ⑦ G. Jura (plan) –
6 971 h. alt. 772 – ✪ 81.

🛈 Office de Tourisme pl. Gare (15 juin-15 sept. et
fermé dim.) ⌒ 67.18.53 et à la Mairie (15 sept.-15
juin, fermé sam. et dim.) ⌒ 67.14.78.

Paris 477 – ◆Bâle 128 – Belfort 89 – ◆Besançon 67 – Montbéliard 71 – Neuchâtel 38 – Pontarlier 31.

  🏨 **la Guimbarde,** 10 pl. Carnot ⌒ 67.14.12, 🍴 – ⌒wc 🛏wc ☎ ⟺ 🅿. 𝖵𝖨𝖲𝖠
    – *fermé oct.* – SC : **R** *(fermé lundi midi sauf en juil. et août)*50/120 🍴 – ⌒ 12 – **20 ch**
    60/120 – P 140/160.

  XX **Aub. de la Roche,** au pont de la Roche SE : 3ᐟkm par D 437 ⌧ 25570 Gd Combe
    Chateleu ⌒ 67.00.84, 🍴 – 🅿
    fermé 15 au 31 déc. – SC : **R** carte 110 à 150.

CITROËN Gar. Chuard, Zone Ind., Chemin des
Pierres ⌒ 67.16.78
FORD Gar. Franc-Comtois, La Tanche-les-Fins
⌒ 67.07.99
PEUGEOT-TALBOT Gar. Central, 17 r. Payot
⌒ 67.08.12 🅽 ⌒ 43.03.47

PEUGEOT-TALBOT Gar. Haut-Doubs, 45 r.
Louhière ⌒ 67.02.78 🅽
RENAULT S.O.R.E.V.A., 40 r. Louhière ⌒ 67.
10.56

Gli alberghi o ristoranti ameni sono indicati nella guida
con un simbolo rosso.

🏨🏨🏨 ... 🏨

Contribuite a mantenere
la guida aggiornata segnalandoci
gli alberghi e ristoranti dove avete aggiornato piacevolmente.

XXXXX ... X

MORTEMART 87 H.-Vienne 🗺 ⑥ G. Périgord – 200 h. – ⌧ 87330 Mézières-sur-Issoire –
✪ 55.

Paris 426 – Bellac 13 – Confolens 30 – ◆Limoges 39 – St-Junien 20.

  X **Le Relais** avec ch, D 675 ⌒ 68.12.09
    fermé en nov., en fév. et merc. – SC : **R** 39/89 – ⌒ 10 – **6 ch** 54/89 – P 112.

MORTRÉE 61 Orne 🗺 ③ – 1 045 h. alt. 173 – ⌧ 61500 Sées – ✪ 33.

Voir Château d'O★ N : 2 km, G. Normandie.

Paris 191 – Alençon 30 – Argentan 15 – La Ferté-Macé 39 – Sées 8.

  XX **Ferme d'O,** N : 1,5 km sur D 26 ⌒ 35.35.27 – 🅿. 𝖤 𝖵𝖨𝖲𝖠
    fermé fév., dim. soir et merc. – SC : **R** 60 (sauf sam. soir)/115.

PEUGEOT-TALBOT Gar. Hamard, ⌒ 35.35.16 🅽 ⌒ 35.33.86

MORZINE 74110 H.-Savoie 🗺 ⑧ G. Alpes – 2 650 h. alt. 960 – Sports d'hiver : 1 000/2 360 m ⛷4
⛷36, ⛷ – ✪ 50.

Voir Le Pléney ⚹★ S : par téléphérique A.
Env. Col du Ranfolly ⚹★★ S : 10 km B.

🛈 Office de Tourisme pl. Crusaz ⌒ 79.03.45, Télex 385620.

Paris 604 ② – Annecy 93 ② – Bourg-en-B. 185 ② – Chamonix 71 ② – ◆Genève 74 ② – Thonon-les-
Bains 33 ①.

727

0   300 m

LAC DE MONTRIOND 5 km

ÉVIAN-LES-BAINS 42 km
THONON-LES-BAINS 33 km

GENÈVE 74 km

CHAMONIX 71 km
LES GETS 6 km

COL DE LA JOUX VERTE 12 km
AVORIAZ 14 km

AVORIAZ
par téléphérique

LES BOIS VENANTS

LA MURAILLE

LA PLAGNE

COMBE À ZORRE

LA CRUSAZ

ÉCOLE DE SKI
FRANÇAIS

LE PLÉNEY

LA COUTETTAZ

LE PLÉNEY

COL DU RANFOLLY 7,5 km
SAMOËNS 20 km

TÉLÉPHÉRIQUE
DE NYON

LE MAS MÉTOUD

LES
UDREZANTS

LA SALLE

CENTRE VILLE

LE PUTHEY

🏨🏨 Les Airelles Ⓜ, ☎ 79.15.24, Télex 385178, ≤, 🚗 – 🛗 📺 🚙 🅿 🆎 ① 🇪 𝗩𝗜𝗦𝗔.
🍴 rest   A **b**
10 juin-15 sept. et 10 déc.-vacances de Pâques – SC : **R** 75/115 – 🍽 25 – **42 ch**
170/280, 4 appartements 450 – P 270/330.

🏨 Le Dahu 🔊, ☎ 79.11.12, ≤, 🚗 – 🛗 🛏wc 🛁wc 🕿 🅿. 🖥   B **z**
fin juin-fin août et 18 déc. - Pâques – SC : **R** 90/105 – **26 ch** 🍽 100/250 – P 240/340.

🏨 Carlina, ☎ 79.01.03, Télex 385596 – 🛏wc 🛁wc 🕿 🚙 🖥 🆎 ① 🇪 𝗩𝗜𝗦𝗔.
🍴 rest   A **d**
25 juin-31 août et 12 déc.-11 avril – SC : **R** 95/250 – 🍽 22 – **22 ch** 205/260 – P
280/370.

🏨 Clef des Champs 🔊, ☎ 79.10.13, ≤, 🚗 – 🛏wc 🛁wc 🕿 🅿. 🍴 rest   B **e**
fin juin-début sept. et Noël-Pâques – SC : **R** 60/100 – 🍽 18 – **27 ch** 190/240 – P
200/250.

🏨 Bergerie Ⓜ 🔊 sans rest, ☎ 79.13.69, ≤, 🚗 – 🛗 cuisinette 📺 🛏wc 🛁wc 🕿
🚙 🖥 🆎   B **h**
1er juil.-4 sept. et 18 déc.-20 avril – SC : 🍽 20 – **28 ch** 120/300.

🏨 Le Tremplin, ☎ 79.12.31, ≤, 🚗 – 🛗 📺 🛏wc 🕿 🚙 🅿. 🖥. 🍴 rest   A **a**
25 juin-8 sept. et 18 déc.-8 avril – SC : **R** 90/130 – **36 ch** 🍽 150/300, 4 appartements
400 – P 300/400.

🏨 Champs Fleuris, ☎ 79.14.44, ≤, 🚗, 🍽 – 🛗 🛏wc 🛁wc 🕿 🚙 🅿. 🍴 rest
25 juin-4 sept. et 18 déc.-Pâques – SC : **R** 90/110 – 🍽 25 – **40 ch** 160/340 – P
270/380.   A **f**

🏨 Le Samoyède Ⓜ, ☎ 79.00.79, 🚗 – 🛗 🛏wc 🛁wc 🕿 🅿. 🖥 🆎. 🍴 rest
20 juin-30 sept. et 18 déc.-Pâques – SC : **R** 53/122 – 🍽 17 – **25 ch** 117/210 – P
200/240.   B **g**

🏨 Savoie, NO : 1,5 km par ② ☎ 79.13.31, ≤, 🚗 – 🛗 🛏wc 🕿 🚙 🅿. 🍴 rest
← 1er juil.-5 sept. et 20 déc.-17 avril – SC : **R** 50/82 – 🍽 20 – **36 ch** 130/220 – P 280.

🏨 Le Concorde, ☎ 79.13.05, ≤, 🚗 – 🛗 🛏wc 🛁 🕿 🅿. 🍴 rest   A **e**
← 15 juin-début sept. et 18 déc.-Pâques – SC : **R** 50/80 – 🍽 16 – **27 ch** 144/177 – P
150/194.

🏨 Igloo sans rest, ☎ 79.15.05, ≤ – 🛗 🛏wc 🕿 🚙 🅿   A **m**
SC : **21 ch** 🍽 150/200.

🏨 **Fleur des Neiges** ⏃, ☎ 79.01.23, ≤, 🛲 – 🛎 📺wc 🗻 🐾 🅿 ⍤ rest   A w
20 juin-10 sept. et 18 déc.-18 avril – SC : **R** 70/75 – ⌧ 18 – **35 ch** 150/210 – P
200/210.

🏨 **Chamois d'Or,** ☎ 79.13.78 – 📺wc 🗻wc 🗻 🐾 ⍤⍤ .   A n
20 déc.-10 avril – SC : **R** 68/80 – ⌧ 16 – **25 ch** 99/164 – P 156/218.

🏨 **Combe Humbert** sans rest, ☎ 79.06.70, ≤ – 🛎 📺wc ☎ 🐾 🅿 ⍤⍤ 🅰🅴   A p
SC : ⌧ 15 – **10 ch** 130/180.

🏨 **La Renardière** sans rest, ☎ 79.03.50, ≤, 🛲 – 📺wc 🗻 🐾 ⍤⍤   A v
15 juin-25 sept. et 10 déc.-20 avril – SC : ⌧ 15 – **17 ch** 75/135.

🏨 **L'Aiglon,** ☎ 79.03.32, ≤, 🛲 – 📺wc 🗻 🐾 🅿 ⍤   A k
juil.-août (sans rest.) et Noël-Pâques (pension seul.) – SC : ⌧ 17 – **19 ch** 95/160 –
P 160/200.

🏨 **Sporting-H.,** ☎ 79.15.03, ≤, 🛲 – 🛎 📺wc 🗻wc 🗻 🐾 🅿 ⍤⍤ . ⍤ rest   B q
20 juin-5 sept. et 20 déc.-15 avril – SC : **R** 65/85 – ⌧ 18 – **28 ch** 80/160 – P 170/200.

🏨 **Alpina** ⏃, ☎ 79.05.24, ≤, 🛲 – 🛎 📺wc 🗻wc ☎ 🐾 🅿 ⍤⍤ . ⍤ rest   B y
26 juin-10 sept. et 20 déc.-15 avril – SC : **R** 56/64 – ⌧ 15 – **18 ch** 145/164 – P
160/186.

🏨 **Beau Regard** ⏃, ☎ 79.11.05, ≤, 🛲 – 📺wc 🗻 🐾 🅿 . E. ⍤ rest   B r
fin juin-début sept. et Noël-Pâques – SC : **R** 55/65 – ⌧ 15 – **33 ch** 100/170 – P
140/175.

🏨 **Bel'Alpe,** ☎ 79.05.50, ≤, 🛲 – 🗻wc 🅿 . ⍤ rest   A x
➾ *1er juil.-8 sept. et 20 déc.-15 avril* – SC : **R** 50/70 – ⌧ 14 – **20 ch** 110/135 – P
135/175.

🏨 **Ours Blanc** ⏃, ☎ 79.04.02, ≤ – 📺wc 🗻 🅿 . ⍤ rest   A u
➾ *25 juin-31 août. et Noël-20 avril* – SC : **R** 50/90 – ⌧ 14 – **20 ch** 55/145 – P 125/157.

à Montriond NO : 2 km – ✉ **74110** Morzine :

XX **Aub. du Mont-Rond** ⏃ avec ch, ☎ 79.15.31, ≤, 🛲 – 📺wc 🗻wc ☎ 🐾 🅿
➾ *fermé 1er mai au 1er juin, 15 sept. au 30 oct., dim. soir et merc. en juin et du 1er sept.
au 15 déc.* – SC : **R** 48/85 – �㊀ 16 – **18 ch** 120 – P 150.

à Avoriaz 1800 NE : 4,5 km : accès par téléphérique ou par D 338 : 14 km – Sports
d'hiver : 1 800/2 400 m ≼1 ≰20 – ✉ **74110** Morzine :

🏨 **Les Hauts Forts** Ⓜ ⏃ sans rest, ☎ 74.09.11, ≤ montagnes, 🏕, « Construction
montagnarde d'avant-garde », ⍐, – 🛎 📺 ⍟   🏌 35
juil.-août et 12 déc.-20 avril – SC : ⌧ 25 – **50 ch** 225/500.

🏨 **Les Dromonts** Ⓜ ⏃, ☎ 74.08.11, ≤ – 🛎 📺 ☎ 🅰🅴 ⍐
11 déc.-20 avril – SC : **R** carte 140 à 200 – **40 ch** ⌧ 377/660 – P 470.

MOTTARET 73 Savoie 77 ⑧ – rattaché à Méribel-les-Allues.

La MOTTE 83920 Var 84 ⑦ – 1 007 h. alt. 72 – ✪ 94.
Paris 864 – Brignoles 53 – Cannes 59 – Draguignan 10 – St-Raphaël 27 – Ste-Maxime 27.

XX **Les Pignatelles,** rte Bagnols : 1 km ☎ 70.25.70 – 🅿 🅰🅴 ⍐ VISA
fermé 5 janv. au 10 fév. et merc. hors sais. – SC : **R** 80/130.

X **Aub. Fleurie,** ☎ 70 27.68, ≤, 🏕, « Jardin ombragé au bord de l'eau » – 🅿 E
VISA
fermé 1er déc. au 31 janv. et mardi hors sais. – SC : **R** (hors sais. déj. seul.) 72/120.

La MOTTE-AU-BOIS 59 Nord 51 ⑭ rattaché à Hazebrouck.

La MOTTE D'AIGUES 84680 Vaucluse 84 ③ – 442 h. alt. 385 – ✪ 90.
Paris 755 – Aix-en-Provence 31 – Avignon 76 – Manosque 27.

X **Aub. La Cigale,** ☎ 77.63.06 – E
➾ *fermé nov. et merc.* – SC : **R** 35 bc/50.

Garage Staiano, D 9, à Sannes ☎ 77.75.61

La MOTTE-EN-BAUGES 73 Savoie 74 ⑯ – 218 h. alt. 717 – ✉ **73340** Lescheraines – ✪ 79.
Paris 595 – Aix-les-Bains 28 – Albertville 51 – Annecy 28 – Chambéry 32.

🏨 **Moine,** ☎ 63.32.77 – ⍤
➾ *1er mai-31 oct.* – SC : **R** 40/65 🧴 – ⌧ 12 – **10 ch** 75/90 – P 110/120.

La MOTTE-SERVOLEX 73 Savoie 74 ⑮ – rattaché à Chambéry.

Le MOTTIER 38 Isère 74 ⑬ – 357 h. alt. 450 – ✉ **38260** La Côte-St-André – ✪ 74.
Paris 523 – Bourgoin-Jallieu 21 – ✦Grenoble 47 – St-Etienne de St-Geoirs 12 – Vienne 43.

XX **Les Donnières,** ☎ 20.50.19 – 🅿 🅰🅴
fermé 20 juil. au 20 août, janv., dim. soir, merc. et jeudi – SC : **R** (nombre de
couverts limité - prévenir) carte 65 à 80.

MOUANS-SARTOUX 06370 Alpes-Mar. 🎿 ⑧. 🔢 ㉔ – 3 651 h. alt. 125 – 🕲 93.

Paris 911 – Antibes 15 – Cannes 10 – Grasse 7 – Mougins 4,5 – ◆Nice 35.

🏨🏨🏨🏨 🕸 **Aub. Mourrachonne (Tricon)** Ⓜ ⏚ avec ch, SO : 3 km par D 209 rte Pégomas
🕮 75.69.88, ⏚, 🎍 – 📺 ⇔wc 🅟 🅟. 🕮 🕮 ⑩ 𝚅𝙸𝚂𝙰
*1er mars-30 nov. – SC : **R** (fermé dim. soir en hiver, mardi midi en été et lundi)
(nombre de couverts limité - prévenir)* 150/330 – 🍽 45 – **4 ch** 440/550
Spéc. Spaghettis de courgette, Assiette de poissons crus, Aiguillettes de canard. Vins Coteaux
d'Aix, Côtes de Provence.

🏨🏨 **Palais des Coqs,** SO : 2 km par D 409 et VO 🕮 75.61.57, « Jardin fleuri » – 🅟
𝚅𝙸𝚂𝙰
fermé 13 juin au 1er juil., 10 janv. au 3 fév. et jeudi – SC : **R** (prévenir) 95 bc/150.

🍴 **Relais Napoléon,** rte Nationale 🕮 75.65.08
➤ *fermé 20 déc. au 30 janv., sam. soir hors sais. et merc. soir* – SC : **R** 42/75.

MOUCHARD 39330 Jura 🎿 ④⑤ – 1 289 h. alt. 277 – 🕲 84.

Paris 402 – Arbois 9 – ◆Besançon 41 – Dole 36 – Lons-le-Saunier 47 – Salins-les-Bains 9.

🏨🏨 **Chalet Bel'Air** avec ch, 🕮 73.80.34, ≤, 🎍 – 📺 ⇔wc 🅟. 🕮 🕮 ⑩ 𝚅𝙸𝚂𝙰
fermé 21 au 29 juin, 22 nov. au 7 déc. et 8 au 16 mars – **R** (fermé merc. et jeudi sauf
vacances scolaires) 50/150 – 🍽 18 – **9 ch** 65/100.

RENAULT Gar. Conry, 🕮 73.82.43 🅽

MOUDEYRES 43 H.-Loire 🎿 ⑱ – 131 h. alt. 1 177 – 🖂 43480 Laussonne – 🕲 71.

Paris 541 – Aubenas 63 – Langogne 56 – Le Puy 25 – St-Agrève 41 – Yssingeaux 35.

🏠 **Aub. Pré Bossu** ⏚, 🕮 00.10.70, 🎍 – ⇔wc 🏠⇔wc ⌾ 🅟. 🕮 🕮 𝚅𝙸𝚂𝙰 🍴 rest
➤ *fermé 1er nov. au 25 déc., mardi et merc. hors sais.* – SC : **R** (prévenir) 50/165 – 🍽
18 – **11 ch** 105/125 – P 185/210.

MOUGINS 06250 Alpes-Mar. 🎿 ⑨. 🔢 ㉔㉘ G. Côte d'Azur – 9 599 h. alt. 260 – 🕲 93.

Voir Site★ – Ermitage N.-D. de Vie : site★, ≤★ SE : 3,5 km.

🏌 Country-Club de Cannes-Mougins 🕮 75.79.13, E : 2 km.

🅱 Syndicat d'Initiative pl. du Village (fermé sam. et dim.) 🕮 90.15.15.

Paris 908 – Antibes 12 – Cannes 7 – Grasse 11 – ◆Nice 32 – Vallauris 8.

🏨🏨🏨 **Mas Candille** ⏚, 🕮 90.00.85, ≤, 🎍, « Jardins en terrasse », ⏚, 🍴 – 📧 ☎ 🅟.
🕮 ⑩
fermé 1er nov. au 15 déc. – SC : **R** 160 – 🍽 25 – **24 ch** 350/380 – P 420/485.

🏨🏨 **Clos des Boyères** ⏚, chemin de la Chapelle 🕮 90.01.58, parc, 🎍, « Bungalows
dans un parc » ⏚, 🍴 – 🅟. 🕮 🕮 ⑩ 🖂 𝚅𝙸𝚂𝙰
fermé 1er nov. au 1er fév. – SC : **R** (fermé merc. hors sais.) carte environ 130 – **16 ch**
🍽 338/430, 16 appartements 560/740 – P 538.

🏨🏨🏨🏨 🕸🕸🕸 **Moulin de Mougins (Vergé)** ⏚ avec ch, à Notre-Dame-de-Vie SE : 2,5
km par D 3 🕮 75.78.24, ≤, 🎍, 🍴 – 📧 rest 📺 ⇔wc ☎ 🅟. 🕮 🕮 ⑩ 𝚅𝙸𝚂𝙰
fermé 15 nov. au 23 déc. et 15 fév. au 1er avril – **R** (fermé dim. soir hors sais. et
lundi) 300 et carte – 🍽 42 – **3 ch** 350/420
Spéc. Barigoule de rougets, Poupeton de fleur de courgette aux truffes, Calissons au miel et aux
fleurs de lavande. Vins Vignelaure, Gassin.

🏨🏨🏨 🕸🕸 **Amandier de Mougins,** au Village, 🕮 90.00.91, 🎍 – 🕮 ⑩ 𝚅𝙸𝚂𝙰
fermé 2 janv. au 15 fév. et merc. – SC : **R** 195 et carte
Spéc. Biscuit de loup au coulis d'écrevisses, Râble de lapereau, Crêpes pralinées. Vins Vignelaure,
Gassin.

🏨🏨🏨 🕸 **Relais à Mougins (Surmain),** au Village, pl. Mairie 🕮 90.03.47, 🎍 – 𝚅𝙸𝚂𝙰
fermé fév., mars, mardi midi et lundi sauf juil.-août et fêtes – **R** (nombre de
couverts limité - prévenir) 140 (déj. seul.) carte 210 à 260
Spéc. Oursins brouillés mouginoise (saison), Filets de rascasse aux aromates, Pochée de volaille au
foie gras et gyromitres. Vins Correns, Villecroze.

🏨🏨 **Ferme de Mougins,** à St-Basile 🕮 90.03.74, 🎍, ⏚, 🎍 – 🅟. 🕮 🕮 𝚅𝙸𝚂𝙰
Pâques-oct. et fermé merc. sauf juil.-août – SC : **R** 120/200.

🏨🏨 **Aux Trois Étages,** au village 🕮 90.01.46, 🎍 – ⑩
fermé 1er oct. au 10 déc. et jeudi – SC : **R** 100/120.

🏨🏨 **France** avec ch, 🕮 90.00.01, 🎍, ⏚, 🎍 – ⇔ 🖂. ⑩ 𝚅𝙸𝚂𝙰
fermé fév., dim. soir et lundi – SC : **R** 115 🍶 – 🍽 20 – **6 ch** 130/170.

🏨🏨 **Le Bistrot,** 🕮 75.78.34 – 🖂
fermé fin nov. au 15 janv., mardi et merc. sauf le soir en juil. et août – SC : **R** 83/93.

PEUGEOT-TALBOT Ortelli, 235 rte du Cannet (Bretelle Autoroute) 🕮 45.11.11

MOUGUERRE 64 Pyr.-Atl. 🎿 ⑱ – rattaché à Bayonne.

MOULEYDIER 24520 Dordogne 🎿 ⑮ – 986 h. alt. 36 – 🕲 53.

Paris 526 – Beaumont 19 – Bergerac 10 – Périgueux 47 – Sarlat-la-Canéda 64.

🏠 **Aub Beau Rivage,** rte Lalinde 🕮 23.20.21, ≤ – 🏠 ⇔ 🅟. 🅴 𝚅𝙸𝚂𝙰
➤ *fermé fév., dim. soir et lundi midi d'oct. à mai* – SC : **R** 30/130 🍶 – 🍽 12 – **9 ch**
70/90 – P 120/140.

MOULIN-CHABAUD 01 Ain 74 ④ – rattaché à Ceignes.

MOULIN-DES-PONTS 01 Ain 70 ⑬ – rattaché à Coligny.

MOULINS P 03000 Allier 69 ⑭ G. Auvergne – 26 906 h. alt. 221 – ✪ 70.

Voir Cathédrale★ : triptyque★★★, vitraux★★ AY – Jacquemart★ BY D – Mausolée du duc de Montmorency★ (chapelle du lycée Banville) AX B.

Env. Château de Pomay★ par ③ : 9,5 km.

🚺 Office de Tourisme (fermé lundi hors saison, dim. et fêtes) pl. Hôtel de Ville ☎ 44.14.14 - A.C. 62 r. Pont-Ginguet ☎ 44.00.96.

Paris 294 ① – Bourges 98 ① – Chalon-sur-Saône 134 ③ – Châteauroux 152 ① – ◆Clermont-Ferrand 96 ⑤ – Mâcon 139 ③ – Montluçon 67 ⑥ – Nevers 54 ① – Roanne 98 ④ – Vichy 57 ④.

Allier (Pl. d')	**AY**
Allier (R. d')	**BY** 2
Flèche (R. de la)	**BY** 20
Horloge (R. de l')	**BY** 24

Banville (Av. Th.-de)	**BY** 4
Bréchimbault (R.)	**BY** 6
Charles-L.-Philippe (Bd)	**AZ** 7
Couteliers (R. des)	**BY** 8
Desboutins (R. M.)	**BY** 9
Diderot (R.)	**BX** 10
Fausses-Braies (R. des)	**AX** 12
Gambetta (R.)	**AY** 22
Garibaldi (Pl.)	**AY** 23

Jaurès (Cours Jean)	**BY** 25
Michel-de-l'Hospital (R.)	**BX** 26
Notre-dame (⛪)	**AY**
Péron (R. François)	**BY** 27
République (Pl. de la)	**BY** 29

Sacré-Cœur (⛪)	**AY**
St-Pierre (⛪)	**BZ**
Tanneries (R. des)	**BY** 30
Vert-Galant (R. du)	**AXY** 33
4-Septembre (R. du)	**BY** 35

🏨 ✿✿ **Paris** M, 21 r. Paris ☎ 44.00.58 – 🛗 🍴 📺 ☎ 🚐 🅿 – 🛄 40. 🖭 ⦿ ⋿ VISA
fermé janv., dim. soir et lundi midi du 1ᵉʳ sept. au 15 juil. – SC : **R** (nombre de couverts limité - prévenir) 135/210 et carte – ☷ 28 – **21 ch** 110/350, 8 appartements 420 – P 405/645
AX **p**
Spéc. Escalope de saumon frais au Sancerre rouge, Salade Bourbonnichonne, Filets de canard des Saccarots. **Vins** Pouilly-Fumé, Sancerre rouge.

🏨 **Moderne,** 9 pl. J.-Moulin ☎ 44.05.06 – 🛗 🛁wc 🚿wc ☎ 🚐 – 🛄 100. 🚗
SC : **R** *(fermé 1ᵉʳ au 21 nov.)* 58/92 – ☷ 17,50 – **44 ch** 140/202 – P 270/310. AY **m**

tourner →

🏨 **Parc,** 31 av. Gén.-Leclerc ☎ 44.12.25 – 🛏️wc ♒wc ☎ 🅿️   BZ **a**
*fermé 1ᵉʳ au 15 oct. et 20 déc. au 10 janv. – SC : **R** (fermé sam.) 55/100 – ⊒ 15 –*
26 ch 100/170 – P 200/250.

🏨 Dauphin, 59 pl. Allier ☎ 44.33.05 – 🖁 🛏️wc ♒wc ☎ 🅿️ – **63 ch**   AY **u**

XX **des Cours,** 36 cours J.-Jaurès ☎ 44.32.56 – 🆎 ⓞ 🗉   BY **e**
*fermé 1ᵉʳ au 15 juil., 15 au 31 déc. et mardi – **R** 60/160.*

XX **Jacquemart,** 10 pl. H.-de-Ville ☎ 44.32.58 – 🆎 ⓞ   BY **r**
*fermé 3 au 11 avril, 1ᵉʳ au 18 août, 24 déc. au 4 janv., dim. soir et lundi – SC : **R***
60/130.

par ④ sur N 7 : 3 km – ✉ 03000 Moulins :

🏨 **Ibis** Ⓜ, ☎ 46.71.12 – 🛏️wc ☎ 🐕 🅿️ – 🏖️ 50. 🍴🛏️ 🗉 *VISA*
SC : **R** *(fermé dim. de nov. à mars)* carte environ 65 🍷 – ☛ 18 – **42 ch** 165/185.

à Bressolles par ⑤ : 5 km – ✉ 03000 Moulins :

XX **Cuisine d'Autrefois,** ☎ 44.48.00 – 🅿️
*fermé en oct. et merc. – SC : **R** 70/130.*

à Coulandon par ⑥ et VO : 7 km – ✉ 03000 Moulins :

🏨 **Le Chalet** ⑄, ☎ 44.50.08, ≤, 🍴, « parc » – 🛏️wc ♒wc ☎ 🅿️ – 🏖️ 30. 🗉
↔ *fermé 15 déc. au 15 janv. – SC : **R** (hors saison ouvert le soir seul., fermé week-ends*
*sauf vacances scolaires) 49/82 🍷 – ⊒ 15 – **21 ch** 75/190 – P 175/220.*

MICHELIN, Agence, N 7, Z.I. Sud à Yzeure par ④ ☎ 46.21.14

CITROEN Dubois-Dallois, rte de Paris à
Avermes par ① ☎ 44.34.98
FIAT **LANCIA-AUTOBIANCHI,** Ets Gouleret,
N 7 à Avermes ☎ 44.20.37
MERCEDES-BENZ Gar. St-Christophe, 119 r.
de Paris ☎ 44.13.60
PEUGEOT Maréchal, 46 bd de Courtais ☎ 46.
07.07
PEUGEOT Gar. Berthommier, 1 r. de Paris ☎
44.33.94
PEUGEOT **TALBOT** S.A.G.G.Y., 80 rte de Lyon
à Yzeure par ④ ☎ 44.41.41

RENAULT Gd Gar. Paris-Lyon, N 7 à Avermes
par ① ☎ 44.30.12
V.A.G. Gar. de la Plaine, rte de Clermont-Fd.,
Bressolles ☎ 44.48.23 🛚 ☎ 44.47.89

🔧 Estager-Pneus, 36 rte de Moulins, Avermes
☎ 44.11.55
Jousse-Pneus, N 7, Avermes ☎ 44.21.14
Moulins-Pneus, 103 rte de Lyon ☎ 46.31.42

MOULINS-ENGILBERT 58290 Nièvre 🖸🖸 ⑥ G. Bourgogne – 1 832 h. alt. 210 – ✪ 86.
Paris 284 – Autun 53 – Château-Chinon 16 – Corbigny 38 – Moulins 70 – Nevers 58.

🏨 **Bon Laboureur,** ☎ 84.20.55 – 🛏️ ♒wc
↔ *fermé 28 janv. au 7 fév. – SC : **R** 42/80 🍷 – ⊒ 14 – **20 ch** 53/135 – P 120/150.*

CITROEN Gar. Lavalette, ☎ 84.21.68   PEUGEOT Gar. Bondoux, ☎ 84.24.29

MOULINS-LA-MARCHE 61380 Orne 🖸🖸 ④ – 845 h. alt. 258 – ✪ 33.
Paris 157 – L'Aigle 18 – Alençon 41 – Chartres 89 – Mortagne-au-Perche 17 – Verneuil-sur-Avre 41.

XX **Dauphin** avec ch, ☎ 34.50.55 – 🅿️
↔ *fermé 29 août au 23 sept., vacances scolaires de fév., dim. soir et lundi – SC : **R***
*37/108 🍷 – ⊒ 9 – **7 ch** 50/62 – P 85.*

CITROEN Gar. Langlois, ☎ 34.51.04 🛚   RENAULT Gar. Sereul, le Bourg ☎ 34.51.10

Le MOULLEAU 33 Gironde 🖸🖸 ②⑫ – rattaché à Arcachon.

MOURÈZE 34 Hérault 🖸🖸 ⑤ G. Causses – 79 h. alt. 200 – ✉ 34800 Clermont-L'Hérault –
✪ 67.
Voir Cirque★★.
Paris 810 – Bédarieux 23 – Clermont-L'Hérault 8 – ♦ Montpellier 49.

🏨 **Hauts de Mourèze** Ⓜ ⑄ sans rest, ☎ 96.04.84, ≤, parc, ⅃ – 🛏️wc ♒wc 🅿️.
🦌
*Pâques-fin oct. – SC : ☛ 15 – **10 ch** 130/140.*

MOURIÈS 13890 B.-du-R. 🖸🖸 ① – 1 876 h. alt. 18 – ✪ 90.
Paris 726 – Arles 24 – Cavaillon 25 – ♦ Marseille 76 – St-Rémy-de-Pr. 16 – Salon-de-Provence 22.

🏨 **Relais des Baux,** ☎ 97.50.11 – ♒. 🦌 ch
↔ *hôtel ouvert 15 mars-31 oct., rest. fermé 19 sept. au 3 oct., vacances de fév. et lundi*
*– SC : **R** 41/70 – ⊒ 15 – **9 ch** 80/110 – P 125/155.*

Le MOURILLON 83 Var 🖸🖸 ⑮ – rattaché à Toulon.

Les MOUSSEAUX 78 Yvelines 🖸🖸 ⑨, 🖸🖸🖸 ㉘ – rattaché à Pontchartrain.

MOUSTERLIN (Pointe de) 29 Finistère 🖸🖸 ⑮ – rattaché à Fouesnant.

MOUSTIERS-STE-MARIE 04360 Alpes-de-H.-Pr 81 ⑰ G. Côte d'Azur (plan) – 602 h. alt. 631 – 92.

Voir Site★★ – Chapelle N.-D.-de-Beauvoir★ – Clocher★ de l'église A.

Syndicat d'Initiative (15 juin-15 sept.) 74.67.84.

Paris 793 – Aix-en-Provence 86 – Castellane 45 – Digne 48 – Draguignan 62 – Manosque 50.

Le Relais, 74.66.10, – . E VISA
fermé 24 au 30 sept. et 1er déc. au 1er mars – SC : **R** 60/150 – 16 – **15 ch** 80/120 – P 150/200.

XX **Les Santons,** pl. Église 74.66.48, – AE
fermé nov. et mardi du 1er oct. au 1er mars – SC : **R** carte 100 à 170.

Garage Achard, 74.66.24
Garage Honorat, 74.66.30 N

MOUTHIER-HAUTE-PIERRE 25920 Doubs 70 ⑥ G. Jura – 338 h. alt. 430 – 81.

Voir Belvédère de Mouthier ≤★★ SE : 2,5 km – Gorges de Nouailles★ SE : 3,5 km – Roche de Haute-Pierre ≤★ N : 5 km puis 30 mn.

Paris 449 – Baume-les-Dames 55 – ♦Besançon 39 – Levier 27 – Pontarlier 20 – Salins-les-Bains 43.

La Cascade, 62.19.00, ≤ – wc wc . .
fermé 11 nov. au 5 janv. – SC : **R** 45/125 – 13 – **23 ch** 120/160 – P 160/185.

MOUTIER-ROZEILLE 23 Creuse 73 ① – rattaché à Aubusson.

MOÛTIERS 73600 Savoie 74 ⑰ G. Alpes – 4 868 h. alt. 479 – 79.

24.01.11.

Office de Tourisme pl. St-Pierre (fermé dim. et lundi) 24.04.23.

Paris 635 – Albertville 27 – Chambéry 74 – St-Jean-de-Maurienne 64.

Aub. de Savoie M, 24.20.15 – TV wc . VISA
fermé juin, lundi en sais. et sam. hors sais. – SC : **R** 45/90 – 14 – **20 ch** 120/150.

Ibis M , 24.27.11, Télex 980611, ≤ – wc . E VISA
SC : **R** carte environ 65 – 18 – **62 ch** 145/180.

Moderne, av. Gare 24.01.15 – .
fermé 1er au 15 mai, 1er au 15 nov. et dim. – SC : **R** 45/75 – 12,50 – **22 ch** 65/85 – P 120/140.

CITROEN Ets Martin, 24.02.80
FORD Gar. de la Vanoise, 24.20.64
PEUGEOT-TALBOT Petitti, 24.10.66
PEUGEOT Gar. des Cordeliers, 24.01.58
RENAULT De Prince, à Salins-les-Thermes 24.29.55
La Maison du Pneu 24.21.95

MOUX 58 Nièvre 65 ⑰ – 703 h. alt. 500 – ✉ 58230 Montsauche – 86.

Paris 267 – Autun 31 – Château-Chinon 30 – Clamecy 75 – Nevers 96 – Saulieu 15.

Beau Site, D 121 76.11.75, ≤, , – wc . rest
15 mars-30 nov. – SC : **R** 46/93 – 14 – **29 ch** 65/120 – P 128/145.

CITROEN Gar. Bureau, 76.14.05 N

MOUZON 08210 Ardennes 56 ⑩ G. Vosges – 3 240 h. alt. 256 – 24.

Voir Église N.-Dame★.

Paris 255 – Charleville-Mézières 39 – Longwy 74 – Sedan 17 – Verdun 63.

XX **La Maison Espagnole,** 26.10.06 – VISA
fermé 16 août au 2 sept., 20 déc. au 4 janv., dim. soir et lundi sauf fêtes – SC : **R** 75/140.

RENAULT Rogier, 26.11.84 N

MOYE 74 H.-Savoie 74 ⑤ – rattaché à Rumilly.

MOYENMOUTIER 88420 Vosges 62 ⑦ G. Vosges – 3 854 h. alt. 312 – 29.

Voir Église★ d'Étival-Clairefontaine O : 5 km.

Paris 450 – Lunéville 41 – St-Dié 15 – ♦Strasbourg 82.

Abbaye, 33 r. Hôtel de Ville 41.54.31 – . E VISA
fermé 26 sept. au 7 nov. et lundi – SC : **R** 45/140 – 11 – **12 ch** 60/132 – P 120/150.

MUHLBACH 68 H.-Rhin 62 ⑱ – 728 h. alt. 465 – ⊠ **68380** Metzeral – ✿ 89.

Paris 556 – Colmar 24 – Gérardmer 38 – Guebwiller 41.

⯊ **Perle des Vosges** 🦌, ☎ 77.61.34, <, 🌳 – 🛏wc 🚿wc 📞 🚗 Ⓟ 🦌
➡ fermé 5 janv. au 3 fév. – SC : **R** (fermé merc. hors sais.) 49/140 🍷 – 🖵 12 – **25 ch**
60/180 – P 125/180.

MULHOUSE ⬙ 68100 H.-Rhin 66 ⑨⑩ G. **Vosges** – 119 326 h. alt. 240 – ✿ 89.

Voir Parc zoologique et botanique★★ CV B – Hôtel de Ville★ FY **H** – Vitraux★ du
temple St-Étienne FY **D** – Musées : Automobile★★ BU **M6**, Français du chemin de fer★
AV **M3**, de l'Impression sur étoffes★ FZ **M2**, Historique★ (Hôtel de ville) FY **M1**.

🏌 du Rhin à Chalampé ☎ 26.07.86 par ① : 19 km.

✈ de Bâle-Mulhouse par ② : 27 km, ☎ 69.00.00 à St-Louis (France) et ☎ 57.31.11 à
Bâle (Suisse).

🚗 ☎ 45.62.83.

🛈 Office de Tourisme 9 av. Mar.-Foch (fermé dim. sauf matin en saison) ☎ 45.68.31 - A.C. 11 bd
Europe ☎ 45.38.72 - T.C.F. 8 r. Elles ☎ 54.06.16.

Paris 537 ⑤ – ◆Bâle 35 ② – Belfort 43 ⑤ – ◆Besançon 136 ⑤ – Colmar 41 ⑥ – ◆Dijon 229 ⑤ –
Freiburg 58 ⑨ – ◆Nancy 183 ⑦ – ◆Reims 436 ⑧ – ◆Strasbourg 118 ⑦.

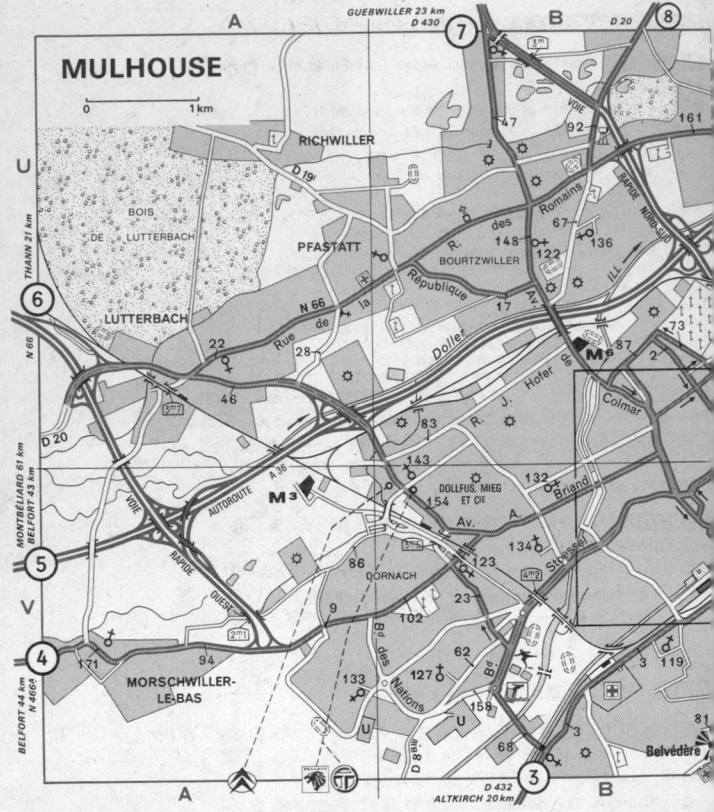

Frantel Ⓜ, 4 pl. Gén.-de-Gaulle ☏ 46.01.23, Télex 881807 – ❘§❘ 🗉 rest 🖵 ☎ ⇔
– ♨ 25 à 200. 🆔 ① 🖭 ⟮⟯ FZ **b**
SC : rest. **L'Alsace** *(fermé sam. midi et dim.)* **R** carte 115 à 160 – ☷ 23 – **96 ch**
268/366.

Bourse sans rest, 14 r. Bourse ☏ 56.18.44 – ❘§❘ 🖵 ⌷wc 🕾wc ☎ ⇔ ⟮⟯
fermé 18 juil. au 1ᵉʳ août et 23 déc. au 2 janv. – SC : ☷ 23 – **50 ch** 180/260. FZ **d**

Europe sans rest, 11 av. Mar.-Foch ☏ 45.19.18 – ❘§❘ 🖵 ⌷wc 🕾wc ☎ ᵴ. ⇔ ①
SC : ☷ 19 – **50 ch** 110/210. FZ **g**

Bristol sans rest, 18 av. Colmar ✉ 68200 ☏ 42.12.31 – ❘§❘ 🖵 ⌷wc 🕾 ☎ 🄿. ⇔
🆔 ① 🖭 ⟮⟯ FY **e**
fermé 24 déc. au 3 janv. – SC : ☷ 17.50 – **50 ch** 100/240.

Musée sans rest, 3 r. Est ☏ 45.47.41 – ❘§❘ 🖵 ⌷wc 🕾wc ☎ 🄿. ⇔ ① 🖭 ⟮⟯ FZ **t**
fermé 21 déc. au 4 janv. – SC : ☷ 15 – **43 ch** 90/180.

Wir, 4 porte Bâle ☏ 46.26.88 – ❘§❘ ⌷wc 🕾wc ☎ FY **s**
fermé 10 juin au 10 juil. – **R** *(fermé vend.)* 55/135 ⭘ – ☷ 14 – **40 ch** 90/180.

Salvator sans rest, 29 passage Central ☏ 45.28.32 – ❘§❘ ⌷wc 🕾wc ☎. ⇔ 🆔
① ⟮⟯ FY **x**
fermé 20 déc. au 3 janv. – SC : ☷ 15 – **39 ch** 100/170.

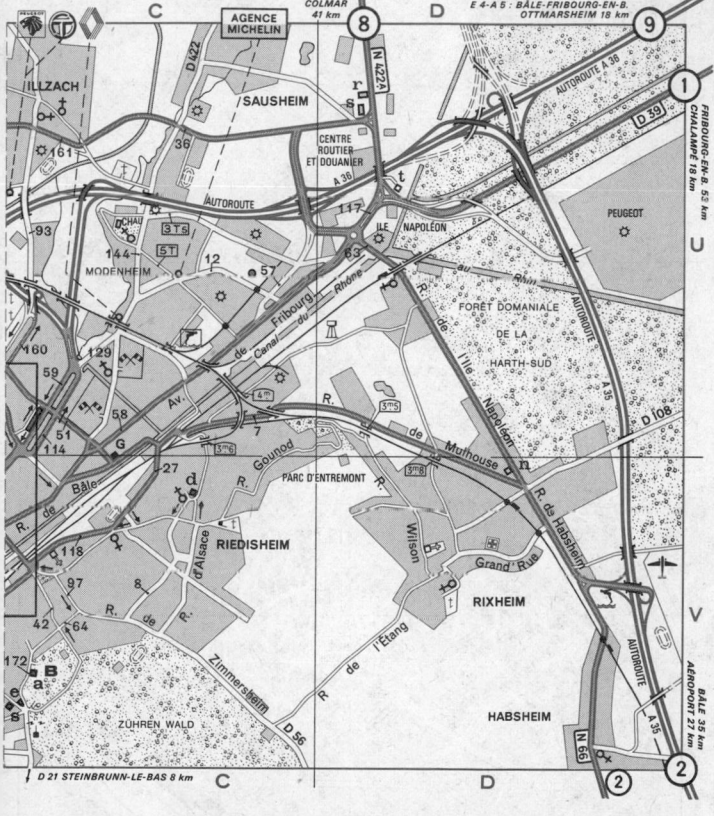

MULHOUSE

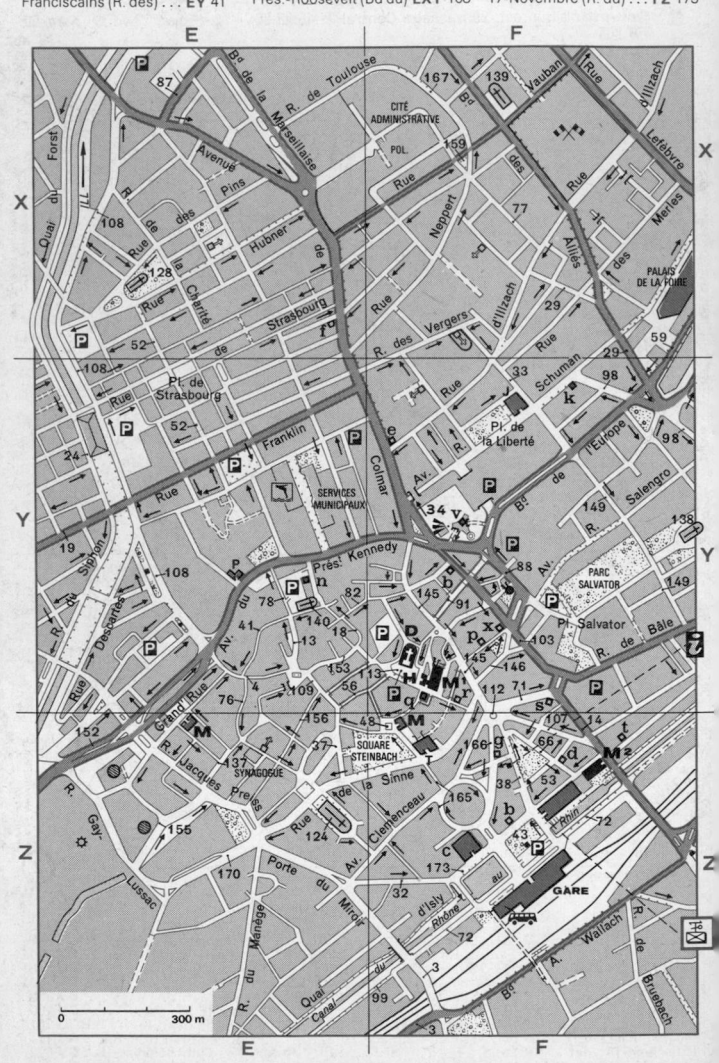

🏠 **Touring H.** sans rest, 10 r. Moulin ℡ 45.32.84 – 🛗 🚻wc 🚻wc 🕭. 🖂🚗. ⚞ FY **b**
SC : 🚄 16 – **30 ch** 75/173.

🏠 **Paris** sans rest, 5 passage H.-de-Ville ℡ 45.21.41 – 🚻wc 🚻wc ☎. 🖂🚗 🆎 ⓘ 🇪 FY **r**
VISA ⚞
SC : 🚄 17 – **20 ch** 102/165.

🏠 **Bâle** sans rest, 19 passage Central ℡ 46.19.87 – 📺 🚻wc 🚻 ☎. 🖂🚗 *VISA* FY **p**
SC : 🚄 15 – **31 ch** 90/160.

🏠 **La Bonne Auberge,** 55 av. Colmar ✉ 68200 ℡ 42.15.35 – 🚻 🕭. ⚞ EX **f**
◆ fermé juil., vend. soir et sam. – SC : **R** 32/85 ⏚ – 🍽 11,50 – **10 ch** 69/95.

XXX **Vieux Paris,** 42 av. R.-Schuman ℡ 45.42.70 – 🆎 ⓘ 🇪 *VISA* FY **k**
fermé fin juil. au 15 août, sam. midi et dim. – **R** 80/160 ⏚.

XX **Guillaume Tell,** 1 r. Guillaume-Tell ℡ 45.21.58 – 🆎 ⓘ 🇪 *VISA* FY **q**
◆ fermé 15 juil. au 5 août, 20 déc. au 5 janv., mardi soir et merc. – **R** 32/150 ⏚.

XX **Relais de la Tour** (31e étage), 3 bd Europe ℡ 45.12.14, ≤ ville et environs – 🖭.
🆎 ⓘ *VISA* FY **v**
SC : **R** 60/130 ⏚.

XX **Aub. Alsacienne du Zoo,** 31 av. 9e Division-Blindée ℡ 44.26.91, ambiance
alsacienne – ⓟ. 🆎 🇪 *VISA* CV **a**
fermé 24 au 31 déc., fév., lundi sauf le midi du 1er avril au 30 sept. et dim. soir – **R**
50/120, dîner à la carte ⏚.

XX **Châtaigneraie,** 109 av. 1ère Division-Blindée par r. Montagne ℡ 44.25.56 – ⓟ
fermé 16 août au 4 sept., 24 au 30 déc., dim. soir et sam. – SC : **R** 70 bc. CV **e**

XX **Belvédère,** 80 av. 1ère Division Blindée par r. Montagne ℡ 44.18.79 – ⓟ. 🆎 ⓘ 🇪
◆ *VISA* CV **s**
fermé 16 août au 8 sept., vacances de fév., mardi soir et merc. – SC : **R** 45/130 , dîner
à la carte ⏚.

X **Aux Caves du Vieux Couvent** (Taverne), 23 r. Couvent ✉ 68200 ℡ 46.28.79
◆ fermé en juin, Noël à Nouvel An, lundi midi et dim. – SC : **R** 24/44 ⏚. EY **n**

à Riedisheim – 12 520 h. – ✉ **68400** Riedisheim :

XX **Poste,** 7 r. Gén.-de-Gaulle ℡ 44.07.71 – ⓟ CV **d**
fermé août, mardi soir et merc. – SC : **R** 55/160, dîner à la carte ⏚.

à Rixheim – 10 534 h. – ✉ **68170** Rixheim :

🏛 **Electra** M, ℡ 44.11.18 – 🚻wc 🚻 🕭 ⓟ. 🖂🚗 *VISA* DV **n**
◆ fermé 21 déc. au 3 janv. – SC : **R** *(fermé sam. et dim.)* (dîner seul.) 42/68 – 🚄 16 –
25 ch 124/185.

au NE – ✉ **68390** Sausheim :

🏨 **Sofitel** M, ℡ 44.75.75, Télex 881311, 🏊, – 🛗 🖭 📺 ☎ ⓟ – 🔬 180. 🆎 ⓘ 🇪 *VISA*
rest. La Tissandière **R** carte 115 à 150 ⏚ – 🚄 33 – **98 ch** 290/395. DU **r**

🏨 **Novotel Mulhouse-Sausheim** M, ℡ 44.44.44, Télex 881673, 🏊, 🐎 – 🖭 rest
📺 ☎ ⓟ – 🔬 110. 🆎 ⓘ 🇪 *VISA* DU **s**
R snack carte environ 85 – 🚄 27 – **77 ch** 232/267.

🏨 **Mercure Mulhouse-Sausheim** M, ℡ 44.54.40, Télex 881757, 🏊, – 🛗 🖭 rest
📺 ☎ 🚻 ⓟ – 🔬 170. 🆎 ⓘ 🇪 *VISA* DU **t**
R carte environ 90 – 🚄 25 – **99 ch** 232/261.

à Steinbrunn-le-Bas SE : 8,5 km par r. Montagne - CV – ✉ **68440** Habsheim :

XX ✿ **Moulin du Kaegy** (Begat), ℡ 81.30.34, « Maison du 16e s. isolée dans la campagne, jardin » – ⓟ
fermé 18 au 31 juil., 13 déc. au 15 janv., dim. soir et lundi – SC : **R** (nombre de
couverts limité - prévenir) 160/300
Spéc. Foie d'oie confit, Suprême de pintadeau au vinaigre, Glace aux noix. Vins Riesling, Pinot.

MICHELIN, Agence, 35 av. de Belgique, Illzach CU ℡ 46.50.55

BMW, OPEL SDA Rixheim, 64 rte de Mul-
house à Rixheim ℡ 44.40.50
CITROEN Gar. Muller, 23 r. Thann ℡ 42.98.88
DATSUN Plichon, 26 r. Manulaine ℡ 52.35.80
FIAT, LANCIA-AUTOBIANCHI Gar. Hess, 81
av. Colmar ℡ 59.33.88
FORD Gar. Sax, 12 r. du Couvent ℡ 56.52.22
MERCEDES-BENZ, V.A.G. Générale-Autom.,
226 av. de Fribourg, Illzach ℡ 44.26.54
PEUGEOT, TALBOT S.I.A. Mulhouse, 22 r. de
Thann ℡ 42.98.20
PEUGEOT, TALBOT SIAM Ile Napoléon 3 r.
de la Doller, Illzach ℡ 53.08.11
RENAULT Gd. Gar Mulhousien, r. Sausheim à
Modenheim ℡ 46.01.44

TOYOTA Gar. Rémy, 13 r. du Puits ℡ 44.42.49
V.A.G. Gar. Schelcher, 27 fg de Mulhouse à
Kingersheim ℡ 52.45.22
VOLVO Gar. Christen, 32 allée Nathan Katz ℡
56.43.33

⚙ Arni-Hohler, 3 r. L.-Pasteur ℡ 45.85.27 et av.
Italie, Zone Ind., Illzach ℡ 45.85.27
Kautzmann, 276 av. d'Altkirch à Brunstatt ℡
06.08.44
Pneus et Services D. K, 6 r. Amidonniers ℡
42.30.06 et 11 av. de Hollande, Zone Ind., Illzach
℡ 64.26.11
Sce Central du Pneu, Ottmann, 58 r. Dollfus ℡
42.15.82

Don't get lost, use **Michelin Maps** which are kept up to date.

737

MUNSTER 68140 H.-Rhin 62 ⑱ G. Vosges – 4 969 h. alt. 381 – ✪ 89.

🛈 Office de Tourisme pl. Salle-des-Fêtes (fermé dim. sauf matin en juil. et août) 🕾 77.31.80.

Paris 551 ② – Colmar 19 ① – Gérardmer 33 ② –
Guebwiller 39 ① – ◆Mulhouse 57 ① – St-Dié 57
② – ◆Strasbourg 89 ①.

Hohneck (R. du)... 2   St-Grégoire (R.) ... 4
Luttenbach (R. de) 3   Sébastopol (R.) ... 5

 🏠 **A la Schlucht,** r. Luttenbach **(r)** 🕾
 ↔ 77.32.48 – ➭wc 🎐wc 🅟. 🚗 Ẽ. ⚂
  fermé 15 au 30 nov., 15 au 31 janv., 10
  au 25 mars, vend. hors sais. et fêtes –
  SC : **R** 40/90 🍴 – ⛁ 14 – **17 ch** 75/130
  – P 122/152.

 🏠 **Vosges** sans rest, r. Grand'Rue **(k)**
  🕾 77.31.41 – ➭wc 🕾. 🚗. ⚂
  fermé 18 avril au 11 mai, 23 fév. au 8
  mars, dim. soir et lundi du 30 sept. au
  30 juin – SC : ⛁ 13 – **13 ch** 100/140.

 ☻ **Belle-Vue et caveau du Marcaire**
  ⚘, **(a)** 🕾 77.37.43, ≤, 🏕 – ⚂
  ⚂ rest
  15 mars-15 nov. et fermé mardi – SC : **R** (dîner seul.) carte 65 à 95 🍴 – ⛘ 12 –
  14 ch 58/88.

 XX **Cigogne** avec ch, pl. Marché **(e)** 🕾 77.32.27 – ➭wc 🎐 🕾. 🚗 VISA. ⚂
 ↔ fermé 21 nov. au 14 déc., du 15 au 30 juin, mardi soir et merc. – SC : **R** 45/140 🍴 –
  ⛘ 15 – **10 ch** 75/140.

 à Luttenbach SO : 3 km par D 10 et rte forestière – ✉ 68140 Munster :

 🏠 **Chêne Voltaire** ⚘, 🕾 77.31.74, ≤, « Dans la forêt » – ➭wc 🎐wc 🕾 ⟷ 🅟.
  ⚂ ch
  fermé 1er au 19 mars, 1er au 22 oct. et 15 nov. au 15 janv. – SC : **R** (1/2 pension) – ⛁
  15 – **19 ch** 55/120 – P 115/140.

 à Breitenbach SO : 4 km par D 10 – ✉ 68380 Metzeral :

 X **Cecchetti,** rte Metzeral 🕾 77.32.20 – 🅟
 ↔ fermé nov. à fin fév., et lundi – **R** 45/120.

CITROEN Gar. Sary, par ① 🕾 77.33.44   RENAULT Gar. Martin, 🕾 77.37.44
PEUGEOT, TALBOT Gar. Schmidt, par ① 🕾   RENAULT Gar. St-Grégoire 🕾 77.35.08 N
77.40.78 N

MURAT 15300 Cantal 76 ③ G. Auvergne (plan) – 3 005 h. alt. 917 – ✪ 71.

Voir Église★ de Bredons S : 2,5 km.

🛈 Office de Tourisme av. Dr. Mallet 🕾 20.09.47 et à l'Hôtel de Ville (fermé sam. et dim.) 🕾 20.03.80.
Paris 495 – Aurillac 51 – Brioude 57 – Issoire 73 – Le Puy 117 – St-Flour 25.

 🏠 Gd H. Messageries, 🕾 20.04.04, 🚗 – ➭wc 🎐 🕾 🚗
  21 ch.

 à Prat de Bouc SO : 10 km par D 39 – ✉ 15300 Murat :

 X **Le Buron,** 🕾 73.30.84, ≤ – ⚂
 ↔ fermé 1er oct. au 20 déc. – SC : **R** 36/75.

PEUGEOT Gar. Delrieu, 🕾 20.06.22 N   RENAULT Dolly, 🕾 20.03.93

MURAT-SUR-VÈBRE 81320 Tarn 83 ③ – 1 060 h. alt. 842 – ✪ 63.
Paris 721 – Albi 80 – Béziers 69 – Castres 63 – Montpellier 110 – St-Affrique 59.

 ☻ **Durand,** 🕾 37.41.91 – 🚗
 ↔ fermé 20 déc. au 10 janv. et vend. soir de nov. à fév. – SC : **R** 30/100 🍴 – ⛘ 10 –
  14 ch 50/65 – P 110.

RENAULT Nègre, 🕾 37.43.14

MURBACH 68 H.-Rhin 62 ⑱ – rattaché à Guebwiller.

MUR-DE-BRETAGNE 22530 C.-du-N. 58 ⑲ G. Bretagne – 2 259 h. alt. 225 – ✪ 96.
Voir Lac de Guerlédan★★ O : 2 km.

🛈 Syndicat d'Initiative pl. Église (15 juin-15 sept. et fermé dim. après-midi et lundi matin) 🕾
28.51.41 et à la Mairie (fermé dim.) 🕾 28.51.32.
Paris 458 – Carhaix-Pl. 48 – Guingamp 45 – Loudéac 21 – Pontivy 16 – Quimper 98 – St-Brieuc 45.

 XX **Aub Grand'Maison** avec ch, 🕾 28.51.10 – 📺 ➭wc 🎐wc 🕾
  fermé 23 au 30 juin, 25 sept. au 25 oct., dim. soir et lundi sauf juil. et août – SC : **R**
  80/180 – ⛁ 18 – **15 ch** 85/180.

CITROEN Euzenat, 🕾 28.51.22

Les MUREAUX 78 Yvelines 55 ⑲, 196 ⑱ – rattaché à Meulan.

738

MURET <relais> 31600 H.-Garonne 82 ⑰ G. Pyrénées – 15 382 h. alt. 169 – ✆ 61.

Paris 729 – Auch 75 – St-Gaudens 69 – Pamiers 51 – ♦Toulouse 21.

　🏨　**Aragon** sans rest, 15 r. Aragon ✆ 51.11.31 – 🛁
　　　fermé dim. – ⍁ 10 – **20 ch** 60/90.

CITROEN G.A.M., N 117 ✆ 51.01.02　　　🔧 Muret-Pneus, Zone Ind. Jofrery ✆ 51.09.39
RENAULT S.A.D.A.M., N 117 ✆ 51.05.44
TALBOT Llédo, N 117 ✆ 51.03.30

MUROL 63790 P.-de-D. 73 ⑬⑭ G. Auvergne (plan) – 621 h. alt. 833 – ✆ 73.

Voir Château★★.

🛈 Syndicat d'Initiative à la Mairie (15 sept.-15 juin, fermé sam. après-midi et dim.) et pl. Coudert (15 juin-15 sept. et fermé dim. après-midi), ✆ 88.62.62.

Paris 433 – Besse-en-Chandesse 11 – ♦Clermont-Fd. 37 – Condat 39 – Issoire 31 – Le Mont-Dore 20.

　🏨　**Parc,** ✆ 88.60.08, ⍑, ☎, ☞, ⚘ – 🛁wc 🚿wc ☎ 🅿 – ⚒ 60. 🖾
　　　1er mai-fin sept., vacances de fév. et de Pâques – SC : **R** 65/110 – ⍁ 15 – **39 ch**
　　　100/195, 5 appartements 230 – P 185/192.

　🏨　**Dômes** ⚘, à Groire E : 0,5 km par D 146 ✆ 88.60.13, ⍑, ☞, ⚘ – 📺 🛁wc
　➜　🚿wc ☎ 🅿. 🖾. 1er juin-15 sept. et vacances scolaires sauf Noël – SC : **R** 55 – ⍁ 15 – **35 ch** 125 –
　　　P 170.

　🏨　**Arvernes** sans rest, ✆ 88.60.68 – 🚿 🅿. ⚘
　　　15 juin-15 sept. – SC : ⍁ 10 – **11 ch** 61/84.

　🏨　**Univers,** ✆ 88.60.32 – 🛁wc 🚿wc 🖾. **E** 𝘝𝘐𝘚𝘈
　➜　12 mai-25 sept., vac. scolaires de nov., 20 déc.-vac. scolaires de printemps et week-
　　　ends de janv. à mars – SC : **R** 49/85 – ⍁ 13 – **19 ch** 73/110 – P 116/139.

　　　à Beaune-le-Froid NO : 5 km – alt. 1 050 – ⌂ 63790 Murol :

　🏨　**Relais des Montagnes** ⚘, ✆ 88.61.48, ≤, ☞ – 🛁wc 🚿wc ☎ 🅿
　➜　fermé 1er nov. au 1er déc. – SC : **R** 37/73 – ⍁ 10 – **12 ch** 58/110 – P 117/145.

PEUGEOT Pons, ✆ 88.60.22　　　　　　　　RENAULT Gar. Dabert, ✆ 88.63.43

MUS 30121 Gard 83 ⑧ – 406 h. alt. 50 – ✆ 66.

Paris 732 – ♦ Montpellier 32 – Nîmes 21.

　XX　**Aub. de la Paillère** ⚘ avec ch, ✆ 35.13.33, ☞ – 🛁wc 🚿wc 🖾. ⚘ ch
　　　fermé 9 oct. à Pâques – SC : **R** (fermé 9 au 25 oct., 5 au 28 fév., dim soir et lundi du
　　　30 oct. au 30 avril) 90/275 – ⍁ 18 – **7 ch** 153/199.

La MUSE 12 Aveyron 80 ④⑤ – rattaché au Rozier.

MUSSIDAN 24400 Dordogne 75 ④ – 3 235 h. alt. 57 – ✆ 53.

🛈 Syndicat d'Initiative 9 r. Libération (fermé 15 janv. au 1er mars, dim. après-midi et lundi) ✆ 81.04.77.

Paris 529 – Angoulême 84 – Bergerac 25 – Libourne 55 – Périgueux 35 – Ste-Foy-la-Grande 29.

　🏨　**Gd Café** sans rest, 1 av. Gambetta ✆ 81.00.07 – 🛁wc 🚿wc. 🖾
　　　SC : ⍁ 9,50 – **11 ch** 37/73.

　🏠　**Midi** ⚘, à la gare ✆ 81.01.77 – 🛁 🅿. ⚘ ch
　➜　fermé vacances scolaires de nov. et de fév., vend. soir et sam. d'oct. à avril – SC : **R**
　　　42/150 ♨ – ⍁ 13,50 – **8 ch** 60/100 – P 100/110.

　XX　**Relais du Gabillou,** rte de Périgueux ✆ 81.01.42 – 🅿. **E** 𝘝𝘐𝘚𝘈
　➜　fermé 20 juin au 3 juil., 3 au 22 oct., vacances de fév. et lundi – SC : **R** 68/185.

CITROEN Gar. Gras, ✆ 81.04.18　　　　　　🔧 Service du Pneu, à Lagut ✆ 81.02.84
PEUGEOT, TALBOT Gar. Rousseau, ✆ 81.04.47
RENAULT Tarade, à St-Médard-de-Mussidan
✆ 81.05.94 🖾 ✆ 81.22.89

MUTZIG 67190 B.-Rhin 62 ⑨ G. Vosges – 5 016 h. alt. 187 – ✆ 88.

Paris 524 – Obernai 12 – Saverne 30 – Sélestat 35 – ♦Strasbourg 28.

　🏨　**Host. de la Poste,** pl. de la Fontaine ✆ 38.38.38, « Maison alsacienne » –
　　　🛁wc 🚿wc ☎. 🖾. ⚘
　　　SC : **R** (fermé lundi) 58/145 ♨ – ⍁ 14,50 – **19 ch** 73/218 – P 208/250.

　XX　**Aub. Alsacienne au Nid de Cigogne,** r. 18-Novembre ✆ 38.11.97
　➜　fermé 1er au 10 juin, 21 sept. au 14 oct., 25 au 31 déc., mardi soir et merc. – SC : **R**
　　　35/135.

🔧 Kautzmann ✆ 38.61.78

Le MUY 83490 Var 84 ⑦ – 4 280 h. alt. 21 – ✆ 94.

Voir Site★ de la chapelle N.-D.-de-la-Roquette SE : 3,5 km puis 30 mn, G. Côte d'Azur.

🛈 Office de Tourisme rte Callas (hors sais. matin seul.) ✆ 44.42.79.

Paris 860 – Brignoles 49 – Cannes 51 – Draguignan 13 – Fayence 34 – Fréjus 16 – Ste-Maxime 24.

　🏨　**La Chêneraie** sans rest., quartier Ste-Roseline, O : 4 km par N 7 et N 555 ⌂
　　　83490 Le Muy ✆ 44.44.43, parc – 📺 🛁wc 🚿wc 🖾 🅿
　　　SC : ⍁ 14 – **10 ch** 150/200.

MUZILLAC 56190 Morbihan 63 ⑭ – 2 987 h. alt. 23 – ✪ 97.

Paris 428 – •Nantes 85 – Redon 37 – La Roche-Bernard 15 – Vannes 25.

✗ **Aub. de Pen-Mur** avec ch, 20 rte Vannes ☎ 41.67.58, ⛱ – ⓟ. AE ⓓ E
fermé 2 au 19 nov. – SC : **R** 42/150 – ☕ 16 – **8 ch** 68/200 – P 150/200.

à Billiers S : 2,5 km – ✉ **56190** Muzillac :

Glycines, pl. Église ☎ 41.64.63, ⛱ – ⋒. ⌀
fermé fév. et lundi de nov. à fin avril – SC : **R** 52/150 ⅓ – ☕ 12 – **13 ch** 61/82 – P 189/200.

à la Pointe de Pen-Lan S : 4,5 km - **G. Bretagne** – ✉ **56190** Muzillac.

Voir ⩽★.

H. de Rochevilaine ⛰, ☎ 41.69.27, Télex 950570, ⩽ littoral, « Demeures anciennes avec jardin dominant la côte » – ⓟ – 🎤 30. AE VISA. ⌀ rest
fermé janv. et fév. – SC : **R** 100/230 – ☕ 30 – **37 ch** 160/460.

MYENNES 58 Nièvre 65 ⑬ – rattaché à Cosne-sur-Loire.

NAINTRÉ 86 Vienne 68 ⑬ – rattaché à Poitiers.

NAINTRÉ-LES-BARRES 86 Vienne 68 ④ – rattaché à Chatellerault.

NAJAC 12270 Aveyron 79 ⑳ **G. Causses** – 931 h. alt. 350 – ✪ 65.

Voir Site★★ – Ruines du château★ : ⩽★.

ℹ Syndicat d'Initiative à la Mairie (fermé sam. après-midi et dim.) ☎ 65.80.94.

Paris 644 – Albi 54 – Cahors 85 – Gaillac 54 – Montauban 68 – Rodez 86 – Villefranche-de-R. 24.

Belle Rive Ⓜ ⛰, NO : 2 km par D 39 ☎ 65.74.20, ⩽, ⛱, ⛱, ⛱ – ⛀wc ⋒wc ☎ ⛍ ⓟ – 🎤 30. ⛟. ⌀ rest
1er avril-15 oct. – SC : **R** 50/120 ⅓ – **34 ch** ☕ 73/130 – P 137/170.

Oustal Del Barry, H. Miquel ⛰, ☎ 65.70.80, ⩽, ⛱, « Jardin » – |⇕| ⛀wc ⋒wc ☎ ⛍. ⛟ VISA
1er mars-31 oct. et fermé lundi sauf fériés en mars, avril et oct. – SC : **R** 47/140 – ☕ 15,50 – **31 ch** 65/130 – P 130/165.

NANÇAY 18 Cher 64 ⑳ **G. Châteaux de la Loire** – 717 h. alt. 140 – ✉ **18330** Neuvy-sur-Barangeon – ✪ 48.

Paris 201 – Bonny-sur-Loire 66 – Bourges 36 – Gien 55 – Salbris 14 – Souesmes 13 – Vierzon 20.

✗✗✗ **Les Meaulnes** avec ch, ☎ 51.81.15, « Mobilier ancien », ⛱ – ⛀wc ⋒wc ☎. ⛟ AE ⓓ VISA. ⌀
fermé 30 janv. au 1er mars, merc. midi et mardi sauf fériés – SC : **R** (nombre de couverts limité - prévenir) 175 – ☕ 25 – **8 ch** 185/245.

CITROEN Garage Central, ☎ 51.80.29

NANCY Ⓟ 54000 M.-et-M. 62 ⑤ **G. Vosges** – 111 493 h. communauté urbaine 266 000 h. alt. 212 – ✪ 8.

Voir Ensemble 18e s. : Place Stanislas★★★ BY , Arc de Triomphe★ BY **B** – Place de la Carrière★ BY **21** et Palais du Gouvernement★ BX **W** – Ancien Palais ducal★★ BX **M1** – Église des Cordeliers★ BX **E** : tombeau★★ – Porte de la Craffe★ AX **F** – La Pépinière★ BCX – Église N.-D.-de-Bon-Secours★ EX **K** – Musées : Historique lorrain★★★ BX **M1**, Beaux-Arts★★ BY **M2** , Ecole de Nancy★ DX **M3**, Zoologie (aquarium tropical★) CY **M4**.

Env. Basilique★★ de St-Nicolas-de-Port par ② : 12 km.

⛳18 de Nancy-Aingeray ☎ 349.53.87 par ⑥ : 17 km.

✈ de Nancy-Essey ☎ 329.56.90 EV 4,5 km.

🚗 ☎ 336.78.10.

ℹ Office de Tourisme (fermé dim. après-midi) et Accueil de France (Informations et réservations d'hôtels, pas plus de 5 jours à l'avance) 14 pl. Stanislas ☎ 335.22.41, Télex 960414 - A.C. 49 pl. Carrière ☎ 335.04.65.

Paris 372 ⑥ – Chaumont 120 ⑤ – •Dijon 201 ⑤ – •Metz 56 ⑥ – •Reims 230 ⑥ – •Strasbourg 145 ①.

Plans pages suivantes

❀ **Frantel** Ⓜ, 11 r. R.-Poincaré ☎ 335.61.01, Télex 960034 – |⇕| ▤ TV ☎ ♿ ⛍ – 🎤 300. AE ⓓ E VISA. ⌀ rest AY **r**
SC : rest. **La Toison d'Or** *(fermé 14 juil. au 31 août, sam.. midi et dim.)* **R** carte 105 à 170 , à la Brasserie **Le Thiers R** carte environ 80 – ☕ 22 – **192 ch** 270/342
Spéc. Crêpe tiède de sandre fumé, Millefeuille de saumon, Mignon de porc à la mirabelle.

Gd H. Concorde et rest. Stanislas, 2 pl. Stanislas ☎ 335.03.01, Télex 960367, ⩽, « Demeure 18e s. » – |⇕| TV ☎ – 🎤 120. AE ⓓ E VISA BY **d**
SC : **R** 100/150 – ☕ 28 – **51 ch** 265/435.

🏦 **Albert 1er-Astoria** Ⓜ sans rest, 3 r. Armée-Patton ☎ 340.31.24, Télex 850895, 🛥
— 📶 📺 🛏wc 🚿wc ☎ & ⓟ — 🕌 50. 🍴 💳 ⓞ Ε 💳   AY **d**
SC : ⌷ 19,50 — **134 ch** 105/235.

🏦 **Europe** sans rest, 5 r. Carmes ☎ 335.32.10, Télex 960413 — 📶 📺 🛏wc 🚿wc
& 🚗 ⓟ 💳 💳 ⓞ Ε   BY **m**
SC : ⌷ 17 — **80 ch** 180/220.

🏦 **Résidence** Ⓜ sans rest, 30 bd J.-Jaurès ☎ 340.33.56 — 📶 📺 🛏wc 🚿wc ☎. 🛥
💳   DEX **a**
fermé Noël-1er janv. — SC : ⌷ 16 — **24 ch** 130/200.

🏦 **Américain** sans rest, 3 pl. A.-Maginot ☎ 332.28.53 — 📶 📺 🛏wc 🚿wc ☎. 🛥
💳 ⓞ Ε 💳   ABY **n**
SC : ⌷ 19,50 — **51 ch** 150/245.

🏠 **Stanislas** sans rest, 22 r. Ste Catherine ☎ 337.23.88 — 🚿wc ☎. 🛥   CY **v**
SC : ⌷ 15 — **16 ch** 110/150.

🏠 **Crystal** sans rest, 5 r. Chanzy ☎ 335.41.55 — 📶 🛏wc 🚿 ☎. 🛥 💳 ⓞ Ε 💳
SC : ⌷ 18 — **38 ch** 90/180.   AY **a**

🏠 **XXe Siècle** sans rest, 17 r. St-Dizier ☎ 332.91.67 — 🛏 🚿wc ☎. 🛥   BY **f**
SC : ⌷ 16 — **23 ch** 80/148.

🏠 **Cigogne** sans rest, 4 bis r. Ponts ☎ 332.89.33 — 📶 📺 🚿wc ☎. 🛥 💳 🐾
fermé 24 déc. au 3 janv. — SC : ⌷ 16 — **40 ch** 90/170.   BY **s**

XXX ✿ **Capucin Gourmand** (Veissière), 31 r. Gambetta ☎ 335.26.98, « Décor modern
style » — 🍴 ⓟ. 💳   BY **m**
fermé août, dim. et lundi — SC : **R** (nombre de couverts limité - prévenir) carte 195 à
285
Spéc. Foie gras frais au naturel, Salade de St-Jacques et huîtres florentine (oct. à mai), Filet de
canard en feuilleté au vinaigre de miel. Vins Côtes de Toul.

XXX ✿ **La Gentilhommière**, 29 r. Maréchaux ☎ 332.26.44 — 🍴. 💳 ⓞ 💳   BY **x**
fermé août, sam., dim. et fériés — SC : **R** carte 150 à 200
Spéc. Nage d'écrevisses aux goujonnettes de sole, Filet d'agneau au gâteau de cèpes, Grand
dessert. Vins Côtes de Toul.

XXX **Le Goéland**, 27 r. Ponts ☎ 335.17.25, produits de la mer — 💳   BY **e**
fermé lundi midi, dim. et fériés — SC : **R** 100/145.

XX **La Chaumière**, 60 r. Stanislas ☎ 337.05.03 — 💳 ⓞ Ε 💳   BY **t**
fermé 30 juil. au 24 août, sam. et dim. sauf fériés — SC : **R** 80/125 ⓥ.

XX **Gd Café Foy** 1er étage, 1 pl. Stanislas ☎ 332.15.97 — 💳 ⓞ 💳 🐾   BY **b**
fermé 2 déc. au 5 janv., 1er au 22 juil. et merc. — SC **R** 55/85.

X **Nouveaux Abattoirs**, 4 bd Austrasie ☎ 335.46.25 🍴   EV **s**
fermé août, sam., dim. et fêtes — **R** 48/103 ⓥ.

route de Paris O : 4 km — 🖂 54520 Laxou :

🏨 **Mercure** Ⓜ 🐾, échangeur Nancy Ouest ☎ 396.42.21, Télex 850036, ⛴, — 📶
📺 ☎ ⓟ — 🕌 30 à 150. 💳 ⓞ Ε 💳   CV **v**
R carte environ 90 — ⌷ 30 — **99 ch** 215/240.

🏨 **Novotel Nancy Ouest** Ⓜ, ☎ 396.67.46, Télex 850988, ⛴, — 📶 🍴 rest 📺 ☎ &
ⓟ — 🕌 25 à 250. 💳 ⓞ 💳   CV **a**
R snack carte environ 85 — ⌷ 27 — **119 ch** 226/265.

à Houdemont S : 6 km — 🖂 54180 Heillecourt .

🏨 **Novotel Nancy Sud** Ⓜ, rte d'Épinal ☎ 356.10.25, Télex 961124, ⛴, 🛥 — 📶 📺
☎ ⓟ — 🕌 25 à 250. 💳 ⓞ 💳   EY **s**
R snack carte environ 85 — ⌷ 27 — **86 ch** 231/265.

rte de Neufchâteau par ④ : 8 km — 🖂 54230 Neuves-Maisons :

XX **Aub. la Forestière**, ☎ 347.26.32, ≼ — ⓟ. 💳 ⓞ 💳
fermé 1er au 23 août, dim. soir, jeudi soir et lundi — SC : **R** 100/170.

à Champenoux par ① : 15 km par N 74 — 🖂 54280 Seichamps :

XX **Aub. Lion d'Or**, ☎ 326.61.23 — Ε
fermé 1er au 15 sept., en fév., lundi soir et mardi — SC : **R** 72/130.

Voir aussi ressources hôtelières de *Liverdun* par ⑥ : 16 km.

MICHELIN, Agence régionale, 1 à 5 r. Marcel-Brot EV ☎ 336.40.31

BMW Hazard, 105 bd Austrasie ☎ 332.86.68
CITROEN Central Autom. de Lorraine, 11 r.
Tapis-Vert CY ☎ 332.10.24
DATSUN Gar. Lorraine-Auto, 39 av. de la Ga-
renne ☎ 340.22.57
FORD Gras, 11 r. A.-Lebrun ☎ 336.51.75
MERCEDES-BENZ, OPEL S.O.V.A.N., 260 av.
Strasbourg ☎ 335.56.34
V.A.G. Gd Gar. de la Paix, 32 r. Metz ☎ 335.
51.97

Φ Le Circulaire, 37 r. Sigisbert-Adam ☎ 337.
06.23
Leclerc-Pneu, 55 av. Foch ☎ 341.41.84
Leclerc-Pneu, 11 r. A.-Krug ☎ 335.28.31
Nancy Pneus, 61 r. des Chaligny ☎ 335.42.70
Tyresoles-Sebat-Est, 8 r. Gén.-Landremont ☎
351.20.73

tourner →

NANCY

Dominicains (R. des) **BY** 31
Gambetta (R.) . . . . . . **BY** 35
Grande-Rue . . . . **BXY** 37
Héré (R.) . . . . **BY** 40
Mazagran (R.) . . . . . **AY** 53
Mengin (Pl. Henri) . . **BY** 55
Mouja (R. du Pont) . . **BY** 63
Poincaré (R. Henri) . . **AY** 70
Point-Central . . . . . . **BY** 72
Ponts (R. des) . . . . . **BYZ** 73
Raugraff (R.) . . . . . . **BY** 74
St-Dizier (R.) . . . . . . **BY**
St-Georges (R.) . . . . **CY**
St-Jean (R.) . . . . **BY**
Stanislas (R.) . . . . . **BY** 100
Trois-Maisons
  (R. du Fg des) . . . . **AX** 103

Adam (R. Sigisbert) . **BX** 2
Albert-1er (Bd) . . . . . **DV** 3
Alliance (Pl. d') . . . . . **CY** 4
Anatole-France
  (Av.) . . . . **DV** 6
Armée-Patton (R.) . . **DV** 7
Auxonne (R. d') . . . . **DV** 8
Barrès (R. Maurice) . . **CY** 10
Barthou (Bd Louis) . . **EX** 12
Bazin (R. H.) . . . . . . **CY** 13
Braconnot (R.) . . . . . **BX** 19

Carmes (R. des) . . . . . **BY** 20
Carrière (Pl. de la) . . . **BY** 21
Cathédrale (⊞) . . . . . **CY S**
Chanoine-Jacob (R.) . . **AX** 23
Clemenceau (Bd G.) . . **EX** 25
Courbet (R.) . . . . **DV** 27
Craffe (R. de la) . . . . . **AX** 28
Europe (Bd de l') . . . . **DY** 32
Foch (Av.) . . . . **DV** 33
Gaulle (Pl. Gén.-de) . . **BX** 36
Haut-Bourgeois (R.) . . **AX** 39
Ile de Corse (R. l') . . . **CY** 41
Jaurès (Bd Jean) . . . . **EX** 42
Jaurès (Bd Jean)
  VANDŒUVRE . . . . . **DX** 43
Jeanne-d'Arc (R.) . . . **DEX** 44
Jeanne-d'Arc (Av.)
  VANDŒUVRE . . . . . **EY** 45
Keller (R. Charles) . . . **EX** 46
Lamour (R. J.) . . . . . . **AX** 47
Leclerc (Av. Gén.)
  VANDŒUVRE . . . . . **DY** 49
Loups (R. des) . . . . . . **AX** 51
Mareville (R. de) . . . . **DX** 52
Mirecourt (Route de) . **EX** 59
Nabécor (R. de) . . . . . **EX** 64
N.-D. de
  Bon Secours (⊞) . . **EX K**
N.-D. de Lourdes
  (⊞) . . . . **DX** 67
Oudinot (R. Mar.) . . . **EX** 68
Poincaré (R. R.) . . . . **AY** 71

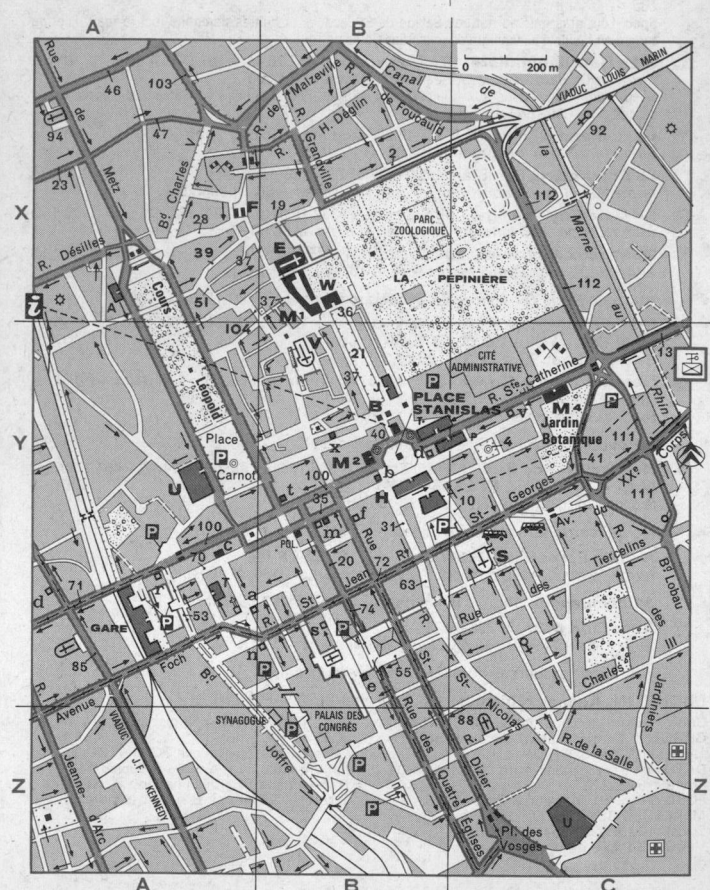

742

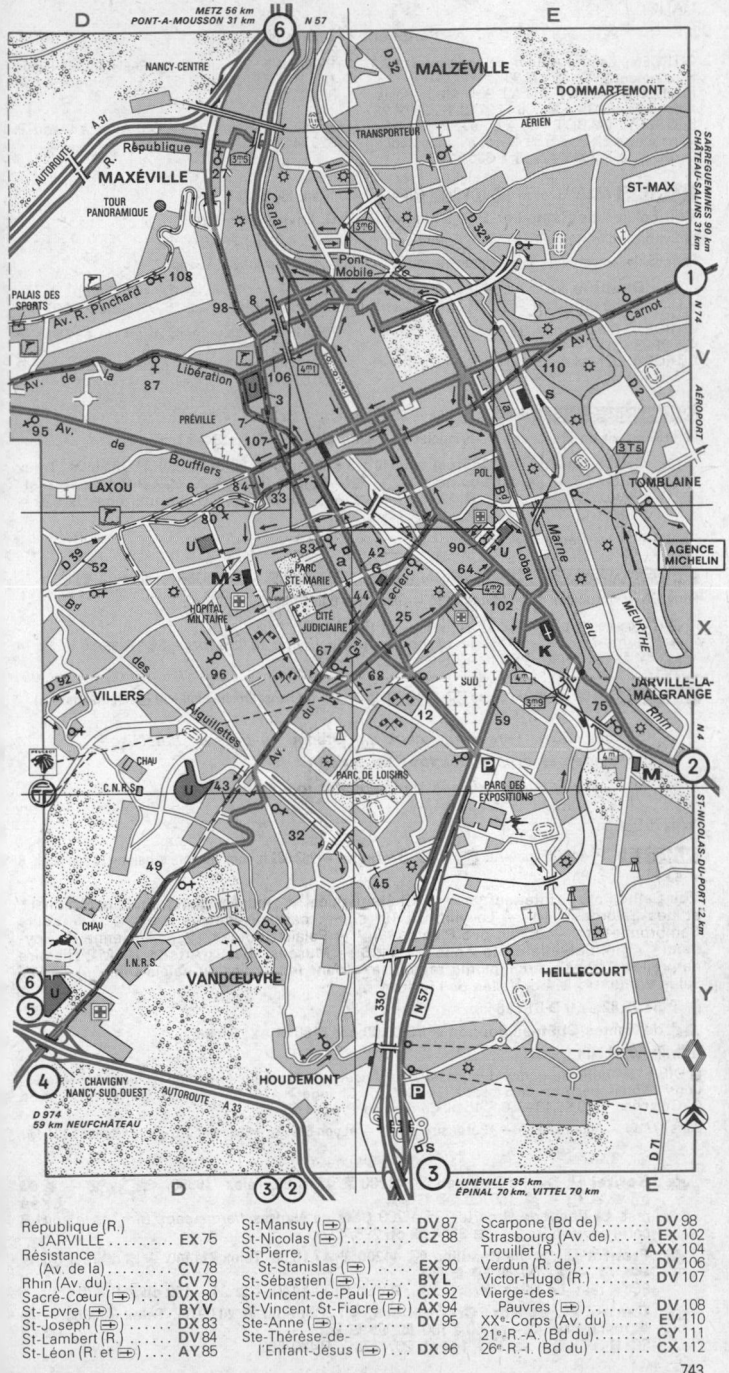

Périphérie et environs

CITROEN Central Autom. de Lorraine, N 57 à Houdemont EY ☏ 351.29.30
PEUGEOT, TALBOT S.I.A.L 9 av. de la Résistance à Laxou CV e ☏ 396.17.21 N ☏ 336.54.23
PEUGEOT, TALBOT S.I.A.L., av. P.-Doumer, Vandoeuvre EX ☏ 355.59.42 et 1 av. Résistance, Laxou CV a ☏ 396.34.21 N ☏ 336.54.23

RENAULT Succursale av. Résistance à Laxou CV ☏ 396.81.50 et N 57 à Houdemont EY ☏ 355.20.05

⚙ Boutmy-Pneus, 24 av. Ste-Anne à Laxou ☏ 328.54.89

NANGIS 77370 S.-et-M. 🔢 ③, 🔢 ⊗④ — 7 467 h. alt. 130 — ◎ 6.

Voir Église★ de Rampillon E : 4,5 km par D 62, G. Environs de Paris.

🛈 Syndicat d'Initiative à la Mairie (fermé sam. après-midi et dim.) ☏ 408.00.50.

Paris 65 — Coulommiers 35 — Fontainebleau 31 — Melun 26 — Provins 22 — Sens 52.

XX **Dauphin** avec ch, 9 bis r. A.-Briand ☏ 408.03.57 — 🛏wc 🕿 🅿. 📼. ⚘ ch
fermé dim. soir — SC : **R** 60 (sauf sam.)/100, carte le dim. — ⚏ 15 — **11 ch** 60/140.

CITROEN Gar. Barbier, 31 ter r. des Ecoles ☏ 408.01.03
CITROEN S.N.M.A. 3 av. Gén.-de-Gaulle ☏ 408.00.48

PEUGEOT Haelterman, 26 ter rte de Paris ☏ 408.01.05
RENAULT Bezault, 39 r. de la Libération ☏ 408.01.37

NANS-LES-PINS 83860 Var 🔢 ⑭ — 953 h. alt. 430 — ◎ 94.

Paris 800 — Aix-en-Provence 42 — Brignoles 26 — ♦Marseille 41 — Rians 35 — ♦Toulon 69.

🏰 **Châteauneuf**, au Châteauneuf N : 3,5 km par D 80 et N 560 ☏ 78.90.06, Télex 400747, ≤, « 🌳 dans un parc », 🏊, �’, — 📺 🕿 🅿 — 🏌 30. 🖭 ⑩ E 📼. ⚘ rest
14 avril-31 oct. — SC : **R** 120/200 — ⚏ 28 — **29 ch** 320/400, 3 appartements 620 —
P 380/540.

RENAULT Gar. Cardillo. ☏ 78.92.53

NANS-SOUS-STE-ANNE 25 Doubs 🔢 ⑤ — 128 h. alt. 365 — ⊠ 25330 Amancey — ◎ 81.

Paris 425 — ♦Besançon 44 — Pontarlier 35 — Salins-les-Bains 14.

🏠 **Poste** 🌳, ☏ 86.62.57, ≤, 🦌 — 🎠 🅿. ⚘ ch
← *fermé 1er nov. au 15 janv. et merc. sauf du 15 mai au 15 sept.* — SC : **R** 35/85 — ⚏ 14
— **11 ch** 70/90 — P 110/130.

NANTERRE 92 Hauts de Seine 🔢 ⑳, 🔢 ⑬ ⑭ — voir Paris, Proche banlieue (Rueil Malmaison).

*Si vous devez faire étape dans une station ou dans un hôtel isolé,
prévenez par avance, **surtout en saison**.
Une réservation confirmée par écrit est toujours plus sûre.*

NANTES p. 1

NANTES 🅿 44000 Loire-Atl. 🔢 ③ G. Bretagne — 263 689 h. communauté urbaine 420 000 h. alt. 8 — ◎ 40.

Voir Cathédrale★ : intérieur★★ HY — Château ducal★★ : musées d'art populaire régional★ et des Salorges★ HY — La ville du 19e s. ★ : passage Pommeraye★ GZ **135**, cours Cambronne★ FZ — Jardin des Plantes★ — Palais Dobrée★ FZ — Ancienne île Feydeau★ GZ — Belvédère Ste-Anne ≤★ EZ S — Musées : Beaux-Arts★★ HY **M1**, Histoire naturelle★★ FZ **M2**, Archéologie régionale★ (dans les jardins du palais Dobrée) FZ **M3**, Jules Verne★ EZ **M4** — Vallée de l'Erdre★ CV.

🛫 ☏ 63.25.82 - AV D 81 : 16 km.

✈ de Nantes-Château Bougon ☏ 75.80.00 par D 85 et BX : 8,5 km.

🚂 ☏ 50.50.50.

🛈 Office de Tourisme (fermé dim. et fêtes) et Accueil de France (Informations, change et réservations d'hôtels, pas plus de 5 jours à l'avance), pl. Change ☏ 47.04.51, Télex 700629 - — A.C.O. 6 bd G.-Guist'hau ☏ 48.56.19 - T.C.F. 15 pl. Commerce ☏ 48.43.68.

Paris 377 ⑬ — Angers 89 ⑬ — ♦Bordeaux 329 ④ — ♦Lyon 626 ⑬ — Quimper 226 ⑦ — ♦Rennes 107 ⑩.

Plans pages suivantes

🏰 **Sofitel** Ⓜ 🌳, Ile Beaulieu ⊠ 44200 ☏ 47.61.03, Télex 710990, ≤, 🏊, ⚘ — 🛗 📻 📺 🕿 🕭 🅿 — 🏌 150. 🖭 ⑩ E 📼
rest. **La Pêcherie R** carte 135 à 200 **Café de Nantes** *(fermé sam. dim. et le soir)* **R** carte environ 90 🦪 — ⚏ 33 — **98 ch** 295/427.
CX **a**

🏰 **Frantel** Ⓜ 🌳, Ile Beaulieu ⊠ 44200 ☏ 47.10.58, Télex 711440 — 🛗 📻 rest 📺 🕿 📞 — 🏌 200. 🖭 ⑩ E 📼
SC : **R** rest. **Le Tillac** *(fermé dim.)* **R** carte 100 à 140 — ⚏ 24 — **150 ch** 263/370.
CX **u**

🏰 **Central H. et Rôt. Crémaillère**, 4 r. Couëdic ☏ 20.09.35, Télex 700666 — 🛗 📻 rest 📺 🕿 📞 — 🏌 50 à 150. 🖭 ⑩ E 📼
SC : **R** 66/120 — ⚏ 25 — **143 ch** 207/276 — P 400/560.
GZ **f**

🏨 **Bourgogne** sans rest, 9 allée Cdt-Charcot ☏ 74.03.34 – 🕼 📺 🛁wc 🚿wc ⌕. 🚗 ⑩　　　　HY **g**
fermé 23 déc. au 3 janv. – SC : ⌂ 17 – **42 ch** 160/273.

🏨 **Astoria** sans rest, 11 r. Richebourg ☏ 74.39.90 – 🕼 🛁wc 🚿wc ☎ 🚗. 🛠　　HY **k**
fermé août – SC : ⌂ 18 – **45 ch** 145/205.

🏨 **Vendée** sans rest, 8 allée Cdt-Charcot ☏ 74.14.54 – 🕼 📺 🛁wc 🚿wc ☎ – ⚒ 40. 🚗 🖭 ⑩ 𝚅𝙸𝚂𝙰　　　　HY **g**
SC : ⌂ 18 – **88 ch** 150/230.

🏨 **Supotel** sans rest, 9 r. Alger ☏ 73.76.94 – 🕼 🛁wc ☎ 🅿. ⑩ E 𝚅𝙸𝚂𝙰　　FZ **a**
SC : ⌂ 20 – **43 ch** 140/220.

🏨 **France et rest Belle Epoque**, 24 r. Crébillon ☏ 73.57.91, Télex 700633 – 🕼
➜ 🛁wc 🚿wc ☎ 🖏 🅿 – ⚒ 25. 🚗 🖭 ⑩ E 𝚅𝙸𝚂𝙰　　　　FZ **w**
SC : R 49/69 – ⌂ 23 – **76 ch** 185/280 – P 240/300.

🏨 **Cholet** sans rest, 10 r. Gresset ☏ 73.31.04 – 🕼 🛁wc 🚿wc ⌕. 🚗　　FZ **b**
SC : ⌂ 13 – **38 ch** 95/140.

🏨 **Gd Hôtel** sans rest, 2 r. Santeuil ☏ 73.46.68 – 🕼 🛁wc 🚿wc ⌕. 🚗 𝚅𝙸𝚂𝙰　FZ **p**
SC : ⌂ 12,50 – **43 ch** 106/135.

🏨 **Concorde** sans rest, 2 allée Orléans ☏ 48.75.91 – 🕼 🛁wc 🚿wc ⌕. ⑩　　GZ **u**
SC : ⌂ 13,50 – **34 ch** 85/150.

🏨 **Graslin** sans rest, 1 r. Piron ☏ 73.50.55 – 🕼 🛁wc 🚿wc ⌕. 𝚅𝙸𝚂𝙰　　FZ **v**
SC : ⌂ 12 – **47 ch** 64/132.

🏨 **Trois Marchands**, 26 r. A.-Brossard ☏ 47.62.00 – 🛁wc 🚿 ☎ 🅿. 🚗 🖭 ⑩
➜ 𝚅𝙸𝚂𝙰. 🛠 rest　　　　GY **y**
SC : R 45/100 ⅄ – ⌂ 14 – **64 ch** 100/200 – P 150/250.

🏩 **Duquesne** Ⓜ sans rest, 12 allée Duquesne ☏ 47.57.24 – 🕼 📺 🛁wc ☎. 🖭 𝚅𝙸𝚂𝙰
fermé Noël – SC : ⌂ 18 – **27 ch** 120/168.　　　　GY **e**

🏩 **Terminus** sans rest, 3 allée Cdt-Charcot ☏ 74.24.51 – 🕼 🛁wc 🚿wc ⌕. 🚗　HY **z**
SC : ⌂ 13 – **36 ch** 87/145.

🏩 **Atlantique** sans rest, 9 r. Mar.-de-Lattre-de-Tassigny ☏ 73.85.33 – 🕼 🚿wc ⌕
SC : ⌂ 12 – **28 ch** 67/110.　　　　FZ **x**

🏩 **Fourcroy** sans rest, 11 r. Fourcroy ☏ 89.37.76 – 🚿wc ⌕. 🚗. 🛠　　FZ **k**
SC : ⌂ 13 – **19 ch** 60/100.

🏩 **Colonies** sans rest, 5 r. Chapeau-Rouge ☏ 48.79.70 – 🛁wc 🚿wc ⌕　　FZ **q**
SC : ⌂ 12 – **32 ch** 175/180.

XXX **Le Palatium** (ex Rôtisserie), pl. A.-Briand ☏ 48.69.28 – 🖭 𝚅𝙸𝚂𝙰　　FY **n**
fermé dim. – SC : R 55/130 ⅄.

XXX **Coq Hardi**, 22 allée Cdt-Charcot ☏ 74.14.25 – 🖭 ⑩ 𝚅𝙸𝚂𝙰　　HY **r**
fermé sam. – R 70/300.

XXX ⚜ **L'Esquinade** (Garbay), 7 rue St-Denis ☏ 48.17.22 – ⑩ 𝚅𝙸𝚂𝙰　　GY **a**
fermé 10 au 31 juil., dim. soir et lundi – SC : R 90
Spéc. Gratin de langoustines, Sandre au beurre blanc, Filet de bœuf à la moelle.

XXX **Chêne Vert**, 14 bis r. Talensac ☏ 20.24.64　　GY **r**

XX **La Vigie**, 18 quai Versailles ☏ 20.35.28 – 𝚅𝙸𝚂𝙰　　GY **n**
fermé août, sam. et fêtes – SC : R 120/180.

XX **La Sirène**, 4 r. Kervégan ☏ 47.00.17 – 𝚅𝙸𝚂𝙰　　GZ **t**
fermé août et dim. – SC : R 85/210.

XX ⚜ **Les Maraîchers**, 21 r. Fouré ☏ 47.06.51 – 🖭 ⑩ 𝚅𝙸𝚂𝙰. 🛠　　HZ **a**
fermé août, vacances de fév., dim. et lundi – SC : R (nombre de couverts limité - prévenir) carte 200 à 250
Spéc. Saumon frais au gingembre, Foie chaud aux poires, Pigeon à l'échalote. Vins Muscadet, Anjou.

XX **San Francisco**, 3 chemin Bateliers ✉ 44300 ☏ 49.59.42 – 🅿. ⑩ 𝚅𝙸𝚂𝙰　DX **s**
fermé août, sam. midi du 1er avril au 1er nov., dim. soir et lundi – SC : R 75/180.

XX **Aub. du Château**, 5 pl. Duchesse Anne ☏ 74.05.51 – 𝚅𝙸𝚂𝙰　　HY **e**
fermé 6 au 30 août, lundi midi et dim. – SC : R 89.

XX **Le Nantais**, 161 r. Hauts-Pavés ☏ 76.59.54 – 🅿　　BV **t**
fermé 1er au 20 août, en janv. et le soir sauf vend. et sam. – SC : R 55/125.

XX **Le Gavroche**, 139 r. Hauts-Pavés ☏ 76.22.49 – 🖭 E 𝚅𝙸𝚂𝙰　　BV **u**
➜ *fermé août, dim. soir et lundi* – SC : R 43/115.

XX **Nguyet Nga**, 5 r. Santeuil ☏ 73.39.08, cuisine vietnamienne　　FZ **s**
fermé août. – R 66/99.

X **Voyageurs**, 16 allée Cdt-Charcot ☏ 74.02.41 – 𝚅𝙸𝚂𝙰　　HY **s**
SC : R 52/110.

X **Le Change**, 11 r. Juiverie ☏ 48.02.28 – 🛠　　GY **u**
➜ *fermé 15 juil. au 15 août, dim. soir et lundi* – SC : R 40/115.

tourner →

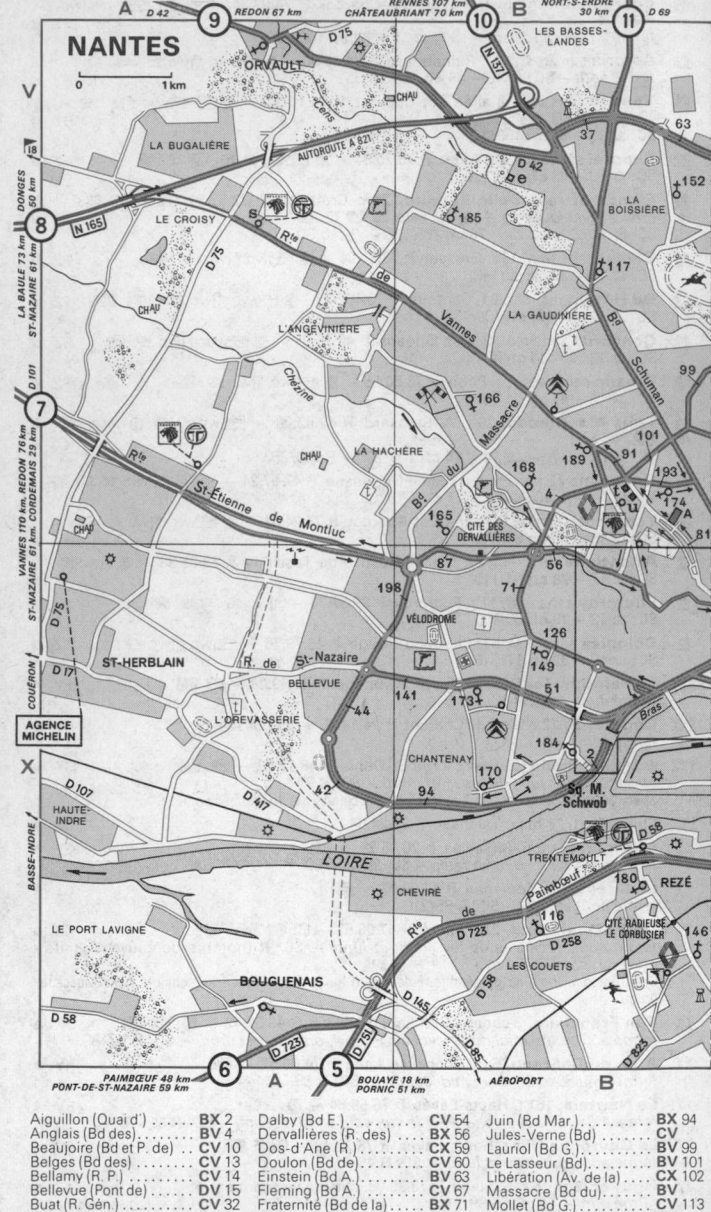

NANTES

0   1 km

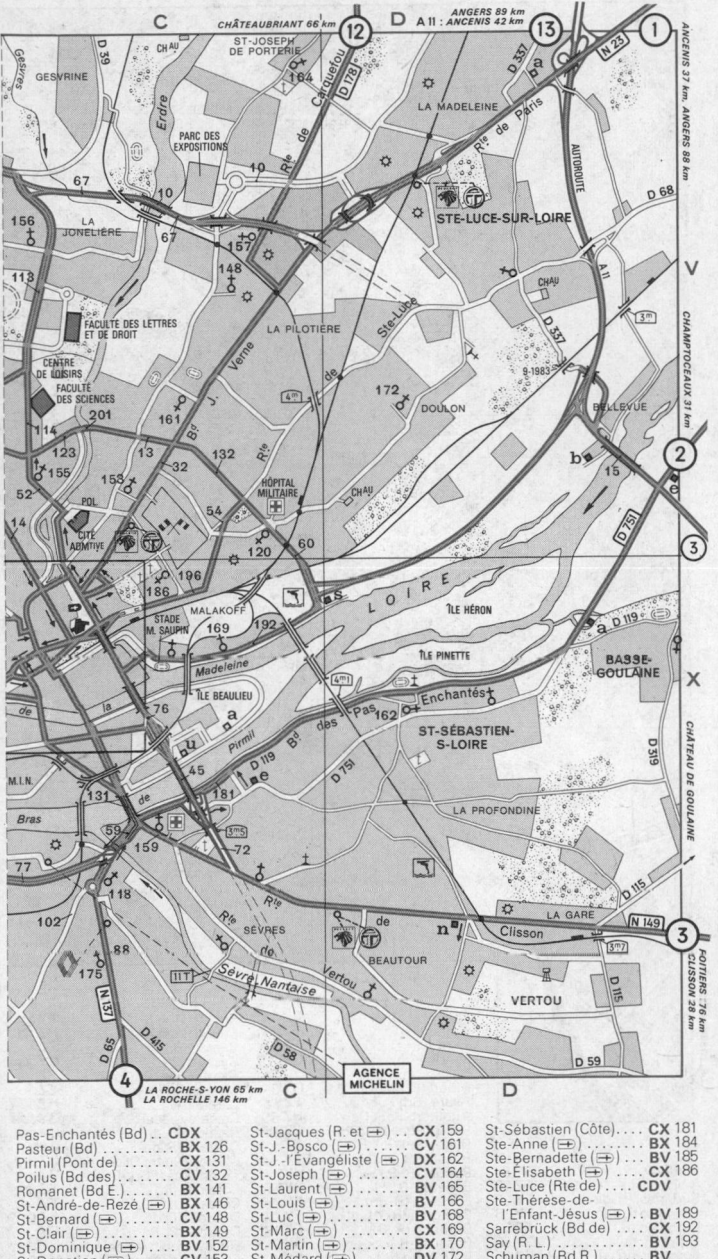

CHÂTEAUBRIANT 66 km — A 11 : ANGERS 89 km — A 11 : ANCENIS 42 km

ANCENIS 37 km, ANGERS 88 km

CHAMPTOCEAUX 31 km

CHÂTEAU DE GOULAINE

POITIERS 176 km
CLISSON 28 km

LA ROCHE-S-YON 65 km
LA ROCHELLE 146 km

AGENCE MICHELIN

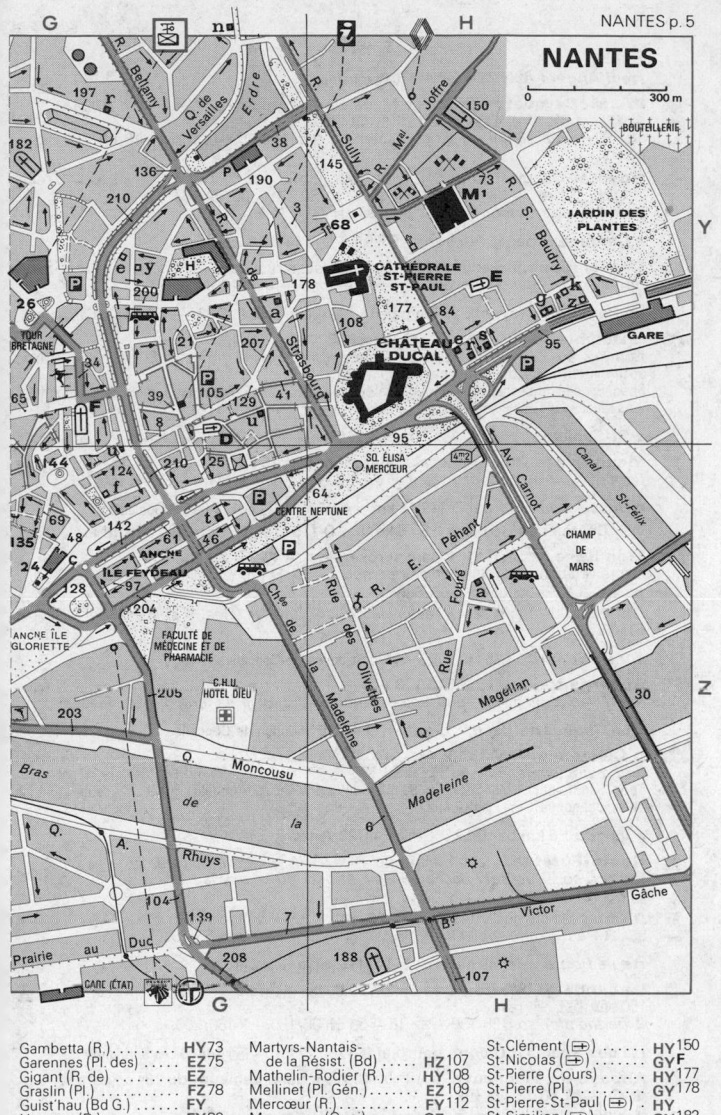

NANTES

Environs

rte d'Angers et N 23 – ✉ **44470** Carquefou :

P.L.M. Carquefou Ⓜ ⛰, La Madeleine : 9 km ☎ 49.29.24, Télex 710962, 🏊 – 🛗 ▤ rest 📺 ☎ ♿ Ⓟ – 👥 30 à 120. AE ⓓ E VISA DV **a**
SC : **R** *(fermé 23 juil. au 23 août, sam. et dim.)* 46/75 – ☕ 25 – **79 ch** 215/285 – P 390.

Novotel Carquefou Ⓜ ⛰, à la Belle Étoile par ① : 11 km ☎ 49.32.84, Télex 711175, 🏊, 🌳 – ▤ rest 📺 ☎ ♿ Ⓟ – 👥 30 à 150. AE ⓓ VISA
R snack carte environ 85 – ☕ 24 – **98 ch** 231/274.

à Carquefou par ⑫ : 10,5 km – 9 735 h. – ✉ **44470** Carquefou :

XX **Cheval Blanc,** r. 9 août-1944 ☎ 50.88.05, salle rustique
fermé août, vacances de fév., dim. soir et lundi – SC : **R** 95/200.

au Pont de Bellevue E : 9 km par rte Ste-Luce D68 et D337 – ✉ **44470** Carquefou :

XXX ✿ **Delphin,** ☎ 49.04.13, ≤ – Ⓟ. AE ⓓ E DV **b**
fermé 2 au 22 août, 20 déc. au 2 janv., dim. soir et lundi – SC : **R** (nombre de couverts limité - prévenir) carte 150 à 195
Spéc. Ecuelle du pêcheur au vin rouge, Estouffade de turbot au Muscadet, Ragoût de saumon frais. **Vins** Muscadet, Gros Plant.

à St-Sébastien : par D 751 : 6 km – 20 077 h. – ✉ **44230** St-Sébastien :

XX **Manoir de la Comète,** 21 av. Libération ☎ 34.15.93, 🌳 – Ⓟ. ⓓ VISA CX **e**
fermé 14 juil. au 15 août, vacances de fév., sam. midi et dim. – SC : **R** 100/195.

à Basse-Goulaine par D 119 : 8 km – 4 355 h. – ✉ **44115** Basse-Goulaine.
Voir Château de Goulaine★ E : 5 km par D 115 - DX, **G. Côte de l'Atlantique.**

XXX **Mon Rêve,** ☎ 54.57.11, « parc et roseraie » – Ⓟ. AE ⓓ VISA DV **e**
fermé vacances de fév., dim. soir et merc. – SC : **R** (dim. prévenir) 103/220.

XX **Bénureau,** ☎ 54.90.03, 🌳 – Ⓟ DX **a**
fermé 8 août au 1er sept., vacances de fév., dim. et fêtes le soir et lundi – SC : **R** 105/150.

sur D 751 par ② : 15 km – ✉ **44450** St-Julien-de-Concelles :

XX **Auberge Nantaise,** ☎ 54.10.73 – 🐕
fermé vac. scol. de fév., dim. soir et lundi (sauf midi jours fériés) – SC : **R** 75/95.

à La Chebuette par ② : 16 km – ✉ **44450** St-Julien-de-Concelles :

XXX ✿ **Clémence,** ☎ 54.10.18, 🌳 – Ⓟ. AE ⓓ
fermé dim. soir et lundi – SC : **R** 95/130
Spéc. Sandre beurre blanc, Cuisses de grenouilles provençale, Anguilles grillées sauce tartare. **Vins** Muscadet sur lie, Gros Plant sur lie.

à Vertou : 6 km par D 59 DX – ✉ **44120** Vertou :

Haute-Forêt sans rest, bd Europe ☎ 34.01.74 – 🛁wc 🚿wc ☎ Ⓟ – 👥 30
fermé 6 au 21 août, 17 déc. au 8 janv. et dim. du 1er nov. au 1er mars – SC : ☕ 15 – **25 ch** 121/170.

XX **Anjou** avec ch, sur N 149 ☎ 34.56.56, 🌳 – 🛁wc 🚿wc ☎ Ⓟ. VISA DX **n**
SC : **R** *(fermé dim. soir et sam.)* 45/100 🍷 – ☕ 15 – **17 ch** 65/150.

rte de Poitiers N 149 par ③ – ✉ **44115** Basse-Goulaine :

La Lande St-Martin, à 11 km ☎ 80.00.80, ≤, parc – 🛁wc 🚿wc ☎ Ⓟ – 👥 150. ⓓ VISA. 🐕 rest
R *(fermé dim. soir)* 55/130 – ☕ 15 – **39 ch** 95/180 – P 160/260.

rte des Sables d'Olonne par ④ et D 178 : 12 km – ✉ **44400** Les Sorinières :

Abbaye de Villeneuve ⛰, ☎ 04.40.25, « Belle demeure du 18e s., parc », ≤ – ☎ Ⓟ – 👥 50. AE ⓓ VISA
R *(fermé merc.)* 130/240 – ☕ 30 – **14 ch** 310/358 – P 415/500.

à St-Jean-de-Boiseau par D 723 et D 58 : 15 km - AX – 3 102 h. – ✉ **44640** Le Pellerin :

XX **L'Enclos de la Cruaudière,** ☎ 65.66.10, « Jardin » – Ⓟ
fermé août, sam. midi, dim. soir et lundi – SC : **R** (nombre de couverts limité - prévenir) carte 110 à 175.

à Orvault vers ⑨ par N 137 et D 42 : 7 km – 24 828 h. – ✉ **44700** Orvault :

✿ **Domaine d'Orvault** (Bernard) Ⓜ ⛰, ☎ 76.84.02, 🌳, 🎾 – 🛗 📺 ☎ ♿ Ⓟ – 👥 25. AE ⓓ VISA BV **e**
fermé vacances de fév. – SC : **R** *(fermé lundi midi)* 115/250 – ☕ 28 – **29 ch** 175/380 – P 360/430
Spéc. Poêlee de St Jacques ou de langoustines (selon saison), Effeuillade de bar et saumon, Ragoût de ris et rognons de veau au vermouth. **Vins** Muscadet, Anjou rouge.

à *Sucé-sur-Erdre* par ⑪ : 16 km − 3 816 h. − ✉ **44240** La Chapelle-sur-Erdre :

XX **Pavillon Henri IV,** ☎ 25.26.26 − 🆎 ⓪
fermé 19 au 25 sept., dim. soir et merc. − SC : **R** 95/170.

X **Cordon Bleu** avec ch, ☎ 77.71.34 − 🛏. 🆎. ⚘ rest
fermé 15 août au 15 sept. et 1ᵉʳ au 15 janv. − **R** *(fermé dim. soir et lundi)* 55/150 −
🍴 15 − **12 ch** 60/120 − P 180/250.

MICHELIN, Agence régionale, 13 r. du Rémouleur ZI à St Herblain AX ☎ 43.38.06 et **Agence** r. de l'Ile Macé, ZI Rézé CX ☎ 75.54.76

ALFA-ROMEO, OPEL-GM Ouest-Autom., 153 r. Hauts-Pavés ☎ 76.63.40

AUSTIN, JAGUAR, MORRIS, ROVER, TRIUMPH Le Moigne, 18 allée Baco ☎ 47.77.16

AUSTIN, ROVER, TRIUMPH Armoric-Auto, 2 bis r. Lamoricière ☎ 73.26.70

CITROEN Succursale, 26 r. de la Marseillaise BX ☎ 46.08.33 🆖 et ☎ 74.68.39

CITROEN Mustière, 82 rte de Vannes BV ☎ 76.90.76 🆖 et ☎ 74.66.66

DATSUN SOBA, 58 rte de Vannes ☎ 76.05.02

FIAT, LANCIA-AUTOBIANCHI Générale Autom. de l'Ouest, 10 bd J.-Verne ☎ 49.32.63

FORD Conté-Tiriau, 16 bd Stalingrad ☎ 74.30.11

PEUGEOT-TALBOT Centre Autom. Nantais, 40 r. de Monaco centre de Gros Rte de Paris DV ☎ 52.12.42

PEUGEOT-TALBOT S.I.A.O., 5 allée Ile-Gloriette GZ ☎ 89.42.17

PEUGEOT-TALBOT Dugast, 103 bis r. Gén.-Buat CV ☎ 74.18.04

PEUGEOT Gar. Monselet, 2 r. de la Pelleterie BV ☎ 40.63.74

PEUGEOT-TALBOT Raguideau, 170 rte Clisson DX ☎ 34.27.43 🆖 et ☎ 74.66.66

RENAULT Succursale, 68 bd Meusnier-de-Querlon BV ☎ 76.75.82

RENAULT Gar. Louis XVI, 41 r. Gambetta HY ☎ 74.29.33 🆖

TOYOTA Gar. Grimaud, 12 r. de L'échappée ☎ 47.02.79

V.A.G. Gar. de l'Ouest, 8 r. Sully ☎ 29.40.00

Dépannage-Autom.-Ouest, 14 r. G.-Clemenceau ☎ 74.66.66 🆖

🛞 Le Gall, 4 r. Baron ☎ 47.66.00

Johan-Pneus, 17-19 r. Emile Péhant, ☎ 47.16.45

Nantes-Pneumatiques, 83 rte Paris ☎ 49.36.19

Le Pneum-Nantais 104 rte de Vannes ☎ 76.11.98

Sonamia, 10 quai Henri-Barbusse ☎ 74.05.69

Station Magellan, 58 r. Fouré ☎ 89.52.00

Technic-Pneus, 6 quai F.-Crouan ☎ 47.67.35

Vallée-Pneus, 13 bd Martyrs-Nantais-de-la-Résistance ☎ 47.87.14

Périphérie et environs

CITROEN Succursale, 5 r. Charles Rivière à Rézé par ④ ☎ 75.24.44

FIAT-LADA St-Herblain Autom, rte de St Etienne de Montlux à St Herblain, ☎ 43 77 28

MERCEDES-BENZ Succursale, 307 rte Vannes à St-Herblain ☎ 63.63.89

OPEL-GM-US Lafayette Motors, rte de Vannes à St-Herblain ☎ 63.71.01

PEUGEOT-TALBOT S.I.A.O., rte de Vannes à Le Croisy AV s ☎ 63.18.73

PEUGEOT-TALBOT Blain, 102 r. Sauvestre, rte Rochelle à Rezé par ④ ☎ 75.41.34

PEUGEOT-TALBOT Loire-Océans-Autos, Piliers de la Chauvinière à St-Herblain AV ☎ 46.14.14

PEUGEOT-TALBOT Rez'Auto, bd Mar.-De-Lattre-De-Tassigny à Rézé BX ☎ 84.34.00

RENAULT Gar. Moinet, 25 r. J.-Jaurès à Rezé CX ☎ 75.60.00

RENAULT Gar. Moinet 110 r. des Sorinières à Rezé par ④ ☎ 75.68.00 🆖 et ☎ 75.55.29

RENAULT Gar. du Stade, 73 r. de Bel-Etre à Rezé BX ☎ 75.43.79

V.A.G. Océan Autos, rte de Vannes le Croisy à Orvault ☎ 63.11.01

V.A.G. Nantes Sud Autom., 48 r. E.-Sauvestre à Rezé ☎ 75.67.07

🛞 Lemaux-Pneu, 67 r. Aristide Briand à Rézé, ☎ 75.84.16

Nantex, 2 r. des Cochardières, Zil St-Herblain ☎ 46.56.07

Station de la Maladrie, Parc Industriel de la Vertonne Z.I. à Vertou ☎ 34.15.57

Vallée-Pneus, 26 r. de la Dutée, Zone Ind. à St-Herblain ☎ 46.27.75

☞ *Les localités dont les noms sont soulignés de rouge sur les cartes Michelin à 1/200 000 sont citées dans ce guide. Utilisez une carte récente pour profiter de ce renseignement régulièrement mis à jour.*

NANTEUIL-LE-HAUDOUIN 60440 Oise 🗺 ⑫ Ⓖ. Environs de Paris − 1 766 h. alt. 96 − 😊 4.
Paris 52 − Beauvais 71 − Compiègne 36 − Meaux 25 − Senlis 20 − Villers-Cotterêts 25.

XX **Le Bruxelles-Paris** avec ch, ☎ 488.00.37 − 🚿wc. 🍴🍴 VISA
→ *fermé 16 août au 2 sept., 17 janv. au 2 fév. et merc.* − SC : **R** 48/63 🍷 − ⊒ 10 − **10 ch** 55/90 − P 110/130.

CITROEN Thuillier et Klaine, ☎ 488.00.02 🆖   RENAULT Gar. du Centre, ☎ 488.01.43 🆖

NANTEUIL-SUR-MARNE 77 S.-et-M. 🗺 ⑬⑭ − 281 h. alt. 63 − ✉ **77730** Saâcy-sur-Marne − 😊 6.
Paris 75 − Charly 6 − Château-Thierry 22 − La Ferté-sous-Jouarre 10 − Melun 74.

☆ **Aub. Lion d'Or,** ☎ 023.62.21, 🍽 − Ⓟ. Ⓔ VISA
fermé 15 déc. au 31 janv., merc. soir et jeudi − SC : **R** 90/135 🍷 − ⊒ 16 − **14 ch** 65/100.

NANTILLY 70 H.-Saône 🗺 ⑬⑭ − rattaché à Gray.

NANTUA 🖙 01130 Ain 🗗 ④ G. Jura – 3 604 h. alt. 479 – ✿ 74.

Voir Cluse** – Lac* – Bords du lac ≤*.

🛈 Office de Tourisme 2 r. Dr-Mercier (1er juin-30 sept.) ☎ 76.50.05.

Paris 483 ② – Aix-les-B. 80 ① – Annecy 66 ① – Bourg-en-B. 56 ② – ✦Genève 64 ① – ✦Lyon 96 ②.

   🏠🏠 **Embarcadère** Ⓜ, av. Sorbiers **(e)**
     ☎ 75.22.88, ≤ – 📺 ☎ 🅿 – 🛦 60.
     💳. 🎾 rest
     fermé 20 déc. au 20 janv. – SC : **R**
     (fermé lundi) 75/190 – 🖵 18 – **50 ch**
     135/205.

   🏠🏠 ✿ **France,** 44 r. Dr.-Mercier **(v)** ☎
     75.00.55 – 📺 ⇔ 🅿. ⓞ 💳
     fermé 30 oct. au 20 déc. et vend.
     sauf fév., juil. et août – SC : **R** carte
     110 à 175 – 🖵 22 – **19 ch** 200/255
     Spéc. Gratin de queues d'écrevisses, Que-
     nelle de brochet Nantua, Poulet de Bresse
     aux morilles à la crème. **Vins** Roussette de
     Seyssel, Arbois.

   🏠 **Lyon,** 19 r. Dr.-Mercier **(a)** ☎ 75.
     17.09 – ⇔wc 🛁wc ☎ ⇔. 🚗
     💳
     fermé 1er au 15 juin, 1er au 15 nov.,
     hôtel fermé dim. soir et lundi sauf
     juil.-août – SC : **R** *(fermé dim. soir*
     sauf en juil. et août et lundi) 75/170 – 🖵 16 – **19 ch** 90/150.

Armes (Pl. d') 2
Collège (R. du) 3
Dr-Levrat (R. du) 4
Dr-Mercier (R. du) . . 5
H.-de-Ville (R. de l') 6
St-Michel (R.) 7

LYON 96 km ②   BOURG-EN-BRESSE 56 km

NANTUA   0   200 m

BELLEGARDE-SUR-VALSERINE 25 km N 84 ①

     aux Neyrolles par ① : 3 km – alt. 563 – ✉ 01130 Nantua :

   🏨 **Reffay,** ☎ 75.04.35, 🌳 – ⇔ 🛁 🅿. 🚗
   → *fermé 10 au 20 mai, 10 nov. au 20 déc., mardi soir et merc.* – SC : **R** 38/95 ⅄ – 🖵 13
     – **12 ch** 60/110 – P 110/140.

   🍴🍴 **Daphnés** avec ch, ☎ 75.01.42, 🌲, 🌳 – ⇔wc 🛁wc ☎ ⇔. 🚗. 🎾 rest
     fermé 9 au 23 juin, 17 nov. au 31 déc. et mardi sauf juil. et août – SC : **R** 66/160 – 🖵
     17 – **12 ch** 110/170 – P 160/240.

CITROEN Modern'Gar., La Cluse par ② ☎ 76.
01.61
PEUGEOT Grenard, La Cluse par ② ☎ 76.14.80
N ☎ 76.14.87

RENAULT Gar. du Lac, à Port par D74 ☎ 76.
07.33 N

La NAPOULE-PLAGE 06 Alpes-Mar. 🗗 ⑥. 🗗🗗🗗 ㉞㉟ G. Côte d'Azur – ✉ 06210 Man-
delieu-La-Napoule – ✿ 93.

Voir Site* du château-musée.

🛝🛝 Golf Club de Cannes-Mandelieu ☎ 49.55.39, N : 1,5 km.

🛈 Office de Tourisme r. J.-Aulas (fermé nov., sam. après-midi et dim.) ☎ 49.95.31.

Paris 900 – Cannes 8 -- Mandelieu 4 – ✦Nice 40 – St-Raphaël 34.

   🏰🏰 **Ermitage du Riou et rest. Lamparo,** ☎ 49.95.56, Télex 470072, ≤, 🏊, 🌳 – 📶
     ▤ ch 📺 ☎ 🅿 – 🛦 30. 🅰🇪 ⓞ 🇪 💳
     SC : **R** *(fermé 4 nov. au 22 déc.)* 97/135 – **39 ch** 🖵 290/762, 3 appartements –
     P 460/632.

   🏠 **La Calanque,** bd de la Mer ☎ 49.95.11, ≤ – ⇔wc 🛁wc ☎
   → *1er avril-30 sept.* – SC : **R** 50/85 – 🖵 19 – **18 ch** 165 – P 144/205.

   🏠 **Parisiana** sans rest, r. Argentière ☎ 49.93.02 – ⇔wc 🛁wc. 🎾
     26 mars-2 oct. – SC : 🖵 16 – **12 ch** 150/200.

   🏠 **Corniche d'Or** sans rest, pl. de la Fontaine ☎ 49.92.51 – 🛁wc. 🎾
     28 mars-15 oct. – SC : 🖵 12,50 – **12 ch** 90/151.

   🏠 **Rocamare,** ☎ 49.95.36 – 🛁 ☎ 🅿. 🚗 💳 🎾 ch
     fermé nov., déc. et merc. de janv. au 15 juin – SC : **R** 52/91 – 🖵 13,50 – **14 ch**
     99/135 – P 189/211.

   🍴🍴🍴🍴 ✿✿✿ **L'Oasis** (Outhier), ☎ 49.95.52, « Patio ombragé et fleuri » – ▤
     fermé fin oct. au 20 déc., lundi soir et lundi – **R** 260/280 et carte
     Spéc. Truffe surprise, Mille-feuilles de saumon, Foie gras de canard au gingembre. **Vins** Cassis,
     Bandol.

   🍴🍴 **Lou Castéou,** ☎ 49.95.15 – 🅰🇪 ⓞ 💳
     fermé 1er nov. au 15 déc., lundi soir et mardi hors sais. et lundi en sais. – SC : **R**
     80/120.

   🍴🍴 **Aub. du Port,** ☎ 49.95.24, ≤
     fermé 5 au 28 oct., 3 au 18 janv. et jeudi hors sais. – **R** 58.

   🍴🍴 **Brocherie II,** au Port ☎ 49.80.73, ≤
     fermé janv., lundi soir et mardi hors sais. – SC : **R** 130.

CITROEN Gar. de la Napoule, ☎ 49.95.01

NARBONNE 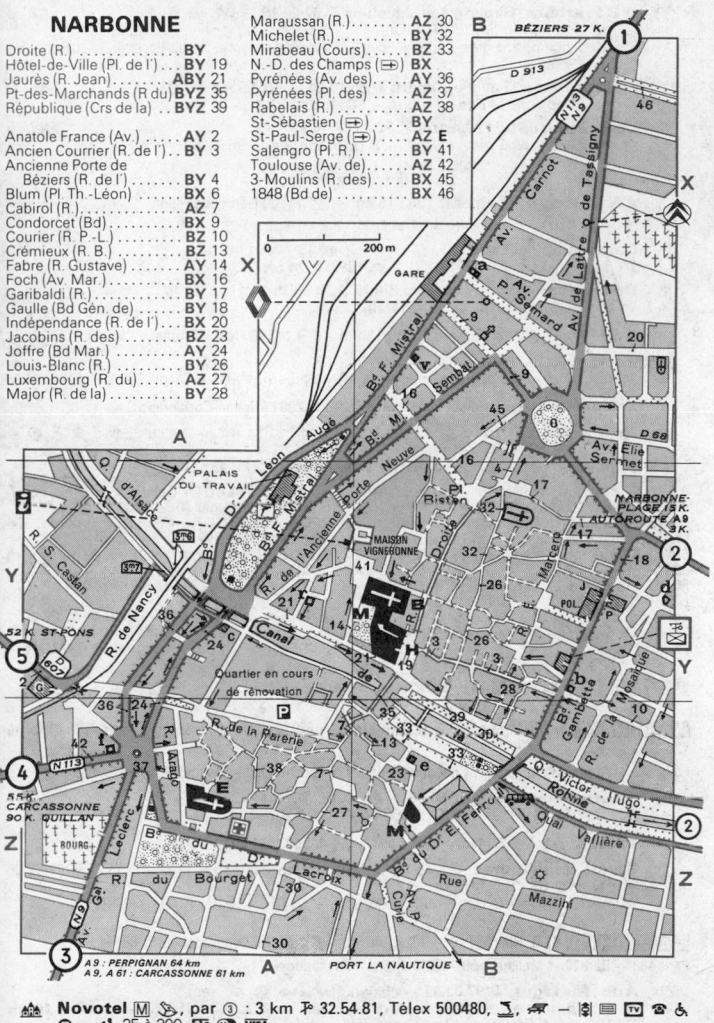 ◇◆◇ **11100** Aude 🎴🎴 ⑭ **G. Causses** – 40 543 h. alt. 11 – ◎ 68.

Voir Le Centre Monumental★ BY : Cathédrale St-Just★★ (Trésor : tapisserie représentant la Création★★) B, – Palais des Archevêques★ H, Donjon Gilles Aycelin★ (💥★) M – Chœur★ de la basilique Saint-Paul AZ E – Musées : Art et Histoire★ BY M, Archéologique★ BY M, Lapidaire★ BZ M1.

Env. Abbaye de Fontfroide★★ 14 km par ④ – 🚉 🏃 ☎ 32.14.87.

🏢 Office de Tourisme pl. R.-Salengro (fermé dim. hors sais.) ☎ 65.15.60.

Paris 849 ② – Béziers 27 ① – Carcassonne 61 ③ – ♦Montpellier 92 ② – ♦Perpignan 64 ③.

NARBONNE

Droite (R.) . . . . **BY**
Hôtel-de-Ville (Pl. de l') . **ABY** 21
Jaurès (R. Jean) . . . . **BY** 19
Pt-des-Marchands (R du) **BYZ** 35
République (Crs de la) . . . **BYZ** 39

Anatole France (Av.) . . . . **AY** 2
Ancien Courrier (R. de l') . **BY** 3
Ancienne Porte de
  Béziers (R. de l') . . . . . **BY** 4
Blum (Pl. Th.-Léon) . . . . . **BX** 6
Cabirol (R.) . . . . **AZ** 7
Condorcet (Bd) . . . . **BX** 9
Courier (R. P.-L.) . . . . **BZ** 10
Crémieux (R. B.) . . . . **BZ** 13
Fabre (R. Gustave) . . . . . **AY** 14
Foch (Av. Mar.) . . . . **BX** 16
Garibaldi (R.) . . . . **BY** 17
Gaulle (Bd Gén. de) . . . . **BY** 18
Indépendance (R. de l') . . **BX** 20
Jacobins (R. des) . . . . . . **BZ** 23
Joffre (Bd Mar.) . . . . **AY** 24
Louis-Blanc (R.) . . . . **BY** 26
Luxembourg (R. du) . . . . **AZ** 27
Major (R. de la) . . . . **BY** 28

Maraussan (R.) . . . . **AZ** 30
Michelet (R.) . . . . **BY** 32
Mirabeau (Cours) . . . . . . **BZ** 33
N.-D. des Champs (➡) . . . **BX**
Pyrénées (Av. des) . . . . . **AY** 36
Pyrénées (Pl. des) . . . . . **AZ** 37
Rabelais (R.) . . . . **AZ** 38
St-Sébastien (➡) . . . . . . **BY**
St-Paul-Serge (➡) . . . . . **AZ E**
Salengro (Pl. R.) . . . . **BY** 41
Toulouse (Av. de) . . . . . . **AZ** 42
3-Moulins (R. des) . . . . . . **BX** 45
1848 (Bd de) . . . . **BX** 46

A 9 : PERPIGNAN 64 km
A 9, A 61 : CARCASSONNE 61 km
PORT LA NAUTIQUE

🏨 **Novotel** Ⓜ ⤴, par ③ : 3 km ☎ 32.54.81, Télex 500480, 🏊, 🎾 – 🛗 🗏 📺 ☎ 🚻
Ⓟ – 🏛 25 à 200. 🝙 ⑩ 𝘝𝘐𝘚𝘈
R snack carte environ 85 – 🖵 23 – **96 ch** 232/255.

🏨 **Languedoc,** 22 bd Gambetta ☎ 65.14.74 – 🛗 🗏 rest 📺 🚾wc 🚾wc ☎ – 🏛
100. 🝙🅰🅱 🝙 ⑩ **E** 𝘝𝘐𝘚𝘈 BY **b**
fermé 2 janv. au 1er fév. – SC : **R** (fermé sam. du 1er oct. au 15 juin) 48/135 ⅄ – 🖵 20
– **43 ch** 85/200.

🏨 **La Résidence** sans rest, 6 r. 1er Mai ☎ 32.19.41 – 🚾wc 🚾wc ☎ 🚗 🝙🅱 **E**
𝘝𝘐𝘚𝘈 ⤴ AY **r**
SC : 🖵 25 – **26 ch** 150/220.

🏠 **Midi,** 4 av. Toulouse ℡ 41.04.62, Télex 500401 – 🛗 🖕wc 🛗wc 🕾 🖚 🅿. 🖃   AZ **f**
    fermé 20 déc. au 3 janv. – SC : **R** *(fermé dim.)* 37/110 ⅓ – � 14 – **47 ch** 85/150 –
    P 130/200.

🏠 **Regent** 🦢 sans rest, 15 r. Suffren ℡ 32.02.41 – 🖕wc 🕾. 🖃 *VISA*. 🛇   BY **d**
    fermé 20 déc. au 5 janv. – SC : � 10 – **15 ch** 61/110.

🏠 **H. Alsace,** 2 av. Carnot ℡ 32.01.86 – 🖕wc 🛗 🕾. 🖃   BX **a**
    SC : **R** (snack) – 🍴 11 – **20 ch** 65/125.

XXX ❀ **Réverbère** (Giraud), 4 pl. Jacobins ℡ 32.29.18 – 🍽. 🕦 **E**   BZ **e**
    fermé dim. soir et lundi – **R** 110
    Spéc. Bonbon de foie gras, Darne de loup à la vapeur de thym, Filet de boeuf en chausson. **Vins**
    Corbières, Fitou.

XXX **Rest. Alsace,** 2 av. P.-Semard ℡ 65.10.24 – 🍽. 🖃 🕦 **E** *VISA*   BX **a**
    fermé 14 nov. au 14 déc. et mardi – SC : **R** 53/170 ⅓.

XX **Le Floride,** 66 bd F.-Mistral ℡ 32.05.52 – 🍽   BX **v**
    fermé 23 déc. au 3 janv. et dim. – **R** (prévenir) carte 95 à 160.

par la sortie ② :

    à Narbonne-Plage par D 168 : 15 km – ✉ **11100** Narbonne-Plage.
    🇧 Office de Tourisme bd Méditerranée (1ᵉʳ juil.-31 août) ℡ 33.84.86.

🏠 **Caravelle,** ℡ 33.80.38, ≼, 🏖 – 🖕wc 🕾 🅿. 🖃. 🛇 rest
    1ᵉʳ mai-1ᵉʳ oct. – SC : **R** 65/250 – ⊑ 16,50 – **24 ch** 100/135.

🏠 **De la Clape** sans rest, r. Flots Bleus ℡ 33.80.15 – 🖕wc 🕾 🅿
    1ᵉʳ mai-30 sept. – SC : ⊑ 18 – **12 ch** 130/162.

    à St-Pierre-sur-Mer par D 168 : 18 km – ✉ **11560** Fleury d'Aude :

XX **Port,** ℡ 33.80.70
    mars-oct. et vacances scolaires – SC : **R** (déj. seul.) carte environ 100 ⅓.

    à Ornaisons par ④ et D 24 : 14 km – ✉ **11200** Lézignan-Corbières :

🏛 **Relais Val d'Orbieu** 🦢, ℡ 27.10.27, ≼, 🏖, 🏊, 🎾 – 🍽 ch 🖕wc 🕾 ⅓ 🅿 –
    🖃 30. 🖃 🕦 **E**. 🛇 rest
    20 mars-25 oct. – SC : **R** 150/180 – ⊑ 30 – **18 ch** 200/350.

AUSTIN, MORRIS, TRIUMPH Fraisse, 33 av.
de Toulouse ℡ 32.06.31
BMW, OPEL-GM Narbonauto, av. Champ de
Mars, Zone Ind. Plaisance ℡ 65.14.81
FIAT Villefranque, 20 bd M.-Sembat ℡ 32.
30.11
FORD Gar. Jean, 4 bd M.-Sembat ℡ 32.02.46
MERCEDES-BENZ, TOYOTA Gar. Deville,
Zone Ind. de Plaisance ℡ 41.22.38
MERCEDES-BENZ Gar. du Littoral N 9, km 3
℡ 32.40.85

PEUGEOT-TALBOT Delalieux, rte de Perpi-
gnan, le Peyrou par ③ ℡ 41.09.85
RENAULT SANDRA, Complexe Routier Croix-
Sud par ③ ℡ 32.27.20
RENAULT Gar. Terminus, 12 av. Pierre Semard
℡ 32.04.27
V.A.G. Marty, 87 av. Gén.-Leclerc ℡ 41.16.10

🛞 Brunel, 31 et 33 bd Mar.-Joffre ℡ 32.08.71
Ets Escande, 1 av. Toulouse ℡ 41.01.03
Piot-Pneu, Z.I., rte de Perpignan ℡ 41.23.24

La NARTELLE 83 Var 🔢 ⑰ – rattaché à Ste-Maxime.

NASBINALS 48260 Lozère 🔢 ⑭ G. Auvergne – 650 h. alt. 1 180 – Sports d'hiver : 1 180/1 450 m
≤2 ≰ – ❄ 66.
Paris 549 – Aumont-Aubrac 23 – Chaudes-Aigues 27 – Espalion 35 – Mende 59 – St-Flour 59.

🏠 **Route d'Argent,** ℡ 32.50.03 – 🛗. 🖃. 🛇 rest
    SC : **R** 40/80 ⅓ – ⊑ 12 – **17 ch** 50/75 – P 90/120.

    au Nord par D 12 : 4 km – alt. 1 080 – ✉ **48260** Nasbinals :

🏠 **Relais de l'Aubrac** 🦢, au Pont de Gournier (carrefour D 12 - D 112) ℡ 32.52.06
    – 🖕wc 🕾 🅿
    fermé 15 nov. au 15 déc. – SC : **R** 65/85 ⅓ – ⊑ 15 – **15 ch** 70/90 – P 130/145.

NATZWILLER 67 B.-Rhin 🔢 ⑧ – 702 h. alt. 540 – ✉ **67130** Schirmeck – ❄ 88.
Paris 488 – Barr 30 – Molsheim 38 – St-Dié 45 – ♦Strasbourg 60.

🏛 **Aub. Metzger,** ℡ 97.02.42 – 🖕wc 🛗wc 🖚 🅿. 🛇 rest
    fermé 15 nov. au 10 déc. et lundi hors sais. – SC : **R** 36/150 ⅓ – ⊑ 13 – **10 ch**
    75/105 – P 105/120.

NAUCELLE 12800 Aveyron 🔢 ① – 2 689 h. alt. 469 – ❄ 65.
Paris 642 – Albi 48 – Millau 88 – Rodez 33 – St-Affrique 82 – Villefranche-de-Rouergue 51.

🏠 Host. Voyageurs, pl. Hôtel de Ville ℡ 47.01.34 – 🖕wc 🛗wc 🕾 – **15 ch**.

🏠 **Unal,** à Naucelle-Gare sur N 88 ℡ 69.21.21, 🎾 – 🖕 🛗wc 🖚 🅿. *VISA*
    fermé 10 au 20 oct., fév., dim. soir et lundi – SC : **R** 38/75 ⅓ – ⊑ 12 – **15 ch** 60/90 –
    P 100/160.

à *Castelpers* SE : 12,5 km sur D 10 – ⊠ 12170 Requista :

XX **Château de Castelpers** ⤳ avec ch, ☏ 69.22.61, ≤, « Parc au bord de l'eau » –
↔ 🏠wc 🅿. 🎕 rest
1er avril-1er oct. – SC : R (fermé sam. soir en juil.-août et mardi d'avril à sept.) 50/130
🍴 – ⊏⊐ 18 – **8 ch** 105/220 – P 185/240.

CITROEN Bayol, ☏ 47.01.61   PEUGEOT-TALBOT Gar. Serres, ☏ 69.21.17

NAUZAN 17 Char.-Mar. 🔢 ⑮ – rattaché à St-Palais-sur-Mer et à Royan.

NAVACELLES (Cirque de) ★★★ 30 Gard et 34 Hérault 🔢 ⑯ G. Causses – alt. 323.
Accès par Blandas N : 7 km ou par St-Maurice S : 7,5 km.

NAVAROSSE 40 Landes 🔢 ⑬ – rattaché à Biscarrosse.

NAVARRENX 64190 Pyr.-Atl. 🔢 ⑤ G. Pyrénées – 1 169 h. alt. 125 – ✆ 59.
🛈 Syndicat d'Initiative Porte St-Antoine (1er juil.-10 sept.) et à la Mairie (fermé sam. après-midi et dim.) ☏ 34.10.22.
Paris 799 – Oloron-Ste-M. 22 – Orthez 22 – Pau 55 – St-Jean-Pied-de-Port 58 – Sauveterre-de-B. 23.

🏠 **Commerce,** ☏ 66.50.16 – 🏠wc 🏠wc 🕾 – 🛏 40. 🎕 rest
↔ *fermé janv. au 15 fév., 17 au 30 oct. et lundi sauf juil. et août – SC : R* 45/110 – ⊏⊐ 15
– **35 ch** 65/130 – P 140/180.

RENAULT Roubit, ☏ 34.51.86 🅽

NAVES 19460 Corrèze 🔢 ⑨ – rattaché à Tulle.

NAY 64800 Pyr.-Atl. 🔢 ⑦ – 3 524 h. alt. 352 – ✆ 59.
Paris 805 – Laruns 33 – Lourdes 25 – Oloron-Ste-Marie 36 – Pau 20 – Tarbes 33.

🏠 **Voyageurs,** pl. Marcadieu ☏ 61.04.69 – 🛗 🏠wc 🏠wc 🕾 – 🛏 30
↔ *fermé nov. – R* 35/70 🍴 – ⊏⊐ 11 – **22 ch** 82/152 – P 120/145.
🍴 **Béarn,** 6 cours Pasteur ☏ 61.02.38, 🌹 – 🅿. 🎕 rest
↔ *fermé au 8 sept. – SC : R (fermé dim. du 1er oct. à fin avril)* 38/50 🍴 – ⊏⊐ 9 –
10 ch 55/75 – P 100/150.

CITROEN Gar. Antony, ☏ 61.16.21   RENAULT Gar. Fouraa, ☏ 61.01.86
PEUGEOT, TALBOT Gar. Manuel, ☏ 61.27.67

NÉANT-SUR-YVEL 56 Morbihan 🔢 ④ – 870 h. alt. 75 – ⊠ 56430 Mauron – ✆ 97.
Paris 410 – Dinan 57 – Loudéac 52 – Ploërmel 11 – ♦Rennes 65 – Vannes 57.

X **Aub. Table Ronde** avec ch, ☏ 74.41.66 – 🏠 🏠 🕾
↔ *fermé janv., 1er au 7 sept., dim. soir et lundi – SC : R* 35/92 🍴 – ⊏⊐ 12 – **12 ch** 74/110
– P 124/133.

NEAU 53 Mayenne 🔢 ⑩ – 560 h. alt. 91 – ⊠ 53780 St-Christophe-du-Luat – ✆ 43.
Paris 265 – Alençon 65 – Laval 26 – ♦Le Mans 70 – Mayenne 22 – Ste-Suzanne 13 – Vaiges 15.

🏠 **Croix Verte,** ☏ 01.65.59 – 🏠wc 🏠 🕾. 𝓥𝓘𝓢𝓐
↔ *fermé vacances de fév., dim. soir et lundi – SC : R* 40/130 🍴 – ⊏⊐ 12 – **14 ch** 70/120
– P 130/150.

RENAULT Gar. Terrier, ☏ 01.65.60

NEAUPHLE-LE-CHATEAU 78640 Yvelines 🔢 ⑨, 🔢 ⑯ G. Environs de Paris – 1 952 h. alt.
185 – ✆ 3.
Paris 40 – Dreux 44 – Mantes-la-Jolie 32 – Rambouillet 24 – St-Nom-la-Bretèche 12 – Versailles 18.

X **Relais St-Nicolas,** ☏ 489.00.47 – 𝓥𝓘𝓢𝓐
↔ *fermé lundi et le soir sauf vend. et sam. – SC : R* 65 (dîner à la carte).

PEUGEOT-TALBOT CABAILH, 7 r. des Frères   RENAULT Gar. des Petits Prés, 16 r. de la
Lumières à Plaisir ☏ 055.17.30 🅽   Gare ☏ 005.80.84

NÉGRON 37 I.-et-L. 🔢 ⑯ – rattaché à Amboise.

NEMOURS 77140 S.-et-M. 🔢 ⑫ G. Environs de Paris – 11 233 h. alt. 62 – ✆ 6.
Voir Musée de Préhistoire de l'Ile de France★ B M¹.
🛈 Office de Tourisme 17 r. Tanneurs (fermé matin sauf sam. et dim. hors sais.) ☏ 428.03.95.
Paris 80 ① – Chartres 117 ① – Melun 32 ⑥ – Montargis 37 ① – ♦Orléans 87 ④ – Sens 46 ②.

Plan page suivante

🏠 **St-Pierre** sans rest, 12 av. Carnot ☏ 428.01.57 – 🏠wc 🏠wc 🕾 🅿. 🛒 E
fermé 1er au 15 mars – SC : ⊏⊐ 14,50 – **25 ch** 50/155.   A v
🏠 **Écu de France,** 3 r. Paris ☏ 428.11.54 – 🏠wc 🏠wc 🕾 🚗 – 🛏 60 à 150. 🛒
🆎 ① 𝓥𝓘𝓢𝓐   B e
fermé 20 déc. au 13 janv. – R 70/170 🍴 – ⊏⊐ 16,50 – **28 ch** 122/250.

NEMOURS

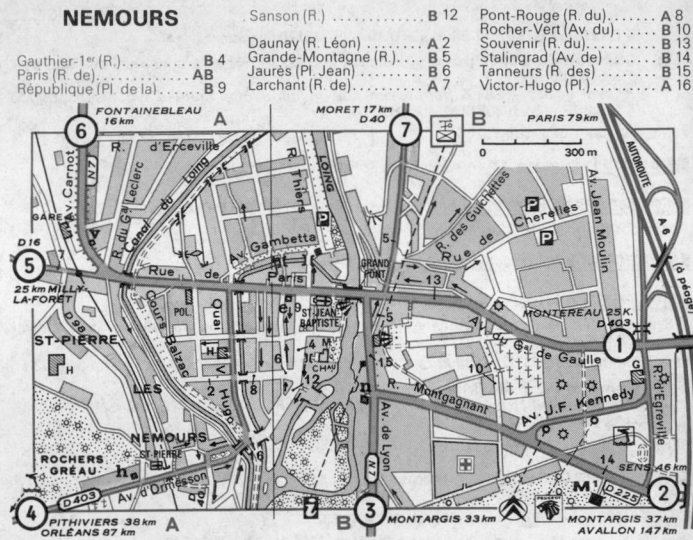

XX **Des Roches** avec ch, av. d'Ormesson à St-Pierre ℡ 428.01.43 – ⇔wc ⏚wc ☎
⇦, ⇱⇲ 歴 E   A h
fermé nov. et vacances de fév. – SC : **R** (fermé dim. soir et lundi du 1er déc. au 30
mars) 54/145 – ⊊ 20 – **17 ch** 75/160.

X **Vieux Moulin,** 5 av. Lyon ℡ 428.02.98   B n
fermé 15 janv. au 5 fév., mardi soir et merc. – SC : **R** 56/120 ⅃.

Autoroute A 6 : sur l'aire de service, SE 2 km, accès par A 6 ou D 225 – ⊠ **77140**
Nemours :

🏠 **Euromotel** Ⓜ, ℡ 428.10.32, Télex 690243 – 📺 ⇔wc ☎ ❷ – 🅿 60. ⇱⇲ 歴 ⓪
E *VISA*
SC : **R** (rest. d'autoroute à 100 m) – ⊊ 20 – **103 ch** 202/240.

CITROEN Nemours Autom., av. J.-F.-Kennedy
℡ 428.11.17
PEUGEOT Coffre, 18 av. Kennedy ℡ 428.03.27
PEUGEOT TALBOT Malbert, 63 av. Carnot à
St-Pierre par ⑥ ℡ 428.03.05

RENAULT Brillet, 107 av. Carnot à St-Pierre
par ⑥ ℡ 428.01.50

🅖 Dominicé, 90 r. de Paris ℡ 428.11.21

NÉRAC

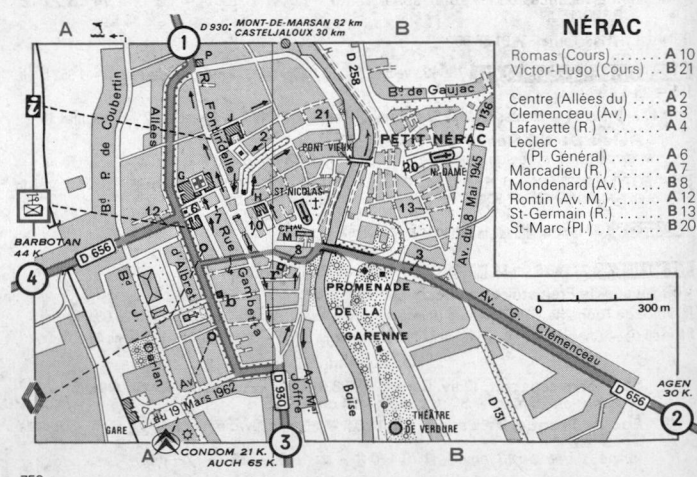

NÉRAC <SP> 47600 L.-et-G. **79** ⑭ **G. Pyrénées** – 7 644 h. alt. 71 – ⚙ 53.

ℹ Office de Tourisme à l'Hôtel de Ville (fermé dim.) ☎ 65.00.54.

Paris 719 ① – Agen 30 ② – •Bordeaux 124 ① – Condom 21 ③ – Marmande 53 ①.

Plan page ci-contre

🏨 **du Château,** 7 av. Mondenard ☎ 65.09.05 – ⊟wc ⋒wc ☎. ✗ — AB **r**
◆ *fermé oct.* – SC : **R** *(fermé dim. soir et lundi midi du 1er nov. au 30 juin)* 45/130 🍾 – ☕ 15 – **20 ch** 75/150.

✗ **D'Albret** avec ch, 42 allées d'Albret ☎ 65.01.47 – ▤ rest ⋒wc ☎. ✗ — A **b**
◆ *fermé 31 août au 30 sept. et lundi du 1er oct. au 1er mai* – SC : **R** 40/170 🍾 – ☕ 15 – **15 ch** 65/110.

CITROEN Mousteau, 31 allées d'Albret ☎ 65.01.41 — RENAULT Humbert, 62 allées d'Albret ☎ 65.00.43

NÉRIS-LES-BAINS 03310 Allier **73** ② **G. Auvergne** – 2 929 h. alt. 354 – Stat. therm. (2 mai-23 oct.) – Casino – ⚙ 70.

ℹ Office de Tourisme Carrefour des Arènes (fermé dim.) ☎ 03.11.03.

Paris 327 ③ – •Clermont-Fd 83 ② – Montluçon 8 ③ – Moulins 74 ① – St-Pourçain-sur-Sioule 59 ①.

NÉRIS-LES-BAINS

Arènes (Bd des) 2
Boisrot-Desserviers (R.) 3
Constans (R.) 5
Cuvier (R.) 7
Dormoy (Av. Marx) 8
Gaulle (R. du Gén.-de) 9
Kars (R. des) 10
Marceau (R.) 12
Migat (R. du Capitaine) 14
Molière (R.) 15
Parmentier (R.) 18
Reignier (Av.) 19
République (Pl. de la) 21
Rieckötter (R.) 23
St-Joseph (R.) 25
Thermes (Pl. des) 27
Voltaire (R.) 29

Pour bien lire les plans de villes, voir signes et abréviations p. 20.

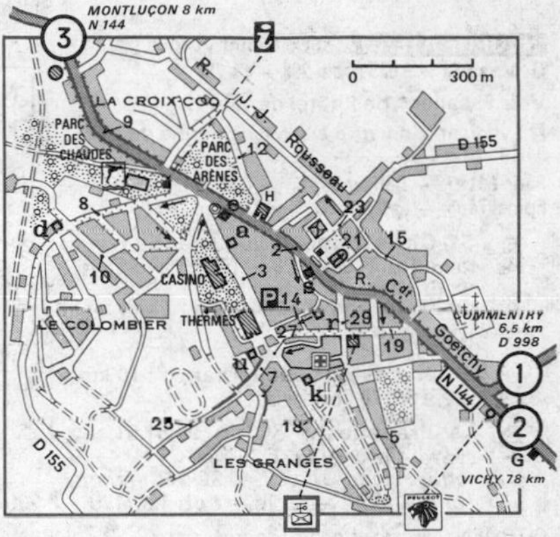

🏨 **Parc des Rivalles** 🐎, r. Parmentier **(k)** ☎ 03.10.50, ←, parc – ▮ ⊟wc ⋒wc ☎ Ⓟ. 🚗. ✗ rest
1er mai-30 sept. – SC : **R** 54/160 🍾 – ☕ 16 – **32 ch** 48/165 – P 164/255.

🏨 **Garden,** 12 av. Max Dormoy **(d)** ☎ 03.21.16, 🌳 – ⊟wc ⋒wc ☎ Ⓟ – 🏔 40. **E**
◆ *VISA.* ✗ ch
fermé 1er nov. au 1er déc., 24 au 31 janv., dim. soir et vend. du 1er déc. au 1er mai – SC : **R** 45/85 – ☕ 15 – **16 ch** 100/150 – P 160/180.

🏨 **Les Pervenches** sans rest, 11 r. Capitaine-Migat **(r)** ☎ 03.14.03, 🌳 – cuisinette ⊟wc
fermé 1er au 15 oct. – SC : ☕ 15 – **10 ch** 130/160.

🏨 **Source** 🐎, pl. Thermes **(u)** ☎ 03.10.20, parc – ⊟wc ⋒wc ☎ Ⓟ. ✗ rest
1er mai-30 sept. – SC : **R** 53/60 – ☕ 13,50 – **40 ch** 55/130 – P 142/220.

🏨 **Terrasse,** r. Boisrot-Desserviers **(a)** ☎ 03.10.42, 🌳 – ▮ ⋒wc ☎. ✗ rest
◆ *1er mai-30 sept.* – SC : **R** 50/80 – ☕ 16 – **26 ch** 115/155 – P 145/200.

✗ **Aub. Nérisienne** avec ch, 22 pl. République **(s)** ☎ 03.10.34 – ⋒. 🚗 **E**
◆ *fermé oct.* – SC : **R** *(fermé mardi du 1er nov. au 15 avril)* 46/70 🍾 – ☕ 15 – **16 ch** 60/110 – P 110/130.

✗ **Splendid'H.** avec ch, 49 bd Arènes **(e)** ☎ 03.10.41 – ⋒wc ☎. 🚗
◆ *fermé janv. et sam. de nov. à mars* – SC : **R** 46/100 🍾 – ☕ 12 – **10 ch** 80/140 – P 100/150.

PEUGEOT Contamine, ☎ 03.13.22

NERSAC 16 Charente **72** ⑬ – rattaché à Angoulême.

NEUF-BRISACH 68600 H.-Rhin **62** ⑲ **G. Vosges** – 2 579 h. alt. 205 – ⚙ 89.

⛳ du Rhin près Chalampé ☎ 26.07.86, au Sud par D 468 : 25 km.

ℹ Office de Tourisme 6 pl. d'Armes (1er juil.-15 sept., fermé dim. après-midi) ☎ 72.56.66 et à la Mairie (hors sais., fermé sam. et dim.) ☎ 72.51.68.

Paris 467 – •Bâle 66 – Belfort 81 – Colmar 16 – Freiburg 33 – •Mulhouse 37 – Sélestat 31 – Thann 46.

Cerf, 11 r. Strasbourg ☎ 72.56.03 – TV wc wc ☎ – 30. E VISA. ch
fermé 20 déc. au 10 janv. – SC : **R** *(fermé mardi soir et merc. d'oct. à juin)* 40/180 – 14 – **30 ch** 88/200 – P 143/190.

Soleil, 6 r. Bâle ☎ 72.51.28 – wc. E
fermé 1er au 15 sept. et fév. – **R** *(fermé dim. soir et lundi)* 35/130 – 12 – **25 ch** 55/140 – P 100/150.

à Biesheim N : 3 km par D **468** – ✉ **68600** Neuf Brisach :

Les Deux Clefs, ☎ 72.51.20, – wc wc ☎ – 30. E VISA
fermé 1er au 15 sept. et 24 déc. au 10 janv. – SC : **R** *(fermé jeudi)* 44/120 – 13 – **18 ch** 66/155 – P 120/180.

à Vogelgrun E : 5 km par N **415** – ✉ **68600** Neuf-Brisach.

Voir Bief hydro-électrique★.

Motel Européen M, à la frontière, sur l'île du Rhin ☎ 72.51.57, – wc wc ☎ – 30. AE
fermé fév. – SC : **R** *(fermé dim. soir du 1er sept. au 30 juin et lundi)* 50/190 – 14 – **22 ch** 110/165.

PEUGEOT-TALBOT Ebelin-Vonarb, ☎ 72.51.76

RENAULT Gar. Haeffeli, Zone Ind. CD 52 à Biesheim ☎ 72.54.83

NEUFCHÂTEAU ⟨SP⟩ 88300 Vosges 62 ⑬

G. Vosges – 9 633 h. alt. 298 – 29.

Voir Escalier★ de l'hôtel de ville **H**.

Syndicat d'Initiative à la Mairie (fermé dim.) ☎ 94.14.75.

Paris 301 ① – Belfort 152 ④ – Chaumont 56 ⑥ – Épinal 74 ③ – Langres 69 ⑤ – Verdun 104 ①.

St-Christophe, 1 av. Grande-Fontaine **(e)** ☎ 94.16.28 – TV wc wc ☎.
SC : **R** 40/105 – 17 – **35 ch** 100/182.

à Rouvres-la-Chétive par ③ : 10 km – ✉ **88170** Chatenois :

La Frezelle M, ☎ 94.51.51 – wc wc ☎. E. ch
fermé 15 au 31 oct. – SC : **R** *(fermé sam.)* 50/85 – 16 – **7 ch** 120/175 – P 220/240.

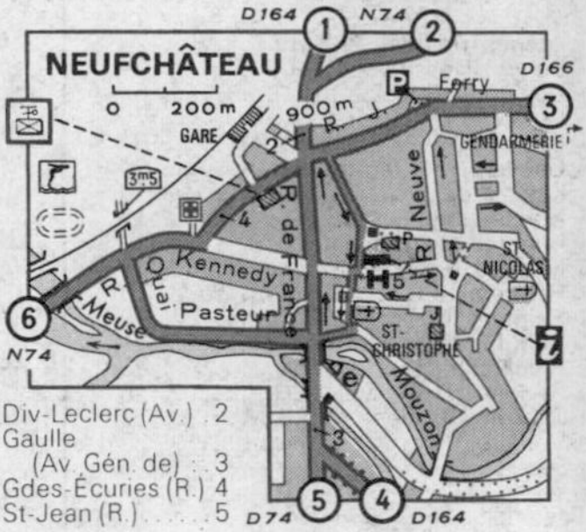

Div-Leclerc (Av.) . 2
Gaulle (Av. Gén. de) . . 3
Gdes-Écuries (R.) 4
St-Jean (R.) 5

CITROEN Tassel, rte de Langres par ⑤ ☎ 94.10.33 N ☎ 94.04.04
FIAT Gar. de l'Etoile, 1 quai Pasteur ☎ 94.17.65
PEUGEOT, TALBOT Dutemple-Gaxotte, rte de Langres par ⑤ ☎ 94.06.55
RENAULT Gar. Reuchet, 95 av. Gén.-de-Gaulle par ⑤ ☎ 94.19.20

RENAULT Reuchet, rte de Nancy par ② ☎ 94.05.57

Néo-Pneu, Zone Ind., rte de Frébecourt ☎ 94.10.47

NEUFCHATEL-EN-BRAY

Denoyelle (R.) . . . . Z 8
Grande-R. Fausse-Porte . . . . Z 14
Grande-R. Notre-Dame . . . . Z 15
Grande-R. St-Jacques . . . . . Y 16

Canadiens (Av. des) . . . . Z 3
Carnot (R.) . . . . Z 4
Cauchoise (R.) . . . . Y 5
Charvet (Bd Albert) . . . . Y 6
Foch (R. du Mar.) . . . . Y 9
Fontaines (R. des) . . . . Z 10
Gaulle (R. Gén. de) . . . . Z 12
Goville (Bd du) . . . . Z 13
Grande-Rue St-Pierre . . . . . . Z 17
Haussez (R. Baron-d') . . . . . Y 18
Joffre (Bd du Mar.) . . . . Z 19
Londinières (R. de) . . . . Y 21
Marquis (Pl. du) . . . . Z 23
Notre-Dame (Pl.) . . . . Z 25
Poissonnière (R.) . . . . Z 26
8-Mai (Pl. du) . . . . Z 29

Les plans de villes sont orientés le Nord en haut.

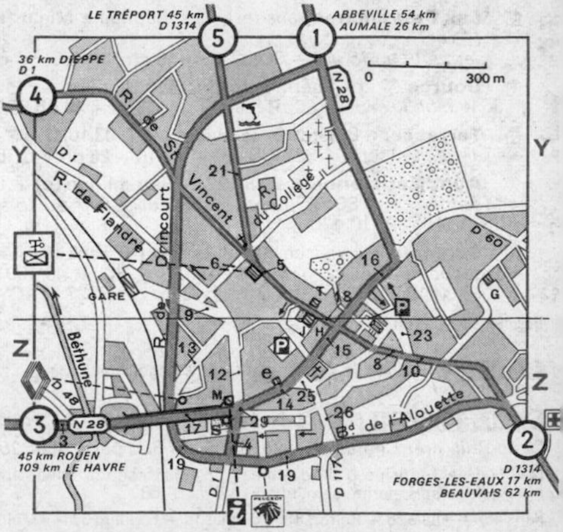

NEUFCHATEL-EN-BRAY 76270 S.-Mar. 52 ⑮ G. Normandie – 6 139 h. alt. 99 – ۞ 35.

Env. Forêt d'Eawy★★ 10 km par ③.

🛈 Office de Tourisme à la Mairie (fermé sam. et dim.) ℱ 93.00.85.

Paris 138 ② – Abbeville 54 ① – ✦Amiens 71 ① – Dieppe 36 ④ – Gournay 37 ② – ✦Rouen 45 ③.

Plan page ci-contre

🏨 **Lisieux**, 2 pl. Libération ℱ 93.00.88 – ➿wc ♒wc ⊛ ℗ – ♨ 120. ᏜᏜᏜ ᴬᴱ VISA
➖ fermé 22 au 30 nov., fév. et jeudi sauf juil. et août – SC : **R** 45/110 🍴 – ⍁ 15 – **24 ch**
73/145 – P 120/145.   Z **s**

✗ **Gd Cerf** avec ch, 9 Gde-Rue Fausse-Porte ℱ 93.00.02 – ♒wc ⊛. ᏜᏜᏜ VISA   Z **e**
➖ fermé 26 nov. au 30 déc., dim. soir et lundi sauf du 14 juil. au 8 sept. – SC : **R** 55/150
– ⍁ 15 – **11 ch** 80/120.

FIAT, OPEL Petit, 14 rte Londinières ℱ 93.01.50
FORD Brayonne Autom., 1 Gde r. St-Pierre ℱ 93.01.66
PEUGEOT Delas, 16 bd Joffre ℱ 93.01.15

RENAULT Lechopier, 31 Gde r. St-Pierre ℱ 93.00.82 🅽 ℱ 93.04.76
V.A.G. Lemarchand, 9 rte de Foucarmont ℱ 93.02.66
Therier, 12 r. Cauchoise ℱ 93.00.75

NEUF-MARCHÉ 76 S.-Mar. 55 ⑧ – 536 h. alt. 104 – ⊠ 76220 Gournay-en-Bray – ۞ 35.
Paris 87 – Les Andelys 35 – Beauvais 31 – Gisors 18 – Gournay-en-Bray 7 – ✦Rouen 57.

✗✗ **André de Lyon**, D 915 ℱ 90.10.01, ambiance bistrot lyonnais – VISA
➖ fermé 22 août au 8 sept., 9 au 25 fév. et merc. – **R** (déj. seul.) carte 90 à 130.

NEUILLÉ-LE-LIERRE 37 I.-et-L. 64 ⑮⑯ – 373 h. alt. 88 – ⊠ 37380 Monnaie – ۞ 47.
Paris 216 – Amboise 16 – Château-Renault 10 – Montrichard 34 – Reugny 4,5 – ✦Tours 26.

✗ **Aub. de la Brenne**, r. Gare ℱ 52.95.05 – ℗. VISA
➖ fermé 17 au 24 oct., 9 janv. au 9 fév., dim. soir et lundi – SC : **R** (dim. prévenir) 31/93.

NEUILLY-EN-THELLE 60530 Oise 55 ⑳, 196 ⑦ – 1 898 h. alt. 130 – ۞ 4.
Paris 50 – Beaumont-sur-Oise 11 – Beauvais 30 – Pontoise 30 – Senlis 26.

🏨 **Aub. du Centre**, ℱ 426.70.01 – ⟺ ⸰
➖ fermé août, 1ᵉʳ au 15 fév. et lundi – **R** 35/50 🍴 – ⍁ 8,50 – **8 ch** 55/75.

NEUILLY-SUR-SEINE 92 Hauts-de-Seine 55 ⑳, 101 ⑭⑮ – voir à Paris, Proche banlieue.

NEULISE 42590 Loire 73 ⑧ – 1 154 h. alt. 500 – ۞ 77.
Paris 412 – Roanne 20 – ✦St-Étienne 58 – Tarare 35.

✗ **Relais de la Route Bleue** avec ch, ℱ 64.60.75 – ➿ VISA
➖ SC : **R** (fermé lundi en hiver) 40/150 🍴 – ♥ 12 – **11 ch** 85/120 – P 140/160.

NEUVÉGLISE 15260 Cantal 76 ⑭ – 1 260 h. alt. 938 – ۞ 71.
Env. Château d'Alleuze★★ : site★★ NE : 14 km, G. Auvergne.
🛈 Syndicat d'Initiative à la Mairie (fermé dim. après-midi et lundi) ℱ 23.81.68.
Paris 512 – Aurillac 81 – Entraygues-sur-T. 75 – Espalion 69 – St-Chély-d'Apcher 42 – St-Flour 22.

🏨 **Central Hôtel** (annexe 🏨 Ⓜ - 14 ch ➿wc ♒wc) ℱ 23.81.28 – ➿wc ♒wc ⊛
➖ ⟺ ℗ – ♨ 80
fermé 25 sept. au 25 oct. – SC : **R** 38/65 🍴 – ⍁ 18 – **27 ch** 65/130 – P 110/130.

🏨 **Poste**, ℱ 23.80.66 – ➿wc ♒wc 👶 ⟺ ℗ – ♨ 120
➖ fermé 1ᵉʳ nov. au 16 déc. – SC : **R** 30/90 🍴 – ⍁ 14 – **25 ch** 55/130 – P 100/135.

RENAULT Mabit, ℱ 23.81.53   Gar. Sauret, ℱ 23.80.90 🅽

NEUVIC 19160 Corrèze 76 ① G. Périgord – 2 306 h. alt. 610 – ۞ 55.
🛈 Syndicat d'Initiative Tour des Remparts (1ᵉʳ juil.-31 août) ℱ 95.88.78.
Paris 460 – Mauriac 26 – Tulle 59 – Ussel 21.

🏨 **Lac** ⸰, à Neuvic-Plage E : 3 km ℱ 95.81.43, ≤, Ꮬ – ♒ ℗ ⅄ sais. – **14 ch**.
🏨 **Escargot**, ℱ 95.80.19 – ♒. ⸰ rest
➖ fermé vend. soir sauf juil. et août – SC : **R** 38/100 – ♥ 12 – **10 ch** 50/70 –
P 110/130.

PEUGEOT-TALBOT Bordas, ℱ 95.80.29   RENAULT Potronnat, ℱ 95.89.28 🅽 ℱ 95.81.68

La NEUVILLE 59 Nord 51 ⑯ – rattaché à Lille.

NEUVILLE-AUX-TOURNEURS 08 Ardennes 53 ⑰ – 292 h. alt. 265 – ⊠ 08380 Signy-le-Petit
– ۞ 24.
Paris 229 – Charleville-Mézières 33 – Hirson 22 – Laon 70 – Rethel 58 – Rocroi 16.

🏨 **Motel Dubois** ⸰, N 43 ℱ 54.32.55 – ♒wc ⊛ ℗. ᏜᏜᏜ ᴬᴱ ⓄⒹ Ⓔ VISA
➖ fermé 15 déc. au 15 janv. – SC : **R** (fermé lundi midi sauf fériés) 35/100 – ♥ 10 –
10 ch 70/100.

RENAULT Thiéry, N 43, Neuville-lez-Beaulieu ℱ 54.30.66 🅽 ℱ 36.30.66

NEUVILLE-ST-AMAND 02 Aisne 53 ⑭ – rattaché à St-Quentin.

NEUVY-SAUTOUR 89 Yonne 61 ⑮ – rattaché à St-Florentin.

NEUZY 71 S.-et-L. 69 ⑯ – rattaché à Digoin.

NEVERS P 58000 Nièvre 69 ③④ G. Bourgogne – 47 730 h. alt. 186 – ۞ 86.

Voir Cathédrale★ AZ B – Palais ducal★ AZ – Église St-Étienne★ BY D – Porte du Croux★ AZ – Faïences de Nevers★ du musée de Nevers AZ M1.

🖪 Office de Tourisme 31 r. des Remparts (fermé dim. et fêtes) ☎ 59.07.03 - A.C. 1 av. Gén.-de-Gaulle-Résidence Carnot ☎ 61.27.75.

Paris 240 ① – Bourges 69 ④ – Chalon-sur-Saône 156 ③ – ◆Clermont-Ferrand 150 ④ – ◆Dijon 188 ③ – Montargis 125 ① – Montluçon 99 ④ – Moulins 54 ④ – ◆Orléans 157 ① – Roanne 152 ④.

Plan page ci-contre

🏨 **P.L.M. Loire** M ⌂, quai Médine ☎ 61.50.92, Télex 801112, ≼ – ⊠ 〓 rest 🆅 ⇔wc ☎ ➋ – 🏖 80. 🖭 ⓪ 🖪 𝐕𝐈𝐒𝐀　　　　　　　　　　　BZ s
SC : **R** (fermé sam. d'oct. à mars) 80/115 – ⌷ 15 – **60 ch** 180/230.

🏨 **Diane** M, 38 r. Midi ☎ 57.28.10, Télex 801021 – ⊠ 🆅 ☎. 🖭 ⓪ 🖪 𝐕𝐈𝐒𝐀　　AZ u
fermé 17 déc. au 17 janv. – SC : **R** (fermé dim. midi et lundi) carte 90 à 125 ⅃ – ⌷ 18 – **30 ch** 246/279.

🏨 **Magdalena** M sans rest, rte de Paris par ① : 2 km ⊠ 58640 Varennes Vauzelles ☎ 57.21.41 – ⊠ 〓 🆅 ⅗ ➋ – 🏖 70. 🖭 ⓪ 🖪 𝐕𝐈𝐒𝐀
fermé 23 déc. au 4 janv. – SC : ⌷ 15 – **38 ch** 145/220.

🏨 **Molière** ⌂ sans rest, 25 r. Molière ☎ 57.29.96 – ⇔wc 🕆wc ☎ ➋. ⌖　AY k
fermé 23 déc. au 16 janv. et dim. du 6 nov. à Pâques – SC : ⌷ 12 – **18 ch** 87/138.

🏨 **Clèves** sans rest, 8 r. St-Didier ☎ 61.15.87 – ⇔wc 🕆 ☎　　　　　　AZ x
⌷ 11 – **15 ch** 65/135.

🏨 **Terminus**, 59 av. Gén.-de-Gaulle ☎ 57.09.22 – ⇔wc 🕆wc ☎. ⌨ 🖪 𝐕𝐈𝐒𝐀
SC : **R** 46/110 – ⌷ 15 – **25 ch** 66/155 – P 160/200.　　　　　　　　AZ s

🏨 **Villa du Parc** sans rest, 16 ter r. Lourdes ☎ 61.09.48 – ⇔ 🕆wc　　AY d
SC : ⌷ 12 – **28 ch** 50/114.

🏨 **Le Tourbillon** sans rest, 100 Fg Mouësse par ③ ☎ 61.10.66 – ⇔ 🕆 ☎ – 🏖 60. ⌖
fermé 15 août au 15 sept. – ⌷ 13 – **20 ch** 50/80.

🏠 **Thermidor** sans rest, 14 r. C.-Tillier ☎ 57.15.47 – 🕆　　　　　　　AZ r
fermé 24 déc. au 2 janv. – SC : ⌷ 12 – **17 ch** 52/72.

XXX **Aub. Porte du Croux** ⌂ avec ch, 17 r. Porte-du-Croux ☎ 57.12.71, ≼, 🏠 – ⇔ ☎. 🖭 🖪 𝐕𝐈𝐒𝐀　　　　　　　　　　　　　　　　　　　　　　　AZ e
fermé août, vend. soir et dim. – SC : **R** 85/150 ⅃ – ⌷ 16 – **3 ch** 90/95 – P 230/290.

XX **Relais Bleu** avec ch, rte de Paris par ① : 3 km ☎ 57.07.41 – 🕆wc ☎ ➋ – 🏖 60. ⌨ 🖭 𝐕𝐈𝐒𝐀
fermé 8 au 22 août et lundi – SC : **R** 55/100 – ⌷ 13,50 – **8 ch** 80/120.

XX **Aub. Ste-Marie** avec ch, 25 r. Mouësse ☎ 61.10.02 – ⇔wc 🕆 ☎ ➋. 𝐕𝐈𝐒𝐀
◆ fermé 20 janv. au 1er mars, dim. soir du 1er sept. au 15 juil. et lundi – SC : **R** 40/80 ⅃ – ⌷ 12 – **17 ch** 80/110.　　　　　　　　　　　　　　　　BZ z

X **Morvan** avec ch, 28 r. Mouësse ☎ 61.14.16 – 🕆 ☎ ➋　　　　　　　BZ b
◆ fermé 20 au 30 juin, nov., mardi soir et merc. – SC : **R** 50/135 – ⌷ 12 – **11 ch** 50/120 – P 140/180.

rte des Saulaies : 4 km par D 504 - AZ – ⊠ 58000 Nevers :

🏨 **La Folie** ⌂, ☎ 57.05.31, parc, ⌁ – ⇔wc 🕆wc ☎ ➋ – 🏖 30. ⌨ 🖪 𝐕𝐈𝐒𝐀
◆ fermé 19 déc. au 8 janv. – SC : **R** (fermé dim. soir et vend.) 45/125 – ⌷ 14 – **27 ch** 90/180 – P 150/190.

par ① et chemin privé : 5 km – ⊠ 58640 Varennes Vauzelles :

🏨 **Château de la Rocherie** ⌂, ☎ 57.26.79, ≼, parc – ⇔wc 🕆 ☎ ➋ – 🏖 40. ⌨ 🖭 ⓪ 𝐕𝐈𝐒𝐀
fermé janv. et mardi – SC : **R** 78/148 – ⌷ 16 – **15 ch** 105/205 – P 220/245.

à Magny-Cours par ④ rte Moulins : 12 km – ⊠ 58470 Magny-Cours.

🏌 du Nivernais ☎ 58.18.30 SE : 3,5 km.
Circuit automobile permanent SE : 3,5 km.

XXX ۞۞ **La Renaissance** (Dray) M ⌂ avec ch, ☎ 58.10.40 – ⇔wc 🕆wc ☎ ⟸. 🖭 ⓪
fermé 6 au 13 juin, fin janv. à début mars, dim. soir et lundi – SC : **R** (nombre de couverts limité prévenir) 150/300 et carte – ⌷ 40 – **10 ch** 180/220
Spéc. Escalope de turbot, Filet de charolais aux morilles, Rognon de veau rôti aux échalotes. Vins Pouilly Fumé, Rosé de Sancerre.

MICHELIN, Agence, 13 r. du Moulin-d'Écorce BY ☎ 57.42.44

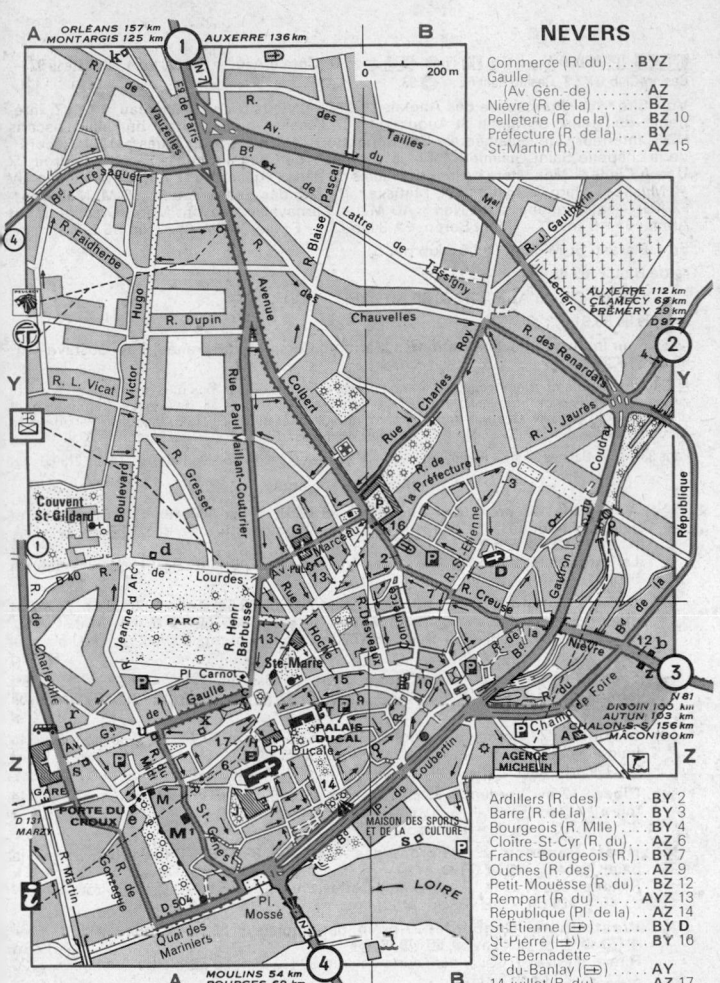

Commerce (R. du) .... **BYZ**
Gaulle
  (Av. Gén.-de) .... **AZ**
Nièvre (R. de la) ...... **BZ**
Pelleterie (R. de la) .... **BZ** 10
Préfecture (R. de la) .... **BY**
St-Martin (R.) .... **AZ** 15

Ardillers (R. des) ...... **BY** 2
Barre (R. de la) .... **BY** 3
Bourgeois (R. Mlle) .... **BY** 4
Cloître-St-Cyr (R. du) ... **AZ** 6
Francs-Bourgeois (R.) .. **BY** 7
Ouches (R. des) .... **AZ** 9
Petit-Mouësse (R. du) .. **BZ** 12
Rempart (R. du) ...... **AYZ** 13
République (Pl de la) .. **AZ** 14
St-Étienne (⊟) ...... **BY D**
St-Pierre (⊟) .... **BY** 16
Ste-Bernadette
  du-Banlay (⊟) ..... **AY**
14-juillet (R. du) ...... **AZ** 17

ALFA-ROMEO, AUSTIN, MORRIS, TRIUMPH Tenailles, 18 r. Pasteur ℡ 59.28.55
BMW, OPEL Verma, 4 av. Colbert ℡ 61.03.32
CITROEN Gar. Vincent, RN7 Les Bourdons à Varennes Vauzelles par ① ℡ 57.52.66
DATSUN Gar. Jonnez, 203 rte de Lyon à Challuy ℡ 57.43.76
FIAT Auto Hall, à la Baratte, N 81 St-Eloi ℡ 36.22.11
FIAT, PORSCHE Gar. Malou, 13 r. J.-Jaurès ℡ 61.06.67
LANCIA-AUTOBIANCHI Gar. de la Cité, r. M.-Turpin à Vauzelles ℡ 57.15.45

MERCEDES Gar. Bezin, r. des Gds Prés ℡ 36.06.55
PEUGEOT-TALBOT C.A.T.A.R. rte de Fourchambault par D40 AY ℡ 57.36.80
PEUGEOT, TALBOT Colbert-Autom., 78 av. Colbert ℡ 36.12.88
RENAULT Ets Decelle, 49 fg de Paris par ① ℡ 57.32.53
V.A.G. Gar. de Bourgogne, 21 r. du Petit-Mouësse ℡ 61.25.64

⌕ Nevers Pneumatiques, 1 r. du Petit Mouesse ℡ 61.02.51
Piot-Pneu, 3 r. de Mouësse ℡ 57.76.33

NEYRAC-LES-BAINS 07 Ardèche ⁷⁶ ⑱ Ⓖ. Vallée du Rhône – alt. 385 – Stat. therm. (15 mai-15 oct.) – ✉ 07380 Lalevade-d'Ardèche – ✿ 75.
Paris 649 – Aubenas 17 – Langogne 47 – Privas 46 – Le Puy 76 – Vals-les-Bains 13.

　🏨 **Levant** ⑤, ℡ 36.41.07, ≼, 🎤 – ⊟wc 🎗 🅿. ✸
　→ fermé janv. – SC : **R** 40/120 ⅃ – ⚌ 14 – **20 ch** 72/144 – P 130/180.

Les NEYROLLES 01 Ain ⁷⁴ ④ – rattaché à Nantua.

NICE ▯P▯ 06000 Alpes-Mar. 🎲🎲 ⑨⑩, 🎲🎲🎲 ㉖㉗ **G. Côte d'Azur** – 346 620 h. alt. au château 92 – Casino-Club GYZ **T**, Casino Ruhl FZ – ❀ 93.

Voir Site** – Promenade des Anglais** EFZ – Vieux Nice* : Château ≤** JZ, Intérieur* de l'église St-Martin-St-Augustin HY **D**, Escalier monumental* du Palais Lascaris HZ **K**, Intérieur* de la cathédrale Ste-Réparate HZ **L**, Église St-Jacques* HZ **N**, Décors* de la chapelle St-Giaume HZ **R** – Mosaïque* de Chagall dans la Faculté de droit DZ **U** – A Cimiez : Monastère* (Primitifs niçois** dans l'église) HV **Q**, ruines romaines* HV – Musées : Marc Chagall** GX, Matisse* HV **M2**, des Beaux-Arts** DZ **M**, Masséna* FZ **M1** – International d'Art Naïf* AU **M7** – Carnaval*** (avant Mardi-Gras) – Mont Alban ≤** 5 km CT – Mont Boron ≤* 3 km CT – Église St-Pons* : 3 km BS **Z**.

Env. Plateau St-Michel ≤** 9,5 km par ①.

🏌 de Biot ⌀ 65.08.48 par ④ : 22 km.

✈ de Nice-Côte d'Azur ⌀ 72.30.30 AU 7 km.

🚆 ⌀ 88.89.91.

🛳 pour la Corse : Société Nationale Maritime Corse-Méditerranée, 3 av. Gustave-V ⌀ 89.89.89 FZ**D**.

🛈 Office de Tourisme avec Accueil de France (Réservations d'hôtels, pas plus de 7 jours à l'avance) av. Thiers (fermé dim. hors sais.) ⌀ 87.07.07, Télex 460042 : 32 av. H.-des Postes (fermé sam. et dim.) ⌀ 62.06.06 ; 5 av. Gustave-V (fermé sam. hors sais. et dim.) ⌀ 87.60.60 et Nice-Parking près Aéroport (fermé dim.) ⌀ 83.32.64 – A.C. 9 r. Massenet ⌀ 87.18.17 – T.C.F. 6 r. Paradis ⌀ 87.79.95.

Paris 934 ⑤ – Cannes 34 ⑤ – Genova 192 ⑨ – ◆Lyon 471 ⑤ – ◆Marseille 188 ⑤ – Turino 219 ⑨.

Plans pages suivantes

🏨🏨🏨 **Négresco,** 37 prom. des Anglais ⌀ 88.39.51, Télex 460040, ≤, « Chambres et salons d'époque : 16e et 18e s., Empire, Napoléon III » – 🛗 ▤ 📺 ☎ ५ – ⛲ 50 à 400. 🖭 ⓞ 🄴 𝖵𝖨𝖲𝖠 FZ **k**
La Rotonde R carte 90 à 155 et voir Nice p. 6 rest. Chantecler – ☲ 50 – **150 ch** 600/900, 15 appartements.

🏨🏨 **Sofitel Splendid** Ⓜ, 50 bd Victor-Hugo ⌀ 88.69.54, Télex 460938, « ⊾ au 8e étage, ≤ sur la ville » – 🛗 ▤ 📺 ☎ 🚗 – ⛲ 30 à 100. 🖭 ⓞ 🄴 𝖵𝖨𝖲𝖠 ⅏ rest
SC : **R** carte 85 à 130 – **130 ch** ☲ 380/560, 11 appartements 600/680 – P 400/560.
FYZ **g**

🏨🏨 **Frantel** Ⓜ sans rest, 28 av. Notre-Dame ⌀ 80.30.24, Télex 470662, « ⊾ au 8e, jardin suspendu au 2e étage, ≤ » – 🛗 ▤ 📺 ☎ ५ 🚗 – ⛲ 25 à 120. 🖭 ⓞ 🄴 𝖵𝖨𝖲𝖠
SC : ☲ 25 – **200 ch** 330/470.
FXY **s**

🏨🏨 **Méridien** Ⓜ, 1 prom. des Anglais ⌀ 82.25.25, Télex 470361, « ⊾ sur le toit, ≤ la baie » – 🛗 ▤ 📺 ☎ ५ – ⛲ 30 à 400. 🖭 ⓞ 🄴 𝖵𝖨𝖲𝖠 FZ **d**
SC : **R** carte 130 à 200 – ☲ 42 – **280 ch** 450/800, 11 appartements.

🏨🏨 **Plaza,** 12 av. Verdun ⌀ 87.80.41, Télex 460979, ≤, « Terrasse aménagée sur le toit » – 🛗 ▤ 📺 ☎ – ⛲ 30 à 500. 🖭 ⓞ 🄴 𝖵𝖨𝖲𝖠 GZ **f**
SC : **R** 85/90 – ☲ 20 – **186 ch** 380/490.

🏨🏨 **Hyatt Régency** Ⓜ, 223 prom. des Anglais ⌀ 83.91.51, Télex 461635, ≤ sur la baie, ⊾, 🦝 – 🛗 ▤ 📺 ☎ 🚗 – ⛲ 50 à 400. 🖭 ⓞ 🄴 𝖵𝖨𝖲𝖠 ⅏ rest AU **k**
Rendez Vous R carte 190 à 240 ⅃ – **Coffee Shop** (avril-oct.) **R** carte environ 120 ⅃ – ☲ 45 – **325 ch** 500/800, 8 appartements.

🏨🏨 **Westminster Concorde,** 27 prom. des Anglais ⌀ 88.29.44, Télex 460872, ≤ – 🛗 📺 ☎ ५ – ⛲ 40 à 350. 🖭 ⓞ 🄴 𝖵𝖨𝖲𝖠 FZ **m**
R Il Pozzo (1er avril-oct.) carte environ 80 – . rest. Le Farniente (fermé nov.) 120 – ☲ 25 – **110 ch** 300/550.

🏨🏨 **Aston** Ⓜ, 12 av. F.-Faure ⌀ 80.62.52, Télex 470290, « Terrasse sur le toit » – 🛗 ▤ 📺 ☎ ५ – ⛲ 50 à 180. 🖭 ⓞ 🄴 𝖵𝖨𝖲𝖠 ⅏ rest HZ **u**
SC : **R** 105 – **157 ch** ☲ 285/475 – P 480/530.

🏨🏨 **Continental-Masséna** Ⓜ sans rest, 58 r. Gioffredo ⌀ 85.49.25, Télex 470192 – 🛗 📺 ☎ – ⛲ 60. 🖭 ⓞ 🄴 𝖵𝖨𝖲𝖠 GZ **k**
SC : ☲ 23 – **116 ch** 180/405.

🏨🏨 **Ambassador** Ⓜ sans rest, 8 av. Suède ⌀ 87.90.19, Télex 460025, ≤ – 🛗 📺 ५, 🖭 ⓞ 🄴 𝖵𝖨𝖲𝖠 ⅏ FZ **x**
fermé 15 nov. au 15 déc. – SC : **45 ch** ☲ 220/355.

🏨🏨 **Napoléon** sans rest, 6 r. Grimaldi ⌀ 87.70.07, Télex 460949 – 🛗 ▤ 📺 ५, 🖭 🄴 𝖵𝖨𝖲𝖠 FZ **r**
fermé 1er nov. au 5 déc. – SC : ☲ 18 – **80 ch** 215/290.

🏨🏨 **La Pérouse** ॐ, 11 quai Rauba-Capeù ⊠ 06300 ⌀ 62.34.63, Télex 461411, « ≤ Nice et la promenade des Anglais », ⊾, 🦝 – 🛗 ▤ ch 📺 ☎. 🖭 ⓞ 𝖵𝖨𝖲𝖠 ⅏ rest HZ **k**
SC : **R** (snack en été) – **65 ch** ☲ 200/500.

🏨🏨 **La Malmaison,** 48 bd V.-Hugo ⌀ 87.62.56, Télex 470410 – 🛗 📺 ☎ – ⛲ 40. 🖭 ⓞ 🄴 𝖵𝖨𝖲𝖠 ⅏ rest FYZ **e**
SC : **R** (fermé mardi) 75/100 – **50 ch** ☲ 220/320 – P 290/370.

🏨🏨 **Atlantic,** 12 bd Victor-Hugo ⌀ 88.40.15, Télex 460840 – 🛗 ☎ Ⓟ – ⛲ 30 à 80
130 ch. FY **d**

🏛🏛 **Windsor** sans rest, 11 r. Dalpozzo ☏ 88.59.35, Télex 970072, 🏊, 🌳 – 🛗 📺 ☎.
🅰️ ⓞ 🅴
FZ f
SC : **59 ch** ☲ 190/300.

🏛🏛 **Park et rest. Le Passage,** 6 av. Gustave-V ☏ 87.80.25, ≼ – 🛗 🍽 rest 📺 ☎ ♿
– 🚗 80. 🅰️ ⓞ 🅴 *VISA*
FZ x
SC : **R** 100 – ☲ 25 – **150 ch** 300/400 – P 355/395.

🏛🏛 **Gd Hôtel de Florence** Ⓜ sans rest, 3 r. P.-Deroulède ☏ 88.46.87, Télex 470652
– 🛗 🍽 📺. 🚗 🅰️ ⓞ *VISA*. ⊛
GY r
SC : **53 ch** ☲ 200/320.

🏛🏛 **Victoria** sans rest, 33 bd V.-Hugo ☏ 88.39.60, Télex 461337, 🌳 – 🛗 📺 ☎. 🅰️ ⓞ
🅴 *VISA*
FYZ z
SC : **40 ch** ☲ 220/300.

🏛🏛 **Locarno** sans rest, 4 av. Baumettes ☏ 96.28.00, Télex 970015 – 🛗 🍽 📺 – 🚗 50.
🅰️ ⓞ 🅴 *VISA*
DEZ t
fermé 15 nov. au 15 déc. – SC : ☲ 12 – **48 ch** 175/230.

🏛 **Gounod** Ⓜ sans rest, r. Gounod ☏ 88.26.20, Télex 461705 – 🛗 🍽 📺 🛁wc
🚿wc ☎ 🚗. 🚗 🅰️ ⓞ *VISA*
FYZ g
SC : **41 ch** ☲ 230/300, 4 appartements 390.

🏛 **New York** sans rest, 44 av. Mar.-Foch ☏ 92.04.19, Télex 470215 – 🛗 🛁wc 🚿wc
☎ Ⓟ. 🚗 🅰️ ⓞ 🅴 *VISA*
GY g
SC : ☲ 17 – **52 ch** 210/245.

🏛 **Georges** Ⓜ 🦐, sans rest, 3 r. H.-Cordier ☏ 86.23.41 – 🛗 🛁wc 🚿. 🚗 🅰️
DZ e
SC : ☲ 13 – **18 ch** 150/230.

🏛 **Suisse** sans rest, 15 quai Rauba-Capeu ⌨ 06300 ☏ 62.33.00, ≼ – 🛗 🛁wc 🚿wc
🚗
HZ r
SC : ☲ 15 – **37 ch** 94/247.

🏛 **Avenida** sans rest, 41 av. J.-Médecin ☏ 88.55.03 – 🛗 cuisinette 🍽 📺 🛁wc
🚿wc 🚗. 🚗 ⊛
FY m
SC : ☲ 11,50 – **35 ch** 155/200.

🏛 **Carlton** sans rest, 26 bd V.-Hugo ☏ 88.87.83 – 🛗 🛁wc 🚿wc 🚗. 🚗 🅰️ ⓞ 🅴
VISA
ΓY f
SC : **29 ch** ☲ 122/260.

🏛 **Brice,** 44 r. Mar.-Joffre ☏ 88.14.44, Télex 470658 – 🛗 📺 🛁wc 🚿wc ☎ ♿ – 🚗
30. 🚗 🅰️ ⓞ 🅴 *VISA* ⊛ rest
FZ b
SC : **R** 85 – **65 ch** ☲ 210/350 – P 330/400.

🏛 **Chatham** Ⓜ sans rest, 9 r. A.-Karr ☏ 87.80.61 – 🛗 🛁wc 🚿wc 🚗. 🚗 🅰️ 🅴 *VISA*
FY x
SC : ☲ 14 – **50 ch** 150/230.

🏛 **Midi** Ⓜ sans rest, 16 r. Alsace-Lorraine ☏ 88.49.17, Télex 970565 – 🛗
🛁wc 🚿wc ☎. 🚗 🅰️ ⊛
FX n
fermé nov. au 31 déc. – SC : **40 ch** ☲ 350.

🏛 **Albert 1er** sans rest, 4 av. Phocéens ⌨ 06300 ☏ 85.74.01, Télex 970575, ≼ – 🛗
🛁wc 🚿wc 🚗. 🚗 🅰️ ⓞ 🅴 *VISA*
GZ n
SC : **69 ch** ☲ 200/315, 5 appartements 490.

🏛 **Petit Palais** 🦐, 10 av. E.-Bieckert (par bd Cimiez) ☏ 62.19.11, ≼, 🌳 – 📺
🛁wc 🚿wc ☎. 🚗 🅰️ *VISA* ⊛ rest
HX s
SC : **R** 70/90 – ☲ 15 – **22 ch** 180/220 – P 205/240.

🏛 **Busby,** 38 r. Mar.-Joffre ☏ 88.19.41, Télex 461053 – 🛗 🛁wc 🚿wc 🚗 ♿. 🚗 🅰️
ⓞ
FZ u
fermé 13 nov. au 20 déc. et sans rest du 1er juin au 19 déc. – SC : **R** 70 – ☲ 15 –
80 ch 185/300 – P 295/340.

🏛 **Alfa** Ⓜ sans rest, 30 r. Masséna ☏ 87.88.03 – 🛗 🍽 🛁wc 🚿wc ☎. 🅰️ 🅴 *VISA*
FZ a
SC : ☲ 12 – **38 ch** 121/189.

🏛 **Trianon** sans rest, 15 av. Auber ☏ 88.30.69 – 🛗 🛁wc 🚿wc 🚗. 🚗 🅰️ 🅴 *VISA*
FY u
SC : **32 ch** ☲ 138/195.

🏛 **Harvey** sans rest, 18 av. de Suède ☏ 96.16.43 – 🛗 🍽 🛁wc 🚿wc 🚗. 🚗 ⊛
FZ h
1er fév.-1er nov. – SC : ☲ 12 – **51 ch** 155/205.

🏛 **Univers** sans rest, 9 av. J.-Médecin ☏ 87.88.81 – 🛗 🛁wc 🚿wc 🚗. 🚗 *VISA* ⊛
GYZ x
SC : **80 ch** ☲ 90/220.

🏛 **Durante** 🦐 sans rest, 16 av. Durante ☏ 88.84.40, 🌳 – cuisinette 🛁wc 🚿wc 🚗
Ⓟ. 🚗 ⊛
FY b
fermé 22 oct. au 22 nov. – SC : ☲ 18 – **30 ch** 100/185.

🏛 **Midland** sans rest, 41 r. Lamartine ☏ 62.14.43 – 🛗 🚿wc ☎
FX h
SC : **50 ch** ☲ 80/175.

🏛 **Flandres** sans rest, 6 r. Belgique ☏ 88.78.94 – 🛗 🛁wc 🚿wc 🚗. ⊛
FX u
SC : **39 ch** ☲ 150.

🏛 **Nouvel H.** sans rest, 19 bd V.-Hugo ☏ 84.86.85 – 🛗 🛁wc 🚿 🚗. *VISA*
FY v
fermé nov. – SC : ☲ 11 – **54 ch** 59/170.

🏛 **Cigognes** sans rest, 16 r. Maccarani ☏ 88.65.02 – 🛗 🛁wc 🚿wc 🚗 ♿. 🚗 ⊛
FY s
SC : ☲ 13 – **32 ch** 175.

tourner →

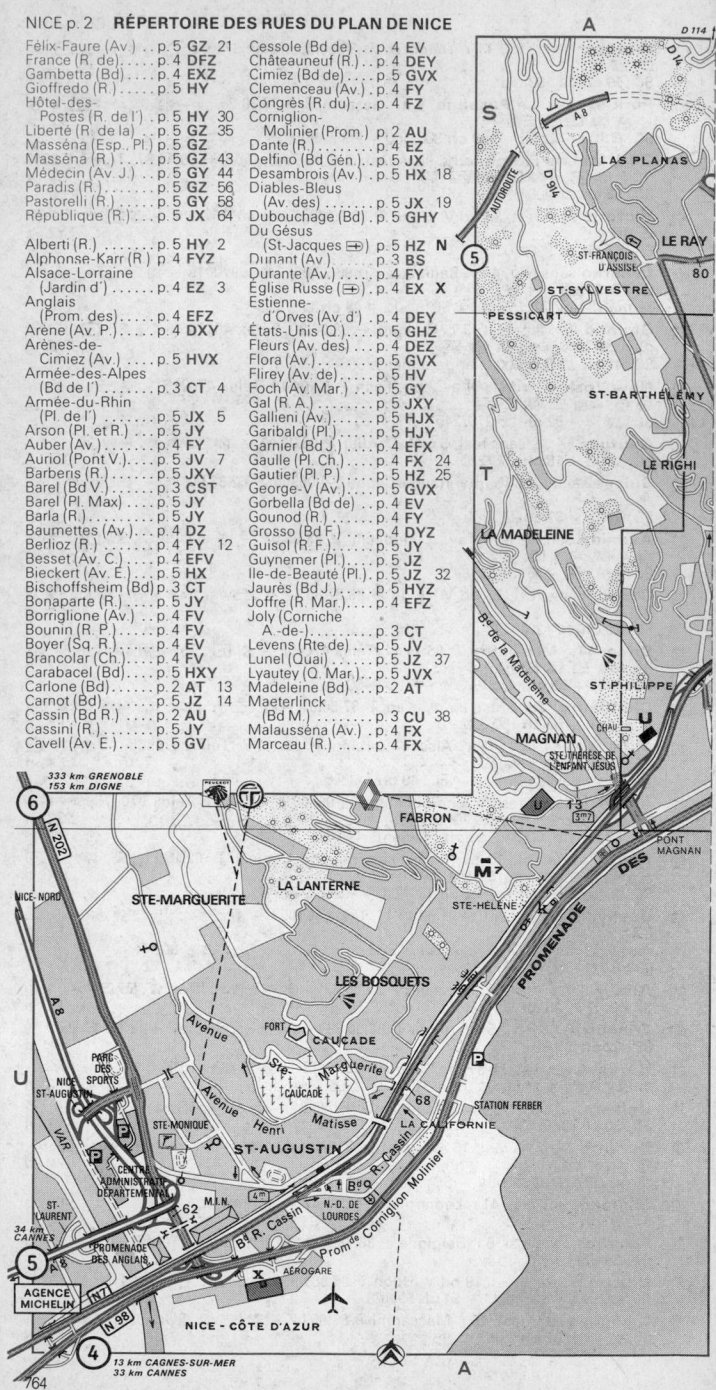

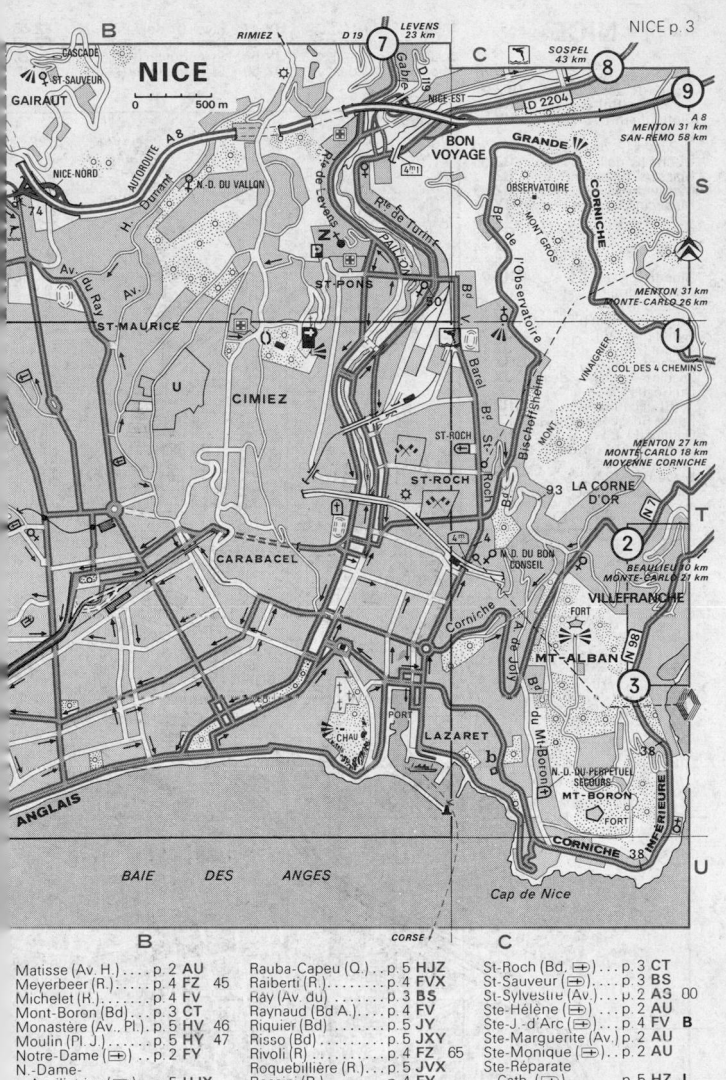

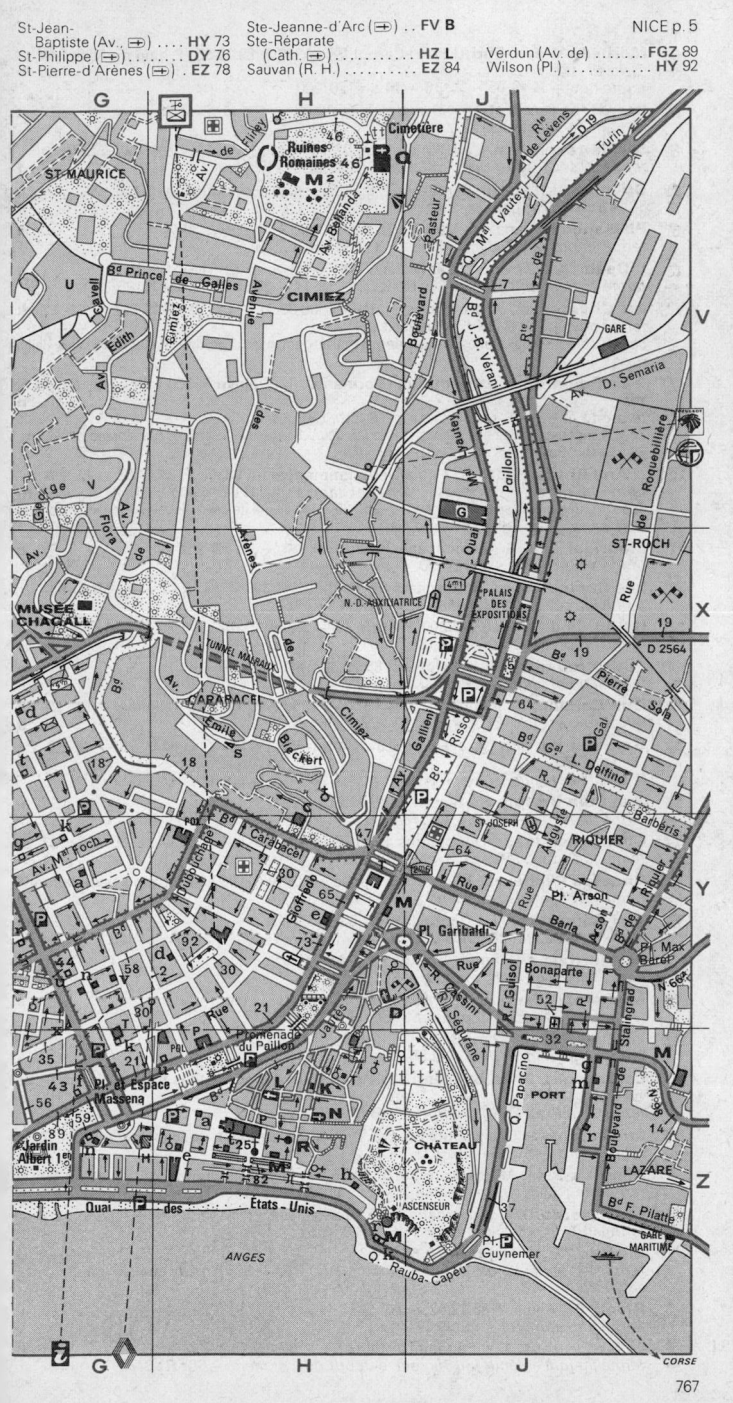

🏠 **Marbella Week-End,** 120 bd Carnot ⊠ 06300 ℡ 89.39.35, ≼ baie de Nice, 🌧 –
➡ 📺wc 🅿️. *VISA*　　　　　　　　　　　　　　　　　　　　　　　　　　CT **b**
　fermé nov. – **R** 40/85 – ☷ 15 – **14 ch** 120/200.

🏠 **Star H.** Ⓜ *sans rest,* 14 r. Biscarra ℡ 85.19.03 – 📺wc 📺wc ☎　　　GY **k**
　SC : ☷ 11 – **20 ch** 90/172.

🏠 **St-Pierre** *sans rest,* 2 av. Fleurs ℡ 96.93.10 – 📶 📺wc 📺wc 🅿️. 🚗 *AE VISA*
　fermé 30 sept. au 1er déc. – SC : ☷ 12 – **35 ch** 75/190.　　　　　　EZ **f**

🏠 **Crillon** *sans rest,* 44 r. Pastorelli ℡ 85.43.59 – 📶 📺wc 📺wc 🅿️. 🚗 🎥　GY **u**
　SC : **42 ch** ☷ 80/190.

🏠 **Plaisance H.** *sans rest,* 20 r. Paris ℡ 85.11.90 – 📶 📺wc 📺wc　　　GX **t**
　fermé 15 nov. au 22 déc. – SC : ☷ 13 – **30 ch** 75/150.

🏠 **L'Oasis** 🌿, 23 r Gounod ℡ 88.12.29, 🌧 – 📺wc 🅿️ Ⓟ. 🚗. 🎥 rest　FY **a**
➡ *fermé 15 oct. au 10 déc.* – SC : **R** 45/50 – ☷ 14 – **31 ch** 70/140 – P 125/160.

𝕏𝕏𝕏𝕏 ⁂⁂ **Chantecler,** 37 prom. des Anglais ℡ 88.39.51 – 🍽. *AE ⓞ E VISA*　FZ **k**
　fermé nov. – SC : **R** 200/270 et carte
　Spéc. Courgettes aux truffes, Salade de pigeon aux amandes, Tian de filet d'agneau. **Vins** Bellet
　blanc.

𝕏𝕏𝕏 ⁂ **La Poularde chez Lucullus** (Normand), 9 r. Deloye ℡ 85.22.90 – 🍽. *AE ⓞ E*
　VISA　　　　　　　　　　　　　　　　　　　　　　　　　　　　　　　GY **n**
　fermé 12 juil. au 18 août et merc. – **R** 110/150.
　Spéc. Langouste grillée aux herbes (15 fév.-15 nov.), Rougets à la sauvage, Capilotade de volaille.
　Vins Gassin, Bellet.

𝕏𝕏𝕏 ⁂ **Ane Rouge** (Vidalot), 7 quai Deux-Emmanuel ⊠ 06300 ℡ 89.49.63 – *AE ⓞ*
　fermé 14 juil. au 1er sept., dim., fériés et sam. soir – **R** carte 160 à 230　　JZ **m**
　Spéc. Huîtres plates au champagne (10 sept.-30 avril), Darne de colin au beurre de cidre, Homard
　"Ane Rouge". **Vins** Bellet, Coteaux d'Aix.

𝕏𝕏𝕏 **Madrigal,** 7 av. G.-Clemenceau ℡ 88.79.23, 🌧 – *AE ⓞ VISA*　　　　FY **q**
　fermé août et dim. – **R** 78/120.

𝕏𝕏𝕏 **Los Caracolès,** 5 r. St-François-de-Paule ⊠ 06300 ℡ 80.98.23 – 🍽 *AE VISA*
　fermé juil., 22 au 28 fév. et merc. – SC : **R** 110/150.　　　　　　　　HZ **e**

𝕏𝕏𝕏 **Garac,** 2 bd Carnot ⊠ 06300 ℡ 89.57.36 – *AE ⓞ E VISA*　　　　JZ **g**
　fermé lundi – **R** carte 130 à 185.

𝕏𝕏𝕏 **Petit Brouant,** 4 bis r. Deloye ℡ 85.25.84, 🌧 – *AE ⓞ*　　　　　GY **n**
　fermé juin et lundi – **R** 85/120.

𝕏𝕏 **Don Camillo,** 5 r. Ponchettes ⊠ 06300 ℡ 85.67.95, cuisine italienne – 🍽. *AE ⓞ*
　fermé juil. et dim. – **R** carte 100 à 150.　　　　　　　　　　　　　　HZ **h**

𝕏𝕏 **Gourmet Lorrain** 🌿 *avec ch,* 7 av. Santa-Fior ⊠ 06100 ℡ 84.90.78 – 🍽 📺 📺
　🅿️. 🚗 *AE*　　　　　　　　　　　　　　　　　　　　　　　　　　　FV **a**
　R *(fermé oct., dim. soir et lundi)* 60/110 – ☷ 11 – **15 ch** 100/150 – P 110/150.

𝕏𝕏 **Bon Coin Breton,** 5 r. Blacas ℡ 85.17.01 – 🍽　　　　　　　　　GY **v**
➡ *fermé dim. soir et lundi* – SC : **R** 47/120.

𝕏𝕏 **Chez Rolando,** 3 r. Desboutins ℡ 85.76.79, cuisine italienne – 🍽. *AE VISA*　GZ **n**
　fermé juil., dim., fêtes et le midi en août – **R** carte 95 à 120 🍷.

𝕏𝕏 **Chez les Pêcheurs,** 18 quai des Docks ⊠ 06300 ℡ 89.59.61, produits de la mer
　fermé nov. à mi déc. et merc. – **R** carte 100 à 160.　　　　　　　　JZ **r**

𝕏𝕏 **Aux Gourmets,** 12 r. Dante ℡ 96.83.53 – 🍽. *ⓞ*　　　　　　　EZ **w**
　fermé 1er au 23 juin, 15 nov. au 8 déc., dim. soir et lundi – SC : **R** 58/146.

𝕏𝕏 **St-Moritz,** 5 r. Congrès ℡ 88.54.90 – 🍽. *AE*　　　　　　　　FZ **t**
　fermé 7 janv. au 7 fév. et jeudi – SC : **R** 90/160.

𝕏𝕏 **Michel,** 12 r. Meyerbeer ℡ 88.77.42, produits de la mer – 🍽　　　FZ **s**
　fermé 8 juil. au 26 août et lundi – SC : **R** carte 105 à 160.

𝕏𝕏 **Le Rive Droite,** 22 av. St-Jean Baptiste ℡ 62.16.72 – *AE*　　　　HY **e**
　fermé lundi midi et dim. – **R** 55/78.

𝕏𝕏 **La Cassole,** 22 av. St-Jean-Baptiste ℡ 85.01.14, spécialités du sud-ouest – *AE*
　ⓞ VISA　　　　　　　　　　　　　　　　　　　　　　　　　　　HY **e**
　fermé 25 juil. au 25 août et lundi – **R** 60/130.

𝕏𝕏 **La Madrague,** 13 bis cours Saleya ℡ 85.61.91, produits de la mer. *VISA*　HZ **t**
　fermé mardi – SC : **R** carte 100 à 160.

𝕏𝕏 **Bông-Laï,** 14 r. Alsace-Lorraine ℡ 88.75.36, cuisine vietnamienne – 🍽. *ⓞ E*
　fermé 5 au 27 déc., lundi et mardi – SC : **R** carte 120 à 190.　　　FX **n**

𝕏 **La Nissarda,** 17 r. Gubernatis ℡ 85.26.29 – *AE*　　　　　　　HY **d**
➡ *fermé juil., mardi soir et merc.* – SC : **R** 38/65.

𝕏 **Mireille,** 19 bd Raimbaldi ℡ 85.27.23　　　　　　　　　　　GX **d**
　fermé 1er juin au 8 juil., lundi et mardi sauf fêtes – SC : **R** plat unique : paella carte
　env. 75.

𝕏 **Rivoli,** 9 r. Rivoli ℡ 88.12.62 – 🍽. *VISA*　　　　　　　　　　FZ **v**
　fermé juin et mardi – SC : **R** 62.

𝕏 **Le St-Laurent,** 12 r. Paganini ℡ 87.18.94 – *AE ⓞ*　　　　　　FY **n**
➡ *fermé fin juin à début juil., fin oct. à début nov. et merc.* – SC : **R** 48/70.

✗ **Florian,** 22 r. A.-Karr ☎ 88.47.83 — 🅰🅴 ⓪ 🄴 𝗩𝗜𝗦𝗔   **FY k**
fermé 15 nov. au 15 déc. et merc. – SC : **R** 55/90 🍴.

✗ **La Casbah,** 3 r. Dr.-Balestre ☎ 85.58.81, couscous   **GY a**
fermé 15 juil. au 31 août et lundi – **R** carte environ 70.

✗ **La Merenda,** 4 r. Terrasse ✉ 06300, cuisine niçoise – 🍽   **HZ a**
fermé août, fév., sam. soir, dim. et lundi – SC : **R** carte environ 80.

à l'Aéroport 7 km – ✉ 06200 Nice :

✗✗ **Grill Soleil d'Or,** 1ᵉʳ étage aérogare ☎ 72.36.14, ≼ – 🍽 ⓟ. ⓪ 𝗩𝗜𝗦𝗔   **AU x**
SC : **R** carte environ 80 🍴.

au Cap 3000 par ④ : 8 km – ✉ 06700 St-Laurent-du-Var :

🏨 **Novotel** 🅜, ☎ 31.61.15, Télex 470643, 🔺 – 🛗 🍽 📺 ☎ & ⓟ – 🏊 300. 🅰🅴 ⓪ 𝗩𝗜𝗦𝗔
R snack carte environ 85 – ⊡ 29 – **103 ch** 272/340.

à St-Pancrace N : 8 km par D 914 AS – alt. 302 – ✉ 06100 Nice :

✗✗✗ ⊛ **Rôtisserie de St-Pancrace** (Teillas), ☎ 84.43.69, ≼ – ⓟ. 𝗩𝗜𝗦𝗔
fermé 5 janv. au 5 fév. et lundi de sept. à Pâques – **R** carte 135 à 180
Spéc. Ravioles de foie gras (sauf juil.-août), Fricassé de mer, Noisettes de canard. **Vins** Bellet, Bandol.

✗✗ **Cicion,** ☎ 84.49.29, ≼ Nice et littoral – ⓟ
fermé mi oct. à fin nov., le soir (sauf juil.-août) et merc. – **R** 80/100.

MICHELIN, Agence régionale, Zone Ind., quartier Pugets à St Laurent-du-Var par ⑤ ☎ 31.66.09

ALFA-ROMEO, PORSCHE-MITSUBISCHI IMAC, SOMEDIA, 1 bd Armée-des-Alpes ☎ 89. 00.32
AUSTIN, JAGUAR, MORRIS, ROVER, TRIUMPH Kennings, 9 r. Veillon ☎ 80.56.84
AUSTIN, JAGUAR, ROVER Gar. Méditerranée, 52 r. de France ☎ 88.87.51 🈁 ☎ 88.67.17
AUSTIN, MORRIS, ROVER, TRIUMPH, OPEL Résidence-Auto, 143 bd de Cessole ☎ 84.83.27
AUTOBIANCHI-LANCIA Gar. de Touraine, 151 bd de Cessole ☎ 51.29.63
BMW Gar. Azur-Autos, 13 r. G.-Garaud ☎ 89. 36.20
CITROEN Succursale, 74 bd R.-Cassin AU ☎ 83.66.66 🈁 ☎ 89.80.89 et 38 Bd St-Roch CT ☎ 89.05.73 🈁 ☎ 89.80.89
DATSUN Gar. Méditerranéens, 45 r. de la Buffa ☎ 88.13.27
FIAT D.I.A.M., 3 r. Meyerbeer ☎ 87.12.56
FORD Gar. Paris-Côte Azur, 11 av. Désambrois ☎ 80.04.47
MERCEDES-BENZ Interstar, 83 bd Gambetta ☎ 88.73.47
OPEL-GM-US Michigan-Motors, 3 bd Armée-des-Alpes ☎ 89.00.77
PEUGEOT, TALBOT Gds Gar. Nice et Littoral, 132 bd Pasteur ☎ 62.00.40 et 63 rte de Grenoble AU ☎ 83.03.50

RENAULT Succursale, 2 bd Armée-des-Alpes CT ☎ 89.27.57
RENAULT Gd Gar. Gustave-V, 6 av. de Suède (Jardins Albert 1) FZ ☎ 87.85.34
RENAULT Gar. Macagno, 17 av. Californie AU ☎ 86.59.81
RENAULT Gar. Viale, 88 av. Cy.-Besset EV ☎ 84.44.68
RENAULT Gar. Wilson, 37 r. Hôtel-des-Postes GHY ☎ 62.24.11
TOYOTA, VOLVO Gar. Albert 1·5 r. Cronstadt ☎ 88.39.35
VAG Rivièra-Autos-Sces, 13 et 15 av. de la Californie ☎ 86.69.44 ☎ 89.80.89
V.A.G. S.M.A. 146 rte de Turin ☎ 55.74.74
Gar. Américan-Auto, 38 rte de Turin ☎ 89.15.74
Gar. Plaza, 12 av. de Verdun ☎ 87.82.34

🛞 Andreasi, 13 bd Stalingrad ☎ 89.48.58
Cagnol, 3 r. Gare du Sud ☎ 84.52.29
Massa-Pneus, 27, r. Trachel ☎ 82.20.85
Nice-Pneus, 14 r. L.-Ackermann ☎ 87.49.07
Office du Pneu, 116 bd Gambetta ☎ 88.45.84
Omnipneu, 18 r. Arson ☎ 89.63.05
Omnium-Niçois du C/c 3 r. Maraldi ☎ 55.05.60
Piot-Pneu, 68 r. Mar.-Vauban ☎ 89.66.76 et angle r. Nicot-de-Villemain et bd P.-Montel ☎ 83.10.92

Évitez de fumer au cours du repas :
vous altérez votre goût et vous gênez vos voisins.

▬▬▬ **NIDECK (Ruines du château et cascade du)** ★★ 67 B.-Rhin 🏔🏔 ⑧ G. Vosges.
Accès : 1 h 15 du D 218.

▬▬▬ **NIEDERBRONN-LES-BAINS** 67110 B.-Rhin 🏔🏔 ⑱⑲ G. Vosges – 4 461 h. alt. 192 – Stat. therm. – Casino – ⊛ 88.
🄱 Office de Tourisme à l'Hôtel de Ville (fermé sam. et dim.) ☎ 09.17.00.
Paris 449 – Haguenau 21 – Sarreguemines 56 – Saverne 38 – ♦Strasbourg 53 – Wissembourg 34.

🏨 **Grand Hôtel** ⚘, av. Foch ☎ 09.02.60, Télex 890151, ☞, ✗ – 🛗 ☎ ⓟ – 🏊 100.
🅰🅴 ⓪ 🄴 𝗩𝗜𝗦𝗔
SC : **R** voir rest. du Parc – ⊡ 25 – **55 ch** 280/300, 5 appartements 400 – P 330/460.

🏨 **Bristol,** pl. H. de Ville ☎ 09.61.44 – 🛗 🍽 rest ⊔wc 🛁wc ☎ ⓟ. 🅰🅴 ⓪ 𝗩𝗜𝗦𝗔 ✗ ch
SC : **R** *(fermé janv., mardi soir et merc.)* 60/170 🍴 – ⊡ 18 – **28 ch** 100/170 – P 149/193.

🏨 **Cully,** r. République ☎ 09.01.42 – 🛗 ⊔wc 🛁wc ☎ ⓟ. 🅰🅴 ⓪ 𝗩𝗜𝗦𝗔 ✗ ch
fermé 16 nov. au 7 déc. – SC : **R** *(fermé dim. soir et lundi sauf fériés)* 38/115 🍴 – ⊡ 15 – **40 ch** 72/152 – P 127/160.

XXX **Parc,** pl. des Thermes ⏚ 09.68.88, ≤ – 🅰🅴 🅾 🅴 𝑉𝐼𝑆𝐴
fermé fév. et jeudi – SC : **R** 85/130.

XX **Muller** avec ch, av. Libération ⏚ 09.70.00, parc, 🐾 – 📺 🛏wc ☎ 🅿. 📶 🅰🅴 🅾
→ 𝑉𝐼𝑆𝐴. ⚞ rest
fermé janv. – **R** (fermé lundi) 34/120 ⚞ – 🖃 15 – **18 ch** 85/148 – P 110/152.

à Untermuhlthal (57 Moselle) O : 11 km par D 28 et D 141 – ⊠ 57230 Bitche :

XX **L'Arnsbourg,** ⏚ (8) 706.50.85, ≤, 🐾 – 🅿
fermé 1er janv. au 10 fév., mardi soir et merc. – SC : **R** 55/160 ⚞.

CITROEN Krebs, ⏚ 09.03.66   RENAULT Gar. Naegely, ⏚ 09.00.80 🄽

NIEDERSCHAEFFOLSHEIM 67 B.-Rhin 🟧🟧 ⑲ – 1 202 h. alt. 183 – ⊠ 67500 Haguenau – ✪ 88.

Paris 471 – Haguenau 6 – Saverne 33 – ◆Strasbourg 26.

XX **Au Boeuf Rouge** avec ch, ⏚ 93.49.66 – 🛏wc ☎ 🅿. 📶 🅰🅴 🅾 🅴 𝑉𝐼𝑆𝐴
→ fermé 28 juin au 18 juil. et 27 déc. au 9 janv. – SC : **R** (fermé lundi) 45/130 ⚞ – 🖃 14
– **16 ch** 60/125 – P 140/160.

NIEDERSTEINBACH 67 B.-Rhin 🟧🟧 ⑲ – 228 h. alt. 225 – ⊠ 67510 Lembach – ✪ 88.

Paris 451 – Bitche 24 – Haguenau 32 – Lembach 8 – ◆Strasbourg 64 – Wissembourg 23.

🏨 **Cheval Blanc** ⚞, ⏚ 09.25.31, 🐾, ⚞ – 🛏wc 🛏wc ☎ 🅿 – 🏛 30. 📶 🅴.
⚞ rest
fermé 19 janv. au 6 mars – SC : **R** (fermé vend. midi hors sais. et jeudi) 55/140 ⚞ –
🖃 15 – **32 ch** 50/150 – P 120/140.

In questa guida

uno stesso simbolo, uno stesso carattere

stampati in rosso o in nero, in magro o in **grassetto**

hanno un significato diverso.

Leggete attentamente le pagine esplicative (p. 29 a 36).

NIEUIL 16 Charente 🟧🟧 ⑤ – 941 h. alt. 153 – ⊠ 16270 Roumazières-Loubert – ✪ 45.

Paris 430 – Angoulême 42 – Confolens 26 – ◆Limoges 65 – Nontron 61 – Ruffec 36.

🏨 ✪ **Château de Nieuil** (Mme Bodinaud) ⚞, à l'Est par D 739 et VO ⏚ 71.36.38, ≤,
« Belle demeure, parc », ⚞, ⚞ – ⚞ 🚗 🅿 – 🏛 40. 🅰🅴 𝑉𝐼𝑆𝐴
fermé 14 nov. au 18 mars – SC : **R** (fermé merc. sauf résidents) (dim. et fêtes
prévenir) 115/145 – **10 ch** 🖃 280/500, 3 appartements
Spéc. Farci charentais, Pintade aux baies de cassis, Tournedos au Pineau.

NIMES 🄿 30000 Gard 🟧🟧 ⑲ G. Provence – 133 942 h. alt. 39 – ✪ 66.

Voir Arènes★★★ BX – Maison Carrée★★★ BV – Jardin de la Fontaine★★ AV : Tour
Magne★, ≤★ – Musées : Antiques★ de la Maison Carrée BV, Archéologie★ BV M1,
Beaux-Arts★ BX M2.

🏌 de Campagne ⏚ 20.30.26 par ⑤ : 11 km.

✈ de Nîmes-Garons ⏚ 20.12.55 par ⑤ : 8 km.

🚊 ⏚ 67.27.46.

🅓 Office de Tourisme et Accueil de France (Informations et réservations d'hôtels, pas plus de 5
jours à l'avance) 6 r. Auguste ⏚ 67.29.11, Télex 490526 et A 9 aire de Tavel ⏚ 50.04.06, Télex 480235
– A.C. 6 av. Feuchères ⏚ 67.28.10.

Paris 712 ② – Aix-en-Provence 106 ④ – Avignon 43 ② – ◆Clermont-Ferrand 313 ⑨ – ◆Grenoble 248
② – ◆Lyon 249 ② – ◆Marseille 121 ④ – ◆Montpellier 51 ⑥ – ◆Nice 281 ④ – ◆St-Etienne 268 ②.

Plans pages suivantes

🏨 **Imperator,** pl. A.-Briand ⏚ 21.90.30, Télex 490635, 🌳, « Jardin fleuri » – 🕃 📺
☎ 🚗 – 🏛 60. 🅰🅴 🅾 🅴 𝑉𝐼𝑆𝐴   AV **g**
fermé 2 janv. au 15 fév. – SC : **R** 120 – 🖃 25 – **60 ch** 185/350.

🏨 **Sofitel** 🄼, bd Périphérique Sud, échangeur A9 Nîmes Ouest ⏚ 84.40.44, Télex
490644, 🌳, ⚞, 🐾, ⚞ – 🕃 ▤ 📺 ☎ 🕭 🅿 – 🏛 40 à 120. 🅰🅴 🅾 🅴 𝑉𝐼𝑆𝐴   CZ **a**
rest. **Le Mazet R** carte 100 à 135 – 🖃 33 – **98 ch** 280/395.

🏨 **Louvre,** 2 square Couronne ⏚ 67.22.75, Télex 480218 – 🕃 📺 ☎ 🥢. 🅰🅴 🅾 🅴
→ 𝑉𝐼𝑆𝐴   BX **x**
SC : **R** 49/135 ⚞ – **Brasserie R** carte environ 100 – 🖃 16 – **35 ch** 105/195, 5 appartements 230 – P 170/205.

🏨 **Novotel** 🄼, bd Périphérique Sud ⏚ 84.60.20, Télex 480675, 🌳, ⚞, 🐾 – 🕃 ▤
📺 ☎ 🅿 – 🏛 25 à 250. 🅰🅴 🅾 🅴   CZ **a**
R snack carte environ 85 – 🖃 27 – **96 ch** 215/260.

🏨 **Cheval Blanc,** pl. Arènes ⏚ 67.20.03, Télex 480856 – 🕃 ▤ ch 📺 ☎ – 🏛 30. 🅰🅴
🅾 🅴 𝑉𝐼𝑆𝐴   BX **e**
SC : **R** 90 – 🖃 27 – **50 ch** 180/220.

🏠 **Nimotel** Ⓜ, chemin de l'Hostellerie ☎ 38.13.84, Télex 490592, ❄ – 🛗 ▤ 📺

➜ 🚿wc ☎ 🅿 – 🔟 60. 🚗 ꜞ AE ① E VISA   CZ **r**

SC : R 50/80 🍷 – ☲ 16 – **101 ch** 150/180.

🏠 **Midi**, square Couronne ☎ 21.07.18, Télex 480846 – 🛗 📺 🚿wc ꟱wc ☎ 🚗 –

🔟 40. 🚗 ꜞ AE ① E VISA   BX **k**

SC : **R** carte 110 à 165 – ☲ 18 – **115 ch** 135/165 – P 210/280.

🏠 **Carrière**, 6 r. Grizot ☎ 67.24.89, Télex 490580 – 🛗 🚿wc ꟱wc ☎ 🕭 🚗 AE

➜ ① VISA   BV **a**

SC : R 38/73 🍷 – ☲ 15 – **55 ch** 120/200 – P 170/190.

🏠 **Provence** sans rest, 5 square Couronne ☎ 67.28.64 – 🛗 🚿wc ꟱wc ☎. 🚗 AE

VISA   BX **b**

fermé 15 déc. au 15 janv. – SC : ☲ 13,50 – **38 ch** 65/135.

🏠 **Milan** sans rest, 17 av. Feuchères ☎ 67.29.90 – 🛗 🚿wc ꟱wc ☎. 🚗   CX **u**

SC : ☲ 11 – **32 ch** 79/145.

🏠 **Savoy** sans rest, 31 r. Beaucaire ☎ 67.60.17 – 🚿wc ꟱wc 🚗. 🚗   CV **v**

fermé 18 déc. au 2 janv. – SC : ☲ 14 – **20 ch** 80/140.

🏠 **Michel** sans rest, 14 bd Amiral-Courbet ☎ 67.26.23 – 🚿wc ꟱wc ☎. 🚗 AE ①

E VISA   BV **s**

SC : ☲ 12 – **29 ch** 80/155.

🏠 **Amphithéâtre** sans rest, 4 r. Arènes ☎ 67.28.51 – 🚿wc ꟱wc 🕭. 🚗 E VISA

BX **h**

fermé 20 déc. au 20 janv. – SC : ☲ 12 – **21 ch** 65/120.

🏠 **Menant** sans rest, 22 bd Amiral-Courbet ☎ 67.22.85 – 🚿wc ꟱wc 🕭. 🚗

☲ 15 – **29 ch** 60/130.   BV **d**

🏠 **Majestic** sans rest, 10 r. Pradier ☎ 67.24.14 – ꟱wc 🕭   CX **z**

SC : ☲ 12 – **27 ch** 59/117.

🏠 **Château** sans rest, 3 pl. Château ☎ 67.57.47 – ꟱wc 🕭 🚗 ❄   BV **e**

SC : ☲ 11 – **15 ch** 50/105.

XX **R. Le Lisita**, 2 bd Arènes ☎ 67.29.15, <, 🌳 – AE VISA   BX **h**

fermé août, dim. soir et sam. – SC : R 65/100.

X **Au Chapon Fin**, 3 r. Château-Fadaise ☎ 67.34.73   BX **f**

fermé mardi – SC : R 60/170.

par ④ et rte Caissargues : 6,5 km – ✉ *30230 Bouillargues :*

🏠 **Campanile** ⌂, ☎ 84.27.05, ☞ – 📺 🚿wc 🕭 🅿 – 🔟 25. VISA

SC : R 55 bc/80 bc – ☲ 20 – **50 ch** 200.

route de l'aéroport de Garons par ⑤ : 8 km :

🏠 **Les Aubuns** Ⓜ ⌂ sans rest, ✉ 30230 Caissargues ☎ 20.24.31, 🏊, ☞ – 🅿 –

🔟 60. ① E VISA

SC : ☲ 25 – **30 ch** 185/265.

XXX ✿ **Alexandre** avec ch., ✉ 30128 Garons ☎ 20.08.66, <, « Parc » – ▤ 🅿. VISA. ❄

fermé 7 au 22 mars, 15 au 30 août, dim. soir, mardi midi et lundi – SC : R (nombre

de couverts limité - prévenir) 140/185 – ☲ 22 – **8 ch** 240

Spéc. Mousses en gelée, Tournedos Frédéric Mistral, Desserts. **Vins** Chateauneuf du Pape.

MICHELIN, Agence, rte de St-Gilles, D 42 DZ ☎ 84.99.05

ALFA ROMEO Auto-Sport, 2210 rte Montpellier, ☎ 84.03.55

AUSTIN, MORRIS, ROVER, TRIUMPH Gar. du Midi, bd Périphérique Sud, Impasse du Doubs ☎ 84.07.90

BMW Méridional-Autos, av. Pavlov, Zone Ind. St-Césaire ☎ 62.10.90

BMW Gar. Provençal, 2532 rte Montpellier ☎ 84.78.11

CITROEN Succursale, 2290 rte Montpellier ☎ 84.60.05

FERRARI, FIAT Gar. Europe, 1976 av. du Mal Juin ☎ 84.04.40

FORD Méditerranée-Autom., 655 av. du Mar. Juin ☎ 84.08.01

MERCEDES-BENZ Renaux, 328 rte d'Avignon ☎ 26.04.99

PEUGEOT TALBOT Gds Gar. du Gard, 1667 av. du Mar.-Juin ☎ 84.60.08

RENAULT Succursale, 1412 av. du Mal Juin ☎ 84.60.00

TOYOTA Veyrunes, 29 r. de Beaucaire ☎ 21.71.22

V.A.G. S.N.D.A., 74 et 76 rte de Beaucaire ☎ 84.92.80

VOLVO Courbessac-Autos, 99 r. Favre-de-Thierrens ☎ 26.01.21

🛞 Comptoir du Pneu, 23 bis bd Sergent-Triaire ☎ 84.94.21

Escoffier-Pneus, 2 r. République ☎ 67.32.72 et 2614 rte Montpellier ☎ 84.02.01 et 1 r. Paul Painlevé ☎ 84.88.88

Nîmes-Pneus, 103 rte de Beaucaire ☎ 26.65.91

Pernia, 88 bd J.-Jaurès ☎ 64.08.26

Peysson, 11 r. République et 145 bd Sergent-Triaire ☎ 67.34.49

Pneu-Service-Folcher, 55 bd Talabot ☎ 67.94.17 et 2722 rte Montpellier ☎ 84.85.40

Rigon-Pneus, Arche 18, bd Talabot ☎ 84.15.26

Les **guides Rouges**, les **guides Verts** et les **cartes Michelin**

sont complémentaires.

Utilisez les ensemble.

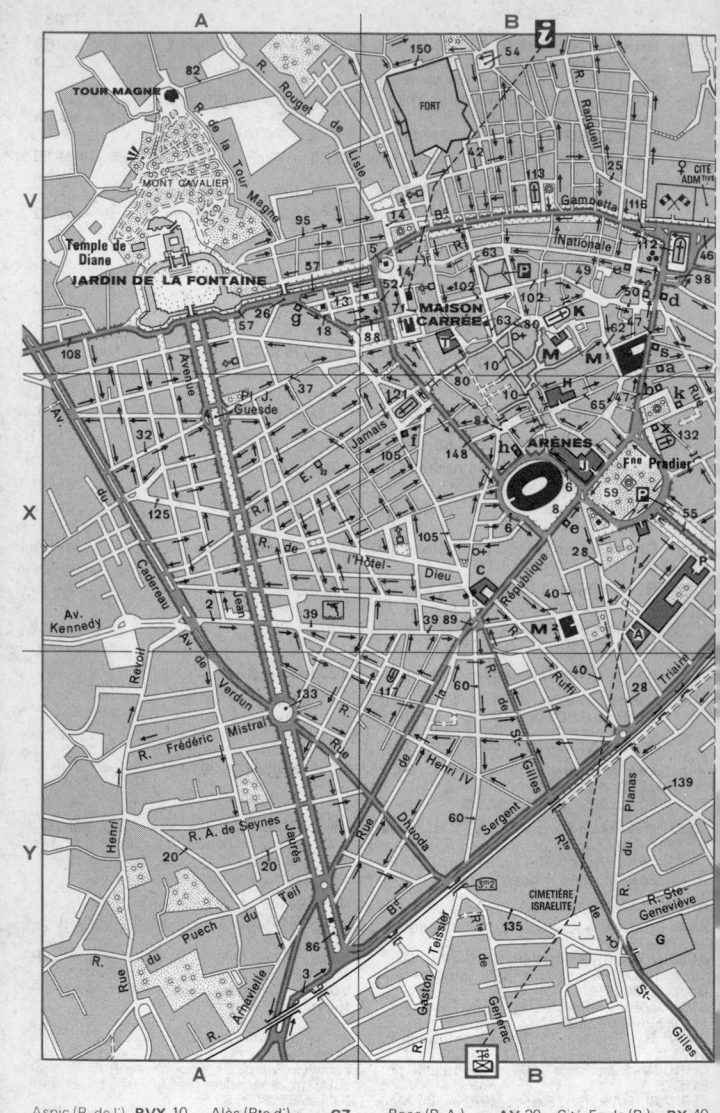

772

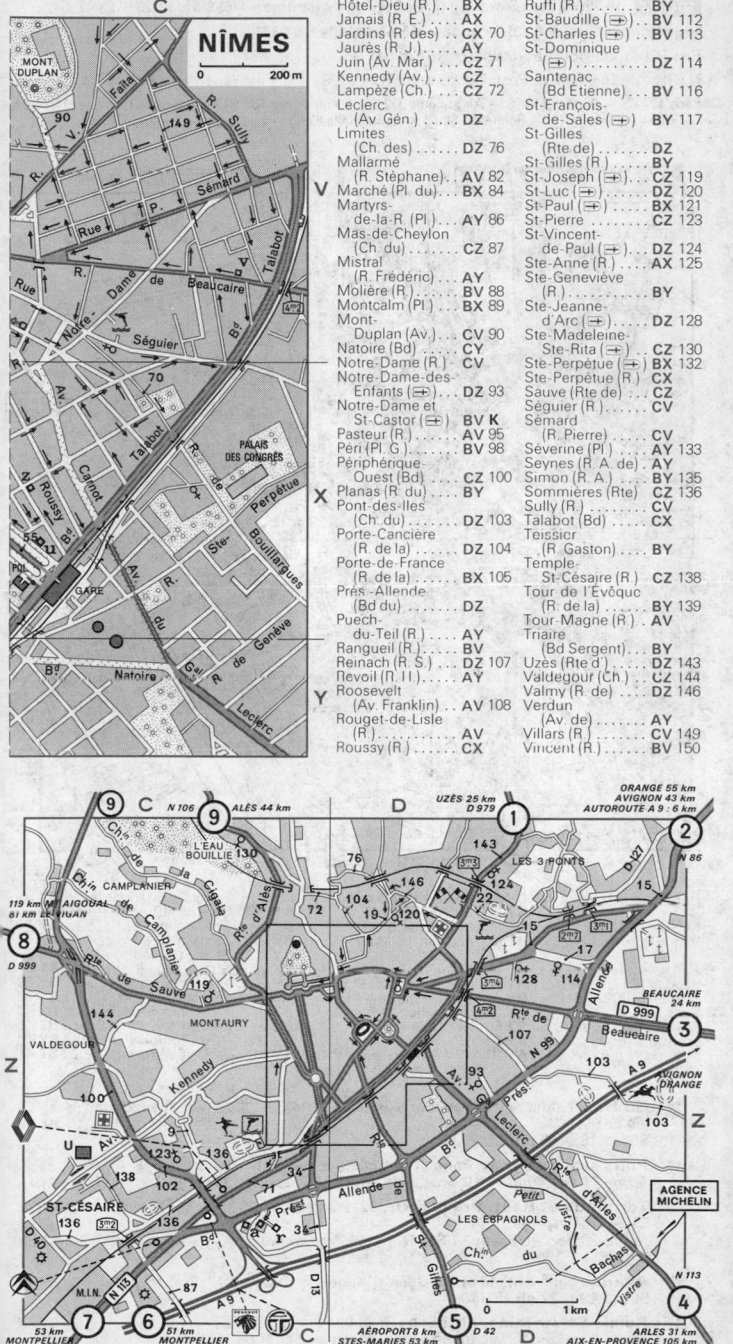

NÎMES

0   200 m

Hôtel-Dieu (R.) . . . . **BX**
Jamais (R. E.) . . . . . **AX**
Jardins (R. des) . . . . **CX** 70
Jaurès (R. J.) . . . . . **AY**
Juin (Av. Mar.) . . . . **CZ** 71
Kennedy (Av.) . . . . . **CZ**
Lampèze (Ch.) . . . . . **CZ** 72
Leclerc
   (Av. Gén.) . . . . . . **DZ**
Limites
   (Ch. des) . . . . . **DZ** 76
Mallarmé
   (R. Stéphane) . . **AV** 82
Marché (Pl. du) . . . **BX** 84
Martyrs-
   de-la-R. (Pl.) . . . **AY** 86
Mas-de-Cheylon
   (Ch. du) . . . . . . **CZ** 87
Mistral
   (R. Frédéric) . . **AY**
Molière (R.) . . . . . **BV** 88
Montcalm (Pl.) . . . **BX** 89
Mont-
   Duplan (Av.) . . . **CV** 90
Natoire (Bd) . . . . **CY**
Notre-Dame (R.) . . **CV**
Notre-Dame-des-
   Enfants (⇥) . . . **DZ** 93
Notre-Dame et
   St-Castor (⇥) . . **BV** K
Pasteur (R.) . . . . **AV** 95
Péri (Pl. G.) . . . . **BV** 98
Périphérique-
   Ouest (Bd) . . . **CZ** 100
Planas (R. du) . . . **BY**
Pont-des-Iles
   (Ch. du) . . . . . **DZ** 103
Porte-Cancière
   (R. de la) . . . . **DZ** 104
Porte-de-France
   (R. de la) . . . . **BX** 105
Près-Allende
   (Bd du) . . . . . **DZ**
Puech-
   du-Teil (R.) . . . **AY**
Rangueil (R.) . . . . **BV**
Reinach (R. S.) . . **DZ** 107
Revoil (R. H.) . . . **AY**
Roosevelt
   (Av. Franklin) . . **AV** 108
Rouget-de-Lisle
   (R.) . . . . **AV**
Roussy (R.) . . . . . **CX**

Ruffi (R.) . . . . **BY**
St-Baudille (⇥) . . **BV** 112
St-Charles (⇥) . . **BV** 113
St-Dominique
   (⇥) . . . . **DZ** 114
Saintenac
   (Bd Étienne) . . **DZ** 116
St-François-
   de-Sales (⇥) . . **BY** 117
St-Gilles
   (Rte de) . . . . . **DZ**
St-Gilles (R.) . . . **BY**
St-Joseph (⇥) . . **CZ** 119
St-Luc (⇥) . . . . **DZ** 120
St-Paul (R.) . . . . **BX** 121
St-Pierre . . . . . . **CZ** 123
St-Vincent-
   de-Paul (⇥) . . **DZ** 124
Ste-Anne (R.) . . **AX** 125
Ste-Geneviève
   (R.) . . . . **BY**
Ste-Jeanne-
   d'Arc (⇥) . . . . **DZ** 128
Ste-Madeleine-
   Ste-Rita (⇥) . . **CZ** 130
Ste-Perpétue (⇥) **BX** 132
Ste-Perpétue (R.) **CX**
Sauve (Rte de) . . **CZ**
Séguier (R.) . . . . **CV**
Sémard
   (R. Pierre) . . . **CV**
Séverine (Pl.) . . **AY** 133
Seynes (R. A. de) **AY**
Simon (R. A.) . . **BY** 135
Sommières (Rte) . **CZ** 136
Sully (R.) . . . . . **CV**
Talabot (Bd) . . . **CX**
Teissier
   (R. Gaston) . . **BY**
Temple-
   St-Césaire (R.) **CZ** 138
Tour de l'Évêque
   (R. de la) . . . **BY** 139
Tour-Magne (R.) **AV**
Triaire
   (Bd Sergent) . . **BY**
Uzès (Rte d') . . **DZ** 143
Valdegour (Ch.) . **CZ** 144
Valmy (R. de) . . **DZ** 146
Verdun
   (Av. de) . . . . . **AY**
Villars (R.) . . . . **CV** 149
Vincent (R.) . . . **BY** 150

773

NIORT ⊞ 79000 Deux Sèvres 🔟 ② G. Côte de l'Atlantique – 63 965 h. alt. 29 – ✪ 49.

Voir Donjon★ : ⁂★ AY B – Ancien Hôtel de Ville★ BY **M1**.

Env. Château Coudray-Salbart★ 10 km par ①.

🛅 Office de Tourisme pl. Poste (fermé dim.) ☏ 24.18.79 - A.C. 1 av. République ☏ 24.02.29.

Paris 407 ② – Angers 144 ① – Angoulême 112 ③ – ✦Bordeaux 185 ⑤ – ✦Limoges 160 ③ – ✦Nantes 144 ⑦ – Poitiers 74 ② – Rochefort 60 ⑥ – La Rochelle 63 ⑥ – Les Sables-d'Olonne 110 ⑦.

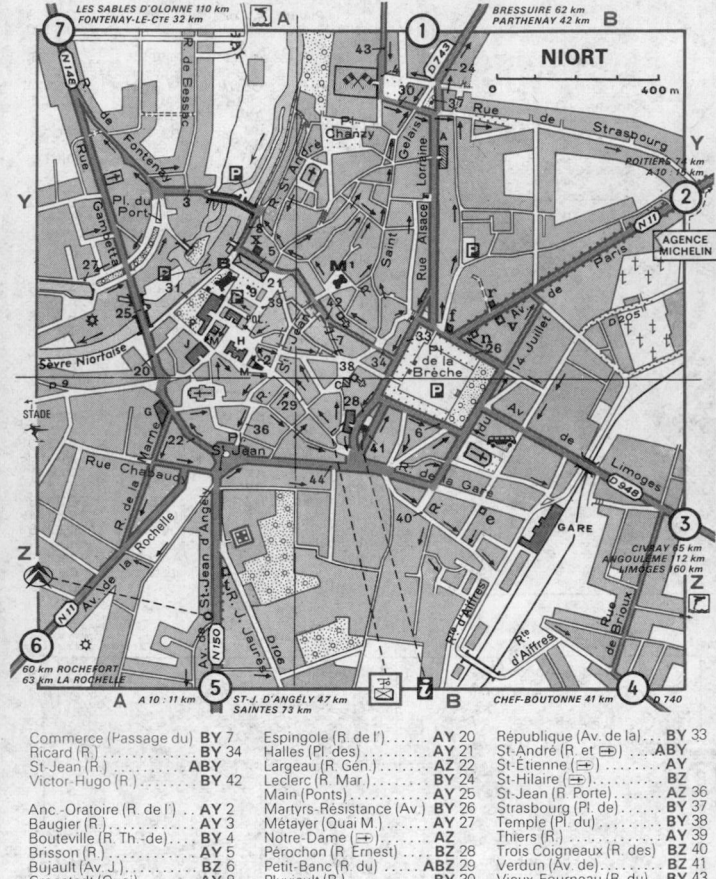

Commerce (Passage du) . . **BY** 7	Espingole (R. de l') . . . . . . **AY** 20	République (Av. de la) . . **BY** 33
Ricard (R.) . . . . **BY** 34	Halles (Pl. des) . . . . **AY** 21	St-André (R. et ⊕) . . . . **ABY**
St-Jean (R.) . . . . **ABY**	Largeau (R. Gén.) . . . . **BY** 22	St-Étienne (⊕) . . . . **AY**
Victor-Hugo (R.) . . . . **BY** 42	Leclerc (R. Mar.) . . . . **BY** 24	St-Hilaire (⊕) . . . . **BZ**
	Main (Ponts) . . . . **AY** 25	St-Jean (R. Porte) . . . . **BY** 37
Anc.-Oratoire (R. de l') . . **AY** 2	Martyrs-Résistance (Av.) **BY** 26	Strasbourg (Pl. de) . . . . . **AY** 37
Baugier (R.) . . . . **AY** 3	Métayer (Quai M.) . . . . **AY** 27	Temple (Pl. du) . . . . **BY** 38
Bouteville (R. Th.-de) . . . . **BY** 4	Notre-Dame (⊕) . . . . **AZ**	Thiers (R.) . . . . **AY** 39
Brisson (R.) . . . . **AY** 5	Pérochon (R. Ernest) . . . . **BZ** 28	Trois Coigneaux (R. des) **BZ** 40
Bujault (Av. J.) . . . . **BZ** 6	Petit-Banc (R. du) . . . . **ABZ** 29	Verdun (Av. de) . . . . **BZ** 41
Cronstadt (Quai) . . . . **AY** 8	Pluviault (R.) . . . . **BY** 30	Vieux-Fourneau (R. du) . . **BY** 43
Donjon (R.) . . . . **AY** 9	Préfecture (Quai de la) . . **AY** 31	24-Février (R. du) . . . . **BZ** 44

🏨 **Gd Hôtel** sans rest, 32 av. Paris ☏ 24.22.21, 🐎 – 🛗 🛁wc 🛃wc ☎ 👬 🖼🅟 🆎 ⓪ Ⓔ 💳 🛞. BY **v**
SC : ⌻ 18 – **40 ch** 145/290.

🏨 **Paris** sans rest, 12 av. Paris ☏ 24.02.45 – 🛁wc 🛃wc 🖭 👬 – 🔬 40. 🖼🅟 BY **n**
fermé 11 au 24 juil. et 19 déc. au 1ᵉʳ janv. – SC : ⌻ 12 – **38 ch** 90/140.

🏨 **Terminus et Rest. Poêle d'Or**, 82 r. Gare ☏ 24.00.38 – 🛗 🛁wc 🛃wc 🖭. 🆎 ⓪ 💳 🛞 rest BZ **e**
fermé 20 déc. au 5 janv. – SC : **R** (fermé dim. soir et sam.) 55/140 🍷 – ⌻ 17 – **43 ch** 65/175 – P 190.

🏨 **Avenue** sans rest, 43 av. St-Jean-d'Angély ☏ 79.28.42 – 🛃wc 🖭. 🛞 AZ **t**
SC : ⌻ 10 – **21 ch** 75/110.

🍴🍴 **Relais St-Antoine**, pl. Brèche ☏ 24.02.76 – 🆎 ⓪ 💳 BY **f**
fermé 5 au 26 juil., vacances de fév. et sam. – SC : **R** 80/198.

XX **Belle Étoile,** 115 quai M.-Métayer (près périphérique ouest) - AY - Q : 2,5 km ⌖
↦ 73.31.29, ≤, 🏵 – ▣ 🅿 ᴀᴇ ⑩ ᴠɪsᴀ   AY - Q
fermé août, vacances de fév., dim. soir et lundi – SC : **R** 40/130 ₰.

XX **Charly's,** 5 av. Paris ⌖ 24.07.75 – ᴀᴇ ᴇ ᴠɪsᴀ   BY r
↦ *fermé 16 au 30 sept., vacances scolaires de fév., dim. soir et lundi sauf fériés* – SC :
R 39/145.

XX **Cloche d'Or,** 7 r. Brisson ⌖ 24.01.32 – ᴠɪsᴀ   AY x
↦ *fermé 24 déc. au 1ᵉʳ janv. et dim.* – SC : **R** 40/126 ₰.

rte de La Rochelle par ⑥ : 4,5 km sur N 11 – ✉ 79000 Niort :

XXX **La Tuilerie,** ⌖ 73.52.93 – 🅿 ᴀᴇ ⑩ ᴇ ᴠɪsᴀ
fermé dim. soir et lundi soir – **R** 95/220.

à Sevreau SO : 5 km par D 9 - AZ – ✉ 79270 Frontenay-Rohan-Rohan :

XX **Aub. de la Carpe Frite,** rte Coulon ⌖ 75.71.02, terrasse ombragée au bord de
↦ l'eau
fermé janv. et mardi – SC : **R** 40/110 ₰.

à St-Rémy-les-Niort par ⑦ : 6 km sur N 148 – ✉ 79410 Echiré :

🏠 **Relais du Poitou,** ⌖ 73.43.99 – 🛁wc ☎ 🅿 🚗🖭 ᴇ ᴠɪsᴀ 🍴 rest
↦ SC : **R** *(fermé 25 déc. au 25 janv. et lundi)* 57/115 ₰ – 🍽 11 – **25 ch** 90/135.

par ② *et D 5* : 11 km – ✉ 79260 La Crèche :

🏨 **Motel des Rocs** Ⓜ ⑤, ⌖ 25.50.38, Télex 790632, ≤, parc, ⚏, 🍴 – 🖭 ☎ ♿ 🅿
– 🏛 150. ᴀᴇ ⑩ ᴇ ᴠɪsᴀ
SC : **R** 90/200 – 🍽 19 – **51 ch** 175/260 – P 260/320.

MICHELIN, Agence régionale, 600 av. de Paris par ② ⌖ 33.00.42

CITROEN Succursale, 80 av. St-Jean-d'Angely
⌖ 79.24.22 🔃 ⌖ 73.55.10
CITROEN Béchade, 233 av. de Paris par ② ⌖
24.09.51
CITROEN Gar. Couvret, 362 av. de Limoges
par ③ ⌖ 24.12.85
FIAT Gar. Thorin, 309 av. de Paris ⌖ 24.15.30
FORD Cheveau, 64 av. St-Jean ⌖ 79.33.22
LADA Gar. Beauchamp, 105 r. de Goise ⌖
24.25.05
MERCEDES-BENZ, OPEL Hurtaud, rte de La
Rochelle à Bessines ⌖ 73.53.62
PEUGEOT-TALBOT Deschamps, 475 av. de
Paris par ② ⌖ 24.38.05

RENAULT Central Gar., 674 av. de Paris à
Chauray par ② ⌖ 33.02.25
RENAULT Gar. St-Christophe, 214 av. de Paris
par ② ⌖ 28.34.22
V.A.G. Gar. Quitté, 512 av. Limoges ⌖ 28.45.06
VOLVO Cachet-Giraud, 120 r. du Clou-Bou-
chet ⌖ 79.04.34
Gar. Aumonier, à Aiffres ⌖ 24.47.96

🛞 Chouteau, 36 av. de Paris ⌖ 24.68.81
Montigaud-Pneus, 197 av. St-Jean ⌖ 79.38.51
Pneumatec, 457 bis av. de Paris ⌖ 24.63.03
Woodman-Pneus, 39 av. de Verdun, ⌖ 28.14.22

NISSAN-LEZ-ENSÉRUNE 34440 Hérault 🎱 ⑭ G. Causses – 2 311 h. alt. 21 – ◉ 67.
Voir Oppidum d'Ensérune★ : musée★, ≤★ NO : 5 km.
Paris 835 – Béziers 11 – Capestang 10 – ✦Montpellier 78 – Narbonne 16 – St-Pons 50.

🏠 **La Résidence,** 35 av. Cave ⌖ 37.00.63, 🏵, 🏵 – 🛁wc 🐕 🚗, 🚗🖭 🍴 ch
↦ *fermé fév.* – SC : **R** *(dîner pour résidents seul.)* 48 bc – 🍽 13,50 – **13 ch** 103/118.

NOAILLES 60430 Oise 🎲 ⑩ – 1 538 h. alt. 91 – ◉ 4.
Paris 61 – Beauvais 15 – Chantilly 28 – Clermont 20 – Creil 28 – Gisors 39 – L'Isle-Adam 27.

XX **Moulin de Blainville,** à Blainville N : 1 km ⌖ 403.31.00, 🏵 – ᴀᴇ ᴇ ᴠɪsᴀ 🍴
fermé 10 août au 7 sept., 8 fév. au 1ᵉʳ mars, mardi et le soir sauf sam. – SC : **R** carte
95 à 130.

XX **Manoir de Framicourt** ⑤, N : 1,5 km par N 1 et VO ⌖ 403.30.16, ≤, « parc » –
🅿 ᴀᴇ ⑩ ᴇ ᴠɪsᴀ
fermé 20 au 30 déc. et vacances scolaires de fév. – SC : **R** *(dîner prévenir)* 86 bc.

PEUGEOT Bochent, ⌖ 403.30.25   RENAULT Gar. de Blainville, à Ponchon ⌖
403.30.30

NOAILLY 42 Loire 🎟 ⑦ – 564 h. alt. 307 – ✉ 42640 St-Germain-Lespinasse – ◉ 77.
Paris 384 – ✦Lyon 102 – Moulins 91 – ✦St-Étienne 94 – Roanne 17.

XX **Lion d'Or,** ⌖ 66.60.13 – 🅿.
fermé août, dim. soir, mardi et merc. – SC : **R** *(prévenir)* 75/200.

NOE 31410 H.-Gar. 🎱 ⑰ – 1 482 h. alt. 195 – ◉ 61.
Paris 743 – Auch 69 – Auterive 22 – Foix 61 – St-Gaudens 56 – St-Girons 58 – ✦Toulouse 34.

🏨 **L'Arche,** rte Nationale ⌖ 87.40.12, 🏵, 🏵 – 🛁wc 🍴 🚗 🅿 – 🏛 25. 🚗🖭
↦ *fermé 15 au 30 sept. et 15 au 28 fév.* – SC : **R** *(fermé vend.)* 40/180 ₰ – 🍽 15 – **24 ch**
70/170 – P 150/200.

TALBOT Gar. Rouquet, ⌖ 87.40.15

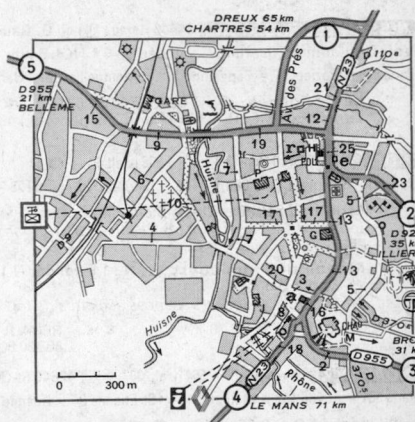

NOEUX-LES-MINES 62290 P.-de-C. 🔢 ⑭ – 13 569 h. alt. 31 – ✪ 21.
Paris 206 – Arras 26 – Béthune 6 – Bully-les-Mines 7,5 – Doullens 48 – Lens 17 – ◆Lille 37.

🏨 **Les Tourterelles**, 374 rte Nationale 🏤 66.90.75 – 🛏wc 🗊 ☎ 🅿 – 🔬 40. 🚗
 E **VISA**
 fermé dim. soir – SC : **R** 60/120 🍸 – ☲ 20 – **15 ch** 100/200.

✗ **Paix**, 115 r. Nationale 🏤 26.37.66
◆ *fermé août et sam.* – SC : **R** 48/88 🍸.

RENAULT Gar. de la Gohelle, 100 rte Nationale à Sains-en-Gohelle 🏤 29.00.30

NOGARO 32110 Gers 🔢 ② – 2 393 h alt. 98 – ✪ 62.
Paris 747 – Agen 87 – Auch 62 – Mont-de-Marsan 42 – Pau 69 – Tarbes 66.

🏨 **Dubroca**, r. d'Artagnan 🏤 09.01.03, 🏡 – 🛏 🗊 🐾. 🚗 **E** **VISA**
◆ *fermé déc., vend. soir d'oct. à juin (sauf hôtel) et dim.* – SC : **R** 42/138 🍸 – ☲ 15 –
 12 ch 69/100 – P 130/165.

CITROEN Bounet Frères, 🏤 09.00.39   RENAULT Gar. Ducourneau, 🏤 09.00.80
PEUGEOT-TALBOT Saint-Orens, 🏤 09.00.98

NOGENT-EN-BASSIGNY 52800 H.-Marne 🔢 ⑫ – 4 956 h. alt. 400 – ✪ 25.
Paris 283 – Bourbonne-les-Bains 33 – Chaumont 23 – Langres 23 – Neufchâteau 52 – Vittel 62.

🏨 **Commerce**, pl. Gén.-de-Gaulle 🏤 31.81.14 – 🛏wc 🗊 🚗 🕹 ch
◆ *fermé janv.* – SC : **R** *(fermé lundi midi)* 38/80 – ☲ 14 – **21 ch** 45/110 – P 120/140.

CITROEN Gar. Consigny, 🏤 31.85.81   PEUGEOT, TALBOT Ponce, 🏤 31.80.44

NOGENT-LE-ROI 28210 E.-et-L. 🔢 ⑧. **196** ㉖ G. Environs de Paris – 3 139 h. alt. 93 – ✪ 37.
Paris 85 – Ablis 33 – Chartres 29 – Dreux 17 – Maintenon 8 – Mantes-la-Jolie 49 – Rambouillet 26.

✗✗ **Relais des Remparts**, 2 pl. Marché-aux-Légumes 🏤 43.40.47 – ⊙
 fermé 27 juin au 10 juil., 6 au 27 fév., mardi soir et merc. sauf en août – SC : **R** 53/86.

 à Coulombs par rte de Houdan – ⊠ 28210 Nogent-le-Roi :

✗✗ **Relais des Hussards** 🐾 avec ch, 🏤 43.42.16, ≤, 🐎 – 🛏wc 🐾 🅿 – 🔬 25.
 🚗 ⓪ **VISA**
 fermé 3 au 30 janv., dim. soir et lundi du 1er nov. au 31 mars – SC : **R** 58/105 – ☲ 16
 – **9 ch** 150 – P 160/200.

PEUGEOT Jeunesse, à Chaudon 🏤 43.41.47

NOGENT-LE-ROTROU ◁🕾▷ 28400 E.-et-L. 🔢 ⑮ G. Normandie – 13 586 h. alt. 108 – ✪ 37.
🗓 Office de Tourisme r. Gouverneur (fermé dim. et lundi) 🏤 52.22.16.
Paris 147 ① – Chartres 54 ① – Châteaudun 53 ③ – ◆Le Mans 71 ④ – Mortagne-au-Perche 38 ⑤.

NOGENT-LE-ROTROU

🏨 **Dauphin**, 39 r. Villette-Gaté (e) 🏤 52.17.30, 🐎 – 🛏wc 🗊wc 🐾 🅿 – 🔬
 40 à 100. 🚗 **VISA**
 fermé janv., fév., dim. soir et lundi d' oct. à avril – SC : **R** 62/110 – ☲ 16 – **26 ch**
 68/175.

🏨 **Lion d'Or**, 28 pl. St-Pol (r) 🏤 52.01.60 – 🛏wc 🗊wc 🐾 🅿 – 🔬 30. 🕹 ch
 fermé du 17 août, 24 déc. au 11 janv., lundi (sauf hôtel) et dim. soir – SC : **R** 55/130
 – ☲ 15 – **15 ch** 110/200.

✗✗✗ **Host. de la Papotière**, 3 r. Bourg le Comte (a) 🏤 52.18.41 – 🆎 ⓪ **E** **VISA**
 R 70/140 🍸.

à Villeray (61 Orne) par ① et D 918 : 11 km – ✉ **61110** Condeau – ⚙ 33

XXX **Moulin de Villeray** Ⓜ avec ch, ☎ 73.30.22, ≤, parc – ⇔wc ☎ Ⓟ. AE ⓓ E VISA
fermé 1er déc. au 31 janv. et mardi – SC : **R** 130/200 – ☕ 30 – **10 ch** 320/350 – P 500/550.

CITROEN Répar. Autos Nogentaise, rte d'Alençon par ⑤ ☎ 52.47.48
FORD Gar. de l'Huisne, voie Sofica à Margon ☎ 52.05.97
PEUGEOT, TALBOT Thibault, 12 r. du Château ☎ 52.13.26
RENAULT N.A.S.A., rte de Paris par ① à Margon ☎ 52.58.70
RENAULT Auto du Perche, 22 r. du Rhône ☎ 52.18.91
V.A.G. Gar. Leroy, 4 bis r. Tochon ☎ 52.19.95
⊛ Breton, av. de la Messesselle ☎ 52.06.37
Nogentaise C/c, 24 pl. 11-Août ☎ 52.13.19

NOGENT-SUR-AUBE 10 Aube 61 ⑦ – 324 h. – ✉ 10240 Ramerupt – ⚙ 25.

Paris 169 – Châlons-sur-Marne 61 – Romilly-sur-Seine 47 – Troyes 31.

X **Assiette Champenoise,** D 441 ☎ 37.66.74 – Ⓟ. VISA
fermé 1er au 14 août, mardi soir et merc. – SC : **R** (dim. soir prévenir) 90.

NOGENT-SUR-MARNE 94 Val de Marne 56 ⑪, 101 ㉗ – voir Paris, Proche banlieue.

NOGENT-SUR-OISE 60 Oise 56 ① – rattaché à Creil.

NOGENT-SUR-SEINE <SP> 10400 Aube 61 ④⑤ G. Nord de la France – 4 786 h. alt. 65 – ⚙ 25.

Paris 109 – Châlons-sur-M. 92 – Épernay 82 – Fontainebleau 67 – Provins 18 – Sens 42 – Troyes 56.

X **Cygne de la Croix,** 22 r. Ponts ☎ 25.91.26 – Ⓟ
fermé 1er au 30 août, 14 au 20 fév., lundi soir, merc. soir et mardi – **R** 39 bc/100 ♨.

X **Beau Rivage** avec ch, r. Villiers-aux-Choux près piscine ☎ 25.84.22, ≤ – ⋔
fermé dim. soir et lundi – SC : **R** 38/110 – ☕ 12 – **7 ch** 70/110 – P 140/150.

à l'Est : 3 km par N 19 – ✉ **10400** Nogent-sur-Seine :

XX **La Chapelle Godefroy,** ☎ 25.88.32, ≤, ⛱ – Ⓟ. ⓓ VISA
fermé 15 janv. au 15 fév., lundi et le soir sauf vend. et sam. – SC : **R** 70/150.

à Trainel : 10,5 km par D 374 et D 68 – ✉ **10400** Nogent-sur-Seine :

XX **Host. de l'Orvin** avec ch, ☎ 25.11.13 – ⇔wc
fermé fév., dim. soir et lundi – SC : **R** 45/90 ♨ – ☕ 15 – **6 ch** 110/140 – P 150/180.

CITROEN Gar. Legrand, ☎ 25.87.09
PEUGEOT-TALBOT Gar. St-Laurent, ☎ 25.83.17
RENAULT Gar. Corbin, ☎ 25.84.39

NOGENT-SUR-VERNISSON 45290 Loiret 65 ② – 2 099 h. alt. 125 – ⚙ 38.

Paris 133 – Auxerre 76 – Bonny-sur-Loire 36 – Gien 21 – Montargis 18 – ◆Orléans 72.

X **Commerce,** ☎ 97.60.37
fermé 7 au 22 sept., 1er au 17 fév., merc. soir et jeudi – SC : **R** 70/95.

Voir aussi ressources hôtelières des *Bézards* S : 5 km sur N 7.

NOHANT-VIC 36 Indre 68 ⑲ – rattaché à La Chatre.

NOIRÉTABLE 42440 Loire 73 ⑯ G. Auvergne – 1 985 h. alt. 722 – ⚙ 77.

ℹ Syndicat d'Initiative à la Mairie (fermé lundi, jeudi, sam. après-midi et dim.) ☎ 24.70.12.

Paris 413 – Ambert 55 – ◆Lyon 113 – Montbrison 44 – Roanne 47 – ◆St-Étienne 80 – Thiers 24.

🏠 **La Chaumière,** ☎ 24.73.00, parc – ⇔wc ⋔ ☎ Ⓟ.
mai-3 nov. – SC : **R** 46/180 – ☕ 15 – **28 ch** 85/175 – P 160/220.

à St-Julien-la-Vêtre E : 5,5 km sur N 89 – ✉ **42440** Noiretable :

XX **Aquarium,** ☎ 24.90.72 – Ⓟ. VISA
1er fév.-30 sept. et fermé dim. soir et merc. sauf de juin à sept. – SC : **R** 60/190.

RENAULT Gar. Dejob, ☎ 24.70.31 N

NOIRMOUTIER (Ile de) 85330 Vendée **67** ① G. Côte de l'Atlantique – ۞ 51.

Accès : par le pont routier au départ de Fromentine. Péage, auto et véhicule inférieur à 1,5 t : 8 F, camion et vehicule supérieur à 1,5 t : 10 F.

- par le passage du Gois : 4,5 km

– pendant le premier ou le dernier quartier de la lune par beau temps (vents hauts) d'une heure et demie environ avant la basse mer, à une heure et demie environ après la basse mer

– pendant la pleine lune ou la nouvelle lune par temps normal : deux heures avant la basse mer à deux heures après la basse mer.

– en toutes périodes par mauvais temps (vents bas) ne pas s'écarter de l'heure de la basse mer.

– en hiver : il est conseillé de se renseigner à la subdivision de l'Équipement ☏ 68.70.07 (Beauvoir-sur-Mer) ou ☏ 39.08.39.

De Noirmoutier-en-l'Ile : Paris 459 – Cholet 120 – ♦Nantes 82 – La Roche-sur-Yon 78.

Noirmoutier-en-l'Ile – 4 177 h. – ⊠ 85330 Noirmoutier-en-l'Ile.

🄴 Syndicat d'Initiative rte du Pont (fermé dim. hors sais.) ☏ 39.80.71.

🏨 **Général d'Elbée** ⑤, pl. Château ☏ 39.10.29, « Bel hôtel particulier du 18e siècle », 🏊, 🛠 – ⑤ – 🛄 40. ⑩ ᴇ *VISA*. 🛠 rest
1er avril-30 sept. – SC : **R** 60/180 – ☲ 25 – **32 ch** 215/370 – P 275/380.

🏨 **La Quichenotte,** 32 av. J.-Pineau ☏ 39.11.77 – ⎓wc 🎇 ☎ ❷. 🛠 rest
➡ *fermé 3 oct. au 13 nov.* – SC : **R** *(fermé lundi du 15 sept. au 15 juin)* 43/100 – ☲ 14
– **29 ch** 82/139 – P 150/177.

🏨 **Speranza** ⑤ sans rest, 10 r. Grand Four ☏ 39.12.07, 🛠 – ⎓wc ❷. 🛠
Pâques et 1er mai-30 sept. – **27 ch** ☲ 110/220.

✗ **Grand Four,** 1 r. Cure (derrière le château) ☏ 39.12.24 – 🛠
mars-fin sept. et fermé mardi – SC : **R** 60.

✗ **La Marée** avec ch, 3 bis Gde-Rue ☏ 39.01.79 – 🄰🄴 ᴇ *VISA*
6 fév.-11 nov. et fermé lundi sauf vac. scolaires – SC : **R** 64/85 – 🍴 13 – **11 ch**
60/70 – P 115/149.

✗ **L'Etier,** rte de l'Epine SO : 1 km ☏ 39.10.28 – ❷
➡ *1er juin-15 sept., vacances scolaires, week ends et fériés de fév. à mai* – SC : **R**
45/70.

au Bois de la Chaise E : 2 km – ⊠ 85330 Noirmoutier.

Voir Bois★.

🏨 **St-Paul** ⑤, ☏ 39.05.63, « Beau parc », 🛠. *VISA*. 🛠 rest
1er mai-25 sept. – SC : **R** 120/250 – ☲ 28 – **42 ch** 105/305 – P 250/370.

🏨 **Les Prateaux** ⑤, ☏ 39.12.52, parc – ⎓wc 🎇wc ☎ ❷. 🍴 . 🛠
1er fév.-24 avril et 2 mai-30 sept. – SC : **R** (en sais. sur commande seul.) 95 – ☲ 25
– **13 ch** 120/200 – P 200/270.

🏨 **Les Capucines** Ⓜ, ☏ 39.06.82, 🛠 – ▤ rest ⎓wc 🎇wc ☎ ❷ – 🛄 35. 🍴
🛠 ch
1er fév.-14 nov. et fermé merc. sauf sais. et vac. scolaires – SC : **R** 60/95 – ☲ 17 –
21 ch 86/195 – P 175/230.

VAG Gar. des Mimosas, ☏ 39.00.93

la Guérinière S : 4 km – 1 312 h. – ⊠ 85680 La Guérinière :

🏨 **Punta Lara** Ⓜ ⑤, ☏ 39.11.58, ≤, « Dans une pinède en bordure de mer », 🏊,
🛠 – ❷ – 🛄 100
15 mars-30 sept. – SC : **R** 115/125 – ☲ 26 – **60 ch** 400/455 – P 385/420.

NOISY-LE-GRAND 93 Seine-St-Denis **56** ⑪. **101** ⑱ – voir à Paris, Proche banlieue.

NONANCOURT 27320 Eure **60** ⑥⑦ G. Normandie – 1 892 h. alt. 125 – ۞ 32.

Paris 97 – Châteauneuf-en-Thymerais 26 – Dreux 13 – Evreux 29 – Verneuil-sur-Avre 21.

✗✗ **Gd Cerf** avec ch, ☏ 58.15.27 – 🎇 ❷. 🄰🄴 ᴇ *VISA*. 🛠 ch
fermé 25 nov. au 8 déc., 1er au 8 mars, dim. soir et lundi – SC : **R** 54/105 – ☲ 15 –
7 ch 70/120 – P 160/180.

PEUGEOT-TALBOT Léger, ☏ 58.02.21

NONANT 14 Calvados **54** ⑮ – rattaché à Bayeux.

Les NONIÈRES 26 Drôme **77** ⑭ – alt. 850 – ⊠ 26410 Châtillon-en-Diois – ۞ 75.

Paris 652 – Die 25 – Gap 87 – ♦Grenoble 72 – Valence 90.

🏨 **Le Mont-Barral** ⑤, ☏ 21.12.21, ≤, 🏊, 🛠 – ⎓wc 🎇 ☎ ❷ – 🛄 50. ᴇ
➡ *fermé 10 nov. au 20 déc. et mardi sauf juil. et août* – **R** 38/160 – ☲ 14 – **26 ch** 110
– P 130/160.

NONTRON 24300 Dordogne 🖂 ⑮ G. Périgord – 4 088 h. alt. 182 – ✪ 53.
🔋 Syndicat d'Initiative Pavillon du Château (1er juil.-15 sept. et fermé dim.).
Paris 477 – Angoulême 47 – Libourne 115 – ♦Limoges 69 – Périgueux 49 – Rochechouart 42.

🏨 **Gd Hôtel**, 3 pl. A.-Agard ☏ 56.11.22, ☞ – 🍴 wc 🚿 🕾 ℗ – 🔬 100. ☞
➥ ch
fermé du 15 au 31 janv. – SC : R 40/125 – ⊐ 15 – **26 ch** 65/180 – P 150/200.

à Augignac N : 9 km par D 675 – 🖂 24300 Nontron :

🏨 **Motel la Sapinière** M ⹾ sans rest., rte de Nontron ☏ 56.80.34, parc, 🏊,
🍴wc 🚿 ℗, ☞ E *VISA*
1er mai-30 oct. et fermé sam. soir – SC : ⊐ 17.50 – **10 ch** 120/150.

CITROEN Limousin, ☏ 56.01.42   PEUGEOT. TALBOT Marchives, ☏ 56.07.13
PEUGEOT Bayer, ☏ 56.00.21   RENAULT Chevalier, ☏ 56.01.03

NORT-SUR-ERDRE 44390 Loire-Atl. 🖂 ⑰ – 4 629 h. alt. 11 – ✪ 40.
Paris 369 – Ancenis 28 – Châteaubriant 38 – ♦ Nantes 29 – ♦ Rennes 82 – St-Nazaire 62.

✗ **Bretagne**, 41 r. A.-Briand ☏ 72.21.95 – ℗
➥ *fermé en mars, dim. soir et lundi* – SC : R 32/85 ⌠.

NORVILLE 76 Seine-Mar. 🖂 ⑤ – rattaché à Lillebonne.

NOTRE-DAME-DE-BELLECOMBE 73 Savoie 🖂 ⑦ G. Alpes – 410 h. alt. 1 134 – Sports
d'hiver : 1 134/2 030 m ⹝14 – 🖂 73590 Flumet – ✪ 79.
🔋 Office de Tourisme, sur la place ☏ 31.61.40.
Paris 602 – Albertville 24 – Annecy 53 – Bonneville 48 – Chambéry 74 – Megève 11.

🏠 **Les Armaillis**, ☏ 31.61.80, < – 🍴wc 🕾
1er juil.-15 sept. et 15 déc.-15 avril – SC : R 60/75 – ⊐ 15 – **16 ch** 50/150 –
P 150/195.

🏠 **Bellevue**, ☏ 31.60.56, < – 🍴wc 🚿 🕾. ⹩ rest
➥ *15 juin-10 sept. et 18 déc.-25 avril* – SC : R 50/65 – ⊐ 16 – **23 ch** 120/170 – P
150/205.

NOTRE-DAME-DE-BONDEVILLE 76 S.-Mar. 🖂 ⑥ – rattaché à Rouen.

NOTRE-DAME-DE-GRÂCE 83 Var 🖂 ⑤ – rattaché à Cotignac.

NOTRE-DAME-DE-L'ESPÉRANCE 22 C.-du-Nord 🖂 ③ – rattaché à St-Quay-Portrieux.

NOTRE-DAME-DE-MONTS 85690 Vendée 🖂 ⑪ – 1.376 h. – ✪ 51.
🔋 Syndicat d'Initiative au Bourg (15 juin-15 sept. et fermé dim. après-midi) ☏ 58.84.97.
Paris 455 – Challans 23 – ♦Nantes 74 – Noirmoutier-en-l'Ile 25 – Pornic 46 – La Roche-sur-Yon 62.

🏨 **Plage**, ☏ 58.83.09, < – 🍴wc 🕾 ℗. ☞ E *VISA*
fermé 18 déc. au 25 janv., dim. soir et lundi du 1er oct. au 31 mai – SC : R 60/240 ⌠
– ⊐ 16 – **39 ch** 89/204 – P 170/228.

✗✗ **Pier' Plot**, rte St-Jean-de-Monts ☏ 58.86.48 – ℗ E
➥ *fermé en oct. et mardi* – SC : R 38/100 ⌠.

NOUAN-LE-FUZELIER 41 L.-et-Ch. 🖂 ⑲ – 2 281 h. alt. 139 – 🖂 41600 Lamotte-Beuvron –
✪ 54.
Paris 175 – Blois 58 – Cosne-sur-Loire 72 – Gien 55 – Lamotte-Beuvron 8 – ♦Orléans 44 – Salbris 12.

🏨 **Charmilles** ⹾ sans rest, D 122 ☏ 88.73.55, parc – 📺 🍴wc 🍴wc 🕾 ℗. *VISA* ⹩
fermé 15 janv. au 15 mars – SC : ⊐ 19 – **14 ch** 120/210.

🏠 **Moulin de Villiers** ⹾, rte Chaon NE : 3 km par D 44 ☏ 88.72.27, <, « En forêt,
étang privé », ☞ – 🍴wc 🕾 ℗ <
fermé 28 août au 15 sept., 5 janv. au 15 mars et merc. en oct., nov. et déc. – SC : R
55/110 ⌠ – ⊐ 16 – **20 ch** 80/165 – P 130/210.

✗✗ **Le Dahu**, 14 r. de la Mare ☏ 88.72.88, 🏡, « Jardin » – ℗. 🆎 *VISA*
fermé 15 fév. au 15 mars, mardi soir et merc. (sauf du 1er juil. au 15 sept.) – R
60/140 ⌠.

RENAULT Michel, ☏ 88.74.48

Le NOUVION-EN-THIÉRACHE 02170 Aisne 🖂 ⑮ – 3 254 h. alt. 185 – ✪ 23.
🔋 Syndicat d'Initiative à la Mairie (fermé sam. et dim.) ☏ 97.08.33.
Paris 199 – Avesnes-sur-Helpe 19 – Le Cateau 20 – Guise 21 – Hirson 25 – Laon 63 – Vervins 27.

🏨 **Paix**, r. J.-Vimont-Vicary ☏ 97.04.55, ☞ – 🍴wc 🚿 🕾 ℗. ☞ ⹩ rest
➥ *fermé dim. soir en hiver* – SC : R 38/60 – ⊐ 15 – **24 ch** 50/130 – P 120/180.

🏠 **Pétion**, r. Th.-Blot ☏ 97.00.11 – 🍴wc 🍴wc 🕾 ⾑ ℗. ☞ *VISA* ⹩ ch
fermé 15 janv. au 15 fév. et vend. – SC : R 52/85 ⌠ – ⊐ 15 – **11 ch** 90/140 –
P 130/160.

PEUGEOT Gar. Hannecart, ☏ 97.01.05

NOUZERINES 23 Creuse 🗷🗷 ⑳ – rattaché à Boussac.

NOUZONVILLE 08700 Ardennes 🗷🗷 ⑱ G. Nord de la France – 7 769 h. alt. 142 – ✪ 24.
Paris 232 – Charleville-Mézières 7,5 – Givet 51 – Rocroi 28.

  ✗✗ **La Potinière,** N : 1 km rte de Joigny-sur-Meuse ☎ 53.13.88 – ☻
    fermé 6 au 23 sept., 24 janv. au 13 fév., dim. soir et lundi sauf fêtes – **R** 65/100.

CITROEN Gar. Brunet, 14 bd J.-B.-Clément ☎ 53.82.08

NOVALAISE 73 Savoie 🗷🗷 ⑮ – rattaché à Aiguebelette-le-Lac.

NOVES 13550 B.-du-R. 🗷🗷 ⑫ G. Provence – 3 593 h. alt. 43 – Par A 7 : sortie Avignon Sud –
✪ 90 – 🗷 Syndicat d'Initiative à la Mairie (fermé sam. et dim.) ☎ 94.14.01.
Paris 693 – Arles 36 – Avignon 13 – Carpentras 29 – Cavaillon 16 – ✦Marseille 91 – Orange 36.

  🏨 ✿✿ **Auberge de Noves** ⌂, NO : 2 km par D 28 ☎ 94.19.21, Télex 431312, 🍴,
    « Élégante hostellerie aménagée dans un ancien domaine, belle vue », 🏊, 🐎,
    ✗ – ☎ & ☻ – 🛄 40. 𝘝𝘐𝘚𝘈
    fermé début janv. à mi fév. – **R** *(fermé merc. midi)* 140/250 – ☲ 34 – **20 ch** 290/680
    Spéc. Huîtres gratinées, Carré d'agneau aux échalotes, Paillard de pommes. **Vins** Lirac, Côteaux des
    Baux.

NOYALO 56 Morbihan 🗷🗷 ③⑬ – rattaché à Vannes.

NOYAL-SUR-VILAINE 35 I.-et-V. 🗷🗷 ⑰ – rattaché à Rennes.

NOYANT 49490 M.-et-L. 🗷🗷 ⑬ – 1 707 h. alt. 63 – ✪ 41.
Paris 277 – Angers 55 – ✦Le Mans 59 – Saumur 32 – ✦Tours 51.

  ✗ **Host. St-Martin** avec ch, ☎ 89.60.44 – 🍴 ☻ 𝘝𝘐𝘚𝘈
  ➔ *fermé 1er au 15 oct., lundi soir et mardi* – SC : **R** 48/90 🍷 – ☲ 12 – **7 ch** 60/120 –
    P 120/170.

CITROEN Percheron, ☎ 89.50.43   PEUGEOT Deschamps, ☎ 89.50.32

NOYEN-SUR-SEINE 77 S.-et-M. 🗷🗷 ④ 236 h alt. 61 – ✉ **77114** Gouaix – ✪ 6.
Paris 114 – Melun 63 – Provins 16 – Sens 38 – Troyes 69.

  ✗✗ **Port-Montain** avec ch, au Port-Montain NO : 2 km sur D 49 ☎ 401.81.05 – 🚽wc
  ⊛ ☻ 🛋🐾 🕳 ch
    fermé 2 janv. au 2 fév. – SC : **R** *(fermé merc.)* 55/138 – ☲ 18 – **10 ch** 84/165 –
    P 210/250.

NOYON 60400 Oise 🗷🗷 ③ G. Nord de la France – 14 033 h. alt. 52 – ✪ 4.
Voir Cathédrale✦✦ B – Abbaye d'Ourscamps✦ 5 km par ④, G. Environs de Paris.
🗷 Office de Tourisme pl. Hôtel de Ville (fermé dim. et lundi) ☎ 444.02.97.
Paris 106 ④ – ✦Amiens 62 ⑥ – Laon 53 ② – Péronne 49 ⑥ – St-Quentin 40 ① – Soissons 37 ③.

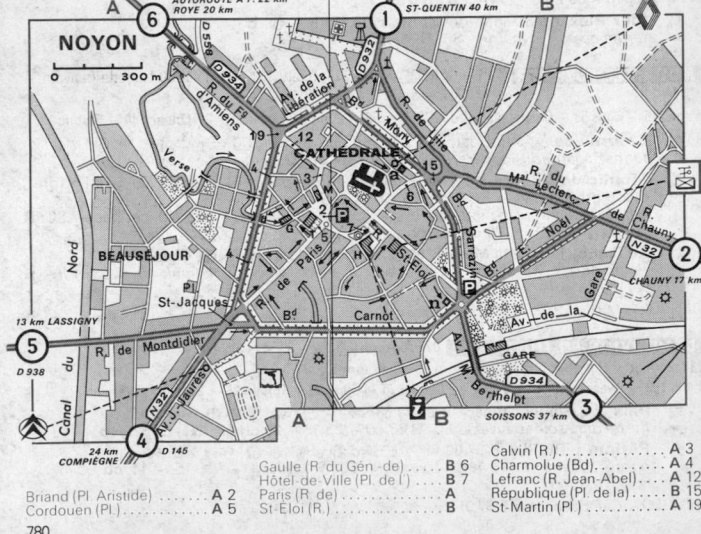

🏨 **St-Éloi**, 81 bd Carnot ℡ 444.01.49 — ➦wc 🚿 ☎ 🅿 — 🦽 60. 🚗📶 ÆE *VISA* B **n**
fermé dim. soir — SC : **R** 55/160 — � 12 — **31 ch** 45/120.

✗ **Alliés**, 5 bd Mony ℡ 444.01.89 B **a**
➥ *fermé 7 au 21 sept., 2 au 16 fév., mardi soir et merc.* — SC : **R** 34/65 ♨.

à Pont-l'Évêque par ④ : 2,5 km — ✉ **60400** Noyon :

✗✗ **L'Auberge** avec ch, ℡ 444.05.17 — ⊙ . ⋞ ch
fermé janv., lundi soir et mardi — SC : **R** 65/85 — ☛ 15 — **3 ch** 70.

CITROEN Wargnier, 15 av. Jean-Jaurès ℡ 444.05.40 V.A.G. Ets Thiry, 82 bd Carnot ℡ 444.02.78
PEUGEOT-TALBOT Roth, 69 av. J.-Jaurès par ④ ℡ 444.10.19 ⊚ Fischbach-Pneu, 14 pl. de la République ℡ 444.01.59
RENAULT Lebaleur, 11 bd Mony ℡ 444.14.75

☐ **NOZAY** 44170 Loire-Atl. 🆖🆖 ⑰ — 3 240 h. alt. 50 — 🌠 40.
Paris 384 — Ancenis 45 — Châteaubriant 28 — ♦Nantes 42 — Redon 40 — ♦Rennes 66 — St-Nazaire 59.

✗ **Gergaud** avec ch, rte Nantes ℡ 79.47.54, 🌿 — 🚿 🅿 ⋞ ch
➥ *fermé 4 au 18 juil., 1er au 24 fév., dim. soir et lundi* — SC : **R** 40/100 ♨ — ⊑ 10 — **8 ch** 55/80.

☐ **NOZEROY** 39250 Jura 🆖🆖 ⑤ G. Jura — 431 h. alt. 796 — 🌠 84.
Paris 443 — Lons-le-Saunier 51 — Pontarlier 33 — Salins-les-Bains 32.

🏠 **Taverne des Remparts**, ℡ 51.13.44, 🌿 — ➦ 🚿wc
➥ *fermé juin, sept. et merc.* — SC : **R** 35/70 ♨ — ⊑ 15 — **10 ch** 70/100 — P 130/160.

CITROEN, FIAT Blondeau, ℡ 51.10.14 ⋈ RENAULT Petetin, ℡ 51.10.05 ⋈

☐ **NUAILLÉ** 49 M.-et-L. 🆖🆖 ⑥ — rattaché à Cholet.

☐ **NUCES** 12 Aveyron 🆖🆖 ② — rattaché à Valady.

☐ **NUITS-ST-GEORGES** 21700 Côte-d'Or 🆖🆖 ⑫ G. Bourgogne — 5 072 h. alt. 234 — 🌠 80.
🗓 Syndicat d'Initiative r. Sonoys (fermé dim. et fêtes) ℡ 61.22.47.
Paris 322 — Beaune 17 — Chalon-sur-Saône 45 — ♦Dijon 22 — Dole 51.

🏠 **Ibis** Ⓜ, av. Chambolland ℡ 61.17.17, Télex 350954 — ➦wc 🅿 🚗📶 E *VISA*
SC : **R** snack carte environ 65 ♨ — ☛ 18 — **52 ch** 150/175.

✗✗ 🌠 **Côte d'Or** (Crotet), 1 r. Thurot ℡ 61.06.10 — ÆE ⊙ E *VISA* ⋞
fermé 1er au 25 août, 20 déc. au 5 janv., dim. soir et merc. — SC : **R** 100/220
Spéc. Pâté de pigeon en gelée, Cassolette d'écrevisses (10 juin au 30 avril), Panaché du pêcheur. Vins Vins du pays.

✗✗ **Host. Gentilhommière** 🍃 avec ch, rte de la Serrée ℡ 61.12.06, 🌿 — ➦wc 🅿 🦽 🅿
fermé : hôtel 1er au 20 janv., rest. : 12 déc. au 20 janv. et lundi du 15 nov. au 1er juin — SC : **R** 90/145 — ⊑ 22 — **20 ch** 160/170.

CITROEN Gar. Blondeau, ℡ 61.02.40 ⋈ ℡ 61.05.71 PEUGEOT Gar. des Gds Crus, ℡ 61.02.23
MERCEDES-BENZ Gar. Aubin, ℡ 61.03.85 RENAULT Gar. Montelle, ℡ 61.06.31
TALBOT Gar. des Guindennes, ℡ 61.10.43

☐ **NYONS** ⟨SP⟩ 26110 Drôme 🆖🆖 ③ G. Provence — 5 904 h. alt. 270 — 🌠 75.
Voir Rue des Grands Forts★ — Vieux Pont★.
🗓 Office de Tourisme (fermé lundi matin et dim.) avec A.C. pl. Libération ℡ 26.10.35.
Paris 657 ④ — Alès 106 ③ — Gap 106 ① — Orange 42 ③ — Sisteron 98 ① — Valence 94 ④.

Plan page suivante

🏨 **Alizés** Ⓜ sans rest, av. H. Rochier **(e)** ℡ 26.08.11 — ⬕ ➦wc 🚿wc 🅿 ⟵ 🅿
fermé 25 déc. au 31 janv. — SC : ⊑ 20 — **22 ch** 145/225.

🏨 **Colombet**, pl. Libération **(a)** ℡ 26.03.66 — ⬕ ▤ rest ➦wc 🚿wc ☎ ⟵ 🚗📶
fermé fin oct. à fin nov. — SC : **R** (nombre de couverts limité - prévenir) 62/125 — ⊑ 24 — **30 ch** 82/220 — P 210/250.

🏨 **Caravelle** 🍃 sans rest, prom. Digue **(s)** ℡ 26.07.44, ≤, 🌿 — 📺 ➦wc 🚿wc 🅿 🅿 ⋞
fermé oct. et merc. — SC : ⊑ 20 — **11 ch** 180/240.

🏠 **La Picholine** 🍃, Prom. de la Perrière (Nord du plan par prom. des Anglais) ℡ 26.06.21, ≤, 🏊, 🌿 — ➦wc 🅿 🚗📶 ÆE ⊙ E *VISA*
SC : **R** *(fermé merc.)* 70/100 — ⊑ 20 — **15 ch** 150/200 — P 230/260.

✗✗ **Les Oliviers** avec ch, à Draye-de-Meynes **(n)** ℡ 26.11.44, 🌤, 🌿 — 🚿wc 🅿 🚗📶 ÆE ⊙ *VISA* ⋞ ch
SC : **R** *(fermé lundi)* 55/160 — ⊑ 17 — **10 ch** 98/148 — P 135/165.

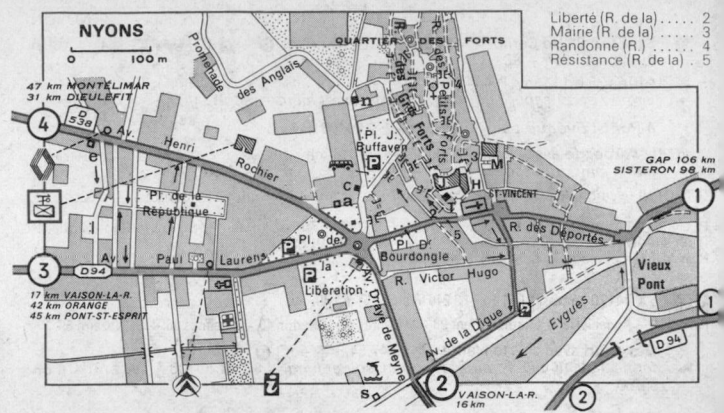

NYONS
0   100 m

Liberté (R. de la) 2
Mairie (R. de la) 3
Randonne (R.) 4
Résistance (R. de la) . 5

QUARTIER DES FORTS

Promenade des Anglais

47 km MONTÉLIMAR
31 km DIEULEFIT
(4) D 538a
Av. Henri Rochier
Pl. de la République
Av. Paul Laurens
Pl. de
(3) D 94

Pl. J. Buffaven
Pl. D' Bourdongle
R. Victor Hugo
Av. Drive de Meynes
R. Liberation

GAP 106 km
SISTERON 98 km
(1)

ST-VINCENT
R. des Déportés

Vieux Pont

Eygues
Av. de la Digue
D 94 (1)

17 km VAISON-LA-R.
42 km ORANGE
45 km PONT-ST-ESPRIT

(2) VAISON-LA-R. (2)
16 km

à Aubres par ① : 4 km – ⌧ **26110** Nyons :

Aub. du Vieux Village ⤸, ☏ 26.12.89, ≤ vallée, ⒌ – 📺 🛏wc 🚿wc ☎ 🅿️
🍽 🆎 ① ᴇ 𝘝𝘐𝘚𝘈
SC : **R** *(fermé merc. midi sauf juil. et août)* 55/120 – ⥥ 25 – **14 ch** 160/260, 3 appartements 380 – P 265/360.

CITROEN Monod, ☏ 26.12.11 ◼   Gar. Hernandez, ☏ 26.00.33
RENAULT Nyons-Autom., ☏ 26.10.55

OBERHASLACH 67 B.-Rhin 🖸🗷 ⑨ G. Vosges – 1 108 h. alt. 250 – ⌧ **67190** Mutzig – 🕓 88.
Voir Église★ de Niederhaslach S : 1 km.
Paris 518 – Molsheim 18 – Saverne 31 – St-Dié 55 – ✦Strasbourg 40.

🏠 **Ruines du Nideck,** ☏ 50.90.14, 🌳 – 🛏wc 🚿wc ☎ 🅿️. 🍽 ①
◄   *fermé 25 sept. au 20 oct., 1er au 15 mars, mardi soir et merc.* – SC : **R** 45/130 ⚐ – ⥥
13,50 – **15 ch** 55/160 – P 100/170.

OBERNAI 67210 B.-Rhin 🖸🗷 ⑨ G. Vosges (plan) – 8 401 h. alt. 181 – 🕓 88.
Voir Place du Marché★★ – Hôtel de ville★ – Tour de la Chapelle★ – Ancienne halle aux blés★ – Maisons anciennes★ – Place★ de Boersch NO : 4 km.
🇦 Office de Tourisme Chapelle du Beffroi *(fermé sam. et dim. hors sais.)* ☏ 95.64.13.
Paris 485 – Colmar 45 – Erstein 16 – Molsheim 10 – Sélestat 23 – ✦Strasbourg 30.

🏨 **Parc** ⤸, 169 r. Gén.-Gouraud ☏ 95.50.08, 🌳 – 🛗 📺 🛏wc ☎ 🅿️ – 🏊 120. 🍽
SC : **R** *(fermé 15 nov. au 15 déc., dim. soir et lundi)* 155/165 – ⥥ 18 – **33 ch** 170/210
– P 385/484 (pour 2 pers.).

🏨 **Diligence, Résidence Exquisit et Bel Air** 🅼, 23 pl. Mairie ☏ 95.55.69 – 🛗
🍽 ch 🛏wc 🚿wc ☎ 🔥 🅿️. 🍽 🆎 𝘝𝘐𝘚𝘈
SC : **R** *(fermé mardi en hiver et merc.)* 65/130 ⚐ – ⥥ 18 – **42 ch** 132/195, 3 appartements 270.

🏨 **Gd Hôtel,** r. Dietrich ☏ 95.51.28 – 🛗 📺 🛏wc 🚿 ☎ – 🏊 30 à 100. 🍽 🆎 ① ᴇ
𝘝𝘐𝘚𝘈
fermé 30 mai au 6 juin, 10 au 22 oct. et 7 fév. au 1er mars – SC : **R** *(fermé dim. soir et lundi)* 90/130 ⚐ – ⥥ 16 – **24 ch** 155/180 – P 220/240.

🏠 **Vosges,** 5 pl. Gare ☏ 95.53.78 – 📺 🛏wc ☎. 🍽. ⬢
◄   *fermé 1er au 15 janv.* – SC : **R** *(fermé lundi)* 47/147 ⚐ – ⥥ 12 – **17 ch** 85/127 –
P 95/159.

🏠 **Host. Duc d'Alsace,** 6 r. de la Gare ☏ 95.55.34 – 🛏wc 🚿wc ☎. 🆎 ① 𝘝𝘐𝘚𝘈
fermé 15 fév. au 15 mars – SC : **R** *(dîner seul. et fermé lundi)* carte environ 100 – ⥥
15,50 – **16 ch** 100/200.

✗✗ **Halles aux Blés,** pl. Marché ☏ 95.56.09 – ⬢
◄   *fermé 17 juin au 1er juil., janv. et vend.* – SC : **R** 52/130, Brasserie 35 ⚐.

✗✗ **A l'Étoile,** 6 pl. Étoile ☏ 95.50.57 – 🆎 ① ᴇ 𝘝𝘐𝘚𝘈
fermé mi-janv. à mi-fév., jeudi midi du 1er nov. au 1er avril et merc. – SC : **R** carte 75 à
145 ⚐.

à Ottrott-le-Haut O : 4 km – ⌧ **67530** Ottrott :

🏨 🕊 **Beau Site** (Schreiber) 🅼, ☏ 95.80.61 – 🛏wc 🚿wc ☎ 🅿️ 🍽 🆎 ① ᴇ. ⬢
fermé 26 juin au 8 juil. et 8 au 27 janv. – SC : **R** *(fermé dim. soir et lundi)* (dim. et fêtes prévenir) 100/220 – ⥥ 15 – **14 ch** 90/180
Spéc. Foie gras d'oie, Noisettes de chevreuil (mai à déc.), Sorbet au kirsch. **Vins** Riesling, Ottrott
(rouge).

782

CITROEN Dagorn, 24 A r. Gén.-Gouraud ☎ 95.52.78
OPEL, TOYOTA Gar. Relais des Vosges à Ottrott ☎ 95.81.50 🅽
PEUGEOT, TALBOT Gillmann-Auto, 10 r. Gén.-Gouraud ☎ 95.52.56

RENAULT Boudière, 40 r. de Sélestat ☎ 95.52.48
RENAULT Haus, r. Gén.-Leclerc ☎ 95.53.72 🅽 ☎ 50.25.46
Gar. Gruss, 202a r. Gén. Gouraud ☎ 95.58.48

OBERSTEIGEN 67 B.-Rhin 🖻🖻 ⑧ – alt. 500 – ⊠ 67710 Wangenbourg – ✿ 88.

Paris 458 – Molsheim 26 – Sarrebourg 32 – Saverne 16 – ♦Strasbourg 38 – Wasselonne 13.

🏠 **Host. Belle Vue** ﹩, ☎ 87.32.39, ≤, 🐎 – 🛏wc 🎬 ☎ 🅿 – 🔬 60. 🚗🚋 🆎 ⓞ 🇪 VISA ⅝ rest
fermé 1er au 15 déc. et lundi soir et lundi en hiver – SC : **R** 60 (sauf fêtes)/150 🔩 – ⌚ 15 – **45 ch** 82/160 – P 130/187.

🏠 **Au Goldbrunnen** ﹩, ☎ 87.31.01, ≤, 🐎 – 🛏wc 🎬wc ☎ 🚗 🅿 – 🔬 40. 🚗🚋 🇪 VISA
fermé janv., fév., mardi soir et merc. hors sais. – SC : **R** 40/110 🔩 – ⌚ 15 – **25 ch** 65/120 – P 125/160.

OBERSTEINBACH 67 B.-Rhin 🖻🖻 ⑱⑲ – 189 h. alt. 239 – ⊠ 67510 Lembach – ✿ 88.

Paris 449 – Bitche 22 – Haguenau 34 – ♦Strasbourg 66 – Wissembourg 25.

XXX ✿ **Anthon** ﹩, avec ch, ☎ 09.25.01, ≤, 🐎 – 🛏wc 🕮 🅿 – 🔬 30. 🚗🚋
fermé janv., lundi et mardi – SC : **R** 60/160 🔩 – ⌚ 15 – **7 ch** 120/130 – P 180
Spéc. Foie gras chaud aux pommes, Gibier (saison chasse). Vins Pinot, Tokay.

OBJAT 19130 Corrèze 🖻🖻 ⑧ – 3 228 h. alt. 126 – ✿ 55.

Paris 477 – Arnac-Pompadour 23 – Brive-la-Gaillarde 19 – ♦Limoges 82 – Tulle 48 – Uzerche 30.

🏠 **France**, 12 av. G.-Clemenceau ☎ 25.80.38 🎬 ☎ 🅿. 🚗🚋 VISA ⅝ ch
fermé 14 sept. au 30 oct., 22 déc. au 2 janv. et dim. – **R** 55/85 – ⌚ 18 – **15 ch** 70/110 – P 120/130.

XX ✿ **Pré Fleuri** (Chouzenoux) avec ch, rte Pompadour ☎ 25.83.92 – 🎬 🕮 🅿. 🆎 ⓞ VISA
fermé 1er au 15 oct. et lundi hors sais. – SC : **R** 80/170 – 🍽 17 – **7 ch** 90 – P 160/170
Spéc. Toast de foie gras chaud à la crème d'estragon, Filet d'agneau à la farce limousine, Pêches au sabayon de Sauternes. Vins Cahors, Bergerac.

X **Chez Tony**, pl. Gare ☎ 25.02.23 – 🅿. ⅝
fermé 15 au 30 juin, 1er au 20 oct. et lundi – SC : **R** 47/130.

CITROEN Gar. Vigerie, ☎ 25.80.03 🅽
PEUGEOT-TALBOT Gar. Goubeau, ☎ 25.83.56 🅽

PEUGEOT-TALBOT Gar. Moderne, ☎ 25.00.56

OCHIAZ 01 Ain 🖻🖻 ⑤ – rattaché à Bellegarde-sur-Valserine.

OCTEVILLE 76930 S.-Mar. 🖻🖻 ③ – rattaché au Havre.

ODEILLO 66 Pyr.-Or. 🖻🖻 ⑯ – rattaché à Font-Romeu.

OGNES 02 Aisne 🖻🖻 ③ – rattaché à Chauny.

OIRON 79 Deux-Sèvres 🖻🖻 ② G. Côte de l'Atlantique (plan) – 581 h. alt. 85 – ⊠ 79100 Thouars – ✿ 49.

Voir Château★ : galerie★★ – Collégiale★.

Paris 329 – Loudun 15 – Parthenay 41 – Poitiers 57 – Thouars 13.

XX **Relais du Château** avec ch, ☎ 66.71.14 – 🛏 🎬. VISA ⅝
fermé 31 août au 14 sept., vacances de fév., dim. soir et lundi – SC : **R** 40/100 🔩 – ⌚ 9 – **7 ch** 60/70 – P 90/95.

OLARGUES 34390 Hérault 🖻🖻 ③ G. Causses – 551 h. alt. 183 – ✿ 67.

🇮 Syndicat d'Initiative r. de la Place (juil.-août et fermé lundi) ☎ 97.71.26.

Paris 874 – Béziers 50 – Lodève 55 – ♦Montpellier 97 – St-Affrique 96 – St-Pons 18.

🏠 **Laissac** ﹩, av. Gare ☎ 97.70.89 – 🚗, ⅝
fermé oct. – SC : **R** 40 bc/90 – 🍽 11.50 – **14 ch** 60/85 – P 125/160.

XX **Domaine de Rieumégé** ﹩, avec ch., rte St-Pons ☎ 97.73.99, ≤, ⌅, 🐎 – 🛏wc 🕮 🅿
19 mars-5 avril, 23 avril-17 oct. et fermé mardi et merc. en mai, juin et oct. – SC : **R** (en sem. dîner seul.) 80/120 – 🍽 24 – **6 ch.** 160/190; 3 appartements.

OLEMPS 12 Aveyron 🖻🖻 ② – rattaché à Rodez.

OLÉRON (Ile d') ★ 17 Char.-Mar. 🏠 ⑬ ⑭ G. Côte de l'Atlantique – ❀ 46.

Accès par le pont viaduc★. Péage, AR : auto 27 F (conducteur et passagers compris), moto 5 F, camions 33 à 111 F.

Du pont : Paris 496 – Marennes 9,5 – Rochefort 31 – La Rochelle 61 – Royan 40 – Saintes 49.

Boyardville – ⊠ 17190 St-Georges-d'Oléron – Pont d'Oléron 15.

XX **Bains** avec ch, ☎ 47.01.02, ≤ – 🛏wc 🅿. 🆎 ⓞ ⒠ 𝘝𝘐𝘚𝘈
21 mai-18 sept. – SC : **R** 58/100 🍷 – 🖙 17 – **10 ch** 92/145 – P 176/210.

CITROEN Brancq, ☎ 47.01.61

Le Château-d'Oléron – 3 324 h. – ⊠ 17480 Le Château-d'Oléron.
🇧 Office de Tourisme pl. République (fermé lundi après-midi et dim. sauf matin en saison) ☎ 47.60.51.

Pont d'Oléron 3.

🏠 **France**, ☎ 47.60.07 – 🛁wc 🛏wc. 🛜 ch
➡ *fermé 25 oct. au 5 nov., 15 déc. au 1ᵉʳ fév., dim. soir et sam. du 10 sept. au 30 juin* –
SC : **R** 40/110 – 🖙 14 – **11 ch** 71/150 – P 145/200.

🏠 **Le Mail** sans rest, bd Thiers ☎ 47.61.40 – 🛏wc. 🚗🛜
fermé janv. et mardi – SC : 🖙 15 – **15 ch** 70/90.

RENAULT Gar. SESOA, ☎ 47.67.22 🅽 ☎ 76.34.01

La Cotinière – ⊠ 17310 St-Pierre-d'Oléron – Pont d'Oléron 16.

🏨 **Motel Ile de Lumière** Ⓜ ⌂ sans rest, ☎ 47.10.80, ≤, ☄, ☀, ✿ – 🛁wc 🛏wc
🕭 🅿. 🚗🛜
avril-30 sept. – SC : **45 ch** 🖙 240/350.

🏠 **Face aux Flots**, ☎ 47.10.05, ≤ – 🛁wc 🛏wc 🕭 🅿. 🚗🛜 𝘝𝘐𝘚𝘈
début fév.-2 nov. – SC : **R** 85/150 – 🖙 20 – **20 ch** 90/180 – P 175/250.

XX **Le Vivier** avec ch, 65 r. Port ☎ 47.10.31, ≤ – 🆎 𝘝𝘐𝘚𝘈. ✿ rest
fermé début nov. à début fév., dim. soir et lundi hors sais. – SC : **R** 83/188 – 🖙 25
– **8 ch** 295/340.

La Remigeasse – ⊠ 17550 Dolus – Pont d'Oléron 10.

🏨 ❀ **Grand Large** Ⓜ ⌂, à la Plage ☎ 76.37.89, ≤, parc, ☄, ✿ – 📺 ☎ 🅿. 𝘝𝘐𝘚𝘈
1ᵉʳ avril-31 oct. – SC : **R** carte 170 à 270 – 🖙 35 – **22 ch** 380/650, 4 appartements –
P 460/630
Spéc. Gâteau de langoustines, Sole au champagne, Poêlée de pommes.

St-Georges-d'Oléron – 2 718 h. – ⊠ 17190 St-Georges-d'Oléron.
Pont d'Oléron 20.

XXX **Trois Chapons**, ☎ 76.51.51 – 🅿. 🆎 ⓞ ⒠ 𝘝𝘐𝘚𝘈
fermé 15 déc. au 15 janv., lundi soir et mardi sauf du 15 juin au 1ᵉʳ sept. – SC : **R**
92/240.

St-Pierre-d'Oléron – 4 604 h. – ⊠ 17310 St-Pierre-d'Oléron.
Voir Église ✷★.
🇧 Office de Tourisme pl. Gambetta (Pâques, 10 juin-31 août et fermé dim. après-midi).
Pont d'Oléron 14.

🏠 **Square**, ☎ 47.00.35, ☄, ✿ – 🛏wc ☎ – 🄰 30. 🚗🛜
1ᵉʳ mars-fin nov. – **R** 85/150 – 🖙 20 – **28 ch** 150/190 – P 200/220.

PEUGEOT, TALBOT Belluteau, pl. Gambetta ☎ 47.02.26 🅽

St-Trojan-les-Bains – 1 803 h. – ⊠ 17370 St-Trojan-les-Bains.
🇧 Office de Tourisme carrefour du Port (fermé merc. et dim. hors sais.) ☎ 76.00.86.
Pont d'Oléron 8.

🏨 **Novotel** Ⓜ ⌂, Plage de Gatseau S : 2,5 km ☎ 76.02.46, Télex 790910, ≤, « En
forêt près de la mer », ☄, ✿ – 📶 📺 ☎ 🕭. 🅿 – 🄰 30 à 100. 🆎 ⓞ 𝘝𝘐𝘚𝘈
L'Huitre et la Moule R 100 – **Snack R** carte environ 85 – 🖙 25 – **80 ch** 287/366.

🏨 **Les Cleunes** Ⓜ sans rest, ☎ 76.03.08, ≤, ☄, ✿ – 🛁wc 🛏wc 🕭 🚗 🅿. 🚗🛜
𝘝𝘐𝘚𝘈. ✿
1ᵉʳ avril-5 nov. – SC : 🖙 18 – **49 ch** 100/240.

🏨 **La Forêt**, 16 bd P. Wiehn ☎ 76.00.15, ✿ – 🛁wc 🛏wc ☎ 🅿. ✿
10 mai-20 sept. – SC : **R** 70/110 – 🖙 18 – **41 ch** 130/190 – P 170/205.

🏠 **L'Albatros** ⌂, ☎ 76.00.08, ≤, ✿ – 🛁 🛏wc 🅿. ✿
Pâques-15 oct., vacances de fév. et week-ends jusqu'à Pâques – SC : **R** 61/110 – 🖙
12,50 – **13 ch** 86/112 – P 149/168.

X **La Marée**, au port ☎ 76.04.96, Produits de la mer – 𝘝𝘐𝘚𝘈
1ᵉʳ avril-30 sept. et fermé lundi sauf le soir en juil. et août – SC : **R** 65/85.

RENAULT Testard, ☎ 76.01.07　　　　　　　　Gar. du Port ☎ 76.03.53

Vert-Bois (Plage du) – ⊠ 17550 Dolus – Voir ≤★ – Pont d'Oléron 5,5.

🏨 **Pins du Vert-Bois** ⑤, ₸ 76.34.98, ≤, « Parc fleuri », ⬛ – 🔟 🅿 – 🚗 40. 🅰🅴
🍽 rest
26 mars-14 nov. – SC : **R** 120 – ⊡ 30 – **22 ch** 150/290 – P 355/470.

OLETTE 66360 Pyr.-Or. 🎱 ⑰ – 544 h. alt. 627 – ✪ 68.

Paris 971 – Mont-Louis 20 – ◆Perpignan 59 – Prades 16.

XX **La Fontaine** avec ch, ₸ 97.03.67, 🍴 – ⊛ 🅿. 🚗 🆅🆂🅰
fermé janv., lundi soir et mardi hors sais. – SC : **R** 72/140 – ⊡ 12 – **12 ch** 55/90.

OLIVET 45160 Loiret 🎱 ⑨ G. Châteaux de la Loire – 14 829 h. alt. 105 – ✪ 38.

🅸 Office de Tourisme à la Mairie (fermé sam. après-midi et dim.) ₸ 63.48.48.

Paris 138 ⑩ – Blois 65 ⑥ – Gien 62 ④ – ◆Orléans 5 – Romorantin-Lanthenay 63 ⑤ – Salbris 51 ⑤.

Voir plan d'Orléans agglomération

🏨 **Frantel Reine Blanche** Ⓜ ⑤, 635 r. Reine-Blanche ₸ 66.40.51, Télex 760926, ≤,
🍴 – 🛗 🔟 ⊛ 🅿 – 🚗 200. 🅰🅴 ⓞ 🆅🆂🅰 BY a
SC : **R** carte 90 à 110 – ⊡ 25 – **65 ch** 231/280.

🏨 **Le Rivage**, 638 r. Reine-Blanche ₸ 66.02.93, ≤, 🍴, « Terrasse au bord de
l'eau » – ⟰wc 🛗 ⊛ 🅿 – 🚗 30. 🅰🅴 ⓞ 🆅🆂🅰 BY f
fermé fév. – SC : **R** (fermé dim. soir du 1er nov. au 30 mars) 80/150 – ⊡ 18 – **21 ch**
60/160 – P 190/280.

XXX **Les Quatre Saisons** ⑤ avec ch, 351 r. Reine-Blanche ₸ 66.14.30, 🍴, « Terrasse
au bord de l'eau » – 🔟 ⟰wc 🕿 🅿. 🚗 🆅🆂🅰 BY g
fermé 15 fév. au 15 mars, lundi soir et mardi – SC : **R** 75/145 – ⊡ 28 – **10 ch**
140/220 – P 269/424.

XXX **Madagascar**, 315 r. Reine-Blanche ₸ 66.12.58, ≤, 🍴, « Terrasse au bord de
l'eau » – 🅿. 🅰🅴 ⓞ 🅴 🆅🆂🅰 BY g
fermé 20 janv. au 20 fév., mardi soir d'oct. à mai et merc. – SC : **R** 76/165.

XX **Manderley**, 117 sentier des Prés ₸ 66.19.85, ≤, 🍴, « Terrasse au bord de
l'eau » – 🅿. 🅰🅴 ⓞ 🅴 🆅🆂🅰 BY r
fermé nov., mardi soir et merc. d'oct. à avril, lundi soir et mardi de mai à sept. – SC :
R 60/140.

OLLENCOURT 60 Oise 🎱 ③ – rattaché à Tracy-le-Mont.

Les OLLIÈRES-SUR-EYRIEUX 07360 Ardèche 🎱 ⑲⑳ – 788 h. alt. 174 – ✪ 75.

Paris 600 – Le Cheylard 29 – Lamastre 37 – Montélimar 53 – Privas 19 – Valence 34.

XX **Aub. Vallée** avec ch, ₸ 65.20.32 – 🅴 🆅🆂🅰 🍽
fermé 12 au 16 sept., 31 janv. au 11 mars, dim. soir et lundi hors sais. – SC : **R** 60/180
– ⊡ 15 – **8 ch** 55/98.

RENAULT Gar. Sarméo, rte Valence à St-Sauveur-de-Montagut ₸ 65.41.44

OLORON-STE-MARIE ◆📯 64400 Pyr.-Atl. 🎱 ⑤⑥ G. Pyrénées – 13 138 h. alt. 221 – ✪ 59.

Voir Portail★★ de l'église Ste-Marie A **D**.

🅸 Office de Tourisme pl. Résistance (fermé dim. et lundi hors saison) ₸ 39.01.96.

Paris 818 ⑤ – ◆Bayonne 99 ⑤ – Dax 81 ⑤ – Lourdes 61 ② – Mont-de-Marsan 94 ① – Pau 33 ②.

OLORON-STE-MARIE

Barthou (R. Louis)..... **B**
Camou (R.)............ **B**
Gambetta (Pl.)........ **B** 8
Résistance (Pl. de la).. **B** 18

Adoue (R.)............ **A** 2
Barats (R.)........... **A** 3
Carnot (Av. Sadi)..... **A** 4
Casamayor-Dufaur (R.). **A** 5
Cathédrale (R.)....... **A** 6
Despourrins (R.)...... **A** 7
Gare (Av. de la)...... **A** 9
Gaulle (Pl. Gén.-de) .. **A** 10
Labarraque (R.)....... **A** 12
Lattre de Tassigny
(Av. de) .... **A** 13
Mendiondou (Pl.)..... **B** 14
Moureu (Av. Charles).. **A** 15
Notre-Dame (⟰)...... **B** 16
St-Grat (R.).......... **A** 19
Ste-Croix (⟰)........ **B** 20
Ste-Marie (⟰)....... **A** **D**
Thiers (Pl.).......... **A** 21
Vigny (Av. A.-de)..... **A** 23

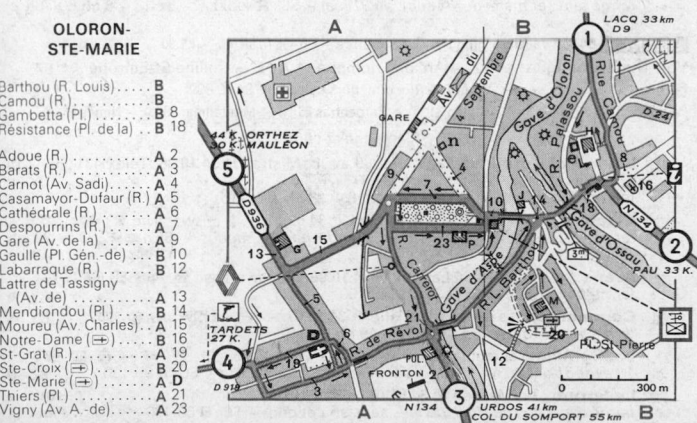

OLORON-STE-MARIE

🏠 **Béarn,** 4 pl. Mairie 🕿 39.00.99 – 🕮 🛏wc 🖾wc 🖾. 🖾 AE ⓄⒹ E *VISA*. ⚘ ch
fermé fév., vend soir et sam. hors sais. – SC : **R** 80/150 🍴 – ⏛ 20 – **32 ch** 90/220.
                        B e

🏠 **Paix** sans rest, 24 av. Sadi-Carnot 🕿 39.02.63 – 🖾wc 🖾 ⟵ Ⓟ. 🖾. ⚘   A n
SC : 🛆 13 – **24 ch** 80/140.

✕ **Chez Barthélemy,** rte Espagne par ③ 🕿 39.03.38 – ⚘
➡ fermé août et lundi – SC : **R** 35 bc/70 🍴.

à *Herrère* par ② : 7 km – ✉ **64680** Ogeu-les-Bains :

🏠 **L'Aragon,** 🕿 39.23.28, « Peintures murales, beau mobilier, parc » – 🛏wc 🖾
➡ Ⓟ. *VISA*
fermé nov. et lundi – SC : **R** 45/130 – ⏛ 18 – **10 ch** 70/130 – P 120/150.

à *Féas* par ④ : 7,5 km – ✉ **64570** Aramits :

🏠 **La Forgerie du Beau Site** ⚘, 🕿 39.24.87 – 🖾 Ⓟ. 🖾 E
➡ fermé 13 nov. au 18 déc. et merc. du 1er oct. au 30 mai – SC : **R** 33/80 – ⏛ 13,50 –
10 ch 50/75 – P 99/115.

FIAT Guiraud, av. Ch.-Moureu 🕿 39.02.43 Ⓝ   RENAULT Haurat, 41 r. Carrérot 🕿 39.01.93
FORD Boy, 23 av. T.-Derème 🕿 39.02.09
PEUGEOT, TALBOT Tristan, av. de-Lattre-de-
Tassigny par ⑤ 🕿 39.10.73

OMAHA BEACH 14 Calvados 54 ④ ⑭ – voir à Vierville-sur-Mer.

ONZAIN 41150 L.-et-Ch. 64 ⑯ – 2 829 h. alt. 67 – ✪ 54.
Paris 197 – Amboise 20 – Blois 16 – Château-Renault 24 – Montrichard 21 – ✦Tours 44.

🏰 ✿ **Domaine des Hauts de Loire** Ⓜ ⚘, NO : 3 km par D 1 et voie privée 🕿
79.72.57, Télex 751547, 🏕, « Manoir, parc et forêt », ✕ – 📺 🕿 Ⓟ. 🖾 AE Ⓞ E *VISA*
⚘
15 mars-15 déc. – SC : **R** (fermé jeudi) carte 160 à 230 – ⏛ 33 – **22 ch** 380/620, 6
appartements
Spéc. Mousse tiède de persil à l'huile de noisettes, Ragoût de langoustines aux truffes, Escalope de
foie gras chaud de canard aux pommes. Vins Sauvignon, Gamay.

🏠 **Château des Tertres** ⚘ sans rest, O : 1,5 km par D 58 🕿 79.83.88, ≼, « gentilhommière dans un parc » – 🛏wc 🖾wc 🖾 Ⓟ. *VISA* ⚘
19 mars-1er nov. – SC : ⏛ 20 – **14 ch** 130/220.

🏡 **Pont d'Ouchet,** Gde-Rue 🕿 79.70.33 – 🖾 🖾. ⚘ ch
➡ fermé 25 sept. au 6 oct., 15 janv. au 1er mars, dim. soir et lundi – SC : **R** 47/90 🍴 – ⏛
12 – **10 ch** 60/90.

PEUGEOT, TALBOT Gar. Guyader, 🕿 79.70.37 Ⓝ

OPIO 06 Alpes-Mar. 84 ⑧. 195 ㉔ – rattaché à Grasse.

ORADOUR-SUR-GLANE 87520 H.-Vienne 72 ⑥⑦ G. Périgord – 1 762 h. alt. 275 – ✪ 55.
Voir Bourg incendié par les Nazis le 10 juin 1944 après massacre de sa population.
Paris 437 – Angoulême 86 – Bellac 23 – Confolens 33 – ✦Limoges 22 – Nontron 67.

✕ **Milord** avec ch, 🕿 03.10.35 – Ⓟ. 🖾 *VISA*. ⚘
➡ fermé janv. et merc. du 1er sept. au 31 mai – SC : **R** 40/90 🍴 – 🛆 13 – **8 ch** 50/76.

ORANGE 84100 Vaucluse 81 ⑪⑫ G. Provence – 26 468 h. alt. 46 – ✪ 90.
Voir Théâtre antique✱✱✱ BZ – Arc de Triomphe✱✱ AY E – Colline St-Eutrope ≼✱ BZ.
🅱 Office de Tourisme crs A.-Briand (fermé dim. hors saison) 🕿 34.70.88.
Paris 660 ⑤ – Alès 83 ⑤ – Avignon 31 ⑤ – Carpentras 23 ③ – Montélimar 55 ⑤ – Nîmes 55 ⑤.

Plan page ci-contre

🏠 **Louvre et Terminus** sans rest, 89 av. F.-Mistral 🕿 34.10.08, Télex 431195 – 🕮
📺 🛏wc 🖾wc 🖾 ዼ ⟵ – 🖾 30. 🖾 *VISA*   CY e
fermé 15 déc. au 15 janv. – SC : ⏛ 18 – **38 ch** 105/215.

🏠 **Glacier** sans rest, 46 cours A.-Briand 🕿 34.02.01 – 🕮 🛏wc 🖾wc 🕿. 🖾. ⚘
fermé 20 déc. au 1er fév. et dim. soir de nov. à Pâques – SC : ⏛ 12,50 – **29 ch**
85/150.   AY r

🏠 **Arène** ⚘ sans rest, pl. Langes 🕿 34.10.95 – 🛏wc 🖾wc 🕿. 🖾 AE Ⓞ E *VISA*
fermé nov. – SC : ⏛ 15 – **30 ch** 140/190.   AY a

🏡 **Commerce** sans rest, 4 r. Caristié 🕿 34.10.07 – 🛏wc 🖾wc 🖾 Ⓟ. ⚘   BY s
fermé 1er au 15 janv. – SC : ⏛ 12 – **29 ch** 80/140.

✕✕ **Le Pigraillet,** chemin colline St-Eutrope 🕿 34.44.25, 🏕, 🌊, 🌳 – Ⓟ. 🖾 Ⓞ
1er avril-31 oct. et fermé lundi sauf Pâques et Pentecôte – SC : **R** 95/130.   BZ d

✕ **Le Forum,** 3 r. Mazeau 🕿 34.01.09 – 🖾 E *VISA*   ABY z
fermé vacances de Noël, de fév., sam. soir et dim. – SC : **R** 60/130.

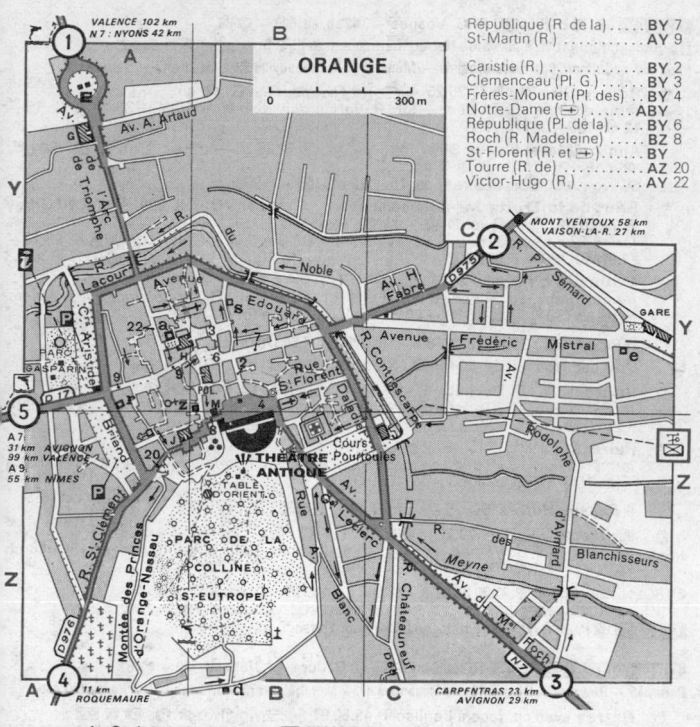

VALENCE 102 km
N 7 : NYONS 42 km

ORANGE

0   300 m

République (R. de la) ..... BY 7
St-Martin (R.) .... AY 9

Caristie (R.) .... BY 2
Clemenceau (Pl. G.) ..... BY 3
Frères-Mounet (Pl. des) .. BY 4
Notre-Dame (⇨) ...... ABY
République (Pl. de la) .... BY 6
Roch (R. Madeleine) ..... BZ 8
St-Florent (R. et ⇨) ..... BY
Tourre (R. de) .... AZ 20
Victor-Hugo (R.) .... AY 22

MONT VENTOUX 58 km
VAISON-LA-R. 27 km

rte de Caderousse par ⑤ – ⊠ 84100 Orange :

🏨 **Euromotel** Ⓜ ॐ, ☎ 34.24.10, Télex 431550, 斎, ⅃, 斧 – ▤ rest 📺 ⇱wc ☎ ℗
– 🚗 30 à 150. 延ⓐ 亜 ⓪ Ⅎ 𝘝𝘐𝘚𝘈
SC : **R** 66/150 – ☲ 20 – **99 ch** 180/215.

à Rochegude (26 Drôme) par ①, D 976, D 11 et D 117 : 14 km – ⊠ 26130 Rochegude
– ॐ 75

🏰 **Château de Rochegude** Ⓜ ॐ, ☎ 04.81.88, Télex 345661, « Élégante installation,
parc, ⅃, ※ », ⅔ – 🛗▤ ch ℗ – 🚗 35. 亜 ⓪ Ⅎ 𝘝𝘐𝘚𝘈
25 mars-16 oct. – SC : **R** *(fermé mardi hors sais.)* 135/185, dîner à la carte – ☲ 35 –
25 ch 240/270, 4 appartements.

CITROEN Centrale des Gar. Vauclusiens, rte
Avignon par ③ ☎ 51.65.00
FIAT, LANCIA-AUTOBIANCHI Gemelli, 28 av.
Arc-de-Triomphe ☎ 34.69.04 ⓝ ☎ 34.10.28
FORD Auto-Service, 78 av. Mar.-Foch ☎ 34.
24.35
LADA, SKODA, TOYOTA Chaix, 18 av.
Gén.-Leclerc ☎ 34.51.01
PEUGEOT TALBOT Balbi, rte de Lyon par ①
☎ 34.04.16

PEUGEOT TALBOT Autos-Provence,
av. Mar.-Foch par ③ ☎ 34.24.11
RENAULT S.O.V.R.A., N 7 rte de Lyon par ①
☎ 34.02.68

🔧 Ayme-Pneus, rte de Caderousse ☎ 34.24.65
Lesueur, rte de Lyon ☎ 34.14.66

ORBEC 14290 Calvados 🖽 ⑭ G. Normandie (Plan) – 3 517 h. alt. 120 – ✿ 31.

🇯 Syndicat d'Initiative 9 r. République ☎ 32.73.73.

Paris 167 – L'Aigle 36 – Alençon 77 – Argentan 52 – Bernay 17 – ◆Caen 69 – Lisieux 20.

🏠 **France**, r. Grande ☎ 32.74.02, 斧 – 📺 ⇱wc 📶wc ☎ ℗, 🚗ॐ 𝘝𝘐𝘚𝘈 ॐ ch
fermé 15 déc. au 15 janv. et 15 avril – SC : **R** *(fermé dim. soir du 15 sept. au 15 mars)* 55/130 –
☲ 16 – **23 ch** 80/220 – P 160/220.

XXX ✿ **Au Caneton** (Ruaux), r. Grande ☎ 32.73.32, « maisons normandes du 17ᵉ s. »
fermé oct., fév., lundi soir et mardi – SC : **R** (nombre de couverts limité- prévenir)
175/250

Spéc. Gratin de langouste, Caneton ''Ma Pomme'', Jambon Michodière.

CITROEN Gontier, à la Vespière ☎ 32.80.49   **Gar. Duval Jean,** ☎ 32.83.53
PEUGEOT Depardé, à la Vespière ☎ 32.83.73
RENAULT L'Auto. de Normandie, ☎ 32.82.56

ORBEY 68370 H.-Rhin 62 ⑱ ⑧ G. Vosges – 3 421 h. alt. 500 – ✪ 89.

🛈 Syndicat d'Initiative à la Mairie (fermé matin, sam. et dim. hors sais.) ⌨ 71.30.11.

Paris 500 – Colmar 20 – Gérardmer 41 – Munster 25 – Ribeauvillé 23 – St-Dié 42 – Sélestat 36.

  🏠 **Bois le Sire** M, ⌨ 71.25.25 – ➰wc 🛁wc ☎. ☞ **E**. ※ ch
  ◆   fermé 1er nov. au 21 déc. – SC : **R** (fermé dim. soir et lundi) 42/130 ⏦ – 🗔 15 –
    12 ch 130 – P 175.

      Annexe Motel Bois le Sire 🏠 M ⬙, ⌨ 71.25.25 – ➰wc 🛁wc ☎ 🅿. ☞ **E**.
      ※ ch
      SC : voir rest. Bois le Sire – ☛ 15 – **22 ch** 165 – P 200.

  🏠 **Saut de la Truite** ⬙, à Remomont NO : 1 km par VO - alt. 589- ⬛ 68370 Orbey
    ⌨ 71.20.04, ≼ – 🛁wc 🅿 🅿 – ⏦ 25. ☞ ※
    fermé 12 nov. au 20 déc. – SC : **R** (fermé merc. sauf juil. et août) 60/140 ⏦ – 🗔 15 –
    22 ch 90/160 – P 160/200.

  🏠 **Croix d'Or**, r. Église ⌨ 71.20.51 – ➰wc 🛁wc 🅿. ☎ ※ rest
    fermé 15 nov. au 19 déc, 6 au 16 janv. et merc. – SC : **R** (fermé lundi midi et merc.
    midi) 55/130 ⏦ – 🗔 16,50 – **20 ch** 95/155 – P 129/167.

    à Pairis SO : 3 km sur D 48 II – alt. 700 – ⬛ **68370** Orbey.

    Voir Lac Noir★ : ≼★ 30 mn O : 15 mn.

  🏠 **Sources** ⬙, ⌨ 71.21.96, ≼, ☞, ※ – ➰wc 🅿 🅿. ☞ ⓞ. ※
    fermé 15 nov. au 10 déc. – **R** (fermé mardi en hiver) 45/150 ⏦ – 🗔 14 – **9 ch** 140 –
    P 200/225.

  🏠 **Pairis** ⬙, ⌨ 71.20.15, ≼ – ➰wc 🛁wc ☎ 🅿
  ◆   fermé 15 nov. au 20 déc., en mars, lundi soir (sauf hôtel) et mardi – SC : **R** 50/120 ⏦
    – 🗔 15 – **15 ch** 140/160 – P 110/160.

    à Basses Huttes SO : 5 km par D 48 – ⬛ **68370** Orbey :

  🏠 **Wetterer** ⬙, ⌨ 71.20.28 – ➰wc 🛁wc 🅿
  ◆   fermé 10 nov. au 15 déc. et merc. sauf juil.-août – SC : **R** 45/110 ⏦ – 🗔 13 – **18 ch**
    100/180 – P 120/160.

CITROEN Gar. Eberlé, ⌨ 71.20.35 🄽 ⌨ 71.23.45   RENAULT Batot, ⌨ 71.20.48

ORCET 63 P.-de-D. 73 ⑭ – rattaché à Clermont-Ferrand.

ORCHAMPS-VENNES 25390 Doubs 66 ⑰ G. Jura – 1 376 h. alt. 750 – ✪ 81.

Paris 458 – Baume-les-Dames 45 – ◆Besançon 47 – Montbéliard 70 – Morteau 17 – Pontarlier 44.

  XX **Barrey** avec ch, face à l'église ⌨ 43.50.97 – ➰wc 🛁wc ☎ 🅿. ⓞ **E** 🆅🆂🅰
  ◆   fermé 14 au 21 mars, 6 au 13 juin, 24 au 30 sept., 5 au 12 déc. et lundi sauf juil.-août
    – SC : **R** 50/130 ⏦ – 🗔 13 – **16 ch** 70/170 – P 150/160.

    à Fuans E : 3 km par D 461 – ⬛ **25390** Orchamps-Vennes :

  🏠 **Patton** ⬙, ⌨ 43.51.01, ≼ – ➰wc 🅿 🅿. ☞ ⓞ 🆅🆂🅰 ※ ch
    fermé 11 nov. au 1er déc., vend. soir et sam. midi du 1er oct. au 1er juin – SC : **R** 58/98
    ⏦ – 🗔 10 – **10 ch** 65/135 – P 120/150.

CITROEN Gar. Droz, ⌨ 43.51.24   PEUGEOT-TALBOT Vernier, ⌨ 43.52.38 🄽

ORCHIES 59310 Nord 51 ⑯ – 5 791 h. alt. 38 – ✪ 20.

Paris 213 – Denain 25 – Douai 20 – ◆Lille 26 – St-Amand-les-Eaux 15 – Tournai 19 – Valenciennes 28.

  XX **La Chaumière**, S : 2 km D 957 ⌨ 71.86.38 – 🅿. ☎ ⓞ **E** 🆅🆂🅰
    fermé 1er fév. au 5 mars, jeudi soir et vend. – **R** 60 bc/150.

ORCIÈRES 05170 H.-Alpes 77 ⑰ G. Alpes – 855 h. alt. 1 439 – Sports d'hiver à Orcières-Merlette
1 850/2 650 m ✚2 ⸖25 ⸖ – ✪ 92 – Env. Vallée du Drac Blanc★★ NO : 14 km.

🛈 Office de Tourisme ⌨ 55.70.39, Télex 401162.

Paris 680 – Gap 33 – ◆Grenoble 115 – La Mure 77 – St-Bonnet 27.

  🏠 **Poste**, ⌨ 55.70.04, ≼, ☞ – 🛁 🅿
  ◆   SC : **R** 45/65 – 🗔 15 – **31 ch** 75/120 – P 150/180.

ORCIVAL 63 P.-de-D. 73 ⑬ G. Auvergne – 369 h. alt. 860 – ⬛ **63210** Rochefort-Montagne -
✪ 73 – Voir Église★★.

Paris 416 – Aubusson 89 – ◆Clermont-F. 27 – Le Mont-Dore 17 – Rochefort-Montagne 4 – Ussel 57.

  🏠 **Au Vieux Logis**, ⌨ 21.22.03 – 🛁 🅿. **E**
  ◆   SC : **R** 44/77 ⏦ – 🗔 13 – **9 ch** 60/100 – P 125/145.

  🏠 **Notre-Dame**, ⌨ 21.22.02 – ➰wc 🛁 🅿. ※
  ◆   Pâques-1er nov. et vacances scolaires – SC : **R** (dîner seul. et pour résidents) 33/5
    – 🗔 12 – **10 ch** 55/120.

  🏠 **L'Ajasserie d'Orcival** sans rest, ⌨ 21.21.54 – 🆅🆂🅰 ※
    Pâques-mi oct., Noël et fév. – SC : 🗔 13 – **14 ch** 60/100.

  🏠 **Les Bourelles** ⬙ sans rest, ⌨ 21.22.28, ≼, ☞ – ☛ 🅿
    Pâques-1er oct., vacances de Noël et de fév. – SC : ☛ 12 – **7 ch** 64/87.

ORGEVAL 78630 Yvelines 📖 ⑱. 🄖🄖🄖 ⑰. 🄗🄗🄗 ⑪ – 4 218 h. alt. 100 – 🟢 3.

Paris 37 – Mantes-la-Jolie 29 – Pontoise 24 – Rambouillet 47 – St-Germain-en-Laye 11 – Versailles 22.

Novotel Ⓜ, à l'échangeur A 13, D 113 ☎ 975.97.60, Télex 697174, ⌛, ☂, ℀ – 🏢
🛏 rest 📺 ☎ 🅰 🅿 – 🔒 200. ⓘ 𝘝𝘐𝘚𝘈
🛏 snack care environ 85 – ⊡ 27 – **120 ch** 244/276.

Moulin d'Orgeval ⚓, SO : 1,5 km par VO ☎ 975.95.74, ≤, « Parc fleuri avec pièce d'eau », ℀ – 🖱wc 🅿. 𝘝𝘐𝘚𝘈. ℀ ch
fermé 20 déc. au 7 fév. – **R** carte 105 à 175 – ⊡ 16 – **12 ch** 93/190.

OPEL Gar. Paris Deauville. la Maison Blanche, R N ☎ 975.85.26

ORGNAC-L'AVEN 07 Ardèche 🄏🄏 ⑨ – 297 h. alt. 290 – ✉ 07150 Vallon-Pont-d'Arc – 🟢 75.

Voir Aven d'Orgnac*** NO : 2 km, G. Vallée du Rhône.

Paris 670 – Alès 48 – Aubenas 56 – Pont-St-Esprit 24.

Stalagmites, ☎ 38.60.67 – 🖱wc 🅿. 🍴🍴 E. ℀
fermé 1er déc. au 1er fév. – SC : **R** 42/85 – 🍴 18 – **18 ch** 55/160 – P 110/175.

ORGON 13660 B.-du-R. 🄏🄏 ①② G. Provence – 2 285 h. alt. 85 – 🟢 90.

Paris 709 – Avignon 30 – Cavaillon 7 – ♦Marseille 73 – St-Rémy-de-P. 18 – Salon-de-Provence 19.

Aux Petits Pavés, SE : 3,5 km sur N7 ☎ 57.21.44 – 🚗 🅿
13 ch.

XX **Relais Basque**, rte nationale ☎ 73.00.39, ☂ – 🅿 ⓘ
fermé 15 juil. au 15 août et sam. – SC : **R** (déj. seul.) 66/125.

ORLEANS ℗ 45000 Loiret 🄏🄏 ⑨ G. Châteaux de la Loire – 109 956 h. alt. 110 – 🟢 38.

Voir Cathédrale* FY B : boiseries** – Hôtel de ville* FY H – Musées EY : des Beaux-Arts* M1, Historique et Archéologique (trésor gallo-romain*) M2.

Env. Orléans-la-Source : parc floral de la Source* et source du Loiret* SE : 8 km CZ.

⛳ ☎ 59.20.48 par ③ : 17 km.

🅑 Office de Tourisme et Accueil de France (Informations, change et réservations d'hôtels, pas plus de 5 jours à l'avance) pl. Albert 1er (fermé dim. hors sais.) ☎ 53.05.95, Télex 781188 – A.C. 24 pl. Martroi ☎ 53.43.45.

Paris 119 ⑪ – ♦Caen 271 ⑩ – ♦Clermont-Ferrand 307 ⑤ – ♦Dijon 295 ③ – ♦Limoges 265 ⑤ – ♦Le Mans 138 ⑨ – ♦Reims 253 ② – ♦Rouen 238 ⑩ – ♦Tours 112 ⑧.

Sofitel Ⓜ, 44 quai Barentin ☎ 62.17.39, Télex 780073, ≤, ⌛ – 🏢 🛏 📺 ☎ 🅰 🅿 –
🔒 35 à 100. 🄰🄴 ⓘ E 𝘝𝘐𝘚𝘈. ℀ rest   DY **t**
SC : rest. **La Vénerie R** carte 115 à 165 – ⊡ 33 – **110 ch** 300/420.

Orléans Ⓜ sans rest, 6 r. A.-Crespin ☎ 53.35.34 – 🏢 📺 🖱wc 🖱wc 🍴 🍴🍴 ℀
fermé 30 juil. au 21 août, 24 déc. au 1er janv. et sam. d'oct. à juin – SC : ⊡ 18 –
18 ch 135/215.   EY **t**

St-Aignan sans rest, 2 r. Murlins ☎ 53.15.35 – 🏢 📺 🖱wc 🖱wc 🚗 🄰🄴 ⓘ
𝘝𝘐𝘚𝘈   EX **k**
SC : ⊡ 18 – **27 ch** 170/220.

Les Cèdres sans rest, 17 r. Mar.-Foch ☎ 62.22.92, Télex 760912, ☂ – 🏢 🖱wc
🖱wc 🚗 🍴🍴 𝘝𝘐𝘚𝘈   DX **a**
SC : ⊡ 17 – **32 ch** 113/210.

Marguerite sans rest, 14 pl. Vieux-Marché ☎ 53.74.32 – 🏢 🖱wc 🖱wc 🍴
SC : ⊡ 14 – **25 ch** 74/120.   EY **r**

Central sans rest, 6 r. Avignon ☎ 53.93.00 – 🖱wc 🍴 🍴🍴 𝘝𝘐𝘚𝘈
SC : ⊡ 14 – **19 ch** 74/160.   EY **u**

St-Martin sans rest, 52 bd A.-Martin ☎ 62.47.47 – 🖱wc 🖱wc 🍴 🍴🍴   FX **n**
fermé 16 déc. au 5 janv. – SC : ⊡ 14 – **22 ch** 75/160.

St-Jean sans rest, 19 r. Porte-St-Jean ☎ 53.63.32 – 🖱wc 🖱 🍴 🅿   DY **f**
SC : ⊡ 13 – **27 ch** 62/128.

XXX ✿✿ **La Crémaillère** (Huyart), 34 r. N.-D.-de-Recourance ☎ 53.49.17 – 🖱. ⓘ
fermé août, vacances de fév., dim. soir et lundi – SC : **R** 110 (sauf sam.)/150 et carte
Spéc. Foie gras frais de canard, Assiette bretonne, St-Jacques au beurre de homard (oct. à avril).
                                                                                                      EY **b**

XXX ✿ **La Poutrière**, 8 r. Brèche ✉ 45100 ☎ 66.02.30, « Décor élégant » – ⓘ 𝘝𝘐𝘚𝘈
fermé dim. soir et lundi – SC : **R** carte 135 à 175   BY **s**
Spéc. Rouget-barbet en civet, Ragoût de ris de veau en feuilleté, Clafoutis aux pommes.

XX **Les Antiquaires**, 222 r. Bourgogne ☎ 53.52.35 – 🖱. 𝘝𝘐𝘚𝘈   FY **m**
fermé 3 au 11 avril, août, dim. et lundi – SC : **R** 75/100.

XX **Bec Fin** avec ch, 26 bd A.-Briand ☎ 62.43.55 – 🖱wc 🍴 🍴🍴 🄰🄴 ⓘ E 𝘝𝘐𝘚𝘈   FY **d**
mai-sept. et fermé dim. – SC : **R** 143/253 – ⊡ 16,50 – **10 ch** 108/173.

XX Le Pacha, pl. Louis XI ☎ 53.07.29, (cuisine marocaine)   EY **a**

tourner →

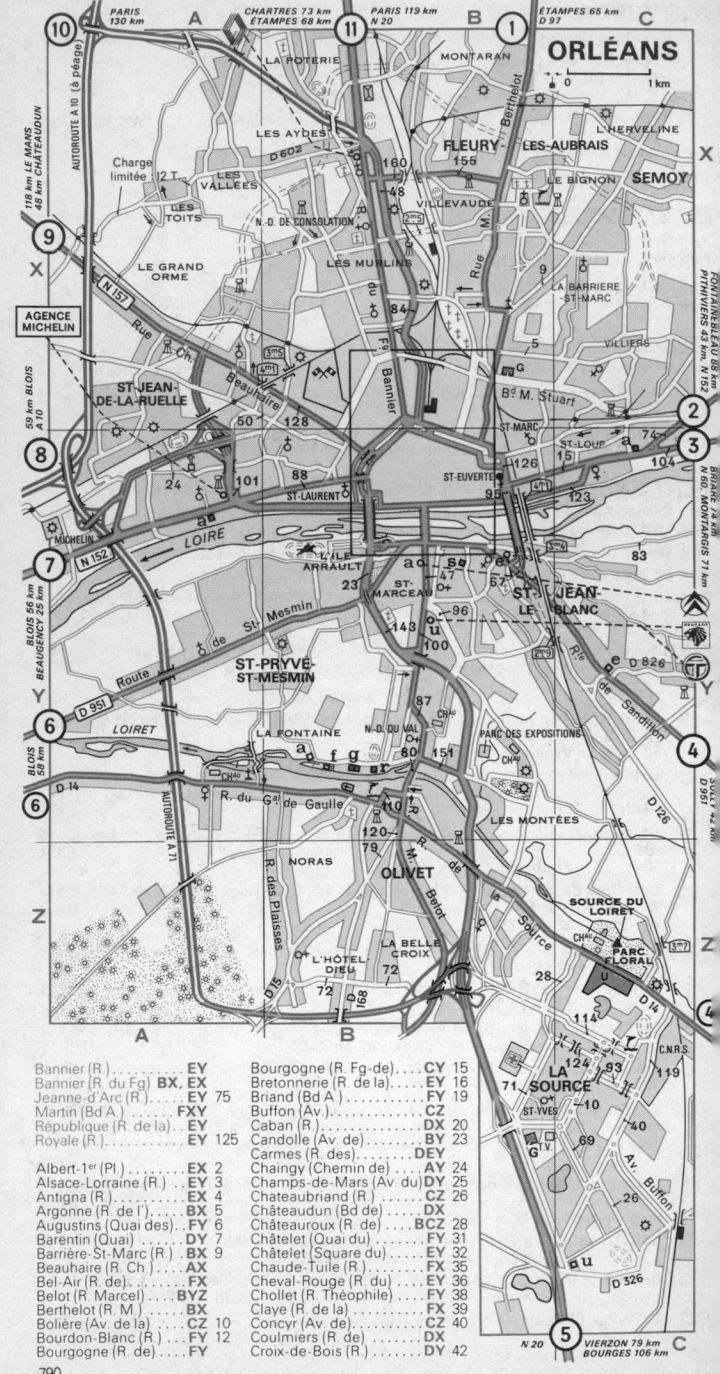

ORLÉANS

0   1 km

790

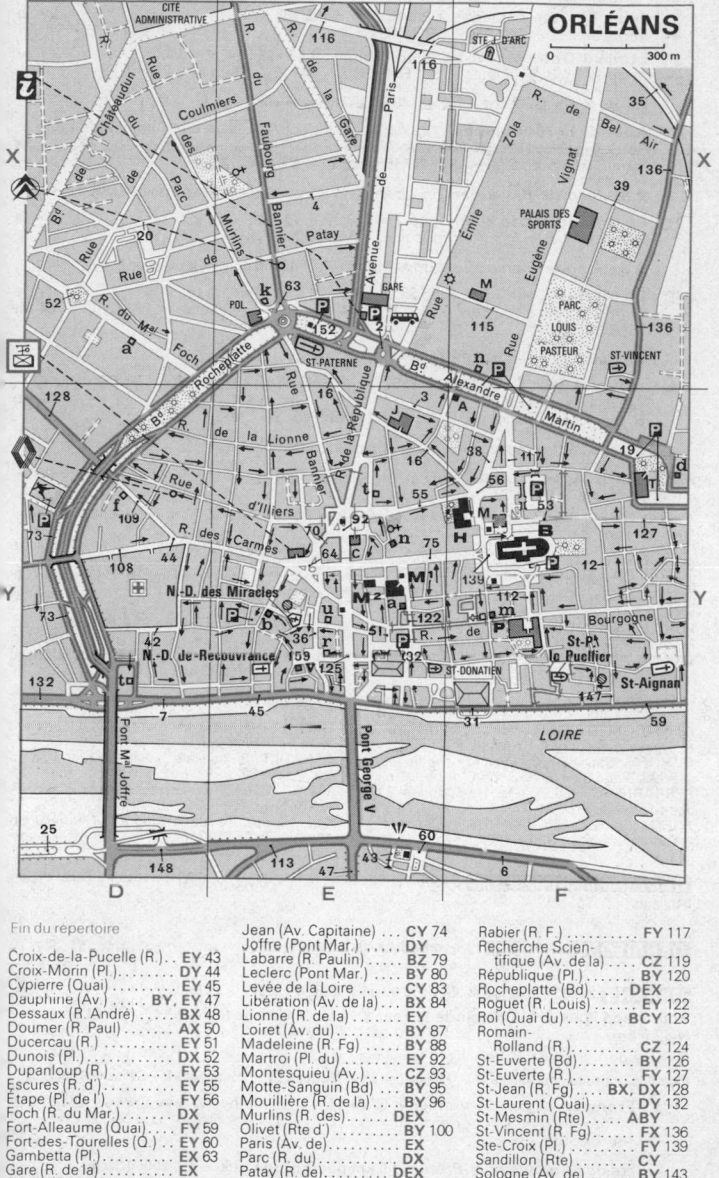

ORLÉANS

0   300 m

ORLÉANS

※ **Jean,** 64 r. Ste-Catherine ℡ 53.40.87 – 🖭 E 𝖵𝖨𝖲𝖠   EY **n**
— *fermé dim. sauf fêtes* – SC : **R** 48/89 ⅃.

※ **Étoile d'Or** avec ch, 25 pl. Vieux-Marché ℡ 53.49.20 – ⌂   EY **v**
— *fermé août, dim. et fêtes* – SC : **R** 49/90 ⅃ – 🛥 12 – **13 ch** 52/117.

rte de Blois O : 2 km – ⌧ 45140 St-Jean-de-la-Ruelle :

XXX **Aub. de la Montespan** 🅢 avec ch, ℡ 88.12.07, ≼, « Jardin dominant la Loire »,
※ – 🔟 📺wc ⌂ 🅿 🕼 𝖵𝖨𝖲𝖠   AY **a**
fermé 23 déc. au 3 fév. – SC : **R** 115 – 🗝 24 – **8 ch** 165/260.

à St-Jean-de-Braye par ③ : 2,5 km – 14 861 h. – ⌧ 45800 St-Jean de Braye :

XX **La Grange,** 205 fg Bourgogne ℡ 86.43.36 – 🅿 𝖵𝖨𝖲𝖠   CY **a**
fermé août, 2 au 8 janv., dim. soir et lundi – SC : **R** 60/148.

à St-Jean-le-Blanc SE : 4 km – 6 531 h. – ⌧ 45650 St-Jean-le-Blanc :

🏠 **Le Marjane,** sur D 951 ℡ 66.35.13, 🐎 – ⌂wc 📺wc ⌂ 🅿 🕼 CY **e**
fermé 26 déc. au 10 janv. – SC : **R** snack (dîner seul. en semaine) – 🗝 13 – **24 ch**
88/169.

au Sud : 11 km carrefour N 20 - CD 326 – ⌧ 45100 Orléans :

🏨 **Novotel** Ⓜ, r. H.-de-Balzac ℡ 63.04.28, Télex 760619, 🏠, ⅃ – ⌷ 📺 ☎ ⅃ ⌂ –
📶 25 à 350. 🖭 ⓞ 𝖵𝖨𝖲𝖠   CZ **u**
R snack carte environ 85 – 🗝 27 – **121 ch** 240/269.

Voir aussi ressources hôtelières d'*Olivet* S : 4,5 km

MICHELIN, Agence régionale, r. du Clos-St-Gabriel, Rd Point P.-Bert à St-Jean-de-la-Ruelle AY ℡ 88.02.20

AUTOBIANCHI, FIAT LANCIA Orléans Auto.
15 av. de Paris ℡ 62.45.92
BMW Ets Labesse, 34 fg Madeleine ℡ 53.75.28
CITROEN France et Delaroche, 54 r. du fg
Bannier EX ℡ 62.20.03
CITROEN Gar. Dauphine, 18 av. Dauphine
BY a ℡ 66.03.25
FORD Agence Générale. Autom., 22 rte St-
Mesmin ℡ 66.10.97
LANCIA-AUTOBIANCHI Gar. du Martroi, 29
fg de Bourgogne ℡ 62.60.71

MERCEDES-BENZ Gar. Jousselin, 12 r. Jousselin ℡ 53.61.04
PEUGEOT-TALBOT ASFIR-Autom., 3 bis rte
d'Olivet BY u ℡ 66.37.50
RENAULT Gar. Excelsior, 93 r. Illiers DY ℡
53.41.93

⊕ Dubreuil-Pneus, 5 r. Rape ℡ 53.57.18
Orléans-Pneu, 42 quai St-Laurent ℡ 62.24.54
Terovulca, 44 quai Madeleine ℡ 88.68.08 24 bd
Rocheplatte ℡ 53.34.58

Périphérie et environs

ALFA-ROMEO Auto Val de Loire, 26 r.
A.-Dessaux à Fleury-les-Aubrais ℡ 43.71.11
CITROEN Stevenel, 33 r. Gén.-de-Gaulle à St-
Jean-le-Blanc BY e ℡ 66.37.65
FERRARI-FIAT S.A.D.A. 186 rte Sandillon à St
Jean-le-Blanc ℡ 56.31.10
FORD Gd Gar. Moderne, 398 fg Bannier à
Fleury-les-Aubrais ℡ 88.53.80

OPEL Gellet, 55 r. A.-Dessaux à Fleury-les-
Aubrais ℡ 88.58.85
RENAULT Succursale, 539 fg Bannier à Saran
BX ℡ 88.62.62
V.A.G. Gar. Pillon, 266 fg Bannier à Fleury-
les-Aubrais ℡ 88.53.29
Gar. Gomez, 25 rte Orléans à la Chapelle St-
Mesmin ℡ 88.72.73

ORLY (Aéroport de Paris) 94396 Val-de-Marne 🆒 ①. 🔟96 ㉗. 🔟01 ㉖ – voir à Paris, Proche banlieue.

ORNAISONS 11 Aude 🔠 ⑬ – rattaché à Narbonne.

ORNANS 25290 Doubs 🆖 ⑯ G. Jura (plan) – 4 395 h. alt. 315 – ✪ 81.
Voir Grand Pont ≼★ – Miroir de la Loue★ – O : Vallée de la Loue★★ – Le Château ≼★
N : 2,5 km.
🅱 Office du Tourisme r. P.-Vernier (1er juin-7 oct.) ℡ 62.21.50.
Paris 436 – Baume-les-Dames 41 – ✦Besançon 26 – Morteau 53 – Pontarlier 34 – Salins-les-Bains 38.

XX **France** avec ch, r. P.-Vernier ℡ 62.24.44 – ⌂wc 📺wc ☎ 🚗 🅿 🕼 𝖵𝖨𝖲𝖠 ⅋
fermé fév., dim. soir et lundi sauf vac. scol. – SC : **R** 60/165 – 🗝 17 – **31 ch** 98/170
– P 160/180.

rte de Bonnevaux-le-Prieuré : 6 km par D 67 et D 280 – ⌧ 25660 Saône :

XX **Moulin du Prieuré,** ℡ 59.21.47 – 🅿 🖭 ⓞ E 𝖵𝖨𝖲𝖠
20 mars-30 sept., 1er oct.-2 janv. ; fermé dim. soir et lundi – SC : **R** 120/180 , dîner à
la carte.

CITROEN Gar. Magnin, ℡ 62.17.69   RENAULT Gd Gar. de la Vallée, ℡ 62.18.68
PEUGEOT, TALBOT Gar. Poulet, ℡ 62.15.24   🅽 ℡ 62.10.14
🅽 ℡ 59.24.31

OROUET 85160 Vendée 🆖 ⑫ – rattaché à St-Jean-de-Monts.

Les ORRES 05 H.-Alpes **81** ⑧ G. Alpes – 307 h. alt. 1 460 – Sports d'hiver : 1 550/2 720 m ⩰1, ⩵18, ⩸ – ⊠ **05200** Embrun – ⓐ 92.

🛈 Syndicat d'Initiative Comité de Station ☏ 44.01.61.

Paris 714 – Barcelonnette 64 – Digne 105 – Embrun 14 – Gap 46.

 🏨 **Les Arolles** Ⓜ ⌂, Zone de Prébois ☏ 44.01.27, ⩽ – ⊖wc ⒄wc 🕾 Ⓟ 🚗.
  ⌇ rest
  1er juil.-31 août et 20 déc.-20 avril – SC : **R** 105/140 – ⊡ 18 – **30 ch** 190/220 – P 240/275.

 🏨 **Korn ar C'Hoat** Ⓜ ⌂, Zone de Prébois ☏ 44.00.83, ⩽ – ▮◼ ⊖wc ⒄wc 🕾 Ⓟ.
  ⌇ rest
  1er juil.-28 août et 20 déc.-15 avril – SC : **R** 67/96 – ⊡ 15 – **33 ch** 170 – P 200.

ORSAY 91400 Essonne **60** ⑩, **101** ㉝ – voir à Paris, Proche Banlieue.

ORTHEZ 64300 Pyr.-Atl. **78** ⑧ G. Pyrénées – 10 698 h. alt. 62 – ⓐ 59.

Voir Vieux pont★ AZ.

🛈 Office du Tourisme r. Jacobins (fermé lundi) ☏ 69.02.75.

Paris 777 ⑥ – ♦Bayonne 66 ⑤ – Dax 37 ⑥ – Mont-de-Marsan 54 ① – Pau 41 ②.

ORTHEZ

Briand (R. Aristide) ..... **BY** 8
Jacobins (R. des) ..... **BZ** 22
St-Gilles (R.) .... **BZ**

Albret (R. Jeanne-d').. **BZ** 2
Aquitaine (Av. d') ..... **AY** 3
Argote (R Daniel) ..... **AZ** 4
Armes (Pl. d') .... **AZ** 5
Baillères (R. Paul) ..... **BZ** 6
Bourg-Vieux (R.) ...... **AZ** 7
Brossers (Pl.) .... **BZ** 9
Corps-Franc-Pommiès
 (Av. du) .... **AY** 12
Darget (Av Xavier) .... **BZ** 13
Foy (R du Gén.) ...... **BY** 14
Frères-Reclus
 (R. des) .... **AZ** 16
Horloge (R. de l') ..... **BY** 21
Jammes (Av Francis) .. **BZ** 23
Lasserre (R. Pierre).. **ABZ** 24
Moncade (R.) .... **BY** 28
Moulin (R du).......... **BZ** 29
Moutète (Pl. de la) .... **AZ** 30
Pont-Neuf (Av. du) ... **ABZ** 32
Poustelle (Pl. de la) ... **BZ** 33
St-Pierre (Pl. et ✚) ... **AY** 35
St-Pierre (R.) .... **AY** 36
Tilleuls (Av. des) ..... **BY** 38
Viaduc (R. du) .... **AY** 40

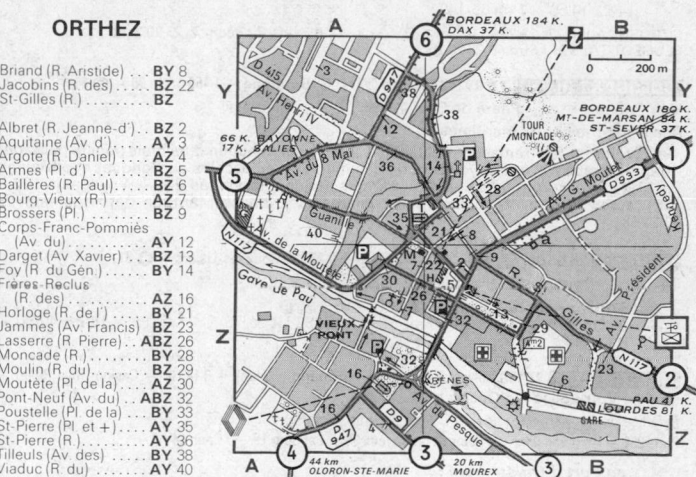

 🏨 **Château des Trois Poètes** ⌂, à Castétis par ② : 5 km ⊠ 64300 Orthez ☏ 69.16.20, ⩽, « Château du 17e s., parc » – 📺 ⊖wc ⒄wc 🕾 Ⓟ – 🏛 180. 🚗
  VISA ⌇ rest
  mars-1er nov. et fermé lundi (sauf hôtel en juil. et août) – SC : **R** 75/95 – ⊡ 20 – **10 ch** 115/220 – P 210/225.

 ☖ **Voyageurs,** rte Bordeaux ☏ 69.02.29 – ⒄ ⌇ ch   BYZ **a**
 → **R** *(fermé dim. et fêtes) (dîner seul.)* 45/60 ⅃ – ⊡ 14 – **11 ch** 60/100.

CITROEN Béarn-Auto, rte Bayonne par ⑤ ☏ 69.08.45
FIAT Gar. Molia, 26 av. du 8 mai ☏ 69.03.36
FORD Diris, 69 r. St-Gilles ☏ 69.16.34
PEUGEOT, TALBOT Orthézienne-Automobiles, rte Bayonne par ⑤ ☏ 69.08.22

RENAULT SO.GA.MO., av. du Pont-Neuf ☏ 69.14.28
V.A.G. Simonin, 23 r. St-Gilles ☏ 69.09.32

Ⓜ Béarn-Pneus, rte de Pau, N 117 à Castétis ☏ 69.06.15

ORVAULT 44 Loire-Atl. **67** ③ – rattaché à Nantes.

OSNY 95 Val-d'Oise **55** ⑱, **196** ⑤ – rattaché à Cergy-Pontoise.

OSQUICH (Col d') 64 Pyr.-Atl. **85** ④ G. Pyrénées – alt. 392 – ⓐ 59.

Voir ⁂★.

Paris 826 – Mauléon-Licharre 14 – Oloron-Ste-Marie 44 – Pau 77 – St-Jean-Pied-de-Port 26.

 🏨 **Col d'Osquich** ⌂, ⊠ 64130 Mauléon ☏ 37.81.23, ⩽ – ⊖wc 🚗 Ⓟ. 🚗
 → *1er juil.-11 nov et week-ends de Pâques au 1er juil.* – SC : **R** 40/100 – ⊡ 12 – **17 ch** 55/90 – P 80/90.

OSSES 64780 Pyr.-Atl. 85 ③ − 731 h. alt. 120 − ✪ 59.

Paris 783 − Cambo-les-Bains 23 − Pau 117 − St-Étienne-de-Baïgorry 11 − St-Jean-Pied-de-Port 14.

🏠 **Mendi Alde,** ☏ 37.13.80 − ⇔wc ⫟ ☎ 🅿 ⟐ 🗚
➡ *fermé 1er nov. au 10 déc. et lundi d'oct. à avril* − SC : **R** 45/75 ⅄ − ⌒ 14 − **16 ch**
75/90 − P 110/130.

OTTROTT 67 B.-Rhin 62 ⑨ − rattaché à Obernai.

OUCHAMPS 41 L.-et-Ch. 64 ⑰ − 418 h. alt. 92 − ⊠ 41120 Les Montils − ✪ 54.

Voir Château de Fougères-sur-Bièvre★ NO : 5 km, G. Châteaux de la Loire.

Paris 197 − Blois 16 − Montrichard 17 − Romorantin-Lanthenay 38 − ◆Tours 54.

🏡 **Relais des Landes** 🅼 ⟋, ☏ 44.03.33, Télex 751454, ≼, parc − ☎ ও 🅿 − 🗚 40.
🗚 ⓘ E. ⅏ rest
27 mars-2 nov. − SC : **R** (dîner seul. sauf dim.) 130/160 − ⌒ 35 − **18 ch** 225/385.

OUCQUES 41290 L.-et-Ch. 64 ⑦ − 1 478 h. alt. 118 − ✪ 54.

Paris 162 − Beaugency 28 − Blois 27 − Châteaudun 30 − ◆Orléans 53 − Vendôme 20.

❌❌ **Commerce** avec ch, ☏ 23.20.41 − ▤ rest ⫟wc ⟐
fermé 20 déc. au 31 janv., dim. soir et lundi sauf fêtes − SC : **R** (dim. prévenir) 60/170
− ⌒ 14,50 − **7 ch** 65/140.

CITROEN Aubry, ☏ 23.20.40   RENAULT Péan, ☏ 23.20.25 🅽
PEUGEOT-TALBOT Sire, ☏ 23.20.35

OUESSANT (Ile d') ★★ 29242 Finistère 58 ② G. Bretagne − 1 450 h. alt. 30 − ✪ 98.

Voir Rochers★★★ − Phare du Stiff ✻★★.

Accès par transports maritimes.

⟿ (voitures, sur demande préalable, en été séjour minimun d'un mois pour le passage)
- depuis **Brest** (1er éperon du port de commerce) avec escales au Conquet et à Molène
En 1982 : service quotidien sauf mardi hors saison - Traversée 2 h − Voyageurs : 72 F
(AR), autos : 576 à 741 F (AR). Renseignements : Service Maritime Départemental ☏
80.24.68.

OUHANS 25 Doubs 70 ⑥ − 264 h. alt. 640 − ⊠ 25520 Goux-les-Usiers − ✪ 81.

Paris 451 − ◆Besançon 48 − Pontarlier 18 − Salins-les-Bains 40.

🏠 **Sources de la Loue,** ☏ 38.20.19 − ⇔ ⫟ 🅿
➡ *fermé 15 au 31 oct. et 10 au 31 janv.* − SC : **R** 30/75 ⅄ − ⌒ 15 − **15 ch** 40/90 −
P 120/145.

OUISTREHAM 14150 Calvados 55 ② G. Normandie (plan) − 6 143 h. − Casino (Riva Bella) −
✪ 31 − Voir Église★ d'Ouistreham.

🛈 Office de Tourisme Jardins du Casino (1er juin-15 sept.) ☏ 97.18.63.

Paris 251 − Arromanches-les-Bains 31 − Bayeux 35 − Cabourg 19 − ◆Caen 14.

   au Port d'Ouistreham :

🏨 **Univers** avec rest. **La Broche d'Argent,** ☏ 97.12.16 − ⇔wc ⫟ ☎ 🅿 − 🗚 50.
➡ 🗚 🗚 🗚 ⓘ E 𝑉𝐼𝑆𝐴
fermé 20 déc. au 10 janv. − SC : **R** (fermé dim. soir et lundi sauf juil.-août) 50/170 −
⌒ 15 − **18 ch** 126/165 − P 177/202.

❌❌ **Normandie** avec ch, ☏ 97.19.57, ⟰ − 🅿 𝑉𝐼𝑆𝐴
➡ *fermé 1er au 15 mars, 1er au 20 nov., mardi soir et merc.* − SC : **R** 45/160 − ⌒ 17 −
10 ch 75/80 − P 170.

   à Riva-Bella :

🏠 **Chalet** sans rest, 74 av. Mer ☏ 97.13.06 − ⇔wc ⟐ 🗚
1er mars-31 oct. − SC : ⌒ 15 − **25 ch** 65/190.

🏠 **St-Georges,** av. Andry ☏ 97.18.79, ≼, ⟰ − ⇔wc ⫟ ⟐ 🅿 𝑉𝐼𝑆𝐴
1er fév.-2 nov. et fermé dim. soir et lundi du 15 sept. au 15 mars − SC : **R** 52/175 −
⌒ 17 − **21 ch** 75/155 − P 145/205.

❌ **Métropolitain,** 1 rte Lion ☏ 97.18.61 − 🗚 ⓘ 𝑉𝐼𝑆𝐴
➡ *fermé en oct. et merc. hors sais.* − **R** 45/110.

OURSINIÈRES 83 Var 84 ⑮ − rattaché au Pradet.

OUSSE 64 Pyr.-Atl. 85 ⑦ − rattaché à Pau.

OUSSON-SUR-LOIRE 45710 Loiret 65 ② − 519 h. alt. 158 − ✪ 38.

Paris 164 − Bléneau 27 − Briare 7,5 − Gien 18 − Montargis 50 − ◆Orléans 82.

❌ **La Chaumière** ⟋ avec ch, pl. Eglise ☏ 31.45.66 − ⫟ 🗚
➡ *fermé 31 janv. au 1er mars et merc. de sept. à juin* − SC : **R** 42/78 ⅄ − ⌒ 15 − **7 ch**
80/90.

OUSSOY-EN-GÂTINAIS 45 Loiret 🔟🔟 ② – rattaché à Montargis.

OUST 09 Ariège 🔟🔟 ③ – 603 h. alt. 501 – ✉ 09140 Seix – ✪ 61.
Paris 808 – Ax-les-Thermes 76 – Foix 61 – Massat 20 – St-Girons 18.

🏠 ✿ **Poste** (Andrieu) ⌘, ☏ 66.86.33, « Bel aménagement intérieur », 🏊, ⛲ –
⛲wc ⠀🞉 ⓟ
15 mars-2 nov. – SC : **R** (juil., août, fêtes et dim. - prévenir) 75/170 – ⛺ 20 – **24 ch**
85/155, 6 appartements 220 – P 170/260
Spéc. Papillotte de saumon aux cèpes, Soufflé de truite aux écrevisses, Ragoût de ris de veau au
foie gras. **Vins** Fronton, Jurançon.

RENAULT Gar. de France, ☏ 66.82.88

OYE-ET-PALLET 25 Doubs 🔟🔟 ⑥ – 340 h. alt. 870 – ✉ 25160 Malbuisson – ✪ 81.
Paris 461 – ✦Besançon 65 – Champagnole 47 – Morez 63 – Pontarlier 6,5.

🏠 **Parnet Riant Séjour**, ☏ 89.42.03, ≤, parc – ⛲wc 🞉wc 🞉 ⟷ ⓟ. ✸
fermé 5 janv. au 5 fév., dim. soir et lundi sauf du 1ᵉʳ juil. au 15 sept. – SC : **R** 63/172
– ⛺ 20 – **18 ch** 125/175 – P 185/215.

OYONNAX 01100 Ain 🔟🔟 ⑭ G. Jura – 22 760 h. alt. 540 – ✪ 74.
🛈 Syndicat d'Initiative 83 r. Anatole-France ☏ 77.20.86.
Paris 476 ④ – Bellegarde-sur-V. 30 ② – Bourg-en-B. 49 ④ – Lons-le-Saunier 63 ① – Nantua 16 ③.

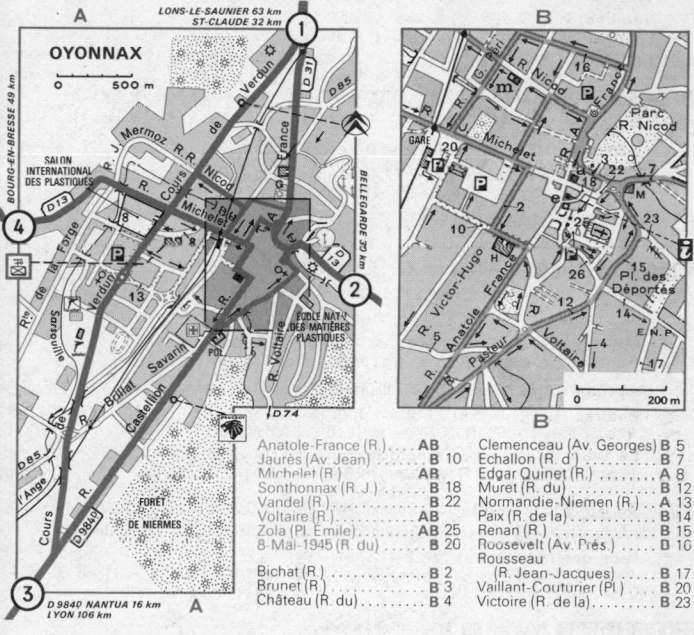

Anatole-France (R.)	**AB**		Clemenceau (Av. Georges)	**B**	5
Jaurès (Av. Jean)	**B** 10		Echallon (R. d')	**B**	7
Michelet (R.)	**AB**		Edgar Quinet (R.)	**A**	8
Sonthonnax (R. J.)	**B** 18		Muret (R. du)	**B**	12
Vandel (R.)	**B** 22		Normandie-Niemen (R.)	**A**	13
Voltaire (R.)	**AB**		Paix (R. de la)	**B**	14
Zola (Pl. Émile)	**AB** 25		Renan (R.)	**B**	15
8-Mai-1945 (R du)	**B** 20		Roosevelt (Av. Prés.)	**D**	16
			Rousseau		
Bichat (R.)	**B** 2		(R. Jean-Jacques)	**B**	17
Brunet (R.)	**B** 3		Vaillant-Couturier (Pl.)	**B**	20
Château (R. du)	**B** 4		Victoire (R. de la)	**B**	23

🏠 **Gdes Roches** 🅼 ⌘ sans rest, rte de Bourg par ④ ☏ 77.27.60, ≤, ⛲ – 🗲 ⛲wc
🞉wc 🞉 ⓟ. 🞉🞉 🆎 ⓞ 𝘝𝘐𝘚𝘈
fermé 23 juil. au 16 août – SC : ⛺ 22 – **41 ch** 110/290.

🏠 **Buffard**, pl. Église ☏ 77.86.01 – 🗲 ⛲wc 🞉 ☎. 🞉🞉 ⠀⠀⠀⠀⠀⠀ B e
SC : **R** *(fermé 14 juil. au 15 août, vend. et sam.)* 56/105 🧴 – ⛺ 17 – **28 ch** 73/213.

🏠 **Nouvel H**, sans rest, 31 r. Nicod ☏ 77.28.11 – 🗲 ⛲wc 🞉wc 🞉 ⟷. 🞉🞉 ⠀⠀⠀
SC : ⛺ 12.50 – **37 ch** 54/127. ⠀⠀⠀⠀⠀⠀⠀⠀⠀⠀⠀⠀⠀⠀⠀⠀⠀⠀⠀⠀⠀⠀ B m

✕✕ **Paris**, 79 r. A.-France ☏ 77.01.50 ⠀⠀⠀⠀⠀⠀⠀⠀⠀⠀⠀⠀⠀⠀⠀⠀⠀⠀⠀⠀ B a
fermé 12 au 20 mai, 30 juil. au 25 août et dim. – SC : **R** (déj. seul.) 60/150 🧴

✕ **Châtelet**, 29 r. Nicod ☏ 77.05.34 ⠀⠀⠀⠀⠀⠀⠀⠀⠀⠀⠀⠀⠀⠀⠀⠀⠀⠀⠀⠀ B m
→ *fermé 20 juin au 8 juil. et dim. sauf du 14 juil. au 15 août* – SC : **R** 48/75.

au Lac Genin par ② et D 13 : 10 km – ✉ 01130 Nantua – **Voir Site★ du lac★.**

✕ **Auberge du Lac** ⌘ avec ch, ☏ 76.08.30, ≤ – ⓟ. ✸
→ *fermé 15 oct. au 1ᵉʳ déc., dim. soir (sauf hôtel) et lundi* – SC : **R** 48/55 🧴 – 🍺 12 –
5 ch 55 – P 100.

795

OYONNAX

CITROEN Moderne Gar., 6 cours de Verdun
☎ 77.31.22 🄽 ☎ 77.29.27
CITROEN Gar. Vailloud, à Bellignat par D 85
☎ 77.24.30
LANCIA-AUTOBIANCHI Gar. Capelli, 178 r.
A.-France ☎ 77.18.86
PEUGEOT Juillard, r. Gal Ferrié et 53 r. Castel-lion ☎ 77.26.96

RENAULT Blanc, rte de St-Claude, zone Ind.
Nord par ① ☎ 77.46.42 🄽 ☎ 76.07.33
V.A.G. Central Gar., 4 Cours de Verdun ☎ 77.29.10
Gar. Humbert, 15 rte de Marchon ☎ 77.03.97

◉ Compt. Départemental du Pneu, 53 r. B.-Savarin ☎ 77.01.95
Euro-Pneus 46 r. G.-Péri ☎ 77.31.30

OZOIR-LA-FERRIÈRE 77330 S.-et-M. 🔢 ②. 🔢 ③. 🔢 ③ – 13 796 h. alt. 112 – ✿ 6.
🔢🔢 ☎ 028.21.02, O : 2 km.
Paris 34 – Coulommiers 41 – Lagny-sur-M. 21 – Melun 27 – Sézanne 84.

XX **Le Relais d'Ozoir**, 73 av. Gén.-de-Gaulle ☎ 028.20.33 – 𝘝𝘐𝘚𝘈
→ fermé août et merc. – SC : **R** 45/120.

XX Aub. du Parc, av. Gén.-de-Gaulle ☎ 028.20.19.

PEUGEOT,TALBOT Couffignal 38 av. Gén. de-Gaulle ☎ 028.20.77

RENAULT Carep, 111 av. Gén.-de-Gaulle ☎ 028.30.08

La PACAUDIÈRE 42310 Loire 🔢 ⑦ – 1 279 h. alt. 368 – ✿ 77.
Voir Le Crozet : maison Papon★ SO : 2 km, G. Vallée du Rhône.
Paris 368 – Chauffailles 49 – Lapalisse 24 – Roanne 24 – ♦St-Étienne 102.

🏠 **du Lys**, ☎ 64.35.20 – 🏠 📞 🚗 . ⁒ ch
→ fermé 1er au 15 oct. et merc. – SC : **R** 40/130 – 🍽 16 – **7 ch** 80/180.

RENAULT Gar. du Centre, ☎ 64.30.11 🄽

Gar. Bouffetier, ☎ 64.38.31

PACY-SUR-EURE 27120 Eure 🔢 ⑦. 🔢 ① G. Normandie – 3 554 h. alt. 45 – ✿ 32.
Paris 84 – Dreux 39 – Évreux 18 – Louviers 31 – Mantes-la-Jolie 26 – ♦Rouen 63 – Vernon 13.

à Douains NE : 6 km par D 181 et D 75 – ⊠ 27120 Douains :

🏰 **Château de Brécourt** ⑤, ☎ 52.40.50, parc – 📞 & 🅿 – 🕳 80. 🄰🄴 ⓞ 𝘝𝘐𝘚𝘈
R (fermé merc.) 110/180 – 🍽 28 – **22 ch** 250/450 – P 354/543.

CITROEN Bouquet, St-Aquilin ☎ 36.10.10
PEUGEOT Cl.-Aleth. ☎ 36.10.44

RENAULT Aleth Ch., ☎ 36.01.53

PADIRAC 46 Lot 🔢 ⑱ – 162 h. alt. 360 – ⊠ 46500 Gramat – ✿ 65.
Paris 550 – Brive-la-Gaillarde 56 – Cahors 65 – Figeac 44 – Gourdon 47 – Gramat 9 – St-Céré 14.

au Village :

🏠 **Montbertrand** ⑤, ☎ 33.64.47, 🌾 – 🛁wc 🚿wc 📞 🅿. ⁒ ch
→ Pâques-1er nov. – SC : **R** 48/90 – 🍽 14,50 – **9 ch** 145/170.

au Gouffre N : 2,5 km – ⊠ 46500 Gramat – Voir Gouffre★★★, G. Périgord.

🏠 **Padirac H.** ⑤, ☎ 33.64.23, 🌳 – 🏠 🅿 ⁒ ch
→ 1er avril-15 oct. – SC : **R** 34/140 – 🍽 12,50 – 26 ch 49/80.

XX **La Table du Berger et Troglodytique**, ☎ 33.64.72, ≼, 🌳 – 🅿. 🄰🄴
1er juil.-15 sept. – SC : **R** (déj. seul) 90/160.

PAILHEROLS 15 Cantal 🔢 ⑬ – 213 h. alt. 1 040 – ⊠ 15800 Vic-sur-Cère – ✿ 71.
Paris 539 – Aurillac 35 – Entraygues-sur-Truyère 50 – Murat 44 – Raulhac 12 – Vic-sur-Cère 14.

🏠 **Aub. des Montagnes** ⑤, ☎ 47.57.01 – 🏠
→ 1er mars-1er oct. et vacances scolaires – SC : **R** 38/80 – 🍽 12 – **11 ch** 60/80 –
P 100/120.

La PAILLASSE 26 Drôme 🔢 ⑫ – rattaché à Valence.

PAIMPOL 22500 C.-du-N. 🔢 ② G. Bretagne – 8 498 h. alt. 12 – ✿ 96.
Voir Tour de Kerroc'h ≼★ 3 km par ① puis 15 mn.
🔢 Syndicat d'Initiative pl. République (fermé après-midi hors saison) ☎ 20.83.16.
Paris 496 ② – Guingamp 28 ④ – Lannion 33 ⑤ – St-Brieuc 45 ②.

Plan page ci-contre

🏰 **Repaire de Kerroc'h** Ⓜ, 29 quai Morand **(s)** ☎ 20.50.13, ≼ – 🛗 📺 📞 𝘝𝘐𝘚𝘈
fermé janv. et fév. – SC : **R** 76/190 – 🍽 32 – **6 ch** 265.

🏠 **Goélo** Ⓜ sans rest, au Port **(n)** ☎ 20.82.74, ≼ – 🛗 🚿wc ⊕. ⁒
SC : 🍽 13 – **32 ch** 48/122.

🏠 **Chalutiers** sans rest, quai Morand **(a)** ☎ 20.82.15, ≼ – 🛗 🛁wc 🚿wc
fermé oct. – SC : 🍽 14 – **21 ch** 60/173.

🏠 **Marne**, r. Marne **(u)** ☎ 20.82.16 – 🛁wc 🚿wc ⊕
fermé nov. et déc. – SC : **R** 55/120 – 🍽 15 – **16 ch** 80/150 – P.165/190.

PAIMPOL

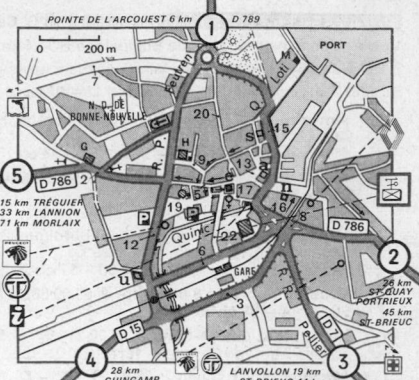

Pour un bon usage des plans de villes, voir les signes conventionnels p. 20.

XX **Vieille Tour,** 13 r. Église **(e)** ☎ 20.83.18
   fermé oct., vacances de fév., mardi soir et merc. sauf vacances scolaires – SC : **R** 62/190.

   à Lézardrieux par ⑤ : 5 km – ⊠ **22740** Lézardrieux :

🏨 **Relais Brenner** 🅼 ⤦, au Pont ☎ 20.11.05, Télex 740 676, ≤, « parc fleuri sur le Trieux » – 🛗 ☎ 🅿 🄰🄴 ⓘ 🄴 𝖵𝖨𝖲𝖠
   mi-fév.-mi-nov. – SC : **R** 140/350 – ⊇ 35 – **27 ch** 195/500, 5 appartements 500 – P 565/605.

XX **du Trieux,** ☎ 20.10.70 – 🄴 𝖵𝖨𝖲𝖠
   fermé 19 au 27 avril, 19 au 25 sept. et merc. de sept. à juin – **R** 52/120.

   à Pors-Even par ① : 5 km – ⊠ **22620** Ploubazlanec :

🏨 **Bocher,** ☎ 20.92.10 – 🛦wc ☎ 🅿. ❀
➡ *Pâques-15 nov.* – SC : **R** 46/132 ⓐ – ⊇ 15 – **16 ch** 60/163 – P 170/210.

   à la Pointe de l'Arcouest par① : 6 km – ⊠ **22620** Ploubazlanec.

   Voir ≤★★.

🏨 **Le Barbu** 🅼 ⤦, ☎ 20.92.15, ≤ Ile de Bréhat, « Jardin avec piscine » – 🛏wc
   🛦wc ☎ 🅿 – 🔬 30. 🖨 🄰🄴 ⓘ 🄴 𝖵𝖨𝖲𝖠
   SC : **R** 100/250 – ⊇ 20 – **18 ch** 170/300.

   sur rte de Lanvollon, D 7 : 8 km – ⊠ **22290** Lanvollon :

🏨 **Château de Coatguélen** ⤦, D 7 ☎ 22.31.24, ≤, parc, ⚒, ❀ – 🅿. 🄰🄴 ⓘ 🄴
   𝖵𝖨𝖲𝖠, ❀ rest
   fermé 5 au 15 oct. et 5 janv. au 1er avril – SC : **R** *(fermé mardi sauf juil. et août)* 115/250 – ⊇ 30 – **13 ch** 250/480 – P 430/490.

PAIMPONT 35 I.-et-V. 🆅🆅 ⑤ ⓖ Bretagne – 1 559 h. alt. 155 – ⊠ **35380** Plélan le Grand – 🕿 99.

Voir Forêt de Paimpont★.

Paris 390 – Dinan 54 – Ploërmel 22 – Redon 48 – ◆Rennes 40.

🏨 **Relais de Brocéliande,** ☎ 06.80.03, 🌿 – 🛏wc 🛦 ☎ 🅿, 🖨🄰🄴 🄴, ❀ rest
➡ *fermé lundi hors sais.* – SC : **R** 48/100 – ⊇ 14,50 – **17 ch** 65/140 – P 115/155.

XX **Manoir du Tertre,** Le Tertre SO : 4 km par rte de Beignon et VO ☎ 06.80.09,
➡ parc – 🅿. ❀
   fermé 4 au 21 oct., 15 déc. au 15 mars et mardi – SC : **R** 50/110.

PAIRIS 68 H.-Rhin 🆅🆅 ⑱ – rattaché à Orbey.

Le PALAIS 56 Morbihan 🆅🆅 ⑪ – rattaché à Belle-Ile.

PALAISEAU 91120 Essonne 🆅🅾 ⑩, 🅰🅾🅰 ㊴ – voir à Paris, Proche Banlieue.

PALAVAS-LES-FLOTS 34250 Hérault 🔢 ⑦⑰ G. Causses – 4 248 h. – Casino – 🔾 67.

Voir Ancienne cathédrale★ de Maguelone SO : 4 km.

🛈 Office du Tourisme à l'Hôtel de Ville (fermé sam. après-midi et dim. hors sais.) ℡ 68.02.34.

Paris 769 – Aigues-Mortes 27 – ◆Montpellier 12 – Nîmes 59 – Sète 28.

🏨 **Amérique H.** Ⓜ sans rest, av. F.-Fabrège ℡ 68.04.39 – ▨ ▤ ⏥wc ⏥wc ☜ Ⓟ. ☜ⓐ ▧ⓘ ▨
fermé 21 déc. au 3 janv. – SC : � 13 – **33 ch** 150/200.

🏨 **Mar Y Sol** Ⓜ sans rest, bd Joffre ℡ 68.00.46, ≤ mer, ☒ – ▨ 📺 ⏥wc ☜. ☜ⓐ
▧ⓘ ▨. ⬉
SC : ⊒ 14,50 – **20 ch** 160/205.

🏨 **Hippocampe** Ⓜ sans rest, quai Bordigue ℡ 68.03.92, ☞ – ▨ ⏥wc ⏥wc ☜ ᕕ.
☜☜. ☜ⓐ ▧ⓘ ▨
fermé déc. et janv. – SC : ⊒ 18,50 – **17 ch** 250.

🏨 **Brasilia** sans rest, 9 bd Joffre ℡ 68.00.68, ≤ mer – ⏥wc ⏥wc ☜. ☜ⓐ 🄴 ▨
SC : ⊒ 14 – **22 ch** 95/180.

XXX **Le Sphinx**, quai P.-Cunq ℡ 68.00.21, ☆ – ▧ⓘ ▨
fermé 15 déc. au 25 janv. – **R** carte 110 à 150.

XXX **Marine**, quai P.-Cunq ℡ 68.00.05, ☆ – ▧ⓘ 🄴 ▨
fermé 10 oct. au 10 nov. et merc. hors sais. – SC : **R** 69/130.

XX **L'Oustal de la Mar**, av. St-Maurice ℡ 68.02.93 – ▧ⓘ ▨
fermé 25 au 31 oct., janv. et merc. (sauf le soir en juil. et août) – SC : **R** 72/210.

La PALLICE 17 Char.-Mar. 🔢 ⑫ – rattaché à la Rochelle.

La PALMYRE 17 Char.-Mar. 🔢 ⑮ G. Côte de l'Atlantique – ✉ 17570 Les Mathes – 🔾 46.

Voir ≤★ du phare de la Coubre★ NO : 5 km – N : Forêt de la Coubre★.

Paris 520 – Marennes 21 – La Rochelle 85 – Royan 17.

XX **La Barbaque**, ℡ 22.40.20, ≤ – Ⓟ
Pâques-4 sept., ouvert week-end et fériés seul. de Pâques à juin – SC : **R** 55/90.

PALUDEN 29 Finistère 🔢 ④ – rattaché à Lannilis.

La PALUD-SUR-VERDON 04 Alpes de H.-Pr 🔢 ⑰ G. Côte d'Azur – 128 h alt. 890 –
✉ 04120 Castellane – 🔾 92.

Paris 813 – Castellane 25 – Digne 68 – Draguignan 61 – Manosque 70.

🏚 **Le Provence** , ℡ 74.68.88, ≤ – ⊜ Ⓟ. ☜☜
1er avril-31 oct. – SC : **R** 49/85 ᕼ – ⊒ 17 – **15 ch** 105/115 – P 150.

PAMFOU 77 S.-et-M. 🔢 ②, 🔢 ⑰ – rattaché à Valence-en-Brie.

PAMIERS ◀🆂▶ 09100 Ariège 🔢 ④⑤ – 15 159 h. alt. 278 – 🔾 61.

🛈 Office de Tourisme pl. du Mercadal (fermé matin hors sais., sam. après-midi, dim. et lundi
matin) ℡ 67.04.22.

Paris 773 ① – Auch 125 ① – Carcassonne 70 ② – Castres 96 ① – Foix 19 ② – ◆Toulouse 64 ①.

Plan page ci-contre

🏚 **France**, 13 r. Hospice ℡ 67.00.88 – ⏥wc ⏥wc ☜ Ⓟ. ▨   ABZ **e**
↪ SC : **R** 48/125 – ☒ 12,50 – **25 ch** 60/150 – P 130/145.

🏚 **Parc**, 12 r. Piconnières ℡ 67.02.58 – ⏥wc ⏥wc ☜ ☜☜. ▧ⓘ ▨   BZ **n**
↪ SC : **R** (fermé nov. et lundi) 49/120 – ⊒ 14 – **11 ch** 67/195 – P 135/180.

🏚 **Paix**, pl. A.-Tournier ℡ 67.12.71 – ⏥wc ⏥wc ☜ ☜. ⬉   BY **a**
↪ fermé 3 au 20 oct., dim. (sauf hôtel) et sam. hors sais. – SC : **R** 42/120 ᕼ – ⊒ 12,50
– **15 ch** 62/140 – P 120/145.

par ② : 6 km sur N 20 – ✉ 09120 Varilhes :

XX **La Tourane** avec ch, ℡ 68.01.62, ≤, parc, ☆ – ⏥wc ☎ Ⓟ
5 ch 200 – P 200.

ALFA-ROMEO Gar. Brillas, rte Mirepoix, la
Tour-du-Crieu ℡ 67.13.31
CITROEN Grau et Lopez, Côtes de la Cavalerie
par ① ℡ 67.11.45
FIAT, LANCIA-AUTOBIANCHI Ramos, av. Py-
rénées à St-Jean-du-Falga ℡ 68.00.28
OPEL Gén.-Autom.-Appaméenne 5 rte de Foix
℡ 67.12.08
PEUGEOT, TALBOT Labail, N 20 à St-Jean-
du-Falga par ② ℡ 68.01.00

RENAULT Pamiers-Autom., N 20 à St-Jean-
du-Falga par ② ℡ 68.01.41
TOYOTA Dumas, 48 Av. de Toulouse ℡ 67.
12.57

🛢 Central Pneu, Ch. Langlade, Zone Ind. ℡
67.33.44
Solapneu, 3 av. la Gare ℡ 67.00.58

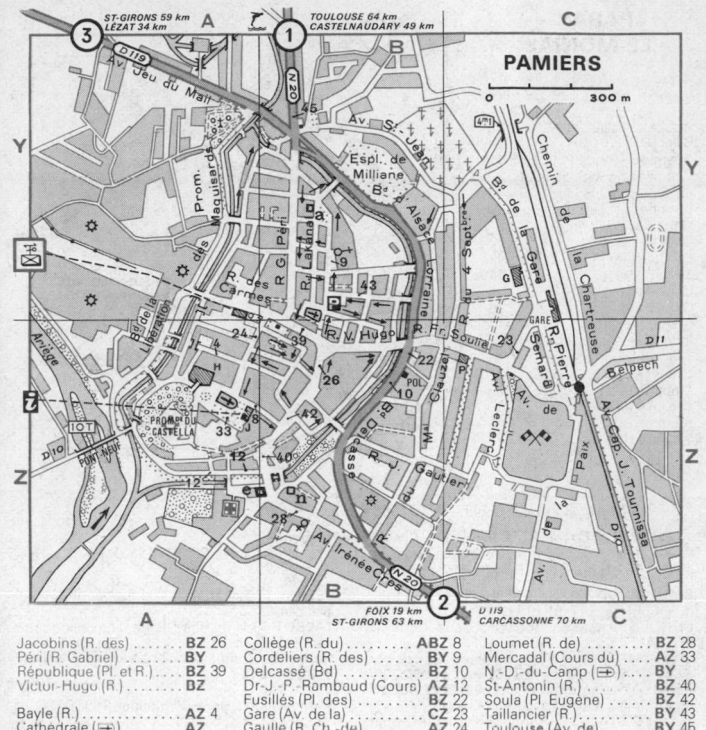

PAMIERS

0 ——— 300 m

PANISSIÈRES 42360 Loire 73 ⑱ – 3 115 h. alt. 600 – ✿ 77.

Paris 490 – ♦Lyon 58 – Montbrison 40 – Roanne 52 – ♦St-Étienne 54 – Thiers 84.

☎ **Genest**, ⑅ 28.61.23 – ⓔ
✦ fermé oct. et sam. de sept. à mai – SC : **R** 38/80 ⅄ – ⌷ 12 – **10 ch** 50/100 – P 110/120.

CITROËN Gar. Central, ⑅ 28.63.53   RENAULT Péronnet, ⑅ 28.65.01 N
PEUGEOT, TALBOT Dailly, ⑅ 28.64.31 N

PANNESSIÈRES 39 Jura 70 ④ – rattaché à Lons-le-Saunier.

PARAMÉ 35 I.-et-V. 59 ⑥ – rattaché à St-Malo.

PARAY-LE-MONIAL 71600 S.-et-L. 69 ⑰ G. Bourgogne – 12 128 h. alt. 245 – ✿ 85 – **Voir**
Basilique du Sacré-Coeur★★ – Hôtel de ville★ **H** – Tympan★ du musée du Hiéron **M**.
🛈 Office de Tourisme pl. Poste (fermé lundi hors sais. et sauf en saison) ⑅ 81.10.92
Paris 372 ⑤ – Autun 79 ⑤ – Mâcon 68 ② – Montceau-les-M. 35 ① – Roanne 53 ④.

Plan page suivante

🏨 **Motel Grill Le Charollais** M, par ⑤ : 4 km sur N 79 ⑅ 81.03.35, ⚞ – 📺 ⌷wc
☎ ♿ ⓟ – 🛐 30. ⌷ VISA
SC : **R** (Grill) 60 bc/115 bc – ⌷ 20 – **20 ch** 175/200 – P 330/370.

🏨 **Vendanges de Bourgogne**, 5 r. Denis-Papin (e) ⑅ 81.13.43 – ⌷wc ⌷wc ☎
✦ ⟷ ⓟ – 🛐 100. ⌷ E VISA. ⚞ rest
fermé 7 au 13 mars, dim. soir et lundi midi sauf juil., août et fêtes – SC : **R** 50/105 – ⌷ 15 – **14 ch** 98/155 – P 190/230.

🏨 **Trois Pigeons** (annexe 🏨 15 ch), 2 r. Dargaud (v) ⑅ 81.03.77 – ⌷wc ⌷wc
✦ ☎ ⟷ ⌷ E VISA
fermé janv. – SC : **R** 50/150 ⅄ – ⌷ 14 – **33 ch** 50/150 – P 185/215.

🏨 **Terminus**, 57 av. Gare (n) ⑅ 81.08.80 – ⌷wc ☎ ⟷ ⓟ ⌷ E VISA
✦ fermé 1er au 21 nov. – SC : **R** 40/80 ⅄ – ⌷ 12 – **22 ch** 49/95 – P 130/180.

PARAY-LE-MONIAL

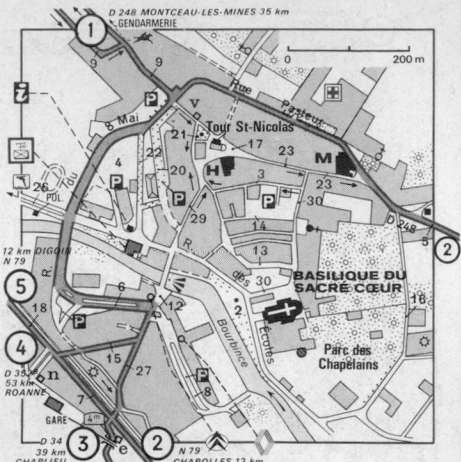

à l'Est : 3 km sur D 248 – ⊠ **71600** Paray-le-Monial :

🏨 **Val d'Or,** ℡ 81.05.07, 🈺 – 🛁wc ☎ 🚗 **P** 🍽
  fermé 30 sept. au 2 nov. et lundi (sauf hôtel en sais.) – SC : **R** 45/120 🍷 – ☲ 15 –
  15 ch 65/105 – P 140/190.

BMW, AUDI-VOLKSWAGEN Chamaraud, 52
quai Commerce ℡ 81.10.31
CITROEN Lauferon, 16 r. des Deux-Ponts ℡
81.13.41
CITROEN Serieys Modern gar., la Beluze par
av. de Charolles ℡ 81.09.31 🅽 ℡ 81.11.54
PEUGEOT Gar. de la Beluze la Beluze par av.
de Charolles à Volesvres ℡ 81.43.45 🅽
PEUGEOT-TALBOT Henry, N 79, rte de Digoin
à Vitry en Charollais par ⑤ ℡ 81.13.65

RENAULT Taillardat, 13 bd du Dauphin-Louis
℡ 81.44.12
TALBOT Gar. du Rond-Point, 17 quai Industrie
par ⑤ ℡ 81.05.74
Narbot, le Rompay RN 79 à Vitry en Charollais
℡ 81.41.89 🅽

🛢 Meyer, 36 r. de la République ℡ 82.04.96

PARAY-VIEILLE-POSTE 91550 Essonne 🳰 ①, 🲱 ㊱ – voir à Paris, Proche banlieue.

PARCEY 39 Jura 🳰 ③ – rattaché à Dôle.

PARENT 63 P.-de-D. 🳰 ⑭⑮ – 647 h. alt. 420 – ⊠ **63270** Vic-le-Comte – ✿ 73.
Voir Ste-Chapelle★ de Vic-le-Comte N : 2,5 km, G. Auvergne.
Paris 414 – Ambert 59 – ◆Clermont-Ferrand 28 – Issoire 14 – Thiers 45.

🏨 **Mon Auberge,** à Parent gare S : 2 km ℡ 96.62.06 – 🛏wc 🛁wc ☎ **E**
  fermé 15 nov. à fin déc., lundi sauf Pâques, Pentecôte, juil. et août – SC : **R** 58/140 🍷
  – ☲ 15 – **7 ch** 58/140 – P 150/180

PARENTIGNAT 63 P.-de-D. 🳰 ⑮ – rattaché à Issoire.

PARENTIS-EN-BORN 40160 Landes 🳵 ③ G. Côte de l'Atlantique – 4 262 h. alt. 32 – ✿ 58.
🛈 Syndicat d'Initiative pl. des Marronniers (fermé sam. et dim.) ℡ 78.43.60.
Paris 676 – Arcachon 41 – ◆Bordeaux 74 – Mimizan 24 – Mont-de-Marsan 78.

🏨 **Cousseau,** r. St-Barthélemy ℡ 78.42.46 – 🛏 🛁 **P**
  fermé 9 au 15 mai, 8 oct. au 6 nov., vend. soir et dim. soir – SC : **R** 38/145 – ☲ 12 –
  10 ch 75/90 – P 110/115.

XX **Poste,** ℡ 78.40.23 – **E** 𝒱𝐼𝒮𝒜 🍽
  fermé 30 sept. au 30 oct., dim. soir et lundi du 1ᵉʳ sept. au 30 juin – SC : **R** 64/110

à Gastes SO : 7,5 km par D 652 – ⊠ **40160** Parentis-en-Born :

XX **L'Estanquet** 🍴 avec ch, ℡ 78.42.00, 🈺 – 🛁 **P** 𝒱𝐼𝒮𝒜
  1ᵉʳ mai-11 nov. et fermé merc. sauf juil.-août – SC : **R** 50/130 – ☲ 15 – **8 ch** 80/100.

CITROEN Gar. Dumartin, ℡ 78.43.00 🅽 ℡ 78.
40.40

RENAULT Gar. Larrieu, ℡ 78.43.50

PARMAIN 95 Val-d'Oise 🳵🳵 ⑳, 🲱🲶 ⑥ – rattaché à L'Isle-Adam.

PARIS
et sa banlieue

PARIS Ⓟ 75 Plans : **10**, **11**, **12** et **14** G. Paris — 2 317 227 h. — Région d'Ile-de-France 9 878 500 h.

Aérogares urbaines (Terminal) : esplanade des Invalides (7e) ℡ 323.97.10 et Palais des Congrès Porte Maillot ℡ 299.20.18.

Aéroports : voir au Bourget, à Orly et à Roissy-en-France, rubrique Proche banlieue.

Trains Autos : Renseignements ℡ 261.50.50 — Gare de Lyon ℡ 345.92.22 — Gare de l'Est ℡ 607.81.25 — Gare d'Austerlitz ℡ 584.16.16 — Gare Montparnasse ℡ 538.52.29.

Distances : A chacune des localités du Guide est donnée la distance du centre de l'agglomération à Paris (Notre-Dame) calculée par la route la plus pratique.

Paris et ses environs ont toujours offert aux visiteurs une grande variété d'hôtels et de restaurants, depuis les plus célèbres de renommée mondiale, jusqu'aux plus modestes. Nous ne prétendons pas les signaler tous, mais nos sélections indiquent des établissements dans toutes les catégories. Toutes précisions sont données sur le confort, les prix, la qualité de la table, les spécialités, le genre ou l'agrément.

Nous espérons ainsi vous aider dans votre choix et nous vous souhaitons un agréable séjour dans la capitale française.

■ RENSEIGNEMENTS PRATIQUES

BUREAUX DE CHANGE

De 6 h 30 à 23 h 30 à l'aéroport d'Orly.
De 6 h à 23 h 30 à l'aéroport Charles de Gaulle.

DÉPANNAGE AUTOMOBILE

Il existe, à Paris et dans la Région Parisienne, des ateliers et des services permanents de dépannage.
Les postes de Police vous indiqueront le dépanneur le plus proche de l'endroit où vous vous trouvez.

MICHELIN à Paris et en banlieue

Services généraux :
46 av. Breteuil ☎ (1) 539.25.00 — 75341 PARIS CEDEX 07 — Télex MICHLIN 270789 F
Ouverts du lundi au vendredi de 8 h 45 à 16 h 30 (16 h le vendredi).

Agences régionales :
Ouvertes du lundi au vendredi de 8 h à 12 h 15 et de 14 h à 18 h (17 h 45 le vendredi).
Arcueil : 24 bis r. Berthollet ☎ (1) 735.13.20 — BP 19 — 94110 ARCUEIL.
Aubervilliers : 34 r. des Gardinoux ☎ (1) 833.07.58 — BP 79 — 93302 AUBERVILLIERS CEDEX.
Montreuil : 3 r. François-Debergue ☎ (1) 287.35.80 — BP 206 — 93103 MONTREUIL SOUS BOIS CEDEX.
Nanterre : 13, 15, 17 r. des Fondrières ☎ (1) 721.67.21 — BP 505 — 92005 NANTERRE CEDEX.

Agences :
Buc : 417 av. R.-Garros — Z.I. Centre — ☎ (3) 956.10.66 — 78530 BUC.
Maisons-Alfort : r. Charles-Martigny — Z.I. des Petites Haies — ☎ (1) 899.55.60 — BP 50 — 94702 MAISONS ALFORT CEDEX.

Entrepôts :
Gennevilliers : 121 av. du Vieux Chemin de St-Denis ☎ (1) 799.98.82 — 92230 GENNEVILLIERS.

■ OFFICES DE TOURISME

Paris

Syndicat d'Initiative et Accueil de France :
(de Pâques au 31 oct. tous les jours de 9 à 22 h, hors sais., de 9 h à 20 h), 127 av. des Champs-Élysées (8e) ☎ 723.61.72 ; Télex 611984 — Informations et réservations d'hôtels (pas plus de 5 jours à l'avance pour la province) — Change : U.B.P., 125 av. des Champs-Élysées.

Hôtesses de Paris :
Gare de l'Est ☎ 607.17.73 ; Gare de Lyon ☎ 343.33.24 ; Gare du Nord ☎ 526.94.82.
Aérogare des Invalides ☎ 705.82.81 ; Gare d'Austerlitz ☎ 584.91.70.

France et Province

Les offices ci-dessous sont fermés le dimanche, nous précisons seulement les autres fermetures. S = Samedi, SA = Samedi Après-midi, L = Lundi.

France				fermé
Aéro-Club de France	6 r. Galilée	16e	720.42.51	S
Air France	119 av. Champs-Élysées	8e	299.20.75	
Air France	5 r. Scribe	9e	299.25.71	
Air France	Esplanade des Invalides	7e	323.81.40	
Air France	2 pl. Porte-Maillot	17e	299.25.66	
Air France	23 bd Vaugirard	15e	323.96.27	
Air France	62 r. Mr-le-Prince	6e	325.73.95	
Air France	4 bis pl. Mar. Juin	17e	227.65.45	
Air France	74 bd Blanqui	13e	337.37.20	
Air Inter	1 av. Mar.-Devaux 91550 Paray-Vieille-Poste		687.12.12	
Air Inter	12 r. Castiglione	1er	260.36.46	
Association Française des Automobiles	9 r. A. de la Forge	17e	227.82.00	S
Association des Stations Française des Sports d'Hiver	61 bd Haussmann	8e	742.23.32	S
Automobile-Club de France	6 pl. Concorde	8e	265.34.70	S
Automobile-Club de l'Ile-de-F.	8 pl. Concorde	8e	266.43.00	S
Club Alpin Français	9 r. La Boétie	8e	742.38.46	SA et L
F.F. de Camping et Caravaning	78 r. Rivoli	4e	272.84.08	S

Inter-Service-Route			858.33.33	
Cie Française du Thermalisme	32 av. Opéra	2e	742.67.91	SA*
Touring-Club de France	6 r. F.-Gillot	15e	532.22.15	
Tourisme S.N.C.F.	127 av. Champs-Élysées	8e	723.54.02	
Tourisme S.N.C.F.	16 bd Capucines	9e	742.00.26	
Tourisme Vert	35 r. Godot de Mauroy	9e	742.25.43	S
Union Nle des Associations de Tourisme et de Plein Air	8 r. C.-Franck	15e	783.21.73	S

* sauf du 15/2 au 15/5

Province — Maison de :

Alpes-Dauphiné	2 pl. André-Malraux	1er	296.08.43 - 296.08.56	S*
Alsace	39 av. Champs-Élysées	8e	256.15.94 - 225.93.42	
Andorre	111 r. St-Honoré	1er	508.50.28	S
Auvergne	194 bis r. Rivoli	1er	261.82.38	
Bretagne	17 r. Arrivée	15e	538.73.15	
Corse	82 bd Haussmann	8e	293.45.50	SA
Drôme	14 bd Haussmann	9e	246.66.67	
Gers et de l'Armagnac	16 bd Haussmann	9e	770.39.61	S
Hautes-Alpes et de l'Ubaye	4 av. Opéra	1er	296.05.08 - 296.01.88	
Limousin	18 bd Haussmann	9e	770.32.63 - 246.60.76	S
Lot-et-Garonne	15-17 Passage Choiseul	2e	297.51.43	S
Principauté de Monaco	6 pl. Madeleine	8e	260.32.46	S
Nord et Pas-de-Calais	18 bd Haussmann	9e	770.59.62	S
Normandie	342 r. St-Honoré	1er	260.68.67	S*
Périgord	30 r. Louis-le-Grand	2e	742.09.15	S
Poitou-Charente	4 av. Opéra	1er	296.04.08	
Pyrénées	15 r. St-Augustin	2e	742.21.34	S
Rouergue (Aveyron)	3 r. Chaussée-d'Antin	9e	246.94.03	SM
Savoie	16 bd Haussmann	9e	246.59.26	

* de juin à sept.
* sauf matin en saison

Étranger

AFRIQUE	2 r. Viarmes	1er	233.44.01	S
AFRIQUE DU SUD	9 bd Madeleine	1er	261.82.30	S
ALLEMAGNE	4 pl. Opéra	2e	742.04.38	S
AUTRICHE	47 av. Opéra	2e	742.78.57	S
BELGIQUE	21 bd Capucines	2e	742.41.18	SA
BULGARIE	45 av. Opéra	2e	261.69.58	S
CANADA	37 av. Montaigne	8e	723.01.01	S
CHINE	7 r. J.-Goujon	8e	359.74.85	
CHYPRE	15 r. Paix	2e	261.42.49	S
COLOMBIE	25 r. Artois	8e	563.57.51	S
CORÉE	33 av. du Maine	15e	538.71.23	S
DANEMARK	142 av. Champs-Élysées	8e	562.17.02	S*
EGYPTE	90 av. Champs-Élysées	8e	562.94.42	S
ESPAGNE	43 ter av. P.-1er-de-Serbie	8e	720.90.54	SA
FINLANDE	13 r. Auber	9e	742.65.52 - 266.40.13	S
GRANDE-BRETAGNE	6 pl. Vendôme	1er	296.47.60	S
GRÈCE	3 av. Opéra	1er	260.65.34 - 260.65.75	S
HAITI	64 r. La Boétie	8e	563.66.97	S
HONGRIE	27 r. Quatre-Septembre	2e	742.50.25	S
INDE	8 bd Madeleine	9e	265.83.86	S
IRLANDE	9 bd Madeleine	1er	261.84.26	SA
ISRAEL	14 r. Paix	2e	261.01.97 - 261.03.67	S
ITALIE	CIT 3 bd Capucines	2e	266.00.90	
ITALIE	ENIT 23 r. Paix	2e	266.66.68	S
JERSEY	19 bd Malesherbes	8e	742.93.68	S
KENYA	5 r. Volney	2e	260.66.88	S
LIBAN	124 fg St-Honoré	8e	359.10.36 - 562.34.73	S
LUXEMBOURG	21 bd des Capucines	2e	742.90.56	S
MAROC	161 r. St-Honoré	1er	260.63.50 - 260.47.24	
MEXIQUE	34 av. George-V	8e	720.69.15 - 720.69.19	S
PAYS-BAS	31 et 33 av. Champs-Élysées	8e	225.41.25	S
POLOGNE	49 av. Opéra	2e	742.07.42	S
PORTUGAL	7 r. Scribe	9e	742.59.81	S
ROUMANIE	38 av. Opéra	2e	742.25.42 - 742.27.14	
SUÈDE	11 r. Payenne	3e	278.67.06	matin et S
SUISSE	11 bis rue Scribe	9e	742.45.45	S
TCHÉCOSLOVAQUIE	32 av. Opéra	2e	742.38.45	S
TUNISIE	32 av. Opéra	2e	742.72.67	SA
TURQUIE	102 av. Champs-Élysées	8e	562.78.68	S
U.R.S.S.	7 bd Capucines	2e	742.47.40	S
YOUGOSLAVIE	31 bd Italiens	2e	268.07.07	SA

* sauf matin en saison

ARRONDISSEMENTS QUARTIE

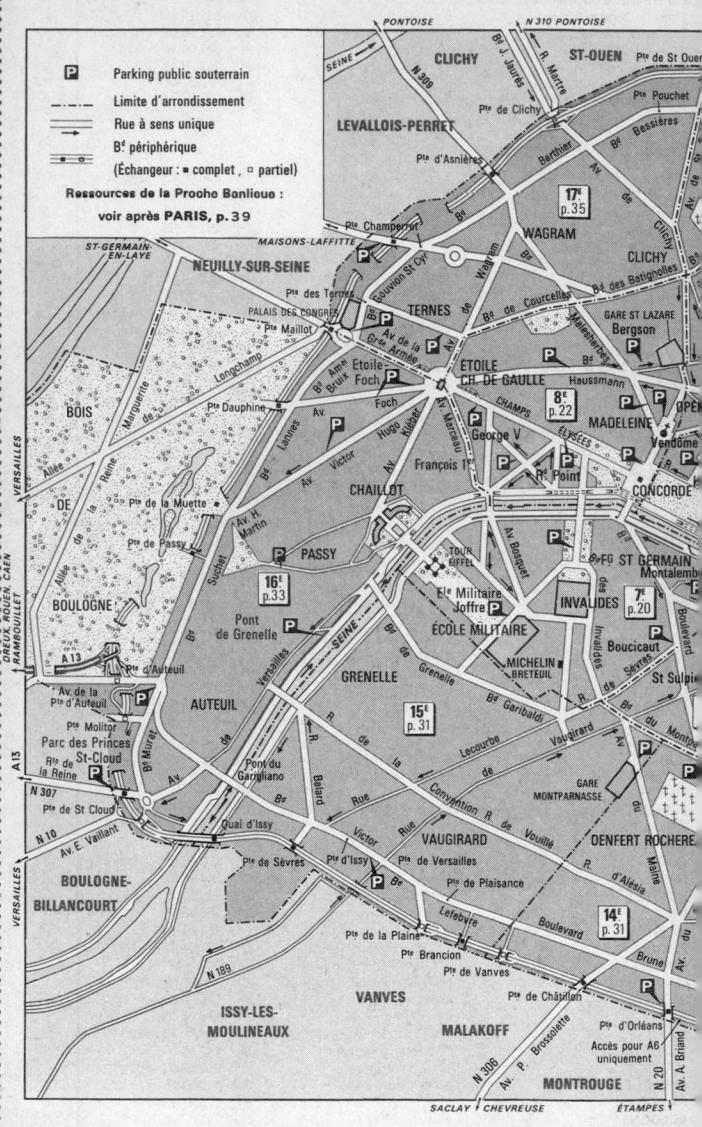

P Parking public souterrain

- - - Limite d'arrondissement

⟹ Rue à sens unique

Bᵈ périphérique
(Échangeur : ∎ complet , ▫ partiel)

Ressources de la Proche Banlieue :
voir après PARIS, p. 39

Pour la pratique quotidienne de Paris

Les Plans de Paris MICHELIN
précis - complets - détaillés

🔟 Plan, 🔢 Plan avec répertoire, 🔡 Paris Atlas, 🔟 plan de Paris

PRINCIPAUX PARCS DE STATIONNEMENT

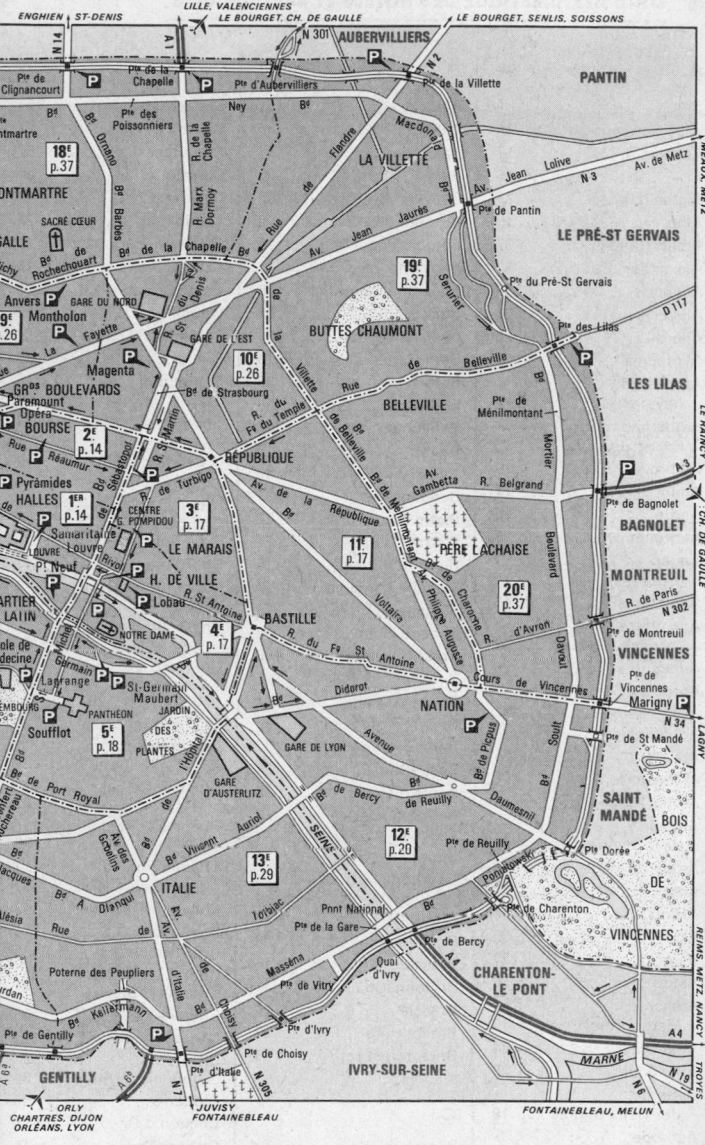

■ LISTE ALPHABÉTIQUE DES HOTELS ET RESTAURANTS

■ RESTAURANTS de PARIS et de la BANLIEUE

Nous vous présentons ci-après une liste d'établissements sélectionnés pour la qualité de leur table ou pour leurs spécialités. Vous trouverez également des adresses pour souper après le spectacle ou pour déjeuner en plein air à Paris ou en banlieue.

Les bonnes tables... à étoiles

✿✿✿ 3 étoiles

		Arr.	Page
XXXXX	Lasserre	8e	25
XXXXX	Taillevent	8e	25
XXXXX	Tour d'Argent	5e	19
XXXX	Archestrate	7e	21

✿✿ 2 étoiles

		Arr.	Page
XXXXX	Crillon	8e	25
XXXXX	Laurent	8e	25
XXXXX	Ledoyen	8e	25
XXXXX	Lucas-Carton	8e	25
XXXXX	Ritz Espadon	1er	15
XXXX	Duc d'Enghien à Enghien-les-Bains		43
XXXX	Faugeron	16e	34
XXXX	Grand Vefour	1er	15
XXXX	Marée (La)	8e	25
XXXX	Pré Catelan	16e	35
XXXX	Trois marches ... à Versailles		56
XXXX	Vivarois	16e	34
XXX	Bernardin (Le)	17e	36

		Arr.	Page
XXX	Camélia (Le) à Bougival		40
XXX	Chiberta	8e	25
XXX	Gérard Besson	1er	15
XXX	Gérard Pangaud à Boulogne-Billancourt		40
XXX	Jamin	16e	34
XXX	Pressoir (Le)	12e	30
XXX	Rostang	17e	36
XXX	Tastevin (Le) à Maisons-Laffitte		45
XXX	Vieille Fontaine à Maisons-Laffitte		45
XX	Ambroisie	5e	19
XX	Michel (Chez)	10e	28
XX	Trou Gascon	12e	30

✿ 1 étoile

		Arr.	Page
XXXXX	Bristol	8e	25
XXXXX	Régence Plaza	8e	25
XXXX	Célébrités	15e	32
XXXX	Coq Hardi à Bougival		40
XXXX	El Chiquito . à Rueil-Malmaison		49
XXXX	Elysées (Les)	8e	25
XXXX	Fouquet's	8e	25
XXXX	Grande Cascade	16e	35
XXXX	Lamazère	8e	25
XXXX	Maxim's à Roissy		49
XXX	Ambassade d'Auvergne	3e	17
XXX	Anges (Chez les)	7e	21
XXX	Aub. St-Quentinoise à Livry-Gargan		44
XXX	Barrière de Clichy (La) à Clichy		42
XXX	Beauvilliers	18e	38

		Arr.	Page
XXX	Bourgogne (La)	7e	21
XXX	Cazaudehore à St-Germain-en-Laye		52
XXX	Champs d'Ors (Les)	7e	21
XXX	Cochon d'Or	19e	38
XXX	Comte de Gascogne (Au) à Boulogne-Billancourt		40
XXX	Copenhague	8e	25
XXX	Étoile d'Or	17e	36
XXX	Flamberge (La)	7e	21
XXX	Jacqueline Fénix ... à Neuilly		47
XXX	Jacques Cagna	6e	19
XXX	Louis XIV (Le)	10e	28
XXX	Marius et Janette	8e	25
XXX	Mercure Galant	1er	15
XXX	Michel Pasquet	16e	34

✿ 1 étoile

XXX	Morot-Gaudry	15e	32	XX	Dodin Bouffant	5e	19
XXX	Nicolas	10e	28	XX	Le Duc	14e	32
XXX	Récamier	7e	21	XX	Ferme St-Simon	7e	21
XXX	Relais de Sèvres	15e	32	XX	Gambetta	à Houilles	44
XXX	Relais des Gardes	à Meudon	45	XX	Gasnier	à Puteaux	48
XXX	Relais Louis XIII	6e	19	XX	Gildo	7e	22
XXX	Relais Pyrénées	20e	38	XX	Guy Savoy	16e	34
XXX	Timgad	17e	36	XX	Guyvonne (Chez)	17e	36
XXX	Toit de Passy	16e	34	XX	Jenny Jacquet	16e	34
XX	Albert (Chez)	14e	32	XX	Julius	à Gennevilliers	44
XX	Aquitaine	15e	32	XX	Olympe	15e	32
XX	Augusta (Chez)	17e	37	XX	Paul Chêne	16e	34
XX	Belle Époque (La)	à Chateaufort	41	XX	Pauline (Chez)	1er	15
XX	Bistro d'Hubert	1er	16	XX	Petit Bedon (Le)	16e	34
XX	Bistrot de Paris (Le)	7e	22	XX	Petit Montmorency (Au)	8e	26
XX	Bistro 121	15e	32	XX	Petit-Pré	19e	38
XX	Boule d'Or (La)	7e	22	XX	Pierre Traiteur	1er	16
XX	Bourrier	à Neuilly	47	XX	Pierre Vedel	15e	32
XX	Bretonnière			XX	P'tite Tonkinoise (La)	10e	29
	à Boulogne-Billancourt		40	XX	Quai des Ormes	4e	17
XX	Cantine des Gourmets	7e	21	XX	Rêve d'Alsace	à Morangis	46
XX	Chardenoux	11e	17	XX	Sousceyrac (A)	11e	17
XX	Châteaubriant (Au)	10e	28	XX	Vert Bocage	7e	22
XX	Clodenis	18e	38	X	Allard	6e	20
XX	Conti	16e	34	X	Benoît	4e	18
XX	Conticini	7e	21	X	Mère Michel	17e	37
XX	Coq de la Maison			X	Pantagruel	7e	22
	Blanche	à St-Ouen	52	X	Petite Auberge (La)	17e	37
XX	Coquille (La)	17e	36	X	Petits Pères (Aux)	2e	16
XX	Dariole (La)	8e	26	X	Pharamond	1er	16
XX	Dariole (La)	à Viry-Chatillon	57	X	Pouilly-Reuilly	au Pré St-Gervais	48

Pour le souper après le spectacle

(Nous indiquons entre parenthèses l'heure limite d'arrivée)

XXXX	Café de la Paix (Relais des Capucines, snack) (1 h 15)	9e	28	XX	Brasserie Gus (1 h)	2e	16
				XX	Coupe Chou (1 h)	5e	19
XXXX	Drouant-Grill (1 h)	2e	15	XX	Dôme (Le) (1 h)	14e	32
XXX	Charlot 1er « Merveille des Mers » (1 h)	18e	38	XX	Flo (Brasserie) (1 h 30)	10e	29
				XX	Julien (1 h 30)	10e	29
XXX	✿ Louis XIV (1 h)	10e	28	XX	Pied de cochon		
XXX	Relais Plaza (1 h 30)	8e	26		(jour et nuit)	1er	16
XX	Baumann (1 h)	17e	36	XX	Wepler (1 h 30)	18e	38
XX	Baumann-Baltard (2 h)	1er	16	XX	Vaudeville (Le) (2 h)	2e	16

Le plat que vous recherchez

Une andouillette

Ambassade d'Auvergne	3e	17
Benoît	4e	18
Casimir (Chez)	10e	20
Charbon de Bois (Au)	6e	20
Deux Taureaux	19e	38
Foux (La)	6e	19
Gasnier	à Puteaux	48
Georges (Chez)	2e	16
Gourmet de l'Isle	4e	18
Grilladin (Au)	6e	20
Joséphine	6e	20
Petit Riche	9e	29
Pied de Cochon	1er	16
Sybarite (Le)	6e	19
Traversière (Le)	12e	30

Une bouillabaisse

Augusta (Chez)	17e	37
Charlot 1er « Merveille des Mers »	18e	38
Galan	4e	18
Jarrasse	à Neuilly-sur-Seine	47
Marius	16e	34
Marius et Janette	8e	25
Moulin d'Orgemont	à Argenteuil	39
Prunier-Traktir	16e	34
Senteurs de Provence (Les)	15e	33
Truite Vagabonde	17e	36

Un cassoulet

Benoît	4e	18
Braisière (La)	17e	36
Chaumière Paysanne	14e	32
Galan	4e	18
Gasnier	à Puteaux	48
Georges (chez)	2e	16
Grand Veneur	17e	36
Julien	10e	29
Lamazère	8e	25
Mon Pays	14e	33
Morens	16e	34
Pyrénées-Cévennes	11e	18
Quercy (Le)	9e	28
Quincy (Le)	12e	30
Relais du Périgord	13e	30
Sarladais	8e	26
Sud Ouest	5e	19
Table de Jeannette (La)	1er	16
Trois Marches	à Versailles	56
Trou Gascon (Le)	12e	29
Truffière (La)	5e	19
Valéry (Le)	16e	34

Une choucroute

Balzar	5e	20
Baumann	17e	36
Baumann-Baltard	1er	16
Cochon Doré	2e	16
Flo (Brasserie)	10e	29
Petite Alsace	12e	30

Un confit

Artois	8e	26
Auberge Landaise	à Enghien-les-Bains	43
Braisière (La)	17e	36
Cazaudehore	à St-Germain-en-Laye	52
Champ de Mars	7e	22
Comte de Gascogne	à Boulogne-B.	40
Etchegorry	13e	30
Étienne de Bigorre	6e	20
Gasnier	à Puteaux	48
Giberne (La)	15e	32
Lamazère	8e	25
Maison des Foies Gras (La)	1er	16
Mange Tout (Le)	5e	20
Mon Pays	14e	33
Pouilly-Reuilly	au Pré-St-Gervais	48
Pyrénées-Cévennes	11e	18
Quercy (Le)	9e	28
Relais des Pyrénées	20e	38
Relais du Périgord	13e	30
Sarladais	8e	26
Sud-Ouest	5e	19
Taverne Basque	6e	19
Trou Gascon	12e	30
Valéry (Le)	16e	34

Des coquillages, crustacés, poissons

Arêtes (Les)	6e	19
Armes de Bretagne	14e	32
Atlantique	10e	28
Augusta (Chez)	17e	37
Bernardin (Le)	17e	36
Champs d'Ors (Les)	7e	21
Charlot 1er Merveille des Mers	18e	38
Dodin-Bouffant	5e	19
Dôme (Le)	14e	32
Drouant	2e	15
Duc (Le)	14e	32
Glénan (Les)	7e	22
Goumard	1er	15
Grand Pavillon	à Rungis	50
Jarrasse	à Neuilly-sur-Seine	47
Louis XIV	10e	28
Marée (La)	8e	25
Mareyeur (Le)	16e	34
Marius (Chez)	7e	21
Marius	16e	34
Marius et Janette	8e	25
Pied de Cochon	1er	16
Prunier-Madeleine	1er	15
Prunier-Traktir	16e	34
Truite Vagabonde	17e	36
Ty Coz	9e	29
Wepler	18e	38

Des escargots

Baumann	17e	36
Bourgogne (La)	7e	21
Caméla (Le)	à Bougival	40
Coquille (La)	17e	36
Léon (Chez)	17e	37
Maître Paul	6e	20
Sancerre (Le)	19e	38
Santenay (Le)	17e	37
Truffière (La)	5e	19

Une grillade

Charbon de bois (Au)	6e	20
Cochon d'Or	19e	38
Dagorno	19e	38
Deux Taureaux	19e	38
Grilladin (Au)	6e	19
Hilton (Western)	15e	31
Manoir Normand	8e	26
Pied de Cochon	1er	16
Sancerre (Le)	19e	38
Trois Moutons	8e	26

Du boudin

Ambassade d'Auvergne	3e	17
Benoît	4e	18
Cochon d'Or	19e	38
Coquille (La)	17e	36
Giberne (La)	15e	32
Gourmet de l'Isle	4e	18
Quincy (Le)	12e	30
Terrasse (La) . . . . à Créteil		43

Une paëlla

Etchegorry	13e	30
Étienne de Bigorre	6e	20
Pralognan (Le)	6e	20
Pyrénées-Cévennes	11e	18

Des tripes

La Foux	6e	19
Pharamond	1er	16
Pied de Cochon	1er	16
Relais du Périgord	13e	30

Des fromages choisis

Androuët	8e	26

Des soufflés

Le Soufflé	1er	16

Spécialités étrangères

Allemandes

Vieux Berlin (Au)	8e	25

Chinoises et Indochinoises

Délices de Szechuen (Aux)	7e	21
Focly . . . . à Neuilly-s-Seine		47
Grand Chinois (Le)	16e	34
Moï (Le)	16e	35
Pagoda	9e	29
P'tite Tonkinoise (La)	10e	29
Petite Tonkinoise . à Enghien-les-Bains		43
Tan Dinh	7e	22
Tong-Yen	8e	26
Tsé Yang	16e	34
Vong (chez)	8e	26

Indiennes

Annapurna	8e	26
Indra	8e	26

Irlandaises

Ferme Irlandaise (La)	1er	16

Japonaises

Aï	1er	15
Nikko (Benkay)	15e	31
Méridien (Yamato)	17e	35

Italiennes

Chateaubriant (Au)	10e	28
Conti	16e	34
Cour (La)	15e	33
Gildo (Chez)	7e	22
Main à la Pâte (La)	1er	16
Pinocchio	14e	32
Pinocchio	10e	29
Stresa	8e	26

Orientales et Nord Africaines

Al Mounia	16e	34
Caroubier (Le)	15e	32
Michèle (Chez)	13e	30
Timgad	17e	36
Tour Hassan (La)	2e	15
Wally	4e	17

Portugaises

Saudade	1er	16

Russes

Dominique	6e	20

Scandinaves

Copenhague	8e	25

Suisses : Mövenpick . . . . | 9e | 28

Plein air

Bois de Boulogne

XXXX	✿ Grande Cascade	16e	35
XXXX	✿✿ Pré Catelan	16e	35

Bois de Vincennes

XX	Chalet des Iles (Le)	12e	30

Champs-Elysées

XXXXX	✿✿ Laurent	8e	25
XXXXX	✿✿ Ledoyen	8e	25

Bougival	XXXX	✿ Coq Hardi	40
Champrosay	XX	Bouquet de la Forêt	41
Chennevières	XXX	Écu de France	42
Maisons-Laffitte	XXX ✿✿	Vieille Fontaine	45
»	XXX ✿✿	Tastevin	45
Meudon	XX	Ermitage Villebon	46
St-Germain-en-L.	XXX	✿ Cazaudehore	52
Sucy-en-Brie	XX	Aub. de Tartarin	53
Vaucresson	XX	La Poularde	53
Le Vésinet	XXX	Les Ibis	56

■ HOTELS, RESTAURANTS

par arrondissements

(Liste alphabétique des Hôtels et Restaurants, voir p. 6 à 9)

G 12 : Ces lettres et chiffres correspondent au carroyage du **Plan de Paris** Michelin nº ⑩, **Paris Atlas** nº ⑪ et **Plan de Paris** nº ⑭.

En consultant ces deux publications vous trouverez également les parkings les plus proches des établissements cités.

Opéra, Palais-Royal, Halles, Bourse.
1er et 2e arrondissements.
1er : ⊠ 75001
2e : ⊠ 75002

🏨🏨🏨 **Ritz** ❧, 15 pl. Vendôme (1er) ☎ 260.38.30, Télex 220262, « Jardin intérieur » – 🛗 ▤ 📺 ☎ & 🄿 ⓐⒺ ⓞ Ε ᴠɪsᴀ ⽊ rest
G 12
R Restaurant **Ritz-Espadon** voir ci-après – ⊈ 49 – **163 ch** 1 250/1 400, 42 appart.

🏨🏨🏨 **Inter-Continental,** 3 r. Castiglione (1er) ☎ 260.37.80, Télex 220114 – 🛗 ▤ 📺 ☎ &. – 🕍 1000. ⓐⒺ ⓞ Ε ᴠɪsᴀ. ⽊ rest
G 12
rôtiss. **Rivoli R** 185 – **Café Tuileries R** carte 95 à 150 – ⊈ 54 – **500 ch** 1 163/1 310, 27 appart.

🏨🏨🏨 **Meurice,** 228 r. Rivoli (1er) ☎ 260.38.60, Télex 230673 – 🛗 ▤ 📺 ☎ &. – 🕍 25 à 40. ⓐⒺ ⓞ Ε ᴠɪsᴀ
G 12
R carte 170 à 230 – ⊈ 60 – **220 ch** 835/1 015, 32 appart.

🏨🏨🏨 **Lotti,** 7 r. Castiglione (1er) ☎ 260.37.34, Télex 240066 – 🛗 ▤ rest 📺 ☎ &. – 🕍 25. ⓐⒺ ⓞ Ε ⽊ rest
G 12
R carte 140 à 190 – **Grill R** 170 – ⊈ 40 – **130 ch** 557/825.

🏨🏨 **Westminster,** 13 r. Paix (2e) ☎ 261.57.46, Télex 680035 – 🛗 📺 ☎ – 🕍 80. ⓐⒺ ⓞ Ε ᴠɪsᴀ
G 12
SC : **R** *(fermé 5 avril au 30 mai)* carte 120 à 180 – **102 ch** ⊈ 780/950, 18 appart.

🏨🏨 **Résidence St-James et Albany** Ⓜ, 202 r. Rivoli (1er) ☎ 260.31.60, Télex 213031 – 🛗 cuisinette 📺 ☎ ➝ – 🕍 50 à 150. ⓐⒺ ⓞ Ε ᴠɪsᴀ. ⽊
H 12
SC : rest. **Le Noailles** *(fermé sam. et dim.)* **R** carte environ 180 – **Bistrot Lafayette R** carte environ 85 ⅄ – ⊈ 30 – **145 ch** 480/590, 3 appart..

🏨🏨 **Louvre-Concorde,** pl. A.-Malraux (1er) ☎ 261.56.01, Télex 220412 – 🛗 📺 ☎ &. ⓐⒺ ⓞ ᴠɪsᴀ
H 13
SC : **226 ch** ⊈ 495/640.

🏨🏨 **Édouard VII,** 39 av. Opéra (2e) ☎ 261.56.90, Télex 680217 – 🛗 📺 ☎ – 🕍 30. ⓐⒺ ⓞ ᴠɪsᴀ
G 13
R voir rest **Delmonico** – **100 ch** ⊈ 460/575, 4 appart.

🏨🏨 **Mayfair** Ⓜ sans rest, 3 r. Rouget-de-Lisle (1er) ☎ 260.38.14, Télex 240037 – 🛗 📺 ☎. ⓐⒺ ⓞ Ε
G 12
SC : **52 ch** ⊈ 420/600.

🏨🏨 **France et Choiseul,** 239 r. St-Honoré (1er) ☎ 261.54.60, Télex 680959 – 🛗 📺 ☎ – 🕍 30 à 200. ⓐⒺ ⓞ ᴠɪsᴀ. ⽊ rest
G 12
SC : **R** carte 85 à 145 ⅄ – **128 ch** ⊈ 449/564, 7 appart.

🏨🏨 **Cusset** Ⓜ, 95 r. Richelieu (2e) ☎ 297.48.90, Télex 670245 – 🛗 ▤ rest ☎. ᴠɪsᴀ
F 13
les Deux Ducs *(fermé dim.)* **R** carte 60 à 95 ⅄ – **115 ch** ⊈ 120/360 – P 220/350.

🏨🏨 **François** Ⓜ sans rest, 3 bd Montmartre (2e) ☎ 233.51.53, Télex 211097 – 🛗 📺 ☎. ⓐⒺ. ⽊
F 14
SC : **64 ch** ⊈ 345/405, 11 appart. 500/545.

🏨🏨 **Normandy,** 7 r. Échelle (1er) ☎ 260.30.21, Télex 670250 – 🛗 📺 ☎ – 🕍 50. ⓐⒺ ⓞ Ε ᴠɪsᴀ
H 13
SC : **R** *(fermé sam. et dim.)* 120 – ⊈ 27 – **120 ch** 440/510, 8 appart. 640/750.

🏨 **Cambon** Ⓜ sans rest, 3 r. Cambon (1er) ☎ 260.38.09, Télex 240814 – 🛗 📺 ⌸wc ⌸wc ☎. ⓐⒺ ⓞ Ε ᴠɪsᴀ
G 12
SC : **44 ch** ⊈ 420/550.

🏨 **Du Piémont** Ⓜ sans rest, 22 r. Richelieu (1er) ☎ 296.44.50 – 🛗 📺 ⌸wc ⌸wc ☎. ⓐⒺ ⓞ ᴠɪsᴀ
G 13
SC : ⊈ 18 – **28 ch** 205/325.

🏨 **Montana H. Tuileries** Ⓜ sans rest, 12 r. St-Roch (1er) ₮ 260.35.10 – 🛗 📺 ⛀wc ⋒wc ☎. 🚗 VISA. ✈ G 12
SC : ☕ 18 – **25 ch** 250/340.

🏨 Ascot Opéra Ⓜ sans rest, 2 r. Monsigny (2e) ₮ 296.87.66, Télex 680461 – 🛗 📺 ⛀wc ⋒wc ☎ – **36 ch** G 13

🏨 **Richepanse** sans rest, 14 r. Richepanse (1er) ₮ 260.36.00, Télex 210811 – 🛗 📺 ⛀wc ⋒wc ☎. 🚗 AE. ✈ G 12
SC : **43 ch** ☕ 300/330.

🏨 **Favart** sans rest, 5 r. Marivaux (2e) ₮ 297.59.83, Télex 213126 – 🛗 ⛀wc ⋒wc ☎. 🚗. ✈ F 13
SC : **40 ch** ☕ 212/228.

🏨 **Gd H. de Champagne** sans rest, 17 r. J.-Lantier (1er) ₮ 261.50.05 – 🛗 ⛀wc ⋒wc ☎. 🚗 VISA. ✈ J 14
SC : **45 ch** ☕ 257/330.

🏨 Ile de France sans rest, 26 r. St-Augustin (2e) ₮ 742.40.61 – 🛗 ⛀wc ⋒ ☎ G 13
18 ch.

🏨 **Ducs d'Anjou** sans rest, 1 r. Ste-Opportune (1er) ₮ 236.92.24 – 🛗 ⛀wc ⋒wc ☎. 🚗 H 14
SC : **38 ch** ☕ 127/220.

🏨 **Ducs de Bourgogne** sans rest, 19 r. Pont-Neuf (1er) ₮ 233.95.64 – 🛗 ⛀wc ⋒wc ☎. 🚗. ✈ H 14
SC : **49 ch** ☕ 197/239.

🏨 **St-Romain** sans rest, 7 r. St-Roch (1er) ₮ 260.31.70 – 🛗 ⛀wc ⋒wc ☎. 🚗 G 13
SC : ☕ 18 – **33 ch** 190/220.

🏨 **Family** sans rest, 35 r. Cambon (1er) ₮ 261.54.84 – 🛗 ⛀wc ⋒wc ☎ ♿. 🚗 G 12
SC : ☕ 14 – **25 ch** 143/210.

XXXXX ❀❀ **Ritz-Espadon,** 15 pl. Vendôme (1er) ₮ 260.38.30, 🍽 – Ⓟ. AE ⓓ E VISA. ✈ G 12
R carte 210 à 320
Spéc. Poissons marinés à l'aneth, Turbotin grillé à la moutarde, Aiguillettes de canard.

XXXX **Drouant,** pl. Gaillon (2e) ₮ 742.56.61 – AE ⓓ E VISA G 13
au rest. *(fermé sam.)* **R** carte 160 à 220, **au Grill** *(fermé 16 au 31 août et dim.)* **R** carte environ 160.

XXXX **Prunier Madeleine,** 9 r. Duphot (1er) ₮ 260.36.04 – AE ⓓ E VISA G 12
R carte 145 à 215.

XXXX ❀❀ **Grand Vefour,** 17 r. Beaujolais (1er) ₮ 296.56.27, ancien café du Palais Royal fin 18e s. – ▤. ✈ G 13
fermé août, sam. sauf le midi du 1er sept. au 30 avril et dim. – **R** carte 195 à 250
Spéc. Ballotine de canard, Etuvée de poissons au cerfeuil, Foie de canard au vinaigre.

XXX **Delmonico,** 39 av. Opéra (2e) ₮ 261.44.26 – ▤. AE ⓓ VISA G 13
fermé dim. – **R** carte 150 à 210.

XXX ❀ **Mercure Galant,** 15 r. Petits-Champs (1er) ₮ 297.53.85 G 13
fermé sam. midi et dim. – **R** carte 155 à 195
Spéc. Gâteau de légumes au foie gras, Feuilleté de langoustines, Foie de veau au vinaigre.

XXX ❀❀ **Gérard Besson,** 5 r. Coq Héron (1er) ₮ 233.14.74 – ⓓ VISA H 14
fermé 9 au 31 juil., 22 déc. au 3 janv., sam., dim. et fêtes – **R** 150 bc (déj.) et carte 130 à 200
Spéc. Terrines de viandes et foie gras de canard, Turbot à la confiture d'oignons, Biscuit glacé à la framboise.

XXX **Aï,** 20 av. Opéra (1er) ₮ 296.01.81 – AE ⓓ VISA G 13
fermé lundi – **R** 220/280.

XX **La Table de Jeannette,** 12 r. Duphot (1er) ₮ 260.05.64 – AE ⓓ VISA G 12
fermé 28 mars au 5 avril, 31 juil. au 22 août, 24 déc. au 2 janv. – SC : **R** carte 120 à 175.

XX **Goumard,** 17 r. Duphot (1er) ₮ 260.36.07 – AE ⓓ VISA G 12
fermé dim. en juil.-août – **R** carte 135 à 200.

XX ❀ **Chez Pauline** (Génin), 5 r. Villedo (1er) ₮ 296.20.70 – VISA G 13
fermé sam. soir et dim. – **R** (▤ 1er étage) carte 110 à 200
Spéc. Ris de veau en croûte, Foie gras frais, Mariage de champignons sauvages et gibier (sept. à déc.).

XX **La Tour Hassan,** 27 r. Turbigo (2e) ₮ 233.79.34, décor mauresque – ▤. AE ⓓ VISA G 15
fermé lundi – **R** carte 90 à 140.

XX **Baumann Baltard,** 9 r. Coquillère (1er) ℡ 236.22.00 – 🍽. E 𝘝𝘐𝘚𝘈   H 14
SC : **R** carte 110 à 160 🍷.

XX ❀ **Pierre Traiteur,** 10 r. Richelieu (1er) ℡ 296.09.17 – 🍽 ⓞ 𝘝𝘐𝘚𝘈   H 13
fermé août, sam. et dim. – **R** carte 125 à 185
Spéc. Foie gras en terrine, Filets de rougets vigneronne, Rognon de veau à l'échalote.

XX **La Main à la Pâte,** 35 r. St-Honoré (1er) ℡ 508.85.73 – 🍽 ⓞ   H 14
fermé dim. – SC : **R** carte 130 à 180 🍷.

XX **Le Petit Coin de la Bourse,** 16 r. Feydeau (2e) ℡ 508.00.08   F 14
R carte 125 à 170.

XX **La Corbeille,** 154 r. Montmartre (2e) ℡ 261.30.87 – 🍽 ⓞ 𝘝𝘐𝘚𝘈   G 14
fermé sam. midi, dim. et fêtes – **R** carte environ 140.

XX **La Maison des Foies Gras,** 7 r. Gamboust (1er) ℡ 261.02.93 – 🍽 ⓞ 𝘝𝘐𝘚𝘈   G 13
fermé sam. midi et dim. – **R** (nombre de couverts limité - prévenir) carte 120 à 170.

XX **Pied de Cochon** (ouvert jour et nuit), 6 r. Coquillère (1er) ℡ 236.11.75 – 🍽 ⓞ
𝘝𝘐𝘚𝘈   H 14
R carte 85 à 150.

XX **Le Soufflé,** 36 r. Mt-Thabor (1er) ℡ 260.27.19 – 🍽. 🍽 ⓞ E 𝘝𝘐𝘚𝘈   G 12
fermé dim. et fériés – **R** carte 90 à 140.

XX **Saudade,** 34 r. Bourdonnais (1er) ℡ 236.30.71 – 🍽 ⓞ 𝘝𝘐𝘚𝘈   H 14
fermé août, sam. midi et dim. – SC : **R** carte 90 à 130.

XX **La Ferme Irlandaise,** 30 pl. Marché St.-Honoré (1er) ℡ 296.02.99 – 🍽 𝘝𝘐𝘚𝘈   G 12
fermé dim. soir et lundi – SC : **R** carte environ 125.

XX **La Barrière Poquelin,** 17 r. Molière (1er) ℡ 296.22.19 – 🍽 ⓞ   G 13
fermé sam. midi et dim. – **R** carte 140 à 200.

XX ❀ **Bistro d'Hubert,** 36 pl. Marché St-Honoré (1er) ℡ 260.03.00 – 𝘝𝘐𝘚𝘈   G 12
fermé dim., lundi et fériés – **R** 120 (déj) et carte 185 à 250
Spéc. Saumon cru à l'huile de homard et gingembre, Foie gras et foie de veau sauce framboise (mai à nov.), Crêpes chaudes.

XX **Brasserie Gus,** 157 r. Montmartre (2e) ℡ 236.68.40 – 𝘝𝘐𝘚𝘈   F 14
fermé sam. midi et dim. – **R** carte 90 à 130 🍷.

XX **Vaudeville,** 29 r. Vivienne (2e) ℡ 233.39.31 – 🍽 ⓞ 𝘝𝘐𝘚𝘈   FG 14
R carte 75 à 120 🍷.

XX **Chez Gabriel,** 123 r. St-Honoré (1er) ℡ 233.02.99 – 🍽 𝘝𝘐𝘚𝘈   H 14
fermé août, dim. soir et lundi – **R** carte 80 à 120.

XX **Caveau du Palais,** 19 pl. Dauphine (1er) ℡ 326.04.28 – 𝘝𝘐𝘚𝘈   J 14
fermé Noël-Jour de l'An, sam. soir et dim. – **R** carte 105 à 150.

XX **Pasadena,** 7 r. du 29-Juillet (1er) ℡ 260.68.96 – 🍽 𝘝𝘐𝘚𝘈   G 12
fermé août, dim. et fêtes – **R** carte 85 à 120 🍷.

X ❀ **Pharamond,** 24 r. Grande-Truanderie (1er) ℡ 233.06.72 – 🍽 ⓞ 𝘝𝘐𝘚𝘈   H 15
fermé juil., lundi midi et dim. – **R** 100 à 150
Spéc. Tripes à la mode de Caen, St-Jacques au cidre (saison), Rognons à la moëlle.

X **La Bonne Fourchette,** 320 r. St-Honoré (1er) ℡ 260.45.27 – 🍽 ⓞ E 𝘝𝘐𝘚𝘈   G 12
fermé Noël-Jour de l'An, en fév., sam. et dim. midi – SC : **R** 60/90.

X **Cochon Doré,** 16 r. Thorel (2e) ℡ 233.29.70 – 🍽   G 15
fermé merc. soir – SC : **R** 58 bc/120 bc.

X ❀ **Aux Petits Pères** (Chez Yvonne), 8 r. N.-D.-des-Victoires (2e) ℡ 260.91.73 – 🍽
𝘝𝘐𝘚𝘈   G 14
fermé août, vacances de fév., sam., dim. et fériés – **R** (prévenir) carte 80 à 140
Spéc. St-Jacques à la provençale (oct.-fin avril), Ris de veau toulousaine, Faisan (saison de chasse) ou pintade aux choux.

X **Chez Georges,** 1 r. Mail (2e) ℡ 260.07.11 – 🍽. 🍽 ⓞ 𝘝𝘐𝘚𝘈   G 14
fermé dim. et fêtes – **R** carte 85 à 140.

X **Louis XIV,** 1bis pl. Victoires (1er) ℡ 261.39.44   G 14
fermé août, sam. et dim. – **R** carte 90 à 140.

X Gérard, 4 r. Mail (2e) ℡ 296.24.36.   G 14

X **La Vigne,** 30 r. Arbre-Sec (1er) ℡ 260.13.55   H 14
fermé août, dim. et lundi – **R** carte 75 à 110.

X **Paul,** 15 pl. Dauphine (1er) ℡ 354.21.48 – 🚫   J 14
fermé août, lundi et mardi – **R** carte 80 à 110.

Ne confondez pas :

Confort des hôtels   : 🏨🏨🏨 ... 🏠, 🏚
Confort des restaurants : XXXXX X
Qualité de la table   : ❀❀❀, ❀❀, ❀

Bastille, République,
Hôtel de Ville.
3ᵉ, 4ᵉ et 11ᵉ arrondissements.
3ᵉ : ✉ 75003
4ᵉ : ✉ 75004
11ᵉ : ✉ 75011

🏨 **Holiday Inn** Ⓜ, 8 pl. République (11ᵉ) ☎ 355.44.34, Télex 210651 – 🛗 cuisinette 🔲 ☎ ♿ 🅿 – 🔨 40 à 200
Belle Époque (Classique) **Le Jardin d'hiver** (Coffee-Shop) **335 ch**. G 17

🏨 **Deux Iles** Ⓜ sans rest, 59 r. St.-Louis-en-l'Ile (4ᵉ) ☎ 326.13.35 – 🛗 🚻wc 🚿wc ☎. 🆗. K 16
SC : **17 ch** 😑 270/340.

🏨 **Lutèce** Ⓜ sans rest, 65 r. St-Louis-en-l'Ile (4ᵉ) ☎ 326.23.52 – 🛗 🚻wc 🚿wc ☎. 🆗. 🎦 K 16
SC : **23 ch** 😑 357/378.

🏨 **Bretonnerie** sans rest, 22 r. Ste-Croix-de-la-Bretonnerie (4ᵉ) ☎ 887.77.63 – 🛗 🚻wc 🚿wc ☎ 🆗. 🎦 J 16
SC : 😑 16 – **32 ch** 162/300.

🏨 **Marais** sans rest, 2 bis r. Commines (3ᵉ) ☎ 887.78.27 – 🛗 🚻wc 🚿wc ☎. 🆗 🎇 H 17 **VISA**
SC : 😑 16 – **38 ch** 145/225.

🏨 **Place des Vosges** sans rest, 12 r. Birague (4ᵉ) ☎ 272.60.46 – 🛗 🚻wc 🚿wc ☎. 🆗 ⓞ **VISA** J 17
SC . 😑 17 – **16 ch** 144/200.

🏨 **Vieux Marais** sans rest, 8 r. Plâtre (4ᵉ) ☎ 278.47.22 – 🛗 🚻wc 🚿wc ☎ – **30 ch** H 16

🏨 **Nord et Est** sans rest, 49 r. Malte (11ᵉ) ☎ 700.71.70 – 🛗 🚻wc 🚿wc ☎. 🎇 G 17
fermé août et 22 déc. au 2 janv. – SC : 😑 15 – **44 ch** 145/190.

🏠 **Notre-Dame** sans rest, 51 r. Malte (11ᵉ) ☎ 700.78.76 – 🛗 🚻wc 🚿wc 🆗. 🎇 G 17
fermé août – SC : 😑 14,50 – **58 ch** 60/177.

🏠 **Roubaix** sans rest, 6 r. Greneta (3ᵉ) ☎ 272.89.91 – 🛗 🚿wc 🆗. 🆗 G 15
SC : 😑 13 – **48 ch** 115/185.

XXX ❀ **Ambassade d'Auvergne**, 22 r. Grenier St-Lazare (3ᵉ) ☎ 272.31.22 – 🔲. 🎦 ⓞ **VISA** H 15
fermé dim. – SC : **R** carte 105 à 150
Spéc. Falette, Blanquette de brebis, Boudin aux châtaignes.

XX ❀ **Quai des Ormes** (Masraff), 72 quai Hôtel de Ville (4ᵉ) ☎ 274.72.22 J 15
fermé août, sam., dim. et fériés – **R** carte 125 à 185
Spéc. Poêlée d'artichauts et langoustines, Râble de lapereau aux morilles, Chaud froid de poires.

XX **L'Acadien**, 35 bd Temple (3ᵉ) ☎ 272.27.94 – 🎦 ⓞ E **VISA** G 17
fermé dim. – **R** carte 110 à 195.

XX ❀ **A Sousceyrac** (Asfaux), 35 r. Faidherbe (11ᵉ) ☎ 371.65.30 – **VISA** J 19
fermé août, sam. et dim. – **R** carte 115 à 160
Spéc. Foie gras frais, Ris de veau aux bolets, Saucisson chaud aux morilles.

XX ❀ **Chardenoux**, 1 r. J.-Vallès (11ᵉ) ☎ 371.49.52 K 20
fermé août, sam. sauf le soir de sept. à Pâques, dim. et fêtes – SC : **R** carte 140 à 185
Spéc. Gâteau de foies de volailles, Blanquette d'agneau, Tarte fine aux pommes.

XX **Repaire de Cartouche**, 8 bd Filles-du-Calvaire (11ᵉ) ☎ 700.25.86 – **VISA** H 17
fermé 23 juil. au 21 août, sam. et dim. – **R** carte 95 à 145.

XX **Coconnas**, 2 bis pl. Vosges (4ᵉ) ☎ 278.58.16 J 17
fermé 15 déc. au 15 janv., lundi et mardi – SC : **R** 140 bc.

XX **Guirlande de Julie**, 25 pl. des Vosges (4ᵉ) ☎ 887.94.07 J 17
fermé fév., dim. soir et lundi – **R** 140 bc (déj.) et dîner carte environ 150.

XX **Wally**, 16 r. Le Regrattier (4ᵉ) ☎ 325.01.39 – 🎦 ⓞ **VISA** 🎇 K 15
fermé Noël-Jour de l'An et le midi : sam. dim. et lundi – **R** 165 bc.

XX **Pyrénées Cévennes,** 106 r. Folie-Méricourt (11e) ☎ 357.33.78   G 17
fermé août, Noël-Jour del'An, sam., dim. et fêtes – **R** *carte 115 à 165.*

XX **Taverne des Templiers,** 106 r. Vieille-du-Temple (3e) ☎ 278.74.67 – 𝗩𝗜𝗦𝗔   H 17
fermé août, sam. et dim. – **R** *carte 95 à 140.*

XX **La Chaumière en l'Ile,** 4 r. Jean du Bellay (4e) ☎ 354.27.34 – ⯃ ⓞ   K 15
fermé 11 au 15 juil., 11 au 17 août, 24 déc. au 10 janv., lundi et mardi du 1er nov. au 1er avril – **R** *carte 125 à 190.*

XX **Au Gourmet de l'Isle,** 42 r. St-Louis-en-l'Ile (4e) ☎ 326.79.27 – ▤   K 16
fermé 26 juil. au 1er sept., lundi et jeudi – **R** *75.*

XX **Galan,** 36 bd Henri-IV (4e) ☎ 272.17.09 – ⯃ 𝗩𝗜𝗦𝗔   K 17
fermé août, sam. (sauf le soir d'oct. à mars) et dim. – **R** *carte 90 à 135.*

X ✿ **Benoît,** 20 r. St-Martin (4e) ☎ 272.25.76   J 15
fermé août, sam. et dim. – SC : **R** *carte 140 à 200*
Spéc. Boeuf en salade, St-Jacques au naturel (oct. à avril), Selle d'agneau en rognonnade.

Quartier Latin, Luxembourg,

Jardin des Plantes.

5e et 6e arrondissements.
    5e : ✉ *75005*
    6e : ✉ *75006*

🏨 **Victoria Palace** M ⌂, 6 r. Blaise-Desgoffe (6e) ☎ 544.38.16, Télex 270557 – ⧈
📺 ☎ ⟵, ⯃ 𝗩𝗜𝗦𝗔. ⌘   L 11
SC : **R** 110 – **110 ch** ⛌ 410/540.

🏨 **Littré,** 9 r. Littré (6e) ☎ 544.38.68, Télex 203852 – ⧈ 📺 ☎ ⟵ – ⯅ 25. ⯃ E 𝗩𝗜𝗦𝗔
⌘   L 11
SC : **R** 110 – **100 ch** ⛌ 410/460, 3 appart. 610.

🏨 **Lutétia Concorde,** 45 bd Raspail (6e) ☎ 544.38.10, Télex 270424 – ⧈ 📺 ☎ – ⯅
25 à 600. ⯃ E 𝗩𝗜𝗦𝗔   K 12
SC : **R** 55/82 ⅞ – ⛌ 30 – **280 ch** 470/640. 10 appart..

🏨 **Relais Christine** M ⌂ sans rest., 3 r. Christine (6e) ☎ 326.71.80, Télex 202606 –
⧈ ▤ 📺 ☎ ⟵ – ⯅ 25. ⯃ ⓞ 𝗩𝗜𝗦𝗔. ⌘   J 14
SC : ⛌ 32 – **35 ch** 480/530, 16 appartements 640/880.

🏨 **Abbaye St-Germain** M ⌂ sans rest, 10 r. Cassette (6e) ☎ 544.38.11, 🌿 – ⧈
☎. ⌘   K 12
SC : **45 ch** ⛌ 350/420.

🏨 **Odéon H.,** M sans rest, 3 r. Odéon (6e) ☎ 325.90.67, Télex 202943 – ⧈ ☎. ⯃ ⓞ.
⌘   K 13
SC : **34 ch** ⛌ 300/330.

🏨 **Madison H.** sans rest, 143 bd St-Germain (6e) ☎ 329.72.50 – ⧈ ☎. ⌘   J 13
SC : **57 ch** ⛌ 188/296.

🏨 **Scandinavia** sans rest, 27 r. Tournon (6e) ☎ 329.67.20 – ▭wc ⯃. ⊠▫. ⌘   K 13
fermé 31 juil. au 1er sept. – SC : ⛌ 15 – **22 ch** 230/260.

🏨 **Angleterre** sans rest, 44 r. Jacob (6e) ☎ 260.34.72 – ⧈ 📺 ▭wc ☎. ⊠▫. ⌘ J 13
SC : ⛌ 22 – **31 ch** 250/350.

🏨 **Colbert** sans rest, 7 r. Hôtel-Colbert (5e) ☎ 325.85.65, Télex 260690 – ⧈ 📺 ▭wc
⯊wc ☎. ⊠▫ ⯃. ⌘   K 15
SC : **38 ch** ⛌ 246/380.

🏨 **Ferrandi** sans rest, 92 r. Cherche-Midi (6e) ☎ 222.97.40 – ⧈ ▭wc ⯊wc ☎. ⊠▫
SC : ⛌ 22 – **41 ch** 280/320.   L 11

🏨 **Delavigne** sans rest, 1 r. C.-Delavigne (6e) ☎ 329.31.50, Télex 201579 – ⧈ ▭wc
⯊wc ☎. ⌘   K 13
SC : ⛌ 17 – **34 ch** 185/235.

🏨 **Pas-de-Calais** sans rest, 59 r. Sts-Pères (6e) ☎ 548.78.74 – ⧈ ▭wc ⯊wc ☎.
⊠▫   J 12
SC : ⛌ 15 – **41 ch** 238/282.

🏨 **St-Germain-des-Prés** sans rest, 36 r. Bonaparte (6e) ☎ 326.00.19 – ⧈ ▭wc
⯊wc ☎. ⌘   J 13
SC : ⛌ 25 – **30 ch** 275/340.

🏨 **Gd H. des Principautés Unies** M sans rest, 42 r. Vaugirard (6e) ☎ 634.44.90 –
⧈ cuisinette ▭wc ⯊wc ⚬. ⊠▫.   K 13
fermé août – SC : **25 ch** ⛌ 91/271.

🏨 **d'Isly** sans rest, 29 r. Jacob (6e) ☎ 329.59.96 – ⧈ ▭wc ⯊wc ☎. ⊠▫. ⌘   J 13
SC : **36 ch** ⛌ 140/290.

🏨 **Marronniers** M ⌂ sans rest, 21 r. Jacob (6e) ☎ 325.30.60, 🌿 – ⧈ ▭wc ⯊wc
☎. ⊠▫. ⌘   J 13
⛌ 17 – **37 ch** 230/275.

🏨 **Seine** sans rest, 52 r. Seine (6ᵉ) ☎ 634.22.80 – 🛗 📺 ⇔wc ☎. 🚗 🖾 ⓪ 𝘝𝘐𝘚𝘈. ⛷
SC : **30 ch** ⇆ 150/290.　　　　　　　　　　　　　　　　　　　　　　　　J 13

🏨 **Rennes Montparnasse** sans rest, 151 bis r. Rennes (6ᵉ) ☎ 548.97.38, Télex
250048 – 🛗 ⇔wc ⋔wc. 🚗 🖾 ⓪ E 𝘝𝘐𝘚𝘈　　　　　　　　　　　　　　　　　L 12
fermé 1ᵉʳ au 29 août – **35 ch** ⇆ 190/340.

🏨 **Welcome** Ⓜ sans rest, 66 r. Seine (6ᵉ) ☎ 634.24.80 – 🛗 ⇔wc ⋔wc ☎. 🚗. ⛷
SC : ⇆ 17 – **30 ch** 160/225.　　　　　　　　　　　　　　　　　　　　　J 13

🏨 **Gd H. Suez** sans rest, 31 bd St-Michel (5ᵉ) ☎ 634.08.02, Télex 202019 – 🛗 ⇔wc
⋔wc ☎. 🚗 🖾 ⓪ E 𝘝𝘐𝘚𝘈. ⛷　　　　　　　　　　　　　　　　　　　　　K 14
SC : ⇆ 15,50 – **50 ch** 158/220.

🏨 **Odéon** sans rest, 13 r. St-Sulpice (6ᵉ) ☎ 325.70.11 – 🛗 📺 ⇔wc ☎. 🖾 ⓪
SC : **24 ch** ⇆ 128/281.　　　　　　　　　　　　　　　　　　　　　　　K 13

🏨 **Albe** sans rest, 1 r. Harpe (5ᵉ) ☎ 634.09.70 – 🛗 ⇔wc ⋔wc ☎. 🚗. ⛷　　　K 14
SC : **41 ch** ⇆ 142/254.

🏨 **St-Sulpice** sans rest, 7 r. C.-Delavigne (6ᵉ) ☎ 634.23.90 – 🛗 ⇔wc ⋔wc ☎. 🚗
SC : ⇆ 16 – **42 ch** 166/200.　　　　　　　　　　　　　　　　　　　　K 13

𝗫𝗫𝗫𝗫𝗫 ✿✿✿ **Tour d'Argent** (Terrail), 15 quai Tournelle (5ᵉ) ☎ 354.23.31, « Petit musée
de la table, ≤ Notre-Dame, dans les caves : spectacle historique sur le vin » – 🖾
⓪　　　　　　　　　　　　　　　　　　　　　　　　　　　　　　　　K 16
fermé lundi – **R** 190 (déj.) et carte 280 à 370
Spéc. Blanc de turbot, Caneton Tour d'Argent, Noisettes des Tournelles.

𝗫𝗫𝗫 ✿ **Jacques Cagna**, 14 r. Gds-Augustins (6ᵉ) ☎ 326.49.39, « Maison du Vieux
Paris » – 🔲 🖾 ⓪ 𝘝𝘐𝘚𝘈　　　　　　　　　　　　　　　　　　　　　　J 14
fermé août, Noël-Jour de L'An, sam. et dim. – **R** 160 (déj.) et carte 185 à 250
Spéc. Pétoncles à la crème de cresson, Ris de veau à la crème de homard, Canard au vin.

𝗫𝗫𝗫 ✿ **Relais Louis XIII**, 8 r. Gds Augustins (6ᵉ) ☎ 326.75.96, « Caveau 16ᵉ siècle,
beau mobilier » – 🖾 ⓪ E 𝘝𝘐𝘚𝘈　　　　　　　　　　　　　　　　　　J 14
fermé 25 juil. au 29 août, lundi midi et dim. – **R** carte 160 à 210
Spéc. Terrine chaude de St-Jacques (oct. à avril), Sole braisée au foie gras, Ris de veau à l'oseille.

𝗫𝗫𝗫 **Villars Palace**, 8 r. Descartes (5ᵉ) ☎ 326.39.08 – 🖾 ⓪ E 𝘝𝘐𝘚𝘈　　　　L 15
fermé sam. midi – **R** carte 190 à 240.

𝗫𝗫 **Aub. des Deux Signes,** 46 r. Galande (5ᵉ) ☎ 325.46.56, « Cadre médiéval » –
🖾 ⓪ E 𝘝𝘐𝘚𝘈　　　　　　　　　　　　　　　　　　　　　　　　　K 14
fermé dim. et fériés – **R** carte 145 à 210.

𝗫𝗫 ✿ **Dodin-Bouffant**, 25 r. F.-Sauton (5ᵉ) ☎ 325.25.14 – 🔲. ⓪ 𝘝𝘐𝘚𝘈　　K 15
fermé 19 déc. au 4 janv., sam. et dim. – **R** carte 125 à 180
Spéc. Plateau de fruits de mer, Ragoût de canard et ris de veau, Soufflé chaud aux fruits.

𝗫𝗫 ✿✿ **Ambroisie** (Pacaud), 65 quai de la Tournelle (5ᵉ) ☎ 633.18.65 – 🖾 𝘝𝘐𝘚𝘈　K 15
fermé 16 août au 15 sept., dim. soir et lundi – SC : **R** carte 160 à 200
Spéc. Mousse de poivrons rouges, Effeuillée de raie aux choux, Pâtisseries.

𝗫𝗫 **Le Pactole,** 44 bd St-Germain (5ᵉ) ☎ 633.31.31 – 𝘝𝘐𝘚𝘈　　　　　　　K 15
fermé sam. midi et dim. – SC : **R** carte 150 à 200.

𝗫𝗫 **Coupe-Chou,** 11 r. Lanneau (5ᵉ) ☎ 633.68.69 – 🖾　　　　　　　　K 14
fermé dim. midi – **R** carte 105 à 165.

𝗫𝗫 **Sud Ouest,** 40 r. Montagne Ste Geneviève (5ᵉ) ☎ 633.30.46, « Dans une crypte
du 13ᵉ s. » – 🖾 ⓪ 𝘝𝘐𝘚𝘈　　　　　　　　　　　　　　　　　　　　K 15
fermé août et dim. – SC : **R** carte 120 à 180.

𝗫𝗫 **Atelier Maître Albert,** 1 r. Maître-Albert (5ᵉ) ☎ 633.13.78 – 🔲　　　K 15
fermé dim. et fériés – **R** (dîner seul.) 125 bc.

𝗫𝗫 **Taverne Basque,** 45 r. Cherche-Midi (6ᵉ) ☎ 222.51.07 – 🖾 𝘝𝘐𝘚𝘈　　　K 12
fermé Noël, dim. soir et lundi – **R** carte 90 à 140.

𝗫𝗫 **La Foux,** 2 r. Clément (6ᵉ) ☎ 325.77.66 – 🔲. 🖾 ⓪　　　　　　　K 13
fermé dim. – SC : **R** carte 95 à 175.

𝗫𝗫 **Les Arètes,** 165 bd Montparnasse (6ᵉ) ☎ 326.23.98 – 🖾　　　　　　M 11
fermé sam. midi et lundi – **R** carte 130 à 195.

𝗫𝗫 **Chez Tante Madée,** 11 r. Dupin (6ᵉ) ☎ 222.64.56　　　　　　　　K 12
fermé sam. midi et dim. – SC : **R** carte 150 à 200.

𝗫𝗫 **Le Sybarite,** 6 r. Sabot (6ᵉ) ☎ 222.21.56 – 🔲. ⓪ 𝘝𝘐𝘚𝘈. ⛷　　　　　K 12
fermé sam. midi et dim. – SC : **R** 105 🍷.

𝗫𝗫 **Au Grilladin,** 13 r. Mézières (6ᵉ) ☎ 548.30.38　　　　　　　　　K 12
fermé vacances de Pâques, août, vacances de Noël et dim. – **R** carte 90 à 130.

𝗫𝗫 **La Truffière,** 4 r. Blainville (5ᵉ) ☎ 633.29.82 – 🔲 🖾 ⓪ E 𝘝𝘐𝘚𝘈. ⛷　　L 15
fermé 26 juin au 26 juil., dim. et lundi – **R** carte 95 à 140.

XX **Joséphine** (Chez Dumonet), 117 r. Cherche-Midi (6e) ☎ 548.52.40 – VISA L 11
fermé juil., 25 au 31 déc., sam. et dim. – **R** carte 105 à 180.

XX **Dominique,** 19 r. Bréa (6e) ☎ 327.08.80 – AE ◑ E VISA L 12
fermé juil. – **R** carte 100 à 150.

X ✲ **Allard** (Mme Allard), 41 r. St-André-des-Arts (6e) ☎ 326.48.23 – ▤. ◑ VISA K 14
fermé août, sam., dim. et fêtes – SC : **R** (nombre de couverts limité - prévenir) carte 130 à 200
Spéc. Poissons au beurre blanc, Gibiers (saison).

X **Balzar,** 49 r. Écoles (5e) ☎ 354.13.67 – ✻ K 14
fermé août et mardi – **R** carte 80 à 125.

X **Moissonnier,** 28 r. Fossés-St-Bernard (5e) ☎ 329.87.65 K 15
fermé août, dim. soir et lundi – **R** carte 90 à 130.

X **Étienne de Bigorre,** 14 r. Dauphine (6e) ☎ 326.49.81 – AE ◑. ✻ J 14
fermé août et dim. – **R** carte 85 à 140 ♁.

X **Au Charbon de Bois,** 16 r. Dragon (6e) ☎ 548.57.04, Ambiance début du siècle – ▤. ◑ VISA J 12
fermé dim. – **R** carte 85 à 120 ♁.

X **Chez Maître Paul,** 12 r. Monsieur-le-Prince (6e) ☎ 354.74.59 – AE ◑ VISA K 13
fermé août, dim. et lundi – **R** carte 80 à 130.

X **Moulin à Vent,** 20 r. Fossés-St-Bernard (5e) ☎ 354.99.37 – AE ◑ VISA K 15
fermé août et dim. – **R** carte 100 à 145.

X **Le Mange Tout,** 30 r. Lacépède (5e) ☎ 535.53.93 – ◑ L 15
fermé 7 août au 5 sept., lundi midi et dim. – SC : **R** carte 90 à 120.

X **Le Pralognan,** 3 r. Hautefeuille (6e) ☎ 354.35.46 – ◑ VISA K 14
fermé 30 juil. au 2 sept., sam. midi et dim. – SC : **R** carte 100 à 150.

Faubourg-St-Germain, Invalides, École Militaire.

7e arrondissement.
7e : ✉ *75007*

Pont Royal et rest. Les Antiquaires, 7 r. Montalembert ☎ 544.38.27, Télex 270113 – |‡| cuisinette TV ☎ – 25 à 50. AE ◑ VISA J 12
SC : **R** *(fermé dim.)* 140 – **76 ch** ☕ 540/740, 5 appart..

Sofitel Bourbon M, 32 r. St-Dominique ☎ 555.91.80, Télex 250019 – |‡| ▤ TV ☎ ♿ 🚗 – 30 à 50. AE ◑ E VISA H 10
SC : rest. **Le Dauphin R** carte 190 à 240 – ☕ 45 – **102 ch** 580/860.

Cayré-Copatel M sans rest, 4 bd Raspail ☎ 544.38.88, Télex 270577 – |‡| TV ☎. AE ◑ VISA. ✻ J 12
SC : **131 ch** ☕ 439/514.

Université sans rest, 22 r. Université ☎ 261.09.39 – |‡| ☎. ✻ J 12
SC : ☕ 22 – **27 ch** 220/465.

de La Bourdonnais, 111 av. La Bourdonnais ☎ 705.45.42, Télex 201416 – |‡| ☎
SC : **R** voir rest. **La Cantine des Gourmets** – **56 ch** ☕ 230/290. J 9

Suède M sans rest, 31 r. Vaneau ☎ 705.00.08, Télex 200596 – |‡| ⛀wc ⛆wc ☎. 🚗 AE. ✻ K 11
SC : **40 ch** ☕ 295/432.

De Varenne M ✿ sans rest, 44 r. Bourgogne ☎ 551.45.55 – |‡| TV ⛀wc ⛆wc ☎. 🚗 AE J 10
SC : ☕ 20 – **24 ch** 206/308.

Bourgogne et Montana, 3 r. Bourgogne ☎ 551.20.22, Télex 270854 – |‡| ⛀wc ⛆wc ☎. 🚗 AE VISA H 11
R *(fermé août, sam. et dim.)* 98 – **30 ch** ☕ 241/365, 5 appart. 495.

Saxe Résidence ✿ sans rest, 9 villa Saxe ☎ 783.98.28, Télex 270139 – |‡| TV ⛀wc ⛆wc ☎. 🚗 AE. ✻ K 9
SC : **50 ch** ☕ 312/369.

Lenox M sans rest, 9 r. Université ☎ 296.10.95 – |‡| TV ⛀wc ⛆wc ☎. 🚗 VISA J 12
SC : ☕ 17 – **34 ch** 210/330.

St-Germain sans rest, 88 r. Bac ☎ 548.62.92 – |‡| ⛀wc ⛆wc ☎. 🚗 AE. ✻ J 11
SC : ☕ 20 – **29 ch** 215/310.

Derby H. sans rest, 5 av. Duquesne ☎ 705.12.05 – |‡| ⛀wc ⛆wc ☎. 🚗 AE ◑ E J 9
SC : ☕ 18 – **33 ch** 238/260.

🏨 **Beaugency** Ⓜ sans rest, 21 r. Duvivier ☏ 705.01.63, Télex 201494 – 🛗 ⊟wc
🛁wc ☎. 🖭 𝘝𝘐𝘚𝘈. ⚡️
SC : ⊈ 20 – **30 ch** 280/400.　　　　　　　　　　　　　　　　　　J 9

🏨 **Quai Voltaire** sans rest, 19 quai Voltaire ☏ 261.50.91, ≤ – 🛗 ⊟wc 🛁wc 🕾.
🚗🚗
SC : ⊈ 20 – **33 ch** 100/300.　　　　　　　　　　　　　　　　　　J 12

🏨 **Lindbergh** sans rest, 5 r. Chomel ☏ 548.35.53 – 🛗 ⊟wc 🛁wc ☎. 🚗🚗 E 𝘝𝘐𝘚𝘈. ⚡️
⊈ 18 – **26 ch** 200/245.　　　　　　　　　　　　　　　　　　　　K 12

🏨 **Tourville** Ⓜ sans rest., 16 av. Tourville ☏ 705.52.15, Télex 250786 – 🛗 📺 ⊟wc
🛁wc 🕾. 🖭 𝘝𝘐𝘚𝘈. ⚡️
SC : ⊈ 16 – **31 ch** 190/240.　　　　　　　　　　　　　　　　　　J 9

🏠 **Solférino** sans rest, 91 r. Lille ☏ 705.85.54 – 🛗 ⊟wc 🛁wc ☎. 🚗🚗. ⚡️　　H 11
fermé 15 déc. au 3 janv. – SC : **34 ch** ⊈ 129/269.

🏠 **Mars H.** sans rest, 117 av. La Bourdonnais ☏ 705.42.30 – 🛗 ⊟wc 🛁wc 🕾. 🚗🚗.
⚡️　　　　　　　　　　　　　　　　　　　　　　　　　　　　　　　J 9
SC : ⊈ 16 – **24 ch** 97/220.

🏠 **Verneuil-St-Germain** sans rest, 8 r. Verneuil ☏ 260.24.16 – 🛗 ⊟wc 🛁wc 🕾.
🚗🚗
SC : ⊈ 16 – **26 ch** 190/230.　　　　　　　　　　　　　　　　　　J 12

🏠 **Turenne** sans rest, 20 av. Tourville ☏ 705.99.92, Télex 203407 – 🛗 ⊟wc 🛁wc 🕾.
🚗🚗 🖭
SC : **34 ch** ⊈ 156/264.　　　　　　　　　　　　　　　　　　　　J 9

🏠 **Kensington** sans rest, 79 av. La Bourdonnais ☏ 705.74.00 – 🛗 ⊟wc 🛁wc ☎.
🚗🚗 🖭 𝘝𝘐𝘚𝘈
SC : ⊈ 14 – **26 ch** 165/250.　　　　　　　　　　　　　　　　　　J 9

🏠 **Résidence d'Orsay** sans rest, 93 r. Lille ☏ 705.05.27 – 🛗 ⊟wc 🛁wc 🕾. ⚡️　H 11
fermé août – SC : ⊈ 17 – **32 ch** 125/240.

🏠 **Muguet** sans rest, 11 r. Chevert ☏ 705.05.93 – 🛗 ⊟wc 🛁wc 🕾. 🚗🚗　　　　J 9
fermé 29 juil. au 1er sept. – SC : ⊈ 16 – **43 ch** 85/180.

XXXX ✿✿✿ **Archestrate** (Senderens), 84 r. Varenne ☏ 551.47.33 – 🖭　　　　　J 10
fermé 30 juil. au 23 août, 24 déc. au 3 janv., sam. et dim. – **R** carte 285 à 355
Spéc. Raviolis de pétoncles, Dorade rôtie, Tarte aux zestes de pamplemousse.

XXX ✿ **Chez les Anges,** 54 bd Latour-Maubourg ☏ 705.89.86 – 🍽. 🖭 ⓞ E 𝘝𝘐𝘚𝘈　J 9
fermé dim. soir et lundi – **R** carte 130 à 195
Spéc. Œufs en meurette, Filet de turbot au fenouil, Foie de veau.

XXX **Chez Marius,** 5 r. Bourgogne ☏ 551.79.42　　　　　　　　　　　　　　H 11

XXX ✿ **La Bourgogne** (Julien), 6 av. Bosquet ☏ 705.96.78 – 🖭 ⓞ 𝘝𝘐𝘚𝘈　　　H 9
fermé août, sam. midi et dim. – **R** carte 130 à 185
Spéc. Salade de truffes (saison), Ris de veau aux morilles, Bouribout.

XXX ✿ **Récamier** (Cantegrit), 4 r. Récamier ☏ 548.86.58 – 🍽. 🖭 ⓞ 𝘝𝘐𝘚𝘈　　K 12
fermé dim. – **R** carte 145 à 200
Spéc. Œufs en meurette, Mousse de brochet, Sauté de bœuf bourguignon.

XXX ✿ **Les Champs d'Ors** (Cloet), 22 r. Champ-de-Mars ☏ 551.52.69　ⓞ 𝘝𝘐𝘚𝘈　J 9
fermé dim. – **R** carte 130 à 200
Spéc. Ragoût de St-Jacques (oct. à mars), Waterzooi (oct. à mars), Millefeuille.

XXX ✿ **La Flamberge** (Albistur), 12 av. Rapp ☏ 705.91.37 – 🍽. 🖭 ⓞ E 𝘝𝘐𝘚𝘈　　H 8
fermé Pâques, 10 août au 8 sept., sam. midi et dim. – SC : **R** carte 165 à 230
Spéc. Huîtres au champagne, Magret et foie de canard aux airelles, Tarte chaude aux fruits.

XXX **Chez Françoise,** Aérogare des Invalides ☏ 705.49.03 – 🖭 ⓞ 𝘝𝘐𝘚𝘈　　H 10
fermé 31 juil. au 30 août et lundi – **R** carte 95 à 140.

XX ✿ **Ferme St-Simon** (Vandenhende), 6 r. St-Simon ☏ 548.35.74 – 𝘝𝘐𝘚𝘈　　　J 11
fermé 1er au 21 août, sam. midi et dim. – **R** 120 bc (déj.) et carte 125 à 170
Spéc. Duo d'oursins en demi-glace (déc. à mars), Grillandine "Denise Fabre", Desserts.

XX ✿ **Conticini,** 4 r. Pierre-Leroux ☏ 306.09.39 – 🖭 𝘝𝘐𝘚𝘈　　　　　　　　K 11
fermé août, sam. midi et dim. – **R** carte 140 à 185
Spéc. Feuilletés d'huîtres (sept. à juin), Saumon et langouste au romarin, Aiguillettes de pigeonneau
à la purée d'ail.

XX ✿ **La Cantine des Gourmets,** 113 av. de La Bourdonnais ☏ 705.47.96 – 🖭 ⓞ
𝘝𝘐𝘚𝘈　　　　　　　　　　　　　　　　　　　　　　　　　　　　　J 9
fermé lundi midi et dim. – SC : **R** 130 (déj.) et carte 145 à 200
Spéc. Feuilleté de petits gris, Panaché de poissons, Gourmandise de pâtes fraîches.

XX **Le Galant Verre,** 12 r. Verneuil ☏ 260.84.56 – 🍽. 🖭 ⓞ 𝘝𝘐𝘚𝘈　　　　　J 12
fermé sam. midi et dim. – **R** carte 120 à 175.

XX ۞ **Le Bistrot de Paris,** 33 r. Lille ℡ 261.16.83, évocation bistrot 1900 – *VISA*   J 12
fermé sam., dim. et fêtes – **R** carte 140 à 175
Spéc. Foie de canard frais, Blanquette de joues de lotte, Ris de veau à l'oseille.

XX ۞ **Vert Bocage,** 96 bd Latour-Maubourg ℡ 551.48.64 – 🍴 🔁 ⓞ *VISA*   J 9
fermé août, sam. et dim. – **R** carte 130 à 185
Spéc. Tarte à la tomate, Turbot au beurre blanc, Ris de veau normande.

XX **Antoine et Antoinette,** 16 av. Rapp ℡ 551.75.61 – 🔁 ⓞ *VISA*   H 8
fermé 15 avril au 15 mai, sam. et dim. – **R** carte 100 à 160.

XX **Le Bellecour,** 22 r. Surcouf ℡ 551.46.93 – 🔁 ⓞ 🄴 *VISA*   H 9
fermé 15 août au 1er sept., sam. sauf le soir du 1er oct. au 1er juin et dim. – **R** carte 120 à 185.

XX **Aux Délices de Szechuen,** 40 av. Duquesne ℡ 306.22.55 – 🔁 *VISA*   K 10
fermé août et lundi – **R** carte 75 à 120 ♨.

XX **Le Petit Laurent,** 38 r. Varenne ℡ 548.79.64 – 🔁 ⓞ   J 11
fermé 7 au 28 août, sam. et dim. – **R** carte 110 à 150.

XX ۞ **La Boule d'Or,** 13 bd Latour-Maubourg ℡ 705.50.18 – 🍴 🔁 ⓞ *VISA*   H 10
fermé août, sam. midi et lundi – **R** carte 120 à 175
Spéc. Foie gras de canard, Montgolfière de turbot aux petits légumes, Soufflé au citron.

XX **La Calèche,** 8 r. Lille ℡ 260.24.76 – 🔁 ⓞ *VISA*   J 12
fermé 7 au 31 août, sam. et dim. – **SC : R** carte 115 à 160.

XX **Les Glénan,** 54 r. de Bourgogne ℡ 551.61.09   J 10
fermé août, 1er au 10 janv., sam., dim. et fêtes – **R** carte 120 à 170.

XX **La Fontaine aux Carmes,** 124 r. Grenelle ℡ 551.77.23 – 🔁   J 11
fermé août, vend. soir et sam. – **R** carte 120 à 170.

XX **Chez Ribe,** 15 av. Suffren ℡ 566.53.79 – 🔁 ⓞ 🄴 *VISA*   J 7
fermé août, sam. et dim. – **R** carte 120 à 190.

XX **Le Champ de Mars,** 17 av. Motte-Picquet ℡ 705.57.99 – ⓞ *VISA*   J 9
fermé 14 juil. au 15 août et lundi – **R** carte 85 à 135.

XX ۞ **Gildo** (Bellini), 153 r. Grenelle ℡ 551.54.12 – 🍴   J 9
fermé Pâques, Pentecôte, 14 juil. au 1er sept., vacances de Noël, dim. et lundi – **R** carte 100 à 140
Spéc. Scampi fritti, Pâtes au gorgonzola et basilic, Filet alla carpaccio.

XX **Quai d'Orsay,** 49 quai d'Orsay ℡ 551.58.58 – 🍴 🔁 ⓞ 🄴   H 9
fermé août et dim. – **R** carte 145 à 195.

X ۞ **Pantagruel** (Israël), 20 r. Exposition ℡ 551.79.96 – 🔁 ⓞ *VISA*   J 9
fermé août, sam. midi et dim. – **SC : R** carte 120 à 180
Spéc. Soufflé aux oursins (nov. à mars), Foie chaud de canard, Noisettes de chevreuil grand veneur (oct. à mars).

X **Tan Dinh,** 60 r. Verneuil ℡ 544.04.84   J 12
fermé août et dim. – **R** carte 75 à 115.

X **Délices St André,** 2 r. Sédillot ℡ 551.95.82 – 🔁 ⓞ *VISA*   H 8
fermé août, sam. et dim. – **R** carte 100 à 160.

X **La Chaumière,** 35 r. Beaune ℡ 261.26.09   J 12
fermé juil., sam. et dim. – **SC : R** carte environ 95.

X **Aub. Champ de Mars,** 18 r. Exposition ℡ 551.78.08 – 🔁 *VISA*   J 9
fermé 7 au 28 août et dim. – **R** carte 80 à 125 ♨.

Champs-Élysées, St-Lazare, Madeleine.

8e arrondissement.
8e : ⊠ 75008

🏨🏨🏨🏨 **Plaza-Athénée,** 25 av. Montaigne ℡ 723.78.33, Télex 650092 – 🛗 🔁 📺 ☎ – 🔬   G 9
30. 🔁 ⓞ 🄴 🍴 rest
R voir rest. **Régence Plaza et Relais Plaza** – ☲ 55 – **180 ch** 820/1 790, 38 appart.

🏨🏨🏨🏨 **Crillon,** 10 pl. Concorde ℡ 296.10.81, Télex 290204 – 🛗 🔁 📺 ☎ ᦞ – 🔬 80. 🔁   G 11
ⓞ *VISA*
SC : R voir rest. ci-après – ☲ 51 – **159 ch** 960/1 222, 46 appart.

🏨🏨🏨🏨 **Bristol,** 112 fg St-Honoré ℡ 266.91.45, Télex 280961, 🔲 – 🛗 🔁 📺 ☎ 🅿 – 🔬   F 10
40 à 400. 🔁 ⓞ 🄴 *VISA*
SC : R voir rest **Bristol** – ☲ 55 – **201 ch** 930/1 500, 40 appart.

🏨🏨🏨🏨 **George V,** 31 av. George-V ℡ 723.54.00, Télex 650082 – 🛗 🔁 📺 ☎ ᦞ – 🔬   G 8
1 000. 🔁 ⓞ 🄴 *VISA*, 🍴 rest
rest. **Les Princes R** carte 205 à 280 – ☲ 45 – **236 ch** 840/1 450, 56 appart.

🏨🏨🏨 **Nova Park,** 51 r. François 1er ℡ 562.63.64, Télex 643189, aménagements très modernes, 🔲 – 🛗 🔳 📺 ☎ 🚗 – 🅰 40. 🆎 ⓪ 🅴 𝖵𝖨𝖲𝖠
　　SC : **R** voir rest. **Les Élysées et Paris Match R** carte 115 à 150 – ⊐ 50 – **16 ch** 1 186/1 500, 57 appartements.　　　　　　　　　　　　　　　　　G 9

🏨🏨🏨 **Prince de Galles,** 33 av. George-V ℡ 723.55.11, Télex 280627 – 🛗 📺 ☎ ⅙ – 🅰 40 à 200. 🆎 ⓪ 🅴 𝖵𝖨𝖲𝖠
　　SC : **R** carte 160 à 220 – ⊐ 50 – **160 ch** 972/1 452, 39 appart.　　　　　　　G 8

🏨🏨 **Warwick** M, 5 r. Berri ℡ 563.14.11, Télex 642295 – 🛗 🔳 📺 ☎ 🚗 – 🅰 120. 🆎 ⓪ 🅴 𝖵𝖨𝖲𝖠
　　SC : **R** carte 150 à 210 – ⊐ 45 – **142 ch** 720/900, 5 appart.　　　　　　　　　F 9

🏨🏨 **La Trémoille,** 14 r. La Trémoille ℡ 723.34.20, Télex 640344 – 🛗 📺 ☎. 🆎 ⓪ 🅴 𝖵𝖨𝖲𝖠
　　R carte 125 à 160 – ⊐ 40 – **99 ch** 700/960, 13 appart.　　　　　　　　　　　G 9

🏨🏨 Lancaster, 7 r. Berri ℡ 359.90.43, Télex 640991 – 🛗. 🆎 🅴
　　R (fermé sam. soir et dim. soir) carte 145 à 210 – **57 ch**, 10 appart.　　　　　F 9

🏨🏨 **San Regis** sans rest, 12 r. Jean-Goujon ℡ 359.41.90 – 🛗 ☎. 🆎. 𝒮𝒮
　　SC : ⊐ 33 – **31 ch** 405/600, 12 appart.　　　　　　　　　　　　　　　　　G 9

🏨🏨 **Royal Monceau,** 35 av. Hoche ℡ 561.98.00, Télex 650361, 🌳 – 🛗 📺 ☎ ⅙ – 🅰 600. 🆎 ⓪ 🅴. 𝒮𝒮 rest
　　SC : **Le Royal R** carte 185 à 250 – ⊐ 48 – **200 ch** 790/1 100, 25 appart.　　E 8

🏨🏨 **Frantel-Windsor** M, 14 r. Beaujon ℡ 563.04.04, Télex 650902 – 🛗 🔳 rest 📺 ☎ – 🅰 120. 🆎 ⓪ 🅴 𝖵𝖨𝖲𝖠
　　SC : rest. **Le Clovis** (fermé août, sam. et dim.) **R** carte 150 à 210 – ⊐ 35 – **135 ch** 588/727.　　　　　　　　　　　　　　　　　　　　　　　　　　　　　　　F 8

🏨🏨 **Claridge Bellman** M, 37 r. François 1er ℡ 723.90.03, Télex 641150, « Beau mobilier ancien » – 🛗 🔳 rost 📺 ☎. 🆎 🅴
　　SC : **R** (fermé sam. soir et dim.) carte 135 à 195 – ⊐ 36 – **42 ch** 465/635.　　G 9

🏨🏨 **Napoléon,** 40 av. Friedland ℡ 766.02.02, Télex 640609 – 🛗 📺 ☎ – 🅰 30 à 100. 🆎 ⓪ 🅴
　　SC : **R** voir rest. Napoléon Baumann – ⊐ 30 – **140 ch** 480/690, 32 appart.　　F 8

🏨🏨 **California,** 16 r. Berri ℡ 359.93.00, Télex 660634 – 🛗 📺 ☎ – 🅰 70 à 150. 🆎 ⓪ 🅴 𝖵𝖨𝖲𝖠
　　SC : **188 ch** ⊐ 540/740.　　　　　　　　　　　　　　　　　　　　　　　F 9

🏨🏨 **Château Frontenac,** 54 r. P.-Charron ℡ 723.55.85, Télex 660994 – 🛗 📺 ☎ – 🅰 25. 🆎 ⓪ 𝖵𝖨𝖲𝖠. 𝒮𝒮
　　SC : **R** (fermé dim.) 150 – ⊐ 32 – **101 ch** 480/670.　　　　　　　　　　　G 9

🏨🏨 **Concorde-St-Lazare,** 108 r. St-Lazare ℡ 294.22.22, Télex 650442 – 🛗 📺 ☎ – 🅰 100. 🆎 🅴 𝖵𝖨𝖲𝖠
　　SC : **Café Terminus R** carte environ 120 🍷 – ⊐ 30 – **324 ch** 495/640.　　　E 12

🏨🏨 **Bedford,** 17 r. Arcade ℡ 266.22.32, Télex 290506 – 🛗 📺 ☎ ⅙ – 🅰 80. 🅴 𝖵𝖨𝖲𝖠 𝒮𝒮 rest
　　SC : **R** (fermé août, sam. et dim.) (déj. seul.) 100 bc – **147 ch** ⊐ 310/440, 10 appart. 700.　　　　　　　　　　　　　　　　　　　　　　　　　　　　　　　　F 11

🏨🏨 **Queen Elizabeth,** 41 av. Pierre-1er-de-Serbie ℡ 720.80.56, Télex 641179 – 🛗 📺 ☎ – 🅰 25. 🆎 ⓪ 🅴 𝖵𝖨𝖲𝖠
　　SC : **R** (fermé dim. et le soir en sem.) 60 bc – ⊐ 35 – **60 ch** 490/600, 6 appart. 700/800.　　　　　　　　　　　　　　　　　　　　　　　　　　　　　　　G 8

🏨🏨 **Castiglione,** 40 r. Fg-St-Honoré ℡ 265.07.50, Télex 240362 – 🛗 📺 ☎ – 🅰 30. 🆎 🅴
　　SC : **R** (fermé sam. et dim.) carte 140 à 195 - **Grill** (fermé sam. soir et dim. soir) **R** carte environ 110 – **85 ch** ⊐ 547/734, 15 appartements.　　　　　　G 11

🏨🏨 **Etap St-Honoré** M sans rest, 15 r. Boissy d'Anglas ℡ 266.93.62, Télex 240366 – 🛗 📺 ☎ – 🅰 40. 🆎 ⓪ 🅴 𝖵𝖨𝖲𝖠
　　SC : ⊐ 21 – **104 ch** 320/380, 8 appart. 594.　　　　　　　　　　　　　　G 11

🏨🏨 **Roblin et rest. Le Mazagran,** 6 r. Chauveau-Lagarde ℡ 265.57.00, Télex 640154 – 🛗 ☎. 🆎 ⓪
　　R (fermé août, sam. et dim.) carte 115 à 155 - **Grill R** carte environ 110 – **70 ch** ⊐ 310/450.　　　　　　　　　　　　　　　　　　　　　　　　　　　　　　F 11

🏨🏨 **Résidence Champs-Elysées** M sans rest, 92 r. La Boétie ℡ 359.96.15, Télex 650695 – 🛗 📺 ☎. 🆎 ⓪ 🅴 𝖵𝖨𝖲𝖠
　　SC : ⊐ 31 – **85 ch** 407/551.　　　　　　　　　　　　　　　　　　　　　F 9

🏨🏨 **Vernet,** 25 r. Vernet ℡ 723.43.10, Télex 290347 – 🛗. 🆎 ⓪ 🅴 𝖵𝖨𝖲𝖠. 𝒮𝒮 rest　　F 8
　　SC : **R** (fermé août, sam. et dim.) 170 – **63 ch** ⊐ 580/780.

🏨🏨 **Celtic,** 6 r. Balzac ℡ 563.28.34, Télex 290298 – 🛗 📺 ☎ – 🅰 60. 🆎 ⓪ 🅴 𝖵𝖨𝖲𝖠　F 8
　　SC : **R** (fermé dim.) carte 100 à 140 – ⊐ 30 – **80 ch** 295/710.

🏨🏨 **P.L.M. Royal-Madeleine** sans rest, 29 r. Arcade ℡ 266.13.81, Télex 641458 – 🛗 📺 ☎. 🆎 ⓪ 𝖵𝖨𝖲𝖠. 𝒮𝒮
　　SC : ⊐ 35 – **70 ch** 515/660.　　　　　　　　　　　　　　　　　　　　　F 11

823

🏨 **Printemps et rest. Chez Martin,** 1 r. Isly ℡ 261.82.14, Télex 290744 – 📶 📺 ☎
– 🛗 30. 🝙   F 12
SC : **R** *(fermé dim.)* 72 bc/40 🍷 – 🖙 19 – **66 ch** 238/486.

🏨 **Elysées-Marignan** sans rest, 12 r. Marignan ℡ 359.58.61, Télex 660018 – 📶 📺
☎ 🆎 ⓪ 🝙 *VISA*   G 9
SC : **71 ch** 🖙 445/585.

🏨 **Royal H.,** 33 av. Friedland ℡ 359.08.14, Télex 280965 – 📶 📺 ☎. 🆎 ⓪ 🝙 *VISA* 🎇
SC : 🖙 20 – **57 ch** 297/385.   F 8

🏨 **Powers** sans rest, 52 r. François-1er ℡ 723.91.05, Télex 642051 – 📶 📺 🆎 *VISA*
SC : 🖙 21 – **54 ch** 280/430, 3 appart. 460.   G 9

🏨 **Bradford** sans rest, 10 r. St-Philippe-du Roule ℡ 359.24.20 – 📶 🎇   F 9
SC : **48 ch** 🖙 257/335.

🏨 **Alison** Ⓜ sans rest, 21 r. Surène ℡ 265.54.00, Télex 640435 – 📶 📺 🚽wc 🛁wc
☎. 🛜 🆎 ⓪ 🝙 *VISA*. 🎇   F 11
SC : 🖙 18 – **35 ch** 210/320.

🏨 **L'Arcade** sans rest, 7 r. Arcade ℡ 265.43.85 – 📶 📺 🚽wc ☎. 🛜   F 11
SC : **47 ch** 🖙 220/290.

🏨 **St Augustin** sans rest, 9 r. Roy ℡ 293.32.17, Télex 641919 – 📶 📺 🚽wc 🛁wc ☎.
🛜 🆎 ⓪ 🝙 *VISA*   F 11
SC : **62 ch** 🖙 300/410.

🏨 **Angleterre-Champs-Élysées** Ⓜ sans rest, 91 r. La Boétie ℡ 359.35.45, Télex
640317 – 📶 📺 🚽wc 🛁wc ☎. 🛜 🆎 ⓪   F 9
SC : **40 ch** 🖙 218/340.

🏨 **Rochambeau-Copatel** sans rest, 4 r. La Boétie ℡ 265.27.54, Télex 640030 – 📶 📺
🚽wc 🛁wc ☎   F 11
49 ch.

🏨 **Résidence Saint-Philippe** sans rest, 123 r. Fg-St-Honoré ℡ 359.86.99 – 📶 📺
🚽wc 🛁wc ☎. 🛜. 🎇   F 9-10
SC : **38 ch** 🖙 264/372.

🏨 **Concortel** sans rest, 19 r. Pasquier ℡ 265.45.44, Télex 660228 – 📶 📺 🚽wc
🛁wc ☎. 🛜 🆎 ⓪   F 11
SC : 🖙 20 – **38 ch** 280/320, 8 appart. 420.

🏨 **Royal Alma** sans rest, 35 r. Jean-Goujon ℡ 225.83.30, Télex 641428 – 📶 🚽wc
🛁wc ☎. 🛜 🆎. 🎇   G 9
SC : 🖙 20 – **83 ch** 415/520.

🏨 **Franklin Roosevelt** sans rest, 18 r. Clément-Marot ℡ 723.61.66, Télex 614797 –
📶 📺 🚽wc 🛁wc ☎. 🛜 🆎 *VISA*. 🎇   G 9
SC : **45 ch** 🖙 332/350.

🏨 **Colisée** Ⓜ sans rest, 6 r. Colisée ℡ 359.95.25, Télex 643101 – 📶 📺 🚽wc ☎.
🛜 🆎 ⓪ 🝙 *VISA*   F 9
SC : **44 ch** 🖙 310/415.

🏨 **Rond-Point des Champs-Elysées** sans rest, 10 r. Ponthieu ℡ 359.55.58 – 📶
📺 🚽wc 🛀. 🛜 🆎 ⓪ 🝙 *VISA*. 🎇   F 10
SC : **46 ch** 🖙 284/379.

🏨 **Brescia** Ⓜ sans rest, 16 r. Edimbourg ℡ 522.14.31, Télex 660714 – 📶 📺 🚽wc
🛁wc ☎. 🛜 🆎 ⓪ 🝙 *VISA*. 🎇   E 11
SC : 🖙 15 – **38 ch** 155/220.

🏨 **Washington** sans rest, 43 r. Washington ℡ 561.10.76 – 📶 📺 🚽wc 🛁wc ☎.
🛜 🆎 *VISA*. 🎇   F 9
SC : 🖙 16 – **23 ch** 150/250.

🏨 **West End** sans rest, 7 r. Clément-Marot ℡ 720.30.78 – 📶 📺 🚽wc ☎ ♿. 🛜
🆎 *VISA*   G 9
SC : **60 ch** 🖙 330/380.

🏨 **Queen Mary** sans rest, 9 r. Greffulhe ℡ 266.40.50, Télex 640419 – 📶 🚽wc 🛁wc
☎. 🛜. 🎇   F 12
SC : 🖙 22 – **36 ch** 225/330.

🏨 **Atlantic** sans rest, 44 r. Londres ℡ 387.45.40, Télex 650477 – 📶 🚽wc 🛁wc ☎.
🛜 🆎 *VISA*. 🎇   E 12
SC : 🖙 17 – **93 ch** 183/261.

🏨 **Lido** sans rest, 4 passage Madeleine ℡ 266.27.37 – 📶 🚽wc 🛁wc 🛀. 🛜 🆎
🎇   F 11
SC : **29 ch** 🖙 138/300.

🏨 **Opal** sans rest, 19 r. Tronchet ℡ 265.77.97 – 📶 📺 🚽wc 🛁wc ☎. 🛜 🆎 *VISA* F 12
SC : 🖙 18 – **36 ch** 245/335.

🏨 **Élysées** sans rest, 100 r. La Boétie ℡ 359.23.46 – 📶 📺 🚽wc 🛁wc 🛀. 🆎 ⓪ 🝙
VISA 🎇   F 9
SC : **30 ch** 🖙 264/301.

🏨 **Lord Byron** sans rest, 5 r. Chateaubriand ☎ 359.89.98, 🏛 – 🛗 📺 ➘wc ☎.
🖧. ⚄
SC : ⊑ 18,50 – **16 ch** 286, 10 appart. 380/500.
F 9

🏨 **Ministère** sans rest, 31 r. Surène ☎ 266.21.43 – 🛗 ➘wc 🝙wc ☎. 🖧
SC/300.
F 11

🏨 **Lavoisier-Malesherbes** sans rest, 21 r. Lavoisier ☎ 265.10.97 – 🛗 ➘wc 🝙wc
☎. 🖧. ⚄
SC : ⊑ 14 – **32 ch** 168/220.
F 11

🏨 **Ouest H.** sans rest, 3 r. Rocher ☎ 387.57.49 – 🛗 ➘wc 🝙wc ☎. 🖧. ⚄
SC : ⊑ 15 – **58 ch** 130/260.
EF 11

XXXXX ❀❀ **Lasserre,** 17 av. Franklin-D.-Roosevelt ☎ 359.53.43, Toit ouvrant – 🍽. ⚄
fermé 31 juil. au 29 août, dim. et lundi – **R** carte 250 à 350
Spéc. Filet de turbot fouesnantaise, Cassolette de ris de veau, Ailes de pigeon en salmis.
G 10

XXXXX ❀❀ **Laurent,** 41 av. Gabriel ☎ 359.14.49 – 🆎 ① 🆅🆂🅰. ⚄
fermé sam. midi , dim. et fêtes – **R** 180 (déj.) et carte 215 à 360
Spéc. Salade de langoustines, Canard nantais aux fruits, Fondant de chocolat au coulis de café.
G 11

XXXXX ❀❀ **Ledoyen,** carré Champs-Élysées ☎ 266.54.77 – ℗
fermé au 30 août et dim. – **R** carte 195 à 275
Spéc. Terrine de mer aux aiguillettes de homard, Suprême de faisan (oct. à mi-janv.), Mignon
d'agneau.
G 10

XXXXX ❀❀ **Taillevent,** 15 r. Lamennais ☎ 561.12.90 – 🍽. ⚄
fermé 26 mars au 4 avril, 23 juil. au 23 août, sam., dim. et fériés – **R** carte 190 à 245
Spéc. Cervelas de fruits de mer, Salmis de pigeon au chou vert, Soufflé à l'eau de vie de pêche.
F 9

XXXXX ❀ **Régence Plaza,** 25 av. Montaigne ☎ 723.78.33 – 🆎 ① 🅴. ⚄
fermé Noël au Jour de l'An – **R** carte 230 à 295
Spéc. Sole Reine Astrid, Suprême de volaille Montaigne, Trois mignons aux mousselines de légumes.
G 9

XXXXX ❀ **Crillon,** 10 pl. Concorde ☎ 296.10.81, « cadre 18ᵉ s. » – 🆎 ① 🆅🆂🅰. ⚄
R carte 230 à 315
Spéc. Foie gras frais au torchon, Petite soupe de poissons de roche, Fondant au chocolat.
G 11

XXXXX ❀ **Lucas-Carton,** 9 pl. Madeleine ☎ 265.22.90, « Authentique décor 1900 » –
℗. 🆎 ① 🅴 🆅🆂🅰
R 180 (déj.) et carte 165 à 270
Spéc. Cassolette de queues d'écrevisses, Rognon flambé, Abricot Marie-Louise.
G 11

XXXXX ❀ **Bristol,** 112 r. fg St-Honoré ☎ 266.91.45 – ℗. 🆎 ① 🅴 🆅🆂🅰. ⚄
SC : **R** carte 235 à 285
Spéc. Salade landaise, Escalope de turbot au sauternes, Suprême de volaille et rognons au paprika.
F 10

XXXX ❀ **Lamazère,** 23 r. Ponthieu ☎ 359.66.66 – 🍽. 🆎 ① 🅴 🆅🆂🅰. ⚄
fermé août et dim. – **R** carte 210 à 300
Spéc. Truffe Lamazère, St-Jacques à la nage (oct. à fin avril), Cassoulet aux trois confits.
F 9

XXXX ❀❀ **La Marée,** 1 r. Daru ☎ 763.52.42 – 🍽. 🆎 ①
fermé 22 juil. au 30 août, sam. et dim. – **R** carte 190 à 260
Spéc. Belons au Champagne, Selle d'agneau en croquemitoufle, Pâtisseries.
E 8

XXXX ❀ **Les Élysées,** 51 r. François 1ᵉʳ ☎ 562.63.64 – 🍽. ℗. 🆎 ① 🅴 🆅🆂🅰
SC : **R** 195 (déj.) et carte 230 à 330
Spéc. Crêpes soufflées au caviar, Blanc de turbot à la moëlle, Filet de veau aux échalotes confites.
G 9

XXXX ❀ **Fouquet's,** 99 av. Champs-Élysées ☎ 723.70.60 – 🆎 ① 🆅🆂🅰
R (1ᵉʳ étage) *(fermé août dim. et lundi)* carte 160 à 240
Spéc. Emincé de turbot aux poireaux confits et truffes, Merlan Colbert, Pavé de foie de veau au miel.
F 8

XXX ❀❀ **Chiberta,** 3 r. Arsène-Houssaye ☎ 563.77.90 – 🍽. 🆎 ① 🆅🆂🅰
fermé août, Noël-Jour de l'An, sam., dim. et fériés – **R** carte 180 à 235
Spéc. Escalope à l'émincé de céleris, Jardinière de homard, Aumônière de volaille.
F 8

XXX **Napoléon Baumann,** 38 av. Friedland ☎ 227.99.50 – 🍽. 🆎 ① 🅴 🆅🆂🅰
R carte 140 à 210 ♨.
F 8

XXX **Au Vieux Berlin,** 32 av. George-V ☎ 720.88.96 – 🍽. 🆎 ①
fermé sam. et dim. – **R** carte 110 à 180.
G 8

XXX ❀ **Copenhague,** 142 Champs-Élysées ☎ 359.20.41 – 🍽. 🆎 ① 🅴 🆅🆂🅰
R *(fermé 31 juil. au 31 août, 1ᵉʳ au 8 janv., dim. et fêtes)* carte 130 à 200 ⚄ – **Flora
Danica R** carte 110 à 165
Spéc. Saumon mariné à l'aneth, Canard salé à la danoise, Filets de renne aux navets.
F 8

XXX ❀ **Marius et Janette,** 4 av. George-V ☎ 723.41.88 – 🆅🆂🅰
fermé août, 24 déc. au 2 janv., sam. et dim. – **R** carte 165 à 260
Spéc. Bouillabaisse, Loup grillé, St-Jacques ''Soubise'' (d'oct. au 15 avril).
G 8

825

XXX **Relais-Plaza,** 21 av. Montaigne ℡ 723.46.36 – ▤. AE ◑ E. ✗ G 9
fermé août – **R** carte 165 à 230.

XXX **Indra,** 10 r. Cdt-Rivière ℡ 359.46.40 – AE ◑ E VISA F 9
fermé sam. midi et dim. – SC : **R** carte 85 à 135.

XXX **Chez Vong,** 27 r. Colisée ℡ 359.77.12 – AE ◑ VISA F 10
fermé dim. – **R** carte 110 à 150.

XX ✿ **Le Petit Montmorency** (Bouché), 5 r. Rabelais ℡ 225.11.19 – ▤. VISA. ✗ F 10
fermé août, sam. et dim. – SC : **R** carte 180 à 235
Spéc. Foie gras de canard, Soufflé au chocolat.

XX ✿ **La Dariole** (Drouelle), 49 r. Colisée ℡ 225.66.76 – AE VISA F 10
fermé sam. sauf le soir du 4 sept. au 1er mai, dim. et fêtes – SC : **R** carte 150 à 210
Spéc. Salade de caille et foie gras, Noix de St-Jacques (saison), Panaché de poissons au basilic.

XX **Ruc,** 2 r. Pépinière ℡ 522.66.70 – ▤. AE ◑ E VISA F 11
fermé août – **R** (1er étage) carte 135 à 190.

XX **Les Trois Moutons,** 63 av. F.-D.-Roosevelt ℡ 225.26.95 – ▤. AE ◑ VISA F 10
SC : **R** 130 bc/197 bc.

XX **Tong Yen,** 1 bis r. Jean-Mermoz ℡ 225.04.23 – ▤. AE ◑ E VISA F 10
fermé 1er au 28 août – **R** carte 100 à 150.

XX **St Germain,** 74 av. Champs-Elysées ℡ 563.55.45 – Ⓟ. AE ◑ E VISA G 9
fermé sam., dim. et fêtes – **R** carte 125 à 155.

XX **Chez Max,** 19 r. Castellane ℡ 265.33.81 – VISA F 11
fermé août, 24 déc. au 2 janv., jeudi soir, sam., dim. et fériés – **R** carte 120 à 180.

XX **Androuët,** 41 r. Amsterdam ℡ 874.26.93 – AE ◑ VISA E 12
fermé dim. et fêtes – **R** carte 105 à 150.

XX **Annapurna,** 32 r. Berri ℡ 563.91.56 – AE ◑ F 9
fermé sam. midi et dim. – **R** carte environ 110.

XX **Stresa,** 7 r. Chambiges ℡ 723.51.62 – AE ◑ G 9
fermé août, 18 déc. au 5 janv., sam. soir, dim. et fêtes – **R** carte 120 à 190.

XX **Le Sarladais,** 2 r. Vienne ℡ 522.23.62 – ▤. AE E VISA E 11
fermé 14 juil. au 15 août, sam. midi, dim. et fériés – **R** carte 100 à 140.

XX **Artois,** 13 r. Artois ℡ 225.01.10 F 9
fermé 14 juil. au 12 sept., sam. et dim. – **R** (prévenir) carte 80 à 145.

XX **Le Bonaventure,** 35 r. J. Goujon ℡ 225.02.58 – AE VISA. ✗ G 9
fermé sam. midi et dim. – **R** carte 115 à 150.

XX **Chez Bosc,** 7 r. Richepanse ℡ 260.10.27 G 12
fermé août, sam., dim. et fériés – **R** carte 120 à 170.

XX **Le Manoir Normand,** 77 bd Courcelles ℡ 227.38.97 – AE ◑ E VISA E 8
fermé août et sam. midi – **R** carte 90 à 150.

X **La Barrière des Champs,** 18 av. F. Roosevelt ℡ 562.08.37 – AE VISA F 10
R carte 100 à 150.

X **André,** 12 r. Marbeuf ℡ 720.59.57 G 9
fermé 1er au 28 août et mardi – **R** carte 85 à 120.

X **Le Capricorne,** 81 r. Rocher ℡ 522.64.99 E 10-11
fermé 2 au 10 avril, 30 juil. au 6 sept., sam. et dim. – **R** carte 60 à 100.

Opéra, Gare du Nord, Gare de L'Est, Grands Boulevards.

9e et 10e arrondissements.
9e : ✉ 75009
10e : ✉ 75010

Le Gd Hôtel, 2 r. Scribe (9e) ℡ 260.33.50, Télex 220875 – |$| TV ☎ ♿ – 🏛 25 à 600. AE ◑ E VISA. ✗ rest F 12
SC : **Salons Ravel** *(fermé août)* **R** (déj. seul) 150 bc et voir **Café de la Paix** – **560 ch** ☕ 680/955, 20 appart..

Scribe M, 1 r. Scribe (9e) ℡ 742.03.40, Télex 214653 – |$| ▤ TV ☎ ♿ – 🏛 150. AE ◑ E VISA F 12
SC : **R** carte 145 à 210 – ☕ 50 – **206 ch** 785/1 200, 11 appart.

Ambassador-Concorde, 16 bd Haussmann (9e) ℡ 246.92.63, Télex 650912 – |$| TV ☎ ♿ – 🏛 30. AE ◑ VISA. ✗ F 13
SC : **R** *(fermé juil. et 6 au 26 déc.)* 125/140 – **300 ch** ☕ 580/700, 4 appart.

Commodore, 12 bd Haussmann (9e) ℡ 246.72.82, Télex 280601 – |$| ▤ rest TV ☎ ♿. AE ◑ E VISA. ✗ rest F 13
SC : **R** carte environ 105 – ☕ 30 – **153 ch** 500/570, 11 appart.

🏨🏨 **Terminus Nord** sans rest, 12 bd Denain (10e) ☎ 280.20.00, Télex 660615 – 🔲 📺
☎ ⅙ – 🏛 40. 🖭 ⓞ Ε VISA. ❄
SC : **230 ch** �Z 230/397.
E 15-16

🏨🏨 **Blanche Fontaine** ॐ sans rest, 34 r. Fontaine (9e) ☎ 526.72.32, Télex 660311 –
📶 📺 ⇦. 🖭. ❄
SC : **49 ch** ⊐ 195/285, 4 appart..
D 13

🏨🏨 **Astra** sans rest, 29 r. Caumartin (9e) ☎ 266.15.15, Télex 210408 – 📶 ☎. 🖭 ⓞ Ε
VISA
SC : **85 ch** ⊐ 310/460.
F 12

🏨🏨 **Carlton's H.** sans rest, 55 bd Rochechouart (9e) ☎ 281.91.00, Télex 640649 – 📶
☎. 🖭 ⓞ Ε VISA. ❄
SC : **100 ch** ⊐ 270/320, 6 appart. 408/456.
D 14

🏨🏨 **Franklin et du Brésil**, 19 r. Buffault (9e) ☎ 280.27.27, Télex 640988 – 📶 📺 ☎.
🖭 ⓞ Ε VISA. ❄ rest
E 14
Les Années Folles (fermé août, sam., dim. et fériés) **R** 100/200 – **65 ch** ⊐ 395/475.

🏨🏨 **St-Pétersbourg** sans rest, 33 r. Caumartin (9e) ☎ 266.60.38, Télex 680001 – 📶
📺 ☎. 🖭 ⓞ VISA
SC : **120 ch** ⊐ 270/416.
F 12

🏨 **Paris Est** M sans rest, cour d'Honneur (10e) ☎ 241.00.33 – 📶 ⇦wc 🗍wc ⇦. VISA
SC : ⊐ 16,50 – **31 ch** 176/363.
E 16

🏨 **Gisendre** M sans rest, 6 r. Fromentin (9e) ☎ 280.36.86 – 📶 📺 ⇦wc 🗍wc ⇦.
⇦ 🖭 ⓞ Ε VISA
SC : ⊐ 18 – **32 ch** 200/235.
D 13

🏨 **Caumartin** sans rest, 27 r. Caumartin (9e) ☎ 742.95.95, Télex 680702 – 📶 📺
⇦wc 🗍wc ☎. ⇦ 🖭 ⓞ Ε VISA
SC : **40 ch** ⊐ 390/440.
F 12

🏨 **Chamonix** M sans rest, 8 r. d'Hauteville (10e) ☎ 770.19.49, Télex 641177 – 📶
⇦wc 🗍wc ⇦. ⇦ 🖭 ⓞ Ε. ❄
SC : ⊐ 20 – **35 ch** 341/473.
F 15

🏨 **Moris** M sans rest, 13 r. R.-Boulanger (10e) ☎ 607.92.08, Télex 212024 – 📶 📺
⇦wc 🗍wc ☎. ⇦ 🖭 ⓞ Ε VISA. ❄
SC : ⊐ 18 – **48 ch** 280/320.
G 16

🏨 **Florida** sans rest, 7 r. Parme (9e) ☎ 874.47.09, Télex 640410 – 📶 📺 ⇦wc 🗍wc
☎. ⇦ 🖭 ⓞ VISA
SC : **34 ch** ⊐ 270/340.
D 12

🏨 **Amiot** sans rest, 76 bd Strasbourg (10e) ☎ 607.57.17 – 📶 📺 ⇦wc 🗍wc ⇦. 🖭 Ε
VISA
SC : ⊐ 18 – **68 ch** 160/230.
E 16

🏨 **Capucines** sans rest, 6 r. Godot de Mauroy (9e) ☎ 742.06.37 – 📶 ⇦wc 🗍wc ☎.
⇦
SC : ⊐ 16,50 – **45 ch** 100/210.
F 12

🏨 **London Palace** sans rest, 32 bd Italiens (9e) ☎ 824.54.64, Télex 642360 – 📶
⇦wc 🗍 ⇦. ⇦ Ε. ❄
SC : ⊐ 17,50 – **49 ch** 200/290.
F 13

🏨 **Hélios** sans rest, 75 r. Victoire (9e) ☎ 874.28.64, Télex 641255 – 📶 ⇦wc 🗍wc ⇦
⅙. ⇦ 🖭 ⓞ VISA
SC : ⊐ 20,50 – **51 ch** 212/253.
F 13

🏨 **Gare du Nord** sans rest, 33 r. St-Quentin (10e) ☎ 878.02.92, Télex 642415 – 📶
⇦wc 🗍wc ⇦. ⇦ 🖭 Ε. ❄
SC : ⊐ 17,50 – **49 ch** 143/290.
E 16

🏨 **Modern' Est** sans rest, 91 bd Strasbourg (10e) ☎ 607.24.72 – 📶 ⇦wc 🗍wc ☎.
❄
SC : ⊐ 17 – **30 ch** 210/240.
E 16

🏨 **Morny** sans rest, 4 r. Liège (9e) ☎ 285.47.92, Télex 660822 – 📶 📺 ⇦wc 🗍wc ☎.
⇦ 🖭 ⓞ Ε VISA
SC : **42 ch** ⊐ 317/361.
E 12

🏨 **Mondial** ॐ sans rest, 5 cité Bergère (9e) ☎ 770.55.56, Télex 642308 – 📶 ⇦wc
🗍wc ☎. ⇦ 🖭 ⓞ Ε. ❄
SC : ⊐ 16,50 – **60 ch** 163/259.
F 14

🏨 **Résidence Mauroy** M sans rest, 11 bis r. Godot-de-Mauroy (9e) ☎ 742.50.78 –
📶 📺 ⇦wc 🗍wc ⇦. ⇦ 🖭 ⓞ Ε VISA
F 12
fermé août – SC : ⊐ 20 – **26 ch** 162/285.

🏨 **Florence** sans rest, 26 r. Mathurins (9e) ☎ 742.63.47 – 📶 ⇦wc 🗍wc ⇦. ⇦ 🖭
ⓞ
SC : ⊐ 20 – **20 ch** 228/300.
F 12

🏨 **Montholon-Lafayette** sans rest, 4 r. Riboutté (9e) ☎ 246.83.44 – 📶 ⇦wc 🗍wc
⇦. ⇦
SC : **38 ch** ⊐ 145/210.
E 14

🏨 **Diamond** sans rest, 73 r. Dunkerque (9ᵉ) ☏ 281.15.00 — 🛗 ⇔wc ⋔wc 🅿️   D 15
SC : ⌷ 12 – **52 ch** 120/200.

🏨 **Montréal** sans rest, 23 r. Godot-de-Mauroy (9ᵉ) ☏ 265.99.54 — 🛗 ⇔wc ⋔wc 🅿️.
🌂 𝖠𝖤 ⓄⒺ   F 12
SC : ⌷ 17 – **14 ch** 140/245, 5 appart. 345.

🏨 **Pax H.** sans rest, 47 r. Trévise (9ᵉ) ☏ 770.84.75, Télex 650197 — 🛗 ⇔wc ⋔wc 🅿️.
🌂 VISA   E 14
SC : **50 ch** ⌷ 200/260.

🏨 **Français** sans rest, 13 r. 8-Mai 1945 (10ᵉ) ☏ 607.42.02 — 🛗 ⇔wc ⋔wc ☎. 🌂   E 16
SC : ⌷ 16 – **71 ch** 185/210.

🏨 **Peyris** sans rest, 10 r. Conservatoire (9ᵉ) ☏ 770.50.83 — 🛗 ⇔wc ⋔wc 🅿️. 🌂
VISA   F 14
SC : **50 ch** ⌷ 200/260.

🏨 **Résidence Sémard** sans rest, 15 r. P.-Sémard (9ᵉ) ☏ 878.26.72 — 🛗 ⇔wc ⋔wc
🅿️. 🌂   E 14-15
SC : **41 ch** ⌷ 150/210.

🏨 **Gd H. Haussmann** sans rest, 6 r. Helder (9ᵉ) ☏ 824.76.10 — 🛗 ⇔wc ⋔wc 🅿️.
𝖠𝖤. ⚞   F 13
SC : **58 ch** ⌷ 237/330.

🏨 **Victor Massé** sans rest, 32 bis r. Victor-Massé (9ᵉ) ☏ 874.37.53 — 🛗 ⇔wc ⋔wc
🅿️. 𝖠𝖤 Ⓞ. ⚞   E 13
SC : ⌷ 15 – **40 ch** 112/197.

🏨 **Laffon** sans rest, 25 r. Buffault (9ᵉ) ☏ 878.49.91 — 🛗 ⇔wc ⋔wc 🅿️. 🌂 Ⓔ VISA
fermé 24 juil. au 24 août – SC : ⌷ 15 – **46 ch** 78/193.   E 14

🏨 **Résidence Magenta** sans rest, 35 r. Y.-Toudic (10ᵉ) ☏ 607.63.13 — 🛗 ⋔wc 🅿️.
🌂 𝖠𝖤   F 17
SC : **29 ch** ⌷ 170/204.

🏨 **Gd H. Lafayette Buffault** sans rest, 6 r. Buffault (9ᵉ) ☏ 770.70.96, Télex 642180
— 🛗 ⇔wc ⋔wc ☎. 🌂   E 14
SC : ⌷ 14 – **47 ch** 90/190.

🏨 **Fénelon** sans rest, 23 r. Buffault (9ᵉ) ☏ 878.32.18 — 🛗 ⇔wc 🅿️. 🌂. ⚞   E 14
SC : ⌷ 15 – **36 ch** 110/202.

🏨 **Nord** sans rest, 47 r. A.-Thomas (10ᵉ) ☏ 201.66.00 — 🛗 ⇔wc ⋔wc 🅿️. ⚞   F 16
SC : ⌷ 14,50 – **23 ch** 115/182.

🏨 **Blanche H.** sans rest, 69 r. Blanche (9ᵉ) ☏ 874.16.94 — 🛗 ⇔wc ⋔ 🅿️. 🌂. ⚞   D 12
SC : ⌷ 14 – **53 ch** 55/180.

🍴🍴🍴🍴 **Café de la Paix,** pl. Opéra (9ᵉ) ☏ 742.97.02 — 🍽. 𝖠𝖤 Ⓞ VISA   F 12
Rest. Opéra *(fermé août)* **R** carte 160 à 210 - **Relais Capucines R** snack carte environ
85 🍴.

🍴🍴🍴 ❀ **Le Louis XIV,** 8 bd St-Denis (10ᵉ) ☏ 208.56.56 — 𝖠𝖤 Ⓞ VISA   G 16
fermé 1ᵉʳ juin au 31 août, lundi et mardi – **R** carte 110 à 175
Spéc. St-Jacques à la nage (1ᵉʳ oct. au 15 mai), Turbot grillé sauce moutarde,Gigue de chevreuil Gd
Veneur (26 sept. au 28 fév.).

🍴🍴🍴 ❀ **Nicolas,** 12 r. Fidélité (10ᵉ) ☏ 246.84.74 — 𝖠𝖤 Ⓞ VISA   F 16
fermé août, sam. et lundi soir – **R** carte 100 à 160
Spéc. Foie gras frais, Poissons, Canard aux fruits de saison.

🍴🍴 ❀ **Au Chateaubriant,** 23 r. Chabrol (10ᵉ) ☏ 824.58.94, Collection de tableaux —
🍽. ⚞   E 15
fermé août, dim. et lundi – **R** carte 120 à 180
Spéc. Scampi fritti, Paglia e fieno alla contadina, Costoletta Villa d'Este.

🍴🍴 ❀❀ **Chez Michel** (Tounissoux), 10 r. Belzunce (10ᵉ) ☏ 878.44.14 — 𝖠𝖤 Ⓞ   E 15
fermé août, vend. et sam. – **R** (nombre de couverts limité - prévenir) carte 150 à 220
Spéc. Salade aux crustacés, Rognon de veau au vinaigre de framboise, Crêpes soufflées au Grand
Marnier.

🍴🍴 **Mövenpick,** 12 bd Madeleine (9ᵉ) ☏ 742.47.93 — 🍽. 𝖠𝖤 Ⓞ VISA   G 12
R carte environ 100 🍴 – **Café des Artistes R** carte 140 à 210 🍴.

🍴🍴 **Atlantique,** 51 bd Magenta (10ᵉ) ☏ 208.27.20 — 🍽 🅿 𝖠𝖤 Ⓞ Ⓔ VISA   F 16
fermé 24 juil. au 6 sept., dim. et lundi – **R** carte 145 à 225.

🍴🍴 **Le Quercy,** 36 r. Condorcet (9ᵉ) ☏ 878.30.61 — 𝖠𝖤 Ⓞ VISA   E 15
fermé août, dim. et fériés – SC : **R** carte 100 à 165.

🍴🍴 **Aub. du Clou,** 30 av. Trudaine (9ᵉ) ☏ 878.22.48 — 𝖠𝖤 Ⓞ Ⓔ VISA   D 14
fermé sept. et dim. – SC : **R** carte 85 à 150.

XX **Chez Casimir,** 6 r. Belzunce (10e) ☏ 878.32.53 — AE ① VISA
SC : R carte 135 à 190.   E 15

XX **Ty Coz,** 35 r. St-Georges (9e) ☏ 878.42.95, produits de la mer seulement
fermé dim. et lundi – SC : **R** carte environ 180.   F 13

XX **Le Saintongeais,** 62 r. fg Montmartre (9e) ☏ 280.39.92
fermé 8 au 31 août, vacances de fév., sam. et dim. – **R** carte 95 à 140.   E 14

XX **Julien,** 16 r. fg St-Denis (10e) ☏ 770.12.06, décor ''Belle Époque'' — AE ① VISA
fermé juil. – **R** carte 70 à 120   F 15

XX **Petit Riche,** 25 r. Le Peletier (9e) ☏ 770.68.68, Cadre fin 19e s. — VISA
fermé août et dim. – SC : **R** carte 85 à 130.   F 13

XX **Brasserie Flo,** 7 cour Petites-Écuries (10e) ☏ 770.13.59, cadre 1900 — AE ① VISA
fermé août – **R** carte 70 à 120   F 15

XX **Pagoda,** 50 r. Provence (9e) ☏ 874.81.48 — VISA ⌘
fermé dim. en août – **R** carte 65 à 95.   F 13

XX ✿ **La P'tite Tonkinoise** (Costa), 56 fg Poissonnière (10e) ☏ 246.85.98   F 15
fermé 1er août au 15 sept., dim. et lundi – **R** carte 90 à 140
Spéc. Nem, Crabe farci, My Sao (vend. et sam. seul.).

X **Les Frères Perraudin,** 18 r. d'Hauteville (10e) ☏ 770.41.05 — AE ① VISA   F 15
fermé sam. midi et dim. – **R** carte 120 à 190.

X **Relais Beaujolais,** 3 r. Milton (9e) ☏ 878.77.91   E 14
fermé août, vacances de fév., sam., dim. et fêtes – **R** carte 95 à 125.

X **Pinocchio,** 49 r. d'Enghien (10e) ☏ 770.01.98 — AE ① VISA   F 15
fermé août, sam. midi, dim. et fêtes – SC : **R** carte 80 à 140.

X **La Grille,** 80 fg Poissonnière (10e) ☏ 770.89.73 — ①   E 15
fermé août, vacances de fév., sam. et dim. – SC : **R** carte 90 à 135.

**Bastille, Gare de Lyon,
Place d'Italie,
Bois de Vincennes.**
12e et 13e arrondissements.
12e : ⊠ 75012
13e : ⊠ 75013

🏨 **Modern H. Lyon** sans rest, 3 r. Parrot (12e) ☏ 343.41.52, Télex 230369 – 🛗 TV ☎.
AE VISA ⌘   L 18
SC : ⌷ 17 – **53 ch** 196/290.

🏨 **Paris-Lyon-Palace et Rest. Relais de la Méditerranée,** 11 r. Lyon (12e) ☏
307.29.49, Télex 213310 – 🛗 ☎ – 🔒 150. AE ① E VISA ⌘ rest   L 18
SC : **R** carte 90 à 160 – ⌷ 16 – **128 ch** 240/260.

🏨 **Équinoxe** M sans rest, 40 r. Le Brun (13e) ☏ 337.56.56, Télex 201476 – 🛗 TV ☎ 🚗.
AE ① E VISA   N 15
SC : **49 ch** ⌷ 320/410.

🏨 **Terminus-Lyon** sans rest, 19 bd Diderot (12e) ☏ 343.24.03, Télex 230702 – 🛗
⏥wc 🚿wc ☎. 🚗 AE E VISA ⌘   L 18
SC : ⌷ 16,50 – **61 ch** 246/272.

🏨 **Terrasses** sans rest, 74 r. Glacière (13e) ☏ 707.73.70 – 🛗 cuisinette ⏥wc 🚿wc ☎.
🚗   N 14
SC : ⌷ 16 – **52 ch** 115/220.

🏨 **Slavia** sans rest, 51 bd St-Marcel (13e) ☏ 337.81.25 – 🛗 TV ⏥wc 🚿wc ☎. 🚗 ⌘
SC : **36 ch** ⌷ 190/220, 6 appart. 250/340.   M 16

🏨 **Gd H. Gobelins** sans rest, 57 bd St-Marcel (13e) ☏ 331.79.89 – 🛗 TV ⏥wc 🚿wc
🚗. 🚗   M 16
SC : ⌷ 14 – **45 ch** 160/240.

🏨 **Viator** sans rest, 1 r. Parrot (12e) ☏ 343.11.00 – 🛗 ⏥wc 🚿wc 🚗. 🚗. ⌘   L 18
SC : ⌷ 13,50 – **45 ch** 130/175.

🏨 **Marceau** sans rest, 13 r. Jules-César (12e) ☏ 343.11.65 – 🛗 ⏥wc 🚿wc ☎. 🚗   K 17
fermé août – SC : ⌷ 16 – **51 ch** 90/180.

🏨 **Jules César** sans rest, 52 av. Ledru-Rollin (12e) ☏ 343.15.88, Télex 670945 – 🛗
⏥wc 🚿wc ☎. 🚗   K 18
SC : ⌷ 15 – **48 ch** 79/157.

🏨 **Rubens** sans rest, 35 r. Banquier (13e) ☏ 331.73.30 – 🛗 ⏥wc 🚿wc 🚗. 🚗   N 16
SC : ⌷ 14 – **50 ch** 105/180.

🏨 **Arts** sans rest, 8 r. Coypel (13ᵉ) ☎ 707.76.32 – 🛗 ⇔wc 🚿wc 🕿   N 16
SC : ⊐ 14 – **42 ch** 65/170.

🏨 **Lux H.** sans rest, 8 av. Corbera (12ᵉ) ☎ 343.42.84 – 🛗 ⇔wc 🚿 🕿   L 19
SC : ⊐ 18 – **31 ch** 90/164.

🏨 **Terminus et Sports** sans rest, 96 cours Vincennes (12ᵉ) ☎ 343.97.93 – 🛗 📺
⇔wc 🚿wc 🕿. 🚗   ❄
SC : ⊐ 15 – **43 ch** 105/195.   L 23

🏨 **Palym H.** sans rest, 4 r. E.-Gilbert (12ᵉ) ☎ 343.24.48 – 🛗 ⇔wc 🚿wc 🕿   L 18
SC : **51 ch** ⊐ 125/210.

🏨 **Trois Gares** sans rest, 1 r. Jules-César (12ᵉ) ☎ 343.01.70 – 🛗 🚿wc 🕿. ❄   K 17
⊐ 15 – **44 ch** 75/170.

XXX **Train Bleu,** Gare de Lyon (12ᵉ) ☎ 343.09.06, « Belles fresques évoquant le voyage
de Paris à la Méditerranée » – 🆎 ⓞ 𝖵𝖨𝖲𝖠   L 18
R (1ᵉʳ étage) carte 120 à 180.

XXX ✿✿ **Au Pressoir** (Seguin), 257 av. Daumesnil (12ᵉ) ☎ 344.38.21 – 𝖵𝖨𝖲𝖠   M 22
fermé août, sam. et dim. – SC : **R** carte 160 à 210
Spéc. Brandade de morue aux asperges. Paupiette de choux au crabe. Escalope de foie gras aux
cerises.

XX ✿✿ **Au Trou Gascon** (Dutournier), 40 r. Taine (12ᵉ) ☎ 344.34.26 – ▤. 𝖵𝖨𝖲𝖠   M 21
fermé sept., sam. et dim. – SC : **R** (nombre de couverts limité - prévenir) carte 150 à
230
Spéc. Ravioli de foie gras aux truffes, St-Jacques étuvées au cresson (nov. à avril). Gigotin d'agneau
de lait en rognonnade (début janv. à fin avril).

XX **Sologne,** 164 av. Daumesnil (12ᵉ) ☎ 307.68.97 – 𝖵𝖨𝖲𝖠   M 21
fermé dim. et lundi – SC : **R** carte 115 à 170.

XX **Les Marronniers,** 53 bis bd Arago (13ᵉ) ☎ 707.58.57 – 𝖵𝖨𝖲𝖠   N 14
fermé août et dim. – SC : **R** carte 120 à 180.

XX **La Frégate,** 30 av. Ledru-Rollin (12ᵉ) ☎ 343.90.32 – 𝖵𝖨𝖲𝖠. ❄   L 18
fermé août, vacances de fév., sam. et dim. – **R** carte 125 à 165.

XX **Le Traversière,** 40 r. Traversière (12ᵉ) ☎ 344.02.10 – 🆎 🇪 𝖵𝖨𝖲𝖠   L 18
fermé août et le soir des dim. et fêtes – **R** carte 90 à 150.

XX **Potinière du Lac,** 4 pl. E.-Renard (12ᵉ) ☎ 343.39.98 – ⓞ   N 23
fermé 10 au 25 sept., 12 déc. au 5 janv., dim. soir et lundi – **R** carte 95 à 170.

X **Petite Alsace,** 4 r. Taine (12ᵉ) ☎ 343.21.80 – 🆎 ⓞ 𝖵𝖨𝖲𝖠   M 20
fermé août, dim. soir et lundi – **R** carte 85 à 150.

X **Etchegorry,** 41 r. Croulebarbe (13ᵉ) ☎ 331.63.05 – 🆎 ⓞ 𝖵𝖨𝖲𝖠   N 15
fermé dim. – SC : **R** 89 bc.

X **Relais du Périgord,** 15 r. Tolbiac (13ᵉ) ☎ 583.07.48 – ⓞ 𝖵𝖨𝖲𝖠   P 18
fermé 15 août au 15 sept., Noël-Jour de l'An, sam., dim. et fêtes – **R** carte 110 à
190.

X **Les Algues,** 66 av. Gobelins (13ᵉ) ☎ 331.58.22 – 𝖵𝖨𝖲𝖠   N 15
fermé août, Noël-Jour de l'An, dim. soir et lundi – **R** carte 110 à 150.

X **Quincy,** 28 av. Ledru-Rollin (12ᵉ) ☎ 628.46.76 – 🆎 ⓞ   L 17
fermé 15 août au 15 sept., sam., dim. et lundi – **R** carte 95 à 160.

X **Le Rhône,** 40 bd Arago (13ᵉ) ☎ 707.33.57 – ⓞ 🇪 𝖵𝖨𝖲𝖠   N 14
fermé août, sam., dim. et fêtes – **R** (nombre de couverts limité - prévenir) carte 55 à
100 &.

X **Chez Michèle,** 39 r. Daviel (13ᵉ) ☎ 580.09.13 – 𝖵𝖨𝖲𝖠   P 14
fermé dim. – SC : **R** carte 100 à 140.

Au Bois de Vincennes :

XX **Chalet des Iles,** au lac Daumesnil Ile de Reuilly (12ᵉ) ☎ 307.77.07, ≤ – 🅿 🆎
𝖵𝖨𝖲𝖠   P 23
fermé mardi – **R** carte 130 à 190.

Circulez autour de Paris avec les **cartes Michelin**

101 à 1/50 000 - Banlieue de Paris
196 à 1/100 000 - Environs de Paris
237 à 1/200 000 - Ile de France

**Vaugirard,
Gare Montparnasse, Grenelle,
Denfert-Rochereau.**

14e et 15e arrondissements.
14e : ⊠ 75014
15e : ⊠ 75015

🏨 **Hilton** Ⓜ, 18 av. Suffren (15e) ℡ 273.92.00, Télex 200955 – 🛗 ▤ 📺 ☎ ♿ ⬅ – 🅿
40 à 1200. 🆎 ⓪ Ɛ 𝘝𝘐𝘚𝘈. 🦊 rest   J7
Rest : **Le Toit de Paris** ≤ Paris, *(fermé août et dim.)* **R** carte 190 à 250 – **Western R**
carte environ 150 - **la Terrasse R** carte environ 120 ♨ – ⌷ 46 – **480 ch** 537/680, 29
appart.

🏨 **Sofitel Paris** Ⓜ, 8 r. L.-Armand (15e) ℡ 554.95.00, Télex 200432, piscine intérieure
panoramique – 🛗 ▤ 📺 ☎ ♿ 🅿 – 🅿 350. 🆎 ⓪ Ɛ 𝘝𝘐𝘚𝘈. 🦊 rest   N5
SC : rest. **Le Relais de Sèvres** voir ci-après et **La Poterie** (Brasserie) **R** carte environ 100
♨ – ⌷ 38 – **601 ch** 620/690, 17 appart.

🏨 **Nikko** Ⓜ, 61 quai Grenelle (15e) ℡ 575.62.62, Télex 260012, ≤, 🔲 – 🛗 ▤ ch 📺 ☎
🅿 – 🅿 40 à 800. 🆎 ⓪ Ɛ 𝘝𝘐𝘚𝘈   K6
SC : **R** voir rest **Les Célébrités** - Brasserie **Pont Mirabeau R** carte environ 130 - **rest**
japonais **Benkay R** carte 120 à 200 – ⌷ 35 – **777 ch** 495/990, 6 appart.

🏨 **Montparnasse Park H.** Ⓜ, 19 r. Cdt-Mouchotte (14e) ℡ 320.15.51, Télex 200135, ≤ –
🛗 ▤ 📺 ☎ ⬅ 🅿 – 🅿 25 à 1 200   M11
917 ch, 31 appart.

🏨 **P.L.M. St-Jacques** Ⓜ, 17 bd St-Jacques (14e) ℡ 589.89.80, Télex 270740 – 🛗 ▤
📺 ☎ ⬅ – 🅿 40 à 1000. 🆎 ⓪ Ɛ 𝘝𝘐𝘚𝘈   N13-14
SC : **Café Français** (1er étage) *(fermé août)* **R** 115 bc/165 bc - **Le Patio** (3e étage) **R** carte
80 à 115 ♨ – ⌷ 29 – **783 ch** 622/697, 14 appart.

🏨 **Mercure Paris Vanves** Ⓜ, porte de la Plaine à Vanves r. Moulin ℡ 642.93.22,
Télex 202195 – 🛗 ▤ 📺 ☎ ♿ 🅿 – 🅿 350. 🆎 ⓪ Ɛ 𝘝𝘐𝘚𝘈   P7
R (brasserie) carte env. 110 – ⌷ 34 – **387 ch** 426/482.

🏨 **L'Aiglon** sans rest, 232 bd Raspail (14e) ℡ 320.82.42 – 🛗 📺 ☎ ⬅ 🆎 𝘝𝘐𝘚𝘈. 🦊
SC : ⌷ 18 – **42 ch** 220/300, 8 appart. 360.   M12

🏨 **Holiday Inn** Ⓜ, porte Versailles (15e) ℡ 533.74.63, Télex 280844 – 🛗 ▤ 📺 ☎ ♿
🅿 – 🅿 130. 🆎 ⓪ Ɛ 𝘝𝘐𝘚𝘈   N7
SC : **R** 72/125 ♨ – ⌷ 34 – **90 ch** 440/550.

🏨 **Montcalm** Ⓜ sans rest, 50 av. F.-Faure (15e) ℡ 554.97.27, Télex 203174, 🎨 – 🛗 📺
🚾 ☎. 🆎 ⓪ Ɛ 𝘝𝘐𝘚𝘈   M6
SC : **41 ch** ⌷ 340/480.

🏨 **Orléans Palace H.** sans rest, 185 bd Brune (14e) ℡ 539.68.50, Télex 260725 – 🛗 📺
☎ – 🅿 30 à 35. 🆎 ⓪ 𝘝𝘐𝘚𝘈   R11
SC : ⌷ 17 – **92 ch** 205/280.

🏨 **Messidor** Ⓜ sans rest, 330 r. Vaugirard (15e) ℡ 828.03.74, Télex 204606, 🎨 – 🛗
🚾 🚾 ☎ ⬅. 📷 𝘝𝘐𝘚𝘈   M8
SC : **75 ch** ⌷ 170/360.

🏨 **Résidence Champs de Mars** sans rest, 7 r. Gén. de Larminat (15e) ℡ 734.74.04 –
🛗 🚾 🚾 ☎. 🦊   K8
fermé 9 juil. au 25 août – SC : ⌷ 16 – **42 ch** 165/220.

🏨 **France** sans rest, 46 r. Croix-Nivert (15e) ℡ 783.67.02 – 🛗 🚾 🚾 📷 📷   L8
SC : ⌷ 16 – **30 ch** 185/235.

🏨 **Midi** sans rest, 4 av. René-Coty (14e) ℡ 327.23.25 – 🛗 🚾 🚾 📷 📷   N13
SC : ⌷ 8 – **50 ch** 102/178.

🏨 **Tourisme** sans rest, 66 av. La-Motte-Picquet (15e) ℡ 734.28.01 – 🛗 🚾 🚾 📷
📷   K8
SC : ⌷ 12,50 – **60 ch** 105/175.

🏠 **Pasteur** Ⓜ sans rest, 33 r. Dr.-Roux (15e) ℡ 783.53.17 – 🛗 📺 🚾 🚾 ☎. 🆎 𝘝𝘐𝘚𝘈
fermé août – SC : ⌷ 15 – **19 ch** 156/200.   M10

🏠 **Pacific H.** sans rest, 11 r. Fondary (15e) ℡ 575.20.49 – 🛗 🚾 🚾 📷 📷 🦊   K7
SC : **66 ch** ⌷ 103/206.

🏠 **Châtillon H.** 🌿 sans rest, 11 square Châtillon (14e) ℡ 542.31.17 – 🛗 🚾 🚾
☎. 📷 🦊   P11
fermé août – SC : ⌷ 13 – **32 ch** 127/164.

🏠 **Virginia** sans rest, 66 r. Père Corentin (14e) ℡ 540.70.90 – 🛗 🚾 🚾 📷 🦊   R12
SC : ⌷ 14 – **54 ch** 74/134.

🏠 **Fondary** sans rest, 30 r. Fondary (15e) ℡ 575.14.75 – 🛗 🚾 📷 🦊   L8
SC : ⌷ 14 – **23 ch** 80/140.

🏠 **Baldi** sans rest, 42 bd Garibaldi (15e) ℡ 783.20.10 – 🛗 🚾 🚾 📷 📷   L9
SC : ⌷ 14 – **28 ch** 154/190.

XXXX ❀ **Les Célébrités,** 61 quai Grenelle (15e) ☎ 575.62.62, ⇐ – **ⓟ** Ⓐ Ⓔ **ⓞ** Ⓔ **VISA**   K 6
SC : **R** 150 (déj.), carte 175 à 250
Spéc. Salade de St-Jacques et langoustines, Safranée de sole et rouget, Rognon de veau cuit dans sa graisse.

XXX ❀ **Morot Gaudry,** 8 r. Cavalerie (15e) (8e étage) ☎ 567.06.85, ⇐, terrasse plein air
– ▤ **ⓟ** **VISA**   K 8
fermé sam. midi et dim. – SC : **R** carte 140 à 190
Spéc. Mousseline d'huîtres au sabayon de vermouth, Ragoût de crêtes et rognons de coq, Marquis au chocolat.

XXX **Armes de Bretagne,** 108 av. du Maine (14e) ☎ 320.29.50 – ▤ Ⓐ **ⓞ** Ⓔ **VISA**   N 11
fermé 14 juil. au 15 août, dim. soir et lundi – **R** carte 145 à 225.

XXX ❀ **Relais de Sèvres,** 8 r. L.-Armand (15e) ☎ 554.95.00 – **ⓟ** Ⓐ **ⓞ** Ⓔ **VISA**, ⌇⌇   N 5
fermé août – SC : **R** carte 170 à 250
Spéc. Blanc de barbue aux pleurottes, Fricassée de volaille de bresse à l'estragon, Grande assiette de sorbets.

XX ❀ **Olympe,** 8 r. N. Charlet (15e) ☎ 734.86.08 – Ⓐ **ⓞ** **VISA**   L 10
fermé 1er au 22 août, 22 déc. au 2 janv., lundi et le midi sauf jeudi – SC : **R** carte 195 à 260
Spéc. Ravioli de homard, Pigeon au miel, Chapon farci.

XX ❀ **Le Duc (Minchelli),** 243 bd Raspail (14e) ☎ 322.59.59   M 12

XX ❀ **Aquitaine (Mme Massia),** 54 r. Dantzig (15e) ☎ 828.67.38 – Ⓐ **ⓞ** **VISA**   N 8
fermé dim. et lundi – SC : **R** carte 165 à 220
Spéc. Foie gras de canard (sept. à juin), Panaché de poissons au beurre blanc, Confits froids.

XX ❀ **Bistro 121,** 121 r. Convention (15e) ☎ 557.52.90 – Ⓐ **ⓞ** Ⓔ **VISA**   M 7
fermé 14 juil. au 17 août, dim. soir et lundi – **R** carte 140 à 210
Spéc. Truffe sous la cendre (déc. à mars), Marmite de poissons, Lièvre à la royale (oct. à déc.).

XX ❀ **Chez Albert,** 122 av. Maine (14e) ☎ 320.21.69 – Ⓐ **ⓞ** Ⓔ **VISA**   N 11
fermé 8 au 22 août et lundi – SC : **R** (nombre de couverts limité - prévenir) carte 145 à 215
Spéc. Foie gras frais, Mousseline de St-Jacques Parnassienne (oct. à avril), Canette de barbarie au cassis.

XX **Le Pfister,** 1 r. Dr Jacquemaire-Clemenceau (15e) ☎ 828.51.38 – Ⓐ **VISA**   L 8
fermé août, dim. et fériés – SC : **R** carte 145 à 200.

XX **Le Dôme,** 108 bd du Montparnasse (14e) ☎ 354.53.61 – Ⓐ **ⓞ** **VISA**   LM 12
fermé lundi – **R** carte 120 à 175.

XX **Napoléon et Chaix,** 46 r. Balard (15e) ☎ 554.09.00 – Ⓐ Ⓔ **VISA**   M 5
fermé sam. midi et dim. – **R** carte 130 à 210.

XX **La Chaumière des Gourmets,** 22 pl. Denfert-Rochereau (14e) ☎ 321.22.59 –
Ⓐ **ⓞ** **VISA**   N 12
fermé août, 1er au 7 mars, sam., dim. et fêtes – **R** carte 130 à 190.

XX **Bocage Fleuri,** 19 r. Duranton (15e) ☎ 558.43.17 – Ⓐ **ⓞ** **VISA**   M 6
fermé 28 juil. au 3 sept., dim. et fêtes – **R** carte 100 à 150.

XX ❀ **Pierre Vedel,** 50 r. Morillons (15e) ☎ 828.04.37 – ⌇⌇   N 8
fermé 11 juil. au 7 août, Noël au Jour de l'An, sam. et dim. – SC : **R** (nombre de couverts limité - prévenir) carte 125 à 170
Spéc. Foie de canard frais, Bourride de lotte, Tête de veau Vaugirard.

XX **Pinocchio,** 124 av. Maine (14e) ☎ 321.26.10 – Ⓐ **ⓞ** **VISA**   N 11
fermé août, sam. midi et dim. – SC : **R** carte 95 à 165 ♨.

XX **Chaumière Paysanne,** 7 r. L.-Robert (14e) ☎ 320.76.55 – **VISA**   M 12
fermé août, 24 déc. au 3 janv., lundi midi et dim. – SC : **R** carte 130 à 190.

XX **Petite Bretonnière,** 2 r. Cadix (15e) ☎ 828.34.39   N 7
fermé en juil., Noël-Jour de l'An, sam. midi et dim. – SC : **R** carte 110 à 165.

XX **La Chaumière,** 54 av. F.-Faure (15e) ☎ 554.13.91 – **VISA**   M 7
fermé août, lundi soir et mardi – **R** carte 95 à 140.

XX **La Giberne,** 42 bis av. Suffren (15e) ☎ 734.82.18 – Ⓐ **ⓞ** **VISA**   J 8
fermé 15 août au 9 sept., sam. et dim. – **R** carte 90 à 150.

XX **Le Caroubier,** 8 av. Maine (15e) ☎ 548.14.38   M 11
fermé août, dim. et lundi – SC : **R** 90 bc/120 bc.

X **La Bonne Table,** 42 r. Friant (14e) ☎ 539.74.91 – **VISA**   R 11
fermé 24 déc. au 4 janv., sam. et dim. – SC : **R** carte 105 à 180.

X **La Rabolière,** 13 r. Mademoiselle (15e) ☎ 250.35.29   L 7
fermé août, dim. et lundi – **R** carte 85 à 130.

✗ **Bonne Auberge,** 33 r. Volontaires (15ᵉ) ☎ 734.65.49 – 𝖠𝖤 ⓞ 𝖤 𝖵𝖨𝖲𝖠　　　M 9
fermé août, sam. et dim. – SC : **R** carte 80 à 135.

✗ **Mon Pays,** 49 av. Jean-Moulin (14ᵉ) ☎ 539.71.54 – 𝖠𝖤 ⓞ　　　R 11
fermé juil., sam. soir, dim. et fêtes – SC : **R** carte 70 à 110 ♨.

✗ **Senteurs de Provence,** 295 r. Lecourbe (15ᵉ) ☎ 557.11.98 – 𝖠𝖤 𝖤 𝖵𝖨𝖲𝖠. ℀　　M 6
fermé août, dim. et lundi – **R** carte environ 140.

✗ **La Cour,** 12 r. Cepré (15ᵉ) ☎ 566.66.17 – 𝖠𝖤 ⓞ 𝖵𝖨𝖲𝖠. ℀　　　L 9
fermé déc. et dim. – **R** carte 90 à 105 ♨.

✗ **Gérard et Nicole,** 6 av. J.-Moulin (14ᵉ) ☎ 542.39.56 – 𝖵𝖨𝖲𝖠　　　P 12
fermé mi juil. à mi août, sam. et dim. – SC : **R** carte 135 à 195.

**Passy, Auteuil,
Bois de Boulogne,
Chaillot, Porte Maillot.**

16ᵉ arrondissement.

🏨 **La Pérouse** Ⓜ, 40 r. La Pérouse ✉ 75116 ☎ 500.83.47, Télex 613420 – 📶 ▤ 📺
☎ 𝖠𝖤 ⓞ 𝖤 𝖵𝖨𝖲𝖠　　　F 7
SC : **R** *(fermé sam. et dim.)* carte 170 à 200 – ☲ 39 – **11 ch** 600/850, 25 appart.

🏨 **Baltimore** Ⓜ, 88 bis av. Kléber, ✉ 75116, ☎ 553.83.33, Télex 611591 – 📶 📺 ☎
– 🛁 180. 𝖠𝖤 ⓞ 𝖤 𝖵𝖨𝖲𝖠　　　G 7
SC : **R** voir rest l'Estournel – **118 ch** ☲ 540/690.

🏨 **Résidence du Bois** ⑤ sans rest, 16 r. Chalgrin, ✉ 75116, ☎ 500.50.59, « Beaux
aménagements, jardin » – 📺 ☎　　　F 7
SC : **17 ch** ☲ 565/795, 3 appart.

🏨 **Alexander** Ⓜ sans rest, 102 av. Victor-Hugo, ✉ 75116, ☎ 553.64.65, Télex 610373
– 📶 📺 ☎. ℀　　　G 6
SC : **60 ch** ☲ 350/485.

🏨 **Victor Hugo** Ⓜ sans rest, 19 r. Copernic, ✉ 75116, ☎ 553.76.01, Télex 630939 –
📶 📺 ☎. 𝖠𝖤 ⓞ 𝖤 𝖵𝖨𝖲𝖠. ℀　　　G 7
SC : **76 ch** ☲ 280/415.

🏨 **Union H. Étoile** Ⓜ sans rest, 44 r. Hamelin, ✉ 75116, ☎ 553 14 95, Télex 611394
– 📶 cuisinette 📺 ☎. 𝖠𝖤　　　G 7
SC : ☲ 22 – **29 ch** 250/375, 13 appart. 470/590.

🏨 **Régina de Passy** sans rest, 6 r. Tour, ✉ 75016, ☎ 524.43.64, Télex 630004 – 📶
☎. 𝖠𝖤 ⓞ 𝖵𝖨𝖲𝖠. ℀　　　H6-J6
SC : ☲ 22 – **55 ch** 324/346.

🏨 **Résidence Foch** sans rest, 10 r. Marbeau, ✉ 75116, ☎ 500.46.50, Télex 630886
– 📶 📺 ☎. 𝖠𝖤 ⓞ 𝖤 𝖵𝖨𝖲𝖠　　　F 6
fermé en août – SC : ☲ 20 – **21 ch** 360/415, 4 appart. 480.

🏨 **Majestic** sans rest, 29 r. Dumont-d'Urville, ✉ 75116, ☎ 500.83.70 – 📶 📺 ☎. 𝖠𝖤
ⓞ 𝖵𝖨𝖲𝖠　　　F 7
SC : ☲ 28 – **21 ch** 440/550, 6 appart.

🏨 **Massenet** sans rest, 5 bis r. Massenet, ✉ 75016, ☎ 524.43.03, Télex 620682 – 📶
📺 ☎. 𝖠𝖤 ⓞ 𝖤 𝖵𝖨𝖲𝖠. ℀　　　J 6
SC : **41 ch** ☲ 210/415.

🏨 **Fremiet** Ⓜ ⑤ sans rest, 6 av. Fremiet, ✉ 75016, ☎ 524.52.06, Télex 630329 – 📶
📺 ☎. 𝖠𝖤 ⓞ 𝖤 𝖵𝖨𝖲𝖠　　　J 6
SC : **34 ch** ☲ 280/415.

🏨 **Kléber** Ⓜ sans rest, 7 r. Belloy, ✉ 75116, ☎ 723.80.22, Télex 612830 – 📶 📺 ☎.
𝖠𝖤 ⓞ 𝖤　　　G 7
SC : **21 ch** ☲ 320/400.

🏨 **Sévigné** sans rest 6 r. Belloy ✉ 75116, ☎ 720.88.90, Télex 610219 – 📶 📺 ☎. 𝖠𝖤
ⓞ 𝖤　　　G 7
SC : ☲ 22 – **30 ch** 295/373.

🏨 **Farnèse** sans rest, 32 r. Hamelin, ✉ 75116, ☎ 720.56.66, Télex 611732 – 📶 📺
🚿wc 🛁wc ☎. 📶. ℀　　　G 7
SC : ☲ 25 – **37 ch** 248/286.

🏨 **Rond-Point de Longchamp et rest Belles Feuilles,** 86 r. Longchamp, ✉
75116, ☎ 505.13.63, Télex 620653 – 📶 📺 🚿wc 🛁wc ☎. 📶 𝖠𝖤 ⓞ　　　G 6
R *(fermé 1ᵉʳ au 30 août, 1ᵉʳ au 10 janv., sam. et dim.)* carte environ 120 – ☲ 22 –
59 ch 244/345.

🏨 **Résidence Marceau** sans rest, 37 av. Marceau, ✉ 75116, ☎ 720.43.37 – 📶
🚿wc 🛁wc ☎　　　G 8
fermé août – SC : **22 ch** ☲ 198/242.

🏨 **Sylva** sans rest, 3 r. Pergolèse, ✉ 75116, ☎ 500.38.12, Télex 612245 – 📶 🚿wc
☎. 📶 𝖠𝖤 ⓞ 𝖤 𝖵𝖨𝖲𝖠　　　E 6
SC : ☲ 17,50 – **36 ch** 235/290.

XXXX ✿✿ **Faugeron,** 52 r. Longchamp, ⊠ 75116, ☎ 704.24.53 — 🍴. ✻   G 7
fermé août, 24 déc. au 4 janv., sam. sauf le soir d'oct. à mars, dim. et fêtes – **R** carte
165 à 230
Spéc. Oeufs à la coque à la purée de truffes, Caneton de Challans aux fèves (avril à août), Crottin de Chavignol rôti.

XXXX ✿✿ **Vivarois** (Peyrot), 192 av. V.-Hugo, ⊠ 75116, ☎ 504.04.31 — 🍴. 🅰🅴 ⓞ 𝚅𝙸𝚂𝙰
✻   G 5
fermé 29 juil. au 1er sept., sam., dim. et fêtes – **R** carte 190 à 250
Spéc. Huîtres chaudes au curry, Interlude à trois poissons, Poularde bressane au vinaigre.

XXX ✿✿ **Jamin** (Robuchon), 32 r. Longchamp, ⊠ 75116, ☎ 727.12.27 — 🍴. 🅰🅴 ⓞ 𝚅𝙸𝚂𝙰   G 7
fermé juil., sam. et dim. – **R** 110/240 et carte
Spéc. Laitances de harengs au verjus (oct. à déc.), Chaussons de langoustines, Rôti d'agneau en croûte de sel.

XXX ✿ **Toit de Passy** (6e étage), 94 av. P.-Doumer ⊠ 75016, ☎ 524.55.37 — 🅿. 𝚅𝙸𝚂𝙰
fermé 20 déc. au 15 janv., sam. midi, dim. et fériés – **R** 115 (déj.) et carte 155 à 220
Spéc. Soupe d'huîtres (15 sept.-15 avril), Ragoût de soles et d'écrevisses, Délice de Yan.   H J 5

XXX **Tsé-Yang,** 25 av. Pierre 1er de Serbie ⊠ 75016 ☎ 720.68.02 — 🍴   G 8

XXX **Le Mareyeur,** 38 r. Vital ☎ 504.42.42 — 🅰🅴 ⓞ 𝚅𝙸𝚂𝙰   H 5
fermé août, sam. midi et dim. – **R** carte 180 à 220.

XXX **Ile de France,** quai Debilly, ⊠ 75116, ☎ 723.60.21, ≼ rest. flottant — 🅿. 🅰🅴 ⓞ
E 𝚅𝙸𝚂𝙰   H 8
fermé sam. et dim. – **R** carte 135 à 220.

XXX **Prunier Traktir,** 16 av. Victor-Hugo, ⊠ 75116, ☎ 500.89.12 — 🅰🅴 ⓞ 𝚅𝙸𝚂𝙰   F 7
fermé dim. en juil.-août et lundi – **R** carte 180 à 220.

XXX **L'Estournel,** 1 r. L.-Delibes ⊠ 75116 ☎ 553.10.79 — 🍴 🅰🅴 ⓞ E 𝚅𝙸𝚂𝙰   G 7
fermé août – **R** carte 155 à 205.

XXX **Morens,** 10 av. New-York, ⊠ 75116, ☎ 723.75.11 — 🅰🅴 ⓞ 𝚅𝙸𝚂𝙰   H 8
fermé août, 24 déc. au 2 janv., vend. soir et sam. – **R** carte 125 à 200.

XXX **Ramponneau,** 21 av. Marceau ⊠ 75116 ☎ 720.59.51 — 🅰🅴 ⓞ 𝚅𝙸𝚂𝙰   G 8
fermé août – **R** carte 125 à 215.

XXX ✿ **Michel Pasquet,** 59 r. La-Fontaine, ⊠ 75016, ☎ 288.50.01 — 🅰🅴 ⓞ 𝚅𝙸𝚂𝙰   K 4
fermé août, sam. sauf le soir en hiver et dim. – **SC : R** carte 150 à 220.
Spéc. Huîtres tièdes au vermouth (sept. à mai), Turbot rôti au beurre ciboulette, Millefeuille de ris de veau.

XX **Marius,** 82 bd Murat, ⊠ 75016, ☎ 651.67.80 — 🅰🅴 ⓞ E 𝚅𝙸𝚂𝙰   M 2
fermé fin juin à début sept., dim. soir et lundi – **R** carte 125 à 190.

XX ✿ **Conti,** 72 r. Lauriston ⊠ 75116 ☎ 727.74.67 — 𝚅𝙸𝚂𝙰. ✻   G 7
fermé juil., 24 au 31 déc., sam., dim. et fériés – **R** carte 130 à 185
Spéc. Carpaccio, Valdostana di Vitello, Zabaglione.

XX ✿ **Al Mounia,** 16 r. Magdebourg, ⊠ 75116, ☎ 727.57.28 — 🍴. 🅰🅴. ✻   G 7
fermé 15 juil. à fin août et dim. – **R** carte environ 120.

XX ✿ **Guy Savoy,** 28 r. Duret ⊠ 75116 ☎ 500.17.67 — 𝚅𝙸𝚂𝙰   F 6
fermé 1er au 15 janv., sam. et dim. – **R** carte 160 à 235
Spéc. Lotte aux échalotes confites, Aiguillettes et foie de canard en salade, Millefeuille.

XX ✿ **Paul Chêne,** 123 r. Lauriston, ⊠ 75116, ☎ 727.63·17 — 🍴 🅿. 🅰🅴 𝚅𝙸𝚂𝙰   G 6
fermé en août, Noël au Jour de l'An, sam. et dim. – **R** carte 135 à 200
Spéc. Soupe d'écrevisses et de filets de sole, Rognon de veau aux trois moutardes, Beignets de pommes.

XX ✿ **Le Petit Bedon** (Ignace), 38 r. Pergolèse ⊠ 75116 ☎ 500.23.66 — 🍴. ⓞ 𝚅𝙸𝚂𝙰 F 6
fermé août, sam., dim. et fériés – **R** carte 120 à 175.

XX ✿ **Jenny Jacquet,** 136 r. Pompe ⊠ 75116 ☎ 727.50.26 — 𝚅𝙸𝚂𝙰   G 6
fermé août, vac. de fév., sam. midi et dim. – **R** carte environ 120 à 170.
Spéc. Aiguillettes de lapereau en gelée, Mousseline de brochet au beurre blanc, Beuchelle tourangelle.

XX **Le Gd Chinois,** 6 av. New York, ⊠ 75116, ☎ 723.98.21 — 🅰🅴 ⓞ   H 8
fermé 8 au 22 août et dim. – **R** carte 75 à 105.

XX **Le Carrefour,** 131 bd Murat, ⊠ 75016, ☎ 288.82.15 — 𝚅𝙸𝚂𝙰   M 2-M 3
fermé 5 août au 5 sept., 23 déc. au 2 janv., sam. et dim. – **R** carte 90 à 150.

X **Au Clocher du Village,** 8 bis r. Verderet, ⊠ 75016, ☎ 288.35.87 — 𝚅𝙸𝚂𝙰   L 4
fermé août, sam. midi et dim. – **R** carte 85 à 120.

X **Le Valéry,** 55 r. Lauriston, ⊠ 75016, ☎ 553.55.48 — 𝚅𝙸𝚂𝙰   F 7
fermé août, sam. et dim. – **SC : R** carte 110 à 170.

✗ **Le Moï,** 7 r. G. Courbet ⊠ 75016 ℡ 704.95.10　　　　　　　G 6
fermé août et lundi – **R** carte 85 à 125.

✗ **Saratoga,** 7 r. Lauriston, ⊠ 75116 ℡ 500.96.24 – 𝗩𝗜𝗦𝗔　　　　F 7
fermé août et dim. – SC : **R** carte 95 à 155.

Au Bois de Boulogne :

XXXX ✿✿ **Pré Catelan,** ⊠ 75016, ℡ 524.55.58 – Ⓟ ᴁ ⓞ 𝗩𝗜𝗦𝗔　　　H 2
fermé fév., dim. soir et lundi – **R** carte 200 à 270
Spéc. Bouquet de primeurs (été), Saumon en marbrage, Petite poularde en pot au feu.

XXXX ✿ **Grande Cascade,** ⊠ 75016, ℡ 506.33.51, ← – Ⓟ ᴁ ⓞ 𝗘 𝗩𝗜𝗦𝗔
fermé 20 déc. au 21 janv. – **R** *(du 15 oct. au 15 mai déj. seul.)* carte 195 à 235
Spéc. Escalopine de daurade, Panaché de poissons au basilic, Filet à la moelle et au vin.

Clichy, Ternes, Wagram.

17ᵉ arrondissement.
17ᵉ : ⊠ 75017

🏨 **Concorde Lafayette** Ⓜ, 3 pl. Pte des Ternes ℡ 758.12.84, Télex 650892, « Bar panoramique au 33ᵉ étage » – 🕸 ▤ 📺 ☎. ᴁ ⓞ 𝗘 𝗩𝗜𝗦𝗔　　　　　　　E 6
SC : **L'Arc-en-Ciel R** 134 ⅌ – Coffee Shop **Les Saisons R** carte environ 110 ⅌ – **L'Étoile d'Or** voir p. 36 – ⚏ 38 – **1 000 ch** 625/775, 26 appart.

🏨 **Méridien** Ⓜ, 81 bd Gouvion-St-Cyr (pte Maillot) ℡ 758.12.30, Télex 290952 – 🕸 ▤ 📺 ☎ – 🛦 150 à 1 000. ᴁ ⓞ 𝗩𝗜𝗦𝗔. ⚘ rest　　　　　　　E 6
SC : **Le Clos de Longchamp** *(fermé sam. et dim. du 1ᵉʳ juil. au 31 août)* **R** carte 160 à 230 – **Café l'Arlequin R** carte environ 105 ⅌ – **Le Yamato** (rest. Japonais) *(fermé juil., août, dim. et lundi)* **R** carte environ 100 – **La Maison Beaujolaise R** 108 bc/135 bc – ⚏ 44 – **1 027 ch** 660/830, 14 appart.

🏨 **Splendid Etoile et rest. Pré Carré** Ⓜ, 1 bis av. Carnot ℡ 766.41.41, Télex 280773 – 🕸 📺 ☎. ᴁ ⓞ 𝗩𝗜𝗦𝗔. ⚘　　　　　　　　　　　　F 7
R *(fermé sam. et dim.)* carte 145 à 205 – ⚏ 30 – **58 ch** 290/530, 3 appart. 680.

🏨 **Regent's Garden** ⚓ sans rest, 6 r. P.-Demours ℡ 574.07.30, Télex 640127, « Jardin fleuri » – 🕸 📺 ☎ Ⓟ ᴁ ⓞ 𝗘 𝗩𝗜𝗦𝗔　　　　　　　　E 7
SC : ⚏ 22 – **39 ch** 380/520.

🏨 **Mercure** Ⓜ sans rest, 27 av. Ternes ℡ 766.49.18, Télex 650679 – 🕸 ▤ ☎. ᴁ ⓞ 𝗘 𝗩𝗜𝗦𝗔　　　　　　　　　　　　　　　　　　　　E 8
SC : ⚏ 29 – **56 ch** 391/414.

🏨 **Magellan** Ⓜ ⚓ sans rest, 17 r. J.B.-Dumas ℡ 572.44.51, Télex 660728 – 🕸 ☎. ᴁ ⓞ 𝗘 𝗩𝗜𝗦𝗔　　　　　　　　　　　　　　　　　　　　D 7
SC : ⚏ 15 – **75 ch** 256/272.

🏨 **Balmoral** sans rest, 6 r. Gén.-Lanrezac ℡ 380.30.50, Télex 642435 – 🕸 ☎. ᴁ ⓞ　E 7
SC : **57 ch** ⚏ 285/380.

🏨 **Cécilia** sans rest, 11 av. Mac-Mahon ℡ 380.32.10, Télex 280750 – 🕸 ⇌wc ☎. ⚏⚘ ᴁ ⓞ 𝗘 𝗩𝗜𝗦𝗔　　　　　　　　　　　　　　　　　　E 7
SC : ⚏ 20 – **45 ch** 355.

🏨 **Banville** sans rest, 166 bd Berthier ℡ 755.70.16, Télex 643025 – 🕸 ⇌wc 🈴wc ☎. ⚏⚘　　　　　　　　　　　　　　　　　　　　　　D 8
SC : **40 ch** ⚏ 289/308.

🏨 **Etoile** Ⓜ sans rest, 3 r. Étoile ℡ 380.36.94, Télex 642028 – 🕸 📺 ⇌wc 🈴wc ☎. ᴁ ⓞ 𝗩𝗜𝗦𝗔　　　　　　　　　　　　　　　　　　　　E 8
SC : **25 ch** ⚏ 330/415.

🏨 **Stella** Ⓜ sans rest, 20 av. Carnot ℡ 380.84.50 – 🕸 📺 ⇌wc 🈴wc ☎. ⚏⚘ ᴁ 𝗩𝗜𝗦𝗔. ⚘　　　　　　　　　　　　　　　　　　　　E 7
SC : ⚏ 17 – **36 ch** 190/292.

🏨 **Belfast** sans rest, 10 av. Carnot ℡ 380.12.10, Télex 642777 – 🕸 ⇌wc ☎. ⚏⚘ ᴁ ⓞ 𝗩𝗜𝗦𝗔　　　　　　　　　　　　　　　　　　　　E 7
SC : ⚏ 15 – **47 ch** 259/330.

🏨 **Royal Magda** sans rest, 7 r. Troyon ℡ 764.10.19, Télex 641068 – 🕸 📺 ⇌wc ☎ E 8
27 ch, 11 appart.

🏨 **Empire H.** Ⓜ sans rest, 3 r. Montenotte ℡ 380.14.55, Télex 643232 – 🕸 📺 ⇌wc 🈴wc ☎. ⚏⚘ ᴁ ⓞ 𝗘 𝗩𝗜𝗦𝗔. ⚘　　　　　　　　　　　E 8
fermé 23 juil. au 21 août – SC : ⚏ 19 – **47 ch** 186/332.

🏨 **Tivoli Étoile** Ⓜ sans rest, 7 r. Brey ℡ 380.31.22, Télex 643107 – 🕸 📺 ⇌wc ☎. ⚏⚘ ᴁ ⓞ 𝗘 𝗩𝗜𝗦𝗔　　　　　　　　　　　　　　　　　　E 8
SC : ⚏ 20 – **30 ch** 320/380.

🏨 **Mercedès** Ⓜ sans rest, 128 av. Wagram ℡ 227.77.82, Télex 660751 – 🕸 📺 ⇌wc 🈴wc ☎. ⚏⚘ ᴁ ⓞ 𝗩𝗜𝗦𝗔　　　　　　　　　　　　　　　D 8
SC : ⚏ 20 – **37 ch** 256.

🏨 **Régence-Étoile** sans rest, 24 av. Carnot ☏ 380.75.60 – 🛗 📺 🚻wc 🚻wc ☎.
🅿 🆎 𝘝𝘐𝘚𝘈. ⌘
SC : ⊅ 18 – **38 ch** 193/275.
E 7

🏨 **Étoile Park H.** sans rest, 10 av. Mac-Mahon ☏ 755.69.63, Télex 649266 – 🛗
🚻wc 🚻wc ☎. 🅿 🆎 ⊙ 𝗘 𝘝𝘐𝘚𝘈. ⌘
fermé 1er au 21 août – SC : ⊊ 17 – **28 ch** 242/303.
E 8

🏨 **Astrid** sans rest, 27 av. Carnot ☏ 380.56.20, Télex 642065 – 🛗 🚻wc 🚻wc ☎.
🅿. ⌘
fermé en août – SC : **40 ch** ⊊ 185/260.
E 7

🏨 **Astor** sans rest, 36 r. P.-Demours ☏ 227.44.93, Télex 650078 – 🛗 🚻wc 🚻wc ☎.
⌘
SC : ⊊ 15 – **48 ch** 184/244.
D 8

🏨 **Prima H.,** 167 r. Rome ☏ 622.21.09 – 🛗 📺 🚻wc 🚻wc ☎. 🅿
R snack *(fermé dim. en août et sept.)* carte environ 85 🍴 – ⊊ 15 – **30 ch** 170/220.
C-D 10

🏨 **Parc Monceau** sans rest, 38 r. Cardinet ☏ 763.88.60 – 🛗 🚻wc ☎. 🅿
SC : ⊊ 15 – **22 ch** 110/180.
D 9

🏨 **Palma** sans rest, 46 r. Brunel ☏ 574.29.93 – 🛗 📺 🚻wc 🚻wc ☎. ⌘
SC : ⊊ 18 – **32 ch** 190/220.
E 7

🏨 **Néva** sans rest, 14 r. Brey ☏ 380.28.26 – 🛗 🚻wc 🚻wc ☎. 🅿 𝘝𝘐𝘚𝘈. ⌘
SC : ⊊ 17 – **35 ch** 140/220.
E 8

🏨 **Bel'Hôtel** sans rest, 20 r. Pouchet ☏ 627.34.77, 🍽 – 🛗 🚻wc 🚻 ☎. 𝘝𝘐𝘚𝘈
fermé août – SC : ⊊ 15 – **30 ch** 72/195.
B 11

🏨 **Niel** sans rest, 11 r. Saussure-Leroy ☏ 766.58.15 – 🛗 🚻wc ☎. ⌘
fermé juil. et 24 déc au 2 janv. – SC : **36 ch** ⊊ 97/176.
E 8

XXX ❀ **Étoile d'Or,** 3 pl. Porte des Ternes ☏ 758.12.84 – 🍽 🆎 ⊙ 𝗘 𝘝𝘐𝘚𝘈
fermé août – SC : **R** carte 185 à 250
Spéc. Salade de St-Jacques au vinaigre de xérès (oct. à avril), Navarin de poissons de mer.
E 6

XXX ❀❀ **Le Bernardin** (Le Coze), 18 r. Troyon ☏ 380.40.61 – 🆎 𝘝𝘐𝘚𝘈
fermé août, dim. et lundi – **R** carte 155 à 220
Spéc. Salade de poissons, Escalope de bar, Rôti de lotte aux choux.
E 8

XXX ❀❀ **Rostang,** 20 r. Rennequin ☏ 763.40.77 – 🍽 𝘝𝘐𝘚𝘈
fermé 23 juil. au 24 août, sam. midi, dim. et fériés – **R** 125 (déj.) et carte 180 à 230
Spéc. Panaché de nouilles fraîches aux ris de veau et écrevisses, Œufs de caille en coque d'oursins
(oct. à mars), Poulette de Bresse en pot au feu.
D 8

XXX **Grand Veneur,** 6 r. Pierre-Demours ☏ 574.61.58 – 🆎 ⊙ 𝗘 𝘝𝘐𝘚𝘈
fermé août, sam. midi et dim. – **R** carte 130 à 180.
E 7

XXX ❀ **Timgad,** 21 r. Brunel ☏ 574.23.70, « Décor mauresque » – 🍽 🆎 ⊙ 𝘝𝘐𝘚𝘈
fermé août et dim. – **R** carte 125 à 250
Spéc. Tagine, Couscous, Méchoui.
E 7

XXX **Michel-Péreire,** 122 av. Villiers ☏ 380.19.66 – ⊙ 𝘝𝘐𝘚𝘈
fermé 1er au 30 juil. et sam. – **R** carte 135 à 180.
D 8

XXX **La Devinière,** 97 av. Ternes ☏ 574.10.60 – 🆎 ⊙ 𝘝𝘐𝘚𝘈
fermé août, sam. midi, dim. et fêtes – **R** carte 120 à 185.
E 7

XX ❀ **La Coquille,** 6 r. Débarcadère ☏ 574.25.95 – 🍽 𝘝𝘐𝘚𝘈
fermé 30 juil. au 1er sept., Noël au 1er janv., dim., lundi et fériés – **R** carte 135 à 195
Spéc. St-Jacques au naturel (oct. à mai), Ris de veau sauté à la crème et morilles, Soufflé au praslin
de noisettes.
E 7

XX **Baumann,** 64 av. Ternes ☏ 574.16.66 – 🍽 🆎 ⊙ 𝗘 𝘝𝘐𝘚𝘈
SC : **R** carte 125 à 170 🍴.
E 7

XX **La Truite Vagabonde,** 17 r. Batignolles ☏ 387.77.80 – 🆎 ⊙ 𝘝𝘐𝘚𝘈
fermé dim. – **R** carte 125 à 205.
D 11

XX **L'Écrevisse,** 212 bis bd Péreire ☏ 572.17.60 – 🆎 𝘝𝘐𝘚𝘈
fermé août, sam. et dim. – **R** carte 140 à 210.
E 7

XX **Paul et France,** 27 av. Niel ☏ 763.04.24 – 🆎 ⊙ 𝘝𝘐𝘚𝘈
fermé 14 juil. au 15 août, sam. et dim. – **R** carte 125 à 180.
D 8

XX **La Braisière,** 54 r. Cardinet ☏ 763.40.37 – 🆎 ⊙ 𝘝𝘐𝘚𝘈
fermé 26 mars au 5 avril, août, sam. et dim. – SC : **R** carte 135 à 180.
D 9

XX ❀ **Chez Guyvonne** (Cros), 14 r. Thann ☏ 227.25.43
fermé 8 juil. au 1er août, 23 déc. au 2 janv., sam., dim. et fêtes – **R** carte 145 à 200
Spéc. St-Jacques marinées (oct. à mars), Blanquette de barbue à l'aneth, Raie en carbonnade.
D 9-10

XX **Ma Cuisine,** 18 r. Bayen ☏ 572.02.19 – 🆎 ⊙ 𝘝𝘐𝘚𝘈
fermé dim. – **R** carte 130 à 185.
E 7

XX ❀ **Chez Augusta** (Bareste), 98 r. Tocqueville ☎ 763.39.97 — ⓘ 𝗩𝗜𝗦𝗔　　C 9
fermé août, sam. midi, dim. et fêtes – **R** carte 135 à 175
Spéc. Bouillabaisse royale, Barbue aux morilles, Ragoût de homard.

XX **Chez Georges,** 273 bd Pereire ☎ 574.31.00 — 𝗩𝗜𝗦𝗔　　E 6
fermé août et sam. – **R** carte 120 à 155.

XX **Le Petit Colombier,** 42 r. Acacias ☎ 380.28.54 — 𝗩𝗜𝗦𝗔　　E 7
fermé 1er au 16 août, 24 déc. au 3 janv., dim. midi et sam. – **R** carte 110 à 175.

XX **Le Santenay,** 75 av. Niel ☎ 227.88.44 — 𝖠𝖤 E 𝗩𝗜𝗦𝗔　　D 8
fermé dim. soir et lundi – **R** carte 100 à 175.

XX **Relais d'Anjou,** 15 r. Arc-de-Triomphe ☎ 380.43.82 — ⓘ 𝗩𝗜𝗦𝗔　　E 7
fermé août, 22 déc. au 3 janv., sam. midi et dim. – **R** carte 95 à 160.

XX **Chez Léon,** 32 r. Legendre ☎ 227.06.82 — 𝗩𝗜𝗦𝗔　　D 10
fermé août, sam. et dim. – **SC : R** carte 100 à 175.

XX **Le Beudant,** 97 r. des Dames ☎ 387.11.20 — 𝖠𝖤 ⓘ 𝗩𝗜𝗦𝗔　　D 11
fermé sam. midi et dim. – **R** carte 135 à 195.

XX **La Toque,** 16 r. Tocqueville ☎ 227.97.75 — 𝗩𝗜𝗦𝗔　　D 10
fermé 8 au 31 juil., 23 déc. au 4 janv., sam. et dim. – **SC : R** carte 100 à 150.

X ❀ **La Petite Auberge** (Harbonnier), 38 r. Laugier ☎ 763.85.51 — ⓘ　　D 7-8
fermé août, dim., lundi et fêtes – **R** (nombre de couverts limité - prévenir) carte 130
à 200
Spéc. Turbot Camille Renault, Carré d'agneau Émile Compard, Tarte aux pommes.

X **La Soupière,** 154 av. Wagram ☎ 227.00.73 — 𝖠𝖤 𝗩𝗜𝗦𝗔　　D 9
fermé 13 au 30 août, sam. de Pâques au 1er sept., lundi en hiver et dim. – **R** carte
135 à 185.

X ❀ **Mère Michel** (Gaillard), 5 r. Rennequin ☎ 763.59.80 — 𝗩𝗜𝗦𝗔　　E 8
fermé août, sam., dim. et fériés – **SC : R** (nombre de couverts limité - prévenir) carte
115 à 190
Spéc. Cressonnette de foies de volaille au Xérès, Poissons beurre blanc, Omelette soufflée.

Montmartre, La Villette, Belleville.

18e, 19e et 20e arrondissements.
18e : ✉ 75018
19e : ✉ 75019
20e : ✉ 75020

🏨 **Terrass'H.** Ⓜ, 12 r. J.-de-Maistre (18e) ☎ 606.72.85, Télex 280830 — 🛗 📺 ☎ ♿
– 🅰 30. 𝖠𝖤 ⓘ E 𝗩𝗜𝗦𝗔　　C 13
SC : Coffee - Shop **L'Albaron R** carte environ 95 ♵ et voir rest. **Guerlande** – **95 ch**
⊒ 340/480, 13 appart. 530/610.

🏨 **Mercure Paris Montmartre** Ⓜ sans rest, 1 r. Caulaincourt (18e) ☎ 294.17.17,
Télex 640605 — 🛗 📺 ☎ ♿, 𝖠𝖤 ⓘ E 𝗩𝗜𝗦𝗔　　D 12
SC : ⊒ 34 – **308 ch** 425/482.

🏨 Résidence Montmartre sans rest, 10 r. Burq (18e) ☎ 606.45.28 — 🛗 ⌷wc 🛁wc ☎
46 ch.　　D 13

🏨 **H. Le Laumière** sans rest, 4 r. Petit (19e) ☎ 206.10.77 — 🛗 ⌷wc 🛁wc ☎. ❀
SC : **54 ch** ⊒ 85/216.　　D 19

🏨 **Super H.** Ⓜ, 208 r. Pyrénées (20e) ☎ 636.97.48 — 🛗 ▤ rest ⌷wc 🛁wc ☎. 🚗
𝗩𝗜𝗦𝗔　　G 21
SC : **R** *(fermé dim.)* 69/90 – **27 ch** ⊒ 120/280.

🏨 **Pyrénées Gambetta** sans rest, 12 av. Père Lachaise (20e) ☎ 797.76.57 — 🛗
⌷wc 🛁wc ☎　　H 21
SC : **30 ch** ⊒ 110/225.

🏨 **Prima-Lepic** sans rest, 29 r. Lepic (18e) ☎ 606.44.64 — 🛗 ⌷wc 🛁wc ☎. 🚗 𝖠𝖤
SC : ⊒ 15 – **38 ch** 120/175.　　D 13

🏨 **Luxia** sans rest, 8 r. Seveste (18e) ☎ 606.84.24 — 🛗 ⌷ 🛁wc ☎. 🚗 𝖠𝖤. ❀
SC : ⊒ 14 – **48 ch** 115/230.　　D 14

🏨 **Palma** sans rest, 77 av. Gambetta (20e) ☎ 636.13.65 — 🛗 ⌷wc 🛁wc ☎. 🚗 𝗩𝗜𝗦𝗔
❀
SC : ⊒ 15 – **34 ch** 73/173.　　G 21

🏨 **Puy de Dôme** sans rest, 180 r. Ordener (18e) ☎ 627.78.55 — ⌷ 🛁 ☎. 🚗 ❀
fermé 10 juil. au 31 août – SC : ☎ 12 – **28 ch** 80/130.　　B 13

XXX ❀ **Beauvilliers** (Carlier), 52 r. Lamarck (18ᵉ) ☎ 254.19.50, « Décor original, terrasse » — *VISA*. ⌁   C 14
fermé 28 août au 26 sept., lundi midi et dim. — **R** carte 180 à 240
Spéc. Terrine de girolles, Tronçon de turbot en meurette, Colvert aux figues (15 oct. au 15 fév.).

XXX ❀ **Cochon d'Or,** 192 av. Jean-Jaurès (19ᵉ) ☎ 607.23.13 — ▤ 🄰🄴 ① ∈ *VISA*   C 20
R carte 120 à 190.
Spéc. Escargots de Bourgogne, Ailes de raie au vinaigre (mai-sept.), Grillades.

XXX ❀ **Relais Pyrénées** (Marty), 1 r. Jourdain (20ᵉ) ☎ 636.65.81 — 🄰🄴 ① ∈ *VISA*   F 20
fermé août et sam. — **R** carte 145 à 190
Spéc. Foie gras frais de canard, Saumon frais au Champagne, Confit d'oie.

XXX **Le Guerlande,** 12 r. Caulaincourt (18ᵉ) ☎ 606.59.05 — ▤. 🄰🄴 ① ∈ *VISA*   C 13
SC : **R** carte 130 à 190.

XXX **Charlot 1ᵉʳ ''Merveilles des Mers'',** 128 bis bd Clichy (18ᵉ) ☎ 522.47.08 — 🄰🄴
① ∈ *VISA*   D 12
R carte 150 à 220.

XXX **Auberge du XVIIIᵉ,** 6 r. Caulaincourt (18ᵉ) ☎ 387.64.78 — 🄰🄴 ① *VISA*   D 12
fermé août, lundi midi et dim. — **R** carte 100 à 150.

XXX **Dagorno,** 190 av. J.-Jaurès (19ᵉ) ☎ 607.02.29 — 🄰🄴 ① ∈ *VISA*   C 20
fermé sam. — **R** carte 115 à 170.

XX **Sanglier Bleu,** 102 bd Clichy (18ᵉ) ☎ 606.07.61 — ▤. 🄰🄴 ① ∈ *VISA*   D 12
fermé 15 juil. au 15 août et sam. midi — **R** carte 110 à 165.

XX ❀ **Petit Pré** (Verges), 1 r. Bellevue (19ᵉ) ☎ 208.92.62 — *VISA*   E 21
fermé 14 juil. au 15 août, sam., dim. et fériés — SC : **R** carte 135 à 185
Spéc. Mousse de poireaux aux gambas, Queues de langoustines grillées, Ris de veau aux poivrons.

XX ❀ **Le Clodenis** (Gentes), 57 r. Caulaincourt (18ᵉ) ☎ 606.20.26   C 13
fermé dim. et lundi — **R** 98 (déj.) et carte 130 à 220
Spéc. Huîtres chaudes (oct. à fév.), Champignons (oct.-nov.), Gibier (oct. à déc.).

XX **Deux Taureaux,** 206 av. J.-Jaurès (19ᵉ) ☎ 607.39.31 — 🄰🄴 ① *VISA*   C 21
fermé sam. et dim. — SC : **R** carte 120 à 160.

XX **Boeuf Couronné,** 188 av. Jean-Jaurès (19ᵉ) ☎ 607.89.52 — 🄰🄴 ① ∈ *VISA*   C 20
fermé dim. — **R** carte 105 à 170.

XX **La Chaumière,** 46 av. Secrétan (19ᵉ) ☎ 607.98.62 — 🄰🄴 ① *VISA*   E 18
fermé août et dim. — SC : **R** carte 95 à 130.

XX **Wepler,** 14 pl. Clichy (18ᵉ) ☎ 522.53.24 — 🄰🄴 ∈ *VISA*   D 12
R carte 90 à 140.

XX **La Manna,** 148 av. St-Ouen (18ᵉ) ☎ 627.42.35   B 12
fermé 15 juin au 15 juil., mardi soir et merc. — **R** carte 85 à 135.

XX **Chez Frézet,** 181 r. Ordener (18ᵉ) ☎ 606.64.20 — *VISA*   B 13
fermé août, vacances de fév., sam., dim. et fériés — **R** carte 105 à 150.

X **Marie-Louise,** 52 r. Championnet (18ᵉ) ☎ 606.86.55 — ①   B 15
fermé fin juil. à début sept., dim., lundi et fériés — **R** carte 75 à 115.

X **Le Pichet,** 174 r. Ordener (18ᵉ) ☎ 627.85.28 — ① *VISA*   B 13
fermé août et dim. — **R** carte 75 à 130 ⌁.

X **Le Sancerre,** 13 av. Corentin Cariou (19ᵉ) ☎ 607.80.44   B 19 B
fermé août, sam., dim. et fêtes — **R** carte 95 à 140.

X **La Comète des Abattoirs,** 35 av. Corentin Cariou (19ᵉ) ☎ 607.74.26 — 🄰🄴 ①
VISA   B 19
fermé sam. soir et dim. — **R** carte 75 à 120.

Pour vous diriger dans Paris : **le plan Michelin**
en une feuille (nº 🔟)
avec répertoire des rues (nº 🔢)
un atlas avec répertoire des rues
et adresses utiles (nº 🔢)
un atlas avec répertoire des rues (nº 🔢)

Pour visiter Paris : **le guide Vert Michelin**

Ces ouvrages se complètent utilement.

Proche
banlieue

25 km environ autour de Paris

Alfortville 94140 Val-de-Marne 101 ㉖ – 38 063 h. alt. 33 – ✿ 1.
Voir Charenton : musée du Pain ★ N : 2 km, G. Paris.
Paris 9 – Maisons-Alfort 1,5 – Melun 36.

🏠 **Printemps,** 63 r. Véron ℱ 375.30.87 – 📺 ▥wc 🕿 🅿. 🍽🍴. ✀
← fermé août – SC : **R** brasserie *(fermé sam. et dim.)* carte environ 45 🍷 – ⊡ 13,50 –
24 ch 61/156.

🚗 Piot-Pneu, 69 r. de Charenton ℱ 375.34.95

Antony ⟨SP⟩ 92160 Hauts-de-Seine 101 ㉖ – 57 652 h. alt. 56 – ✿ 1.
Voir Église St-Germain-l'Auxerrois★ à Châtenay-Malabry NO : 2,5 km, G. Paris.
🛈 Office de Tourisme pl. F.-Gémier (fermé août, sam. après-midi, dim. et lundi matin)
ℱ 237.57.77.
Paris 12 – Étampes 38 – Évry 24 – Longjumeau 7 – Versailles 15.

CITROEN Argongue, 129 bis av. A.-Briand ℱ 666.59.05

RENAULT S.E.F, 2 r. de Fresnes ℱ 666.04.45

FORD, VOLVO Langlois, 27 r. Galipeau ℱ 668.48.28

Argenteuil ⟨SP⟩ 95100 Val-d'Oise 101 ⑭ – 103 141 h. alt. 42 – ✿ 3.
Paris 14 – Chantilly 36 – Pontoise 20 – St-Germain-en-Laye 15.

XXX **Moulin d'Orgemont,** r. Clos des Moines ℱ 410.21.47, « Moulin à vent sur la
colline, manège de chevaux de bois » – 🅿
fermé août, 22 déc. au 4 janv. et dim. – **R** carte 120 à 190.

XX **Aub. Jacques Pichon,** 26 r. H.-Barbusse ℱ 961.07.86 – ⅍ᴱ 𝗩𝗜𝗦𝗔
fermé août, lundi soir et dim. – SC : **R** carte 160 à 215.

XX **Ferme d'Argenteuil,** 2 bis r. Verte ℱ 961.00.62 – 𝗩𝗜𝗦𝗔
fermé 1er au 15 août, dim. (sauf le midi en hiver) et lundi – SC : **R** carte 140 à 200.

XX **La Colombe** avec ch, 20 bd Héloïse ℱ 961.01.38 – cuisinette ▤ 🛏wc 🕿 🅿 –
🏛 25 à 200. ⅍ᴱ ⓞ 𝗩𝗜𝗦𝗔 ✀
SC : **R** *(fermé dim.)* carte 80 à 135 – ⊡ 15 – **14 ch** 75/200.

BMW Gar. Valléjo, 119 av. J.-Jaurès ℱ 981.83.06
CITROEN Succursale, 117 bd J.-Allemane ℱ 982.81.81
FIAT Santi-Argenteuil, 1 r. Gde-Ceinture ℱ 980.96.26
FORD Gar. Gdes Fontaines, 70 Bd Jean Allemane ℱ 961.61.61
PEUGEOT-TALBOT S.O.D.I.S.T.O., 45 r. H.-Barbusse ℱ 947.09.79
RENAULT Succursale, 2 Bd de la Résistance ZUP ℱ 410.40.04

RENAULT Gar. Dorigny, 9 r. A.-Labrierre ℱ 961.02.21
TOYOTA Gar. de la Gare, 14 Bd Berteaux ℱ 961.05.21

🚗 Flament, 29 r. Beurriers ℱ 961.27.17
Jouas, 161 r. H. Barbusse ℱ 961.46.51
Monteils Pneumatiques, 48,50 av. Stalingrad ℱ 410.20.89

Asnières 92600 Hauts-de-Seine 101 ⑮ G. Paris – 75 679 h. alt. 32 – ✿ 1.
Paris 9 – Argenteuil 5,5 – Pontoise 27 – St-Denis 8 – St-Germain-en-Laye 17.

XX **Périgord,** 3 quai Aubagnier ℱ 790.19.86 – ⅍ᴱ ⓞ 𝗩𝗜𝗦𝗔
fermé 5 au 29 août, sam. et dim. – **R** carte 120 à 170.

X **La Petite Auberge,** 118 r. Colombes ℱ 793.33.94 – 𝗩𝗜𝗦𝗔
fermé 9 au 15 mai, 1er au 22 août, vacances de fév., dim. soir et lundi – **R** 60.

AUTOBIANCHI, LANCIA Gar. de L'Avenue, 80 av. d'Argenteuil ℱ 793.27.20
CITROEN Gd Gar. Enthoven, 249 av. Argenteuil à Bois-Colombes ℱ 782.41.00
OPEL Perrot, 36 r. P.-Brossolette ℱ 793.73.30
PEUGEOT, TALBOT Gar. du Gymnase, 97 r. Ch.-Chefson à Bois-Colombes ℱ 782.78.81
TOYOTA S.I.D.A.T., 3 r. de Normandie ℱ 790.62.10

VAG Gar. de la Comète, 33 av. d'Argenteuil ℱ 793.02.09
VOLVO Gar. Ferid, 45 r. J.-Jaurès à Bois-Colombes ℱ 242.40.75

🚗 Coursaux, 61 r. Colombes ℱ 793.07.53

Aulnay-sous-Bois 93600 Seine-St-Denis 🔟🔟 ⑰ – 78 271 h. alt. 50 – ✿ 1.

Paris 19 – Lagny 21 – Meaux 30 – St-Denis 12 – Senlis 38.

🏨 **Novotel** 🅼, rte Gonesse ☎ 866.22.97, Télex 230121, 🏊, – 📶 ▤ rest 📺 ☎ 🕭 🅿 – 🛣 300. 🆎 ⓞ 𝗩𝗜𝗦𝗔
R snack carte environ 85 – 🖙 27 – **139 ch** 243/276.

🏨 **Strasbourg** sans rest, 43 bd Strasbourg ☎ 866.60.38 – 🛏wc ☜. 🖼 ⓞ 𝗩𝗜𝗦𝗔
fermé 29 juil. au 29 août et 23 déc. au 1er janv. – SC : 🖙 14,50 – **19 ch** 143/189.

🏨 **Aub. Saints Pères**, 212 av. Nonneville ☎ 866.62.11 – 🆎 𝗩𝗜𝗦𝗔
fermé août, vacances de fév., sam. midi, dim. soir et lundi – **R** carte 140 à 200.

🔘 La Centrale du Pneu, 2 av. Ch.-Floquet ☎ 866.37.66

Bagneux 92220 Hauts-de-Seine 🔟🔟 ㉕ – 40 674 h. alt. 109 – ✿ 1.

Paris 8,5 – Antony 5,5 – Clamart 4 – Longjumeau 13 – Montrouge 3 – Versailles 16.

🏨 Les Bulles, 10 bis av. J.-B.-Fortin ☎ 735.62.60.

FIAT, LANCIA-AUTOBIANCHI Pasteur Auto-mobiles, 9 av. Pasteur ☎ 665.99.20
PEUGEOT, TALBOT SAGAR, 11 av. V.-Hugo ☎ 735.27.69

🔘 SODIPHAS-Tou-Pneus, 16 av. A.-Briand ☎ 664.08.30

Bagnolet 93170 Seine-St-Denis 🔟🔟 ⑯ – 35 907 h. alt. 86 – ✿ 1.

Paris 6 – Lagny 27 – Meaux 40.

🏨 **Novotel Paris Bagnolet** 🅼, av. République, échangeur porte de Bagnolet ☎ 360.02.10, Télex 670216, 🏊, – 📶 ▤ 📺 ☎ 🅿 – 🛣 25 à 800. 🆎 ⓞ 𝗩𝗜𝗦𝗔
L'Oeuf et la Poule **R** 140 bc - snack **R** carte environ 85 – 🖙 28 – **610 ch** 350/370.

FORD Deshayes, 195 av. Gambetta ☎ 374.97.40
PEUGEOT, TALBOT Sefa Socauto, 210 r. de Noisy le Sec ☎ 361.17.90

Bougival 78380 Yvelines 🔟🔟 ⑬ – 8 744 h. alt. 40 – ✿ 3.

Paris 18 – Rueil-Malmaison 3,5 – St-Germain-en-Laye 7 – Versailles 7 – Le Vésinet 4.

🏨🏨🏨🏨 ✿ **Coq Hardy**, 16 quai Rennequin-Sualem (N 13) ☎ 969.01.43, « Jardins fleuris en terrasses, intérieur élégant » – 🅿 🆎 ⓞ 𝗩𝗜𝗦𝗔
fermé 15 janv. au 15 fév., mardi soir de nov. à mars et merc. – **R** (dim. prévenir) 180 (déj.) et carte 180 à 260
Spéc. Chartreuse de bar aux cuisses de grenouilles, Steak de canard au coulis de poivrons, Mille-feuilles au praliné.

🏨🏨🏨 ✿✿ **Le Camelia** (Delaveyne), 7 quai G.-Clemenceau ☎ 969.03.02 – 🆎 ⓞ 𝗩𝗜𝗦𝗔 ❀
fermé dim. soir et lundi – **R** 160 bc (déj.) et carte 170 à 220
Spéc. Champignons (sept. à janv.), Poissons, Médaillon de veau en boléro.

🏨🏨 **Cheval Noir**, 14 quai G.-Clemenceau ☎ 969.00.96 – 𝗩𝗜𝗦𝗔
fermé août, merc. soir et jeudi – **R** carte 90 à 140.

Boulogne-Billancourt ◀𝗦𝗣▶ 92100 Hauts-de-Seine 🔟🔟 ㉔ G. Paris – 103 948 h. alt. 35 – ✿ 1.

Voir Bois de Boulogne★★ : Jardin d'acclimatation★ – Jardin Albert Kahn★ – Musée Paul Landowski★.

Paris (par Porte de St-Cloud) 10 – Versailles 11.

🏨 **Sélect H.** 🅼 sans rest, 66 av. Gén.-Leclerc ☎ 604.70.47 – 📶 🛏wc 🛁wc ☎ 🅿
SC : 🖙 16 – **58 ch** 190.

🏨 **Excelsior** sans rest, 12 r. Ferme ☎ 621.08.08 – 📶 🛁wc ☎. 🖼 🆎 ❀
SC : 🖙 14 – **52 ch** 162/184.

🏨🏨🏨 ✿✿ **Gérard Pangaud**, 1 rd point Rhin et Danube ☎ 605.34.42 – ▤. 🆎 ⓞ 𝗩𝗜𝗦𝗔
fermé sam. midi, dim. et fériés – **R** carte 200 à 250
Spéc. Hure de saumon (mars à oct.), Homard au sauternes, Carré d'agneau et farcis niçois.

🏨🏨🏨 ✿ **Au Comte de Gascogne**, 89 av. J.-B.-Clément ☎ 603.47.27, « Jardin d'hiver » – ▤. 🆎 𝗩𝗜𝗦𝗔
fermé août, sam., dim. et fériés – **R** carte 175 à 225
Spéc. Foie de canard, Panaché de poissons, Emincé de magret de canard.

🏨🏨 ✿ **La Bretonnière**, 120 av. J.-B.-Clément ☎ 605.73.56 – 🆎 𝗩𝗜𝗦𝗔
fermé sam. et dim. – **R** carte 165 à 205
Spéc. Huîtres chaudes au beurre de ciboulette (sept. à avril), Ragoût de coquillages et ris de veau (sept. à avril), Filet de canard aux épinards.

🏨🏨 **La Bergerie**, 87 av. J.-B.-Clément ☎ 605.39.07 – 🆎 ⓞ 𝗩𝗜𝗦𝗔
fermé 10 au 25 août, lundi soir, dim. et fêtes – **R** carte 110 à 170.

XX **La Petite Auberge Franc Comtoise,** 86 av. J.-B.-Clément ☏ 605.67.19 – ⌸
Ⓜ 𝗩𝗜𝗦𝗔
fermé 30 juil. au 28 août, dim. et fériés – **R** carte 135 à 195.

XX **Laux... à la Bouche,** 117 av. J.-B.-Clément ☏ 825.43.88 – 𝗩𝗜𝗦𝗔
fermé 13 au 22 août, sam. et dim. en juil. et sept. – **R** carte 85 à 145.

X **La Galère,** 112 r. Gén.-Gallieni ☏ 605.64.51 – 𝗩𝗜𝗦𝗔 ⌘
fermé août, sam. et dim. – **R** carte 85 à 120 🍷.

ALFA-ROMEO Lov'Auto, 23 r. Solférino ☏ 621.50.60
AUSTIN, JAGUAR, ROVER Garabédian, 77 av. P. Grenier ☏ 609.15.32
BMW Zol'Auto, 52 r. du Chemin Vert ☏ 609.91.43
CITROEN Augustin, 53 r. Danjou ☏ 609.93.75
FIAT Fiat Auto France 58 r. Denfert Rochereau ☏ 604.91.19
MERCEDES SOPDA, 32 bis Rte de la Reine ☏ 603.50.50
PEUGEOT, TALBOT Letiennest et Fourneron, 23 quai A.-Le-Gallo ☏ 605.01.04

PEUGEOT, TALBOT Paris Ouest Autom., 74 rte de la Reine ☏ 604.68.51
RENAULT Succursale, 120 r. Thiers ☏ 620.12.13
RENAULT Succursale, 577 av. Gén.-Leclerc ☏ 609.94.33
Benoit, 123 r. Vieux Pont de Sèvres ☏ 620.23.82 Ⓝ ☏ 604.59.66

🅖 Cent Mille Pneus, 148 Rte de la Reine ☏ 603.02.02
Etter-Pneus, 57 r. Thiers ☏ 620.18.55
Paris-Pneum., 91 rte de la Reine ☏ 604.24.10

Le Bourget (Aéroport de Paris) 93350 Seine-St-Denis 🔟🔟 ⑰ G. Paris – 10 534 h.
alt. 66 – Renseignements : ☏ 862.12.12.

Voir Musée de l'Air★.

Paris 15 – Aulnay-sous-Bois 6 – Chantilly 34 – Meaux 38 – St-Denis 6,5 – Senlis 36.

🏠 **Novotel** Ⓜ, à Blanc-Mesnil ⊠ 93150 Le Blanc-Mesnil ☏ 867.48.88,
Télex 230115, ⛉ – ▯ ▤ rest 🆃🆅 ☎ 🅿 – ⛊ 250. ⌸ Ⓜ 𝗩𝗜𝗦𝗔
R carte environ 85 – ⊡ 27 – **141 ch** 250/276.

CITROEN Succursale, 70 av. Gén. Leclerc à Pantin ☏ 844.28.58
FIAT, LANCIA-AUTOBIANCHI Actis-Barone, 77 av Division-Leclerc ☏ 837.91.30
RENAULT Succursale, 13 av. Gén.-Leclerc à Pantin ☏ 843.61.60
RENAULT Gar. Bon, 132 av. Div.-Leclerc ☏ 837.01.12

🅖 Bihn, 160 av. J.-Jaurès à Pantin ☏ 845.25.85
Piot-Pneu, 190 av. Ch.-Floquet à Blanc-Mesnil ☏ 867.17.40
Steier-Pneus, 217 av. J.-Lolive à Pantin ☏ 844.36.80

Brunoy 91800 Essonne 🔟🔟 ㊲ – 22 872 h. alt. 58 – 🔆 6.
Paris 30 – Corbeil-Essonnes 13 – Évry 16 – Melun 23 – Villeneuve-St-Georges 10.

XX **Le Petit Réveillon,** 22 r. Réveillon ☏ 046.03.39 – 𝗩𝗜𝗦𝗔
fermé août, merc. soir, dim. soir et lundi – **SC** : **R** 60/100.

CITROEN Ets Ruffin-Heitmann, 7 r. du Pont ☏ 046.57.57 Ⓝ ☏ 046.34.19

PEUGEOT, TALBOT Ets Michel, 4 place de l'Arrivée ☏ 046.00.91

Champrosay 91 Essonne 🔟🔟 ㊲ – alt. 58 – ⊠ 91210 Draveil – 🔆 6.
Paris 27 – Brunoy 11 – Corbeil-Essonnes 9,5 – Évry 6 – Longjumeau 14 – Viry-Châtillon 5,5.

XX **Bouquet de la Forêt,** rte l'Ermitage ☏ 942.56.08, « A l'orée de la forêt » – 🅿.
𝗩𝗜𝗦𝗔
fermé août, lundi et le soir sauf vend. et sam. – **R** carte 110 à 180.

Châteaufort 78 Yvelines 🔟🔟 ㉒ – 812 h. alt. 153 – ⊠ 78530 Buc – 🔆 3.
Paris 27 – Arpajon 28 – Rambouillet 25 – Versailles 10.

XX ✿ **La Belle Epoque** (Peignaud), 10 pl. Mairie ☏ 956.21.66, « Auberge rustique
dominant le vallon » – ⌸ Ⓜ 𝗩𝗜𝗦𝗔
fermé 13 août au 1 sept., 22 déc. au 4 janv. et dim. soir – **R** carte 150 à 200
Spéc. Cuisses de grenouilles en soupière, Daube de lièvre (oct. à janv.), Croustillant de coings caramelisé.

RENAULT Succursale, à Buc ☏ 953.96.44

Chelles 77500 S.-et-M. 🔟🔟 ⑲ – 42 648 h. alt. 45 – 🔆 6.
🄑 Office de Tourisme (fermé août, dim. après-midi et lundi) 51 bis av. Résistance, ☏ 957.12.24.
Paris 22 – Coulommiers 41 – Meaux 27 – Melun 46.

XX **Rôt. Briarde,** 43 r. A.-Meunier ☏ 008.02.78 – 🅿 🄴 𝗩𝗜𝗦𝗔
fermé août, vacances de fév., lundi soir et mardi – **SC** : **R** carte 95 à 160.

AUSTIN, MORRIS, OPEL, TRIUMPH Chelles-Autom., Zone Ind., av. de Sylvie ☏ 008.53.02
BMW Central-Gar., 61 av. du Marais, déviation N 34 ☏ 421.27.27
CITROEN Pipart-Chelles-Diffusion-Autos, 59 av. Mar.-Foch ☏ 008.56.01 Ⓝ ☏ 426.17.96

FORD Dubos, 92 av. du Mar.-Foch ☏ 020.43.42
PEUGEOT, TALBOT Metin, 53 av. Mar.-Foch ☏ 008.57.57
V.A.G. Gar. Lourdin, 33 r. G.-Nast ☏ 008.38.42

🅖 Burlat 41 r. A.-Meunier ☏ 008.07.68

Chennevières-sur-Marne 94430 Val-de-Marne ⅡⅠⅡ ㉘ — 17 571 h. alt. 100 — ❀ 1.

🏌 d'Ormesson ₽ 576.20.71, SE : 3 km.

Paris 17 — Coulommiers 49 — Lagny 22.

🏠 **Jardins de France** sans rest, 27 r. Champigny ₽ 576.01.66, 🚗 — ➪wc 🛁wc ☎
fermé août — SC : ☲ 12 — **17 ch** 94/140.

XXX **Aub. Vieux Clodoche,** 18 r. Champigny ₽ 576.09.39 — ℗. ⅍ ⓓ
R carte 130 à 190.

XXX **Écu de France,** 31 r. Champigny ₽ 576.00.03, �, « Cadre rustique, terrasse fleurie en bordure de rivière » — ℗. ⅍
fermé 5 au 12 sept., dim. soir et lundi — SC : **R** carte 100 à 150.

CITROEN Grandru, 15 rte de la libération ₽ 576.03.07

RENAULT SOVEA, 96 rte de la Libération ₽ 576.96.70

Chilly-Mazarin 91380 Essonne ⅡⅠⅡ ㉟ — 17 413 h. alt. 77 — ❀ 6.

Paris 21 — Étampes 34 — Évry 16 — Versailles 27.

XXX **Pavillon Mazarin,** 31 rte Longjumeau ₽ 909.81.11, 🚗 — ℗. ⅍ ⓓ ⋿ VISA
fermé août et sam. — **R** (déj. seul.) carte 120 à 180.

Clamart 92140 Hauts-de-Seine ⅡⅠⅡ ㉔ — 53 361 h. alt. 110 — ❀ 1.

🅱 Syndicat d'Initiative 1 r. Trosy (fermé dim. et lundi) ₽ 642.17.95.

Paris 10 — Boulogne-Billancourt 6 — Longjumeau 16 — Rambouillet 43 — Versailles 13.

X **Le Benjamin,** 25 bis av. J.-B.-Clément ₽ 642.06.66 — VISA
fermé août, lundi soir et dim. — SC : **R** 115 bc.

CITROEN S.E.G.A.C., 323 av. Gén.-de-Gaulle ₽ 630.45.90
PEUGEOT Lazare Carnot, 182 av. Gen. de Gaulle ₽ 632.16.40
RENAULT Gilson, 185 av. Victor-Hugo ₽ 644.38.03
Gar. du Clos Montholon 1 av. de la Paix ₽ 642.10.62

⊕ Clamart Pneus, 329 Av. Gen. de Gaulle ₽ 631.12.04
Le Comptoir du Pneu, 127 av. Gén.-de-Gaulle ₽ 630.34.42

Clichy 92110 Hauts-de-Seine ⅡⅠⅡ ⑮ — 47 956 h. alt. 30 — ❀ 1.

Paris 6,5 — Argenteuil 7 — Pontoise 27 — St-Germain-en-Laye 17.

🏨 **Le Ruthène** sans rest, 35 r. Klock ₽ 737.02.51, Télex 613461 — 🛗 ➪wc 🛁wc ☎. 🚗, ⅍
SC : ☲ 20 — **20 ch** 195/210.

🏨 **Girbal** sans rest, 14 r. Dagobert ₽ 737.54.24 — 🛗 ➪wc ☎ 🚗 VISA
SC : ☲ 18 — **42 ch** 200.

XXX ❀ **Barrière de Clichy,** 1 r. de Paris ₽ 737.05.18 — ⅍ ⓓ VISA
fermé sam. midi et dim. — **R** carte 185 à 230
Spéc. Salade de foie gras frais de canard, Feuilleté de St-Jacques, Escalopes de ris de veau à la crème d'estragnon.

XX **La Colombe d'Or,** 16 bd Gén. Leclerc ₽ 731.73.61 — ⅍ ⓓ VISA
fermé août, sam. midi et dim. — SC : **R** 80 bc/150 bc.

XX **La Bonne Table,** 119 bd J.-Jaurès ₽ 737.38.79 — ▤
fermé sept., dim. et lundi — SC : **R** 120 bc/180 bc.

PEUGEOT, TALBOT Rouxel, 139 bd J.-Jaurès ₽ 739.68.00

P.S.T.A., 107 bd V.-Hugo ₽ 270.11.43

⊕ Central-Pneumatique 22 r. Dr- Calmette ₽ 270.99.94

Cormeilles-en-Parisis 95240 Val-d'Oise ⅡⅠⅡ ④ — 14 309 h. alt. 115 — ❀ 3.

Paris 28,5 — Argenteuil 5 — Maisons-Laffitte 8 — Pontoise 14,5.

XX **Aub de l'Hexagone,** 32 r. Pommiers ₽ 978.77.49 — ℗. ⅍ ⓓ VISA. ⅍
fermé août, dim. et fêtes — SC : **R** carte 105 à 160.

CITROEN Gar. Paris, 27 Bd Joffre ₽ 978.01.64

RENAULT Gar. Parisis, 29 Bd Joffre ₽ 978.41.32

Courbevoie 92400 Hauts-de-Seine ⅡⅠⅡ ⑭ G. Paris — 54 578 h. alt. 34 — ❀ 1.

Voir La Défense** : Palais de la Défense* (Centre National des Industries et des Techniques), Tour Manhattan***, Tour Fiat*, Tour GAN*.

Paris (par Porte Champerret) 11 — Asnières 3 — Levallois-Perret 3,5 — St-Germain-en-Laye 14.

🏩 **Penta** Ⓜ, 18 r. Baudin ₽ 788.50.51, Télex 610470 — 🛗 ▤ rest ☎ ℗ — 🔔 25 à 300. ⅍ ⓓ VISA. ⅍ rest
SC : l'**Atelier R** carte 80 à 130 🍷 — **494 ch** ☲ 350/380.

🏨 **Marina** sans rest, 18 av. Marceau ☎ 333.57.04 – 🛗 📺 🚻wc 🚻wc 🅿
SC : 🍴 15 – **29 ch** 100/240.

🏨 **Central** sans rest, 99 r. Cap.-Guynemer ☎ 789.25.25 – 🛗 🚻wc 🚻wc 🅿
SC : 10,50 – **55 ch** 64/127.

✕ **A la Potinière,** 65 bis av. Gambetta ☎ 333.07.99 – 🆎 ⓪ 𝗩𝗜𝗦𝗔
fermé sam., dim. et fériés – **R** carte 95 à 150.

✕ **Clocher de Rodez,** 40 r. Bezons ☎ 333.52.19 – 𝗩𝗜𝗦𝗔
fermé août, dim. et lundi – **R** carte 85 à 130.

RENAULT Succursale, 8 bd G.-Clemenceau   ⓜ Mathé 43 bd de Verdun ☎ 333.11.22
☎ 334.31.31   Cenci-Pneu, 8 r. de Bitche ☎ 333.25.36

Créteil 🅿 **94000** Val-de-Marne 🔟🔟🔟 ㉗ G. Paris – 73 988 h. alt. 49 – ✪ 1.
Voir Hôtel de ville★ : parvis★.
🛈 Office de Tourisme, 1 r. F.-Mauriac (fermé sam. et dim.) ☎ 899.88.47.
Paris 12 – Bobigny 17 – Évry 20 – Lagny 26 – Melun 35.

🏨 **Novotel** 🅼 🐕, ☎ 207.91.02, Télex 670396, ⊒ – 🛗 🖥 📺 ☎ 🅿 – 🔬 25 à 200. 🆎 ⓪ 𝗩𝗜𝗦𝗔
R snack carte environ 85 – 🍴 27 – **110 ch** 250/276.

✕✕ **La Terrasse,** 39 av. Verdun ☎ 207.15.94 – 🆎 𝗩𝗜𝗦𝗔
fermé 12 au 31 juil., sam. et dim. – **R** carte 130 à 180.

PEUGEOT, TALBOT S.V.I.C.A., 89 av.   RENAULT Gar. SVAC, 35 r. de Valenton ☎
Gén.-de-Gaulle ☎ 339.50.00   899.72.50

Draveil **91210** Essonne 🔟🔟🔟 ㊱ – 28 900 h. alt. 55 – ✪ 6.
Paris 24 – Arpajon 20 – Évry 9.

🏨 **Pontel** 🅼 🐕 sans rest, 46 av. Bellevue ☎ 942.32.21 – 🛗 📺 🚻wc 🅿 🚗 🅿 –
🔬 100. 🆎 ⓪ 𝗩𝗜𝗦𝗔
SC : 🍴 19 – **32 ch** 180/190.

RENAULT Gar. Pouvreau, 50 av. H.-Barbusse ☎ 942.22.34

Enghien-les-Bains **95880** Val d'Oise 🔟🔟🔟 ⑤ G. Environs de Paris (plan) – 10 713 h. alt.
50 – Stat. therm. – Casino – ✪ 3.
Voir Lac★.
🏌 de Domont ☎ 991.07.50, N : 8 km.
🛈 Office de Tourisme 2 bd Cotte (fermé merc. et dim.) ☎ 412.41.15.
Paris 18 – Argenteuil 16 – Chantilly 32 – Pontoise 20 – St-Denis 6 – St-Germain-en-Laye 23.

🏨 **Grand Hôtel,** 85 r. Gén.-de-Gaulle ☎ 412.80.00, Télex 697842, ≤, « Beau jardin
fleuri » – 🛗 📺 ☎ 🅿 – 🔬 35. 🆎 ⓪ ✖ rest
SC : **R** carte 100 à 140 – 🍴 28 – **50 ch** 320/410, 3 appartements 600.

🏨 **Villa Marie Louise** 🐕 sans rest, 49 r. Malleville ☎ 964.82.21, 🚗 – 🛗 🚻wc
🚻wc 🅿
SC : 🍴 15 – **22 ch** 115/170.

✕✕✕✕ ✿✿ **Duc d'Enghien,** au Casino ☎ 412.90.00, ≤ lac – 🖥 🆎 ⓪ 𝗩𝗜𝗦𝗔 ✖
fermé du 4 au 31 janv., dim. soir et lundi sauf fériés – **R** carte 180 à 235
Spéc. Huîtres au champagne (oct. à mars), Marinade de St-Jacques au caviar (oct. à mars), Tarte
aux figues fraîches caramelisée (sept.-oct.).

✕✕ **Aub. Landaise,** 32 bd d'Ormesson ☎ 412.78.36 – 🆎 𝗩𝗜𝗦𝗔
fermé août, vacances de fév., dim. soir et merc. – SC : **R** carte 100 à 145.

✕✕ **A la Carpe d'Or,** 91 r. Gén.-de-Gaulle ☎ 412.79.53, ≤ – 🆎 ⓪ 𝗩𝗜𝗦𝗔
R carte 110 à 175 ⓘ.

✕ **La Petite Tonkinoise,** 9 av. Gallieni à Épinay-sur-Seine ☎ 826.92.64
fermé août, dim. soir et lundi – SC : **R** carte 60 à 85.

CITROEN Namont, 150 av. Div.-Leclerc ☎   PEUGEOT, TALBOT Gar. des 3 Communes, 8
412.75.06   rte de St Denis à Deuil la Barre ☎ 983.22.62
PEUGEOT, TALBOT Enghien-Automobiles,
211 av. Division Leclerc ☎ 989.14.17

Les guides Michelin :

Guides Rouges (hôtels et restaurants) :
**Benelux - Deutschland - España Portugal - Europe -
Great Britain and Ireland - Italia**

Guides Verts (Paysages, monuments et routes touristiques) :
**Allemagne - Autriche - Belgique - Canada - Espagne - Grèce -
Hollande - Italie - Londres - Maroc - New York -
Nouvelle Angleterre - Portugal - Rome - Suisse.**

et 19 guides sur la France.

La Garenne-Colombes 92250 Hauts-de-Seine 🔟🔟🔟 ⑭ – 24 082 h. alt. 25 – ❸ 1.
Paris 12 – Argenteuil 5,5 – Asnières 4 – Courbevoie 1,5 – Pontoise 29 – St-Germain 12.

🏠 **Moderne** sans rest, 103 r. Aigle ☎ 242.77.32, Télex 620529 – 🛏wc 🏠wc ☎. 🚗🟦.
🛏
fermé août – SC : 🖵 18 – **27 ch** 100/160.

XX **Aub. du 14 Juillet,** 9 bd République ☎ 242.21.79 – VISA
fermé août, sam. et dim. – **R** carte 110 à 170.

ALFA ROMEO, FIAT Lutèce Autom., 147 av.
Gén. de Gaulle ☎ 780.10.10
AUSTIN, JAGUAR, MORRIS, ROVER,
TRIUMPH Baral, 49 bd de la République ☎
781.91.81
PEUGEOT, TALBOT Succursale, 9 bd National
☎ 780.71.67

RENAULT Gamot, 25 bd République ☎ 242.
23.16
RENAULT La Garenne-Autom., 11 r. de Châteaudun ☎ 242.23.46

Gennevilliers 92230 Hauts-de-Seine 🔟🔟🔟 ⑮ – 50 326 h. alt. 29 – ❸ 1.
🖪 Office de Tourisme 177 av. Gabriel Péri (fermé août, sam. et dim.) ☎ 799.33.92.
Paris 11 – Pontoise 23 – St-Denis 4 – St-Germain-en-Laye 20.

XX ❀ **Julius,** 6 bd Camélinat ☎ 798.79.37 – 🍽
fermé août, sam. midi et dim. – **R** carte 150 à 190
Spéc. Salade de crevettes aux aromates, Civet de canette de barbarie, Pétales de pamplemousse au
caramel.

PEUGEOT, TALBOT Rouxel, 12 av. du Pont-
de-St-Denis ☎ 799.86.60

Central-Pneu, 23 av. M. Sangnier à Villeneuve
la Garenne ☎ 798.08.10
Jagut, 102 r. Couture d'Auxerre ☎ 794.01.29

🟦 La Centrale du Pneu, 8 av. de la Redoute,
Zone Ind. à Villeneuve-la-Garenne ☎ 794.22.85

Grigny 91350 Essonne 🔟🔟🔟 ㉛ – 26 664 h – ❸ 6.
Paris 26 – Evry 7 – Versailles 32.

XXX **Château de Clotay** 🟫 avec ch., 8 r. du Port ☎ 906.89.70, parc – 📺 🛏wc ☎
🅿. 🚗🟦 🗚🎖 VISA
fermé dim. soir et lundi – **R** carte 170 à 270 – 🖵 30 – **10 ch** 250/350.

Houilles 78800 Yvelines 🔟🔟🔟 ⑬ – 30 636 h. alt. 31 – ❸ 3.
Paris 17 – Argenteuil 6 – Maisons-Laffitte 5 – St-Germain-en-Laye 8.

XX ❀ **Gambetta** (Poirier), 41 r. Gambetta ☎ 968.52.12 – 🗚🎖 VISA
fermé août, dim. soir et lundi – SC : **R** carte 135 à 205
Spéc. St-Jacques aux kiwis (oct. à déc.), Mignon de boeuf façon chevreuil (saison chasse), Rognons
de veau aux framboises (juin à sept.).

Joinville-le-Pont 94340 Val-de-Marne 🔟🔟🔟 ㉗ – 18 476 h. alt. 35 – ❸ 1.
🖪 Office de Tourisme 1 r. Jean-Mermoz (fermé matin, sam. et dim.) ☎ 283.41.16.
Paris 11 – Lagny 24 – Maisons-Alfort 3,5 – Vincennes 4.

XX **Horloge,** 99 quai Marne ☎ 889.34.38, 🎪, Intérieur rustique
fermé août et sam. – **R** carte 100 à 165.

CITROEN Covac, 28 av. J. Jaurès à Champigny
☎ 706.19.60

PEUGEOT, TALBOT Restellini, 49 av.
Gén.-Gallieni ☎ 886.30.30

Juvisy-sur-Orge 91260 Essonne 🔟🔟🔟 ㊱ – 13 669 h. alt. 36 – ❸ 6.
Paris 21 – Evry 9 – Longjumeau 8 – Versailles 27.

🏨 **Occitanie** Ⓜ, 2 r. Draveil ☎ 921.50.62, Télex 690316 – 📺 🛏wc ☎ 🅿 – 🔔 40.
🚗🟦 🗚🎖 ⓄⒹ Ⓔ VISA
SC : R 80/135 – **29 ch** 🖵 210/280.

CITROEN Gd Gar. de l'Essonne 1 av. Cour de
France ☎ 921.35.90

PEUGEOT, TALBOT Besse et Guillaud, 38 av.
Cour de France ☎ 921.55.33

Livry-Gargan 93190 Seine-St-Denis 🔟🔟🔟 ⑱ – 32 944 h. alt. 63 – ❸ 1.
🖪 Syndicat d'Initiative pl. H. de Ville (fermé matin, dim. et lundi) ☎ 330.61.60.
Paris 19 – Aubervilliers 13 – Aulnay-sous-Bois 5,5 – Chelles 8 – Meaux 28 – Senlis 42.

XXX ❀ **Aub. St-Quentinoise** (Mme Faure), 23 av. République ☎ 381.13.08 – VISA 🛏
fermé août, dim. soir et lundi – **R** (dîner prévenir) 120 (déj.) et carte 145 à 210
Spéc. Marmite du pêcheur (oct. à mars), Rognons de veau. Bardatte (plat breton) (saison chasse).

BMW Bessin-Autos, 270 av. A. Briand à Pavillons s Bois ☎ 848.10.63
CITROEN Gar. Avenue, 115 av. A.-Briand ☎
302.43.55
DATSUN S.A.P.A.L., 23 av. J.-J.-Rousseau ☎
383.57.74

OPEL Gar. Guiot, 1 av. A.-Briand ☎ 302.63.31
RENAULT Gar. SODAL, 29 av. Consul-Général
Nordling ☎ 330.06.80

🟤 Bonnet, 4 av. C.-Desmoulins ☎ 381.53.13

Longjumeau 91160 Essonne 101 35 – 18 183 h. alt. 72 – 🕲 6.

Paris 21 – Chartres 70 – Dreux 82 – Évry 16 – Melun 39 – ◆Orléans 96 – Versailles 21.

🏨 **Relais St-Georges** M 🦢, à Saulx-les-Chartreux SO : 3 km ⊠ 91160 Longjumeau ⌕ 448.36.40, ≤, parc – 🛗 📺 🅿 ➡ 🅿 – ⚒ 60 à 100. 🖭 ⓞ 🖪 𝗩𝗜𝗦𝗔
fermé août – SC : **R** 80/140 – ⌸ 25 – **30 ch** 200/240 – P 300/370.

🏨 **Relais des Chartreux** M, à Saulxier SO : 2 km ⊠ 91160 Longjumeau ⌕ 909.34.31, Télex 691245, ≤, 🏊, ℀ – 🛗 📺 🅿 – ⚒ 250. 🖭 ⓞ 🖪 𝗩𝗜𝗦𝗔
SC : **R** 95 – ⌸ 25 – **100 ch** 220/240.

PEUGEOT, TALBOT Gar. du Postillon Zone 🔘 La Centrale du Pneu, 5 rte Versailles ⌕ 934.
Ind. rue du Canal ⌕ 909.52.37 11.50

Maisons-Alfort 94700 Val-de-Marne 101 27 – 54 552 h. alt. 35 – 🕲 1.

Paris 10 – Créteil 2,5 – Évry 22 – Melun 36.

🏨 **Bains** sans rest, 132 r. J.-Jaurès ⌕ 375.78.09 – ⊟wc 🏠wc ☎, 🚗🚗 𝗩𝗜𝗦𝗔
fermé août – SC : ⌸ 17 – **22 ch** 85/225.

🏨 **Moderne** sans rest, 19 bis r. Parmentier ⌕ 376.76.33 – 🔲. 🚗🚗
SC : ⌸ 15 – **44 ch** 75/130.

XX **Au Gd Albert 1ᵉʳ**, 5 av. Gén.-de-Gaulle ⌕ 368.09.14 – 𝗩𝗜𝗦𝗔
fermé août, sam. midi et dim. – **R** carte 110 à 180.

PEUGEOT, TALBOT Gar. du Centre, 69 av. 🔘 Le Page, 19 av. G.-Clemenceau ⌕ 368.14.14
Gambetta ⌕ 376.84.22
RENAULT M.A.E.S.A., 8 av. Prof.-Cadiot ⌕
376.63.70

Maisons-Laffitte 78600 Yvelines 101 13 G. Environs de Paris – 23 807 h. alt. 40 – 🕲 3.

Voir Château★.

Paris 21 – Argenteuil 8,5 – Mantes-la-Jolie 37 – Poissy 8 – Pontoise 18 – St-Germain 8.

XXX 🕸🕸 **Vieille Fontaine** (Clerc), 8 av. Gretry ⌕ 962.01.78, « Jardin » – 🖭 ⓞ 𝗩𝗜𝗦𝗔
fermé août, dim. et lundi – **R** carte 190 à 250
Spéc. Cuisses de grenouilles à la coque, Bouille de St-Jacques aux pâtes fraîches (oct. à mars), Rognon de veau au chiroubles.

XXX 🕸🕸 **Le Tastevin** (Blanchet), 7 av. Ste-Hélène ⌕ 962.11.67, 🌺 – 🅿 🖭 ⓞ 𝗩𝗜𝗦𝗔
fermé 17 août au 12 sept., lundi soir et mardi SC : **R** carte 155 à 190.

XX **Le Laffitte**, 5 av. St-Germain ⌕ 962.01.53 – 🖭 𝗩𝗜𝗦𝗔
fermé août, mardi soir et merc. – SC : **R** carte 105 à 175.

CITROEN Gar. du Parc, 75 r. de Paris ⌕ 962. PEUGEOT, TALBOT Gar. Gasparini, 73 r. Paris
04.78 ⌕ 962.01.26
CITROEN Selier, 4 av. Longueil ⌕ 962.04.05 RENAULT Gar. Pertuisset, 40 av. St-Germain
DATSUN Gar. Vialle, 6 r. de Paris ⌕ 912.13.09 ⌕ 962.10.29
Ⓝ ⌕ 962.03.50

Marly-le-Roi 78160 Yvelines 101 12 G. Environs de Paris – 16 143 h. alt. 150 – 🕲 3.

Voir Parc★ – Forêt de Marly★.

Paris 27 – St-Germain-en-Laye 4 – Versailles 8,5.

🏨 **Aub. Henri IV**, 5 pl. Abreuvoir ⌕ 958.47.61, 🌺 – 🛗 📺 ⊟wc ☎, 🚗🚗. ℀ ch
fermé août et vac. de fév. – SC : **R** *(fermé merc. soir et dim. soir)* carte 95 à 155 ⅙ –
⌸ 15 – **8 ch** 180/200.

XX **Roy Soleil**, 10 av. Combattants ⌕ 958.67.67, 🌺, « Jardin » 𝗩𝗜𝗦𝗔
fermé dim. soir et lundi – SC : **R** 150 bc.

RENAULT Gar. de la Gare, 11 av. St-Germain ⌕ 958.48.22

Marne-la-Vallée 77206 S.-et-M. 101 19 G. Environs de Paris – 🕲 6.

Paris 26 – Meaux 28 – Melun 35.

S.E : 6 km par échangeur de Lagny A 4 :

🏨 **Novotel** M, ⌕ 005.91.15, Télex 691990, 🏊 – 🛗 🔲 📺 ⊟wc ☎ & 🅿 – ⚒ 150.
🖭 ⓞ 𝗩𝗜𝗦𝗔
R carte environ 85 – ⌸ 29 – **92 ch** 274/297.

Meudon 92190 Hauts-de-Seine 101 24 G. Paris (plan) – 53 413 h. alt. 100 – 🕲 1.

Voir Terrasse★ : 💥★ – Forêt de Meudon★.

Paris 12 – Boulogne-Billancourt 3 – Clamart 3,5 – Versailles 10.

XXX 🕸 **Relais des Gardes**, à Bellevue, 42 av. Gallieni ⌕ 534.11.79 – 🖭 ⓞ 𝗩𝗜𝗦𝗔
fermé août, dim. soir et sam. – SC : **R** carte 155 à 220.
Spéc. Cotriade des Glénan, Pot-au-feu de canard saintongeaise, Feuilleté tiède aux pommes.

tourner ⟶

XX **Ermitage de Villebon,** près étang de Villebon S : 3 km ☎ 632.10.74, ⊿ — ℗.
AE VISA
fermé 1er au 23 août, lundi et le soir : dim., mardi et merc. – SC : **R** 90/125.

X **Le Lapin Sauté** avec ch, 12 av. Le Corbeiller ☎ 626.68.68 – 🏠. ◑
fermé août, dim, soir et lundi – SC : **R** carte 120 à 190 – �ə 18 – **7 ch** 120/150.

CITROEN Gar. Rabelais, 31 bd Nations-Unies
☎ 626.45.50
PEUGEOT, TALBOT Coussedière, 2 bis r. Ba-
nès ☎ 626.49.06

PEUGEOT, TALBOT Pezeau, 4 pl. Stalingrad
☎ 626.40.68

Montgeron 91230 Essonne 🔟🔟🔟 ㉗ – 24 061 h. alt. 43 – 🌀 6.
Paris 23 – Évry 13 – Melun 23 – Villeneuve-St-Georges 3,5.

🏛 **Clos de la Navette** Ⓜ sans rest, 119 bis av. République ☎ 942.60.60 – |‡| ⊏wc
🏠wc ☎ ℗. ⚏ VISA
SC : ⊿ 15 – **38 ch** 170.

🏠 **Le Réveil Matin,** 22 av. J.-Jaurès ☎ 903.09.99 – ⊏wc 🏠wc ☎ ♿ ℗. ⚏ VISA
↠ ℀ ch
fermé 15 juil. au 15 août et dim. soir – SC : **R** 35/95 ⅃ – ⊿ 14 – **19 ch** 85/110.

CITROEN Ruffin-Heitmann, 3 bis av. Carnot à
Villeneuve-St-Georges ☎ 389.31.29 Ⓝ ☎ 046.
34.19
PEUGEOT, TALBOT Gar. Picot, 115 av. J.-Jau-
rès ☎ 903.50.37 Ⓝ ☎ 046.34.19

RENAULT Ferreyra, 37 r. Voltaire à Villeneuve-St-Georges ☎ 382.04.82
RENAULT Gar. du Lycée, 31 bis av. République
☎ 903.50.88

Montreuil 93100 Seine-St-Denis 🔟🔟🔟 ⑰ G. Paris – 96 684 h. alt. 75 – 🌀 1.
Voir Musée de l'Histoire Vivante★.
🅱 Office de Tourisme 2 av. G.-Péri (fermé août, dim. et lundi) ☎ 287.38.09.
Paris 8 – Lagny 23 – Meaux 39 – Senlis 46.

🏠 **Modern'H.** sans rest, 8 bd P.-Vaillant-Couturier ☎ 287.48.35 – ⊏wc 🏠wc. ⚏
SC : ⊿ 11 – **40 ch** 62/135.

X **Fin Gourmet,** 57 r. Paris ☎ 287.05.49 – VISA
↠ *fermé 27 juil. au 1er sept. et merc.* – SC : **R** 33/65 ⅃.

RENAULT Succursale Renault-Montreuil, 57
r. A.-Carrel ☎ 374.11.95
V.A.G. Gar. Wuplan, 62 r. de Lagny ☎ 328.
20.60

Ⓟ Pneu-Service, 65 r. de St-Mandé ☎ 328.93.79

Montrouge 92120 Hauts-de-Seine 🔟🔟🔟 ㉕ – 40 403 h. alt. 74 – 🌀 1.
Paris (par Porte d'Orléans) 6 – Boulogne-Billancourt 6,5 – Longjumeau 14 – Versailles 16.

🏨 **Mercure** Ⓜ, 13 r. F.-Ory ☎ 657.11.26, Télex 202528 – |‡| ≣ rest 📺 ☎ ♿ ℗. AE ◑
E VISA
R carte environ 130 – ⊿ 29 – **193 ch** 391/414.

CITROEN Verdier-Montrouge, 99 av. Verdier
☎ 657.12.00
MERCEDES-BENZ Euro-Gar., 73 av. A.-Briand
☎ 735.52.20
RENAULT Colin-Montrouge, 59 av. République ☎ 655.26.20

Ⓟ Le Pneumatique, 56 av. A.-Briand ☎ 656.
76.00

Morangis 91420 Essonne 🔟🔟🔟 ㉟ – 8 565 h. alt. 76 – 🌀 6.
Paris 22 – Évry 16 – Longjumeau 4,5 – Versailles 23.

🏛 **Pierre Loti** Ⓜ sans rest, 110 av. République ☎ 909.09.97 – ⊏wc 🏠wc ☎ ⟿
℗. ⚏ ℀
SC : ⊿ 13,50 – **30 ch** 102/141.

XX ❀ **Rêve d'Alsace,** Pl. P. Brossolette ☎ 909.14.78 – AE ◑
fermé lundi soir, dim. et fériés – **R** carte 135 à 190
Spéc. Tarte à la confiture d'oignons, Escalopines de sandre, Mousse aux deux chocolats.

FIAT, LANCIA S.O.L.A.C., av. Ch.-de-Gaulle,
Zone Ind. ☎ 909.20.62

FORD Orly-Autos, av. Ch.-de-Gaulle, Zone Ind.
Nord ☎ 909.08.97

Morsang-sur-Orge 91390 Essonne 🔟🔟🔟 ㊱ – 20 160 h. alt. 75 – 🌀 6.
Paris 26 – Corbeil-Essonnes 14 – Évry 11 – Versailles 26.

XX **La Causette,** 47 bd Gribelette ☎ 015.16.85 – VISA
fermé août, dim. soir d'oct. à mars, dim. d'avril à sept. et lundi – SC : **R** carte 95 à
145.

X **Aub. de la Forêt,** 30 av. Lénine ☎ 904.17.02, ⟿ – ℗. VISA
fermé 16 au 31 août, lundi sauf fériés et le soir sauf sam. – SC : **R** 66 bc/140.

Nanterre 92 Hauts-de-Seine 🔟🔟🔟 ⑬ ⑭ – rattaché à Rueil-Malmaison.

Neuilly-sur-Seine 92200 Hauts-de-Seine 101 ⑮ – 66 095 h. alt. 36 – ۞ 1.

Voir Bois de Boulogne✶✶ : Jardin d'acclimatation✶, Bagatelle✶, Musée National des Arts et Traditions Populaires✶✶ – Centre International de Paris - Palais des Congrès✶ : grand auditorium✶✶, ✶✶ de la tour Concorde-La Fayette, G. Paris.

Paris (par Porte Neuilly) 8 – Argenteuil 12 – Pontoise 37 – St-Germain 14 – Versailles 18.

🏨 **H.-Club Méditerranée** M, 58 bd V.-Hugo ⌀ 758.11.00, Télex 610971, Ambiance club, ✿ – 🛗 🗏 📺 ☎ 🐧 ⇦ – 🔬 30 à 120
335 ch.

🏨 **Parc Neuilly** M sans rest, 4 bd Parc ⌀ 747.87.32, Télex 613689 – 🛗 📺 ⇔wc ▥wc ☜. ◾⇦⊟
SC : **71 ch** ⌑ 100/224.

🏨 **Roule** sans rest, 37 bis av. du Roule ⌀ 624.60.09 – 🛗 ⇔wc ▥wc ☎. ◾⇦⊟
SC : ⌑ 16,50 – **35 ch** 148/198.

XXX ۞ **Jacqueline Fénix**, 42 av. Ch.-de-Gaulle ⌀ 624.42.61 – 🔳
fermé août, Noël-Jour de l'An, sam. et dim. – SC : **R** carte 155 à 195
Spéc. Bouillon de légumes aux pinces de homard, Volaille pochée au beurre de basilic (mars à juil.).

XX **Jarrasse**, 4 av. Madrid ⌀ 624.07.56 – AE ⓞ VISA
fermé 15 juil. au 31 août, dim. soir et lundi – **R** carte 145 à 195.

XX ۞ **Bourrier**, 1 pl. Parmentier ⌀ 624.11.19 – ⓞ
fermé 14 juil. au 15 août, vac. de Noël, sam., dim. et fêtes – SC : **R** 140/170
Spéc. Salade de canard, Faisan Louis XIV (saison de chasse), Délice Guyaquil.

XX **Truffe Noire**, 2 pl. Parmentier ⌀ 624.94.14 – AE VISA
fermé août, vend. soir et sam. – **R** carte 120 à 155.

XX **Focly**, 10 r. P.-Chatrousse ⌀ 624.43.36 – AE VISA
fermé 7 au 21 août – **R** carte 65 à 80.

X **Chau'veau**, 59 r. Chauveau ⌀ 624.46.22 – ⓞ
fermé août, sam. et dim. – **R** carte 75 à 140.

ALFA-ROMEO Ets Hottot, 25 r. M.-Michelis ⌀ 637.14.50
BMW, LANCIA-AUTOBIANCHI Gar. Neuilly-Roule, 65 av. du Roule ⌀ 745.33.11
CITROEN Succursale, 124 av. du Roule ⌀ 747.11.22
PEUGEOT, TALBOT Ets Luchard, 131 bis av. Ch.-de-Gaulle ⌀ 745.08.50

VOLVO Volvo-Paris, 16 r. d'Orléans ⌀ 747.50.05

◍ Maillot-Pneus, 69 av. Gén. de Gaulle ⌀ 624.33.69

Nogent-sur-Marne ⟨SP⟩ 94130 Val-de-Marne 101 ㉗ G. Paris – 25 801 h. alt. 56 – ۞ 1.

🛈 Office de Tourisme 5 av. Joinville (fermé matin, dim. et lundi) ⌀ 873.73.97.

Paris 14 – Créteil 6,5 – Montreuil 5 – Vincennes 4.

🏨 **Nogentel** M, 8 r. Port ⌀ 872.70.00, Télex 210116, ✶ – 🛗 📺 ☎ – 🔬 250. AE ⓞ VISA
rest. **Le Panoramic** *(fermé août)* **R** carte 150 à 185 - Grill **Le Canotier** **R** carte environ 85 – ⌑ 23 – **61 ch** 255/290.

Noisy-le-Grand 93160 Seine-St-Denis 101 ⑱ – 37 105 h. – ۞ 1.

Voir Château✶ : salon chinois✶✶ et parc✶✶ de Champs-sur-Marne E : 3,5 km, G. Environs de Paris.

Paris 18 – Lagny 13.

🏨 **Campanile**, 5 r. Ballon Z.I Les Richardets à Marne-la-Vallée ⌀ 305.22.99, ✿ – ⇔wc ☎ 🐧 🅿 – 🔬 25. VISA
SC : **R** 55 bc/80 bc – ⬤ 20 – **50 ch** 186.

PEUGEOT, TALBOT Gar. de la Pointe, 65 av. E.-Cossonneau ⌀ 303.30.92

Orly (Aéroport de Paris) 94396 Val-de-Marne 101 ㉖ – 26 244 h. alt. 89 - Renseignements ⌀ 884.32.10 – ۞ 1.

Paris 16 – Corbeil-Essonnes 17 – Longjumeau 9 – Villeneuve-St-Georges 12.

🏨 **Hilton Orly** M, près aérogare ⌀ 687.33.88, Télex 250621, ✶ – 🛗 🗏 📺 ☎ 🐧 🅿 – 🔬 500. AE ⓞ E VISA
Le Café du Marché **R** carte 90 à 130 ✾ - **La Louisiane** *(fermé août et sam.)* **R** carte 120 à 190 – ⌑ 34 – **379 ch** 335/635.

Aérogare d'Orly Sud :

XXX **Le Grillardin**, ⌀ 687.24.25, ✶ – 🗏. AE ⓞ E VISA
SC : **R** 142 bc.

tourner →

Aérogare d'Orly Ouest :

XXXX **Maxim's,** ☎ 687.16.16, ≤ — VISA
R carte 165 à 230.

XXX **Grill Maxim's,** ☎ 687.16.16 — VISA
SC : R carte 140 à 175.

X **La Galerie,** ☎ 687.16.16, ≤ — VISA
SC : R 93 ♨.

Voir aussi à Rungis p. 49

RENAULT Roland, 90 av. Aérodrome ☎ 852.
37.93

RENAULT S.A.P.A., Bat. 225, Aérogares ☎
687.12.34

Orsay 91400 Essonne 101 ㉝ — 22 579 h. alt. 90 — ✿ 6.

🛈 Office de Tourisme (fermé août, matin sauf mardi et vend., sam. après-midi et dim.) 14
av. St-Laurent ☎ 928.59.72.

Paris 27 — Évry 24 — Rambouillet 30 — Versailles 21.

Échangeur Courtaboeuf S : 2 km intersection A 10 et F 18 — ⊠ **91400** Orsay :

🏨 **Mercure** M, Zone Industrielle ☎ 907.63.96, Télex 691247, ⤴, — |✦| 🔲 rest 📺 ☎ ⅄
🅟 — 🔏 25 à 200. 🅰🅴 🕦 🅴 VISA
R carte environ 90 — ⊡ 25 — **110 ch** 261/277.

CITROEN Gd Gar. d'Orsay, 8 pl. République
☎ 928.40.26
FORD Paris Orsay Autom. 13 r. Archange ☎
928.68.39

RENAULT S.D.A.O., av. des Tropiques, Z.A.
Courtaboeuf-les-Ulis ☎ 907.78.35

Palaiseau 91120 Essonne 101 ㉞ — 28 924 h. alt. 80 — ✿ 6.

Paris 22 — Arpajon 18 — Chartres 69 — Évry 19 — Rambouillet 37.

🏨 **Novotel** M, Zone industrielle de Massy ☎ 920.84.91, Télex 691595, ⤴, — |✦|
🔲 rest 📺 ☎ ⅄ 🅟 — 🔏 25 à 250. 🅰🅴 🕦 VISA
R carte environ 110 — ⊡ 29 — **151 ch** 268/297.

PEUGEOT, TALBOT Jean-Jaurès-Auto, 33 av.
Jean-Jaurès ☎ 014.03.92

RENAULT Badin, 14 r. E.-Branly ☎ 010.61.76

Paray-Vieille-Poste 91550 Essonne 101 ㊱ — 7 679 h. alt. 85 — ✿ 6.

Paris 20 — Corbeil-Essonnes 15 — Évry 11 — Juvisy-sur-Orge 3 — Longjumeau 7 — Versailles 25.

🏠 L'Escale sans rest, 15 r. Curie ☎ 938.60.56, 🌿 — 🛏wc 📞 🚗 🅟
12 ch

Le Perreux 94170 Val-de-Marne 101 ⑱ — 28 333 h. alt. 54 — ✿ 1.

🛈 Office de Tourisme pl. R.-Belvaux (fermé sam., dim. et lundi matin) ☎324.26.58.

Paris 15 — Lagny 17 — St-Maur-des-Fossés 5,5 — Villemomble 6,5 — Vincennes 6.

XX **Champs-Élysées,** 11 bd Liberté ☎ 324.21.59 — 🅴 VISA
fermé dim. soir et lundi — SC : R 70/140.

CITROEN S.A.G.A., 131 av. P.-Brossolette ☎
324.13.50
RENAULT Gar. Hoel, 46 av. Bry ☎ 324.08.35

🛵 Ets Walraevens, 103 bd Alsace-Lorraine ☎
324.41.43

Petit-Clamart 92 Hauts-de-Seine 101 ㉔ — alt. 110 — ⊠ **92140** Clamart — ✿ 1.

Voir Bièvres : Musée français de la photographie ✶ S : 1 km, G. Environs de Paris.

Paris 16 — Antony 6 — Clamart 4,5 — Longjumeau 14 — Meudon 4,5 — Sèvres 7 — Versailles 9.

XX **Au Rendez-vous de Chasse,** 1 av. du Gén. Eisenhower ☎ 631.11.95 — 🔲 🅟
🅰🅴 🕦 VISA
fermé août et merc. — SC : R carte 110 à 170.

Le Pré St-Gervais 93310 Seine-St-Denis 101 ⑯ — 15 387 h. alt. 71 — ✿ 1.

Paris (par Porte de Pantin) 7 — Lagny 27 — Meaux 38 — Montreuil 4,5 — Senlis 44.

X ✿ **Au Pouilly Reuilly** (Thibault), 68 r. A.-Joineau ☎ 845.14.59 — 🅰🅴 🕦 VISA
fermé août, 1er au 8 sept., dim. et fêtes — R carte 85 à 130
Spéc. Pâté de grenouilles, Foie de veau aux girolles, Rognon de veau dijonnaise.

Puteaux 92800 Hauts-de-Seine 101 ⑭ — 35 564 h. alt. 36 — ✿ 1.

Voir La Défense✶✶ : Palais de la Défense✶ (Centre National des Industries et des
Techniques), Tour Manhattan✶✶, Tour Fiat✶, Tour GAN✶.

Paris 10 — Neuilly-sur-Seine 3 — Pontoise 35 — St-Germain-en-Laye 11 — Versailles 14.

XX ✿ **Gasnier,** 7 bd Richard-Wallace ☎ 506.33.63 — 🅰🅴 🕦 VISA
fermé 26 mars au 10 avril, 29 juin au 31 juil., sam. midi, dim. et fériés — **R** (nombre
de couverts limité - prévenir) carte 145 à 190
Spéc. Foie gras frais de canard, Cassoulet, Confit de canard aux cèpes.

XX **Camille Renault,** 60 r. République 𝄐 776.01.30 – AE ⓪ VISA
fermé août, dim. et fêtes – **R** carte 105 à 165.

◉ Burlat 4 r. E. Nieuport à Suresnes 𝄐 772.　　Maison André, 20 r. des Fusillés 𝄐 775.36.31
43.21

La Queue-en-Brie 94510 Val-de-Marne 🔟🔟🔟 ㉙ – 8 928 h. alt. 97 – ❸ 1.
Paris 28 – Coulommiers 47 – Créteil 11 – Lagny 21 – Melun 31 – Provins 64.

🏠 **Climat de France** Ⓜ, Le Bois des Frichres 𝄐 594.61.61 – 🛏wc ☎ ♿ 🅿. VISA
↔ SC : **R** 45/70 🍷 – 🛏 17 – **38 ch** 154/168.

XX **Aub. du Petit Caporal,** 14 av. Gén.-de-Gaulle 𝄐 576.30.06 – AE VISA
fermé août, vacances de fév., mardi soir, dim. soir et merc. – SC : **R** carte 105 à 170.

Roissy-en-France 95 Val-d'Oise 🔟🔟🔟 ⑧ – 1 364 h. – ✉ 95500 Gonesse – ❸ 3.
✈ **Charles de Gaulle** 𝄐 862.22.80.
Paris 26 – Chantilly 28 – Meaux 36 – Senlis 28.

dans le domaine de l'aéroport :

🏨 **Sofitel** Ⓜ, 𝄐 862.23.23, Télex 230166, 🔲, ✗ – 🛗 📺 ☎ ♿ 🅿 – 🔏 25 à 500. AE ⓪ E VISA
rest. panoramique **Les Valois** *(fermé sam., dim. et enjuil.-août)* **R** (dîner seul.) 145
bc – **Le Jardin** (brasserie) (rez de chaussée) **R** carte environ 90 🍷 - Pizzeria (rez de
chaussée) *(fermé sam., dim. et fêtes)* **R** carte environ 65 🍷 – 🍷 35 – **375 ch**
365/500, 6 appartements 650.

dans l'aérogare :

XXXX ❀ **Maxim's,** 𝄐 862.24.16 – ▤. VISA
SC : **R** (déj. seul.) carte 270 à 330
Spéc. Terrine de pigeon, Baignade de sole et langoustine, Poulet de Bresse.

XX **Grill Maxim's,** 𝄐 862.24.16 – ▤. VISA
SC : **R** 167.

à la Gare SNCF :

🏠 **Arcade,** 𝄐 862.49.49, Télex 212989 – 🛏wc ☎ 🅿. 📠 VISA
↔ SC : **R** 49/54 🍷 – 🛏 17 – **360 ch** 172/192.

Romainville 93230 Seine-St-Denis 🔟🔟🔟 ⑰ – 26 319 h. alt. 121 – ❸ 1.
Paris 10 – Aulnay-sous-Bois 9 – Le Bourget 12 – Livry-Gargan 9.

XX **Chez Henri,** 72 rte Noisy 𝄐 845.26.65 – 🅿
fermé août, 1er au 8 fév., dim. et fériés – SC : **R** carte 180 à 220.

Rueil-Malmaison 92500 Hauts-de-Seine 🔟🔟🔟 ⑬ G. Paris – 64 429 h. alt. 15 – ❸ 1.
Voir Château de Bois-Préau★ – Buffet d'orgues★ de l'église – Malmaison :
musée★★ du château.
Paris 15 – Argenteuil 12 – St-Germain-en-Laye 7,5 – Versailles 11.

XXXX ❀ **El Chiquito,** 126 av. Paul-Doumer 𝄐 751.00.53, « Jardin » – 🅿. VISA
fermé août, sam., dim. et fériés – **R** carte 170 à 205
Spéc. Escalope de lotte au vinaigre et miel, Blanc de barbue braisé au cidre, Filet de bar au beurre
rouge.

XX **Relais de St-Cucufa,** 114 r. Gén.-Miribel 𝄐 749.79.05 – 🅿. AE ⓪ VISA
fermé août, dim. soir et lundi – SC : **R** carte 100 à 190.

à Nanterre N : 2 km – ✉ 92 000 Nanterre :

XXX **Ile de France,** 83 av. Mar. Joffre 𝄐 724.10.44 – 🅿. AE ⓪ VISA
fermé août, dim. soir et lundi soir – **R** carte 130 à 190.

CITROEN Succursale, 100 av. F.-Arago à
Nanterre 𝄐 780.71.20
OPEL Gar. Letourneur, 25 bd Richelieu 𝄐 749.
54.10
RENAULT Rueil-Auto-Service, 16 av. du 18
juin 1940 𝄐 732.30.30
RENAULT Gar. du Château, 21 r. du Château
𝄐 732.07.50

◉ Mery-Pneus, 9 r. des Carriers à Nanterre 𝄐
724.77.05
Piot-Pneu, 74 av. V.-Lénine à Nanterre 𝄐 724.
61.01

Rungis 94150 Val-de-Marne 🔟🔟🔟 ㉖ – 2 996 h. alt. 80 - Marché d'intérêt National – ❸ 1.
Paris 13 – Antony 5,5 – Corbeil-Essonnes 26 – Longjumeau 10.

🏨 **Frantel Rungis Orly** Ⓜ accès Paris : A6, bretelle d'Orly, de province : A 6 et
sortie Rungis-Orly, 20 av. Ch.-Lindbergh ✉ 94656 𝄐 687.36.36, Télex 260738, ≪, 🔲
– 🛗 📺 ☎ ♿ 🅿 – 🔏 50 à 300. AE ⓪ E VISA
SC : rest. **La Rungisserie** **R** carte 120 à 180 – 🍷 25 – **206 ch** 355/455.

🏨 Holiday Inn Ⓜ, accès de Paris : A 6 bretelle d'Orly, de province A 6 sortie Rungis-
Orly 𝄐 687.26.66, Télex 204679, 🔲 – 🛗 ▤ 📺 ☎ ♿ 🅿 – 🔏 50 à 250 – **171 ch**.

XXX **Le Charolais,** 13 r. N-Dame à Rungis Ville ☎ 686.16.42 – ⓓ VISA
fermé 15 août au 15 sept., sam. et dim. – **R** carte 130 à 195.

XX **Le Gd Pavillon,** au M.I.N. 6 quai Lorient (face Pavillon de la marée) ☎ 687.58.58 – AE ⓓ VISA
fermé dim., lundi et le soir sauf sam. – **R** carte 130 à 200.

Ⓜ Piot-Pneu, 2 r. des Transports, Centre Routier ☎ 686.46.01

Vertadier, 88 av. Stalingrad à Chevilly-Larue ☎ 687.25.48

Saclay 91400 Essonne 101 ㉓ – 2 037 h. alt. 157 – ⚙ 6.

18 de St-Aubin ☎ 941.25.19, SO : 2,5 km.

Paris 21 – Arpajon 22 – Chartres 68 – Rambouillet 30 – Versailles 11.

Novotel M, près rd-point Christ-de-Saclay ☎ 941.81.40, Télex 691856, ⛱, 🎾 – ⇅ ▤ rest TV ☎ ♿ P – 🎤 300. AE ⓓ VISA
R snack carte environ 85 – ☕ 29 – **136 ch** 268/302.

St-Cloud 92210 Hauts-de-Seine 101 ⑭ G. Paris – 28 350 h. alt. 60 – ⚙ 1.

Voir Parc★★ – Église Stella Matutina★.

18 18 ☎ 701.01.85, parc Buzenval à Garches, O : 4 km.

Paris 12 – Boulogne-Billancourt 3 – Rueil-Malmaison 5,5 – St-Germain 16 – Versailles 10.

Villa Henri IV M, 43 bd République ☎ 602.59.30 – ⇅ wc wc ☎ P – 🎤 30. . ✗ rest
SC : **R** *(fermé août, 26 au 31 déc. et dim. soir)* 58/110 ♨ – ☕ 20 – **36 ch** 160/240.

CITROEN Gar. Magenta, 4 bd Gén.-de-Gaulle à Garches ☎ 741.67.36
PEUGEOT, TALBOT St-Cloud-Autom., 147 av. Foch ☎ 771.83.80

RENAULT Pasteur-Auto, 29 r. Pasteur ☎ 602.93.24
V.A.G. Gar. de St-Cloud, 38 r. Dailly ☎ 602.56.20

Comment s'y retrouver dans la banlieue parisienne ?
Utilisez la carte Michelin n° **101** *: claire, précise, à jour.*

St-Cyr-l'École 78210 Yvelines 101 ㉒ G. Environs de Paris – 17 795 h. alt. 133 – ⚙ 3.

Paris 27 – Dreux 59 – Rambouillet 26 – St-Germain-en-Laye 12 – Versailles 4,5.

Aérotel 🔇 sans rest, 88 r. Dr-Vaillant ☎ 045.07.44 – TV wc wc ☎ P. . ✗
fermé 23 déc. au 2 janv. – SC : ☕ 17 – **26 ch** 145/220.

RENAULT Lantran 39 r. D. Casanova ☎ 460.60.40

St Cyr-Pneu, 86 av. P.-Curie ☎ 460.43.80

Ⓜ La Centrale du Pneu, 10 av. H.-Barbusse ☎ 045.29.72

St-Denis 93200 Seine-St-Denis 101 ⑯ G. Paris – 96 759 h. alt. 33 – ⚙ 1.

Voir Cathédrale★★ : tombeaux★★★.

ℹ Office de Tourisme (fermé dim.) 2 r. Légion d'Honneur ☎ 243.33.55.

Paris 10 – Argenteuil 10 – Beauvais 64 – Chantilly 30 – Meaux 42 – Pontoise 24 – Senlis 43.

XX **La Saumonière,** 1r. Lanne ☎ 820.25.56 – VISA
fermé août et dim. – **R** carte 125 à 170.

XX **Mets du Roy,** 4 r. Boulangerie ☎ 820.89.74 – AE ⓓ VISA
fermé Pâques, 13 juil. au 3 août, dim. et le soir sauf vend. et sam. – SC : **R** carte 155 à 240.

XX **Grill St-Denis,** 59 r. Strasbourg ☎ 827.61.98 – P. E VISA
fermé 15 août au 1er sept., vac. scol. de Pâques, dim. et fêtes – **R** carte 110 à 145.

MERCEDES-BENZ Gar. Moderne, 24 bd Carnot ☎ 822.24.24
OPEL, GM St-Denis-Nord-Autos, 64 bd Marcel-Sembat ☎ 820.01.86
PEUGEOT Neubauer, 227 bd A.-France ☎ 821.60.21

RENAULT Succursale, 93 r. de la Convention à la Courneuve ☎ 836.95.06

Ⓜ Pegaud et Cie, 16 av. R.-Semat ☎ 822.12.14
St-Denis Pneum., 20 bis r. G.-Péri ☎ 820.10.77

St-Germain-en-Laye <SP> 78100 Yvelines 101 ⑫ G. Environs de Paris – 40 471 h. alt. 78 – ⚙ 3.

Voir Terrasse★★ BX – **Jardin anglais★** BX – **Château★** BY **: musée des Antiquités nationales de la France★★ – Musée du Prieuré★** AZ **M2.**

9 18 ☎ 451.75.90 par ⑦ : 3 km ; 9 18 de Fourqueux ☎ 451.41.47 par ⑤ : 4 km.

ℹ Office de Tourisme 1 bis r. République (fermé dim.) ☎ 451.05.12.

Paris 21 ③ – Beauvais 73 ① – Chartres 81 ④ – Dreux 70 ④ – Mantes-la-Jolie 34 ⑥.

ST-GERMAIN EN-LAYE

Bonnenfant (R. André) . . . **AY** 3
Marché-Neuf (Pl. du). . . . **AY** 17
Pain (R. Au) . . . . **BY** 18
Paris (R. de) . . . . **BY**

Poissy (R. de) . . . . **AY** 19
Vieux-Marché (R. du) . . . **AY** 28

Barratin (R. Anne) . . . . . . **AX** 2
Detaille (Pl. Édouard) . . . **BY** 4
Ermitage (R. de l') . . . . . . **BZ** 7
Gaulle (Pl. Ch. de) . . . . . . **BY** 8
Gde-Fontaine (R.) . . . . . . **AY** 9
Gréban (R. Raymond) . . . **BY** 10

Lattre-de-T. (R. de) . . . . . **BY** 12
Lyautey (R. du Mar.) . . . . **BY** 13
Malraux (Pl. A.) . . . . **BY** 14
Pologne (R. de) . . . . **AY** 21
Pontoise (R. de) . . . . **BY** 22
Royale (Pl.) . . . . **BY** 23
St-Louis (R.) . . . . **BY** 24
Ursulines (R. des) . . . . . . **BY** 27
Voltaire (R.) . . . . **AY** 29

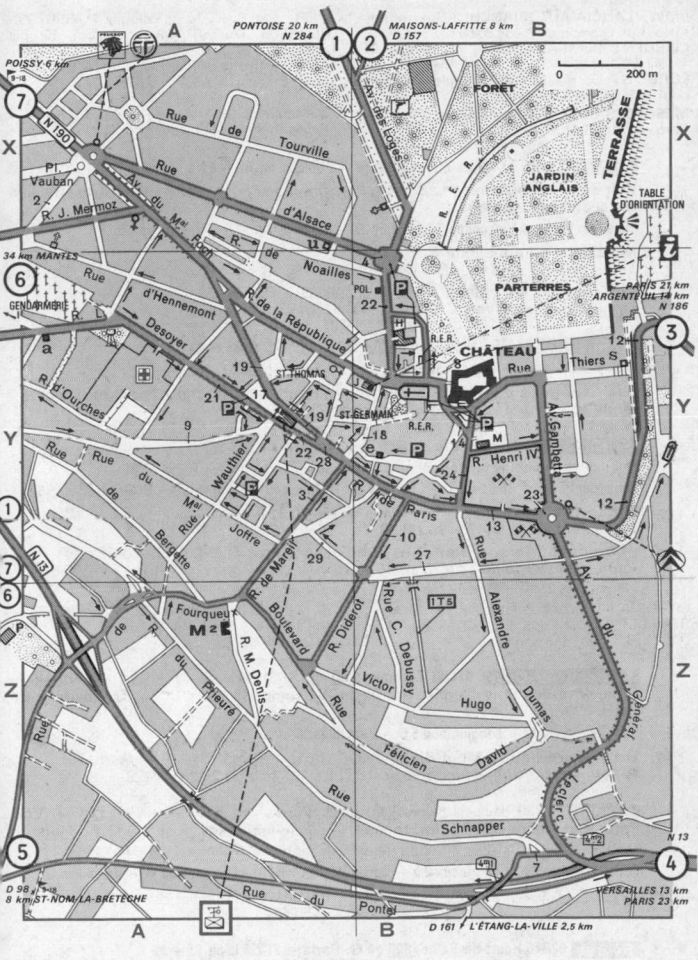

🏰 **Pavillon Henri IV** Ⓜ ⌂, 21 r. Thiers ℡ 451.62.62, Télex 695822, ⩽ Paris, ☆, ☛
– 🛗 📺 ☎ ఉ ⓟ – 🔬 30 à 150. 🆀 ① 🄴 𝘝𝘐𝘚𝘈   BY **s**
SC : **R** carte 165 à 260 – **42 ch** ⊇ 350/1000, 3 appartements.

🏠 **Le Cèdre** ⌂, 7 r. Alsace ℡ 451.84.35, ☛ – ⌂wc ☎ 🆀🄴 ⌂ ⌘   AX **u**
fermé fév. – SC : **R** 70/82 – **30 ch** ⊇ 105/220 – P 203/290.

🍴🍴🍴 **Le 7 Rue des Coches**, 7 r. Coches ℡ 973.66.40 – 🔳. 🆀 ① 🄴 𝘝𝘐𝘚𝘈   BY **e**
fermé 1er au 24 août, en fév., dim. soir et lundi – **R** carte 150 à 200.

🍴 **Petite Auberge**, 119 bis r. L.-Desoyer ℡ 451.03.99   AY **a**
fermé 1er au 29 juil., vacances de fév., mardi soir et merc. – **R** (nombre de couverts
limité - prévenir) carte 80 à 110.

tourner →

au NO par ① : 2,5 km sur N 284 et rte des Mares – ⊠ **78100** St-Germain-en-Laye :

🏨🏨 **La Forestière** Ⓜ ⑤, 1 av. Prés.-Kennedy �𝒯 973.36.60, Télex 696055, 🚗 – ⓟ TV
☎ ℗ – 🚗 40
SC : **R** voir rest Cazaudehore – 🍽 28 – **24 ch** 330/400, 6 appart. 480/520.

XXX ✿ **Cazaudehore**, 1 av. Prés.-Kennedy ⑫ 451.93.80, 🌳, « Intérieur rustique, jardin fleuri en forêt » – ℗
fermé lundi sauf fériés – **R** carte 130 à 190
Spéc. Foie gras de canard, Saumon cru mariné, Canard sauce rognon.

BMW, LANCIA-AUTOBIANCHI Guynemer-Auto, 1 pl. Guynemer ⑫ 451.86.55
CITROEN Ouest-Automobile, pl. Royale ⑫ 451.47.91
FORD G.A.O., r. Clos de la Famille à Chambourcy ⑫ 965.50.00
MERCEDES-BENZ Port-Marly Gar., 10 r. St-Germain ⑫ 958.44.38

OPEL Gar. Ego, 27 r. de Pologne ⑫ 451.07.90
PEUGEOT, TALBOT Vauban Autom., 130 bis av. Foch ⑫ 973.25.07
RENAULT Ets Adde, 112 r. Prés.-Roosevelt par r. L.-Desoyer AY ⑫ 973.32.64

⬢ Marchand, pl. Thiers ⑫ 451.43.23
Relais du Pneu, 22 r. Péreire ⑫ 451.19.33

St-Mandé **94160** Val-de-Marne 🔟🔟🔟 ㉖ – 21 096 h. alt. 50 – 🌀 1.
Voir Bois de Vincennes★★ : Zoo★★, Parc floral de Paris★★, Musée des Arts africains et océaniens★, G. Paris.
Paris (par Porte de Vincennes) 6 – Lagny 27 – Maisons-Alfort 5 – Vincennes 1,5.

X **Mairie**, 34 r. République ⑫ 328.10.28
fermé août, 1er au 8 fév., dim. soir et lundi – SC : **R** carte 65 à 100 🍸.

X **Le Trinquet**, 44, r. République ⑫ 328.23.93 – Æ ⓞ 𝘝𝘐𝘚𝘈
fermé mardi soir et merc. – **R** carte 75 à 130.

St-Maurice **94410** Val-de-Marne 🔟🔟🔟 ㉗ – 10 012 h. alt. 33 – 🌀 1.
Paris 8 – Joinville-le-Pont 4 – Maisons-Alfort 3 – Vincennes 5.

XX **Les Cigognes d'Alsace**, 50 av. Mar.-de-Lattre-de-Tassigny ⑫ 368.20.38 – 𝘝𝘐𝘚𝘈
fermé août, mardi soir et lundi – **R** carte 75 à 120 🍸.

St-Ouen **93400** Seine-St-Denis 🔟🔟🔟 ⑮ – 43 695 h. alt. 36 – 🌀 1.
🅱 Office de Tourisme pl. République (fermé août, sam. et dim.) ⑫ 254.77.36
Paris (par Porte de St-Ouen) 7 – Chantilly 34 – Meaux 45 – Pontoise 29 – St-Denis 3,5.

🏨 **Alhambra** sans rest, 23 r. E.-Renan ⑫ 254.06.22 – 🚿wc 🛁wc 🕾 📺. 🚫
fermé août – SC : 🍽 12 – **30 ch** 70/115.

XX ✿ **Coq de la Maison Blanche**, 37 bd Jean-Jaurès ⑫ 254.01.23 – 🍽. Æ 𝘝𝘐𝘚𝘈
fermé du 13 au 18 juil., du 13 au 16 août, dim. soir et merc. soir – **R** carte 120 à 170
Spéc. Jambon persillé, Coq au vin.

CITROEN Ferré, 2 bd J.-Jaurès ⑫ 254.16.38
RENAULT Gar. Heslot, 17 r. Ch.-Schmidt ⑫ 606.20.18

⬢ Mattei-Pneum., 5 r. A.-Rodin ⑫ 252.42.72
Sté Nouvelle du Pneumatique, 87 bd V.-Hugo ⑫ 254.08.66

Savigny-sur-Orge **91600** Essonne 🔟🔟🔟 ㊱ – 34 546 h. alt. 80 – 🌀 6 – Voir Ste-Geneviève-des-Bois : église N.-D.-de-l'Assomption★ S : 5 km, G. Environs de Paris.
Paris 24 – Évry 12 – Longjumeau 5,5 – Versailles 26.

🏨 **Gd Panorama**, 5 r. Mont-Blanc ⑫ 996.17.61 – 🚿wc 🛁 🕾 ℗ – 🚗 25. 𝘝𝘐𝘚𝘈
R *(fermé mardi soir et merc.)* 55 bc/165 bc – 🍽 14,50 – **24 ch** 71/120.

Sceaux **92330** Hauts-de-Seine 🔟🔟🔟 ㉕ G. Paris – 19 961 h. alt. 100 – 🌀 1 – Voir Parc★★ et Musée de l'Ile-de-France★ – L'Hay-les-Roses : roseraie★★ E : 3 km.
🅱 Office de Tourisme 68 r. Houdan (fermé sam. après-midi, dim. et lundi) ⑫ 661.19.03.
Paris 12 – Antony 3 – Bagneux 2,5 – Corbeil-Essonnes 29 – Longjumeau 11 – Versailles 12.

BMW, OPEL Ets Loiseau, 3 r. de la Flèche ⑫ 702.72.50
RENAULT Besombes, 2 r. Fontenay ⑫ 661.05.50

Sèvres **92310** Hauts-de-Seine 🔟🔟🔟 ㉔ G. Paris – 21 296 h. alt. 95 – 🌀 1.
Voir Musée National de céramique★★.
Paris 12 – Boulogne-Billancourt 2,5 – Longjumeau 21 – St-Germain-en-Laye 17 – Versailles 8.

XX **Lapin Frit**, 36 av. Gambetta ⑫ 534.02.18 – ℗. ⓞ
fermé août, vacances de fév., lundi et le soir : mardi, merc. et jeudi de déc. à fév. – SC : **R** carte 110 à 135.

PEUGEOT, TALBOT SNED, 7 r. V.-Hugo ⑫ 534.00.84

Stains **93240** Seine-St-Denis 🔟🔟🔟 ⑯ – 35 688 h. alt. 41 – 🌀 1.
Paris 14 – Chantilly 29 – Meaux 43 – Pontoise 27 – Senlis 42 – St-Denis 4.

XX **Chez Bibi**, 179 av. Stalingrad ⑫ 826.64.10.

PEUGEOT, TALBOT Dominique Autom., 75 r. Jean Jaurès ⑫ 826.64.19

Sucy-en-Brie 94370 Val-de-Marne 101 ㉘ – 22 107 h. alt. 96 – ✪ 1.

Voir Château de Gros Bois★ : mobilier★★ S : 5 km G. Paris.

Paris 19 – Créteil 6,5 – Chennevières-sur-Marne 4.

XX **Aub. de Tartarin,** Les Bruyères SE : 3 km ☎ 590.42.61 – VISA
fermé août, mardi et le soir sauf vend. et sam. – SC : **R** carte 95 à 145.

XX **Terrasse Fleurie,** 1 r. Marolles ☎ 590.40.07, 🏞 – Ⓟ. VISA
fermé en août, février, mardi soir et merc. – SC : **R** carte 110 à 170.

CITROEN Ruffin-Heitmann 40 av. de Valenton à Boissy St Léger ☎ 569.80.81

PEUGEOT Ets Paulmier, 89 r. Gén.-Leclerc ☎ 590.95.95 N

Vanves – voir 🏨 Mercure Paris-Vanves à Paris 15e p. 31.

La Varenne-St-Hilaire 94210 Val-de-Marne 101 ㉘ – alt. 40 – ✪ 1.

Office de Tourisme 63 av. Bac (fermé sam. après-midi, dim. et lundi matin) ☎ 283.84.74.

Paris 16 – Chennevières-sur-Marne 1,5 – Lagny 22 – St-Maur-des-Fossés 2,5.

🏨 **Winston** M sans rest, 119 quai W.-Churchill ☎ 885.00.46 – wc wc ☎ Ⓟ. AE ⓓ VISA
SC : ☕ 23 – **24 ch** 222/260.

XX **Régency 1925,** 96 av. Bac ☎ 883.15.15 – ▤. AE ⓓ VISA. ✂
R carte 75 à 135 ♂.

X **Chez Nous comme chez Vous,** 110 av. du Mesnil ☎ 885.41.61
fermé 2 août au 8 sept., vacances de fév., dim. soir, mardi soir et merc. – **R** carte 120 à 180.

FERRARI, PORSCHE, MITSUBISHI S.C.B. Pozzi, 102 av. Foch à St-Maur ☎ 885.45.55

RENAULT Gar. Chevant, 2 bd Gén.-Giraud à St-Maur ☎ 883.05.43

RENAULT Gar. National, 28 av. de la République à St-Maur ☎ 883.55.51

Ⓜ Selz-Pneus-Est, 5 av. L.-Blanc ☎ 885.27.33

Vaucresson 92420 Hauts-de-Seine 101 ㉓ – 9 349 h. alt. 142 – ✪ 1.

Voir Etang de St-Cucufa★ NE : 2,5 km, G. Paris.

Paris 19 – Mantes-la-Jolie 43 – St-Cloud 4 – St-Germain-en-Laye 11 – Versailles 5.

voir plan de Versailles

XX **La Poularde,** 36 bd Jardy (près autoroute) D 182 ☎ 741.13.47 – Ⓟ. VISA U a
fermé août, vac. de fév., mardi soir et merc. – SC : **R** carte 100 à 165.

RENAULT Moriceau 106 bd République ☎ 741.12.40

Vélizy-Villacoublay 78140 Yvelines 101 ㉓ – 23 856 h. alt. 174 – ✪ 3.

Paris 18 – Antony 11 – Chartres 79 – Meudon 7,5 – Versailles 6,5.

🏨 **Ramada** M, av. Europe, centre commercial Vélizy II ☎ 946.96.98, Télex 696537, ⛱ – |♦| ▤ TV ☎ Ⓟ – 🏛 300. AE ⓓ E VISA. ✂ rest
SC : **R** 97 bc/125 bc – ☕ 35 – **183 ch** 360/440.

CITROEN Scava 5 pl. de l'Europe ☎ 946.96.56

RENAULT BSE-Vélizy, av. L.-Breguet ☎ 946.96.03

Verrières-le-Buisson 91370 Essonne 101 ㉔ – 11 509 h. alt. 85 – ✪ 6.

Paris 15 – Corbeil-Essonnes 26 – Étampes 38 – Rambouillet 38 – Versailles 15.

X **Au Faisan,** 11 r. Paron ☎ 920.20.27 – VISA
fermé 15 juil. au 30 août, vacances de fév., dim. soir et lundi – **R** carte 95 à 120 ♂.

Versailles P 78000 Yvelines 101 ㉒ **G. Environs de Paris** – 97 133 h. alt. 132 – ✪ 3.

Voir Château★★★ Y – Jardins★★★ (Grandes Eaux★★★ et fêtes de nuit★★★ en été) V – Grand Canal★★ V – Trianon★★ V – Musée Lambinet★ Y M.

18 18 9 du Racing Club de France ☎ 950.59.41 par ③ : 2,5 km.

Office de Tourisme 7 r. Réservoirs ☎ 950.36.22 et 45 r. Carnot (fermé dim.) ☎ 950.05.28.

Paris 23 ⑨ – Beauvais 87 ⑦ – Dreux 62 ⑥ – Évreux 86 ⑦ – Melun 61 ③ – •Orléans 120 ③.

Plans pages suivantes

🏨 **Trianon Palace** 🐚, 1 bd Reine ☎ 950.34.12, Télex 698863, parc – |♦| TV ♿ Ⓟ – 🏛 80. AE ⓓ VISA. ✂ rest X r
SC : **R** 120/170 – ☕ 36 – **120 ch** 325/624, 8 appartements – P 471/572.

🏨 **Mercure** M sans rest, r. Marly-le-Roi, face centre commercial Parly 2 ✉ 78150 Le Chesnay ☎ 955.11.41, Télex 695205 – |♦| TV wc ☎ Ⓟ. AE ⓓ E VISA
SC : ☕ 25 – **78 ch** 267/304. U e

🏨 **Bellevue** M sans rest, 12 av. Sceaux ☎ 950.13.41 – |♦| TV wc ☎ ♿. AE ⓓ E VISA Z a
SC : ☕ 16 – **24 ch** 110/220.

VERSAILLES

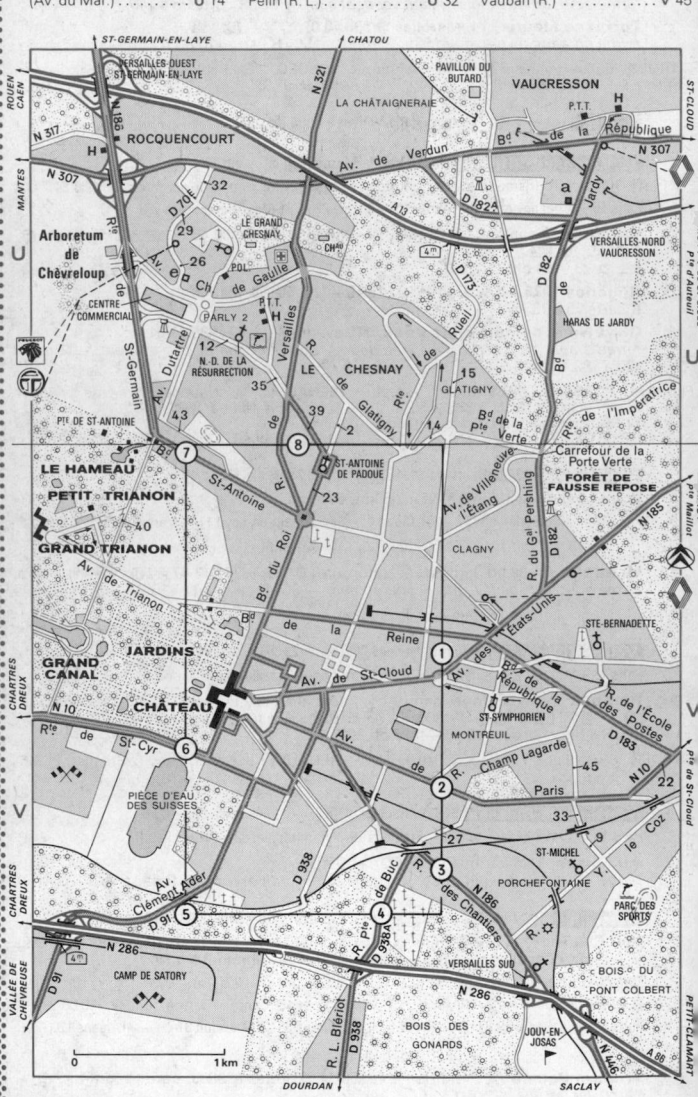

Pour vos promenades du dimanche
la nouvelle **carte** Michelin **170**
'' Sports et loisirs Environs de Paris ''

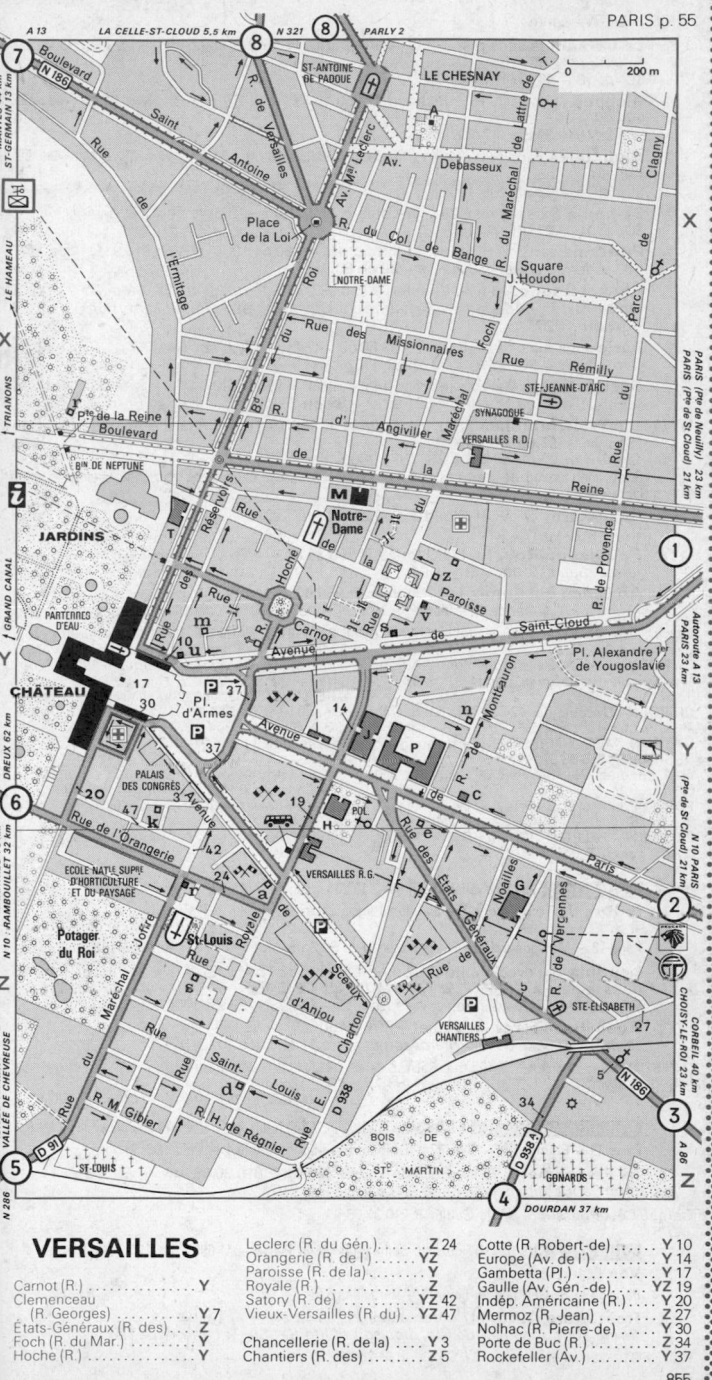

VERSAILLES

Carnot (R.) .... **Y**
Clemenceau
  (R. Georges) .... **Z**
États-Généraux (R. des).... **Z**
Foch (R. du Mar.) .... **Y**
Hoche (R.) .... **Y**

Leclerc (R. du Gén.) .... **Z** 24
Orangerie (R. de l') .... **YZ**
Paroisse (R. de la) .... **Y**
Royale (R.) .... **Z**
Satory (R. de) .... **YZ** 42
Vieux-Versailles (R. du).. **YZ** 47

Chancellerie (R. de la) .... **Y** 3
Chantiers (R. des) .... **Z** 5

Cotte (R. Robert-de) ..... **Y** 10
Europe (Av. de l') .... **Y** 14
Gambetta (Pl.) .... **Y** 17
Gaulle (Av. Gén.-de) ..... **YZ** 19
Indép. Américaine (R.).... **Y** 20
Mermoz (R. Jean) .... **Z** 27
Nolhac (R. Pierre-de) .... **Y** 30
Porte de Buc (R.) .... **Z** 34
Rockefeller (Av.) .... **Y** 37

🏨 **Le Versailles** sans rest, r. Ste-Anne (Petite Place) ↗ 950.64.65 — ▨ 📺 ➦wc ☜
   🔥 ⇔ ⬛ 🏧   Y **m**
   SC : ⚏ 16 — **48 ch** 181/244.

🏨 **Richaud** sans rest, 16 r. Richaud ↗ 950.10.42 — ▨ 📺 ➦wc ▥wc ☎ 🅿. ⬛ 🏧
   ⓪ 𝘝𝘐𝘚𝘈   Y **z**
   SC : ⚏ 15 — **39 ch** 117/207.

🏨 **Angleterre** sans rest, 2 bis r. Fontenay ↗ 951.43.50 — 📺 ➦wc ▥wc ☜. ⬛ 🏧
   𝘝𝘐𝘚𝘈. ⌘   Y **k**
   SC : ⚏ 15 — **22 ch** 105/180.

🏠 **St-Louis** ⌘ sans rest, 28 r. St-Louis ↗ 950.23.55 — ➦wc ▥wc ☜ 🔥. ⬛
   SC : ⚏ 16 — **27 ch** 140/185.   Z **d**

🏠 **Printania** sans rest, 7 bis r. Montbauron ↗ 950.44.10 — ➦wc ▥ ☜ 🔥. ⬛ 𝘝𝘐𝘚𝘈
   ⌘ — fermé août — SC : ⚏ 17 — **30 ch** 60/180.   Y **n**

🏠 **Cheval Rouge**, 18 r. A.-Chenier ↗ 950.03.03 — ➦wc ▥ ☜ 🅿. ⬛. ⌘   Y **z**
   fermé 18 déc. au 11 janv. — **R** (fermé 6 au 22 août, vend. soir et sam.) 66/80 — ⚏ 17
   — **41 ch** 78/269.

🏠 **Paris** sans rest, 14 av. Paris ↗ 950.56.00 — ➦wc ▥wc ☜. ⬛. ⌘   YZ **e**
   fermé août - SC : ⚏ 20 — **30 ch** 63/170.

🏠 **Résidence du Berry** sans rest, 14 r. Anjou ↗ 950.01.80 — ▥   Z **s**
   fermé 25 déc. au 1er janv. - SC : ☞ 12 — **39 ch** 53/110.

XXXX ✿✿ **Trois Marches** (Vié), 3 r. Colbert ↗ 950.13.21, « Élégant hôtel particulier du
   18e s. » — ▤ ⬛ ⓪ 𝘝𝘐𝘚𝘈   Y **u**
   fermé dim. et lundi — **R** carte 210 à 280
   Spéc. Flan chaud de foie gras aux huîtres et écrevisses. Canette de barbarie au cidre et miel.
   Desserts.

XXX **Rescatore**, 27 av. St-Cloud ↗ 950.23.60 — 🏧 𝘝𝘐𝘚𝘈   Y **s**
   R carte 150 à 190.

XX **Potager du Roy**, 1 r. Mar.-Joffre ↗ 950.35.34 — 𝘝𝘐𝘚𝘈   Z **r**
   fermé dim. et lundi — **R** 76/104.

XX **Au Chien qui Fume**, r. A.-Chenier ↗ 950.00.40 — 𝘝𝘐𝘚𝘈   Y **v**
   fermé août, vacances de fév., dim. soir et lundi — SC : **R** carte 110 à 165.

BMW Gar. Lostanlen, 10 r. de la Celle, Le
Chesnay ↗ 954.75.20
CITROEN Succursale, av. des Prés, Z.A.S. de
Montigny-le-Brétonneux par D 91 V ↗ 043.
99.51
CITROEN Succursale, 124 av. des Etats Unis
↗ 021.52.53
DATSUN, MERCEDES-BENZ Deschamps, 5 r
St-Simon ↗ 950.03.97
FIAT Sodiam 78, 15 r. Parc de Clagny ↗ 950.
64.10
FORD Pouillat, 6 pl de la Loi, Le Chesnay ↗
954.03.38
PEUGEOT, TALBOT Soveda, D 134 à Bois-
d'Arcy par ⑥ ↗ 045.09.42

PEUGEOT, TALBOT Le Chesnay-Autom., 36 r.
Moxouris, Le Chesnay ↗ 954.52.76
PEUGEOT, TALBOT Soverdiam, 18 r. de Ver-
gennes ↗ 950.22.54
RENAULT Renault-Versailles, 12 r. Hauss-
mann ↗ 953.96.44
V.A.G. Gd Gar des Chantiers, 2 bis r.
Ed.-Lefebvre ↗ 950.04.97

🅖 La Centrale du Pneu, 60 bis r. de Versailles,
Le Chesnay ↗ 955.55.88
La Centrale du Pneu, 77 r. des Chantiers ↗
021.24.25
VERPNEUS, 4 bd St-Antoine, Le Chesnay ↗
950.00.81

   Le Vésinet 78110 Yvelines 🔟🔟🔟 ⑬ — 18 206 h. alt. 44 — ✿ 3.
   🛈 Office de Tourisme 1 bis av. des Pages (fermé sam. après-midi, dim. et lundi matin)
   ↗ 976.70.70.
   Paris 18 — Maisons-Laffitte 9 — Pontoise 21 — St-Germain-en-Laye 3 — Versailles 15.

XXX **Les Ibis** ⌘ avec ch, île du Grand Lac ↗ 952.17.41, ≤, 🌤, « Terrasses fleuries
   dans le parc » — ➦wc ☎ 🅿 — 🔏 60. ⬛ ⓪ 🄴 𝘝𝘐𝘚𝘈
   R (fermé 4 juil. au 2 sept.) carte 115 à 155 — ⚏ 18 — **20 ch** 190/220.

XX **Rossello**, 8 bis av. H.-Vernet ↗ 976.37.50, 🌤 — **R** carte 105 à 155.
   fermé août, vac. de fév., mardi soir et merc. — **R** carte 105 à 155.

DATSUN Gar. Carnot, 15 bis bd Carnot ↗
976.13.24

RENAULT Vésinet-Autos, 67 bd Carnot ↗
976.12.84
VAG Gar. de la Poste, 61 bd Carnot ↗ 976.18.91

   Villebon-sur-Yvette 91 Essonne 🔟🔟🔟 ㉑ — 7 364 h. alt. 86 — ✉ **91120** Palaiseau — ✿ 6.
   Paris 23 — Étampes 31 — Évry 22 — Limours 16 — Longjumeau 4 — Versailles 21.

XX **La Ferronnière**, 23 av. Gén.-de-Gaulle N 188 ↗ 010.30.88, ⇆ — 🅿. 𝘝𝘐𝘚𝘈
   fermé dim. soir et lundi — **R** carte 145 à 210.

Garage Costerousse, 75 av. de-Gaulle ↗ 010.31.68

   Ville-d'Avray 92410 Hauts-de-Seine 🔟🔟🔟 ㉓ G. Paris — 11 699 h. alt. 120 — ✿ 1.
   Voir Étangs★.
   Paris 14 — St-Germain-en-Laye 15 — Versailles 5,5.

XX **Rest. Père Auto**, 147 r. Versailles ↗ 709.63.24, ≤ — 🅿. ⌘
   fermé août, vacances de fév., dim. soir et lundi — SC : **R** carte 100 à 120.

PEUGEOT Gar. de la Mairie, 17 r. St-Cloud ↗ 750.56.23

Villemomble 93250 Seine-St-Denis ⅠⅢⅠ ⑱ – 28 860 h. alt. 58 – ✿ 1.
Voir Église Notre-Dame★ du Raincy NE : 1,5 km, G. Paris.
Paris 15 – Lagny 17 – Livry-Gargan 3,5 – Meaux 31 – Senlis 44.

XX **Parc**, 1 r. M. Vieville ⅋ 854.16.27 – ⅍ ⑩ ⅶⅩ⅍
fermé août, dim. et le soir sauf vend. et sam. – **R** carte 80 à 110.

XX **Boule d'Or**, 10 av. Gallieni ⅋ 854.47.26 – ▤ – *fermé 29 juil. au 2 sept., vac. de fév., dim. soir, mardi soir et merc.* – **R** carte 80 à 130.

XX **Aub. de la Poterne**, 30 av. Outrebon ⅋ 854.16.30 – ⅍ ⑩ ⅶⅩ⅍
fermé août, dim. soir et lundi – **R** carte 85 à 145.

BMW Bessin-Autos, 1 av. Rosny ⅋ 855.27.51
RENAULT Villemomble-Autom., 19 av. de Rosny ⅋ 528.68.63
V.A.G. Gar. du Progrès, 39 rte Noisy ⅋ 528.66.30

Villepinte 93420 Seine-St-Denis ⅤⅥ ⑪, ⅠⅢⅠ ⑧ – 20 816 h. alt. 63 – ✿ 1.
Paris 24 – Bobigny 10 – Meaux 30 – St-Denis 21.

🏥 **Vert Galant** Ⅿ, 7 av. Gare ⅋ 861.24.07, ⅍ – ▯ⅣⅢ ⅿ⅍wc ⅷwc ☎ ⅊ – ⅍ 80. ⅍⅍ ⅍ ⑩ ⅶⅩ⅍
fermé août – **R** *(fermé dim.)* carte 110 à 170 – ⅏ 19 – **36 ch** 190/210.

Villiers-le-Bâcle 91 Essonne ⅠⅢⅠ ㉓ – 708 h. – ⅏ **91190** Gif-sur-Yvette – ✿ 6.
Paris 24 – Arpajon 26 – Rambouillet 29 – Versailles 11.

X **La Petite Forge**, ⅋ 019.03.88
fermé 24 déc. au 3 janv., dim. soir et sam. – **SC** : **R** carte 110 à 165.

Vincennes 94300 Val-de-Marne ⅠⅢⅠ ⑰ – 44 467 h. alt. 60 – ✿ 1.
Voir Château★★ – Bois de Vincennes★★ : Zoo★★, Parc floral de Paris★★, Musée des Arts africains et océaniens★, G. Paris.
🛈 Office de Tourisme 11 av. Nogent (fermé sam. et dim.) ⅋ 808.13.00.
Paris 6 – Lagny 22 – Meaux 41 – Melun 48 – Montreuil 1,5 – Senlis 48.

🏥 **Château** sans rest, r. R.-Giraudineau ⅋ 808.67.40 – ▯Ⅳ ⅿ⅍wc ⅷwc ☎. ⅍ ⅶⅩ⅍. ⅍⅍
fermé 15 au 30 août – **SC** : ⅏ 18 – **19 ch** 205/225.

🏠 **Donjon Vincennes** sans rest, 22 r. Donjon ⅋ 328.19.17 – ▯ⅣⅢ ⅿ⅍wc ⅷ ⅍
SC : ⅏ 14 – **28 ch** 65/170.

X **Le Bidou**, 26 r. Montreuil ⅋ 328.04.23 – ⅶⅩ⅍
fermé 8 au 31 août, dim. et lundi – **R** carte 90 à 140.

AUSTIN, TRIUMPH Royal-Vincennes-Gar., 60 av. de Paris ⅋ 328.03.22
CITROEN succursale, 120 av. de Paris ⅋ 374.12.25
FORD Deshayes, 232 r. Fontenay ⅋ 374.97.40
PEUGEOT, TALBOT S.V.I.C.A., 10 av. Petit-Parc ⅋ 328.79.70
◉ Pneu-Service, 12 r. de Fontenay ⅋ 328.14.79

Viroflay 78220 Yvelines ⅠⅢⅠ ㉓ – 15 758 h. – ✿ 3.
Paris 17 – Antony 16 – Boulogne-Billancourt 7,5 – Versailles 4.

XX **Aub. la Chaumière**, 3 av. Versailles ⅋ 024.48.76 – ⅍ ⅶⅩ⅍
fermé dim. soir du 15 sept. au 1er mai, lundi soir et mardi – **SC** : **R** carte 125 à 195.
◉ La Centrale du Pneu, 199 av. Gen. Leclerc ⅋ 024.49.96

Viry-Châtillon 91170 Essonne ⅠⅢⅠ ㉟ – 32 490 h. alt. 36 – ✿ 6.
Paris 26 – Corbeil-Essonnes 11 – Évry 8,5 – Longjumeau 8,5 – Versailles 29.

XX **La Patinière**, 31 rte Nationale ⅋ 905.06.16, ← – ⅶⅩ⅍
fermé sam. midi – **R** carte 110 à 105.

XX ✿ **La Dariole**, 21 r. Pasteur ⅋ 944.22.40 – ▤. ⅍
fermé sam. midi et dim. – **SC** : **R** carte 140 à 210
Spéc. Poêlée de foie gras, Feuilleté de St Jacques (15 oct.-15 avril), Coupe "Jacqueline".

XX **La Margelle**, 38 r. V.-Basch ⅋ 944.28.08 – ▤. ⅶⅩ⅍
fermé sept., sam. midi et lundi – **R** carte 90 à 160.

CITROEN Gar. Marchand, 113 rte Nationale ⅋ 905.38.49
RENAULT Come et Bardon, 119 rte Nationale ⅋ 996.91.40
◉ La Centrale du Pneu, 134 rte Nationale ⅋ 944.30.07

Participez à notre effort permanent
de mise à jour

Adressez-nous vos remarques
et vos suggestions.

Cartes et guides Michelin
46 avenue de Breteuil - 75341 Paris Cedex 07

PRINCIPALES MARQUES D'AUTOMOBILES

CONSTRUCTEURS FRANÇAIS

Alpine-Renault (Sté des Autom.) : 120 r. Thiers, 92109 Boulogne-Billancourt ℡ 609.62.36

Citroën : 62 bd Victor -Hugo, 92200 Neuilly ℡ 759.41.41
Magasin d'exposition : 42 av. Champs-Élysées, 75008 Paris ℡ 359.62.20

Peugeot : siège : 75 av. Gde-Armée, 75116 Paris ℡ 502.11.33
Magasins d'exposition : 154 av. Champs-Élysées, 75008 Paris ℡ 563.07.33 et 75 av. Gde-Armée, 75116 Paris ℡ 502.11.33

Renault : 8 av. Émile-Zola, 92109 Boulogne-Billancourt ℡ 609.31.31
Magasin d'exposition : 53 av. Champs-Élysées, 75008 Paris ℡ 256.78.22

Renault V.I., Berliet-Saviem : 8 quai Léon-Blum, 92150 Suresnes ℡ 772.33.33

Talbot et Cie (Matra) : 75 av. Gde-Armée, 75116 Paris ℡ 502.11.33
Services commerciaux : 75 av. Gde-Armée, 75116 Paris ℡ 502.11.33
Magasin d'exposition : 136 av. Champs-Élysées, 75008 Paris ℡ 562.70.20

Unic : 6, rue Nicolas-Copernic, BP 109 78190 Trappes Cedex ℡ 051.61.79

IMPORTATEURS

(Agents en France : demander la liste aux adresses ci-dessous.)

Alfa-Romeo : 3 et 5 av. Galliéni, 94250 Gentilly ℡ 581.12.60

American Motors, Jeep : Jean-Charles Automobiles, 28, r. Claude-Terrasse, 75016 Paris ℡ 524.43.33

V.A.G. FRANCE : 105 bd Malesherbes, 75017 Paris ℡ 256.42.82

BMW : 3 av. Ampère, Bois d'Arcy 78190 Trappes ℡ 043.82.00

British-Leyland : (Austin, Innocenti, Jaguar, Land Rover, Morris, Rover, Triumph) r. Ambroise-Croizat, Zone Ind., 95101 Argenteuil ℡ 982.09.22

Datsun : Sté Richard, 46 et 48 r. Moxouris, Parly II, 78150 Le Chesnay ℡ 955.92.92

Ferrari : Autom. Ch. Pozzi S.A., 109 r. Aristide-Briand, 92300 Levallois ℡ 739.96.50

Fiat : 80/82 quai Michelet, 92400 Levallois-Perret ℡ 730.50.00

Ford : 338-344 av. Napoléon-Bonaparte, 92506 Rueil-Malmaison Cedex ℡ 732.05.05

General-Motors : (Bedford, Buick, Cadillac, Chevrolet, Oldsmobile, Opel, Pontiac, Vauxhall), 56 av. Louis-Roche, 92230 Gennevilliers ℡ 790.70.00

Honda : Parc d'activité Paris-Est-La Madeleine-Lognes, 77312 Marne la Vallée Cedex 2 ℡ 005.90.12

Lada : Ets Poch, bd des Martyrs de Châteaubriant, 95103 Argenteuil ℡ 982.09.21

Lancia-Autobianchi : Distribution Chardonnet SA, 165 av. Henri-Barbusse, 93003 Bobigny ℡ 830.12.30

Lotus : Polymark, Les Glaisières N 13, 78630 Orgeval ℡ 975.71.93

Maserati : Thépenier S.A., 28 quai Carnot, 92210 St-Cloud ℡ 602.05.68

Mazda : Sté France-Motors, Z.I. du Haut-Galy, 93600 Aulnay-sous-Bois ℡ 865.42.44

Mercédès-Benz : Parc de Rocquencourt, 78150 Le Chesnay ℡ 954.90.22
Magasin d'exposition : 118 av. Champs-Élysées, 75008 Paris ℡ 562.24.04

Morgan : J. Savoye, 237 bd Péreire, 75017 Paris ℡ 574.82.80

Polski-Fiat-Zastava : S.A. Chardonnet, 165 av. Henri-Barbusse, 93003 Bobigny ℡ 830.12.30

Porsche-Mitsubishi : Sonauto, 1 av. du Fief, Z.A. des Béthunes de St-Ouen l'Aumône, 95005 Cergy-Pontoise ℡ 037.92.62

Rolls-Royce, Bentley, Rover : Franco-Britannic, 25 r. P.-Vaillant-Couturier, 92300 Levallois-Perret ℡ 757.90.24

Saab : 372 r. Salvador-Allendé, 92700 Colombes ℡ 780.72.52

SKODA-S.A.F.I.D.A.T. : 5 rue Jean-Jaurès, B.P. 65, 95872 Bezons Cedex ℡ (3) 982.09.71

Sunbeam : Talbot, 136 av. Champs-Élysées, 75008 Paris ℡ 256.70.20

Toyota : S.I.D.A.T., 3 r. de Normandie, 92600 Asnières ℡ 790.62.10

Volvo : 49 av. d'Iéna, 75116 Paris ℡ 723.72.62

PARTHENAY [SP] 79200 Deux-Sèvres [67] ⑱ G. Côte de l'Atlantique – 13 039 h. alt. 172 – ✪ 49.

Voir Pont et porte St-Jacques★ Y B – Rue de la Vaux-St-Jacques★ Y – Église★ de Parthenay-le-Vieux par ④ : 1,5 km.

[i] Office de Tourisme (fermé sam. hors saison et dim. sauf matin en saison) Square Robert Bigot ☎ 64.11.88.

Paris 374 ② – Bressuire 32 ① – Châtellerault 72 ② – Fontenay-le-Comte 53 ④ – Niort 42 ④ – Poitiers 50 ② – Thouars 39 ①.

Aguillon (R. Louis) .... Z 2
Jaurès (R. Jean) ...... Z 12

Bombarde (R.) ...... YZ 4
Bourg-Belais (R. du) .. Z 5
Château (R. du)....... Y 6
Citadelle (R. de la) .... Y 7
Férolle (R.)........... Y 9
Godineau (R. de) ..... Y 10
Leferron (R.) .... Z 13
Meilleraie (Bd de la) YZ 14
Neuf (Pont) .... Y 15
Niquet (R. Gaston) .... Z 16
Picard (Pl. Georges) ... Z 17
Place (R. de la) ...... YZ 18
Poste (R. de la) .... Z 19
Saunerie (R. de la) .... Z 22
Sires-de-Parthenay (Bd des)........... Z 23
Vau-vert (Pl. du) ...... Y 24
8 Mai 1945 (Bd du) .... Z 25

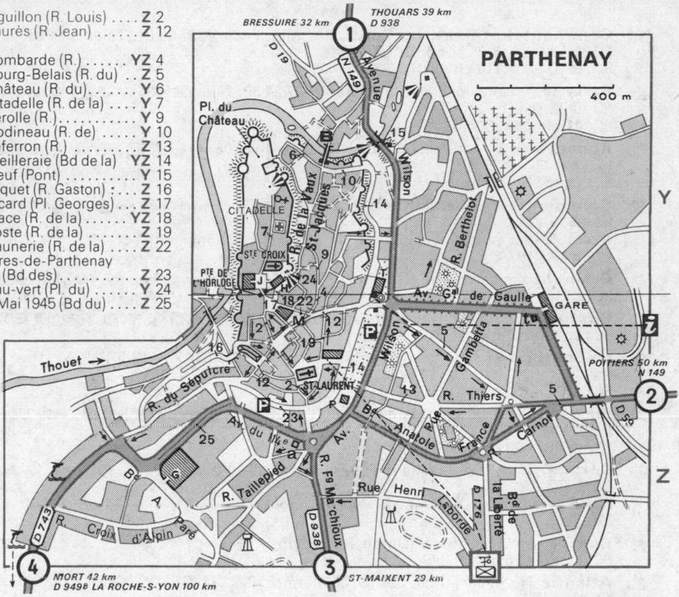

🏨 **St-Jacques** [M] sans rest, ☎ 64.33.33 – |♦| 🛁wc 🚿wc ☎ [P] – 🎤 50. VISA Z **a**
SC : ☕ 15 – **46 ch** 100/180.

🏨 **Renotel** [M] 🐴, bd Europe par ② ☎ 94.06.44 – [TV] 🛁wc 🚿wc ☎ ♿ [P]. VISA.
✈ rest
SC : **R** (dîner seul.) 40/50 – ☕ 12 – **26 ch** 100/140.

🍴🍴 **Nord** avec ch, pl. Gare ☎ 94.29.11 – 🛁wc ☎ [P] – 🎤 40. [E] VISA Z **t**
fermé 20 déc. au 15 janv. et sam. – SC : **R** 40/120 🍷 – ☕ 13 – **13 ch** 60/120.

FORD Gar. Rouet, 52 av. A.-Briand ☎ 64.10.91
PEUGEOT Bardet, Rte de Bressuire à Chatillon sur Thouet par ① ☎ 64.48.64
RENAULT S.A.V.A.P., rte de St-Maixent à Pompaire par ③ ☎ 94.19.55
RENAULT Gauthier, rte Thouars à Chatillon-sur-Thouet par ① ☎ 64.08.34
⊚ Coutan-Pneus, pl. Martyrs-de-la-Résistance ☎ 94.34.22

PAS DE LA CASE Principauté d'Andorre [86] ⑮, [43] ⑦ – voir à Andorre.

PAS DE L'ÉCHELLE 74 H.-Savoie [74] ⑥ – rattaché à Annemasse.

PAS-EN-ARTOIS 62760 P.-de-C. [52] ⑨ – 959 h. alt. 98 – ✪ 21.

Paris 181 – ♦Amiens 33 – Arras 28 – Bapaume 30 – Doullens 12.

🏠 **Poste,** ☎ 48.21.98 – ✈ ch
fermé sam. – SC : **R** 30/65 🍷 – ☕ 10 – **6 ch** 45 – P 100.

PASSAY 44 Loire-Atl. [67] ③ G. Côte de l'Atlantique – ✉ 44310 St-Philbert de Gd Lieu – ✪ 40.

Paris 397 – Challans 44 – Clisson 36 – ♦Nantes 20.

🍴🍴 **Petit Chalet,** ☎ 26.30.08
fermé 1er au 15 juil., mardi soir et merc. – **R** carte environ 100.

PASSENANS 39 Jura [70] ④ – rattaché à Poligny.

PAU Ⓟ 64000 Pyr.-Atl. 🆖 ⑥⑦ **G. Pyrénées** – 85 860 h. alt. 210 – Casino BZ – 🌣 59.

Voir Boulevard des Pyrénées ≤★★★ ABZ – Château★ AZ – Parc Beaumont★ BZ – Musée des Beaux-Arts★ BY **M**.

🔭 ☏ 32.02.33 AVX.

Circuit automobile urbain.

✈ de Pau-Uzein ☏ 27.97.44 par ① : 12 km.

🛈 Office du Tourisme (fermé dim. hors sais.) pl. Royale ☏ 27.27.08 - A.C. 1 bd Aragon ☏ 27.01.94.

Paris 785 ① – ◆Bayonne 107 ⑤ – ◆Bordeaux 190 ① – ◆Toulouse 194 ② – Zaragoza 282 ④.

Plan page ci-contre

🏨 **Continental et Rest. Le Conti,** 2 r. Mar.-Foch ☏ 27.69.31, Télex 570906 – 🛗
📺 🕿 🚗 – 🔥 25 à 250. 🖭 ⓞ ⋿ 𝘝𝘐𝘚𝘈   BY **e**
SC : **R** 70/90 – **110 ch** ⊐ 180/280 – P 230/330.

🏨 **Paris** Ⓜ 🍴 sans rest, 80 r. E.-Garet ☏ 27.34.39, Télex 541595 – 🛗 📺 🕿 🚗 🅿
🖭 ⓞ ⋿ 𝘝𝘐𝘚𝘈   BY **n**
SC : **41 ch** ⊐ 190/265.

🏨 **Roncevaux** 🍴 sans rest, 25 r. L.-Barthou ☏ 27.08.44 – 🛗 📺 🛁wc 🚿wc 📶 &
🅿 📠 🖭 ⓞ ⋿ 𝘝𝘐𝘚𝘈   AZ **f**
SC : ⊐ 16,50 – **42 ch** 110/195.

🏨 **Commerce,** 9 r. Mar.-Joffre ☏ 27.24.40 – 🛗 📺 🛁wc 🚿wc 📶 🅿 – 🔥 50. 📠
🖭 ⓞ ⋿ 𝘝𝘐𝘚𝘈   AZ **q**
fermé 20 déc. au 5 janv. – SC : **R** (15 avril-15 oct.) (dîner seul.) 55/90 ⅜ – ⊐ 14 –
51 ch 123/187.

🏨 **Gramont** sans rest, 3 pl. Gramont ☏ 27.84.04 – 🛗 🛁wc 🚿wc 📶 📠 🖭 ⓞ 𝘝𝘐𝘚𝘈
SC : ⊐ 15 – **32 ch** 70/210.   AY **t**

🏨 **Bristol** sans rest, 3 r. Gambetta ☏ 27.72.98 – 🛗 🛁wc 🚿wc 📶 🅿 📠 ⓞ ⋿ 𝘝𝘐𝘚𝘈
SC : ⊐ 15 – **27 ch** 101/213.   BY **z**

🏨 **Le Bourbon** Ⓜ sans rest, 12 pl. Clemenceau ☏ 27.53.12 – 🛗 📺 🛁wc 🚿wc 🕿
𝘝𝘐𝘚𝘈   BY **d**
SC : ⊐ 12 – **34 ch** 110/160.

🏨 **Europe** sans rest, 9 pl. Clemenceau ☏ 27.73.40 – 📺 🛁wc 🚿wc 📶 📠 🖭 ⓞ
⋿ 𝘝𝘐𝘚𝘈   AZ **u**
SC : ⊐ 16 – **33 ch** 108/180.

🏨 **Corona,** 71 av. Gén.-Leclerc ☏ 02.40.40. 🍴 – 🛁wc 🚿wc 📶 🅿 – 🔥 40. 📠
🖭 ⋿ 𝘝𝘐𝘚𝘈 🚫 ch   BV **a**
SC : **R** (fermé nov. et sam. de sept. à juin) 55/140 – ⊐ 15 – **20 ch** 65/160 – P
220/260.

🏨 **Central** sans rest, 15 r. L.-Daran ☏ 27.72.75 – 🛁wc 📶 📠 📠   BZ **t**
SC : ⊐ 12 – **26 ch** 71/155.

🏨 **Atlantic H.** Ⓜ sans rest, 222 av. J. Mermoz ☏ 32.38.24 – 🛗 🛁wc 🚿wc 📶 🚗
🅿 📠 𝘝𝘐𝘚𝘈   AV **r**
SC : ⊐ 13 – **30 ch** 75/140.

🏨 **Colbert,** 1 r. Manescau ☏ 32.52.78, 🍴 – 🛁wc 📶 📠 🅿 🚫   AY **r**
fermé en sept. – SC : **R** 32/60 – ⊐ 12 – **21 ch** 50/125 – P 110/150.

🏨 **Postillon** sans rest, 10 cours Camou ☏ 32.49.15 – 🛁wc 🚿wc 📠 📠 📠
SC : ⊐ 13 – **24 ch** 50/140.   AY **a**

🏨 **Bernard** sans rest, 7 r. Foix ☏ 27.40.28 – 📶   AZ **a**
fermé 1er au 15 oct. – ⊐ 10,50 – **21 ch** 46/120.

🍴🍴🍴🍴 ⊗ **Pierre** (Casau), 16 r. L.-Barthou ☏ 27.76.86 – ▤ 🖭 ⓞ ⋿ 𝘝𝘐𝘚𝘈   BZ **x**
fermé 2 au 12 mai, 13 au 21 fév. et dim. sauf fêtes – SC : **R** carte 120 à 180
Spéc. Foie frais de canard aux raisins (saison), Sole braisée au Jurançon, Dodine de canard aux
pâtes fraiches. Vins Madiran, Jurançon.

🍴🍴🍴 ⊗ **Patrick Jourdan,** 14 r. Latapie ☏ 27.68.70 – 🖭 ⓞ 𝘝𝘐𝘚𝘈   BZ **k**
fermé 15 au 31 août, 15 au 28 fév. et dim. – SC : **R** carte 120 à 175
Spéc. Foie de canard chaud aux pommes (oct. à avril), Magret de canard, Confit de canard. Vins
Jurançon, Madiran.

🍴🍴 **Pyrénées,** pl. Royale ☏ 27.07.75 – ▤ 🖭 ⓞ ⋿ 𝘝𝘐𝘚𝘈   AZ **s**
fermé 24 juil. au 14 août et dim. – SC : **R** carte 95 à 150.

🍴🍴 **Fin Gourmet,** face gare ☏ 27.47.71 – 🖭 ⓞ ⋿ 𝘝𝘐𝘚𝘈   AZ **v**
fermé 5 au 20 juil., 5 au 20 janv. et lundi – SC : **R** 55/140.

🍴 **St Vincent,** 4 r. Gassiot ☏ 27.75.44 – 🖭 ⓞ   AY **b**
fermé 1er au 15 août, sam. soir, dim. et fériés – SC : **R** 55 ⅜.

à Jurançon : 2 km – 8 647 h. – ✉ 64110 Jurançon :

🍴🍴🍴 **Ruffet,** ☏ 06.25.13 – 🖭 ⓞ   AX **e**
fermé août, 1er au 8 janv., dim. soir et lundi – SC : **R** 63.

rte N.-D. de Piétat : 6 km par D 209 AX – ✉ 64110 Jurançon :

🏨 **Domaine du Beau Manoir** Ⓜ 🍴, ☏ 06.17.30, ≤ Pyrénées, parc, 🍴, 🏊 –
🛁wc 🚿wc 🕿 🅿 – 🔥 120. 𝘝𝘐𝘚𝘈 🚫 rest
fermé fév. – SC : **R** (fermé dim. soir et lundi midi) 60/90 – **32 ch** ⊐ 110/264 – P
220/340.

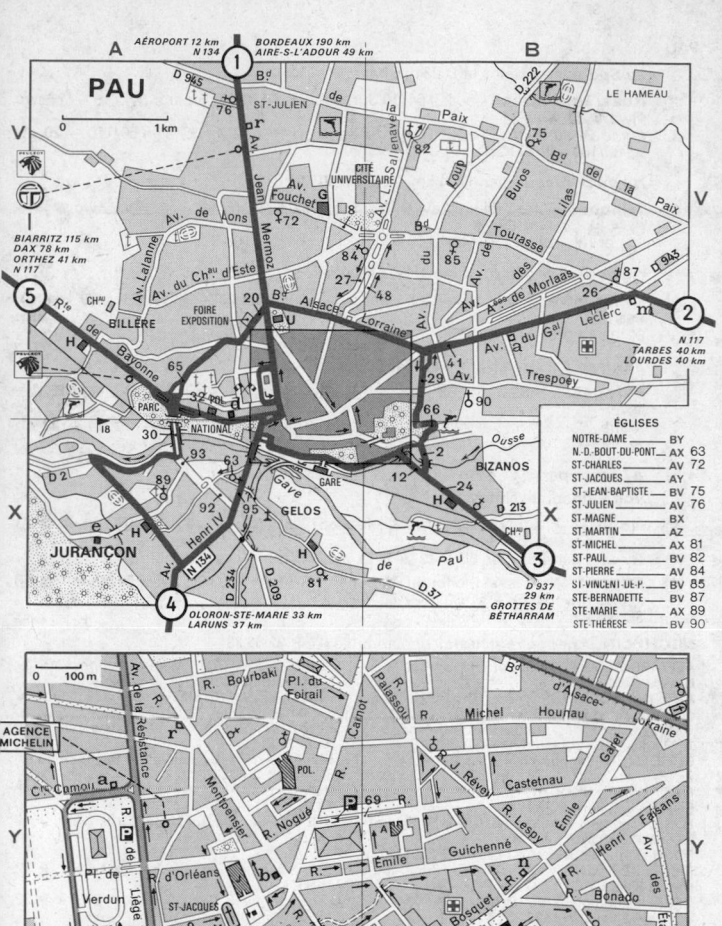

PAU

AÉROPORT 12 km
N 134

BORDEAUX 190 km
AIRE-S-L'ADOUR 49 km

BIARRITZ 115 km
DAX 78 km
ORTHEZ 41 km
N 117

LE HAMEAU

BILLÈRE

FOIRE EXPOSITION

CITÉ UNIVERSITAIRE

TARBES 40 km
LOURDES 40 km
N 117

JURANÇON

BIZANOS

GELOS

OLORON-STE-MARIE 33 km
LARUNS 37 km
N 134

D 937
29 km
GROTTES DE
BÉTHARRAM

AGENCE
MICHELIN

Pl. du
Foirail

PL. de
Verdun

ST-JACQUES

Pl. de la
Libération

CHÂTEAU

Pl.
Royale

PALAIS DES
PYRÉNÉES

DES PYRÉNÉES

PARC
BEAUMONT

THÉÂTRE
DE VERDURE

CASINO

au Sud par rte Gelos et D 234 : 5 km - AX

🏠 **Host. Le Bourbail** 🕭, ⊠ 64110 Jurançon ☎ 40.54.60, ≤ parc, 🏡, ✕ – ☐wc
➡ 📺wc ☎ 🅿. ✲ rest
fermé 24 au 30 déc. – SC : **R** *(fermé sam. du 1er nov. au 30 avril)* 50/110 – **20 ch**
☲ 80/160 – P 200/250.

rte de Bordeaux par ① : 4 km – ⊠ **64000** Pau :

🏠 **Trinquet** Ⓜ sans rest, 66 av. D.-Daurat ☎ 62.71.23, ≤, ✕ – 🛋 📺 ☐wc ☎ ➾
🅿 – 🛅 50. 🝙 AE ⓪
SC : ☲ 16 – **29 ch** 120/140.

rte de Tarbes par ② : 4 km – ⊠ **64000** Pau :

🏠 **Le Navarre** Ⓜ sans rest, 9 av. Gén.-Leclerc ☎ 30.25.39 – ⧉ 📺 ☐wc ☎ ➾ 🅿.
🝙 VISA   BV **m**
SC : ☲ 14 – **31 ch** 140/160.

à Ousse par ② : 9,5 km – ⊠ **64320** Bizanos :

🏠 **Pyrénées,** ☎ 02.31.51, 🏡, 🌲, – 📺 ☐wc 📺wc ₰ 🅿 – 🛅 30. 🝙 E VISA
✲ ch
fermé 7 au 30 nov. et dim. soir d'oct. à mai – SC : **R** 52/110 ⅄ – ☲ 14 – **22 ch**
72/180 – P 160/200.

à Lescar par ⑤ : 7,5 km – 6 117 h. – ⊠ **64230** Lescar.

Voir Cathédrale Notre-Dame★.

🏠 **Novotel** Ⓜ, sur N 117 ☎ 32.17.32, Télex 570939, 🏡, 🛋, 🌲 – ☰ 📺 ☐wc ☎ 🅿
– 🛅 150. 🝙 AE ⓪ VISA
R snack carte environ 85 – ☲ 24 – **61 ch** 214/249.

🏠 **Bilaa** Ⓜ 🕭 sans rest, chemin de Lons : 1,5 km ☎ 32.63.00, Télex 541856 – ⧉ 📺
☐wc 📺wc ☎ 🅿 – 🛅 30. 🝙 AE VISA
SC : ☲ 16,50 – **80 ch** 150/200.

MICHELIN, Agence régionale, 1 r. Lapouble AY ☎ 32.56.33

ALFA-ROMEO   Auto Sprint, rte Bordeaux à Lons ☎ 32.05.73
AUSTIN, MORRIS, ROVER, TRIUMPH   Gar. du Parc, 16 r. d'Etigny ☎ 27.22.75 🅽
BMW   Gar. de Verdun-Auto-Parc, av. J.-M.-Jacquard, Zone Ind. Lons ☎ 62.12.91
CITROEN   Domingue, rte Tarbes par ② ☎ 02.75.18
FIAT, LADA, SKODA   Navarre-Auto, 56 rte Bayonne à Billère ☎ 32.18.46
FORD   Gar. de l'Hippodrome, 17 av. D.-Daurat à Lons ☎ 32.03.78
FORD   Petit, rte Bayonne à Lescar ☎ 32.89.17
MERCEDES-BENZ   Induspal-Gar., Zone Ind. Lons à Billère ☎ 32.15.57
OPEL   Automobile du Behera S.A., 34 rte Bayonne à Lons ☎ 32.02.23
PEUGEOT   Sté Paloise Autom., 7 rte Bayonne à Billère ☎ 32.14.20

PEUGEOT, TALBOT   Mermoz-Autom., 169 av. Mermoz ☎ 32.10.99 🅽 ☎ 33.90.62
PORSCHE-MITSUBISHI   S.D.A.A., 115 av. J.-Mermoz à Billère ☎ 62.33.22
RENAULT   Broqué, rte de Tarbes par ② ☎ 02.79.71 🅽
RENAULT   Ets Lavillauroy, rte Bayonne à Lescar par ⑤ ☎ 62.20.01
V.A.G.   Simonin, 119 rte Bayonne à Lons ☎ 32.15.37
VOLVO   Gar. Davan, 12 bd Corps Franc-Pommiès ☎ 02.70.20

Ⓟ Baudorre, 177 av. J.-Mermoz à Lons ☎ 32.15.96
Central-Pneu, 3 r. des Chênes à Billère ☎ 32.42.99
Métairie, 18 av. 18·Infanterie ☎ 32.21.56
Toupneu, 9 r. de Bordeu ☎ 30.30.68

▬▬ **PAULHAGUET** 43230 H.-Loire 🔢 ⑤⑥ – 1 129 h. alt. 551 – ✦ 71.
Paris 472 – Ambert 62 – Brioude 16 – La Chaise-Dieu 29 – Langeac 15 – Le Puy 46 – St-Flour 66.

🏨 **Lagrange,** ☎ 76.60.11 – 📺 ➾
➡ *fermé 15 sept. au 31 oct., dim. soir du 1er nov. à Pâques* – SC : **R** 35/55 ⅄ –
☲ 13 – **15 ch** 55/100 – P 130/150.

RENAULT   Laurent, ☎ 76.60.68

▬▬ **La PAULINE** 83 Var 🔢 ⑮ – alt. 85 – ⊠ **83130** La Garde – ✦ 94.
Paris 850 – Brignoles 46 – Draguignan 77 – Hyères 8 – ◆Toulon 10.

✕✕ **Aub. Provençale** avec ch, N 98 ☎ 75.96.55 – 📺wc 🝙 ➾ 🅿 🝙
➡ *fermé oct., vend. soir (sauf hôtel) et sam. sauf août* – SC : **R** 49/81 ⅄ – ☲ 16 –
15 ch 57/119.

▬▬ **PAULX** 44 Loire-Atl. 🔢 ② – 1 382 h. – ⊠ **44270** Machecoul – ✦ 40.
Paris 414 – Challans 19 – ◆Nantes 37 – La Roche-sur-Yon 45.

✕✕ **Voyageurs,** pl. Église ☎ 26.02.26
fermé oct., dim. soir et lundi – SC : **R** 90/130.

▬▬ **PAVILLON (Col du)** 69 Rhône 🔢 ⑧ – rattaché à Cours.

PAVILLY 76570 S.-Mar. 55 ⑥ – 5 595 h. alt. 55 – ✦ 35.

Paris 159 – Dieppe 46 – Duclair 13 – ✦Rouen 20 – Yerville 12 – Yvetot 18.

  ✗ **Croix d'Or,** ☎ 91.20.09 – ✦✦
  ✦ *fermé août* – SC : **R** (déj. seul. - dim. prévenir) 45/143 ⅍.

CITROEN Quemener, ☎ 91.44.95   PEUGEOT, TALBOT Bossart-Autom., ☎ 91.22.52

PAYOLLE 65 H.-Pyr. 85 ⑱ – rattaché à Ste-Marie-de-Campan.

Le PÉAGE-DE-ROUSSILLON 38550 Isère 77 ① – 6 243 h. alt. 159 – ✦ 74.

Paris 513 – Annonay 22 – ✦Grenoble 93 – ✦St-Étienne 61 – Tournon 40 – Vienne 20.

  🏠 **Europa** M sans rest, av. Gabriel-Péri ✉ 38150 Roussillon ☎ 86.28.84 – 🛗 cuisinette ⌂wc 🗂wc – 💥
    fermé 30 oct. au 15 nov. – SC : ☎ 15 – **26 ch** 105/140.

CITROEN Drisar-Autom., N 7, Salaise-sur-Sanne ☎ 86.04.20 N
CITROEN Pleynet, 5 r. Puits-sans-Tour ☎ 86.20.12
FORD Rivollet, 1 av. G.-Péri à Roussillon ☎ 86.23.02
PEUGEOT, TALBOT Bourget, 79 av. G.-Péri à Roussillon ☎ 86.23.38
PEUGEOT-TALBOT Revouy et Jalliffier, 154 bis r. de la République ☎ 86.26.08

RENAULT Gar. Heinrich, N 7, Les Cités à Roussillon ☎ 86.20.32
Gar. Guillon, 133 rte de la Chapelle ☎ 86.24.36 N ☎ 29.68.60

🖢 Piot-Pneu, N 7 Zone Ind. à Salaise-sur-Sanne ☎ 29.42.62

PÉAULE 56 Morbihan 63 ⑭ – 1 917 h. alt. 89 – ✉ 56130 La Roche-Bernard – ✦ 97.

Paris 427 – Ploërmel 48 – Redon 26 – La Roche-Bernard 9 – Vannes 36.

  🏠 **Armor Vilaine** M, pl. Église ☎ 42.91.03 – ⌂wc 🗂wc 🕾. **E**. 💥
    fermé 17 sept. au 3 oct., 17 déc. au 5 janv., dim. soir et lundi (sauf fériés) de sept. à fin juin – SC : **R** 45/150 – ☎ 20 – **21 ch** 110/170 – P 135/170.
  🏠 **Ryo** (annexe Le Relax 🛏 ⌂wc 🅿), pl. Église ☎ 42.91.22 – ⌂wc 🗂 🕾 🅿. 💥
    fermé 15 déc. au 15 janv., dim. soir et lundi midi – SC : **R** 45/150 – ☎ 20 – **27 ch** 100/200.

PÉDERNEC 22 C.-du-N. 59 ① – 1 534 h. alt. 125 – ✉ 22540 Louargat – ✦ 96.

Paris 493 – Carhaix-P. 55 – Guingamp 10 – Lannion 22 – Morlaix 49 – Plouaret 24 – St-Brieuc 41.

  ✗✗ **Host. du Méné-Bré,** ☎ 45.22.33 – ❶ **E** 𝗩𝗜𝗦𝗔
    fermé 12 nov. au 12 déc. et lundi sauf juil.-août – SC : **R** 45/110.

RENAULT Gar. Madigou, ☎ 45.22.51 N

PÉGOMAS 06580 Alpes-Mar. 84 ⑧, 195 ㉞ – 3 012 h. alt. 22 – ✦ 93.

Paris 903 – Cannes 11 – Draguignan 59 – Grasse 10 – ✦Nice 43 – St-Raphaël 37.

  🏠 **Le Bosquet** 🛏 sans rest, quartier du Château par rte Mouans-Sartoux ☎ 42.22.87, ≼, 🏊, 🌴 – 🗂wc 🕾 🅿 💥
    fermé nov. – SC : ☎ 13 – **17 ch** 90/140, et 7 studios (cuisinette)
  ✗ **L'Écluse,** au bord de la Siagne ☎ 42.22.55, ≼, Rest. champêtre – 🅿
    1er mai-31 août – SC : **R** 61/121.

PEILLAC 56 Morbihan 63 ⑤ – 1 620 h. alt. 65 – ✉ 56220 Malansac – ✦ 99 (I.-et-V.).

Paris 405 – Redon 16 – ✦Rennes 69 – Vannes 45.

  🏠 **Chez Antoine,** ☎ 91.24.43, 🌴 – 🗂wc 🕾 🅿
    fermé 1er au 15 sept., 15 au 29 fév. et lundi – SC : **R** 40/150 ⅍ – ☎ 16 – **15 ch** 70/120 – P 120/150.

PEILLE 06 Alpes-Mar. 84 ⑩, 195 ㉗ G. Côte d'Azur – 1 437 h. alt. 630 – ✉ 06440 L'Escarène – ✦ 93.

Voir Le bourg* – Monument aux Morts ≼*.

🅱 Syndicat d'Initiative à la Mairie (fermé sam. et dim.) ☎ 91.90.32.

Paris 961 – L'Escarène 14 – Menton 24 – ✦Nice 25 – Sospel 36 – La Turbie 11.

  ✗✗ **Aub. du Seuillet** 🛏 avec ch, S : 2,5 km par D 53 ☎ 41.17.39, ≼ – 🗂wc 🅿. 💥
    hôtel ouvert juil.-août seul. et fermé merc. – SC : **R** (fermé oct. et merc.) 56/90 – ☎ 12 – **7 ch** 110.

PEILLON 06 Alpes-Mar. 🟦84 ⑩. 🟥195 ㉗ G. Côte d'Azur – 898 h. alt. 376 – ⊠ 06440 L'Escarène – ✪ 93.

Voir Village★ – Fresques★ dans la chapelle des Pénitents Blancs.

Paris 954 – Contes 13 – L'Escarène 13 – Menton 33 – ♦Nice 19 – Sospel 35.

🏠 **Aub. de la Madone** ⊱, ⟟ 91.91.17, ≤, 🏡, 🚗 – 🛏wc 🗒 🕮 🅿. ✗ ch
fermé 15 oct. au 15 déc. et merc. de sept. à fin juin – **R** 85/120 – ⊐ 18 – **17 ch** 150/260.

La PEINIÈRE 35 I.-et-V. 🟦59 ⑱ – rattaché à Châteaubourg.

PEIRA-CAVA 06 Alpes-Mar. 🟦84 ⑲. 🟥195 ⑰ G. Côte d'Azur – alt. 1 450 – Sports d'hiver 1 500/1 800 m 🚡5 – ⊠ 06440 L'Escarène – ✪ 93.

Voir Pierre Plate ⁂★★ – Cime de Peïra-Cava ⁂★★ E : 1,5 km puis 30 mn – Forêt de Turini★★ au N.

Paris 975 – L'Escarène 19 – ♦Nice 40 – Roquebillière 25 – St-Martin-Vésubie 35 – Sospel 32.

au Col de Turini N : 8 km par D 2566 – ⊠ 06440 L'Escarène.

Voir Monument aux Morts ⁂★ NE : 4 km.

Env. Pointe des Trois-Communes ⁂★★ NE : 6,5 km.

🏠 **Trois Vallées** ⊱, ⟟ 91.57.21, ≤, 🏡 – 🛏wc 🅿.
SC : **R** 55/200 (dîner à la carte) – **20 ch** ⊐ 180/200 – P 180/190.

🏠 **Les Chamois** ⊱, ⟟ 91.57.42, ≤, 🏡 – 🛏wc 🚗 🅿.
⬥ *fermé nov.* – SC : **R** 45/75 🍷 – ⊐ 15 – **11 ch** 80/100 – P 140.

PEISEY-NANCROIX 73 Savoie 🟦74 ⑱ G. Alpes – 450 h. alt. 1 300 – ⊠ 73210 Aime – ✪ 79.

🛈 Syndicat d'initiative (hors saison fermé après-midi, dim. et fêtes) ⟟ 07.12.55.

Paris 667 – Albertville 56 – Bourg-St-Maurice 15.

🏠 **Vanoise** ⊱, à Plan Peisey : 3 km ⟟ 07.11.29, ≤ – 🛏wc 🗒 ☎ 🅿. ✗ ch
⬥ *fin juin-fin août et 18 déc.-20 avril* – SC : **R** 38/40 – ⊐ 12 – **34 ch** 54/112 – P 132/154.

PELLEVOISIN 36 Indre 🟦68 ⑦ G. Périgord – 1 013 h. alt. 170 – ⊠ 36500 Buzançais – ✪ 54.

Paris 262 – Blois 78 – Châteauroux 36 – Loches 43.

🏡 **Tumulus,** rte Valençay ⟟ 84.03.46 – 🗒 🕮
⬥ *fermé mardi soir et merc.* – SC : **R** 35/95 🍷 – ⊐ 14 – **10 ch** 60/100 – P 130.

PELVOUX (Commune de) 05 H.-Alpes 🟦77 ⑰ G. Alpes – 312 h. – Sports d'hiver à St-Antoine 1 250/2 350 m 🚡5 – ⊠ 05340 Pelvoux – ✪ 92.

Voir Route des Choulières★ : ≤★★ E.

D'Ailefroide : Paris 746 – L'Argentière-la-Bessée 18 – Briançon 33 – Gap 90 – Guillestre 38.

St-Antoine – alt. 1 260.

🏠 ✿ **Belvédère du Pelvoux** (Sémiond) ⊱, ⟟ 23.31.04, ≤, 🚗 – 🛏wc 🗒wc 🕮 🅿.
🍴🍷 ⒶⒺ ⓞ
21 mai-17 sept. et 18 déc.-vacances de Pâques – SC : **R** 82/268 – ⊐ 20 – **30 ch** 100/190 – P 214/272
Spéc. Mousseline de truite au coulis d'écrevisses. Col vert au sang. Chariot de pâtisseries.

Ailefroide – alt. 1 510 – ⊠ 05340 Pelvoux.

Env. Pré de Madame Carle : site★★ NO : 6 km.

🏠 **Chalet H. Rolland** ⊱, ⟟ 23.32.01, ≤, parc – 🛏wc, sans 🛁 🅿. 🍴🍷 E
⬥ *15 juin-15 sept.* – SC : **R** 45/100 🍷 – ⊐ 15 – **36 ch** 55/103 – P 140/180.

🏡 **Les Clouzis** ⊱, ⟟ 23.32.07, ≤, 🚗 – , sans 🛁 🅿. ✗ rest
⬥ *15 juin-15 sept.* – SC : **R** 40/65 – ⊐ 12 – **11 ch** 80 – P 130/150.

PEN-GUEN 22 C.-du-N. 🟦59 ⑤ – rattaché à St-Cast.

PENHORS 29 Finistère 🟦58 ⑭ – rattaché à Pouldreuzic.

PEN-LAN (Pointe de) 56 Morbihan 🟦63 ⑭ – rattaché à Muzillac.

PENNEDEPIE 14 Calvados 🟦55 ③ – rattaché à Honfleur.

PENTREZ-PLAGE 29 Finistère 🟦58 ⑭ – alt. 20 – ⊠ 29127 Plomodiern – ✪ 98.

Paris 569 – Châteaulin 18 – Crozon 20 – Douarnenez 27 – Landerneau 49 – Quimper 36.

🏡 **Mer,** ⟟ 81.52.03, ≤, 🚗 – 🅿. ✗ rest
⬥ *29 mai-10 sept.* – SC : **R** 50/80 – ⊐ 12 – **23 ch** 55/90 – P 130/140.

PENVÉNAN 22710 C.-du-N. 🔟 ① – 2 643 h. alt. 70 – 🌀 96.

Paris 518 – Guingamp 33 – Lannion 16 – Perros-Guirec 16 – La Roche-Derrien 9 – Tréguier 7,5.

※ **Crustacé** avec ch, 🏤 92.67.46
➝ fermé oct. et lundi – SC : **R** 42/150 – ☲ 13 – **8 ch** 60/95 – P 150.

CITROEN Vigneron, 🏤 92.67.85   RENAULT Henry, 🏤 92.65.22

PÉRIGNAT-LÈS-SARLIÈVE 63 P.-de-D. 🔟 ⑭ – rattaché à Clermont-Ferrand.

PÉRIGNY 86 Vienne 🔟 ⑬ – rattaché à Poitiers.

PÉRIGUEUX 🅿 24000 Dordogne 🔟 ⑤ G. Périgord – 37 670 h. alt. 86 – 🌀 53.

Voir Cathédrale St-Front★ BZ – Église St-Étienne de la Cité★ AZ **K** – Pont des Barris
◁★ BZ – Musée du Périgord★ BY **M** – 🖪 Syndicat d'Initiative 1 av. Aquitaine (fermé dim. et
lundi sauf matin en saison) 🏤 53.10.63 – A.C. 14 r. Wilson 🏤 53.35.19.

Paris 530 ⑤ – Agen 136 ③ – Albi 248 ② – Angoulême 85 ⑤ – ◆Bordeaux 121 ④ – Brive-la-Gaillarde
73 ② – ◆Limoges 101 ① – Pau 261 ③ – Poitiers 195 ⑤ – ◆Toulouse 250 ②.

Plan page suivante

🏨 **Domino,** 21 pl. Francheville 🏤 08.25.80, 🍽, – 🛗 📺 ⟵, 🝊 🅾 𝘝𝘐𝘚𝘈. ⋙ rest
SC : **R** 62/180 – ☲ 20 – **37 ch** 160/275 – P 245/300.   AZ **a**

🏨 **Bristol** Ⓜ sans rest, 37 r. A.-Gadaud 🏤 08.75.90 – 🛗 ▤ 📺 ☎ 🅿. 𝘝𝘐𝘚𝘈. ⋙   AY **u**
SC : ☲ 20 – **30 ch** 125/210.

🏨 **Périgord,** 74 r. V.-Hugo 🏤 53.33.63, 🍽, 🌲 – 🛏wc 🝊. 🝊🝊 ⋙ ch   AY **r**
➝ SC : **R** 50/100 🍷 – ☲ 15 – **20 ch** 70/150 – P 150/170.

🏨 **Ibis** Ⓜ, bd Saumande 🏤 53.64.58, Télex 150159 – 🛗 📺 🛏wc 🝊 🅿 – 🝊
25 à 50. 🝊🝊 **E** 𝘝𝘐𝘚𝘈   BZ **f**
SC : **R** carte environ 65 🍷 – ☲ 18 – **89 ch** 149/180.

🏨 **Régina** sans rest, 14 r. D.-Papin 🏤 08.40.44 – 🛏wc 🛏wc 🝊. **E** 𝘝𝘐𝘚𝘈   AY **d**
SC : ☲ 15 – **46 ch** 100/160.

🏨 **Charentes,** 16 r. D.-Papin 🏤 53.37.13 – 🛏 🝊. 🝊🝊 𝘝𝘐𝘚𝘈   AY **b**
➝ fermé 20 déc. au 10 janv. – SC : **R** 45/130 🍷 – ☲ 13 – **16 ch** 65/120 – P 135/150.

🏨 **Arènes** sans rest, 21 r. Gymnase 🏤 53.49.85 – 🛏wc 🝊. ⋙   AZ **n**
➝ fermé 20 déc. au 10 janv. – SC : ☲ 14 – **19 ch** 70/123.

✗✗✗ **Léon,** 18 cours Tourny 🏤 53.41.93 – ▤. 🝊 🅾 𝘝𝘐𝘚𝘈   BY **s**
fermé en fév., en oct., dim. soir d'oct. à fin mai et lundi – SC : **R** bb/145 🍷.

✗✗ **Le Vieux Pavé,** 4 r. Sagesse 🏤 08.53.97 – **E** 𝘝𝘐𝘚𝘈   BY **e**
fermé dim. – SC : **R** 70/145.

✗✗ **Tournepiche,** 2 r. Nation 🏤 08.90.76, « Salle du 18ᵉ siècle » – 🝊 **E** 𝘝𝘐𝘚𝘈   BYZ **k**
fermé août, dim. soir et lundi – SC : **R** 75/170.

✗✗ **La Flambée,** 2 r. Montaigne 🏤 53.23.06 – 🝊 🅾 **E** 𝘝𝘐𝘚𝘈   BY **v**
fermé fév., dim. et fériés – SC : **R** 80.

✗✗ **Marcel,** 37 av. Limoges 🏤 53.13.43 – ▤ 🅿   BV **t**
➝ fermé 1ᵉʳ au 21 août – SC : **R** 35/120 🍷.

à Laurière par ① : 13 km – ⊠ 24420 Savignac-les-Eglises :

🏨 **Host. la Charmille,** 🏤 06.00.45, 🌲 – 🛏wc 🛏wc 🝊 🅿. 🝊🝊 ⋙
fermé vend. du 15 oct. au 15 avril – SC : **R** 70/250 – ☲ 20 – **18 ch** 70/200.

rte de Bergerac par ③ : 10 km – ⊠ 24000 Périgueux :

🏨 **La Chartreuse,** 🏤 46.60.21, 🌲 – 🛏 🛏wc 🝊 🅿. 🝊🝊 🅾 **E** 𝘝𝘐𝘚𝘈
➝ fermé en oct., dim. soir et lundi midi – **R** 42/110 🍷 – ☲ 12 – **10 ch** 70/110.

à Razac-sur-L'Isle par ④ : 11 km – ⊠ 24430 Razac-sur-L'Isle :

✗✗ **Château de Lalande** 🝊 avec ch, NO : 2 km par D 3E et D 3 🏤 54.52.30, parc –
🛏wc 🛏wc 🝊 🅿. 🅾 **E** 𝘝𝘐𝘚𝘈
Pâques-15 oct. – SC : **R** 60/120 – ☲ 15 – **12 ch** 135/200 – P 170/250.

MICHELIN, Agence, rte de Limoges à Trélissac par ① 🏤 08.08.13

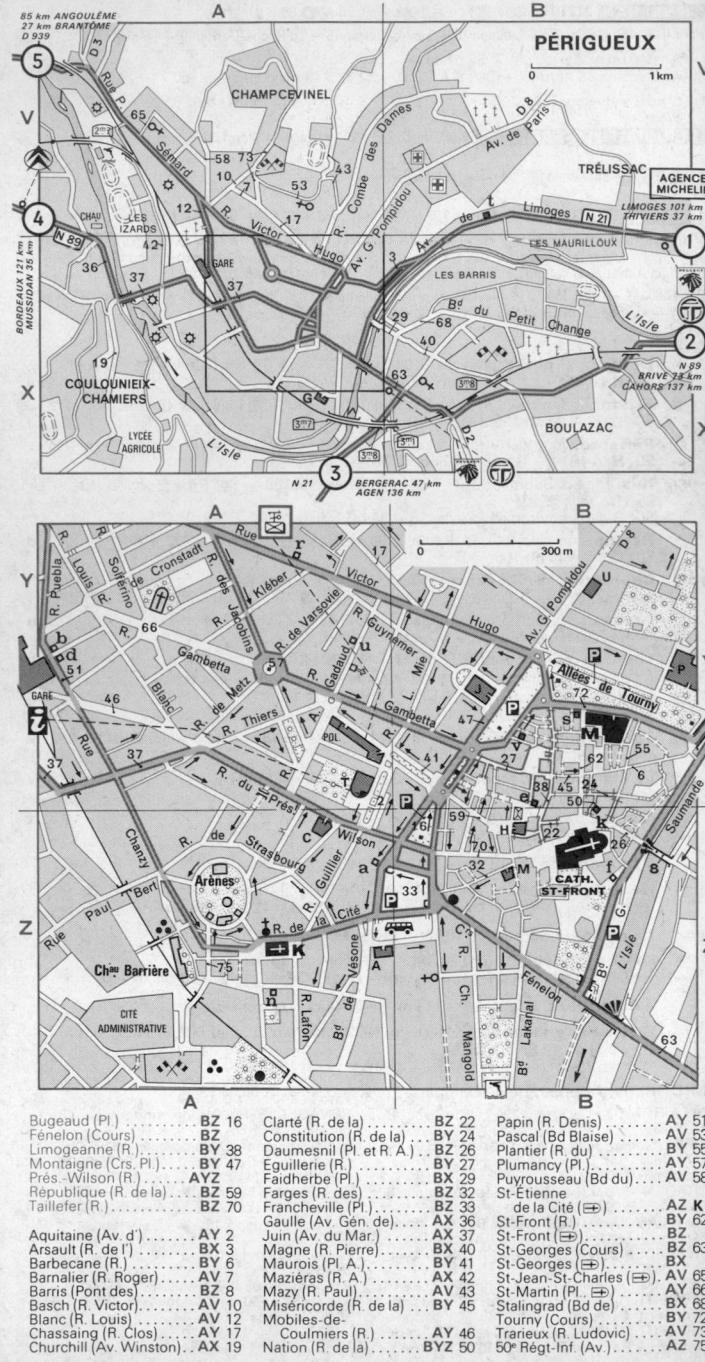

PÉRIGUEUX

PÉRONNE ⬥ 80200 Somme 🗺️ ⑬ **G. Nord de la France** – 9 414 h. alt. 56 – ◯ 22.

🛈 Office du Tourisme 31 r. St-Fursy (fermé matin et dim.) ☎ 84.42.38.

Paris 139 ④ – ◆Amiens 51 ④ – Arras 48 ⑥ – Doullens 54 ⑤ – St-Quentin 29 ③.

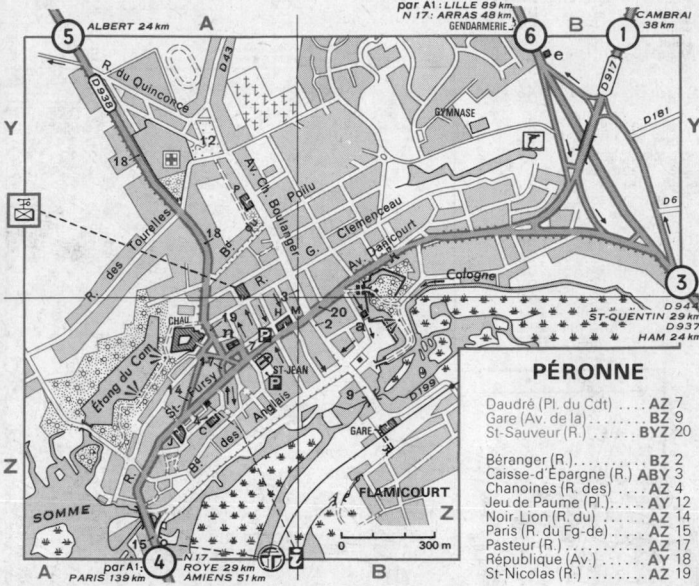

PÉRONNE

Daudré (Pl. du Cdt)	**AZ** 7
Gare (Av. de la)	**BZ** 9
St-Sauveur (R.)	**BYZ** 20
Béranger (R.)	**BZ** 2
Caisse-d'Épargne (R.)	**ABY** 3
Chanoines (R. des)	**AZ** 4
Jeu de Paume (Pl.)	**AY** 12
Noir-Lion (R. du)	**AZ** 14
Paris (R. du Fg-de)	**AZ** 15
Pasteur (R.)	**AZ** 17
République (Av.)	**AY** 18
St-Nicolas (R.)	**AZ** 19

XXX **Host. des Remparts** avec ch, 21 r. Beaubois ☎ 84.01.22 – 🚿wc 🛁wc ☜ ⟵.
↝ 🅿🈁 ⑩ 🆅🅸🆂🅰.
SC : **R** (fermé 2 au 18 août) 50/120 – 🖙 16 – **16 ch** 90/160.
BZ **a**

XX **St-Claude** avec ch, 42 pl. Cdt-L.-Daudré ☎ 84.46.00 – 🚿wc 🛁wc ☎ – 🔬 60.
↝ 🅿🈁 🅰🅴 ⑩ 🅴 🆅🅸🆂🅰.
SC : **R** 50/100 – 🖙 20 – **33 ch** 65/200 – P 170/290.
AZ **n**

XX **La Quenouille**, 4 av. Australiens ☎ 84.00.62 – 🅿 🆅🅸🆂🅰.
fermé juin, dim. soir et lundi – SC : **R** 95 (sauf sam.)/145 🍷.
BY **e**

Aire d'Asseviliers sur A1 – ⬗ 80200 Péronne :

🏨 **Mercure** 🅼, ☎ 84.12.76, Télex 140943, 🏊 – 🛗 🗏 📺 ☎ 🛗 🅿 – 🔬 40 à 120. 🅰🅴 ⑩ 🅴 🆅🅸🆂🅰.
SC : **R** carte environ 90 🍷 – 🖙 30 – **98 ch** 280/335.

CITROEN Gar. de Picardie, av. des Australiens, Mt-St-Quentin par ⑥ ☎ 84.00.34
FIAT, MERCEDES-BENZ Hotte, 52 r. St-Sauveur ☎ 84.01.48
OPEL Gar. du Château, 6 fg de Paris ☎ 84.16.56
PEUGEOT-TALBOT Santerre-Autom., 1 bd Mt-St-Quentin par D 43 AY ☎ 84.00.51 🅽

RENAULT Péronne-Autos., rte de Roisel par D 6 BY ☎ 84.17.34
V.A.G. Gar. Tutrice, 0 av. Danicourt ☎ 84.04.15

🅖 Joncourt-Pneus, 29 fg de Bretagne ☎ 84.29.41

PÉROUGES 01 Ain 🗺️ ② ③ **G. Vallée du Rhône** (plan) – 531 h. alt. 290 – ⬗ 01800 Meximieux – ◯ 74.

Voir Cité fortifiée★★ : place du Tilleul★★★.

Paris 455 – Bourg-en-Bresse 37 – ◆Lyon 39 – St-André-de-Corcy 20 – Villefranche-sur-Saône 44.

🏨 ◯ **Hostellerie Vieux Pérouges** (Thibaut) 🌲, ☎ 61.00.88, « Intérieur vieux bressan », 🍴 – ☎ ⟵ – 🔬 40. 🆅🅸🆂🅰.
fermé jeudi midi et merc. sauf juil.-août – **R** 110/220 – 🖙 30 - **Au St-Georges et Manoir 13 ch** 400/550 **A l'annexe : 9 ch** 120/350
Spéc. Ecrevisses Pérougienne (sauf mai), Panaché aux morilles, Galette Pérougienne, **Vins** Montagnieu, Seyssel.

Utilisez toujours les **cartes Michelin** récentes.
Pour une dépense minime vous aurez des informations sûres.

PERPIGNAN

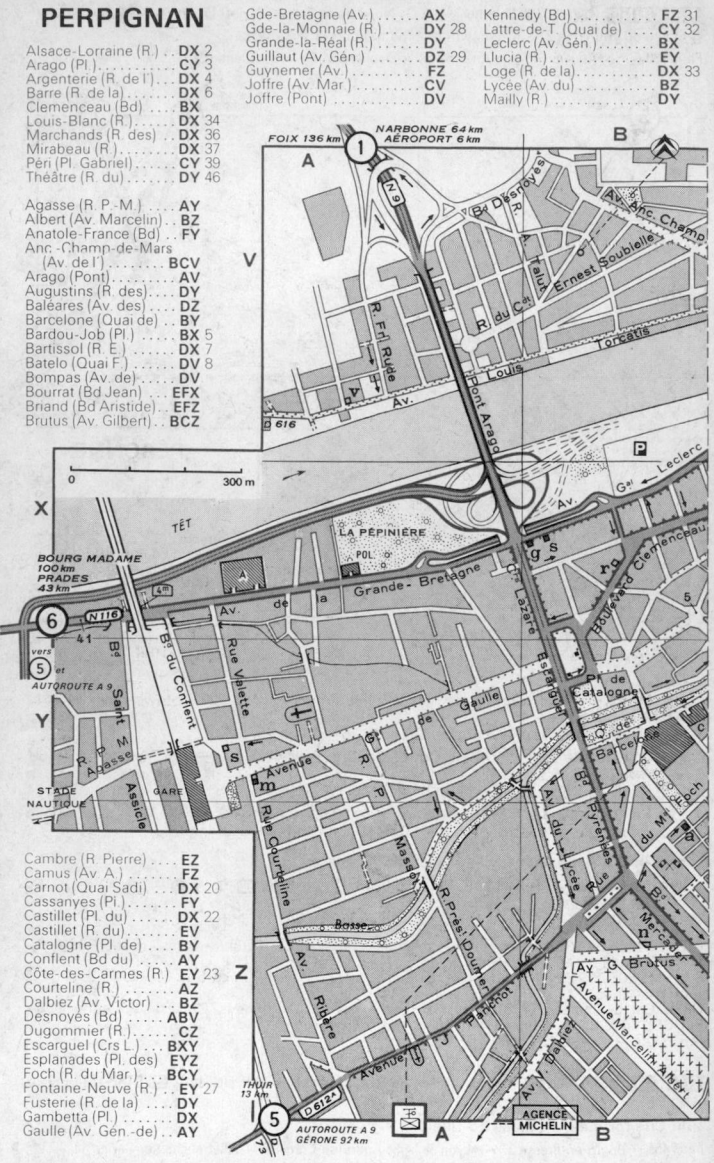

PERPIGNAN Ⓟ 66000 Pyr.-Or. 86 ⑱ G. Pyrénées – 107 971 h. alt. 37 – ✿ 68.

Voir Le Castillet★ DX – Loge de mer★ DX D – Hôtel de Ville★ DX H – Cathédrale★ DEX B – Palais des Rois de Majorque★ DEZ – Cabestany : tympan★ de l'église SE : 4 km par D 22, FYZ – 🎿 de Saint-Cyprien ☎ 21.01.71 par ③ : 15 km.

🛬 de Perpignan-Rivesaltes : ☎ 52.66.33 par ① : 6 km.

🛈 Office de Tourisme (fermé dim. sauf matin en sais.) et Accueil de France (Informations et réservations d'hôtels, pas plus de 5 jours à l'avance) quai de Lattre-de-Tassigny ☎ 34.29.94. Télex 500776 et Village Catalan Autoroute B 9 ☎ 21.60.05, Télex 500722 - A.C. 2 pl. Catalogne ☎ 34.30.22.

Paris 909 ① – Andorre-la-Vieille 166 ⑥ – Barcelone 186 ⑤ – Béziers 93 ① – ♦Clermont-Ferrand 461 ① – ♦Marseille 311 ① – ♦Montpellier 152 ① – Tarbes 291 ① – ♦Toulouse 204 ①.

Masso (R. Paul) .... **AYZ**
Mercader (Bd Félix) .... **BCZ**
Moulin (Pl. Jean) .... **EY**
N.-D.-de-la-Réal .... **EY**
Palmarole (Cours) ...... **DEV**
Panchot (Av. J.) .... **AZ**
Payra (R. Jean) .... **DV**

Petite-la-Réal (R.) ...... **EY**
Platanes (Prom. des) .. **DEV**
Poincaré (Bd Henri) ... **DEZ**
Porte-de-l'Assaut (R.) **CDY** 40
Prades (Av. de) .... **AX** 41
Prés.-Doumer (R.) ...... **AZ**
Pyrénées (Bd des) .... **BYZ**

Remparts-la-Réal (R.) ..... **DY** 42
Résistance (Pl. de la) ..... **DX** 43
Ribère (Av.) .... **AZ**
Rigaud (Pl.) .... **DEY**
Rois-de-Majorque (R. des) **DZ**
Rude (R. François) ...... **AV**
St-Assiscle (Bd) .... **AYZ**
St-Jacques .... **FY**
St-Jean (R.) .... **DX** 44
St-Joseph .... **AY**
St-Martin .... **AZ**
St-Mathieu .... **DY**
St-Sacrement .... **EX**
Ste-Thérèse .... **EZ**
Soubielle (R. Cdt-E.) .... **ABY**
Talut (R. Alphonse) ...... **ABV**
Torcatis (R. Louis) ...... **ABV**
Valette (R.) .... **AY**
Variétés (Pl. des) ...... **DV** 48
Vauban (Quai) .... **CDX**
Vélodrome (R. du) ...... **EFZ**
Victoire (Pl. de la) ...... **DX** 49
Waldeck-Rousseau (R.).. **EFZ**
Wilson (Bd) .... **DEV**
Zola (R. Émile) .... **EY**

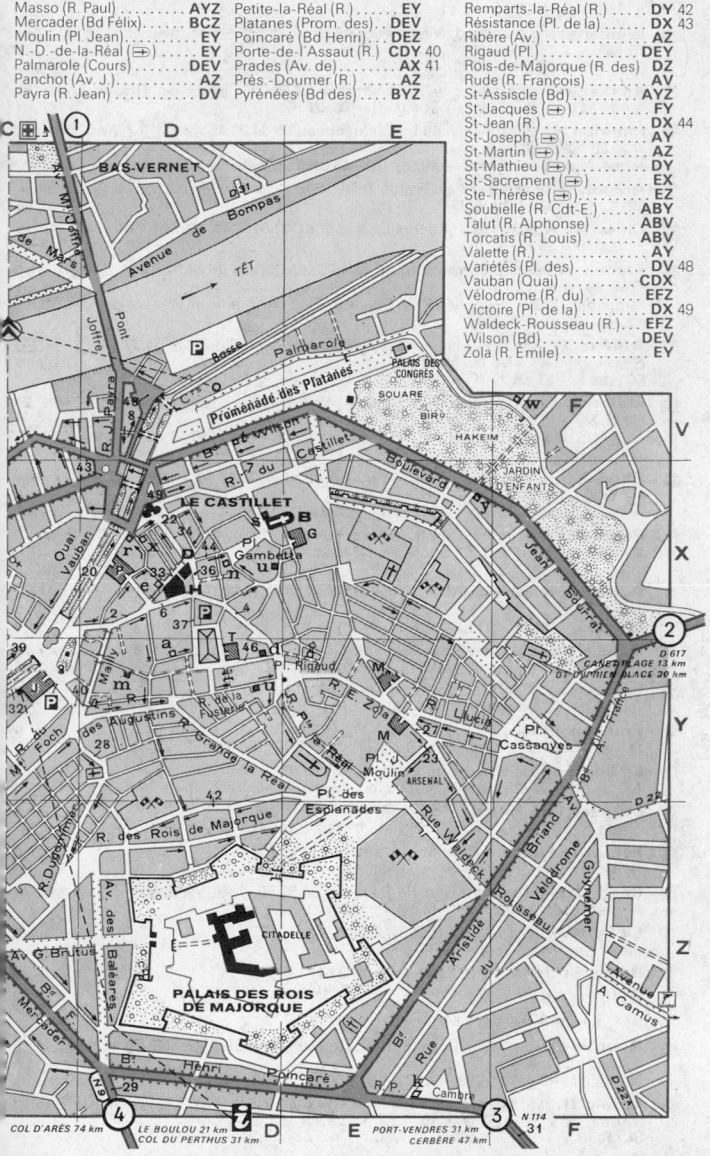

🏨 **Park H. et Rest. Chapon Fin** M, 18 bd J.-Bourrat ℡ 35.14.14 – 🛗 🗄 📺 ☎ 🕭
🚗 – 🔥 30 à 60. 🕮 ① Ⓔ 𝘝𝘐𝘚𝘈
EX **y**
SC : **R** *(fermé du 15 déc. au 15 janv. et dim.)* carte 100 à 145 – 🖵 20 – **67 ch**
150/220.

🏨 **Arcades** M, par ④ : 2 km sur N 9 ℡ 85.11.11, Télex 500176, 🏊, ⚒ – 🛗 🗄 📺 ☎
🕭 🚗 🅿 – 🔥 40 à 200. ① Ⓔ. ⚒
fermé 24 déc. au 15 janv. – SC : **R** 70/100 – 🖵 20 – **128 ch** 180/240.

🏨 **H. de la Loge** ⚭ sans rest, pl. Loge ℡ 34.54.84, « Bel aménagement intérieur »
🛗 🕮 ① Ⓔ 𝘝𝘐𝘚𝘈
DX **e**
SC : 🖵 15 – **29 ch** 90/180.

🏨 **Windsor** sans rest, 8 bd Wilson ☎ 51.18.65 – |韋| 𝐓𝐕 ⇌wc ⋔wc ☎ – 🏖 60. 🖼🗟
SC : ⚏ 19 – **57 ch** 140/230.
△ⓔ 𝐕𝐈𝐒𝐀
DV **t**

🏨 **Kennedy** Ⓜ sans rest, 9 av. P. Cambres ☎ 50.60.02 – |韋| ⇌wc ⋔wc ☎ ᵫ ⟸ 🅿
fermé 25 déc. au 10 janv. – SC : ⚏ 20 – **26 ch** 165/190.
EZ **k**

🏨 **Mondial H.** Ⓜ sans rest, 40 bd Clemenceau ☎ 34.23.45 – |韋| 𝐓𝐕 ⇌wc ⋔wc 🖼.
🖼🗟 △ⓔ ⓘ 𝐄 𝐕𝐈𝐒𝐀
fermé 24 déc. au 10 janv. – SC : ⚏ 18 – **43 ch** 152/190.
BX **r**

🏨 **Aragon** Ⓜ sans rest, 17 av. Brutus ☎ 54.04.46 – |韋| 🗐 ⇌wc ⋔wc 🖼 🅿. △ⓔ ⓘ
SC : ⚏ 18 – **33 ch** 140/280.
BZ **n**

🏨 **Christina H.** sans rest, 50 cours Lassus ☎ 61.42.64 – |韋| ⇌wc ⋔ 🖼 ⟸
SC : ⚏ 15 – **35 ch** 90/150.
FV **w**

🏨 **France et rest. l'Echanson,** 16 quai Sadi-Carnot ☎ 34.92.81 – |韋| 𝐓𝐕 ⇌wc
⋔wc 🖼. 🖼🗟 △ⓔ ⓘ 𝐄 𝐕𝐈𝐒𝐀
fermé déc. – SC : **R** *(fermé 15 au 30 juin, 18 déc. au 2 janv. et dim.)* carte 105 à 155 –
⚏ 18 – **36 ch** 100/200.
DX **r**

🏨 **Athéna** Ⓜ ॐ sans rest, r. Queya-Marché République ☎ 34.37.63, ⚒ – 𝐓𝐕
⇌wc ⋔wc 🖼. 🖼🗟 △ⓔ ⓘ 𝐄 𝐕𝐈𝐒𝐀
SC : ⚏ 13 – **37 ch** 70/176.
DY **a**

🏨 **Majorca,** 2 r. Fontfroide ☎ 34.57.57 – |韋| ⇌wc ⋔wc 🖼 – 🏖 40 à 100. 🖼🗟 △ⓔ
ⓘ 𝐄 𝐕𝐈𝐒𝐀
fermé 15 déc. au 15 janv. – SC : **R** *(fermé dim. soir et lundi)* 48/80 – ⚏ 14 – **61 ch**
75/125.
DX **n**

🏨 **Paris-Barcelone** Ⓜ sans rest, 11 bd Conflent ☎ 34.42.60 – ⇌wc ⋔wc 🖼. 🖼🗟
ⓘ 𝐄 𝐕𝐈𝐒𝐀
fermé 23 déc. au 15 janv. – SC : ⚏ 13 – **36 ch** 75/155.
AY **s**

🏠 **Poste et Perdrix,** 6 r. Fabriques-Nabot ☎ 34.42.53 – |韋| ⇌wc ⋔wc 🖼. ॐ ch
fermé mi janv. à mi fév. – SC : **R** *(fermé lundi)* 40/75 ⚒ – ⚏ 12 – **39 ch** 58/110.
DX **x**

🏠 **Pyrénées H.** sans rest, 122 av. L.-Torcatis N 616 ☎ 61.19.66 – ⇌wc ⋔wc 🖼 🅿
🖼🗟
SC : ⚏ 11 – **20 ch** 68/110.
AV **v**

🏠 **H. Le Helder** sans rest, 4 av. Gén.-de-Gaulle ☎ 34.38.05 – |韋| ⋔ 🖼
fermé 20 déc. au 5 janv. – SC : ⚏ 15 – **27 ch** 64/150.
AY **m**

XXX **Le Supion,** 71 av. Mar.-Leclerc ☎ 34.53.42 – 🗐. ॐ
fermé août, dim. soir et lundi – SC : **R** carte 110 à 170.
BX **g**

XX **François Villon,** 1 r. Four-St-Jean ☎ 51.18.43 – ⓘ
fermé 14 juil. au 16 août, dim., lundi et fêtes – SC : **R** 110 bc.
DX **u**

XX **Le Bourgogne,** 63 av. Gén.-Leclerc ☎ 34.96.05 – 🗐
fermé 15 au 31 oct., 8 au 25 mars, dim. et lundi – SC : **R** 55/75 ⚒.
BX **s**

XX **L'Apero,** 42 r. Fusterie ☎ 51.21.14 – 🗐 ⓘ 𝐄 𝐕𝐈𝐒𝐀
fermé 1er au 15 juin, en fév., dim., lundi midi et fériés – SC : **R** 90.
DY **u**

XX **Festin de Pierre,** 7 r. Théâtre ☎ 51.28.74 – 𝐄 𝐕𝐈𝐒𝐀
fermé fév., dim. midi en juil.-août et merc. – SC : **R** carte 110 à 170.
DY **d**

XX **Rest. Le Helder,** 4 av. Gén. de Gaulle ☎ 34.98.99 – 🗐 ⓘ 𝐄 𝐕𝐈𝐒𝐀
fermé 20 déc. au 10 janv. – SC : **R** 45/140 ⚒.
AY **m**

XX **La Serre,** 2 bis r. Dagobert ☎ 34.33.02 – 🗐 ⓘ 𝐄
fermé lundi midi et dim. – **R** 68/100.
BZ **a**

X **Relais St-Jean,** 1 cité Bartissol ☎ 51.22.25 – SC : **R** 40/90 ⚒.
fermé 15 nov. au 15 déc. et sam.
DX **s**

par ① – ✉ 66600 Rivesaltes :

🏩 **Novotel** Ⓜ, sur N 9 : 10 km ☎ 64.02.22, Télex 500851, ⚒ – 🗐 𝐓𝐕 ☎ ᵫ 🅿 – 🏖
40 à 200. △ⓔ ⓘ 𝐕𝐈𝐒𝐀
R snack carte environ 85 – ⚏ 21 – **85 ch** 221/260.

🏩 **Tropic H.** Ⓜ ॐ, près échangeur Perpignan Nord : 12 Km ☎ 64.04.37, Télex
500143, ☂ 🥘, ⚒ – 𝐓𝐕 ☎ ᵫ 🅿 – 🏖 40. △ⓔ ⓘ 𝐕𝐈𝐒𝐀
SC : **R** 70 ⚒ – ⚏ 22 – **46 ch** 220/250.

MICHELIN, Agence, 136 av. Victor-Dalbiez ABZ ☎ 54.53.10

ALFA-ROMEO Gar. Chapat, 25 bd des Pyrénées ☎ 34.70.88
AUSTIN, JAGUAR, MORRIS, ROVER,
TRIUMPH Casadessus, 15 bd Poincaré ☎ 54.
03.96
BMW Gar. Alart, 20 av. de Grande-Bretagne
☎ 34.07.83
CITROEN Succursale, av. du Mar.-Juin ☎ 50.
20.95
CITROEN Gar. Cuesta, 3 av. Albert Saisset ☎
61.06.51

CITROEN Gar. des Platanes, 7 cours Palmarole
par ③ ☎ 51.34.19
DATSUN Gar. Moderne, 169 av. du Languedoc
☎ 61.02.13
FIAT Perpignan Autom., 210 rte Prades ☎ 54.
63.54
LANCIA-AUTOBIANCHI Gar. des Corbières,
28 rte de Prades ☎ 54.54.52
MERCEDES-BENZ Gar. Monopole, 301 av. du
Languedoc ☎ 61.22.93

PEUGEOT-TALBOT Gds Gar. Pyrénéens, N 9
rte du Perthus par ④ ℡ 54.06.88
RENAULT Gd Gar. de Catalogne, N 9, Km 3
rte du Perthus par ④ ℡ 54.68.55
TOYOTA, VOLVO Sudria, rte Perpignan à Cabestany ℡ 50.50.75
V.A.G. Europe-Auto, rte Thuir, Zone Ind. ℡
85.01.92

Gar. **Lelong**, 148 av. Mar.-Joffre ℡ 61.25.80

⊕ Busquet, 13 bd Clemenceau ℡ 61.24.62
Candille, 156 av. du Languedoc ℡ 61.26.38
Figuères, Zone Ind. St-Charles ℡ 55.23.10
Pagès, Zone Ind. St-Charles ℡ 54.67.30
Perpignan-Pneu, 18 r. J.-Verne ℡ 54.15.21
Piot-Pneu, Zone Ind. St-Charles ℡ 54.30.11

Le PERRAY-EN-YVELINES 78610 Yvelines 🔟 ⑨, 🔟🔟 ㉘ – 4 237 h. alt. 180 – ⚙ 3.
Paris 56 – Arpajon 37 – Mantes-la-jolie 44 – Rambouillet 6 – Versailles 25.

XXX **Aub. de l'Artoire,** N : 2 km par N 10 ℡ 041.97.91, « Parc » – **🅿**. 🆎 𝘝𝘪𝘴𝘢
fermé 2 janv. au 17 fév., mardi soir et merc. – **R** carte 120 à 175.

XX **Aub. des Bréviaires,** aux Bréviaires : 3,5 km par D 61 ℡ 041.98.47 – **🅿**. 𝘝𝘪𝘴𝘢
fermé 23 fév. au 19 mars, merc. soir et jeudi – SC : **R** 80/140.

Le PERREUX-SUR-MARNE 94 Val-de-Marne 🔟 ⑪, 🔟🔟🔟 ⑰⑱ – voir à Paris, Proche banlieue.

PERRIGNY-LÈS-DIJON 21 Côte-d'Or 🔟🔟 ⑫ – rattaché à Dijon.

PERROS-GUIREC 22700 C.-du-N. 🔟🔟 ① ⑥ G. Bretagne – 7 793 h. alt. 70 – Casino A – ⚙ 96.
Voir Belvédère ≤★ B D – Sentier des douaniers★★ A – Sémaphore ≤★ 3,5 km par ②.
🏌 de St-Samson ℡ 23.87.34 SO : 7 km.
🚩 Office de Tourisme (fermé dim. hors sais.) et Accueil de France (Informations, change et réservations d'hôtels pas plus de 5 jours à l'avance) 21 pl. Hôtel de Ville ℡ 23.21.15, Télex 740637.
par ① : Paris 526 – Lannion 11 – St-Brieuc 74 – Tréguier 20.

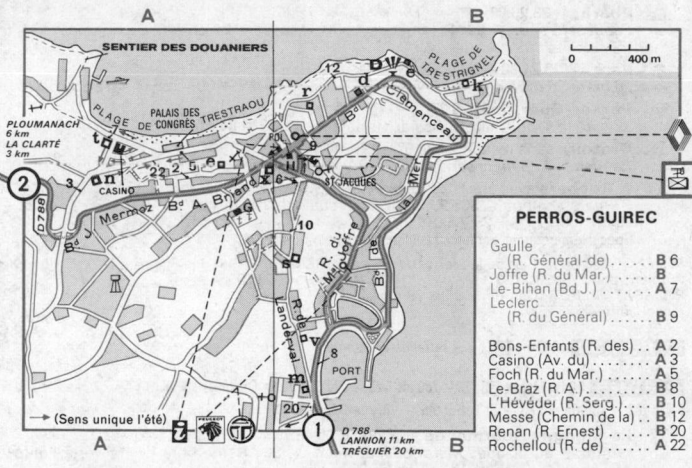

PERROS-GUIREC

Gaulle
  (R. Général-de).....B 6
Joffre (R. du Mar.).....B
Le-Bihan (Bd J.).....A 7
Leclerc
  (R. du Général).....B 9

Bons-Enfants (R. des).....A 2
Casino (Av. du).....A 3
Foch (R. du Mar.).....A 5
Le-Braz (R. A.).....B 8
L'Hévéder (R. Serg.).....B 10
Messe (Chemin de la)..B 12
Renan (R. Ernest).....B 20
Rochellou (R. de).....A 22

🏨🏨 **Gd H. de Trestraou,** bd J.-Le-Bihan ℡ 23.24.05, ≤ – 🛗 🅿 ♿ 📶 🆎 ⓘ Ε 𝘝𝘪𝘴𝘢
SC : **R** voir rest. Homard Bleu : – ⊇ 25 – **68 ch** 204/253, 3 appartements 380 – P
197/290.   A t

🏨🏨 **Printania** ⌂, 12 r. Bons-Enfants ℡ 23.21.00, ≤ la mer et les îles, « Jardin fleuri »,
🍴 – 🛗 🅿 ♿ 🆎 ⓘ Ε 𝘝𝘪𝘴𝘢. ⚡ rest   A e
fermé 20 déc. au 5 janv. – SC : **R** (fermé dim.) 86/140 – ⊇ 25 – **38 ch** 152/287 – P
311/340.

🏨 **Morgane** sans rest, 46 av. Casino ℡ 23.22.80, « Jardin avec piscine couverte » –
🛗 🅿 📶wc ☎ 🅿 🚗 🆎 𝘝𝘪𝘴𝘢   A n
15 mai-15 sept. – SC : ⊇ 20 – **28 ch** 170/255.

🏨 **France** ⌂, 14 r. Rouzig ℡ 23.20.27, ≤, ㈜ – 📶wc 📶wc ☎ 🅿. ⚡ rest   B r
15 fév.-5 nov. et fermé dim. soir et lundi sauf de Pâques au 30 sept. – SC : **R** 60/140
– ⊇ 16 – **30 ch** 140/190.

🏨 **Levant,** sur le port ℡ 23.20.15, ≤ – 🛗 📺 📶wc 📶wc ☎ 🚗 𝘝𝘪𝘴𝘢   B m
fermé déc. au 15 janv. et week-ends d'oct. à Pâques – SC : **R** 55/150 ♨ – ⊇ 16,50 –
19 ch 110/210 – P 190/250.

🏨 **Bon Accueil,** 16 r. Landerval ℡ 23.24.11, ㈜ – 📶wc 📶wc ☎ 🅿. ⚡ ch   B v
fermé oct. et sam. de nov. à Pâques – SC : **R** 45/150 ♨ – ⊇ 15 – **21 ch** 90/180 – P
160/195.

tourner →

🏠 **Poisson d'Or** M sans rest, plage de Trestrignel ☎ 23.07.14, ≤ – 🛗 cuisinette
🖵wc ☎. 🚗 — SC : ⌧ 15 – **10 ch** 130/155.
15 mars-30 sept.
B k

🏠 **St-Yves,** bd A.-Briand ☎ 23.21.31 – 🖵wc 🎐 🕾 🅿. *VISA*
SC : **R** 60/165 – ⌧ 13 – **20 ch** 80/120 – P 145/165.
A x

🏨 **Cyrnos,** 10 r. Sergent-l'Hévéder ☎ 23.20.42, ≤, 🚗 – 🅿. 🛇
fin avril-fin sept. – SC : **R** (dîner seul.) 55/80 – ⌧ 15 – **13 ch** 75/105.
B s

XXX **Homard Bleu,** bd J.-le-Bihan ☎ 23.24.55, ≤ – 🅿. 🆎 ① E *VISA*
fermé lundi sauf fêtes – SC : **R** 70/290.
A t

XX **le Sphinx** 🦕 avec ch, 67 chemin de la Messe ☎ 23.25.42, ≤ les îles, 🚗 – 📺
🖵wc 🎐 🕾 🅿. — B e
fermé 15 nov. au 1er fév. et vend. – SC : **R** 60/185 – ⌧ 17,50 – **11 ch** 190/220 – P
220/245.

X **Feux des Iles** avec ch, 53 bd Clemenceau ☎ 23.22.94, ≤, 🚗 – 🖵wc 🎐 🕾 🅿.
VISA. 🛇 rest — B d
*fermé 15 oct. au 10 déc., 1er janv. au 5 fév., dim. soir et lundi midi d'oct. à mars sauf
fériés* – SC : **R** 68/150 – ⌧ 18 – **15 ch** 132/190 – P 200/210.

à la Clarté par ② : 2,5 km – ⊠ **22700** Perros-Guirec.

Voir 🌲*.

🏨 **le Verger,** ☎ 23.23.29, 🚗 – 🅿. 🚗 *VISA*. 🛇 rest
🔶 *fermé 15 déc. au 15 janv.* – SC : **R** *(fermé lundi du 15 sept. à Pâques)* 45/120 – ⌧
12,50 – **18 ch** 55/65 – P 135.

à Ploumanach par ② : 6 km – ⊠ **22700** Perros-Guirec – **Voir Rochers**** – **Parc
municipal**.**

🏠 **Phare,** ☎ 23.23.08, 🚗 – 🎐wc 🕾 🅿. 🛇 rest
Pâques-15 sept. – SC : **R** (dîner seul.) 70 – ⌧ 17 – **24 ch** (1/2 pens. seul.) – 1/2 p
150/165.

🏠 **Parc,** ☎ 23.24.88 – 🎐wc 🕾 🅿. *VISA*. 🛇 rest
🔶 *26 mars-25 sept. sauf du 17 avril au 12 mai* – SC : **R** 42/150 – ⌧ 14 – **12 ch** 65/138.

🏨 **Pen-ar-Guer,** ☎ 23.23.27 – 🎐 🅿. *VISA* 🛇
12 mai-15 sept. – SC : **R** (Résidents seul.) – ⌧ 13 – **34 ch** 54/98 – P 130/155.

🏨 **Oratoire** sans rest, ☎ 23.25.97 – 🎐. 🛇
Pâques et 15 juin-15 sept. – SC : ⌧ 12 – **8 ch** 62/105.

XXX ✿ **Rochers** avec ch, ☎ 23.23.02, ≤ – 🖵wc 🎐wc 🕾. 🆎. 🛇 rest
27 mars-fin sept. – SC : **R** (nombre de couverts limité - prévenir) 92/280 – ⌧ 22 –
15 ch 165/200 – P 255/290
Spéc. Homard grillé, Bar farci, Feuilletés tièdes aux fruits frais.

PEUGEOT-TALBOT Gar. de la Clarté, bd de la
Corniche par ② ☎ 23.23.20
PEUGEOT-TALBOT Gar. de la Côte, 39 r. Ma-
réchal-Joffre ☎ 23.22.07

RENAULT Gar. des Plages, 37-39 pl. Hôtel de
Ville ☎ 23.20.35

Le PERROU 61 Orne 🗺 ⑭ – rattaché à Mamers.

PERTHES 52 H.-Marne 🗺 ⑨ – 700 alt. 127 – ⊠ **52100** St-Dizier – ✿ 25.
Paris 203 – Chaumont 83 – St-Dizier 9,5 – Vitry-le-François 20.

XX **La Cigogne Gourmande** avec ch, ☎ 05.46.76 – 📺 rest 🅿. 🚗 *VISA*
fermé 1er au 30 juil., mardi soir et merc. – SC : **R** (nombre de couverts limité -
prévenir) 56/190 – ⛟ 16 – **7 ch** 65/90.

X **Relais Paris-Strasbourg,** N 4 ☎ 05.40.14 – 🅿 – *fermé août et sam.*

PERTUIS 84120 Vaucluse 🗺 ③ G. Provence – 10 117 h. alt. 216 – ✿ 90.
🛈 Office de Tourisme pl. Mirabeau (fermé lundi) ☎ 79.15.56.
Paris 750 – Aix-en-Pr. 20 – Apt 35 – Avignon 72 – Cavaillon 45 – Manosque 36 – Salon-de-Pr. 41.

🏨🏨 **Sevan** M 🦕, rte de Manosque E : 1,5 km ☎ 79.19.30, Télex 431470, ≤, ⚊, 🚗, ✂
– 🛗 ☎ 🅿 – 🔬 120. 🆎 ① E *VISA*. 🛇 rest
1er mars-3 janv. – SC : **R** 83/125 – ⌧ 26 – **32 ch** 253/303, 4 appartements – P
340/445.

🏠 **du Quatre Septembre,** 60 pl. du 4-septembre ☎ 79.01.52 – 🖵wc 🎐 🕾.
🔶 🛇 rest
fermé mai – SC : **R** *(fermé lundi)* 45/87 🍷 – ⌧ 16 – **14 ch** 64/165 – P 155/180.

XXX **L'Aubarestiëro** M avec ch, pl. Garcin ☎ 79.14.74 – 🖵wc 🎐 🕾. E 🛇 ch
SC : **R** 65/200 – ⌧ 18 – **13 ch** 90/180 – P 180/210.

X **L'Escapade,** rte Bastidonne E : 1,5 km ☎ 79.03.09 – 🅿
fermé en sept. et mardi – SC : **R** 46 bc.

FIAT Moullet, 159 bd J.-B. Pecout ☎ 79.01.70
RENAULT Rolland, pl. de la Diane ☎ 79.00.62
🔃 Meysson, rte d'Aix, N 556 ☎ 79.07.31

Le PERTUISET 42 Loire 76 ⑧ – rattaché à Firminy.

PESSAC 33 Gironde 71 ⑨ – rattaché à Bordeaux.

Le PETIT-CHAUMONT 89 Yonne 61 ⑬ – rattaché à Champigny-sur-Yonne.

PETIT-CLAMART 92 Hauts-de-Seine 60 ⑩, 101 ㉔ – voir à Paris, Proche banlieue.

La PETITE-PIERRE 67 B.-Rhin 57 ⑰ **G. Vosges** – 632 h. alt. 339 – ✉ **67290** Wingen-sur-Moder – ⚙ 88.

Paris 431 – Haguenau 40 – Sarrebourg 32 – Sarreguemines 49 – Sarre-Union 26 – ♦Strasbourg 59.

- **Aux Trois Roses,** ☎ 70.45.02, ≤, ⊡, 🌳, ✗ – |‡| ⛀wc ⋒wc ☎ ♿ – 🏟 80. ⓓ E VISA. ✗ ch
  fermé 20 nov. au 22 déc. – SC : **R** *(fermé dim. soir et lundi)* 53/149 ⅃ – ☕ 21 – **32 ch** 56/220 – P 150/215.
- **Lion d'Or,** ☎ 70.45.06, ≤, ⛱, 🌳, ✗ – |‡| ▤ rest ⛀wc ⋒wc ☎ – 🏟 30. 🚗 ⓓ. ✗ ch
  fermé 5 janv. au 15 fév., merc. soir et jeudi – SC : **R** 55/180 ⅃ – ☕ 18 – **35 ch** 100/220 – P 120/220.
- **Vosges,** ☎ 70.45.05, ≤, 🌳 – TV ⛀wc ⋒wc ☎ P. 🚗 AE ⓓ E VISA. ✗ ch
  ◆ *fermé nov., mardi soir et merc.* – SC : **R** 50/150 ⅃ – ☕ 18 – **20 ch** 140/190 – P 165/200.
- **La Clairière** M ⛰ sans rest., E : 1,5 km par D 7 ☎ 70.47.76, ≤, ⛱ – ⛀wc ⋒wc ☎ P. 🚗 E. ✗
  SC : ☕ 18 – **15 ch** 100/165.

à l'Étang d'Imsthal SE : 3,5 km par D 178 – ✉ **67290** Wingen sur Moder :

- **Aub. d'Imsthal** ⛰, ☎ 70.45.21, ≤, 🌳 – ⛀wc ⋒wc ☎ P. 🚗 ⓓ E. ✗ rest
  ◆ *fermé 1er au 15 déc.* – SC : **R** *(fermé lundi soir et mardi)* 40/140 ⅃ – ☕ 18 – **24 ch** 120/220 – P 158/220.

à Graufthal SO : 9 km par D 178 et D 122 – ✉ **67320** Drulingen :

- **Vieux Moulin** ⛰, ☎ 70.17.28, ≤, parc, ⛱ – ⛀ ⋒ P. E VISA
  fermé 12 nov. au 26 déc. – **R** *(fermé lundi soir et mardi)* 50/100 ⅃ – ☕ 10 – **18 ch** 60/90 – P 120/130.

PETIT-FORT-PHILIPPE 59 Nord 51 ③ – rattaché à Gravelines.

PEYMEINADE 06 Alpes-Mar. 84 ⑧, 195 ㉔ – rattaché à Grasse.

La PEYRADE 34 Hérault 83 ⑯⑰ – rattaché à Frontignan.

PEYRAT-LE-CHÂTEAU 87470 H.-Vienne 72 ⑲ **G. Périgord** – 1 518 h. alt. 428 – ⚙ 55.

Paris 407 – Aubusson 45 – Guéret 53 – ♦Limoges 50 – Tulle 83 – Ussel 79 – Uzerche 60.

- **Aub. Bois de l'Étang,** ☎ 69.40.19 – ⛀wc ⋒wc ☎ P – 🏟 30
  ◆ *fermé janv.* – **R** 45/90 – ☕ 15 – **37 ch** 85/110 – P 120/140.
- **Bellerive,** ☎ 69.40.67, ≤ – ⋒wc
  ◆ *fermé mi-janv. à début mars et merc.* – SC : **R** 38/75 ⅃ – ☕ 14 – **10 ch** 65/95 – P 145/150.

au Lac de Vassivière ** E : 6 km par D 13 – ✉ **87470** Peyrat-le-Château :

- **La Caravelle** M ⛰, ☎ 69.40.97, ≤ lac, ⛱ – ⛀wc ☎ P – 🏟 25. ✗
  fermé fév. au 15 mars – **R** 80/160 – ☕ 18 – **22 ch** 190/200 – P 240/300.
- **Golf du Limousin** ⛰, ☎ 69.41.34 – ⛀wc ☎ P
  début mars-fin oct. et fermé merc. hors sais. – SC : **R** 53/110 – ☕ 14,50 – **18 ch** 65/121 – P 130/152.

RENAULT Gar. Ratat-Champétinaud, ☎ 69.40.11

PEYREHORADE 40300 Landes 78 ⑦⑰ **G. Pyrénées** – 3 066 h. alt. 8 – ⚙ 58.

ℹ Syndicat d'Initiative pl. Sablot (fermé sam. et dim. hors sais.) ☎ 73.00.52.

Paris 769 – ♦Bayonne 36 – Cambo-les-Bains 42 – Dax 23 – Oloron-Ste-Marie 63 – Pau 71.

- **Mimi,** r. Nauton-Truquez ☎ 73.00.06 – ⛀wc ⋒ ☎. ✗ ch
  ◆ *fermé 7 au 20 mai, 3 au 22 oct., vend. soir et sam. midi sauf juil.-août* – SC : **R** 50/100 ⅃ – ☕ 13 – **15 ch** 68/135 – P 115/165.
- XX ❀ **Central** (Barrat) avec ch, pl. A.-Briand ☎ 73.03.22 – ⛀ ⋒ ☎ 🚗. 🚗 VISA
  ◆ *fermé 15 nov. au 28 déc., dim. soir et lundi sauf juil.-août* – SC : **R** 42/120 ⅃ – ☕ 11 – **10 ch** 45/70 – P 120
  Spéc. Tartare de saumon frais, Emincé de pigeon, Arrière de lapin à la fleur de thym. **Vins** Madiran.

PEUGEOT-TALBOT Gar. Lannot-Vergé, ☎ 73.00.29

PEYRIAC-MINERVOIS 11 Aude 🎱 ⑫ – 1 041 h. alt. 131 – ⊠ **11160** Caunes-Minervois – ✆ 68.

Paris 891 – Béziers 59 – Carcassonne 24 – Castres 71 – Narbonne 41 – St-Pons 54.

⛪ **Château de Violet** ⚬, N : 1 km sur D 35 ☏ 78.10.42, parc, ≤, 🍴, « Beau mobilier » – 📺 🄿 – 🅿 80. 🅰🅴 🅾 🄴
SC : **R** (du 1er oct. au 31 mai, prévenir) 300 bc/120 – ⊐ 30 – **9 ch** 225/395, 3 appartements 395 – P 246/325.

PEYRUIS 04310 Alpes de H. P. 🎱 ⑯ G. Côte d'Azur – 1 621 h. alt. 405 – ✆ 92.

Voir Rochers des Mées★ E : 5 km.

Paris 730 – Digne 29 – Forcalquier 20 – Manosque 29 – Sisteron 24.

⛪ **Aub. Faisan Doré,** S : 2 km par N 96 ☏ 68.00.51, 🍴, ⌿, ⚸ – ➝wc 🛁wc ☎
➝ – 🅿 30. 🅰🅴 🅾 🄴 🆅🅸🆂🅰
fermé 21 au 31 mars et 1er au 10 oct. – SC : **R** 50/180 – ⊐ 20 – **10 ch** 100/140 – P 185/195.

CITROEN Gar. Milési, ☏ 68.00.45   RENAULT Gar. St-Roch, ☏ 68.00.42

PÉZENAS 34120 Hérault 🎱 ⑮ G. Causses – 8 058 h. alt. 20 – ✆ 67.

Voir Vieille ville★★ : Hôtels de Lacoste★ D, d'Alfonce★ E, de Malibran★ B.

🛈 Office de Tourisme marché au Bled (fermé lundi matin hors sais.) ☏ 98.11.82.

Paris 809 ① – Agde 18 ② – Béziers 23 ② – Lodève 41 ① – ♦Montpellier 52 ① – Sète 36 ①.

PÉZENAS

Conti (R.)	8
Jaurès (Cours Jean)	15
République (Pl. de la)	25
Trois-Six (Pl. des)	29
Alliés (R. A.-P.)	2
Anatole France (R.)	3
Bonnet (Pl.)	4
Briand (Av. A.)	5
Combes (Av.)	6
Combescure (Bd)	7
Cordeliers (Fg des)	9
Denfert-Rochereau (R.)	12
Guérin (Av. C.)	14
Joliot Curie (Bd F. et I.)	16
Leclerc (Av. du Mar.)	17
Ledru-Rollin (Pl.)	18
Mazel (Av. G.)	19
Mistral (Pl.)	21
Montagne (Av.)	22
Montagne (Allées Gén.)	23
St-Jean (R.)	26
Sarazin (Bd)	27
Victor-Hugo (R.)	30
Vidal de la Blache (Av. P.)	31
Voltaire (Bd)	33
8-Mai (Av. du)	34
14-Juillet (Pl. du)	35

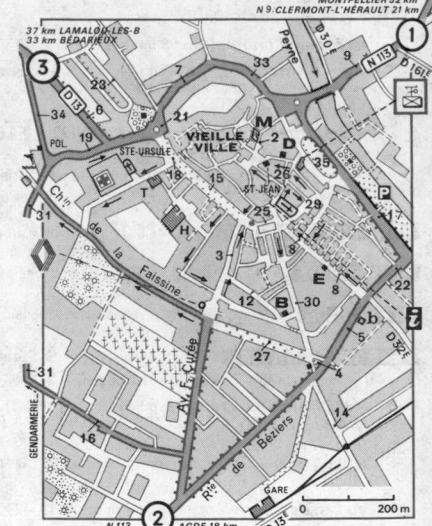

⛪ **Genieys,** 19 av. A.-Briand (b) ☏ 98.13.99, 🍴 – ➝wc 🛁wc ☎ ⇔, 🅶🅰🅱 🄴 🆅🅸🆂🅰
fermé 7 au 28 nov. et 6 au 19 mars – SC : **R** (fermé dim. soir d'oct. à Pentecôte et lundi sauf juil. et août) 55/160 🍴 – ⊐ 14 – **20 ch** 65/140 – P 230/280.

CITROEN Vidal, N 113, carr. rte d'Adge par ②
☏ 98.11.27
PEUGEOT-TALBOT Meriguet, rte de Béziers
par ② ☏ 98.14.94
RENAULT Sabat, pl. Poncet ☏ 98.14.22

🄾 Gautrand-Pneus, rte Béziers, N 113 ☏ 98.
12.17
Relais du Pneum, Marché des Trois Six ☏ 98.
14.19

PFAFFENHOFFEN 67350 B.-Rhin 🎱 ⑱ G. Vosges – 2 306 h. alt. 170 – ✆ 88.

Voir Musée de l'Imagerie peinte et populaire alsacienne★.

Paris 468 – Haguenau 14 – Sarrebourg 49 – Sarre-Union 50 – Saverne 26 – ♦Strasbourg 36.

XX **Agneau** avec ch, ☏ 90.72.38 – ➝wc 🛁wc ☎ ⇔ 🄿. 🅶🅰🅱 ⚸
➝ fermé 13 juil. au 13 août, dim. soir et lundi – SC : **R** 45/150 🍴 – ⊑ 12 – **18 ch** 49/136.

CITROEN Bolley, ☏ 90.61.03   RENAULT Keller, ☏ 90.71.01

PHALSBOURG 57370 Moselle 🔢 ⑰ G. Vosges – 4 348 h. alt. 330 – 🔂 8.

Paris 433 – ◆Metz 109 – Sarrebourg 16 – Sarreguemines 49 – ◆Strasbourg 57.

🏨 **Erckmann-Chatrian**, pl. d'Armes ℡ 724.31.33 – ⌷wc 📶wc ☎ – 🍴 30. ⊿⊟
    fermé oct. – SC : **R** (fermé lundi soir et mardi) 57/150 🍷 – ⊡ 18 – **14 ch** 90/140.

🏨 **Notre-Dame** 🍴, à Bonne-Fontaine E : 4 km par N 4 et VO ℡ 724.34.33, ≤ – 🛗
    ◆ ⌷wc 📶wc ☜ 🚗 🅿 – 🍴 80. 🆎 🅾 🅴 𝐕𝐈𝐒𝐀
    fermé 10 janv. au 20 fév. et vend. – SC : **R** 45/140 🍷 – ⊡ 14 – **17 ch** 140/180 – P
    150/200.

CITROEN Gar. Wetzel, ℡ 724.11.67   RENAULT Gar. Vauban ℡ 724.12.13
PEUGEOT Klein, ℡ 724.35.36

PHILIPPSBOURG 57 Moselle 🔢 ⑱ – 503 h. alt. 215 – ✉ 57230 Bitche – 🔂 87.

Voir Étang de Hanau★ NO : 5 km, G. Vosges.

Paris 443 – Haguenau 27 – ◆Strasbourg 59 – Wissembourg 41.

✗ **Tilleul**, 117 r. Niederbronn ℡ 706.50.10 – 🅿
    fermé 5 au 21 sept., 1er au 21 fév., mardi soir et merc. – **R** 40/150 🍷.

    à l'étang de Hanau NO : 5 km par N 62 et VO – ✉ 57230 Bitche :

✗ **Plage**, ℡ 706.50.32, ≤ – 🅿. 🅾
    fermé 2 janv. au 15 fév. et jeudi du 1er sept. au 31 mai – SC : **R** 50/120 🍷.

PIERRE-DE-BRESSE 71270 S.-et-L. 🔢 ③ G. Bourgogne – 2 050 h. alt. 202 – 🔂 85.

Paris 359 – Beaune 46 – Chalon-sur-Saône 40 – Dole 35 – Lons-le-Saunier 35.

🏛 **Poste**, pl. Hôtels ℡ 76.24.47 – 🍽 🚗 🅿. ⊿⊟ 🅴
    fermé janv., lundi soir et mardi – SC : **R** 45/110 🍷 – 🍽 11 – **7 ch** 50/95.

PEUGEOT Gar. Degrange, ℡ 76.23.96

PIERREFONDS 60 Oise 🔢 ③. 𝟏𝟗𝟔 ⑪ G. Environs de Paris – 1 723 h. alt. 81 – ✉ 60350
Cuise-la-Motte – 🔂 4 – **Voir Château★★**.

Paris 87 – Compiègne 14 – Crépy-en-Valois 17 – Soissons 31 – Villers-Cotterêts 15.

🏛 **Étrangers**, ℡ 442.80.18, ≤ – 🍽 🐕 – 🍴 50. 𝐕𝐈𝐒𝐀 🐕
    fermé 20 janv. au 5 mars et vend. – **R** 42/100 – ⊡ 12 – **16 ch** 63/140 – P 160/210.

PIERREFONTAINE-LES-VARANS 25510 Doubs 🔢 ⑰ – 1 501 h. alt. 694 – 🔂 81.

Paris 462 – ◆Besançon 52 – Montbéliard 59 – Morteau 32 – Pontarlier 48.

✗✗ **Commerce** avec ch, ℡ 56.10.50 – 📶wc
    fermé 24 déc. au 20 janv. et lundi hors sais. – SC : **R** 38/130 🍷 – ⊡ 12 – **8 ch**
    75/130.

PIERRELATTE 26700 Drôme 🔢 ① – 10 045 h. alt. 60 – 🔂 75.

🇮 Syndicat d'Initiative (fermé matin hors sais., sam. et dim.) avec A.C. pl. Champ-de-Mars ℡
04.07.98.

Paris 630 – Bollène 14 – Montélimar 23 – Nyons 46 – Orange 32 – Pont-St-Esprit 16 – Valence 66.

🏨 **Centre** Ⓜ, 6 pl. Église ℡ 04.28.59 – 🛗 🍽wc 📶wc ☎ 🅿. ⊿⊟ 🅴
    SC : **R** voir rest Les Recollets – ⊡ 13 – **20 ch** 140/154.

🏛 **Host. Tom II**, 5 av. Gén. de Gaulle ℡ 04.00.35, 🌳 – 📶wc 🐕 🚗. ⊿⊟ 🅴 𝐕𝐈𝐒𝐀
    🐕 rest
    fermé 1er au 15 oct., 15 au 28 fév., dim. soir et lundi hors sais. – SC : **R** carte 70 à 130
    🍷 – ⊡ 13 – **15 ch** 55/135.

🏛 **Tricastin** sans rest, r. Caprais-Favier ℡ 04.05.82 – 📶wc 🅿
    fermé 1er au 15 oct.,fév. et dim. – SC : 🍽 12 – **12 ch** 90.

✗✗ **Les Recollets**, 6 pl. Église ℡ 96.83.10 – 🅿. ⊿⊟ 🅴 𝐕𝐈𝐒𝐀
    fermé 15 fév. au 15 mars et sam. – SC : **R** 39/72 🍷.

    au Sud 4 km sur N 7 :

🏨 **Motel de Pierrelatte** sans rest, ℡ 04.07.99 – ⌷wc 📶wc 🐕 🅿. ⊿⊟ 🅾. 🐕
    fermé 15 janv. au 15 fév. – SC : ⊡ 14 – **22 ch** 95/160.

✗ **Relais des Côtes du Rhône** avec ch, ℡ 04.04.86 – 📶 🅿. ⊿⊟
    fermé lundi – SC : **R** 50/98 – ⊡ 15 – **6 ch** 60/80.

CITROEN Goussard, rte du Serre ℡ 04.00.20   TALBOT Ets Robert, rte Lyon ℡ 04.21.44
FIAT, LANCIA Gar. Palmier, rte de St-Paul ℡
04.03.40   🅿 Jérome-Pneus, quartier Beauregard, N 7 ℡
PEUGEOT-TALBOT Gar. du Midi, rte St-Paul   04.29.76
℡ 04.00.27
RENAULT Pierrelatte-Automobiles, 25 Av. de
la Gare ℡ 04.23.66

PILAT (Mont) ★★ 42 Loire 🔢 ⑨ G. Vallée du Rhône.

Voir Crêt de l'Oeillon 🔭★★★ 15 mn – Crêt de la Perdrix 🔭★ 15 mn.

Paris 533 – ◆St-Étienne 25.

PILAT-PLAGE 33 Gironde 📙📙 ⑫ – voir à Pyla-sur-Mer.

Le PIN 36 Indre 📙📙 ⑱ – rattaché à Gargilesse-Dampierre.

Le PIN-LA-GARENNE 61 Orne 📙📙 ④ – 510 h. alt. 158 – ✉ **61400** Mortagne-au-Perche – 😊 33.

Paris 165 – Alençon 42 – Bellême 8 – Mortagne-au-Perche 9.

    ✗✗ **La Croix d'Or,** 📞 83.80.33 – 🅿 𝘝𝘐𝘚𝘈
    ↝ *fermé 6 au 21 oct., 1ᵉʳ au 22 fév. et lundi sauf fêtes* – SC : **R** 40/120.

PINSOT 38 Isère 📙📙 ⑥ – rattaché à Allevard.

PIONSAT 63330 P.-de-D. 📙📙 ③ – 1 176 h. alt. 530 – 😊 73.

Paris 350 – Aubusson 57 – ♦Clermont-Ferrand 71 – Montluçon 30 – Vichy 80.

    🏠 **A la Queue du Milan,** 📞 85.60.71 – 🛏 🅿
    ↝ SC : **R** *(fermé lundi)* 35/50 ⅃ – 🛏 10 – **13 ch** 62/84 – P 92/115.

PIRIAC-SUR-MER 44 Loire-Atl. 📙📙 ⑬ G. Bretagne – 1 110 h. – ✉ **44420** La Turballe – 😊 40.

Voir Pointe du Castelli ※★ SO : 1 km.

Paris 462 – Guérande 13 – ♦Nantes 91 – La Roche-Bernard 31 – St-Nazaire 32 – La Turballe 6.

    🏠 Poste, 26 r. Plage 📞 23.50.90 – 🛏wc. 📺 ※
    1ᵉʳ mars-15 oct. et fermé mardi – SC : 🛏 15 – **15 ch** 79/135.

PITHIVIERS ⟨SP⟩ 45300 Loiret 📙📙 ⑳ G. Environs de Paris – 10 442 h. alt. 120 – 😊 38.

🅱 Office de Tourisme Mail-Ouest Gare Routière (fermé matin, dim. et lundi) 📞 30.50.02

Paris 82 ① – Chartres 73 ⑥ – Châteaudun 76 ⑥ – Fontainebleau 45 ② – Montargis 45 ④ – ♦Orléans 43 ⑤.

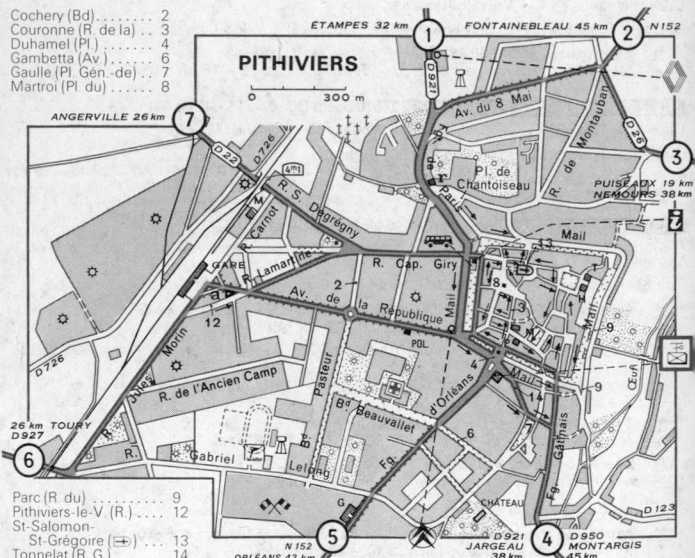

PITHIVIERS

    🏠 **La Chaumière,** 77 av. République **(a)** 📞 30.03.61 – 🛏wc – 🦽 50 📺
    ↝ *fermé en nov., 24 janv. au 7 fév., dim. soir et lundi sauf fêtes* – SC : **R** 45/115 ⅃ – 🛏
    14 – **8 ch** 135/150.

    ✗✗✗ **Péché Mignon,** 48 fg Paris **(r)** 📞 30.05.32, ≼, « Jardin fleuri » – 🅿 AE ⓪ 𝘝𝘐𝘚𝘈
    fermé 15 janv. au 15 fév., dim. soir et mardi – SC : **R** 75/115.

CITROEN Molvaut, 6 av. République 📞 30.19.22
OPEL Gar. du Centre, 20 Mail Ouest 📞 30.04.12
PEUGEOT, TALBOT Balançon-Malidor, 76 fg Orléans par ⑤ 📞 30.21.58
RENAULT Beauce-Gâtinais-Automobiles, av. du 11-Novembre 📞 30.28.56

V.A.G. Delafoy-Caillette, 16 mail Ouest 📞 30.03 82

🛢 Théron, r. Gare-de-Marchandises 📞 30.20.08

PLA D'ADET 65 H.-Pyr. 🔲🔲 ⑲ – rattaché à St-Lary-Soulan.

La PLAGNE 73 Savoie 🔲🔲 ⑱ G. Alpes – alt. 1 980 – Sports d'hiver : 1 250/3 250 m ✨6 ✨80 –
🖂 **73210** Aime – ✪ 79.

Voir La Grande Rochette ✵✵✵ (accès par télécabine) – Télécabine de Bellecôte ≤✵✵ à
Plagne-Bellecôte E : 3 km.

🅘 Office du Tourisme 🕿 09.02.01. Télex 980043.

Paris 669 – Bourg-St-Maurice 31 – Chambéry 109 – Moûtiers 34.

⭑⭑ **Christina et rest. Edelweiss** ⌂, 🕿 09.28.20, Télex 980266, ≤, 🌴 – 🕮 🅿 🔲
    🔲 🄴 𝘝𝘐𝘚𝘈
    15 déc.-Pâques – **R** 70/140 – � 28 – **58 ch** 165/360, 4 appartements 620 –
    P 300/430.

⭑ **Graciosa** ⌂, 🕿 09.00.18, ≤ – ⇔wc 🕿 🅿, 🖃🖃 🄰🄴. ⌖ rest
    1er déc.-fin avril – SC : **R** 85/150 – ⊟ 22 – **10 ch** 200/280, 4 appartements 450 –
    P 250/300.

La PLAINE-SUR-MER 44770 Loire-Atl. 🔲🔲 ① – 1 797 h. alt. 33 – ✪ 40.

Paris 436 – ⭑Nantes 58 – Pornic 7,5 – St-Michel-Chef-Chef 6,5 – St-Nazaire 27.

⭑ **Anne de Bretagne** 🅜 ⌂, au Port de Gravette NO : 3 km 🕿 21.54.72, ≤, 🌱 –
    ⇔wc 🖩wc 🕿 🅿 – 🛱 30 à 150. 🖃🖃 𝘝𝘐𝘚𝘈
    fermé 2 janv. au 2 fév. – SC : **R** 53/205 – ⊟ 19 – **26 ch** 140/195 – P 205/245.

PLAINPALAIS (Col de) 73 Savoie 🔲🔲 ⑯ – rattaché à La Féclaz.

PLAISANCE 32160 Gers 🔲🔲 ③ – 1 577 h. alt. 133 – ✪ 62.

Paris 766 – Aire-sur-L'Adour 30 – Auch 55 – Condom 64 – Mont-de-Marsan 61 – Pau 65 – Tarbes 44.

🏠 ❄ **La Ripa Alta** (Coscuella), 🕿 69.30.43 – ⇔wc 🖩wc 🖦. 🖃🖃 🄰🄴 🄴 𝘝𝘐𝘚𝘈
    fermé 10 au 30 nov. et lundi sauf juin-juil.-août et fêtes – SC : **R** (dim. prévenir)
    55/200 🖢 – ⊟ 20 – **15 ch** 63/180 – P 150/210
    Spéc. Mousse de palombes, Poulet sauté "Armagnac", Gâteau de chocolat.

CITROËN Gar. Lenfant, 🕿 69.32.13   RENAULT Gar. Cuenca, 🕿 09.30.47

PLANCOËT 22130 C.-du-N. 🔲🔲 ⑤ – 2 467 h. – ✪ 96.

Paris 410 – Dinan 17 – Dinard 21 – St-Brieuc 47.

✕✕ **Chez Crouzil** avec ch, à la gare 🕿 84.10.24 – ⇔wc 🖩wc 🖦. 🔲 🄴 𝘝𝘐𝘚𝘈 ⌖ ch
    fermé janv., dim. et lundi hors sais. – SC : **R** 65/185 🖢 – ⊟ 20 – **14 ch** 65/185 – P
    180/200.

PEUGEOT-TALBOT Neute. 🕿 84.11.24   🅦 Emeraude Pneus, 🕿 84.11.82

PLAN-DE-LA-TOUR 83 Var 🔲🔲 ⑰ – 1 260 h. alt. 69 – 🖂 **83120** Ste-Maxime – ✪ 94.

Paris 868 – Cannes 71 – Draguignan 36 – St-Tropez 19 – Ste-Maxime 9, 5.

⭑ **Mas des Brugassières** ⌂ sans rest, 🕿 43.72.42, ≤, 🌊, 🌴, ✕ – ⇔wc 🖦 🅿
    🄴. ⌖
    fermé 1er au 15 janv. – SC : ⊟ 17,50 – **10 ch** 250.

✕✕✕ **Ponte Romano** avec ch, 🕿 43.70.56, « Mas provençal dans un joli jardin,
    🌊 » – ⇔wc 🕿 🅿 🖃🖃 🄴 𝘝𝘐𝘚𝘈 ⌖ rest
    mi mars-début nov. – SC : **R** (fermé lundi hors sais.) carte 160 à 230 – ⊟ 30 – **6 ch**
    300/360, 4 appartements 560.

PLAN-D'ORGON 13750 B.-du-R. 🔲🔲 ① – 1 745 h. alt. 70

Paris 706 – Aix-en-Provence 53 – Arles 38 – Avignon 23 – ⭑Marseille 78 – Nîmes 56.

🏠 Flamant Rose ⌂, rte St-Rémy 🕿 (90) 73.10.17, 🌊 – ⇔wc 🕿 🅿 – **15 ch**.

PLAN-DU-VAR 06 Alpes-Mar. 🔲🔲 ⑲, 🔲🔲🔲 ⑯ – alt. 141 – 🖂 **06670** St-Martin-du-Var – ✪ 93.

Voir Gorges de la Vésubie✵✵✵ NE – Défilé du Chaudan✵✵ N : 2 km.

Env. Bonson : Belvédère✵✵, retable de St-Benoît✵ dans l'église NO : 9 km, G. Côte
d'Azur.

Paris 867 – Antibes 39 – Cannes 49 – ⭑Nice 31 – Puget-Théniers 34 – St-Étienne-de-T. 60 – Vence 27.

🏠 **Cassini**, rte Nationale 🕿 08.91.03 – 🖩 🖦. 🖃🖃
⭢ fermé 15 au 30 juin, 5 au 26 janv. et vend. sauf juil.-août – SC : **R** 45/100 – ⊟ 12 –
    16 ch 85/110 – P 154/165.

Le PLANELLET 74 H.-Savoie 🔲🔲 ⑧ – rattaché à Megève.

Les **guides Rouges**, les **guides Verts** et les **cartes Michelin**
sont complémentaires.
Utilisez les ensemble.

Le PLANTAY 01 Ain 🇻🇦 ② − rattaché à Villars-les-Dombes.

PLASCASSIER 06 Alpes-Mar. 🇫🇷 ⑧⑨. 🇫🇷 ㉔ − rattaché à Grasse.

PLEAUX 15700 Cantal 🇫🇷 ① − 1 767 h. alt. 642 − ✪ 71.
🅱 Syndicat d'Initiative à la Mairie (fermé sam. après-midi et dim.) ☎ 40.41.18.
Paris 506 − Argentat 31 − Aurillac 47 − Brive-la-Gaillarde 75 − Mauriac 20 − St-Céré 69 − Tulle 61.

   ✗ **Commerce** avec ch, ☎ 40.41.11 − ⇘
   ↠ SC : **R** 40/55 − ⊑ 9,50 − **12 ch** 50/75 − P 110/120.

PEUGEOT Garcelon, ☎ 40.41.33 🅽 ☎ 40.41.55   RENAULT Gar. Bony, ☎ 40.42.64 🅽

PLELAN-LE-PETIT 22 C.-du-N. 🇫🇷 ⑮ − 1 268 h. alt. 104 − ⊠ 22270 Jugon − ✪ 96.
Paris 407 − Dinan 13 − St-Brieuc 46 − ◆ Rennes 64.

   ✗ **Relais de la Blanche Hermine,** E : 1 km rte Dinan ☎ 27.62.19 − ℗. ⇘
   fermé 15 au 30 juin, mardi soir et merc. − SC : **R** 60/95.

PLÉNEUF-VAL-ANDRÉ 22370 C.-du-N. 🇫🇷 ④ − 3 963 h. alt. 70 − ✪ 96.
Paris 436 − Dinan 43 − Erquy 9 − Lamballe 17 − St-Brieuc 29 − St-Cast 29 − St-Malo 54.

   au Val-André O : 2 km, G. Bretagne − Casino − ⊠ 22370 Pléneuf-Val-André.
   Voir Le tour de la Pointe de Pléneuf ⇐✱ N : 30 mn.
   🅱 Office de Tourisme 1 cours Winston-Churchill (fermé dim. hors sais.) ☎ 72.20.55.

   🏨 **Gd H. du Val André,** r. Amiral-Charner ☎ 72.20.56, ⇐ − 📳 ⇌wc ☎ ℗ 🅿️ 🄴
   💳 ⇘ rest
   15 mars-30 sept. − SC : **R** 70/135 − ⊑ 22 − **39 ch** 180/210 − P 230/250.

   🏨 **Clemenceau** Ⓜ sans rest, r. Clemenceau ☎ 72.23.70 − 📳 ⇌wc 📶wc ☎ ℗. 💳
   fermé 5 janv. au 5 fév. et lundi du 1er nov. au 31 mars − SC : ⊑ 14 − **23 ch** 140/190.

   🏩 **Mer,** r. Amiral-Charner ☎ 72.20.44 − 📶 ℗
   15 mars-15 nov. − SC : **R** 60/120 − ⊑ 15 − **20 ch** 85/130 − P 160/185.

   🏩 **Printania** ⑤, r. Ch.-Cotard ☎ 72.20.51, ⇐ − ⇘ rest
   1er juin-15 sept. − SC : **R** 55/80 − ⊑ 16,50 − **20 ch** 65/99 − P 185/190.

   🏩 **Casino** sans rest, 10 r. Ch.-Cotard ☎ 72.20.22, ⇐ − ⇘
   mars-oct. − SC : ⊑ 15 − **17 ch** 70/85.

   ✗✗ ✿ **Cotriade** (Le Saout), au port de Piégu : 1 km ☎ 72.20.26, ⇐ − ⑩
   fermé mi-déc. à mi-janv., en juin, lundi soir et mardi − **R** (nombre de couverts
   limité - prévenir) 90/220
   Spéc. Homard grillé, Turbot au beurre rouge, Tresses de sole aux langoustines.

   ✗✗ **Le Biniou,** 121 r. Clemenceau ☎ 72.24.35 − 🄴 💳
   ↠ 15 mars-15 nov. et fermé merc. − SC : **R** 50/180.

   ✗ **Ajoncs d'Or,** plage des Vallées ☎ 72.29.81, ⇐ − ℗. 🄴 💳
   15 mai-15 oct. et fermé merc. sauf en juil.-août − SC : **R** 60/170.

CITROEN Troalen, ☎ 72.20.20   RENAULT Gar. Huitric, ☎ 72.20.12
PEUGEOT Gar. Robert ☎ 72.22.15

PLÉRIN 22 C.-du-N. 🇫🇷 ⑩ − rattaché à St-Brieuc.

PLESSIS-PICARD 77 S.-et-M. 🇫🇷 ①②. 🇫🇷 ㉝ − rattaché à Melun.

PLESTAN 22 C.-du-N. 🇫🇷 ⑭ − rattaché à Lamballe.

PLESTIN-LES-GRÈVES 22310 C.-du-N. 🇫🇷 ⑦ G. Bretagne − 3 241 h. alt. 114 − ✪ 96.
🅱 Syndicat d'Initiative à la Mairie (1er juil.-31 août et fermé dim.) ☎ 35.61.93.
Paris 530 − Guingamp 47 − Lannion 18 − Morlaix 20 − St-Brieuc 78.

   🏩 **Voyageurs** sans rest, ☎ 35.62.12 − ⇌wc 📶 ℗. 🄴
   fermé janv., fév. et lundi sauf juil.-août − SC : ⊑ 16,50 − **26 ch** 90/160 − P 140/170.

CITROEN Ropars, ☎ 35.62.24

PLEURTUIT 35730 I.-et-V. 🇫🇷 ⑤ − 3 768 h. alt. 68 − ✪ 99.
✈ de Dinard-Pleurtuit-St-Malo : T.A.T. ☎ 46.15.76, NO : 2 km.
Paris 415 − Dinan 15 − Dinard 7 − Dol-de-Bretagne 29 − Lamballe 45 − ◆Rennes 66 − St-Malo 15.

   ✿ **Angelus,** r. Dinan ☎ 46.41.53, ✿ − 🄴. ⇘
   ↠ fermé 20 sept. au 1er nov., dim. soir et lundi hors sais. − SC : **R** 42/100 ⓑ − ⊑ 14 −
   7 ch 70/100.

CITROEN Gar. Lebreton, ☎ 46.41.91   RENAULT Le Pouliquen, ☎ 46.41.05
PEUGEOT-TALBOT Guilloury, ☎ 46.41.33

PLÉVEN 22 C.-du-N. **59** ⑤ – 630 h. alt. 80 – ⊠ 22130 Plancoët – ✆ 96.

Paris 416 – Dinan 24 – Dinard 31 – Lamballe 16 – St-Brieuc 37 – St-Malo 39.

🏠 **Manoir Vaumadeuc** ⑤, 🏤 84.46.17, « Manoir 15e s., parc » – **P**. **VISA**. ⚫ rest
15 mars-3 janv. – **R** (nombre de couverts limité - prévenir) 120/200 – ⊑ 25 – **9 ch**
280/450.

PLOËRMEL 56800 Morbihan **63** ④ G. Bretagne – 7 022 h. alt. 76 – ✆ 97.

Voir Église St-Armel★ Y **B** – Maison des Marmousets★ Y **D**.

🄯 Syndicat d'Initiative pl. Lamennais (1er juil.-31 août et fermé dim.) 🏤 74.02.70 et 16 bd Foch (hors
saison et fermé dim.) 🏤 74.05.17.

Paris 410 ② – La Baule 88 ⑤ – Châteaubriant 90 ③ – Concarneau 134 ⑥ – Dinan 68 ① – Guingamp
107 ⑥ – Pontivy 46 ⑥ – Redon 46 ④ – ◆Rennes 60 ② – St-Brieuc 87 ⑥ – Vannes 46 ⑤.

PLOËRMEL

Forges (R. des)	Z 8
Gare (R. de la)	Y 9
Gaulle (R. Ch.-de)	YZ 10
Lamennais (Pl.)	Y 21
Patarins (R. des)	Y 24
Armes (Pl. d')	Y 2
Beaumanoir (R.)	Y 3
Bignon (R. du)	Y 4
Député-A.-de-Rohan (R.)	Z 5
Dr-Louis-Guillois (Av.)	YZ 6
Dubreton (R. du Général)	Z 7
Guibourg (Av. de)	Y 12
Herses (R. des)	Y 14
Hôtel-de-Ville (Pl.)	Z 20
Leclerc (R. du Gén.)	Y 22
St-Armel (R.)	Y 25
Sénéchal-Thuault (R.)	Z 26
Trente (Bd des)	Y 27
Union (Pl. de l')	Y 28

*Pour bien lire les plans de
villes, voir signes et
abréviations p. 20.*

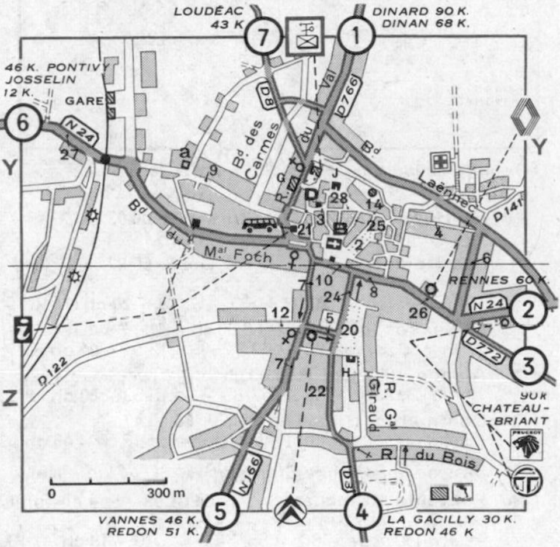

%%% **Commerce-Reberminard** avec ch, 70 r. Gare 🏤 74.05.32 – 🛏 🖚. ⚫ rest
✖✖ fermé 1er au 21 janv., dim. soir et lundi sauf juil.-août – SC : **R** 44/92 – ⊑ 11 –
19 ch 57/115 – P 180/210.   Y **a**

à la Chapelle par ⑤ : 9 km – ⊠ 56460 Serent :

🏠 **Relais du Val d'Oust** M, 🏤 74.94.33 – 🛏 wc 🖚 **P** – ⚐ 50. **VISA**. ⚫
fermé lundi sauf juil. et août – SC : **R** 40/180 – ⊑ 18 – **15 ch** 120/130.

CITROEN Migue, 33 r. Gén.-Dubreton 🏤 74.
05.07
FIAT Gar. Gesbert, 58 bis r. Gén.-Dubreton 🏤
74.01.23
FORD Massicot, 35 bd Foch 🏤 74.00.51

PEUGEOT-TALBOT Chouffeur, 6 av. de Rennes 🏤 74.02.55
RENAULT Triballier, rte de Rennes 🏤 74.01.66

🛢 Corbel, Zone Ind. de Gourhel 🏤 74.03.03

PLOEUC-SUR-LIÉ 22150 C.-du-N. **58** ⑩ – 3 226 h. – ✆ 96.

Paris 450 – Lamballe 26 – Loudéac 25 – St-Brieuc 22.

🏠 **Commerce**, 🏤 42.10.36, 🐖 – 🛁 wc 🛏 wc **P**
fermé sept., vacances de fév., dim. soir et lundi sauf juil. et août – SC : **R** 45/95 ⚫
⊑ 14 – **30 ch** 75/150 – P 110/160.

PLOGOFF 29151 Finistère **58** ⑬ – 2 359 h. alt. 65 – ✆ 98.

Env. Pointe du Van ≤★★ NO : 6 km, G. Bretagne.

Paris 601 – Audierne 10 – Douarnenez 32 – Pont-L'Abbé 42 – Quimper 45.

🏠 **Ker-Moor** ⑤, plage du Loch E : 2,5 km 🏤 70.62.06, ≤ – **P**. ⚫ rest
1er avril-30 sept. – SC : **R** 40/85 ⚫ – ⊑ 9 – **18 ch** 60/75 – P 120/140.

PLOMBIÈRES-LES-BAINS 88370 Vosges **62** ⑯ G. Vosges – 1 089 h. alt. 456 – Stat. therm.
(3 mai-30 sept.) – Casino B – ✆ 29.

Voir La Feuillée Nouvelle ≤★ 5 km par ②.

🄯 Office de Tourisme r. Stanislas (fermé sam. et dim. hors saison) 🏤 66.01.30.

Paris 379 ④ – Belfort 72 ② – Épinal 29 ④ – Gérardmer 42 ① – Vesoul 48 ② – Vittel 73 ④.

879

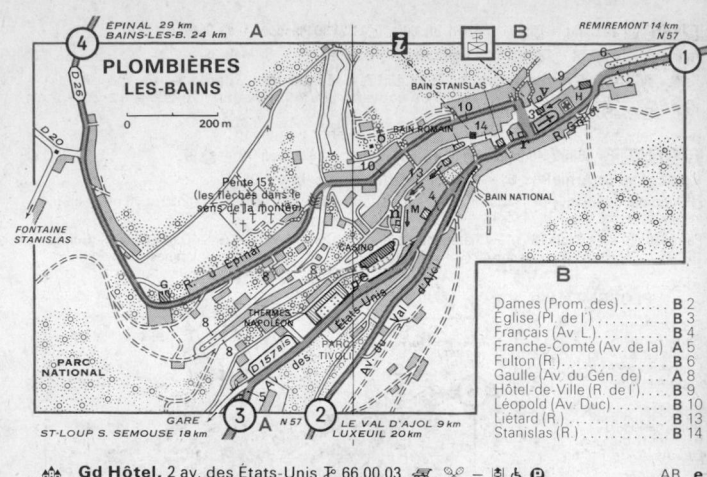

PLOMBIÈRES-LES-BAINS

🏨🏨🏨 **Gd Hôtel,** 2 av. des États-Unis 🕾 66.00.03, 🍴, ✗ – 🛗 ᴆ 🅿️   AB **e**
    2 mai-1ᵉʳ oct. – SC : ☲ 14,50 – **115 ch** 135/175.

🏨 **Les Rosiers** ⌂, par ② : 1 km 🕾 66.02.66, ≤, 🍴 – ⌂wc 🎋wc 🕾 🅿️ 🚗
←   ✗ rest
    Pâques-15 oct. – SC : **R** 46/80 – ☲ 17 – **20 ch** 66/160 – P 172/265.

🏨 **Abbesses,** pl. Église 🕾 66.00.40 – 🛗 ⌂wc 🎋wc ⓦ ✗ rest   B **r**
    1ᵉʳ mai-30 sept. – SC : **R** 60/77 – ☲ 13,50 – **44 ch** 79/153 – P 170/275.

🏨 **Alsace,** r. Liétard 🕾 66.00.05 – 🛗 🎋wc ✗ rest   B **n**
    1ᵉʳ mai-28 sept. – SC : **R** 57/85 – ☲ 13,50 – **60 ch** 78/137 – P 176/220.

🏠 **Commerce,** r. Hôtel de Ville 🕾 66.00.47, 🏊 – ⌂wc 🎋wc 🚗 🅿️ 🖭 VISA   B **v**
←   *1ᵉʳ mai-30 sept.* – SC : **R** 49/110 – ☲ 12,50 – **45 ch** 58/118 – P 132/184.

    près de la Fontaine Stanislas -A-SO : 4 km – alt. 600 – ⌧ 88370 Plombières-les-B. :

🏨 **Fontaine Stanislas** ⌂, 🕾 66.01.53, ≤, « en forêt, jardin » – ⌂wc 🎋wc ⓦ
← 🚗 – 🔏 30 🚗 ✗
    1ᵉʳ avril-30 sept. – SC : **R** 55/140 – ☲ 16 – **19 ch** 70/180 – P 170/250.

PLOMBIÈRES-LÈS-DIJON 21 Côte-d'Or 🆖🆖 ⑫ – rattaché à Dijon.

PLOMEUR 29 Finistère 🔢🔢 ⑭ G. Bretagne – 2 263 h. alt. 31 – ⌧ 29120 Pont-l'Abbé – ☎ 98.
Paris 574 – Douarnenez 34 – Pont-l'Abbé 5,5 – Quimper 26.

🏠 **Relais Bigouden** (Annexe 🏨 Ⓜ), 🕾 58.14.51, 🍴 – ⌂wc 🎋wc 🕾 🅿️ Ⴇ VISA
←   SC : **R** 45/190 – ☲ 18 – **28 ch** 60/160 – P 120/200.

PLOMODIERN 29127 Finistère 🔢🔢 ⑮ – 1 938 h. alt. 112 – ☎ 98.
Voir Retables★ de la chapelle Ste-Marie-du-Ménez-Hom N : 3,5 km – Charpente★ de la
chapelle St-Côme NO : 4,5 km, G. Bretagne.
Paris 565 – ◆Brest 59 – Châteaulin 12 – Crozon 26 – Douarnenez 20 – Quimper 29.

🏠 **Ferme de Porz-Morvan** ⌂ sans rest, E : 3 km 🕾 81.53.23, ≤, 🍴, ✗ – ⌂wc
     🎋wc 🅿️ 🚗 VISA ✗
    Pâques-oct. – ☲ 18 – **8 ch** 130/200.

🍴 **La Crémaillère,** 🕾 81.50.10 – 🚗
←   *fermé oct., sam. et dim. de nov. à Pâques* – SC : **R** 40/85 – ☲ 15 – **26 ch** 63/108 – P
     113/140.

🍴 **Ménez-Hom,** 🕾 81.51.25 – Ⴇ ✗ rest
←   *1ᵉʳ avril-15 sept. et fermé lundi du 1ᵉʳ avril au 1ᵉʳ juil.* – SC : **R** 40/65 – 🍺 14 – **15 ch**
     50/70 – P 130/145.

CITROEN Quiniou, 🕾 81.51.26

PLONÉOUR-LANVERN 29 Finistère 🔢🔢 ⑭ – 4 364 h. alt. 75 – ⌧ 29120 Pont-l'Abbé – ☎ 98.
Paris 575 – Douarnenez 26 – Guilvinec 14 – Plouhinec 21 – Pont-l'Abbé 7 – Quimper 18.

🏠 **Mairie,** r. J.-Ferry 🕾 87.61.34, 🍴 – ⌂wc 🎋wc 🅿️ VISA
←   *fermé 1ᵉʳ au 15 oct. et 15 déc. au 15 janv.* – SC : **R** 40/180 🍷 – ☲ 13,50 – **18 ch**
     85/160 – P 122/166.

    Don't get lost, use **Michelin Maps** which are kept up to date.

PLONÉVEZ-PORZAY 29 Finistère 𝟝𝟠 ⑮ – 1 533 h. alt. 95 – ⊠ **29127** Plomodiern – ✆ 98.

🛈 Office de Tourisme pl. Église (juin-août) ☎ 92.53.57.

Paris 566 – Châteaulin 15 – Crozon 34 – Douarnenez 12 – Plomodiern 7,5 – Quimper 21.

🏠 **Aub. Relais de Tréfeuntec** ⌂, à Tréfeuntec O : 4 km par D 61 ⊠ 29127
Plomodiern ☎ 92.50.03, ☞ – 🔼 🕮 **E** 𝘝𝘐𝘚𝘈 ⅏ rest
fermé 15 au 25 oct. et 15 nov. au 15 déc. – SC : **R** 45/55 – ⊑ 18 – **18 ch** 65/110 – P 125/145.

à 4 km par D 61 - 🏔 ✿ voir à Ste-Anne-la-Palud

PLOUBALAY 22650 C.-du-N. 𝟝𝟫 ⑤ G. Bretagne – 2 217 h. alt. 30 – ✆ 96.

Voir Château d'eau ⁎⁎ E : 1,5 km.

Paris 419 – Dinan 18 – Dinard 10 – Dol-de-Bretagne 32 – Lamballe 37 – St-Brieuc 58 – St-Malo 18.

🏠 **Saint-Cast,** ☎ 27.20.09 – ⅏ rest
fermé nov. et lundi hors sais. – SC : **R** 45/95 🎜 – 🍽 14,50 – **18 ch** 58/135 – P 128.

🏠 **Voyageurs** sans rest, pl. Église ☎ 27.20.33
11 mai-18 sept. – SC : ⊑ 13,50 – **18 ch** 48/78.

RENAULT Descournut, ☎ 27.20.01

PLOUDALMÉZEAU 29262 Finistère 𝟝𝟠 ③ – 4 477 h. alt. 50 – ✆ 98.

🛈 Syndicat d'Initiative à la Mairie (1er juil.-31 août et fermé dim.) ☎ 48.11.88.

Paris 613 – ◆Brest 26 – Carhaix-Plouguer 112 – Landerneau 43 – Morlaix 76 – Quimper 97.

🏠 **Voyageurs,** pl. Église ☎ 48.10.13 – 🍽 🔼 🄰🄴 **E**
fermé 15 sept. au 15 oct., 1er au 10 janv. et lundi – SC : **R** 40/130 – ⊑ 14,50 – **11 ch** 52/115 – P 120/150.

à Kersaint O : 4 km par D 168 – ⊠ **29236** Porspoder :

🏠 **Host. du Castel,** ☎ 48.63.35 – 🔼 **⊘**
16 mai-30 sept. et hôtel fermé lundi – SC : **R** 80/120 – **12 ch** (pens. seul.) – P 160.

↦ *Les localités citées dans le guide Michelin sont soulignées de rouge sur les cartes Michelin à 1/200 000.*

PLOUESCAT 29221 Finistère 𝟝𝟠 ⑤ G. Bretagne – 4 067 h. alt. 33 – ✆ 98.

🛈 Syndicat d'Initiative r. St-Julien (juil.-août et fermé dim.) ☎ 69.62.18.

Paris 572 – ◆Brest 43 – Brignogan-Plage 16 – Morlaix 34 – Quimper 95 – St-Pol-de-Léon 15.

🏠 **Baie du Kernic,** rte de Brest O : 2 km sur D 10 ☎ 69.63.41 – 🍽 **⊘** 📻 𝘝𝘐𝘚𝘈
fermé 15 nov. au 15 déc. – SC : **R** *(fermé lundi sauf du 15 juin au 15 sept.)* 40/200 – ⊑ 18 – **25 ch** 70/130 – P 150/190.

✕✕ Aub. de Kersabiec, O : 2,5 km par D 10 ⊠ 29235 Plounévez-Lochrist ☎ 69.60.08 – **⊘**

✕ **L'Azou** avec ch, r. Gén.-Leclerc ☎ 69.60.16 – 📻 🄰🄴 ⓞ **E** 𝘝𝘐𝘚𝘈
fermé fin sept. à fin oct., 1er au 10 mars, merc. midi et mardi sauf de juil. à fin sept. – SC : **R** 40/215 🎜 – ⊑ 13,50 – **8 ch** 60/95 – P 130/140.

CITROEN Rouxel, ☎ 69.60.03 **N**   RENAULT Quillec, ☎ 69.61 10 **N**

PLOUGASNOU 29228 Finistère 𝟝𝟠 ⑥ G. Bretagne – 3 368 h. alt. 51 – ✆ 98.

Voir St-Jean du Doigt : Enclos paroissial : trésor⁎⁎, église⁎, fontaine⁎ SE : 2,5 km –
Ste-Barbe ⁎← NU : 2 km – Pointe de Primel : rochers⁎, ⁎⁎ NO : 4 km puis 15 mn.

🛈 Office de Tourisme r. des Martyrs (saison et fermé dim.) ☎ 67.31.88.

Paris 547 – Guingamp 64 – Lannion 34 – Morlaix 17 – Quimper 94.

🏠 **France** (Annexe 🏠 Ⓜ - 10 ch - 🍽wc), ☎ 67.30.15, ☞ – 🍽wc 📻 **⊘** **E**
⅏
fermé 15 oct. au 1er nov. – SC : **R** 45/160 – ⊑ 15 – **21 ch** 70/160 – P 130/160.

CITROEN Moal, ☎ 67.35.20   RENAULT Prigent, à Kermébel ☎ 72.30.65 **N**

PLOUGASTEL-DAOULAS 29213 Finistère 𝟝𝟠 ④ G. Bretagne – 9 853 h. alt. 110 – ✆ 98.

Voir Calvaire⁎⁎ – Site⁎ de la chapelle St-Jean NE : 5 km.

Env. Kerdeniel ⁎⁎ SO : 8,5 km.

Paris 593 – ◆Brest 11 – Morlaix 56 – Quimper 62.

🏠 **Kastel Roc'h** Ⓜ sans rest., à l'échangeur de la D 33 ☎ 40.32.00, ☞ – ⎸ 🍽wc
🔼wc 📻 **⊘** – 🎜 80. 📻 ⓞ 𝘝𝘐𝘚𝘈
SC : ⊑ 16,50 – **45 ch** 90/160.

✕✕ **Le Chevalier de l'Auberlac'h,** ☎ 40.54.56 – **⊘** ⓞ 𝘝𝘐𝘚𝘈 ⅏
fermé 1er au 15 sept., sam. midi, dim. soir et lundi – SC : **R** 85/190.

CITROEN Gar. du Centre, 2 r. neuve ☎ 40.36.23   RENAULT Plougastel-Automobiles, r. de Ker-
guélen ☎ 40.31.77

PLOUGUERNEAU 29232 Finistère 58 ④ – 5 471 h. – ✪ 98.

Paris 599 – ◆ Brest 29 – Landerneau 31 – Morlaix 62 – Quimper 94.

🏠 **Castel Ac'h**, ⏚ 04.70.11, ≤ – 🛏 ☎ 🅿. **E**
➡ Pâques-2 oct. – SC : **R** (fermé lundi en hiver) 40/105 ⚬ – ☲ 12 – **15 ch** 65/105 – P 127/170.

PLOUHARNEL 56720 Morbihan 63 ⑪⑫ – rattaché à Carnac.

PLOUHINEC 29149 Finistère 58 ⑭ – 5 593 h. alt. 101 – ✪ 98.

Paris 587 – Audierne 4,5 – Douarnenez 20 – Pont-l'Abbé 28 – Quimper 31.

🏠 **Ty Frapp**, r. de Rozavot ⏚ 70.89.90 – 🛏wc 🛏wc ☎ 🅿. 🚗 . 🍽
➡ fermé 4 sept. au 4 oct. et lundi hors sais. – SC : **R** 40/140 ⚬ – ☲ 14,50 – **25 ch** 72/132 – P 130/180.

CITROEN Bonis E., ⏚ 70.88.43

PLOUIGNEAU 29234 Finistère 58 ⑥⑦ – 3 959 h. alt. 160 – ✪ 98.

Paris 526 – Carhaix-P. 49 – Guingamp 43 – Huelgoat 31 – Lannion 36 – Morlaix 10 – Quimper 91.

🏠 **An Ty Korn**, pl. Église ⏚ 67.72.72, 🌳 – 🛏. 🚗 **E** 𝑉𝐼𝑆𝐴 🍽
➡ fermé sept. et du 15 au 23 fév. – SC : **R** (fermé dim. soir et lundi sauf juil. et août) 45/170 ⚬ – 🍷 15 – **7 ch** 100/120 – P 160/180.

PLOUMANACH 22 C.-du-N. 59 ① – rattaché à Perros-Guirec.

PLOUNÉOUR-TREZ 29 Finistère 58 ⑤ – rattaché à Brignogan-Plage.

PLOUNÉRIN 22910 C.-du-N. 58 ⑦ – 712 h. alt. 208 – ✪ 96.

Paris 513 – Guingamp 30 – Lannion 23 – Morlaix 23 – St-Brieuc 61.

🍴🍴 ✿ **Relais de Bon Voyage** (Fer), ⏚ 38.61.04 – 🅿. 𝐀𝐄 ⑩
fermé 15 janv. au 15 fév. et merc. – SC : **R** 75/160
Spéc. Salade de saumon tiède, Suprême de bar aux blancs de poireaux, Filet mignon de veau aux morilles et langoustines.

RENAULT Gar. Tocquer, ⏚ 38.61.10

PLUMELEC 56420 Morbihan 63 ③ – 2 598 h. alt. 166 – ✪ 97.

Paris 438 – Josselin 15 – Locminé 18 – Ploërmel 27 – ◆Rennes 87 – Vannes 25.

🏠 **Lion d'Or**, pl. Église ⏚ 42.24.19 – 🅿. 🚗
➡ fermé 15 sept. au 15 oct. et sam. hors sais. – SC : **R** 49/92 ⚬ – 🍷 10,50 – **15 ch** 57/85 – P 100/115.

PLUVIGNER 56330 Morbihan 63 ② – 4 540 h. alt. 88 – ✪ 97.

Paris 474 – Auray 13 – Lorient 32 – Pontivy 35 – Vannes 31.

🍴🍴 **Croix Blanche**, 14 r. St-Michel ⏚ 24.71.03 – 𝑉𝐼𝑆𝐴 🍽
➡ fermé 15 sept. au 10 oct., 15 janv. au 10 fév., mardi soir et merc. sauf juil. et août – SC : **R** 50/100.

Le POËT 05300 H.-Alpes 81 ⑤ – 583 h. alt. 550 – ✪ 92.

Paris 696 – Gap 36 – Serres 25 – Sisteron 12.

🍴🍴 **Ecuries du Seigneur**, ⏚ 65.70.01 – 🅿. 🍽
fermé 1er au 15 juil.; 20 sept. au 15 oct., jeudi hors sais. et merc. – **R** 52 , dîner à la carte.

Le POËT-LAVAL 26 Drôme 81 ② – rattaché à Dieulefit.

POINTE – voir au nom propre de la pointe.

POINT-SUBLIME 04 Alpes-de-H.-Pr 84 ⑥ **G. Côte d'Azur** – alt. 783 – ✉ 04120 Castellane.

Voir ≤★★ sur Grand Canyon du Verdon 15 mn – Couloir Samson★★ S : 1,5 km – Clue de Carejuan★ E : 4 km.

Paris 816 – Castellane 18 – Digne 72 – Draguignan 54 – Manosque 77 – Salernes 65 – Trigance 13.

🍴 **Aub. Point Sublime** 🌿 avec ch, ⏚ 83.60.35 – 🛏wc 🛏 🅿. 🚗. 🍽 rest
➡ 1er avril-10 oct. – **R** 40/125 – ☲ 12,50 – **14 ch** 72/82 – P 155.

POINT-SUBLIME 48 Lozère 80 ⑤ **G. Causses** – alt. 861.

Voir ≤★★★ sur Canyon du Tarn.

Le POIRÉ-SUR-VIE 85 Vendée 67 ⑬ – 4 822 h. alt. 54 – ⊠ 85170 Belleville-sur-Vie – ✆ 51.

Paris 413 – Cholet 64 – Nantes 53 – La Roche-sur-Yon 14 – Les Sables-d'Olonne 41.

　🏠　**Centre,** ☏ 31.81.20 – 🚪 🏠
　🛏　*fermé mi fév. à mi mars, dim. soir et lundi midi hors sais.* – **R** 30/120 🍽 – 🍷 13 –
　22 ch 68/120 – P 108/138.

CITROEN　Gar. Piveteau, ☏ 31.80.42 N ☏ 31.　　RENAULT　Gar. Bretaudeau, ☏ 31.80.28
85.08

POISSY 78300 Yvelines 55 ⑲, 196 ⑰, 101 ⑪⑫ G. Environs de Paris – 37 703 h. alt. 27 –
✆ 3.

Voir Église N.-Dame★ AY E.

🛈 Syndicat d'Initiative 132 rue du Gén.-de-Gaulle (matin seul., fermé lundi et jeudi) ☏ 074.60.65.

Paris 28 ③ – Mantes-la-Jolie 29 ⑤ – Pontoise 17 ① – Rambouillet 48 ⑤ – St-Germain-en-Laye 7 ③.

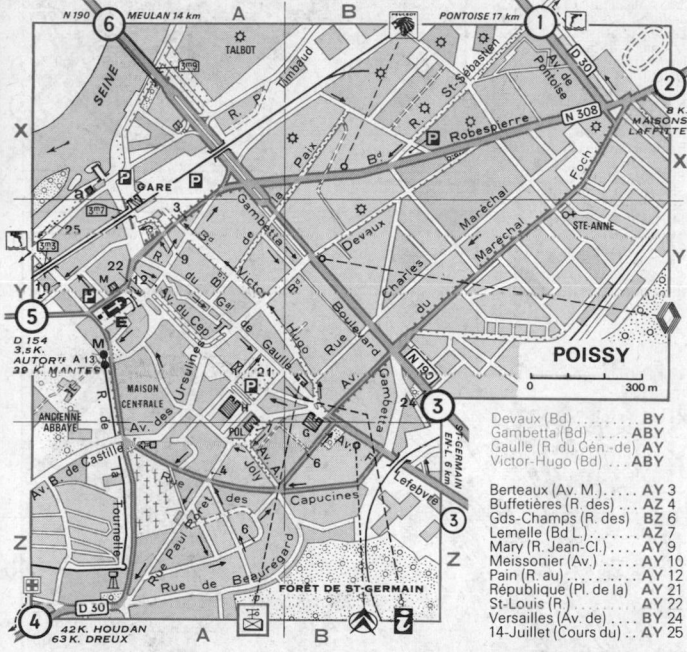

Devaux (Bd)			BY
Gambetta (Bd)			ABY
Gaulle (R. du Gén.-de)			AY
Victor-Hugo (Bd)			ABY
Berteaux (Av. M.)			AY 3
Buffetières (R. des)			AZ 4
Gds-Champs (R. des)			BZ 6
Lemelle (Bd L.)			AZ 7
Mary (R. Jean-Cl.)			AY 9
Meissonier (Av.)			AY 10
Pain (R. au)			AY 12
République (Pl. de la)			AY 21
St-Louis (R.)			AY 22
Versailles (Av. de)			BY 24
14-Juillet (Cours du)			AY 25

XX ✿ **Esturgeon** (Soulat), 6 crs 14-Juillet ☏ 965.00.04, ← – AE ① VISA　　　　AX **a**
fermé août, 12 au 19 janv. et jeudi – **R** carte 150 à 190
Spéc. Foie gras en gelée de Porto, Turbotin au blanc de poireaux (fév.-sept.). Crêpes Pisciacaise.

CITROEN　Legrand, 18 av. F.-Lefebvre ☏ 965.　　RENAULT　Bagros-Heid, 1 r. du Pont à Triel
20.55　　　　　　　　　　　　　　　　　　　　　　sur Seine par ⑥ ☏ 970.60.29
PEUGEOT　Poissy-Autom., 29 bd Robespierre
☏ 074.02.80　　　　　　　　　　　　　　　　　🔧 Marsat-Poissy-Pneus, 40 bd Robespierre ☏
RENAULT　Adde, 37 bd Gambetta ☏ 074.04.37　965.29.09

CONSTRUCTEUR : Talbot, 45 r. J.-P.-Timbaud ABX ☏ 965.40.00

POITIERS 🅿 86000 Vienne 68 ⑬⑭ G. Côte de l'Atlantique – 85 466 h. alt. 116 – ✆ 49.

Voir Église N.-D.-la-Grande★★ : façade★★★ Y – Église St-Hilaire-le-Grand★★ Z B –
Cathédrale★ Y D – Église Ste-Radegonde★ Y E – Baptistère St-Jean★ Y – Grande
salle★ du Palais de Justice YJ – Boulevard Coligny ←★ V – Musée Ste-Croix★ Y M1.

🏌 ☏ 61.23.13 E : 3 km par D 6 V

✈ de Poitiers-Biard ☏ 58.27.96, O : 3 km.

🛈 Office de Tourisme 11 r. V.-Hugo (fermé sam. après-midi hors sais.) ☏ 41.58.22, Télex 792091 –
A.C.O. 2 r. Claveurier ☏ 01.84.86.

Paris 335 ① – Angers 133 ⑦ – ♦Limoges 119 ③ – ♦Nantes 176 ⑥ – Niort 74 ⑤ – ♦Tours 101 ①.

POITIERS

Carnot (R.) . . . . Z 8
Cordeliers (R. des) . . . . . Y 13
Gambetta (R.) . . . . Y 20
Grand'Rue . . . . Y
Marché (R. du) . . . . Y 31

Abbé-Frémont (Bd) . . . . X 2
Bouchet (R. Jean) . . . . . . X 6
Chaîne (R. de la) . . . . X 10
Coligny (Bd) . . . . V 12
Cueille-Mirebalaise (R.) . V 15
Cueille-Mirebalaise (Fg) V 16
Demi-Lune (Carrefour) . . X 17
Descartes (R.) . . . . X 18
Fief de Grimoire (R. du) V 19
Intend.-Le-Nain (R.) . . . . X 21
Jacques Cœur (Av.) . . . . V 22
Jean-Alexandre (R.) . . . . Z 24
Jean-de-Berry (Pl.) . . . . . X 25
Leclerc (Pl. Mar.) . . . . . . Y 27
Marne (R. de la) . . . . Y 32
Montierneuf (⊞) X
Mouton (R. du) . . . . X 33
N.-D.-du-Planty (⊞) . . . V 34
N.-D.-la-Grande (⊞) . . Y
Orillard (R. A.) . . . . Y 35
Pierre-Levée (R.) . . . . . . V 39
Recteur Pineau (Av. du) V 40
Riffault (R.) . . . . Y 41
St-Cyprien (⊞) V
St-Cyprien (R. du Fg) . . . V 43
St-Germain (⊞) . . . . X 44
St-Hilaire-le-Gd (⊞) . . Z B
St-Paul (⊞) . . . . V 45
St-Pierre (⊞) . . . . Y D
St-Porchaire (⊞) . . . . . . Y
Ste-Bernadette (⊞) . . . . V 46
Ste-Radegonde (⊞) . . . . V E
Ste-Thérèse (⊞) . . . . V 47
Schuman (Av. R.) . . . . . . V 49
Solferino (Bd) . . . . Y 51
Verdun (Bd de) . . . . Y 52
Ville (Porte de) . . . . Z 56
11-Novembre (Av. du) . . V 57

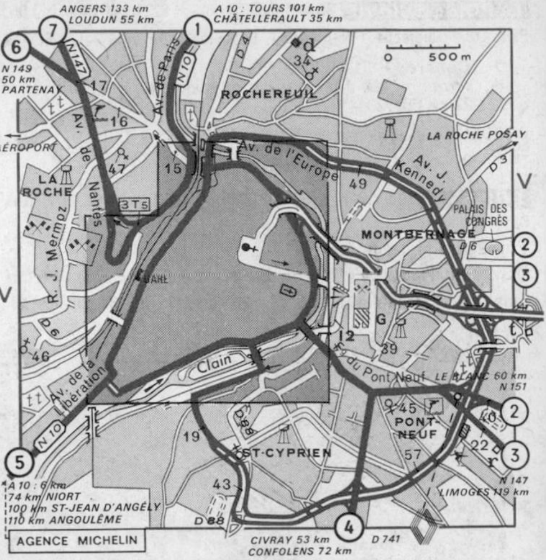

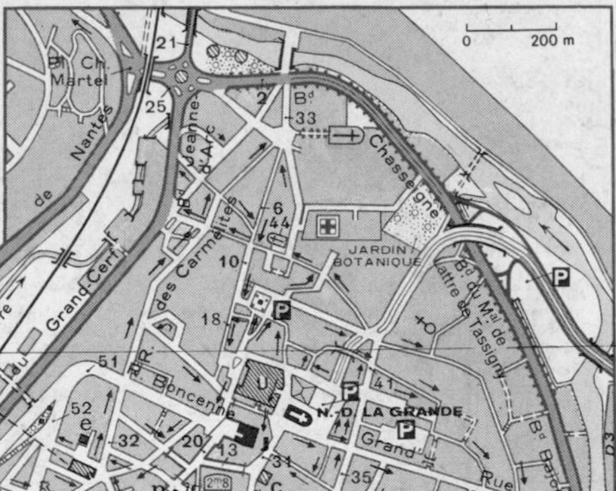
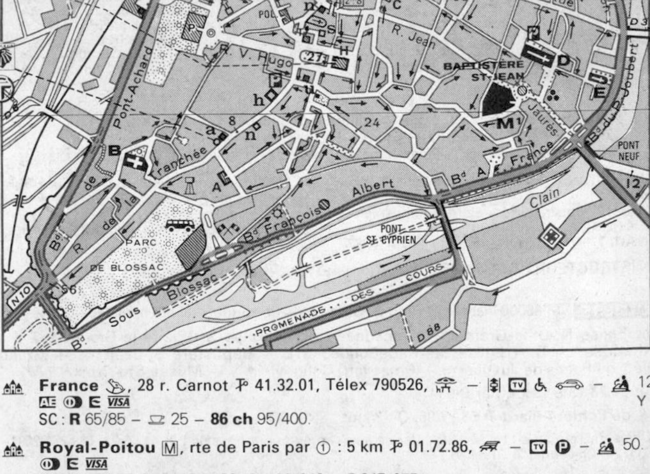

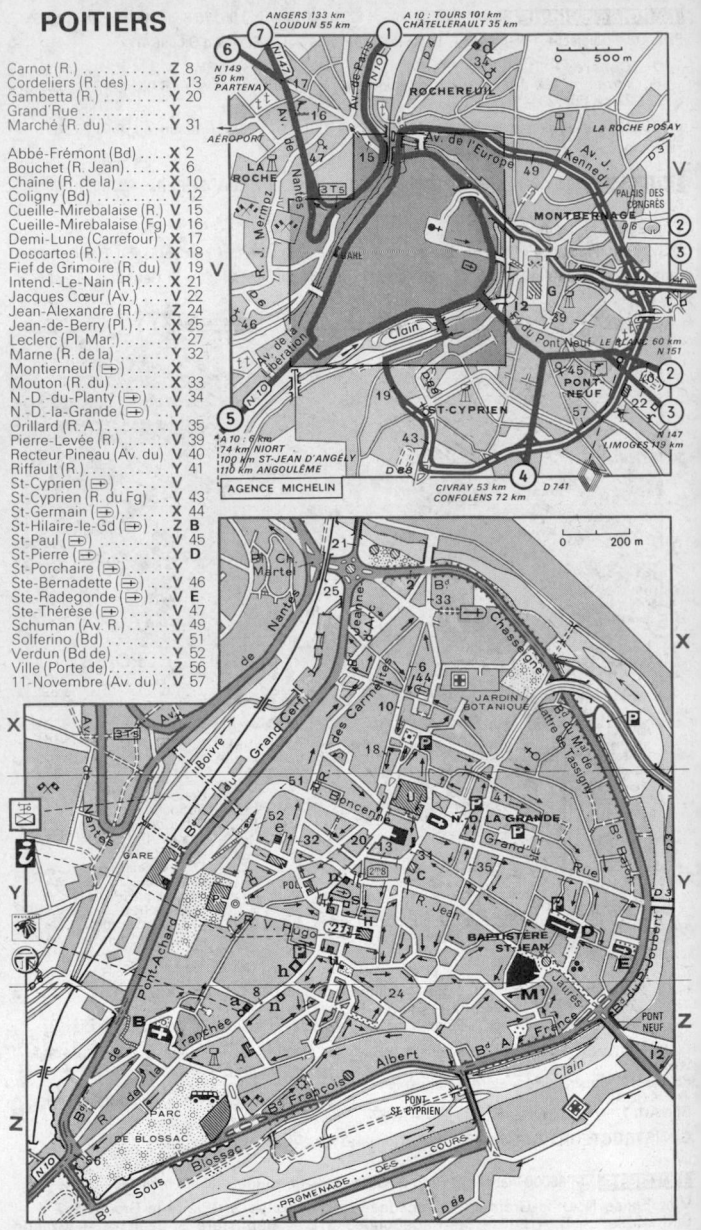

🏨 **France** 🐎, 28 r. Carnot ☎ 41.32.01, Télex 790526, 🍽 – 🛗 📺 ♿ 🚗 – 🧳 120. AE ⦿ E VISA — Y h

SC : **R** 65/85 – ☕ 25 – **86 ch** 95/400.

🏨 **Royal-Poitou** Ⓜ, rte de Paris par ① : 5 km ☎ 01.72.86, 🍽 – 📺 🅟 – 🧳 50. AE ⦿ E VISA

SC : **R** 65/130 – ☕ 25 – **32 ch** 190/240 – P 245/275.

POITIERS

🏨 **Europe** sans rest, 39 r. Carnot ☎ 88.12.00, ☞ – 📺 🛏wc 🛁wc 🅐 ⚅ ⇐ 🅟. 𝘝𝘐𝘚𝘈
SC : ☲ 15 – **50 ch** 110/230.   Z n

🏨 **Minimote** Ⓜ, Quartier Beaulieu ☎ 61.11.02 – 📺 🛏wc 🅐 ⚅ 🅟 – 🛁 25. 🚗
➡ 🝙 ⓔ 𝘝𝘐𝘚𝘈   V t
SC : **R** (fermé dim.) 47/65 ⅃ – ☲ 19 – **33 ch** 157/195.

🏨 **Relais du Stade** sans rest, 86 r. J.-Coeur par ③ ☎ 46.25.12 – 🝙 🛏wc 🛁wc ☎
🅐 🅟. 🝙 𝘝𝘐𝘚𝘈
SC : ☲ 12 – **25 ch** 76/168.

🏨 **Plat d'Étain** sans rest, 7 r. Plat d'Étain ☎ 41.04.80 – 🛁wc ⚅ ⇐   Y s
fermé 22 au 31 août – SC : ☲ 14 – **25 ch** 46/115.

XXX **Maxime**, 4 r. St-Nicolas ☎ 41.09.55 – 🝙 ⓞ 𝘝𝘐𝘚𝘈   Y u
fermé août et dim. – SC : **R** 65/120.

XXX **Delanné**, 10 r. P.-Guillon ☎ 41.20.86 – 🝙 🝙 ⓞ 𝘝𝘐𝘚𝘈   Y n
fermé 15 au 31 juil., dim. soir et lundi – SC : **R** 75/150.

XX **Armes d'Obernai**, 19 r. A.-Ranc ☎ 41.16.33 – 𝘝𝘐𝘚𝘈   Y e
fermé 29 août au 13 sept., 15 fév. au 7 mars, dim. soir et lundi – SC : **R** 62/130.

XX **Le Poitevin**, 76 r. Carnot ☎ 88.35.04 – 𝘝𝘐𝘚𝘈   Z a
fermé 26 juin au 31 juil. – SC : **R** carte 85 à 135.

XX **Aub. de la Cigogne**, à Buxerolles 20 r. Planty ✉ 86180 Buxerolles ☎ 61.61.47,
🍴 – 𝘝𝘐𝘚𝘈. 🛠   V d
fermé 1er au 21 août, 1er au 15 janv., dim. et lundi – **R** 50/135 ⅃.

à St-Benoit S : 4 km par D 88 - V – 5 147 h. – ✉ 86280 St-Benoit :

XX **Le Chalet de Venise** 🛠 avec ch, ☎ 88.45.07, ☞ – 🛏wc 🛁wc 🅐 🅟. 🛠 ch
➡ fermé janv., dim. soir et lundi – SC : **R** 50/100 ⅃ – ☲ 12 – **10 ch** 100/120.

à Naintré S : 4 km rte Ligugé – ✉ 86000 Poitiers :

🏨 **A l'Orée des Bois** 🛠, ☎ 57.11.44 – 🛏 🝙. 🛠 rest
➡ fermé 1er au 7 août, lundi (sauf hôtel) et dim. soir – SC : **R** 35/80 ⅃ – ☲ 8 – **15 ch**
47/89.

route de Paris par ① : 9 km sur N 10 – ✉ 86360 Chasseneuil :

🏩 **Novotel** Ⓜ, ☎ 52.78.78, Télex 791944, 🏊, ☞, 🛠 – 🝙 🍴 📺 ☎ 🅐 🅟 – 🛁
25 à 300. 🝙 ⓞ 𝘝𝘐𝘚𝘈
R snack carte environ 85 – ☲ 20 – **89 ch** 210/249.

🏩 **Relais de Poitiers** Ⓜ, ☎ 52.90.41, Télex 790502, 🏊, ☞, 🛠 – 🝙 🍴 📺 🅐 🅟
– 🛁 50 à 800. 🝙 ⓞ ⓔ 𝘌
SC : **R** 60/175 – ☲ 20 – **94 ch** 160/225, 4 appartements 325 – P 250/350.

rte de Bordeaux par ⑤ : 7 km – ✉ 86240 Ligugé :

🏩 **Bois de la Marche** Ⓜ, ☎ 53.06.25, ≤, parc, 🛠 – 🝙 📺 🅐 🅟 – 🛁 30. 🝙 ⓞ ⓔ
𝘝𝘐𝘚𝘈
SC : **R** 50/120 – ☲ 20 – **29 ch** 130/210.

à Périgny par ⑥ et D 43 : 17 km - 3 280 h. – ✉ 86190 Vouillé :

🏩 **Château de Périgny** 🛠, ☎ 51.80.43, Télex 791400, ≤, parc, 🍴, 🏊, 🛠 – 🝙
📺 ☎ 🅟 – 🛁 25 à 100. 🝙 ⓞ ⓔ 𝘝𝘐𝘚𝘈
R 140/280 – ☲ 32 – **38 ch** 250/700, 3 appartements – P 480/700.

MICHELIN, Agence, 177 av. du 8 Mai 1945 par ⑤ ☎ 57.13.59

ALFA-ROMEO, AUSTIN, JAGUAR, MORRIS
Auto-Sport, N 147 à Mignó Auxonoo ☎ 58.24.18
BMW Auto Hall, RN 10 Poitiers Sud à Ligugé ☎ 53.16.72
CITROEN Diffusion Automobile du Poitou, 157 av. du 8 Mai 1945 par ⑤ ☎ 53.00.30
FIAT Gar. St-Christophe, 11 pl. Jean de Berry ☎ 41.25.00
FORD Poitou-Autom., 99 av. du 8 Mai 1945 ☎ 57.17.92
MERCEDES-BENZ V.E.G.A., N 10 sortie Nord ☎ 52.90.20
OPEL S.A.G.A.M.P., 107 bd Grand-Cerf ☎ 58.24.24
PEUGEOT-TALBOT Centre Automobile du Poitou, 137 av. du 8 Mai 1945 par ⑤ ☎ 53.04.51

PEUGEOT TALBOT Gd Gar. Poitou, 90 r. Carnot ☎ 41.35.61
RENAULT S.A.C.O.A., rte de Saumur à Migné-Auxances par ⑦ ☎ 58.29.82
RENAULT Gar. Bourgoin, 62 bis av. du 8 Mai 1945 par ⑤ ☎ 57.10.07
RENAULT Gar. Martin, 31 av. J. Coeur ☎ 46.22.47
TOYOTA Gar. de l'avenue, 364 av. de Nantes ☎ 58.35.78
V.A.G. Gar. Brillant Zone Ind. Demi-Lune, rte de Nantes ☎ 58.23.29

🏁 Aux 100 000 Pneus, 13 bd J.-d'Arc ☎ 88.11.92
Chouteau, du 8 Mai 1945 ☎ 57.20.77
Fraudeau, 108 av. Libération ☎ 58.22.77

Aimer la nature,
c'est respecter la pureté des sources, la propreté des rivières,
des forêts, des montagnes...
c'est laisser les emplacements nets de toute trace de passage.

POIX-DE-PICARDIE 80290 Somme 🗐 ⑰ G. Nord de la France – 1 755 h. alt. 106 – ❀ 22.

🛈 Office de Tourisme r. St-Denis (Pâques-31 août matin seul. et fermé mardi) ☞ 90.08.25 et à la Mairie (fermé sam. après-midi et dim.) ☞ 90.07.04.

Paris 120 – ♦Abbeville 43 – ♦Amiens 28 – Beauvais 44 – Dieppe 79 – Forges-les-Eaux 42.

    🏛 **Poste,** ☞ 90.00.33 – ⇌wc 🗐 🅿. 🎇 ch
        fermé 24 au 30 sept. et vacances de fév. – SC : **R** 55/85 – � 12,50 – **18 ch** 70/180 –
        P 160.

        à Caulières O : 7 km par N 29 – ✉ 80590 Lignières-Châtelain :

    ❌❌ **Aub. de la Forge,** ☞ 40.00.91 – 🅿. 𝗩𝗜𝗦𝗔
        fermé 16 au 31 août, vacances de fév., mardi soir et merc. – SC : **R** (dim.-prévenir)
        53/170.

FIAT Gar. Kins, à Caulières ☞ 40.00.58   PEUGEOT Gressier, ☞ 90.00.44

POLIGNY 39800 Jura 🗐 ④ G. Jura (plan) – 4 893 h. alt. 327 – ❀ 84.

Voir Statues★ dans la collégiale – Culée de Vaux★ S : 2 km.

🛈 Office de Tourisme Grande-Rue (Pâques, 1ᵉʳ juin-30 sept. et fermé dim.) ☞ 37.24.21.

Paris 403 – ♦Besançon 60 – Chalon-sur-Saône 75 – Dole 37 – Lons-le-Saunier 28 – Pontarlier 66.

    🏛 **Paris,** 7 r. Travot ☞ 37.13.87, 🄺, – ⇌wc 🗐wc 🕾 🖙. 🕮
        5 fév.-3 nov. et fermé lundi soir et mardi midi – SC : **R** 55/130 – ⊐ 15 – **25 ch**
        85/150 – P 180.

        aux Monts de Vaux : rte de Genève 4,5 km – alt. 560 – ✉ 39800 Poligny.
        Voir ≼★.

    🏛🏛 **Host. Monts de Vaux** ⟩, ☞ 37.12.50, ≼, parc – 🕾 🖙
        fermé début nov. à fin déc., mardi midi et merc. midi – SC : **R** carte 125 à 170 – **8 ch**
        ⊐ 210/400.

        à Passenans SO : 11 km par N 83 et D 57 – ✉ 39230 Sellières :

    🏛 **Revermont** ⟩, ☞ 44.61.02, ≼, parc, 🔟 – 🔳 ⇌wc 🕾 ♿ 🖙 🅿 – 🏤 35. 🕮.
        🎇 rest
        fermé janv., fév., dim. soir et lundi midi hors sais. – SC : **R** 56/140 – ⊐ 16 – **28 ch**
        75/180 – P 167/218.

        à Montchauvrot SO : 13 km sur N 83 – ✉ 39230 Sellières :

    🏛 **La Fontaine,** ☞ 85.50.02 – ⇌wc 🗐wc 🕾 🅿 – 🏤 50. 🕮 🄰🄴
    ◆ *fermé 20 déc. au 1ᵉʳ fév., dim. soir et lundi d'oct. à juin* – SC : **R** 45/115 ⅄ – ⊐ 15 –
        20 ch 117/170 – P 145/245.

RENAULT Comte-Automobile, ☞ 37.24.80   ⚙ Chevassu-Pneus, ☞ 37.15.67
RENAULT Gar. Chapelle, ☞ 37.15.01

POLLIAT 01310 Ain 🗐 ② – 1 558 h. alt. 213 – ❀ 74.

Paris 417 – Bourg-en-Bresse 10 – ♦Lyon 72 – Mâcon 24 – Villefranche-sur-Saône 53.

    🏠 **Place,** ☞ 30.40.19 – 🗐. 🕮 🄴
    ◆ *fermé 30 mai au 20 juin, 14 au 21 nov., dim. soir et lundi* – SC : **R** 45/120 ⅄ – ⊐ 14 –
        10 ch 67/115 – P 130/160.

    ❌ **Coq Bressan,** ☞ 30.40.16 – 🄴
    ◆ *fermé 21 juin au 13 juil., 23 oct. au 2 nov., 16 au 21 janv., mardi soir et merc.* – SC : **R**
        47/110 ⅄.

POLLIONNAY 69 Rhône 🗐 ⑲⑳ – 866 h. alt. 417 – ✉ 69290 Craponne – ❀ 7.

Paris 472 – L'Arbresle 13 – ♦Lyon 18 – Montbrison 64.

    ❌ **Madame Terrasse,** ☞ 848.12.06 – 🄰🄴 🄴
    ◆ *fermé 13 août au 6 sept. et lundi* – SC : **R** (déj. seul.) 30/95 ⅄.

POLMINHAC 15 Cantal 🗐 ⑫ – 1 175 h. alt. 650 – ✉ 15800 Vic-sur-Cère – ❀ 71.

Paris 530 – Aurillac 16 – Murat 35 – Vic-sur-Cère 5.

    🏛 **Parasols,** N 122 ☞ 47.40.10, ≼, 🎇 – ⇌ 🗐wc 🕾 🅿. 🄴 𝗩𝗜𝗦𝗔
        fermé oct. – SC : **R** 55/75 – ⊐ 14 – **30 ch** 90/120 – P 110/150.

    🏠 **Bon Accueil** ⟩, près Gare ☞ 47.40.21, ≼, 🎇 – 🔳 rest 🗐wc 🅿. 🎇
    ◆ *fermé oct.* – SC : **R** 40/60 ⅄ – ⊐ 14 – **20 ch** 70/112 – P 102/120.

POMMERA 62 P.-de-C. 🗐 ⑧⑨ – rattaché à Doullens (80 Somme).

POMPADOUR 19 Corrèze 🗐 ⑧ – voir Arnac-Pompadour.

Une voiture bien équipée, possède à son bord
des **cartes Michelin** à jour.

PONS 17800 Char.-Mar. **71** ⑤ G. Côte de l'Atlantique – 5 418 h. alt. 20 – ۞ 46.

Voir Hospice des Pèlerins★ par ④ – Donjon★ de l'ancien château **B** – Boiseries★ du château d'Usson 1 km par D 249.

🛈 Syndicat d'Initiative à la Mairie (15 juin-15 sept.) ☏ 91.21.74.

Paris 494 ⑤ – Blaye 60 ⑤ – ♦Bordeaux 96 ⑤ – Cognac 23 ① – La Rochelle 93 ⑦ – Royan 41 ⑤ – Saintes 22 ⑦.

Combes (R. Emile) . . 2
Pasteur (R.) 9

Denfert-
  Rochereau (Av.) . . 3
Eparades (R.) 5
Gauthier (R.) 6
Jacobins (R. des) . . . 7
Leclerc (R. Mar.) . . . 8
Pelletier (R. H.) 10
Prés.-Roosevelt (R.) . 12
Verdun (R. de) 13

🏨 **Aub. Pontoise,** r. Gambetta (e) ☏ 94.00.99 – 📺 ⌂wc ⌂wc ☎ & ⇔ ₽ – ▱ 25. 🚗 𝘝𝘐𝘚𝘈 ⚫ *fermé 20 déc. au 1ᵉʳ fév., dim. soir et lundi sauf du 15 juil. au 15 sept.* – SC : **R** 70/150 – ⚌ 25 – **23 ch** 135/210 – P 230/270.

à St-Léger par ⑦ : 5 km – ✉ 17800 Pons :

✕ **Le Rustica** ⌕ avec ch, ☏ 91.25.75, ⇱ – ₽ *fermé 5 au 26 oct., 8 au 15 fév., mardi soir et merc. sauf du 16 juin au 15 sept.* – SC : **R** 45/100 – ⚌ 13 – **7 ch** 65/85 – P 175.

CITROEN Colin-Martin, par ⑤ ☏ 94.00.25
FORD Gar. Royer, ☏ 91.30.65
PEUGEOT.TALBOT Gar. Marquizeau, ☏ 94.00.91

PEUGEOT, TALBOT Relais de Saintonge, ☏ 91.32.47
RENAULT Girerd, ☏ 91.32.85

PONT (Lac de) 21 Côte-d'Or **66** ⑰ ⑱ – rattaché à Semur-en-Auxois.

PONTACQ 64 Pyr.-Atl. **85** ⑦ – 2 345 h. alt. 365 – ۞ 59.
Paris 813 – Laruns 47 – Lourdes 12 – Nay 14 – Oloron-Ste-Marie 50 – Pau 28 – Tarbes 19.

🏨 **Béarn Bigorre,** au Sud : 2 km rte de Lourdes ✉ 65380 Ossun ☏ 53.57.55 – ⌂wc ⌂wc ☎ ₽. 🚗 *1ᵉʳ avril-30 oct.* – SC : **R** 52/75 – ⚌ 15 – **18 ch** 95/150 – P 135/170.

PONTAILLAC 17 Char.-Mar. **71** ⑮ – rattaché à Royan.

PONTAILLER-SUR-SAÔNE 21270 Côte-d'Or **66** ⑬ G. Bourgogne – 1 310 h. alt. 188 – ۞ 80.
Paris 344 – Auxonne 14 – ♦Besançon 53 – ♦Dijon 31 – Dole 34 – Genlis 22 – Gray 24.

✕✕ **Host. des Marronniers** avec ch, ☏ 36.12.76 – ⌂. 🚗 *fermé 21 déc. au 2 fév., mardi soir et merc.* – SC : **R** 70 – ⚌ 15 – **4 ch** 80.

PONT-A-LA-PLANCHE 87 H.-Vienne **72** ⑥ – rattaché à St-Junien.

PONT-A-MOUSSON 54700 M.-et-M. **57** ⑬ G. Vosges – 15 058 h. alt. 181 – ۞ 8.
Voir Place Duroc★ – Anc. abbaye des Prémontrés★.

🛈 Syndicat d'Initiative 52 pl. Duroc (fermé lundi et dim.) ☏ 381.06.90 - A.C. 21 bd Ney ☏ 381.01.21.

Paris 325 ① – ♦Metz 31 ① – ♦Nancy 31 ② – Toul 33 ③ – Verdun 65 ④.

Plan page suivante

🏠 **Providence** sans rest, 41 r. V.-Hugo **(r)** ☏ 381.15.86 – ⌂wc. 🚗 SC : ⚌ 16 – **16 ch** 74/126.

✕ **La Calèche,** 4 r. Clemenceau **(e)** ☏ 381.15.87 *fermé 14 juil. au 15 août, 24 déc. au 2 janv., dim. soir et lundi* – SC : **R** (nombre de couverts limité) 50/130 ⚖.

✕ **Horne,** 37 pl. Duroc **(a)** ☏ 381.04.50 – ⚼ **E** *fermé mi août à mi sept., mardi soir, merc. soir et lundi* – **R** 36/58 ⚖.

CITROEN Gar. Fasse, av. États-Unis par ② ☏ 381.01.31
PEUGEOT Gar. André, r. du Pont-Mouja, Blénod ☏ 381.01.08

🛢 Cella-Dimoff, r. R.-Blum ☏ 381.15.35

887

PONT-A-MOUSSON

Pour un bon usage des plans de villes. voir les signes conventionnels p. 20

Dans ce guide

un même symbole, un même caractère,
imprimés en rouge ou en noir, en maigre ou en **gras**
n'ont pas tout à fait la même signification
Lisez attentivement les pages explicatives (p. 13 à 20).

PONTARION 23250 Creuse **72** ⑨ – 388 h. alt. 443 – ✿ 55.

Paris 380 – Aubusson 29 – Bourganeuf 10 – Guéret 27 – Montluçon 78.

🏠 **Rôtisserie du Thaurion,** ℡ 64.50.78 – 🚗 🅿. ⅀
➤ *fermé 3 nov. au 12 déc., dim. soir et lundi de déc. au 1ᵉʳ avril* – SC : **R** 40/110 ⅃ – ⚇
14 – **14 ch** 58/120 – P 120/140.

PONTARLIER ◁🅂▷ 25300 Doubs **70** ⑥ G. Jura – 18 841 h. alt. 837 – ✿ 81.

Voir par ② : Les Rosiers ≤★★ 2 km – Cluse★★ de la Cluse-et-Mijoux 4 km.

Env. Grand Taureau ⚹★★ par ② : 11 km.

🛈 Office de Tourisme 56 r. République (fermé dim. et lundi matin sauf juil.-août) ℡ 46.48.33.

Paris 454 ③ – ◆Bâle 159 ① – Beaune 141 ③ – Belfort 125 ④ – ◆Besançon 58 ④ – Dole 88 ③ –
◆Genève 119 ② – Lausanne 70 ② – Lons-le-Saunier 77 ③ – Neuchâtel 53 ②.

Plan page ci-contre

🏨 **Commerce,** 18 r. Dr-Grenier ℡ 39.04.09 – 📶 ⌂wc ☎ 🅿 – 🔬 30. 🍴 VISA
fermé 5 janv. au 1ᵉʳ fév. – SC : **R** *(fermé dim. soir et lundi midi hors sais.)* 55/100 –
⚇ 16 – **39 ch** 80/150 – P 180/200.   BY **u**

🏨 **Gd H. Poste,** 55 r. République ℡ 39.18.12 – ⌂wc 🍴 🍱 🚗. 🍴 AE E VISA
➤ *fermé 15 oct. au 15 déc.* – SC : **R** *(fermé vend. du 15 sept. au 1ᵉʳ juin)* 50/140 – ⚇ 15
– **55 ch** 70/250 – P 180/260.   CY **r**

🏠 **Villages H.,** par ③ : 1 km ℡ 46.71.78 – ⌂wc ☎ ⅃ 🅿. 🍴 VISA
SC : **R** carte 75 à 110 ⅃ – 🍱 17 – **50 ch** 135/170.

à Doubs par ④ et D 130 : 2 km – alt. 813 – ✉ 25300 Pontarlier :

⭐ **Gai Soleil,** ℡ 39.16.86, ≤ – 🍴 🚗. 🍴 ⅀
➤ *20 juin-12 sept.* – SC : **R** *(diner seul.)* 45/70 ⅃ – ⚇ 13 – **11 ch** 60/95.

Voir ressources hôtelières à *Oye et Pallet, Les Grangettes, Malbuisson*

CITROEN Gar. Chuard, 38 r. Besançon ℡ 46.
54.77
FIAT Gar. Dornier, 55 r. Salins ℡ 39.09.85
FORD Gar. Roussillon, 115 rte de Besançon
℡ 39.11.68
PEUGEOT, TALBOT Gar. Beau-Site, 29 av. Armée de l'Est par ② ℡ 39.23.95 **N**
PEUGEOT **TALBOT** Gar. Belle-Rive, 80 r. Besançon par ④ ℡ 39.14.42

RENAULT Gar. Deffeuille, r. de la Fée Verte
Zone Ind. ℡ 46.56.55
TOYOTA, VOLVO Graber, 73 r. Besançon ℡
39.17.80

🅿 La Maison du Pneu, 3 r. des Lavaux ℡ 39.
19.01

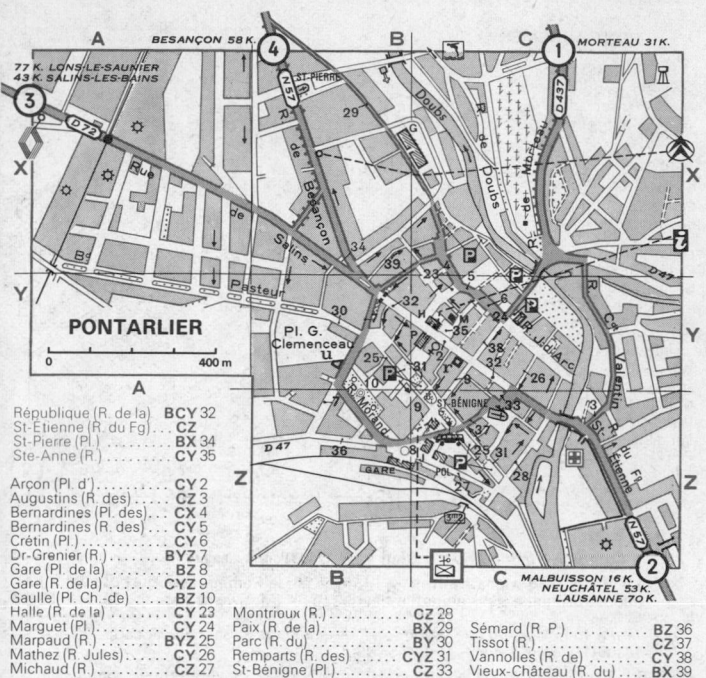

PONTARLIER

République (R. de la) ..... **BCY** 32
St-Étienne (R. du Fg) ... **CZ**
St-Pierre (Pl.) .... **BX** 34
Ste-Anne (R.) .... **CY** 35

Arçon (Pl. d') .... **CY** 2
Augustins (R. des) ..... **CZ** 3
Bernardines (Pl. des) .. **CX** 4
Bernardines (R. des) ... **CY** 5
Crétin (Pl.) .... **CY** 6
Dr-Grenier (R.) .... **BYZ** 7
Gare (Pl. de la) .... **BZ** 8
Gare (R. de la) .... **CYZ** 9
Gaulle (Pl. Ch.-de) ..... **BZ** 10
Halle (R. de la) .... **CY** 23
Marguet (Pl.) .... **CY** 24
Marpaud (R.) .... **BYZ** 25
Mathez (R. Jules) ...... **CY** 26
Michaud (R.) .... **CZ** 27

Montrioux (R.) .... **CZ** 28
Paix (R. de la) .... **BX** 29
Parc (R. du) .... **BY** 30
Remparts (R. des) ..... **CYZ** 31
St-Bénigne (Pl.) .... **CZ** 33

Sémard (R. P.) .... **BZ** 36
Tissot (R.) .... **CZ** 37
Vannolles (R. de) ...... **CY** 38
Vieux-Château (R. du) ... **BX** 39

PONTAUBAULT 50 Manche 59 ⑥ – 487 h. alt. 31 – ⊠ 50300 Avranches – ✿ 33.
Paris 355 – Avranches 7 – Dol-de-Bretagne 34 – Fougères 33 – ✦Rennes 67 – St-Lô 63.

血 **13 Assiettes** ⑤, N 175 N : 1 km ☏ 58.14.03, 霑 – 煕wc ☎ **Ⓟ**. ⇦⇨. ⁂ ch
→ 15 mars - 15 nov. et fermé merc. hors sais. – SC : **R** 42/130 – ☲ 15 – **36 ch** 75/115
  – P 171/191.

  à Céaux O : 4 km sur D 43 – ⊠ 50220 Ducey :

血 **Au P'tit Quinquin**, ☏ 58.13.46 – 煕wc 煕 ☎ **Ⓟ**. ⇦⇨. ⁂
→ 19 mars-2 oct. et fermé mardi sauf juil.-août – SC : **R** 42/145 – ☲ 13,50 – **17 ch**
  80/125.

PONTAUBERT 89 Yonne 65 ⑯ – rattaché à Avallon.

PONT-AUDEMER 27500 Eure 55 ④ G. Normandie – 10 011 h. alt. 9 – ✿ 32.
Voir Église St-Ouen✶ E.
Paris 168 ① – ✦Caen 74 ⑤ – Évreux 68 ② – ✦Le Havre 48 ① – Lisieux 36 ④ – ✦Rouen 52 ①.

Plan page suivante

血 **La Risle**, 16 quai R.-Leblanc **(z)** ☏ 41.14.57 – ⇦⇨. ⁂ ch
→ fermé 21 août au 12 sept., 23 déc. au 15 janv. et dim. soir – SC : **R** 48/56 ⅃ – ☲ 11 –
  18 ch 50/85.

XXX **La Frégate**, 4 r. La-Seûle **(a)** ☏ 41.12.03 – VISA
  fermé août, dim. soir et lundi – SC : **R** 90/150.

XXX ✿ **Aub. du Vieux Puits** ⑤ avec ch, 6 r. N.-D.-du-Pré **(e)** ☏ 41.01.48, « Maison
  normande ancienne, bel intérieur rustique, jardin » – 煕. ⇦⇨ VISA. ⁂ ch
  fermé 27 juin au 6 juil., 19 déc. au 18 janv., lundi soir et mardi – SC : **R** carte 135 à
  180 – ☲ 24 – **8 ch** 72/160
  Spéc. Truite Bovary au champagne, Canard aux cerises, Tarte.

  à Corneville-sur-Risle par ② : 6 km – ⊠ 27500 Pont-Audemer :

血 **Cloches de Corneville**, ☏ 57.01.04 – 📺 煕wc 煕 ☎ **Ⓟ** – 🏛 30. ⇦⇨ 亜 **E**
  VISA. ⁂ ch
  SC : **R** (fermé 12 au 20 oct., 21 janv. au 2 fév. et merc.) carte 75 à 115 – ☲ 19 – **11 ch**
  110/210.

PONT-AUDEMER

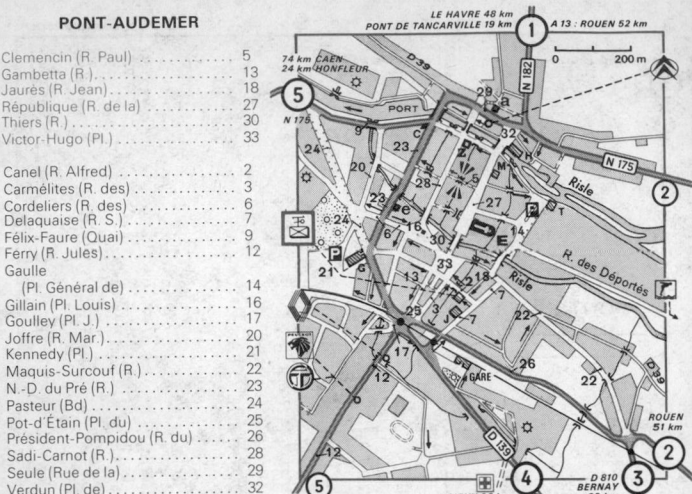

à *Campigny* par ③ et D 29 : 6 km – ⊠ 27500 Pont-Audemer :

XXX **Le Petit Coq aux Champs** Ⓜ ⤸ avec ch, la Pommeraye ⅌ 41.04.19, « Chaumière normande dans un jardin fleuri », ⬓ – ⊡ ⤣wc ☎ ⓟ – ⚿ 30. ⌂⤢ ⒶⒺ ⓞ Ⓔ *VISA*
　　fermé 15 nov. au 16 déc. (sauf hôtel) et jeudi hors sais. – SC : **R** carte 170 à 225 –
　　10 ch (1/2 pens. seul.) – ¹/₂ p 445/645.

CITROEN Gar. Roulin, 7 r. de la Seule et Z.I.　　　RENAULT Sovère, rte d'Honfleur à St-
rte de Rouen par ② ⅌ 41.01.56　　　　　　　　Germain-Village par r. J.-Ferry ⅌ 41.14.10
DATSUN, Hartog, 7 pl. L.-Gillain ⅌ 41.04.16　　RENAULT Fouquet, 13 r. J.-Ferry ⅌ 41.11.98
FIAT Vacher, 16 r. Maquis-Surcouf ⅌ 41.03.04　Ⓝ
FORD Gar. Valmont, 20 rte Honfleur, St-　　　V.A.G. Durfort, 10 rte de Rouen ⅌ 41.01.57
Germain-Village ⅌ 41.05.48
OPEL Gar. des Deux Ponts, 22 r. N.-D.-du-Pré　⦿ Stat. La Risle, 67 rte de Rouen ⅌ 41.14.11
⅌ 41.00.13　　　　　　　　　　　　　　　　　Subé-Pneurama, r. des Fossés ⅌ 41.14.89
PEUGEOT-TALBOT Ets Delamare, 25 r.
J.-Ferry ⅌ 41.00.47

PONTAUMUR 63380 P.-de-D. 🅷🅸 ⑬ – 916 h. alt. 538 – 🕲 73.

Paris 393 – Aubusson 48 – ♦Clermont-Ferrand 44 – Le Mont-Dore 63 – Montluçon 74 – Ussel 62.

🏠 **Poste,** ⅌ 79.90.15 – ⤣wc ⊛ ⇐ *VISA*. ⤸
◆　　*fermé 1er au 8 juin, 1er au 8 sept., dim. soir et lundi sauf juil. et août* – SC : **R** 38/100
　　⑃ – ⇆ 12 – **20 ch** 60/110 – P 110/150.

⚱ **Lyon,** ⅌ 79.90.09 – ⇐ ⤸ ch
◆　　*fermé 15 janv. au 15 fév. et merc.* – SC : **R** 40/75 ⑃ – ⇆ 10 – **8 ch** 50/70 – P 110.

PEUGEOT Thiallier-Comes. ⅌ 79.90.02

PONT-AVEN 29123 Finistère 🅵🅸 ⑪⑯ G. Bretagne (plan) – 3 561 h. alt. 30 – 🕲 98.

Voir Promenade au Bois d'Amour★ N : 30 mn par D4.

🇧 Syndicat d'Initiative pl. Mairie (1er juin-15 sept. et fermé dim.) ⅌ 06.04.30.

Paris 527 – Carhaix-Plouguer 62 – Concarneau 15 – Quimper 32 – Quimperlé 17 – Rosporden 14.

XXX ❀ **Moulin Rosmadec** (Sébilleau), près pont centre ville ⅌ 06.00.22, ≤, « Ancien moulin sur l'Aven, décor et mobilier bretons » – ⤸
　　fermé 15 oct. au 15 nov., vacances de fév. et merc. – SC : **R** (nombre de couverts limité - prévenir) 82/172
　　Spéc. Suprême de sole au champagne, Homard grillé "Rosmadec", Aiguillettes de canard au poivre frais.

X **Bois d'Amour,** 11 r. E.-Bernard ⅌ 06.00.53
◆　*fermé oct. et merc.* – SC : **R** 40/80 ⑃.

rte *Concarneau* O : 4 km par D 783 – ⊠ 29123 Pont-Aven :

XX ❀ **La Taupinière** (Guilloux), ⅌ 06.03.12 – ⓟ. ⒶⒺ ⓞ Ⓔ. ⤸
　　fermé 15 sept. au 15 oct., lundi soir sauf juil.-août et mardi – SC : **R** (prévenir) carte 100 à 160
　　Spéc. Langoustines grillées, Émincé de bar en petite nage, Jambon frais au feu de bois.

PEUGEOT-TALBOT Quénéhervé, à Croissant-Kergoz ⅌ 06.03.11

PONTCARRÉ 77135 S.-et-M. 🆖 ②. 🅸🅶🅶 ㉑ – 1 166 h. – 😊 6.

Voir Ferrières : Parc ★ du château N : 3,5 km, G. Environs de Paris.

Paris 32 – Lagny 9,5 – Meaux 29 – Melun 30.

  ✗ **La Bordelaise,** 10 Gde-Rue 🕾 430.31.76 – 𝖵𝖨𝖲𝖠
    fermé fév. et mardi – SC : **R** 60.

PONTCHARRA-SUR-TURDINE 69 Rhône 🆖 ⑨ – rattaché à Tarare.

PONTCHARTRAIN 78 Yvelines 🆖 ⑨. 🅸🅶🅶 ⑯ – alt. 112 – ✉ 78760 Jouars-Pontchartrain –
😊 3 – 🏇 Isabella 🕾 639.10.62, E : 3 km.

Paris 47 – Dreux 44 – Mantes-la-Jolie 32 – Montfort-l'Amaury 10 – Rambouillet 22 – Versailles 17.

  ✗✗✗ 🏵 **L'Aubergade,** rte Nationale 🕾 489.02.63, « Beau jardin fleuri, volière » – 🅿
    fermé août, mardi soir hors sais. et merc. – **R** carte 125 à 170
    Spéc. Gratin de queues d'écrevisses, Saumon braisé au champagne, Canard aux cerises.

  ✗✗✗ **Chez Sam,** rte Nationale 🕾 489.02.05, « Jardin fleuri » – 🅿 🖭 ⓪ 𝖵𝖨𝖲𝖠
    fermé 15 janv. au 15 fév., lundi soir hors sais. et mardi – SC : **R** carte 150 à 180.

    à Ste-Appoline E : 3 km sur N 12 – ✉ 78370 Plaisir :

  ✗✗✗ **Maison des Bois,** 🕾 639.23.17, « Demeure rustique, jardin » – 🅿 𝖵𝖨𝖲𝖠
    fermé août, vac. de fév., dim. soir et jeudi – SC : **R** carte 100 à 165.

    aux Mousseaux S : 3 km par D 13E – ✉ 78760 Jouars-Pontchartrain :

  ✗✗✗ **Aub. de la Dauberie** Ⓜ 🦢 avec ch, 🕾 487.80.57, « Coquette hostellerie dans un
    cadre champêtre et fleuri », �花 – 🛏wc.🛁 🚿 🅿 – 🏌 25. 📶 🖭 ⓪ 𝖵𝖨𝖲𝖠
    fermé fév., lundi et mardi – SC : **R** carte 160 à 210 – 🖃 28 – **8 ch** 300.

CITROEN Palazzi 45 rte Nationale 🕾 489.02.68   RENAULT Pontchartrain Gar., 77 rte du Pontel
                                                  🕾 489.42.04

PONT-D'AIN 01160 Ain 🆖 ③ – 2 266 h. alt. 237 – 😊 74.

🛈 Syndicat d'Initiative les quatre Vents (Pâques, Pentecôte, 15 juin-15 sept., Noël et fermé dim.) 🕾
39.05.84.

Paris 446 – Belley 56 – Bourg-en-Bresse 19 – Nantua 35 – Villefranche-sur-Saône 60.

  🏨 **Alliés,** 🕾 39.00.09 – 🛏wc 🛁wc 🚿 🚗 📶 𝖵𝖨𝖲𝖠
    fermé 30 mai au 6 juin, 27 oct. au 25 nov., vend. midi et jeudi sauf juil.-août – SC : **R**
    60/140 🍷 – 🖃 16 – **18 ch** 90/210.

CITROEN Gar. Blanc, 🕾 39.01.33

PONT-DE-BARRET 26 Drôme 🆖 ⑫ – 424 h. alt. 230 – ✉ 26160 La Bégude-de-Mazenc –
😊 75.

Paris 610 – Crest 18 – Dieulefit 19 – Montélimar 27 – Nyons 49 – Valence 46.

  🏦 **Savena,** 🕾 90.17.77, 🌿, 🌲 – 🍽 🛎 ch
  ➜ *fermé janv.* – **R** *(fermé mardi hors sais.)* 40/95 – 🖃 12 – **11 ch** 65/110 – P 140/160.

PONT-DE-BEAUVOIR 50 Manche 🆖 ⑦ – rattaché au Mont-St-Michel.

Le PONT-DE-BEAUVOISIN 38480 Isère et 73330 Savoie 🆖 ⑭⑮ G. Alpes – 2 987 h. alt. 230
– 😊 76.

Paris 541 – Chambéry 28 – Bourg-en-Bresse 93 – ◆Grenoble 55 – ◆Lyon 79 – La Tour-du-Pin 19.

  🏦 **Morris,** SE : 2 km par D 82 🕾 37.02.05, 🌿 – 🛏wc 🚿 🅿 📶
    fermé 15 déc. au 1er tev. et dim. soir hors sais. – SC : **R** 55/110 🍷 – 🖃 17 – **20 ch**
    90/175 – P 130/180.

  ✗ **Gallet,** av. Pravaz 🕾 37.01.05, 🌿 🖪
  ➜ *fermé 1er au 15 mars et jeudi sauf juil.-août* – SC : 40/105 🍷.

AUSTIN, JAGUAR, MORRIS, ROVER, **LADA,**   FORD Angelin, 🕾 37.25.49 🅽
SKODA Gar. Termoz, 🕾 37.05.60 🅽   PEUGEOT-TALBOT Cloppet, 🕾 37.25.63
CITROEN Chaboud, 🕾 37.03.10 🅽   RENAULT Gar. Central, 🕾 37.00.13 🅽

PONT-DE-BRIQUES 62 P.-de-C. 🆖 ⑪ – rattaché à Boulogne-sur-Mer.

PONT-DE-BROGNY 74 H.-Savoie 🆖 ⑥ – rattaché à Annecy.

PONT-DE-CHAZEY-VILLIEU 01 Ain 🆖 ③ – rattaché à Meximieux.

PONT-DE-CHERUY 38230 Isère 🆖 ⑬ – 3 853 h. alt. 220 – 😊 7.

Paris 491 – Belley 56 – Bourgoin-Jallieu 27 – ◆Grenoble 91 – ◆Lyon 29 – Meximieux 21 – Vienne 42.

  🏦 **Bergeron** sans rest., r. Giffard 🕾 832.10.08 – 🛏wc 🍽
    fermé 15 au 31 août – SC : 🖃 12 – **16 ch** 55/95.

CITROEN Garnier, 🕾 832.11.46   FORD Gar. du Bon Coin, 🕾 832.12.06 🅽
FIAT Tunesi, à Tignieu-Jameyzieu 🕾 832.23.48   PEUGEOT, TALBOT Maunand, 🕾 832.11.07

Le PONT-DE-CLAIX 38 Isère 👖 ⑤ – rattaché à Grenoble.

PONT-DE-DORE 63 P.-de-D. 👖 ⑮ – alt. 304 – ✉ **63920** Peschadoires – ✪ 73.

Voir S : Vallée de la Dore★, G. Auvergne.

Paris 388 – Ambert 49 – ♦Clermont-Ferrand 41 – Issoire 53 – Lezoux 10 – Riom 38 – Thiers 6.

- 🏩 **Avenue,** 🕾 80.10.14, ⇆ – 🏚wc 🅿. 🖧. ✻
  → fermé 20 déc. au 10 janv., dim. soir et lundi midi – SC : **R** 50/100 – ⌁ 11 – **20 ch** 53/106.

- ✕✕ **Mère Dépalle** avec ch, N 89 🕾 80.10.05 – 🏚wc 🏚wc ☎ ⇆ 🅿. 🖧 🄰🄴 **E** 𝘝𝘐𝘚𝘈
  SC : **R** 60/120 – ⌁ 18 – **10 ch** 165/185.

- ✕✕ **Ferme des Trois Canards,** NO : 3 km par rte Maringues 🕾 80.22.26 – 🅿
  → fermé en janv. et mardi – SC : **R** 40/100.

PONT-DE-LA-CHAUX 39 Jura 👖 ⑮ – alt. 717 – ✉ **39150** St-Laurent-en-Grand-Vaux – ✪ 84.

Voir Gorges de la Langouette★ E : 3,5 km puis 30 mn – Cours de la Lemme★ N – Cascade de la Billaude★ NE : 4,5 km puis 30 mn, G. Jura.

Paris 438 – Champagnole 12 – ♦Genève 77 – Lons-le-Saunier 45.

- 🏩 **Beauséjour,** 🕾 51.52.51 – ⊟wc 🏚wc ⇆ 🅿 – 🛆 30. 🖧 **E**
  → SC : **R** 46/86 ⅃ – ⌁ 14 – **23 ch** 60/75 – P 110/115.

PONT-DE-LA-MADELEINE 12 Aveyron 👖 ⑩ – rattaché à Figeac.

PONT-DE-L'ARCHE 27340 Eure 👖 ⑥ G. Normandie – 2 883 h. alt. 24 – ✪ 35.

Paris 118 – Les Andelys 32 – Elbeuf 11 – Évreux 34 – Gournay-en-Bray 55 – Louviers 11 – ♦Rouen 18.

- ✕✕✕ **Ferme de la Borde,** N 15 🕾 23.03.90, « jardin fleuri » – 🅿
  → fermé 15 août au 8 sept., dim. soir et lundi sauf fériés – SC : **R** carte 110 à 160.

- ✕✕ **La Pomme,** aux Damps 1,5 km au bord de l'Eure 🕾 23.00.46, ⇆ – 🅿. 𝘝𝘐𝘚𝘈
  → fermé 18 août au 8 sept., vacances de fév., dim. soir, mardi soir et merc. – SC : **R** 53/112 ⅃.

- ✕ **Elbeuf,** 🕾 23.00.56 – **E** 𝘝𝘐𝘚𝘈. ✻
  → fermé 15 août au 10 sept., vacances de fév., dim. soir et vend. – **R** 35/70 ⅃.

PONT-DE-L'ISÈRE 26 Drôme 👖 ② – rattaché à Valence.

PONT-DE-LUNEL 34 Hérault 👖 ⑥ – rattaché à Lunel.

PONT-DE-MENAT 63 P.-de-D. 👖 ③ – ✉ **63560** Menat – ✪ 73.

Voir Gorges de la Sioule★ N et S, G. Auvergne.

Paris 361 – Aubusson 89 – Gannat 28 – Montluçon 41 – Riom 34 – St-Pourçain-sur-Sioule 50.

- ✕✕ **Aub. Maître Henri** avec ch, 🕾 85.50.20 – 🏚 🅿. ✻
  → fermé 4 au 20 janv. et merc. du 15 oct. au 15 mars – SC : **R** 38/90 ⅃ – ⌁ 12 – **10 ch** 60/90 – P 95/110.

  Gorges de Chouvigny ★★ NE par D 915 G. Auvergne – ✉ **63560** Menat :

- ✕ **Roches** ⅌ avec ch, 🕾 85.51.49, ≼ – 🅿
  *hôtel ouvert de Pâques au 15 déc. ; rest. fermé du 15 déc. au 4 janv. – ⌁ 13,50 – **8 ch** 85 – P 100/115.*

- ✕ **Beau Site** ⅌ avec ch, 🕾 85.51.47, ≼ – 🏚wc ⇆ 🅿. **E**
  → fermé 12 nov. au 31 déc. et lundi soir en janv. et fév. – SC : **R** 35/80 – ⌁ 9,50 – **8 ch** 48/70 – P 105/115.

- ✕ **Gorges de Chouvigny,** ✉ 03450 Ébreuil 🕾 (70) 90.42.11, ≼ – 🅿. 𝘝𝘐𝘚𝘈
  *fermé 20 déc. au 30 janv. et mardi sauf juil. et août – SC : **R** 55/100.*

Le PONT-DE-MONTVERT 48220 Lozère 👖 ⑥ G. Causses – 312 h. alt. 875 – ✪ 66.

Paris 630 – Alès 61 – Florac 21 – Génolhac 28 – Mende 58 – Villefort 46.

- 🏩 **Sources du Tarn,** 🕾 45.80.25, ≼ – ⊟wc 🏚wc. ✻
  → fermé 15 nov. au 15 déc., janv. et vacances de fév. – SC : **R** (fermé jeudi midi hors sais.) 50/80 – ⌁ 16 – **20 ch** 110/175.

CITROEN Gar. Guin, 🕾 45.80.06

Le PONT-DE-PACÉ 35 I.-et-V. 👖 ⑯ – rattaché à Rennes.

PONT-DE-PANY 21410 Côte d'Or 👖 ⑩ alt. 290 – ✪ 80.

Paris 295 – Avallon 86 – Beaune 46 – ♦Dijon 21 – Saulieu 55.

- ✕✕ **Pont de Pany** avec ch, 🕾 23.60.59 – ⊟ 🏚 🅿. 🖧
  → fermé 5 janv. au 15 fév. et merc. – SC : **R** 46/100 – ⌁ 13 – **16 ch** 70/105.

PONT-DE-POITTE 39 Jura 🔟 ⑭ G. Jura – 592 h. alt. 439 – ⊠ **39130** Clairvaux-les-Lacs – ⚙ 84.

Paris 424 – Champagnole 34 – ♦Genève 96 – Lons-le-Saunier 17.

XX **Ain** avec ch, 🕾 48.30.16 – ⌒wc ⋔wc ☎
fermé 1ᵉʳ au 10 sept., janv., dim. soir et lundi hors saison – SC : **R** 65/160 – ⌂ 15 –
10 ch 75/130 – P 130/160.

PONT-DE-ROIDE 25150 Doubs 🔢 ⑱ G. Jura – 4 527 h. alt. 351 – ⚙ 81.

Paris 484 – Baume-les-Dames 40 – ♦Besançon 69 – Montbéliard 18 – Morteau 53 – Neuchâtel 76.

🏨 **Voyageurs**, 15 pl. Centrale 🕾 96.92.07, ☞ – ⌒wc ⋔wc ☎ **Ⓟ**
SC : **R** (fermé sam. d'oct. à avril) 51/140 ⅃ – ⌂ 16 – **15 ch** 95/200 – P 170/210.

à Roches-lès-Blamont NE : 12 km par D 73, D 35 et D 434 – ⊠ 25310 Hérimon :

XX ❀ **Aub. de la Charrue d'Or** (Piguet), 🕾 35.18.40, ☞ – **Ⓟ**. ⒶⒺ ⓄⒺ **VISA**
fermé 21 janv. au 28 fév., dim. soir et lundi – **R** (prévenir) 85/190
Spéc. Cuisses de grenouilles à la coque, Langues d'agneau à l'estragon, Rognon de veau aux baies
roses.

PEUGEOT-TALBOT Vurpillat, 🕾 92.42.27

PONT-DE-SALARS 12290 Aveyron 🔢 ③ – 1 567 h. alt. 690 – ⚙ 65.

Paris 634 – Albi 87 – Millau 46 – Rodez 25 – St-Affrique 56 – Villefranche-de-Rouergue 71.

🏨 **Voyageurs**, 🕾 46.82.08 – ⌒wc ⋔wc ☎ **Ⓟ**. ☙ E **VISA**. ⑳
↠ fermé 10 au 27 oct., 15 déc. au 1ᵉʳ fév., dim. soir et lundi hors sais. – SC : **R** 50/140 ⅃
– ⌂ 13,50 – **36 ch** 50/180 – P 130/200.

CITROEN Vayssière, 🕾 46.85.31 **N**   RENAULT Capoulade, 🕾 46.83.16 **N**

PONT D'ESPAGNE 65 H.-Pyr. 🔢 ⑰ – rattaché à Cauterets.

PONT-DE-SUMÈNE 43 H.-Loire 🔢 ⑦ – rattaché au Puy.

PONT-DE-VAUX 01190 Ain 🔟 ⑫ – 2 128 h. alt. 177 – ⚙ 85 (S.-et-L.).

🛈 Office de Tourisme 2 r. Mar.-de-Lattre-de-Tassigny (juil.-sept. et fermé lundi) 🕾 37.30.02.

Paris 383 – Bourg-en-Bresse 38 – Lons-le-Saunier 60 – Mâcon 22 – St-Amour 35 – Tournus 18.

XXX ❀ **Commerce** (Patrone) avec ch, 🕾 37.30.56 – ⌒wc ⋔wc ☎ ⇦. ⑳ ch
fermé 6 au 24 juin, 28 nov. au 24 déc., 7 au 17 fév., mardi et merc. – SC : **R** 78/150 –
⌂ 18 – **10 ch** 105/130
Spéc. Gâteau aux foies de volaille, Grenouilles sautées fines herbes, Volaille de Bresse à la crème.
Vins Mâcon, Chiroubles.

XX ❀ **du Raisin** (Chazot) avec ch, 🕾 37.30.97 – ⌒wc ⋔wc ☎ 🚗. ☙ ⑳ ch
↠ fermé janv., dim. soir et lundi – SC : **R** 45/130 ⅃ – ⌂ 14 – **7 ch** 95/135
Spéc. Grenouilles Maitre d'hôtel, Crêpes Parmentier, Fricassée de poulet de Bresse au vinaigre. **Vins**
Viré, Brouilly.

XX **La Reconnaissance** avec ch, 🕾 37.30.55 – ⌒wc ⋔wc ⇦. ☙ E **VISA**
↠ fermé 15 nov. au 15 déc., 1ᵉʳ au 15 mars, dim. soir et lundi du 15 sept. au 15 juin –
SC : **R** 45/160 ⅃ – ⌂ 18 – **12 ch** 70/150 – P 120/210.

CITROEN Juennard, 🕾 37.31.13

PONT-D'HÉRAULT 30 Gard 🔢 ⑮ – rattaché au Vigan.

PONT-D'OUILLY 14690 Calvados 🔢 ⑪ G. Normandie – 1 230 h. alt. 81 – ⚙ 31.

Paris 234 – Briouze 28 – ♦Caen 48 – Falaise 18 – Flers 25 – Villers-Bocage 43 – Vire 39.

🏨 **Commerce**, 🕾 69.80.16, ☞ – ⋔ **Ⓟ**. ⑳
↠ fermé janv., dim. soir et lundi sauf de juin à sept. – SC : **R** 40/120 – ⌂ 10 – **15 ch**
55/100 – P 110/130.

🏚 **Place**, 🕾 69.80.11 – ⑳
↠ fermé oct. et lundi – SC : **R** 42/83 ⅃ – ⌂ 13 – **7 ch** 58/92 – P 135/147.

PONT-DU-BOUCHET 63 P.-de-D. 🔢 ③ – ⊠ 63380 Pontaumur – ⚙ 73.

Paris 401 – ♦Clermont-Ferrand 54 – Pontaumur 12 – Riom 39 – St-Gervais-d'Auvergne 18.

🏨 **La Crémaillère** ☙, 🕾 86.80.07, ⩽, ☞ – ⌒wc ⋔wc **Ⓟ**. ⑳
fermé 15 déc. au 15 janv., vend. soir et sam. midi hors sais. – SC : **R** 60/115 – ☎ 12
– **15 ch** 72/115 – P 125/161.

PONT-DU-CHAMBON 19 Corrèze 🔢 ⑩ – rattaché à Marcillac-la-Croisille.

PONT-DU-DIABLE (Gorges du) ★★ 74 H.-Savoie 🔟 ⑰ ⑱ G. Alpes.

PONT-DU-DOGNON 87 H.-Vienne **72** ⑧ G. Périgord – alt. 290 – ⊠ 87340 La Jonchère-St-Maurice – ۞ 55.
Paris 394 – Bellac 52 – Bourganeuf 27 – La Jonchère-St-Maurice 9 – ♦Limoges 26 – La Souterraine 42.

   🏨 **Rallye** ♤, St-Laurent-les-Églises ☏ 56.56.11, ≤ lac – 🛏wc 🛏wc ☎ 🅿 – 🚗 30.
     E ஜ rest
     1er mars-15 nov. et hors saison : prévenir – SC : **R** 45/100 – ⊡ 16 – **20 ch** 85/170 –
     P 140/180.

PONT-DU-GARD 30 Gard **80** ⑲ G. Provence – alt. 27 – ⊠ 30210 Remoulins – ۞ 66.
Voir Pont-aqueduc romain*** – 🎫 Maison du Tourisme (juil.-août et fermé dim.) ☏ 37.00.02.
Paris 696 – Alès 47 – Arles 41 – Avignon 25 – Nîmes 23 – Orange 37 – Pont-St-Esprit 25 – Uzès 14.

   🏨 **Vieux Moulin** ♤, rive gauche ☏ 37.14.35, ≤ pont du Gard – 🛏wc 🛏wc ☎ 🅿.
     🖼 **AE** ⓞ **E** ஜ rest
     1er mars-15 déc. et fermé mardi – SC : **R** 64/110 – ⊡ 25 – **17 ch** 130/300 – P
     210/330.

   ✕✕ **Le Colombier** ♤ avec ch, E : 0,8 km par D 981 (rive droite) ☏ 37.05.28, ≠ –
     🛏wc ☎ 🖼 🅿
     fermé déc., janv., mardi soir et merc. du 15 oct. au 15 mars – SC : **R** 47/110 – ⊡ 14
     – **10 ch** 70/130 – P 160/190.

   à Castillon du Gard NE : 4 km par D 19 et D 228 – ⊠ 30210 Remoulins :

   🏰 **Le Vieux Castillon** Ⓜ ♤, ☏ 37.00.77, patio, « au cœur d'un village médiéval »,
     🏊, ஜ – 🛗 ☎ 🅿 – 🚗 45. **VISA**
     fermé début janv. à début mars, dim soir et lundi midi du 1er nov. au 31 déc. – SC :
     R 150/190 – ⊡ 33 – **21 ch** 330/580 – P 460/640.

     Voir aussi ressources hôtelières de *Remoulins* SE : 3 km

PONT-DU-LOUP 06 Alpes-Mar. **84** ⑨, **195** ㉔ – alt. 300 – ⊠ 06490 Tourrette-sur-Loup –
۞ 93 – Voir N : Gorges du Loup** – Le Bar-sur-Loup : site*, Danse macabre* dans
l'église St-Jacques, ≤* de la place de l'église S : 3 km – Cascade de Courmes* N : 3
km, G Côte d'Azur.
Paris 930 – Antibes 35 – La Colle-sur-Loup 12 – Coursegoules 21 – Grasse 12 – ♦Nice 39 – Vence 14.

   🏨 **La Réserve,** ☏ 59.32.81, ≤, 🍽, 🏊, ≠ – 🛏wc 🛏wc ☎ 🚗 🅿, 🖼 **AE** ⓞ **VISA**
     SC : **R** 50/90 – **18 ch** ⊡ 120/220 – P 220/260.

PONT-DU-NAVOY 39 Jura **70** ④ ⑤ – 274 h. alt. 480 – ⊠ 39300 Champagnole – ۞ 84.
Env. Cirque de Ladoye ≤** NO : 11 km, G. Jura.
Paris 430 – Champagnole 11 – Lons-le-Saunier 23 – Poligny 23.

   🏨 **Cerf,** ☏ 51.20.87 – ஜ 🛏wc ☎ 🚗 🅿 **E**
     10 mars-15 nov. – SC : **R** 42/120 – ⊡ 14 – **30 ch** 60/140 – P 139/180.

RENAULT Gar. Poix-Daude Frères, ☏ 51.21.80

PONTEMPEYRAT 42 Loire **76** ⑦ – alt. 750 – ⊠ 42550 Usson-en-Forez (Loire) – ۞ 77.
Paris 476 – Ambert 40 – Montbrison 57 – Le Puy 44 – ♦St-Étienne 54 – Yssingeaux 44.

   🏨 **Mistou** ♤, ☏ 50.62.46, « parc au bord de l'Ance » – 🛏wc 🛏wc ☎ 🅿 – 🚗 40.
     🖼
     *1er mars-1er nov., week-ends seul. en nov. et déc. et fermé mardi sauf 15 juin au 15
     sept.* – SC : **R** 60/135 – ⊡ 14 – **27 ch** 100/150 – P 180/200.

PONT-EN-ROYANS 38680 Isère **77** ③ G. Alpes (plan) – 1 170 h. alt. 208 – ۞ 76.
Voir Site* – Route de Presles** NE – Petits Goulets* SE : 2 km.
Paris 589 – Die 58 – ♦Grenoble 60 – St-Marcellin 14 – Valence 45 – Villard-de-Lans 24.

   🏨 **Bonnard,** ☏ 36.00.54 – 🛏wc 🖼 ☎ ஜ
     1er mars-30 sept., nov. et fermé merc. – SC : **R** 60/120 – ⬛ 15 – **15 ch** 70/170 – P
     180/200.

   🏠 **Beau Rivage,** ☏ 36.00.63, ≤, 🍽 – 🛏 🅿
     fermé 1er déc. au 1er fév. et lundi d'oct. à avril – SC : **R** 45/85 🍴 – ⊡ 11 – **16 ch**
     55/78 – P 110/125.

PEUGEOT Gar. Universel, ☏ 36.00.89   RENAULT Gar. des Alpes, ☏ 36.03.67

Le PONTET 84 Vaucluse **81** ⑫ – rattaché à Avignon.

Le PONTET D'EYRANS 33 Gironde **71** ⑦ – alt. 14 – ⊠ 33390 Blaye – ۞ 56.
Paris 536 – Blaye 9 – ♦Bordeaux 51 – Jonzac 36 – Mirambeau 21 – St-André-de-C. 28 – Saintes 71.

   🏠 **Voyageurs,** ☏ 42.71.09 – 🚗
     fermé 15 oct. au 15 nov. et merc. du 16 nov. au 1er juil. – SC : **R** 38/66 🍴 – ⊡ 11 –
     10 ch 45/72.

PEUGEOT, TALBOT Ferandier-Sicard ☏ 42.71.07

PONT-ÉVÊQUE 38 Isère **74** ⑫ – rattaché à Vienne.

PONT-FARCY 14 Calvados 59 ⑨ – 441 h. alt. 66 – ⊠ 14380 St-Sever-Calvados – © 31.

Paris 302 – ♦Caen 59 – St-Lô 24 – Villedieu-les-Poêles 19 – Villers-Bocage 34 – Vire 18.

   ※ **Coq Hardi,** ℡ 68.86.03

   → *fermé mardi du 15 sept. au 30 juin* – SC : **R** 38/70 ⅃.

PONTGIBAUD 63230 P.-de-D. 73 ⑬ **G. Auvergne** – 1 015 h. alt. 672 – © 73.

🏢 Syndicat d'Initiative à la Mairie (fermé sam. et dim.) ℡ 88.70.42.

Paris 401 – Aubusson 71 – ♦Clermont-Ferrand 23 – Le Mont-Dore 42 – Riom 26 – Ussel 71.

   🏠 **Poste,** ℡ 88.70.02 – 📺wc 🏠wc ☎ 🔄. 🍴 **E**

   → *fermé janv., en oct., dim. soir et lundi sauf juil.-août* – SC : **R** 42/100 – ☲ 13 –
   11 ch 70/100 – P 115/125.

CITROEN Klein, ℡ 88.70.05 N   RENAULT Tournaire, ℡ 88.70.41
PEUGEOT TALBOT Gar. du Pont, ℡ 88.70.14

PONTHIERRY 77 S.-et-M. 61 ①. 196 ⑭ – alt. 60 – ⊠ 77310 St-Fargeau-Ponthierry – © 6.

Paris 47 – Corbeil Essonnes 11 – Étampes 38 – Fontainebleau 19 – Melun 10.

   ※※ **Auberge Cheval Blanc,** ℡ 065.70.21 – **P**

   fermé 20 déc. au 15 janv. et dim. soir – **R** 84/105.

PEUGEOT Gar. des Bordes, 107 av. Fontaine-   TALBOT Gar. du Centre, 10 av. Fontainebleau
bleau, St-Fargeau ℡ 065.71.13 N ℡ 065.77.71   à Pringy ℡ 065.70.31 N
RENAULT Gar. Tractaubat, pl. Gén.-Leclerc ℡
065.70.39

PONTIGNY 89230 Yonne 65 ⑤ **G. Bourgogne** – 833 h. alt. 113 – © 86 – **Voir Abbaye ★**.

Paris 184 – Auxerre 20 – Sens 57 – Tonnerre 32 – Troyes 60.

   ※※ **Moulin de Pontigny,** ℡ 47.44.98 – **P** ① VISA
   *fermé fév., mardi soir et
   merc.* – SC : **R** 55/100 ⅃.

PONTIVY ⟨SP⟩ 56300 Morbihan
58 ⑱ **G. Bretagne** – 14 323 h. alt. 60
– © 97.

Voir Stival : vitraux★ de la chapelle St-Mériadec NO : 3,5 km
par ⑥.

🏢 Office de Tourisme pl. A.-Briand
(1er avril-30 sept. et fermé dim.) ℡
25.04.10 et à la Mairie (1er oct.-30
mars, fermé sam. et dim.) ℡ 25.00.33.

Paris 459 ② – Concarneau 88 ⑤ –
Dinan 93 ② – Lorient 57 ④ – Quimper
117 ④ – ♦Rennes 107 ① – St-Brieuc
64 ② – Vannes 52 ③.

   🏨 **Porhoët** M sans rest, 41
   av. Gén.-de-Gaulle ℡ 25.
   34.88 – 📶 📺 📺wc 🏠wc
   ☎ ⅃. 🔄   Y a
   SC : ☲ 16 – **28 ch** 115/140.

   🏠 **Napoléon** sans rest, r.
   Butte ℡ 25.13.58 – 📺wc
   🔄 **E** ❌   Y d
   *fermé fév. et dim. d'oct. à
   juin* – SC : ☲ 11 – **14 ch**
   77/105.

   🏠 **Martin,** 1 r. Leperdit ℡
   25.02.04 – 🏠 🔄 – 🔄 25.
   🔄   Y n
   *fermé 15 déc. au 15 janv. et
   dim. hors sais.* – SC : **R**
   45/150 ⅃ – ☲ 13 – **30 ch**
   78/150.

   🏠 **Friedland** sans rest, 12 r.
   Friedland ℡ 25.27.11 –
   📺wc 🏠 🔄. 🔄 **E**
   SC : ☲ 14 – **12 ch** 64/160.
                        Y s

   🏠 **Robic,** r. J.-Jaurès ℡ 25.
   11.80 – 📺 🏠 ☎ **P** – 🔄
   25. 🔄 **E** VISA   Z e
   SC : **R** 35/120 ⅃ – ☲ 14 –
   29 ch 45/100 – P 120/160.

PONTIVY

Nationale (R.) .... YZ
Pont (R. du) .... Y 22

Caïnain (R.) .... Y 2
Couvent (Quai du) .... Y 3
Fil (R. du) .... Y 5
Fricdland (R.) .... Y 6
Haucourt (Av. d') .... Z 8
Jaurès (R. Jean) ..... Z 12
Leclerc (Av. Gén.) ... Y 14
Le Goff (R.) .... Y 15
Lorois (R.) .... Y 17

Marengo (R. de) ...... Z 18
Martray (Pl. du) ..... Y 19
Mun (R. Albert-de) ... Z 20
Niemen (Quai) .... Y 21
Presbourg (Quai) ..... Y 23
Viollard (Bd) .... Z 28

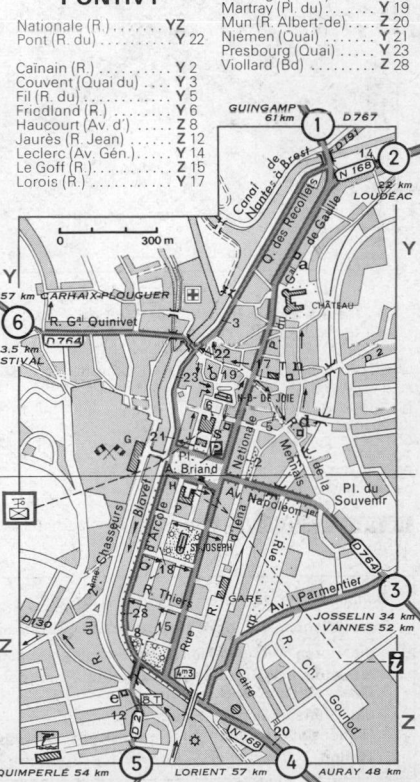

PONTIVY

CITROEN Laloge, rte de Vannes par ③ ☎ 25.30.56

PEUGEOT-TALBOT S.A.I.P., rte de Lorient par ④ ☎ 25.12.19

RENAULT Quéré, rte de Rostrenen par ⑥ ☎ 25.42.88

🔘 Piété 6 r. de Mun-r. Guynemer ☎ 25.02.77

PONT-L'ABBÉ 29120 Finistère 🖸🖪 ⑭⑮ **G. Bretagne** – 7 823 h. alt. 4 – ✿ 98.

Env. Calvaire★★ de la chapelle N.-D.-de-Tronoën O : 8 km.

🅳 Office de Tourisme Château (fermé sam. hors sais. et dim.) ☎ 87.24.44.

Paris 568 ① – Douarnenez 33 ④ – Quimper 20 ①.

PONT-L'ABBÉ

Château (R. du) 3
Gaulle (R. Gén.-de)
J.-J.-Rousseau (R.) 6
Lamartine (R.)
Simon (R. Jules) 13
Victor-Hugo (R.)

Cariou (R.) 2
Église (R. de l') 4
Gambetta (Pl.) 5
Kerentrée (R. de) 7
Marceau (R.) 8
Michelet (R.) 9
Nicolas (R.) 10
Pasteur (R.) 12

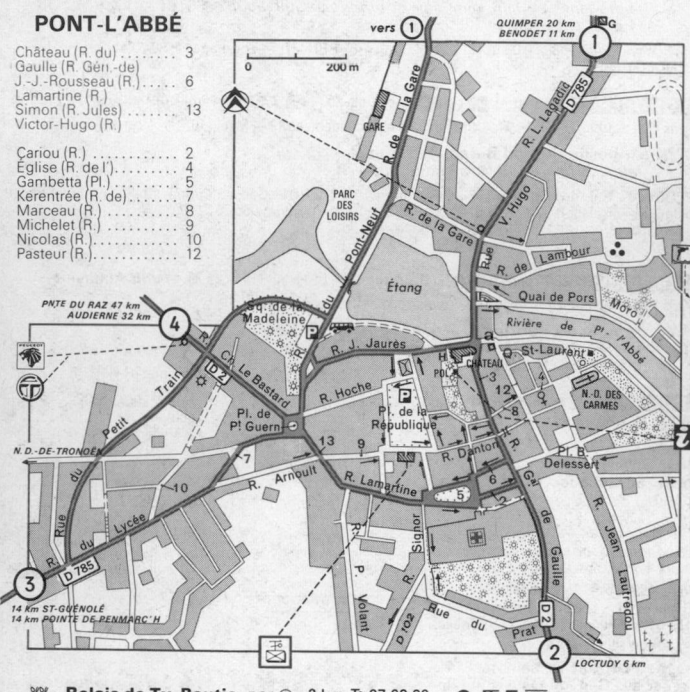

XX **Relais de Ty-Boutic**, par ③ : 3 km ☎ 87.03.90 – 🅿️ 🆎 🇪 VISA
◆ fermé 1ᵉʳ au 15 sept., fév., mardi soir et merc. de sept. à juin et lundi en juil. et août
– SC : **R** 48/180 ♨.

X **Voyageurs** avec ch, 6 quai St-Laurent **(a)** ☎ 87.00.37
20 ch.

CITROEN Gar. Chapalain, rte de Plomeur à Kerouan par ③ ☎ 87.16.37 🆖 ☎ 87.06.53
CITROEN Lorda-Tanneau, 21 r. Victor-Hugo ☎ 87.00.91
PEUGEOT-TALBOT Gar. Chatalen, rte Quimper à Kermaria par ① ☎ 87.29.08

PEUGEOT-TALBOT Pont l'Abbé Autos Services, 19 r. Ch.-Le-Bastard ☎ 87.06.50
RENAULT Kerlen, 122 r. Gén.-de-Gaulle par ② ☎ 87.14.45

PONT-LES-MOULINS 25 Doubs 🖪🖪 ⑱ – rattaché à Baume-les-Dames.

PONT-L'ÉVÊQUE 14130 Calvados 🔢 ③ G. Normandie – 4 140 h. alt. 16 – ❄ 31.

🏨 Syndicat d'Initiative Hôtel de Brilly (juil.-août) ☎ 64.12.77.

Paris 196 ② – ◆Caen 47 ② – ◆Le Havre 64 ② – ◆Rouen 80 ② – Trouville-Deauville 11 ⑦.

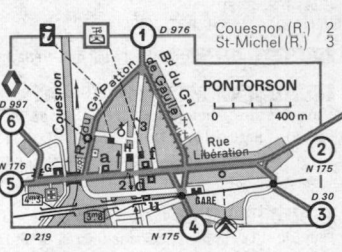

Hamelin (R.) 3
Launay (R. de) 4
St-Michel (Gde R.) 5

Brossard (R.) 2
Vaucelles (R.) 6

🏨 **Lion d'Or,** pl. Calvaire (a) ☎ 64.00.38 – �wc ☎ 🅿 – 🏊 100. 🍽 AE ⓪ VISA
fermé 2 au 31 janv. et merc. hors sais. – **R** 55/150 – ⊆ 18 – **16 ch** 105/190.

XX **Aub. de la Touques,** pl. Église (e) ☎ 64.01.69
fermé 15 nov. au 15 déc., lundi soir et mardi – SC : **R** 80/120.

CITROEN Dupuits, ☎ 64.01.86
FORD Garez, ☎ 64.02.11 Ⓝ
RENAULT Gar. du-Lion-d'Or ☎ 64.14.54

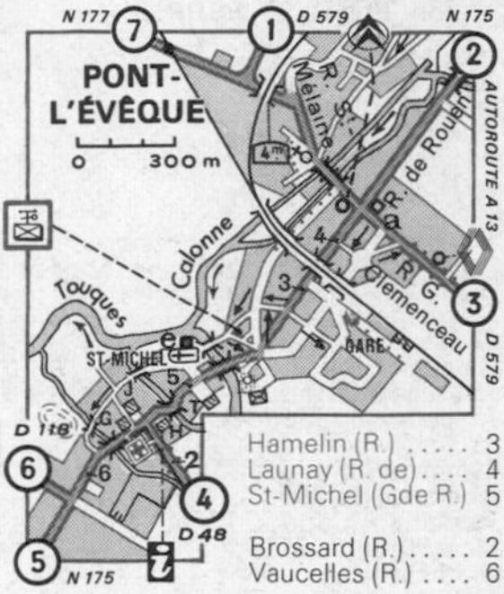

PONT-L'ÉVÊQUE 60 Oise 🔢 ③ – rattaché à Noyon.

PONTLEVOY 41 L.-et-Ch. 🔢 ⑰ G. Châteaux de la Loire – 1 607 h. alt. 99 – ⊠ 41400 Montrichard – ❄ 54.

Paris 207 – Blois 25 – Contres 14 – Montrichard 7,5 – Romorantin-Lanthenay 40.

🏨 **École,** ☎ 32.50.30, 😋, 🌳 – 🏠wc 🟤 🅿
fermé oct., fév., lundi soir et mardi midi hors sais. – SC : **R** 60/100 – ⊆ 18 – **15 ch** 70/175.

RENAULT Debras, ☎ 32.50.20   Gar. Marionnet, ☎ 32.50.11

PONTOISE 95 Val-d'Oise 🔢 ⑳, 📗 ⑤⑥, 📕 ② – voir à Cergy-Pontoise.

PONTORSON 50170 Manche 🔢 ⑦ G. Normandie – 3 558 h. alt. 18 – ❄ 33.

🏨 Syndicat d'Initiative pl. Église (Pâques, Pentecôte, fin juin-début sept. et fermé dim.) ☎ 60.20.65.
Paris 322 ② – Avranches 22 ② – Dinan 45 ⑤ – Fougères 38 ④ – ◆Rennes 57 ④ – St-Malo 43 ⑤.

🏨 **Montgomery,** r. Couesnon (a) ☎ 60.00.09, 🌳 – 🏠wc 🏠wc ☎ 🚗 🍽 AE ⓪ E VISA
26 mars-9 oct. – SC : **R** 57/160 – ⊆ 14 – **34 ch** 57/170 – P 245/283.

🏨 **Bretagne,** r. Couesnon (f) ☎ 60.10.55 – 🏠wc 🏠wc 🟤 🍽
fermé lundi – SC : **R** 50/100 – ⊆ 14,50 – **13 ch** 74/159 – P 180/220.

🏨 **Poste et Croix d'Or,** r. Couesnon (d) ☎ 60.00.45 – 🏠wc 🏠wc 🟤 🚗 🅿 🍽 VISA
1er avril-30 oct. et fermé mardi sauf en juil.-août – SC : **R** 50/90 ⅄ – ⊆ 16 – **32 ch** 75/135.

🏨 **Relais Clemenceau,** bd Clemenceau (u) ☎ 60.10.96 – 🏠 🅿
fermé 1er fév. au 7 mars et lundi d'oct. à juin – SC : **R** 48/78 – ⊆ 13 – **17 ch** 54/119 – P 95/140.

Couesnon (R.) 2
St-Michel (R.) 3

PONTORSON
0   400 m

CITROEN Jamin, ☎ 60.00.20   RENAULT Gar-Doulaux, ☎ 60.10.70
LANCIA Gar. Mogicato, ☎ 60.25.05 Ⓝ
PEUGEOT-TALBOT Galle-Vettori, par ② ☎ 60.00.37

PONT-RÉAN 35 I.-et-V. 🔢 ⑥ – rattaché à Rennes.

PONT-ROYAL 13 B.-du-R. 🔢 ② – rattaché à Senas.

PONT-ST-ESPRIT 30130 Gard 🔢 ⑩ G. Vallée du Rhône – 7 654 h. alt. 59 – ❄ 66.

🏨 Office de Tourisme La Citadelle, av. Pasteur (fermé dim.) ☎ 39.13.25.
Paris 648 ② – Alès 61 ③ – Avignon 60 ② – Carpentras 47 ② – Montélimar 42 ② – Nîmes 59 ③.

Plan page suivante

au Sud par ③ : 4,5 km rte de Bagnols-sur-Cèze :

🏨 **Valaurie** Ⓜ sans rest, ⊠ 30200 Bagnols-sur-Cèze ☎ 89.66.22, ≼, 🌳 – 🏠wc ☎ 🅿 🍽 E VISA 🏊
fermé 15 déc. au 15 janv. – SC : ⊆ 16 – **22 ch** 110/150.

CITROEN Guigou, 15 bd Gambetta ☎ 39.08.60   RENAULT Barre, 21 bd Gambetta ☎ 39.11.37
PEUGEOT TALBOT Giannellini, S.A.P.S.E., av. Kennedy ☎ 39.10.68

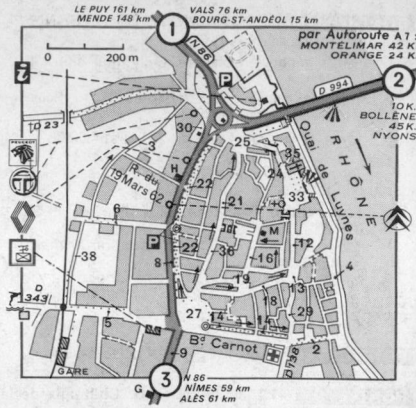

PONT-ST-PIERRE 27360 Eure 55 ⑦ G. Normandie – 1 163 h. alt. 17 – ✪ 32.

Voir Boiseries★ de l'église – Côte des Deux-Amants★★ SO : 4,5 km puis 15 mn.

Paris 106 – Les Andelys 18 – Évreux 45 – Louviers 21 – Pont-de-l'Arche 10 – ♦Rouen 21.

XXX **Bonne Marmite** avec ch, ⌖ 49.70.24 – 📺 🛏wc ☎ – 🄰 25. 🖨 ᴀᴇ ① Ɛ 𝘝𝘐𝘚𝘈. ⚘ ch
*fermé 25 juil. au 12 août, 25 fév. au 15 mars, dim. soir du 1er sept. au 31 mars, sam. midi et vend. – SC : **R** 65 (sauf sam. soir)/160 – 🖵 18 – **9 ch** 140/195 – P 230/260.*

XX **Aub. de l'Andelle,** ⌖ 49.70.18 – 𝘝𝘐𝘚𝘈
*fermé 16 août au 8 sept., dim. soir et lundi sauf fêtes – SC : **R** 66/99 🍴.*

CITROEN Gar. Grandserre, à Neuville Chant Oisel ⌖ 80.28.21.
RENAULT Carnel, ⌖ 49.70.48

◉ Brunel, Le Petit Nojeon à Fleury-sur-Andelle ⌖ 49.01.22

PONT-STE-MARIE 10 Aube 61 ⑰ – rattaché à Troyes.

PONT-STE-MAXENCE 60700 Oise 55 ①② G. Environs de Paris – 9 426 h. alt. 32 – ✪ 4.

Voir ≼ ★ de l'Ancien moulin de Calipet.

Paris 61 – Beauvais 49 – Compiègne 24 – Creil 12 – Senlis 12.

XX **Host. Pont de l'Oise** avec ch, pl. Perronet ⌖ 472.20.63 – 📺 🛏wc ☎. ① 𝘝𝘐𝘚𝘈
◆ *fermé en sept. et en fév. – SC : **R** 46/68 🍴 – 🍺 13 – **6 ch** 110.*

PONT-SALOMON 43330 H.-Loire 76 ⑧ – 1 352 h. alt. 635 – ✪ 77.

Paris 540 – Le Puy 57 – La Chaise-Dieu 69 – ♦St-Étienne 21 – Yssingeaux 30.

🏠 **Modern'H.,** ⌖ 35.50.18 – 🍴 Ɛ
◆ *fermé fin sept. à début oct. et sam. sauf juin à sept. – SC : **R** 32/55 🍴 – 🍺 11 – **12 ch** 60/75 – P 100/110.*

Les PONTS-NEUFS 22 C.-du-N. 59 ④ – alt. 33 – ✉ 22400 Lamballe – ✪ 96.

Paris 441 – Carhaix-Plouguer 88 – Erquy 20 – Lamballe 12 – Loudéac 44 – St-Brieuc 14.

XXX ✿✿ **Lorand-Barre** (Damour), ⌖ 32.78.71, ≼, « Bel intérieur rustique breton » – ᴀᴇ ①
*fermé 1er déc. au 1er mars et lundi – **R** (nombre de couverts limité - prévenir) 230/300*
Spéc. Homard grillé, Ris de veau au porto, Poulet sauté à l'estragon.

PONT-SUR-YONNE 89140 Yonne 61 ⑬⑭ – 3 051 h. alt. 65 – ✪ 86.

🅱 Syndicat d'Initiative à la Mairie (fermé sam. après-midi et dim.) ⌖ 67.16.79.

Paris 108 – Auxerre 69 – Fontainebleau 41 – Nemours 44 – Nogent-sur-S. 37 – Provins 35 – Sens 12.

🏨 **Aux Trois Rois,** ⌖ 67.01.05, 🍱 – 🛏 🍴 ☎ 🅿. 𝘝𝘐𝘚𝘈
◆ *fermé déc., janv., dim. soir et lundi sauf juil. et août – SC : **R** 48/100 – 🖵 10,50 – **13 ch** 56/130 – P 110/140.*

XX **Host. de l'Ecu** avec ch, 3 r. Carnot ⌖ 67.01.00 – 🍴wc. ① 𝘝𝘐𝘚𝘈
◆ *fermé 5 janv. au 5 mars, lundi soir et mardi sauf juil. et août – SC : **R** 50/85 – 🍺 10 – **8 ch** 70/150 – P 150/200.*

XX **Aub. km 99,** ⌖ 67.00.40 – 🅿. 𝘝𝘐𝘚𝘈
◆ *fermé 20 déc. au 9 janv., mardi soir et merc. – SC : **R** 53/110 🍴.*

CITROEN Soutin, ⌖ 67.12.04
PEUGEOT-TALBOT Gonnet, ⌖ 67.12.00

TALBOT Nottet, ⌖ 67.10.97

Le PORGE 33 Gironde 🔟🔢 ① – 1 058 h. – ✉ **33680** Lacanau – ✪ 56.

Paris 629 – Andernos-les-Bains 17 – ◆Bordeaux 50 – Lacanau-Océan 25 – Lesparre-Médoc 53.

   ✗   **Le Galip**, au Porge-Océan O : 10,5 km ☎ 26.50.33 – Ⓟ. 𝑉𝐼𝑆𝐴
       fermé nov. et vend. – SC : **R** 70.

RENAULT Deyres, ☎ 26.50.16

PORNIC 44210 Loire-Atl. 🔢🔢 ① G. Côte de l'Atlantique (plan) – 2 708 h. – Casino le Môle – ✪ 40 – 🔤 ☎ 82.06.69, O : 1 km.

🅱 Syndicat d'Initiative à la Mairie (fév.-fin oct. et fermé jeudi) ☎ 82.04.40.

Paris 428 – ◆Nantes 51 – La Roche-sur-Yon 79 – Les Sables-d'Olonne 89 – St-Nazaire 29.

   🏨   **Ourida**, 43 r. Verdun ☎ 82.00.83, 🚗 – 🛏wc 📶 Ⓟ. 🕸
    —   SC : **R** *(fermé 1er au 15 mars)* 35/89 – 🖵 13 – **10 ch** 66/154 – P 153/187.

     à Ste-Marie O : 3 km – ✉ **44210** Pornic :

   🏨🏨 **Les Sablons** Ⓜ 🕸, ☎ 82.09.14, 🚗 – 🛏wc 📶 Ⓟ. 🕸📶 🅴 𝑉𝐼𝑆𝐴
       SC : **R** 70/140 – 🖵 15 – **30 ch** 140/240 – P 225/270.

CITROEN Gar. du Môle, 26 quai Leray ☎ 82. 00.08
PEUGEOT-TALBOT Gaudin, rte Bleue ☎ 82. 00.26

RENAULT Guitteny, 7 r. du Gén.-de-Gaulle ☎ 82.01.17
V.A.G. Lecointre, 21 r. Cdt-l'Herminier ☎ 82.04.49

PORNICHET 44380 Loire-Atl. 🔢🔢 ⑭ G. Bretagne (plan) – 7 313 h. – Casino – ✪ 40.

🅱 Office de Tourisme pl. A.-Briand (fermé déc.) ☎ 61.08.92.

Paris 443 – La Baule 6 – ◆Nantes 82 – St-Nazaire 11.

   🏨   **Sud Bretagne**, bd République ☎ 61.02.68, ⚓, 🚗, 🕸 – 🛏wc 📶wc ☎. 📶 🅰🅴 ⓓ 🅴 𝑉𝐼𝑆𝐴
       fin mars-mi oct. – SC : **R** carte 130 à 200 – 🖵 22 – **38 ch** 180/300.

   🏨   **Charmettes** 🕸, av. Flornoy ☎ 61.04.30, 🚗 – 🛏wc 📶wc. 📶 𝑉𝐼𝑆𝐴 🕸 rest
       1er juin-10 sept. – SC : **R** 75/105 – 🖵 16 – **34 ch** 90/180 – P 157/222.

CITROEN Dudilieu, ☎ 61.03.12
PEUGEOT Gar. Robert, ☎ 60.31.62

RENAULT Le Cam, ☎ 61.04.10

PORQUEROLLES (Ile de) ★★★ 83540 Var 🔢🔢 ⑯ G. Côte d'Azur – ✪ 94.

Accès par transports maritimes

  ⚓ depuis **La Tour Fondue** (presqu'île de Giens). En 1982 : en saison, départ toutes les 1/2 h ; hors sais., 5 services quotidiens - Traversée 15 mn - 35 F (AR). Renseignements : Transports Maritimes et Terrestres du Littoral Varois ☎ 58.21.81 (La Tour Fondue).

  ⚓ depuis **Cavalaire**. En 1982 : du 15 juin au 15 sept., 3 services hebdomadaires - Traversée 2 h – 55 F (AR). Renseignements : Cie Maritime des Vedettes "Ile d'Or" ☎ 64.08.04 (Cavalaire).

  ⚓ depuis le **Port de la Plage d'Hyères**. En 1982 : du 1er juin au 31 août, 6 services quotidiens - Traversée 30 mn – 39 F (AR). Renseignements : Transports Maritimes et Terrestres du Littoral Varois ☎ 57.44.07 (Port d'Hyères).

  ⚓ depuis **Le Lavandou**. En 1982 : du 15 juin au 15 sept., 1 service quotidien - Traversée 1 h – 55 F (AR). Renseignements : Cie Maritime des Vedettes "Iles d'Or" ☎ 71.01.02 (Le Lavandou).

  ⚓ depuis **Toulon**. En 1982 : du 15 juin au 15 sept., 2 à 3 services quotidiens - Traversée 1 h - 50 F (AR). Renseignements : Service Maritime Touristique Varois, quai Stalingrad ☎ 92.96.82 (Toulon).

   🏨   **Ste Anne** 🕸, ☎ 58.30.04, 🚶, 🚗 – 🛏wc 📶 📶
       fermé 15 nov. au 15 déc. – SC : **R** 73/138 – 🖵 17 – **16 ch** (pens. seul.) – P 190/267

   ✗✗ **Orée du Bois**, ☎ 58.30.57, 🚶 – 𝑉𝐼𝑆𝐴
       fermé 3 au 23 oct. et 5 au 18 déc. – SC : **R** 75/100.

   ✗   **Les Glycines** 🕸 avec ch, ☎ 58.30.36, 🚶 – 🛏wc 📶 📶. 📶
       15 mars-15 oct. – SC : **R** 75 – **11 ch** (pens. seul.) – P 240/280.

   ✗   **Aub. Arche de Noé** 🕸 avec ch, ☎ 58.30.74, 🚶 – 🛏wc. 🕸
       15 mars-1er nov. – SC : **R** 60/80 – 🖵 15 – **16 ch** (pens. seul.) – P 220/255.

    à l'Ouest : 3,5 km du port :

   🏨   **Mas du Langoustier**, ☎ 58.30.09, ≤, parc, 🚶, « 🕸 dans un site boisé près du rivage, 📶 », 🕸 – 📺 🛏wc 📶 ☎ – 🏌 80. 📶
       mai-oct. – SC : **R** 110 – 🖵 25 – **48 ch** 168/357 – P 327/422.

PORS ÉVEN 22 C.-du-N. 🔢🔢 ② – rattaché à Paimpol.

PORTBAIL 50580 Manche 🔢🔢 ⑪ G. Normandie – 1 629 h. – ✪ 33.

Excurs. à l'Île de Jersey★ (voir Jersey).

Paris 348 – Carentan 38 – ◆Cherbourg 45 – Coutances 43 – St-Lô 58 – Valognes 29.

   🏨   **La Galiche**, pl. E.-Laquaine ☎ 54.84.18 – 🛏wc 📶. 🅴. 🕸
    —   *fermé en fév. et lundi* – SC : **R** 44/100 🍷 – 🖵 13 – **12 ch** 67/120 – P 159/216.

PORT-BARCARES 66 Pyr.-Or. 86 ⑩ – rattaché à Barcarès.

PORT-BLANC 22 C.-du-N. 59 ① G. Bretagne – ✉ 22710 Penvénan – 96.
Paris 521 – Guingamp 36 – Lannion 19 – Perros-Guirec 17 – St-Brieuc 71 – Tréguier 11.

Iles, ☎ 92.66.49, – wc P. . rest
1er avril-25 sept. – SC : **R** 50/90 – 12 – **35 ch** 70/150 – P 140/170.

Le Rocher sans rest, ☎ 92.64.97 – wc P.
fin juin-début sept. – SC : 18 – **10 ch** 110/150.

PORT-CAMARGUE 30 Gard 83 ⑱ – rattaché à Grau-du-Roi.

PORT-CROS (Ile de) ** 83145 Var 84 ⑯⑰ G. Côte d'Azur – 94.
Accès par transports maritimes.

depuis **Le Lavandou.** En 1982 : de mars à oct., 4 à 12 services quotidiens ; hors saison, 4 services hebdomadaires - Traversée 50 mn – 43 F (AR) par Cie Maritime des Vedettes "Iles d'Or" ☎ 71.01.02 (Le Lavandou).

depuis **Cavalaire.** En 1982 : du 15 juin au 15 sept., 1 service quotidien - Traversée 1 h – 43 F (AR) par Cie Maritime des Vedettes "Iles d'Or" ☎ 64.08.04 (Cavalaire).

depuis le **Port de la Plage d'Hyères.** En 1982 : du 1er avril au 30 sept., 1 service quotidien ; du 1er oct. au 31 mars, 4 services hebdomadaires - Traversée 1 h 15 – 56 F (AR). Renseignements : Transports Maritimes et Terrestres du Littoral Varois ☎ 57.44.07 (Port d'Hyères).

Le Manoir , ☎ 05.90.52, ←, parc, – wc wc . .
Pâques-15 oct. – SC : **R** 125/200 – **26 ch** (pens. seul) – P 350/440.

PORT-DE-CARHAIX 29 Finistère 58 ⑰ – rattaché à Carhaix.

PORT-DE-GAGNAC 46 Lot 75 ⑲ – rattaché à Bretenoux.

PORT-DE-GRAVETTE 44 Loire-Alt. 67 ① – rattaché à Plaine-sur-Mer.

PORT-DE-GROSLÉE 01 Ain 74 ⑭ – rattaché à Groslée.

PORT-DE-LA-MEULE 85 Vendée 67 ⑪ – rattaché à Yeu (Ile d').

PORT-DE-LANNE 40 Landes 78 ⑰ – 602 h. alt. 10 – ✉ 40300 Peyrehorade – 58.
Paris 757 – •Bayonne 30 – Dax 20 – Mont-de-Marsan 72 – Peyrehorade 6,5 – St-Vincent-de-T. 21.

XX **Vieille Auberge** avec ch, ☎ 89.16.29, « Cadre ancien, jardin fleuri », – wc P.
1er juil.-20 sept. – **R** 83 – 18 – **7 ch** 100/200.

PORT DONNANT 56 Morbihan 63 ⑪ – voir Belle-Ile.

PORTE (Col de) 38 Isère 77 ⑤ – rattaché au Sappey-en-Chartreuse.

Le PORTEL 62480 P.-de-C. 51 ① – rattaché à Boulogne.

PORT GOULPHAR 56 Morbihan 63 ⑪ – rattaché à Belle-Ile-en-Mer.

PORT GRIMAUD 83 Var 84 ⑰ G. Côte d'Azur – ✉ 83310 Cogolin – 94.
Voir ←* de la tour de l'Église oecuménique.
Paris 873 – Brignoles 63 – Hyères 48 – St-Tropez 7 – Ste-Maxime 8 – •Toulon 66.

Giraglia M , ☎ 56.31.33, Télex 470494, ← golfe, , , – – 40. AE
fermé 2 oct. au 24 déc. – SC : **R** *(fermé mardi du 1er janv. au 1er avril)* 140 – 25 – **48 ch** 460/790 – P 495/675.

Port sans rest, ☎ 56.36.18 – wc . E VISA
SC : 25 – **20 ch** 220/320.

XX **La Tartane,** ☎ 56.38.32, – AE VISA
fermé merc. du 1er nov. au 31 mars – SC : **R** 90.

à La Foux S : 2 km sur N 98 – ✉ 83310 Cogolin :

XX **Port Diffa,** ☎ 56.29.07, Cuisine marocaine – P. AE .
fermé 15 janv. à fin fév. – SC : **R** 95 .

RENAULT S.O.C.A., N 98, La Foux ☎ 56.02.60

PORT-HALIGUEN 56 Morbihan 63 ⑫ – rattaché à Quiberon.

PORTIVY 56 Morbihan 63 ⑪ – rattaché à Quiberon.

PORT-JOINVILLE 85 Vendée 67 ⑪ – rattaché à Yeu (Ile d').

PORT-LA-NOUVELLE 11210 Aude 🔢 ⑩ G. Causses – 4 618 h. – ✪ 68.

🛈 Office de Tourisme av. Mer (fermé dim. hors sais.) ☎ 48.00.51.

Paris 875 – Carcassonne 79 – Narbonne 30 – ◆Perpignan 50 – Quillan 113.

🏨 **Méditerranée,** bd Front-de-Mer ☎ 48.03.08, ≤ – 🛗 📺 ⌷wc 🗋wc ☎ ⟵ – 🛎
◆ 50. ⟵🏤 AE ⓞ E VISA
fermé 20 nov. au 20 déc. – SC : **R** 50/120 🍴 – ⟷ 20 – **32 ch** 170/220 – P 190/260.

PEUGEOT TALBOT Gar. Marill, ☎ 48.04.86   Gar. Provence Auto, ☎ 48.03.10

PORT-LAUNAY 29 Finistère 🔢 ⑮ – rattaché à Chateaulin.

PORT-LESNEY 39430 Jura 🔢 ⑤ G. Jura – 642 h. alt. 248 – ✪ 84.

Paris 406 – Arbois 12 – ◆Besançon 40 – Dole 40 – Lons-le-Saunier 50 – Poligny 23 – Salins-les-B. 11.

🏨 **Gd Hôtel Parc** ⟅, ☎ 73.81.41, ≤, parc, ☆, « Manoir du 18e s. », ✖ – ⌷wc
☎ 🅿 – 🛎 30. ⟵🏤
Pâques-fin oct. – SC : **R** carte 80 à 110 – ⟷ 20 – **16 ch** 100/210 – P 220/280.

PORT-LIN 44 Loire-Atl. 🔢 ⑬⑭ – rattaché au Croisic.

PORT-LOUIS 56290 Morbihan 🔢 ① G. Bretagne – 3 720 h. alt. 10 – ✪ 97.

Voir Citadelle✱ : musée naval✱.

Paris 503 – Auray 29 – Lorient 19 – Pontivy 58 – Quiberon 39 – Quimperlé 38 – Vannes 47.

🏨 **Avel Vor,** r. Locmalo ☎ 82.47.59, Télex 950826, ≤ – 🛗 ⌷wc ☎. ⟵🏤 AE ⓞ VISA.
◆ ✖
fermé 15 nov. au 10 janv. – SC : **R** 50/170 – ⟷ 19 – **25 ch** 180/240 – P 240/265.

🏠 **Commerce,** Pl. Marché ☎ 82.46.05, ✖ – ⌷wc 🗋wc ☎ – 🛎 30. ⟵🏤
◆ *fermé dim. soir et lundi hors sais.* – SC : **R** 50/125 – ⟷ 17 – **40 ch** 65/185 – P
175/240.

RENAULT Gar. de l'Avancée, ☎ 82.47.85

PORT-MANECH 29 Finistère 🔢 ⑪ G. Bretagne – ✉ 29139 Névez – ✪ 98.

Paris 539 – Carhaix-Plouguer 74 – Concarneau 17 – Pont-Aven 12 – Quimper 39 – Quimperlé 29.

🏠 **Ar Moor,** ☎ 06.82.48, ≤, ✖ – ⌷wc ☎ 🅿 ⟵🏤
Pâques-fin sept. – SC : **R** 75/165 – ⟷ 15 – **36 ch** 110/220 – P 210/245.

🏠 **du Port,** ☎ 06.82.17, ✖ – ⌷wc 🗋wc ☎. ⟵🏤 E. ✖
Pâques-sept. – SC : **R** *(fermé lundi)* 58/190 – ⟷ 14 – **36 ch** 85/230 – P 170/220.

PORT-MARIA 56 Morbihan 🔢 ⑫ – rattaché à Quiberon.

Le PORT-MONTAIN 77 S.-et-M. 🔢 ④ – rattaché à Noyen-sur-Seine.

PORT-MORT 27 Eure 🔢 ⑰, 🔢 ① – 736 h. alt. 16 – ✉ 27940 Aubevoye – ✪ 32.

Paris 93 – Les Andelys 11 – Evreux 31 – Vernon 11.

✖✖ **Aub. des Pêcheurs,** ☎ 52.60.43, ✖ – VISA
fermé août, en fév., lundi soir et mardi – SC : **R** 68/95.

PORT-RACINE 50 Manche 🔢 ① – rattaché à St-Germain-des-Vaux.

PORTRIEUX 22 C.-du-N. 🔢 ③ – rattaché à St-Quay-Portrieux.

PORT-ST-LOUIS-DU-RHÔNE 13230 B.-du-R. 🔢 ⑪ G. Provence – 10 393 h. – ✪ 42.

Paris 770 – Arles 39 – ◆Marseille 74 – Salon-de-Provence 54.

🏠 **Le Tamaris** ⟅, rte Plage Napoléon : 2 km ☎ 86.10.49, ✖ – 🗋wc ☎ 🅿. ⟵🏤
VISA
R *(fermé 21 déc. au 5 janv. et sam.)* 58/150 – ⟷ 13 – **12 ch** 150 – P 206.

PORTS-SUR-VIENNE 37 I.-et-L. 🔢 ④ – 412 h. alt. 43 – ✉ 37800 Ste-Maure-de-Touraine –
✪ 47.

Paris 284 – Châtellerault 27 – Chinon 40 – Loches 48 – ◆Tours 54.

✖ **Le Grillon,** Le Bec des Deux Eaux SE : 2 km ☎ 65.02.74 – 🅿. ✖
◆ *fermé 26 juin au 14 juil., 20 sept. au 10 oct., jeudi soir et vend.* – SC : **R** 35/120 🍴.

PORT-SUR-SAÔNE 70170 H.-Saône 🔢 ⑤ – 2 482 h. alt. 261 – ✪ 84.

Paris 357 – Bourbonne-les-Bains 44 – Épinal 83 – Gray 52 – Jussey 22 – Langres 63 – Vesoul 12.

✖ **Pomme d'Or** avec ch, ☎ 91.52.66 – 🅿 ⟵🏤 AE E VISA
◆ *fermé 22 août au 12 sept. et lundi* – SC : **R** 40/90 🍴 – ⟷ 15 – **8 ch** 65/85 – P
130/180.

PORT-SUR-SAÔNE

à Vauchoux S : 3 km par D 6 – ⊠ **70170** Port-sur-Saône :

XXX ۞ **Château de Vauchoux** (Turin), ℱ 91.53.55, parc, ⌇, ⚒ – ℗ ⴲ 𝘷𝘪𝘴𝘢
fermé 4 au 9 juil., 7 au 25 fév., lundi et mardi – SC : **R** 95/245
Spéc. Bar à la vapeur, Fondant de canard, Profiteroles glacées au chocolat. Vins L'Étoile, Pupillin.

PORT-VENDRES 66660 Pyr.-Or. ⑧⑥ ⑳ G. Pyrénées – 5 757 h. alt. 25 – ✿ 68 – 🄷 Syndicat
d'Initiative quai Forgas (hors saison matin seul., fermé sam. après-midi et dim.) ℱ 82.07.54.
Paris 941 – ◆Perpignan 31.

X **Costa Brava** avec ch, 1 rte Collioure ℱ 82.03.04 – ⚒ rest
➔ *avril-nov. et fermé merc. hors sais.* – **R** 43/60 ⅄ – ⚌ 12 – **10 ch** 70/80 – P
266/276 (pour 2 pers.).

RENAULT Lopez, 1 r. Camille-Pelletan ℱ 82.12.65

PORT-VILLEZ 78 Yvelines ⑤⑤ ⑱. ⑲⑥ ② – rattaché à Vernon.

La POSTE DE BOISSEAUX 28 E.-et-L. ⑥⓪ ⑲ – rattaché à Angerville (91 Essonne).

POUANCÉ 49420 M.-et-L. ⑥③ ⑧ G. Châteaux de la Loire – 3 202 h. alt. 73 – ✿ 41.
🄷 Syndicat d'Initiative r. Porte Angevine (15 juin-15 sept., fermé dim. et lundi) ℱ 92.45.86.
Paris 329 – Ancenis 44 – Angers 60 – Châteaubriant 16 – Laval 51 – ◆Rennes 65 – Vitré 46.

▥ **Cheval Blanc,** rte de Segré ℱ 92.41.16 – ⌂wc ⌇ ☏. ⚒
➔ *fermé lundi hors saison* – SC : **R** 48/120 ⅄ – ⚌ 16 – **14 ch** 90/160.

POUDENAS 47 L.-et-G. ⑦⑨ ⑬ – 351 h. alt. 66 – ⊠ **47170** Mézin – ✿ 53.
Paris 736 – Agen 47 – Aire-sur-l'Adour 62 – Condom 19 – Mont-de-Marsan 66 – Nérac 17.

XX ۞ **La Belle Gasconne** (Mme Gracia), ℱ 65.71.58 ℗
fermé janv., dim. soir et lundi – SC : **R** (nbre de couverts limité - prévenir) 75/150
Spéc. Foie gras en terrine, Civet de canard, Desserts.

POUGUES-LES-EAUX 58320 Nièvre ⑥⑨ ③ G. Bourgogne – 2 014 h. alt. 192 – Casino – ✿ 86.
Paris 229 – La Charité-sur-Loire 13 – Clamecy 64 – Corbigny 56 – Nevers 11 – Prémery 24.

▥ Gd Hôtel, N 7 ℱ 68.85.44, 斎, 廡 – ⌂wc ⌇ ☏ ℗ – ⚓ 35 à 90 – **18 ch**.

▥ **Central H.,** N 7 ℱ 68.85.00 – ⌂ ⚒ ch
➔ *fermé 15 nov. au 15 déc. et vend. hors sais.* – SC : **R** 42/140 ⅄ – ⚌ 15,50 – **13 ch**
83/134 – P 134/170.

X **Courte Paille** (ouvert 10 h à 22 h), rte Paris NO : 2 km, ⊠ 58400 La Charité-sur-
Loire, ℱ 68.88.33 – ℗. 𝘷𝘪𝘴𝘢
R carte environ 75 ⅄.

à Germigny-sur-Loire O : 6 km – ⊠ **58320** Pougues-les-Eaux :

X **Chez Daniel,** ℱ 68.87.99 – ℗
➔ *fermé fév. et merc* – SC : **R** 38/58.

POUILLON 40350 Landes ⑦⑧ ⑦ – 2 425 h. alt. 28 – ✿ 58.
🄷 Syndicat d'Initiative à la Mairie (1er juil.-31 août et fermé lundi) ℱ 98.21.62.
Paris 751 – ◆Bayonne 51 – Dax 15 – Orthez 29 – Pau 70.

X **Aub. Au Pas de Vent** avec ch, ℱ 98.20.88 – ⌂wc ℗
➔ *fermé 1er au 15 sept.* – SC : **R** *(fermé lundi)* 42/120 ⅄ – ⚌ 15 – **3 ch** 110/120 – P
150.

PEUGEOT Gar. Garein, ℱ 98.20.54   RENAULT Gar. Duboscq, ℱ 98.21.33 🄽
RENAULT Gar. Bacheré, ℱ 98.20.95

POUILLY-EN-AUXOIS 21320 Côte-d'Or ⑥⑥ ⑱ G. Bourgogne – 1 249 h. alt. 384 – ✿ 80.
Paris 273 – Autun 45 – Avallon 64 – Beaune 46 – ◆Dijon 42 – Montbard 58 – Saulieu 31.

▥ Motel Val Vert ⓜ ఎ sans rest, rte d'Arnay-le-Duc ℱ 90.82.34 – ⌂wc ☏ ⅙ ℗ –
⚓ 50 – **30 ch**.

PEUGEOT-TALBOT Gar. Jeannin, ℱ 90.82.11   RENAULT Gar. Orset-Auto-21, ℱ 90.80.45
🄽

POUILLY-SUR-LOIRE 58150 Nièvre ⑥⑤ ⑬ G. Bourgogne – 1 798 h. alt. 177 – ✿ 86.
🄷 Office de Tourisme à la Mairie (matin seul. sauf juil.-août, fermé sept. et dim.) ℱ 39.12.55.
Paris 203 – Château-Chinon 89 – Clamecy 57 – Cosne-sur-Loire 15 – Nevers 37 – Vierzon 84.

▥ **Le Relais Fleuri et rest Coq Hardi,** SE : 0,5 km ℱ 39.12.99, 斎, « Jardin fleuri
➔ et vue sur la Loire » – ⌂wc ℗wc ☏ ⟷ ℗ – ⚓ 50. ⌸ ⴲ 𝘷𝘪𝘴𝘢
fermé 1er au 15 oct., 1er janv. au 1er mars, merc. soir et jeudi hors sais. – SC : **R**
45/170 – ⚌ 16 – **9 ch** 120.

▥ **Bouteille d'Or,** rte Paris ℱ 39.13.84 – ⌂wc ℗wc ☏ – ⚓ 25. ⌸
fermé 10 janv. au 20 fév. et vend. d'oct. à mars – SC : **R** 60/150 – ⚌ 18 – **31 ch**
100/160 – P 170/200.

XXX ❀ **Espérance** (Raveau) avec ch, ⊤ 39.10.68, ≼, 🍴, 🛋, ⇍ — 🛏wc 🛁wc 🅿, 📞 Æ ⑪ E 𝑽𝑰𝑺𝑨, 🛁 ch
fermé 1ᵉʳ au 20 déc., 3 au 30 janv., dim. soir et lundi hors sais. – SC : **R** 120/200 – 🖙 25 – **4 ch** 190
Spéc. Écrevisses au Pouilly (avril-oct.), Eminçé de bar au vinaigre de Xérès, Aiguillettes de canard au Sancerre rouge. **Vins** Sancerre, Pouilly Fumé.

XX **La Vieille Auberge,** N 7 déviation sud ⊤ 39.17.98 – 🅿 E 𝑽𝑰𝑺𝑨
fermé 12 sept. au 7 oct., 1ᵉʳ au 17 mars, mardi soir et merc. – SC : **R** 75/150.

à Charenton SE : 2 km sur N 7 – ✉ 58150 Pouilly-sur-Loire :

X **Relais Grillade,** ⊤ 70.07.00, ≼, 🍴 – 🅿, Æ E 𝑽𝑰𝑺𝑨
➤ *fermé janv.* – SC : **R** 40/90 🍷.

CITROEN Gar. Prulière, ⊤ 39.14.44 🅽   PEUGEOT Gar. S.A.P.L., ⊤ 39.14.65

POULAINS (Pointe des) 56 Morbihan 🔲🔲 ⑪ – voir à Belle-Ile.

POULDREUZIC 29134 Finistère 🔲🔲 ⑭ – 2 141 h. alt. 56 – ❀ 98.
Paris 581 – Audierne 16 – Douarnenez 18 – Pont-l'Abbé 16 – Quimper 25.

🏠 **Moulin de Brénizenec** 𝕄 🛏 sans rest, rte d'Audierne : 3 km ⊤ 58.30.33, ≼, « Jardin » – 🛏wc 📞 🅿
Pâques-18 sept. et du 29 oct. à Pâques sur demande – SC : 🖙 20 – **10 ch** 198/212.

🏠 **Ker Ansquer** 🛏, à Labadan NO : 2 km par D 2 ✉ 29143 Plogastel-St-Germain ⊤ 54.41.83, 🛋 – 🛏wc 🛁wc 📞 🅿
Pâques et 15 mai-fin sept. – SC : **R** (1/2 pension seul.) – 🍷 15 – **11 ch** 160 – ¹/₂ p 160.

à Penhors O : 4 km par D 40 – ✉ 29143 Plogastel-St-Germain :

🏠 **Breiz Armor** 𝕄 🛏, ⊤ 54.40.41, ≼ – 🛏wc 🛁wc ☎ 👌 🅿
1ᵉʳ avril-16 oct., week-ends du 16/10 au 3/4 sauf janv.-fév., vacances de Noël, fermé merc. sauf du 15/6 au 15/9 – SC : **R** 51/130 – 🖙 18 – **23 ch** 145/180 – P 210/250.

Le POULDU 29 Finistère 🔲🔲 ⑫ G. Bretagne – ✉ 29121 Clohars-Carnoët – ❀ 98.
🛈 Office de Tourisme bd Plages (fermé matin hors sais. et dim.) ⊤ 39.93.42.
Paris 514 – Concarneau 37 – Lorient 23 – Moëlan-sur-Mer 11 – Quimper 59 – Quimperlé 16.

🏠 **Castel Treaz,** ⊤ 30.01.11, ≼, 🛋 – 🛗 🛏wc 🛁wc 📞 🅿, 📞 🛁 rest
1ᵉʳ juin-20 sept. – SC : **R** (dîner seul.) 60/110 – 🖙 18 – **23 ch** 80/210.

🏠 **Bains,** ⊤ 39.90.11, ≼ – 🛗 🛏wc 📞 🛁
1ᵉʳ mai-25 sept. – SC : **R** 60/160 – 🖙 16 – **49 ch** 75/175 – P 160/230.

🏠 **Dunes,** ⊤ 39.92.78, ≼, 🛋, 🛁 – 🛏wc 🛁wc 📞 🅿 🛁 rest
4 juin-12 sept. – SC : **R** 54/100 – 🖙 14.50 – **49 ch** 70/210 – P 140/220.

➤ **Quatre Chemins,** ⊤ 39.90.44, 🛋 – 🛏wc 🛁wc 🅿, 📞 🛁 rest
5 juin-8 sept. – SC : **R** 50/130 – 🖙 14 – **38 ch** 85/170 – P 135/195.

Le POULIGUEN 44510 Loire-Atl. 🔲🔲 ⑭ G. Bretagne (plan) – 4 840 h. – ❀ 40.
🛈🛈 de la Baule ⊤ 60.46.18 NE : 10 km.
🛈 Office de Tourisme Port Sterwitz (fermé merc. hors sais. et dim. sauf matin en saison) ⊤ 42.31.05.
Paris 448 – La Baule 3 – Guérande 5,5 – ♦Nantes 77 – St-Nazaire 18.

🏠 **Orée du Bois** sans rest, r. Mar.-Foch ⊤ 42.32.18 – 🛏wc 🛁 📞 🛁
SC : 🖙 10 – **15 ch** 100/200.

🏠 **Jules Verne** sans rest, 2 r. Alger ⊤ 42.32.79 – 🛏wc 🛁wc 📞 𝑽𝑰𝑺𝑨
SC : 🖙 14 – **8 ch** 150/170.

XX **Voile d'Or,** av. Plage ⊤ 42.31.68, ≼ – 𝑽𝑰𝑺𝑨
fermé 15 janv. au 15 fév., mardi soir et merc. hors sais. – **R** 80/200.

TOYOTA Gar. de la Plage, ⊤ 60.50.15

POULLAOUEN 29246 Finistère 🔲🔲 ⑥⑦ – 1 793 h. alt. 164 – ❀ 98.
Paris 516 – Carhaix-Plouguer 10 – Châteaulin 47 – Huelgoat 11 – Landerneau 58 – Morlaix 37.

🏠 **Argoat** sans rest., ⊤ 93.55.33
fermé 1ᵉʳ au 15 oct., 1ᵉʳ au 15 mars et mardi – SC : 🍷 12 – **12 ch** 75/90.

POURVILLE-SUR-MER 76 S.-Mar. 🔲🔲 ④ G. Normandie – ✉ 76550 Offranville – ❀ 35.
Paris 204 – Dieppe 4,5 – ♦Rouen 61 – St-Valéry-en-Caux 32.

XX **Au Trou Normand,** ⊤ 84.27.69 – 𝑽𝑰𝑺𝑨
➤ *fermé dim. soir et lundi sauf fériés* – SC : **R** 49 (sauf sam.)/71.

Ensure that you have up to date Michelin maps in your car.

POUZAUGES 85700 Vendée 🖸🗓 ⑯ G. Côte de l'Atlantique – 5 556 h. alt. 225 – ✪ 51.

Voir Puy Crapaud ※**★★** SE : 2,5 km – Bois de la Folie★ : ≼★ NO : 1 km.

🖪 Office de Tourisme pl. Calvaire (15 juin-15 sept. fermé sam. et dim.) ☎ 57.01.37.

Paris 384 – Bressuire 28 – Chantonnay 21 – Cholet 36 – ◆Nantes 81 – La Roche-sur-Y. 54.

- 🏠 **Aub. de la Bruyère** 🖹 ⌂, ☎ 91.93.46, ≼ plaine vendéenne, 🛋 – ▯🕮 🚽wc
  🗋wc 🕾 🅿 – 🚗 100. 🖪 𝘝𝘐𝘚𝘈
  fermé 14 au 28 fév. – SC : **R** *(fermé lundi sauf 15 juin au 15 sept.)* 55/110 ⅃ – ⚏ 18
  – **30 ch** 69/195 – P 178/230.

- 🏠 **La Chouannerie,** 27 r. A.-Delavau ☎ 57.01.69, ≼, 🏊, 🛋 – 🚽wc 🕾 🅿 🖪 ⓐ.
  ⚶ rest
  fermé 1er au 15 fév. et dim. sauf juil.-août pour hôtel – SC : **R** 80/120 – ⚏ 16 – **9 ch**
  150/170 – P 280/290.

PEUGEOT-TALBOT Fontenay-Automobiles. RENAULT Gillemot, 34 rte de la Gare. ☎ 57.
av. des sables ☎ 57.00.12   01.44

POUZAY 37 I.-et-L. 🔳🔳 ④ – rattaché à Sainte-Maure-de-Touraine.

Le POUZIN 07250 Ardèche, 🔳🔳 ⑳ G. Vallée du Rhône – 2 631 h. alt. 95 – ✪ 75.

Paris 589 – Avignon 107 – Die 61 – Montélimar 29 – Privas 14 – Valence 27.

- 🏨 **Avenue,** ☎ 62.80.43 –, 🛋 🞐🞐 🖪 𝘝𝘐𝘚𝘈
  fermé 10 au 19 sept., 24 déc. au 2 janv. et dim. du 15 sept. au 15 juin – SC : **R** carte
  environ 50 – ⚏ 15 – **14 ch** 60/150.

RENAULT Pheby, ☎ 62.80.16

PRADES 43 H.-Loire 🔳🔳 ⑥ G. Auvergne – 84 h. alt. 550 – ✉ 43300 Langeac – ✪ 71.

Voir Site★.

Paris 499 – Brioude 43 – Mende 97 – Monistrol-d'A. 17 – Le Puy 41 – St-Chély-d'A. 64 – St-Flour 66.

- 🏠 ✿ **Chalet de la Source** (Mollon) ⌂, rte Langeac NO 1,5 km ☎ 74.02.39, ≼ –
  🚽wc 🗋wc 🕾 🅿. 🞐🞐
  1er mai-1er oct. – SC : **R** 60/160 – ⚏ 16 – **17 ch** 85/200 – P 140/200
  Spéc. Croustades aux champignons, Escalope de saumon, Salmis de pintadeau. **Vins** Côtes du
  Vivarais, Boudes.

- 🏨 **Host. du Vieux Moulin** ⌂, ☎ 74.01.40 – 🚽wc 🗋wc 🅿. ⚶ rest
  ← SC : **R** 38/70 ⅃ – ⚏ 13 – **14 ch** 73/125 – P 100/150.

PRADES ⬧◈⬧ 66500 Pyr.-Or. 🔳🔳 ⑰⑱ G. Pyrénées – 6 866 h. alt. 357 – ✪ 68.

Voir Abbaye St-Michel-de-Cuxa★ S : 3 km.

Paris 955 – Andorre-la-Vieille 123 – ◆Perpignan 43.

- 🏠 **Glycines,** 129 rte Nationale ☎ 96.51.65 – 🚽wc 🗋wc ⬠
  SC : **R** *(fermé dim. du 1er oct. au 10 juil.)* 55/70 ⅃ – 🍽 12,50 – **27 ch** 60/120 – P
  140/150.

  Voir aussi ressources hôtelières de *Molitg-les-Bains* NO : 7 km

RENAULT Prades-Autom., rte de Marquixanes   🞐 Pneu-Service, 5 bd Gare ☎ 96.43.23
☎ 96.26.66
RENAULT Bosom, 17 rte de Marquixanes ☎
96.11.14

Le PRADET 83220 Var 🔳🔳 ⑮ – 8 050 h. alt. 30 – ✪ 94.

🖪 Syndicat d'Initiative pl. Gén.-de-Gaulle (fermé dim. et lundi) ☎ 98.40.25.

Paris 848 – Draguignan 81 – Hyères 10 – ◆Toulon 9.

- 🏨 **Azur** ⌂, Chemin des Bonnettes ☎ 98.43.63, 🛋 – 🗋wc 🅿. ⚶
  ← fermé 1er au 15 janv. – SC : **R** *(fermé sam. d'oct. à mai)* 45/70 – ⚏ 12 – **18 ch**
  74/140 – P 145/180.

  à La Garonne S : 2,5 km par D 86 – ✉ 83220 Le Pradet :

- 🏠 **Le Vieux Moulin** ⌂, ☎ 98.43.40, ≼ rade, 🏊, 🛋 – 🚽wc 🗋wc 🕾 🅿. 🞐🞐
  fermé 1er janv. au 7 fév. – SC : **R** *(fermé lundi d'oct. à mai)* 70/165 – ⚏ 22 – **17 ch**
  150/170 – P 170/230.

  aux Oursinières S : 3 km par D 86 – ✉ 83220 Le Pradet :

- 🏠 **L'Escapade** 🖹 ⌂ sans rest, ☎ 98.44.47, « jardin », 🏊 – 🗋wc 🕾 ⬠ 🅿. 🞐🞐
  SC : ⚏ 22 – **12 ch** 180/280.

PRALOGNAN-LA-VANOISE 73710 Savoie 🔢 ⑱ G. Alpes – 569 h. alt. 1 404 – Sports d'hiver 1 410/2 350 m ⛷ 1 ⛷ 12, ⛷ – ✪ 79.

Voir Site★ – Parc national de la Vanoise★★ – La Chollière★ SO : 1,5 km puis 30 mn.

🛈 Office de Tourisme Maison du Parc (fermé dim. hors saison) ☏ 08.71.68, Télex 980240.

Paris 662 – Chambéry 101 – Moûtiers 28.

🏨 **Les Airelles** Ⓜ 🦌, les Darbelays, N : 0,8 km ☏ 08.70.32, ≤, 🍴 – 🛏wc 🛁wc ☎ 🚗 🅿. ⚄ rest
1er juin-15 sept. et 17 déc.-25 avril – SC : **R** 55/65 – 🖵 17 – **16 ch** 160/240 – P 195/240.

🏠 **Grand Bec**, ☏ 08.71.10, ≤ – 🛗 🛏wc 🛁wc ☎ 🅿. 🚐. ⚄ rest
4 juin-18 sept. et 18 déc.-Pâques – SC : **R** 55/80 – 🖵 18 – **39 ch** 110/190 – P 160/220.

🏠 **Capricorne** Ⓜ 🦌, ☏ 08.71.63, ≤ – 🛏wc 🛁wc ☎ 🅿. 𝘝𝘐𝘚𝘈. ⚄
fermé mai et 1er oct. au 15 déc. – SC : **R** 60/80 – 🖵 22 – **15 ch** 145/180 – P 160/220.

♘ **Parisien**, ☏ 08.72.31, ≤ – 🛏wc 🛁 ☎ 🅿
✦ *10 juin-10 sept. et Noël-Pâques* – SC : **R** 50/65 – 🖵 16,50 – **22 ch** 53/135 – P 145/195.

✗ **Gentianes**, ☏ 08.72.24, ≤ – 🅿. 🄴 𝘝𝘐𝘚𝘈
✦ *fermé 1er au 15 mai et fin sept. à début oct.* – SC : **R** 50/120.

PRA-LOUP 04 Alpes-de-H.-P. 🔢 ⑧ – rattaché à Barcelonnette.

PRAMOUSQUIER 83 Var 🔢 ⑰ – rattaché à Cavalière.

Le PRARION 74 H.-Savoie 🔢 ⑧ – rattaché aux Houches.

PRAT-DE-BOUC 15 Cantal 🔢 ③ – rattaché à Murat.

PRATS-DE-MOLLO-LA-PRESTE 66230 Pyr.-Or. 🔢 ⑱ G. Pyrénées (plan) – 1 198 h. alt. 745 – ✪ 68.

Voir Ville haute★.

🛈 Office de Tourisme Foyer Rural (1er juin-31 oct., fermé sam. et dim.) ☏ 39.70.83.

Paris 967 – Céret 31 – ✦Perpignan 61.

🏨 **Touristes**, ☏ 39.72.12, ≤, 🌳 – 🛁wc 🚐 🅿. 🚐 ᴀᴇ 🄴
1er avril-23 oct. – SC : **R** 55/115 – 🖵 15 – **44 ch** 75/150 – P 140/200.

🏠 **Bellevue**, ☏ 39.72.48, – 🛏wc 🛁wc. 🚐. ⚄
1er avril-22 oct. – SC : **R** 60/80 – 🖵 12 – **18 ch** 70/120 – P 130/170.

🏠 **Costabonne**, Le Firal ☏ 39.70.24 – 🛏wc.
✦ *15 avril-20 oct.* – SC : **R** 50/85 – 🖵 15 – **18 ch** 70/150 – P 130/150.

♘ **Ausseil**, ☏ 39.70.36 – 🛏wc 🛁wc. ⚄ ch
✦ *fermé nov. et lundi* – SC : **R** 50/80 🥃 – 🖵 13 – **22 ch** 56/115 – P 115/170.

♘ **Aïre i Sol**, ☏ 39.72.46, ≤, 🌳 – 🅿. ⚄ rest
✦ *1er mai-30 sept.* – SC : **R** 50/65 🥃 – 🖵 11 – **20 ch** 52/56 – P 115.

✗✗ **Crémaillère** avec ch, rte de la Preste : 2 km par D 115 A ☏ 39.70.62, ≤, 🌳 – 🛁
✦ 🅿. ⚄ ch
fermé 1er au 20 janv. et lundi du 15 nov. au 1er avril – SC : **R** 45/68 🥃 – 🖵 12 – **4 ch** 80 – P 130.

à La Preste : – Stat. therm. (1er avril-30 nov.) – ✉ 66230 Prats-de-Mollo :

🏨 **Val de Tech** 🦌, ☏ 39.71.12, ≤ – 🛗 🛏wc 🚐. ⚄ rest
1er avril-15 nov. – SC : **R** 60/80 **Les Allades R** (dîner seul.) carte 100 à 140 – 🖵 14 – **40 ch** 140/180 – P 140/205.

🏠 **Ribes** 🦌, ☏ 39.71.04, ≤ vallée, 🌳 – 🛏wc 🛁wc 🅿. ⚄ rest
8 avril-22 oct. – SC : **R** 70 🥃 – 🖵 12 – **26 ch** 76/148.

🏠 Host. du Coffret 🦌, ☏ 39.71.02, ≤ – 🛏wc 🚐
sais. – **25 ch**.

RENAULT Vial, ☏ 39.70.23

PRAYSSAC 46220 Lot 🔢 ⑦ – 2 239 h. alt. 120 – ✪ 65.

🛈 Syndicat d'Initiative pl. Dutours (juil.-août) et à la Mairie (sept.-juin, fermé sam. et dim.) ☏ 30.61.44.

Paris 598 – Cahors 27 – Gourdon 40 – Sarlat-la-Canéda 56 – Villeneuve-sur-Lot 48.

🏠 **Le Vidal**, ☏ 22.41.78 – 🛁wc 🚐. 🚐 ᴀᴇ ① 🄴 𝘝𝘐𝘚𝘈
✦ *fermé 5 nov. au 15 déc. et lundi du 1er oct. au 1er avril* – SC : **R** 38/80 🥃 – 🖵 16 – **10 ch** 95/140 – P 190/220.

RENAULT Gar. Parazines, ☏ 22.41.15

Les PRAZ-DE-CHAMONIX 74 H.-Savoie 🔢 ⑧ ⑨ – rattaché à Chamonix.

PRAZ-ST-BON 73 Savoie 74 ⑱ – rattaché à Courchevel.

PRAZ-SUR-ARLY 74530 H.-Savoie 74 ⑦ – 679 h. alt. 1 036 – Sports d'hiver : 1 036/1 540 m ≰7 – ❀ 50.

🛈 Office de Tourisme (fermé sam. et dim. hors sais.) 🕾 21.90.57.
Paris 615 – Albertville 26 – Annecy 55 – Flumet 5,5 – Megève 4,5.

  🏦 **Quatre As,** 🕾 21.90.11, Télex 385156, ≤, – 🚾 ☎. **E**. ⛆
     fermé nov. – **R** (fermé lundi hors sais.) 44/60 – 🖵 18 – **12 ch** 130/170 – P 230.

  🏠 **Mont Charvin** ⌂, 🕾 21.90.05, ≤, ⛟, ⛆ – 🚾 ☎ **P**. ⛆
     début juin-fin sept., Noël-vacances de printemps – SC : **R** 60/130 – 🖵 20 – **26 ch** 100/200 – P 175/220.

PRÉ-EN-PAIL 53140 Mayenne 60 ② – 2 495 h. alt. 227 – ❀ 43.

Voir SO : Corniche du Pail ≤★, **G.** Normandie.
Paris 215 – Alençon 24 – Argentan 40 – Bagnoles 24 – Domfront 37 – Laval 67 – Mayenne 37.

  🏠 **Bretagne,** N 12 🕾 03.00.06 – 🚾 🍴 ☎ 🅟 ⇔🚗 **E**. ⛆ rest
     fermé 20 déc. au 28 janv. – SC : **R** (fermé lundi du 1er oct. à Pâques) 38/90 – 🖵 14 – **20 ch** 60/150 – P 170/220.

PEUGEOT-TALBOT Gar. Huet, 🕾 03.00.12 **N**

PRÉFAILLES 44 Loire-Atl. 67 ① – 628 h. – ✉ 44770 La Plaine-sur-Mer – ❀ 40.

Voir Pointe St-Gildas★ O : 2 km, **G.** Côte de l'Atlantique.
🛈 Syndicat d'Initiative Grande-Rue (fermé dim. sauf matin en saison) 🕾 21.62.22.
Paris 439 – ◆Nantes 62 – Pornic 10 – St-Brévin-les-Pins 18.

  🏠 **St-Paul,** 🕾 21.60.13, ⛟ – 🍴🚾 ⇔. 𝑉𝐼𝑆𝐴
     15 mars-15 nov. – SC : **R** 45/150 – 🖵 18 – **42 ch** 70/110 – P 140/200.

PRÉLENFREY 38 Isère 77 ④ **G.** Alpes – alt. 950 – ✉ 38450 Vif – ❀ 76.

Voir Site★.
Paris 593 – Clelles 36 – ◆Grenoble 29 – Monestier-de-Clermont 20 – Vizille 25.

  🏫 **Le Gerbier** ⌂, 🕾 72.37.62, ≤, ⛟ – 🍴 🅟. ⛆ rest
     fermé oct. et merc. hors sais. – SC : **R** 50/80 – 🖵 13 – **24 ch** 50/95 – P 110/135.

PRÉMERY 58700 Nièvre 65 ⑭ **G.** Bourgogne – 2 788 h. alt. 237 – ❀ 86.
Paris 236 – La Charité-sur-Loire 28 – Château-Chinon 56 – Clamecy 40 – Cosne-sur-L. 48 – Nevers 29.

  ✗ **Agriculture,** r. Gare 🕾 68.11.96 – ⛆
     fermé janv. et lundi – SC : **R** 35/130 ⛋.

CITROEN Modern. Gar., 🕾 68.12.82   RENAULT Caliste, 🕾 68.10.76

PRÉMESQUES 59 Nord 51 ⑮⑯ – rattaché à Lille.

La PRENESSAYE 22 C.-du-N. 58 ⑳ – rattaché à Loudéac.

Le PRÉ-ST-GERVAIS 93 Seine-St-Denis 56 ⑪, 101 ⑯ – voir à Paris, Proche banlieue.

La PRESTE 66230 Pyr.-Or. 86 ⑰ – rattaché à Prats-de-Mollo.

PREUILLY-SUR-CLAISE 37290 I.-et-L. 68 ⑤⑥ **G.** Périgord – 1 603 h. alt. 79 – ❀ 47.
🛈 Syndicat d'Initiative à la Mairie (fermé sam. et dim.) 🕾 94.50.04.
Paris 316 – Le Blanc 30 – Châteauroux 64 – Châtellerault 35 – Loches 36 – Poitiers 61 – ◆Tours 81.

  ✗ **Image,** 🕾 94.50.07 – **E** 𝑉𝐼𝑆𝐴. ⛆
     fermé 3 à 28 oct., lundi sauf du 15 juil. au 15 sept. et fériés – SC : **R** (dim. et fêtes prévenir) 40/160 ⛋.

PRIAY 01 Ain 74 ③ – 771 h. alt. 240 – ✉ 01160 Pont-d'Ain – ❀ 74.
Paris 452 – Belley 59 – Bourg-en-Bresse 26 – ◆ Lyon 55 – Nantua 44 – Villefranche-sur-Saône 53.

  ✗✗ ❀ **La Mère Bourgeois,** 🕾 35.61.81 – 🄰🄴 ⊙ 𝑉𝐼𝑆𝐴
     fermé 2 janv. au 10 fév., merc. soir et jeudi sauf fériés – SC : **R** (nombre de couverts limité - prévenir) 93/176
     Spéc. Pâté chaud Bourgeois, Poisson d'eau douce au beurre mousse, Escalope de saumon frais à l'oseille (mai-oct.). **Vins** Chiroubles, Montagnieu.

PRIVAS 🄿 07000 Ardèche 76 ⑲ **G.** Vallée du Rhône – 11 216 h. alt. 294 – ❀ 75.
🛈 Syndicat d'Initiative (fermé lundi hors saison et dim.) 1 av. Chomérac 🕾 64.33.35.
Paris 603 ② – Alès 104 ④ – Mende 140 ④ – Montélimar 33 ③ – Le Puy 118 ④ – Valence 40 ②.

PRIVAS

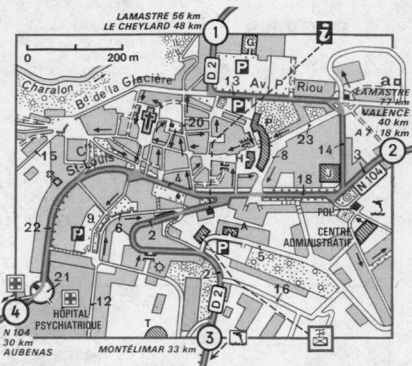

La Chaumette Ⓜ ⌂, av. Vanel (a) ☎ 64.30.66, 🚿 – 🛗 📺 ☎ – 🏊 50. 🄴 VISA
SC : **R** *(fermé sam. sauf du 15 juin au 15 sept.)* 55/80 – ⊐ 20 – **35 ch** 153/203 – P
237/297.

au Col de l'Escrinet par ④ : 13 km – ⊠ 07200 Aubenas :

Escrinet ⌂, ☎ 35.50.90, ≤ vallée, ⌧, 🚿 – ⌂wc 🛁wc ☎ ☎ & 🚗 ☎. 🍴🍷.
🍴 rest
15 mars-15 nov., fermé dim. soir et lundi midi sauf juil.-août – SC : **R** *(prévenir)*
75/180 – ⊐ 18 – **17 ch** 165/210, 3 appartements 300 – P 200/240.

FIAT Gar. des Cévennes, 33 rte Aubenas, Bas
Ruissol ☎ 64.23.08
FORD Vacher et Lardon, N 104 à Veyras ☎
64.33.33
PEUGEOT, TALBOT Gds Gar. Midi, N 104 à
Coux par ② ☎ 64.23.33

RENAULT Seita, rte de Montélimar par ③ ☎
64.33.01

🔧 R.I.P.A., 27 av. de Coux ☎ 64.05.56

PROVENCHÈRES-SUR-FAVE 88490 Vosges 🄶🄶 ⑱ – 761 h. alt. 407 – ✪ 29.

Paris 473 – Épinal 64 – St-Dié 14 – Sélestat 34 – ◆Strasbourg 75.

Aub. du Spitzemberg ⌂, à la Petite Fosse ☎ 57.20.46, « Dans la forêt vosgienne », 🚿 – ⌂wc 🛁wc ☎ ☎ – 🏊 30. 🍴🍷
1er fév.-31 oct. et fermé mardi – SC : **R** 45/65 🍷 – ⊐ 10.50 – **10 ch** 120/130 – P
150/175.

PROVINS ◁▷ 77160 S.-et-M. 🄶🄸 ④ G. Environs de Paris – 13 100 h. alt. 92 – ✪ 6.

Voir Ville Haute★★ ABY: remparts ★★ AY, tour de César★★ : ≤★ BY.

Env. St-Loup-de-Naud : portail★★ de l'église★ 7 km par D1 SE du plan.

🅱 Office de Tourisme Tour César ☎ 400.16.65.

Paris 91 ⑤ – Châlons-sur-Marne 99 ① – Fontainebleau 53 ④ – Meaux 67 ⑤ – Melun 48 ⑤ – Sens 47
④.

Plan page suivante

La Croix D'Or, 1 r. Capucins ☎ 400.01.96 – 📺 ⌂wc 🛁wc ☎ 🚗. 🍴🍷 🄰🄴 ⓞ
BZ **s**
fermé dim. soir et lundi – SC : **R** 72/170 – ⊐ 18 – **7 ch** 80/180 – P 180.

La Fontaine, 10 r. V.-Arnoul ☎ 400.00.10 – ⌂ ☎ ⓞ
CZ **a**
fermé 16 au 31 août, 1er au 15 fév. et jeudi sauf fériés – SC : **R** 75/100 – ⊐ 13 –
13 ch 70/110.

XX **Vieux Remparts,** 3 r. Couverte - Ville Haute ☎ 400.02.89, 🚿 – VISA
AY **b**
fermé sept., mardi soir et merc. – SC : **R** 60/130.

XX **Le Médiéval,** 6 pl. H.-de-Balzac ☎ 400.01.19
BZ **e**
fermé 15 août à début sept., 15 fév. à début mars, mardi soir, dim. soir et lundi –
SC : **R** 72/117 🍷.

X **Le Berri,** 17 r. H.-Le-Grand ☎ 400.03.86 – 🄰🄴 ⓞ VISA
CZ **d**
fermé 20 juin au 20 juil., 2 au 15 janv., merc. soir et lundi sauf fériés – SC : **R** *(dim.
prévenir)* 35 bc/90 🍷.

CITROEN Gar. Briard, 19 r. Bourquelot ☎ 400.
06.66
FORD Gar. du Griffon, 21 r. Edmond-Nocard
☎ 400.01.23
OPEL Gar. de Champagne, 2 r. A.-Briand ☎
400.04.86 Ⓝ
PEUGEOT, TALBOT Autom. de la Brie, 1 av.
de la Voulzie, Zone Ind. par rte champbenoist
CZ ☎ 400.11.50

RENAULT Randon, 23 r. Max-Michelin ☎ 400.
03.67
TALBOT Bouron, 5 av. A.-France ☎ 400.00.95

🔧 La Centrale du Pneu, 39 r. Courloison ☎
400.03.23

PROVINS

Cordonnerie (R. de la) . . . CZ 24
Friperie (R. de la) . . . . CZ 37
Hugues le Grand (R.) . . . . CZ 43
Leclerc (Pl. du Mar.) . . . . . BZ 47
Val (R. du) . . . . BZ 79

Anatole-France (Av.) . . . . BZ 2
Arnoul (R. Victor) . . . . CZ 3
Balzac (Pl. Honoré de) . . . BZ 4
Bordes (R. des) . . . . CZ 7
Bourquelot (R. Félix) . . . . CY 8
Capucins (R. des) . . . . BZ 12
Champbenoist (Rte de) . . CZ 13
Changis (R. de) . . . . CZ 14
Châtel (Pl. du) . . . . AY 18
Chomton (Bd Gilbert) . . . BZ 19
Collège (R. du) . . . . BY 23
Courloison (R.) . . . . CY 27
Couverte (R.) . . . . AY 28
Desmarets (R. Jean) . . . . AY 29
Ferté (Av. de la) . . . . CY 33
Fourtier-Masson (R.) . . . . BZ 34
Gambetta (Bd) . . . . BZ 38
Garnier (R. Victor) . . . . BZ 39
Gd Quartier Gén. (Bd du) CZ 42
Jacobins (R. des) . . . . BY 44
Nocard (R. Edmond) . . . . CZ 54
Opoix (R. Christophe) . . . BZ 57
Palais (R. du) . . . . BY 59
Plessier (Bd du Gén.) . . . . CZ 64
Pompidou (Av. Georges) BY 67
Pont-Pigy (R. du) . . . . BZ 68
Prés (R. des) . . . . BY 69
Remparts (Allée des) . . . . AY 72
St-Ayoul (Pl.) . . . . CZ 73
St-Ayoul (⊞) . . . . CZ D
St-Nicolas (R.) . . . . BZ 74
St-Quiriace (Pl. et ⊞) . . . BZ 77
Ste-Croix (⊞) . . . . BYZ
Souvenir (Av. du) . . . . CY 78
Verdun (Av. de) . . . . CY 82
29e Dragons (Pl. du) . . . . . CY 84

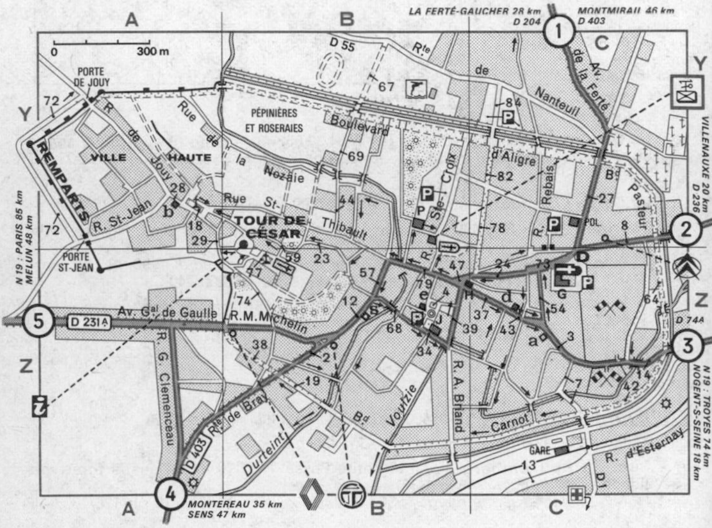

PRUNIÈRES 05 H.-Alpes 77 ⑰ – rattaché à Chorges.

PUBLIER 74 H.-Savoie 70 ⑰ – rattaché à Amphion.

PUGET-THÉNIERS 06260 Alpes-Mar. 81 ⑲, 195 ⑬⑭ **G. Côte d'Azur** (plan) – 1 520 h. alt. 410 – ⚙ 93.

Voir Vieille ville★ – Groupe sculpté★ et retable de N.-D-de-Secours★ dans l'église **B** – Statue ★ de Maillol – N : Gorges de la Roudoule★ : site★★ du pont de St-Léger et site★ du village de la Croix.

Env. Entrevaux : Site★★, Ville forte★ O : 7 km.

Paris 833 – Barcelonnette 96 – Cannes 84 – Digne 88 – Draguignan 110 – Manosque 129 – ✦Nice 65.

✕ **Les Acacias,** E : 1,5 km sur N 202 ☎ 05.05.25, 🌳 – Ⓟ
fermé 1er au 30 janv. et merc. du 15 sept. au 1er juin – SC : **R** 55/80 🍷.

CITROEN Casalengo, quartier St-Roch ☎ 05.00.25 N

PUGEY 25 Doubs 66 ⑮ – rattaché à Besançon.

PUGNY-CHATENOD 73100 Savoie 74 ⑮ – rattaché à Aix-les-Bains.

PUJOLS 47 L.-et-G. 79 ⑤ – rattaché à Villeneuve-sur-Lot.

PULIGNY MONTRACHET 21 Côte d'Or 69 ⑨ – 528 h. alt. 217 – ✉ **21190** Meursault – ⚙ 80.

Paris 327 – Autun 43 – Beaune 12 – Chagny 5 – Chalon-sur-Saône 22.

✕✕ **Le Montrachet** avec ch, ☎ 21.30.06 – wc ☎. AE ⓓ E VISA
fermé 1er déc. au 15 janv. et mardi hors sais. – SC : **R** 45/150 🍷 – ☕ 16 – **19 ch** 85/180 – P 140/190.

PURPAN 31 H.-Gar. 82 ⑧ – rattaché à Toulouse.

PUSSY 73 Savoie 74 ⑰ – 279 h. alt. 750 – ⊠ 73260 Aigueblanche – ✆ 79.
Paris 631 – Albertville 23 – Chambéry 70 – Moûtiers 2.

- 🏨 **Bellachat** ⟨⟩, ⫟ 22.50.87, ⇐ – **E**. 🛏
- 🍴 fermé 15 nov. au 15 déc. et merc. hors saison – SC : **R** 30/75 🍷 – � 12 – **7 ch**
  75/100 – P 115/150.

PUTANGES-PONT-ECREPIN 61210 Orne 60 ② **G. Normandie** – 947 h. alt. 127 – ✆ 33.
Paris 213 – Alençon 57 – Argentan 20 – Briouze 14 – Falaise 17 – La Ferté-Macé 22 – Flers 32.

- 🏨 **Lion Verd,** ⫟ 35.01.86 – 🛁wc 🛁wc ☎. 🚗🚗
- 🍴 fermé 24 déc. au 1er fév. – SC : **R** 35/90 – ⊆ 10 – **20 ch** 45/120 – P 90/130.

CITROEN Pottier, à Pont-Ecrepin ⫟ 35.00.52   RENAULT Lefoyer, ⫟ 35.00.62

PUTEAUX 92 Hauts-de-Seine 55 ⑳, 101 ⑭ – voir à Paris, Proche banlieue.

Le PUY ℙ 43000 H.-Loire 76 ⑦ **G. Auvergne** – 29 024 h. alt. 630 – ✆ 71.
Voir Site★★★ – Cathédrale★★★ : trésor★★ et cloître★★ BY – Chapelle St-Michel d'Ai-
guilhe★★ AY – Rocher Corneille ⇐★ BY – Musée Crozatier : section lapidaire★, den-
telles★ AZ **M1** – Pèlerinage (15 août) – Orgues d'Espaly★ : ※★★ 3 km par ⑤ – Espaly
St-Marcel : ⇐★ du rocher St-Joseph 2 km par ④.
Env. Ruines du château de Polignac★ : ※★ 6 km par ⑤.
🅩 Office de Tourisme (fermé sam. et dim. hors saison) pl. du Breuil ⫟ 09.38.41 et 23 r. Tables
(juil.-août) ⫟ 09.27.42.
Paris 516 ⑤ – Alès 146 ② – Aurillac 168 ⑤ – Avignon 215 ② – ♦Clermont-Ferrand 130 ⑤ –
♦Grenoble 190 ① – ♦Lyon 134 ① – Mende 92 ② – ♦St-Étienne 78 ① – Valence 113 ①.

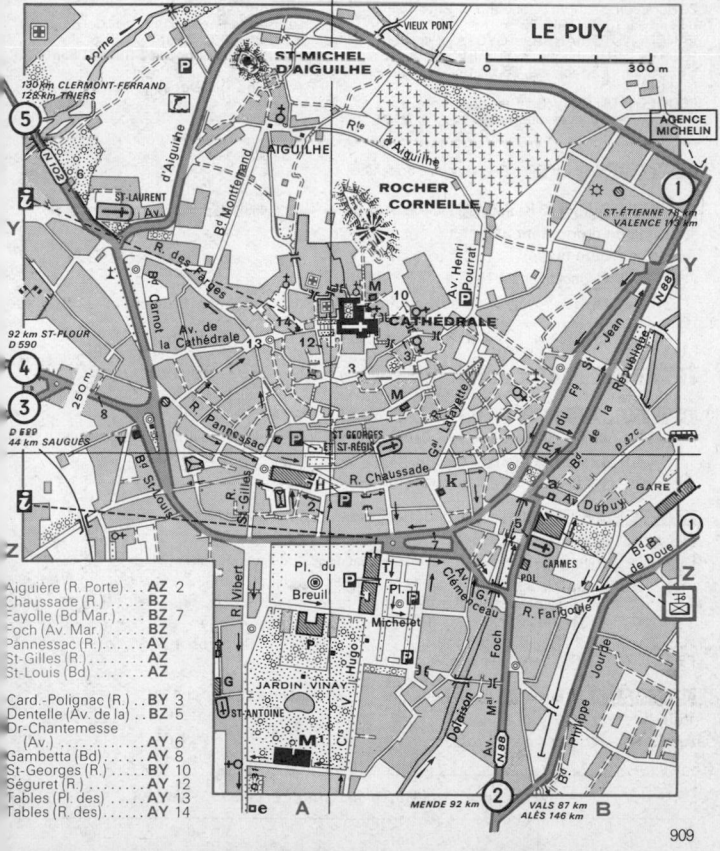

Aiguière (R. Porte)... **AZ** 2
Chaussade (R.) ..... **BZ**
Fayolle (Bd Mar.) ... **BZ** 7
Foch (Av. Mar.) .... **BZ**
Pannessac (R.)..... **AY**
St-Gilles (R.)....... **AZ**
St-Louis (Bd) ...... **AZ**

Card.-Polignac (R.) .. **BY** 3
Dentelle (Av. de la) . **BZ** 5
Dr-Chantemesse
  (Av.) .... **AY** 6
Gambetta (Bd) ..... **AY** 8
St-Georges (R.) .... **BY** 10
Séguret (R.) .... **AY** 12
Tables (Pl. des) .... **AY** 13
Tables (R. des)..... **AY** 14

909

Chris'tel Ⓜ, 15 bd A.-Clair ☎ 02.24.44 – |♦| ▤ rest TV Ⓟ – 🏔 60. AE VISA AZ **e**
SC : **R** 40/75 – ☕ 17 – **30 ch** 160/200 – P 225.

Val Vert, par ② : 1,5 km sur N 88 ☎ 09.09.30 – ⛀ ⋒wc ☎ Ⓟ. E
fermé 15 déc. au 15 janv. et sam. sauf du 15 mai au 15 sept. – SC : **R** 39/79 ♁ – ☕ 14 – **23 ch** 77/155.

Gd Cerf, 3 av. Ch.-Dupuy ☎ 09.05.51 BZ **a**
fermé 30 sept. au 15 oct., 15 fév. au 15 mars, lundi (sauf hôtel) et dim. soir – SC : **R** 50/100 ♁ – ☕ 13 – **13 ch** 61/71.

Sarda, 12 r. Chênebouterie ☎ 09.58.94 – ✗ AY **f**
fermé nov., dim. soir et lundi – SC : **R** 55/150.

Bateau Ivre, 5 r. Portail d'Avignon ☎ 09.67.20. E BZ **k**
fermé juil., lundi et mardi – SC : **R** 95 bc/ 45.

Host. Poste, 53 bd St-Louis ☎ 09.33.50 AY **v**
fermé 22 déc. au 30 janv. et vend. – SC : **R** 38/80 ♁.

au Pont de Sumène : 8 km par ① N 88 et VO – ✉ **43540** Blavozy :

Moulin de Barette ⑤, ☎ 08.00.88, ⛱, ✗ – ⛀wc ⋒ ☎ Ⓟ – 🏔 50. VISA
fermé janv. – SC : **R** *(fermé lundi du 3 nov. à avril)* 48/150 – ☕ 15 – **30 ch** 100/220 – P 170/230.

MICHELIN, Agence, Z. I. de Blavozy, à St-Germain-Laprade BY ☎ **08.02.15**

ALFA-ROMEO Le Puy Autom., Rocade D'Aiguille ☎ 02.29.01
AUSTIN, JAGUAR, MORRIS, TRIUMPH Gar. Gouteyron, 28 bis r. Vibert ☎ 09.34.06
CITROEN Pouderoux, Zone Ind. de Corsac à Brives Charensac par ① ☎ 05.44.88
FIAT St-Laurent Autos, 1 av. d'Aiguilhe ☎ 05.66.42
FORD Velay-Autom., Zone Ind. à Brives-Charensac par ① ☎ 09.61.35
LANCIA-AUTOBIANCHI, TOYOTA Escudero, 18 bd de la République ☎ 09.02.81
OPEL Gar. République, 26 bd République ☎ 05.56.44
PEUGEOT-TALBOT Gd Gar. de Corsac, Zone Ind. Corsac à Brives-Charensac par ① ☎ 09.39.55
RENAULT Gd Gar. Velay, Zone Ind. Corsac à Brives-Charensac par ① ☎ 02.36.55
RENAULT Gar. Boyer, 63 bis av. Mar.-Foch par ② ☎ 09.37.16
V.A.G. Stand-88, Zone Ind. à Blavozy ☎ 08.03.61
Gar. Bonnet, 44 bd St-Louis ☎ 09.20.59
Gar. Pradines, 6 pl. Cl.-Charbonnier ☎ 09.32.03

Ⓟ Chaussende Pneus, Zone Ind. Corsac à Brives-Charensac ☎ 02.05.01
Pascal-Pneu, la Chartreuse à Brives-Charensac ☎ 09.35.89
R.I.P.A., 44 av. Ch.-Dupuy à Brives-Charensac ☎ 02.13.41

PUYBRUN 46 Lot **75** ⑲ – rattaché à Bretenoux.

PUY DE DÔME 63 P.-de-D. **73** ⑬⑭ **G. Auvergne** – alt. 1 465 – ✉ **63870** Orcines – ⚙ 73.

Voir Balcon d'orientation ✱★★★.

Accès par route taxée.

Paris 405 – ♦Clermont-Ferrand 15.

Le Dôme ⑤ avec ch, au Sommet ☎ 91.49.00, ≤ Monts d'Auvergne – ⋒wc ☎ Ⓟ. ⛟
10 mai-30 sept. – SC : **R** 67/120 – ☕ 17 – **10 ch** 97/159 – P 176/209.

PUY DE SANCY 63 P.-de-D. **73** ⑬ – ressources hôtelières voir au Mont-Dore.

PUYLAURENS 81700 Tarn **82** ⑩ – 2 790 h. alt. 350 – ⚙ 63.

Paris 730 – Albi 53 – Carcassonne 58 – Castres 22 – Gaillac 46 – Montauban 83 – ♦Toulouse 49.

Gd H. Pagès, square Ch.-de-Gaulle ☎ 75.00.09 – |♦| ⛀wc ⋒wc
SC : **R** 45/95 ♁ – ☕ 12 – **21 ch** 60/90 – P 110/130.

PUY-L'ÉVÊQUE 46700 Lot **79** ⑦ **G. Périgord** – 2 501 h. alt. 110 – ⚙ 65.

i Syndicat d'Initiative ☎ 36.33.81.

Paris 599 – Cahors 31 – Gourdon 41 – Sarlat-la-Canéda 58 – Villeneuve-sur-Lot 44.

Bellevue, ☎ 36.30.70, ≤ vallée du Lot, ⛱, ⛱ – ⋒wc ☎
15 mars-15 nov., fermé dim. soir (sauf hôtel) et lundi hors sais. – SC : **R** 65/155 ♁ – ☕ 17 – **15 ch** 90/160 – P 180/220.

FIAT, LADA Gar. Foissac, ☎ 36.30.10
PEUGEOT-TALBOT Gar. Couailhac, ☎ 30.84.67
RENAULT Gar. Cros, ☎ 36.30.49

PUY MARY 15 Cantal **76** ③ **G. Auvergne** – Ouest de Murat 22 km - alt. 1 787.

Voir ✱★★★.

Accès 1 h AR du Pas de Peyrol★★.

Available now : road map of GREECE (scale 1:700 000).

PUYMIROL 47270 L.-et-G. 79 ⑮ G. Périgord – 742 h. alt. 153 – ✪ 53.
Paris 751 – Agen 17 – Moissac 43 – Villeneuve-sur-Lot 30.

XXX ❀❀ **L'Aubergade** (Trama), 52 r. Royale ☎ 95.31.46, Télex 560800, « Maison du
13ᵉ s. » – AE ⓘ VISA
fermé fév., dim. soir et lundi sauf juil., août et fêtes – SC : **R** 80/180 et carte
Spéc. Terrine de poireaux aux truffes, Aiguillettes de caneton aux fruits, Charlotte aux amandes.
Vins Côtes de Buzet, Côtes de Duras.

RENAULT Berron, ☎ 95.33.32

PUYMOREAU (Etang de) 87 H.-Vienne 72 ⑰ – rattaché à St-Yrieix-la-Perche.

PUYOO 64 Pyr.-Atl. 78 ⑦⑧ – 1 109 h. alt. 41 – ⊠ 64270 Salies de Béarn – ✪ 59.
Paris 764 – Dax 28 – Orthez 14 – Pau 55 – Peyrehorade 16 – Salies-de-Béarn 7,5 – Tartas 45.

🏠 **Voyageurs,** ☎ 38.10.98, 🐎 – ⇄wc ☜ ❷. 🍴 VISA
➡ *fermé 27 juin au 4 juil., 10 fév. au 1ᵉʳ mars* – SC : **R** *(fermé dim. soir et lundi)* 47/95 –
⊆ 14 – **15 ch** 56/120 – P 125/180.

RENAULT Bareille, ☎ 38.06.90

PUY-ST-VINCENT 05 H.-Alpes 77 ⑰ – 212 h. alt. 1 390 – Sports d'hiver : 1 400/2 700 m ⚡1 ⚡13
– ⊠ 05290 Vallouise – ✪ 92.

Voir Les Prés★ : ✦★ SE : 2 km, G. Alpes.
Paris 737 – L'Argentière-la-B. 9,5 – Briançon 25 – Gap 82 – Guillestre 30 – Pelvoux (Commune de) 13.

🏠 **Saint-Roch** M 🌳, aux Prés E : 1 km par D 4 ☎ 23.32.79, ≤ vallée et montagnes
– ⇄wc ☜ ❷. 🍴 🌳
15 juin-31 août et 20 déc.-20 avril – SC : **R** 65/150 – ⊆ 17 – **11 ch** 150/190 – P
200/235.

🏠 **La Pendine** 🌳, aux Prés E : 1 km par D 4 ☎ 23.32.62, ≤ – ⇄wc ❷. 🌳
➡ *1ᵉʳ juin-20 sept. et 10 déc.-20 avril* – SC : **R** 50/100 🍴 – ⊆ 13 – **32 ch** 88/160 – P
140/180.

PYLA-SUR-MER 33115 Gironde 78 ⑫ G. Côte de l'Atlantique – ✪ 56.
🛈 Office de Tourisme Rond-Point du Figuier (fermé sam. et dim. hors sais.) ☎ 22.53.83.
Paris 654 – Arcachon 4 – Biscarrosse 34 – ✦Bordeaux 65.

Voir plan d'Arcachon agglomération

🏠 **Beau Rivage,** bd Océan ☎ 22.01.82, 🍴 – ⇄wc 🍴 ☜. 🍴 🌳 rest   AY u
1ᵉʳ avril-30 sept – SC : **R** (dîner seul.) 75 – ⊆ 18 – **19 ch** 108/300.

🏠 **Maminotte** 🌳 sans rest, allée Acacias ☎ 22.55.73 – ⇄wc 🍴wc ♿ 👍   AY n
SC : ⊆ 12 – **12 ch** 150/220.

🏠 **Ahurentzat** sans rest, bd Océan ☎ 22.55.52, 🐎 – ⇄ 🍴   AY f
20 mai-30 sept. – SC : ⊆ 12 – **17 ch** 90/150.

XXX ❀ **La Guitoune** (Héres) avec ch, bd Océan ☎ 22.70.10, 🍴 – ⇄wc 🍴wc ☜ ❷.   AY g
🍴 AE ⓘ ☜ VISA
fermé 2 janv. au 11 fév. – SC : **R** 110 – ⊆ 25 – **22 ch** 200/300 – P 330/360
Spéc. Bouillabaisse, Saumon braisé au Champagne (15 fév.-30 août), Magret de canard au poivre
vert. **Vins** Graves blanc, Premières côtes de bordeaux.

à Pilat-Plage S : D 112 – ⊠ 33115 Pyla-sur-Mer.
Voir Dune★ : ✦★★.

🏠 **Oyana** 🌳 ☎ 22.72.59, ≤ bassin – ⇄wc 🍴 ☜. 🍴   AZ z
26 mars-1ᵉʳ oct. – SC : **R** *(fermé lundi jusqu'au 15 juin sauf Pâques)* 75 – ⊆ 16 –
17 ch 100/200.

XXX **Corniche** 🌳 avec ch, ☎ 22.72.11, ≤ bassin – ⇄wc 🍴 ☜. 🍴 VISA   AZ z
22 mars-22 oct., fermé merc. sauf juil.-août et vac. scol. – SC : **R** 70 – ⊆ 25 – **13 ch**
115/217 – P 550/625 (pour 2 pers.).

QUARRÉ-LES-TOMBES 89630 Yonne 65 ⑯ G. Bourgogne – 863 h. alt. 460 – ✪ 86.
Paris 236 – Auxerre 72 – Avallon 19 – Château-Chinon 57 – Clamecy 49 – ✦Dijon 96 – Saulieu 28.

🏠 **Nord et Poste,** ☎ 32.24.55 – ⇄ 🍴 ☜
SC : **R** 60/100 – ⊆ 15 – **35 ch** 80/170 – P 150/200.

XX **Aub. de l'Atre,** aux Lavaults SE : 6,5 km ⊠ 89630 Quarré les Tombes ☎ 32.20.79,
🌳 – ❷ E VISA
fermé 2 janv. au 26 fév., mardi soir et merc. du 15 sept. au 1ᵉʳ juil. – SC : **R** 85/130.

RENAULT Gar. Naulot, ☎ 32.23.58 🅽

QUATRE CHEMINS 15 Cantal 76 ⑫ – rattaché à Aurillac.

QUATRE-CROIX 45 Loiret 61 ⑬ – rattaché à Courtenay.

911

QUATRE ROUTES D'ALBUSSAC 19 Corrèze 🔟🔟 ⑨ – alt. 600 – ⊠ **19400** Argentat – 🔾 55.

Voir Roche de Vic ❄️☀️★ S : 2 km puis 15 mn, G. Périgord.

Paris 502 – Aurillac 72 – Brive la Gaillarde 26 – Mauriac 69 – St-Céré 39 – Tulle 19.

🏠 **Roche de Vic,** ☎ 28.15.87, ☞ – ➡️wc 🛏️wc 🛗 **🅿️** *VISA*
→ *fermé oct. et vend.* – SC : **R** 35/95 – � 10 – **14 ch** 55/90 – P 120/140.

🏠 **Aub. Limousine,** ☎ 28.15.83, ☞ – 🛏️ **🅿️** 🚗🚗 **E**
→ *fermé nov. et lundi du 15 sept. au 30 juin* – SC : **R** 45/75 ⚖️ – ⊡ 13 – **12 ch** 53/120 –
P 120/130.

QUATZENHEIM 67 B.-Rhin 🔟🔟 ⑨ – 499 h. alt. 165 – ⊠ **67370** Truchtersheim – 🔾 88.

Paris 472 – Haguenau 28 – Molsheim 13 – Obernai 23 – Saverne 26 – ◆Strasbourg 17.

🍽️🍽️ **Agneau d'Or,** ☎ 69.02.95 – **🅿️** 🆎
→ *fermé 1b juil. au 15 août et merc.* – SC : **R** 35/96 ⚖️.

QUÉDILLAC 35 I.-et-V. 🔟🔟 ⑤ – 1 046 h. alt. 76 – ⊠ **35290** St-Méen-le-Grand – 🔾 99.

Paris 392 – Dinan 26 – Lamballe 39 – Loudéac 52 – Ploërmel 43 – ◆Rennes 40.

🏠 **Relais de la Rance,** ☎ 07.21.25, ☞ – ➡️wc 🛏️wc 🛗 **🅿️** 🚗🚗 *VISA* 🍽️ rest
→ *fermé 15 janv. au 15 fév., dim. (sauf hôtel) et lundi sauf juil.-août* – SC : **R** 45/180 ⚖️
– ⊡ 14 – **14 ch** 60/125 – P 120/150.

Les QUELLES 67 B.-Rhin 🔟🔟 ⑧ – alt. 530 – ⊠ **67130** Schirmeck – 🔾 88.

Paris 486 – St-Dié 43 – Senones 31 – ◆Strasbourg 56.

🏠 **Neuhauser** 🔖, ☎ 97.06.81, ≤ – ➡️wc 🛏️ **🅿️** *VISA*
fermé 15 au 30 nov. et 15 au 31 janv. – SC : **R** *(fermé merc. sauf juil. et août)* 60
bc/130 ⚖️ – ⊡ 13,50 – **11 ch** 85/170 – P 125/170.

Une réservation confirmée par écrit est toujours plus sûre.

Le QUESNOY 59530 Nord 🔟🔟 ⑤ **G. Nord de la France** – 5 370 h. alt. 125 – 🔾 27.

Voir Fortifications★ YZ.

🇮 Office de Tourisme Hôtel de Ville (fermé sam. après-midi et dim.) ☎ 49.12.16.

Paris 220 ① – Cambrai 33 ⑤ – Guise 41 ④ – ◆Lille 70 ① – Maubeuge 28 ② – Valenciennes 18 ①.

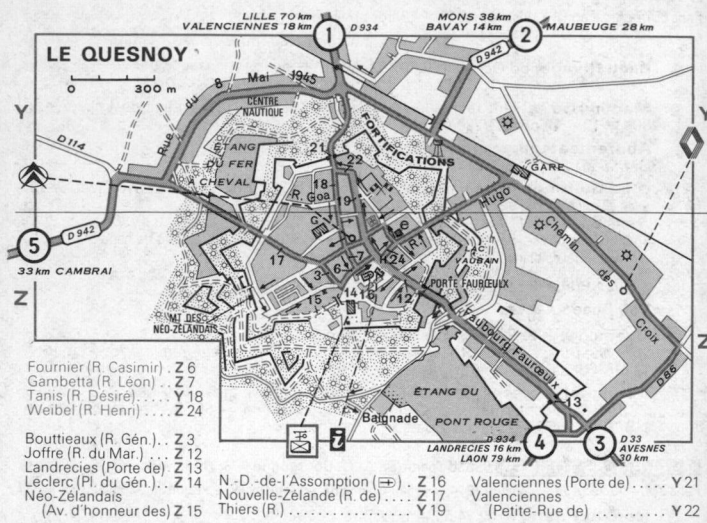

Fournier (R. Casimir) . . **Z** 6
Gambetta (R. Léon) . . . **Z** 7
Tanis (R. Désiré) . . . . . **Y** 18
Weibel (R. Henri) . . . . . **Z** 24

Boutrieaux (R. Gén.) . . **Z** 3
Joffre (R. du Mar.) . . . **Z** 12
Landrecies (Porte de) . . **Z** 13
Leclerc (Pl. du Gén.) . . **Z** 14
Néo-Zélandais
  (Av. d'honneur des) **Z** 15

N.-D .-de-l'Assomption (⊞) . **Z** 16
Nouvelle-Zélande (R. de) . . . **Z** 17
Thiers (R.) . . . . **Y** 19

Valenciennes (Porte de) . . . . . **Y** 21
Valenciennes
  (Petite-Rue de) . . . . **Y** 22

🍽️🍽️🍽️ **Host. Parc** avec ch, r. V.-Hugo ☎ 49.02.42 – ➡️ 🛏️ 🚗 **🅿️ E** 🍽️ ch   **Z e**
fermé 8 au 29 août, vacances de fév., dim. soir et lundi sauf fériés – **R** 55/95 ⚖️ – ⊡
12,50 – **7 ch** 84/116.

par ④ : 2 km sur D 934 – ⊠ **59530** Le Quesnoy :

🍽️🍽️🍽️ **Les Vanneaux,** ☎ 49.15.40, ☞ – **🅿️**
fermé 16 au 30 août, 22 déc. au 5 janv., lundi et le soir sauf sam. – SC : **R** carte 125 à
175.

CITROEN Lyskawa, ☎ 49.02.60   RENAULT Lebrun, ☎ 49.08.36

912

QUESTEMBERT 56230 Morbihan 🔠 ④ G. Bretagne – 4 890 h. alt. 100 – ⚙ 97.

Paris 424 – Ploërmel 36 – Redon 33 – ◆Rennes 88 – La Roche-Bernard 22 – Vannes 27.

XXX ✿ **Bretagne** (Paineau) Ⓜ avec ch, r. St-Michel �🕾 26.11.12, ♨ – ⌂wc ☜ 🅿.
🍽 ⅍ ⒶⒺ ⑩ 𝑉𝐼𝑆𝐴
fermé 3 janv. au 15 mars, dim. soir et lundi sauf fériés – SC : **R** (nombre de couverts
limité - prévenir) carte 175 à 245 – ⌧ 35 – **5 ch** 250/320
Spéc. Choux farcis de homard, Ragoût de fonds d'artichauts à la moëlle, Huîtres en paquets. **Vins**
Muscadet.

RENAULT Gar. Marquer, �🕾 26.10.41

La QUEUE-EN-BRIE 94 Val-de-Marne 🔠 ①②, 🔟🔟 ㉘㉙ – voir à Paris, Proche banlieue.

QUEYRAC 33 Gironde 🔟🔟 ⑯ – 1 030 h. – ⊠ 33340 Lesparre-Médoc – ⚙ 56.

Paris 536 – ◆ Bordeaux 72 – Lesparre-Médoc 8,5 – Soulac-sur-Mer 23.

🏠 **Vieux Acacias** ⌇ sans rest, �🕾 41.18.01 – 🛁wc 🅿. ⅍
SC : ⌧ 17 – **14 ch** 69/150.

QUIBERON 56170 Morbihan 🔠 ㉒ G. Bretagne (plan) – 4 723 h. – Casino – ⚙ 97.

Voir Côte sauvage★★ NO : 2,5 km.

🅱 Office de Tourisme avec Accueil de France (Informations et réservations d'hôtels pas plus de 5
jours à l'avance) 7 r. Verdun (fermé dim. hors saison) �🕾 50.07.84, Télex 950538.

Paris 502 – Auray 28 – Concarneau 101 – Lorient 49 – Quimper 113 – Vannes 46.

🏨 **Sofitel** Ⓜ ⌇, �🕾 50.20.00, Télex 730712, ≼, 🏊, ♨ – 🛗 📺 ☎ 🅿 – 🔬 200. ⒶⒺ ⑩
E 𝑉𝐼𝑆𝐴. ⅍ rest
fermé janv. – SC : rest. **Thalassa R** carte 130 à 200 – **108 ch** ⌧ 430/830, 5 appartements – P 665/895.

🏩 **Ker Noyal** ⌇, �🕾 50.08.41, ♨ – 🅿 ⅍
1ᵉʳ mars-31 oct. – SC : **R** 110/140 – ⌧ 24 – **92 ch** 240/290 – P 228/290.

🏠 **Bellevue** ⌇, r. Tiviec �🕾 50.16.28, ♨ – ⌂wc 🛁wc ☜ 🅿. 🍽 ⒶⒺ E 𝑉𝐼𝑆𝐴. ⅍ rest
Pâques-10 oct. – SC : **R** (pour résidents seul.) – ⌧ 18 – **40 ch** 240/260 – P 180/240.

🏠 **Petite Sirène** Ⓜ, 15 bd Mer �🕾 50.17.34, ≼ – cuisinette ⌂wc ☜ 🅿. ⒶⒺ 𝑉𝐼𝑆𝐴. ⅍
20 mars-1ᵉʳ nov. – SC : **R** (fermé merc. hors sais.) 53/110 – ⌧ 15 – **14 ch** 138/160.

🏠 **Hoche,** pl. Hoche �🕾 50.07.73, ♨ – ⌂wc 🛁wc ☜. 🍽 E 𝑉𝐼𝑆𝐴
fév.-30 sept. – SC : **R** 65/160 – ⌧ 20 – **39 ch** 100/250 – P 184/264.

🏠 **Beau Rivage,** r. Port-Maria �🕾 50.08.39, ≼ – 🛗 🛁wc ☜. 🍽 𝑉𝐼𝑆𝐴. ⅍
1ᵉʳ avril-30 sept. – SC : **R** 60/120 – ⌧ 18 – **48 ch** 113/192 – P 189/238.

🏠 **Roch Priol** ⌇, r. Sirènes ⼐ 50.04.86 – ⌂wc 🛁wc 🅿
fermé 3 janv. au 7 fév. – SC : **R** 55/130 – ⌧ 18 – **39 ch** 90/185 – P 175/230.

🏠 **Ty Breiz** sans rest, bd Chanard ⼐ 50.09.90, ≼, ♨ – ⌂wc 🛁wc ☜ 🅿. ⅍ ch
1ᵉʳ juin-20 sept. – SC : ⌧ 15 – **32 ch** 100/200.

🏠 **Neptune** Ⓜ, 4 quai de Houat à Port Maria ⼐ 50.09.62, ≼ – 🛗 ⌂wc ☜. 𝑉𝐼𝑆𝐴. ⅍
SC : **R** 60/105 – ⌧ 17 – **22 ch** 180/250 – P 210/350.

🏠 **Druides,** 6 r. Port Maria ⼐ 50.14.74 – 🛗 ⌂wc 🛁wc ☜ 🅿. ⅍ ch
hôtel : 1ᵉʳ avril-30 sept., rest : 15 mai-30 sept. – SC : **R** 58/120 – ⌧ 16 – **30 ch**
100/200 – P 170/240.

🏠 **Gulf Stream** sans rest, bd Chanard ⼐ 50.16.96, ≼, ♨ 🛁wc ☜
1ᵉʳ mars-30 oct. – SC : ⌧ 14 – **19 ch** 80/165.

🏠 **Gd Large,** 1 bd Hoedic à Port Maria ⼐ 50.13.39, ≼ – ⌂wc 🛁wc ☜. 𝑉𝐼𝑆𝐴
fermé 11 nov. au 1ᵉʳ fév. – SC : **R** 63/90 – ⌧ 15,50 – **18 ch** 124/161 – P 187/214.

🏠 **Idéal,** rte de Port-Haliguen ⼐ 50.12.72 – 🛗 ⌂wc 🛁wc ☜ 🅿. 🍽 ⒶⒺ ⑩ E 𝑉𝐼𝑆𝐴.
◆ ⅍ rest
SC : **R** 48/105 – ⌧ 15 – **51 ch** 92/170 – P 167/200.

XX **Relax,** 27 bd Castero à la plage de Kermorvan ⼐ 50.12.84, ≼ – 🅿. ⒶⒺ ⑩ 𝑉𝐼𝑆𝐴
◆ *fermé déc., janv. et mardi sauf en juil.-août* – SC : **R** 46/170 🍴.

XX **Ancienne Forge,** 20 r. Verdun ⼐ 50.18.64 – 𝑉𝐼𝑆𝐴
fermé janv., fin mai et merc. sauf le soir en juil. et août – SC : **R** carte 115 à 175.

XX **La Goursen,** quai Océan à Port Maria ⼐ 50.07.94. 𝑉𝐼𝑆𝐴
*Pâques, 1ᵉʳ juin-30 sept., vacances de fév., week-ends et fêtes de Pâques à juin et
d'oct. au 11 nov.* – **R** carte 125 à 180.

X **Pêcheurs,** r. Kervozes à Port Maria ⼐ 50.12.75
fermé déc., janv. et lundi du 15 sept. au 15 juin – SC : **R** 54 bc/65 🍴.

à Port Haliguen E : 2 km par D 200 – ⊠ 56170 Quiberon :

🏩 **Europa** Ⓜ, ⼐ 50.25.00, ≼, 🏊, ♨ – 🛗 cuisinette 🅿. ⅍ rest
27 mars-2 oct. – SC : **R** 75/120 – ⌧ 18 – **68 ch** 240/270 – P 240/250.

🏠 **Relais des Iles,** ⼐ 50.18.74, ≼ – ⌂wc 🛁wc ☜. 🍽 ⅍ rest
26 mars-27 sept. – SC : **R** 70/100 – ⌧ 19 – **24 ch** 135/240 – P 190/250.

🏠 **Navirotel,** ⼐ 50.16.52 – ⌂wc 🛁wc ☜. 🍽 ⒶⒺ ⑩ 𝑉𝐼𝑆𝐴. ⅍ rest
27 mars-4 oct. – SC : **R** 85/150 – ⌧ 15 – **21 ch** 160/245 – P 225/265.

QUIBERON

à St-Julien N : 2 km – ⊠ 56170 Quiberon :

🏠 **Baie** 🦐, ℡ 50.08.20 – ⇔wc 🛁wc 🅿 **P**
1er avril-20 sept. – SC : **R** (dîner seul.) 70 – � 20 – **20 ch**, – 1/2 pens. seul. :
155/180.

🏠 **Au Vieux Logis** 🦐, ℡ 50.12.20 – ⇔wc 🛁 **P** **VISA** ⅍ ch
1er mai-30 sept. – SC : **R** 72/92 – ⊒ 16 – **22 ch** 90/200 – P 190/240.

à St-Pierre N : 4,5 km par D 768 – ⊠ 56510 St-Pierre.

Voir Pointe du Percho ≤ ★ au NO : 2,5 km.

🛈 Syndicat d'Initiative à la Mairie (fermé sam., dim. et fêtes) ℡ 50.92.00.

🏨 **Plage,** ℡ 30.92.10, ≤ – 🛗 ⇔wc 🛁wc 🅿 **P** 🍽🅿. ⅍
26 mars-17 avril et 7 mai-début oct. – SC : **R** 65/95 – ⊒ 18 – **41 ch** 180/260.

🏠 Bretagne, r. Gén.-de-Gaulle ℡ 30.91.47 – 🛁wc 🅿 **P** – sais. – **20 ch**.

CITROEN Gar. St-Christophe, ℡ 50.07.71   RENAULT S.O.D.A.P. ℡ 50.07.42
PEUGEOT-TALBOT Le Borgne, ℡ 50.16.37

QUIBERVILLE 76 S.-Mar. 52 ③ ④ alt. 74 – ⊠ 76860 Ouville-la-Rivière – ✪ 35.
🛈 Office de Tourisme (1er juil.-31 août, fermé merc. matin et dim.).
Paris 207 – Dieppe 18 – ◆Rouen 68 – St-Valéry-en-Caux 18.

🏠 **L'Huitrière,** ℡ 83.02.96 – ⇔wc 🛁wc 🅿. ⅍
fermé déc., dim. soir, mardi soir et merc. de nov. au 28 fév. – SC : **R** 56/78 – ⊒ 15 –
15 ch 78/150 – P 145/195.

QUIÉVRECHAIN 59 Nord 53 ⑤ – rattaché à Valenciennes.

QUILLAN 11500 Aude 86 ⑦ G. Pyrénées – 5 142 h. alt. 291 – ✪ 68.
Voir Défilé de Pierre Lys★ S : 5 km.
🛈 Office de Tourisme pl. Gare (fermé dim. après-midi) ℡ 20.07.78.
Paris 961 – Andorre 114 – Carcassonne 51 – Foix 62 – Limoux 27 – ◆Perpignan 74 – Prades 92.

🏨 **La Chaumière,** bd Ch.-de-Gaulle ℡ 20.17.90 – ⇔wc 🛁wc 🅿 ⇐ **P** – 🚗 50.
◆ 🍽🅿. ⅍ ch
fermé 2 nov. au 15 déc. – SC : **R** 45/120 – ⊒ 16 – **39 ch** 55/180 – P 150/200.

🏨 **Pierre Lys,** av. Carcassonne ℡ 20.08.65, �☆ – ⇔wc 🛁 🅿 **P**
◆ fermé mi nov. à mi déc. – SC : **R** 40/62 🍷 – ⊒ 15 – **18 ch** 58/140 – P 140/170.

🏨 **Cartier,** bd Ch.-de-Gaulle ℡ 20.05.14 – 🛗 cuisinette ⇔wc 🛁wc 🅿 ⇐. 🍽🅿 **E**
◆ 15 mars-15 déc. – SC : **R** 47/120 – ⊒ 15 – **35 ch** 75/180.

au Sud : 10 km sur D117 (carrefour D117 - D107) – ⊠ 11140 Axat :

⤬⤬ **Rébenty,** ℡ 20.50.78 – **E** **VISA**
◆ fermé 20 déc. au 18 janv., lundi soir et mardi sauf du 11 juil. au 5 sept. – SC : **R**
50/75.

CITROEN Gar. Nivet, ℡ 20.04.27   V.A.G. Gar. Dubois, Zone Artisanale, rte Car-
PEUGEOT-TALBOT Gar. Mas, ℡ 20.09.76   cassonne ℡ 20.07.92
PEUGEOT-TALBOT Gar. Roosli, ℡ 20.01.01
RENAULT Gar. Escur, ℡ 20.06.66   🏍 Saunier, ℡ 20.00.49

QUIMPER P 29000 Finistère 58 ⑮ G. Bretagne – 60 510 h. alt. 8 – ✪ 98.
Voir Cathédrale★★ BY – Grandes fêtes de Cornouaille★ (fin juillet) – Rue Kéron★ BY
– Mont Frugy ≤★ BZ – Musées : Beaux-Arts★★ BY H, Breton★ BY M – Descente de
l'Odet★★ en bateau 1 h 30.

🏌 de Quimper et de Cornouaille ℡ 56.97.09, à la Forêt-Fouesnant par ③ : 17 km.
✈ de Quimper-Pluguffan : ℡ 94.01.28 par ⑤ : 7 km.
🚂 ℡ 90.14.75.
🛈 Office de Tourisme 3 r. Roi-Gradlon (fermé sam. hors saison) ℡ 95.04.69 – A.C.O. Finistère 12 r.
E.-Fréron ℡ 95.20.89.
Paris 556 ② – ◆Brest 72 ① – Lorient 66 ② – ◆Rennes 206 ② – St-Brieuc 139 ① – Vannes 115 ②.

Plan page ci-contre

🏩 **Griffon** M, rte Bénodet par ④ : 3 km ℡ 90.33.33, Télex 940063, ⬛, 🌲 – 📺 🅿
P – 🚗 30 à 100. 🅐🅔 ⓞ **VISA**
SC : **R** (fermé 15 fév. au 20 mars, dim. hors sais. et sam. soir) 60/140 – ⊒ 18 – **48 ch**
198/340.

🏨 **Tour d'Auvergne,** 13 r. Réguaires ℡ 95.08.70 – 🛗 ⇔wc 🛁wc 🅿 **P** 🍽🅿 **E** **VISA** ⅍
fermé 17 déc. au 10 janv. – SC : **R** (fermé sam. soir et dim. d'oct. au 30 avril sauf
Pâques) 55/140 – ⊒ 18 – **45 ch** 70/201 – P 225/259.   BY **e**

🏨 **Gradlon** sans rest, 30 r. Brest ℡ 95.04.39 – ⇔wc 🛁wc 🅿. 🅐🅔 ⓞ **E** **VISA** ⅍
fermé 20 déc. au 11 janv., sam. et dim. du 15 nov. à fin fév. – SC : ⊒ 17 – **25 ch**
85/195.   BY **a**

🏨 **Moderne,** 21 bis av. Gare ℡ 90.31.71, Télex 940792 – 🛗 ⇔wc 🛁wc 🅿 ⇐. 🚗
VISA ⅍ ch   BZ **n**
◆ fermé 18 déc. au 15 janv. – SC : **R** (fermé sam. d'oct. à Pâques) 49/140 – ⊒ 17 –
67 ch 55/180.

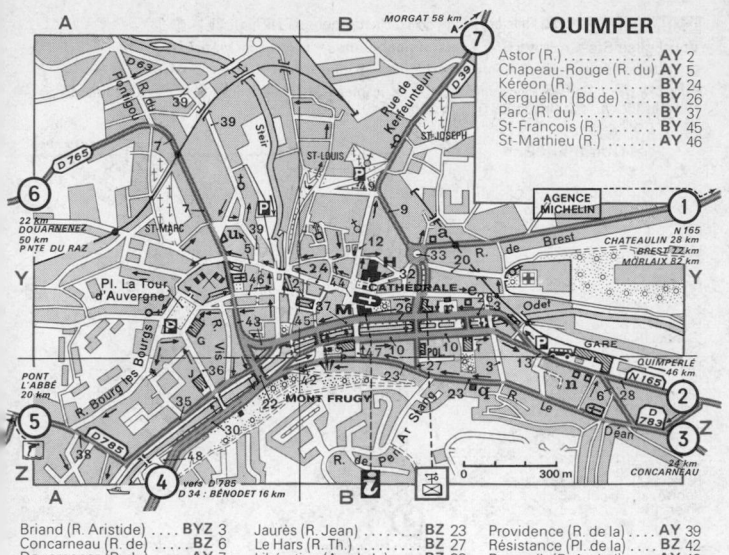

QUIMPER

🏠 **Ibis** Ⓜ, r. G.-Eiffel par ①: 1,5 km ☏ 90.53.80, Télex 940007 – 🛏wc ☎ 🅿 – 🔬 50. 🎪 *VISA*
SC : **R** carte environ 65 🍴 – 🍽 18 – **70 ch** 160/183.

🏠 **Sapinière** sans rest, rte Bénodet 4 km par ④, ⌧ 29000 Quimper ☏ 90.39.63, 🎾
– 📺 🛏 🛏wc ☎ 🅿 – 🔬 100. 🎪 🆎 ⓞ **E** *VISA* 🎀
fermé 26 sept. au 16 oct. – SC : ⌑ 14,50 – **40 ch** 72/110.

🏠 **Terminus** sans rest, 15 av. Gare ☏ 90.00.63 – 🛏wc ☎. **E** *VISA* 🎀   BZ **n**
fermé oct. – SC : ⌑ 13 – **25 ch** 60/130.

🏠 **Celtic**, 13 r. Douarnenez ☏ 55.59.35 – 🛏wc 🛏. 🎀 rest   AY **u**
➤ *fermé 20 sept. au 20 oct. et dim. sauf du 10 juil. au 25 août* – SC : **R** 40/100 – ⌑
13,50 – **35 ch** 57/125 – P 140/200.

🍴🍴 **Capucin Gourmand**, 29 r. Réguaires ☏ 95.43.12 – ⓞ **E** *VISA*   BY **r**
fermé 16 août au 5 sept., vacances de fév., dim. soir et lundi – SC : **R** 98/160.

🍴🍴 **Le Parisien**, 13 r. J.-Jaurès ☏ 90.35.29 – **E** *VISA*   BZ **q**
fermé mi-juil. à mi-août, dim. et fêtes – SC : **R** carte 80 à 130.

🍴 **La Rotonde**, 36 av. France Libre par ⑦ ☏ 95.09.26 – **E** *VISA*
➤ *fermé 1er au 15 mai, fin août à mi-sept., sam. midi et dim.* – SC : **R** 45/102 🍴.

MICHELIN, Agence, 4 r. du Stade de Kerhuel, Zone Ind. Ouest par ① ☏ 90.23.48

ALFA-ROMEO Jourdain, 36 rte de Bénodet ☏
90.60.64
AUSTIN-JAGUAR-TRIUMPH   Kemper-
Autom., 13 av. de la Libération, ☏ 90.18.49
BMW S.G.A. Kerhascoet à Pluguffan ☏ 94.
24.96
CITROEN S.C.A.F., rte de Bénodet à Ménez-
Bily par ④ ☏ 90.33.47 🅽 ☏ 90.28.05
FIAT-LADA-SKODA SODAQ, 136 av. de Ty-
Bos-Rte de Concarneau ☏ 90.37.57
FORD Bretagne-Autom., 105 av. de Ty-Bos ☏
90.32.00 🅽 ☏ 90.28.05
MERCEDES-BENZ Belléguic, rte de Coray ☏
90.03.69

OPEL Damian, 70 rte de Brest ☏ 95.18.38
PEUGEOT-TALBOT Nédélec, 66 rte de Brest
par ① ☏ 95.42.74
RENAULT Gar. de l'Odet, ZAC de Kernevez
Rte de Douarnenez par ⑥ ☏ 55.29.46
V.A.G. Gar. Honoré, 51 rte de Concarneau ☏
90.05.47

🅐 Bégot et Fils, 79 rte de Brest ☏ 95.09.33
Comptoir et Atelier du Pneu, r. Lebon Zone
Ind. de l'Hippodrome ☏ 90.18.87
LORANS-PNEUS, Rue O. de Serre ZI Hippo-
drome ☏ 53.35.26

Routes enneigées
Pour tous renseignements pratiques, consultez
les cartes Michelin **« Grandes Routes »** 🎴 🎴 🎴 ou 🎴

Voir Église Ste-Croix★★ B – Maisons anciennes★ (rue Dom-Maurice★).

🚩 Office de Tourisme Pont Bourgneuf (Pâques, 15 juin-15 sept. et fermé dim.) 📞 96.04.32.

Paris 511 ② – Carhaix-Plouguer 57 ① – Concarneau 34 ④ – Pontivy 54 ② – Quimper 46 ④ –
◆Rennes 161 ② – St-Brieuc 109 ① – Vannes 70 ②.

QUIMPERLÉ

Brémond-d'Ars (R.)	4
Carnot (Pl.)	6
Écoles (Pl. des)	12
Genot (R.)	17
Mellac (R.)	25
St-Michel (Pl.)	32
Savary (R.)	33
Bel-Air (Pl. du)	2
Bourgneuf (R. du)	3
Clohars (R. de)	7
Couedic (R. du)	8
Dom-Morice (R.)	9
Ferry (Av. Jules)	13
Gambetta (Pl.)	14
Gaulle (Pl. Ch. de)	16
Jaurès (Pl. Jean)	19
La-Tour-d'Auvergne (R.)	21
Leuriou (R.)	22
Paix (R. de la)	27
Pasteur (Av.)	28
Pont-Aven (R. de)	30
Thiers (R.)	35

*Pour un bon usage des plans
de villes, voir les signes
conventionnels p. 20.*

🏨 **Hermitage** 🛏️, S : 2 km par D 49 📞 96.04.66, « Parc », 🏊 – 🚿wc 🛁wc ☎ 🅿 –
🅰 30. 🚗
*1er avril-1er nov. – SC : R voir rest. Relais du Roc – 🍽️ 18 – **22 ch** 180/190, 4
appartements 400 – P 223/248.*

XX **Relais du Roch,** S : 2 km par D 49 📞 96.12.97 – 🅿 E 𝐕𝐈𝐒𝐀
fermé 15 déc. au 15 janv. et lundi hors sais. – SC : R 54/150.

XX **Aub. de Toulfoën** avec ch, S : 3 km par D 49 📞 96.00.29, 🌿 – 🚿 🅿 🅰🅴 E 𝐕𝐈𝐒𝐀
🍴 ch
*fermé 25 sept. au 31 oct. et lundi du 1er nov. au 30 juin – SC : R 65/150 – 🍽️ 16 –
9 ch 90/120.*

CITROEN Gar. Gaudart, rte de Quimper à Roz-
Glass 📞 96.20.30
PEUGEOT-TALBOT Ouest-Autom., rte Lorient
par ② 📞 96.11.91 🄽 N 📞 96.18.38
RENAULT Guillou, 39 rte Lorient par ② 📞
96.31.45 🄽 📞 96.03.56

V.A.G. Gar. Quimperlois, 22 rte Lorient 📞 96.
04.56

🔖 Le Borgne, 53 rte Lorient 📞 96.00.49
Lorans-Pneus, 40 rte Quimper 📞 96.01.39

QUINCIÉ-EN-BEAUJOLAIS 69 Rhône 🗺️ ⑨ – 1 022 h. alt. 319 – ⊠ 69430 Beaujeu – 😊 74.
Paris 431 – Beaujeu 5 – Bourg-en-Bresse 50 – ◆Lyon 56 – Mâcon 36 – Roanne 70.

X 🌸 **Aub. du Pont des Samsons** (Fouillet), E : 2,5 km sur D37 📞 04.32.09 – 🅿 🅰🅴
◆ 𝐕𝐈𝐒𝐀
fermé en juin, en janv., dim. soir et lundi sauf fériés – SC : R 50/168
Spéc. Soupe d'écrevisses (1er juil.-31 déc.), Lapereau en gelée au lard et vieux marc, Chariot de
desserts.

QUINCY-VOISINS 77860 S.-et-M. 🗺️ ⑫⑬, 🗺️ ㉒㉓ – 2 999 h. alt. 137 – 😊 6.
Paris 46 – Lagny-sur-Marne 15 – Meaux 7 – Melun 49.

X **Aub. Demi-Lune** avec ch, D 436 📞 004.11.09, 🌿
*fermé 2 janv. au 5 fév., merc. soir, dim. soir et jeudi – SC : R 56/112 – 🍽️ 17 – **9 ch**
82/105.*

QUINSAC 33 Gironde 🗺️ ⑪ – 1 940 h. alt. 49 – ⊠ 33360 Latresne – 😊 56.
Paris 591 – ◆Bordeaux 15 – Langon 33 – Libourne 35.

XX **Robinson,** SE : 2 km sur D 10 📞 21.31.09, 🍴 – 🅿
fermé oct. et mardi – R carte 95 à 160.

Ne voyagez pas aujourd'hui avec une carte d'hier.

QUINTIN 22800 C.-du-N. 🟧🟧 ②③ G. Bretagne – 3 599 h. alt. 179 – ✪ 96.

🛈 Office de Tourisme à la Mairie (fermé sam. après-midi et dim.) ⌶ 74.84.01.

Paris 470 – Guingamp 29 – Lamballe 35 – Loudéac 31 – Quimper 110 – St-Brieuc 19.

🏨 **Commerce** 🔊, r. Rochonen ⌶ 74.94.67 – 🛏wc ☎ ☎🍽 ⋙ ch
fermé 1ᵉʳ au 15 sept., 15 déc. au 7 janv., dim. soir et lundi midi sauf juil., août et fériés – SC : **R** 52/152 – ♀ 15,50 – **14 ch** 82/160.

CITROEN Gar Le Floch, ⌶ 74.93.77   TALBOT Le Fur, ⌶ 74.94.96

RABASTENS 81800 Tarn 🟧🟧 ⑨ G. Causses – 4 220 h. alt. 117 – ✪ 63.

Voir Chapiteaux★ de l'église N.-D.-du-Bourg.

🛈 Office de Tourisme 6 pl. St-Michel (15 juin-15 sept., fermé dim. et lundi matin).

Paris 705 – Albi 39 – Carcassonne 106 – Castres 61 – Lavaur 22 – Montauban 49 – ✦Toulouse 37.

🏨 **Pré Vert,** prom. Lices ⌶ 33.70.51, 🏡, 🛲, 🛲 – 🛏wc 🛏wc ☎ ② – ♨ 20. ☎🍽
➡ fermé déc. et dim. soir – SC : **R** 46/115 ♀ – ♀ 17 – **13 ch** 87/165 – P 180/220.

PEUGEOT, TALBOT Bourdet, à Couffouleux ⌶   V.A.G. Baysse-Laborde, ⌶ 33.70.44
33.71.66
RENAULT Mouisset, ⌶ 33.75.23

RABASTENS-DE-BIGORRE 65140 H.-Pyr. 🟧🟧 ⑧ – 1 082 h. alt. 217 – ✪ 62.

Paris 824 – Aire-sur-l'Adour 60 – Castelnau-Magnoac 46 – Mirande 29 – Plaisance 27 – Tarbes 19.

🏠 **Chez Yvonne,** ⌶ 96.60.20 – 🛏 ⋙
➡ fermé 1ᵉʳ au 9 mai, 18 oct. au 8 nov., dim. soir et vend. – **R** 35/60 ♀ – ♀ 8,50 –
10 ch 37/65.

🏠 **Platanes,** ⌶ 96.61.77 – 🛏 ☎ ⋙
➡ fermé vend. (sauf rest. de juil. à sept.) – SC : **R** 40/80 ♀ – ♧ 12 – **7 ch** 55/90 – P
120/125.

RABOT 41 L.-et-Ch. 🟧🟧 ⑨ – rattaché à Lamotte-Beuvron.

RACHECOURT-SUR-MARNE 52 H.-Marne 🟧🟧 ⑩ – 887 h. alt. 173 – ✉ 52170 Chevillon –
✪ 25.

Paris 231 – Bar-le-Duc 37 – Chaumont 55 – Joinville 12 – Ligny-en-Barrois 35 – St-Dizier 19 – Toul 82.

🍴🍴 **Vieille Auberge** avec ch, N 67 ⌶ 04.40.35, « Intérieur rustique authentique », 🛲
➡ – 🛏 ☎🍽 🗎 🆔 𝘝𝘐𝘚𝘈
fermé dim. soir – **R** 39/65 ♀ – ♧ 13 – **8 ch** 75.

RAGUENÈS-PLAGE 29 Finistère 🟧🟧 ⑪ – ✉ 29139 Nevez – ✪ 98.

Paris 539 – Carhaix-Plouguer 74 – Concarneau 17 – Pont-Aven 12 – ✦Quimper 39 – Quimperlé 29.

🏨 **Chez Pierre** 🔊, ⌶ 06.81.06, 🛲 – 🛏wc 🛏wc ☎ ②. ⋙ ch
1ᵉʳ-12 avril et 10 mai-25 sept. – SC : **R** (fermé merc. du 1ᵉʳ juin au 14 sept.) 62/125 ♀
– ♀ 14,50 – **21 ch** 107/200 – P 160/205.

🏨 **Men Du** 🔊 sans rest, ⌶ 06.84.22, ≤, 🛲 – 🛏wc 🛏wc ☎ ②
sais. – **14 ch.**

RAMATUELLE 83350 Var 🟧🟧 ⑰ G. Côte d'Azur – 1 492 h. alt. 135 – ✪ 94.

Voir Col de Collebasse ≤★ S : 4 km.

Paris 881 – Hyères 61 – Le Lavandou 38 – St-Tropez 12 – Ste-Maxime 18 – ✦Toulon 79.

🏨🏨 **Le Baou** Ⓜ 🔊, ⌶ 79.20.48, ≤ mer – 🔲 ch ☎ ②. 🆔 🕚
fermé nov. – SC : **R** 140 – ♀ 25 – **16 ch** 400.

RAMBERCHAMP 88 Vosges 🟧🟧 ⑰ – rattaché à Gérardmer.

RAMBLE 74 H.-Savoie 🟧🟧 ⑰ – rattaché à Habère-Poche.

RAMBOUILLET ⬥🅢🅟 78120 Yvelines 🟧🟧 ⑧⑨. 🟦🟦🟦 ⑰㉘ G. Environs de Paris – 20 052 h. alt.
160 – ✪ 3.

Voir Boiseries★ du château AZ – Parc★ AZ : laiterie de la Reine★ B, chaumière des
coquillages★ D – Bergerie nationale★ AZ – Forêt de Rambouillet★.

🛈 Syndicat d'Initiative à l'Hôtel de Ville (fermé 15 août au 15 sept. et vend.) ⌶ 483.11.91.

Paris 52 ① – Chartres 41 ③ – Etampes 44 ③ – Mantes-la-Jolie 70 ① – ✦Orléans 90 ③ – Versailles
32 ①.

Plan page suivante

🏨 **Mini-Mote** Ⓜ 🔊, par ③ : 2,5 km par N 10 ⌶ 041.78.50, Télex 698429, ⋙ – 🖵
🛏wc ☎ ♿ ② – ♨ 30 à 90. ☎🍽 🆔 🗎 𝘝𝘐𝘚𝘈
SC : **R** (fermé dim. soir du 1ᵉʳ oct. au 31 mars) 65/85 ♀ – ♀ 20 – **63 ch** 160/200.

🏨 **St-Charles** sans rest, 1 r. Groussay ⌶ 483.06.34, 🛲 – 🛏wc 🛏wc ☎ ②. ☎🍽
fermé Noël-Jour de l'An – SC : ♀ 12 – **14 ch** 70/190.   AY **b**

31
917

RAMBOUILLET

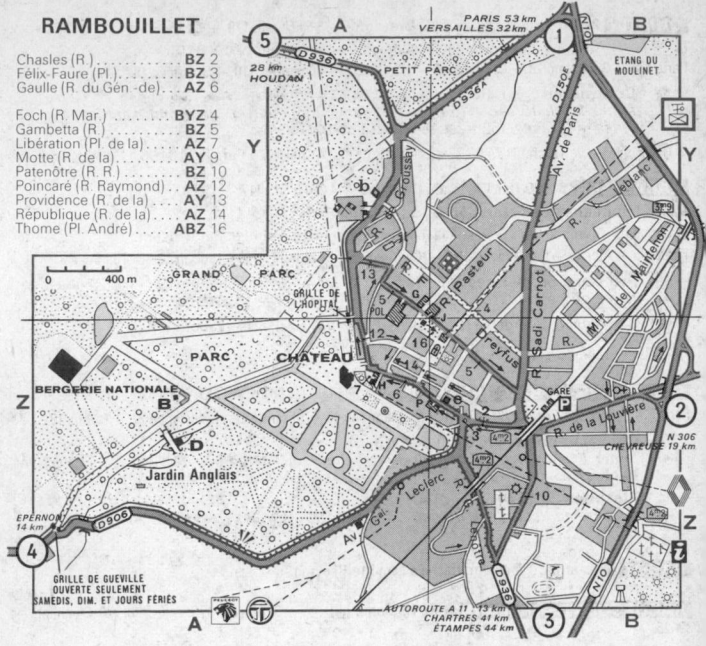

XXX **Aub. Joyeux Louvetier,** par ② : 2 km N 306 ℡ 041.03.19, ≼ – 𝔸𝔼 ⓪
   fermé 20 juil. au 20 août, 23 au 29 déc., vacances de fév., mardi soir et merc. – SC :
   R (prévenir) 90.

X **Poste,** 101 r. Gén.-de-Gaulle ℡ 483.03.01 – *VISA*   BZ **e**
   fermé 16 août au 5 sept., 21 fév. au 6 mars, dim. soir et lundi – SC : **R** (nombre de
   couverts limité - prévenir) 90 bc/120 bc.

   à Gazeran par ④ : 4,5 km – ⊠ 78120 Rambouillet :

XX **Au Rendez-vous de Chasse,** D 906 ℡ 483.81.49, ≼ – *VISA*
   fermé 14 juil. au 10 août, 19 au 28 déc., lundi soir et mardi – SC : **R** 70/180.

XX **Villa Marinette** avec ch, D 906 ℡ 483.19.01, ≼ – ⋙ ch
→ *fermé 17 août au 16 sept., vacances de fév., mardi soir et merc.* – SC : **R** 50/100 – �
   13 – **6 ch** 63/80.

   aux Chaises par ④ et D 80 : 11 km – ⊠ 78120 Rambouillet :

XX **Maison des Champs,** ℡ 483.50.19, « Jardin fleuri » – ℗ *VISA*
   fermé août, fév., lundi soir, mardi soir et merc. – **R** (nombre de couverts limité -
   prévenir) carte 95 à 150.

ALFA-ROMEO, DATSUN Gar. Central, 15 r.
Clemenceau ℡ 483.01.87
CITROEN Van de Maele, r. G.-Lenôtre par ③
℡ 041.81.81
FIAT Gar. Hude, 15 r. de la Louvière ℡ 041.
03.41

PEUGEOT, TALBOT Préhel, 56 r. Lenôtre, Le
Bel Air par ③ ℡ 041.01.70.
PEUGEOT-TALBOT Rambouillet Automo-
biles., 51 av. Gén.- Leclerc ℡ 483.01.40
RENAULT Gar. de la Gare, 24 r. R.-Patenôtre
℡ 041.13.27

RANCON 87 H.-Vienne 72 ⑦ G. Périgord – 733 h. alt. 217 – ⊠ 87290 Chateauponsac – ✆ 55.
Paris 374 – Bellac 12 – ◆Limoges 44 – La Souterraine 34.

X **L'Oie et le Gril,** ℡ 68.15.06
→ *fermé 15 au 30 sept., mardi soir et merc.* – SC : **R** 38/70.

RANDAN 63310 P.-de-D. 73 ⑤ G. Auvergne – 1 383 h. alt. 407 – ✆ 70.
🅱 Syndicat d'Initiative à la Mairie (fermé après-midi et dim.) ℡ 41.50.02.
Paris 365 – Aigueperse 14 – ◆Clermont-Ferrand 40 – Gannat 23 – Riom 25 – Thiers 32 – Vichy 14.

🏠 **Centre,** ℡ 41.50.23 – 🍴 ᴇ ⋙
→ *fermé 20 oct. au 10 déc., mardi soir et merc. du 1er sept. au 1er juil.* – SC : **R** 33/145 ⚓
   – ⊠ 10,50 – **11 ch** 55/80 – P 90/100.

XX **Host. du Parc** avec ch, ☎ 41.51.89 – 🍴 🏠 📶
fermé janv., fév. et dim. soir en hiver – SC : **R** 60/135 – 🍵 15 – **9 ch** 72/95 – P 160.

CITROEN Elambert, ☎ 41.51.62
PEUGEOT-TALBOT Lacroix, ☎ 41.51.22
RENAULT Planche, ☎ 41.56.69

RANG 25 Doubs 🄺🄺 ⑦ – 469 h. alt. 287 – ⊠ **25250** L'Isle-sur-le-Doubs – ☎ 81.

Paris 466 – Baume-les-D. 22 – Belfort 38 – ◆Besançon 51 – Lure 39 – Montbéliard 27 – Vesoul 53.

X **Moderne** avec ch, ☎ 96.32.54 – 🚗 🅿. 📶
fermé 15 au 31 oct., 1ᵉʳ au 15 fév. et lundi – SC : **R** 35/110 🍷 – 🍵 12 – **10 ch** 50/80 – P 120/170.

RANRUPT 67 B.-Rhin 🄲🄲 ⑧ – 309 h. alt. 520 – ⊠ **67420** Saales – ☎ 88.

Paris 477 – Lunéville 67 – St-Dié 30 – Sélestat 28 – Senones 21 – ◆Strasbourg 64.

☎ **du Col de Steige** ⌂, S : 2 km ☎ 97.60.65, ≤ – 🚗 🅿
fermé 15 au 31 oct., lundi et mardi du 1ᵉʳ fév. au 1ᵉʳ juil. – SC : **R** 55 🍷 – 🍵 15 – **14 ch** 60/90 – P 125/150.

RANTIGNY 60 Oise 🄺🄺 ① – rattaché à Liancourt.

RAON-L'ÉTAPE 88110 Vosges 🄲🄲 ⑦ – 7 754 h. alt. 291 – ☎ 29.

🛈 Syndicat d'Initiative r. J.-Ferry (juil.-août, fermé dim. et lundi) ☎ 41.40.18.

Paris 443 – Épinal 46 – Lunéville 34 – ◆Nancy 69 – Neufchâteau 107 – St-Dié 16 – Sarrebourg 51.

🏠 **Motel l'Eau vive** ⌂ sans rest, ☎ 41.44.68, 🌳 – 🚿wc 🅿. 📶
1ᵉʳ fév.-31 oct. – SC : 🍵 13 – **12 ch** 140/180.

X **Relais Lorraine Alsace**, 31 r. J.-Ferry ☎ 41.43.28
fermé 15 déc. au 22 janv. et lundi sauf juil.-août – SC : **R** 39/50 🍷.

RASTEAU 84 Vaucluse 🄱🄺 ② – 566 h. alt. 200 – ⊠ **84110** Vaison-la-Romaine – ☎ 90.

Paris 662 – Avignon 38 – Bollène 22 – Orange 18 – Vaison-la-Romaine 7,5.

🏠 **Bellerive** Ⓜ ⌂, S : 1,5 km par D 69 ☎ 46.10.20, ≤, 🏊 – cuisinette 🚿wc 📺 🅿
🌸 ch
fermé janv. et fév. – SC : **R** 70 (sauf fêtes)/110 – 🍵 20 – **20 ch** 200.

RENAULT Digonnet, ☎ 46.10.53

RAULHAC 15470 Cantal 🄻🄻 ②③ – 386 h. alt. 780 – ☎ 71.

Paris 543 – Aurillac 31 – Entraygues-sur-Truyère 38 – Murat 48 – St-Chély-d'Apcher 92 – St-Flour 66.

☎ **Midi,** ☎ 49.55.02 – 🍴 🚗 🌸 rest
SC : **R** 36/52 – 🍵 12 – **15 ch** 60/75 – P 89/100.

RAUZAN 33 Gironde 🄻🄺 ⑫ G. Côte de l'Atlantique – 903 h. alt. 100 – ⊠ **33420** Branne – ☎ 56.

Paris 626 – Bergerac 62 – ◆Bordeaux 38 – Libourne 23 – Marmande 44.

XX **La Gentilhommière,** ☎ 84.13.42, 🌳 – 🅿 ⓪
fermé 15 au 30 nov. et lundi – SC : **R** 45 bc/180 🍷.

RAVEL 69 Rhône 🄻🄺 ⑪ – rattache à Mornant.

Le RAYOL 83820 Var 🄱🄺 ⑰ G. Côte d'Azur – 846 h. alt. 150 – ☎ 94.

Voir Site★.

Paris 893 – Cavalaire-sur-Mer 7 – Le Lavandou 14 – St-Tropez 25 – Ste-Maxime 29 – ◆Toulon 54.

🏰 **Bailli de Suffren** ⌂, à la Plage ☎ 71.35.77, Télex 420535, ≤ mer et les îles, 🏖
– 🕭 📱 🅿 – 🔒 30. 🄰🄴 ⓪ 𝘝𝘐𝘚𝘈 🌸 rest
15 mai-15 sept. – SC : **R** 160 – 🍵 25 – **47 ch** 620/740.

RAZ (Pointe du) ★★★ 29 Finistère 🄻🄲 ⑬ G. Bretagne – alt. 72 – ☎ 98.

Paris 606 – Douarnenez 37 – Pont-L'Abbé 47 – Quimper 50.

à La Baie des Trépassés par D 784 et VO : 3,5 km – ⊠ **29113** Audierne :

🏠 **Baie des Trépassés** ⌂, ☎ 70.61.34, ≤, 🌳 – 🚿 🅿 🄴
1ᵉʳ mars-7 nov. et fermé merc. en mars et oct. – SC : **R** 40/130 – 🍵 16,50 – **14 ch** 63/130 – P 158/180.

RAZAC-SUR-L'ISLE 24 Dordogne 🄻🄺 ⑤ – rattaché à Périgueux.

RÉ (Ile de) ★ 17 Char.-Mar. 🄻🄹 ⑫ G. Côte de l'Atlantique – ☎ 46.

Accès : Transports maritimes, pour La Pointe de Sablanceaux :.

⛴ depuis **La Pallice** (5,5 km : O de La Rochelle). En 1982 : 33 à 70 services quotidiens
Traversée 15 mn – Voyageurs 12 F (AR), autos 54 F (AR), par Régie Départementale
des Passages d'Eau ☎ 42.61.48 (La Rochelle).

RÉ (Ile de)

Ars-en-Ré – 1 020 h. – ⊠ 17590.

🏠 **Le Martray,** Le Martray E : 3 km par D 735 �💲 29.40.04 – ⌷wc ⋔wc ☎ 🅿. 🆎 ⓞ
25 mars-début nov. – SC : R 70/110 – � 16 – **14 ch** 130/160 – P 200/210.

CITROEN Blanchard. �💲 29.40.43 N   RENAULT Gar. du Moulin Bleu, �💲 29.40.89

Le Bois-Plage – 1 317 h. – ⊠ 17580 – 🖪 Syndicat d'Initiative r. Barjottes (fermé
après-midi hors sais. et dim. sauf matin en été) ⏚ 09.23.26.

🏠🏠 **Les Gollandières** M ॐ, ⏚ 09.23.99, ⌁, ☞, – ⌷wc ⋔wc ☎ ⅙ 🅿 – 🏊 30.
🖭🖾 🆎 ⓞ 🅴 VISA. ✷ rest
fermé 2 nov. au 20 déc. et 20 fév. au 2 mars – SC : R 75/120 – ⊈ 18 – **32 ch** 160/250
– P 240/290.

La Flotte – 1 737 h. – ⊠ 17630 – 🖪 Office de Tourisme quai Sénac ⏚ 09.60.38.

🏠🏠 ✿ **Richelieu** M ॐ, ⏚ 09.60.70, Télex 791492, ≼, ⌁, ☞, ✗ – 🍽 rest 📺 ☎ ⅙ 🅿
– 🏊 40. VISA
fermé 3 janv. au 6 fév. – SC : R 120/220 – ⊈ 30 – **24 ch** (8 pav.) 350/550 – P
400/550
Spéc. Homard grillé (15 mars-15 nov.), Marguerite de Saint-Jacques, Emincé d'agneau à la crème
d'ail. Vins Blanc de Ré, Muscadet sur Lie.

🏠 **Hippocampe** ॐ sans rest, ⏚ 09.60.68 – ⋔. 🖾🖾
SC : ⊈ 12 – **17 ch** 57/116.

PEUGEOT, TALBOT Gar. Chauffour, ⏚ 09.60.25

Rivedoux-Plage – 737 h. – ⊠ 17940.
🖪 Syndicat d'Initiative pl. République (15 juin-15 sept. et fermé dim. après-midi) ⏚ 09.80.62.

🏠🏠 **Aub. de la Marée,** ⏚ 09.80.02, ≼, ⌁ – ⌷wc ⋔wc ☎ VISA
15 mai-début oct. – SC : R 65/175 – ⊈ 20 – **26 ch** 170/200 – P 170/240.

✗✗ **A l'Ombre des Pins,** ⏚ 09.80.28 – 🅿. 🆎 ⓞ VISA
→ SC : R 44/57 ⅃.

FORD Nautic-Gar., ⏚ 09.80.11

St-Clément-des-Baleines – 480 h. – ⊠ 17590 Ars-en-Ré.
Voir Phare des Baleines ✸✶ N : 2,5 km.

🏠 **Le Chat Botté** ॐ, ⏚ 29.42.09, ☞ – ⋔. VISA ✷
fermé 3 au 29 oct., 1er au 15 mars et lundi d'oct. à fin mai – SC : R 62/160 – ⊈ 16 –
23 ch 76/92 – P 148/165.

St-Martin-de-Ré – 2 193 h. – ⊠ 17410.
Voir Fortifications★ – 🖪 Office de Tourisme av. V.-Bouthillier (fermé matin et merc. hors
sais.) ⏚ 09.20.06.

🏠 **Les Colonnes,** 19 quai Job-Foran ⏚ 09.21.58, ≼ – ⌷wc 🖎 🆎 ⓞ 🅴 VISA
fermé 16 au 24 oct. et 15 déc. au 1er fév. – SC : R (fermé merc.) 65 – 🍷 19 – **30 ch**
165/210 – P 240/315.

✗✗ **St-Hubert,** ⏚ 09.20.38, ≼
5 mars-16 oct. – SC : R 52/87.

✗ **Admirauté,** 12 quai Bernonville ⏚ 09.20.51 – 🆎 ⓞ VISA
→ SC : R 44/57 ⅃.

RENAULT Gar. Neveur, ⏚ 09.28.44

Ste-Marie-de-Ré – 1 165 h. – ⊠ 17740.

🏠🏠 **Atalante** M ॐ, le Port N-Dame ⏚ 30.22.44, ≼, ⌺, ☞, ✗ – 📺 ☎ ⅙ 🅿 – 🏊
100. 🆎 ⓞ 🅴. ✷ rest
fermé 5 au 20 janv. – SC : R 70 – ⊈ 22 – **65 ch** 200/360 – P 320/430.

PEUGEOT Menanteau, ⏚ 30.21.08

RÉALMONT 81120 Tarn 🟨🟨 ① – 2 625 h. alt. 212 – ✿ 63.
Paris 726 – Albi 20 – Castres 22 – Graulhet 17 – Lacaune 56 – St-Affrique 85 – ◆Toulouse 75.

🏠🏠 ✿ **Noël** (Galinier), r. H. de Ville ⏚ 55.52.80, ㋡ – ⌷wc 🖎 🅿 – 🏊 60 à 150. 🖾🖾
🆎 ⓞ VISA. ✷
fermé dim. soir et lundi d'oct. à mai – SC : R (nombre de couverts limité - prévenir)
95/180 – ⊈ 18 – **14 ch** 75/215 – P 442/568
Spéc. Assiette des trois poissons à la crème d'ail, Tournedos aux morilles, Gibiers (saison). Vins
Gaillac, Minervois.

RENAULT Conrazier, ⏚ 55.51.38

RECLOSES 77 S.-et-M. 🟨🟨 ⑫ – rattaché à Fontainebleau.

RECOUVRANCE 29 Finistère 🟨🟨 ④ – rattaché à Brest.

REDON 〈SP〉 35600 I.-et-V. 🅖🅓 ⑤ G. Bretagne – 10 759 h. alt. 12 – ✪ 99.

Voir Tour★ de l'église St-Sauveur Z B.

🅔 Office de Tourisme pl. Parlement (fermé sam. hors sais. et dim.) ☎ 71.06.04.

Paris 401 ① – Ancenis 82 ② – La Baule 63 ② – Châteaubriant 58 ② – Dinan 103 ① – Laval 127 ① – ◆Nantes 76 ② – Ploërmel 46 ① – ◆Rennes 65 ① – St-Nazaire 51 ② – Vannes 57 ③.

REDON

Douves (R. des)	**YZ** 6
États (R. des)	**Y** 9
Grande-Rue	**Z** 15
Notre-Dame (R.)	**Y** 18
Victor-Hugo (R.)	**YZ** 35
Bonne-Nouvelle (Av.)	**Z** 2
Calvaire (R. du)	**Y** 3
Desmars	
(R. Joseph)	**Z** 5
Duchesse-Anne (Pl.)	**Z** 7
Foch (R. du Mar.)	**Y** 10
Franklin (R.)	**Y** 12
Gare (Av. de la)	**Y** 14
Liberté (Bd de la)	**Y** 16
République (Pl.)	**Y** 19
Richelieu (R.)	**Z** 20
St-Michel (R.)	**Y** 23
St-Nicolas (Pont)	**Z** 24
St-Nicolas (R.)	**Z** 25
St-Pierre (R.)	**Z** 26
St-Sauveur (Pl.)	**Y** 27
Surcouf (Quai)	**Z** 28
Thiers (Rue)	**Y** 29
Tribunal (R. du)	**Y** 32
Union (R. de l')	**Z** 33
Vannes (R. de)	**Z** 34

🏠 **France** sans rest, 30 r. Duguesclin ☎ 71.06.11 – 🛏wc 🗐wc 🕾. 🕾🕾   Z **a**
    fermé 23 déc. au 12 janv. – SC : ☲ 16 – **20 ch** 55/144.

XX **Gare Relais du Gastronome** avec ch, 10 r. Gare ☎ 71.02.04 – 🗐. 🄰🄴 🔳 🆅🅸🆂🅰
    fermé 15 au 30 juin, 21 au 28 fév., vend. soir et sam. midi – SC : **R** 85/220 – ☲ 14 –
    7 ch 85/110 – P 180/240.   Y **s**

X **La Bogue**, 3 r. des États ☎ 71.12.95 – 🔳 🕾   Y **r**
    fermé 2 au 28 janv., mardi soir et merc. – SC : **R** 53/100.

   par ② : 6 km par D 164 – ✉ **44460** à St-Nicolas-de-Redon (Loire-Atl.)

XX **Aub. du Poteau Vert** avec ch, ☎ 71.13.12, 🌧 – 🗐wc & 🅿 – 🔬 40. 🔳 🆅🅸🆂🅰.
    🕾 ch
    fermé 1er au 15 oct., 1er au 15 janv., dim. soir et lundi – SC : **R** 60/150 – ☲ 15 – **6 ch**
    120/140.

CITROEN Gar. Vinouze, av. J.-Burel à St-Nicolas-de-Redon ☎ 71.00.36
FORD Gar. de la Corniche, rte de Rennes ☎ 71.10.73
PEUGEOT-TALBOT Chalme, 8 av. J.-Burel à St-Nicolas-de-Redon par ② ☎ 71.08.45
RENAULT Ets Ménard, Zone Ind. de Briangaud par av. Bonne-Nouvelle Z ☎ 71.17.36

VAG Gar. Mazarguil, rte de Vannes par ③ ☎ 71.17.81
Thomas, Zone Ind. de Briangaud, rte Rennes ☎ 71.04.05

🕸 Métayer, 49 rte de Vannes ☎ 71.18.50

REICHSFELD 67 B.-Rhin 🅖🅓 ⑨ – 239 h. alt. 340 – ✉ **67140** Barr – ✪ 88.
Paris 526 – Barr 7 – Sélestat 17 – ◆Strasbourg 44 – Molsheim 27 – Villé 13.

🏠 **Bleesz** 🕾, ☎ 85.50.61 – 🛏wc 🕾 🅿
    fermé 15 fév. au 15 mars – SC : **R** (fermé merc. soir et jeudi) 60/75 🕭 – ☲ 18 – **8 ch**
    130 – P 155.

REICHSTETT 67 B.-Rhin 🅖🅓 ⑩ – rattaché à Strasbourg.

REILHAC 43 H.-Loire 🅗🅖 ⑤ – rattaché à Langeac.

REILLANNE 04110 Alpes de H. P. 🅗🅘 ⑮ G. Provence – 665 h. alt. 550 – ✪ 92.
Paris 759 – Apt 27 – Digne 67 – Forcalquier 19 – Manosque 17.

XX **Aub. de Reillanne** 🕾 avec ch, S : 1 km sur D 214 ☎ 76.45.95, 🌧 – 🛏wc 🕾 🅿
    🄰🄴 🄾 🆅🅸🆂🅰
    fermé 15 nov. au 15 déc. et 1er au 15 fév. – SC : **R** (fermé merc.) carte 130 à 185 – ☲
    27 – **7 ch** 200.

Voir Cathédrale★★★ BY : Tapisseries★★ – Basilique St-Rémi★★ CZ : intérieur★★★ –
Palais du Tau★★ BY S : trésor★★ – Caves de Champagne★ BCX, CZ – Place Royale★ BY
– Porte Mars★ BX N – Hôtel de la Salle★ BY E – Chapelle Foujita★ BX K – Musée-Hôtel
le Vergeur★ BX M2 – Musée St-Denis★ BY M1.

Env. Fort de la Pompelle : casques allemands★ 9 km par ③.

🅖 ☎ 48.60.14 à Gueux par ⑧ : 9,5 km.

🚗 ☎ 88.50.50.

🅘 Office de Tourisme (fermé dim. et fêtes) et Accueil de France (Informations et réservations
d'hôtels, pas plus de 5 jours à l'avance) 3 bd Paix ☎ 47.04.60, Télex 830631 et 6 r. Rockfeller (1er
mars-1er déc.) - A.C. bd Paix ☎ 47.34.76.

Paris 141 ⑦ – Bruxelles 213 ⑩ – Châlons-sur-Marne 45 ④ – ◆Lille 213 ⑨ – Luxembourg 232 ④.

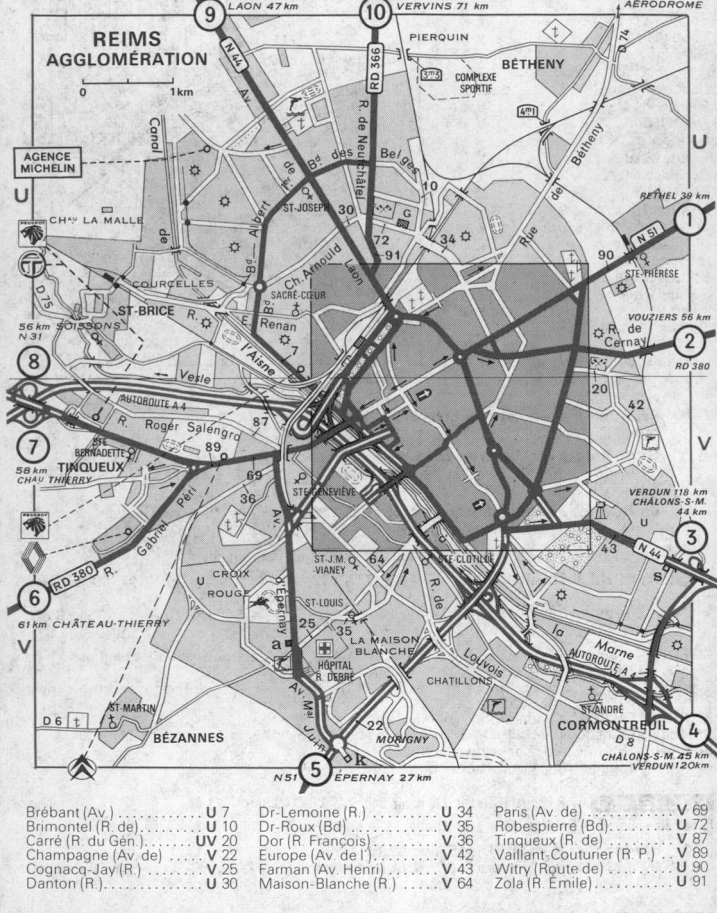

Brébant (Av.) . . . . **U** 7	Dr-Lemoine (R.) . . . . . . **U** 34	Paris (Av. de) . . . . **V** 69
Brimontel (R. de) . . . . . . **U** 10	Dr-Roux (Bd) . . . . **V** 35	Robespierre (Bd) . . . . **U** 72
Carré (R. du Gén.) . . . . . **UV** 20	Dor (R. François) . . . . . **V** 36	Tinqueux (R. de) . . . . **V** 87
Champagne (Av. de) . . . . . **V** 22	Europe (Av. de l') . . . . . . **V** 42	Vaillant-Couturier (R. P.) . . . **V** 89
Cognacq-Jay (R.) . . . . . . **V** 25	Farman (Av. Henri) . . . . **V** 43	Witry (Route de) . . . . **U** 90
Danton (R.) . . . . **U** 30	Maison-Blanche (R.) . . . . **V** 64	Zola (R. Émile) . . . . **U** 91

922

🏨🏨 **Frantel** Ⓜ, 31 bd P.-Doumer ☏ 88.53.54, Télex 830629 – 🛗 🖭 📺 ☎ 🚗 – 🏊‍♂️
300. 🆎 ⓪ Ɛ *VISA*
SC : rest. **les Ombrages R** carte 100 à 140 – � 25 – **125 ch** 245/330.
AY v

🏨🏨 **Paix et rest. Le Drouet** Ⓜ, 9 r. Buirette ☏ 40.04.08, Télex 830974, 🔽, 🚿 – 🛗
📺 🛁 ♿ 🚗 – 🏊‍♂️ 50 à 150. 🆎 ⓪ Ɛ *VISA*
R *(fermé dim.)* 80/105 – ⊠ 20 – **97 ch** 194/254, 8 appartements 245/281.
AY q

🏨 **Bristol H.** sans rest, 76 pl. Drouet-d'Erlon ☏ 40.52.25 – 🛗 📺 🛁wc 🚿wc ☎. 🆎
⓪ Ɛ *VISA*
SC : ⊠ 17 – **40 ch** 115/180.
AXY f

🏨 **Europa** sans rest, 8 bd Joffre ☏ 40.36.20 – 🛗 📺 🛁wc 🚿wc ☎. 🚗 🆎 ⓪ Ɛ
VISA
SC : ⊠ 18 – **32 ch** 75/190.
AX t

🏨 **Gd H. du Nord** sans rest, 75 pl. D.-d'Erlon ☏ 47.39.03 – 🛗 🛁wc 🚿wc 🚿. 🚗
🆎 ⓪ *VISA*
SC : 19,50 – **50 ch** 132/210.
AY p

🏨 **Continental** sans rest, 93 pl. D.-d'Erlon ☏ 40.39.35, Télex 830585 – 🛗 🛁wc
🚿wc 🚿. 🚗 Ɛ *VISA*
fermé 23 déc. au 3 janv. – SC : ⊠ 18 – **60 ch** 90/195.
AXY r

🏨 **Crystal** 🌳 sans rest, 86 pl. Drouet-d'Erlon ☏ 47.59.88 – 🛗 🛁wc 🚿wc 🚿. 🆎
VISA
SC : ⊠ 16 – **28 ch** 65/170.
AXY n

🏨 **Victoria** sans rest, 1 r. Buirette ☏ 47.21.79 – 🛗 🚿wc 🚿
fermé 23 déc. au 9 janv., sam. du 15 nov. au 31 mars et dim. – SC : ⊠ 17 – **28 ch**
100/190.
AY q

🏨 **Welcome** sans rest, 29 r. Buirette ☏ 88.06.39 – 🛗 🛁wc 🚿wc 🚿. 🚗 *VISA*
fermé 23 déc. au 10 janv. – SC : ⊠ 15 – **70 ch** 75/195.
AY u

🏨 **Ardenn'H.** sans rest, 6 r. Caqué ☏ 47.42.38 – 🚿wc 🚿. 🆎 ⓪ Ɛ *VISA*
SC : ⊠ 15 – **14 ch** 99/155.
AY y

🏨 **Gambetta** sans rest, 13 r. Gambetta ☏ 47.41.64 – 🚿wc 🚿. 🚗 Ɛ *VISA*
SC : 15,50 – **14 ch** 95/125.
BY d

🏨 **Consuls** sans rest, 7 r. Gén.-Sarrail ☏ 88.46.10 – 🚿 🚗 *VISA*
fermé août, 25 déc. au 1er janv. et dim. – SC : ⊠ 14 – **20 ch** 58/160.
BX s

🏨 **Libergier** sans rest, 20 r. Libergier ☏ 47.28.46 – 🛁wc 🚿 🚿. 🚗 Ɛ *VISA* 🏊
SC : ⊠ 13 – **17 ch** 64/120.
AY e

XXXX ✿✿✿ **Boyer**, 184 av. Épernay (transfert 1er sept., angle bd Vasnier - av.
Gén.-Giraud : 16 ch) ☏ 06.08.60 – 🅿. 🆎 ⓪ Ɛ *VISA*
fermé 22 déc. au 12 janv., dim. soir et lundi – **R** (nombre de couverts limité -
prévenir) carte 180 à 230
Spéc. Soufflé de turbot, Filet de canard au cassis, Délices de Marjorie. **Vins** Chouilly, Bouzy.
V a

XXX ✿ **Le Florence**, 43 bd Foch ☏ 88.12.70 – 🆎 ⓪ Ɛ *VISA*
fermé 1er au 16 août, vacances de fév. et lundi sauf fériés – **R** 110/170
Spéc. Feuille de saumon à l'Ambonnay rouge (fév. à oct.), Lapereau au jus de langoustine, Feuilleté
aux poires chaudes caramélisées. **Vins** Ambonnay rouge, Chouilly.
AX n

XX **Foch**, 37 bd Foch ☏ 47.48.22 – 🆎 ⓪ *VISA*
fermé 15 au 31 août et dim. – SC : **R** carte 130 à 180.
AX a

XX **Continental**, 95 pl. Drouet d'Erlon ☏ 88.01.61 – 🆎 Ɛ *VISA*
R carte 80 à 130.
AXY r

X **Le Forum**, 34 pl. Forum ☏ 47.56.87 – ⓪ *VISA*
↑ *fermé 1er au 15 sept., 1er au 15 janv., dim. soir et lundi* – SC : **R** 42/72 🏊.
BXY z

rte d'Épernay vers ⑤ :

🏨 **Campanile**, Carrefour av. G.-Pompidou ☏ 36.66.94, Télex 830262 – 🛁wc 🚿 🅿
VISA
SC : **R** 55 bc/80 bc – 🍴 20 – **40 ch** 186.
V k

rte de Soissons par ⑧ :

🏨🏨 **Novotel** Ⓜ, ☏ 08.11.61, Télex 830034, 🔽 – 🖭 rest 📺 ☎ 🅿 – 🏊‍♂️ 25 à 150. 🆎 ⓪
VISA
R snack carte environ 85 – ⊠ 24 – **125 ch** 221/251.

XX **Aub. du Circuit**, ✉ 51370 Champigny sur Vesle ☏ 08.26.62 – 🅿 🆎 ⓪ *VISA*
fermé 15 au 31 août, dim. soir et lundi – SC : **R** 55/105 🏊.

rte de Châlons-sur-Marne par ③ :

🏨 **Mercure** Ⓜ, ☏ 05.00.08, Télex 830782, 🔽 – 🛗 🖭 rest 📺 🛁wc ☎ ♿ – 🏊‍♂️
50 à 150. 🚗 🆎 ⓪ Ɛ *VISA*
R carte environ 90 – ⊠ 25 – **98 ch** 227/255.
V s

à Sillery par ③ et D 8E : 11 km – ✉ 51500 Sillery :

XX **Relais de Sillery**, ☏ 49.10.11, 🚿 – Ɛ *VISA*
fermé 1er au 15 fév., dim. soir, lundi soir et mardi – SC : **R** 100/170.

tourner →

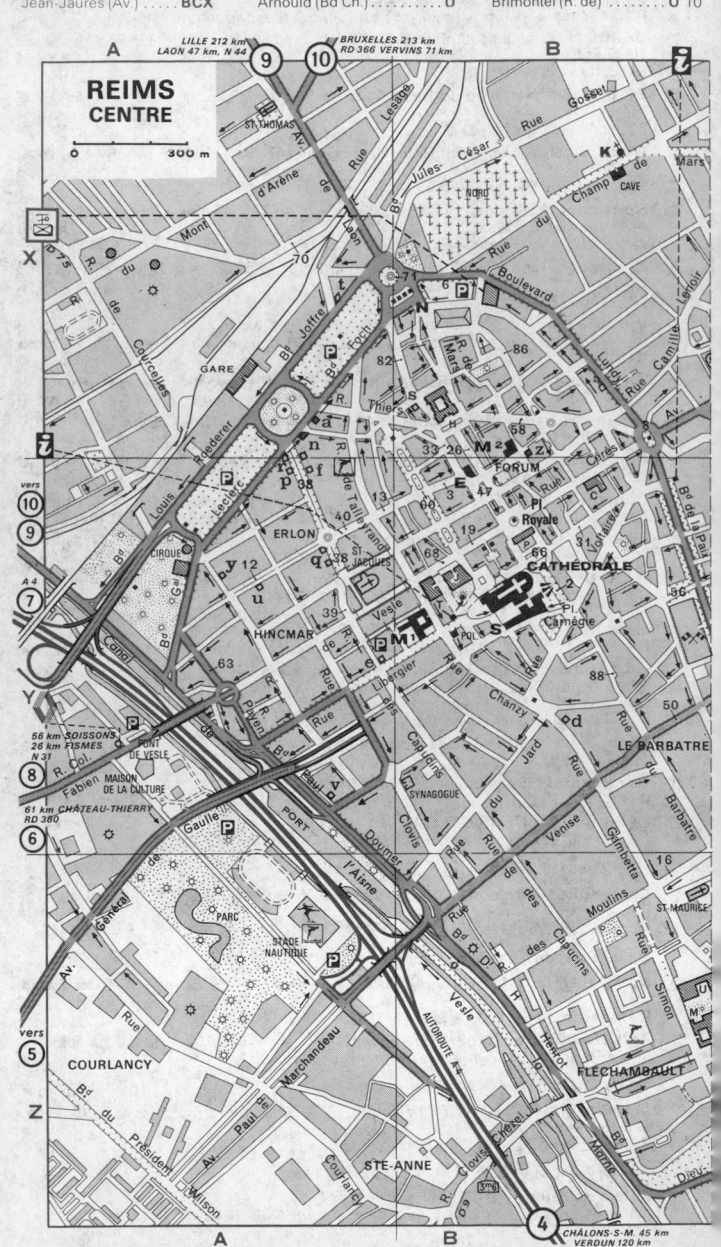

REIMS CENTRE

924

925

à *Châlons-sur-Vesle* par ⑥ et D 26 : 10 km – ✉ 51140 Jonchery-sur-Vesle :

XXX ❀ **Assiette Champenoise** (Lallement), ☎ 49.34.94 – ⓪ VISA ❀❀
fermé vacances de fév., dim. soir et merc. – **R** carte 130 à 210
Spéc. Ecrevisses au blanc de blancs, Blanc de turbot en habit vert, Agneau poêlé à l'ail confit.

Voir aussi ressources hôtelières de *Berry-au-Bac* par ⑨ : 20 km, *Mont-Chenot*
par ⑤ : 11 km et *Sept-Saulx* par ③ : 23 km.

MICHELIN, Agence régionale, Chemin de St-Thierry, Zone Ind. des 3 Fontaines à
St-Brice-Courcelles U ☎ 09.19.32

BMW Héraut, 16 av. de Paris ☎ 08.63.68
PEUGEOT Gde Gar. de Champagne, 16 av.
Brébant U ☎ 40.07.60
RENAULT Succursale, 8 r. Col.-Fabien AY ☎ 08.96.50
V.A.G. Gar. du Rhône, bd S.-Allende, Z.A. la Neuvillette ☎ 87.13.61

Leclerc-Pneus, 19 r. Magdeleine ☎ 88.20.77 et
Zone Ind. S.E. bd Val de Vesle ☎ 05.03.45
Pneumatiques Maltrait-Cunrath, 12 r. du Cloître
☎ 47.48.47
Reims-Pneus, 27 r. du Champ-de-Mars ☎ 88.30.15

⓪ Champagne-Pneus, 35 r. C.-Lenoir ☎ 88.09.52

Périphérie et environs

ALFA-ROMEO, PORSCHE Sport Tourisme Auto, 14 r. Diderot à Tinqueux ☎ 08.01.13
CITROEN Gar. Ardon, 38 av. P.-V.-Couturier à Tinqueux V ☎ 08.96.24
DATSUN, OPEL, GM Reims-Autos, 2 av. R.-Salengro à Tinqueux ☎ 08.21.08
FIAT Gar. Miral, Zone Ind. Moulin de l'Ecaille rte de Dormans à Tinqueux ☎ 08.29.30

MERCEDES-BENZ Sodiva, 45 N 44 à la Neuvilette ☎ 09.05.50 Ⓝ ☎ 08.01.08
PEUGEOT-TALBOT Rémoise-Autom., N 31 à Tinqueux V ☎ 08.96.00
RENAULT Gar. Moine, Zone Ind. Moulin de l'Écaille à Tinqueux V ☎ 08.96.31 Ⓝ ☎ 09.29.38
VOLVO Gar. Delhorbe, 52 av. Nationale, La Neuvilette ☎ 09.21.31

La REMIGEASSE 17 Char.-Mar. 🔢 ⑭ – rattaché à Oléron (Ile d').

REMIREMONT 88200 Vosges 🔢 ⑯ G. Vosges – 11 499 h. alt. 400 – ✪ 29.

Voir Rue Ch.-de-Gaulle★ – Crypte★ de l'église E.

🅱 Syndicat d'Initiative 2 pl. H.-Utard (fermé matin hors saison, dim. et lundi) ☎ 62.23.70.

Paris 414 ⑤ – Belfort 67 ② – Colmar 80 ① – Épinal 27 ⑤ – ◆Mulhouse 82 ② – Vesoul 64 ④.

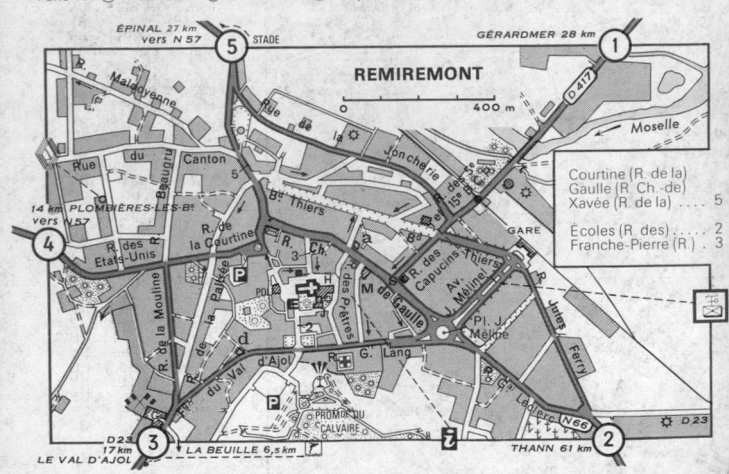

Courtine (R. de la)
Gaulle (R. Ch.-de)
Xavée (R. de la) 5

Écoles (R. des) 2
Franche-Pierre (R.) . 3

🏨 **Poste,** 67 r. Gén.-de-Gaulle (a) ☎ 62.55.67 – ⌂wc 🛁wc ☎ 🚗 ⌘⌘ AE ⓪ VISA
fermé 14 au 27 août (sauf hôtel), 18 déc. au 8 janv., vend. soir et sam. – SC : **R** 46/82
⅜ – ⌷ 16,50 – **21 ch** 160/185 – P 200/220.

🏨 **Chanoinesses** Ⓜ, 16 fg Val-d'Ajol (d) ☎ 62.27.46 – 📺 ⌂wc ☎ Ⓟ ⌘⌘ AE ⓪
Ⓔ VISA
SC : **R** 50/135 ⅜ – ⌷ 20 – **16 ch** 180/210 – P 225/238.

XX ❀ **Les Abbesses** (Aiguier), 93 r. Gén.-de-Gaulle (s) ☎ 62.02.96 – AE VISA
fermé 19 au 30 juin, 19 au 30 nov., merc. soir du 1er sept. au 30 avril, dim. soir et lundi – SC : **R** 140/150
Spéc. Foie gras cru au poivre, Feuilleté de sole et écrevisses, Chariot de desserts Vins Pinot noir

par ⑤, sortie St-Nabord-Centre : 5 km – 4 025 h. – ⊠ 88200 Remiremont :

🏠 **Montiroche** sans rest, échangeur de St-Nabord ↗ 62.06.59, ≼, parc – ⛉ ☎
Ⓟ ⬛🖼
début mars-fin oct. – SC : ⚏ 16 – **14 ch** 120/150.

CITROEN Gar. Anotin, Les Bruyères, rte de
Mulhouse par ② ↗ 23.29.45
LADA Gar. Vilmard, rte Épinal ↗ 62.23.06
PEUGEOT, TALBOT Choux Autom., à St
Etienne les Remiremont par ① ↗ 23.18.28 Ⓝ ↗
62.10.80

RENAULT Pierre, 13 r. de la Maix ↗ 62.55.95

ⓦ Geoffroy-Villaume, St-Nabord ↗ 62.23.13
Mignot, 13 pl. J.-Méline ↗ 23.23.32

REMOMONT 68 H.-Rhin 🖸🖸 ⑱ – rattaché à Orbey.

REMOULINS 30210 Gard 🖸🖸 ⑲⑳ G. Provence – 1 900 h. alt. 27 – ✪ 66.
Paris 692 – Alès 49 – Arles 38 – Avignon 22 – Nîmes 20 – Orange 34 – Pont-St-Esprit 39.

🏠 **Aub. de Castillon,** rte de Bagnols-sur-Cèze N : 3 km ↗ 37.02.70 – ⛉ 🖼 Ⓟ ⓪
← 🖳
SC : **R** *(fermé 15 fév. au 15 mars et merc.)* 48/80 🍷 – ⚏ 12 – **14 ch** 70/145.

✗✗ Aub. des Escaravats, ↗ 37.10.24.

RENAULT S.O.D.E.M., ↗ 37.04.25

RÉMUZAT 26510 Drôme 🖸🖸 ③④ – 332 h. alt. 459 – ✪ 75.
Paris 684 – Die 56 – Nyons 27 – Sault 75 – Serres 39 – Valence 121.

☎ **Baudoin,** ↗ 26.09.03 – ☛
1ᵉʳ mai-1ᵉʳ nov. – SC : **R** 45/90 🍷 – ☛ 16 – **7 ch** 60/100 – P 105/125.

RENAISON 42370 Loire 🖸🖸 ⑦ – 2 088 h. alt. 380 – ✪ 77.
Voir Barrage de la Tache : rocher-belvédère★ O : 5 km, G. Vallée du Rhône.
Paris 383 – Chauffailles 46 – Lapalisse 40 – Roanne 11 – ♦St-Étienne 89 – Thiers 58 – Vichy 57.

☎ **Central,** pl. 11-Novembre ↗ 65.92.13 – 🖼 VISA
← *fermé 15 sept. au 15 oct., 10 au 25 fév., dim. soir et fêtes le soir (sauf hôtel) et merc.*
– SC : **R** 35/120 🍷 – ⚏ 11 – **8 ch** 58/76 – P 102/110.

✗✗✗ **Jacques-Coeur** avec ch, ↗ 65.91.46 – 🖼 ⬛🖼 VISA
fermé vacances de fév., dim. soir et lundi – SC : **R** 85/190 – ⚏ 15 – **10 ch** 70/90 – P
210/220.

RENCUREL 38 Isère 🖸🖸 ④ – 310 h. alt. 820 – ⊠ **38680** Pont-en-Royans – ✪ 76.
Paris 604 – ♦Grenoble 48 – Romans-sur-Isère 42 – St-Marcellin 29 – Villard-de-Lans 14 – Voiron 45.

☎ **Familial H.** ⬛, ↗ 38.97.68, ≼, 🍽, ☛ – 🖼 Ⓟ 🖼
← *fermé 12 nov. au 20 déc.* – SC : **R** 45/95 – ⚏ 14 – **27 ch** 65/85 – P 120/150.

RENNES Ⓟ 35000 I.-et-V. 🖸🖸 ⑰ G. Bretagne – 205 733 h. alt. 30 – ✪ 99.
Voir Palais de Justice★★ CXJ – Retable★★ de la cathédrale BY B – Le Vieux Rennes★
BXY – Jardin du Thabor★ CDX – Musées CY M1 : de Bretagne★★, des Beaux-Arts★★ –
Musée automobile de Bretagne★ 4 km par ②.
✈ Rennes-St-Jacques ↗ 64.24.18 Chavagne par ⑦ : 6 km.
✈ de Rennes-St-Jacques ↗ 31.91.77 par ⑦ : 7 km.
🆔 Office de Tourisme Pont de Nemours (fermé lundi matin ou dim.) ↗ 79.01.98 ∧C.O. 11 pl.
Bretagne ↗ 30.89.88.
Paris 348 ③ – Angers 126 ⑤ – ♦Brest 244 ⑨ – ♦Caen 176 ② – ♦Le Mans 153 ③ – ♦Nantes 107 ⑥.

Plans pages suivantes

🏨 **Frantel** Ⓜ, 1 r. Cap.-Maignan ⊠ 35100 ↗ 79.54.54, Télex 730905 – ⟦⬛ 🖼 rest 📺
☎ & Ⓟ – 🖳 30 à 300. ℿ ⓪ Ⓔ VISA ≼ rest
SC : rest. **La Table Ronde** *(fermé sam. midi et dim.)* **R** carte 120 à 165 – ⚏ 25 –
140 ch 250/350.
CZ m

🏨 **Anne de Bretagne** Ⓜ sans rest, 4 r. Tronjolly ⊠ 35100 ↗ 79.15.15 – ⟦⬛ ☎ &
☛ – 🖳 25. VISA
SC : ⚏ 20 – **42 ch** 190/220.
CY q

🏨 **Président** sans rest, 27 av. Janvier ⊠ 35100 ↗ 65.42.22 – ⟦⬛ ☎ ☛ ℿ ⓪ VISA
SC : ⚏ 17 – **34 ch** 170/230.
CZ p

🏨 **Novotel** Ⓜ, par Rocade Sud sortie centre commercial ↗ 50.61.32, Télex 740144,
⬛, 🍽 – ⬛ rest 📺 ☎ Ⓟ – 🖳 25 à 200. ℿ ⓪ VISA
Ⓡ snack carte environ 85 – ⚏ 29 – **99 ch** 260/294.
A e

🏨 **Du Guesclin et rest. Groéland** Ⓜ, 5 pl. Gare ↗ 79.47.47, Télex 740748 – ⟦⬛ 📺
☎ – 🖳 30. ℿ ⓪ Ⓔ VISA
SC : **R** carte 75 à 140 🍷 – ⚏ 19 – **66 ch** 202/212.
CZ x

tourner →
927

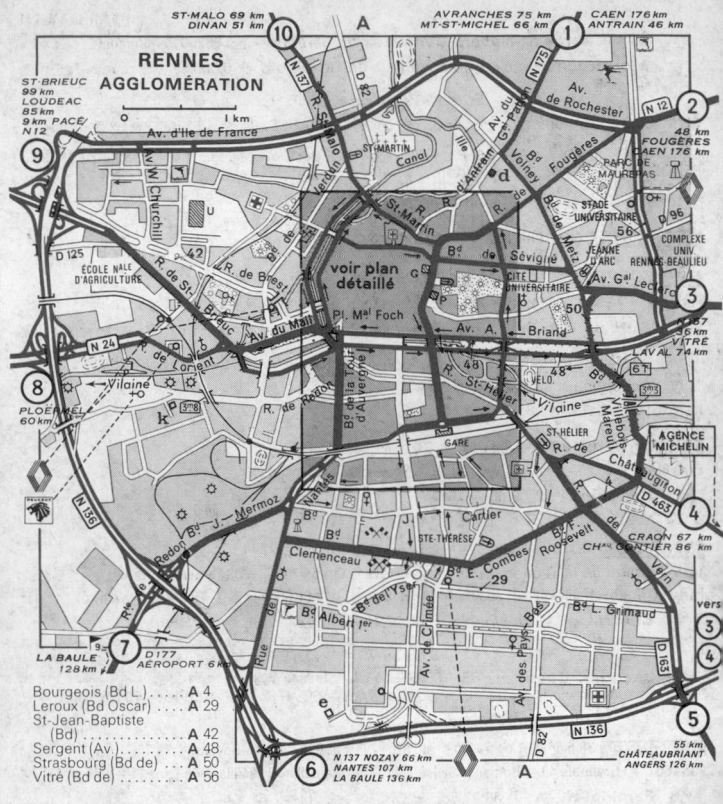

RENNES AGGLOMÉRATION

🏨 **Cheval d'Or** sans rest, pl. Gare ⊠ 35100 ☎ 30.25.80 − 🛗 🚻wc 🏧wc ☎ − 🅰️
25. 🚗🏨   CZ **e**
fermé 19 déc. au 4 janv. − SC : ⊡ 17 − **40 ch** 90/203.

🏨 **Sévigné** sans rest, 47 av. Janvier ⊠ 35100 ☎ 67.27.55 − 🛗 📺 🚻wc 🏧 ☎ 🅿️ 🖽
E   CZ **a**
SC : ⊡ 16 − **45 ch** 83/175.

🏨 **Voltaire** Ⓜ 🦢 sans rest, 10 r. Guébriant ☎ 67.33.33, 🍴 − 🛗 🚻wc 🏧wc ☎ 🅿️
🚗🏨 *VISA*   A **k**
SC : ⊡ 15 − **32 ch** 82/127.

🏨 **Voyageurs** sans rest, 28 av. Janvier ⊠ 35100 ☎ 31.73.33 − 🛗 🏧wc ☎ 🖽 *VISA*
🦢   CZ **b**
fermé 6 au 28 août et 24 déc. au 2 janv. − SC : ⊡ 16 − **32 ch** 99/163.

🏨 **Astrid** sans rest, 32 av. L.-Barthou ⊠ 35100 ☎ 30.82.38 − 🛗 🚻wc 🏧wc ☎ ⅍ 🚗🏨
VISA   CZ **u**
SC : ⊡ 16 − **30 ch** 90/185.

🏨 **Garden-H.** sans rest, 3 r. Duhamel ⊠ 35100 ☎ 65.45.06 − 🚻wc 🏧 ☎ 🚗🏨 *VISA*
SC : ⊡ 20 − **21 ch** 94/212.   CY **r**

🏨 **Brest** sans rest, pl. Gare ☎ 30.35.83 − 🚻wc 🏧 ☎ &.   CZ **n**
SC : ⊡ 13 − **40 ch** 69/147.

🏨 **Angelina** sans rest, 1 q. Lamennais ⊠ 35100 ☎ 79.29.66 − 🛗 🚻wc 🏧wc ☎ E
VISA   CY **f**
SC : ⊡ 13 − **25 ch** 90/145.

🏨 **Victor Hugo** sans rest, 14 r. V.-Hugo ☎ 79.03.45 − 🛗 🚻wc ☎ *VISA*   CX **d**
SC : ⊡ 18 − **24 ch** 68/157.

🍴🍴🍴 **Le Coq-Gadby,** 156 r. Antrain ☎ 38.05.55, « Jardin intérieur » − 🅿️ 🖽 ⓪   A **d**
fermé 1er au 21 août − SC : **R** 70/120.

🍴🍴 ❀ **Escu de Runfâo** (Granville), 5 r. Chapitre ☎ 30.95.75 − 🖽 *VISA*   BY **z**
fermé dim. − SC : **R** 100/210
Spéc. Langouste rôtie au thym (avril à oct.). Noisettes de chevreuil sauce venaison (sais. de chasse).
Petits feuilletés au chocolat.

RENNES

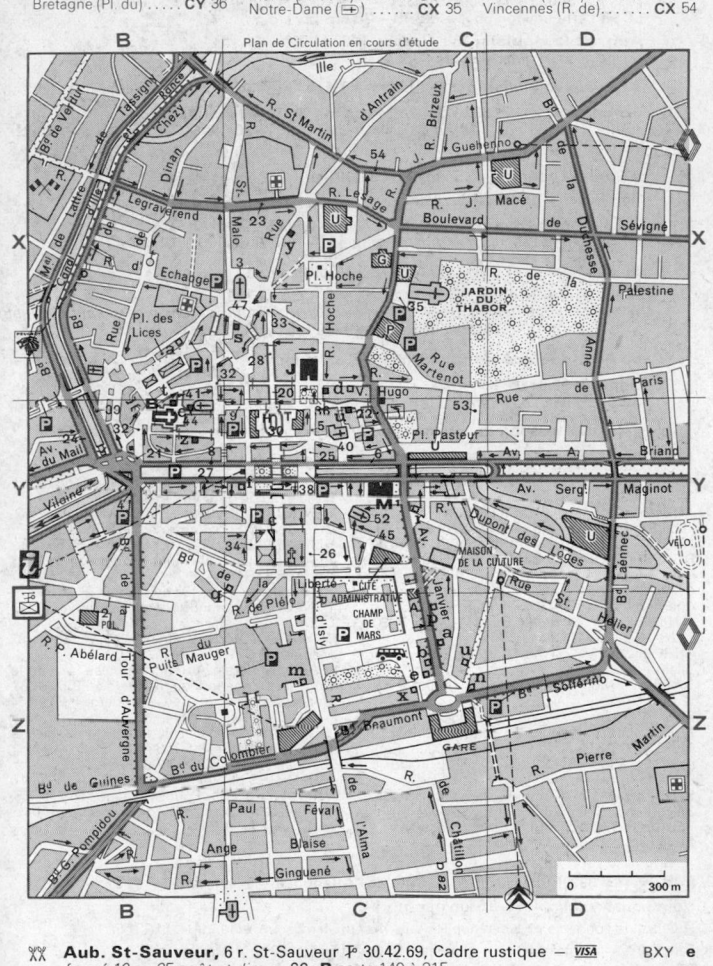

Plan de Circulation en cours d'étude

0   300 m

%% **Aub. St-Sauveur,** 6 r. St-Sauveur ☎ 30.42.69, Cadre rustique – *VISA*   **BXY** **e**
fermé 10 au 25 août et dim. – SC : **R** carte 140 à 215.

%% **Ti-Koz,** 3 r. St-Guillaume (près cathédrale) ☎ 30.52.98, « Vieille maison dite de
Du Guesclin » – ① **E** *VISA*   **BXY** **t**
fermé 1ᵉʳ au 21 août et dim. – SC : **R** carte 110 à 160.

%% **Corsaire,** 52 r. Antrain ☎ 36.33.69 – *VISA*   **CX** **y**
fermé dim. sauf le midi de sept. à juin et merc. – SC : **R** carte 130 à 170.

%% **L'Ouvrée,** 18 pl. Lices ☎ 30.16.38 – **E** *VISA* ⚓   **BX** **a**
fermé à Pâques, en août, sam. midi et lundi – SC : **R** carte 95 à 145.

%% **Palais,** 7 pl. Parlement de Bretagne ☎ 30.21.19 – 🅰🄴 *VISA*   **CX** **d**
fermé en août, vacances de fév., dim. soir et lundi – SC : **R** 64/120.

tourner →

XX **La Pastourelle,** 18 r. Penhoët ☎ 79.44.03 – AE CX **s**
fermé 21 août au 5 sept., 2 au 10 janv., dim. et lundi – SC : **R** carte 125 à 160.

XX **Baron,** 26 r. St-Georges ☎ 30.45.36 – AE E VISA CY **u**
fermé août et dim. – SC : **R** 55/110.

à Cesson-Sévigné par ③ : 6 km – 10 601 h. – ✉ **35510** Cesson-Sévigné :

Germinal M, 9 cours de la Vilaine ☎ 62.11.01, ≤ – wc ☎ P – 40
20 ch.

Ibis M, ☎ 62.93.93, Télex 740321 – wc ☎ P – 25 à 50. E VISA
SC : **R** carte environ 65 – 18 – **76 ch** 155/175.

XX **Aub. de la Hublais,** 28 r. Rennes ☎ 62.11.06 – P. VISA
fermé août et dim. – SC : **R** 47/85.

à Noyal-sur-Vilaine par ③ : 12 km – 3 941 h. – ✉ **35530** Noyal-sur-Vilaine :

XX **Forges** avec ch, ☎ 00.51.08 – wc wc ☎ P. E VISA.
fermé 4 au 25 août, 14 au 28 fév. et dim. soir – SC : **R** 50/120 – 15 – **11 ch** 130/150.

à Pont-Rean par ⑦ : 15 km – ✉ **35170** Bruz.

Voir Église* de Bruz NE : 3 km.

XX **Relais Beau Rivage,** D 177 ☎ 52.72.29 – P. E VISA
fermé 26 janv. au 7 fév. et dim. d'oct. à avril – SC : **R** 65/120 – **Grill R** 40.

au Boël par ⑦ et D 131 : 17 km – ✉ **35580** Guichen :

XX **Aub. Vieux Moulin,** ☎ 52.72.25, ≤, – AE VISA
fermé oct., dim. soir et lundi ; d'avril au 30 sept., fermé le midi en sem. sauf vend. et sam., de nov. au 31 mars ouvert week ends seul. – SC : **R** 60/100.

au Pont-de-Pacé par ⑨ : 10 km – ✉ **35740** Pacé :

XX **Pont,** ☎ 60.61.06, – P
fermé 5 au 25 juil., dim. soir et lundi – SC : **R** 52/100.

Voir aussi ressources hôtelières de *Liffré* par ② : 17 km

MICHELIN, Agence régionale, Z.I. de Chantepie, r. Veyettes par ④ ☎ **50.72.00**

ALFA-ROMEO Guénée, 21 r. de Brest ☎ 59.24.02
AUSTIN, BMW, MORRIS, TRIUMPH J.-Huchet, 316 rte St-Malo ☎ 59.11.22 N ☎ 59.12.43
AUSTIN, JAGUAR, MORRIS, OPEL-GM-US, ROVER, TRIUMPH Gar. du Mail, 30 av. du Mail ☎ 59.12.24
CITROEN Succursale, 4 r. Breillou Z.I. Sud Est Chantepie par ④ ☎ 53.15.15 N ☎ 50.70.56
CITROEN Gar. St-Hélier, 5 r. M.-Alizon ☎ 30.78.63
CITROEN Pinel, Z.A. la Fourrerie à Noyal sur Vilaine par ③ ☎ 00.55.70
DATSUN Morice, 309 rte de St Malo ☎ 59.23.69
FIAT Monnier, 20 r. Malakoff ☎ 65.00.99
FORD Gar. de l'Europe, 73 av. Mail ☎ 59.01.52
MERCEDES-BENZ Delourmel, 9 allée Cerisaie, Zone Ind., St-Grégoire ☎ 38.10.10 N ☎ 59.12.43
PEUGEOT-TALBOT R.F.A., rte Paris, Cesson-Sévigné par ③ ☎ 62.16.06
PEUGEOT-TALBOT Régionale Française Auto, 137 rte Lorient par ⑧ ☎ 59.10.14

PEUGEOT Sourget, 5 r. de la Bletterie ☎ 59.00.40 et 20 bd de Chezy ☎ 30.19.78
RENAULT Succursale, 42 bd Marbeuf ☎ 59.77.77 et ZUP-Sud, Centre Alma ☎ 51.50.22
RENAULT Bidet, 145 r. Châtillon ☎ 50.56.63
RENAULT Laurent, 7 imp. Maquis-de-St-Marcel ☎ 36.33.94
RENAULT Louyer, 103 bd de Vitré ☎ 36.39.47
RENAULT Ridard, 85 r. Jean Guehenno ☎ 38.03.65
TOYOTA, VOLVO Defrance, 40 av. Sergent-Maginot ☎ 67.21.11
V.A.G. Générale Autom. Rennaise, 4 r. de la Donelière, Zone Ind. de St-Grégoire ☎ 59.61.87
Gar. de L'Ouest, 5 et 6 r. Gutemberg, ☎ 36.29.64

Comptoir et Atelier du Pneu, rte de Laval à Noyal-sur-Vilaine ☎ 00.53.44
Ets Jean Fresnel, 70 av. Mail ☎ 59.35.29
SOS Pneu, 9 pl. Hoche ☎ 30.74.78
Vallée-Pneus, 58 r. Poulain-Duparc ☎ 30.57.55, 171 av. Gén.-Leclerc ☎ 36.28.50 et Zone Ind., rte Lorient ☎ 59.13.47

La RÉOLE 33190 Gironde 79 ③ G. Côte de l'Atlantique – 5 145 h. alt. 23 – 56.

Voir Signal du Mirail ≤* 2,5 km par ①.

Office de Tourisme pl. Libération (15 juin-15 sept., fermé dim. et lundi) ☎ 61.13.55.

Paris 660 ⑤ – Bergerac 68 ① – ♦Bordeaux 66 ④ – Libourne 46 ⑤ – Marmande 19 ②.

Plan page ci-contre

Centre, r. A.-Caduc **(a)** ☎ 61.02.64 – wc ☎ P
fermé 21 déc. au 20 janv. et dim. – **R** (dîner seul.) 46/76 – 16 – **12 ch** 78/130.

à Gironde-sur-Dropt par ④ : 4 km – ✉ **33190** La Réole :

Les Trois Cèdres, ☎ 71.10.70, – wc ☎ P. VISA.
fermé 1er au 15 nov. et lundi – SC : **R** 50/130 – 17 – **9 ch** 120/150 – P 250.

CITROEN Gd Gar. Carnevillier, ☎ 61.00.34
FORD Gar. Thomas, ☎ 61.04.41
PEUGEOT New-Car-33, ☎ 61.28.71
RENAULT Automobile Réolaise, ☎ 61.22.18

TALBOT Gar. Leyrat, ☎ 61.00.79

Pneu Sce Réolais, Zone Ind. Frimont ☎ 61.04.51

LA RÉOLE

Argentiers (R. des) 2
Bouché
  (Pl. Colonel)....... 4
Chaigne (Pl. G.) 5
Delsol (Av. J.) 6
Député-Cluzan (Pl.) ... 7
Ducros (R. Numa).... 8

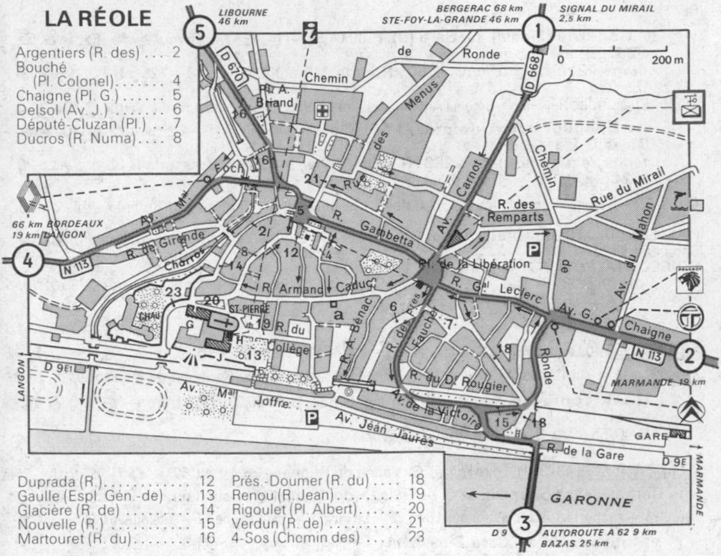

Duprada (R.)............ 12   Prés.-Doumer (R. du) 18
Gaulle (Espl. Gén.-de) ... 13   Renou (R. Jean)........ 19
Glacière (R. de) 14   Rigoulet (Pl. Albert).... 20
Nouvelle (R.) 15   Verdun (R. de) 21
Martouret (R. du)........ 16   4-Sos (Chemin des) 23

Dans ce guide

un même symbole, un même caractère
*imprimé en rouge ou en noir, en maigre ou en **gras***
n'ont pas tout à fait la même signification.
Lisez attentivement les pages explicatives (p. 13 à 20).

RETHEL ◁§ℙ▷ **08300** Ardennes 🖸🖸 ⑦ **G. Nord de la France** — 9 026 h. alt. 76 — 🌣 24.
🛈 Syndicat d'Initiative à la Mairie (1er juil.-31 août et fermé dim.) ☏ 39.12.16
Paris 180 ④ — Charleville-Mézières 44 ② — Laon 70 ④ — ◆Reims 39 ④ — Verdun 119 ③.

RETHEL

Caen (Pl. de)
Colbert (R.)............ 12
Curie (R. Pierre)....... 13
Drapier (R. Lucien) 16
République (Pl. de la).. 32
Thiers (R.)

Anatole-France (Pl.) 2
Brèche (R. de la) 3
Briand (R. Aristide) 4
Carnot (R.) 7
Clément (R. J.-B.) 10
Dolet (R. Étienne) 15
Ferry (R. Jules) 17
Gaulle
  (Av. du Gén.-de)... 18
Hourtoulle (Pl.) 19
Jaurès (Av. Jean) 20
Lattre-de-Tassigny
  (Pl. de) 21
Linard (R.) 22
Mazarin (R.) 23
Neuville (R. de la) 24
Noiret-Chaigneau (Pl.) .. 26
Pépinière (R. de la) 28
Petits Monts (Bd des).. 29
Reims (R. de)......... 30
Roberotte-Labesse (R.) .. 33
St-Nicolas (Bd) 36
Tour (Chemin de la) ... 37
4e-Armée (Bd de la) ... 38

Les plans de villes
sont orientés
le Nord en haut.

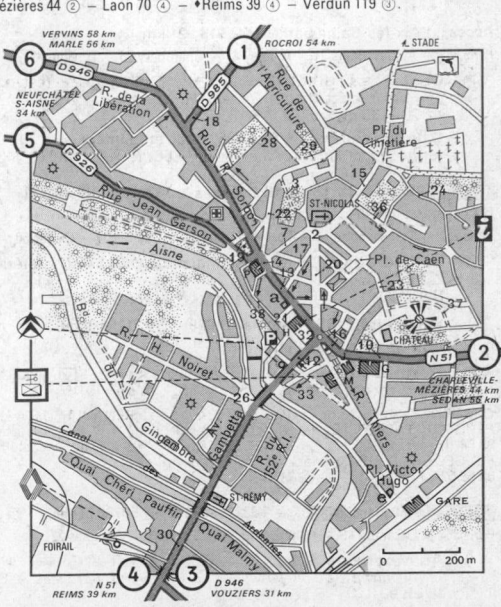

931

⌂ ❀ **Moderne** (Siegel), pl. Gare **(e)** ✆ 39.04.54 – TV 🛁wc 🚿wc ☎ 🚗 Ⓟ. 🚌 AE ⓓ E VISA. ⊘ ch
fermé 22 déc. au 3 janv. – SC : **R** carte 110 à 175 – ☕ 19 – **25 ch** 80/195 – P 185/280
Spéc. Truite Rethéloise, Côte à l'Ardennaise, Soufflé. **Vins** Côteaux champenois, Vertus.

⌂ **Au Sanglier des Ardennes,** 1 r. P.-Curie **(a)** ✆ 39.05.19 – 🛁wc 🚿 ☎ Ⓟ. 🚌
◆ AE ⓓ E VISA. ⊘ rest
fermé 24 déc. au 4 janv. – SC : **R** *(fermé lundi)* 50/120 🍷 - **Brasserie R** 35 bc – ☕ 20 – **24 ch** 70/170 – P 170/250.

CITROEN Rethel-Automobiles, 11 r. Colbert ✆ 38.19.89
FIAT, LANCIA-AUTOBIANCHI Millart, 37 av. Gambetta ✆ 39.04.18
PEUGEOT-TALBOT S.R.A., Zone Ind., r. de Bitburg par ② ✆ 38.19.40
PEUGEOT-TALBOT Dachy Auto Loisirs, r. Comtesse, Zone Ind. Pargny par ② ✆ 39.11.88

RENAULT Centre-Auto-Rethélois, r. de la Sucrerie ✆ 39.07.06
V.A.G. Charpentier, Zone Ind. de Pargny, r. de Bitburg ✆ 39.09.15

⊛ Fischbach-Pneu, 5 r. des Dames ✆ 38.01.70

RETJONS 40 Landes 78 ⑫ – 402 h. alt. 98 – ⊠ 40120 Roquefort – ⊛ 58.

Paris 692 – Aire-sur-l'Adour 45 – Auch 105 – Langon 54 – Marmande 70 – Mont-de-Marsan 30.

⌂ **Host. Landaise** ⟡, S : 1,5 km sur D 932 ✆ 44.40.33, ☂, parc – 🛁wc ♿ Ⓟ.
◆ ⊘ ch
R 40/55 – ☕ 8 – **10 ch** 35/70 – P 95/100.

RETOURNAC 43130 H.-Loire 76 ⑦ G. Vallée du Rhône – 2 624 h. alt. 509 – ⊛ 71.

Voir Gorges de la Loire★ NE et O – Église★ de Chamalières-sur-Loire O : 5 km.

Paris 494 – Ambert 58 – Monistrol-sur-Loire 22 – Le Puy 37 – ♦St-Étienne 52 – Yssingeaux 14.

⌂ **Mourgue,** 53 av. Gare ✆ 59.42.10 – 🛁 🚿 ☎ 🚗. ⊘ rest
◆ *15 mai-31 oct.* – SC : **R** 46/77 🍷 – ☕ 13 – **15 ch** 45/130 – P 133/160.

RENAULT Raynaud, ✆ 59.40.78

REUILLY-SAUVIGNY 02 Aisne 56 ⑮ – 153 h. alt. 67 – ⊠ 02130 Fère-en-Tardenois – ⊛ 23.

Paris 109 – Château-Thierry 15 – Épernay 33 – Laon 72 – Montmirail 29 – ♦Reims 47.

✕✕ **Aub. Le Relais** avec ch, N 3 ✆ 71.93.02, ⚘ – 🛁 Ⓟ. E VISA
fermé fév., mardi soir et merc. – SC : **R** 61/110 – ☕ 12 – **7 ch** 67/110.

REVARD (Mont) 73 Savoie 74 ⑮ G. Alpes – alt. 1 538 – Sports d'hiver : 1 240/1 550 m ⚡7, ⛷ – ⊠ 73100 Aix-les-Bains – ⊛ 79.

Voir ❊★★★.

Accès : d'Aix-les-Bains par ② et D 913 : 21 km.

Paris 588 – Aix-les-Bains 21 – Annecy 47 – Chambéry 26 – Trévignin 14.

⌂ **Chalet** ⟡, ✆ 61.51.43, ≤ – 🛁wc 🚿 ☎ ♿ Ⓟ. ⊘ rest
◆ *1er juin-1er oct., 15 déc.-20 avril, hors sais. rest. ouvert dim. et fêtes* – SC : **R** 50/80 – ☕ 20 – **30 ch** 80/180 – P 150/200.

✕✕ **Quatre Vallées,** ✆ 61.47.35, ≤ lac et montagnes – Ⓟ
fermé 1er oct. au 20 déc. et mardi – SC : **R** (déj. seul.) 65/110.

REVEL 31250 H.-Gar. 82 ⑳ G. Causses – 7 329 h. alt. 210 – ⊛ 61.

ℹ Syndicat d'Initiative pl. Philippe de Valois (fermé dim. après-midi en saison et lundi) ✆ 83.50.06.

Paris 762 – Carcassonne 44 – Castelnaudary 19 – Castres 27 – Gaillac 60 – ♦Toulouse 53.

✕✕✕ **Le Lauragais,** 25 av. Castelnaudary ✆ 83.51.22, « Intérieur rustique » – Ⓟ. ⓓ VISA
R 80/190.

à St-Ferréol SE : 3 km par D 629 – ⊠ **31250** Revel.

Voir Bassin de St-Ferréol★.

⌂ **Hermitage** ⟡ sans rest, ✆ 83.52.61, ≤, ⚘ – TV 🚿wc ☎ ♿ Ⓟ. VISA
fermé mi oct. à fin nov. – SC : ☕ 15 – **14 ch** 110/155.

CITROEN Fabre, 6 av. de la Gare ✆ 83.53.37
PEUGEOT, TALBOT Baylet, rte de Castres ✆ 83.54.10
PEUGEOT, TALBOT Kircher, 1 av. du Coude ✆ 83.53.02

RENAULT D.S.A., rte Castres ✆ 27.65.33

⊛ Lavail, rte Castelnaudary ✆ 83.50.09

RÉVILLE 50 Manche 54 ③ – 1 233 h. alt. 9 – ⊠ 50760 Barfleur – ⊛ 33.

Paris 354 – Carentan 45 – ♦Cherbourg 32 – St-Lô 73 – Valognes 22.

⌂ **Au Moyne de Saire,** ✆ 54.46.06 – 🛁 🚿 ☎ Ⓟ. 🚌. ⊘ ch
◆ *fermé 11 nov. au 1er janv., dim. soir et vend. hors sais.* – SC : **R** 45/90 🍷 – ☕ 12 – **15 ch** 90/170 – P 120/180.

REVIN 08500 Ardennes 🔢 ⑱ G. Nord de la France – 11 806 h. alt. 134 – ✪ 24.

Voir Rocher de la Faligeotte ≤★ E : 2 km.

🛈 Syndicat d'Initiative quai E.-Quinet (juil.-août et fermé merc.) ☏ 40.15.65 et à la Mairie (fermé dim.) ☏ 40.10.44.

Paris 241 – Charleville-Mézières 23 – Givet 32 – Rocroi 12.

🏨 **François 1ᵉʳ,** 46 quai C.-Desmoulins ☏ 40.15.88, ≤ – 🛏wc ☎ 🅿 E 𝘝𝘐𝘚𝘈
fermé janv., dim. sauf le midi en saison et sam. hors sais. – SC : **R** 50/130 – ⬭ 18 –
20 ch 95/142 – P 191/240.

CITROEN Verrier, 230 r. J.-Moulin ☏ 40.11.40   PEUGEOT ⋆SIGA, r. W.-Rousseau ☏ 40.12.34

REY 30 Gard 🔢 ⑯ – rattaché au Vigan.

Les REYS DE SAULCE 26 Drôme 🔢 ⑪ – rattaché à Saulce-sur-Rhône.

Le RHIEN 70 H.-Saône 🔢 ⑦ – rattaché à Ronchamp.

RHINAU 67 B.-Rhin 🔢 ⑩ – 2 216 h. alt. 159 – ✉ **67230** Benfeld – ✪ 88.
Paris 540 – Marckolsheim 26 – Molsheim 36 – Obernai 26 – Sélestat 29 – ⋆Strasbourg 33.

🏨 **Bords du Rhin,** au passage du bac ☏ 74.60.36 – 🛏wc ☎ 🅿 𝘝𝘐𝘚𝘈
fermé 15 janv. au 15 fév. – SC : **R** (fermé lundi soir et mardi) 35/80 🍷 – ⬭ 11 –
15 ch 95/110 – P 130/140.

🍴🍴 ✿ **Vieux Couvent** (Albrecht), ☏ 74.61.15, 🍳 – 🄰🄴 ⓞ 𝘝𝘐𝘚𝘈
fermé 11 juil. au 4 août, Noël-Jour de l'An, mardi soir et merc. – SC : **R** 90/180 🍷
Spéc. Foie gras d'oie, Matelote à l'alsacienne, Chariot de desserts.

CITROEN Furstenberger, ☏ 74.60.59

La RHUNE (Montagne de) 64 Pyr.-Atl. 🔢 ② G. Pyrénées – alt. 900.

Voir ❅★★★.

Accès : par chemin de fer à crémaillère du col de St-Ignace.

RIANS 83560 Var 🔢 ④ – 1 647 h. alt. 355 – ✪ 94
🛈 Syndicat d'Initiative pl. Posteuil (1ᵉʳ juil.-31 août) ☏ 80.33.37.
Paris 775 – Aix-en-Provence 39 – Avignon 98 – Draguignan 69 – Manosque 37 – ⋆Toulon 77.

🏨 **Esplanade,** ☏ 80.31.12, ≤ – 🛏wc 🛁 🚗📞
SC : **R** 48/100 🍷 – ⬭ 12 – **8 ch** 80/130.

RENAULT Sepulveda, N 561, quartier St-Esprit ☏ 80.30.78

RIBEAUVILLÉ 🚉 68150 H.-Rhin 🔢 ⑱⑲ G. Vosges – 4 412 h. alt. 240 – ✪ 89.

Voir Tour des Bouchers★ AD.

🛈 Office de Tourisme Grand-Rue (fermé dim. hors saison) ☏ 73.62.22 et à la Mairie (fermé sam. et dim.) ☏ 73.60.26.

Paris 524 ⑤ – Colmar 15 ③ – Gérardmer 59 ④ – ⋆Mulhouse 57 ④ – St-Dié 41 ⑤ – Sélestat 15 ⑤.

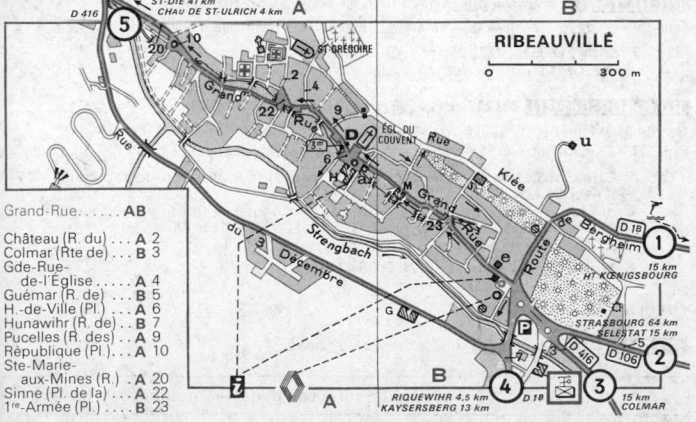

Grand-Rue...... **AB**

Château (R. du) ... **A** 2
Colmar (Rte de) .. **B** 3
Gde-Rue-
  de-l'Église..... **A** 4
Guémar (R. de) ... **B** 5
H.-de-Ville (Pl.) .. **A** 6
Hunawihr (R. de) . **B** 7
Pucelles (R. des) . **A** 9
République (Pl.).. **A** 10
Ste-Marie-
  aux-Mines (R.) . **A** 20
Sinne (Pl. de la) .. **A** 22
1ʳᵉ-Armée (Pl.) .... **B** 23

RIBEAUVILLÉ

🏠 **Tour** Ⓜ sans rest, 1 r. Mairie ☎ 73.72.73 – 🛗 ⏤wc 🗜wc ☎. **E** **VISA**. ✻   A a
  fermé janv. et fév. – SC : 🗄 15 – **32 ch** 140/210.

XXX ❀ **Clos St-Vincent** (Chapotin) Ⓜ 🦢 avec ch, ☎ 73.67.65, « Dans le vignoble
  dominant la plaine d'Alsace », ⚔ – 🛗 ⏤wc ☎ & 🄿 🚗   B u
  1ᵉʳ mars-fin nov. – SC : **R** *(fermé mardi et merc.)* (nombre de couverts limité -
  prévenir) 150 bc/190 🦯 – **8 ch** 🗄 330/460, 3 appartements 585
  Spéc. Fricassée de turbot et saumon à la ciboulette, Ris et rognons de veau aux petits légumes,
  Noisette de chevreuil sauce poivrade (juil. à déc.). **Vins** Riesling, Gewurztraminer.

XX ❀ **Vosges** (Matter) avec ch, 2 r. Grande Rue ☎ 73.61.39 – ⏤ 🗜wc ☎. 🚗 **AE** **E**
  VISA. ✻ ch   B e
  fermé 23 nov. au 1ᵉʳ déc., 15 janv. au 15 mars, lundi soir et mardi – **R** (dim. et fêtes
  prévenir) 70/180 – 🗄 18 – **12 ch** 75/135
  Spéc. Parfait de foie gras d'oie frais, Saumon au citron vert et gingembre, Noisettes de chevreuil
  "Forestière" (saison de chasse). **Vins** Riesling, Tokay.

CITROEN Gar. Wickersheim, à Hunawihr par RENAULT Gar. des 3 Cantons, 42 Rte de Gué-
④ ☎ 73.62.02 🄽   mar par ② ☎ 73.61.07
RENAULT Gar. Jessel, ☎ 73.61.33 🄽   Gar. Findeli, ☎ 73.61.17

RIBÉRAC 24600 Dordogne 🏛 ④, **G. Côte de l'Atlantique** – 4 444 h. alt. 68 – ❀ 53.

🛈 Syndicat d'Initiative pl. Gén.-de-Gaulle (15 juin-15 sept., fermé dim. et lundi) ☎ 90.03.10.

Paris 503 – Angoulême 58 – Barbezieux 59 – Bergerac 51 – Libourne 66 – Nontron 49 – Périgueux 37.

🏠 **France,** r. M.-Dufraisse ☎ 90.00.61, ⚔ – ⏤ 🗜wc ☎. ✻
 ← *fermé dim. et lundi hors sais.* – SC : **R** 45/60 – 🗄 16,50 – **19 ch** 65/110.

XX **Chêne Vert** avec ch, 42 r. Couleau ☎ 90.05.65 – ⏤wc 🗜wc 🚗 **VISA**
  SC : **R** 70/180 – 🍖 20 – **10 ch** 90/150.

CITROEN Lafargue, ☎ 90.05.38   ❀ Compt. Riberacois Pneu, ☎ 90.05.06
PEUGEOT, TALBOT Fargeout, ☎ 90.01.09
PEUGEOT, TALBOT S.O.R.A., ☎ 90.20.55 🄽 ☎
90.23.98

RIBOU (Lac de) 49 M.-et-L. 🏛 ⑥ – rattaché à Cholet.

RICHARDMÉNIL 54 M.-et-M. 🏛 ⑤ – 2 613 h. alt. 260 – ✉ 54630 Flavigny – ❀ 8.

Paris 388 – Épinal 55 – Lunéville 33 – ♦Nancy 14 – Neufchâteau 54 – Toul 35 – Vittel 58.

X **Bon Accueil,** rte Messein ☎ 354.62.10 – 🄿. **AE**
 fermé 1ᵉʳ au 15 mars, 12 août au 2 sept., merc. soir et jeudi – SC : **R** 65/110 🦯.

RICHELIEU 37120 I.-et-L. 🏛 ③ **G. Châteaux de la Loire** – 2 529 h. alt. 41 – ❀ 47.

🛈 Syndicat d'Initiative Grande rue (Pâques-fin sept.) ☎ 58.13.62.

Paris 295 – Châtellerault 30 – Chinon 21 – Poitiers 54 – Thouars 44 – ♦Tours 60.

🏠 **Château de Milly** 🦢, SE : 9 km par D 749 ☎ 58.14.56, parc – ⏤wc ☎ 🄿 – 🛗
  30. 🚗 **AE** **OD** **E** **VISA**. ✻ rest
  1ᵉʳ avril-2 nov. et fermé mardi hors sais. – SC : **R** 130/170 – 🗄 30 – **15 ch** 140/370 –
  P 420/460.

PEUGEOT-TALBOT Gar. du Richelais, ☎ 58.   RENAULT Legeay-Foucault, ☎ 58.10.76
10.41

RICHEMONT 57 Moselle 🏛 ③④ – 2 166 h. alt. 174 – ✉ 57270 Uckange – ❀ 8.

Paris 330 – Briey 20 – Longwy 46 – ♦Metz 20 – Rombas 7 – Thionville 9,5 – Verdun 77.

XX **Freddy,** D 953 ☎ 771.24.10 – 🄿 **VISA**
 ← *fermé 2 au 26 juil., 27 déc. au 3 janv. et sam.* – SC : **R** 50/140 🦯.

RIEC-SUR-BÉLON 29124 Finistère 🏛 ⑪⑯ – 4 158 h. alt. 48 – ❀ 98.

🛈 Syndicat d'Initiative pl. Église (15 juin-15 sept. et fermé dim. après-midi) ☎ 06.97.65.

Paris 523 – Carhaix-Plouguer 61 – Concarneau 19 – Quimper 38 – Quimperlé 13.

XXX ❀ **Chez Mélanie** avec ch, face église ☎ 06.91.05, collection de tableaux, ⚔ –
  ⏤. 🚗 **AE** **OD**
  fermé 15 nov. au 20 déc. et mardi sauf le rest. en juil.-août et l'hôtel de juin à sept
  – SC : **R** (dim. et fêtes - prévenir) 75/180 – 🗄 17,50 – **7 ch** 120/185
  Spéc. Timbale de fruits de mer, Palourdes farcies, Homard Mélanie.

XXX **Kerland** 🦢, S : 4 km sur D 24 ☎ 06.42.98, ≼ – 🄿 **VISA**
  1ᵉʳ avril-3 janv. – SC : **R** 75/210.

CITROEN Coyac-Rouat, ☎ 06.91.27

RIEDISHEIM 68 H.-Rhin 🏛 ⑩ – rattaché à Mulhouse.

       Reisen Sie nicht heute mit einer Karte von gestern.

RIEUMES 31370 Hte-Garonne 82 ⑰ – 2 225 h. alt. 281 – ✿ 61.

Paris 748 – Auch 60 – Foix 74 – St-Gaudens 59 – ♦Toulouse 39.

  ☂ **Viviès,** pl. Marché ℙ 91.81.06
  → fermé 25 oct. au 10 nov. – **R** (fermé vend. soir) 28/120 ⅄ – ⊂⊃ 9 – **18 ch** 45/65 – P 90/100.

CITROEN Gar. Rieumois, ℙ 91.81.28

RIEUPEYROUX 12240 Aveyron 80 ① – 2 903 h. alt. 718 – ✿ 65.

Paris 644 – Albi 54 – Carmaux 38 – Millau 93 – Rodez 38 – Villefranche-de-Rouergue 24.

  🏠 **Commerce,** ℙ 65.53.06, ⅃, ⋘ – ⊟wc ⋔wc ☎. **E**. ⅍ rest
  → fermé 17 déc. au 11 janv., dim. soir et lundi midi hors sais. – SC : **R** 42/76 ⅄ – ⊂⊃ 12,50 – **28 ch** 56/112 – P 118/135.

CITROEN Malrieu, ℙ 65.53.47   RENAULT Gar. Costes, ℙ 65.54.15

RIEUTORT-DE-RANDON 48 Lozère 76 ⑮ – 686 h. alt. 1 130 – ⊠ 48700 St-Amans – ✿ 66.

Paris 555 – Mende 18 – Le Puy 80 – St-Alban-sur-Limagnole 30 – St-Chély-d'Apcher 30.

  🏠 **Plateau du Roy** ⌂, N 106 ℙ 47.33.03, ≤, ⋘ – ⊟wc ⋔wc ☎ **ℙ**. ⅍ rest
  → 1er avril-15 oct. – SC : **R** 38/82 – ⊂⊃ 15,50 – **17 ch** 165/175 – P 165/215.

RIEUX-MINERVOIS 11 Aude 83 ⑫ G. Causses – 1 881 h. alt. 115 – ⊠ 11160 Caunes-Minervois – ✿ 68.

Voir Église*.

Paris 889 – Béziers 57 – Carcassonne 26 – Mazamet 57 – Narbonne 39.

  ✗✗ **Logis de Mérinville** avec ch, ℙ 78.11.78 – ⊟wc ⋔wc. **ᜑ E** _VISA_
  fermé 2 janv. au 2 fév. et merc. – SC : **R** 69/137 ⅄ – ⊂⊃ 12 – **7 ch** 85.

RIGNAC 12390 Aveyron 80 ① – 1 762 h. alt. 500 – ✿ 65.

🛈 Syndicat d'Initiative pl. Portail-Haut (fermé sam. hors sais. et dim.) ℙ 64.50.29.

Paris 622 – Aurillac 90 – Figeac 38 – Rodez 29 – Villefranche-de-Rouergue 28.

  🏠 **Marre,** ℙ 64.51.56, ⋘ – ⊟wc ⋔ **ℙ. E**
  → fermé sam. – SC : **R** 35/90 – ☛ 10 – **18 ch** 70/120 – P 100/130.

RIGNY 70 H.-Saône 66 ⑭ – rattaché à Gray.

RILLY-SUR-LOIRE 41 L.-et-Ch. 64 ⑯ – 378 h. alt. 65 – ⊠ 41150 Onzain – ✿ 54.

Paris 206 – Amboise 13 – Blois 21 – Montrichard 17 – ♦Tours 37.

  🏠 **Château de la Hte Borde** ⌂, ℙ 46.98.09, ㄇ, parc – ⊟wc ⋔wc ☎ **ℙ** – ⚒ 35. ◗▰ᜑ **E**. ⅍
  → 15 mars-13 nov. et fermé dim. soir et lundi sauf fériés – SC : **R** 70/150 – ⊂⊃ 15 – **18 ch** 120/160 – P 130/180.

  ☂ **Aub. des Voyageurs,** ℙ 46.98.85 – ⅍ rest
  → fermé 15 nov. au 28 fév. et merc. d'oct. à mai – SC : **R** 40/90 – ☛ 15 – **10 ch** 55/65 – P 200/250.

RIMBACH-PRÈS-GUEBWILLER 68 H.-Rhin 62 ⑱ – 262 h. alt. 563 – ⊠ 68500 Guebwiller – ✿ 89.

Paris 551 – Belfort 58 – Cernay 18 – Colmar 33 – Guebwiller 9 – ♦Mulhouse 26 – Thann 25

  🏠 **Aigle d'Or** ⌂, ℙ 76.89.90, ⋘ – ⋔ ◗▰ **ℙ**. ⅍
  → fermé en mars – SC : **R** 25/80 ⅄ – ☛ 12 – **19 ch** 49/110 – P 110/120.

RIMONT 09420 Ariège 86 ③ – 519 h. alt. 525 – ✿ 61.

Paris 824 – La Bastide-de-Serou 15 – Foix 32 – Le Mas-d'Azil 14 – St-Girons 12.

  ☂ **Bascaing,** ℙ 66.06.70 – ◗▰ **ℙ**. ⅍ ch
  → fermé oct. et lundi hors sais. – SC : **R** 38/80 – ⊂⊃ 12 – **12 ch** 60/90 – P 120/150

RIOM ⟨SP⟩ 63200 P.-de-D. 73 ④ G. Auvergne – 17 962 h. alt. 353 – ✿ 73.

Voir Église N.-D.-du-Marthuret* : Vierge à l'Oiseau*** Z B – Maison des Consuls* Y D – Hôtel Guimoneau* Y E – Palais de Justice : Ste-Chapelle** et tapisseries* Y J – Cour* de l'Hôtel de Ville Y H – Musées : Auvergne* Y M1, Mandet* Y M2 – Mozac : chapiteaux**, trésor** et plafond de l'église* 2 km par ⑤ – Marsat : Vierge noire** dans l'église SO : 3 km par D 83. Z.

Env. Ruines du château de Tournoël** : ※✲✲ 7 km par ⑤ et D 986 – Châteaugay : donjon* du château et ✲✲ 7,5 km par ④ et D 15 E – Église* d'Ennezat 9 km par ③.

🛈 Office de Tourisme 16 r. Commerce (hors sais. matin seul. et fermé dim.) ℙ 38.22.38.

Paris 375 ② – ♦Clermont-Fd 15 ④ – Montluçon 76 ① – Moulins 81 ② – Thiers 56 ① – Vichy 44 ②.

RIOM

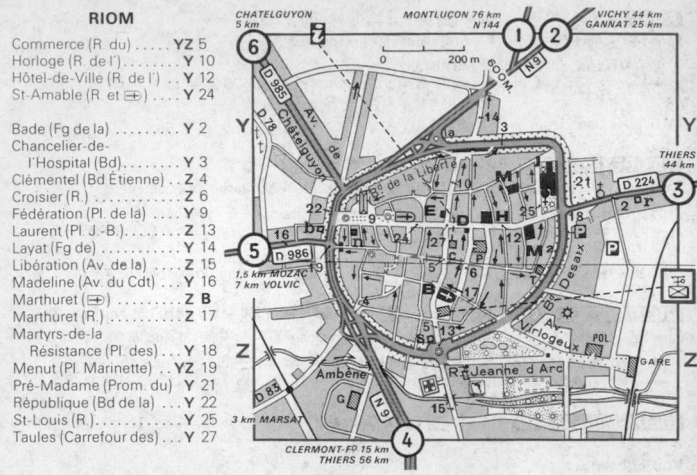

🏨 **Mikégé** Ⓜ sans rest, 40 pl. J.-B.-Laurent ☏ 38.04.12 – 🛏️wc 🛁wc ☎ *VISA* ✂️
    fermé août et dim. – SC : 🛏 12 – **15 ch** 117/180.   Z s

🏨 **Lyon** sans rest, 107 fg La-Bade ☏ 38.07.66, ☞ – cuisinette 🛁wc 🅿 ✂️
    fermé 12 au 27 juin et 10 au 30 sept. – SC : 🛏 12 – **15 ch** 50/90.   Y r

🏨 **La Caravelle** sans rest, 21 bd République ☏ 38.31.90 – 🛏️wc 🅿 🚗 *AE VISA*
    SC : 🛏 11 – **25 ch** 55/85.   Y b

🍴 **Les Petits Ventres,** 6 r. A.-Dubourg ☏ 38.21.65 – *VISA*   Y n
    fermé 22 août au 20 sept., 2 au 10 janv., sam. midi et lundi – SC : **R** 68/145.

CITROEN Place, Z.A. rte de Volvic à Mozac
par ⑤ ☏ 38.03.93
PEUGEOT-TALBOT Clermontoise-Auto, 81 av.
de Clermont par av. Libération ☏ 38.23.05
RENAULT Lafont, rte de Paris par ② ☏ 38.
22.75

RENAULT Gaudoin, Z.A. à Mozac par ⑤ ☏
38.20.76
Gioffre 26 rte Paris ☏ 38.00.86

RIOM-ÈS-MONTAGNES 15400 Cantal 🔟🔟 ②③ G. Auvergne – 3 920 h. alt. 842 – ⚙ 71.

Voir Église St-Georges★.

🛈 Office de Tourisme pl. Gén.-de-Gaulle (fermé matin, sam. après-midi et lundi) ☏ 78.07.37.
Paris 494 – Aurillac 94 – Mauriac 36 – Murat 39 – Ussel 54.

🏨 **Modern'H.,** face gare ☏ 78.00.13 – 🛏️wc 🛁wc 🚗 ✂️ rest
    fermé 1er au 18 oct. et dim. d'oct. à avril sauf vacances scolaires – SC : **R** 45/60 –
    🛏 11.50 – **26 ch** 45/90 – P 95/120.

CITROEN Tible. ☏ 78.00.35 🅽
PEUGEOT-TALBOT Riom-Automobiles. ☏ 78.
03.08

RENAULT Veremes. ☏ 78.00.39

RION-DES-LANDES 40370 Landes 🔟🔟 ⑤ – 2 651 h. alt. 63 – ⚙ 58.

Paris 712 – ◆Bayonne 82 – ◆Bordeaux 122 – Dax 33 – Mimizan 48 – Mont-de-Marsan 42.

🏨 **Le Relais des Landes,** rte Tartas ☏ 57.10.20 – 🛁 🅿 *VISA*
    fermé 1er au 26 déc., sam. hors sais. et fêtes – SC : **R** 40/85 🍷 – 🛏 12 – **13 ch** 52/92
    – P 100/110.

RIORGES 42 Loire 🔟🔟 ⑦ – rattaché à Roanne.

RIOTORD 43 H.-Loire 🔟🔟 ⑨ – 1 404 h. alt. 840 – ✉ 43220 Dunières – ⚙ 71.

Paris 563 – Annonay 33 – ◆St-Étienne 31 – Vienne 72 – Yssingeaux 31.

🏨 **La Forestière** ⏚, rte de Clavas ☏ 75.38.62, ≤, ☞ – 🛏️wc 🛁wc 🚗 🅿 🚗 E
    fermé 3 janv. au 15 fév. et mardi sauf du 15 juin au 15 sept. – SC : **R** 45/170 – 🛏 15
    – **7 ch** 120 – P 140/155.

RIOZ 70190 H.-Saône 🔟🔟 ⑮ – 816 h. alt. 264 – ⚙ 84.

Paris 473 – Belfort 77 – ◆Besançon 22 – Gray 47 – Vesoul 25 – Villersexel 37.

🏨 **Logis Comtois,** ☏ 74.21.13, ☞ – 🛏️wc 🛁 🅿 🚗 ✂️
    fermé 10 déc. au 31 janv. – SC : **R** (fermé dim. soir et lundi midi) 50/90 🍷 – 🛏 13 –
    25 ch 90/150.

RENAULT Pernin, ☏ 74.22.24

RIQUEWIHR 68340 H.-Rhin 62 ⑱ ⑲ G. Vosges (plan) − 1 195 h. alt. 300 − ✿ 89.

Voir Village★★★.

🎗 Syndicat d'Initiative r. Gén.-de-Gaulle (1ᵉʳ avril-30 oct.) 🕾.47.80.80.

Paris 529 − Colmar 13 − Gérardmer 62 − Ribeauvillé 4,5 − St-Dié 46 − Sélestat 19.

- 🏨🏨 **Riquewihr** Ⓜ ⤰ sans rest, rte Ribeauvillé 🕾 47.83.13, ≼ − 🛗 📺 ☎ 🅿 🗚 ⓘ 🅴 VISA
  SC : 🖵 18 − **49 ch** 115/185.

- 🏨 **Au Riesling** Ⓜ ⤰, à Zellemberg E : 1 km 🕾 47.85.85, ≼ − 🛏wc 🛁wc 🕾 🅿. VISA
  fermé 15 janv. au 28 fév. et lundi hors sais. − SC : **R** 75/150 − 🖵 18 − **12 ch** 125/167.

- ✗✗ **Aub. Schoenenbourg**, r. Piscine 🕾 47.92.28 − 🅿
  fermé 2 au 31 janv., merc. soir et jeudi − SC : **R** carte 100 à 155 ⅄.

RISCLE 32400 Gers 82 ② − 1 859 h. alt. 105 − ✿ 62.

Paris 753 − Aire-sur-l'Adour 17 − Auch 70 − Condom 61 − Mirande 55 − Pau 55 − Tarbes 52.

- 🏨 **Paix,** 🕾 69.70.14 − 🛁 🕾 🅿
- ➡ fermé 1ᵉʳ au 20 sept. − SC : **R** 40/90 ⅄ − 🖵 9,50 − **17 ch** 40/80 − P 120.

CITROEN Coulom, 🕾 69.70.08
PEUGEOT, TALBOT Laffargue, 🕾 69.72.61

RENAULT Caritey 🕾 69.70.31

RISOUL 05 H.-Alpes 77 ⑱ − rattaché à Guillestre.

RIVA-BELLA 14 Calvados 55 ② − voir à Ouistreham-Riva-Bella.

RIVALET 63 P.-de-D. 73 ⑭ − rattaché à St-Nectaire.

RIVE-DE-GIER 42800 Loire 73 ⑲ G. Vallée du Rhône − 17 797 h. alt. 242 − ✿ 77.

Paris 500 − ♦Lyon 37 − Montbrison 58 − Roanne 99 − ♦St-Étienne 22 − Thiers 129 − Vienne 27.

- ✗✗✗ ✿✿ **Host. Renaissance** (Laurent) avec ch, 41 r. A.-Marrel 🕾 75.04.31, 😀, 🚗 −
  🛏wc 🕾 ⇔ 🅿 🗚 ⓘ � 25. ⇖ 🅴 ⓘ VISA
  fermé dim. soir et lundi hors sais. − SC : **R** 160/310 − 🖵 35 − **10 ch** 160/280
  Spéc. Crème de cresson aux moules de bouchot, Chou farci au beurre de caviar, Pigeon en ballottine.
  Vins Viognier, St-Joseph.

  à Ste Croix en Jarez SE : 10 km par D 30 − ✉ 42800 Rive-de-Gier :

- ✗ **Le Prieuré** ⤰ avec ch, 🕾 20.20.09 − ⇔ 🕾. 🅴 VISA. ✿ ch
- ➡ fermé fév. et lundi − SC : **R** 38/120 − 🖵 17 − **4 ch** 120/140 − P 148/168.

CITROEN Bellon, 9 r. J.-Guesde 🕾 75.00.39
PEUGEOT-TALBOT Boutin, 44 r. Cl.-Drivon 🕾 75.04.22
PEUGEOT-TALBOT Furminieux, quartier de Combeplaine 🕾 75.01.06
PEUGEOT-TALBOT Putinier, 18 av. Mar.-Juin 🕾 75.02.30

RENAULT Gar. Ripagérien Ochs, 10 r. M.-Gorki 🕾 75.01.55

🅖 Stat de la Madeleine, 68 r. Martyrs de la Résistance 🕾 75.03.10

RIVEDOUX-PLAGE 17 Char.-Mar. 71 ⑫ − voir à Ré (Ile de).

RIVES 38140 Isère 77 ④ − 5 007 h. alt. 360 ✿ 76.

Paris 541 − Bourgoin-Jallieu 38 − La Côte-St-André 20 − ♦Grenoble 29 − St-Marcellin 30 − Voiron 10.

- 🏨 **Terminus,** à la gare 🕾 91.07.42 − ⇔wc 🕾 🅿. 🚗 VISA
- ➡ SC : **R** (fermé dim.) 42/85 ⅄ − 🖵 15 − **15 ch** 110/170 − P 160/185.

PEUGEOT Gar. du Dauphiné, 🕾 91.07.13

RENAULT Rives Automobiles, Le Plan 🕾 91.03.06

RIVESALTES 66600 Pyr.-Or. 86 ⑨ ⑱ G. Pyrénées − 6 754 h. alt. 29 − ✿ 68.

✈ de Perpignan-Rivesaltes : 🕾 61.22.24 : 4 km.

Paris 903 − Narbonne 57 − ♦Perpignan 10 − Quillan 69.

- 🏨 **Alta Riba** Ⓜ, av. Gare 🕾 64.01.17 − 🛗 ⇔wc 🛁wc 🕾 ⇔ 🅿 − � 200. 🚗 ⓘ
- ➡ fermé 15 déc. au 15 janv., dim. soir et lundi midi du 1ᵉʳ oct. au 31 mai − SC : **R** 45/120 ⅄ − 🖵 15 − **54 ch** 105/150.

- 🏨 **Debèze,** 11 r. A.-Barbès (près église) 🕾 64.05.88 − 🛁 ⇔ 🚗 🅴
- ➡ SC : **R** (1ᵉʳ juin-30 nov. et fermé sam.) 48/120 ⅄ − 🍽 12 − **16 ch** 50/130 − P 148/173.

CITROEN Galabert, 13 av. Gambetta 🕾 64.07.67

RENAULT Vila, 22 r. Ed.-Vaillant 🕾 64.02.14

Campers...
Use the current Michelin Guide
Camping Caravaning France.

RIVIÈRE-SUR-TARN 12640 Aveyron 80 ④ – 625 h. alt. 379 – ☺ 65.

Paris 629 – Mende 71 – Millau 12 – Rodez 71 – Sévérac-le-Château 30.

⌂ **Andrieu,** ☏ 60.81.40, ⇙ – ⓜwc ℗ ✗ ch
↝ fermé 1er au 28 oct. et jeudi de nov. à mars – SC : **R** 42/100 ⅃ – ☲ 12 – **20 ch** 65/120 – P 140/150.

RENAULT Gar. Vayssière, ☏ 60.80.05

La RIVIÈRE-THIBOUVILLE 27 Eure 55 ⑮ – alt. 72 – ⊠ 27550 Nassandres – ☺ 32.

Paris 137 – Bernay 14 – Évreux 35 – Lisieux 38 – Le Neubourg 16 – Pont-Audemer 33 – ◆Rouen 49.

XX **Soleil d'Or** avec ch, ☏ 45.00.08, ⇙ – ⊟wc ⓜwc ☎ ℗ – ⚖ 30. ⇔
fermé fév. et merc. sauf juil. et août – SC : **R** 58/165 – ☲ 16 – **12 ch** 85/200 – P 165/300.

CITROEN Gar. Davoust, à Fontaine la Soret ☏ 45.00.13

PEUGEOT-TALBOT Gar. Chaise, N 13 à Nassandres ☏ 45.00.33 N

RIXHEIM 68 H.-Rhin 66 ⑩ – rattaché à Mulhouse.

Pour un bon usage des plans de villes, voir les signes conventionnels p. 20.

ROANNE ⟨🚲⟩ 42300 Loire 73 ⑦ G. Vallée du Rhône – 56 498 h. alt. 279 – ☺ 77.

Voir Gorges de la Loire★ S : 3 km par D 56. AZ.

🅱 Office de Tourisme (fermé lundi matin et dim.) avec A.C. cours République ☏ 71.51.77.

Paris 392 ⑥ – Bourges 196 ⑥ – Chalon-sur-Saône 133 ① – ◆Clermont-Ferrand 101 ④ – ◆Dijon 202 ① – ◆Lyon 86 ③ – Montluçon 140 ⑥ – ◆St-Étienne 77 ③ – Valence 195 ③ – Vichy 74 ⑥.

Als.-Lorraine (Av.)	**AZ** 2
Anatole-France (R.)	**ABZ** 3
Foch (R. Mar.)	**BZ**
Gaulle (R. Ch.-de)	**BZ** 9
Jaurès (R. Jean)	**BZ**

Briand (Pl. Aristide)	**BZ** 4	Lattre-de-T. (Pl. de)	**BY** 12	Roche (R. Alexandre)	**BY** 16
Cadore (R. de)	**BY** 5	Libération (Av. de la)	**BZ** 13	St-Étienne (➡)	**BY**
Carnot (R.)	**BZ** 6	N.-D.-des-Victoires (➡)	**BZ**	St-Louis (➡)	**AZ**
Clemenceau (Pl.)	**BY** 7	Prom.-Populle (Pl. des)	**AZ** 14	Ste-Anne (➡)	**AY**
H.-de-Ville (Pl. de l')	**BZ** 10	République (Cours de la)	**AY** 15	Vachet (R. Julien)	**AY** 20

938

🏨🏨🏨 ❀❀❀ **H. des Frères Troisgros** Ⓜ, pl. Gare 📞 71.66.97 – |🚲| 🍽 rest 📺 🅿 🆎 Ⓥⓘⓢⓐ
 AY **r**
fermé 2 au 17 août, 10 janv. au 1ᵉʳ fév., mardi et merc. midi – **R** (nombre de couverts limité - prévenir) 180/300 et carte – 🍷 37 – **18 ch** 225/390
Spéc. Foie gras chaud aux groseilles, Escalope de saumon à l'oseille, Bœuf dans toutes ses formes.
Vins Bourgogne, Pouilly-Fuissé.

🏨🏨 **Gd Hôtel et rest. l'Astrée,** 18 cours République 📞 71.48.82, Télex 300573 – |🚲|
◆ 📺 ☎ 🚿 🅿 – 🛏 100. 🆎 Ⓞ Ⓥⓘⓢⓐ AY **f**
hôtel fermé 26 déc. au 3 janv. et dim. du 1ᵉʳ nov. au 31 janv. – SC : **R** *(fermé 1ᵉʳ au 15 août, 18 déc. au 9 janv., lundi midi et dim.)* 48/100 – 🍷 20 – **48 ch** 98/240.

🏨 **Terminus** sans rest, face gare 📞 71.79.69 – |🚲| 🚽wc 🛁wc ☎ 🦽 🚐 AY **f**
SC : 🍷 18 – **51 ch** 100/175.

XX **Bonnin,** 48 r. Ch.-de-Gaulle 📞 71.21.69 – 🍽. 🆎 BY **n**
fermé juil., 19 au 25 déc., dim. soir et lundi – SC : **R** 55/80 🍸.

XX **Taverne Alsacienne,** pl. Paix 📞 71.21.14 BZ **m**
◆ *fermé 25 avril au 20 mai, 10 au 26 oct. et lundi sauf fêtes* – SC : **R** 44/110 – **Brasserie R** 27/58 🍸.

X **Don Camillo,** 6 r. P.-Brossolette 📞 71.87.88 – 🅿 AY **p**
fermé 9 au 25 mai, 5 au 26 sept., sam. midi et lundi – **R** carte environ 70.

au Coteau (rive droite de la Loire) – 8 494 h. – ✉ 42120 Le Coteau :

🏨 **Artaud,** 133 av. Libération 📞 68.46.44 – 🍽 rest 📺 🚽wc 🛁wc ☎ 🦽 – 🛏 150.
🚐 E Ⓥⓘⓢⓐ BZ **e**
SC : **R** *(fermé 3 au 25 juil. et dim.)* 55/180 🍸 – 🍷 17 – **18 ch** 120/225.

🏨 **Mini Mote** Ⓜ, Z. I. Le Coteau 📞 68.36.22, Télex 300610 – 📺 🚽wc ☎ 🚿 🅿 –
◆ 🛏 25. 🆎 Ⓞ E Ⓥⓘⓢⓐ
fermé 24 déc. au 1ᵉʳ janv. – SC : **R** *(fermé dim.)* 45/70 🍸 – 🍷 18 – **35 ch** 160/205.

XX ❀ **Aub. Costelloise** (Alex), 2 av. Libération 📞 68.12.71 BZ **a**
fermé 18 juil. au 28 août, vacances de fév., mardi soir, merc. et dim. soir. – SC : **R** 72/130
Spéc. Ragoût d'escargots au basilic, Blanquette de lotte, Aiguillettes de canard aux baies de cassis.
Vins Côtes Roannaises.

X **Ma Chaumière,** 3 r. St-Marc 📞 67.25.93 – Ⓥⓘⓢⓐ. 🞨 BZ **s**
◆ *fermé août, dim. soir et lundi* – SC : **R** 38/135 🍸.

X **Chez Barnay** (La Terrasse) avec ch, au pont de Rhins par ③ 📞 67.26.46 – 🛁wc
◆ *fermé 30 juil. au 30 août, vacances de fév., dim. soir et lundi* – SC : **R** 40 bc/90 🍸 – 🍷 12 – **12 ch** 60/100.

à Riorges O : 3 km par D 31 - AZ – 9 366 h. – ✉ 42300 Roanne :

XX **Le Marcassin** 🞨 avec ch, rte St-Alban-les-Eaux 📞 71.30.18 – 🛁wc 🚗. Ⓥⓘⓢⓐ.
◆ 🞨 ch
fermé 1ᵉʳ au 21 août et en fév. – SC : **R** *(fermé dim. du 1ᵉʳ oct. au 30 avril et sam.)* 48/150 – 🍷 15 – **10 ch** 85/130.

par ⑥, rte St-Germain : 7 km – ✉ 42640 St-Germain-L'Espinasse :

🏨 **Relais de Roanne** Ⓜ 🞨, 📞 71.97.35, 🌳 – 🍽 rest 📺 🚽wc 🛁wc 🚿 🚿 🛶 🅿
🛏 40. 🚐 Ⓥⓘⓢⓐ
SC : **R** *(fermé 28 fév. au 20 mars)* 52/150 🍸 – 🍷 18 – **30 ch** 120/175.

à Lentigny par ④ : 8,5 km – ✉ 42128 Lentigny :

XXX **Ferme Napoléon** avec ch, sur D 53 📞 63.11.11, « aménagée avec recherche »,
🌳 – 📺 🛁wc 🚿 🅿 🚐 Ⓥⓘⓢⓐ
fermé août, dim. soir et lundi sauf fêtes – **R** 125/195 – 🍷 25 – **7 ch** 150.

MICHELIN, Agence, Zone Ind. Arsenal Sud, 8 av. de la Marne par ① 📞 72.06.09

FORD Gar. de la Poste, 56 r. R.-Salengro 📞 68.31.99
LANCIA-AUTOBIANCHI Gar. de France 126 av. Paris 📞 72.46.44
OPEL SORAUTO, 55-57 r. St-Alban 📞 71.52.35

VOLVO Gd Gar. Gobelet, 54 av. Gambetta 📞 72.30.22

🅖 Comptoir Roannais C/c, bd C.-Benoit 📞 71.49.21

Périphérie et environs

BMW, TOYOTA L'Autom. Costelloise, 21 r. A.-France à Le Coteau 📞 68.38.66
CITROEN Lagoutte, N 7, Les Plaines à Le Coteau par ③ 📞 67.00.22 Ⓝ 📞 72.41.77
DATSUN Gar. Sinoir, 16 av. Paris à Riorges 📞 71.73.42
FIAT, MERCEDES SOGEMO, Aiguilly, D 482 à Vougy 📞 72.26.22
PEUGEOT SAGG, rte Paris, Riorges par D 31 AZ 📞 71.66.17

RENAULT Lafay, Zone Ind. Voie n° 1 Sud Le Côteau par ③ 📞 71.04.08
V.A.G. Gar. Route Bleue, Zone Ind. Le Coteau, Voie n° 3 📞 67.34.00

🅖 Ets. Indust. Pneumatique, 4 pl. de l'Eglise, le Coteau 📞 67.05.15

ROBINSON 32 Gers 🞨🞨 ⑤ – rattaché à Auch.

ROBION 84 Vaucluse 🎗🎗 ⑫ – rattaché à Cavaillon.

ROCAMADOUR 46 Lot 🎗🎗 ⑱⑲ G. Périgord (plan) – 708 h. alt. 210 – ⊠ **46500** Gramat – ✆ 65.

Voir Site★★★ – Château ✻★★★ – Fresques★ de la chapelle St-Michel – Tapisseries★ dans l'Hôtel de Ville.

🛈 Office de Tourisme Grande rue (Pâques-30 sept. et fermé lundi sauf juil.-août) ✆ 33.62.59.

Paris 545 – Brive-la-Gaillarde 55 – Cahors 59 – Figeac 46 – Gourdon 36 – St-Céré 29 – Sarlat-la-C. 66.

- 🏨 **Beau Site et Notre Dame,** ✆ 33.63.08, Télex 520421, ≤, 🌦, « Bel aménagement intérieur » – 🛗 🅿 🆎 ⓞ 🗲 𝘝𝘐𝘚𝘈
  26 mars-24 oct. – SC : **R** 80/200 – ⊡ 24 – **54 ch** 135/225 – P 270/360.

- 🏨 **Château et Relais Amadourien** Ⓜ 🏊, rte du Château par D 673 : 1,5 km ✆ 33.62.22, Télex 521871, 🌦 – ➡wc 🛁wc ☎ 🅿 – 🏌 80. 🚗🅟 🆎
  27 mars-23 oct. – SC : **R** 45/120 – ⊡ 14 – **58 ch** 123/160.

- 🏨 **Ste-Marie** 🏊, ✆ 33.63.07, ≤, 🌦, « Terrasse avec vue agréable » – ➡wc 🛁 ☎ 🚗, 🍽 rest
  27 mars-1er nov. – SC : **R** 48/145 – ⊡ 17 – **22 ch** 110/175.

- 🏨 **Panoramic,** à l'Hospitalet ✆ 33.63.06, ≤, 🌦 – 🛁wc ☎ 🅿
  1er fév.-8 nov. – SC : **R** 44/170 – ⊡ 16 – **13 ch** 125/158.

- 🏨 **Lion d'Or,** ✆ 33.62.04 – 🛗 ➡ 🛁
  Pâques-15 oct. – SC : **R** 45/95 – ⊡ 15 – **27 ch** 58/95.

- 🏨 **Terminus-Hôtel,** ✆ 33.62.14, 🌦 – 🛁wc. 🆎
  25 mars-15 oct. – SC : **R** 44/175 – ⊡ 18 – **16 ch** 75/145.

- ✕✕ **Bellevue** avec ch, (annexe 13 ch ≤ Rocamadour ➡wc ☎ 🅿), à l'Hospitalet ✆ 33.62.10, 🌦 – ☎ 🅿 🆎 ⓞ 🗲 𝘝𝘐𝘚𝘈
  fermé 5 janv. au 10 fév. et merc. hors sais. sauf vacances scolaires – SC : **R** 60/200 – ⊡ 14 – **20 ch** 85/190.

  à l'Est : 4,5 km par D 36 et N 681 : 🏨 Château de Roumegouse, voir à Gramat.

Garage Sirieys, ✆ 33.63.15

La ROCHE-BERNARD 56130 Morbihan 🎗🎗 ⑭ G. Bretagne – 1 038 h. alt. 30 – ✆ 99.
Voir Pont★.

🎾 de la Bretesche ✆ 88.30.03 (✆ 40 - Loire-Atl.), SE : 11 km.

Paris 441 – ♦Nantes 70 – Ploërmel 57 – Redon 33 – St-Nazaire 36 – Vannes 40.

- 🏨 **Deux Magots,** ✆ 90.60.75 – ➡wc 🛁 ☎. 🍽
  fermé 3 au 19 oct., 15 déc. à fin janv., dim. soir et lundi – SC : **R** 37/120 – ⊡ 11,50 – **15 ch** 116/250.

- 🏨 **Bretagne,** ✆ 90.60.65 – 🛁wc ☎ 🅿 🍽
  fermé 15 janv. à début mars, dim. soir d'oct. à Pâques et lundi sauf hôtel en juil. et août – SC : **R** 43/93 – ⊡ 12 – **15 ch** 68/146.

- ✕ **Aub. Bretonne** avec ch, ✆ 90.60.28, 🌦 – 🛁. 🚗🅟 🆎 ⓞ 🗲 𝘝𝘐𝘚𝘈
  fermé 15 nov. au 8 déc. et jeudi – SC : **R** 58/180 – ⊡ 11,50 – **10 ch** 55/130.

  à Camoël SO : 10 km par D 774 et D 34 – ⊠ **56130** La Roche Bernard :

- 🏨 **La Vilaine** Ⓜ, ✆ 90.01.55 – ➡wc 🛁 ☎ 🅿 🚗🅟 𝘝𝘐𝘚𝘈
  fermé 1er au 15 oct., 1er au 15 fév., dim. soir sauf hôtel et lundi – SC : **R** 52/120 🍷 – ⊡ 15 – **21 ch** 60/190 – P 180/200.

CITROEN Gar. Biton, ✆ 90.61.11

La ROCHE-CANILLAC 19 Corrèze 🎗🎗 ⑩ – 214 h. alt. 460 – ⊠ **19320** Marcillac-la-Croisille – ✆ 55.

Paris 509 – Argentat 21 – Aurillac 75 – Mauriac 55 – St-Céré 63 – Tulle 26 – Ussel 61.

- 🏨 **Aub. Limousine,** ✆ 29.12.06 – ➡wc 🛁wc ☎ 🅿. 🍽 rest
  Pâques-30 sept. – SC : **R** 55/150 – ⊡ 14 – **26 ch** 110/150 – P 155/165.

ROCHECORBON 37 I.-et-L. 🎗🎗 ⑮ – rattaché à Tours.

La ROCHE-DES-ARNAUDS 05 H.-Alpes 🎗🎗 ⑯ – 678 h. alt. 950 – ⊠ **05400** Veynes – ✆ 92.
Paris 675 – Die 81 – Gap 15 – Serres 28 – Veynes 12.

- 🏨 **Céüse H.,** D 994 ✆ 57.82.02, 🌦, 🚗 – ➡wc 🛁 ☎ 🅿 🚗🅟 🗲 𝘝𝘐𝘚𝘈. 🍽 rest
  fermé 1er au 15 nov. – SC : **R** 45/70 – ⊡ 15 – **31 ch** 90/150 – P 110/145.

ROCHE D'OÊTRE 61 Orne 🎗🎗 ⑪ G. Normandie – alt. 120.
Voir Site★★.

940.

Voir Maison de Loti★ BZ **B** – Musée municipal★ BZ **M1** – Echillais : façade★ de l'église 4,5 km par ③.

🛈 Office de Tourisme (fermé sam. après-midi hors saison et dim.) av. Sadi-Carnot ☎ 99.08.60.

Paris 465 ① – ♦Limoges 191 ② – Niort 60 ① – La Rochelle 32 ④ – Royan 40 ③ – Saintes 40 ②.

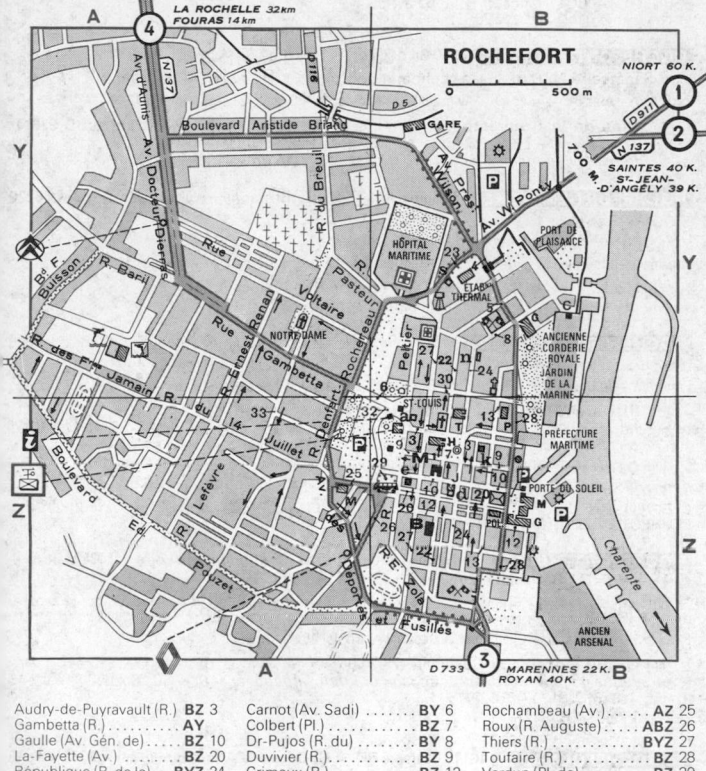

Audry-de-Puyravault (R.) **BZ** 3	Carnot (Av. Sadi) **BY** 6	Rochambeau (Av.) **AZ** 25
Gambetta (R.) **AY**	Colbert (Pl.) **BZ** 7	Roux (R. Auguste) **ABZ** 26
Gaulle (Av. Gén. de) **BZ** 10	Dr-Pujos (R. du) **BY** 8	Thiers (R.) **BYZ** 27
La-Fayette (Av.) **BZ** 20	Duvivier (R.) **BZ** 9	Toufaire (R.) **BZ** 28
République (R. de la) **RY7** 24	Grimaux (R.) **BZ** 12	Verdun (Pl. de) **BZ** 29
	Jaurès (R. Jean) **BZ** 13	Victor-Hugo (R.) **BY** 30
Bégon (Porte) **BY** 4	Loti (R. Pierre) **BYZ** 22	3ᵉ R.I.C. (Av. du) **BZ** 32
Bégon (R.) **BY** 5	Pelletan (Av. Camille) **BY** 23	4-Septembre (R. du) **AZ** 33

🏨 **Remparts** Ⓜ, 43 av. C.-Pelletan ☎ 87.12.44 – 🛗 📺 ⌂wc 🛁wc ☎ ♿ 🅿 – 🛐 40 à 60. ⌂ ÆE ⊙ E 𝘝𝘐𝘚𝘈. ※ rest BY **s**
fermé 15 déc. au 1ᵉʳ fév. – SC : **R** 60/100 – ⌂ 18 – **63 ch** 165/250 – P 222/261

🏨 **Roca Fortis** Ⓜ ⤳ sans rest, 14 r. République ☎ 99.26.32 – ⌂wc 🛁 ☜. ÆE
SC : ⌂ 12 – **17 ch** 95/170. BY **n**

🏠 **France** sans rest, 55 r. Dr-Peltier ☎ 99.34.00 – ⌂wc 🛁wc ☜ BZ **a**
fermé 15 déc. au 15 fév. – SC : ⌂ 12 – **32 ch** 63/145.

🏠 **Le Paris**, 27 av. La Fayette ☎ 99.33.11 – 🛗 ⌂wc 🛁wc ☜ – 🛐 50. ÆE E 𝘝𝘐𝘚𝘈
SC : **R** (fermé dim.) 50/90 🍷 – ⌂ 15 – **41 ch** 80/160. BZ **d**

XX **Le Marais**, 10 r. Lesson ☎ 99.47.13 – ÆE E 𝘝𝘐𝘚𝘈 BZ **k**
fermé 20 au 26 juin, 14 au 27 nov., 28 fév. au 6 mars et dim. sauf fêtes – SC : **R** 80 (sauf fêtes)/120.

XX Tourne-Broche, 56 av. Ch.-de-Gaulle ☎ 99.20.19 BZ **e**

à Soubise par ③ et D 238E : 8,5 km – ✉ 17780 Soubise.

Voir Croix hosannière★ de Moëze SO : 3,5 km.

XXX **Le Soubise** ⤳ avec ch, ☎ 99.31.18, ☞ – ⌂wc 🛁wc ☜ 🅿 ⌂ ÆE ⊙ E 𝘝𝘐𝘚𝘈
fermé oct., dim. soir et lundi sauf juil.-août – **R** 55/150 – ⌂ 16 – **22 ch** 160/230.

ROCHEFORT

ALFA ROMEO Gar. l'Empereur, 32 av. Wilson
☎ 99.24.06
AUSTIN, TRIUMPH, ROVER Gar.Central, 31
av: La Fayette ☎ 99.00.65
CITROEN Rochefort Autom., 186 bis av. Dr-
Dieras ☎ 87.41.55
FORD Gar. Zanker, 76 r. Gambetta ☎ 87.07.55
PEUGEOT-TALBOT Morisset Petit, 60 av. du
11-Novembre par ③ ☎ 99.02.76

RENAULT Peyronnet, av. Fusillés-et-Déportés
☎ 87.36.20
TOYOTA Gar. St-Christophe, 50 av. W.-Ponty
☎ 99.30.43

⊕ Moyet-Pneus, 67 r. du Breuil ☎ 99.20.62
Rochefort C/c, 80 r. Grimaux ☎ 99.02.67

ROCHEFORT-DU-GARD 30650 Gard 🎱🎱 ⑳ – 1 128 h. alt. 97 – ✿ 90.

Voir Sanctuaire N.-D. de Grâce : chemin de Croix ≤* NE : 2 km, **G. Provence.**

Paris 684 – Alès 61 – Arles 49 – Avignon 11 – Nîmes 33 – Orange 25 – Remoulins 12.

🏠 **Mas de la Rouvette** (annexe 🏠 M – 8 ch ☐wc), NE : 1 km sur D 976 ☎
31.73.11, ≤ – ☐wc ☎ 🅿 – 🏊 100. 🍽️ VISA ✗ ch
fermé fév. et mardi – SC : R 60/100 – ⌧ 22 – **18 ch** 75/160 – P 220.

ROCHEFORT-EN-TERRE 56 Morbihan 🎱🎱 ④ **G. Bretagne** – 599 h. alt. 52 – ⊠ **56220**
Malansac – ✿ 97.

Voir Site* – Maisons anciennes*.

Paris 414 – Ploërmel 33 – Redon 25 – ✦Rennes 78 – La Roche-Bernard 24 – Vannes 34.

XX **Host. Lion d'Or,** ☎ 43.32.80, « Maison du 16ᵉ siècle »
fermé 15 nov. au 22 déc., lundi soir et mardi – SC : R 100/160.

ROCHEFORT-MONTAGNE 63210 P.-de-D. 🎱🎱 ⑬ – 1 308 h. alt. 850 – ✿ 73.

🟦 Syndicat d'Initiative à la Mairie (fermé dim. et lundi) ☎ 21.22.51

Paris 423 – Aubusson 89 – ✦Clermont-Ferrand 33 – Mauriac 80 – Le Mont-Dore 19 – Ussel 53.

🟤 **Puy-de-Dôme,** ☎ 21.22.19 – 🚗 ✗ ch
fermé 20 sept. au 15 oct., vend. soir et sam. du 15 oct. au 30 juin – SC : R *(déj. seul.*
du 15 oct. au 30 mai sauf vacances scolaires) 45/60 – 🍷 12 – **8 ch** 50/65 – P 110.

🟤 **Centre,** ☎ 21.22.10, 🌭 – 🚗. ✗
fermé oct., sam. soir et dim. hors sais. – SC : R 38/60 – 🍷 11 – **15 ch** 50/75.

CITROEN Lassalas, ☎ 21.22.70
PEUGEOT-TALBOT Clermont, ☎ 21.22.17
RENAULT Bony, à Massagettes ☎ 21.23.24

ROCHEFORT-SUR-LOIRE 49190 M.-et-L. 🎱🎱 ⑳ **G. Châteaux de la Loire** – 1 936 h. alt. 85 –
✿ 41 – Voir O : Corniche angevine*.

🟦 Syndicat d'Initiative "Grand Cour" (15 juin-15 sept. et fermé dim.) et à la Mairie (fermé sam. et
dim.) ☎ 78.70.24.

Paris 313 – Angers 20 – Chalonnes-sur-Loire 9 – Cholet 45.

🏠 **Grand Hôtel,** r. R.-Gasnier ☎ 78.70.06, 🌭 – 🏠wc ☎ 🅿 🍽️ VISA ✗ rest
➤ *fermé 15 janv. au 15 fév., dim. soir et lundi sauf juil. et août* – SC : R 40/90 🍷 – ⌧ 15
– **8 ch** 70/120 – P 120/150.

RENAULT Gar. Hubert, ☎ 78.70.38

La ROCHEFOUCAULD 16110 Charente 🎱🎱 ⑭ **G. Côte de l'Atlantique** (plan) – 3 783 h. alt. 85
– ✿ 45 – Voir Château*.

🟦 Syndicat d'Initiative 41 r. des Halles (1ᵉʳ juin-1ᵉʳ oct.) ☎ 20.07.45.

Paris 444 – Angoulême 22 – Confolens 41 – ✦Limoges 81 – Nontron 41 – Ruffec 42.

🏠 **La Vieille Auberge,** Gde-Rue ☎ 62.02.72 – 🏠wc 🏠wc ☎ 🚗 – 🏊 40. 🍽️ AE
➤ ① E VISA
fermé 20 janv. au 3 fév. – SC : R *(fermé lundi sauf Pâques et fêtes)* 42/143 – ⌧ 14 –
28 ch 72/143 – P 141/176.

CITROEN Bordron, ☎ 62.01.41

ROCHEGUDE 26 Drôme 🎱🎱 ② – rattaché à Orange.

La ROCHE-GUYON 95780 Val-d'Oise 🎱🎱 ⑱. 🎱🎱🎱 ②③ **G. Environs de Paris** – 603 h. alt. 14
– ✿ 3 – Voir Bords de la Seine ≤* – Route des Crêtes* N : 3 km.

Paris 76 – Évreux 41 – Gisors 31 – Mantes-la-Jolie 16 – Pontoise 44 – Vernon 13.

🏠 **St-Georges** 🌭, ☎ 479.70.16, ≤ – 🏠 🅿 – 🏊 50
fermé vacances de Toussaint, de Noël et merc. du 1ᵉʳ nov. au 1ᵉʳ mars – SC : R
65/95 – ⌧ 18 – **15 ch** 90/140.

à Chantemesle E : 3 km – ⊠ 95780 La Roche-Guyon.

Voir Église* de Vétheuil SE : 4 km.

🏠 **Aub. Lapin Savant** M, ☎ 478.13.43, ≤, 🌭 – 🏠wc ☎ 🅿 – 🏊 30. ✗ ch
fermé nov., vacances de fév., merc. soir et jeudi – R carte 100 à 140 – ⌧ 16 –
12 ch 198/225.

942

La ROCHE-L'ABEILLE 87 H.-Vienne 72 ⑰ – rattaché à St-Yrieix-La-Perche.

La ROCHELLE P 17000 Char.-Mar. 71 ⑫ G. Côte de l'Atlantique – 81 884 h. – Casino X –
☼ 46.

Voir Le Port★★ : Vieux Port★★ Z, Tour de la Lanterne★★ Z B, Tour St-Nicolas★ ZD,
Plan-relief★ (tour Chaine) Z E – La Ville★★ : Hôtel de Ville★ Z H, Hôtel de la Bourse★ YZ
C, Maison Henri II★ Y K, Porte de la Grosse Horloge★ Z F, Rues du Palais★ Z, Chaudrier★
Y, du Minage★ Y, des Merciers★ Y – Parc Charruyer★ Y – Rue de l'Escale★ Z –
Musées : Lafaille★★ Y M3, d'Orbigny★ Y M2, Beaux-Arts★ Y M1.

✈ de la Rochelle-Laleu : T.A.T ℱ 42.18.27, NO : 4,5 km - X.

🅱 Office de Tourisme 10 r. Fleuriau (fermé dim.) ℱ 41.14.68 - Accueil de France (Informations et
réservations d'Hôtels, pas plus de 5 jours à l'avance) 11 bis r. Augustins ℱ 41.43.33, Télex 790712 -
A.C. 32 r. Dupaty ℱ 41.02.06.

Paris 471 ② – Angoulême 128 ③ – ✦Bordeaux 186 ④ – ✦Nantes 146 ② – Niort 63 ②.

Plan page suivante

🏨🏨 ✿✿ **Yachtman et rest. Le Pacha** (Le Divellec) M ♨, 23 quai Valin ℱ 41.20.68,
Télex 790762, ⌧, – 🛗 🅰 📺 ☎ ➡ – 🔬 25 à 120. 🆎 ⓞ E ᴠɪꜱᴀ   Z w
R (fermé dim. soir et lundi hors sais.) 120/200 et carte, grill **le Midship R** carte
environ 85 🍷 – ⌧ 30 – **34 ch** 350/400 – P 380/480
Spéc. Terrine de langoustines au foie gras de canard, Huîtres spéciales à la laitue de mer, Civet de
dorade aux bigorneaux. **Vins** Neuville de Poitou, Rosé de Mareuil.

🏨🏨 **Les Brises** M ♨ sans rest, chemin digue Richelieu (av. P.-Vincent) ℱ 43.89.37,
≤ mer et les îles – 🛗 🅰 ➡ 🅿. ᴠɪꜱᴀ ♨   X q
fermé 15 déc. au 15 janv. – SC : ⌧ 20 – **46 ch** 180/370.

🏨🏨 **Champlain** M sans rest, 20 r. Rambaud ℱ 41.23.99, « Bel intérieur et agréable
jardin » – 🛗 📺 ☎ ➡. 🆎 ⓞ E ᴠɪꜱᴀ   Y b
fermé 17 déc. au 17 janv. – SC : ⌧ 22 – **33 ch** 184/258, 4 appartements 349.

🏨🏨 **France-Angleterre** M, 22 r. Gargouleau ℱ 41.34.66, Télex 790717, ⚘ – 🛗 📺
☎ ➡ 🅿 – 🔬 35. 🆎 ⓞ E ᴠɪꜱᴀ   Y r
SC : **R** voir rest. Richelieu – ⌧ 22 – **76 ch** 180/243.

🏨 **St-Jean d'Acre et rest. Au Vieux Port** M, pl. Chaine ℱ 41.73.33 – 🛗 🚿wc
🛁wc ☎ & 🆎 ⓞ E ᴠɪꜱᴀ   Z f
SC : **R** (fermé merc. de nov. à fév.) 70/95 – ⌧ 19 – **49 ch** 170/210.

🏨 **St-Nicolas** M sans rest, 13 r. Sardinerie ℱ 41.71.55 – 🛗 🚿wc ☎ & 🅿. 🍴 🆎
ⓞ ᴠɪꜱᴀ   Z d
SC : ⌧ 19 – **29 ch** 165/195.

🏨 **François 1er** sans rest, 13 r. Bazoges ℱ 41.28.46 – 🚿wc 🛁wc ☎ & 🅿. ᴠɪꜱᴀ ♨
SC : ⌧ 15 – **33 ch** 101/162.   Y u

🏨 **Terminus H.** sans rest, 11 pl. Cdt de Motte Rouge ℱ 41.31.94 – 🚿wc 🛁wc
SC : ⌧ 16,50 – **26 ch** 94/187.   Z x

🏨 **Commerce,** 6 pl. Verdun ℱ 41.08.22 – 🚿wc 🛁wc ☎ – 🔬 25 à 90. 🍴 🆎 ⓞ
ᴠɪꜱᴀ   Y s
fermé 16 déc. au 17 janv. – SC : **R** voir rest. du Commerce – ⌧ 13 – **64 ch** 61/150.

🏨 **Ibis** M, pl. Cdt de la Motte Rouge ℱ 41.60.22, Télex 791431 – 🛗 📺 🚿wc &.
🍴 🆎 ᴠɪꜱᴀ   Z n
SC : **R** carte environ 65 🍷 – ➡ 18 – **76 ch** 168/198.

🏨 **Majestic** sans rest, 8 av. Culigny ℱ 34.10.23 – 🚿wc 🛁wc ➡   X a
SC : ⌧ 15 – **15 ch** 105/145.

🏨 **Le Savary** ♨ sans rest, 2 r. Alsace-Lorraine ℱ 34.83.44 – 🛁wc ➡ 🅿. 🍴 🆎
ᴠɪꜱᴀ   X z
fermé nov. et vend. soir de nov. à mars – SC : ⌧ 15 – **28 ch** 95/160.

🏨 **Atlantic H.** sans rest, 23 r. Verdière ℱ 41.16.68 – 🛁wc ➡. 🍴   Z t
fermé 10 nov. au 10 déc. – SC : ⌧ 12 – **23 ch** 70/135.

XXX ✿ **Le Richelieu,** 24 r. Gargouleau ℱ 41.34.66 – 🅿. 🆎 ⓞ   Y r
fermé 1er au 10 juil., 12 au 30 déc., lundi soir et dim. – SC : **R** 120/210
Spéc. Mouclade (juin à nov.), Bar au Saint-Emilion, Homard rôti (avril à déc.). **Vins** Haut Poitou,
Mareuil.

XXX ✿ **La Marmite** (Marzin), 14 r. St-Jean du Pérot ℱ 41.17.03 – 🍽. 🆎 ⓞ E ᴠɪꜱᴀ
fermé 15 janv. au 5 fév. et merc. – SC : **R** 100/220   Z a
Spéc. Mouclade Rochelaise (juin à oct.), Homard au Sauternes (avril à oct.), Filet de bar au fumet
de St-Emilion. **Vins** Haut Poitou, Mareuil.

XXX ✿ **Serge** (Coulon), 46 Cours des Dames ℱ 41.18.80, ≤ – 🍽. 🆎 ⓞ E ᴠɪꜱᴀ   Z s
fermé 15 janv. au 8 fév. et dim. hors sais. – SC : **R** 90/220
Spéc. Fruits de mer, Crustacés et poissons cuisinés. **Vins** Graves, Muscadet.

XX **La Closerie,** 20 r. Verdière ℱ 41.57.05 – 🆎 ⓞ ᴠɪꜱᴀ   Z k
fermé 15 au 30 juin et dim. – SC : **R** 70 bc/90 bc.

XX **Prince Albert,** 58 r. Albert-1er ℱ 41.06.60 – 🆎 E ᴠɪꜱᴀ   Y e
fermé 15 janv. au 1er fév., 1er au 15 août, dim. soir et lundi midi – SC : **R** carte 125 à
180 🍷.

tourner →

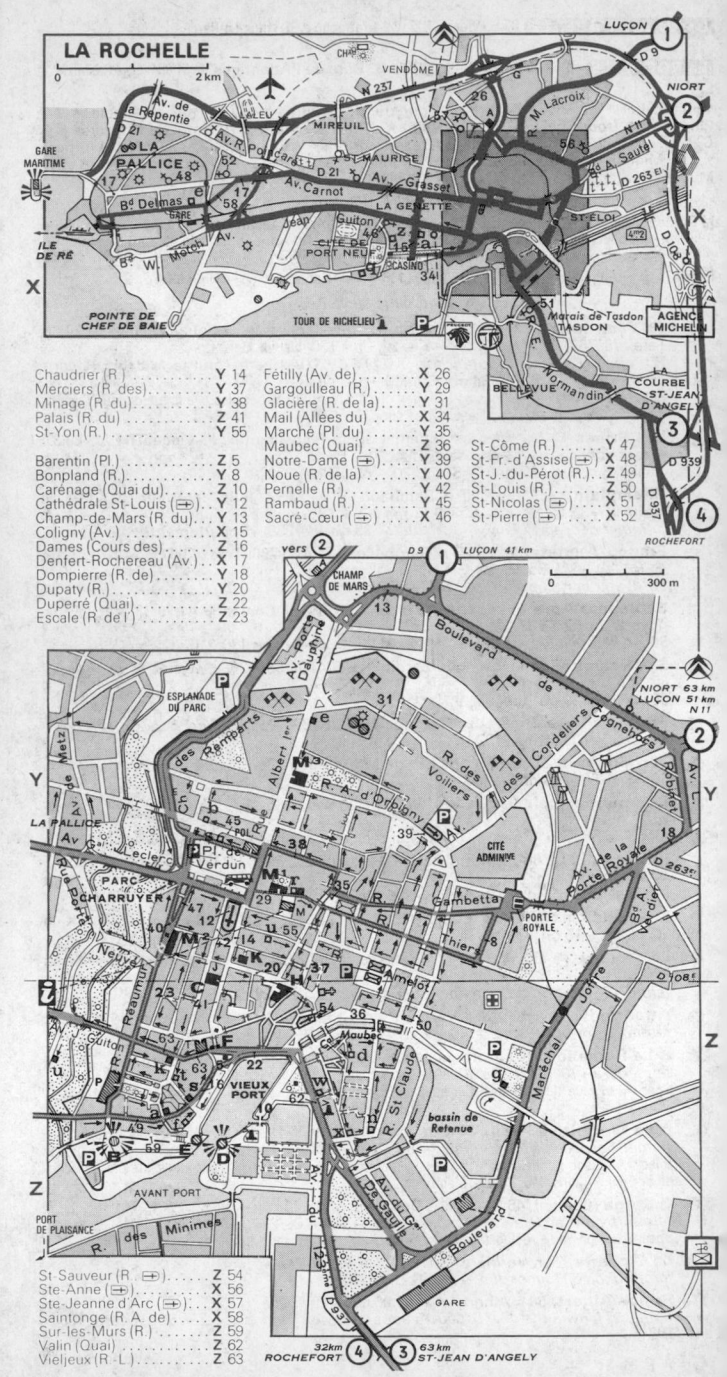

LA ROCHELLE

2 km

GARE
MARITIME

ILE DE RÉ

LA PALLICE

POINTE DE
CHEF DE BAIE

TOUR DE RICHELIEU

LUÇON

NIORT

ROCHEFORT

vers ② CHAMP DE MARS

LUÇON 41 km

300 m

NIORT 63 km
LUÇON 51 km
N 11

ESPLANADE DU PARC

LA PALLICE

PARC CHARRUYER

CITÉ ADMIN[VE]

PORTE ROYALE

VIEUX PORT

AVANT PORT

PORT DE PLAISANCE

R. des Minimes

bassin de Retenue

GARE

32km ROCHEFORT
63 km ST-JEAN D'ANGELY

944

XX **La Cagouille,** bd Joffre ☏ 41.46.08 – AE ⓞ E VISA   Z g
➼   *fermé Noël et lundi* – SC : **R** 38/120.

XX **Commerce,** 6 pl. Verdun ☏ 41.36.85 – VISA   Y s
    fermé 20 déc. au 20 janv. et lundi – SC : **R** 65/100 ♨.

X   **Parc,** 38 r. Th.-Renaudot ☏ 34.15.58   Z u
    fermé 15 au 30 sept., 1er au 15 janv., mardi soir et merc. – SC : **R** 55/250.

    à La Pallice O : 5 km – ⊠ 17000 La Rochelle :

🏨 **La Terrasse** sans rest, 10 bd Mar.-Lyautey ☏ 42.61.86 – ⌂wc 🅿. ⌖
    SC : ⊑ 13 – **41 ch** 67/130.   X e

    à Aytré par ④ : 5 km – 6 900 h. – ⊠ 17440 Aytré :

XXX **La Maison des Mouettes,** bd Plage ☏ 44.29.12, ≤, 🎤 – 🅿. E VISA
    fermé 1er fév. au 6 mars et lundi sauf fêtes – SC : **R** (dim. et fêtes prévenir) 85/170.

    à Dompierre-sur-Mer par ② : 8 km – 3 788 h. – ⊠ 17139 Dompierre-sur-Mer :

XX **Aub. du Vieux Noyer** avec ch., ☏ 35.31.32, 🎤 – TV ⌂wc ☏ 🅿. 🍴 AE ⓞ E
    VISA
    fermé 23 au 30 sept., mi janv. à mi fév., lundi soir et mardi sauf juil., août et fêtes –
    SC : **R** 62/225 – ⊑ 28 – **5 ch** 220/250.

    à la Jarne par ③ : 8 km par D 939 et VO – ⊠ 17220 La Jarrie :

XX **Logis de Ronflac,** ☏ 44.31.24, ≤, parc, ⬛, ⌖ – 🅿. E VISA
    mai-fin sept., week-ends en hiver et fermé lundi – SC : **R** 80/150.

MICHELIN, Agence, Z.I. de Périgny, av. Louis Lumière, Voie D X ☏ 44.12.76

ALFA ROMEO Gar. l'Empereur, 20 av. E. Nor-
mandin ☏ 44.49.86
AUSTIN, JAGUAR, MORRIS, ROVER,
TRIUMPH La Genette-Automobile, 8 r. de Tu-
nis ☏ 34.92.78
BMW, OPEL Cormier, Z.A.C. de Beaulieu à
Puilboreau ☏ 34.78.73
CITROËN Bernard-Privat, 99 bd de Cognehors
☏ 41.48.22
CITROËN Gar. Bretonnier, 8 r. de la Trompette
☏ 34.79.79
FIAT Gar. Lenoir, 143 r. E.-Normandin ☏ 44.
46.24
FORD Porte Dauphine Autom., 2 à 12 av. Porte
Dauphine ☏ 34.51.11
LANCIA-AUTOBIANCHI Gar. Laporte, 46 av.
de Rompsay ☏ 41 70 55

MERCEDES-BENZ S.A.V.I.A., Centre Commercial de Beaulieu à Puilboreau ☏ 34.54.22
PEUGEOT-TALBOT Brenuchot, av. Guiton ☏
34.07.02 Z.A.C. de Beaulieu, Puilboreau par ②
☏ 67.36.44
RENAULT Euro-Gar., à Beaulieu-Est, Puilboreau par ② ☏ 34.44.25 N ☏ 37.25.49
RENAULT La Rochelle-Automobile, ZAC Villeneuve Salines, r. J.-P.-Sartre ☏ 44.01.00
V.A.G. Comptoir Autom.-Rochelais, 141 av.
E.-Normandin ☏ 44.30.47
VOLVO Chambon, ZAC Villeneuve les Salines
☏ 44.40.12

🅑 Charente-Pneus, N 137, Angoulins ☏ 35.
20.94
Moyet-Pneus, Porte Royale ☏ 41.33.27

ROCHEMAURE 07 Ardèche 77 ⑪ – 1 068 h. alt. 76 – ⊠ 07400 Le Teil d'Ardèche – ✪ 75.
Voir Site** du château de Rochemaure O : 2,5 km, G. Vallée du Rhône.
Paris 610 – Aubenas 41 – Montélimar 5 – Pont-St-Esprit 43 – Privas 28.

🏨 **L'Auberge** M, ☏ 49.07.05, 🎤 – ⌂wc 🎢 – ♨ – ⚿ 25. 🍴 E VISA. ⌖ rest
    SC : **R** *(fermé dim. soir hors sais. et lundi midi)* 60/140 ♨ – ⊑ 18 – **47 ch** 110/145.

La ROCHE MAURICE 29 Finistère 58 ⑤ – rattaché à Landerneau.

La ROCHE-POSAY 86270 Vienne 68 ⑤ G. Côte de l'Atlantique – 1 402 h. alt. 73 – Stat.
therm. – Casino – ✪ 49 – 🛈 Office de Tourisme Cours Pasteur (fermé dim.) ☏ 86.20.37.
Paris 314 – Le Blanc 30 – Châteauroux 76 – Châtellerault 23 – Loches 48 – Poitiers 49 – ◆Tours 80.

🏨 **Relais H. Château de Posay** M ⌂⌖, au Casino ☏ 86.20.10, ≤, parc – ☏ 🅿. AE
    ⓞ ⌖ rest
    fermé oct. – SC : **R** *(fermé mardi)* (dîner seul.) 66/80 – ⊑ 20 – **13 ch** 190/240.

🏨 **Thermal St Roch,** ☏ 86.21.03, 🎤 – 🎢 ⌂wc 🎢wc 🈵. 🍴 ⌖ rest
    SC : **R** 52/65 ♨ – ⊑ 12 – **45 ch** 60/175 – P 135/220.

🏨 **Europe** M sans rest, ☏ 86.21.81, 🎤 – 🎢 ⌂wc 🎢wc 🅿.
    1er avril-30 sept. – SC : ⊑ 11 – **31 ch** 91/105.

🏨 **Esplanade,** ☏ 86.20.48 – 🎢 ⌂wc 🎢wc 🅿. 🍴
➼   *15 mars-30 sept.* – SC : **R** 50/125 – ⊑ 12 – **25 ch** 60/135 – P 140/185.

Les ROCHES-DE-CONDRIEU 38370 Isère 74 ⑪ – 1 594 h. alt. 153 – ✪ 74.
Paris 504 – Annonay 35 – ◆Grenoble 104 – Rive-de-Gier 22 – Vienne 12.

🏨 ✿ **Bellevue (Bouron),** ☏ 56.41.42, ≤ – ⌂wc 🎢wc 🈵. 🍴 AE ⓞ E VISA
    fermé 4 au 13 août, 7 au 28 fév. et lundi (sauf hôtel du 1er avril au 30 sept.) – SC : **R**
    (dim. et fêtes prévenir) 80/180 ♨ – ⊑ 18 – **20 ch** 105/170.
    Spéc. Terrine de cailles, Feuilleté aux escargots en poivrade, Turbot au Champagne. **Vins** Condrieu,
    Côte Rôtie.

PEUGEOT-TALBOT, RENAULT Capellaro. ☏   RENAULT Marconnet, à St-Clair-du-Rhône ☏
56.41.32   56.41.03

La ROCHE-SUR-FORON 74800 H.-Savoie 𝟽𝟦 ⑥ G. Alpes – 6 818 h. alt. 547 – ✪ 50.

🚉 Office de Tourisme à la Mairie (fermé sam. hors saison et dim. sauf matin en sais.) ☏ 03.00.27.

Paris 566 – Annecy 33 – Bonneville 8 – ◆Genève 25 – Thonon-les-Bains 42.

 🏨 **Les Afforets et rest. la Renaissance** Ⓜ, r. Egalité ☏ 03.35.01 – ▯ ⇱wc
   ▯wc ⇩ ⇐ Ⓟ. 🍴 𝐀𝐄 𝐄 𝑽𝑰𝑺𝑨
   fermé dim. hors sais. – SC : **R** 64/95 – ⇌ 18,50 – **28 ch** 140/165 – P 180/230.

 ⛫ **Beauregard** ⤳, N : 1,5 km par rte Thonon et VO ☏ 03.22.37, ≤ – ▯wc ☎ Ⓟ
   sais. – **17 ch**.

PEUGEOT-TALBOT Duret, av. des Afforêts,   🅟 Piot-Pneu, av. L.-Rannard ☏ 03.10.46
Zone Ind. ☏ 03.05.00 𝐍 ☏ 03.20.93
PEUGEOT-TALBOT Station du Mole, av. de la
Libération ☏ 03.21.97

La ROCHE-SUR-YON 🅿 85000 Vendée 𝟨𝟩 ⑬⑭ G. Côte de l'Atlantique – 48 053 h. alt. 74
– ✪ 51.

🚉 Office de Tourisme 1 r. G.-Clemenceau (fermé dim. hors saison) ☏ 37.06.31, Télex 700807 - A.C.
Vendéen, 17 r. Lafayette ☏ 37.04.60.

Paris 414 ② – Cholet 65 ② – ◆Nantes 65 ① – Niort 89 ③ – La Rochelle 83 ④.

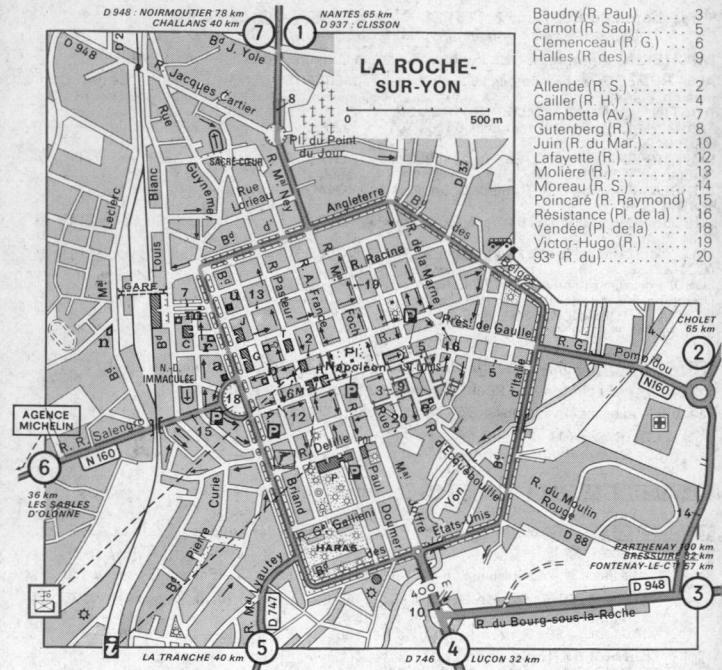

D 948 : NOIRMOUTIER 78 km / CHALLANS 40 km

NANTES 65 km / D 937 : CLISSON

LA ROCHE-SUR-YON

0   500 m

Baudry (R. Paul)	3
Carnot (R. Sadi)	5
Clemenceau (R. G.)	6
Halles (R. des)	9
Allende (R. S.)	2
Cailler (R. H.)	4
Gambetta (Av.)	7
Gutenberg (R.)	8
Juin (R. du Mar.)	10
Lafayette (R.)	12
Molière (R.)	13
Moreau (R. S.)	14
Poincaré (R. Raymond)	15
Résistance (Pl. de la)	16
Vendée (Pl. de la)	18
Victor-Hugo (R.)	19
93e (R. du)	20

CHOLET 65 km

AGENCE MICHELIN

36 km LES SABLES D'OLONNE

PARTHENAY 100 km / BRESSUIRE 52 km / FONTENAY-LE-C 57 km

LA TRANCHE 40 km D 746 LUÇON 32 km

 🏨 **Napoléon** Ⓜ sans rest, 50 bd A.-Briand **(r)** ☏ 05.33.56 – ▯ ⇱wc ▯wc ☎ ⇐ –
   🅐 100 – **29 ch**.

 🏨 **St-Jean,** 7 r. Chanzy **(b)** ☏ 37.12.07 – ▯ ⇱wc ▯wc ☎. ⁓
 → *fermé 22 déc. au 2 janv.* – SC : **R** *(fermé dim. en juil. et août)* 40/110 ⅄ – ⇌ 14 –
   24 ch 63/95 – P 165/190.

 🏨 **Vendée** sans rest, 4 r. Malesherbes **(e)** ☏ 37.28.67 – ▯ ⇱wc ▯wc ☎. 🍴 ⓞ
   𝐄 𝑽𝑰𝑺𝑨
   SC : ⇌ 16 – **32 ch** 80/205.

 🏨 **Gallet,** 75 bd Mar.-Leclerc **(n)** ☏ 37.02.31 – 📺 ⇱wc ▯wc ☎ ⇐ 🍴 𝐀𝐄 ⓞ 𝐄
 → 𝑽𝑰𝑺𝑨 ⁓ ch
   fermé 23 déc. au 8 janv. et dim. du 15 sept. au 30 avril – SC : **R** 85/150 – **La Gousse**
   d'Ail *(fermé sam., dim. et lundi)* **R** 50⅄ – ⇌ 20 – **14 ch** 110/350 – P 265/310.

 🏠 **France** sans rest, 19 av. Gambetta **(m)** ☏ 37.08.61 – ⇱wc ▯wc ☎
   ⇌ 15,50 – **30 ch** 81/150.

XX **Rivoli,** 31 bd A.-Briand (u) ℡ 37.43.41 – E 𝑉𝐼𝑆𝐴
fermé Pâques, 1ᵉʳ au 21 août, vacances de fév., sam. soir et dim. – SC : **R** 60/100.

XX **Vieux Moulin,** pl. Vendée (a) ℡ 37.06.43 – E 𝑉𝐼𝑆𝐴. ⚸
fermé 15 au 31 août, 25 déc. au 2 janv., sam. soir, dim. et fêtes – SC : **R** 44/85 ⅃

rte Nantes par ① : 2 km – ⌧ 85000 La Roche-sur-Yon :

🏠 **Campanile,** ℡ 37.27.86 – ⇔wc ☏ **P** 𝑉𝐼𝑆𝐴
SC : **R** 55 bc/80 bc – ⬤ 20 – **32 ch** 173.

rte Cholet par ② : 5 km – ⌧ 85000 La Roche-sur-Yon :

XX **Aub. de Noiron,** ℡ 37.05.34 – **P** ᴬᴱ ⓞ E 𝑉𝐼𝑆𝐴
fermé 25 août au 6 sept., dim. soir et lundi sauf fériés – SC : **R** 90/250.

MICHELIN, Agence, r. de Montréal, Z.I. Sud par ⑥ ℡ 05.02.74

AUSTIN-MORRIS-ROVER-TRIUMPH Gar.
Aillery Ridier, rte d'Aizenay ℡ 37.12.06
BMW Gar. Napoléon, 4 pl. Napoléon, ℡ 37.36.27
CITROEN Guénant-Auto, rte de Nantes par ① ℡ 62.29.64
FORD Gar. Baudry, bd Lavoisier ℡ 37.22.35
OPEL Gar. des Jaulnières, Rte d'Aubigny ZA des Jaulnières ℡ 05.36.74
PEUGEOT-TALBOT Sorin, 17 bd Sully par bd J.-Yole par ⑦ ℡ 37.08.15

RENAULT Gd Gar. Moderne, rte de Nantes par ① ℡ 62.11.57
V.A.G. Tixier, r. des Artisans ZI Sud ℡ 05.19.33

🏢 Le Pneu Yonnais, rte de Nantes, Zone Ind. Nord ℡ 37.05.77
Robin, 17 r. Mar.-Foch ℡ 37.04.13
Vendée-Pneus, r. du Commerce, Zone Ind. Sud ℡ 37.07.15

▪ **La ROCHETTE** 73110 Savoie 🔢 ⑯ – 3 178 h. alt. 347 – 🏌 79 – **Voir Vallée des Huiles★** NE, G. Alpes – Paris 593 – Albertville 37 – Allevard 10 – Chambéry 32 – ♦Grenoble 48.

🏠 **Parc** sans rest, ℡ 25.53.37, 🌳 – 🛏 **P** 🚗
fermé 15 sept. au 15 oct. – SC : ⌓ 10 – **12 ch** 53/56.

CITROEN Gar. Fachinger ℡ 25.52.73   RENAULT Gar. Blanchin, ℡ 25.50.28 🅽

▪ **ROCROI** 08230 Ardennes 🔢 ⑱ G. Nord de la France – 2 911 h. alt. 377 – 🏌 24.
🛈 Syndicat d'Initiative pl. A.-Hardy (avril-oct., fermé lundi et mardi) ℡ 35.17.93.
Paris 234 – Charleville-Mézières 29 – Laon 83 – ♦Reims 92 – St-Quentin 102 – Valenciennes 112.

🏠 **Commerce,** pl. A.-Briand ℡ 54.11.15 – ⇔wc 🛀wc ☏ ⬅ ᴬᴱ ⓞ 𝑉𝐼𝑆𝐴
fermé 5 janv. au 10 fév. et lundi du 1ᵉʳ oct. au 1ᵉʳ avril sauf fériés – SC : **R** 42/90 ⅃ – ⌓ 15 – **12 ch** 65/160 – P 175.

RENAULT Gar. Coche, ℡ 35.11.00 🅽 ℡ 35.16.55

▪ **RODEZ** P 12000 Aveyron 🔢 ② G. Causses – 28 165 h. alt. 632 – 🏌 65.
Voir Clocher★★★ de la cathédrale N.-Dame★★ BY – Maisons Anciennes★ B, BZ B – Musée Fenaille★ BZ M1.
✈ de Rodez-Marcillac : ℡ 42.20.29 par ③ : 10 km.
🛈 Office de Tourisme pl. Foch (fermé dim.) ℡ 68.02.27.
Paris 609 ① – Albi 78 ② – Alès 208 ① – Aurillac 96 ① – Brive-la-Gaillarde 157 ③ – ♦Clermont-Ferrand 223 ① – Montauban 135 ② – Périgueux 216 ③ – ♦Toulouse 154 ②.

Plan page suivante

🏛 **Tour Maje** Ⓜ sans rest, bd Gally ℡ 68.34.68 – 🛗 ⓣⓥ ☏ ᴬᴱ ⓞ E 𝑉𝐼𝑆𝐴   BZ s
SC : ⌓ 15 – **42 ch** 120/190, 3 appartements 220.

🏛 **Parc** sans rest, pl. Armes ℡ 68.11.22 – 🛗 ⇔wc 🛀wc ☏ – 🔔 30. 🚗 ᴬᴱ ⓞ E 𝑉𝐼𝑆𝐴. ⚸   BY r
fermé 24 déc. au 3 janv., sam. et dim. du 15 oct. au 15 mars – SC : ⌓ 16 – **22 ch** 90/190.

🏛 **Biney** sans rest, 7 bd Gambetta ℡ 68.01.24 – 🛗 ⇔wc 🛀wc ☏ 🚗 ⓞ E 𝑉𝐼𝑆𝐴   BY k
fermé 18 déc. au 3 janv. – SC : ⌓ 12 – **28 ch** 95/150.

🏠 **Midi,** 1 r. Béteille ℡ 68.02.07 – 🛗 🛀wc ☏ **P** 🚗 𝑉𝐼𝑆𝐴   AY b
fermé 15 déc. au 15 fév., sam. soir et dim. sauf juil. et août – SC : **R** 44/81 ⅃ – ⌓ 17 – **34 ch** 71/157 – P 179/208.

🏠 **Moderne,** 9 r. Abbé-Bessou ℡ 68.03.10 – 🛗 ⇔wc 🛀wc ☏. 🚗 𝑉𝐼𝑆𝐴. ⚸ ch   AY t
fermé 10 au 30 janv. et vacances de nov. – SC : **R** *(fermé dim. soir et lundi du 1ᵉʳ sept. au 30 juin)* 42/130 – ⌓ 12 – **27 ch** 90/140 – P 130/180.

🏠 **Poste,** 2 r. Béteille ℡ 68.01.47 – 🛗 ⇔wc 🛀wc ☏ 🚗 E 𝑉𝐼𝑆𝐴   BY a
fermé 19 déc. au 1ᵉʳ janv. – SC : **R** *(fermé sam. soir et dim.)* 39/115 ⅃ – ⌓ 17 – **24 ch** 69/160 – P 155/180.

🏠 **Clocher** sans rest, 4 r. Séguy ℡ 68.10.16 – 🛗 ⇔wc 🛀wc 🚗   BY d
SC : ⌓ 15 – **23 ch** 60/160.

XX **Régent,** 11 av. Durand-de-Gros ℡ 67.03.30 – **P** ᴬᴱ E 𝑉𝐼𝑆𝐴   BX n
fermé 25 sept. au 15 oct. et dim. – SC : **R** *(fêtes déj. seul.)* 60/150 ⅃.

XX **St-Amans,** 12 r. Madeleine ℡ 68.03.18   BZ v
fermé fév. et lundi – **R** 90/130 ⅃.

X **Les Trois Mulets,** 31 r. St-Cyrice ℡ 67.20.55 – ⚸   BX a
fermé juil., dim. soir et lundi – **R** 40/60 ⅃.

RODED

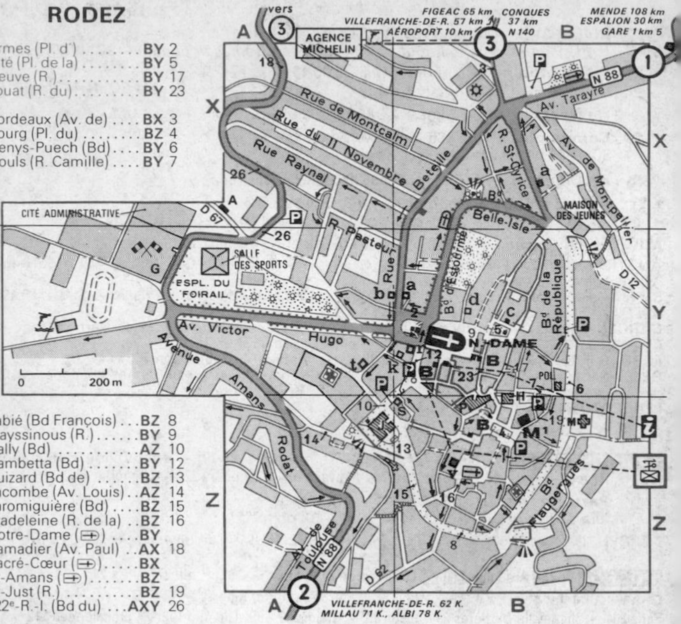

à Olemps par ② et D 653 : 3 km – ⊠ **12000** Rodez :

Les Peyrières ⑤, ℱ 68.50.91 – ➡wc ℿwc ❻ ⚭ ch
  fermé dim. soir et lundi midi hors sais. – **SC** : **R** 38/100 ⅍ – ⊡ 13 – **24 ch** 70/145.

rte de Marcillac-Vallon N : 3,5 km par D601 n – ⊠ **12850** Omet le Château :

Host. de Fontanges Ⓜ, rte Marcillac ℱ 42.20.28, parc, ⊒, ℀ – ⓉⓋ ☎ ❻ – ⚮
  40. ⒶⒺ ⓄⒹ Ⓔ 𝘝𝘐𝘚𝘈
  SC : **R** 49/130 – ⊡ 20 – **42 ch** 180, 5 appartements 280 – P 235/335.

à la Roquette : 6 km par ① et N 88 – ⊠ **12000** Rodez :

La Rocade, ℱ 67.17.12 – ℿ ⚭ ❻, Ⓔ 𝘝𝘐𝘚𝘈 ℀ ch
  fermé 28 août au 14 sept., 18 déc. au 10 janv., vend. soir et sam. – **SC** : **R** 37/55 ⅍ –
  ⊡ 15 – **17 ch** 55/78 – P 103/140.

à Gages-le-Haut par ① et N 88 : 10 km – ⊠ **12630** Gages-le-Haut :

Relais de la Plaine, ℱ 42.29.03, 🐎, – ➡ ℿ 🚗 ❻
  fermé 20 sept. au 10 oct. et sam. sauf juil.-août – **R** 43/75 ⅍ – ⊡ 15 – **22 ch** 65/129
  – P 145/150.

MICHELIN, Agence Régionale, Rue des Artisans, Z.A. de Bel Air par ③ ℱ **42.17.88**

BMW, FIAT Gar. Higonenc, rte Decazeville ℱ
42.20.11
CITROEN Rouergue Automobiles, rte d'Espa-
lion à Sebazac-Concoures par ① ℱ 46.96.50
Ⓝ ℱ 67.11.32
FORD Boutonnet, La Gineste, rte Decazeville
ℱ 42.20.12
MERCEDES Gar. Benoit, La Primaube à Luc
ℱ 68.48.31
PEUGEOT-TALBOT Caussignac et Guiet, Rte
de Conques, par ③ ℱ 42.20.18
RENAULT Ginestet Raynal, Rte d'Espalion à
Onet le Chateau par ① ℱ 67.04.10

V.A.G. Gar. Besset et Jean, Zone Artisanale
Bel-Air ℱ 42.20.14

⚙ Aveyron Pneus 26 bis av. Durand-de-Gros
ℱ 67.10.77
Boutet, 17 r. Béteille ℱ 68.02.54
Central-Pneu, Zone Ind. de la Prade à Onet le
château ℱ 67.16.11
Escoffier-Pneus, Zone Ind. de la Prade à Onet
le Château ℱ 67.07.43
Tout pour le pneu, 40 r. Béteille ℱ 68.01.13

Dans ce guide

un même symbole, un même caractère,
imprimés en rouge ou en noir, en maigre ou en **gras**
n'ont pas tout à fait la même signification
Lisez attentivement les pages explicatives (p. 13 à 20).

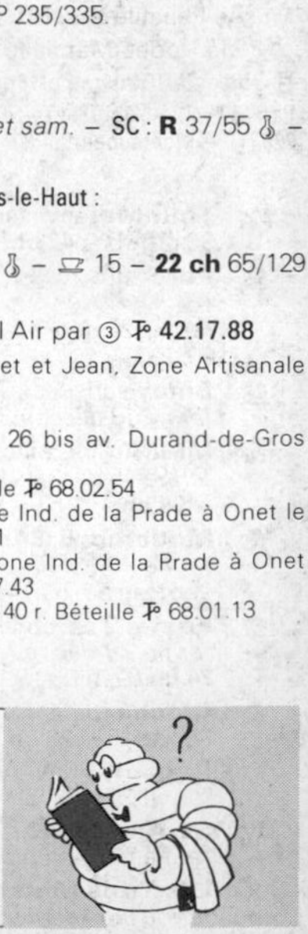

ROGNAC 13340 B.-du-R. 𝟠𝟜 ② – 7 813 h. alt. 24 – ۞ 42.

Paris 748 – Aix-en-Provence 26 – ♦Marseille 32 – Martigues 25 – Salon-de-Provence 25.

🏛 **Cadet Roussel,** Carrefour N 113 - rte Berre ℱ 87.00.33 – 🍽 rest 🛏wc 🎛 ☎ Ⓟ.
➡ ⃟🅖 E 𝘝𝘐𝘚𝘈
fermé dim. – SC : **R** 45 (sauf fêtes)/160 🍴 – ☲ 13 – **13 ch** 75/150 – P. 130/170.

XX **Host. Royal Provence** avec ch, au Sud sur N 113 ℱ 87.00.27, ≤, 🐎 – 🛏wc
➡ ☎ Ⓟ. 🄰🄴 ⓪ 𝘝𝘐𝘚𝘈
fermé 4 au 26 juil., lundi (sauf hôtel) et dim. soir sauf août – SC : **R** 50/110 – ☲ 14 –
10 ch 95/130 – P 195.

FORD Gar. Fragnol, à Berre l'Etang ℱ 85.40.45   RENAULT Laleuf, ℱ 87.29.31

ROGNY 89 Yonne 𝟞𝟝 ② G. Bourgogne – 735 h. alt. 148 – ✉ **89220** Bleneau – ۞ 86.

Paris 147 – Auxerre 60 – Gien 24 – Montargis 33.

🏛 **Aub. des Sept Ecluses,** ℱ 74.91.41 – 🛏wc ☎ Ⓟ. E 𝘝𝘐𝘚𝘈
fermé 16 au 30 sept., fév., lundi soir et mardi – SC : **R** 60/95 – ☲ 15 – **9 ch** 100/150
– P. 150/180.

ROISSY-EN-FRANCE 95 Val-d'Oise 𝟝𝟞 ⑪, **101** ⑧ – voir à Paris, Proche banlieue.

ROLLAND 33 Gironde 𝟟𝟝 ② – rattaché à Coutras.

ROLLEBOISE 78 Yvelines 𝟝𝟝 ⑱, **196** ② – 457 h. alt. 20 – ✉ **78270** Bonnières-sur-Seine –
۞ 3.

Voir Château★ de Rosny-sur-Seine SE : 3 km, G. Environs de Paris.

Paris 69 – Évreux 37 – Mantes-la-Jolie 9 – Vernon 15 – Versailles 52.

🏰🏰 ۞ **Château de la Corniche** Ⓜ ⊗, ℱ 093.21.24, Télex 695544, ≤ vallée de la
Seine, parc, ⤫, ℀ – 🈀 📺 ☎ Ⓟ – 🔬 25 à 50. ⓪ E 𝘝𝘐𝘚𝘈
fermé 29 janv. au 3 mars, dim. soir et lundi de sept. à avril – SC : **R** 130/220 – ☲ 25
– **27 ch** 150/350
Spéc. Homard au montgolfière, Turbot à la rhubarbe, Magret à la ficelle.

XX **Host. Rolleboise** (chez Maurice), rte Nationale ℱ 093.21.07, ≤ – Ⓟ
fermé 15 janv. au 25 fév., lundi soir et mardi – SC : **R** 65.

ROMAGNE-SOUS-MONTFAUCON 55 Meuse 𝟞𝟞 ⑩   248 h. alt. 230   ✉ **55110** Dun-sur-
Meuse – ۞ 29.

Voir Cimetière américain, G. Vosges.

Paris 264 – Bar-le-Duc 79 – Ste-Menehould 45 – Verdun 43 – Vouziers 35.

XX **Aub. du Coq Gaulois,** ℱ 80.93.72 – E
fermé 19 au 27 sept., 1ᵉʳ au 15 fév., dim. soir et lundi – **R** 48/150 🍴.

ROMAINVILLE 93 Seine-St-Denis 𝟝𝟞 ⑪, **101** ⑰ – voir à Paris, Proche banlieue.

ROMANÈCHE-THORINS 71 S.-et-L. 𝟟𝟜 ① G. Vallée du Rhône – 1 801 h. alt. 187 – ✉ **71570**
La Chapelle de Guinchay – ۞ 85.

Paris 411 – Chauffailles 52 – ♦Lyon 56 – Mâcon 17 – Villefranche-sur-Saône 29.

🏰🏰 ۞ **Maritonnes** (Fauvin), près gare ℱ 35.51.70, « Parc fleuri » – 📺 ☎ Ⓟ. 🄰🄴 ⓪ E
𝘝𝘐𝘚𝘈
*fermé 13 au 19 juin, mi déc. à fin janv., dim. soir hors sais., mardi midi en saison et
lundi* – SC : **R** 110/210 – ☲ 20 – **20 ch** 170/250
Spéc. Grenouilles sautées fines herbes, Cassolette d'Écrevisses (juil. à mars), Fricassée de volaille à
la crème et morilles. Vins Pouilly-Fuissé, Chénas.

XX **Commerce** avec ch, à la gare ℱ 35.51.82 – 🛏wc ☎ ➡ Ⓟ. 🄰🄴 𝘝𝘐𝘚𝘈
fermé fév., mardi soir et merc. – SC : **R** 63/120 – ☲ 15 – **15 ch** 66/152.

ROMANS-SUR-ISÈRE 26100 Drôme 𝟟𝟟 ② G. Vallée du Rhône – 34 202 h. alt. 167 – ۞ 75.

Voir Tentures★★ de l'église St-Barnard AZ **B.**

🖹 Office de Tourisme avec A.C. pl. J.-Nadi ℱ 02.28.72.

Paris 562 ⑤ – Die 73 ④ – ♦Grenoble 81 ② – ♦St-Étienne 118 ⑤ – Valence 18 ④ – Vienne 71 ⑤.

Plan page suivante

🏛 **Terminus** sans rest, 48 av. P.-Sémard ℱ 02.46.88 – 🈀 🛏wc 🎛wc ☎ – 🔬 80.   AY **a**
⃟🅖 𝘝𝘐𝘚𝘈
fermé 24 déc. au 9 janv. – SC : ☲ 13,50 – **32 ch** 81/151.

🏛 **Magdeleine** sans rest, 31 av. P.-Sémard ℱ 02.33.53 – 🛏wc 🎛wc ☎. 𝘝𝘐𝘚𝘈   AY **e**
SC : ☲ 12,50 – **16 ch** 85/163.

XX **Ponton,** 40 pl. Jacquemart ℱ 02.29.91   AY **t**
fermé vacances de fév., dim. soir et lundi – SC : **R** 70/105.

32

949

ROMANS-SUR-ISÈRE
BOURG-DE-PÉAGE

Cordeliers (Côte des) .... **BZ** 6
Faure (Pl. Maurice) ...... **AZ**
Mathieu-de-la-Drôme (R.) **BZ** 16

Chan.-Chevalier (R.) .... **AZ** 3
Chevalier (Q. Ulysse) .... **BZ** 4
Clérieux (R. du Fg-de) .. **AZ** 5
Fuseau (R. du) .... **AZ** 7
Gailly (Pl. E.) .... **AY** 9
Jacquemard (Pl.) .... **AZ** 12
Massenet (Pl.) .... **BZ** 13

Masses (Côte des) ...... **AY** 15
N.-D.-de-Lourdes (⇨) ... **BY**
Poids-des-Farines (Côte) **AZ** 18
St-Barnard (⇨) .... **AZ** B
St-Jean-Bosco (⇨) ..... **AY**
St-Nicolas (⇨) .... **BZ**
Semard (R. P.) .... **AY** 20

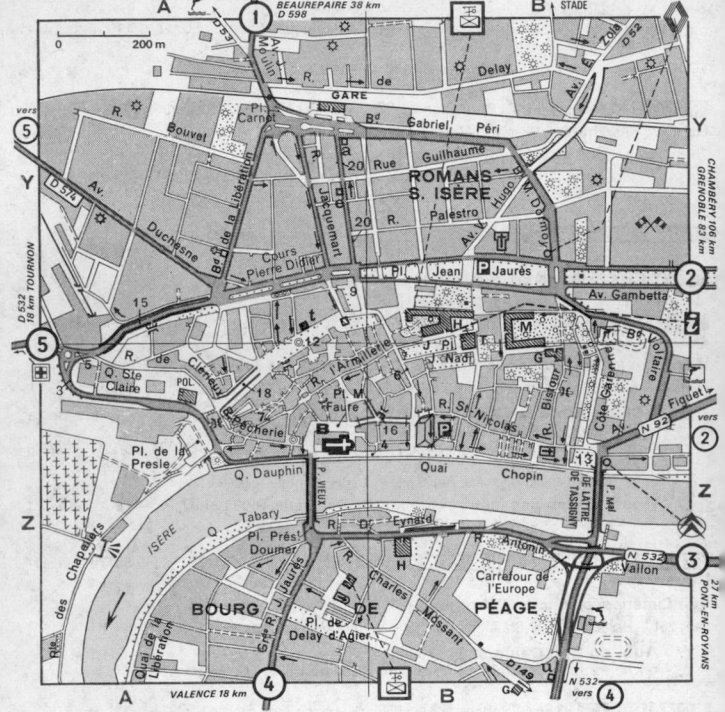

à Bourg-de-Péage ABZ – 9 006 h. alt. 126 – ⊠ **26300** Bourg-de-Péage :

🏨 **Yan's** Ⓜ sans rest, ☎ 72.44.11, ⌁ – 🆃🆅 ⌁wc ☎ 🅿 🔐 🆎 ⓪ 𝗩𝗜𝗦𝗔   BZ **u**
  SC : ⌁ 16 – **25 ch** 159/175.

🍴🍴 **Astier**, à Pizançon par ③ : 2 km par N 532 ☎ 70.06.27 – ▤
  fermé 10 juil. au 10 août, sam. soir et dim. – SC : **R** 100/150.

à Granges-les-Beaumont par ⑤ : 6 km – ⊠ **26600** Tain l'Hermitage :

🍴🍴🍴 ✿ **Les Cèdres** (Boissy), ☎ 71.50.67, 🏛, ⌁, 🐾 – 🅿
  fermé 16 au 31 août, vacances de fév., mardi soir et merc. – SC : **R** 80/200
  Spéc. Foie gras frais de canard aux raisins, Ecrevisses à la menthe, Noisettes de chevreuil (saison chasse). **Vins** Mercurol.

🍴🍴 **Lanaz** avec ch, ☎ 71.50.56 – ⌁wc ☎ 🅿 🔐
  fermé 26 avril au 10 mai, 30 août au 20 sept. et mardi – SC : **R** 34/100 🍷 – ⌁ 13.50 –
  8 ch 100/116 – P 164/191.

CITROEN Romans-Automobiles, pl. Masse-net ☎ 70.00.66
FIAT Gar. Badarello, Zone Ind., N 92 ☎ 70.03.60
FORD Riou, 21 av. Gambetta par ② ☎ 70.07.01
OPEL Vincent, 9 r. G.-Martin ☎ 70.51.59
PEUGEOT, TALBOT Gar. des Dauphins, Zone Ind., N 92 par ② ☎ 70.24.66
RENAULT Comas Automobiles, Zone Ind., N 92 par ② ☎ 72.42.22

RENAULT Standard Automobiles, 6 bd Max-Dormoy ☎ 02.29.55
V.A.G. Tabarin, 12 bd de la Libération ☎ 02.32.20
Fillat, 47 av. J.-Moulin ☎ 02.07.66

🛞 Dorcier, 41 cours P.-Didier ☎ 02.24.64
Piot-Pneu, Zone Ind., N 92 ☎ 70.45.67

Les **cartes Michelin** sont constamment tenues à jour.

ROMBAS 57120 Moselle 🔢 ③ – 13 303 h. alt. 173 – 🌐 8.

Paris 323 – Briey 15 – ◆Metz 19 – Thionville 19 – Verdun 71.

🏨 **Europa**, 19 r. Clemenceau à **Clouange** ⊠ 57120 Rombas ☎ 767.07.88 – 🛏wc
🖈 🍴wc ☜ 🅿 – 🛄 40. 🍴☰ *VISA*
fermé 10 juil. au 5 août, vend. soir et sam. midi – **R** 30/55 🍴 – � 12 – **20 ch** 73/112.

ROMENAY 71 S.-et-L. 🔢 ⑳ – 1 691 h. alt. 204 – ⊠ 71470 Montpont-en-Bresse – 🌐 85.

Paris 383 – Bourg-en-Bresse 36 – Chalon-sur-Saône 45 – Louhans 19 – Mâcon 36.

🍴 **Lion d'Or** avec ch., ☎ 40.30.78 – 🍴
🖈 *fermé juin, nov., mardi soir et merc.* – **SC : R** 50/94 – ⊑ 14,50 – **8 ch** 48/86.

RENAULT Gar. du Sud, ☎ 40.30.54

ROMENY-SUR-MARNE 02 Aisne 🔢 ⑭ – 309 h. alt. 64 – ⊠ 02310 Charly – 🌐 23.

Paris 85 – Château-Thierry 12 – Coulommiers 31 – La Ferté-sous-Jouarre 20 – Laon 88.

🍴 **Manoir de Romeny** avec ch, ☎ 82.01.22, 🌳 – 🍴🍴🝑 . 🍴
🖈 *fermé merc.* – **SC : R** 37/120 – ⊑ 9,50 – **5 ch** 55/65 – P 120.

ROMILLY-SUR-SEINE 10100 Aube 🔢 ⑤ – 17 573 h. alt. 75 – 🌐 25.

Paris 127 ⑤ – Châlons-s.-Marne 74 ① – Nogent-sur-S. 18 ⑤ – Sens 60 ⑤ – Sézanne 26 ① – Troyes 38 ③.

ROMILLY-SUR-SEINE

Boule-d'Or (R. de la)	3
Brossolette (Av. P.)	4
Carnot (Rue)	5
Château (Av. du)	6
Gambetta (R.)	8
Gaulle (R. Gén. de)	9
Jaurès (Av. Jean)	10
Lattre-de-Tassigny (R. Mar. de)	12
Leclerc (Av.)	13
Liberté (Av. de la)	14
Magenta (R.)	16
Martyrs (Pl. des)	17
Partouneaux (R.)	19
Pasteur (R.)	21
St-Martin (↔)	

Les pastilles numérotées des plans de villes ①. ②. ③ *sont répétées sur les* **cartes Michelin** *à 1/200000.*

Elles facilitent le passage entre les cartes et les guides Michelin.

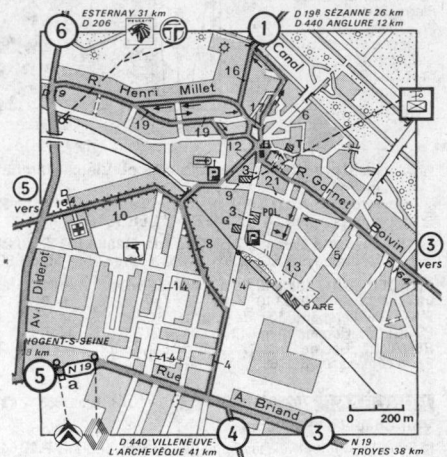

🏨 **Climat de France** Ⓜ N 19 (a) ☎ 24.92.40 – 🍴wc ☜ 🚿 🅿 E *VISA*
🖈 **SC : R** 41/66 🍴 – ➡ 16 – **35 ch** 120/145.

CITROEN Garnerot, 126 r. A.-Briand N 19 ☎
24.79.48
FORD Gar. D'Agostino, 6 r. E.-Zola ☎ 24.71.58
PEUGEOT, TALBOT Crelier, Rond-Point du
Val-Thibault ☎ 24.74.45
RENAULT Brillais, bd Robespierre ☎ 24.85.77
Ⓝ ☎ 24.70.38

V.A.G. Gar. Rocca, 55 av. J.-Jaurès ☎ 24.90.42

⚙ La Centrale du Pneu, 223 r. A.-Briand ☎ 24.79.40

ROMORANTIN-LANTHENAY ⟨SP⟩ 41200 L.-et-Ch. 🔢 ⑱ G. Châteaux de la Loire –
17 041 h. alt. 88 – 🌐 54 – **Voir Maisons anciennes★ B** – **Musée de Sologne★ H.**

🇪 Syndicat d'Initiative pl. Paix (fermé dim. et lundi) ☎ 76.43.89.

Paris 199 ① – Blois 41 ⑤ – Châteauroux 67 ③ – ◆Orléans 68 ① – ◆Tours 93 ④ – Vierzon 33 ③.

Plan page suivante

🏨 🌸🌸 **Gd H. Lion d'Or** Ⓜ, 69 r. Clemenceau (a) ☎ 76.00.28 – 📳 📺 ☎ 🅿 – 🛄
35 à 50. 🍴☰ ⓘ E *VISA*
fermé début janv. à mi fév. – **SC : R** (nombre de couverts limité - prévenir) 160/270 et
carte – ⊑ 36 – **10 ch** 275/370
Spéc. Feuilleté d'asperges (avril à juin), Crépinette de pigeon au vinaigre de cidre, Crème brulée au
caramel (oct. à avril). **Vins** Vouvray, Bourgueil.

🏨 **Le Lanthenay** 🌸, à **Lanthenay** par ① 2,5 km, pl. Église ☎ 76.09.19, 🌳 – 🛏wc
🖈 🍴wc ☜ 🍴. *VISA*
fermé mars – **SC : R** (fermé dim. soir et lundi) 50/120 – ⊑ 15 – **14 ch** 80/120 – P
165/200.

951

ROMORANTIN-LANTHENAY

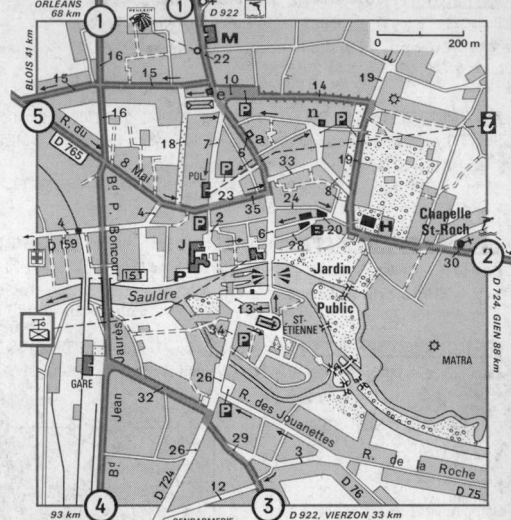

XX **Le Colombier** 🦢 avec ch, 10 pl. Vieux-Marché **(n)** 🕾 76.12.76, 🏤 – 🛏 🔧 🕾 **P** 🚗🛏 **E**
fermé 12 au 21 sept. et 15 janv. au 15 fév. – SC : **R** (fermé lundi sauf-fériés) 60 (sauf sam. soir)/132 – 🖙 14,50 – **11 ch** 104/122.

XX **Orléans** avec ch, 2 pl. Gén.-de-Gaulle **(e)** 🕾 76.01.65 – 🛏wc 🔧 🐾 **E** VISA
fermé déc. – SC : **R** 60 bc/135 🍷 – 🖙 15 – **10 ch** 80/150 – P 215/435.

CITROEN Berry Sologne Auto, 91 Av. de Ville-franche par ③ 🕾 76.03.10
FIAT Gar. Lerepenti, 10 r. de l'Ecu 🕾 76.02.42
PEUGEOT Hureau, 14 fg Orléans 🕾 76.01.98
RENAULT Gar. de Paris, 12-14 av. de Paris par Fg.-d'Orléans 🕾 76.06.68

RENAULT Sport-Auto, 162 av. de Salbris par ② 🕾 76.17.18
TALBOT Girard, 86 fg Orléans par ① 🕾 76.11.01

RONCHAMP 70250 H.-Saône 🔢 ⑦ – 3 087 h. alt. 353 – ✪ 84.

Voir Chapelle★★, G. Jura.

🛈 Syndicat d'Initiative à la Mairie (fermé sam. et dim.) 🕾 20.64.70.

Paris 492 – Belfort 21 – Lure 12 – Luxeuil-les-Bains 31 – Vesoul 43.

🏨 **Le Ronchamp** M sans rest, rte de Belfort 🕾 20.60.35, 🌿 – 🛏wc 🔧wc 🕾 **P** 🚗🛏 VISA
fermé 15 déc. au 20 janv. et dim. soir du 1er nov. au 1er avril – SC : 🖙 13 – **21 ch** 110/150.

au Rhien N : 2,5 km – ⌧ 70250 Ronchamp :

XX **Carrer** 🦢 avec ch, 🕾 20.62.32 – 🛏wc **P** – 🏤 35. 🚗🛏. ℀ ch
→ **R** 37/120 🍷 – 🖙 12 – **20 ch** 60/80 – P 100/140.

à Champagney E : 4,5 km par D 4 – 3 080 h. – ⌧ 70290 Champagney :

🏨 **Commerce**, 🕾 23.13.24, 🌿 – 🔧 🚗 **P** 🚗🛏 **E** VISA. ℀ rest
→ fermé oct. et lundi sauf fériés – SC : **R** 45/150 🍷 – 🖙 12 – **25 ch** 55/75 – P 120/140.

ROPPENTZWILLER 68 H.-Rhin 🔢 ⑩ – 624 h. alt. 370 – ⌧ 68480 Ferrette – ✪ 89.

Voir Village ★ de Grentzingen NO : 5 km, G. Vosges.

Paris 543 – Altkirch 15 – ✦Bâle 25 – Belfort 49 – Colmar 76 – Delle 29 – Montbéliard 47.

XX **Eicher,** 🕾 25.81.38 – **P**. ℀
→ fermé août, lundi et mardi soir – SC : **R** 45/120, en sem. dîner à la carte.

ROQUEBRUN 34 Hérault 🔢 ⑭ G. Causses – 569 h. alt. 89 – ⌧ 34460 Cessenon – ✪ 67.

Paris 854 – Béziers 30 – Lodève 63 – ✦Montpellier 97 – Narbonne 51 – St-Pons 39.

X **Petit Nice** avec ch, 🕾 89.64.27, ≤, 🏤 – 🔧 📖 sans 🍽. ℀
1er avril-25 sept. – SC : **R** (ouvert week-ends du 15 déc. au 1er avril et fermé lundi) 70 bc/130 bc – 🖙 20 – **10 ch** 80/100 – P 120/125.

ROQUEBRUNE-CAP-MARTIN 06190 Alpes-Mar. 🎱 ⑩, 🔢 ㉘ G. Côte d'Azur – 11 246 h.
alt. 68 à 300 – ۞ 93.

Voir Village perché✶✶ : rue Moncollet✶, ✳✶✶ du donjon✶ – Cap Martin ≼✶✶ X – ≼✶✶
de l'hôtel Vistaëro SO : 4 km.

🛈 Office de Tourisme Hôtel de Ville (fermé sam. et dim.) ☏ 35.60.67 et Esplanade de Jean Gioan
(15 juin-15 sept.) ☏ 57.99.44.

De Roquebrune : Paris 958 – Menton 5 – Monte-Carlo 7 – ✦Nice 26.

Plans : voir à Menton

🏨 **Vistaëro** Ⓜ, Grande Corniche SO : 4 km par ③ ☏ 35.01.50, Télex 461021, ≼
littoral, 🐟, ⬛, 🚗 – 🛗 🕿 📺 ☎ – 🔼 35. 🖭 ◑ 🆅🆂🅰
début fév.-fin nov. – SC : **R** 160/280 – ☲ 35 – **24 ch** 430/560, 3 appartements – P
480/615.

🏨 **Alexandra** Ⓜ sans rest, 93 av. W.-Churchill ☏ 35.65.45, ≼ – 🛗 ▤ 📺. 🖭 ◑
fermé 1er nov. au 10 déc. – SC : **40 ch** ☲ 220/420.   AX **a**

🏨 **Victoria et de la Plage** sans rest, 7 prom. Cap ☏ 35.65.90, Télex 470673, ≼ – 📺
🖕wc 🛉wc ☎ ⌕ 📶 🆅🆂🅰
1er fév.-31 oct. – SC : **30 ch** ☲ 180/310.   AX **k**

🏨 **Regency** sans rest, 98 av. J.-Jaurès par ③ : 2,5 km ☏ 35.00.91, ≼ – 🖕wc ☎
🚗🛉 🖭 🅴
fermé nov. et déc. – SC : ☲ 17 – **12 ch** 153/186.

🏨 **Westminster**, 14 av. L.-Laurens, quartier Bon-Voyage par ③ : 3 km ☏ 35.00.68,
≼, 🚗 – 🖕wc ☎ 📶. 🚗🛉 %
1er fév.-1er oct. – SC : **R** (dîner seul.) 80 – ☲ 13 – **30 ch** 120/160 – P.180/200.

🏨 **Reine d'Azur**, 29 prom. Cap-Martin ☏ 35.76.84, 🚗, 🚗 – % rest   AX **d**
fév.-15 oct. – SC : **R** (dîner résidents seul.) 62 – ☲ 15 – **17 ch** 79/93 – P 165/206.

XXX ✿ **Roquebrune** (Mme Marinovich), 100 av. J.-Jaurès par ③, (corniche inférieure)
🅴 ☏ 35.00.16, ≼, 🚗. 🖭 ◑ 🅴 🆅🆂🅰
fermé 9/11 au 10/12, 11 au 18/1, mardi soir, merc. du 1er/10 au 15/6, le midi (sauf
vend., sam.) du 16/6 au 30/9 – SC : **R** 190
Spéc. Soupe de poissons, Poissons en papillote, Bouillabaisse. **Vins** Bandol, Cassis.

XX ✿ **Hippocampe** (Teyssler), av. W.-Churchill ☏ 35.81.91, ≼ baie et littoral, 🚗 –
📶 ☎   AX **h**
fermé 2 au 30 mai, 1er au 30 oct., 2 au 30 janv. et lundi – SC : **R** (déj. seul. hors sais.
et prévenir) 100/200
Spéc. Soupe de poissons, Filets de sole en brioche, Canard aux pêches. **Vins** Château Minuty,
Château Crémat.

X **Les Lucioles,** au village par ③ ☏ 35.02.19, ≼
1er avril-1er nov. et fermé jeudi – SC : **R** 100.

X **Au Gd Inquisiteur,** r. Château (accès à pied) au village par ③ ☏ 35.05.37,
« Intérieur rustique » – ▤. 🖭
fermé en mai, 15 oct. au 15 nov. et lundi – SC : **R** 85.

à Monte-Carlo Beach : ressources hôtelières voir à Monaco

CITROEN Gar. de Carnolès, 159 av. Verdun ☏ 35.77.85

ROQUEFAVOUR 13 B.-du-R. 🎱 ②③ – ✉ 13122 Ventabren – ۞ 42.
Voir Aqueduc✶, G. Provence.
Paris 754 – Aix-en-Provence 12 – ✦Marseille 31 – Martigues 37 – Salon-de-Provence 28.

🏨 **Arquier,** ☏ 24.20.45, ≼, parc – 🖕wc 📶 ☎ 📶. 🆅🆂🅰. %
fermé fév. et lundi du 1er oct. au 1er avril – SC : **R** 80/145 – ☲ 16 – **18 ch** 68/162 – P
230/280.

ROQUEFORT 40120 Landes 🔢 ⑪⑫ G. Côte de l'Atlantique – 2 112 h. alt. 75 – ۞ 58.
Paris 699 – Agen 106 – Aire-sur-l'Adour 37 – Auch 97 – Langon 61 – Mont-de-Marsan 22.

🏨 **Le Colombier** Ⓜ 🛉, ☏ 58.50.57, 🚗, ⬛, 🚗 – 🛉wc ☎ 📶. 🚗🛉
➡ SC : **R** 30/90 🛉 – ☲ 12 – **20 ch** 40/78 – P 105/120.

PEUGEOT, TALBOT Pallas, ☏ 58.50.25

ROQUEFORT-LES-PINS 06330 Alpes-Mar. 🎱 ⑨ – 3 153 h. – ۞ 93.
Paris 918 – Cannes 18 – Grasse 15 – ✦Nice 25.

🏨 **Aub. du Colombier,** ☏ 77.10.27, ≼, parc, 🚗, ⬛, 🚗, % – 📺 🖕wc ☎ 📶 –
🔼 25. 🚗🛉 🖭 ◑ 🆅🆂🅰
fermé 5 janv. au 15 mars – **R** 95/130 – ☲ 25 – **14 ch** 160/380 – P 370/460.

ROQUEFORT-SUR-SOULZON 12250 Aveyron 🔟 ⑭ G. Causses – 949 h. alt. 630 – ۞ 65.
Voir Rocher St-Pierre ≼ ✶.
Paris 655 – Lodève 65 – Millau 24 – Rodez 82 – St-Affrique 14 – Le Vigan 76.

🏨 **Grand Hôtel,** ☏ 60.90.20 – 🖕wc 🛉wc ☎ 📶. 🚗🛉 🆅🆂🅰
1er avril-30 sept., fermé dim. soir et lundi sauf juil.-août – SC : **R** 75/165 🛉 – ☲ 20 –
16 ch 67/200.

La ROQUE-GAGEAC 24 Dordogne 75 ⑰ G. Périgord – 373 h. alt. 150 – ⊠ 24250 Domme – ✪ 53.

Voir Site★★.

Paris 552 – Cahors 54 – Fumel 59 – Lalinde 46 – Périgueux 69 – Sarlat-la-Canéda 13.

🏠 **Belle Etoile,** ℡ 29.51.44, <, 🍽 – ⇌wc 🛏 🕿 🚗 VISA ℅ ch
➡ 1er avril-15 oct. – SC : **R** 45/85 – � 11 – **15 ch** 110/120 – P 150/155.

🏠 **Gardette,** ℡ 29.51.58, <, 🍽 – ⇌wc 🛏 🕿 🅿 ℅ rest
➡ 1er avril-15 oct. – SC : **R** 60/150 – ⊠ 15 – **17 ch** 82/140 – P 150/180.

rte de Vitrac SE : 4 km par D 703 – ⊠ 24250 Domme :

🏠 **Le Périgord** M ⌂, ℡ 28.36.55, 🍽 – ⇌wc 🛏wc 🕿 🅿 – 🏛 200. AE ⑩ VISA
SC : **R** 60/140 – ⊠ 18 – **40 ch** 130/180 – P 190/210.

ROQUEMAURE 30150 Gard 81 ⑪⑫ – 3 646 h. alt. 19 – ✪ 66.

Paris 672 – Alès 69 – Avignon 16 – Bagnols-sur-Cèze 19 – Nîmes 45 – Orange 11 – Pont-St-Esprit 30.

🏠 **Château de Cubières,** ℡ 50.14.28, parc – ⇌wc 🕿 🅿
hôtel fermé 15 nov. au 20 mars ; rest. fermé 15 au 30 nov., 20 fév. au 20 mars et mardi hors sais – SC : **R** 95/115 – ⊠ 19 – **12 ch** 145/160 – P 270.

🏠 **Clément V** M sans rest, ℡ 50.17.58 – 🛏wc 🕿 🚗 🚙 E VISA
1er mars-30 nov. – SC : ⊠ 14 – **20 ch** 90/140.

La ROQUETTE 12 Aveyron 80 ② – rattaché à Rodez.

ROSAY 78 Yvelines 55 ⑱, 196 ⑮ – 367 h. alt. 70 – ⊠ 78790 Septeuil – ✪ 3.

Paris 69 – Évreux 51 – Houdan 16 – Mantes 10.

XX **Aub. de la Truite,** ℡ 476.30.52, 🍽 – AE VISA
➡ fermé 19 juil. au 10 août, 22 fév. au 6 mars, dim. soir et lundi – SC : **R** 50/120.

ROSBRUCK 57 Moselle 57 ⑯ – rattaché à Forbach.

ROSCOFF 29211 Finistère 58 ⑥ G. Bretagne (plan) – 3 732 h. – ✪ 98.

Voir Église★ – Aquarium Ch. Pérez★.

🛈 Office de Tourisme r. Gambetta (15 avril-30 sept. et fermé dim.) ℡ 69.70.70.

Paris 565 – ✦Brest 62 – Landivisiau 27 – Morlaix 28 – Quimper 100.

🏨 **Gulf Stream** M ⌂, à Roskogoz ℡ 69.73.19, <, 🍽 – 🛗 🅿 E VISA ℅ rest
1er avril-15 oct. – SC : **R** 97/184 – ⊠ 16 – **32 ch** 100/188 – P 197/250.

🏠 **Triton** M ⌂ sans rest, r. Dr Bagot ℡ 61.24.44, 🍽 – 🛗 ⇌wc 🛏wc 🕿 🚗 🅿 🚙 ℅
fermé 15 nov. au 1er fév. – SC : ⊠ 18 – **45 ch** 107/190.

🏠 **Talabardon,** pl. Église ℡ 61.24.95, < – 🛗 ⇌wc 🛏wc 🕿 ℅
27 mars-30 sept. – SC : **R** (Résidents seul.) – ⊠ 18 – **44 ch** 90/190 – P 170/210.

🏠 **Régina** sans rest, r. Ropartz Morvan ℡ 61.23.55 – 🛗 ⇌wc 🛏wc 🕿 E
mai-sept. – SC : ⊠ 19 – **50 ch** 120/170.

🏠 **Bellevue** ⌂, r. Jeanne d'Arc ℡ 61.23.38, < – ⇌wc 🛏wc 🕿 🚙 ℅ rest
Pâques-30 sept. – SC : **R** 58/145 – ⊠ 18,50 – **23 ch** 75/165 – P 165/235.

🏠 **Angleterre,** r. A.-de-Mun ℡ 69.70.42, « Jardin fleuri » – ⇌wc 🛏wc 🕿 ℅
4 mai-21 sept. – SC : **R** 70/90 – ⊠ 14 – **40 ch** 69/145 – P 153/184.

🏠 **Centre "Chez Janie",** r. Gambetta ℡ 61.24.25, < – 🛏 🕿 🚙 VISA ℅ ch
➡ 1er avril-30 oct. et fermé mardi sauf juil. et août – SC : **R** 50/160 🍷 – ⊠ 15 – **21 ch** 75/165 – P 120/170.

🏠 **Bains,** pl. Église ℡ 61.20.65, 🍽 – 🛗 🛏wc. ℅ rest
➡ mi-mars-fin oct. – SC : **R** 50 – 🍴 13.50 – **70 ch** 76/150 – P 117/178.

RENAULT Gar. Hamon, ℡ 69.72.09

ROSHEIM 67560 B.-Rhin 62 ⑨ G. Vosges – 3 499 h. alt. 194 – ✪ 88.

Voir Église St-Pierre et St-Paul★.

🛈 Syndicat d'Initiative à la Mairie (fermé sam. et dim.) ℡ 50.40.10.

Paris 482 – Erstein 22 – Molsheim 6,5 – Obernai 6 – Sélestat 29 – ✦Strasbourg 29.

XX **Aub. Cerf** avec ch, r. Gén.-de-Gaulle ℡ 50.40.14, 🍽 – 🛏wc. E ℅ ch
fermé fin juil. au 15 août, vac. de Noël, vend. et sam. – SC : **R** carte 100 à 145 🍷 – ⊠ 15 – **3 ch** 80/140.

XX **La Petite Auberge,** r. Gén.-de-Gaulle ℡ 50.40.60
➡ fermé 15 au 30 juin, en janv., mardi soir du 1er nov. au 1er mai et merc. – SC : **R** 45/130 🍷.

RENAULT Gar. Béraud, ℡ 50.40.22

La ROSIÈRE 73 Savoie **74** ⑱⑲ **G. Alpes** – alt. 1 820 – Sports d'hiver : 1 850/2 400 m ⚡13 –
⊠ **73700** Bourg-St-Maurice – ✿ 79.

🛈 Office de Tourisme (fermé sam. après-midi et dim.) ☏ 07.11.14. Télex 980873.

Paris 685 – Bourg-St-Maurice 23 – Chambéry 124 – Chamonix 61 – Val d'Isère 48.

  🏨   **Relais Petit St-Bernard** ⑤, ☏ 07.10.01, ≼ montagnes – 📺wc 🛎 🕿 **P**. 🞂🞂
➡   *15 juin-15 sept. et 15 déc.-20 avril* – SC : **R** 47/56 – 🖃 18 – **20 ch** 100/180 – P
    200/222.

  🏨   **Roc Noir** ⑤, ☏ 07.10.02, ≼ montagnes – 📺wc 🛏wc 🕿. 🞀
➡   *1er déc.-1er mai* – SC : **R** 55/120 – 🖃 23 – **30 ch** 130/150 – P 160/180.

Les ROSIERS 49 M.-et-L. **64** ⑫ **G. Châteaux de la Loire** – 1 824 h. alt. 24 – ⊠ **49350** Gennes
– ✿ 41.

🛈 Syndicat d'Initiative à la Mairie (fermé mardi et jeudi après midi, sam. et dim.) ☏ 51.80.04.

Paris 289 – Angers 30 – Baugé 26 – Bressuire 64 – Cholet 62 – La Flèche 44 – Saumur 15.

  🏨   **Val de Loire**, pl. Église ☏ 51.80.30 – 🛏wc – 🔧 25. 🞀🞀. 🞀
➡   *fermé 1er oct. au 10 nov. et lundi* – SC : **R** 46/95 ⅃ – 🖃 14,50 – **11 ch** 74/170 – P
    145/170.

  XXX ❀ **Jeanne de Laval** (Augereau) avec ch, rte Nationale ☏ 51.80.17, « Jardin
     fleuri » – 📺wc 🛏wc 🕿 **P** – 🔧 25. 🞀🞀 🖭 ⓞ **VISA**. 🞀 rest
    fermé 16 nov. au 29 déc., 28 fév. au 11 mars, mardi midi sauf juil. et août pour rest.
    et lundi sauf fêtes – SC : **R** (nombre de couverts limité - prévenir) 150/200 – 🖃 25 –
    7 ch 90/250.

     Annexe Ducs d'Anjou ⑤, 🞀
     SC : 🖃 25 – **8 ch** 90/250
     Spéc. Foie gras frais de canard, Poissons au beurre blanc, Poularde à l'estragon. Vins Savennières,
     Champigny.

  XX **La Toque Blanche**, O : 0,5 km par N 152 ☏ 51.80.75 – **VISA**
➡   *fermé 1er au 15 sept., en fév., mardi soir et merc.* – SC : **R** (dîner prévenir) 45 bc/90.

ROSOY 89 Yonne **61** ⑭ – rattaché à Sens.

ROSPORDEN 29140 Finistère **58** ⑯ **G. Bretagne** – 4 389 h. alt. 118 – ✿ 98.

Voir Clocher★ de l'église.

Paris 538 – Carhaix-Plouguer 51 – Châteaulin 48 – Concarneau 13 – Quimper 22 – Quimperlé 26.

  🏨   **Gare** (réouv. après incendie : été 83), pl. Gare ☏ 59.23.89 – 📺wc 🛎 🕿 **E** **VISA**
➡   *fermé dim. soir et lundi du 15 sept. au 15 juin* – SC : **R** 50/140 ⅃ – 🖃 18 – **25 ch**
    170/190 – P 228/238.

  🏨   **Arvor**, pl. Gare ☏ 59.20.32 – 📺wc 🛏wc 🕿 🞀 🞀🞀 **E** **VISA** 🞀 rest
➡   *fermé janv., vend. soir, dim. soir et sam. sauf du 15 juin au 15 sept.* – SC : **R** 50/185
    ⅃ – 🖃 15 – **34 ch** 72/150 – P 170/200.

  🏨   **Gai Logis**, rte Quimper ☏ 59.22.38, 🞀 – 🛏 **P**
➡   *fermé 15 fév. au 15 mars et sam. hors sais.* – SC : **R** 40/150 ⅃ – 🖃 13 – **18 ch** 80/120
    – P 120/150.

  X   **La Vieille Auberge** avec ch, r. E.-Prévost ☏ 59.20.79 – 📺 🛏wc – **8 ch**

CITROEN Monfort, rte de Concarneau ☏ 59.   RENAULT Castrec, 1 r. de la Gare, ☏ 59.20.25
22.72
PEUGEOT-TALBOT Jourdrain, 3 rte de Quim-   ☏ 37.80.03 par D 9 : 8 km - AX.
per ☏ 59.20.37

ROTHENEUF 35 I.-et-V. **59** ⑥ – rattaché à St-Malo.

ROUBAIX 59100 Nord **51** ⑤⑯ **G. Nord de la France** – 109 797 h. alt. 22 – ✿ 20.

Voir Chapelle d'Hem★ : vitraux★★ 5 km par ⑥ voir plan de Lille p. 3 KS **B**.

🖥 des Flandres ☏ 72.20.74 par ⑦ : 8 km ; 🖥 du Sart, au château du Sart ☏ 72.02.51 par
⑦ : 5 km ; 🖥 de Brigode à Villeneuve d'Ascq ☏ 91.17.86 par ⑦ : 6 km ; 🖥🖥🖥 de
Bondues ☏ 37.80.03 par D 9 : 8 km - AX.

🛈 Office de Tourisme à la Mairie (fermé dim. et lundi) ☏ 70.70.02 - A.C. 42 r. Mar.-Foch ☏ 70.92.80.

Paris 230 ⑦ – Kortrijk 23 ② – ♦Lille 12 ⑦ – Tournai 19 ⑤.

Accès et sorties : voir à Lille p. 2 et 3

Plan pages suivantes

  🏨🏨 **P.L.M. Gd Hôtel** sans rest, 22 av. J.-Lebas ☏ 70.15.90, Télex 132301 – 🛗 📺
    📺wc 🛏wc 🕿 – 🔧 30 à 150. 🞀🞀 🖭 ⓞ **E** **VISA**   BY **r**
    SC : 🖃 20 – **92 ch** 150/225.

  🏨   **Flandres** Ⓜ sans rest., 59 r. Holden à Croix ⊠ 59170 Croix ☏ 72.35.01 – 📺
    📺wc 🛏wc 🕿 🕹 🖭   AZ **k**
    fermé 7 au 28 août – SC : 🖃 12 – **31 ch** 85/150.

  🏨   **Centre** sans rest, 1 r. P.-Motte ☏ 70.69.52 – 📺wc 🛏wc 🕿   BY **e**
    SC : 🖃 13 – **20 ch** 59/127.

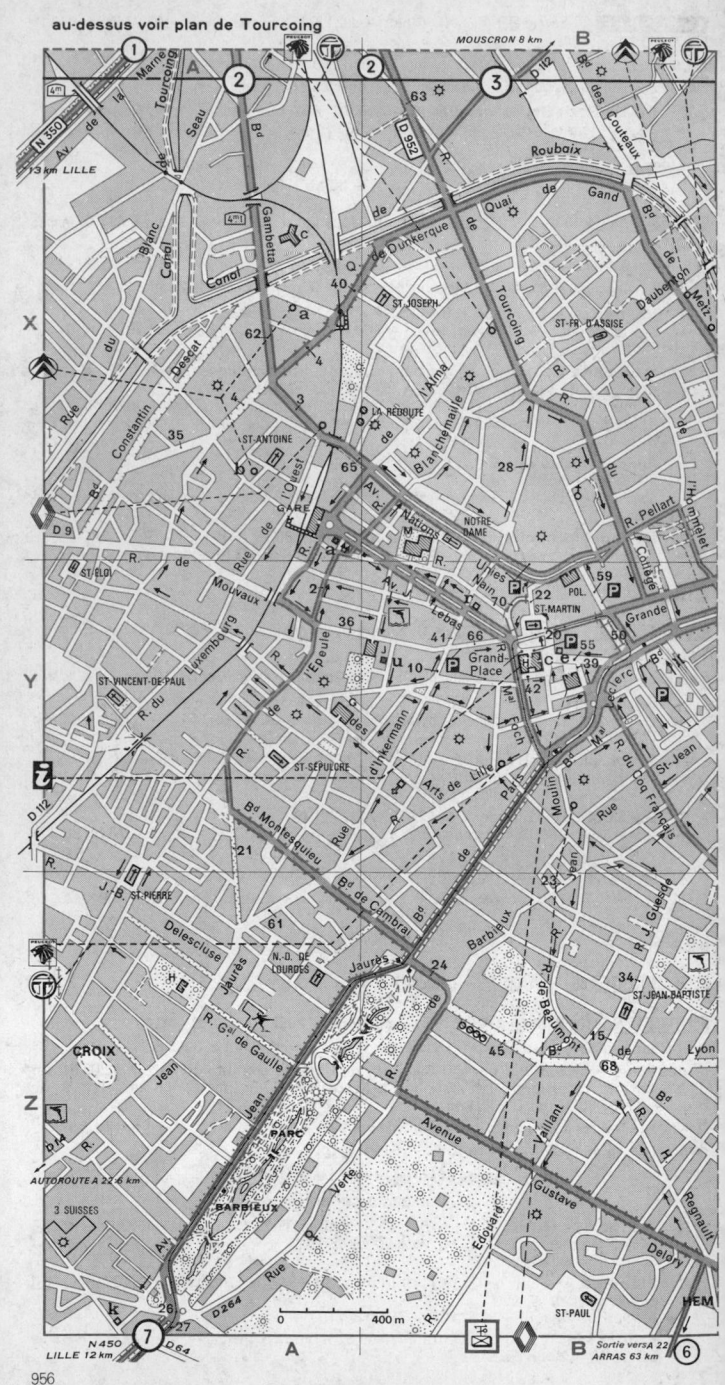

au-dessus voir plan de Tourcoing

MOUSCRON 8 km

B

A

① ② ② ③

N 350
13 km LILLE

Marne
Tourcoing
Seau
Bd
Gambetta
Canal
Canal
Branc
Canal
du
Constantin
Descat
Rue
D 9

63
D 952
Roubaix
de
Quai
de
Gand
des Couteaux
Bd
de
Daubenton
Metz
de Dunkerque
de
Tourcoing

ST-JOSEPH
ST-FR.-D'ASSISE

40
a
62
4
4
3
35
ST-ANTOINE
b
65
GARE
de
l'Ouest
LA RÉDOUTE
de
Blanchemaille
28
NOTRE-DAME
R. Pellart
Collège

X

ST-ELOI
Molvaux
Rue
de
Luxembourg
2
36
41
66
l'Épeule
10
u
Grand-Place
42
ST-MARTIN
22
POL.
20
c
39
55
50
Grande
Clercq
59
70
Nations
Unies
Leba
Bd
Foch
Mail
St-Jean

ST-VINCENT-DE-PAUL
R. du

ST-SÉPULCRE
des
d'Ihermann
Arts
de
Lille
de
Paris
Moulin
Rue
R. du Coq Français

Y

D 112

R.
21
Bd
Montesquieu
Rue
Bd
de
Cambrai
de
Barbieux
Jean
23
R. de Beaumont

J.-B. ST-PIERRE
Delescluse
61
Jaurès
N.-D. DE LOURDES
Jaurès
24
34
ST-JEAN-BAPTISTE
15
de
Lyon
Bd
68
R.
R. Gde de Gaulle
CROIX
Jean
45

Z

D 114
PARC
Avenue
Gustave
Vaillant
AUTOROUTE A 22 6 km
3 SUISSES
BARBIEUX
Rue
Verte
Edouard
Delory
Regnault
ST-PAUL
HEM
N 450
LILLE 12 km
D 64
0   400 m
⑦
D 254
A
B
Sortie vers A 22
ARRAS 63 km
⑥

956

957

XXX ✿ **Le Caribou** (Siesse), 8 r. Mimerel ☏ 70.87.08 – 𝚅𝙸𝚂𝙰 BY **u**
fermé 10 juil. au 31 août, vacances de fév., Pâques, sam. et lundi le midi – SC : **R**
(dîner sur commande) carte 160 à 200
Spéc. Foie gras chaud, Crustacés, Gibier (en saison).

XX **Chez Charly,** 127 r. J.-B.-Lebas ☏ 70.78.58 – ❤ AX **a**
fermé août et sam. – SC : **R** (déj. seul.) 75 ♨.

à Lys les Lannoy par ⑤ et D 206 : 5 km – ✉ 59390 Lys les Lannoy :

XX **Aub. de la Marmotte,** ☏ 75.30.95 – **Ⓟ**. 🄴 𝚅𝙸𝚂𝙰 plan de Lille LS
fermé août, mardi et jeudi le soir et merc. – SC : **R** 55/80.

à Hem par ⑥ : 6 km – ✉ 59510 Hem :

XX **Aub. Hempempont,** 5 r. Croix ☏ 75.64.32, 🌳 – **Ⓟ.** 🄰🄴 ⓪ 𝚅𝙸𝚂𝙰 plan de Lille KS
fermé 25 juil. au 13 août et dim. soir – SC : **R** carte 105 à 175.

à Forest sur Marque par ⑤ et D 952 : 9 km – ✉ 59510 Hem :

XX **Aub. de la Marque,** ☏ 34.94.16 – 𝚅𝙸𝚂𝙰 plan de Lille KT
fermé 25 juil. au 24 août, vacances de fév., lundi soir et mardi – **R** 60/100.

AUSTIN, MORRIS, ROVER, TRIUMPH
Gar. Baert, 17 r. Mar.-Foch ☏ 70.76.94
CITROEN Cabour et Van Cawenberghe, 71 r.
Racine AX **a** ☏ 36.01.00
CITROEN Gar. du Fresnoy, 1 bis r. Remiremont
AX **b** ☏ 70.51.76 🄽
CITROEN Gar. Labbe, 66 bd Metz BX ☏ 70.
46.69
FIAT, LADA France-Auto. 160 bd Gambetta
☏ 70.90.15
FORD Gar. Ponthieux et Cie, 209 av. R.-Salen-
gro ☏ 75.29.92
FORD Gar. St-Jean 118 r. St-Jean ☏ 70.87.54
LANCIA-AUTOBIANCHI Gar. du Colisée, 6 r.
Molière ☏ 75.13.41

PEUGEOT-TALBOT S.I.A.N., 65 r. Tourcoing
BX ☏ 70.40.74 et 6 bis bd de Metz ☏ 70.90.98
PEUGEOT-TALBOT Gar. Tancré, 40 r. Lille BY
☏ 70.64.68
RENAULT Succursale, 33 r. J.-Moulin BY ☏
70.40.60
RENAULT Gar. Destailleurs, 10 r. Alsace AX
☏ 70.54.21

◉ Crépy Pneus, 29 r. de l'Ouest ☏ 70.98.02
Pneus et Services D.K. 21 av. Lagache ☏ 75.
44.70
Prévost, 29 r. Victor-Hugo ☏ 75.53.79

━━━━━━━━━━━━━━━━━━━━━━━━━━━━━━━━━━━━━━

ROUEN Ⓟ 76000 S.-Mar. 🅖🅖 ⑥ G. Normandie – 118 332 h. alt. 10 – ✿ 35.

Voir Cathédrale*** EY – Le Vieux Rouen*** DEXY : ❋** du beffroi DY, Église St-
Ouen** FX, Église** et Aître** St-Maclou FY, Palais de Justice** DEX J, Rue du Gros-
Horloge** DEY 39, Rue St-Romain** EY 57, Place du Vieux-Marché* DX 65, Verrière*
de l'église Jeanne d'Arc DX **K**, Rue Ganterie* EX, Rue Damiette* FY 28, Rue Martainville*
FGY, – Église St-Godard* EX **S** – Vitraux* de l'église St-Patrice DX **F** – Musées:
Beaux-Arts** (céramiques de Rouen***) EX **M1**, Le Secq des Tournelles** EX **M2** –
Antiquités* (émaux**, ivoires**, mosaïque de Lillebonne**) FVX **M3** – Côte Ste-
Catherine ❋** B, 3,5 km – Bonsecours : ❋** du calvaire et ≼** du monument à
Jeanne d'Arc B N, 3 km – Canteleu ≼* de la terrasse de l'église et ❋** de la route en
forte descente A, 4 km – Route d'accès au Centre Universitaire A R ❋** par rue
Chasselièvre AB 23,.

Env. Roches de St-Adrien ≼* par ④ et D7 : 8 km puis 15 mn.

🛆 ☏ 74.53.46 près Mont-St-Aignan AB, N : 4 km.

Circuit automobile de Rouen-les-Essarts 13 km par ⑥.

🄱 Office de Tourisme (fermé dim. et fêtes hors saison) et Accueil de France (Informations, change
et réservations d'hôtels pas plus de 5 jours à l'avance), 25 pl. Cathédrale ☏ 71.41.77, Télex 770940
– A.C.O. 46 r. Gén.-Giraud ⑦ ☏ 71.44.89 – T.C.F. 46 r. Ours ☏ 70.23.60.

Paris 139 ⑥ – ◆Amiens 116 ① – ◆Caen 124 ⑥ – ◆Le Havre 88 ⑧ – ◆Lille 227 ① –
◆Le Mans 195 ⑥ – ◆Rennes 302 ⑥ – ◆Tours 273 ⑥.

Plans pages suivantes

🏨 **Frantel** Ⓜ ⟨, r. Croix de Fer ☏ 98.06.98, Télex 180949 – 🛗 🖾 📺 ☎ 🚗 – 🕭
50. 🄰🄴 ⓪ 🄴 𝚅𝙸𝚂𝙰 EY **f**
SC : rest. **le Tournebroche** (fermé dim.) **R** carte 105 à 160 – ⌷ 23 – **125 ch** 250/378.

🏨 **Dieppe et rest. Le Quatre Saisons,** pl. B. Tissot ☏ 71.96.00, Télex 180413 –
🛗 📺 ☎ – 🕭 30. 🄰🄴 ⓪ 🄴 𝚅𝙸𝚂𝙰 EV **z**
SC : **R** carte 120 à 170 – ⌷ 20 – **44 ch** 230/300 – P 355/405.

🏨 **Viking** sans rest, 21 quai du Havre ☏ 70.34.95, ≼ – 🛗 ⇋wc 📶wc ☎. 🄰🄴 🄴 𝚅𝙸𝚂𝙰
SC : ⌷ 14 – **37 ch** 80/180. DY **y**

🏨 **Normandie** ⟨ sans rest, 19 r. Bec ☏ 71.55.77 – 🛗 ⇋wc 📶wc ⧼ 🖴 ⓪ 🄴
𝚅𝙸𝚂𝙰 EY **n**
SC : ⌷ 13 – **23 ch** 99/174.

🏨 **Gd H. Nord** ⟨ sans rest, 91 r. Gros-Horloge ☏ 70.41.41 – 🛗 ⇋wc 📶wc ⧼
SC : ⌷ 12,50 – **63 ch** 82/159. DY **u**

🏨 **Cathédrale** sans rest, 12 r. St-Romain ☏ 71.57.95 – 🛗 ⇋wc 📶wc ⧼ EY **h**
SC : ⌷ 13,50 – **24 ch** 98/170.

🏨 **Paris** sans rest, 12 r. Champmeslé ☏ 70.09.26 – 🛗 ⇋wc 📶wc ⧼ 🚗 🖴 ⓪ 𝚅𝙸𝚂𝙰 DY ★
fermé 23 déc. au 9 janv. et dim. de nov. à avril – SC : ⌷ 15 – **23 ch** 80/170.

🏨 **Arcade** Ⓜ, 20 pl. St-Sever ✉ 76100 ☏ 62.81.82, Télex 770675 – 🛗 🕍wc ☎ – 🏃
↓ 30 DZ **k**
SC : **R** *(fermé sam. soir et dim.)* 50/98 🍷 – 🍴 16 – **144 ch** 150/162.

🏨 **Morand** sans rest, 1 r. Morand ☏ 71.46.07 – 🕍wc 🕿. **VISA** EX **s**
SC : 🍴 15 – **17 ch** 100/200.

🏨 **Lisieux** sans rest, 4 r. Savonnerie ☏ 71.87.73 – 🕍wc 🕿 EY **b**
SC : 🍴 12,50 – **27 ch** 64/159.

🏨 **Bristol** sans rest, 4 r. aux Juifs ☏ 71.54.21 – 🕍wc 🕿. 🍴 EY **a**
fermé 1er au 16 janv. – SC : 🍴 13 – **15 ch** 110/150.

🏨 **Québec** sans rest, 18 r. Québec ☏ 70.09.38 – 🛗 🕍wc 🕍wc 🕿. 🖭 **VISA** EY **q**
fermé 22 déc. au 14 janv. – SC : 🍴 12,50 – **38 ch** 69/175.

🏨 **Gaillardbois** sans rest, 12 pl. Gaillardbois ☏ 70.34.28 – 🕍wc 🕿 EY **z**
fermé 22 août au 4 sept. et 24 déc. au 8 janv. – SC : 🍴 13 – **20 ch** 62/133.

🏨 **Vieille Tour** sans rest, 42 pl. Hte-Vieille-Tour ☏ 70.03.27 – 🛗 🕍wc 🕍wc 🕿.
🚗⇘ EY **d**
fermé 26 déc. au 17 janv. – SC : 🍴 13 – **23 ch** 53/154.

tourner →

ROUEN

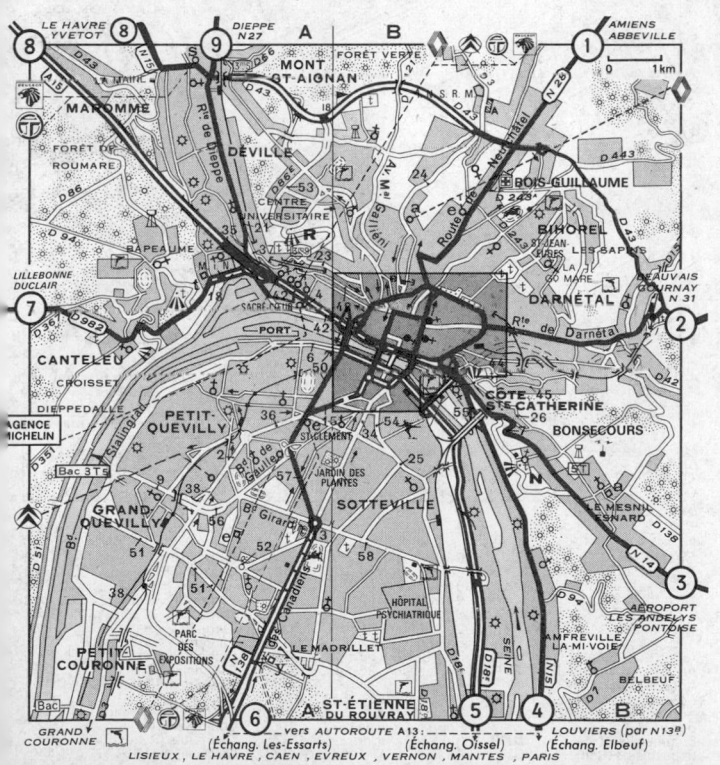

959

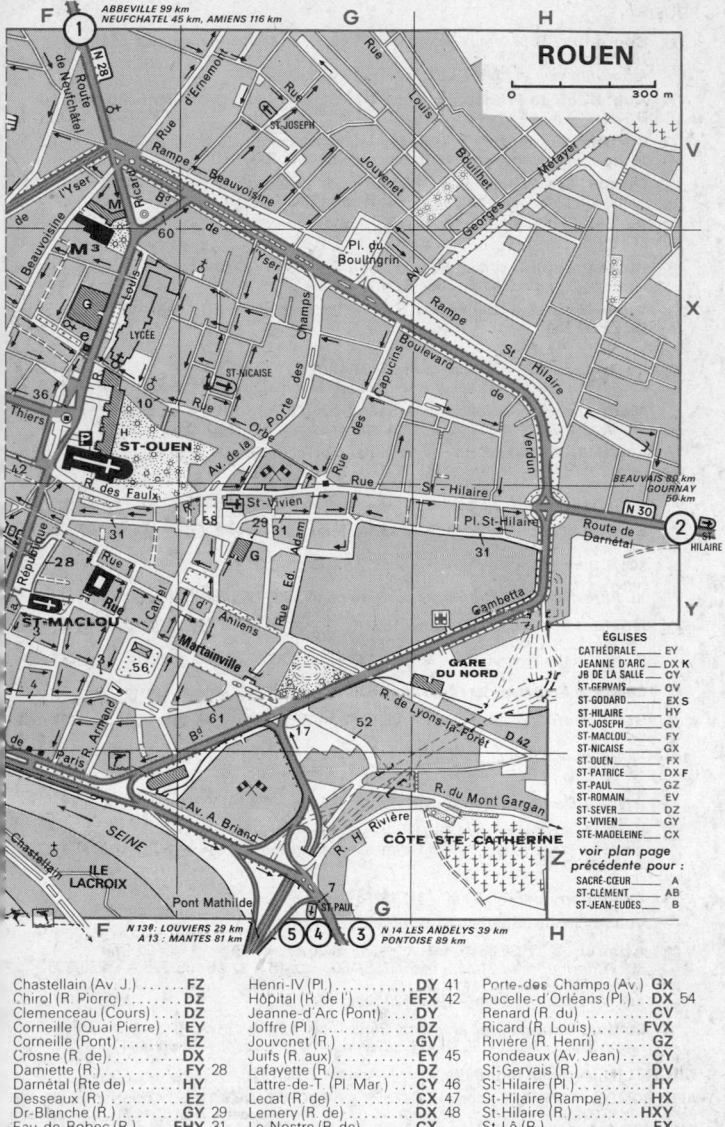

ROUEN

0   300 m

BEAUVAIS 88 km
GOURNAY 50 km
N 30
②
HILAIRE
Route de Darnétal

N 138: LOUVIERS 29 km
A 13 : MANTES 81 km
⑤ ④ ③
N 14 LES ANDELYS 39 km
PONTOISE 89 km

ÉGLISES

CATHÉDRALE	EY
JEANNE D'ARC	DX K
J6 DE LA SALLE	CY
ST-GERVAIS	DV
ST-GODARD	EX S
ST-HILAIRE	HY
ST-JOSEPH	GV
ST-MACLOU	FY
ST-NICAISE	GX
ST-OUEN	FX
ST-PATRICE	DX F
ST-PAUL	GZ
ST-ROMAIN	EV
ST-SEVER	DZ
ST-VIVIEN	GY
STE-MADELEINE	CX

voir plan page précédente pour :

SACRÉ-CŒUR	A
ST-CLÉMENT	AB
ST-JEAN-EUDES	B

XXX **Couronne,** 31 pl. Vieux-Marché ℡ 71.40.90, « Maison normande du 14ᵉ s. » – 🅐🅔
🅓 𝘝𝘐𝘚𝘈 ❀ DX **d**
fermé dim. soir et lundi – SC : **R** carte 125 à 190.

XXX **Aub. l'Écu de France,** pl. Vieux-Marché ℡ 71.46.30, Cadre normand – 🅐🅔 🅓
R 120. DX **h**

XXX **Beffroy,** 15 r. Beffroy ℡ 71.55.27, Cadre normand – 🅐🅔 🅔 𝘝𝘐𝘚𝘈 EX **b**
fermé août, vacances de fév., dim. et lundi – SC : **R** 90/150.

XX **Dufour,** 67 r. St-Nicolas ℡ 71.90.62, « Cadre vieux normand » – 𝘝𝘐𝘚𝘈 EY **w**
fermé août, dim. soir et lundi – SC : **R** carte 90 à 140.

XX **Pascaline,** 5 r. Poterne ℡ 89.67.44 – 𝘝𝘐𝘚𝘈 EX **k**
SC : **R** 58.

XX **P'tits Parapluies,** 46 r. Bourg l'Abbé ℡ 88.55.26 – 𝘝𝘐𝘚𝘈, ❀ FX **e**
fermé sam. midi et dim. – SC : **R** carte 135 à 175.

XX **Vieux Moulin,** à Bapeaume r. Samuel Lecoeur ✉ 76820 Bapeaume ℡ 36.39.59 –
🅟 🅐🅔 🅓 𝘝𝘐𝘚𝘈 A **t**
SC : **R** 80/170.

XX **La Grillade,** 121 r. Jeanne d'Arc ℡ 71.47.01 EV **a**
🛬 *fermé 30 juil. au 22 août, sam. soir et dim. sauf Pâques et Pentecôte* – SC : **R** 41 🍴

X **Marine,** 42 quai Cavelier-de-la-Salle ✉ 76100 ℡ 73.10.01 – 🅐🅔 🅔 𝘝𝘐𝘚𝘈 DY **p**
🛬 *fermé août, 24 déc. au 2 janv., dim. soir et sam.* – SC : **R** 45/90 🍴

X **La Vieille Auberge,** 37 r. St-Étienne-des-Tonnelliers ℡ 70.56.65 DY **v**
🛬 *fermé août, dim. et fêtes* – SC : **R** 48/90 🍴

à Grand Quevilly S : 5,5 km par D 3 – ✉ 76120 Grand Quevilly :

🏨 **Soretel** Ⓜ, av. Provinces ℡ 69.63.50, Télex 180743 – 📶 📺 – 🏊 100. 🅐🅔 🅓 𝘝𝘐𝘚𝘈
🛬 ❀ rest A **e**
SC : **R** *(fermé dim. soir)* 49/85 🍴 – 🚗 20 – **45 ch** 160/220.

au Parc des Expositions par S : 6 km par N 138 – ✉ 76800 St-Étienne-du-Rouvray :

🏨 **Novotel** Ⓜ, ℡ 66.58.50, Télex 180215, 🏊, 🛋 – 📶 📺 ☎ & 🅟 – 🏊 250. 🅐🅔
🅓 𝘝𝘐𝘚𝘈 A **y**
R snack carte environ 85 – 🚗 24 – **133 ch** 237/266.

Le Mesnil-Esnard par ③ : 6 km – 5 102 h. – ✉ 76240 Le Mesnil-Esnard :

🏠 **St-Léonard** 🍴, pl. Église ℡ 80.16.88 – 🚿wc 🚽wc ☎ 🅟 – 🏊 30. 🚗 𝘝𝘐𝘚𝘈
🛬 ❀ ch B **a**
fermé 18 au 31 juil. – SC : **R** *(fermé lundi)* 45/150 – 🚗 15 – **16 ch** 70/150 – P
180/200.

à Notre-Dame-de-Bondeville par ⑨ : 7,5 km – ✉ 76150 Maromme :

XX **Les Elfes** avec ch, ℡ 74.36.21 – 🚿 🚽 🅟
fermé août, vacances de Noël, dim. soir, mardi soir et merc. – SC : **R** 60/250 – 🚗 15
– **10 ch** 70/85.

à Montigny par ⑦ : 8 km – ✉ 76380 Canteleu.

Voir Ancienne abbatiale St-Georges★ S : 4 km.

🏨 **Atlas** Ⓜ 🍴, ℡ 36.05.97, 🛋 – 🚿wc 🚽wc ❀ 🚗 🅟 – 🏊 40. 🅐🅔 𝘝𝘐𝘚𝘈
SC : **R** *(fermé 1ᵉʳ au 21 août et dim)* 65/150 – 🚗 18 – **22 ch** 135/225 – P 230/300.

sur N 14 par ③ : 9 km – ✉ 76520 Boos :

XX **Le Vert Bocage** avec ch, rte de Paris ℡ 80.14.74 – 🚿wc 🅟 – 🏊 30. 🚗
🛬 *fermé 3 au 17 janv.* – SC : **R** 42 *(sauf sam.)*/100 🍴 – 🚗 12 – **20 ch** 60/110.

MICHELIN, Agence régionale, 19 r. J.-Ango A ℡ 88.18.50

ALFA ROMEO, FERRARI Europe Auto, 32 av.
de Caen ℡ 63.20.10
BMW S.R.D.A., 122 r. de Constantine ℡ 98.
33.77
CITROEN Succursale, 144 av. Mt-Riboudet A
℡ 98.35.50
FORD Gar. Guez, 135 r. Lafayette ℡ 72.76.84
LADA, SKODA Le Bastard, 5 r. de Bapeaume
℡ 71.43.83
LANCIA-VOLVO-AUTOBIANCHI gar. Continental, 1 r. Croix d'Yonville ℡ 70.24.79
MERCEDES-BENZ Madeleine Auto, 88 r. Tan-
ger ℡ 88.16.88
OPEL-GM-US Normande Omnium Auto. 31
av. de Caen ℡ 72.11.63
OPEL J.C.L. Autom., 67 r. Jules Ferry ℡ 75.
07.87

PEUGEOT, TALBOT S.I.A. de Normandie, 116
av. Mt-Riboudet A ℡ 89.81.44 71-73 av. de Caen
A e ℡ 72.24.84
RENAULT Succursale, 184 av. du Mont Riboudet A ℡ 89.81.89
V.A.G. U.D.T., 90 av. Mont Riboudet ℡ 88.
45.45

🏵 Ansselin-Pneus, 51 r. St-Julien ℡ 62.00.24
Blard-Pneus-Center, 46 r. de Lillebonne ℡ 71.
72.97
Central-Auto-Pneus, 27 r. A.-Carrel ℡ 71.49.28
Normandie-Pneus, 28 r. F.-Arago pl. des
Emmurées ℡ 72.32.38
S.R.C.-Pneus, 110 r. d'Elbeuf ℡ 72.70.90
Stapneu, 8 r. de Constantine ℡ 89.73.86

Périphérie et environs

AUSTIN, JAGUAR, MORRIS, ROVER, TRIUMPH Albion-Auto, r. du Canal, Bapeaume ☏ 74.46.74
CITROEN Succursale, Centre Commercial de Bois-Cany à Grand-Quevilly A ☏ 69.77.77 🅽
DATSUN S.E.R.A., 486 rte de Dieppe à Deville les Rouen ☏ 74.13.76
FIAT Gar. Pillet, 128 av. J.-Jaurès, Petit-Quevilly ☏ 72.96.96
PEUGEOT-TALBOT Bossart Autos, 94 r. Martyrs de la Résistance à Maromme A s ☏ 74.22.83
RENAULT Succursale, 20 pl. des Chartreux à Petit-Quevilly A ☏ 73.01.73
RENAULT Gar. Bigois, 1871 rte de Neufchatel à Bois-Guillaume B e ☏ 61.17.14
RENAULT Gar. du Chemin de Clères, 138 Chemin de Clères à Bois-Guillaume B a ☏ 71.22.70
PORSCHE Rédélé-Autom., 1 r. Chevreul à Petit-Quevilly ☏ 73.24.02

TOYOTA S.I.D.A.T., 16 av. Carnot à Deville-lès-Rouen ☏ 74.15.65
V.A.G. U.D.T., Centre Commercial du Bois-Cany, le Grand-Quevilly ☏ 69.69.45

🛞 Marsat-Pneus, 141 pl. A.-Briand à Maromme ☏ 74.27.69
Subé-Pneurama, r. de la Chesnaie, St-Étienne-du-Rouvray ☏ 65.24.53
Regnier, 18 av. J.-Jaurès à Petit-Quevilly ☏ 72.67.01
Rouen-Pneus, r. Cateliers Zone Ind. Madrillet à St-Étienne-du-Rouvray ☏ 65.34.13
SITEC, 51 à 59 bd du 11-Novembre, Le Petit Quevilly ☏ 72.16.06
S.R.C.-Pneus, bd Industriel à Sotteville-lès-Rouen ☏ 72.50.90

☛ *Les pastilles numérotées des plans de ville* ①, ②, ③
sont répétées sur les cartes Michelin à 1/200 000.
Elles facilitent ainsi le passage entre les cartes et les guides Michelin.

ROUFFACH 68250 H.-Rhin 🔢 ⑱ G. Vosges (plan) – 5 102 h. alt. 204 – 🎿 89.

Voir Église N.-D.-de-l'Assomption★.

Paris 529 – ◆Bâle 60 – Belfort 60 – Colmar 15 – Guebwiller 10 – ◆Mulhouse 28 – Thann 27.

🏰 **Château d'Isenbourg** ⑤, ☏ 49.63.53, Télex 880819, ≤, ⏃, 🐎, ✵ – 📺 ☎ ♿ 🅿 – ⚖ 50. 🆅🆂🅰
fermé mi-janv. à mi-mars – SC : **R** 145/190 – ⊊ 33 – **37 ch** 330/520, 3 appartements – P 450/625.

à Bollenberg SO : 6 km par N 83 et VO – ⊠ 68111 Westhalten :

🏨 **Bollenberg** ⑤, ☏ 49.62.47, Télex 880896 – ⇔wc 🏠wc ☎ ♿ 🅿 – ⚖ 50. 🅰🅴 ⓞ 🄴
SC : **R** voir rest. Vieux Pressoir – ⊊ 18 – **48 ch** 160 – P 248/328.

XX **Vieux Pressoir**, ☏ 49.60.04, meubles rustiques – 🅿 🅰🅴 ⓞ 🄴
SC : **R** 70/250.

CITROEN Sauter, ☏ 49.61.46   Gar. Ebelin, ☏ 49.60.28
RENAULT Habermacher, ☏ 49.60.08

ROUFFILLAC 24 Dordogne 🔢 ⑱ – ⊠ 24370 Carlux – 🎿 53.

Paris 552 – Brive-la-Gaillarde 49 – Gourdon 25 – Sarlat-la-Canéda 17.

🏨 **Cayre**, ☏ 29.70.24, ⏃, 🐎, ✵ – ⇔ 🏠wc ☎ 🅿
➡ *fermé 1er au 30 oct.* – SC : **R** 45/140 – ⊊ 16 – **15 ch** 85/130 – P 145/165.

ROUGÉ 44660 Loire-Atl. 🔢 ⑦ – 2 015 h. alt. 80 – 🎿 40.

Paris 354 – Châteaubriant 10 – Laval 80 – ◆ Rennes 45.

🏨 **Koste Ar C'Hoad** ⑤, ☏ 28.84.18 – ⇔ 🅿 🆅🆂🅰
➡ SC : **R** (dîner seul. pour résidents) 35 🍷 – 🍽 12 – **15 ch** 50/85.

Le ROUGET 15290 Cantal 🔢 ⑪ – 963 h. alt. 606 – 🎿 71.

Paris 559 – Aurillac 25 – Figeac 44 – Laroquebrou 15 – St-Céré 37 – Tulle 76.

🏨 **Voyageurs**, ☏ 46.10.14 – ⇔wc 🏠wc 🚗 🅿 ✵
➡ SC : **R** 28/50 – 🍽 10 – **38 ch** 86 – P 70/75.

ROUILLAC 16170 Charente 🔢 ⑬ – 1 729 h. alt. 110 – 🎿 45.

🛈 Office de Tourisme à la Mairie (fermé sam. et dim.) ☏ 96.51.41.

Paris 438 – Angoulême 24 – Cognac 25 – Ruffec 37 – St-Jean-d'Angély 41.

X **Commerce** avec ch, 26 r. Jarnac ☏ 96.77.13, 🍽 – ⇔wc 🅿 – ⚖ 130
➡ *fermé dim. soir et lundi* – SC : **R** 45/80 🍷 – ⊊ 12 – **8 ch** 60/120 – P 150/200.

ROULLET 16 Charente 🔢 ⑬ – rattaché à Angoulême.

ROUMAZIÈRES-LOUBERT 16270 Charente 🔢 ⑤ – 3 146 h. alt. 223 – 🎿 45.

Paris 425 – Angoulême 48 – Chabanais 13 – Confolens 18 – ◆Limoges 65 – Nontron 65 – Ruffec 39.

🏨 **Commerce** Ⓜ, av. Gare ☏ 71.21.38, 🍽, 🐎 – ⇔wc ☎ 🅿
➡ *fermé 19 déc. au 3 janv.* – **R** 40/150 🍷 – ⊊ 16 – **20 ch** 122/210 – P 170/200.

Les ROUSSES 39220 Jura 🗺️ ⑮⑯ G. Jura – 2 193 h. alt. 1 120 – Sports d'hiver : 1 120/1 680 m ⚡️37, ⚡️ – ⚹ 84.

Voir Gorges de la Bienne* O : 3 km.

🛈 Office de Tourisme pl. Pasteur (fermé dim.) 📞 60.02.55.

Paris 469 – ♦Genève 47 – Gex 30 – Lons-le-Saunier 66 – Nyon 25 – St-Claude 33.

    🏠 ✿ **France** (Petit) 🅼, 📞 60.01.45, 🍴 – 🅿 – 🏊 30. 🆎
        fermé 30 mai au 23 juin et début nov. au 16 déc. – SC : **R** 77/205 – 🍽 18 – **34 ch**
        100/240 – P 190/250
        Spéc. Salade de cuisses de canard aux écrevisses et foie gras, Brouillade aux morilles, Poêlée de
        julienne de saumon frais. Vins Arbois, Pupillin.

    🏠 **La Redoute,** 📞 60.00.40 – 🚻wc 🕿 🅿 🅴 𝘝𝘐𝘚𝘈
    ←   fermé mai et nov. – SC : **R** 50/120 – 🍽 15,50 – **26 ch** 155/165 – P 195/205.

    🏠 **Relais des Gentianes,** 📞 60.50.64, 🍷 – 🚻wc 🎇wc 🕿 🅿 🅴
        fermé juin, oct. et lundi hors sais. – SC : **R** 58/150 – 🍽 19 – **14 ch** 100/190 – P
        145/175.

    🏠 **Christiania,** 📞 60.01.32, ≤ – 🚻wc 🎇wc 🕿 🅿 🍴, ⚹ rest
        mars-mai, juil.-20 sept., déc. et janv. – SC : **R** 70/135 – 🍽 15,50 – **25 ch** 102/178 –
        P 164/214.

    🏠 **des Rousses,** 📞 60.00.02 – 🚻wc 🎇wc 🕿. ⚹ rest
    ←   fin juin-sept. et début déc. - Pâques – SC : **R** 45/75 🍷 – 🍽 12 – **13 ch** 65/120 – P
        120/140.

    à la Cure SE : 2,5 km – ✉️ 39220 Les Rousses :

    XX **Arbez,** 📞 60.02.20 – 🅿. ⚹
        fermé juin, nov., lundi soir et mardi hors sais. – SC : **R** 60/180.

RENAULT Gar. des Neiges, 📞 60.02.54

ROUSSILLON 84 Vaucluse 🗺️ ⑬ G. Provence (plan) – 1 097 h. alt. 390 – ✉️ **84220** Gordes – ⚹ 90.

Voir Site* du village* – Chaussée des Géants**.

Paris 728 – Apt 11 – Avignon 48 – Bonnieux 12 – Carpentras 44 – Cavaillon 27 – Sault 36.

    🏠 **Mas de Garrigon** 🐾, N : 2 km par rte St-Saturnin d'Apt 📞 75.63.22, ≤ Luberon,
    🍴, 🏊, 🍷 – 📺 🕿 🅿. 🆎 🅴 𝘝𝘐𝘚𝘈. ⚹ rest
        fermé 15 nov. au 20 déc. – SC : **R** (fermé dim. soir et lundi midi) (prévenir) 140/160
        – 🍽 25 – **7 ch** 350/400.

    🏠 **Résidence des Ocres** 🐾 sans rest, 📞 75.60.50 – 🔲 🚻wc 🍴 🚗 🍴🏊 𝘝𝘐𝘚𝘈
        fermé 15 au 30 nov. et fév. – SC : 🍽 13,50 – **15 ch** 140/180.

    XX **David,** 📞 75.60.13, ≤ falaises et vallée – 🆔 𝘝𝘐𝘚𝘈
        fermé 28 juin au 11 juil., 30 janv. au 23 fév., mardi du 15 sept. au 30 juin et lundi –
        SC : **R** (dim. et fêtes prévenir) 90/160.

ROUTOT 27350 Eure 🗺️ ⑲ G. Normandie – 1 010 h. alt. 145 – ⚹ 32.

Voir La Haye-de-Routot : ifs millénaires* N : 4 km.

Paris 152 – Bernay 47 – Évreux 68 – ♦Le Havre 54 – Pont-Audemer 18 – ♦Rouen 36.

    XX **L'Écurie,** 📞 57.30.30
        fermé 10 au 31 janv., mardi et merc. – SC : **R** 80/135.

PEUGEOT, TALBOT Gar. Lefieux, 📞 57.31.23

ROUVRES-EN-XAINTOIS 88 Vosges 🗺️ ⑭ – 367 h. alt. 318 – ✉️ 88500 Mirecourt – ⚹ 29.

Paris 332 – Épinal 43 – Lunéville 61 – Mirecourt 9 – ♦Nancy 57 – Neufchâteau 31 – Vittel 24.

    🏠 **Aub. du Xaintois,** 📞 37.03.43 – 🎇wc 🍴 🚗 🅿
        19 ch.

    XX **Burnel** avec ch, 📞 37.04.10 – 🚻wc 🕿 🅿. 🍴🏊 🆎 🅴 𝘝𝘐𝘚𝘈
    ←   fermé 27 juin au 11 juil., en fév., dim. soir hors sais. et lundi sauf fêtes – SC : **R** (dim.
        et fêtes prévenir) 50/125 🍷 – 🍽 15 – **8 ch** 75/150 – P 190/250.

ROUVRES-LA-CHÉTIVE 88 Vosges 🗺️ ⑬ – rattaché à Neufchâteau.

ROYAN 17200 Char.-Mar. 🗺️ ⑮ G. Côte de l'Atlantique – 18 694 h. – Casinos : Grand Casino B, de Pontaillac A – ⚹ 46.

Voir Front de mer* – Église N.-Dame* B E.

🏌️ de la Côte de Beauté 📞 22.16.24 par ④ : 7 Km.

Bac pour le Verdon : renseignements 📞 38.59.91.

🛈 Office de Tourisme Palais des Congrès (fermé dim. sauf matin en saison) 📞 38.65.11. Télex 790441 et Place Poste (fermé dim. hors sais.) 📞 05.04.71.

Paris 505 ① – ♦ Bordeaux 129 ② – Périgueux 174 ② – Rochefort 40 ⑤ – Saintes 38 ①.

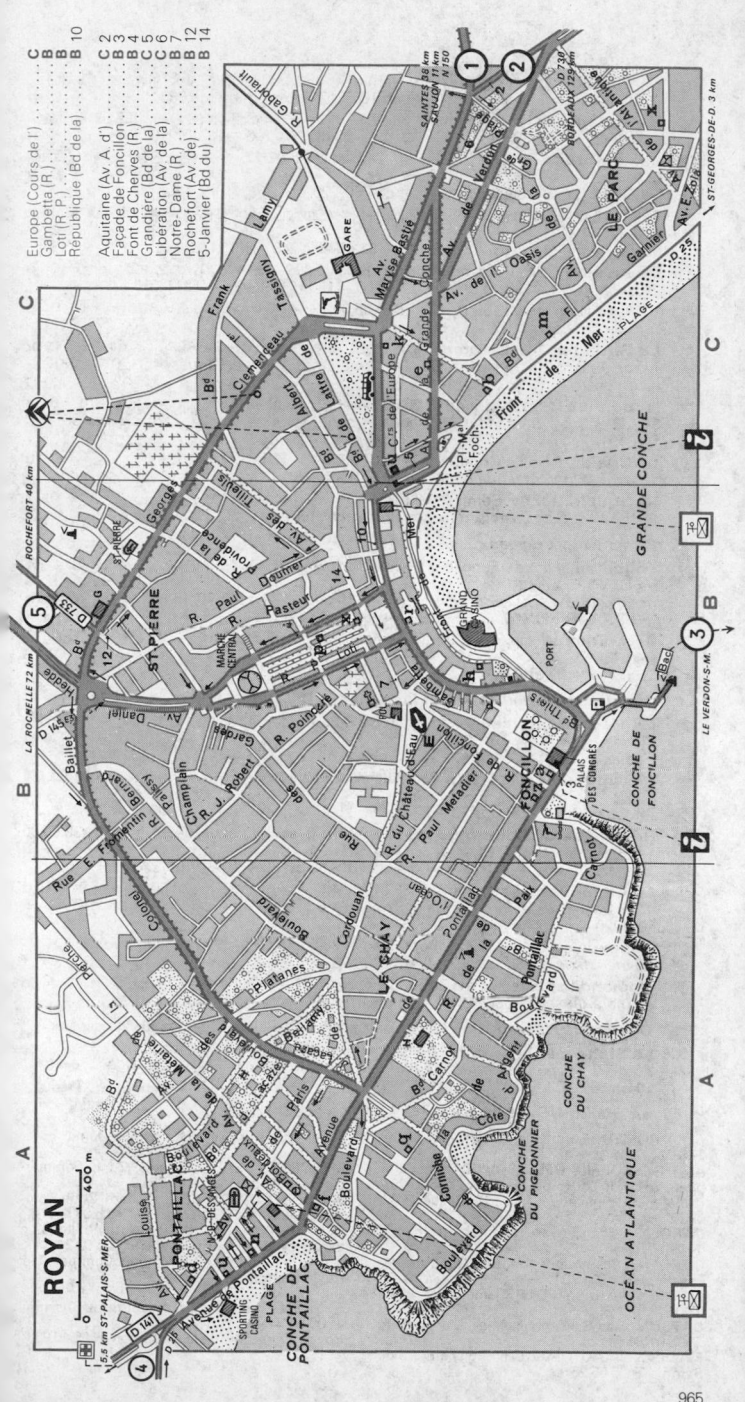

ROYAN

0   400 m

SAINTES 56 km
S'HYAI[?] N 150
BORDEAUX 129 km

5,5 km ST-PALAIS-S-MER

LA ROCHELLE 72 km
ROCHEFORT 40 km

ST-GEORGES-DE-O. 3 km

LE VERDON-S-M.

OCÉAN ATLANTIQUE

CONCHE DE PONTAILLAC

CONCHE DU PIGEONNIER

CONCHE DU CHAY

CONCHE DE FONCILLON

GRANDE CONCHE

PONTAILLAC

LE CHAY

FONCILLON

ST-PIERRE

LE PARC

965

Grande Conche :

🏨 **Family Golf H.** sans rest, 28 bd Garnier ℡ 05.14.66 — 🛗 ➰wc ⋔wc ☜ 🅿 ⣤ 📇
25 mars-30 sept. – SC : ⌑ 18 – **24 ch** 165/240. 3 appartements 385.　　　　C m

🏨 **Hermitage,** 56 Front de Mer ℡ 38.57.33, ⬸ — ➰wc ⋔wc ☜ ⣤⣤ 🄰🄴 ⓞ 📇
1er fév.-25 oct. – SC : **R** 60/110 – ⌑ 17 – **23 ch** 114/200 – P 245/270.　　B h

🏨 **Les Embruns** sans rest, 18 bis Bd Garnier ℡ 05.02.17, ⬸ — 🛗 ➰wc ⋔wc ☜ 🅿 🄰🄴 ⓞ
🄴　　　　C b
1er avril-31 oct. – SC : ⌑ 18,50 – **24 ch** 160/220.

🏨 **France,** 2 r Gambetta ℡ 05.02.29 — 🛗 ➰wc ⋔wc ☜ ⴺ ⣤⣤ 🄰🄴 ⓞ 🄴 📇.
⣾ rest　　　　B r
SC : **R** *(fermé lundi)* 53/205 – ⌑ 18 – **32 ch** 107/248 – P 221/294.

🏨 **Beauséjour,** 32 av. Grande Conche ℡ 05.09.40 — ➰wc ⋔wc ☜. ⣾　　　　C e
1er avril-1er oct. – SC : **R** 69/74 – ⌑ 16,50 – **14 ch** 139/145 – P 211/216.

🏨 **Vialard** sans rest, 23 bd A.-Briand ℡ 05.06.72 — ➰wc ⋔wc ☜. ⣤⣤　　　　B p
fermé oct. – SC : ⌑ 15 – **25 ch** 78/170.

🏨 **Le Girondin,** 109 crs Europe ℡ 05.01.26 — 🛗 ➰wc ⋔. ⣤⣤　　　　C k
⬅ *fermé 15 déc. au 15 janv.* – SC : **R** *(fermé lundi d'oct. à Pâques)* 45/120 – ⌑ 12 –
47 ch 65/150 – P 130/165.

🏨 **H. de Ville,** 1 bd A.-Briand ℡ 05.00.64 — ➰wc ⋔ ☜　　　　B x
SC : **R** *(fermé merc. sauf juil., août et sept.)* 50/90 – ⌑ 15 – **20 ch** 75/135 – P
149/191.

XXX **Le Chalet,** 6 bd La Grandière ℡ 05.04.90 — ▤. 📇　　　　C u
1er avril-1er oct. et fermé merc. sauf juil.-août – SC : **R** carte 100 à 160.

XX **Le Squale,** 102 av. Semis ℡ 05.51.34　　　　C x
fermé 10 oct. au 26 nov., dim. soir hors sais. et merc. – SC : **R** carte 95 à 160.

Conche de Foncillon :

🏨 **Foncillon,** Façade Foncillon ℡ 38.48.00, ⬸ — 🛗 ▤ rest ➰wc ⋔wc ☎ 🅿 — ⣤
50. 🄰🄴 ⓞ 🄴 📇. ⣾ rest　　　　B a
hôtel : 1er avril-30 sept., rest. : 15 juin-15 sept. – SC : **R** 90/130 – ⌑ 24 – **45 ch**
180/360 – P 260/460.

🏨 **Beau Rivage** sans rest, 9 façade Foncillon ℡ 38.73.11, ⬸ — 🛗 ➰wc ⋔wc ☜.
🄴 ⣾　　　　B z
SC : ⌑ 17 – **22 ch** 170/230.

Conche de Pontaillac – Voir Corniche* et Conche*.

🏨 **Gd H. de Pontaillac** sans rest, 195 av. Pontaillac ℡ 38.00.44, ⬸, ⛟ — 🛗 ➰wc
⋔wc ☜ ⣤ 120. ⣤⣤　　　　A u
Pâques et 22 mai-15 sept. – SC : **55 ch** ⌑ 205/260.

🏨 **Miramar** sans rest, 173 av. Pontaillac ℡ 38.03.64, ⬸ — ➰wc ⋔wc ☜. ⣤⣤ 🄰🄴 ⓞ
🄴 📇　　　　A n
Pâques-15 oct. – SC : ⌑ 20 – **27 ch** 180/250.

🏨 **Résidence de Saintonge** rest Pavillon bleu ⣾, allée des Algues ℡ 38.00.00
⬅ — ➰wc ⋔wc ☜ ⴺ 🅿 — ⣤ 30. ⣤⣤ 🄴. ⣾ rest　　　　A q
26 mars-30 sept. – SC : **R** 44/100 – ⌑ 18 – **33 ch** 80/160 – P 160/220.

🏨 **La Chaumière,** 61 av. Paris ℡ 38.01.01, ⛟ — ➰wc ⋔wc ☜. 🄰🄴 ⓞ 📇　　　　A d
15 mars-1er oct. et fermé merc. hors sais. – SC : **R** 65/85 – ⌑ 17 – **24 ch** 90/195 – P
200/220.

🏨 **Bellevue** sans rest, 122 av. Pontaillac ℡ 38.06.75, ⬸ — ➰wc ⋔wc, sans ⋔ 🅿. ⣾
15 mai-15 oct. – SC : ⌑ 20 – **25 ch** 170/220.　　　　A f

🏨 **Goélands** sans rest, 4 av. Ermitage ℡ 38.01.50 — ➰wc ⋔wc ☜ 🅿. ⣾　　　　A e
27 mars-fin sept. – SC : ⌑ 17 – **20 ch** 160/180.

Conche de Nauzan NO : 2,5 km, voir aussi à St-Palais : – ✉ **17640** Vaux-sur-Mer :

X **La Biche au Bois** avec ch, rte St-Palais ℡ 38.01.52 — ⋔wc. ⣤⣤　　　　
⬅ *26 mars-11 sept. et fermé merc. du 26 mars au 30 mai* – SC : **R** 44/100 – ⌑ 13 –
10 ch 86/110 – P 142/159.

au Grallet NO : 10 km par D 145 – XXX , voir à St-Palais.

ALFA-ROMEO Baribeaud, 50 av. Gde-Conche
℡ 05.04.62
AUSTIN, MORRIS, OPEL, ROVER Gar. Euro-
péen, 76 bd de Lattre-de-Tassigny ℡ 05.32.29
BMW Gar. Bienvenue, 43 av. M.-Bastié ℡ 05.
01.62
CITROEN Ardon Royan, rte de Saintes par ①
℡ 05.16.50
CITROEN Casagrande, 24 bd De Lattre-de-
Tassigny ℡ 05.04.26
CITROEN Corpron, 20 bd Clemenceau ℡ 05.
07.66
DATSUN Gar. Cassagnau, 44 av. Mar.-Leclerc
℡ 05.01.66
FIAT LANCIA-AUTOBIANCHI Boisnard, rte de
Saintes ℡ 05.05.26

FORD Gar. Zanker, 11 r. Notre Dame ℡ 05.
69.87
MERCEDES-BENZ, Thomas, Zone Commer-
ciale, rte de Saintes ℡ 05.05.49
PEUGEOT, TALBOT Gar. Richard, Zone Com-
merciale, rte de Saintes par ① ℡ 05.03.55
RENAULT Royan-Diffusion-Automobile, 32 r.
Lavoisier rte de Saintes par ① ℡ 05.00.24
V.A.G. Automobiles 17, Zone Commerciale,
rte de Saintes par ① ℡ 05.54.75

⦿ Moyet-Pneus, 50 bd de Lattre-de-Tassigny
℡ 05.54.24
Royan-Pneus, av. de la Libération ℡ 05.46.93

ROYAT 63130 P.-de-D. 73 ⑭ **G. Auvergne – 4 491 h. alt. 456 – Stat. therm. (1er avril-31 oct.) –** Casino BY – ⛳ 73.

Voir Église St-Léger★ AZB.

⛳9 ☎ 35.87.25 par ② : 6 km.

Circuit automobile de montagne d'Auvergne.

ℹ Syndicat d'Initiative pl. Allard (fermé nov., sam. après-midi et dim. hors sais.) ☎ 35.81.87.

Paris 393 ① – Aubusson 92 ③ – La Bourboule 49 ③ – ♦Clermont-Fd 3,5 ① – Le Mont-Dore 47 ②.

Accès et sorties : voir plan de Clermont-Ferrand

ROYAT

Jaurès (Av. Jean) ...... **ABZ**
Nationale (R.) .... **AZ** 16

Agid (Av. J.) .... **BZ** 3
Allard (Pl.) .... **BY** 4
Beau-Site (Av.) ..... **BY** 7
Cohendy (R. A.) ..... **AZ** 8
Gambetta (Bd) ...... **BY** 9
Gare (Av. de la) ..... **BY** 13
La-Bruyère (R.) ..... **BY** 14
Paulet (R. P.) .... **AZ** 17
Rouzaud (Av.) ...... **BY** 19
Royat (Av. de) ...... **BY** 21
Souvenir (R. du) .... **AZ** 22
Vaquez (Bd) .... **BY** 25
Victoria (R.) .... **AZ** 27

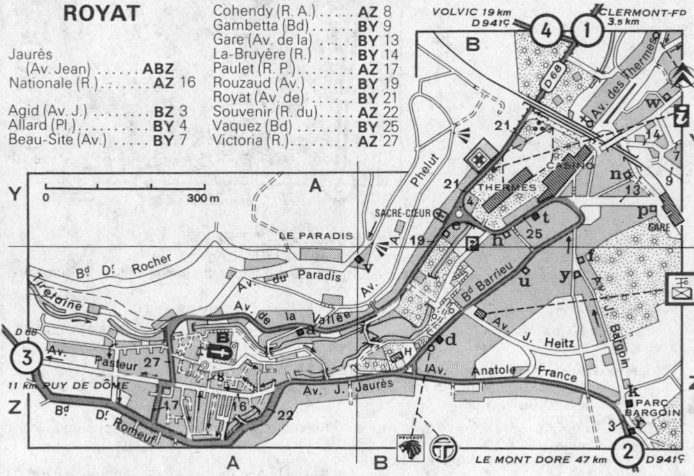

🏨 **Métropole,** bd Vacquez ☎ 35.80.18 – lift ♿. ✗ rest — BY **h**
1er mai-1er oct. – SC : **R** 95 – ☕ 25 – **80 ch** 130/360, 5 appartements 665 – P 245/415.

🏨 **Royal H. St-Mart,** av Gare ☎ 35.80.01, ⛱ – lift Ⓟ – 🎾 35 — BY **n**
1er mai-30 sept. – SC : **R** 90/210 – ☕ 22 – **63 ch** 115/260.

🏨 **Richelieu,** 3 av. A.-Rouzaud ☎ 35.86.31 – lift 🛁wc 🚿wc ☎. ✗ rest — BY **e**
24 avril-30 sept. – SC : **R** 69 – ☕ 16 – **60 ch** 80/180 – P 158/314.

🏨 **Univers,** av. Gare ☎ 35.81.28, ⛱ – lift 🛁wc 🚿wc ☎. ✗ — BY **p**
avril-oct. – SC : **R** 70/110 – ☕ 16 – **45 ch** 90/190 – P 170/250.

🏨 **Parc Majestic** 🐌 sans rest, av. Jocelyn-Bargoin ☎ 35.84.36, ⛱ – 🛁wc 🚿 ☎ 🚗 Ⓟ. ✗ — BZ **f**
début mai-fin sept. – SC : ☕ 20 – **20 ch** 110/200.

🏨 **Cottage** 🐌, av. Jocelyn-Bargoin ☎ 35.82.53, ⛱ – 🛁wc 🚿 ☎ Ⓟ. ✗ — BZ **y**
début avril-30 sept. – SC : **R** 44/60 – ☕ 12 – **35 ch** 52/145 – P 120/150.

🏨 **Chalet Camille,** bd Barrieu ☎ 35.80.87, ⛱ – Ⓟ. ✗ rest — BZ **u**
1er avril-15 oct. – SC : **R** 42/59 – ☕ 15 – **20 ch** 50/75 – P 140/160.

XXX **Le Paradis,** av. Paradis ☎ 35.85.46, ≤ Royat et Clermont, ⛱ – Ⓟ — BZ **v**
fermé 2 janv. au 10 fév., dim. soir et lundi – SC : **R** 80/150.

XX **Belle Meunière** avec ch, av. Vallée ☎ 35.80.17 – 🛁wc 🚿wc ☎ 🚗. **E** — AZ **a**
fermé fév., dim. soir et lundi – SC : **R** 115/230 – ☕ 20 – **10 ch** 100/230 – P 220/270.

XX **Coq en Pâte,** 8 bd Vaquez ☎ 35.99.05 — BY **t**
fermé en juin, en oct., merc. midi et mardi – SC : **R** 90.

XX **L'Hostalet,** 47 bd Barrieu ☎ 35.82.67 — BZ **d**
1er avril-30 sept., 15 oct.-2 janv., fermé dim. soir et lundi – SC : **R** 70 bc/120.

XX **Aub. Écu de France,** av. J.-Agid ☎ 35.81.81 – Ⓟ. **E** VISA — BZ **r**
fermé merc. hors sais. – SC : **R** 55/100.

XX **L'Oasis,** Parc Bargoin ☎ 35.82.79, ≤ — BZ **k**
mars-oct., week-ends et fériés de nov. à fév., fermé lundi sauf juil.-août – SC : **R** 50/105.

CITROEN Gar. Boyer, 50 av. des Thermes, à Chamalières ☎ 37.71.57
PEUGEOT-TALBOT S.E.G.T.R.A., 49 bd Barrieu ☎ 35.82.20
RENAULT Valleix, 57 bd Gambetta, à Chamalières BY ☎ 93.11.43

Ne voyagez pas aujourd'hui avec une carte d'hier.

ROYE 80700 Somme 🗺 ⑳ G. Nord de la France – 6 368 h. alt. 88 – ✪ 22.
Paris 112 ⑤ – ◆Amiens 42 ⑥ – Arras 74 ⑦ – Compiègne 40 ⑤ – St-Quentin 46 ②.

ROYE

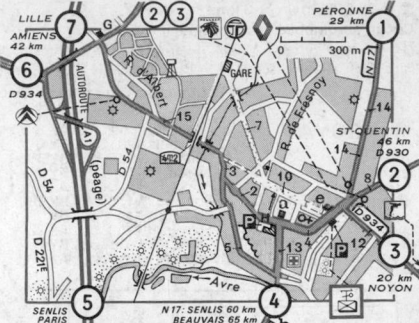

*Pour un bon usage des plans
de villes, voir les signes conventionnels p. 20*

XXX ✿ **La Flamiche**, pl. H. de Ville (a) ⏰ 87.00.56 – 🅰🅴 ⓞ 𝗩𝗜𝗦𝗔
   fermé 18 déc. au 10 janv., dim. et lundi – **R** 100/170
   Spéc. Flamiche aux poireaux (sept. à mai). Turbot rôti aux figues et au miel. Colvert au citron vert
   (juil. à fév.).

XXX **Croix d'Or**, 123 rte de Paris (b) ⏰ 87.11.57, ☞ – 🅿 🅰🅴 ⓞ 𝗩𝗜𝗦𝗔
   fermé 10 au 24 fév., 11 août au 2 sept., mardi soir et merc. – SC : **R** 58/170, carte le
   dim.

XX **Nord** avec ch, pl. République (e) ⏰ 87.10.87 – 🚗🖭 𝗩𝗜𝗦𝗔 ✂ ch
   fermé 15 juil. au 5 août, 15 fév. au 5 mars, mardi soir et merc. – SC : **R** 60/155 – ⬛
   17 – **7 ch** 60/95.

CITROEN Roye-Automobiles, Zone Ind.,
Impasse du Moulin ⏰ 87.02.06
FORD, TOYOTA Gar. Dallet, 5 pl.de la Répu-
blique ⏰ 87.10.89
PEUGEOT-**TALBOT** Gaudefroy, 10 r. de Nesle
⏰ 87.07.88

RENAULT Carlier, pl. de la République ⏰ 87.
01.08

🔘 Fischbach Pneu, 12 r. de Péronne ⏰ 87.11.03

Le ROZIER 48 Lozère 🗺 ④⑤ G. Causses – 114 h. alt. 390 – ✉ 48150 Meyrueis – ✪ 65
(Aveyron).

Voir Belvédère des Terrasses du Truel★ E : 3,5 km.

Env. Corniche du Causse Noir ≤★★ SE : 13 km puis 15 mn.

🅱 Syndicat d'Initiative (15 juin-15 sept. et fermé dim. après-midi) ⏰ 62.60.89.

Paris 638 – Florac 62 – Mende 63 – Millau 21 – Sévérac-le-Château 31 – Le Vigan 78.

🏨 **Gd H. Muse et Rozier** Ⓜ ⑤, à la Muse (D 907) rive dte du Tarn ✉ 12720
   Peyreleau (Aveyron) ⏰ 62.60.01, ≤, 🌿, « au bord de l'eau », ☞ – 🛗 ☎ 🚗 🗄
   – ♨ 35. 🅰🅴 ⓞ 𝗩𝗜𝗦𝗔 ✂ rest
   25 mars-9 oct. – SC : **R** 85/170 – ⬚ 22 – **35 ch** 220/320, 3 appartements 420 – P
   280/390.

🏠 **Voyageurs**, ⏰ 62.60.09 – 🛁wc 🚿wc 🗄. 🚗🖭. ✂
← *fermé oct.* – SC : **R** 45/80 🍷 – ⬚ 15 – **24 ch** 65/140 – P 120/150.

🏠 **Doussière** sans rest, ⏰ 62.60.25 – 🛁wc
   avril-11 nov. – SC : ⬚ 11 – **18 ch** 56/111.

RUEIL-MALMAISON 92 Hauts-de-Seine 🗺 ⑳. 🗺 ⑬ – voir Paris, Proche banlieue.

RUFFEC 16700 Charente 🗺 ④ G. Côte de l'Atlantique – 4 669 h. alt. 108 – ✪ 45.

🅱 Office de Tourisme pl. d'Armes (fermé matin hors sais., sam. après-midi, dim. et lundi) ⏰
31.05.42.

Paris 401 – Angoulême 43 – Cognac 62 – Confolens 43 – Niort 68 – Poitiers 66 – St-Jean-d'Angély 62.

   à Verteuil-sur-Charente S : 6 km par N 10 et D 26 – ✉ 16510 Verteuil-sur-Charente.
   Voir Mise au tombeau★ dans l'église.

🏠 **La Paloma** ⑤, rte Villars ⏰ 31.41.32, ☞ – 🛁wc 🗄 🅿 🚗🖭
← *1er avril-30 sept.* – SC : **R** *(fermé lundi midi et mardi midi)* 44/88 🍷 – ⬚ 12 – **10 ch**
   88/140 – P 180/220.

CITROEN Vienne-Sud-Autom., N 10 à Ville-
gats ⏰ 31.42.04
FIAT Gar. Lavaud, ⏰ 31.01.45
PEUGEOT, TALBOT Gar. Pol Loussert, ⏰ 31.
05.27

PEUGEOT, TALBOT Moreau, ⏰ 31.02.09
RENAULT S.A.C.D.A., Zone Ind. ⏰ 31.07.12

🔘 Rogeon-Pneus, ⏰ 31.07.95
   Sofica, ⏰ 31.02.75

RUFFIEUX 73 Savoie 🔢 ⑤ – 363 h. alt. 296 – ⊠ 73310 Chindrieux – ✪ 79.

Paris 516 – Aix-les-Bains 21 – Bellegarde-sur-Valserine 35 – Bourg-en-Bresse 90 – ♦Lyon 110.

🏯 **Château de Collonges** 🍃, 🕿 63.27.38, ≤, parc, 🍽, « Beau mobilier » – 🅿.
※ rest
15 mars-31 oct. – SC : **R** *(fermé dim. soir et lundi hors sais.)* 98/142 – ⊊ 23 – **11 ch**
196/300 – P 294/346.

RUGY 57 Moselle 🔢 ④ – rattaché à Metz.

RUMILLY 74150 H.-Savoie 🔢 ⑤ **G. Alpes** – 9 201 h. alt. 345 – ✪ 50.

🛈 Syndicat d'Initiative à la Mairie (fermé dim.) 🕿 01.09.24.

Paris 543 – Aix-les-Bains 20 – Annecy 17 – Bellegarde-sur-Valserine 35 – Belley 45 – ♦Genève 51.

🏨 **Poste**, 17 r. Ch.-de-Gaulle 🕿 01.28.61, 🌳 – 🛏 🕿 🚗. ※ ch
➤ *fermé 25 sept. au 25 oct.* – SC : **R** *(fermé dim. soir et lundi sauf août)* 40/100 🍷 – 🍺
14 – **14 ch** 65/125 – P 135/165.

à Moye NO : 4 km par D 231 – ⊠ 74150 Rumilly :

🏨 **Relais du Clergeon** 🍃, 🕿 01.23.80, ≤ – 🛏wc 🛁wc 🕿 ᕤ 🚗 🅿 – 🏊 50. 🚗
➤ *fermé 12 au 30 sept., 1er au 28 janv. et lundi sauf juil.-août* – SC : **R** *(fermé dim. soir et lundi)* 44/150 🍷 – ⊊ 15 – **25 ch** 68/165 – P 125/195.

CITROEN Gar. Lacrevaz, 7 r. J.-Béard 🕿 01.   RENAULT Desvignes, 3 r. J.-Béard 🕿 01.10.83
11.75
PEUGEOT-TALBOT Gantelet, rte d'Aix les
Bains 🕿 01.41.81

RUNGIS 94 Val-de-Marne 🔢 ①, 🔢 ㉕㉖ – voir à Paris, Proche banlieue.

RUOMS 07120 Ardèche 🔢 ⑨ **G. Vallée du Rhône** – 1 736 h. alt. 120 – ✪ 75.

Paris 656 – Alès 52 – Aubenas 24 – Pont-St-Esprit 54.

🏨 **Savel** 🍃, 🕿 39.60.02, parc – 🛏wc 🛁 🍽 🅿 – 🏊 25
➤ *fermé 17 au 23 oct., en fév., dim. soir d'oct. à avril et lundi sauf de juin à mi-sept.* –
SC : **R** 41/103 🍷 – 🍺 12 – **15 ch** 96/139 – P 138/165.

route d'Alès – ⊠ 07120 Ruoms :

🏨 **Host. Château de Sampzon** 🍃, à 5 km 🕿 39.67.14, ≤ – 🛏wc 🛁wc 🍽 🅿
15 sept.-15 juin hors saison : hôtel fermé ; rest. ouvert week-ends seul. – SC : **R**
(fermé merc.) 78/130 – ⊊ 24 – **12 ch** 185/245.

🏨 **La Chapoulière**, à 3,5 km 🕿 39.65.43 – 🛁 🅿
1er avril-30 sept. – **R** *(fermé merc.)* 47/60 – ⊊ 18 – **11 ch** 75/90 – P 135/145.

Domaine du Rouret SO : 13 km par D 111 – ⊠ 07120 Ruoms :

🏯 **Le Caleou** 🅼 🍃, 🕿 35.40.00, Télex 345478, ≤, « parc ombragé et complexe de
loisirs », 🏊, 🏊, ※ – 🛏 📺 🕿 ᕤ 🅿 – 🏊 25 à 250. 🖭 ⓞ ᴇ 🆅🆂🅰 ※ rest
SC : **R** 95/115 – ⊊ 30 – **120 ch** 250/512 – P 365/550.

CITROEN Dupland, 🕿 39.61.23   RENAULT Bouschon, 🕿 39.61.08 🅽
FIAT Perbost, 🕿 39.62.55

RUPT-SUR-MOSELLE 88360 Vosges 🔢 ⑯⑰ – 3 863 h. alt. 425 – ✪ 29.

🛈 Syndicat d'Initiative r. Église (fermé sam. après-midi, dim. et lundi matin) 🕿 24.34.09.

Paris 426 – Épinal 39 – Lure 37 – Luxeuil-les-Bains 30 – Remiremont 12 – Le Thillot 11.

✕✕ **Centre** avec ch, r. Église 🕿 24.34.73 – 🛁wc 🕿 🅿. 🚗 🖭 ⓞ ᴇ 🆅🆂🅰
➤ *fermé 9 au 30 janv., dim. soir et lundi sauf du 15 juin au 15 sept.* – SC : **R** 48/180 🍷 –
⊊ 15 – **11 ch** 68/170 – P 135/220.

RUYNES-EN-MARGERIDE 15320 Cantal 🔢 ⑭⑮ – 584 h. alt. 914 – ✪ 71.

🛈 Syndicat d'Initiative à la Mairie (fermé après-midi, sam. et dim.) 🕿 23.41.59.

Paris 503 – Aurillac 89 – Langeac 47 – Le Puy 81 – St-Chély-d'Apcher 31 – St-Flour 13.

🏨 **Moderne** 🍃, 🕿 23.41.17, parc – 🛏wc 🛁wc 🚗 🅿 – 🏊 50. ※ rest
➤ *1er mars-1er nov.* – SC : **R** 35/80 – ⊊ 12 – **38 ch** 65/120 – P 110/140.

RENAULT Brun, 🕿 23.42.31

RY 76116 S.-Mar. 🔢 ⑦ **G. Normandie** – 525 h. alt. 75 – ✪ 35.

Voir Porche★ de l'église.

Paris 113 – Buchy 19 – Fleury 14 – Gournay-en-Bray 31 – Lyons-la-Forêt 14 – ♦Rouen 20.

✕✕ **Aub. La Crevonnière** 🍃 avec ch, 🕿 23.60.52, ≤, « Dans un jardin au bord de
l'eau » – 🅿. 🚗 🖭 ᴇ. ※ ch
fermé août et merc. – SC : **R** 60/150 – ⊊ 15 – **4 ch** 100/120.

CITROEN Gar. Duval, 🕿 23.60.76

Paris 472 – Molsheim 47 – Raon-l'Étape 29 – St-Dié 20 – Sélestat 40 – ✦Strasbourg 69.

　🏨 **Roche des Fées,** ☏ 97.70.90 – ⊖wc 🛁wc ⊛ 🅿 🕿🍴 **E.** ⫽⫽
　　　fermé 15 au 30 oct., 15 au 30 janv., mardi soir et merc. hors sais. – SC : **R** 42/150 ⅄ –
　　　⊡ 13 – **16 ch** 67/135 – P 135/150.

Garage Bonhomme, ☏ 97.71.80

　　　Si vous devez faire étape dans une station ou dans un hôtel isolé,
　　　prévenez par avance, surtout en saison.
　　　Une réservation confirmée par écrit est toujours plus sûre.

Les **SABLES-D'OLONNE** ◁🆂🅿▷ 85100 Vendée 𝟨𝟩 ⑫ G. Côte de l'Atlantique – 18 204 h. –
Casino de la plage AZ, Casino des Sports CY – ✿ 51.

Voir Le Remblai✶ BCZ.

🛈 Office de Tourisme, pl. Navarin (fermé dim. hors sais.) ☏ 32.03.28.

Paris 450 ② – Angoulême 204 ④ – Cholet 101 ② – ✦Nantes 91 ② – Niort 110 ④ – Poitiers 184 ④ –
Rochefort 129 ④ – La Rochelle 100 ④ – La Roche-sur-Yon 36 ②.

Plan page ci-contre

　🏰 **Atlantic H.** M, 5 prom. Godet ☏ 95.37.71, Télex 710474, ≤, 🖾 – 🛗 📺 🕿. 🖭 VISA
　　　SC : **R** *(fermé dim.)* 65/130 – ⊡ 20 – **30 ch** 140/350 – P 250/350.　　　　　　BY e

　🏨 **Beau Rivage,** 40 prom. G.-Clemenceau ☏ 32.03.01, ≤ – ⊖wc 🛁 ⊛. 🕿🍴 VISA
　　　fermé 1er déc. au 15 janv., dim. soir et lundi du 15 sept. au 15 mai sauf vac. scol. et
　　　fêtes – SC : **R** 85/165 – ⊡ 18 – **28 ch** 125/215 – P 240/270.　　　　　　　　　CZ v

　🏨 **Roches Noires** sans rest, 12 prom. G.-Clemenceau ☏ 32.01.71, ≤ – ⊖wc 🛁wc
　　　⊛. 🕿🍴　　　　　　　　　　　　　　　　　　　　　　　　　　　　　　　　　BY s
　　　Pâques-oct. – SC : ⊡ 17 – **27 ch** 140/250.

　🏨 **Arundel,** 8 bd F.-Roosevelt ☏ 32.03.77 – 🛗 ⊖wc ⊛. E VISA　　　　　　　　　AZ k
　　　fév.-oct. – SC : **R** (pens. seul.) – ⊡ 18 – **42 ch** 200/250 – P 200/250.

　🏨 **Chêne Vert** M, 5 r. Bauduère ☏ 32.09.47 – 🛗 ⊖wc 🛁wc ⊛　　　　　　　　CZ p
　　　fermé 15 déc. au 15 janv., sam. (sauf hôtel) et dim. hors sais. – SC : **R** 31/40 ⅄ – ⊡
　　　12,50 – **33 ch** 115/220 – P 145/185.

　🏨 **Merle Blanc** sans rest, 59 av. A.-Briand ☏ 32.00.35, 🌲 – ⊖ 🛁wc 🕿🍴　　　CY t
　　　15 mars-fin sept. – SC : ⊡ 13 – **32 ch** 55/130.

　🏨 **Chez Antoine,** 60 r. Napoléon ☏ 95.08.36 – ⊖wc 🛁wc. ⫽⫽　　　　　　　　AZ a
　　　1er avril-30 sept. – SC : **R** (dîner seul.) 60/65 – ⊡ 14 – **20 ch** 110/165.

　🏨 **Alizé H.** sans rest, 78 av. Alcide-Gabaret ☏ 32.44.90 – ⊖ 🛁. ⫽⫽　　　　　BY n
　　　Pâques-fin sept. (sauf du 18 au 28 avril) – SC : ⊡ 13 – **22 ch** 65/135.

　🏨 **L'Étoile** sans rest., 67 cours Blossac ☏ 32.02.05 – 🛁wc. ⫽⫽　　　　　　　CZ u
　　　1er avril-30 sept. – SC : ⊡ 15 – **24 ch** 75/155.

　🏨 **Les Hirondelles,** 44 r. Corderies ☏ 95.10.50 – 🛗 🛁wc 🅿　　　　　　　　CZ r
　　　hôtel : 1er avril-20 sept., rest. : 1er juin-20 sept. – SC : **R** 64 – ⊡ 14,50 – **60 ch** 71/140
　　　– P 142/180.

　🏨 **Pins et le Calme,** 43 av. A.-Briand ☏ 32.03.18 – 🛁 ⊛　　　　　　　　　　CY v
　　　Pâques-30 sept. – SC : **R** 58/65 – ⊡ 14,50 – **50 ch** 100 – P 140/170.

　🏨 **La Pergola,** 8 prom. G.-Clemenceau ☏ 32.04.64 – ⊖wc 🛁wc ⊛. VISA　　　BY s
　　　fermé merc. – SC : **R** 43/98 – ⊡ 13 – **9 ch** 103/120 – P 240.

　🍴🍴 **Au Capitaine,** 5 quai Guiné ☏ 95.18.10 – 🖭 ⓞ E VISA　　　　　　　　　AZ s
　　　fermé 25 sept. au 29 oct., 18 au 27 déc., 6 au 15 mars, dim. soir (sauf juil.-août) et
　　　lundi – SC : **R** carte 140 à 190.

　🍴 **Théâtre,** 20 bd F.-Roosevelt ☏ 32.00.92　　　　　　　　　　　　　　　　AZ d
　　　1er fév.-30 sept. ; fermé lundi en juil.-août, mardi soir et merc. hors sais. – SC : **R**
　　　32/100.

　　　à la Chaume Ouest du plan - AY – ⊠ **85100** Les Sables-d'Olonne :

　🍴🍴 **Loulou,** rte Bleue ☏ 32.00.22, ≤ côte sauvage – 🅿 🖭 E VISA
　　　fermé 4 au 28 oct. et mardi – SC : **R** 65/100.

　🍴 **Paix,** 20 quai George-V ☏ 95.11.52 – 🖭 ⓞ E VISA　　　　　　　　　　　AY f
　　　1er mai-15 oct., fermé lundi d'avril à juin et sept. – SC : **R** 42/110 ⅄.

　　　au Sud-Est : 7 km par D 32A, route de la Corniche CY – ⊠ **85100** Les Sables-d'O. :

　🍴🍴 **Relais de Cayola,** ☏ 95.11.16, ≤ – 🅿. 🖭 ⓞ VISA
　　　fermé 15 nov. au 1er fév., lundi soir et mardi hors sais. – SC : **R** 50/120.

CITROEN Gar. Gambetta, 4 r. Gambetta ☏ 32.
01.63
FIAT, **LANCIA-AUTOBIANCHI** Morilleau, 8 r.
Volta ☏ 32.03.74
PEUGEOT-TALBOT Gar. de Vendée, rte Tal-
mont, Le Chateau d'Olonne par ④ ☏ 32.36.18

RENAULT Central Gar., 6 rte de Nantes à
Olonne sur Mer ☏ 32.51.07
V.A.G. Tixier, rte la Rochelle, la Mouzinière ☏
32.41.04

　🔵 Vulc. Sablaise, 14 av. J.-Jaurès ☏ 32.03.92

LES SABLES-D'OLONNE

Bisson (R.) . . . . **BZ** 8
Guynemer (R.) . . . . **CZ**
Halles (R. des) . . . . **BZ** 29
H.-de-Ville (R. de l') . . . . . **CZ**
Nationale (R.) . . . . **CZ**

Travot (R.) . . . . **BZ** 60

Anjou (Av. d') . . . . **BY** 2
Aquitaine (Av. de l') . . . . **CY** 3
Arago (Bd) . . . . **BY** 4
Baudry (Av. F.) . . . . **BY** 5
Bauduère (R. de la) . . . . **CZ** 6
Beauséjour (R.) . . . . **BY** 7
Briand (Av. A.) . . . . **CY** 9
Caisse-d'Épargne (R.) . . . **BZ** 10

Castelnau (Bd) . . . . **B**
Château-d'Olonne (Av.) . . **CY**
Collineau (Pl. du Gén.) . . . **BZ** 14
Commerce (Pl. du) . . . . . . **AZ** 15
Coty (Av. R.) . . . . **CY** 16
Dingler (Quai) . . . . **AZ** 18
Dr-Canteleau (R. du) . . . . **AY** 19
Dr-Schweitzer (R. du) . . . **CY** 22
Doumer (Av. P.) . . . . **CY** 23
Fricaud (R. D.) . . . . **BY** 24

Gabaret (Av. A.) . . . . **BY** 25
Gambetta (R.) . . . . **CZ** 26
Godet (Prom. G.) . . . . . . **RY** 78
Leclerc (R. Gén.) . . . . . . **BZ** 33
Liberté (Pl. de la) . . . . . . **BZ** 35
Louis XI (Pl.) . . . . **CZ** 36
Navarin (Pl.) . . . . **BZ** 40
Nicot (Av.) . . . . **BZ** 41
N.-D.-Bon-Port (⊕) . . . . **BZ** B
Nouch (Corniche du) . . . **AY** 43

Nouettes (R. des) . . . . . . **CY** 44
Palais-de-Justice (Pl.) . . **BZ** 46
Pastour (Bd) . . . . **CY** 47
Prés.-Kennedy (Prom.) . . **CY** 48
Rhin-et-Danube (Av.) . . . **CY** 50
Roosevelt (Bd F.) . . . . . . **AZ** 53
St-Michel (R.) . . . . **CZ** 54
St-Nicolas (R.) . . . . **AY** 55
St-Pierre (⊕) . . . . **BY**
Sauniers (R. des) . . . . . . **AY** 57

SABLES-D'OR-LES-PINS 22 C.-du-N. 59 ④ G. Bretagne – ✉ 22240 Fréhel – 🅰 96.
🛥 ⊺⅌ 41.42.57, SE.

🅱 Syndicat d'Initiative pl. Fêtes (fin juin-début sept. et fermé lundi) ⊺⅌ 41.42.40.

Paris 445 – Dinan 44 – Dol-de-Bretagne 59 – Lamballe 27 – St-Brieuc 39 – St-Cast 20 – St-Malo 45.

🏨 **Ajoncs d'Or,** ⊺⅌ 41.42.12, 🌿 – ⌂wc 🏧 🚗 ⁂ rest
→ *Pâques-25 sept.* – SC : **R** 50/210 – ☲ 18 – **75 ch** 55/220 – P 140/230.

🏨 **Dunes d'Armor et Mouettes,** ⊺⅌ 41.42.06, 🌿 – ⌂wc 🚾 🅿
fin mai-15 sept. – SC : **R** 55/110 – ☲ 18 – **65 ch** 70/220 – P 155/220.

🏨 **Diane** sans rest, ⊺⅌ 41.42.07, 🌿 – ⌂wc 🚾 🅿 🛏
20 mai-20 sept. – SC : ☲ 18 – **50 ch** 70/220.

🏨 **Bon Accueil,** ⊺⅌ 41.42.19, 🌿 – ⌂wc 🅿 🛏 ⁂ rest
Pâques et 12 mai-25 sept. – SC : **R** 55/170 – ☲ 18 – **42 ch** 80/210 – P 140/230.

🏨 **Voile d'Or,** ⊺⅌ 41.42.49, ≤, 🌿 – ⌂wc 🏧wc 🚾 🅿 ⁂
1er mars-20 nov. et fermé lundi hors sais. – **R** 51/113 – ☲ 17 – **16 ch** 90/157 – P 144/193.

🏨 **Morgane** Ⓜ sans rest, ⊺⅌ 41.46.90, 🌿 – ⌂wc 🏧wc 🚾 🅿 ♿ 🅿 ⁂
Pâques et 22 mai-18 sept. – SC : ☲ 19 – **20 ch** 160/240.

🏨 **Pins,** ⊺⅌ 41.42.20, 🌿 – 🅿 🛏 E 𝖵𝖨𝖲𝖠
27 mars-30 sept. – SC : **R** 60/100 – ☲ 16 – **22 ch** 42/80 – P 110/130.

🏨 *à la Plage du Vieux Bourg de Pléhérel* E : 3,5 km par D 34 – ✉ 22240 Fréhel :

🏨 **Plage et Fréhel** 🐾, ⊺⅌ 41.40.04, ≤, 🌿 – ⌂wc 🏧 🅿 ⁂ rest
→ *25 mars-4 oct., vac. de nov. et Noël* – SC : **R** 47/112 – **29 ch** ☲ 96/138 – P 125/150.

Gar. Hamon, ⊺⅌ 41.42.48

SABLÉ-SUR-SARTHE 72300 Sarthe 64 ① G. Châteaux de la Loire – 11 761 h. alt. 27 – 🅰 43.

Paris 252 ③ – Angers 52 ⑥ – La Flèche 26 ④ – Laval 42 ⑦ – ◆Le Mans 48 ③ – Mayenne 59 ⑦.

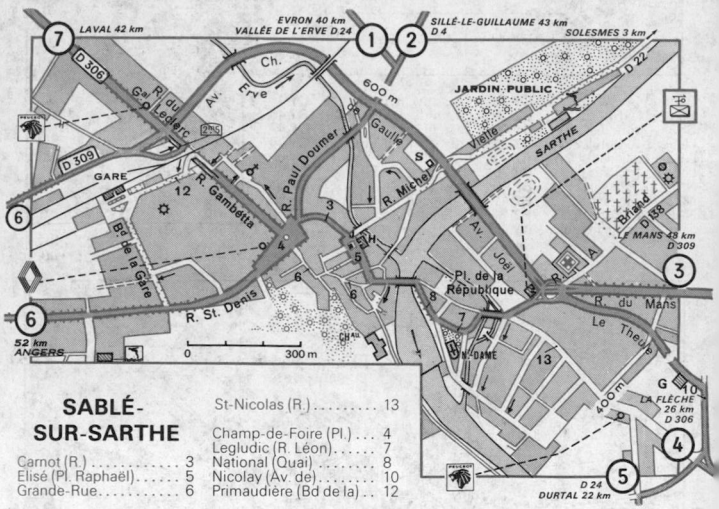

SABLÉ-SUR-SARTHE

St-Nicolas (R.) 13
Champ-de-Foire (Pl.) . . . 4
Legludic (R. Léon) 7
Carnot (R.) 3
National (Quai) 8
Elisé (Pl. Raphaël) 5
Nicolay (Av. de) 10
Grande-Rue 6
Primaudière (Bd de la) . . 12

🏨 **Campanile,** 9 av. Ch. de Gaulle (s) ⊺⅌ 95.30.53, 🌿 – ⌂wc 🚾 ♿ 🅿 𝖵𝖨𝖲𝖠
SC : **R** 55 bc/80 bc – 🍴 20 – **27 ch** 173.

🏨 *à Solesmes* NE : 3 km par D 22 – ✉ 72300 Sablé-sur-Sarthe.

Voir Saints de Solesmes★★ dans église abbatiale (chant grégorien) – Pont ≤★.

🏨 🅰 **Gd Hôtel** (Jaquet) Ⓜ, ⊺⅌ 95.45.10, 🌿 – 📺 ⌂wc 🏧 ☎ – 🔬 100 🛏 AE ⓞ E 𝖵𝖨𝖲𝖠
SC : **R** *(fermé dim. soir)* 68/150 – ☲ 20 – **34 ch** 120/250 – P 190/350
Spéc. Chapon en dodine, Sandre à l'oseille, Pot au feu de volaille au pineau. **Vins** Janières, Chinon.

BMW, FIAT, LANCIA-AUTOBIANCHI Viaduc-Autos, av. Gén.-de-Gaulle ⊺⅌ 95.04.42
CITROEN Gar. Gayet, rte du Mans par ③ ⊺⅌ 95.06.51
PEUGEOT Gar. Hennequin, 109 r. Gén.-Leclerc ⊺⅌ 95.01.32
PEUGEOT Sablé-Auto-Diffusion, 113 r. St-Nicolas ⊺⅌ 95.00.82

RENAULT Fressonnet, 13 pl. Champ-de-Foire ⊺⅌ 95.01.42
Gar. Bodinier, 3 r. du Role à Solesmes ⊺⅌ 95.45.08

🔧 Multipneus, rte de la Flèche ⊺⅌ 95.20.62

Les SABLETTES 83 Var 🔟 ⑮ G. Côte d'Azur – Casino – ✉ 83500 La Seyne-sur-Mer – ☎ 94.

Voir Presqu'île de St-Mandrier★ : ※★★.

Paris 838 – Aix-en-Provence 79 – La Ciotat 35 – ♦Marseille 62 – ♦Toulon 10.

🏠 **Provence-Plage**, ☎ 94.84.38, ≤ – 🔋🚾🚿wc ☎ ❶. 🚗🔋 *VISA*
SC : **R** 56/85 – ☲ 18 – **18 ch** 107/133 – P 170/250.

à St-Elme E : 2,5 km par D 18 – ✉ 83500 La Seyne-sur-Mer :

XX **Rest. La Jetée**, 1er étage ☎ 94.77.60, ≤ – *VISA*
fermé 3 janv. au 6 fév., lundi sauf juil.-août et fériés, le soir du 27 sept. à Pâques –
SC : **R** carte 120 à 170.

SABRES 40630 Landes 🔟🔟 ④ G. Côte de l'Atlantique – 1 148 h. alt. 78 – ☎ 58.

Voir Ecomusée ★ de plein air de Marquèze NO: 4 km.

Paris 682 – Arcachon 86 – ♦Bayonne 110 – ♦Bordeaux 93 – Mimizan 40 – Mont-de-Marsan 35.

🏠 **Aub. des Pins** ⑤, ☎ 07.50.47, parc – 🚾wc 🚿 ❶. *VISA* ※
fermé oct., dim. soir et lundi sauf juil.-août – **R** 50/145 – ☲ 14 – **14 ch** 70/135 – P 118/165.

SACHÉ 37 I.-et-L. 🔟🔟 ⑭ – rattaché à Azay-le-Rideau.

SACLAY 91 Essonne 🔟🔟 ⑩, 🔟🔟🔟 ㉓ – voir à Paris, Proche banlieue.

SAGY 71 S.-et-L. 🔟🔟 ⑬ – rattaché à Louhans.

SAHORRE 66 Pyr.-Or. 🔟🔟 ⑰ – rattaché à Vernet-les-Bains.

SAIGNES 15240 Cantal 🔟🔟 ② G. Auvergne – 948 h. alt. 500 – ☎ 71.

Paris 478 – Aurillac 83 – ♦Clermont-Ferrand 92 – Mauriac 27 – Le Mont-Dore 57 – Ussel 38.

🏠 **Relais Arverne**, ☎ 40.62.64 – 🚾wc 🚿 ☎ ❶ *VISA*
♦ *fermé 3 au 31 janv., vend. soir et sam. midi du 15 oct. à Pâques sauf fériés –* SC : **R** 38/100 – ☲ 14 – **11 ch** 60/105 – P 110/160.

🏠 **Les Terrasses** ⑤, ☎ 40.63.75 – 🚿 **E** ※ ch
♦ *fermé 15 déc. au 31 janv.* SC : **R** 41/75 ⚬ – ☲ 12 – **10 ch** 40/75 – P 95/110.

SAILLAGOUSE 66800 Pyr.-Or. 🔟🔟 ⑯ G. Pyrénées – 837 h. alt. 1 305 – ☎ 68.

Voir Gorges du Sègre★ E : 2 km.

🔰 Office de Tourisme à la Mairie (juil.-août et fermé dim.) ☎ 04.72.89.

Paris 1 003 – Bourg-Madame 9 – Font-Romeu 12 – Mont-Louis 12 – ♦Perpignan 91.

🏠 **Planotel** M ⑤, ☎ 04.72.08, ≤, 🐎 – 🚾wc 🚿 ☎ ❶
1er juin-30 sept. et vacances scolaires d'hiver – SC : **R** voir H. Planes – ☲ 18 – **20 ch** 77/170 – P 132/176.

🏠 **Planes (La Vieille Maison Cerdane)**, ☎ 04.72.08 – 🚾wc 🚿 ☎
fermé 15 oct. au 15 déc. – SC : **R** 65/130 – ☲ 18 – **36 ch** 77/165 – P 132/160.

à Llo E : 2 km par D 33 – ✉ 66800 Saillagouse.

Voir Site★.

🏠 **Aub. Atalaya** ⑤, ☎ 04.70.04, ≤, « Jolie auberge rustique », 🐎 – 🚾wc ☎ ❶. 🚗🔋 ⑩. ※ root
fermé 2 nov. au 20 déc. – SC : **R** *(fermé lundi hors sais.)* 80 – ☲ 19 – **7 ch** 200/225 – P 285/370.

à Eyne NE : 8 km par N 116 et D 29 – ✉ 66800 Saillagouse :

🏠 **Aub. d'Eyne** M ⑤, ☎ 04.71.12, ≤, 🐎 – 🚾wc 🚿wc ☎ 🚗 ❶. 🚗🔋 ※ rest
fermé 12 nov. au 15 déc. – SC : **R** 90/120 – ☲ 20 – **11 ch** 190/235 – P 570/610 (pour 2 pers.).

CITROEN Ets Rougé, ☎ 04.70.55   RENAULT Gar. Domenech, ☎ 04.70.30

SAIL-LES-BAINS 42 Loire 🔟🔟 ⑦ – 307 h. alt. 310 – Stat. therm. (15 mai-30 sept.) – ✉ 42310 La Pacaudière – ☎ 77.

Paris 367 – Digoin 40 – Lapalisse 24 – Roanne 33 – ♦St-Étienne 110 – St-Martin-d'Estréaux 7.

🏠 **Gd Hôtel** ⑤, ☎ 64.30.81, ≤, « Grand parc », ※ – 🔋🚾wc 🚿wc ☎ ❶. 🚗🔋
♦ *15 mai-fin sept. –* SC : **R** 42/130 – 🍽 18 – **32 ch** 75/210 – P 120/200.

SAINS-DU-NORD 59177 Nord 🔟🔟 ⑥ – 3 454 h. alt. 240 – ☎ 27.

Paris 205 – Avesnes-sur-Helpe 7 – Fourmies 10 – Guise 39 – Hirson 23 – ♦Lille 106 – Vervins 34.

X **Centre** avec ch, r. Léo-Lagrange ☎ 61.00.68 – ❶. 🚗🔋 **E** *VISA* ※
♦ *fermé 16 août au 2 sept., dim. soir et lundi –* **R** 36/85 ⚬ – ☲ 10 – **7 ch** 45/60.

973

🛈 Office de Tourisme bd Verdun (15 mai-15 sept. et fermé dim.) ☏ 99.09.05.

Paris 662 ② – Albi 82 ④ – Castres 94 ④ – Lodève 72 ② – Millau 31 ② – Rodez 81 ①.

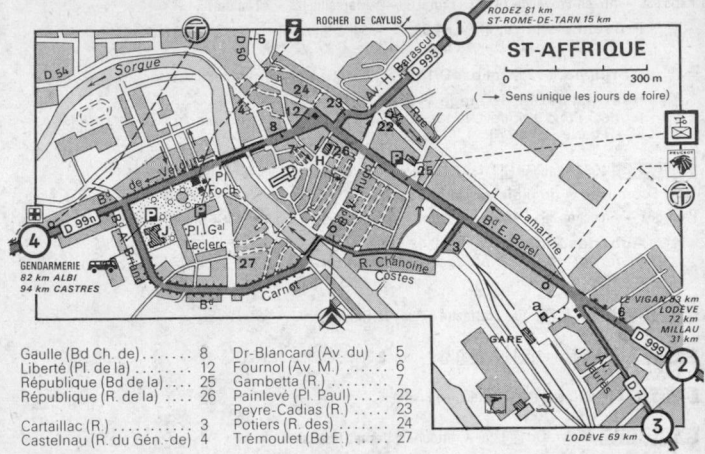

Gaulle (Bd Ch. de)	8	
Liberté (Pl. de la)	12	
République (Bd de la)	25	
République (R. de la)	26	
Cartaillac (R.)	3	
Castelnau (R. du Gén.-de)	4	
Dr-Blancard (Av. du)	5	
Fournol (Av. M.)	6	
Gambetta (R.)	7	
Painlevé (Pl. Paul)	22	
Peyre-Cadias (R.)	23	
Potiers (R. des)	24	
Trémoulet (Bd E.)	27	

🏠 **Moderne et Gare** ⚓, à la gare (a) ☏ 49.20.44 – 🚪wc 🛏wc ☎ 🚗 E VISA
↦ fermé 15 déc. au 15 janv. – SC : R 44/170 ⅓ – ⚌ 13,50 – **39 ch** 68/150 – P 130/162

🏠 **Le Majestic**, rte Albi par ④ ☏ 99.00.07 – 🛏wc ☎ 🚗 P
↦ fermé 1er nov. au 8 janv. – SC : R (fermé lundi midi) 38/80 ⅓ – ⚌ 15 – **13 ch** 60/105

CITROEN Bousquet, 29 bd V.-Hugo ☏ 49.30.15
PEUGEOT-TALBOT Pujol, 36 bd E.-Borel ☏ 99.01.70
TALBOT Martin, av J.-Bourgougnon ☏ 99.01.42

🛢 Laurens, 47 bd Verdun ☏ 99.07.91
Maury, rte de Vabres, Le Vern ☏ 99.06.83
Roujon, 1 r. Baudin ☏ 99.00.16

ST-AGNAN-EN-VERCORS 26 Drôme 77 ⑭ – rattaché à la Chapelle-en-Vercors.

ST-AGRÈVE 07320 Ardèche 76 ⑨⑱ G. Vallée du Rhône (plan) – 2 718 h. alt. 1 050 – ✪ 75.

Voir Mont Chiniac ≤★★ – 🛈 Syndicat d'Initiative à la Mairie (Pâques après-midi seul., 15 juin-30 sept. et fermé dim. après-midi) ☏ 30.15.06.

Paris 604 – Aubenas 76 – Lamastre 21 – Privas 73 – Le Puy 52 – ◆St-Étienne 73 – Yssingeaux 39.

🏠 **Faurie**, 36 av. Cévennes, 🌿 – 🚪wc 🛏 🚗 P ⚡ rest
Pentecôte-fin sept. – SC : R 65/90 ⅓ – ⚌ 13 – **30 ch** 65/140 – P 130/170

🏠 **Boissy-Teyssier**, ☏ 30.12.43 – 🛏 🚗 P
↦ fermé 25 sept. au 25 oct. et sam. – SC : R 40/90 – ⚌ 12 – **11 ch** 62/90 – P 125/150

🏠 **Cévennes**, ☏ 30.10.22 – 🛏
↦ fermé 1er au 15 sept., 15 au 30 nov. et merc. sauf en été – SC : R 46/90 – ⚌ 13 – **10 ch** 62/82 – P 95/150

CITROEN Debard, ☏ 30.15.22 🅽
PEUGEOT, TALBOT Chazallet, ☏ 30.12.23

RENAULT Gar. Mathias, ☏ 30.14.55
Gar. Lyonnet, ☏ 30.12.55

ST-AIGNAN 41110 L.-et-Ch. 64 ⑰ G. Châteaux de la Loire (plan) – 3 680 h. alt. 84 – ✪ 54.

Voir Église★.

🛈 Office de Tourisme (hors sais., fermé dim. et lundi) ☏ 75.13.31 et (1er juil.-31 août) ☏ 75.22.85.

Paris 219 – Blois 39 – Châteauroux 64 – Romorantin-Lanthenay 33 – ◆Tours 61 – Vierzon 57.

🏨 **Gd H. St-Aignan**, ☏ 75.18.04, ≤ – 🚪wc 🛏wc ☎ 🚗 – 🅰 25
↦ fermé déc. à fév. – SC : R 48/120 – ⚌ 19 – **23 ch** 68/210

XX **Relais Touraine et Sologne** avec ch, Le Boeuf Couronné N : 1 km ⊠ 41140 Noyers-sur-Cher ☏ 75.15.23 – 🛏wc ☎ P ⚓ VISA ⚡
fermé 4 janv. au 20 fév., mardi soir et merc. hors sais. – SC : R 59/160 – ⚌ 13,50 – **14 ch** 60/145 – P 130/165

XX **Gare** avec ch, à la gare de Noyers N : 2 km sur D 675 ⊠ 41140 Noyers-sur-Cher ☏ 75.16.38 – P ⚡ ch
↦ fermé 3 janv. au 3 fév., dim. soir et lundi – SC : R 39/120 ⅓ – ⚌ 14 – **11 ch** 59/92 – P 130/150

CITROEN Gar. St-Michel, ☏ 75.23.92 🅽
PEUGEOT-TALBOT Gar. Danger, La Croix-Michel ☏ 75.19.72

RENAULT Rolland, Noyers-sur-Cher ☏ 75 20.45 🅽 ☏ 75.34.50

ST-AIGULIN 17360 Char.-Mar. 75 ③ – 2 359 h. alt. 31 – ⚙ 46.

Paris 509 – Angoulème 64 – Bergerac 68 – Jonzac 49 – Libourne 38 – Périgueux 71.

France, pl. Gare ☎ 04.80.08, ⛱, 🍽 – 🚗 Ⓟ
fermé 1er au 15 oct. et vend. du 1er sept. au 15 mai – SC : **R** 35/80 🍷 – ☕ 15 – **12 ch** 58/170 – P 140/180.

ST-ALBAIN (Aire de) 71 S.-et L. 69 ⑲ – Aire de Service A6 - voir à Mâcon.

ST-ALBAN-DE-MONTBEL 73 Savoie 74 ⑮ – rattaché à Aiguebelette (Lac d').

ST-ALBAN-LES-EAUX 42 Loire 73 ⑦ – 823 h. alt. 470 – ✉ **42370** Renaison – ⚙ 77.

Paris 388 – Lapalisse 45 – Montbrison 59 – Roanne 12 – ♦St-Étienne 90 – Thiers 54 – Vichy 62.

XX **St-Albanais,** ☎ 65.84.23 Ⓟ
fermé août et merc. – SC : **R** 35/110 🍷.

ST-ALBAN-SUR-LIMAGNOLE 48120 Lozère 76 ⑮ – 2 321 h. alt. 950 – ⚙ 66.

Paris 538 – Espalion 74 – Mende 41 – Le Puy 75 – St-Chély-d'Apcher 13 – Sévérac-le-Château 84.

Centre Ⓜ, ☎ 31.50.04 – |≑| 🛁 ⎍wc ☎. ✗ rest
fermé janv. – SC : **R** *(fermé dim. soir du 1er nov. à Pentecôte)* 38/90 🍷 – ☕ 15 – **20 ch** 55/165 – P 120/170.

ST-ALBIN-DE-VAULSERRE 38 Isère 74 ⑭ – 299 h. alt. 283 – ✉ **38480** Pont-de-Beauvoisin – ⚙ 76.

Paris 546 – Belley 39 – Chambéry 28 – ♦Grenoble 51 – ♦Lyon 83.

La Buquinière, ☎ 37.05.66 – 🛁wc ⎍ Ⓟ. ✗ ch
fermé 1er août au 1er sept. et sam. – SC : **R** 36/80 🍷 – ☕ 12 – **8 ch** 60/120 – P 140/160.

ST-AMAND-LES-EAUX 59230 Nord 51 ⑰ **G. Nord de la France** – 16 948 h. alt. 17 – Stat. therm. (1er mars-15 déc.) et Casino par ② : 4 km – ⚙ 27.

Voir Tour* de l'abbaye B D – Parc naturel régional de St-Amand-Raismes* par ②.

ℹ Office de Tourisme Tour Abbatiale (fermé fév., lundi hors sais. et mardi) ☎ 48.67.09 - A.C. Camping Mont des Bruyères ☎ 48.56.87.

Paris 215 ③ – Denain 15 ③ – Douai 33 ④ – ♦Lille 39 ④ – Tournai 18 ① – Valenciennes 14 ③.

Orchies (R. d') .... B 9
Thiers (R.) .... B 12

Ancienne-Poste (R. de l') .. B 2
Bruille (R. du) .... B 3
Collège (Av. du) .... C 4
Dumoulin (R. Mathieu) ... B 5
Grande-Place .... B 7
Libération (R. de la) ...... A 8
Tournai (R. de) .... B 13
Valenciennes (R. de) ..... B 14

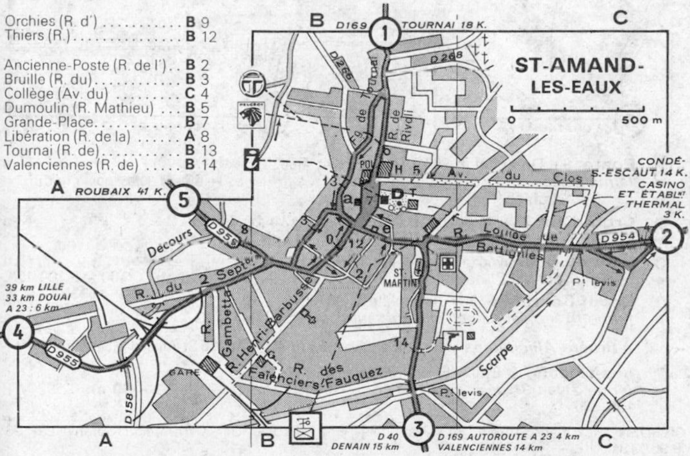

La Tour sans rest, 19 r. Thiers ☎ 48.45.31 – |≑| 🛁wc ⎍ ☎. 🚗 E VISA — B e
fermé 15 au 31 août – SC : ☕ 14 – **17 ch** 58/140.

XX **Aub. de la Forêt,** rte de Raismes par ③ : 4 km ☎ 47.80.99 – Ⓟ. E VISA. ✗
fermé 24 au 31 déc., dim. et fêtes le soir et lundi en juil.-août – **R** carte 100 à 180.

X **Brasserie Alsacienne,** 23 Gde-Place ☎ 48.50.62 – VISA — B a
fermé août et lundi sauf fériés – SC : **R** 48/78 🍷.

PEUGEOT-TALBOT Gar. Guyot, 10 r. de Rivoli ☎ 48.45.67

Europneus, 1 r. Gambetta ☎ 48.54.43

ST-AMAND-MONTROND ⬦ 18200 Cher 🆖 ① ⑪ G. Périgord – 12 771 h. alt. 162 – 🌢 48.

Voir Ancienne abbaye de Noirlac★ 4 km par ⑦.

Env. Château de Meillant★★ 8 km par ①.

🅱 Office de Tourisme pl. République (fermé dim. et fêtes) ☏ 96.16.86.

Paris 271 ⑦ – Bourges 44 ⑦ – Châteauroux 67 ⑥ – Montluçon 49 ④ – Moulins 85 ③ – Nevers 77 ③.

ST-AMAND-MONTROND

Barbusse (R. Henri) . . . . . **AB**	Constant (R. B.) . . . . **B** 3	Petit-Vougan (R. du) . . . . . . **A** 16
Mutin (Pl.) . . . . **B** 13	Dr-Vallet (R. du) . . . . **AB** 4	Pont-Pasquet (R. du) . . . . . **B** 17
Mutin (R. Porte) . . . . **B** 14	Dubreuil (Promenades) . . . **B** 5	Porte-de-Bourges (R.) . . . . **B** 18
Nationale (R.) . . . . **B** 15	Fleurus (Cours) . . . . **B** 6	Porte-Verte (R.) . . . . **B** 19
	Foch (Av. Mar.) . . . . **B** 7	Pyat (R. Félix) . . . . **A** 20
	Gare (Av. de la) . . . . **A** 9	République (Av. de la) . . . **B** 23
Audebrand	Giraud (Pl. Jean) . . . . **A** 10	République (Pl. de la) . . . . **B** 24
(R. Philibert) . . . . **B** 2	Hôtel-Dieu (R. de l') . . . . . **B** 12	Rochette (R.) . . . . **B** 25
		Vallette (R. J.) . . . . **B** 28
		Vieilles-Prisons (R. des) . . **B** 29

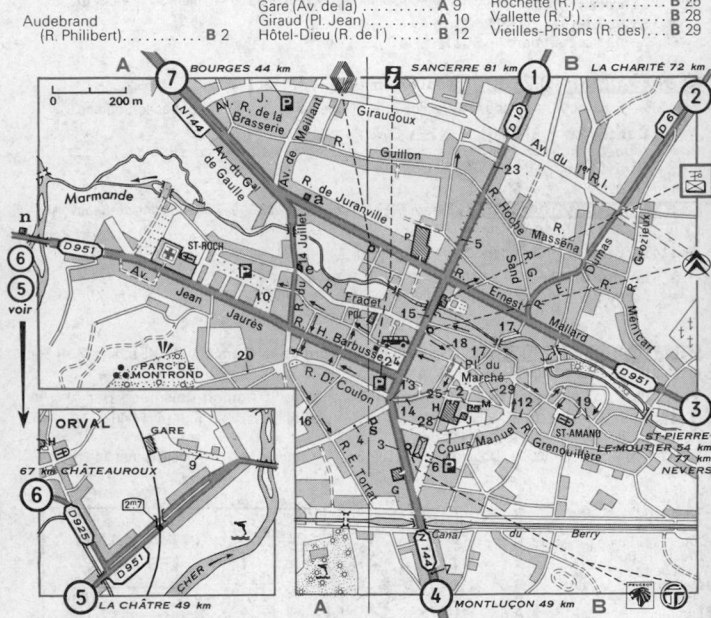

🏨 **Poste,** 9 r. Dr-Vallet ☏ 96.27.14 – ⛌wc �👜 🏧 👜 🚗 AB **s**
➔ fermé 22 nov. au 22 déc. et lundi hors sais. sauf fériés – SC : **R** 50/96, carte le dim. – 🍽 15 – **24 ch** 65/155.

🏨 **Croix d'Or,** 28 r. 14 Juillet ☏ 96.09.41 – ⛌wc �👜 🍽 ch A **e**
➔ SC : **R** (fermé vend. soir) 40/110 ⅄ – 🍽 12 – **17 ch** 58/110.

🍴 **Pont du Cher** avec ch, 2 av. Gare ☏ 96.00.51, ≤, ☕ – �👜 🏧 👜 🚗 A **n**
➔ fermé 21 oct. au 21 nov. et lundi – SC : **R** 45/85 – 🍽 10 – **13 ch** 50/100 – P 100/120.

🍴 **Boeuf Couronné,** 86 r. Juranville ☏ 96.42.72 – 👜 A **a**
➔ fermé 15 sept. au 15 oct. et jeudi sauf août – SC : **R** 42/100 ⅄.

à Bruère-Allichamps par ⑦ et D 35 : 8,5 km – ✉ **18200** St-Amand-Montrond :

🏨 **Les Tilleuls,** ☏ 61.02.75, ≤ – ⛌wc �👜wc 👜
➔ fermé 21 au 31 déc., fév. et merc. – SC : **R** 34/55 ⅄ – 🍽 12 – **10 ch** 62/92 – P 108/135.

CITROEN St Amand Autom., 34 r. Nationale ☏ 96.03.94
PEUGEOT TALBOT Desson, 15 r. B.-Constant ☏ 96.10.07
PEUGEOT-**TALBOT** Berrichonne Automobile, 33 rte de Lignières à Orval par ⑥ ☏ 96.23.15 🅽

RENAULT Gar. Centre, 45 r. Juranville ☏ 96.05.89

🏍 Chassagnard, 19 r. Petit-Vougan ☏ 96.11.21

ST-AMBROIX 30500 Gard 🎯🎯 ⑧ – 3 829 h. alt. 151 – 🎯 66.
Paris 688 – Alès 19 – Aubenas 55 – Mende 102.

    à Courry NO : 7 km par D 904 – ⊠ 30500 St-Ambroix :

  XX **Aub. Croquembouche** ⚲ avec ch, ℡ 24.13.30, ⬛, 🍴, – 🛏wc ☎ 🅿. E.
    🍴 rest
    fermé 15 fév. au 15 mars et merc. sauf juil.-août – SC : **R** 60 – ☷ 20 – **5 ch** 180/235
    – P 235.

RENAULT Gar. Mayenobe, ℡ 24.01.64

ST-AMOUR 39160 Jura 🎯🎯 ⑬ – 2 853 h. alt. 253 – 🎯 84.
🚺 Syndicat d'Initiative pl. Chevalerie (juil.-août et fermé dim.) ℡ 48.76.69 et à la Mairie (fermé sam.
après-midi, dim. et lundi matin) ℡ 48.74.77.
Paris 412 – Bourg-en-B. 28 – Chalon-sur-Saône 74 – Lons-le-Saunier 33 – Mâcon 57 – Tournus 47.

  🏛 **Alliance,** ℡ 48.74.94, « Demeure du 17e s », 🍴 – 🛏wc 🛏wc 🕾
  ➡ SC : **R** 39/140 👶 – ☷ 15 – **16 ch** 60/130.

RENAULT Gar. Comas, ℡ 48.73.52 🅽

ST-ANDIOL 13670 B.-du-R. 🎯🎯 ① – 2 019 h. alt. 52 – 🎯 90.
Paris 698 – Aix-en-Provence 58 – Arles 37 – Avignon 18 – Cavaillon 10 – ♦Marseille 83 – Nîmes 54.

  🏛 **Motel Garden Center,** N : 2 km rte d'Avignon ℡ 95.02.60, Télex 431201 –
  ➡ ⬛ rest 🛏wc 🕾 & 🅿. – 🍴 45. 🍴🍴 AE ⓘ
    fermé 15 au 31 oct. et 15 au 31 janv. – SC : **R** (fermé lundi hors sais.) 50/65 👶 – ☴
    15 – **21 ch** 110/130 – P 200/300.

    à Verquières O : 3,5 km – ⊠ 13670 St. Andiol :

  XX **Coupe Chou,** pl. Eglise ℡ 95.18.55 – 🅿. 🍴
    fermé lundi et mardi – SC : **R** 100.

CITROEN Courtial, ℡ 95.00.12

ST-ANDRÉ-D'APCHON 42 Loire 🎯🎯 ⑦ G. Vallée du Rhône – 1 707 h. alt. 417 – ⊠ 42370
Renaison – 🎯 77.
Paris 386 – Lapalisse 42 – Montbrison 61 – Roanne 11 – ♦St-Étienne 89 – Thiers 55 – Vichy 60.

  XX **Lion d'Or** avec ch, ℡ 65.81.53 – 🛏wc 🛏. 🍴🍴 VISA
    fermé 18 au 31 juil., 4 au 30 janv., dim. soir et lundi – SC : **R** 65/160 – ☷ 15 – **6 ch**
    65/130.

ST-ANDRÉ-DE-CORCY 01390 Ain 🎯🎯 ② – 1 844 h. alt. 297 – 🎯 7.
Paris 456 – Bourg-en-Bresse 38 – ♦Lyon 24 – Meximieux 21 – Villefranche-sur-Saône 24.

  XX 🎯 **Bérard (Paul),** ℡ 881.10.03, 🍴 – 🅿. AE E VISA
    fermé merc. soir et jeudi – SC : **R** (nombre de couverts limité - prévenir) 120/250
    Spéc. Escalopes de foie de canard, Goujonnettes de rougets à la crème d'ail, Feuilleté aux poires.
    Vins Manicle, Brouilly.

    à St-Marcel N : 3 km par N 83 – ⊠ 01390 St-André-de-Corcy :

  🏛 **Manoir des Dombes** ⚲ sans rest, ℡ 881.13.37, 🍴 – 🛏wc 🕾 🅿. 🍴🍴 AE ⓘ
    fermé janv. et dim. hors sais. – SC : ☷ 19,50 – **16 ch** 150/300.

  XX **La Colonne,** ℡ 881.11.06 – AE E
    fermé 15 déc. au 15 janv., lundi soir et mardi – SC : **R** 80/105.

PEUGEOT-TALBOT Gar. Durand, ℡ 881.11.60

ST-ANDRÉ-DE-CUBZAC 33240 Gironde 🎯🎯 ⑧ – 5 020 h. alt. 30 – 🎯 56.
🚺 Syndicat d'Initiative 143 r. Nationale (1er juil.-30 sept., fermé dim. et lundi) ℡ 43.34.40.
Paris 559 – Angoulême 93 – Blaye 26 – ♦Bordeaux 25 – Jonzac 63 – Libourne 20 – Saintes 94.

    à Gueynard NE : 8 km sur N 10 – ⊠ 33240 St-André-de-Cubzac :

  XX **Le Girondin** avec ch, ℡ (57) 68.71.32 – 🛏wc 🕾 & 🅿. 🍴
  ➡ fermé déc. à mi-janv., mardi soir et merc. – SC : **R** 39/130 – ☷ 10 – **10 ch** 65/89.

FORD Gar. de l'Europe, ℡ 43.03.95
OPEL Gar. Abbadie, ℡ 43.01.42
PEUGEOT, TALBOT Gar. Cluzeau, ℡ 43.10.77

RENAULT Nord-Gironde-Auto, N 137 à Pugnac ℡ 68.80.50

ST-ANDRÉ-DES-EAUX 44 Loire-Atl. 🎯🎯 ⑭ – 2 522 h. alt. 20 – ⊠ 44600 St-Nazaire – 🎯 40.
Paris 441 – La Baule 8 – ♦ Nantes 73 – St-Nazaire 9,5 – La Roche-Bernard 27.

  XX **Aub. Haut Marland,** rte de la Chaussée-Neuve N : 3,5 km ℡ 01.24.63, 🍴 – 🅿
    fermé nov., fév., lundi et mardi sauf 1er juil. au 15 sept. – SC : **R** 80/130.

977

ST-ANDRÉ-LES-ALPES 04170 Alpes-de-H.-Pr 81 ⑱ G. Côte d'Azur – 945 h. alt. 894 – ✪ 92.

Voir Route de Toutes Aures★ SE.

Paris 788 – Castellane 21 – Colmars 28 – Digne 43 – Manosque 84 – Puget-Théniers 45.

   🏠 **Monge** ⏵, sans rest, ☏ 89.01.06, �̶̶ – 🛏wc 🛏wc 🚗 🅿 VISA ✗
          1er avril-20 oct. – SC : ☲ 15 – **24 ch** 65/130.

   🏠 **Grand Hôtel** ⏵, à la gare ☏ 89.05.06, 🌤, – 🛏 🅿. ✗ rest
   ➡ Pâques-fin sept. – SC : **R** 40/90 ⚖ – ☲ 12,50 – **24 ch** 56/84 – P 150/168.

   ✗ **Gd. H. Parc** avec ch, pl. Église ☏ 89.00.03, 🌤, �̶̶ – 🛏 🛏 🚗 🅿. ✗ rest
   ➡ 1er fév.-31 oct. – SC : **R** 50/110 – ☲ 17 – **12 ch** 90/120 – P 140/160.

CITROEN Chabot, ☏ 89.00.01 🆖   PEUGEOT TALBOT Rouvier, ☏ 89.03.02 🆖 ☏ 89.03.79

ST-ANTHÈME 63660 P.-de-D. 73 ⑰ G. Vallée du Rhône – 1 215 h. alt. 940 – Sports d'hiver : 1 200/1 450 m ≰7 – ✪ 73.

Paris 458 – Ambert 22 – ♦Clermont-Ferrand 111 – Montbrison 24.

   🏠 **Voyageurs,** ☏ 95.40.16 – 🛏wc 🛏wc 🚗 🚗 E. ✗ rest
   ➡ 1er mai-1er nov., vacances scol. de Pâques, Noël, fév., fermé dim. soir et lundi du 15 sept. au 15 juin – SC : **R** 40/110 – ☲ 14 – **32 ch** 55/130 – P 135/165.

ST-ANTOINE 05 H.-Alpes 77 ⑰ – rattaché à Pelvoux (Commune de).

ST-ANTOINE-PLOUEZOCH 29 Finistère 58 ⑥ – rattaché à Morlaix.

ST-ANTONIN-DU-VAR 83 Var 84 ⑥ – ✉ 83510 Lorgues – ✪ 94.

Paris 845 – Cannes 80 – Draguignan 20 – ♦ Marseille 94 – ♦ Toulon 76.

   ✗ **Lou Cigaloun** avec ch, ☏ 04.42.67, ≼, 🖼 – 🛏wc 🖾 🚗 🅿. 🚗
   ➡ hôtel : fermé 1er oct. au 31 mars et mardi ; rest : fermé 1er au 21 oct., 1er au 15 mars et mardi – SC : **R** (déj. seul. du 1er oct. au 31 mars) 47/120 ⚖ – ☲ 14,50 – **7 ch** 125/160 – P 185/205.

ST-ANTONIN-NOBLE-VAL 82140 T.-et-G. 79 ⑲ G. Périgord – 1 831 h. alt. 129 – ✪ 63.

Voir Ancien hôtel de ville★ – Gorges de l'Aveyron★ SO : 3,5 km.

Paris 653 – Albi 55 – Cahors 58 – Montauban 41 – Villefranche de Rouergue 41.

   ✗✗ **La Fermette Heureuse,** à Ste Sabine, SE : 4 km par D 19 ☏ 30.64.13
   ➡ fermé début déc. à fin fév., merc. hors sais., jeudi et le midi sauf dim. – SC : **R** 45/120.

ST-ARNOULT-EN-YVELINES 78730 Yvelines 60 ⑨. 196 ㉘⑳ G. Environs de Paris – 4 363 h. alt. 130 – ✪ 3.

📷 de Rochefort en Yvelines ☏ 041.31.81, NE : 5 km.

Paris 55 – Chartres 41 – Dourdan 8 – Etampes 26 – Rambouillet 14 – Versailles 36.

   ✗✗ **La Remarde,** ☏ 041.20.09
          fermé août, 23 au 31 déc., mardi soir et merc. – SC : **R** 60/150.

ST-AUBAN 04 Alpes-de-H.-Pr 81 ⑯ – rattaché à Château-Arnoux.

ST-AUBIN-LES-ELBEUF 76 S.-Mar. 55 ⑥ – rattaché à Elbeuf.

ST-AUBIN-SUR-MER 14750 Calvados 55 ① G. Normandie – 1 439 h. – ✪ 31.

🛈 Office de Tourisme Digue Favreau (1er juin-30 sept.) ☏ 97.30.41.

Paris 256 – Arromanches-les-Bains 19 – Bayeux 26 – Cabourg 31 – ♦Caen 18.

   🏠🏠 **Clos Normand,** ☏ 97.30.47, ≼, 🌤 – 🛏wc 🛏wc 🅿. 🚗 ⑩ VISA
         mi-mars-début oct. – SC : **R** 58/132 – ☲ 14,50 – **30 ch** 123/152 – P 160/195.

   🏠 **St-Aubin,** ☏ 97.30.39, ≼ – 🛏wc 🚗. ✗ rest
   ➡ 26 mars-30 sept. et fermé merc. – SC : **R** 50/120 – ☲ 13,50 – **26 ch** 73/150 – P 132/180.

   🏠 **Normandie** ⏵, ☏ 97.30.17, 🌤 – 🛏wc 🛏wc 🅿. 🚗 ᴁ ⑩ E
   ➡ 20 mars-fin sept. – SC : **R** 45/170 – ☲ 12,50 – **26 ch** 61/111 – P 129/172.

ST-AVOLD 57500 Moselle 57 ⑮ G. Vosges – 18 938 h. alt. 230 – ✪ 8.

Paris 369 – Haguenau 115 – Lunéville 76 – ♦Metz 45 – ♦Nancy 73 – Saarbrücken 30 – Sarreguemines 28 – ♦Strasbourg 125 – Thionville 68 – Trier 96.

   🏠🏠🏠 **Novotel** Ⓜ, sur N 33 (échangeur A 32) ☏ 792.25.93, Télex 860966, « A l'orée de la forêt », ⏴, 🌤 – 🗏 rest 📺 ☎ & 🅿 – 🔏 200. ᴁ ⑩ VISA
         R snack carte environ 85 – ☲ 27 – **60 ch** 232/260.

   🏠🏠 **Europe,** 7 r. Altmayer ☏ 792.00.33 – 🛗 🗏 📺 🛏wc 🛏wc 🚗 🚗 🅿 – 🔏 50.
   ➡ 🚗 ᴁ ⑩ E VISA
         SC : **R** (fermé sam.) 42/132 ⚖ – ☲ 18 – **34 ch** 165/204 – P 181/251.

XXX ⚙ **Le Neptune** (Pauly), à la piscine ☎ 792.27.90, ≤ – **P** AE **E**. ⚡
fermé 8 août au 5 sept., sam. midi, dim. soir et lundi – SC : **R** 100
Spéc. Poêlon de poissons, Noisettes de chevreuil aux airelles (saison chasse), Gratin de mirabelles.

CITROEN Gar. Rein, 65 r. Gén.-Mangin ☎ 792.23.57 **N**
FORD Gar. Moderne Charpiot, 12 r. Mar.-Foch ☎ 792.10.28
RENAULT Pierrard, 13 av. G.-Clemenceau ☎ 792.52.60

TALBOT Epin-Autom., 41 r. Foch ☎ 792.10.47

⚙ Berwald, N 3 Moulin-Neuf ☎ 792.19.07
Leclerc-Pneu, 1 r. Gén.-Mangin ☎ 792.29.75

ST-AYGULF 83 Var **84** ⑱, **195** ㊳ **G.** Côte d'Azur – ⊠ 83600 Fréjus – ⚙ 94.
i Office de Tourisme pl. Poste (fermé jeudi après-midi hors sais. et dim.) ☎ 81.22.09.
Paris 880 – Brignoles 69 – Draguignan 33 – Fréjus 7 – St-Raphaël 9 – Ste-Maxime 14.

🏨 **Catalogne** **M** sans rest, ☎ 81.01.44, ≤, ♨, ⚘ – ▮ **P** AE ⓞ ⚡
avril-oct. – SC : **32 ch** ⊑ 245/285.

✗ **Belle Époque,** ☎ 81.26.59 – ▦ ⓞ
fermé 4 au 28 janv. et merc. du 15 sept. au 15 juin – SC : **R** 65.

ST-BARTHÉLÉMY-DE-SÉCHILIENNE 38 Isère **77** ⑤ – 533 h. alt. 450 – ⊠ 38220 Vizille – ⚙ 76.
Paris 592 – Le Bourg d'Oisans 26 – ♦Grenoble 27.

☎ **Gd Belle Lauze** ⑤, S : 6 km sur D 114 ☎ 72.18.15, ≤ – **P** 🚗
↠ SC : **R** 40/75 – 🍴 13 – **8 ch** 65 – P 140.

ST-BENOIT 01 Ain **74** ⑭ – 486 h. alt. 210 – ⊠ 01300 Belley – ⚙ 74.
Paris 495 – Belley 18 – Bourg-en-Bresse 69 – ♦Lyon 69 – La Tour-du-Pin 26 – Vienne 73 – Voiron 41.

✗ **Billiemaz,** au pont d'Evieu SO : 2,5 km ☎ 39.72.56, 🏡 – **P**. **E** VISA
↠ *fermé 1er au 21 sept. et merc.* – SC : **R** 38/95 🍴.

ST-BENOIT 86 Vienne **68** ⑬⑭ – rattaché à Poitiers.

ST-BENOIT-SUR-LOIRE 45730 Loiret **64** ⑩ **G.** Châteaux de la Loire – 1 790 h. alt. 100 – ⚙ 38.
Voir Clocher-porche★★★ de la Basilique★★ (chant grégorien).
Paris 144 – Bourges 90 – Châteauneuf-sur-Loire 10 – Gien 31 – Montargis 43 – ♦Orléans 35.

🏨 **Labrador** ⑤ sans rest, ☎ 35.74.38, ⚘ – 🛁wc ☎ **P**. **E**
fermé janv. – SC : ⊑ 16 – **16 ch** 76/185.

CITROEN Bellé, ☎ 35.74.19

ST-BÉRON 73 Savoie **74** ⑮ – 1 060 h. alt. 334 – ⊠ 73520 La Bridoire – ⚙ 76 (Pont de Beauvoisin).
Paris 547 – Belley 40 – Chambéry 26 – ♦Lyon 85 – La Tour-du-Pin 25 – Voiron 30.

XX **Debauge** avec ch, pl. Gare ☎ 31.11.16, 🏡, ⚘ – 🛁 🚗 – 🏋 30
fermé 2 janv. au 10 mars, mardi soir (sauf hôtel) et merc. sauf juil.-août – SC : **R** 52/140 – ⊑ 15 – **19 ch** 60/140 – P 130/160.

ST-BERTRAND-DE-COMMINGES 31 H.-Gar. **86** ⑳ **G.** Pyrénées (plan) 261 h. alt. 446 – ⊠ 31510 Barbazan – ⚙ 61.
Voir Site★ – Cathédrale★ : boiseries★★, cloître★★ et trésor★ – Basilique St-Just★ de Valcabrère NE : 2 km.
Paris 816 – Bagnères-de-Luchon 33 – Lannemezan 25 – St-Gaudens 17 – Tarbes 61 – ♦Toulouse 107.

🏨 **Comminges** ⑤, ☎ 88.31.43, ≤, 🏡 – 🛁wc 🔔. ⚡ rest
Pâques-30 sept. – SC : **R** (dîner seul.) 60 – ⊑ 13,50 – **13 ch** 90/160.

ST-BONNET 05500 H.-Alpes **77** ⑯ – 1 394 h. alt. 1 025 – ⚙ 92.
Env. ≤★★ du col du Noyer O : 10 km, **G.** Alpes.
Paris 655 – Gap 15 – ♦Grenoble 90 – La Mure 52.

🏨 **Mauberret-Combassive** ⑤, ☎ 55.00.19 – ▮ 🛁wc ☎ 🚗. 🚗 **E**. ⚡
1er juin-15 oct. et 20 déc.-18 avril – SC : **R** 62/75 – ⊑ 13,50 – **27 ch** 115/155 – P 157/230.

🏨 **La Crémaillère** ⑤, ☎ 55.00.60, ⚘ – 🛁wc 🔔wc ☎ 🚗 **P**. 🚗 **E**. ⚡ rest
Pâques-30 sept. et vacances de fév. – SC : **R** 55/90 – ⊑ 15 – **20 ch** 110/150 – P 160/175.

PEUGEOT, TALBOT Gar. du Pont, ☎ 55.02.52

RENAULT Gar. Piot, à la Fare-en-Champsaur ☎ 55.00.97

ST-BONNET-DE-JOUX 71220 S.-et-L. 🗺️ ⑱ – 957 h. alt. 382 – ✦ 85.

Voir Château de Chaumont★ NO : 3 km.

Env. Butte de Suin ⁂★★ SE : 7 km puis 15 mn, G. Bourgogne.

Paris 393 – Chalon-sur-Saône 55 – Charolles 14 – Mâcon 53 – Montceau-les-Mines 37.

   XX   **Val de Joux** avec ch, ✆ 24.72.39 – ⌂ 📶 🛏️ ▨▨▨ ☀️
   ◆   *fermé 15 déc. au 15 fév., dim. soir et lundi du 15 sept. au 15 juin* – SC : **R** 40/100 🍷 –
       ⊐ 15 – **5 ch** 45/90.

LANCIA-AUTOBIANCHI Gar. Express, ✆ 24.70.56

ST-BONNET-DE-SALERS 15 Cantal 🗺️ ② – rattaché à Salers.

ST-BRÉVIN-LES-PINS 44250 Loire-Atl. 🗺️ ① – 8 614 h. – ✦ 40.

Pont de St-Nazaire N : 3 km - voir à St-Nazaire.

🅱 Office de Tourisme 10 r. Église (fermé dim. sauf matin en saison et lundi matin) ✆ 27.24.32.

Paris 434 – Challans 63 – ◆Nantes 57 – Noirmoutier-en-l'Ile 71 – Pornic 17 – St-Nazaire 14.

   🏠   **Petit Trianon**, 239 av. Mindin ✆ 27.22.16, 🌳 – ⌂wc 🛏️wc 🅿️ ▨▨▨ ☀️
   ◆   SC : **R** *(fermé lundi)* 40/140 – ⊐ 17 – **21 ch** 69/162 – P 260/380.

   à Mindin N : 3 km – ✉ 44250 St-Brévin-les-Pins :

   🏠   **Débarcadère**, ✆ 27.20.53, ≤, 🌳 – 🛏️wc 🅿️ 📶 ⒶⒺ ① 🇪 ▨▨▨
   ◆   *1er fév.-15 oct. ; fermé dim. soir de fév. au 1er mai et sam. en fév.* – SC : **R** 40/95 – ⊐
       15 – **19 ch** 70/120 – P 120/150.

FIAT, LANCIA AUTOBIANCHI Gar. des Pins,   RENAULT Gar. Clisson, 32 r. Albert Chassagne
168 av. R.-Poincaré ✆ 27.21.25   ✆ 27.20.07

ST-BRÉVIN-L'OCÉAN 44 Loire-Atl. 🗺️ ① – Casino – ✉ 44250 St-Brévin-les-Pins – ✦ 40.

Pont de St-Nazaire N : 5,5 km - voir à St-Nazaire – 🅱 Syndicat d'Initiative pl. d'Ouessant
(Pâques-30 sept., fermé dim. sauf matin en saison et lundi matin) ✆ 27.24.33.

Paris 434 – Challans 60 – ◆Nantes 57 – Pornic 14 – St-Michel-Chef-Chef 7 – St-Nazaire 16.

   🏠   **Normandy** sans rest, 59 av. Près.-Roosevelt ✆ 27.20.65, ⁎ – 🛏️. 📶 ⒶⒺ ☀️
       1er juin-15 sept. – SC : ⊐ 14,50 – **29 ch** 70/140.

ST-BRIAC-SUR-MER 35 I.-et-V. 🗺️ ⑤ G. Bretagne – 1 619 h. – ✉ 35800 Dinard – ✦ 99.

🏌️ ✆ 88.32.07 NO : 2 km.

🅱 Syndicat d'Initiative 49 Grande-rue (Pâques, Pentecôte et 15 juin-15 sept.) ✆ 88.32.47.

Paris 417 – Dinan 24 – Dol-de-Bretagne 30 – Lamballe 43 – ◆Rennes 75 – St-Cast 22 – St-Malo 16.

   🏠   **Houle,** ✆ 88.32.17 – ⌂wc 🛏️wc 🅿️ 🇪 ▨▨▨
   ◆   *fermé janv., fév. et merc. sauf du 15 juin au 15 sept.* – SC : **R** 45/70 – ⊐ 13 – **17 ch**
       60/106 – P 140/155.

CITROEN Gar. de la Houle, ✆ 88.33.49

ST-BRIEUC 🅿️ 22000 C.-du-N. 🗺️ ③ G. Bretagne – 56 282 h. alt. 99 – ✦ 96 – **Voir**
Cathédrale★ BY B – Tertre Aubé ≤★ CX – Env. Pointe du Roselier★ NO : 8,5 km par D
24 CX.

🏌️ des Ajoncs d'Or ✆ 70.48.13 par ① : 23 km.

✈️ de St-Brieuc : T.A.T. ✆ 94.61.11 E : 3,5 km AY.

🚗 ✆ 94.50.50.

🅱 Office de Tourisme Gare routière (fermé dim. hors saison) ✆ 33.32.50 – A.C.O. 6 pl. Du-Guesclin
✆ 33.16.20.

Paris 452 ② – ◆Brest 144 ④ – ◆Caen 227 ② – ◆Cherbourg 260 ② – Dinan 59 ② – Lorient 122 ③ –
Morlaix 84 ④ – Quimper 139 ③ – ◆Rennes 99 ② – St-Malo 76 ② – Vannes 106 ③.

Plan page ci-contre

   🏨   **Le Griffon** Ⓜ ⌛, à l'aéroport par ④ : 3,5 km ✆ 94.57.62, « Jardin » – 📶 ☎ 🅿️.
       ⒶⒺ ① ▨▨▨ ☀️ rest
       SC : **R** *(fermé 1er au 15 nov., 1er au 15 fév. et dim.)* 58/150 – ⊐ 17,50 – **42 ch** 175/205,
       3 appartements 270.

   🏨   **Pomme d'Or** Ⓜ, à Langueux par ② : 4 km ✉ 22360 Langueux ✆ 61.12.10 – 📶 ☎
   ◆   🔥 🅿️ – 🔧 50 à 120. ▨▨▨
       fermé 24 déc. au 10 janv. – SC : **R** *(fermé dim. et fériés)* 50/150 🍷 – ⊐ 16 – **46 ch**
       160/190.

   🏨   **Alexandre 1er** sans rest, 19 pl. Du-Guesclin ✆ 33.79.45 – 📶 📺 🚗 – 🔧 50. ⒶⒺ
       ① 🇪 ▨▨▨   CY e
       fermé 18 déc. au 3 janv. – SC : ⊐ 16,50 – **43 ch** 170/220, 6 appartements 250.

   🏠   **Chêne Vert** Ⓜ, à Plérin par ① : 3 km échangeur St Laurent-de-la-Mer ✉ 22190
       Plérin ✆ 74.63.20 – ⌂wc 🛏️wc 🔥 🅿️ – 🔧 30. 📶 ① 🇪 ▨▨▨
       SC : **R** *(fermé dim. sauf le soir en saison)* 52/93 – ⊐ 18 – **49 ch** 160/185 – P 205.

   🏠   **Le Covec** sans rest, pl. Poste-et-Théâtre ✆ 33.23.18 – 🛏️wc 📶 📶 ⒶⒺ ① 🇪
       ▨▨▨ ☀️   BY d
       SC : ⊐ 18 – **10 ch** 120/150.

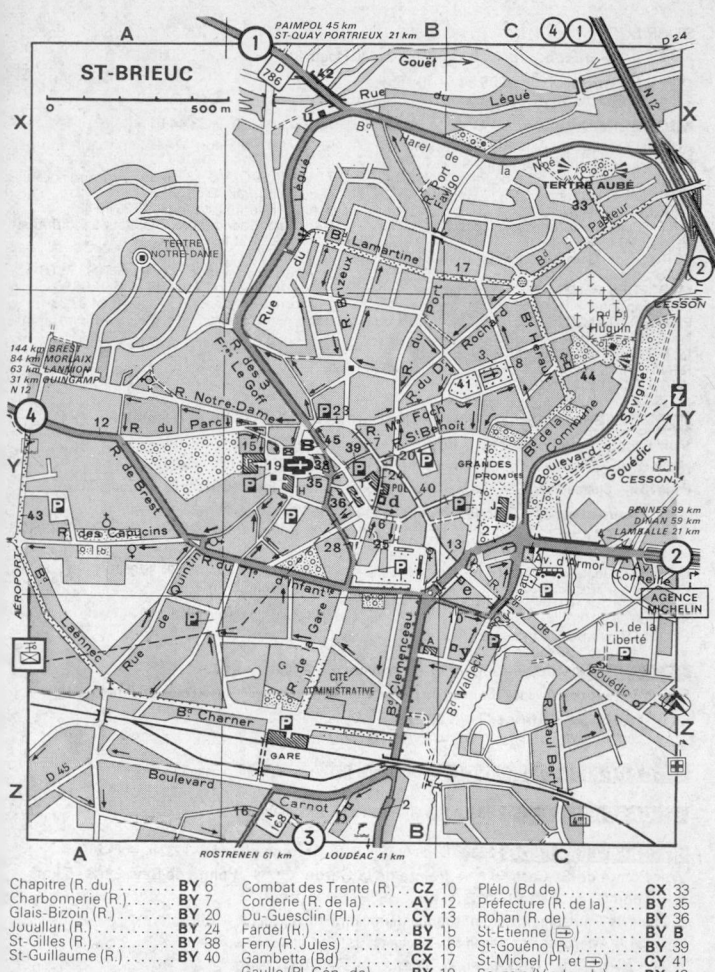

ST-BRIEUC

PAIMPOL 45 km
ST-QUAY PORTRIEUX 21 km

144 km BREST
84 km MORLAIX
63 km LANNION
31 km GUINGAMP
N 12

RENNES 99 km
DINAN 59 km
LAMBALLE 21 km

ROSTRENEN 61 km   LOUDÉAC 41 km

Pignon Pointu sans rest, 16 r. J.-J.-Rousseau ☎ 33.02.39 – ➜wc ⟆wc ⚟ ⟷.
⟨⟩
fermé 17 déc. au 2 janv., sam. soir et dim. d'oct. à mars – SC : ☲ 14 – **17 ch** 71/190.
CZ **y**

St-Georges sans rest, 1 ter r. de Robien ☎ 94.24.06, ⚟ – ➜ ⟆ ⚟ **❷**   BZ **b**
fermé 23 déc. au 15 janv. et dim. – SC : ☲ 14 – **27 ch** 75/85.

Croix Blanche, 61 r. Genève à Cesson - CXY - E 2 km ☎ 33.16.97
fermé dim. soir et vend. – SC : **R** 80/120.

Aux Pesked, 59 r. du Légué ☎ 33.34.65, ⟨   BX **u**
fermé 1er au 15 oct., 20 fév. au 29 mars, dim. soir et lundi sauf Pâques et Pentecôte à midi – SC : **R** 60/120.

❀ **La Vieille Tour** (Hellio), NE : 3 km par D 24 - CX - ✉ 22190 Plérin ☎ 33.10.30, ⟨
– **AE ① VISA** ⟨⟩
fermé 20 juin à début juil., 23 déc. au 10 janv. et dim. – **R** (nombre de couverts limité - prévenir) 80/170.
Spéc. Foie gras de canard, Homard aux huitres vertes, La Folie des desserts.

tourner →

à *Tremuson* par ④ : 8 km – ⊠ 22440 Ploufragan :

XX **Le Buchon,** � 94.85.84 – **P**. *VISA*
fermé 1er au 21 oct., 15 au 25 fév., lundi soir et mardi – SC : **R** 55/150.

MICHELIN, Agence, Z.A.C. de la Hazaie à Langueux par ② � 33.44.61

AUSTIN, MORRIS, ROVER, TRIUMPH Gar.
Pieto, rte de Moncontour à Yffiniac � 72.62.58
BMW Gar. Chaudet, 56 r. de Paris � 33.20.42
CITROEN Neumager, 101 r. Gouédic � 33.
24.05 **N** � 33.44.07
FIAT Générale Autom. de l'Ouest, 16 r. J.-Ferry
⅟franc 94.01.20 **N** ⅟franc 33.44.07
FORD Gge Garreau, 44 r. Dr. Rahuel ⅟franc 33.
40.15
MERCEDES-BENZ, OPEL Gar. Hamon, 19 bd
de l'Atlantique ⅟franc 94.43.59
PEUGEOT-TALBOT Gds Gar. des Côtes-du-
Nord, 65 r. Chaptal, Zone Ind. par ② ⅟franc 33.04.24
N ⅟franc 33.44.07 18 r. Chaptal ⅟franc 33.68.42
RENAULT S.B.D.A., r. Monge, Zone Ind. par r.
de Gouédic, CZ ⅟franc 33.66.28

RENAULT Monfort, rte Paimpol, à Plérin par
① ⅟franc 74.52.61
TOYOTA, VOLVO Bretagne-Autom., r. Laennec à Langueux ⅟franc 33.36.68
V.A.G. Rué, 14 r. Chaptal, ⅟franc 33.18.48
Gar. Auto-Service, Les Chatelets à Ploufragan
par ③ ⅟franc 94.21.46

⊛ Andrieux-Pneus, 6 r. de Paris ⅟franc 33.71.50
Auto-Pneus, 55 bd Atlantique ⅟franc 94.66.66
Desserrey-Pneus, 32 r. E.-Zola ⅟franc 94.07.33
Eco-Pneus, Le Pont du Gouet à Plérin ⅟franc 61.
70.60

ST-CALAIS 72120 Sarthe ⬛⬛ ⑤ **G. Châteaux de la Loire** (plan) – 4 577 h. alt. 105 – ⊛ 43.

Voir Façade★ de l'église N.-Dame.

🛈 Office de Tourisme r. Ch.-Garnier (fermé sam. et dim. hors saison) ⅟franc 35.00.36.

Paris 186 – Châteaudun 59 – ♦Le Mans 45 – Nogent-le-Rotrou 53 – ♦Orléans 93 – ♦Tours 73.

🏠 **Angleterre,** r. Guichet ⅟franc 35.00.43 – 🛏 ☎ **P**. 🐾 ch
➤ fermé 14 au 27 juin, 25 déc. au 16 janv., dim. soir et lundi sauf fériés – SC : **R** 45/100
🅰 – ⊡ 13 – **13 ch** 60/100.

CITROEN Costes, ⅟franc 35.00.59
CITROEN Parisse, ⅟franc 35.01.26
PEUGEOT, TALBOT Gar. Butté, la Croix-de-
Pierre ⅟franc 35.00.98
PEUGEOT-TALBOT Trottier, ⅟franc 35.01.52

RENAULT Daguenet, ⅟franc 35.05.51
Gar. Poitou, ⅟franc 35.00.46

⊛ Botras, ⅟franc 35.00.95

ST-CANNAT 13760 B.-du-R. ⬛⬛ ② **G. Provence** – 2 168 h. – ⊛ 42.

Paris 737 – Aix-en-Provence 16 – Apt 40 – Cavaillon 36 – ♦Marseille 46 – Salon-de-Provence 18.

X **Aub. St-Cannat,** ⅟franc 28.20.22
fermé 5 au 15 janv. et merc. – SC : **R** 59/80 🅰

ST-CAPRAISE-DE-LALINDE 24 Dordogne ⬛⬛ ⑮ – rattaché à Lalinde.

ST-CASSIEN (Lac de) 83 Var ⬛⬛ ⑧ – rattaché à Montauroux.

ST-CAST-LE-GUILDO 22380 C.-du-N. ⬛⬛ ⑤ **G. Bretagne** (plan) – 3 232 h. – ⊛ 96.

Voir Pointe de St-Cast ≤★★ – Pointe de la Garde ≤★★ – Pointe de Bay ≤★ S : 5 km.

🏌 de Pen Guen ⅟franc 41.91.20, S : 4 km.

🛈 Office de Tourisme pl. Gén.-de-Gaulle (fermé dim. hors hais.) ⅟franc41.81.52.

Paris 435 – Avranches 89 – Dinan 36 – Fougères 99 – St-Brieuc 50 – St-Malo 34.

🏨 **Ar Vro** 🐾, Grande Plage ⅟franc 41.81.05, ≤, 🎣 – 🛗 **P**. 🅰🅴 ⓪ *VISA*
4 juin-4 sept. – SC : **R** 110/200 – ⊡ 20 – **47 ch** 200/270 – P 250/300.

🏨 **Dunes,** r. Primauguet ⅟franc 41.80.31, 🍽 – 🚿wc 🛏wc ☎ **P**. 🏷🅰. 🍽
17 mars-2 oct. – SC : **R** 75/180 – ⊡ 18 – **27 ch** 125/180 – P 190/240.

🏨 **Pins** 🐾, à Pen-Guen ⅟franc 41.93.81, ≤, « Dans un site boisé surplombant la mer »,
🎣 – 🚿wc 🛏 ☎ **P**. 🏷🅰 *VISA*. 🍽 rest
1er avril-20 sept. – SC : **R** 75/130 – ⊡ 18 – **32 ch** 75/195 – P 180/250.

🏨 **Angleterre et Panorama** 🐾, r. Fosserole ⅟franc 41.91.44, ≤, 🎣, 🍽 – **P**. 🏷🅰.
🍽 rest
10 juin-5 sept. – SC : **R** 60/85 – ⊡ 13 – **38 ch** 57/77 – P 121/145.

🏨 **Bon Abri,** r. Sémaphore ⅟franc 41.85.74 – **P**. 🍽 ch
1er juin-10 sept. – SC : **R** 54/70 – ⊡ 13 – **43 ch** 53/79 – P 123/130.

X **Le Biniou,** à Pen-Guen ⅟franc 41.94.53, ≤ – **P**. **E**
27 mars-20 sept. et fermé merc. hors vacances scolaires – SC : **R** 55/180.

CITROEN Gar. des Rochettes, ⅟franc 41.84.04

Gar. des Dunes, ⅟franc 41.84.26

ST-CÉRÉ 46400 Lot ⬛⬛ ⑲⑳ **G. Périgord** (plan) – 4 356 h. alt. 152 – ⊛ 65.

Voir Site★ – Château de Montal★★ O : 3 km.

Env. Cirque d'Autoire★ : ≤★★ par Autoire (site★) O : 8 km.

🛈 Office de Tourisme pl. République (fermé après-midi hors saison et dim.) ⅟franc 38.11.85.

Paris 546 – Aurillac 64 – Brive-la-Gaillarde 54 – Cahors 76 – Figeac 42 – Tulle 58.

🏛 **Paris et du Coq Arlequin,** bd Dr-Roux ℡ 38.02.13, 🍴, 🚗 – 🛏wc 🚿wc ☎
🚗 🅿 🍴 🛁
fermé 1er janv. au 1er mars et lundi hors sais. – SC : **R** 62/165 – ⊡ 20 – **28 ch**
120/210 – P 195/245.

🏛 **France,** av. Fr.-de-Maynard ℡ 38.02.16, 🍴, 🚗 – 🛏wc 🚿wc 🅿. 🍴
18 juin-18 sept. – SC : **R** (dîner seul) 55/120 – ⊡ 13 – **30 ch** 80/150.

CITROEN Gar. du Haut-Quercy, ℡ 38.18.71   V.A.G. Payrot, ℡ 38.01.07
RENAULT Gar. du Stade, ℡ 38.02.12
TALBOT Fournier, ℡ 38.12.50   🏵 Meublat, ℡ 38.16.54

ST-CERGUES 74 H.-Savoie 🔟 ⑯⑰ – 1 847 h. alt. 615 – ⊠ 74140 Douvaine – 🅾 50.
Paris 559 – Annecy 54 – Annemasse 9 – Bonneville 23 – ◆Genève 16 – Thonon-les-Bains 21.

🏛 **France,** ℡ 43.50.32, 🚗, 🍽 – cuisinette 🛏wc 🚿wc 🅱 🅿. VISA 🍽 rest
◆ *fermé 15 oct. au 30 nov., dim. soir et lundi du 20 sept. au 31 mai* – SC : **R** 46/150 –
⊡ 15 – **22 ch** 75/135 – P 132/170.

à Machilly N : 1 km sur D 206 – ⊠ 74140 Douvaine :

XX **Refuge des Gourmets,** ℡ 43.53.87 – 🅿. AE ⓪ E
fermé juil., dim. soir et lundi – SC : **R** 64/98.

ST-CERNIN 15310 Cantal 🔢 ② G. Auvergne – 1 355 h. alt. 767 – 🅾 71.
Voir Boiseries★ de l'église St-Louis.
Paris 522 – Aurillac 22 – Brive-la-Gaillarde 113 – Mauriac 36.

🏠 **Les Tilleuls** 🏞, ℡ 47.60.73, ≤ – 🏵 🍽 ch
◆ **R** 48/65 🍷 – 🍽 12 – **10 ch** 62/65 – P 105/115.

ST-CÉZAIRE-SUR-SIAGNE 06780 Alpes-Mar. 🔢 ⑧. 🔢 ㉓ G. Côte d'Azur – 1 046 h. alt.
500 – 🅾 93.
Voir Site★, ≤★, grottes★ NE : 4 km.
🅱 Syndicat d'Initiative pl. Ch-de-Gaulle (1er juil.-31 août et fermé dim. après-midi).
Paris 931 – Cannes 30 – Castellane 62 – Grasse 15 – Draguignan 57 – ◆Nice 55.

au Nord : 2,5 km par rte de St-Vallier :

🏛 **Claux de Taladoire** 🏞, ℡ 60.20.09, ≤, parc, 🏊, 🍽 – 🛏wc 🚿wc 🅱 🅿.
🍽 rest
fermé janv. et en oct. – SC : **R** 80/100 – 🍽 12 – **30 ch** 102/190 – P 165/205.

ST-CHAMOND 42400 Loire 🔢 ⑲ G. Vallée du Rhône – 40 533 h. alt. 375 – 🅾 77.
Paris 510 ① – Feurs 50 ④ – ◆Lyon 47 ① – Montbrison 48 ④ – ◆St-Étienne 12 ④ – Vienne 37 ①.

Alsace-Lorraine (R.) ...... **AZ** 2
Montgolfier (Crs A. de) ... **AZ**
République (R. de la) ..... **BY**

Bonnevialle (R. Maurice) . **AZ** 3

Charité (R. de la) .... **BY** 4
Delay (Bd François) ..... **AYZ** 5
Dorian (Pl.) .... **AZ** 6
Dugas-Montbel (R.) ...... **BZ** 7
Gambetta (R.) .... **ABZ** 9

H.-de-Ville (Av. de l') .... **BZ** 12
Jeanne-d'Arc (R.) .... **AY** 21
Libération (Av. de la) .... **BZ** 22
Liberté (Pl. de la) .... **AZ** 23
Morel (Pl. Germain) ..... **AZ** 24
Rivage (R. du) .... **AZ** 25
Sabotin (R.) .... **AZ** 26
Timbaud (R. P.) .... **AZ** 28
Trois-Frères (R. des) .... **AZ** 29

983

ST-CHAMOND

🏛 **Lion d'Or,** 29 bd Delay ☏ 22.01.38 – ⚞wc ☶wc ⊛ 🚗 🚗🛏   AZ **y**
↦ *fermé lundis fériés, dim. soir et sam.* – SC : **R** 38/115 ⅃ – � 12 – **14 ch** 55/115.

XX **Chemin de Fer** avec ch, 27 av. Libération ☏ 22.00.15 – ⚞ ☶ ⊛. *VISA*   BZ **e**
↦ *fermé août* – SC : **R** *(fermé dim. soir et sam.)* 37 bc/110 – ⊏ 13 – **11 ch** 53/79.

à l'Horme par ② : 3 km – 5 051 h. – ✉ **42400** St-Chamond :

🏛 **Vulcain** Ⓜ sans rest, ☏ 22.17.11 – ⎸⌘⚞wc ☶wc ⊛ 🚗 🅿 🚗🛏 *VISA*
SC : ⊏ 15 – **30 ch** 105/175.

ALFA ROMEO, TOYOTA Gar. du Parc, 26 r. Victor-Hugo ☏ 22.04.68
CITROEN Chataing, 3 bis r. R.-Chambovet ☏ 22.01.72
CITROEN Gar. des Palermes, 38 r. Victor Hugo ☏ 22.03.75
FIAT Chabroud, 46 r. Victor-Hugo ☏ 22.05.26
FORD Martinez, 10 r. St-Etienne ☏ 22.03.69
PEUGEOT-TALBOT Boniface-Vallée du Gier, C.D. 88, bretelle Autoroute St-Julien par ② ☏ 22.59.77

PEUGEOT-TALBOT Gar. Reymond, 24 r. Victor-Hugo ☏ 22.02.62
RENAULT Fonsala-Autom., bd Fonsala par ② ☏ 22.22.98
RENAULT Varenne, 26 r. Gambetta ☏ 22.02.58
V.A.G. Quinson-Tardy 14 rte de St Etienne ☏ 22.03.17

▩ **ST-CHARTIER** 36 Indre 🔢 ⑱ – rattaché à La Châtre.

▩ **ST-CHÉLY-D'APCHER** 48200 Lozère 🔢 ⑮ – 5 305 h. alt. 1 000 – ✪ 66.
🄸 Syndicat d'Initiative bd Guérin d'Apcher (1ᵉʳ juil.-15 sept., fermé dim. et lundi) ☏ 31.03.67.
Paris 525 – Mende 48 – Millau 106 – Le Puy 85 – Rodez 98 – St-Flour 35.

🏠 **Jeanne d'Arc,** 49 av. Gare ☏ 31.00.46, ⋇ – ⚞ 🚗 🅿 🚗🛏 **E** *VISA* ✆
↦ SC : **R** 35/65 ⅃ – ⊏ 14 – **15 ch** 70/94 – P 120/140.

🏠 **Lion d'Or,** r. Th.-Roussel ☏ 31.00.14 – ☶ ⊛ 🚗 🚗🛏
↦ *fermé 3 au 29 janv.* – SC : **R** (dim. prévenir) 40/70 ⅃ – ⊏ 14 – **30 ch** 57/110 – P 130/150.

à La Garde N : 9 km par N 9 – ✉ **48200** St-Chély-d'Apcher :

🏛 **Rocher Blanc** (Annexe 🏛 Ⓜ), N9 ☏ 31.90.09, parc, ✵ – ⚞wc ☶wc ⊛ 🅿
↦ 🚗🛏 *VISA*
fermé 20 déc. au 31 janv. – SC : **R** 45/100 – ⊏ 17 – **21 ch** 68/120 – P.120/180.

CITROEN Barrandon, ☏ 31.00.33 ⴺ ☏ 31.15.60
RENAULT Chauvet, ☏ 31.06.12 ⴺ ☏ 31.03.27
⊙ Terrisson-Pneus, ☏ 31.00.64

▩ **ST-CHÉLY-D'AUBRAC** 12470 Aveyron 🔢 ③④ – 610 h. alt. 800 – Sports d'hiver à Brameloup : 1 120/1 388 m ✆6 ⅃ – ✪ 65.
Paris 565 – Espalion 21 – Mende 75 – Rodez 52 – St-Flour 75 – Séverac-le-Château 58.

🏠 **Voyageurs-Vayrou** ⏍, ☏ 44.27.05 – ✆ ch
↦ *1ᵉʳ avril-1ᵉʳ déc. et vacances scol. de fév.* – SC : **R** 39/72 ⅃ – ⊏ 11 – **14 ch** 44/82 – P 100/110.

▩ **ST-CHRISTAU** 64 Pyr.-Atl. 🔢 ⑥ – voir à Lurbe-St-Christau.

▩ **ST-CHRISTOPHE-EN-BOUCHERIE** 36 Indre 🔢 ⑳ – 342 h. alt. 271 – ✉ **36400** La Châtre – ✪ 54.
Paris 282 – Châteauroux 45 – La Châtre 16 – Issoudun 36 – Montluçon 59 – St-Amand-Montrond 36.

🏠 **Le Relais,** D 940 ☏ 30.01.07 – ☶ 🚗 ✆ ch
↦ *fermé 20 sept. au 20 oct. et lundi* – SC : **R** 50/96 – ⊏ 13 – **10 ch** 70/105 – P 115/135.

▩ **ST-CIRGUES-DE-JORDANNE** 15 Cantal 🔢 ②⑫ – 249 h. alt. 800 – ✉ **15590** Lascelle-Mandailles – ✪ 71 – Paris 563 – Aurillac 17 – Murat 45 – St-Simon 11.

🏛 **Tilleuls,** ☏ 47.92.19 – ⚞wc ☶wc ⊛ 🅿
↦ *Pâques-1ᵉʳ nov. et vacances scolaires* – SC : **R** 38/140 – ⊏ 12 – **17 ch** 65/130 – P 110/150.

▩ **ST-CIRGUES-LA-LOUTRE** 19 Corrèze 🔢 ⑩ – 304 h. alt. 460 – ✉ **19220** St-Privat – ✪ 55.
Voir Tours de Merle** SO : 4 km, G. Périgord.
Paris 534 – Argentat 21 – Aurillac 47 – Mauriac 38 – Pleaux 17 – St-Céré 59 – Tulle 51.

🏠 **Aub. Ruines de Merle** ⏍, ☏ 28.27.15 – 🅿 ✵
↦ SC : **R** 35/60 – ♨ 12 – **9 ch** 55/75 – P.90/100.

▩ **ST-CIRGUES-SUR-COUZE** 63 P.-de-D. 🔢 ⑭ – 235 h. alt. 400 – ✉ **63320** Champeix – ✪ 73.
Paris 431 – ♦Clermont-Ferrand 46 – Issoire 9 – Le Mont-Dore 45.

🏛 **des 4 Saisons** ⏍, ☏ 71.10.11, ⋇ – ⚞wc ☶ ⊛ 🅿
↦ *fermé 1ᵉʳ au 15 nov., 15 au 25 fév. et merc.* – SC : **R** 42/100 – ⊏ 14 – **10 ch** 75/90 – P 115.

984

ST-CIRQ-LAPOPIE 46 Lot **79** ⑨ **G. Périgord** – 167 h. alt. 137 – ✉ **46330** Cabrerets – ⚙ 65.
Voir Site★★ – Vestiges de l'ancien château ≼★★ – Le Bancourel ≼★.
Paris 628 – Cahors 33 – Figeac 45 – Villefranche-de-Rouergue 36.

XX **Aub. du Sombral "Aux Bonnes Choses"** Ⓜ ⛰ avec ch, ☏ **31.26.08**, ⛱ – 🛁wc 🚿wc ☎
fermé 15 nov. au 15 fév., mardi soir et merc. hors sais. – SC : **R** 55/175 – ☕ 20 – **10 ch** 95/130.

ST-CLAIR 83 Var **84** ⑯ – rattaché au Lavandou.

ST-CLAUDE ◇SP◇ **39200** Jura **70** ⑮ **G. Jura** – 14 086 h. alt. 434 – ⚙ 84.
Voir Site★★ – Cathédrale★ : stalles★★ BZ **B** – Place Louis-XI ≼★ BZ – Gorges du Flumen★ par ②.
Env. Route de Morez (D 69) ≼★★ 7 km par ① – Crêt Pourri ✳★ E : 6 km puis 30 mn par D 304 BZ.
ℹ Office de Tourisme (fermé dim. hors sais.) et A.C. 1 av. Belfort ☏ 45.34.24.
Paris 467 ③ – Annecy 87 ② – Bourg-en-Bresse 73 ③ – ♦Genève 61 ② – Lons-le-Saunier 60 ③.

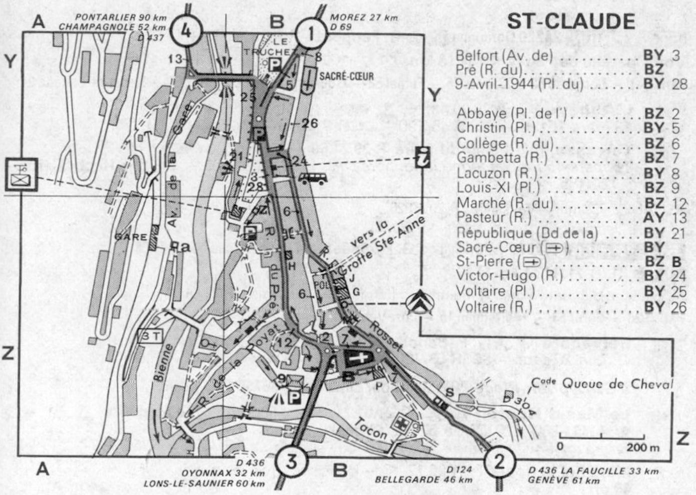

ST-CLAUDE

Belfort (Av. de)	BY	3
Pré (R. du)	BZ	
9-Avril-1944 (Pl. du)	BY	28
Abbaye (Pl. de l')	BZ	2
Christin (Pl.)	BY	5
Collège (R. du)	BZ	6
Gambetta (R.)	BZ	7
Lacuzon (R.)	BY	8
Louis-XI (Pl.)	BZ	9
Marché (R. du)	BZ	12
Pasteur (R.)	AY	13
République (Bd de la)	BY	21
Sacré-Cœur (✠)	BY	
St-Pierre (✠)	BZ	B
Victor-Hugo (R.)	BY	24
Voltaire (Pl.)	BY	25
Voltaire (R.)	BY	26

⌂⌂ **St-Hubert** Ⓜ sans rest, rte Genève ☏ 45.10.70 – ⇅ 🛁wc 🚿wc ☎ Ⓟ. 💳 AE E BZ **s**
fermé 20 nov. au 6 déc. – SC : ☕ 15,50 – **30 ch** 106/150.

⌂ **Jura H.** Ⓜ sans rest, 40 av. Gare ☏ 45.24.04 – 🛁wc 🚿wc ☎. 💳 E AZ **a**
SC : ☕ 16 – **23 ch** 92/140.

⌂ **Poste** sans rest, 1 r. Reybert ☏ 45.24.70 – 🛁 🚿 ✂ BZ **z**
fermé mi-sept. à mi-oct. – SC : ☕ 13 – **16 ch** 47/92.

X **Clef d'Or,** rte Genève ☏ 45.08.84 – AE VISA BZ **s**
◆ *fermé 1ᵉʳ au 15 avril, 1ᵉʳ au 15 sept., dim. soir et lundi* – SC : **R** 40/85 🌡.

par ② et D 290 : 3 km - BZ – ✉ **39200** St-Claude :

⌂⌂ **Joly** ⛰, au Martinet (près camping) ☏ 45.12.36, ≼, « Jardin fleuri » – 🛁wc 🚿 ☎ Ⓟ. 💳. ✂
fév.-31 oct. et fermé dim. soir et lundi hors sais. – SC : **R** 60/140 🌡 – ☕ 15 – **16 ch** 60/175 – P 150/175.

à Villard-St-Sauveur par ② et D 290 : 5 km - BZ – alt. 580 – ✉ **39200** St-Claude :

⌂ **Au Retour de la Chasse** ⛰, ☏ 45.11.32, ≼, ⛱, ✂ – 🛁wc 🚿wc Ⓟ – 🏋 100.
◆ 💳 E. ✂ ch
fermé 19 au 28 avril, 20 nov. au 20 déc., dim. soir et lundi sauf vacances scolaires – SC : **R** 44/115 – ☕ 12,50 – **12 ch** 80/130 – P 118/140.

CITROEN Moderne Gar., 16 r. Rosset ☏ 45.33.01
FIAT Gar. de Genève, 11 r. Lt-Froidurot ☏ 45.21.01
FORD Gar. Grenard, 23 r. Carnot ☏ 45.06.48
PEUGEOT, TALBOT Gar. Carnot, ZA d'Etables, rte de Lyon par ③ ☏ 45.11.07
RENAULT Lacuzon-Autom., 21 r. Carnot par ③ ☏ 45.12.03
TALBOT Duchène, 21 rte Valfin par ④ ☏ 45.12.07
V.A.G. Central Gar., 6 r. Voltaire ☏ 45.01.52
⚙ Jura-Pneu, 28 r. Collège ☏ 45.15.37

ST-CLÉMENT-DES-BALEINES 17 Char.-Mar. 🎇 ⑫ – voir à Ré (Ile de).

ST-CLÉMENT-DES-LEVÉES 49 M.-et-L. 🔢 ⑫ – 935 h. alt. 26 – ✉ 49350 Gennes – ❸ 41.
Paris 285 – Angers 34 – Baugé 30 – Saumur 12 – ✦Tours 76.

    ✕✕ **Beau Site** avec ch, D 952 ☎ 51.83.72, ≤ – 🅿 🖼 **E**
    ➤ *fermé janv., fév., mardi soir et merc. hors sais.* – SC : **R** 35/110 ⚱ – ☎ 13 – **7 ch**
    55/65.

ST-CLOUD 92 Hauts-de-Seine 🔢 ⑳, 🔢 ⑭ – voir à Paris, Proche banlieue.

ST-COME-D'OLT 12 Aveyron 🔢 ③ – rattaché à Espalion.

ST-CYBRANET 24 Dordogne 🔢 ⑰ – 273 h. alt. 79 – ✉ 24250 Domme – ❸ 53.
Paris 555 – Cahors 55 – Fumel 51 – Gourdon 29 – Lalinde 49 – Périgueux 72 – Sarlat-la-Canéda 16.

    🏠 **Relais Fleuri,** ☎ 28.33.70, 🍽 – 🅿 🖼 . ⚜ ch
    ➤ *fermé 15 nov. au 15 déc. et merc. d'oct. à avril* – SC : **R** 49/81 – ⊡ 15 – **7 ch** 60/95
    – P 120/165.

ST-CYPRIEN 24220 Dordogne 🔢 ⑯ G. Périgord – 1 785 h. alt. 72 – ❸ 53.
Voir Château de Fages ≤∗ N : 3 km.
Paris 541 – Bergerac 53 – Cahors 75 – Fumel 53 – Gourdon 43 – Périgueux 54 – Sarlat-la-Canéda 21.

    🏨 **L'Abbaye** 🦢, ☎ 29.20.48, ≤, 🔟, 🌳 – 🅿 🆎 ⓞ **E**. ⚜ rest
    ➤ *13 mars-16 oct.* – SC : **R** 45/190 – ⊡ 21 – **20 ch** 140/260 – P 220/275.

    🏨 **Terrasse,** pl. Champ-de-Foire ☎ 29.21.69 – ➖wc 🚿wc ☎
    ➤ *1er mars-15 nov. et fermé lundi hors sais.* – SC : **R** 50/150 – ⊡ 16 – **16 ch** 80/185 –
    P 125/185.

RENAULT Castillon-Veyssière, ☎ 29.20.23

ST-CYPRIEN 66750 Pyr.-Or. 🔢 ⑳ G. Pyrénées – 4 021 h. – casino – ❸ 68.
📷 🖼 ☎ 21.01.71, N : 1 km.
🛈 Syndicat d'Initiative quai A.-Raimbaud (fermé dim. hors sais.) ☎ 21.01.33.
Paris 926 – Céret 33 – ✦Perpignan 15 – Port-Vendres 20.

    🏨 **Belvédère** 🅼 🦢, r. P.-Benoît ☎ 21.05.93, ≤ – ➖wc 🚿wc ☎ 🅿
    1er juin-26 sept. – SC : **R** 53/120 ⚱ – ⊡ 15 – **30 ch** 150/180 – P 190.

    à St-Cyprien-Plage NE : 3 km par D 22 – ✉ 66750 St Cyprien :

    🏨 **Le Mas d'Huston** 🅼 🦢, ☎ 21.01.71, Télex 500834, ≤,, « au golf », 🔟, ⚜ – 🛗
    ☎ & 🅿 – ⏏ 120. 🆎 ⓞ **E** 𝒱𝐼𝒮𝒜. ⚜ rest
    fermé mi janv. à fin fév. – SC : **R** 90/160 – **46 ch** ⊡ 340/400 – P 350/480.

    🏨 **Mar i Sol,** r. Rodin ☎ 21.00.17, ≤ – 🛗 ➖wc 🚿wc ☎
    40 ch.

    🏨 **Glycines,** r. E.-Delacroix ☎ 21.00.11, ≤ – ➖wc 🚿wc ☎ 🅿. 𝒱𝐼𝒮𝒜
    avril-fin sept. et fermé merc. d'avril à juin – SC : **R** 60/120 – ⊡ 18 – **34 ch** 80/180 –
    P 155/190.

    à St-Cyprien-Sud : 3 km – ✉ 66170 St-Cyprien :

    🏨 **La Lagune** 🅼 🦢, ☎ 21.24.24, ≤, 🍽, « entre mer et lagune », 🔟, ⚜ – cuisinette
    ➖wc ☎ & 🅿. 🖼
    Pâques-30 oct. – SC : **R** 75 ⚱ – ⊡ 20 – **50 ch** 160/340 – P 190/250.

RENAULT Gar. des Albères, ☎ 21.02.44 🆖   RENAULT Gar. Vandellos, ☎ 21.05.47

ST-CYR-EN-TALMONDAIS 85 Vendée 🎇 ⑪ – 283 h. alt. 36 – ✉ 85540 Moutiers-les-
Mauxfaits – ❸ 51.
Voir Collections d'art∗ du château de la Court d'Aron, G. Côte de l'Atlantique.
Paris 446 – Luçon 13 – La Roche-sur-Yon 29 – Les Sables d'Olonne 36 – La Tranche-sur-Mer 18.

    ✕ **Aub. de la Court d'Aron,** ☎ 30.81.80 – 𝒱𝐼𝒮𝒜
    1er avril-30 sept. et fermé lundi soir et mardi sauf juil. et août – SC : **R** 85 ⚱

RENAULT Gar. Thuaud, ☎ 30.80.56 🆖 ☎ 30.86.80

ST-CYR-L'ÉCOLE 78 Yvelines 🔢 ⑯, 🔢 ⑫ – voir à Paris, Proche banlieue.

ST-CYR-SUR-MORIN 77750 S.-et-M. 🔢 ⑬ G. Environs de Paris – 1 026 h. alt. 62 – ❸ 6.
Paris 73 – Coulommiers 14 – La Ferté-sous-Jouarre 7,5 – Melun 60.

    ✕✕ **Moderne,** ☎ 023.80.03, ≤, « Collections d'outils anciens », 🌳 – 🅿
    fermé 15 déc. au 15 fév. et merc. – SC : **R** (dim. prévenir) 59/160.

ST-DALMAS-DE-TENDE 06 Alpes-Mar. 🎱 ⑩ ⑳, 🎱 ⑧ ⑨ – alt. 696 – ⊠ **06430** Tende – ✪ 93.

Voir S : Haute vallée de la Roya★★ – Gorges de Bergue★ S : 3 km, G. Côte d'Azur.

Paris 1 016 – Fontan 8 – ◆Nice 79 – Sospel 36.

🔹 **Terminus** ⤵, 🕾 04.60.10 – ⛁ **Ⓟ**. ※ rest
◆ *fermé 5 janv. au 5 fév. et vend.* – SC : **R** 48/85 – ♋ 11,50 – **24 ch** 58/164 – P 128/165.

ST-DALMAS-VALDEBLORE 06 Alpes-Mar. 🎱 ⑲, 🎱 ⑥ – voir à Valdeblore.

ST-DENIS 93 Seine-St-Denis 🎱 ⑪, 🎱 ⑯ – voir à Paris, Proche banlieue.

ST-DENIS-D'ANJOU 53 Mayenne 🎱 ① – 1 316 h. alt. 38 – ⊠ **53290** Grez-en-Bouère – ✪ 43.

Paris 263 – Angers 42 – ◆Le Mans 58 – Sablé-sur-Sarthe 10.

🔹 **Aub. Roi René,** 🕾 07.52.30 – **Ⓟ**
◆ *fermé 19 au 27 juil., fév., mardi soir et merc.* – SC : **R** 50/120 ♨.

RENAULT Babin, 🕾 70.52.25

ST-DENIS-DE-L'HÔTEL 45 Loiret 🎱 ⑩ – rattaché à Jargeau.

ST-DENIS-SUR-SARTHON 61420 Orne 🎱 ② – 957 h. alt. 196 – ✪ 33.

Paris 203 – Alençon 12 – Argentan 40 – Domfront 49 – Falaise 63 – Flers 59 – Mayenne 49.

🏚 **La Faïencerie,** 🕾 27.30.16, parc – ⛁wc 🚿wc ☎ **Ⓟ**. 🍴
Pâques-mi nov. – SC : **R** *(fermé mardi midi)* 75/120 – ♋ 22 – **18 ch** 85/200.

RENAULT Gar. Poirier, 🕾 27.30.32

ST-DÉZERY 19 Corrèze 🎱 ⑪ – rattaché à Ussel.

ST-DIDIER-EN-VELAY 43140 H.-Loire 🎱 ⑧ – 2 775 h. alt. 835 – ✪ 71.

Paris 544 – Annonay 48 – Firminy 15 – Lamastre 69 – Le Puy 58 – ◆St-Étienne 25 – Yssingeaux 31.

🔹 ✿ **Aub. Velay** (Guichard) avec ch, pl. Fontaine 🕾 61.01.54 – 🚿 **E** 𝖵𝖨𝖲𝖠
fermé août, vacances de fév., dim. soir et lundi – SC : **R** 70/240 – ♋ 15 – **8 ch** 65/125
Spéc. Foie gras d'oie, Crème de lentilles dentelle de saumon, Magret de canard aux myrtilles. **Vins** Côtes du Forez.

ST-DIÉ ⬡ **88100** Vosges 🎱 ⑰ G. Vosges – 26 539 h. alt. 343 – ✪ 29.

Voir Église N.-D.-de-Galilée★ A E – Cloître★ A R – Cathédrale★ A S.

🅸 Office de Tourisme 32 r. Thiers (fermé dim. et lundi matin) 🕾 56.17.62.

Paris 459 ④ – Belfort 128 ② – Colmar 63 ① – Épinal 50 ③ – ◆Mulhouse 98 ② – ◆Strasbourg 90 ①.

Plan page suivante

🏚 **France** sans rest, 1 r. Dauphine 🕾 56.32.61 – 📺 ⛁wc 🚿. 🍴 🆎 ⓞ 𝖵𝖨𝖲𝖠
SC : ♋ 16 – **11 ch** 165/190.   A t

🏚 **Stanislas** sans rest., 32 r. Stanislas 🕾 56.41.51 – 🛗 ⛁wc 🚿wc ☎ **Ⓟ**. 🍴 🆎
𝖵𝖨𝖲𝖠.   A a
fermé 26 août au 5 sept., 17 déc. au 10 janv. et dim. d'oct. à fév. – SC : ♋ 20 – **24 ch** 120/200, 3 appartements 300.

🏚 **Vosges et Commerce** sans rest, 57 r. Thiers 🕾 56.16.21 – 🚿wc 🚿 ⟵ – 🛗
40. 🍴 🆎 ⓞ 𝖵𝖨𝖲𝖠   A r
SC : ♋ 15 – **30 ch** 75/190.

🏚 **Globe** sans rest, 2 quai de Lattre 🕾 56.13.40 – ⛁wc 🚿wc 🍴. 🍴   A n
fermé vacances de nov. et de Noël – SC : ♋ 17 – **18 ch** 75/190.

🏚 **Parc** sans rest, 5 r. J.-J. Baligan 🕾 56.36.54 – ⛁ 🚿wc 🍴. 🍴   A k
SC : ✆ 15 – **7 ch** 90/120.

🏚 **Voyageurs** sans rest, 22 r. Hellieule 🕾 56.21.56 – 🚿. 🍴   A x
fermé sept. – SC : ♋ 11 – **14 ch** 53/85.

🏚 **Moderne,** 64 r. Alsace 🕾 56.11.71 – 🚿 ⟵ **Ⓟ**. 🍴 𝖵𝖨𝖲𝖠. ※ ch   B v
◆ *fermé 20 juin au 4 juil., 23 déc. au 9 janv., vend. soir et sam. sauf juil.-août* – SC : **R** 42/110 ♨ – ♋ 13 – **14 ch** 58/79 – P 151/173.

🔹 **Au Petit Robinson,** par ④ : 6 km N 59 ⊠ 88470 St-Michel-sur-Meurthe 🕾 58.34.06, 🌺 – **Ⓟ**. ※
fermé 1er au 10 mars, 15 juil. au 13 août et lundi sauf fériés – **R** carte 100 à 155.

🔹 **Petit Chantilly,** r. 11 Novembre 🕾 56.15.43 – 🆎 ⓞ 𝖵𝖨𝖲𝖠   A s
fermé 15 août au 15 sept., jeudi soir et lundi – SC : **R** 48/72 ♨.

🔹 ✿ **Tétras** (Giuliano), 4 r. Hellieule 🕾 56.10.12 – 🆎 ⓞ **E** 𝖵𝖨𝖲𝖠 ※   A x
fermé 30 sept. au 30 oct., 11 au 19 mars, vend. soir et sam. – SC : **R** (nombre de couverts limité - prévenir) 65/170 ♨
Spéc. Parfait de foies de volailles, Sandre à l'oseille, Tarte aux amandes et miel de sapin. **Vins** Pinot blanc et pinot noir.

987

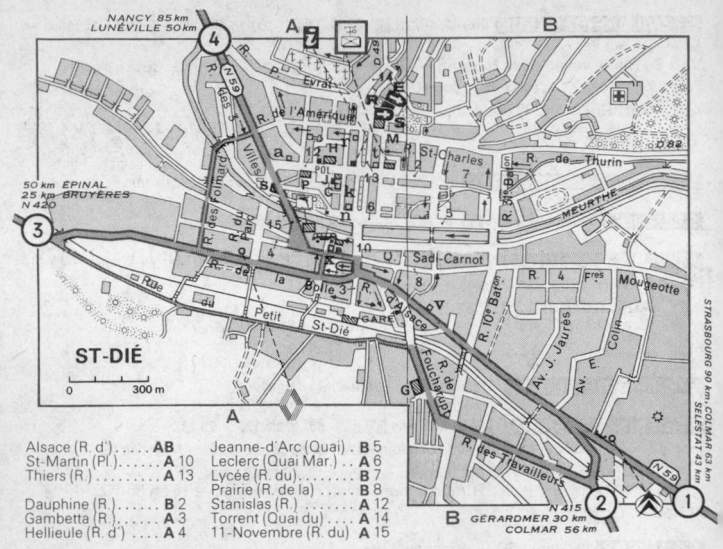

ST-DIÉ

0   300 m

Alsace (R. d') . . . . . **AB**
St-Martin (Pl.) . . . . . **A** 10
Thiers (R.) . . . . **A** 13

Dauphine (R.) . . . . . **B** 2
Gambetta (R.) . . . . . **A** 3
Hellieule (R. d') . . . . **A** 4

Jeanne-d'Arc (Quai) . **B** 5
Leclerc (Quai Mar.) . . **A** 6
Lycée (R. du) . . . . . . **B** 7
Prairie (R. de la) . . . . **B** 8
Stanislas (R.) . . . . . . **A** 12
Torrent (Quai du) . . . . **A** 14
11-Novembre (R. du) . **A** 15

route de Colmar par ② : 6,5 km – ⊠ 88580 Saulcy-sur-Meurthe :

🏠 **Lo Kébé,** à Saulcy-sur-Meurthe ☏ 50.00.78 – 🛏️wc 🅿️ 🚗🛢️ 🖭 ⓘ 𝘝𝘐𝘚𝘈
  ↔ *fermé 1ᵉʳ au 20 oct., dim. soir (sauf hôtel) et lundi sauf de juin à sept.* – SC : **R** 32/65
  🍷 – ⊡ 9,50 – **7 ch** 50/100 – P 100/158.

AUSTIN MERCEDES Gar. Antoine, 125 r.
d'Alsace ☏ 56.25.83
BMW, OPEL Gar. Charaud, 1 av. J.-Jaurès ☏
56.20.96
CITROEN Vosges-Autom., 134 r. d'Alsace ☏
56.29.95 🆖 ☏ 55.22.22
FIAT Morice, 18 quai Carnot ☏ 56.19.66
FORD Gar. Thouzet, rte de Raon ☏ 56.23.30
PEUGEOT, TALBOT Gd Gar. Central Schaefer,
27 av. de Verdun par ④ ☏ 56.25.21 🆖

RENAULT Ets Husson, 52 r. de la Bolle ☏
56.28.57
V.A.G. Gar. Sequeval, 40 quai Carnot ☏ 56.
25.58

🅜 Pneus et Services D.K. 126 r. d'Alsace ☏
56.11.34
Villaume, 73 r. Alsace ☏ 56.11.08

ST-DIER D'AUVERGNE 63520 P.-de-D. **73** ⑮ G. Auvergne – 711 h. alt. 446 – ✆ 73.
Paris 409 – Ambert 34 – Billom 17 – ◆Clermont-Ferrand 44 – Issoire 37 – Thiers 27.

  ✕ **Paris,** ☏ 70.80.67 – 🅿️
  ↔ *fermé oct. et lundi du 1ᵉʳ nov. au 1ᵉʳ mai* – SC : **R** 50/125.

RENAULT Gar. Terrissé, ☏ 70.80.56 🆖

🔫 *Investissez, achetez le guide de l'année.*

ST-DIZIER ⟨🆂🅿️⟩ 52100 H.-Marne **61** ⑨ G. Nord de la France – 39 815 h. alt. 146 – ✆ 25.
Env. Villiers-en-Lieu : Musée de l'automobile française✱ NO : 6 km par D111 Y.
🅸 de Combles-en-Barrois ☏ (29) 45.16.03 par ① : 23 km.
🅱️ Office de Tourisme Pavillon du Jard (après-midi seul. et fermé dim.) ☏ 05.31.84.
Paris 212 ⑤ – Bar-le-Duc 24 ① – Chaumont 74 ③ – ◆Nancy 101 ② – Troyes 85 ④ – Vitry-le-F. 29 ⑤.

Plan page ci-contre

  🏨 **Gambetta** Ⓜ, 62 r. Gambetta ☏ 05.22.10 – 📶 📺 ☎ 🚗 🅿️ – 🏊 100. 🖭 ⓘ   Z e
  ↔ SC : **R** *(dim. et fêtes déj. seul.)* 45/89 🍷 – ⊡ 16 – **62 ch** 140/240 – P 180/240.
  🏨 **Soleil d'Or** Ⓜ, par ① : 2 km ☏ 05.68.22, Télex 840946, 🏊, – 📶 📺 ☎ 🚻 🅿️ – 🏊
  ↔ 150. 🖭 ⓘ Ⓔ 𝘝𝘐𝘚𝘈
      SC : **R** *(fermé dim.)* 50 bc/100 bc – ⊡ 16 – **52 ch** 170/290, 8 appartements 230/290
      – P 250.
  🏠 **Picardy** sans rest, 15 av. Verdun ☏ 05.09.12, 🚗 – 🛏️wc 🅿️. 🛇   Z b
    fermé 12 au 21 août – ⊡ 12 – **12 ch** 60/130.
  ✕✕ **François 1ᵉʳ,** 64 r. François 1ᵉʳ ☏ 05.09.73 – 🅿️. ⓘ 𝘝𝘐𝘚𝘈   Y a
    fermé août, 24 au 31 déc., dim. et lundi – SC : **R** 68/120.
  ✕ **Bar de l'Est** avec ch, 56 av. Alsace Lorraine ☏ 05.03.14 – 🛏️wc 🅿️. 🛇   Z s
  ↔ *fermé 10 au 31 août* – SC : **R** 32/50 – 🍷 10 – **23 ch** 48/79.

ST-DIZIER

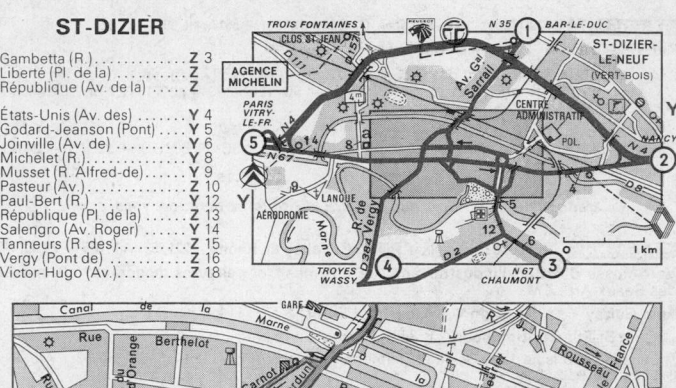

Gambetta (R.) .... Z 3
Liberté (Pl. de la) .... Z
République (Av. de la) ... Z

États-Unis (Av. des) ..... Y 4
Godard-Jeanson (Pont) ... Y 5
Joinville (Av. de) .... Y 6
Michelet (R.) .... Y 8
Musset (R. Alfred-de) .... Y 9
Pasteur (Av.) .... Y 10
Paul-Bert (R.) .... Y 12
République (Pl. de la) .... Y 13
Salengro (Av. Roger) .... Y 14
Tanneurs (R. des) .... Y 15
Vergy (Pont de) .... Z 16
Victor-Hugo (Av.) .... Z 18

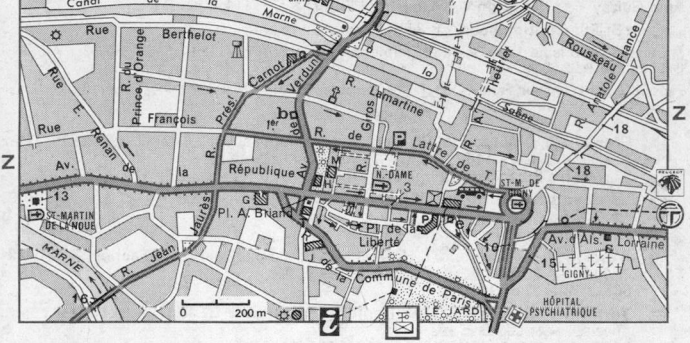

MICHELIN, Agence, Z.I. St-Jean, Voie Sud Y ☎ 05.07.84

ALFA ROMEO Champagne Autom., 28, r. Vergy ☎ 05.39.37
AUTOBIANCHI, FIAT, LANCIA Gar. Stabile, 776 bis av. République ☎ 05.40.22
BMW, OPEL Gar. Masson, 92 bis r. E.-Renan ☎ 05.02.63
CITROEN Gar. Fontaine, 34 av. R.-Salengro ☎ 05.20.68
FORD Dynamic-Motors, rte de Bar-le-Duc ☎ 05.23.98
MERCEDES-BENZ, V.A.G. Auto Hall 52, 50 av. République ☎ 05.09.90

PEUGEOT-TALBOT Gar. Clabaut, rte de Bar-le-Duc, Bettancourt-la-Ferrée ☎ 05.15.12
PEUGEOT-TALBOT C.A.B., 61 av. Alsace-Lorraine ☎ 05.07.33
RENAULT Fogel, 20 av. états-Unis ☎ 05.02.56

⚙ Barrois-Pneus, rte de Bar-le-Duc, Bettancourt-la-Ferrée ☎ 05.19.16
Saunier-St-Dizier-Pneu, 111 r. E.-Renan ☎ 05.23.54

ST-DOULCHARD 18 Cher 𝟼𝟿 ① – rattaché à Bourges.

ST-DYÉ-SUR-LOIRE 41 L.-et-Ch. 𝟼𝟺 ⑦ ⑧ – 587 h. alt. 75 – ✉ 41500 Mer – ✿ 54.

Paris 172 – Beaugency 21 – Blois 14 – ♦Orléans 41 – Romorantin-Lanthenay 45.

🏛 **Manoir Bel Air** ⌂, ☎ 81.60.10, ≤, Parc – 🛏wc 🗐wc ☎ 🐧 ♿ 🚗 🅿 – 🏛 25. 🍴🍴, ⚘ rest
fermé janv. et fév. – SC : **R** 60/120 – 🍽 13 – **28 ch** 95/150 – P 180.

SAINTE... – voir suite nomenclature des Saints.

ST-ELME 83 Var 𝟾𝟺 ⑮ – rattaché aux Sablettes.

ST-ÉMILION 33330 Gironde 𝟽𝟻 ⑫ G. Côte de l'Atlantique (plan) – 3 363 h. alt. 102 – ✿ 57 –
Voir Site★ – Église monolithe★ – Ancien cloître des Cordeliers★ – ≤★ de la tour du château du Roi – 🇧 Office de Tourisme pl. du clocher ☎ 24.72.03.

Paris 611 – Bergerac 56 – ♦Bordeaux 39 – Langon 49 – Libourne 8 – Marmande 60.

🏛 **Aub. de la Commanderie,** r. Cordeliers ☎ 24.70.19 – 🛏wc 🗐wc ☎. ⚘
fermé 1er déc. au 15 fév. – SC : **R** 65/200 – 🍽 15 – **14 ch** 120/180.

🍴🍴🍴 **Host. Plaisance** avec ch, pl. Clocher ☎ 24.72.32, ☎ – 🛏wc 🗐wc ☎ – 🏛 40. 🖭 ⓞ E 𝘝𝘐𝘚𝘈
SC : **R** 82/135 – 🍽 24 – **12 ch** 182/280.

🍴🍴 **Chez Germaine,** pl. Clocher ☎ 24.70.88 – 🖭 ⓞ E
fermé 1er déc. au 15 janv., dim. soir et lundi – SC : **R** 70/130.

🍴 **Logis de la Cadène,** pl. Marché-au-Bois ☎ 24.71.40, ☎
➤ fermé 15 au 30 juin, 15 au 30 oct. et lundi – SC : **R** (déj. seul.) 35/85.

RENAULT Vallade, ☎ 24.72.68

989

Paris 776 – Digne 46 – Forcalquier 17 – Sault 47 – Sisteron 30.

🏠 **St Clair** ⚓, S : 2 km par D 13 ⬆ 76.07.09, ≼, 🚗 – 🛏wc 🅿. 🚫
 fermé 15 nov. au 15 déc. et 5 au 26 janv. – SC : **R** 56/120 – � 14 – **27 ch** 86/144 – P 152/240.

🏠 **Parc** ⚓, ⬆ 76.01.02, 🚗 – 🛏wc 🛏wc 🅐 🅿. 🅰🅴 𝖵𝖨𝖲𝖠
↔ *fermé 20 avril au 20 mai et 3 oct. au 1ᵉʳ nov.* – SC : **R** 50/120 – ⊓ 15 – **24 ch** 120/140 – P 140/220.

La tranquillité de l'hôtel est l'affaire de tous et donc de vous aussi.

ST-ÉTIENNE 🅿 42000 Loire 🟨🟨 ⑲, 🟨🟨 ⑨ G. Vallée du Rhône – 221 256 h. alt. 517 – ❄ 77.

Voir Musée d'Art et d'Industrie : musée d'Armes* et peintures modernes* du musée des Beaux-Arts Z **M**.

Env. Guizay ≼** S : 10 km V – Gouffre d'Enfer** SE : 11 km par D 8 V.

🏌 de St-Étienne-Bouthéon : ⬆ 36.54.79 par ⑤ : 15 km.

🅱 Office de Tourisme 12 r. Gérentet (fermé dim. et lundi) ⬆ 25.12.14, Télex 330683 - A.C. 9 r. Général-Foy ⬆ 32.55.99.

Paris 522 ① – ♦Clermont-Ferrand 150 ④ – ♦Grenoble 137 ① – ♦Lyon 59 ① – Valence 118 ①.

Plan pages suivantes

🏨 **Frantel** Ⓜ, r. Wuppertal SE du plan, par cours Fauriel ✉ 42100 ⬆ 25.22.75, Télex 300050 – 🛗 🍽 rest 📺 ☎ ⅙ 🅿 – 🔺 50 à 200. 🅰🅴 🅞 𝖵𝖨𝖲𝖠 U **a**
 SC : rest. **La Ribandière** *(fermé dim.)* **R** carte 135 à 180 – ⊓ 23 – **120 ch** 234/300.

🏨 **Le Grand Hôtel**, 10 av. Libération ⬆ 32.99.77, Télex 300811 – 🛗 ⅙ – 🔺 35. 🅰🅴 🅞 🅴 𝖵𝖨𝖲𝖠 Y **b**
 SC : **R** voir rest. Gillet – ⊓ 22 – **66 ch** 175/360.

🏨 **Astoria** Ⓜ ⚓ sans rest, r. H.-Déchaud SE du plan, par cours Fauriel ✉ 42100 ⬆ 25.09.56 – 🛗 📺 ☎ ⅙ 🅿 – 🔺 30. 🅰🅴 🅞 🅴 𝖵𝖨𝖲𝖠 U **d**
 SC : ⊓ 13 – **33 ch** 123/180.

🏨 **Terminus du Forez**, 31 av. Denfert-Rochereau ⬆ 32.48.47 – 🛗 🍽 rest 🛏wc 🛏wc 🚗. 🅰🅴 🅰🅴 🅴 𝖵𝖨𝖲𝖠 Y **h**
 SC : **R** *(fermé dim.)* 65/180 ⅄ – ⊓ 16 – **66 ch** 140/165.

🏨 **Midi** Ⓜ sans rest, 19 bd Pasteur ✉ 42100 ⬆ 57.32.55 – 🛗 🛏wc 🛏wc ☎ ⅙ 🚗 𝖵𝖨𝖲𝖠 V **e**
 fermé août – SC : ⊓ 16 – **27 ch** 154/190.

🏨 **Arts** sans rest, 11 r. Gambetta ⬆ 32.42.11 – 🛗 🛏wc 🛏wc 🚗 🅿 Z **f**
 ⊓ 12 – **63 ch** 60/150.

🏨 **Hot. Cheval Noir**, 11 r. F.-Gillet ⬆ 33.41.72 – 🛗 🛏wc 🚗. 🅰🅴 🅞 🅴 𝖵𝖨𝖲𝖠 Y **k**
↔ *fermé août* – SC : **R** *(fermé dim.)* 43/97 – ⊓ 13 – **46 ch** 70/140.

🏠 **Touring-Continental** sans rest, 10 r. F.-Gillet ⬆ 32.58.43 – 🛏wc 🛏wc 🚗 🚗 Y **m**
 fermé 14 juil. au 15 août – SC : ⊓ 14 – **25 ch** 63/125.

🏠 **Central** sans rest, 3 r. Blanqui ⬆ 32.31.86 – 🛏wc 🛏 🚗. 🚗 𝖵𝖨𝖲𝖠 Y **n**
 fermé 3 au 24 août – SC : ⊓ 12 – **25 ch** 60/140.

XXX **Gillet**, 1 r. A. Raynal ⬆ 32.04.90 – 🅰🅴 🅞 𝖵𝖨𝖲𝖠 Y **b**
 fermé dim. du 1ᵉʳ juin au 31 août et lundi du 1ᵉʳ sept. au 31 mai – SC : **R** 66/170.

XXX ❀ **Pierre Gagnaire**, 3 r. G.-Teissier ⬆ 37.57.93 – 🅰🅴 🅞 𝖵𝖨𝖲𝖠 Y **e**
 fermé août, en fév., lundi midi et dim. – SC : **R** 100 (sauf fêtes)/300
 Spéc. Soupe de grenouilles, Blanc de St-Pierre à la Coriandre, Eminçé de rognon de veau.

XXX **Le Chantecler**, 5 cours Fauriel ✉ 42100 ⬆ 25.48.55 – 🅞 𝖵𝖨𝖲𝖠 Z **q**
 fermé août, sam. et dim. – SC : **R** 65/130.

XX **Le Régency**, 17 bd J.-Janin ⬆ 74.27.06 – 🅰🅴 🅴 𝖵𝖨𝖲𝖠 X **r**
 fermé août, sam. et dim. – SC : **R** 70/125.

XX **Colonnes**, 17 pl. J.-Jaurès ⬆ 32.66.76 – 🅰🅴 𝖵𝖨𝖲𝖠 Y **s**
 fermé dim. et fêtes – SC : **R** 67/145 ⅄.

XX ❀ **Le Bouchon** (Lejeune), 7 r. Robert ⬆ 32.93.32 – 🅰🅴 𝖵𝖨𝖲𝖠. 🚫 Y **t**
 fermé 25 juin au 11 juil., 24 déc. au 2 janv., sam. midi, dim. et fêtes – SC : **R** (nombre de couverts limité - prévenir) 80/150 ⅄
 Spéc. Coquilles St-Jacques (oct. à avril), Poissons, Chariot de desserts. Vins Côte Rôtie, Viognier.

XX **Taverne Alsacienne**, 5 pl. J.-Jaurès ⬆ 32.43.07 Y **u**
↔ *fermé sam.* – SC : **R** 40/84 ⅄.

X **Le Gratin**, 30 r. St-Jean ⬆ 32.32.60 – 𝖵𝖨𝖲𝖠 Y **v**
↔ *fermé 14 juil. au 15 août, sam. midi et dim. soir* – SC : **R** 44/98 ⅄.

à St-Priest-en-Jarez par ⑤ : 4 km – 4 963 h. alt. 531 – ✉ 42270 St-Priest-en-Jarez :

XXX **Clos Fleuri**, 76 av. A.-Raimond ⬆ 74.63.24, 🌇, « Terrasse et jardin fleuris » – 🅿. 🅰🅴 🅞
 fermé dim. soir et lundi.

Voir aussi ressources hôtelières à *Andrézieux-Bouthéon* par ⑤ : 17 km

ST-ÉTIENNE

ST-ÉTIENNE

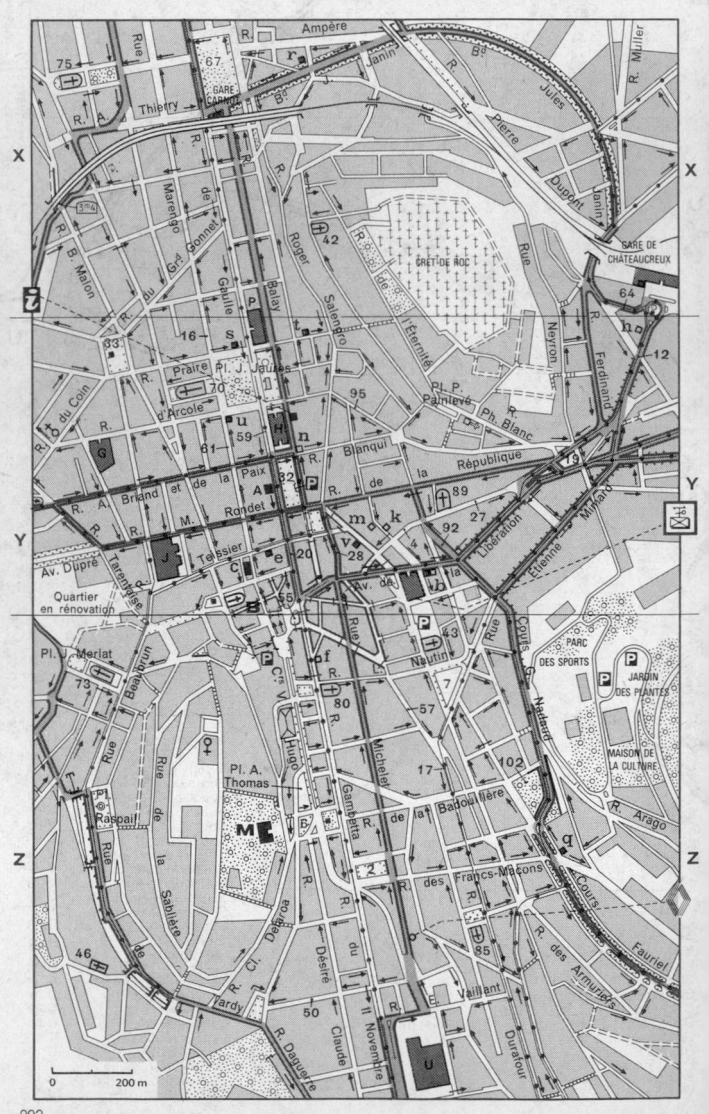

MICHELIN, Agence, Z.I. de Montreynaud, 9 r. V.-Grignard T ⌂ **74.22.88**

ALFA-ROMEO Gar. de la Rue Balay, 40 r. Balay ⌂ 32.62.89
AUSTIN, MORRIS, TRIUMPH Kamblock, 2 r. Moisson-Desroches ⌂ 32.66.25
BMW, DATSUN Gar. Jourjon, 87 bis r. Désiré-Claude ⌂ 57.20.17
CITROEN Gatty, Z.I. de Montreynaud r. V.-Grignard T ⌂ 74.91.77
FIAT Ouillon, Zone Ind. de Montreynaud, r. J.-Neyret ⌂ 79.08.45
FORD E.D.A., Z.I. de Montreynaud r. G.-Delory ⌂ 74.42.44
LADA, SKODA Biosca, 25 r. Désiré-Claude ⌂ 32.91.95
LANCIA-AUTOBIANCHI Gar. de Fourneyron, 10 pl. Fourneyron ⌂ 32.56.02
MERCEDES-BENZ SALTA, 82 r. Marengo ⌂ 74.57.77
OPEL St-Etienne Autom., 50 rue Désiré-Claude ⌂ 32.50.25
PEUGEOT-TALBOT Ets Boniface, 98 à 104 r. Bergson T a ⌂ 74.27.55
PEUGEOT-TALBOT Centre-Sud-Autom., 24 à 28 r. du Mont V ⌂ 57.17.37

PEUGEOT-TALBOT Ste Commerciale Stéphanoise Auto, Zone Ind. de Montreynaud r. G.-Delory T s ⌂ 74.74.66
PEUGEOT-TALBOT Gar. du Rond Point, 23 r. H.-Déchaud U ⌂ 25.05.80
RENAULT Succursale, 5 r. Claude-Oddé T x ⌂ 74.91.44
RENAULT Bellevue-Autom.-Granet, 1 r. Thimonier V ⌂ 57.28.28
RENAULT Gar. Baury, 81 rue Michelet Z ⌂ 32.43.52
RENAULT Gar. Centre III, 113 r. Bergson T z ⌂ 74.52.11
RENAULT Hardy, 11 r. Liogier U ⌂ 25.46.74
V.A.G. Gas, 14 r. de Talaudière, Zone Ind. Verpilleux ⌂ 32.39.95
V.A.G. Gar. Rocle, rte de l'État à St-Priest-en-Jarez ⌂ 74.26.44
VOLVO Dutel, 47 r. 11-Novembre ⌂ 57.07.61

⊕ Briday-Pneus, 36 r. de la Montat ⌂ 33.06.20
Métifiot, Zone Ind. de Montreynaud 12 r. V.-Grignard ⌂ 79.06.03
Pastourel, 2 r. de la Tour ⌂ 74.42.66
Piot-Pneu, 109 r. du Soleil ⌂ 33.06.81

ST-ÉTIENNE-CANTALÈS 15 Cantal 76 ⑪ G. Périgord – 183 h. alt. 540 – ⊠ 15150 Laroquebrou – ✪ 71 – **Voir Barrage★**.

Paris 549 – Aurillac 23 – Figeac 62 – Mauriac 54.

🏠 **Pradel** ⟨S⟩, ⌂ 46.35.09, ⩗, 🚗, ➳wc ☎ 🅿, ⊕⟨⟩ 🆅🆂🅰. ⋇
➳ 1er avril-30 sept. – SC : **R** 38/90 – ⌑ 16.50 – **19 ch** 90/170 – P 135/170.

ST-ÉTIENNE-DE-BAÏGORRY 64430 Pyr.-Atl. 85 ③ G. Pyrénées – 1 783 h. alt. 162 – ✪ 59.

🛈 Syndicat d'Initiative pl. Mairie (fermé fév., sam. et dim.) ⌂ 37.43.11

Paris 822 – Cambo-les-Bains 31 – Pau 114 – St-Jean-Pied-de-Port 11.

🏠 ✿ **Arcé** ⟨S⟩, ⌂ 37.40.14, ⩗, « Terrasse au bord de l'eau », 🚗 – ➳wc 🛁wc ☎
↩ 🅟 🛁. ⋇
3 mars-2 nov. – SC : **R** (dim. prévenir) 90/130 – ⌑ 18 – **24 ch** 140/240 – P 170/250
Spéc. Parfait de foies de canard aux truffes, Truite saumonnée au beurre blanc, Tournedos navarrais. Vins Irouleguy, Jurançon.

🏠 **Panoramique,** sur D 15 ⌂ 37.41.89, 🚗 – 📺 ➳wc 🛁 ☎ 🅿 – 🛁 80. 🆅🆂🅰 ⋇
➳ SC : **R** 50/150 – ⌑ 18 – **20 ch** 80/190 – P 140/230

ST-ÉTIENNE-DE-CHOMEIL 15 Cantal 76 ② – 442 h. alt. 700 – ⊠ 15400 Riom-ès-Montagnes – ✪ 71.

Paris 485 – Aurillac 95 – ♦Clermont-Ferrand 100 – Riom-ès-Montagnes 14.

🏠 **Aub. du Mont Redon,** ⌂ 78.31.15 – ➳wc 🛁wc ⋇ ch
➳ fermé 20 sept. au 16 oct. – SC : **R** 40/60 🍴 – ⌑ 12 – **6 ch** 75/100 – P 172/212

ST-ÉTIENNE-DE-FONTBELLON 07 Ardèche 76 ⑲ – rattaché à Aubenas.

ST-ÉTIENNE-DE-FURSAC 23 Creuse 72 ⑧ – rattaché à la Souterraine.

ST-ÉTIENNE-DE-TINÉE 06660 Alpes-Mar. 81 ⑨, 195 ④ G. Côte d'Azur – 1 938 h. alt. 1 144 – ✪ 93.

Voir Site★ – Vallée de la Tinée★★ N et S – Clocher★ de l'église.

🛈 Syndicat d'Initiative 1 r. Communes-de-France (1er juil.-31 août) ⌂ 02.41.96.

Paris 795 – Barcelonnette 58 – Briançon 126 – Cannes 110 – ♦Nice 91 – Puget-Théniers 80.

🏠 **La Pinatelle** ⟨S⟩, ⌂ 02.40.36, ⩗, 🚗
➳ fermé 1er oct. au 1er déc. – SC : **R** 60/65 – ⌑ 12.50 – **14 ch** 65/70 – P 125/140.

ST-ÉTIENNE-DU-GRÈS 13 B.-du-R. 80 ⑳ – rattaché à St-Rémy-de-Provence.

ST-FARGEAU 89170 Yonne 65 ③ – 1 966 h. alt. 193 – ✪ 86.

Paris 168 – Auxerre 45 – Cosne-sur-Loire 32 – Gien 42 – Montargis 53.

XX **Le Vaudreuil,** 2 pl. Château ⌂ 74.04.37 – ⓞ 🆅🆂🅰
fermé janv., mardi soir et merc. sauf en juil.-août – SC : **R** 62/130.

CITROEN Ropars, r. St. Martin ⌂ 74.06.10
PEUGEOT-TALBOT Chambrillon, promenade du Grillon ⌂ 74.08.20

RENAULT Ciechelski, 7 av. de la Gde Demoiselle, ⌂ 74.01.39

ST-FÉLIX 74510 H.-Savoie 🟥 ⑮ – 1 190 h. alt. 368 – ❸ 50.
Paris 581 – Aix-les-Bains 14 – Annecy 19 – Rumilly 11.

🏨 **Relais des Deux Savoies,** 🕾 60.90.02, 🏤, 🏊, 🏡 – 🗏 rest 🚗 🅿 – 🔬 50.
🖭 ⓐ 🗗 𝘝𝘐𝘚𝘈
fermé début nov. à fév. et mardi hors sais. – **R** 115/165 – ⌷ 30 – **20 ch** 120/400.

✗ **Carrin** avec ch, 🕾 60.90.09 – 🚗🅱. 🛇
↦ *fermé 2 nov. au 15 déc. et lundi sauf juil.-août* – SC : **R** 38/80 – ⌷ 10 – **6 ch** 55/80.

ST-FÉLIX-LAURAGAIS 31540 H.-Gar. 🟥 ⑲ ⓖ **G. Causses** – 1 110 h. alt. 327 – ❸ 61.
Voir Site★.
Paris 758 – Auterive 45 – Carcassonne 54 – Castres 37 – Gaillac 70 – ♦Toulouse 43.

🏨 **Aub. du Poids Public,** 🕾 83.00.20, ≤, 🏤, « Bel aménagement intérieur », 🏤
↦ – 🛏wc 🏵wc 🕸 🚗 🅿 – 🔬 25. 🚗🅱
SC : **R** *(fermé dim. soir du 15 oct. au 15 mars)* 40 bc *(sauf sam. soir)*/120 – ⌷ 18 –
13 ch 138/189 – P 149/182.

🏠 **Le Cocagne** sans rest, pl. Centrale (Guillaume de Nogaret) 🕾 83.00.02 – 🏵 🕸.
🗗
fermé 10 au 30 sept. – SC : ⌷ 15 – **7 ch** 75/120.

ST-FERRÉOL 31 H.-Gar. 🟥 ⑳ – **rattaché à Revel.**

ST-FIRMIN 05800 H.-Alpes 🟥 ⑯ – 535 h. alt. 900 – ❸ 92.
Paris 639 – Corps 11 – Gap 31 – ♦Grenoble 74 – La Mure 36 – St-Bonnet 18.

🏠 **Alpes,** 🕾 55.20.02, ≤, 🏤 – 🕼🛏wc 🏵wc 🕸
↦ SC : **R** 40/80 – ⌷ 13,50 – **26 ch** 90/135 – P 160/200.

au Séchier E : 4 km – alt. 900 – ⌷ 05800 St-Firmin :

🏠 **Loubet** 🛇, 🕾 55.21.12, ≤, 🏡 – 🛏wc 🏵wc 🅿. 🛇 rest
↦ *Pâques et Pentecôte-20 sept.* – SC : **R** 42/105 – ⌷ 12 – **23 ch** 80/155 – P 120/170.

ST-FLORENTIN 89600 Yonne 🟥 ⑮ ⓖ **G. Bourgogne** – 7 207 h. alt. 105 – ❸ 86.
Voir Vitraux★ de l'église E.
🛈 Syndicat d'Initiative 10 r. Terrasse (juin-fin sept.,fermé mardi et dim.) 🕾 35.11.86.
Paris 174 ④ – Auxerre 31 ③ – Chaumont 134 ② – ♦Dijon 154 ② – Sens 44 ④ – Troyes 50 ①.

ST-FLORENTIN

Grande-Rue	5
St-Martin (R.)	15
Aval (R. du Fg-d')	2
Dilo (Pl.)	3
Dilo (R. du Fg)	4
Guimbarde (R. de la)	6
Halle (Pl. de la)	7
Landrecies (Fg)	9
Leclerc (R. Gén.)	10
Montarmance (R.)	12
Pont (R. du)	13
Rempart (R. Basse-du)	14
St-Martin (R. du Fg)	17

Pour bien lire
les plans de villes
voir signes et abréviations p. 20.

🕸 **Est,** 7 r. Fg St-Martin (e) 🕾 35.10.35 – 🚗 🅿 🚗🅱 🗗 𝘝𝘐𝘚𝘈
↦ *fermé janv. et sam. d'oct. à mai* – SC : **R** 50/120 🎱 – ⌷ 12,50 – **32 ch** 69/195 – P
150/180.

✗✗ **Grande Chaumière** avec ch, 3 r. Capucins (a) 🕾 35.15.12 – 📺 🛏wc 🏵wc 🕾
🅿. 🚗🅱 🖭 ⓐ 𝘝𝘐𝘚𝘈. 🛇 ch
fermé 20 déc. au 20 janv. et merc. hors sais. – SC : **R** 70/130 – ⌷ 20 – **11 ch**
140/220.

✗✗ **Tilleuls,** 3 r. Decourtive (s) 🕾 35.09.09, 🏡 – 🅿. 𝘝𝘐𝘚𝘈. 🛇
fermé 2 nov. au 2 déc., dim. soir et lundi du 1er sept. au 1er juil. – SC : **R** 68/120.

à Venizy par ⑤ : 4,5 km – ⌷ 89210 Brienon sur Armençon :

🏨 **Moulin des Pommerats** 🛇, 🕾 35.08.04, ≤, « jardin fleuri » – 🛏wc 🕾 🅿.
🚗🅱 🖭 ⓐ 🗗 𝘝𝘐𝘚𝘈. 🛇 ch
fermé 12 au 28 fév., dim. soir et lundi hors sais. – SC : **R** 55/195 – ⌷ 24 – **12 ch**
190/280 – P 210/320.

à Neuvy-Sautour par ① : 7 km – ⊠ 89570 Neuvy-Sautour :

XX **Dauphin,** ☎ 56.30.01 – **℗**. **E** *VISA*
fermé 1er au 15 sept., 15 au 30 janv., mardi soir et merc. – SC : **R** 57/115 ⅓.

CITROEN Gar. Bleu, 25 fg du Pont ☎ 35.12.52
PEUGEOT-TALBOT Gar. de l'Europe, av.
8-Mai par ④ ☎ 35.06.05

RENAULT S.A.F.A., rte de Paris par ④ ☎ 35.
06.26
TOYOTA Gar. Moderne, 17 pl. Dilo ☎ 35.02.50

ST-FLORENT-LE-VIEIL 49410 M.-et-L. 🖎🖎 ⑲ **G. Châteaux de la Loire** – 2 416 h. alt. 16 –
✪ 41.

Voir Tombeau★ dans l'église – Esplanade ⩽★.

Paris 330 – Ancenis 14 – Angers 42 – Châteaubriant 55 – Château-Gontier 63 – Cholet 37 – Laval 92.

🏠 **Host. de la Gabelle,** ☎ 78.50.19, ⩽ – 🛏 🏚 🚗. **E** *VISA*
→ fermé 30 oct. au 5 nov., 23 déc. au 4 janv., dim. soir et lundi d'oct. à juin – SC : **R**
40/120 ⅓ – ⊊ 12 – **17 ch** 50/90 – P 110/140.

PEUGEOT-TALBOT Gar. Alloyer, ☎ 78.50.07

ST-FLOUR ⬥⬥ 15100 Cantal 🖎🖎 ④⑭ **G. Auvergne** – 8 831 h. alt. 881 – ✪ 71.

Voir Site★★ – Cathédrale★**B** – Brassard★ dans le musée de la Haute Auvergne **M1** –
Plateau de la Chaumette : calvaire ⩽★ S : 3 km par D 40 puis 30 mn.

🖎 Office de Tourisme 2 pl. Armes (fermé dim. hors saison) ☎ 60.14.41.

Paris 490 ① – Aurillac 76 ④ – Issoire 67 ① – Millau 141 ② – Le Puy 92 ② – Rodez 118 ③.

Ville basse :

🏛 **L'Étape** Ⓜ, 24 av. République **(b)** ☎ 60.13.03 – 🛗 ♿ 🚗. 🆎 ⓪ **E**
→ fermé en oct., dim. soir et lundi hors sais. – SC : **R** 48/170 – ⊊ 15 – **34 ch** 120/165
– P 160/200.

🏛 **St-Jacques,** 6 pl. Liberté **(s)** ☎ 60.09.20, 🌬 – 🛏wc 🏚wc ☎ 🚗. 🖎🖎 **E** *VISA*
→ fermé 8 nov. au 10 janv., vend. soir et sam. midi de nov. à avril – SC : **R** 50/130 – ⊊
15 – **30 ch** 85/185.

🏛 **Nouvel H. Bonne Table,** av. République **(n)** ☎ 60.05.86 – 🛗 🛏wc 🏚wc 🚗 **℗**.
🖎🖎 🆎 ⓪ **E** *VISA*
1er mars-1er nov. – SC : **R** 38/150 – ⊊ 17 – **48 ch** 80/175 – P 145/200.

🏠 **L'Eventail,** 7 av. République **(u)** ☎ 60.14.07 – 🛗 🛏wc 🏚 🚗 **℗**
→ 25 mai-30 sept. – SC : **R** 42/68 – ⊊ 14 – **20 ch** 68/121 – P 132/143.

Ville haute :

🏛 **Europe,** 12 cours Ternes **(a)** ☎ 60.03.64, ⩽ vallée – 🛗 🛏wc 🏚wc 🚗. 🖎🖎
→ 16 mars-14 nov. – SC : **R** 45/120 – ⊊ 14 – **45 ch** 70/180 – P 140/180.

🏛 **Gd H. Voyageurs,** 25 r. Collège **(v)** ☎ 60.15.51 – 🛗 🛏wc 🚗 🚗. 🖎🖎 🆎 ⓪
→ *VISA*
fin mars-15 oct. – SC : **R** 49/100 – ⊊ 14 – **39 ch** 80/170 – P 150/188.

ST-FLOUR

ALFA-ROMEO, VOLVO Teissedre, Zone Ind. Montplain, rte d'Aurillac ✆ 60.12.97 🅽 ✆ 60.10.35
CITROEN Pic, rte d'Aurillac, Zone Ind. Montplain par ④ ✆ 60.07.42
FORD Tournadre, Les Rosiers Rte de Clermont ✆ 60.13.08
LADA, SKODA LANCIA-AUTOBIANCHI Gar. Quérel r. M.-Boudet ✆ 60.09.64
OPEL Delair, 5 av. Dr-Mallet ✆ 60.03.08
PEUGEOT-TALBOT Montplain-Autom. av. du Lioran, Z.I.-Montplain par ④ ✆ 60.02.43 🅽 ✆ 60.18.85
RENAULT Berthet, av. République par ② ✆ 60.01.81

ST-FRANÇOIS-LONGCHAMP 73 Savoie **74** ⑰ **G. Alpes** – 159 h. – Sports d'hiver : 1 650/2 305 m ⛷14 – ✉ **73130** La Chambre – ⊙ 79.

Paris 631 – Albertville 61 – Chambéry 73 – Moûtiers 36 – St-Jean-de-Maurienne 24.

Station haute : Longchamp – alt. 1 610 – ✉ **73130** La Chambre.

ℹ Syndicat d'Initiative Immeuble la Madeleine ✆ 56.30.13.

Cheval Noir, ✆ 56.33.36, ←, – TV ⇔wc ⋒ ☎ P. . ⛔ rest
20 déc.-20 avril – SC : **R** 60/100 – ☕ 18 – **19 ch** 85/140, 8 appartements 170 – P 210/240.

ST-FULGENT 85250 Vendée **67** ⑭ – 2 646 h. alt. 73 – ⊙ 51.

Paris 385 – Cholet 36 – Fontenay-le-Comte 59 – ♦Nantes 53 – La Roche-sur-Yon 33.

Bon Gite, 21 r. Nationale ✆ 42.61.12 – ⇔wc ⋒wc ☎ P. AE ⓓ E VISA. ⛔ ch
fermé dim. soir et lundi midi – SC : **R** 46/98 🌡 – ☕ 14 – **12 ch** 88/135.

CITROEN Gar. David, ✆ 42.65.83

ST-GALMIER 42330 Loire **73** ⑱ **G. Vallée du Rhône** – 3 953 h. alt. 400 – Casino – ⊙ 77.

Voir Vierge du Pilier★ et triptyque★ dans l'église.

ℹ Syndicat d'Initiative bd G.-Cousin (fermè matin, sam. et dim. hors sais.) ✆ 54.06.08.

Paris 452 – ♦Lyon 60 – Montbrison 24 – Montrond-les-B. 10 – Roanne 60 – ♦St-Étienne 22.

La Charpinière M ⛾, ✆ 54.10.20, parc, ⛱ – ☰ rest TV ☎ ♿ P – 🏛 25 à 50. AE ⓓ VISA
SC : **R** *(fermé 15 déc. au 15 janv., dim. soir et lundi du 1er oct. au 30 avril)* 90/190 – ☕ 25 – **34 ch** 220/265 – P 320/425.

Voyageurs, pl. Hôtel de Ville ✆ 54.00.25 – ⋒ 🚗. ⛔ ch
fermé 20 déc. au 20 janv., 1er au 8 août, dim. soir et vend. – SC : **R** 43/100 🌡 – ☕ 10 – **11 ch** 50/100.

Poste, r. Nationale ✆ 54.00.30, ← – AE ⓓ E VISA
fermé 15 au 31 juil., 19 janv. au 10 fév., merc. soir et jeudi – SC : **R** (dim. prévenir) 60/160.

Aub. du Parc, bd Dr-Cousin ✆ 54.01.57 – VISA
fermé août et lundi – SC : **R** 50/140 🌡.

FIAT Gar. les Sources, ✆ 54.00.61
PEUGEOT-TALBOT Morel, ✆ 54.00.92
RENAULT Gar. Pailleux, ✆ 54.06.71

ST-GAUDENS ⟨SP⟩ **31800** H.-Gar. **86** ① **G. Pyrénées** – 12 830 h. alt. 405 – ⊙ 61.

Voir Boulevard Jean-Bepmale ←★ Z.

ℹ Office de Tourisme pl. mas-St-Pierre (fermé dim. et fêtes) ✆ 89.15.99.

Paris 797 ② – Auch 76 ① – Foix 90 ② – Lourdes 79 ⑤ – Tarbes 65 ⑤ – ♦Toulouse 90 ②.

ST-GAUDENS

République (R. de la) .... Y 14
Thiers (R.) .... Y 15
Victor-Hugo (R.) .... Z

Boulogne (Av. de) .... Y 2
Foch (Av. Mar.) .... Z 3
Fossés (R. des) .... Y 4
Isle (Av. de l') .... Y 5
Jaurès (Pl. Jean) .... YZ 6
Joffre (Av. Mar.) .... Z 7
Leclerc (R. Gén.) .... Y 8
Mathe (R.) .... Y 9
Palais (Pl. du) .... Y 10
Pasteur (Bd) .... Y 12
Pyrénées (Bd des) .... Z 13
Toulouse (Av. de) .... Y 16

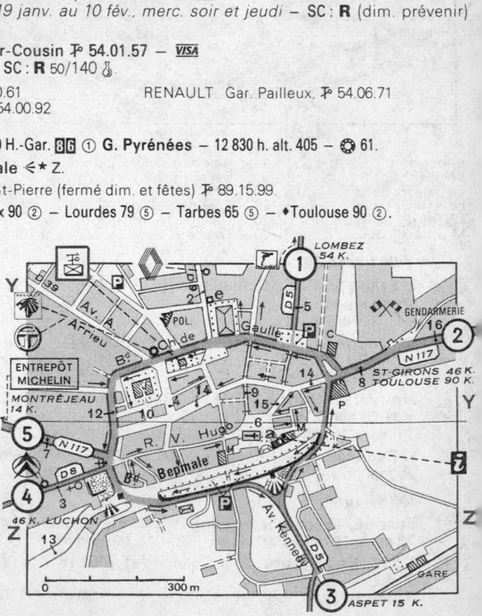

Les plans de villes sont orientés le Nord en haut.

🏨 **Commerce,** av. Boulogne 📞 89.44.77 – 🛗 📺 🛏wc 🚿 ☎ 🚗 🕿 . 🛇   Y e
→ SC : **R** 50/110 – ⟨⟩ 15 – **50 ch** 70/180 – P 170/230.

🏠 **Esplanade** sans rest, 7 pl. Mas St-Pierre 📞 89.15.90, ⟨ – 🛗 🛏wc 🚿 🕿   Z a
→ ⟨⟩ 20 – **12 ch** 75/130.

🍴 **Comminges,** bd J.-Bepmale 📞 89.14.04   Z a
→ fermé 20 août au 30 sept. et lundi – SC : **R** 50/130.

à Villeneuve-de-Rivière par ⑤ : 6 km – alt. 386 – ✉ 31800 St-Gaudens :

🏨 ❀ **Host. des Cèdres** (Clausse) 🌿, 📞 89.36.00, 🍽, 🌳, 🍴 – 📺 ☎ 🅿 – 🏊 35
SC : **R** 75/165 – ⟨⟩ 25 – **20 ch** 140/250 – P 240/295
Spéc. Navarin de homard aux petits légumes, Foie gras, Mignon de veau au basilic. Vins Madiran, Jurançon.

Voir aussi ressources hôtelières de *Sauveterre-de-Comminges* par ④ : 9,5 km

MICHELIN, Entrepôt, rte de Tarbes par ⑤ 📞 89.06.84

ALFA-ROMEO   St-Gaudens-Autom., 38 bd Ch.-de-Gaulle 📞 89.19.52
CITROEN   Hugoné, 19 av. Mar.-Foch 📞 89.14.18
PEUGEOT, TALBOT   Comet, 11 bd Ch.-de-Gaulle 📞 89.60.00
RENAULT   S.I.A.C., 14 av. de Boulogne 📞 89.54.00

🅖 Central-Pneu, 47 bd Ch.-de-Gaulle 📞 89.11.24
Comptoir du Pneu, 162 av. de Toulouse 📞 89.28.25

Pour une demande de renseignements ou de réservation auprès d'un hôtelier, il est d'usage de joindre un timbre-réponse.

ST-GENIÈS 24 Dordogne 🟨 ⑰ – 731 h. alt. 227 – ✉ 24590 Salignac-Eyvignes – ❀ 53.
Paris 529 – Brive-la-Gaillarde 41 – Sarlat-la-Canéda 14 – Souillac 25.

🍴 **Relais des Touristes** avec ch, O sur D 704 📞 28.82.11, 🔥, 🌳 – 🛏wc 🅿
→ fermé 1er au 10 nov., 10 au 18 fév. et merc. soir – SC : **R** 35/68 – ⟨⟩ 10 – **10 ch** 52/98 – P 98/125.

CITROEN   Lagorce 📞 28.82.19   RENAULT   Gar. 4 routes 📞 28.86.75

ST-GENIEZ-D'OLT 12130 Aveyron 🟨 ④ G. Causses – 2 241 h. alt. 420 – ❀ 65.
🚺 Syndicat d'Initiative Salles des Cloîtres (1er juil.-15 sept., fermé dim. et lundi) 📞 70.43.32
Paris 603 – Espalion 27 – Florac 93 – Mende 69 – Rodez 46 – Séverac-le-Château 24.

🏨 **Poste** 🌿, 📞 47.43.30, 🔥, 🌳, 🍴 – 🛗 🛏wc 🛏wc 🕿 🅿 🕿 ⑩ E 𝘝𝘐𝘚𝘈
→ Pâques-début nov. et fermé lundi d'avril à fin mai – SC : **R** 44/120 🍷 – ⟨⟩ 17 – **54 ch** 66/140 – P 184/220.

🏨 **France,** 📞 70.42.20 – 🛗 🛏wc 🛏wc 🕿 – 🏊 80. 🕿 E
→ SC : **R** (fermé dim. hors sais.) 41/95 🍷 – ⟨⟩ 13 – **42 ch** 60/126 – P 120/144.

CITROEN   Deltour, 📞 70.42.21   RENAULT   Fages, 📞 70.41.40

ST-GENIS-POUILLY 01630 Ain 🟨 ⑮ – 4 667 h. alt. 450 – ❀ 50.
Paris 536 – Bellegarde-sur-Valserine 28 – Bourg-en-Bresse 109 – ◆Genève 11 – Gex 11.

🏨 **Motel International,** sur D 984 SO : 2 km 📞 42.02.72, ⟨ – 🛏wc 🛏wc 🕿 🅿
→ 🕿 AE ⑩ E 𝘝𝘐𝘚𝘈
SC : **R** (fermé dim. soir) 40/100 🍷 – ⟨⟩ 10 – **42 ch** 105/160.

CITROEN   Gar. du Centre, 📞 42.10.03 🅽 📞 42.06.19

ST-GENIX-SUR-GUIERS 73240 Savoie 🟨 ⑭ G. Alpes – 1 586 h. alt. 236 – ❀ 76.
Ressources hôtelières : voir **Aoste.**

ST-GEOIRE-EN-VALDAINE 38620 Isère 🟨 ⑭ G. Alpes – 1 365 h. alt. 436 – ❀ 76.
Voir Stalles★ de l'église.
Paris 547 – Belley 47 – Chambéry 35 – ◆Grenoble 43 – ◆Lyon 84 – La Tour-du-Pin 25.

🏠 **Val d'Ainan,** 📞 06.50.04 – 🛏wc 🕿 🕿 ⑩ E 𝘝𝘐𝘚𝘈
→ fermé oct., vacances de fév. et lundi – SC : **R** 45/150 – ⟨⟩ 15 – **18 ch** 90/140 – P 160/180.

ST-GEORGES-DE-DIDONNE 17110 Char.-Mar. 🟨 ⑮ G. Côte de l'Atlantique – 3 983 h. – ❀ 46.
Voir Pointe de Vallières★ – Forêt et pointe de Suzac★ S : 3 km.
🚺 Office de Tourisme bd Michelet (1er fév.-30 sept. et fermé dim. sauf juil.-août) 📞 05.09.73.
Paris 508 – Blaye 89 – ◆Bordeaux 125 – Jonzac 58 – La Rochelle 75 – Royan 3.

ST-GEORGES-DE-DIDONNE

🏠 **Les Bégonias,** pl. Michelet ☏ 05.08.13, meubles anciens – 🛏wc 🚿wc. 🚗▦.
🐾
fin mai-16 sept. – SC : **R** 60/85 – ☑ 14,50 – **19 ch** 75/115 – P 170/210.

🏠 **Sylviana,** bd Côte de Beauté ☏ 05.08.11, ⩽ – 🛏 🚿wc 🚗, sans ▦ **P**. 🚗▦. 🐾
1er juin-15 sept. – SC : **R** 65/85 – ☑ 15 – **18 ch** 75/140.

🏠 **Colinette** 🐾, 16 av. Gde-Plage ☏ 05.15.75 – 🚿wc. 🚗▦
→ *1er fév.-15 nov.* – SC : **R** *(fermé dim. soir et lundi hors sais.)* 42/80 – ☑ 15 – **28 ch**
71/145 – P 150/190.

FORD Gar. Central, ☏ 05.07.50   Gar. Pont Rouge, ☏ 05.07.88
RENAULT Andreu, ☏ 05.08.14

ST-GEORGES-DE-RENEINS 69830 Rhône 🔢 ① – 3 437 h. alt. 222 – ❸ 74.
Paris 425 – Bourg-en-Bresse 43 – Chauffailles 47 – ♦Lyon 40 – Mâcon 31 – Villefranche-sur-Saône 9.

🏠 **Sables,** r. Saône ☏ 67.64.08 – 🚿wc 🚗 **P**. 🚗▦
→ *fermé janv. et dim. hors sais.* – SC : **R** *(dîner seul. pour résidents)* 50/72 🍷 – ☑ 12
– **18 ch** 68/102.

✕✕ **Host. St-Georges,** N 6 ☏ 67.62.78 – **P**. 🐾 ch
→ *fermé 20 déc. au 20 janv., dim. soir et merc.* – SC : **R** 45/110.

PEUGEOT-TALBOT Gar. Salus, ☏ 67.64.46 🔃

St-GEORGES-D'OLÉRON 17 Char.-Mar. 🔢 ⑬ – voir à Oléron.

ST-GEORGES-LAGRICOL 43 H.-Loire 🔢 ⑦ – 447 h. alt. 852 – ✉ 43500 Craponne-sur-Arzon
– ❸ 71.
Paris 475 – Ambert 39 – Montbrison 68 – Le Puy 36 – Retournac 19 – ♦St-Étienne 65 – Yssingeaux 33.

🏠 **L'Escale,** sur D 9 ☏ 03.24.22, 🌳 – 🚿 **P**
→ *fermé 10 janv. au 10 fév. et lundi de sept. à avril* – SC : **R** 35/65 🍷 – ☑ 9 – **10 ch**
50/68 – P 100/120.

ST-GEORGES-LA-POUGE 23 Creuse 🔢 ⑩ – 427 h. alt. 565 – ✉ 23250 Pontarion – ❸ 55.
Paris 388 – Aubusson 21 – Bourganeuf 24 – Guéret 34 – Montluçon 71.

🏠 **Domaine des Mouillères** 🐾, N : 2 km par D 3 et VO ☏ 66.60.64, ⩽, 🌳 –
🛏wc **P**. 🐾 ch
1er avril-1er oct. – **R** carte 80 à 110 – ☑ 18 – **7 ch** 140/170.

ST-GEORGES-SUR-LOIRE 49170 M.-et-L. 🔢 ⑲⑳ G. Châteaux de la Loire – 2 995 h. alt. 20
– ❸ 41.
Voir Château de Serrant★ : appartements★★ NE : 2 km.
Paris 306 – Ancenis 32 – Angers 18 – Châteaubriant 63 – Château-Gontier 55 – Cholet 46.

✕ **Tête Noire,** r. Nationale ☏ 41.13.12 – 🐾
fermé 1er au 10 sept., fév. et sam. sauf août – SC : **R** 60/120.

ST-GEOURS-DE-MAREMNE 40 Landes 🔢 ⑰ – 1 254 h. alt. 24 – ✉ 40230 St-Vincent-
de-Tyrosse – ❸ 58.
Paris 738 – ♦Bayonne 36 – Castets 23 – Dax 17 – Mont-de-Marsan 65 – Peyrehorade 22.

✕✕ **Host. Landaise** avec ch, face poste ☏ 57.30.25, « intérieur rustique », 🌳 –
🛏wc 🚗. 🐾 ch
*hôtel ouvert du 1er juin au 1er sept. ; rest. ouvert toute l'année sauf le soir du 1er sept
au 1er juin* – SC : **R** 95 – ⚓ 20 – **5 ch** 150.

PEUGEOT-TALBOT Gar. Goulaze, ☏ 57.30.76

ST-GERMAIN-DE-JOUX 01490 Ain 🔢 ④⑤ – 546 h. alt. 515 – ❸ 50.
Paris 496 – Bellegarde-sur-Valserine 12 – Belley 63 – Bourg-en-Bresse 69 – Nantua 13 – St-Claude 34.

🏠 **Reygrobellet,** N 84 ☏ 59.81.13 – 🛏wc 🚿wc 🚗 ⟷ **P**. 🚗▦ ⓪ 𝘝𝘐𝘚𝘈. 🐾
fermé 1er oct. au 15 nov., mardi soir et merc. – SC : **R** 55/150 – ☑ 14 – **19 ch** 67/150
– P 135/155.

ST-GERMAIN-DES-VAUX 50 Manche 🔢 ① – 240 h. – ✉ 50440 Beaumont-Hague – ❸ 33.
Voir Baie d'Ecalgrain★★ S : 3 km – Port de Goury★ NO : 2 km.
Env. ⩽★★ sur anse de Vauville SE : 9,5 km par Herqueville, G. Normandie.
Paris 389 – Barneville-Carteret 49 – ♦Cherbourg 29 – Nez-de-Jobourg 8 – St-Lô 107.

🏠 **L'Erguillère** 🐾, à Port Racine E : 2 km ☏ 52.75.31, ⩽, « jardin fleuri dominant la
mer » – 🚿wc 🚗 **P**. 🐾 ch
fermé 4 janv. au 28 fév., dim. soir et lundi sauf vacances scolaires – SC : **R** 115/160 –
☑ 19 – **10 ch** 178/192 – P 237/269.

998

ST-GERMAIN-DU-BOIS 71330 S.-et-L. 🔟 ③ – 1 893 h. alt. 210 – ❀ 85.

Paris 371 – Chalon-sur-Saône 32 – Dole 52 – Lons-le-Saunier 29 – Mâcon 72 – Tournus 44.

- ✕ **Host. Bressane** avec ch, 🕾 72.04.69 – 🚻wc 🏠 🅿. ◱🄑
- ← fermé 30 mai au 12 juin et vend. sauf juil.-août – SC : **R** 40/86 – ⬰ 11,50 – **9 ch** 48/96.
- ✕ **St-Germain,** pl. Marché 🕾 72.01.63 – 🅿 𝐕𝐈𝐒𝐀
- ← fermé dim. soir hors sais. et lundi – SC : **R** 40/90.

PEUGEOT, TALBOT Guyot, 🕾 72.03.84 🔃

ST-GERMAIN-DU-CRIOULT 14 Calvados 🗑 ⑩ – rattaché à Condé-sur-Noireau.

ST-GERMAIN-DU-PLAIN 71370 S.-et-L. 🔟 ②⑫ – 1 368 h. alt. 192 – ❀ 85.

Paris 359 – Bourg-en-Bresse 63 – Chalon-sur-Saône 14 – Lons-le-Saunier 50 – Tournus 20.

- 🏠 **Poste** Ⓜ sans rest, 🕾 47.01.96 – 🚻wc 🏠 ☎. ◱🄑. ✕ rest
  SC : ⬰ 14 – **9 ch** 70/135.

ST-GERMAIN-EN-LAYE ⟨🚇⟩ 78 Yvelines 🗗 ⑲⑳, 🔟🔟 ⑫ – voir à Paris, Proche banlieue.

ST-GERMAIN-LAVAL 42260 Loire 🔟 ⑰ **G. Vallée du Rhône** – 1 777 h. alt. 430 – ❀ 77.

🄩 Syndicat d'Initiative à la Mairie (fermé sam. après-midi et dim.) 🕾 65.41.30.

Paris 417 – L'Arbresle 67 – Montbrison 29 – Roanne 35 – ◆St-Étienne 62 – Thiers 47 – Vichy 69.

- 🏠 **Aub. des Voyageurs,** 🕾 65.40.84 – 🚻wc 🏠wc. ◱🄑
  fermé 1ᵉʳ au 15 oct., 1ᵉʳ au 22 janv., dim. soir et lundi sauf juil.-août – SC : **R** 65/110 ⅄ – ⬰ 10 – **13 ch** 45/110 – P 140/190.
- 🏠 **Touristes,** 🕾 65.41.08 – 🚻wc 🏠 🚗. ◱🄑
- ← fermé en fév. et mardi de sept. à juin – SC : **R** 40/130 ⅄ – ⬰ 13 – **13 ch** 60/120 – P 110/150.

CITROEN Gar. Burelier, 🕾 65.46.37   PEUGEOT-TALBOT Rambaud 🕾 65.41.09

Passez à table aux heures normales de repas.
Vous faciliterez le travail de la cuisine et du personnel de salle.

ST-GERMAIN-LEMBRON 63340 P.-de-D. 🔟 ⑯ – 1 661 h. alt. 420 ❀ 73.

Paris 433 – Brioude 23 – ◆Clermont-Ferrand 47 – Issoire 10 – Murat 63 – St-Flour 58.

- 🏠 **Poste,** rte Issoire 🕾 96.41.21 – 🚻wc 🏠 🚗
- ← fermé 2 nov. au 2 déc. – SC : **R** 40/80 ⅄ – ⬰ 11 – **20 ch** 55/110 – P 110/140.

ST-GERMAIN-L'HERM 63630 P.-de-D. 🔟 ⑯ – 864 h. alt. 1 000 – ❀ 73.

🄩 Syndicat d'Initiative r. du Commerce (fermé sept., jeudi et dim.) et à la Mairie (fermé sam. et dim.) 🕾 72.00.56.

Paris 454 – Ambert 29 – Brioude 32 – ◆Clermont-Ferrand 68 – Le Puy 67 – ◆St-Étienne 106.

- 🏨 **France,** 🕾 72.00.27, ≤, 🌳 – 🚗. ✕ rest
- ← fermé oct. – SC : **R** 40/80 ⅄ – ⬰ 12 – **24 ch** 50/80 – P 90/100.

CITROEN, TALBOT Gar. Confolent, 🕾 72.00.77   RENAULT Gar. de Cecco, 🕾 72.00.49 🔃
🔃

ST-GERMER-DE-FLY 60850 Oise 🗗 ⑧⑨ – rattaché à Gournay-en-Bray.

ST-GERVAIS-D'AUVERGNE 63390 P.-de-D. 🔟 ③ **G. Auvergne** – 1 781 h. alt. 725 – ❀ 73.

🄩 Syndicat d'Initiative à la Mairie (fermé sam. après-midi et dim.) 🕾 85.71.53.

Paris 367 – Aubusson 74 – ◆Clermont-Ferrand 55 – Gannat 48 – Montluçon 48 – Riom 40 – Ussel 88.

- 🏠 **Castel H.** 🐾, 🕾 85.70.42, 🌳 – 🚻wc 🏠wc 🅿. ✕
- ← fermé 3 au 31 janv. – SC : **R** 50/100 – ⬰ 17 – **26 ch** 55/150 – P 130/150.
- 🏠 **Relais d'Auvergne,** rte Châteauneuf 🕾 85.70.10 – 🏠wc. ✕ rest
- ← SC : **R** 45/80 ⅄ – ⬰ 15 – **20 ch** 45/110 – P 110/130.

PEUGEOT-TALBOT Terme, 🕾 85.71.69   RENAULT Guittonny 🕾 85.72.39

ST-GERVAIS-LES-BAINS 74170 H.-Savoie 🔟 ⑧ **G. Alpes** – 4 789 h. alt. 807 – Stat. therm. (26 avril-10 oct.) – Sports d'hiver : 850/2 150 m ⭧6 ⭧34, 🎿 – ❀ 50.

Voir Route du Bettex✳✳✳ 3 km par ③ – SE : Le Nid d'Aigle ≤✳✳ par Tramway du Mont-Blanc.

Env. par D 43 : Le Planey 💥✳✳ S : 10,5 km – Le Plateau de la Croix 💥✳✳ S : 12 km – Site✳✳ de St-Nicolas-de-Véroce S : 9 km.

🚗 🕾 78.12.76.

🄩 Office de Tourisme av. Mt-d'Arbois (fermé dim. hors saison) 🕾 78.22.43, Télex 385607

Paris 605 ⑤ – Annecy 87 ⑤ – Bonneville 41 ⑤ – Chamonix 25 ① – Megève 11 ③ – Morzine 56 ⑤.

🏨 **Carlina** Ⓜ ⌖, près téléphérique du Bettex **(w)** ☎
93.41.10, ≤, 🔲, 🚗 – 🛗
🅿 ᴀᴇ ① ⌦
*15 juin-30 sept. et 18
déc.-20 avril* – SC : **R**
90/150 – ⌷ 20 – **33 ch**
150/230 – P 240/280.

🏨 Host. du Nérey, av. Mont
d'Arbois **(y)** ☎ 93.45.21,
Télex 385016, ≤, 🔲, 🚗 –
🛗 🛏wc ⌦wc ⌦ 🅿 – 🅰
40
35 ch.

🏨 **Val d'Este,** pl. Église **(b)**
☎ 78.01.88, ⌖ – 🛏wc
⌦wc ⌦. ⌦ ᴀᴇ ① ᴇ 𝗩𝗜𝗦𝗔
fermé 12 nov. au 10 déc. –
SC : **R** 75/190 ⌷ – ⌷ 15 –
14 ch 125/200 – P 190/245.

🏨 **L'Adret** ⌖ sans rest,
chemin La Mollaz **(d)** ☎
93.50.60, ≤ – 🛏wc ⌦wc
⌦. ⌦
*1er juin-25 sept., 20 déc.-4
janv. et 20 janv.-Pâques* –
SC : ⌷ 17.50 – **15 ch**
111/222.

🏨 **Régina,** av. du Miage **(v)**
☎ 93.52.03, 🚗 – 🛏wc
⌦ ⌦
*5 juin-19 sept. et 10 déc.-15
avril* – SC : **R** (dîner seul.)
55 – ⌷ 16.50 – **19 ch**
105/175.

🏨 **Maison Blanche** ⌖, r.
⬥ Vieux Pont du Diable **(s)**
☎ 78.25.77, ≤ – 🛏wc
⌦wc ⌦. ⌦
fermé 10 oct. au 15 déc. –
SC : **R** 48/78 ⌷ – ⌷ 16 –
14 ch 115/205 – P 150/200.

CITROEN. Tuaz, ☎ 78.30.75
PEUGEOT-TALBOT Grandjacques,
par ② ☎ 93.41.23
PEUGEOT-TALBOT Gar. du Berchat,
☎ 78.21.91

à Bellevue par le T.M.B. :
🚠 voir *Les Houches*

au Bettex SO : stat. intermèd. téléphériq. – alt. 1 400 – ⌧ 74170 St-Gervais :

🏨 **Arbois-Bettex** ⌖, ☎ 78.35.44, ≤ Massif Mt-Blanc, ⌦, 🔲, 🚗 – 🅿 ① ⌦ rest
1er juil.-31 août et Noël-Pâques – SC : **rest. R** carte 100 à 130 - **grill La Côterie R**
carte environ 75 ⌷ – ⌷ 16 – **27 ch** 175/275.

🏨 **Belle Étoile** ⌖, ☎ 78.29.35, ≤ Massif Mt-Blanc, ⌦ – 🛏wc ⌦ ⌦. ⌦
1er juil.-31 août et Noël-Pâques – **R** 56 – ⌷ 13,50 – **20 ch** 60/156 – P 150/190.

au Mt-d'Arbois par téléphérique – ⌧ 74190 Le Fayet :

🏨 **Chez la Tante** ⌖, à la station supérieure ☎ 21.31.30, ⌦, « Panorama excep-
tionnel de la chaîne des Aravis au Mt-Blanc » – 🛏wc ⌦wc ⌦. ⌦ ⌦ ch
1er juil.-31 août (rest. seul) et Noël-Pâques – SC : **R** self 70 ⌷ – **21 ch** ⌷ 160/180 –
P 210/220.

au Prarion – Ressources hôtelières : voir *Les Houches*.

Le Fayet N : 4 km – alt. 567 – ⌧ 74190 Le Fayet.
🛈 Syndicat d'Initiative (fermé dim. hors sais.) ☎ 78.13.88.

🏨 **La Chaumière,** av. Genève **(a)** ☎ 78.15.88 – 🛏wc ⌦wc ⌦ 🅿 ᴀᴇ ᴇ
⬥ *20 déc.-Pâques et 1er mai-30 sept.* – SC : **R** (fermé lundi) 47/130 – ⌷ 18 – **22 ch**
123/257 – P 153/248.

🏨 **Central** sans rest, av. Gare **(a)** ☎ 78.15.99 – 🛏wc ⌦wc ⌦ 🅿 ⌦ ᴀᴇ 𝗩𝗜𝗦𝗔
fermé 16 nov. au 15 déc. – SC : ⌷ 18 – **30 ch** 75/200.

RENAULT Ducoudray, à Chedde Nord par D43 ☎ 78.33.77

Ressources hôtelières aux environs de St-Gervais : voir carte à Chamonix

ST-GERVAIS-LES-BAINS LE FAYET

ST-GILLES 30800 Gard **B3** ⑨ **G. Provence** (plan) – 11 368 h. alt. 7 – ✪ 66.

Voir Façade★★ et crypte★ de l'église – Vis de St-Gilles★.

🅱 Office de Tourisme Maison Romane (Pâques-fin nov. et fermé dim.) ☎ 87.33.75.

Paris 732 – Aigues-Mortes 37 – Arles 16 – Beaucaire 24 – Lunel 30 – ◆Montpellier 57 – Nîmes 19.

🏨 **Cours,** 10 av. F.-Grifeuille ☎ 87.31.93, 🛋 – 🛏 🗄wc 🐕. 🚗 ⒶⒺ 𝐕𝐈𝐒𝐀
↪ fermé janv. – SC : **R** 36/85 – 😐 14 – **25 ch** 80/180 – P 160/200.

🟫 **La Rascasse** avec ch, 16 av. F. Griffeuille ☎ 87.42.96 – 🛏wc
↪ SC : **R** (fermé merc.) 50/75 – 😐 12 – **5 ch** 100/130.

à l'Est 3,5 km sur N 572 – ✉ **13200** Arles :

🏨 **Les Cabanettes** 🅼 🦆, ☎ 87.31.53, Télex 480451, ≼, 🛋, ⬛, 🐎 – ▤ 🛏wc ☎
🚗 🅿 – 🔏 30. 🚗🖪 ⒶⒺ ⓞ Ⓔ 𝐕𝐈𝐒𝐀
15 mars-15 nov. – SC : **R** 95/170 – 😐 25 – **29 ch** 265/310 – P 325/450.

PEUGEOT TALBOT Crumière, 71 bd Gambetta   ⓦ Peysson-Pneus, 3 pl. F.-Mistral ☎ 87.33.25
☎ 87.31.25

ST-GILLES-CROIX-DE-VIE 85800 Vendée **G7** ⑫ **G. Côte de l'Atlantique** – 6 851 h. alt. 7 –
✪ 51.

🅱 Office de Tourisme pl. G.-Kergoustin (fermé dim. et lundi hors sais.) ☎ 55.03.66.

Paris 448 – Challans 20 – Cholet 99 – ◆Nantes 78 – La Roche-sur-Yon 43 – Les Sables-d'Olonne 30.

🏨 **Marina,** Grande Plage ☎ 55.30.97 – 🛏wc 🐕 – 🔏 30. 𝐕𝐈𝐒𝐀. 🛱
↪ fermé déc. et lundi du 1er oct. à fin mai – SC : **R** 50/72 – 😐 13,50 – **40 ch** 103/166 –
P 166/195.

🏨 **Embruns,** 16 bd Mer ☎ 55.11.40 – 🛏wc 🗄 🐕. 🚗🖪. 🛱
↪ fermé 26 oct. au 30 nov., vend. soir (sauf rest.) et sam. du 25 sept. au 30 avril – SC :
R (dim., juil. et août-prévenir) 52/86 – 😐 15 – **23 ch** 70/127 – P 140/170.

🏨 **Voyageurs,** sur le port ☎ 55.10.12 – 🗄. 🛱 ch
↪ fermé 15 oct. au 15 nov. et lundi – SC : **R** 41/140 – 🍴 11 – **20 ch** 57/108 – P
120/140.

🟫 **L'Écume,** sur la corniche, NO : 4 km ✉ 85270 St-Hilaire-de-Riez ☎ 55.08.34, ≼,
produits de la mer
sais..

🟫 **Jean Bart,** Grande Plage ☎ 55.86.19, ≼ – 𝐕𝐈𝐒𝐀
fermé janv. et lundi du 1er mars au 30 oct. – SC : **R** (hors sais. déj. seulement et
week-ends) 60.

CITROËN Goillandeau, rte des Sables, Km 3 à   RENAULT Bouron, Sion sur l'Océan à St Hi-
Givrand ☎ 55.89.94   laire de Riez ☎ 54.32.05
PEUGEOT-TALBOT EL.ME.CA., 2 r. Pasteur ☎
55.10.19

ST-GINGOLPH 74 H.-Savoie **70** ⑱ **G. Alpes** – 679 h. alt. 385 – ✉ **74500** Évian-les-Bains –
✪ 50.

🅱 Syndicat d'Initiative à la Mairie (fermé sam. après-midi et dim.) ☎ 75.01.73.

Paris 605 – Annecy 101 – Évian-les-Bains 17 – Montreux 21.

🏨 **National,** ☎ 75.01.30, ≼ – 🗄 🅿 🚗🖪 🛱
↪ fermé 15 oct. au 15 nov. et merc. – SC : **R** 50/120 – 😐 16 – **13 ch** 100 – P 120/150.

🏨 **Ducs de Savoie** 🦆, ☎ 75.01.51, ≼ – 🛏 – 🛏wc 🐕 🅿. 🚗🖪
fermé début janv. au 15 fév. et mardi sauf juil.-août – SC : **R** 55/100 – 😐 18 – **15 ch**
70/90 – P 135/150.

PEUGEOT, TALBOT Gar. Bare. ☎ 75.14.08 **N** ☎ 75.02.76

ST-GIRONS 🚉 09200 Ariège **B6** ③ – 8 796 h. alt. 391 – ✪ 61.

Voir St-Lizier : Cloître★ de la cathédrale N : 2 km, G. Pyrénées.

🅱 Office de Tourisme r. Capots (fermé dim. hors sais.) ☎ 66.14.11, Télex 520594.

Paris 800 ① – Auch 114 ① – Foix 44 ② – St-Gaudens 46 ① – ◆Toulouse 91 ①.

Plan page suivante

🏨 ✿ **Eychenne** 🦆, 8 av. P.-Laffont ☎ 66.20.55, « Bel aménagement intérieur », 🐎
– ☎ 🚗 🅿 – 🔏 50. ⒶⒺ ⓞ Ⓔ 𝐕𝐈𝐒𝐀   B a
fermé mi déc. à fin janv. – SC : **R** 62/160 – 😐 20 – **48 ch** 85/245 – P 200/260
Spéc. Foie de canard aux raisins, Confit de canard aux cèpes, Soufflé au Grand Marnier.

◆🏨 **Gd H. de France,** 4 pl. Poilus ☎ 66.00.23 – 🛏wc 🗄wc 🐕. ⓞ 𝐕𝐈𝐒𝐀. 🛱 ch
↪ fermé fév. – SC : **R** 42/140 – 😐 14 – **20 ch** 70/150 – P 135/160   B t

🏨 **Mirouze,** 19 av. Gallieni ☎ 66.12.77, 🐎 – 🛏 🗄wc 🐕 🅿. 🚗🖪   A v
↪ fermé 17 au 31 déc. et sam. hors sais. – SC : **R** 45/70 🍷 – 😐 12,50 – **25 ch** 55/135 –
P 135/165.

à Lorp-Sentaraille par ① : 5 km – ✉ 09190 St-Lizier :

🏨 **Horizon 117,** ☎ 66.26.80, 🛋, 🐎 – 🛏wc 🗄wc 🐕 🅿. 🚗🖪 ⒶⒺ ⓞ Ⓔ 𝐕𝐈𝐒𝐀
↪ fermé 5 oct. au 10 nov. et dim. soir du 10 nov. au 1er juin – SC : **R** 40/120 🍷 – 😐 14
– **20 ch** 94/139 – P 155/170.

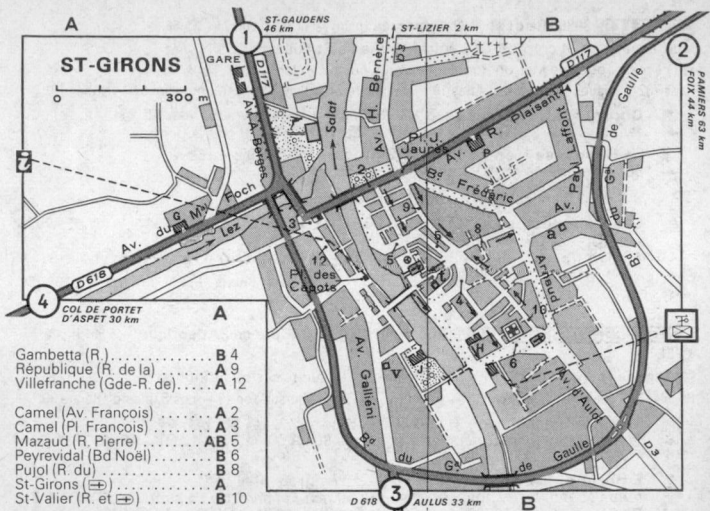

ST-GIRONS

Gambetta (R.) . . . . **B** 4
République (R. de la) . . . . **A** 9
Villefranche (Gde-R. de) . . . . . **A** 12

Camel (Av. François) . . . . **A** 2
Camel (Pl. François) . . . . **A** 3
Mazaud (R. Pierre) . . . . **AB** 5
Peyrevidal (Bd Noël) . . . . **B** 6
Pujol (R. du) . . . . **B** 8
St-Girons (⊖) . . . . **A**
St-Valier (R. et ⊖) . . . . **B** 10

CITROEN Gar. du Couserans, av. de la Résistance, L'Arial par ③ ☎ 66.34.45
PEUGEOT Carbonne, rte Toulouse à St-Lizier par ① ☎ 66.31.00 🆕
RENAULT Austria-Autos, rte de Toulouse, St-Lizier par ① ☎ 66.32.32 🆕

TALBOT Tariol, 62 av. de la Résistance par ③ ☎ 66.21.77

🅖 Central Pneu, 77 rte de Foix ☎ 66.44.10
Reynes, 48 bd. F.-Arnaud ☎ 66.07.53
Solapneu, chantereine, St-Lizier ☎ 66.00.81

ST-GOBAIN 02410 Aisne 𝟻𝟼 ④ G. Nord de la France – 2 660 h. alt. 200 – ✿ 23 – **Voir** Forêt★★ – Paris 137 – Compiègne 55 – La Fère 11 – Laon 20 – Noyon 31 – St-Quentin 35 – Soissons 28.

❌ **Parc,** r. Luce-de-Lancival ☎ 52.80.58, ☛ – ℗
fermé 15 juil. au 15 août, dim. soir et lundi – **R** 60/100.

ST-GROUX 16 Charente 𝟽𝟸 ③ – rattaché à Mansle.

ST-GUÉNOLÉ 29 Finistère 𝟻𝟾 ⑭ G. Bretagne – ✉ 29132 Penmarch – ✿ 98.
Voir Musée préhistorique★ – ≤★★ du phare d'Eckmühl S : 2,5 km – Église★ de Penmarch SE : 3 km – Pointe de la Torche ≤★ NE : 4 km.
🛈 Syndicat d'Initiative pl. des Écoles (juil.août, fermé sam. et dim.) ☎ 58.81.44.
Paris 582 – Douarnenez 43 – Guilvinec 8 – Plonéour-Lanvern 17 – Pont-l'Abbé 14 – Quimper 34.

🏨 **Sterenn** Ⓜ, rte Eckmühl ☎ 58.60.36, ≤ pte de Penmarch – ⌂wc ☎ ℗, 🖼🖼 ⍋
27 mars-2 oct. et fermé merc. sauf du 27 avril au 15 juin et 21 au 28 sept. – SC : **R**
55/200 – ☲ 16,50 – **16 ch** 140/200 – P 170/265.

🏨 **Moguerou,** ☎ 58.62.16, ⌇, ☛ – ⌂wc 🕮 ☎ 🚗 ℗ 🖼🖼 𝐕𝐈𝐒𝐀
➥ *fév.-fin oct.* – SC : **R** 48/140 – ☲ 15 – **54 ch** 75/186 – P 150/240.

🏨 ✿ **Mer** (Gloaguen), ☎ 58.62.22 – ⌂wc 🕮wc ☎ 🖼🖼 ⍙ⴹ Ε ⍋ ch
fermé 15 oct. au 25 nov., 1ᵉʳ au 20 fév. dim. soir et lundi hors sais. – SC : **R** (nombre de couverts limité - prévenir) 75/190 – ☲ 18 – **17 ch** 152/190 – P 195/265
Spéc. Homard à la bigoudène, Panaché des trois poissons, Bavaroise aux fraises (saison).

🏨 **Les Ondines** ⍤, rte phare d'Eckmühl ☎ 58.60.36 – ⌂wc 🕮wc ☎. 🖼🖼 ⍋ rest
27 mars-2 oct. et fermé merc. sauf du 27 avril au 15 juin et du 21 au 28 sept. – SC : **R**
voir H. Sterenn – ☲ 16,50 – **19 ch** 100/170 – P 140/200.

ST-HILAIRE-DU-HARCOUËT 50600 Manche 𝟻𝟿 ⑨ G. Normandie – 5 701 h. alt. 194 – ✿ 33
– 🛈 Office de Tourisme pl. Église (1ᵉʳ juil.-31 août et fermé jeudi) ☎ 49.15.27 et à la Mairie (hors sais., fermé sam. et dim.) ☎ 49.10.06.
Paris 291 – Alençon 99 – Avranches 27 – ◆Caen 98 – Fougères 28 – Laval 66 – St-Lô 69.

🏨 **Cygne,** rte Fougères ☎ 49.11.84 – 📶 – ⌂wc 🕮wc ☎ 🚗 – 🏧 60, 🖼🖼 ⓓ Ε 𝐕𝐈𝐒𝐀
➥ SC : **R** 45/145 ⅛ – ☲ 16 – **45 ch** 125/185 – P 170/250.

🏨 **Lion d'Or,** r. Avranches ☎ 49.10.82, ☛ – ⌂wc 🕮wc ☎ ℗ – 🏧 30
➥ *fermé du 31 oct., 15 janv. au 10 fév., dim. soir et lundi midi hors sais.* – SC : **R**
49/72 ⅛ – ☲ 15 – **21 ch** 80/165.

🏨 **Relais de la Poste,** r. Mortain ☎ 49.10.31 – 🕮, 🖼🖼 𝐕𝐈𝐒𝐀 ⍋
➥ *fermé déc. et vend. hors sais.* – SC : **R** 36/80 ⅛ – ☲ 13 – **12 ch** 60/130 – P
210/400 (pour 2 pers.).

1002

CITROEN Gar. Aubril, ☎ 49.10.89
FORD Gar. Lerbourg, ☎ 49.12.56
PEUGEOT Gar. Lemonnier, ☎ 49.24.90
RENAULT Gar. Boulaux, ☎ 49.20.71

TALBOT Lelandais, ☎ 49.21.90
Gar. Blouin-Dupont, ☎ 49.11.41
Gar. Garnier, ☎ 49.12.02

ST-HILAIRE-DU-ROSIER 38840 Isère 🎦 ③ – 1 324 h. alt. 201 – ⚙ 76.

Paris 580 – ♦Grenoble 63 – Romans-sur-Isère 18 – St-Marcellin 8.

XXX ⚙⚙ **Bouvarel** avec ch, S : 3 km ☎ 36.50.87, ≤, 綿, « jardin » – 🛏wc 🛏wc ☜
☜ 🚗 – 🛏 25. 🚗🚗 🖭
   fermé janv., dim. soir et lundi hors sais. sauf fériés – SC : **R** 145/280 et carte – ☲ 30
   – **14 ch** 180/240 – P 320/380
   Spéc. Chaussons aux truffes, Poulet aux écrevisses, Ravioles. **Vins** Chante Alouette, St-Joseph.

ST-HILAIRE-LE-CHÂTEAU 23 Creuse 🎦 ⑨⑩ – 356 h. alt. 459 – ✉ 23250 Pontarion –
⚙ 55.

Paris 384 – Aubusson 25 – Bourganeuf 14 – Guéret 31 – ♦Limoges 63 – Montluçon 81.

🏠 **du Thaurion** Ⓜ, ☎ 64.50.12 – 📺 🛏wc ☎ ⓟ, 🚗🚗 🖭 ⓞ 🖪 🎫
   fermé janv.-fév. et merc. sauf juil.-août – SC : **R** 60/180 – ☲ 22 – **10 ch** 150/220 – P
   230/250.

ST-HIPPOLYTE 25190 Doubs 🎦🎦 ⑱ G. Jura – 1 216 h. alt. 380 – ⚙ 81 – **Voir Site★**.

🄸 Syndicat d'Initiative à la Mairie (fermé sam. après-midi et dim.) ☎ 96.55.74.

Paris 496 – Bâle 94 – Belfort 50 – ♦Besançon 81 – Montbéliard 30 – Pontarlier 72.

🏠 **Bellevue,** rte Maîche ☎ 96.51.53 – 🛏wc 🛏 ☜ 🚗 ⓟ, 🚗🚗 🎟
➜   fermé 20 déc. au 31 janv., dim. soir et lundi midi de nov. au 31 mars – SC : **R** 45/110
   ⅋ – ☲ 14 – **15 ch** 60/150 – P 120/160.

ST-HIPPOLYTE 68590 H.-Rhin 🎦🎦 ⑲ G. Vosges – 1 259 h. alt. 250 – ⚙ 89.

Voir Cimetière militaire allemand ⚹★ à Bergheim S : 3,5 km.

Paris 504 – Colmar 20 – Ribeauvillé 7   St-Dié 45 – Sélestat 9 – Villé 17.

🏚 **Munsch « Aux Ducs de Lorraine »** Ⓜ 🍴, ☎ 73.00.09, ≤, 綿 – 🎇 📺 ☎ ⓟ,
   🖭 ⓞ, 🍴 ch
   fermé 28 nov. au 13 déc. et 10 janv. au 1er mars – SC : **R** (fermé lundi) 70/190 – ☲
   25 – **44 ch** 170/300.

🏠 **A la Vignette,** ☎ 73.00.17 – 🛏wc 🛏wc ☜, 🚗🚗 🎫 🍴
➜   fermé déc., janv. et jeudi – SC : **R** 50/90 ⅋ – ⚍ 13,50 – **16 ch** 135.

ST-HIPPOLYTE 63 P.-de-D. 🎦 ④ – rattaché à Châtelguyon.

ST-HONORAT (Ile) ★★ 06 Alpes-Mar. 🎦 ⑨, 🎦🎦🎦 ㉟㉞ G. Côte d'Azur – ⚙ 93.

Voir ancien monastère fortifié★ : ≤★★.

Accès par transports maritimes.

⛴ depuis **Golfe-Juan et Juan-les-Pins** (escale à l'Ile Ste-Marguerite). En 1982 : de
mars à oct., 2 à 3 services quotidiens - Traversée 30 mn – 26 F (AR) - René Conte, port
de Golfe-Juan ☎ 63.81.31.

⛴ depuis **Cannes** (escale à l'Ile Ste-Marguerite). En 1982 : de juin à sept. 9 départs
quotidiens, hors saison : 5 départs quotidiens - Traversée 30 mn – 18 F (AR) - par Cie
Esterel-Chanteclair, gare Maritime des Iles ☎ 39.11.82 (Cannes).

ST-HONORÉ-LES-BAINS 58360 Nièvre 🎦🎦 ⑤ G. Bourgogne – 958 h. alt. 302 – Stat. therm.
(mai-sept.) – Casino – ⚙ 86.

🄸 Office de Tourisme pl. F.-Bazot (fermé après-midi, merc. hors sais. et dim. sauf matin en saison)
☎ 30.71.70.

Paris 307 – Château-Chinon 27 – Luzy 22 – Moulins 66 – Nevers 67 – St-Pierre-le-Moutier 64.

🏠 **Henry Robert,** ☎ 30.72.33, ≤, parc – 🛏wc 🛏wc ☜ ⓟ, 🚗🚗 🖪 🎫
   1er mai-30 sept. – SC : **R** 60/170 – ☲ 20 – **18 ch** 60/165 – P 175/200.

🏠 **du Guet,** ☎ 30.72.12, ≤ – 🛏 ☜ 🚗 🍴 rest
   1er mai-1er oct. – SC : **R** 55/82 – ☲ 14,50 – **32 ch** 80/145 – P 125/160.

ST-IGNACE (col de) 64 Pyr.-Atl. 🎦🎦 ② – rattaché à Ascain.

ST-JACQUES-DES-BLATS 15580 Cantal 🎦🎦 ③ – 395 h. alt. 991 – ⚙ 71.

Paris 513 – Aurillac 33 – Brioude 75 – Issoire 92 – St-Flour 42.

🏠 **Griou** Ⓜ, ☎ 47.06.25, ≤, 綿 – 🛏wc 🛏wc ☜ ⓟ, 🍴 rest
➜   fermé 20 oct. au 15 déc. – SC : **R** 40/75 – ☲ 12 – **12 ch** 70/110 – P 110/140.

🏠 **Touristes,** ☎ 47.05.86, 綿 – 🛏wc ☜ ⓟ, 🍴 rest
➜   fermé 2 nov. au 18 déc. – SC : **R** 35/60 – ☲ 12 – **14 ch** 70/110 – P 90/120.

ST-JACUT-DE-LA-MER 22750 C.-du-N. 🟦🟦 ⑤ G. Bretagne – 957 h. – 🟢 96.

Voir Pointe du chevet ≤* : 2 km.

🆔 Syndicat d'Initiative r. du Chatelet (15 juin-15 sept., fermé dim. et fêtes) 🕿 27.71.91.

Paris 427 – Dinan 25 – Dol-de-B. 38 – Lamballe 38 – St-Cast 16 – St-Malo 24 – St-Brieuc 58.

  🏨 **Vieux Moulin** 🏖, 🕿 27.71.02, 🐎 – 🛏wc ▥ 🅿. 🚗🖭. 🛥
    fin mars-1er oct. – SC : **R** 45/95 – 🍴 17.50 – **30 ch** 72/159 – P 165/220.

  ✗ **Le Terrier,** 🕿 27.71.46 – **E** 𝖵𝖨𝖲𝖠
    fermé du mardi au vend. inclus du 1er nov. au 1er fév. – SC : **R** 63.

ST-JAMES 50240 Manche 🟦🟦 ⑧ G. Normandie – 2 661 h. alt. 110 – 🟢 33.

Voir Cimetière américain.

Paris 311 – Avranches 18 – Fougères 22 – ♦Rennes 60 – St-Lô 74 – St-Malo 58.

  🎺 **Normandie,** pl. Bagot 🕿 48.31.45 – **E** 🛥 ch
    fermé oct. et vend. soir du 1er nov. au 1er avril – **R** 45/100 – 🍴 12 – **11 ch** 60/100.

PEUGEOT-TALBOT Select-Auto 🕿 48.30.61   RENAULT Gar. Coquelin, 🕿 48.33.80 🅽

ST-JEAN (col) 04 Alpes-de-H.-P. 🟦🟦 ⑦ – alt. 1 333 – Sports d'hiver : 1 300/2 100 m 🚠8 – ✉ 04140 Seyne – 🟢 92.

Paris 718 – Barcelonnette 33 – Digne 54 – Gap 46.

  🏨 **Le St-Jean** 🅼 🏖, 🕿 35.03.28, ≤, 🏛 – 🛏wc 🕾 🅿. 🚗🖭 🗚 🔵 **E**. 🛥 rest
    fermé nov. – SC : **R** 45/95 🍴 – 🍴 15 – **31 ch** 100/140 – P 180.

ST-JEAN 31 H.-Gar. 🟦🟦 ⑧ – rattaché à Toulouse.

ST-JEAN-AUX-BOIS 60 Oise 🟦🟦 ②③, 🟦🟦🟦 ⑪ G. Environs de Paris – 285 h. alt. 71 – ✉ 60350 Cuise-la-Motte – 🟢 4.

Voir Église*.

Paris 81 – Beauvais 68 – Compiègne 11 – Senlis 33 – Soissons 37 – Villers-Cotterêts 21.

  ✗✗✗ **La Bonne Idée** 🏖 avec ch, 🕿 442.84.09, 🐎 – 🖿 rest 📺 🛏wc 🕾. 🚗🖭
    fermé 15 janv. au 15 fév., 29 août au 9 sept., merc. midi et mardi – **R** carte 130 à 170
    – 🍴 20 – **15 ch** 190/300.

ST-JEAN-CAP-FERRAT 06290 Alpes-Mar. 🟦🟦 ⑩, 🟦🟦🟦 ㉗ G. Côte d'Azur – 2 268 h. alt. 20 – 🟢 93.

Voir Fondation Ephrussi-de-Rothschild** M : site**, musée Ile de France**, jardins* – Phare 🌴** – Pointe de St-Hospice ≤* de la chapelle.

🆔 Office de Tourisme 59 av. D.-Semeria (fermé dim. et fêtes) 🕿 01.36.86.

Paris 944 ④ – Menton 23 ③ – ♦Nice 10 ④.

Plan page ci-contre

  🏨 🟢 **Voile d'Or** 🅼 🏖, au Port (f) 🕿 01.13.13, Télex 470317, ≤ port et golfe, 🏛, 🏊, 🐎 – 🖿🖿 🕾 & – 🛗 25
    1er fév.-31 oct. – **R** 160/270 – **50 ch** 🍴 460/1 080, 5 appartements – P 880/1 100
    Spéc. Royale de loup St-Jeannoise, Mostèle, Carré d'agneau aux petits farcis niçois. Vins Bellet, Cassis.

  🏨 **Gd H. du Cap-Ferrat** 🏖, au Cap-Ferrat, bd Gén.-de-Gaulle (a) 🕿 01.04.54, Télex 470184, ≤, 🏛, « Vaste parc, ✗, 🏊 en bordure de mer, 🚡 funiculaire privé » – 🖿🖿 🕾 & 🅿 – 🛗 80. 🖭 🔵 **E**. 🛥 rest
    31 mars-10 oct. – SC : **R** carte 175 à 240 et **Le Faradol** à la piscine (1er mai - 1er oct.) déj. seul.) **R** carte environ 150 – 🍴 50 – **60 ch** 645/1 340, 7 appartements – P 715/1 060.

  🏨 **Panoramic** sans rest, av. Albert-1er (s) 🕿 01.06.62, ≤ anse de St-Jean – 🛏wc 🕾🛏wc 🕾 🅿. 🚗🖭 🔵 **E**
    fév.-fin oct. – SC : 🍴 30 – **20 ch** 270/355.

  🏨 **Brise Marine** 🏖, av. J.-Mermoz (x) 🕿 01.30.73, ≤, 🏛, 🐎 – 🛏wc 🕾🛏wc 🕾. 🛥 rest
    1er fév.-31 oct. – SC : **R** (dîner seul.) 75 – **15 ch** 🍴 242/320.

  🏠 **Clair Logis** 🏖 sans rest, av. Centrale (z) 🕿 01.31.01, « Parc » – 🛏wc 🕾🛏wc 🕾 🅿. 🚗🖭 🛥
    5 fév.-15 nov. – SC : 🍴 22 – **15 ch** 146/220.

  🎺 **La Costière** 🏖, av. Albert 1er (e) ✉ 06290 St-Jean-Cap-Ferrat 🕿 01.30.04, ≤ le Cap et le Golfe – 🅿. 🚗🖭
    fermé 1er oct. au 1er déc. – SC : **R** 75 – **14 ch** (pens. seul.) – P 180/250.

  🎺 **La Bastide** 🏖, av. Albert 1er (n) 🕿 01.33.86, 🏛 – 🛏wc 🅿. 🚗🖭
    fermé nov. – SC : **R** (fermé lundi) 45/90 🍴 – 🍴 15 – **12 ch** 85/120 – P 150.

ST-JEAN-CAP-FERRAT

Les flèches rouges indiquent les sens uniques supplémentaires l'été

Promeneurs,
campeurs,
fumeurs

ATTENTION au FEU

soyez
prudents !

Le feu est le plus
terrible ennemi
de la forêt

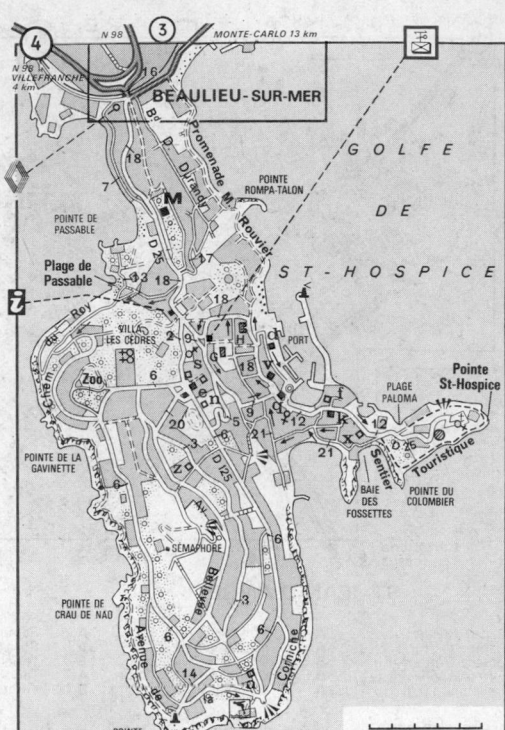

XXX ❀ **Petit Trianon** (Brouchet), bd Gén.-de-Gaulle **(e)** ☎ 01.31.68, 🍴, « Pergola fleurie » – ᴁ ◑. 🛇
janv.-fin oct. et fermé merc. soir et jeudi – SC : **R** 125/160
Spéc. Mousseline de rascasse, Langouste grillée, Poulet aux écrevisses. Vins Bandol, Cassis.

XXX ❀ **Les Hirondelles** (Mme Venturino), av. J.-Mermoz **(k)** ☎ 01.30.25, ≤ port, 🍴 – ℗. ◑
fermé 15 nov. à fin janv., dim. et lundi sauf fêtes – SC : **R** carte 170 à 210
Spéc. Sardines farcies, Moules "Mme Marie", Bouillabaisse. Vins Cassis, Rians.

XX ❀ **Provençal** (Migliori), 2 av. D.-Semeria **(v)** ☎ 01.30.15, ≤ port et golfe, 🍴 – ▤. ◑
fermé 1ᵉʳ nov. au 30 déc., lundi de janv. à mai et mardi – **R** carte 130 à 205
Spéc. St-Jacques à l'estragon (oct. à mai), Bourride provençale, Loup aux algues. Vins Bellet.

XX **Cappa**, av. J.-Mermoz **(q)** ☎ 01.30.07, ≤ port et golfe
fermé 17 oct. au 10 déc. et merc. – SC : **R** 100/170.

XX **Le Sloop**, au nouveau Port **(d)** ☎ 01.21.60, ≤, 🍴 – ᴁ ◑ VISA
1ᵉʳ avril-30 oct. – **R** 100/150.

Voir aussi ressources hôtelières de *Beaulieu* et de *Villefranche*

RENAULT Gar. Toso, ☎ 01.05.89

ST-JEAN-D'ANGÉLY 🚲 17400 Char.-Mar. **71** ③④ G. Côte de l'Atlantique – 10 317 h. alt. 30 – ❀ 46.

🛈 Syndicat d'Initiative square Libération (hors saison après-midi seul., fermé 1ᵉʳ nov. au 1ᵉʳ janv., lundi sauf après-midi en saison et dim.) ☎ 32.04.72.

Paris 444 ② – Angoulême 65 ② – Cognac 36 ③ – Niort 47 ① – La Rochelle 63 ⑤ – Saintes 27 ③.

Plan page suivante

🏠 **Paix**, 5 av. Gén.-de-Gaulle ☎ 32.00.93 – 🚿wc 🚗 ℗ – 🎱 25 à 50. 🛇   B **a**
fermé 19 déc. au 16 janv., dim. soir de nov. à Pâques et sam. sauf hôtel, de Pâques au 31 oct. – SC : **R** 55/90 ♨ – ☑ 17 – **16 ch** 90/185.

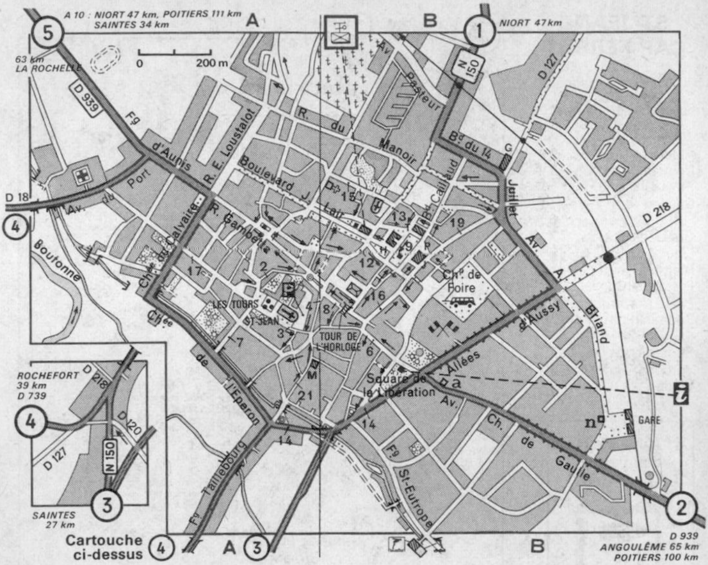

ST-JEAN-D'ANGÉLY

MERCEDES-BENZ S.A.V.I.A., Zone Ind. du Point-du-Jour N° 2 ☎ 32.00.13
PEUGEOT, TALBOT Nouraud-Amy, Zone Ind., 27 av. Point-du-Jour par ② ☎ 32.08.16
RENAULT Guiberteau et Gaudin, rte de Saintes par ③ ☎ 32.06.30

V.A.G. Gar. Drevet, 19 fg Taillebourg ☎ 32.01.74

Pneu-équipement, Zone Ind. av. Point-du-Jour ☎ 32.12.43

ST-JEAN-D'ARVEY 73 Savoie 74 ⑮⑯ – 824 h. alt. 578 – ✉ **73230** St-Alban-Leysse – 79.
Paris 570 – Albertville 54 – Annecy 46 – Chambéry 9 – Les Déserts 5,5.

Therme, ☎ 28.40.33, ←, – ℗. ch
15 déc.-1er oct. – SC : **R** 45/66 – 12 – **25 ch** 60/78 – P 115/125.

ST-JEAN-DE-BLAIGNAC 33 Gironde 75 ⑫ – 341 h. alt. 21 – ✉ **33420** Branne – 56.
Paris 620 – Bergerac 56 – •Bordeaux 37 – Langon 37 – Libourne 17 – Marmande 48 – La Réole 29.

XXX ✿✿ **Aub. St-Jean** (Male), ☎ 84.51.06, ← – AE ⓓ
fermé 15 au 30 sept., 1er au 15 janv., dim. soir et lundi – SC : **R** 120/330 et carte
Spéc. Gâteau d'huîtres et caviar, Homard à la vapeur, Aiguillettes de canard au caramel. **Vins** Vin du pays.

ST-JEAN-DE-BOISEAU 44 Loire-Atl. 67 ③ – rattaché à Nantes.

ST-JEAN-DE-BRAYE 45 Loiret 64 ⑨ – rattaché à Orléans.

ST-JEAN-DE-CHEVELU 73 Savoie 74 ⑮ – 338 h. alt. 310 – ✉ **73170** Yenne – 79.
Paris 562 – Aix-les-Bains 17 – Bellegarde-sur-V. 60 – Belley 21 – Chambéry 19 – La Tour-du-Pin 44.

La Source, S : 3 km 5 par rte du Col du Chat ☎ 36.80.16, ←, – ℗. ch
SC : **R** 43/85 – 11 – **12 ch** 70/80 – P 100/140.

ST-JEAN-DE-GONVILLE 01 Ain ⅞₄ ⑤ − 742 h. alt. 490 − ✉ 01630 St-Genis-Pouilly − ✪ 50.

Paris 530 − Annecy 57 − Bellegarde-sur-Valserine 22 − Bourg-en-Bresse 103 − ◆Genève 19 − Gex 19.

XXX **Demornex** ⤴ avec ch, ⌞ 59.35.34, 佘, « Jardin fleuri » − ⊶ ℗. AE ① E VISA
      fermé 5 janv. au 12 fév., dim. soir et lundi − SC : **R** 100/210 − � 16 − **10 ch** 68/105
      − P 125.

ST-JEAN-DE-LA-BLAQUIÈRE 34 Hérault ⅞₃ ⑤ − rattaché à Lodève.

ST-JEAN-DE-LIER 40 Landes ⅞₈ ⑥ − 316 h. alt. 13 − ✉ 40380 Montfort-en-Chalosse − ✪ 58.

Paris 743 − Castets 29 − Dax 21 − Mont-de-Marsan 38 − Montfort-en-Chalosse 12 − Orthez 40.

🏠 **Cantelutz** ⤴, ⌞ 57.21.94, 㐀 − ⊖wc ⎕ ℗ − 🍴 25.
◆ 1ᵉʳ avril-30 oct. − SC : **R** 40/80 − ⊇ 13 − **12 ch** 61/100 − P 93/107.

ST-JEAN-DE-LOSNE 21170 Côte-d'Or ⅞₀ ③ G. Bourgogne − 1 605 h. alt. 184 − ✪ 80.

Paris 345 − Auxonne 17 − ◆Dijon 32 − Dole 22 − Genlis 20 − Gray 52 − Lons-le-Saunier 62.

🏠 **Aub. de la Marine**, à Losne ⌞ 29.05.11 − ⎕wc. 㐀 E
◆ fermé 20 déc. au 31 janv. − **R** (fermé lundi) 40/115, carte sam. soir et dim. soir − ⊇
      16 − **18 ch** 60/100 − P 150/200.

🏠 **Saônotel**, ⌞ 29.04.77 − ⊖ ⎕ ℗. 㐀 E VISA
◆ fermé nov. et sam. en hiver − SC : **R** 40/75 ⅃ − ⊇ 10 − **14 ch** 60/130 − P 150/250.

PEUGEOT-TALBOT Gaillard. ⌞ 29.05.53 Ⓝ

ST-JEAN-DE-LUZ 64500 Pyr.-Atl. ⅛₅ ② G. Pyrénées − 12 056 h. − Casino BY − ✪ 59.

Voir Église St-Jean-Baptiste★★ AZ B − Maison de l'Infante★ AZ D − Corniche basque★★
par ④ − Sémaphore de Socoa ≤★★ 5 km par ④.

🇫 de la Nivelle ⌞ 26.18.99, S : 1 km ; 🇫 de Chantaco ⌞ 26.14.22 par ② : 2,5 km.

🇫 Office de Tourisme, pl. Maréchal-Foch (fermé dim. sauf matin en sais.) ⌞ 26.03.16.

Paris 793 ① − ◆Bayonne 21 ① − Biarritz 15 ① − Pau 128 ① − San-Sebastián 33 ③.

Plan page suivante

🏨 **Chantaco,** face golf par ② : 2 km ⌞ 26.14.76, 佘, 㐀 − ℗. AE ①. ✄ rest
      Pâques-oct. − **R** 140/170 − ⊇ 30 − **24 ch** 290/450, 4 appartements 550 − P 400/500.

🏨 **Madison** sans rest, 25 bd Thiers ⌞ 20.35.02 − ▯ ⊖wc ☎. 㐀 AE ① E VISA
      SC : ⊇ 17 − **25 ch** 150/190.   BY q

🏨 **Commerce** Ⓜ sans rest, 3 bd Cdt-Passicot ⌞ 26.31.99, Télex 540518 − ▯ ⊖wc
      ☎. 㐀   BZ d
      fermé 15 nov. au 25 janv., dim. et lundi du 1b oct. au 20 mars sauf vacances
      scolaires − SC : **36 ch** ⊇ 190/205.

🏨 **H. Poste** sans rest, 83 r. Gambetta ⌞ 26.04.53 − ⊖wc ⎕wc ☎. 㐀 AE ① E
      20 mars-15 nov. − SC : ⊇ 18 − **35 ch** 150/210.   BY z

🏨 **Plage,** 33 r. Garat ⌞ 51.03.44, ≤ − ⊖wc ⎕wc ☎ ⊶. ✄
      Pâques-15 oct. − SC : **R** 57/64 − ⊇ 17 − **30 ch** 120/230 − P 222/231.   AY v

🏨 **Les Goëlands** ⤴, 4 av. Etcheverry ⌞ 26.10.05, 佘, 㐀 − ⊖wc ⎕wc ☎ ℗.
      㐀 VISA. ✄ rest   BX k
      fermé 15 déc. au 15 janv − SC : **R** 65/70   ⊇ 15 − **45 ch** 92/210.

🏨 **Hôtel et Motels Basques** ⤴, à la pointe Ste-Barbe - BX - ⌞ 26.04.24, ≤, parc,
      佘 − ⊖wc ⎕wc ☎ ♿ ℗. 㐀 AE E
      26 mars-26 sept. − SC : **R** 81/130 − ⊇ 18 − **26 ch, 12 pav.** 100/260 − P 265/308.

🏨 **Petit Trianon,** 56 bd V.-Hugo ⌞ 26.11.90 − ⊖wc ⎕wc ☎. AE. ✄   BY d
      fermé 25 oct. au 10 janv. − SC : **R** (15 juin-15 sept.) 80 − ⊇ 15 − **25 ch** 120/180 − P
      215/245.

🏠 **La Fayette,** 20 r. République ⌞ 26.17.74 − ⊖wc ⎕wc ☎. 㐀 E VISA   AZ x
      SC : **R** (1ᵉʳ étage) (fermé dim. soir et lundi midi du 1ᵉʳ nov. au 31 mai) 68/128 ⅃ − ⊇
      16 − **18 ch** 85/170 − P 197/209.

🏠 **Continental,** 15 av. Verdun ⌞ 26.01.23 − ▯ ⊖wc ⎕wc ☎. 㐀 E VISA. ✄ rest
      fermé nov. − SC : **R** (fermé dim. hors sais.) (dîner seul.) 65 − ⊇ − **24 ch** 120/165.
                                                                                        BZ a

🏠 **Prado** (Annexe - 15 ch ⊖wc ☎), prom. Plage ⌞ 51.03.71 − ⊖wc ⎕wc ☎. 㐀.
      ✄ rest   BY e
      SC : **R** (dîner seul.) 70/80 ⅃ − ⊇ 16 − **38 ch** 140/190.

🏠 **Villa Bel Air,** Promenade J.-Thibaut ⌞ 26.04.86, ≤ − ⊖wc ⎕wc ☎ ℗. 㐀
                                                                                        BY h
      26 mars-1ᵉʳ nov. − SC : **R** (1ᵉʳ juin-30 sept. et fermé dim.) (snack dîner seul.) 55/60 −
      ⊇ 15,50 − **16 ch** 120/200.

🏠 **Trinquet-Maïtena,** r. Midi ⌞ 26.05.13 − ⊖wc ☎. 㐀. ✄ rest   BY m
      fermé 1ᵉʳ au 20 oct. − SC : **R** (fermé dim. hors sais.) 75 − ⊇ 13 − **13 ch** 100/154 − P
      185/220.

tourner ⟶

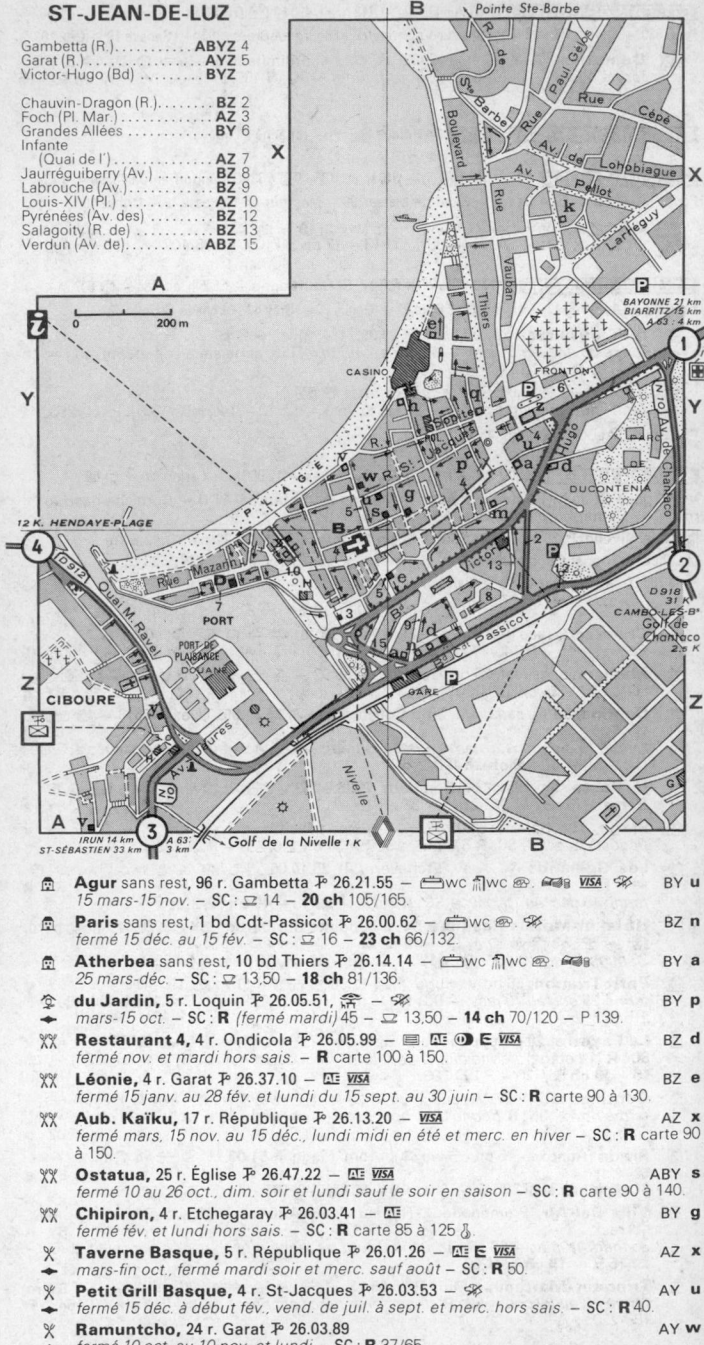

ST-JEAN-DE-LUZ

Gambetta (R.) .... **ABYZ** 4
Garat (R.) .... **AYZ** 5
Victor-Hugo (Bd) .... **BYZ**

Chauvin-Dragon (R.) .... **BZ** 2
Foch (Pl. Mar.) .... **AZ** 3
Grandes Allées .... **BY** 6
Infante
  (Quai de l') .... **AZ** 7
Jaurréguiberry (Av.) .... **BZ** 8
Labrouche (Av.) .... **BZ** 9
Louis-XIV (Pl.) .... **AZ** 10
Pyrénées (Av. des) .... **BZ** 12
Salagoity (R. de) .... **BZ** 13
Verdun (Av. de) .... **ABZ** 15

0   200 m

Pointe Ste-Barbe

BAYONNE 21 km
BIARRITZ 15 km
A 63 - 4 km

12 K. HENDAYE-PLAGE

CIBOURE

CASINO

FRONTON

DUCONTENIA

PORT

PORT DE
PLAISANCE
DOUANE

GARE

D 918
37 K
CAMBO-LES-B
GOLF de
Chantaco
2,5 K

IRUN 14 km
ST-SÉBASTIEN 33 km

A 63
3 km

Golf de la Nivelle 1 K

🏨 **Agur** sans rest, 96 r. Gambetta ☎ 26.21.55 – 🛁wc 🚿wc ☎. 🅿🅱 _VISA_. 🛝
  15 mars-15 nov. – SC : 🖵 14 – **20 ch** 105/165.   BY **u**

🏨 **Paris** sans rest, 1 bd Cdt-Passicot ☎ 26.00.62 – 🛁wc ☎. 🛝   BZ **n**
  fermé 15 déc. au 15 fév. – SC : 🖵 16 – **23 ch** 66/132.

🏨 **Atherbea** sans rest, 10 bd Thiers ☎ 26.14.14 – 🛁wc 🚿wc ☎. 🅿🅱   BY **a**
  25 mars-déc. – SC : 🖵 13,50 – **18 ch** 81/136.

🏨 **du Jardin**, 5 r. Loquin ☎ 26.05.51, �闻 – 🛝   BY **p**
  mars-15 oct. – SC : **R** _(fermé mardi)_ 45 – 🖵 13,50 – **14 ch** 70/120 – P 139.

🍴🍴 **Restaurant 4**, 4 r. Ondicola ☎ 26.05.99 – 📖 🅰🅴 🅾 🅴 _VISA_   BZ **d**
  fermé nov. et mardi hors sais. – **R** carte 100 à 150.

🍴🍴 **Léonie**, 4 r. Garat ☎ 26.37.10 – 🅰🅴 _VISA_   BZ **e**
  fermé 15 janv. au 28 fév. et lundi du 15 sept. au 30 juin – SC : **R** carte 90 à 130.

🍴🍴 **Aub. Kaïku**, 17 r. République ☎ 26.13.20 – _VISA_   AZ **x**
  fermé mars, 15 nov. au 15 déc., lundi midi en été et merc. en hiver – SC : **R** carte 90
  à 150.

🍴🍴 **Ostatua**, 25 r. Église ☎ 26.47.22 – 🅰🅴 _VISA_   ABY **s**
  fermé 10 au 26 oct., dim. soir et lundi sauf le soir en saison – SC : **R** carte 90 à 140.

🍴🍴 **Chipiron**, 4 r. Etchegaray ☎ 26.03.41 – 🅰🅴   BY **g**
  fermé fév. et lundi hors sais. – SC : **R** carte 85 à 125 🍷.

🍴 **Taverne Basque**, 5 r. République ☎ 26.01.26 – 🅰🅴 🅴 _VISA_   AZ **x**
◆ _mars-fin oct., fermé mardi soir et merc. sauf août_ – SC : **R** 50.

🍴 **Petit Grill Basque**, 4 r. St-Jacques ☎ 26.03.53 – 🛝   AY **u**
◆ _fermé 15 déc. à début fév., vend. de juil. à sept. et merc. hors sais._ – SC : **R** 40.

🍴 **Ramuntcho**, 24 r. Garat ☎ 26.03.89   AY **w**
◆ _fermé 10 oct. au 10 nov. et lundi_ – SC : **R** 37/65.

CITROEN Eskualduna, 20 rte de Bayonne par ① ☎ 26.22.28
FORD Autos-Durruty, Zone Ind. de Layatz ☎ 26.45.94

RENAULT Gar. Lamerain 4 bd Victor-Hugo ☎ 26.04.02 et Zone ind. de Layatz, N 10 par ① ☎ 26.94.80

Ciboure AZ du plan – 6 373 h. – ⊠ 64500 St-Jean-de-Luz.

Voir Chapelle N.-D. de Socorri : site★ 5 km par ③.

🏛 **Heiro Baïta** ⟆, r. E.-Baignol par ③ ☎ 47.07.73 – ➰wc ⫚wc ⊛. ※ rest
26 mars-11 avril et 1er juin-1er oct. – SC : **R** 53 – ⊃ 15 – **26 ch** 70/155 – P 153/176.

%% **Chez Dominique**, quai M.-Ravel ☎ 47.29.16, ≤ 𝚅𝙸𝚂𝙰   AZ **y**
fermé oct., dim. soir et lundi sauf juil.-août – SC : **R** carte 115 à 185.

% **Chez Mattin**, 51 r. E.-Baignol ☎ 47.19.52 – 𝚅𝙸𝚂𝙰 ※   AZ **v**
fermé 15 nov. au 15 janv. et lundi – **R** carte environ 100.

par rte de la Corniche par ④ : 3 km – ⊠ 64700 Hendaye :

%% **Aub. de la Corniche**, ☎ 47.30.23, ≤ Pyrénées, 🏡 – ❷
fermé janv. et lundi – SC : **R** 60.

V.A.G. Gar. de l'Avenir, Q. Marinella ☎ 47.26.56

ST-JEAN-DE-MAURIENNE ⟨SP⟩ 73300 Savoie 🗗🗗 ⑦ G. Alpes – 10 421 h. alt. 546 – ✿ 79.

Voir Ciborium★ et stalles★ de la cathédrale AY E.

🗗 Office de Tourisme pl. Cathédrale (fermé dim.) ☎ 64.03.12.

Paris 632 ① – Albertville 60 ① – Chambéry 71 ① – ◆Grenoble 108 ① – Turino 134 ②.

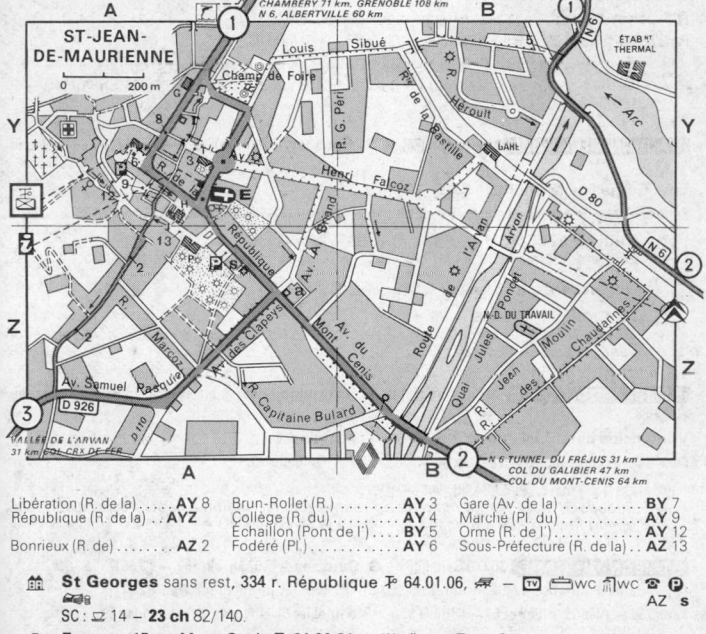

Libération (R. de la) . . . . **AY** 8	Brun-Rollet (R.) . . . . **AY** 3	Gare (Av. de la) . . . . **BY** 7
République (R. de la) . . **AYZ**	Collège (R. du) . . . . **AY** 4	Marché (Pl. du) . . . . **AY** 9
	Échaillon (Pont de l') . . . . **BY** 5	Orme (R. de l') . . . . **AY** 12
Bonrieux (R. de) . . . . **AZ** 2	Fodéré (Pl.) . . . . **AY** 6	Sous-Préfecture (R. de la) . . **AZ** 13

🏛 **St Georges** sans rest, 334 r. République ☎ 64.01.06, 🛋 – 📺 ➰wc ⫚wc ☎ ❷
🚗   AZ **s**
SC : ⊃ 14 – **23 ch** 82/140.

🏛 **Europe**, 15 av. Mont-Cenis ☎ 64.00.21 – 🛗 ➰wc ⫚ ⊛ ❷. 🚗   AZ **a**
fermé en oct. – SC : **R** carte environ 110 – ⊃ 15 – **35 ch** 73/165 – P 160/250.

🏛 **Bernard**, 18 r. Libération ☎ 64.01.53 – ➰wc ⊛. 🚗   AY **r**
✦ fermé nov. et lundi – SC : **R** 45/100 – ⊃ 16 – **15 ch** 70/115 – P 145/168.

CITROEN Deléglise, quai Jules-Poncet ☎ 64.05.88
PEUGEOT-TALBOT Alpettaz, N 6, Les Plans par ② ☎ 64.13.88
RENAULT Duverney, av. Mt-Cenis ☎ 64.12.33
V.A.G. Maurienne Autom., Les Chaudannes, Zone Ind. Le Parquet ☎ 64.08.89 🔃 ☎ 64.26.63

⊘ Piot-Pneu, angle pl. Champ-de-Foire ☎ 64.05.74
Tessaro-Pneus, les Plans ☎ 64.10.75

ST-JEAN-DE-MONTS 85160 Vendée 𝟞𝟟 ⑩ G. Côte de l'Atlantique – 5 543 h. – Casino La Pastourelle – ۞ 51.

🛈 Office de Tourisme Palais des Congrès av. Forêt (fermé dim. hors sais.) ℘ 58.00.48, Télex 711391.

Paris 448 – Cholet 99 – ♦Nantes 76 – Noirmoutier 32 – La Roche-sur-Yon 55 – Les Sables-d'O. 47.

🏠 **Tante Paulette** ⌖, 32 r. Neuve ℘ 58.01.12 – 🗂wc 🚗 VISA. ✼ ch
↔ 14 mars-fin sept. – SC : **R** 50/80 – ⌓ 14 – **42 ch** 70/130 – P 135/185.

🏠 **La Cloche d'Or** ⌖, av. Tilleuls ℘ 58.00.58 – 🗂wc 🗂wc ☎. VISA. ✼
↔ 1ᵉʳ avril-25 sept. – SC : **R** (fermé lundi hors sais.) 50/130 – ⌓ 15 – **24 ch** 80/130 – P 140/170.

🏠 **La Pinède** sans rest, 181 av. Valentin ℘ 58.64.44 – 🗂 🅿. ✼
Pâques-fin oct. – SC : ⌓ 12 – **10 ch** 75/95.

🏠 **Le Montois** sans rest, r. Gén.-de-Gaulle ℘ 58.80.62 – 🗂wc 🗂. ✼
fermé oct. et dim. – SC : ⌓ 13 – **25 ch** 60/130.

XXX **Le Galion**, au casino (1ᵉʳ étage) espl. Mer ℘ 58.28.39, < – ᴁ ⓪ VISA
1ᵉʳ juin-30 sept., week-ends hors sais. et fermé janv.-fév. – SC : **R** 105/280.

à Orouet SE : 6 km – ⊠ 85160 St-Jean-de-Monts :

🏠 **Aub. de la Chaumière,** 103 av. Orouet ℘ 58.67.44, ⌰ – 🗂wc 🗂wc 🚗 🅿. ✼
↔ 1ᵉʳ mai-26 sept. – SC : **R** 44/120 – ⌓ 14 – **17 ch** 140/160 – P 180/220.

PEUGEOT, TALBOT Gar. Besseau, ℘ 58.26.16   RENAULT Vrignaud, ℘ 58.26.74

ST-JEAN-DE-REBERVILLIERS 28 E.-et-L. 𝟞𝟘 ⑦ – rattaché à Châteauneuf-en-Thymerais.

ST-JEAN-DE-SIXT 74450 H.-Savoie 𝟟𝟜 ⑦ G. Alpes – 511 h. alt. 956 – ۞ 50.

Voir Défilé des Êtroits★ NO : 3 km.

🛈 Syndicat d'Initiative à la Mairie (fermé dim. et fêtes) ℘ 02.24.12.

Paris 566 – Annecy 29 – Bonneville 23 – La Clusaz 3 – ♦Genève 48.

🏠 **Beau Site** ⌖, ℘ 02.24.04, <, ⌰ – 🗂wc 🗂wc 🚗 🅿. 🚗 E. ✼ rest
↔ fin juin-début sept. et Noël-Pâques – SC : **R** 42/75 – ⌓ 12,50 – **24 ch** 70/140 – P 130/170.

ST-JEAN-DU-BRUEL 12 Aveyron 𝟠𝟘 ⑮ G. Causses – 831 h. alt. 520 – ⊠ 12230 La Cavalerie – ۞ 65.

Env. Gorges de la Dourbie★★ NE : 10 km.

Paris 672 – Le Caylar 26 – Lodève 45 – Millau 41 – Rodez 112 – St-Affrique 52 – Le Vigan 36.

🏠 **Midi,** ℘ 62.26.04, < – 🗂wc 🗂wc 🚗 ⌰. 🚗
↔ 26 mars-13 nov. – SC : **R** 41/113 – ⌓ 13 – **20 ch** 50/115 – P 132/160.

à Saulclières S : 6 km par D 999 – ⊠ 12230 La Cavalerie :

XX **Le Cable,** ℘ 62.26.09 – 🅿
28 fév.-10 déc. et fermé mardi soir et merc. sauf juil.-août et le soir hors sais. sauf vend. et sam. – SC : **R** 51/95.

ST-JEAN-DU-DOIGT 29 Finistère 𝟝𝟠 ⑥ G. Bretagne – 688 h. alt. 15 – ⊠ 29228 Plougasnou – ۞ 98.

Voir Enclos paroissial : trésor ★★, église ★, fontaine ★.

Paris 547 – Guingamp 63 – Lannion 34 – Morlaix 17 – Quimper 93.

☝ **Le Ty Pont,** ℘ 67.34.06, ⌰ – 🗂wc. ✼ ch
Pâques-31 oct. ; fermé mardi (sauf rest.) et merc. de juin à sept. ; hors saison rest. ouvert le midi – SC : **R** 40/108 ⌀ – ⌓ 12 – **38 ch** 62/110 – P 120/145.

ST-JEAN-DU-GARD 30270 Gard 𝟠𝟘 ⑰ G. Causses – 2 626 h. alt. 189 – ۞ 66.

🛈 Syndicat d'Initiative av. René-Boudon (15 juin-15 sept. et fermé dim.) ℘ 85.32.11.

Paris 736 – Alès 27 – Florac 53 – Lodève 93 – ♦Montpellier 81 – Nîmes 61 – Le Vigan 59.

🏠 **L'Oronge,** Gde-rue ℘ 85.30.34 – 🗂wc 🗂wc 🚗 🚗 🚗 ᴁ ⓪
↔ 1ᵉʳ avril-2 janv. et fermé lundi hors sais. – SC : **R** 39 bc/100 – ⌓ 13,50 – **40 ch** 78/180 – P 130/170.

🏠 **Aub. du Péras** Ⓜ, rte d'Anduze ℘ 85.35.94 – 📺 🗂wc ☎ 🅿. 🚗 ⓪
↔ fermé mardi soir et merc. du 15 sept. au 15 juin – SC : **R** 35/125 – ⌓ 14 – **10 ch** 130/150 – P 153/175.

X **Corniche des Cévennes** avec ch, rte Florac ℘ 85.30.38, <, ⌰ – 🗂wc 🅿. 🚗
↔ fermé 1ᵉʳ nov. au 1ᵉʳ fév. et merc. du 1ᵉʳ oct. au 1ᵉʳ avril – SC : **R** 38 bc/60 ⌀ – 13,50 – **16 ch** 67/95 – P 135.

PEUGEOT, TALBOT Rossel, ℘ 85.30.32

ST-JEAN-EN-ROYANS 26190 Drôme 🔢 ③ G. Alpes – 2 708 h. alt. 253 – ✆ 75.

🛈 Syndicat d'Initiative pl. Champ-de-Mars (15 juin-15 sept., fermé dim. après-midi et lundi) ☎ 48.61.39.

Paris 589 – Die 63 – Romans-sur-Isère 27 – St-Marcellin 23 – Valence 45 – Villard-de-Lans 33.

> *au Col de la Machine* SE : 11 km – alt. 1 010.
>
> **Env.** S : Forêt de Lente★★.
>
> 🏨 **du Col** ⚓, ⊠ 26190 St-Jean-en-Royans ☎ 45.57.67, ≤ – 🏠wc ⟺ 🅿. ❄ ch
> ➡ fermé 12 nov. au 15 déc. et 13 au 20 mars – SC : **R** 50/70 – ⌧ 13 – **15 ch** 70/116 – P 115/165.

FIAT Gar. Royannais, ☎ 48.66.86
PEUGEOT-TALBOT Lyonne, ☎ 48.60.18 🅽

RENAULT Usclard, ☎ 48.63.80 🅽 ☎ 48.62.75
V.A.G. Villard, ☎ 48.61.02

ST-JEAN-LA-RIVIÈRE 06 Alpes-Mar. 🔢 ⑱. 🔢 ⑯ – alt. 285 – ⊠ 06450 Lantosque – ✆ 93.

Voir Saut des Français ≤★★ S : 5 km.

Env. Madone d'Utelle ☀★★★ et retable★ de l'église d'Utelle SO : 15 km, G. Côte d'Azur.

Paris 877 – Levens 13 – ◆Nice 41 – Puget-Théniers 44 – St-Martin-Vésubie 24.

> ✗ **Giletti,** ☎ 03.17.11, ≤, 🏤
> ➡ SC : **R** (déj. seul.) 50/70.

ST-JEAN-LE-BLANC 45 Loiret 🔢 ⑨ – rattaché à Orléans.

> *Si vous êtes retardé sur la route, dès 19 h,*
> *confirmez votre réservation par téléphone,*
> *c'est plus sûr... et c'est l'usage.*

ST-JEAN-LE-THOMAS 50 Manche 🔢 ⑦ – 401 h. – ⊠ 50530 Sartilly – ✆ 33.

🛈 Syndicat d'Initiative r. Gén.-de-Gaulle (fermé dim.) ☎ 48.84.21.

Paris 351 – Avranches 17 – Granville 16 – St-Lô 72 – Villedieu-les-Poêles 30.

> 🏨 **Bains,** ☎ 48.84.20, ⌧, 🏤 – 🛏wc 🏠wc ☎ 🅿. 🍽 🆎 💳. ❄ ch
> ➡ 21 mars-10 oct. et fermé merc. hors sais. – SC : **R** 48/126 – ⌧ 17 – **37 ch** 68/170 – P 138/200.

ST-JEAN-LE-VIEUX 64 Pyr.-Atl. 🔢 ③ – rattaché à St-Jean-Pied-de-Port.

ST-JEANNET 06640 Alpes-Mar. 🔢 ⑨. 🔢 ㉕㉖ G. Côte d'Azur – 1 865 h. alt. 400 – ✆ 93.

Voir Site★ – ≤★.

Paris 938 – Antibes 24 – Cannes 34 – Grasse 34 – ◆Nice 27 – St-Martin-Vésubie 57 – Vence 8.

> ✗ **Chante Grill,** ☎ 24.90.63
> fermé nov. – SC : **R** 55/75.

ST-JEAN-PIED-DE-PORT 64220 Pyr.-Atl. 🔢 ③ G. Pyrénées – 1 887 h. alt. 163 – ✆ 59.

Voir Trajet des pèlerins★.

🛈 Office de Tourisme pl. Ch.-de-Gaulle (fermé sam. après-midi et dim. sauf matin en saison) ☎ 37.03.57.

Paris 825 ③ – ◆Bayonne 54 ③ – Dax 86 ① – Oloron-Ste-M. 70 ① – Pau 103 ① – San-Sebastián 97.

ST-JEAN-PIED-DE-PORT

To go a long way quickly,
use Michelin maps
at a scale of 1 : 1 000 000.

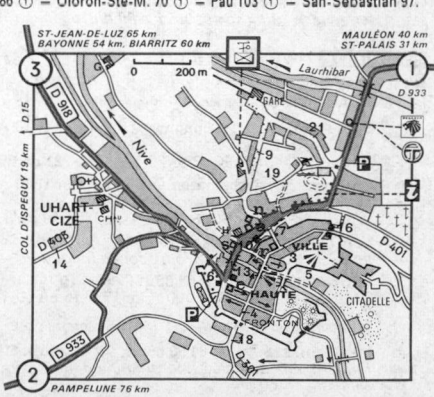

1011

🏨 ❀ **Pyrénées** (Arrambide), pl. Gén.-de-Gaulle **(a)** ⏆ 37.01.01 – 🛗 ➚wc ⋔wc ☎.
🖼. ⚘
fermé 12 nov. au 22 déc., mardi sauf vac. scol. et fériés – SC : **R** (dim. et saison -
prévenir) 100/180 – ☞ 16 – **31 ch** 88/195 – P 170/230
Spéc. Terrine chaude de ris d'agneau aux queues d'écrevisses (juin à mars),Foie gras grillé, Chaud-
froid de pêche à la pistache. **Vins** Irouléguy, Jurançon.

🏨 **Continental** sans rest, 3 r. Renaud **(n)** ⏆ 37.00.25 – 🛗 ➚wc ☜ ❶. 🖼 ⒶⒺ. ⚘
Pâques-11 nov. – SC : ☞ 19,50 – **19 ch** 170/220.

🏨 **Central, (s)** ⏆ 37.00.22 – ➚wc ⋔ ☜. 🖼 ⚘
fermé 22 déc. au 5 fév. – SC : **R** 58/135 – ☞ 17 – **14 ch** 115/190 – P 180/230.

🏨 **Haïzpea** ⚜, à Uhart-Cize 1,5 km par rte de Lasse ⏆ 37.05.44, ≤, parc – ➚wc ⋔
☜ ❶. ⚘
Pâques-1er oct. – SC : **10 ch** (1/2 pens. seul.) – ¹/₂ p 135/150.

🏨 **Navarre** sans rest, **(e)** ⏆ 37.01.67 – ➚wc ⋔wc ☜. 🖼. ⚘
1er juil.-mi sept. – SC : ☞ 13 – **8 ch** 90/160.

🏨 **Ramuntcho,** r. de France **(r)** ⏆ 37.03.91 – ⋔. 🖼
fermé janv. – SC : **R** (fermé merc. hors sais.) 52/64 – ☞ 13 – **17 ch** 75/120 – P
130/175.

🏠 **Mendy,** à St-Jean-le-Vieux par ① 4,5 km ✉ 64220 St-Jean-Pied-de-Port ⏆ 37.
🔻 11.81, 🍴 –
fermé 1er oct. au 1er avril et merc. hors sais. – SC : **R** 50/55 – ☞ 12 – **10 ch** 70/80 –
P 100/120.

✕✕ **Etche Ona** avec ch, **(e)** ⏆ 37.01.14 – ➚wc ⋔wc ☜. ⚘ ch
fermé 5 nov. au 15 déc. et vend. sauf vac. scol. – SC : **R** 60/145 – ☞ 16 – **13 ch**
82/125 – P 210/235.

à Aincillé SE : 4,5 km par D 401 – ✉ **64220** St-Jean-Pied-de-Port :

🏠 **Pecoïtz** ⚜, ⏆ 37.11.88, ≤, 🍴 – ⋔ ❶
🔻 *fermé janv. et fév.* – SC : **R** 40/105 – ☞ 12 – **16 ch** 65/100 – P 115/135.

PEUGEOT, TALBOT Gar. des Pyrénées, ⏆ 37.00.81

ST-JEAN-POUTGE 32 Gers 🎔🎔 ④ – 322 h. alt. 111 – ✉ **32190** Vic Fezensac – ❀ 62.
Paris 801 – Aire-sur-l'Adour 60 – Auch 22 – Condom 27 – Mont-de-Marsan 82 – Roquefort 75.

🏠 **de la Baïse,** ⏆ 64.62.11 – ➚ ⋔wc ☜ ❶ – 🛆 35. ⒶⒺ ① Ⓔ 𝗩𝗜𝗦𝗔 ⚘
fermé oct. et lundi – SC : **R** 55/160 – ☞ 18 – **17 ch** 100/140 – P 120/150.

ST-JEOIRE 74490 H.-Savoie 🎔🎔 ⑦ – 1 949 h. alt. 588 – ❀ 50.
Paris 572 – Annecy 57 – Bonneville 17 – Chamonix 57 – ✦Genève 31 – Megève 43 – Morzine 32.

🏠 **Alpes,** ⏆ 39.80.33, 🍴 – ➚wc ☜ ❶
🔻 *fermé 20 avril au 20 mai, 25 sept. au 15 nov., lundi hors sais. sauf vacances scolaires*
– SC : **R** 48/98 🍴 – ☞ 13 – **20 ch** 60/160 – P 125/170.

🏠 **Sapins,** ⏆ 39.80.38, 🍴 – ➚wc ⋔ ☜
fermé 1er au 15 nov. – SC : **R** 60/100 🍴 – ☞ 16 – **11 ch** 80/150 – P 160/200.

PEUGEOT-TALBOT Gar. Favrat, La Tour de Fer ⏆ 39.87.54 🅽 ⏆ 39.90.44

ST-JOACHIM 44720 Loire-Atl. 🎔🎔 ⑮ Ⓖ. Bretagne – 4 165 h. – ❀ 40.
Paris 432 – ✦Nantes 61 – Redon 39 – St-Nazaire 15 – Vannes 63.

✕✕ **Aub. du Parc,** Ile de Fedrun ⏆ 88.53.01, 🍴 –
🔻 *fermé janv., dim. soir et lundi sauf du 15 juin au 15 sept.* – **R** carte 115 à 170.

ST-JORIOZ 74410 H.-Savoie 🎔🎔 ⑥ – 2 450 h. alt. 467 – ❀ 50.
🚩 Syndicat d'Initiative pl. Mairie (15 juin.-15 sept. et fermé dim.) ⏆ 68.61.82.
Paris 546 – Albertville 36 – Annecy 9 – Megève 51.

🏠 **Bon Accueil** ⚜, à Epagny : 2,5 km par D 10 A ⏆ 68.60.40, ≤, 🍴, ✕ – ➚wc
🔻 ⋔wc ☜ ❶. Ⓔ. ⚘ rest
1er mai-fin sept. – SC : **R** 50/65 – ☞ 15 – **21 ch** 85/150 – P 125/175.

🏠 **Semnoz** ⚜, à Monnetier O : 1,5 km par D 10 A ⏆ 68.60.28, 🍴, ✕ – ⋔ 🛆 ❶ –
🔻 🛆 50. ⚘ rest
27 avril-fin sept. – SC : **R** 50/90 – ☞ 15 – **40 ch** 80/110 – P 130/150.

✕✕ **Les Terrasses,** ⏆ 68.60.16, 🍴 – ❶. Ⓔ 𝗩𝗜𝗦𝗔 ⚘
🔻 *fermé 1er oct. au 30 nov., dim. soir et lundi hors sais.* – SC : **R** 50/110 🍴.

✕ **Tournette** avec ch, ⏆ 68.60.14, 🍴 – ❶. ⚘ rest
🔻 *Pâques-oct.* – SC : **R** 50/120 – ☞ 17 – **15 ch** 60/120 – P 90/150.

à La Magne S : 5 km – ✉ **74410** St-Jorioz :

🏠 **La Cochette** ⚜, ⏆ 68.50.08, ≤, 🍴 – ⋔ ❶. ⒶⒺ Ⓔ. ⚘ rest
🔻 *fermé 5 janv. au 5 fév., mardi et merc. hors sais.* – SC : **R** 45/120 – ☞ 16 – **15 ch**
68/120 – P 160.

ST-JULIEN 56 Morbihan 🅖🅣 ⑫ − rattaché à Quiberon.

ST-JULIEN-CHAPTEUIL 43260 H.-Loire 🆄🅖 ⑦ G. Vallée du Rhône − 1 658 h. alt. 821 − ❀ 71.
Voir Site★.
Env. Montagne du Meygal★ : Grand Testavoyre ❄★★ NE : 14 km puis 30 mn.
🛈 Syndicat d'Initiative à la Mairie (fermé sam. après-midi et dim.) ☎ 08.70.14.
Paris 536 − Lamastre 53 − Privas 105 − Le Puy 20 − St-Agrève 32 − Yssingeaux 17.

🏠 **Barriol,** ☎ 08.70.17 − 🛏wc 🛁wc ☎. E 𝐕𝐈𝐒𝐀. ❀ ch
→ *fermé 2 nov. au 15 déc., dim. soir et lundi* − SC : **R** 40/150 − ☲ 18 − **21 ch** 70/180 −
P 120/185.

PEUGEOT-TALBOT Gar. Abrial, ☎ 08.72.20 🆗   Gar. Roubin, ☎ 08.70.35 🆗
RENAULT Gar. de Chapteuil, ☎ 08.72.79 🆗 ☎
08.70.05

ST-JULIEN-DE-JORDANNE 15 Cantal 🆄🅖 ② − alt. 920 − ⊠ 15590 Lascelle Mandailles −
❀ 71.
Voir Vallée de Mandailles★★, G. Auvergne.
Paris 571 − Aurillac 24 − Mauriac 54 − Murat 37.

🏤 **Touristes,** ☎ 47.94.71, ≤, 🐴 − 🅿. ❀
→ *Pâques-10 oct. et vacances scolaires d'hiver* − SC : **R** 40/80 🍴 − ☲ 12 − **18 ch** 42/62
− P 100/110.

ST-JULIEN-D'EMPARE 12 Aveyron 🆄🅖 ⑩ − rattaché à Figeac.

ST-JULIEN-DU-VERDON 04 Alpes-de-H.-Pr 🆇🅡 ⑱ G. Côte d'Azur − 66 h. alt. 914 − ⊠ 04170
St-André-les-Alpes − ❀ 92.
Voir E : Clue de Vergons★.
Paris 796 − Castellane 14 − Digne 50 − Puget-Théniers 38.

🏠 **Lou Pidanoux,** ☎ 89. 05.87, ≤ − 🛏 🅿. ❀ rest
→ *15 mars-15 déc.* − SC : **R** 50/70 − ☲ 11 − **17 ch** 66/105 − P 150/170.

ST-JULIEN-EN-BORN 40170 Landes 🆄🅗 ⑮ − 1 222 h. alt. 22 − ❀ 58.
Paris 712 − ◆Bordeaux 123 − Castets 21 − Mimizan 18 − Mont-de-Marsan 68.

🏤 **Pré Fleuri** 🦢 sans rest, rte Mézos ☎ 42.80.09, 🐴 − 🚗 🅿. 🔺🛏. ❀
14 mai-15 nov. − SC : ☲ 12 − **10 ch** 60/130.

ST-JULIEN-EN-CHAMPSAUR 05 H.-Alpes 🆇🅡 ⑯ − 273 h. alt. 1 140 − ⊠ 05500 St-Bonnet-
en-Champsaur − ❀ 92.
Paris 660 − Gap 17 − ◆Grenoble 95 − La Mure 57 − Orcières 20.

🏠 **Les Chenêts** 🦢, ☎ 55.03.15 − 🛏wc 🛁wc ☎ 🚗 🅿. 🔺🛏 E 𝐕𝐈𝐒𝐀. ❀ rest
→ *fermé 30 sept. au 1er déc.* − SC : **R** 50/80 − ☲ 15 − **23 ch** 105/155 − P 140/170.

ST-JULIEN-EN-GENEVOIS ◁𝐒𝐏▷ 74160 H.-Savoie 🆄🅓 ⑥ − 6 368 h. alt. 461 − ❀ 50.
Paris 538 − Annecy 35 − Bonneville 35 − ◆Genève 9 − Nantua 55 − Thonon-les-Bains 45.

🏠 **Savoie** 🅼 sans rest, av. L.-Armand ☎ 49.03.55 − 🛗 🛏wc 🛁wc ☎ 🅿. 🔺🛏 🅰🅴 ⓞ
𝐕𝐈𝐒𝐀
SC : ☲ 15 − **20 ch** 120/165.
🏠 **Le Soli** 🅼 🦢 sans rest, r. Mgr Paget ☎ 49.11.31 − 🛗 🛁wc ☎ 🅿. 🔺🛏
SC : ☲ 15 − **22 ch** 120/140.
🍴🍴🍴 ❀ **Diligence et Taverne du Postillon** (Favre), av. Genève ☎ 49.07.55 − 🗐. 🅰🅴
ⓞ
fermé 27 juin au 13 juil., 10 au 31 janv., dim. soir et lundi − SC : **R** Taverne (sous sol)
90/180
Spéc. Mousse de truite, Ecrevisses à la roussette (15 juil. au 15 mars), Civet de cuisses de canard au
brouilly. **Vins** Crépy, Mondeuse.
🍴🍴🍴 **Abbaye de Pomier,** S : 8 km par N 201 et VO ☎ 04.40.64, « Terrasse avec ≤
campagne genevoise », 🌳 − 🅿.
fermé 26 janv. au 25 fév., mardi soir et merc. − SC : **R** 100.

au Col du Mont-Sion S : 9,5 km − ⊠ 74350 Cruseilles :

🏠 **H. Rey** 🅼, ☎ 44.13.29, ≤, parc, 🔼, ❀ − 🛗 🆃🆅 🛏wc 🛁wc ☎ & 🅿. 🔺🛏
fermé janv. − SC : **R** voir rest. Clef des Champs − ☲ 18 − **31 ch** 146/201 − P
218/245.
🍴🍴 **Clef des Champs** avec ch, ☎ 44.13.11, ≤, parc, 🌳, ❀ − 🛏wc 🛁wc ☎ 🅿.
🔺🛏 E
→ *fermé 20 oct. au 4 nov., janv., vend. midi et jeudi* − SC : **R** 50/135 − ☲ 16 − **9 ch**
65/150 − P 165/205.

ST-JULIEN-LA-VÊTRE 42 Loire 🆄🅓 ⑰ − rattaché à Noirétable.

ST-JULIEN-SUR-CHER 41 L.-et-Ch. 64 ⑱⑲ – rattaché à Villefranche-sur-Cher.

ST-JUNIEN 87200 H.-Vienne 72 ⑥ **G. Périgord** – 11 723 h. alt. 179 – 55.

Voir Collégiale★ BY B.

Office de Tourisme pl. Champ-de-Foire (1er juin-15 sept. et fermé merc. matin) ☎ 02.17.93.

Paris 434 ① – Angoulême 73 ③ – Bellac 33 ① – Confolens 27 ③ – ♦Limoges 30 ① – Ruffec 70 ③.

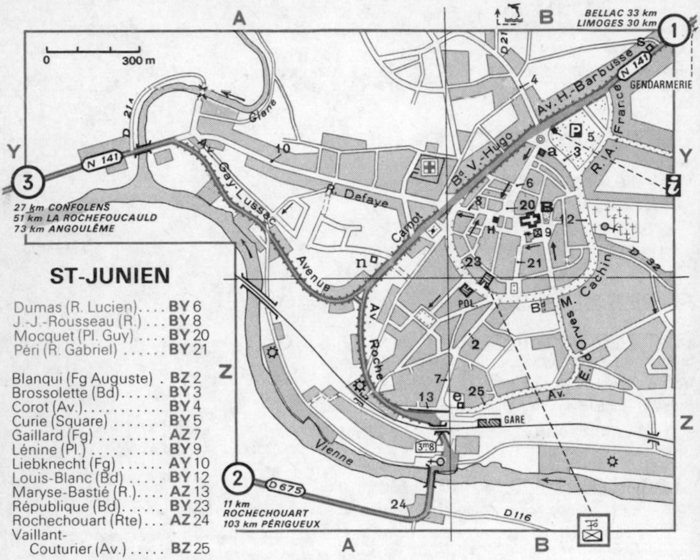

ST-JUNIEN

Dumas (R. Lucien) .... BY 6
J.-J.-Rousseau (R.) .... BY 8
Mocquet (Pl. Guy) .... BY 20
Péri (R. Gabriel) ...... BY 21

Blanqui (Fg Auguste) . BZ 2
Brossolette (Bd) ...... BY 3
Corot (Av.) .... BY 4
Curie (Square) .... BY 5
Gaillard (Fg) .... AZ 7
Lénine (Pl.) .... BY 9
Liebknecht (Fg) ...... AY 10
Louis-Blanc (Bd) ...... BY 12
Maryse-Bastié (R.) .... AZ 13
République (Bd) ...... BY 23
Rochechouart (Rte) ... AZ 24
Vaillant-Couturier (Av.) ..... BZ 25

Relais de Comodoliac M, 22 av. Sadi-Carnot ☎ **02.12.25, Télex 590336**, – TV ☎ & P – 40. AE ① E VISA — AY **n**
SC : **R** 55/140 – 18 – **28 ch** 155/200 – P 220/250.

Concorde M sans rest, 49 av. H.-Barbusse ☎ **02.17.08** – TV wc wc P. E VISA — BY **s**
SC : 13 – **26 ch** 85/146.

Modern'H., 44 av. P.-Vaillant-Couturier ☎ **02.17.82** – rest — BZ **e**
fermé 9 au 17 avril, 1er au 15 oct. et 24 au 31 déc. – SC : **R** *(fermé sam.)* 40/85 – 15 – **17 ch** 55/70 – P 120.

Le Corot, 46 r. L.-Dumas ☎ **02.17.74** — BY **a**
fermé fév., dim. soir et lundi sauf juil.-août.

au pont à la Planche par ① D 675 : 5 km – ✉ **87200** St-Junien :

Rendez vous des Chasseurs avec ch, ☎ **02.19.73** – wc P. E
fermé 15 oct. au 15 nov. et vend. – SC : **R** 45/130 – 11 – **7 ch** 55/140 – P 120/150.

CITROEN Gar. Vigier, Le Pavillon par ① ☎ 02.31.29
FORD Gar. Chantemerle, 13 av. d'Oradour-sur-Glane ☎ 02.37.37
RENAULT St-Junien-Autos, 49 av. Oradour-sur-Glane par ① ☎ 02.38.37
Pneus et C/c, 1 r. Montrozier ☎ 02.14.57

ST-JUST 01 Ain 74 ③ – rattaché à Bourg-en-Bresse.

ST-JUST-EN-CHEVALET 42430 Loire 73 ⑦ – 2 127 h. alt. 654 – 77.

Paris 396 – L'Arbresle 85 – Montbrison 47 – Roanne 30 – ♦St-Étienne 80 – Thiers 29 – Vichy 51.

Moderne, ☎ **65.01.53** – wc . AE E VISA
fermé 1er au 15 sept., vend. soir et sam. sauf août – SC : **R** 45/120 – 14 – **10 ch** 65/145 – P 135/150.

Poste, r. Thiers ☎ **65.01.42** – wc.
fermé 1er au 21 mars et vend. du 15 sept. au 1er mai – SC : **R** 42/111 – 15,50 – **12 ch** 65/133 – P 139/166.

PEUGEOT Dulac, à Juré ☎ 65.03.54 N
PEUGEOT, TALBOT Chaux, ☎ 65.04.13 N

ST-JUSTIN 40 Landes 📕📖 ⑫ – 973 h. alt. 90 – ⊠ **40240** Labastide d'Armagnac – 🟢 58.

Paris 710 – Aire-sur-l'Adour 36 – Auch 86 – ♦Bordeaux 116 – Marmande 71 – Mont-de-Marsan 25.

🏠 **Cadet de Gascogne**, ☎ 44.80.77 – 🏠 🚗
↔ SC : **R** 36/65 🍷 – 🍽 10 – **10 ch** 57/67 – P 100/110.

Central Garage, ☎ 44.82.03 🅽 ☎ 44.83.44   Garage Labarbe, ☎ 44.82.61

ST-LAGER 69 Rhône 📗📘 ① – 839 h. alt. 222 – ⊠ **69220** Belleville – 🟢 74.

Paris 427 – Bourg-en-Bresse 47 – Charolles 66 – ♦Lyon 52 – Mâcon 32 – Villefranche-sur-S. 25.

✕ **Aub. St-Lager**, ☎ 66.16.08, 🏠
fermé 1ᵉʳ au 13 juil., 15 janv. au 15 fév., merc. et le soir – SC : **R** 54/170.

ST-LARY-SOULAN 65170 H.-Pyr. 📘📙 ⑲ G. Pyrénées – 710 h. alt. 830 – Sports d'hiver : 1 700/2 450 m ✂3 ✂27, ✂ – 🟢 62.

Voir Vallée d'Aure★.

🛈 Office de Tourisme ☎ 39.50.81, Télex 520360.

Paris 907 – Arreau 12 – Auch 103 – Luchon 44 – St-Gaudens 66 – Tarbes 69.

🏠 **Motel de la Neste** Ⓜ, ☎ 39.42.79, ≼ – cuisinette 🛁wc 📞 🅿 – 🅐 25. 🆎 🅰🅴.
↔ 🍽 ch
1ᵉʳ juin-30 sept. et 15 déc.-1ᵉʳ mai – SC : **R** 42/68 – 🍽 14 – **23 ch** 150/190 – P 178/193.

🏠 **Mir**, ☎ 39.40.03, 🌳 – 🛁wc 🏠 📞 🅿. 🍽
↔ 15 mai-30 sept. et 10 déc.-12 avril – SC : **R** 50/90 – 🍽 12 – **26 ch** 80/150.

🏠 **Terrasse Fleurie** sans rest, ☎ 39.40.26 – 📺 🛁wc 🏠wc 📞 🅿. 🆎 🅰🅴
20 déc.-15 avril et 15 mai-15 sept. – SC : 🍽 15 – **22 ch** 60/130, 6 appartements 180/200.

🏠 **Pons ''Le Dahu''**, ☎ 39.43.66, 🌳 – 🏠wc 🅿. 🍽 rest
↔ SC : **R** 40/50 🍷 – 🍽 10 – **31 ch** 120 – P 100/140.

à Espiaube NO : 11 km par D 123 et VO – alt. 1 600 – ⊠ **65170** St-Lary :

🏠 **La Sapinière** 🌸, ☎ 98.44.04, ≼ – 🛁wc 🏠wc 📞 🅿. 🍽 rest
1ᵉʳ juil.-1ᵉʳ sept. et 15 déc.-fin avril – SC : **R** 60/110 – 🍽 15 – **17 ch** 140/180 – P 160/180.

au Pla d'Adet - à la station supérieure du téléphérique O : 13 km par D 123 – alt. 1 680 – ⊠ **65170** St-Lary.

🛈 Office de Tourisme (15 déc.-30 avril) ☎ 98.44.41.

🏠 **Christiania** 🌸, ☎ 98.44.42, ≼ Pyrénées – 🛁wc 📞. 🆎 🅰🅴. 🍽 rest
15 déc.-15 avril – SC : **R** (dîner seul.) 80 – 🍽 18 – **24 ch** 170/210.

ST-LATTIER 38 Isère 📗📘 ③ – 775 h. alt. 179 – ⊠ **38840** St-Hilaire-du-Rosier – 🟢 76.

Paris 576 – ♦Grenoble 68 – Romans-sur-Isère 14 – St-Marcellin 13.

🏠 **Brun**, N 92 ☎ 36.54.76, 🌳 – 🛁wc 📞 🅿. 🆎
↔ SC : **R** 35/95 🍷 – 🍽 12 – **11 ch** 80 – P 130.

✕✕✕ ❀ **Lièvre Amoureux** 🌸 avec ch, ☎ 36.50.67, « Jardin fleuri » – 📺 🛁wc ☎ 🅿. 🆎 🅰🅾 𝘝𝘐𝘚𝘈
fermé janv. et lundi – SC : **R** 160/250 – 🍽 35 – **7 ch** 260.

à la Chênerale Ⓜ 🌸, ≼ – 📺 🛁wc ☎ 🅰, – SC : 4 appartements 450
Spéc. Homard grillé, Lapereau au Bouzy, Gratin d'alouettes (saison de chasse). **Vins** St-Joseph, Cornas.

✕✕ **Aub. Viaduc**, N 92 ☎ 36.51.65 – 📞
fermé 15 nov. au 15 déc., mardi soir et merc. – SC : **R** 80/145.

ST-LAURENT-DE-COGNAC 16 Charente 📒📓 ⑪ – rattaché à Cognac.

ST-LAURENT-DE-LA-SALANQUE 66250 Pyr.-Or. 📗📘 ⑳ – 3 971 h. – 🟢 68.

Paris 906 – Elne 22 – Narbonne 60 – ♦Perpignan 14 – Quillan 79 – Rivesaltes 10.

🏠 **Aub. du Pin**, rte Perpignan ☎ 28.01.62, 🌳 – 🏠wc 📞 🅿. 🍽
↔ fermé 15 sept. au 2 oct., 2 janv. au 28 fév., dim. soir et lundi – SC : **R** 45 bc/100 🍷 – 🍽 13 – **20 ch** 95/110 – P 160/182.

🏠 **Commerce**, ☎ 28.02.21 – 🏠wc 📞. 🍽
fermé oct. et 1ᵉʳ au 15 fév. – SC : **R** (fermé lundi hors sais.) 70/130 – 🍽 14 – **27 ch** 75/130 – P 152/233.

CITROEN Gar. Formenty, ☎ 28.01.08   PEUGEOT-TALBOT Gar. Chiffe, ☎ 28.30.64

ST-LAURENT-DE-MURE 69720 Rhône 📗📘 ⑫ – 3 388 h. alt. 252 – 🟢 7.

Paris 481 – ♦Lyon 18 – Pont-de-Chéruy 16 – La Tour-du-Pin 38 – Vienne 31.

🏠 **Le St-Laurent**, ☎ 840.91.44, 🌳, parc – 🛁wc 🏠wc 📞 🅿. 🆎 🅰🅴 🅾 🅴
fermé vend. soir et sam. – SC : **R** 52/140 🍷 – 🍽 12 – **20 ch** 115/150.

1015

ST-LAURENT-DU-PONT 38380 Isère 📖 ⑤ G. Alpes – 3 709 h. alt. 416 – ✪ 76.

Voir Gorges du Guiers Mort★★ SE : 2 km – Site★ de la Chartreuse de Curière SE : 4 km.

Paris 565 – Chambéry 29 – ◆Grenoble 33 – La Tour-du-Pin 40 – Voiron 15.

    🏠 **Beauséjour,** av. V.-Hugo ☎ 55.21.88 – 🛏 🍴 📶 **P**
    ↝ *fermé 1er nov. à Pâques (sauf rest. le midi) et lundi* – SC : **R** 45/120 🥂 – ☲ 13 –
    16 ch 90/160.

PEUGEOT, TALBOT Gar. Borderon, ☎ 55.21.89   RENAULT Roudet, ☎ 55.21.03
RENAULT Brille, ☎ 55.40.86

ST-LAURENT-DU-VAR 06700 Alpes-Mar. 📖 ⑨, 📖 ㉖ G. Côte d'Azur – 18 685 h. alt. 17 –
✪ 93 – Voir Corniche du Var★ N.

🛈 Syndicat d'Initiative 73 av. Gén.-de-Gaulle (fermé sam. et dim.) ☎ 07.68.58.

Paris 926 – Antibes 16 – Cagnes-sur-Mer 5 – Cannes 27 – Grasse 31 – ◆Nice 9,5 – Vence 14.

    🏨 **Motel Delta 21** sans rest, rte Bord de mer ☎ 31.75.50, 🏊 – cuisinette 📶 🛁wc
    P. 📶 AE **P**
    20 mars-15 oct. – SC : ☲ 22 – **25 ch** 250/290.

    🏨 Le Gabian M sans rest, N 7 ☎ 31.24.95 – 🛗 cuisinette 🛁wc 🍴wc 📶 ⅋ **P**
    21 ch.

    🏨 Plage sans rest, rte bord de mer ☎ 31.08.29 – cuisinette 🛁wc ☎ **P**
    sais. – **50 ch**.

    XXX **Chez Marius,** au port ☎ 31.24.11, 🍽 – 🍴 **P**. AE ⑩ E VISA
    ↝ *fermé 23 déc. au 2 janv., en fév. et dim. soir (sauf juil.-août)* – SC : **R** 49/220 🥂.

ST-LAURENT-EN-GRANDVAUX 39150 Jura 📖 ⑮ G. Jura – 1 806 h. alt. 908 – ✪ 84.

Paris 448 – Champagnole 22 – Lons-le-Saunier 46 – Morez 12 – Pontarlier 60 – St-Claude 30.

    🏠 **Commerce,** ☎ 60.11.41, ⅋ – 🛁wc 🍴wc 📶 ⅋
    ↝ *fermé 31 oct. au 15 déc.* – SC : **R** *(fermé dim. soir d'oct. à mai et lundi sauf
    juil.-août)* 35/75 🥂 – ☲ 15 – **24 ch** 60/180 – P 130/180.

    X Place (chez Maurice), ☎ 60.13.97
    ↝ *fermé 15 mai au 15 juin, 1er au 30 oct. et mardi* – **R** (déjeuner seul.) 38/85.

RENAULT Gar. de la Route Blanche ☎ 60.11.90   Gar. Bouvet, ☎ 60.11.78
N

ST-LAURENT-EN-ROYANS 26 Drôme 📖 ③ – 1 325 h. alt. 312 – ⊠ 26190 St-Jean-en-Royans
– ✪ 75.

Paris 589 – ◆Grenoble 65 – Romans-sur-Isère 27 – St-Marcellin 19 – Valence 45 – Villard-de-Lans 29.

    🏠 **Bérard,** ☎ 48.61.13, 🍽, ⅋ – 🍴
    ↝ *fermé janv. et mardi sauf de juin à sept.* – SC : **R** 50/100 🥂 – ☲ 12 – **8 ch** 60/80 – P
    120/150.

RENAULT Garage Magnan, ☎ 48.65.38 N

ST-LAURENT-ET-BÉNON 33112 Gironde 📖 ⑦ G. Côte de l'Atlantique – 2 805 h. alt. 10 –
✪ 56.

Paris 621 – Blaye (bac) 16 – ◆Bordeaux 43 – Lesparre-Médoc 20.

    🏠 **Lion d'Or,** ☎ 59.40.21 – 🍴 **P**
    ↝ *fermé Pâques, en déc. et sam.* – SC : **R** 35/130 – ☲ 12 – **14 ch** 60/90 – P 100.

CITROEN Gar. Nogues, ☎ 59.40.83

ST-LAURENT-LE-MINIER 30 Gard 📖 ⑥ – rattaché à Ganges.

ST-LAURENT-NOUAN 41 L.-et-Ch. 📖 ⑧ – 3 200 h. alt. 89 – ⊠ 41220 La Ferté St-Cyr – ✪ 54.

Paris 161 – Beaugency 9,5 – Blois 27 – Romorantin-Lanthenay 47 – ◆Orléans 30.

    🏨 **Vannier,** SO : 2 km sur D 951 ☎ 87.71.37, 🏊, ⅋ – 🛗 🛁wc 🍴wc **P** – 🅿 50.
    📶 ⑩ E VISA ⅋ rest
    15 mars-15 nov. – **R** 85/170 – ☲ 21 – **53 ch** 150/200.

ST-LAURENT-SUR-SÈVRE 85 Vendée 📖 ⑤ G. Côte de l'Atlantique – 4 067 h. alt. 125 –
⊠ 85290 Mortagne-sur-Sèvre – ✪ 51.

Paris 361 – Bressuire 36 – Cholet 12 – ◆Nantes 62 – La-Roche-sur-Yon 60.

    🏨 **Hermitage,** r. Jouvence ☎ 67.83.03 – 🛁wc 🍴wc ☎ **P**. 📶
    ↝ *fermé dim. du 1er sept. au 30 avril* – SC : **R** 45/130, carte le dim. – ☲ 16 – **18 ch**
    110/190.

    à La Trique N : 1 km – ⊠ 85290 Mortagne-sur-Sèvre (85 Vendée) – ✪ 51 :

    XXX **Baumotel La Chaumière** avec ch, ☎ 67.88.12, ≼, « Atmosphère originale évo-
    quant l'époque de la Vendée Militaire », 🏊, ⅋ – 📺 🛁wc 🍴 ☎ **P** – 🅿 30. AE
    ⑩ E VISA
    R 65/195, dîner à la carte – ☲ 26 – **18 ch** 120/290.

ST-LÉGER 17 Char.-Mar. **71** ⑤ – rattaché à Pons.

ST-LÉGER-EN-YVELINES 78 Yvelines **60** ⑧⑨, **196** ㉗ – 977 h. alt. 150 – ⌧ 78610 Le Perray – ☻ 3.
Paris 54 – Dreux 39 – Mantes-la-Jolie 43 – Montfort-l'Amaury 7,5 – Rambouillet 11 – Versailles 33.

　🏠　**Aub. Belle Aventure** Ⓜ, ℉ 486.31.35, 🐎 – ⌂wc 🛏wc ☎
　　13 ch

　🏠　**Gros Billot,** ℉ 486.30.11, 🐎 – ⌂wc 🛏wc ☎. 🚗 ⓞ 𝗩𝗜𝗦𝗔. ✷ ch
　　fermé 18 juil. au 6 août, 12 au 30 déc., dim. soir et lundi – SC : **R** carte 110 à 165 –
　　⌧ 15 – **20 ch** 105/180 – P 195/240.

ST-LÉONARD-DE-NOBLAT 87400 H.-Vienne **72** ⑱ G. Périgord – 5 538 h. alt. 346 – ☻ 55.
Voir Église★ : clocher★★.
🄴 Office de Tourisme Foyer Rural (15 juin-15 sept.) ℉ 56.11.18.
Paris 417 – Aubusson 67 – Brive-la-Gaillarde 97 – Guéret 61 – ◆Limoges 21.

　🏠　**Gd St-Léonard,** rte Clermont ℉ 56.18.18 – ⌂wc 🛏 ☎. 𝐀𝐄 ⓞ 𝗩𝗜𝗦𝗔. ✷ rest
　➡　*fermé 20 déc. au 20 janv., lundi soir et mardi midi hors sais.* – SC : **R** 46/155 – ⌧ 15
　　– **16 ch** 65/133 – P 131/163.

　🏠　**Modern,** ℉ 56.00.25 – ⌂ 🛏 ☎. 𝐄 𝗩𝗜𝗦𝗔
　➡　*fermé 17 au 24 oct., fév., dim. soir et lundi hors sais.* – SC : **R** 43/82 ♨ – ⌧ 14 –
　　9 ch 55/90 – P 128/165.

　　à la Gare de Brignac NO : 10 km par D941 et D 124 :

　🏠　**Beau Site** ⑂, ℉ 56.00.56, parc – ⌂wc 🛏 ❶. 🚗
　➡　*fermé vacances de nov. et de fév., vend. soir et lundi midi hors sais.* – SC : **R** 45/100
　　– ☛ 10 – **11 ch** 55/125 – P 105/155.

CITROEN Gar. Valade, ℉ 56.04.53　　　　　　　PEUGEOT-TALBOT Gar. Ducros, ℉ 56.17.17
FIAT-LANCIA-AUTOBIANCHI Moderne Gar.,
℉ 56.01.09 **N**

ST-LÉONARD-DES-BOIS 72 Sarthe **60** ⑫ G. Normandie – 568 h. alt. 98 – ⌧ 72590
St-Georges-le-Gaultier – ☻ 43 – Voir Alpes Mancelles★.
🄴 Syndicat d'Initiative à la Mairie ℉ 97.23.75.
Paris 211 – Alençon 20 – Fresnay-sur-Sarthe 12 – Laval 75 – ◆Le Mans 50 – Mayenne 46.

　🏛　**Touring H.** Ⓜ ⑂, ℉ 97.28.03, Télex 720410. ≼, « Jardin au bord de l'eau » – 🖼
　　☎ ♿ : ⚑ 100. 𝐀𝐄 ⓞ 𝐄 𝗩𝗜𝗦𝗔. ✷ rest
　　fermé 20 déc. au 31 janv. – SC : **R** *(fermé vend. soir et sam. du 15 oct. au 31 mars*
　　sauf fériés) (dim. prévenir) 62/155 – ⌧ 19 – **33 ch** 135/210 – P 195/240.

ST-LÉOPARDIN-D'AUGY 03 Allier **69** ⑬ – 516 h. alt. 308 – ⌧ 03160 Bourbon-l'Archambault
– ☻ 70.
Paris 285 – Bourbon-l'Archambault 16 – Bourges 80 – Moulins 26 – Nevers 45

　☎　**Centre,** ℉ 66.22.78 – 🛏. ✷ ch
　➡　*fermé fév. et lundi soir* – SC : **R** 31/76 – ⌧ 13 – **7 ch** 76/100 – P 130.

ST-LIEUX-LÈS-LAVAUR 81 Tarn **82** ⑨ – rattaché à Lavaur.

ST-LO 🄿 50000 Manche **54** ⑬ G. Normandie – 25 037 h. alt. 14 – ☻ 33.
Voir Haras★ B.
🄴 Office de Tourisme (fermé lundi) et A.C.O. 2 r. Havin ℉ 05.02.09.
Paris 303 ③ – ◆Caen 63 ② – ◆Cherbourg 78 ⑧ – Fougères 96 ⑥ – Laval 144 ⑥ – ◆Rennes 131 ⑥.

Plan page suivante

　🏛　**Gare et Marignan,** pl. Gare ℉ 05.15.15, ≼ – ⌂wc 🛏wc ☎ ⟷ – ⚑ 70. 𝐄
　➡　*fermé 1er au 21 fév.* – SC : **R** 45/180 ♨ – ⌧ 15 – **18 ch** 60/170 – P 190/320.　　A s

　🏠　**Voyageurs,** 5 av. Briovère ℉ 05.08.63, ≼ – ⌂wc 🛏wc ☎. 🚗 𝐀𝐄 ⓞ 𝐄 𝗩𝗜𝗦𝗔
　➡　*fermé 20 déc. au 15 janv., dim. soir et lundi midi* – SC : **R** 45/90 – ⌧ 14 – **15 ch**
　　66/145.　　　　　　　　　　　　　　　　　　　　　　　　　　　　　　　　　　A s

　🏠　**Gd H. Univers,** 1 av. Briovère ℉ 05.10.84, ≼ – 🛏 ☎ – ⚑ 30 à 50. 🚗 𝐀𝐄
　➡　*fermé 20 janv. au 8 fév. et week-ends de fin oct. à mars* – SC : **R** 40/85 – ⌧ 14 –
　　24 ch 85/150.　　　　　　　　　　　　　　　　　　　　　　　　　　　　　A s

　🏠　**Terminus,** 3 av. Briovère ℉ 05.08.60, ≼ – 🛏wc ☎. 𝐄 𝗩𝗜𝗦𝗔. ✷ ch　　A s
　➡　*fermé 6 déc. au 5 janv.* – SC : **R** *(fermé dim.)* 38/60 – Brasserie **R** carte environ 60 –
　　⌧ 14 – **15 ch** 75/135.

　🏠　**Régence** sans rest, 18 r. St-Thomas ℉ 57.06.93 – ⌂ 🛏wc　　　　　　A u
　　fermé 20 déc. au 15 janv. – SC : ⌧ 13 – **15 ch** 55/120.

　🏠　**Armoric** sans rest, 15 r. Marne ℉ 57.17.47 – ⌂wc 🛏wc ☎　　　　　　B a
　　SC : ⌧ 13,50 – **21 ch** 56/145.

　🍴🍴　**Crémaillère** avec ch, pl. Préfecture ℉ 57.14.68 – ⌂wc 🛏 𝐀𝐄 ⓞ 𝐄 𝗩𝗜𝗦𝗔　A e
　　fermé 2 au 15 janv. et sam. – SC : **R** 51/89 – ⌧ 12 – **12 ch** 42/115.

Havin (R.) .... A 6
Leclerc (R. Mar.)...... B
Torteron (R.) .... A

Alsace-Lorraine (R.) .. A 2
Belle (R. du) .... A 3

Feuillet (R. Octave) .. B 4
Gaulle (Pl. Gén. de) .. A 5
Lattre-de-T. (R. Mar.). B 7
Neufbourg (R. du) ... B 8
N.-Dame (Pl., ⊟) ... A 9
Ste-Croix (Pl., ⊟) ... B 12

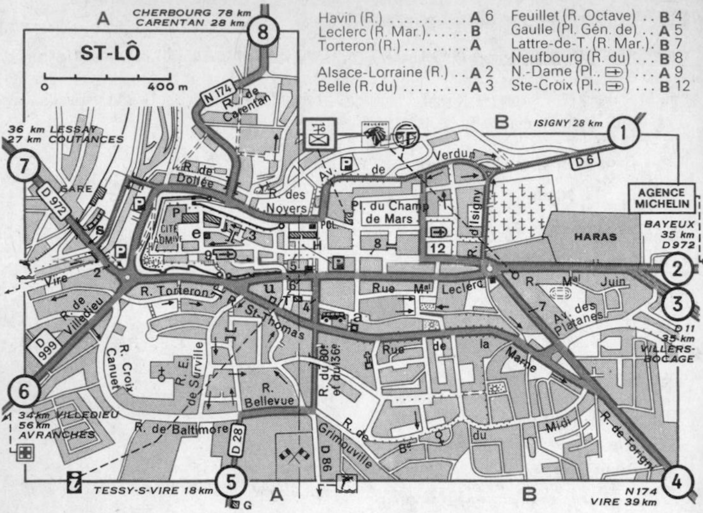

MICHELIN, Agence, Z.I., r. L.-Jouhaux par ② ✆ **57.91.97**

ALFA ROMEO Manche Alfa Rte de Coutances à Agneaux ✆ 57.05.34
BMW Deléhelle, 240 r. Dunant ✆ 05.15.55
CITROEN Bekaert, rte de Torigni, Z.I. de la Chevalerie par ④ ✆ 57.09.58 N
DATSUN Gar. Dessoude, 29 Rte de Coutances à Agneaux ✆ 57.71.05
FIAT Gar. Motus, rte de Bayeux ✆ 57.99.40
LANCIA-AUTOBIANCHI, MERCEDES-BENZ, TOYOTA Gar. des Ronchettes, rte de Torigni ✆ 57.00.10
OPEL Elisabeth, rte Coutances à Agneaux ✆ 05.30.28
PEUGEOT Éts Duval, av. de Paris par ② ✆ 57.04.50

PEUGEOT **TALBOT** Gar. Point du jour, 114 r. Mar.-Juin ✆ 57.83.90
RENAULT Legoueix, 700 av. de Paris par ② ✆ 57.16.44
RENAULT Gar. St Georges, à St Georges de Montcoq par ⑧ ✆ 57.17.07
V.A.G. Gar. de Normandie, Promenade des Alluvions ✆ 57.09.12
Gar. Bazin-Bariteaud, av. Paris ✆ 57.67.15
Gar. Marie, 164 rte de Tessy ✆ 57.12.98

Ⓜ Devaux, 17 bis r. du Neufbourg ✆ 57.15.59
Lane, 1 r. Fontaine Venise ✆ 57.52.37

ST-LOUIS 68300 H.-Rhin 66 ⑩ – 18 112 h. alt. 225 – ✪ 89.

Paris 557 – Altkirch 28 – ♦Bâle 5 – Belfort 62 – Colmar 66 – Ferrette 24 – ♦Mulhouse 31.

voir plan de Bâle agglomération

🏨 **Pfiffer,** 77 r. Mulhouse ✆ 69.74.44 – |⇕| ⊟wc ⋒wc ☎ 🚗. 💳 T **x**
hôtel fermé 7 au 22 août et 19 déc. au 3 janv. – SC : **R** *(fermé 1er au 22 août, dim. et lundi)* 75/100 – ☕ 16 – **36 ch** 95/210.

à Huningue E : 2 km par D 469 – 6 576 h. – ✉ **68330** Huningue :

🏨 **Tivoli,** 15 av. Bâle ✆ 69.73.05 – |⇕| ⊟wc ⋒wc ☎ **P**. 💳 T **b**
fermé août et Noël-Nouvel An – **R** *(fermé mardi)* carte 95 à 135 – ☕ 17 – **30 ch** 85/200 – P 210.

à Village-Neuf NE : 3 km par N 66 et D 21 – ✉ **68300** St-Louis :

🏠 **Cheval Blanc,** 6 r. Rosenau ✆ 69.79.15 – ⋒wc ☎ **P**. 💳. 🚫 T **v**
fermé 20 juin au 11 juil., 23 déc. au 3 janv., lundi (sauf hôtel) et dim. soir – SC : **R** 35/90 🌡 – ☕ 14 – **12 ch** 45/120 – P 110/130.

à l'Aéroport de Bâle-Mulhouse NO : 5 km par N 66 et D 12 ✕✕ voir à Bâle

ALFA-ROMEO, TOYOTA Gar. Feldbauer, 20 r. des Prés ✆ 69.22.26
CITROEN Flury, 11 r. du Rhône T ✆ 69.13.02
FIAT, LANCIA-AUTOBIANCHI Gar. Salomon, 9 r. St-Louis à Huningue ✆ 67.18.95
FORD Sax-Autom., 10 r. des Prés ✆ 67.47.94
PEUGEOT, TALBOT Gar. Ledy, pl. de l'Europe T ✆ 69.80.35 N

RENAULT Gar. Bader, 81 av. du Gén.-de-Gaulle T ✆ 69.00.15

Ⓜ Pneus et Services D. K, 65 av. du Gén.-de-Gaulle ✆ 69.81.08

ST-LOUIS-DE-MONTFERRAND 33 Gironde **71** ⑧ – 1 078 h. – ⊠ **33440** Ambares et Lagrave
– ۞ 56 – Paris 575 – Blaye 45 – ♦ Bordeaux 14 – Libourne 36 – St-André-de-Cubzac 17.

⋇   **Relais du Marais**, ☎ 38.89.19 – **☉**. AE VISA. ⋙
↠   fermé août, sam. soir, dim. et fériés – SC : **R** 42 bc/100 bc.

ST-LOUP 03 Allier **69** ⑭ – rattaché à Varennes-sur-Allier.

ST-LOUP-DE-VARENNES 71 S.-et-L. **69** ⑨ – rattaché à Chalon-sur-Saône.

ST-LOUP-SUR-SEMOUSE 70800 H.-Saône **66** ⑥ – 4 692 h. alt. 245 – ۞ 84.
Paris 360 – Bourbonne-les-Bains 48 – Epinal 50 – Gray 81 – Remiremont 32 – Vesoul 33 – Vittel 59.

🏠   **Trianon**, pl. J.-Jaurès ☎ 49.00.45 – ➱wc 🛁wc ☎. 🚗🛏 VISA. ⋙ rest
↠   fermé fév. et sam. d'oct. au 27 mars – SC : **R** 40/135 ⅃ – ☲ 12.50 – **10 ch** 90/130 –
P 120/150.

PEUGEOT-TALBOT Gar. Dormoy, ☎ 49.02.46

ST-LYPHARD 44 Loire-Atl. **63** ⑭ G. Bretagne – 1 871 h. alt. 12 – ⊠ **44410** Herbignac – ۞ 40.
Voir Clocher de l'église ⋇★★.
Paris 445 – La Baule 17 – ♦Nantes 71 – Redon 40 – St-Nazaire 21.

⋇⋇   **Le Nezil**, SO : 3 km par D 47 ☎ 45.81.41, ☞ – **☉**
↠   fermé 2 janv. au 28 fév., dim. soir et lundi – SC : **R** 90/120.

ST-MACAIRE-EN-MAUGES 49450 M.-et-L. **67** ⑤ – 4 852 h. alt. 96 – ۞ 41.
Paris 349 – Ancenis 39 – Angers 61 – Cholet 12 – ♦Nantes 47.

🏠   **La Gâtine** M, ☎ 55.30.23 – 🛁wc ☎ – ⚘ 30. ⋙
↠   fermé 16 juil. au 18 août – SC : **R** (fermé dim. soir et lundi) 48/168 ⅃ – ☲ 16 – **15 ch**
60/110.

ST-MACLOU 27 Eure **55** ④ – 295 h. alt. 114 – ⊠ **27210** Beuzeville – ۞ 32.
Paris 177 – Bolbec 29 – Évreux 78 – ♦Le Havre 44 – Honfleur 15 – Pont-Audemer 9.

⋇⋇   **La Crémaillère** avec ch, ☎ 41.17.75
↠   fermé 26 sept. au 2 oct., 18 nov. au 12 déc., merc. soir et jeudi – SC : **R** 62/80 – ☲
14 – **6 ch** 60/90 – P 165/200.

ST-MAIXENT-L'ÉCOLE 79400 Deux-Sèvres **68** ⑫ G. Côte de l'Atlantique – 9 613 h. alt. 65 –
۞ 49 – Voir Église abbatiale★ B.
🛈 Office de Tourisme Porte Châlon (fermé merc. et dim.) ☎ 26.14.50.
Paris 383 ② – Angoulême 104 ② – Niort 24 ④ – Parthenay 29 ① – Poitiers 50 ②.

ST-MAIXENT-L'ÉCOLE

Amusat (Pl.)	2
Audience (R. de l')	3
Chaigneau (R.)	4
Châlon (R.)	5
Cordeliers (R. des)	6
Garran-de-Balzan (R.)	7
Gén.-Largeau (R. du)	8

Marché (Pl. du)	12
Palais (R. du)	13
Taupineau (R.)	15
Tour-Chabot (R. de la)	16
Vauclair (R.)	17

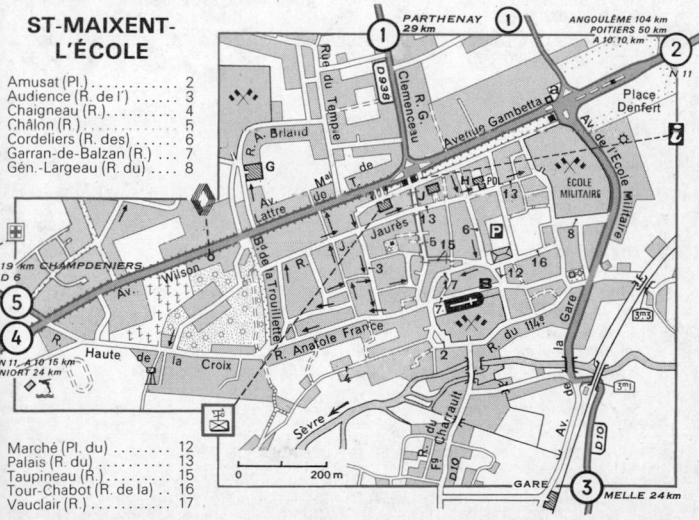

🏠   **Cheval Blanc**, 8 av. Gambetta (a) ☎ 26.10.08 – 🛁 **☉**. E VISA. ⋙ rest
↠   fermé 18 déc. au 2 janv. et dim. soir – SC : **R** 40/100 ⅃ – ☲ 18 – **13 ch** 60/140 – P
165/215.

FIAT St-Maixent-Gar., 28 av. De Lattre-de-Tassigny ☏ 26.10.50 🆖
PEUGEOT, TALBOT Brochet, 87 av. G.-Clemenceau par ① ☏ 76.13.42
RENAULT S.A.M.E.A., N 11, rte de Niort par ④ ☏ 76.10.75

RENAULT Gar. Mouzin, 13 av. Wilson ☏ 26.10.80

🔘 Gaillard-Pneus, 12 av. de Blossac ☏ 26.10.26

ST-MALO ⬥ 35400 I.-et-V. 🗲🗲 ⑥ G. Bretagne – 46 270 h. – Casino BX – ✪ 99.

Voir Site*** – Le tour des Remparts*** AX – Château** AX : musée de St-Malo* M – La Rance** en bateau AX – Quic-in-Groigne* AX E – Fort national* – ≤** 15 mn AV – Tourelles du guet ❄** – Ile du Grand Bé* 45 mn AX – Vitraux* de la cathédrale St-Vincent AX B – Usine marémotrice de la Rance : digue ≤* S : 4 km.

🛬 de Dinard - Pleurtuit - St-Malo : T.A.T. ☏ 46.15.76 par ③ : 8 km.

🅸 Office de Tourisme Esplanade St-Vincent (fermé dim. hors saison) ☏56.64.48.

Paris 411 ③ – Alençon 178 ③ – Avranches 65 ③ – Dinan 29 ③ – ◆Rennes 69 ③ – St-Brieuc 76 ③.

Plan page ci-contre

Intra muros :

🏨 **Central,** 6 Gde-Rue ☏ 40.87.70 – 🛗 📺 ☎ 🚗 – 🧺 25. 🆎 ⓞ   AX n
SC : **R** *(fermé janv.)* carte 90 à 150 – ☲ 23 – **46 ch** 200/320 – P 270/380.

🏨 **Elizabeth** Ⓜ sans rest, 2 r. Cordiers ☏ 56.24.98 – 🛗 📺 🚽wc ☎. 🚗🅂 🆎 ⓞ 𝗩𝗜𝗦𝗔
SC : ☲ 23 – **50 ch** 230/300.   AX d

🏨 **Ajoncs d'Or** Ⓜ sans rest, 10 r. Forgeurs ☏ 56.42.87 – 🛗 🚽wc 🛁wc 🚗. 🚗🅂 🆎 ⓞ 𝗩𝗜𝗦𝗔   AX a
fermé 15 nov. au 26 déc. – SC : ☲ 20 – **21 ch** 105/245.

🏨 **Bristol Union** sans rest, 4 pl. Poissonnerie ☏ 40.83.36 – 🛗 🚽wc 🛁wc 🚗. 🚗🅂
𝗩𝗜𝗦𝗔   AX r
fév.-15 nov. et 25 déc.-6 janv. – SC : ☲ 15 – **28 ch** 95/190.

🏨 **Commerce** sans rest, 11 r. St-Thomas ☏ 40.85.56 – 🚽wc 🛁. 🚗🅂 . 🐾   AX b
fin mars-mi oct. – SC : **42 ch** 🛏 82/201.

🏨 **Noguette,** 9 r. Fosse ☏ 40.83.57 – 🚽wc 🛁 🚗. 🚗🅂 . 🐾   AX y
← fermé 12 nov. au 17 déc. – SC : **R** *(fermé lundi)* 40/150 – ☲ 15 – **12 ch** 120/170 – P 180/200.

XX 🌸 **Duchesse Anne** (Thirouard), 5 pl. Guy La Chambre ☏ 40.85.33 – 🐾   AX e
fermé déc., janv. et merc. sauf juil.-août – SC : **R** (prévenir) carte 95 à 135
Spéc. Foie gras frais, Homard grillé, Filets de sole.

XX **A L'Abordage,** 5 pl. Poissonnerie ☏ 40.87.53   AX r
fermé 15 nov. au 15 déc., 1er au 15 mars, lundi en juil.-août, mardi soir et merc. – SC : **R** 70/100 🍷.

X **Brasserie de l'Ouest,** 4 pl. Chateaubriand ☏ 56.63.49 – 🆎 ⓞ   AX k
fermé 15 au 30 nov., 15 au 31 janv. et lundi du 1er oct. au 31 mars – SC : **R** carte 50 à 100 🍷.

X **Gilles,** 2 r. Pie qui boit ☏ 40.97.25   AX t
fermé oct.,le soir sauf vend. et sam. du 1er nov. au 1er mars, dim. soir et jeudi – SC : **R** 61/64.

Extra Muros :

🏨 **Duguesclin** Ⓜ sans rest, 1 pl. Duguesclin ☏ 56.01.30 – 🛗 🚽wc 🛁wc ☎. 🚗🅂 🆎 ⓞ Ⓔ 𝗩𝗜𝗦𝗔   BX r
fermé 5 janv. au 6 fév. – SC : ☲ 17 – **23 ch** 90/230.

🏨 **Digue** sans rest, 49 chaussée Sillon ☏ 56.09.26, ≤ – 🛗 🚽wc 🛁 🚗. 🚗🅂 𝗩𝗜𝗦𝗔 🐾
25 mars-début nov. – SC : ☲ 19 – **50 ch** 140/220.   BV r

🏨 **Alba** 🌿 sans rest, sur digue ☏ 56.07.18, ≤ – 🚽wc 🛁wc 🚗 🅿. 🚗🅂 𝗩𝗜𝗦𝗔 🐾
SC : ☲ 16 – **22 ch** 95/180.   CV w

🏨 **Ambassadeurs** sans rest, 11 chaussée Sillon ☏ 56.11.78, ≤ – 🚽wc 🛁wc. 🚗🅂
fermé 15 nov. au 15 déc. et 5 janv. au 5 fév. – SC : ☲ 16 – **18 ch** 120/165.   BV f

XX **Aub. Hermine** avec ch, 4 pl. Hermine ☏ 56.31.32 – 🚽wc 🛁wc 🚗. 🚗🅂 𝗩𝗜𝗦𝗔 🐾 ch   BX e
SC : **R** *(fermé 1er au 15 oct., 20 déc. au 3 janv. et dim.)* 60/65 – **13 ch** ☲ 105/180 – P 182/262.

AUSTIN, MORRIS, OPEL-GM, ROVER, TRIUMPH Auto-Ouest, r. Gén. Patton, Z.A.C. la Madeleine ☏ 81.57.69
AUTOBIANCHI, FIAT, LANCIA Gar. Leborgne, 77 bd des Talards ☏ 56.39.47
CITROEN Gar. Côte d'Émeraude, 131 bd Gambetta ☏ 81.66.69 🆖 ☏ 81.95.50
PEUGEOT-TALBOT Dutan, Z.A.C. La Madeleine, N 137 par ③ ☏ 81.95.68

RENAULT Gar. Malouins, 61 bd Gambetta ☏ 56.11.02
VAG Gar. du Gd St-Malo, ZAC la Grassinais r. Gal de Gaulle ☏ 81.58.60
VOLVO Gar. Rouxel, 12 av. J.-Jaurès ☏ 56.14.90

🔘 Vallée-Pneu, 49 quai Duguay-Trouin ☏ 56.74.74

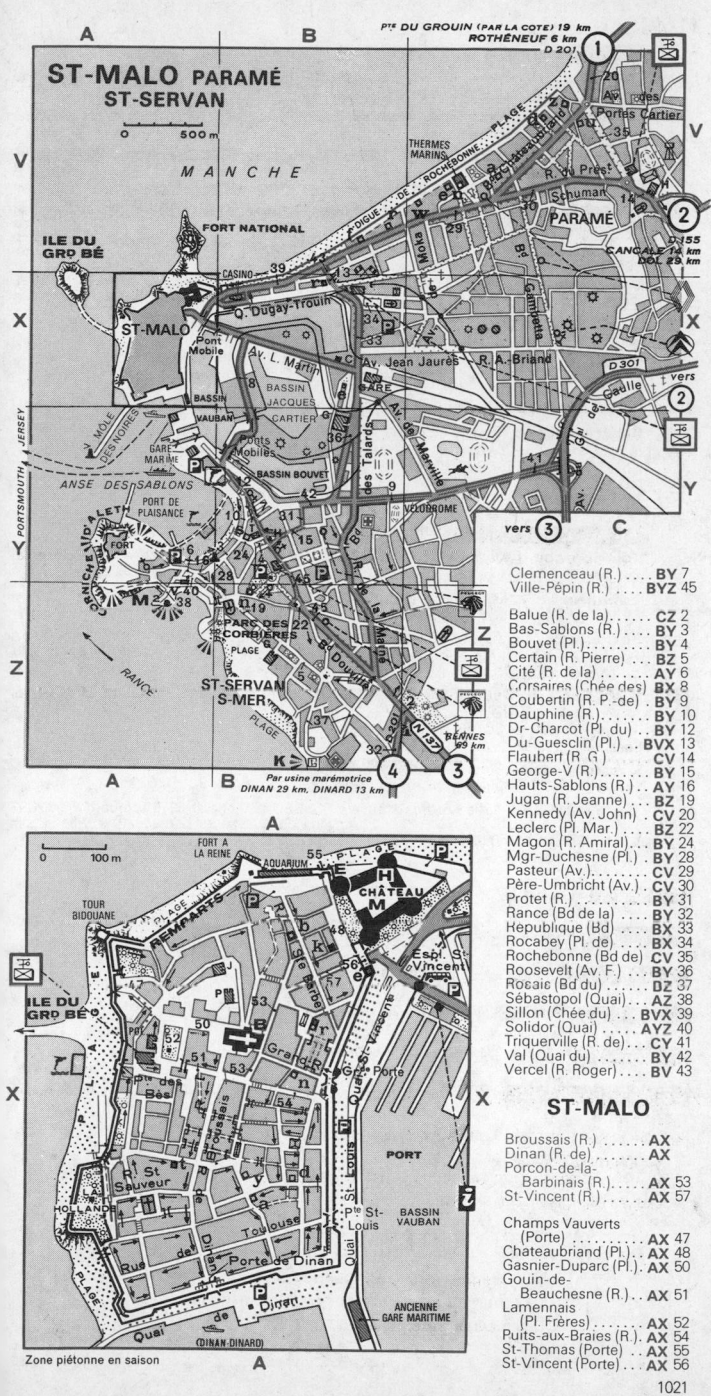

ST-MALO PARAMÉ
ST-SERVAN

0   500 m

Clemenceau (R.) . . . . . . **BY** 7
Ville-Pépin (R.) . . . . **BYZ** 45

Balue (R. de la) . . . . **CZ** 2
Bas-Sablons (R.) . . . . . **BY** 3
Bouvet (Pl.) . . . . **BY** 4
Certain (R. Pierre) . . . **BZ** 5
Cité (R. de la) . . . . **AY** 6
Corsaires (Chée des) . . **BX** 8
Coubertin (R. P.-de) . . **BY** 9
Dauphine (R.) . . . . **BY** 10
Dr-Charcot (Pl. du) . . **BY** 12
Du-Guesclin (Pl.) . . **BVX** 13
Flaubert (R. G.) . . . . . . **CV** 14
George-V (R.) . . . . **BY** 15
Hauts-Sablons (R.) . . **AY** 16
Jugan (R. Jeanne) . . . **BZ** 19
Kennedy (Av. John) . . **CV** 20
Leclerc (Pl. Mar.) . . . **BZ** 22
Magon (R. Amiral) . . **BY** 24
Mgr-Duchesne (Pl.) . . **BY** 28
Pasteur (Av.) . . . . **CV** 29
Père-Umbricht (Av.) . . **CV** 30
Protet (R.) . . . . **BY** 31
Rance (Bd de la) . . . . **BY** 32
République (Bd) . . . . **BX** 33
Rocabey (Pl. de) . . . . **BX** 34
Rochebonne (Bd de) . . **CV** 35
Roosevelt (Av. F.) . . . **BY** 36
Rosais (Bd du) . . . . . **DZ** 37
Sébastopol (Quai) . . . **AZ** 38
Sillon (Chée du) . . **BVX** 39
Solidor (Quai) . . . . **AYZ** 40
Triqueville (R. de) . . . **CV** 41
Val (Quai du) . . . . . . **BY** 42
Vercel (R. Roger) . . . . **BV** 43

ST-MALO

Broussais (R.) . . . . **AX**
Dinan (R. de) . . . . **AX**
Porcon-de-la-
    Barbinais (R.) . . . . . **AX** 53
St-Vincent (R.) . . . . . **AX** 57

Champs Vauverts
    (Porte) . . . . **AX** 47
Chateaubriand (Pl.) . . **AX** 48
Gasnier-Duparc (Pl.) . **AX** 50
Gouin-de-
    Beauchesne (R.) . . . **AX** 51
Lamennais
    (Pl. Frères) . . . . . . **AX** 52
Puits-aux-Braies (R.) . **AX** 54
St-Thomas (Porte) . . . **AX** 55
St-Vincent (Porte) . . . **AX** 56

1021

ST-MALO

Paramé CV du plan – ⊠ 35400 St-Malo :

🏨 **Thermes** Ⓜ ⤴, aux Thermes marins 100 bd Hébert ₸ 56.02.56, ≤, 🖼 – ⋑ 🍴 rest Ⓟ – ⏧ 30 à 60. ℀ ⑩ 𝘝𝘐𝘚𝘈. 𝒮𝒫 rest CV **n**
fermé janv. – SC : **Cap Horn** R 58/115 – 🞏 20 – **73 ch** 100/308, 9 appartements 353/388 – P 225/330.

🏨 **Gd H. Courtoisville** ⤴, 69 bd Hébert ₸ 56.07.33, 🐾 – ⋑ ⊟wc 🍴wc ☎ ➦ Ⓟ – ⏧ 30. �’. CV **a**
fin mars-mi nov. – SC : **R** 57/64 – 🞏 15,50 – **32 ch** 110/200 – P 175/240.

🏨 **Rochebonne et Taverne Alsacienne,** 15 bd Chateaubriand ₸ 56.01.72 – ⋑ ⊟wc 🍴wc ☎ ➦. 🖼 **E** 𝘝𝘐𝘚𝘈 CV **u**
SC : **R** *(fermé merc. du 15 oct. au 1er mai)* 46/120 ⅃ – 🞏 15 – **39 ch** 130/200 – P 210/265.

🏨 **Chateaubriand** ⤴ sans rest, 8 bd Hébert ₸ 56.01.19, ≤ – 🍴wc ☎ Ⓟ. 𝒮𝒫
25 mars-15 nov., 20 déc.-5 janv., 1er fév.-1er mars – SC : 🞏 16 – **21 ch** 87/180. CV **d**

🏨 **Le Manoir** ⤴, 102 bd Hébert ₸ 56.11.08 – ⊟wc 🍴wc ☎. �’. 𝒮𝒫 rest CV **e**
Pâques-fin oct. – SC : **R** 43 – 🞏 17 – **14 ch** 85/180 – P 150/190.

🏨 **Courlis** sans rest, 9 r. Bains ₸ 56.00.15 – 🍴 Ⓟ CV **z**
15 mars-15 oct. – SC : 🞏 14 – **11 ch** 80/120.

à Rothéneuf par ① : 6 km – ⊠ 35400 St-Malo :

🏠 **Centre,** ₸ 56.96.16, 🐾 – 🍴 ☎
fermé 12 au 23 oct., 15 déc. au 1er fév. et lundi d'oct. à Pâques – SC : **R** 50/65 – 🞏 12 – **23 ch** 60/110 – P 115/150.

Voir aussi 🏨 ⏧ à *La Gouesnière* par ③ : 12 km

St-Servan-sur-Mer (St-Malo Sud) ABYZ du plan – ⊠ 35400 St-Malo.
Voir Corniche d'Aleth ≤★★ AYZ – Parc des Corbières ≤★ AZ – Belvédère du Rosais ≤★ BZ **K** – Tour Solidor★ AZ **M2** : musée du Cap Hornier★, ≤★.

🏨 **Valmarin** Ⓜ ⤴ sans rest, 7 r. Jean-XXIII ₸ 81.94.76, parc – 📺 ☎ Ⓟ. ℀ BZ **n**
fermé fév. et dim. soir hors sais. – SC : 🞏 22 – **10 ch** 280/340.

🏨 **Servannais,** 4 r. Amiral Magon ₸ 81.45.50 – ⊟wc 🍴wc ☎ BY **s**
1er mars-15 nov. et fermé dim. soir et lundi du 1er oct. au 15 nov. – SC : **R** 42/75 ⅃ – 🞏 14,50 – **47 ch** 70/165.

XXX ⏧ **Métairie du Beauregard** (Gonthier), par ③ et près de l'aéro-club ₸ 81.37.06, 🐾 – Ⓟ. ℀ ⑩ 𝘝𝘐𝘚𝘈
15 juin-15 sept. – SC : **R** carte 120 à 200
Spéc. Foie gras frais de canard, Homard grillé, Poissons.

XX **L'Atre,** 7 esplanade Cdt Menguy ₸ 81.68.39, ≤ – 𝒮𝒫 AYZ **v**
fermé 15 déc. au 15 janv., mardi soir hors sais. et merc. – SC : **R** 52/100.

BMW Gar. Surcouf, 16 r. de la Marne ₸ 81.61.74
DATSUN, MERCEDES-BENZ Gar. de la Rance, 12 bd de la Rance ₸ 81.89.83
PEUGEOT Chenault, 3 r. E.-Brouard ₸ 56.20.77
PEUGEOT Gar. de l'Arrivée, 81 r Ville -Pépin ₸ 81.20.85

ST-MAMET 31 H.-Gar. 🎱 ⑳ – rattaché à Luchon.

ST-MANDÉ 94 Val-de-Marne 🎱 ⑪, 🎱 ㉖ – voir à Paris, Proche banlieue.

ST-MARCEL 01 Ain 🎱 ② – rattaché à St-André-de-Corcy.

ST-MARCEL 36 Indre 🎱 ⑰⑱ – rattaché à Argenton-sur-Creuse.

ST-MARCEL 71 S.-et-L. 🎱 ⑨ – rattaché à Chalon-sur-Saône.

ST-MARCEL-D'ARDÈCHE 07 Ardèche 🎱 ⑨⑩ – 1 197 h. alt. 62 – ⊠ 07700 Bourg St-Andéol – ⚙ 75.
Paris 647 – Montélimar 41 – Pont-St-Esprit 9,5 – Privas 68.

🏠 **Jardin,** ₸ 04.66.10 – 🍴 **E**
1er avril-30 sept. et fermé lundi – SC : **R** 45/100 – 🍺 12 – **23 ch** 75/110 – P 110.
RENAULT Gar. Chalvesche. ₸ 04.65.54 🅽

Pour vos voyages, en complément de ce guide utilisez :

– Les **guides Verts Michelin** régionaux
paysages, monuments et routes touristiques.

– Les **cartes Michelin** à 1/1 000 000 grands itinéraires
1/200 000 cartes détaillées.

ST-MARCELLIN 38160 Isère 77 ③ **G. Vallée du Rhône** – 6 990 h. alt. 281 – ☎ 76.

Syndicat d'Initiative à l'Hôtel de Ville (fermé sam. après-midi et lundi matin) ☎ 38.41.61.

Paris 571 ① – Die 72 ③ – •Grenoble 55 ② – Valence 44 ④ – Vienne 75 ① – Voiron 36 ②.

Savoyet-Serve M, 16 bd Gambetta **(a)** ☎ 38.04.17 – rest wc wc ☎ P – 50.
fermé janv., dim. soir et lundi midi d'oct. à juin – SC : **R** 55/150 – 22 – **76 ch** 70/240 – P 180/240.

CITROEN Gar. Costaz, 16 avenue des Alpes ☎ 38.09.25
FIAT Gar. Cotte-Gaudin, 4 av. des Alpes ☎ 38.10.83
OPEL, V.A.G. Lascoumes, 27 av. Provence ☎ 38.12.34 N ☎ 38.33.48
PEUGEOT-TALBOT Cuzin, rte de Chatte par av. Dr Carrier ☎ 38.25.90
RENAULT Giraud, 4 rte de Romans par ④ ☎ 38.07.06
V.A.G. Gar. Jourdan, 6 r. St-Laurent ☎ 38.14.74

Mouren, 19 av. Provence ☎ 38.01.14

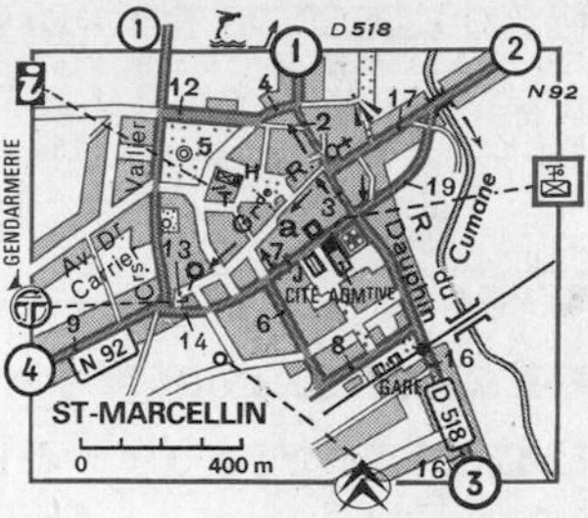

Baillet (R. J.)	2	Provence (Av.)	9
Beauvoir (R.)	3	Riondel (Bd)	12
Brenier-de-Montmorand (R.)	4	St-Laurent (R.)	13
Champ de Mars	5	Stendhal (Bd B.)	14
Durivail (R. A.)	6	Vercors (Av. du)	16
Gambetta (Bd)	7	Vinay (Fg de)	17
Gare (Av. de la)	8	19 Mars 1962 (R. du)	19

ST-MARCELLIN-DE-VARS 05 H.-Alpes 77 ⑱ – rattaché à Vars.

ST-MARS-LA-JAILLE 44540 Loire-Atl. 63 ⑱ – alt. 28 – ☎ 40.
Paris 339 – Ancenis 18 – Angers 51 – Chateaubriant 29 – •Nantes 51.

Relais St-Mars, 1 r Industrie ☎ 77.00.13
fermé août, dim. soir et lundi – SC : **R** 50/165.

Évitez de fumer au cours du repas :
vous altérez votre goût et vous gênez vos voisins.

ST-MARTIN-BELLEVUE 74 H.-Savoie 74 ⑥ – rattaché à Annecy.

ST-MARTIN-D'AUXIGNY 18110 Cher 65 ⑪ – 1 635 h. alt. 208 – ☎ 48.
Paris 212 – Bonny-sur-Loire 60 – Bourges 15 – Gien 61 – •Orléans 97 – Salbris 41 – Vierzon 34.

St-Georges, à la Pipière D 940 ✉ 18110 St-Martin-d'Auxigny ☎ 64.50.14 – wc ☎ P – 30. E VISA
fermé fév. – SC : **R** 58/108 – 20 – **10 ch** 75/185.

CITROEN Pinet, ☎ 26.50.21 RENAULT Fachaux, ☎ 26.50.26

ST-MARTIN-DE-CRAU 13310 B.-du-R. 83 ⑩ – 9 322 h. alt. 18 – ☎ 90.
Paris 735 – Arles 17 – •Marseille 79 – Martigues 40 – St-Rémy-de-Pr 23 – Salon-de-Pr. 24.

Aub. des Épis, ☎ 98.41.17, – wc ☎ P. E VISA
fermé 1er fév. au 8 mars – SC : **R** *(fermé dim. soir et lundi hors sais.)* 55/100 – 13,50 – **12 ch** 80/135 – P 165/195.

ST-MARTIN-DE-LA-PLACE 49 M.-et-L. 64 ⑫ – 1 013 h. alt. 25 – ✉ **49160** Longué – ☎ 41.
Voir Château de Boumois★ SE : 3 km, G. Châteaux de la Loire.
Paris 317 – Angers 38 – Baugé 28 – La Fléche 46 – Les Rosiers 7,5 – Saumur 7,5.

Cheval Blanc, ☎ 51.35.23, – VISA
fermé lundi et dim. soir sauf du 1er juil. au 15 sept. – SC : **R** 42/110.

ST-MARTIN-DE-LONDRES 34380 Hérault 83 ⑥ **G. Causses** – 895 h. alt. 187 – ☎ 67.
Paris 786 – Alès 69 – Béziers 75 – Lodève 49 – •Montpellier 25 – Nîmes 62 – le Vigan 38.

La Crèche avec ch, NO : 5 km par D 122 et chemin privé ☎ 55.00.04, <, « Bergeries aménagées », parc, – wc ☎ P. AE E. ch
fermé lundi d'oct. à Pâques – SC : **R** 150/190 – 22 – **6 ch** 170/220 – P 280/330.

ST-MARTIN-DE-RÉ 17 Char.-Mar. 71 ⑫ – voir à Ré (Ile de).

SAINT-MARTIN-D'ESTRÉAUX 42620 Loire 73 ⑥ ⑦ – 1 463 h. alt. 470 – ☎ 77.
Paris 360 – Chauffailles 56 – Lapalisse 17 – La Pacaudière 7,5 – Roanne 31 – •St-Étienne 109.

Nord avec ch, N 7 ☎ 64.01.91 – ☎.
hôtel : fermé du 15 déc. au 2 janv. et sam. de nov. à avril, rest. : fermé du 15 au 30 sept., 15 au 30 déc. et sam – SC : **R** 38/90 – 12 – **10 ch** 55/80 – P 140.

ST-MARTIN-DE-VALAMAS 07310 Ardèche 🔟🔟 ⑲ – 1 640 h. alt. 550 – ✪ 75.

Env. Ruines de Rochebonne★ : site★★ E : 7 km, G. **Vallée du Rhône.**

🛈 Syndicat d'Initiative r. Poste (juil.-août) et à la Mairie (fermé dim.) ☏ 30.41.76.

Paris 613 – Aubenas 61 – Le Cheylard 9,5 – Lamastre 30 – Privas 58 – Le Puy 67 – St-Agrève 15.

   🏠 **Poste,** ☏ 30.43.79, ≤, ♠, – 🗐 🚗
    fermé 20 déc. au 20 fév. – SC : **R** 54/90 ⚓ – ⌑ 12 – **11 ch** 55/120 – P 132/160.

CITROEN Pourtier, ☏ 30.41.68 🅽   PEUGEOT, TALBOT Gar. Laffont, ☏ 30.40.76
PEUGEOT, TALBOT Agier, ☏ 30.44.09 🅽

ST-MARTIN-DU-CASTILLON 84 Vaucluse 🔟🔟 ⑭ – rattaché à Apt.

ST-MARTIN-DU-FAULT 87 H.-Vienne 🔟🔟 ⑦ – rattaché à Limoges.

ST-MARTIN-DU-LAC 71 S.-et-L. 🔟🔟 ⑦ – rattaché à Marcigny.

ST-MARTIN-D'URIAGE 38 Isère 🔟🔟 ⑤ – rattaché à Uriage-les-Bains.

ST-MARTIN-DU-TOUCH 31 Hte-Gar. 🔟🔟 ⑦ – rattaché à Toulouse.

ST-MARTIN-DU-VAR 06670 Alpes-Mar. 🔟🔟 ⑨, 🔟🔟🔟 ⑯ – 1 318 h. alt. 122 – ✪ 93.

Paris 945 – Antibes 35 – Cannes 45 – ♦Nice 21 – Puget-Théniers 38 – St-Martin-V. 38 – Vence 23.

  XXX ✪✪ **Issautier** (Auberge Belle Route), S : 3 km sur N 202 ☏ 08.10.65 – 🅿. 🆑
    VISA
    fermé début fév. à début mars, dim. soir et lundi – SC : **R** (nombre de couverts
    limité - prévenir) 150/220 et carte
    Spéc. Petite salade d'épinards, foie gras et pleurottes, Civet de St-Jacques à la truffe (nov. à avril),
    Noisettes d'agneau Belle Route. **Vins** Côtes de Provence, Bellet.

ST-MARTIN-EN-HAUT 69850 Rhône 🔟🔟 ⑲ – 2 971 h. alt. 736 – ✪ 7.

Paris 486 – ♦Lyon 31 – Montbrison 46 – Roanne 73 – ♦St-Étienne 49 – Vienne 36.

  X **Soleil** avec ch, pl. Église ☏ 848.60.05 – 🗩
  ♦ *fermé sept.* – SC : **R** *(fermé dim. soir et lundi)* 32/90 ⚓ – 🍴 11 – **12 ch** 45/65.

CITROEN Gar. Guyot, ☏ 848.62.37 🅽   PEUGEOT, TALBOT Gar. Joannon, ☏ 848.63.37
                                 🅽 ☏ 848.66:06

ST-MARTIN-LA-GARENNE 78 Yvelines 🔟🔟 ⑱, 🔟🔟🔟 ③ – rattaché à Mantes.

ST-MARTIN-LA-MÉANNE 19 Corrèze 🔟🔟 ⑩ – 458 h. alt. 485 – ✉ 19320 Marcillac-La-Croisille
– ✪ 55.

Voir Barrage du Chastang★ SE : 5 km, G. **Périgord.**

Paris 517 – Aurillac 67 – Brive-la-Gaillarde 58 – Mauriac 51 – St-Céré 46 – Tulle 34 – Ussel 59.

  🏠 **Voyageurs,** ☏ 29.11.53 – 🅿. 🆑🆑🆑. 🗩 rest
  ♦ *fermé 1er au 15 nov. et 1er au 15 fév.* – SC : **R** (en sais. prévenir) 42/100 – 🍴 12 –
    19 ch 49/87 – P 110.

ST-MARTIN-LE-BEAU 37 I.-et-L. 🔟🔟 ⑮ G. **Châteaux de la Loire** – 1 962 h. alt. 56 – ✉ 37270
Montlouis-sur-Loire – ✪ 47.

Paris 231 – Amboise 9,5 – Blois 45 – Loches 33 – ♦Tours 22.

  XX **La Treille** avec ch, ☏ 50.67.17 – 🗐wc
  ♦ *fermé 25 sept. au 20 oct., 7 au 28 fév., dim. soir et lundi* – SC : **R** 50/170 ⚓ – ⌑ 15 –
    8 ch 62/130 – P 110/155.

ST-MARTIN-LE-VINOUX 38 Isère 🔟🔟 ⑤ – rattaché à Grenoble.

ST-MARTIN-SOUS-MONTAIGU 71 S.-et-L. 🔟🔟 ⑨, 🔟🔟 ① – rattaché à Mercurey.

ST-MARTIN-VÉSUBIE 06 Alpes-Mar. 🔟🔟 ⑱, 🔟🔟🔟 ⑥ G. **Côte d'Azur (plan)** – 1 188 h. alt. 960
– ✉ 06450 Lantosque – ✪ 93.

Voir Venanson : ≤★, fresques★ de la chapelle St-Sébastien S : 4,5 km.

Env. Le Boréon★★ (cascade★) et Parc national du Mercantour★★ N : 8 km – Vallon de
la Madone de Fenestre★ et cirque★★ NE : 12 km.

🛈 Office de Tourisme pl. Félix-Faure (1er juin-30 sept. et fermé dim.) ☏ 03.21.28.

Paris 901 – Antibes 72 – Barcelonnette 115 – Cannes 82 – Digne 156 – Menton 75 – ♦Nice 65.

  🏠🏠 **Edward's et Châtaigneraie** 🗩, ☏ 03.21.22, « Parc » – 🗐wc ☎ 🅿. 🗩 rest
    25 juin-12 sept. – SC : **R** (pens. seul.) – **50 ch** – P 155/200.

  🏠🏠 **Bonne Auberge,** ☏ 03.20.49, ♠ – 🖴wc 🗐 ☎ ৬ 🅿. 🗩 rest
  ♦ *fermé 10 nov. au 20 déc.* – SC : **R** *(fermé merc. du 1er oct. au 30 mai)* 50/120 – ⌑ 13
    – **33 ch** 50/195 – P 140/200.

ST-MATHIEU (Pointe de) 29 Finistère 58 ③ — rattaché au Conquet.

ST-MATHURIN-SUR-LOIRE 49 M.-et-L. 64 ⑪ — 1 707 h. alt. 24 — ✉ 49250 Beaufort-en-Vallée — ✿ 41.

Paris 285 — Angers 20 — Baugé 25 — La Flèche 43 — Les Rosiers 10 — Saumur 25.

  XX **La Promenade,** E : 1,5 km sur D 952 ☏ 80.50.49, ≤, 🚗 — 🅿. VISA
    fermé 1ᵉʳ au 7 sept., fév. et lundi — SC : **R** 90/140.

ST-MAURICE 94 Val-de-Marne 56 ⑪, 101 ㉖ ㉗ — voir à Paris, Proche banlieue.

ST-MAURICE-DE-GOURDANS 01 Ain 74 ⑬ G. **Vallée du Rhône** — 1 248 h. alt. 201 — ✉ 01800 Meximieux — ✿ 74.

Voir Intérieur★ de l'église.

Paris 468 — Belley 63 — Bourg-en-Bresse 47 — ♦Lyon 40 — La Tour-du-Pin 49 — Vienne 55.

  🏠 **Relais St-Maurice** 🐾, rte Meximieux ☏ 61.81.45, 🍴, 🚗 — 🚿wc 🕾 🅿. 🚗 E
  ⬥ VISA
    fermé sept., dim. soir (sauf hôtel) vend. soir et sam. midi — SC : **R** 48/135 ⅃ — ⌿ 12
    — **10 ch** 65/145 — P 110/160.

ST-MAURICE-EN-TRIÈVES 38 Isère 77 ⑭⑮ — 132 h. alt. 840 — ✉ 38930 Clelles-en-Trièves — ✿ 76.

Paris 626 — Clelles 12 — Die 50 — Gap 63 — ♦Grenoble 61 — Serres 46.

  🏚 **Au Bon Accueil** 🐾, ☏ 34.70.13, ≤ — 🚿 🅿
  ⬥ *1ᵉʳ mars-1ᵉʳ déc.* — SC : **R** 38/48 — ⌿ 10 — **18 ch** 48/75 — P 100/120.

ST-MAURICE-LÈS-CHARENCEY 61 Orne 60 ⑤ — 537 h. alt. 204 — ✉ 61190 Tourouvre — ✿ 33.

Paris 133 — L'Aigle 17 — Alençon 58 — Mortagne-au-Perche 22 — Verneuil 17.

  XX **Le Gué Hamel,** N12 ☏ 25.61.17, 🚗 — 🅿
    fermé mardi — SC : **R** carte 100 à 150.

CITROEN Houssay, ☏ 25.62.55   RENAULT Gar. Soret, ☏ 25.72.55 N

ST-MAURICE-SUR-MOSELLE 88560 Vosges 66 ⑧ G. **Vosges** — 1 857 h. alt. 549 — Sports d'hiver au Ballon d'Alsace : 550/1 250 m ⚡3, ⚡ et à la Tête du Rouge Gazon ⚡5 ⚡ — ✿ 29.

🛈 Syndicat d'Initiative pl. 2 Oct.-1944 (1ᵉʳ juil.-31 août, fermé matin et dim.) ☏ 25.12.34 et à la Mairie (fermé sam. après-midi, dim. et lundi matin) ☏ 25.11.21.

Paris 446 — Belfort 39 — Bussang 3,5 — Épinal 57 — Thann 31 — Le Thillot 7.

  🏨 **Host. Relais des Ballons,** ☏ 25.11.09, 🚗 — 🚿wc 🕾 🚗 🅿. 🚗 AE ① VISA
    avril-nov. et fermé lundi soir et mardi midi — SC : **R** (dim. prévenir) 80/220 —
    L'Auberge R 52 — ⌿ 22 — **17 ch** 65/160 — P 220/240.

  🏚 **Au Pied des Ballons,** ☏ 25.12.54, ≤, 🚗, ✂ — 📺 🚿wc 🚿wc 🕾 🚗 🅿. 🚗
  ⬥ ① E VISA
    fermé nov. — SC : **R** (fermé lundi midi hors sais.) 45/150 ⅃ — ⌿ 14 — **13 ch** 100/130,
    10 chalets 140/150 — P 140/160.

ST-MAXIMIN-LA-STE-BAUME 83470 Var 84 ④⑤ G. **Provence** — 5 257 h. alt. 303 — ✿ 94.

Voir Basilique★★ — Ancien couvent royal★.

Paris 802 — Aix-en-Pr. 43 — Brignoles 20 — Draguignan 77 — ♦Marseille 50 — Rians 23 — ♦Toulon 55.

  XX **Chez Nous,** bd J.-Jaurès ☏ 78.02.57 — VISA
  ⬥ *fermé 1ᵉʳ déc. au 15 janv. et merc.* — SC : **R** 45/90 ⅃.

FORD Tonini, ☏ 78.00.89   🅖 Gérard-Pneus, ☏ 78.14.49
PEUGEOT TALBOT Gar. Grimaud, ☏ 78.00.45

ST-MÉDARD 40 Landes 82 ① — rattaché à Mont-de-Marsan.

ST-MÉDARD-CATUS 46 Lot 79 ⑦ — rattaché à Catus.

ST-MÉDARD-DE-GUIZIÈRES 33 Gironde 75 ③ — 1 857 h. alt. 19 — ✉ 33230 Coutras — ✿ 57.

Voir Petit-Palais : façade★ de l'église S : 4 km, G. **Côte de l'Atlantique.**

Paris 523 — ♦Bordeaux 52 — Castillon-la-Bataille 21 — Langon 63 — Libourne 21 — Périgueux 69.

  🏚 **Gare,** ☏ 69.60.14 — 🚿 🅿
  ⬥ *fermé 16 août au 1ᵉʳ sept., vend. soir et sam.* — SC : **R** 37/110, carte le dim. ⅃ — ⌿ 12
    — **14 ch** 50/90 — P 120/150.

CITROEN Gar. Conchou, ☏ 69.60.16 N

ST-MÉDARD-EN-JALLES 33 Gironde **71** ⑨ – rattaché à Bordeaux.

ST-MICHEL-DE-MAURIENNE 73140 Savoie **77** ⑦ – 3 709 h. alt. 712 – ✪ 79.
Paris 645 – Briançon 69 – Chambéry 84 – Modane 17 – St-Jean-de-Maurienne 14.

🏠 **Savoy H.,** r. Gén.-Ferrié ℡ 56.55.12 – 🚗wc 🅿 🚗, 🚗🅱 Æ VISA 🍴 rest
♦ *fermé 19 juin au 12 juil., 3 au 15 janv., dim. soir et lundi sauf juil.-août* – SC : **R** 50/100 – ☷ 15 – **22 ch** 75/160 – P 150/180.

🏠 **Alpes,** r. Gén.-Ferrié ℡ 56.51.22, 🍴 – 🚗wc 🎞wc 🅿 🚗. **E** VISA
♦ *fermé 15 nov. au 15 janv. et lundi sauf hôtel en été* – SC : **R** 45/90 ☖ – ☷ 12 – **22 ch** 50/130.

CITROEN Gar. Gros, ℡ 56.53.61 **N**   Gar. Juillard, ℡ 56.55.85 **N**

ST-MICHEL-DES-ANDAINES 61 Orne **60** ① – rattaché à La Ferté-Macé.

ST-MICHEL-EN-GRÈVE 22 C.-du-N. **58** ⑦ G. Bretagne – 382 h. – ✉ 22300 Lannion – ✪ 96.
Voir Lieue de Grève★ SO – Grand Rocher ≤★ SO : 3 km puis 30 mn.
Paris 522 – Carhaix-Plouguer 69 – Guingamp 39 – Lannion 11 – Morlaix 27 – St-Brieuc 70.

🏠 **Plage,** ℡ 35.74.43, ≤ – 🔲 🚗wc 🅿 🚗. 🚗🅱. 🍴 rest
♦ *fermé 3 janv. au 26 fév.* – SC : **R** 50/80 – ☷ 13 – **38 ch** 80/140 – P 150/190.

🏠 **St-Michel,** ℡ 35.74.87 – 🅿
♦ *fermé 15 déc. au 4 janv. et merc. du 1ᵉʳ oct. au 15 fév.* – SC : **R** 45/80 – ☷ 13 – **17 ch** 40/70 – P 120.

ST-MICHEL-EN-L'HERM 85580 Vendée **71** ⑪ G. Côte de l'Atlantique – 1 965 h. alt. 8 – ✪ 51.
Paris 448 – Luçon 15 – La Rochelle 44 – La Roche-sur-Yon 47 – Les Sables-d'Olonne 54.

🏠 **Central,** pl. Mairie ℡ 30.20.24, 🚗 – 🎞 🅿
♦ *fermé 15 sept. au 15 oct. et lundi* – **R** 45/100 – ☷ 15 – **16 ch** 80/120 – P 120/150.

🏠 **L'Extase,** pl. Mairie ℡ 30.20.10 – 🎞 🅿.
♦ *1ᵉʳ juin-30 sept.* – SC : **R** (pens. seul.) – 🍽 13 – **10 ch** 79/88 – P 132.

CITROEN Sourdonnier, ℡ 30.23.09

ST-MICHEL-MONT-MERCURE 85 Vendée **67** ⑮ G. Côte de l'Atlantique – 1 507 h. alt. 287 – ✉ 85700 Pouzauges – ✪ 51.
Voir ✳★★ de la tour de l'église.
Paris 378 – Bressuire 35 – Cholet 29 – Clisson 46 – La Roche-sur-Yon 52.

🍴🍴 **Aub. Mt-Mercure,** près Église ℡ 57.20.26, ≤ bocage vendéen, 🚗 – 🅿. 🍴
♦ *fermé 1ᵉʳ au 15 sept., vac. scolaires de fév., mardi soir et merc.* – SC : **R** 40/120 ☖.

RENAULT Genty, ℡ 57.21.15

ST-MICHEL-SUR-LOIRE 37 I.-et-L. **64** ⑭ – rattaché à Langeais.

ST-MICHEL-SUR-ORGE 91240 Essonne **60** ⑩, **196** ㉛, **101** ㉟ – 20 735 h. – ✪ 6.
Paris 31 – Arpajon 8,5 – Évry 13 – Melun 34.

🍴🍴🍴 **La Michodière,** 86 bis rte Ste Geneviève ℡ 015.31.76 – 🅿. ⓿ VISA
fermé dim. soir et lundi – **R** carte 145 à 190.

ST-MIHIEL 55300 Meuse **57** ② G. Vosges – 5 661 h. alt. 226 – ✪ 29.
Voir Pâmoison de la Vierge★ dans l'église St-Michel AZ **E** – Sépulcre★ dans l'église St-Étienne BZ**F**.
🛈 Syndicat d'Initiative pl. Halles (Pâques-oct., fermé dim. après-midi, lundi et mardi matin) ℡ 89.04.50 - A.C. 25 r. Carnot ℡ 89.10.97.
Paris 303 ⑤ – Bar-le-Duc 33 ④ – ✦Metz 66 ① – ✦Nancy 62 ② – Toul 50 ③ – Verdun 35 ⑤.

Plan page ci-contre

🏠 **Régence,** 38 r. Basse-des-Fossés ℡ 89.01.05 – 🎞 🚗. 🚗🅱 VISA   AY **A**
♦ *fermé 20 déc. au 10 janv. et lundi en hiver* – SC : **R** 45/65 ☖ – ☷ 13 – **12 ch** 69/80 – P 150/190.

à Bannoncourt par ④ et D 34 : 10 km – ✉ 55300 St-Mihiel :

🍴🍴 **La Clé des Champs,** ℡ 90.11.67 – 🅿. ⓿
♦ *1ᵉʳ mars au 30 nov.* – SC : **R** 40/75 ☖.

à Heudicourt-sous-les-Côtes NE : 15 km par D 901 et D 133 – ✉ 55210 Vigneulles-lès-Hattonchâtel.
⛳ ℡ 89.32.50, E : 7 km.

🏠 **Lac de Madine,** ℡ 89.34.80 – 🚗wc 🎞wc 🅿. **E** VISA
♦ *fermé 15 au 31 oct., janv. et lundi (sauf de mai à sept.)* – SC : **R** 48/105 ☖ – ☷ 15,50 – **16 ch** 60/160.

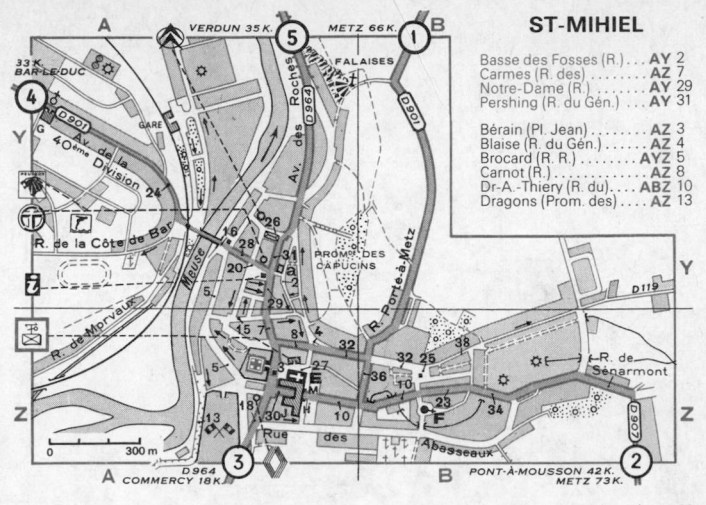

ST-MIHIEL

CITROEN Gar. Moderne-Collin, 10 r. du Marché ℡ 89.05.80
PEUGEOT-TALBOT Gar. Duvergé, 5 r. Gén. Pershing ℡ 89.00.42

RENAULT Savard et Douvier, pl. J.-Berain ℡ 89.05.76

ST-NABORD 88 Vosges **62** ⑯ — rattaché à Remiremont.

ST-NAIXENT 24 Dordogne **75** ⑮ — rattaché à Bergerac.

ST-NAZAIRE ⟨SP⟩ 44600 Loire-Atl. **63** ⑮ G. Bretagne — 69 769 h. — ✪ 40.

Voir Base sous-marine★ et sortie sous-marine du port★ CY — Pont routier de St-Nazaire-St-Brévin★ V — Terrasse panoramique★ CY K

Pont de St-Nazaire : péage en **1982** : auto 22 à 30 F (conducteur et passagers compris), auto et caravane 38 F, camion et véhicule supérieur à 1,5 t : 38 à 95 F moto 5 F, (gratuit pour vélos et piétons). Tarifs spéciaux pour les résidents de la Loire Atlantique.

⤢ de St-Nazaire-Montoir-la Baule : T.A.T. ℡ 22.35.06, NE : 8 km par D 971 V.

🄷 Office de Tourisme pl. François-Blancho (fermé sam. hors saison et dim. sauf matin en saison) ℡ 22.40.65 — A.C.O. 120 av. République ℡ 22.46.62.

Paris 433 ① — La Baule 17 ③ — ◆Nantes 62 ① — ◆Rennes 124 ① — Vannes 76 ⑤.

Plan page suivante

🏨 **Europo** Ⓜ sans rest, 2 pl. Martyrs-de-la-Résistance ℡ 22.49.87 — 🛏wc 🛁 🚗 🅿.
🚗🅰🅴 VISA
BY **e**
SC : ⌚ 16 — **38 ch** 91/225.

🏨 **Berry,** 1 pl. Gare ℡ 22.42.61, Télex 700952 — 📻 📺 🛏wc 🛁wc ☎. 🚗🅰🅴 ⓞ 🅴
VISA
V **r**
fermé 20 déc. au 4 janv. — SC : **R** carte 70 à 125 🔥 — ⌚ 21 — **27 ch** 100/275.

🏨 **Bretagne** sans rest, 7 av. République ℡ 66.55.66 — 📻 🛏wc 🛁 ☎. 🅰🅴 ⓞ VISA
SC : ⌚ 14 — **33 ch** 75/160.
AY **b**

🏨 **Dauphin** sans rest, 33 r. J.-Jaurès ℡ 66.59.61 — 🛁 ☎. 🚗🅰
SC : ⌚ 14,50 — **20 ch** 78/163.
BY **u**

🏨 **Belle Épée** sans rest, 45 r. J.-Jaurès ℡ 22.55.93 — 🛁wc 🚗
fermé 24 déc. au 3 janv. — SC : ⌚ 14 — **13 ch** 60/120.
BY **t**

🏨 **du Pilotage,** 14 pl. Rampe ℡ 22.06.92 — 🍽 rest 🛁. 🚗🅰
→ *fermé oct., Noël-jour de l'An, vend. soir et sam.* — SC : **R** 45/120 — ⌚ 14,50 — **12 ch** 55/147.
CZ **g**

🏨 **Le Provençal,** 68 r. Anjou ℡ 22.42.84 — 🛏 🛁 🅿. 🚗🅰
→ *fermé 1er au 20 sept., 24 déc. au 10 janv. et dim.* — SC : **R** 40/90 — ⌚ 12 — **20 ch** 64/95.
BY **p**

🏨 **Touraine** sans rest, 4 av. République ℡ 22.47.56 — 🛏 🛁 🚗. 🚗🅰 VISA
SC : ⌚ 11 — **18 ch** 55/93.
ABY **a**

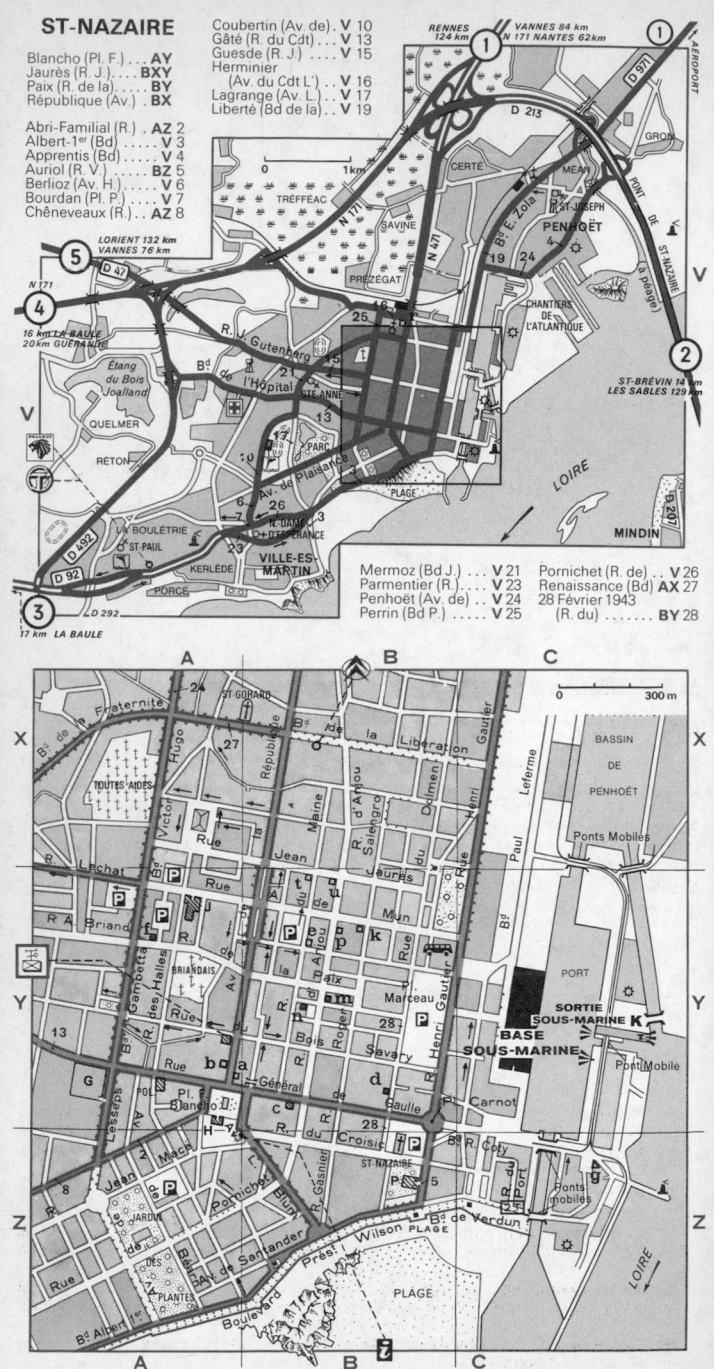

ST-NAZAIRE

Blancho (Pl. F.) . . . **AY**
Jaurès (R. J.) . . . . . **BXY**
Paix (R. de la) . . . . . **BY**
République (Av.) . . . **BX**

Abri-Familial (R.) . . **AZ** 2
Albert-1er (Bd) . . . . **V** 3
Apprentis (Bd) . . . . . **V** 4
Auriol (R. V.) . . . . . **BZ** 5
Berlioz (Av. H.) . . . . **V** 6
Bourdan (Pl. P.) . . . . **V** 7
Chêneveaux (R.) . . . **AZ** 8

Coubertin (Av. de) . **V** 10
Gâté (R. du Cdt) . . . **V** 13
Guesde (R. J.) . . . . **V** 15
Herminier
  (Av. du Cdt L'.) . . **V** 16
Lagrange (Av. L.) . . **V** 17
Liberté (Bd de la) . . **V** 19

Mermoz (Bd J.) . . . **V** 21
Parmentier (R.) . . . . **V** 23
Penhoët (Av. de) . . **V** 24
Perrin (Bd P.) . . . . . **V** 25

Pornichet (R. de) . . **V** 26
Renaissance (Bd) **AX** 27
28 Février 1943
  (R. du) . . . . **BY** 28

XXX **Bon Accueil** avec ch, 39 r. Marceau ☎ 22.07.05 – ⇔wc ⋒wc ☎. AE ⓓ VISA
fermé juil. et sam. – SC : **R** 54/120 – ☕ 13,50 – **13 ch** 79/146. BY **n**

XX **Parisien,** 31 r. A.-de-Mun ☎ 22.21.32 BY **k**
◆ *fermé 20 déc. au 4 janv. et sam.* – SC : **R** 45/89 ♨.

X **Moderne,** 46 r. Anjou ☎ 22.55.88 – AE ⓓ BY **m**
◆ *fermé 15 au 30 sept., 15 au 28 fév., dim. soir et lundi* – SC : **R** 50/100.

X **Le Quimperlé,** 7 r. 28 fév. 1943 ☎ 22.53.12 – AE E VISA BY **d**
fermé août, dim. soir et lundi – SC : **R** 55/165.

X **Trou Normand,** 60 r. Paix ☎ 22.46.24 – VISA AY **f**
◆ *fermé lundi* – SC : **R** 40/90 ♨.

ALFA-ROMEO, MAZDA Bodet, 10 bd R.-Coty ☎ 22.32.57
AUSTIN, MORRIS, TRIUMPH Gar. Hougard, 30 r. B.-Marcet à Trignac ☎ 22.30.08
CITROEN Minot, 49 bd Libération ☎ 22.55.74
DATSUN Europ-Auto, 63 r. d'Anjou ☎ 22.23.07
FIAT, MERCEDES-BENZ Rogier, bd de l'Hôpital ☎ 70.31.67
FORD Auto de la Côte d'Amour, 79 rte Côte d'Amour ☎ 70.44.10
LADA, SKODA, VOLVO Gar. Dumas, 98 rte de la Côte d'Amour ☎ 70.08.99
OPEL Atlantic-Motors, 20 r. H.-Gautier ☎ 22.42.51
PEUGEOT-TALBOT Gar. du Centre, 150 rte de la Côte d'Amour ☎ 70.20.08
RENAULT Centre-Auto de l'Etoile, rte Pornichet, le Landreau par ③ ☎ 70.35.07
V.A.G. Gar. Moison, 60 r. de la Ville Halluard ☎ 22.30.30

◍ la Clinique du Pneu, 18 bd Hôpital ☎ 70.07.19
Picaud-Pneus, 210 rte de la Côte d'Amour ☎ 70.00.39

ST-NAZAIRE-EN-ROYANS 26 Drôme 77 ③ **G. Alpes** – 586 h. alt. 175 – ✉ **26190** St-Jean-en-Royans – ◎ 75.

Voir Monument aux fusillés de 1944 – Pont de St-Hilaire-St-Nazaire★ NO : 1 km.

Paris 580 – ♦Grenoble 61 – Pont-en-Royans 9 – Romans-sur-Isère 18 – St-Marcellin 15 – Valence 36.

XX **Rome** avec ch, ☎ 48.40.69, ≤ – ⋒ Ⓟ.
◆ *fermé 2 au 30 nov., 20 au 28 fév., dim. soir et lundi sauf juil.-août* – SC : **R** 48/130 – ☕ 13,50 – **10 ch** 90 – P 120 bc.

ST-NECTAIRE 63710 P.-de-D. 73 ⑭ **G. Auvergne** (plan) – 678 h. alt 760 – Stat. therm. (25 mai-30 sept.) – ◎ 73.

Voir Église★★ : trésor★★ – Puy de Mazeyres ⁂★ E : 3 km puis 30 mn.

ℹ Office de Tourisme Parc Grands Thermes (25 mai-25 sept. et fermé lundi) ☎ 88.50.86 et à la Mairie (1er oct.-24 mai , fermé sam. et dim.) ☎ 88.50.41.

Paris 428 – ♦Clermont-Ferrand 43 – Issoire 26 – le Mont-Dore 25.

🏨 **Le Savoy,** ☎ 88.50.28, ⛰ – |◊| ⇔wc ⋒wc ☎ Ⓟ. ✂ rest
20 mai-26 sept. – SC : **R** (pour résidents seul.) – ☕ 15 – **32 ch** 60/160 – P 130/180.

🏨 **Paix,** ☎ 88.50.20, ⛰ – ⇔wc ⋒wc ☎ Ⓟ.
◆ *25 mai-30 sept.* – SC : **R** 50/60 – ☕ 13 – **27 ch** 65/135 – P 135/167.

à Rivalet E : 7 km sur D 996 – ✉ **63320** Montaigut-le-Blanc :

X **Le Rivalet,** ☎ 96.73.92, ⛰ – Ⓟ. VISA
◆ *fermé janv., lundi soir et mardi* – SC : **R** 44/128.

FORD Gar. Souchal, ☎ 88.50.23 N

ST-NICOLAS-DES-EAUX 56150 Morbihan 63 ② **G. Bretagne** – ◎ 97.

Paris 466 – Lorient 48 – Pontivy 16 – Quimperlé 47 – Vannes 48.

🏨 **Vieux Moulin,** ☎ 51.81.09, ⛰ – ⇔wc ⋒ ☎ Ⓟ. ✂ rest
◆ *fermé 20 oct. au 1er nov., 1er au 20 fév. et lundi du 1er sept. au 30 avril* – SC : **R** 45/130 ♨ – ☕ 16 – **12 ch** 68/132 – P 120/145.

ST-NICOLAS-LÈS-ARRAS 62 P.-de-C. 53 ② – rattaché à Arras.

ST-NIZIER-DU-MOUCHEROTTE 38 Isère 77 ④ **G. Alpes** – 307 h. alt. 1 160 – Sports d'hiver : 1 160/1 300 m ≴2 ⛷ – ✉ **38250** Villard-de-Lans – ◎ 76.

Voir Le Moucherotte ⁂★★★ S : par téléphérique – Belvédère ⁂★★.

ℹ Syndicat d'Initiative (1er juil.-31 août et 15 déc.-15 avril) ☎ 45.40.60.

Paris 580 – ♦Grenoble 17 – Villard-de-Lans 18.

🏨 **Le Concorde,** ☎ 53.42.61, ≤ – ⇔wc ⋒wc ☎ Ⓟ. ✂ ch
◆ *fermé 1er nov. au 15 déc.* – SC : **R** 50/95 ♨ – ☕ 13 – **30 ch** 89/136 – P 140/160.

ST-OMER ⟨SP⟩ 62500 P.-de-C. 51 ③ **G. Nord de la France** – 17 988 h. alt. 21 – ◎ 21.

Voir Basilique N.-Dame★★ AZ **E** – Hôtel Sandelin et musée★★ AZ **K** – Anc. chapelle des Jésuites★ AZ **F** – Jardin public★ AZ – **Env.** Ascenseur des Fontinettes★ 5,5 km par ②.

ℹ Office de Tourisme à l'Hôtel de Ville (fermé sam. matin et dim.) ☎ 98.40.88 - A.C. 19 r. F.-Chifflart ☎ 38.25.80.

Paris 261 ② – Abbeville 86 ④ – ♦Amiens 113 ② – Arras 81 ⑤ – Béthune 54 ⑤ – Boulogne-sur-Mer 53 ⑤ – ♦Calais 40 ⑤ – Dunkerque 39 ① – Ieper 54 ② – ♦Lille 64 ②.

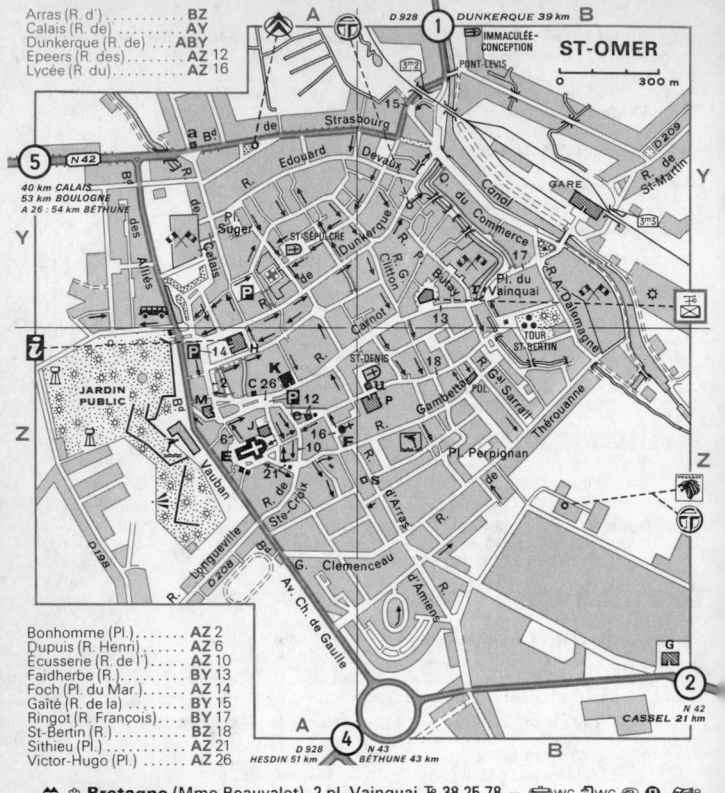

ST-OMER

DUNKERQUE 39 km

IMMACULÉE-
CONCEPTION

0   300 m

🏠 ❀ **Bretagne** (Mme Beauvalot), 2 pl. Vainquai ☎ 38.25.78 – 🛏wc 🛁wc ☎ 🅿. 🚗
🆎 ① *VISA*. ⚠ ch   BY **r**
SC : **R** *(fermé 15 au 30 août, 2 au 15 janv., dim. et fêtes le soir et sam.)* carte 130 à
200 - grill Maeva *(fermé 25 déc. au 1er janv. sam. midi et lundi)* - **R** carte environ 75
🍷 – ⬜ 15 – **33 ch** 92/226
Spéc. St-Jacques Bretagne (saison), Suprême de turbotin aux poireaux, Assiette gourmande.

🏠 **St-Louis** sans rest, 25 r. Arras ☎ 38.35.21 – 🛏wc 🛁wc ☎ 🚗. 🚗 🇪 *VISA*
fermé 23 déc. au 2 janv. – SC : ⬜ 15 – **20 ch** 65/130.   BZ **s**

🍴🍴🍴 **La Truye qui File,** 8 r. Bleuets ☎ 38.41.34 – *VISA*   BZ **u**
fermé 1er août au 1er sept., dim. soir et lundi sauf fériés – SC : **R** 66/110.

🍴🍴 **Le Cygne,** 8 r. Caventou ☎ 98.20.52   AZ **e**
fermé 10 au 31 déc., sam. midi et mardi sauf fêtes – SC : **R** 60/75.

🍴 **Crémaillère,** 12 bd Strasbourg ☎ 38.42.77 – 🇪 *VISA*   AY **a**
↔ *fermé 12 juil. au 1er août, 20 déc. au 2 janv., lundi et dim. soir* – **R** 40/68 🍷.

à Tilques par ⑤, N 43 et VO : 6 km – ✉ **62500** St-Omer :

🏠 **Le Vert Mesnil** 🦢, ☎ 98.28.99, Télex 133360, ≤, parc, ⚘ – 🛏wc 🛁wc ☎ 🅿 –
🅰 40 à 80. 🚗 *VISA*. ⚠
SC : **R** *(fermé sam. midi)* 60/130 🍷 – ⬜ 20 – **40 ch** 190/350 - P 245/305.

CITROEN Gar. Boulant, 33 bd de Strasbourg
☎ 38.20.88 Ⓝ ☎ 98.42.13
PEUGEOT-TALBOT SADA-Damide, Zone Ind.
les Madeleines, r. St-Adrien - prolongée ☎ 98.
04.44 Ⓝ ☎ 98.49.10
RENAULT Gar. Audomarois, rte d'Arques par
② ☎ 38.25.77
TALBOT Gar. Legrand, 201 r. de Dunkerque
☎ 38.27.66

🅦 Comptoir du Pneumatique, 47 r. Faidherbe
☎ 38.34.84
Equipneu, r. du Lobel, Zone Ind., Arques ☎
38.42.43
Foulon Pneus, 15 r. d'Aire ☎ 98.70.00

1030

ST-OMER-EN-CHAUSSÉE 60860 Oise 🗺️ ⑨ – 1 125 h. alt. 101 – 🔾 4.

Paris 89 – Aumale 35 – Beauvais 13 – Breteuil 33 – Gournay-en-Bray 28 – Poix 31.

   XX **Aub. de Monceaux,** aux Monceaux S : 1 km sur D 901 ℡ 447.50.32, 🌿 – 🅿️.
      VISA
      fermé janv., merc. soir et jeudi – SC : **R** carte 100 à 180.

ST-OUEN 93 Seine-St-Denis 🗺️ ⑳, 🗺️ ⑮ – voir à Paris, Proche banlieue.

ST-OUEN-L'AUMÔNE 95 Val-d'Oise 🗺️ ⑳, 🗺️ ⑥, 🗺️ ② – rattaché à Cergy Pontoise.

ST-OYEN-MONTBELLET 71 S.-et-L. 🗺️ ⑲⑳ – rattaché à Fleurville.

ST-PAIR-SUR-MER 50380 Manche 🗺️ ⑦ G. Normandie – Casino – 🔾 33.

🛈 Syndicat d'Initiative pl. Eglise (15 juin-15 sept.) ℡ 50.52.77.

Paris 353 – Avranches 23 – Granville 3,5 – St-Lô 60.

   🏛️ **France,** ℡ 50.19.03 – 🛏️
   ◆ *fermé 1er au 15 nov., 7 au 22 fév. et lundi de mars à avril* – SC : **R** 40/120 🍷 – ☐
      10,50 – **19 ch** 58/84 – P 135/150.

MERCEDES Drey, ℡ 50.21.65

ST-PALAIS 64120 Pyr.-Atl. 🗺️ ④ G. Pyrénées – 2 260 h. alt. 51 – 🔾 59.

🛈 Syndicat d'Initiative pl. H. de Ville (fermé sam. après-midi et dim. hors sais.) ℡ 38.71.78.

Paris 801 – ◆Bayonne 54 – Dax 55 – Pau 80 – St-Jean-Pied-de-Port 31.

   🏠 **Trinquet,** ℡ 38.73.13 – 🛏️ 🚻wc. 🍽️ ch
   ◆ *fermé 12 fév. au 8 mars et lundi du 1er sept. au 1er juil.* – SC : **R** 45/110 🍷 – ☐ 15 –
      12 ch 70/110 – P 110/125.

ST-PALAIS-SUR-MER 17420 Char.-Mar. 🗺️ ⑮ G. Côte de l'Atlantique – 2 219 h. alt. 15 –
🔾 46.

Voir Sentier de la Corniche* – La Grande Côte ** NO : 3 km.

🏌️ de la Côte de Beauté ℡ 22.16.24 N : 3 km.

🛈 Office de Tourisme Résidence St-Palais (fermé oct. et lundi) ℡ 22.11.09.

Paris 511 – La Rochelle 77 – Royan 5,5.

   🏛️ **Villa Nausicaa,** ℡ 22.14.78, ≤, « jardin » – 🛏️wc 🚻wc 🅿️ 🛏️. 🍽️ rest
      Pentecôte-20 sept. – SC : **R** 80/120 – ☐ 20 – **10 ch** 180/320.
   🏛️ **Le Cordouan,** ℡ 22.10.33 – 🛏️wc 🚻wc 🅿️. 🍽️ rest
      Pentecôte-15 sept. – SC : **R** 85/115 – ☐ 22 – **35 ch** 155/235 – P 270/305.
   🏛️ **Primavera** 🏖️, rte Gde Côte : 2 km ℡ 22.20.35, ≤, parc, 🏊, 🎾 – 🛏️wc 🚻wc ☎️
      🅰️ 🅿️ – 🏥 30. 🛏️ 🅴 *VISA*. 🍽️ ch
      fermé 1er nov. au 25 déc. – SC : **R** 70/90 – ☐ 20 – **21 ch** 130/170 – P 210/230.
   🏠 **Plage,** ℡ 22.10.32 – 🚻wc 🅿️. 🍽️
      Pâques-15 oct. – SC : **R** 62/92 – ☐ 25 – **20 ch** 110/160 – P 200/250.

      à la plage de Nauzan SE : 1,5 km – ✉️ **17420** St-Palais-sur-Mer :

   🏛️ **Téthys** 🏖️, 🏖️ 38.31.00, ≤ – 🅿️. 🍽️ ch
   ◆ *1er juin-15 sept.* – SC : **R** 45/110 – **23 ch** (pens. seul.) – P 120/150.

      au Grallet N : 6 km par D 242 – ✉️ **17920** Breuillet :

   XXX **La Grange,** ℡ 22.72.64, « Ancienne ferme aménagée, parc fleuri, 🏊 » – 🅿️
      20 juin-4 sept. – SC : **R** carte 110 à 160.

ST-PANCRACE 06 Alpes-Mar. 🗺️ ⑨ – rattaché à Nice.

ST-PANTALÉON 71 S.-et-L. 🗺️ ⑦⑧ – rattaché à Autun.

ST-PARDOUX 63440 P.-de-D. 🗺️ ④ – 416 h. alt. 600 – 🔾 73.

Paris 371 – Aubusson 105 – ◆Clermont-Ferrand 39 – Montluçon 52 – Vichy 43.

   🏠 **Bon Accueil,** ℡ 97.40.02 – 🚻 🅿️
      fermé oct. et lundi – SC : **R** 55/80 🍷 – ☐ 12 – **10 ch** 65/110 – P 110/130.

RENAULT Malleret, ℡ 97.40.94

ST-PARDOUX 79 Deux-Sèvres 🗺️ ⑪ – 1 183 h. alt. 195 – ✉️ **79310** Mazières-en-Gatine –
🔾 49.

Paris 385 – Fontenay-le-Comte 53 – Niort 32 – Parthenay 11 – St-Maixent-l'École 28.

   X **Voyageurs,** ℡ 63.40.11 – *VISA*
   ◆ *fermé 15 au 28 fév., lundi soir et mardi soir* – SC : **R** 35/110 🍷.

CITROEN Guérin, ℡ 63.40.06   PEUGEOT Gar. Martin, ℡ 63.40.31

ST-PARDOUX-LA-CROISILLE 19 Corrèze 75 ⑩ – 176 h. alt. 520 – ⊠ 19320 Marcillac-la-Croisille – ✿ 55.

Paris 511 – Aurillac 81 – Mauriac 45 – St-Céré 68 – Tulle 28 – Ussel 51.

🏛 **Beau Site** ⑳, ₽ 27.85.44, ≤, parc, ⌁, ⅋ – ⊟wc ⋔wc ⊛ 🅿 🖚. ⅋ rest
mai-fin sept. – SC : **R** (nombre de couverts limité - prévenir) 75/170 – ⌁ 16 – **32 ch** 120, 5 appartements 160/180 – P 175/185.

ST-PAUL 04520 Alpes-de-H.-P. 81 ⑧⑨ G. Alpes – 221 h. alt. 1 470 – ✿ 92.

Voir Site** du pont du Châtelet* NE : 4,5 km.
Paris 734 – Barcelonnette 22 – Briançon 52.

ST-PAUL 06570 Alpes-Mar. 84 ⑨. 195 ⊛ G. Côte d'Azur – 1 974 h. alt. 150 – ✿ 93.

Voir Site* – Remparts* – Fondation Maeght*.
🛈 Office de Tourisme Maison Tour, r. Grande (fermé mardi) ₽ 32.86.95.
Paris 930 – Antibes 16 – Cagnes-sur-Mer 7 – Cannes 27 – Grasse 22 – ♦Nice 20 – Vence 4,5.

🏛 **La Colombe d'Or,** ₽ 32.80.02, Télex 970607, « Peintures modernes, cadre "vieille Provence" ⌁ et jardin romain » – ⊟ ch ⎚ ⊛ 🅿 🅰🅴 ⓪ 🆅🅸🆂🅰
fermé 3 nov. au 20 déc. – SC : **R** 160 – **18 ch** ⌁ 445/510, 7 appartements 590/610.

par route de la Colle et des Hauts de St-Paul :

🏨 ✿ **Mas d'Artigny** Ⓜ ⑳, ₽ 32.84.54, Télex 470601, « Luxueux ensemble hôtelier, ≤, ⌁, ⅋, parc » – ➡ ⊟ ⎚ ⊛ 🅰 🅿 – 🛁 80 à 250
SC : **R** 175/220 – ⌁ 36 – **52 ch** 410/860, 29 appartements dont 25 avec piscine privée – P 565/1 040
Spéc. Terrine de sole et violets, Confit de jambonneaux de canette, Poire glacée d'Artigny.

sur la route de la Colle, D 7 :

🏛 **Le Hameau** Ⓜ ⑳ sans rest, ₽ 32.80.24, ≤, « Jardin en terrasses » – ⊟wc ⋔wc ☎ 🅿. 🖚
fermé 1er nov. au 1er fév. – SC : ⌁ 25 – **14 ch** 180/280.

🏛 **Orangers** Ⓜ sans rest, ₽ 32.80.95, ≤, « Beau jardin » – ⊟wc ☎. 🖚
SC : ⌁ 25 – **9 ch** 260/280.

XXX **Aubergo Dou Souleü** avec ch, ₽ 32.80.60, ≤ St-Paul, ⌁, – ⊟wc ⋔wc ⊛ 🅿.
🅰🅴 ⓪ 🅴 🆅🅸🆂🅰
fermé déc. et janv. – SC : **R** (fermé merc.) 98/120 – ⌁ 22 – **7 ch** 185/250.

ST-PAUL-DES-LANDES 15 Cantal 76 ⑩ – 1 045 h. alt. 540 – ⊠ 15250 Jussac – ✿ 71.
Paris 555 – Aurillac 12 – Figeac 65 – Laroquebrou 13 – Mauriac 61 – St-Céré 52 – Tulle 72.

🏛 **Voyageurs,** ₽ 46.30.05 – ⋔ 🅿
➡ fermé 15 au 30 juin, 15 oct. au 10 nov., dim. soir et lundi midi de nov. à fin avril –
SC : **R** 45/65 – ⌁ 12 – **11 ch** 58/72 – P 100/110.

RENAULT Gar. Nangeroni, ₽ 63.30.01 🄽 ₽ 46.30.01

ST-PAUL-DE-VARCES 38 Isère 77 ④ – rattaché à Grenoble.

ST-PAUL-EN-BORN 40 Landes 78 ④⑭ – 486 h. alt. 15 – ⊠ 40200 Mimizan – ✿ 58.
Paris 693 – Arcachon 58 – ♦Bordeaux 103 – Castets 56 – Labouheyre 21 – Mimizan 7 – Mont-de-Marsan 75.

🏛 **L'Écureuil,** ₽ 07.41.16 – ⋔wc ☎ 🅿. ⅋ ch
fermé 20 déc. au 5 janv. – SC : **R** (fermé sam. du 1er nov. à Pâques) 56/90 – ⌁ 15 –
12 ch 69/125.

ST-PAUL-EN-CHABLAIS 74 H.-Savoie 70 ⑰⑱ – 887 h. alt. 827 – ⊠ 74500 Évian-les-Bains
– ✿ 50.
Paris 590 – ♦Genève 44 – Lausanne 73 – Montreux 43 – Thonon-les-Bains 11.

🏛 **Host. de Gavot** Ⓜ ⑳, rte Thollon ₽ 75.30.38, ≤, 🍽, 🎋, – ⊟wc ⋔wc ⊛ 🅿
fermé 15 nov. au 15 déc. – SC : **R** 70/120 – ⌁ 18 – **24 ch** 120/170 – P 160/200.

ST-PAUL-LE-JEUNE 07460 Ardèche 80 ⑧ – 854 h. alt. 255 – ✿ 75.
Voir Banne : ruines de la citadelle ≤* N : 5 km, G. Vallée du Rhône.
Paris 677 – Alès 30 – Aubenas 44 – Pont-St-Esprit 52 – Vallon-Pont-d'Arc 27 – Villefort 37.

X **Aub. de la Cocalière,** S : 2,5 km D 104 ₽ 39.81.34 – 🅿. 🅰🅴 ⓪ 🆅🅸🆂🅰
➡ fermé janv., fév. et merc. de sept. à mai – SC : **R** 46/130.

ST-PAUL-LES-MONESTIER 38 Isère 77 ⑭ – rattaché à Monestier-de-Clermont.

ST-PÉE-SUR-NIVELLE 64 Pyr.-Atl. 85 ② – 2 907 h. alt. 30 – ⊠ 64310 Ascain – ✿ 59.
Paris 791 – ♦Bayonne 19 – Cambo-les-Bains 18 – Pau 131 – St-Jean-de-Luz 13.

🏛 **Nivelle,** ₽ 54.10.27 – 🅿. 🖚 🆅🅸🆂🅰
➡ fermé janv. et fév. – SC : **R** 45/100 – ⌁ 13 – **38 ch** 60/92 – P 145/160.

à Ibarron O : 1,5 km – ✉ **64310** Ascain :

⌂⌂ **Bonnet,** ℡ 54.10.26, <, 🏊, 🌳, 🎾 – ⇕ 🛁wc 🚿wc ☎ Ⓟ – 👥 60. 🚗 AE E VISA
fermé 2 nov. au 10 déc. et lundi d'oct. à mars – SC : **R** 55/120 🍶 – ☕ 15 – **60 ch** 136/140 – P 155/178.

⌂ **Fronton,** ℡ 54.10.12, ⛱ – 🚿
↔ *fermé 18 au 29 oct., janv. et lundi d'oct. à mai* – SC : **R** 50/120 – ☕ 16 – **16 ch** 65/130 – P 120/140.

par rte de St-Jean-de-Luz et D 307 : 4 km – ✉ **64310** Ascain :

⌂ **Aub. Basque** 🪑, ℡ 54.10.15, <, « Jardin » – 🚿wc ☎ Ⓟ. 🚫🐕
juin-fin sept. – SC : **R** (1/2 pens. seul.) – **16 ch** – P 120/160.

ST-PÉRAY **07130** Ardèche **77** ⑪⑫ – 5 021 h. alt. 128 – ⚙ 75.

Voir Ruines du château de Crussol : site★★★ et <★★ SE : 2 km, G. Vallée du Rhône.

Paris 566 – Lamastre 36 – Privas 39 – Tournon 14 – Valence 4.

à Soyons S : 7 km par N 86 – ✉ **07130** St-Péray :

⌂⌂⌂ **La Musardière** Ⓜ, quartier du Vivier ℡ 60.83.55, < parc, ⛱, 🏊, 🎾 – ⇕ 📺 ☎ ♿ Ⓟ – 👥 30. AE VISA
fermé 10 déc. au 5 janv. et sam. du 1er oct. au 15 mai – SC : **R** 76/130 – ☕ 25 – **12 ch** 170/300.

à St-Romain-de-Lerps NO : 9 km par D 287 – ✉ **07130** St-Péray.

Voir ✳★★★, G. Vallée du Rhône.

⌂⌂⌂⌂ ✿ **Château du Besset** Ⓜ 🪑, SO : 3 km par VO ℡ 44.41.63, <, ⛱, « château sur la colline, beaux aménagements, parc 🏊, 🎾, » – 📺 ☎ Ⓟ – 👥 60. AE VISA
22 avril-9 oct. – SC : **R** carte 210 à 270 – **6 ch** ☕ 1 100, 4 appartements
Spéc. Cassolette de homard, Feuilleté de ris d'agneau, Magret de canard aux baies roses. **Vins** Cornas, Hermitage.

ST-PÈRE **89** Yonne **65** ⑮⑯ – rattaché à Vézelay.

ST-PHILIBERT **56** Morbihan **63** ⑫ – rattaché à La Trinité-sur-Mer.

ST-PIERRE-DE-BOEUF **42410** Loire **77** ① – 1 126 h. alt. 155 – ⚙ 74.

Paris 513 – Annonay 23 – ◆Lyon 50 – ◆St-Étienne 50 – Tournon 45 – Vienne 22.

✕✕ **La Diligence,** ℡ 59.11.21 – Ⓟ. AE ⓞ
fermé 15 au 30 juil., dim. soir et lundi – SC : **R** 65/140.

ST-PIERRE-DE-CHARTREUSE **38** Isère **77** ⑤ **G. Alpes** – 566 h. alt. 888 – Sports d'hiver : 900/1 800 m 🚡2 ⛷10, ⛷ – ✉ **38380** St-Laurent-du-Pont – ⚙ 76.

Voir Terrasse de la Mairie <★ – Prairie de Valombré <★ sur couvent de la Grande Chartreuse O : 4 km et belvédère des Sangles <★★ O : 6 km puis 30 mn – La Scia ✳★ par télébenne – Site★ de Perquelin E : 3,5 km – La Correrie : musée Cartusien★ du couvent de la Grande Chartreuse NO : 3,5 km.

ℹ Office de Tourisme (fermé dim. hors sais.) ℡ 08.62.08.

Paris 576 – Belley 66 – Chambéry 40 – ◆Grenoble 29 – La Tour-du-Pin 51 – Voiron 26.

⌂⌂ **Beau Site,** ℡ 08.61.34, <, 🏊 – 🛁wc 🚿wc ☎ – 👥 40. 🚗 AE. 🚫🐕 rest
fermé 15 oct. au 15 déc. et merc. hors sais. – SC : **R** 65/130 – ☕ 22 – **34 ch** 110/220 – P 160/230.

⌂ **Nord,** ℡ 08.61.10, 🌳 – 🛁wc Ⓟ. 🚗
↔ *fermé mai et oct.* – SC : **R** 45/100 – ☕ 17 – **19 ch** 65/100 – P 130/170.

✕✕ **Aub. Atre Fleuri** 🪑 avec ch, S : 3 km sur D 512 ℡ 08.60.21, ⛱, 🌳 – 🛁 🚿 Ⓟ
↔ *fermé vacances de nov. au 25 déc., mardi soir et merc. hors sais.* – SC : **R** 39/115 – ☕ 11 – **8 ch** 72/100 – P 126/189.

au Col du Cucheron N : 3,5 km par D 512 – Sports d'hiver : 1 050/1 550 m ⛷7 – ✉ **38380** St-Laurent-du-Pont :

✕ **Chalet H. du Cucheron** 🪑 avec ch, ℡ 08.62.06, < – 🚿wc. 🚗. 🚫🐕 rest
↔ *fermé 15 oct. au 15 déc. et mardi* – SC : **R** 49/95 🍶 – ☕ 11 – **8 ch** 64/94 – P 138/160.

ST-PIERRE-DELS-FORCATS **66** Pyr.-Or. **86** ⑯ – rattaché à Mont-Louis.

ST-PIERRE-D'ENTREMONT **38** Isère **73** Savoie **74** ⑮ **G. Alpes** – 440 h. alt. 640 – ✉ **73670** St-Pierre-d'Entremont – ⚙ 79 – **Voir Cirque de St-Même★★ SE : 4,5 km – Gorges du Guiers Vif★★ et Pas du Frou★★ O : 5 km – Château du Gouvernement★ : <★ SO : 3 km.**

ℹ Syndicat d'Initiative (fermé dim. aprés-midi) ℡ 65.81.90.

Paris 568 – Belley 61 – Chambéry 25 – Les Échelles 12 – ◆Grenoble 50 – ◆Lyon 106.

ST-PIERRE-D'ENTREMONT

🏛 **H. du Château de Montbel**, ☏ 65.81.65, ≼ – 🛏wc 🚗, 🖼. ⚙️
📞 *fermé 15 au 30 avril, début nov. au 20 déc., dim. soir et lundi hors sais.* – SC : **R**
45/95 🍷 – ⌨ 14 – **10 ch** 60/105 – P 105/160.

🏛 **Le Grand Som** Ⓜ, ☏ 65.80.22, ≼ – 🛏wc 🖼 ⅓. ⚙️ ch
📞 *fermé 1er oct. au 15 déc. et merc. hors vac. scolaires* – SC : **R** 45/120 🍷 – ⌨ 14 –
20 ch 90/140 – P 130/160.

ST-PIERRE-DES-CORPS 37 I.-et-L. 🔢 ⑮ – rattaché à Tours.

ST-PIERRE-DES-NIDS 53370 Mayenne 🔢 ② – 1 419 h. alt. 184 – ✿ 43.
🛈 Syndicat d'Initiative à la Mairie (fermé lundi matin et dim.) ☏ 03.50.13.
Paris 206 – Alençon 15 – Argentan 45 – Domfront 48 – Laval 78 – Mayenne 48.

XX **Dauphin** avec ch, rte Alençon ☏ 03.52.12 – 🏛 30. 🖼 **VISA**. ⚙️
fermé 16 août au 9 sept., 19 déc. au 4 janv. et merc. – SC : **R** 60/160 🍷 – ⌨ 14 –
10 ch 60/85 – P 120.

ST-PIERRE-D'OLÉRON 17 Char.-Mar. 🔢 ⑬ – voir à Oléron (Ile d').

ST-PIERRE-DU-VAUVRAY 27430 Eure 🔢 ⑰ – rattaché à Louviers.

ST-PIERRE-EN-FAUCIGNY 74 H.-Savoie 🔢 ⑦ – rattaché à Bonneville.

ST-PIERRE-LE-MOUTIER 58240 Nièvre 🔢 ③ G. Bourgogne – 2 256 h. alt. 214 – ✿ 86.
Paris 263 – Autun 109 – Bourges 67 – Château-Chinon 84 – Montluçon 76 – Moulins 31 – Nevers 23.

🏛 **Vieux Puits** 🦢 sans rest, près Église ☏ 68.41.96 – 🛏 🛏wc 🖼 🚗. 🖼
SC : ⌨ 14 – **11 ch** 110/140.

XX **La Vigne, Relais Gastronomique,** rte de Decize ☏ 68.41.66, parc – ℗
fermé fév., lundi soir et mardi – SC : **R** (dim. et fêtes prévenir) 90/150.

CITROEN Gar. Blondelet, ☏ 68.40.60   V.A.G. Puyet, ☏ 68.48.26
PEUGEOT, TALBOT Clostre, ☏ 68.40.74 🅽 ☏
68.46.99

ST-PIERRE-LÈS-AUBAGNE 13 B.-du-R. 🔢 ⑭ – rattaché à Aubagne.

ST-PIERRE-QUIBERON 56 Morbihan 🔢 ⑪⑫ – rattaché à Quiberon.

ST-PIERRE-SUR-DIVES 14170 Calvados 🔢 ⑬ G. Normandie – 4 312 h. alt. 32 – ✿ 31.
Voir Église★.
🛈 Syndicat d'Initiative 17 r. St-Benoit (15 juin-15 sept., fermé dim. et fêtes).
Paris 203 – ◆Caen 31 – Falaise 20 – Lisieux 29 – Livarot 16 – Vimoutiers 25.

X **Gare** avec ch, bd Collas ☏ 20.74.22, 🍴 – ℗. 🅰🅴 **VISA**
SC : **R** 35/115 – 🍴 12 – **19 ch** 45/70 – P 95/125.

CITROEN Gar. Depussay, ☏ 20.71.36   🛞 Tout pour le Pneu, ☏ 20.80.97

ST-PIERRE-SUR-MER 11 Aude 🔢 ⑭ – rattaché à Narbonne.

ST-POL-DE-LÉON 29250 Finistère 🔢 ⑥ G. Bretagne – 8 750 h. alt. 52 – ✿ 98.
Voir Anc. Cathédrale★★ B – Chapelle du
Kreisker★★ : ※★★ de la tour.
🛈 Office de Tourisme pl. Évêché (fermé lundi
hors saison et dim.) ☏ 69.05.69.

Paris 557 ② – ◆Brest 58 ③ – Brignogan-Plage
31 ③ – Châteaulin 70 ③ – Landerneau 39 ③ –
Morlaix 20 ② – Quimper 95 ③.

🏨 **Cheval Blanc et rest. Le**
📞 **Mayombe,** 6 r. au Lin (a) ☏ 69.
01.00 – ℗ 🖼
fermé nov. – SC : **R** (fermé dim. soir
et lundi) 38/100 🍷 – ⌨ 12 – **14 ch**
53/89.

PEUGEOT-TALBOT Perennes, 10 rte de Roscoff par ① ☏ 69.01.63
RENAULT Gar. Charetteur, pl. du Kreisker ☏
69.02.08

🛞 Caroff-Pneus, 28 r. de Brest ☏ 69.08.87

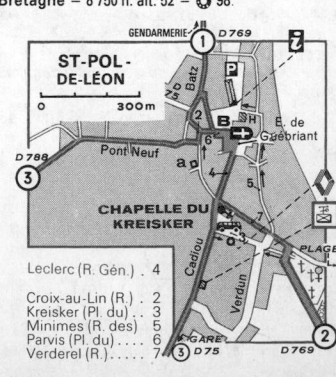

Leclerc (R. Gén.) . 4
Croix-au-Lin (R.) . . 2
Kreisker (Pl. du) . . 3
Minimes (R. des)   5
Parvis (Pl. du) 6
Verderel (R.) 7

62130 P.-de-C. 🗺️ ⑬
– 6 507 h. alt. 87 – 🕐 21 A.C. 7 pl. H. do Ville 🏤
03.10.50.

Paris 212 ② – Abbeville 54 ③ – Arras 34 ② – Béthune
29 ① – Boulogne-sur-Mer 85 ④ – Doullens 28 ③ –
St-Omer 55 ⑤.

🏨 **Lion d'Or**, 74 r. Hesdin (a) 🕿 03.12.93,
⇐ – 🛏️wc 🚿wc 🅿️ – 🔧 50 à 60. 📠
VISA 🛏️ ch
SC : **R** *(fermé dim. soir sauf sais.)* 49/120
🍴 – 🖵 16 – **30 ch** 67/179.

CITROEN Martinage, N à St-Michel-sur-Ternoise
par ② 🕿 03.09.54
PEUGEOT-TALBOT Gar. Guerci, 110 r. d'Hesdin 🕿
03.15.54
RENAULT Bailleul, 184 r. Béthune par ① 🕿 03.06.55
Ⓝ

ST-POL-
SUR-
TERNOISE

Carmes (R. des) . . . 2
Carnot (Bd) 3
Drecq (R. J.) 4

Faidherbe (R.) . . 6
Frévent (R. de) . . 7
Gambetta (Bd) . . 9
Gaulle (Av. de) . . . 10
Hesdin (R. d') 12
Pt-Simon (R. du) . . 13
Wathieumetz (R.) . 15

ST-PONS-DE-THOMIÈRES 34220 Hérault 🗺️🗺️
⑬ G. Causses – 3 417 h. alt. 301 – 🕐 67.

Voir Grotte de la Devèze★ SO : 5 km.

🛈 Syndicat d'Initiative pl. Foirail (Pentecôte-1er oct.)
🕿 97.06.65.

Paris 878 – Béziers 51 – Carcassonne 71 – Castres 51 – Lodève 73 – Narbonne 52 – St-Affrique 88.

🏨 **Château de Ponderach** 🏌️, S : 1,2 km par rte de Narbonne 🕿 97.02.57, ≤, 🍴,
parc – 🛏️wc 🅿️ 🚗 🅿️. 📠 AE ⑩
Pâques-15 oct. – SC : **R** 115/270 – 🖵 30 – **12 ch** 185/325 – P 437/545.

au Nord : 10 km sur D 907 – ✉️ **34220** St-Pons :

🍽️ **Aub. du Cabaretou** 🏌️ avec ch, 🕿 97.02.31, ≤ vallée et montagne, 🍴, 🚗 –
🛏️wc 🅿️ 🅿️. 📠 🛏️ rest
fermé fév. et merc. du 1er oct. au 30 mars – SC : **R** (nombre de couverts limité -
prévenir) 84/190 – 🖵 17 – **10 ch** 70/190 – P 180/215.

PEUGEOT Barthez, 🕿 97.01.86   RENAULT Prax, 🕿 97.01.42

ST-POURÇAIN-SUR-SIOULE 03500 Allier 🗺️🗺️ ⑭ G. Auvergne – 5 567 h. alt. 237 – 🕐 70.

Voir Anc. abbatiale Ste-Croix★ AY B.

🛈 Syndicat d'Initiative bd Ledru-Rollin (15 juin-20 sept. fermé dim. après-midi et lundi) 🕿 45.32.72.

Paris 325 ① – Montluçon 61 ⑤ – Moulins 31 ① – Riom 50 ③ – Roanne 79 ② – Vichy 27 ③.

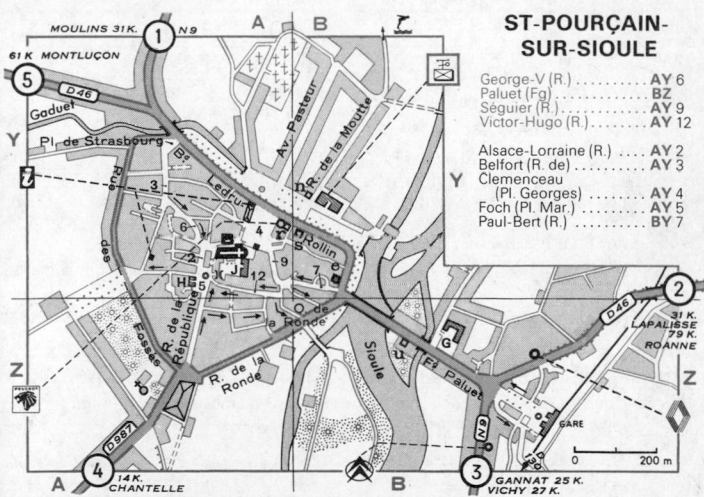

ST-POURÇAIN-
SUR-SIOULE

George-V (R.) . . . . **AY 6**
Paluet (Fg) . . . . **BZ**
Séguier (R.) . . . . **AY 9**
Victor-Hugo (R.) . . . . **AY 12**

Alsace-Lorraine (R.) . . . . **AY 2**
Belfort (R. de) . . . . **AY 3**
Clemenceau
(Pl. Georges) . . . . **AY 4**
Foch (Pl. Mar.) . . . . **AY 5**
Paul-Bert (R.) . . . . **BY 7**

🏨 🌸 **Chêne Vert** (Giraudon), bd Ledru-Rollin 🕿 45.40.65 – 🛏️wc 🚿 ☎ 🚗 – 🔧
80. 📠 AE ⑩ E **VISA**   AY**s**
fermé 2 janv. au 4 fév., 3 au 12 oct. et mardi du 1er oct. au 30 avril – SC : **R** (nombre
de couverts limité - prévenir) 58/165 – 🖵 15 – **35 ch** 68/165
Spéc. Terrine de ris de veau, Parfait d'écrevisses, Poulet au fromage. **Vins** St-Pourçain.

tourner →

🏠 **Le Club** sans rest, r. du Chêne-Vert ☎ 45.43.18 — 📺wc 🛁wc ☎   AY **r**
fermé 1er au 10 mai et 1er au 25 oct. – SC : 🖵 12 – **12 ch** 60/130.

🏠 **Deux Ponts**, îlot de Tivoli ☎ 45.41.14 — 📺wc 🛁wc ☎ 🚗 🅿 – 🔺 60 à 130.   BZ **u**
◆ 🖳 🖭 ⓞ 🄴 VISA
fermé 15 nov. au 5 janv., lundi (sauf hôtel) et dim. soir hors sais. sauf fêtes – SC : **R**
45/160 ⅋ – 🖵 16 – **27 ch** 62/170 – P 165/220.

🏠 **Globe**, r. M. Berthelot ☎ 45.30.42 — 📺 🅿. ℅ rest   BY **n**
◆ fermé 10 oct. au 15 nov. et lundi d'oct. à juin – SC : **R** 40/120 – 🖤 12,50 – **15 ch**
48/83.

✕ **Host. des Cours**, bd Ledru-Rollin ☎ 45.31.92 – ℅   BY **e**
◆ fermé oct., nov. et mardi de déc. à juil. – SC : **R** 38/67.

CITROEN Gar. de Paris, ☎ 45.33.99   RENAULT Bussonnet, ☎ 45.30.48
PEUGEOT Gar. Central, ☎ 45.41.58

ST-PRIEST 69800 Rhône 🔢 ⑫ – rattaché à Lyon.

ST-PRIEST-EN-JAREZ 42 Loire 🔢 ⑲ – rattaché à St-Étienne.

ST-PRIEST-TAURION 87480 H.-Vienne 🔢 ⑧ G. Périgord – 2 235 h. alt. 240 – ✪ 55.
Paris 395 – Bellac 49 – Bourganeuf 40 – ◆Limoges 14 – La Souterraine 55.

🏠 **Relais du Taurion**, ☎ 39.70.14, 🐴 – 🛁 🅿
◆ fermé 15 janv. au 15 fév. et lundi du 30 sept. au 15 avril – SC : **R** 39/100 – 🖵 11,50 –
10 ch 65/130 – P 95/140.

ST-PRIVAT-D'ALLIER 43580 H.-Loire 🔢 ⑯ – 590 h. alt. 800 – ✪ 71.
Paris 527 – Brioude 72 – Cayres 20 – Langogne 55 – Le Puy 22 – St-Chély-d'Apcher 63 – St-Flour 72.

🏠 **Vieille Auberge**, ☎ 57.20.56 — 📺wc 🛁wc ☎. VISA
◆ fermé 10 au 31 oct. et 10 janv. au 28 fév. – SC : **R** 37/110 – 🖵 12,50 – **30 ch** 47/95 –
P 99/120.

ST-PROJET-DE-CASSANIOUZE 15 Cantal 🔢 ⑪⑫ – alt. 220 – ✉ 15340 Calvinet – ✪ 71.
Paris 593 – Aurillac 47 – Entraygues-sur-Truyère 19 – Figeac 53 – Rodez 46 – Villefranche-de-R. 64.

🏠 **Pont** ⬦, ☎ 49.94.21, ≤, parc – 🛁 🅿. 🄴
◆ 1er avril-31 oct. – SC : **R** 33/120 – 🖵 12 – **17 ch** 60/95 – P 90/110.

ST-QUAY-PORTRIEUX 22410 C.-du-N. 🔢 ③ G. Bretagne (plan) – 3 559 h. – Casino – ✪ 96.
Voir Sémaphore ≤★★ – 🏌 des Ajoncs d'Or ☎ 70.48.13 O : 7 km.
🅱 Office de Tourisme pl. Verdun (fermé dim. hors saison) ☎ 70.40.64.
Paris 472 – Étables-sur-Mer 4 – Guingamp 28 – Lannion 55 – Paimpol 26 – St-Brieuc 21.

    à St-Quay – ✉ 22410 St-Quay-Portrieux :

🏨 **Gerbot d'Avoine**, bd Littoral ☎ 70.40.09 – 📺wc 🛁wc ☎ 🅿. 🚗 ℅ ch
◆ fermé 13 nov. au 13 déc., 2 au 9 janv., dim. soir et lundi hors sais. – SC : **R** 50/150 ⅋
– 🖵 15 – **26 ch** 94/162 – P 150/190.

    à Portrieux – ✉ 22410 St-Quay-Portrieux :

🏠 **Le Bretagne**, au port ☎ 70.40.91, ≤ – 🛁. 🚗 ℅
◆ 15 fév.-15 nov. et fermé mardi d'oct. à Pâques – SC : **R** 50/140 ⅋ – 🖵 15 – **15 ch**
70/95 – P 145/160.

    à N. D.-de-L'Espérance S : 2,5 km sur D 786 – ✉ 22680 Étables-sur-Mer :

✕✕✕ **La Colombière** Ⓜ ⬦ avec ch, ☎ 70.61.64, ≤, « Jardin fleuri dominant la mer »
– 📺wc 🅿. 🄴 VISA. ℅
◆ fermé 3 au 31 janv. et lundi sauf du 15 juin au 15 sept. – SC : **R** 80/145 – 🖵 24 –
5 ch 160/235 – P 325.

RENAULT Gar. Moderne, ☎ 70.40.21

ST-QUENTIN ◀⬛▶ 02100 Aisne 🔢 ⑭ G. Nord de la France – 69 153 h. alt. 74 – ✪ 23.
Voir Basilique★ BYE – Pastels de Quentin de la Tour★★ au musée Lécuyer AX**M**.
🅱 Office de Tourisme (fermé lundi matin et dim.) à l'Hôtel de Ville ☎ 67.05.00 - A.C. 33 r. R.-Lenoir
☎ 67.06.10.
Paris 155 ⑦ – ◆Amiens 74 ⑦ – Charleroi 118 ③ – ◆Lille 116 ⑦ – ◆Reims 96 ④ – Valenciennes 70
①.

                        Plan page ci-contre

🏨 ✿ **Gd Hôtel et rest. Président** Ⓜ, 6 r. Dachery ☎ 62.69.77, Télex 140225 – 📺
– 🔺 40. 🖳 🖭 ⓞ 🄴 VISA   BZ **n**
R (fermé 1er au 21 août, 1er au 14 janv., dim. soir et lundi) 95/180 – 🖵 20 – **41 ch**
160/220
Spéc. Foie gras frais de canard en terrine, Suprême de bar au coulis d'écrevisses, Tournedos poêlé à
la moelle.

ST-QUENTIN

Croix-Belle-Porte (R.) . . . . **AY** 6
États-Généraux (R. des) . . **AX** 8
Hôtel de Ville (Pl. de l') . . **AY** 17
Isle (R. d') . . . . **BY**
Lyon (R. de) . . . . **BY** 24
Raspail (R.) . . . . **AXY**
Sellerie (R. de la) . . . . . . **ABY** 33
Zola (R. Émile) . . . . **AY** 40

Basilique (Pl. de la) . . . . . **ABY** 2
Brossolette (R. Pierre) . . . **AY** 3
Canonniers (R. des) . . . . . **AY** 4
Danton (R.) . . . . **BY** 7
Faidherbe (Av.) . . . . **AY** 10

Foch (R. du Mar.) . . . . **BZ** 12
Gouvernement (R. du) . . . **BY** 14
Guise (R. de) . . . . **BZ** 16
Joffre (R. du Mar.) . . . . . . **BZ** 18
Lafayette (Pl.) . . . . **AX** 20
Lécuyer (R.) . . . . **AX** 21
Le Sérurier (R.) . . . . **AX** 22
Longueville (Pl.) . . . . **AXY** 23
Marché-Franc
(Pl. du) . . . . **BY** 25
Michelet (R.) . . . . **BY** 26
Péri (R. Gabriel) . . . . **BY** 27
Picard (R. Ch.) . . . . **BX** 28
Président-Kennedy
(R. J.-F.) . . . . **AX** 29
Richelieu (Bd) . . . . **AX** 30

St-André (R.) . . . . **AY** 31
Sous-Préfecture (R. de la) . **BY** 34
Thomas (R. Albert) . . . . . . **AX** 36
Toiles (R. des) . . . . **ABY** 37
Verdun (Bd de) . . . . **AY** 38
Voltaire (R.) . . . . **AZ** 39
8-Octobre (Pl. du) . . . . **BZ** 41

🏠 **Paix, Albert 1er et rest. Le Brésilien**, 3 pl. du 8-Octobre ☏ 62.77.62, Télex
140225 – |🛗| 📺 ⌂wc 🛁wc ☎ 🅿️ 🚗 E VISA
R 55/103 – 🍽 20 – **64 ch** 105/200.
BZ **a**

🏠 **France et Angleterre** sans rest, 28 r. E.-Zola ☏ 62.13.10 – 📺 ⌂wc 🛁wc 🕿
🚗, 🚗 AE ⓞ E VISA
SC : 🍽 16,50 – **28 ch** 84/175.
AY **d**

XX Le Pichet, 6 bd Gambetta ☏ 62.03.67
BY **u**

XX **Au Petit Chef**, 31 r. Émile-Zola ☏ 62.28.51 – AE VISA
➤ fermé 1er au 21 juil., 1er au 15 janv. et dim. – SC : **R** 50/120 ⅄.
AY **s**

XX Le Riche, 10 r. Toiles ☏ 62.33.53 – VISA
➤ fermé 20 juil. au 10 août, 5 au 15 janv. et dim. soir – SC : **R** 140 bc/ 50 ⅄.
ABY **e**

X **Univers**, 11 pl. H.-de-Ville ☏ 62.76.58 – ▤. AE ⓞ E VISA
➤ fermé dim. – SC : **R** 50/75 ⅄.
AY **r**

à Neuville St-Amand SE : 3 km par D 12 - BZ – ⊠ **02100** St-Quentin :

XXX ❀ **Château** (Meiresonne), ☏ 68.41.82, parc – 🅿️ ⓞ E VISA
fermé 8 au 22 août, 26 déc. au 1er janv., vacances de fév., dim. soir, lundi et merc.
soir – SC : **R** (prévenir) 100/190
Spéc. Terrine de pigeonneau, Biscuit de truite saumonnée, Filet d'agneau au foie gras.

à Holnon par ⑦ : 6 km – ⊠ **02760** Holnon :

XX **Pot d'Étain**, ☏ 66.67.29 – 🅿️ E VISA
fermé 16 au 31 août – SC : **R** 65 bc/200 bc.

tourner →

MICHELIN, Agence, 6 rte de Chauny BX ☏ 68.03.29

CITROEN Gds Gar. Favresse, rte d'Amiens par ⑦ ☏ 62.42.15 N

FIAT St-Quent'Auto, 92 av. des Fusillés-Fontaine-Notre-Dame ☏ 68.19.87

FORD Gar. Moderne, r. du Cdt-Raynal ☏ 67.14.90

OPEL Fiszel-Auto, 32 bd V.-Hugo ☏ 67.21.91

PEUGEOT-TALBOT Ets Favresse, 418 rte de Paris par ⑥ ☏ 62.34.23

RENAULT Gueudet, rte de Vermand par ⑦ ☏ 67.47.47

V.A.G. Gar. du Cambrésis, 98 r. A.-Dumas ☏ 62.45.43

VOLVO Ets Lesot, 52 av. Faidherbe ☏ 62.29.41

◉ Joncourt-Pneus, 51 ter av. Gén.-de-Gaulle ☏ 62.59.37

Pneus-Lepilliez-Dubois, 3 pl. Basilique ☏ 62.33.30 et Zone Ind., r. de Picardie à Gauchy

---

ST-RAMBERT-D'ALBON 26140 Drôme 77 ① – 4 186 h. alt. 144 – ✪ 75.

Paris 521 – Annonay 19 – La Côte-St-André 42 – St-Vallier 11 – Tournon 26 – Valence 50 – Vienne 29.

🏛 **Croix d'Or,** r. Nationale ☏ 31.00.35 – ⌁wc ⌁wc ⊛ 🅿 🗋🛏 🄴 VISA

↝ fermé 8 au 25 août, 14 fév. au 1er mars et jeudi – SC : **R** 42/75 – ☲ 14 – **11 ch** 80/155 – P 135/170.

CITROEN Gar. Cochard, ☏ 31.01.74

RENAULT Jay-Rolland, N 7 Chanas (Isère) ☏ 31.00.37

RENAULT Gar. Ortega, ☏ 31.01.49 N

ST-RAPHAËL 83700 Var 84 ⑧, 195 ㉝ G. Côte d'Azur – 24 395 h. – Casino Z – ✪ 94.

Voir Collection d'amphores★ dans le musée archéologique Y **M.**

🏌 de Valescure ☏ 52.16.58, NE par D 37 : 6 km.

🚍 ☏ 95.13.89.

🗓 Office de Tourisme (fermé dim. sauf matin en saison) et A.C. r. W.-Rousseau ☏ 95.16.87.

Paris 877 ③ – Aix-en-Provence 119 ③ – Cannes 43 ④ – ✦Marseille 131 ③ – ✦Toulon 96 ③.

Accès et sorties : voir plan de Fréjus

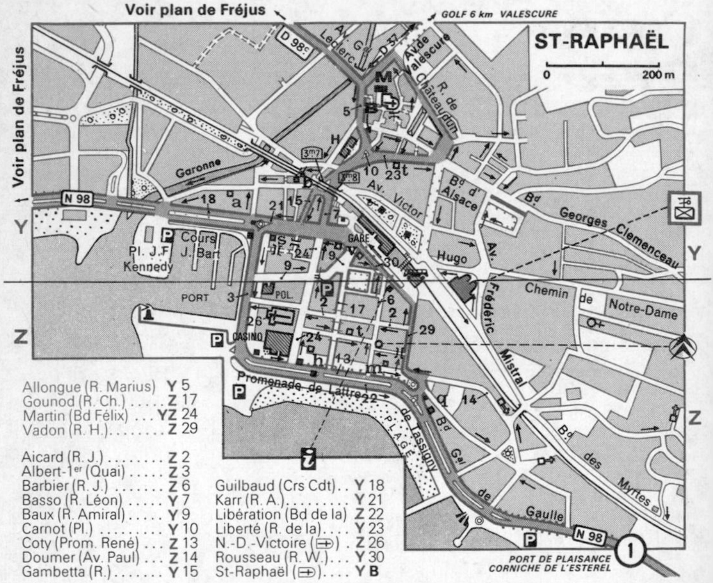

Voir plan de Fréjus

Allongue (R. Marius)	Y 5
Gounod (R. Ch.)	Z 17
Martin (Bd Félix)	YZ 24
Vadon (R. H.)	Z 29

Aicard (R. J.)	Z 2
Albert-1er (Quai)	Z 3
Barbier (R. J.)	Z 6
Basso (R. Léon)	Y 7
Baux (R. Amiral)	Y 9
Carnot (Pl.)	Y 10
Coty (Prom. René)	Z 13
Doumer (Av. Paul)	Z 14
Gambetta (R.)	Y 15

Guilbaud (Crs Cdt)	Y 18
Karr (R. A.)	Y 21
Libération (Bd de la)	Z 22
Liberté (R. de la)	Y 23
N.-D.-Victoire (➡)	Z 26
Rousseau (R. W.)	Y 30
St-Raphaël (➡)	Y B

PORT DE PLAISANCE
CORNICHE DE L'ESTEREL

🏛 **Beau Séjour,** prom. Prés.-Coty ☏ 95.03.75, ≤, 🏤 – 📶 ⌁wc ⌁wc ⊛. ⓪ VISA   Z m
1er fév.-31 oct. – SC : **R** 75/135 – ☲ 16 – **40 ch** 193/260 – P 210/270.

🏛 **Excelsior,** bd F.-Martin ☏ 95.02.42, ≤ – 📶 ⌁wc ⌁wc ⊛. 🄰🄴 ⓪ 🄴 VISA   Z h
SC : **R** 75/180 – ☲ 20 – **40 ch** 120/250 – P 235/330.

🏛 **Europe et Gare** sans rest, 9 r. Amiral-Baux ☏ 95.42.91 – 📶 ⌁wc ⌁wc ⊛. 🗋🛏   Y v
🄰🄴 🄴 VISA. 🎁
SC : ☲ 16 – **32 ch** 100/180.

🏛 **Pastorel,** 54 r. Liberté ☏ 95.02.36, 🏤 – ⌁wc ⌁wc ⊛   Y t
↝ 15 fév.-1er oct. et fermé lundi – SC : **R** 48/90 – ☲ 12 – **30 ch** 90/180 – P 180/250.

🏠 **Provençal** sans rest, 197 r. Garonne ☎ 95.01.52 – 🛁wc 🛏wc ☎ ☜ ☗   Y **a**
fin mars-fin oct. – SC : ☲ 14 – **28 ch** 78/168.

🏠 **France** sans rest, pl. Galliéni ☎ 95.17.03 – 🛗 🛏wc ☎   Y **v**
fermé déc. et dim. de sept. à mai – SC : ☲ 17 – **28 ch** 170.

🏠 **Sélect H.** sans rest, r. Boëtmann ☎ 95.06.22 – 🛁wc 🛏 ☎ 🚗 🚙   Z **t**
15 fév.-15 nov. – SC : ☲ 14,50 – **19 ch** 60/170.

XXX **La Voile d'Or**, 1 bd Gén.-de-Gaulle ☎ 95.17.04, <, ☂ – 🅰🅴 ⓞ 🆅🅸🆂🅰   Z **q**
fermé 15 nov. au 23 déc. et merc. sauf le soir en juil. et août – SC : **R** 130/180.

XX **Sirocco**, 35 quai Albert 1er ☎ 95.39.99, <, ☂ – 🅰🅴 ⓞ 🅴 🆅🅸🆂🅰   Y **s**
fermé 20 nov. au 26 déc. et mardi 15 sept. au 1er juin – SC : **R** 70/200.

XX **Le Tisonnier**, 70 r. Garonne ☎ 95.28.51 – 🅰🅴 ⓞ 🅴 🆅🅸🆂🅰   Y **b**
fermé 30 mai au 13 juin, 14 nov. au 5 déc. et lundi – SC : **R** 70/100 🍷.

au NE : 5 km par D 37 et rte Golf – ⊠ 83700 St-Raphaël :

🏨 **Golf H. de Valescure** 🅼 ☜, ☎ 52.01.57, Télex 461085, <, parc, ☂, ⊒, ☗ – 🛗
📺 ☎ & ☙ – 🉐 40 à 60. 🅰🅴 ⓞ 🅴 🆅🅸🆂🅰. ☗ rest
fermé 15 oct. au 22 déc. – SC : **R** carte environ 120 – **40 ch** ☲ 295/400 – P 370/465.

🏨 **San Pedro** 🅼 ☜ sans rest, av. Colonel Brooke ☎ 52.10.24, parc – 🛗 📺 🛁wc
☎ ☙ 🚙 🅰🅴 ⓞ 🆅🅸🆂🅰
Pâques-15 oct. – SC : ☲ 22 – **25 ch** 350/410.

à Boulouris par ① : 5 km – ⊠ 83700 St-Raphaël :

🏨 **Cap Boulouris** 🅼 ☜, ☎ 95.45.45, Télex 461558, <, ☂, parc, ⊒ – 🛗 📺 🛁wc
☎ 🚗 ☙. 🚙 🅰🅴 ⓞ 🆅🅸🆂🅰. ☗ rest
SC : **R** 120/150 – ☲ 24 – **50 ch** 220/330 – P 375/395.

🏨 **La Potinière** 🅼 ☜, ☎ 95.21.43, ☂, parc, ⊒, ☗ – 📺 🛁wc ☎ ☙ 🚙 🅰🅴 ⓞ
fermé 10 nov. au 20 déc. – SC : **R** 105/160 – ☲ 23 – **21 ch** 225/295, 4 appartements 360.

CITROEN Gd Gar. des Bains, 98 r. J.-Barbier ☎ 95.16.72
FORD Gar. Vagneur, 142 av. Valescure ☎ 95.42.78

PEUGEOT Gar. Bacchi, 658 av. de Verdun par D37 Y ☎ 52.27.36

ST-RÉMY 21 Côte-d'Or 🖩 ⑦ – rattaché à Montbard.

ST-RÉMY 79 Deux-Sèvres 🖩 ① – rattaché à Niort.

ST-RÉMY-DE-PROVENCE 13210 B.-du-R. 🖩 ⑫ G. Provence – 7 970 h. alt. 60 – ✪ 90.

Voir Hôtel de Sade : dépôt lapidaire★ B – Cloître★ de l'ancien monastère de St-Paul-de-Mausole par ② – Les Antiques★★ : Mausolée★★, Arc municipal★, Ruines de Glanum★ 1 km par ③ – Env. ☀★★ de la Caume 7 km par ③.

🛈 Office de Tourisme pl. J.-Jaurès (fermé dim. et fêtes sauf matin en saison) ☎ 92.05.22.

Paris 709 ① – Arles 25 ④ – Avignon 21 ① – ✦Marseille 91 ② – Nîmes 42 ④ – Salon-de-Pr. 37 ②.

🏨 **Host. du Vallon de Valrugues** 🅼 ☜ sans rest, Chemin Canto Cigalo par ② ☎ 92.04.40, Télex 431677, <, ⊒, ☂, ☗ – 🛗 ☎ ☙ ☗
1er mars-3 nov. – SC : ☲ 32 – **24 ch** 292/340, 10 appartements 370/440.

🏨 **Les Antiques** sans rest, 15 av. Pasteur (e) ☎ 92.03.02, « Beaux salons, parc, club hippique », ⊒ – ☙. 🅰🅴 ⓞ
25 mars-31 oct. – SC : ☲ 30 – **27 ch** 245.

🏨 **Le Castelet des Alpilles**, pl. Mireille (h) ☎ 92.07.21, ☂ – 🛁wc 🛏wc ☎ ☙ – 🉐 25. 🚙 🅰🅴 ⓞ 🆅🅸🆂🅰
1er mars-15 nov. – SC : **R** 60/135 – ☲ 22 – **19 ch** 110/250 – P 250/320.

🏨 **Canto Cigalo** 🅼 ☜ sans rest, chemin Canto Cigalo par ② ☎ 92.14.28, <, ☂ – 🛁wc 🛏wc ☎ 🚙. ☗
1er mars-1er nov. – SC : ☲ 17 – **20 ch** 140/180.

ST-RÉMY-DE-PROVENCE

Lafayette (R.)
Commune (R. de la) 2
Libération (Av.) 4
Mirabeau (Bd) 5
Nostradamus (R.) . . 6
Résistance (Av.). . . . 7

1039

Van Gogh M sans rest, av. J.-Moulin par ② ☎ 92.14.02, ⛱, 🌳 – ⌂wc ⋒wc ☎ ♿ Ⓟ. 🚗. ✻
10 fév.-15 nov. – SC : ☕ 13 – **18 ch** 130/160.

Cheval Blanc sans rest, 6 av. Fauconnet **(n)** ☎ 92.09.28 – ⌂wc ⋒wc ☎
SC : ☕ 12 – **22 ch** 100/150.

Soleil sans rest, av. Pasteur **(z)** ☎ 92.00.63, ⛱, 🌳 – ⌂wc ⋒wc ☎ 🚗 Ⓟ. 🚗 VISA. ✻
fermé 13 nov. au 1er fév. – SC : ☕ 15 – **15 ch** 140/160.

Château de Roussan sans rest, rte Tarascon par ④ : 2 km ☎ 92.11.63, ≤, « Demeure 18e s. dans un parc » – ⌂wc ☎ 🚗 Ⓟ ✻
20 mars-20 oct. – SC : ☕ 23 – **12 ch** 220/300.

Arts, 30 bd Victor-Hugo **(d)** ☎ 92.08.50 – ⌂wc ☎
fermé vacances de nov. et merc. (sauf hôtel du 15 mars au 15 oct.) – SC : **R** 46 bc/100 ♁ – ☕ 16 – **16 ch** 80/150 – P 160/195.

XX **Villa Glanum** avec ch, rte des Baux par ③ ☎ 92.03.59, 🌳 – ⋒wc ☎ Ⓟ. VISA
fermé 1er déc. au 15 janv. et lundi – SC : **R** 70/110 ♁ – ☕ 15 – **8 ch** 130/140 – P 180/200.

à Maillane NO : 7 km par D 100 – ✉ **13910** Maillane :

X **Oustalet Maïanen,** ☎ 91.74.60
1er mars-30 nov. et fermé dim. soir, lundi et le soir du 15 sept. au 30 juin – SC : **R** 45/70 ♁.

à St-Etienne-du-Grès par ④ : 9 km – ✉ **13150** St-Etienne-du-Grés :

XX **Aub du Grès,** ☎ 91.18.61 – Ⓟ
fermé 15 fév. au 20 mars et lundi – SC : **R** 58/130.

CITROEN Gar. des Alpilles, 22 bd Mirabeau ☎ 92.09.34
FORD Merklen, Zone d'activité ☎ 92.01.24
PEUGEOT, TALBOT Maurin, rte de Tarascon par ④ ☎ 92.13.16
RENAULT Gar. Cabassut, rte Tarascon par ④ ☎ 92.00.35
Gar. Jilliot, 29 av. Fauconnet ☎ 92.10.21

ST-RÉMY-LÈS-CHEVREUSE 78470 Yvelines 60 ⑨⑩, 196 ㉙, 101 ㉜ **G. Environs de Paris** – 5 058 h. alt. 73 – ✪ 3.

⛳ de Chevry 2, ☎ 012.25.56 SE : 4,5 km.

Paris 30 – Longjumeau 21 – Rambouillet 21 – Versailles 14.

XX ✿ **La Cressonnière** (Toulejbiez), ☎ 052.00.41, 🌳 – AE ⓓ VISA
fermé vacances de fév., dim. soir d'oct. à mars, mardi soir et merc. – SC : **R** carte 140 à 200
Spéc. Petite casserole, Filets de lapereau au basilic, Aiguillette de caneton bourguignonne.

TOYOTA Gar. du Claireau, ☎ 052.41.00

ST-RÉMY-SUR-DUROLLE 63550 P.-de-D. 73 ⑥ **G. Auvergne** – 2 009 h. alt. 650 – ✪ 73.

Voir Calvaire ✻★.

Paris 395 – Chabreloche 12 – ♦Clermont-Ferrand 54 – Thiers 8,5.

Voyageurs, ☎ 94.30.53 – ⋒wc 🚗
fermé déc. – SC : **R** *(fermé sam. sauf juil.-août)* 38/100 ♁ – ☕ 12 – **9 ch** 55/90.

XX **Vieux Logis** avec ch, N : 3,5 km sur D 201 ☎ 94.30.78 – Ⓟ
fermé 1er au 15 sept., fév., dim. soir et lundi – SC : **R** (nombre de couverts limité - prévenir) 60/90 – ☕ 12 – **4 ch** 70/100 – P 150.

ST-RESTITUT 26 Drôme 81 ① **G. Vallée du Rhône** – 492 h. alt. 150 – ✉ **26130** St-Paul-Trois-Châteaux – ✪ 75.

Voir Décoration★ de l'église et belvédère ≤★ 15 mn – Cathédrale★ de St-Paul-Trois-Châteaux NO : 4 km.

Paris 637 – Bollène 9 – Montélimar 31 – Nyons 36 – Valence 74.

XX **Aub. des Quatre-Saisons** avec ch, ☎ 04.71.88, « Maisons romanes aménagées en hostellerie », 🌳 – ⌂wc ⋒ ☎. 🚗 AE ⓓ
fermé 15 nov. au 1er déc., 15 janv. au 1er fév., lundi soir hors sais. et mardi midi – SC : **R** 50/170 – ☕ 21 – **11 ch** 170/260 – P 275/325.

ST-ROMAIN-DE-LERPS 07 Ardèche 77 ⑪ – rattaché à St-Péray.

ST-ROMAIN-EN-GAL 69 Rhône 74 ⑪ – rattaché à Vienne.

ST-ROME-DE-CERNON 12490 Aveyron 80 ⑬⑭ – 846 h. alt. 110 – ✪ 65.

Paris 648 – Lodève 58 – Millau 17 – Rodez 75 – St-Affrique 14 – Le Vigan 69.

Commerce, ☎ 62.33.92 – ⋒. ✻
fermé 22 déc. au 5 janv. – **R** 48/65 ♁ – ☕ 15 – **13 ch** 60/85 – P 95/120.

ST-SALVADOUR 19 Corrèze 📖 ⑨ – rattaché à Seilhac.

ST-SAMSON-DE-LA-ROQUE 27 Eure 📖 ④ – 288 h. alt. 72 – ⊠ **27680** Quillebeuf-sur-Seine
– 🛪 32 – **Voir Phare de la Roque** ❊* N : 2 km, **G. Normandie.**
Paris 179 – Beuzeville 12 – Bolbec 23 – Évreux 81 – ♦Le Havre 38 – Honfleur 21 – Pont-Audemer 13.

XXX **Relais du Phare,** pl. de l'Église ⏺ 57.61.68, ☞ – **P.** 🖭 ⑩
fermé janv., lundi soir et mardi – SC : **R** 130/145.

ST-SATUR 18 Cher 📖 ⑫ – rattaché à Sancerre.

ST-SATURNIN-D'APT 84490 Vaucluse 📖 ⑭ **G. Provence** – 1 430 h. alt. 422 – 🛪 90.
Paris 739 – Apt 9 – Avignon 68 – Carpentras 40.

🏠 **Voyageurs,** ⏺ 75.42.08 – 📺wc ☎. 𝘝𝘐𝘚𝘈. 🛇
fermé janv. et merc. sauf juil. et août – SC : **R** 65/130 – ☲ 16 – **13 ch** 140/180 – P
180/230.

XX **St-Hubert,** ⏺ 75.42.02
fermé juin, fév., dim. soir et lundi – SC : **R** *(dim. et fêtes prévenir)* 80/120.

ST-SAUD-LACOUSSIÈRE 24 Dordogne 📖 ⑯ – 1 148 h. alt. 340 – ⊠ **24470** St-Pardoux-
la-Rivière – 🛪 53.
Paris 450 – Brive-la-Gaillarde 113 – Châlus 23 – ♦Limoges 58 – Nontron 16 – Périgueux 68.

XX **Host. St-Jacques** 🐾 avec ch, ⏺ 56.97.21, « Terrasse et jardin fleuri », ⊿, 🛇
♦ – 📺wc ☎ **P**
Pâques-oct. et fermé lundi hors sais. ; dim. et fêtes ouvert toute l'année – SC : **R**
40/85 – ☲ 17 – **14 ch** 120/156 – P 180/205.

ST-SAUVEUR-LA-SAGNE 63 P.-de-D. 📖 ⑥ – 156 h. alt. 814 – ⊠ **63220** Arlanc – 🛪 73.
Paris 462 – Ambert 26 – Brioude 45 – ♦Clermont-Ferrand 111 – Issoire 51 – Le Puy 59.

🏠 **La Dore** 🐾, ⏺ 72.40.16, ≤, ☞ – **P.** 🛇 rest
♦ *15 juin-20 sept.* – SC : **R** 45/65 🍷 – 🍴 11 – **26 ch** 50/70 – P 110/120.

ST-SAUVEUR-LES-BAINS 65 H.-Pyr. 📖 ⑱ – rattaché à Luz-St-Sauveur.

ST-SAUVEUR-LE-VICOMTE 50390 Manche 📖 ② **G. Normandie** – 2 214 h. alt. 30 – 🛪 33.
🅱 Syndicat d'Initiative à la Mairie (fermé dim. et lundi) ⏺ 41.60.26.
Paris 339 – Barneville-Carteret 19 – Carentan 31 – ♦Cherbourg 35 – Coutances 40 – St-Lô 55.

X **Aub. Vieux Château** avec ch, ⏺ 41.60.15, ☞ – **P. E**
♦ *fermé 19 déc. au 9 janv., dim. soir et lundi* – SC : **R** 35/85 – ☲ 9 – **10 ch** 48 – P
115/130.

PEUGEOT Gar. du Vieux Château, ⏺ 41.61.18   RENAULT Gar. Maignan, ⏺ 41.65.34
🆖

ST-SAVIN 38 Isère 📖 ⑬ – rattaché à Bourgoin-Jallieu.

ST-SAVIN 65 H.-Pyr. 📖 ⑰ – rattaché à Argelès-Gazost.

ST-SAVIN 86310 Vienne 📖 ⑯ **G. Côte de l'Atlantique** – 1 323 h. alt. 83 – 🛪 49.
Voir Église abbatiale★★ : Peintures murales★★★ – Pont-Vieux ≤★.
Paris 317 – Le Blanc 19 – Poitiers 41.

🏠 **La Grange,** rte d'Antigny ⏺ 48.07.06, ☞ – 📺wc 🛏
♦ *fermé oct., 8 au 29 juin et lundi* – SC : **R** 40/130 – ☲ 16 – **9 ch** 80/110 – P 130/170.
CITROEN Gar. Central, ⏺ 48.00.23

ST-SAVINIEN 17350 Char.-Mar. 📖 ④ **G. Côte de l'Atlantique** – 2 262 h. alt. 15 – 🛪 46.
Env. Château de la Roche Courbon★ et Jardins★ : ≤★★ SO : 10 km.
🅱 Syndicat d'Initiative pl. des Halles (15 juin-15 sept.) ⏺ 90.21.07.
Paris 459 – Rochefort 28 – La Rochelle 60 – St-Jean-d'Angély 15 – Saintes 19 – Surgères 30.

X **L'Auberge,** ⏺ 90.20.79 – 𝘝𝘐𝘚𝘈
♦ *fermé nov. à mi déc. et merc.* – SC : **R** 40 (sauf sam. soir)/180 🍷.
CITROEN Gar. Roy, ⏺ 90.21.12 🆖   PEUGEOT, TALBOT Garnier, ⏺ 90.20.24

ST-SÉBASTIEN-SUR-LOIRE 44 Loire-Atl. 📖 ③ – rattaché à Nantes.

ST-SEINE-L'ABBAYE 21440 Côte-d'Or 📖 ⑪ **G. Bourgogne** – 352 h. alt. 451 – 🛪 80.
Paris 289 – Avallon 82 – Châtillon-sur-Seine 57 – ♦Dijon 27 – Montbard 48.

🏠 **Poste** 🐾, ⏺ 35.00.35, ☞ – 📺wc 🛏 **P.** 🍴 **E**
fermé janv. et mardi hors sais. – SC : **R** 65/175 – ☲ 18 – **25 ch** 100/165.
PEUGEOT-TALBOT Gar. Pau ⏺ 35.01.88 🆖

ST-SERNIN-SUR-RANCE 12380 Aveyron 80 ⑫ **G. Causses** – 696 h. alt. 290 – ✆ 65.

Paris 694 – Albi 50 – Cassagnes-Bégonhès 58 – Castres 75 – Lacaune 30 – Rodez 83 – St-Affrique 32.

- **France,** ✆ 99.60.26, ≤ – ⇔wc ⋒wc ☎ ℗ – 🏛 100. ⇔ E VISA
 fermé dim. soir et lundi de nov. à Pâques – SC : **R** 45/126 ♁ – ☕ 14 – **20 ch** 55/150 – P 119/159.

CITROEN Gar. Bardy, ✆ 99.61.61

ST-SERVAN-SUR-MER 35 I.-et-V. 59 ⑥ – rattaché à St-Malo.

ST-SEURIN-DE-CURSAC 33 Gironde 71 ⑦ – rattaché à Blaye.

STS-GEOSMES 52 H.-Marne 66 ③ – rattaché à Langres.

ST-SEVER 40500 Landes 78 ⑥ **G. Pyrénées** – 4 797 h. alt. 102 – ✆ 58.

Voir Chapiteaux★ de l'église.

ℹ Syndicat d'Initiative pl. Tour du Sol (15 juin-30 sept.) ✆ 76.00.10.

Paris 740 – Aire-sur-l'Adour 32 – Dax 48 – Mont-de-Marsan 17 – Orthez 37 – Pau 69 – Tartas 23.

- ✿ **Relais du Pavillon** (Dumas) M, au N : 2 km D 933 ✆ 76.20.22, ⚘ – ▤ rest ⇔wc ⋒wc ☎ ℗. AE ⓓ E VISA
 fermé dim. soir du 1er nov. au 31 mars – SC : **R** 75/130 – ☕ 18 – **14 ch** 110/160
 Spéc. Foie de canard en terrine, Foie de canard à l'orange, Brochette gourmande. **Vins** Madiran, Tursan.
- **France et Ambassadeurs,** pl. Cap-du-Pouy ✆ 76.00.01 – ⇔wc ⋒ ⇔ – 🏛 30
 fermé oct., dim. soir et lundi – SC : **R** 36/134 ♁ – ☕ 12 – **22 ch** 48/93.

PEUGEOT Junca, ✆ 76.02.95 Gar. Cazenave, ✆ 76.00.19

ST-SORLIN-D'ARVES 73 Savoie 77 ⑥⑦ **G. Alpes** – 268 h. alt. 1 550 – ✉ **73530** St-Jean-d'Arves – ✆ 79.

Voir Site★ de l'église de St-Jean-d'Arves SE : 2,5 km.

Env. Col de la Croix de Fer ✻★★ O : 7,5 km – Col du Glandon ≤★ puis Combe d'Olle★★ O : 10 km.

Paris 644 – Albertville 80 – Le Bourg-d'Oisans 44 – Chambéry 91 – St-Jean-de-Maurienne 20.

- **Chardon Bleu** ⛰, ✆ 56.75.43, ≤ – ⇔ ⋒ ☎ ℗. ⇔. ✂
 20 juin-1er sept. et 10 déc.-20 avril – **R** 55/80 – ☕ 20 – **26 ch** 90/120 – P 160/200.

ST-SULPICE-SUR-LÈZE 31 Hte-Garonne 82 ⑰ – 1 192 h. alt. 198 – ✉ **31410** Noé – ✆ 61.

Paris 744 – Auterive 13 – Foix 52 – St-Gaudens 61 – ♦ Toulouse 35.

- XX **La Commanderie,** pl. H. de Ville ✆ 87.57.19, ≤, ⛱, ⛱, ⚘ – VISA
 fermé en mars, en sept., lundi soir et mardi – SC : **R** 60/150 ♁.

ST-SYLVAIN 14 Calvados 54 ⑯ – 728 h. alt. 48 – ✉ **14190** Grainville-Langannerie – ✆ 31.

Paris 245 – ♦Caen 20 – Falaise 20 – Lisieux 41 – St-Pierre-sur-Dives 13.

- XX **Aub. Crémaillère,** ✆ 78.11.18
 fermé 1er au 15 juil. et vacances de fév. – SC : **R** (déj. seul. sauf été et week-ends) 50/135.

ST-SYMPHORIEN-DE-LAY 42470 Loire 73 ⑧ – 1 549 h. alt. 480 – ✆ 77.

Paris 409 – ♦Lyon 69 – Montbrison 50 – Roanne 17 – ♦St-Étienne 67 – Thizy 17.

- **Poste,** N7 ✆ 64.75.35 – ⋒ ℗. ✂ ch
 fermé oct. et mardi – SC : **R** 45/55 ♁ – ☕ 12 – **10 ch** 60/120.

ST-SYMPHORIEN-DE-MARMAGNE 71 S.-et-L. 69 ⑦⑧ – rattaché à Marmagne.

ST-THÉGONNEC 29223 Finistère 58 ⑥ **G. Bretagne** – 1 986 h. alt. 112 – ✆ 98.

Voir Enclos paroissial★★.

Env. Enclos paroissial★★ de Guimiliau SO : 7,5 km.

Paris 549 – Châteaulin 52 – Landivisiau 12 – Morlaix 12 – Quimper 73 – St-Pol-de-Léon 23.

- **Aub. St-Thégonnec,** pl.Mairie ✆ 79.61.18, ⚘ – ⋒ ☎. ⇔. ✂ rest
 fermé 1er déc. au 15 janv., lundi soir et mardi hors sais., en saison lundi midi seul. – SC : **R** 47/90 – ☕ 15 – **8 ch** 76/130.

ST-THIBAULT 18 Cher 65 ⑫⑬ – rattaché à Sancerre.

ST-TROJAN-LES-BAINS 17 Char.-Mar. 71 ⑭ – voir à Oléron (Ile d').

ST-TROPEZ 83990 Var 🔟🔟 ⑰ G. Côte d'Azur – 5 434 h. – 🕲 94.

Voir Musée de l'Annonciade★★ – Port★ – Môle Jean Réveille ≤★ – Citadelle★ : ≤★
des remparts, ✳★★ du donjon – Chapelle Ste-Anne ≤★ S : 4 km par ① et D 93.

🗓 Office de Tourisme quai Jean-Jaurès (fermé dim. en nov., déc. et janv.) ☎ 97.41.21.

Par ① : Paris 878 – Aix-en-Provence 120 – Brignoles 63 – Cannes 75 – Draguignan 50 – ◆Toulon 69.

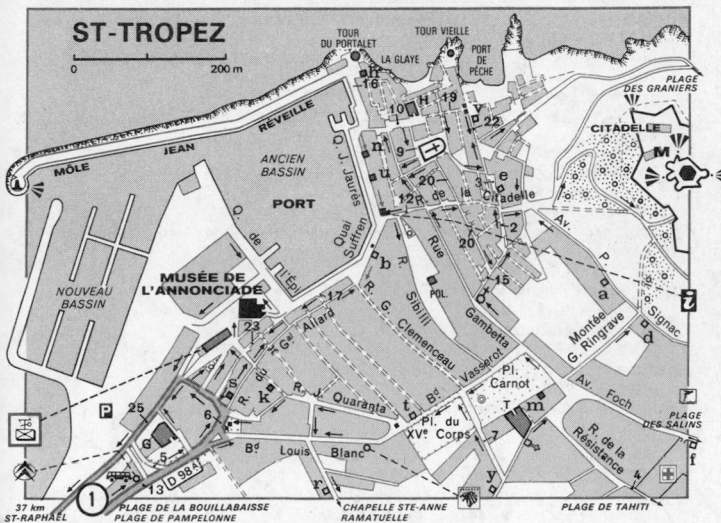

En saison : sens unique (flèche rouge), zone piétonne dans la vieille ville de 14 h à 2 h.

Aire-du-Chemin (R.) 2	Guichard (R. du Cdt) 9	Péri (Quai Gabriel) 17
Aumale (Bd d') 3	Hôtel-de-ville (Pl. de l') 10	Ponche (R. de la) 19
Belle-Isnarde (Ch. de la) 4	Laugier (R. V.) 12	Portail-Neuf (R. du) 20
Blanqui (Pl. Auguste) 5	Loclerc (Av. Moréchal) 13	Remparts (R. des) 22
Croix-de-Fer (Pl. de la) 6	Miséricorde (R.) 15	Seillon (R.) 23
Grangeon (Av.) 7	Mistral (Quai Frédéric) 16	11-Novembre (Av. du) 25

🏨🏨🏨 🕲 **Byblos** Ⓜ ⌘, av. P.-Signac (d) ☎ 97.00.04, Télex 470235, ≤, « Demeures
provençales richement meublées », 🔟 – 🛗 🔲 📺 ☎ 🚗 🅿 – 🏖 130. 🆎 ⓪ 𝑽𝑰𝑺𝑨
1er fév.-31 oct. – **R** carte 200 à 280 – ⏛ 55 – **40 ch** 690/1 070, 19 appartements
Spéc. Feuilleté léger de courgettes en fleur, Mignonnettes d'agneau au basilic, Plaisir et coulis
vanille.

🏨🏨 **Résidence de la Pinède** Ⓜ ⌘, à la plage de la Bouillabaisse par ① : 1 km ☎
97.04.21, Télex 470489, ≤, 🔟, 🏖 – 🔲 ch 📺 ☎ 🕭 🅿 . 🆎 ⓪ 𝑽𝑰𝑺𝑨. ✂ rest
28 avril-15 oct. – SC : **R** 150/185 – **35 ch** ⏛ 630/980, 5 appartements.

🏨🏨 **La Mandarine** Ⓜ ⌘, rte de Tahiti ☎ 97.21.00, ≤, 🔟, 🏖, ☞ – ☎ 🅿 . 🆎 ⓪ 𝑽𝑰𝑺𝑨
Pâques-mi oct. – SC : **R** carte 160 à 235 – ⏛ 40 – **40 ch** 570/960.

🏨🏨 **Yaca** Ⓜ, 1-3 bd Aumale (e) ☎ 97.11.79, 🏖, 🔟, – 🔲 📺 ☎ . 🆎 ⓪ 𝑽𝑰𝑺𝑨
mai-septembre – SC : **R** (dîner seul.) 220 – **22 ch** ⏛ 400/730.

🏨🏨 **Résidence des Lices** Ⓜ sans rest, (y) ☎ 97.28.28, 🔟, ☞ – ☎ 🅿 . 🆎 ⓪ Ⓔ 𝑽𝑰𝑺𝑨
1er avril-15 oct. – SC : ⏛ 23 – **35 ch** 220/400.

🏨🏨 **Levant** Ⓜ ⌘, rte Salins : 2,5 km ☎ 97.33.33, ≤, « Beau jardin », 🔟 – ☎ 🅿 . 🆎
⓪ 𝑽𝑰𝑺𝑨
1er avril-15 oct. – SC : **R** grill – ⏛ 30 – **28 ch** 460.

🏨 **Pré de la Mer** Ⓜ ⌘ sans rest, 2,5 km par rte des Salins ☎ 97.12.23, ☞ –
cuisinette 🚿wc ☎ 🕭 🅿 . 🖅🗐
1er avril-1er nov. et Noël-7 janv. – SC : ⏛ 30 – **11 ch** 250/385.

🏨 **La Tartane** Ⓜ ⌘, rte des Salins 3 km ☎ 97.21.23, ≤, « Jardin », 🔟, ✽ – 🔲
🚿wc 🕭 🅿 . 🖅🗐
1er mars-31 oct. – SC : **R** snack (déj. seul.) – ⏛ 25 – **12 ch** 325/425.

🏨 **La Ponche** Ⓜ, pl. Rèvelin (v) ☎ 97.02.53 – 🛗 🔲 ch 📺 🚿wc 🚾wc 🗐🗐 ☎ . 🖅🗐
1er avril-1er oct. – SC : **R** 90/200 – ⏛ 25 – **23 ch** 200/450.

🏨 **Lou Troupelen** Ⓜ ⌘ sans rest, chemin des Vendanges (f) ☎ 97.44.88, ☞ –
🚿wc 🚾wc 🗐 🕭 🅿 . 🖅🗐 ⓪ 𝑽𝑰𝑺𝑨
1er avril-15 oct. – SC : ⏛ 24 – **43 ch** 183/257.

tourner →

ST-TROPEZ

  🏨 **Les Capucines** (ex Micocouliers) 🌸 sans rest, quartier Treizain par ① : 2 km 🅟 56.05.46, ∑, ♨ — ▤ 🛁wc 🚿wc ☎ 🅿, 🍴 AE VISA 🌂
    1ᵉʳ avril-15 oct. – SC : 🚻 25 – **22 ch** 200/475.

  🏨 **Ermitage** sans rest, av. P.-Signac **(a)** 🅟 97.01.52, <, ♨ — 🛁wc 🚿wc ☎ 🅿, 🍴 ①
    fin mars-fin oct. – SC : 🚻 20 – **29 ch** 190/280.

  🏨 **Palmiers** sans rest, 26 bd Vasserot **(t)** 🅟 97.01.61, ♨ — 🛁wc 🚿wc ☎ 🅖, 🍴
    SC : 🚻 20 – **22 ch** 110/190.

  🏨 **Lou Cagnard** 🌸 sans rest, av. P.-Roussel **(r)** 🅟 97.04.24, ♨ — 🛁wc 🚿wc ☎ 🅿
    fermé 10 nov. au 20 déc. – SC : 🚻 14 – **19 ch** 110/180.

  🏨 **Sube** sans rest., 15 quai Suffren **(b)** 🅟 97.30.04, < — 🛁wc 🚿wc ☎, 🍴 AE ①
    VISA
    1ᵉʳ mars-1ᵉʳ nov. – SC : **28 ch** 🚻 120/385.

  XXX ❀ **Leï Mouscardins**, extrémité du port **(h)** 🅟 97.01.53, < golfe — ▤, VISA
    1ᵉʳ fév.-2 nov. – **R** carte 135 à 195
    Spéc. Langouste grillée, Bouillabaisse, St-Pierre. Vins Bormes, Gassin.

  XX **Auberge des Maures**, 4 r. Dr Boutin **(k)** 🅟 97.01.50, « Décoration originale et terrasse ombragée » — AE
    27 mars au 30 sept. – **R** (dîner seul.) carte 150 à 190.

  XX **L'Escale**, quai J.-Jaurès **(n)** 🅟 97.00.63, < — ▤, VISA
    1ᵉʳ avril-1ᵉʳ oct. – **R** carte 110 à 165.

  XX **Le Girelier**, au port **(u)** 🅟 97.03.87, < — ▤, AE
    fermé 11 nov. au 10 janv. et le soir du 10 janv. au 28 mars – **R** 53/90.

  XX **Les Lices**, 3 pl. des Lices **(m)** 🅟 97.29.00 — ①
    fermé jeudi midi et merc. du 1ᵉʳ oct. au 31 mai – **R** 120/200.

  X **Laëtitia-La Frégate** avec ch, 52 r. Allard **(s)** 🅟 97.04.02 — 🛁wc 🚿wc ☎, AE
    VISA
    avril-fin oct. – SC : **R** *(fermé merc. sauf juil. à sept.)* 78/120 – 🚻 19 – **16 ch** 180/260.

  par ① et D 93 – ✉ **83350** Ramatuelle :

  🏨 **Dei Marres** Ⓜ 🌸 sans rest, à 3 km 🅟 97.26.68, <, ♨ — 🛁wc 🚿wc ☎ 🅿, 🍴
    1ᵉʳ avril-15 oct. – SC : 🚻 30 – **24 ch** 200/400.

  XX **Aub. des Vieux Moulins** avec ch, à 4 km 🅟 97.17.22 — 🛁wc ☎ 🅿, 🍴 AE ①
    VISA
    Pentecôte-20 sept. – SC : **R** (dîner seul.) 190 – 🚻 32 – **7 ch** 100/350.

  Ouest par ① : 3,5 km – ✉ **83990** St-Tropez :

  🏨 **Mas de Chastelas** Ⓜ 🌸, 🅟 56.09.11, parc, 🌴, « Ancienne magnanerie au milieu des vignobles », ∑, ♨ — ▥ ☎ 🅿, AE ① VISA
    début avril-fin sept. – SC : **R** (dîner seul.) (déj. pour résidents) 185 – 🚻 38 – **31 ch** 420/660, 10 appartements.

  🏨 **Le Motel de St-Tropez** Ⓜ 🌸 sans rest, 🅟 56.11.30, parc, ∑ — 🚿wc ☎ 🅿, ①, 🌂
    1ᵉʳ mai-30 sept. – SC : 🚻 28 – **20 ch** 260/450.

  à la Plage de Tahiti SE : 4 km – ✉ **83350** Ramatuelle :

  🏨 **La Figuière** Ⓜ 🌸, 🅟 97.18.21, <, ∑, ♨, 🎾 — ☎ 🅿, 🌂
    1ᵉʳ avril-30 sept. – **R** Grill carte environ 115 ⅃ – **43 ch** 🚻 280/480.

  🏨 **St-Vincent** Ⓜ 🌸 sans rest, 🅟 97.36.90, <, ∑ — ▥ ☎ 🅿
    15 mars-31 oct. – SC : **15 ch** 🚻 360/420.

  🏨 **St-André** Ⓜ 🌸 sans rest, 🅟 97.21.54, ♨ — 🛁wc ☎ 🅿, 🍴, 🌂
    26 mars-30 sept. – SC : 🚻 19 – **28 ch** 210/295.

  🏨 **La Ferme d'Augustin** 🌸 sans rest, 🅟 97.18.12, <, ♨ — 🛁wc 🚿wc ☎ 🅿, 🍴
    27 mars-15 oct. – SC : 🚻 23 – **32 ch** 225/325.

CITROEN Azzena, à Gassin 🅟 56.10.38   PEUGEOT Gar. L.-Blanc, bd L.-Blanc 🅟 97.00.03

ST-USUGE 71 S.-et-L. 🔟 ⑬ – rattaché à Louhans.

ST-VAAST-LA-HOUGUE 50550 Manche 🗺 ③ G. Normandie – 2 269 h. – ✪ 33.

🏌 de Fontenay-sur-Mer S : 16 km.

🛈 Office de Tourisme Quai Vauban (20 juin-15 sept.) 🅟 54.41.37.

Paris 350 – Carentan 40 – ♦Cherbourg 30 – St-Lô 68 – Valognes 17.

  🏨 **France et Fuchsias**, r. Mar.-Foch 🅟 54.42.26, ♨ — 🛁wc 🚿wc ☎, 🍴 ① VISA
  →   *fermé 10 janv. au 10 fév. au 15 fév. au 15 mai sauf vac. scolaires* – SC : **R** 50/160 – 🚻 17,50 – **16 ch** 70/176 – P 170/196.

PEUGEOT Gar. du Port, 🅟 54.43.64 Ⓝ 🅟 54.   PEUGEOT-TALBOT Marie, à Quettehou 🅟 54.
11.33   10.70

ST-VALÉRIEN 89150 Yonne **61** ⑬ – 1 231 h. – ✿ 86.

Paris 112 – Auxerre 63 – Nemours 32 – Sens 14.

XX   **Gatinais,** ☎ 88.62.78
  fermé 1er au 22 sept., 1er au 22 fév., mardi et merc. – SC : **R** 110/160.

PEUGEOT-TALBOT Gar. Février, ☎ 88.61.05

ST-VALÉRY-EN-CAUX 76460 S.-Mar. **52** ③ G. Normandie (plan) – 3 347 h. – Casino –
✿ 35.

Voir Falaise d'Aval ≤★ O : 15 mn.

🛈 Office de Tourisme pl. H. de Ville (avril-oct. et fermé jeudi) ☎ 97.00.63.

Paris 198 – Bolbec 42 – Dieppe 32 – Fécamp 32 – ◆Rouen 59 – Yvetot 30.

🏠   **Terrasses,** sur plage ☎ 97.11.22, ≤ – ⇨wc 🛀wc ☎. **E**. ✼ rest
  fermé janv. et vend. – SC : **R** 64 ⅜ – 🖵 17,50 – **12 ch** 99/175.

🏠   **Bains,** pl. Marché ☎ 97.04.32 – ✼ ch
  fermé 1er déc. au 15 fév., dim. soir et lundi – SC : **R** 55/75 – 🖵 12 – **14 ch** 65/115 –
  P 135/155.

XX   **Port,** ☎ 97.08.93, ≤ – **E** 𝘝𝘐𝘚𝘈
  *fermé 20 sept. au 10 oct., 20 déc. au 6 janv., dim. soir de nov. à mars, jeudi soir et
  lundi* – SC : **R** 66/120.

X   **Pigeon Blanc,** près vieille Église ☎ 97.03.55, 🚗
➡   *fermé 10 janv. au 10 fév. et vend.* – SC : **R** 36/88 ⅜.

CITROEN Soudé, ☎ 97.01.88

ST-VALLIER 26240 Drôme **77** ① G. Vallée du Rhône – 5 425 h. alt. 138 – ✿ 75.

Voir Défilé de St-Vallier★ SO.

Paris 531 – Annonay 21 – ◆St-Étienne 61 – Tournon 15 – Valence 33 – Vienne 40.

XX   **Terminus,** 116 av. J.-Jaurès, rte de Lyon ☎ 23.01.12 – 🅰🗲 ⓄⒹ 𝘝𝘐𝘚𝘈
  fermé du 4 au 21 août, vacances de fév., mardi soir et merc. – SC : **R** 70/190 ⅜.

XX   **Voyageurs** avec ch, 2 av. J.-Jaurès ☎ 23.04.42 – 🏢 rest ⇨wc 🛀 ☎ ⇐ – 🛄
  30. 🗲 ⓄⒹ **E** 𝘝𝘐𝘚𝘈
  fermé 7 au 27 juin, dim. soir et lundi – SC : **R** (nombre de couverts limité - prévenir)
  60/160 ⅜ – 🖵 15 – **9 ch** 85/120.

CITROEN Gar. de la Brassière, ☎ 23.02.65 🗓   RENAULT Trouiller, ☎ 23.07.78
RENAULT Martin-Nave, ☎ 23.13.34

ST-VALLIER-DE-THIEY 06460 Alpes-Mar. **84** ⑧. **195** ㉓ G. Côte d'Azur – 612 h. alt. 724 –
✿ 93.

Voir Pas de la Faye ≤★★ NO : 5 km – Col de la Lèque ≤★ SO . 5 km.

Paris 930 – Cannes 29 – Castellane 51 – Draguignan 61 – Grasse 12 – ◆Nice 51.

🏠   **Le Préjoly,** ☎ 42.60.86, 🍴, 🚗 – ⇨wc 🛀wc ☎. 🍴🗲 🅰🗲 ⓄⒹ **E** 𝘝𝘐𝘚𝘈
➡   *fermé déc., janv. et mardi hors sais.* – **R** 45/100 – 🖵 15 – **20 ch** 100/180 – P
  200/240.

ST-VÉRAN 05490 H.-Alpes **77** ⑱ G. Alpes – 232 h. alt. 2 040 : la plus haute commune d'Europe –
Sports d'hiver : 2 040/2 560 m ≰14, ⬩⬩ – ✿ 92.

Voir Village★★.

🛈 Syndicat d'Initiative (fermé dim.) ☎ 45.82.21.

Paris 748 – Briançon 51 – Guillestre 32.

🏠   **Grand Tétras** 🅼 🏊, ☎ 45.82.42, ≤ – ⇨wc 🛀wc 📺 🅿. 🍴🗓
➡   *18 juin-11 sept. et 18 déc.-fin vacances scolaires de printemps* – SC : **R** 40/65 ⅜ –
  🖵 20 – **21 ch** 100/190 – P 195/250.

ST-VINCENT-DE-MERCUZE 38 Isère **77** ⑤ – 543 h. alt. 346 – ✉ 38660 Le Touvet – ✿ 76.

Paris 588 – Allevard 16 – Chambéry 27 – ◆Grenoble 31.

🏠   **Aub. St-Vincent** 🏊, ☎ 08.46.97 – 🛀wc ☎ 🅿. **E**
  fermé août, vacances de fév., dim. soir et lundi – SC : **R** 55/100 – 🖵 15 – **18 ch** 130
  – P 175/230.

ST-VINCENT-DE-TYROSSE 40230 Landes **78** ⑰ G. Côte de l'Atlantique – 4 063 h. alt. 23
– ✿ 58.

Paris 745 – ◆Bayonne 25 – Dax 24 – Mont-de-Marsan 72 – Pau 95 – Peyrehorade 24.

🏠   **Côte d'Argent** 🏊, rte Hossegor ☎ 77.02.16, 🚗 – 🕴 ⇨wc 🛀wc 📺 ⇐ 🅿
➡   SC : **R** *(fermé sam. et dim. du 1er oct. au 31 mai)* (dîner résidents seul.) 49/76 – 🖵 12
  – **22 ch** 97/128.

🏠   **Touristes,** N 10 (face arènes) ☎ 77.03.28, 🚗 – ⇨wc 🛀wc 📺 ⇐ 🅿
➡   *fermé 5 déc. au 5 janv. et sam. du 1er nov. au 31 janv.* – SC : **R** 46/95 ⅜ – 🍺 10,50 –
  10 ch 54/120.

tourner →

ST-VINCENT-DE-TYROSSE

XXX ✿ **Le Hittau** (Dando), ℡ 77.11.85, « Ancienne bergerie dans un jardin fleuri » — **P**. AE ① VISA
   fermé 15 fév. à fin mars, dim. soir d'oct. à mai et lundi sauf juil.-août — SC : **R** carte 120 à 190 ⅃
   Spéc. Saumon frais (fév. à fin août), Foie chaud au vinaigre de Xérès, Escalopines de canard au poivre vert. **Vins** Madiran, Rosé du Béarn.

RENAULT Darrigade, ℡ 77.03.33   ◉ Comptoir Landais Pneu, ℡ 77.00.88

ST-VINCENT-DU-LOROUËR 72 Sarthe 6⃞4⃞ ④ G. Châteaux de la Loire — 775 h. alt. 84 — ⊠ **72150** Le Grand Lucé — ✆ 43.

Paris 222 — La Flèche 54 — ♦Le Mans 32 — ♦Tours 54 — Vendôme 55.

XX **Aub. Hermitière,** aux sources de l'Hermitière : SO par D 304 et D 137 ℡ 44.84.45, ⛲, ⚘ — **P**. AE ①
   fermé janv., fév., mardi, merc. et jeudi d'oct. à mars, mardi soir et merc. de mars à sept. — SC : **R** 60/110.

CITROEN Gar. Gérault, ℡ 44.84.01

ST-VINCENT-SUR-JARD 85 Vendée 6⃞7⃞ ⑪ G. Côte de l'Atlantique — 452 h. alt. 10 — ⊠ **85520** Jard-sur-Mer — ✆ 51.

🄱 Syndicat d'Initiative r. Clemenceau (juil.-août) ℡ 90.42.06.

Paris 447 — Challans 67 — Luçon 32 — La Roche-sur-Yon 33 — Les Sables-d'Olonne 22.

🏨 **Bon Accueil et Résidence** (annexe 🐚 16 ch ⚏wc), pl. Église ℡ 33.41.88 — ➡ ⚏wc **P** — ⚗ 30. ⚑🚲 ① **E**
   1er avril-1er oct. — SC : **R** 40/130 ⅃ — ☲ 15 — **35 ch** 66/130 — P 130/195.

X **Chalet St Hubert** avec ch (annexe 10 ch 🏨), rte Jard ℡ 33.40.33 — ⚏wc ➡ ᴍ⚏wc **P**. AE ①
   fermé 11 nov. au 22 déc., vacances de fév., lundi (sauf rest.), mardi et merc. hors sais. — SC : **R** 32/100 — ☲ 13,50 — **20 ch** 50/150 — P 105/165.

ST-VIT 25410 Doubs 6⃞6⃞ ⑭⑮ — 1 573 h. alt. 251 — ✆ 81.

Paris 392 — ♦Besançon 18 — Dole 28 — Gray 39 — Pontailler-sur-Saône 40 — Salins-les-Bains 37.

XX **Soleil d'Or** avec ch, ℡ 87.71.40, ⚘ — ➡ ᴍ ⚏ ⚑🚲 ❄ ch
   fermé 20 au 29 juin, 22 déc. au 1er fév., lundi soir sauf juil.-août et mardi — SC : **R** 55/160 ⅃ — ☲ 17 — **7 ch** 86/165.

XX **Le Tisonnier,** E : 5 km rte Dole ℡ 55.10.01 — **P**
   fermé 15 au 31 juil., 12 au 20 fév. et mardi — SC : **R** 55/90 ⅃.

CITROEN Faivre-Naudot, ℡ 55.13.33 Ⓝ ℡ 87.71.53

ST-VRAIN 91770 Essonne 6⃞0⃞ ⑩, ⏹196⏹ ④ — 2 117 h. alt. 60 — ✆ 6.

Voir Parc animalier et de loisirs ★, G. Environs de Paris.

Paris 41 — Corbeil-Essonnes 16 — Étampes 23 — Melun 31.

XX **Host. de St-Caprais** avec ch., r. St-Caprais ℡ 456.15.45 — ⚏wc. ⚑🚲 VISA
   fermé 15 nov. au 15 déc. — SC : **R** *(fermé lundi)* 65/110 — ☲ 18 — **6 ch** 140/150.

ST-WANDRILLE-RANÇON 76 S.-Mar. 5⃞5⃞ ⑤ — 1 268 h. alt. 25 — ⊠ **76490** Caudebec-en-Caux — ✆ 35 — **Voir Abbaye★★** (chant grégorien), G. Normandie.

Paris 167 — Barentin 18 — Duclair 15 — Lillebonne 20 — ♦Rouen 35 — Yvetot 14.

XX **Aub. Deux Couronnes,** ℡ 96.11.44, « Maison normande ancienne » — Ⓔ VISA
   fermé 29 août au 12 sept., 1er au 21 fév., dim. soir et lundi — SC : **R** 55/100 ⅃.

ST-YRIEIX-LA-PERCHE 87500 H.-Vienne 7⃞2⃞ ⑰ G. Périgord — 7 828 h. alt. 369 — ✆ 55.

Voir Collégiale du Moûtier★ B.

🄱 Office de Tourisme pl. Église (1er juil.-31 août et fermé dim.) ℡ 75.94.60.

Paris 436 ① — Brive 62 ③ — ♦Limoges 40 ① — Périgueux 62 ④ — Rochechouart 52 ⑤ — Tulle 74 ②.

Plan page ci-contre

   à l'étang de Puymoreau par ③ : 4 km — ⊠ 87500 St-Yrieix-la-Perche :

X **Vieux Moulin,** ℡ 75.08.21, ⇐ — **P**. VISA. ⚘
   ➡ *fermé janv., fév. et merc.* — SC : **R** 32/68.

   à la Roche l'Abeille par ① : 12 km — ⊠ 87800 Nexon :

🏨 ✿ **Moulin de la Gorce** (Bertranet) 🐚, S : 2 km par D 17 ℡ 00.70.66, ⇐, « En bordure d'étang, parc » — 📺 ⚏wc ☎ **P**. ⚑🚲 AE ① VISA
   fermé janv., dim. soir (sauf hôtel du 15 juin au 15 sept.) et lundi hors sais. — SC : **R** carte 160 à 200 — ☲ 20 — **6 ch** 180/250 — P 300/330.
   Spéc. Foie chaud de canard, Fricassée de homard, Lièvre à la Royale (saison de chasse).

CITROEN Lenfant, 40 bd Hôtel de Ville ℡ 75.00.30   V.A.G. Faurel, 9 bis bd Hôtel de Ville ℡ 75.10.70
RENAULT Saint-Yrieix Autom., rte de Limoges par① ℡ 75.90.80

ST-YRIEIX-LA-PERCHE

Hôtel-de-Ville (Bd de l') 12

Attane (Pl.) 2
Condamy (R.) 3
Dr-Lemoyne (Av.) 5
Ferry (Av. Jules) 6
Gambetta (Av.) 7
Gare (Av. de la) 8
Gutenberg (Av.) 9
Limoges (Av. de) 14
Loménie (R. de) 15
Marceau (Av.) 16
Marché (R. du) 18
Nation (Pl. de la) 19
Pont-las-Bordas (R. du) 21
Poterne (R. de la) 22
République (Pl. de la) 24
Timbault (Av.) 25
4-Septembre (Pl.) 27
63e Régiment d'Infanterie (R. du) .. 28

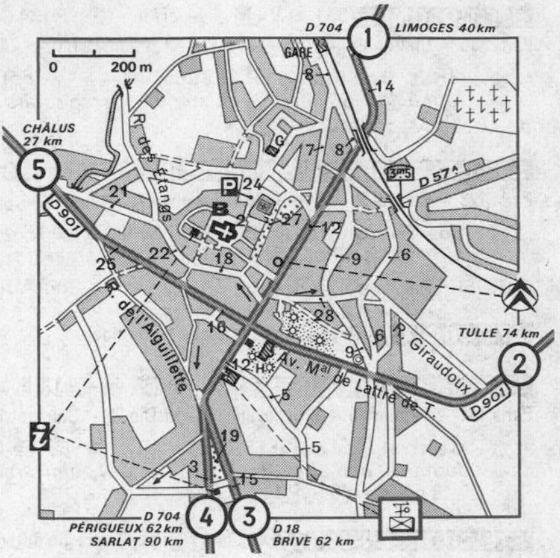

Pour un bon usage des plans de villes, voir les signes conventionnels p. 20.

STE-ADRESSE 76 S.-Mar. 55 ③ – rattaché au Havre.

STE-AGNÈS 06 Alpes-Mar. 84 ⑩⑳, 195 ㉘ – rattaché à Menton.

STE-ANNE-D'AURAY 56 Morbihan 63 ② **G. Bretagne** – 1 502 h. alt. 34 – ✉ **56400** Auray – ☎ 97.

Voir Trésor* de la basilique – Pardon (25 et 26 juil.).

Paris 476 – Auray 6 – Hennebont 30 – Locminé 27 – Lorient 38 – Quimperlé 54 – Vannes 16.

- **Croix Blanche,** 25 r. Vannes ☎ 57.64.44 – wc wc ☎ P. ✂
  fermé 2 janv. au 15 fév., mardi soir et merc. du 20 sept. au 31 déc. et du 15 fév. au 15 mai – SC : **R** 51/109 – ☕ 21 – **16 ch** 173/207 – P 225/294.
- **Paix,** 26 r. Vannes ☎ 57.65.08 –
  Pâques-fin sept. et fermé lundi soir et mardi – SC : **R** 45/70 – ☕ 11 – **16 ch** 53/76.
- **Annexe le Myriam** M, r. Parc ☎ 57.70.44 – wc ☎ P
  Pâques-fin sept. – SC : ☕ 13 – **30 ch** 125/175.
- **L'Auberge** avec ch, 56 r. Vannes ☎ 57.61.55 – P. ✂ ch
  fermé 15 janv. au 15 mars et lundi hors sais. – SC : **R** 45/80 – **10 ch** ☕ 70/120 – P 145/180.

RENAULT Josset, ☎ 57.64.13

STE-ANNE-DU-CASTELLET 83 Var 84 ⑭ – rattaché au Castellet.

STE-ANNE-LA-PALUD (Chapelle de) 29 Finistère 58 ⑭ **G. Bretagne** – alt. 65 – ☎ 98.

Voir Pardon (fin août).

Paris 570 – ♦Brest 66 – Châteaulin 19 – Crozon 38 – Douarnenez 16 – Plomodiern 11 – Quimper 25.

- **Plage** (Mme Le Coz) , à la plage ✉ 29127 Plomodiern ☎ 92.50.12, ≤, – P. AE ⓓ E VISA. ✂ rest
  31 mars-1er oct. – SC : **R** 110/220, dîner à la carte – ☕ 26 – **30 ch** 280/400 – P 380/440
  Spéc. Homard et langouste grillés, Bar fumé, Crêpes farcies morgane.

STE-APPOLINE 78 Yvelines 60 ⑨, 196 ⑯ – rattaché à Pontchartrain.

La STE-BAUME 83 Var 84 ⑭ **G. Provence** – alt. 670 – ✉ **83640** St-Zacharie – ☎ 94.

Voir Forêt de la Ste-Baume** au SE de l'Hôtellerie.

Paris 797 – Nans-les-Pins 12.

Ressources hôtelières : voir à *Nans-les-Pins*

STE-CÉCILE-LES-VIGNES **84290** Vaucluse 81 ② – 1 652 h. alt. 106 – ☎ 90.

Paris 652 – Avignon 47 – Bollène 12 – Nyons 26 – Orange 16 – Vaison-la-Romaine 22.

- XXX **Le Relais,** ☎ 30.84.39, – P. ✂
  fermé 15 fév. au 15 mars, dim. soir et lundi – **R** 55/100.

Comtat-Pneus, ☎ 30.88.11

STE-COLOMBE 35 I.-et-V. 🔢 ⑦ – 277 h. – ✉ 35134 Coësmes – 🔟 99.
Paris 345 – Châteaubriant 24 – Laval 71 – ◆ Rennes 36.

  🏨 **Host. Bec Fin** ❧, ⌨ 47.01.65, 🛏 – 🛁wc ⚙ 🅿
  ◆ *fermé 4 au 31 janv., vend. soir et dim. soir hors sais.* – SC : **R** 45 ♨ – ☲ 15 – **7 ch**
    60/105 – P 98/130.

STE-COLOMBE-LA-COMMANDERIE 27840 Eure 🔢 ⑳ – 441 h. alt. 147 – 🔟 32.
Paris 123 – Bernay 30 – Evreux 20 – Lisieux 54 – ◆ Rouen 44.

  XX **Les Templiers,** N 13 ⌨ 35.40.04 – 🆎 ⓞ Ⓔ VISA
    fermé 15 août au 10 sept., 14 au 23 fév., mardi soir et merc. – SC : **R** 60/90.

CITROEN Gar. Loisel, ⌨ 35.40.02   RENAULT Gar. Poilvez, ⌨ 35.40.17 🆖

STE-CROIX 01 Ain 🔢 ② – rattaché à Montluel.

STE-CROIX-AUX-MINES 68 H.-Rhin 🔢 ⑱ – 2 338 h. alt. 314 – ✉ 68160 Ste-Marie – 🔟 89.
Paris 484 – Colmar 40 – Ribeauvillé 23 – St-Dié 25 – Sélestat 18.

  XX **Central** avec ch, ⌨ 58.73.27 – 🛁wc ☎. 🆎 ⓞ Ⓔ VISA ⚗
    fermé 30 mai au 20 juin, 1er au 16 janv., dim. soir et lundi – SC : **R** 70/190 ♨ – ☲ 15
    – **9 ch** 75/140 – P 140/160.

STE-CROIX-EN-JAREZ 42 Loire 🔢 ⑱ – rattaché à Rive-de-Gier.

STE-ÉNIMIE 48210 Lozère 🔢 ⑤ **G. Causses** (plan) – 636 h. alt. 470 – 🔟 66.
🅸 Office de Tourisme à la Mairie (Pâques, Pentecôte, 1er juin-30 sept.) ⌨ 48.50.09.
Paris 599 – Florac 27 – Mende 28 – Meyrueis 29 – Millau 56 – Sévérac-le-Château 46 – Le Vigan 86.

  🏯 ⚙ **Château de la Caze** : voir à La Malène.
  🏛 **Burlatis** Ⓜ sans rest, ⌨ 48.52.30 – 🛁wc 🛁wc 🅿. 🚗☕
    Pâques-1er oct. – SC : ☲ 12 – **18 ch** 125/175.
  🏠 **Paris,** ⌨ 48.50.02, ≼ – 🛁wc 🛁wc 🅿. 🚗☕
  ◆ *1er mai-30 sept.* – SC : **R** 45/85 – ☲ 15 – **15 ch** 100/160 – P 160/200.
  🏠 **Commerce,** ⌨ 48.50.01, ≼ – 🛁wc ⚙ 🚗 🚗☕ VISA
    1er avril-15 oct. et fermé lundi midi hors sais. – SC : **R** 55/80 – ☲ 16 – **20 ch** 80/150
    – P 180/220.

STE FEYRE 23 Creuse 🔢 ⑩ – rattaché à Guéret.

STE-FOY 71 S.-et-L. 🔢 ⑧ – rattaché à Marcigny.

STE-FOY-LA-GRANDE 33220 Gironde 🔢 ⑬⑭ **G. Côte de l'Atlantique** – 3 577 h. alt. 20 –
🔟 57 – 🅸 Office de Tourisme Hall de la Mairie (1er juil.-31 août, fermé dim. et lundi) ⌨ 46.03.00.
Paris 642 ⑤ – ◆Bordeaux 70 ⑤ – Langon 57 ④ – Marmande 44 ③ – Périgueux 64 ①.

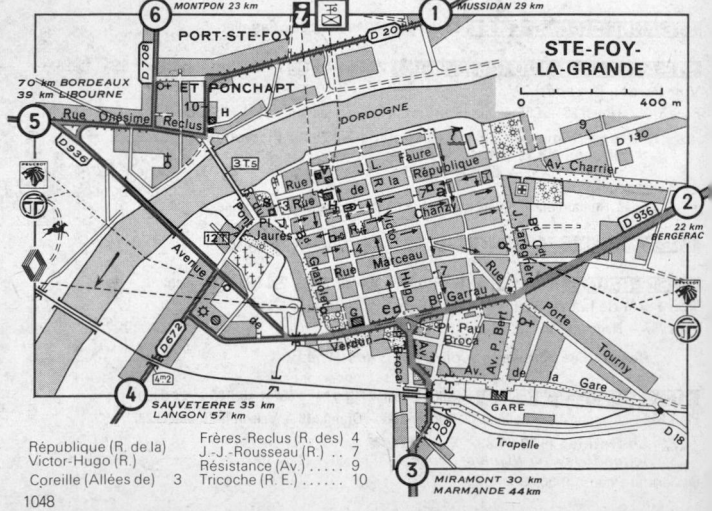

République (R. de la)
Victor-Hugo (R.)
Coreille (Allées de) 3
Frères-Reclus (R. des) 4
J.-J.-Rousseau (R.) .. 7
Résistance (Av.) 9
Tricoche (R. E.) 10

🏨 **Gd Hôtel,** 117 r. République **(a)** ☎ 46.00.08, 🍽 – 🛏wc ☎ 🚗. 🆎 ⓘ 🅴 𝐕𝐈𝐒𝐀
fermé 3 au 10 oct., 2 au 9 janv., dim. soir et lundi du 1er oct. au 31 mai – SC : **R**
52/180 🍴 – ⬄ 20 – **18 ch** 140/240.

🏨 **Victor Hugo** Ⓜ sans rest, 101 r. V.-Hugo **(e)** ☎ 46.18.03 – 🛏wc 🛁wc 🐎 🚗.
🚗🐎
SC : ⬄ 15 – **12 ch** 100/140.

🏨 **Boule d'Or,** pl. J.-Jaurès **(s)** ☎ 46.00.76, 🍽 – 🛏wc 🛁wc 🐎 🚗. ⓘ. ⌘ ch
fermé 1er au 15 sept., 20 déc. au 20 fév. et lundi sauf juil. et août – SC : **R** 40/100 🍴 –
⬄ 11 – **25 ch** 65/140.

🍽🍽 **Vieille Auberge** avec ch, r. Pasteur **(v)** ☎ 46.04.78 – 🛁. ⌘ ch
fermé 11 au 28 avril, 17 oct. au 3 nov., dim. soir et lundi – SC : **R** 45/140 🍴 – ⬄ 13 –
7 ch 65/95 – P 140/158.

STE-FOY-LÈS-LYON 69 Rhône 🔢 ⑪ – rattaché à Lyon.

STE-FOY-TARENTAISE 73640 Savoie 🔢 ⑲ – 593 h. alt. 1 051 – ✆ 79.
Paris 674 – Chambéry 113 – Moûtiers 39 – Val d'Isère 19.

🏨 **Le Monal** Ⓜ, ☎ 07.01.05, ⬐ – 🛗 🛏wc 🛁wc 🐎
fermé mai et 15 oct. au 15 nov. – SC : **R** 45/65 – ⬄ 15 – **27 ch** 75/160 – P 135/165.

STE-GEMME-MORONVAL 28 E.-et-L. 🔢 ⑦. 🔢 ㉓ – rattaché à Dreux.

STE-GENEVIÈVE-SUR-ARGENCE 12420 Aveyron 🔢 ⑬ – 1 063 h. alt. 800 – ✆ 65.
Env. Barrage de Sarrans★★ N : 8 km, G. Auvergne.
Paris 559 – Aurillac 56 – Chaudes-Aigues 37 – Espalion 47 – Mende 114.

🏨 **Voyageurs,** ☎ 66.41.03, 🍽 – 🛏wc 🛁wc 🚿 🚗
fermé 17 sept. au 4 oct. et dim. soir du 1er oct. au 15 juin – SC : **R** 35/70 🍴 – ⬄
11,50 – **17 ch** 45/90 – P 105/120.

STE-HERMINE 85210 Vendée 🔢 ⑮ – 2 307 h. alt. 30 – ✆ 51.
Paris 417 – Fontenay-le-Comte 22 – ◆Nantes 89 – La Roche-sur-Yon 34 – Les Sables-d'Olonne 61.

🏨 **Relais de la Marquise,** ☎ 30.00.11 – 🛁 🅿. ⌘
fermé 7 au 29 oct., 23 déc. au 10 janv., dim. soir en hiver, vend. soir et sam. – SC : **R**
44/100 🍴 – ⬄ 14 – **12 ch** 66/110.

STE-LIVRADE-SUR-LOT 47110 L.et-G. 🔢 ⑤ – 6 016 h. alt. 53 – ✆ 53.
Voir Fongrave : retable★ de l'église O : 5 km, G. Côte de l'Atlantique.
🅱 Office de Tourisme à la Mairie (fermé jeudi et sam. après-midi hors sais.) ☎ 01.04.76.
Paris 747 – Agen 39 – Marmande 43 – Nérac 49 – Tonneins 26 – Villeneuve-sur-Lot 9,5.

🏨 **Midi,** ☎ 01.00.32 – 🍽 rest 🛏wc 🛁wc ☎ 🚗. 🚗🐎 🆎 ⓘ. ⌘
fermé 20 déc. au 1er avril, 20 au 27 juin et dim. soir en hiver – SC : **R** 48/120 – ⬄ 14
– **15 ch** 90/150 – P 120/150.

à Teysset : 9 km par D 667 – ✉ 47380 Monclar d'Agenais :

🍽🍽 **Le Teysset,** ☎ 79.95.56 – 🅿 🆎 𝐕𝐈𝐒𝐀
fermé 15 janv. au 28 fév., vend. midi et jeudi – **R** 56/128.

STE-MARGUERITE (Ile) ★★ 06 Alpes-Mar. 🔢 ⑨. 🔢 ㉟㊴ G. Côte d'Azur – ✉ 06400
Cannes – ✆ 93.

Voir Forêt★★ – ⬐★ de la terrasse du Fort-Royal.

Accès par transports maritimes.

⛴ depuis **Cannes.** En 1982 : de juin à sept. 9 départs quotidiens, hors saison : 5
départs quotidiens - Traversée 15 mn - 15 F (AR) - par Cie Esterel-Chanteclair, gare
maritime des Iles ☎ 39.11.82 (Cannes).

⛴ depuis **Golfe-Juan et Juan-les-Pins.** En 1982 : de mars à oct., 3 à 5 départs
quotidiens dans les deux sens - Traversée 30 mn — 22 F (AR) - René Conte, port de
Golfe-Juan ☎ 63.81.31.

STE-MARGUERITE-SUR-MER 76 S.-Mar. 52 ④ – rattaché à Varengeville-sur-Mer.

STE-MARIE 44 Loire-Atl. 67 ① – rattaché à Pornic.

STE-MARIE-AUX-MINES 68160 H.-Rhin 62 ⑱ **G. Vosges** – 6 874 h. alt. 360 – ✆ 89.

Tunnel de Ste-Marie-aux-Mines : Péage aller simple : autos 11,50 F, camions 23 à 46 F - Tarifs spéciaux AR pour autos et camions.

Office de Tourisme 1 place Gare (fermé merc. et dim. hors sais.) ☎ 58.80.50 et 158 r. de Lattre (1er juil.-31 août et fermé dim.) ☎ 58.74.04.

Paris 482 – Colmar 34 – Ribeauvillé 19 – St-Dié 23 – Sélestat 22.

Cromer, 185 r. Mar.-de-Lattre-de-Tassigny ☎ **58.70.19** – wc wc ☎ P – 30 à 60. AE. rest
fermé 15 nov. au 15 déc., dim. soir (sauf hôtel) et lundi – SC : **R** 55/135 – 15 – **35 ch** 65/140 – P 150/180.

CITROEN Vogel, 176 r. Clemenceau ☎ 58.74.73 N
FORD Gar. Schroth, Echery N° 2 ☎ 58.71.06
PEUGEOT Moeglen, 10 r. Wilson ☎ 58.70.40

STE-MARIE-DE-CAMPAN 65 H.-Pyr. 85 ⑲ – alt. 857 – ✉ **65200** Bagnères-de-Bigorre – ✆ 62.

Env. ✱* du col d'Aspin SE : 13 km, G. Pyrénées.**

Paris 838 – Arreau 26 – Bagnères-de-Bigorre 12 – Luz-St-Sauveur 35 – Tarbes 33.

Chalet H. , NO : 1 km sur D 935 ☎ **91.85.64**, ←, – wc wc ☎ P. rest
20 juin-25 sept. et 20 déc.-20 avril – SC : **R** 50/90 – 14 – **25 ch** 90/200 – P 163/220.

à Campan NO : 6,5 km par D 935 – ✉ **65200** Bagnères-de-Bigorre :

Beauséjour, ☎ 95.35.30 – ☎
fermé oct. – SC : **R** 33/60 – 9,50 – **12 ch** 45/75 – P 110/120.

à Payolle, au bord du lac par D 918 et VO : 9 km – alt. 1 070 – ✉ **65200** Bagnères-de-Bigorre :

Arcoch , ☎ **91.85.76**, ←, – wc ☎ P
1er juin-15 oct. et 1er déc.-1er mai – **R** 55/80 – 15 – **20 ch** 120/130 – P 150/180.

STE-MARIE-DE-GOSSE 40750 Landes 78 ⑰ – 765 h. alt. 40 – ✆ 59.

Paris 757 – •Bayonne 24 – Dax 27 – Mont-de-Marsan 79 – Peyrehorade 14.

Les Routiers, sur N 117 ✉ 40390 St-Martin-de-Seignanx ☎ **56.32.02** – P. ch
fermé 1er oct. au 8 nov., vend. soir et sam. sauf juil.-août et sept. – SC : **R** 34/82 – 12 – **15 ch** 45/62 – P 95/104.

STE-MARIE-DE-RÉ 17 Char.-Mar. 71 ⑫ – rattaché à Ré (Ile de).

STE-MARIE-DE-VARS 05 H.-Alpes 77 ⑱ – rattaché à Vars.

STES-MARIES-DE-LA-MER – voir après Saintes.

STE-MARINE 29 Finistère 58 ⑮ – ✉ **29120** Pont-l'Abbé – ✆ 98.

Paris 562 – Bénodet 5,5 – Concarneau 26 – Pont-l'Abbé 9,5 – Quimper 19.

XX ✿ **Le Jeanne d'Arc** (Fargette) avec ch, ☎ **56.32.70** – P
fermé 15 sept. au 30 nov., lundi soir et mardi sauf juil.-août – SC : **R** (nombre de couverts limité - prévenir) 105/260 – 12 – **9 ch** 78/105
Spéc. Terrine de poissons, Jardinière de homard, Feuilleté chaud aux fruits.

STE-MAURE-DE-TOURAINE 37800 I.-et-L. 68 ④⑤ **G. Châteaux de la Loire** – 4 016 h. alt. 72 – ✆ 47.

Syndicat d'Initiative r. du château (15 juin-1er sept. et fermé dim.) ☎ 65.66.20 et à la Mairie (fermé sam. après-midi et dim.) ☎ 65.40.12.

Paris 272 – Le Blanc 69 – Châtellerault 35 – Chinon 33 – Loches 31 – Thouars 71 – •Tours 37.

Veau d'Or, 13 r. Dr Patry ☎ **65.40.41** – wc P. E VISA
fermé fév. et mardi – SC : **R** 38/82 – 12 – **11 ch** 63/90 – P 130.

XX **La Gueulardière** avec ch, rte Nationale ☎ **65.40.71** – P. VISA. rest
fermé 20 au 27 juin, 17 au 31 oct., 8 au 22 fév., dim. soir d'oct. à mars et lundi – SC : **R** 48/150 – 14 – **16 ch** 66/143.

à Pouzay SO : 8 km – ⊠ 37800 Ste-Maure-de-Touraine :

✗ **Gardon Frit,** ☏ 65.21.81, 😤
fermé 15 sept. au 15 oct., mardi soir et merc. – SC : **R** 110/120 🍷.

CITROEN Bou, à Noyant ☏ 65.82.18 **N**
CITROEN Gar. Rico, ☏ 65.40.46
PEUGEOT-TALBOT Duport, à Pouzay ☏ 65.21.89

PEUGEOT, TALBOT Saint-Aubin, ☏ 65.40.85 **N**
RENAULT Esnault, ☏ 65.41.13

STE-MAXIME 83120 Var 🔢 ⑰ G. Côte d'Azur – 6 882 h. – Casino A – ✪ 94.

Voir Sémaphore ❄❄★ N : 1,5 km.

🏌 de Beauvallon ☏ 96.16.98 par ③ : 4 km.

🛈 Office de Tourisme (fermé dim. sauf matin en saison) avec A.C. Promenade Simon-Lorière ☏ 96.19.24, Télex 970080.

Paris 880 ① – Aix-en-Provence 122 ① – Cannes 61 ② – Draguignan 36 ① – ◆Toulon 73 ③.

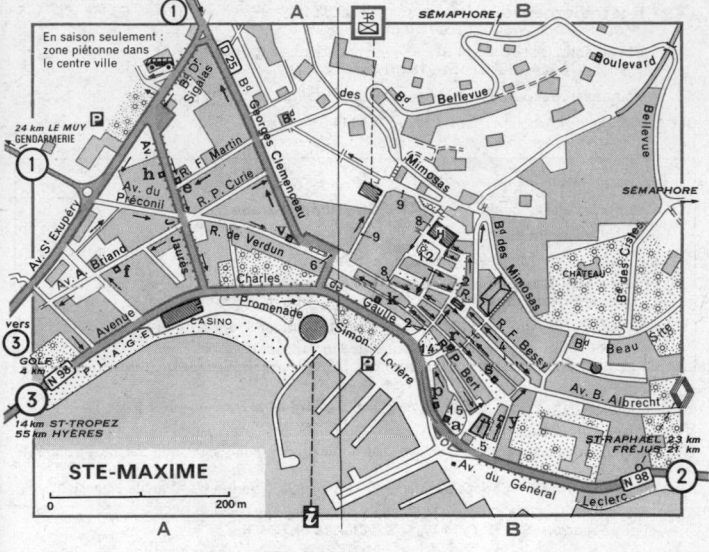

STE-MAXIME

Courbet (R.)	B 2	Louis Blanc (Pl.)	A 6	Pasteur (Pl.)	B 12
Hoche (R.)	B 4	Maures (R. des)	B 8	Victor-Hugo (Pl.)	B 14
Libération (Pl. de la)	B 5	Mistral (Bd F.)	B 9	15-Août-1944 (Pl. du)	B 15

🏨🏨 **Belle Aurore,** La Croisette par ③ ☏ 96.02.45, « En bordure de mer, ≼, 🛥 » – 🅿
15 mars-31 oct. – **R** 125/230 – � 30 – **18 ch** 340/400 – P 410/450.

🏨🏨 **Résidence Brutus** sans rest, bd Mer par ③ ☏ 96.13.55, ≼ mer – 🛗 🆎
15 mars-31 oct. – SC : **49 ch** 140/330.

🏨 **Calidianus** Ⓜ ⌂ sans rest, quartier de la Croisette par ③ : 1 km ☏ 96.23.21, ≼, 🌊, 🌿, ❦ – 📺wc ☎ 🅿. 🆎
SC : ⊒ 22 – **27 ch** 240/265.

🏨 **Muzelle-Montfleuri** ⌂, bd Montfleuri par ② ☏ 96.19.57, ≼, 🌿 – 🛗 📺wc 🍴wc 🅿. ❦ rest
16 mars-15 oct. – SC : **R** 80/100 – ⊒ 19 – **31 ch** 180/250 – P 215/290.

🏨 ''La Croisette'' **Résidence** ⌂ sans rest, bd Romarins par ③ ☏ 96.17.75, ≼, 🌿 – 🛗 📺wc 🍴wc 🍸 🅿
fermé déc. et janv. – SC : **20 ch** ⊒ 180/250.

🏨 **Royal Bon Repos** sans rest, r. J.-Aicard ☏ 96.08.74 – cuisinette 📺 🍴wc 🍸 🅿
1ᵉʳ avril-31 oct. – SC : ⊒ 18 – **23 ch** 151/239.   B **y**

🏠 **Le Revest,** av. J.-Jaurès ☏ 96.19.60 – 📺wc 🍴wc 🍸 🆎
1ᵉʳ avril-15 oct. – SC : **R** 50/84 – ⊒ 15 – **26 ch** 110/161 – P 220/270.   A **h**

🏠 **L'Ensoleillée,** av. J.-Jaurès ☏ 96.02.27 – 📺wc 🍴wc 🍸 🆎 ❦
1ᵉʳ avril-1ᵉʳ oct. – SC : **R** 60/85 – ⊒ 14 – **29 ch** 75/155 – P 140/190.   A **e**

🏠 **Préconil** sans rest, bd A.-Briand ☏ 96.01.73 – 🍴wc 🍸 🆎
1ᵉʳ mars-10 nov. – SC : ⊒ 15 – **19 ch** 103/193.   A **f**

XX **L'Esquinade**, sur le port ℡ 96.01.65, Produits de la mer − ⬤ B p
fermé 3 nov. au 20 déc. et merc. sauf juil.-août − SC : **R** carte 140 à 200.

XX **La Gruppi**, av. Ch.-de-Gaulle ℡ 96.03.61, ≼, produits de la mer − 🍴 B k
fermé oct. et lundi hors sais. sauf fériés − SC : **R** (nombre de couverts limité -
prévenir) carte 125 à 190.

XX **Hermitage**, sur le port ℡ 96.17.77, produits de la mer B a
SC : **R** carte 100 à 145.

X **Sans Souci**, r. Paul-Bert ℡ 96.18.26 B s
25 mars-4 oct. − SC : **R** 56/68.

X **La Réserve**, pl. Victor-Hugo ℡ 96.18.32 − 🍴 B r
1er fév.-15 oct. − SC : **R** 60/80.

X **Chez Michel**, pl. Louis-Blanc ℡ 96.02.16 − *VISA* A v
avril-oct. − SC : **R** 55/70.

à La Nartelle par ② : 4 km − ✉ 83120 Ste-Maxime :

🏨 **Host. Vierge Noire** Ⓜ sans rest, ℡ 96.33.11 − ⬛wc ☎ Ⓟ 🖼 AE ⬤
1er avril-10 oct. − SC : ⟷ 23 − **10 ch** 230/280.

🏠 **Plage** sans rest, ℡ 96.14.01, ≼ − ⬛wc 🛁wc ☎ Ⓟ 🖼
10 mai-10 oct. − SC : ⟷ 15 − **18 ch** 185/289.

Voir aussi ressources hôtelières de *Beauvallon* par ③ : 4,5 km

RENAULT Gar. de l'Arbois, av. Gén.-Leclerc ℡ 96.14.03

STE-MENEHOULD ◄⬤► 51800 Marne 𝟻𝟼 ⑲ G. Nord de la France − 6 096 h. alt. 139 − ✿ 26.

Voir ≼*≽ du "château".

🛈 Office de Tourisme pl. Général-Leclerc (après-midi seul. fermé sam. sauf saison et dim.) ℡ 60.85.83.

Paris 220 − Bar-le-Duc 48 − Châlons-sur-Marne 46 − ◆Reims 78 − Verdun 47 − Vitry-le-Francois 51.

🏠 **St-Nicolas**, 36 r. Chanzy ℡ 60.80.59 − ⬛wc 🛁 ☎ 🖼
← *fermé mardi* − SC : **R** 50/140 ⚗ − ⟷ 13 − **18 ch** 65/115.

à Florent-en-Argonne NE : 7,5 km par D 85 − ✉ 51800 Ste-Menehould :

X **Aub. la Menyère**, ℡ 60.93.70, « Maison du 16e s. » −
← *fermé fév., dim. soir et lundi* − SC : **R** 32 (sauf sam. soir), carte sam. soir et dim. midi.

PEUGEOT-TALBOT Crochet, 61 av. Bournizet ℡ 60.84.78
PEUGEOT-TALBOT Pillard, N 3 à Auve ℡ 60.25.46 🅽
RENAULT Roudier, rte Chalons ℡ 60.80.80
Gar. Garet, 49 r. Florion ℡ 60.81.38 🅽

STE-MONTAINE 18 Cher 𝟼𝟺 ⑳ − rattaché à Aubigny-sur-Nère.

STE-ODILE (Mont) 67 B.-Rhin 𝟼𝟸 ⑨ G. Vosges − alt. 761 − ✉ 67530 Ottrott - Pèlerinage 13 décembre.

Voir Couvent de Ste-Odile* : ✳**.

Paris 506 − Molsheim 23 − Sélestat 28 − ◆Strasbourg 42.

STE-RADEGONDE 79 Deux-Sèvres 𝟼𝟽 ⑦ ⑧ − rattaché à Thouars.

SAINTES ◄⬤► 17100 Char.-Mar. 𝟽𝟷 ④ G. Côte de l'Atlantique − 28 403 h. alt. 27 − ✿ 46.

Voir Vieille ville* AZ − Arènes* Y − Église St-Eutrope : crypte** AZ D − Abbaye aux Dames : église Ste-Marie* BZ − Cathédrale St-Pierre* AZ E − Arc de Germanicus* BZ F − Musée des Beaux-Arts* AZ M2.

🏌 de Hautmont ℡ 74.27.61 par ② : 3 km.

🚂 ℡ 93.01.03.

🛈 Office de Tourisme Esplanade A.-Malraux (fermé sam. après-midi et dim. hors saison) ℡ 74.23.82.

Paris 470 ⑨ − ◆Bordeaux 118 ⑤ − Niort 73 ⑨ − Poitiers 137 ⑨ − Rochefort 42 ⑨ − Royan 38 ⑦.

SAINTES

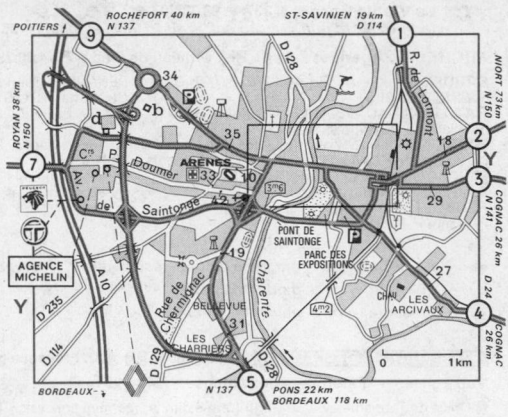

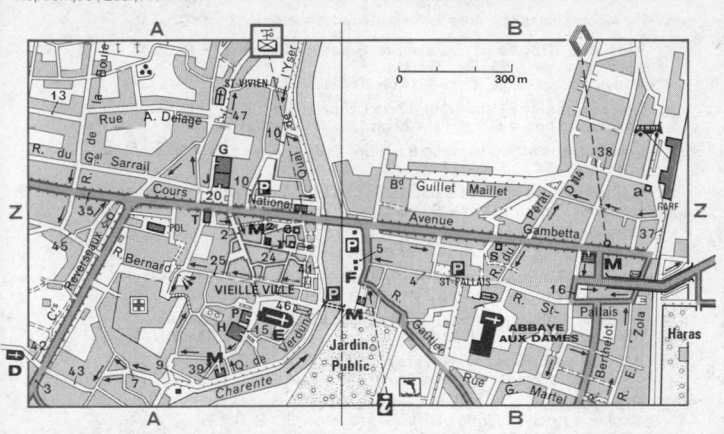

🏨🏨 **Relais du Bois St-Georges** M ⟨...⟩ r. Royan (D 137) ☏ 93.50.99, ≤, parc – ☎ ⴟ
🅿 – 🏛 70.
SC : **R** (fermé 28 juin au 21 juil., dim. soir et lundi sauf fêtes) 73 – ☲ 26 – **21 ch**
120/280.
Y **d**

🏨🏨 **Commerce Mancini** ⟨...⟩, r. des Messageries ☏ 93.06.61, Télex 791012 – 📺 ☎
⟨...⟩ AE ⓘ E VISA
fermé 20 déc. au 1er fév. – SC : **R** (fermé sam. du 1er oct. au 30 mai sauf Pâques)
75/145 – ☲ 22 – **41 ch** 95/210. 6 appartements 240.
AZ **e**

🏨 **Les Bosquets** M, rte Rochefort : 2 km ☏ 74.04.47, 🚗 – ⌂wc 🛁wc ☎ 🅿 VISA
hôtel fermé 19 déc. au 4 janv. et dim. soir du 1er nov. au 31 mars – SC : **R** Grill 65 bc
– ☲ 20 – **35 ch** 155/195.
Y **b**

🏨 **Messageries** sans rest, r. Messageries ☏ 93.64.99 – 📺 ⌂wc 🛁wc ☎ 🚗
⟨...⟩ VISA
fermé 24 déc. au 3 janv. – SC : ☲ 15 – **38 ch** 90/148.
AZ **r**

🏨 **Avenue** M, 116 av. Gambetta ☏ 74.16.85 – ⌂wc 🛁wc 🚗 🅿 – 🏛 60. VISA
🛇 ch
fermé oct. et lundi – SC : **R** voir Brasserie Louis – ☲ 15 – **15 ch** 90/170.
BZ **s**

🏨 **France et rest. Chalet**, pl. Gare ☏ 93.01.16, 🚗 – ⌂wc 🛁wc 🚗 🚗 – 🏛
25 à 120. ⟨...⟩ AE ⓘ E VISA
fermé nov. – SC : **R** (fermé vend. de déc. à Pâques) 40/100 ⟨...⟩ – ☲ 17 – **26 ch**
65/150.
BZ **a**

✕ **Brasserie Louis**, 116 av. Gambetta ☏ 74.16.85 – 🅿 VISA
fermé oct. et lundi sauf fériés – SC : **R** 45/82 ⟨...⟩.
BZ **s**

rte de Rochefort par ⑨ : 6 km – ⊠ 17810 St-Georges-des-Coteaux :

XX **La Vieille Forge,** N 137 ☎ 93.33.30, ☞ – ℗
fermé 6 au 18 juin, 3 au 15 oct., 4 au 15 janv. et mardi – SC : **R** 63/135.

MICHELIN, Agence, Z. I., 4 r. de l'Ormeau de Pied Y ☎ 74.08.29

CITROEN Ardon, rte Bordeaux par ⑤ ☎ 93.
37.22 Ⓝ ☎ 93.31.33
FIAT LANCIA-AUTOBIANCHI Dufour, 20 av.
S.-Allende à Bellevue ☎ 93.12.04
FORD S.A.V.I.A.L., Zone Ind. des Charriers,
rte Bordeaux ☎ 93.43.44
PEUGEOT, TALBOT Guerry, av. de Saintonge,
Zone Ind., rte de Royan ☎ 93.48.33
RENAULT Bagonneau, Zone Ind., Cours
P.-Doumer ☎ 93.67.66

RENAULT Saintonge-Automobiles, 145 av.
Gambetta ☎ 93.55.38
V.A.G. Basty, 7 r. F.-Mestreau ☎ 93.43.88

🅰 Aubert-Pneus, ZI de l'Ormeau de Pied ☎
93.11.03
Moyet-Pneus, 14 r. Gauthier ☎ 74.26.86
Relais du Pneu, av. de Nivelles ☎ 74.15.03

☛ *La gratuité du garage, à l'hôtel, est souvent réservée*
aux usagers du guide Michelin.
Présentez votre guide de l'année.

STES-MARIES-DE-LA-MER 13460 B.-du-R. 🎱 ⑲ G. Provence (plan) – 2 120 h. – ✿ 90.

Voir Église★ – Pèlerinage des Gitans★★ (24 et 25 mai).

🛈 Office de Tourisme av. Van Gogh (fermé dim. après-midi hors sais.) ☎ 97.82.55.

Paris 767 – Aigues-Mortes 32 – Arles 38 – ♦Marseille 129 – ♦Nîmes 53 – St-Gilles 34.

🏠 **Mas des Rièges** 🅼 ⴾ sans rest, par rte Cacharel ☎ 97.85.07, ≤, ⬧, ☞ –
⌂wc ⋔wc ☎ & ℗ 🚗 E. ⴾ
1er avril-fin oct. – SC : ⴾ 19 – **14 ch** 205/240.

🏠 **Le Fangassier** 🅼 ⴾ sans rest, 12 rte Cacharel ☎ 97.85.02 – ⌂wc ⋔wc ☎. ⴾ
fin mars-fin oct. – SC : ⴾ 13 – **20 ch** 140/160.

🏠 **Lou Marquès** ⴾ sans rest, 6 r. Vibre ☎ 97.82.89 – ⌂wc ⋔wc ☎. ⴾ
mars-oct. – SC : ⴾ 12 – **17 ch** 170.

🏠 **Galoubet** sans rest, rte Cacharel ☎ 97.82.17, ≤ – ⌂wc ⋔wc ☎ ℗. ⴾ
fermé 10 janv. au 10 fév. – SC : ⴾ 15 – **20 ch** 180/200.

🏠 **Mirage** sans rest, r. C.-Pelletan ☎ 97.80.43, ☞ – ⌂wc ⋔wc ☎. ⴾ
15 mars-15 oct. – SC : ⴾ 14 – **27 ch** 110/155.

🏠 **Camargue** sans rest, av. Arles ☎ 97.82.03 – ⌂wc ⋔wc ☎. 🚗. ⴾ
1er avril-30 sept. – SC : ⴾ 12,50 – **25 ch** 120/140, 10 appartements 200/230.

🏠 **Méditerranée** sans rest, r. F.-Mistral ☎ 97.82.09 – ⋔wc ☎. ⴾ
fermé 13 nov. au 22 déc. et 5 janv. au 5 fév. – SC : ⴾ 13 – **14 ch** 77/153.

XXX **Brûleur de Loups,** av. G.-Leroy ☎ 97.83.31, ≤ – ⴺ
15 fév.-15 nov. et fermé mardi soir et merc. sauf août et sept. – SC : **R** 92/182.

XX **Hippocampe,** r. C.-Pelletan ☎ 97.80.91, ☞
15 mars-11 nov. et fermé mardi d'oct. à juin – SC : **R** 71/125.

au Nord : rte Arles N 570 – ⊠ 13460 Stes-Maries-de-la-Mer :

🏡 **Pont des Bannes** ⴾ, ☎ 97.81.09, 🍴, « Cabanes de gardians dans les marais »
⬧, ☞ – & ℗ – 🏊 35
1er mai-15 oct. – SC : **R** 130 – ⴾ 20 – **20 ch** 300 – P 430/580.

Mas Ste Hélène 🏠 🅼 ⴾ
fermé 2 janv. au 15 fév. – SC : ⴾ 20 – **14 ch** 290 – P 425/570.

🏠 **Auberge Cavalière** ⴾ, au pont des Bannes ☎ 97.84.62, Télex 440459, ≤, ⬧,
☞, ⴾ – 📺 ⌂wc ⋔wc ☎ & ℗ – 🏊 30. 🚗 ⴺ ⑩ E 𝘝𝘐𝘚𝘈. ⴾ rest
15 mars-15 oct. – SC : **R** 110 – **18 ch** ⴾ 310/420.

Annexe La Résidence – ⌂wc ☎ ℗. 🚗 ⴺ ⑩ E 𝘝𝘐𝘚𝘈
SC : **R** voir l'Auberge – **30 ch** ⴾ 240/320.

🏠 **L'Étrier Camarguais** ⴾ, à 2,5 km et VO ☎ 97.81.14, 🍴, ⬧, ☞, ⴾ – 📺
⌂wc & ℗ – 🏊 35. ⴺ ⑩ E 𝘝𝘐𝘚𝘈
27 mars-15 nov. – SC : **R** *(fermé lundi hors sais.)* 120/130 – ⴾ 20 – **31 ch** 230/300 –
P 450/480.

🏠 **Le Boumian** ⴾ, à 1,5 km ☎ 97.81.15, 🍴, ⬧ – ⌂wc ☎ & ℗ – 🏊 30. 🚗
fermé 2 janv. au 15 fév. – SC : **R** 100/115 – ⴾ 20 – **28 ch** 200 – P 330/440.

🏠 **Mas des Roseaux** 🅼 ⴾ sans rest, à 1 km ☎ 97.86.12, ≤, ⬧ – ⌂wc ☎ & ℗.
🚗. ⴾ
1er avril-1er oct. – SC : **15 ch** ⴾ 300.

🏠 **La Lagune** 🅼 ⴾ sans rest, à 2 km ☎ 97.84.34, ⬧ – ⌂wc ☎ ℗. ⑩
SC : ⴾ 20 – **15 ch** 190/240.

XX **Pont de Gau** avec ch., à 5 km ⏰ 97.81.53 – ⌂wc ☜ ☝ 🅿. ☎☐
fermé 28 nov. au 3 déc., 3 janv. au 5 fév. et merc. hors sais. – SC : **R** 51/180 – ☲ 17
– **9 ch** 140 – P 355/540.

route du Bac NO – ⊠ 13460 Stes-Maries-de-la-Mer :

🏨 **Mas de la Fouque** 🅼, 4 km par D 38 et chemin privé ⏰ 97.81.02, ≤, « 🌳 dans la
Camargue », 🏊, 🎾 – ⌂wc ☎ ☝ 🅿. – 🏌 30. ☎☐ 🆎 ☐ 🆅🆂🅰
25 mars-25 oct. – SC : **R** *(fermé mardi hors sais.)* (dîner seul.) 145/160 – ☲ 28 –
10 ch 375/520.

🏨 **Le Clamador** 🌳 sans rest, 4 km par D 38 ⏰ 97.84.26, ≤ – ⌂wc 🛁wc ☜ ☝ 🅿.
☎☐. 🌸
avril-oct. – SC : – ☲ 16,50 – **22 ch** 159/184.

au Nord : 7 km par D 85A et chemin privé – ⊠ 13460 Stes-Maries-de-la-Mer :

🏨 **Mas du Clarousset** 🅼 🌳, ⏰ 97.81.66, ≤, 🎪, 🏊 – ⌂wc ☜ ☝ 🅿. ☎☐ ☐
🆅🆂🅰
SC : **R** *(fermé merc. sauf fêtes)* (prévenir) 115 (sauf sam. soir)/170 – ☲ 23 – **10 ch**
315.

STE-SAVINE 10 Aube 🔢 ⑯ – rattaché à Troyes.

STE-SÉVÈRE-SUR-INDRE 36160 Indre 🔢 ⑱⑳ G. Périgord – 1 067 h. alt. 307 – ✦ 54.
Paris 316 – Châteauroux 51 – La Châtre 15 – Guéret 46 – Montluçon 59.

X **Écu de France** avec ch., ⏰ 30.52.72 – ⌂wc. 🌸 rest
fermé 13 sept. au 4 oct., 15 au 28 fév. et lundi – SC : **R** 55/100 🍴 – ☲ 13 – **7 ch**
60/120 – P 110/150.

SALBRIS 41300 L.-et-Ch. ⑱ G. Châteaux de la Loire – 6 204 h. alt. 112 – ✦ 54.
Paris 187 – Blois 67 – Bourges 50 – Montargis 101 – ♦Orléans 56 – Vierzon 23.

🏨 **Parc** 🅼, 10 av. Orléans ⏰ 97.18.53, Télex 751164, parc – ☎ 🚗 🅿. 🆎 ☐ 🅴 🆅🆂🅰
🌸 ch
fermé 15 janv. au 22 fév. – SC : **R** *(fermé lundi hors sais.)* 60/135 – ☲ 18 – **29 ch**
95/245 – P 275/420.

🏨 **La Sauldraie**, N : 1 km N 20 ⏰ 97.17.76, parc – ⌂wc 🛁wc ☝ 🅿. ☎☐. 🌸 rest
fermé au 23 sept. et 15 fév. au 1er avril – SC : **R** *(fermé mardi)* 55/90 🍴 – ☲ 16 –
13 ch 65/155.

X **La Clé des Champs**, 52 av. Orléans ⏰ 97.14.15, 🎾 – ☝ 🅴 🆅🆂🅰
→ *fermé 20 au 26 sept., 8 fév. au 20 mars, dim. soir et merc.* – SC : **R** 46/86 🍴.

BMW, LANCIA-AUTOBIANCHI, TALBOT Gar.   PEUGEOT Gar. Grimault, 56 av. Nancay ⏰ 97.
Deniau, 70 bd République ⏰ 97.00.42   00.07

SALERNES 83690 Var 🔢 ⑥ G. Côte d'Azur – 2 522 h. alt. 222 – ✦ 94.
Paris 851 – Aix-en-Provence 93 – Digne 92 – Draguignan 23 – ♦Marseille 93 – ♦Toulon 82.

🏨 **Host. Allègre**, ⏰ 70.60.30, 🎾 – 🛁wc. ☎☐
fermé mi janv. à mi fév. et lundi – SC : **R** 60/90 🍴 – ☲ 13 – **26 ch** 52/175 – P
135/172.

CITROEN Gar. Piaget, ⏰ 70.60.44 🆖 ⏰ 70.70.53   FORD Gar. Boutal, ⏰ 70.60.52

SALERS 15410 Cantal 🔢 ② G. Auvergne (plan) – 541 h. alt. 951 – ✦ 71.
Voir Grande-Place★★ – Église★ – Esplanade de Barrouze ≤★.
🛈 Syndicat d'Initiative pl. Tissandier d'Escous (15 juin-15 sept.) ⏰ 40.70.68 et à la Mairie (fermé
sam. et dim.) ⏰ 40.72.33.
Paris 505 – Aurillac 49 – Brive-la-Gaillarde 102 – Mauriac 19 – Murat 43.

🏨 **Le Bailliage** 🅼 🌳, ⏰ 40.71.95, 🎾 – ⌂wc 🛁wc ☎ 🚗 🅿. 🏌 30. 🅴
→ *fermé 11 nov. au 15 déc.* – SC : **R** 50/80 – ☲ 13,50 – **30 ch** 95/140 – P 125/155.

🏨 **Beffroi** 🌳 sans rest, ⏰ 40.70.11 – ⌂wc 🛁wc ☜ 🅿. ☎☐. 🌸
fermé 4 janv. au 4 fév. – SC : – ☲ 11 – **10 ch** 100/133.

🏨 **Remparts** 🌳, ⏰ 40.70.33, ≤ Monts du Cantal – 🛁wc
fermé oct. et 5 au 30 nov. – SC : **R** 52/72 – ☲ 13 – **18 ch** 110/125 – P 115/155.

à St-Bonnet-de-Salers NO : 4 km par D 22 et D 29 – alt. 843 – ⊠ 15140 St-Martin-
Valmeroux :

🏨 **Dagiral** 🌳, ⏰ 69.12.65 – 🅿
Pâques-30 sept. – SC : **R** 54/65 – ☲ 12,50 – **15 ch** 54/57 – P 115.

au Theil SO : 6 km par D 35 et D 37 – ⊠ 15140 St-Martin-Valmeroux :

🏨 **Host. Maronne** 🅼 🌳, ⏰ 69.20.33, ≤, 🎾 – ⌂wc 🛁wc ☎ 🅿. ☎☐
26 mars-11 avril et 7 mai-3 oct. – SC : **R** (dîner seul.) 70/110 – 🍽 15 – **20 ch**
140/160.

à Anglards-de-Salers NO : 11 km par D 22 – ✉ **15380** Anglards-de-Salers.
Voir Gorge de St-Vincent★ E : 5 km.

Commerce, ☎ 40.00.33,
15 fév.-15 oct. – SC : **R** 50/70 – 12 – **27 ch** 73/92 – P 110/120.

CITROEN Gar. Moderne, ☎ 40.70.80 **N**

SALÈVE (Mont) ★★ **74** H.-Savoie **74** ⑥ **G. Alpes** – alt. 1 380 au Grand Piton, 1 184 à la table d'orientation des Treize Arbres ✻★★ (13 km SO d'Annemasse par ④, D 41 puis 15 mn) – 50

Dusonchet, **à la Croisette** - **Alt. 1 176** ✉ **74560 Monnetier-Mornex** ☎ **94.52.04,**
← – wc wc **P**.
fermé 1er nov. au 15 déc. et merc. sauf juil.-août – SC : **R** 40/55 – 14 – **10 ch** 75/140 – P 120/130.

SALIES-DE-BÉARN **64270** Pyr.-Atl. **78** ⑧ **G. Pyrénées** – 5 601 h. alt. 54 – Stat. therm. – Casino La Rotonde – 59.

Office de Tourisme 4 bd St-Guily (fermé après-midi hors sais. et dim. sauf juil.-août) ☎ 38.00.33.

Paris 787 ③ – ♦Bayonne 54 ③ – Dax 36 ① – Orthez 17 ① – Pau 58 ① – Peyrehorade 18 ③.

SALIES-DE-BÉARN

Coustère (R. Élysée) 4
Jardin-Public (Cours du) 8
Jeanne d'Albret (Pl.) 10
St-Vincent (R.) 24

Bains (R. des) 2
Drs-Foix (Av. des) 5
Gare (Av. de la) 7
Lacampagne (R.) 12
Laclabote (R.) 13
Lanabère (Bd du Gén.) 15
Leclerc (Av. du Mar.) 16
Martinàa (R.) 18
Pécaut (Av. Félix) 19
Pyrénées (Av. des) 21
St-Martin (R.) 23
Tannerie (R. de la) 26
Temple (Pl. du) 27
Toulet (R. Paul-Jean) 28

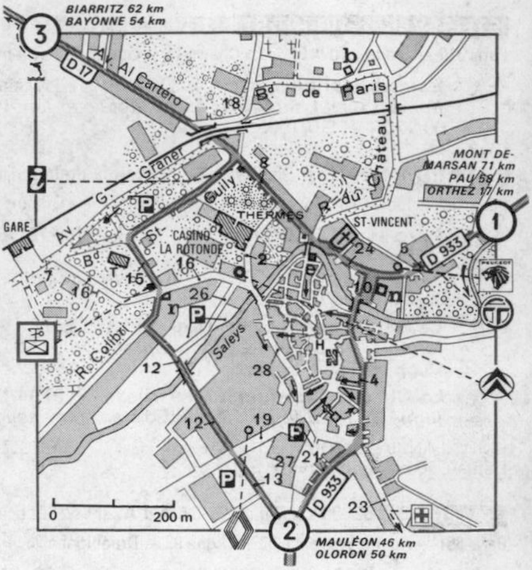

Pour aller loin rapidement, utilisez les cartes Michelin à 1/1 000 000.

Le Blason, pl. J.-d'Albret **(n)** ☎ 38.00.53 – wc
fermé janv. – SC : **R** 40/42 – 13 – **27 ch** 55/100 – P 142/190.

Larquier, r. Salines **(r)** ☎ 38.10.43 – wc **P**.
1er avril-30 sept. – SC : **R** 40/70 – 13 – **20 ch** 60/80 – P 160/190.

Les Chênes, bd Paris **(b)** ☎ 38.12.05,
Pâques-30 sept. – SC : **R** voir rest. La Terrasse – 10 – **14 ch** 60/85 – P 150.

Terrasse, r. Loumé **(e)** ☎ 38.09.83 – **E** VISA
fermé vacances scolaires de Pâques, de Noël et lundi – SC : **R** 40/50

CITROEN Gar. des Thermes, ☎ 38.14.45
PEUGEOT, TALBOT Gar. Hourdebaigt, ☎ 38.06.19 **N**
RENAULT Gar. Garbay, ☎ 38.11.63

SALIES-DU-SALAT **31260** H.-Gar. **86** ② – 2 312 h. alt. 300 – Stat. therm. (2 mai-31 oct.) – Casino – 61.

Syndicat d'Initiative bd J.-Jaurès (mai-sept. et fermé dim. après-midi) et à la Mairie (fermé sam. après-midi et dim.) ☎ 90.53.93.

Paris 785 – Auch 88 – St-Gaudens 22 – St-Girons 25 – ♦Toulouse 76.

Gd Hôtel, ☎ 90.56.43, – wc wc **P**.
2 juin-21 sept. – SC : **R** 45/85 – 12 – **26 ch** 58/155 – P 125/190.

SALINS-LES-BAINS 39110 Jura
🎖 ③ G. Jura – 4 465 h. alt. 331 –
Stat. therm. (1er fév.-30 nov.) – Casino
Y – 🕸 84.

Voir Site★ – Fort Belin★ Z B –
Fort St-André★ O : 4 km par D 94
(S du plan).

🖼 Office de Tourisme pl. Anc.-Salines (fermé dim. et lundi hors sais.)
☏ 73.01.34.

Paris 411 ④ – ◆Besançon 45 ④ – Dole
45 ④ – Lons-le-Saunier 52 ④ – Poligny 25 ④ – Pontarlier 43 ②.

🏨 **Ermitage** ⌂, aux coteaux,
rte du Fort-Belin ☏ 73.
13.25, ≤, parc – 📺 ⌂wc
🔲wc ☎ 🅿   Y a
14 ch

✕ **Aub. le Val d'Héry** avec
➡ ch, par ③ : 3 km sur D 467
☏ 73.06.54 – 🅿 🖼 E
VISA
fermé 1er déc. au 8 janv.,
mardi soir et merc. sauf
juil.-août – SC : **R** 44/170 –
� 14 – **7 ch** 60/75 – P 125.

CITROEN Gar. Salins-Zurich, ☏ 73
04.80
CITROEN, FORD Gar. Salinois ☏
73.03.72 🆕 ☏ 73.12.33
PEUGEOT-TALBOT Vurpillot, ☏ 73.
05.45
RENAULT Hierle, ☏ 73.11.56

SALLANCHES 74700 H.-Savoie
🎖 ⑧ G. Alpes – 10 302 h. alt. 554 –
🕸 50

Voir ☀★★ sur le Mt-Blanc –
Chapelle de Médonnet : ☀★★ –
Cascade d'Arpenaz★ N : 5 km.

🖼 Syndicat d'Initiative quai Hôtel de
Ville (fermé sam. après-midi et dim.
hors sais.) ☏ 58.04.25.

Paris 597 – Annecy 75 – Bonneville 29
– Chamonix 28 – Megève 13 – Morzine 44.

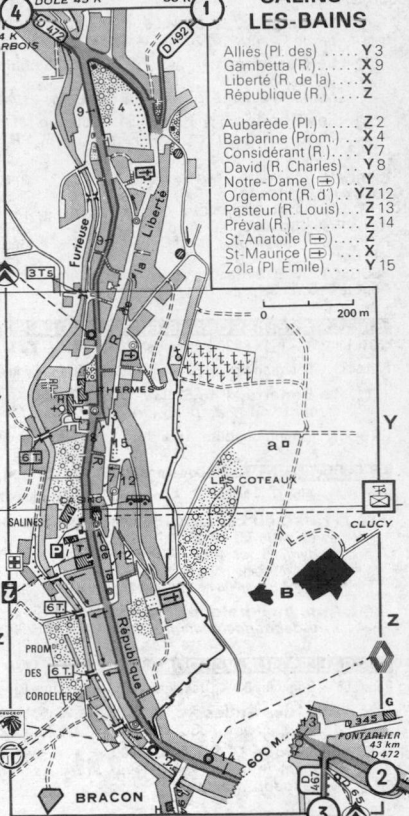

SALINS-LES-BAINS

Alliés (Pl. des) .... Y 3
Gambetta (R.) .... X 9
Liberté (R. de la) X
République (R.) .... Z

Aubarède (Pl.) .... Z 2
Barbarine (Prom.) ...... Y 4
Considérant (R.) .... Y 7
David (R. Charles) ..... Y 8
Notre-Dame (⬦) .... Y
Orgemont (R. d') ...... YZ 12
Pasteur (R. Louis) ..... Z 13
Préval (R.) .... Z 14
St-Anatoile (⬦) .... Z
St-Maurice (⬦) X
Zola (Pl. Émile) .... Y 15

🏨 **Les Sorbiers et rest.**
Les Darblots, 17 r. Paix ☏ 58.01.22, ≤, parc – 🔳 ⌂wc 🔲wc 🕾 & 🅿 – 🔏 40
🖼 🖽 E **VISA**
SC : **R** (fermé dim. sauf vacances scolaires) 54/90 – ⊠ 17 – **36 ch** 128/179 – P
196/207.

🏠 **Mont-Blanc** sans rest, 8 r. Mont Blanc ☏ 58.12.47 – ⌂wc 🔲 ☎ 🖼 **VISA**
SC : ⊠ 14 – **24 ch** 55/120.

🏠 **St-Jacques** sans rest, 1 quai St-Jacques ☏ 58.01.35 – ⌂wc ☎ 🅿 ⍋
SC : ⊠ 12 – **9 ch** 90/120.

✕✕ **La Crémaillère** ⌂ avec ch, à Fessy S : 1,5 km par ancienne rte Combloux ☏
➡ 58.32.50, Télex 385398, ≤ Mt-Blanc, 🚗 – ⌂ 🔲wc ☎ 🅿 – 🔏 50. 🖼 🖽 E
VISA
fermé début janv. à début fév. – SC : **R** (fermé dim. soir et lundi sauf vacances scol.)
46/220 – ⊠ 25 – **23 ch** 100/155 – P 175/190.

✕✕ **La Chaumière,** rte de Megève ☏ 58.00.59 – 🅿 🖽 E **VISA**
➡ fermé 25 au 31 mai, 24 au 30 sept. et merc. – SC : **R** 50.

à Cordon SO : 4 km par D 113 – alt. 871 – Sports d'hiver : 1 050/1 600 m ⌁3 – ⊠ **74700**
Sallanches :

🏨 **Chamois d'Or** ⌂, ☏ 58.05.16, ≤ chaîne Mont-Blanc, 🏠, 🔳, 🚗, ⍋ – 🛗 📺 &
🅿 – 🔏 25. 🖽 ⍟
15 déc.-15 sept. – SC : **R** 62/85 – **30 ch** ⊠ 140/250 – P 180/220.

🏨 **Roches Fleuries** ⌂, ☏ 58.06.71, ≤ chaîne Mont-Blanc, « Bel intérieur », 🚗 –
⌂ 🅿 ⍋ rest
fermé 10 oct. au 20 déc. – SC : **R** 75/140 – ⊠ 20 – **29 ch** 170/190 – P 230/
250.

tourner →
1057

SALLANCHES

🏨 **Solneige** ⚛, ⌖ 58.04.06, ≤ chaîne Mont-Blanc, ⚞ – ⌷wc 🗤wc ☎ 🅿️
fermé 24 sept. au 20 déc. – SC : **R** 52/65 – ⌼ 15 – **29 ch** 100/130 – P 135/155.

🏨 **Le Cordonant** M ⚛, ⌖ 58.34.56, ≤ chaîne Mont-Blanc, ⚞ – ⌷wc 🗤 ☎ 🅿️.
🍽️ rest
fermé 10 oct. au 15 déc. – SC : **R** 55/75 – ⌼ 17 – **15 ch** 125 – P 140/160.

🏨 **Les Rhodos** ⚛, ⌖ 58.13.54, ≤ chaîne Mt-Blanc – ⌷wc 🗤wc ☎ 🅿️. 🍽️ rest
⟵ *1er juin-20 sept. et Noël-Pâques* – SC : **R** 50/68 – ⌼ 14 – **25 ch** 100/130 – P
125/155.

CITROEN Gar. Greffoz, 50 av. de Genève ⌖
58.20.49 🄽 ⌖ 58.01.17
FIAT, LANCIA-AUTOBIANCHI Gar. St-Martin,
rte de Passy, St-Martin-sur-Arve ⌖ 58.41.88
FORD Gar. des Alpes, rte de Chamonix ⌖
58.14.44
PEUGEOT TALBOT Gar. de Warens, 44 av. de
Genève ⌖ 58.11.32

RENAULT Les Gar. Réunis, 27 av. de Genève
⌖ 58.10.05
TALBOT Gar. des Aravis, rte du Fayet ⌖ 58.
24.75 🄽 ⌖ 58.27.68
Gar. Levet, 51 av. de Genève ⌖ 58.06.28

🅖 Sallanches-Pneus, 7 av. Genève ⌖ 58.00.34

SALLES-ARBUISSONNAS-EN-BEAUJOLAIS 69 Rhône 🔢 ⑨ G. Vallée du Rhône –
459 h. alt. 343 – ✉ 69830 St-Georges-de-Reneins – ⊙ 74.

Paris 433 – Bourg-en-Bresse 50 – Chauffailles 46 – ◆Lyon 42 – Mâcon 38 – Villefranche-sur-Saône 11.

XX **La Benoîte,** ⌖ 67.52.93 – ⒶⒺ ⓪ Ⓔ *VISA*
fermé 1er au 12 août, fév., mardi de déc. à fév., dim. soir et lundi – SC : **R** 55/100 🍷.

CITROEN Gar. du Chapitre, à Fond-de-Salles ⌖ 67.54.09

SALLES-CURAN 12410 Aveyron 🔢 ⑬ – 1 517 h. alt. 833 – ⊙ 65.

Paris 644 – Albi 77 – Millau 37 – Rodez 40 – St-Affrique 41.

🏨 ⚘ **Host. du Lévézou** (Bouviala) ⚛, ⌖ 46.34.16, demeure du 14e s. – ⌷wc 🗤wc
☎ 🅿️ ⚞ ⒶⒺ ⓪ Ⓔ. 🍽️ rest
1er avril-15 oct. – SC : **R** (dim. prévenir) 60/145 – ⌼ 18 – **25 ch** 60/170 – P 150/210
Spéc. Croustade chaude au foie gras de canard aux truffes, Râble de lapereau grillé sur la braise,
Pintadeau au vin de noix et aux cèpes. **Vins** Faugères.

🏠 **Aub. du Pareloup,** ⌖ 46.35.22 – 🗤. 🍽️ rest
⟵ *avril-début nov. et fermé lundi* – **R** 45 bc/92 bc – ⌼ 11,50 – **15 ch** 90 – P 120.

Les SALLES-SUR-VERDON 83 Var 🔢 ⑥ – 125 h. alt. 503 – ✉ 83630 Aups – ⊙ 94.

Paris 806 – Brignoles 60 – Draguignan 50 – Manosque 63 – Moustiers-Ste-Marie 13.

🏨 **Aub. des Salles** ⚛, ⌖ 70.20.04, ≤, ⚞, ⚞ – ⌷wc 🗤wc ☎ 🅿️
1er mars-30 nov. – SC : **R** 60/132 – ⌼ 20 – **22 ch** 120/130 – P 210/220.

🏠 **Le Verdon** M ⚛, ⌖ 70.20.02, ≤ – ⌷wc ☎ 🅿️. 🍽️
1er mars-1er nov. et fermé vend. hors sais. – SC : **R** 55/90 – ⌼ 21 – **19 ch** 145/155 –
P 409 (pour 2 pers.).

SALON-DE-PROVENCE 13300 B.-du-R. 🔢 ② G. Provence – 35 587 h. alt. 82 – ⊙ 90.

Voir Château de l'Empéri : musée★★ BYZ.

🛫 de l'Ecole de l'air ⌖ 53.90.90 par ② : 3 km.

🗺️ Office de Tourisme (fermé dim. sauf matin en sais.) et A.C. 56 Cours Gimon ⌖ 56.27.60, Telex
430156.

Paris 724 ① – Aix-en-Pr. 36 ② – Arles 41 ③ – Avignon 46 ① – ◆Marseille 55 ② – Nîmes 71 ③.

Plan page ci-contre

🏨 **Roi René,** 518 et 561 allées Craponne par ② ⌖ 53.34.67 – 🛗 ⌷wc 🗤wc ☎ 🅿️
⚞ *VISA*. 🍽️ ch
fermé 15 déc. au 15 janv. – SC : **R** (dîner seul.) 55/90 🍷 – ⌼ 18 – **57 ch** 143/196.

🏨 **Vendôme** sans rest, 34 r. Mar.-Joffre ⌖ 56.01.96 – ⌷wc 🗤wc ☎ ⚞ *VISA*
SC : ⌼ 14 – **22 ch** 65/150.   BY **v**

🏠 **Sélect-H.** ⚛ sans rest, 35 r. Suffren ⌖ 56.07.17 – 🗤wc ☎ 🍽️
SC : ⌼ 13 – **19 ch** 95/130.   AY **s**

XXX ⚘ **Robin,** 1 bd G.-Clemenceau ⌖ 56.06.53 – ⒶⒺ ⓪ Ⓔ   AY **n**
fermé vacances scol. de fév., dim. soir et lundi sauf fêtes – SC : **R** 120/220
Spéc. Terrine de lapin, Civet de homard, Chariot des desserts. **Vins** Château Simone, La Bégude.

XX **Craponne,** 146 allées Craponne ⌖ 53.23.92   BZ **m**
fermé sept., dim. soir et lundi – SC : **R** 55/125.

XX **Le Touring,** 20 pl. Crousillat ⌖ 56.00.07 – ⒶⒺ Ⓔ   BY **k**
⟵ *fermé fév. et merc. du 15 sept. au 15 juin* – SC : **R** 49/120.

X **Le Poêlon,** 71 allées Craponne ⌖ 53.31.38 – ⒶⒺ *VISA*   BZ **u**
fermé août, sept., sam. midi et mardi – SC : **R** 80/100.

au NO : 4 km par ① et D 17 – ✉ 13300 Salon-de-Provence :

XX **Château de Richebois,** ⌖ 56.49.11 – 🅿️
fermé fév. et lundi – SC : **R** 80/220 🍷.

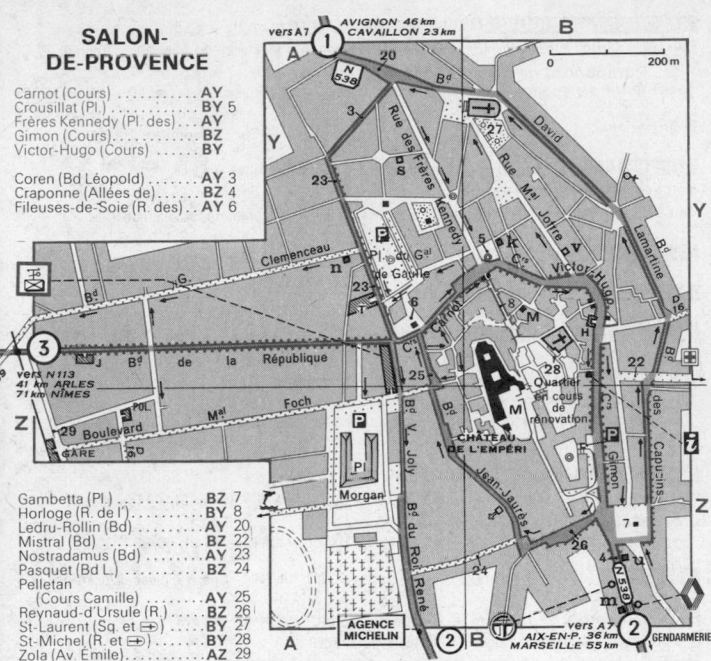

SALON-DE-PROVENCE

Carnot (Cours) . . . . **AY**
Crousillat (Pl.) . . . . **BY** 5
Frères Kennedy (Pl. des) . . **AY**
Gimon (Cours) . . . . **BZ**
Victor-Hugo (Cours) . . . . . . **BY**

Coren (Bd Léopold) . . . . . . **AY** 3
Craponne (Allées de) . . . . **BZ** 4
Fileuses-de-Soie (R. des) . . **AY** 6

Gambetta (Pl.) . . . . **BZ** 7
Horloge (R. de l') . . . . **BY** 8
Ledru-Rollin (Bd) . . . . **AY** 20
Mistral (Bd) . . . . **BZ** 22
Nostradamus (Bd) . . . . **AY** 23
Pasquet (Bd L.) . . . . **BZ** 24
Pelletan
  (Cours Camille) . . . . **AY** 25
Reynaud-d'Ursule (R.) . . . . **BZ** 26
St-Laurent (Sq. et ⇨) . . . . **BY** 27
St-Michel (R. et ⇨) . . . . . . **BY** 28
Zola (Av. Émile) . . . . **AZ** 29

au NE : 5 km par D 16 BY et voie privée – ⊠ 13300 Salon-de-Provence ·

⚐ **Abbaye de Ste-Croix** ⑤, ☏ 56.24.55, Télex 401247, ≤, parc, ⊒ – ℗ – ⚐ 35.
ㄸ ① ◯ ▥▥▨
15 mars-31 oct. – **R** *(fermé lundi)* 170/225 – ⊊ 33 – **22 ch** 375/710 – P 695/805.

à la Barben SE : 8 km par ⑦, N 572 et D 22E – ⊠ 13330 Pélissanne.
Voir Château* E : 2 km.

✗✗ **Touloubre** ⑤ avec ch, ☏ 55.16.85, 🛋 – ⌷wc ⑧ ℗ – ⚐ 30. 🍴 ㄸ ▥▥▨.
❄ ch
fermé 15 au 30 nov., 15 au 28 fév. et lundi d'oct. au 1er avril – **SC : R** 85/200 – ⊊ 20
– **16 ch** 85/180 – P 220/275.

✗✗ **Le Vieux Four**, au Château E : 3 km ☏ 55.10.85 – ℗ ㄸ ① E ▥▥▨ ❄
fermé oct. et mardi – **SC : R** 68/150.

à Lançon-Provence par ⑦ et N 113 : 8 km – 3 498 h. – ⊠ 13680 Lançon.
Voir table d'orientation ≤** SE : 4 km puis 15 mn.

✗✗ **Les Olivarelles**, près Église ☏ 57.73.89
fermé mi août-début sept., 1er au 8 janv., dim. soir et lundi sauf fêtes – **SC : R** 75/130
🍴.

sur Autoroute A 7 : Aire de Lançon SE : 11 km par ⑦ – ⊠ 13680 Lançon :

⚐ **Mercure** Ⓜ, ☏ 53.90.70, Télex 440183, ⊒ – ⫴ ▤ ℡ ☎ ⅋ ℗ – ⚐ 120. ㄸ ① E
▥▥▨
R carte environ 90 – ⊊ 25 – **100 ch** 237/330.

MICHELIN, Agence, r. des Canesteux, Z.I. du Quintin par bd du Roi René AZ ☏ 53.35.46

CITROEN SAMICA, 306 av. Michelet par ② ☏
53.29.64
FORD Gar. Foch, 302 bd Mar.-Foch ☏ 56.21.19
MERCEDES-BENZ M.A.S.A., 86 rue Désiré
Alleman ☏ 53.44.99
PEUGEOT, TALBOT Blanc, rte de Miramas
par ③ ☏ 56.23.71
RENAULT S.A.P.A.S., 245 allées Craponne ☏
53.32.02

V.A.G. Gar. Palma, 25 r. Sévigné ☏ 53.32.95

⚙ Bués-Pneus, quartier Crau-Sud déviation N
113 ☏ 53.30.40
Omnica, bd du Roi-René ☏ 53.15.75
Pyrame, 411 bd du Roi-René ☏ 53.30.38

SALORNAY-SUR-GUYE 71810 S.-et-L. 🆖 ⑱ ⑲ – 721 h. alt. 212 – ✪ 85.

Paris 388 – Chalon-sur-Saône 49 – Charolles 29 – Mâcon 36 – Montceau-les-Mines 31 – Tournus 35.

 ☆ **Pompanon,** rte Autun ℡ 59.44.38 – ⇐ 𝖵𝖨𝖲𝖠
 ← *fermé sept., sam. soir et dim. d'oct. à mars* – SC : **R** 35/50 🦴 – 🍲 10 – **10 ch** 45/67 – P 100.

PEUGEOT Forest et Simon, ℡ 59.43.11   RENAULT Gar. Descombes, ℡ 59.41.28

SALSES 66 Pyr.-Or. 🆖 ⑨ – 2 053 h. alt. 12 – ⊠ **66600** Rivesaltes – ✪ 68.

Voir Fort✶✶, G. Pyrénées.

Paris 892 – Narbonne 47 – ✦Perpignan 16 – Rivesaltes 9,5 – St-Laurent-de-la-Salanque 9.

Les SALVAGES 81 Tarn 🆖 ① – rattaché à Castres.

SALVAGNY 74 H.-Savoie 🆖 ⑧ – rattaché à Samoëns.

La SALVETAT-SUR-AGOUT 34330 Hérault 🆖 ③ G. Causses – 1 115 h. alt. 663 – ✪ 67.

🛈 Office de Tourisme (15 juin-30 sept. et fermé dim. après-midi) ℡ 97.64.44.

Paris 729 – Castres 49 – Lacaune 20 – Lodève 82 – ✦Montpellier 141.

 ☆ **Cros,** ℡ 97.60.21, 🍃 – ⇐ **E**
 ← *fermé 25 déc. au 10 fév. et lundi d'oct. à mai* – SC : **R** 45/150 – ☲ 12 – **23 ch** 70/150 – P 150/180.

SAMATAN 32130 Gers 🆖 ⑯ – 2 056 h. alt. 165 – ✪ 62.

Paris 733 – Auch 35 – Gimont 17 – Montauban 77 – St-Gaudens 56 – Tarbes 91 – ✦Toulouse 48.

 🏠 **Maigné,** ℡ 62.30.24 – 🍴 ⇐ – 🏊 30
 ← *fermé 20 sept. au 20 oct.* – SC : **R** 50 bc/150 bc – ☲ 12 – **15 ch** 60/90 – P 160.

SAMOENS 74340 H.-Savoie 🆖 ⑧ G. Alpes – 1 724 h. alt. 720 – Sports d'hiver : 820/2 480 m 🚡4 🚠20 🎿 – ✪ 50.

Env. La Rosière ≼✶✶ N : 6 km – Cirque du Fer à Cheval✶✶ E : 13 km.

🛈 Office de Tourisme pl. Autogare ℡ 90.40.28, Télex 385924.

Paris 596 – Annecy 85 – Bonneville 36 – Chamonix 63 – ✦Genève 68 – Megève 49 – Morzine 30.

 🏨 **Neige et Roc** Ⓜ 🦢, ℡ 34.40.72, ≼, 🔍, 🍃, 🎾 – 🛗 cuisinette ⌷wc 🍴wc ☎ 🅿 – 🏊 25. 🎿 rest
 début juin-20 sept. et 15 déc.-15 avril – SC : **R** 65/90 – ☲ 20 – **50 ch** 160/200 – P 170/220.

 🏨 **Glaciers,** ℡ 34.40.06, ≼, 🔍, 🍃 – 🛗 ⌷wc 🍴wc ☎ 🅿 ⇐ 🅿 📺 🎿 rest
 10 juin-15 sept. et 20 déc.-15 avril – SC : **R** 60/85 – ☲ 20 – **50 ch** 150/180 – P 160/210.

 🏨 **Sept Monts,** ℡ 34.40.58, ≼, 🍃 – 🛗 ⌷wc 🍴 ☎ 🅿. 📺 **E**
 1ᵉʳ juin-14 sept. et 18 déc.-20 avril – SC : **R** 56/68 – ☲ 14 – **35 ch** 108/180 – P 140/200.

 🏠 **Edelweiss** 🦢, NE : 1,5 km par rte Planpraz ℡ 34.41.32, ≼ montagnes, 🍃 – ⌷ 🅿. 🎿 rest
 ← *début juin-15 sept. et 20 déc.-15 avril* – SC : **R** 50/75 – ☲ 15 – **12 ch** 100/150 – P 140/165.

 🏠 **Eteski** 🦢, à Vercland SO : 3 km ℡ 34.44.60, ≼ montagnes, 🍃 – 🍴 🅿. 🎿 rest
 ← *15 déc.-25 sept.* – SC : **R** (prévenir) 48/62 🦴 – ☲ 15 – **22 ch** 76/96 – P 144/152.

 à Salvagny SE : 9 km par D 907 et D 29 – ⊠ **74740** Sixt :

 🏠 **Le Petit Tetras** 🦢, ℡ 34.42.51, ≼ – ⌷wc 🍴wc ☎ 🅿. **E** 🎿 rest
 ← *10 juin-9 sept. et vacances de Noël-vacances de printemps* – SC : **R** 52/80 – ☲ 16 – **24 ch** 85/160 – P 160/190.

 à Morillon O : 4,5 km – ⊠ **74440** Taninges :

 🏠 **Le Sauvageon** 🦢, SE : 1,5 km par D 255 et VO ℡ 90.10.25, ≼, 🍃 – ⌷wc 🅿. 📺 **E** 🎿 rest
 fermé 15 avril au 1ᵉʳ juin, 30 sept. au 15 déc. et lundi hors sais. – SC : **R** 60/100 – ☲ 14 – **14 ch** 60/120 – P 155/170.

 🏠 **Morillon,** ℡ 90.10.32, ≼, 🍃 – ⌷wc 🍴wc ☎ 🅿. 🎿
 ← *15 juin-15 sept. et 20 déc.-15 avril* – SC : **R** 46/70 – ☲ 14 – **20 ch** 110/160 – P 140/200.

CITROEN Gar. Central, ℡ 90.43.82

Routes enneigées

Pour tous renseignements pratiques, consultez

les cartes Michelin **« Grandes Routes »** 🆖, 🆖, 🆖 ou 🆖.

SAMOIS-SUR-SEINE 77920 S.-et-M. 61 ②, 196 ㊻ G. Env. Paris – 1 574 h. alt. 84 – ⚙ 6.

Voir Ensemble★ (quai, île du Berceau).

Paris 64 – Fontainebleau 7,5 – Melun 14 – Montereau-Faut-Yonne 21.

Host. Country Club ⛺, quai F.D. Roosevelt ☎ 424.60.34, ≤, ✂ – ⌂wc ⋒ ☎ Ⓟ – 🏊 30. 🚗 VISA
fermé 25 au 31 juil., 20 déc. au 3 janv., dim. soir et lundi – SC : **R** 86/151 – ☕ 17 – **15 ch** 160/170 – P 310/330.

Dans ce guide
un même symbole, un même caractère
*imprimé en rouge ou en noir, en maigre ou en **gras***
n'ont pas tout à fait la même signification.
Lisez attentivement les pages explicatives (p. 13 à 20).

SANARY-SUR-MER 83110 Var 84 ⑭ G. Côte d'Azur – 10 406 h. alt. 20 – ⚙ 94.

Voir Chapelle N.-D.-de-Pitié ≤★ B – Site★ de N.-D.-de-Pépiole E : 5 km.

ℹ Office de Tourisme Jardins de la Ville (fermé dim.) ☎ 74.01.04.

Paris 829 ① – Aix-en-Provence 71 ① – La Ciotat 27 ① – ♦Marseille 54 ① – ♦Toulon 12 ②.

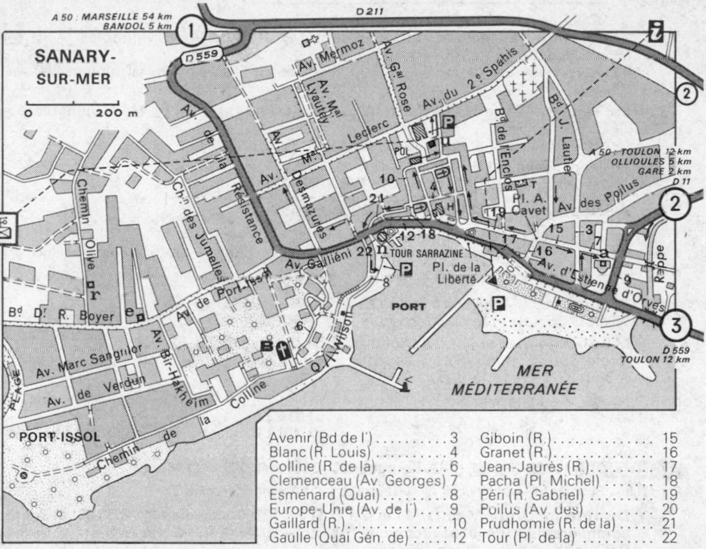

Avenir (Bd de l')	3	Giboin (R.)	15
Blanc (R. Louis)	4	Granet (R.)	16
Colline (R. de la)	6	Jean-Jaurès (R.)	17
Clemenceau (Av. Georges)	7	Pacha (Pl. Michel)	18
Esménard (Quai)	8	Péri (R. Gabriel)	19
Europe-Unie (Av. de l')	9	Poilus (Av. des)	20
Gaillard (R.)	10	Prudhomie (R. de la)	21
Gaulle (Quai Gén. de)	12	Tour (Pl. de la)	22

Gd H. des Bains Au Bon Accueil, bd d'E.-d'Orves **(a)** ☎ 74.13.47, ≤, 🌳 – ⇅ ⌂wc ☎ Ⓟ. 🚗
SC : **R** *(1er avril-1er oct. et fermé lundi hors sais.)* 65/95 – ☕ 13 – **34 ch** 65/150 – P 150/210.

Tour, quai Gén-de-Gaulle **(n)** ☎ 74.10.10, ≤ – ⌂wc ⋒ ☎. 🚗 AE ⓓ E VISA
fermé 15 nov. au 15 janv. et mardi hors sais. – SC : **R** 60/120 – ☕ 18 – **27 ch** 100/190 – P 180/235.

Primavera, av. Port-Issol **(e)** ☎ 74.00.36 – ⋒wc ☎ Ⓟ
◆ *fermé nov.* – SC : **R** *(fermé merc. de déc. à mai)* 47/104 – ☕ 13 – **14 ch** 123/147 – P 135/195.

Synaya ⛺, chemin Olive **(r)** ☎ 74.10.50, 🌳 – ⋒wc. ✂
mars-fin oct. – SC : **R** 52/58 – ☕ 11 – **11 ch** 77/103.

✗ **La Calèche,** pl. Poste **(u)** ☎ 74.22.20
◆ *fermé en mai, en nov. et lundi en hiver* – SC : **R** 50 bc/70 bc.

Voir aussi ressources hôtelières de ***Six-Fours-les-Plages*** par ③ : 4 km

SANCERRE 18300 Cher 65 ⑫ G. Châteaux de la Loire – 2 542 h. alt. 312 – ⚙ 48.

Voir Site★ – Tour des Fiefs ✻★.

ℹ Syndicat d'Initiative à la Mairie (fermé sam. après-midi et dim.) ☎ 54.00.26.

Paris 204 ① – Bourges 46 ③ – La Charité-sur-Loire 26 ② – Salbris 75 ③ – Vierzon 71 ③.

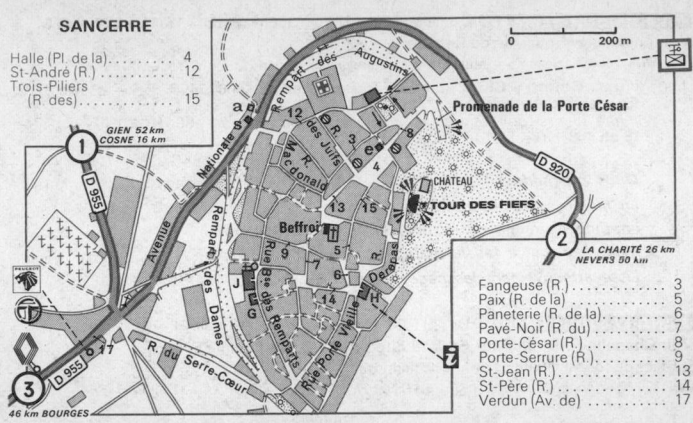

SANCERRE

GIEN 52 km
COSNE 16 km ①

Promenade de la Porte César

CHATEAU
TOUR DES FIEFS

Beffroi

D 920 ②
LA CHARITÉ 26 km
NEVERS 50 km

③ D 955
46 km BOURGES

🏨 **Panoramic** Ⓜ, rempart des Augustins (a) ☎ 54.22.44, ≤ vignobles – 🛗 📺
🛏️wc 🅰️ 🅰️ – 🏥 20 à 80. 🚗🅰️ 🄰🄴
SC : **R** voir rest. La Tasse d'Argent – �; 16 – **56 ch** 140/170, 3 appartements 550 – P 200/230.

%% **La Tasse d'Argent**, 18 Rempart des Augustins (s) ☎ 54.01.44, ≤ vignobles –
🄰🄴 🄴. 🛇
fermé 2 au 30 janv. et merc. hors sais. – SC : **R** 56/170.

% **Tour**, pl. Halle (e) ☎ 54.00.81
fermé lundi sauf juil. et août – SC : **R** 50/125.

à St-Satur par ① : 4 km – ⊠ 18300 Sancerre :

%% **Laurier** avec ch, 29 r. Commerce ☎ 54.17.20 – 🛏️ 🚗🅰️🄰 🆅🄸🅂🄰
fermé fév., dim. soir et lundi hors sais. – SC : **R** 45/120 🅹 – �; 16 – **10 ch** 52/130.

à St-Thibault par ① et D 4 : 5 km – ⊠ 18300 Sancerre :

%% **Étoile** avec ch, quai Loire ☎ 54.12.15, ≤, 🏡 – 🛏️ 🄰 🅿️. 🛇 ch
15 mars-15 nov. et fermé merc. hors sais. – SC : **R** 70/170 – �; 19 – **11 ch** 72/130.

%% **L'Auberge** avec ch, 37 r. J.-Combes ☎ 54.13.79 – 🅿️. 🄰🄴 🄾 🆅🄸🅂🄰
fermé 7 au 26 mars, 13 nov. au 7 déc. et mardi hors sais. – SC : **R** 47/150 🅹 – �; 18 – **5 ch** 82/140 – P 130/150.

CITROEN Gar. Declomesnil à St-Satur par ①
☎ 54.11.34

PEUGEOT, TALBOT Gar. Cotat-Mulhausen, ☎ 54.00.62
RENAULT Bonlieu, ☎ 54.12.82 🄽 ☎ 54.32.91

SANCOINS 18600 Cher 🔟 ③ G. Bourgogne – 3 558 h. alt. 206 – ✪ 48.
Paris 265 – Bourges 51 – Montluçon 72 – Nevers 39 – St-Amand-Montrond 38.

🏨 **Donjon de Jouy** 🛇, SO : 4 km par D 41 ⊠ 18600 Sancoins ☎ 74.56.88, « Gentil-hommière du 17e s. dans un parc », 🏊, ⚅ – 🅿️ – 🏥 40. 🄰🄴 🄾 🄴 🆅🄸🅂🄰
R 87/152 – �; 25 – **35 ch** 180/258 – P 280.

🏨 **Parc** 🛇 sans rest, r. M.-Audoux ☎ 74.56.60, 🌳 – 🛏️wc 🛏️wc ☎ 🚗 – 🏥 70 à 100. 🛇
SC : �; 15 – **12 ch** 115/140.

🏨 **St-Joseph**, ☎ 74.56.13 – 🛏️wc 🛏️ 🄰 🚗. 🛇
fermé oct. et lundi (sauf hôtel de juil. à oct.) – SC : **R** 58/120 🅹 – �; 16 – **11 ch** 95/195.

CITROEN Central Gar., ☎ 74.50.42

🄿 Pneus Center, ☎ 74.55.28

SANCY-LES-MEAUX 77 S.-et-M. 🔟 ⑬. 🔟🔟🔟 ㉓ – rattaché à Meaux.

SANCY (Puy de) 63 P.-de-D. 🔟 ⑬ G. Auvergne – alt. 1 886 – Voir ❄️***.

Accès : N 683 jusqu'au chalet du Sancy, à 4 km du Mont-Dore ② puis téléphérique, du terminus au sommet : 20 mn – **Ressources hôtelières :** voir au *Mont-Dore*.

SAND 67 B.-Rhin 🖽 ⑩ – 735 h. alt. 143 – ⊠ 67230 Benfeld – ✪ 88.

Paris 530 – Barr 15 – Erstein 6,5 – Molsheim 24 – Obernai 15 – Sélestat 19 – ◆Strasbourg 28.

  🏠 **Host. La Charrue** ⏇, 🏗 74.42.66 – ▤ ⇌wc 🛏 🐾 🅿 ⌷☕
    ⇻ *fermé mi janv. à mi fév., dim. soir et lundi sauf mai, juil. et août* – SC : **R** 35/125 🍴
    ⊊ 11 – **26 ch** 67/139 – P 140/165.

TALBOT Gar. Schneider, 🏗 74.42.02

SANGUINET 40460 Landes 🖽 ③ – 1 364 h. alt. 24 – ✪ 58.

Paris 648 – Arcachon 26 – Belin-Beliet 26 – ◆Bordeaux 59 – Mimizan 39 – Mont-de-Marsan 93.

  🏠 **Les Eaux qui Rient** ⏇, au lac 🏗 78.61.15, ≤ – 🛏 🅿 ⅏ rest
    fermé le soir de nov. à fév. – SC : **R** 68/95 – ⛛ 13 – **11 ch** 85 – P 128.

SAN-PEIRE-SUR-MER 83 Var 🗷 ⑰⑱ – rattaché aux Issambres.

SANTA-COLOMA Principauté d'Andorre 🗷 ⑭, 🗷🗷 ⑥ – voir à Andorre.

SANTENAY 21590 Côte-d'Or 🗷🗷 ① – 1 008 h. – Stat. therm. (fermé 1er janv. au 12 fév.) – Casino
– ✪ 80.

Paris 335 – Autun 45 – Chagny 4,5 – Chalon-sur-Saône 21.

  🏠🏠 **Santana** ⏇, av. Sources 🏗 20.62.11, Télex 350190 – ▤ ▤ rest ⇌wc ☎ 🅿 – ⌷⅏
    30. ⌷☕ ⴸ ① E VISA ⅏ rest
    1er avril-31 oct. – SC : **R** 70/120 🍴 – ⊊ 22 – **69 ch** 185/210, 3 appartements 260 – P
    230/275.

SANTENAY 41 L.-et-Ch. 🗷🗷 ⑥ – 307 h. alt. 115 – ⊠ 41190 Herbault – ✪ 54.

Paris 198 – Amboise 25 – Blois 17 – Château-Renault 17 – Herbault 5 – Vendôme 31.

  🏛 **Union,** 🏗 46.11.03 – ⇌ 🅿 ⅏ ch
    ⇻ *fermé mars dim. soir et lundi* – SC : **R** 40/120 – ⊊ 18 – **5 ch** 88/95 – P 150.

SANT-JULIA-DE-LORIA Principauté d'Andorre 🗷🗷 ⑭, 🗷🗷 ⑥ – voir à Andorre.

*Wenn Sie vom Hotelier eine schriftliche Bestätigung
Ihrer Zimmerreservierung
oder eine Antwort auf eine Anfrage erwarten,
fügen Sie Ihrem Schreiben bitte Rückporto bei.*

Le SAPPEY-EN-CHARTREUSE 38 Isère 🗷🗷 ⑤ G. Alpes – 444 h. alt. 940 – Sports d'hiver :
1 000/1 370 m ≰5, ⚞ – ⊠ 38700 La Tronche – ✪ 76.

Voir Charmant Som ⅏★★★ NO : 4,5 km puis 1 h – Fort du St-Eynard ⅏★★ S : 4 km.

Paris 577 – Chambéry 52 – ◆Grenoble 15 – St-Pierre-de-Chartreuse 14 – Voiron 38.

  🏠🏠 **Skieurs** ⏇, 🏗 08.80.15, ≤, ⌬, ⛗, 🐾 – 🖸 ⇌wc ☕ 🅿 ⌷☕. ⅏ rest
    *fermé 25 avril au 2 mai, 1er oct. au 3 nov., dim. soir et lundi sauf vacances scolaires
    et juil.-août* – SC : **R** 70/110, carte le dim. – ⊊ 17 – **17 ch** 100/180 – P 140/210.

  🏛 **Bon Abri** ⏇, 🏗 88.81.20, ≤ – 🛏 🅿
    juin-20 sept., 22 déc.-10 janv., vacances de fév. et de printemps – SC : **R** 65/90 – ⛛
    17 – **13 ch** 83/177 – P 160/180.

  XX **Le Pudding,** 🏗 88.80.26 – ⅏
    fermé fin août à mi sept., dim. soir et merc. – SC : **R** 60/85.

    au Col de Porte N : 4,5 km par D 512 – alt. 1 350 – Sports d'hiver : 1 300/1 700 m ≰6 –
    ⊠ 38700 La Tronche :

  🏠 **Chalet H. Rogier** ⏇, 🏗 08.82.04, ≤ – 🛏wc ☕ 🅿 ⌷☕. ⅏
    ⇻ *fermé 1er nov. au 20 déc. et mardi sauf fév., juil. et août* – SC : **R** (dim. prévenir)
    45/140 – ⊊ 14 – **17 ch** 120/150 – P 160/180.

SARE 64 Pyr.-Atl. 🗷🗷 ② G. Pyrénées – 1 871 h. alt. 70 – ⊠ 64310 Ascain – ✪ 59.

Paris 807 – Cambo-les-Bains 24 – Pau 137 – St-Jean-de-Luz 14 – St-Pée-sur-Nivelle 8.

  🏠🏠 ✿ **Arraya** (Fagoaga), 🏗 54.20.46, ≤, « Cadre rustique basque, jardin » – 🖸
    ⇌wc 🛏wc ☎ 🅿 ⴸ ⅏ ch
    1er juin-30 sept. – SC : **R** (fermé lundi en juin et du 15 au 30 sept.) 85/150 – ⊊ 25 –
    19 ch 175/250
    Spéc. Salade de gésiers de canards confits, Foie de canard frais, Gâteau aux crêpes. **Vins** Jurançon,
    Madiran.

  🏠 **Picassaria** ⏇, S : 2 km par VO 🏗 54.21.51, ≤ – ⇌wc ☕ 🅿 ⅏ ch
    1er mars-1er déc. et fermé jeudi sauf jui.-août – SC : **R** 55/85 – ⊊ 14 – **34 ch** 75/120
    – P 110/150.

  🏠 **Lastiry,** 🏗 54.20.07 – 🛏wc
    sais..

24200 Dordogne **75** ⑰ G. Périgord – 10 880 h. alt. 145 – ❀ 53.

Voir Vieux Sarlat : Maison
de la Boétie★ Z D, place des
Oies★ Y, Hôtel de Malleville★
Y B – Quartier Ouest★ YZ.

🅷 Office de Tourisme pl. Liberté
(fermé dim. hors saison) ☎
59.27.67 – Paris 539 ① – Bergerac
74 ③ – Brive-la-Gaillarde 51 ① –
Cahors 71 ② – Périgueux 66 ④.

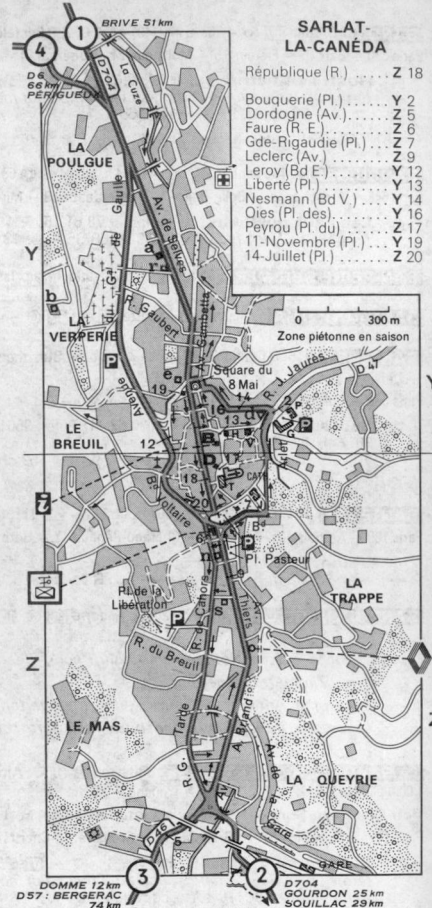

République (R.)	Z 18
Bouquerie (Pl.)	Y 2
Dordogne (Av.)	Z 5
Faure (R. E.)	Z 6
Gde-Rigaudie (Pl.)	Z 7
Leclerc (Av.)	Y 9
Leroy (Bd E.)	Y 12
Liberté (Pl.)	Y 13
Nesmann (Bd V.)	Y 16
Oies (Pl. des)	Y 16
Peyrou (Pl. du)	Z 17
11-Novembre (Pl.)	Y 19
14-Juillet (Pl.)	Z 20

🏨 **La Madeleine,** 1 pl.
Petite-Rigaudie ☎ 59.
10.41, 🍴 – ᴀᴇ ➀ ᴇ
ᴠɪsᴀ   Y **e**
*fermé janv.-fév. et lundi
du 1er nov. au 31 déc. –*
SC : **R** 67/160 – ☲ 19 –
18 ch 170/215, 4 appartements 230 – P 240/270.

🏨 **St-Albert,** pl. Pasteur
☎ 59.01.09 – ▤ rest
🛏wc 🛏wc ☎ – ♨ 35.
ᴀᴇ ➀ ᴇ ᴠɪsᴀ ⚓ ch
SC : **R** 58/180 – ☲ 18 –
57 ch 90/160 – P
180/230.   Z **n**

🏨 **Salamandre** Ⓜ, r. Abbé Surguier ☎ 59.35.98
– 📺 🛏wc ☎. ᴀᴇ ➀
ᴇ ᴠɪsᴀ ⚓ ch   Z **s**
1er avril-15 nov. – SC : **R**
voir H. St Albert – ☲ 20
– **19 ch** 160/230, 5 appartements 280.

🏨 **La Couleuvrine,** 1 pl.
Bouquerie ☎ 59.27.80 –
📶 🛏wc ☎. ᴀᴇ ᴠɪsᴀ
SC : **R** (pour le passage
dîner seul.) 65 – ☲ 18 –
20 ch 120/180 – P
238/310.   Y **d**

🏨 **Compostelle** Ⓜ sans
rest, 18 av. Selves ☎ 59.
08.53 – 📺 🛏wc 🛏wc
⚓. 🚗🅿   Y **r**
1er avril-5 nov. – SC : ☲
16,50 – **14 ch** 145/162.

🏠 **Host. la Verperie** ⚲
☎ 59.00.20, ≼, « Jardin ombragé et fleuri » – 🛏wc 🛏wc ⚓. ⚓   Y **b**
1er fév.-31 oct. et fermé dim. – SC : **R** 50/70 – ☲ 16 – **15 ch** 95/170 – P 163/200.

✕✕ **Marcel,** 8 av. Selves ☎ 59.21.98   Y **a**
1er fév.-15 nov., fermé lundi du 1er fév. au 30 mars et du 15 sept. au 15 nov. – **R**
40/120 ♨.

✕ **Rossignol,** bd H. Arlet ☎ 59.03.20, 🍴   Y **v**
fermé 11 au 24 avril, 14 au 28 nov. et lundi – **R** 50/160.

au Sud par ② : 2 km :

🏠 **La Hoirie** ⚲ sans rest, ☎ 59.05.62, ≼, « Maison périgourdine dans un parc » –
🛏wc 🛏wc ☎ ♨. 🅿. 🚗
1er avril-1er nov. – SC : ☲ 20 – **13 ch** 170/230.

route des Eyzies par ④ : 3 km :

🏨 **Host. Meysset** Ⓜ ⚲, ≼, 🍴, parc – ♨. 🅿 – ♨ 100 ᴀᴇ ᴠɪsᴀ
1er avril-8 oct. – SC : **R** *(fermé merc. midi sauf juil.-août)* 100/220 – ☲ 24 – **21 ch**
190/250, 7 appartements 290/305 – P 270/300.

rte Gourdon par ② et VO : 7 km – ✉ **24200** Sarlat :

✕ **Philip,** ☎ 59.27.50 – 🅿
15 mars-15 oct. et fermé lundi – SC : **R** 48/110.

CITROEN Sarlat-Autos, rte Vitrac par ③ ☎
59.10.64
FIAT Lacombe, 3 av. Gambetta ☎ 59.00.93
FORD Fournet, rte de Vitrac ☎ 59.05.23
OPEL Matigot, r. Louis Mie ☎ 59.37.67

RENAULT Robert, 33 av. Thiers ☎ 59.35.21
V.A.G. Gar. du Viaduc, au Pontet ☎ 59.06.83

🔘 Comptoir Sarladais du Pneu, Zone Ind. de
Madrazès ☎ 59.00.33

SARLIAC-SUR-L'ISLE 24 Dordogne **75** ⑥ – 802 h. alt. 102 – ⊠ 24420 Savignac-les-Églises – ☎ 53.

Paris 479 – Brive-la-Gaillarde 81 – ♦Limoges 87 – Périgueux 15.

☆ **Chabrol,** ☎ 06.01.35 – 🛏wc. 🏊
➡ *fermé 15 au 30 sept.* – SC : **R** 40/120 ⅃ – 🍽 14 – **10 ch** 60/90 – P 120/140.

SARPOIL 63 P.-de-D. **73** ⑮ – rattaché à Issoire.

SARRAS 07370 Ardèche **77** ① – 1 840 h. – ☎ 75.

Paris 532 – Annonay 19 – ♦Lyon 70 – ♦St-Étienne 58 – Tournon 16 – Valence 35.

🏨 **Vivarais,** av. Vivarais ☎ 23.01.88, 🍽 – 🛏wc 🛏 ☎ 🚗 🅿
➡ *fermé fév. et mardi du 1er oct. au 1er juin* – SC : **R** 43/100 ⅃ – 🍽 13 – **10 ch** 85/130.

☆ **Commerce,** av. Vivarais ☎ 23.03.88 – 🛏wc 🚗. 🏊 ch
➡ *fermé 9 oct. au 14 nov., dim. soir et lundi midi* – SC : **R** 34/65 ⅃ – 🍽 10 – **11 ch** 47/70.

RENAULT Cézard, rte Bleue ☎ 23.03.56

Si vous cherchez un hôtel tranquille,
ne consultez pas uniquement les cartes p. 46 à 53,
mais regardez également dans le texte
les établissements indiqués avec le signe ⊗ .

SARREBOURG ◁◇▷ 57400 Moselle **62** ⑧ **G. Vosges** – 15 050 h. alt. 250 – ☎ 8.

Voir Vitrail★ dans la chapelle des Cordeliers B.

🛈 Office de Tourisme Chapelle des Cordeliers (fermé dim. et lundi) ☎ 703.11.82.

Paris 426 ④ – Épinal 84 ④ – Lunéville 53 ④ – ♦Metz 111 ① – St-Dié 67 ④ – Sarreguemines 53 ①.

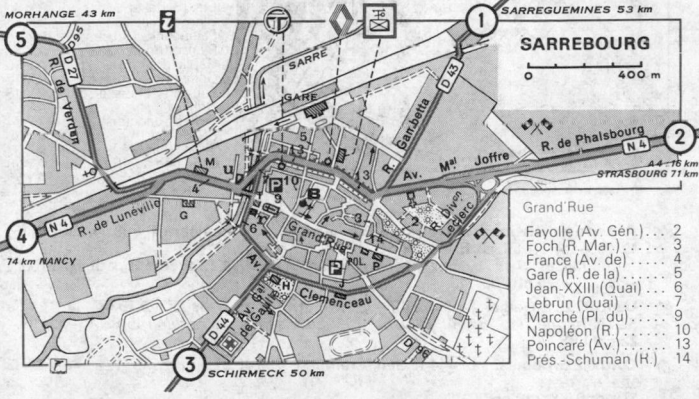

Grand'Rue
Fayolle (Av. Gén.) . . . 2
Foch (R. Mar.) 3
France (Av. de) 4
Gare (R. de la) 5
Jean-XXIII (Quai) . . . 6
Lebrun (Quai) 7
Marché (Pl. du) 9
Napoléon (R) 10
Poincaré (Av.) 13
Prés.-Schuman (H.) . . 14

🏨 **France,** 3 av. France (u) ☎ 703.21.47 – 🍽 rest 📺 🛏wc 🛏wc ☎ 🚗 🅿 – 🛗 60. 🚗 🅴
➡ SC : **R** *(fermé 3 au 31 janv., sam. et pour le grill Saravis lundi)* 35/135 ⅃ – 🍽 18,50 – **46 ch** 105/188 – P 155/200.

🍴🍴 **Chez Eddy,** à Hoff N : 2 km par D 27 et D 95 ☎ 703.32.01, ⇐ – 🅿 🅴 [VISA]
fermé août, mardi soir et merc. – SC : **R** 55/145 ⅃.

🍴🍴 **du Soleil** avec ch, 5 r. Halles (r) ☎ 703.21.71 – 🛏wc ☎ 🚗 🚗, 🏊 ch
➡ *fermé 20 déc. au 15 janv. et lundi* – SC : **R** 40/120 ⅃ – 🍽 12 – **14 ch** 60/160 – P 130/150.

CITROEN Gar. Rein SARREBOURG N 4 par ④ ☎ 703.29.29
FIAT Europ'Auto, 8 av. Joffre ☎ 703.22.12
FORD Gar. des 2 Sarres, pl. de la gare ☎ 703.32.60
PEUGEOT-TALBOT Sarrebourg-Auto, N 4, à Imling par ④ ☎ 703.29.66
RENAULT Billiar, 25 av. Poincaré ☎ 703.21.14

TALBOT Est-Gar., 8 av. Poincaré ☎ 703.23.48
V.A.G. Lett, 6 av. Joffre ☎ 703.14.02

⚙ Kautzmann, 5 r. du Dr-Schweitzer ☎ 703.23.53
Pneus et Services D.K, voie A.-Malraux ☎ 703.21.87

SARREGUEMINES ◁◇▷ 57200 Moselle **57** ⑯⑰ **G. Vosges** – 26 293 h. alt. 220 – ☎ 8.

🛈 Office de Tourisme r. Poste (fermé sam. et dim.) bureau de change en saison les sam., dim. et fêtes ☎ 798.52.32.

Paris 394 ③ – Colmar 149 ② – Épinal 137 ② – Karlsruhe 138 ① – Lunéville 93 ② – Mannheim 143 ③ – ♦Metz 69 ③ – ♦Nancy 90 ② – St-Dié 120 ② – Saarbrücken 18 ③ – ♦Strasbourg 104 ②.

SARREGUEMINES

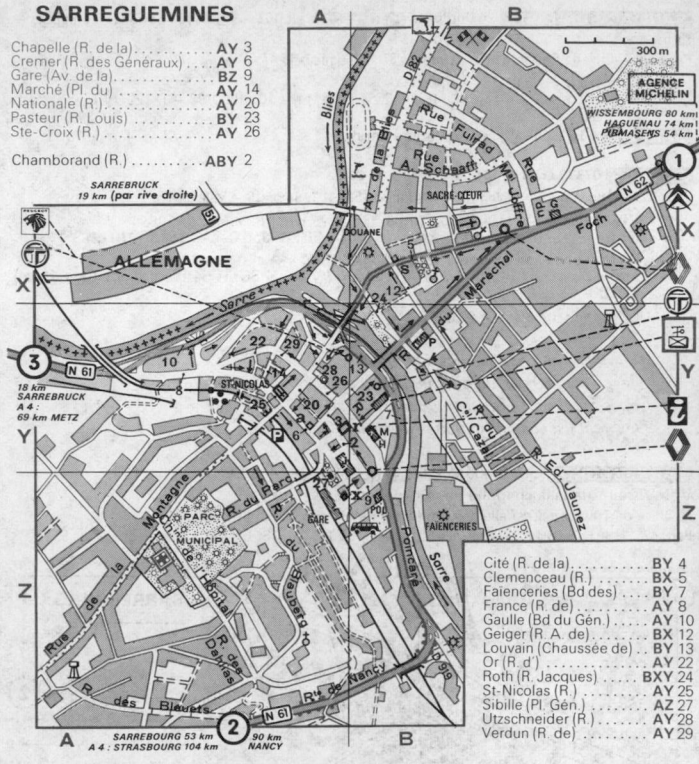

🏠 **Alsace et Rotisserie Ducs de Lorraine** M, 10 r. Poincaré ☎ 798.44.32 – 🛗 📺
☎ 🅿 – 🛁 30. ⅭᎬ ⓪ Ꭼ 𝘝𝘐𝘚𝘈. ⚓   ABY **r**
fermé juil. et 19 au 26 déc. – **R** (fermé lundi) 90/180 ⚖ La Taverne **R** carte 60 à 100 ⚖
– 🍽 25 – **26 ch** 185/240.

🏨 **Union,** 28 r. Geiger ☎ 795.28.42 – 🛏wc 🛏wc ☎ 🅿 🚗 ⅭᎬ ⓪ Ꭼ 𝘝𝘐𝘚𝘈   BX **s**
→ SC : **R** (fermé 7 au 28 août, 24 déc. au 1er janv., sam. midi et dim.) 45/85 ⚖ – 🍽 16 –
22 ch 110/170.

🏨 **Deux Étoiles** sans rest, 4 r. Gén.-Crémer ☎ 798.46.32 – 🛏wc 🛏 🚗 🚗 ⅭᎬ Ꭼ
𝘝𝘐𝘚𝘈 ⚓ rest   AY **a**
SC : 🍽 9,50 – **18 ch** 70/120.

✕ **Laroche,** 3 pl. Gare ☎ 798.03.23 – 𝘝𝘐𝘚𝘈   ABZ **x**
→ fermé 19 août au 10 sept., 24 déc. au 7 janv., vend. soir et sam. – SC : **R** 44/66 ⚖.

par ③ : 2 km – ✉ 57200 Sarreguemines :

✕✕✕ ⚙ **Aub. St-Walfrid** (Schneider), rte de Grosbliederstroff ☎ 798.43.75, ⚓
– 🅿
fermé août, janv., dim. et lundi – **R** 80/250 ⚖.

✕✕✕ **Vieux Moulin,** ☎ 798.22.59 – 🅿. ⅭᎬ ⓪ Ꭼ 𝘝𝘐𝘚𝘈
fermé août, mardi et merc. – **R** 85/140 ⚖.

MICHELIN, Agence, rte de Sarreinsming ZI par ① ☎ 795.42.40

BMW, FIAT, LANCIA, AUTOBIANCHI Gar.
Meyer, 57 rte de Nancy ☎ 798.21.31
CITROEN Gar. Stutzmann, 95 r. Mar.-Foch ☎
795.04.24
FORD Salon de l'Auto, 29 r. Poincaré ☎ 798.
49.30
OPEL S.A.M.A, à Grosbliederstroff ☎ 798.
10.04
PEUGEOT-TALBOT Derr, 6 Chaussée Louvain
☎ 798.27.94
RENAULT Bang Sarreguemines 17 av. Gare
☎ 798.13.93

RENAULT Gar. Fournier, 79 r. Clemenceau ☎
795.10.88 Ⓝ
TALBOT Sarre Auto, 4 bd des Faïenceries ☎
798.25.75
V.A.G. Gd Gar. Niderlender, 1 A rte de Nancy
☎ 798.54.78

🛞 Berwald, 22 a r. Claire-Oster ☎ 795.06.42
Relais du Pneu, 120 av. Foch ☎ 795.18.24

SARRE-UNION 67260 B.-Rhin 🗗 ⑰ – 3 130 h. alt. 240 – ✪ 88.

Paris 407 – Lunéville 75 – ♦Metz 83 – ♦Nancy 81 – St-Avold 38 – Sarreguemines 25 – ♦Strasbourg 81.

   🏠 **Au Cheval Noir**, r. Phalsbourg ⍑ 00.12.71 – 🖵wc 🛁 ☎ 🅿 – 🔬 80. 🖼 AE ⑩
   ← 🛢 VISA. ⅍ ch
       fermé 1er au 21 oct. – SC : **R** *(fermé lundi)* 33/150 🍸 – ⴵ 15 – **21 ch** 65/160 – P
       125/220.

CITROEN Gar. Stutzmann, ⍑ 00.10.70 🄽   🄼 Weiss-Pneus, à Diemeringen ⍑ 00.42.60
RENAULT Gar. Schoepfer, ⍑ 00.10.02 🄽

SARS-POTERIES 59216 Nord 🗗 ⑥ G. Nord de la France – 1 766 h. alt. 176 – ✪ 27.

Paris 214 – Avesnes-sur-Helpe 9 – Charleroi 43 – ♦Lille 108 – Maubeuge 19.

   XXX ✿ **Aub. Fleurie** (Lequy), ⍑ 61.62.48 – 🅿. AE ⑩ VISA
       fermé 15 au 31 août, fév., dim. et lundi sauf fêtes – **R** (nombre de couverts limité -
       prévenir) carte 100 à 160
       Spéc. Crustacés à la crème, Agneau de lait rôti (déc. à juin).
       Annexe (🏠) ⌂, ⍑ 61.62.72, 🛲 – 🖵wc 🛁 ☎ 🅿. 🖼. ⅍ ch
       SC : ⴵ 18 – **11 ch** 105/190.

SARZEAU 56370 Morbihan 🗗 ⑬ – 4 088 h. alt. 21 – ✪ 97.

Voir Ruines★ du château de Suscinio SE : 3,5 km, G. Bretagne.

Paris 463 – ♦Nantes 110 – Redon 62 – Vannes 22.

   🏠 **Le Sage**, pl. Église ⍑ 41.85.85, 🛲 – 🖵wc 🛁wc 🖼
       fermé janv. et lundi hors sais. – SC : **R** 60/150 – ⴵ 19 – **50 ch** 150/270 – P 269/390.

       à la Grée-Penvins SE : 7,5 km par D 198 – ✉ 56370 Sarzeau :

   XX **Espadon**, ⍑ 41.72.48, « Auberge rustique » – AE ⑩ 🛢 VISA
   ← *fermé merc. de sept. à juin* – SC : **R** 50/150.

CITROEN Clinchard, ⍑ 41.81.23   RENAULT Pépion, ⍑ 41.84.12
PEUGEOT Mahéas, ⍑ 41.85.65

SASSETOT-LE-MAUCONDUIT 76 S.-Mar. 🗗 ⑫ – 749 h. – ✉ 76540 Valmont – ✪ 35.

Paris 205 – Bolbec 28 – Fécamp 15 – Rouen 64 – St-Valéry-en-Caux 21 – Yvetot 29.

   XXX **Relais des Dalles**, près château ⍑ 27.41.83, « Jardin fleuri »
   ← *fermé 7 au 30 nov., 14 au 28 fév., lundi soir et mardi sauf fériés* – SC : **R** 45/115 🍸.

SATHONAY-CAMP 69 Rhône 🗗 ⑫ – rattaché à Lyon.

SATILLIEU 07290 Ardèche 🗗 ⑨ – 2 026 h. alt. 476 – ✪ 75.

Paris 548 – Annonay 14 – Lamastre 37 – Privas 93 – St-Vallier 20 – Tournon 31 – Yssingeaux 54.

   🏠 **Gentilhommière** Ⓜ ⌂, rte de Lalouvesc ⍑ 34.94.31, Télex 345548, « Parc
       ombragé », ⌁, ⅍ – 🖵wc ☎ 🅿 – 🔬 80. 🖼 🛢
       1er avril-30 oct. – SC : **R** 55/150 🍸 – ⴵ 15 – **11 ch** 220/250 – P 250.
       Annexe H. Pont, Grand'Rue ⍑ 34.95.31 – 🖵wc 🛁
       1er avril-30 oct. – SC : ⴵ 13 – **28 ch** 75/150 – P 130/180.

   🏠 **Julliat-Roche**, ⍑ 34.95.86 – 🍽 rest 🖵wc 🛁 🖼 🚗 🖼 VISA
   ← *fermé janv., fév. et dim. soir hors sais.* – SC : **R** 45/120 🍸 – ⴵ 15 – **11 ch** 80/150 – P
       150/180.

RENAULT Géry, ⍑ 34.95.53 🄽

SAUCLIÈRES 12 Aveyron 🗗 ⑮ – rattaché à St-Jean-du-Bruel.

SAUGUES 43170 H.-Loire 🗗 ⑯ G. Auvergne – 2 649 h. alt. 960 – ✪ 71.

Paris 506 – Brioude 50 – Mende 74 – Le Puy 44 – St-Chély-d'Apcher 41 – St-Flour 50.

   🏠 **La Terrasse**, ⍑ 77.83.10 – 🖵 🛁 🖼
   ← *fermé nov. et lundi hors sais.* – SC : **R** 35/70 – ⴵ 12 – **17 ch** 50/80 – P 100/130.

TALBOT Gar. Villedieu-Eymard, ⍑ 77.81.40

SAUJON 17600 Char.-Mar. 🗗 ⑮ – 4 431 h. alt. 7 – Stat. therm. – ✪ 46.

🄩 Syndicat d'Initiative pl. Ch.-de-Gaulle (1er juil.-31 août et fermé dim.) ⍑ 02.83.77.

Paris 494 – ♦Bordeaux 123 – Marennes 22 – Rochefort 32 – La Rochelle 64 – Royan 11 – Saintes 26.

   🏠 **Commerce**, r. Saintonge ⍑ 02.80.50, 🛲 – 🖵wc 🛁wc 🖼 🅿. 🖼 🛢
       fermé 25 oct. au 6 déc. et lundi hors sais. – SC : **R** 60/78 🍸 – ⴵ 15 – **19 ch** 93/172
       – P 165/195.

   🏠 **Thermalia**, pl. Église ⍑ 02.80.62 – 🖵wc 🛁wc 🖼 🚗 🖼 🛢. ⅍ ch
       fermé 10 déc. au 10 janv. et merc. – SC : **R** 60/150 🍸 – ⴵ 14 – **19 ch** 70/150.

   XX Aub. du Moulin ⌂ avec ch, par D 17 et VO : 2 km ⍑ 02.83.25, ≼, ⌁, 🛲 – 🛁 🅿
       sais. – **15 ch**.

à Châlons par D 1 : 7 km au Nord – ✉ **17600** Saujon :

Moulin de Châlons Ⓜ, D 733 ☎ 22.82.72, « Ancien moulin à marée du 18e s., belle décoration intérieure », – wc wc ☎ Ⓟ. AE ⓓ E
1er mai-20 sept. et fermé mardi – SC : **R** 85/160 – ☕ 25 – **15 ch** 230/250 – P 300/350.

La Galiote Ⓜ sans rest, ☎ 22.81.94, « Bel intérieur », – wc wc
1er mai-30 sept. – SC : ☕ 17 – **10 ch** 130/170.

CITROEN Central Gar., ☎ 02.80.25
PEUGEOT, TALBOT Daviaud, ☎ 02.80.30 N ☎ 02.82.45
RENAULT Gar. du Parc, ☎ 02.81.45

SAULCE-SUR-RHÔNE 26 Drôme 77 ⑪ – 1 199 h. alt. 103 – ✉ **26270** Loriol ⓞ 75.
Paris 593 – Crest 25 – Montélimar 17 – Privas 26 – Valence 30.

La Capitelle ⑤, à Mirmande SE : 3 km ☎ 61.02.72, ≤, « Demeure ancienne » – wc wc ☎. AE E. rest
fermé 15 nov. au 15 déc., 10 au 31 janv. et mardi – SC : **R** 65/90 – ☕ 18 – **14 ch** 125/250.

Clutier (Les Reys de Saulce), aux **Reys de Saulce** N 7 ☎ 61.00.22, , – rest wc wc ☎ Ⓟ. AE E VISA. rest
fermé 15 déc. au 15 janv., dim. soir hors sais. et lundi – SC : **R** 42/85 ♂ – ☕ 13 – **15 ch** 62/160 – P 140/200.

SAULCHOY 62 P.-de-C. 51 ⑫ – 220 h. alt. 13 – ✉ **62870** Campagne-lès-Hesdin – ⓞ 21.
Paris 197 – Abbeville 34 – Arras 74 – Berck-Plage 24 – Doullens 44 – Hesdin 18 – Montreuil 15.

Val d'Authié, ☎ 90.30.20 – VISA.
fermé merc. – SC : **R** 88/98.

SAULGES 53 Mayenne 60 ⑪ **G. Châteaux de la Loire** – 420 h. alt. 80 – ✉ **53340** Ballée – ⓞ 43 – Paris 255 – Château-Gontier 40 – La Flèche 48 – Laval 37 – ♦Le Mans 60 – Mayenne 43.

Ermitage Ⓜ ⑤, ☎ 01.22.28, – TV wc ☎ Ⓟ – 150. E VISA
fermé fév., dim. soir et lundi sauf juil., août et fériés – SC : **R** 45/125 ♂ – ☕ 13 – **23 ch** 55/130 – P 95/135.

SAULIEU 21210 Côte-d'Or 65 ⑰ **G. Bourgogne** – 3 156 h. alt. 514 – ⓞ 80.
Voir Basilique St-Andoche★ **D** – Le Taureau★ par Pompon **B** – Salle Pompon★ au musée **M1**.

ℹ Syndicat d'Initiative r. Argentine (1er juin-30 sept. et fermé dim. après-midi) ☎ 64.00.21 et à la Mairie (fermé sam. après-midi et dim.) ☎ 64.09.22.

Paris 252 ① – Autun 41 ④ – Avallon 39 ① – Beaune 76 ② – Clamecy 77 ① – ♦Dijon 73 ②.

SAULIEU

Marché (R. du) 14

Argentine (R.) 2
Bertin (R. J.) 3
Courtépée (R.) 4
Foire (R.) 6
Gare (Av. de la) 7
Gaulle (Pl. Ch. de) 8
Grillot (R.) 12
Sallier (R.) 15
Vauban (R.) 18

Les localités citées dans le
guide Michelin
sont soulignées de rouge
sur les **cartes Michelin**
à 1/200 000.

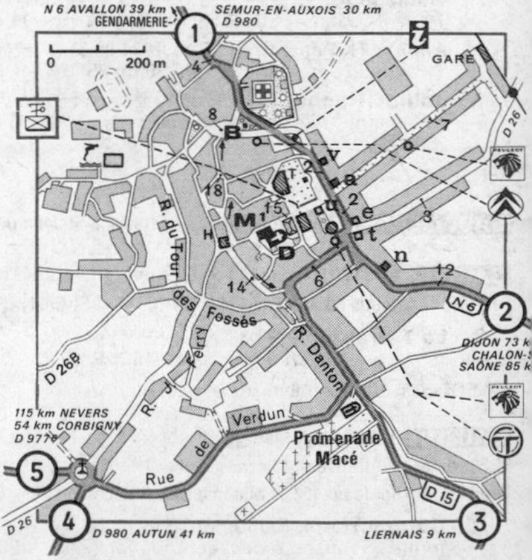

Poste sans rest, 1 r. Grillot **(t)** ☎ 64.05.67, Télex 350540 – ♿ Ⓟ – 50 AE VISA
SC : ☕ 16 – **48 ch** 65/195, 3 appartements 230.

Tour d'Auxois, pl. Abreuvoir **(u)** ☎ 64.13.30, –
fermé 1er déc. au 8 janv., dim. soir et lundi – SC : **R** 45/90 – ☕ 14 – **30 ch** 40/85.

SAULIEU

XXX ✿✿ **Côte d'Or** (Loiseau) avec ch, 2 r. Argentine (e) ℱ 64.07.66 – ⊟wc 🛁wc 🅿
🚗 ☎ AE ① VISA
fermé 15 nov. au 15 déc. et mardi du 1ᵉʳ nov. au 30 avril sauf fériés – **R** carte 165 à
240 – ☷ 28 – **17 ch** 185/260
Spéc. Foie gras, Ragoût de homard (avril à oct.), Aiguillettes de canard. Vins Volnay.

XX **Borne Impériale** avec ch, 16 r. Argentine (v) ℱ 64.19.76 – ⊟wc 🛁wc. E VISA
fermé 15 nov. au 15 déc., lundi soir et mardi – SC : **R** 60/140 – ☷ 14 – **7 ch** 62/120.

XX **Aub. du Relais** avec ch, 8 r. Argentine (a) ℱ 64.13.16 – 🛁wc ☎ VISA
fermé 4 janv. au 7 fév., merc. soir et jeudi sauf août – SC : **R** 50/115 – ☛ 15 – **5 ch**
95/130.

X **Vieille Auberge** avec ch, 17 r. Grillot (n) ℱ 64.13.74 – 🚗 🅿 ☎
fermé 25 nov. au 15 janv. et merc. hors sais. – SC : **R** 65/110 – ☷ 15 – **7 ch** 75/90.

CITROEN Gar. Griesser, ℱ 64.17.99
PEUGEOT Gar. de la Gare, ℱ 64.00.87 N
PEUGEOT-TALBOT Gar. de la Tour, ℱ 64.15.99

RENAULT S.C.A.S.A., par ② ℱ 64.03.45 N
Gar. Moderne, ℱ 64.08.08

SAULT 84390 Vaucluse 🔞 ⑭ G. Provence – 1 230 h. alt. 765 – ✿ 90.

Voir Nef★ de l'église.

Env. Gorges de la Nesque★★ : belvédère★★ SO : 11 km par D 942.

🎟 Syndicat d'Initiative av. Promenade (15 juin-15 sept. et fermé dim. après-midi) ℱ 64.01.21.

Paris 729 – Aix-en-Provence 92 – Apt 37 – Avignon 68 – Carpentras 45 – Digne 93 – Gap 102.

🏠 Signoret, ℱ 64.00.45, 🍴 – 🛁
24 ch

à Aurel N : 5 km par D 942 – ✉ 84390 Sault :

🏠 **Relais du Ventoux** 🦶, ℱ 64.00.62 – 🛁
fermé fév., vend. (sauf rest.) et sam. hors sais. – SC : **R** 45/90 – ☷ 15 – **11 ch**
80/100 – P 140/150.

CITROEN Gar. Pantoustier, ℱ 64.02.29
RENAULT Gar. de la Lavande, ℱ 64.02.41

SAULX-LES-CHARTREUX 91 Essonne 🔟 ⑩ 🔟🔟🔟 ㉛ – voir à Paris, Proche banlieue (Longju-meau).

SAULZET-LE-CHAUD 63 P.-de-D. 🔟🔟 ⑭ – rattaché à Ceyrat.

SAUMUR ◁SP▷ 49400 M.-et-L. 🔟🔟 ⑫ G. Châteaux de la Loire – 23 601 h. alt. 30 – ✿ 41.

Voir Château★★ : musée d'Arts décoratifs★★, musée du Cheval★, tour du Guet ☀★ Z –
Église N.-D.-de-Nantilly★ : tapisseries★★ Z B – Hôtel de ville★ Y H – Tapisseries★ de
l'église St-Pierre Y D – Pont ≤★ XY – Musée de la Cavalerie★ Y M1.

🎟 Office de Tourisme (fermé dim. hors sais.) et A.C.O. 25 r. Beaurepaire ℱ 51.03.06.

Paris 299 ① – Angers 52 ① – Châtellerault 76 ③ – Cholet 66 ④ – La Flèche 51 ① – Laval 119 ① –
◆Le Mans 92 ① – ◆Nantes 127 ④ – Niort 115 ④ – Poitiers 90 ③ – ◆Tours 66 ①.

Plan page suivante

🏠 **Londres** sans rest, 48 r. Orléans ℱ 51.23.98 – ⊟wc 🛁wc ☎ 🅿 ☎ ✂ Y x
fermé nov. – SC : ☷ 16 – **26 ch** 73/160.

🏠 **Alexandre** sans rest, 26 r. Lorraine ℱ 51.33.40 – 🛗 ⊟wc 🛁wc ☎ 🅿 VISA ✂
SC : ☷ 18 – **15 ch** 70/160. Y u

🏠 **Croix Verte**, 49 r. Rouen par ① ℱ 50.39.31 – ▤ rest 🛁 🅿 ☎ E VISA
fermé 15 déc. au 1ᵉʳ fév. – SC : **R** *(fermé vend. soir et dim. en hiver)* 43/135 🥢 – ☛ 15
– **18 ch** 68/136 – P 150/176.

XX **Gambetta**, 12 r. Gambetta ℱ 51.11.13 – VISA Y r
fermé 10 au 20 oct., 20 déc. au 20 janv., dim. soir et lundi sauf fêtes – SC : **R** 50/120.

XX **L'Escargot**, 30 r. Mar.-Leclerc ℱ 51.20.88 Z s
fermé 29 juin au 6 juil., 24 déc. au 2 janv., 17 fév. au 3 mars et merc. – SC : **R** 40/70.

à Bagneux par ④ : 1,5 km – ✉ 49400 Saumur :

🏠 **Campanile**, ℱ 50.14.40, Télex 720183 – 📺 ⊟wc ☎ ♿ 🅿 – 🏠 35. VISA
SC : **R** 55 bc/80 bc – ☛ 20 – **42 ch** 173.

à Chênehutte-les-Tuffeaux par ⑤ et D 751 : 8 km – ✉ 49350 Gennes :

🏨 ✿ **Le Prieuré** 🦶, ℱ 50.15.31, ≤, « Site boisé dominant la Loire, parc, ⤫ », ✸ –
🅿 – 🏠 50. AE
fermé 5 janv. au 1ᵉʳ mars – **R** 115/220 – ☷ 30 – **36 ch** 250/570 – P 395/515
Spéc. Confit de lapereau aux pistaches, Panaché de sandre et turbot, Nougat glacé. Vins Brézé, Champigny.

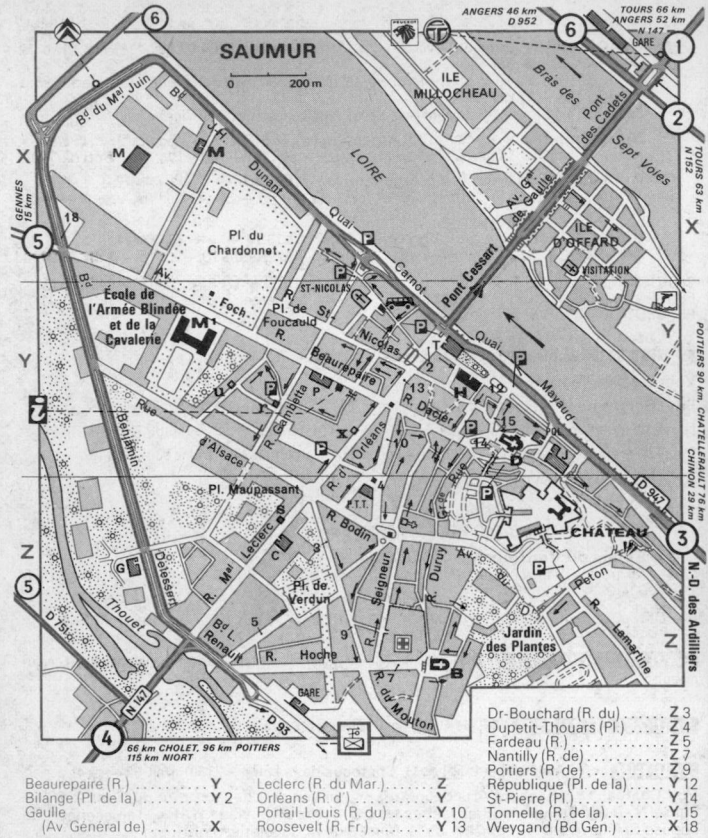

SAUMUR

ANGERS 46 km
D 952

TOURS 66 km
ANGERS 52 km
N 147

TOURS 63 km
N 152

POITIERS 90 km, CHATELLERAULT 78 km, CHINON 29 km
N 347

N.-D. des Ardilliers

66 km CHOLET, 96 km POITIERS
115 km NIORT

GENNES 15 km

ILE MILLOCHEAU

ILE D'OFFARD

LOIRE

Bras des Sept Voies

Pont des Cadets

Pont Cassant

Pl. du Chardonnet

École de l'Armée Blindée et de la Cavalerie

ST-NICOLAS
Pl. de St-Foucauld

Beaurepaire

Nicolas

R. Dacier

Pl. Maupassant

Quai Mayaud

VISITATION

CHÂTEAU

Pl. de Verdun

Jardin des Plantes

Hoche

GARE

Beaurepaire (R.)	Y
Bilange (Pl. de la)	Y 2
Gaulle (Av. Général de)	X
Leclerc (R. du Mar.)	Z
Orléans (R. d')	Y
Portail-Louis (R. du)	Y 10
Roosevelt (R. Fr.)	Y 13
Dr-Bouchard (R. du)	Z 3
Dupetit-Thouars (Pl.)	Z 4
Fardeau (R.)	Z 5
Nantilly (R. de)	Z 7
Poitiers (R. de)	Z 9
République (Pl. de la)	Y 12
St-Pierre (Pl.)	Y 14
Tonnelle (R. de la)	Y 15
Weygand (Bd Gén.)	X 18

CITROEN Jolly, bd Mar.-Juin ☎ 50.41.01
FIAT Gar. du Centre, 136 r. Pont-Fouchard, à Bagneux ☎ 50.10.39
FORD Boutin, 81 r. d'Orléans ☎ 51.22.33
OPEL Gar. de la Loire, rte de Montreuil ☎ 50.13.76
PEUGEOT Charbonneau, 103 r. du Pont-Fouchard à Bagneux par ④ ☎ 50.11.33
PEUGEOT, TALBOT Gar. Guillemet, 5 r. Rouen ☎ 67.48.68

RENAULT C.E.S.A.M., 86 rte Rouen par ① ☎ 67.38.66
V.A.G. Gar. Rabiller, rte du Mans ☎ 50.39.69

🅖 Soréval Anjou-Pneus, 1 bd L.-Renault ☎ 51.08.46
Godelu-Pneus, 70 quai Mayaud ☎ 51.20.08 et rte Doué-la-Fontaine, Distre ☎ 50.17.96

SAUSSET-LES-PINS 13960 B.-du-R. 🎱🎱 ⑫ G. Provence – 3 039 h. – ✪ 42.

🄳 Office de Tourisme bd Ch.-Roux (juil.-août) ☎ 45.16.34 et à la Mairie (hors saison, fermé sam. après-midi et dim.) ☎ 45.06.15.

Paris 778 – Aix-en-Provence 45 – ♦Marseille 31 – Martigues 12 – Salon-de-Provence 56.

🍴🍴 **Plage** Ⓜ avec ch, ☎ 45.06.31, ≤, 🄻, 😭 – 🍽 rest 🛏wc 🛏wc ☎. 🚗🄼
fermé nov., dim. soir du 15 oct. au 31 mars et lundi sauf juil.-août – SC : **R** 135 bc – 😾 18 – **11 ch** 130/170.

🍴 **La Jetée,** ☎ 45.07.61, ≤
15 fév.-15 oct. et fermé merc. du 15 fév. au 1er juin – SC : **R** 83/120.

SAUSSIGNAC 24 Dordogne 🎱🎱 ⑭ – 432 h. alt. 123 – ✉ 24240 Sigoulès – ✪ 53.

Paris 571 – Bergerac 17 – Libourne 52 – Périgueux 64 – Ste-Foy-la-Grande 13.

🏠 **Relais de Saussignac** 😼, ☎ 27.92.08 – 🛏wc 🛏wc ☎ 🄿 – 🔬 40. 🚗🄼 E VISA
♦ fermé fév. et lundi (sauf l'hôtel de Pâques à sept.) – SC : **R** 42/95 👖 – 😾 14 – **18 ch** 85/140 – P 130/190.

SAUT-DES-CUVES 88 Vosges 🎱🎱 ⑰ – rattaché à Gérardmer.

SAUTERNES 33210 Gironde **79** ① – 580 h. alt. 50 – ⊛ 56.

Paris 645 – ◆Bordeaux 56 – Langon 9.

✕ **La Forge,** au bourg ☎ 63.60.69
↔ *fermé 27 fév. au 13 mars et merc. sauf le midi en saison* – SC : **R** 38/88.

SAUVETERRE 30 Gard **81** ⑪ – 913 h. alt. 28 – ✉ **30150** Roquemaure – ⊛ 66.

Paris 676 – Alès 73 – Avignon 12 – Nîmes 49 – Orange 15 – Pont-St-Esprit 34 – Villeneuve-lès-Avignon 8.

⌂ **Host. de Varenne** ☽, ☎ 50.19.45, <, parc, ✾ – ⊓wc ☎ Ⓟ – ⚐ 60
SC : **R** *(fermé 1er au 15 mars, 11 au 23 oct., 3 au 10 janv., lundi et mardi)* 65/150 – ☕ 14 – **14 ch** 90/130.

✕✕✕ **Host. La Crémaillère,** rte Avignon : 1 km ☎ 50.35.05 – Ⓟ. VISA
fermé 20 janv. au 20 fév., mardi soir et merc. – SC : **R** 60/200.

SAUVETERRE-DE-BÉARN 64390 Pyr.-Atl. **85** ④ **G. Pyrénées** – 1 668 h. alt. 67 – ⊛ 59.

Voir Site★, <★★ du vieux pont.

Paris 795 – ◆Bayonne 62 – Dax 45 – Mont-de-Marsan 80 – Oloron-Ste-Marie 41 – Pau 66.

⌂ **A Boste,** ☎ 38.50.62 – 🚗. ⊘
↔ *fermé 2 au 11 mai, 26 sept. au 28 oct., dim. soir et lundi de nov. à Pâques* – SC : **R** 42/100 – ☕ 15 – **9 ch** 50/116 – P 248/286.

CITROEN Serres, ☎ 38.50.21 PEUGEOT Maisonnave ☎ 38.52.71

SAUVETERRE-DE-COMMINGES 31 H.-Gar. **86** ① – 771 h. alt. 480 – ✉ **31510** Barbazan – ⊛ 61.

Paris 806 – Bagnères-de-Luchon 36 – Lannemezan 32 – St-Gaudens 9,5 – Tarbes 68 – ◆Toulouse 100.

⌂⌂⌂ ✿ **Host. des Sept-Molles** (Ferran) ☽, à Gesset S : 3 km par D 9 ☎ 88.30.87, <, parc, ≋, ✾ – ⧉ ♿ Ⓟ – ⚐ 30. AE ⓓ
15 mars-31 oct. – SC : **R** (dim., fêtes, juil. et août - prévenir) 105/160 – ☕ 24 – **19 ch** 170/250, 4 appartements 310 – P 280/300
Spéc. Charcuterie maison, Truite au bleu, Magret grillé au feu de bois. **Vins** Jurançon.

SAUVETERRE-DE-ROUERGUE 12 Aveyron **80** ① **G. Causses** – 891 h. alt. 460 – ✉ **12800** Naucelle – ⊛ 65.

Paris 664 – Albi 54 – Millau 95 – Rodez 40 – St-Affrique 89 – Villefranche-de-Rouergue 44.

⌂⌂ **Aub. du Sénéchal** ☽, ☎ 47.05.78 – ⬚wc ⊓wc ☎. VISA. ⊘
↔ *1er mai-31 oct.* – SC : **R** (nombre de couverts limité - prévenir) 50/200 🍷 – ☕ 16 – **15 ch** 100/120 – P 150/180.

SAUX 65 H.-Pyr. **85** ⑧ – rattaché à Lourdes.

Le SAUZE 04 Alpes-de-H.-P. **81** ⑧ – rattaché à Barcelonnette.

SAUZON 56 Morbihan **63** ⑪ – voir Belle-Ile-en-Mer.

SAVERDUN 09700 Ariège **82** ⑱ – 4 220 h. alt. 235 – ⊛ 61.

Paris 758 – Muret 36 – Pamiers 15 – ◆Toulouse 49.

⌂⌂ **Château Larlenque,** S : 2 km sur N 20 ☎ 60.30.20, parc, ✾ – ⬚wc ⊓wc ☎ Ⓟ – ⚐ 30. 🚗 AE VISA. ⊘ rest
fermé nov., dim. soir et lundi midi du 1er oct. au 30 mai – **R** 55/125 – ☕ 20 – **17 ch** 135/180 – P 190/210.

SAVERNE ⟨SP⟩ 67700 B.-Rhin **57** ⑱ **G. Vosges** – 10 430 h. alt. 210 – ⊛ 88.

Voir Château★ : façade★★ AB – Maisons anciennes★ A E – St-Jean-Saverne : chapelle St-Michel★, <★ N : 4,5 km par D 115 puis 30 mn A – Ruines du château du Haut-Barr★ : <★ SO : 5 km par D 102 puis D 171 A.

ℹ Office de Tourisme Château des Rohan (15 juin-15 sept.) ☎ 91.80.47 et à l'Hôtel de Ville (fermé sam. et dim.) ☎ 91.18.52.

Paris 446 ① – Lunéville 80 ⑤ – St-Avold 85 ① – Sarreguemines 64 ① – ◆Strasbourg 39 ③.

Plan page suivante

⌂⌂ **Chez Jean,** 3 r. Gare ☎ 91.10.19 – ⧉ ⬚wc ⊓wc ☎ – ⚐ 40. ⓓ E. ⊘ A d
↔ *fermé 1er au 15 sept., dim. soir et lundi* – SC : **R** 35/125 🍷 – ☕ 13 – **22 ch** 70/125.

⌂⌂ **Geiswiller,** 17 r. Côte ☎ 91.18.51 – ⬚wc ⊓wc ☎ 🚗 Ⓟ. 🚗 AE ⓓ VISA.
↔ ⊘ rest A a
SC : **R** *(fermé lundi hors sais.)* 50/160 🍷 – ☕ 14 – **18 ch** 65/150 – P 130/170.

tourner →

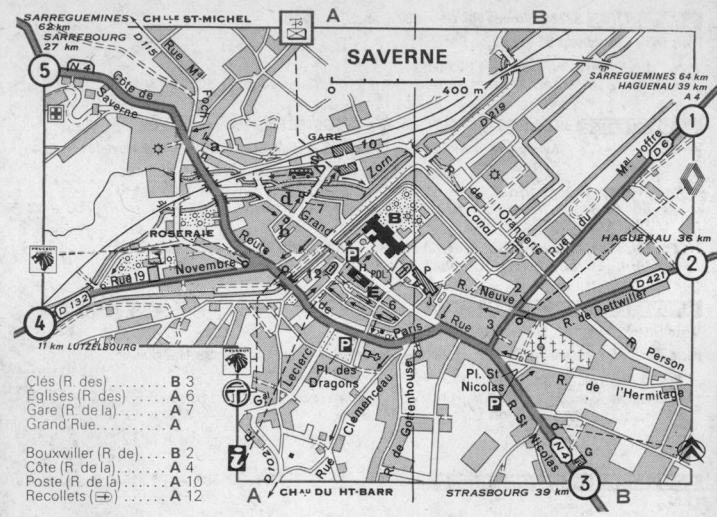

SAVERNE

🏠 **Bœuf Noir**, 22 Gde-Rue ℡ 91.10.53 – 🛁wc 🚿wc ☎ 🚗 🚗🗐 🖃   A b
  fermé 14 au 25 juil. et 1er au 21 oct. – SC : **R** *(fermé dim. soir et mardi)* 35/110 – 🖵 10 – **20 ch** 53/117.

🏠 **Fischer**, 15 r. Gare ℡ 91.19.53 – 🛁wc 🚿wc ☎ 🅿 🚗🗐 ⚜   A s
  fermé 24 avril au 1er mai, 23 déc. au 16 janv., vend. soir et sam. – SC : **R** 35/90 🍷 – 🍽 18 – **20 ch** 90/140 – P 160/220.

CITROEN Wallior, 21 r. St-Nicolas ℡ 91.17.52
OPEL Gar. Diemer, 32 r. de L'Hermitage ℡ 91.19.00
PEUGEOT-TALBOT Gar. Roser, 40 rte Paris ℡ 91.12.55
PEUGEOT TALBOT Gar. Roser, N 4 à Otterswiller par ③ ℡ 91.26.33
PEUGEOT Gar. Ohl, 37 rte Paris ℡ 91.17.15

RENAULT Billiar, 116 r. St-Nicolas par ③ ℡ 91.22.22 🅽
RENAULT Guss, 6 r. Dettwiller ℡ 91.17.23
V.A.G. Frey, 55 r. St. Nicolas ℡ 91.10.29

🔧 Pneus et Services D.K. 26 r. de L'Hermitage ℡ 91.18.22

SAVIGNAC-LES-ÉGLISES 24420 Dordogne 🔟🔟 ⑥ – 732 h. alt. 111 – 🕿 53.
Paris 476 – Brive-la-Gaillarde 62 – Lanouaille 25 – ♦Limoges 84 – Périgueux 21 – Uzerche 72.

🏚 ✿✿ **Parc** Ⓜ ⋟, ℡ 05.08.11, 🍴, « Parc » – 🅿 🆎 🅾 🖃 *VISA* ⚗
  fermé 15 au 28 oct., 5 janv. au 5 mars et mardi – SC : **R** (nombre de couverts limité - prévenir) 130/250 – 🖵 30 – **14 ch** 300/360
  Spéc. Charlotte de poivrons doux, Salade tiède de langoustines et St-Jacques, Chausson aux truffes.
  Vins Bergerac, Cahors.

SAVIGNÉ-L'ÉVÊQUE 72000 Sarthe 🔟 ⑬ – rattaché au Mans.

SAVIGNY-LÈS-BEAUNE 21420 Côte-d'Or 🔟🔟 ⑨ – 1 411 h. alt. 265 – 🕿 80.
🔹 Syndicat d'Initiative r. Vauchey-Very (Pâques-15 sept.).
Paris 322 – Beaune 6 – Bouilland 10 – ♦Dijon 38.

🏠 **L'Ouvrée** ⋟, ℡ 21.51.52, 🚗 – 🛁wc 🚿wc ☎ 🅰 🅿 – 🏄 25. 🚗🗐
  22 mars-22 nov. – SC : **R** 45/120 – 🖵 15 – **22 ch** 120/155 – P 236/256.

PEUGEOT Gar. Busquin, ℡ 21.52.06

SAVIGNY-SUR-ORGE 91600 Essonne 🔟 ①, 🔟🔟🔟 ㉟㊱ – voir à Paris, Proche banlieue.

SAVINES-LE-LAC 05160 H.-Alpes 🔟🔟 ⑦ G. Alpes – 823 h. alt. 810 – 🕿 92.
Voir Forêt de Boscodon★★ : ⩽★★ SE : 5 km.
Paris 696 – Barcelonnette 46 – Briançon 59 – Digne 87 – Gap 28 – Guillestre 32 – Sisteron 72.

🏠 **Flots Bleus** Ⓜ sans rest, ℡ 44.20.89, ⩽, 🚗 – 🛁wc 🚿wc ☎ 🅿 – 🏄 25
  1er avril-30 sept. – SC : 🖵 16 – **20 ch** 140/220.

🏠 **Eden Lac** ⋟, ℡ 44.20.53, ⩽, 🍴, 🚗 – 🛁wc 🅿 🆎
  fermé 18 nov. au 18 janv. – SC : **R** 60/90 – 🖵 16 – **20 ch** 120/180 – P 370/440 (pour 2 pers.).

🍴🍴 **Relais Fleuri**, ℡ 44.20.32, ⩽ – 🅿
  15 mai-15 oct. et fermé merc. du 15 mai au 20 juin et du 10 sept. au 15 oct. – SC : **R** 55/90.

SCAER 29111 Finistère 🆅🆅 ⑯ — 6 721 h. alt. 185 — ✪ 98.

Paris 524 — Carhaix-Plouguer 37 — Châteaulin 48 — Concarneau 27 — Pontivy 65   Quimper 36.

  🏚 **Brizeux**, 56 r. Jean-Jaurès ☎ 59.40.59 — 🛏wc ⬛ 🚐🚐 **E**
➡ *fermé 3 janv. au 15 fév. et lundi sauf juil.-août* — SC : **R** 45/160 🍷 — 🖾 16 — **17 ch** 55/140 — P 140/170.

PEUGEOT-TALBOT Gar. de l'Isole, Moulin du   PEUGEOT-TALBOT Trévarin, 27 r. Laennec ☎
Pont ☎ 59.41.74   59.44.04

SCAFFARELS 04 Alpes-de-H.-P. 🆑🆑 ⑱, 🆒🆒🆒 ⑫ — rattaché à Annot.

SCEAUX 92 Hauts-de-Seine 🆖🆖 ⑩, 🆖🆖🆖 ㉕ — voir à Paris, Proche banlieue.

SCEAUX-SUR-HUISNE 72 Sarthe 🆖🆖 ⑭⑮ — 424 h. alt. 93 — ⊠ **72160** Connerré — ✪ 43.

Paris 175 — La Ferté-Bernard 11 — ◆Le Mans 33 — Nogent-le-Rotrou 32 — St-Calais 35 — Vibraye 15.

  🍴🍴 **Aub. Panier Fleuri** avec ch, ☎ 93.40.08 — 🛏 ⬛ 🚐🚐 **AE** ⓞ **VISA**
➡ *fermé en fév. et merc.* — SC : **R** 45/140 — 🖾 12 — **8 ch** 52/80.

La SCHLUCHT (Col de) 88 Vosges 🆖🆖 ⑱ G. **Vosges** — alt. 1 139 — Sports d'hiver : 1 139/1 250 m ⒌5 — ✪ 89 — **Voir Route des Crêtes★★★ N et S.**

Paris 496 — Colmar 37 — Épinal 56 — Gérardmer 15 — Guebwiller 46 — St-Dié 39 — Thann 48.

  🏨 **Collet** ⬍, au Collet : 2 km sur rte de Gérardmer, ⊠ 88400 Gérardmer, ☎ (29)
➡ 63.11.43, Télex 961408, ≤ — 🛏wc ⬛ 🚐🚐 🖾 — 🖾 18 — **23 ch** 115/175 — P 155/175.
        fermé en mai et en nov. — SC : **R** 48/160 🍷 — 🖾 18 — **23 ch** 115/175 — P 155/175.

  🏚 Le **Tétras**, ⊠ 88400 Gérardmer, ☎ (29) 63.11.37, ≤ — 🛏wc 🚐🚐 **P** — 🚗 30 🚐🚐
     AE — *fermé 3 nov. au 4 déc., dim. soir et lundi hors sais.* — **30 ch**

SCHWEIGHOUSE-SUR-MODER 67 B.-Rhin 🆖🆖 ⑲ — rattaché à Haguenau.

La SÉAUVE-SUR-SEMÈNE 43470 H.-Loire 🆖🆖 ⑧ — 1 021 h. alt. 735 — ✪ 71.

Paris 547 — Le Puy 55 — ◆ St-Étienne 29.

  🏚 **Source**, ☎ 61.03.79, ≤ — 🛏wc 🛏wc 🚐🚐 **P** 🚐🚐 **E**
➡ SC : **R** 35/65 🍷 — 🖾 12 — **19 ch** 75/95 — P 120.

SEBOURG 59 Nord 🆖🆖 ⑤ — rattaché à Valenciennes.

Le SECHIER 05 H.-Alpes 🆖🆖 ⑯ — rattaché à St-Firmin.

SÉCHIN 25 Doubs 🆖🆖 ⑯ — rattaché à Baume-les-Dames.

SECONDIGNY 79130 Deux-Sèvres 🆖🆖 ⑰ — 2 020 h. alt. 183 — ✪ 49.

Paris 388 — Bressuire 27 — Fontenay-le-Comte 39 — Niort 35 — Parthenay 14 — La Roche-sur-Yon 86.

  🏩 **Écu de France**, ☎ 63.70.22 — 🛏wc **P** — 🚗 25
➡ SC : **R** 40/80 🍷 — 🖢 12 — **15 ch** 70/100 — P 150/170.

CITROEN Gar. Bernier, ☎ 63.70.20   Gar. Guérin, ☎ 63.70.27

SEDAN ⬃🆂🅿 08200 Ardennes 🆖🆖 ⑲ G. **Nord de la France** — 25 430 h. alt. 157 — ✪ 24.

Voir Château fort★ BY — 🛈 Office de Tourisme Château Fort (27 mars-23 oct.) ☎ 29.03.28 et à l'Hôtel de Ville (fermé sam. et dim.) ☎ 29.03.85.

Paris 237 ③ — Châlons-sur-Marne 116 ③ — Charleville-Mézières 22 ③ — Liège 149 ② — Luxembourg 100 ② — ◆Metz 130 ② — Namur 100 ② — ◆Reims 96 ③ — Thionville 123 ② — Verdun 80 ②.

Plan page suivante

  🏚 **Univers**, pl. Gare ☎ 27.04.35 — 🛏wc ⬛ 🚐 🚐 **VISA**   AZ **e**
➡ *fermé août et dim.* — SC : **R** 50/150 🍷 — 🖾 16,50 — **11 ch** 75/200 — P 150/250.

  🍴🍴 ✪ **Au Bon Vieux Temps**, 3 pl. Halle ☎ 29.03.70 — ⓞ **E** **VISA** 🌿   BZ **r**
     fermé juin, dim. soir et lundi — **R** carte 130 à 185
     Spéc. St Jacques à la mousse de cresson (oct. à avril), Noisettes de chevreuil grand veneur. **Vins** Bouzy.

  🍴🍴 **Embassy** avec ch, 28 r. Gambetta ☎ 29.00.77 — 🚐🚐 **VISA**   BYZ **s**
➡ *fermé 4 au 18 janv., dim. soir (sauf hôtel) et lundi sauf fériés* — SC : **R** 38/130 🍷 — 🖾 14 — **12 ch** 50/58 — P 160/214.

  🍴 **Chariot d'Or**, 20 pl. Torcy ☎ 27.04.87 — **P**   AZ **v**
     fermé juil., vend. soir et sam. — **R** 38/90 🍷.

CITROEN Froussart, 19 av. Verdun ☎ 27.08.23   RENAULT Ardennes-Autos, 67 av. Ch.-de-
N   Gaulle, Balan par ② ☎ 27.35.40
FORD Gar. Turenne, 20 av. Philippoteaux ☎   **V.A.G.** Poncelet, 2 pl. de Torcy ☎ 27.01.01
27.32.88
OPEL-GM Gar. St-Christophe, 1 av. Philippo-   ⓦ Pneu-Station, 45 av. Ch.-de-Gaulle, Balan ☎
teaux ☎ 27.17.89   27.44.22
PEUGEOT-TALBOT S.I.S.A., 6 av. Gén.-de-
Gaulle ☎ 27.13.25

SEDAN

0 ___ 300 m

In this guide,

*a symbol or a character, printed in red or black in light or **bold** type,*
does not have the same meaning.

Please read the explanatory pages carefully (pp. 21 to 28).

SÉES 61500 Orne 60 ③ G. Normandie (plan) – 5 243 h. alt. 188 – ✪ 33.

Voir Cathédrale★ : choeur et transept★★ – Forêt d'Ecouves★★ SO : 5 km.

🛈 Syndicat d'Initiative à l'Hôtel de Ville (1er mai-30 sept., fermé matin et mardi) ☎ 28.74.79.

Paris 183 – L'Aigle 43 – Alençon 22 – Argentan 23 – Domfront 65 – Mortagne-au-Perche 33.

 🏨 **Cheval Blanc,** 1 pl. St-Pierre ☎ 27.80.48 – 🍴 *VISA*. ⚓
 → *fermé 15 oct. au 8 nov., 1er au 15 mars, sam. soir hors sais. (sauf hôtel) et vend. soir*
 *– SC : **R** 31/95 – ⌧ 12 – **9 ch** 50/70.*

 ✗ **Normandy,** 20 pl. Gén.-de-Gaulle ☎ 27.80.67
 → *fermé 11 sept. au 4 oct. – **R** 40/80.*

PEUGEOT Gar. Boivin, ☎ 27.80.14   RENAULT Gar. Herouin, ☎ 27.84.10

SÉEZ 73430 Savoie 74 ⑱ – 1 134 h. alt. 904 – ✪ 79.

Paris 665 – Aosta 83 – Bourg-St-Maurice 3 – Chambéry 104 – Val-d'Isère 28.

 🏨 **Malgovert,** ☎ 07.02.05, ≤, 🐎 – ⌨wc 🍴wc ⚙ 🅿. ⚓
 → *Pâques, 10 juin-1er oct., Noël-jour de l'An, fév. et week-ends en janv., mars et 1er mai*
 *– SC : **R** 50/58 – ⌧ 18 – **20 ch** 90/150 – P 140/170.*

 🏨 **Belvédère** ⚑, E : 11 km par N 90 ⌧ 73700 Bourg-St-Maurice ☎ 07.02.04, ≤
 → *vallée et montagne* – ⌨wc 🅿. 🐎🐕
 *juil.-6 sept., vacances scolaires et week-ends – SC : **R** 40/120 – ⌧ 14 – **28 ch***
 100/170 – P 155/183.

SEGOS 32 Gers 82 ② – rattaché à Aire-sur-l'Adour.

SEGRÉ ⟨⟩ 49500 M.-et-L. **63** ⑨ G. Châteaux de la Loire – 7 167 h. alt. 29 – ✪ 41.

Paris 305 – Angers 36 – Châteaubriant 40 – Laval 50 – ♦Nantes 81 – ♦Rennes 87.

⚏ **Gare,** 🏠 92.15.52 – ☎
↪ *fermé vend. soir (sauf rest.) et sam.* – **R** 24/65 ⅃ – ☟ 10 – **19 ch** 32/80 – P 90.

CITROEN Guérif, 34 r. Lamartine 🏠 92.23.75   V.A.G. Pinon, 25 r. David d'Angers 🏠 92.12.45
PEUGEOT, TALBOT Chesneau rte de Nantes à
Ste-Gemmes-d'Andigné 🏠 92.22.52

SÉGURET 84 Vaucluse **81** ② – rattaché à Vaison-la-Romaine.

SÉGUR-LES-VILLAS 15 Cantal **76** ③ – 434 h. alt. 1 000 – ⌧ **15300** Murat – ✪ 71.

Paris 514 – Allanche 12 – Aurillac 64 – Condat 18 – Mauriac 56 – Murat 18 – St-Flour 43.

🏠 **Santoire** Ⓜ, à La Carrière du Monteil de Ségur S : 4 km sur D 3 🏠 20.70.68, ⟨ –
↪ ⌸wc ⋔wc 🅿 **E**
fermé 15 nov. au 10 déc. – SC : **R** 35/68 ⅃ – ☟ 11 – **33 ch** 80/105 – P 115/130.

SEICHES-SUR-LE-LOIR 49140 M.-et-L. **64** ① – 2 168 h. alt. 28 – ✪ 41.

🅱 Syndicat d'Initiative à la Mairie (fermé jeudi et sam. après-midi) 🏠 80.00.37.

Paris 269 – Angers 19 – Château-Gontier 42 – Château-la-Vallière 52 – La Flèche 28 – Saumur 45.

🏠 **Host. St-Jacques** 🈯, à Matheflon N : 2 km par VO 🏠 80.00.30 – ⌸wc ⋔wc
↪ ☏ 🅿
fermé 15 janv. au 15 fév., dim. soir et lundi – SC : **R** 45/90 – ☟ 12 – **10 ch** 50/95.

La SEIGLIÈRE 23 Creuse **73** ① – rattaché à Aubusson.

SEIGNELAY 89250 Yonne **65** ⑤ G. Bourgogne – 1 480 h. alt. 126 – ✪ 86.

Paris 172 – Auxerre 14 – Chablis 25 – Joigny 21 – Nogent-sur-S. 79 – St-Florentin 18 – Tonnerre 42.

⚏ **Commerce,** 🏠 47.71.21 – ⋔. ⅋ rest
↪ *fermé 20 août au 1ᵉʳ oct., dim. soir et lundi* – SC : **R** 50/70 – ☟ 10 – **19 ch** 56/83.

PEUGEOT-TALBOT Gar. Leray, 🏠 47.73.15

SEIGNOSSE 40510 Landes **78** ⑰ – 1 003 h. – ✪ 58.

🅱 Office de Tourisme av. des Lacs (fermé sam. sauf matin en saison et dim.) 🏠 43.32.15.

Paris 751 – ♦Bayonne 27 – Castets 36 – Mont-de-Marsan 79 – Soustons 12.

✗✗ **La Soleillade** 🈯, avec ch, 🏠 72.80.38, 🍴, « Parc » – ⌸wc ⋔wc ☏ ⅋ 🅿
↪ *hôtel : Pâques-15 sept. ; rest. : 15 juin-15 sept.* – SC : **R** 44/90 – ☟ 18 – **7 ch**
90/196.

SEILHAC 19700 Corrèze **75** ⑨ – 1 319 h. alt. 490 – ✪ 55.

🅱 Syndicat d'Initiative à la Mairie (fermé sam. et dim.) 🏠 27.05.26.

Paris 468 – Aubusson 101 – Brive-la-Gaillarde 33 – ♦Limoges 72 – Tulle 15 – Uzerche 16.

🏠 **Relais des Monédières,** à Montargis de Seilhac SE : 1 km 🏠 27.04.74, parc, ⅋
↪ – ⋔ ⇚ 🅿 ⅋
fermé nov. – SC : **R** 40/70 – ☟ 13 – **21 ch** 60/100 – P 120/130.

à St-Salvadour NE : 8 km par D 940, D 44 et D 173E – ⌧ **19700** Seilhac :

✗✗ **Ferme du Léondou,** 🏠 21.60.04, « Grange aménagée », 🍴 – 🅿
↪ *fermé 10 au 30 nov., janv. et merc. soir hors sais.* – SC : **R** 30/145.

SEILLANS 83 Var **84** ⑦. **195** ㉘ G. Côte d'Azur – 1 211 h. alt. 366 – ⌧ **83440** Fayence –
✪ 94.

Voir N.-D. de l'Ormeau : retable** SE : 1 km.

🅱 Syndicat d'Initiative (1ᵉʳ juil.-30 sept.) et à la Mairie (fermé sam. et dim.) 🏠 76.06.04.

Paris 896 – Castellane 56 – Draguignan 32 – Fayence 7,5 – Grasse 31 – St-Raphaël 41.

🏠🏠 **Clariond et H. de France** Ⓜ 🈯, 🏠 76.96.10, ⟨, 🍴, 🏊, 🌳 – ⌸wc ⋔wc ☏.
↪ ⅋₈ ⅋
fermé janv. et merc. hors sais. – SC : **R** 90/150 – ☟ 25 – **26 ch** 190/270 – P
290/350.

🏠🏠 **Deux Rocs** 🈯, 🏠 76.05.33 – ⌸wc ⋔wc ☏ ⇚₈ ⅋ rest
↪ *20 mars-2 nov.* – SC : **R** (fermé mardi hors sais.) 70/130 – ☟ 24 – **15 ch** 130/270 – P
242/303.

✗✗ **Aub. Mestre Cornille,** 🏠 76.04.27, 🍴 – 🅿
↪ *fermé déc., janv., lundi soir et mardi* – SC : **R** 72/125.

route de Draguignan SO : 10 km par D 53 et D 562 – ⌧ **83440** Fayence :

✗✗✗ Relais de Garron, 🏠 76.09.43 – 🅿

SEIN (Ile de) ★ 29162 Finistère 🔢🔢 ⑫ G. Bretagne – 607 h. – ❸ 98 – **Voir Phare** ☀★★.

Accès par transports maritimes.

⛴ depuis **Audierne** En 1982 : du 1er juil. au 31 août, 3 services quotidiens ; hors saison, 1 service quotidien (sauf mercredi) - Traversée 1 h – 55 F (AR). Renseignements : quai Jean Jaurès ☎ 70.02.38 et ☎ 70.02.37.

 XX **Aub. des Sénans,** ☎ 70.90.01
 ➡ *20 mai-31 août* – SC : **R** 46/75.

SEIX 09140 Ariège 🔢🔢 ③ – 1 009 h. alt. 510 – ❸ 61.

Voir Vallée du Haut Salat★ N et S, G. Pyrénées.

Paris 818 – Ax-les-Thermes 76 – Foix 62 – St-Girons 18.

 X **Aub. des Deux Rivières** avec ch., au pont de la Taule S : 5 km ☎ 66.83.57, ⇸ –
 ➡ ℗ ❄
 1er juin-15 sept., vacances scolaires et week-ends – **R** 37/80 🍴 – ⌷ 10 – **11 ch** 55/60 – P 105/130.

SÉLESTAT ◁Ⓢ🄿▷ 67600 B.-Rhin 🔢🔢 ⑱ G. Vosges – 15 749 h. alt. 182 – ❸ 88.

Voir Église Ste-Foy★ BY **B** – Église St-Georges★ BY **E** – Bibliothèque humaniste★ BY **M** – Volerie des Aigles : démonstrations de dressage★ au château de Kintzheim par ④ : 4,5 km puis 30 mn – 🄱 Syndicat d'Initiative pl. République ☎ 92.02.66.

Paris 508 ① – Colmar 22 ③ – Gérardmer 75 ③ – St-Dié 43 ⑤ – ♦Strasbourg 47 ①.

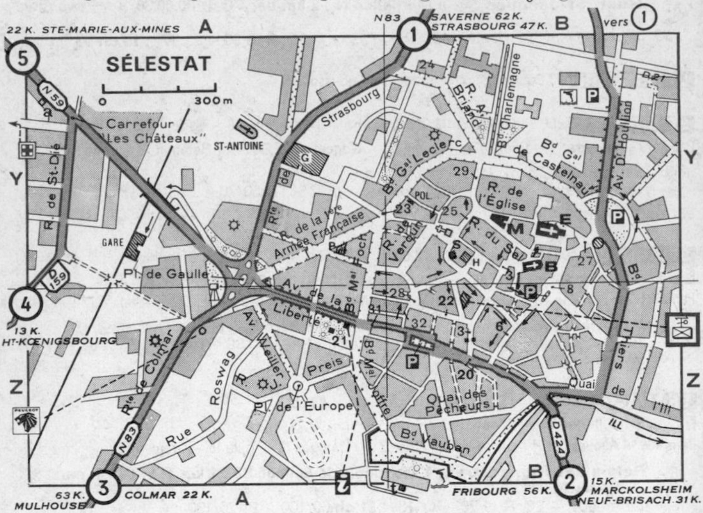

Chevaliers (R. des) .... **BYZ** 3	Marché aux Choux...... **BY** 8	Serruriers (R. des) ...... **BY** 25
Hôpital (R. de l') .... **BZ** 6	République (Pl. de la) ... **AZ** 21	Strasbourg (Pl. Porte-de) **BY** 27
Président-Poincaré	Ste-Barbe (R.) .... **BZ** 22	Victoire (Pl. de la) ...... **BZ** 28
(R. du) .... **BZ** 20	Schaal (Pl. du Gén.) ... **ABY** 23	Vieux Marché aux Vins .. **BY** 29
4e-Zouaves (R. du) ..... **AZ** 31	Schwilgué (R.) .... **BY** 24	17-Novembre (R. du).... **BZ** 32

🏨 **Belle Vue** Ⓜ, 9 rte Ste-Marie-aux-Mines ☎ 92.92.88 – 🛏wc 🛁wc ☎ ⇐ ℗
 📶🅰 AY **a**
 R *(fermé jeudi sauf du 1er juin au 30 sept.)* 55/120 – ⌷ 16 – **22 ch** 120/180 – P 170/220.

 XX **Vieille Tour,** 8 r. Jauge ☎ 92.15.02 BY **s**
 ➡ *fermé 27 juin au 14 juil., 21 au 28 fév., dim. soir et lundi* – SC : **R** 44/170 🍴

 XX **Lido,** au stade nautique ☎ 92.07.43, ⩽ BZ **t**
 ➡ *fermé 16 au 31 août, 24 déc. au 4 janv., dim. soir et lundi* – SC : **R** 45/150 🍴

 à Val-de-Ville par ⑤ : 6 km – ⌖ **67730** Châtenois :

 X Aub. de la Forêt, ☎ 82.06.82, ⇸ – ℗

 à Baldenheim E : 8,5 km par D 21 - BY - et D 209 – ⌖ **67600** Sélestat :

 XX ✿ **Couronne** (Mme Trebis), r. Sélestat ☎ 85.32.22 – ℗. 🄰🄴 ⓪
 fermé 18 au 31 juil., 3 au 17 janv., dim. soir et lundi sauf fériés – SC : **R** 70/180
 Spéc. Feuilleté de grenouilles au Riesling, Suprême de sole au Tokay, Selle de chevreuil forestière.
 Vins Riesling, Pinot noir.

BMW, ALFA-ROMEO Gar. Walter, 33 rte de Ste Marie aux Mines à Chatenois ☎ 82.07.22 🅽
CITROEN Gar. Ménétré, 89 rte Strasbourg par ① ☎ 92.08.42
FIAT, MERCEDES-BENZ Gar. Ligner, 24 rte de Sélestat à Chatenois ☎ 82.05.20
PEUGEOT Sélestat Autom., 5 rte Colmar ☎ 92.00.25

RENAULT Borocco, 101 rte de Colmar par ③ ☎ 92.88.77
V.A.G. Gar. Michel, 49 rte Strasbourg ☎ 92.10.75

● Ets Kautzmann, 28 Rte de Colmar ☎ 92.38.00
Pneus et Services D.K, 95 rte de Colmar ☎ 92.14.95

SELLES-ST-DENIS 41 L.-et-Ch. 🖸🖸 ⑩ **G. Châteaux de la Loire** – 1 071 h. alt. 98 – ⊠ **41300** Salbris – ✿ 54.

Paris 198 – Blois 56 – Mennetou-sur-Cher 16 – Romorantin-Lanthenay 15 – Salbris 11 – Vierzon 25.

※※ **Cheval Blanc,** ☎ 83.21.11 – **ℙ** 🆎 ⓪ **E** *VISA*
  fermé 15 fév. au 15 mars, lundi soir et mardi – SC : **R** 66/140.

SEMBADEL-GARE 43 H.-Loire 🖸🖸 ⑥ – 328 h. alt. 1 091 – ⊠ **43160** La Chaise-Dieu – ✿ 71.

Paris 475 – Ambert 39 – Brioude 46 – La Chaise-Dieu 6 – Le Puy 35 – ◆St-Étienne 73.

🏨 **Moderne** ⑤, face gare ☎ 00.90.15 – 🛏️wc 🚗 **ℙ** – 🏛️ 25. **E**. ※ rest
  fermé vacances de Noël et de fév. – SC : **R** 38/70 – 🖵 13 – **48 ch** 45/90 – P 120/140.

SEMÈNE 43 H.-Loire 🖸🖸 ⑧ – rattaché à Aurec-sur-Loire.

Le SEMNOZ 74 H.-Savoie 🖸🖸 ⑥⑯ **G. Alpes** – ⊠ **74000** Annecy – ✿ 50 – **Voir** Crêt de Châtillon ⛷★★★ (accès par D 41 : d'Annecy 20 km ou du col de Leschaux 14 km, puis 15 mn).

  sur D41 – ⊠ **74000** Annecy :

🏨 **Semnoz Alpes** ⑤, au sommet, alt. 1 704 ☎ 01.23.17, ≤ Mont-Blanc – 🚗 **ℙ**
  Pentecôte-30 sept. et 20 déc.-1er mai – SC : **R** 42/80 – 🖵 13,50 – **14 ch** 50/80 – P 130/160.

🏨 **Rochers Blancs** ⑤, près du sommet, alt. 1 650 ☎ 01.23.60, ≤ – **ℙ**, 🚗🛏️
  15 mai-15 sept. et 1er déc.-1er mai – SC : **R** 40/100 – 🖵 14 – **18 ch** 60/120 – P 160/200.

SEMUR-EN-AUXOIS 21140 Côte-d'Or 🖸🖸 ⑰⑱ **G. Bourgogne** – 5 371 h. alt. 290 – ✿ 80.

Voir Site★ – Église N.-Dame★ **B** – Pont Joly ≤★.

🖪 Office de Tourisme (fermé sam. après-midi et dim. hors saison) avec A.C. pl. Gaveau ☎ 97.05.96.

Paris 250 ④ – Auxerre 86 ④ – Avallon 42 ④ – Beaune 82 ④ – ◆Dijon 81 ④ – Montbard 19 ①.

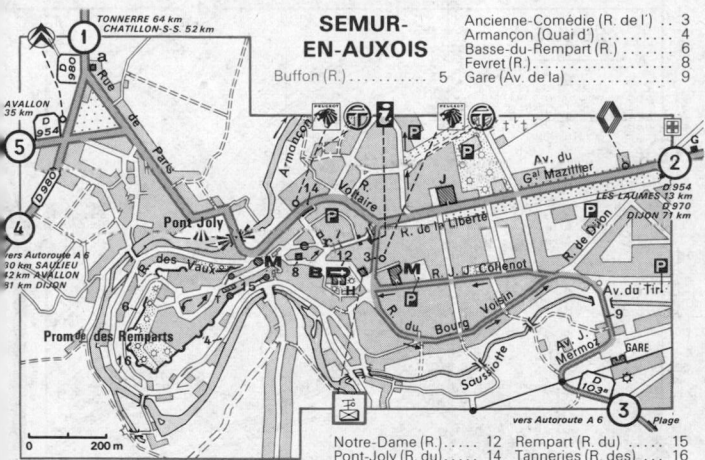

Ancienne-Comédie (R. de l')	3
Armançon (Quai d')	4
Basse-du-Rempart (R.)	6
Fevret (R.)	8
Gare (Av. de la)	9
Buffon (R.)	5

Notre-Dame (R.)	12
Pont-Joly (R. du)	14
Rempart (R. du)	15
Tanneries (R. des) ...	16

🏨 **Lac** ⑤, au lac de Pont ③ : 3 km par D 103B ☎ 97.11.11 – 🛏️wc 🛏️wc ☎ **ℙ**. 🚗🛏️
  VISA ※
  fermé 15 déc. au 1er fév., dim. soir (sauf hôtel) et lundi (sauf juil.-août) – SC : **R** 50/100 – 🖵 16 – **23 ch** 60/160 – P 150/200.

🏨 **Gourmets,** r. Varenne **(r)** ☎ 97.09.41, 🍴 – 🛏️wc 🚗🚗
  fermé 25 oct. au 1er janv. et vend. – SC : **R** (dim. prévenir) 50/110 – 🖵 13 – **15 ch** 50/135.

XX **La Cambuse,** 8 r. Févret **(e)** ☎ 97.06.78 – ⓓ E VISA
15 mars-15 nov. et fermé mardi sauf du 1er juin au 1er sept. – **SC : R** 65/130.

X **Aub. des Quinconces,** 58 r. Paris **(a)** ☎ 97.02.00, – Ⓟ
fermé 1er au 30 oct. et lundi sauf fériés – **SC : R** 35/100 ₰.

à Villeneuve-sous-Charigny : **SE 9 km par ② et D 970 – ✉ 21140** Semur-en-Auxois :

Aub. du Chaudron, ☎ 97.10.14, – wc ☎ Ⓟ.
fermé oct. et lundi d'oct. à avril – **SC : R** 49 ₰ – ▭ 14 – **7 ch** 58/116 – P 120/140.

CITROEN ets Jarno, ☎ 97.07.89
PEUGEOT-TALBOT Bardey, ☎ 97.13.43
PEUGEOT-TALBOT Pignon, ☎ 97.07.18
RENAULT Girard, ☎ 97.05.10

SENARPONT-GARE **76** S.-Mar. **52** ⑥ – rattaché à Aumale.

SÉNAS **13560** B.-du-R. **84** ② – 3 265 h. alt. 95 – ⓞ 90 – Paris 714 – Aix-en-Provence 46 – Avignon 36 – ♦Marseille 66 – St-Rémy-de-Provence 25 – Salon-de-Provence 12.

XX **Luberon** avec ch, N7 ☎ 57.20.10 – ☎. VISA
fermé 15 oct. au 15 déc., lundi soir et mardi de déc. à fin juin – **SC : R** 45/125 – ▭ 12 – **7 ch** 80/130.

X **Terminus** avec ch, N7 ☎ 57.20.08 – Ⓟ. AE E. rest
fermé 2 janv. au 8 fév. – **SC : R** 48/110 – ▭ 15 – **16 ch** 90/150 – P 190/310.

à Pont-Royal, rte Aix-en-Provence : 9 km – ✉ **13370** Mallemort :

Moulin de Vernègues Ⓜ, N7 ☎ 59.12.00, Télex 401645, « Ancien relais royal de chasse, parc », – TV Ⓟ – 50 à 100. AE ⓓ E VISA
R 150/210 – ▭ 38 – **37 ch** 250/500 – P 420/480.

Le Provençal, N7 ☎ 57.40.64 – ☎ Ⓟ. ch
fermé 15 déc. au 15 janv. et dim. hors sais. – **SC : R** 45/100 ₰ – ▭ 15 – **11 ch** 85/120 – P 205.

CITROEN Gar. Tarrillion, ☎ 57.24.83

SENLIS SP **60300** Oise **56** ⑪⑫, **196** ⑧⑨ **G. Environs de Paris** – 14 387 h. alt. 76 – ⓞ 4.

Voir Anc. cathédrale N.-Dame★★ BCY – Quartier de la cathédrale★ : enceinte gallo-romaine ≤★ BY **B**, vieilles rues★ – Remparts ≤★ BCZ **B** – Forêt d'Halatte★ 5 km par ① – Butte d'Aumont ☀★ 4,5 km par ⑥ puis 15 mn – **Env.** Ruines du château fort de Montépilloy★ 9 km par ③ – 18 9 de Morfontaine, ☎ 454.31.35 par ④ : 10 km.

ℹ Office de Tourisme pl. Parvis-N.-Dame (fermé 1er déc. au 1er mars, matin et mardi) ☎ 453.06.40.

Paris 51 ③ – ♦Amiens 101 ③ – Arras 131 ③ – Beauvais 52 ⑥ – Compiègne 35 ③ – ♦Lille 172 ③ – Mantes-la-Jolie 87 ⑤ – Meaux 38 ③ – Soissons 61 ③.

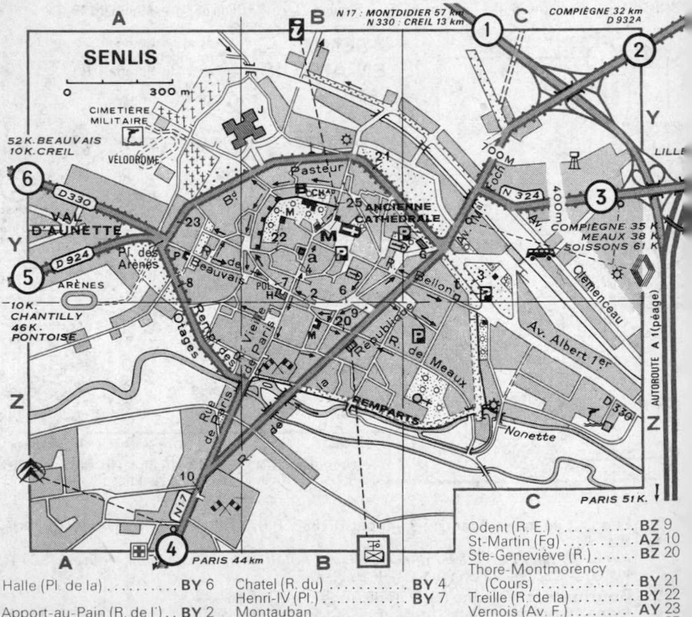

🏠 **Host. de la Porte Bellon,** 51 r. Bellon ☎ 453.03.05, 🍴 – 🛏wc 🐦 🚗 **P**. 🖩
VISA. 🅿️ ch   CY **t**
fermé 20 déc. au 20 janv. et vend. – SC : **R** 73/130 – 🖵 18 – **19 ch** 70/160.

XX **Rôt. de Formanoir,** 17 r. Châtel ☎ 453.04.39   BY **a**
R carte 120 à 160.

CITROEN   Gd Gar. des Obiers 51 fg St-Martin   RENAULT   Delacharlery, 10 av. Mar.-Foch ☎
☎ 453.12.42   453.09.68 **N** ☎ 453.08.18
PEUGEOT, TALBOT   Safari-Senlis, 56 av. de   **V.A.G.**   Gar. du Valois, 39 rte de Crépy ☎ 453.
Creil ⑥ ☎ 453.16.46   02.17
RENAULT   S.A.C.L.I., 64 av. Gén.-de-Gaulle ☎   **Gar. Briziou,** cours Boutteville ☎ 453.02.53
453.08.18 **N**

SENLISSE 78 Yvelines 🔟 ⑨, 196 ㉓, 101 ㉛ – 435 h. alt. 103 – ⊠ 78720 Dampierre – ⚙ 3.
Paris 40 – Longjumeau 30 – Rambouillet 15 – Versailles 24.

XXX **Aub. du Pont Hardi** avec ch, ☎ 052.50.78, ≤, « Beau jardin fleuri » – 🛏wc 🛁
🐦 **P**. 🖩 **O** **VISA**
fermé vacances de fév., mardi soir et merc. – SC : **R** carte 155 à 205 – 🖵 22 – **5 ch**
170/220.

XX **Aub. du Gros Marronnier** 🌿 avec ch, ☎ 052.51.69, 🍴 – 🛏wc 🛁wc **P**. 🖩
AE **O** **VISA**. 🅿️ ch
R *(fermé déc. au 15 fév.)* 90, carte le dim. midi – 🖵 21 – **14 ch** 125/200.

SENNECEY-LÈS-DIJON 21 Côte-d'Or 66 ⑫ – rattaché à Dijon.

SENNEVILLE 78 Yvelines 55 ⑱, 196 ⑮ – rattaché à Mantes-la-Jolie.

SENONCHES 28250 E.-et-L. 60 ⑥ – 3 224 h. alt. 218 – ⚙ 37.
Paris 120 – Chartres 37 – Dreux 35 – Mortagne-au-P. 42 – Nogent-le-R. 33 – Verneuil-sur-Avre 23.

XX **Forêt** avec ch, pl. Champ-de-Foire ☎ 37.78.50 – 🛏 🛁 🚗
→ *fermé fin janv. à début mars et jeudi* – SC : **R** 50/70 – 🖵 12 – **14 ch** 65/110 – P
150/180.

CITROEN   Gar. Central, ☎ 37.71.18   V.A.G.   David, ☎ 37.78.20
RENAULT   Bercher, ☎ 37.77.14

SENS ◆ 89100 Yonne 61 ⑭ **G. Bourgogne** – 27 458 h. alt. 69 – ⚙ 86.
Voir Cathédrale★★ : trésor★★ Z – Palais synodal-Officialité★ ZD.
🛈 Office de Tourisme pl. Jaurès (fermé mardi et dim. hors saison) ☎ 65.19.49. Télex 800306.
Paris 119 ⑥ – Auxerre 57 ③ – Châlons-sur-Marne 134 ① – ◆Dijon 204 ③ – Fontainebleau 53 ⑥ –
Meaux 106 ⑥ – Montargis 51 ④ – ◆Reims 151 ① – Soissons 159 ⑥ – Troyes 65 ②.

Plan page suivante

🏨 **Paris et Poste,** 97 r. République ☎ 65.17.43, Télex 801831, « Salle à manger
rustique bourguignon » – ▤ rest 📺 ☎ 🚗. **AE** **O** **E** **VISA**   Z **a**
SC : **R** 115/220 – 🖵 23 – **37 ch** 150/250.

🏨 **H. Résidence R. Binet** sans rest, 20 r. R.-Binet ☎ 65.67.89 – ▯ 🛏wc 🛁wc ☎
P. **E**   Z **b**
fermé dim. du 1ᵉʳ oct. au 31 mars – SC : 🖵 16 – **33 ch** 90/181.

🏠 **Parc** 🌿 sans rest, 9 cours Tarbé ☎ 64.26.99, 🍴 – 🛏wc 🛁wc **P**. **AE** **O** **VISA**
SC : 🖵 18 – **21 ch** 77/183.   Z **u**

🏦 **St-Pregts,** 89 r. Gén.-de-Gaulle ☎ 65.19.63   🛏wc 🛁wc 🚻   Y **e**
→ *fermé 15 janv. au 15 fév. et vend.* – SC : **R** 40/85 🦪 – 🖵 9,50 – **18 ch** 53/96 – P
136/157.

XX **Palais,** 18 pl. République ☎ 65.13.69   Z **v**
fermé 20 juin au 11 juil., 11 au 31 janv., dim. soir et lundi – SC : **R** 60/100.

XX **Aub. de la Vanne,** rte Lyon par ③ ☎ 65.13.63, ≤, 🍴 – **P**. **E** **VISA**
fermé 30 juil. au 14 août, 15 au 31 déc., vend. soir et sam. – SC : **R** 54/94.

XX **Soleil Levant,** 51 r. E.-Zola ☎ 65.71.82 – **AE** **VISA**   Z **s**
fermé 15 déc. au 15 janv., sam. midi et vend. – SC : **R** 56/90 🦪.

     à Soucy par ① : 7 km – ⊠ 89100 Sens :

XX **Aub. du Regain** avec ch, ☎ 86.64.62, cadre campagnard, 🍴 – 🛏 🐦 **P** – 🚲
25. 🖩
fermé 6 sept. au 10 oct., dim. soir et lundi – SC : **R** 63/95 – 🖵 14 – **10 ch** 80/140 –
P 160.

     à Malay-le-Petit par ② : 8 km – ⊠ 89100 Sens :

XX **Aub. Rabelais** avec ch, ☎ 88.21.44, 🍴 – **P**. 🖩
fermé 15 janv. au 15 fév., merc. soir et jeudi en hiver – SC : **R** 84/125 – 🖵 20 – **7 ch**
80/120.

tourner →

SENS

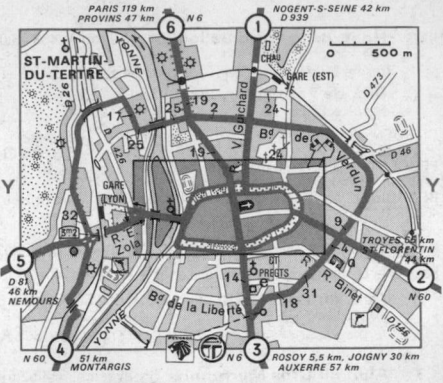

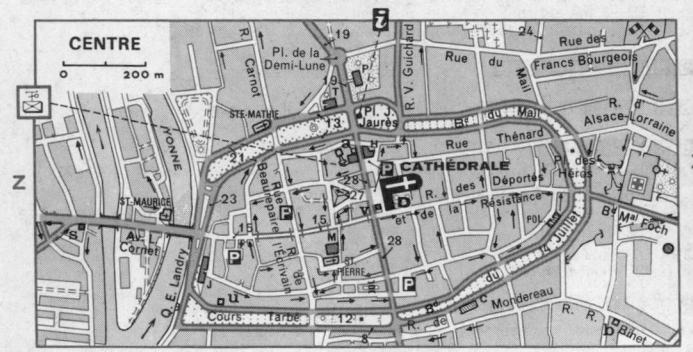

à Rosoy par ③ : 5,5 km – ⊠ **89100** Sens :

XX **Bon Abri** avec ch, ☎ 86.10.05 – 📶wc 📶 ☎ 🅿
fermé nov. – SC : **R** 105/132 – 🖵 15,50 – **11 ch** 105/160.

à Subligny par ④ : 7 km sur N 60 – ⊠ **89100** Sens :

XX **Relais de Subligny**, ☎ 88.83.22 – 🅿 _VISA_
➡ _fermé sept., mardi soir et merc._ – SC : **R** 42/100 🍷.

à Villeroy par ⑤ : 6 km – ⊠ **89100** Sens :

XX **Relais de Villeroy** avec ch, ☎ 88.81.77 – 📶wc 📶wc ☎ 🅿 ⓞ _VISA_ 🐾 ch
fermé 1er au 12 août, 18 déc. au 10 janv., dim. soir et lundi – SC : **R** 98/170 – 🖵 15 –
8 ch 130/165.

AUSTIN, MORRIS, ROVER, TRIUMPH OPEL
Gar. Paris-Genève Autos, 10 cours Chambonas
☎ 65.05.93
BMW Éts Berni, 133 rte de Lyon ☎ 65.70.90
🆖 ☎ 65.19.97
CITROEN Gd Gar. de l'Yonne, rte de Lyon par
③ ☎ 65.12.92
DATSUN Gar. du Mail, 12 bd du Mail ☎ 64.
25.34
FORD Sens-Bourgogne-Autos, 5 bd Verdun
☎ 65.51.23
MERCEDES Etoile Gar., 7 r. des Noues-Bou-
chardes ☎ 64.25.24

PEUGEOT-TALBOT S.E.G.A.M., 16 bd Kennedy ☎ 65.19.12
RENAULT Sté Senonaise d'Autom., Carr. Ste-
Colombe N 6 à St-Denis-sur-Sens par ⑥ ☎
65.18.33
RENAULT Gar. Prieur, rte de Lyon, Pont Bruant
par ③ ☎ 65.04.14
V.A.G. Gar. de la Vanne, 184 rte de Lyon ☎
65.12.18 🆖 ☎ 65.19.97

🛞 La Centrale du Pneu, 105 r. du Gén.-de-
Gaulle ☎ 65.24.33
S.O.V.I.C., 18 bd Kennedy ☎ 65.25.05
Tous les Pneus, 189 rte Lyon ☎ 65.12.18

SENTEIN 09 Ariège 🎱🎱 ② G. Pyrénées – 296 h. alt. 732 – ⊠ **09800** Castillon-en-Couserans –
🕙 61 – 🛈 Syndicat d'Initiative à la Mairie (juil.-août et fermé matin) ☎ 96.73.92.

Paris 841 – Argein 15 – Foix 68 – St-Girons 24.

🏨 **Nouvel H. Moune,** ☎ 96.72.70 – 🐾
➡ _1er juin-15 sept. et vacances scolaires_ – SC : **R** 45 bc/60 bc – 🖵 12 – **21 ch** 50/100
– P 100.

SEPT-SAULX 51 Marne 🖪🖪 ⑰ – 337 h. alt. 96 – ⊠ 51400 Mourmelon-le-Grand – 🟢 26.

Paris 166 – Châlons-sur-Marne 26 – Épernay 29 – ♦Reims 25 – Rethel 47 – Vouziers 60.

  🏨 🟢 **Cheval Blanc** (Lefevre) Ⓜ ॐ, 🏗 61.60.27, parc, 🍴 – 🛏wc 🛁wc ☜ 🚱 🅿. 🖭
    ⓪ 𝘝𝘐𝘚𝘈
    fermé mi janv. à mi fév. – **R** 135/195 – � 23 – **22 ch** 120/205 – P 340/366
    Spéc. Écrevisses au vin de Champagne, Blanquette de St Pierre et d'écrevisses, Gibier (en saison).
    Vins Coteaux Champenois.

SEREILHAC 87620 H.-Vienne 🟨🟨 ⑰ – 1 352 h. alt. 312 – 🟢 55.

Paris 413 – Châlus 15 – Confolens 52 – ♦Limoges 20 – Nontron 49 – Périgueux 81 – St-Yrieix-la-P. 42.

  🏨 **Motel des Tuileries** ॐ, aux Betoulles NE : 2 km sur N 21 🏗 39.10.27 – 🛏wc
  🛬 ☜ 🚱 🅿 – 🔬 25. 🚌 🅴
    fermé nov., vacances de fév., dim. soir et lundi hors sais. – **SC : R** (dim. prévenir)
    40/120 🍷 – ⊒ 18 – **10 ch** 125/135 – P 140/160.

  🍴🍴 **La Meule** avec ch, N 21 🏗 39.10.08 – 🛏wc ☜ 🅿 – 🔬 30. 🚌 🖭 ⓪ 𝘝𝘐𝘚𝘈
    SC : **R** 60/160 – ⊒ 20 – **10 ch** 140.

SEREZIN-DU-RHÔNE 69 Rhône 🟨🟨 ⑪ – 1 828 h. alt. 164 – ⊠ 69360 St-Symphorien-d'Ozon –
🟢 7.

Paris 479 – ♦Grenoble 104 – ♦Lyon 16 – Rive-de-Gier 22 – La Tour-du-Pin 55 – Vienne 15.

  🍴🍴 **La Bourbonnaise** avec ch, 🏗 802.80.58, « Jardin fleuri » – 🛏wc 🍽 ☜ 🅿. 🚌
  🖭 𝘝𝘐𝘚𝘈
    fermé dim. soir d'oct. à avril – **SC : R** 60/150 – ⊒ 15 – **15 ch** 65/150.

EL SERRAT Principauté d'Andorre 🟨🟨 ⑭, 🟥🟥 ⑥ – rattaché à Andorre.

SERRAVAL 74 H.-Savoie 🟨🟨 ⑰ – 278 h. alt. 763 – ⊠ 74230 Thones – 🟢 50.

Paris 579 – Albertville 26 – Annecy 30 – Bonneville 42 – Faverges 10 – Megève 41 – Thônes 10.

  🏨 **Tournette,** 🏗 02.06.64, ≤ – 🛏wc 🍽 ☜ 🚙 🅿 – 🔬 40. 🍴 ch
  🛬 fermé 15 oct. au 15 nov. et mardi – **SC :** R 48/90 🍷 – ⊒ 15 – **18 ch** 80/130 – P
    125/160.

SERRE-CHEVALIER 05 H.-Alpes 🟨🟨 ⑩ G. Alpes – Sports d'hiver : 1 350/2 660 m ⛷6 ⛷47, ⛷
– 🟢 92.

Voir 🌟 ******.

De Chantemerle : Paris 675 – Briançon 6 – Gap 93 – ♦Grenoble 110 – Col du Lautaret 22.

    à Chantemerle – alt. 1 350 – ⊠ 05330 St-Chaffrey ∴.

    Env. Col de Granon 🌟****** NE : 12 km.

    🅱 Office de Tourisme (fermé sam. après-midi et dim. hors sais.) 🏗 24.00.34. Télex 400152.

  🏨 **La Balme** Ⓜ ॐ, 🏗 24.01.89, ≤ – 🛏wc ☎ ☜ 🅿. 🚌 🅴 𝘝𝘐𝘚𝘈
    4 juin-25 sept. et 20 déc.-20 avril – **SC : R** (snack le soir) – **28 ch** ⊒ 180/280.

  🏠 **Boule de Neige,** 🏗 24.00.16 – 🍽
    20 déc.-Pâques – **SC : R** (pens. seul.) – ⊒ 12 – **10 ch** 70/110 – P 160/200.

  🍴 **La Fourchette,** 🏗 24.06.66
    15 juin-30 sept. et 10 déc.-20 avril – **SC : R** 55/75 🍷.

CITROEN Gar. Puy et Dovetta, à St-Chaffrey 🏗 24.00.07

    à Villeneuve-la-Salle – alt. 1 452 – ⊠ 05240 La-Salle-les-Alpes ∴.

    🅱 Office de Tourisme Centre d'Accueil (fermé sam. et dim. hors sais.) 🏗 24.71.88.

  🏨 **Vieille Ferme** ॐ, 🏗 24.02.79, ≤, « Belle salle voûtée, rôtisserie », 🚘 – 🛏wc
  🍽wc ☜ 🅿. 𝘝𝘐𝘚𝘈 🍴 rest
    18 juin-11 sept. et 17 déc.-1er mai – **SC : R** 66/140 – ⊒ 18 – **30 ch** 200/370 – P
    210/335.

  🏨 **Serre Chevalier,** 🏗 24.03.67, ≤, 🚘 – 🛏wc 🍽 ☜. 🚌 🍴
    29 juin-8 sept. et 19 déc.-20 avril – **SC : R** (hiver seul.) 65/82 – ⊒ 20 – **24 ch**
    125/225 – P 203/352.

  🏨 **Lièvre Blanc,** 🏗 24.74.05, 🏊, 🚘 – 🛏wc 🍽 ☜ 🚙 🅿. 🚌 🖭 ⓪ 𝘝𝘐𝘚𝘈
    25 juin-7 sept., 15 déc.-1er mai et week-ends en mai-juin – **SC : R** 65/150 – ⊒ 16,50
    – **26 ch** 90/240 – P 175/280.

  🍴🍴 **Aux Trois Pistes** ॐ avec ch, 🏗 24.74.50, ≤, 🚘 – 🛏wc 🍽wc 🅿 🚌 𝘝𝘐𝘚𝘈
    fermé nov. – **SC : R** (fermé dim. hors sais.) 55/100 – ⊒ 16,50 – **15 ch** 70/180 – P
    150/230.

  🍴 **Aub. Ensoleillée** ॐ avec ch, 🏗 24.74.04 – 🍽wc 🅴
  🛬 15 juin-15 sept. et 15 déc.-1er mai – **SC : R** 48/75 🍷 – ⊒ 16,50 – **8 ch** 70/150 – P
    140/165.

au Monetier-les-Bains – 902 h. alt. 1 470 – ⊠ **05220** Le Monetier-les-Bains :.

🛈 Office de Tourisme Pré Chabert (15 juin-30 sept. et 15 déc.-30 avril) ☎ 24.41.98.

🏨 **Aub. du Choucas** ⑤, ☎ 24.42.73, « Salle voutée ancienne », 🐎 – 🛏wc 🛏wc
⚫🛁, ☎ ⓞ.
sans rest. du 21 avril au 15 juin et du 1ᵉʳ oct. au 15 déc. – SC : **R** 59/89 – ⊊ 28 –
13 ch (pens. seul.) – P 265/325.

🏨 **Europe** M ⑤, ☎ 24.40.03 – 🛏wc 🛏wc ☎. 🚗🛁 **E**
➜ *1ᵉʳ juin-20 sept. et 15 déc.-20 avril* – SC : **R** 50/100 – ⊊ 17 – **31 ch** 140/160 – P
240/250.

🏩 **Bergerie** ⑤, ☎ 24.41.20 – 🛏wc. 🎇 rest
➜ *15 juin-15 sept. et 20 déc.-Pâques* – SC : **R** 48/70 – ⊊ 15 – **10 ch** 80/115 – P
150/175.

SERRE-PONÇON (Barrage et Lac de) ⋆⋆ 05 H.-Alpes 🔟 ⑦ G. Alpes.

SERRES 05700 H.-Alpes 🔟 ⑤ G. Alpes – 1 355 h. alt. 663 – ✪ 92.

🛈 Syndicat d'Initiative à la Mairie (fermé dim.) ☎ 67.03.50.

Paris 672 – Die 65 – Gap 42 – ✦Grenoble 107 – La Mure 80 – Manosque 87 – Nyons 64.

🏨 **Fifi Moulin** ⑤, ☎ 67.00.01, 🐎 – 🛏wc 🛏 ☎ 🚗🛁 AE ⓞ **E** VISA
fermé 15 nov. aux vacances de fév. et merc. sauf juil., août, sept. – **R** 55/96 – ⊊
13,50 – **26 ch** 111/140 – P 150/170.

🏩 **Nord,** ☎ 67.00.25, 🎄 – 🛏wc 🛏wc ⚫ 🚗 🛁 **E** VISA
➜ *fermé 15 nov. au 15 déc.* – SC : **R** 45/85 – ⊊ 13,50 – **16 ch** 60/130 – P 140/160.

CITROEN Alleoud, ☎ 67.00.28   RENAULT Reynaud, ☎ 67.00.11 🅽
PEUGEOT Demanjon, ☎ 67.00.44   TALBOT Faure, ☎ 67.03.60 🅽

SERRIÈRES 07340 Ardèche 🔟 ① G. Vallée du Rhône – 1 426 h. alt. 139 – ✪ 75.

🛈 Syndicat d'Initiative quai J.-Roche (juil.-août et fermé lundi) ☎ 34.00.46.

Paris 520 – Annonay 15 – Privas 91 – Rive-de-Gier 40 – ✦St-Étienne 54 – Tournon 37 – Vienne 28.

🏨 **Schaeffer,** ☎ 34.00.07 – 🛏 🛁. ⚫
fermé 20 déc. au 1ᵉʳ fév. et mardi hors sais. – SC : **R** 65/140 – ⬛ 13 – **12 ch** 65/110
– P 160.

✕ **Parc** avec ch, ☎ 34.00.08, 🎄 – 🛏. 🛁
➜ *fermé fév. et lundi* – SC : **R** 50/130 – ⊊ 14 – **8 ch** 70/90.

RENAULT Gar. Gines, ☎ 34.02.25 🅽 ☎ 59.13.16

SERVOZ 74 H.-Savoie 🔟 ⑧ G. Alpes – 468 h. alt. 815 – ⊠ **74310** Les Houches – ✪ 50.

Voir Gorges de la Diosaz⋆ : chutes⋆⋆.

Paris 611 – Annecy 92 – Bonneville 43 – Chamonix 14 – Megève 23 – St-Gervais-les-Bains 12.

🏩 **Chamois** ⑤, ☎ 47.20.09, ≼, 🐎 – 🛏wc ☎ ⓟ 🚗🛁 **E** VISA. ⚫
fermé 21 nov. au 17 déc. – SC : **R** *(fermé lundi hors sais.)* 54/120 – ⊊ 16,50 – **9 ch**
145 – P 155/180.

🏩 **La Sauvageonne,** ☎ 47.20.40, ≼, 🎄 – TV 🛏wc ☎ ⓟ. 🚗🛁 **E** VISA. ⚫ rest
➜ *fermé 10 au 31 mai, 1ᵉʳ au 30 nov. et merc. hors sais.* – SC : **R** 47/110 – ⊊ 16 –
11 ch 146/166 – P 145/183.

🏩 **Cimes Blanches** ⑤, N : 2 km par D 143 ☎ 47.20.05, ≼ – ⓟ. **E**. ⚫
➜ *15 juin-15 sept., 20 déc.-4 janv. et vacances scolaires* – SC : **R** 50/80 – ⊊ 14 – **12 ch**
75 – P 105/110.

SÈTE 34200 Hérault 🔟 ⑯ G. Causses – 40 179 h. – ✪ 67.

Voir Circuit⋆ du Mt-St-Clair ⚡⋆⋆ 1,5 km, AZ – 🛈 Office de Tourisme 22 quai d'Alger (fermé
sam. après-midi hors sais. et dim. sauf matin en saison) ☎ 74.73.00.

Paris 791 ③ – Béziers 53 ③ – Lodève 72 ③ – ✦Montpellier 34 ③.

Plan page ci-contre

🏨 **Grand Hôtel,** 17 quai Mar.-de-Lattre-de-Tassigny ☎ 74.71.77, Télex 480225 – 🛗
☎ – 🔒 30. AE ⓞ **E** VISA   BY **t**
fermé 23 déc. au 16 janv. – SC : **R** voir rest La Rotonde – ⊊ 19 – **47 ch** 132/250, 4
appartements 305.

🏨 **Orque Bleue** sans rest, 10 quai Aspirant Herbert ☎ 74.72.13, ≼ – 🛗 TV 🛏wc
🛏wc ⚫. AE ⓞ VISA   BZ **d**
fermé 8 janv. au 21 mars et dim. de nov. à avril – SC : ⬛ 17 – **30 ch** 161/320.

🏩 **Régina** sans rest, 6 bd D.-Casanova ☎ 74.31.41 – 🛗 🛏wc ☎. 🚗🛁 AE ⓞ VISA.
⚫   AY **u**
fermé 1ᵉʳ au 15 nov. et 5 fév. au 20 mars – SC : ⊊ 14,50 – **20 ch** 96/179.

🏩 **Dôme,** 29 av. V.-Hugo ☎ 74.91.78, 🎄 – 🛏 🛏 ⚫. 🚗🛁. ⚫   BY **n**
fermé 1ᵉʳ au 14 oct. et 1ᵉʳ au 14 fév. – SC : **R** *(fermé dim. soir et sam. du 1ᵉʳ sept. au
31 mai)* 58/78 🍷 – ⊊ 15 – **16 ch** 70/143 – P 183/208.

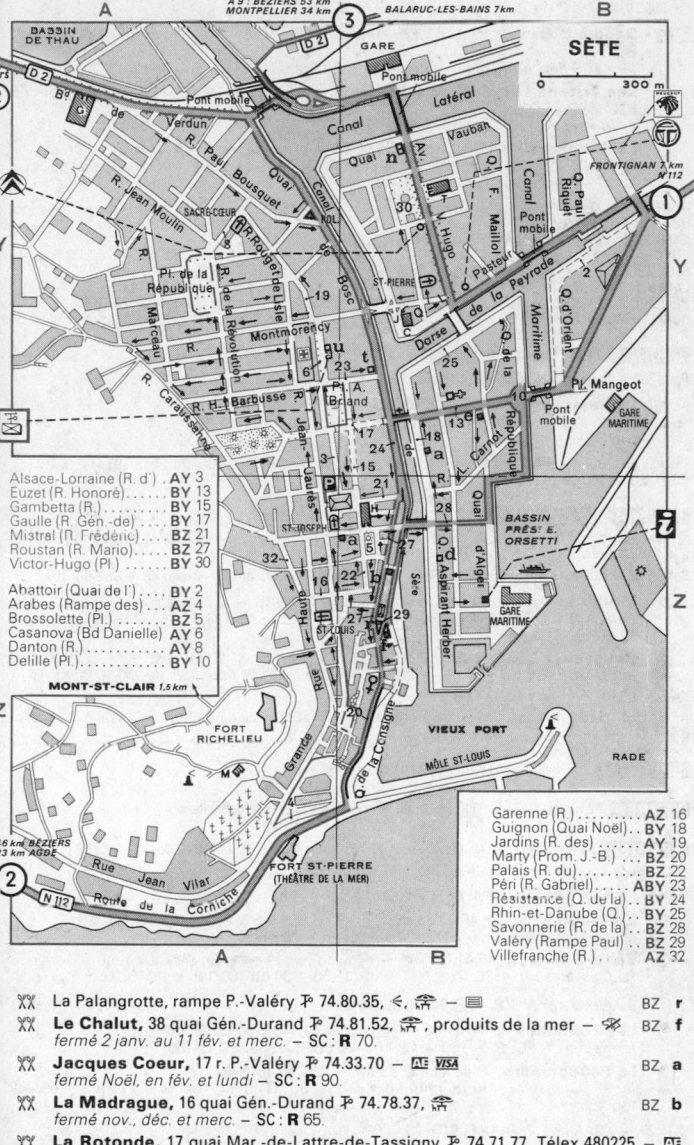

SÈTE

A 9 : BÉZIERS 53 km
MONTPELLIER 34 km   BALARUC-LES-BAINS 7 km

FRONTIGNAN 7 km
N 112

MONT-ST-CLAIR 1,5 km

Alsace-Lorraine (R. d')...	**AY** 3
Euzet (R. Honoré)......	**BY** 13
Gambetta (R.).........	**BY** 15
Gaulle (R. Gén.-de)....	**BY** 17
Mistral (R. Frédéric)...	**BZ** 21
Roustan (R. Mario)....	**BZ** 27
Victor-Hugo (Pl.)......	**BY** 30
Ahattoir (Quai de l')...	**BY** 2
Arabes (Rampe des)...	**AZ** 4
Brossolette (Pl.)......	**BZ** 5
Casanova (Bd Danielle)	**AY** 6
Danton (R.)...........	**AY** 8
Delille (Pl.)..........	**BY** 10

Garenne (R.).........	**AZ** 16
Guignon (Quai Noël)..	**BY** 18
Jardins (R. des)......	**AY** 19
Marty (Prom. J.-B.)...	**BZ** 20
Palais (R. du)........	**BZ** 22
Péri (R. Gabriel).....	**ABY** 23
Résistance (Q. de la)..	**BY** 24
Rhin-et-Danube (Q.)..	**BY** 25
Savonnerie (R. de la).	**BZ** 28
Valéry (Rampe Paul)..	**BZ** 29
Villefranche (R.).....	**AZ** 32

XX La Palangrotte, rampe P.-Valéry ☎ 74.80.35, ≤, 斎 – 🔳   BZ **r**

XX **Le Chalut,** 38 quai Gén.-Durand ☎ 74.81.52, 斎, produits de la mer – ℀   BZ **f**
    fermé 2 janv. au 11 fév. et merc. – SC : **R** 70.

XX **Jacques Coeur,** 17 r. P.-Valéry ☎ 74.33.70 – AE VISA   BZ **a**
    fermé Noël, en fév. et lundi – SC : **R** 90.

XX **La Madrague,** 16 quai Gén.-Durand ☎ 74.78.37, 斎   BZ **b**
    fermé nov., déc. et merc. – SC : **R** 65.

XX **La Rotonde,** 17 quai Mar.-de-Lattre-de-Tassigny ☎ 74.71.77, Télex 480225 – AE
◆   ⓪ E VISA   BY **t**
    fermé 20 déc. au 10 janv. et dim. de sept. à juin – SC : **R** 50/80.

X   **Rest. Alsacien,** 25 r. P.-Sémard ☎ 74.77.94   BY **e**
    fermé juin et merc. – SC : **R** (dîner seul. en juil.-août sauf dim. et fêtes) carte 90 à
    140.

    sur la Corniche par ② : 2 km :

🏰 **Impérial** sans rest, pl. É.-Herriot ☎ 53.28.32, Télex 480046 – 🛗 🔳 📺 ☎ 🅿 – 🔀
    40. AE ⓪ E VISA
    SC : 🛏 20 – **37 ch** 145/334, 4 appartements 373.

tourner →

SÈTE

🏨 • **Sables d'Or** sans rest, pl. Ed.-Herriot ☎ 53.09.98 − 🛗 ➘wc 🛁wc ☎ 🅿. 🛦🛏
 VISA
 fermé 19 déc. au 10 janv. et dim. de nov. à mars − SC : ☲ 18 − **30 ch** 133/230.

🏨 **Les Tritons** sans rest, bd Joliot-Curie ☎ 53.03.98 − 🛗 ➘wc 🛁 ☎ 🅿. 🛦🛏 ⑩
 VISA. ⚘
 27 mars-5 oct. − SC : ☲ 16 − **40 ch** 127/237.

🏠 **Le Bosphore,** pl. É.-Herriot ☎ 53.05.53 − ➘wc 🛁wc ☎ 🅿. 🛦🛏 🖭. ⚘ rest
 fermé 24 sept. au 15 oct. − SC : **R** _(15 fév.-24 sept. et fermé dim. hors sais.)_ 55/85 −
 ☲ 17 − **15 ch** 129/162 − P 184/200.

ALFA-ROMEO, **TOYOTA** Sète-Autom., 46 quai
de Bosc ☎ 74.36.66
CITROEN Vernhet 23 av. V.-Hugo ☎ 74.37.23
FIAT Auto-Hall, 5 pl. Delille ☎ 74.24.71
MERCEDES Gar. du Midi, 26 quai Mar. de
Lattre de Tassigny ☎ 74.72.96
PEUGEOT-TALBOT Auto Agence Sétoise, 13
quai L.-Pasteur ☎ 74.54.00

RENAULT Sète-Exploitation-Autos, Zone Ind.
des Eaux Blanches par ③ ☎ 48.79.79

🕛 Comptoir Méridional du C/c, 76 rte de
Montpellier ☎ 48.80.50
Escoffier-Pneus, 18 quai F.-Maillol ☎ 74.56.21
Guittard, 2 quai L.-Pasteur ☎ 74.19.10
Martinez-Pneus, 24 quai République ☎ 74.93.61

SEURRE 21250 Côte d'or 🔢⑩, 🔢② − 2 922 h. alt. 181 − ⊙ 80.

Paris 339 − Beaune 26 − Chalon-sur-Saône 38 − ♦Dijon 39 − Dole 41.

🏠 **Le Castel,** av. Gare ☎ 20.45.07, 🍽 − ➘wc 🅿
 fermé 2 janv. au 2 fév. et lundi du 1er oct. au 15 juin − **R** 50/125 − ☲ 16 − **20 ch**
 58/160.

PEUGEOT Gar. Fuant, ☎ 20.41.46
PEUGEOT Seurre autos, ☎ 21.11.53

RENAULT Gar. Central, ☎ 21.15.41

SÉVÉRAC-LE-CHÂTEAU 12150 Aveyron 🔢④ G. Causses − 3 030 h. alt. 750 − ⊙ 65.

🛈 Syndicat d'Initiative r. des Dunes (1er juil.-31 août, fermé sam. après-midi et dim.) ☎ 46.67.31 et
à la Mairie (fermé sam. et dim.) ☎ 46.62.63.

Paris 599 − Alès 144 − Espalion 47 − Florac 73 − Mende 65 − Millau 32 − Rodez 49 − St-Flour 109.

🏠 **Moderne Terminus,** à Sévérac-gare ☎ 46.64.10 − 🛗 ➘wc ☎ 🚗 🛦🛏
 fermé 1er au 10 mai, oct., vend. soir et sam. sauf juil.-août − SC : **R** 55/80 − ☲ 22 −
 20 ch 100/160 − P 150/250.

🏠 **Causses,** à Sévérac-gare ☎ 71.60.15 − ➘wc 🛁 🅿. **E**. ⚘ rest
 fermé 26 sept. au 26 oct. − SC : **R** _(fermé dim. soir hors sais.)_ 38/60 🍷 − ☲ 14 −
 13 ch 55/120 − P 120/150.

RENAULT Gar. Cartaillac, Sévérac-Gare ☎ 46.
62.04 🅽

TALBOT Dardevet, Sévérac-Gare ☎ 71.60.61

SEVREAU 79 Deux-Sèvres 🔢② − rattaché à Niort.

SÈVRES 92 Hauts-de-Seine 🔢⑩, 🔢㉔ − voir à Paris, Proche banlieue.

SEVRIER 74 H.-Savoie 🔢⑥ G. Alpes − 2 163 h. alt. 456 − ✉ 74410 St-Jorioz − ⊙ 50.

🛈 Office de Tourisme à la Mairie (fermé sam. après-midi hors sais. et dim.) ☎ 46.40.56.

Paris 542 − Albertville 40 − Annecy 5 − Megève 55.

🏨 **Eramotel** 🅼 ⚘, ☎ 46.43.83, ≤, ⚏, 🍽 − ➘wc ☎ 🕭 ⚒ 🚗 🅿. 🖭 ⑩ _VISA_
 fermé nov. − SC : **R** carte 90 à 120 − ☲ 18 − **18 ch** 200.

🏠 **Beau-Séjour,** ☎ 46.41.06, 🍽 − ➘wc 🛁wc ☎ 🅿. 🛦🛏. ⚘ rest
 Pâques-fin sept. − SC : **R** 60/100 − ☲ 15,50 − **34 ch** 100/195 − P 140/200.

 au Nord sur N 508 − ✉ 74410 St-Jorioz :

🏨 **Les Tonnelles,** ☎ 46.41.58 − ➘wc ☎ 🅿 − 🔧 30. 🖭 **E**. ⚘ rest
 fermé nov. − SC : **R** 55/160 − ☲ 17 − **26 ch** 95/180 − P 145/180.

🏠 **La Fauconnière,** ☎ 46.41.18, ≤, 🍽 − ➘ ☎ 🅿. 🛦🛏. ⚘
 fermé janv., dim. et lundi midi hors sais. − SC : **R** 43/90 − ⬤ 14 − **21 ch** 57/100 − P
 135/155.

CITROEN Alp'Autos, ☎ 46.41.44 🅽 ☎ 23.45.81

SEWEN 68 H.-Rhin 🔢⑧ G. Vosges − 552 h. alt. 500 − ✉ 68290 Masevaux − ⊙ 89.

Voir Lac d'Alfeld★ O : 4 km.

Paris 529 − Altkirch 39 − Belfort 32 − Colmar 65 − ♦Mulhouse 38 − Thann 30 − Le Thillot 28.

🏠 **Au Relais des Lacs,** ☎ 82.01.42, ≤, 🍽 − ➘wc ☎ 🚗 🅿. ⚘ rest
 fermé 29 août au 10 sept., 5 janv. au 5 fév., 14 au 23 fév., mardi soir et merc. hors
 sais. − SC : **R** 55/130 − ☲ 16 − **18 ch** 56/170 − P 135/175.

🏠 **Vosges,** E : 0,5 km ☎ 82.00.43, ≤, 🍽 − ➘wc 🛁 ☎ 🚗 🅿. 🛦🛏 🖭 ⑩ _VISA._
 ⚘ rest
 fermé 15 oct. au 15 nov., 15 au 30 janv., merc. soir et jeudi hors sais. − SC : **R** 50/120
 🍷 − ☲ 14 − **22 ch** 46/140 − P 120/160.

Voir Col du Fanget ≼* SO : 5 km.

🛈 Syndicat d'Initiative à la Mairie (fermé après-midi, sam. et dim.) ⌕ 35.00.42.

Paris 713 – Barcelonnette 45 – Briançon 104 – Digne 42 – Gap 45 – Guillestre 77.

🏨   **Au Vieux Tilleul** ⌂, SE : 1,5 km par D 7 et VO ⌕ 35.00.04, ≼, cercle hippique,
     patinoire, 🍴, 🐟, 🛋 – ⌷wc 🛏wc ☎ **P**, 🚗 ⌕ rest
     Pâques-30 sept. et du 20 déc. à Pâques : week-ends et vacances scolaires seul. –
     SC : **R** 60/120 – 🍽 16 – **18 ch** 65/180 – P 170/190.

⛺   **La Chaumière**, ⌕ 35.00.48 – ⌕
     SC : **R** 45/60 – 🍽 14 – **10 ch** (pens. seul.) – P 150/160.

Voir ≼* du musée naval de Balaguier E : 3 km.

🛈 Office de Tourisme 6 r. Léon-Blum (fermé oct., sam. après-midi hors sais. et dim.) ⌕ 94.73.09.

Paris 835 – Aix-en-Provence 77 – La Ciotat 33 – ✦Marseille 60 – ✦Toulon 7.

🏨   **Univers** sans rest, 11 quai S.-Fabre ⌕ 94.85.70, ≼ – 🛏 ☎
     SC : 🍽 12 – **8 ch** 95/100.

🏨   **Moderne** sans rest, 2 r. Léon-Blum ⌕ 94.86.68 – ⌷wc 🛏wc ☎, 🚗
     SC : 🍽 12 – **18 ch** 90/160.

PEUGEOT TALBOT S.O.T.R.A., av. Estienne-   🔧 Aude, 105 av. Gambetta ⌕ 87.09.38
d'Orves, q. Bregaillon ⌕ 94.18.95   Vulcanisation Seynoise, 2 r. Mabily ⌕ 94.83.48
RENAULT Grisoni, D 26, camp Laurent, bre-
telle-autoroute ⌕ 94.19.55

Si vous devez faire étape dans une station
ou dans un hôtel isolé,
prévenez par téléphone, surtout en saison.

Voir Val du Fier* SE : 3 km, G. Alpes.

Paris 530 – Aix-les-B. 33 – Annecy 39 – Bellegarde 22 – Belley 30 – Bourg-en-Br. 98 – ✦Genève 49.

🏨 ❀ **Rhône** (Herbelot), ⌕ 59.20.30, ≼ – ⌷wc 🛏wc ☎ 🚗 🚗 AE ① VISA
     fermé 15 nov. à fin janv., dim. soir et lundi midi hors sais. – SC : **R** (nombre de
     couverts limité - prévenir) 65/225 – 🍽 20 – **17 ch** 65/190 – P 175/210
     Spéc. Escargots ma manière, Lavaret Robert's (15 fév.-15 nov.), Poularde de Bresse aux morilles.
     Vins Peclette, Seyssel.

🏨   **Berlincourt**, rive gauche ⌧ 74910 Frangy ⌕ 59.22.09 – ⌷wc 🛏 ☎, 🚗
     fermé 20 déc. au 20 janv. – SC : **R** *(fermé dim. d'oct. à Pâques)* 45/140 🍷 – 🍽 18 –
     15 ch 80/135 – P 135/160.

🏨   **Beau Rivage**, ⌕ 59.20.08, ≼ – ⌷wc 🛏wc ☎ – 🎣 35. 🚗 **E**
     fermé 1er au 20 oct., 15 fév. au 1er mars, lundi soir et mardi – SC : **R** 45/120 🍷 – 🍽
     15,50 – **22 ch** 55/130 – P 110/150.

dans le Val de Fier S : 3 km par D 991 et D 14 :

❀❀ ❀ **Rôt. du Fier** (Michaud), ⌧ 74910 Frangy ⌕ 59.21.64, 🛋 – **P**, **E**
     fermé 15 au 30 sept., 15 au 30 janv., lundi soir et merc. – SC : **R** 40/150.

CITROEN Gar. Rossi, ⌕ 59.21.85   PEUGEOT TALBOT Vigouroux, ⌕ 59.22.44

🛈 Syndicat d'Initiative pl. République (fermé dim. après-midi) ⌕ 80.51.43.

Paris 118 ④ – Châlons-sur-Marne 57 ② – Meaux 75 ④ – Melun 90 ④ – Sens 79 ③ – Troyes 60 ③.

Plan page suivante

🏨   France, 25 r. Léon-Jolly ⌕ 80.52.52 – ⌷wc 🛏wc ☎ 🚗 🚗 VISA   Y a
     fermé 15 janv. au 14 fév. – **31 ch**.

🏨   **Croix d'Or**, 53 r. N.-Dame ⌕ 80.61.10 – ⌷wc 🛏wc ☎ **P**, 🚗 ① VISA   Z e
     fermé 6 au 13 oct. et 1er au 15 janv. – SC : **R** *(fermé lundi)* 44/98 🍷 – 🍽 14,50 –
     13 ch 68/110 – P 178/192.

🏨   **Relais Champenois et Lion d'Or**, 157 r. Notre-Dame ⌕ 80.58.03 – 🛏 **P**, **E**
     VISA   Z s
     fermé 15 au 30 sept., 15 au 30 déc., vacances scolaires de fév. et vend. – SC : **R**
     40/95 – 🍽 15 – **7 ch** 61/79.

CITROEN Vissuzaine, av. J.-Jaurès ⌕ 80.50.02   RENAULT S.C.A.T., Zone Ind., rte de Troyes
PEUGEOT-TALBOT Gar. Notre-Dame, Zone   par ③ ⌕ 80.57.31
Ind., rte Troyes par ③ ⌕ 80.71.01

SÉZANNE

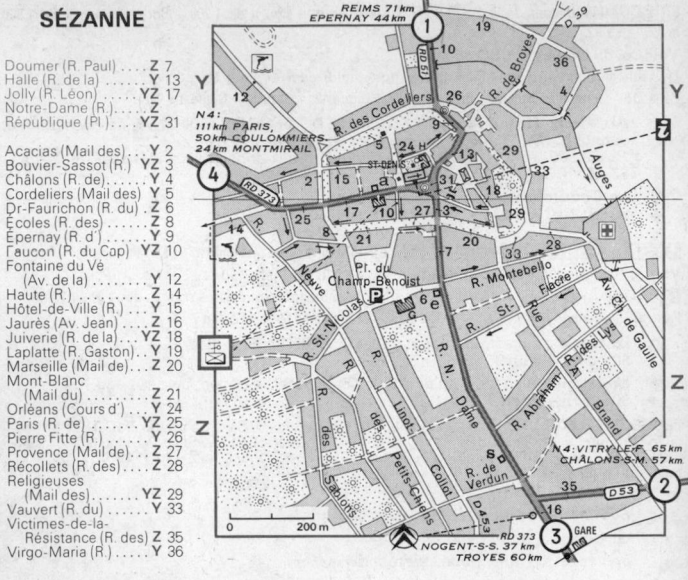

SIDOBRE (Plateau du) ★★ 81 Tarn 83 ① ② G. Causses.

SIERCK-LES-BAINS 57480 Moselle 57 ④ G. Vosges – 1 583 h. alt. 202 – ۞ 8.

Voir ≼★ du château fort.

Paris 357 – Luxembourg 32 – ◆Metz 45 – Thionville 18 – Trier 52.

XXX ۞ **La Vénerie** (Terver), ☎ 283.72.41, Parc, « Cadre élégant »
  fermé 25 janv. au 1er mars et lundi – **R** 85/140
  Spéc. Gratin de cuisses de grenouilles, Salade de cailles chaudes au foie gras, Truite farcie. Vins Contz.

  à Montenach SE : 3,5 km sur D 956 – ✉ 57480 Sierck-les-Bains :

X **Aub. de la Klauss,** ☎ 283.72.38, ☞ – ℗. **E**
  fermé 1er au 15 août, 1er au 21 janv. et lundi – SC : **R** 50/105 ⅋.

SIEYES 04 Alpes-de-H.-P. 81 ⑰ – rattaché à Digne.

SIGNES 83870 Var 84 ⑮ – 922 h. alt. 344 – ۞ 94.

Paris 816 – Aix-en-Provence 61 – Brignoles 32 – ◆Marseille 47 – ◆Toulon 38.

XX **L'Estaminet,** ☎ 90.88.93 – **E** *VISA*
  fermé fév., dim. soir et lundi hors sais. – **R** (prévenir) 80.

SIGNY-L'ABBAYE 08460 Ardennes 53 ⑰ G. Nord de la France – 1 678 h. alt. 206 – ۞ 24.

Paris 203 – Charleville-Mézières 34 – Hirson 40 – Laon 71 – Rethel 23 – Rocroi 31 – Sedan 46.

🏠 **Aub. de l'Abbaye,** ☎ 35.81.27 – 🛏wc
  fermé janv., fév., merc. soir et jeudi – SC : **R** 45/80 ⅋ – ☲ 14 – **10 ch** 75/130 – P 120/150.

RENAULT Turquin, ☎ 35.81.37

SILLÉ-LE-GUILLAUME 72140 Sarthe 60 ⑫ G. Normandie – 2 964 h. alt. 161 – ۞ 43.

Paris 230 – Alençon 37 – Angers 99 – Laval 54 – Mamers 47 – ◆Le Mans 33 – Mayenne 41.

🏠 **Bretagne,** pl. Croix d'Or ☎ 20.10.10 – 🛏 ℗. **E** *VISA*
  fermé 1er au 21 mars, 20 déc. au 4 janv. et lundi – SC : **R** 48/110 ⅋ – ☲ 13 – **14 ch** 65/82 – P 125/140.

PEUGEOT, TALBOT Sillé-Automobiles, ☎ 20.   RENAULT Gar. Simon, ☎ 20.10.74
11.80 🆖 ☎ 20.12.95
PEUGEOT TALBOT Ménard, ☎ 20.12.96 🆖

SILLERY 51 Marne 56 ⑰ – rattaché à Reims.

SINARD 38 Isère **77** ⑭ — 256 h. alt. 790 — ⊠ **38650** Monestier-de-Clermont — ✆ 76.

Paris 595 — ♦Grenoble 31 — Monestier-de-Clermont 5 — La Mure 38 — Vizille 27.

  ⛉ **du Violet** 🦫, ☎ 34.03.16, ≤, ☀ – 🛗 ❽ 🕮 **E**. ✼
  fermé 2 janv. au 2 fév. et dim. soir d'oct. à juin – **R** 50/80 🍷 – ☲ 15 – **16 ch** 80/135
  – P 130/160.

SION 54 M.-et-M. **62** ④ G. Vosges — alt. 497 — ⊠ **54330** Vézelise — ✆ 8.

Voir ※* du calvaire.

Paris 329 — Épinal 52 — ♦Nancy 37 — Toul 37 — Vittel 43.

  ⛫ **Notre Dame**, ☎ 326.91.82, ≤, ☀ – 🛗 ❽. 🚗 ✼
  ✈ SC : **R** 45/78 – ☲ 13 – **16 ch** 68/105 – P 107/130.

SIORAC-EN-PÉRIGORD 24 Dordogne **75** ⑯ — 793 h. alt. 77 — ⊠ **24170** Belvès — ✆ 53.

Paris 544 — Bergerac 45 — Cahors 67 — Périgueux 57 — Sarlat-la-Canéda 29.

  ⛫ ✿ **Scholly** 🦫, ☎ 28.60.02, – ⌷wc 🛗wc ☎ 🚗 ❽ – 🏛 80. 🚗 ⒜⒠ **VISA**
  1er avril-1er nov. – SC : **R** 85/200 – ☲ 25 – **32 ch** 90/220 – P 210/260
  Spéc. Omelette aux truffes, Truite soufflée au Riesling, Poulet aux cèpes. **Vins** Cahors, Pécharmant.

  ⛫ **Aub. Petite Reine**, S : 1 km sur D 710 ☎ 28.60.42, 🛥, ✼ – ⌷wc 🛗wc ☎ ❽.
  🚗. ✼ ch
  2 avril-5 oct. – SC : **R** 60/90 – ☲ 20 – **30 ch** 132/225 – P 160/190.

SISTERON 04200 Alpes-de-H.-P. **81** ⑤⑥ G. Côte d'Azur — 7 443 h. alt. 482 — ✆ 92.

Voir Site** — Citadelle* : ≤* — Église Notre-Dame* **B**.

🛈 Office de Tourisme av. Paul Arène (fermé dim. et lundi) ☎ 61.12.03.

Paris 706 ① — Barcelonnette 97 ① — Carpentras 111 ② — Digne 39 ② — Gap 48 ① — ♦Grenoble 141
①.

SISTERON

*Pour un bon usage
des plans de villes,
voir les signes
conventionnels p. 20.*

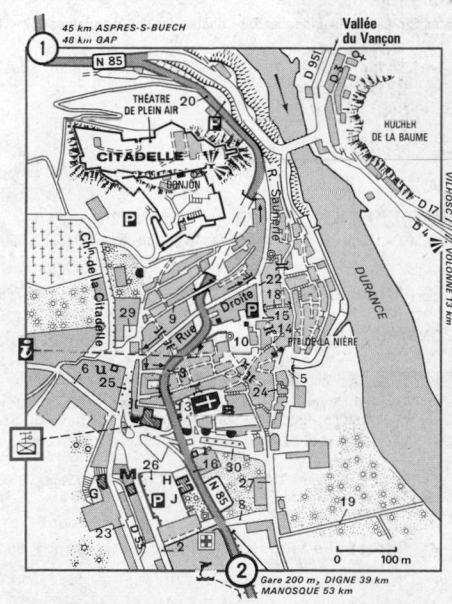

  🏨 **Gd H. du Cours** sans rest., pl. Église (r) ☎ 61.04.51 – 🛗 ☎ 🚗. ⒜⒠ ① **E** **VISA**
  15 mars-15 nov. – SC : ☲ 17 – **50 ch** 120/200.

  ⛫ **Tivoli**, pl. Tivoli (u) ☎ 61.15.16 – ⌷wc 🛗wc ☎ 🚗. 🚗 ⒜⒠ ① **VISA**
  1er mars-15 déc. – SC : **R** *(fermé sam. soir et dim.)* 58/130 – ☲ 14 – **19 ch** 70/135 –
  P 148/180.

ALFA-ROMEO, TOYOTA Alpes-Autom., av.
de la Libération ☎ 61.01.64 **N**
FIAT, LANCIA-AUTOBIANCHI, PEUGEOT Gar.
Moderne, rte Marseille par ② ☎ 68.41.57 **N** ☎
61.21.57

RENAULT Provence Dauphiné, rte de Marseille par ② ☎ 61.12.28

🛞 Ayme-Pneus, av. de la Libération ☎ 61.08.15

SIVRY-COURTRY 77115 S.-et-M. 61 ②, 196 ㊻ – 652 h. alt. 85 – ❂ 6.
Paris 63 – Coulommiers 52 – Fontainebleau 16 – Melun 7,5 – Provins 43.

✕✕ **La Vieille Auberge,** N 105 ☎ 452.09.93 – Ⓟ. VISA
fermé août, lundi soir et mardi – SC : **R** 55/75 ♨.

SIX-FOURS-LES-PLAGES 83140 Var 84 ⑭ **G. Côte d'Azur** – 24 548 h. – ❂ 94.
Voir Fort de Six-Fours ☼★ N : 2 km.
Env. Chapelle N.-D.-du-Mai ☼★★ S : 6 km.
ℹ Syndicat d'Initiative pl. de Bonnegrâce (fermé sam. hors sais. et dim.) ☎ 07.02.21.
Paris 833 – Aix-en-Provence 75 – La Ciotat 31 – ♦Marseille 58 – ♦Toulon 11.

⌂ **L'Isly H.** hors saison sans rest., **101 bis r. République** ☎ **25.43.68,** 🚗 – ⋔wc ☎ Ⓟ. ⊗
fermé 1er au 15 nov. – SC : **R** (en saison dîner pour résidents seul.) 58 – ☕ 14 – **20 ch** 100/150.

✕✕ **Aub. St-Vincent,** au pont du Brusc ☎ 25.70.50 – Ⓟ. ⦿ E VISA
fermé dim. soir et lundi hors sais. – **R** 60/120.

à la Plage de Bonnegrâce N : 1 km – ✉ **83140** Six-Fours :

⌂ **Ile Rose,** ☎ 07.10.56, ≤ – ⛀wc ⋔wc ☎ Ⓟ. 🐕 E VISA. ⊗ ch
◆ SC : **R** *(fermé lundi)* 50/120 – ☕ 16 – **27 ch** 100/170 – P 170/200.

⌂ **Rayon de Soleil,** ☎ 25.71.07, ≤, 🚗 – ⋔ Ⓟ
◆ *fermé 15 déc. au 15 janv.* – SC : **R** *(fermé vend. sauf résidents)* 50/75 ♨ – ☕ 10 – **14 ch** 66/100 – P 145/165.

❂ Eligert-Pneus, 1745 av. de la Mer ☎ 07.41.07
Mendez Pneus, 454 av. Mar.-Juin ☎ 25.20.80

SIZUN 29237 Finistère 58 ⑤ **G. Bretagne** – 1 871 h. alt. 113 – ❂ 98.
Voir Enclos paroissial★.
Paris 557 – Carhaix-Plouguer 52 – Châteaulin 34 – Landerneau 17 – Morlaix 32 – Quimper 57.

⌂ **Voyageurs,** ☎ 68.80.35 – ⛀wc ⋔ Ⓟ. ⊗ ch
◆ *fermé 10 sept. au 3 oct.* – SC : **R** *(fermé sam. soir hors sais.)* 40/90 ♨ – ☕ 13 – **16 ch** 60/110 – P 115/137.

RENAULT Dolou, ☎ 68.80.38 Ⓝ

☞ *Pour aller loin rapidement,*
utilisez les cartes Michelin à 1/1 000 000.

SOCHAUX 25600 Doubs 66 ⑧ – 6 350 h. alt. 318 – ❂ 81.
Paris 482 – Audincourt 4 – Belfort 18 – ♦Besançon 81 – Montbéliard 5.

Voir plan de Montbéliard agglomération

⌂ **Motel de Sochaux** sans rest, 3 r. Gd Charmont ☎ 94.16.04 – ⛀wc ⋔wc Ⓟ
fermé août – SC : ☕ 11 – **12 ch** 62/99. BY **s**

CONSTRUCTEUR : S.A. des Automobiles Peugeot, BY ☎ 91.83.42

SOISSONS ⟨SP⟩ 02200 Aisne 56 ④ **G. Nord de la France** – 32 112 h. alt. 55 – ❂ 23.
Voir Anc. Abbaye de St-Jean-des-Vignes★★ BZ – Intérieur★★ de la Cathédrale St-Gervais et St-Protais★ BY – Musée de l'anc. abbaye de St-Léger★ BY **M.**
ℹ Office de Tourisme av. Gén.-Leclerc (fermé dim.) ☎ 53.08.27 - A.C. Cour St-Jean-des-Vignes ☎ 53.17.37.
Paris 100 ⑥ – ♦Amiens 114 ⑦ – Arras 144 ⑦ – Compiègne 38 ⑦ – Laon 37 ② – ♦Lille 185 ⑦ – Meaux 65 ⑥ – ♦Reims 56 ③ – St-Quentin 60 ① – Senlis 61 ⑥ – Troyes 151 ⑤.

Plan page ci-contre

⌂ **Motel des Lions** Ⓜ, rte Reims par ③ : 3 km ☎ 59.30.60 – 📺 ⛀wc ☎ Ⓟ – 🏔 50. 🐕 AE ⦿ VISA
R 55/85 – ☕ 22 – **28 ch** 155/210.

⌂ **Gare** sans rest, pl. Gare ☎ 53.31.61 – ⛀ ☎. ⊗ CZ **a**
fermé août et lundi – SC : ☕ 13 – **12 ch** 53/89.

✕✕ **Grenadin,** 19 rte de Fère-en-Tardenois ☎ 53.08.12 – VISA CZ **u**
◆ *fermé août, dim. soir et lundi* – SC : **R** 45/110 ♨.

CITROEN Soissons-Auto, 8 bd Gambetta ☎ 59.13.24 Ⓝ
FIAT S.E.V.A., 12 r. Belleu ☎ 53.31.63
OPEL S.D.A., 10 av. de Compiègne ☎ 53.10.69
PEUGEOT-TALBOT Gd Gar. Jeanne-d'Arc, 13 bd du Tour de Ville ☎ 53.04.14
PEUGEOT-TALBOT Idoine, 3 av. Compiègne ☎ 53.04.41
RENAULT Larminaux, rte Reims par ③ ☎ 73.34.34
TOYOTA Gar. Central, 7 r. St-Jean ☎ 53.27.57

❂ Fischbach-Pneu, 60 av. de Compiègne ☎ 53.25.76

SOISSONS

PÉRONNE 81 km
ST-QUENTIN 60 km
LAON 37 km

0   300 m

SOLDEU Principauté d'Andorre **86** ⑮. **43** ⑦ – voir à Andorre.

SOLÉRIEUX 26 Drôme **81** ② – 96 h. alt. 105 – ⊠ 26130 St-Paul-Trois-Châteaux – ✿ 75.
Env. Clansayes ≤★★ N · 9 km, G. Vallée du Rhône.
Paris 640 – Bollène 15 – Montélimar 33 – Nyons 29 – Orange 28 – Pont-St-Esprit 25 – Valence 77.

🏠 **Ferme St-Michel** ≫, rte de la Baume D 341 ☎ 98.10.66, ≤, 🏊, 🛋 – ⇌wc
🚿wc ☎ ☷. ✗
SC : **R** (fermé dim. soir et lundi) 58/100 – ☲ 1/.50 – **10 ch** 145/190.

SOLESMES 72 Sarthe **64** ①② – rattaché à Sablé-sur-Sarthe.

SOLLIÈS-TOUCAS 83 Var **84** ⑮ – 1 877 h. alt. 106 – ⊠ 83210 Solliès-Pont – ✿ 94.
Paris 835 – Aix-en-Provence 77 – Brignoles 33 – ◆ Marseille 68 – ◆ Toulon 17.

XXX ✿ **Le Lingousto,** ☎ 28.90.26, 🍴 – ☷. 🆎 ⓪
fermé en oct., dim. soir (sauf juil.-août) et lundi – SC : **R** 175
Spéc. Filet de St Pierre à l'estragon, Selle d'agneau au thym, Chariot de desserts.

SOLRE-LE-CHATEAU 59740 Nord **53** ⑥ G. Nord de la France – 2 142 h. alt. 200 – ✿ 27.
🛈 Syndicat d'Initiative à la Mairie (fermé sam. et dim.) ☎ 61.61.14.
Paris 219 – Avesnes-sur-Helpe 14 – Charleroi 38 – Hirson 31 – ◆ Lille 113 – Maubeuge 18 – Trélon 14.

XX **La Potinière,** ☎ 61.64.55 – 🆎
◆ fermé 1er au 15 sept., 23 au 30 déc., 1er au 10 mars, dim. soir et lundi – SC : **R**
(prévenir) 39 bc/200 bc.

SOLUTRÉ 71 S.-et-L. **70** ⑪ G. Bourgogne – 374 h. alt. 325 – ⊠ 71960 Pierreclos – ✿ 85.
Paris 406 – Cluny 22 – ◆ Lyon 77 – Mâcon 9,5.

🏠 **Relais de Solutré** ≫, ☎ 37.82.67 – ⇌wc 🚿wc ☎ ☷ – 🔏 30. 🖼 VISA
fermé lundi en hiver – SC : **R** 60/90 – ☲ 18.50 – **33 ch** 165/190.

SOMBERNON 21540 Côte-d'Or 🔢🔢 ⑪ — 582 h. alt. 535 — ⬤ 80.
Paris 286 — Avallon 77 — Beaune 58 — ◆Dijon 29 — Montbard 52.

🏠 **Le Sombernon,** ☎ 33.41.23, ≤ — 🛁wc 🏧 🚗, 🚗🗄
◆ fermé 15 janv. au 15 fév. et merc. — SC : **R** 35/100 — ⬜ 13 — **10 ch** 50/130 — P
120/150.

CITROEN Lefaure, ☎ 33.40.16   RENAULT Guyot, ☎ 33.40.21 🅽

SOMMIÈRES 30250 Gard 🔢🔢 ⑧ G. Causses (plan) — 3 169 h. alt. 34 — ⬤ 66.
Paris 740 — Aigues-Mortes 28 — Alès 42 — Lunel 13 — ◆Montpellier 28 — Nîmes 28 — Le Vigan 63.

🏨 **Aub. Pont Romain** ⭐, ☎ 80.00.58, 🍽, 🌳 — 🛁wc 🏧wc ☎ 🅿 — 🏋 80. 🚗🗄
⓪ 𝘝𝘐𝘚𝘈
fermé fév. — SC : **R** (fermé merc. hors sais.) 110/160 — ⬜ 17 — **14 ch** 100/200 — P
200/300.

✕✕✕ **Enclos Montgranier,** S : 3 km rte Junas ☎ 80.92.00 — 🅿 🅰🅴
fermé dim. soir d'oct. à mai — SC : **R** 100/225.

SOPHIA-ANTIPOLIS 06 Alpes-Mar. 🔢 ⑨ — rattaché à Antibes.

SORGES 24 Dordogne 🔢🔢 ⑥ — 876 h. alt. 178 — ✉ 24420 Savignac-les-Églises — ⬤ 53.
🛈 Syndicat d'Initiative Maison de la Truffe (fermé matin et mardi) ☎ 05.90.11 et à la Mairie (fermé
sam. et dim.) ☎ 05.02.22.
Paris 470 — Brantôme 25 — ◆Limoges 77 — Nontron 45 — Périgueux 24 — Thiviers 13 — Uzerche 74.

🏠 **Mairie,** pl. Mairie ☎ 05.02.11, ≤ — 🛁wc 🏧wc 🏧 🅿 🚗🗄 🅴 𝘝𝘐𝘚𝘈
◆ SC : **R** 42/160 🍷 — ⬜ 15 — **12 ch** 62/140 — P 130/145.

🏠 **La Crémaillère,** ☎ 05.02.05, 🌳 — 🛁wc 🏧wc 🏧 🅿 𝘝𝘐𝘚𝘈 🍴 rest
◆ fermé 15 nov. au 15 déc., dim. soir et lundi midi — SC : **R** 45/130 🍷 — ⬜ 15 — **15 ch**
85/150 — P 145/160.

SORGUES 84700 Vaucluse 🔢🔢 ⑫ — 15 057 h. alt. 30 — ⬤ 90.
Paris 684 — Avignon 11 — Carpentras 16 — Cavaillon 28 — Orange 18.

🏨 **Davico,** ☎ 39.11.02 — 🛗 🛁wc 🏧wc 🏧. 𝘝𝘐𝘚𝘈. 🍴 ch
fermé 15 déc. au 15 janv. et dim. — SC : **R** 58/145 🍷 — ⬜ 17 — **30 ch** 110/140 — P
243/273.

à Entraigues E : 4,5 km par D 38 — ✉ 84320 Entraigues :

🏠 **Le Béal** 🅼, ☎ 83.17.22, 🍽 — 🛁wc 🏧wc 🏧 🅿 🚗🗄 🅴
◆ SC : **R** (fermé et lundi) 44/70 — ⬜ 12 — **21 ch** 105/140 — P 160/200.

CITROEN Gar. Rolland, N7, rte d'Orange ☎   ⓪ Piot-Pneus, 80 av. d'Avignon ☎ 39.62.60
39.30.04
PORSCHE Gar. SONAUTO, Zone Ind., lotissement 32 ☎ 39.90.40

SOSPEL 06380 Alpes-Mar. 🔢 ⑳, 🔢🔢🔢 ⑱ G. Côte d'Azur — 2 159 h. alt. 349 — ⬤ 93.
Voir Retable de l'Immaculée Conception★ dans l'église St-Michel — Route★★ du col de
Braus SO — Route★ du col de Brouis N — Vallée de la Bévéra★ et gorges de Piaon★★
NO : 4 km.
Paris 980 — Menton 22 — ◆Nice 43.

🏨 **Étrangers,** bd Verdun ☎ 04.00.09 — 🛗 🛁 rest 🛁wc 🏧wc ☎ — 🏋 30. 🚗🗄 🅴
fermé 27 nov. au 22 janv. — SC : **R** 52/92 — ⬜ 18 — **35 ch** 97/170 — P 165/215.

🏠 **Gare,** espl. Gianotti ☎ 04.00.14 — 🅿. 🍴 ch
◆ SC : **R** 45/75 🍷 — ⬜ 11 — **10 ch** 68/87 — P 115/130.

✕✕ **Aub. Provençale** ⭐ avec ch, rte Menton à 1,5 km ☎ 04.00.31, ≤ — 🛁wc 🏧wc
◆ 🅿. 🅴 𝘝𝘐𝘚𝘈
SC : **R** (fermé jeudi midi) 48/120 — ⬜ 16 — **10 ch** 70/230 — P 185/230.

au Col de Brouis N : 10 km par D 2204 — alt. 880 — ✉ 06540 Breil-sur-Roya.
Voir ≤★.

✕ **Auberge du Col de Brouis** avec ch, ☎ 04.41.75, ≤ — 🏧 🚗 🅿. 🍴
◆ hôtel : ouvert 1er juin-30 oct., rest. : fermé nov. et lundi — SC : **R** 50/80 — ⬛ 13 —
9 ch 102/115.

PEUGEOT-TALBOT Rey, ☎ 04.01.24

SOUBISE 17 Char.-Mar. 🔢 ⑬⑭ — rattaché à Rochefort.

SOUCY 89 Yonne 🔢 ⑭ — rattaché à Sens.

SOUESMES 41 L.-et-Ch. 🔢 ⑳ — 1 060 h. alt. 127 — ✉ 41300 Salbris — ⬤ 54.
Paris 198 — Aubigny-sur-Nère 21 — Blois 78 — Bourges 49 — Cosne-sur-Loire 62 — Gien 51 — Salbris 11.

✕✕ **Auberge Croix Verte** avec ch, ☎ 98.83.70 — 🏧 🅿
fermé 1er au 15 sept., dim. soir et lundi — SC : **R** 45/65 🍷 — ⬜ 12 — **20 ch** 45/80.

SOUILLAC 46200 Lot 🔢 ⑱ G. Périgord (plan) – 4 371 h. alt. 104 – ✪ 65.

Voir Anc. église abbatiale : bas-relief "Isaïe"★★, revers du portail★.

🅸 Office de Tourisme 9 bd Malvy (fermé matin hors sais. et dim. sauf matin en saison) ☎ 37.81.56.

Paris 529 – Brive-la-Gaillarde 37 – Cahors 66 – Figeac 74 – Gourdon 29 – Sarlat-la-Canéda 29.

🏨 **Les Granges Vieilles** ♨, rte Sarlat O : 1,5 km ☎ 37.80.92, ≤, parc – 🛏wc
🛏wc ☎ ℗ ◄► 🏊 50. ⚘
fermé nov. – SC : **R** 65/150 – ⬜ 18 – **11 ch** 145/275 – P 220/290.

🏨 **Puy d'Alon** sans rest, av. J.-Jaurès ☎ 37.89.79, ⚘ – 🛏wc 🛏wc ☎ ◄► ℗
14 avril-15 oct. – SC : ⬜ 15 – **11 ch** 110/160.

🏨 **Ambassadeurs**, 12 av. Gén.-de-Gaulle ☎ 32.78.36 – 🛏wc 🛏wc ☎ ◄►. 🏖
fermé 28 sept. au 28 oct., vacances de fév., vend. soir et sam. d'oct. à juin – SC : **R**
40/170 – ⬜ 15 – **28 ch** 90/180 – P 165/220.

🏨 **Le Quercy** sans rest, 1 r. Récège ☎ 37.83.56, ⚘ – 🛏wc 🛏wc ☎ ◄►. 𝗩𝗜𝗦𝗔
15 mars-31 déc. – SC : ⬜ 15 – **25 ch** 110/135.

🏨 **Gd Hôtel**, 1 allée Verninac ☎ 32.78.30 – 🛏wc 🛏wc ☎ ◄► – 🏊 30. 𝗔𝗘 𝗩𝗜𝗦𝗔
1er mai-30 sept. et fermé merc. hors sais. – SC : **R** 44/150 – ⬜ 13 – **20 ch** 120/170
– P 160/185.

🏨 **Renaissance**, 2 av. Jaurès ☎ 32.78.04, 🏊 – 🔳 🛏wc 🛏wc ☎ ◄► ℗. 𝗔𝗘 𝗘
1er mai-2 nov. – SC : **R** 45/75 – ⬜ 16 – **24 ch** 125/180 – P 175/200.

🏨 **Périgord**, 31 av. Gén.-de-Gaulle ☎ 32.78.28, ⚘ – 🛏wc 🛏wc ☎ ◄► ℗ – 🏊 30.
𝗔𝗘 𝗘
1er mai-15 oct. – SC : **R** 45/75 – ⬜ 16 – **42 ch** 100/200 – P 160/220.

✗✗ **Vieille Auberge** avec ch, pl. Minoterie ☎ 32.79.43, 🏊 – cuisinette 🍽 rest 🛏wc
🛏wc ◄► – 🏊 60. 🏖 𝗘 𝗩𝗜𝗦𝗔
fermé fév., mardi soir et merc. du 1er nov. à Pâques – SC : **R** 60/150 – ⬜ 15 – **20 ch**
80/150 – P 200/220.

✗✗ **Auberge du Puits** avec ch, 5 pl. Puits ☎ 37.80.32 – 🛏wc 🛏
fermé 2 nov. au 1er janv., dim. soir et lundi hors sais. – SC : **R** 40/130 – ⬜ 13 –
16 ch 53/130 – P 120/150.

Voir aussi ressources hôtelières de *Lacave* S : 11 km, *Cressensac* N : 17 km

PEUGEOT, TALBOT Gar. Cadier, ☎ 37.82.72   ⊚ Pneus-Service, ☎ 37.81.88
RENAULT Sanfourche, ☎ 32.73.03 🅽 ☎ 32.
63.87

SOULAC-SUR-MER 33780 Gironde 🔢 ⑱ G. Côte de l'Atlantique – 2 387 h. Casino de la
Plage – ✪ 56 – 🅸 Office de Tourisme pl. Marché (fermé oct., dim. hors saison et lundi) ☎
59.86.61 – Paris (bac) 517 – Arcachon 134 – ◆Bordeaux 94 – Lesparre-Médoc 30 – Royan (bac) 9,5.

à l'Amélie-sur-Mer SO : 4,5 km par VO – ⊠ 33780 Soulac-sur-Mer :

🏨 **Pins** ♨, ☎ 09.80.01 – 🛏wc 🛏 ☎ ℗ 🏖 𝗔𝗘 ◐ 𝗘 𝗩𝗜𝗦𝗔 ◐
*fermé 15 nov. au 31 janv. ; hôtel : vend. d'oct. à mars ; rest. : dim. soir et vend. d'oct.
au 15 mai* – SC : **R** 60/100 – ⬜ 18 – **35 ch** 95/200 – P 185/250.

CITROEN Gar. de la Gare, ☎ 59.85.55

SOULAGES-BONNEVAL 12 Aveyron 🔢 ③ – rattaché à Laguiole.

Le SOULIÉ 34 Hérault 🔢 ③ – 111 h. – ⊠ 34330 La Salvetat-sur-Agout – ✪ 67.
Paris 739 – Béziers 65 – Castres 50.

✗ **Moulin de Vergouniac**, SO : 1,5 km sur D 150 ☎ 97.05.62 – ℗
fermé fév. et mardi – SC : **R** (dim. prévenir) 50/220.

SOULLANS 85 Vendée 🔢 ⑫ – 2 716 h. alt. 9 – ⊠ 85300 Challans – ✪ 51.
Paris 438 – Challans 6 – La-Roche-sur-Yon 45 – Les Sables-d'Olonne 38 – St-Jean-de-Monts 18.

✗ Relais du Marais, ☎ 68.04.18.

SOULTZ 68 H.-Rhin 🔢 ⑨ – rattaché à Guebwiller.

SOULTZBACH-LES-BAINS 68 H.-Rhin 🔢 ⑱ – 576 h. alt. 321 – ⊠ 68230 Turckheim – ✪ 89.
Paris 520 – Colmar 15 – Gérardmer 39 – Guebwiller 34 – ◆Mulhouse 52 – Munster 6,5 – Le Thillot 59.

sur N 417 NE : 2 km – ⊠ 68230 Turckheim :

🏨 **Motel la Prairie**, ☎ 71.10.00 – 🛏wc 🛏wc ♿ ℗. 🏖 ◐ 𝗩𝗜𝗦𝗔
fermé janv. – SC : **R** (dim. soir et lundi) 68/100 ♨ – ⬜ 18 – **20 ch** 140/175.

SOULTZEREN 68 H.-Rhin 🔢 ⑱ – 1 061 h. alt. 450 – ⊠ 68140 Munster – ✪ 89.
🅸 Syndicat d'Initiative 80 r. Principale (fermé dim. après-midi) ☎ 77.37.33.
Paris 509 – Colmar 23 – Gérardmer 29 – Guebwiller 43 – St-Dié 53 – Thann 60 – Le Thillot 49.

🏠 **Pont**, rte Schlucht 1,5 km ☎ 77.35.23 – ℗ 𝗩𝗜𝗦𝗔
fermé mi oct. à fin nov. et lundi – SC : **R** 30/75 ♨ – ☛ 15 – **14 ch** 61/74 – P
113/122.

SOUMOULOU 64420 Pyr.-Atl. 85 ⑦ – 858 h. alt. 296 – ✪ 59.

Paris 802 – Lourdes 24 – Nay 16 – Pau 17 – Pontacq 11 – Tarbes 23.

🏛 **Béarn**, ℡ 04.60.09, 🐜 – 🛏wc 🏠wc 🕾 🅿 – 🔺 40. 🚗 ䷢ 🅭 **E**. 🍴 rest
↪ fermé 15 nov. au 15 déc. et lundi sauf juil.-août – SC : **R** 40/150 – 🍽 15 – **14 ch** 70/180 – P 156/219.

SOUQUET 40 Landes 78 ⑤ – ✉ 40260 Castets – ✪ 58.

Paris 702 – ♦Bordeaux 113 – Castets 12 – Mimizan 38 – Mont-de-M. 53 – St-Julien-en-Born 19 – Tartas 26.

🏛 **Paris-Madrid** M 🍴 , ℡ 89.60.46, 🔻, 🐜, 🍴 – 🛏wc 🏠wc 🕾 🅿 🚗 **E** 🆅🆅🆘
🍴
1er mars-1er nov. et fermé lundi sauf juil. et août – SC : **R** 60/120 – 🍽 20 – **15 ch** 120/160.

RENAULT Gar. Fauret, ℡ 89.61.15

SOURDEVAL 50150 Manche 59 ⑨ – 3 624 h. alt. 220 – ✪ 33.

Voir Vallée de la Sée★ O, G. Normandie.

Paris 270 – Avranches 38 – Domfront 36 – Flers 32 – Mayenne 63 – St-Hilaire-du-H. 26 – Vire 13.

🏠 **Le Temps de Vivre**, ℡ 59.60.41 – 🅿. 🆅🆅🆘
↪ fermé 24 sept. au 3 oct. et lundi sauf juil.-août – SC : **R** 40/80 🍴 – 🍽 10 – **7 ch** 50/65 – P 105/120.

PEUGEOT Gar. Postel, ℡ 59.60.35   RENAULT Gar. Barbot, ℡ 59.67.25

SOUSCEYRAC 46190 Lot 75 ⑳ – 1 044 h. alt. 559 – ✪ 65.

Paris 562 – Aurillac 48 – Cahors 92 – Figeac 40 – Mauriac 73 – St-Céré 16.

🏠 ✿ **Au Déjeuner de Sousceyrac** (Espinadel), ℡ 33.00.56 – 🏠wc. 🚗 ䷢ 🅭
↪ 🆅🆅🆘 🍴 rest
Pâques-1er déc. et fermé sam. sauf juil. et août – SC : **R** 40/130 🍴 – 🍽 15 – **15 ch** 55/110 – P 130/150
Spéc. Oeufs brouillés aux truffes, Ris de veau au coulis d'oignons, Jambonnette de poulet aux cèpes. **Vins** Cahors, Rosé du Quercy.

SOUSSANS 33 Gironde 71 ⑧ – rattaché à Margaux.

SOUSTONS 40140 Landes 78 ⑯ – 5 127 h. alt. 5 – ✪ 58.

Voir Étang de Soustons★ O : 1 km, G. Côte de l'Atlantique.

🗓 Syndicat d'Initiative "La Grange" (fermé matin hors sais. et dim. sauf matin en saison) ℡ 48.02.62.

Paris 738 – Castets 23 – Dax 28 – Mont-de-Marsan 76 – St-Vincent-de-Tyrosse 13.

🏛 **La Bergerie** 🍴 , av. Lac ℡ 48.01.43, parc – 🛏wc 🕾 🅿. 🚗 🆅🆅🆘. 🍴
Pâques et 1er mai-1er oct. – SC : **R** (pour résidents seul.) – 🍽 20 – **12 ch** 200.

🏠 **Château Bergeron** 🍴 , r. du Vicomte ℡ 48.08.14, 🐜 – ☰ ch 🛏wc 🕾 🅿. 🚗
🆅🆅🆘. 🍴
1er juin-15 oct. – SC : **R** (dîner résidents seul.) – 🍽 20 – **16 ch** 120/180.

🏠 **Host. du Marensin**, pl. Sterling ℡ 48.05.16 – 🛏 🏠.
↪ fermé 1er au 15 nov., 1er au 15 fév. et sam. hors sais. – SC : **R** 37/100 🍴 – 🍽 12 – **14 ch** 95/118 – P 149/166.

🍴🍴 ✿ **Pavillon Landais** (Ducassé) 🍴 avec ch, av. Lac ℡ 48.04.49, 🌳, « Belle vue sur lac, parc », 🍴 – 📺 🛏wc 🏠wc 🕾 🅿. ䷢ 🅭 🆅🆅🆘
fermé 22 déc. au 18 fév., dim. soir et lundi du 1er nov. au 10 avril, dim. soir et lundi midi du 10/4 au 15/5 – SC : **R** 99 – 🍽 18 – **8 ch** 160/180
Spéc. Saumon grillé béarnaise (mars-fin juil.), Escalope de foie de canard au vinaigre de framboises, Filets de sole. **Vins** Madiran, Jurançon.

CITROEN Lartigau, ℡ 48.04.80   PEUGEOT, TALBOT Gar. Bouyrie, ℡ 48.01.75
PEUGEOT, TALBOT Desbieys, ℡ 48,00.57   RENAULT Dufour, ℡ 48.00.22 N

La SOUTERRAINE 23300 Creuse 72 ⑧ G. Périgord – 5 505 h. alt. 366 – ✪ 55.

Voir Église★ B.

🗓 Office de Tourisme 8 av. Gén.-Leclerc (15 juin-15 sept. et fermé dim.) ℡ 63.00.12.

Paris 343 ⑤ – Bellac 40 ③ – Châteauroux 72 ⑤ – Guéret 34 ① – ♦Limoges 56 ③.

Plan page ci-contre

🏠 **La Véranda**, pl. Gare (s) ℡ 63.00.32 – 🏠wc 🕾 🛏 🚗 **E**. 🍴 rest
↪ fermé 15 au 31 déc. – SC : **R** (fermé dim. en hiver) 38/60 🍴 – 🍽 10 – **13 ch** 41/85 – P 130/150.

à St-Etienne-de-Fursac par ② : 11 km – ✉ 23290 St-Etienne-de-Fursac :

🏠 **Moderne**, ℡ 63.60.56, 🐜 – 🏠wc 🕾 🛏 **E** 🆅🆅🆘
↪ fermé 15 au 31 oct., 15 au 29 fév., dim. soir et lundi midi du 15 sept. au 31 mai – SC : **R** 36/154 – 🍽 15,50 – **14 ch** 52/176 – P 140/181.

1092

LA SOUTERRAINE

Marché (Pl. du) 20

Auzanet (R. Barthélémy) .. 2
Bernhausen (Pl. de) 3
Cités (R. des) 4
Coq (R. du) 7
Dr-Bridot (R. du) 8
Font-aux-Moines (R. de la) 9
Font-Froide (R.) 12
Fossés-des-Canards (R. des) 13
Fossés-des-Gentils (R. des) 14
Fossés-St-Michel (R. des) 17
Gaulle (Bd Ch.-de) 18
Guichet (R. du) 19
Haute-St-Michel (R.) 22
Hermitage (R. de l') 23
Lavaud (R. de) 24
Leclerc (Av. du Gén.) 27
Lefaure (Pl. A.) 28
Montaudon (R. H.) 32
Picoty (R. A.) 33
République (R. de la) 34
St-Jacques (R.) 37
8 Mai 1945 (Bd du) 38

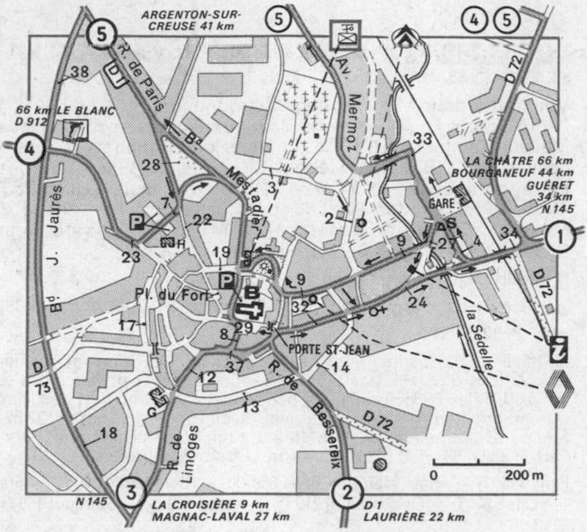

CITROEN Chambraud, ☎ 63.08.89
PEUGEOT-TALBOT Gar. du Massif Central, à St-Maurice la Souterraine par ③ ☎ 63.11.34 N

RENAULT Husson, ☎ 63.03.47
Rousseau, ☎ 63.00.25

SOUVIGNY **03210** Allier **69** ⑭ **G. Auvergne** – **2 119 h. alt. 242** – ✪ **70.**

Voir Prieuré St-Pierre★★.

Paris 306 – Bourbon-l'Archambault 15 – Montluçon 55 – Moulins 12.

✗ **Aub. des Tilleuls,** ☎ 43.60.70 – AE. ✀
fermé 3 au 20 oct., 1er au 15 fév., lundi soir et mardi – SC : **R** 70/130.

SOUVIGNY-EN-SOLOGNE **41** L.-et-Ch. **64** ⑩ – 494 h. alt. 143 – ✉ **41600** Lamotte-Beuvron – ✪ 54.

Paris 175 – Gien 42 – Lamotte-Beuvron 14 – Montargis 63 – ♦Orléans 44.

✗✗ **Aub. Croix Blanche** avec ch, ☎ 88.40.08 – Ⓟ. ✈. ✀ ch
fermé 17 janv. au 5 mars, mardi soir (sauf hôtel) et merc. – SC : **R** 62/132 – ☕ 15 – **9 ch** 77 – P 170/180.

✗ **Perdrix Rouge,** ☎ 88.41.05
fermé 1er au 22 mars, 16 au 26 janv., lundi soir et mardi – SC : **R** 65/165.

RENAULT Gar. Paret, ☎ 88.43.18

SOYAUX **16** Charente **72** ⑭ – rattaché à Angoulême.

SOYONS **07** Ardèche **77** ⑪⑫ – rattaché à St-Péray.

SPEZET **29135** Finistère **58** ⑯ – 2 176 h. alt. 111 – ✪ 98.

Voir Chapelle N.-D.-du-Crann★ : vitraux★★ S : 1 km, G. Bretagne.

ℹ Syndicat d'Initiative à la Mairie (fermé sam. après-midi et dim.) ☎ 93.80.03.

Paris 523 – Carhaix-Plouguer 18 – Châteaulin 32 – Concarneau 51 – Pontivy 67 – Quimper 44.

✗ **L'Argoat** avec ch, **rte Châteauneuf** ☎ 93.80.23 – Ⓟ. ✀
fermé 15 sept. au 10 oct., vacances de fév. et lundi hors sais. – SC : **R** 44/120 ♨ – ☕ 13 – **10 ch** 55/70 – P 110/125.

STAINS **93** Seine-St-Denis **56** ⑪, **101** ⑯ – voir à Paris, Proche banlieue.

STAINVILLE **55** Meuse **62** ① – 368 h. alt. 209 – ✉ **55500** Ligny-en-Barrois – ✪ 29.

Paris 232 – Bar-le-Duc 19 – Commercy 36 – Joinville 35 – Neufchâteau 70 – St-Dizier 20 – Toul 59.

✗✗ ✿ **La Petite Auberge,** ☎ 78.60.10 – ⓓ VISA
fermé 21 juil. au 11 août, vend. soir, dim. soir et sam. – SC : **R** (nombre de couverts limité - prévenir) 75/148
Spéc. Truite aux herbes en papillote (avril à oct.), St-Jacques à la nage (15 oct. au 15 mai), Filet de boeuf aux morilles.

STEINBRUNN-LE-BAS **68** H.-Rhin **66** ⑩ – rattaché à Mulhouse.

STELLA-PLAGE **62** P.-de-C. **51** ⑪ – rattaché au Touquet.

STRASBOURG ⓟ 67000 B.-Rhin 🄌 ⑩ Ⓖ **G. Vosges** – 257 303 h. communauté urbaine 409 161 h. alt. 139 – ✪ 88.

Voir Cathédrale★★★ : horloge astronomique★, ≤★★ CX – Cité ancienne★★★ BCX : la Petite France★★ BX, Rue du Bain-aux-Plantes★★ BX **7**, Place de la Cathédrale★ CX **17**, Maison Kammerzell★ CX **e**, Château des Rohan★ CX, Cour du Corbeau★ CX **19**, Ponts couverts★ BX **B**, Place Kléber★ CV, Hôtel de Ville★ CV **H**, rue Mercière – ≤★ CX **53** – Barrage Vauban ❊★★ BX **D** – Mausolée★★ dans l'église St-Thomas CX **E** – Orangerie★ DEU – Promenades sur l'Ill et les canaux★ CX – Visite du port★ en vedette CY – Musées : Oeuvre N.-Dame★★★ CX **M1**, collections de céramiques★★ du château des Rohan CX, Alsacien★ CX **M2**, Historique★ CX **M3**.

🄻 d'Illkirch-Graffenstaden �🇵 66.17.22 FS.

✈ de Strasbourg-Entzheim : Air France �🇵 32.99.74 par D 392 : 12 km FR.

🚗🚉 �🇵 32.07.51.

🄱 Office de Tourisme (fermé sam. après-midi et dim.) et Accueil de France (Informations et réservations d'hôtels, pas plus de 5 jours à l'avance). Palais des Congrès av. Schutzenberger �🇵 35.03.00, Télex 890666, pl. Gare (fermé sam. après-midi et dim. hors saison) �🇵 32.51.49 et 10 pl. Gutemberg (fermé sam. après-midi et dim. hors saison) �🇵 32.57.07 – Bureau d'accueil, pont Europe (Opération de change) (fermé sam. après-midi et dim. hors saison) �🇵 61.39.23 – A.C. 5 av. Paix �🇵 36.04.34 - T.C.F. 11 r. Division-Leclerc �🇵 32.72.63.

Paris 486 ① – ♦Bâle 145 ③ – Bonn 359 ③ – ♦Bordeaux 1 040 ① – Frankfurt 218 ③ – Karlsruhe 82 ③ – ♦Lille 524 ① – Luxembourg 219 ① – ♦Lyon 489 ⑤ – Stuttgart 160 ③.

Plans : Strasbourg p. 2 à 6

🏨🏨🏨 **Hilton** Ⓜ, av. Herrenschmidt �🇵 37.10.10, Télex 890363 – 🛗 cuisinette ▭ 📺 ☎ 🅿 – 🛠 30 à 250. 🄰🄴 ⓪ 🄴 𝘝𝘐𝘚𝘈
  CT **e**
  SC : **Le Jardin R** carte environ 100 ⅊ - **La Maison du Bœuf** (fermé 25 juil. au 21 août et 2 au 8 janv.) **R** carte 150 à 190 – ☲ 33 – **247 ch** 395/540, 5 appartements.

🏨🏨 **Sofitel** Ⓜ, pl. St-Pierre-le-Jeune �🇵 32.99.30, Télex 870894, patio – 🛗 ▭ 📺 ☎ ⟷ – 🛠 30 à 100. 🄰🄴 ⓪ 🄴 𝘝𝘐𝘚𝘈, ⚘ rest
  CV **s**
  SC : **R** (fermé dim.) rest. **Le Chateaubriand R** carte 140 à 185 – ☲ 33 – **180 ch** 395/585, 5 appartements.

🏨🏨 **Holiday Inn** Ⓜ, 20 pl. Bordeaux �🇵 35.70.00, Télex 890515, 🔲 – 🛗 ▭ 📺 ☎ ⅊ 🅿 – 🛠 1 000. 🄰🄴 ⓪ 🄴 𝘝𝘐𝘚𝘈
  CT **n**
  SC : **La Louisiane R** 70/120 – ☲ 39,50 – **165 ch** 339/435.

🏨🏨 **Terminus-Gruber**, 10 pl. Gare �🇵 32.87.00, Télex 870998 – 🛗 📺 ☎ ⅊ – 🛠 60. 🄰🄴 ⓪ 🄴 𝘝𝘐𝘚𝘈
  BV **m**
  rest. **Cour de Rosemont** (fermé 15 déc. au 15 janv.) **R** 75/110 ⅊ – ☲ 23 – **78 ch** 150/370, 6 appartements 320/370 – P 270/330.

🏨🏨 **Novotel** Ⓜ, quai Kléber ⓅP 22.10.99, Télex 880700 – 🛗 ▭ rest 📺 ☎ ⅊ 🅿 – 🛠 30 à 200.
  BV **k**
  R snack carte environ 85 – ☲ 29 – **97 ch** 350/408.

🏨🏨 **France** Ⓜ sans rest, 20 r. Jeu-des-Enfants ⅌P 32.37.12, Télex 890084 – 🛗 📺 ☎ – 🛠 30. 𝘝𝘐𝘚𝘈
  BV **v**
  SC : **70 ch** ☲ 250/345.

🏨🏨 **Gd Hôtel** sans rest, 12 pl. Gare ⅌P 32.46.90, Télex 870011 – 🛗 ⅊. 🄰🄴 ⓪ 𝘝𝘐𝘚𝘈 ⚘ rest
  BV **m**
  SC : ☲ 25 – **90 ch** 240/330, 4 appartements 300/330.

🏨🏨 **Monopole-Métropole** sans rest, 16 r. Kuhn ⅌P 32.11.94, Télex 890366, « Décor alsacien » – 🛗 📺 ☎ ⟷. 🄰🄴 ⓪ 🄴 𝘝𝘐𝘚𝘈
  BV **p**
  fermé Noël au Nouvel An – SC : ☲ 18 – **104 ch** 105/290.

🏨🏨 **Nouvel H. Maison Rouge** sans rest, 4 r. F.-Bourgeois ⅌P 32.08.60, Télex 880130 – 🛗 ☎ ⅊. 🄰🄴 ⓪ 𝘝𝘐𝘚𝘈
  CX **g**
  SC : ☲ 20 – **130 ch** 130/250, 6 appartements 375.

🏨 **des Rohan** Ⓜ sans rest, 17 r. Maroquin ⅌P 32.85.11 – 🛗 📺 ⌂wc 🚿wc ☎. ⟷.
  CX **u**
  SC : ☲ 22 – **36 ch** 190/320.

🏨 **Villa d'Est** Ⓜ sans rest., 12 r. J.-Kablé ⅌P 36.69.02 – 🛗 📺 ⌂wc ☎ ⅊. ⟷ 🄰🄴 ⓪ 🄴 𝘝𝘐𝘚𝘈
  CU **s**
  fermé 23 déc. au 3 janv. – SC : ☲ 20 – **32 ch** 245/256.

🏨 **La Dauphine** Ⓜ sans rest, 30 r. 1ᵉ Armée ⅌P 36.26.61, Télex 880766 – 🛗 📺 ⌂wc 🚿wc ☎ ⟷. ⟷ 🄰🄴 ⓪ 𝘝𝘐𝘚𝘈
  CY **a**
  fermé 23 déc. au 2 janv. – SC : ☲ 19 – **45 ch** 240/250.

🏨 **Bristol**, 4 pl. Gare ⅌P 32.00.83, Télex 890317 – 🛗 ▭ rest 📺 ⌂wc 🚿wc ☎. ⟷ 🄰🄴 ⓪ 𝘝𝘐𝘚𝘈
  BV **m**
  SC : **R** (fermé dim. du 15 oct. au 31 mars) 90/150 ⅊ – ☲ 25 – **40 ch** 120/250.

🏨 **Hannong** sans rest, 15 r. 22-Novembre ⅌P 32.16.22, Télex 890551 – 🛗 📺 ⌂wc 🚿wc ☎ ⅊ – 🛠 50. 🄰🄴 ⓪ 🄴 𝘝𝘐𝘚𝘈
  BV **f**
  SC : ☲ 20 – **70 ch** 190/304.

🏨 **Europe** sans rest, 38 r. Fossé-des-Tanneurs ⅌P 32.17.88, Télex 890220 – 🛗 📺 ⌂wc 🚿wc ☎ ⅊. ⟷ 🄰🄴 ⓪ 𝘝𝘐𝘚𝘈
  BX **g**
  SC : ☲ 16 – **60 ch** 88/220.

🏨 **Gutenberg** sans rest, 31 r. Serruriers ☎ 32.17.15 — 🛗 ⛉wc 🕌| 🕭. 🖭🗲. CX **k**
fermé 1er au 15 janv. — SC : ⛉ 16 – **50 ch** 85/175.

🏨 **Princes** sans rest, 33 r. Geiler ☎ 61.55.19 — 🛗 📺 ⛉wc 🕌wc 🕭. 🖭🗲 DV **n**
SC : ⛉ 16 – **43 ch** 155/185.

🏨 **Orangerie** sans rest, 58 allée Robertsau ☎ 35.10.69 — 🛗 📺 ⛉wc 🕭. 🖭🗲 VISA
SC : ⛉ 15 – **25 ch** 100/200. DU **a**

🏨 **Ibis,** 1 pl. Halles ☎ 22.14.99, Télex 880399 — 🛗 📺 ⛉wc — 🚿 50. 🖭🗲 E VISA
SC : **R** carte environ 65 🍷 – 🛏 18 – **97 ch** 205. BV **d**

🏨 **Vendôme** sans rest, 9 pl. Gare ☎ 32.45.23 — 🛗 ⛉wc 🕌wc ☎. 🖭🗲 AE ⓞ
SC : ⛉ 14 – **48 ch** 120/180. BV **b**

🏨 **Pax,** 24 r. Fg-National ☎ 32.14.54, Télex 880506 — 🛗 ⛉wc 🕌wc ☎ – 🚿 25 à 80. BVX **u**
🖭🗲
SC : **R** *(fermé dim. de nov. à mars)* 50/112 🍷 – ⛉ 17 – **110 ch** 57/172.

🏨 **National,** 13 pl. Gare ☎ 32.35.09, Télex 890070 — 🛗 ⛉wc 🕌wc 🕭. 🖭🗲 AE ⓞ E
VISA BV **q**
SC : **R** snack 40/62 🍷 – ⛉ 14 – **87 ch** 90/159 – P 170/185.

🏨 **Lutétia** sans rest, 2 r. Gén.-Rapp ☎ 35.20.45 — 🛗 ⛉wc 🕌wc ☎. 🖭🗲 CU **a**
SC : ⛉ 16,50 – **43 ch** 58/175.

XXXX ✿✿ **Crocodile** (Jung), 10 r. Outre ☎ 32.13.02 — ▦. AE ⓞ. ✄ CV **x**
fermé 10 juil. au 8 août, 24 déc. au 1er janv., dim. et lundi — SC : **R** 160 et carte
Spéc. Caille confite, Damier de sandre et saumon, Filet de boeuf en croûte. **Vins** Riesling, Pinot blanc.

XXX ✿ **Buerehiesel** (Westermann), dans le parc de l'Orangerie ☎ 61.62.24, « Belle demeure alsacienne dans le parc » – ⓟ. AE ⓞ EU **a**
fermé 11 au 24 août, 27 déc. au 5 janv., vacances de fév., mardi soir et merc. — SC : **R** 140/240 🍷
Spéc. Terrine de lapereau au foie gras et fenouil, Escalope de bar, Salmis de pigeon au bourgogne. **Vins** Tokay, Muscat.

XXX ✿ **Valentin-Sorg** (14e ét.), 6 pl. Homme-de-Fer ☎ 32.12.16, ≤ Strasbourg — AE
ⓞ VISA BV **r**
fermé 15 au 31 août, 15 au 28 fév., dim. soir et mardi — SC : **R** 160/200
Spéc. Foie d'oie chaud, Fricassée de lotte au basilic, Crêpes au kirsch. **Vins** Riquewihr, Tokay.

XXX ✿ **Maison Kammerzell,** 16 pl. Cathédrale ☎ 32.42.14, « Belle maison alsacienne du 16e s. » – AE E VISA CX **e**
SC : **Leo Schnug** *(rez-de-chaussée)* fermé vend. du 1er oct.au 31 mai **R** 125 bc/105 🍷
les étages *(fermé vend.)* **R** 135/195
Spéc. Turbotin en croûte, Choucroute marinière, Gâteau d'anniversaire. **Vins** Sylvaner, Edelzwicker.

XXX **Maison des Tanneurs dite "Gerwerstub",** 42 r. Bain-aux-Plantes ☎ 32.79.70, « Vieille maison alsacienne, au bord de l'Ill » – AE ⓞ BX **t**
fermé 27 juin au 7 juil., 22 déc. au 24 janv., dim. et lundi — SC : **R** 130 bc.

XXX **La Volière,** 1 av. Gén.-de-Gaulle ☎ 61.05.79 — ▦. AE ⓞ VISA DX **n**
fermé 15 juil. au 15 août, sam. midi et dim. — SC : **R** 100/190.

XX **Zimmer,** 8 r. Temple-Neuf ☎ 32.35.01 — ▦ CV **y**
fermé août, sam. et dim. — SC : **R** 120 bc/170 bc.

XX **Gourmet sans Chiqué,** 15 r. Ste-Barbe ☎ 32.04.07, Décor alsacien – AE ⓞ VISA
SC : **R** 100/140. CX **b**

XX ✿ **La Table Gourmande** (Reix), 43 rte Gén.-de-Gaulle ✉ 67300 Schiltigheim ☎
83.61.67 — ▦. AE ⓞ VISA BT **k**
fermé fin juil. à mi-août, 24 déc. au 2 janv., lundi midi et dim. — SC : **R** 80 bc/100
Spéc. Feuilleté chaud de tourteaux à l'oseille, Aiguillettes de canard, Table des gourmandises.

XX **Muller's,** 10 pl. Marché aux Cochons de lait ☎ 32.01.53 — ▦. ✄ CX **d**
fermé 30 mai au 26 juin, 30 janv. au 26 fév., lundi soir et mardi — SC : **R** carte 100 à 160.

XX **L'Arsenal,** 11 r. Abreuvoir ☎ 35.03.69 — VISA CX **m**
fermé 15 juil. au 15 août, 15 au 31 janv., sam. et dim. — SC : **R** (nombre de couverts limités - prévenir) carte 110 à 130 🍷.

XX **Buffet Gare,** pl. Gare (1er étage) ☎ 32.68.28 — AE ⓞ E BV
SC : **R** 45/95 🍷.

X **A l'Ancienne Douane,** 6 r. Douane ☎ 32.42.19, « Terrasse au bord de l'eau »
SC : **R** 37/80 🍷. CX **v**

X **Strissel,** pl. Grande-Boucherie ☎ 32.14.73, Rest.-dégustation de vins, cadre rustique – ▦. ✄ CX **a**
fermé en juil., vacances de fév., dim. soir et lundi — SC : **R** 32/65 🍷.

au pont de l'Europe :

🏨 **P.L.M. Motel du Pont de l'Europe** Ⓜ ⚓, ☎ 61.03.23, Télex 870833 — 📺 ☎
ⓟ – 🚿 100 à 400. AE ⓞ E VISA GR **s**
SC : **R** 43/85 🍷 – ⛉ 19 – **90 ch** 195/250, 3 appartements 320.

à Cronenbourg NO : 2 km par D 31 – ✉ 67200 Strasbourg :

XX **Rolling,** 127 rte Mittelhausbergen ☎ 30.33.88 – ⓟ. AE ⓞ VISA FQ **k**
fermé 19 au 31 juil., dim. soir et lundi — SC : **R** 98/180 🍷.

STRASBOURG
AGGLOMÉRATION

1 km

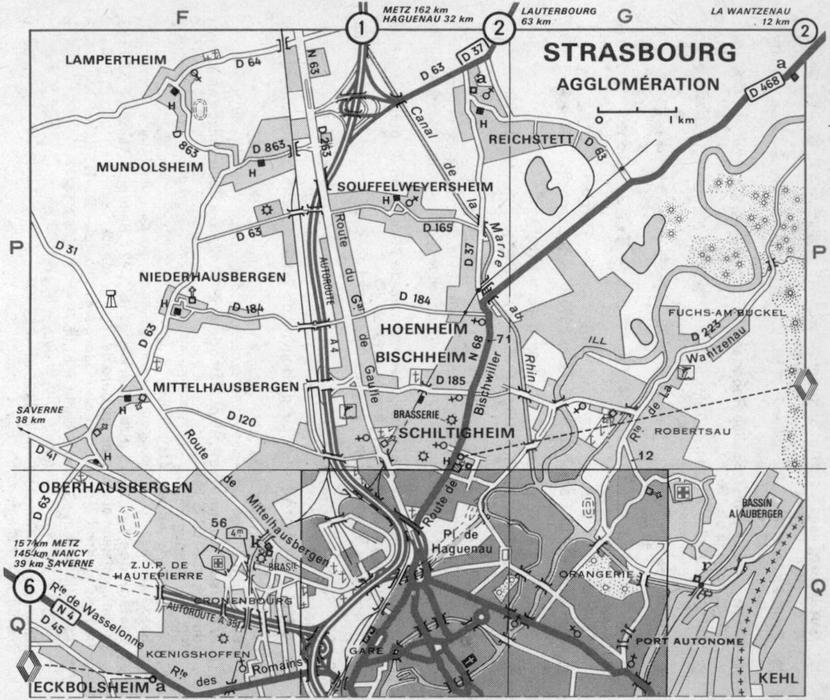

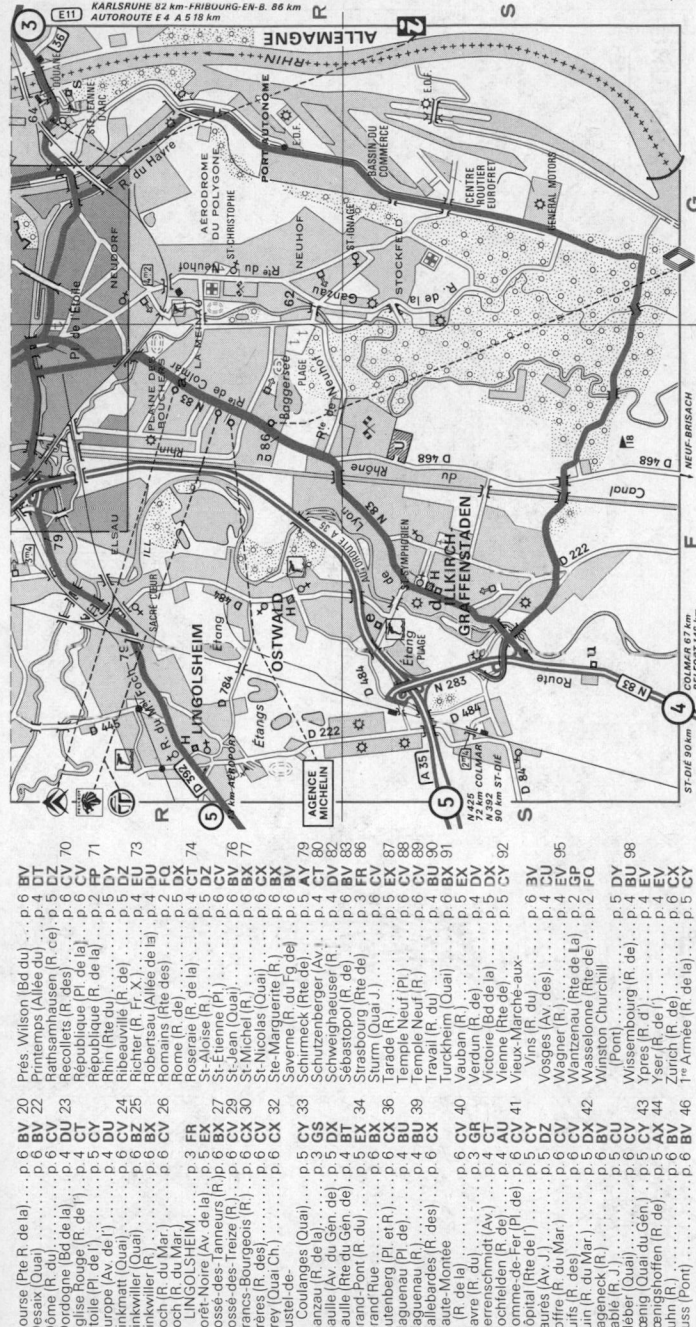

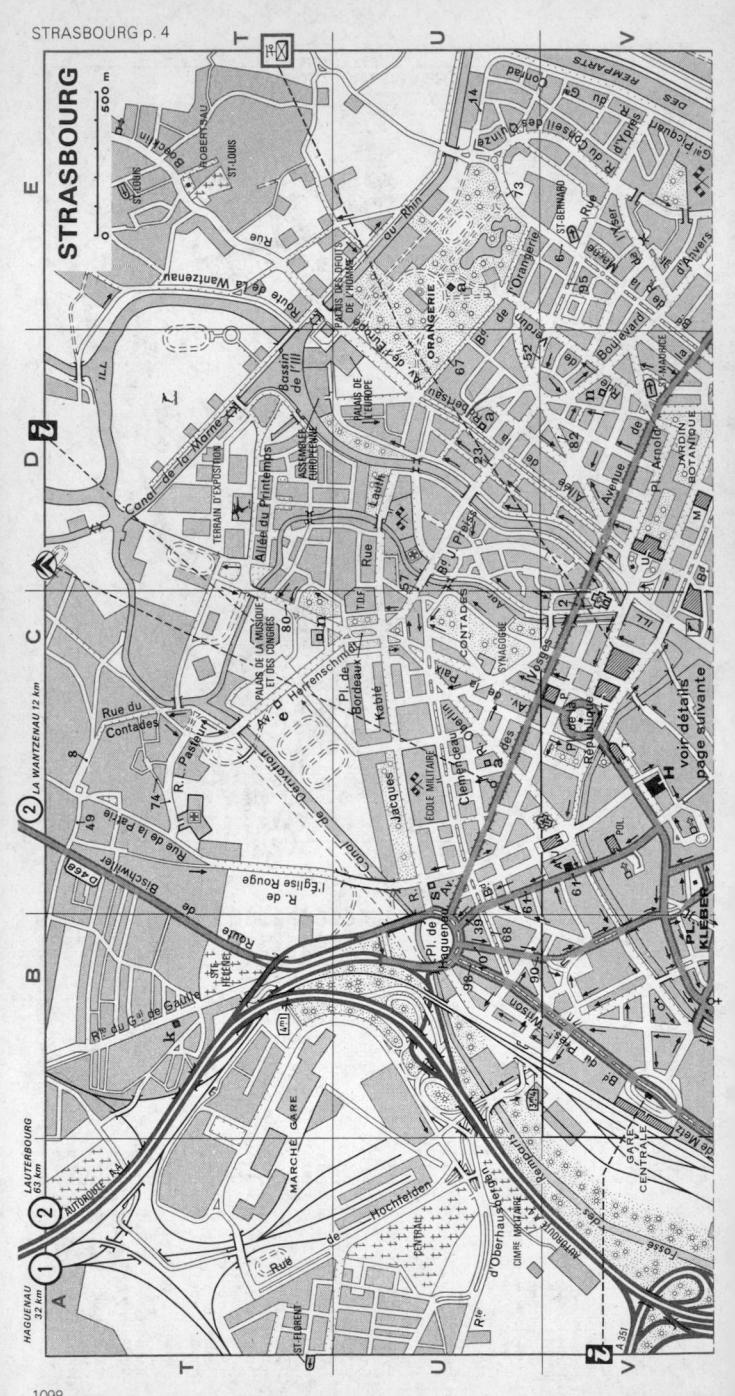

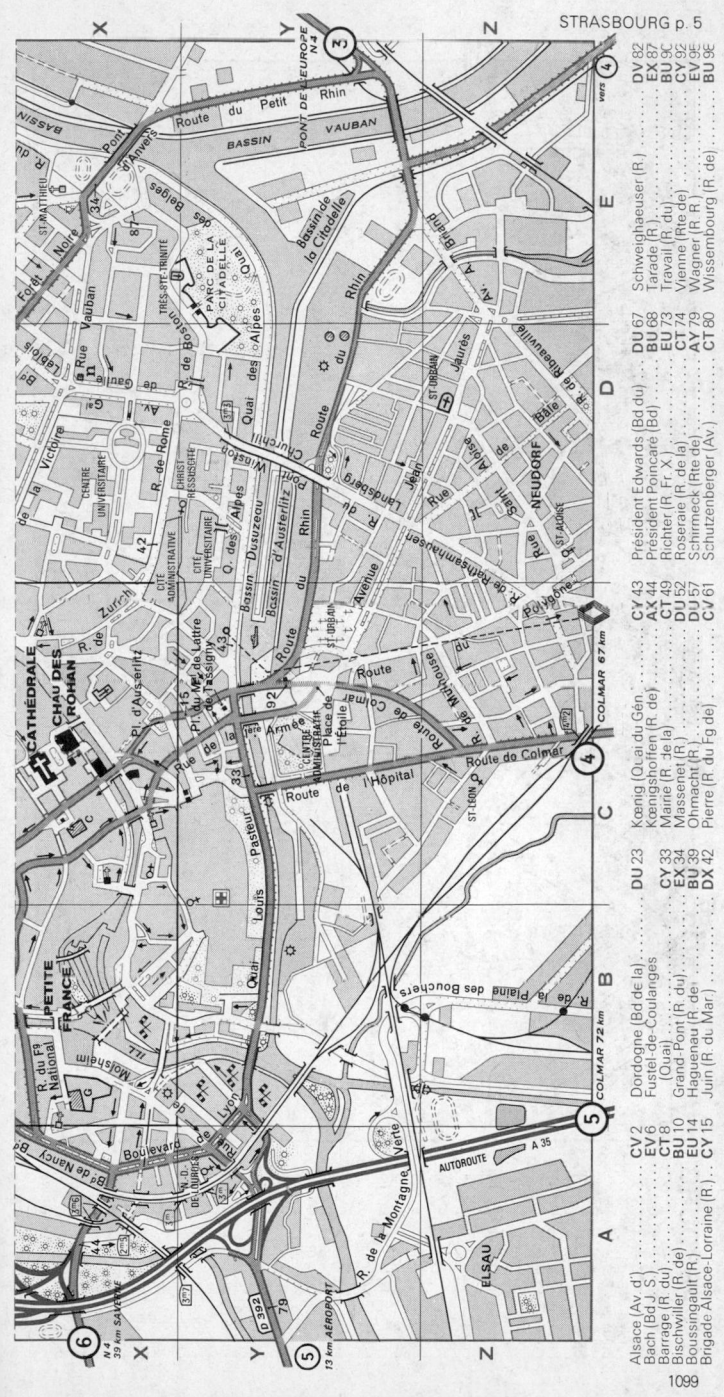

1099

STRASBOURG

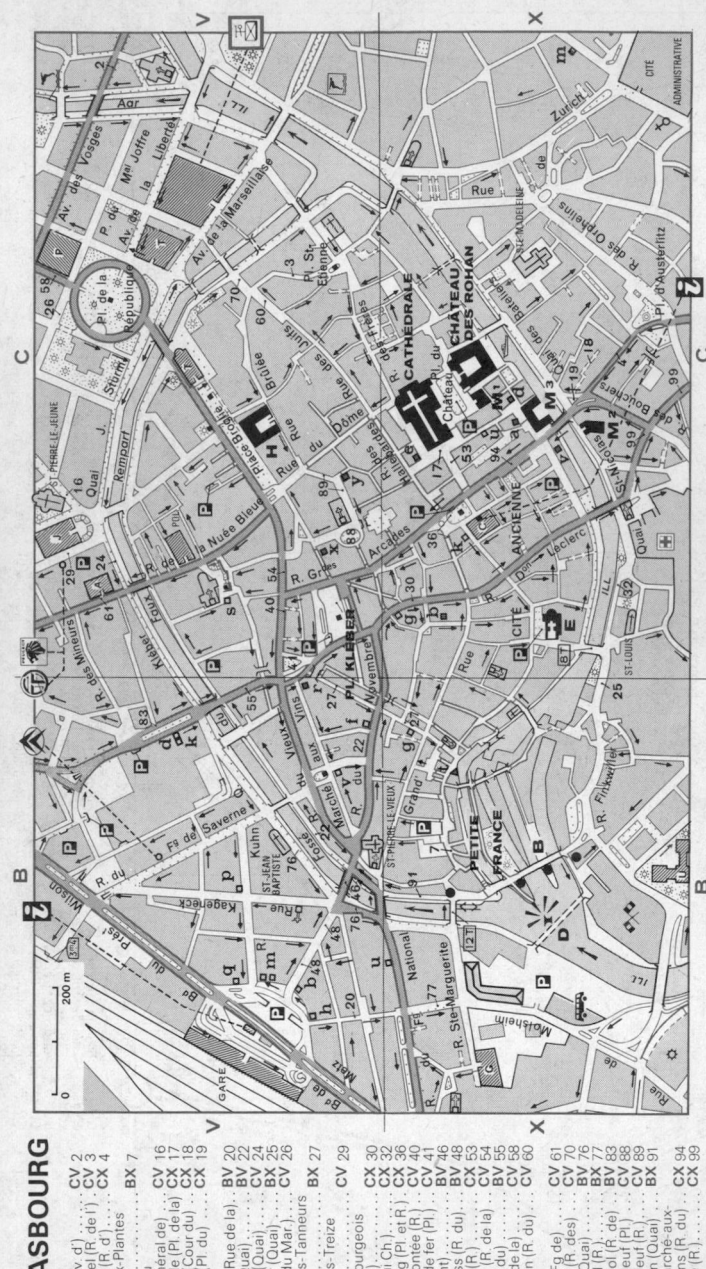

1100

à Reichstett : 7 km par D 63 - FP - 4 433 h. - ⊠ 67116 Reichstett :

🏠 **Aigle d'Or** sans rest, ⌧ 20.07.87 - ➡️wc 🏠wc 🏦. 🖭 ⓞ 𝚅𝙸𝚂𝙰   FP **a**
SC : ⌧ 20 - **18 ch** 150/200.

à Illkirch-Graffenstaden 8 km - FS - ⊠ 67400 Illkirch-Graffenstaden :

🏨 **Alsace** Ⓜ, 187 rte Lyon ⌧ 66.41.60 - 🛗 ➡️wc ☎ ⓟ - 🔏 60. 🖭 ⧉🖨 𝚅𝙸𝚂𝙰   FS **d**
➡ *fermé 24 déc. au 2 janv. - SC : **R** (fermé sam. midi et dim.)* 35/94 ⅊ - ⌧ 15 - **40 ch** 168/180 - P 235/290.

rte Hoerd : 10 km par D 64 FP :

XX **Aub. de la Forêt** avec ch, à l'Est sur D 64 rte de Hoerd ⊠ 67550 Vendenheim ⌧ 20.01.15 - 🏠 ⓟ 🖨🖨. 🕸 ch
➡ *fermé 15 au 31 août - SC : **R** (fermé lundi)* 44/110 ⅊ - ⌧ 12 - **10 ch** 80/100 - P 100/110.

près de l'échangeur de Colmar A 35 10 km - FS - ⊠ 67400 Illkirch-Graffenstaden :

🏨 **Novotel** Ⓜ, ⌧ 66.21.56, Télex 890142, ⅃, 🏊, 🌳 - 🖭 rest 📺 ☎ 🚻 ⓟ - 🔏 25 à 200. 🖭 ⓞ 𝚅𝙸𝚂𝙰   FS **u**
R snack carte environ 85 - ⌧ 29 - **74 ch** 265/294.

🏨 **Mercure** Ⓜ, ⌧ 66.03.00, Télex 890277, ⅃, - 🛗 📺 ☎ 🚻 ⓟ - 🔏 200. 🖭 ⓞ 🅴 𝚅𝙸𝚂𝙰   FS **e**
R carte environ 90 - ⌧ 25 - **95 ch** 255/290.

à La Wantzenau NE du plan par D 468 - 4 216 h. - ⊠ 67610 La Wantzenau :

🏠 **A la Gare** sans rest, 32 r. Gare ⌧ 96.63.44 - ➡️wc 🏠wc ☎ ⓟ. 🖨🖨. 🕸
*fermé 18 juil. au 11 août - SC : 🍽 15 - **19 ch** 92/130.*

XXX ⊛ **A la Barrière** (Aeby), 3 rte Strasbourg ⌧ 96.20.23 - ⓟ. 🖭 ⓞ 𝚅𝙸𝚂𝙰
*fermé 17 août au 9 sept., vacances de fév., merc. soir et jeudi - SC : **R** (dim. prévenir)* carte 155 à 195
Spéc. Foie gras d'oie, Blanc de turbotin braisé, Rognons et ris de veau. **Vins** Riesling, Kaefferkopf.

XX ⊛ **Au Moulin** (Clauss) avec ch, S : 1,5 km par D 468 ⌧ 96.27.83, « Jardin fleuri » - ➡️wc 🏠wc ☎ ⓟ. 🖭 🅴 ⓞ 𝚅𝙸𝚂𝙰   GP **a**
SC : **R** *(fermé 29 juin au 25 juil., 9 au 24 janv., jeudi, dim. et fêtes le soir)* 100/150 - ⌧ 22 - **19 ch** 138/210
Spéc. Foie gras maison, Matelote au vin blanc (15 juin-15 avril), Poussin "Mère Clauss". **Vins** Tokay, Pinot noir.

XX ⊛ **Zimmer**, r. Héros ⌧ 96.62.08 - ⓟ. 🖭 ⓞ 𝚅𝙸𝚂𝙰
*fermé 1er au 22 août, dim. soir et lundi - SC : **R** 70/150 ⅊*
Spéc. Foie d'oie aux reinettes (sept. à avril), Matelote au Riesling, Fricassée de lotte au cerfeuil. **Vins** Pinot noir, Edelzwicker.

XX **J. Schaeffer** (ex Soleil), 1 quai Bâteliers ⌧ 96.20.29 - ⓟ. 🖭 ⓞ. 🕸
*fermé 18 juil. au 2 août, dim. soir et lundi - **R** 82/135 ⅊.*

à Ittenheim par ⑥ : 12,5 km - ⊠ 67370 Truchtersheim :

🏠 **Au Boeuf**, ⌧ 69.01.42, 🌳 - ➡️wc 🏠wc ☎ ⓟ. 🕸 ch
➡ *fermé 15 juin au 5 juil., 19 déc. au 24 janv. et lundi - SC : **R** 30/76 ⅊ - 🍽 9,50 - **14 ch** 120 - P 150.*

MICHELIN, Agence régionale, 9 r. Livio, Strasbourg-Meinau FR ⌧ 39.39.40

ALFA ROMEO, AUTOBIANCHI, LANCIA Gar. des Boulevards 2 r. du Rhin Napoléon ⌧ 61.18.86

BMW Gd Gar. du Building, 24 r. Fossé-des-Tanneurs ⌧ 32.31.21

CITROEN Succursale, 200 rte de Colmar FR a ⌧ 39.99.10 Ⓝ ⌧ 39.25.70

CITROEN Gar. Astoria, 46 av. des Vosges CU ⌧ 35.27.04

CITROEN Herberich, 30 r. fg-Saverne BV ⌧ 32.69.35

DATSUN, VOLVO Albert-Auto., 48 rte de l'Hôpital ⌧ 34.29.51

FIAT Gar. des Halles, 60 r. du Marché gare ⌧ 28.26.10

MERCEDES-BENZ Select-Station Service, 1 b pl. Haguenau ⌧ 23.10.50

OPEL Général Tourisme Auto, 19 r. Saglio ⌧ 79.07.01

PEUGEOT-TALBOT SCA Strasbourg Nord, 15 r. Fossé-des-Treize CV ⌧ 32.43.00 Ⓝ

PEUGEOT-TALBOT SCA Strasbourg Sud. 270 rte de Colmar FR ⌧ 79.46.46

RENAULT Succursale, 3 quai du Gén.-Koenig CY ⌧ 36.22.84

RENAULT Finck, 201 rte des Romains FQ a ⌧ 30.20.39

V A G Gd Gar. du Polygone. 25 rte de Colmar ⌧ 34.31.33

🛞 Pneus et Services D.K, 75 av. des Vosges ⌧ 35.16.10 et 15 r. de Marlenheim ⌧ 22.08.35

Kautzmann, 8 bd Poincaré ⌧ 32.42.04, 15 r. Vauban ⌧ 39.99.20 et 280 rte de Colmar ⌧ 39.99.20

Letzelter, 8 r. de la Schwanau ⌧ 34.25.80

Louis, 24 r. du Mar.-Lefebvre ⌧ 39.02.93

Metzger, 34 r. du fg de Pierre ⌧ 32.39.20

Vulca-Moderne, 7 av. J.-Jaurès ⌧ 34.05.10

Périphérie et environs

ALFA-ROMEO Gar. T.T.A., 8 r. Le-Nôtre à Mittelhausbergen ⌧ 56.04.88

LANCIA-AUTOBIANCHI, PORSCHE-MITSU-BISHI Gar. Hess, 46 rte de Brumath à Souffelweyersheim ⌧ 20.90.90

RENAULT Succursale, 4 rte de Strasbourg à Illkirch Graffenstaden FR ⌧ 39.99.85

RENAULT Gar. Simon, 1 r. des Pompiers à Schiltigheim FP ⌧ 33.62.22

V.A.G. Gd Gar. du Polygone, N 83 à Illkirch-Graffenstaden ⌧ 66.66.99 33 rte de Brumat à Hoenheim ⌧ 83.76.40

🛞 Metzger, 121 r. Gén.-Leclerc à Ostwald ⌧ 30.22.72

Pneus Accessoires Distribution, ZI. Sud 30 r. J. Jacquart à Illkirch ⌧ 66.21.30

Pneus et Services D.K, 2 rte de Strasbourg à Illkirch-Graffenstaden ⌧ 39.21.10

Vulcastra, 58 rte de Brumath à Souffelweyersheim ⌧ 20.22.75

SUBLIGNY 89 Yonne **61** ⑭ – rattaché à Sens.

SUC-AU-MAY 19 Corrèze **72** ⑲ G. Périgord – Voir ❄️ ★★★.

SUCÉ-SUR-ERDRE 44 Loire-Atl. **63** ⑰ – rattaché à Nantes.

SUCY-EN-BRIE 94 Val-de-Marne **61** ①. **101** ㉘ – voir à Paris, Proche banlieue.

SULLY (Château de) ★★ 71 S.-et-L. **69** ⑧ G. Bourgogne.

SULLY-SUR-LOIRE 45600 Loiret **65** ① G. Châteaux de la Loire – 5 876 h. alt. 119 – ❄️ 38 –
Voir Château★ : charpente★★. – 🅰 🏤 36.52.08 par ⑥ : 4 km.
🅱 Office de Tourisme pl. Gén.-de-Gaulle (fermé dim. et fêtes) 🏤 36.32.21.
Paris 155 ① – Bourges 82 ④ – Gien 23 ③ – Montargis 40 ① – ◆Orléans 42 ⑥ – Vierzon 80 ⑤.

SULLY-SUR-LOIRE

Grand-Sully (R. du)	6
Porte-de-Sologne (R.)	12
Champ-de-Foire (Bd du)	2
Chemin de Fer (R. du)	3
Collégiale St-Ythier (🡒)	B
Épinettes (R.)	5
Jeanne-d'Arc (Bd)	7
Marronniers (Rue des)	9
Porte-Berry (R.)	10
St-François (R. du Fg)	15
St-Germain (R. du Fg)	16
St-Germain (🡒)	E

*Les principales voies
commerçantes figurent en
rouge au début de la liste
des rues des plans de villes.*

🏨 **Poste,** r. Fg St-Germain **(e)** 🏤 36.26.22, 🛋 – 🚿wc ☎ 🚗 🅿 🚐 🅰🅴 🅴 💳
  fermé vac. scol. de fév. – SC : **R** 64/176 🍷 – 🍽 18 – **27 ch** 67/155 – P 195/263.

🏨 **Pont de Sologne,** r. Porte-de-Sologne **(a)** 🏤 36.26.34 – 🚿wc 🅿 🚐 ①
  fermé 23 déc. au 7 janv. – SC : **R** 59/135 🍷 – 🍽 14 – **25 ch** 53/150 – P 165/240.

🏨🏨🏨 **Host. Grand Sully** avec ch, bd Champ-de-Foire **(u)** 🏤 36.27.56, 🛋 – 📺 🚿wc
  🅿 🚗 🅿 🚐 💳
  fermé 7 déc. au 15 janv. et merc. sauf fériés et juil.-août – SC : **R** 60/160 – 🍽 21 –
  12 ch 77/165.

🏨🏨 **Esplanade** avec ch, pl. Pilier **(r)** 🏤 36.20.83 – 💳 🍽 ch
  fermé fév., mardi soir et merc. – SC : **R** 66/126 – 🍽 18 – **5 ch** 70/105.

PEUGEOT, TALBOT Vergnes par ⑥ 🏤 36.54.56

SUPER-BESSE 63 P.-de-D. **73** ⑬ – rattaché à Besse-en-Chandesse.

SUPER-LIORAN 15 Cantal **76** ③ – rattaché au Lioran.

SUPER-SAUZE 04 Alpes-de-H.-Pr **81** ⑧ – rattaché à Barcelonnette.

Le SUQUET 06 Alpes-Mar. **84** ⑲. **195** ⑯ – alt. 400 – ✉ **06450** Lantosque – ❄️ 93.
Paris 881 – Levens 17 – ◆Nice 45 – Puget-Théniers 48 – Roquebillière 10 – St-Martin-Vésubie 20.

🏨 **Aub. Bon Puits** [M], 🏤 03.17.65, 🛋 – 🍽📺 ch 📺 🚿wc 🚗 🚙 150
  fermé janv., fév. et mardi hors sais. – SC : **R** 52/75 – 🍽 15 – **10 ch** 120/180 – P
  180/200.

SURGÈRES 17700 Char.-Mar. **71** ③ G. Côte de l'Atlantique – 6 501 h. alt. 24 – ❄️ 46.
Voir Église N.-Dame★.
🅱 Syndicat d'Initiative pl. Martyrs de la Résistance (1ᵉʳ juin-30 sept. et fermé dim.).
Paris 440 – Luçon 61 – Niort 34 – Rochefort 26 – La Rochelle 34 – St-Jean-d'Angély 29.

🏨 **Ronsard,** pl. Château 🏤 07.00.63 – 🚿 🔔 🚗 🍽 ch
◆ *fermé 15 au 31 juil. et sam. hors sais. –* SC : **R** 48/110 – 🍽 13 – **11 ch** 70/120.

🏨 **Trois Piliers et rest. St-Gilles,** 8 av. Libération 🏤 07.22.76 – 🚿 🔔 ☎ 🚐 🅰🅴
◆ ① 🅴 💳 🍽 rest
  fermé 1ᵉʳ au 15 oct. et 24 déc. au 10 janv. – SC : **R** *(fermé dim. soir et lundi hors*
  sais.) 50/90 🍷 – 🍽 16,50 – **18 ch** 60/100 – P 120/140.

CITROEN Dupont, rte La Rochelle ☎ 07.01.71
PEUGEOT TALBOT Glénaud, 1 rte de Niort ☎ 07.01.16
RENAULT Boisseau, 12 av. St-Pierre ☎ 07.00.47

⊚ Woodman-Pneus, 4 r. Tonnay-Boutonne ☎ 07.11.03

SURVILLIERS-ST-WITZ 95470 Val-d'Oise 🔟 ⑪, 🔟🔟🔟 ⑧ – 2 741 h. alt. 140 – ⭐ 3.
Paris 35 – Chantilly 14 – Lagny 32 – Luzarches 10 – Meaux 37 – Pontoise 40 – Senlis 14.

🏨 **Novotel** Ⓜ 🏖, sur D 16 par échangeur A1 Survilliers ☎ 468.69.80, Télex 695910, ⌿ – 🍴 rest 📺 ☎ 🅿 – 🔬 25 à 300. 🅰🅴 ⑩ 𝖵𝖨𝖲𝖠
R carte environ 85 – ⇆ 29 – **79 ch** 268/297.

🏨 **Mercure** Ⓜ 🏖, près échangeur A1 ☎ 471.92.03, Télex 695917, ⌿ – 🛗 🍴 rest 📺 ☎ ♿ 🅿 – 🔬 25 à 200. 🅰🅴 ⑩ 🅴 𝖵𝖨𝖲𝖠
R carte environ 90 – ⇆ 25 – **114 ch** 250/277.

CITROEN Gar. de la Liberté, 12 r. de la Liberté ☎ 471.40.54

SUZE-LA-ROUSSE 26130 Drôme 🔟🔟 ② G. Provence – 1 201 h. alt. 129 – ⭐ 75.
Paris 646 – Bollène 7 – Nyons 28 – Orange 17 – Valence 80.

🏨 **Relais du Château** Ⓜ 🏖, ☎ 04.87.07, ≤, ⌿, 🌴, 🎾, ✳ – 🛗 🛏wc 🅿 🅴 𝖵𝖨𝖲𝖠. ✾
fermé 17 déc. au 15 janv. – SC : R 48/110 ⅃ – ⇆ 18 – **20 ch** 135/175 – P 400/450 (pour 2 pers.).

TAHITI (Plage de) 83 Var 🔟🔟 ⑰⑱ – rattaché à St-Tropez.

TAILLECOURT 25 Doubs 🔟🔟 ⑧ – rattaché à Audincourt.

☛ *Le pastiglie numerate delle piante di città ①, ②, ③*
sono riportate anche sulle carte stradali Michelin in scala 1/200 000.
Questi riferimenti, comuni nella guida e nella carta stradale,
facilitano il passaggio da una pubblicazione all'altra.

TAIN-TOURNON 🔟🔟 ①② G. Vallée du Rhône.
Voir Corniche du Rhône*** par ④.
🛈 voir à Tain-l'Hermitage et à Tournon.
Paris 550 ② – ♦Grenoble 99 ② – Le Puy 106 ⑤ – ♦St-Étienne 75 ① – Valence 18 ② – Vienne 59 ②.

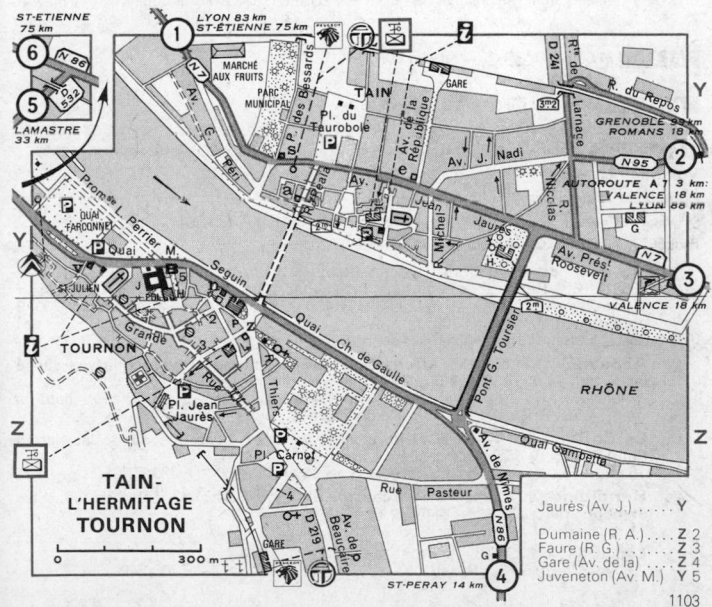

TAIN-L'HERMITAGE TOURNON

Jaurès (Av. J.) ..... Y

Dumaine (R. A.) .... Z 2
Faure (R. G.) .... Z 3
Gare (Av. de la) .... Z 4
Juveneton (Av. M.) Y 5

Tain-l'Hermitage 26600 Drôme – 5 569 h. alt. 124 – ✦ 75.

🛈 Syndicat d'Initiative pl. Église (fermé matin hors sais et dim.) ☏ 08.06.81.

🏨 **Commerce,** 1 av. République ☏ 08.65.00, Télex 345573 – 🔲 ch 📺 ⇌wc 🗋wc
🕾 ⚓ 🅿 – 🔬 50. 🖼 🖾 ⓐ 🅴 *VISA*
Y e
fermé 15 nov. au 15 déc. – SC : **R** 70/195 – � 17 – **28 ch** 180/210 – P 250/260.

🏨 **Deux Côteaux** sans rest, 18 r. J.-Péala ☏ 08.33.01 – ⇌wc 🗋 🕾 🚗. 🖼
fermé 5 au 20 nov., 5 au 20 fév. et dim. du 1er nov. au 1er avril – SC : ⊻ 14 – **22 ch**
70/183.
Y a

✗ **Grappe d'Or,** 13 av. Jean-Jaurès ☏ 08.28.52, 🌤
Y s
◆ *fermé fév. et lundi* – SC : **R** 50/130 🍷.

route de Romans par ② : 4 km – ✉ 26600 Tain-l'Hermitage :

🏨 **L'Abricotine** 🅼, ☏ 08.42.00, ≤, 🍴 – ⇌wc 🕿 🅿. 🖼 🅴 *VISA*. ✿ rest
◆ *fermé 20 nov. au 6 déc. et dim. du 1er nov. au 1er mars* – SC : **R** (dîner seul.) 40/45 –
⊻ 15 – **9 ch** 144.

PEUGEOT, TALBOT Buffière-Bonnet, ☏ 08.   🄰 Tournaire-Pneus, ☏ 08.28.97
29.71

Tournon 🆂 07300 Ardèche 🈯 ① – 9 555 h. alt. 123 – ✦ 75.

Voir Terrasses★ du château Y B.

🛈 Syndicat d'Initiative pl. St-Julien (début mai-30 sept. et fermé dim.) ☏ 08.10.23 et à la
Mairie (fermé sam. et dim.) ☏ 08.10.65.

🏨 **Paris,** pl. Lycée ☏ 08.01.11, Télex 345156 – 🛗 📺 ⇌wc 🗋wc 🕾 🚗 🖼 ⓐ ⓓ
VISA
Z z
fermé dim. – SC : **R** voir rest. du Château – ⊻ 17 – **22 ch** 110/220.

✗✗ **Château** avec ch, 12 quai M.-Seguin ☏ 08.60.22, Télex 345156 – ⇌wc 🕾 🚗 –
🔬 40. 🖼 🖾 ⓐ ⓓ 🅴 *VISA*
Y n
fermé 1er au 15 nov., vac. scolaires fév., sam. et dim. – SC : **R** 70/200 – ⊻ 17 – **7 ch**
110/200.

✗ **Chaumière** avec ch, 76 quai Farconnet ☏ 08.07.78, 🌤, « Cadre rustique » –
🗋wc 🕾 🖼 🖾 ⓐ ⓓ *VISA*
Y v
12 mars-1er nov. et fermé lundi soir et mardi hors sais. – SC : **R** 70/130 – ⊻ 20 –
10 ch 95/165 – P 165/185.

route de Lamastre par ⑤ : 3,5 km – ✉ 07300 Tournon :

🏨 **Le Manoir** sans rest, ☏ 08.20.31, ≤, 🏊 – ⇌wc 🕾 🚗. *VISA*
15 mars-30 sept. – SC : ⊻ 14 – **10 ch** 80/130.

CITROEN Gélibert, quai Farconnet ☏ 08.01.33   PEUGEOT, TALBOT Fournier, r. V.-d'Indy ☏
08.11.22

TALANT 21 Côte-d'Or 🔠 ⑫ – rattaché à Dijon.

TALENCE 33 Gironde 🔠 ⑨ – rattaché à Bordeaux.

TALLOIRES 74 H.-Savoie 🔠 ⑥ G. Alpes – 809 h. alt. 447 – ✉ 74290 Veyrier-du-Lac – ✦ 50.
Voir Site★★★ – Site★★ de l'Ermitage St-Germain★ E : 4 km.

📷 du lac d'Annecy ☏ 60.12.89, NO : 1 km.

🛈 Office de Tourisme pl. Mairie (fermé sam. et dim. hors saison) ☏ 60.70.64.

Paris 562 – Albertville 33 – Annecy 13 – Megève 48.

🏰 ✿✿ **Aub. du Père Bise** (François Bise) 🅼 🌭, bord du lac ☏ 60.72.01, Télex
385812, ≤, « Repas sous l'ombrage, face au lac, parc » – 📺 🕾 👍 🅿. 🖼 ⓓ *VISA*
5 mai-21 nov. et 5 fév.-20 avril – SC : **R** 400 et carte – ⊻ 45 – **15 ch** 350/700, 9
appartements – P 750/1 100
Spéc. Moussette de truite, Truite Princesse, St-Pierre au sauvignon.

🏰 **Abbaye** 🌭, ☏ 67.40.88, « Terrasse et jardin ombragés avec belle vue sur le
lac », 🍴 – 🕾 🅿 🖼 ⓓ 🅴 *VISA*. ✿ rest
*hôtel ouvert du 1er mai au 15 oct. ; rest. fermé avril, 15 oct. au 30 nov., mardi et
merc.* – SC : **R** 150/180 – ⊻ 25 – **34 ch** 200/540 – P 380/520.

🏰 **Le Cottage** 🅼 🌭, ☏ 60.71.10, « De la terrasse, belle vue sur le lac, jardin
fleuri » – 🛗 🅿 🖼 ⓓ. ✿
15 mars-15 oct. – SC : **R** 115/250 – ⊻ 35 – **36 ch** 175/460 – P 330/520.

🏰 **Hermitage** 🅼 🌭, chemin de la cascade d'Angon ☏ 60.71.17, Télex 385196, ≤ lac
et monts, parc, 🏊, ✗ – 🛗 📺 🕾 🅿 – 🔬 40. 🖼 🅴. ✿
1er mars-31 oct. – SC : **R** 95/175 – **37 ch** ⊻ 190/290 – P 270/302.

🏰 **Lac** 🅼 🌭, ☏ 60.71.08, 🏊, 🍴 – 🛗 🕾 🅿 🖼 ⓓ *VISA*
20 mai-30 sept. – SC : **R** 100/115 – ⊻ 23 – **45 ch** 200/340 – P 260/340.

🏠 **Beau Site** 🐾, ☎ 60.71.04, ≤, « Dans un parc au bord du lac », 🐾, ℘ – 🛏wc
🛆wc ☎ ℗. 🖭 🖭 VISA. 🕱 rest
20 mai-30 sept. – SC : **R** 90/100 – 🗕 22 – **38 ch** 150/250 – P 190/290.

🏠 **Manoir-Bellevue**, ☎ 60.73.73, ≤, 🗬 – 🛏wc 🛆wc ☎ ℗. 🖭 ⓞ
fermé merc. – SC : **R** 85/160 – 🗕 20 – **13 ch** 190/205 – P 245/255.

🏠 **La Charpenterie**, ☎ 60.70.47 – 🛏wc ☎ ℗. 🖭 🖭
26 mars-15 oct. – SC : **R** (fermé mardi sauf juil.-août) 70/138 – 🗕 18 – **16 ch**
100/170 – P 160/205.

🏠 **Villa Tranquille** 🐾, ☎ 60.70.43, 🗬 – 🛏wc 🛆 ☎ ℗. 🕱 rest
1er juin-18 sept. – SC : **R** 60/80 – 🗕 14 – **19 ch** 120/140 – P 166/190.

🍴🍴 **Villa des Fleurs** 🐾 avec ch, ☎ 60.71.14, 🗬 – 🛏wc ☎ ℗. 🖭 ⓞ E VISA
fermé 4 janv. au 5 mars, dim. soir et lundi sauf juil.-août – SC : **R** 78/160 – 🗕 25 –
8 ch 140/170.

à Angon S : 2 km par D 909A – ⊠ **74290** Veyrier-du-Lac :

🏠 **Les Grillons** 🐾, ☎ 60.70.31, ≤, 🗬 – 🛏wc 🖭 ℗. 🖭 🖭. 🕱 rest
1er avril-4 nov. – SC : **R** 80/100 – 🗕 20 – **30 ch** 100/180 – P 150/210.

🏠 **La Bartavelle** sans rest, ☎ 60.70.68 – 🛆. 🕱
15 mai-15 sept. – SC : 🗕 13 – **8 ch** 65/90.

TALMONT 17 Char.-Mar. 🗎 ⑮ G. Côte de l'Atlantique – 92 h. alt. 23 – ⊠ **17120** Cozes –
🌼 46.

Voir Site★ de l'église Ste-Radegonde★.

Paris 517 – Blaye 76 – La Rochelle 88 – Royan 16 – Saintes 35.

🍴🍴 **L'Estuaire** avec ch, au Caillaud ☎ 90.73.85, ≤, 🗬 – 🛆 ℗. 🕱 ch
1er avril-1er nov., fermé mardi soir et merc. sauf juil.-août – SC : **R** 56/130 – 🗕 12,50
– **7 ch** 74/110 – P 125/155.

LA TAMARISSIÈRE 34 Hérault 🗎🗎 ⑮ – rattaché à Agde.

TAMNIÈS 24 Dordogne 🗎🗎 ⑰ – 282 h. alt. 193 – ⊠ **24620** Les Eyzies-de-Tayac – 🌼 53.

Paris 539 – Brive-la-Gaillarde 51 – Les Eyzies-de-Tayac 14 – Périgueux 59 – Sarlat-la-Canéda 15.

🏠 **Laborderie** 🐾, ☎ 29.68.59, ≤, 🗬 – 🛏wc 🛆wc 🖭 ℗. 🖭 E. 🕱
🍴 15 mars-15 nov. – SC : **R** 50/140 – 🗕 18 – **26 ch** 115/185 – P 150/220.

TANCARVILLE (Pont routier de) ★ 76 S.-Mar. 🗎🗎 ④ G. Normandie – 1 275 h. alt. 48 –
⊠ **76430** St-Romain-de-Colbosc – 🌼 35.

Voir ≤★ sur estuaire.

Péage : auto 4 à 9 F (conducteur et passagers compris), remorque 2,50 F, moto 1 F,
cyclomoteur 0,50 F, camion de 6,50 à 23 F, gratuit pour piétons et vélos.

Du centre du pont : Paris 175 – ◆Caen 77 – ◆Le Havre 29 – Pont-Audemer 19 – ◆Rouen 59.

à Tancarville-Écluse – ⊠ **76430** St-Romain-de-Colbosc :

🍴🍴 **Marine** avec ch, au pied du pont D 982 ☎ 39.77.15, ≤ pont, 🗬 – 🛏wc 🛆 ☎ ℗.
VISA 🕱 ch
fermé 15 août au début sept., fin janv. à fin fév., dim. soir et lundi – SC : **R** 115
bc/250 – 🍽 17 – **9 ch** 85/125.

TANINGES 74440 H.-Savoie 🗎🗎 ⑦ G. Alpes – 2 434 h. alt. 640 – 🌼 50.

🗎 Syndicat d'Initiative av. Thézières (fermé matin, sam. hors saison et dim.) ☎ 34.25.05.

Paris 585 – Annecy 74 – Bonneville 25 – Chamonix 52 – ◆Genève 55 – Megève 38 – Morzine 19.

🍴🍴 **La Crémaillère**, à Flérier SO : 1 km ☎ 34.21.98, 🗬 – ℗. VISA
🍴 fermé 2 au 15 janv., dim. soir et merc. – SC : **R** 45/100, dîner à la carte.

PEUGEOT-TALBOT   Gar. Anthonioz, ☎ 90.   gar. Klipfel, ☎ 90.22.27
20.45
RENAULT Gar. Delfante, ☎ 90.20.71

TANTONVILLE 54116 M.-et-M. 🗎🗎 ⑤ – 634 h. alt. 302 – 🌼 8.

Voir Château d'Haroué★ E : 3,5 km.

Env. Signal de Vaudémont 🔆★★ (monument à Barrès) SO : 10 km, G. Vosges.

Paris 401 – Épinal 46 – ◆Nancy 28 – Vittel 43.

TANUS 81 Tarn 🗎🗎 ⑪ – 623 h. alt. 440 – ⊠ **81190** Mirandol-Bourgnounac – 🌼 63.

Paris 655 – Albi 32 – Millau 89 – Rodez 46 – St-Affrique 73.

🍴🍴 **Voyageurs** avec ch, ☎ 76.30.06, 🗬 – 🛆wc ☎ 🖭. 🕱 ch
🍴 fermé 15 oct. au 15 nov. et vend. sauf juil. et août – SC : **R** 50/135 – 🗕 15 – **17 ch**
100/120 – P 120/150.

1105

TAPONAS 69 Rhône 74 ⑩ – rattaché à Belleville.

TARARE 69170 Rhône 73 ⑨ **G. Vallée du Rhône** – 12 188 h. alt. 375 – ☎ 74.

ℹ Office de Tourisme (fermé dim. et lundi) pl. Madeleine ☎ 63.06.65.

Paris 468 ① – ♦Lyon 43 ① – Montbrison 60 ② – Roanne 43 ③ – Villefranche-sur-Saône 32 ①.

TARARE

Janisson (Pl.) 9
Pêcherie (R.) 15

Baronnat (R.) 2
Boucher-de-Perthes (R.) 3
Cornil (R.) 4
Croizat (Pl. Ambroise) 5
Dolet (R. E.) 6
Gaulle (Av. Ch. de) 7
Herriot (Av. E.) 8
Jaurès (Av. Jean) 10
Lamartine (Bd) 12
Liberté (Av. de la) 13
Montagny (R.) 14
Radisson (R.) 16
République (Pl. de la) 18
République (R. de la) 19
Serroux (R.) 23
Verdun (R. de) 25

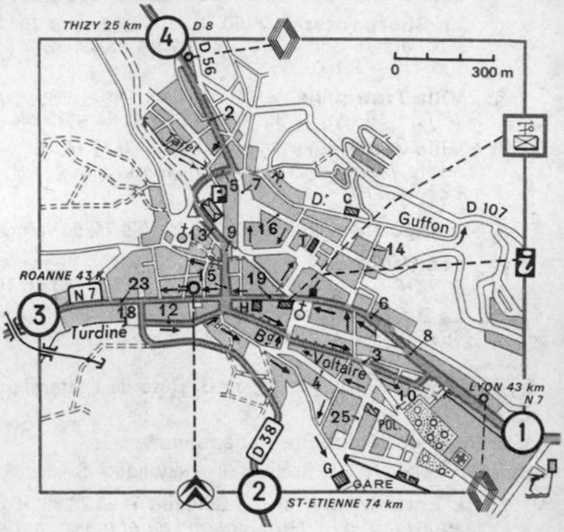

Mère Paul, par ③ : 2 km ☎ 63.14.57 – ⇔wc ☎ Ⓟ.
fermé sept., vacances de fév., mardi soir et merc. – SC : **R** 35/100 – ☕ 12 – **14 ch** 90/140.

Jean Brouilly, 3 ter r. Paris par ③ ☎ 63.24.56 – Ⓟ. AE VISA
fermé 1er au 23 août, vacances de fév., dim. et lundi – SC : **R** 55/180

*à **Pontcharra-sur-Turdine*** par ① : 5,5 km – ✉ **69490** Pontcharra-sur-Turdine :

France, ☎ 63.72.97 – ⋒wc ☎ Ⓟ. AE E VISA. ch
fermé nov. et merc. d'oct. à juin – SC : **R** 47/120 – ☕ 18 – **11 ch** 105/180 – P 125/165.

Bains, sur D 33 ☎ 63.71.09
fermé 28 janv. au 28 fév. et mardi – SC : **R** 43/63.

CITROEN Central Gar., 28 r. République ☎ 63.06.10
FORD Beylier, 17 r. Serroux ☎ 63.05.41 N
OPEL Duperray, 14 av. Ed.-Herriot ☎ 63.03.66
PEUGEOT-TALBOT Dubois, N 7 par ① ☎ 63.03.80
RENAULT Laurent, rte Valsonne ☎ 63.04.07
RENAULT Gar. Vericel, 46 av. Ed. Herriot ☎ 63.15.92
V.A.G. Gar. du Viaduc 33 rte de Paris ☎ 63.06.04

TARASCON 13150 B.-du-R. 81 ⑪ **G. Provence** – 10 665 h. alt. 9 – ☎ 90.

Voir Château★★ : ✻★★ A – Église Ste-Marthe★ A **B**.

ℹ Office de Tourisme av. République (fermé après-midi hors sais. et dim.) ☎ 91.03.52.

Paris 711 ⑥ – Arles 18 ③ – Avignon 23 ① – ♦Marseille 107 ② – Nîmes 26 ⑤.

Plan page ci-contre

Provençal Bis M sans rest, 7 av. Victor-Hugo ☎ 91.06.43 – ⇔wc ☎. VISA. B **r**
SC : ☕ 18 – **11 ch** 160/250.

St-Jean, 24 bd Victor-Hugo ☎ 91.13.87 – ⇔wc ⋒wc ☎. AE E VISA. B **q**
fermé 15 déc. au 15 janv. – SC : **R** *(fermé merc. hors sais.)* 50/120 – ☕ 16,50 – **12 ch** 135/160 – P 190/200.

Terminus, pl. Colonel-Berrurier ☎ 91.18.95, – ⇔wc ⋒wc ☎. E A **n**
fermé mi janv. à mi fév. – SC : **R** *(fermé merc.)* 38/65 – ☕ 14 – **24 ch** 60/130 – P 110/190.

CITROEN Gar. Chabas, 8 bd Gambetta ☎ 91.12.71 N ☎ 91.15.55
PEUGEOT TALBOT Barthélémy, 13 bd V.-Hugo ☎ 91.00.71
RENAULT Rostain, 59 bd Itam ☎ 91.00.38

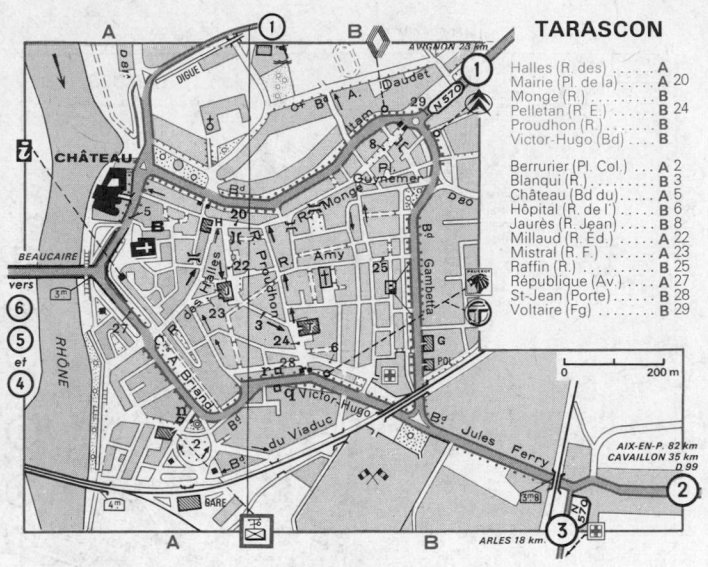

TARASCON

TARASCON-SUR-ARIÈGE 09400 Ariège 86 ④⑤ G. Pyrénées – 4 167 h. alt. 474 – ✪ 61.

Voir Grotte de Niaux✶✶ (dessins préhistoriques) S : 4 km.

🛈 Syndicat d'Initiative à la Mairie (fermé sam. et dim.) ☏ 64.64.00 et av. V.-Pilhes (1ᵉʳ juil.-15 sept., fermé dim. après-midi et lundi matin) ☏ 64.63.46.

Paris 808 – Ax-les-Thermes 26 – Foix 16 – Lavelanet 29.

🏨 **Host. Poste,** av. V.-Pilhes ☏ 05.60.41, 😋, 🐟, 🖈 – ⏃wc 🛏 ☎. 🖼 ஊ ⓞ
SC : **R** 52/85 – ☎ 13 – **30 ch** 80/160.

🏨 **Confort** sans rest, 3 quai A.-Sylvestre ☏ 05.61.90 – ⏃wc 🛏wc ⓟ
fermé vacances scolaires de Noël, sam. soir et dim. du 1ᵉʳ oct. au 30 juin – SC : ☲
13,50 – **14 ch** 85/150.

CITROEN Gar. du Stade, ☏ 05.89.20
PEUGEOT, TALBOT Comelera et Spadotti, ☏
64.61.11

RENAULT Fernandez, ☏ 64.60.59

TARBES ℗ 65000 H.-Pyr. 85 ⑧ G. Pyrénées – 57 765 h. alt. 304 – ✪ 62.

Voir Jardin✶ et Musée Massey (musée international des Hussards✶ BX **M**).

🛫 de Tarbes - Ossun - Lourdes ☏ 34.42.22 par ⑥ : 9 km.

🚃 ☏ 93.56.22.

🛈 Syndicat d'Initiative pl. Verdun (fermé dim.) ☏ 93.36.02 - A.C. 01. E.-Ténot ☏ 03.14.23.

Paris 805 ① – ✦Bordeaux 210 ① – Lourdes 19 ⑥ – Pau 40 ⑦ – ✦Toulouse 154 ④.

Plan page suivante

🏨 **Président** M, rte Lourdes ☏ 93.98.40, Télex 530522, ≼, 😋, 🏊, – 🕴 ▤ rest 📺 ☎
→ ⓟ – 🔬 35 à 120. ஊ ⓞ ⒠ 🆅🆂🅰 🍽 rest   AZ **s**
SC : **Le Toit de Bigorre** (fermé sam.) **R** 70/140 - **Grill-Cintra R** 50 bc – ☲ 22 – **57 ch**
200/280.

🏨 **Concorde** M, par ⑥ : 3 km sur rte Lourdes ⊠ 65310 Laloubère ☏ 93.51.18, 😋 –
→ 🕴 📺 ☎ ⓟ. ஊ ⓞ ⒠ 🆅🆂🅰
SC : **R** 50/100 – ☲ 14 – **42 ch** 130/230 – P 180/220.

🏨 **Foch** M sans rest, 18 pl. Verdun ☏ 93.71.58 – 🕴 📺 ☎ 🕩 ⓟ. ஊ 🆅🆂🅰   AY **e**
fermé 10 au 31 juil., 23 au 31 déc. et dim. soir – SC : ☲ 17 – **30 ch** 150/210.

🏨 **Henri IV** sans rest, 7 av. B.-Barère ☏ 34.01.68 – 🕴 ⏃wc 🛏wc ☎. 🖼 ஊ ⓞ 🆅🆂🅰
SC : ☲ 15 – **24 ch** 106/190.   AY **k**

🏨 **Normandie** sans rest, 33 r. Massey ☏ 93.08.47 – ⏃wc 🛏wc ⓟ. 🖼 ஊ ⓞ
🆅🆂🅰   AX **b**
SC : ☲ 14 – **21 ch** 80/170.

🏨 **Terminus,** 42 av. Joffre ☏ 93.00.33 – ⏃wc 🛏 ☎. 🖼 🍽 ch   AX **n**
→ SC : **R** (fermé sept. et sam.) 43/72 🍷 – ☲ 15 – **32 ch** 79/132 – P 175/230.

tourner →

TARBES

BORDEAUX 210 km
AIRE-SUR-L'ADOUR 69 km

ARSENAL

JARDIN MASSEY

AUCH 73 km N 21

SAMATAN 91 km D 632

LUCHON 69 km

N 117

19 km LOURDES
50 km CAUTERETS
71 km GAVARNIE

BAGNÈRES-DE-
BIGORRE 21 km

Foch (R. Mar.)	**BY**	Gambetta (Cours)	**AY**	7
Fourcade (R. André)	**BXY**	Jaurès (Pl. Jean)	**BY**	8
Larcher (R. Jean)	**BY**	Jubinal (R.A.)	**BX**	9
Pyrénées (R. des)	**AY** 26	Laforgue (Av. J.)	**AZ**	12
Ramond (R.)	**AY** 27	Lassalle (R. Georges)	**AY**	13
Verdun (Pl. de)	**AY** 30	Leclerc (Allées Gén.)	**AZ**	15
		Marcadieu (Pl.)	**CY**	17
		Massey (R.)	**AY**	18
Abbé-Torné (R.)	**AY** 2	Mousis (Pl. François)	**CY**	25
Adour (Quai de l')	**CZ** 3	Régt-de-Bigorre (Av. du)	**AY**	28
Brauhauban (R.)	**BY** 4	Ste-Thérèse (Pl.)	**BY**	29
Clemenceau (R. G.)	**BY** 5	4-Septembre (R. du)	**BZ**	32
Cronstadt (R.)	**AZ** 6			

🏨 **Martinet** sans rest, 13 bd Martinet ☏ 37.96.30 – 🛁wc ☎ 🅿 🏧 VISA CY **q**
SC : ⌼ 12,50 – **24 ch** 60/145.

🏨 **Béarn Bigorre** sans rest, 6 bis av. Marne ☏ 93.23.23 – 🛗 📺 🛁wc 🛁wc ☎ 🚗 CY **a**
🏧 AE E VISA ⚙
SC : ⌼ 16 – **38 ch** 70/160.

🏨 Marne sans rest, 4 av. Marne ☏ 93.03.64 – 🛁wc 🛁wc ☎ 🚗 – **26 ch**. CY **s**

🏨 **Campanile**, par ⑥ 4 km sur rte de Lourdes ⊠ 65310 Laloubère ☏ 93.83.20 – 📺
🛁wc ☎ 🅿 – 🔬 40. VISA
– SC : **R** 55 bc/80 bc – ⚊ 20 – **42 ch** 173.

🏨 **Family H.** sans rest, 64 r. Victor-Hugo ☏ 93.02.33 – 🛁wc 🛁wc 🚗 🏧 VISA AX **d**
SC : ⌼ 11 – **21 ch** 68/128.

🍴🍴 **Toup' Ty**, 86 av. B.-Barère ☏ 93.32.08 AX **x**
→ fermé 10 juil. au 10 août et lundi – SC : **R** 47/110 🍷.

🍴🍴 **L'Isard** avec ch, 70 av. Mar.-Joffre ☏ 93.06.69, 🍴, 🐎 – 🏧 ⚙ AX **f**
→ SC : **R** (fermé sam. midi et dim. soir) 40/130 – ⚊ 11 – **7 ch** 70.

🍴 **Buffet Gare**, ☏ 93.16.22 – ⏲ E AX
→ SC : **R** 45/86 🍷.

par ② : 9 km – ⊠ 65800 Aureilhan :

🏨 **Ferme St-Ferréol** ⑤, ☏ 36.22.15, €, parc, 🍴, « Dans un domaine agricole »
→ – 🛁wc 🛁wc 🚗 🛗 🅿 – 🔬 100. 🏧 AE ⏲ VISA
SC : **R** (fermé vend. soir et dim. soir hors sais.) 20/110 – ⚊ 12 – **21 ch** 75/165 – P
162/187.

par ⑥ : 4 km :

🏨 **L'Aragon**, N 21 ⊠ 65290 Juillan ☏ 93.99.33, 🍴 – 🛁wc 🛎 🚗 🅿 🏧 ⏲ VISA
→ fermé 15 nov. au 8 déc. et 12 fév. au 1er mars – SC : **R** (fermé lundi du 1er oct. au 1er
juil.) 45/110 – ⚊ 13 – **14 ch** 105/135 – P 140/152.

à l'Aéroport par ⑥ : 9 km – ⊠ 65290 Juillan :

☆☆☆ **Caravelle,** ↗ 34.59.96, ≤ Pyrénées – 🍽 🅿. 🗚 ⑩ 𝘝𝘐𝘚𝘈
fermé 5 au 27 janv. et lundi – SC : **R** 95/180.

par ⑦ : 6 km rte de Pau – ⊠ 65420 Ibos :

🏤 **La Chaumière du Bois** Ⓜ, ↗ 31.03.51, parc, 🏡, ⤵ – 🖵 ➡wc ☎ 🅿. 🚗🏱 🗚
← 𝘝𝘐𝘚𝘈
fermé 12 au 18 avril, 5 au 20 sept., 20 déc. au 7 janv. – SC : **R** *(fermé lundi)* 50/150 ⚱
– ⊊ 20 – **11 ch** 170/200.

MICHELIN, Agence, chemin de l'Abattoir AX ↗ 36.53.87

DATSUN Raoux Bd Kennedy ↗ 93.28.97
FIAT Auto 65, 7 r. Corps-Francs Pommies ↗ 93.21.11
LANCIA-AUTOBIANCHI Ros, N 117 Lotissement Garounère ↗ 93.03.39
RENAULT Pyrénées Véhicules, Rte de Bordeaux à Bordères-sur-l'Echez par ① ↗ 37.64.02 Ⓝ ↗ 37.18.72

V.A.G. Gar. Tolsan, rte de Pau ↗ 34.35.83

🅖 Central-Pneu, 1 bd Mar.-de-Lattre-de-Tassigny ↗ 34.74.96
Comptoir du Pneu, 10 r. Clément ↗ 34.52.01
Dours, 13 bis cours de Reffye ↗ 93.01.84
Labazuy-Pneus, 6 r. Destarac ↗ 36.58.20

Périphérie et environs

ALFA-ROMEO Continental-Motors, 18 rte Lourdes à Odos ↗ 34.28.60
BMW Tarbes-Auto, rte de Pau à Ibos ↗ 34.38.45
CITROEN Vinches, 28 rte de Lourdes à Odos par ⑥ ↗ 93.94.95 Ⓝ ↗ 37.18.72
FORD Gar. Pomiers, 137 rte de Toulouse à Semeac ↗ 37.96.76
OPEL Auto 2000, 51 rte de Vic à Bordères-sur-l'Echez ↗ 36.69.15

PEUGEOT, TALBOT Benoît, rte de Pau à Ibos par ⑦ ↗ 34.53.90
PEUGEOT, TALBOT C.-Fabre, rte de Toulouse à Séméac par ④ ↗ 37.18.74
RENAULT Pyrénées-Autom., rte de Lourdes à Odos par ⑥ ↗ 34.38.83

🅖 Germa, 2 av. des Sports à Aureilhan ↗ 36.61.52

TARDETS-SORHOLUS 64470 Pyr.-Atl. 🎱🎱 ⑤ – 818 h. alt. 216 – ✪ 59.

🎗 Syndicat d'Initiative Immeuble administratif (1ᵉʳ juil.-31 août et fermé dim.) ↗ 28.50.26.

Paris 830 – Mauléon-Licharre 13 – Oloron-Ste-Marie 27 – Pau 60 – St-Jean-Pied-de-Port 53.

🏠 **Gave,** ↗ 28.53.67, ≤, 🦐 – cuisinette ➡wc 🛏wc 🕿 🅿. E 𝘝𝘐𝘚𝘈. ❄ rest
← *1ᵉʳ mars-13 nov. et fermé lundi hors sais.* SC : **R** 40/110 – ⊊ 18 – **12 ch** 85/190 –
P 145/200.

☆☆ **Pont d'Abense** ⑊ avec ch, à Abense de Haut ↗ 28.54.60, 🦐 – ➡wc 🅿. ❄
← *fermé 15 nov. au 1ᵉʳ janv. et vend. hors sais.* – SC : **R** 40/100 ⚱ – ⊊ 12 – **12 ch**
80/170 – P 130/170.

TARGASSONNE 66 Pyr.-Or. 🎱🎱 ⑯ – rattaché à Font-Romeu.

TARN (Gorges du) ★★★ 48 Lozère 🎱🎱 ⑤ G. Causses.

TARNAC 19 Corrèze 🎱🎱 ⑳ G. Périgord – 506 h. alt. 700 – ⊠ 19170 Bugeat – ✪ 55.

Paris 441 – Aubusson 49 – Bourganeuf 54 – Eymoutiers 24 – ✦Limoges 69 – Tulle 72 – Ussel 47.

🏠 **Voyageurs** ⑊, ↗ 95.53.12 – ➡wc 🛏wc 🚗. 🚗🏱 𝘝𝘐𝘚𝘈. ❄ rest
← *fermé 20 déc. au 31 janv., dim. soir et lundi midi du 1ᵉʳ oct. au 15 juin sauf Pâques –*
SC : **R** 40/120   ⊊ 15 – **17 ch** 74/125 – P 110/145.

TARTAS 40400 Landes 🎱🎱 ⑥ – 3 078 h. alt. 52 – ✪ 58.

Paris 726 – Arcachon 132 – ✦Bordeaux 135 – Dax 25 – Mont-de-Marsan 27 – Orthez 43 – Pau 100.

🏠 **L'Aub. à Bros,** à Bégaar O : 2 km N 124 ↗ 73.41.67 – 🛏 ➡ 🅿. ❄ ch
← *fermé 24 déc. au 21 janv., sam. soir et dim. soir* – **R** carte environ 70 – ☕ 10 –
10 ch 50/150.

PEUGEOT, TALBOT Gar. Gembert. ↗ 73.40.28

TAULÉ 29231 Finistère 🎱🎱 ⑥ – 2 425 h. alt. 90 – ✪ 98.

Paris 544 – ✦Brest 57 – Morlaix 7 – Quimper 83 – St-Pol-de-Léon 14.

🏠 **Relais des Primeurs,** à la gare N : 1,5 km ↗ 67.11.03, 🦐 – 🛏 🚗 🅿. 🚗🏱
← *fermé sept., vend. soir et sam. midi sauf juil. et août* – SC : **R** 42/120 ⚱ – ⊊ 13 –
16 ch 70/100 – P 120/140.

TAUSSAT-LES-BAINS 33148 Gironde 🎱🎱 ② – ✪ 56.

Paris 629 – Andernos-les-Bains 4,5 – Arcachon 36 – ✦Bordeaux 48.

🏠 **Plage,** ↗ 82.06.01, 🏡 – ➡wc 🛏wc 🅿. ❄ rest
← *fermé en oct., en fév. et lundi hors sais.* – **R** 65/85 – ☕ 18 – **17 ch** 120/210 – P
130/180.

TAVEL 30126 Gard 🎂 ⑪ – 1 389 h. alt. 80 – ✿ 66.

Paris 681 – Alès 67 – Avignon 14 – Nîmes 39 – Orange 20 – Pont-St-Esprit 33 – Roquemaure 8,5.

XXX ✿ **Aub. de Tavel** (Bonnevaux) [M] avec ch, ☏ 50.03.41, 🏊, – ⌂wc 🅐wc ☎ ❷ –
🄰 40. 🍴 🄰🄴 ⑩ 𝗩𝗜𝗦𝗔
    fermé fév. et lundi – SC : **R** 95/155 – ⬜ 25 – **11 ch** 185/216 – P 375/435
    Spéc. Salade de langoustines, Escalope de foie gras sauce poivrade, Caneton rôti. Vins Tavel, Lirac.

XX **Host. du Seigneur** avec ch, ☏ 50.04.26, expo. tableaux – ❷. 🐾 ch
    fermé 15 déc. au 15 janv. et jeudi hors sais. – SC : **R** 55/75 – 🍴 12 – **7 ch** 70/80 – P
    150.

TAVERS 45 Loiret 🎂 ⑧ – rattaché à Beaugency.

Le TEIL 07 Ardèche 🎂 ⑩ **G. Vallée du Rhône** – 8 362 h. alt. 73 – ✉ 07400 Le Teil-d'Ardèche –
✿ 75.

Voir Baptistère ★ de l'église de Mélos.

🅘 Office de Tourisme pl. P.-Sémard Les Sablons (fermé déc. à fév., dim. et lundi) ☏ 49.10.46.
Paris 611 – Aubenas 37 – Montélimar 6 – Privas 28.

XX **L'Ardéchois**, ☏ 49.21.39 – 𝗩𝗜𝗦𝗔
    fermé août, lundi, vend. et dim. le soir et sam. midi – SC : **R** 68/150 🍷.

X   **Coissieux**, ☏ 49.06.83 – 𝗩𝗜𝗦𝗔
    fermé en nov., vacances de fév. et lundi – SC : **R** 60/130.

Le TEILLEUL 50640 Manche 🎂 ⑨ – 1 605 h. alt. 70 – ✿ 33.

Paris 272 – Avranches 46 – Domfront 19 – Fougères 38 – Mayenne 38 – St-Lô 77.

🏨 **Clé des Champs** [M], E : 1 km sur N 176 ☏ 59.42.27 – 🅐wc ☎ ⟺ ❷ – 🄰 25.
◆ 🍴 🄰🄴 ⑩ 🄴 𝗩𝗜𝗦𝗔
    fermé 14 janv. au 11 fév. – SC : **R** 44/100 🍷 – ⬜ 17 – **20 ch** 80/175 – P 165/190.

PEUGEOT Gar. Lemonnier, ☏ 59.40.20   RENAULT Gar. Bonsens, ☏ 59.40.28 🄽 ☏ 59.
                                   42.86

TELGRUC-SUR-MER 29 Finistère 🎂 ⑭ – 1 873 h. alt. 80 – ✉ 29127 Plomodiern – ✿ 98.

🅘 Syndicat d'Initiative pl. du 3 sept. 1944 (1ᵉʳ juil.-31 août et fermé dim.) ☏ 27.78.06.
Paris 574 – Châteaulin 23 – Douarnenez 33 – Quimper 42.

XX **Aub. du Gerdann**, E : 2 km sur D 887 ☏ 27.78.67 – ❷. 🄴
    fermé 15 au 30 oct., fév., lundi soir (sauf juil. et août) et mardi – SC : **R** 55/90.

TEMPLERIE 35 I.-et-V. 🎂 ⑱ – rattaché à Fougères.

TENCE 43190 H.-Loire 🎂 ⑧ **G. Vallée du Rhône** – 2 846 h. alt. 840 – ✿ 71.

🅘 Syndicat d'Initiative 2 r. St-Agrève (1ᵉʳ juil.-31 août) ☏ 59.81.99.
Paris 573 – Le Chambon-sur-Lignon 8,5 – Lamastre 41 – Le Puy 46 – ◆St-Étienne 53 – Yssingeaux 19.

🏨 ✿ **Le Grand Hôtel** (Placide), ☏ 59.82.76, parc – ⌂wc 🅐wc ☎ ⟺. 🐾 rest
    1ᵉʳ fév.-15 nov. et fermé lundi soir et mardi hors sais. – SC : **R** 110/230 – ⬜ 23 –
    18 ch 190/250 – P 250/300
    Spéc. Pain d'écrevisses sauce cardinal, Myrtillade d'aiguillettes de canard, Gratinée de lapereau aux
    girolles. Vins St-Joseph, Crozes-Hermitage.

🏨 **Poste**, r. St-Agrève ☏ 59.82.87, 🌳 – 🅐 ☎ ⟺. 🐾 ch
◆ 1ᵉʳ avril-31 déc. et fermé lundi d'oct. à mai – SC : **R** 35/80 – ⬜ 13 – **17 ch** 60/95 – P
    110/130.

🏨 **Gouit**, pl. Chatiague ☏ 59.82.39 – 🅐
◆ avril-fin sept. et fermé dim. soir et lundi sauf juil.-août – SC : **R** 40/110 – ⬜ 11 –
    22 ch 50/80 – P 100/110.

PEUGEOT TALBOT Gar. Bachelard, ☏ 59.80.20 🄽 ☏ 59.83.30

TENDE 06430 Alpes-Mar. 🎂 ㉘ **G. Côte d'Azur** – 2 056 h. alt. 816 – ✿ 93.

Paris 1 020 – Cuneo 45 – Menton 57 – ◆Nice 83 – Sospel 40.

🏨 **Centre** sans rest, 12 pl. République ☏ 04.62.19 – 🅐wc
    fermé mardi – SC : ⬜ 14 – **17 ch** 60/95.

TENDON 88 Vosges 🎂 ⑯⑰ – 423 h. alt. 460 – ✉ 88460 Docelles – ✿ 29.

Paris 412 – Épinal 23 – Gérardmer 18 – Remiremont 24.

🏨 **Au Repos des Cascades** 🌲, ☏ 66.21.13, ≤ – cuisinette ⌂wc ☎ & ❷. 🍴
◆ 🄰🄴 ⑩ 🄴 𝗩𝗜𝗦𝗔. 🐾 rest
    SC : **R** 45/95 🍷 – ⬜ 20 – **13 ch** 140/180 – P 185/205.

TENDU 36 Indre 🎂 ⑱ – rattaché à Argenton-sur-Creuse.

TERMIGNON 73 Savoie **77** ⑧ **G. Alpes** – 341 h. alt. 1 300 – ✉ **73500** Modane – 🕿 79.
Paris 679 – Chambéry 120 – Col du Lautaret 75 – Modane 17 – St-Jean-de-Maurienne 48.

  🏨 **Doron,** ℡ 05.20.44 – 🚗 **P**. 🦌 rest
  → *20 juin-10 sept., 1ᵉʳ-10 mars et vacances scolaires* – SC : **R** 45/60 – ☲ 12 – **16 ch**
  65/80 – P 120/130.

La TERRIÈRE 85 Vendée **71** ⑪ – rattaché à La Tranche-sur-Mer.

TERTENOZ 74 H.-Savoie **74** ⑰ – rattaché à Faverges.

TESSÉ-LA-MADELEINE 61 Orne **60** ① – rattaché à Bagnoles-de-l'Orne.

La TESSOUALLE 49 M.-et-L. **67** ⑥ – rattaché à Cholet.

TESSY-SUR-VIRE 50420 Manche **54** ⑬ – 1 493 h. alt. 47 – 🕿 33.
Paris 301 – Avranches 47 – ◆Caen 61 – Granville 45 – St-Lô 18 – Villedieu-les-Poêles 25 – Vire 24.

  🏨 **France,** ℡ 56.30.01, 🐴 – 🛏️ 🚗 **P**. **E** 𝓥𝓘𝓢𝓐
  → *fermé 15 au 30 sept. et 1ᵉʳ au 15 janv.* – SC : **R** *(fermé dim. soir et lundi midi sauf*
  juil.-août) 35/75 – ☲ 12 – **12 ch** 50/77 – P 110/130.

CITROEN Burnouf, ℡ 56.30.15 **N** ℡ 56.33.13   PEUGEOT-TALBOT Dupont, ℡ 56.30.11 **N**

La TESTE 33260 Gironde **78** ②⑫ – 17 035 h. – 🕿 56.
🏌️ ℡ 22.44.00, O : 2 km.
🛈 Office de Tourisme pl. J.-Hameau (fermé dim. et lundi hors saison) ℡ 66.45.59
Paris 648 – Andernos-les-Bains 35 – Arcachon 4 – Belin-Beliet 39 – Biscarrosse 34 – ◆Bordeaux 59.

  🏨 **France** sans rest, 35 r. Port ℡ 66.27.69 – 🛏️ 🚗 🍽️. 🦌
  → *fermé 16 oct. au 7 nov.* – SC : ☲ 16 – **15 ch** 120/175.

LADA, SKODA Difauto, Jetée Est au port ℡   RENAULT Gar. de la Côte, 36 av. Gén.-de-
66.26.19   Gaulle ℡ 66.31.98
PEUGEOT, TALBOT Estrade, Zone Ind., Voie
8 ℡ 66.34.69   ⊕ Lascaray, 53 av. Gén.-de-Gaulle ℡ 66.27.22
RENAULT Arc-Auto, Zone Ind. ℡ 66.44.50
N ℡ 22.41.10

TÉTEGHEM 59 Nord **51** ④ – rattaché à Dunkerque.

Le TEULET 19 Corrèze **75** ⑳ – ✉ **19430** Mercoeur – 🕿 55.
Paris 537 – Argentat 24 – Aurillac 30.

  🏨 **Relais du Teulet,** ℡ 28.71.09 – 🦌 ch
  → *fermé sam. du 1ᵉʳ nov. à Pâques* – SC : **R** 35/48 🍷 – 🍺 8 – **10 ch** 50 – P 110.

TEYSSET 47 Lot-et-Gar. **79** ⑤ – rattaché à Ste-Livrade-sur-Lot.

THANN ◆ 68800 H.-Rhin **66** ⑨ **G. Vosges** (plan) – 8 523 h. alt. 340 – 🕿 89.
Voir Collégiale St-Thiébaut★★.
🛈 Office de Tourisme pl. Joffre (Pâques, 1ᵉʳ juin 30 sept. et fermé dim.) ℡ 37.00.43
Paris 537 – Belfort 42 – Colmar 44 – Épinal 88 – Guebwiller 23 – ◆Mulhouse 22.

PEUGEOT Jeker, 16 rte de Roderen par D 103   Boeglin, 64 rte Mulhouse, Vieux-Thann ℡ 37.
et D 35 ℡ 37.81.72   04.03

THANNENKIRCH 68 H.-Rhin **62** ⑲ **G. Vosges** – 396 h. alt. 510 – ✉ **68590** St-Hippolyte –
🕿 89.
Voir Route★ de Schaentzel (D 48 1) N : 3 km.
Paris 497 – Colmar 21 – St-Dié 39 – Sélestat 15.

  🏨 **Touring,** ℡ 73.10.01, ≤ – 🛏️wc 🛁wc 🕿 **P**. 🦌 rest
  → *15 mars-15 nov.* – SC : **R** 50/90 🍷 – ☲ 17 – **27 ch** 118/168 – P 168/202.

  🏨 **Bel-Air** 🦉, rte Haut-Koenigsbourg ℡ 73.10.05, 🐴 – 🛏️ 🛁 🍽️ **P**. 🍴
  → *Pâques-15 oct. et fermé merc.* – SC : **R** 40/130 🍷 – ☲ 13 – **9 ch** (pens. seul.) – P
  150/180.

  🏨 **Taennchel** 🦉, ℡ 73.10.15, 🐴 – 🛁wc **P**. 🦌 ch
  → *15 mars-15 nov.* – SC : **R** *(fermé lundi soir et mardi hors sais.)* 60/145 – 🍺 15 –
  15 ch 60/135 – P 135/165.

THAON 14610 Calvados **54** ⑮ **G. Normandie** – 1 028 h. alt. 29 – 🕿 31.
Voir Ancienne église★.
Paris 252 – Bayeux 20 – ◆Caen 12 – Courseulles-sur-Mer 10.

  🍴🍴 **Aub. de la Mue,** ℡ 80.01.47 – **P**
  → *fermé oct. et merc.* – SC : **R** 50/100.

CITROEN Gar. Goumault, ℡ 80.03.03 **N** ℡ 80.01.83

THAON 88 Vosges 62 ⑯ – rattaché à Épinal.

Le THEIL 15 Cantal 76 ② – rattaché à Salers.

THEIX 56 Morbihan 63 ③ – rattaché à Vannes.

THEIZE 69 Rhône 73 ⑨ – 854 h. alt. 490 – ⊠ 69620 Le Bois-d'Oingt – ✆ 74.
Paris 448 – Chauffailles 51 – ✦Lyon 34 – Tarare 23 – Villefranche-sur-Saône 12.

  🏠 **Espérance** ॐ, carrefour D 38E D 96 ☏ 71.22.26, ≤ – 🏠 – 🚗🗐
    fermé 20 sept. au 20 oct., mardi soir et merc. – SC : **R** 65/100 – ☲ 16 – **9 ch** 70/100.

RENAULT Gar. Mazallon, ☏ 70.22.40

THEL 69 Rhône 73 ⑧ – rattaché à Cours.

THÈMES 89 Yonne 61 ⑭ – ⊠ 89410 Cézy – ✆ 86.
Paris 139 – Auxerre 36 – La Celle-St-Cyr 4 – Joigny 8,5 – Montargis 50 – Sens 27.

  XX **P'tit Claridge** avec ch, ☏ 63.10.92, 🚗 – 🏠 ⓟ. **E** 𝘝𝘐𝘚𝘈
    fermé 15 janv. au 15 fév. – SC : **R** *(fermé lundi)* 52/100 ⅃ – ☲ 20 – **13 ch** 85/115 – P
    160/180.

THENISY 77 S.-et-M. 61 ③④ – 175 h. alt. 71 – ⊠ 77520 Donnemarie-Dontilly – ✆ 6.
Paris 86 – Coulommiers 42 – Melun 46 – Montereau-faut-Yonne 21 – Provins 15 – Sens 38.

  X **Aub. Fleurie,** ☏ 401.33.02 – ⓟ
    fermé 17 fév. au 2 mars et merc. – **R** *(dîner prévenir)* carte 85 à 130.

THÉOULE-SUR-MER 06590 Alpes-Mar. 84 ⑧, 195 ㉞ G. Côte d'Azur – 798 h. alt. 4 à 155 –
✆ 93.
🛈 Office de Tourisme pl. Gén.-Bertrand *(fermé nov. et dim.)* ☏ 49.97.75.
Paris 902 – Cannes 10 – Draguignan 57 – ✦Nice 41 – St-Raphaël 36.

  🏠 **Gd Hôtel** sans rest, ☏ 49.96.04 – 🏠wc 🕾 🚗, 🚗🗐
    1ᵉʳ avril-1ᵉʳ oct. – SC : ☲ 18 – **24 ch** 125/210.

  à la Galère S : 1,8 km par N 98 – ⊠ 06590 Théoule :

  🏠 ✿ **Guerguy** ''La Galère'' ॐ, ☏ 75.44.54, « Jardins en terrasses, ≤ littoral et les
    îles » – 📺 🕾 ⓟ. ✵
    1ᵉʳ fév.-15 nov. – **R** *(nombre de couverts limité - prévenir)* carte 180 à 280 – ☲ 35 –
    14 ch 400/500
    Spéc. Bourride, Langouste grillée au whisky, Filet de loup. Vins Côteaux d'Aix, Cassis.

    Voir aussi ressources hôtelières de *Miramar* S : 6 km

THÉRONDELS 12 Aveyron 76 ③ – 683 h. alt. 960 – ⊠ 12600 Mur-de-Barrez – ✆ 65.
Paris 547 – Aurillac 49 – Chaudes-Aigues 54 – Espalion 68 – Murat 59 – Rodez 88 – St-Flour 57.

  🏠 **Miquel,** ☏ 66.02.72 – 🏠wc 🏠wc ⓟ. 🚗🗐
  ➡ *fermé 3 au 17 oct. et 1ᵉʳ janv. au 1ᵉʳ fév.* – SC : **R** 35/55 – ☲ 12 – **22 ch** 50/85 – P
    90/108.

THÉSÉE 41 L.-et-Ch. 64 ⑰ G. Châteaux de la Loire – 1 099 h. alt. 68 – ⊠ 41140 Noyers-sur-Cher
– ✆ 54.
Voir Château du Gué-Péan★ N : 5 km.
Paris 216 – Blois 34 – Châteauroux 77 – Montrichard 9,5 – Romorantin-Lanthenay 40 – Vierzon 64.

  🏠 **Host. Moulin de la Renne,** ☏ 71.41.56, ≤, 🚗 – 🏠 🏠wc 🕾 ⓟ. 🚗🗐
    fermé début mars et merc. de nov. à mars – SC : **R** 53/105 – ☲ 17 –
    15 ch 72/138 – P 190/230.
  XX **La Mansio** avec ch, ☏ 71.40.07 – ⓟ
  ➡ *fermé 2 janv. à début fév., lundi soir et mardi hors sais.* – SC : **R** 40/120 ⅃ – ☲ 10 –
    9 ch 50/90 – P 90/95.

THIBERVILLE 27230 Eure 55 ⑭ – 1 508 h. alt. 169 – ✆ 32.
Paris 158 – Bernay 13 – Brionne 23 – Évreux 56 – Lisieux 17 – Orbec 16 – Pont-Audemer 27.

  🏠 **Levrette,** ☏ 43.80.22 – 🏠 ⓟ
    fermé fév., dim. soir et jeudi – SC : **R** 53/75 ⅃ – ☲ 12 – **8 ch** 60/80 – P 120.

RENAULT Gar. Leprevost, ☏ 43.93.98

THIÉBLEMONT-FARÉMONT 51 Marne 61 ⑨ – rattaché à Vitry-le-François.

THIERS ⬗ 63300 P.-de-D. **73** ⑯ G. Auvergne – 17 828 h. alt. 436 – ⓒ 73.

Voir Site★★ – Maison du Pirou★ B – Terrasse du Rempart ≼★ – Rocher de Borbes
≼★ S : 3,5 km par D 102.

🗓 Office de Tourisme pl. du Pirou (fermé dim. et fêtes) ☎ 80.10.74 et pl. Mutualité (1ᵉʳ juil.-30 sept.
et fermé lundi).

Paris 387 ③ – Bourg-en-Bresse 181 ① – Chalon-sur-Saône 232 ① – ◆Clermont-Ferrand 45 ② –
Issoire 60 ② – ◆Lyon 137 ① – Le Puy 128 ② – Roanne 59 ① – ◆St-Étienne 107 ① – Vichy 36 ③.

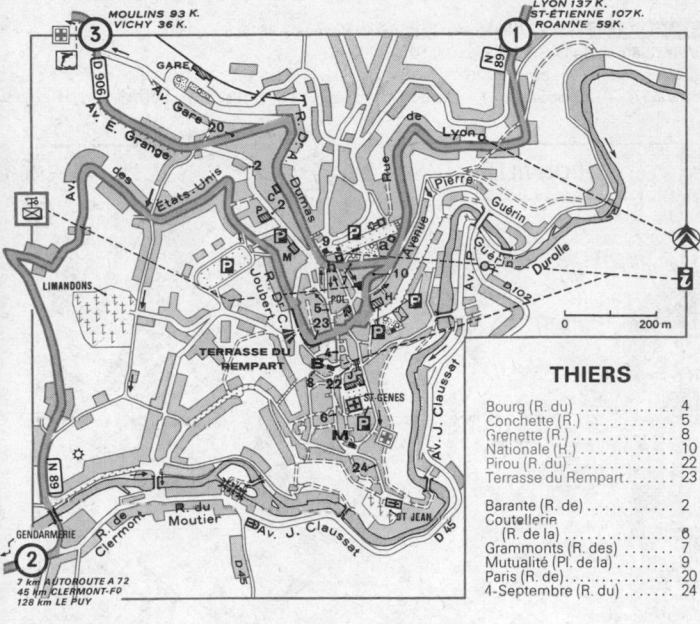

THIERS

Bourg (R. du)	4
Conchette (R.)	5
Grenette (R.)	8
Nationale (R.)	10
Pirou (R. du)	22
Terrasse du Rempart	23
Barante (R. de)	2
Coutellerie (R. de la)	6
Grammonts (R. des)	7
Mutualité (Pl. de la)	9
Paris (R. de)	20
4-Septembre (R. du)	24

🏠 **Aigle d'Or,** 8 r. Lyon (a) ☎ 80.00.50 – 🛁wc 🚿 ☎. Ε VISA. ✁
↝ fermé nov. et lundi – SC : **R** 38/66 ⅃ – ⌺ 12 – **25 ch** 43/112 – P 121/150.

🍴🍴 **Grammont,** 11 r. Grammonts (h) ☎ 80.00.27
↝ fermé 1ᵉʳ à mi mars, 1ᵉʳ à mi oct., sam. hors sais. et dim. soir – **R** 45/110 ⅃.

Voir aussi ressources hôtelières de *Pont-de-Dore* par ② : 6 km

CITROEN Sauvagnat, 90 r. de Lyon ☎ 80.03.74
PEUGEOT, TALBOT Thiers-Autom., 52 av.
L.-Lagrange par ② ☎ 80.57.54
RENAULT S.A.R.A.C. Zone Ind. du Felet par
② ☎ 80.55.10
V.A.G. Gar. Perron, 79 av. L.-Lagrange ☎ 80.
20.49

⓪ Estagor-Pneus, Zone des Molles, av.
L.-Lagrange ☎ 80.15.97
Piot-Pneu, 95 r. de Lyon ☎ 80.13.75

THIÉZAC 15450 Cantal **76** ⑫⑬ G. Auvergne – 789 h. alt. 805 – ⓒ 71.

Voir Pas de Compaing★ NE : 3 km.

Paris 519 – Aurillac 27 – Murat 24 – Vic-sur-Cère 6.

🏠 **Casteltinet,** ☎ 47.00.60 – 🚿wc ☎ **℗** 🅿 ☛ Ε VISA. ✁ rest
fermé 20 sept. au 20 déc. – SC : **R** 55/80 – ⌺ 12 – **23 ch** 100/150 – P 140/160.

🏠 **Elancèze** (annexe **Belle vallée** 🔔), ☎ 47.00.22 – 🛁wc 🚿wc ☎ **℗** 🅿 ☛ Ε
↝ SC : **R** 40/100 – ⌺ 14 – **29 ch** 70/120 – P 110/150.

🏠 **Commerce,** ☎ 47.01.67 – 🚿. ✁ rest
↝ SC : **R** 40/100 – ⌺ 12 – **35 ch** 60/75 – P 95/105.

Le THILLOT 88160 Vosges **66** ⑧ G. Vosges – 5 127 h. alt. 500 – ⓒ 29.

🗓 Syndicat d'Initiative à la Mairie (fermé sem. après-midi, dim. et lundi matin) ☎ 25.00.59.

Paris 439 – Belfort 44 – Colmar 81 – Épinal 50 – ◆Mulhouse 59 – St-Dié 63 – Vesoul 63.

🍴 **Cheval Blanc** avec ch, 17 r. Ch.-de-Gaulle ☎ 25.00.13 – 🛁wc 🚿 ☎ **℗** 🅿 ☛ ⓪
↝ Ε VISA
SC : **R** (fermé lundi midi) 44/85 ⅃ – ⚬ 15 – **13 ch** 60/140 – P 120/150.

au Menil NE : 3,5 km par D 486 – alt. 515 – ⊠ 88160 Le Thillot :

🏠 **Les Sapins,** ℡ 25.02.46, ≤, 屛 – ⌷wc 洐wc ☎ 🅿. 🚗 . 爷 rest
🛏 *fermé 12 nov. au 20 déc. –* SC : **R** 50/95 🕯 – ⊡ 15 – **21 ch** 85/130 – P 150/175.

au col des Croix SO : 4 km par D 486 – alt. 753 – ⊠ 88160 Le Thillot :

🏠 **Perce-Neige,** ℡ 25.02.63 – ⌷wc 洐wc ☎ 🅿. 🚗 AE
🛏 *fermé 15 nov. au 15 déc. –* SC : **R** 45/100 🕯 – ⊡ 15 – **16 ch** 80/140 – P 150/170.

THIONVILLE ⬧ 57100 Moselle ⑰ ③④ G. Vosges – 44 191 h. alt. 155 – 🎡 8.

Voir Château de la Grange★ par ① : 2 km.

🛈 Office de Tourisme avec A.C. 16 r. Vieux-Collège (fermé dim.) ℡ 253.33.18.

Paris 339 ④ – Luxembourg 35 ⑦ – ♦Metz 29 ④ – ♦Nancy 83 ④ – Trier 70 ② – Verdun 87 ④.

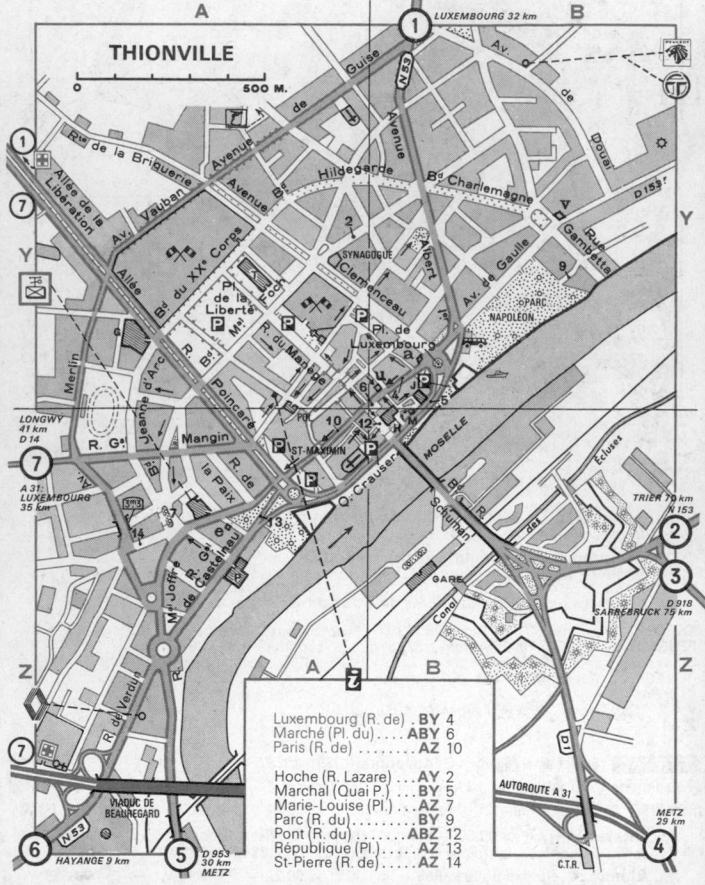

Luxembourg (R. de) . **BY** 4
Marché (Pl. du).... **ABY** 6
Paris (R. de) .... **AZ** 10

Hoche (R. Lazare) . . . **AY** 2
Marchal (Quai P.) . . **BY** 5
Marie-Louise (Pl.) . . **AZ** 7
Parc (R. du) .... **BY** 9
Pont (R. du) .... **ABZ** 12
République (Pl.) .... **BY** 13
St-Pierre (R. de) .... **AZ** 14

🏠 **Parc** sans rest, 10 pl. République ℡ 253.71.80 – 🛗 ⌷wc 洐wc ☎. 🚗 AE VISA
SC : ⊡ 14 – **42 ch** 118/165.
AZ **e**

🏠 **Aux Portes de France,** 1 pl. Gén.-Patton ℡ 253.30.01 – 🛗 ⌷wc 洐wc ☎ 🅿.
🚗 AE ① . 爷
fermé août – **R** *(fermé sam. midi et vend.)* 80 🕯 – ⊡ 16 – **22 ch** 78/165.
BY **v**

🏠 **Beffroi** sans rest, 2 r. Mersch ℡ 253.31.30 – 🛗 ⌷wc 洐wc ☎. 🚗 VISA. 爷
fermé 15 au 31 août – SC : ⊡ 13 – **24 ch** 55/143.
BY **u**

XXX **Concorde** avec ch, 6 pl. Luxembourg ℡ 253.83.18, 爻 Thionville – 🛗 TV ⌷wc
洐wc ☎. 🚗 🚗 AE E VISA. 爷 ch
BY **a**
R *(fermé août)* 120/200 – ⊡ 22 – **25 ch** 135/175.

au NO par allée de la Libération et allée Bel Air - AY : 3 km - ⊠ 57100 Thionville :

🏨 **Horizon** ⌂, 50 rte Crève-Coeur ☎ 288.53.65, ≤, 🏤 – 🛏wc 🕿 🅿 🚗🖿 🆔 ⑩
VISA
fermé 24 déc. au 14 fév. – SC : **R** *(fermé vend. et sam. midi)* 95/180 – ⊡ 25 – **10 ch**
190/360.

XX **Aub. Crève-Coeur,** ☎ 288.50.52 – 🅿 🆔 ⑩ VISA
fermé 1er au 12 août, en janv., dim. soir et lundi – SC : **R** 70/140.

à Florange par ⑤ et D 18 : 5 km – 12 446 h. – ⊠ 57190 Florange :

🏨 **Capon** sans rest, av. Lorraine ☎ 258.51.37 – 🕼 🛏wc 🕼wc 🕭 🅿 🚗🖿
SC : ⊡ 12 – **36 ch** 85/140.

AUSTIN, LANCIA-AUTOBIANCHI, ROVER
Gar. du Fort, rte de Yutz, Percée Sud ☎ 256.
11.74
CITROEN Gar. Weiland, 36 rte d'Esch-sur-
Alzette par ⑦ ☎ 288.10.15 🅽 ☎ 234.05.50
FIAT Gar. du Centre, 50 av. de Guise ☎ 253.
27.13
FORD Central Auto, 1 rte de la Digue ☎ 288.
55.48
LADA, SKODA Soval, 18 bd. R. Schumann ☎
256.18.53

PEUGEOT-TALBOT Gar. Moderne, 10 av.
Douai ☎ 253.30.08 🅽 ☎ 253.32.46
VAG Gar. Diettert, 39 av. Clemenceau ☎ 253.
26.04
VOLVO Gar. Vaillant, 18 r. de Verdun ☎ 288.
58.81

🖲 Leclerc-Pneu, boucle du Ferronnier Zone
Ind. du Linkling 2 ☎ 288.43.28

Périphérie et environs

BMW Gar. Burlet, 27 rte de Verdun à Terville
☎ 288.58.83
CITROEN Gar. Moderne, 5 r. Nationale à Flo-
range par ⑥ ☎ 258.00.71 🅽 ☎ 253.32.46
PEUGEOT-TALBOT Gar. de la Fensch, 14 r.
Verdun à Florange par ⑥ ☎ 258.46.21 🅽
RENAULT Gd Gar. de la Moselle, 25 r. de Ver-
dun à Terville ☎ 288.49.60 🅽
RENAULT Gar. Colombo, av. de Lorraine à
Florange par ⑥ ☎ 258.50.53

V.A.G. Gar. Charron, 46 b r. de Hayange à
Uckange ☎ 258.21.67
V.A.G. Gar. Diettert, 4 r. de la République à
Hettange-Grande ☎ 253.10.98 🅽
V.A.G. Gd Gar. Lorrain, 5 r. République à Knu-
tange ☎ 284.25.19

🖲 Becker, 22 rte de Metz à Florange ☎ 288.
45.45

THIRON 28480 E.-et-L. 🚳 ⑯ G. Normandie – 1 076 h. alt. 241 – ✿ 37.
Paris 132 – Chartres 41 – Châteaudun 41 – La Loupe 22 – Nogent-le-Rotrou 14 – Verneuil-sur-Avre 56.

XX **Aub. Abbaye** avec ch, r. Commerce ☎ 49.54.18, 🏤 – 🅿 VISA
→ *fermé fév., dim. soir et lundi midi* – SC : **R** 43/100 – ⊡ 22 – **10 ch** 59/82.

THIVARS 28 E.-et-L. 🚳 ⑰, 🔟🔟🔟 ㉗ – rattaché à Chartres.

THIVIERS 24800 Dordogne 🚳 ⑥ G. Périgord – 4 380 h. alt. 253 – ✿ 53.
🛈 Syndicat d'Initiative pl. Mar.-Foch (1er juin-30 sept., fermé dim. et lundi) ☎ 55.12.50.
Paris 457 – Brive-la-Gaillarde 82 – ♦Limoges 64 – Nontron 32 – Périgueux 37 – St-Yrieix-la-Perche 31.

🏨 **France et Russie** 🅼 sans rest, 51 r. Lamy ☎ 55.17.80 – 🛏wc 🕭
SC : ⊡ 20 – **11 ch** 87/185.

CITROEN Beaufils, ☎ 55.00.74
PEUGEOT, TALBOT Gar. Moderne, ☎ 55.00.46
RENAULT Gar. Joussely, ☎ 55.01.24

PEUGEOT, TALBOT Boucher, ☎ 55.00.86

🖲 Maury-Pneus, ☎ 55.17.11

THIZY 69240 Rhône 🚳 ⑧ – 4 065 h. alt. 504 – ✿ 74.
Paris 414 – Chauffailles 27 – ♦Lyon 70 – Roanne 22 – Tarare 25 – Villefranche-sur-Saône 53.

🏨 **La Musardière** ⌂, ☎ 64.03.15, ≤, 🏤 – 🛏wc 🕼 🕭 🅿 🆔 VISA
fermé 5 au 25 août et dim. soir – SC : **R** 55/120 🍷 – ⊡ 11,50 – **10 ch** 85/120 – P
150/180.

PEUGEOT-TALBOT Gar. des Promenades, ☎
64.01.42

RENAULT Flandin, à Bourg-de-Thizy ☎ 64.
05.43 🅽

THIZY 89 Yonne 🚳 ⑥⑦ – 164 h. alt. 303 – ⊠ 89420 Guillon – ✿ 86.
Paris 220 – Avallon 17 – Montbard 37 – Tonnerre 45.

XX **L'Atelier** ⌂ avec ch, ☎ 32.11.92, 🏤 – 🛏wc 🕼 🅿 🆔 ⑩ E VISA 🍴
24 mars-16 nov. et fermé merc. et jeudi – SC : **R** 70/140 🍷 – ⊡ 20 – **8 ch** 95/200.

RENAULT Cervo, à l'Isle sur Serein ☎ 33.84.87

THOIRETTE 39 Jura 🚳 ⑭ – 234 h. alt. 292 – ⊠ 39240 Arinthod – ✿ 74.
Paris 460 – Bourg-en-Bresse 33 – Lons-le-Saunier 54 – Nantua 20 – Oyonnax 16 – St-Claude 40.

🏨 **Source,** SO : 1 km sur D 936 ☎ 76.80.42, ≤, 🏤 – 🕼 🕭 🅿 🚗🖿, 🍴 rest
→ *fermé 14 oct. au 5 nov., 3 au 25 janv., jeudi soir et vend. sauf juil., août* – SC : **R**
36/92 🍷 – ⊡ 10,50 – **10 ch** 60/95 – P 105/110.

THOIRY 78770 Yvelines 55 ⑲, 196 ⑮⑯ G. Environs de Paris – 581 h. alt. 160 – ✪ 3.
Voir Réserve africaine★ – Paris 51 – Dreux 46 – Mantes 24 – Rambouillet 31 – Versailles 30.

- **Étoile** M, ☎ 487.40.21, – TV wc – 50. AE E VISA. ch
  SC : **R** 92 – 21 – **12 ch** 130/200.

THOISSEY 01140 Ain 74 ① – 1 454 h. alt. 175 – ✪ 74.
Paris 416 – Bourg-en-Bresse 37 – Chauffailles 53 – ♦Lyon 56 – Mâcon 16 – Villefranche-sur-Saône 29.

- ✿✿ **Chapon Fin et rest. P. Blanc**, ☎ 04.04.74, « Élégante installation », – TV P. VISA
  fermé début janv. à début fév. et mardi d'oct. à mai – SC : **R** 140/280 et carte – 25 – **25 ch** 145/360
  Spéc. Gâteau de foies blonds de volaille, Assiette du Val de Saône, Fricassée de volaille aux morilles. Vins Fleurie, St Véran.
- **Beau Rivage**, au port ☎ 04.01.66, ← – wc P. ch
  15 mars-15 oct. et fermé dim. soir et lundi midi – SC : **R** 55/100 – 14 – **10 ch** 78/110 – P 150.

CITROEN Delorme, à St-Didier-sur-Chalaronne ☎ 04.03.26 N
PEUGEOT-TALBOT Berry, à St-Didier-sur-Chalaronne ☎ 04.04.68 N
RENAULT Chevrolat, ☎ 04.02.25

THOLLON 74 H.-Savoie 70 ⑱ G. Alpes – 401 h. alt. 992 – Sports d'hiver : 1 020/1 980 m 1 14 – ✉ 74500 Évian-les-Bains – ✪ 50 – Voir Pic de Mémise ** 30 mn.
Paris 599 – Annecy 95 – Évian-les-Bains 11 – Thonon-les-Bains 20.

- **Bon Séjour**, ☎ 75.07.56, – wc wc ☎ P. E VISA
  fermé 18 au 28 avril et 15 nov. au 15 déc. – SC : **R** 55/120 – 18 – **22 ch** 115/190 – P 160/180.
- **Les Gentianes**, au télécabine E : 2 km ☎ 75.09.35, ← lac et montagnes – wc wc P. VISA
  11 juin-25 sept. et 17 déc.-25 avril – SC : **R** 50/100 – 16 – **22 ch** 140/146 – P 200/288.
- **Bellevue**, ☎ 75.07.01, ←, – P
  15 mai-30 oct. et 1er déc.-20 avril – SC : **R** 52/85 – 13 – **20 ch** 50/100 – P 120/170.

Le THOLY 88530 Vosges 62 ⑰ – 1 583 h. alt. 600 – ✪ 29.
Voir Grande Cascade de Tendon★ NO : 5 km, G. Vosges.
Syndicat d'Initiative à la Mairie (fermé sam. après-midi et dim.) ☎ 61.81.18.
Paris 419 – Bruyères 21 – Épinal 30 – Gérardmer 10 – Remiremont 18 – St-Amé 10 – St-Dié 40.

- **Gérard**, ☎ 61.81.07, Télex 961408, ←, – wc wc P. AE VISA
  fermé 28 sept. au 28 oct. – SC : **R** 45/90 – 15 – **23 ch** 80/160 – P 145/160.
- **Grande Cascade**, NO : 5 km sur D 11 ☎ 66.21.08, ← – wc P. AE VISA
  fermé nov. – SC : **R** *(fermé lundi hors sais.)* 45/120 – 16 – **20 ch** 60/120 – P 120/140.
- **Relais du Chaud Costet**, sur D 11 ☎ 61.81.15, ← – P. E. rest
  1er fév.-30 mai, 1er juil.-15 sept. et vacances de Noël – SC : **R** 45/70 – 14 – **15 ch** 80/100 – P 104/125.

à Julienrupt SO : 5 km par D 417 – ✉ 88120 Vagney :

- **Vallée de Cleurie**, ☎ 60.10.00 – wc wc P.– 50. VISA
  fermé 25 sept. au 24 oct. et merc. – SC : **R** 53/120 – 16 – **15 ch** 69/140 – P 130/180.

THONES 74230 H.-Savoie 74 ⑦ G. Alpes – 3 748 h. alt. 626 – ✪ 50 – Voir Vallée de Manigod** S : 3 km – Morette-Glières (cimetière militaire de Morette) NO : 3 km.
Office de Tourisme 1 pl. Avet ☎ 02.00.26.
Paris 569 – Albertville 36 – Annecy 20 – Bonneville 32 – Faverges 20 – Megève 41.

- **Nouvel H. Commerce** M, r. Clefs ☎ 02.13.66 – wc wc – 45. AE E VISA
  fermé 18 au 25 avril, 20 oct. au 20 nov. et lundi hors sais. – SC : **R** 45/120 – 18 – **25 ch** 110/172 – P 172/189.
- **Gd H. Central**, 1 r. Clefs ☎ 02.00.04, – wc ☎ P. E VISA
  fermé 15 sept. au 15 oct., 20 avril au 10 mai et lundi – SC : **R** 40/75 – 16 – **30 ch** 120/140 – P 160/180.
- **Hermitage**, av. Vieux-Pont ☎ 02.00.31 – wc wc ☎ P – 30. E.
  fermé 15 oct. au 10 nov. et vend. hors sais. – SC : **R** 34/65 – 10 – **38 ch** 50/95 – P 100/130.
- **Midi**, pl. Hôtel de Ville ☎ 02.00.44 – wc . VISA
  fermé 11 nov. au 11 déc. et jeudi – SC : **R** 35/79 – 15 – **22 ch** 80/140 – P 130/170.

– ✪ 50 – **Voir Les Belvédères★★** ABY – **Chemin de Croix★** de la Basilique AY **D** –
Voûtes★ de l'église St-Hippolyte AY **E** – **Château de Ripaille★** N : 2 km BY.

❻ Office de Tourisme pl. Hôtel de Ville (fermé sam. après-midi et dim.) ℡ 71.00.51.
Paris 580 ④ – Annecy 81 ③ – Chamonix 107 ③ – ◆Genève 33 ④.

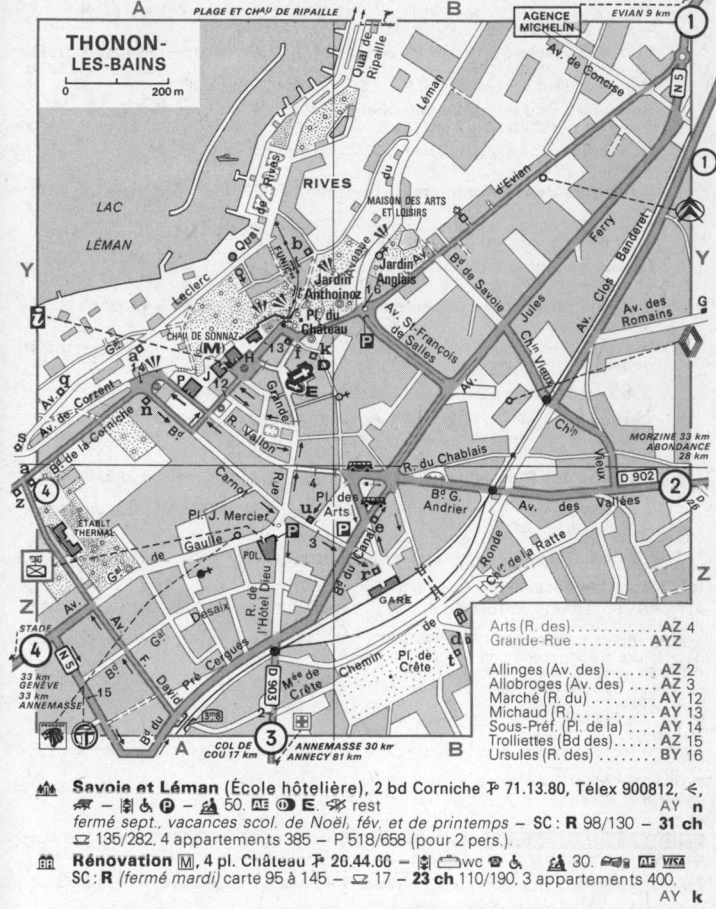

Arts (R. des)	AZ 4
Grande-Rue	AYZ
Allinges (Av. des)	AZ 2
Allobroges (Av. des)	AZ 3
Marché (R. du)	AY 12
Michaud (R.)	AY 13
Sous-Préf. (Pl. de la)	AY 14
Trolliettes (Bd des)	AZ 15
Ursules (R. des)	BY 16

🏩 **Savoie et Léman** (École hôtelière), 2 bd Corniche ℡ 71.13.80, Télex 900812, ≤,
ﬤ – 🛗 🕹 **❷** – 🔬 50. 歴 ⓘ **E**. 🕸 rest   AY **n**
fermé sept., vacances scol. de Noël, fév. et de printemps – SC : **R** 98/130 – **31 ch**
☲ 135/282, 4 appartements 385 – P 518/658 (pour 2 pers.).

🏦 **Rénovation** Ⓜ, 4 pl. Château ℡ 26.44.66 – 🛗 ⌷wc ☎ 🕹. 🔬 30. 📠 歴 **VISA**
SC : **R** *(fermé mardi)* carte 95 à 145 – ☲ 17 – **23 ch** 110/190, 3 appartements 400.
                                                                                          AY **k**

🏦 **Duché de Savoy**, av. Gén.-Leclerc ℡ 71.40.07, �恭 – ⌷wc ⍈wc ☎ 📠. 🕸 ch
mi fév.-début nov. – SC : **R** *(fermé lundi)* 65/135 – ☲ 18 – **15 ch** 135/155 – P
210/225.   AY **a**

🏦 **Clos Savoyard**, 50 av. Genève par ④ : 2 km ℡ 71.03.91, �恭, ﬤ – ⌷wc ⍈wc
☎ **❷**. 📠 歴 ⓘ **VISA**. 🕸 rest
fermé 1ᵉʳ nov. au 15 déc. – SC : **R** *(fermé dim. du 1ᵉʳ sept. au 30 juin)* 70/140 – ☲ 20
– **18 ch** 120/188 – P 245/278.

🏦 **Alpazur H.** sans rest, 8 av. Gén.-Leclerc ℡ 71.37.25, ≤, ﬤ – 🛗 ⍈wc ☎. 📠.
                                                                                          AY **q**
1ᵉʳ avril-15 oct. – SC : ☲ 17 – **26 ch** 90/175.

🏦 **France**, 12 bd Canal ℡ 71.24.47 – 🛗 ⌷wc ☎ **❷**. 🕸 rest   BZ **e**
– SC : **R** *(fermé jeudi sauf juil., août, sept.)* 50 – ☲ 16 – **53 ch** 100/170.

🏠 **Corniche**, 24 bd Corniche ℡ 71.10.73, ≤, �恭, 🔲 – ⍈wc ☎ **❷**. 🕸   AZ **a**
20 mai-15 oct. – SC : **R** 45/85 – ☲ 16 – **23 ch** 120/170 – P 155/185.

🏠 **Beau Site** 🕸 sans rest, 1 r. du Port ℡ 71.26.89, ≤, ﬤ – ⌷ ⍈wc ☎ 🚗 **❷**.
📠. 🕸   AY **b**
Pentecôte-15 sept. – SC : ☲ 18 – **20 ch** 70/180.

tourner →

THONON-LES-BAINS

- ⭑ **Trianon du Léman** ⑤, av. Corzent ☎ 71.25.78, ≤, 佘, 屛, ✗ − ☐wc ⑭ ch — AY **s**
  *Pâques-fin sept. − SC : **R** 58/140 − ☐ 19 − 18 ch 70/160 − P 180/230.*

- ⭑ **Ma Campagne** ⑤, av. Allinges par ③ ☎ 71.58.24 − ☐wc 🛁wc ☎ ⑫. ⚑ᴵ 𝐕𝐈𝐒𝐀 ✗
  *fermé 1er au 10 mai, 18 sept. au 1er déc., dim. soir et lundi hors sais. − SC : **R** 56/120 − ☐ 17 − 24 ch 85/160 − P 155/195.*

- ⭑ **Villa des Fleurs** ⑤ sans rest, 4 av. Jardins ☎ 71.11.38, 屛 − ☐wc 🛁wc ☎ ⑫. BZ **d**
  Pâques-30 sept. et vacances de fév. − SC : ☐ 17 − 11 ch 102/152.

- ⭑ **Bocage H.** sans rest, 38 bd Corniche ☎ 71.01.20, 屛 − ☐wc 🛁wc ⑫. ✗
  fermé nov. − SC : ☐ 15 − 7 ch 90/165. AZ **z**

- ⭑ **H. Terminus** sans rest, pl. Gare ☎ 71.25.69 − 🛗 ☐wc ☎ ⑫. ✗ BZ **r**
  fermé oct. − SC : ☐ 12 − 41 ch 65/125.

- ⭑ **A l'Ombre des Marronniers**, 17 pl. Crête ☎ 71.26.18, 屛 − ☐wc 🛁wc ☎ ⑫. ✗ BZ **t**
  *hôtel fermé 1er nov. au 12 déc. ; rest. fermé 20 sept. au 20 oct. et dim. soir hors sais. − SC : **R** 45/92 − ☐ 15 − 19 ch 82/140.*

- ⭑ **Lausanne** sans rest, pl. Château ☎ 71.07.13 − ☐ ☎ AY **f**
  fermé janv. et dim. hors sais. − SC : ☐ 12 − 10 ch 59/95.

- ✗✗ **La Grillandière**, 11 av. Genève par ④ : 1,5 km ☎ 71.36.87, 屛 − ⑫. ᴬᴱ ⓞ 𝐄 𝐕𝐈𝐒𝐀
  *fermé 27 juin au 12 juil. et dim. − SC : **R** 55/150 🍸.*

- ✗ **Victoria**, 5 pl. Arts ☎ 71.02.82 − ᴬᴱ ⓞ 𝐄 𝐕𝐈𝐒𝐀 AZ **u**
  *fermé juin, déc. et vend. sauf du 1er juil. au 30 sept. − SC : **R** 54/92.*

  à Armoy SE : 7 km par D 26 − BZ − alt. 620 − ⊠ 74200 Thonon-les-Bains :

- ⭑⭑ **Carlina** Ⓜ ⑤, ☎ 71.39.09, ≤, 佘, 屛 − ☐wc ☎ ⑫ − 🅐 60. ✗ rest
  *fermé janv. et merc. hors sais. − SC : **R** 55/110 − ☐ 18 − 18 ch 105/125 − P 165/170.*

- ⭑ **A l'Écho des Montagnes** ⑤ (annexe ⭑⭑ Ⓜ 🛗 ☐wc ☎), ☎ 71.32.01, 屛 − ⛽ ⑫. ✗ ch
  *fermé 15 déc. au début fév. et mardi hors sais. − SC : **R** 42/100 − ☐ 14 − 62 ch 60/140 − P 105/150.*

  Voir aussi ressources hôtelières de *Bonnatrait* par ④ : 9,5 km

MICHELIN, Agence, Z.I. de Vongy par ① ☎ 71.36.76

ALFA-ROMEO, LANCIA-AUTOBIANCHI Gar. Grillet, av. de Senevulaz ☎ 71.37.43
AUSTIN, BMW, PORSCHE-MITSUBISHI Gar. de la Source, 5 chemin de Morcy ☎ 71.39.78
CITROEN SADAL, 13 av. d'Évian ☎ 71.00.93
FIAT Gar. du Chablais, 10 av. Gén.-de-Gaulle ☎ 71.33.71
FORD Gar. de Thuyset, 16 av. des Prés-Verts ☎ 71.31.50
LADA, OPEL Gar. Ricaud, av. des Abattoirs ☎ 71.02.11
PEUGEOT, TALBOT Lemeut, 3 av. Gén.-de-Gaulle ☎ 71.34.58

RENAULT Degenève, av. J.-Ferry ☎ 71.00.74 🅽 ☎ 71.78.83
VOLVO Millet, N 202, Direction Morzine ☎ 71.23.35

🔧 Chablais Autos Accessoire, av. des Romains ☎ 71.46.29
Pneus-Service, av. du Clos de la Forge, Tully ☎ 71.45.23
Quiblier-Pneus, r. du Commerce ☎ 71.38.72

THORAME-HAUTE-GARE 04 Alpes-de-H.-P. 🎗🎗 ⑱ − alt. 1 135 − ⊠ 04170 St-André-les-Alpes − ☻ 92.

Paris 799 − Beauvezer 11 − Castellane 32 − Colmars 17 − Digne 54 − Manosque 95 − Puget-Th. 56.

- ⭑ **Gare,** ☎ 89.02.54, ≤, 屛 − ☐wc 🛁wc. ✗ rest
  *1er avril-15 oct. − SC : **R** 53/80 − ☐ 13,50 − 15 ch 40/127 − P 138/168.*

THORENC 06 Alpes-Mar. 🎗🎗 ⑲. 𝟏𝟗𝟓 ㉓ G. Côte d'Azur − alt. 1 250 − ⊠ 06750 Caille − ☻ 93.
Voir Col de Bleine ≤⭑⭑ N : 4 km.

🎗 Syndicat d'Initiative av. Église (fermé dim.) ☎ 60.01.33.

Paris 834 − Castellane 35 − Draguignan 65 − Grasse 40 − ♦Nice 79 − Vence 42.

- 🏠 **Voyageurs** ⑤, ☎ 60.00.18, ≤, 屛 − 🛁wc ☎ ⛽ ⑫. ⚑ᴵ
  *fermé nov. et déc. − SC : **R** 54/76 − ☐ 20 − 15 ch (pens. seul.) − P 180/210.*

THORENS-GLIÈRES 74570 H.-Savoie 🎗🎗 ⑥ G. Alpes − 1 376 h. alt. 674 − ☻ 50.

🎗 Syndicat d'Initiative Immeuble P.T.T. (15 juin-15 sept., fermé dim. et fêtes) ☎ 77.40.31.

Paris 567 − Annecy 19 − Bonneville 24 − ♦Genève 41 − ♦Lyon 156 − La Roche-sur-Foron 16.

- ⭑ **Parmelan**, ☎ 22.41.08, ≤ − ☐wc ☎ ⑫. ⚑ᴵ
  *Pâques-15 oct. − SC : **R** (fermé dim. hors sais.) 52/80 − ☐ 15 − 36 ch 80/200 − P 126/179.*

THORIGNÉ-SUR-DUÉ 72 Sarthe ⑥⓪ ⑭ – rattaché à Connerré.

THORIGNY-SUR-MARNE 77 S.-et-M. ⑤⑥ ⑫, ⑲⑥ ㉑㉒, ⑩⓵ ⑳ – rattaché à Lagny.

Le THORONET 83 Var ⑧⓸ ⑥ – 575 h. alt. 142 – ⊠ **83340** Le Luc – ✆ 94.

Voir Abbaye du Thoronet★ O : 4,5 km, G. Côte d'Azur.

Paris 840 – Brignoles 25 – Draguignan 22 – St-Raphaël 47 – ✦Toulon 64.

XX **Relais de l'Abbaye** ⟿ avec ch, NO : 3 km par D 84 ☏ 73.87.59, ≤, 🏖, 🚗 – 🛁wc 🅿

R (fermé lundi soir et mardi) 100 – � 20 – **5 ch** 95/195.

THOUARS 79100 Deux-Sèvres ⑥⑦ ⑧ G. Châteaux de la Loire – 12 631 h. alt. 87 – ✆ 49.

Voir Site★ – Façade★ de l'église St-Médard.

🛈 Office de Tourisme 17 pl. Saint-Médard (fermé sam. hors sais., dim. et lundi) ☏ 66.17.65 - A.C. 36 bd E.-Renan ☏ 66.42.13.

Paris 327 ② – Bressuire 29 ④ – Châtellerault 69 ③ – Cholet 67 ⑤ – La Roche-sur-Yon 111 ⑤.

🏨 **Château** M, rte de Parthenay (a) ☏ 66.18.52, ≤ – 🛁wc 🍴 ☎ 🅿, 🐕 ch
fermé 30 juin au 14 juil. et dim. soir – SC : **R** 43/98 🍷 – ⊟ 15,50 – **20 ch** 83/110.

🏨 **Le Relais** M sans rest, par ① : 3 km rte Saumur ☏ 66.29.45 – 🛁wc 🍴wc ☎ 🅿
SC : ⊟ 13 – **15 ch** 70/100.

à **Ste-Radegonde** par ⑤ et VO : 5 km – ⊠ **79100** Thouars :

X **Aub. de Pommiers** ⟿ avec ch, ☏ 66.06.13, ≤ – 🍴wc 🅿, E, 🐕 ch
fermé 26 sept. au 17 oct., 14 au 28 fév., dim. soir et lundi – SC : **R** 35/90 🍷 – ⊞ 10 – **9 ch** 40/70 – P 125/155.

CITROEN Papin, 56 av. V.-Leclerc ☏ 66.21.45
MERCEDES-BENZ, OPEL Gélineau, 96 r. C.-Pelletan ☏ 66.15.25
PEUGEOT-TALBOT Géront-Chauvin, 25 à 29 av. Victor Hugo ☏ 66.02.17
PEUGEOT S.E.D.A. Zone Ind., rte de Saumur par ① ☏ 66.10.83
RENAULT Salvra, 41 bd P.-Curie ☏ 66.21.78

Gar. Rouilleau, pl. Berton ☏ 66.08.14

⦿ Thouars-Pneus, 24-26 pl. Lavault ☏ 66.06.52

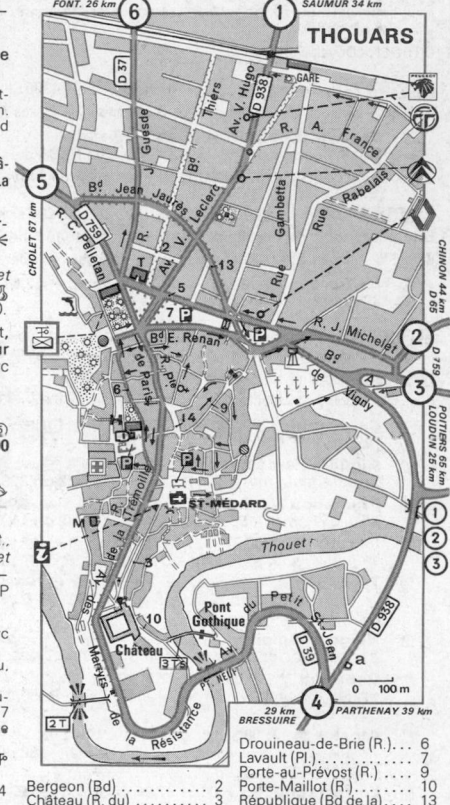

DOUÉ-LA-FONT. 26 km ⑥
ANGERS 71 km SAUMUR 34 km ①

THOUARS

D 57 · D 938 · GARE · Av. V. Hugo · Thiers · Gusode · R. A. France · D 759 · Bd Jean Jaurès Leclerc · Gambetta · Rue Rabelais · CHINON 44 km D 65 · CHOLET 67 km · R. C. Pelletan · Rue · R. J. Michelet · POITIERS 65 km LOUDUN 25 km D 759 · Bd E. Renan · de · Bd · de · Vigny · Parthe · rte de la Trémoille · de la · Thouet · ST-MÉDARD · M · Thouet · D 759 · D 759 · D 938 · Pont Gothique · Château · Marais · de la Résistance · D 39 · PARTHENAY 39 km ④ · BRESSUIRE 29 km · POITIERS · LOUDUN ① ② ③ · Pont St-Jean · 0   100 m

Bergeon (Bd) 2
Château (R. du) 3
Curie (Bd Pierre) 5
Drouineau-de-Brie (R.) ... 6
Lavault (Pl.) 7
Porte-au-Prévost (R.) 9
Porte-Maillot (R.) 10
République (Bd de la) 13
St-Médard (R.) 14

THUEYTS 07330 Ardèche ⑦⑥ ⑱ G. Vallée du Rhône (plan) – 1 035 h. alt. 462 – ✆ 75.

Voir Coulée basaltique★.

🛈 Syndicat d'Initiative pl. Champ de Mars (juin-sept.).

Paris 651 – Privas 50 – Le Puy 72.

🏨 **Nord**, N 102 ☏ 36.40.38, 🚗 – 🛁wc 🍴 ☎
Pâques-oct. et fermé mardi hors sais. – SC : **R** (dîner seul.) 58/69 – ⊟ 18 – **25 ch** 90/172.

🏨 **Platanes**, N 102 ☏ 35.78.66, 🚗 – 📶 🍽 rest 🛁wc 🍴wc 🍴 ☎ 🚐 🅿
1er fév.-3 nov. – SC : **R** 40/100 🍷 – ⊟ 14,50 – **30 ch** 75/150 – P 130/190.

🏚 **Marronniers**, ☏ 36.40.16, 🚗 – 🍴, 🐕
1er mars-24 déc. et fermé merc. – SC : **R** 53/90 – ⊟ 13 – **19 ch** 53/120 – P 130/170.

THURY-HARCOURT 14220 Calvados 🖼 ⑪ G. Normandie – 1 408 h. alt. 46 – ✆ 31.

Voir Boucle du Hom★ NO : 3 km.

🛈 Office de Tourisme pl. St-Sauveur (fermé jeudi et dim.) ☏ 79.70.45.

Paris 265 – ◆Caen 26 – Condé-sur-Noireau 19 – Falaise 26 – Flers 31 – St-Lô 53 – Vire 45.

XXX ❀ **Relais de la Poste** avec ch, rte Caen ☏ 79.72.12, ≼, 🚗 – 🛏wc 🗍 ☎ 🅿.
🍴 🗚 ⑩ VISA
fermé 3 janv. au 26 fév. et lundi hors sais. – SC : **R** (dim. prévenir) 90/180 – ⌶ 22 –
11 ch 95/160
Spéc. Soupe des Vikings, Homard vallée d'Auge, Tarte aux pommes chaudes.

à Goupillières N : 8,5 km par D 6 et D 212 – ⊠ **14210** Evrecy :

XX **Aub. du Pont de Brie** 🦢 avec ch, Halte de Grimbosq E : 1,5 km par D 171 ☏
79.37.84, ≼, 🚗 – 🅿. VISA ⚘
fermé 1 au 15 oct., vacances scolaires de fév. et merc. – SC : **R** 52/130 – ⌶ 15 –
6 ch 55/65.

CITROEN Duval, ☏ 79.70.74

THYEZ 74 H.-Savoie 🖼 ⑦ – 2 540 h. alt. 497 – ⊠ **74300** Cluses – ✆ 50.

Paris 580 – Annecy 49 – Bonneville 11 – Chamonix 49 – Cluses 7 – Megève 35 – Morzine 34.

☎ **Savoyard,** ☏ 98.60.54, ≼, 🚗 – 🅿. ⚘ ch
SC : **R** (fermé sam.) 50/70 – ⌶ 10 – **25 ch** 70/75 – P 150.

ALFA-ROMEO, PORSCHE-MITSUBISHI Gar. Vallée de L'Arve, ☏ 98.41.16

TIERCÉ 49 M.-et-L. 🖼 ① – 2 025 h. alt. 31 – ⊠ **49140** Seiches-sur-le-Loir – ✆ 41.

Env. Plafond★★ de la salle des Gardes du château★ de Plessis-Bourré O : 8 km.

Paris 275 – Angers 21 – Château-Gontier 36 – Château-la-Vallière 63 – La Flèche 34 – Saumur 56.

☎ **Le Tiercé** sans rest, 19 r. de Longchamp ☏ 42.64.02 – 🅿
SC : ⌶ 12 – **18 ch** 66/88.

TIGNES 73320 Savoie 🖼 ⑱ G. Alpes – 1 412 h. alt. 2 100 – Sports d'hiver : 2 100/3 600 m ⛷ 5 ⛷ 47
– ⚓ 79 – **Voir** Site★★ – Barrage★★ NE : 5 km – 🗻 ☏ 06.37.42 S : 2 km.

🛈 Office de Tourisme au Lac ☏ 06.15.55, Télex 980030.

Paris 692 – Bourg-St-Maurice 30 – Chambéry 131 – Val d'Isère 13.

🏨 **Campanules** M 🦢, ☏ 06.34.36, ≼ – 🛗 TV 🛏wc 🗍wc ☎. 🍴, ⚘ rest
juil.-1 août et 11 nov.-2 mai – SC : **R** 60/70 – ⌶ 22 – **36 ch** 200/250.

🏨 **Aiguille Percée,** ☏ 06.52.22, ≼ – 🛗 TV 🛏wc 🗍wc ☎. 🍴. ⚘ rest
fin oct.-début mai – SC : **R** 67 – ⌶ 22 – **38 ch** 220/260 – P 220/245.

🏨 **Pramecou** 🦢, ☏ 06.36.33, ≼ – 🛏wc 🗍wc ☎. ⚘
15 déc.-1er mai – SC : **R** 60/70 – ⌶ 25 – **32 ch** 140/280 – P 190/245.

🏨 **Paquis,** ☏ 06.37.33, ≼ – 🛗 🛏wc 🗍wc ☎. 🍴. ⚘ rest
1er juil.-25 août et 10 sept.-25 avril – SC : **R** 60 – ⌶ 25 – **32 ch** 120/200 – P 200/220.

🏨 **Terril Blanc,** ☏ 06.32.87, ≼ – 🛏wc 🗍wc ☎ 🅿. ⚘
1er juil.-30 août et 25 déc.-5 mai – SC : **R** 60/70 – ⌶ 23 – **18 ch** 230/260 –
P 235/245.

🏠 **Neige et Soleil,** ☏ 06.32.94, ≼ – 🛏wc 🗍wc ☎. 🍴. ⚘ ch
2 juil.-3 sept. et 29 oct.- 2 mai – SC : **R** 75/85 – ⌶ 22 – **29 ch** 130/250 – P 190/260.

🏠 **Gentiana** 🦢, ☏ 06.52.46, ≼ – 🛏wc 🗍wc ☎. 🍴. ⚘ rest
1er juil.-28 août et 29 oct.-2 mai – SC : **R** 56/110 – ⌶ 22 – **18 ch** 140/250 –
P 235/250.

🏠 **Alpaka** 🦢, ☏ 06.32.58, ≼ – 🛏wc 🗍wc ☎. 🍴. ⚘
1er juil.-28 août (sans rest.) et déc.-2 mai – SC : **R** 65 – ⌶ 20 – **14 ch** 180/280 –
P 220/260.

🏠 **Lo Terrachu** 🦢, ☏ 06.31.37, ≼ – 🛏wc ⚘. **E**. ⚘ rest
1er juil.-31 août et 1er nov.-1er mai – SC : **R** 60 – 🍴 18 – **18 ch** (pens. seul.) –
P 160/230.

au Val Claret SO : 2 km – ⊠ **73320** Tignes.
🛈 Office de Tourisme (nov.-mai) ☏ 06.50.09.

🏨 **Ski d'Or** M 🦢, ☏ 06.51.60, Télex 320410, ≼ – 🛗 ☎
1er juil.-31 août et 1er déc.-1er mai – SC : **R** carte 145 à 190 – **22 ch** ⌶ 200/250.

🏨 **Curling** M 🦢 sans rest, ☏ 06.34.34, ≼ – 🛗 ☎ 🅿. 🗚 ⑩ **E** VISA
2 juil.-27 août et 23 oct.-2 mai – SC : **35 ch** ⌶ 332/360.

🏨 **Vanoise** 🦢, ☏ 06.31.90, ≼, 🥢 – 🛗 🛏wc 🗍wc ☎. 🍴. ⚘ rest
1er juil.-20 août et 1er déc.-1er mai – SC : **R** 70/90 – **21 ch** ⌶ 170/260 – P 220/260.

X **Le Caveau,** ☏ 06.52.32 – 🗚 VISA
13 déc.-1er mai ; fermé lundi midi et mardi midi – SC : **R** carte 90 à 130.

aux Boisses NE : 5 km – alt. 1 810 – ⊠ **73320** Tignes :

🏠 **Mélèzes,** ☏ 06.40.02, ≼ – 🛏wc 🗍wc ⚘ 🅿. ⚘
15 déc.-1er mai – SC : **R** 48/55 – ⌶ 18 – **18 ch** 90/140 – P 140/160.

TIL-CHÂTEL 21 Côte-d'Or 🗗🗗 ⑫ G. Bourgogne – 735 h. alt. 284 – ⊠ **21120** Is-sur-Tille –
✪ 80.

Paris 338 – Châtillon-sur-Seine 76 – ♦Dijon 26 – Dole 65 – Gray 42 – Langres 42.

⌂ **Poste**, 🕾 95.03.53 – ⋔ 🚗, ⌘ ch
fermé vacances de nov., de Noël, de fév., dim. soir et sam. du 1er oct. au 31 mai –
SC : **R** 42/88 – 🍽 11 – **12 ch** 48/81.

TILLY-SUR-SEULLES 14250 Calvados 🗗🗗 ⑮ – 1 064 h. alt. 60 – ✪ 31.

Paris 260 – Balleroy 17 – Bayeux 12 – ♦Caen 20 – St-Lô 38 – Vire 47.

⌂ **Jeanne d'Arc**, 🕾 80.80.13 – ⋔ 🚗 ᐧ 🅿. 💳
fermé nov. et merc. hors sais. – SC : **R** 50/100 – 🖙 18 – **11 ch** 68/140 – P 180/220.

CITROEN Feltesse, 🕾 80.80.14

TILQUES 62 P.-de-C. 🗗🗗 ③ – rattaché à St-Omer.

Les TINES 74 H.-Savoie 🗗🗗 ⑧⑨ – rattaché à Chamonix.

TINTÉNIAC 35190 I.-et-V. 🗗🗗 ⑯ G. Bretagne – 3 130 h. alt. 56 – ✪ 99.

Voir Château de Montmuran★ et église des Iffs★ SO : 5 km.

Paris 382 – Avranches 63 – Dinan 24 – Dol-de-Bretagne 30 – Fougères 60 – ♦Rennes 27 – St-Malo 42.

⌂ **Voyageurs**, 🕾 68.02.21, 🛋 – ⌷wc ⋔wc 🚗 🅿. ⌘ ch
fermé 23 déc. au 10 janv. et lundi – SC : **R** 43/125 ⅋ – 🖙 13 – **11 ch** 80/150 – P
95/135.

RENAULT Gar. Garçon, 🕾 68.01.03 🅽

TOCQUEVILLE-SUR-EU 76 S.-Mar. 🗗🗗 ⑤ 135 h. alt. 84 – ⊠ **76910** Criel-sur-Mer – ✪ 35.

Paris 178 – Dieppe 20 – Eu 13 – Neufchâtel-en-Bray 44 – ♦ Rouen 81 – Le Tréport 12.

✗ ✿ **Le Quatre Pain** (Brachais), près Église 🕾 86.75.40 – 💳 ⑩ 💳
fermé 10 août au 10 sept., 9 au 25 fév. et merc. – SC : **R** (nombre de couverts limité -
prévenir) carte 85 à 130
Spéc. Terrine de canard, Steack de lotte au vinaigre de cidre, Pot au feu de poule.

TONNAY-BOUTONNE 17380 Char.-Mar. 🗗🗗 ③ G. Côte de l'Atlantique – 1 076 h. alt. 24 –
✪ 46.

Paris 462 – Niort 52 – Rochefort 21 – Saintes 31 – St-Jean-d'Angély 18.

🏠 **Le Prieuré** Ⓜ ⌱, 🕾 33.20.18, 🛋 – ⌷wc ⋔wc ☎ 🅿. 🖃
fermé 23 déc. au 3 janv. – SC : **R** (dîner seul.) 60 – 🖙 25 – **12 ch** 140/170.

⌂ **Beau Rivage**, 🕾 33.20.01, ⬅ – ⌷
fermé 23 sept. au 15 oct. – SC : **R** (fermé lundi midi) 43/120 ⅋ – 🖙 13 – **8 ch** 65/95
– P 135/150.

TONNEINS 47400 L.-et-G. 🗗🗗 ④ – 9 316 h. alt.
39 – ✪ 53.

Paris 701 ⑤ – Agen 41 ③ – ♦Bordeaux 106 ⑤ –
Nérac 40 ③ – Villeneuve-sur-Lot 36 ②.

🏠 **Host. du Parc** Ⓜ ⌱, rte Marmande
🕾 79.30.30, parc, 🏛, 🛋 – ⌷wc ⋔wc
☎ 🅿. 🖃 💳 ⑩
fermé 17 déc. au 9 janv., sam. midi et
dim. sauf juil.-août – SC : **R** 70/160 –
🖙 20 – **17 ch** 140/220 – P 190/260.

⌂ **Fleurs** sans rest, (e) 🕾 79.10.47 – ⋔
🚗 🅿. 🖃 ⌘
fermé sept. et dim. – SC : 🍽 12 – **12 ch**
50/90.

CITROEN Baudrin, rte de Bordeaux 🕾 79.02.16
PEUGEOT-TALBOT Garonne-Auto, rte de Bor-
deaux par ⑤ 🕾 79.14.75 🅽
RENAULT Dupouy, rte de Bordeaux 🕾 79.01.94

◉ Delapierre, 46 bd Marx Dormoy 🕾 79.02.85

TONNEINS

Badie
(Allée Maxime) . . 2
Bellevue (R.) 3
Gardolle (Bd de la) . . 4
Gaulle
(Bd Ch.-de). . . 6
Jaurès (Pl. Jean) 7
Joffre (R. Mar.). . 8
Pont (Av. du) 10
St-Pierre (Espl.) . 12

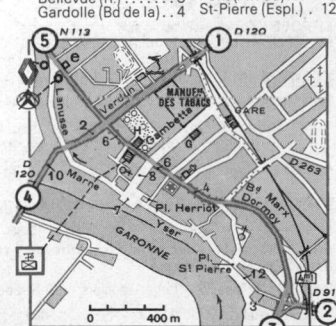

TONNERRE 89700 Yonne 🗗🗗 ⑥ G. Bourgogne – 6 517 h. alt. 145 – ✪ 86.

Voir Ancien hôpital D : charpente★ et Mise au tombeau★.

Env. Château★★ de Tanlay 8,5 km par ②.

🛈 Office de Tourisme r. Collège (1er avril-30 sept. et fermé mardi) 🕾 55.14.48.

Paris 200 ③ – Auxerre 35 ③ – Châtillon-sur-S. 48 ② – Joigny 61 ③ – Montbard 46 ② – Troyes 57
①.

TONNERRE

Hôpital (R. de l') 9
Hôtel-de-Ville (R. de l') 12
St-Pierre (R.) 23

Campenon (R. Gén.) 2
Colin (R. Armand) 3
Fontenilles (R. des) 4
Fosse-Dionne (R. de la) 6
Garnier (R. Jean) 7
Notre-Dame (⊜) 13
Pompidou (Av. G.) 14
Pont (R. du) 16
République (Pl. de la) 17
St-Michel (R.) 18
St-Nicolas (R) 20
St-Pierre (⊜) 22

*Les principales voies
commerçantes figurent en
rouge au début de la liste
des rues des plans de ville.*

*Les plans de villes sont
orientés le Nord en haut.*

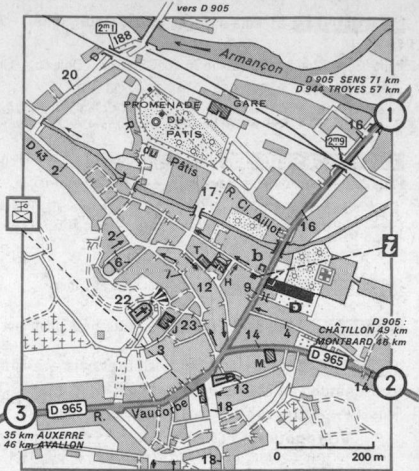

🏨 **Centre**, 63 r. Hôpital **(b)** ℡ 55.10.56 – 🛁wc 📞
— *fermé 25 déc. au 25 janv.* – SC : **R** 33/83 🍴 – � 11 – **30 ch** 42/106 – P 110/120.

XXX 🌲 **Abbaye St-Michel** Ⓜ 🌿 avec ch, r. St-Michel, Sud du plan, ℡ 55.05.99, ≤,
🌳, « Parc fleuri », 🍽 – 📺 🛁wc 📞 🅿 🕭 AE ⑩ VISA
fermé 20 déc. au 1er fév. et lundi d'oct. à juin – SC : **R** 160, carte le dim. midi – � 36
– **7 ch** 360/540, 4 appartements
Spéc. Escargots à la Chablisienne, Daube bourguignonne, Tarte aux poires. Vins Irancy.

CITROEN Gar. Viard, rte de Paris par ① ℡
55.08.12 🅽
OPEL Gar. Sud-Autom., r. G.-Pompidou ℡ 55.
08.80
PEUGEOT-TALBOT Hérault-Autos, 22 r. Chevalier d'Éon par ① ℡ 55.08.98

PEUGEOT-TALBOT Gar. Tonnerrois, 86 bis r.
G.-Pompidou par ② ℡ 55.14.11
RENAULT Perrot, rte de Paris par ① ℡ 55.
15.89

🅾 SOVIC, quai du Canal ℡ 55.16.29

TORCY 71 S.-et-L. 🔢 ⑧ – rattaché au Creusot.

TORIGNI-SUR-VIRE 50160 Manche 🔢 ⑭ G. Normandie – 2 807 h. alt. 89 – 🌀 33.
Env. Roches de Ham ≤✶✶ O : 6,5 km puis 15 mn.
Paris 291 – ◆Caen 51 – St-Lô 13 – Villedieu-les-Poêles 35 – Vire 26.

X **Aub. Orangerie** avec ch, ℡ 56.70.64 – E VISA
— *fermé vacances de fév., lundi soir de mi sept. à fin mai et mardi* – SC : **R** 40/110 –
� 11,50 – **6 ch** 55 – P 125/145.

CITROEN Tourgis, ℡ 56.71.53
PEUGEOT-TALBOT Lebouchter, ℡ 56.71.09

RENAULT Pagnon, à St-Amand ℡ 56.72.46

TOUCY 89130 Yonne 🔢 ④ G. Bourgogne – 2 819 h. alt. 202 – 🌀 86.
Paris 161 – Auxerre 24 – Avallon 67 – Clamecy 44 – Cosne-sur-Loire 50 – Joigny 30 – Montargis 60.

XX **Ville d'Auxerre** avec ch, bd P.-Larousse ℡ 44.02.77 – 🚗 🅿 🕭
fermé 25 déc. au 16 janv., dim. soir et lundi – **14 ch**.

CITROEN Ragon, ℡ 44.11.99

PEUGEOT-TALBOT Gar. Leclerc, ℡ 44.12.17

TOUËT-SUR-VAR 06 Alpes-Mar. 🔢 ⑲ ⑳, 🔢 ⑭ G. Côte d'Azur – 307 h. alt. 350 – ✉ 06710
Villars-sur-Var – 🌀 93.

Env. Villars-sur-Var : mise au tombeau✶, retables du maître-autel✶, de l'Annonciation✶
dans l'Église E : 8,5 km.
Paris 843 – ◆Nice 55 – Puget-Théniers 10 – St-Étienne-de-Tinée 70 – St-Martin-Vésubie 63.

🏨 **Poste**, ℡ 05.71.03 – 🛁wc. 🕭
— *fermé 1er déc. au 1er fév. et merc. sauf du 1er juil. au 30 sept.* – SC : **R** 35/80 – � 10
– **10 ch** 55/150 – P 110/130.

TOUGUES 74 H.-Savoie 🔢 ⑯ – rattaché à Douvaine.

Novità : la carta della **GRECIA** a 1:700 000.

1122

Voir Ancienne cathédrale St-Étienne★★ et cloître★ BYZ – Église St-Gengoult★ et cloître★★ ABZ **E**.

fi Syndicat d'Initiative Parvis de la Cathédrale (fermé matin et lundi hors sais.) ☎ 364.11.69 – A.C. 7 r. Michatel ☎ 343.08.27.

Paris 290 ⑤ – Bar-le-Duc 61 ⑤ – ◆Metz 74 ② – ◆Nancy 23 ② – St-Dizier 78 ⑤ – Verdun 81 ①.

TOUL

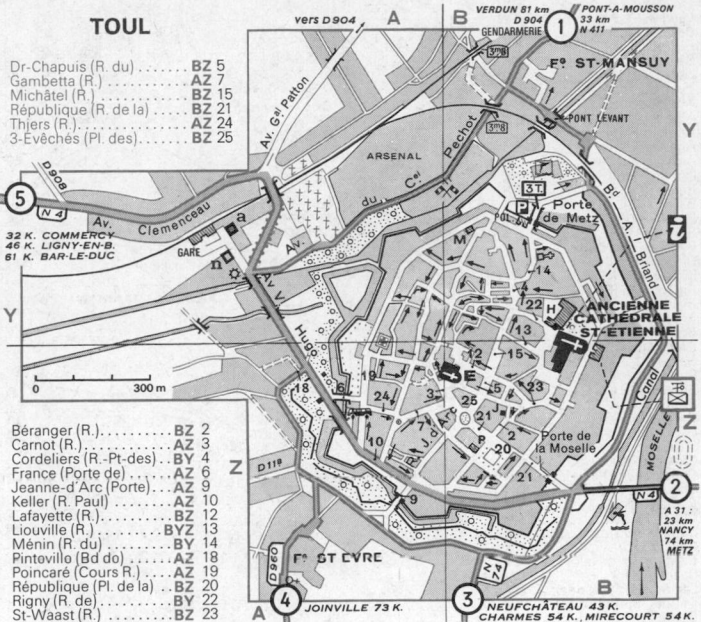

Dr-Chapuis (R. du) .... **BZ** 5
Gambetta (R.) .... **AZ** 7
Michâtel (R.) .... **BZ** 15
République (R. de la) .... **BZ** 21
Thiers (R.). .... **AZ** 24
3-Evêchés (Pl. des). ...... **BZ** 25

Béranger (R.). .... **BZ** 2
Carnot (R.) .... **AZ** 3
Cordeliers (R.-Pt-des) .... **BY** 4
France (Porte de) .... **AZ** 6
Jeanne-d'Arc (Porte) .... **AZ** 9
Keller (R. Paul) .... **AZ** 10
Lafayette (R.) .... **BZ** 12
Liouville (R.) .... **BYZ** 13
Ménin (R. du) .... **BY** 14
Pintoville (Bd do) .... **AZ** 18
Poincaré (Cours R.) ...... **AZ** 19
République (Pl. de la) .... **BZ** 20
Rigny (R. de) .... **BY** 22
St-Waast (R.) .... **BZ** 23

🏠 **Europe** sans rest, 35 av. V.-Hugo ☎ 343.00.10 – 📺wc 🅿 🅰 🚗   AY **n**
 fermé 1ᵉʳ au 15 fév. – SC : 🛏 13 – **23 ch** 65/150.

🍴 **Au Feu de Bois**, 14 av. V.-Hugo ☎ 343.00.58 – ℗   AY **a**
 fermé juil., dim. soir et lundi – SC : **R** 60/140.

CITROEN Michel, N 411 Z.I Croix d'Argent par
① ☎ 343.08.61
PEUGEOT-TALBOT Mathiot-Meny, au 1ʳᵉ Armée Française, rte de Troyes par ④ ☎ 343.00.74

RENAULT Frémont, rte de Paris à Écrouves par ⑤ ☎ 343.11.92
RENAULT Simard, 22 av. Gén.-Leclerc à Dommartin par ② ☎ 343.02.53

Avec votre guide Michelin
il vous faut des cartes Michelin.
Ça va de soi !

Voir Rade★★ – Corniche du Mont Faron★★ : ≼★ BCU – Vieille ville★ EY : Atlantes★ de l'ancien hôtel de ville EY **F**, Musée de la Marine★ DY **M** – Port★ – Cap Brun★ SE : 4,5 km CV.

Env. Tour Beaumont (Mémorial du Débarquement★ et ※★★★) au Nord accès par téléphérique – Circuit du Faron★★★ N : 18 km par D 46 et V 40 BU – Baou de 4 Oures ≼★★ NO : 7 km par D 62 AU et D 262 – Mont Caume ※★★ NO : 15 km par D 62 AU – Fort de la Croix-Faron ≼★ N : 7 km CU – Gorges d'Ollioules★ par ⑤ : 10 km.

✈ de Toulon-Hyères : ☎ 57.41.41 par ① : 21 km.

🚗 ☎ 22.39.19.

🚢 pour la Corse (juin à sept.) : Société Nationale Maritime Corse-Méditerranée 21 et 49 av. de l'Infanterie-de-Marine ☎ 41.25.76 EZ **B**.

fi Office de Tourisme (fermé dim. hors saison) et Accueil de France (Informations et réservations d'hôtels, pas plus de 5 jours à l'avance), 8 av. Colbert ☎ 22.08.22, Télex 400479 - A.C. 17 r. Mirabeau ☎ 93.01.18.

Paris 839 ④ – Aix-en-Provence 81 ④ – Cannes 128 ① – ◆Marseille 64 ④ – ◆Nice 153 ①.

TOULON

0   1 km

FORT ST-ANTOINE
LES ROUTES
SACRÉ-CŒUR
ST-HENRI
VALBOURDIN
L'ESCAILLON
ST-ROCH
ST-JOSEPH
ARSENAL MARITIME
FORT DE MALBOUSQUET
PORT
PETITE RADE

Av. Le Chatelier
Chm de Forgentier
Av. A. Briand
AUTOROUTE A 50
d'E. d'Orves

MARSEILLE (par le Côte) 69 km
LA CIOTAT 37 km
MARSEILLE 64 km
LA CIOTAT 40 km
AIX-EN-P. 81 km
N 8, AUBAGNE 48 km

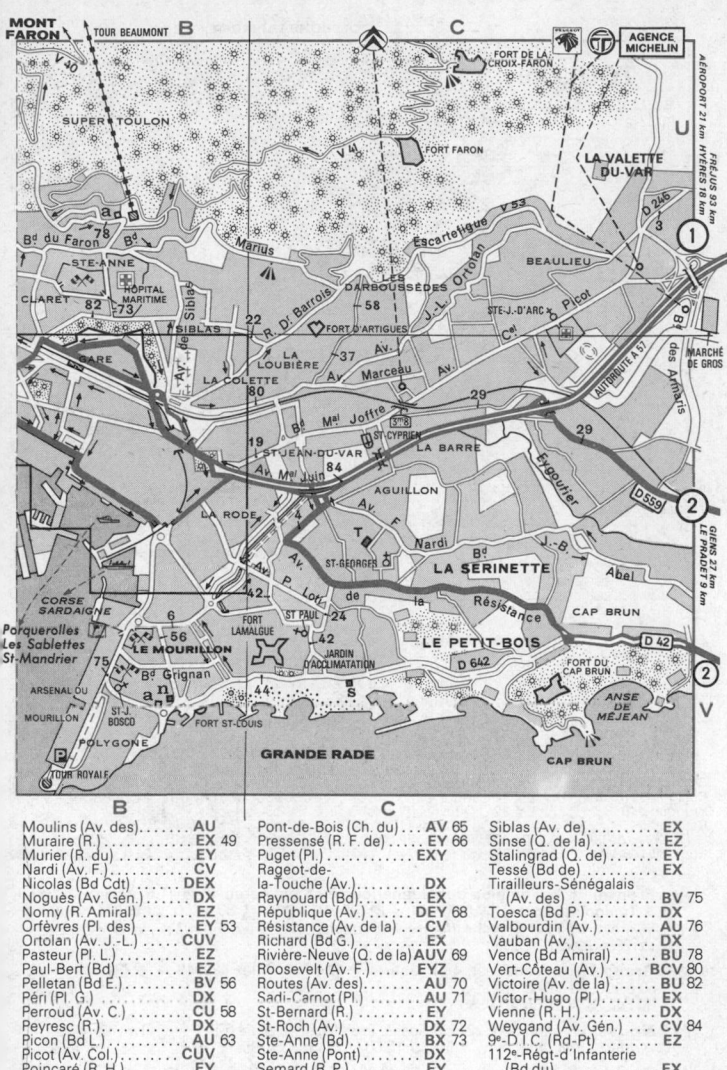

TOULON

D CORNICHE DU MONT FARON

Frantel Ⓜ ⑤, au pied du téléphérique du Mont-Faron ℡ 24.41.57, Télex 400347, ≤ Toulon et la rade, 斎, 丒, 禾 – 墿 ⊡ ☎ & 🅿 – 刼 80 à 300. ᴁᴇ Ε 𝘝𝘐𝘚𝘈   BU **a**
SC : rest. **La Tour Blanche** *(fermé sam. midi et dim. d'oct à mai)* **R** carte 115 à 150 – ☲ 26 – **93 ch** 248/350.

Grand Hôtel sans rest, 4 pl. Liberté ℡ 22.59.50, Télex 430048 – 墿 ⊡ ⇎ – 刼 50 à 100. ᴁᴇ ⓞ Ε 𝘝𝘐𝘚𝘈   EX **k**
SC : ☲ 28 – **81 ch** 250/330.

Nouvel H. sans rest, 224 bd Tessé ℡ 89.04.22 – 墿 ▤ ⊡ ➩wc ⫟wc ☎. 🖭   EX **f**
fermé 11 déc. au 9 janv. – SC : ☲ 15,50 – **29 ch** 105/195.

Dauphiné, 10 r. Berthelot ℡ 92.20.28, 斎 – 墿 ➩wc ⫟wc ☎ – 刼 25. 🖭 ᴁᴇ 𝘝𝘐𝘚𝘈   EX **s**
R *(fermé dim. et fériés)* 45/90 – ☲ 15 – **57 ch** 120/150 – P 180/235.

Amirauté sans rest, 4 r. A.-Guiol ℡ 22.19.67 – 墿 ➩wc ⫟wc ☎. 🖭 ᴁᴇ ⓞ Ε 𝘝𝘐𝘚𝘈   DX **d**
SC : ☲ 15 – **64 ch** 71/200.

Moderne sans rest, 21 av. Colbert ℡ 22.29.84 – 墿 ➩wc ⫟wc ☎. 🖭 𝘝𝘐𝘚𝘈   EX **u**
SC : ☲ 14 – **39 ch** 80/129.

Minimote sans rest, 51 r. J.-Jaurès ℡ 92.32.19 – 墿 ➩wc ⫟wc ☎. 🖭 𝘝𝘐𝘚𝘈   DX **n**
SC : ☲ 16 – **30 ch** 120/165.

La Résidence sans rest, 18 r. Gimelli ℡ 92.92.81 – 墿 ➩wc ⫟wc ⊜   DX **r**
SC : ☲ 15 – **27 ch** 80/160.

Maritima sans rest, 9 r. Gimelli ℡ 92.39.33 – 墿 ➩wc ⫟wc ⊜. 🖭   DX **b**
SC : ☲ 15 – **47 ch** 71/155.

tourner →

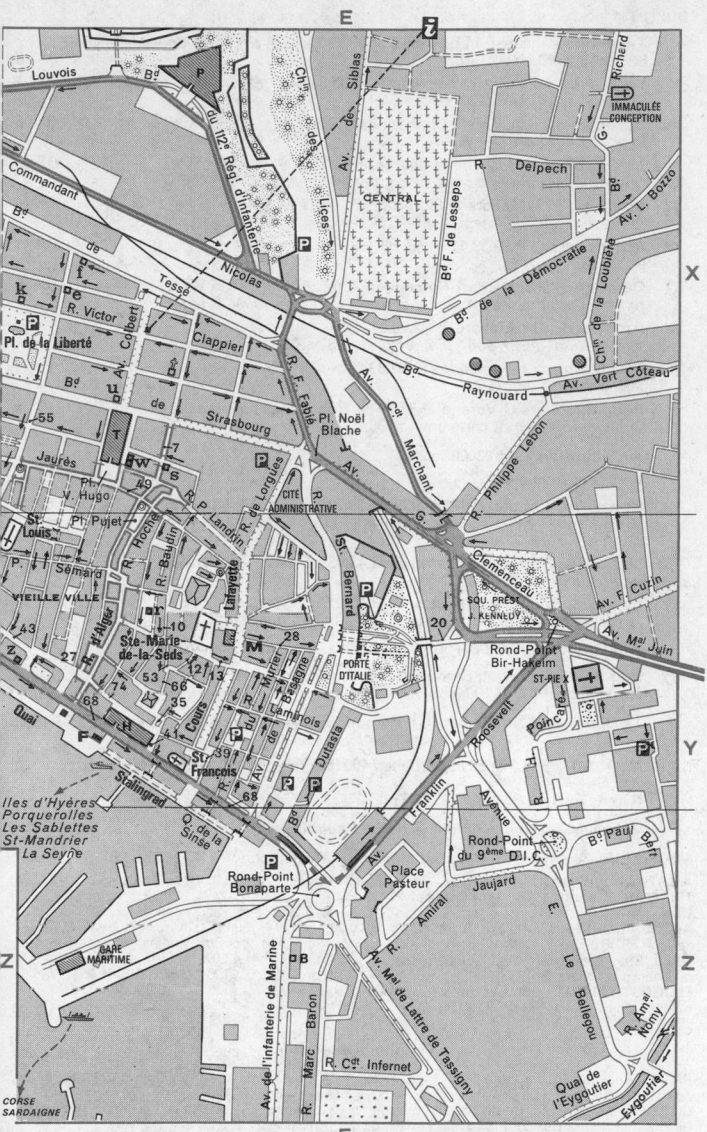

🏨 **Terminus** sans rest, 14 bd Tessé ☎ 89.23.54 — 🛗 ⛴wc 🛏 ☎. 🚗 🖭 ⓸ ⋿ DX a
SC : 🛏 13 – **40 ch** 60/140.

🏨 **Le Jaurès** sans rest, 11 r. J. Jaurès ☎ 92.83.04 — ⛴wc 🛏wc ☎. 🚗 VISA DX f
SC : 🛏 12 – **16 ch** 75/120.

🏨 **Europe** sans rest, 7 bis r. Chabannes ☎ 92.37.44 — 🛗 ⛴wc 🛏wc ☎. 🚗 EX e
SC : 🛏 14 – **29 ch** 77/146.

🍴🍴 **Le Dauphin**, 21 bis r. Jean-Jaurès ☎ 93.12.07 — 🖭. ⓸ VISA DX e
fermé juil., vacances de fév., sam., dim. et fériés – SC : **R** 77/98 🍷.

🍴🍴 **Melodia**, 12 r. Molière ☎ 92.25.43, 🌳 — 🖭 ⓸ VISA EX w
fermé dim. de juil. à sept. – SC : **R** 70/100.

🍴🍴 **Buffet Gare**, ☎ 92.33.41 — 🖭 ⓸ VISA DX
SC : **R** 53/83.

🍴🍴 **Calanque**, 25 r. Denfert-Rochereau ☎ 92.28.58 — 🖭 ⓸ VISA DX v
fermé 29 août au 7 sept., vacances de fév. et dim. soir – **R** 64/88.

🍴 **Au Sourd**, 10 r. Molière ☎ 92.28.52, 🌳 EX w
fermé 1er juil. au 1er août, dim. et lundi – SC : **R** 90.

🍴 **Madeleine**, 7 r. Tombades ☎ 92.67.85 — ⓸ VISA EY r
fermé merc. – SC : **R** 70.

🍴 **Pascal**, square L.-Verane ☎ 92.79.60, Spécialités tunisiennes EY z
fermé lundi – SC : **R** carte environ 90.

au Mourillon – ⌧ **83000** Toulon.

Voir Tour royale ❇*.

🏨🏨 **Corniche**, 1 littoral F.-Mistral ☎ 41.39.53, ≼ — 🛗 📺 🖭 ⓸ ⋿ VISA. 🌳 BV a
SC : **R** (fermé fév., dim. soir et lundi) 80/150 – 🛏 24 – **18 ch** 180/270, 4 appartements
310.

🍴🍴🍴 **Le Lutrin**, 8 littoral F.-Mistral ☎ 42.43.43, ≼, 🌳 — 🖭 ⓸ VISA BV n
fermé juin et sam. – SC : **R** 85.

🍴🍴 **La Vigie**, 57 littoral F.-Mistral ☎ 41.37.92, ≼, 🌳 🅿 CV s
fermé 10 au 31 janv., dim. soir sauf juil.-août et merc. – SC : **R** 80/150.

à la Valette-du-Var par ① : 7 km – ⌧ **83160** La Valette-du-Var :

🍴🍴 **Lou Pantaï**, parking Barnéoud par rte d'Hyères ☎ 21.03.39, 🌳, 🌳 — 🅿. VISA
fermé dim. – SC : **R** 100 (sauf fêtes)/180.

Le Camp St-Laurent par ④ autoroute B52 sortie Ollioules : 7,5 km – ⌧ **83500** La
Seyne :

🏨🏨 **Novotel** Ⓜ 🐾, ☎ 63.09.50, Télex 400759, 🌳, 🏊, 🌳 — 🛗 🖃 📺 ☎ 🛗 🅿 – 🛗
200. 🖭 ⓸ VISA
R carte environ 85 – 🛏 24 – **86 ch** 227/238.

Voir aussi ressource hôtelière de *La Pauline* par ① : 10 km

MICHELIN, Agence, 1824 av. du Col.-Picot à la Valette du Var CU ☎ 27.01.67

AUSTIN, JAGUAR, MORRIS, ROVER,
TRIUMPH Autorex, 13 av. Gén.-Pruneau ☎ 41.
18.14
AUTOBIANCHI-LANCIA Gar. Cuzin, 69 bd de
Paris ☎ 89.46.67
OPEL Champ-de-Mars Autom., Palais Réaltor,
pl. Champ-de-Mars ☎ 41.74.21
PEUGEOT TALBOT Gds Gar. du Var, bd des
Armaris Ste-Musse CU ☎ 23.90.55 🅽 ☎ 27.
25.56

V.A.G. S.A.V.A.R., 50 av. F.-Cuzin ☎ 41.27.55

🛞 Aude, 16 av. Mar.-Foch ☎ 89.35.00
Escoffier-Pneus, 705 av. Col. Picot ☎ 20.20.63
Pneu-Leca, bd Cdt-Nicolas ☎ 93.04.51 et pl.
Pasteur ☎ 41.42.87
Marcel-Pneus, 126 r. du Dr-Gibert ☎ 42.41.42

Périphérie et environs

BMW Bavaria-Motors, av. de l'Université,
Zone Ind. les Espaluns à La Valette ☎ 75.36.60
CITROEN Succursale, rte de Sanary, quartier
Berthe à la Seyne par ③ ☎ 94.71.90 Zone Ind.
les Espaluns à la Valette par ① ☎ 20.90.90
FIAT D.I.A.T., La Coupiane à La Valette ☎ 27.
17.41
FORD Gar. d'Azur, av. de l'Université à la
Valette ☎ 23.36.48 🅽 ☎ 23.24.39
MERCEDES-BENZ Gar. Foch, Domaine Ste-
Claire à La Valette-du-Var ☎ 23.24.66 🅽 ☎ 27.
25.56
RENAULT Succursale, S.C.I les Espaluns à la
Valette par ① ☎ 27.90.10

🛞 Costa-Pneus, Centre Commercial Barnéoud
à la Valette ☎ 20.07.23
Guillamon, 80 av. Char.-Verdun à La Valette-
du-Var ☎ 27.36.31
Piot-Pneu, chemin Tombouctou, l'Escaillon ☎
22.44.82 et Domaine Ste-Claire, r. P. et M. Curie
à la Valette ☎ 23.23.46
Pneu-Leca, Zone Ind. à La Garde ☎ 75.83.97
Terol-Pneus, 101 av. Ed.-Herriot, L'Escaillon ☎
24.54.25

Nouveauté : la Carte GRÈCE à 1/700 000.

TOULOUSE Ⓟ 31000 H.-Gar. 🎱🎱 ⑧ Ⓖ. Pyrénées — 383 176 h. alt. 146 — ❀ 61.

Voir Basilique St-Sernin★★★ FX — Les Jacobins★★ (église) FY — Capitole★ FY — Hôtel
d'Assézat★ FYB — Cathédrale★ GY — Musées : Augustins★★ (sculptures★★★) GY **M1**,
Histoire naturelle★★ GZ **M2** , Paul Dupuy★ GZ**M4**.

🛆 ᐟ 73.45.48, S : 10 km par D 4 BV : 🛆 de Palmola Country Club ᐟ 84.20.50 par ③ : 24km.
🛫 de Toulouse-Blagnac : ᐟ 71.11.14 - AT.

🚂 ᐟ 62.50.50.

🅸 Office de Tourisme (fermé dim. et fêtes hors saison) et Accueil de France (Informations et
réservations d'hôtels, pas plus de 5 jours à l'avance), Donjon du Capitole ᐟ 23.32.00, Télex 531508
et Gare Matabiau (fermé sam. et dim.) ᐟ 63.11.88 — A.C. 17 allées Jean-Jaurès ᐟ 62.76.21 - T.C.F.
1 r. Lafaille, angle 28 bd Strasbourg ᐟ 62.86.00.

Paris 709 ① — Barcelona 387 ⑦ — ◆Bordeaux 253 ① — ◆Lyon 534 ⑦ — ◆Marseille 399 ⑦.

Plans : Toulouse p. 2 à 5

🏨🏨 **Le Concorde** Ⓜ, 16 bd Bonrepos ᐟ 62.48.60, Télex 531686 — 🛗 🖭 📺 ☎ 🚗 –
🛆 40 à 220. 🆎 ⑩ Ⓔ 𝘝𝘐𝘚𝘈 GX **z**
SC : **R** *(fermé août, dim. et fêtes)* 70 bc/120 bc — **97 ch** ⚏ 230/380.

🏨🏨 **Frantel-Wilson** Ⓜ sans rest, 7 r. Labéda ᐟ 21.21.75, Télex 530550 — 🛗 🖭 📺 ☎
🕭 Ⓟ — 🛆 50. 🆎 ⑩ Ⓔ 𝘝𝘐𝘚𝘈 GY **y**
SC : ⚏ 23 — **95 ch** 280/385.

🏨🏨 **Gd H. de l'Opéra** Ⓜ sans rest, 1 pl. Capitole ᐟ 21.82.66, Télex 521998 — 🛗 📺 ☎
— 🛆 100. 🆎 ⑩ 𝘝𝘐𝘚𝘈 FY **q**
SC : ⚏ 30 — **46 ch** 250/600.

🏨🏨 **d'Occitanie** (École hôtelière) Ⓜ, 5 r. Labéda ᐟ 21.15.92 — 🛗 🖭 ch 📺 ☎. 🆎
🍴 rest GY **y**
fermé vacances scolaires — SC : **R** *(fermé samedi soir et dim.)* 80/95 — **17 ch**
⚏ 105/230, 3 appartements 320.

🏨🏨 **Mercure** Ⓜ, r. St-Jérome (pl. Occitane) ᐟ 23.11.77, Télex 520760 — 🛗 🖭 📺 ☎
— 🛆 25 à 250. 🆎 ⑩ Ⓔ 𝘝𝘐𝘚𝘈 GY **s**
R carte environ 90 — ⚏ 27 — **170 ch** 290/352.

🏨🏨 **Caravelle** Ⓜ sans rest, 62 r. Raymond-IV ᐟ 62.70.65, Télex 530438 — 🛗 🖭 📺 ☎
🚗 — 🛆 25. 🆎 ⑩ Ⓔ 𝘝𝘐𝘚𝘈 GX **m**
SC : ⚏ 25 — **30 ch** 245/310.

🏨 **Orsay** Ⓜ sans rest, 8 bd Bon repos ᐟ 62.71.61 — 🛗 📺 ⌂wc 🛁wc ☎ Ⓟ. 🆎 ⑩
𝘝𝘐𝘚𝘈 GX **n**
SC : ⚏ 16 — **40 ch** 167/190.

🏨 **Royal** sans rest, 6 r. Labéda ᐟ 23.38.70 — 🛗 ⌂wc 🛁wc 🚗 — 🛆 25. Ⓔ GY **h**
fermé 14 juil. au 15 août — SC : ⚏ 19 — **25 ch** 175/290.

🏨 **Inter Hôtel Voyageurs** sans rest, 11 bd Bonrepos ᐟ 62.89.79 — 🛗 📺 ⌂wc
🛁wc 🚗. 🚘 Ⓔ 𝘝𝘐𝘚𝘈 GX **n**
SC : ⚏ 15 — **34 ch** 110/155.

🏨 **Touristic H.** sans rest, 25 pl. V.-Hugo ᐟ 23.14.55 — 🛗 📺 ⌂wc 🛁wc ☎ GY **u**
SC : ⚏ 15 — **38 ch** 130/145.

🏨 **Printania** sans rest, 55 r. St-Rome ᐟ 21.54.05 — 🛗 ⌂wc 🛁wc 🚗 🚗. 🍴
fermé 1ᵉʳ août au 5 sept. — SC : ⚏ 16 **45 ch** 130/220. FY **r**

🏨 **Ours Blanc** sans rest, 2 r. V.-Hugo ᐟ 21.62.40 — 🛗 📺 ⌂wc 🛁wc ☎. 🚘 🆎
𝘝𝘐𝘚𝘈. 🍴 GY **m**
SC : **37 ch** ⚏ 156/190.

🏨🏨 **Raymond IV** sans rest, 16 r. Raymond-IV ᐟ 62.31.80 — 🛗 ⌂wc 🛁wc 🚗 🚗.
🚘 🆎 Ⓔ 𝘝𝘐𝘚𝘈 GX **d**
SC : ⚏ 16 — **41 ch** 148/178.

🏨 **Taur** sans rest, 2 r. Taur ᐟ 21.17.54 — 🛗 ⌂wc 🛁 ☎ FY **a**
SC : ⚏ 12 — **40 ch** 90/160.

🏨 **Progrès** sans rest, 10 r. Rivals ᐟ 23.21.28 — 🛗 ⌂wc 🛁wc 🚗. 𝘝𝘐𝘚𝘈 FY **n**
33 ch.

🏨 **Prado** 🐾 sans rest, 26 r. Prado par rte de St-Simon ✉ 31300 ᐟ 40.49.29 — 🛁wc
🚗 🕭 Ⓟ BU **f**
fermé août — SC : ⚏ 12 — **22 ch** 98/119.

🏨 **Gds Boulevards** sans rest, 12 r. Austerlitz ᐟ 21.67.57 — 🛗 ⌂wc 🛁wc 🚗. 🆎 Ⓔ
𝘝𝘐𝘚𝘈. 🍴 GY **t**
fermé 1ᵉʳ au 25 août — SC : ⚏ 13 — **30 ch** 67/133.

🏨 **Riquet** sans rest, 92 r. Riquet ᐟ 62.55.96 — 🛗 ⌂wc 🛁wc ☎ Ⓟ HX **x**
SC : ⚏ 13 — **74 ch** 62/117.

🏨 **Bordeaux** sans rest, 4 bd Bonrepos ᐟ 62.41.09 — 🛁wc 🚗. 🚘 Ⓔ GHX **a**
SC : ⚏ 15 — **22 ch** 65/120.

tourner ⟶

RÉPERTOIRE DES RUES DU PLAN DE TOULOUSE

TOULOUSE AGGLOMÉRATION

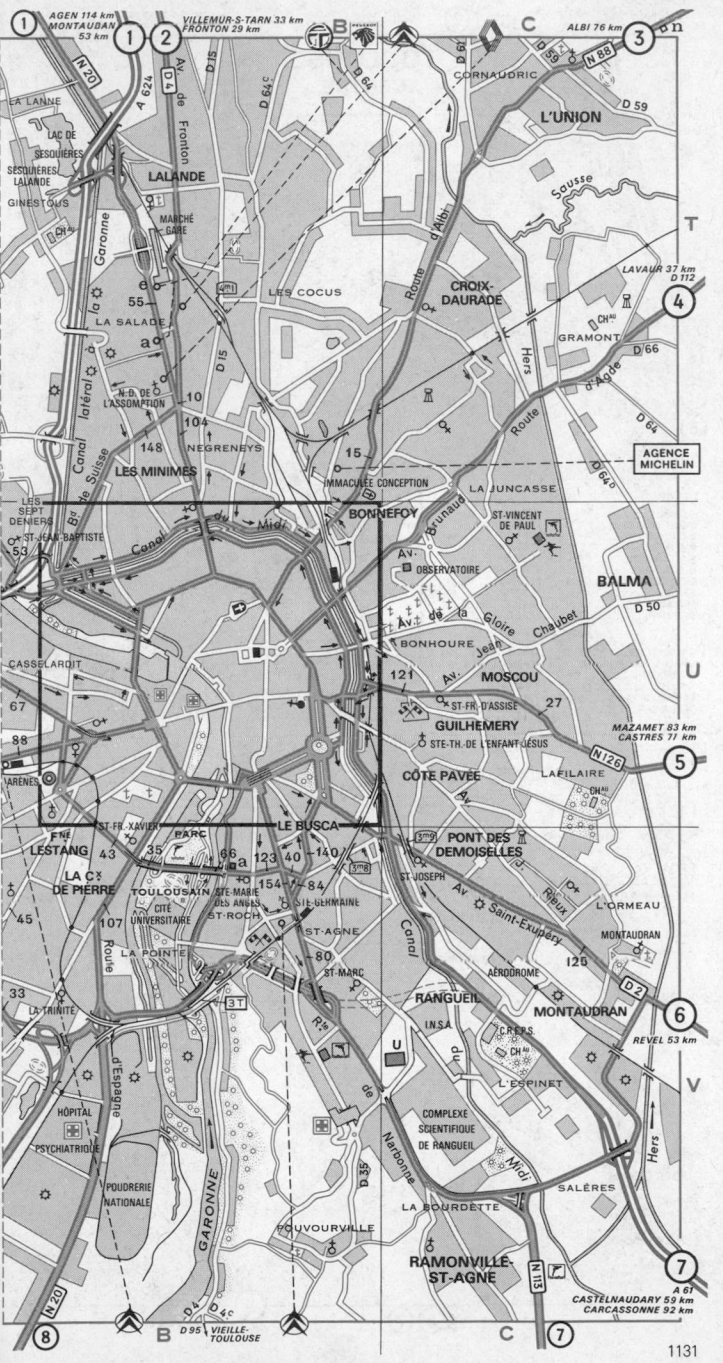

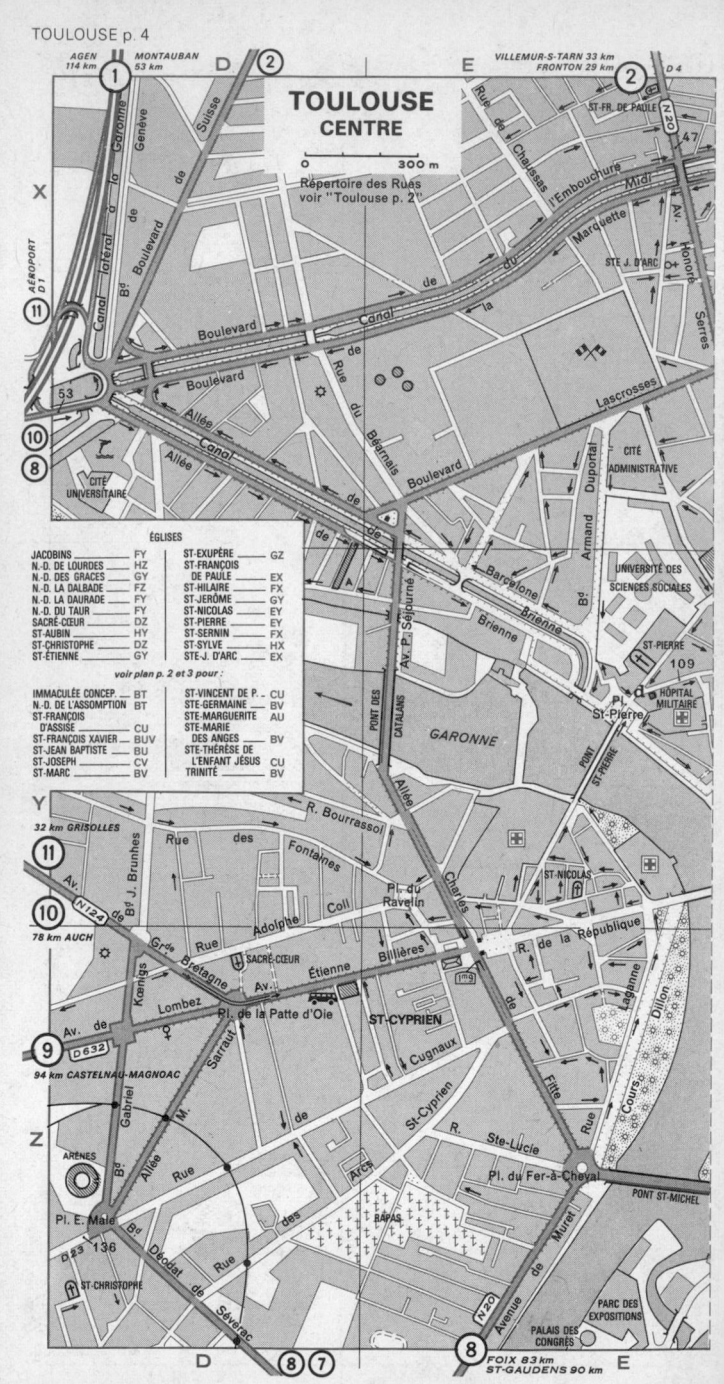

TOULOUSE
CENTRE

0   300 m

Répertoire des Rues
voir "Toulouse p. 2"

ÉGLISES

JACOBINS	FY	ST-EXUPÈRE	GZ
N.-D. DE LOURDES	HZ	ST-FRANÇOIS	
N.-D. DES GRACES	GY	DE PAULE	EX
N.-D. LA DALBADE	FZ	ST-HILAIRE	FX
N.-D. LA DAURADE	FY	ST-JÉRÔME	GY
N.-D. DU TAUR	FY	ST-NICOLAS	EY
SACRÉ-CŒUR	DZ	ST-PIERRE	EY
ST-AUBIN	HY	ST-SERNIN	FX
ST-CHRISTOPHE	DZ	ST-SYLVE	HX
ST-ÉTIENNE	GY	STE-J. D'ARC	EX

voir plan p. 2 et 3 pour :

IMMACULÉE CONCEP.	BT	ST-VINCENT DE P.	CU
N.-D. DE L'ASSOMPTION	BT	STE-GERMAINE	BV
ST-FRANÇOIS		STE-MARGUERITE	AU
D'ASSISE	CU	STE-MARIE	
ST-FRANÇOIS XAVIER	BUV	DES ANGES	BV
ST-JEAN BAPTISTE	BU	STE-THÉRÈSE DE	
ST-JOSEPH	CV	L'ENFANT JÉSUS	CU
ST-MARC	BV	TRINITÉ	BV

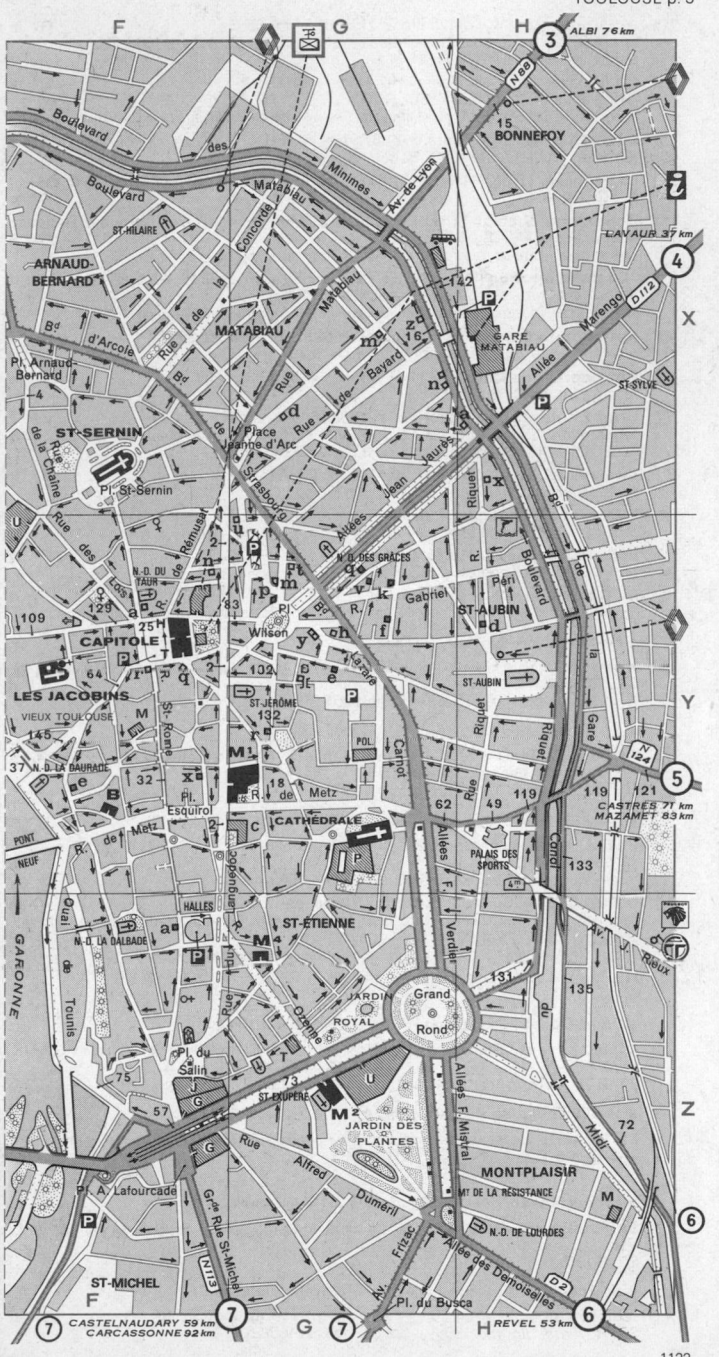

XXX ✿✿ **Vanel,** 22 r. M.-Fontvieille ☎ 21.51.82 – ▤. ▥ E   GY e
   fermé 30 juil. au 29 août, dim., fêtes et lundi midi – SC : **R** carte 160 à 220
   Spéc. Pigeon, Agneau de lait, Millefeuille.

XXX ✿ **Darroze,** 19 r. Castellane ☎ 62.34.70 – ▤. ▥. ✼   GY v
   fermé août, dim. et fériés – SC : **R** 100
   Spéc. Terrine de foies de volaille à l'armagnac, Aiguillettes de canard au St Emilion, Grand dessert..

XXX **Le Séville,** 45 r. Tourneurs ☎ 21.37.97 – ▤. *VISA*   FY x
   fermé en août et lundi – SC : **R** 120/180.

XXX **La Frégate,** 16 pl. Wilson ☎ 21.59.61, Décor contemporain – ▤. ▥ ① E *VISA*
   SC : **R** 70/100.   GY p

XXX **Belvédère,** 8e étage 11 bd Recollets ⊠ 31400 ☎ 52.63.73, ≤ Garonne, Toulouse
   et environs – ▤. ▦ ① E   BV a
   fermé août, dim. et jours fériés – SC : **R** *(déj. seul.)* 60 bc.

XX ✿ **La Belle Époque** (Roudgé), 3 r. Pargaminières – ▤. ▥ ①   EY d
   fermé sam. midi, dim. et fériés – SC : **R** 110/160
   Spéc. Salade "Cocagne", Fricassée de foie de veau aux cèpes, Millefeuille au pralin.

XX **Bouchon Lyonnais,** 13 r. Industrie ☎ 62.97.43 – ▤. ▥ ① *VISA*   GY f
   fermé 10 au 31 juil., sam., dim. et fériés – **R** 70.

XX **Rôtisserie des Carmes,** 11 pl. Carmes ☎ 52.73.82 ▥ *VISA*   FZ a
   fermé sam. – SC : **R** 58/70.

XX **Chez Emile,** 13 pl. St-Georges ☎ 21.05.56 – ▤. ▥ E   GY r
   fermé 8 au 31 août, Noël au 1er janv., dim. et lundi – **rez-de-chaussée** (poissons) **R**
   carte 100 à 140- **1er étage** (viandes) **R** carte 65 à 135.

XX **Le Paysan,** 9 r. G.-Péri ☎ 62.70.44 – ▤. ▥ ①   GY k
   fermé sam. midi et dim. – SC : **R** 70 bc/150 bc.

X **L'Occitan,** 53 r. Riquet ☎ 62.80.44   HY d
   fermé juil. sam., dim. et fêtes – SC : **R** 65/75 ⌘.

X **Fournil,** 36 allées J. Jaurès ☎ 62.66.19 – ▤   GY q
⬩ *fermé lundi midi et dim.* – SC : **R** 46/180 ⌘.

X **Le Cassoulet,** 40 r. Peyrolières ☎ 21.18.99   FY e
   fermé 3 au 26 juil., 23 déc. au 11 janv. et lundi – **R** carte environ 65 ⌘.

   à Purpan - AU – ⊠ 31300 Toulouse :

🏨 **Novotel** Ⓜ, ☎ 49.34.10, Télex 520640, 🍽, ⊒, ⚐, ✼ – 🛗 ▤ ⓣⓥ ☎ ᯤ ⓟ – 🛏
   400. ▥ ① *VISA*   AU a
   R carte environ 110 – ⊐ 27 – **123 ch** 250/279.

   à St-Martin-du-Touch AU – ⊠ 31300 Toulouse :

🏨 **Airport H.** Ⓜ sans rest, 176 rte Bayonne ☎ 49.68.78, Télex 521752 – 🛗 ▤ ⓣⓥ
   🛏wc ᯤ ⬅ ⓟ – 🛏 25. 📠 ▥ ① E *VISA*   AU s
   SC : ⊐ 22 – **45 ch** 196/215, 3 appartements 225.

   à Blagnac : 7 km - AT – 14 295 h. – ⊠ 31700 Blagnac :

🏨 **Sofitel** Ⓜ, accès aéroport ☎ 71.11.25, Télex 520178, ⊒, ✼ – 🛗 ▤ ⓣⓥ ☎ ᯤ ⓟ –
   🛏 350. ▥ ① E *VISA*   AT e
   rest. **La Caouec R** carte 120 à 155 – ⊐ 33 – **100 ch** 335/450.

XXX ✿ **Pujol,** 21 av. Gén.-Compans ☎ 71.13.58, parc – ⓟ. ①   AT a
   fermé 28 août au 20 sept., dim. soir et sam. – SC : **R** (nombre de couverts limité -
   prévenir) carte 145 à 180
   Spéc. Foie de canard froid ou chaud, Poissons, Cassoulet. **Vins** Cahors.

XXX **Horizon,** à l'Aéroport par D 1 E - AT - ☎ 71.02.75, ≤ – ▤. ▥ ① *VISA*
   R 74.

   au Sud-Ouest : 8 km par D 23 - AV – ⊠ 31100 Le Mirail :

🏨 **Diane et rest. Saint-Simon** Ⓜ ⌘, 3 rte St-Simon ☎ 07.59.52, Télex 530518,
   parc, 🍽, ⊒, ✼ – ⓣⓥ ☎ ⓟ – 🛏 30. ▥ ① E *VISA*. ✼ rest
   SC : **R** *(fermé dim.)* carte 140 à 190 – ⊐ 25 – **32 ch** 230/280.

   à Vieille Toulouse S : 9 km par D 4 - BY – ⊠ 31320 Castenet :

🏨 **La Flânerie** ⌘ sans rest, rte Lacroix-Falgarde ☎ 73.39.12, ≤ vallée, parc – ⓣⓥ
   ⬅ ⓟ. ① *VISA*
   SC : ⊐ 25 – **12 ch** 130/300.

   à Lacourtensourt par ① : 8 km – ⊠ 31140 Aucamville :

XXX **La Feuilleraie,** ☎ 70.16.01, 🍽, « dans un parc, ⊒ » – ▤ ⓟ – 🛏 80. ▥ ① E
   VISA
   SC : **R** 80/100.

   à St-Jean par ③ : 9 km – 6 142 h. – ⊠ 31240 L'Union :

🏨 **Horizon 88** Ⓜ, ☎ 74.34.15, ⊒, ⚐ – 🛗 ⓣⓥ ⬅ ⓟ – 🛏 30. ①   CT n
   SC : **R** *(fermé dim.)* 55/180 ⌘ – ⊐ 22 – **38 ch** 165/250.

à Fonsegrives par ⑥ : 8 km – ✉ **31130** Fonsegrives :

XX **La Grange,** ☎ 24.00.55, 🏠 – Ⓟ. AE ⓓ
SC : **R** 76/150.

à Vigoulet-Auzil par ⑦ sortie Ramonville et D 35 : 12 km – ✉ **31320** Castanet :

XX ✿ **Aub. de Tournebride** (Nony), ☎ 73.34.49, 🏠 – Ⓟ
fermé 10 au 25 août, 10 au 30 janv., dim. soir et lundi – SC : **R** carte 130 à 180
Spéc. Petite marmite des pêcheurs, Steack au pot, Emincé de veau aux pates fraiches et foie frais.
Vins Pacherenc, Madiran.

à Villeneuve-Tolosane par ⑧ et D 15 : 13 km – 6 595 h. – ✉ **31270** Cugnaux :

🏠 **Promenade,** 22 allées Platanes ☎ 92.04.45, 🏠 – 🛁 ⛲ ☎
fermé août – SC : **R** *(fermé dim. soir et merc.)* 64/140 🍷 – ☕ 8 – **9 ch** 65/85 – P 145/165.

à Lacroix-Falgarde par ⑧ : 15 km – ✉ **31120** Portet-sur-Garonne :

XX **Bellevue,** ☎ 72.19.38, ←, 🏠 – Ⓟ
fermé lundi d'oct. à fin mai – **R** 55/210.

à Tournefeuille par ⑨ : 8,5 km – 7 505 h. – ✉ **31170** Tournefeuille :

🏠 **Les Chanterelles et rest Le Cabanon** Ⓜ 🐕, S : 1 km par D 63 ☎ 86.21.86, « Pavillons dans un jardin fleuri et ombragé », 🏠 – 🛁wc ☎ ♿ 🚗 Ⓟ. 🚗. 🐕 ch
SC : **R** *(fermé 15 sept. au 15 oct., lundi de sept. au 31 mai et dim. soir)* 75/120 – ☕ 17 – **10 ch** 220.

MICHELIN, Agence régionale, Z.I., 30 bd de Thibaud AV ☎ **41.11.54** et **Agence** 72 ch. Lapujade BT ☎ **48.77.95**

ALFA ROMEO Arquier, rte Castres, Lasbordes ☎ 24.05.92 N ☎ 42.99.11
ALFA ROMEO **PORSCHE-MITSUBISHI** Europ-Auto, 10 bd d'Arcole ☎ 62.03.25 N ☎ 52.39.07
AUSTIN, JAGUAR, MORRIS, ROVER, TRIUMPH SMECA-St-Michel, 123 r. Vauquelin, Le Mirail ☎ 40.10.10
AUSTIN, JAGUAR, MORRIS, ROVER, TRIUMPH Gar. du Pont-St-Michel, 2 allées Paul-Feuga ☎ 52.60.60
AUTOBIANCHI-LANCIA, TOYOTA Languedoc Autos, 24 bd Matabiau ☎ 62.86.48 N
BMW Soulié, 15 Gde-Rue-St Michel ☎ 52.93.75
CITROEN Gar. du Mirail, 59 av. Lombez BU ☎ 49.40.80
CITROEN Succursale, 138 av. de Fronton BT ☎ 47.67.01 N
CITROEN Succursale, 2 av. des Crêtes à Ramonville St-Agne par N 113 CV ☎ 73.81.73
CITROEN Auto-Sud, 4 r. E.-Baudot AV ☎ 40.16.25
CITROEN Samazan, 29 av. du 14-R.I. BV ☎ 52.90.17
CITROEN Techene, rte Castres à Lasbordes par ⑤ ☎ 24.13.29
FIAT, LANCIA-AUTOBIANCHI S.O.M.E.D.A. 58 rte Bayonne ☎ 49.11.12
FIAT, LANCIA-AUTOBIANCHI S.O.M.E.D.A. 127 av. États-Unis ☎ 47.14.00
FORD S.L.A.D.A., 83 bd Silvio-Trentin ☎ 47.24.24
LADA Mondial Auto, rte Castres Lasbordes, Balma ☎ 24.35.73
MERCEDES-BENZ Jour et Nuit, 37 av. H.-Serres ☎ 23.11.78
OPEL Général Autom., 16 allée Ch.-de-Fitte ☎ 42.91.36

PEUGEOT, TALBOT S.I.A.L., 105 av. États-Unis BT a ☎ 47.81.60
PEUGEOT, TALBOT S.I.A.L., 23 av. J.-Rieux HZ ☎ 54.52.52
PEUGEOT-TALBOT S.I.A.L., rue L.-N. Vauquelin AV ☎ 41.23.33
PEUGEOT-TALBOT S.I.A.L., 142 av. États-Unis BT e ☎ 47.67.67
RENAULT Automobiles Lormand, 32 r. Riquet HY ☎ 62.62.21
RENAULT Succursale, 75 av. États-Unis BT ☎ 47.79.09
RENAULT Gar. Bonnefoy, 22 fg Bonnefoy HX ☎ 40.84.82
RENAULT Puel, 2 r. J.-Babinet AV ☎ 40.41.40
TOYOTA, VOLVO Autos 31, 166 av. de Muret ☎ 42.91.50
V.A.G. Centre Mirail Auto, r. Babinet, la Reynerie ☎ 44.44.44
V.A.G. Ets Gauch, à Labège ☎ 20.05.52
V.A.G. Toulouse-Automobile, 34 Gde r. St-Michel ☎ 52.64.08

⊛ Bellet-Pneus, 25 av. de Lyon ☎ 40.55.55 20 allées Ch.-de-Fitte ☎ 42.56.56
Central-Pneu, 24 r. G.-Péri ☎ 62.70.90, ZI 19 av. Thibaut Mirail ☎ 40.28.72, 71 bd de la Marquette ☎ 21.68.13
L'Eclair Pneus 1 rte de Bessières à l'Union ☎ 74.02.96
Escoffier-Pneus, 205 av. États-Unis ☎ 47.80.80
Perrier, Zone Ind. de Prat-Gimont, Balma ☎ 48.61.76
Roudez, 15 av. Camille-Pujol ☎ 80.88.46
Solapneu, 82 r. N-Vauquelin ☎ 40.40.56
Solapneu, 85 bd Suisse ☎ 47.61.90
Solapneu, 211 rte Narbonne ☎ 52.11.89
Stand du Pneu, 25 allées F.-Verdier ☎ 52.06.54

Besonders angenehme Hotels oder Restaurants sind im Führer rot gekennzeichnet.
Sie können uns helfen, wenn Sie uns die Häuser angeben, in denen Sie sich besonders wohl gefühlt haben.
Jährlich erscheint eine komplett überarbeitete Ausgabe aller Roten Michelin-Führer.

🏨🏨🏨🏨🏨 ... 🏠

XXXXX ... X

Le TOUQUET-PARIS-PLAGE 62520 P.-de-C. 51 ⑪ G. Nord de la France – 5 593 h. –
Casinos : La Forêt BZ, Quatre saisons AY – ✿ 21.

Voir Phare ≤★★ BYR – Vallée de la Canche★ par ①.

ⁿₛⁿₛⁿₛ ☎ 05.20.22, S : 2,5 km par ②.

✈ du Touquet-Paris-Plage : ☎ 05.03.99, E : 2,5 km BZ.

🛈 Office de Tourisme Palais de l'Europe (fermé dim. hors sais.) ☎ 05.21.65.

Par ① : Paris 221 – Abbeville 58 – Arras 99 – Boulogne-sur-Mer 32 – ◆Lille 132 – St-Omer 70.

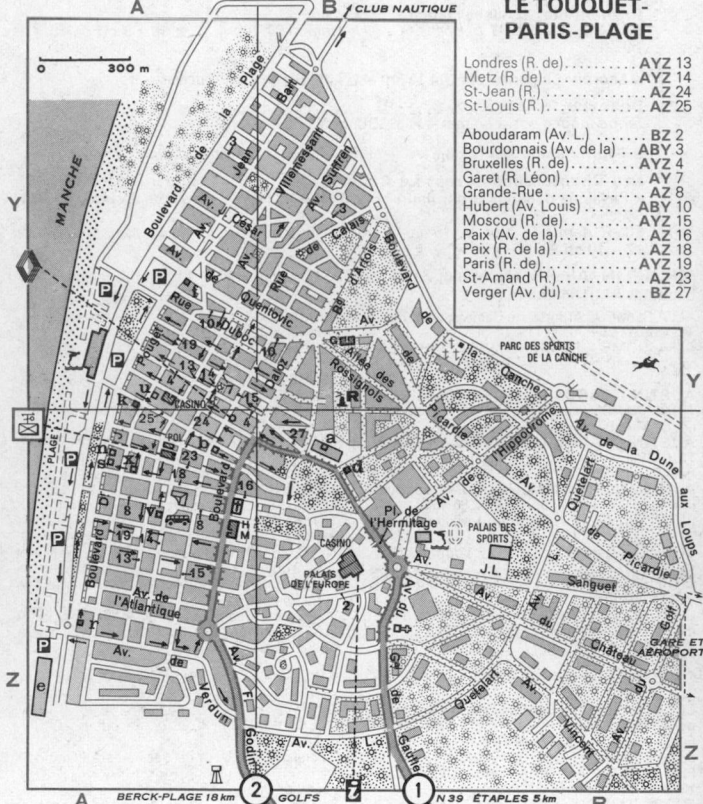

LE TOUQUET-
PARIS-PLAGE

Londres (R. de) .... **AYZ** 13
Metz (R. de) .... **AYZ** 14
St-Jean (R.) .... **AZ** 24
St-Louis (R.) .... **AZ** 25

Aboudaram (Av. L.) .... **BZ** 2
Bourdonnais (Av. de la) .. **ABY** 3
Bruxelles (R. de) .... **ABY** 4
Garet (R. Léon) .... **AY** 7
Grande-Rue .... **AZ** 8
Hubert (Av. Louis) .... **ABY** 10
Moscou (R. de) .... **AYZ** 15
Paix (Av. de la) .... **AYZ** 16
Paix (R. de la) .... **AYZ** 18
Paris (R. de) .... **AYZ** 19
St-Amand (R.) .... **AZ** 23
Verger (Av. du) .... **BZ** 27

🏨🏨🏨 **Westminster** sans rest, av. Verger ☎ 05.19.66, Télex 160439 – 🛗 📺 🅿 – 🔬
30 à 100. 🆎 ⓞ ⋿ 𝘝𝘐𝘚𝘈   BZ **a**
Pâques-6 nov. – **145 ch** ⊐ 300/520.

🏨🏨 **Manoir H.** ⑤, aux Golfs par ② : 2,5 km ☎ 05.20.22, ≤, ⊥, 🐎, 🐖 – ☎ 🅿 – 🔬 40.
🆎 𝘝𝘐𝘚𝘈 ⋙
*hôtel : fermé 9 janv. au 10 fév. ; rest. : fermé 9 janv. au 9 mars, mardi soir et merc. en
mars, nov. et déc.* – SC : **R** 130/150 – ⊐ 25 – **44 ch** 230/290 – P 420/595.

🏨🏨 **Novotel-Thalamer** Ⓜ ⑤, sur la plage ☎ 05.24.00, Télex 160480, ≤ mer et
plage, ⊥, 🐎 – 🛗 ⊟ rest 📺 ☎ 🐤 🅿 – 🔬 60 à 120. 🆎 ⓞ 𝘝𝘐𝘚𝘈   AZ **e**
R snack carte environ 85 – ⊐ 29 – **104 ch** 277/397.

🏨 **Côte d'Opale**, 99 bd Doct. J.-Pouget ☎ 05.08.11, « Terrasse fleurie ≤ mer et
plage » – ⊟ rest ⌂wc 🕿. 🖛 🆎 ⓞ ⋿ 𝘝𝘐𝘚𝘈   AZ **n**
18 mars-14 nov. – SC : **R** (dim. prévenir) 88/248 bc – ⊐ 22 – **28 ch** 116/244 – P
244/440.

🏩 **Nouvel H.** sans rest, 89 r. Paris ☎ 05.04.22 – 🛏️wc 🛁wc ☎. 🚗🅿. ❀ rest AY **u**
6 fév.-14 nov. – SC : ☲ 18 – **20 ch** 85/207.

🏩 **Plage** sans rest, bd Mer ☎ 05.03.22, ≤ – 🛏️wc 🛁wc ☎. 🚗🅿. ❀ AZ **s**
15 mars-15 nov. – SC : ☲ 18 – **26 ch** 121/198.

🏩 **Forêt** sans rest, 73 r. Moscou ☎ 05.09.88 – 🛏️wc ☎. ❀ AZ **b**
SC : ☲ 16 – **10 ch** 150/190.

🏩 **Caddy**, 130 r. Metz ☎ 05.11.32 – 🛁wc ☎. 🚗🅿. ❀ rest AZ **v**
← *fermé 4 au 31 janv.* – SC : **R** *(fermé lundi du 1er sept. au 30 juin)* 50/80 🍷 – ☲ 13 –
30 ch 110/130 – P 150/180.

🏡 **Le Chalet**, r. Paix ☎ 05.12.99 – 🛏️wc 🛁. ❀ rest AZ **x**
15 mars-10 sept. – SC : **R** 55/60 – 🍷 12 – **15 ch** 84/155 – P 145/180.

XXX 🕸 **Flavio-Club de la Forêt**, av. Verger ☎ 05.10.22 – 🆎 ⓞ 🅴 𝘝𝘐𝘚𝘈 BZ **d**
fermé janv., fév. et merc. du 1er oct. au 20 avril – **R** 220/260
Spéc. Homard, Aiguillettes de bar soufflées, Foie gras de canard.

XXX **Georges II**, bd de la Mer ☎ 05.00.68 – 🔳. 🆎 AZ **r**
Pâques-sept. et en hiver week-ends seul. – SC : **R** 90/280.

XX **Chalut**, 7 bd J.-Pouget ☎ 05.22.55 – 𝘝𝘐𝘚𝘈 AY **f**
fermé déc., janv., mardi soir et merc. sauf juil.-août – SC : **R** 90/150.

X **Diamant Rose**, 110 r. Paris ☎ 05.38.10 AY **k**
← *fermé 1er au 15 oct., 19 déc. au 15 janv., merc. et lundi soir en juil.-août* – SC : **R**
49/90.

à l'Aéroport E : 2,5 km BZ :

XX **L'Escale**, ☎ 05.23.22 – 🅿. 🆎 ⓞ 𝘝𝘐𝘚𝘈
fermé jeudi soir du 1er nov. au 31 mars – SC : **R** carte 120 à 185.

à Stella-Plage par ② : 7 km – ✉ 62780 Cucq :

🏩 **Dell'Hôtel** M, ☎ 94.60.86 – 🛗 🛏️wc 🛁wc ☎ 🅿 – 🏛️ 30. 🚗🅿
1er fév.-début nov. – SC : **R** 55/92 – ☲ 16 – **31 ch** 98/195 – P 215/315.

à Merlimont-Ville par ① et D 940 : 10 km – ✉ 62155 Merlimont :

XXX 🕸 **Host. Georges**, 139 r. Étaples ☎ 94.70.87, « Jardin fleuri » – 🅿. 🆎 🅴 𝘝𝘐𝘚𝘈
*fermé janv., lundi mardi et mardi sauf juil.-août, du 15 nov. au 15 fév., ouvert week-ends
et fêtes seul.* – SC : **R** 70/250
Spéc. Homard grillé, Choucroute aux poissons, Escalope de saumon aux morilles.

RENAULT Gar. de la Canche, par av. Charles   RENAULT Gar. de la Forêt, ☎ 05.09.33
de Gaulle par ① ☎ 94.91.00

▮**le TOUR** 74 H.-Savoie 🎴🎴 ⑨ – rattaché à Argentière.

▮**Le TOUR** 74 H.-Savoie 🎴🎴 ⑧ – rattaché à Megève.

▮**TOURCOING** 59200 Nord 🎴🎴 ⑥ G. Nord de la France – 102 543 h. alt. 42 – ✪ 20.

Voir Château du Vert-Bois★ SO : 5 km.

🏌 des Flandres ☎ 72.20.74 par ① : 9,5 km ; 🏌 du Sart au château du Sart ☎ 72.02.51 par
① : 12 km ; 🏌🏌🏌 de Bondues ☎ 37.80.03, SO : 7 km.

🅱 Syndicat d'Initiative Grand'Place (fermé dim. après-midi) ☎ 26.89.03 - A.C. 13 r. Desurmont ☎
26.56.35.

Paris 234 ⑧ – Kortrijk 19 ⑥ – Gent 61 ⑥ ◆Lille 13 ⑧ – Oostende 66 ⑦ – Roubaix 4 ⑦.

Accès et Sorties : Voir à Lille p. 2 et 3

Plan pages suivantes

🏨 **Novotel** M, au Nord près échangeur de Neuville-en-Ferrain ✉ 59960 Neuville-
en-Ferrain ☎ 94.07.70, Télex 131656, 🖼️, 🏊, – 🛗 🔳 📺 ☎ ♿ 🅿 – 🏛️ 30 à 300. 🆎
ⓞ 𝘝𝘐𝘚𝘈   plan Lille p 3 JKR
R snack carte environ 85 – ☲ 27 – **118 ch** 226/271.

🏩 **Ibis**, r. Carnot ☎ 76.84.58, Télex 132695 – 🛗 🛏️wc – 🏛️ 25. 🚗🅿 🅴 𝘝𝘐𝘚𝘈 CY **a**
SC : **R** carte environ 65 🍷 – 🍽 18 – **102 ch** 164/179.

XXX **La Saucière**, 189 bd Gambetta ☎ 26.67.90 – 𝘝𝘐𝘚𝘈 CZ **s**
fermé 1er août au 7 sept., vacances de fév., sam. midi et dim. – **R** carte 130 à 195.

XX **P'tit Bedon**, 5 bd Égalité ☎ 25.00.51 – 🆎 DY **k**
fermé 15 au 30 juil., 1er au 15 sept. et lundi – **R** carte 110 à 150.

XX **Le Plessy**, 31 av. Lefrançois ☎ 25.07.73 – 𝘝𝘐𝘚𝘈 DZ **d**
fermé août, dim. soir et lundi – **R** 70/90.

XX **Milano**, 66 r. Haze ☎ 26.43.08 – 𝘝𝘐𝘚𝘈 CY **r**
fermé août et sam. – SC : **R** carte 95 à 135.

X **Enrico**, 5 r. Thiers ☎ 25.32.79 – 🔳 CZ **v**
← *fermé août et dim. soir* – **R** 38/50.

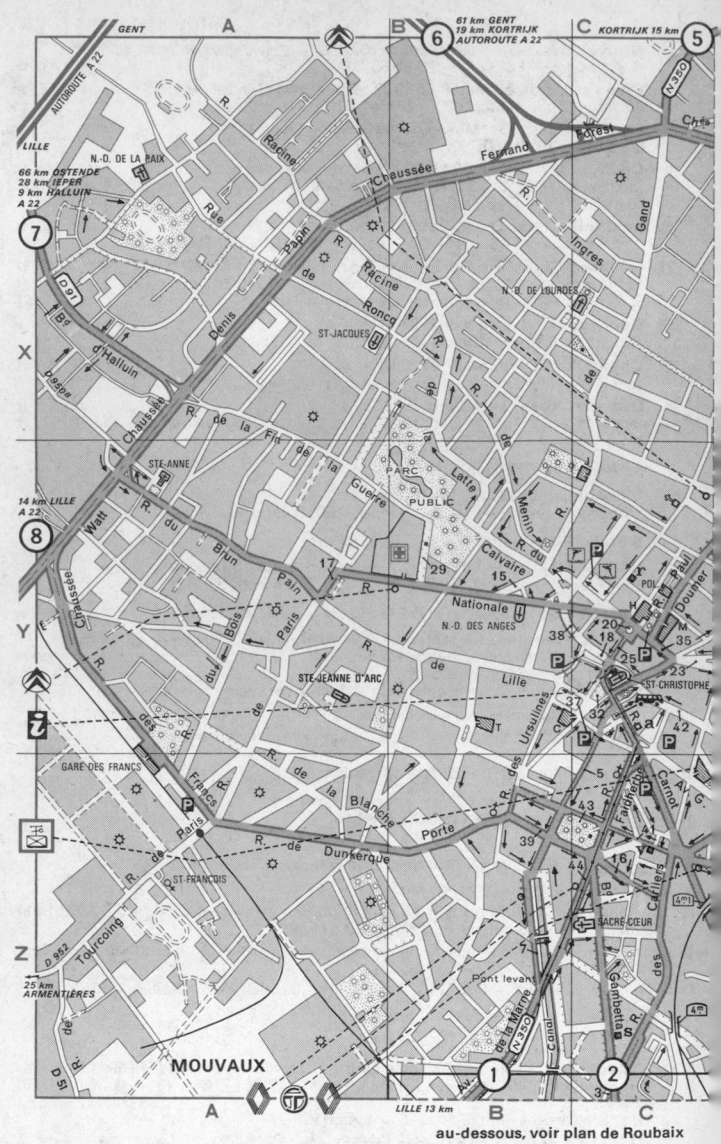

au-dessous, voir plan de Roubaix

CITROEN Gar. Corselle, 4 r. F.-Roosevelt CY 🕾 01.55.51

CITROEN Gar. du Dronckaert, angle r. des Champs, r. du Dronckaert à Roncq par ⑦ 🕾 03.61.90

CITROEN Vigneau et Delehaye, 135 r. Nationale BY 🕾 26.68.71

FORD Gar. Ponthieux, 75 r. de Roubaix 🕾 26.67.05

PEUGEOT Gar. de L'Autoroute, 13 r. du Dronckaert à Roncq par ⑦ 🕾 94.33.00

RENAULT D.I.A.N.O.R., 53 r. du Dronckaert à Roncq par ⑦ 🕾 94.01.35

RENAULT Guilbert, 95 r. du Tilleul DZ 🕾 26.74.18

RENAULT Gar. du Nord, 4 av. Lefrançois CZ 🕾 01.46.11

RENAULT Ropital, 19 quai Cherbourg BZ 🕾 26.61.94

V.A.G. Beulque, 20 r. du Tilleul 🕾 24.36.45

🔘 Nord-Pneu, 9 bis r. F.-Buisson 🕾 25.31.78

Promo-Pneus, 486 r. du Blanc Seau 🕾 36.43.58

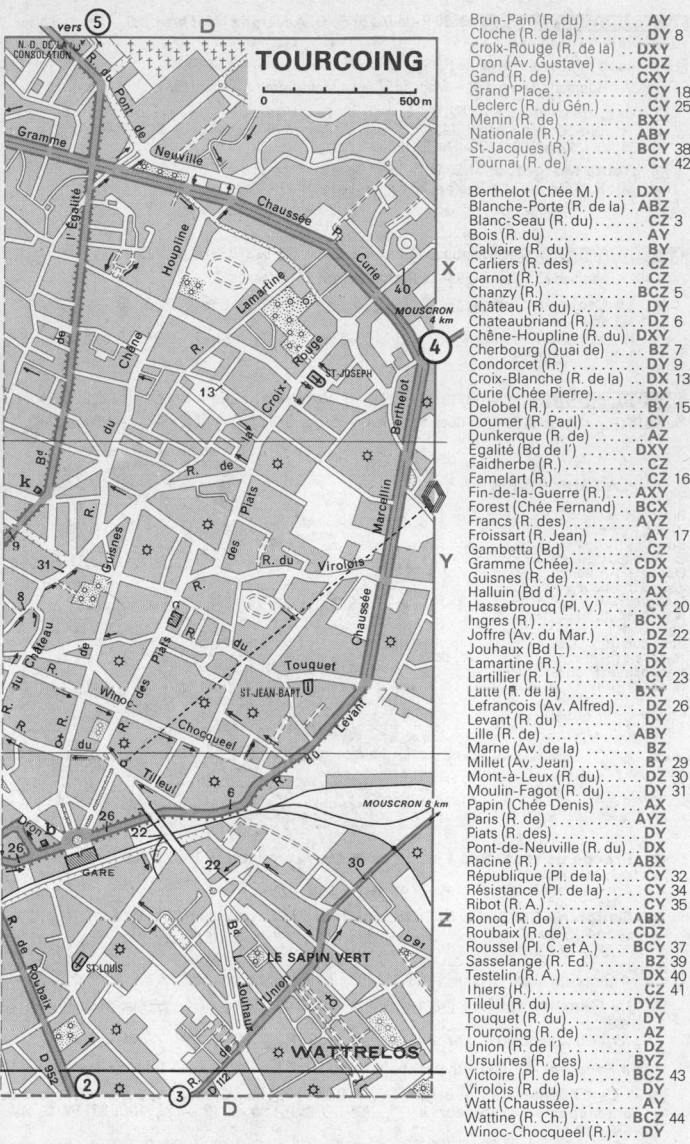

In this guide,

a symbol or a character, printed in red *or black in light or* **bold** *type,*
does not have the same meaning.

Please read the explanatory pages carefully (pp. 21 to 28).

La TOUR-D'AIGUES 84240 Vaucluse ⑧④ ③ **G. Provence** – 2 123 h. alt. 268 – ✦ 90.
Paris 755 – Aix-en-Pr. 26 – Apt 41 – Avignon 83 – Cavaillon 51 – Manosque 27 – Salon-de-Pr. 47.

※※ **Host. du Château,** (1er étage) ☎ 77.43.55 – Æ
fermé 7 juin au 4 juil., dim. soir et lundi – **R** 55/85.

RENAULT Felines, ☎ 77.40.47

🛈 Syndicat d'Initiative à la Mairie (1er juil.-31 août et fermé dim.) ☏ 21.50.12.
Paris 446 – ♦Clermont-Ferrand 60 – Mauriac 57 – Le Mont-Dore 17 – Ussel 60.

🏠 **Lac,** rte de Bort ☏ 21.52.19, ⇐ – 🔥 ☎ **P.** ℀ rest
→ 1er juin-30 sept. et 15 déc.-30 mars et vacances scolaires – SC : **R** 40/75 ⅄ – 🍽 –
11,50 – **12 ch** 80/126 – P 122/180.

🏠 **Reine Margot,** ☏ 21.50.96 – 🍴 🚗🅿
→ SC : **R** 39/72 ⅄ – 🖭 16,50 – **20 ch** 49/114 – P 114/150.

RENAULT Gar. Maillard, ☏ 21.50.43

Paris 460 – Muzillac 22 – Redon 59 – La Roche-Bernard 37 – Vannes 22.

🏨 **La Croix du Sud** Ⓜ ⅏, ☏ 26.40.26, ➧, ✿, ℀ – 🍴wc ☎ ⅄ **P** – 🔼 25. 🚗🅿
ⓘ **VISA**
R (fermé dim. soir et lundi midi) 109/235 – 🖭 13 – **27 ch** 78/192, 8 appartements
168 – P 254/286.

Paris 518 ④ – Aix-les-B. 53 ① – Chambéry 47 ④ – ♦Grenoble 67 ④ – ♦Lyon 55 ④ – Vienne 57 ④.

LA TOUR-DU-PIN

Billard (R. Marius) 4
Briand (R. Aristide) 5
Bruyères (R. des) 7
Contamin (R. Claude) 8
Dubost (Pl. Antonin) 9
Jaurès (R. Jean) 13
Lescure (R. Jean) 15
Nation (Pl. de la) 16
Pasteur (R.) 17
Paul-Bert (R.) 18
Recollets (R. des) 20
République (R. de la) 21
Sage (R. Paul) 23
Savoyat (R. Joseph) 24
Thevenon (Pl. Albert) 25
Viricel (R.) 29

*Les plans de villes
sont orientés
le Nord en haut.*

🏠 **France et rest. Bec Fin,** 12 av. Alsace-Lorraine (a) ☏ 97.00.08 – 🍴wc 🔥wc
→ ☎ 🚗 🚗🅿
SC : **R** 45/100 – 🖭 14 – **21 ch** 95/150 – P 180/250.

🏠 **Dauphiné Savoie,** r. A.-Briand (n) ☏ 97.03.87 – 🔥wc ☎. **E**. ℀
→ fermé 15 au 30 oct., 8 au 14 mars et lundi midi – SC : **R** 46/100 ⅄ – 🖭 14 – **12 ch**
77/95 – P 130/150.

à Cessieu par ③ : 6 km – ✉ 38110 La Tour-du-Pin :

✗✗ **La Gentilhommière** ⅏ avec ch, ☏ 88.30.09, ☂, parc – 🍴wc 🔥wc **P**. ⓘ **E**
VISA
fermé 15 au 30 nov., dim. soir et lundi – SC : **R** 65/180 – 🖭 14 – **7 ch** 80/140.

à Faverges-de-la-Tour par ①, N 75 et D 145 E : 10 km – ✉ 38110 La-Tour-du-Pin :

🏰 ✿ **Le Château de Faverges** ⅏, ☏ 97.42.52, Télex 300372, ⇐, parc, « Très beaux
aménagements intérieurs », ➧, ℀ – 📺 📺 ☎ ⅄ **P** – 🔼 100. 🄰🄴 ⓘ **E** **VISA**
℀ rest
15 mai-15 nov. – SC : **R** 120/280 – 🍽 40 – **35 ch** 350/700 – P 500/700
Spéc. Salade "Châtelaine", Filet de lavaret sauce fleurette, Magret de canard à l'aigre-doux.

CITROEN Gar. Vial, N 6 Zone Ind. à St-Jean-de-Soudain par ⑤ ☏ 97.30.34
CITROEN Monin, à St-Clair de la Tour par ① ☏ 97.10.82
PEUGEOT-TALBOT Brochier, 9 r. Bruyères ☏ 97.03.68

RENAULT Tour-Autos, Zone Ind. à St-Jean-de-Soudain par r. St-Jean ☏ 97.25.63
V.A.G. Alp'Gar. 23 r. Pasteur ☏ 97.09.84

Voir ❊★★.
Paris 855 – Luz-St-Sauveur 18 – La Mongie 4.

TOURNAY 65190 H.-Pyr. 85 ⑨ – 1 169 h. alt. 260 – ✪ 62.

Paris 823 – Bagnères-de-Bigorre 16 – Lannemezan 17 – Tarbes 18.

🏠 **Moderne,** ☎ 35.70.30 – 🛏 🖥 🅿. 🛝
⇌ *fermé oct.* – SC : **R** *(fermé sam. sauf juil., août et sept.)* 50/65 – � 10 – **20 ch** 43/90
– P 93/105.

TOURNEFEUILLE 31 H.-Gar. 82 ⑦ – rattaché à Toulouse.

TOURNON ⬭ 07 Ardèche 77 ① – rattaché à Tain-Tournon.

TOURNON-D'AGENAIS 47370 L.-et-G. 79 ⑥ G. Périgord – 1 020 h. alt. 167 – ✪ 53.

Voir Site★.

🛈 Syndicat d'Initiative à la Mairie (fermé sam. et dim.) ☎ 71.70.19.

Paris 641 – Agen 42 – Cahors 46 – Castelsarrasin 56 – Montauban 63 – Villeneuve-sur-Lot 26.

🏠 **Midi** 🦐, ☎ 71.70.08, 🌿 – 🖥wc ⇌
⇌ *fermé 1er au 25 sept. et sam. sauf juil.-août* – SC : **R** 40/70 ♨ – ⊆ 12 – **12 ch** 55/130
– P 120/140.

RENAULT Gar. Mirabel, ☎ 71.72.07 🄽 ☎ 71.70.20

TOURNUS 71700 S.-et-L. 69 ⑳ G. Bourgogne – 7 339 h. alt. 193 – ✪ 85.

Voir Ancienne abbaye★ : église St-Philibert★★.

🛈 Office de Tourisme pl. Carnot (1er mars-31 oct. et fermé dim. après-midi) ☎ 51.13.10.

Paris 365 ① – Bourg-en-Bresse 54 ② – Chalon-sur-Saône 27 ① – Charolles 63 ③ – Lons-le-Saunier
56 ② – Louhans 29 ② – ✦ Lyon 102 ② – Mâcon 30 ② – Montceau-les-Mines 65 ①.

TOURNUS

Dr-Privey (R. du)	5
Midi (R. du)	7
République (R. de la)	9
Arts (Pl. des)	2
Bessard (R. A.)	3
Collège (R. du)	4
Hôpital (R. de l')	6
Thibaudet (R. A.)	12
Tilsit (R.)	13
Tonneliers (R. des)	14

🏨 **Le Rempart** Ⓜ, 2 av.
Gambetta **(x)** ☎ 51.10.56
– 📶 🖥 📺 ☎ ⅋ ⬟ 🅿.
🝙 ⓞ 🄴 ⱽᴵˢᴬ. 🛝 ch
R 70/190 – ⊆ 23 – **28 ch**
130/250 – P 300/420.

🏩 **Le Sauvage,** pl. Champ-
de-Mars **(u)** ☎ 51.14.45,
Télex 800726, 🌿 – 📶 📺
🛏wc 🖥wc 🕮 🚗 🝙 ⓞ
🄴 ⱽᴵˢᴬ
fermé 15 nov. au 15 déc. –
SC : **R** 70/150 – ⊆ 22 –
33 ch 150/190.

🏠 **Motel Clos Mouron** Ⓜ
sans rest, par ① : 0,5 km
☎ 51.23.86 – 🛏wc ☎ ⅋
🅿. 🛝 🝙 ⓞ 🄴 ⱽᴵˢᴬ
*fermé 10 au 20 nov. et dim.
d'oct. à janv.* – SC : ⊆ 16 –
20 ch 104/149.

🏡 **La Saône** 🦐, rive gauche
(n) ☎ 51.03.38, ≼ – 🖥wc
🅿
*hôtel : fermé déc. et janv. ;
rest. : fermé fin oct. à fin
fév. et jeudi* – SC : **R** 50/85
♨ – ⊆ 11 – **12 ch** 60/120

❀❀❀ **Greuze** (Ducloux), 1
r. A.-Thibaudet **(e)** ☎ 51.
13.52 – 🅿 🝙 ⱽᴵˢᴬ
*fermé 7 au 18 juin, 15 nov.
au 3 déc. et jeudi sauf fériés*
– **R** 150/220 et carte
Spéc. Quenelle de brochet, Galette de truffes, Entrecôte à la Charolles. Vins Beaujolais, Mâcon.

🍴 **Nouvel H.** avec ch, 1 bis av. Alpes **(a)** ☎ 51.04.25 – 🅿. 🄴 ⱽᴵˢᴬ
⇌ *fermé 23 au 30 mai, 5 au 29 déc., dim. soir sauf juil.-août et lundi* – SC : **R** 50/95 ♨ –
⊆ 12 – **7 ch** 72/120.

à Martailly-lès-Brancion par ③ et D 14 : 12 km – ✉ 71700 Tournus :

🍴 **Relais de Martailly,** ☎ 51.19.56 – 🅿. 🄴
⇌ *mars-15 oct. et fermé lundi sauf le soir du 14 juil. au 15 sept.* – SC : **R** 39/105 ♨.

à Brancion par ③ D 14 : 14 km – ✉ 71700 Tournus.

Voir Bourg★.

🏨 **Montagne de Brancion** Ⓜ 🦐 sans rest, au col de Brancion ☎ 51.12.40, ≼ –
🛏wc 🖥wc 🕮 🅿
SC : ⊆ 13 – **20 ch** 106/148.

TOURNUS

CITROEN Gar. Guillemaut, 4 av. Pasteur ☏ 51.03.17
FORD Gar. Pagneux, 3 av. Gambetta ☏ 51.06.45

PEUGEOT-TALBOT Tournus-Pneus, 16 pl. du Champ-de-Mars ☏ 51.07.58
RENAULT Pageaud, 5 rte de Paris par ① ☏ 51.07.05

TOUROUVRE 61190 Orne **60** ⑤ G. Normandie – 1 704 h. alt. 236 – ✪ 33.

Voir Église : Adoration des Mages★ du retable.

Paris 143 – L'Aigle 22 – Alençon 48 – Chartres 73 – Mortagne-au-Perche 12 – Verneuil-sur- 27.

☓ **Relais Fleuri,** au Gué-à-Pont sur N 12 SO : 2 km ☏ 25.70.44 – 🅿
SC : **R** 54/90.

FIAT, LANCIA-AUTOBIANCHI Gar. Roussel, N 12 à Ste-Anne ☏ 25.73.41 **N**
PEUGEOT Toussaint, ☏ 25.70.02

RENAULT Chardon, ☏ 25.73.12

TOURRETTE-SUR-LOUP 06 Alpes-Mar. **84** ⑨. **195** ㉕ G. Côte d'Azur – 2 267 h. alt. 400 –
✉ 06140 Vence – ✪ 93 – **Voir Vieux village★** – Paris 934 – Grasse 21 – ♦Nice 28 – Vence 6.

🏠 **Aub. Belles Terrasses,** E : 1 km sur D 2210 ☏ 59.30.03, ≤ – 🛏wc 🛁wc ☎ 🅿.
↔ 🚗🛢
SC : **R** 50/70 – ⊊ 15 – **15 ch** 150 – P 165.

🏠 **Grive Dorée,** rte Grasse ☏ 59.30.05, ≤ – 🛁wc ☎
1er fév.-31 oct. – SC : **R** 62/105 – ⊊ 15 – **14 ch** 90/160 – P 180/200.

TOURS 🅿 37000 I.-et-L. **64** ⑮ G. Châteaux de la Loire – 145 441 h. communauté urbaine 251 320 h. alt. 48 – ✪ 47.

Voir Cathédrale★★ EX – Le Vieux Tours★★ : place Plumereau★ CY 67, Hôtel Gouin★ CX D, Cloître St-Martin★ CY B, Rue Briçonnet★ CY 15, Maison de Tristan★ CX K – La Psallette ou Cloître St-Gatien★ EX F – Musées : Beaux-Arts★★ EX Y M2, Gemmail★ CX M3, Compagnonnage★ DX M1 – Abbaye de Marmoutier : portail de la Crosse★ E : 3 km AU R – Prieuré St-Cosme★ O : 3 km AV E – Grange de Meslay★ NE : 10 km AU S.

🟦 de Touraine ☏ 53.20.28, ; domaine de la Touche à Ballan-Miré par ⑪ : 14 km.

✈ de Tours-St-Symphorien : T.A.T. ☏ 54.21.45 NE : 7 km AU.

🚂 ☏ 20.23.43.

🅱 Office de Tourisme et Accueil de France (Informations, change et réservations d'hôtels, pas plus de 5 jours à l'avance), pl. Mar. Leclerc ☏ 05.58.08, Télex 750008 – A.C.O. 4 pl. J.-Jaurès ☏ 05.50.19 - T.C.F. 2 r. Plat d'Etain ☏ 20.77.22.

Paris 234 ③ – Angers 106 ⑭ – ♦Bordeaux 348 ⑩ – Chartres 139 ② – ♦Clermont-Ferrand 301 ⑧ –
♦Limoges 220 ⑩ – ♦Le Mans 82 ⑮ – ♦Orléans 112 ③ – ♦Rennes 235 ⑮ – ♦St-Étienne 423 ⑦.

Plans pages suivantes

🏨🏨 **Méridien** Ⓜ, 292 av. Grammont ✉ 37200 ☏ 28.00.80, Télex 750922, 🏊, 🚗, ☓ –
🛗 🗄 📺 ☎ 🅿 – 🔏 40 à 200. 🆑 ⓞ 🅴 𝘝𝘐𝘚𝘈   AV **s**
SC : **R** 85 – ⊊ 26 – **119 ch** 290/380, 6 appartements.

🏨🏨 **Royal** Ⓜ sans rest, 65 av. Grammont ☏ 64.71.78 – 🛗 & 🚗 🆑 𝘝𝘐𝘚𝘈 🎬   DZ **s**
SC : ⊊ 23 – **35 ch** 197/235.

🏨🏨 **Bordeaux,** 3 pl. Mar.-Leclerc ☏ 05.40.32, Télex 750414 – 🛗 📺 ☎ & 🆑 ⓞ 🅴
𝘝𝘐𝘚𝘈 🎬 ch   DY **t**
R 60/85 – **54 ch** ⊊ 115/260 – P 273/422.

🏨🏨 **Univers,** 5 bd Heurteloup ☏ 05.37.12 – 🛗 📺 🚗 – 🔏 30. 🆑 ⓞ 🅴 𝘝𝘐𝘚𝘈   DY **u**
SC : **R** *(fermé dim.)* 85/125 🍷 – ⊊ 27 – **91 ch** 189/264.

🏨 **Central H.** sans rest, 21 r. Berthelot ☏ 05.46.44, 🌳 – 🛗 🛏wc 🛁wc ☎ & 🚗
🅿. 🚗🛢 🆑 ⓞ 🅴 𝘝𝘐𝘚𝘈   DY **k**
SC : ⊊ 16 – **42 ch** 93/230.

🏨 **Europe** sans rest, 12 pl. Mar.-Leclerc ☏ 05.42.07, « Meubles anciens, tableaux » –
🛗 🛁wc ☎ – **51 ch**   EY **m**

🏨 **Criden** Ⓜ sans rest, 65 bd Heurteloup ☏ 20.81.14 – 🛗 📺 🛏wc ☎ & 🚗 🚗🛢
🆑 ⓞ 🅴 𝘝𝘐𝘚𝘈   EY **g**
SC : ⊊ 19 – **33 ch** 190/210.

🏨 **Armor** sans rest, 26 bis bd Heurteloup ☏ 05.29.60 – 🛗 📺 🛏wc 🛁wc ☎ 🚗🛢 🆑
ⓞ 🅴 𝘝𝘐𝘚𝘈   EY **s**
SC : ⊊ 18 – **50 ch** 86/220.

🏨 **Gambetta** sans rest, 7 r. Gambetta ☏ 05.08.35 – 🛏wc 🛁wc ☎ – 🔏 70. 🚗🛢 🆑
𝘝𝘐𝘚𝘈   DY **e**
SC : ⊊ 16,50 – **37 ch** 150/230.

🏨 **Cygne** sans rest, 6 r. Cygne ☏ 66.66.41 – 🛏wc 🛁wc ☎ 🚗 🚗🛢 🎬   DX **a**
SC : ⊊ 16 – **20 ch** 79/183.

🏨 **des Châteaux de la Loire** sans rest, 12 r. Gambetta ☏ 05.10.05 – 🛗 🛏wc 🛁wc
🚗 🚗🛢 ⓞ 𝘝𝘐𝘚𝘈   DY **x**
fermé 15 déc. au 15 janv. – SC : ⊊ 15,50 – **32 ch** 84/179.

🏨 **Mirabeau** sans rest, 89 bis bd Heurteloup ☏ 05.24.60 – 🛏wc 🛁wc ☎ 🚗🛢 🎬
fermé 20 déc. au 5 janv. – SC : ⊊ 16 – **16 ch** 146/183.   EY **e**

TOURS

TOURS

Bordeaux (R. de) . . . . DY 8
Commerce (R. du) . . . . . . CDX 28
Grammont (Av. de) . . . . . DEZ
Halles (Pl. et R.) . . . . CY
Marceau (R.) . . . . CDY
Nationale (R.) . . . . DXY
Scellerie (R. de la) . . . . DY 91

Anatole-France (Pl.) . . . . . . DX 4
Béranger (Bd) . . . . BCDY
Blanqui (R. A.) . . . . EFX
Boisdenier (R. de) . . . . . . CDZ
Boyer (R. Léon) . . . . BY
Bretonnoau (R.) . . . . CXY
Briçonnet (R.) . . . . CX 15
Buffon (R.) . . . . DY
Cathédrale (Pl.) . . . . EX 18
Chanoineau (R.) . . . . CY 20
Chanzy (R. du Gén.) . . . . . . BY
Charpentier (R. J.) . . . . . . BCY
Chevallier (R. A.) . . . . BCZ
Colbert (R.) . . . . DX
Constantine (R.) . . . . CX 29
Corneille (R.) . . . . DY 30
Courteline (R. G.) . . . . BY
Descartes (R.) . . . . CY 33
Desmoulins (R. C.) . . . . . . EFY
Dr-Fournier (R. du) . . . . FZ
Docks (R. des) . . . . EFY
Entraigues (R. d') . . . . . BCYZ
Foire-le-Roi (Pl.) . . . . DX 38
Fouquet (R. Jehan) . . . . . CYZ
Fuye (R. de la) . . . . FYZ
Galpin-Thiou (R.) . . . . DEZ
Gaulle (Av. Gén.-de) . . . . . EFZ
George Sand (R.) . . . . DYZ
Gilles (R. Charles) . . . . DY
Giraudeau (R.) . . . . BYZ
Grandière (R. de la) . . . . . . CY 41
Gd-Marché (Pl.) . . . . CY 42
Gd-Marché (R.) . . . . CY 44
Grégoire-de-Tours (Pl.) . . . EX 47
Heurteloup (Bd) . . . . EFY
Jaurès (Pl. Jean) . . . . DY
Jolivet (R.) . . . . FZ
Lakanal (R.) . . . . CZ
Lattre-de-T. (Bd de) . . . . . . EZ
Lavoisier (R.) . . . . DEX 54
Leclerc (Pl. du Mar.) . . . . . . EY
Lobin (R.) . . . . FX
Meusnier (R. du Gén.) . . . EXY 57
Michelet (R.) . . . . DYZ
Mirabeau (R.) . . . . FXY
Néricault-Destouches
(R.) . . . . CDY 60
Notre-Dame
de la Riche (⊞) . . . . BY Z
Orléans (Quai d') . . . . DEX
Paillhou (Pl. Gaston) . . . . . CY
Palissy (R. Bernard) . . . . EY
Pascal (R. Blaise) . . . . EYZ
Petit-Pré (R. du) . . . . EY
Plantin (R.) . . . . FY 66
Plumereau (Pl.) . . . . CY 67
Pompidou (Av. G.) . . . . . . FXY 69
Pont-Neuf (Q. du) . . . . . . BCX 70
Preuilly (Bd) . . . . BY
Proudhon (Av.) . . . . BX 73
Rabelais (Pl.) . . . . BZ
Rempart (R. du) . . . . FY 74
Renault (R. du Gén.) . . . BCZ
Résistance (Pl. de la) . . . . DY 75
Rouget-de-Lisle (R.) . . . . . BY
Sacré-Cœur (⊞) . . . . FZ
St-Étienne (⊞) . . . . DY 80
St-Gatien
(Cathédrale) . . . . EX
St-Julien (⊞) . . . . DX X
St-Martin (⊞) . . . . CY W
St-Paul (⊞) . . . . EZ 83

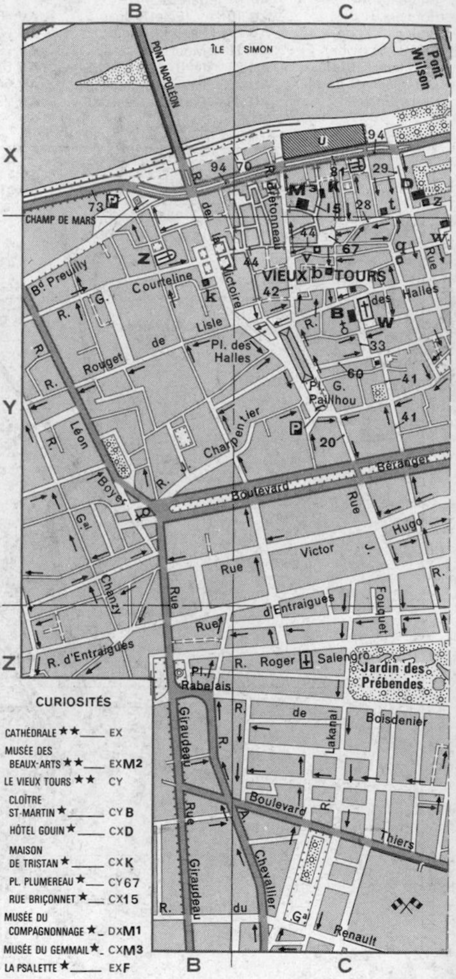

CURIOSITÉS

CATHÉDRALE ★★ ___ EX
MUSÉE DES BEAUX-ARTS ★★ ___ EX M2
LE VIEUX TOURS ★★ CY
CLOÎTRE ST-MARTIN ★ ___ CY B
HÔTEL GOUIN ★ ___ CX D
MAISON DE TRISTAN ★ ___ CX K
PL. PLUMEREAU ★ ___ CY 67
RUE BRIÇONNET ★ ___ CX 15
MUSÉE DU COMPAGNONNAGE ★ ___ DX M1
MUSÉE DU GEMMAIL ★ ___ CX M3
LA PSALETTE ★ ___ EX F

Italia M sans rest, 19 r. Devilde ✉ 37100 ☎ 54.43.01 – wc wc ☎ P. VISA. AU **n**
fermé 25 août au 10 sept. et 25 déc. au 5 janv. – SC : ☐ 14 – **20 ch** 75/145.

Balzac sans rest, 47 r. Scellerie ☎ 05.40.87 – wc wc ☎. AE ⊙ E VISA DY **v**
SC : ☐ 13 – **19 ch** 65/180.

Rosny sans rest, 19 r. B. Pascal ☎ 05.23.54 – wc wc ☎ P. VISA DEY **a**
fermé 20 déc. au 5 janv. – SC : ☐ 14 – **22 ch** 69/180.

Akilène sans rest, 22 r. Gd Marché ☎ 61.46.04 – wc wc ☎. VISA CY **v**
SC : ☐ 14 – **20 ch** 79/200.

Théâtre sans rest, 57 r. Scellerie ☎ 05.31.29 – wc wc ☎. E VISA DY **v**
SC : ☐ 14 – **14 ch** 95/165.

Colbert sans rest, 78 r. Colbert ☎ 66.61.56 – wc ☎. DX **f**
SC : ☐ 15 – **17 ch** 80/152.

Foch sans rest, 20 r. Mar.-Foch ☎ 05.70.59 – wc ☎. VISA CY **q**
SC : ☐ 13,50 – **16 ch** 76/122.

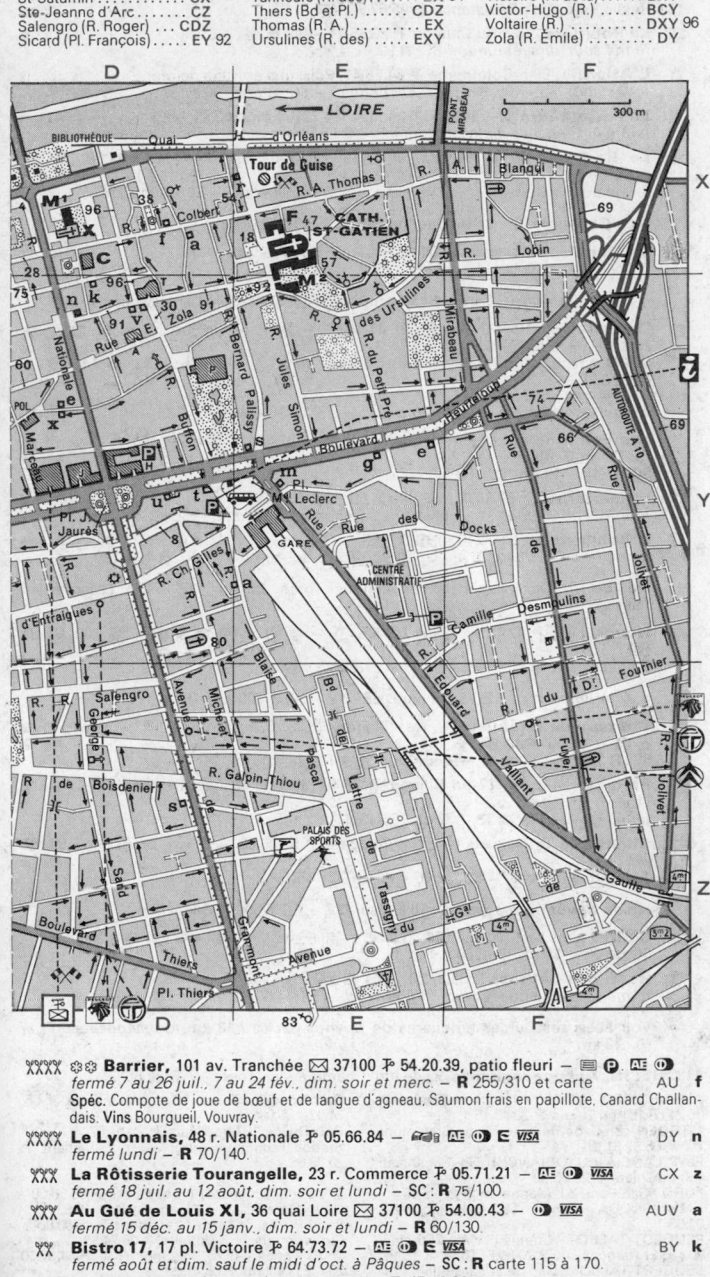

%%%% ❀❀ **Barrier,** 101 av. Tranchée ⊠ 37100 ☎ 54.20.39, patio fleuri – 🗐 🅿. 🆎 ⓪
XXXX *fermé 7 au 26 juil., 7 au 24 fév., dim. soir et merc.* – **R** 255/310 et carte   AU **f**
Spéc. Compote de joue de bœuf et de langue d'agneau, Saumon frais en papillote, Canard Challan-
dais. **Vins** Bourgueil, Vouvray.

%%%% **Le Lyonnais,** 48 r. Nationale ☎ 05.66.84 – 🚗🗄 🆎 ⓪ 🔁 *VISA*   DY **n**
XXXX *fermé lundi* – **R** 70/140.

XXX **La Rôtisserie Tourangelle,** 23 r. Commerce ☎ 05.71.21 – 🆎 ⓪ *VISA*   CX **z**
fermé 18 juil. au 12 août, dim. soir et lundi – SC : **R** 75/100.

XXX **Au Gué de Louis XI,** 36 quai Loire ⊠ 37100 ☎ 54.00.43 – ⓪ *VISA*   AUV **a**
fermé 15 déc. au 15 janv., dim. soir et lundi – **R** 60/130.

XX **Bistro 17,** 17 pl. Victoire ☎ 64.73.72 – 🆎 ⓪ 🔁 *VISA*   BY **k**
fermé août et dim. sauf le midi d'oct. à Pâques – SC : **R** carte 115 à 170.

XX ❀ **Les Tuffeaux** (Devaux), 19 r. Lavoisier ☎ 47.19.89   EX **r**
fermé 8 au 25 août, 4 au 20 janv., dim. soir et lundi – SC : **R** carte 120 à 180.
Spéc. Foie gras de canard, Tresses de filets de sole, Aiguillettes de caneton au vin de Chinon.

XX Relais Buré, 1 pl. Résistance ☎ 05.67.74, 🏞 CXY **w**

XX **La Poivrière,** 13 r. du Change ☎ 20.85.41 – AE E VISA CY **b**
fermé août, dim. et lundi – SC : **R** 92.

XX **L'Atlantic,** 59 r. Commerce ☎ 64.78.41, Poissons et fruits de mer CX **t**
fermé août, 15 au 28 fév., dim. soir et lundi – SC : **R** carte 90 à 150.

XX **La Petite Marmite,** 103 av. Tranchée ✉ 37100 ☎ 54.03.85 – ⓟ AU **f**
fermé juil., en fév., dim. soir et merc. – **R** 55/90 ℬ.

XX **Le Ronsard,** 47 av. Bordeaux ✉ 37300 Joué-lès-Tours ☎ 28.04.58, 🏞 – ⓟ. ✂ AV **k**
fermé 3 au 17 août, 8 fév. au 1er mars, mardi soir et merc. – SC : **R** 95/125.

à La Guignière O : rte de Saumur - AV – ✉ **37230** Luynes :

🏨 **Le Manoir** sans rest, ☎ 42.04.02, ≤ – ⊟wc ⫪ ☎ 🚗. 🐕 AV **t**
fermé janv. – SC : ☐ 14 – **16 ch** 80/140.

à Saint-Pierre des Corps E : 3,5 km - AV – ✉ **37700** Saint-Pierre-des-Corps :

🏨 **Dancotel** Ⓜ, 10 r. J.-Moulin ☎ 44.44.67 – |♦| ▤ rest ⊟wc ⫪wc ☎ ⓟ – 🏛 25 à 100. 🐕 AE ⓓ E AV **d**
SC : **R** snack *(fermé dim. soir en hiver)* 37 bc/80 ℬ – ☐ 18 – **32 ch** 140/160 – P 190/235.

à Rochecorbon NE : rte de Blois - AU – ✉ **37210** Vouvray :

🏨 **Les Fontaines** sans rest, 6 quai Loire ☎ 52.52.86, ≤, parc – ⊟wc ⫪wc ☎ ♿ ⓟ. AE ⓓ E VISA AU **z**
SC : ☐ 14 – **15 ch** 100/180.

XX **La Lanterne,** ☎ 52.50.02, 🏞 – ⓟ. AE VISA AU **d**
fermé 22 au 28 août, janv., fév., dim. soir hors sais. et lundi – SC : **R** 45/120.

XX **L'Oubliette,** ☎ 52.50.49 – ⓟ. E VISA AU **s**
fermé 1er au 15 mars, 26 juil. au 31 août, dim. soir et lundi – SC : **R** 100/120.

rte de Poitiers : par ⑩ échangeur Tours Sud – ✉ **37170** Chambray-les-Tours :

🏨 **Novotel** Ⓜ, ☎ 27.41.38, Télex 751206, 🏊 – |♦| ▤ ch 📺 ☎ ♿ ⓟ – 🏛 200. AE ⓓ VISA
R snack carte environ 85 – ☐ 27 – **91 ch** 260/306.

à Joué-lès-Tours SO : 5 km par D 86 - AV – ✉ **37300** Joué-les-Tours :

🏨 **Château de Beaulieu** 🐌, rte Villandry ☎ 53.20.26, ≤, parc, 🏞 – ⊟wc ⫪ ☎ ♿ ⓟ – 🏛 50. 🐕 VISA AV **b**
SC : **R** 125/250 – ☐ 22 – **17 ch** 170/320 – P 317/400.

🏨 **Parc** Ⓜ sans rest, 17 bd Chinon ☎ 28.40.19 – |♦| ⊟wc ⫪wc ☎ ♿ ⓟ. 🐕 E . VISA AV **n**
fermé janv. – SC : ☐ 18 – **32 ch** 165/195.

🏨 **Chantepie** Ⓜ 🐌 sans rest, 6 r. Poincaré ☎ 53.06.09 – ⊟wc ☎ ⓟ. 🐕 AE ⓓ VISA AV **e**
fermé 15 au 31 déc. – SC : ☐ 16 – **20 ch** 70/165.

rte de Savonnières par ⑫ : 10 km sur D 7 – ✉ **37300** Joué-les-Tours :

🏨 **Cèdres** sans rest, ☎ 53.00.28, 🏊, 🌳 – |♦| ⊟wc ⫪wc ☎ 🚗 ⓟ. 🐕 VISA
SC : ☐ 25 – **38 ch** 150/280.

XX **Rest. des Cèdres,** ☎ 53.37.58 – ⓟ. E VISA
fermé vacances de fév., dim. soir et vend. – SC : **R** 80/150.

Voir aussi ressources hôtelières de ***Luynes*** par ⑬ : 13 km, de ***Montbazon*** par ⑨ : 13 km

MICHELIN, Agence régionale, Zone Ind. Chambray-lès-Tours AV ☎ **28.60.59**

ALFA-ROMEO L.O.V.A., 4 r. Blaise Pascal ☎ 05.21.68 181 bd Thiers ☎ 20.45.15
CITROEN S.I.C. de Banville, 56 av. Grammont DZ ☎ 05.37.31 🅽
FIAT, LANCIA-AUTOBIANCHI Gd. Gar. Ouest, 150 bd Thiers ☎ 20.95.39
FORD Gar. Pont, Z.I. Menneton ☎ 20.25.33
LADA, SKODA Hamelin, 68 r. Salengro ☎ 61.02.88
PEUGEOT-TALBOT Grands gar. de Touraine, 20 r. d'Entraigues DY ☎ 20.30.57 🅽 ☎ 41.15.15
PEUGEOT-TALBOT Gar. de la Passerelle, 17 r. Dr.-Fournier FZ ☎ 46.15.93
RENAULT SELTA, 194 av. Maginot AU **s** ☎ 54.04.00

Gar. Nouveau Tours, 16 r. Constantine ☎ 05.74.92
Gar. Thiers, 187 bd Thiers ☎ 20.61.47
Station-Technique-Auto, 241 r. E.-Vaillant ☎ 20.33.06

⑩ Bourdin-Pneus, 41 r. des Docks ☎ 05.36.08
Nourry Pneus, 276 av. Maginot ☎ 54.19.92
Perry-Pneus, 74 av. de Grammont ☎ 05.00.85
Super-Pneus, 55 r. Voltaire ☎ 05.74.83
Tours-Pneus, 145 av. Maginot, N 10 ☎ 54.57.50
20 r. E. Vaillant ☎ 05.41.29

Périphérie et environs

AUSTIN, JAGUAR, MORRIS, ROVER, TRIUMPH Gar. Gauron, 24 rue Gutenberg à Joué-lès-Tours ☎ 53.83.45
BMW Gar. Saint-Simon, av. des Fontaines à St Avertin ☎ 27.28.24
CITROEN S.I.C. de Banville, rte de Chinon à Joué-lès-Tours AV ☎ 53.98.18 🆕
CITROEN Gar. Lechiffre, à Savonnières ☎ 50.00.35 🆕
PEUGEOT, TALBOT Gds Gar. de Touraine, 207 av. du Mans à St-Cyr AU ☎ 54.24.24 🆕 ☎ 41.15.15
PEUGEOT Gar. Gayout, Zone Ind. n° 2, 13 r. Prony à Joué-lès-Tours par ⑪ ☎ 53.84.53
RENAULT RNUR, N 10 à Chambray-les-Tours AV f ☎ 28.02.37

RENAULT Boutet, 26 r. Larçay à St-Avertin AV y ☎ 27.01.41
RENAULT Gar. de la Lanterne, 26 quai de la Loire à Rochecorbon AU ☎ 52.50.62
V.A.G. Busker, rte Mont-Louis à St-Pierre-des-Corps ☎ 44.02.67
V.A.G. Gar. Intersport, av. Pompidou, les Granges Galand à St-Avertin ☎ 28.02.56

🔧 La Maison du Pneu, 55 bd de Chinon à Joué-lès-Tours ☎ 28.06.73
Tours-Pneus, 83 rte de Bordeaux, Chambray-lès-Tours ☎ 28.25.89

TOURS-SUR-MARNE 51150 Marne 🄻🄶 ⑯⑰ – 1 291 h. alt. 985 – 🌀 26.
Paris 155 – Châlons-sur-Marne 22 – Épernay 13 – ◆Reims 27.

🍴 **Touraine Champenoise**, r. du Pont ☎ 59.91.93 – 🏧wc ⬅ 🅿 ⓓ ⴹ 𝘝𝘐𝘚𝘈
◆ fermé vacances de Noël, de fév. et lundi de nov. à Pâques – SC : **R** 50/130 🍷 – � 15 – **9 ch** 70/127.

RENAULT Gar. Croizy-Floquet. ☎ 59.90.99

TOURTOIRAC 24 Dordogne 🄻🄶 ⑥⑦ G. Périgord – 754 h. alt. 140 – ✉ 24390 Hautefort – 🌀 53.

Voir Château de Hautefort** : charpente** de la tour du Sud-Ouest E : 9,5 km.
Paris 472 – Brive-la-Gaillarde 55 – Lanouaille 20 – ◆Limoges 76 – Périgueux 37 – Uzerche 67.

🏠 **Voyageurs**, ☎ 50.42.29, 🌿 – 🛏wc 🏧wc 🕿 ⬅ 🚗🍽. 🛁 ch
◆ fermé janv. – SC : **R** 42/90 – � 12 – **11 ch** 85/150 – P 120/155.

CITROEN Bourrou. ☎ 50.42.16

TOURTOUR 83 Var 🄼🄸 ⑥ G. Côte d'Azur – 311 h. alt. 633 – ✉ 83690 Salernes – 🌀 94.
Voir Église ❄★.
Paris 862 – Aups 10 – Draguignan 20 – Salernes 11.

🏨 ❀ **La Bastide de Tourtour** Ⓜ 🈂, rte Draguignan ☎ 70.57.30, ≤ massif des Maures, parc, 🏊, 🎾 – 🛗 🕿 🚻 🅿 – 🅰 30. 🄰🄴 ⓓ 𝘝𝘐𝘚𝘈
1er mars-1er nov. et fermé lundi (sauf en saison) et mardi midi – SC : **R** 150 – ⊇ 35 – **26 ch** 300/650 – P 490/650
Spéc. Filets de daurade, Paupiettes de volaille, Selle d'agneau. Vins Ste-Roseline, Villecroze.

🏨 **Aub. St-Pierre** 🈂, E : 3 km par D 51 et VO ☎ 70.57.17, ≤, parc, 🏊, 🎾 – 🛏wc 🏧wc 🕿 🅿
1er avril-1er nov. – SC : **R** (fermé jeudi) 120/140 – ⊇ 23 – **15 ch** 190/290 – P 250/265.

🏨 **Petite Auberge** Ⓜ 🈂, S : 1,5 km par D 77 ☎ 70.57.16, ≤ massif des Maures, 🏊 – 🛏wc 🏧wc 🕿 🅿. 🈂
1er avril au 30 sept. – SC : **R** 90 – ⊇ 20 – **11 ch** 150 – P 205/280.

🍴🍴 ❀ **Chênes Verts** (Bajade), O : 2 km sur rte Villecroze ☎ 70.55.06 – 🅿
fermé 1er janv. au 15 fév., dim. soir hors sais. et merc. – SC : **R** (nombre de couverts limité - prévenir) 160/250
Spéc. Truffes fraîches (1er déc.-15 mars), Blanc de turbot à la fondue de cerfeuil, Mignon d'agneau. Vins Coteaux d'Aix, Bandol.

TOURVES 83650 Var 🄼🄸 ⑮ – 2 065 h. alt. 290 – 🌀 94.
Paris 805 – Aix-en-Pr. 47 – Aubagne 35 – Brignoles 12 – Draguignan 65 – Rians 30 – ◆Toulon 47.

🍴 **Lou Paradou** avec ch, E : 2 km par N 7 ☎ 78.70.39, 🌿 – 🛏wc 🏧wc 🅿 𝘝𝘐𝘚𝘈
fermé 3 oct. au 3 nov. et lundi – **R** 70/95 – ⊇ 13 – **6 ch** 80/90 – P 112/172.

TOURY 28390 E.-et-L. 🄶🄾 ⑲ – 2 497 h. alt. 134 – 🌀 37.
Paris 84 – Chartres 48 – Châteaudun 51 – Étampes 33 – ◆Orléans 34 – Pithiviers 26 – Voves 30.

🍴 **Parc**, ☎ 90.50.06, 🌿 – ⬅
◆ fermé 31 août au 15 sept. et merc. sauf juil.-août – SC : **R** 45/80 🍷 – ⊇ 15 – **8 ch** 70/90.

CITROEN Denizet, ☎ 90.50.25 🆕 ☎ 21.94.39
RENAULT Gar. Georges, ☎ 90.50.35
🔧 La Centrale du Pneu, ☎ 90.51.61

Zelten Sie gern ?
Haben Sie einen Wohnwagen ?
Dann benutzen Sie den Michelin-Führer
Camping Caravaning France.

La TOUSSUIRE 73 Savoie ⑦⑦ ⑥⑦ G. Alpes – alt. 1 690 – Sports d'hiver : 1 700/2 230 m ≰ 13 –
☒ 73300 St-Jean-de-Maurienne – ☺ 79.

Voir Route d'accès★.

🅸 Office de Tourisme (juil.-août, 1er déc.-fin avril) ☏ 56.10.15.

Paris 649 – Chambéry 89 – St-Jean-de-Maurienne 18.

 🏠 **Les Airelles** ⌕, ☏ 56.75.88, ≤ – 🛁 🚻wc 🚿wc ☎ 🅿. 🚗🔒. ✹ rest
 ↤ *1er juil.-10 sept. et 15 déc.-25 avril* – SC : **R** 48/115 – ☑ 14 – **31 ch** 95/130 – P
 135/210.

 🏠 **Les Soldanelles** ⌕, ☏ 56.75.29, ≤ – 🚻wc 🚿wc ☎ 🅿. 🚗🔒. ✹ rest
 juil.-août et 1er déc.-25 avril – SC : **R** 52/135 – ☑ 14.50 – **22 ch** 82/120 – P 128/200.

 🏠 **La Ruade,** ☏ 56.74.93, ≤ – 🛁 🚻wc 🚿wc ☎ 🅿. 🚗. ✹ rest
 1er juil.-31 août et 20 déc.-20 avril – SC : **R** 55/60 – ☑ 15 – **28 ch** 130/160 – P
 160/200.

TOUTEVOIE 60 Oise 🌀🌀 ⑪. 🔟🔟🔟 ⑦⑧ – rattaché à Chantilly.

TOUZAC 46 Lot ⑦🄈 ⑥ – rattaché à Fumel.

TRACY-LE-MONT 60 Oise 🌀🌀 ③ – 1 491 h. – ☒ 60170 Ribecourt-Dreslincourt – ☺ 4.

Paris 100 – Compiègne 18 – Noyon 15 – Soissons 32.

 ✕✕ **Aub. de Quennevières,** à Ollencourt NO : 2 km par D 16 et D 40 ☏ 442.28.57 –
 🅿. 𝓥𝓘𝓢𝓐
 fermé fév., dim. soir et mardi – SC : **R** 80/150.

TRAENHEIM 67 B.-Rhin 🌀🌀 ⑨ – 421 h. alt. 200 – ☒ 67310 Wasselonne – ☺ 88.

Paris 466 – Haguenau 41 – Molsheim 7 – Saverne 20 – ♦Strasbourg 27 – Wasselonne 6.

 ✕✕ Zuem Loejelgücker, ☏ 50.38.19, « Vieille demeure alsacienne ».

TRAÎNEL 10 Aube 🌀🄁 ④ – rattaché à Nogent-sur-Seine.

La TRANCHE-SUR-MER 85360 Vendée ⑦🄁 ⑪ G. Côte de l'Atlantique – 2 125 h. – ☺ 51.

🅸 Office de Tourisme pl. Liberté (fermé dim.) ☏ 30.33.96.

Paris 454 – Luçon 32 – Niort 93 – La Rochelle 61 – La Roche-sur-Yon 40 – Les Sables-d'Olonne 38.

 🏠 **Le Rêve,** ☏ 30.34.06, ≤, 🔄, 🔟, ☞ – 🛁 🚻wc ☎ 🅿 – 🏋 30
 fermé oct., dim. soir et lundi hors sais. – SC : **R** 74/153 – ☑ 20,50 – **43 ch** 83/153 –
 P 156/210.

 🏠 **Carvor,** ☏ 30.38.26 – 🚻wc 🚿wc 🚗. 🄰🄴 𝓥𝓘𝓢𝓐. ✹ rest
 15 mars-15 sept. – SC : **R** 80/160 – ☑ 14,50 – **23 ch** 150 – P 200.

 🏠 **Dunes,** ☏ 30.32.27 – 🚻wc 🚿wc ☎ 🚗 🅿. ✹
 1er avril-2 mai et 10 mai-18 sept. – SC : **R** 55/85 – ☑ 15 – **50 ch** 90/160 – P 130/195.

 🏠 **Océan** ⌕, ☏ 30.30.09, ≤, ☞, ✹ – 🚿wc 🅿. 🄴 𝓥𝓘𝓢𝓐. ✹
 ↤ *1er avril-25 sept.* – SC : **R** 50/170 – ☑ 15 – **56 ch** 55/160 – P 125/190.

 à la Grière E : 2 km par D 46 – ☒ 85360 La Tranche-sur-Mer :

 🏠 **Cols Verts,** ☏ 30.35.06, ☞ – 🛁 🚻wc 🚿wc 🚗 ♿. 🄴. ✹ ch
 fermé 1er au 7 oct., fin nov. au 1er mars et lundi sauf vacances scolaires – SC : **R**
 81/194 – ☑ 15 – **34 ch** 113/192 – P 165/220.

 🏠 **Mer,** ☏ 30.30.37 – 🚿 🅿
 ↤ *15 mai-30 sept.* – SC : **R** 45/95 – ☑ 15,50 – **40 ch** 62/105 – P 121/160.

 à la Terrière NO : 3 km par D 105 – ☒ 85360 La Tranche-sur-Mer :

 🏠 **Côte de Lumière,** ☏ 30.30.35 – 🚿 ☎ 🅿
 ↤ *15 mars-30 sept.* – SC : **R** 40/90 ⚖ – 🍽 10 – **27 ch** 80/110 – P 140/170.

TRANS-EN-PROVENCE 83720 Var 🌀🄁 ⑦ – 2 926 h. alt. 146 – ☺ 94.

Paris 865 – Brignoles 54 – Draguignan 4,5 – St-Raphaël 28 – Ste-Maxime 32.

 🏠 **Commerce,** ☏ 70.80.04 – 🚻wc 🚿wc. ✹ ch
 15 mars-1er oct. et fermé vend. – SC : **R** 60/90 – ☑ 20 – **16 ch** 55/150 – P 195/290.

Le TRAYAS 83113 Var 🌀🄁 ⑧, 🔟🔟🔟 ㉔ G. Côte d'Azur – alt. 1 à 200 – ☺ 94.

Voir Pointe de l'Observatoire ≤★ S : 2 km – **Rocher de St-Barthélemy** ≤★★ SO : 4 km
puis 30 mn.

Paris 897 – Cannes 20 – Draguignan 52 – St-Raphaël 20.

 🏠 **Relais des Calanques,** Corniche de l'Esterel ☒ 83700 St-Raphaël ☏ 44.14.06,
 ≤, 🔟, 🏖, ☞ – 🔲 🚿wc 🚗 🚐 🅿. 🚗🔒
 SC : **R** *(fermé 20 nov. au 20 déc., merc. midi et vend. midi)* (dîner pour résidents
 seul.) 85/150 – ☑ 25 – **10 ch** 190/300 – P 310/370.

TREBEURDEN 22560 C.-du-N. 🛐🖫 ① G. Bretagne – 2 901 h. alt. 80 – 🏵 96.

Voir Le Castel ≤★ – Pointe de Bihit ≤★ SO . 2 km.

🖫 de St-Samson ☏ 23.87.34, NE : 7 km.

🖫 Office de Tourisme pl. Crech'Héry (fermé nov., déc. et dim.) ☏ 23.51.64.

Paris 524 – Lannion 9 – Perros-Guirec 13 – St-Brieuc 72.

- 🏨 **Ti al-Lannec** Ⓜ ⍩, ☏ 23.57.26, Télex 740656, ≤ parc – ➯wc ☎ ℗ – 🛁 25.
  🍴 🖭. ⌗ rest
  15 mars-15 nov. – **SC : R** *(fermé lundi midi hors sais.)* 100/170 – ⌑ 22 – **23 ch** 180/250 – P 270/350.

- 🏨 **Manoir de Lan-Kerellec** ⍩, ☏ 23.50.09, ≤, 🦌 – ➯wc ☎ ℗ 🍴 🖭 ⓪ 𝖵𝖨𝖲𝖠
  15 mars-15 oct. – **SC : R** *(fermé lundi sauf du 15 juin au 15 sept.)* 125/270 – ⌑ 30 – **11 ch** 280/350 – P 450/560.

- 🏨 **Family,** ☏ 23.50.31 – 🛗 ➯wc 🚿wc ☎ ℗. 🍴 🖭 ⓪. ⌗ rest
  15 mars-30 oct. – **SC : R** *(fermé lundi du 15 mars au 31 mai)* 75/180 – ⌑ 18,50 – **25 ch** 103/207 – P 190/253.

- 🏠 **Ker-an-Nod,** ☏ 23.50.21, ≤ – ➯wc 🚿wc ☎. 🍴 🖭 𝖤 𝖵𝖨𝖲𝖠. ⌗ rest
  mi mars-nov. – **SC : R** *(hors sais. : fermé le midi)* 65/130 – ⌑ 20 – **20 ch** 95/190 – P 195/245.

TRÉBOUL 29 Finistère 🛐🖫 ⑭ – voir à Douarnenez.

TREFEUNTEC 29 Finistère 🛐🖫 ⑭ – rattaché à Plonévez-Porzay.

TRÉGASTEL-PLAGE 22730 C.-du-N. 🛐🖫 ① G. Bretagne (plan) – 2 013 h. – 🏵 96.

Voir Rochers★★ – Trégastel-Bourg : ≤★ du calvaire S : 3 km.

🖫 de St-Samson ☏ 23.87.34, S : 3 km.

🖫 Office de Tourisme pl. Ste-Anne (fermé sam. après-midi et dim. hors sais.) ☏ 23.88.67.

Paris 528 – Lannion 13 – Perros-Guirec 7 – St-Brieuc 76 – Trébeurden 11 – Tréguier 27.

- 🏨 **Armoric,** ☏ 23.88.16, ≤, ⍩ – 🛗 ℗. 🖭 ⓪ 𝖤 𝖵𝖨𝖲𝖠. ⌗ rest
  20 mai-20 sept. – **SC : R** 70/180 – ⌑ 22 – **55 ch** 150/280 – P 190/280.

- 🏨 **Belle Vue** ⍩, ☏ 23.88.18, ≤, « Jardin fleuri » – ➯wc 🚿wc ☎ ℗. 𝖤 𝖵𝖨𝖲𝖠. ⌗
  Pâques et 1er mai-30 sept. – **SC : R** 85/150 – ⌑ 22 – **35 ch** 150/250 – P 225/320.

- 🏨 **Gd. H. Mer et Plage,** ☏ 23.88.03, ≤ – ➯wc 🚿wc ☎ ℗. 🍴 𝖤 𝖵𝖨𝖲𝖠
  25 mai-25 sept. – **SC : R** 50/190 ⏦ – ⌑ 22 – **40 ch** 90/240 – P 190/240.

- 🏠 **Beau Séjour,** ☏ 23.88.02, ≤ – 📺 ➯wc ☎ ℗. 🍴 🖭 ⓪ 𝖤 𝖵𝖨𝖲𝖠
  1er avril-30 sept. – **SC : R** 65/150 – ⌑ 17 – **20 ch** 80/180 – P 165/240.

- 🏠 **Grève Blanche** ⍩, ☏ 23.88.27, ≤ mer et rochers – ➯wc 🚿wc ☎ ℗. ⌗
  25 mars-30 sept. – **SC : R** 65/140 – ⌑ 16,50 – **28 ch** 80/165 – P 180/220.

- 🏡 **Corniche,** ☏ 23.88.15 – ⌗ rest
  1er juin-15 sept. – **SC : R** *(en sem. dîner seul.)* 51/86 ⏦ – 🍽 14 – **20 ch** 57/80.

Garage de la Corniche, ☏ 23.88.70

TRÉGUIER 22220 C.-du-N. 🛐🖫 ② G. Bretagne – 3 718 h. alt. 46 – 🏵 96.

Voir Cathédrale St-Tugdual★★ et cloître★★ B.

Env. St-Gonéry : bahut sculpté★ et mausolée★ dans la chapelle N ; 6 km.

🖫 Syndicat d'Initiative à la Mairie (Pâques et 15 juin-15 sept.) ☏ 92.30.19.

Paris 511 ① – Guingamp 30 ② – Lannion 18 ③ – Paimpol 15 ① – St-Brieuc 60 ①.

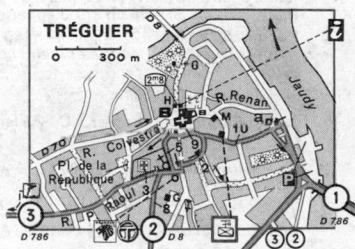

TRÉGUIER

300 m

- 🏨 **Kastell Dinec'h** ⍩, rte de Lannion ☏ 92.49.39, 🦌 – ➯wc 🚿wc ℗. 🍴 ⌗ rest
  fermé 15 au 31 oct., 10 janv. au 1er mars et merc. – **SC : R** 59/140 – ⌑ 20 – **15 ch** 134/185 – P 160/195.

- 🏠 **Estuaire,** pl. Gén.-de-Gaulle (a) ☏ 92.30.25 – ➯wc 🚿wc. 🍴 𝖤 𝖵𝖨𝖲𝖠. ⌗ ch
  fermé dim. soir et lundi du 1er sept. au 30 juin – **SC : R** 49/149 ⏦ – ⌑ 12 – **15 ch** 60/160 – P 145/200.

Martray (Pl. du)	9	La-Chalotais (R.)	5
		Le-Braz (Bd A.)	6
Chantrerie (R. de la)	2	Le-Peltier (R.)	8
Gambetta (R.)	3	St-André (R.)	10

PEUGEOT-TALBOT Sté de Vente Automobile du Trégor ☏ 92.32.52

TRÉGUNC 29128 Finistère 58 ⑪⑯ – 5 155 h. alt. 41 – ✆ 98.

Paris 536 – Concarneau 6,5 – Pont-Aven 8,5 – Quimper 28 – Quimperlé 26.

Aub. Les Gdes Roches ⛰, NE : 0,6 km par V 3 ✆ 97.62.97, « parc fleuri » – wc ⋒wc ☎ P – 🏛 30. 🚗. ✂ ch
fermé 1er déc. au 20 janv. et merc. – SC : **R** 52/180 – ☕ 16 – **19 ch** 208/238 – P 130/227.

Le Menhir, ✆ 97.62.35 – wc ⋒wc ☎ P. 🚗. ✂ ch
15 mars-15 oct. – SC : **R** *(fermé lundi du 1er avril au 1er juil. et du 15 sept. au 1er oct.)* 55/140 – ☕ 15 – **28 ch** 65/180 – P 155/210.

RENAULT Gar. Le Goarant, ✆ 97.62.29

TRELLY 50 Manche 54 ⑫ – ✉ **50660** Quettreville – ✆ 33.

Paris 342 – Avranches 39 – Bréhal 13 – Coutances 12 – Granville 23 – St-Lô 39 – Villedieu-les-P. 24.

XXX **Verte Campagne** ⛰ avec ch, au hameau Chevalier 1,5 km par D 539 et VO ✆ 47.65.33, « Ferme normande ancienne », 🌳 – wc ⋒ ☎ P. 🚗. ✂
fermé mi nov. à mi déc. – SC : **R** *(fermé lundi)* 60/95 – ☕ 18 – **8 ch** 115/220.

TREMBLAY 35 I.-et-V. 59 ⑰ **G. Bretagne** – 1 810 h. alt. 82 – ✉ **35460** St-Brice-en-Cogles – ✆ 99.

Paris 345 – Combourg 23 – Fougères 23 – ♦Rennes 42.

Roc-Land, ✆ 98.20.46, parc, ✂ – wc ⋒wc ☎ P – 🏛 30. ✂ ch
fermé 1er au 15 juil., 1er au 9 oct., 15 au 30 fév. et sam. – SC : **R** 60/185 🍷 – ☕ 18 – **19 ch** 138/198 – P 200/220.

Le TREMBLAY-SUR-MAULDRE 78 Yvelines 60 ⑨, 196 ㉘ – 656 h. – ✉ **78490** Montfort-L'Amaury – ✆ 6.

Paris 44 – Houdan 24 – Mantes 34 – Rambouillet 18 – Versailles 22.

X **La Gentilhommière,** ✆ 487.80.96 – VISA
fermé août, vacances de fév., dim. soir et lundi – SC : **R** carte 110 à 185.

CITROEN DURLET, ✆ 487.80.07

TRÉMINIS 38 Isère 77 ⑮ **G. Alpes** – 207 h. alt. 959 – ✉ **38710** Mens – ✆ 76.

Voir Site★.

Paris 639 – Gap 74 – ♦Grenoble 74 – Monestier-de-Clermont 41 – La Mure 31 – Serres 57.

Alpes ⛰, à Château-Bas ✆ 34.72.94, 🌳 – P. ✂ rest
fermé 1er au 20 nov. – SC : **R** 38/55 🍷 – ☕ 11 – **13 ch** 50/59 – P 100/110.

TRÉMOLAT 24 Dordogne 75 ⑯ **G. Périgord** – 508 h. alt. 52 – ✉ **24510** Ste-Alvère – ✆ 53.

Paris 540 – Bergerac 34 – Brive-la-Gaillarde 86 – Périgueux 54 – Sarlat-la-Canéda 45.

Vieux Logis ⛰, ✆ 61.80.06, ≤, « jardin fleuri ouvert sur la campagne » – ♿ 🚗 P – 🏛 25. AE ⓓ VISA
fermé 3 janv. au 5 fév., lundi midi hors sais. et mardi (sauf du 27 mars au 13 nov.) – **R** 80/150 – ☕ 30 – **14 ch** 370, 3 appartements 495.

Perigord, ✆ 61.81.12, ⛱, 🌳 – ⋒ P
fermé 12 au 20 oct., en fév. et merc. hors sais. – SC : **R** 35/120 🍷 – ☕ 10 – **10 ch** 60/80 – P 120/135.

CITROEN Gar. Imbert, ✆ 61.80.10

rte du Cingle de Trémolat NO : 2,5 km par D 31 – ✉ **24510** Ste-Alvère.

Voir Cingle★★ : ✻★★.

Le Panoramic M ⛰, ✆ 61.80.42, ≤ – wc ☎ P. E
Hôtel : Pâques-fin sept. ; rest. : 1er juil.-1er sept. – SC : **R** (dîner pour résidents seul.) 60/160 – ☕ 15 – **23 ch** 110/150 – P 200/250.

au NE : 6 km par D 31 – ✉ **24510** Ste-Alvère :

XX **Beauregard et Terrasses** ⛰ avec ch, ✆ 61.43.15, ≤, ⛱ – ⋒wc ☎ P
1er avril-26 sept. – SC : **R** *(fermé merc. sauf juil.-août)* 60/160 – ☕ 20 – **9 ch** 150/170 – P 225/245.

TRÉMONT-SUR-SAULX 55 Meuse 61 ⑩ – rattaché à Bar-le-Duc.

TREMUSON 22 C.-du-N. 59 ③ – rattaché à St-Brieuc.

TRÉPASSÉS (Baie des) 29 Finistère 58 ⑬ – rattaché à Pointe-du-Raz.

Le TRÉPORT 76470 S.-Mar 52 ⑤ **G. Normandie** – 6 859 h. – Casino Z – ✆ 35.

Voir Calvaire des Terrasses ≤★ ZE.

🅸 Office de Tourisme Esplanade plage (hors saison fermé matin, dim. et mardi) ✆ 86.05.69.

Paris 169 ① – Abbeville 37 ① – Beauvais 94 ① – Blangy 26 ① – Dieppe 30 ③ – ♦Rouen 91.

MERS

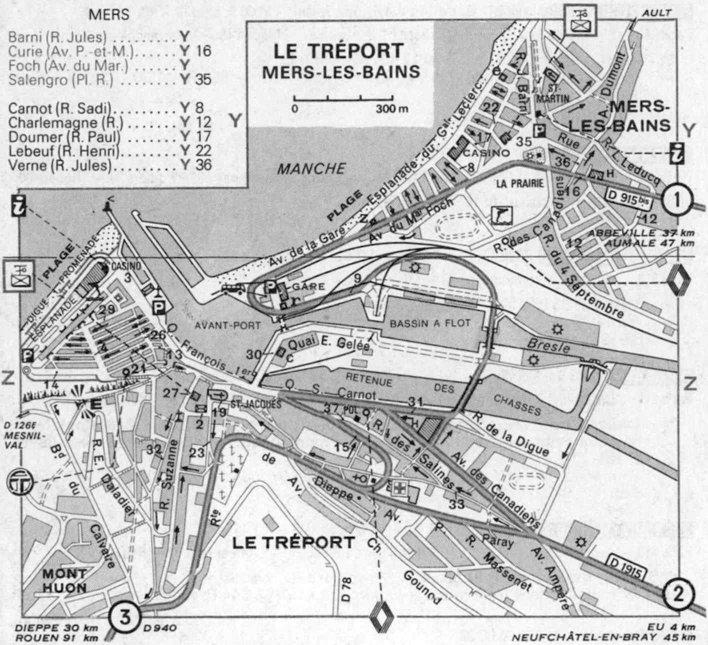

LE TRÉPORT

Picardie, pl. P.-Sémard ☎ 86.02.22 – wc wc ☎. VISA. rest — Z **r**
fermé 11 déc. au 15 janv., dim. soir et lundi du 25 sept. à la Pentecôte – SC : **R** 75/120 – 19 – **31 ch** 86/150 – P 190/295.

RENAULT Gar. Moderne, 9 quai S.-Carnot ☎ 86.13.90 N

TALBOT Gar. Lemercier, 23 r. Falaise ☎ 86.30.67

Mers-les-Bains **80350** Somme – 4 628 h. – Casino Y.

Office de Tourisme r. J.-Barni (Rameaux-1er oct. et fermé merc.) ☎ 86.06.14.

Bellevue, esplanade Gén.-Leclerc ☎ 86.12.89, ← – wc ☎ — Y **e**
fermé 5 nov. au 15 déc. – SC : **R** *(fermé lundi hors sais.)* 75 – 15 – **30 ch** 80/170 – P 245/295.

Les Charmettes avec ch, espl. Gén.-Leclerc ✉ **76470** Le Tréport ☎ **86.13.79**, ← – VISA — Y **z**
1er avril-30 sept. – SC : **R** 50/100 – 12 – **18 ch** 77/110 – P 140/180.

TRÉVEZEL (Roc) 29 Finistère 58 ⑥ G. Bretagne.

Voir ✲★★.

Accès de la D 785 : 30 mn.

Paris 543 – Huelgoat 16.

TRÉVOU-TRÉGUIGNEC 22 C.-du-N. 59 ① – 1 314 h. – ✉ **22660** Trélévern – ✪ 96.

Paris 514 – Guingamp 37 – Lannion 14 – Paimpol 29 – Perros-Guirec 12 – Tréguier 14.

Ker Bugalic, ☎ 23.72.15, ←, – wc ☎ P. rest
fermé oct., 15 janv. au 28 fév. et lundi sauf de Pâques à sept. – SC : **R** 45/120 – 20 – **18 ch** 140/168 – P 185.

Trestel-Bellevue, ☎ 23.71.44, ←, – wc P. rest
Pâques-30 sept. – SC : **R** 50/89 – 18 – **14 ch** 100/160 – P 150/180.

TRÉVOUX 01600 Ain 74 ① G. Vallée du Rhône (plan) – 5 090 h. alt. 179 – ✪ 74.

Paris 442 – L'Arbresle 27 – Bourg-en-Bresse 51 – ♦Lyon 27 – Mâcon 48 – Villefranche-sur-Saône 11.

- XX **Gare** avec ch, rte Lyon ⚏ 00.12.42, 🕭 – 🏠. **E**. ⚒
- ➡ *fermé en juil., vacances de fév., lundi soir et mardi* – SC : **R** 40/130 – ⌑ 12 – **5 ch**
  50/72.

RENAULT Gar. du Midi, ⚏ 00.21.82 N

La TRICHERIE 86490 Vienne 68 ④ – alt. 150 – ✪ 49.

Paris 316 – Bressuire 80 – Châtellerault 14 – Jaunay-Clan 7 – Parthenay 58 – Poitiers 20 – Thouars 66.

- X **Relais du Clain,** N 10 ⚏ 90.07.59 – 🅿
- ➡ *fermé 1er au 15 juin, 1er au 15 oct. et merc.* – SC : **R** 38/90 ⚘.

TRIE-SUR-BAÏSE 65220 H.-Pyr. 85 ⑨ – 1 096 h. alt. 240 – ✪ 62.

Paris 813 – Auch 48 – Lannemezan 29 – Mirande 24 – Tarbes 30.

- 🏠 **Tour,** ⚏ 35.52.12 – 🛏 🏠 ☎. 🚗
- ➡ *fermé 28 sept. au 18 oct.* – SC : **R** *(fermé lundi midi)* 40/100 ⚘ – ⌑ 13,50 – **10 ch**
  80/105 – P 127/161.

TRIGANCE 83 Var 84 ⑥⑦ – 107 h. alt. 734 – ✉ 83840 Comps-sur-Artuby – ✪ 94.

Paris 819 – Castellane 20 – Comps-sur-Artuby 12 – Draguignan 44 – Grasse 72 – Manosque 91.

- 🏰 **Château de Trigance** ⚲, accès par voie privée ⚏ 76.91.18, « Cadre médiéval,
  terrasse avec vue étendue sur vallée et montagnes » – 🛁wc ☎ 🅿. 🚗 **AE** ⓪
  E _VISA_
  25 mars-2 nov. et fermé merc. du 16 sept. au 31 mars – SC : **R** 115/170 – ⌑ 26 –
  8 ch 170/320.

La TRIMOUILLE 86290 Vienne 68 ⑯ – 1 257 h. alt. 113 – ✪ 49.

Paris 319 – Argenton-sur-Creuse 51 – Bellac 41 – Le Blanc 20 – Châteauroux 71 – Poitiers 62.

- 🏰 **Paix,** rte Journet ⚏ 91.60.50 – 🛁wc 🏠wc ☎. _VISA_ ⚒ rest
- ➡ *14 mars-30 sept. et fermé mardi sauf juil.-août* – SC : **R** 40/138 – ⌑ 14 – **12 ch**
  70/147.

CITROEN Gar. Pailler, ⚏ 91.60.23

La TRINITÉ-SUR-MER 56470 Morbihan 63 ⑫ G. Bretagne – 1 404 h. – ✪ 97.

Paris 485 – Auray 12 – Carnac 4,5 – Lorient 41 – Quiberon 22 – Quimperlé 58 – Vannes 30.

- 🏰 **Le Rouzic,** ⚏ 55.72.06, ≤ – 📶 🛁wc 🏠 🚗. **AE E** _VISA_
  fermé 15 nov. au 15 déc. – SC : **R** *(fermé dim. soir et lundi du 1er oct. au 31 mai)*
  67/120 – ⌑ 18 – **31 ch** 103/191.
- 🏠 **Ostréa,** ⚏ 55.73.23, ≤ – 🚗 _VISA_ ⚒ ch
  1er avril-20 sept. et fermé mardi sauf juil.-août – SC : **R** 95/125 – ⌑ 15 – **11 ch**
  90/110 – P 240.
- XX **L'Azimut,** ⚏ 55.71.88
  fermé déc. au 1er fév. et lundi sauf juil.-août – SC : **R** 95.
- XX **Hortensias,** ⚏ 55.73.69, ≤ – **AE** ⓪ **E** _VISA_
  1er avril-31 oct. et fermé merc. et jeudi sauf juil.-août – SC : **R** 75/85.
- X **Restoport,** ⚏ 55.72.73 – _VISA_
  fermé 10 sept. au 1er nov., 15 janv. au 20 fév. et mardi – SC : **R** 75.

à St-Philibert E : 2,5 km par D 781 – ✉ 56470 La Trinité-sur-Mer :

- 🏠 **Panorama** ⚲, ⚏ 55.00.56, 🌿 – 🛁wc 🏠wc ☎ 🅿. ⚒ rest
  fin mars-fin sept. – SC : **R** 60/80 – ⌑ 14 – **25 ch** 110/143 – P 148/176.

RENAULT Le Naviel, ⚏ 52.72.53

La TRIQUE 85 Vendée 67 ⑤ – rattaché à St. Laurent-sur-Sèvre.

Les TROIS-ÉPIS 68410 H.-Rhin 🔢 ⑱ G. Vosges – alt. 658 – ⚙ 89.

Voir Le Belvédère ≤* O : 15 mn.

Paris 519 – Ammerschwihr 7,5 – Colmar 12 – Gérardmer 50 – Munster 17 – Orbey 12 – Turkheim 8,5.

🏨 **Gd Hôtel** Ⓜ ⤬, ℙ 49.80.65, Télex 880229, ≤ forêt vosgienne et plaine d'Alsace, 🔲, parc – 🛗 📺 🅴 & ℗ – 🏄 80. 🅰🅴 ⓄⒹ 🅴 𝑉𝐼𝑆𝐴
fermé 3 janv. au 10 fév. – SC : **R** carte 140 à 200 et voir rest. l'Auberge – ⌑ 28 –
40 ch 250/400, 8 appartements 450/500 – P 385/560.

🏨 **Marchal** Ⓜ ⤬, ℙ 49.81.61, ≤ forêt vosgienne, plaine d'Alsace, parc – 🛗 ☎ ℗
– 🏄 30. 𝑉𝐼𝑆𝐴 ⤬⤬
fermé début déc. à mi janv. – SC : **R** 70/165 ⚘ – ⌑ 22 – **40 ch** 160/280 – P 200/280.

🏠 **Croix d'Or** ⤬, ℙ 49.83.55, ≤ forêt vosgienne – 🛏 🚿wc ☎ 🚗 ℗ – 🏄 25.
⌕ ⤷
fermé 2 janv. au 2 fév. et merc. – SC : **R** 46/130 ⚘ – 🍽 15 – **12 ch** 90/150 – P 146/175.

🏠 **La Chêneraie** ⤬, ℙ 49.82.34, parc – 🚿wc ☎ ℗. ⌕. ⤬⤬ rest
⤷ fermé 20 déc. au 1er fév. et merc. – SC : **R** 50/86 ⚘ – 🍽 16 – **26 ch** 82/165 – P 158/185.

🍽🍽 **L'Auberge,** ℙ 49.80.65, ≤ forêt vosgienne et plaine d'Alsace – ℗
fermé 3 janv. au 10 fév. – SC : **R** 55/130, dîner à la carte ⚘.

TRONÇAIS 03 Allier 🔢 ⑫ – ✉ 03360 St-Bonnet-Tronçais – ⚙ 70.

Voir Forêt de Tronçais*** – Étang de St-Bonnet* NO : 4 km – Étang de Saloup* S : 5 km, G. Auvergne.

Paris 288 – Bourges 61 – Montluçon 43 – St-Amand-Montrond 24.

🏠 **Le Tronçais** ⤬, ℙ 06.11.95, parc, ⤬⤬ – 🛏🚿wc 🚿wc ☎ ℗ – 🏄 35. ⤬⤬ rest
fermé fév., dim. soir (sauf rest.) et lundi du 15 sept. au 15 juin – SC : **R** 65/120 – ⌑ 14 – **12 ch** 99/172 – P 147/178.

La TRONCHE 38 Isère 🔢 ⑤ – rattaché à Grenoble.

Le TRONCHET 35 I.-et-V. 🔢 ⑩ – 904 h. alt. 46 – ✉ 35540 Miniac-Morvan – ⚙ 99.

Paris 380 – Dinan 19 – ♦Rennes 50 – St-Malo 27.

🏠 **Host. l'Abbatiale** ⤬, ℙ 58.93.21, parc, 🏊, ⤬⤬ – 🚿wc ☎ ℗. ⌕. ⤬⤬ rest
⤷ hôtel : ouvert 15 mars-31 oct. et week-ends ; rest. ; fermé 3 janv. au 15 fév. et lundi
– SC : **R** 48/130 – 🍽 15 – **78 ch** 75/160.

TROO 41 L.-et-Ch. 🔢 ④ G. Châteaux de la Loire – 476 h. alt. 65 – ✉ 41800 Montoire – ⚙ 54.

Voir Tour* de l'ancienne collégiale St Martin - La « Butte » ≤* – St-Jacques des Guérets : peintures murales* de l'église S : 1 km.

Paris 197 – Château-du-Loir 33 – ♦Le Mans 62 – ♦Tours 48 – Vendôme 25.

🍽 **Cheval Blanc,** r. A.-Arnault ℙ 85.08.22 – 𝑉𝐼𝑆𝐴
⤷ fermé oct., lundi soir et mardi – SC : **R** 45/130 ⚘.

TROSLY-BREUIL 60 Oise 🔢 ③, 🔢 ⑪ – rattaché à Compiègne.

TROUVILLE-SUR-MER 14360 Calvados 🔢 ③ G. Normandie – 6 661 h. – Casino AY – ⚙ 31.

Voir Corniche ≤* BX.

✈ de Deauville-St-Gatien : ℙ 88.31.27 par D 74 : 7 km BZ.

🛈 Office de Tourisme pl. Mar.-Foch (fermé dim. hors saison) ℙ 88.36.19.

Paris 206 ② – ♦Caen 43 ③ – ♦Le Havre 74 ② – Lisieux 28 ② – Pont-L'évêque 11 ②.

Plan page suivante

🏨 **St-James,** 16 r. Plage ℙ 88.05.23 – 🛏wc 🚿wc ☎. Ⓓ   AY **e**
R (pour résidents) 110 – ⌑ 15 – **14 ch** 198/245 – P 341/481.

🏠 **Les Sablettes** sans rest, 15 r. P.-Besson ℙ 88.10.66 – 🛏wc 🚿wc ☎.   AY **r**
fermé 15 nov. au 1er fév. – SC : ⌑ 13 – **17 ch** 82/165.

🏠 **Maison Normande,** 4 pl. Mar.-de-Lattre-de-Tassigny ℙ 88.12.25 – 🛏wc 🚿 ☎.   BY **h**
🅰🅴 ⤬⤬
hôtel : fév.-fin nov., rest. : 27 mars-15 sept. et fermé mardi hors sais. – SC : **R** 60/80
– ⌑ 18 – **20 ch** 145/280 – P 200/250.

🏠 **Reynita** sans rest, 29 r. Carnot ℙ 88.15.13 – 🛏wc 🚿wc ☎. ⌕ 🅰🅴 𝑉𝐼𝑆𝐴 ⤬⤬   AY **s**
fermé janv. – SC : ⌑ 14,50 – **25 ch** 87/157.

🍽🍽 **Le Provençal,** 7 r. Dr-Leneveu ℙ 88.36.45 – 🅰🅴 𝑉𝐼𝑆𝐴 ⤬⤬   BY **t**
fermé 15 déc. au 20 janv., jeudi hors sais. et merc. – SC : **R** 75/135.

🍽🍽 **La Petite Auberge,** 7 r. Carnot ℙ 88.11.07   AY **f**
fermé 15 nov. au 15 janv., mardi hors sais. et merc. – SC : **R** (prévenir) 55/90.

DATSUN, LADA Trouville-Auto, 113 av. du Gal-de-Gaulle ℙ 98.01.32

TROUVILLE-SUR-MER

MANCHE

HONFLEUR 15 km

PONT DE TANCARVILLE 39 km
AÉROPORT 7 km

voir plan de
DEAUVILLE

CABOURG 19 km
CAEN 43 km

A 13 : CAEN 58 km
LE HAVRE 74 km, ROUEN 90 km

11 km
PONT-L'ÉVÊQUE

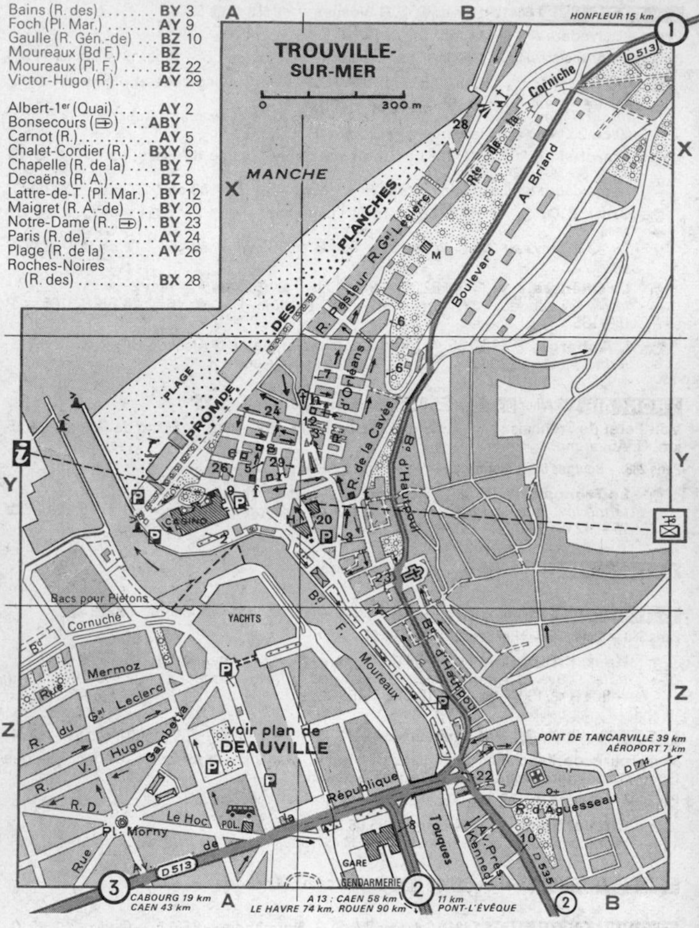

GRÜNE REISEFÜHRER

Landschaften, Baudenkmäler
Sehenswürdigkeiten
Fremdenverkehrsstraßen
Streckenvorschläge
Stadtpläne und Übersichtskarten

TROYES 🅿 **10000** Aube **61** ⑯⑰ **G. Nord de la France** – 75 500 h. alt. 113 – ✪ 25.

Voir Cathédrale★★ : trésor★ CY – Jubé★★, statue de Ste-Marthe★ et verrières★ dans l'église Ste-Madeleine BZ **D** – Basilique St-Urbain★ BYZ **B** – Église St-Pantaléon★ BZ **E** – Maisons anciennes★ BZ – Musées : Beaux-Arts★ CY **M3**, Maison de l'Outil et de la Pensée ouvrière★ BZ **M2**, Pharmacie★ CY **M4**.

Env. Lac et forêt d'Orient★★ 21 km par ③.

🔩 du château de la Cordelière, près Chaource ☏ 46.11.05 par ④ : 31 km.

🛈 Office de Tourisme (fermé dim.) 16 bd Carnot ☏ 43.01.03 et 24 quai Dampierre (fermé dim. hors sais.) ☏ 72.34.30 - A.C. 38 bd Carnot ☏ 72.60.22.

Paris 165 ⑦ – ◆Amiens 276 ⑦ – ◆Dijon 152 ④ – ◆Metz 233 ① – ◆Nancy 186 ②.

Plan pages suivantes

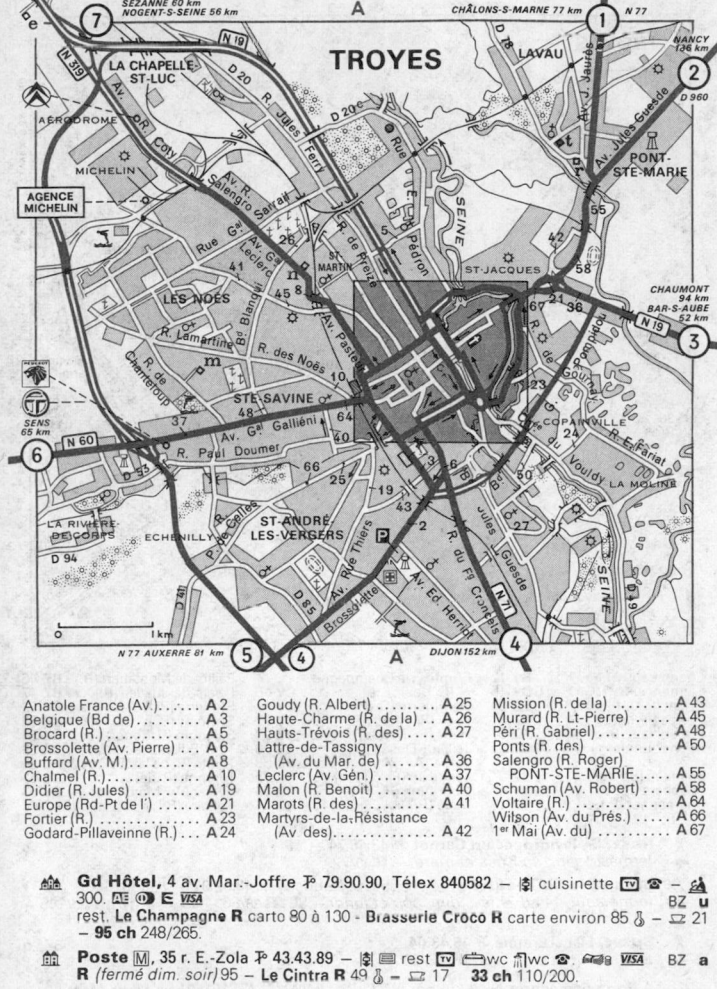

TROYES

SÉZANNE 60 km
NOGENT-S-SEINE 56 km

CHÂLONS-S-MARNE 77 km

N 77

NANCY 136 km

D 960

LAVAU

PONT-STE-MARIE

CHAUMONT 94 km
BAR-S-AUBE 52 km

N 19

DIJON 152 km

N 77 AUXERRE 81 km

Anatole France (Av.) . . . . . . A 2	Goudy (R. Albert) . . . . A 25
Belgique (Bd de) . . . . A 3	Haute-Charme (R. de la) . . A 26
Brocard (R.) . . . . A 5	Hauts-Trévois (R. des) . . . . A 27
Brossolette (Av. Pierre) . . . A 6	Lattre-de-Tassigny
Buffard (Av. M.) . . . . A 8	(Av. du Mar. de) . . . . . . A 36
Chalmel (R.) . . . . A 10	Leclerc (Av. Gén.) . . . . A 37
Didier (R. Jules) . . . . A 19	Malon (R. Benoit) . . . . A 40
Europe (Rd-Pt de l') . . . . . A 21	Marots (R. des) . . . . A 41
Fortier (R.) . . . . A 23	Martyrs-de-la-Résistance
Godard-Pillaveinne (R.) . . . A 24	(Av. des) . . . . A 42

Mission (R. de la) . . . . A 43
Murard (R. Lt-Pierre) . . . . . A 45
Péri (R. Gabriel) . . . . A 48
Ponts (R. des) . . . . A 50
Salengro (R. Roger)
PONT-STE-MARIE . . . . . A 55
Schuman (Av. Robert) . . . . A 58
Voltaire (R.) . . . . A 64
Wilson (Av. du Prés.) . . . . . A 66
1er Mai (Av. du) . . . . A 67

Gd Hôtel, 4 av. Mar.-Joffre ℱ 79.90.90, Télex 840582 – ▐ cuisinette 📺 ☎ – ⚒ 300. ᴀᴇ ① ᴇ 𝘝𝘐𝘚𝘈
rest. **Le Champagne R** carto 80 à 130 - **Brasserie Croco R** carte environ 85 ♨ – ⚌ 21 – **95 ch** 248/265.   BZ **u**

Poste Ⓜ, 35 r. É.-Zola ℱ 43.43.89 – ▐ 🍽 rest 📺 🛁wc 🚿wc ☎. 🅿⚡ 𝘝𝘐𝘚𝘈   BZ **a**
R (fermé dim. soir) 95 – **Le Cintra R** 49 ♨ – ⚌ 17   **33 ch** 110/200.

France et rest. le Dampierre, 18 quai Dampierre ℱ 43.38.30 – ▐ 📺 🛁wc 🚿wc ☎. 🅿⚡ ① ᴇ 𝘝𝘐𝘚𝘈   BY **x**
R 49/90 ♨ – ⚌ 16 – **60 ch** 65/195 – P 195/265.

Royal H., 22 bd Carnot ℱ 43.68.01 – ▐ 🛁wc 🚿wc 🚿. 🅿⚡ ᴀᴇ ① 𝘝𝘐𝘚𝘈   BZ **n**
fermé 1er déc. au 3 janv. – SC : **R** (fermé dim. soir et lundi midi) 55/88 – ⚌ 18 – **39 ch** 105/195 – P 205/230.

De Troyes sans rest, 168 av. Gén.-Leclerc ℱ 74.60.70 – 📺 🚿wc 🅿. 🕸   A **n**
fermé 15 juil. au 15 août et dim. soir – SC : ⚌ 20 – **22 ch** 99/117.

Le Champenois 🦢 sans rest, 15 r. P.-Gauthier ℱ 43.32.71 – 🛁wc 🚿 🅿. 🕸
fermé 7 au 21 août, 18 déc. au 2 janv. et dim. – SC : ⚌ 14,50 – **26 ch** 62/163.   BY **m**

❀ Le Bourgogne (Dubois), 40 r. Gén.-de-Gaulle ℱ 43.06.03 – 🕸   BY **f**
fermé août, lundi soir et dim. – SC : **R** carte 125 à 180
Spéc. Mousseline de brochet, Aiguillettes de canard au Bouzy, Gibier (en sais.).

Lion de Belfort (1er étage), 109 r. Gén.-de-Gaulle ℱ 43.53.94 – ᴀᴇ ① ᴇ 𝘝𝘐𝘚𝘈
fermé 15 au 31 août, vacances de fév., dim. soir et lundi – SC : **R** 60/90 ♨.   BZ **k**

St-Vincent (Buffet Gare), ℱ 43.54.12 – 𝘝𝘐𝘚𝘈   BZ **d**
R 45/110 ♨.

tourner →

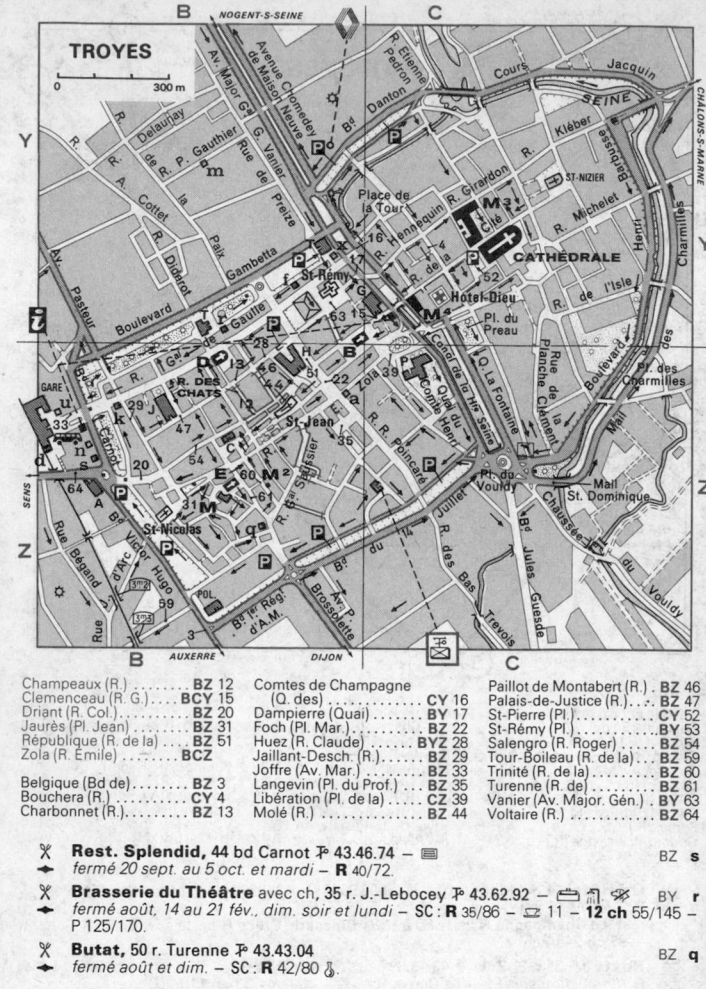

TROYES

0   300 m

✗ **Rest. Splendid,** 44 bd Carnot ☏ 43.46.74 – ▤   BZ **s**
→ *fermé 20 sept. au 5 oct. et mardi* – **R** 40/72.

✗ **Brasserie du Théâtre** avec ch, 35 r. J.-Lebocey ☏ 43.62.92 – 🛏 🔥 🎬   BY **r**
→ *fermé août, 14 au 21 fév., dim. soir et lundi* – SC : **R** 35/86 – 🖙 11 – **12 ch** 55/145 –
P 125/170.

✗ **Butat,** 50 r. Turenne ☏ 43.43.04   BZ **q**
→ *fermé août et dim.* – SC : **R** 42/80 ▵.

à Pont-Ste-Marie N : 3 km par N 77 - A – 3 104 h. – ⊠ 10150 Pont-Sainte-Marie :

🏠 **H. Ste-Marie et Rôt. des Tonnelles,** 56 r. Roger Salangro ☏ 81.04.65 – 🛏wc
→ ☎ 🅿 – 🏛 40. 🄰🄴 **VISA** 🎬 rest   A **r**
SC : **R** *(fermé lundi)* 48/120 – 🖙 15 – **26 ch** 80/150.

✗✗ **Host. Pont Ste-Marie,** près église ☏ 81.13.09 – 🄰🄴 ⓞ **VISA**   A **t**
fermé 7 au 22 août, dim. soir et lundi – **R** 120/160.

à Ste-Savine O : 2 km par N 60 - A – 10 660 h. – ⊠ 10300 Ste-Savine :

🏠 **Motel Savinien** Ⓜ 🔌, 87 r. La Fontaine ☏ 79.24.90 – 📺 🛏wc 🛏wc 🍳 🔥 🅿
→ 🚗🛏🍴   A **m**
SC : **R** *(fermé dim. hors sais.)* 30/80 ▵ – 🖙 13 – **58 ch** 100/145.

à Bréviandes par ④ : 5 km – ⊠ 10800 St-Julien-les-Villas :

✗✗ **Pan de Bois,** ☏ 83.02.31, 🎬 – 🅿 ⓞ **VISA**
fermé lundi – SC : **R** 55/100.

à Clérey-Sud par ④ : 15 km – ⊠ 10390 Clérey :

✗ **L'Escapade** avec ch, rte de St-Parres-lès-Vaudes ☏ 46.00.30 – 🛏wc 🔥 🚗
→ 🛏🍴 🄰🄴 ⓞ Ⓔ **VISA**
fermé 10 au 24 nov. et lundi – SC : **R** 35/100 – 🖙 12 – **4 ch** (bungalow) 95.

à *Barberey St-Sulpice* par ⑦ : 5 km – ✉ 10600 La Chapelle-St-Luc :

🏨 **Novotel** Ⓜ 🛬, sur N 19 ☎ 74.59.95, Télex 840759, 🏊 – 🍽 rest 📺 ⛴wc ☎ 🅿 –
🛄 120. ⛟ 🄰🄴 ⓞ 💳
R snack carte environ 85 – ⛐ 27 – **84 ch** 225/255.

MICHELIN, Agence, r. G.-Bizet, la Chapelle-St-Luc A ☎ 74.40.13

RENAULT Contant-Autom., 15 bd Danton ☎
43.48.19 🅽
V.A.G. Gar. A.-France, 4 av. A.-France ☎ 82.
08.45

🏮 La Centrale du pneu, 11 r. Paix ☎ 72.27.88
Devliegher, 2 r. E.-Zola ☎ 43.67.91
Est Pneumatiques, 8 bd Victor Hugo ☎ 72.54.20
Lohly Pneus, 71 av. P.-Brossolette ☎ 43.65.39
Rémy, 94 Mail Charmilles ☎ 81.04.10

Périphérie et environs

ALFA-ROMEO, VOLVO Sélection-Autos, 43
bd de Dijon à St-Julien-les-Villas ☎ 82.58.12
AUSTIN, MORRIS, ROVER, TRIUMPH Gar.
Juszak, 37 rte Auxerre à St-André-les-Vergers
☎ 82.56.87
BMW Gar. Sud-Autom., 132 bd de Dijon à
St-Julien-les-Villas ☎ 82.03.76
CITROEN La Cité de l'Auto, N 19 à La Cha-
pelle-St-Luc ☎ 74.46.98 🅽
DATSUN, MERCEDES-BENZ Ets Craeye, 38 r.
Mar.-Leclerc à Bréviandes ☎ 82.38.78
FIAT Gar. du 14 Juillet, r. R.-Salengro à Pont-
Ste-Marie ☎ 81.12.45

LANCIA-AUTOBIANCHI, PORSCHE, MITSU-
BISHI Gar. Industriel, Zone Ind. r. Verdier à
Pont-Ste-Marie ☎ 81.18.67
OPEL Girost, N 60 à Pont-Ste-Marie ☎ 81.26.26
PEUGEOT, TALBOT Gds Gar. de l'Aube, 35
av. du Gén.-Leclerc à Ste-Savine ☎ 79.09.56
RENAULT S.A.D.A., 114 rte Auxerre à St-
André-les-Vergers par ⑤ ☎ 82.37.34 🅽
TOYOTA Thomas, r. Teilhard-de-Chardin à La
Chapelle-St-Luc ☎ 79.40.78

🏮 Barniche-Pneus, 61 av. Gén.-Leclerc à La Ri-
vière-de-Corps ☎ 79.36.09
Lohly Pneus, N 77 à St Germain ☎ 82.06.89

TULLE 🅿 19000 Corrèze 🗗🗗 ⑨ G. Périgord – 21 634 h. alt. 212 – ✿ 55.

Voir Maison de Loyac★ BB – Clocher★ de la cathédrale BD.

Env. Ste-Fortunade : chef reliquaire★ dans l'église 9 km par ④.

🛈 Office de Tourisme (fermé dim. et lundi hors saison) avec A.C. quai Baluze ☎ 26.59.61.

Paris 483 ① – Albi 208 ③ – Aurillac 84 ③ – Brive-la-Gaillarde 29 ⑤ – ◆ Clermont-Ferrand 146 ② –
Guéret 136 ① – ◆ Limoges 87 ① – Montluçon 170 ② – Périgueux 102 ⑤ – Rodez 165 ③.

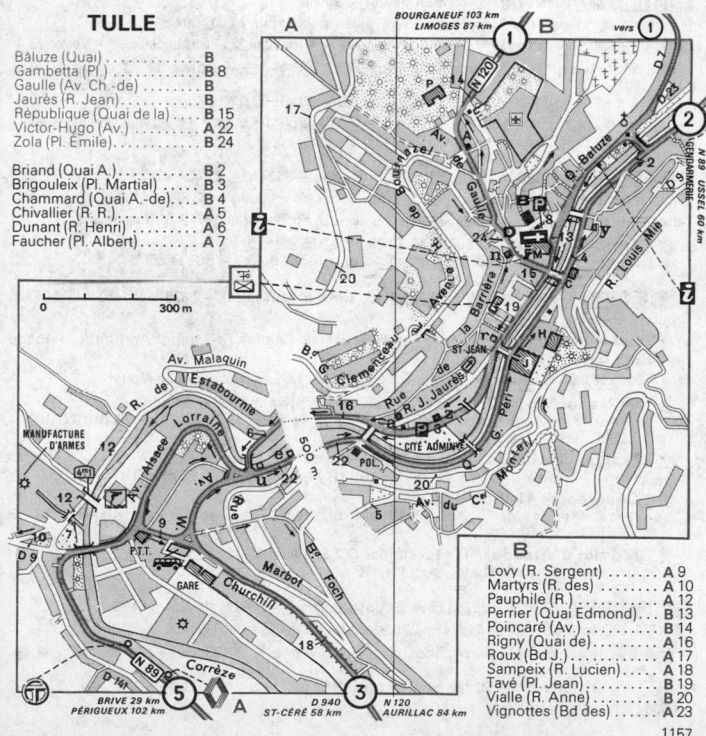

TULLE

Bâluze (Quai) .... B
Gambetta (Pl.) .... B 8
Gaulle (Av. Ch.-de) .... B
Jaurès (R. Jean) .... B
République (Quai de la) ... B 15
Victor-Hugo (Av.) .... A 22
Zola (Pl. Emile) .... B 24

Briand (Quai A.) .... B 2
Brigouleix (Pl. Martial) ... B 3
Chammard (Quai A.-de) .... B 4
Chivallier (R. R.) .... A 5
Dunant (R. Henri) .... A 6
Faucher (Pl. Albert) ...... A 7

Lovy (R. Sergent) .... A 9
Martyrs (R. des) .... A 10
Pauphile (R.) .... A 12
Perrier (Quai Edmond) .... B 13
Poincaré (Av.) .... B 14
Rigny (Quai de) .... A 16
Roux (Bd J.) .... A 17
Sampeix (R. Lucien) ...... A 18
Tavé (Pl. Jean) .... B 19
Vialle (R. Anne) .... B 20
Vignottes (Bd des) .... A 23

  🏨 **Limouzi** Ⓜ, 16 quai République ☏ 26.42.00 – |📺| ⌂wc 🛁wc ☎ ⅋, ⟵ – ⬜ 80.
  ⚫ 🆇 🅴 *VISA*. ⅋ rest   **B** **r**
  SC : **R** *(fermé dim.)* 60 ⅋ – ⟚ 16 – **50 ch** 90/170 – P 220/280.

  🏨 **Le Dunant**, 136 av. V.-Hugo ☏ 20.15.42 – ⌂wc 🛁wc ☎   **A** **u**
  *fermé 20 déc. au 15 janv. et dim. sauf juil. et août – SC : **R** (fermé dim. midi en juil.*
  et août) 40/55 ⅋ – ⟚ 12 – **13 ch** 70/100 – P 120/150.

  🏨 **Le Royal** sans rest, 70 av. V.-Hugo ☏ 20.04.52 – ⌂wc 🛁wc 📺 ⟵ 🅿. 🚗 *VISA*.
                                                             A **e**
  fermé fév. – SC : ☛ 10 – **14 ch** 70/120.

  🏤 **Bon Accueil**, 10 r. Canton ☏ 26.70.57 – ⌂wc 🛁wc   **B** **y**
  fermé 15 au 31 déc. et dim. sauf juil. à fin sept. – SC : **R** 40/55 ⅋ – ☛ 12 – **17 ch**
  50/90 – P 110/140.

  XXX **Toque Blanche** avec ch, pl. M. Brigouleix ☏ 26.75.41 – 🛁wc 📺. 🆎. ⅋ rest
  fermé 10 au 30 janv. et lundi d'oct. à mars – SC : **R** 60/140 – ⟚ 14 – **10 ch** 80/130 –
  P 150/180.   **B** **z**

  XX **Central**, 1ᵉʳ étage 32 r. J.-Jaurès ☏ 26.24.46 – 🍽   **AB** **a**
  fermé 22 juil. au 22 août, dim. soir et sam. – SC : **R** 55/170.

  XX **L'Escunlou**, 2ᵉ étage 17 pl. Cathédrale ☏ 26.54.48 – 🆎 🆇 🅴 *VISA*   **B** **n**
  fermé oct. et lundi – SC : **R** 63/150 ⅋.

   à Naves 6 km par ① – ⊠ **19460** Naves :

  🏨 **Aub. de la Route**, N 120 ☏ 26.62.02 – 🛁wc 📺 🅿. 🚗. ⅋ ch
   SC : **R** 35/100 ⅋ – ⟚ 10 – **22 ch** 43/80.

CITROEN Bru, 31 av. de Ventadour par ② ☏
26.18.82
FIAT, LANCIA-AUTOBIANCHI Veyres-Périé,
17 quai G.-Péri ☏ 20.15.22
FORD Diederichs, av. Alsace-Lorraine ☏ 20.
10.93
MERCEDES-BENZ, OPEL Gar. de l'Oasis rte
de Brive ☏ 20.10.61
PEUGEOT-TALBOT Gar. Bigeargeas, rte de
Limoges par ① ☏ 20.22.18

RENAULT SACOR, 43 r. du Dr.-Valette ☏ 20.
00.55
TALBOT Ets Carles, 23 r. Dr.-Valette ☏ 20.
08.05
V.A.G. Gar. Jacquet 20 pl. M.-Brigouleix ☏
20.03.31

⊙ Cammas, 3 av. Alsace-Lorraine ☏ 20.06.48
Peuch, 3 av. W.-Churchill ☏ 20.12.28

TULLINS 38210 Isère ⑦⑦ ④ – 5 703 h. alt. 201 – ✪ 76.
🛈 Syndicat d'Initiative à la Mairie (fermé sam. après-midi et dim.) ☏ 07.00.05.
Paris 548 – Bourgoin-Jallieu 44 – La Côte-St-André 27 – ◆Grenoble 32 – St-Marcellin 23 – Voiron 13.

  🏨 **Malatras**, S : 2 km sur N 92 ☏ 07.02.30, 🍴 – ⌂wc 🛁wc ☎ 🅿 – ⬜ 30. 🚗
  VISA
  fermé lundi sauf été – **R** 90/170 – ⟚ 20 – **30 ch** 70/170.

CITROEN Roudet, ☏ 07.03.40
PEUGEOT-TALBOT Bourguignon, ☏ 07.01.48

PEUGEOT-TALBOT Gar. Penon, ☏ 07.01.25

La TURBALLE 44420 Loire-Atl. ⑥③ ⑭ G. Bretagne – 3 127 h. – ✪ 40.
🛈 Office de Tourisme pl. de Gaulle (fermé matin hors sais. et jeudi) ☏ 23.32.01.
Paris 456 – La Baule 13 – Guérande 7 – ◆Nantes 85 – La Roche-Bernard 32 – St-Nazaire 27.

  XX **Terminus**, quai St-Paul ☏ 23.30.29, ← – 🅴 *VISA*
  fermé 15 nov. au 15 déc., lundi soir hors sais. et mardi – SC : **R** 85/180.

La TURBIE 06 Alpes-Mar. ⑧④ ⑩. 🔟🔟🔟 ㉗ G. Côte d'Azur (plan) – 1 826 h. alt. 480 – ⊠ **06320**
Cap-d'Ail – ✪ 93.
Voir Trophée des Alpes* : ⅋*** – Intérieur* de l'église St-Michel-Archange – Place
Catherine-Davis ←*.
Paris 950 – Eze 4,5 – Menton 13 – Monte-Carlo 8 – ◆Nice 18 – Roquebrune-Cap-Martin 7.

  🏨 **Le Napoléon** Ⓜ, ☏ 41.00.54, 🍴 – ⌂wc 🛁wc 📺. 🚗. ⅋ ch
  *fermé 1ᵉʳ nov. au 10 déc. – SC : **R** (fermé merc.)* 70/90 ⅋ – ⟚ 15 – **24 ch** 150/180 –
  P 250.

  🏨 **France**, ☏ 41.09.54 – ⌂wc 🛁 📺. 🚗. ⅋ ch
  fermé 1ᵉʳ nov. au 15 déc. et merc. – SC : **R** 47/60 – ☛ 15 – **15 ch** 60/110.

  🏨 **Césarée**, ☏ 41.16.08 – 🛁. ⅋ ch
  fermé 1ᵉʳ nov. au 15 janv. et sam. – SC : **R** 52/70 – ☛ 13 – **11 ch** 65/160 – P
  168/188.

  X **Moulin d'Alsace**, NO : 1,5 km par D 2 204 A ☏ 41.11.60, 🍴 – 🅿
  fermé merc. – SC : **R** (déj. seul.) 60/100.

TURCKHEIM 68230 H.-Rhin ⑥② ⑱⑲ G. Vosges (plan) – 3 609 h. alt. 225 – ✪ 89.
Paris 514 – Colmar 6,5 – Gérardmer 45 – Munster 12 – St-Dié 55 – le Thillot 65.

  🏨 **Berceau du Vigneron** sans rest, pl. Turenne ☏ 27.23.55 – ⌂wc 🛁wc 📺 🅿.
  ⅋ rest
  1ᵉʳ mars-1ᵉʳ nov. – SC : ☛ 14 – **16 ch** 119/155.

PEUGEOT-TALBOT Bertrand, ☏ 27.00.56

TURINI (Col de) 06 Alpes-Mar. 84 ⑲, 195 ⑰ – rattaché à Peira-Cava.

UFFHOLTZ 68 H.-Rhin 66 ⑨ – rattaché à Cernay.

UHART-CIZE 64 Pyr.-Atl. 85 ③ – rattaché à St-Jean-Pied-de-Port.

UNAC 09 Ariège 86 ⑮ – rattaché à Ax-les-Thermes.

UNTERMUHLTHAL 57 Moselle 57 ⑱ – rattaché à Niederbronn-les-Bains.

URCAY 03 Allier 69 ⑪⑫ – 390 h. alt. 169 – ✉ 03360 St-Bonnet-Tronçais – ✆ 70.
Paris 286 – La Châtre 58 – Montluçon 34 – Moulins 67 – St-Amand-Montrond 15.

   ✗ **Étoile d'Or** avec ch, ☎ 06.92.66 – **P**. ⍦ ch
   ➡ *fermé 1er au 30 oct., dim. soir et merc.* – SC : **R** 45/90 ⅃ – ⬤ 12 – **6 ch** 60/75.

URCEL 02 Aisne 56 ⑤ – 463 h. alt. 88 – ✉ 02000 Laon – ✆ 23.
Paris 122 – Fère-en-Tardenois 41 – Laon 13 – ✦Reims 58 – Soissons 22 – Vailly-sur-Aisne 12.

   ✗✗ **Host. de France**, rte Nationale ☎ 21.60.08, ⍦ – **P**
   ➡ *fermé 1er au 15 sept., 15 au 28 fév. et jeudi* – SC : **R** 50/100.

URDOS 64720 Pyr.-Atl. 85 ⑯ – 179 h. alt. 760 – ✆ 59.
Env. Col du Somport★★ SE : 14 km, G. Pyrénées.
Paris 859 – Jaca 46 – Oloron-Ste-Marie 41 – Pau 74.

   🏠 **Voyageurs-Somport**, ☎ 34.88.05, ⍦ – ⌂wc ⍦wc ☎ **P** ⬤🅿 **VISA**
   ➡ *fermé 15 au 30 nov.* – SC : **R** 35/75 – ⬧ 12 – **35 ch** 60/150 – P 105/150.

URIAGE-LES-BAINS 38410 Isère 77 ⑤ G. Alpes – alt. 414 – Stat. therm. (15 mars-31 oct.) –
Casino – ✆ 76 – **Voir Forêt de Prémol★** SE : 5 km par D 111.
🛈 Syndicat d'Initiative Gare V.F.D. (cars) (15 mars-31 oct., fermé sam. après-midi et dim.) ☎
89.10.27.
Paris 577 – ✦Grenoble 10 – Vizille 9.

   🏠 **Grand Hôtel**, ☎ 89.10.81, parc, 🔲, ✗ – 🅱 ⌂wc ☎ **P**. ⍦
       1er mai-25 sept. – SC : **R** 70/85 – ⬤ 20 – **51 ch** 130/190.

   🏠 **Mésanges** ⬥, rte St-Martin-d'Uriage ☎ 95.70.69, ≼, ⍦ – ⌂wc 🍴 **P**. ⍦
       1er mai-30 sept. et week-ends de fév. et mars – SC : **R** 43/78 ⅃ – ⬧ 13,50 – **38 ch**
       67/140 – P 117/162.

   🏠 **Le Manoir**, ☎ 89.10.88, 🍴 – ⌂wc ⍦wc ☎ **P**. ⬤🅿
   ➡ *fermé 20 nov. au 5 déc., 5 au 20 janv., mardi soir et merc. hors sais.* – SC : **R** 50/90 ⅃
       – ⬧ 15 – **19 ch** 65/190 – P 150/210.

       à St-Martin-d'Uriage NE : 3 km par D 280 – alt. 680 – ✉ 38410 Uriage :

   🏠 **Belvédère**, ☎ 95.70.47, ≼, ⍦ – ⌂wc 🍴 ☎ **P**. ⬤🅿
   ➡ *28 mai-25 sept.* – SC : **R** 45/100 – ⬧ 17 – **30 ch** 75/175 – P 150/250.

URMATT 67 B.-Rhin 62 ⑧⑨ – 1 092 h. alt. 240 – ✉ 67190 Mutzig – ✆ 88.
Voir Église★ de Niederhaslach NE : 3 km, G. Vosges.
Paris 513 – Molsheim 17 – Saverne 36 – Sélestat 46 – ✦Strasbourg 39 – Wasselonne 22.

   🏠 **Poste**, ☎ 97.40.55 – 🍴wc ☎ **P**. ⍦ ch
   ➡ *fermé 14 au 22 mars, 20 au 28 juin, 17 au 28 oct., 19 au 25 déc., lundi soir et mardi* –
       SC : **R** 30/200 ⅃ – ⬧ 15,50 – **13 ch** 80/140 – P 125/152.

RENAULT Gar. Ludwig, à Niederhaslach ☎ 50.90.08 🅽

URT 64 Pyr.-Atl. 78 ⑱ – 1 055 h. alt. 42 – ✉ 64240 Hasparren – ✆ 59.
Paris 762 – ✦Bayonne 14 – Cambo-les-Bains 28 – Pau 97 – Peyrehorade 25 – Sauveterre-de-Béarn 42.

   🏠 **Commerce**, ☎ 56.20.15 – 🍴 ⍦
   ➡ **R** 35/45 ⅃ – ⬤ 10 – **10 ch** 30/45 – P 100.
   ✗✗ **Aub. Galupe**, au Port de l'Adour ☎ 56.21.84
   ➡ *fermé fév., mardi soir et merc. hors sais.* – SC : **R** 50/80.

URVILLE-NACQUEVILLE 50 Manche 54 ① – 1 257 h. alt. 14 – ✉ 50460 Querqueville – ✆ 33
– Voir **Château de Nacqueville : parc★** – ≼★ du rocher du Castel-Vendon NO : 5 km
puis 15 mn, G. Normandie.
Paris 371 – Barneville-Carteret 43 – Bricquebec 33 – ✦Cherbourg 11 – St-Lô 89.

   🏠 **Beaurivage**, ☎ 03.52.40, ⍦ – 🍴. ⍦ ch
   ➡ *fermé oct., dim. du 2 nov. à Pâques et sam. (sauf hôtel de Pâques au 2 nov.)* – SC :
       R 36/70 ⅃ – ⬤ 12 – **16 ch** 60/100 – P 120/140.

URY 77 S.-et-M. 61 ⑪⑫ – rattaché à Fontainebleau.

USSAC 19 Corrèze 75 ⑧ – rattaché à Brive-La-Gaillarde.

USSEL <SP> 19200 Corrèze **73** — ⑪ **G. Périgord** — 11 149 h. alt. 631 — ✪ 55.

🛈 Office de Tourisme pl. Voltaire (15 juin-15 sept.) ☏ 72.11.50 et 67 av. Carnot (16 sept.-14 juin, fermé sam. et dim.) ☏ 96.11.32.

Paris 439 ① – Aurillac 103 ③ – ♦Clermont-Ferrand 86 ② – Guéret 101 ① – ♦Limoges 114 ④ – Tulle 60 ④.

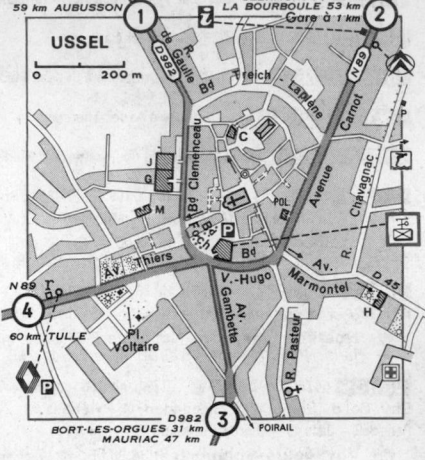

🏨 **Les Gravades** M ⅏, à St-Dezery par ② : 4 km ⊠ 19200 Ussel ☏ 72.21.53, ≼ – 🛏wc ᥫwc ⊛ 🅿 🚗 🅰🅴 𝕍𝕀𝕊𝔸
SC : **R** *(fermé vend. soir et sam. midi hors sais.)* 70/160 ⚹ – ☲ 20 – **17 ch** 150/250.

🏨 **Gd Hôtel Mabru,** av. P.-Sémard par ② (près gare) ☏ 72.25.98 – 🛏 ᥫwc ⊛ 🅿 🚗 🅴 𝕍𝕀𝕊𝔸. 🦐 rest
fermé 2 au 17 janv. et sam. du 2 nov. au 31 mars – SC : **R** 35/70 – ☲ 17 – **31 ch** 80/170.

🏨 **Teillard** sans rest, 26 av. Thiers **(r)** ☏ 72.12.54 – 🛏wc ᥫ 🅿 🚗 🦐
Pâques-1ᵉʳ nov. – SC : ☲ 13 – **26 ch** 50/125.

CITROEN Fraisse, 70 av. Carnot ☏ 72.17.81
FIAT, LANCIA Gar. du Centre, 5 r. A.-Chavagnac ☏ 72.11.54
OPEL Gar. Barbier, 20 bd Dr.Goudounèche ☏ 96.23.59
PEUGEOT-TALBOT Gar. du Collège, rte de Clermont par ② ☏ 96.10.68 ☏ 72.19.95

RENAULT Gar. Thiers, 20 av. Thiers ☏ 96.11.01
V.A.G. Gar. du Stade, 23 bd Dr. Goudounèche ☏ 72.12.66
Gar. Salagnac, 56 av. Gén.-Leclerc ☏ 96.23.23

◉ Estager Pneus 61 av. Gén.-Leclerc ☏ 72.15.83

USSON-EN-FOREZ 42550 Loire **76** ⑦ **G. Vallée du Rhône** – 1 551 h. alt. 910 – ✪ 77.

Paris 475 – Ambert 39 – Montbrison 50 – Le Puy 51 – St-Bonnet-le-Château 14 – ♦St-Étienne 47.

🏨 **Rival,** ☏ 50.63.65 – 🛏wc ᥫwc ⊛. 🦐
fermé 16 au 30 juin et lundi de sept. à juin – SC : **R** 38/87 – ☲ 11 – **13 ch** 66/180 – P 130/175.

🏨 **Gd H. Aubert,** ☏ 51.63.42 – 🚗. 🚗 🦐 ch
fermé 15 déc. au 15 janv. et lundi du 1ᵉʳ sept. au 1ᵉʳ juil. – SC : **R** 40/95 ⚹ – ☲ 12,50 – **16 ch** 52/100 – P 115/160.

CITROEN Gar. Gardon, Le Pin Mallet ☏ 51.62.15

RENAULT Gar. Colombet, ☏ 50.60.53
Gar. Maitrias, ☏ 51.63.27

USTARITZ 64480 Pyr.-Atl. **85** ② – 3 871 h. alt. 14 – ✪ 59.

🛈 Syndicat d'Initiative à la Mairie (fermé sam. et dim.) ☏ 31.00.44.

Paris 784 – ♦Bayonne 12 – Cambo-les-Bains 7 – Pau 119 – St-Jean-de-Luz 25.

🏨 **Arretz** sans rest, ☏ 31.00.25 – ᥫ 🅿 🦐
avril-oct. – SC : 🍽 11 – **8 ch** 55/90.

CITROEN Gar. Iharour, à Larressore ☏ 31.01.79

RENAULT Gar. Etchegaray, à Larressore ☏ 31.04.37 Ⓝ ☏ 29.80.02

UZERCHE 19140 Corrèze **75** ⑧ **G. Périgord** (plan) – 3 221 h. alt. 333 – ✪ 55.

Voir Ste-Eulalie ≼★ E : 1 km.

🛈 Office de Tourisme pl. Lunade (1ᵉʳ avril-30 sept.) ☏ 73.15.71.

Paris 452 – Aubusson 102 – Bourganeuf 80 – Brive-la-Gaillarde 40 – ♦Limoges 56 – Périgueux 93 – Tulle 31.

🏨 **Ambroise,** av. Paris ☏ 73.10.08, 🚘 – 🛏wc ᥫwc ⊛ 🚗
fermé nov., sam. et dim. sauf juil. et août – SC : **R** 36/78 ⚹ – ☲ 12,50 – **20 ch** 59/86.

🏨 **Moderne** sans rest, av. Paris ☏ 73.12.23 – ᥫwc ⊛ 🚗
fermé fév. et lundi – SC : ☲ 15 – **7 ch** 80/130.

🏨 **Host. Chavant,** pl. A.-Boyer ☏ 73.12.28 – 🛏wc ᥫwc ⊛ 🚗 🅿
SC : **R** 40/90 – 🍽 12 – **34 ch** 57/120.

à Vigeois SO : 9 km par N 20 et D 3 – ⊠ 19410 Vigeois :

🏨 **Les Semailles,** rte Brive ☏ 98.93.69 – 🛏wc ☏. 🦐
fermé 16 au 29 fév., dim. soir et lundi – SC : **R** 40/95 ⚹ – ☲ 11 – **7 ch** 65/105 – P 95/130.

CITROEN Gar. Chauffour, ✆ 73.12.05 N ✆ 73.22.19
RENAULT Gar. Bachellerie, ✆ 73.15.75 N ✆ 73.16.51
RENAULT Gar. Hochscheid à Vigeois, ✆ 98.92.59

UZÈS **30700 Gard 80 ⑲ G. Provence – 7 387 h. alt. 138 – ✪ 66.**

Voir Duché★ : ≤★ de la Tour Bermonde A **– Orgues★ de la Cathédrale** B **V – Tour Fenestrelle★** B **W – Museon di Rodo★** A **M1.**

ℹ Office de Tourisme à l'Hôtel de Ville (fermé sam. et dim.) ✆ 22.68.88.

Paris 707 ② – Alès 33 ④ – Arles 55 ② – Avignon 38 ② – Montélimar 81 ① – Nîmes 25 ②.

UZÈS

Alliés (Bd des) . . . . . . A
Gambetta (Bd) . . . . . A 3
Gide (Bd Charles) . AB
République (R.) . . . . . A
Uzès (R.J.-d') . . . . . . A 23
Vincent (Av. Gén.) . . . A 29

Albert-1er (Pl.) . . . . . AZ A
Belle-Croix (Pl.) . . . . . B 4
Boucairie (R.) . . . . A 5
Capucins (R. des) . . . A 6
Dampmartin (Pl.) . . . B 7
Dr-Blanchard (R.) . . . A 8
Duché (Pl. du) . . . . . . A 9
Entre-Les-Tours (R.) . B 10
Évêché (R. de l') . . . . A 12
Foch (Av.) . . . . A 13
Foussat (R. Paul) . . . . A 14
Herbes (Pl. aux) . . . . . B 15
Marronniers (Prom.) . A 16
Pelisserie (R.) . . . . B 18
Plan-de l'Oume (R.) . . B 19
Rafin (R. de) . . . . A 20
St-Étienne (R.) . . . . . B 25
St-Julien (R.) . . . . B 26
St-Théodorit . . . . B 27
Verdun (Pl. de) . . . . . A 30
Victor-Hugo (Bd) . . . A 32
4-Septembre (R.) . . . 35

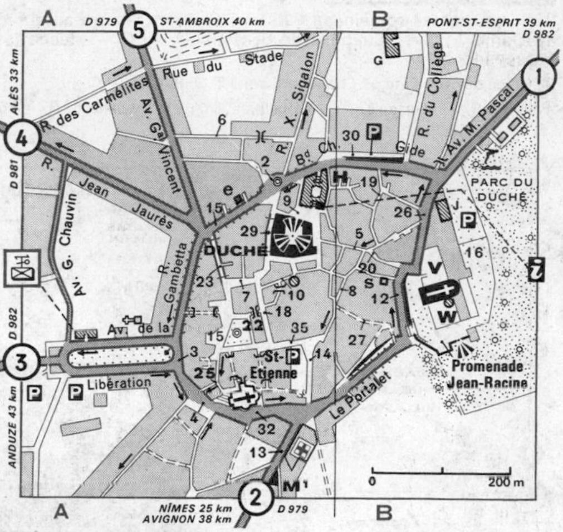

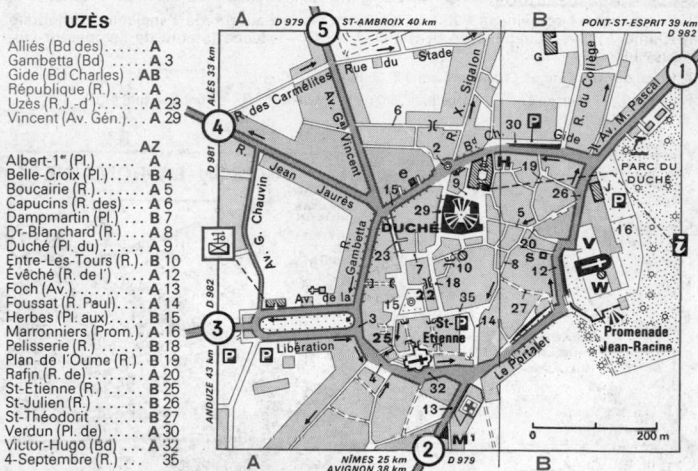

🏨 **Entraigues,** pl. Évêché ✆ 22.32.68 – 🛁wc ☎. 🚗 VISA — B **s**
SC : **R** Grill *(fermé mardi)* 55/80 – ☕ 22 – **18 ch** 180/225.

✕✕ **Alexandry,** 6 bd Gambetta ✆ 22.27.82 — A **e**
fermé janv., fév. et lundi – SC : **R** 68/100.

à Arpaillargues par ③ : 4,5 km – ✉ **30700** Uzès :

🏨 **H. Marie d'Agoult, Château d'Arpaillargues** 🐴, ✆ 22.14.48, « Demeure du 18e s., parc, 🎾, 🏊 » – ♿ 🅟 – 🏛 60. ⦿ E VISA. 🚫 rest
15 mars-15 oct. – SC : **R** *(fermé merc. hors sais.)* 85/130 – ☕ 26 – **25 ch** 250/400 – P 366/481.

CITROEN Gar. Mandon, Champs-de-Mars par ② ✆ 22.22.64 N ✆ 22.20.71
PEUGEOT-TALBOT Laborie, av. de la Gare par ③ ✆ 22.59.01
RENAULT SUVRA, rte d'Alès par ④ ✆ 22.60.99

VABRE **81330 Tarn 83 ② – 1 119 h. alt. 371 – ✪ 63.**

Paris 760 – Albi 54 – Brassac 15 – Castres 31 – Gaillac 70 – Lacaune 36 – St-Pons 55.

🏨 **Cals** 🐴, ✆ 50.40.24, 🌳 – 🚿 🅟. 🚫 ch
◆ *fermé 20 déc. au 5 janv.* – SC : **R** 40 bc/80 bc – ☕ 11,50 – **12 ch** 65/100 – P 98/120.

VACQUIERS **31 H.-Garonne 82 ⑧ – 705 h. alt. 230 – ✉ 31340 Villemur-sur-Tarn – ✪ 61.**

Paris 691 – Albi 67 – Castres 75 – Montauban 35 – ◆Toulouse 26.

🏨 **Villa des Pins** 🐴, O : 2 km par D 30 ✆ 84.96.04, ≤, 🌳 – 🛁wc 🚿wc ☎ 🚗 🅟
◆ – 🏛 50. 🚗 AE VISA. 🚫 ch
SC : **R** *(fermé dim. soir)* 50/90 – ☕ 12 – **16 ch** 75/130 – P 175/290.

VAIGES **53480 Mayenne 60 ⑪ – 977 h. alt. 91 – ✪ 43.**

Paris 254 – Château-Gontier 37 – Laval 22 – ◆Le Mans 53 – Mayenne 32.

🏨 **Commerce** Ⓜ, ✆ 01.20.07, 🌳 – 🛗 🛁wc ☎ 🅟 – 🏛 80. 🚗 ⦿ VISA. 🚫
fermé en fév., dim. soir et lundi – SC : **R** 65/130 – ☕ 16 – **34 ch** 120/180.

CITROEN Gar. de la Charnie, ✆ 01.20.05

VAILLY-SUR-AISNE 02370 Aisne 🗺️🗺️ ④ ⑤ – 1 855 h. alt. 48 – ✆ 23.

Paris 118 – Fère-en-Tardenois 29 – Laon 24 – ♦Reims 49 – Soissons 18.

☎ **Cheval d'Or,** ☎ 54.70.56 – 🍴 🚗 E 🆅🆂🅰
↔ fermé fév. – SC : **R** 32/105 👶 – 🖵 10 – **20 ch** 45/60 – P 78.

VAILLY-SUR-SAULDRE 18260 Cher 🗺️🗺️ ⑫ – 749 h. alt. 200 m – ✆ 48.

Paris 191 – Aubigny-sur-Nère 17 – Bourges 53 – Cosne-sur-Loire 24 – Gien 37 – Sancerre 26.

✕ **Aub. Lièvre Gourmand,** ☎ 73.80.23
fermé merc. – SC : **R** 62/140.

VAISON-LA-ROMAINE 84110 Vaucluse 🗺️🗺️ ② ③ G. Provence – 5 211 h. alt. 200 – ✆ 90.

Voir Les ruines romaines★★ ABY – Cloître★, Maître-autel★ de l'ancienne cathédrale
N.-Dame AY **B** – Chapelle de St-Quenin★ AY **D** – Musée (statue de l'empereur cuirassé★) BY **M1**.

🅱 Office de Tourisme pl. Chanoine Sautel ☎ 36.02.11.

Paris 671 ④ – Avignon 47 ③ – Carpentras 28 ② – Montélimar 65 ④ – Pont-St-Esprit 41 ④.

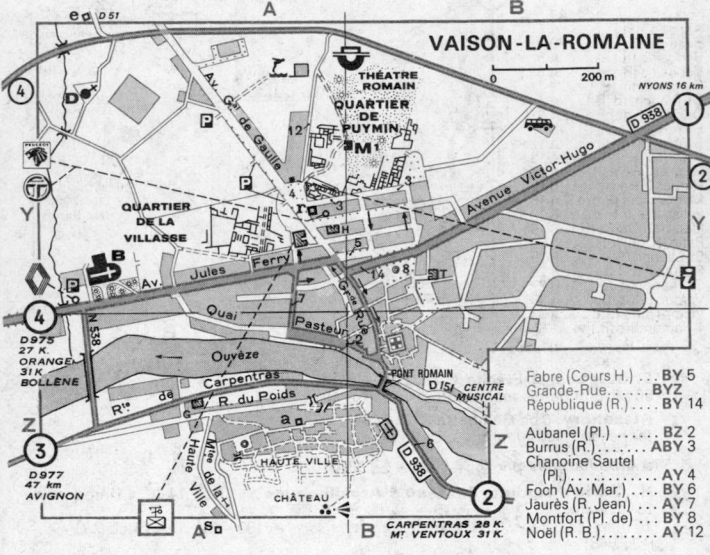

Fabre (Cours H.) . . . **BY** 5
Grande-Rue. . . . . . **BYZ**
République (R.) . . . . **BY** 14

Aubanel (Pl.) . . . . . . **BZ** 2
Burrus (R.) . . . . **ABY** 3
Chanoine Sautel
(Pl.) . . . . **AY** 4
Foch (Av. Mar.) . . . **BY** 6
Jaurès (R. Jean) . . . **AY** 7
Montfort (Pl. de) . . . **BY** 8
Noël (R. B.). . . . . . . **AY** 12

🏨 **L'Oustaü** 🔇, rte Villedieu ☎ 36.01.10, 🔥, – 📺 🛁 wc 🛏️wc 🕿 🅿 🚗 . 🛇
mi mars-mi oct. et fermé du 18 au 26 juin, dim. soir et lundi sauf juil., août et fériés
– SC : **R** carte 120 à 170 – 🖵 19 – **8 ch** 160/260, 3 appartements 260.   AY **e**

🏨 **Logis du Château** Ⓜ 🔇, Les Hauts de Vaison ☎ 36.09.98, Télex 431389, ≤,
parc, 🏊, 🎾 – 🛗 🍴 rest 🛁wc 🅿 🚗 – 🦽 30. 🆎 ⑩ 🆅🆂🅰   AZ **s**
15 mars-1er nov. – SC : **R** 85/125 – 🖵 20 – **40 ch** 190/230 – P 250/260.

🏨 **Le Beffroi** 🔇, Haute Ville ☎ 36.04.71, 🍴, 🔥 – 🛁wc 🛏️wc 🕿 🅿 – 🦽 30. 🚗
🆎 ⑩ E 🆅🆂🅰. 🛇 rest   AZ **a**
15 mars-2 nov. – SC : **R** (fermé mardi midi et lundi) 75/110 – 🖵 21 – **19 ch** 72/224
– P 233/293.

🏨 **Théâtre Romain,** pl. Chanoine-Sautel ☎ 36.05.87 – 🛁wc 🛏️wc 🕿 🚗. 🛇
↔ fermé 9 au 20 sept., 15 nov. au 28 fév. et jeudi sauf juil. et août – SC : **R** (dîner seul.)
44/85 – 🖵 14 – **21 ch** 90/140.   AY **r**

à Seguret par ③ et D 88 : 9,5 km – ⊠ 84110 Vaison-La-Romaine :

✕✕ **La Table du Comtat** (Gomez) 🔇 avec ch, ☎ 36.91.49, ≤ plaine, 🏊 – 🛁wc
🛏️wc 🕿 🅿 🚗 E . 🛇 rest
fermé mi janv. à fin fév., mardi soir et merc. sauf du 1er juillet au 20 sept. et fêtes –
SC : **R** (nombre de couverts limité - prévenir) 130 – 🖵 20 – **8 ch** 180/250
Spéc. Feuilleté d'asperges aux truffes, Filet de St-Pierre au basilic, Gigot d'agneau. **Vins** Côtes du
Rhône, Rasteau.

FIAT Peyrol, ☎ 36.00.08
PEUGEOT-TALBOT De Luca, par ① ☎ 36.24.33
🅽
RENAULT Gar. Baffie, par ① ☎ 36.02.06
RENAULT Vaisonnaise-Autom. ☎ 36.07.63
PEUGEOT-TALBOT Adage, ☎ 36.01.50

VALADY 12 Aveyron 🔟 ② – 765 h. alt. 340 – ✉ 12330 Marcillac-Vallon – ✪ 65.

Paris 632 – Decazeville 19 – Rodez 18.

🏨 **Combes,** ☏ 47.70.69, 🌳 – 🛏wc 🛏wc 🚗. 🎾
🍴 *fermé fév. et lundi du 15 sept. au 14 juil.* – SC : **R** 42/68 ⭑ – ☲ 13 – **14 ch** 60/130 –
P 115/150.

à Nuces SE : 2,5 km – ✉ 12330 Marcillac-Vallon :

🍴🍴 **Gare** avec ch, ☏ 47.71.01 – 🅿 🍴 🔲 **E** 𝘝𝘐𝘚𝘈
fermé 1ᵉʳ au 15 nov., 15 au 28 fév., sam. midi et dim. soir sauf juil. et août – SC : **R**
65/140 ⭑ – 🚲 18 – **7 ch** 70/130.

Le VAL-ANDRÉ 22 C.-du-N. 🔟 ④ – voir à Pléneuf-Val-André.

VALBERG 06 Alpes-Mar. 🔟 ⑨⑱. 🔟 ④ G. Côte d'Azur – alt. 1 669 – Sports d'hiver :
1 430/2 025 m ⚉22, ⚡ – ✉ 06470 Guillaumes – ✪ 93.

Voir Intérieur★ de la chapelle N.-D.-des-Neiges.

🏢 Office de Tourisme Centre Administratif (fermé dim. en oct. et nov.) ☏ 02.52.64, Télex 461002.

Paris 853 – Barcelonnette 77 – Castellane 71 – Digne 109 – ✦Nice 85 – St-Martin-Vésubie 59.

🏨 **Adrech de Lagas** 🅜, ☏ 02.51.64, ≤ – 🛎 🔲 🆎 **E**. 🎾
1ᵉʳ juil.-30 sept. et 20 déc.-20 avril – SC : **R** 95/150 – ☲ 20 – **22 ch** 220 – P 280/300.

🏨 **Chalet Suisse,** ☏ 02.50.09, 🌳 – 🛎🛏wc 🛏wc ☎. **E**
1ᵉʳ juil.-20 sept. et 15 déc.-20 avril – SC : **R** 70/100 – ☲ 25 – **24 ch** 130/250.

🏨 **La Clé des Champs** 🐾, ☏ 02.51.45, ≤, 🌳 – 🛏wc ☎ 🚗 🅿 🍴. 🎾 ch
2 juil.-18 sept. et Noël-Pâques – SC : **R** (résidents seul.) – ☲ 15 – **19 ch** 150 – P
200.

VALBONNE 06560 Alpes-Mar. 🔟 ⑨. 🔟 ②⑳ G. Côte d'Azur – 2 980 h. alt. 202 – ✪ 93.

🏌 ☏ 42.00.08 NE : 2 km.

🏢 Office de Tourisme à la Mairie (fermé sam. et dim.) ☏ 42.00.19.

Paris 913 – Antibes 17 – Cannes 13 – Grasse 9 – Mougins 6,5 – ✦Nice 30 – Vence 21.

🍴🍴 **Caves St-Bernardin,** ☏ 42.03.88
fermé 1ᵉʳ déc. au 15 janv., dim. et lundi – SC : **R** (nombre de couverts limité -
prévenir) 75/90.

au Val de Cuberte SO : 1,5 km sur D 3 – ✉ 06560 Valbonne :

🍴🍴 **Val de Cuberte,** ☏ 42.01.82 – 🅿
*fermé mi nov. à mi déc., mardi en été et merc. (hors sais. déj. seul., sauf sam. déj. et
dîner)* – SC : **R** 100.

🍴 **Aub. Fleurie** avec ch, ☏ 42.02.80, 🌳 – 🛏wc 🛏wc 🅿
🍴 *fermé 15 déc. au 30 janv.* – SC : **R** *(fermé merc.)* 45/95 ⭑ – ☲ 10 – **10 ch** 95/140.

RENAULT Gar. Cuberte, ☏ 42.02.24

VALCEBOLLÈRE 66340 Pyr.-Or. 🔟 ⑯ – ✪ 68.

Paris 1017 – Bourg-Madame 9 – ✦Perpignan 105 – Prades 62.

🏨 **Les Ecureuils** 🐾, ☏ 04.52.03 – 🛏wc 🚗
juin-sept., vacances scol. de Noël, fév et Pâques – SC : **R** 70/120 ⭑ ☲ 14 – **9 ch**
100/120 – P 140/150.

VAL CLARET 73 Savoie 🔟 ⑱ – rattaché à Tignes.

VALDAHON 25800 Doubs 🔟 ⑯ – 3 595 h. alt. 649 – ✪ 81.

Paris 442 – ✦Besançon 32 – Morteau 33 – Pontarlier 32.

🏨 **Relais de Franche Comté** 🅜 🐾, ☏ 56.23.18, ≤, 🌳 – 🛏wc 🚗 🍴 🅿 – 🛁
🍴 30. 🍴 🆎 ⓞ 𝘝𝘐𝘚𝘈
*fermé 20 déc. au 15 janv., vend. soir sauf juil. et août et sam. midi du 15 sept. au 1ᵉʳ
mai* – SC : **R** 42/140 ⭑ – ☲ 14,50 – **20 ch** 122/152 – P 140/175.

CITROEN Gar. Pétot, ☏ 56.27.12 🅽 ☏ 56.26.19

Le VAL-D'AJOL 88340 Vosges 🔟 ⑯ G. Vosges – 5 623 h. alt. 346 – ✪ 29.

🏢 Syndicat d'Initiative 2 r. du Devau (fermé dim.) ☏ 66.66.30.

Paris 377 – Épinal 44 – Luxeuil-les-Bains 16 – Plombières-les-Bains 9 – Remiremont 17 – Vittel 75.

🏨 **Résidence,** r. Mousses ☏ 66.68.52, « Parc » – 🛏wc 🛏wc 🚗 🅿 – 🛁 100. 🆎
🍴 𝘝𝘐𝘚𝘈. 🎾 rest
SC : **R** 50/170 ⭑ – ☲ 16 – **64 ch** 70/140 – P 147/170.

This symbol indicates restaurants	🏨	🍴
serving a plain meal at a moderate price.	🍴	🍴

Sports d'hiver au Col de la Colmiane : 1 500/1 800 m ≰10 — ⊠ **06420** St-Sauveur-sur-Tinée — ✪ 93.

Paris 895 — Cannes 91 — ♦Nice 73 — St-Étienne-de-Tinée 46 — St-Martin-Vésubie 11.

    à La Bolline — alt. 1 000 — ⊠ **06420** St-Sauveur-sur-Tinée.

    Voir Rimplas : site★, ≼★ de la chapelle Ste-Madeleine SO : 4 km.

🏠 **Valdeblore,** ℱ 02.81.05, ≼ — 🛏wc ☜ 🚗, 🎇
    1er juin-30 sept. et 20 déc.-20 avril — SC : **R** 70/80 — ⊒ 15 — **17 ch** 90/150 — P 160/190.

    à St-Dalmas-Valdeblore — alt. 1 300 — ⊠ **06420** St-Sauveur-sur-Tinée.

    Voir Pic de Colmiane 🎇★★ E : 4,5 km.

🏠🏠 **Aub. des Murès** ⌂, ℱ 02.80.11, ≼ — 🛏wc 🛏wc ☜ ℗
    Pâques, 1er juin-15 oct., vacances de Noël et de fév. — SC : **R** 75 — ⊒ 16 — **9 ch** 140/190 — P 210/230.

🏠 **Lou Mercantour** ⌂, ℱ 02.80.21, ≼ — 🛏wc 🛏wc ☜ ℗. ✎ rest
    mai-sept. déc.-fév. et vac. scol. — SC : **R** 50/75 — ⊒ 12 — **20 ch** 70/160 — P 140/180.

🏠 **Host. des Colmianes** ⌂, ℱ 02.83.36, ≼ — 🛏wc 🛏wc ☜ ℗. ✎ rest
    1er juin-20 sept. et 20 déc.-20 avril — SC : **R** (résidents seul.) — ⊒ 15 — **15 ch** 80/200.

✂6 ≰50 — ✪ 79 — Voir Rocher de Bellevarde 🎇★★★ par téléphérique — Tête du Solaise 🎇★★ SE par téléphérique — Altiport de Tovière ℱ 06.01.69, NO : 5 km.

🄳 Office de Tourisme, Maison de Val d'Isère (fermé dim. hors saison) ℱ 06.10.83, Télex 980077.

Paris 693 — Albertville 85 — Briançon 158 — Chambéry 132.

🏠🏠🏠 **Sofitel** Ⓜ ⌂, ℱ 06.08.30, Télex 980558, ≼, ➷ — 📶 📺 ☎ ☜ ℗ — ♨ 110. 🅰🄴
    ⓪ 🄴 *VISA*
    2 juil.-22 août et 3 déc.-2 mai — SC : **R** carte 190 à 260 — ⊒ 40 — **51 ch** 400/650 — P 600/640.

🏠🏠🏠 **Christiania** ⌂, ℱ 06.08.25, ≼ — 📶 ℗. ✎ rest
    déc.-mai — **R** 122 — ⊒ 30 — **44 ch** (pension seul.) — P 658/727.

🏠🏠🏠 **Gd Paradis** Ⓜ ⌂, ℱ 06.11.73, ≼, ✎ — 📶 ☎ ☜, 🅰🄴 ⓪ *VISA*. ✎ rest
    juil.-août et déc.-avril — SC : **R** 120 — ⊒ 28 — **39 ch** 220/460, 4 appartements 680 — P 420/550.

🏠🏠 **Blizzard** Ⓜ, ℱ 06.02.45, ≼, 🔥 — 📶 📺 ☎. 🅰🄴. ✎ rest
    hôtel : 18 déc.-3 mai ; rest. : Noël-3 mai — SC : **R** 85 — ⊒ 25 — **72 ch** 250/320.

🏠🏠 **Tsanteleina,** ℱ 06.12.13, ≼, ✎ — 📶 ☎ ℗. ✎ rest
    25 juin-28 août et 3 déc.-3 mai — SC : **R** 65/115 — ⊒ 24 — **59 ch** 140/340 — P 235/345.

🏠 **La Savoyarde** ⌂, ℱ 06.01.55, ≼ — 📶 cuisinette 🛏wc 🛏wc ☎ ℗, 🎇 🅰🄴 ⓪ *VISA*
    1er déc.-5 mai — SC : **R** (dîner seul. sauf de Noël au 15 janv.) 90/110 — ⊒ 38 — **38 ch** 220/380.

🏠🏠 **Altitude** Ⓜ ⌂, ℱ 06.12.55, ≼, ➷ — 📶 🛏wc 🛏wc ☎ ℗. 🎇 *VISA*. ✎
    1er août et 1er déc.-5 mai — SC : **R** 70/80 — ⊒ 20 — **30 ch** 320 — P 200/300.

🏠🏠 **Aiglon** ⌂, ℱ 06.04.05, ≼ — 🛏wc 🛏 ℗. 🎇
    2 juil.-31 août et 1er déc.-5 mai — SC : **R** 80/100 — ⊒ 22 — **16 ch** 240 — P 212/295.

🏠🏠 **Bellier** ⌂, ℱ 06.03.77, ≼ — cuisinette 🛏wc 🛏 ℗. 🎇 🅰🄴 ⓪ *VISA*
    10 déc.-15 avril — SC : **R** (dîner seul.) carte 110 à 160 — ⊒ 20 — **22 ch** 160/300.

🏠🏠 **Danival** Ⓜ ⌂ sans rest, ℱ 06.00.65, ≼ — 🛏wc ☎ ☜
    20 déc.-Pâques — SC : **16 ch** ⊒ 250.

🏠🏠 **Squaw-Valley** ⌂, ℱ 06.02.72, ≼ — 🛏wc 🛏wc ☎. 🎇 ✎ ch
    10 juil.-31 août et début déc.-1er mai — SC : **R** (dîner seul.) 110 — **21 ch** ⊒ 304/354.

🏠🏠 **Santons** ⌂ sans rest, ℱ 06.03.67, ≼ — 🛏wc 🛏wc ☜ ℗
    1er déc.-1er mai — SC : **26 ch** ⊒ 126/333.

🏠 **L'Avancher** ⌂, rte Fornet ℱ 06.02.00, ≼, ➷ — 🛏wc ☜. 🎇
    1er juil.-5 sept. et 2 déc.-8 mai — SC : **R** (dîner seul.) 70/80 — ⊒ 23 — **17 ch** 138/220.

🏠 **H. Oreiller** ⌂ sans rest, ℱ 06.08.45, ≼ — 🛏wc ☎. 🎇 ✎
    1er déc.-30 avril — SC : **23 ch** ⊒ 180/300.

🏠 **Vieux Village,** ℱ 06.03.79, ≼ — 🛏wc 🛏wc ☎. 🎇
    juil.-août, 4-12 déc. et 25 déc.-20 avril — SC : **R** (dîner seul.) 70 — ☚ 17 — **23 ch** 185/232.

🏠 **Kandahar et Taverne d'Alsace,** ℱ 06.02.39, ≼ — 🛏wc ☎ ℗. 🎇
    fin juin-début sept. et fin nov.-début mai — SC : **R** (dîner seul.) carte 90 à 120 — ⊒ 19 — **17 ch** 115/210.

🏠 **La Galise,** ℱ 06.05.04 — 🛏wc 🛏wc ☎. 🎇 ✎ rest
    5 déc.-18 avril — SC : **R** 60/95 — ⊒ 17,50 — **38 ch** 88/235 — P 153/235.

🏠 **Chamois d'Or** ⌂, ℱ 06.00.44, ≼ — 🛏wc 🛏wc ☎ ℗. 🎇 ✎
    2 juil.-28 août et 10 déc.-2 mai — SC : **R** 45/62 🍴 — ⊒ 22 — **21 ch** 170/310 — P 170/240.

XX **Matafan,** ☎ 06.01.55 – 🖭 ⓞ 𝑽𝑰𝑺𝑨
5 déc.-1ᵉʳ mai – SC : **R** (dîner seul.) carte 155 à 180.

XX **Goitschel's Lodge,** ☎ 06.02.01 – 🖭 𝑽𝑰𝑺𝑨
fermé 8 mai au 30 juin et 29 août au 14 oct. – SC : **R** (dîner seul.) carte 110 à 170.

X **Le Chatelard** 🦌 (chambre en chalets sur demande), S 1,5 km par VO ☎ 06.04.31,
≤, 🏡 – cuisinette 🛏wc ☎ ℗ 𝑽𝑰𝑺𝑨
20 déc.-20 avril – SC : **R** (déj. seul.) carte environ 75 🍴.

à la Daille NO : 2 km – ✉ 73150 Val-d'Isère :

🏨 **Samovar,** ☎ 06.13.51, ≤ – 🛏wc ☎. 🛏. 𝑽𝑰𝑺𝑨. 🍴 rest
début déc.-fin avril – SC : **R** 95 – 🖙 25 – **16 ch** 292/336 – P 280/297.

🏨 **La Tovière,** ☎ 06.06.57, ≤ – 🛏wc 🔒 ☎ ℗. 🛏. 🍴 rest
→ *27 juin-20 août et 26 nov.-21 avril –* SC : **R** 38/60 🍴 – 🖙 19 – **26 ch** 176/220 – P 196/210.

CITROEN Gar. Galise et Iseran, ☎ 06.03.76

VALDOIE 90 Ter.-de-Belf. 🗺 ⑧ – rattaché à Belfort.

VALENÇAY 36600 Indre 🗺 ⑱ G. Châteaux de la Loire – 3 171 h. alt. 140 – ✦ 54.
Voir Château** – 🖪 Office de Tourisme rte de Blois (15 juin-15 sept.) ☎ 00.04.42.
Paris 235 ⑤ – Blois 55 ⑤ – Bourges 74 ② – Châteauroux 43 ③ – Loches 48 ④ – Vierzon 49 ①.

VALENÇAY

Blois (R. de) 2
Pinard-Pinon (R.) 9
République (R.) 10

Châtaigniers (R.) 3
Château (R. du) 4
Hymans (R. M.) 5
Manufacture
  (R. de la) 6
Marnières (R. des)............ 7
Nationale (R.) 8
Résistance (Av.) 12
St-Maurice (R.) 13
Talleyrand (R.) 15
Tourne-Bride (R.) 16

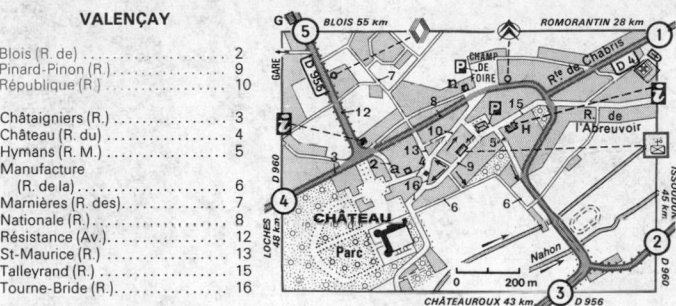

🏨 ✦ **Espagne** (Fourré) 🦌, 8 r. Château (a) ☎ 00.00.02, Télex 751675, « Terrasse fleurie » – 📺 ℗ 🖭 ⓞ E 𝑽𝑰𝑺𝑨
fermé 15 nov. au 15 mars – SC : **R** (nombre de couverts limité - prévenir) 150/200 –
🖙 35 – **8 ch** 200/380, 9 appartements 350/500 – P 500/700
Spéc. Les trois terrines, Coquelet à la crème de ciboulette, Pêches flambées. **Vins** Sauvignon.

X **Chêne Vert, (n)** ☎ 00.06.54, 🏡
→ *fermé 6 au 26 juin, 5 déc. au 8 janv., dim. soir et sam. hors sais.* – **R** 40/95 🍴.

CITROEN Huard, ☎ 00.05.35   RENAULT Caisel, ☎ 00.02.24
PEUGEOT-TALBOT Debrais, par ① ☎ 00.17.99

VALENCE 🅿 26000 Drôme 🗺 ⑫ G. Vallée du Rhône – 70 307 h. alt. 123 – ✦ 75.
Voir Maison des Têtes* AYB – Intérieur* de la cathédrale AZD – Champ de Mars ≤* AZ – Sanguines de Hubert Robert** au musée AZM1.
✈ de Valence-Chabeuil : Europe aéro service ☎ 44.48.63, par D 68 : 5 km - BYZ.
🖪 Office de Tourisme ☎ 43.04.88, Télex 345265 et A.C. ☎ 43.61.07 pl. Gén.-Leclerc.
Paris 562 ① – Aix-en-Provence 190 ⑤ – Avignon 125 ⑤ – ♦Clermont-Ferrand 268 ① – ♦Grenoble 99 ② – ♦Lyon 99 ① – ♦Marseille 215 ⑤ – Nîmes 149 ⑤ – Le Puy 113 ⑦ – ♦St-Étienne 118 ①.
Plan page suivante

🏨 **Hôtel 2000** 🅼 sans rest, rte Grenoble ☎ 43.73.81, Télex 345873, 🐎 – 📶 📺 ☎
⊂⊃ ℗ – 🔏 25. 🖭 ⓞ 𝑽𝑰𝑺𝑨   BY **v**
SC : 🖙 19 – **31 ch** 190/320.

🏨 **Novotel** 🅼, 217 av. Provence par ⑤ près échangeur Valence Sud ☎ 42.20.15,
Télex 345823, 🏊, 🐎 – 📶 🍽 📺 ☎ & ℗ – 🔏 25 à 300. 🖭 ⓞ 𝑽𝑰𝑺𝑨
R snack carte environ 85 – 🖙 27 – **107 ch** 231/260.

🏨 **France** 🅼 sans rest, 16 bd Ch.-de-Gaulle ☎ 43.00.87 – 📶 🍽 🛏wc 🔒wc ☎ ⊂⊃.
🛏. 🖭 E 𝑽𝑰𝑺𝑨   AZ **w**
SC : 🖙 18 – **34 ch** 170/228.

🏨 **Park-H.** sans rest, 22 r. J.-Bouin ☎ 43.37.06 – 🛏wc 🔒wc ☎ ℗. 🛏. 🖭 ⓞ 𝑽𝑰𝑺𝑨
SC : 🖙 13,50 – **21 ch** 105/150.   AY **u**

tourner →

1165

VALENCE

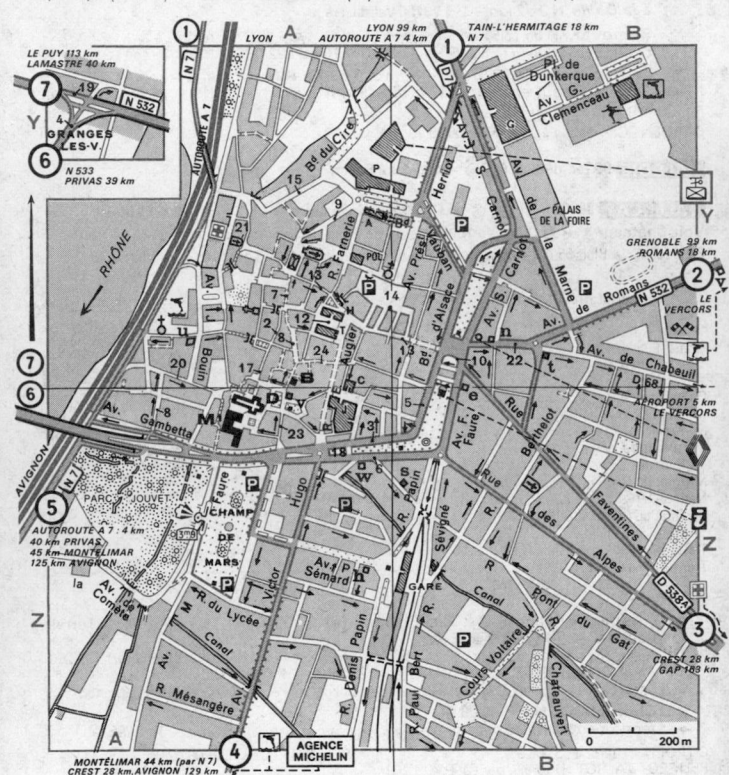

🏨 **Gd St-Jacques**, 9 fg St-Jacques ☎ 42.44.60 – 🛗 🛁wc 🚿wc ☎ 🅿 🚗   BY **n**
➡ *fermé 24 déc. au 30 janv.* – SC : **R** 49/145 🍷 – ☲ 15 – **32 ch** 77/160 – P 186/265.

🏨 **Europe** sans rest, 15 av. F.-Faure ☎ 43.02.16 – 🛁wc 🚿wc 🚗 ⟷ 🚗
🟦 **VISA**   BYZ **e**
SC : ☲ 13,50 – **26 ch** 71/176.

🏨 **Voyageurs** sans rest, 30 av. P.-Sémard ☎ 44.02.83 – 🛗 🛁wc 🚿wc 🚗. AE ⓪ **E**
🟦 **VISA**   AZ **h**
SC : ☲ 15 – **40 ch** 85/180.

🟧🟧🟧 ❀❀❀ **Pic** avec ch, 285 av. Victor-Hugo, sortie autoroute Valence-Sud ☎ 44.15.32,
« Jardin ombragé » – ▤ rest 🛁wc ☎ 🅿 🚗 AE ⓪
fermé 2 au 26 août, vacances scolaires de fév., dim. soir et merc. – SC : **R** (dim.
prévenir) 280/380 – ☲ 26 – **4 ch** 200/240
Spéc. Menu Rabelais. Vins Hermitage, St-Joseph.

🟩🟩 **La Licorne**, 13 r. Chalamet ☎ 43.76.83 – AE ⓪ **VISA**   BZ **s**
➡ *fermé sam. et dim.* – SC : **R** (prévenir) 39/98.

🟩 **La Petite Auberge**, 1 r. Athènes ☎ 43.20.30   BY **t**
fermé 24 déc. au 2 janv., août, sam., dim. et fêtes – SC : **R** 68/190.

🟩 **Rabelais** (pizzeria), 7 pl. Clercs ☎ 43.23.19   AZ **v**
fermé août, mardi et merc. – **R** carte environ 90 🍷.

à Bourg-lès-Valence par ① : 1 km – ✉ **26500** Bourg-lès-Valence :

Seyvet, 24 av. Marc-Urtin ☎ 43.26.51 – wc ☎ Ⓟ – 50. AE ⓓ E VISA
fermé 1er au 15 janv. – SC : **R** *(fermé dim. soir et lundi hors sais. sauf fêtes)* 47/150 – 18 – **33 ch** 140/200.

à Pont de l'Isère par ① : 9 km – ✉ **26600** Tain-l'Hermitage :

XXX ✿ **Chabran** Ⓜ avec ch, ☎ **84.60.09**, – rest TV wc ☎ Ⓟ. VISA
fermé dim. soir hors sais. et lundi sauf fêtes – SC : **R** 130/260 – 25 – **12 ch** 130/220
Spéc. Escalopes de saumon poêlées, Aiguillettes de bœuf, Râble de lapereau rôti. **Vins** Hermitage, St-Joseph.

à Granges-lès-Valence (Ardèche) par ⑥ : 3 km – ✉ **07500** Granges-lès-Valence – ⚙ 75 :

National, SO : 2 km rte Nimes ☎ **41.65.33** – wc wc ☎ Ⓟ – 200. rest
SC : **R** grill (dîner seul.) 70 – 15 – **52 ch** 130/160 – P 200/240.

Alpes-Cévennes sans rest, 641 av. République ☎ **44.61.34** – wc wc ☎
fermé 5 au 26 août et 17 déc. au 2 janv. – SC : 15 – **29 ch** 130/150.

XX **Aub. des 3 canards,** 565 av. République ☎ **44.43.24** – Ⓟ. AE ⓓ E VISA
fermé 1er au 23 août, dim. soir et lundi – SC : **R** 60/140 ♨.

à la Paillasse par ⑤ : 10,5 km – ✉ **26800** Portes-lès-Valence :

Château de Clavel , SE : 2,5 km ☎ **60.61.93**, parc, ←, , , – ☎ Ⓟ – 150. AE ⓓ VISA
fermé 15 janv. au 5 fév., lundi soir (sauf rest.) et mardi en hiver – SC : **R** 60/160 – 20 – **24 ch** 200/450.

Voir aussi à *St-Péray* (Ardèche) par ⑦ : 5 km

MICHELIN, Agence, 368 av. V.-Hugo par ④ ☎ **41.30.66**

ALFA-ROMEO VALFA, 73 r. Denis-Papin ☎ 44.08.08
BMW Fourel, 37 av. de Marseille ☎ 44.20.97
CITROEN Minodier, 126 rte de Beauvallon par ④ ☎ 44.31.24 🅽 ☎ 57.23.43
FORD Valence-Autom., 287 av. de Romans ☎ 42.54.44
MERCEDES-BENZ Royal-Gar., av. de Provence ☎ 42.12.00
PEUGEOT, TALBOT SOVACA, 125 av. M.-Faure AZ ☎ 44.11.66
RENAULT Succursale, 105 av. Sadi-Carnot ☎ 43.93.23
V.A.G. Clauzier et Genin, 269 av. Victor-Hugo ☎ 44.45.45
V.A.G. Gar. J.-Jaurès, 410-416 av. de Chabeuil ☎ 42.12.66

◉ Barrial-Pneus, 106 av. Victor-Hugo ☎ 44.24.43
Dorcier, 15 à 17 av. des Beaumes ☎ 44.11.40
Piot-Pneu, av. de Provence, Pont-des-Anglais ☎ 44.13.40

Périphérie et environs

CITROEN Gar. Pélissier, N 7 à Porte-lès-Valence par ④ ☎ 57.30.00 🅽
LADA, SKODA Gar. Moulin, 508 av. République à Guilherand (07) ☎ 44.44.90
PEUGEOT, TALBOT Vinson et Verd, 35 r. de la Cartoucherie à Bourg-lès-Valence par ① ☎ 43.01.92
RENAULT Succursale, rte de Lyon à Bourg-lès-Valence par ① ☎ 43.93.23

VALENCE 82400 T.-et-G. 79 ⑯ – 4 411 h. alt. 69 – ⚙ 63.

Paris 760 – Agen 26 – Cahors 66 – Castelsarrasin 25 – Moissac 17 – Montauban 46.

Tout va bien, 35 r. République ☎ **39.54.83** – wc wc ☎ – 25. AE. rest
fermé janv. – SC : **R** *(fermé lundi)* 60/110 – 18 – **22 ch** 80/130 – P 190/220.

FIAT Gar. Ongaro, ☎ 39.50.29
PEUGEOT-TALBOT Maggiori, ☎ 39.50.60
RENAULT Mosconi, ☎ 39.52.42
RENAULT Semenadisse, ☎ 39.53.69 🅽

VALENCE-EN-BRIE 77830 S.-et-M. 61 ②③, 196 ㊼ – 466 h. alt. 108 – ⚙ 6.

Paris 77 – Fontainebleau 16 – Melun 21 – Montereau-Faut-Yonne 8,5.

Aub. St-Georges, 1 pl. Église ☎ **431.81.12** – wc wc ☎
fermé 3 janv. au 3 fév., lundi soir et mardi – SC : **R** 46/67 – 13,50 – **10 ch** 92/118.

à Pamfou NO : 2,5 km – ✉ **77830** Valence-en-Brie :

Le Relais, ☎ **431.81.88** – wc ☎ Ⓟ – 30
fermé 20 déc. au 20 janv., lundi sauf hôtel, dim. soir et vend. soir – SC : **R** 40/85 – 15 – **17 ch** 52/137 – P 132/175.

VALENCE-SUR-BAÏSE 32310 Gers 82 ④ – 1 258 h. alt. 110 – ⚙ 62 – Voir Abbaye de Flaran★ NO : 2 km, G. Pyrénées – Paris 783 – Agen 49 – Auch 35 – Condom 9.

Ferme de Flaran Ⓜ, rte Condom ☎ **28.58.22**, , , – wc ☎ Ⓟ – 30. AE ⓓ VISA
fermé 10 au 25 juin, 7 nov. au 2 déc., dim. soir et lundi – SC : **R** 58/190 – 20 – **15 ch** 120/200.

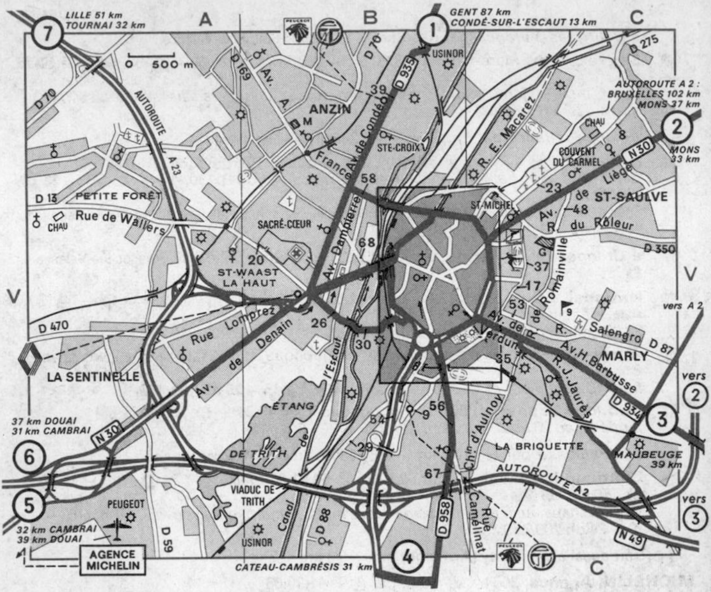

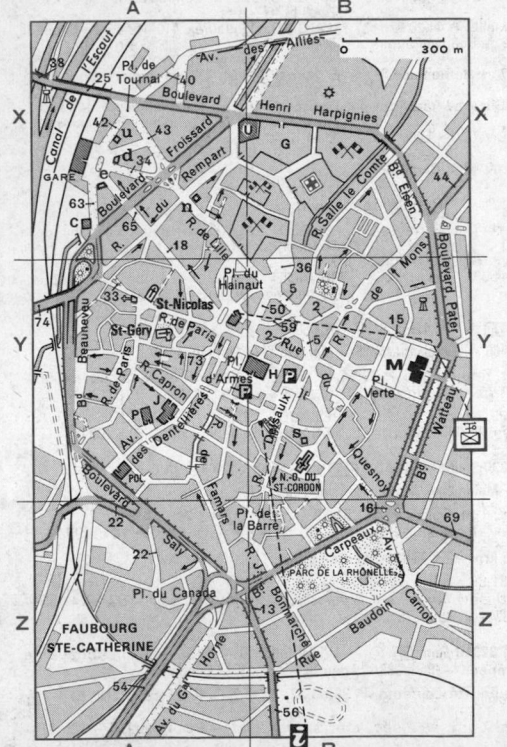

VALENCIENNES

VALENCIENNES SP 59300 Nord 🖪🖪 ④⑤ **G. Nord de la France** – 43 202 h. alt. 22 – 🔂 27.

Voir Musée des Beaux-Arts▲ BY**M**.

🏌 ⊤ 46.30.10 E : 1,5 km - CV.

🅱 Office de Tourisme 1 r. Askièvre (après-midi seul., fermé sam. et dim. sauf saison) ⊤ 46.22.99 - A.C. 2 r. Mons ⊤ 46.34.32.

Paris 206 ⑥ – ♦Amiens 107 ⑥ – Arras 69 ⑥ – Beauvais 181 ⑥ – Bruxelles 102 ② – Charleroi 82 ② – Charleville-Mézières 131 ③ – ♦Lille 51 ⑦ – ♦Reims 150 ③ – St-Quentin 70 ⑥.

Plan page ci-contre

🏨 **Gd Hôtel**, 8 pl. Gare ⊤ 46.32.01, Télex 110701 – 📶 📺 ☎ – 🏬 25 à 150. 🖭 ⓪ **E** **VISA**
AX d
R 59/135 – � 21 – **90 ch** 170/230, 6 appartements 240/260 – P 260/320.

🏨 **Notre-Dame** ॐ sans rest, 1 pl. Abbé-Thellier-de-Poncheville ⊤ 42.30.00 –
🗐wc 🗐wc 🕾. 🖚⋑. 🖚❑
BY s
SC : ⊑ 14 – **39 ch** 59/127.

🏨 **H. La Coupole** sans rest, pl. Gare ⊤ 46.37.12 – 📶 🗐wc 🗐 🕾
AX e
38 ch.

🏨 **Bristol** sans rest, 2 av. de Lattre-de-Tassigny ⊤ 46.58.88 – 📶 🗐wc 🗐 🕾. 🖚⋑.
⅍
AX u
SC : ⊑ 13 – **20 ch** 76/133.

🏠 **Modern'H** sans rest, 92 r. Lille ⊤ 46.20.70 – 🗐wc 🗐 🕾 🅿. 🖚⋑
AX n
SC : ⊑ 13 – **30 ch** 76/133.

XXX ❀ **Buffet-Gare,** ⊤ 46.86.30 – 🖭 ⓪ **E** **VISA**
AX
fermé dim. soir et soirs de fêtes – SC : **R** 140 bc/200 bc
Spéc. Terrine de ris de veau aux noisettes, Médaillons d'écrevisses à la purée de persil, Rognon de veau au genièvre.

par l'échangeur Valenciennes-Ouest, Z.I. de Prouvy-Rouvignies, sorties ⑤ ou ⑥ – 🖂 **59300** Valenciennes :

🏨 **Novotel** Ⓜ, SO : 5 km par N 30 ⊤ 44.20.80, Télex 120970, ☒ – 🛏 rest 📺 ☎ 🕭 🅿 – 🏬 25 à 200. 🖭 ⓪ **VISA**
R snack carte environ 85 – ⊑ 27 – **76 ch** 238/266.

à Sebourg par ③ : 11 km par D 934 et D 250 – 🖂 59990 Saultain .

XX **Jardin Fleuri** ॐ avec ch, r. Moulin ⊤ 46.85.03, « Jardin » – 🗐wc 🗐wc 🕾 🅿.
🖚⋑ **VISA**. ⅍ ch
fermé 16 août au 2 sept. et 22 janv. au 7 fév. – SC : **R** *(fermé jeudi soir et dim soir)* 60/90 🍴 – ⊑ 11 – **12 ch** 80/130 – P 120/150.

à Quievrechain par ② : 12 km – 7 272 h. – 🖂 59920 Quievrechain :

XX **Petit Restaurant,** 182 r. J.-Jaurès ⊤ 45.43.10 – 🅿. 🖭 **E** **VISA**
fermé août et lundi – **R** 50/120 🍴

MICHELIN, Agence régionale, Z.I. N° 2, N 29 Prouvy par ⑤ ⊤ 44.02.35.

BMW Gar. Deligne, r. 19 Mars 1962 à Marly ⊤ 33.41.33
CITROEN D.V.A., 245 r. J.-Jaurès à Anzin par ① ⊤ 33.43.71 ℕ ⊤ 46.56.80
FIAT Gar. du Hainaut, voie express de Lille à Petite Forêt ⊤ 46.82.36
FORD N.V.A., 51 av. A.-France, Anzin ⊤ 33.19.55
LANCIA-AUTOBIANCHI Gar. du Centre, 147 av. de liège ⊤ 46.09.92
MERCEDES-BENZ Marty et Lecourt, 10 bd Saly ⊤ 46.34.71
PEUGEOT-TALBOT Caffeau et Ruffin, 136 à 162 r. J.-Jaurès à Anzin ⊤ 46.02.03

PEUGEOT-TALBOT Central-Gar., r. des Bourgeois, Sortie Valenciennes Sud ⊤ 45.01.13
RENAULT Succursale, 20 av. Denain ⊤ 30.92.05 ℕ
V.A.G. S.A.D.I.A.V., 114 rte Nationale à Aulnoy ⊤ 33.03.03

🏮 Hainaut-Pneu, 11 quai des Mines ⊤ 33.33.06
Lotterie, 4 bd Saly ⊤ 46.41.06
Pneus et Services D.K. 317 av. Dampierre ⊤ 46.47.03
Rénova-Pneu, Zone Ind. N° 2 Rouvignies ⊤ 32.02.54 et 85 bd Saly ⊤ 46.34.70
Thurotte, 46 av. St-Amand ⊤ 42.57.57

VALENSOLE 04210 Alpes-de-H.-P. 🖪🖪 ⑯ **G. Côte d'Azur** – 1 721 h. alt. 569 – 🔂 92.

Paris 793 – Brignoles 71 – Castellane 77 – Digne 47 – Forcalquier 30 – Manosque 21 – Salernes 58.

🏨 **Piès** ॐ, ⊤ 74.83.13, ≤, 🛥 – 🗐wc 🕾 🅿. 🖚⋑ **E** **VISA**. ⅍ rest
fermé 5 janv. au 5 fév. et jeudi d'oct. au 1er avril – SC : **R** 55/120 🍴 – ⊑ 15 – **16 ch** 110/130 – P 130/160.

CITROEN Tardieu, ⊤ 74.80.43
PEUGEOT Meyer, ⊤ 74.83.65

RENAULT Taix, ⊤ 74.80.15

Nouveauté : la Carte **GRÈCE** à 1/700 000.

1169

VALENTIGNEY 25700 Doubs 🔢 ⑱ – 14 896 h. alt. 340 – ✪ 81.
Paris 484 – ♦Bâle 69 – Belfort 23 – ♦Besançon 82 – Montbéliard 9 – Morteau 67.

Voir plan de Montbéliard agglomération

RENAULT S.A.C.M.A., rte de Belchamp ☎ 91.66.11
CONSTRUCTEUR : S.A. des Cycles Peugeot, à Beaulieu CZ ☎ 91.83.21

La VALETTE-DU-VAR 83 Var 🔢 ⑮ – rattaché à Toulon.

VALFLEURY 42 Loire 🔢 ⑲ – 404 h. alt. 720 – ✉ 42320 La Grand'Croix – ✪ 77.
Paris 515 – ♦Lyon 53 – Montbrison 58 – Roanne 99 – St-Chamond 10 – ♦St-Étienne 22.

  ✕ **de la Vallée** avec ch, ☎ 29.85.72, ≤ – ℗. ✛ ch
  ━ *fermé vacances de Noël, de fév. et jeudi sauf juil.-août* – SC : **R** 45/80 ⅄ – ➣ 10 –
    5 ch 60/100 – P 130.

VALGORGE 07 Ardèche 🔢 ⑧ G. Vallée du Rhône – 451 h. alt. 561 – ✉ 07110 Largentière –
✪ 75.
Paris 671 – Alès 86 – Aubenas 38 – Langogne 52 – Privas 68 – Le Puy 85 – Vallon-Pont-d'Arc 43.

  🏨 **Le Tanargue** Ⓜ ⌖, ☎ 35.68.88, ≤, 🌴 – 📶 ⌂wc 🛁wc ☎ ♿ 🔄 ℗ – 🛏 30.
    ▦🚗
    fermé janv. et fév. – SC : **R** (en saison prévenir) 60/125 – ➣ 18 – **25 ch** 160/210 –
    P 160/220.

VALLAURIS 06220 Alpes-Mar. 🔢 ⑨, 🔢 ㊳㊴ G. Côte d'Azur – 21 734 h. alt. 122 – ✪ 93.
Voir Musée National "La Guerre et la Paix"★ (Château) vD.
🅸 Syndicat d'Initiative av. Martyrs de la Résistance (fermé sam. après-midi et dim.) ☎ 63.82.58.
Paris 915 – Antibes 7,5 – Cannes 6 – Le Cannet 4,5 – Grasse 18 – ♦Nice 31.

Voir plan de Cannes-le Cannet-Vallauris

  ✕✕ **Gousse d'Ail,** 11 av. Grasse ☎ 64.10.71 – ⓪ 𝘝𝘐𝘚𝘈   **v y**
    fermé oct., lundi soir et mardi sauf sais. et fériés – SC : **R** 65/78 ⅄.

VALLERAUGUE 30570 Gard 🔢 ⑯ G. Causses – 1 028 h. alt. 438 – ✪ 66.
Paris 674 – Mende 105 – Millau 94 – Nîmes 91 – Le Vigan 22.

  🏨 **Petit Luxembourg,** ☎ 92.20.44 – ⌂wc 🛁 🐕
    ━ *fermé 15 nov. au 15 janv.* – SC : **R** 38/75 ⅄ – ➣ 16 – **12 ch** 80/145 – P 125/145.
RENAULT Garage Bertrand, ☎ 92.21.36 🅽 ☎ 92.22.97

VALLOIRE 73450 Savoie 🔢 ⑦ G. Alpes – 923 h. alt. 1 430 – Sports d'hiver : 1 430/2 550 m 🎿1
🎿28, 🎿 – ✪ 79.
Voir Col du Télégraphe ≤★ N : 5 km.
🅸 Office de Tourisme (fermé dim. hors saison) ☎ 56.03.96, Télex 980553.
Paris 662 – Chambéry 101 – Lanslebourg 57 – Col du Lautaret 24 – St-Jean-de-Maurienne 31.

  🏨 **Gd Hôtel Valloire et Galibier,** ☎ 64.32.66, Télex 980553, ≤, 🌴 – 📶 ⌂wc
    🛁wc 🐕 ℗ 🚗▦ ⒶⒺ ⓪
    15 juin-15 sept. et 18 déc.-15 avril – SC : **R** 62/160 – ➣ 23 – **43 ch** 175/240, 4
    appartements 420 – P 185/286.

  🏨 **La Sétaz,** ☎ 56.01.03, ≤, 🔥, 🌴 – ⌂wc 🛁wc ☎ ℗. ✛ rest
    29 mai-25 sept. et 20 déc.-20 avril – SC : **R** 65/88 – ➣ 16 – **22 ch** 145/170 –
    P 210/230.

  🏨 **Christiania,** ☎ 56.00.57 – ⌂wc 🛁wc 🐕. 🚗▦. ✛ rest
    ━ *25 juin-10 sept. et 15 déc.-15 avril* – SC : **R** 48/85 – ➣ 15 – **25 ch** 100/140 –
    P 140/205.

  🏨 **Centre,** ☎ 56.00.83, 🌴 – ⌂wc 🛁wc 🐕. 🚗▦. ✛ rest
    ━ *26 juin-9 oct. et 18 déc.-16 avril* – SC : **R** 50/90 – ➣ 15 – **37 ch** 80/140 – P 125/215.

  🏨 **Gentianes,** ☎ 56.03.66, 🌴 – ⌂wc 🛁 ℗. ✛ ch
    1er juil.-4 sept. et 20 déc.-15 avril – SC : **R** 52/80 – ➣ 15 – **22 ch** 75/140 – P 115/140.

    aux Verneys S : 2 km – ✉ 73450 Valloire :

  🏨 **Relais du Galibier,** ☎ 56.00.45, ≤, 🌴 – ⌂wc 🛁wc 🐕 ℗. ✛ rest
    ━ *20 juin-20 sept. et 20 déc.-20 avril* – SC : **R** 43/80 ⅄ – ➣ 16 – **27 ch** 76/144 –
    P 140/180.

  Gar. Bouvet, ☎ 56.02.40 🅽

VALLON-EN-SULLY 03 Allier 🔢 ⑪⑫ – 1 677 h. alt. 193 – ✉ 03190 Hérisson – ✪ 70.
Paris 298 – Cérilly 29 – La Châtre 52 – Montluçon 24 – Moulins 64 – St-Amand-Montrond 27.

  ✕ **Le Lichou** avec ch, N 144 ☎ 06.50.43 – 🛁wc ℗
    ━ *fermé 1er au 30 nov. et vend. hors sais.* – SC : **R** 43/70 ⅄ – ➣ 11 – **9 ch** 55/90 –
    P 120/140.

CITROEN Gar. Lachassagne, ☎ 06.51.85   RENAULT Gar. Renard, ☎ 06.50.26 🅽

VALLON-PONT-D'ARC 07150 Ardèche 🎱🅾 ⑨ G. Vallée du Rhône – 1 901 h. alt. 118 – ✪ 75.
Voir Gorges de l'Ardèche★★★ au SE.

Paris 663 – Alès 51 – Aubenas 33 – Avignon 79 – Carpentras 95 – Mende 119 – Montélimar 57.

  🏠 **Parc,** ☏ 37.02.17 – 🏠. ❄% ch
  → *fermé 1er au 20 oct., janv. et vend. d'oct. au 1er juin* – SC : **R** 40/100 – ⌷ 14 – **20 ch**
    80/100 – P 130/160.

  ✕ **Manoir de Raveyron** ⑤ avec ch, ☏ 37.03.59 – 🏠wc. 𝘝𝘐𝘚𝘈
  → *15 mars-15 sept. et fermé merc. sauf de juin à sept.* – SC : **R** 40/130 – ☞ 13 – **11 ch**
    70/110 – P 125/150.

CITROEN Bonnaud, ☏ 37.02.25

VALLORCINE 74660 H.-Savoie 🟦🟦 ⑨ G. Alpes – 283 h. alt. 1 261 – Sports d'hiver : 1 340/1 605 m
⌁2 – ✪ 50 – Paris 640 – Annecy 112 – Chamonix 16.

  🏠 **Buet et Gare,** au Buet SO : 2 km par N 506 ☏ 54.60.05, ≤, 🐎 – 🏠wc 🏠 🅿.
    🍴🛏 𝘝𝘐𝘚𝘈
    15 juin-20 sept. et 20 déc.-20 avril – SC : **R** 48/60 ♨ – ⌷ 14 – **35 ch** 50/150 – P
    120/140.

  🏠 **Ermitage** ⑤, au Buet SO : 2 km par N 506 ☏ 54.60.09, ≤, 🐎 – 🏠 🅿. 🍴🛏. ❄%
    18 juin-11 sept., 23 déc.-mi avril – SC : **R** 55/60 – ⌷ 14 – **14 ch** 50/140 – P 125/160.

  🏡 **Mont-Blanc,** ☏ 54.60.02, ≤, 🐎 – 🏠wc 🅿. 🍴🛏. ❄% rest
  → *Pâques, Pentecôte, 8 juin-18 sept., vacances de Noël et 19 janv.-13 mars* – SC : **R**
    45/70 – ⌷ 14 – **24 ch** 55/125 – P 128/168.

VALMOREL 73 Savoie 🟦🟦 ⑰ – alt. 1 400 – Sports d'hiver : 1 400/2 400 m ⌁2 ⌁24 – ✉ 73260
Aigueblanche – ✪ 79 – 🄳 Office de Tourisme Maison de Valmorel ☏ 24.10.00.

Paris 648 – Albertville 40 – Chambery 87 – Moutiers 19.

  🏠 Fontaine 🅼 ⑤, ☏ 24.11.06, ≤, 🏠 – 🍴🏠wc 🐎 – *saisons* – **40 ch**.
  🏠 H. du Bourg 🅼 ⑤ sans rest, ☏ 24.16.13, ≤ – 🏠wc ☎ – **53 ch**.

VALOGNES 50700 Manche 🟦🟦 ② G. Normandie – 6 081 h. alt. 35 – ✪ 33.

🏌 de Fontenay-sur-Mer ☏ 41.28.13 par ② : 11 km.

✈ de Cherbourg-Maupertus : ☏ 53.57.04 par ① : 18 km par D 24.

🄳 Syndicat d'Initiative pl. Château (2 mai-30 sept. et fermé dim.) ☏ 40.11.55.

Paris 340 ② – ◆Caen 100 ② – ◆Cherbourg 20 ⑤ – Coutances 55 ③ – St-Lô 58 ②.

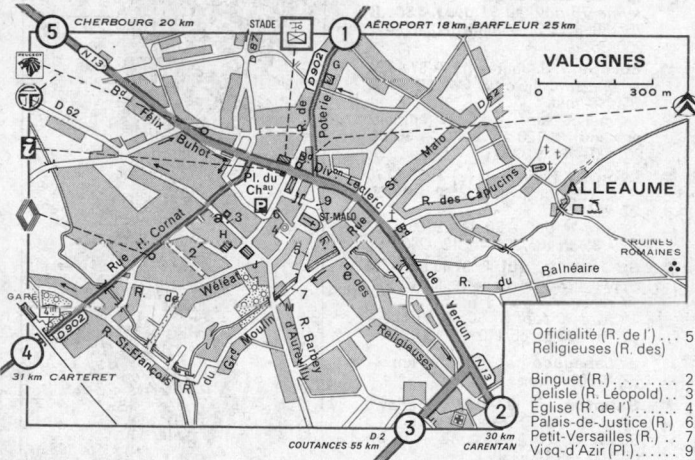

Officialité (R. de l')	5
Religieuses (R. des)	
Binguet (R.)	2
Delisle (R. Léopold)	3
Église (R. de l')	4
Palais-de-Justice (R.)	6
Petit-Versailles (R.)	7
Vicq-d'Azir (Pl.)	9

  🏠 **Agriculture,** 16 r. L.-Delisle (a) ☏ 40.00.21, 🐎 – 🏠wc 🏠wc 🐎 🚗 🅿 – 🛝
  → 150. 🍴🛏
    SC : **R** *(fermé 28/6 au 4/7, 12/9 au 4/10, 2 au 17/1, dim. soir du 1er/9 au 30/6 et lundi
    sauf fériés en juil.-août)* 39/86 ♨ – ⌷ 12,50 – **34 ch** 71/134 – P 120/196.

  🏡 **Louvre,** 28 r. Religieuses (e) ☏ 40.00.07 – 🏠 🏠 🐎 🚗 🅿. 🍴🛏. ❄%
  → *fermé 5 déc. au 5 janv.* – SC : **R** *(fermé sam.)* 35/52 – ⌷ 12 – **20 ch** 52/120 – P
    130/160.

CITROEN Gar. Paul, bd Div.-Leclerc ☏ 40.17.59
FORD Gar. Valognais 80 r. Religieuses ☏ 40.
01.30
PEUGEOT-TALBOT Coeuret et Lesage, 10 r.
F.-Buhot ☏ 40.00.74

RENAULT Gar. Mangon, 27 r. H.-Cornat ☏
40.18.32
TALBOT Gar. Dorrière, N 13 par ② ☏ 40.09.38

🛈 Office de Tourisme pl. R.-Cassin (fermé merc. et dim. hors sais.) ☏ 32.36.04.

Paris 830 – Agde 26 – Béziers 15 – ♦Montpellier 72.

🏠 **Plage Sauvi,** ☏ 32.08.37 – 🛏wc filwc ☎. 🎱 🎱
fermé 23 oct. au 1er déc. et merc. du 1er oct. au 1er avril – SC : **R** 55/180 – 🍽 18 –
23 ch 150/220 – P 190/210.

🏠 **Mira-Mar,** ☏ 32.00.31, ≤ – 🛗 🛏wc filwc ☎. 🎱🎱 💥 rest
mars-fin sept. – SC : **R** 55/150 – 🍽 20 – **52 ch** 80/300 – P 170/300.

🏠 **Moderne,** ☏ 32.25.86, 🌳 – 🛏wc filwc ☎ 🚗
Pentecôte-fin sept. – SC : **R** 54/80 – 🍽 18 – **29 ch** 120/220 – P 190/214.

🍴🍴 **La Chaumière,** ☏ 32.04.78
27 mars-1er oct. – SC : **R** 45/160.

🛈 Office de Tourisme, pl. A.-Briand (fermé matin hors sais.) ☏ 35.04.71.

Paris 643 – Avignon 65 – Crest 56 – Montélimar 37 – Nyons 14 – Orange 35 – Pont-St-Esprit 38.

🏠 **Gd Hôtel,** 28 av. Gén.-de-Gaulle ☏ 35.00.26, 🌳 – 🛏wc fil 🎱
fermé 15 déc. au 15 janv., dim. du 15 oct. au 7 avril et sam. (sauf le midi hors sais.)
– SC : **R** 60/130 ♨ – 🍽 15 – **18 ch** 80/150.

PEUGEOT, TALBOT Ginoux, 61 cours V.-Hugo   🔧 Pneumatique-Sce, Chemin de Marie-Vierge
☏ 35.01.53   ☏ 35.19.08
RENAULT SOVATRA, rte d'Orange ☏ 35.04.06

– Casino – ✪ 75 – 🛈 Syndicat d'Initiative 12 av. Farincourt (fermé sam. hors sais. et dim.) ☏
37.42.34 - A.C. 7 av. C.-Expilly ☏ 37.42.19.

Paris 636 ② – Aubenas 6 ③ – Langogne 58 ④
– Privas 34 ② – Le Puy 87 ④.

🏠🏠 **Gd H. des Bains** ⟨⟩, (a) ☏ 37.
42.13, parc – 🛗 ♨ 🎱 🎱
25 mai-5 oct. – SC : **R** 90/150 – 🍽
23 – **62 ch** 150/290 – P 235/320.

🏠 **Vivarais,** av. C.-Expilly (e) ☏ 37.
42.63, 🌳 – 🛗 📺 🛏wc filwc ☎
🎱. 🎱🎱 🎱 Ⓔ 🎱
fermé 15 nov. au 31 déc. – SC : **R**
75/150 – 🍽 21 – **30 ch** 180/280 – P
250/350.

🏠 **Europe,** r. J.-Jaurès (r) ☏ 37.43.94
– 🛗 🛏wc filwc ☎. 🎱🎱 🎱 Ⓔ
🎱 💥 rest
1er mai-30 sept. – SC : **R** (en sais.
prévenir) 65/120 – 🍽 16 – **36 ch**
90/190 – P 180/240.

🏠 **Lyon,** av. Farincourt (s) ☏ 37.43.70
– 🛗 🛏wc filwc ☎ 🚗. 🎱🎱 🎱
Ⓞ 🎱
1er avril-1er oct. – SC : **R** 65/100 – 🍽
16 – **35 ch** 135/200 – P 180/240.

🏠 **St-Jean** ⟨⟩, (u) ☏ 37.42.50 – 🛗
🛏wc filwc 🎱 🎱. 🎱🎱 🎱 Ⓔ 🎱
💥 rest
1er avril-30 sept. – SC : **R** 60/110 –
🍽 16 – **32 ch** 85/170 – P 180/280.

à Labégude par ③ : 1 km –
✉ 07200 Aubenas :

🏠 **Sabaton,** ☏ 37.40.37 – 🛏wc
filwc 🎱 🚗 🎱 🎱. 💥 rest
SC : **R** 45/100 ♨ – 🍽 12 – **18 ch**
68/160 – P 140/170.

à Lalevade par ④ : 4 km –
✉ 07380 Lalevade :

🍴🍴 **Terminus** avec ch, ☏ 38.01.07 –
🛏wc fil 🎱 🎱 Ⓔ 🎱
fermé 15 déc. au 15 janv. et dim. –
SC : **R** 55/90 ♨ – 🍽 15 – **14 ch**
90/130 – P 135/160.

LE CHEYLARD
45 km

**VALS-
LES-BAINS**

Clément (R. A.)
Jaurès (R. Jean)

Expilly (Av. C.) . . 2
Farincourt (Av.) . . 3
Galimard (Pl.). . . 6

0   200 m

ST-JEAN

ÉTABL¹
THERMAL
LES PERLES

CASINO

ARDÈCHE

LABÉGUDE

PRIVAS 34 km

87 km   AUBENAS 6 km
LE PUY

– ✪ 80.

Paris 309 – Auxerre 144 – Avallon 100 – Châtillon-sur-S. 67 – ♦Dijon 16 – Montbard 58 – Saulieu 68.

🏠 **Le Chalet de la Fontaine aux Geais** 🍴 sans rest, ℡ 31.61.19 – 🛁wc 🚿wc
🍷 🅿. 🚗. ✖️
15 mars-15 nov. et fermé merc. – SC : 🖃 20 – **10 ch** 110/180.

🍴🍴 **Host. Val-Suzon** 🍴 avec ch, N 71 ℡ 31.60.15, « Jardin fleuri avec volière » –
🛁wc 🚿wc ☎ 🅿. 🚗 ÆE ⓪ E. ✖️ rest
fermé début janv. à début fév., jeudi midi et merc. – **R** (nombre de couverts limité -
prévenir) 80/190 – 🖃 19 – **8 ch** 85/160.

VAL-THORENS 73 Savoie 🗗🗗 ⑧ – Sports d'hiver : 2 300/3 300 m 🚠4 🚡23 – ⊠ **73440** St-Martin-
de-Belleville – ✪ 79.

🅸 Office de Tourisme (fermé sam. et dim. hors sais.) ℡ 08.21.08. Télex 980572.
Paris 670 – Chambéry 109 – Moûtiers 36.

🏠 **Le Sherpa** M 🍴, ℡ 00.00.70, ← – 📳 🛁wc ☎ 🅿. 🚗. ✖️ rest
fin oct.-début mai – SC : **R** 80 – 🖃 22 – **25 ch** (pens. seul.) – P 190/300.

🏠 **Val Chavière** M 🍴, ℡ 00.00.33, ← – 📳 🛁wc ☎ 🚗. ✖️ rest
20 oct.-10 mai – SC : **R** 85 – **42 ch** 🖃 168/290 – P 300/330.

🏠 **Corotel** M ℡ 00.02.70, ←, 🍴 – 🛁wc ☎ 🅿. ✖️ rest
1er juil.-21 août et 22 oct.-3 mai – SC : **R** 83 – 🖃 22 – **25 ch** 225/260 – P 290.

🏠 **La Marmotte** 🍴, ℡ 00.00.07 – 🛁wc ☎. 🚗
fin oct.-début mai – SC : **R** carte 90 à 140 – 🖃 20 – **25 ch** (pens. seul.) – P 190/275.

🏠 **Trois Vallées** M 🍴, ℡ 00.01.86, ← – 📺 🛁wc 🚿wc ☎
fermé 20 mai au 20 juin et 5 sept. au 20 oct. – SC : **R** 60/70 – 🖃 20 – **28 ch** 230 – P
250.

Le VALTIN 88 Vosges 🗗🗗 ⑧ – 90 h. alt. 760 – ⊠ **88230** Fraize – ✪ 29.
Paris 487 – Colmar 40 – Épinal 54 – Guebwiller 52 – St-Dié 28 – Col de la Schlucht 8,5.

🍴 **Aub. Val Joli** avec ch, ℡ 50.31.37 – 🅿. ÆE
◄ *fermé 15 nov. au 15 déc., dim. soir et lundi* – SC : **R** 35/74 – 🖃 13,50 – **11 ch** 60/88
– P 121/143.

au Gd-Valtin O : 4 km – ⊠ **88230** Fraize :

🍴🍴 **Louisière,** ℡ 50.31.39, ←, « Auberge rustique » – 🅿
fermé 11 au 27 nov. et jeudi – SC : **R** (sur commande) carte 100 à 140 🍷.

VANNES 🅿 **56000** Morbihan 🗗🗗 ③ G. Bretagne – 43 507 h. alt. 22 – ✪ 97.

Voir Vieille ville★ ABZ : Place Henri-IV★ BY, Cathédrale★ BYB, Remparts★, Promenade
de la Garenne ≤★★ BZ – Musée archéologique★ dans le château Gaillard ABZ M –
Golfe du Morbihan★★ en bateau.

🅸 Office de Tourisme (fermé dim. sauf matin en juil.-août) et A.C.O. Morbihan 29 r. Thiers ℡
47.24.34.
Paris 456 ② – Quimper 115 ④ – ◆Rennes 106 ② – St-Brieuc 106 ① – St-Nazaire 76 ③.

Plan page suivante

🏠🏠 **La Marébaudière** M, 4 r. A.-Briand ℡ 47.34.29, 🍴 – 📺 ♿ 🅿 – 🚗 150. ÆE ⓪
🆅🆂🅰
BY **r**
fermé 17 déc. au 2 janv. et dim. soir du 13 nov. au 27 mars – SC : **R** voir rest. Marée
Bleue – 🖃 15,50 – **40 ch** 152/193 – P 200/280.

🏠 **Manche Océan** M sans rest, 31 r. lt col. Maury ℡ 47.26.46 – 📳 🛁wc 🚿wc ☎
🚗 🚗 🆅🆂🅰
BY **n**
SC : 🖃 15,50 – **42 ch** 90/193.

🏠 **Image Ste-Anne**, 8 pl. Libération ℡ 63.27.36, Télex 950352 – 📳 📺 🛁wc 🚿wc
◄ ☎ 🅿 E 🆅🆂🅰
AY **x**
fermé 15 au 30 nov. – SC : **R** (fermé dim. d'oct. à mars) 50/180 – 🖃 15 – **30 ch**
110/160 – P 440 (pour 2 pers.).

🏠 **Anne de Bretagne** sans rest, 42 r. O. de Clisson ℡ 54.22.19 – 📺 🛁wc 🚿wc ☎
🚗 🆅🆂🅰
BY **d**
fermé 8 au 25 janv. – SC : 🖃 15 – **20 ch** 70/170.

🏠 **Verdun** sans rest, 10 av. Verdun ℡ 47.21.23 – 🛁 🚿wc 🚗. ✖️
BY **u**
fermé du 10 déc. au 20 janv. et dim. sauf été – SC : 🖃 16 – **24 ch** 75/150.

🏠 **Bretagne** sans rest, 34 r. Méné ℡ 47.20.21 – 🚿 🚗. 🚗. ✖️
BY **s**
SC : 🖃 12 – **12 ch** 85/100.

🍴🍴 **Marée Bleue** avec ch, 8 pl. Bir-Hakeim ℡ 47.24.29 – 🚿 🅿. 🚗 ÆE ⓪ E 🆅🆂🅰
◄ *fermé 17 déc. au 2 janv. et dim. soir du 13 nov. au 27 mars* – SC : **R** 50/183 🍷 – 🖃
15 – **14 ch** 71/87 – P 150/160. BY **u**

par ⑤ puis D 19 : 4 km – ⊠ **56000** Vannes :

🏠 **Les Chèvrefeuilles** 🍴 sans rest, rte de Ste Anne d'Auray ℡ 63.14.77, « parc »
– 🚿wc 🚗 🅿
fermé 22 déc. au 3 janv. et week-ends du 1er oct. au 30 avril – SC : 🖃 13 – **10 ch**
110/180.

VANNES

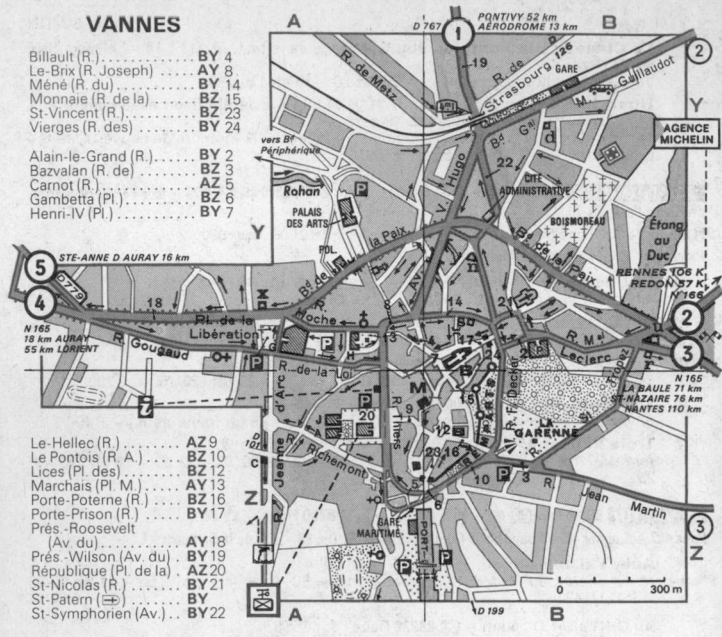

à Conleau SO : 4,5 km par V 2 - AZ – ⊠ **56000** Vannes.

Voir Ile Conleau★ 30 mn.

XX **Le Roof** ⬡, avec ch, ⏰ 63.47.47, ≤, 🌲 – 🛏wc ☎ 🅿 – 🏛 50 à 200. 🚗 AE ⓪ **VISA** ⬡ ch
fermé mi janv. à mi fév. – SC : R (fermé mardi d'oct. à mars) 65/280 – 🖵 15 – **11 ch** 125/180.

à Arradon par ④ : 7 km ou D 101 AZ et D 127 – 4 023 h. – ⊠ **56610** Arradon.

Voir ≤★.

🏛 **Les Vénètes** ⬡, à la pointe : 2 km ⏰ 26.03.11, ≤ golfe et les îles – 📺 🛏wc
🛏wc ☎. 🚗 ⬡.
25 mars-30 sept. – SC : R (fermé lundi sauf juil. et août) 75/225 – 🖵 20 – **12 ch** 160/220 – P 275/320.

🏛 **Le Guippe** M ⬡, au bourg ⏰ 26.03.15 – 🛏wc 🛏wc ☎ & 🅿 – 🏛 30
↤ SC : **R** *(fermé 1er au 21 oct. et lundi)* 46/80 ⅋ – 🖵 16 – **43 ch** 110/155 – P 160/180.

X **La Brigantine,** au bourg ⏰ 26.02.08 – **E**
↤ *fermé fév. et merc. – SC : R* 37/145.

à Theix par ③ : 9,5 km – 3 393 h. – ⊠ **56450** Theix :

🏛 **Poste** sans rest, centre bourg ⏰ 43.01.18 – 🛏wc ☎. 🚗 ⬡.
fermé janv. et lundi – SC : 🖵 13,50 – **18 ch** 75/153.

à Noyalo par ③ et D 780 : 10,5 km – ⊠ **56450** Theix :

🏚 **Aub. de Noyalo** ⬡, ⏰ 43.01.22 – 🛏 🛏 🅿 🚗. ⬡ rest
↤ *fermé nov. et lundi hors sais. – SC : R* 42/130 – 🍽 11 – **14 ch** 70/100 – P 120/150.

MICHELIN, Agence, r. du Général-Weygand par ② ⏰ **47.26.41**

ALFA-ROMEO Le Poulichet, 13 r. A.-Briand par ③ ⏰ 47.45.46
AUSTIN-ROVER-TRIUMPH-VOLVO Gar. le Lagadec, Zone Ciale de Luscanen à Ploeren, ⏰ 63.47.27
BMW Auto-Diffusion, Parc Lann, ⏰ 40.74.75 🅽 ⏰ 63.31.96
CITROEN S.A.V.V.A., rte de Nantes, St-Laurent-Séné par ③ ⏰ 54.22.74
CITROEN Gar. Borgat, rte de Pontivy par ① ⏰ 47.43.77
FIAT, MERCEDES-BENZ Desbois, 34 r. Capit.-Jude ⏰ 54.09.44

FORD Autorep, 41 r. du Vincin ⏰ 63.10.35
OPEL Gar. Mahéo, 6 r. F.-d'Argouges ⏰ 47. 11.56 🅽 ⏰ 63.23.45
PEUGEOT-TALBOT Gar. Lainé, 9 av. Marne par ④ ⏰ 63.27.27 🅽 ⏰ 63.13.76
RENAULT S V D A 95 av. Éd-Herriot par ③ ⏰ 54.20.70
V.A.G. Kervil-Autos, 8 Bd de la Résistance ⏰ 63.49.14

🏷 Foucaud, 1 pl. J.-Le-Brix ⏰ 47.12.91
Jahier, 2 r. du 65e R.I. ⏰ 47.18.50

Les VANS 07140 Ardèche 🔟 ⑧ G. Vallée du Rhône – 2 007 h. alt. 175 – 🔂 75.

🖪 Syndicat d'Initiative pl. Ollier (15 juin-15 sept. fermé dim. et lundi) ☎ 37.24.48.

Paris 669 – Alès 43 – Aubenas 36 – Pont-St-Esprit 65 – Privas 66 – Villefort 24.

🏛 **Château le Scipionnet**, NE : 3 km par D 104 A ☎ 37.23.84, ≼, « 🐑 dans un parc », 🔼, 🛠 – 🖴wc 🛁wc ☎ 🅿 – 🔬 25. 🖼 **E**. 🛠 rest
15 mars-1er oct. – SC : **R** 115/175 – **23 ch** ☲ 220/320, 3 appartements 410 – P 280/320.

🏫 **Cévennes**, ☎ 37.23.09, 🚗 – 🅿. 🛠 rest
fermé 15 janv. au 15 fév. et lundi – SC : **R** (dim. prévenir) 50/85 – ☲ 12 – **15 ch** 58/90 – P 150.

CITROEN Brueyre et Volle, ☎ 37.22.39 🆖 ☎   PEUGEOT, TALBOT Boissin, ☎ 37.21.41
37.35.76

VARCES 38 Isère 🔞 ④ – rattaché à Grenoble.

VARENGEVILLE-SUR-MER 76119 S.-Mar. 🗗 ④ G. Normandie – 996 h. alt. 83 – 🔂 35.

Voir Site★ de l'église – Manoir d'Ango★ S : 1 km – Ste-Marguerite : arcades★ de l'église O : 4,5 km – Phare d'Ailly 🔅★ NO : 4 km.

Paris 201 – Dieppe 8 – Fécamp 57 – Fontaine-le-Dun 16 – ♦Rouen 63 – St-Valéry-en-Caux 25.

🏠 **La Terrasse** ☜, à Vasterival NO : 3 km par D 75 et VO 13 ☎ 85.12.54, ≼, 🚗, 🛠 – 🖴wc 🛁wc ☎ 🅿. 🖼 **E**. 🛠 rest
15 mars-1er oct. – SC : **R** 50/95 – ☲ 16 – **28 ch** 55/160 – P 135/170.

🏠 **Sapins** ☜, à Ste-Marguerite-sur-Mer O : 3 km par D 75 ☎ 85.11.45, ≼, « parc fleuri » – 🛁 🅿. 🛠 rest
fermé déc. et janv. – SC : **R** 52 – ☲ 14 – **25 ch** 62/75 – P 117/121.

La VARENNE-ST-HILAIRE 94 Val-de-Marne 🗗 ①. 🔟🔟 ㉘ – voir à Paris, Proche banlieue.

VARENNES-EN-ARGONNE 55270 Meuse 🗗 ⑩㉒ G. Vosges – 670 h. alt. 155 – 🔂 29.

🖪 Syndicat d'Initiative à la Mairie (matin seul. et fermé dim.) ☎ 80.71.01.

Paris 250 – Bar-le-Duc 64 – Dun-sur-Meuse 25 – Ste-Menehould 30 – Verdun 37 – Vouziers 39.

🏫 **Grand Monarque**, ☎ 80.71.09 – 🛁 🛠 ch
fermé oct. et lundi – SC : **R** 35/70 🍷 – ☲ 12 – **9 ch** 60/80.

RENAULT Gar. Flamand, ☎ 80.71.35 🆖

VARENNES-JARCY 91 Essonne 🗗 ①. 🔟🔟 ㉒㉓. 🔟🔟 ㉜ – 1 044 h. alt. 55 – ⊠ 91480
Quincy-sous-Sénart – 🔂 6.

Paris 28 – Brunoy 8,5 – Évry 13 – Melun 20.

XX **Moulin de Jarcy** ☜ avec ch, au NO ☎ 900.89.20, ≼, « Fraîche terrasse au bord de l'eau » – 🅿. 🛠 ch
fermé 3 au 25 août, 21 déc. au 12 janv., mardi (sauf rest.), merc. et jeudi – **R** (dim. prévenir) 70/75 – ☲ 15 – **5 ch** 60/100.

XX **Host. de Varennes**, 12 r. Mandres ☎ 900.97.03 – 🅿. 🕕 𝖵𝖨𝖲𝖠
fermé août, mardi soir et merc. – **R** 60, carte le dim.

VARENNES-SUR-ALLIER 03150 Allier 🗗 ⑭ – 5 188 h. alt. 248 – 🔂 70.

Paris 324 – Digoin 58 – Lapalisse 20 – Moulins 30 – St-Pourçain-sur-Sioule 11 – Vichy 27.

🏛 **Aub. de l'Orisse**, SE : 2 km sur N 7 ⊠ 03150 Varennes-sur-Allier ☎ 45.05.60, ≼, 🏡, 🛠 – 🅿 – 🔬 50. 🖼
fermé 6 janv. au 16 fév. – SC : **R** (*fermé dim. soir et lundi midi du 15 sept. au 15 juin sauf fêtes*) 59/180 – ☲ 16,50 – **23 ch** 94/170 – P 230/270.

XX **Dauphin**, r. Hôtel de Ville ☎ 45.01.03 – 🔲, 🖼 🕕
fermé 15 nov. au 1er déc., vacances de fév. et merc. de fin sept. à début juil. – SC : **R** 48/150.

XX **Central**, pl. de la Mairie ☎ 45.05.07 – 🖼 **E** 𝖵𝖨𝖲𝖠
fermé 1er au 16 juin, 1er au 16 nov.dim. soir et lundi – SC : **R** 55/130 🍷.

à St-Loup N : 5,5 km sur N 7 – ⊠ 03150 Varennes-sur-Allier :

🏛 **Route Bleue**, ☎ 45.07.73 – 🖴wc 🛁wc ☎ 🚗 🅿 – 🔬 60. 🖼 🖼 **E** 𝖵𝖨𝖲𝖠. 🛠 rest
fermé 15 au 30 nov., 1er au 15 fév. et mardi hors sais. – SC : **R** 55/140 – ☲ 16 – **22 ch** 85/240 – P 180/240.

XX **La Locaterie**, N : 1 km par N 7 ☎ 45.13.90, « auberge rustique » – 🅿
fermé août, mardi soir et merc. – SC : **R** 80/125.

CITROEN Muet, ☎ 45.00.19 🆖   RENAULT Sabot, ☎ 45.05.23
PEUGEOT Central Gar., ☎ 45.05.02 🆖   TALBOT Mantin, ☎ 45.06.08

VARETZ 19 Corrèze 🔟 ⑧ – rattaché à Brive-la-Gaillarde.

VARREDDES 77 S.-et-M. 🗗 ⑬. 🔟🔟 ㉓ – rattaché à Meaux.

1175

VARS 05560 H.-Alpes **77** ⑱ G. Alpes — 844 h. alt. 1 639 — Sports d'hiver : 1 650/2 650 m ⤶27 — ✆ 92.

De Ste-Marie-de-Vars : Paris 727 — Barcelonnette 37 — Briançon 47 — Digne 124 — Gap 72.

à Ste-Marie-de-Vars — alt. 1 658 — ⊠ 05560 Vars :

🏠 **Le Vallon** 🕭, ☏ 45.54.72, ← — ⟺wc ⶂwc ☜ **Ⓟ**. ⬠
↤ *juil.-août et Noël-Pâques* — SC : **R** 42/75 — ⇌ 16 — **34 ch** 160/180 — P 180/210.

🏠 **de la Mayt,** ☏ 45.50.07, ← — ⟺wc ⶂwc ☜ **Ⓟ**. ⬠ rest
1er juil.-30 août et 22 déc.-10 avril — SC : **R** 55/80 — ⇌ 18 — **21 ch** 120/180 — P 180/240.

aux Claux — alt. 1 900 — ⊠ 05560 Vars.

🚩 Office de Tourisme (15 juin-15 sept. et 1er déc.-1er mai) ☏ 45.51.31, Télex 420671.

🏤 **Caribou** Ⓜ 🕭, ☏ 45.50.43, ← — ▨▨ 🆃🆅 🚙 **Ⓟ**
22 déc.-15 avril — SC : **R** 170 — **35 ch** ⇌ 260/380 — P 355/420.

🏠 **Les Escondus,** ☏ 45.50.35, ←, 🍴 — ⟺wc ⶂwc ☜ **Ⓟ**. 🚗, ⬠ rest
1er juil.-31 août et 15 déc.-30 avril — SC : **R** 70/95 — ⇌ 20 — **22 ch** 190/210 — P 215/250.

🏠 **L'Écureuil** 🕭 sans rest, ☏ 45.50.72, ← — ⟺wc ⶂwc ☎ **Ⓟ**. 🚗 **E** 🆅🆂🅰
1er juil.-31 août et 15 déc.-20 avril — SC : ⇌ 20 — **12 ch** 230/250.

à St-Marcellin-de-Vars — ⊠ 05560 Vars :

🏠 **Le Paneyron** sans rest, ☏ 45.50.04 — ⟺wc ⶂ 🚙
15 juin-15 sept. et 26 mars-17 avril — SC : ☗ 15 — **11 ch** 65/115.

VARZY 58210 Nièvre **65** ⑭ G. Bourgogne — 1 607 h. alt. 229 — ✆ 86.

Paris 227 — La Charité-sur-Loire 36 — Clamecy 16 — Cosne-sur-Loire 42 — Nevers 53.

🏠 **H. Poste** sans rest, fg de Marcy ☏ 29.41.89 — ⟺wc ☜ **Ⓟ**. 🚗
fermé 1er au 15 déc., 15 au 28 fév. et dim. soir du 1er oct. à Pâques sauf fêtes — SC : ⇌ 14,50 — **10 ch** 70/140.

XX **Aub. de la Poste,** ☏ 29.41.72 — **Ⓟ**. **E** 🆅🆂🅰
fermé fév., dim. soir et lundi d'oct. au 30 juin — SC : **R** 60/135 ☖.

CITROEN Gar. Noel ☏ 29.43.41   RENAULT Gar. Moreau, ☏ 29.42.10

VASSIVIÈRE (Lac de) 87 H.-Vienne **72** ⑲ — rattaché à Peyrat-le-Château.

VASTÉRIVAL 76 Seine-Mar. **52** ④ — rattaché à Varengeville.

VATAN 36150 Indre **68** ⑧⑨ G. Périgord — 2 275 h. alt. 132 — ✆ 54.

Paris 237 — Blois 78 — Bourges 50 — Châteauroux 31 — Issoudun 21 — Vierzon 27.

XX **France** avec ch, ☏ 49.74.11, 🍷 — ⶂ ☜ 🚙 **Ⓟ**
fermé 13 au 2 sept., 10 janv. au 10 fév., mardi soir et merc. — **R** 60/140 — ⇌ 16 — **12 ch** 60/160.

CITROEN Thibault, ☏ 49.75.27   🅖 Leseche, ☏ 49.74.02
FORD Gar. Moreau, ☏ 49.70.48

VAUCHOUX 70 H.-Saône **66** ⑤ — rattaché à Port-sur-Saône.

VAUCOULEURS 55140 Meuse **62** ③ G. Vosges — 2 554 h. alt. 254 — ✆ 29.

Paris 278 — Bar-le-Duc 49 — Commercy 20 — ✦Nancy 46 — Neufchateau 31.

XX **Relais de la Poste** avec ch, ☏ 89.40.01 — ⟺wc ⶂwc ☜ 🚙. ⬠
↤ *fermé janv., dim. soir et lundi* — SC : **R** 36/90 ☖ — ⇌ 14 — **11 ch** 72/110 — P 130/160.

VAUCRESSON 92 Hauts-de-Seine **60** ⑩. **101** ㉓ — voir à Paris, Proche banlieue.

VAUDEURS 89 Yonne **61** ⑮ — 383 h. alt. 160 — ⊠ 89320 Cerisiers — ✆ 86.

Paris 144 — Auxerre 42 — Sens 24 — Troyes 55.

🏠 **La Vauderinoise** 🕭, ☏ 88.13.30 — ⟺wc ☜ **Ⓟ**. 🆅🆂🅰
fermé 15 janv. au 15 fév., mardi soir et merc. de sept. au 15 juin — SC : **R** 60/150 — ⇌ 20 — **10 ch** 140/170 — P 190.

VAUDRAMPONT (Carrefour de) 60 Oise **56** ②. **196** ⑩ — alt. 81 — ⊠ 60127 Morienval — ✆ 4.

Voir Église* de Morienval NO : 5 km, G. Environs de Paris.

Paris 80 — Beauvais 67 — Compiègne 10 — Crépy-en-Valois 14 — Senlis 33 — Villers-Cotterêts 23.

XX **Bon Accueil** avec ch, sur D 332 ☏ 442.84.04, ←, 🍷 — ⟺ ⶂ **Ⓟ**. 🚗 🆅🆂🅰
fermé fin janv. à fin fév., lundi soir et mardi — SC : **R** 120/200 — ⇌ 22 — **7 ch** 125/195.

VAUGNERAY 69670 Rhône 🔢 ⑲ – 2 951 h. alt. 430 – ✪ 7.

Paris 472 – L'Arbresle 18 – ♦Lyon 17 – Montbrison 59 – Roanne 88 – Thiers 118.

🏠 **Besson-Midey**, près carrefour Maison-Blanche 🍴 845.80.37, 🛏, ✕ – 🍴 wc
➡ ☎ 🅿
SC : **R** *(fermé dim. soir)* 38/100 – ⌷ 13,50 – **20 ch** 65/110 – P 145/178.

✕✕ **Au Petit Malval**, au Col de Malval alt. 732 O : 7 km par D 50 🍴 845.82.66, ≤,
« jardin » – 🅿. ✿
fermé 4 au 26 août et mardi – SC : **R** 90/180.

VAUJANY 38 Isère 🔢 ⑥ G. Alpes – 488 h. alt. 1 253 – 🖂 38114 Allemond – ✪ 76.

Voir Site∗ – Cascade de la Fare∗ E : 1 km – Collet de Vaujany ≤∗∗ NO : 5 km.

Paris 618 – Allemond 8 – Le Bourg-d'Oisans 18 – ♦Grenoble 53 – Vizille 36.

🏠 **du Rissiou** ⑳, 🍴 80.71.00, ≤ – 🍴 wc 🅿. ✿ rest
➡ *1ᵉʳ mai-15 sept., 15 déc.-15 avril et vacances scolaires* – SC : **R** 40/80 ⅃ – ⌷ 11 –
16 ch 50/80 – P 90/120.

VAUVENARGUES 13126 B.-du-R. 🔢 ③④ G. Provence – 576 h. alt. 432 – ✪ 42.

Paris 767 – Aix-en-Provence 14 – Brignoles 51 – Manosque 49 – ♦Marseille 45 – Rians 20.

🏠 **Au Moulin de Provence** ⑳, 🍴 24.93.11, ≤ – 🍴 wc 🍴 wc 🅿. 🚗 ✿ rest
15 mars-31 oct. – SC : **R** *(fermé lundi)* 65/110 – ⌷ 17 – **12 ch** 100/165 – P 175/210.

VAUX 89 Yonne 🔢 ⑤ – rattaché à Auxerre.

VAUX (Monts de) 39 Jura 🔢 ④ – rattaché à Poligny.

VAUX-LE-VICOMTE (Château de) 77 S.-et-M. 🔢 ②. 🔢 ㉝㉞ G. Environs de Paris –
🖂 77950 Maincy.

Voir Château∗∗ et jardins∗∗∗.

Env. Église∗ de Champeaux NE : 7 km.

Paris 61 – Melun 6.

La VAVRETTE 01 Ain 🔢 ③ – rattaché à Bourg-en-Bresse.

VEAUCHE 42340 Loire 🔢 ⑱ G. Vallée du Rhône – 5 012 h. alt. 387 – ✪ 77.

Voir Bras reliquaire∗ dans l'église.

Paris 452 – ♦Lyon 76 – Montbrison 23 – Roanne 61 – ♦St-Étienne 16.

✕✕ **Relais de l'Etrier**, N 82 🍴 54.60.11 – 🅿. 🆅🆂🅰
fermé 1ᵉʳ au 22 août, 15 au 28 fév., dim. soir et lundi – SC : **R** 65/170 ⅃.

VEILLAC 19 Corrèze 🔢 ② – rattaché à Bort-les-Orgues.

VELARS-SUR-OUCHE 21 Côte-d'Or 🔢 ⑪ – 1 351 h. alt. 284 – 🖂 21370 Plombières-lès-Dijon
– ✪ 80.

Paris 302 – Autun 74 – Avallon 94 – Beaune 44 – ♦Dijon 12 – Montbard 70 – Saulieu 62.

✕✕ ✿ **Aub. Gourmande** (Barbier), 🍴 33.62.51 – 🅿. 🔘
fermé dim. soir et lundi – SC : **R** (nombre de couverts limité - prévenir) 65/98
Spéc. Soupe de langoustines, Coq au vin, Nougat glacé. **Vins** Rosé de Marsannay, Bourgogne.

VELIZY-VILLACOUBLAY 78 Yvelines 🔢 ⑩. 🔢 ㉓ – voir à Paris, Proche banlieue.

VELLUIRE 85 Vendée 🔢 ⑪ – rattaché à Fontenay-le-Comte.

VENCE 06140 Alpes-Mar. 🔢 ⑨. 🔢 ㉘ G. Côte d'Azur – 12 796 h. alt. 325 – ✪ 93.

Voir Chapelle du Rosaire∗ (chapelle Matisse) A – Place du Peyra∗ B 13 – Stalles∗ de
la cathédrale B E.

Env. Col de Vence ✳∗∗ NO : 10 km par D 2 A.

🅸 Office de Tourisme pl. Gd-Jardin (fermé dim. et lundi après-midi hors sais.) 🍴 58.06.38.

Paris 930 ① – Antibes 19 ① – Cannes 30 ① – Grasse 25 ② – ♦Nice 22 ①.

Plan page suivante

🏨 ✿ **Château du Domaine St-Martin** Ⓜ ⑳, N : 2,5 km rte Coursegoules par D 2
- A - 🍴 58.02.02, Télex 470282, ≤ Vence et littoral, parc, 🏊, ✕ – 📺 ☎ & 🚗 🅿
– 🔺 30. 🅰🅴 🔘 E 🆅🆂🅰
mars-nov. – **R** *(fermé merc. hors sais.)* 230/260 – ⌷ 45 – **16 ch** 850/1 100, 10 villas
et bastides
Spéc. Ragoût de pâtes fraîches aux truffes, Emincé de St-Pierre à la vapeur de thym, Carré d'agneau
provençale. **Vins** Bellet, Côtes de provence.

tourner →

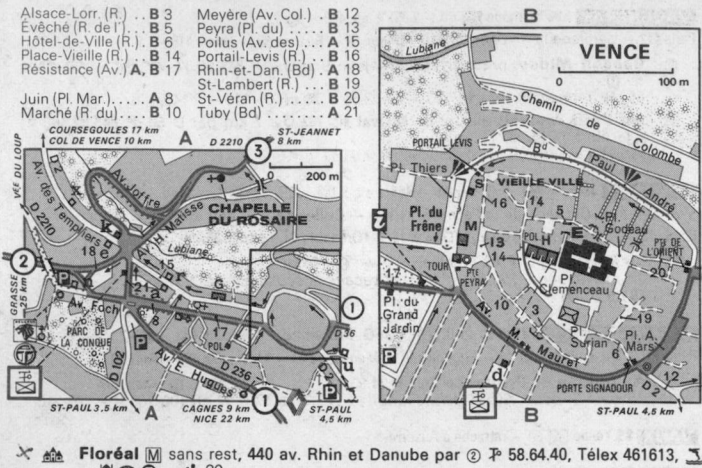

VENCE

✕ 🏨 **Floréal** Ⓜ sans rest, 440 av. Rhin et Danube par ② 𝒯 58.64.40, Télex 461613, 🏊 – 🛗 ☎ 🅿 – 🔺 30
1ᵉʳ mars-31 oct. – SC : ⊡ 25 – **41 ch** 270/300.

🏨 **Diana** Ⓜ sans rest, av. Poilus 𝒯 58.28.56 – 🛗 cuisinette 🛋 🕮 ⓞ 🛇   A a
SC : ⊡ 20 – **25 ch** 170/190.

🏨 **Miramar** ⤳ sans rest, plateau St-Michel 𝒯 58.01.32, ≤, 🚗 – 🚿wc 🛁wc ☎ 🅿.   A u
🚗 🕮. 🛇

🏠 **Parc H.** sans rest, 50 av. Foch 𝒯 58.27.27, 🚗 – 🚿wc 🛁 ☎. 𝚅𝙸𝚂𝙰. 🛇   A n
15 fév.-15 oct. – SC : ⊡ 15 – **13 ch** 160/210.

🏠 **Les Muscadelles**, av. H.-Giraud 𝒯 58.01.25, 🚗 – 🚿wc 🛁wc ☎   A e
fermé 15 oct. au 15 nov. – SC : **R** *(fermé mardi hors sais.)* (dîner seul.) 70/100 – ⊡ 18 – **14 ch** 115/200.

🏠 **Val d'Azur** sans rest, 10 av. Poilus 𝒯 58.07.02, 🚗 – 🛁wc ☎ 🅿. 🛇   A r
fermé nov. – SC : **16 ch** ⊡ 70/160.

🏡 **La Roseraie**, rte de Coursegoules 𝒯 58.02.20, 🚗 – 🚿wc 🛁 🅿. 🛇 rest   A x
fermé oct. – SC : **R** (pension seul.) – **10 ch** ⊡ 120/190 – P 170/190.

✕✕ **Aub. des Seigneurs** avec ch, pl. Frêne 𝒯 58.04.24, Auberge provençale – 🛁wc
☎. 🛋   B s
fermé 15 oct. au 1ᵉʳ déc. et lundi – SC : **R** 60/120 – ⊡ 18 – **10 ch** 150/180.

✕✕ **Aub. des Templiers**, 39 av. Joffre 𝒯 58.06.05   A k
fermé 20 déc. au 20 janv., dim. soir et lundi – SC : **R** carte 95 à 135 🍷.

✕ **Closerie des Genets** avec ch, 4 av. M. Maurel 𝒯 58.33.25 – 🛁 ☎. 🕮 🕮 𝚅𝙸𝚂𝙰
R *(fermé 1ᵉʳ déc. au 5 janv., dim. soir et lundi)* 55/70 🍷 – 🍴 15 – **10 ch** 80/160.
   B d

MERCEDES-BENZ, PEUGEOT TALBOT Gar.
Simondi, 39 av. Foch 𝒯 58.01.21 🅽

RENAULT Gar. de la Rocade, 840 av. E. Hugues, la Rocade 𝒯 58.00.29

VENDEUIL 02 Aisne 🏮 ⑭ – rattaché à la Fère.

VENDÔME ⬧𝚂𝙿⬧ 41100 L.-et-Ch. 🏮 ⑥ G. Châteaux de la Loire – 18 547 h. alt. 82 – ✪ 54.
Voir Anc. abbaye de la Trinité✶ : église abbatiale✶✶ A – Quartier ancien✶ A – Château
✶ A.
🄱 Office de Tourisme (fermé lundi sauf après-midi en saison, dim. et fêtes) r. Poterie 𝒯 77.05.07.
Paris 172 ① – Blois 32 ③ – Lisieux 185 ① – ♦Le Mans 77 ⑥ – ♦Orléans 74 ① – ♦Tours 56 ④.

Plan page ci-contre

🏨 **Vendôme**, 15 fg Chartrain 𝒯 77.02.88, Télex 750383 – 🛗 📺 🚿wc 🛁wc ☎ 🛋
🕮 𝚅𝙸𝚂𝙰   A a
*hôtel : fermé 15 déc. au 15 janv. et dim. du 1ᵉʳ oct. au 31 mars ; rest. : fermé 15 nov.
au 15 janv., lundi midi et dim. du 1ᵉʳ oct. au 31 mars* - SC : **R** 55/150 – ⊡ 20 – **20 ch**
135/245 – P 210/265.

🏨 **Gd. H. St-Georges**, 14 r. Poterie 𝒯 77.25.42 – 🛗 📺 🚿wc 🛁wc ☎ – 🔺   A n
→ 30 à 80. 🚗 🕮 ⓞ 🕮 𝚅𝙸𝚂𝙰
SC : **R** *(fermé 1ᵉʳ au 7 août, 25 au 31 janv., dim. soir et sam.)* 49/155 – ⊡ 14,50 –
37 ch 77/220.

🏡 **Moderne**, face gare 𝒯 77.21.15 – 🚿wc 🛁wc 🛋. 🚗 𝚅𝙸𝚂𝙰   B e
fermé 1ᵉʳ au 25 août et 20 janv. au 4 janv. – SC : **R** *(fermé dim. midi et sam.)* 52/130 🍷
– ⊡ 15,50 – **16 ch** 62/145.

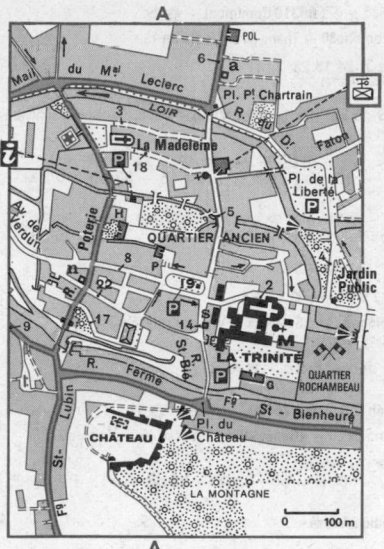

VENDÔME

Change (R. du) .... **A** 5
Poterie (R.) .... **A**

Abbaye (R.) .... **A** 2
Béguines (R.) .... **A** 3
Bourbon (R. A.) .... **A** 4
Chartrain (Fg) .... **AB** 6
Gaulle (R. de) .... **A** 8
Grève (R.) .... **AB** 9

Kennedy (Bd) .. **B** 10
Quatre-Huyes
(R.) .... **B** 12
République (Pl.) **A** 14
Rochambeau
(R. du Mar. de) **B** 15
Ronsard (Av.) .. **B** 16
St-Georges (Q.) **A** 17
St-Jacques (R.) . **A** 18
St-Martin (Pl.) .. **A** 19
Saulnerie (R.) .. **A** 22

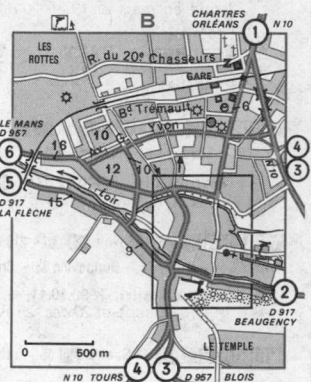

XX **Le Paris,** 1 r. Darreau ☏ 77.02.71 – Ⓟ. VISA — B z
→ *fermé août et dim. sauf fériés* – SC : **R** 50/120.

XX **Le Daumier,** 17 pl. République ☏ 77.70.15 – VISA — A s
→ *fermé merc. soir et jeudi soir* – **R** 35/62 ♨.

X **Chez Annette,** 194 bis fg Chartrain ☏ 77.23.03 – AE — B e
→ *fermé 16 juin au 7 juil. et jeudi* – SC : **R** 45/75 ♨.

CITROEN Gar. Granger, N 10, St-Ouen par ① ☏ 77.13.06
FIAT, VOLVO Gauthier, 6 bis r. Abbaye ☏ 77.35.04
MERCEDES, OPEL Vendôme-Motoculture, 45 rte de Paris, St-Ouen ☏ 77.09.43
PEUGEOT TALBOT Automobile-Vendômoise, 33 rte de Paris, St-Ouen par ① ☏ 77.13.50

PEUGEOT TALBOT Coutrey, rte de Paris, St-Ouen par ① ☏ 77.14.40
RENAULT Bruère, N 10 à St Ouen par ①, ☏ 77.15.94
Gar. Mauny, 113 fg St-Lubin ☏ 77.03.16

⚙ Moreau, 192 fg Chartrain ☏ 77.58.04
Perry-Pneus, 28 fg Chartrain ☏ 77.19.51

VENDRANGES 42 Loire 73 ⑧ – 201 h. alt. 480 – ⊠ 42590 Neulise – ۞ 77.
Paris 406 – ♦Lyon 82 – Montbrison 50 – Roanne 14 – ♦St-Étienne 63.

🏠 **La Châtaigne** ⌂, ☏ 64.91.91 – 🚿wc 🛗 ☏. ☎️. 🦐
→ *fermé 1er au 20 oct., 25 déc. au 5 janv. et jeudi* – SC : **R** 48/100 – ⊊ 12 – **10 ch** 56/120.

VENÈRE 70 H.-Saône 66 ⑭ – rattaché à Gray

VENEUX-LES-SABLONS 77 S.-et-M. 61 ⑫, 196 ㊻ – rattaché à Moret-sur-Loing.

VENIZY 89 Yonne 61 ⑮ – rattaché à St-Florentin.

VENTABREN 13122 B.-du-R. 84 ② G. Provence – 2 552 h. alt. 218 – ۞ 42.
Voir ≤★ des ruines du Château.
Paris 753 – Aix-en-Provence 15 – ♦Marseille 32 – Salon-de-Provence 25.

XX **La Petite Auberge,** ☏ 28.80.01, ≤
→ *fermé 15 au 31 janv., 1er au 15 sept., dim. soir et lundi* – SC : **R** 90.

VENTAVON 05 H.-Alpes 81 ⑤ G. Alpes – 392 h. – ⊠ 05300 Laragne – ۞ 92.
Paris 697 – Gap 29 – Serres 28 – Sisteron 23.

🏠 **Les Marronniers** ⌂, ☏ 66.40.33, ≤, 🌳 – 🛗. 🦐
→ *fermé oct. et mardi* – **R** 51/86 – ⊊ 17,50 – **10 ch** 100.

VENTOUX (Mont) 84 Vaucluse 81 ③ G. Provence – alt. 1 912.
Voir ☀★★★.

VENTRON 88 Vosges 🔢 ⑰ – 915 h. alt. 680 – ⊠ 88310 Cornimont – ✪ 29.

Paris 444 – Épinal 57 – Gérardmer 26 – Remiremont 30 – Thann 30 – Le Thillot 13.

  ✗ **Frère Joseph** avec ch, pl. Église ☏ 24.18.23
  ↞ SC : **R** 45/80 🍷 – � 10 – **13 ch** 60 – P 110.

    à l'Ermitage du Frère Joseph S : 5 km par D 43 et VO 3 – alt. 850 – Sports d'hiver :
    900/1 100 m ✠6 – ⊠ 88310 Cornimont :

  🏨 **Les Buttes** Ⓜ ⌚, ☏ 24.18.09, ≤, ✾ – 🅱 📺 ☎ & ⟶ 🅿 – 🅰 30. ✾ rest
    fermé en mars et 13 au 20 déc. – SC : **R** 70/130 🍷 – ⊂ 18 – **30 ch** 110/200 –
    P 220/260.

  🏠 **Ermitage** ⌚, ☏ 24.18.09, ≤, ✾ – ⟶wc 🁢 ☎ ⟶ 🅿. 🚗🚙. ✾ rest
  ↞ *fermé en avril et 15 oct. au 10 déc.* – SC : **R** 50/70 🍷 – ⊂ 16 – **25 ch** 75/160 –
    P 145/180.

VERBERIE 60410 Oise 🔢 ②, 🔢 ⑩ – 2 512 h. alt. 33 – ✪ 4.

Paris 66 – Beauvais 61 – Clermont 35 – Compiègne 14 – Senlis 18 – Villers-Cotterêts 30.

  ✗ **Normandie,** ☏ 440.92.33 – 🅿
    fermé 30 juil. au 26 août, 25 au 31 déc. et merc. – **R** 48/85 🍷.

VERCHAIX 74 H.-Savoie 🔢 ⑧ – 219 h. alt. 787 – ⊠ 74440 Taninges – ✪ 50.

Paris 593 – Annecy 85 – Bonneville 33 – Chamonix 60 – ◆Genève 63 – Megève 46 – Morzine 27.

  🏠 **Chalet Fleuri,** ☏ 90.10.11, ≤, 🚗 – ✾ rest
  ↞ *1er juin-30 sept. et 20 déc.-25 avril* – SC : **R** 44/65 – ⊂ 13 – **28 ch** 63/81 – P 115/125.

VERCHIZEUIL 71 S.-et-L. 🔢 ⑲ – rattaché à Verzé.

VERDELAIS 33 Gironde 🔢 ② G. Côte de l'Atlantique – 942 h. alt. 34 – ⊠ 33490 Saint-Macaire
– ✪ 56.

Voir Calvaire ≤★ – Ste-Croix-du-Mont : ≤★, grottes★ O : 3 km.

Paris 647 – ◆Bordeaux 48 – Cadillac 10 – Langon 5,5 – Libourne 50 – Marmande 37 – La Réole 18.

  🏠 **St-Pierre,** ☏ 63.23.09, 🍽, 🚗 – 🁢
    fermé 15 janv. au 15 fév., dim. soir et lundi du 15 sept. au 30 juin – SC : **R** 75/140 –
    ⊂ 12 – **9 ch** 60/90 – P 120/160.

VERDON (Grand Canyon du) ★★★ 04 Alpes-de-H.-Pr 🔢 ⑰ G. Côte d'Azur.

Ressources hôtelières : voir à *Aiguines* , à *Cavaliers (falaise)*.

VERDUN ⬛ 55100 Meuse 🔢 ⑪ G. Vosges – 26 927 h. alt. 199 – ✪ 29.

Voir Cathédrale★ : cloître★ ZE – Palais Episcopal★ ZR – Les champs de bataille par ②.

🄱 Office de Tourisme pl. Nation (fermé dim. hors saison) ☏ 84.18.85, Télex 860464 – A.C. 17 pl.
A.-Maginot ☏ 86.06.56.

Paris 261 ⑤ – Châlons-sur-M. 88 ⑤ – ◆Metz 78 ③ – ◆Nancy 120 ③ – ◆Reims 120 ⑤.

Plan page ci-contre

  🏨 **Bellevue** sans rest, rond-point de-Lattre-de-Tassigny ☏ 84.39.41, Télex 860464,
    🚗 – 🅱 📺 ⟶ 🅿 – 🅰 100 à 500. 🆎 ⓞ 𝐕𝐈𝐒𝐀   Y a
    fermé fév. – **72 ch** ⊂ 90/280.

  🏨 ❀ **Host. Coq Hardi,** 8 av. Victoire ☏ 86.00.68, Télex 860464 – 🅱 📺 & – 🅰 40.
    🆎 ⓞ   Y v
    fermé 23 déc. au 31 janv. – **R** *(fermé merc.)* 120/220 – **39 ch** ⊂ 100/250, 3 apparte-
    memts 400
    Spéc. Bohémienne de rouget et bar, Canard au vinaigre de framboises, Mirabelles au caramel. **Vins**
    Bouzy, Crémant.

  🏠 **St-Paul,** 12 r. Gén.-Sarrail ☏ 86.02.16 – ⟶ 🁢wc ☎. 🚗🚙   Y r
    fermé 15 déc. au 15 janv. – SC : **R** 65/85 – 🍴 14 – **31 ch** 66/115 – P 180.

  🏠 **Montaulbain** ⌚ sans rest, 4 r. Vieille-Prison ☏ 86.00.47 – 🁢wc ☎. 🚗🚙. ✾
    SC : ⊂ 16 – **10 ch** 81/122.   Z e

MICHELIN, Entrepôt, 3 av. J.-Jaurès X ☏ 86.11.47

CITROEN Gd Gar. de la Meuse, av. Col.-Driant
☏ 86.44.05
FIAT Gar. du Rozelier, bd de l'Europe à Hau-
dainville par ③ ☏ 84.33.47 🅽
FORD Rochette-Auto, 22 r. V.-Schleiter ☏ 86.
50.49
PEUGEOT-TALBOT Verdun Auto Loisirs, 2 av.
de la 42e Division ☏ 84.32.63

RENAULT Friob, av. d'Etain ☏ 84.40.72
V.A.G. Gar. Voie Sacrée, N3 Regret ☏ 86.04.51

🛢 Frattini 21 av. Douaumont ☏ 86.04.36
Leclerc-Pneu, 13 av. Col.-Driant ☏ 86.29.55

VERDUN

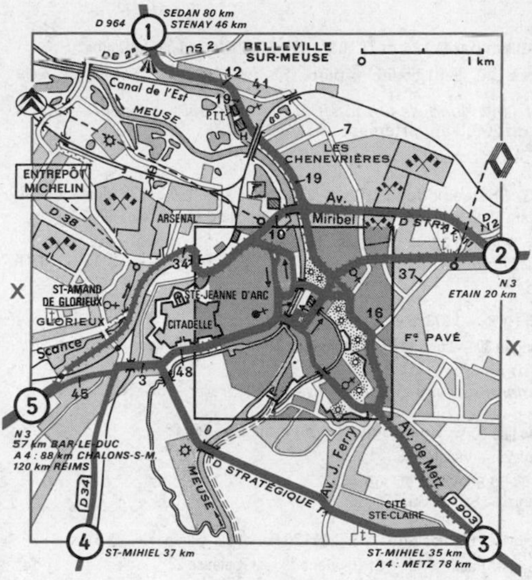

Foch (Pl. Mar.) . . . . Z 15
Mazel (R.) . . . . Y 29

Belle-Vierge (R.) . . . . Y 2
Boichut (Av. du Gén.) . . . X 3
Boulhaut (R. Frères) . . . . Y 5
Chaussée (R. et P.) . . . . . Y 6
Demenois (Av. G.) . . . . . X 7
Douaumont (Av. de) . . YZ 8
Driant (Av. du Col.) . . . XY 10
Driant (R. du Col.) . . . . . X 12
Fort-de-Vaux (R. du) . . XZ 16
Gaulle (R. du Gén.-de) . . . . . . X 19
Jeanne-d'Arc (Pl.) . . . . . Y 22
Lattre-de-T. (R. de) . . . . . Y 24
Legay (Pont-F.) . . . . Z 25
Mautroté (R.) . . . . YZ 27
Montgaud (R.) . . . . YZ 33
Mort-Homme (R. du) . . . X 34
Pont Lilette (R. du) . . . . . Z 35
Prés.-Poincaré (R. du) . . Z 36
Raynal (Av. du Cdt) . . . . X 37
République (Quai) . . . . YZ 39
République (R. de la) . . . X 41
St-Paul (R.) . . . . Y 42
Vancassel (R.) . . . . X 45
Victoire (Av. de la) . . . . . Y 47
5e-R.A.P. (R. du) . . . . . XZ 48
7e-Div.-Blindée-U.S.A. (R. de la) . . . . Y 50

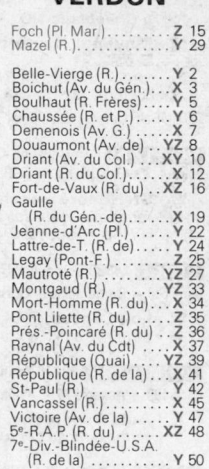

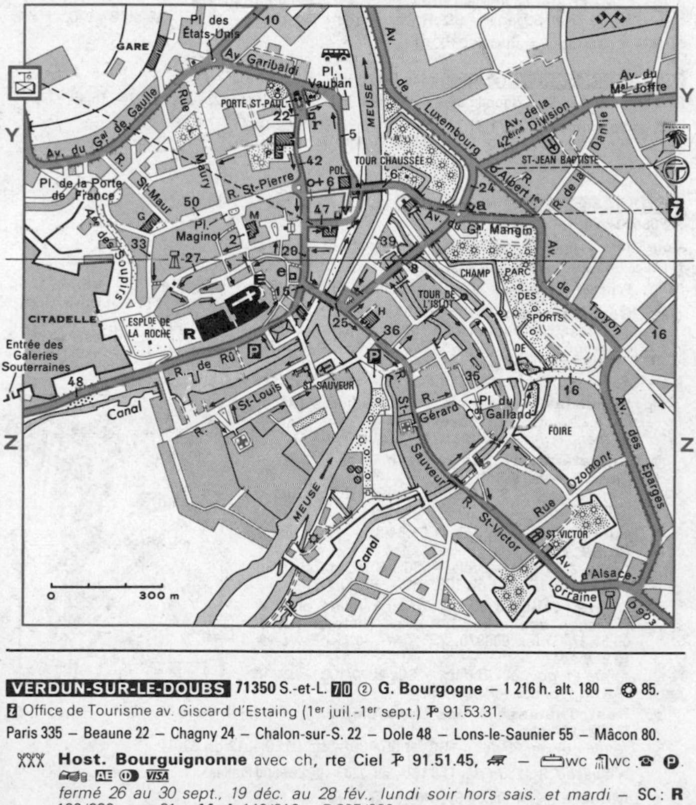

VERDUN-SUR-LE-DOUBS 71350 S.-et-L. **70** ② **G. Bourgogne** – 1 216 h. alt. 180 – ⊕ 85.

Office de Tourisme av. Giscard d'Estaing (1er juil.-1er sept.) ☎ 91.53.31.

Paris 335 – Beaune 22 – Chagny 24 – Chalon-sur-S. 22 – Dole 48 – Lons-le-Saunier 55 – Mâcon 80.

XXX **Host. Bourguignonne** avec ch, rte Ciel ☎ **91.51.45**, – wc wc ☎ P. AE O VISA
fermé 26 au 30 sept., 19 déc. au 28 fév., lundi soir hors sais. et mardi – **SC : R** 130/220 – 21 – **14 ch** 146/216 – P 295/330.

à Chaublanc NO : 10 km par D 184 et D 183 – ✉ 71350 Verdun-sur-le-Doubs :

🏠 **Moulin d'Hauterive** 🐚, ↗ 91.55.56, ≤ parc, ☆, ✗ – 🛏wc 🛁wc ☎ 🅿. 🚗⬛
📧 *VISA*
fermé 1er déc. au 31 janv., lundi (sauf hôtel) et dim. soir sauf juil.-août – SC : **R** 80/160 – 🖵 19 – **18 ch** 200, 3 appartements 300 – P 260/290.

CITROEN Gar. Guenot, ↗ 91.51.70

VÉRETZ 37 I.-et-L. 64 ⑮ Ⓖ G. Châteaux de la Loire – 2 097 h. alt. 45 – ✉ 37270 Montlouis-sur-Loire – ⚙ 47 – Paris 246 – Bléré 15 – Blois 52 – Chinon 52 – Montrichard 32 – ◆Tours 10.

✗✗ **St-Honoré** avec ch, ↗ 50.30.06 – 🛁wc 🐌. *VISA*
➡ *fermé fév., dim. soir et lundi du 15 sept. au 15 juin* – SC : **R** 50/95 ⅗ – 🖵 13 – **10 ch** 60/146 – P 127/242.

VERGT 24380 Dordogne 75 ⑤ ⑮ – 1 373 h. alt. 213 – ⚙ 53.
Paris 500 – Bergerac 32 – Le Bugue 30 – Lalinde 31 – Périgueux 21 – Sarlat-la-Canéda 54.

✗✗ **Lou Cantou,** ↗ 54.91.89
➡ *fermé 15 au 28 fév., mardi soir, merc. soir en hiver et lundi soir* – SC : **R** 35/140.

VERMENTON 89270 Yonne 65 ⑤ Ⓖ G. Bourgogne – 1 261 h. alt. 125 – ⚙ 86.
Paris 199 – Auxerre 24 – Avallon 28 – Vézelay 28.

✗ **Aub. Espérance,** ↗ 53.50.42 – 🅰🅴 ⓞ *VISA*
fermé dim. soir et lundi – SC : **R** 65/120.

Le VERNET 31 H.-Gar. 82 ⑱ – 1 657 h. alt. 167 – ✉ 31120 Portet-sur-Garonne – ⚙ 61.
Paris 731 – Auch 85 – Auterive 11 – Pamiers 42 – St-Gaudens 79 – ◆Toulouse 22.

🏠 **Clair Logis,** N 20 ↗ 08.50.44, ☆, 🐌 – 🛏wc 🐌 🅿. *VISA*
➡ *fermé 15 au 30 janv.* – SC : **R** *(fermé merc.)* 40/125 ⅗ – 🖵 15 – **15 ch** 57/120.

CITROEN Gar. des Platanes ↗ 08.50.41

VERNET-LA-VARENNE 63580 P.-de-D. 73 ⑮ – 801 h. alt. 817 – ⚙ 73.
Paris 444 – Ambert 38 – Brioude 38 – ◆Clermont-Ferrand 58 – Issoire 22 – Le Puy 77 – Thiers 82.

🏠 **Commerce,** ↗ 71.31.73, 🐌 – 🛏wc 🛁wc 🅿. *VISA*
SC : **R** 55/120 ⅗ – 🖵 13 – **18 ch** 60/90 – P 120/140.

Gar. Bourgne, ↗ 71.30.97

VERNET-LES-BAINS 66 Pyr.-Or. 86 ⑰ Ⓖ G. Pyrénées – 1 489 h. alt. 650 – Stat. therm. – ✉ 66500 Prades – ⚙ 68.

Voir Site★ – Église★ de Corneilla-de-Conflent 2,5 km par ①.

🗓 Office de Tourisme 1 square Mar.-Joffre (fermé dim.) ↗ 05.55.35.

Par ① : Paris 967 – Montlouis 36 – ◆Perpignan 55 – Prades 12.

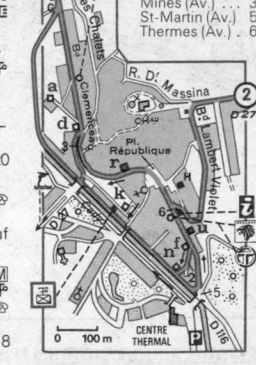

VERNET-LES-BAINS
Burnay (Av.) ... 2
Mines (Av.) ... 3
St-Martin (Av.) 5
Thermes (Av.) . 6

🏠 **Résidence des Baüs et Mas Fleuri** Ⓜ 🐚 sans rest, bd Clemenceau **(a)** ↗ 05.51.94, « Parc ombragé », �🏊, – 🛏wc 🛁wc 🐌 & 🅿. 🚗⬛ 🅰🅴 ⓞ *VISA* ✗✗
Pâques-Toussaint – SC : 🖵 18,50 – **39 ch** 96/255.

🏠 **Princess** 🐚 sans rest, r. Lavandières **(k)** ↗ 05.56.22 – 🛏wc 🛁 🐌 🚗 *VISA*
31 mars-1er nov. – SC : 🖵 14 – **23 ch** 100/160.

🏠 **Angleterre,** av. Burnay **(f)** ↗ 05.50.58, 🐌 –
🛁wc 🐌. 🚗⬛. ✗✗ ch
2 mai-26 oct. – SC : **R** 65 – 🖵 12 – **20 ch** 70/120 – P 115/150.

🏠 **Eden,** prom. Cady **(n)** ↗ 05.54.09 – 🛗 🛁wc 🐌
➡ 🅿. *VISA*
fermé 2 janv. au 3 fév. – SC : **R** 92 bc/50 *(sauf dim.)* – 🖵 16 – **11 ch** 100/130 – P 160/175.

✗✗✗ **Comte Guifred de Conflent** (avec ch.) Ⓜ (Collège d'application hôt.), av. Thermes **(u)** ↗ 05.51.37, Télex 500870, ☆, 🐌 – 🛗 🛁wc 🐌 🅿. ⓞ *VISA*
fermé 1er nov. au 18 déc. – SC : **R** 70/100 – 🖵 18 – **6 ch** 175/195 – P 325/390.

✗✗ **Rest. Thalassa H. des Deux Lions** avec ch, **(r)** ↗ 05.55.42, ☆ – 🛏wc 🛁 🅿.
📧 *VISA*. ✗✗ rest
fermé nov. au 25 déc. – SC : **R** 55/130 – 🖵 10,50 – **12 ch** 63/84.

à Casteil S : 2 km par D 116 – alt. 730 – ✉ 66500 Prades :

🏠 **Molière** 🐚, ↗ 05.50.97, 🐌 – 🛁wc 🅿. ✗✗
Pentecôte-fin sept. – SC : **R** *(1/2 pens. seul.)* – **12 ch** 🖵 85/95.

à *Sahorre* SO : 3,5 km par D 27 − ⊠ **66360** Olette :

🏠 **Châtaigneraie** ⌂, ⏄ 05.51.04, ≤, 🍴, 🚗 − 🛏wc 🅿, 彩 ch
🔸 *vacances de Pâques et 15 mai à fin sept.* − SC : **R** *(fermé mardi)* 43/80 − ⌷ 11 − **9 ch** 83/148 − P 245/285 (pour 2 pers.).

PEUGEOT-TALBOT Gar. Villacèque, ⏄ 05.   RENAULT Gar. Pous, ⏄ 05.52.81
51.14

VERNEUIL-EN-HALATTE 60550 Oise 🗺🗺 ① − 2 560 h. alt. 35 − ⊕ 4.
Paris 62 − Beauvais 45 − Clermont 19 − Compiègne 34 − Creil 4,5 − Roye 62 − Senlis 13.

🏠 **Aub. du Marronnier,** r. Professeur-Calmette ⏄ 425.10.10 − 𝘝𝘐𝘚𝘈
🔸 *fermé 15 janv. au 15 fév., dim. soir et lundi* − SC : **R** 45/70 ⚶ − ⌷ 12 − **6 ch** 55/70.

☞ *Les localités dont les noms sont soulignés de rouge*
sur les **cartes Michelin** *à 1/200 000 sont citées dans ce guide.*
Utilisez une carte récente pour profiter
de ce renseignement régulièrement mis à jour.

VERNEUIL-SUR-AVRE 27130 Eure 🗺🗺 ⑥ **G. Normandie** − 6 857 h. alt. 175 − ⊕ 32.
Voir Église de la Madeleine★ E − Église N.-Dame★ D.
🛈 Syndicat d'Initiative pl. Madeleine (fermé matin sauf week-end).
Paris 116 ③ − Alençon 75 ⑥ − Argentan 77 ⑦ − Chartres 56 ④ − Dreux 35 ③ − Évreux 43 ①.

🏠 **Host. du Clos** Ⓜ ⌂, 98
r. Ferté-Vidame **(n)** ⏄ 32.
21.81, ≤, 🚗 − 📺 🛏wc
🛏wc ☎ 🅿, 🚗 𝘈𝘌 ⓞ 𝘝𝘐𝘚𝘈
fermé mi-déc. à mi-janv. et
lundi − SC : **R** 105 − ⌷ 24
− **9 ch** 210/300.

🏠 **Saumon,** 89 pl. Made-
🔸 leine **(a)** ⏄ 32.02.36 −
🛁wc 🛏wc ☎ 🅿, 🚗 𝘈𝘌
SC : **R** 40/98 − ⌷ 13 −
14 ch 56/210.

✕✕ **Gd Sultan,** 30 r. Poisson-
🔸 nerie **(v)** ⏄ 32.13.41
fermé août et lundi − SC :
R (déj. seul.) 36/58 ⚶.

✕ **Gare-Pavillon Bleu** avec
🔸 ch, pl. Gare **(r)** ⏄ 32.12.72,
🚗 − 🛏. 🚗
fermé lundi midi − SC : **R**
50/70 ⚶ − ⌷ 13.50 − **11 ch**
65/110.

CITROEN Gar. de la Madeleine, 27
pl. de la Madeleine ⏄ 32.16.18
CITROEN Heurtaux, rte de Paris par
③ ⏄ 32.14.83
FORD, VOLKSWAGEN, **VOLVO** Gar.
Moderne, rte de Paris ⏄ 32.00.45
RENAULT Huillery, 228 av. R. Zaïgue
⏄ 32.17.54
TALBOT Gar. Martin, Porte Morta-
gne ⏄ 32.13.27 Ⓝ

VERNEUIL-S-AVRE

Briand (R. A.) 2
Canon (R. du) 3
Clemenceau (R.) 4
Ferté-Vidame (R. de la) . . . 6
Porte-de-Breteuil (R.) 7
Tour-Grise (R. de la) 8

Les VERNEYS 73 Savoie 🗺🗺 ⑦
− rattaché à Valloire.

VERNIERFONTAINE 25 Doubs
🗺🗺 ⑯ − 334 h. alt. 730 − ⊠ 25580 Nods − ⊕ 81.
Paris 443 − Baume-les-Dames 37 − ◆Besançon 32 − Morteau 43 − Pontarlier 27.

🏠 **Chez Ninie** ⌂, ⏄ 56.23.64 − 🛁wc 🛏wc ☎ 🅿, 🚗 E. 彩
🔸 *fermé 1er au 15 sept.* − SC : **R** 41/98 ⚶ − ⌷ 16 − **10 ch** 98/196 − P 127/196.

VERNON 27200 Eure 🗺🗺 ⑰⑱, 🗺🗺 ①② **G. Normandie** − 23 559 h. alt. 16 − ⊕ 32.
Voir Église N.-Dame★ BYE − Côte St-Michel ≤★ BX − Giverny : propriété Claude
Monet★ E : 5 km par D 5.
🛈 Syndicat d'Initiative passage Pasteur (fermé dim. et lundi) ⏄ 51.39.60.
Paris 82 ② − Beauvais 66 ⑥ − Évreux 31 ③ − Mantes-la-Jolie 25 ② − ◆Rouen 63 ③.

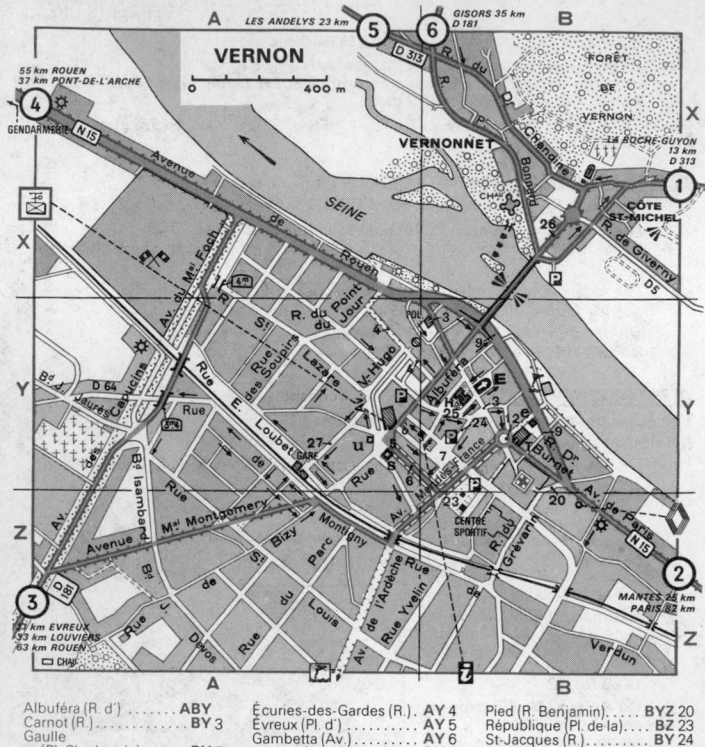

VERNON

LES ANDELYS 23 km
GISORS 35 km D 181
D 313
D 313
LA ROCHE-GUYON 13 km
55 km ROUEN 37 km PONT-DE-L'ARCHE
GENDARMERIE N 15
CÔTE ST-MICHEL
VERNONNET
SEINE
MANTES 25 km PARIS 82 km
121 km ÉVREUX 33 km LOUVIERS 63 km ROUEN

Albuféra (R. d') . . . . **ABY**	Écuries-des-Gardes (R.). **AY** 4	Pied (R. Benjamin). . . . . **BYZ** 20
Carnot (R.) . . . . **BY** 3	Évreux (Pl. d') . . . . **AY** 5	République (Pl. de la). . . . **BZ** 23
Gaulle	Gambetta (Av.) . . . . **AY** 6	St-Jacques (R.) . . . . **BY** 24
(Pl. Charles-de) . . . . . **BY** 7	Leclerc (Av. du Mar.) . . . **BY** 12	Soret (R. Jules) . . . . **BX** 26
Ste-Geneviève (R.) . . . . . **BY** 25	Paris (Pl. de) . . . . **BY** 12	Steiner (R. E.) . . . . **AY** 27

Évreux, 7 pl. Évreux ⏱ 21.16.12 — 📺 🚗 🅿. 🅰🅴 ① E 🆅🆂🅰   AY **s**
SC : **R** *(fermé août et dim. sauf fêtes)* carte 100 à 160 — 🖙 20 — **20 ch** 115/250.

Strasbourg, pl. Évreux ⏱ 51.23.12 — 🛏wc 🗄wc 🕾 🅿. E 🆅🆂🅰   AY **u**
SC : **R** *(fermé dim. soir et lundi)* 70 — 🖙 15 — **23 ch** 53/105.

Haut Marais sans rest, 2 rte Rouen à St-Marcel par ④ ⏱ 51.41.30 — 🛏 🗄wc 🅿.
🌸
SC : 🖙 12 — **29 ch** 56/110.

Beau Rivage, 13 av. Mar.-Leclerc ⏱ 51.17.27 — 🅿. 🅰🅴 E 🆅🆂🅰   BY **e**
fermé 1er au 15 oct., vacances de fév., dim. soir et lundi — SC : **R** 52/99 🍷.

à Port-Villez par ② : 4 km — ✉ 78270 Bonnières-sur-Seine - 78 Yvelines — 🕃 3..
Voir N.-D. de la mer ⩽⋆ S : 2 km — Signal des Coutumes ⩽⋆ S : 3 km.

La Gueulardière, ⏱ 476.22.12, 🎄 — 🆅🆂🅰
fermé juil., dim. soir et lundi — SC : **R** carte 120 à 170.

CITROEN S.C.A.E., rte de Rouen à St-Just par
④ ⏱ 51.21.55 🅽 ⏱ 51.40.24
FORD Auto-Normandie, r. de l'Industrie, Zone
Ind. ⏱ 51.59.39
PEUGEOT-TALBOT Gervilliers, 10 av. Paris par
② ⏱ 51.50.14
RENAULT Ouest Autom., 141 av. de Paris ⏱
21.16.34

V.A.G. Gar. de l'Avenue, 78 av. de Rouen ⏱
51.26.63
VOLVO Gar. des Sports, 5 r. de l'Artisanat ⏱
51.17.41

⚙ COVERPNEU, 11 bd Isambard ⏱ 51.08.95
Marsat-Vernon-Pneus, 121 r. Carnot ⏱ 21.26.52

VERNOU-SUR-BRENNE 37 I.-et-L. 🖸④ ⑮ — 2 090 h. alt. 48 — ✉ **37210** Vouvray — 🕃 47.
Paris 228 — Amboise 12 — ✦Tours 14 — Vendôme 49.

Host. Perce Neige 🦢, r. A.-France ⏱ 52.10.04, parc, 🎄 — 🛏wc 🗄wc 🕾 🅿 —
🏛 25 à 50. 🖛🖙 🅰🅴 E
fermé fév. et merc. en hiver — SC : **R** 66/130 — 🖙 18 — **14 ch** 120/185 — P 208/258.

CITROEN Hurson, ⏱ 52.10.61   RENAULT Huguet, ⏱ 52.10.78

1184

VERQUIÈRES 13 B.-du-R. 🟦 ① – rattaché à St-Andiol.

La VERRIE 85 Vendée 🟦 ⑤ – 2 862 h. alt. 125 – ⊠ 85130 La Gaubretière – ✆ 51.
Paris 365 – Bressuire 46 – Cholet 16 – ◆Nantes 59 – La Roche-sur-Yon 52.

   XX **La Malle Poste,** ℡ 91.56.14 – *VISA*
      fermé août, dim. soir et lundi – SC : **R** 48/100 ♨.

VERRIÈRES-LE-BUISSON 91 Essonne 🟦 ⑩, 🟥 ㉔ – voir à Paris, Proche banlieue.

VERSAILLES 78 Yvelines 🟦 ⑨⑩, 🟥 ㉒ – voir à Paris, Proche banlieue.

VERS-EN-MONTAGNE 39 Jura 🟦 ⑤ – 209 h. alt. 610 – ⊠ 39300 Champagnole – ✆ 84.
Paris 423 – Arbois 21 – champagnole 9,5 – Lons-le-Saunier 44 – Pontarlier 44 – Salins-les-Bains 16.

  🏠 **Le Clavelin,** ℡ 51.43.33, 🌫 – 🛏wc ☎. *VISA*
      fermé 15 déc. au 15 janv. et merc. hors sais. – SC : **R** 48/80 ♨ – ☄ 14 – **7 ch**
      130/150 – P 160/190.

VER-SUR-MER 14114 Calvados 🟦 ⑮ G. Normandie – 701 h. – ✆ 31.
Voir Tour★ de l'église.
Paris 267 – Bayeux 14 – ◆Caen 30.

  🏠 **Côte de Nacre,** rte Courseulles ℡ 22.20.49 – ⊟wc 🛏wc ☎ 🅿. 🚗. 🌫
      SC : **R** 75 – ☄ 17 – **18 ch** 75/160 – P 203/250.

VERT-BOIS (Plage du) 17 Char.-Mar. 🟦 ⑭ – voir à Île d'Oléron.

VERTES-FEUILLES 02 Aisne 🟦 ③ ④ – rattaché à Villers-Cotterêts.

VERTEUIL-SUR-CHARENTE 16 Charente 🟦 ④ – rattaché à Ruffec.

VERT-GALANT 76 S.-Mar. 🟦 ⑦ – ⊠ 76690 Cleres – ✆ 35.
Paris 154 – Dieppe 53 – Forges-les-Eaux 27 – Neufchatel-en-Bray 30 – ◆Rouen 15.

  XX **Aub. Henri IV** avec ch, N 28 ℡ 34.71.69 – 🛏wc ☎ 🅿 – 🏛 30. 🚗 **E**
      fermé lundi soir et mardi – SC : **R** 45/130 ♨ – ☄ 14 – **8 ch** 100.

VERTOLAYE 63480 P.-de-D. 🟦 ⑯ – 721 h. alt. 512 – ✆ 73.
Paris 423 – Ambert 14 – ◆Clermont-Ferrand 81 – Cunlhat 27 – Feurs 65 – Issoire 67 – Thiers 41.

  🏠 **Voyageurs,** près gare ℡ 95.20.16, 🌫 – ⊟wc 🛏wc ☎ 🚗. 🌫 rest
      fermé oct., 26 déc. au 2 janv. et sam. sauf juil.-août – SC : **R** 40/100 ♨ – ☄ 12 –
      29 ch 60/120 – P 120/150.

VERTOU 44 Loire-Atl. 🟦 ③ ④ – rattaché à Nantes.

VERT-ST-DENIS 77 S.-et-M. 🟦 ②, 🟥 ㉝㊺ – rattaché à Melun.

VERTUS 51130 Marne 🟦 ⑯ G. Nord de la France – 2 863 h. – ✆ 26.
Voir Mont Aimé★ S : 5 km.
Paris 137 – Châlons-sur-Marne 30 – Épernay 20 – Fère Champenoise 17 – Montmirail 38.

  🏰 **Host. Reine Blanche** Ⓜ 🍴, av. Louis-Lenoir ℡ 52.20.76 – 📺 ⊟wc ☎ 🅿 –
      🏛 50. 🚗 AE ⓞ **E**
      SC : **R** 80/130 – ☄ 18 – **23 ch** 130/180 – P 250/280.

  🏠 **Commerce,** r. Chalons ℡ 52.12.20 – 🏛 80
      R *(fermé dim. soir)* 45/55 – 🍴 12 – **11 ch** 50/60.

      à Bergères-les-Vertus S : 3,5 km par D 9 – ⊠ 51130 Vertus :

  X **Mont-Aimé** avec ch, ℡ 52.21.31, 🌫 – ⊟wc 🛏wc 🅿. 🚗 ⓞ **E** *VISA*
      fermé 24 déc. au 2 janv. et dim. soir – SC : **R** 35/150 ♨ – ☄ 14 – **13 ch** 50/120 –
      P 100.

Les VERTUS 76 S.-Mar. 🟦 ④ – rattaché à Dieppe.

VERVINS ⬦ 02140 Aisne 🟦 ⑯ G. Nord de la France – 3 259 h. alt. 174 – ✆ 23.
🅱 Office de Tourisme pl. Gén.-de-Gaulle (juin-sept. matin seul.) ℡ 98.11.98.
Paris 172 – Charleville-Mézières 72 – Laon 36 – ◆Reims 71 – St-Quentin 52 – Valenciennes 79.

  🏰 ✿ **Tour du Roy** (Mme Desvignes), ℡ 98.00.11, 🌫 – 📺 ⊟wc 🛏wc ☎ 🅿. 🚗 AE
      ⓞ **E** *VISA*
      fermé 15 janv. au 15 fév., dim. soir et lundi midi – SC : **R** (dim. et fêtes prévenir)
      100/160 – ☄ 20 – **15 ch** 100/280 – P 320
      Spéc. Crustacés à la crème, Ris de veau aux morilles, Grand dessert.

CITROEN Gar. Carlier, ℡ 98.00.08

VERZÉ 71 S.-et-L. 🔟 ⑲ – 515 h. – ✉ **71960** Pierreclos – 🕾 85.

Paris 397 – Charolles 49 – Cluny 11 – ♦Lyon 82 – Mâcon 14 – Tournus 33.

  ✕   **Rest. de Verchizeuil**, E : 4 km par D 434 et D 134 ☎ 33.32.12, ☎ – ℗
  ➡   *fermé 15 août au 15 sept., jeudi soir et vend.* – SC : **R** 42/73 🍷.

Le VÉSINET 78 Yvelines 🔟 ⑳. 🔟🔟 ⑬ – voir à Paris, Proche banlieue.

VESONNE 74 H.-Savoie 🔟 ⑯ – rattaché à Faverges.

Demandez chez le libraire le catalogue des cartes et guides Michelin

VESOUL ℗ **70000** H.-Saône 🔟 ⑤⑥ G. Jura – 20 081 h. alt. 220 – 🕾 84.

Voir Colline de la Motte ☀✲ 30 mn AY.

🄱 Office de Tourisme r. Bains (fermé dim.) ☎ 75.43.66, Télex 361250 - A.C. 1 quai Yves Barbier ☎ 75.71.34.

Paris 449 ⑥ – Belfort 64 ③ – ♦Besançon 47 ④ – ♦Dijon 113 ⑥ – Dole 95 ① – Épinal 85 ② – Langres 75 ⑥ – Neufchâteau 103 ⑥ – St-Dié 118 ② – Vittel 87 ⑥.

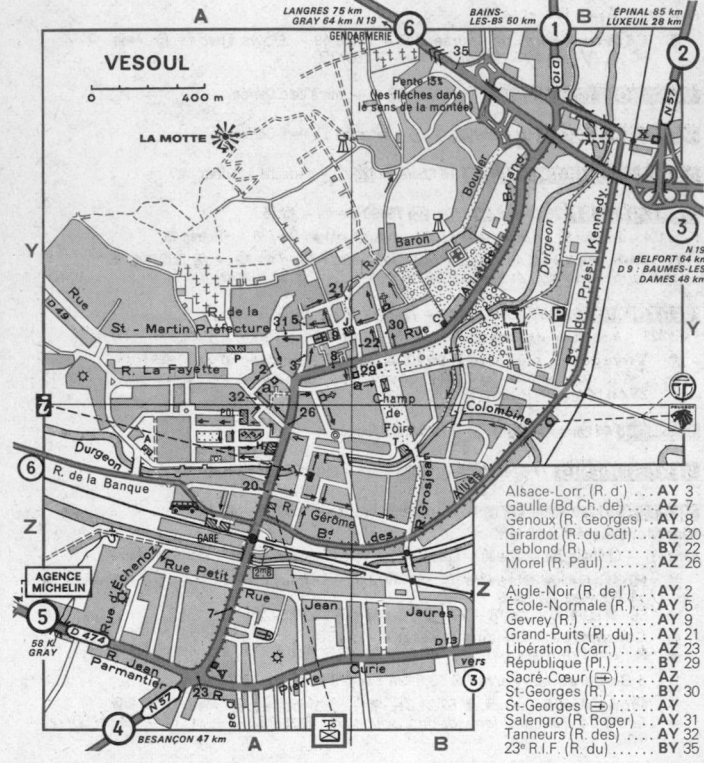

Alsace-Lorr. (R. d')	. . .	**AY** 3
Gaulle (Bd Ch. de)	. . .	**AZ** 7
Genoux (R. Georges)	. .	**AY** 8
Girardot (R. du Cdt)	. . .	**AZ** 20
Leblond (R.)	. . . . . .	**BY** 22
Morel (R. Paul)	. . . . .	**AZ** 26
Aigle-Noir (R. de l')	. . .	**AY** 2
École-Normale (R.)	. . .	**AY** 5
Gevrey (R.)	. . . . . .	**AY** 9
Grand-Puits (Pl. du)	. .	**AY** 21
Libération (Carr.)	. . .	**AZ** 23
République (Pl.)	. . . . .	**BY** 29
Sacré-Cœur (R.)	. . . . .	**AZ**
St-Georges (R.)	. . . .	**BY** 30
St-Georges (➡)	. . . .	**AY**
Salengro (R. Roger)	. .	**AY** 31
Tanneurs (R. des)	. . . .	**AY** 32
23ᵉ R.I.F. (R. du)	. . . .	**BY** 35

🏨   **Relais N 19** 🄼, rte de Paris par ⑥ : 3 km ☎ 75.36.56 – 🚻wc 🛁wc ☎ ℗. 🐕 🅰🄴
  🄾 🄴 *VISA*
  fermé 22 déc. au 16 janv. et sam. en hiver – SC : **R** 55/140 et grill carte environ 70 🍷
  – ⌑ 19 – **26 ch** 100/195 – P 180/230.

🏨   **Bonne Auberge**, rte Luxeuil ☎ 75.25.01 – 🚻wc ☎ ⟵ ℗. 🐕 🅰🄴 *VISA*   BY **x**
  SC : **R** *(fermé sam.)* 55/80 🍷 – ⌑ 13 – **20 ch** 100/130.

🏠   **Lion** sans rest, 4 pl. République ☎ 75.74.13 – 🛗 🚻wc 🛁wc ☎ ℗. 🅰🄴 🄴 *VISA*
  SC : ⌑ 13 – **20 ch** 90/160.   BY **a**

✕✕ **Vendanges de Bourgogne** avec ch, 49 bd Ch.-de-Gaulle ☎ 75.12.09 – 🚻wc
  ➡ 🛁wc ☎ ℗. 🄴 *VISA*   AZ **v**
  SC : **R** 35/120 🍷 – ⌑ 12 – **31 ch** 65/150.

MICHELIN, Agence, Z.I. Noidans-lès-Vesoul, par ⑤ ☎ 76.24.22

CITROEN Gd Gar. de Vesoul, 6 av. de la Mairie à Frotey-lès-Vesoul par ③ ☎ 75.76.77
FIAT Delamotte, 12 r. de Fleurier ☎ 75.61.23
FORD Mazeau, 1 r. Lili-Jobard ☎ 75.64.31
OPEL Gar. de la Rocade, 69 av. A.-Briand ☎ 75.53.30
PEUGEOT, TALBOT Dormoy, rte Paris par ⑥ ☎ 75.46.34
PEUGEOT, TALBOT Larue, 90 bd des Alliés ☎ 75.34.03
RENAULT Bloch, rte de Gray à Noidans-lès-Vesoul par ⑤ ☎ 76.21.44
V.A.G. Rondot, r. St. Martin Prolongée ☎ 75.03.93

HYPER PNEUS, av. de la gare ☎ 75.68.62
Pneus-Est, r. du Lt-Kopp à Frotey-lès-Vesoul ☎ 75.34.32
Pneus et Services D.K. 33 r. P.-Curie à Navenne ☎ 75.23.29

VEULES-LES-ROSES 76980 S.-Mar. 52 ③ G. Normandie – 629 h. alt. 42 – Casino – 35.

Paris 196 – Dieppe 24 – Fontaine-le-Dun 8 – ♦Rouen 57 – St-Valéry-en-Caux 8.

XXX ⊛ **Les Galets** (Plaisance), à la plage ☎ 97.61.33 –
fermé fév., mardi soir et merc. – SC : **R** (nombre de couverts limité - prévenir) 160/210
Spéc. Salade de sole, Fricassée de ris de veau, Feuilleté aux fruits.

PEUGEOT-TALBOT Gar. Bruban, ☎ 97.63.66

VEULETTES-SUR-MER 76 S.-Mar. 52 ②③ G. Normandie – 342 h. – Casino – ✉ 76450 Cany-Barville – 35.

Syndicat d'Initiative Esplanade du Casino (1er juil.-15 sept.) ☎ 97.51.33.

Paris 205 – Fécamp 26 – ♦Rouen 66 – Yvetot 33.

XX **Les Frégates** avec ch, ☎ 97.51.22, ← –
fermé 20 déc. au 10 janv., dim. soir et lundi d'oct. à mai – SC : **R** 65/95 – 13 – **10 ch** 80/85.

Le VEURDRE 03 Allier 69 ③ G. Auvergne – 713 h. alt. 190 – ✉ 03320 Lurcy-Levis – 70.

Paris 271 – Bourges 65 – Montluçon 68 – Moulins 34 – Nevers 31 – St-Amand-Montrond 52.

Pont-Neuf, ☎ 66.40.12, parc – wc wc ☎ Ⓟ. E VISA
fermé dim. soir et lundi hors sais. – SC : **R** 52/120 – 15 – **26 ch** 85/160 – P 160/225.

VEYNES 05400 H.-Alpes 81 ⑤ – 3 434 h. alt. 824 – 92.

Paris 663 – Clelles 49 – Die 69 – Gap 26 – La Mure 71 – Serres 16.

Terminus, pl. Gare ☎ 58.00.11 – Ⓟ
SC : **R** *(fermé lundi hors sais.)* 42/90 – 13 – **11 ch** 50/75 – P 115/130.

CITROEN Gar. Ribeiro, ☎ 58.01.41
PEUGEOT-TALBOT Gar. Hubaud, ☎ 58.18.30
RENAULT Gar. Central, ☎ 58.01.39

VEYRIER-DU-LAC 74290 H.-Savoie 74 ⑥ – 1 700 h. alt. 504 – 50.

Voir Mt Veyrier ✻★★ NE par téléphérique, G. Alpes.

Syndicat d'Initiative pl. Mairie (1er juin-30 sept. et fermé dim.) ☎ 60.22.71.

Paris 542 – Albertville 40 – Annecy 5,5 – Megève 55 – Thônes 15.

La Chaumière, ☎ 60.10.06, – wc ☎ . rest
1er fév.-31 oct. – SC : **R** *(fermé merc. en mars et oct.)* 76/130 – 15 – **37 ch** 94/176 – P 143/193.

XX **Aub. du Colvert** avec ch, ☎ 60.10.23, ←, – TV wc ☎ Ⓟ. E
27 mars-13 nov. – SC : **R** *(fermé lundi du 5 sept. au 13 nov.)* 150/350, dîner à la carte – 28 – **10 ch** 250 – P 280/330.

VÉZAC 24 Dordogne 75 ⑰ – rattaché à Beynac et Cazenac.

VÉZELAY 89450 Yonne 65 ⑮ G. Bourgogne (plan) – 541 h. alt. 302 – Pèlerinage (22 juil.) – 86.

Voir Basilique Ste-Madeleine★★★ : tour ✻★.

Env. Site★ de Pierre-Perthuis SE : 6 km.

Syndicat d'Initiative pl. Champ-de-Foire (1er juil.-31 août et fermé merc.) ☎ 33.23.69.

Paris 225 – Auxerre 51 – Avallon 15 – Château-Chinon 60 – Clamecy 23.

Poste et Lion d'Or, ☎ 33.21.23, Télex 800949, – rest
Pâques-début nov. et fermé merc. – SC : **R** 105/195 – 25 – **42 ch** 131/350, 5 appartements 468.

X **Relais du Morvan** avec ch, ☎ 33.25.33 – .
fermé 23 mai au 6 juin, dim. soir et lundi – SC : **R** 37/75 – 12 – **10 ch** 55/120.

tourner →

VÉZELAY

à St-Père SE : 3 km par D 957 – alt. 148 – ⊠ 89450 Vézelay :.
Voir Église N.-Dame★.

XXX ۞۞ **Espérance** (Meneau) avec ch, 🅟 33.20.45, Télex 800005, ≤, « jardin fleuri »
– 🆃🆅 🔲wc 🔳🗑 🆎, 🅟. 🌣🗑 🆅🅸🆂🅰
fermé début janv. à début fév., merc. midi et mardi hors saison – **R** (prévenir) 130
(déj. seul.)/260 et carte – 🗗 35 – **19 ch** 180/400
Spéc. Crêpe de maïs au foie gras, Écrevisses à la gelée de champagne rosé (juil. à oct.). Les 3
bonheurs de J. Desprès. **Vins** Chablis, Coulanges.

VEZELS-ROUSSY 15 Cantal 🔢 ⑫ – 149 h. alt. 630 – ⊠ 15130 Arpajon-sur-Cère – ۞ 71.
Paris 567 – Aurillac 21 – Entraygues-sur-Truyère 49.

🏠 **La Bergerie** 🌲, 🅟 62.42.90, ≤ – 🅟
🍴 SC : **R** 35/45 – 🗗 9 – **13 ch** 40/50 – P 80/90.

VIA 66 Pyr.-Or. 🔢 ⑯ – rattaché à Font-Romeu.

VIALAS 48 Lozère 🔢 ⑦ – 360 h. alt. 607 – ⊠ 48220 Le Pont-de-Montvert – ۞ 66.
🛈 Syndicat d'Initiative à la Mairie (fermé sam. et dim.) 🅟 61.00.05.
Paris 650 – Alès 41 – Florac 40 – Mende 77.

XX **Chantoiseau** 🌲 avec ch, 🅟 61.00.02, ≤, 🌳 – 🔲wc 🔳. 🗑
Pâques-1er nov. – SC : **R** carte 115 à 170 – 🗗 18 – **15 ch** 110/170 – P 145/200.

VIAUR (Viaduc du) ★ **12** Aveyron 🔢 ⑪ **G. Causses** - NE de Carmaux 27 km – alt. 500 –
⊠ 12800 Naucelle – ۞ 65.
Paris 650 – Albi 37 – Millau 96 – Rodez 41 – St-Affrique 78 – Villefranche-de-Rouergue 65.

🏠 **Host. du Viaduc du Viaur** 🌲, par D 574 🅟 69.23.86, ≤ viaduc et vallée, 🔳
– 🔲wc 🔳 🆎, 🌣🗑 🆎🅴 🅴
1er mai-1er oct. – SC : **R** 60/120 – 🗗 15 – **10 ch** 80/165 – P 170/210.

VIBRAC 16 Charente 🔢 ⑬ – 266 h. alt. 100 – ⊠ 16120 Châteauneuf-sur-Charente – ۞ 45.
Voir Abbaye de Bassac : église★ NO : 4 km, G. Côte de l'Atlantique.
Paris 466 – Angoulême 22 – ♦Bordeaux 107 – Cognac 31 – Jonzac 43.

🏠 **Ombrages** 🌲, rte d'Angeac 🅟 97.14.74, 🍴, 🛶, 🗑 – 🔲wc 🔳wc 🆎 🅟. 🅴. 🗑
fermé 23 oct. au 2 nov., 6 au 27 fév., dim. soir et lundi en hiver – SC : **R** 56/84 – 🗗
12 – **10 ch** 87/168 – P 150/170.

VIBRAYE 72320 Sarthe 🔢 ⑯ – 2 391 h. alt. 124 – ۞ 43.
Paris 170 – Brou 40 – Châteaudun 55 – Mamers 47 – ♦Le Mans 45 – Nogent-le-R. 37 – St-Calais 16.

🏠 **Chapeau Rouge,** pl. Hôtel-de-Ville 🅟 93.60.02 – 🔳 🅟 – 🅰 50. 🅴 🆅🅸🆂🅰
fermé 1er au 15 sept., fév., dim. soir et lundi – SC : **R** 52/135 🍷 – 🗗 12,50 – **12 ch**
62/120 – P 150/180.

CITROEN Guillard, 🅟 93.60.22 🅽 🅟 93.74.25   RENAULT Bienvenu, 🅟 93.60.21 🅽

VIC-EN-BIGORRE 65500 H.-Pyr. 🔢 ⑧ – 5 048 h. alt. 215 – ۞ 62.
Paris 788 – Aire-sur-l'Adour 52 – Auch 62 – Mirande 37 – Pau 42 – Tarbes 17.

🏠 **Le Tivoli,** pl. Gambetta 🅟 96.70.39 – 🔲 🔳wc 🖀 – 🅰 50
🍴 SC : **R** *(fermé 7 au 21 sept., 1er au 7 fév. et lundi)* 40/100 🍷 – 🗗 15 – **24 ch** 60/115 –
P 125/165.

VIC-FÉZENSAC 32190 Gers 🔢 ④ – 3 985 h. alt. 110 – ۞ 62.
Paris 768 – Agen 68 – Auch 30 – Mont-de-Marsan 74 – Tarbes 82 – ♦ Toulouse 108.

🏠 **Le D'Artagnan,** 3 cours Delom 🅟 06.31.37 – 🔳
🍴 *fermé en oct., vacances de fév. et lundi* – SC : **R** 38/110 🍷 – 🗗 9 – **10 ch** 51/83.
XX **Relais de Postes** avec ch, 23 r. Raynal 🅟 06.44.22 – 🔲wc 🔳 🆎
🍴 *fermé fév.* – SC : **R** *(fermé mardi)* 35/120 🍷 – 🗗 12 – **10 ch** 60/120 – P 120/160.

VICHY ◈ 03200 Allier 🔢 ⑤ **G. Auvergne** – 32 251 h. alt. 264 – Stat. therm. (1er fév.-17 déc.)
– Casinos : Élysée Palace BX **r**, Grand Casino AY – ۞ 70.

Voir Parc des Sources★ AY – Parcs de l'Allier★ ABZ – Site des Hurlevents ≤★ 4,5 km
par ②.
🔢 🅟 32.39.11 par ④ : 2 km.
✈ de Vichy-Charmeil : T.A.T. 🅟 32.34.81 par ⑤ : 6 km.
🛈 Office de Tourisme et de Thermalisme (fermé sam. après-midi, dim. et fêtes hors saison) et
Accueil de France (Informations, change et réservations d'hôtels, pas plus de 5 jours à l'avance),
19 r. Parc 🅟 98.71.94, Télex 990278 et gare S.N.C.F. (juil.-août) 🅟 98.20.48.

Paris 351 ① – Chalon-sur-Saône 160 ① – ♦Clermont-Ferrand 59 ④ – ♦Limoges 228 ④ – ♦Lyon 160 ①
– Mâcon 151 ① – Montluçon 88 ⑤ – Moulins 57 ① – Roanne 74 ① – ♦St-Étienne 145 ②.

VICHY

Pavillon Sévigné, 10 pl. Sévigné ℡ 32.16.22, ≼, « dans un jardin à la française, ancienne demeure de Madame de Sévigné » – 🛗 📺 ⚙ & 🅿 – 🔬 30, 🅰🅴 ⓞ 𝗩𝗜𝗦𝗔 ❀ rest   AZ **s**
2 mai-fin sept. – SC : **R** 120 – ☲ 25 – **48 ch** 260/490 – P 400/612.

Régina, 4 av. Thermale ℡ 98.20.95, ❀ – 🛗   AX **v**
2 mai-1er oct. – SC : **R** 85/100 – ☲ 17 – **90 ch** 120/260 – P 185/380.

Aletti Thermal Palace sans rest, 3 pl. J.-Aletti ℡ 31.78.77 – 🛗 📺 🄴   AY **n**
mai-sept. – SC : ☲ 27 – **54 ch** 270/355, 3 appartements 432.

Thermalia Novotel Ⓜ, 1 av. Thermale ℡ 31.04.39, Télex 990547, 🔽, ❀ – 🛗
▥ ch 📺 ☎ & 🅿 – 🔬 250, 🅰🅴 ⓞ 𝗩𝗜𝗦𝗔   AX **q**
R snack carte environ 85 – ☲ 25 – **128 ch** 243/283.

Magenta, 23 av. Walter-Stucki ℡ 31.80.99, ❀ – 🛗 ❀ rest   AX **r**
avril-oct. – SC : **R** 85/110 – ☲ 18 – **62 ch** 175/220 – P 170/300.

Paix, 13 r. Parc ℡ 98.20.56, ❀ – 🛗 ❀ rest   AY **u**
2 mai-30 sept. – SC : **R** 80/90 – ☲ 16,50 – **81 ch** 110/195 – P 165/280.

tourner →

Ermitage Pont-Neuf, 5 square Albert-1er ☏ 32.09.22 – |‡|. ✱ rest — AZ **f**
5 mai-30 sept. – SC : **R** 85/110 – ☕ 16 – **65 ch** 88/220 – P 150/250.

Albert 1er sans rest, av. Prés.-Doumer ☏ 31.81.10 – |‡| TV. AE ⦿ E VISA — BY **a**
1er avril-10 nov. – SC : ☕ 18 – **35 ch** 115/220.

Portugal, 121 bd États-Unis ☏ 31.90.66 – |‡| wc wc ☎. ✱ rest — AX **t**
1er mai-30 sept. – SC : **R** 75/87 – ☕ 19 – **50 ch** 113/220 – P 192/305.

Pavillon d'Enghien, 32 r. Callou ☏ 98.33.30 – wc ☎. VISA — AX **b**
SC : **R** 45/75 – ☕ 21 – **20 ch** 70/270 – P 160/320.

Chambord M, 84 r. Paris ☏ 31.22.88 – |‡| wc wc ☎. AE ⦿ E VISA — CX **e**
fermé 17 déc. au 9 janv. – SC : **R** voir rest. Escargot qui tète – ☕ 14 – **35 ch** 80/170 – P 150/180.

Mimosa, 25 r. Beauparlant ☏ 98.30.48 – wc wc ☎ – 30. VISA. ✱
fermé 15 janv. au 22 fév. – SC : **R** *(fermé sam. du 15 oct. à Pâques)* 55/85 – ☕ 15,50 – **29 ch** 125/180 – P 210/265. — BX **a**

Beauparlant sans rest, 31 r. Paris ☏ 98.22.02 – wc ☎. VISA — BX **d**
fermé 20 déc. au 10 janv. et vend. de nov. à fév. – SC : ☕ 14 – **24 ch** 85/150.

Royal sans rest, 12 r. Prés.-Wilson ☏ 98.62.14 – |‡| wc wc ☎. AE ⦿ VISA — ABY **m**
SC : ☕ 14 – **52 ch** 67/170.

Séville et Lisbonne, 9 bd Russie ☏ 98.23.41 – |‡| wc wc ☎. ✱ rest
2 mai-30 sept. – SC : **R** 50/100 – ☕ 14 – **90 ch** 85/200 – P 185/290. — AY **z**

Louvre, 15 r. Intendance ☏ 98.27.71 – |‡| wc wc ☎ — AX **n**
sais. – **51 ch**.

Cloche d'Argent, 2 r. Angleterre ☏ 98.22.88 – |‡| wc wc ☎. ✱ rest
1er mai-30 sept. – SC : **R** 62/125 – ☕ 15 – **52 ch** 88/155 – P 162/237. — AY **y**

Moderne, 8 r. Dr-M.-Durand-Fardel ☏ 31.20.21 – |‡| wc wc ☎. ✱
11 mai-9 oct. – SC : **R** 60 – **32 ch** ☕ 120/200 – P 160/300. — AX **s**

Amérique, 1 r. Petit ☏ 31.88.88 – |‡| wc wc ☎. AE VISA. ✱ rest — AX **e**
début avril-15 oct. – SC : **R** 75/80 – ☕ 18 – **48 ch** 105/180 – P 262/307.

Le Carnot, 24 bd Carnot ☏ 98.36.98 – |‡| wc ☎. ✱ — BY **p**
mai-25 sept. – SC : **R** 70/120 – ☕ 15,50 – **28 ch** 120/155 – P 175/220.

Fréjus, 6 r. Presbytère ☏ 32.17.22 – |‡| wc wc ☎ ♿. VISA. ✱ rest
1er mai-30 sept. – SC : **R** 60/70 – ☕ 15 – **35 ch** 90/150 – P 150/240. — BZ **t**

Tiffany, 59 av. P.-Doumer ☏ 31.82.99 – wc wc ☎. AE E. ✱ ch — CX **n**
fermé 17 au 27 juin, 28 oct. au 11 nov., sam. midi et dim. du 1er sept. au 1er mai – SC : **R** 52/120 – ☕ 17 – **10 ch** 105/180 – P 195/225.

Trianon sans rest, 9 r. Desbrest ☏ 98.46.88 – |‡| wc wc ☎. AE VISA — BX **b**
fermé 1er au 15 nov. – SC : ☕ 13,50 – **24 ch** 69/149.

Londres sans rest, 7 bd Russie ☏ 98.28.27 – wc wc ☎ — AY **z**
1er avril-9 oct. – SC : ☕ 13,50 – **23 ch** 82/155.

Beau Souvenir sans rest, 11 bis r. Desbrest ☏ 98.28.70 – wc. — BX **u**
25 avril-20 oct. – SC : ☕ 11 – **25 ch** 45/105.

XXX **La Grillade Strauss,** 5 pl. Joseph-Aletti ☏ 98.56.74 – AE E VISA — AY **n**
fermé en mars, en oct., 24 déc. au 25 janv., dim. soir et lundi de sept. à Pâques – SC : **R** 90/150.

XXX **La Rotonde du Lac,** bd de-Lattre-de-Tassigny, au "Yacht Club" ☏ 98.72.46, ≤ plan d'eau – ▤. ⦿ — AX
15 avril-10 nov. et fermé lundi soir et mardi – SC : **R** 135/180.

XXX ❀ **Violon d'Ingres** (Muller), 22 pl. J.-Epinat ☏ 98.97.70 – AE ⦿ E — BV **k**
fermé 27 juin au 20 juil., 20 déc. au 6 janv., merc. midi et mardi – SC : **R** (nombre de couverts limité -prévenir) carte 165 à 220
Spéc. Saumon cru à l'aneth, Panaché de poissons, Pot au feu de pigeon. **Vins** Châteaugay.

XXX **Relais des Parcs,** r. Casino ☏ 31.98.99 – AE ⦿ E VISA — AY **k**
fermé 15 janv. au 15 fév., lundi et mardi d'oct. à mai – SC : **R** 130/170.

XX **Gentry** avec ch, 15 r. Burnol ☏ 98.29.37 – wc ☎ — BY **s**
fermé mardi – **R** carte environ 150 – ☕ 15 – **8 ch** 100.

XX **Escargot qui tète,** 84 r. Paris ☏ 31.22.88 – AE ⦿ E VISA — CX **e**
fermé 20 juin au 5 juil., 17 déc. au 10 janv., dim. soir et lundi – SC : **R** 55/160.

X **Nièvre** avec ch, 17 av. Gramont ☏ 31.82.77 – ☎. E VISA — CX **s**
SC : **R** *(fermé dim. soir du 1er nov. au 31 mars)* 44/97 – ☕ 16 – **21 ch** 70/95 – P 140/170.

*à **Bellerive-sur-Allier :*** rive gauche - AZ – 7 619 h. – ✉ **03700** Bellerive :

Marcotel et rest. Chateaubriand M, ☏ 32.34.00, Télex 990665, ≤ – |‡| ▤ rest TV ♿ 🅿 – 40 à 100. ⦿ E VISA — AZ **x**
fermé 14 au 28 déc., lundi (sauf hôtel) et dim. soir d'oct. à Pâques – SC : **R** 79/170 – ☕ 18 – **35 ch** 175/250, 3 appartements 400 – P 275/320.

Bellerive M sans rest, rte Hauterive ☏ 32.02.55, ≤ – |‡| cuisinette ☎ 🅿 – 40. AE VISA — AZ **d**
SC : ☕ 17 – **122 ch** 180/210.

🏨 **Résidence** Ⓜ ⚶ sans rest, rte Hauterive ☎ 32.37.11, ≪ – 🍴 cuisinette ⌂wc ☎
    Ⓟ – 🛎 30 à 150   AZ **k**
    SC : � 15 – **114 ch** 125/155, 12 appartements 180.

🏨 **Allier et Golf,** 1 av. République ☎ 32.29.22 – 🚿wc 🚗 Ⓟ. ⚶ ch   AZ **u**
➡ SC : **R** 40/100 ⚗ – ⊐ 15 – **17 ch** 70/150 – P 140/180.

🍴🍴 **Chez Mémère** ⚶ avec ch, Chemin de Halage ☎ 32.35.22, ≪ – 🚿wc Ⓟ. ⚶ ch
    5 mai-10 sept. – SC : **R** (dîner seul.) 110/130 – ⊐ 17 – **10 ch** 80/150.   AZ **n**

    à Abrest par ② : 4 km – ⊠ 03200 Vichy :

🍴🍴 **La Colombière** avec ch, SE : 1 km sur D 906 ☎ 98.69.15, ≪, « Jardin ombragé en
    terrasses » – ⌂wc 🚿wc ☎ Ⓟ. 𝘝𝘐𝘚𝘈
    fermé janv., dim. soir et lundi d'oct. à Pâques – SC : **R** (nombre de couverts limité -
    prévenir) 60/120 – ⊐ 14,50 – **4 ch** 90/165.

    à Vichy-Rhue par ⑤ : 5 km – ⊠ 03300 Cusset :

🍴🍴 **La Fontaine,** ☎ 31.37.45, 🌬 – Ⓟ. 𝘝𝘐𝘚𝘈
    fermé 24 déc. au 15 fév., mardi soir et merc. – SC : **R** 100/150.

    à Charmeil par ⑤, D 6E et D 6 : 6 km – ⊠ 03110 Escurolles :

🍴🍴 **La Musarde,** ☎ 32.09.76 – Ⓟ
    fermé 15 juin au 1er juil., 29 oct. au 10 nov. et lundi – SC : **R** 98/130 ⚗.

MICHELIN, Agence, 16 av. La Croix-St-Martin CZ ☎ 32.34.35

ALFA-ROMEO Vichy Automobile, 6 r. de Paris ☎ 98.62.73

AUSTIN, JAGUAR, MORRIS, ROVER, TRIUMPH Gar. St-Blaise, 2 r. de Lisbonne ☎ 98.63.71

BMW, DATSUN Auto-Contrôle, Zone Ind. Vichy Rhue à Creuzier le Vieux ☎ 98.65.80

CITROEN Gar. Palace, 24 r. J.-Jaurès ☎ 31.82.66

FIAT Gar. Moderne, 63 r. Jean Jaurès ☎ 98.48.86

FORD Gar. Impérial, 59 av. Thermale ☎ 98.67.71

LANCIA-AUTOBIANCHI, MERCEDES-BENZ Perfect-Gar., rte de l'Aéroport à Charmeil ☎ 32.51.34

PEUGEOT-TALBOT Olympic Gar., rte de Vichy, Charmeil par ⑤ ☎ 32.42.84

RENAULT Sodavi, 18 av. de Vichy à Bellerive par ④ ☎ 32.22.77

RENAULT Gar. de Nîmes, 102 av. Poincaré par ② ☎ 98.34.32

TOYOTA, VOLVO Gar. Europ-Motors, 7 rue Charasse ☎ 98.36.72

Gar. de France, 23 r. Mar.-Joffre ☎ 98.33.08

⊛ Briday-Pneus, 40 bd de l'Hôpital ☎ 98.10.69
Soulat, 17 r. du Sport ☎ 98.50.90 et 54 r. Jean Zay à Bellerive ☎ 32.44.20

⬛ **VIC-SUR-AISNE** 02290 Aisne 🟤🟤 ③ – 1 569 h. alt. 50 – ⚙ 23.

Paris 105 – Compiègne 23 – Laon 52 – Noyon 27 – Soissons 17.

🍴🍴 **Lion d'Or,** ☎ 55.50.20 – ⒶⒺ ⓄⒺ 𝘝𝘐𝘚𝘈
    fermé 1er au 23 août, dim. soir et lundi – SC : **R** 70/120 ⚗.

RENAULT Leroux, av. de la Gare ☎ 55.50.60

⬛ **VIC-SUR-CÈRE** 15800 Cantal 🟤🟤 ⑩ G. Auvergne (plan) – 2 048 h. alt. 681 – Casino – ⚙ 71.

Env. Rocher des Pendus ⚹⚹⚹ SE : 6,5 km puis 30 mn.

🅱 Office de Tourisme, av. Mercier (fermé dim. hors sais.) ☎ 47.50.68.

Paris 525 – Aurillac 21 – Murat 30.

🏨 **Vialette,** ☎ 47.50.22, 🌬 – 🍴 ⌂wc ☎ 🚗. 🍴 ⒶⒺ Ⓔ. ⚶
➡ Pâques-1er oct. et vacances scolaires – SC : **R** 50/90 – ⊐ 15 – **51 ch** 160 –
    P 140/200.

🏨 **Bains** ⚶, ☎ 47.50.16, ≪, 🌬 – ⌂wc 🚿wc ☎ Ⓟ – 🛎 40. Ⓔ. ⚶
➡ 14 mai-7 oct. et 17 déc.-19 avril – SC : **R** 52/140 – ⊐ 16,50 – **38 ch** 136/160 –
    P 130/195.

🏨 **Beauséjour,** ☎ 47.50.27, parc – 🍴 ⌂wc 🚿wc ☎ ♿ Ⓟ. Ⓔ. ⚶ rest
➡ vacances de Pâques et 1er mai-1er oct. – SC : **R** 50/70 ⚗ – ⊐ 13 – **76 ch** 90/180 –
    P 110/180.

🏨 **Bel Horizon,** ☎ 47.50.06, ≪ vallée, 🌬 – ⌂wc 🚿wc ☎ Ⓟ. ⚶ rest
➡ fermé 15 nov. au 15 déc. – SC : **R** 43/140 – ⊐ 14 – **34 ch** 75/140 – P 110/150.

🏨 **Familly H.,** ☎ 47.50.49, ≪, parc – ⌂wc 🚿wc ☎ Ⓟ. Ⓔ. ⚶ rest
➡ Pâques-1er oct. – SC : **R** 45/70 – ⊐ 15,50 – **38 ch** 80/130 – P 112/160.

    au Col de Curebourse SE : 6 km par D 54 – ⊠ 15800 Vic-sur-Cère :

🏨 **Aub. des Monts** ⚶ sans rest, ☎ 47.51.71, ≪ montagne et vallée, 🌬 – ⌂wc
    🚿wc ☎ Ⓟ. ⚶
    15 mai-15 sept. – SC : ⊐ 15 – **27 ch** 150.

    Voir aussi ressources hôtelières de *Thiézac* NE : 6 km

CITROEN Gar. Borel, ☎ 47.50.53
PEUGEOT-TALBOT Gar. Lours, ☎ 47.50.71

RENAULT Dameron, ☎ 47.50.32

VIDAUBAN 83550 Var 🎿🗂 ⑦ – 3 398 h. alt. 56 – ✪ 94.
🏛 Syndicat d'Initiative à la Mairie (15 juin-15 sept. et fermé dim.) 🕾 73.00.07.
Paris 846 – Cannes 65 – Draguignan 17 – Fréjus 29 – ◆Toulon 64.

   ❌ **Concorde,** pl. G.-Clemenceau 🕾 73.01.19
     fermé 14 au 24 sept, 1er au 24 janv. et merc. sauf vacances scolaires – SC : **R** 59/135.

VIEIL ARMAND 68 H.-Rhin 🎿🎿 ⑨ G. Vosges – alt. 956.
Voir Monument national près D 431 puis ✳✳ (1 h) – Paris 548 – Guebwiller 20.

VIEILLE-TOULOUSE 31 H.-Gar. 🎿🎿 ⑱ – rattaché à Toulouse.

VIEILLEVIE 15 Cantal 🎿🎿 ⑫ – 194 h. alt. 212 – ✉ 15120 Montsalvy – ✪ 71.
Paris 597 – Aurillac 51 – Entraygues-sur-Truyère 15 – Figeac 57 – Montsalvy 13 – Rodez 50.

   🏨 **Terrasse,** 🕾 49.94.00, 🍴, 🎍 – 🛏wc 🅿
   ➡ SC : **R** *(fermé dim. de Noël à fin mars)* 35/140 ⓛ – ☲ 13 – **20 ch** 57/130 – P 108/150.

VIENNE ⬓ 38200 Isère 🎿🎿 ⑪⑫ G. Vallée du Rhône – 28 753 h. alt. 158 – ✪ 74.
Voir Site★ – Cathédrale St-Maurice★★ AY – Temple d'Auguste et de Livie★★ AY –
Théâtre romain★ BY**D** – Église★ et cloître★ St-André-le-Bas AY**E** – Esplanade du Mont
Pipet ≼★ BY – Anc. église St-Pierre★ : musée lapidaire★ AZ**F** – Groupe sculpté★ de
l'église de Ste-Colombe AY **B**.
🏛 Office de Tourisme (fermé dim. sauf après-midi en saison) 3 cours Brillier 🕾 85.12.62.
Paris 493 ⑧ – Chambéry 100 ② – ◆Grenoble 88 ② – ◆Lyon 30 ① – Le Puy 124 ⑧ – Roanne 126 ⑧
– ◆St-Étienne 49 ⑥ – Valence 71 ⑤ – Vichy 194 ⑥.

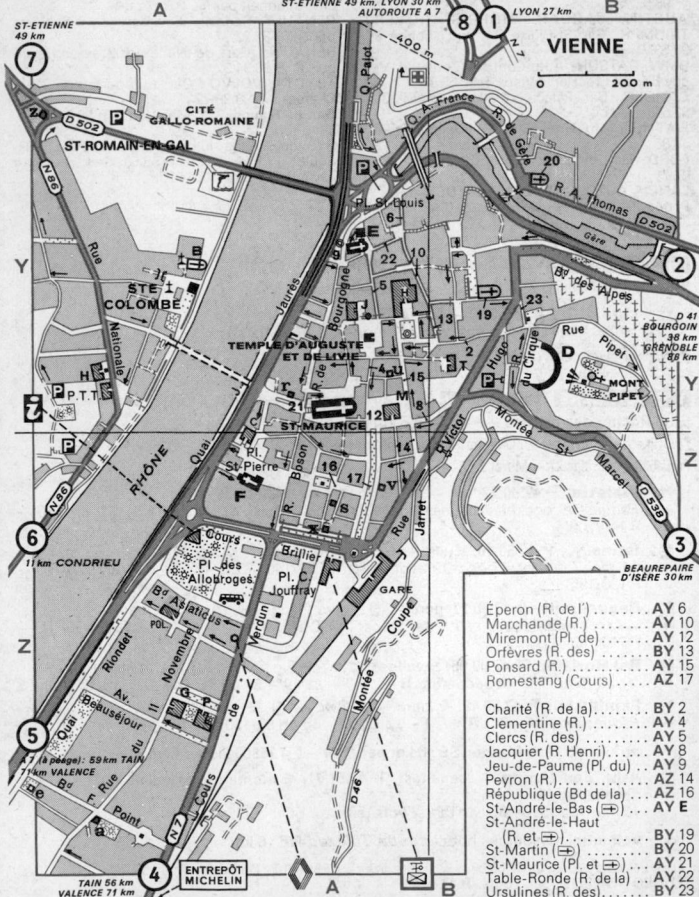

Éperon (R. de l') . . . . **AY** 6
Marchande (R.) . . . . **AY** 10
Miremont (Pl. de) . . . . **AY** 12
Orfèvres (R. des) . . . . **BY** 13
Ponsard (R.) . . . . **AY** 15
Romestang (Cours) . . . . . **AZ** 17

Charité (R. de la) . . . . **BY** 2
Clementine (R.) . . . . **AY** 4
Clercs (R. des) . . . . **AY** 5
Jacquier (R. Henri) . . . . . . **AY** 8
Jeu-de-Paume (Pl. du) . . . **AY** 9
Peyron (R.) . . . . **AZ** 14
République (Bd de la) . . . . **AZ** 16
St-André-le-Bas (⊕) . . . . . **AY E**
St-André-le-Haut
  (R. et ⊕) . . . . **BY** 19
St-Martin (⊕) . . . . **BY** 20
St-Maurice (Pl. et ⊕) . . . . **AY** 21
Table-Ronde (R. de la) . . . **AY** 22
Ursulines (R. des) . . . . **BY** 23

🏛 **La Résidence de la Pyramide** sans rest, 41 quai Riondet ☏ 53.16.46, 🐕 –
🛏wc 🛁wc ☎ 🅿 🖼 𝔸𝔼 𝕍𝕀𝕊𝔸   AZ **e**
SC : ☲ 16 – **15 ch** 120/245.

🏛 **Central** sans rest, 7 r. Archevêché ☏ 85.18.38 – 🗗 📺 🛏wc 🛁wc ☎ 👌 ⟲.
🖼 𝔸𝔼 𝕍𝕀𝕊𝔸   AY **u**
SC : ☲ 16 – **24 ch** 75/176.

🏛 **Gd H. Poste**, 47 cours Romestang ☏ 85.02.04 – 🗗 🛏wc 🛁wc ☎ ⟲. 🖼 𝔸𝔼
⬥ ⓞ   AZ **v**
SC : **R** *(fermé sam. du 1ᵉʳ nov. au 31 mars)* 50/90 – ☲ 15 – **40 ch** 75/150.

💥💥💥 🕸🕸🕸 **Pyramide** (Mme Point), bd F.-Point ☏ 53.01.96, « Jardin fleuri » – 🍽 🅿
𝔸𝔼 ⓞ   AZ **a**
fermé 15 janv. à fin fév., lundi soir et mardi – **R** (nombre de couverts limité -
prévenir) 260/290 et carte
Spéc. Gratin de queues d'écrevisses, Poularde de Bresse truffée en vessie, Canette de Bresse au
citron vert. Vins Condrieu, Juliénas.

💥💥 🕸 **Magnard** (Janonat), 45 cours Brillier ☏ 85.10.43, 🌇 – 🍽. 𝔸𝔼 ⓞ 𝕍𝕀𝕊𝔸   AZ **x**
fermé 5 au 20 août, vacances de fév., mardi et merc. – **R** (dim. prévenir) 80/180
Spéc. Croustade d'escargots au foie gras, Filet de turbot St-Jacques, Pièce de charolais en brioche.
Vins Viognier, Côte rôtie.

💥💥 **Molière**, 11 r. Molière ☏ 53.08.41 – 𝔸𝔼 𝔼 𝕍𝕀𝕊𝔸   AZ **s**
fermé 28 août au 4 sept. et dim. (sauf le midi du 15 sept. au 15 juin) – SC : **R** 74/187.

💥💥 **Bec Fin**, 7 pl. St-Maurice ☏ 85.76.72 – 𝔸𝔼 ⓞ 𝔼 𝕍𝕀𝕊𝔸   AY **r**
fermé 14 au 31 août, 22 janv. au 9 fév., dim. soir et lundi – **R** 58/140.

à Seyssel par ① et D 4E : 4,5 km – ✉ 38200 Vienne :

🏛 **Château des 7 Fontaines**, ☏ 85.25.70, 🌇, 🐕 – 🛏wc 🛁wc ☎ 🚗 🅿 – 🏛
40. 𝔸𝔼 ⓞ 𝕍𝕀𝕊𝔸
fermé janv. – SC : **R** *(fermé lundi)* 58/90 ⅃ – ☲ 16,50 – **15 ch** 150/180.

à St-Romain-en-Gal (69 Rhône) - AY – ✉ 69560 Ste-Colombe-lès-Vienne – 🕸 74.
Voir Cité gallo-romaine★ AY.

💥💥 🕸 **Chez René** (Schucké), rive droite ☏ 53.19.72 – 🍽 🅿. 𝔸𝔼 ⓞ 𝕍𝕀𝕊𝔸   AY **z**
fermé 16 août au 14 sept., dim. soir et lundi sauf fériés – **R** 85/230
Spéc. Terrine Surcouf, Gratin de queues d'écrevisses (août à juin), Jambonnettes de caneton farcies.
Vins Côtes du Rhône.

à Pont-Évêque par ⑦ : 4 km – 5 636 h. – ✉ 38780 Pont-Évêque :

🏛 **Midi** ⟲ sans rest, pl. Église ☏ 85.90.11, 🐕 – 🛏wc 🛁wc ☎ 👌 🅿. 𝔸𝔼 ⓞ
fermé janv. – SC : ☲ 17 – **16 ch** 146/194.

à Estrablin par ⑦ : 9 km – ✉ 38780 Pont-Évêque :

🏛 **La Gabetière** sans rest, sur D 502 ☏ 58.01.31, parc – 🛏wc 🛁wc ☎ 🅿 – 🏛 40.
🖼 𝔸𝔼
SC : ☲ 16 – **11 ch** 95/175.

au Sud par ④ :

🏛 **Domaine de Clairefontaine** ⟲, à Chonas-l'Amballan, 9 km par N 7- ✉ 38121
⬥ Reventin-Vaugris ☏ 58.81.52, ≤, parc, ✗ – 🛏wc 🛁wc ☎ 🅿 – 🏛 30. 🖼.
✗ rest
fermé 10 déc. au 1ᵉʳ fév., dim. soir hors sais. et lundi midi – SC : **R** 50/130 ⅃ – ☲ 13
– **17 ch** 80/172.

à Chasse-sur-Rhône par ⑧ : 8 km (Échangeur A7 Chasse-Givors) – 3 956 h. –
✉ 38670 Chasse-sur-Rhône – 🕸 78 :

🏨 **Mercure** Ⓜ, ☏ 873.13.94, Télex 300625 – 🗗 🍽 📺 ☎ 🅿 – 🏛 80 à 180. 𝔸𝔼 ⓞ 𝔼
𝕍𝕀𝕊𝔸
R carte environ 90 – ☲ 25 – **115 ch** 193/235.

Voir aussi ressources hôtelières de *Condrieu* par ⑥ : 11 km

MICHELIN, Entrepôt, quartier St-Alban-les-Vignes par ④ ☏ 53.08.31

CITROEN Gévaudan et Dumond, 163 av.
Gén.-Leclerc par ④ ☏ 53.16.07
FIAT, LANCIA-AUTOBIANCHI, MERCEDES
BENZ SATAL 27 quai Riondet ☏ 53.05.54
FORD Gar. Central, 76 av. Gén.-Leclerc ☏ 53.
13.44
PEUGEOT, TALBOT Barbier Automobile, 140
av. Gén.-Leclerc par ④ ☏ 53.22.75

RENAULT Gar. du Rhône, 4 cours Verdun ☏
53.42.23
RENAULT Rostan, 72 rte Nationale à St-
Romain-en-Gal (Rhône) par ⑦ ☏ 53.29.15
Gar. Brussoz, 22 bd République ☏ 85.08.70

⚫ Delphis, 9 r. du 11-Novembre ☏ 53.23.05
Tessaro-Pneus, 93 av. Gén.-Leclerc ☏ 53.19.17

VIERVILLE-SUR-MER 14 Calvados 🏳🏳 ④ G. Normandie – 255 h. alt. 39 – ✉ 14710 Tréviè –
🕸 31 – Voir Omaha Beach : plage du débarquement du 6 juin 1944 E : 2,5 km.
Env. Cimetière de St-Laurent-sur-Mer E : 7,5 km.
Paris 289 – Bayeux 22 – ◆Caen 50 – Carentan 32 – St-Lô 40.

🏛 **Casino**, ☏ 22.41.02, ≤ – 🅿. 🖼
fermé 3 janv. au 3 fév. et jeudi hors sais. sauf vacances scolaires et fêtes – SC : **R**
55/140 – ☲ 16 – **13 ch** 85 – P 155/175.

VIERZON 18100 Cher 🖸🗗 ⑲ ⑳ G. Périgord – 36 514 h. alt. 122 – ✪ 48.

Env. Brinay : fresques* de l'église SE : 7,5 km par D 27 B.

🖪 Office de Tourisme pl. Gabriel-Péri (matin, fermé dim. et fêtes) ℡ 75.20.03.

Paris 210 ① – Auxerre 141 ② – Blois 74 ⑥ – Bourges 33 ③ – Châteauroux 58 ⑤ – Châtellerault 143 ⑤ – Guéret 143 ⑤ – Montargis 109 ② – ◆Orléans 79 ① – ◆Tours 116 ⑥.

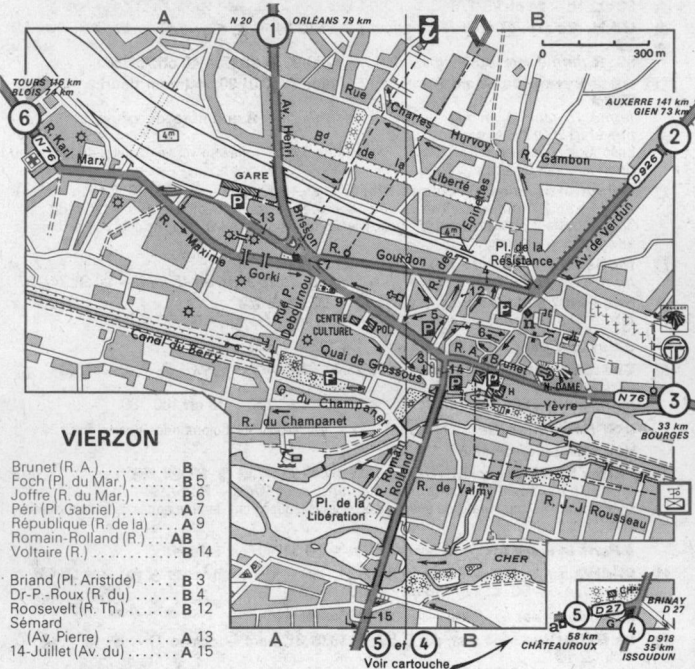

VIERZON

Brunet (R. A.)	B
Foch (Pl. du Mar.)	B 5
Joffre (R. du Mar.)	B 6
Péri (Pl. Gabriel)	A 7
République (R. de la)	A 9
Romain-Rolland (R.)	AB
Voltaire (R.)	B 14
Briand (Pl. Aristide)	B 3
Dr-P.-Roux (R. du)	B 4
Roosevelt (R. Th.)	B 12
Sémard	
(Av. Pierre)	A 13
14-Juillet (Av. du)	A 15

🏨 **Le Sologne** ⑤ sans rest, rte Châteauroux par ⑤ : 2 km ⊠ 18100 Vierzon ℡ 75.15.20, « Beau mobilier », 🛋 – 🛏wc 🛁wc ☜ 🅿. 🔗🖼   B **a** SC : ☑ 20 – **24 ch** 140/210.

🏨 **Continental** M, rte Paris par ① ℡ 75.35.22 – 🛗 🛏wc 🛁wc ☎ 🚗 🅿 – 🔏 35. 🔗🖼 ⓞ 𝙑𝙄𝙎𝘼. 🛠 rest ➡   SC : **R** snack (fermé août, dim. soir et sam.) (dîner seul.) 50/80 🍷 – ☑ 17 – **36 ch** 120/200.

🍴 **Le Matafan**, 7 r. Porte aux Boeufs ℡ 75.00.63, 🌿 – 🖭 ⓞ 𝙑𝙄𝙎𝘼   B **n** fermé août, dim. soir et lundi – SC : **R** 80/165.

CITROEN Berry-Sologne Auto, 100 av. 8 Mai 1945 par ② ℡ 75.10.71 🔃
FORD Perchaud, 58 av. J.-Jaurès ℡ 75.37.57
PEUGEOT Paris-Gar., 6 av. Ed.-Vaillant par ① ℡ 71.23.56
PEUGEOT-TALBOT Gar. Delouche 50 r. Breton ℡ 71.00.32

RENAULT Gar. du Centre, 41 r. Gourdon ℡ 71.03.33

🅿 Pneus Europe Service, 29 av. du 14 Juillet ℡ 75.06.34
Vierzon-Pneus, 24 r. Pasteur ℡ 75.15.02

VIEUX-BOUCAU-LES-BAINS 40480 Landes 🗖🗗 ⑯ G. Côte de l'Atlantique – 1 072 h. – ✪ 58 – 🖪 Office de Tourisme Port d'Albret (fermé dim. sauf matin en saison) ℡ 48.13.47.

Paris 746 – ◆Bayonne 38 – Castets 31 – Dax 36 – Mimizan 55 – Mont-de-Marsan 84.

🏨 **La Maremne**, ℡ 48.12.70 – 🛏wc 🛁wc 🅿. 🛠 ch 20 mars-1er nov. et fermé lundi du 20 mars au 1er juin – SC : **R** 60/130 – 🍵 12 – **38 ch** 45/120 – P 135/180.

🏨 **Côte d'Argent**, ℡ 48.13.17 – 🛁wc 🅿. 🛠 ch fermé 1er oct. au 8 nov. et lundi – SC : **R** 58/77 🍷 – ☑ 13,50 – **47 ch** 67/145 – P 145/165.

🏨 **Centre**, ℡ 48.10.33 – 🛁. 🛠 fermé 25 sept. à nov. et merc. de nov. à juin – SC : **R** 58/110 – 🍵 15 – **35 ch** 60/90 – P 125/155.

CITROEN Duchon, ℡ 48.10.42   PEUGEOT-TALBOT Gar. Lafarie, ℡ 48.10.82

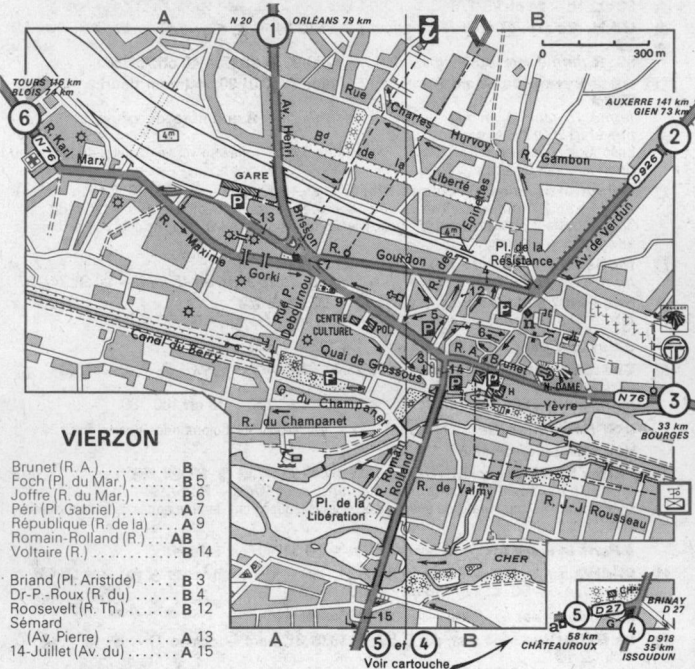

VIEUX-BOURG-DE-PLÉHÉREL (Plage) 22 C.-du-N. 🗺️ ⑩ – rattaché à Sables-d'Or-les-Pins.

VIEUX-MAREUIL 24 Dordogne 🗺️ ⑤ G. Périgord – 398 h. alt. 125 – ✉️ **24340** Mareuil – ✆ 53.

Paris 498 – Angoulême 43 – Brantôme 15 – ♦Limoges 91 – Périgueux 42 – Ribérac 31.

    XX **L'Étang Bleu** 🐾 avec ch, ☏ 56.62.63, ≤, parc, 🚣 – ⌿wc 🛏️wc ☎ 🅿️ 🚗 AE
        ① Ⓔ *VISA*
        17 mars-19 déc. et fermé merc. sauf de Pâques au 1ᵉʳ nov. – SC : **R** 75/190 – ⚏ 16
        – **11 ch** 150/155 – P 233/235.

VIEUX-MOULIN 60 Oise 🗺️ ③, ⑲⑥ ⑪ G. Environs de Paris – 489 h. alt. 49 – ✆ 4.

Env. Les Beaux Monts ≤★★ NO : 7 km.

Paris 91 – Beauvais 67 – Compiègne 9,5 – Soissons 32 – Villers-Cotterêts 23.

    XXX **Aub. du Daguet,** ✉️ 60350 Cuise la Motte, ☏ 441.60.72
        fermé en juil., vacances de fév. et merc. – SC : **R** 120.

Le VIGAN ◉ 30120 Gard 🗺️ ⑯ G. Causses (plan) – 4 434 h. alt. 231 – ✆ 66.

🗓️ Syndicat d'Initiative pl. Marché (fermé dim. et lundi) ☏ 91.01.72.

Paris 774 – Alès 65 – Lodève 52 – Mende 112 – Millau 72 – ♦Montpellier 63 – Nîmes 81.

    🏠 **Voyageurs,** r. Sous-le-quai ☏ 91.00.34 – ⌿ 🛏️ 🅿️. 🍽️
    → *fermé 26 au 30 sept., fin déc. à fin janv. dim. soir et lundi* – SC : **R** 45/70 ⅃ – ⚏ 12 –
        19 ch 45/130 – P 140/160.

    🏠 **Commerce** sans rest, 26 r. des Barris ☏ 91.03.28 – ⌿wc 🛏️wc 🅿️. 🍽️
        fermé oct. et dim. hors sais. – SC : ⚏ 11 – **15 ch** 40/112.

    au Rey E : 5 km par D 999 – ✉️ 30115 Pont d'Hérault :

    🏰 **Château du Rey,** ☏ 92.40.06, parc, 🍽️ – ⌿wc ☎ 🅿️. 🚗 ①
        1ᵉʳ avril-30 nov. – SC : **R** *(fermé lundi sauf juil.-août)* 75/130 – ⚏ 18 – **12 ch**
        190/212 – P 233/244.

    à Pont d'Hérault E : 6 km par D 999 – ✉️ 30570 Valleraugue :

    🏰 **Maurice,** ☏ 92.40.02, ≤, 🐎 – ⌿wc 🛏️ ☎ 🅿️ – 🏊 40. 🍽️ ch
        fermé 23 déc. au 1ᵉʳ janv. et vend. du 1ᵉʳ oct. au 1ᵉʳ mai – **R** 60/130 – ⚏ 16 – **18 ch**
        90/160.

    à Aulas NO : 7 km par D 48 et D 190 – ✉️ 30120 Le Vigan :

    🏰 **Mas Quayrol** Ⓜ 🐾, ☏ 91.12.38, ≤, ⅃ – ⌿wc ☎ 🅖 🅿️. 🚗 ①
        26 avril-3 oct. – SC : **R** 70/160 – ⚏ 20 – **16 ch** 185/195.

CITROEN Gar. Teissonnière, ☏ 91.03.11   RENAULT Wild, ☏ 91.13.38
PEUGEOT-TALBOT Gar. Arnal, ☏ 91.03.77

VIGEOIS 19 Corrèze 🗺️ ⑧ – rattaché à Uzerche.

Les VIGNES 48 Lozère 🗺️ ⑤ G. Causses – 113 h. alt. 420 – ✉️ 48210 Ste-Enimie – ✆ 66.

Voir Pas du Souci★ N : 2 km puis 15 mn.

Env. Roc des Hourtous ≤★★ NE : 8 km puis 30 mn.

Paris 620 – Florac 52 – La Malène 12 – Mende 53 – Millau 31 – Sévérac-le-Château 21 – Le Vigan 88.

    🏰 **Gévaudan,** ☏ 48.81.55, ≤ – ⌿wc 🛏️wc ☎ 🚗. 🍽️ rest
    → *1ᵉʳ juin-fin sept.* – SC : **R** 36/105 – ⚏ 18,50 – **18 ch** 75/170.

    🏡 **Parisien,** ☏ 48.81.51, ≤ – 🛏️. 🍽️
    → *27 mars-fin sept.* – SC : **R** 42/70 – ⚏ 16 – **11 ch** 60/95 – P 140.

VIGOULET-AUZIL 31 H.-Gar. 🗺️ ⑱ – rattaché à Toulouse.

VILLAGE-NEUF 68 H.-Rhin 🗺️ ⑩ – rattaché à St-Louis.

VILLANDRAUT 33730 Gironde 🗺️ ① G. Côte de l'Atlantique – 887 h. alt. 31 – ✆ 56.

Voir Château★ – Église d'Uzeste★ SE : 5 km.

Paris 658 – Arcachon 79 – Bazas 14 – ♦ Bordeaux 64 – Langon 17.

    🏡 **Goth,** ☏ 25.31.25, 🍴 – ⌿wc 🛏️wc. 🍽️ ch
    → *fermé 10 au 30 oct. et vend.* – SC : **R** 40/120 – ⚏ 18 – **9 ch** 80/130 – P 130/150.

VILLANDRY 37 I.-et-L. 🗺️ ⑭ – 679 h. alt. 94 – ✉️ 37510 Joué-lès-Tours – ✆ 47.

Voir Château★★ et jardins★★★, G. Châteaux de la Loire.

Paris 254 – Azay-le-Rideau 10 – Chinon 31 – Langeais 13 – Saumur 52 – ♦Tours 20.

    🏰 **Cheval Rouge,** ☏ 50.02.07 – 🛏️ rest ⌿wc 🛏️ 🅿️. 🚗 *VISA*
        fermé janv., fév. et lundi – SC : **R** 82/175 – ⚏ 20 – **20 ch** 140/203 – P 284/325
        Spéc. Terrine de foie gras, Paupiette de sandre, Carré de marcassin à l'aigre doux (oct. à fin mars).
        Vins Vouvray, Chinon.

VILLAR-D'ARÈNE 05480 H.-Alpes 77 ⑦ – 155 h. alt. 1 650 – ✪ 76 (Bourg-d'Oisans).

Paris 645 – Le Bourg-d'Oisans 31 – Gap 123 – La Grave 3 – ◆Grenoble 80 – Col du Lautaret 8.

⌂ **Les Agneaux,** N 91 ☏ 80.05.64, ⩤ – 🛁wc 🚿wc Ⓟ
➜ *1er juin-15 sept.* – SC : **R** 45/95 – ☕ 15 – **30 ch** 70/165 – P 135/180.

☛ *Pas de publicité payée dans ce guide.*

VILLARD-DE-LANS 38250 Isère 77 ④ **G. Alpes** – 4 100 h. alt. 1 023 – Sports d'hiver : 1 050/2 170 m 🚡2 ⛷22 ⛸ – ✪ 76.

Voir Gorges de la Bourne★★★ – Gorges de Méaudre★ NO : 4 km – Côte 2000 ⩤★ SE : 4,5 km puis télécabine.

Env. Route★ de Valchevrière : calvaire ⩤★ O : 8 km.

ℹ Office de Tourisme pl. Mure-Ravaud (fermé dim. hors sais.) ☏ 95.10.38.

Paris 588 ① – Die 68 ② – ◆Grenoble 34 ① – ◆Lyon 125 ① – Valence 69 ② – Voiron 48 ①.

VILLARD-DE-LANS

Adret (Av. de l') 2
Breux (R. des) 3
Chabert (Pl. P.) 4
Chapelle-en-Vercors (Av.) 5
Dr-Lefrançois (Av.) 6
Francs-Tireurs (Av. des) 8
Galizon (R. de) 9
Gambetta (R.) 10
Libération (Pl. de la) 12
Liberté (R. de la) 13
Lycée Polonais (R. du) 14
Martyrs (Pl. des) 16
Mure-Ravaud (Pl. R.) 17
Pouteil-Noble (R. P.) 19
Prof. Nobecourt (Av.) 20
République (R. de la) 22
Roux-Fouillet (R. A.) 23
St-Nizier (Av. de) 25
Victor-Hugo (R.) 26

Les plans de villes sont orientés le Nord en haut.

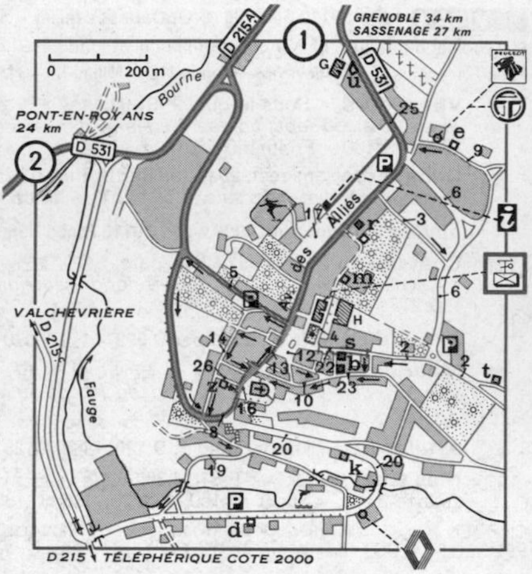

⌂⌂⌂ **Eterlou** 🐦, **(e)** ☏ 95.17.65, ⩤, 🏊, 🌳, 🎾 – TV Ⓟ. AE ◑ VISA. ✗ rest
4 juin-11 sept. et 17 déc.-15 avril – SC : **R** 80/200 – ☕ 20 – **20 ch** 145/300, 4 appartements 500 – P 280/350.

⌂⌂⌂ **Christiania,** av. prof.-Nobecourt **(k)** ☏ 95.12.51, ⩤, ⛱, 🏊, 🌳 – ⇅ Ⓟ. AE ◑ E VISA. ✗ ch
25 juin-15 sept. et 19 déc.-Pâques – SC : **R** 68/120 – ☕ 18 – **24 ch** 190/262 – P 245/285.

⌂⌂⌂ **Paris** 🐦, **(m)** ☏ 95.10.06, ⩤, parc, 🎾 – ⇅ Ⓟ – 🧑‍🏫 80. AE ◑ E VISA. ✗ rest
1er juin-15 sept. et 20 déc.-15 avril – SC : **R** 79/180 – ☕ 20 – **65 ch** 130/300 – P 215/310.

⌂⌂ **Pré Fleuri** Ⓜ 🐦, rte des Cochettes **(t)** ☏ 95.10.96, ⩤, 🌳 – 🛁wc ☎ 🚗 Ⓟ. ✗
20 mai-10 oct. et 15 déc.-20 avril – SC : **R** 65/70 – ☕ 15 – **21 ch** 165 – P 190/215.

⌂⌂ **H. Le Dauphin** sans rest., av. Alliés **(r)** ☏ 95.11.43 – ⇅ TV 🛁wc 🚿wc ☎ Ⓟ. AE ◑ E VISA
fermé 19 avril au 15 mai – SC : ☕ 20 – **21 ch** 180/310.

⌂ **La Roche de Colombier** 🐦, rte Valchevrière par D 215C : 1 km ☏ 95.10.26, ⩤, ⛱, 🌳 – 🛁wc 🚿wc ☎ Ⓟ. ✗ rest
1er juin-15 sept. et 15 déc.-20 avril – SC : **R** 60/100 – ☕ 20 – **22 ch** 170/200 – P 170/200.

⌂ **Georges,** av. St-Nizier **(u)** ☏ 95.11.75, 🏊, 🎾 – 🛁wc 🚿wc ☎ 🚗 Ⓟ. VISA. ✗ rest
➜ *1er juin-30 sept. et 15 déc.-30 avril* – SC : **R** 50/60 🍷 – ☕ 20 – **20 ch** 90/180 – P 160/210.

⌂ **Villa Primerose,** Quartier "des Bains" **(d)** ☏ 95.13.17, ⩤, 🌳 – 🛁 🚿wc ☎ Ⓟ
➜ *10 juin-15 sept. et 20 déc.-20 avril* – SC : **R** 50/65 – ☕ 20 – **20 ch** 90/150 – P 170/210.

⌂ **Lilas,** r. Lycée Polonais **(z)** ☏ 95.14.14, ⩤, ⛱, 🌳 – 🚿wc ☎ Ⓟ. ✗ rest
➜ *15 juin-30 sept., vacances de nov. et 20 déc.-1er juin* – SC : **R** 38/80 – ☕ 16 – **13 ch** 85/130 – P 150/175.

XX **Rest. Le Dauphin,** av. Alliés **(r)** ☎ 95.15.56, 🍴 – **🅿** 🔤 ⓪ 🄴 🆅🆂🅰
→ *fermé 17 avril au 15 mai, 28 nov. au 10 déc. et merc. hors sais.* – SC : **R** 35/220.

X **Petite Auberge, (b)** ☎ 95.11.53
→ *20 juin-15 oct., 15 déc.-15 mai et fermé merc.* – SC : **R** 38/84 🍷.

X **Le Grillon,** r. République **(s)** ☎ 95.14.18
→ *fin juin-fin oct., 20 déc.-15 mai et fermé lundi* – SC : **R** 38/88 🍷.

au Balcon de Villard SE : 4 km par D 215 et D 215B – ✉ **38250** Villard de Lans :

🏠 **Playes,** ☎ 95.14.42, ⬍, 🍴 – 🛢wc 🚗 **🅿**. 🌿 ch
→ *15 juin-15 sept. et 15 déc.-25 avril* – SC : **R** 50/100 – 🍴 20 – **17 ch** 135/175 – P 200/215.

LADA, V.A.G. Gar. des Olympiades, ☎ 95.10.42   RENAULT Chavernoz, les Bains ☎ 95.15.61
PEUGEOT-TALBOT Rolland, à la Conterie ☎ 95.12.69

VILLARD-ST-SAUVEUR 39 Jura **70** ⑮ – rattaché à St-Claude.

VILLARS-LES-DOMBES 01330 Ain **74** ② **G. Vallée du Rhône** – 2 372 h. alt. 286 – ✪ 74.
Voir Vierge à l'Enfant⋆ dans l'église – Parc ornithologique⋆ S : 1 km.
Paris 455 – Bourg-en-Bresse 28 – ◆Lyon 34 – Villefranche-sur-Saône 27.

XX ✿ **Aub. des Chasseurs** (Dubreuil), à Bouligneux NO : 4 km par D 2 ☎ 98.10.02, 🍴 – **🅿**. 🆅🆂🅰
fermé 16 au 28 août, fév., mardi soir et merc. – SC : **R** (nombre de couverts limité - prévenir) 90/180
Spéc. Gâteau de rouget et St-Jacques (sept. à juin), Canard sauvage (12 oct.-31 janv.), Poulet de bresse aux morilles. Vins Beaujolais blanc, Bugey pétillant.

X **de la Tour,** ☎ 98.03.21 – 🌿
fermé 15 au 30 sept., vacances de fév., mardi soir et merc. – SC : **R** 52/130.

au Plantay NE : 5 km par N 83 et D 70 – ✉ **01330** Villars-les-Dombes :

XX **Table des Étangs,** ☎ 98.15.31 – 🆅🆂🅰
fermé une sem. début sept., fév., jeudi midi et merc. – SC : **R** 80/190 🍷.

VILLARS-SOUS-DAMPJOUX 25 Doubs **66** ⑱ – 313 h. alt. 363 – ✉ **25190** St-Hippolyte-sur-le-Doubs – ✪ 81.
Paris 489 – Baume-les-Dames 45 – ◆Besançon 74 – Montbéliard 23 – Morteau 48.

XX **Sur les Rives du Doubs,** à Dampjoux S : 1 km ☎ 96.93.82, ⬍ – **🅿**. 🌿
fermé janv., mardi soir et merc. – SC : **R** carte 85 à 110 🍷.

VILLÉ 67220 B.-Rhin **62** ⑧⑨ **G. Vosges** – 1 530 h. alt. 260 – ✪ 88.
🛈 Syndicat d'Initiative à la Mairie (fermé dim.) ☎ 57.11.57.
Paris 489 – Lunéville 80 – St-Dié 36 – Ste-Marie-aux-Mines 25 – Sélestat 15 – ◆Strasbourg 54.

🏠 **Bonne Franquette,** 6 pl. Marché ☎ 57.14.25 – 🛢wc 🚗. 🌿
→ *fermé 24 déc. au 2 janv., 15 fév. au 15 mars, merc. soir et jeudi* – SC : **R** 28/90 🍷 – 🍴 15 – **10 ch** 110/145.

🏡 **Ville de Nancy,** ☎ 57.10.10 – 🛢 **🅿**. 🌿
→ *fermé oct., dim. soir et lundi* – SC : **R** 35/90 🍷 – 🍴 11,50 – **20 ch** 49/90 – P 105/110.

CITROEN Gar. Jost, ☎ 57.15.44

La VILLE-AUX-CLERCS 41 L.-et-Ch. **64** ⑥ – 870 h. alt. 143 – ✉ **41160** Marée – ✪ 54.
Paris 159 – Brou 40 – Châteaudun 34 – ◆Le Mans 73 – ◆Orléans 68 – Vendôme 16.

🏠 **Manoir de la Forêt** ⬍, à Fort-Girard E : 1,5 km par VO ☎ 80.62.83, ⬍, parc, 🍴 – 📺 🛢wc 🛢 🚗 **🅿** – 🅰 60. 🍴 🆅🆂🅰
fermé fév. au 15 mars et lundi du 1ᵉʳ oct. à fin mars – SC : **R** 105/110 – 🍴 20 – **22 ch** 100/280 – P 200/300.

VILLEBON-SUR-YVETTE 91 Essonne **60** ⑩, **101** ㉞ – voir à Paris, Proche banlieue.

VILLECROZE 83 Var **84** ⑥ **G. Côte d'Azur** – 700 h. alt. 350 – ✉ **83690** Salernes – ✪ 94.
Voir Belvédère⋆ N : 1 km – Paris 856 – Aups 8 – Brignoles 41 – Draguignan 21.

🏠 **Le Vieux Moulin** ⬍, sans rest, ☎ 70.63.35, 🍴 – 🛢wc 🛢wc 🚗 **🅿**. 🌿
1ᵉʳ avril-30 sept. – SC : 🍴 15 – **10 ch** 90/155.

VILLE-D'AVRAY 92 Hauts-de-Seine **60** ⑩, **101** ㉓ – voir à Paris, Proche banlieue.

VILLEDIEU-LES-POÊLES 50800 Manche **59** ⑧ **G. Normandie** – 4 713 h. alt. 103 – ✪ 33.
🛈 Office de Tourisme pl. Costils (juil.-août) ☎ 61.05.69 et à l'H.-de-Ville (fermé sam. après-midi et dim.) ☎ 61.00.16.
Paris 321 ② – Alençon 134 ④ – Avranches 22 ⑤ – ◆Caen 78 ② – Flers 59 ③ – St-Lô 34 ①.

VILLEDIEU-LES-POÊLES

flèche rouge : sens unique le mardi

République (Pl. de la) 15

Bourg-l'Abbesse (R. du)	2
Carnot (R.)	3
Chignon (R. du Pont)	4
Costils (Pl. des)	5
Dr-Havard (R. du)	6
Flandres Dunkerque (R.)	7
Gasté (R. Jean)	8
Gaulle (R. Gén. de)	9
Leclerc (Bd Mar.)	13
Tetrel (R. Jules)	17

*Allacciate le cinture di sicurezza
sia in viaggio sia in città.*

*Nelle piante di città
il Nord è sempre in alto.*

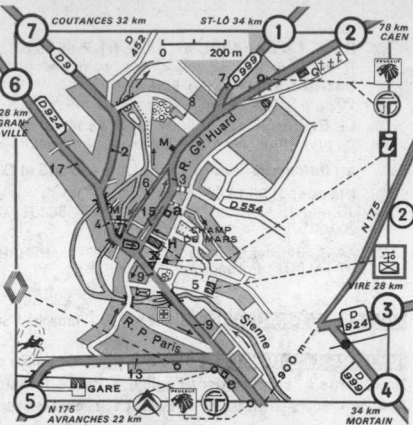

🏨 **St-Pierre et St-Michel**, pl. République **(a)** ☏ 61.00.11 – 🛏 wc 📶 wc ☎ ⇔
🔸 🅿. 🚗🖩. ❄ ch
fermé lundi du 14 nov. au 1ᵉʳ mars – SC : **R** 36/80 ⅄ – ☲ 12,50 – **25 ch** 50/135.

🏨 **Le Fruitier**, r. Gén-de-Gaulle **(x)** ☏ 51.14.24 – 🛏 wc 📶 wc ☎ ⇔. ❄ ch
🔸 *fermé vacances de fév. et merc. d'oct. à avril* – SC : **R** 39/58 ⅄ – ☲ 12,50 – **14 ch**
56/134.

🔸 **Paris**, 1 bd Mar.-Leclerc **(e)** ☏ 61.00.66 – 🅿
🔸 SC : **R** 35/100 ⅄ – ☲ 12 – **15 ch** 55.

CITROEN Pichon, ☏ 61.06.20
PEUGEOT-TALBOT Gar. Bes. ☏ 61.00.35 🅽 ☏
61.09.60

PEUGEOT-TALBOT Auto-Normandie, ☏ 61.
00.33
RENAULT Loreille, ☏ 61.00.70

VILLE-EN-TARDENOIS 51 Marne 🆖🆖 ⑮ – 318 h. alt. 147 – ⊠ **51170** Fismes – ✆ 26.

Paris 125 – Châlons-sur-Marne 58 – Château-Thierry 42 – Épernay 25 – Fère-en-Tardenois 25 –
♦Reims 20 – Soissons 52.

✗ **Le Postillon**, D 380 ☏ 61.83.67
🔸 *fermé mi fév. à mi mars et merc.* – SC : **R** 32 bc/85.

VILLEFORT 48800 Lozère 🆖🆖 ⑦ G. Vallée du Rhône – 787 h. alt. 605 – ✆ 66.

Env. Belvédère du Chassezac★★ N : 8 km puis 15 mn.

🄳 Office de Tourisme r. Église (fermé sam. après-midi et dim.) ☏ 46.80.26.

Paris 600 – Alès 55 – Aubenas 60 – Florac 67 – Mende 59 – Pont-St-Esprit 89 – Le Puy 91.

🏨 **Balme**, ☏ 46.80.14 – 🛏 wc 📶 ☎ ⇔. 🚗🖩 ⓪
🔸 *1ᵉʳ fév.-15 nov. et fermé dim. soir et lundi hors sais.* – SC : **R** 50/75 ⅄ – ☲ 14,50 –
23 ch 55/140 – P 125/160.

CITROEN Bedos, ☏ 46.80.07 🅽 ☏ 46.80.06

RENAULT Barrial, ☏ 46.80.18

VILLEFRANCHE 06230 Alpes-Mar. 🆖🆖 ⑨⑩, 🆖🆖🆖 ㉗ G. Côte d'Azur – 7 258 h. – ✆ 93.

Voir Rade★★ – Vieille ville★ – Chapelle St-Pierre★ **B** – Musée Volti★ **M**.

🄳 Office de Tourisme square F.-Binon (fermé dim. et lundi) ☏ 80.73.68.

Paris 940 ③ – Beaulieu-sur-Mer 4 ④ – ♦Nice 6 ③.

Plan page ci-contre

🏨 **Versailles**, av. Mar.-Foch **(k)** ☏ 80.89.56, Télex 970433, ≼ rade, 🏛, 🏊 – 🕼 📺
🔸 ☎ & 🅿. 🆀🆄 ⓪ 💳. ❄ rest
fermé fin oct. au 22 déc. – SC : **R** 110/160 – ☲ 28 – **46 ch** 240/420, 3 appartements
465 – P 335/445.

🏨 **Welcome et rest. St-Pierre**, 1 q. Courbet **(n)** ☏ 55.27.27, Télex 470281, ≼, 🏛
🔸 – 🕼 & 🆀🆄 ⓪ 🅴 💳. ❄ rest
fermé 25 oct. au 18 déc. – SC : **R** 100/180 – ☲ 22 – **35 ch** 200/380 – P 330/480.

🏨 **Vauban** 🅼 sans rest, 11 av. Gén.-de-Gaulle **(v)** ☏ 80.71.20, « Décor Louis XV,
Jardin » – 🛏 wc 📶 wc ☎. 🚗🖩. 🆀🆄
🔸 *15 fév.-15 nov.* – SC : ☲ 15 – **12 ch** 110/280.

🏨 **St-Estève** 🅼 sans rest, r. Duhamel **(s)** ☏ 80.72.59 – 🛏 wc 📶 wc ☎ ⇔. 🚗🖩
🔸 ❄
fermé 25 oct. au 1ᵉʳ déc. – SC : ☲ 16 – **17 ch** 165/195.

VILLEFRANCHE
(ALPES-MAR.)

Cauvin (Av.) 2
Corderie
(Quai de la) 3
Corne-d'Or
(Bd de la) 5
Courbet (Quai) 6
Église (R. de l') 7
Gallieni
(Av. Général) 9
Gaulle
(Av. Général de) 10
Grande-Bretagne
(Av. de) 12
Joffre
(Av. du Maréchal) 14
Leclerc
(Av. Général) 15
Marinières
(Promenade des) 16
May (R. de) 18
Obscure (R.) 19
Paix (Pl. de la) 20
Poilu (R. du) 22
Pollonais (Pl.) 24
Ponchardier
(Quai Amiral) 25
Poullan (Pl.) 26
Sadi-Carnot (Av.) 28
St-Michel (⛪) . . . . E
Settimelli-
Lazare (Bd) 30
Verdun (Av. de) 32
Victoire (R. de la) 34
Wilson (Pl.) 35

*To go a long way quickly, use **Michelin maps** at a scale of 1 : 1 000 000.*

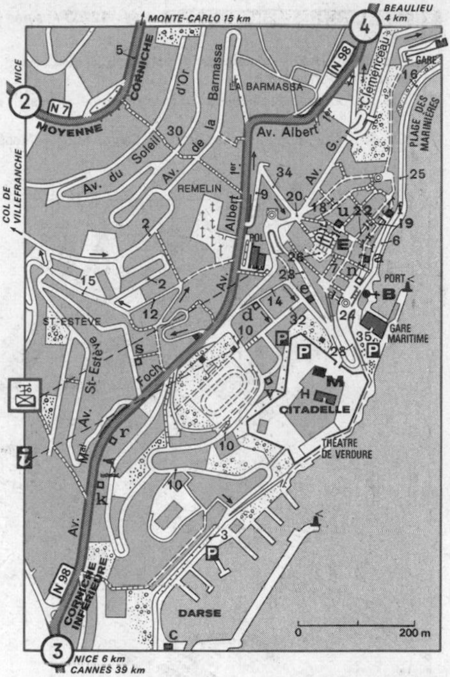

🏨 **Provençal,** 4 av. Mar.-Joffre **(d)** ☎ 80.71.82, ≤, 🌳 – 🛗 ▤ rest 🛁wc 🚿wc ☎. 🚗 AE ⓓ E VISA. ✗ rest
SC : **R** *(fermé 3 nov. au 15 déc.)* 53/75 – ☕ 12,50 – **45 ch** 136/199 – P 120/199.

🏨 **La Flore,** av. Mar.-Foch **(r)** ☎ 56.80.29, ≤ rade, ☂, 🌳 – 🛁wc 🚿wc ☎ **P**. 🚗
◆ *fermé hôtel : nov., rest. : 1er nov. au 15 déc.* – SC : **R** 50/70 🍷 – ☕ 13 – **18 ch** 104/206 – P 170/204.

XXXX **Massoury,** par ④ ☎ 56.84.46, ≤ rade, ☂ – **P**. AE ⓓ VISA
fermé nov. et merc. sauf le soir du 15 juin au 15 sept. – SC : **R** carte 190 à 280.

XX **Mère Germaine,** quai Courbet **(a)** ☎ 80.71.39, ≤, ☂ – AE VISA
fermé 1er nov. au 5 déc. et merc. – SC : **R** carte 160 à 205.

XX **Le Méditerranée,** av. Sadi-Carnot **(e)** ☎ 80.78.56, ≤, ☂
fermé 1er au 10 nov., mardi soir sauf été et merc. – **R** 70/160.

X **La Campanette,** 2 r. Baron de Brès **(u)** ☎ 80.79.98 – AE VISA
fermé nov. et dim. – **R** (dîner seul.) 90.

X **La Frégate,** quai Courbet **(f)** ☎ 80.71.31, ≤, ☂ – AE VISA
fermé 3 janv. au 12 fév. et jeudi – SC : **R** carte 125 à 215.

VILLEFRANCHE-DE-CONFLENT 66 Pyr.-Or. 86 ⑰ G. Pyrénées – 435 h. alt. 432 – ✉ 66500 Prades – ⚙ 68.

Voir Ville forte★.

ℹ Office de Tourisme pl. Mairie (fermé sam. et dim.) ☎ 96.10.78.

Paris 961 – Mont-Louis 30 – Olette 10 – ◆Perpignan 49 – Prades 6 – Vernet 5,5.

X **Au Grill,** r. St-Jean ☎ 96.17.65, exposition de peintures – VISA
fermé 11 nov. au 20 déc. et lundi sauf juil.-août – SC : **R** 55/75.

VILLEFRANCHE-DE-LAURAGAIS 31290 H.-Gar. 82 ⑲ – 2 948 h. alt. 175 – ⚙ 61.

Paris 742 – Auterive 26 – Castelnaudary 22 – Castres 56 – Gaillac 67 – Pamiers 40 – ◆Toulouse 33.

🏨 **France,** r. République ☎ 81.62.17 – 🛁wc 🚿 ☎ 🚗 – 🏊 70. 🚗 AE ⓓ E
◆ *fermé 4 au 26 juil., 15 au 31 janv. et lundi sauf fériés* – SC : **R** 45 bc/82 🍷 – ☕ 12,50 – **19 ch** 60/105 – P 140/160.

PEUGEOT Gar. Moderne, ☎ 81.60.41

Voir La Bastide★ B – Ancienne chartreuse St-Sauveur★ AB – Place Notre-Dame★ B – Église Notre-Dame★ B E.

🛈 Office de Tourisme Promenade Guiraudet (fermé dim. sauf matin en saison) ☎ 45.13.18, Télex 530315.

Paris 620 ⑥ – Albi 72 ③ – Aurillac 103 ⑥ – Cahors 61 ④ – Montauban 73 ④ – Rodez 57 ⑥.

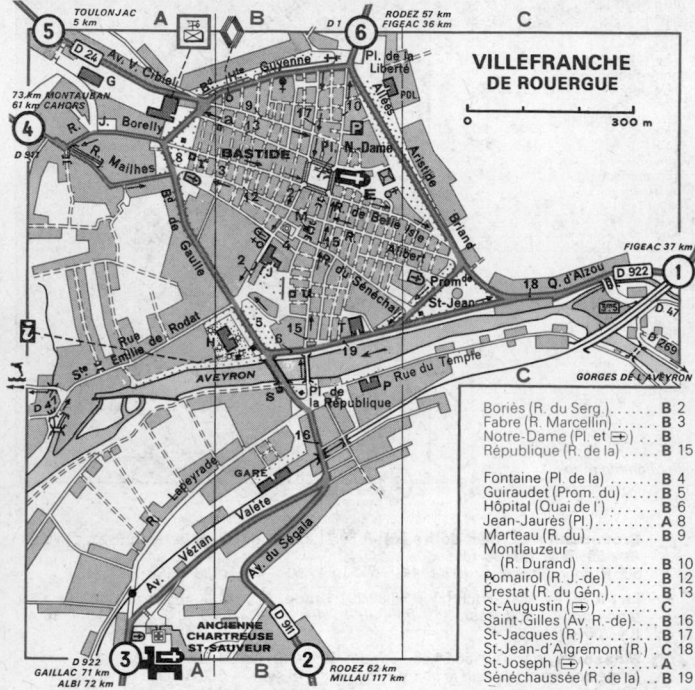

Boriès (R. du Serg.)	B	2
Fabre (R. Marcellin)	B	3
Notre-Dame (Pl. et ➔)	B	
République (R. de la)	B	15
Fontaine (Pl. de la)	B	4
Guiraudet (Prom. du)	B	5
Hôpital (Quai de l')	B	6
Jean-Jaurès (Pl.)	A	8
Marteau (R. du)	B	9
Montlauzeur (R. Durand)	B	10
Pomairol (R. J.-de)	B	12
Prestat (R. du Gén.)	B	13
St-Augustin (➔)	C	
Saint-Gilles (Av. R.-de)	B	16
St-Jacques (R.)	B	17
St-Jean-d'Aigremont (R.)	C	18
St-Joseph (➔)	A	
Sénéchaussée (R. de la)	B	19

🏠 **Lagarrigue** ⌚, pl. B.-Lhez ☎ 45.01.12 – 🖵wc 🛏wc ☎. 🚗 **E**. 🎇 rest   B **u**
⬥ fermé fév. et dim. sauf du 1er oct. au 1er mai – SC : **R** 50/95 🍷 – 🖵 16 – **20 ch** 80/170.

🏠 **France** sans rest, pl. J.-Jaurès ☎ 45.05.10 – 🛗 🖵wc 🛏wc ☎   A **r**
SC : 🖵 15 – **22 ch** 100/120.

🏠 **Poste**, 45 r. Gén.-Prestat ☎ 45.13.91 – 🖵wc 🛏wc   B **a**
⬥ fermé dim. sauf de mai à oct. – SC : **R** 45/55 🍷 – 🖵 13 – **20 ch** 60/100 – P 100/125.

🍴 **Univers** (1er étage) avec ch (Annexe 🏠 M - 15 ch), pl. République ☎ 45.15.63
⬥ – 🛗 🖵wc 🛏wc ☎   B **s**
SC : **R** (fermé 4 au 20 nov., 1er au 15 fév., vend. soir et sam. sauf du 8 juil. au 8 sept.) 38/160 🍷 – 🖵 15 – **32 ch** 55/160 – P 120/160.

au Farrou par ⑥ : 4 km ou par ① : 5 km – ⌴ 12200 Villefranche-de-Rouergue :

🍴 **Relais de Farrou** avec ch, ☎ 45.18.11, 🌳, 🐎 – 🛏 🅿 🚗 **E**
⬥ fermé 13 au 26 déc., 15 janv. au 7 fév., dim. soir du 15 sept. au 30 juin et lundi (sauf hôtel) en été – SC : **R** 39/105 🍷 – 🖵 16,50 – **12 ch** 47/77 – P 128/139.

à Martiel par ④ : 10 km rte de Cahors – ⌴ 12200 Villefranche-de-Rouergue :

🏠 **Dolmens** M ⌚, ☎ 45.12.52, 🌳, 🐎 – 🖵wc 🛏wc ☎ 🅿 **VISA**. 🎇 rest
⬥ début mars-fin nov. – SC : **R** (fermé lundi sauf de juil. à sept.) 40/72 – 🖵 14 – **23 ch** 115/130 – P 165.

CITROEN Lizouret, rte de Toulonjac par ⑤ ☎ 45.01.74

FIAT, LADA, LANCIA-AUTOBIANCHI Gaubert Ch., rte de Montauban ☎ 45.19.65 Ⓝ
RENAULT Trebosc-Gaubert, rte de Cahors par ④ ☎ 45.21.83

RENAULT Gar. du Languedoc, ☎ 45.22.27

Ⓞ Central-Pneu, Les Plantades, rte Hte du Farrou ☎ 45.24.64
La Maison du Pneu, 23 av. Vézian-Valette ☎ 45.14.67

24550 Dordogne **75** ⑰ G. Périgord – 816 h. alt. 270 – ✪ 53.

🛈 Syndicat d'Initiative à la Mairie (fermé sam. et dim.) ☏ 29.91.44.

Paris 584 – Bergerac 65 – Cahors 40 – Périgueux 85 – Sarlat-la-Canéda 45 – Villeneuve-sur-Lot 49.

🏠 **Commerce**, ☏ 29.90.11, 🍽 – 📺wc 🛁wc ☎. 🅿🚗
➡ 1er mars-mi-déc. – SC : **R** 45/130 – ☲ 18 – **30 ch** 55/150 – P 140/160.

VILLEFRANCHE-SUR-CHER 41 L.-et-Ch. **64** ⑱ G. Châteaux de la Loire – 1 751 h. alt. 98 – ✉ 41200 Romorantin-Lanthenay – ✪ 54.

Paris 207 – Blois 49 – Châteauroux 58 – Montrichard 48 – Romorantin-Lanthenay 8 – Vierzon 25.

XX **Croissant** avec ch, ☏ 98.41.18 – 📺wc ☎. 𝘝𝘐𝘚𝘈. 🦌
➡ fermé 2 janv. au 1er fév., dim. soir d'oct. à Pâques et lundi – SC : **R** 40/95 – ☲ 14 – **9 ch** 110/140.

XX **Les Deux Pierrots**, à St-Julien-sur-Cher au S : 1 km par D 922 ✉ 41320 Mennetou-sur-Cher ☏ 98.40.07 – 𝘝𝘐𝘚𝘈
fermé 1er au 8 sept., fév., mardi soir et merc. – SC : **R** 46/115 🍴.

RENAULT Gar. du Cher, ☏ 98.42.29

Pour bien lire les plans de villes, voir signes et abréviations p. 20.

VILLEFRANCHE-SUR-SAÔNE ◁🅂🅿▷ 69400 Rhône **74** ① G. Vallée du Rhône – 30 696 h. alt. 191 – ✪ 74.

🛈 Office de Tourisme (fermé dim.) et A.C. 290 rte Thizy ☏ 68.05.18.

Paris 436 ③ – Bourg-en-Bresse 51 ② – ♦Lyon 31 ③ – Mâcon 41 ③ – Roanne 75 ⑤.

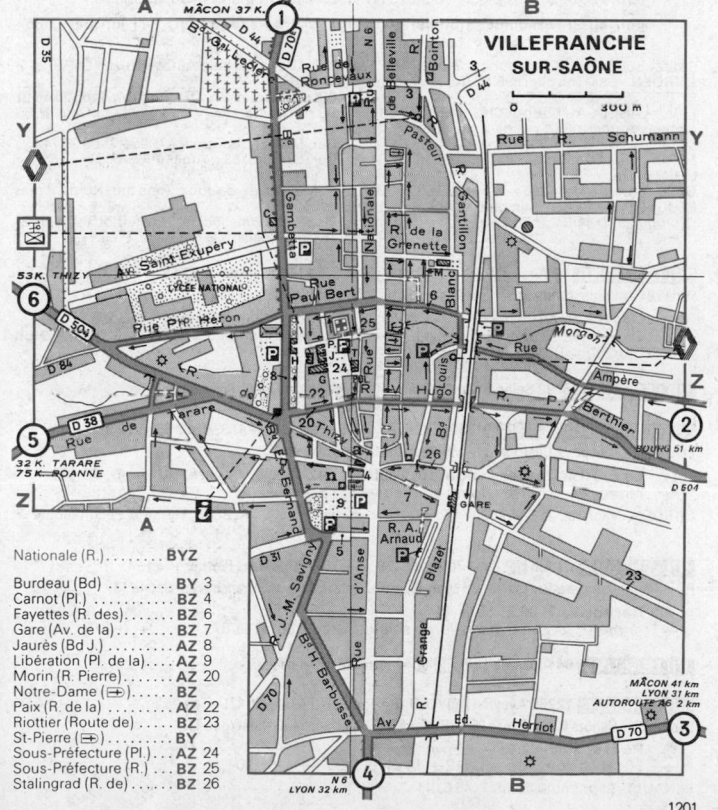

Nationale (R.) . . . . **BYZ**

Burdeau (Bd)	**BY** 3
Carnot (Pl.)	**BZ** 4
Fayettes (R. des)	**BZ** 6
Gare (Av. de la)	**BZ** 7
Jaurès (Bd J.)	**AZ** 8
Libération (Pl. de la)	**AZ** 9
Morin (R. Pierre)	**AZ** 20
Notre-Dame (➡)	**BZ**
Paix (R. de la)	**AZ** 22
Riottier (Route de)	**BZ** 23
St-Pierre (➡)	**BY**
Sous-Préfecture (Pl.)	**AZ** 24
Sous-Préfecture (R.) . . .	**BZ** 25
Stalingrad (R. de)	**BZ** 26

🏨🏨 **Plaisance** Ⓜ, 96 av. Libération 🅿 65.33.52 – 🛗 📺 🚗 🄿 – 🏛 50. 🄰🄴 ⊙ 🄴 𝑽𝑰𝑺𝑨
fermé 24 déc. au 2 janv. – SC : **R** voir rest la Fontaine bleue – ⟅ 20 – **68 ch**
152/205.   AZ **n**

🏨 **Ibis** Ⓜ, par ③ échangeur A 6 (péage Limas) 🅿 68.22.23, Télex 370777 – 🛗 📺
🖃wc 🄿 – 🏛 40. 🚗🚗 🄴 𝑽𝑰𝑺𝑨
SC : **R** carte environ 65 🍷 – ⟅ 18 – **118 ch** 155/190.

🏤 **Bourgogne**, 91 r. Stalingrad 🅿 65.06.42 – 🖃wc 🕿. 🚗🚗 𝑽𝑰𝑺𝑨   BZ **f**
SC : **R** voir rest. Potinière – ⟅ 11 – **22 ch** 60/100.

XXX ❀ **Aub. Faisan-Doré** (Cruz), au Pont de Beauregard NE : 2,5 km par D 44 - BY-
🅿 65.01.66, 😄, 🎐 – 🄿. 🄰🄴 𝑽𝑰𝑺𝑨
fermé 1er au 22 août, dim. soir et lundi sauf fériés – SC : **R** 90/170
Spéc. Terrines, Cassolette d'escargots, Charolais.

XX **La Fontaine Bleue**, pl. Libération 🅿 68.10.37 – 🄿. 🄰🄴 𝑽𝑰𝑺𝑨. 🦐   AZ **n**
fermé 24 déc. au 1er janv. et dim. – SC : **R** 60/95 🍷.

X **La Colonne** avec ch, 6 pl.Carnot 🅿 65.43.69 – 🖃. 🦐 ch   BZ **a**
🍽 fermé 3 au 27 août, 23 déc. au 3 janv., dim. midi et sam. – SC : **R** 42/110 – 🛏 13 –
14 ch 50/100.

X **Potinière**, 79 r. Stalingrad 🅿 65.37.09 – 𝑽𝑰𝑺𝑨   BZ **f**
🍽 fermé vend. soir d'oct. à fin mars – **R** 30/78 🍷.

à *Chervinges* par ⑤ : 3 km – ✉ 69400 Villefranche-sur-Saône :

🏨🏨 **Château de Chervinges** 🐾, 🅿 65.29.76, Télex 380772, ≼, parc, ⬙ – 🛗 🄿. 🄰🄴
⊙ 𝑽𝑰𝑺𝑨. 🦐
fermé 12 au 18 août, déc. et janv. – SC : **R** (fermé dim. soir, mardi midi et lundi hors
sais. ; en juil. et août dîner seul.) 150/220 – **11 ch** ⟅ 450/600, 3 appartements.

à *Beauregard* NE : 3 km par D 44 - BY – ✉ 01480 Jassans Riottier.

Voir Château de Fléchères★ N : 3,5 km.

X **Aub. Bressane**, 🅿 65.93.92 – 🄿. 🄰🄴 𝑽𝑰𝑺𝑨
fermé 20 sept. au 13 oct., 18 au 25 fév., mardi soir et merc. – SC : **R** 55/170.

Voir aussi ressources hôtelières de *Salles Arbuissonas* NO : 11 km par D 35 -
AY

BMW Sport-Gar., 996 r. Ampère 🅿 65.04.69
CITROEN Gar. Thivolle, 695 av. Th.-Braun par
③ 🅿 65.26.09 🅽 🅿 65.27.10
FIAT, LANCIA-AUTOBIANCHI, MERCEDES
Mathias-Autom., 897 rte de Frans par ② 🅿
65.54.11
FORD Gar. Gambetta, 595 av. Th.-Braun 🅿
65.04.06
OPEL Brun-Autom., 246 r. V.-Hugo 🅿 65.51.30
PEUGEOT-TALBOT Nomblot, 1193 av. de
l'Europe par D 44 BY 🅿 65.22.50

RENAULT Technic'Auto, 176 bd L.-Blanc 🅿
68.05.83
RENAULT Longin, 15 r. Bointon 🅿 65.25.66 🅽
TOYOTA Gar. Ferry, 113 av. de la Gare 🅿 65.
41.75
Gar. Momet, rte Tarare à Gleizé 🅿 65.26.74
Gar. du Nord, 83 r. Alger 🅿 65.42.09

🖢 Métifiot, av. de Joux, Zone Ind. Nord à Arnas
🅿 65.21.92
Piot-Pneu, Zone Ind., av. E.-Herriot 🅿 65.29.75
Tessaro-Pneus, 629 r. d'Anse 🅿 65.41.98

VILLEMAGNE 11 Aude � ⑳ – 237 h. alt. 450 – ✉ 11310 Saissac – ✿ 68.
Paris 784 – Carcassonne 31 – Castelnaudery 16 – Mazamet 44 – ♦ Toulouse 75.

🏨 **Castel de Villemagne** 🐾, 🅿 60.22.95, parc – 🖃wc 📶wc 🕿 🚗. 𝑽𝑰𝑺𝑨
1er avril-30 sept. (hiver prévenir) – SC : **R** (fermé lundi) 65/170 🍷 – ⟅ 20 – **9 ch**
120/230 – P 270/530.

VILLEMOMBLE 93 Seine-St-Denis 🄻🄻 ⑪. 🄻🄾🄻 ⑱ – voir à Paris, Proche banlieue.

VILLEMUR-SUR-TARN 31340 H.-Gar. 🄻🄻 ⑧ G. Périgord – 4 692 h. alt. 99 – ✿ 61.
Paris 682 – Albi 62 – Castres 73 – Montauban 26 – ♦Toulouse 33.

XX **La Ferme de Bernadou**, rte Toulouse 🅿 84.52.38, ≼, parc, 😄 – 🄿. 🄰🄴 𝑽𝑰𝑺𝑨
🍽 fermé fév., dim. soir, lundi et mardi – SC : **R** 30/85.

CITROEN Vacquie, 🅿 84.51.60   PEUGEOT, TALBOT Terral, à Pechnauquié 🅿
                                                       84.54.73

VILLENEUVE 01 Ain 🄻🄴 ① – 798 h. alt. 269 – ✉ 01480 Jassans Riottier – ✿ 74.
Paris 444 – Bourg-en-Bresse 38 – ♦Lyon 40 – Meximieux 42 – Villefranche-sur-Saône 13.

X **Barberis**, 🅿 00.71.05 – 🄿
🍽 fermé 1er fév. au 6 mars, lundi soir et mardi – SC : **R** 28/87.

VILLENEUVE 04 Alpes-de-H.-P. 🄻🄻 ⑮ – rattaché à Manosque.

VILLENEUVE 12260 Aveyron 🄻🄼 ⑩ G. Périgord – 1 493 h. alt. 421 – ✿ 65.
Paris 609 – Cahors 63 – Figeac 25 – Rodez 53 – Villefranche-de-Rouergue 11.

🏤 **Poste**, 🅿 45.62.13 – 🖃wc 📶 🚗
🍽 SC : **R** 40 bc/60 bc – ⟅ 12 – **14 ch** 55/100 – P 110/130.

RENAULT Lagriffoul-Ortalo, 🅿 45.61.11

La VILLENEUVE 23 Creuse 🔢 ② – 124 h. alt. 705 – ⊠ 23260 Crocq – ✪ 55.

Paris 382 – Aubusson 24 – ♦Clermont-Ferrand 68 – Guéret 63 – Montluçon 62 – Ussel 55.

🏠 **Relais Marchois**, ℡ 67.23.17, 🚗 – 🏠. 𝗩𝗜𝗦𝗔. ✻
➡ *fermé 30 sept. au 20 oct.* – SC : **R** 40/80 – � 12 – **10 ch** 48/96 – P 110/132.

VILLENEUVE D'ASCQ 59 Nord 🔢 ⑯ – rattaché à Lille.

VILLENEUVE-DE-BERG 07170 Ardèche 🔢 ⑨ **G. Vallée du Rhône** – 1 768 h. alt. 320 – ✪ 75.
Env. Mirabel : ※✱✱, promenade✱ au Bomier 30 mn N : 7 km.

Paris 633 – Aubenas 16 – Montélimar 27 – Pont-St-Esprit 54 – Privas 46.

🍴🍴 **Aub. de Montfleury** avec ch, à la gare O : 4 km par rte Aubenas ℡ 37.82.73 –
➡ 🅿. **E**. ✻ ch
fermé merc. sauf juil., août et sept. – SC : **R** 58/160 – � 14 – **5 ch** 78/83.

CITROEN Mathevon, ℡ 37.81.32 🅽   PEUGEOT, TALBOT Gabriel, ℡ 37.81.50 🅽

VILLENEUVE-DE-MARSAN 40190 Landes 🔢 ①② – 2 125 h. alt. 90 – ✪ 58.

Paris 715 – Aire-sur-l'Adour 21 – Auch 87 – Condom 64 – Mont-de-Marsan 17 – Roquefort 16.

🏨🏨 **Darroze**, ℡ 58.20.07, 🚗 – 🚗 🅿 – **38 ch**.

🏠 ✿ **Europe** (Garrapit), ℡ 58.20.08, 🐟 – ➡wc 🏠 ☎ 🅿 – 🏠 100. 🚗🚗 𝗩𝗜𝗦𝗔
fermé du 2 au 23 janv. – SC : **R** 70/180 – ⊆ 16 – **18 ch** 70/150 – P 160/180
Spéc. Salade de cèpes aux filets d'oie grillés, Cuisse de canard confite, Salmis de pintade aux pruneaux. Vins Tursan, Madiran.

CITROEN Roumégoux, ℡ 58.22.05   RENAULT Barrère, ℡ 58.22.27

VILLENEUVE-DE-RIVIÈRE 31 H.-Gar. 🔢 ⑩ – rattaché à St-Gaudens.

VILLENEUVE-L'ARCHEVÊQUE 89190 Yonne 🔢 ⑮ **G. Bourgogne** – 1 321 h. alt. 111 – ✪ 86.
Paris 139 – Auxerre 56 – Nogent-sur-Seine 37 – Pont-sur-Yonne 32 – Sens 24 – Troyes 41.

🍴 **Relais Fleuri**, ℡ 86.70.52 – 𝗩𝗜𝗦𝗔
➡ *fermé 1ᵉʳ au 15 oct., 1ᵉʳ au 15 mars, dim. soir en hiver et lundi* – SC : **R** 45/75.

PEUGEOT-TALBOT Gar. Louis, ℡ 86.76.97   RENAULT Talvat, à Molinons ℡ 86.71.13 🅽 ℡
                                            86.73.37

VILLENEUVE-LA-SALLE 05 H.-Alpes 🔢 ⑧⑱ – voir à Serre-Chevalier.

VILLENEUVE-LE-COMTE 77174 S.-et-M. 🔢 ②, 🔢 ㉒ – 1 134 h. alt. 126 – ✪ 6.
Paris 42 – Lagny-sur-Marne 13 – Meaux 21 – Melun 39.

🍴 **La Vieille Auberge**, 11 av. Gén.-de-Gaulle ℡ 025.00.35
fermé vacances de Noël, lundi soir et mardi – SC : **R** 75.

VILLENEUVE-LÈS-AVIGNON 30400 Gard 🔢 ⑪⑫ **G. Provence** (plan) – 10 234 h. alt. 24 –
✪ 90 (Vaucluse).

Voir Fort St-André✱ : ≼✱✱ U – Tour Philippe-le-Bel ≼✱✱ UF – Vierge en ivoire✱✱ dans la sacristie de l'église UD – Couronnement de la Vierge✱✱ au musée municipal UM – Chartreuse du Val-de-Bénédiction✱ UR – Abbaye St-André : ≼✱ de la terrasse U.
🛈 Office de Tourisme, 1 pl. Ch.-David ℡25.61.33.

Paris 691 ② – Avignon 3 ⑥ – Nîmes 44 ⑥ – Orange 24 ⑦ – Pont-St-Esprit 43 ⑥.

Plan : voir à Avignon

🏨 ✿ **Prieuré et Atrium** ≫, pl. du Chapitre ℡ 25.18.20, Télex 431042, 🍴, parc,
« Sous les ombrages d'un vieux prieuré », 🏊, ✕ – 🍴 🖥 📺 ☎ 🅿 – 🏠 50. 🅰🅴
🅾 **E** 𝗩𝗜𝗦𝗔. ✻ rest   U t
3 mars-1ᵉʳ nov. – SC : **R** carte 180 à 230 – ⊆ 35 – **26 ch** 300/650, 3 appartements
Spéc. Foie gras frais de canard, Sole au Vermouth, Agneau rôti. Vins Châteauneuf du Pape blanc, Cairanne.

🏨 **La Magnaneraie** 🅼 ≫, 37 r. Camp-de-Bataille ℡ 25.11.11, 🍴, 🏊, 🚗, ✕ –
📺 ➡wc 🏠wc ☎ 🅿 – 🏠 30. 🅰🅴 🅾 **E** 𝗩𝗜𝗦𝗔   U b
fermé 15 janv. au 1ᵉʳ mars – SC : **R** 100/160 – ⊆ 22 – **21 ch** 170/350.

🏨 **Atelier** sans rest, 5 r. Foire ℡ 25.01.84, « Maison 16ᵉ s., patio » – ➡wc 🏠wc ☎.
🚗🚗 𝗩𝗜𝗦𝗔   U e
fermé 20 déc. au 4 fév. – SC : ⊆ 15 – **19 ch** 107/174.

🏠 **Résidence Les Cèdres** ≫ sans rest, à Bellevue 39 bd Pasteur ⊠ 30400 Villeneuve-lès-Avignon ℡ 25.43.92, 🍴, 🏊, 🚗 – ➡wc 🏠wc ☎ 🅿 𝗩𝗜𝗦𝗔   U a
SC : ⊆ 15,50 – **25 ch** 190.

VILLENEUVE-LOUBET 06270 Alpes-Mar. 🔢 ⑨, 🔢 ㉖ **G. Côte d'Azur** – 7 020 h. – ✪ 93.
Voir Musée de l'Art culinaire✱ (fondation Auguste Escoffier) YM2 – Paris 923 ⑤ – Antibes 12 ④ – Cagnes-sur-Mer 3 – Cannes 23 ⑤ – Grasse 23 ⑥ – ♦Nice 16 ③ – Vence 12 ①.

Voir plan de Cagnes-sur-Mer-Villeneuve-Loubet-Haut de Cagnes

🍴🍴 La Bonne Soupe, 11 r. Mesures ℡ 20.93.16   Y e

MERCEDES-BENZ Succursale, av. des Baumettes, N 7 ℡ 73.06.11

à Villeneuve-Loubet-Plage :

🏠 **Baie des Anges,** rte bord de mer ℡ 20.08.54, ≤, 🛥 – cuisinette 📺 🛏wc
→ 🛏wc 🅰 🅿 🕭 ⚏ *VISA*   Z **t**
SC : **R** 50/100 – ⚏ 12 – **28 ch** 170/240 – P 160/205.

🏠 **Syracuse** Ⓜ sans rest, chemin de la Batterie ℡ 20.45.09, ≤, 🛥 – 🛗 cuisinette
🛏wc 🛏wc 🅰 🅿 ⚘   Z **x**
SC : ⚏ 21 – **27 ch** 190/250.

🏠 **Pétanque** sans rest, N 98 ℡ 20.07.05 – cuisinette 🛏wc 🛏wc 🅰 🅿 ⚘   Z **w**
SC : ⚏ 19 – **30 ch** 145/210.

🏠 **Palerme** sans rest, chemin de la Batterie ℡ 20.16.07, 🌳 – cuisinette 🛏wc 🅰 🅿.
⛽   Z **d**
fermé nov. – SC : ⚏ 14 – **43 ch** 170/283.

🏠 **Baléares** sans rest, sur N 7 ℡ 20.91.07 – cuisinette 🛏wc 🅿   Z **k**
fermé 15 au 30 nov. – SC : ⚏ 12 – **18 ch** 100/150.

🏛 **Singe Nu,** chemin Batterie ℡ 20.40.53, ≤, 🛥 – 🅿   Z **x**
→ fermé 3 nov. au 31 déc. et lundi sauf du 1er juin au 30 sept. – SC : **R** 50/100 ⚖.

VILLENEUVE-ST-GEORGES 94 Val-de-Marne 🔢 ①, 🔢 ㉗㊱ – voir à Paris, Proche banlieue.

VILLENEUVE-SOUS-CHARIGNY 21 Côte-d'Or 🔢 ⑱ – rattaché à Semur-en-Auxois.

VILLENEUVE-SUR-LOT ⟨🚉⟩ 47300 L.-et-G. 🔢 ⑤ G. Périgord – 23 046 h. alt. 55 – ⚙ 53.
🛈 Office de Tourisme Théâtre G. Leygues (1er avril-30 sept. et fermé dim. et lundi matin) ℡ 70.31.37.

Paris 614 ① – Agen 29 ⑤ – Bergerac 60 ① – ◆Bordeaux 142 ⑥ – Brive-la-Gaillarde 144 ③ – Cahors 75 ③ – Libourne 110 ⑥ – Mont-de-Marsan 123 ⑥ – Pau 183 ⑥.

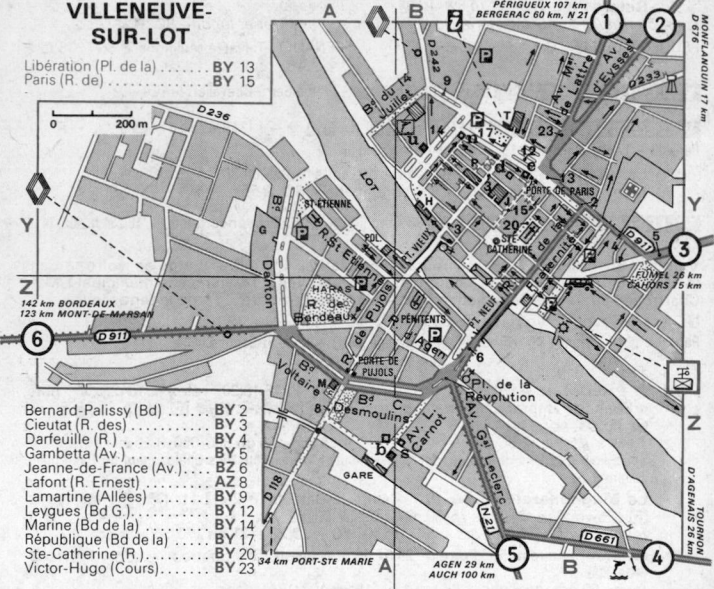

VILLENEUVE-SUR-LOT

Libération (Pl. de la) .... BY 13
Paris (R. de) .... BY 15

Bernard-Palissy (Bd) ...... BY 2
Cieutat (R. des) .... BY 3
Darfeuille (R.) .... BY 4
Gambetta (Av.) .... BY 5
Jeanne-de-France (Av.) .... BZ 6
Lafont (R. Ernest) .... AZ 8
Lamartine (Allées) .... BY 9
Leygues (Bd G.) .... BY 12
Marine (Bd de la) .... BY 14
République (Bd de la) .... BY 17
Ste-Catherine (R.) .... BY 20
Victor-Hugo (Cours) ...... BY 23

🏠 **Prune d'Or,** 29 av. L. Carnot ℡ 70.00.95 – 🛏wc 🛏 🅰 🚗 – 🛋 50. 🕭 *VISA*
→ fermé 5 au 25 fév. et vend. hors sais. – SC : **R** 50/140 ⚖ – ⚏ 12 – **16 ch** 60/120 – P
150.   AZ **b**

🏛 **La Résidence** ⚝ sans rest, 17 av. L.-Carnot ℡ 70.17.03, 🌳 – 🛏wc 🛏wc 🅰
⟲   BZ **s**
fermé 12 déc. au 10 janv. – SC : ⚏ 10 – **18 ch** 50/100.

🏛 **Le Glacier** Ⓜ ⚝ sans rest, 23 r. A.-Daubasse ℡ 70.50.61 – 🛏wc 🅰   BY **d**
⚏ 14 – **18 ch** 48/105.

🏛 **Les Platanes** sans rest, 40 bd Marine ℡ 70.01.29 – 🛏wc 🅰   BY **n**
fermé 2 au 7 mai et 25 déc. au 2 janv. – SC : ⚏ 13 – **22 ch** 64/130.

VILLENEUVE-SUR-LOT

🏠 **Terminus,** pl. Gare ☎ 70.30.87 – 🛏 🚗 🅴 𝘝𝘐𝘚𝘈   AZ **b**
↔ fermé janv. – SC : **R** (fermé lundi) 42/65 ⅃ – � 10 – **19 ch** 51/61.

🏠 **Tortoni** sans rest, 3 bd G.-Leygues ☎ 70.04.02 – 🛏   BY **e**
SC : ☕ 12 – **8 ch** 59/81.

🍴🍴 **Host. du Rooy,** chemin de Labourdette par ④ ☎ 70.48.48, parc, 🌳 – 🅿 🔟
𝘝𝘐𝘚𝘈
fermé fév., dim. soir et merc. – **R** 60/180 ⅃.

🍴 **Normandy,** 5 pl. Marine ☎ 70.36.09   BY **u**
↔ fermé lundi – SC : **R** 45/150 ⅃.

à Pujols SO : 4 km par D 118 et CC 207 - AZ – ✉ **47300** Villeneuve-sur-Lot :

🏠🏠 **Chênes** Ⓜ ⑊ sans rest, ☎ 49.04.55, ≤ – 📺 ☎ & 🅿 – 🏊 40. 🅴 𝘝𝘐𝘚𝘈
SC : ⊠ 18 – **21 ch** 130/200.

🍴🍴🍴 **La Toque Blanche** ⑊, lieu-dit Bel Air ☎ 49.00.30, ≤, 🌳 – 🅿 𝘝𝘐𝘚𝘈. ⠀🍴
fermé 1er au 15 juin, 1er au 15 oct., 20 au 28 fév., lundi hors sais. et dim. soir – SC : **R**
65/240.

🍴🍴 **Aub. Lou Calel,** ☎ 70.46.14, ≤ Villeneuve – 🅿
fermé 15 au 30 sept., 15 au 31 janv., dim. soir, lundi et mardi midi – SC : **R** (prévenir)
90/150.

AUSTIN, JAGUAR, MORRIS, ROVER, TRIUMPH Lalaurie, rte de Fumel ☎ 70.07.29
BMW, OPEL Lompech, bd Voltaire ☎ 70.88.22 Ⓝ
FORD Autom. Villeneuvoise, 17 av. d'Agen ☎ 70.01.03
PEUGEOT, TALBOT Gar. de Bordeaux, rte Bordeaux à Bias par ⑥ ☎ 70.01.04
RENAULT Villeneuve-Auto, 33 av. d'Agen par ⑤ ☎ 70.32.87
RENAULT Gar. Central Villeneuvois, 7 rte de Casseneuil ☎ 70.00.50

RENAULT Gouillon, 19 av. de Bordeaux ☎ 70.03.03
TOYOTA, VOLVO Gar. Franco, 68 av. de Fumel ☎ 70.14.54

🔟 Solapneu, 41 av. Bordeaux ☎ 70.01.09
Stat. Moderne du Pneu, 7 av. de Bordeaux ☎ 70.65.75
Villeneuve Pneus, rte Bordeaux à Bias ☎ 70.10.62

VILLENEUVE-SUR-YONNE 89500 Yonne 🗗 ⑭ G. Bourgogne (plan) – 4 810 h. alt. 74 – ✿ 86.

🛈 Syndicat d'Initiative 4 r. Carnot (20 juin-15 sept. et fermé matin) ☎ 87.20.73.
Paris 135 – Auxerre 44 – Joigny 17 – Montargis 45 – Nemours 57 – Sens 13 – Troyes 72.

🍴 **La Boursine** avec ch, N : 1 km sur N 6 ☎ 87.14.26, 🌳 – 🚗
↔ fermé oct., lundi soir et mardi – SC : **R** 46/80 ⅃ – ⊠ 12 – **8 ch** 65.

CITROEN Gar. Desmurs, ☎ 87.18.21 Ⓝ
PEUGEOT-TALBOT Lesellier, ☎ 87.04.24

RENAULT Paille, ☎ 87.02.23

VILLENEUVE TOLOSANE 31 H.-Gar. 🗗 ⑰ – rattaché à Toulouse.

VILLEPINTE 93 Seine-St-Denis 🗗 ⑪ – voir Paris Proche banlieue.

VILLEQUIER 76 S.-Mar. 🗗 ⑤ G. Normandie – 752 h. – ✉ **76490** Caudebec-en-Caux – ✿ 35.
Voir Site★ – Musée Victor-Hugo★.
Paris 171 – Bourg-Achard 27 – Lillebonne 16 – ◆Rouen 41 – Yvetot 17.

🏠🏠 **Domaine de Villequier** Ⓜ ⑊, ☎ 56.75.99, Télex 190953, ≤ vallée de la Seine, parc, 🍴 – 📺 & 🅿 – 🏊 30 à 60. 🝙 🔟 🅴 𝘝𝘐𝘚𝘈
SC : **R** 120/200 – ⊠ 30 – **29 ch** 200/380, 3 appartements 760 – P 400/480.

🍴 **Gd Sapin,** ☎ 96.11.56, « Terrasse au bord de Seine », 🌳 – 🅿 𝘝𝘐𝘚𝘈
↔ fermé 15 janv. au 10 fév. et merc. d'oct. à mars – SC : **R** 40/105.

VILLERAY 61 Orne 🗗 ⑮ – rattaché à Nogent-le-Rotrou.

VILLEREVERSURE 01 Ain 🗗 ③ – rattaché à Ceyzeriat.

VILLEROY 89 Yonne 🗗 ⑬ – rattaché à Sens.

VILLERS-BOCAGE 14310 Calvados 🗗 ⑮ G. Normandie – 2 321 h. alt. 140 – ✿ 31.
🛈 Syndicat d'Initiative pl. Petit Marché (15 juin-15 sept., fermé dim. après-midi et lundi matin) ☎ 77.16.14.
Paris 268 – Argentan 70 – Avranches 75 – Bayeux 25 – ◆Caen 26 – Flers 43 – St-Lô 35 – Vire 34.

🏠 **Trois Rois,** rte Vire ☎ 77.00.32, 🌳 – 🛏 🅿 🅴 𝘝𝘐𝘚𝘈 🍴 ch
↔ fermé 27 juin au 4 juil., fév., lundi sauf juil.-août et dim. soir – SC : **R** 50 (sauf sam.)/120 – ⊠ 13,50 – **17 ch** 65/135.

PEUGEOT-TALBOT Gar. Duthé, ☎ 77.00.81 Ⓝ ⠀⠀⠀⠀ PEUGEOT-TALBOT David, ☎ 77.00.33

40   1205

VILLERS-BRETONNEUX 80380 Somme 🗺️ ⑪ G. Nord de la France – 3 474 h. alt. 91 – ✪ 22.

Paris 137 – ♦Amiens 17 – Arras 68 – St-Quentin 57.

🏠 **Victoria** Ⓜ, 5 rte Péronne ⌀ 48.02.00 – 🛏️wc 🚿wc ☎ 🅿️
↩ *fermé dim. soir* – **R** grill 40/60 ⅓ – 💺 12 – **11 ch** 100/120 – P 160.

VILLERS-COTTERÊTS 02600 Aisne 🗺️ ③ ⑲ G. Environs de Paris – 8 978 h. alt. 133 – ✪ 23.

Voir Grand escalier★ du château A – Forêt de Retz★ B – Vallée de l'Automne★ 5 km par ⑤.

Paris 77 ⑤ – Compiègne 29 ① – Laon 58 ② – Meaux 42 ④ – Senlis 38 ⑤ – Soissons 23 ②.

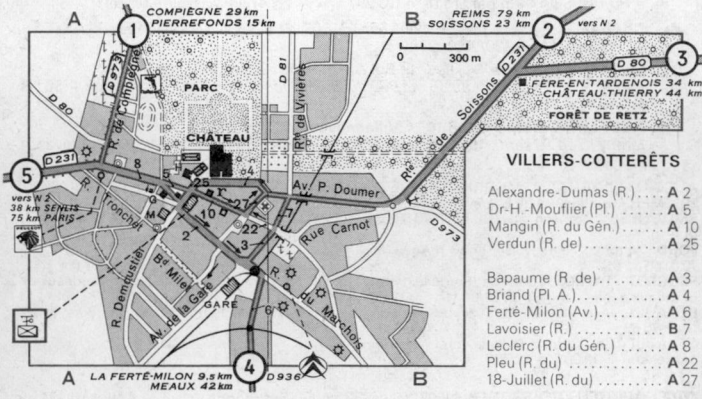

VILLERS-COTTERÊTS

Alexandre-Dumas (R.)	A
Dr-H.-Mouflier (Pl.)	A 5
Mangin (R. du Gén.)	A 10
Verdun (R. de)	A 25
Bapaume (R. de)	A 3
Briand (Pl. A.)	A 4
Ferté-Milon (Av.)	A 6
Lavoisier (R.)	B 7
Leclerc (R. du Gén.)	A 8
Pleu (R. du)	A 22
18-Juillet (R. du)	A 27

🏠 **Régent** ⅏ sans rest, 26 r. Gén.-Mangin ⌀ 96.01.46 – 📺 🚗 ⓪ 𝘝𝘐𝘚𝘈   A r
fermé 1er au 15 fév. – SC : 💺 18 – **16 ch** 100/180.

✕✕ **Commerce**, 17 r. Gén.-Mangin ⌀ 96.19.97 – ⓪ 𝘝𝘐𝘚𝘈   A r
fermé 15 janv. au 15 fév. et dim. soir – SC : **R** (dim. prévenir) 60/80.

aux Vertes Feuilles par ② : 11 km – ✉ 02600 Villers-Cotterêts :

✕✕ **Le Retz**, ⌀ 96.01.42, ≤, – 🅿️ 𝘝𝘐𝘚𝘈 ❄️
fermé mardi – SC : **R** 65/185.

à Longpont par ③ et D 17 : 12 km – ✉ 02600 Villers-Cotterêts :

🏠 **Abbaye** ⅏, ⌀ 96.02.44 – 🛏️wc 🚿wc ☎ 🚗
SC : **R** 60/140 ⅓ – 💺 24 – **11 ch** 90/220 – P 180/240.

CITROEN Gar. des Sablons, 52 av. de la Ferté-Milon par ④ ⌀ 96.04.96
CITROEN Molicard-Genestier, impasse du Marchois ⌀ 96.04.63
PEUGEOT Féry, 75 r. Gén.-Leclerc ⌀ 96.19.64
TALBOT Gar. Salabay, 42 rte de la Ferté-Milon ⌀ 96.17.40

VAG Vag France Services, rte de la Ferté Milon ⌀ 96.19.03

⬤ Fischbach-Pneu, pl. Dr-Mouflier ⌀ 96.13.64

CONSTRUCTEUR : V.A.G.-France, à Pisseleux, par D 81 (S du plan) ⌀ 96.08.03

VILLERSEXEL 70110 H.-Saône 🗺️ ⑥⑦ – 1 483 h. alt. 265 – ✪ 84.

Paris 475 – Belfort 40 – ♦Besançon 61 – Lure 18 – Montbéliard 37 – Vesoul 26.

🏠 **Terrasse,** ⌀ 20.52.11, 🌳 – 🚿wc ☎ 🅿️ 🚗 𝘝𝘐𝘚𝘈
↩ *fermé 20 déc. au 2 janv.* – SC : **R** (fermé dim. soir hors sais. et vend. soir) 40/140 ⅓ – 💺 14 – **18 ch** 70/130 – P 100/150.

VILLERS-LE-LAC 25130 Doubs 🗺️ ⑦ G. Jura – 4 428 h. alt. 746 – ✪ 81.

Voir Saut du Doubs★★★ – Lac de Chaillexon★★.

🅱 Syndicat d'Initiative r. Berçot (15 juin-15 sept. et fermé dim. après-midi) ⌀ 43.00.98.

Paris 483 – ♦Bâle 122 – ♦Besançon 73 – La Chaux-de-Fonds 16 – Morteau 6 – Pontarlier 37.

🏠 **France,** Pl. Nationale ⌀ 43.00.06, Collection de montres anciennes – 🛏️wc ☎ 🚗 🆎 ⓪ 🅴
1er fév.-31 oct. – SC : **R** (fermé dim. soir et lundi) 60/150 – 💺 15 – **14 ch** 115/150 – P 180.

PEUGEOT-TALBOT Gar. Franco-Suisse, les Terres Rouges ⌀ 43.03.47 🅽

VILLERS-LES-POTS 21 Côte-d'Or 🗺️ ⑬ – rattaché à Auxonne.

1206

VILLERS-SEMEUSE 08 Ardennes 🔢 ⑲ – rattaché à Charleville-Mézières.

VILLERS-SUR-MER 14640 Calvados 🔢 ③ **G. Normandie** – 1 773 h. alt. 38 – Casino – 🟢 31.
🅱 Office de Tourisme pl. Mermoz (1er avril-30 sept.) ☎ 87.01.18 et à la Mairie (fermé sam. après-midi et dim.) ☎ 87.00.54.
Paris 215 – Cabourg 11 – ♦Caen 35 – Deauville-Trouville 8 – Lisieux 30 – Pont-l'Évêque 19.

  🏨 **Bonne Auberge**, ☎ 87.04.64, ≤, 舞 – 🍽 ⊟wc 🔥wc 🏠 🅿. 🕸
      1er avril-30 sept. et vacances de nov. – SC : **R** carte 100 à 150 – 🖙 20 – **26 ch** 200/285 – P 245/310.

  🏠 **Frais Ombrages** 🦢 (annexe 🏨 🅼), 38 av. Brigade Piron ☎ 87.40.38, 🍸, 舞 – 🔟 ⊟wc 🔥wc 🕿. 🕸
      1er fév.-15 nov. et fermé mardi soir, merc. et jeudi hors sais. – SC : **R** 74/110 – 🖙 17 – **13 ch** 110/210 – P 205/260.

VILLERVILLE 14113 Calvados 🔢 ③ **G. Normandie** – 722 h. alt. 45 – 🟢 31.
🅱 Syndicat d'Initiative r. Mar.-Leclerc (fermé oct. et jeudi) ☎ 87.21.49.
Paris 212 – ♦Caen 49 – Deauville-Trouville 5,5 – Honfleur 9,5.

  🏠 **Bellevue** 🦢, rte Honfleur ☎ 87.20.22, ≤, 舞 – ⊟wc 🏠 🚗 🅿. 🕸 🆎 ⓪
      fermé 11 nov. au 1er janv. – SC : **R** (fermé merc.) 85/120 – 🖙 15 – **20 ch** 100/175 – P 152/197.

RENAULT Gar. Moderne, ☎ 87.21.13

VILLEURBANNE 69 Rhône 🔢 ⑪⑫ – rattaché à Lyon.

VILLEVALLIER 89127 Yonne 🔢 ⑭ – 305 h. – 🟢 86.
Paris 136 – Auxerre 36 – Montargis 46 – Sens 21 – Troyes 80.

  🏠 **Pavillon Bleu**, ☎ 63.12.22, 舞 – ⊟wc 🔥 🏠 🅿 – 🏛 50 à 150. 𝚅𝙸𝚂𝙰
  ◆ – SC : **R** 40/125 – 🖙 15 – **25 ch** 75/140 – P 130/160.

VILLIÉ-MORGON 69910 Rhône 🔢 ① – 1 582 h. alt. 290 – 🟢 74.
Paris 418 – ♦ Lyon 55 – Mâcon 23 – Villefranche-sur-Saône 27.

  🏡 **Parc** sans rest, ☎ 04.22.54 – 🔥
      fermé 8 au 17 mars, 10 oct. au 10 nov. et merc. – SC : 🖙 12 – **7 ch** 75.

PEUGEOT-TALBOT Granger, ☎ 04.23.24 🅽   RENAULT Anère, ☎ 04.20.91

VILLIERS-LE-BÂCLE 91 Essonne 🔢 ⑩, 🔢 ㉝ – voir à Paris, Proche banlieue.

VIMOUTIERS 61120 Orne 🔢 ⑬ **G. Normandie** – 5 126 h. alt. 100 – 🟢 33.
🅱 Syndicat d'Initiative à la Mairie (fermé sam. après-midi et dim.) ☎ 39.09.10.
Paris 184 – L'Aigle 43 – Alençon 63 – Argentan 31 – Bernay 38 – ♦Caen 56 – Falaise 37 – Lisieux 27.

  🏠 **Soleil d'Or**, 16 pl. Mackau ☎ 39.07.15 – 🅿. 𝙴 𝚅𝙸𝚂𝙰 ⅍ ch
  ◆ fermé janv. – SC : **R** (fermé merc.) 34/90 🍷 – 🖙 12 – **22 ch** 55/79 – P 100/180.

  🏠 **La Couronne**, 9 r. 8-Mai ☎ 39.03.04 – 🔥 🏠
  ◆ fermé sept. et mardi – SC : **R** 38/65 🍷 – 🖙 11 – **13 ch** 48/75 – P 83/100.

  ✕ **Escale de Vitou**, rte Argentan ☎ 39.12.04 – 🅿 𝚅𝙸𝚂𝙰
  ◆ fermé janv., dim. soir et lundi – **R** 32 (sauf sam. soir)/115 🍷.

CITROËN Goubin, ☎ 39.01.95   PEUGEOT-TALBOT Letourneur, ☎ 39.03.65
PEUGEOT Noel-Gérard, ☎ 39.00.27   RENAULT Bertolini, ☎ 39.04.00

VINAY 51 Marne 🔢 ⑯ – rattaché à Épernay.

VINCENNES 94 Val-de-Marne 🔢 ⑪, 🔢 ⑰ – voir à Paris, Proche banlieue.

VINCEY 88450 Vosges 🔢 ⑮ – 2 284 h. alt. 296 – 🟢 29.
Paris 367 – Épinal 22 – ♦Nancy 49 – Neufchâteau 62.

  🏨 **Relais de Vincey**, ☎ 67.40.11, 舞 – 🔟 ⊟wc 🔥wc 🏠 🚗 🅿. 🕸
  ◆ fermé en août, Noël-Jour de l'An et sam. – SC : **R** 50/130 🍷 – 🖙 18 – **24 ch** 80/130 – P 140/200.

VINON-SUR-VERDON 83 Var 🔢 ④ – 1 832 h. alt. 284 – ✉ 83560 Rians – 🟢 92 (Alpes-de-H.-P.).
Paris 780 – Aix-en-Provence 43 – Brignoles 57 – Castellane 88 – Cavaillon 75 – Draguignan 75.

  🏨 **Olivier** 🅼 🦢 sans rest, rte aérodrôme ☎ 78.86.99, ≤, 🍸 – 🔟 ⊟wc 🏠 🅿 𝙴
      SC : 🖙 20 – **20 ch** 155/200.

  ✕✕ **Relais des Gorges** avec ch, ☎ 78.80.24 – 🔥wc 🅿. 𝙴 𝚅𝙸𝚂𝙰
      fermé 22 oct. au 15 nov., 23 déc. au 3 janv. et sam. hors sais. – SC : **R** 52/76 – 🖙 15 – **9 ch** 90/115 – P 155/165.

RENAULT Gar. Ramu, ☎ 78.80.35

Paris 479 – ◆Lyon 54 – Montbrison 54 – Roanne 43 – ◆St-Étienne 67 – Thiers 82.

🏠 **Perrier,** pl. Église 🕿 63.91.01 – 🛏wc 🛁wc 🕿 �car 🚗 🚗 🗚🗚 𝒗𝒊𝒔𝒂 ⚡
◆ *fermé 10 janv. au 10 fév. –* SC : **R** *(fermé sam. du 1er nov. à Pâques)* (dîner : résidents seul.) 42/130 ₰ – ☲ 14 – **15 ch** 70/80 – P 120/150.

RENAULT Blein, 🕿 63.90.62 🚗

■ **VIRE** ◁ 14500 Calvados 🔢 ⑨ **G. Normandie** – 13 740 h. alt. 134 – ✪ 31.

🔡 Office de Tourisme square Résistance (fermé 15 oct. au 15 fév. et dim.) 🕿 68.00.05.

Paris 270 ④ – ◆Caen 60 ① – Flers 31 ④ – Fougères 67 ⑤ – Laval 105 ④ – St-Lô 39 ①.

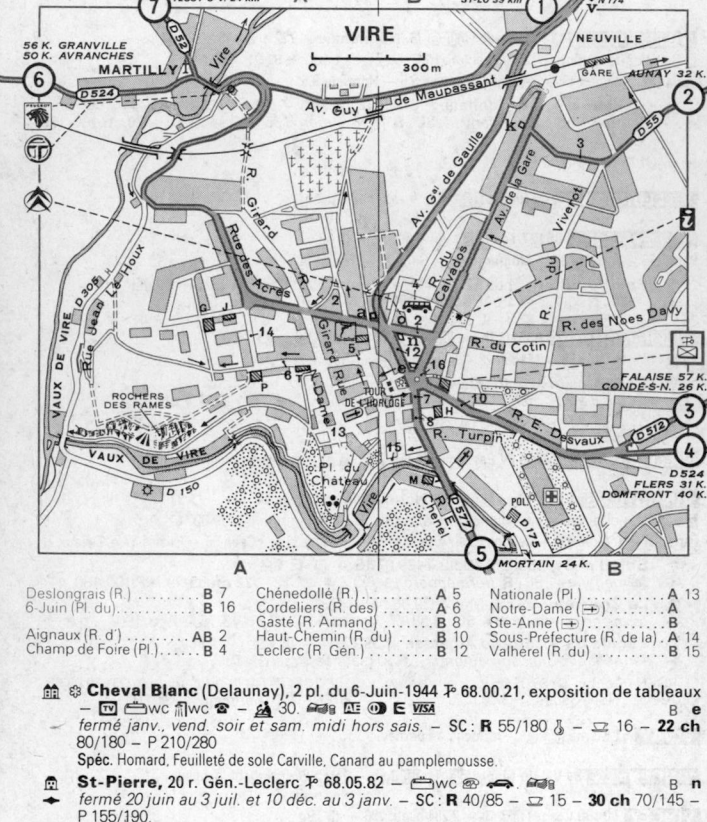

Deslongrais (R.) .... **B** 7	Chénedollé (R.) .... **A** 5	Nationale (Pl.) .... **A** 13
6-Juin (Pl. du) .... **B** 16	Cordeliers (R. des) .... **A** 6	Notre-Dame (✝) .... **A**
	Gasté (R. Armand) .... **B** 8	Ste-Anne (✝) .... **A**
Aignaux (R. d') .... **AB** 2	Haut-Chemin (R. du) .... **B** 10	Sous-Préfecture (R. de la) . **A** 14
Champ de Foire (Pl.) .... **B** 4	Leclerc (R. Gén.) .... **B** 12	Valhérel (R. du) .... **B** 15

🏨 ✿ **Cheval Blanc** (Delaunay), 2 pl. du 6-Juin-1944 🕿 68.00.21, exposition de tableaux
– 📺 🛏wc 🛁wc 🕿 – 🔏 30. 🚗🚗 🗚🗚 ⑩ 𝐄 𝒗𝒊𝒔𝒂 B **e**
◆ *fermé janv., vend. soir et sam. midi hors sais. –* SC : **R** 55/180 ₰ – ☲ 16 – **22 ch**
80/180 – P 210/280
Spéc. Homard, Feuilleté de sole Carville, Canard au pamplemousse.

🏠 **St-Pierre,** 20 r. Gén.-Leclerc 🕿 68.05.82 – 🛏wc 🕿 🚗 🚗 🚗 B **n**
◆ *fermé 20 juin au 3 juil. et 10 déc. au 3 janv. –* SC : **R** 40/85 – ☲ 15 – **30 ch** 70/145 –
P 155/190.

🏠 **Voyageurs,** av. Gare 🕿 68.01.16 – 🛏wc 🚗 🅿 B **k**
◆ *fermé dim. sauf fériés –* SC : **R** 40/95 ₰ – ☲ 13 – **14 ch** 66/110.

🏠 **France,** 4 r. Aignaux 🕿 68.00.35 – 🛏 🕿 𝐄 𝒗𝒊𝒔𝒂 A **a**
◆ *fermé vac. de fév. –* SC : **R** 38/100 ₰ – ☲ 12,50 – **11 ch** 69/120.

🍴🍴 **Pomme d'Or,** par ④ : 3 km 🕿 68.07.71 – 🅿 ⑩ 𝒗𝒊𝒔𝒂
fermé 1er au 16 août, 31 janv. au 15 fév. et lundi – SC : **R** 63/160.

🍴🍴 **Roger** avec ch, rte Caen 🕿 68.01.25 – 🛁 🕿 🅿 𝐄 𝒗𝒊𝒔𝒂 ⚡ B **v**
◆ *fermé août et sam. –* SC : **R** 45/95 – ☲ – **8 ch** 60/90.

CITROEN SADAEP Ets Paquot, pl. du Champ
de Foire 🕿 68.08.55 🚗
FIAT Onésime, rte de Caen 🕿 68.09.98
FORD Gar. Thibaut, rte de Caen 🕿 68.01.59
PEUGEOT, TALBOT Gournay, 19 rte de Gran-
ville 🕿 68.11.86
RENAULT Guilbert, rte de Caen par ① 🕿 68.
02.33

V.A.G. Gar. Lemauviel, 12 r. d'Aunay 🕿 68.
00.78
Gar. Duchemin, 1 r. E.-Desvaux 🕿 68.01.46
Gar. Prunier, rte de Caen 🕿 68.33.87

⚙ Vire-Pneus, 28 rte d'Aunay 🕿 68.26.75

VIRIEU-LE-GRAND 01510 Ain 74 ④ – 874 h. alt. 267 – 79.

Paris 497 – Aix-les-Bains 39 – Annecy 67 – Belley 12 – Bourg-en-B. 70 – Meximieux 55 – Nantua 52.

Michallet, ☎ 87.80.97 – wc ☎ 🚗 P. E VISA. ch
fermé 20 au 27 juin, 12 sept. au 3 oct. et vend. de sept. à juin – SC : **R** 42/150 – 16 – **10 ch** 69 – P 125/135.

PEUGEOT-TALBOT Belmondy, ☎ 87.82.76 N

VIRIVILLE 38980 Isère 77 ③ – 1 221 h. alt. 360 – 74.

Paris 535 – La Côte-St-André 13 – •Grenoble 54 – Romans-sur-Isère 44 – St-Marcellin 28 – Vienne 43.

Bonnoit, ☎ 54.02.18, – wc wc ☎ P – 30. .
SC : **R** 55/250 – 15 – **17 ch** 100/160 – P 180/240.

VIROFLAY 78 Yvelines 60 ⑩, 196 ⑯ – voir à Paris, Proche banlieue.

VIROLLET 79 Deux-Sèvres 72 ①② – rattaché à Beauvoir-sur-Niort.

VIRONVAY 27 Eure 55 ⑰ – rattaché à Louviers.

VIRY 71 S.-et-L. 69 ⑱ – rattaché à Charolles.

VIRY-CHATILLON 91 Essonne 61 ①, 101 ㊱ – voir à Paris, Proche banlieue.

VITRAC 24 Dordogne 75 ⑰ – 622 h. alt. 150 – ✉ **24200** Sarlat-la-Canéda – 53.

Voir Site★ du château de Montfort NE : 2 km – Cingle de Montfort★ NE : 3,5 km, G. Périgord – Paris 546 – Cahors 54 – Gourdon 22 – Lalinde 52 – Périgueux 76 – Sarlat-la-Canéda 7.

Plaisance, au port ☎ 28.33.04, ≤, – wc ☎ P. VISA
1er fév.-21 nov. – SC : **R** *(fermé vend. de fév. à Pâques)* 45/160 – 15 – **38 ch** 80/160 – P 140/170.

à Caudon-de-Vitrac E : 3 km – ✉ **24200** Sarlat :

La Ferme, ☎ 28.33.35 – P
fermé oct. et lundi – SC : **R** 48/100.

VITRÉ 35500 I.-et-V. 59 ⑱ **G. Bretagne** – 12 883 h. alt. 90 – 99.

Voir Château★★ : tour de Montalifant ≤★ AY – Rue Beaudrairie★★ AY – ≤★★ du D 178 et ≤★★ de la N 157 AY – Tertres noirs ≤★★ AY – Église N.-Dame★ AY**B** – Remparts★ ABY – Jardin public★ BZ.

Env. Champeaux : place★, stalles★ et vitraux★ de l'église 9 km par ⑤.

Office de Tourisme pl. St-Yves (fermé matin hors sais. dim. et lundi) ☎ 75.04.46.

Paris 311 ② – Châteaubriant 51 ④ – Fougères 29 ⑥ – Laval 37 ② – •Rennes 36 ⑤.

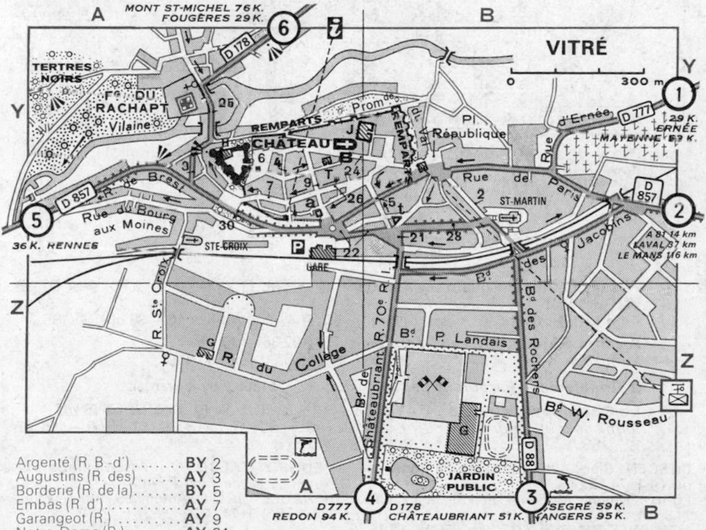

🏠 **Petit-Billot,** 5 pl. Mar.-Leclerc ☎ 75.02.10 — 🛁wc 🚿wc ☎ 🕿 🛞 ⚡ BY t
🍴 *fermé 15 déc. au 15 janv., vend. soir et sam. (sauf le soir en sais.)* – SC : **R** 50/80 🍷 –
🛏 15 – **23 ch** 60/155.

🏠 **Chêne Vert,** pl. Gare ☎ 75.00.58 — 🛁wc 🚿 🕿 🛞 🛞 ch AY a
🍴 *fermé 22 sept. au 22 oct. et sam.* – SC : **R** 40/80 – 🛏 14 – **22 ch** 50/140.

CITROEN Gar. Pinel, rte de Laval par ② ☎ RENAULT Vitré Automobiles, rte de Laval ☎
75.06.52 75.00.53
PEUGEOT, TALBOT Gar. Gendry, Av. d'Helm-
stedt par ③ ☎ 75.00.57 🚲 Jollive, 4 bd Chateaubriand ☎ 75.17.75

VITROLLES 13 B.-du-R. 🟦🟦 ② – rattaché à Marignane.

VITRY-LE-FRANÇOIS ⬭ 51300 Marne 🟦🟦 ⑧ **G. Nord de la France** – 20 092 h. alt. 105 –
✺ 26 – 🛈 Office de Tourisme pl. Giraud (fermé dim. et lundi) ☎ 74.45.30.
Paris 183 ⑤ – Châlons-sur-Marne 32 ① – Meaux 144 ⑤ – Melun 154 ⑤ – St-Dizier 29 ③ – Sens 142
⑤ – Troyes 78 ⑤ – Verdun 92 ②.

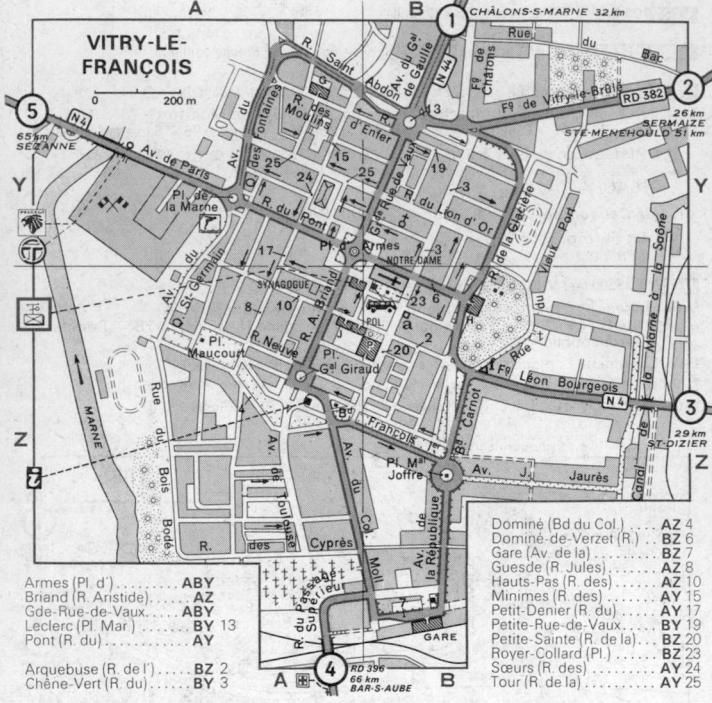

VITRY-LE-FRANÇOIS

CHÂLONS-S-MARNE 32 km

Armes (Pl. d') . . . . **ABY**
Briand (R. Aristide) . . . . . **AZ**
Gde-Rue-de-Vaux . . . . . **ABY**
Leclerc (Pl. Mar) . . . . . . **BY** 13
Pont (R. du) . . . . **AY**

Arquebuse (R. de l') . . . . **BZ** 2
Chêne-Vert (R. du) . . . . . **BY** 3

Dominé (Bd du Col.) . . . . **AZ** 4
Dominé-de-Verzet (R.) . . **BZ** 6
Gare (Av. de la) . . . . . . **BZ** 7
Guesde (R. Jules) . . . . . **AZ** 8
Hauts-Pas (R. des) . . . . . **AZ** 10
Minimes (R. des) . . . . . . **AY** 15
Petit-Denier (R. du) . . . . **AY** 17
Petite-Rue-de-Vaux . . . . **BY** 19
Petite-Sainte (R. de la) . . **BZ** 20
Royer-Collard (Pl.) . . . . **BZ** 23
Sœurs (R. des) . . . . **AY** 24
Tour (R. de la) . . . . **AY** 25

🏛 **Poste,** pl. Royer-Collard ☎ 74.02.65 — 🛗 🛁wc 🚿 🕿 – ⚠ 25 à 40. 🚗🚗 AE ⓪
🍴 **VISA** BZ a
fermé août, 20 déc. au 3 janv. et dim. – SC : **R** 47/120 🍷 – 🛏 16 – **30 ch** 100/195.

🏠 **Au Bon Séjour,** 4 fg Léon-Bourgeois ☎ 74.02.36 – Ⓟ 🚗🚗 BZ f
🍴 *fermé sam.* – SC : **R** 35/55 🍷 – 🛏 13 – **24 ch** 65/80 – P 130/150.

à Thiéblemont-Farémont par ③ *: 10 km* – ⊠ *51300 Vitry-le-François :*

XX **Le Champenois** avec ch, ☎ 41.81.03 – 🛁wc 🚿wc 🕿 Ⓟ 🚗🚗 AE ⓪ E VISA
fermé fév. et lundi du 1er sept. au 30 avril – SC : **R** 70/180 🍷 – 🛏 15,50 – **10 ch**
127/185.

CITROEN Blacy Auto., rte Nationale 4 à Blacy PEUGEOT-TALBOT Vitry-Champagne-
par ⑤ ☎ 74.15.29 Autom., 2 av. de Paris ☎ 74.11.47
FORD Dynamic Motors, 4 quai St-Germain ☎ RENAULT Sté Dist. Autom. du Perthois, Zone
74.35.04 Ind. par ③ ☎ 74.60.22
MERCEDES-BENZ, V.A.G. Gar. Ruffo, 10 fg
St-Dizier ☎ 74.04.51 🚲 Auto-Pneu-Marché, 14 av. de Paris ☎ 74.
OPEL Gar. Labroche, rte de Frignicourt ☎ 74. 04.14
13.58

VITRY-SUR-LOIRE 71 S.-et-L. 69 ⑮ – 531 h. alt. 240 – ✉ 71140 Bourbon-Lancy – ⚙ 85.
Paris 302 – Bourbon-Lancy 9,5 – Decize 29 – Digoin 37 – Mâcon 119 – Moulins 39 – Nevers 63.

Acacias, D 979 ☎ 89.71.36 – 🚗 Ⓟ. ✀
fermé 20 déc. au 10 janv. – SC : **R** 40/60 🍷 – ☕ 11 – **10 ch** 45/58 – P 110.

VITTEAUX 21350 Côte-d'Or 65 ⑱ **G. Bourgogne** – 1 077 h. alt. 325 – ⚙ 80.
Paris 263 – Auxerre 100 – Avallon 56 – Beaune 67 – ♦Dijon 48 – Montbard 33 – Saulieu 34.

Vieille Auberge, ☎ 49.60.88
fermé 15 janv. au 15 fév. et lundi – SC : **R** (déj. seul.) 40/70.

CITROEN Gar. Roy, ☎ 49.60.55 Ⓝ PEUGEOT-TALBOT Failly, ☎ 49.61.30 Ⓝ

VITTEL 88800 Vosges 62 ⑭ **G. Vosges** – 6 791 h. alt. 324 – Stat. therm. – Casino ABY – ⚙ 29.
Voir Parc★ BY – **Mt St-Jean** ✲★ **NE 3,5 km par D 68** BY
9 18 de l'Ile Verte ☎ **08.18.80, N du plan.**
ℹ Syndicat d'Initiative Palais des Congrès (fermé matin hors sais. et dim. sauf saison) ☎ 08.12.72.
Paris 334 ② – Belfort 129 ① – Chaumont 82 ② – Épinal 43 ① – Langres 72 ② – ♦Nancy 70 ①.

VITTEL

Bouloumié (Av. A.) . AY 3
Verdun (R. de) . . . . . BZ 26

Belgique (Av. de) . . . AZ 2
Dames (R. des) . . . . BZ 5
Div.-Leclerc (R.) . . . . BZ 7
Flers (Av. R.-de) . . . . BZ 8
Garnier (Av.) . . . . BY 9
Gaulle (Pl. Général-de) . . BZ 10
Gérémoy (Allée de) AY 12
Jeanne-d'Arc (R.) . . BZ 13
Joffre (R. Mar.) . . . . . BZ 15
Marne (Pl. de la) . . . AZ 17
Paris (R. de) . . . . BZ 18
St-Nicolas (R.) . . . . . . BY 19
Sœur-Catherine (R.) BZ 20
Soulier (R. M.) . . . . BYZ 22
Tilleuls (Av. des) . . . AY 24

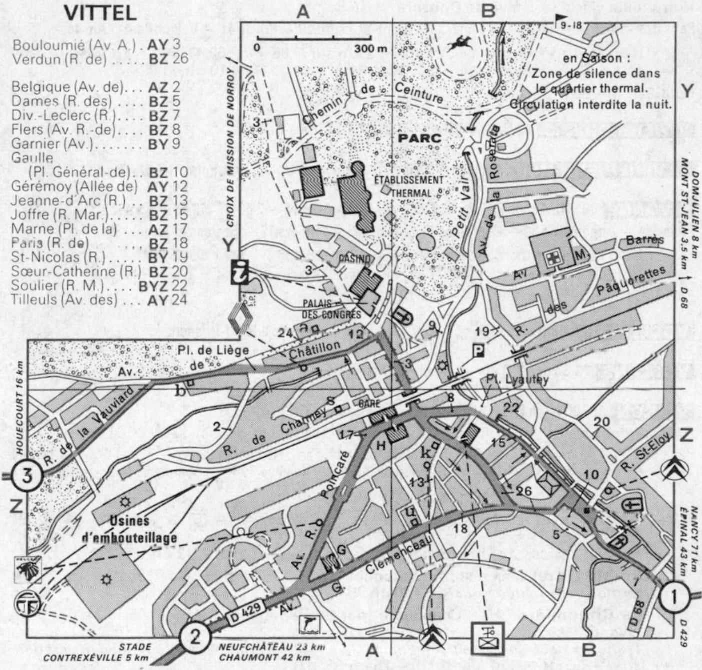

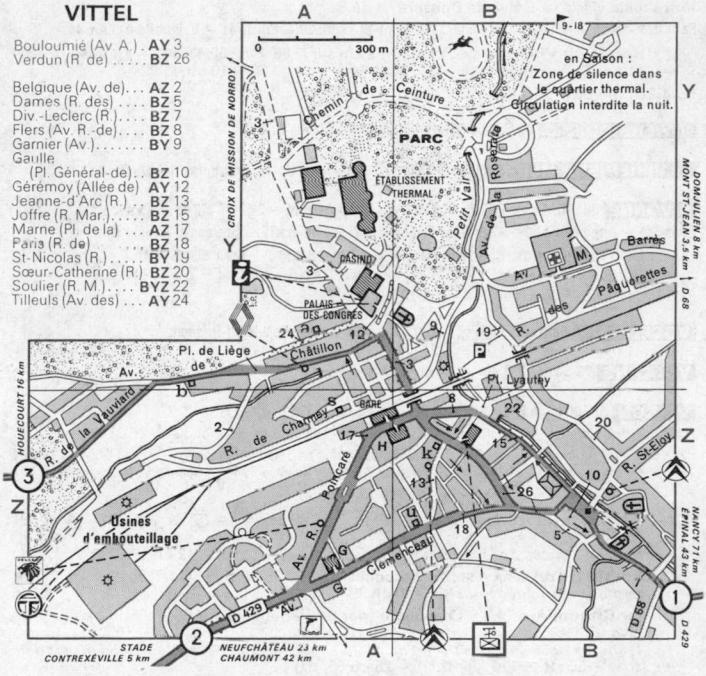

Angleterre, r. Charmey ☎ 08.08.42, 🪑 – |♦| ▭wc ⋒wc ☎ Ⓟ – 🏔 30 à 80. 🚗 AE ⓞ VISA. ✀ rest AZ **s**
fermé 15 déc. au 15 janv. – SC : **R** 70/180 – ☕ 19 – **65 ch** 130/250 – P 200/350.

Bellevue 🐦, 10 av. Châtillon ☎ 08.07.98, 🪑 – ▭wc ⋒wc ☎ Ⓟ – 🏔 30. 🚗 AE VISA. ✀ rest AYZ **b**
Pâques-oct. – SC : **R** 70/150 – ☕ 17 – **45 ch** 100/200 – P 190/310.

Beauséjour, 160 av. Tilleuls ☎ 08.09.34 – ▭wc ⋒wc ☎. AE E AY **a**
2 mai-25 sept. – SC : **R** 65/85 🍷 – ☕ 16,50 – **37 ch** 94/210 – P 150/305.

Castel Fleuri 🐦, 2 r. Jeanne d'Arc ☎ 08.05.20, « Jardin fleuri » – ▭wc ⋒wc ☎ BZ **k**
20 mai-20 sept. – SC : **R** 72 – ☕ 14,50 – **45 ch** 67/222 – P 144/200.

Le Chalet, 6 av. G.-Clemenceau ☎ 08.07.21 – ▭wc ⋒wc ☎ Ⓟ. 🚗 BZ **u**
fermé oct., dim. soir (sauf hôtel) et lundi hors sais. – SC : **R** 65/120 🍷 – ☕ 17 – **10 ch** 110/160 – P 210/240.

tourner →

VITTEL

par ③ : 3 km rte Hippodrome – ✉ **88800** Vittel :

🏨 **Orée du Bois,** ℡ 08.13.51, ≼, 🚗 – 🛏wc 🅿 – 🔬 50, 🍴 AE 🏧 ch
➡ fermé nov. et lundi du 1er déc. au 31 mars – SC : **R** 45/121 ⅄ – ⚬ 15,50 – **33 ch**
77/168 – P 187/275.

CITROEN Muller, 36.40 r. St-Eloy ℡ 08.05.65
CITROEN Villeminot, 106 av. Jeanne d'Arc ℡
08.19.44
PEUGEOT, TALBOT Rambaud, av. Poincaré
℡ 08.05.24

RENAULT Ets Leterme, av. Châtillon ℡ 08.
07.09

VIVÈS 66 Pyr.-Or. 🎴 ⑱ – rattaché au Boulou.

Le VIVIER-DANGER 60 Oise 🎴 ⑨ – alt. 165 – ✉ **60650** La Chapelle-aux-Pots – ✪ 4.
Paris 90 – Beauvais 14 – Chaumont-en-Vexin 28 – Gisors 23 – Gournay-en-Bray 16.

🍴🍴 **Lapin Vert,** sur N 31 ℡ 481.61.02 – 🅿
fermé 29 juin au 12 juil., 1er au 13 août, vacances de fév. mardi soir et merc. – SC : **R**
carte 60 à 95.

VIVIERS 07220 Ardèche 🎴 ⑩ G. Vallée du Rhône (plan) – 3 198 h. alt. 71 – ✪ 75.
Voir Vieille ville* – Défilé de Donzère** au S.
Paris 623 – Aubenas 41 – Montélimar 11 – Pont-St-Esprit 29 – Privas 41 – Vallon-Pont-d'Arc 44.

🍴 **Relais du Vivarais** avec ch, NO : 2 km sur N 86 ℡ 52.60.41, 🚗 – 🅿 🍴
➡ fermé 20 déc. au 20 janv. – SC : **R** 44/84 ⅄ – ⚬ 13,50 – **10 ch** 40/82.

PEUGEOT-TALBOT Sabadel, ℡ 52.62.70 🅽

VIVIERS-DU-LAC 73 Savoie 🎴 ⑮ – rattaché à Aix-les-Bains.

Le VIVIER-SUR-MER 35 Ille-et-V. 🎴 ⑥ – rattaché à Dol de Bretagne.

VIVONNE 86370 Vienne 🎴 ⑬ G. Côte de l'Atlantique – 2 681 h. alt. 83 – ✪ 49.
Paris 354 – Angoulême 90 – Confolens 61 – Niort 63 – Poitiers 19 – St-Jean-d'Angély 89.

🍴 **La Treille** avec ch, av. Bordeaux ℡ 43.41.13, 🍴 – 🍴 AE E VISA
➡ fermé janv. et merc. – SC : **R** 48/130 – ⚬ 12,50 – **4 ch** 82 – P 120/130.

PEUGEOT-TALBOT Babeau, ℡ 43.41.29 🅽

VOGELGRUN 68 H.-Rhin 🎴 ⑳ – 397 h. alt. 192 – rattaché à Neuf-Brisach.

VOGLANS 73 Savoie 🎴 ⑮ – rattaché à Chambéry.

VOIRON 38500 Isère 🎴 ④ G. Alpes – 20 365 h. alt. 290 – ✪ 76.
🛈 Office de Tourisme (fermé matin hors saison, dim. et lundi) pl. République ℡ 05.00.38
Paris 550 ④ – Bourg-en-Bresse 107 ① – Chambéry 44 ② – ◆Grenoble 29 ④ – ◆Lyon 87 ④ – Le Puy
171 ④ – Romans-sur-Isère 62 ④ – ◆St-Étienne 118 ④ – Valence 80 ④ – Vienne 69 ④.

Plan page ci-contre

🏨 **Aub. Castel Anne** M, par ④ : 2 km ℡ 05.86.00, 🚗 – 📺 ☎ 🚗 🅿 – 🔬 50, AE
🏧 VISA
fermé vacances de fév. – SC : **R** (fermé merc.) 75 – ⚬ 15 – **12 ch** 180/220.

🏨 **Empir'Hôtel** sans rest., 4 r. Péronnet ℡ 05.03.38 – 📶 🛏wc 🛏wc 🚗 🍴 AE 🏧
fermé 1er au 15 déc. – ⚬ 15 – **40 ch** 75/170.   BZ s

🏨 **La Chaumière** 🏠, r. Chaumière (par bd République - AZ) ℡ 05.16.24 – 🛏wc
🛏wc 🅿 🍴
fermé 15 au 30 sept., sam. et dim. sauf sais. et vacances scolaires (hôtel ouvert dim.
soir) – SC : **R** 55/120 ⅄ – ⚬ 15 – **25 ch** 65/150.

🍴🍴 **Pub Baron de Cheny,** ℡ 05.29.88 – AE 🏧 E VISA   BZ e
15 sept.-31 mai et fermé dim. soir et lundi – SC : **R** carte 95 à 130 ⅄.

🍴 **Eden,** par ② : 1 km ℡ 05.17.40, ≼ – 🅿 E VISA
➡ fermé oct., dim. soir et lundi – SC : **R** 48/130.

à la Croix Bayard par ② : 3 km – ✉ **38500** Voiron :

🍴 **Au Feu de Bois,** ℡ 05.10.58 – 🅿 VISA
fermé 20 au 30 juin, 1er au 15 oct., 1er au 15 fév., dim. soir et lundi – SC : **R** carte
environ 90.

CITROEN Gar. de la Gare, 5 bis av. Tardy ℡
05.03.49
FORD Gauduel-Voiron, Zone Ind. des Blanchisseries, rte de Bourg ℡ 05.06.99
PEUGEOT, TALBOT Ets Parendel, Zone Ind.
des Blanchisseries, N 75 par ① ℡ 05.85.33
RENAULT Autom. Voironnaise, 1 av. de Paviot
par ④ ℡ 05.43.33

RENAULT Gar. des Alpes, bd E.-Kofler ℡ 05.
91.61

🔧 Brun-Pneus, bd Denfert-Rochereau ℡ 05.
06.39
Bruyat, bd du 4-Septembre ℡ 05.02.25

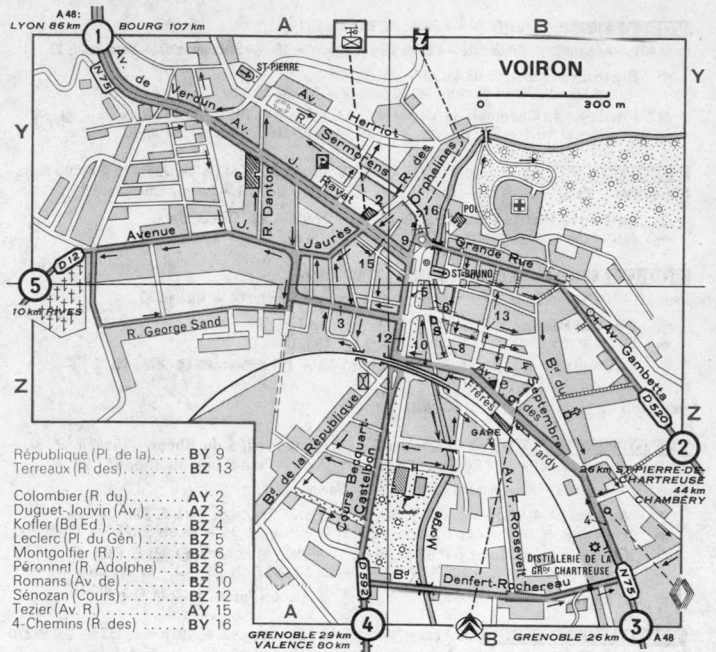

| République (Pl. de la) | BY 9 |
| Terreaux (R. des) | BZ 13 |

Colombier (R. du)	AY 2
Duguet-Jouvin (Av.)	AZ 3
Kofler (Bd Ed.)	BZ 4
Leclerc (Pl. du Gén.)	BZ 5
Montgolfier (R.)	BZ 6
Péronnet (R. Adolphe)	BZ 8
Romans (Av. de)	BZ 10
Sénozan (Cours)	BZ 12
Tezier (Av. R.)	AY 15
4-Chemins (R. des)	BY 16

➡ *The numbered circles on the town plans* ① ② ③
are duplicated on the **Michelin** *maps at a scale of 1:200 000.*
These references, common to both guide and map,
make it easier to change from one to the other.

VOISINS-LE-BRETONNEUX 78 Yvelines 📖 ⑨, 📖 ㉘, 📖 ㉑ – 2 329 h. alt. 165 – ⊠ **78180** Montigny-le-Bretonneux – ✪ 3.

Voir Vestiges de l'abbaye de Port-Royal-des-Champs★ SO : 4 km G. Environs de Paris.
Paris 30 – Chevreuse 12 – Rambouillet 27 – Versailles 9.

🏠 **Port Royal** M ⏚ sans rest, 20 r. H.-Boucher ☎ 044.16.27 – 🚿wc 🛏 ☎ 🅿 VISA
SC : ⚏ 14.50 – **20 ch** 95/140.

VOLLORE-MONTAGNE 63 P.-de-D. 📖 ⑯ – 520 h. alt. 840 – ⊠ **63120** Courpière – ✪ 73.
Paris 408 – Ambert 45 – L'Arbresle 98 – ♦Clermont-Fd 63 – Montbrison 54 Roanne 57 – Thiers 21.

🏠 **Touristes**, ☎ 53.77.50, ≤ – 🚿 🚗 🅿 📞 VISA
➤ *fermé 11 nov. au 15 déc., mardi soir et merc. sauf juil. et août* – SC : **R** 38/100 – ⚏ 13 – **17 ch** 60/130 – P 120/140.

VOLONNE 04290 Alpes-de-H.-P. 📖 ⑯ G. Côte d'Azur – 1 253 h. alt. 500 – ✪ 92.
Paris 719 – Digne 28 – Forcalquier 33 – Manosque 42 – Sault 77 – Sisteron 13.

🏠 **Modern** ⏚ sans rest, r. République ☎ 64.07.56 – ✂
1er avril-15 sept. – SC : ⚏ 10 – **10 ch** 75/85.

VONNAS 01540 Ain 📖 ② – 2 249 h. alt. 189 – ✪ 74.
Paris 412 – Bourg-en-Bresse 24 – ♦Lyon 66 – Mâcon 19 – Villefranche-sur-Saône 39.

🏨 ✿✿✿ **Georges Blanc** M, ☎ 50.00.10, Télex 380776, 🏊, 🎾, 🎿 – ▤ rest 📺 ☎ 🚗 🅿 AE ⓘ VISA
fermé janv., 1er au 7 fév., merc. et jeudi midi – **R** (nombre de couverts limité - prévenir) 180/290 et carte – ⚏ 35 – **21 ch** 200/750, 5 appartements
Spéc. Marinade de blanc de poularde Alexandre, Bar à la marinière, Crêpes vonnassiennes. **Vins** Montagnieu, Beaujolais Villages.

CITROEN Ferrand, ☎ 50.00.27
PEUGEOT, TALBOT Mousset, ☎ 50.06.02

RENAULT Gautret, ☎ 50.02.41 🄽
Gar. Morel, ☎ 50.15.66

VOREY 43800 H.-Loire 🗺 ⑦ – 1 240 h. alt. 550 – ✪ 71.

Paris 498 – Allègre 23 – Ambert 62 – Le Puy 22 – Retournac 15 – ◆St-Étienne 67 – Yssingeaux 27.

🏠 **Biniou** sans rest, 🕿 03.41.30 – 🍴 🅿. ⁏⁏
  fermé 15 au 30 juin et merc. – SC : �🍽 12 – **11 ch** 75/110.

🏠 **Parc** ⤴, au Chambon-de-Vorey NE : 3,5 km par D 103 🕿 03.40.19, parc – 🅿. ⁏⁏
◆ *1er juin-30 sept.* – SC : **R** 50/65 ⅜ – ⍚ 14 – **17 ch** 52/105 – P 115/140.

VOSNE-ROMANÉE 21 Côte-d'Or 🗺 ⑫ G. Bourgogne – 613 h. alt. 230 – ✉ 21700 Nuits-St-Georges – 🕿 80 – Paris 324 – Beaune 21 – ◆Dijon 20 – Dole 53 – Gevrey-Chambertin 8,5.

✗ **La Toute Petite Auberge**, N 74 🕿 61.02.03 – 🅿. 🆎 ⑪ 𝘷𝘪𝘴𝘢
◆ *fermé déc., janv., merc. soir et jeudi* – SC : **R** 40/60.

VOUILLÉ 86190 Vienne 🗺 ⑬ – 2 522 h. alt. 107 – ✪ 49.

Paris 341 – Châtellerault 39 – Parthenay 33 – Poitiers 17 – Saumur 84 – Thouars 52.

🏯 **Cheval Blanc**, 🕿 51.81.46 – 🅿 – 🔬 60 à 100. 𝘷𝘪𝘴𝘢 ⁏⁏
◆ SC : **R** 35/85 – ⍚ 15 – **13 ch** 55/85 – P 100/120.
  Le Clovis (🏠 Ⓜ) sans rest, 🕿 51.81.46 – 📺 ⌂wc 🅿 𝘷𝘪𝘴𝘢 ⁏⁏
  SC : ⍚ 15 – **11 ch** 135/150.

RENAULT Gge du Coquet, 🕿 51.80.04 🄽

La VOULTE-SUR-RHÔNE 07800 Ardèche 🗺 ⑪ G. Vallée du Rhône – 5 892 h. alt. 92 –
✪ 75 – **Voir Corniche de l'Eyrieux★★★** NO : 4,5 km – **Plan d'eau du Rhône★**.

Paris 590 – Crest 23 – Montélimar 33 – Privas 20 – Valence 19.

🏠 **Musée**, pl. 4-Septembre 🕿 62.40.19 – ⌂wc 🍴wc 🕿. 🍴 ⒠ 𝘷𝘪𝘴𝘢
◆ *fermé fév. et sam. d'oct. à mars* – SC : **R** 45/130 – ⍚ 14 – **15 ch** 85/160 – P 125/160.

🏠 **Vallée**, quai A.-France 🕿 62.41.10, ← – ⌂wc 🍴 🍴 ⇔ 🅿. 🆎 ⒠ 𝘷𝘪𝘴𝘢
◆ *fermé janv. et sam.* – SC : **R** 37/120 ⅜ – ⍚ 13 – **17 ch** 70/140 – P 130/150.

CITROEN Gar. Moderne, 🕿 62.00.82   🅟 Plantin Pneus, 🕿 62.44.46

VOUTENAY-SUR-CURE 89 Yonne 🗺 ⑥⑯ G. Bourgogne – 190 h. alt. 133 – ✉ 89270
Vermenton – 🕿 86 – Paris 210 – Auxerre 37 – Avallon 14 – Clamecy 37 – Vézelay 14.

✗✗ **Aub. le Voutenay** avec ch, N 6 🕿 33.41.94, parc – ⌂wc 🍴 🅿. 🍴 🆎
◆ *fermé déc. et janv., dim. soir du 1er nov. au 15 avril et lundi* – SC : **R** 60/110 – ⍚ 17
  – **10 ch** 72/105.

VOUVRAY 37210 I.-et-L. 🗺 ⑮ G. Châteaux de la Loire – 2 746 h. alt. 60 – ✪ 47.

Paris 233 – Amboise 16 – Blois 49 – Château-Renault 26 – ◆Tours 10.

🏠 **Aub. Gd Vatel**, av. Brûlé 🕿 52.70.32, 🍴 – ⌂wc 🍴wc 🕿. 🍴 𝘷𝘪𝘴𝘢 ⁏⁏ ch
◆ *fermé déc. et lundi sauf hôtel en juil. et août* – SC : **R** 70/140 – ⍚ 15 – **7 ch**
  120/155.

RENAULT Gar. des Sports, 🕿 52.73.36

VOUZERON 18 Cher 🗺 ⑳ – 405 h. alt. 226 – ✉ 18330 Neuvy-sur-Barangeon – ✪ 48.

Paris 214 – Bourges 32 – Gien 61 – ◆Orléans 83 – Vierzon 13.

🏨 **Relais de Vouzeron** ⤴, 🕿 51.61.38, 🍴, « Bel intérieur » – ⌂wc 🕿. 🅿. 🆎 ⑪
  𝘷𝘪𝘴𝘢
  fermé 30 juil. au 30 août., dim. soir et lundi – SC : **R** carte environ 160 – ⍚ 22 –
  9 ch 200/250.

RENAULT Gar. de Vouzeron, 🕿 51.62.01 🄽

VOUZIERS ◁🆘▷ 08400 Ardennes 🗺 ⑧
G. Nord de la France – 5 314 h. alt. 110 –
✪ 24.

Voir Portail★ de l'église St-Maurille E.

🗷 Syndicat d'Initiative à la Mairie (1er juil.-31
août, fermé lundi matin et dim.) 🕿 30.84.59.

Paris 197 ④ – Châlons-sur-Marne 64 ④ – Charleville-Mézières 51 ⑤ – ◆Reims 56 ④ – Rethel
31 ④ – Ste-Menehould 41 ③ – Verdun 88 ③.

🏠 **Ville de Rennes**, r. Chanzy (e) 🕿
  30.84.03, parc – ⌂wc 🍴 🕿 ⇔
  🍴 𝘷𝘪𝘴𝘢
  R 60/100 ⅜ – ⍚ 15 – **20 ch** 60/140
  – P 130/165.

CITROEN Froussart, 🕿 30.84.22 🄽
PEUGEOT-TALBOT S.I.V.A Gar. Prévost, 🕿
30.71.20

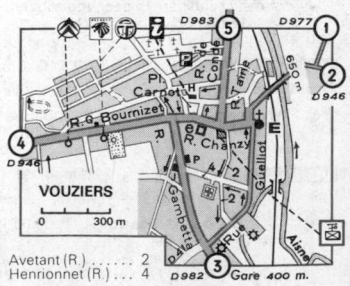

VOUZIERS

Avetant (R.) 2
Henrionnet (R.) . . . 4

V.A.G. Lagny, 🕿 30.80.73

VOVES 28150 E.-et-L. 🔢 ⑱ – 2 646 h. alt. 145 – ✪ 37.

Paris 97 – Ablis 34 – Bonneval 22 – Chartres 24 – Châteaudun 36 – Etampes 52 – ♦Orléans 58.

🏛 **Mairie,** 🏤 99.01.65 – 🛏wc 🛏wc. **E.** ✖
16 mars-30 nov. et fermé lundi – **R** 65/85 – 🍽 18 – **12 ch** 65/120.

✗✗ **Aux Trois Rois,** 🏤 99.00.88 – *VISA*
fermé 2 au 16 janv., dim. soir et lundi – SC : **R** 58/106.

CITROEN Jeannot, 🏤 99.01.70 🅽   RENAULT Nadler, 🏤 99.17.82
PEUGEOT, TALBOT Poupaux, 🏤 99.10.55

La VRINE 25 Doubs 🔢 ⑥ – alt. 836 – ✉ 25520 Goux-lès-Usiers – ✪ 81.

Paris 453 – ♦Besançon 49 – Morteau 36 – Mouthier-Hte-Pierre 11 – Pontarlier 9 – Salins-les-B. 42.

🏛 **Ferme H.,** 🏤 38.20.04 – 🛏wc ☎ 🚗 ℗ 🛏
R 50/100 ⚱ – 🍽 14 – **40 ch** 100/120 – P 150/180.

VUILLAFANS 25840 Doubs 🔢 ⑥ G. Jura – 773 h. alt. 360 – ✪ 81.

Paris 442 – ♦Besançon 33 – Levier 22 – Ornans 7 – Pontarlier 27 – Salins-les-Bains 45.

🏛 **Villa sans Façon** ✖, 🏤 62.11.97, ← – ℗ 🛏. ✖ *rest*
→ *1er mars-30 nov.* – SC : **R** 32/65 ⚱ – 🍽 10 – **12 ch** 60/80 – P 95/110.

VULAINES-SUR-SEINE 77870 S.-et-M. 🔢 ②, 🔢 ㊻ – 1 673 h. alt. 29 – ✪ 6.

Paris 70 – Fontainebleau 5 – Melun 16 – Montereau-faut-Yonne 17 – Provins 48.

✗✗ **Aub. de la Source,** angle D 210 et D 227 🏤 423.71.51 – *VISA*
fermé 1er au 26 août, dim. soir et merc. – SC : **R** 110/145.

WANGENBOURG 67710 B.-Rhin 🔢 ⑧ ⑨ G. Vosges – 229 h. alt. 452 – ✪ 88.

Voir Site ★.

🛈 Syndicat d'Initiative 47 r. du Gén.-de-Gaulle (juil.-août et fermé dim.) 🏤 87.32.44

Paris 464 – Molsheim 29 – Sarrebourg 38 – Saverne 20 – Sélestat 62 – ♦Strasbourg 41.

🏛 **Parc H.** ✖, 🏤 87.31.72, ←, parc, 🏊, ✖ – 📶 🛏wc 🛏wc ☎ 🚗 ℗ – 🏊 50.
→ 🛏. ✖ *rest*
fermé 2 nov. au 22 déc. et merc. en hiver – SC : **R** 46/120 ⚱ – 🍽 16,50 – **34 ch**
72/169 – P 139/183.

🏠 **Scheidecker-Fruhauff,** 🏤 87.30.89, 🌳, 🚲 – ℗ 🛏
→ *fermé 6 nov. au 6 déc. et merc. en hiver* – SC : **R** 40/150 ⚱ – 🍽 16 – **26 ch** 78/145 –
P 120/150.

à Engenthal N : 2 km carrefour D 218 - D 224 – ✉ 67710 Wangenbourg :

✗✗ **Les Vosges** ✖ avec ch, 🏤 87.30.35, ←, 🌳, 🚲 – 🛏wc ☎ ℗
→ *fermé mardi soir et merc. hors sais.* – SC : **R** 47/120 – 🍽 15,50 – **14 ch** 72/160 – P
125/160.

La WANTZENAU 67 B.-Rhin 🔢 ⑩ – rattaché à Strasbourg.

WASSELONNE 67310 B.-Rhin 🔢 ⑨ G. Vosges – 5 023 h. alt. 200 – ✪ 88.

🛈 Syndicat d'Initiative pl. Gén.-l eclerc (mai-sept.) 🏤 87.17.22.

Paris 460 – Haguenau 39 – Molsheim 13 – Saverne 14 – Sélestat 46 – ♦Strasbourg 25.

✗✗ **Au Saumon** avec ch, r. Gén.-de-Gaulle 🏤 87.01.83, 🚲 – 🛏wc 🛏 🚗 ℗ – 🏊
→ 35 🛏 *AE* ① *VISA*
fermé 15 au 30 juin, dim. soir du 15 oct. au 15 mars et lundi – SC : **R** 35/120 ⚱ – 🍽
12 – **18 ch** 75/110 – P 125/145.

CITROEN Gar. Bohnert, 🏤 87.03.72

WETTOLSHEIM 68 H.-Rhin 🔢 ⑱ – rattaché à Colmar.

WIMEREUX 62930 P.-de-C. 🔢 ① G. Nord de la France – 6 712 h. – ✪ 21.

🏌 🏤 32.43.20, N : 2 km.

🛈 Syndicat d'Initiative pl. Albert-1er (Pâques, Pentecôte et 1er juil.-15 sept.)

Paris 306 – Arras 121 – Boulogne-sur-Mer 6,5 – ♦Calais 31 – Marquise 10.

🏠 **Aramis** sans rest, 1 r. Romain 🏤 32.40.15 – 🛏wc 🚗 🛏 ✖
→ *fermé déc., janv., dim. soir et lundi soir sauf été* – SC : 🍽 15 – **16 ch** 85/150.

🏠 **Centre,** 78 r. Carnot 🏤 32.41.08 – 🛏wc 🛏wc 🚗 🛏 **E** *VISA* ✖
→ *fermé 6 au 20 juin, 19 déc. au 10 janv., dim. soir de nov. à mars et lundi* – SC : **R**
43/60 ⚱ – 🍽 12 – **18 ch** 61/130.

✗✗ ✪ **Atlantic H.** avec ch, digue de mer 🏤 32.41.01, ← – 📶 🛏wc 🛏wc ☎ ℗ – 🏊
→ 40 à 90. 🛏
fermé fév., dim. soir et lundi d'oct. à mars – **R** 100/130 – 🍽 18 – **10 ch** 120/180
Spéc. Chausson de crabe, Langoustines au vin de Xérès, Bar braisé au Champagne.

CITROEN Sauvage, 46 r. Napoléon 🏤 32.43.04   RENAULT Coquart, 5 pl. O.-Dewavrin 🏤 32.
40.02

67290 B.-Rhin 57 ⑱ – 1 539 h. alt. 220 – ✿ 88.

Paris 436 – Bitche 20 – Haguenau 35 – Sarreguemines 42 – Saverne 31 – ✦Strasbourg 57.

🏨 **Wenk,** ☎ 89.71.01, 🏛 – ➖wc 🚿wc 🕿 🚗 🅿 🚗🗂 ⓘ **E**. 🛇 rest
✦ *fermé 2 janv. au 7 fév.* – **R** *(fermé merc.)* 35/120 🍷 – 🖵 15 – **19 ch** 60/150 – P 130/150.

✕✕ **A l'Orée du Bois,** ☎ 89.71.59 – 🅿
✦ *fermé nov. et lundi* – SC : **R** 35/85 🍷.

---

68 H.-Rhin 62 ⑱⑲ – rattaché à Colmar.

---

88 Vosges 62 ⑱ – 363 h. alt. 475 – ✉ 88520 Ban-de-Laveline – ✿ 29.

Paris 473 – Colmar 44 – Épinal 64 – St-Dié 14 – Ste-Marie-aux-Mines 10 – Sélestat 32.

✕✕ **Blanc Ru** 🏖 avec ch, ☎ 57.78.51, ←, 🏛 – 🚿wc 🕿 🅿 🚗🗂
fermé 6 au 15 sept., fév., dim. soir et lundi sauf juil. et août – SC : **R** 63/102 🍷 – 🖵 14 – **7 ch** 77/165 – P 152/185.

⟨SP⟩ 67160 B.-Rhin 57 ⑲ **G. Vosges** – 6 094 h. alt. 160 – ✿ 88.

Voir Église St-Pierre et St-Paul★ A E – Col du Pigeonnier ←★ 5 km par ④.

Env. Village★★ d'Hunspach par ② 11 km.

🛈 Office de Tourisme à l'Hôtel de Ville (fermé sam. et dim.) ☎ 94.14.55.

Paris 509 ② – Haguenau 32 ② – Karlsruhe 42 ② – Sarreguemines 80 ④ – ✦Strasbourg 64 ②.

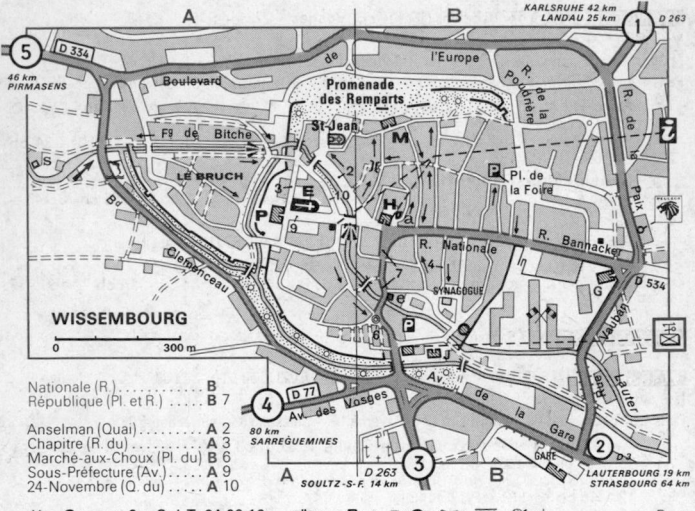

WISSEMBOURG

Nationale (R.) .... **B**
République (Pl. et R.) .... **B** 7

Anselman (Quai) .... **A** 2
Chapitre (R. du) .... **A** 3
Marché-aux-Choux (Pl. du) **B** 6
Sous-Préfecture (Av.) .... **A** 9
24-Novembre (Q. du) ..... **A** 10

🏨 **Cygne,** 3 r. Sel ☎ 94.00.16 – ➖wc 🕿 🅿 🚗🗂 **VISA** 🛇 ch   B a
fermé 6 au 28 juil., fév., jeudi midi et merc. – SC : **R** 95 bc – 🍴 15 – **16 ch** 90/180.

🏨 **Walck** Ⓜ 🏖, ☎ 94.06.44 – ➖wc 🚿wc 🕿 🕭 🅿 🚗🗂 ⓘ **VISA** 🛇 rest   A s
✦ SC : **R** *(fermé 15 au 30 juin, 15 au 30 janv., dim. soir de nov. à avril et lundi)* 40/120 🍷 – 🍴 14 – **15 ch** 125/132.

✕✕ **Ange** avec ch, r. République ☎ 94.12.11, « Maison du 16e s. » – ➖wc 🚿wc 🕿
🚗🗂 🛇 ch   B e
fermé en sept., fév., dim. soir et lundi – **R** 60/120 🍷 – 🖵 12 – **10 ch** 75/120.

    à Cleebourg par ④ : 6 km – ✉ 67160 Wissembourg :

🏨 **Tilleul,** ☎ 94.52.15 – 🚿 🚗🗂 **E**
✦ *fermé mi fév. à mi mars et lundi hors sais.* – SC : **R** 42/108 🍷 – 🍴 10 – **12 ch** 50/85 – P 100/110.

---

68 H.-Rhin 66 ⑨ – rattaché à Altkirch.

---

22 C.-du-N. 58 ⑦ – rattaché à Lannion.

YENNE 73170 Savoie **74** ⑮ G. Alpes – 2 152 h. alt. 231 – ✪ 79

🛈 Office de Tourisme rte Lucey (fermé dim. et lundi) ☎ 36.71.54.

Paris 553 – Aix-les-B. 22 – Bellegarde-sur-Valserine 55 – Belley 12 – Chambéry 24 – La Tour-du-Pin 35.

  XX **La Diligence,** r. A.-Laurent ☎ 36.80.78 – *VISA*
  → *fermé 12 au 30 nov. et lundi* – SC : **R** 45/120.

  X **Fer à cheval** avec ch, r. des Prêtres ☎ 36.70.33, 🏤
  → *fermé vend.* – SC : **R** 40/95 – ☲ 13 – **13 ch** 75/120 – P 130/160.

Gar. Clément, à Landrecin ☎ 36.72.32 **N** ☎ 36.86.83

YERVILLE 76760 S.-Mar. **52** ⑭ – 1 492 h. alt. 156 – ✪ 35.

Paris 171 – Dieppe 41 – ♦Rouen 32 – St-Valéry-en-Caux 31 – Yvetot 11.

  XX **Host. Voyageurs** avec ch, ☎ 96.82.55, 🚗 – 📺wc 🛁 **🅿** 🚗🛁 **E**
  → SC : **R** 40/160 🍷 – ☲ 17 – **11 ch** 110/190.

CITROEN Bourdet, ☎ 96.86.23   ⓪ Ansselin-Pneus, ☎ 96.82.63
RENAULT Gar. Joseph, ☎ 96.80.77 **N**

YEU (Ile d') ★★ 85350 Vendée **67** ⑪ G. Côte de l'Atlantique – 4 766 h. – ✪ 51.

Accès : Transports maritimes, pour **Port-Joinville** (retenir passage autos très longtemps à l'avance, surtout pour juil.-août : 8 F) écrire Gare de Port-Joinville ou ☎ 58.36.66.

🚢 depuis **Fromentine.** En 1982 : de juin à sept., 2 à 4 services quotidiens ; hors saison, 1 service quotidien - Traversée 1 h 15 – Voyageurs 66 F (AR), autos de 180 à 250 F par Régie Départementale des Passages d'Eau ☎ 68.52.32.

  Port-Joinville .

  Voir Vieux Château★ : ⇐★★ SO : 3,5 km – Grand Phare ⇐★ SO : 3 km.

  🛈 Syndicat d'Initiative quai Canada (hors saison fermé après-midi et dim.) ☎ 58.32.58.

  🏨 **Flux H.** 🦢 sans rest., 27 r. P.-Henry ☎ 58.36.25, ⇐, 🚗 – 📺wc 📶 & **🅿**
      fermé janv. et fév. – SC : ☲ 16 – **15 ch** 155/190.

  🏨 **Grand Large,** ☎ 58.36.77 – 📺wc 📶wc 🐾, 🚗🛁 *VISA*. 🌊 rest
      fermé 3 janv. au 3 fév. – SC : **R** *(fermé dim. soir hors sais.)* 70/145 – **22 ch** ☲ 145/195
      – P 205/235.

  X **Clipper,** 10 r. Gén.-de-Gaulle ☎ 58.71.82
      fermé oct. et 1er mars au 15 avril – SC : **R** *(fermé dim. soir de sept. à juin, mardi et merc. de nov. à mars et lundi sauf du 1er juil. au 15 sept.)* 100/140.

RENAULT Gar. Cantin 55 Rue de la Saulzaie ☎ 58.33.80

  Le Port de la Meule .

  Voir Côte Sauvage★★ : ⇐★★ E et O – Pointe de la Tranche★ SE.

YSSINGEAUX ⟨SP⟩ 43200 H.-Loire **76** ⑧ G. Vallée du Rhône – 6 528 h. alt. 860 – ✪ 71.

Paris 570 ① – Ambert 72 ④ – Privas 112 ② – Le Puy 27 ③ – ♦St-Étienne 51 ① – Valence 100 ②.

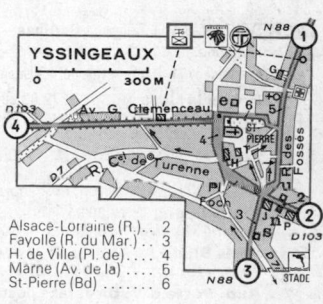

  🏨 **H. Cygne,** 8 r. Alsace-Lorraine (n)
      ☎ 59.01.87, 🚗 – 📺wc 📶 🐾 **🅿**
      🐾🛁 ch
      fermé sept., 20 déc. au 10 janv., dim.
      soir et lundi – SC : **R** voir rest. Le Cy-
      gne – ☲ 15 – **18 ch** 90/138 – P
      180/200.

  🏨 **Voyageurs et rest. Bourbon,** 5 pl.
  → Victoire **(e)** ☎ 59.06.54 – 📶wc 🐾.
      🐾🛁 **E** *VISA*
      fermé oct., jeudi soir et vend. sauf de
      juil. à sept. – SC : **R** 42/150 🍷 – ☲ 15
      – **11 ch** 80/149 – P 139/174.

  🏨 **Parc** sans rest, 27 r. Mar.-Fayolle **(s)** ☎ 59.00.29 – 📺 📶 **🅿** 🌊
      fermé vend. – SC : 🍽 11 – **10 ch** 53/96.

  XX **Cygne,** 8 r. Alsace-Lorraine (n) ☎ 59.01.87 – **🅿**. 🌊
      fermé sept., 20 déc. au 10 janv., dim. soir et lundi – SC : **R** 50/140.

CITROEN Gar. de Bellevue, rte de Retournac   PEUGEOT-TALBOT Chapuis, av. Mar.-de-Vaux
par ④ ☎ 59.00.68   ☎ 59.05.24 **N**
PEUGEOT-TALBOT Gar. Berlier, rte de Saint-   RENAULT Gar. Sagnard, ZI La Guide par ① ☎
Etienne par ① ☎ 59.06.65 **N**   59.03.39

Map labels:
YSSINGEAUX
300 M
Av. G. Clemenceau
r. de Turenne
Foch
Alsace-Lorraine (R.) ... 2
Fayolle (R. du Mar.) ... 3
H. de Ville (Pl. de) 4
Marne (Av. de la) 5
St-Pierre (Bd) 6
STADE

YVETOT 76190 S.-Mar. 52 ⑬ G. Normandie – 10 939 H. alt. 144 – ✪ 35.

Voir Verrières★★ de l'église E – 🛈 Syndicat d'Initiative pl. V.-Hugo (15 juin-15 sept., fermé merc. et dim.) ☎ 95.08.40 et 39 r. des Victoires (fermé dim. et lundi) ☎ 95.12.25.

Paris 176 ② – Dieppe 53 ② – Fécamp 34 ⑤ – ◆Le Havre 51 ⑤ – Lisieux 85 ⑤ – ◆Rouen 36 ②.

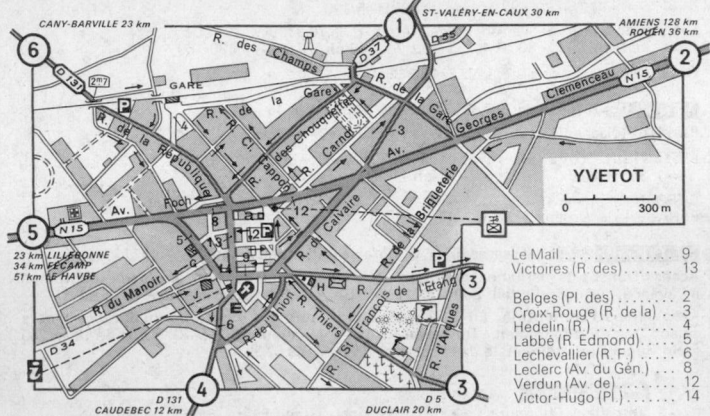

Le Mail	9
Victoires (R. des)	13
Belges (Pl. des)	2
Croix-Rouge (R. de la)	3
Hedelin (R.)	4
Labbé (R. Edmond)	5
Lechevallier (R. F.)	6
Leclerc (Av. du Gén.)	8
Verdun (Av. de)	12
Victor-Hugo (Pl.)	14

🏨 **Havre,** pl. Belges (a) ☎ 95.16.77 – 📟wc 🛏wc 📷 🚗 🖚 , ⚓
fermé hôtel : 24 déc. au 2 janv., rest : 17 déc. au 16 janv. et dim. sauf fériés – SC : **R** 55/125 🍷 – ☲ 15 – **37 ch** 95/175.

à *Croix-Mare* par ② N 15 : 8 km – ✉ 76190 Yvetot :

XX **Aub. de la Forge,** ☎ 91.25.94, parc – **⊙**. 🆎 **VISA**
fermé 15 août au 6 sept., 15 au 31 janv., mardi soir et merc. – SC : **R** 105 bc/70.

FIAT, LANCIA-AUTOBIANCHI Vasselin, Zone Ind. d'Yvetot à Ste Marie des champs ☎ 95.18.44
FORD Lethuillier, av. Gén.-Leclerc ☎ 95.12.99
OPEL Gar. Perchey, av. G.-Clemenceau ☎ 95.01.75
PEUGEOT, TALBOT Leroux N 15 bis à Valliquerville par ⑤ ☎ 95.16.66

RENAULT Roussel Autom., rte N 15 par ⑤ ☎ 95.00.88

Ⓐ Aubé, Zone Ind. ☎ 95.12.20
Central-Pneu, 17 r. du Vieux Ste Marie ☎ 95.42.13

YVOIRE 74 H.-Savoie 70 ⑯⑰ G. Alpes – 335 h. alt. 390 – ✉ 74140 Douvaine – ✪ 50.

🛈 Syndicat d'Initiative pl. Église (15 juin-15 sept. et fermé dim.) ☎ 72.80.21.

Paris 573 – Annecy 71 – Bonneville 40 – ◆Genève 26 – Thonon-les-Bains 16.

🏨 **Pré de la Cure** Ⓜ ⚓, ☎ 72.83.58, ≤, 😋, 🚗 – 📲 📟wc 🛏wc 📷 ৬ **⊙**. ⚓ ch
15 mars-1er nov. et fermé merc. sauf du 15 juin au 15 sept. – SC : **R** 60/115 – ☲ 18 – **24** 160/220.

🏨 **Port** ⚓, ☎ 72.80.17, ≤, 😋, « Terrasse dominant le lac » – 📟wc 🛏wc 📷. 🖚 **E**. ⚓ ch
15 mai-30 sept. et fermé merc. hors sais. – SC : **R** 60/120 – ☲ 16 – **8 ch** 80/160.

🏨 **Vieux Logis,** ☎ 72.80.24, 😋 – 📟wc. 🖚 🆎 **E**
1er avril-31 oct. et fermé lundi – SC : **R** 55/170 – ☲ 18 – **12 ch** 80/160.

XX **Flots Bleus** ⚓ avec ch, ☎ 72.80.08, ≤, 😋 – 📟wc 🛏 📷 **⊙**. 🖚 . ⚓ ch
10 mai-15 sept. – SC : **R** 62/125 – ☲ 18 – **8 ch** 112/184 – P 185/235.

X **Aub. Porte d'Yvoire,** face poste ☎ 72.80.14, 😋, « Façade fleurie » –
19 mars-1er nov. et fermé lundi sauf juil.-août – SC : **R** 60/110.

YZERON 69 Rhône 73 ⑲ G. Vallée du Rhône – 483 h. alt. 728 – ✉ 69510 Thurins – ✪ 7.

Voir Église ≤★.

Paris 483 – L'Arbresle 25 – ◆Lyon 28 – Montbrison 47 – Roanne 76 – ◆St-Étienne 52 – Thiers 106.

XX **Cheval Blanc** avec ch, ☎ 881.02.63 – 🛏 **⊙** 🖚
fermé 1er nov. au 1er déc., mardi soir et merc. – SC : **R** 80/130 – ☲ 15 – **12 ch** 70/120 – P 150/180.

YZEURES-SUR-CREUSE 37 Indre-et-Loire 68 ⑤ – 1 737 h. alt. 80 – ✉ 37290 Preuilly-sur-Claise – ✪ 47 – Paris 324 – Chateauroux 71 – Chatellerault 29 – Poitiers 54 – ◆Tours 90.

XX **La Promenade** Ⓜ avec ch, ☎ 94.55.21 – 📟wc 🛏wc ☎. ⚓
fermé 28 nov. au 5 déc. et 25 janv. au 27 fév. – SC : **R** 65/250 – ☲ 24 – **8 ch** 120/140 – P 160/180.

INDEX DES LOCALITÉS
classées par régions et par départements

Ces localités sont toutes repérées sur la Carte Michelin par un souligné rouge. Voir les numéros de carte et de pli au texte de chaque localité. *Les localités rattachées à un centre plus important sont imprimées en italique.*

A LIST OF LOCALITIES
by region and « département »

On Michelin Maps all localities in the Guide are underlined in red. The entry of each locality gives the map number and fold. *Italics in the following list indicate that a locality is listed under a larger town.*

ALPHABETISCHES ORTSVERZEICHNIS
nach Regionen und Départements geordnet

Diese Orte sind auf den Michelin-Karten angegeben und rot unterstrichen. Nummer und Falte der entsprechenden Karte ersehen Sie aus dem jeweiligen Ortstext. *Die in Schrägdruck aufgeführten Orte wurden einer größeren Stadt zugeordnet.*

INDICE DELLE LOCALITÀ
suddivise per regione e dipartimento

Queste località sono tutte sottolineate in rosso sulla carta Michelin. Il numero della carta e della piega è riportato nel testo di ciascuna località. *Le località legate ad un centro più importante sono stampate in carattere magro.*

1219

BAS-RHIN

Andlau
Baldenheim
Barr
Blaesheim
Bois-l'Abbesse
Bouxwiller
Brumath
Cleebourg
Climbach
Colroy-la-Roche
Cronenbourg
Donon (Col du)
Drusenheim
Engenthal
Erstein
Gimbelhof
Grauffthal
Grendelbruch
Gundershoffen
Haguenau
Haut-Koenigsbourg
Hinsingen
Hoerdt
Le Hohwald
Illkirch-Graffenstaden
Imsthal
Itteheim
Itterswiller
Keskastel
*Kreuzweg
(Col du)*
Landersheim
Lauterbourg
Lembach
Marckolsheim
Marlenheim
Marmoutier
Merkwiller-Pechelbronn
Mittelbergheim
Mollkirch
Molsheim
Mommenheim
Mutzig
Natzwiller
Nideck (Ruines du Château et Cascade du)
Niederbronn-les-Bains
Niederschaeffolsheim
Niedersteinbach
Oberhaslach
Obernai
Obersteigen
Obersteinbach
Ottrott

La Petite-Pierre
Pfaffenhoffen
Quatzenheim
Les Quelles
Ranrupt
Reichsfeld
Reichstett
Rhinau
Rosheim
Saales
Ste-Odile
(Mont)
Sand
Sarre-Union
Saverne
*Schweighouse-
sur-Moder*
Sélestat
Strasbourg
Traenheim
Urmatt
Val-de-Ville
Villé
Wangenbourg
La Wantzenau
Wasselonne
Wingen-sur-Moder
Wissembourg

HAUT-RHIN

Altkirch
Ammerschwihr
Andolsheim
Artzenheim
Ballon de Guebwiller
Bartenheim
Basses-Huttes
Biesheim
Bischwihr
Blodelsheim
Bollenberg
Le Bonhomme
Breitenbach
Cernay
Colmar
Dannemarie
Diefmatten
Eguisheim
Ferrette
Fréland
Le Grand Ballon
Guebwiller
Hagenthal-le-Bas
Hartmannswiller
Hirtzbach

Hohrod
Hohrodberg
Horbourg
Huningue
Illhaeusern
Jungholtz
Kaysersberg
Kientzheim
Labaroche
Lapoutroie
Lautenbach
Lièpvre
Linthal
Logelheim
Luttenbach
Lutter
Masevaux
Metzeral
Moernach
Moosch
Muhlbach
Mulhouse
Munster
Murbach
Neuf-Brisach
Orbey
Pairis
Remomont
Ribeauvillé
Riedisheim
Rimbach-
près-Guebwiller
Riquewihr
Rixheim
Roppentzwiller
Rouffach
St-Hippolyte
St-Louis
Ste-Croix-aux-Mines
Ste-Marie-aux-Mines
Sewen
Soultz
Soultzbach-les-Bains
Soultzeren
Steinbrunn-le-Bas
Thann
Thannenkirch
Les Trois-Épis
Turckheim
Uffholtz
Vieil Armand
Village-Neuf
Vogelgrun
Wettolsheim
Wintzenheim
Wittersdorf

Pour vos voyages, en complément de ce guide utilisez :
   — Les **guides Verts Michelin** régionaux
   paysages, monuments et routes touristiques.
   — Les **cartes Michelin** à 1/1 000 000 grands itinéraires
   1/200 000 cartes détaillées.

AQUITAINE

DORDOGNE

Augignac
Badefols-
   sur-Dordogne
Beaumont
Bergerac
Beynac et Cazenac
Bouniagues
Bourdeilles
Brantôme
Le Bugue
Campagne
Caudon-de-Vitrac
*Champagnac-
   de-Belair*
La Chapelle-Aubareil
La Coquille
Domme
Excideuil
Eymet
Les Eyzies-de-Tayac
Groléjac
Lalinde
Lanouaille
Le Lardin-St-Lazare
Laurière
Maison-Jeannette
Manzac-sur-Vern
Mauzac
Mavaleix
Monbazillac
Monpazier
Montignac
Montpon-Ménesterol
Mouleydier
Mussidan
Nontron
Périgueux
Razac-sur-l'Isle
Ribérac
La Roque-Gageac
Rouffillac
St-Cybranet
St-Cyprien
St-Geniès
St-Naixent
St-Capraise-de-Lalinde
St-Saud-Lacoussière
Sarlat-la-Canéda
Sarliac-sur-l'Isle
Saussignac
Savignac-les-Églises
Siorac-en-Périgord
Sorges
Tamniès
Thiviers
Tourtoirac
Trémolat
Vergt
Vezac
Vieux-Mareuil
Villefranche-
   du-Périgord
Vitrac

GIRONDE

L'Alouette
L'Amélie-sur-Mer
Andernos-les-Bains
Arcachon
Le Barp
Barsac
Bazas
Beaulac
Belin-Béliet
Biganos
Blaye
Bordeaux
Bouliac
Branne
Cambes
Cap-Ferret
Carcans-Plage
Castillon-
   la-Bataille
Cérons
Claouey
Courréjan
Coutras
Esconac
Facture
La Forêt
Galgon
Gironde-sur-Dropt
Grave
   (Pointe de)
Gueynard
Guîtres
Gujan-Mestras
Hourtin
La House
La Hume
Lacanau-Océan
Langon
Lavagnac
Lavignolle
Lesparre-Médoc
Libourne
Listrac-Médoc
Lugos
Margaux
Maubuisson
Mérignac
Monségur
Montalivet-les-Bains
Le Moulleau
Pessac
Pilat-Plage
Le Pontet d'Eyrans
Le Porge
Pyla-sur-Mer
Queyrac
Quinsac
Rauzan
La Réole
Rolland
St-André-de-Cubzac
St-Émilion
St-Jean-de-Blaignac

St-Laurent-et-Bénon
St-Louis-
   de-Montferrand
St-Médard-
   de-Guizières
St-Médard-en-Jalles
St-Seurin-de-Cursac
Ste-Foy-la-Grande
Sauternes
Soulac-sur-Mer
Soussans
Talence
Taussat-les-Bains
La Teste
Verdelais
Villandraut

LANDES

Aire-sur-l'Adour
Amou
Bégaar
Benesse-Maremne
Biscarrosse
Cagnotte
Capbreton
Castets
Contis-Plage
Dax
Eugénie-les-Bains
Gastes
Grenade-sur-l'Adour
Hagetmau
Herm
Hossegor
Ispe
Labastide-d'Armagnac
Labatut
Labouheyre
Léon
Lubbon
Luxey
Magescq
Mano
Mézos
Mimizan
Mont-de-Marsan
Montfort-
   en-Chalosse
Morcenx
Navarrosse
Parentis-en-Born
Peyrehorade
Port-de-Lanne
Pouillon
Retjons
Rion-des-Landes
Roquefort
Sabres
St-Geours-
   de-Maremne
St-Jean-de-Lier
St-Julien-en-Born
St-Justin
St-Médard

St-Paul-en-Born
St-Sever
St-Vincent-
de-Tyrosse
Ste-Marie-de-Gosse
Sanguinet
Seignosse
Souquet
Soustons
Tartas
Vieux-Boucau-
les-Bains
Villeneuve-de-Marsan

LOT-ET-GARONNE

Agen
Aiguillon
Astaffort
Bonaguil
Bon-Encontre
Cancon
Casteljaloux
Cassou
Damazan
Duras
Fumel
Galimas
Lavardac
Marmande
*Mauvezin-
sur-Gupie*
Miramont-de-Guyenne
Moncrabeau
Nérac
Poudenas
Pujols
Puymirol
Ste-Livrade
Teysset
Tonneins
Tournon-d'Agenais
Villeneuve-sur-Lot

PYRÉNÉES-ATLAN-
TIQUES

Aincille
Ainhoa
Anglet
Arbonne
Arcangues
Artiguelouve
Artix
Ascain
Asson
Barcus
Bayonne
Bétharram
(Grottes de)
Biarritz
Bidarray
Bidart
Biriatou
*Brindos
(Lac de)*
Cambo-les-Bains
Castétis
Ciboure
Dancharia
Eaux-Bonnes
Escos
Espelette
Estérençuby
Féas
Gabas
Gourette
Guéthary
Hasparren
Hendaye
Herrère
L'Hôpital-
St-Blaise
Ibarron
Ilbarritz
Itxassou
Jurancon

Lacq
Larceveau
Larrau
Laruns
Lescar
Lescun
Lestelle-Bétharram
Licq-Athérey
Louvie-Juzon
Lurbe-St-Christau
Mauléon-Licharre
Morlaas
Mouguerre
Navarrenx
Nay
Oloron-Ste-Marie
Orthez
Osquich (Col d')
Ossès
Ousse
Pau
Pontacq
Puyoo
La Rhune
(Montagne de)
St-Christau
St-Étienne-de-Baïgorry
*St-Ignace
(Col de)*
St-Jean-de-Luz
St-Jean-le-Vieux
St-Jean-Pied-de-Port
St-Palais
St-Pée-sur-Nivelle
Salies-de-Béarn
Sare
Sauveterre-de-Béarn
Soumoulou
Tardets-Sorholus
Uhart-Cize
Urdos
Urt
Ustaritz

AUVERGNE 239 69

ALLIER

Abrest
Arfeuilles
Bellerive-sur-Allier
Bourbon-L'Archambault
Bressolles
Cérilly
Chantelle
Charmeil
Chouvigny (Gorges de)
Commentry
Cosne-d'Allier
Coulandon
Creuzier-le-Neuf
Cusset
Dompierre-sur-Besbre
Le Donjon
Ébreuil
Estivareilles

Jenzat
Lapalisse
Laprugne
Mariol
Le Mayet-
de-Montagne
Molles
Montluçon
Moulins
Néris-les-Bains
St-Léopardin-d'Augy
St-Loup
St-Pourçain-sur-Sioule
Souvigny
Tronçais
Urcay
Vallon-en-Sully
Varennes-sur-Allier
Le Veurdre
Vichy

CANTAL

Allanche
Anglards-de-Salers
Aurillac
Boisset
Calvinet
Cayrols
Chalvignac
Champs-sur-Tarentaine
Chaudes-Aigues
Cheylade
Le Claux
Curebourse (Col de)
Dienne
Le Falgoux
Garabit (Viaduc de)
Lacapelle-Barrès
Laveissière
Le Lioran

Massiac
Mauriac
Mauro
Montsalvy
Murat
Neuvéglise
Pailherols
Pleaux
Polminhac
Prat-de-Bouc
Puy Mary
Quatre Chemins
Raulhac
Riom-ès-Montagnes
Le Rouget
Ruynes-en-Margeride
Saignes
St-Bonnet-de-Salers
St-Cernin
St-Cirgues-
  de-Jordanne
St-Étienne-Cantalès
St-Étienne de Chomeil
St-Flour
St-Jacques-des-Blats
St-Julien-
  de-Jordanne
St-Paul-des-Landes
St-Projet-
  de-Cassaniouze
Salers
Ségur-les-Villas
Super-Lioran
Le Theil
Thiézac
Vezels-Roussy
Vic-sur-Cère
Vieillevie

HAUTE-LOIRE

Allègre
Arlempdes
Aurec-sur-Loire
Le Babory
Blesle
Brioude
La Chaise-Dieu
Le Chambon-sur-Lignon
Le Chambon-sur-Vorey
Costaros
Fay-sur-Lignon
Goudet
Langeac
Lapte
Lavoûte-sur-Loire
Lempdes
Mazet-St-Voy

Mézenc (Mont)
Monistrol-sur-Loire
Moudeyres
Paulhaguet
Pont-de-Sumène
Pontempeyrat
Pont-Salomon
Prades
Le Puy
Reilhac
Retournac
Riotord
St-Didier-en-Velay
St-Georges-Lagricol
St-Julien-Chapteuil
St-Privat-d'Allier
Saugues
La Séauve-sur-Semène
Sembadel-Gare
Semène
Tence
Vorey
Yssingeaux

PUY-DE-DÔME

Aigueperse
Ambert
Les Ancizes-Comps
Aubusson d'Auvergne
Bagnols
La Baraque
Beaune-le-Froid
Besse-en-Chandesse
Billom
Bort-l'Étang
La Bourboule
Bourg-Lastic
Brassac-les-Mines
Le Broc
Le Brugeron
Ceyrat
Ceyssat
  (Col de)
Chabreloche
Chamalières
Chambon
  (Lac)
Champeix
Charbonnières-
  les-Vieilles
Châteauneuf-les-Bains
Châtelguyon
La Chaulme
Le Cheix
Clermont-Ferrand
Cournon-d'Auvergne
Courpière

Les Crocs d'Arconsat
Égliseneuve-
  d'Entraigues
Fades (Viaduc des)
Le Genestoux
Giat
Herment
Issoire
Job
Laqueuille
Lezoux
Longues
Loubeyrat
Manzat
Maringues
Montaigut
Le Mont-Dore
Montpeyroux
Murol
Orcet
Orcival
Parent
Parentignat
Pérignat-lés-Sarlève
Pionsat
Pontaumur
Pont-de-Dore
Pont-de-Menat
Pont-du-Bouchet
Pontgibaud
Puy de Dôme
Puy de Sancy
Randan
Riom
Rivalet
Rochefort-Montagne
Royat
St Anthème
St-Cirgues-sur-Couze
St-Dier-d'Auvergne
St-Germain-Lembron
St-Germain-l'Herm
St-Gervais-
  d'Auvergne
St-Hippolyte
St Nectaire
St-Pardoux
St-Rémy-sur-Durolle
St-Sauveur-la Sagne
Sancy (Puy de)
Sarpoil
Saulzet-le-Chaud
Super-Besse
Thiers
La Tour-d'Auvergne
Vernet-la-Varenne
Vertolaye
Vollore-Montagne

Participez à notre effort permanent
de mise à jour

Adressez-nous vos remarques
et vos suggestions.

Cartes et guides Michelin
46 avenue de Breteuil - 75341 Paris Cedex 07

BOURGOGNE 65 69

CÔTE-D'OR

Aisey-sur-Seine
Arnay-le-Duc
Auxey-Duresses
Auxonne
Beaune
Bligny-sur-Ouche
Bouilland
Châtillon-sur-Seine
Dijon
Echigey
Fixin
Fleurey-sur-Ouche
Genlis
Gevrey-Chambertin
Hauteville-lès-Dijon
Les Laumes
Levernois
Losne
Les Maillys
Marsannay-la-Côte
Meloisey
Meursault
Mirebeau
Moloy
Montagny-
  lès-Beaune
Montbard
Morey-St-Denis
Nuits-St-Georges
Perrigny-lès-Dijon
Plombières-lès-Dijon
Pont (Lac de)
Pontailler-sur-Saône
Pont-de-Pany
Pouilly-en-Auxois
Puligny Montrachet
St-Jean-de-Losne
St-Rémy
St-Seine-l'Abbaye
Santenay
Saulieu
Savigny-lès-Beaune
Semur-en-Auxois
Sennecey-lès-Dijon
Seurre
Sombernon
Talant
Til-Châtel
Val-Suzon
Velars-sur-Ouche
Villeneuve-
  sous-Charigny
Villers-les-Pots
Vitteaux
Vosne-Romanée

NIÈVRE

Alligny-en-Morvan
La Celle-sur-Loire
Cercy-la-Tour
Charenton
La Charité-sur-Loire

Château-Chinon
Clamecy
Corvol l'Orgueilleux
Cosne-sur-Loire
Decize
Donzy
Dornes
Germigny
Imphy
Luzy
Magny-Cours
La Marche
Montigny-aux-Amognes
Montsauche
Moulins-Engilbert
Moux
Myennes
Nevers
Pougues-les-Eaux
Pouilly-sur-Loire
Prémery
St-Honoré-les-Bains
St-Pierre-le-Moutier
Varzy

SAÔNE-ET-LOIRE

Allériot
Anost
Autun
Azé
Beaurepaire-en-Bresse
Bourbon-Lancy
Brancion
Le Breuil
Chagny
Chalon-sur-Saône
Charolles
Chassey-le-Camp
Chauffailles
Chaublanc
La Clayette
Cluny
Couches
Le Creusot
La Croix-Blanche
Cuiseaux
Cuisery
Digoin
Étang-sur-Arroux
Fleurville
Fleury-la-Montagne
Fuissé
Génelard
Givry
Grury
Gueugnon
Igé
Issy-l'Evèque
Louhans
Lux
Mâcon
Marcigny
Marmagne
Martailly-lès-Brancion

Massilly
Mercurey
Montceau-les-Mines
Montchanin
Neuzy
Paray-le-Monial
Pierre-de-Bresse
Romanèche-Thorins
Romenay
Sagy
St-Albain (Aire de)
St-Bonnet-de-Joux
St-Germain-du-Bois
St-Germain-du-Plain
St-Loup-
  de-Varennes
St-Marcel
St-Martin-du-Lac
St-Martin-
  sous-Montaigu
St-Oyen-Montbellet
St-Pantaléon
St-Symphorien-
  de-Marmagne
St-Usuge
Ste-Foy
Salornay-sur-Guye
Solutre
Sully (Château de)
Torcy
Tournus
Verchizeuil
Verdun-sur-le-Doubs
Verzé
Viry
Vitry-sur-Loire

YONNE

Ancy-le-Franc
Appoigny
Arcy-sur-Cure
Auxerre
Avallon
Les Baudières
Bléneau
La Celle-St-Cyr
Chablis
Champigny
Champs-sur-Yonne
Charny
Chéroy
Chevannes
Coulanges-sur-Yonne
Cousin
  (Vallée du)
Joigny
Lavauts
Leugny
Mailly-le-Château
Malay-le-Petit
Migennes
Montigny-la-Resle
Neuvy-Sautour
Le Petit-Chaumont

BRETAGNE 230

Nogent-le-Rotrou
La Poste de Boisseaux
St-Jean-de-Rebervilliers
Ste-Gemme-Moronval
Senonches
Thiron
Thivars
Toury
Voves

INDRE

Aigurande
Ambrault
Ardentes
Argenton-sur-Creuse
Bélâbre
Le Blanc
Celon
Châteauroux
Châtillon-sur-Indre
La Châtre
Diou
Éguzon
Gargilesse-Dampierre
Issoudun
Levroux
Nohant-Vic
Pellevoisin
Le Pin
St-Chartier
St-Christophe-
   en-Boucherie
St-Marcel
Ste-Sévère-sur-Indre
Tendu
Valençay
Vatan

INDRE-ET-LOIRE

Amboise
Azay-le-Rideau
Benais
Bléré
Bourgueil
Château-Renault
Chenonceaux
Chinon
Cussay
Descartes
Genillé
Le Grand-Pressigny
Guignière
Joué-lès-Tours
Langeais
Ligueil
Loches

Luynes
Manthelan
Marçay
Monnaie
Montbazon
Montlouis-sur-Loire
Monts
Négron
Neuillé-le-Lierre
Ports
Pouzay
Preuilly-sur-Claise
Richelieu
Rochecorbon
Saché
St-Martin-le-Beau
St-Michel-sur-Loire
St-Pierre-des-Corps
Ste-Maure-
   de-Touraine
Tours
Véretz
Vernou-sur-Brenne
Villandry
Vouvray
Yzeures-sur-Creuse

LOIR-ET-CHER

Blois
Bracieux
Candé-sur-Beuvron
Chambord
La Chapelle-
   Vendômoise
Chaumont-sur-Loire
Chaumont-sur-Tharonne
La Chaussée-St-Victor
Chitenay
Contres
Cour-Cheverny
Dhuizon
La Ferté-Imbault
Herbault
Huisseau-sur-Cosson
Lamotte-Beuvron
Lavardin
Menars
Mennetou-sur-Cher
Mondoubleau
Montoire-sur-le-Loir
Montrichard
Nouan-le-Fuzelier
Onzain
Ouchamps
Oucques
Pontlevoy

Rabot
Rilly-sur-Loire
Romorantin-Lanthenay
St-Aignan
St-Dyé-sur-Loire
St-Julien-sur-Cher
St-Laurent-Nouan
Salbris
Santenay
Selles-St-Denis
Souesmes
Souvigny-en-Sologne
Thésée
Troo
Vendôme
La Ville-aux-Clercs
Villefranche-sur-Cher

LOIRET

Amilly
Autry-le-Châtel
Batilly-en-Puisaye
Beaugency
Bellegarde
Les Bézards
Bonny-sur-Loire
Châteauneuf-sur-Loire
Châtillon-sur-Loire
Chevilly
Chilleurs-aux-Bois
Combreux
Courtenay
Dordives
La Ferté-Saint-Aubin
Gien
Jargeau
Ladon
Ligny-le-Ribault
Lorcy
Lorris
Loury
Malesherbes
Meung-sur-Loire
Montargis
Nogent-sur-Vernisson
Olivet
Orléans
Ousson-sur-Loire
Oussoy-en-Gâtinais
Pithiviers
Quatre-Croix
St-Benoit-sur-Loire
St-Denis-de-l'Hôtel
St-Jean-de-Braye
St-Jean-le-Blanc
Sully-sur-Loire
Tavers

CHAMPAGNE-ARDENNE 🖽 🖽

ARDENNES

Aubrives
Auvillers-les-Forges
Biévres
Bogny-sur-Meuse

Carignan
Charleville-Mézières
Le Chesne
Fumay
Givet
Les Hautes-Rivières

Haybes
Meuse (Vallée de la)
Monthermé
Mouzon
Neuville-
   aux-Tourneurs

Nouzonville
Rethel
Revin
Rocroi
Sedan
Signy-l'Abbaye
Villers-Semeuse
Vouziers

AUBE

Aix-en-Othe
Arcis-sur-Aube
Arsonval
Barberey-St-Sulpice
Bar-sur-Aube
Bar-sur-Seine
Bréviandes
Brévonnes
Brienne-le-Château
Clerey-Sud
Dolancourt
Gyé-sur-Seine
Lesmont
Méry-sur-Seine
Nogent-sur-Aube
Nogent-sur-Seine
Pont-Ste-Marie

Romilly-sur-Seine
Ste-Savine
Traînel
Troyes

MARNE

Ambonnay
Beaumont-sur-Vesle
Bergères-lès-Vertus
Châlons-sur-Marne
Châlons-sur-Vesle
Champillon
Chaussée
Dizy
Dormans
Épernay
L'Épine
Fère-Champenoise
Fismes
Florent-en-Argonne
Givry-en-Argonne
Le Mesnil-sur-Oger
Montchenot
Montmirail
Montmort
Reims
Ste-Menehould
Sept-Saulx

Sézanne
Sillery
Thiéblemont-Farémont
Tours-sur-Marne
Vertus
Ville-en-Tardenois
Vinay
Vitry-le-François

HAUTE-MARNE

Arc-en-Barrois
Bourbonne-les-Bains
Chaumont
Colombey-
les-Deux-Églises
Doulaincourt
Fayl-Billot
Foulain
Joinville
Langres
Marnay-sur-Marne
Montigny-le-Roi
Nogent-en-Bassigny
Perthes
Rachecourt-sur-Marne
St-Dizier
Saints-Geosmes

CORSE ⑨⓪

CORSE-DU-SUD

Ajaccio
Aullène
Barracone
Bastelica
Bastelicaccia
Bavella (Col de)
Bocognano
Bonifacio
Bussaglia
Cala Rossa
Cargèse
Cauro
Evisa
Favone
Golfe de la Liscia
Golfo di Sogno
Petreto-
Bicchisano
Piana
Pinarello
Porticcio
Porto
Ferrayola

Porto-Pollo
Porto-
Vecchio
Propriano
Quenza
Sagone
Santa
Maria-Siché
Sartène
Soccia
Solenzara
Tiuccia
Vero
Vico
Zicavo
Zonza

HAUTE-CORSE

Aléria
Algajola
Asco
Barcaggio
Bastia
Calvi

Cap Corse
(Tour du)
Casamozza
Casatorra
Centuri-Port
Corte
Feliceto
Galéria
Calacuccia
L'Ile-Rousse
Miomo
Monticello
Pietracorbara
Pietranera
Porticciolo
Lozari
Palagaccio
St-Florent
San-Martino-di-Lota
San Pellegrino
Sant'Antonino
Speloncato
Venaco
Vizzavona
(Col de)

FRANCHE-COMTÉ ⑥⑥ ⑦⓪

DOUBS

Arc-et-Senans
Audincourt
Baume-les-Dames
Besançon
Bolandoz

Chalezeule
Charquemont
Château-Farine
Chenecey-Buillon
Consolation (Cirque de)
Cour-St-Maurice
Damprichard

Doubs
Doubs (Vallée du)
Ecole-Valentin
Fuans
Goumois
Granges-Sainte-Marie
Les Grangettes

Les Hôpitaux-Neufs
Hyèvre-Paroisse
Jougne
Levier
Lison (Source du)
Lods
La Loue (Source de)
Maiche
Malbuisson
Mathay
Métabief
Montbéliard
Montbenoit
Morre
Morteau
Mouthier-
  Haute-Pierre
Nans-sous-Ste-Anne
Orchamps-Vennes
Ornans
Ouhans
Oye-et-Pallet
Pierrefontaine-
  les-Varans
Pontarlier
Pont-de-Roide
Pont-les-Moulins
Pugey
Rang
Roches-les-Blamont
St-Hippolyte
St-Vit
Séchin
Sochaux
Taillecourt
Valdahon
Valentigney
Vernierfontaine
Villars-sous-Dampjoux
Villers-le-Lac
La Vrine
Vuillafans

JURA

Andelot-en-Montagne
Arbois
Arinthod
Baume-les-Messieurs
Bletterans
Bonlieu
Bourg-de-Sirod
Brevans
Champagnole
Châtillon
Chaux-des-Prés
Chaussin
Clairvaux-les-Lacs
Courlans
Crançot
La Cure
Dole
Doucier
Hérisson (Cascades du)
Ilay
Lamoura
Lons-le-Saunier
Maisod
Montchauvrot
Montmorot
Les Monts-de-Vaux
Mont-sous-Vaudrey
Morez
Mouchard
Nozeroy
Pannessières
Parcey
Passenans
Poligny
Pont-de-la-Chaux
Pont-de-Poitte
Pont-du-Navoy
Port-Lesney
Les Rousses
St-Amour

St-Claude
St-Laurent-
  en-Grandvaux
Salins-les-Bains
Thoirette
Vaux (Monts de)
Vers-en-Montagne
Villard-St-Sauveur

HAUTE-SAÔNE

Aubigney
Champagney
Combeaufontaine
Étuz
Fougerolles
Gray
Lure
Luxeuil-les-Bains
Nantilly
Port-sur-Saône
Le Rhien
Rigny
Rioz
Ronchamp
St-Loup-
  sur-Semouse
Vauchoux
Venère
Vesoul
Villersexel

TERRITOIRE-DE-BELFORT

Andelnans
Ballon d'Alsace
Belfort
Danjoutin
Delle
Giromagny
Valdoie

ILE-DE-FRANCE 237

V.-DE-PARIS

SEINE-ET-MARNE

Barbizon
Beton-Bazoches
Boissy-le-Châtel
Brie-Comte-Robert
Brolles
Buthiers
Chailly-en-Bière
Chauffry
Chelles
Claye-Souilly
Condé-Ste-Libiaire
Coubert
Coulommiers
Crécy-la-Chapelle
Esbly
La Ferté-sous-Jouarre
Flagy
Fontainebleau

Fontenay-Trésigny
Fromonville
Germiny l'Évêque
Glandelles
Héricy
Lagny-sur-Marne
Lorrez-le-Bocage
Marne-la-Vallée
Meaux
Melun
Montcourt-Fromonville
Montereau-Faut-Yonne
Montévrain
Montigny-sur-Loing
Moret-sur-Loing
Nangis
Nanteuil-sur-Marne
Nemours
Noyen-sur-Seine
Ozoir-la-Ferrière
Pamfou
Plessis-Picard

Pontcarré
Ponthierry
Port-Montain
  (Le)
Provins
Quincy-Voisins
Recloses
St-Cyr-sur-Morin
Samois-sur-Seine
Sancy-lès-Meaux
Sivry
Thenisy
Thorigny-sur-Marne
Ury
Valence-en-Brie
Varreddes
Vaux-le-Vicomte
  (Château de)
Veneux-les-Sablons
Vert-St-Denis
Villeneuve-le-Comte
Vulaines-sur-Seine

YVELINES

Ablis
Bazainville
Bonnières-sur-Seine
Bougival
Les Bréviaires
Les Chaises
Châteaufort
Chaufour-
  lès-Bonnières
Chevreuse
Coignières
Conflans-Ste-Honorine
Craches
Dampierre-
  en-Yvelines
Esclimont
Féranville
Follainville
Gambais
Gazeran
Houdan
Houilles
Maisons-Laffitte
Mantes-la-Jolie
Marly-le-Roi
Maulette
Maurepas
Les Mesnuls
Meulan
Millemont
Montchauvet
Montfort-l'Amaury
Les Mousseaux
Les Mureaux
Neauphle-le-Château
Orgeval
Le Perray-
  en-Yvelines
Poissy
Pontchartrain
Port-Villez
Rambouillet
Rolleboise
Rosay
St-Arnoult-
  en-Yvelines
St-Cyr-l'École
St-Germain-en-Laye
St-Léger-
  en-Yvelines
*St-Martin-
  la-Garenne*
St-Rémy-
  lés-Chevreuse
Ste-Appoline
Senlisse
Senneville
Thoiry
Le Tremblay-
  sur-Mauldre
Velizy-Villacoublay
Versailles
Le Vésinet
Viroflay
Voisins-
  le-Bretonneux

ESSONNE

Angerville
Briis-sous-Forges
Brunoy
Chalo-St-Mars
Champrosay
Chilly-Mazarin
Corbeil-Essonnes
Court-Pain
Dourdan
Draveil
Étampes
Étiolles
Évry-Corbeil-Essonnes
Gometz-le-Châtel
Grigny
Itteville
Jarcy
Juvisy
Lardy
Longjumeau
Milly-la-Forêt
Montgeron
Montlhéry
Morangis
Morsang-sur-Orge
Orsay
Palaiseau
Paray-Vieille-Poste
Saclay
St-Michel-sur-Orge
St-Vrain
Saulx-les-
  Chartreux
Savigny-sur-Orge
Varennes-Jarcy
Verrières-
  le-Buisson
Villebon-sur-
  Yvette
Villiers-le-Bâcle
Viry-Châtillon

HAUTS-DE-SEINE

Asnières-sur-Seine
Bagneux
Bellevue
Boulogne-Billancourt
Clamart
Clichy
Courbevoie
La Garenne-
  Colombes
Gennevilliers
Malmaison
Meudon
Montrouge
Nanterre
Neuilly-sur-Seine
Petit-Clamart
Puteaux
Rueil-Malmaison
St-Cloud
Sceaux
Sèvres
Vaucresson
Ville-d'Avray

SEINE-ST-DENIS

Aulnay-sous-Bois
Bagnolet
Le Blanc-Mesnil
Le Bourget
  (Aéroport de Paris)
Livry-Gargan
Montreuil
Noisy-le-Grand
Le Pré-St-Gervais
Romainville
St-Denis
St-Ouen
Stains
Villemomble
Villepinte

VAL-DE-MARNE

Alfortville
Chennevières-
  sur-Marne
Créteil
Joinville-le-Pont
Maisons-Alfort
Nogent-sur-Marne
Orly
  (Aéroport de Paris)
Le Perreux-
  sur-Marne
La Queue-en-Brie
Rungis
St-Mandé
St-Maurice
Sucy-en-Brie
La Varenne-
  St-Hilaire
Vincennes

VAL-D'OISE

Argenteuil
Auvers-sur-Oise
Beaumont-sur-Oise
Boisemont
La Bonneville
Cergy-Pontoise
Champagne-
  sur-Oise
Chantemesle
Chaumontel
*Cormeilles-
  en-Parisis*
*Cormeilles-
  en-Vexin*
Enghien-les-Bains
L'Isle-Adam
Luzarches
Maffliers
Magny-en-Vexin
Osny
Parmain
Pontoise
La Roche-Guyon
Roissy-en-France
St-Ouen-l'Aumône
Survilliers-St-Witz

AUDE

Belcaire
Capendu
Carcassonne
Castelnaudary
Chalabre
Cucugnan
*Duilhac-
  sous-Peyrepertuse*
La Franqui
Gruissan
Leucate
Lézignan-Corbières
Limoux
Narbonne
Ornaisons
Peyriac-Minervois
Port-la-Nouvelle
Quillan
Rieux-Minervois
St-Pierre-sur-Mer
Villemagne

GARD

Aigoual
  (Mont)
Aigues-Mortes
Alès
Anduze
Les Angles
Arpaillargues
Aulas
Bagnols-sur-Cèze
Beaucaire
*La Bégude-
  de-Saze*
Le Cailar
Castillon-du-Gard
Chamborigaud
Concoules
Connaux
Courry
Durfort
L'Espérou
Estézargues
La Favède
La Fontaine-du-Buis
Générargues
Génolhac
Goudargues
La Grand-Combe
Le Grau-du-Roi
Lasalle
Mialet
Mus
Navacelles
  (Cirque de)
Nimes
Pont-d'Hérault
Pont-du-Gard
Pont-St-Esprit
Port-Camargue
Remoulins

Rey
Rochefort-du-Gard
Roquemaure
St-Ambroix
St-Gilles
St-Jean-du-Gard
St-Laurent-le-Minier
Sauveterre
Sommières
Tavel
Uzès
Valleraugue
Le Vigan
Villeneuve-lès-Avignon

HÉRAULT

Agde
Aires
Aniane
Balaruc-les-Bains
Bédarieux
Béziers
Bouzigues
Cap-d'Agde
Capestang
Castries
Le Caylar
Clapiers
Clermont-l'Hérault
Demoiselles
  (Grotte des)
Florensac
Frontignan
Ganges
Gignac
La Grande-Motte
Lamalou-les-Bains
Lodéve
Lunas
Lunel
Marseillan
Mèze
Minerve
Montpellier
Mourèze
Nissan-lez-
  Ensérune
Olargues
Palavas-les-Flots
La Peyrade
Pézenas
Pont-de-Lunel
Roquebrun
*St-Jean-
  de-la-Blaquière*
St-Martin-de-Londres
St-Pons-
  de-Thomières
La Salvetat-
  sur-Agout
Sète
Le Soulié
La Tamarissière
Valras-Plage

LOZÈRE

Aumont-Aubrac
Auroux
Aven-Armand
Bagnols-les-Bains
La Bastide-Puylaurent
La Canourgue
La Caze (Château de)
Cévennes
  (Corniche des)
Chanac
Chapeauroux
Chasserades
Cocurès
Florac
La Garde
Langogne
La Malène
Marvejols
Mende
Meyrueis
Le Monastier
Nasbinals
Point-Sublime
Le Pont-de-Montvert
Rieutort-de-Randon
Le Rozier
St-Alban-
  sur-Limagnole
St-Chély-d'Apcher
Ste-Enimie
Tarn (Gorges du)
Vialas
Les Vignes
Villefort

PYRÉNÉES-
ORIENTALES

Amélie-les-Bains-
  Palalda
Les Angles
Argelès-sur-Mer
Arles-sur-Tech
Banyuls-sur-Mer
Le Barcarès
Le Boulou
Bourg-Madame
Canet-Plage
Casteil
Castelnou
Cerbère
Céret
Collioure
Dorres
L'Écluse
Elne
Enveitg
Eyne
Font-Romeu
Latour de Carol
La Llagonne
Llo
Molitg-les-Bains

Mont-Louis
Odeillo
Olette
Perpignan
Port-Barcares
Port-Vendres
Prades
Prats-de-Mollo-la-Preste

La Preste
Rivesaltes
Sahorre
Saillagouse
St-Cyprien
St-Laurent-
de-la-Salanque
St-Pierre-dels-Forcats

Salses
Targassonne
Valcebollère
Vernet-les-Bains
Via
Villefranche-
de-Conflent
Vivès

LIMOUSIN 239 72

CORRÈZE

Allassac
Argentat
Arnac-Pompadour
Aubazines
Beaulieu-
sur-Dordogne
Beynat
Bort-les-Orgues
Brive-la-Gaillarde
Camps
Chamboulive
Clergoux
Collonges-la-Rouge
Donzenac
Égletons
Gimel-les-Cascades
Lapleau
Larche
Lostanges
Lubersac
Marcillac-la-Croisille
Meymac
Meyssac
Montargis-
de-Seilhac
Naves
Neuvic
Objat
Pompadour
Pont-du-Chambon
Quatre-Routes
d'Albussac
La Roche-Canillac
St-Cirgues-la-Loutre
St-Dézery
St-Martin-la-Méanne
St-Pardoux-la-Croisille

St-Salvadour
Seilhac
Suc-au-May
Tarnac
Le Teulet
Tulle
Ussac
Ussel
Uzerche
Varetz
Veillac
Vigeois

CREUSE

Aubusson
Auzances
Bourganeuf
Boussac
Busseau
Chenerailles
Crozant
Dun-le-Palestel
Évaux-les-Bains
Fourneaux
Genouillac
Glénic
Gouzon
Guéret
Laschamps-
de-Chavanat
Lavaveix-les-Mines
Moutier-Rozeille
Nouzerines
Pontarion
St-Étienne-de-Fursac
St-Georges-la-Pouge
St-Hilaire-le-Château
Ste-Feyne

La Seiglière
La Souterraine
La Villeneuve

HAUTE-VIENNE

Aixe-sur-Vienne
Arnac-la-Poste
Bellac
Bessines-
sur-Gartempe
Boisseuil
Brignac
Bujaleuf
Bussière-Poitevine
Chanteloube
Coussac-Bonneval
Couzeix
La Crouzille
Le Dorat
Limoges
Magnac-Bourg
Margnac
Mortemart
Oradour-sur-Glane
Peyrat-le-Château
Pont-a-la-Planche
Pont-du-Dognon
Puymoreau
(Etang de)
Rancon
La Roche-l'Abeille
St-Junien
St-Léonard-de-Noblat
St-Martin-du-Faulx
St-Priest-Taurion
St-Yrieix-la-Perche
Sereilhac
Vassivière (Lac de)

Pays de la LOIRE 232

LOIRE-ATLANTIQUE

Ancenis
Basse-Goulaine
Batz-sur-Mer
La Baule
Bellevue
Bouaye
Carquefou
Châteaubriant
La Chebuette

Clisson
Cordemais
Le Cougou
Le Croisic
Donges
Guémené-Penfao
Guenrouet
Guérande
Joué-sur-Erdre
Legé
Mindin

Missillac
Nantes
Nort-sur-Erdre
Nozay
Orvault
Passay
Paulx
Piriac-sur-Mer
Pornic
Pornichet
Port-de-Gravette

Port-Lin
Le Pouliguen
Préfailles
Rougé
St-André-des-Eaux
St-Brévin-les-Pins
St-Brévin-l'Océan
St-Jean-de-Boiseau
St-Joachim
St-Lyphard
St-Mars-la-Jaille
St-Nazaire
St-Sébastien-sur-Loire
Ste-Marie
Sucé-sur-Erdre
La Turballe
Vertou

MAINE-ET-LOIRE

Andard
Angers
Bagneux
Baugé
Beaupréau
Brissac-Quincé
Chalonnes-sur-Loire
Champtoceaux
Châteauneuf-sur-Sarthe
Chavagnes
Cheffes
*Chênehutte-
les-Tuffeaux*
Cholet
Doué-la-Fontaine
Erigné
Fontevraud-l'Abbaye
Gennes
Haute-Perche
Ingrandes
Le Lion d'Angers
Matheflon
Montreuil-Bellay
Montsoreau
Noyant
Nuaillé
Pouancé
Ribou (Lac de)
Rochefort-sur-Loire
Les Rosiers
St-Clément-des-Levées
St-Florent-le-Vieil
St-Georges-sur-Loire
St-Macaire-en-Mauges
St-Martin-de-la-Place
St-Mathurin-sur-Loire

Saumur
Segré
Seiches-sur-le-Loir
La Tessoualle
Tiercé

MAYENNE

Ambrières-le-Grand
Le Bourgneuf-la-Forêt
Château-Gontier
Craon
Ernée
Évron
Gorron
Javron
Laval
Mayenne
Neau
Pré-en-Pail
St-Denis-d'Anjou
St-Pierre-des-Nids
Saulges
Vaiges

SARTHE

Arnage
Bazouges-sur-le-Loir
Beaumont-sur-Sarthe
Bonnétable
Changé
La Chartre-sur-le-Loir
Château-du-Loir
Coëmont
Connerré
Domfront-
en-Champagne
Écommoy
La Ferté-Bernard
Fillé
La Flèche
Fresnay-sur-Sarthe
Guécélard
Loué
Luché-Pringé
Le Lude
Malicorne-sur-Sarthe
Mamers
Le Mans
Mayet
Sablé-sur-Sarthe
St-Calais
St-Léonard-des-Bois
St-Vincent-du-Lorouër
Savigné-l'Evêque

Sceaux-sur-Huisne
Sillé-le-Guillaume
Solesmes
Thorigné-sur-Dué
Vibraye

VENDÉE

L'Aiguillon-sur-Mer
Avrillé
Beauvoir-sur-Mer
Bois-de-la-Chaise
Le Boupère
Challans
Le Champ-St-Père
Chantonnay
La Chaume
La Chicane
La Faute-sur-Mer
Fontenay-le-Comte
Fromentine
La Grière
La Guérinière
Les Herbiers
Longeville
Luçon
Mervent
Montaigu
Mortagne-sur-Sèvre
Noirmoutier (Ile de)
Noirmoutier-en-l'Ile
Notre-Dame-de-Monts
Orouet
Le Poiré-sur-Vie
Port-de-la-Meule
Port-Joinville
Pouzauges
La Roche-sur-Yon
Les Sables-d'Olonne
St-Cyr-en-Talmondais
St-Fulgent
St-Gilles-Croix-de-Vie
St-Jean-de-Monts
St-Laurent-sur-Sèvre
St-Michel-en-l'Herm
St-Michel
Mont-Mercure
St-Vincent-sur-Jard
Ste-Hermine
Soullans
La Terrière
La Tranche-sur-Mer
La Trique
Velluire
La Verrie
Yeu (Ile d')

Pour vous diriger dans Paris : **le plan Michelin**

en une feuille (n° **10**)

avec répertoire des rues (n° **12**)

un atlas avec répertoire des rues
et adresses utiles (n° **11**)

un atlas avec répertoire des rues (n° **14**)

Pour visiter Paris : **le guide Vert Michelin**

Ces ouvrages se complètent utilement.

LORRAINE 242 57 61

MEURTHE-ET-MOSELLE

Baccarat
Belleville
Beuveille
Champenoux
*Cosnes-
et-Romain*
Custines
Jarny
Lanfroicourt
Liverdun
Longuyon
Longwy
Lunéville
Nancy
Pont-a-Mousson
Richardménil
Sion
Tantonville
Toul

MEUSE

Aubreville
Bannoncourt
Bar-le-Duc
Beaulieu-en-Argonne
Commercy
Damvillers
Dun-sur-Meuse
Étain
Futeau
*Heudicourt-
sous-les-Côtes*
Inor
Issoncourt
Ligny-en-Barrois
Montmédy
Romagne-
sous-Montfaucon
St-Mihiel
Stainville
Trémont-sur-Saulx
Varennes-en-Argonne
Vaucouleurs
Verdun

MOSELLE

Abreschviller
Ars-sur-Moselle
Audun-le-Tiche
Bitche
Bonne-Fontaine
Borny
Carling
Clouange
Creutzwald
Dabo
Delme
Florange
Forbach
Freyming-Merlebach
Gorze
Hagondange
Hanau (Étang de)
Liocourt
Lutzelbourg
Maizières-lès-Metz
Mazagran
Merlebach
Metz
Mittersheim
Montenach
Montigny-lès-Metz
Phalsbourg
Philippsbourg
Richemont
Rombas
Rosbruck
Rugy
St-Avold
Sarrebourg
Sarreguemines
Sierck-les-Bains
Thionville
Untermuhlthal

VOSGES

Autreville
Bains-les-Bains
Bas-Rupts
Les Belles-Huttes
La Bresse
Brouvelieures

Bruyères
Bussang
La Cercenée
Charmes
Le Collet
Contrexéville
Cornimont
Croix (Col des)
Dompaire
Domrémy-la-Pucelle
Épinal
*Ermitage
du Frère Joseph*
Fontaine-Stanislas
Gérardmer
Golbey
Grand-Valtin
Le Hohneck
Julienrupt
Martimpré
Le Ménil
Monthureux-sur-Saône
Moyenmoutier
Neufchâteau
Plombières-les-Bains
Provenchères-sur-Fave
Ramberchamp
Raon-l'Etape
Remiremont
Rouvres-en-Xaintois
Rouvres-la-Chétive
Rupt-sur-Moselle
St-Dié
St-Maurice-sur-Moselle
St-Nabord
Saut-des-Cuves
La Schlucht (Col de)
Tendon
Thaon
Le Thillot
Le Tholy
Le Val-d'Ajol
Le Valtin
Ventron
Vincey
Vittel
Wisembach

MIDI-PYRÉNÉES 79 80 82 83 85 86

ARIÈGE

Argein
Aulus-les-Bains
Ax-les-Thermes
La Bastide-de-Sérou
Les Cabannes
Le Castelet
Foix
L'Hospitalet
Lavelanet
Lorp Santaraille
Le Mas-d'Azil
Massat
Mirepoix

Oust
Pamiers
Rimont
St-Girons
Saverdun
Seix
Sentein
Tarascon-sur-Ariège
Unac

AVEYRON

Aguessac
Arvieu
Aubrac
Baraqueville

Bertholène
Bois-du-Four
Bozouls
Broquiès
Brousse-le-Château
Brusque
Camarès
Cassagnes-Bégonhès
Castelpers
Conques
Coupiac
Cransac
Creissels
Decazeville
Entraygues-sur-Truyère

Espalion
Estaing
Farrou
Gabriac
Gages-le-Haut
Grand-Vabre
Laguiole
Martiel
Millau
Montbazens
Montpellier-le-Vieux
(Chaos de)
La Muse
Najac
Naucelle
Nuces
Olemps
Pont de la Madeleine
Pont-de-Salars
Rieupeyroux
Rignac
Rivière-sur-Tarn
Rodez
Roquefort-sur-Soulzon
La Roquette
St-Affrique
St-Chély-d'Aubrac
St-Come-d'Olt
St-Geniez-d'Olt
St-Jean-du-Bruel
St-Julien-d'Empare
St-Rome-de-Cernon
St-Sernin-sur-Rance
Ste-Geneviève-
sur-Argence
Salles-Curan
Sauclières
Sauveterre-de-Rouergue
Sévérac-le-Château
Soulages-Bonneval
Thérondels
Valady
Viaur (Viaduc du)
Villefranche-
de-Rouergue
Villeneuve

HAUTE-GARONNE

Antichan-de-Frontignes
Auterive
Bagnères-de-Luchon
Barbazan
Blagnac
Bourg-d'Oueil
Boussens
Cierp-Gaud
Encausse-les-Thermes
Fonsegrives
Le Fousseret
Labarthe-Inard
Labarthe-sur-Lèze
Lacourtensourt
Lacroix-Falgarde
Luchon
Mane
Martres-Tolosane
Montaigut-sur-Save

Montastruc-
la-Conseillère
Montréjeau
Muret
Noé
Purpan
Revel
Rieumes
St-Bertrand-
de-Comminges
St-Félix-Lauragais
St-Ferréol
St-Gaudens
St-Jean
St-Mamet
St-Martin-du-Touch
St-Sulpice-sur-Lèze
Salies-du-Salat
Sauveterre-
de-Comminges
Toulouse
Tournefeuille
Vacquiers
Le Vernet
Vieille Toulouse
Vigoulet-Auzil
Villefranche-
de-Lauragais
Villemur-sur-Tarn
Villeneuve-de-Rivière
Villeneuve-Tolosane

GERS

Auch
Barbotan-les-Thermes
Bassoues
Bourrouillan
Castéra-Verduzan
Cazaubon
Condom
Eauze
Fleurance
Gimont
Isle-de-Noé
L'Isle-Jourdain
Laguian
Lectoure
Luppé-Violles
Manciet
Mauvezin
Mirande
Montréal
Nogaro
Plaisance
Riscle
Robinson
St-Jean-Poutge
Samatan
Segos
Valence-sur-Baïse
Vic-Fezensac

LOT

Alvignac
Bretenoux
Cabrerets
Cahors

Caillac
Cajarc
Calès
Cardaillac
Carennac
Catus
Cressensac
Douelle
Figeac
*Fontaine-
de-la-Pescalerie*
Frayssinet
Gluges
Gourdon
Gramat
Lacapelle-Marival
Lacave
Lamagdelaine
Laroque-des-Arcs
Latronquière
Lavergne
Martel
Le Montat
Montcabrier
Padirac
Port-de-Gagnac
Prayssac
Puybrun
Puy-l'Evêque
Rocamadour
St-Céré
St-Cirq-Lapopie
St-Médard-Catus
Souillac
Sousceyrac
Touzac

HAUTES-PYRÉNÉES

Adé
Agos
Antichan
Argelès-Gazost
Arreau
Arrens-Marsous
Aspin (Col d')
Aventignan
Bagnères-de-Bigorre
Barèges
Beaucens
Beyrède (Col de)
Campan
Capvern-les-Bains
Castelnau-Magnoac
Cauterets
Espiaube
Esquièze-Sère
Estaing
La Fruitière
Gavarnie
Gourgue
Guchan
Lannemezan
Lourdes
Loures-Barousse
Lugagnan
Luz-St-Sauveur
Midi de Bigorre (Pic du)
La Mongie

Montgaillard
Payolle
Pla d'Adet
Pont d'Espagne
Rabastens-de-Bigorre
St-Lary-Soulan
St-Pé-de-Bigorre
St-Sauveur-les-Bains
St-Savin
Ste-Marie-de-Campan
Saux
Tarbes
Tourmalet (Col du)
Tournay
Trie-sur-Baïse
Vic-en-Bigorre

TARN

Alban
Albi
Bout-du-Pont-de-Larn
Carmaux
Castres
Cordes
Gaillac
Giroussens
Graulhet

Lacaune
Lacrouzette
Lavaur
Lisle-sur-Tarn
Marssac-sur-Tarn
Mazamet
Mirandol-Bourgnounac
Montredon-
   Labessonnie
Murat-sur-Vèbre
Puylaurens
Rabastens
Réalmont
St Lieux-lès-Lavaur
Les Salvages
Sidobre (Plateau du)
Tanus
Vabre

TARN-ET-GARONNE

Beaumont-
   de-Lomagne
Caussade
Caylus
Cazès-Mondenard
Dunes

Grisolles
Moissac
Montaigu-de-Quercy
Montauban
Montech
Montpezat-de-Quercy
Montricoux
Monviel
St-Antonin-Noble-Val
Valence

PRINCIPAUTÉ-D'ANDORRE

Andorre-la-Vieille
Arinsal
Canillo
Encamp
Erts
Les Escaldes
La Massana
Ordino
Pas-de-la-Case
Santa-Coloma
Sant-Julia-de-Loria
El Serrat
Soldeu

NORD

Armbouts-Cappel
Armentières
Avesnes-
   sur-Helpe
Bailleul
Bavay
Bergues
Bellezeele
Bourbourg
Cambrai
Cassel
Caudry
Condé-sur-l'Escaut
Croix
Douai
Dourlers
Dunkerque
Englos
Étang-des-Moines
Flêtre
Forest-sur-Marque
Fourmies
Gravelines
Hazebrouck
Hem
Lesquin
Liessies
*Ligny-
   en-Cambrésis*
Lille
Locquignol
Longue-Croix
Lys-lez-Lannoy
Malo-les-Bains

Marcq-en-Baroeul
Maubeuge
Mont-Noir
La Motte-au-Bois
La Neuville
Orchies
Petit-Fort-Philippe
Prémesques
Le Quesnoy
Quiévrechain
Roubaix
Sains-du-Nord
St-Amand-
   les-Eaux
Sars-Poteries
Sebourg
Solre-le-Château
Téteghem
Tourcoing
Valenciennes
Villeneuve d'Ascq

PAS-DE-CALAIS

Aire
Ardres
Arras
Audresselles
Bapaume
Beaurains
Beaurainville
Berck-Plage
Béthune
Blériot-Plage
Boulogne-sur-Mer
Brêmes

Bruay-en-Artois
Bully-les-Mines
Calais
*La Capelle-
   lès-Boulogne*
Cap Gris-Nez
Fresnes-
   lès-Montauban
Frévent
Gauchin-Légal
Hardelot-Plage
Henin-Beaumont
Hesdin
Lens
Lumbres
*La Madelaine-
   sous-Montreuil*
Marquion
Marquise
Merlimont
Monchel-sur-Canche
Montreuil
Noeux-les-Mines
Pas-en-Artois
Pommera
Pont-de-Briques
Le Portel
St-Nicolas-lès-Arras
St-Omer
St-Pol-sur-Ternoise
Saulchoy
Stella-Plage
Tilques
Le Touquet-
   Paris-Plage
Wimereux

CALVADOS

Annebault
Arromanches-
  les-Bains
Audrieu
Aunay-sur-Odon
Bayeux
Beaumont-en-Auge
Bénouville
Beuvron-en-Auge
Blonville-sur-Mer
Breuil-en-Auge
Cabourg
Caen
Clécy
Condé-sur-Noireau
Courseulles-sur-Mer
Crèvecoeur-en-Auge
Deauville
Dives-sur-Mer
Falaise
Fleury-sur-Orne
Franceville-Plage
Goupillières
Grandcamp-les-Bains
Hérouville-St-Clair
Honfleur
Houlgate
Isigny-sur-Mer
Jalousie
Lion-sur-Mer
Lisieux
Livarot
Louvigny
Manerbe
Merville-Franceville-
  Plage
Le Molay-Littry
Mondeville
Nonant
Omaha Beach
Orbec
Ouistreham
Pennedepie
Pont-d'Ouilly
Pont-Farcy
Pont-l'Évêque
Riva-Bella
St-Aubin-sur-Mer
*St-Germain-
  du-Crioult*
St-Pierre-sur-Dives
St-Sylvain

Thaon
Thury-Harcourt
Tilly-sur-Seulles
Touques
Trouville-sur-Mer
Ver-sur-Mer
Vierville-sur-Mer
Villers-Bocage
Villers-sur-Mer
Villerville
Vire

MANCHE

Avranches
Barfleur
Barneville-Carteret
Beauchamps
Beauvois (Pont de)
Bréhal
Bréville-sur-Mer
Bricquebec
Buais
Carentan
Carolles
Carteret
Céaux
Chausey (Iles)
Chef-du-Pont
Cherbourg
Cosqueville
Coutainville
Coutances
Ducey
Granville
Gratot
Hambye
Hauteville-Plage
La Haye-du-Puits
Jobourg (Nez de)
Jullouville
Lessay
Marigny
Montmartin-
  sur-Mer
Montpinchon
Le Mont-Saint-Michel
Mortain
Pontaubault
Pont-de-Beauvoir
Pontorson
Portbail
Port-Racine
Réville

St-Germain-des-Vaux
St-Hilaire-
  du-Harcouët
St-James
St-Jean-le-Thomas
St-Lô
St-Pair-sur-Mer
St-Sauveur-
  le-Vicomte
St-Vaast-la-Hougue
Sourdeval
Le Teilleul
Tessy-sur-Vire
Torigni-sur-Vire
Trelly
Urville-Nacqueville
Valognes
Villedieu-les-Poêles

ORNE

L'Aigle
Alençon
Argentan
Bagnoles-de-l'Orne
Bellême
Carrouges
Chandai
Domfront
La Ferté-Macé
Flers
Fontenai-sur-Orne
Gacé
Juvigny-sous-Andaine
Lalacelle
Longny-au-Perche
Le Mêle-sur-Sarthe
Mortagne-au-Perche
Mortrée
Moulins-la-Marche
Le Perrou
Le-Pin-la-Garenne
Putanges-Pont-Ecrepin
Roche d'Oëtre
St-Denis-sur-Sarthon
St-Maurice-
  les-Charencey
*St-Michel-
  des-Andaines*
Sées
Tessé-la-Madeleine
Tourouvre
Villeray
Vimoutiers

Michelin Green Guides in English

Paris	Austria	New York City
Brittany	Canada	Portugal
Châteaux of the Loire	Germany	Spain
Dordogne	Italy	Switzerland
French Riviera	London	
Normandy	New England	
Provence		

EURE

Acquigny
Les Andelys
Bazincourt-sur-Epte
Beaumont-le-Roger
Le Bec-Hellouin
Bernay
Beuzeville
Bourgtheroulde-
  Infreville
Bourth
Breteuil
Brionne
Broglie
Calleville
Campigny
Chambray
Charleval
Conches-en-Ouche
Conteville
Corneville-sur-Risle
Les Damps
Douains
Évreux
Ézy-sur-Eure
La Ferrière-sur-Risle
Fourges
Gisors
Grestain
Illiers-l'Évêque
Ivry-la-Bataille
Léry
Lieurey
Louviers
Lyons-la-Forêt
Montreuil-l'Argillé
Nonancourt
Pacy-sur-Eure
Pont-Audemer
Pont-de-l'Arche

Pont-St-Pierre
Port-Mort
La Rivière-Thibouville
Routot
St-Maclou
St-Pierre-du-Vauvray
St-Samson-
  de-la-Roque
Ste-Colombe-
  la-Commanderie
Thiberville
Verneuil-sur-Avre
Vernon
Vironvay

SEINE-MARITIME

Arques-la-Bataille
Aumale
Auzouville-
  sur-Saône
Bapeaume
Barentin
Blangy-sur-Bresle
Bolbec
La Bouille
Buchy
Caudebec-en-Caux
Croix-Mare
Dieppe
Duclair
Elbeuf
Envermeu
Étretat
Eu
Fécamp
Fontaine-le-Dun
Forges-les-Eaux
Gournay-en-Bray
Grand-Quevilly
Le Havre

Le Hode
Jumièges
Lillebonne
Londiniéres
Martin-Église
Le Mesnil-Esnard
Mesnil-Val
Montigny
Neufchatel-en-Bray
Neuf-Marché
Norville
*Notre-Dame-
  de-Bondeville*
Octeville
Pavilly
Pourville-sur-Mer
Quiberville
Rouen
Ry
St-Aubin-les-Elbeuf
St-Valéry-en-Caux
St-Wandrille-
  Rançon
Ste-Adresse
Ste-Marguerite
Sassetot-
  le-Mauconduit
Senarport-Gare
Tancarville
  (Pont Routier de)
Tocqueville-sur-Eu
Le Tréport
Varengeville-sur-Mer
Vastérival
Vert Galant
Les Vertus
Veules-les-Roses
Veulettes
Villequier
Yerville
Yvetot

AISNE

Berry-
  au-Bac
Blérancourt
Brunehamel
La Capelle
Le Catelet
Château-Thierry
Chauny
Étouvelles
Etréaupont
La Fère
Fère-en-
  Tardenois
Guise
Hirson
Holnon
Laon

Longpont
Marle
Neuville-St-Amand
Le Nouvion-
  en-Thiérache
Ognès
Reuilly-Sauvigny
Romeny-
  sur-Marne
St-Gobain
St-Quentin
Soissons
Urcel
Vailly-sur-Aisne
Vendeuil
Vertes Feuilles
Vervins
Vic-sur-Aisne
Villers-Cotterêts

OISE

Beauvais
Blainville
Boran-sur-Oise
Breteuil
Chaalis (Abbaye de)
Chantilly
Chaumont-en-Vexin
Choisy-au-Bac
Clairière de l'Armistice
Clermont
Compiègne
Coye-la-Forêt
Creil
Crépy-en-Valois
Crillon
Elincourt-
  Ste-Marguerite

POITOU-CHARENTES 68 71 72 75

Dangé-St-Romain
Étables
Gençay
L'Isle-Jourdain
Jaunay-Clan
Latillé
Lilette

Loudun
Lussac-les-Châteaux
Montmorillon
Naintré
Naintré-les-Barres
Périgny
Poitiers

La Roche-Posay
St-Benoit
St-Savin
La Tricherie
La Trimouille
Vivonne
Vouillé

PROVENCE-ALPES-CÔTE D'AZUR `77` `81` `84`

ALPES-DE-HAUTE PROVENCE

Allos
Annot
Barcelonnette
Barrême
Beauvezer
Castellane
La Cayolle (Col de)
Chabrières
Château-Arnoux
Colmars
Digne
Forcalquier
La Fuste
La Garde
Gréoux-les-Bains
Jausiers
Larche
Manosque
Moustiers-Ste-Marie
Palud-sur-Verdon
Peyruis
Point-Sublime
Pra-Loup
Reillanne
St-André-les-Alpes
St-Auban
St-Étienne
St-Jean (Col)
St-Julien-du-Verdon
St-Paul
Le Sauze
Scaffarels
Seyne
Sieyes
Sisteron
Super-Sauze
Thorame-Haute-Gare
Valensole
Verdon
   (Grand Canyon du)
Villeneuve
Volonne

HAUTES-ALPES

Ailefroide
L'Argentière-la-Bessée
Arvieux
Briançon
Ceillac
Chaillol
La Chalp
Chantemerle
La Chapelle-
   en-Valgaudemar

Chorges
Les Claux
Crevoux
Les Crots
Embrun
La Freissinouse
Gap
La Grave
Guillestre
Izoard (Col d')
Laragne-Montéglin
Lautaret (Col du)
Maison-du-Roy
Molines-en-Queyras
Le Monêtier-les-Bains
Mont-Dauphin
Montgenèvre
Orcières
Les Orres
Pelvoux
   (Commune de)
Le Poët
Prunières
Puy-St-Vincent
Risoul
La Roche-des-Arnauds
St-Antoine
St-Bonnet
St-Firmin
St-Julien-en-Beauchêne
St-Marcellin-de-Vars
St-Véran
Ste-Marie-de-Vars
Savines-le-Lac
Le Sechier
Serre-Chevalier
Serre-Ponçon
   (Barrage et Lac de)
Serres
Vars
Ventavon
Veynes
Villar-d'Arène
Villeneuve-la-Salle

ALPES-MARITIMES

Andon
Antibes
Auron
Beaulieu-sur-Mer
Beausoleil
Beuil
Bézaudun-les-Alpes
Biot
La Bocca
La Bollène-Vésubie

La Bolline
La Brague
Breil-sur-Roya
La Brigue
Brouis
   (Col de)
Cabris
Cagnes-sur-Mer
Cannes
Le Cannet
Cap d'Ail
Cap d'Antibes
Cap Ferrat
Cap Martin
Carros
Castagniers
Castillon
Cians (Gorges du)
La Colle-sur-Loup
Colomars
Contes
Cros-de-Cagnes
L'Escarène
Esteng
Èze
Eze-Bord-de-Mer
Falicon
La Galère
Gattières
La Gaude
Golfe-Juan
Grasse
Gréolières-lès-Neiges
Guillaumes
Hameau du Soleil
Isola 2 000
Juan-les-Pins
Lantosque
Lérins (Iles de)
Levens
Magagnosc
Mandelieu
Menton
Miramar
Monti
Mouans-Sartoux
Mougins
La Napoule-Plage
Nice
Opio
Pégomas
Peille
Peillon
Peira-Cava
Peymeinade
Plan-du-Var
Plascassier

Pont du Loup
Puget-Théniers
Roquebrune-Cap-Martin
Roquefort-les-Pins
St-Cezaire-sur-Siagne
St-Dalmas-de-Tende
St-Dalmas-Valdeblore
St-Etienne-de-Tinée
St-Honorat (Ile)
St-Jean-Cap-Ferrat
St-Jean-la-Rivière
St-Jeannet
St-Laurent-du-Var
St-Martin-du-Var
St-Martin-Vésubie
St-Pancrace
St-Paul
St-Vallier-de-Thiey
Ste-Agnès
Ste-Marguerite (Ile)
Sophia-Antipolis
Sospel
Le Suquet
Tende
Théoule-sur-Mer
Thorenc
Touët-sur-Var
Tourrette-sur-Loup
La Turbie
Turini (Col de)
Valberg
Valbonne
Valdeblore
  (Commune de)
Vallauris
Vence
Villefranche
Villeneuve-Loubet

BOUCHES-
DU-RHÔNE

Aix-en-Provence
Arles
Aubagne
Auriol
La Barben
Barbentane
Les Baux-de-Provence
Beaurecueil
Cabannes
Calas
Carry-le-Rouet
Cassis
Celony
Château d'If
  (Ile du)
Châteauneuf-le-Rouge
Châteaurenard
La Ciotat
Cornillon-Confoux
Éguilles
Eygalières
Fontvieille
Fos-sur-Mer
Fuveau
Gémenos
Istres

Lambesc
Lançon-Provence
Le Liouquet
La Madrague-
  de-Montredon
Maillane
Marignane
Marseille
Martigues
Maussane-les-Alpilles
Meyrargues
Mimet
Miramas
Mouriès
Noves
Orgon
Plan-d'Orgon
Pont-Royal
Port-St-Louis
Rognac
Roquefavour
St-Andiol
St-Cannat
St-Étienne-du-Grès
St-Martin-de-Crau
St-Pierre-lès-Aubagne
St-Rémy-de-Provence
Stes-Maries-de-la-Mer
Salon-de-Provence
Sausset-les-Pins
Sénas
Tarascon
Vauvenargues
Ventabren
Verquières
Vitrolles

VAR

Les Adrets-de-l'Estérel
Agay
Aiguebelle
Aiguines
Almanarre
Anthéor
Les Arcs
Aups
Ayguade-Ceinturon
Bandol
Bargemon
Barjols
La Bastide
Bauduen
Le Beausset
Beauvallon
Bendor (Ile de)
Bormes-les-Mimosas
Boulouris
Bras
Brignoles
Le Brusc
Cabasson
La Cadière-d'Azur
Camp-St-Laurent
Le Cannet-des-Maures
Carcès
Carqueiranne
Le Castellet

Cavalaire-sur-Mer
Cavalière
Cavaliers (Falaises des)
Châteauneuf
Cogolin
Colombier
Comps-sur-Artuby
Costebelle
Cotignac
La Croix-Valmer
Draguignan
Dramont
L'Esterel (Massif de)
Favière (Plage de)
Fayence
Flassans-sur-Issole
Flayosc
La Fossette
La Foux
Fréjus
La Gaillarde
La Garde-Freinet
La Garonne
Gassin
Giens
Gigaro
Ginasservis
Grimaud
Hyères
Hyères (Iles d')
Les Issambres
Le Lavandou
Les Lecques
La Londe-les-Maures
Lorgues
Le Luc
Maures (Massif des)
Méounes-les-Montrieux
Moissac-Bellevue
Mons
Montauroux
Montferrat
La Motte
Le Mourillon
Le Muy
Nans-les-Pins
La Nartelle
Notre-Dame-de-Grâce
Oursinières
La Pauline
Plan-de-la-Tour
Porquerolles (Ile de)
Port-Cros (Ile de)
Port Grimaud
Le Pradet
Pramousquier
Ramatuelle
Le Rayol
Rians
Les Sablettes
St-Aygulf
St-Antonin-du-Var
St-Cassien
St-Clair
St-Elme
St-Maximin-
  la-Ste-Baume
St-Raphaël

St-Tropez
*Ste-Anne-
du-Castellet*
La Ste-Baume
Ste-Maxime
Salernes
Les Salles-
sur-Verdon
Sanary-sur-Mer
San-Peire-sur-Mer
Seillans
La Seyne-sur-Mer
Signes
Six-Fours-
les-Plages
Solliès-Toucas
Tahiti (Plage de)
Le Thoronet
Toulon
Tourtour
Tourves
Trans-en-Provence
Le Trayas
Trigance
Valette-du-Var
Vidauban
Villecroze
Vinon-sur-Verdon

VAUCLUSE

Apt
Aurel
Avignon
Beaumes-de-Venise
Bédoin
Bollène
Bonnieux
Cadenet
Carpentras
Cavaillon
Châteauneuf-du-Pape
Courthezon
Coustellet
Cucuron
Entraigues
Entrechaux
Fontaine-de-Vaucluse
Gigondas
Gordes
Grambois
L'Isle-sur-La-Sorgue
Joucas
Lauris
Malaucène
Mazan
Méthamis

Monteux
Montfavet
Montmirail
Morières-lès-Avignon
Mornas
La Motte d'Aigues
Orange
Pertuis
Le Pontet
Rasteau
Robion
Roussillon
St-Martin-du-Castillon
St-Saturnin-d'Apt
Ste-Cécile-les-Vignes
Sault
Séguret
Sorgues
La Tour-d'Aigues
Vaison-la-Romaine
Valréas
Ventoux (Mont)

PRINCIPAUTÉ-
DE-MONACO

La Condamine
Monaco
Monte-Carlo

RHÔNE-ALPES 92 93 73

AIN

Ambérieu-en-Bugey
Ars-sur-Formans
Artemare
Attignat
Beauregard
Bellegarde-sur-Valserine
Belley
Benonces
La Boisse
Bouligneux
Bourg-en-Bresse
Brou
Ceignes
Cerdon
Ceyzériat
Chalamont
Châtillon-
sur-Chalaronne
Chevry
Chézery-Forens
Coligny
Divonne-les-Bains
Dompierre-sur-Veyle
Échallon
Échenevex
Les Échets
La Faucille (Col de)
Ferney-Voltaire
Flévieu
Genin (Lac de)
Gex
Grand Colombier
Grilly
Groslée

Hauteville-Lompnes
Izernore
Labalme
Lancrans
Lelex
Lent
Logis Neuf
Lompnieu
Loyettes
Luthézieu
Meximieux
Mezériat
Mijoux
Mionnay
Montluel
Montmerle-sur-Saône
Montrevel-en-Bresse
Mont-Rond (Sommet du)
Moulin-Chabaud
Moulin-des-Ponts
Nantua
Les Neyrolles
Ochiaz
Oyonnax
Pérouges
Le Plantay
Polliat
Pont-d'Ain
Pont-de-Chazey-Villieu
Pont-de-Vaux
Port-de-Groslée
Priay
St-Andre-de-Corcy
St-Benoit
St-Genis-Pouilly
St-Germain-de-Joux

St-Jean-de-Gonville
St-Just
St-Marcel
St-Maurice-
de-Gourdans
Ste-Croix
Seyssel
Thoissey
Trévoux
La Vavrette
Villars-les-Dombes
Villeneuve
Villereversure
Virieu-le-Grand
Vonnas

ARDÈCHE

Annonay
Antraigues
Arcens
L'Ardèche (Gorges de)
Aubenas
Baix
Bidon
Bourg-St-Andéol
Charmes-sur-Rhône
Châteaubourg
Le Cheylard
Coucouron
Davézieux
Désaignes
Escrinet (Col de l')
Granges-les-Valence
Joyeuse
Labégude

Lablachère
Lalevade-d'Ardèche
Lalouvesc
Lamastre
Laviolle
Maison Neuve
Marzal (Aven de)
Mézilhac
Neyrac-les-Bains
Les Ollières-
sur-Eyrieux
Orgnac-l'Aven
Le Pouzin
Privas
Rochemaure
Ruoms
St-Agrève
*St-Étienne-
de-Fontbellon*
St-Marcel-d'Ardèche
St-Martin-de-Valamas
St-Paul-le-Jeune
St-Péray
St-Romain-de-Lerps
Sarras
Satillieu
Serrières
Soyons
Le Teil
Thueyts
Tournon
Valgorge
Vallon-Pont-d'Arc
Vals-les-Bains
Les Vans
Villeneuve-de-Berg
Viviers
La Voulte-sur-Rhône

DRÔME

Aubres
Les Barraques-
en-Vercors
Bourdeaux
Bourg-de-Péage
Bourg-les-Valence
Buis-les-Baronnies
Chabeuil
La Chapelle-en-Vercors
Combe-Laval
Crest
Die
Dieulefit
Donzère
L'Escoulin
Goulets (Grands)
Grane
Granges-les-Beaumont
Grignan
Hauterives
L'Homme-d'Armes
Luc-en-Diois
Lus-la-Croix-Haute
La Machine (Col de)
Mirabel-aux-Baronnies
Mirmande
Mollans-sur-Ouvèze

*Montboucher-
sur-Jabron*
Montélimar
Montmeyran
Montmiral
Les Nonières
Nyons
La Paillasse
Pierrelatte
Le Poët-Laval
Pont-de-Barret
Pont-de-l'Isère
Rémuzat
Les Reys de Saulce
Rochegude
Romans-sur-Isère
St-Agnan-en-Vercors
St-Jean-en-Royans
St-Laurent-en-Royans
St-Nazaire-en-Royans
St-Rambert-d'Albon
St-Restitut
St-Vallier
Saulce-sur-Rhône
Solérieux
Suze-la-Rousse
Tain-l'Hermitage
Valence

ISÈRE

Les Abrets
Allemond
Allevard
L'Alpe d'Huez
Aoste
L'Arzelier (Col de)
Autrans
Les Avenières
Beaurepaire
Bouilly
Bourg d'Arud
Le Bourg-d'Oisans
Bourgoin-Jallieu
La Bourne
(Gorges de)
Bresson
Cessieu
Chamrousse
Charavines
Chasse
Château-Bernard
Châtelard
Le Chevalon
Chonas-l'Amballan
Claix
Clelles
Le Collet-d'Allevard
La Combe-des-Éparres
Corenc-Montfleury
Corps
Corrençon-en-Vercors
La Côte-St-André
Crémieu
La Croix-Bayard
Cucheron (Col du)
Le Curtillard
La Danchère

Les Deux-Alpes (Alpes
de Mont-de-Lans et de
Vénosc)
Domène
Échirolles
Estrablin
Eybens
Faverges-de-la-Tour
Le Freney-d'Oisans
Goncelin
Grenoble
Gresse-en-Vercors
Grive
Hières-sur-Amby
Huez
L'isle-d'Abeau
Jarcieu
Laffrey
Lans-en-Vercors
Malville
Méaudre
Meylan
Miribel-les-Échelles
Mizoën
Moirans
Monestier-de-Clermont
Montbonnot
Morestel
Le Mottier
Le Péage-de-Roussillon
Pinsot
Le Pont-de-Beauvoisin
Pont-de-Cheruy
Le Pont-de-Claix
Pont-en-Royans
Pont-Évêque
Porte (Col de)
Prélenfrey
Rencurel
Rives
Les Roches-de-Condrieu
St-Albin-de-Vaulserre
St-Barthélémy-
de-Séchilienne
St-Geoire-en-Valdaine
St Hilaire-du-Rosier
St-Lattier
St-Laurent-du-Pont
St-Marcellin
St-Martin-d'Uriage
St-Martin-le-Vinoux
St-Maurice-en-Trièves
St-Nizier-
du-Moucherotte
St-Paul-de-Varces
St-Paul-les-Monestier
St-Pierre-de-Chartreuse
St-Pierre-d'Entremont
St-Savin
St-Vincent-de-Mercuze
Le Sappey-
en-Chartreuse
Seyssuel
Sinard
La Tour-du-Pin
Tréminis
La Tronche
Tullins

Uriage-les-Bains
Varces
Vaujany
Vienne
Villard-de-Lans
Viriville
Voiron

LOIRE

Andrézieux-Bouthéon
Balbigny
Le Bessat
Bourg-Argental
Le Cergne
Chalmazel
Champdieu
Charlieu
Chavanay
Le Coteau
Feurs
Firminy
L'Hôpital-sur-Rhins
L'Horme
Lentigny
Montbrison
Montrond-les-Bains
Neulise
Noailly
Noirétable
La Pacaudière
Panissières
Le Pertuiset
Pilat (Mont)
Renaison
Riorges
Rive-de-Gier
Roanne
Sail-les-Bains
St-Alban-les-Eaux
St-André-d'Apchon
St-Chamond
St-Étienne
St-Galmier
St-Germain-Laval
St-Julien-la-Vêtre
St-Just-en-Chevalet
Saint-Martin-d'Estréaux
St-Pierre-de-Boeuf
St-Priest-en-Jarez
St-Symphorien-de-Lay
Ste-Croix-en-Jarez
Usson-en-Forez
Valfleury
Veauche
Vendranges
Violay

RHÔNE

Albigny-sur-Saône
Anse
L'Arbresle
Belleville
Bessenay
Blaceret
Bron
Champagne-
*   au-Mont-d'Or*

Charbonnières-les-Bains
Chasselay
Chénas
Les Chères
Chervinges
Civrieux-d'Azergues
Collonges-au-Mont-d'Or
Condrieu
Cours
Crépieux-la-Pape
Fleurie
La Garde
Givors
Juliénas
Lamure-sur-Azergues
Lentilly
Limonest
Loire-sur-Rhône
Lyon
Malval (Col de)
Marquion
Meyzieu
Mions
Mont-Cindre
Mornant
Pavillon
*   (Col du)*
Pollionnay
Pontcharra-sur-Turdine
Quincié-en-Beaujolais
Ravel
St-Georges-de-Reneins
St-Lager
St-Laurent-de-Mure
St-Martin-en-Haut
St-Priest
St-Romain-en-Gal
Ste-Foy-lès-Lyon
Salles-Arbuissonnas-
   en-Beaujolais
Sathonay-Camp
Serezin-du-Rhône
Taponas
Tarare
Theizé
Thel
Thizy
Vaugneray
Villefranche-sur-Saône
Villeurbanne
Villié-Morgon
Yzeron

SAVOIE

Aiguebelette (Lac d')
Aiguebelle
Aime
Aix-les-Bains
Albens
Albertville
Albiez-le-Jeune
Albiez-le-Vieux
Les Arcs
Arêches
Arvillard
Attignat-Oncin
Aussois

Barberaz
Beaufort
Bellentre
Bessans
Les Boisses
Bonneval-sur-Arc
Bourdeau
Le Bourget-du-Lac
Bourg-St-Maurice
Brides-les-Bains
Brison-les-Oliviers
Le Caton
Celliers
Challes-les-Eaux
Chambéry
Charmettes
Le Châtelard
Chindrieux
La Combe
Courchevel
Crest-Voland
La Daille
La Féclaz
Flumet
La Giettaz
Granier (Col du)
Grésy-sur-Aix
Grésy-sur-Isère
Hauteluce
L'Iseran (Col de)
Lanslebourg-
   Mont-Cenis
Lanslevillard
La Léchère
Lépin-le-Lac
Lescheraines
Longchamp
Les Menuires
Méribel-les-Allues
Modane
Montchavin
Montmélian
Mottaret
La Motte-en-Bauges
La Motte-Servolex
Moûtiers
Notre-Dame-
   de-Bellecombe
Novalaise
Peisey-Nancroix
La Plagne
Plainpalais (Col de)
Pralognan-la-Vanoise
Praz-St-Bon
Pugny-Chatenod
Pussy
Revard (Mont)
La Rochette
La Rosière
Ruffieux
St-Alban-de-Montbel
St-Béron
St-François-Longchamp
St-Genix-sur-Guiers
St-Jean-d'Arvey
St-Jean-de-Chevelu
St-Jean-de-Maurienne
St-Michel-de-Maurienne

St-Sorlin-d'Arves
Ste-Foy-Tarentaise
Séez
Termignon
Tignes
La Toussuire
Val Claret
Val-d'Isère
Valloire
Valmorel
Val-Thorens
Les Verneys
Viviers-du-Lac
Voglans
Yenne

HAUTE-SAVOIE

Abondance
Albigny
Allonzier-la-Caille
Amphion-les-Bains
Angon
Annecy
Annemasse
Aravis
  (Col des)
Argentière
Armoy
Assy (Plateau d')
Avoriaz
Ayse
La Balme-de-Sillingy
Bay
Bellevaux
Bellevue
La Bergue
Bernex
Bettex
La Beunaz
Le Biot
Boëge
Bonnatrait
Bonne
Bonneville
Bons-en-Chablais
Bossey
Les Bossons
Bout-du-Lac
Brédannaz
Le Buet
Les Carroz-d'Arâches
Chamonix-
  Mont-Blanc
Chaparon

La Chapelle-
  d'Abondance
Châtel
Chavoire
Chinaillon
La Clusaz
Cluses
Combloux
Les Contamines-
  Montjoie
Cordon
Cou (Col de)
Crêt-de-Chatillon
La Croisette
Croix-Fry (Col de)
Cruseille
La Diosaz (Gorges de)
Doussard
Douvaine
Duingt
Éloise
Évian-les-Bains
Excenevex
Faverges
Le Fayet
Flaine
Gemoën
Les Gets
Le Grand-Bornand
Habère-Lullin
Habère-Poche
Haut-Combloux
Hirmentaz
Les Houches
Le Lavancher
Lugrin
Lullin
Machilly
Magland
Magne
Manigod
Massongy
Maxilly-Petite-Rive
Megève
Menthon-St-Bernard
Messery
Moellesulaz
Monnetier
Monnetier Mornex
Mont-Blanc (Tunnel du)
Mont-d'Arbois
Montroc-le-Planet
Montriond
Mont-Saxonnex
Mont-Sion (Col du)

Morillon
Morzine
Moye
Pas de l'Échelle
Le Planellet
Pont-de-Brogny
Pont-du-Diable
  (Gorges du)
Le Prarion
Les Praz-de-Chamonix
Praz-sur-Arly
Publier
Ramble
La Roche-sur-Foron
Rumilly
St-Cergues
St-Félix
St-Gervais-les-Bains
St-Gingolph
St-Jean-de-Sixt
St-Jeoire
St-Jorioz
St-Julien-en-Genevois
St-Martin-Bellevue
St-Paul-en-Chablais
St-Pierre-en-Faucigny
Salève (Mont)
Sallanches
Salvagny
Samoëns
Le Semnoz
Serraval
Servoz
Sevrier
Talloires
Taninges
Tertenoz
Thollon
Thones
Thonon-les-Bains
Thorens-Glières
Thyez
Les Tines
Tougues
Le Tour
Le Tour
Vallorcine
Verchaix
Vesonne
Veyrier-du-Lac
Yvoire

Bâle
Genève

Comment déterminer la vitesse à laquelle on roule :
Chronométrer le temps employé pour parcourir un kilomètre à vitesse constante ;
lire ensuite dans le tableau ci-dessous, en face du temps relevé, la vitesse corres-
pondante en kilomètres ou en miles par heures. (Cette vitesse est calculée avec
une approximation pratiquement négligeable).

SPEED

To determine the speed at which you are travelling :
Check the time you take to cover a kilometre at constant speed ; opposite it, in
the table below, you will find the corresponding speed in kilometres or miles per
hour. (The figures have been rounded to the nearest m.p.h.).

VELOCITÀ

Come determinare a quale velocità si sta correndo :
Cronometrare il tempo impiegato per percorrere un km a velocità costante ;
leggere quindi nella tabella che segue, a fianco del tempo determinato, la velocità
corrispondente, calcolata in km o miglia orari. (Questa velocità è calcolata con
un'approssimazione praticamente trascurabile).

GESCHWINDIGKEIT

Wie man die Geschwindigkeit bestimmt, mit der man fährt :
Messen Sie genau die Zeit, die Sie brauchen, um einen Kilometer bei gleichblei-
bender Geschwindigkeit zurückzulegen. Auf der untenstehenden Tabelle können
Sie dann Ihre Geschwindigkeit in Kilometern oder Meilen pro Stunde ablesen.
(Diese Werte weisen eine nur geringfügige Ungenauigkeit auf).

TEMPS chronométré	VITESSE en km	miles	TEMPS chronométré	VITESSE en km	miles	TEMPS chronométré	VITESSE en km	miles
0mn18s	.200	. .124	0mn49s	. 73	. .45	1mn30s	. 40	. .25
19	.189	. .117	50s	. 72	. .44,5	33	. 39	. .24
20s	.180	. .112	51	. 70	. .43,5	35	. 38	. .23,5
21	.171	. .106	52	. 69	. .43	37	. 37	. .23
22	.164	. .102	53	. 68	. .42	40s	. 36	. .22,5
23	.157	. 97	54	. 67	. .41,5	43	. 35	. .21,5
24	.150	. 93	55	. 66	. .41	46	. 34	. .21
25	.144	. 89	56	. 64	. .39,5	50s	. 33	. .20,5
26	.138	. 86	57	. 63	. .39	53	. 32	. .20
27	.133	. 82	58	. 62	. .38,5	56	. 31	. .19
28	.129	. 80	59	. 61	. .38	2mn00	. 30	. .18,5
29	.124	. 77	1mn00	. 60	. .37	5	. 29	. .18
30s	.120	. 74	1	. 59	. .36,5	10	. 28	. .17,5
31	.116	. 72	2	. 58	. .36	15	. 27	. .16,5
32	.113	. 70	3	. 57	. .35,5	20	. 26	. .16
33	.109	. 68	4	. 56	. .34,5	24	. 25	. .15,5
34	.106	. 66	6	. 55	. .34	30s	. 24	. .15
35	.103	. 64	7	. 54	. .33,5	35	. 23	. .14,5
36	.100	. 62	8	. 53	. .33	45	. 22	. .13,5
37	. 97	. 60	9	. 52	. .32	55	. 21	. .13
38	. 95	. 59	10s	. 51	. .31,5	3mn00	. 20	. .12,5
39	. 92	. 57	12	. 50	. .31	15	. 19	. .12
40s	. 90	. 56	14	. 49	. .30,5	20	. 18	. .11
41	. 88	. 55	15	. 48	. .30	30s	. 17	. .10,5
42	. 86	. 53	17	. 47	. .29	45	. 16	. .10
43	. 84	. 52	19	. 46	. .28,5	4mn00	. 15	. 9,5
44	. 82	. 51	20s	. 45	. .28	15	. 14	. 8,5
45	. 80	. 50	22	. 44	. .27,5	30	. 13	. 8
46	. 78	. 49	24	. 43	. .26,5	5mn00	. 12	. 7,5
47	. 77	. 48	26	. 42	. .26	30	. 11	. 7
48	. 75	. 46	28	. 41	. .25,5	6mn00	. 10	. 6

D'OU VIENT CETTE AUTO ?

Voitures françaises :

Le régime normal d'immatriculation en vigueur comporte :
— un numéro d'ordre dans la série (1 à 3 ou 4 chiffres) ;
— une, deux ou trois lettres de série (1re série : A, 2e série : B,... puis AA, AB,... BA,...) ;
— un numéro représentant l'indicatif du département d'immatriculation.

Exemples : 854 BFK **75** : Paris — 127 HL **63** : Puy-de-Dôme.

Voici les numéros correspondant à chaque département :

01 Ain	24 Dordogne	48 Lozère	72 Sarthe
02 Aisne	25 Doubs	49 Maine-et-Loire	73 Savoie
03 Allier	26 Drôme	50 Manche	74 Savoie (Hte)
04 Alpes-de-H.-Pr.	27 Eure	51 Marne	75 Paris
05 Alpes (Hautes)	28 Eure-et-Loir	52 Marne (Hte)	76 Seine-Mar.
06 Alpes-Mar.	29 Finistère	53 Mayenne	77 Seine-et-M.
07 Ardèche	30 Gard	54 Meurthe-et-M.	78 Yvelines
08 Ardennes	31 Garonne (Hte)	55 Meuse	79 Sèvres (Deux)
09 Ariège	32 Gers	56 Morbihan	80 Somme
10 Aube	33 Gironde	57 Moselle	81 Tarn
11 Aude	34 Hérault	58 Nièvre	82 Tarn-et-Gar.
12 Aveyron	35 Ille-et-Vilaine	59 Nord	83 Var
13 B.-du-Rhône	36 Indre	60 Oise	84 Vaucluse
14 Calvados	37 Indre-et-Loire	61 Orne	85 Vendée
15 Cantal	38 Isère	62 Pas-de-Calais	86 Vienne
16 Charente	39 Jura	63 Puy-de-Dôme	87 Vienne (Hte)
17 Charente-Mar.	40 Landes	64 Pyrénées-Atl.	88 Vosges
18 Cher	41 Loir-et-Cher	65 Pyrénées (Htes)	89 Yonne
19 Corròzo	42 Loire	66 Pyrénées-Or.	90 Belfort (Ter.-de)
2A Corse-du-Sud	43 Loire (Hte)	67 Rhin (Bas)	91 Essonne
2B Hte-Corse	44 Loire-Atl.	68 Rhin (Haut)	92 Hauts-de-Seine
21 Côte-d'Or	45 Loiret	69 Rhône	93 Seine-St-Denis
22 Côtes-du-Nord	46 Lot	70 Saône (Hte)	94 Val-de-Marne
23 Creuse	47 Lot-et-Gar.	71 Saône-et-Loire	95 Val-d'Oise

Voitures étrangères :

Des lettres distinctives variant avec le pays d'origine, sur plaque ovale placée à l'arrière du véhicule, sont obligatoires (F pour les voitures françaises circulant à l'étranger).

A	Autriche	**DK**	Danemark	**L**	Luxembourg	**RCH**	Chili
AND	Andorre	**DZ**	Algérie	**MA**	Maroc	**RL**	Liban
AUS	Australie	**F**	Espagne	**MC**	Monaco	**S**	Suède
B	Belgique	**FL**	Liechtenstein	**MEX**	Mexique	**SF**	Finlande
BR	Brésil	**GB**	Gde-Bretagne	**N**	Norvège	**SU**	U.R.S.S.
CDN	Canada	**GR**	Grèce	**NL**	Pays-Bas	**TN**	Tunisie
CH	Suisse	**H**	Hongrie	**P**	Portugal	**TR**	Turquie
CS	Tchécoslovaquie	**I**	Italie	**PE**	Pérou	**ROU**	Uruguay
D	Allemagne Féd.	**IL**	Israël	**PL**	Pologne	**USA**	États-Unis
DDR	Rép. Dém. d'Allemagne	**IR**	Iran	**R**	Roumanie	**YU**	Yougoslavie
		IRL	Irlande	**RA**	Argentine	**ZA**	Afrique du Sud

Immatriculations spéciales :

CMD	Chef de mission diplomatique (orange sur fond vert)	**K**	Personnel d'ambassade ou de consulat ou d'organismes internationaux (blanc sur fond vert)
CD	Corps diplomatique ou assimilé (orange sur fond vert)	**TT**	Transit temporaire (blanc sur fond rouge)
D	Véhicules des Domaines		
C	Corps consulaire (blanc sur fond vert)	**W**	Véhicules en vente ou en réparation
		WW	Immatriculation de livraison

FORMALITÉS DOUANIÈRES

AUTOMOBILISTES ÉTRANGERS, pour se rendre en France, il faut :

Pour le conducteur et chacun des passagers :

- soit une carte d'identité (pour les Allemands de l'Ouest, Andorrans, Autrichiens, Belges, Britanniques, Grecs, Hollandais, Italiens, Luxembourgeois et Suisses) ;
- soit un passeport (pour les ressortissants des autres pays) ;
  En outre, le visa est exigé pour les Allemands de l'Est, Bulgares, Hongrois, Polonais, Roumains, Russes, Tchèques.

Pour la voiture : aucun document douanier.

Assurance : La « carte verte » d'assurance internationale est conseillée.
A défaut de présentation de la « carte verte », une « assurance frontière » peut être souscrite aux bureaux de douane français pour une durée de 8, 15 ou 30 jours.

CUSTOMS FORMALITIES

MOTORISTS COMING FROM ABROAD require the following to enter France :

For the driver and all passengers :

- either an identity card (for nationals of Austria, Belgium, Great Britain, Greece, Holland, Italy, Luxembourg, Switzerland and West Germany) ;
- or a passport (for other nationals) ;
  In addition, a visa is required for nationals of Bulgaria, Czechoslovakia, East Germany, Hungary, Poland, Rumania, Russia.

For the car : no customs papers are required.

Insurance : An International Motor Insurance Card (Green Card) or, failing that, for a stay of 8, 15 or 30 days, a "frontier insurance", available at French Customs.

FORMALITÀ DOGANALI

AUTOMOBILISTI STRANIERI, per recarsi in Francia, occorre :

Per il guidatore e per ogni passeggero :

- o una carta d'identità (per gli Austriaci, i Belgi, i Britannici, i Greci, gl'Italiani, i Lussemburghesi, gli Olandesi, gli Svizzeri e i Tedeschi occidentali) ;
- o un passaporto (per i provenienti da altri Paesi) ;
  Inoltre, il visto è obbligatorio per i Bulgari, i Cechi, i Polacchi, i Rumeni, i Russi, i Tedeschi orientali e gli Ungheresi.

Per la vettura : nessun documento doganale.

Assicurazione : La « carta verde » di assicurazione internazionale è obbligatoria ma, in mancanza, per un soggiorno di 8, 15 o 30 giorni, una « assicurazione di frontiera » può essere sottoscritta presso gli uffici della dogana francese.

ZOLLBESTIMMUNGEN

AUSLÄNDISCHE AUTOMOBILISTEN ! Um nach Frankreich einreisen zu können :

- muß **der Fahrer** und **jeder Mitreisende** im Besitz eines gültigen Personalausweises sein. Dieser genügt für Westdeutsche, Belgier, Briten, Griechen, Holländer, Italiener, Luxemburger, Österreicher und Schweizer. Angehörige anderer Staaten benötigen einen Reisepaß. Für Bürger der DDR, für bulgarische, ungarische, polnische, rumänische, tschechische und russische Staatsangehörige wird ein französisches Einreisevisum gefordert.

Für den Wagen : keine Zollpapiere.

Versicherung : Man verlangt die grüne Internationale Versicherungskarte. Sie können aber auch für einen Aufenthalt von 8, 15 oder 30 Tagen in den franz. Zollbüros eine sog. Grenzversicherung (assurance frontière) abschließen.

NOTES

MANUFACTURE FRANÇAISE DES PNEUMATIQUES MICHELIN
Société en commandite par actions au capital de 1 000 000 000 de francs.
Place des Carmes-Déchaux - 63 Clermont-Ferrand (France)
R.C.S. Clermont-Fd B 855 200 507
© MICHELIN et Cie, propriétaires-éditeurs, 83
Dépôt légal : 3-83 — ISBN 2 06 006 433-3

Printed in France — 1-83-68350
Photocomposition : S.C.I.A., La Chapelle d'Armentières
Impression : Plusieurs imprimeurs

Les cartes et les guides Michelin sont complémentaires,
utilisez-les ensemble.

Michelin maps and guides are complementary publications. Use them together.

Die Michelin-Karten und Führer ergänzen sich. Benutzen Sie diese zusammen.

Le carte e le guide Michelin sono complementari: utilizzatele insieme.

Guides rouges
hôteliers

- Sélection d'hôtels et restaurants dans chaque catégorie.
- Bonnes tables.
- Plans de villes.
- Principales curiosités.
- Mécaniciens.
- Agents de marques.
- Liste des localités par régions

France
Benelux
Deutschland
España Portugal
Great Britain and Ireland
Italia

Greater London
Paris et sa banlieue
Paris and environs

22 villes d'Europe

Éditions annuelles

Camping Caravaning

France
- Chapitre explicatif en 4 langues.
- Une sélection des meilleurs terrains dans chaque catégorie.
- Tableau des localités par régions
- Atlas en couleur.

Édition annuelle

Guides verts touristiques

Guide de Tourisme

MICHELIN

Alpes
Savoie-Dauphiné

Cartes France

Plans

10 Plan de Paris
Sens uniques
Carte des rues

12 Plan de Paris
Répertoire des rues
Sens uniques
Carte des rues

11 Paris - Atlas
Répertoire des rues
Renseignements pratiques
Sens uniques - Transports

14 Plan de Paris
Atlas - sens uniques
Répertoire des rues

régionales

93 Vallée du Rhône
230 Bretagne
231 Normandie
232 Pays de Loire
233 Poitou-Charentes
234 Aquitaine
235 Midi-Pyrénées
236 Nord de la France
237 Ile de France
238 Centre
239 Auvergne-Limousin
240 Languedoc-Roussillon
241 Champagne-Ardennes
242 Alsace et Lorraine
243 Bourgogne-Franche Comté
244 Rhône-Alpes
245 Provence-
Côte d'Azur

locales

101 Banlieue de Paris
170 Environs de Paris
Sports et loisirs
de plein air
195 Côte d'Azur
Alpes maritimes
196 Environs de Paris

grandes routes

915 En Atlas
916 Recto-verso
989 En une feuille
998 Moitié Nord
999 Moitié Sud

400 Autoroutes
Atlas détaillé
Péages

910 Départements -
régions
Tableaux des distances
France, France-Etranger

détaillées
40 cartes à 1/200 000

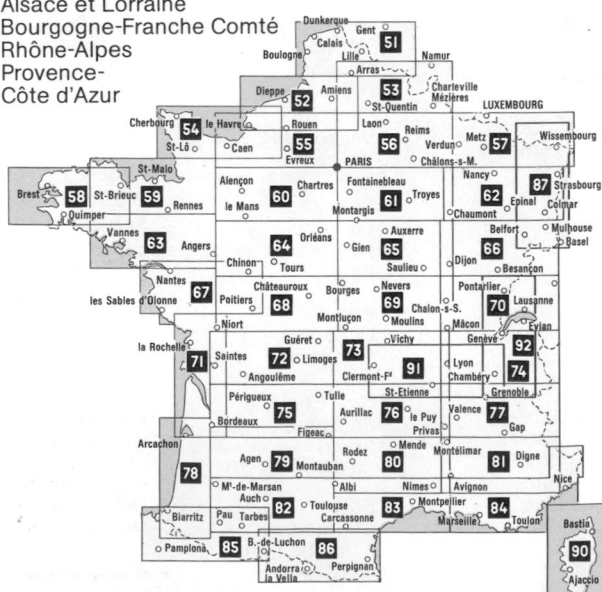